KB087525

韓國新聞

THE KOREA PRESS
1945～1963年度

THE KOREAN RESIDENTS UNION
IN JAPAN GENERAL HEAD OFFICE

在日本大韓民国居留民団中央機関紙

下

韓国新聞社 発行

発刊辞

民族力量 大噴出期와 우리의 피와 땀

한알의 보리가 썩지 않으면—— 이는 「앙드레 지이드」가 그의 精神的 編歴에서 到達한 마지막 境地에서 나온 左右銘이다。봄(春)、여름(夏)、가을(秋)、겨울(冬) 四季를 通한 **生成**과**消滅**의 現象에有心히 귀기울이면 보리 한알이 아니라 **個人**、**民族**、**人類**가 걸어야 하는 소중한 法則을 깨닫게된다。消滅이 없이는 生成이 없고、죽음이 없이는 삶이 없다。오늘의 우리 民族의 삶은 어제의 죽음의 **오메가**요、오늘 우리 犠牲의 結果는 来日의 우리 民族의 삶의 **알파**이다。많은 말을 하지 말자。

우리는 이 時代를 어떻게 부를 것인가?

아픔을 참고 땀을 흘리는 生成의 時代인가?

즐거움에 **陶酔**하고 **享楽**에 지새는 消滅의 時代인가?

우리 時代는 生成의 時代이다。아니 **民族力量**의 **大噴出期**가 바로 우리의 時代가 아닌가。그언제 우리 民族이 伍仟萬을 헤아릴 수 있었으며、언제 우리 民族이 바다로나 陸地로나 딴나라에 **軍隊**를 내보낼 수 있었던가? 언제 우리 民族이 **「스포오츠」**種目에서 世界를 **制覆**한 일이 있었던가? 보다 더 重要한 것이 있다。언제 우리 民族이 우리 時代만큼 일을 많이 한적이 있었던가?

亡国의 서러움도 **分断**의 아픔도 **克己**하는 우리 民族、눈보라 치는 추운 民族의 겨울에 우리는 **草家지붕**도 많이 헐어냈고、겨레를 지키는 힘도 길렀고 손발이 부르트면서 **工場**도 많이 세웠고、어느나라 부럽지 않은 **高速道路**와 **地下鉄**도 우리 손으로 만들어 놓았다。

우리 時代가 흘린 땀이 結局 무엇을 為한 땀이었는 지를、우리 時代가 흘린 피가 結局 누구를 為한 피였는지를 歴史는 証明해 줄것이다。

憎悪의 **衝動**에서 움튼 **思想**이 支配하는 社会가、사랑의 손길에서 움튼 思想이 支配하는 社会를 끝내 이길수 없다는 **真理**도 **悠久**한 우리 民族의 슬기는 歴史의 現場에서 밝혀주리라。

봄(春)이 멀지 않았겠지! 햇빛 따사로운 **陽地**에 눈이 녹듯이 슬기로운 우리 民族의 成員의마음도 누그러지겠지!

언젠가 **太極旗** 휘날리는 하늘아래、**三千里 錦繡江山** 方方谷谷에서 메아리치는 **自由**와 **平和**의 喊声을 들을 수 있겠지。在日同胞여! 우리는 民族力量의 **大噴出期**를 맞은 우리 時代의 가장 **緊要**한 **課題**인 **南北統一**의 그날까지 우리의 아픔과 설움을 참고 우리의 피와 땀을 송두리채 바쳐 来日의 民族의 統一과 繁栄을 為해 우리 모두 한알의 보리알이 됩시다。

一九七五年三月一日

〈民团中央機関紙〉韓国新聞社

社長 尹達鏞

一九七五年은 維新民團 飛躍의 해

謹賀新年

새해 本國同胞에게 드리는 人事말씀

一九七五年을 맞이하여 祖國의 平和統一達成과 祖國의 繁榮을 위해 晝夜로 盡力하고 계시는 國內同胞여러분께 새해人事를 드립니다

지난 一年동안은 過去의 어떤 때보다도 多事多難한 한해였읍니다 特히 北傀의 露骨的인 武力挑發과 南韓侵透를 위한 日本을 基地로한 迂廻作戰이 어느때보다도 熾烈했던 해였읍니다

北傀는 西海에서 平和的으로 漁撈하는 우리의 漁船을 무작정 砲擊拉致했고 東海에서는 까닭도 없이 警備艇을 攻擊擊沈했읍니다 平和統一을 바라는 民族의 希望의 窓口였던 南北赤十字會談에 對해서도 생떼를 쓰면서 妨害하기 시작했읍니다 심지어 그들은 우리의 英明한 指導者 朴正熙大統領의 狙擊陰謀를 꾸며내어 無知蒙昧한 文世光을 殺人狂으로 만들었으며 民族의 尊敬과 愛慕를 받으시던 大統領令夫人 陸英修女史를 殺害했던것입니다

이러한 天人共怒할 붉은 이리떼들의 蠻行에 對하여 全民族의 슬픔과 憤怒는 불꽃처럼 일어나 團結과 總和의 巨大한 소용돌이가 하늘을 찔렀읍니다

故陸英修女史 追悼民團中央大會에는 二萬餘 民團員이 一堂에 모여 陸英修女史의 逝去를 哀悼했고 繼續하여 日本全國坊坊谷谷에서 殺人鬼를 조종한 朝總連과 北傀를 糾彈하는 喊聲은 衝天하여 民團의 巨大한 組織과 底力이 內外에 誇示되었읍니다

非武裝地帶에 地下턴넬을 파 武力侵透의 秘密通路를 뚫으려다가 우리民政 警察隊에 摘發된 北傀의 惡辣한 策動은 우리의 團合과 總和앞에 여지없이 부서지고야 말았읍니다 特히 포드大統領의 訪韓으로 韓美間의 血盟의 友誼를 굳게 다진 오늘 우리는 自由와 平和를 지키는 反共의 堡壘로서의 決意를 더욱 다짐하는 바입니다

지난해 우리 民團이 이룩해 온 값진 成果는 첫째 日本言論의 偏向報道를 徹底히 糾彈하여 自肅하게 한 일입니다 또한 未入團者 入團運動에 包含된 戶籍整理在外國民登錄申請과 旅券所持運動의 促進으로 民團의 團勢가 크게 擴充된 일입니다 또한 우리의 長時日間의 念願이였던 中央會館이 着工되어 現在工事가 進行中에 있읍니다 靑年會의 結成과 擴大로 우리 二、三世의 健全한 育成의 基盤이 닦여가고 있읍니다 새해에는 우리가 이룩한 지난해의 모든 成果를 발판삼아 더욱 눈부신 發展을 期해야 겠읍니다

◇完工을서두르는中央會館조감도

첫째로 우리는日本을발판으로 하여 朝總連과 北傀가 끊임없이 노리고있는 侵透破壞工作을 徹底히 粉碎하기 위해精神을 武裝하고 組織을 強化하는데 힘을 써야겠읍니다

둘째로 우리의 念願이던 中央會館의 完工을 위해 組織의 總力을 다해야 겠읍니다

셋째로 우리는 오끼나와에서 열리는 海洋博覧會를 맞아 本國家族을 招請하고 安全하게 見學滯日 할수 있도록 最善을 다해야 겠읍니다

넷째로 二、三世의 民族敎育의 拔本的인 길을 打開하여야 하는 同時에 組織의 基幹要員養成에 더욱 追車를 加해야겠읍니다

그리고 우리 民團組織을 더욱 近代化하고 日本社會에서 우리의 子女와 同胞가 享有해야할 經濟、民生、文化、敎育의 權利를 더욱 넓히고 굳히기 위해 全力을 다하는 前進의 해가 되도록 노력합시다

새해에 國內同胞여러분과 여러분의 家庭에 香福있으시기를 祈願합니다

新年度民團의指標

一、北傀의 앞잡이 朝總連의 惡辣한 破壞工作을 粉碎하자。
二、民團의 組織强化로 祖國의 安保體制를 鞏固히하자。
三、二·三世敎育에 置重하고 靑年會를 育成强化하자。
四、오끼나와 海洋博覽會에서 國威를 宣揚하자。
五、民團員의 福祉向上을 위해 努力하자。
六、民團과 本國政府와의 紐帶를 더욱 强化하자。
七、우리들의 念願인 中央會館完工을 서두르자。
八、民團의 五大綱領具顯을 위해 온갖 組織力을 動員하자。

一九七五年 元旦

在日本大韓民國居留民團

中央本部團長 尹達鏞

創团三十年史에 즈음하여

民族과 国家는 그 歷史를 記録으로 保存하여오며 또 그記録을 通하여 지난날의 事実과 文化를 거울삼아 現在의 諸般問題를 対処하고 未来의 発展을 経綸하기도 합니다.

一九七五年을 맞는 民団은 創団 三十年을 맞이하게 되는 해입니다.

回顧하면 予余曲折이 많었던 지난날이라 感慨無量하며 解放된 기쁨과 団結이란 旗幟을 높이들고 自己充実을 위한 몸부림、民族愛와 피로써 물드린 反共闘争! 不当한 日政에 対한 抗争! 等 그燦爛한 歷史! 한토막 한토막씩 엮어온 빛나는 民団의 三十年史를 整理하고 記録으로 남겨놓을 一大事業이겠읍니다. 其間에 写真으로보는 二十年史를 이미 発行하였으나 三十年史編集에 있어서는 写真은 勿論 記録을 主로하여 一九四五年八月十五日의 解放을 基点으로하여 六・二五動乱等의 祖国의 運命과 더불어 같이 呼吸한 各級組織先輩들의 最近에 이르기 까지의 闘争과 活動을 可能한限 詳細하고 一目瞭然하게 刊行하려고 하는바이다.

이 三十年史의 記録을 後孫들에게 두고 두고 伝하여 在日同胞의 喜怒哀楽의 証言의 記録이 될것을 믿어 마지않는바이다.

一九七五年三月一日

創団三十年史編纂委員会 委員長 尹達鏞

事務局長 金秉錫

編集委員名単: 丁賛鎮、曺寧柱、李裕天、張聡明、韓晛相、呉基文、金信三、金光男、金熙明、金龍煥、金晋根、金正柱、金英俊、金海成、金仁洙、金允中、朴性鎮、蔡洙仁、鄭泰柱、朴太煥、呉敬福、張 暁、尹奉啓、尹致夏、尹翰鶴、鄭達鉉、金学鳳、金致淳、尹達鏞、金秉錫

諮問委員名単: 曺圭訓、金聖銖、金鍾在、権 逸、鄭 哲、李禧元、姜学文、李彩雨、李 根、李聖根、姜桂重、許雲龍、李春植、朴準龍、鄭煥麒、金在沢、金泰燮、金世基、金聖闇、李吉燮、卞先春、李甲寿、姜吉章、朱洛弼

在日大韓民國居留民團

誠金모아 建設하자 中央殿堂

中央本部

團長・中央會館建設委員長 尹達鏞
副團長 金仁洙
副團長 李鐘鳴
副團長 徐永昊
事務總長 呉敬福
事務次長兼建設公團事務局長 宋鎬用
總務局長 李聖南
組織局長(兼) 呉敬福
經濟局長 李建鎬
民生局長 安商權
文教局長 姜仁煥
宣傳局長 鄭達鉉
青年局長 沈種孝
30年史編纂局長 金秉錫
組織專門委員長 蔡洙仁
經濟專門委員長 金昶輝
民生專門委員長 姜永彰
青年專門委員長 李点守
議長 朴太煥
副議長 崔成源
副議長 白丁赫
監察委員長 鄭泰柱
監察委員 柳甲錄
監察委員 朴炳憲

東京地方本部 團長 金致淳
神奈川縣地方本部 團長 朴成準
千葉縣地方本部 團長 曺允具
山梨縣地方本部 團長 鄭鎭烈
栃木縣地方本部 團長 辛容祥
茨城縣地方本部 團長 裵永桓
埼玉縣地方本部 團長 李根
三多摩地方本部 團長 鄭鳳基
群馬縣地方本部 團長 魯德文
静岡縣地方本部 團長 康民善
長野縣地方本部 團長 李東富
新潟縣地方本部 團長 李元世
宮城縣地方本部 團長 徐正喜
北海道地方本部 團長 孫桂雲
青森縣地方本部 團長 沈載明
山形縣地方本部 團長 趙鏞珠
岩牛縣地方本部 團長 金東洙
秋田縣地方本部 團長 朴碩道
福島縣地方本部 團長 朴秀烈
愛知縣地方本部 團長 權會俊
岐阜縣地方本部 團長 金浩範
三重縣地方本部 團長 陳且祚
石川縣地方本部 團長 崔季守
福井縣地方本部 團長 金順永
富山縣地方本部 團長 姜且生
大阪府地方本部 團長 黃七福
兵庫縣地方本部 團長 金基祿
京都府地方本部 團長 張熙日
奈良縣地方本部 團長 金東俊
滋賀縣地方本部 團長 朴洙性
和歌山縣地方本部 團長 金押・基
廣島縣地方本部 團長 姜文熙
岡山縣地方本部 團長 林鐘信
鳥取縣地方本部 團長 朴尙甲
島根縣地方本部 團長 朴熙澤
山口縣地方本部 團長 朴鍾
福岡縣地方本部 團長 權赫斗
長崎縣地方本部 團長 韓永出
佐賀縣地方本部 團長 朴鳳斗
大分縣地方本部 團長 南在碩
宮崎縣地方本部 團長 張斗玉
熊本縣地方本部 團長 裵八岩
鹿兒島縣地方本部 團長 金周八
對馬島縣地方本部 團長 康東玉
愛媛縣地方本部 團長 朴振業
德馬縣地方本部 團長 金鐘南
高知縣地方本部 團長 徐仁泰
香川縣地方本部 團長 尹寄炳
沖繩縣地方本部 團長 全世均
在日本大韓婦人會中央本部 會長 金信三
大韓民國在鄕軍人會日本特別支會 會長 李麟基
在日大韓體育會 會長 鄭建永
在日韓國人商工會聯合會 會長 許弼奭

在日本大韓民国居留民団中央歴代団長の顔

故朴烈初代団長2·3·4·5代
（忠北・明大）
6.25動乱時拉北して1974.1.17平壌で逝去

鄭翰景氏（6代）
現・在米生活中

曺 圭 訓中央顧問(7·8代)
（済州・浪華商）

金載華氏(9·10·13·14·15·16·20·21代)
元新民党国会議員
（慶南・神学）

故 元心昌氏(11·12代)
統一朝鮮新聞社主筆
（1971・7・4 逝去）

金光男中央顧問(団長団時代)
（慶北・日大・牧師）

丁賛鎮氏中央顧問(17·18·19代)
（慶南・日大）

故 鄭寅錫元中央顧問(22·23代)
（慶北・早大）1974.1.11逝去）

曺寧柱中央顧問(24代)
民主祖国統一協議会代表委員
（慶北・京大）

権　逸氏(25·26·28·29代)
現民主共和党国会議員
法学博士・弁護士（慶北・明大）

金今石氏(27代)
民主共和党中央常任委員
（全南・明大）

李裕天中央常任顧問(30代)
在日本大韓体育会常任顧問
（慶北・専大）

李禧元中央顧問(31·32代)
（咸南・立教大）

金正柱氏(33代)
名誉文学博士・韓国史料研究所長
（慶南・明大）

尹達鏞中央団長(34代)
建設委員長・編集委員長）
（京畿・専大）

ありし日の在日朝鮮建国青年同盟中央総本部洪賢基委員長

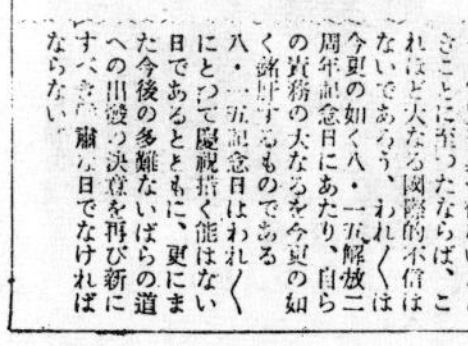

特・集

解放二周年記念

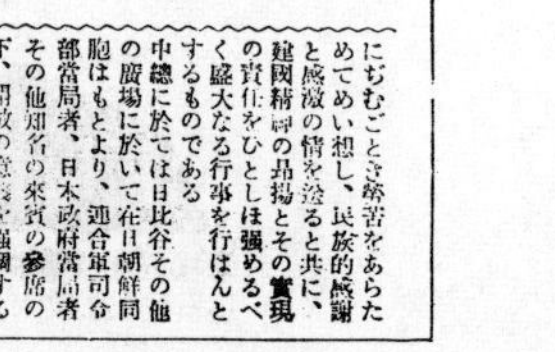

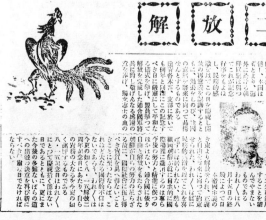

解放二周年記念日に際して

在日本朝鮮建國促進青年同盟中央總本部
委員長 洪賢基

朝鮮解放二週年の記念すべき八月十五日はまさに訪れんとしている、思えば陰惨なる第二次世界大戦による混沌と動亂のもとにあえいでいた世界各國は、一九四五年八月十五日の終戦により漸く平和がとりもどされ世界の帝國主義、軍國主義のため壓迫された弱少民族には世界的解放の年であり、自由を約束せられた年であつた、就中、最も苛酷なる壓迫のもとに呻吟せし朝鮮はポツダム宣言に於いて、聯合國に依り日本帝國主義のきはんより脱して、その民族的自由と獨立とを公約せられ、完全開放を迎へるに至つたのである、建國の希望に輝く解放朝鮮は有史以來の意義深きものを銘記し、この日を以て八・一五解放記念日と稱し、本國はもとより、海外に於ける朝鮮同胞は與つてこれが記念行事をもよほし、民族的感激を以てこの日を慶祝し開放の再意義を認識するとともに、過去をしのび、建國の意欲を將來に向つて昂揚せんとするものである

建青各本部、支部に於いても例年と同様にこの記念すべき日に嚴粛にして平和なる儀式を擧げ、盟員擧つて解放を完成した連合國軍將兵に對し敬げんなる感謝の意を捧げ、獨立志士の血のにぢむごとき辛苦をあらためてめい想し、民族的感謝と感激の情を捧げると共に、建國精神の昂揚とその實現の責任をひとしほ強めるべく盛大なる行事を行はんとするものである

中總に於ては日比谷その他の廣場に於いて在日朝鮮同胞はもとより、連合軍司令部當局者、日本政府當局者その他知名の來賓の參席の下、開放の意義を強調すると共に、世界恒久平和の確立を希求し、國際親善をはかるべく、嚴粛にして秩序ある儀式を行ひ、十五日を中心とする一週間にわたる文化、演藝その他の平和的行事を行つて慶祝の意を表さんとするものである、更に場合によつては平和的な街頭行進も行はれんとしている

この行事は國際的に意義深いものである故に、同胞の誰彼を問はず一致協力のもと平和友好裡に行事を終了すべく、感情をすて、親睦の情を以て大乗的見地に立つて慶祝の意を表すると共に、われわれを解放に導いた聯合各國の人士に對する尊敬の念を忘れず、民族的自重と秩序を以て國際親善を高める唯一の機會を十二分に活用することを望んでやまないものである

われわれは八月十五日の終戦によつて日本帝國主義の羈束より解放せられ、正義と自由を將來に向つて約束せられた、われわれは既に民族的感激を以てこれを喜ばずには居られない、然も祖國朝鮮が既に自主的に國際場裡に進出するのは專ら今後の努力と精進に俟つのほかはない、連合國に依り自由と解放をもたらされた朝鮮が自らの努力の足らざる故に、國際社會に伍し得べき資質を具へ得ないごときことに至つたならば、これほど大なる國際的不信はないであろう、われわれは今更の如く八・一五解放二周年記念日にあたり、自らの責務の大なるを今更の如く銘肝するものである

八・一五記念日はわれわれにとつて慶祝措く能はない日であるとともに、更にまた今後の多難ないばらの道への出發の決意を再び新にすべき嚴粛な日でなければならない

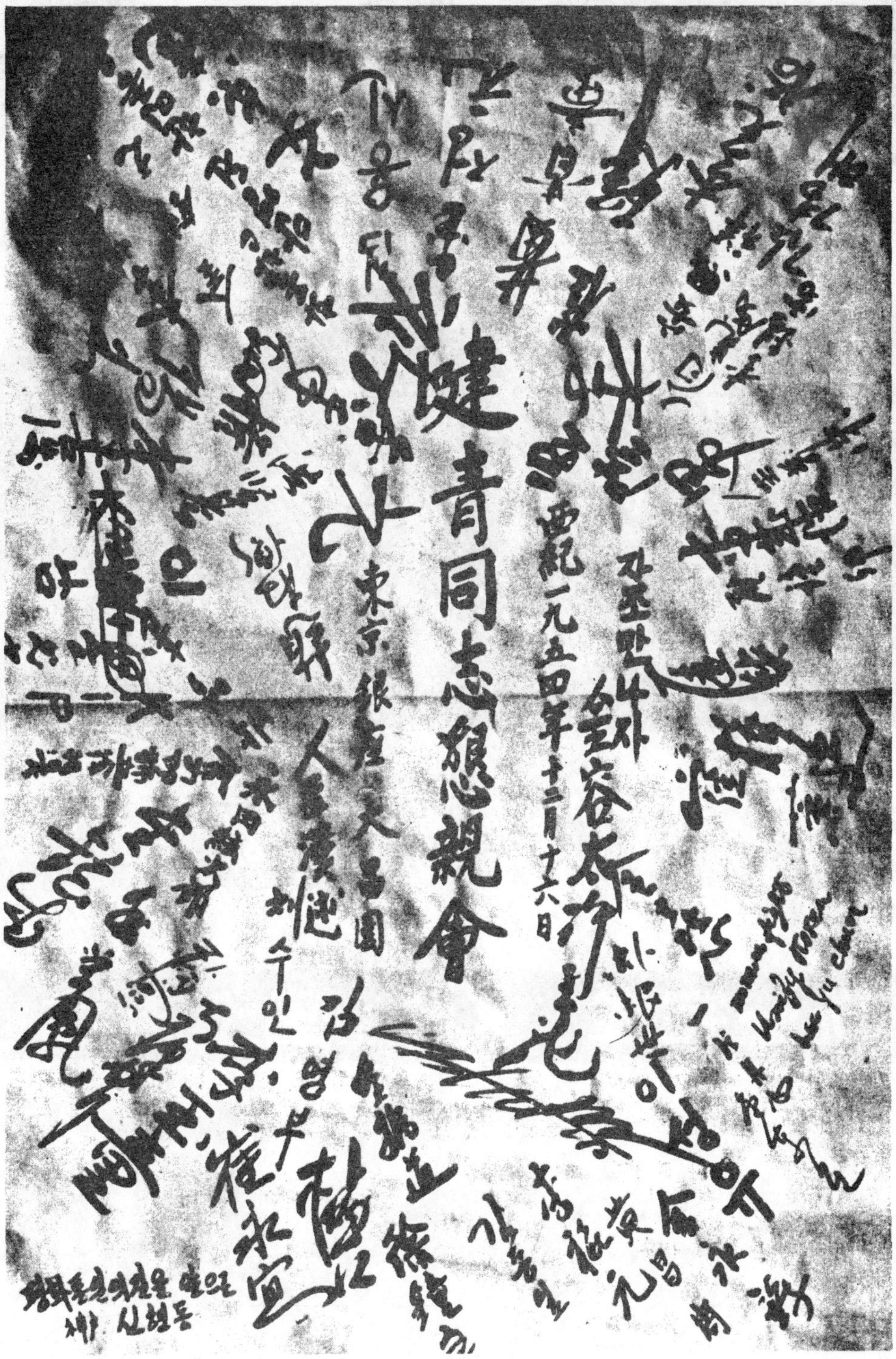

建青同志懇親会（一九五四年十二月十六日・於東京銀座大昌園）

第拾回全体大會後執行部を強化すべく門戸を大いに開放し熱意を重ねて左記の如く改綱致しましたので玆に發表通告致します。

檀紀四二八三年十一月一日

在日本大韓民國居留民團
中央總本部
中央執行委員會

各縣本部貴中

記

團長 金載華
副團長 李元京
〃 〃 朴宗根
企劃室長 張孝一
企劃室委員 團長秘書長 河一清
委員（民生） 金守哲
〃 〃 金格中
〃 〃 李京集
委員（組織） 丁贊鎮
〃（文教） 金鍾在
〃（外務） 李裕天
〃 〃 鄭棨
委員（兼） 劉虎一
企劃室書記 李承裕
企劃室非常任委員 白武
〃 〃 李鐵
〃 〃 全萬洙
〃 〃 金陸男
〃 〃 丁榮宇
〃 〃 李源万
〃 〃 吳宇泳

前列：李裕天氏、孫芳鉉氏、金宇哲氏、朴宗根氏、金載華氏、金鍾在氏、朴良祚氏、河一清氏、丁賛鎭氏、
性鎭氏、呉基文氏　中列：鄭築氏、金洛中氏、李亨集氏、金聖煥氏、曺允求氏、金景泰氏、金禹錫氏、
溶潤氏、姜徳才氏、柳東烈氏

賀 統一完遂 国土再建 正

大韓民国駐日代表部
公使 金溶植
参事官 柳泰夏
総領事 崔圭夏
僑民部長 辛徹善

大韓民国駐日代表部 大阪出張所
領事 卞鐘捧

大韓民国駐日代表部 福岡支部
領事 兪鎭容

在日本大韓民国 居留民団中央総本部
団長 丁賛鎭
副団長 金熙明
副団長 梁炳斗
事務総長署理 金正柱
議長 金光男
副議長 洪賢基
監察委員長 朴根世
監察委員 李裕天
監察委員 徐相夏

韓国人商工会
会長 徐甲虎
副会長 鄭天義

大韓青年団
団長 趙鐘珌
副団長 李元範
副団長 郭東儀

大韓婦人会
会長 呉基文

韓国学生同盟
代表委員 金九설

韓国学院
院長 金鐘在

京都韓国中学校
校長 金聖언

金剛小学校
校長 趙淵煥

大韓民国居留民団島根県本部 松江市[illegible]賣町二ノ五
大韓民国居留民団高知県本部 高知市南新町四ノ九一
大韓民国居留民団島根県本部 松江市雑賀町一의五
大韓民国居留民団和歌山県本部 和歌山市屋形町二의九
大韓民国居留民団奈良県本部 大和高田市日之出町二
大韓民国居留民団愛媛県本部 松山市萱町八의二二
大韓民国居留民団滋賀県本部 大津市石山一丁目
大韓民国居留民団兵庫県本部 神戸市兵庫区福原町一의一
大韓民国居留民団岐阜県本部 岐阜市金町六의二〇
大韓民国居留民団大分県本部 大分県北海部郡坂之市町
大韓民国居留民団愛知県本部 名古屋市東区長塀町의一〇
大韓民国居留民団岡山県本部 岡山市大供表町六二六四
大韓民国居留民団群馬県本部 桐川市境町一七五
大韓民国居留民団三多摩本部 立川市錦町一의一五
大韓民国居留民団香川県本部 香川県高松市新町三의五九
大韓民国居留民団石川県本部 金沢市[illegible]坂社通二六
大韓民国居留民団福島県本部 福島県平市仲間五六
大韓民国居留民団新潟県本部 新潟市古町丸和会館三階
大韓民国居留民団秋田県本部 秋田市土崎港一騎町郷社通四의二
大韓民国居留民団福井県本部 福井市豊島中町一一九
大韓民国居留民団北海道本部 札幌市南二条西四丁目
大韓民国居留民団東京本部 東京都文京区本郷二의四
大韓民国居留民団青森県本部 青森市長島町一一九
大韓民国居留民団富山県本部 富山市[illegible]町四昭和会館三階

大韓民国居留民団長野県本部 松本市神田町七五八
大韓民国居留民団大阪府本部 大阪市北区中崎町四三
大韓民国居留民団山口県本部 下関市兵崎町山手六三二
大韓民国居留民団福岡県本部 福岡市[illegible]町
大韓民国居留民団熊本県本部 熊本市本山町五의四七七
大韓民国居留民団長崎県本部 長崎市浜口町二[illegible]
大韓民国居留民団佐賀県本部 佐賀県松原町五二
大韓民国居留民団対馬島本部 対馬島厳原町中村五七九
大韓民国居留民団徳島県本部 徳島県小松島市[illegible]通
大韓民国居留民団埼玉県本部 浦和市常盤町二의七八
大韓民国居留民団三重県本部 三重県津市[illegible]
大韓民国居留民団鹿児島県本部 鹿児島市[illegible]町[illegible]
大韓民国居留民団宮崎県本部 宮崎市本町一의二二
大韓民国居留民団広島県本部 広島市大須賀町[illegible]ノ五
大韓民国居留民団京都本部 京都市中京区丸太町[illegible]
大韓民国居留民団静岡県本部 静岡市静岡町五四
大韓民国居留民団岩手県本部 盛岡市大通四의一二七의一
大韓民国居留民団宮城県本部 仙台市東一番町十二
大韓民国居留民団山梨県本部 甲府市[illegible]町二의一〇
大韓民国居留民団山形県本部 山形市[illegible]町大字[illegible]二六四
大韓民国居留民団神奈川本部 横浜市西区[illegible]町一의三
大韓民国居留民団栃木県本部 栃木市[illegible]町一의一、二〇〇
大韓民国居留民団茨城県本部 水戸市西[illegible]町三二一〇
大韓民国居留民団千葉県本部 千葉市院内町三〇

社長・李允求氏は日本学徒兵に出征し解放後明大卒、大韓体育会の理事長を経て現在白泉社印刷業を営む

教養こそ獨立の前提

朝鮮新聞社々長　李　允　求

解放二箇年にして朝鮮は世界史的試驗臺となつたのである。ポツダム宣言の反響が大きすぎた時代には朝鮮こそは二十世紀の解放國となり典型的な獨立を約束された有數國の一であると見做されたのである

亦朝鮮民族三千萬こぞつて兩手をあげて解放の喜びに一世紀の光榮を滿喫したのであつた、然るに斯かる事實は刹那を支配する歡喜の嵐にすぎなかつたのである

朝鮮人なれば誰とてこの嵐にさらされなかつた者がゐよう。併し歡びは朝鮮をして獨立の前提とはなさしめなかつたのである

大きな喜びの後には、より大いなる試錬が待期して居たのである。一九四六年には南北に分割させられた同胞は完全に支配者の走狗と化し民族を忘れた政治理念に全力を注ぎ、國家を無視し政策の先端を走ることを政治家の名譽と考へ、準備時代の青年を暴力團の花形たらしめることを天惠と誤解するの徒が三千萬民族の中に數少いとは言へないのである

現在の混沌狀態に陥入れたのは少數の政治家の責任でもなければ、強力なる權力者の支配故でもないのである。この責任こそは自他を問はず朝鮮人總員の責めであり、保守的時代的錯誤と名利主義者であり、個人至上主義者である吾等の責任である、十年の豫斷のなき青年が百年の大計を論じ一日の計畫なき政治家が英雄の夢を見ては夢遊病者のねごとを白晝演ずるがごときである現状を冷觀すると、吾等は建設的理念に則りで著實な一歩を踏みしめなければならないのである

常に繰返すことは反省かさもなくば進歩がなければならないのである

此際に解放二箇年を迎へるに際し余は吾等があゆんで來た過去を詳察するとき悲噴歎懷にたへないのである

敗戰國日本に留まらざるを得ない事實を否定することの出來ないのは、未だ君も僕も朝鮮人でありながら解放の正しき解釋に迷つたのである、若し吾をして此の大綱を正しく理解したとすれば二箇年前に朝鮮は國際國家市場へ強力に前進したことであらう

個人個人の朝鮮人が世界民族に伍例して尚其の上を行くことを證明した事實は、枚學にいとまがない程である、然るに何故に黨派的な分裂と民族結合が完全な組織體となつて國際國家の地位を確保出來なかつたであろうか、それは封建的な思想の流れのしからしむるものでもない、ましてや民族に團結力が缺乏してゐるからでもない、一言で言へば教養が足りないのである、文化國家としての水準がレベル以下であるからだ

吾等の深刻な體驗は過去二箇年間に痛切に身に應へたのである、それは彼我恥ずべき教育の果せし分野がせまかつたことである、政治とは何ぞや、との問に答へることの出來ない自稱政治家と倶に虛榮の屋上で踊らずに現實を正しく理解する眞劍な態度が必要である

朝鮮新聞は全魂を打込んで文化運動を助成して來たのである、其の業績が微々たるものでも使命の前には常に從僕的であつたのである

今余は聲を大にして叫ぶのである、總べてを放棄しても學理と眞理の前に國家的得策として學問を身につけることが權力主義者に依存する樂觀主義よりもはるかに困難ではあろうが解放二箇年が吾等の前に要求した最大のものである學問を身につけることを忘れては獨立は自信を持たざる騎手の前途を見る樣であることを忘れてはならないのである

目次内容

朝鮮新聞
（建青機関紙）

発行人　全斗銖

（発行年月日）　（ページ）　（主なる記事内容）

一九四六年三月十日
創刊号……1—2
▽在日本朝鮮建国促進青同盟趣旨及綱領
▽創刊の辞（洪賢基委員長）
▽朝鮮人は信託統治に憤慨

一九四六年十月八日～十一日
第三八号……3—4
▽在日朝鮮人居留民団結成と宣言書
▽民団より各国大使及び本国に贈る決議文

一九四七年三月四日～七日
第六二号……5—8
▽南北境界線撤廃、即時独立を主張
▽国際連合に朝鮮代表要求する
▽完全独立と民族繁栄のために
▽吾等の新しい覚悟と使命
▽朝鮮青少年運動

朝鮮新聞

発行人　全斗銖

一九四八年七月十三日
第二六六号……9—10
▽南北連席会議終了
▽天皇退位論

新朝鮮新聞

発行人　呉宇泳

一九四六年八月三十日
創刊号……11—14
▽祖国独立の基本問題
▽祖国再建の使徒（人間朴烈氏）
▽朝日新聞社説の軽挙に与ふ
▽朝鮮建国問題の管見

民団新聞
（民団中総機関紙）

発行人　朴準

一九四七年二月二十一日
創刊号……15—30
▽在日朝鮮同胞に告ぐ
▽在日本朝鮮人居留民大会開く
▽在日朝鮮人生活権擁護大会

一九四七年二月二十八日
第二号……31—46
▽居留民団結成に際し朝鮮人連盟を去りつつ
▽ゼネストと朝鮮人団体、民団歴
▽在東京文化団体協議会結成

一九四七年三月二十日
第三号……47—62
▽社説・民族統一戦線と3・1運動
▽建青声明書
▽（朝鮮問題解決の五方式）
▽モスコー会議に関心（民団声明書）
▽朝・日両国民衆に訴う（朴烈氏）
▽トルーマン大統領声明と朝鮮独立問題
▽朝鮮の独立請願決議文

一九四七年三月三十日
第四号……63—78
▽総選挙と朝鮮人団体
▽民団幹部に私刑を加う朝連
▽朝鮮独立、援助の計画
▽新朝鮮生活革新運動の提唱(1)（朴烈氏）

一九四七年四月二十日
第五号……79—94
▽日本の四月総選挙に当りて
▽朝鮮問題に深い理解
▽あ、先烈安重根義士
▽侵略に対し共同防衛
▽恩義に酬ひる納骨塔
▽マラソン王孫基禎選手来日歓迎
▽民族烽起対日抗戦年表
▽解放から自由独立へ

一九四七年四月二十五日
第六号……95—110
▽朝鮮への正しき理解を怠るな
▽組織的に強化した反託運動
▽在日朝鮮同胞の協同組合生れる
▽民団協同組合設立趣旨書
▽同胞財産税の問題解決へ
▽提携と融和を促す
▽独立運動の大先覚者安昌浩氏

一九四七年六月三十日
第九号……111—126
▽米・ソ共同委員会と我等の態度
▽朝鮮独立と南鮮臨時政権の動き（朴烈氏）
▽外国人登録令に対する見解
▽我々等の法的地位を高めよ
▽米・ソ共同委員会に送るメッセージ
▽愛する朝鮮国青少年に告ぐ
▽在日朝鮮人公論調査回答
▽在日朝鮮人居留民団司法育成会規約

民主新聞

発行人　黄性弼

一九四九年六月四日
第八四号……127—130
▽民団第七回臨時大会を前に
▽高順欽への公開状
▽分裂は米ソの責任（金九氏談）
▽民団発展に狼狽する朝連

一九四九年十月十五日
第九三号……131—132
▽駐日韓国人を連合国人待遇せよ
▽民団の在り方

民主新聞

発行人　金載華

第三二〇号……一九五三年五月十五日　133—136
▽統一なき休戦に反対
▽民団第十六回全体大会開く

第三二一号……一九五三年六月十五日　137—140
▽韓日会談と韓日輿論
▽国連案受諾出来ない（李大統領声明発表）

第三二二号……一九五三年六月二十五日　141—146
▽想起せよ！極悪非道な赤色侵略
▽休戦会談めぐる動乱の回顧
▽祖国動乱三年の惨状
▽韓国戦災民への救援物資
▽団員に告ぐ

第三二三号……一九五三年七月十日　147—150
▽国連は韓国を十字架に掛けるな
▽北進統一の大デモ行進
▽休戦案撤回等の決議文
▽休戦反対の韓国の表情

第三二四号……一九五三年八月十三日　151—154
▽滅共・祖国統一に総力を結集
▽第八回光復節記念大会とスポーツ大会開く
▽兇悪テロ化した民戦連中

第三二五号……一九五三年九月七日　155—158
▽国土統一にすべてを盡さん
▽李永晩大統領に送るメッセージ
▽伸びゆく地方組織の8・15中心に各地大会開く

第三二六号……一九五三年九月十七日　159—162
▽日本の抗議は自惚根性
▽韓日紛争に声明発表民団中総
▽公印偽造で駐日代表部は告訴手続き
▽同和信用組合は遂に分烈す

第三二七号……一九五三年九月三十日　163—166
▽経済自立を期せ（李大統領特別談話発表）
▽創団第七周年を迎えて（金載華中央団長）
▽暴力団の朝連遂に解散命令
▽民団七年間を顧みて（洪賢基中央副議長）
▽本国政府に民団建議書提出

第三二八号……一九五三年十月十日　167—170
▽日本は謙虚であれ
▽韓・日会談再開に際し、日本の朝野に望む
▽一九五四年度国連韓国経済復興計画
▽民団東京本部第十五回臨時総会開く
▽韓日親善を阻害するもの（鄭太林氏）

一九五四年二月十一日
▽教育は民族久遠の基礎

第三四〇号……171—172
▽我々の目標は四月頃開校
▽民団大分県本部を襲撃した民戦暴徒
▽信用組合結成促進し融資受入体制整えよ

第三四一号……一九五四年三月一日　173—176
▽3・1精神は我等の魂（三五回）
▽3・1運動を顧みての座談会
▽日比谷公会堂で中央民衆大会

第三四八号……一九五四年六月一日　177—178
▽民団第十八回定期全体大会
▽民団規約改正の問題点

第三四九号……一九五四年六月二十一日　179—180
▽第十八回定期全体大会で親日派問題で大論争を展開
▽韓国学園育成資金六、〇〇〇万円
▽かちとれ祖国統一！

第三五〇号……一九五四年七月一日　181—182
▽李大統領に送るメッセージ
▽他力依存の妄念断ち切って
▽自力で北進統一の決議文
▽在東京青年有志協議会発足

第三五一号……一九五四年八月一日　183—184
▽不法拘置中の全員釈放せよ！声明書
▽大村収容所問題
▽名儀を詐称して（兵庫韓青ビル不法売却）
▽韓国学園後援会設立準備会発足

第三五二号……一九五四年八月二十一日　185—186
▽祖国光復第九周年万歳！
▽李承晩大統領に送るメッセージ
▽大村収容所問題で東本抗議声明
▽漢城信用組合契約高一億円
▽金剛学園教育補助費二〇〇万円手交

第三五三号……一九五四年九月十一日　187—188
▽民戦脱退の意味するもの
▽金容植公使、日本政府に抗議
▽民戦内部に分裂激化す
▽韓学同創立第九周年記念行事

第三五四号……一九五四年十月一日　189—190
▽第三次経済視察団本国入国（50）
▽中小企業者と信用組合

第三五九号……一九五五年四月一日　191—192
▽私の一生涯を祖国独立に献身（李大統領）
▽2・25逮捕事件と民団運動の諸問題

民主新聞

発行人　丁賛鎮

第三六〇号……一九五五年五月十五日　193—194
▽民団第十九回定期全体大会開催す
▽民団中総当面運動方針(上)

▽漢城信用組合第一回総会開く
▽民団歌歌詞募集公告

一九五五年九月一日
第三六五号……195—196
▽日本の譲歩なるか!!
▽組織要員の知的水準向上

一九五五年十月一日
第三六六号……197—198
▽激甚な僑胞人権侵害
▽新潟民団建物焼失

一九五五年十一月一日
第三六七号……199—200
▽駐日代表、日本外務省に口上書
▽再び朝総連傘下にいる僑胞に呼びかけ
▽僑胞社会啓蒙強化期間設定
▽民団の現実と将来の展望

一九五五年十一月十五日
第三六八号……201—202
▽国連政治委員会韓国代表を招請
▽僑胞財産三千億円搬出準備

一九五六年三月一日
第三七二号……203—206
▽韓国軍は対共十字軍である
▽団勢拡張態勢整備
▽平和ライン承認せよ!
▽己未独立運動の経緯と詩

一九五七年一月十五日
第三七九号……207—210
▽民族良心で本理事構成へ
▽奨学会を本然の姿に還せ
▽大村、浜松収容者救援運動終る
▽韓青運動方針決定

一九五七年二月十五日
第三八〇号……211—214
▽民団発展に新しい構想
▽再び統協に回答する（中総）
▽奨学会問題の推移　その（2）
▽大村収容所で怪事件起る?

一九五七年八月十五日
第三八九号……215—216
▽僑胞は民団に結集し祖国統一に寄与せよ!
▽（丁賛鎮中央団長）
▽光復節第十二周年に憶う
▽民団幹部本国視察団出発

一九五七年九月十五日
第三九一号……217—218
▽韓日予備会談年内妥結か
▽朝鮮脱出記

一九五八年一月一日
第三九五号……219—222
▽赤色と売族輩を討つ
▽八十二才の新春を迎える（李承晩大統領閣下）
▽韓日会談を封鎖圧殺す!
▽在日民族の経済をまもる（信用組合現況）
▽在日僑胞教育を強化

一九五八年五月二十日
第三九八号……223—224
▽岸信介親書、李大統領と会談望む
▽韓日会談の展望（財産請求権）
▽全体大会成功裡に終る（第二二回）
▽中央会館新築と決定
▽李玉童当選（民議員）

一九五八年七月十日
第四〇三号……225—226
▽民団屋舎移転を開始する
▽日本側の自重を望む
▽団務講習会終る
▽僑胞生産品展示会準備委生れる

一九五九年一月一日
第四一一号……227—228
▽さわやかに明けた一九五九年の朝
▽年頭の辞（李大統領）
▽北韓帰国運動と人道

韓国新聞
（〈日刊〉民団中央機関紙）
発行人　権　逸

一九六二年三月三日
第五三四号……229—230
▽朴正熙議長の3・1節記念メッセージ
▽国家企画制度の現況

一九六二年四月九日
第五五九号……231—232
▽韓青問題の全貌はこうだ（中総発表）

韓国新聞
（〈日刊〉民団中央機関紙）
発行人　曽寧柱

一九六二年十月十八日
第六九六号……233—236
▽本国政府内閣の一部改造を断行
▽韓国経済の動脈
▽第四九回関東地区協議会
▽韓国美術界の動き

一九六二年十月十九日
第六九七号……237—240
▽金鐘泌中央情報部長の来日と韓日会談
▽欧米諸国を旅して（金哲氏）
▽権中央団長、韓日問題で記者会見
▽新生韓国を語る

一九六二年十一月二日
第七〇七号……241—244
▽韓日会談妥結促進中央民衆大会開く
▽朴議長に送るメッセージ
▽池田首相に送るメッセージと決議文
▽日本社会党に対する抗議文
▽読書しない国民に希望はない
▽ある北韓脱出者の手記
▽千里馬に乗った独裁者（韓載徳氏）

一九六二年十一月四日
第七〇九号……245—248
▽改憲の最終的討議
▽民政移譲に関する金部長発言
▽金日成内閣を解剖する

一九六二年十一月七日 第七一〇号……249—252
▽二十一日全国監察委員長会議
▽韓国文化八〇年
▽韓国新憲法草案発表
▽在日韓国人法的地位問題かちとるまで
▽民団規約改正委員会開かれる
▽東映張本選手の激励会

一九六二年十一月八日 第七一一号……253—256
▽展開する再建国民運動
朴議長改憲案を公告
▽韓日会談促進大会（鹿児島）

一九六二年十一月十一日 第七一四号……257—260
▽第十四回韓日会談予備折衝
▽日本政府の再考を求める
▽張勲・白仁天両選手訪韓

一九六二年十一月二十八日 第七二五号……261—264
▽旧政治家の救済
▽北京・モスコ冷戦
▽民団規約改正問題で在日言論人にきく
▽韓日会談民衆大会（和歌山）
▽第五〇回関東地区協議会

一九六二年十一月二十九日 第七二六号……265—268
▽民政移譲予定通り
▽38度線はソ連が先に分断した
▽講演と映画の夕べ・婦人会（東本）
▽在日韓国人学生（大学院生）研究のため入国
▽水戸光子さん韓国映画に出演

一九六二年十二月一日 第七二八号……269—272
▽韓国日報・政党誤報問題起きる
▽池田首相の英断を待つ
▽広島商銀新社屋に移転
▽民団中総各局の動き(2)文教局

一九六二年十二月二日 第七二九号……273—276
▽大野伴睦氏訪韓を前に語る
▽民団規約改正でアピール（権団長）
▽千葉商銀誕生（鄭徳和理事長）
▽中総各局の動き(3)（民生局）

一九六二年十二月五日 第七三〇号……277—280
▽政党は自由民主主義で（朴議長語る）
▽韓国日報虚偽報道事件の経緯
▽第三七回中央議事会に臨んで
▽秋田県日韓親善協会設立総会
▽関貴星氏から北韓実情をきく

一九六二年十二月六日 第七三一号……281—284
▽本国農漁村にラジオを贈ろう
▽米日経済委と韓日関係
▽朝総連万才隊造成を策謀

一九六二年十二月七日 第七三二号……285—288
▽中総各局の動き(4)（組織局）
▽第三共和国に拍車
▽民団第三七回中央議事会開かる

一九六二年十二月八日 第七三三号……289—292
▽戒厳令の解除を歓迎（金首班言及）
▽スケート選手来日（世界選手権大会参加）

一九六二年十二月九日 第七三四号……293—296
▽民団中央、大野訪韓に声明文
▽韓日友好で自由陣営団結
▽在日僑胞特別講座を開設
▽中総各局の動き(5)（総務局）

一九六二年十二月十二日 第七三五号……297—300
▽国民の基本権を尊重
▽大野伴睦氏韓国へ
▽開発を待つ済州島
▽アジア親善大会
▽大宅壮一氏も訪韓
▽一九六二年度の十大ニュース

一九六二年十二月十三日 第七三六号……301—304
▽世界人権宣言の日（第十四周年）
▽年末年始助け合い運動展開
▽民団規約改正試案(1)

一九六二年十二月十四日 第七三七号……305—308
▽PR要綱決まる
▽第一回在日同胞法的地位対委開く
▽民団規約改正試案(2)

一九六二年十二月二十日 第七四一号……309—312
▽改憲圧倒的多数で承認
▽北韓カイライの欺満性を暴露
▽朝総連、苦肉のあがき民団員装い韓国へ侵入

一九六二年十二月二十二日 第七四三号……313—316
▽朴議長、国民投票で特別手記
▽北韓の中共偏重傾向を警戒
▽大野訪韓視察団の歓迎会

一九六二年十二月二十三日 第七四四号……317—320
▽韓国側、池田裁断を拒否
▽日韓友愛協会理事会開催
▽北海道経済視察団が訪韓

一九六二年十二月二十六日 第七四五号……321—324
▽クリスマスメッセージ朴議長海外同胞に送る
▽日本社会党の韓日会談論を駁す
▽第二回法的地位対委開く

一九六二年十二月二十七日 第七四六号……325—328
▽政府機構改編を急ぐ
▽熊本県日韓親善協会設立

一九六二年十二月二十八日
第七四七号……329—332
▽請求権で日本譲歩
▽権団長・全国団員に要望

一九六二年十二月二十九日
第七四八号……333—336
▽朴議長・軍服脱ぎ民政参与
▽北韓武力増強宣言の裏面（韓載徳氏）
▽愛知県本部韓国学園推進委員会構成
▽大学進学推薦試験 中総文教局指達

一九六三年一月一日
第七四九号……337—340
▽海外同胞祖国愛に深く感謝（朴議長）
▽在日同胞の使命重大（権団長）
▽日本人と平等な権利を与えよ
▽李垠王家の近況
▽安益泰と金泰変を囲んで座談会

一九六三年一月十日
第七五〇号……341—344
▽新年度の施政方針を発表（朴議長）
▽東洋一の観光地ウォーカー・ヒル
▽各界代表年頭の辞

一九六三年一月十一日
第七五一号……345—348
▽野党結成に新機運
▽政党法全文
▽川崎に模範的民団支部屋舎建設

一九六三年一月十二日
第七五二号……349—352
▽現役軍人政治活動を禁止
▽白頭学院に本国から書籍二〇一冊寄贈
▽民団東京板橋支部結成さる
▽力道山が祖国訪問
▽金応吉氏が総連脱退声明

一九六三年一月十三日
第七五三号……353—356
▽金鐘泌氏ら十二人が発起人
▽民団の水害救援募金に感謝状
▽力道山（金信洛氏）訪韓前記者会見

一九六三年一月十六日
第七五四号……357—360
▽在日韓国商工業構造創成をせよ
▽滋賀商銀を設立、組合長に鄭泰和氏
▽第二回特別講座を開催（民団大阪本部）

一九六三年一月十七日
第七五五号……361—364
▽平和ラインは漁民の生命線
▽大学進学推薦試験実施（中央文教局）

一九六三年一月十六日
第七五六号……365—368
▽在日韓国民の要望と法的問題に対する私見
▽在日韓国人同胞を訪問して（金成植氏）

一九六三年一月十九日
第七五七号……369—372
▽済州道訪日親善視察団を歓迎する
▽アメリカ・ケネディ大統領の年頭教書
▽不平うずまく北韓体育会

一九六三年一月二十日
▽平和線は堅く守る

第七五八号……373—376
▽民団監察委員会各県代表が祖国訪問
▽韓国芸能使節団が来日
▽安益泰氏国際音楽祭を本国で

一九六三年一月二十三日
第七五九号……377—380
▽日本側の誠意に疑問
▽民主共和党委員長に金鐘泌氏
▽権中央団長新年の課題を語る
▽力道山に訪韓の印象を聞く
▽駐日代表部別館の落成式典

一九六三年一月二十四日
第七六〇号……381—384
▽外貨事情明るい見通し
▽本国招請留学生を募集（中央文教局）
▽第三回法的地位対委会議開く
▽韓国学園第七回の文化祭

一九六三年一月二十五日
第七六一号……385—388
▽党機構一元化問題で合意
▽広島民団第十一回定期大会で金寛植団長当選
▽六三年度の韓国と極東

一九六三年一月二十六日
第七六二号……389—392
▽金鐘泌氏辞意表明で韓日両国政界にショック
▽民団岐阜第十三回定期大会で商銀設立を具体化
▽朝総連幹部が同胞家屋を詐取

一九六三年二月三日
第七六八号……393—396
▽共和党 創党大会準備を修了
▽民主党、創党準備大会開く
▽東京オリンピック単一チーム構成なるか
▽鄭監察委員長、規約改正で所信表明

一九六三年二月七日
第七六九号……397—400
▽日本政府の国会答弁は釈然としない
▽韓日両国の経済提携
▽再建祖国を訪ねて（曺圭必氏）
▽規約改正と我々の決意（中総三機関長発表）
▽金剛学園の巻（取材）

一九六三年二月十日
第七七〇号……401—404
▽第二六回韓日会談予備折衝
▽共産統一策略決定的破綻の年
▽私は朝総連にだまされた（金辛一君談話発表）
▽活発化する駐日韓国公報館

一九六三年二月十四日
第七七一号……405—408
▽平和線は韓国の生命線
▽民団三機関長の決意表明
▽韓日諸懸案には北韓も含む
▽朝総連幹部曹昌吾さん民団に入団声明
▽日赤に北送の態度を聞く
▽日本人は韓国をもっと知ろう

一九六三年二月十七日
▽朴正照議長大統領出馬は確実

第七七二号……409—412
▽これが北韓の実態だ！（金幸一君）
▽大阪地区民団三機関会開く

一九六三年三月二十一日
第七七三号……413—416
▽朴議長が重大声明発表
▽世界スピード・スケート選手権大会に韓国不参加
▽文教部長官より力道山に感謝の書簡
▽宮城県日韓親善協会結成する
▽東京豊島支部結成する

一九六三年二月二十四日
第七七四号……417—420
▽金鐘泌氏が引退声明発表
▽民団、信用組合、商工会の連撃への提言
▽自費母国留学生募集
▽福岡県韓日親善協会結成する
▽韓国学園函館分校が落成
▽神奈川にも商工会設立

一九六三年二月二十八日
第七七五号……421—424
▽新党つくりと野党の動き
▽再建祖国を訪ねて
▽韓国学園函館分校が落成

一九六三年三月十七日
第七七八号……425—428
▽クーデター事件の経過と意義（金在春中央情報部長）
▽第二回民団全国各県本部団長会議
▽ソウルに活躍する日本商社
▽朝総連にだまされた僑胞は泣く

韓国新聞

発行人 張聡明

一九六三年五月八日
第七八〇号……429—432
▽韓日会談と政府の立場
▽金・大平合意内容公開
▽革命主体勢力が結集
▽再建祖国を訪ねて
▽日赤国際委員会に厳重抗議

一九六三年五月十五日
第七八一号……433—436
▽5・16同志会を結成
▽中総三機関長、所信を表明

一九六三年五月二十二日
第七八二号……437—440
▽海外同胞学生にメッセージ（朴議長）
▽公明選挙のため立法措置
▽軍事革命二周年祝辞（裴義煥大使）
▽総連の陰謀を粉砕

一九六三年六月十二日
第七八四号……441—444
▽朴議長、大統領出馬を受諾
▽金今石中央団長初めの記者会見
▽新執行部への外務部長官からメッセージ
▽法政大学校友会で張仁建氏問題で粉糾
▽韓国ファッションショウをみて

一九六三年七月九日
第七八九号……445—448
▽注目される金鐘泌・大平会談
▽共産主義者の欺瞞宣伝に警告
▽中央情報部長に金炯旭氏
▽在日同胞の財産搬入の道開く
▽在日同胞の教育財団

韓日新報
（東京本部機関紙・東民新聞改名）

発行人 元心昌

一九五〇年七月十六日
第五二号……449—452
▽在日韓国民族総けつ起民衆大会開く（民団・建青・学同）共同主催で神田共立講堂
▽駐日韓国代表部に諮問委員会設置さる
▽義勇軍志願で決議文
▽再び日本国民諸賢に告ぐ（東本非常対策委員会）
▽国連事務総長に送る感謝状
▽「祖国防衛宣言」（韓国防衛義勇隊総本部）

韓日新報

発行人 鄭哲主幹

一九五〇年九月九日
第五五号……453—456
▽建青を解散し大韓青年団として再出発す
▽建青は第十一回全体大会に於いて発展的に解散
▽大韓青年団結成を盛大裡に挙行した上、宣言
▽学同ニュース、第六回中央委員会召集

協同戦線
（東京本部機関紙）

発行人 丁賛鎮団長

一九五二年十二月十五日
第三号……457—458
▽送年の辞
▽左翼分子よ！過去を清算して自由陣営に参加せよ!!
▽親日派に対する声明書
▽アジアの団結のため日本国民の反省を促す

一九五三年一月三十一日
第四号……459—460
▽李承晩大統領の日本訪問
▽東京本部声明書（共産主義はこれだ！）

東本時報
（東京本部機関紙）

発行人 丁賛鎮団長

一九五四年二月三日
第一〇号……461—464
▽東京韓国学園設立期成会発足
▽在日全同胞は民団の下に団結せよ!!
▽〝久保田暴言〟事件の真相
▽韓国人戦犯に慰問

韓僑新聞
（東京本部機関紙）

号外　一九五五年二月五日……465—466
第二一号　一九五五年三月一日……467—468

発行人　李海烔団長

▽所謂統準の怪体暴露！
▽数次に亘り警告したけれど
▽統準の内部分裂及び民団の措置
▽鳩山首相「訪韓」を歓迎
▽大村収容者を釈放
▽池袋駅前で同胞が派出所で殺される
▽南北統協は共産指令（韓国治安局発表）

民団
（兵庫県本部機関紙）

創刊号　一九五六年三月一日……469—472

発行人　金英俊団長

▽李承晩大統領閣下に対する質問書（毎日新聞主筆渡瀬亮輔氏）
▽李承晩大統領の書簡内容（賀川豊彦氏へ）
▽李承晩大統領に訴える（賀川豊彦氏書簡）
▽在日同胞の教育に対する熱意に感激
▽在日同胞子女教育の現況

大韓民報
（大阪本部機関紙）

第四六号　一九六一年四月二十五日……473—474

発行人　車忠興団長

▽4・19英霊よ安らかに！（大阪本部要請書）
▽ボッタリ商人の横行を許すな
▽歴史的にみた祖国統一方案（資料）

東海新報
（愛知県本部機関紙）
発行人　盧恭愚団長

第二号　一九五五年七月二十五日……475—476

▽第二三回定期中央議事会終る
▽「朝総連・統協」打倒に邁進
▽「統協」は何処へ行く
▽韓国人戦犯辻氏に抗議
▽初めての全国団長会議
▽本部内成人教育方針決る

韓僑広島
（広島本部機関紙）

創刊号　一九五五年三月一日……477—478

発行人　金在賢団長

▽創刊の辞（金在賢県本部団長）
▽金剛碩を除名処分
▽民団第二一回定期中央議事会
▽親愛なる同胞諸賢に告ぐ

韓日タイムス
（広島県本部機関紙）

第九七号　一九五二年一月四日……479—480

発行人　金在賢団長

▽李承晩大統領新年のメッセージ
▽迎春の所感
▽韓日親善強化の年（金在賢団長）

韓国学生新聞
（韓学同機関紙）

第二三号　一九五二年十月五日……481—484
第二九号　一九五三年一月五日……485—488

発行人　朴権熙代表　張道源編集

▽民族陣営の新役員に望む
▽韓学同後援会発足す
▽親愛なる在日同胞へ（年頭辞）
▽民団機構の徹底的刷新の声明書
▽一九五三年を迎えて（朴学同代表）
▽一〇年後に備えるもの
▽学生の就職問題

韓国学生新聞

第五一・五二・五三合併号　一九五四年十二月一日……489—492
第五五号　一九五五年五月二十八日……493—496

発行人　金承浩代表　鮮于撤編集

▽各大学の圧巻、手綱を引締めよう
▽共同声明（韓・中・日学生会議）
▽日韓学生協議会結成発足
▽朝鮮文化展をみて
▽声明書（共産主義者は行動をもってその誠意を示めすべきである）
▽学同第十二回総会を迎えて
▽韓国学生諸君に望む（三木治夫）
▽在日韓国学生英会発足
▽東京大学同窓会に新しい動き

大阪韓青時報
（大阪韓青機関紙）

第三号　一九五三年十月三十日……497—498

発行人　羅永秀

▽我が団員は見通しを誤るな（曺寧柱氏）
▽声明書〝久保田発言撤回せよ〟（民団中総発表）
▽テロ団の民愛青陰謀組織の全貌

文教新聞
（朝鮮文化教育会機関紙）

一九四八年三月一日……499—502

発行人　崔鮮

▽3・1革命の烈士に続け
▽3・1革命と朝鮮民族
▽独立宣言書に関する秘史

一九四八年七月十九日
第四一号……503—506
▽建青前途暗澹
▽第二回中央委路線護持
▽朝学同関東本部完全統一なる
▽オリムピック雑記（蔡洙仁会長）

新民報
発行人 扶余弘建

一九五四年二月十日
第一二号……507—508
▽民戦に対する公開状
▽去勢される民族の良心
▽みにくい左翼分子のエゴイズム
▽民戦幹部たちは学資金を横領詐取か？

新世界新聞
発行人 抑洙鉉

一九四八年九月八日
第四一号……509—510
▽在日朝鮮人の就職問題
▽三〇年目に踏んだ祖国の土（朴烈氏談話）
▽密造酒を徹底的に取締まる

新世界新聞
発行人 宋基復

一九五五年六月十日
第一〇七〇号……511—512
▽在日同胞生活難を打開せよ！
▽左翼系列に旅券発給事件
▽組織弊習一掃に勇進せよ

東亜新聞
発行人 朴石憲

一九五三年四月十六日
第一九六五号……513—514
▽休戦に対する我等の決意
▽第一六回定期全体大会開催（大阪にて）

韓陽新聞
発行人 朴石憲

一九五六年六月十六日
第二〇七六号……515—516
▽民団は在日同胞六〇万の代表団体
▽在日同胞子女教育問題は重要な課題
▽在日同胞実業家一〇〇人集

総親和
（南北統一促進協議会）
発行人 元心昌

一九五五年五月十一日
第八号……517—520
▽平和的統一運動を（アンケート特集）
▽平和的統一署名運動を成果的に推進

一九五五年六月十一日
第一一号……521—522
▽全国協議会迫る
▽神奈川統協結成大会開かる
▽祖国平和統一民族体育祭典開く（大阪）

一九五五年六月二十一日
第一二号……523—526
▽統協性格上の問題点
▽統協は単一で団体ではない
▽大阪で祖国統一民族協議会開く
▽全体協議会への提案
▽目でみる統一運動の歩み

統協ニュース
（祖国平和統一民族協議会）
発行人 金晋根

一九五五年六月一日
創刊号……527—528
▽総和と統一え
▽創刊のことばに代えて
▽統協規約と運動目標なる
▽統協の綱領及び宣言文

統一と平和
（統一と平和社）
発行人 権逸（民社同委員長）

一九五九年二月二十一日
第五八号……529—530
▽韓国民主社会同盟綱領
▽民社同結成三周年を迎う
▽国家保安法を撤回せよ
▽李承晩大統領に送るメッセージ
▽「闘争委」の宣言とスローガン

日韓友好
（日韓友好協会）
発行人 鄭漢永会長

一九五四年十月十五日
創刊号……531—534
▽日韓友好協会趣意書
▽李大統領に苦言を呈す（鄭漢永氏）
▽日韓友好への快挙

一九五四年十二月十五日
第三号……535—538
▽鳩山首相、李大統領会談を望む
▽在日朝鮮人の対策機関設置を要望

一九五五年四月十五日
第七号……539—542
▽韓国に日本の機械と技術者を重ねて李・鳩山会談を主張する
▽再び南北統一運動に就いて
▽在日朝鮮人の動きと統一運動に対して

韓青中央機関紙
（一部分）
発行人 全斗銖

一九五〇年……543—546
▽隷民の目醒め

建設
（韓国建設参加者連合）
発行人 李裕天

一九五七年二月十五日
第二号……547—550
▽韓建連本格的活動に突入
▽在日韓国学生も高等考試に参加すべく
▽学術・技術視察団を本国に派遣

民族公論

発行人 不明

一九四八年……551—558
▽前在日本居留民団長朴烈は何故来たか？

建青週報

発行人 黄甲性

一九五一年三月二十六日 第七号……559—560
▽統一推進は我々の義務である
▽民団の生長、発展のために

商工会報（兵庫朝鮮人）

発行人 文東建

一九四七年五月七日 第二号……561—562
▽朝・日貿易の急務を力説
▽兵庫県朝鮮人商工会に寄す
▽兵庫商工界に躍る人々

韓国新聞

発行人 鄭烔和

一九七〇年一一月二十一日 第九九二号……563—566
▽韓国籍の書換えは一方的な違法
▽暴露された朝総連の誘惑戦術

韓国新聞

発行人 尹達鏞

一九七四年九月七日 第一一三六号……567—570
▽故、陸英修女史追悼中央大会
▽アジア大会で韓女子バレー北韓、中共を完破

一九七四年九月二十日 第一一三七号……571—574
▽宇都宮君、恥を知り議員辞せ
▽宇都宮君は金日成の提灯持か

一九七四年九月二十八日 第一一三八号……575—578
▽民団史上未曽有の記録〈民衆大会〉
▽朝総連規制は日本の法的責任である

一九七四年十月五日 第一一三九号……579—582
▽南北対話即時再会（IPU東京会議）
▽民団六十万の求心点

一九七四年十月十二日 第一一四〇号……583—586
▽維新体制への挑戦許さず
▽朴大統領の施政演説要旨

一九七四年十月十九日 第一一四一号……587—590
▽中央会館問題に結論（第24回中央委員会）
▽文世光に死刑宣告

一九七四年十月二十六日 第一一四二号……591—594
▽韓国の国連加入速かに
▽金日成よ！日本人妻を速かに返せ

一九七四年十一月九日 第一一四三号……595—598
▽優秀な在日韓国学生に奨学金支給
▽新型"金冠"慶州98号古墳

一九七四年十一月十六日 第一一四四号……599—602
▽朝総連が民団破壊活動再開
▽愛媛日韓親善協会結成される

一九七四年十一月二十三日 第一一四五号……603—606
▽フォード米大統領韓国入り
▽トンネル事件は北傀の南侵作戦の立証

一九七四年十一月三十日 第一一四六号……607—610
▽朴・フォード両大統領会談
▽韓米・共同声明（全文）

一九七四年十二月十四日 第一一四七号……611—614
▽新民党金泳三総裁発言
▽沖縄に韓国人慰霊塔を

一九七四年十二月二十一日 第一一四八号……615—618
▽文世光の死刑執行、原判決通り
▽本国研修会で精神武装

一九七四年十二月二十八日 第一一四九号……619—622
▽勤勉、自助、協同で国難を克服
▽写真で見る一年間の報道面

一九七五年一月四日 第一一五〇号……623—628
▽新年号、乙卯新年に託す民族の誓い
▽各界人士の新年ごあいさつ

一九七五年一月十八日 第一一五一号……629—632
▽李竜雲妄言に糾弾声明
▽75南北対話とその行方

一九七五年一月二十五日 第一一五二号……633—636
▽民団75年度事業概要を発表
▽朴大統領年頭記者会見

一九七五年二月一日 第一一五三号……637—640
▽セマウム植え運動を挙団的規模で
▽朴大統領特別談話

一九七五年二月八日 第一一五四号……641—644
▽セ民団運動の全国化（規約改正）
▽全国民団三機関長傘下団体合同会議

一九七五年二月十五日 第一一五五号……645—648
▽国民投票で現体制支持
▽民族学校への入学勧誘実施

一九七五年二月二十二日 第一一五六号……649—652
▽大統領緊急措置違反者を釈放
▽改正旅券法施行

一九七五年三月一日 第一一五七号……653—656
▽第五六回三・一節
▽永住許可申請簡素化

一九七五年三月八日 第一一五八号……657—660
▽「セ民団」運動こそ至上課題
▽沖縄海洋博観光に5千人

一九七五年三月二十二日
第一一五九号……661—664
▽沖縄海洋博参観招請事業発足
▽ソウル中央駅、永登浦へ
▽全国に「セ民団旋風」
▽ワナを仕掛けて来た朝総連

一九七五年三月二十九日
第一一六〇号……665—668
▽非武装地帯に第3のトンネル
▽東京韓国人生活協同組合設立
▽第一回国際親善珠算競技大会

民団東京

発行人　鄭在俊

一九七一年一月六日
第二四三三号……669—680
▽朴大統領海外同胞へ新年メッセージ
▽躍進韓国、4分の1世紀をかえりみて
▽朴正熙氏、金大中氏か、史上最大の激戦が予想
▽71年民団の主要課題

一九七一年三月十七日
第二四四二号……681—684
▽70年代の東アジアと韓国
▽民主政治で民族繁栄へ
▽中央団長選に臨む3候補者の所見

一九七一年三月二十四日
第二四四三号……685—688
▽一億六百万の予算承認、非難された会館基金の流用

一九七一年三月三十一日
第二四四四号……689—692
▽出入国管理法案

一九七一年四月七日
第二四四五号……693—696
▽民団中央71年度活動方針
▽入国法に深い関心

一九七一年四月二十一日
第二四四六号……697—702
▽期間延長、課題にもせず永住権韓日実務者会談おわる
▽在日韓国青年同盟が声明発表
▽日本でつかまった北傀スパイ

一九七一年五月十二日
第二四四七号……703—710
▽在日同胞の福祉向上へ、新年度活動方針（予算案可決）
▽第九回地方委員会3機関の活動経過報告
▽民団選挙干渉を非難

一九七一年五月十九日
第二四四八号……711—714
▽謎を深めて発展する録音問題
▽裵東湖氏、記者会見で語る
▽在日同胞北送糾弾大会開かる

一九七二年七月二十五日
第二四九一号……715—718
▽東京大田地域同胞たちが共同で「南北共同声明」支持の大会
▽金大栄民団大田支部副団長のあいさつ（全文）

一九七二年八月二十五日
第二四九二号……719—722
▽八・十五、27周年を記念し、南北共同声明を支持する
▽青年学生たちの中央大会（南北共同声明支持）

東京韓国新聞

発行人　金致淳

一九七四年九月十五日
第十二号……723—726
▽朝総連粉砕関東民衆大会
▽墨田韓国人会館完成

一九七四年十月十五日
第十三号……727—730
▽北傀の軍事脅威なおも存続
▽これだ朝総連の実態だ

一九七四年十二月一日
第十四号……731—734
▽組織整風〝セ民団〟運動を展開
▽江東でセ民団運動の旗あげ

一九七五年一月一日
第十五号……735—742
▽東本75年度の基本目標
▽一九七五年元旦、民団東京組織は完全に正常化しました
▽枝川・深川に分団誕生

一九七五年二月一日
第十六号……743—746
▽挙団的に「セ民団」実践
▽李竜雲の反民族言動を糾弾
▽青年会東京セマウム・シムキ募金活動開始！

一九七五年三月一日
第十七号……747—750
▽東本、国民投票結果で歓迎声明
▽陳斗鉉、公訴事実認む
▽東京江東支部「セ民団運動」で連携

神奈川民団新報

発行人　朴成準

一九七四年九月二十五日
第八号……751—754
▽朝総連解体へ全組織力を集結しよう
▽北傀の手先朝総連が操縦

一九七四年十月二十五日
第九号……755—758
▽会館建設委の活動を積極支援
▽金日成よ！この悲惨な訴えに答えろ!!
▽北傀・朝総連の破壊陰謀を粉砕

一九七五年一月一日
第十号……759—762
▽我が祖国・我が韓半島
▽民団神奈川県地方本部一九七四年度活動総括
▽一九七五年度青年会育成の提言

一九七五年二月二十五日
第十一号……763—766
▽セ民団運動を強力推進
▽北韓社会の構造と実態

千葉民団時報

発行人 申 允 具

一九七四年十一月十日
第八号……767―770

▽第十三回地方委に期待する

一九七五年一月十日
第九号……771―778

▽写真で見る千葉民団一九七四年の記録
▽県内同胞青年三〇〇人集り 百

一九七五年二月十日
第十号……779―782

▽「セ民団運動」を展開
▽七五年新年会・成人式開かる

解放第1周年記念祝賀

西 九四八 賀 新 檀紀

朝鮮建國促進青年同盟縣本部

東京三多摩本部 委員長 李裕天 北多摩昭和町築地

神奈川縣本部 委員長 黃昌周 橫濱市西區藤棚町一の三

千葉縣本部 委員長 崔永宜 千葉縣桑町一

大阪府本部 委員長 郭武俊 大阪市生野區藤山九ノ七二

京都府本部 委員長 金基石 京都市上京區堀川中立賣角

茨城縣本部 委員長 徐相夏 茨城縣土浦市桑町三一四一

群馬縣本部 委員長 孫讚吉 桐生市高砂町一二四

山梨縣本部 委員長 金永鎭 甲府市柳町一〇

福島縣本部 委員長 元得龍 平市中間町五六

山形縣本部 委員長 李相坤 山形縣新庄町驛前

佐賀縣本部 委員長 朴鐘仁 佐賀市赤松町一一

兵庫縣本部 委員長 玄考燮 神戶市兵庫區細原町一の一

山口縣本部 委員長 金喜龍 小野田市セメント町二

四國地方本部 委員長 秋遺腹 香川縣高松市玉藻町六二

和歌山縣本部 委員長 崔奇洌 和歌山市屛風町四

滋賀縣本部 委員長 千垣 大津市東浦町

靜岡縣本部 委員長 金良吉 靜岡市緑町八六

岡山縣本部 委員長 孫桂雲 岡山市内山下元町二ノ二四

德島縣本部 委員長 洵珍守 德島市寺島本町西一丁目

栃木縣本部 委員長 高昌德 宇都宮市旭町二ノ三五一五

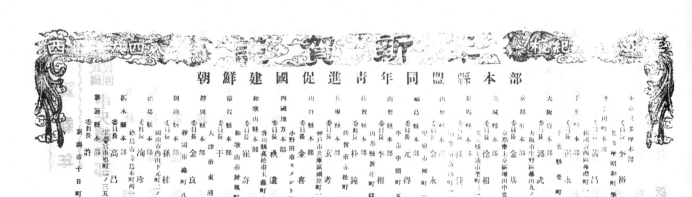

新潟縣本部 委員長 許眞 新潟市十日町六

初代中央団長朴烈氏（一九七四年一月十七日平壌で逝去）

謹賀新年

大韓民國居留民團 中央總本部

團長 朴烈
副團長 高順欽
黃性弼
事務總長 裵正
次長 權逸
外務部長（兼） 權逸
內務部長 崔永洛
地方部長 河一清
次長 金學鳳
文教部長 朴到春
情報宣傳部長 朴性鎭
次長 尹相源
新聞部長 朴準
婦女部長 李淑子
經濟部長（兼） 裵正
青年部長 李裕天
社會部長（兼） 裵正
次長 高潤浴

議長團 洪賢基
金光男
徐相漢

中央監察局長 金鍾在
次長 丁賛鎭

解放（1945. 8. 15）ソウル市民たちの喜び

解放(一九四五・八・一五)の喜びで行進する青年学生

解放第 I 周年民象大会 (1946. 8 . 15)

光復第2周年記念行事・建青行進隊(一九四七・八・一五)

光復第2周年記念・建青行進（一九四七・八・一五）

在日朝鮮建国青年同盟中央総本部主催光復第2周年（先頭徐鐘実氏、安熙祥氏）

在日朝鮮人は解放后日本から帰国を開始した。初めは下関港で行ったが配船の関係上福岡博多港に移行した。朝鮮人連盟と朝鮮学生同盟は帰国同胞救護医療班と帰国案内役を派遣した。1945年11月頃、当時学生同盟では、姜大位氏、姜富遠氏、洪準岐氏(明大)、李金龍氏(中大)、韓浩権氏、曺祥鉉氏、金秉錫氏、盧炳哲氏(医)、禹昌鎮氏、禹昌道氏(通訳)

自治隊員と朴性鎮氏、張暁氏、金得宝氏、帰国同胞博多準頭救護会（事務所前）

1946年建青中央委員会を終えて本部前で記念撮影、前列：朴根世氏、金連斗氏、金容太氏、洪賢基氏、崔圭泰氏、金琮斗氏、 黃甲性氏、徐鍾実氏、張聡明氏、李元裕氏、後列：李允求氏、曺允具氏、安熙祥氏 金秉錫氏、金聖寿氏、禹昌鎮氏、申昌变氏、南宮琇氏

見よ！1946年11月12日建青中央総本部の建設隊の勇姿（於安房支部、当時朝連の金天海はビックリしてにげたという話）

吾々は日本全国に民団結成のため朝連と勇敢に戦った（1946. 11. 12・安房支部にて）

建青兵庫県本部の故玄孝燮委員長の第14周忌祭（民団兵庫県地方本部主催）

在日韓国社会に広く知られた神戸韓青ビル裁判事件　朴性鎮氏、梁一万氏、金英俊氏、孫桂雲氏、李徳宇氏　（大韓青年団 兵庫県本部前）〈朴性鎮氏提供〉

1946年度、許雲龍氏が経営する日刊国際タイムス社々員一同（真中の背広両枚の姿が 許社長）

建青支部結成会披露宴会光景　奥の方：洪賢基氏、金琮斗氏、李禧元氏、李炯緑（右２人目）(1945.11)

後列 金仁洙氏、安熙祥氏、崔圭泰氏、金琮斗氏、李禧元氏、徐鐘実氏、許雲竜氏、金容太氏、蔡洙仁氏、前列、洪萬基氏、洪賢基委員長、鄭逸仙氏、洪徹氏、李海竜氏
(1946)

李元裕氏、李海竜氏、崔圭泰氏、蔡洙仁氏、安熙祥氏、李禧元氏、洪賢基氏、金仁洙氏、朴根世氏、徐鍾実氏、金容太氏、金琮斗氏、洪万基氏、洪六萬氏、
(1946・3・30)

在日朝鮮建国青年同盟本部の幹部一同記念写真　徐鍾実氏、洪賢基氏、朴烈氏、金容太氏、許雲竜氏、金海成氏、李海竜氏、崔温虎氏、全斗鉄氏、洪万基氏

李禧元氏　李裕天氏　蔡洙仁氏　建青幹部正門前記念撮影

建青幹部と一期修業生と記念撮影（1947.3.28)、於在日朝鮮建国促進同盟中央 訓練所（荻窪）　崔善氏、洪久城氏、孫英基氏、金炳連氏、李海竜氏、
李台求氏、蔣洪仁氏、洪賢基氏、李禧元氏、李裕天氏、韓参洙氏

蔡洙仁中央訓練所長を囲んで卆業証書をもってツメエリの第一修業生一同と記念撮影（1947.3.28)、前二列目から韓参洙氏、崔銀洙氏、崔文道氏

李元裕氏、徐鍾実氏、全斗銖氏、金容太氏、金海成氏、李海竜氏、許雲龍氏、崔伭虎氏、金鉉成氏、前列：朴烈氏、洪賢基委員長
杉並区天沼建青訓練所で記念撮影（1947）

洪万基氏、朴根世氏、徐鍾実氏、洪賢基氏、安熙祥氏、金琮斗氏、黄甲性氏、金容太氏、李海竜氏

金海成氏、鄭逸仙氏、李海竜氏、朴根世氏、徐鍾実氏、黄甲性氏、洪賢基委員長、洪万基氏、金容宰氏、李元裕氏
(1946年旧陸士の跡、建青中央総本部前、雪の日)

洪万基氏、李富潤氏、金容宰氏、朴仁哲氏、李海竜氏、建青中央玄関前（1947年）

許雲龍国際タイムス社長、朴烈先生と千葉刑務所訪問

朝鮮建国促進青年同盟川崎支部

一九四六年　洪徹氏、金聖煥氏、崔圭泰氏、李禧元氏、蔡洙仁氏、金村はるちゃん（金景泰氏）

イギリス極東艦隊サッカーチームと建青チーム親善試合後11人の顔

英国艦隊員と建青チーム親善サッカー試合。建青中央総本部正門前（旧陸軍大学校跡）で、後列：金聖燦氏、金宗斗氏、前列：崔圭泰氏、李禧元氏、蔡洙仁氏、金村はるちゃん（金景燦氏）（一九四六・五）

英国艦隊対朝鮮親善サッカー試合（1946.5.4)、一番前が季禧元建青副委員長、於建青中央総本部玄関正門前（青山一丁目の旧陸軍大学校）

1946. 5.19名古屋に於いてサッカー試合優勝　　李禧元氏、許雲竜氏、蔡洙仁氏、金景泰氏、金仁洙氏

在日朝鮮人全国サッカー試合選手団一同（建青中央本部裏空地グランドにて）　金世基氏、洪徹氏、蔡洙仁氏、金景泰氏、金容太氏、李栄根氏、
崔圭泰氏　全聖煥氏

在日朝鮮建国青年同盟中央総本部（旧陸大校舎青山）裏の建青専用グラウンドでサッカー試合中

朝鮮建国青年同盟旗

1947年11月16日建青二周年記念日の金琮斗財政部長

朝鮮新聞（建青機関紙）社のために160万円を自払切って運営した金琮斗社長時代

建青中央正門前　金琮斗財政部長　崔圭泰建設部長

金琮斗氏、崔圭台氏〈座姿〉金仁洙氏

ベルリンマラソン王孫基禎氏、ボストンマラソン王徐潤福氏、崔崙七氏
洪賢基中央委員長、李裕天渉外部長、金琮斗神奈川委員長、金聖煥氏、朴準氏

祖国解放２周年記念崔圭台氏と建青通訳官（ドイツ人）

ボストンマラソンで優勝した徐潤福、崔崙七両選手と金琮斗氏、洪賢基氏

大韓民国憲兵と金琮斗委員長、徐相夏体育部長、故河一清（河相亨）氏（1949年６月頃）

左から直允具氏、朴根世氏、李元裕氏、裵圭台氏、金琮斗５氏

坂本事件で投獄された同志の出所を待つ私達、
洪賢基氏、金琮斗氏、故金奉炯氏、李承裕氏

建青中央委員会に参加した幹部たち、左から張聡明氏、朴根世氏、川崎支部長、鶴見支部長、
金琮斗氏、黄甲性氏、金聖寿氏、金秉錫氏、禹昌鎮氏

共産徒輩（朝連）５名から殺害された
（秋山）玄孝燮中央副委員長兼兵庫県
本部委員長

赤坂青山１丁目に在った（旧陸大校舍）建青中央本部前に召集した建青の若者達は朝連の襲撃に備えて万全の対策を整えた
朝連は100名近くの儀性者を出し建青は約20名の儀性者を出した事件の日
制服は当時の日本の航空軍服である

左から全奉烔文化部長（建青正式制服）琴錫竜朝鮮新聞主筆、洪賢基委員長、金琮斗財政部長と和江夫人

駐日代表部招待パーティ後の記念写真
左から朴準氏、辛熙氏、朴魯禎氏、朴宗根氏、金琮斗氏、李允求氏

建青神奈川聯合学院仮事務所、金琮斗委員長は民族教育の先見者でもあった
李根馥氏（現、横浜商銀専務）

建青中央本部前、左から禹昌鎮氏（翻訳）　禹昌道氏（通訳）　ミス李（通訳）金秉錫氏

建青全国大会の際　議長団左側金琮斗氏

神奈川県建青横浜学院演芸会、前列の中央に座った故黄昌周氏は誠実な指導者であった

神奈川建青聯合学院長金琮斗氏に卒業生総代から謝恩答辞を読んだこの生徒は今何処で何をやっているでせうか？

建青神奈川県本部屋舎前 金琮斗委員長、黄昌周氏、金任祥氏、金令石氏、李根馥氏と川崎支部長

建青神奈川主催の慰安演芸会に集参した盟員群象

朝鮮人納骨塔転徒改葬記念碑
1947.3.25於横浜菊名町蓮勝寺
発起人、朝鮮人社会事業施設愛隣園長 李誠七氏、建青中央委員長洪賢基氏　建青神奈川県本部金琮斗委員長が20万円寄附金２万円と併せて全額22万円で建立した

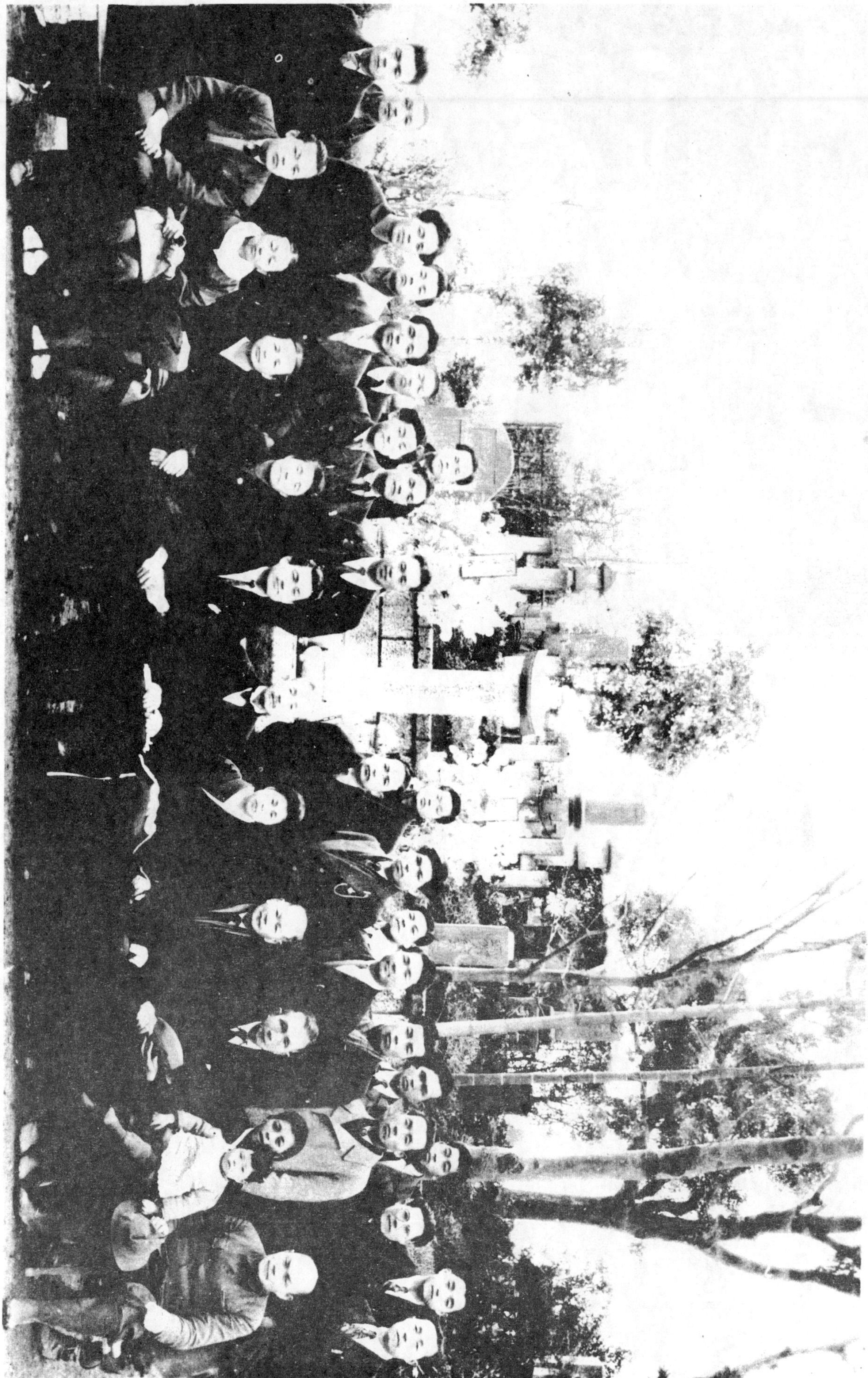

朝鮮人共同墓地記念碑建立除幕式を終えて記念撮影、金琮斗委員長、李根馥氏、裵東湖氏、張聡明氏、1947.3.25

建青神奈川県本部金琮斗委員長執行部一同、　金令石 元中央団長、張聡明元中央議長、李根複横商専務、金容善前北海道本部副団長　1946年

民族教育の先端を開いた建青横浜学院で金琮斗委員長から表彰状を受ける生徒（1946年）

建青神奈川県本部執行部熱海慰安会 奥の方 金琮斗委員長ビール立ち飲みが張聡明宣伝部長

1946年3.1節記念民衆大会を終えて市街行進する光景　右先頭が金琮斗委員長

建青神奈川県本部保安隊諸君

1948年建青三周年記念演芸会の一幕　太極旗と建青旗

建青横浜学院生の運動会の網引き姿

下は国語の時間にハングル勉強

建青サッカーチーム、李禧元氏、金琮斗氏、金聖煥氏、崔圭泰氏、洪六萬氏、蔡洙仁氏、韓参洙氏、金連斗氏

朝鮮建国促進青年同盟中央総本部正門前で米占領軍と記念撮影
（中）崔圭泰建設部長（右）金琮斗財政部長

ベルリンマラソン優勝者孫棋禎選手、ボストンマラソン優勝者徐潤福選手、金琮斗財政部長と
和江夫人、韓晛相氏、右二人目が禹昌媛女史

建青最初の民衆大会見よ!!完全独立をさけぶ青年達!!

建青大阪本部屋舎（康永先氏）

鄭奉善氏（建青制服姿）

趙靖久氏（建青制服姿）

建青大阪本部の幹部

米軍将兵と野遊会（朴烈中央団長、洪賢基委員長、李康勲氏、金正桂氏）

初代建青委員長洪賢基氏を囲んで第18周年記念撮影　前列：李海竜氏、金容太氏、李元裕氏、金聖煥氏、洪賢基氏、朴根世氏、朴性鎮氏、曹圭珌氏
中列：金允中氏、金英俊氏、鄭炯和氏、金今石氏、金明洙氏、申瀕浩氏　後列：韓昌圭氏、李允求氏、金仁洙氏、蔡洙仁氏、呉敬福氏、李禧元氏、鄭哲氏、

朴烈氏出獄記念撮影（佐藤元吉法律事務所前）

藤下秋田刑務所々長の長男（朴定鎮）を養子として出獄した朴烈氏を迎える在日朝鮮同胞たち（1945）

「私は李康勲です」とあいさつする光景（演壇）

崔理壇氏、朴烈氏、正木ヒロシ氏朴性鎮氏、張義淑夫人、鉄光鎔氏、大韓国民議会駐日公事処
(阿佐ヶ谷所在)　　　（臨政国務委員時一朴烈）

反託の決議案を終えて万才を唱える光景

李大統領紹介でマッカーサー元師と握手する朴烈氏（オーミスターパク ハウ アー ユー）1948.8月

東京都阿佐ヶ谷に設置された大韓国民議会駐日公事処

李康勳氏、朴性鎮氏、崔理壇氏、朴烈氏、山本宗一郎氏

朴性鎮氏、朴烈氏、李牧師（東米国）録煥氏、正木ヒロシ氏、崔理壇氏

朴烈氏 、 李康勳氏

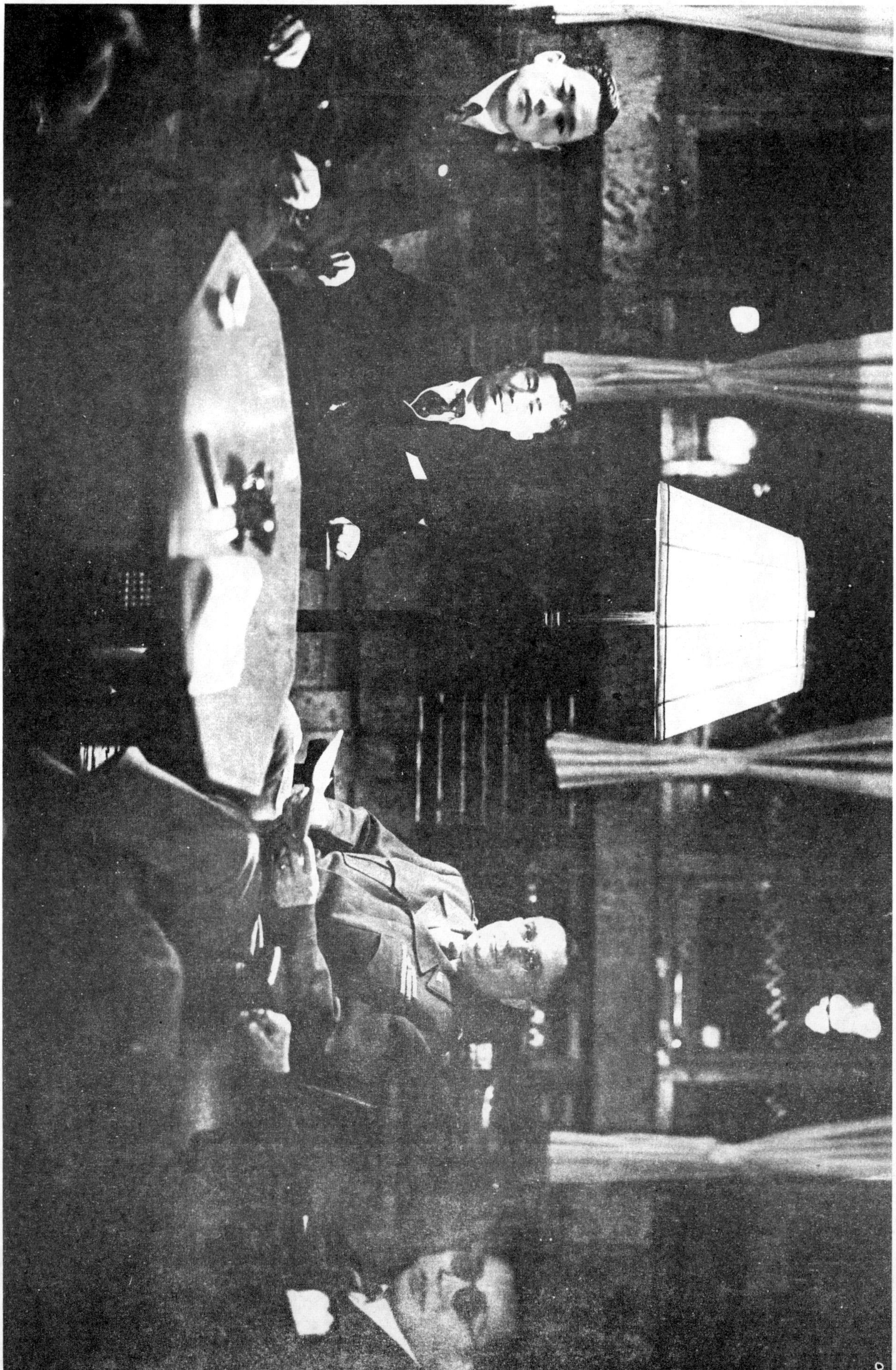

左、李玉童氏、朴烈団長、全斗銖氏

初代中央団長朴烈氏、神奈川県本部団長、朴魯禎氏と国連軍将校たちと記念撮影

民団幹部　元、元心昌団長、李康勳先生記念写真

朝鮮建設同盟幹部　　金光男氏、朴性鎮氏、金載華氏、朴烈氏、高順欽氏、梁炳斗氏、

紀元4280年
萬歲 朝鮮開國記念民衆大會 慶祝

前列：金載華氏、鄭周和氏、朴根世氏、裴正氏、金光男氏、高順欽氏、朴烈氏、金聖洙氏、朴魯禎氏、呉宇泳氏
中列：朴準氏、丁遠鎮氏、梁炳斗氏、南亀卦氏、朴性鎮氏、金炳栄氏（於大阪中之島公会堂前）〔朴性鎮氏資料提供〕

駐日韓国初代公使卞栄泰氏歓迎会の記念写真、朴烈中央団長、卞栄泰公使、金容植氏、朴根世氏、朴性鎮氏、張聡明氏 金允中氏、権逸氏、尹致夏氏、金琮斗氏、金聖煥氏、崔道敬氏、朴準氏、李元裕氏

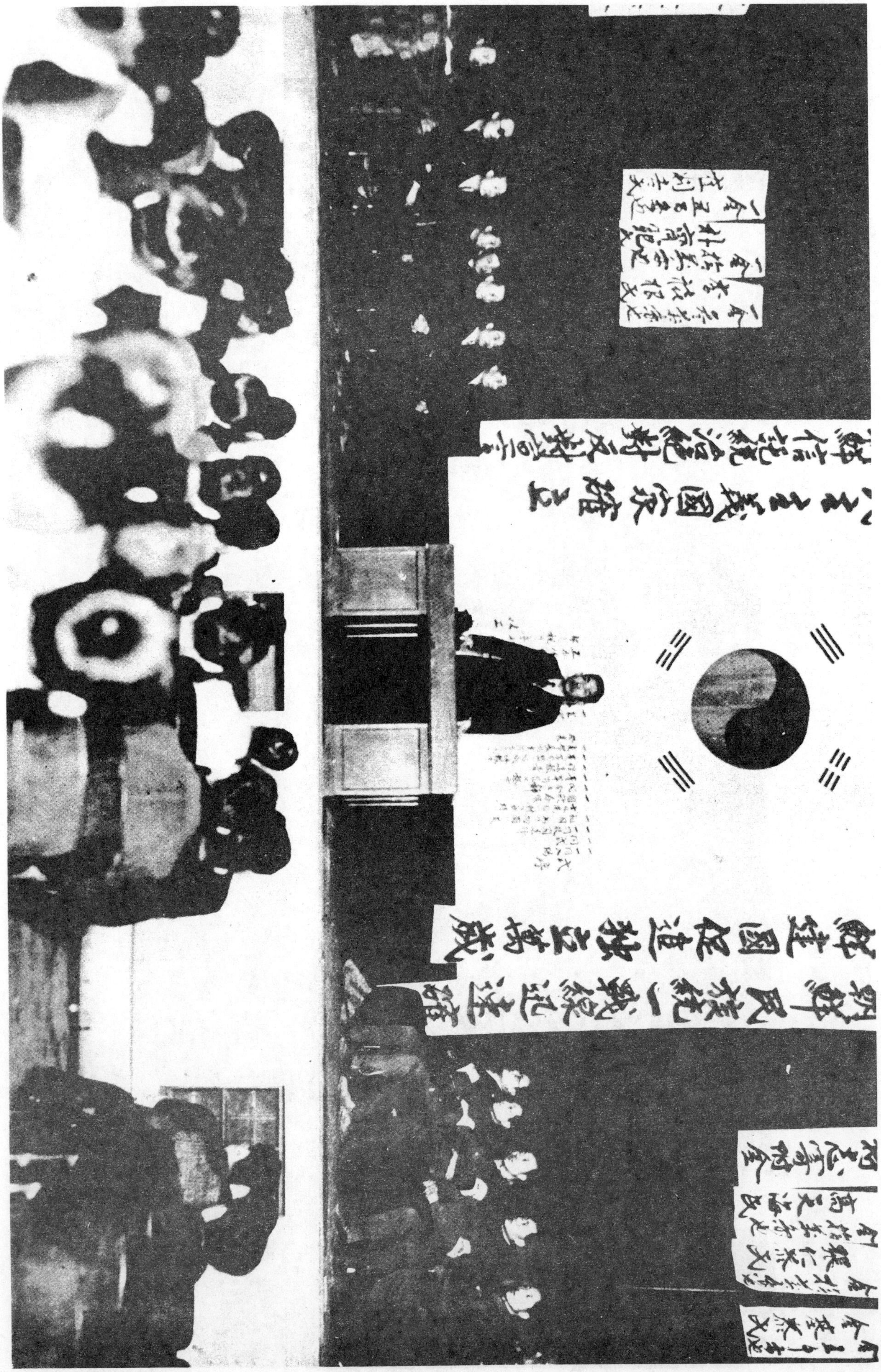

初代中央団長朴烈氏の朝鮮信託統治絶対反対宣言する光景

在日朝鮮文化団体連合会の第五回総会で役員改選で当選された姜渭鍾委員長のあいさつする光景
（左は閔正植副委員長）

洪久城氏、金哲洙氏、鄭義偵氏、崔鮮氏、鄭達鉉氏、洪万基氏、李鉉達氏、金正福氏、曺正煥氏、金昌奎氏、尹快鳳氏、李銀瀅氏、崔振動氏、在日朝鮮文化教育会文教新聞社一同

前列：朴烈中央団長、張義淑夫人、朴栄一氏(長男)、李康勳氏、朴性鎮氏、後列：張仁根氏、鄭泰成氏、裴正氏、孫案秀氏、金載華氏、呉宇泳氏、劉虎一氏

朝鮮建国青年同盟三多摩本部役員一同

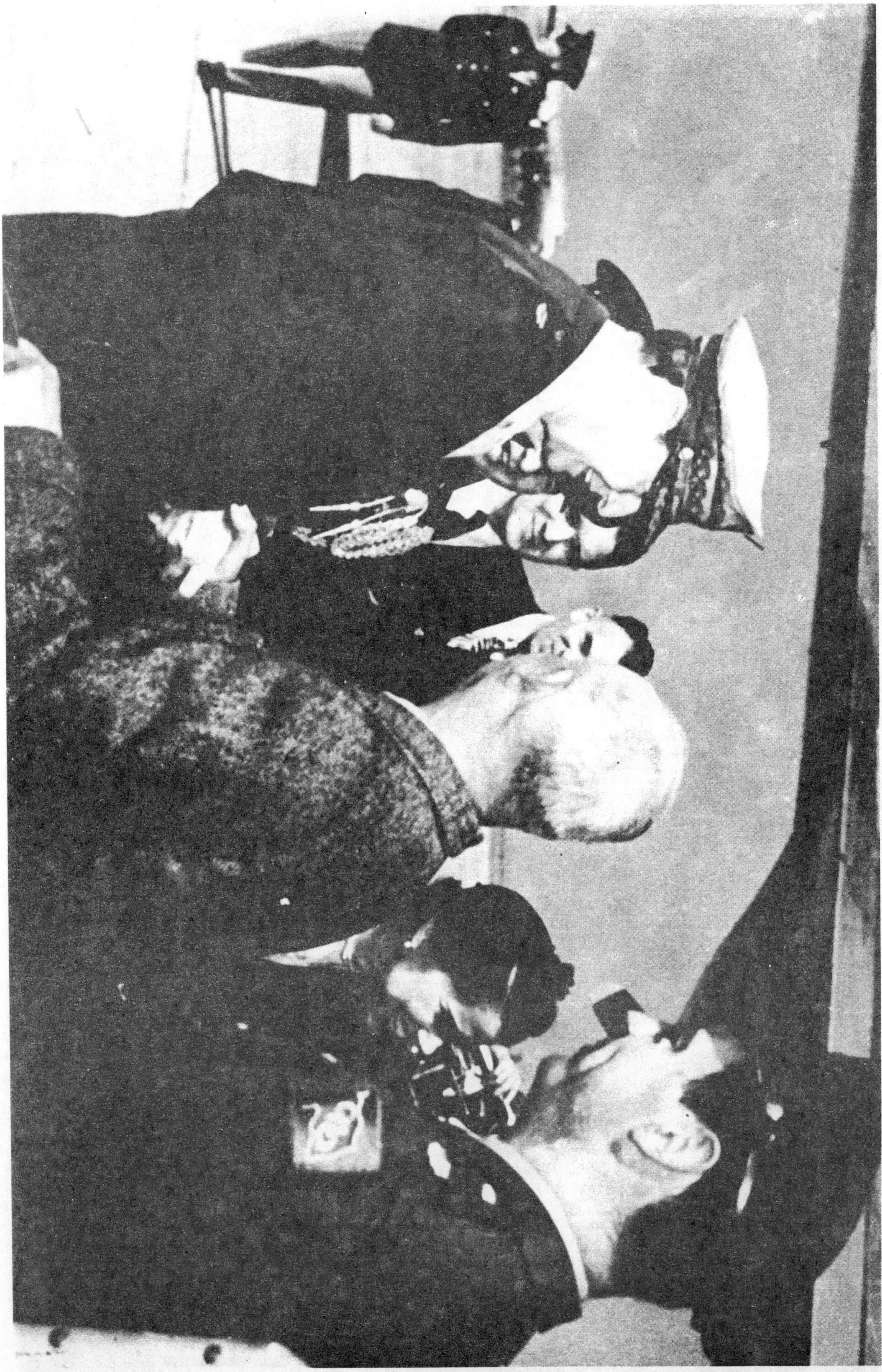

李承晩大統領を迎えるマ元帥

新朝鮮建設同盟中央本部幹部一同（金光男氏、李康勲氏、朴烈氏、金正柱氏、金載華氏、高順欽氏）

李康勲氏、朴烈氏、金晋根氏（GHQ将校と）

朴準氏、高順欽氏、尹致夏氏、朴烈氏、裵正氏、朴魯禎氏、朴性鎮氏、李承晩大統領、黃性弼氏、金載華氏、
1948.8.15 政府樹立時祝賀使節一行

高順欽氏、李仁氏、李烈爽氏、朴烈氏、尹致映氏、韓学洙氏、金東成氏、張沢相氏、黃性弼氏、
朴魯禎氏、安浩相氏、直泰岩氏、朴性鎮氏、朴準氏、金光男氏、裵正氏、金載華氏

在日朝鮮居留民団中央幹部歓迎会宴光景　朴烈氏、朴性鎮氏、高順欽氏、朴準氏

第一次祝賀使節団（於ソウル明月館・1948.8）金載華氏、朴準氏、朴性鎮氏、金鍾在氏、黄性弼氏、尹致夏氏、卞栄宇氏、裵正氏、曺奉岩氏、安浩相氏、朴烈氏、李範奭氏、高順欽氏、任永信氏、銭鎮漢氏

李垠王殿下夫妻の邸宅（現在赤坂プリンスホテル）を訪れて朴烈中央団長と朴性鎮秘書に当建物を提供して下されと交渉 した際の記念館は駐日韓国大使館　　記念として 大使級に使用したいと申入れた

民団佐賀県本部結成式を終えて記念撮影　朴烈中央団長、朴性鎮氏（団長秘書）朴定鎮（団長の養子日本各藤下君）（学生服）（秋田刑務所長の息子）

朝鮮居留民団と建青幹部の記念撮影

1949年民団島根県本部結成のために中央から朴性鎮氏を派遣した本部幹部と記念写真

金載華中央団長の訓辞（中央総本部屋上にて）

金今石広島県本部団長の光復記念祝辞光景（4288.8.15）

在日朝鮮居留民団大師支部役員一同（1949. 7.12）

在日本大韓民国居留民団本国事務所開所式記念（4293.10.21）

在日朝鮮学生同盟役員（1947. 12月）田炳旲氏、李鐘鳴氏、下源斗氏、鄭鎮鎬氏、姜大位氏、陳明根氏、金聖寿氏、金熙星氏、金鉄氏、金重根氏

1948年度朝学同中央本部幹部達ちの記念撮影（後列：郭乙徳氏、鄭東変氏、金秉錫氏、朴千石氏、洪玉姫氏）

朝学同幹部と各大学同窓会幹部記念撮影（1946年度）

前列：金秉錫氏、姜理文氏、權寧範氏、鄭熙変氏、郭乙徳氏、金圭昇氏、鄭東変氏、權赫来氏、韓昌一氏、崔竜渕氏、尹栄基氏、韓奎煥氏、京都本部役員

1948.7.11・中央委員会（前列：鄭東変氏、郭乙徳氏、金圭昇氏、鄭熙変氏、金秉錫氏、姜理文氏、韓圭煥氏、尹栄基氏、权寧範氏、崔竜渕氏、権赫夾氏）

1949年度３月朝鮮学生卒業祝賀会（リボンを付けた者のみ卒業生）

朝学同盟員一同（豊島園・1946. 9）

東京朝鮮学生同盟関東本部春季運動大会（1947.5.10-11）

在日朝鮮学生救国演説大会（早大大隈講堂・1948年 8 月）

1948年在日朝鮮学生同盟中央本部の主催で、早稲田大学大隅講堂で救国雄弁大会を開催した当時。
姜理文代表委員の隣りが郭乙徳氏

1949年朝学同大運動会（左から姜理文氏、韓秉柱氏、尹栄基委員長、優勝旗受ける李栄吉氏、左：金世基氏）

朝鮮学生同盟大阪本部会議室(1946. 6.7)

ボストンマラソンから帰り途に孫基禎、徐潤福両選手

後列：権五権氏、李活男氏、前列：金秉錫氏、李現坤、朴承浩氏、宋氏、崔景乙氏　　　明大政経科

明大、法政、中央大、日大と合同慰安会（1947年の夏休みに江の島海水浴の帰りに記念撮影）

明治大学

前列：文氏、金氏、韓氏、李氏、卞氏、方氏、
後列：田炳昊氏、朴仁哲氏、康元周氏、金鍾浩氏、金重遠氏(明大法学科)

後列：金氏、康氏、李氏、文氏、前列：成容根氏、金鍾浩氏、朴仁哲氏

明治大学朝鮮同窓会新入生歓迎会（1948. 5. 15）後列旗手：金秉錫氏、前：康元周氏、金応烈氏、朴仁哲氏、金正柱氏、権逸氏、野田先生、李能相氏

明大朝鮮同窓会主催（1948年）で学同幹部と鎌倉旅行（大仏前）　（前列左：朴仁哲氏、④金秉錫氏、張昌壽氏、田炳昊氏、前右：李現坤氏）

1947「明大朝留」同窓会メンバー　後列：金秉錫氏、朴仁哲氏、李承煒氏、康元周氏、李富潤氏、洪準岐氏、李現坤氏、朴東烈氏
前列：[illegible]、[illegible]、[illegible]、[illegible]、[illegible]、朴福民氏、朴千石氏

明大朝鮮留学生同窓会（旗手：金遠根氏、朴千石氏、洪準岐氏、金奉中氏、方承烈氏、朴福民氏、韓善大氏、朴東烈氏）（明朝旗は金秉錫製作）

明治大学朝鮮留学生記念（1949.3.25）・明大講堂前、崔景乙氏、朴仁哲氏、成根容氏、李富潤氏、崔善海氏、金秉錫氏、韓浩権氏、卞源斗氏、金鍾浩氏、李活男氏

1949年 3 月25日明大卒業（朝鮮人）記念（前列)辛裕善氏、康元周氏、田炳旲氏、李活男氏、金秉錫氏、韓台烈氏、李現坤氏、金焆吉氏、崔善海氏、崔景乙氏、金鍾浩氏、成根容氏、都相学氏、白相弼氏、韓浩権氏、

明大朝鮮同窓会（1946.6.8）後列：故田炳昊氏、都相学氏、金秉錫氏、朴千石氏、李允求氏、朴仁哲氏、文永春氏、金遠根氏、崔景乙氏、方承烈氏

早稲田大学朝鮮同窓会 (1946. 8 . 26)　柳海応氏、李鍾潔氏、尹栄基氏、洪起華氏、白光煜氏、姜理文氏、李栄根氏、崔京泰氏、宋正氏、

中大朝鮮留学生一同（1946. 10. 16・中央大学正門前）

日大朝学生熱海の慰安旅行、金聖寿氏、孫宗武氏、李烱緑氏、田福栄氏

1947年 7 月、立姿は、金聖寿氏、田福栄氏、周聖会氏、李烔録氏、
前列：金聖闇氏、申昌変氏、李彩雨氏、金徳憶氏、日本大学朝鮮留学生、大島旅行先で島女性と記念撮影

1950年 3 月25日・日大朝鮮学生卒業記念写真（崔道敬氏、金聖寿氏、金聖闇氏、孫宗武氏、申昌変氏、李焆緑氏、李彩雨氏）

日大朝学生卒業後送別会場（1952.3.30）、李烱緑、周聖会先輩を迎えて前列は恩師と卒業生

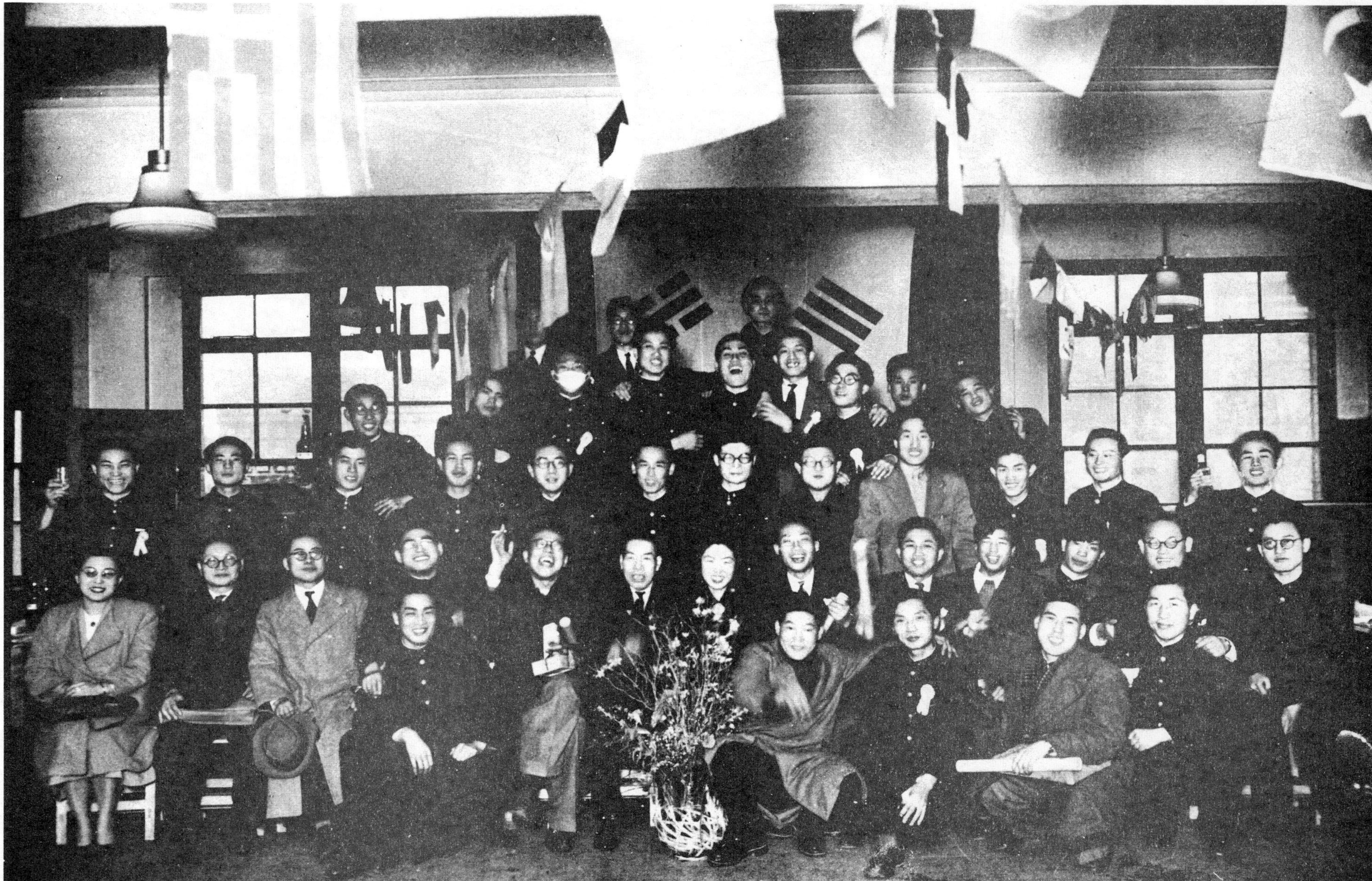

日本大学朝鮮学生卒業生送別会（1948年度）金禹錫氏、周聖会氏、申昌変氏、孫宗武氏、金聖闇氏、金聖寿氏、李炯緑氏、朴性鎮氏

在日韓国学生同盟中央本部主催で1952年度卒業生と新入生祝賀会　前列：鄭烱和氏、金禹錫氏、裵東湖氏、全斗銖氏、李元範氏、李承煒氏
後列：金英鎮氏、安基伯氏、趙万済氏、韓昌圭氏、姜徳才氏、朴権熙氏、李金竜氏、金承浩氏、徐宮煒氏、崔成源氏、金九卨氏、呉敬福氏、李烱緑氏

韓学同幹部親睦会（田炳昊氏、朴炳憲氏、金応烈氏、李元範氏。　前列：金熙星氏、金禹錫氏、裵東湖氏、朴俊英氏、李鐘鳴氏、金聖闇氏）

元、鄭寅錫氏、曺寧柱氏、朴性鎭氏、鄭炯和氏

6.25動乱の際在日韓国人自願軍（神奈川県出身）

6.25動乱に参戦した在日韓国人自願軍と国連軍仲良く

府中の徐相漢先生を迎えて記念撮影（呉宇泳氏、裵正氏、金鐘在氏、鄭鳳基氏、韓晛相氏等 李吉変氏）

北送反対斗争時の勇士たち（民団中総に集合した自転車抗議団記念撮影）

在日体育幹部景武台礼訪（後列：田福栄氏、李起鵬氏、李能相氏、金荘煜氏、李裕哲氏 金英鎮氏、
金相黙氏 前列：金東春氏、裵徹氏、蔡洙仁氏（李承晩大統領）、吉絵植氏、曺祥鉉氏）

景武台李承晩大統領を礼訪した民団幹部

民団中央引卆で母国訪問の際、伊大統領礼訪記念

大阪興銀母国産業視察団一行と尹譜善大統領礼訪記念

在日韓国学生母国夏季学校入校生と朴大統夫妻と記念撮影　　右：呉敬福氏、金昌式氏

在日同胞母国訪問団一行　　宋暁賛首相、張世濬氏、李允求氏

東京オリムピック大会準備の民団役員と実務者たちと記念撮影（1964. 10)

在日僑胞学術視察団来韓記念撮影（1957. 7. 10）李裕天氏、李相台氏、卞周浩氏、朴華緒氏、朴英勳氏

東京太田支部・金容宰氏指導のもとに編成された自転車部隊

故申灝氏、朴炳憲氏、崔学阜氏、鄭烔和氏、李相権氏、金沅泰氏、李吉変氏、沈種載氏、李鍾舜氏、尹翰鶴氏、金秉錫氏
1968年全国地団長及事務局長会議後中央本部前で記念撮影

東京築地本願寺で行われた大平洋戦争韓国人戦没者慰霊祭（1967年 7 月20日）

東京築地本願寺で太平洋戦争韓国人戦没者遺骨奉還会姜渭鍾会長の主催で慰霊祭を行った記念撮影（1969.10.28）
李裕天氏、姜渭鍾氏、李永三氏、金仁洙氏、姜学文氏、金允中氏、鄭達鉉氏、金信三氏、李舜夏氏

在日　国人協定永住権申請促進運動に活躍した民団幹部をK.A.L会社の招請で東南アジアを案内した〈1971.1.29～2.4〉万国（タイルランド）
金允中氏、白丁赫氏、李春植氏、朴東溪氏、趙衛行氏、鄭焗和氏、孫張翼氏、鄭在俊氏、金宰淑氏、李相権氏、丁海龍氏、孫晋協氏、金龍煥氏、金虎一氏、朴性鎮氏、卞先春氏、

丁一権国務総理閣下一行 EXPO'70 韓国의날 参席記念写真

EXPO'70韓国の日に丁一権国務総理を迎えた記念写真（大阪世界万博）李熙健氏、金在権氏、朴漢植氏、朴根世氏、李禧元中央団長 丁一権国務総理、李厚洛駐日大使、韓緑春氏、張聡明氏、姜桂重氏、丁賛鎮氏、李裕天氏、金正桂氏、朴太煥氏、李甲寿氏、李鍾舜氏、姜仁煥氏、李成甫氏、朴炳憲氏、李聖南氏、直允具氏、金恩沢氏、鄭在俊氏、朴性鎮氏、権逸氏、白丁赫氏、崔永聖氏、卞先春氏、許亨淳参事官、黄孔煥氏、宋賛鎬公使、金鎮弘氏、金宰淑氏、丁海龍氏、李相権氏、金今石氏、趙洐衛氏、金虎一氏

韓青全国夏季講習会（熱川にて、太極旗の正面：金宰淑委員長）

在日韓国学生祖国遠征体育団一同、4.19義挙学生対策委員会招請（1960年 8 月18日）

韓青西日本地区秋期講習会（1963. 10. 6・於須磨荘）

奈良の天理大で開かれた反共講習会、金圭南氏、崔唐渉氏、申国桂氏、金晋根氏

宝塚学園卒業式（1957. 3. 20）

長野県地方本主催の大統領当選祝賀会（1963. 10. 21・松本市内－平食堂にて）

民団支部役員一同記念撮影

岐阜県多治見支部結成大会後記念撮影（1965. 10. 8） 李甲寿氏、金多治見支団長

金在鉉公使秋田県本部幹部たちと記念撮影

東日本地域幹部講習会（1961.9.8～9.15　新潟にて）　金致淳氏、姜錫憲氏、蔡洙仁氏、曺寧柱氏、李吉変氏

アジア友の会久保田鉄工㈱堺工場見学記念（1963.8.22）

駐日公館夫人と婦人会の食事会（1961年８月・新橋亭）

民団京都本部役員（金在述氏、李宗樹氏、梁炳斗氏）

三一節36回記念大会（1955.3.1）

埼玉県地方本部経済人同志会慰安旅行（1960年度）

名古屋韓国人経済会長張永駿氏から植村甲午郎会長（右）に記念品贈呈（司会は金漢泳事務局長）

現赤坂ミカドの裵在潤（小浪義雄）氏を中心とした兵庫経済人達（洪賢基氏と黃孔煥氏、李義敦氏）

新潟県新津市韓国会館落成式

大韓民国居留民団中北、近畿地区夏期講座受講記念（1962. 8. 7・於名古屋観光会館）松原氏、李甲寿氏、呉敬福氏、盧恭禹氏、崔学阜氏、丁海竜氏

在日本大韓民国居留民団南武支部

全国監察委員会会議（1962. 11. 21） 李金竜氏、李相台氏、鄭炯和氏、權逸氏、曺寧柱氏、姜錫憲氏、張聡明氏、金巳哲氏、趙根衛氏

民団中央幹部と全国地方本部役員、研修会　金仁在氏、姜学文氏、卞先春氏、尹奉啓氏、李寿成氏、李能相氏、朴準氏、尹相源氏、申灝氏、崔永聖氏、高瑢潤氏、呉敬福氏、崔成源氏、李元世氏

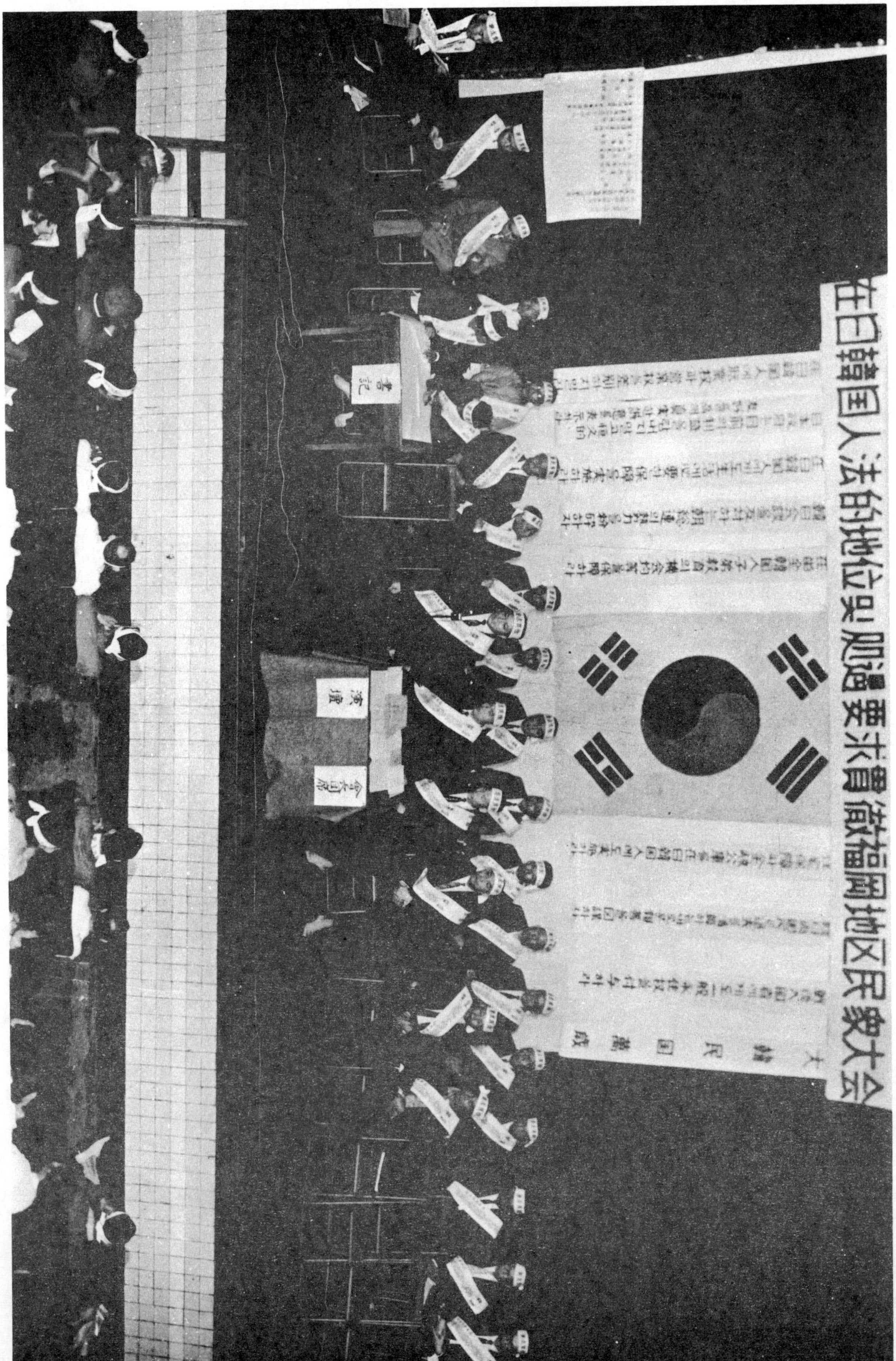

在日韓国人法的地位及待遇要求貫徹福岡県地区民衆大会場面僑胞約三〇〇〇名が参加した

今から15年前に行われた韓日会談早期妥結促進大会　　金鍒斗氏

愛知県大韓婦人会総会后の記念写真

在日韓国人法的地位及処遇要求貫徹中央民衆大会

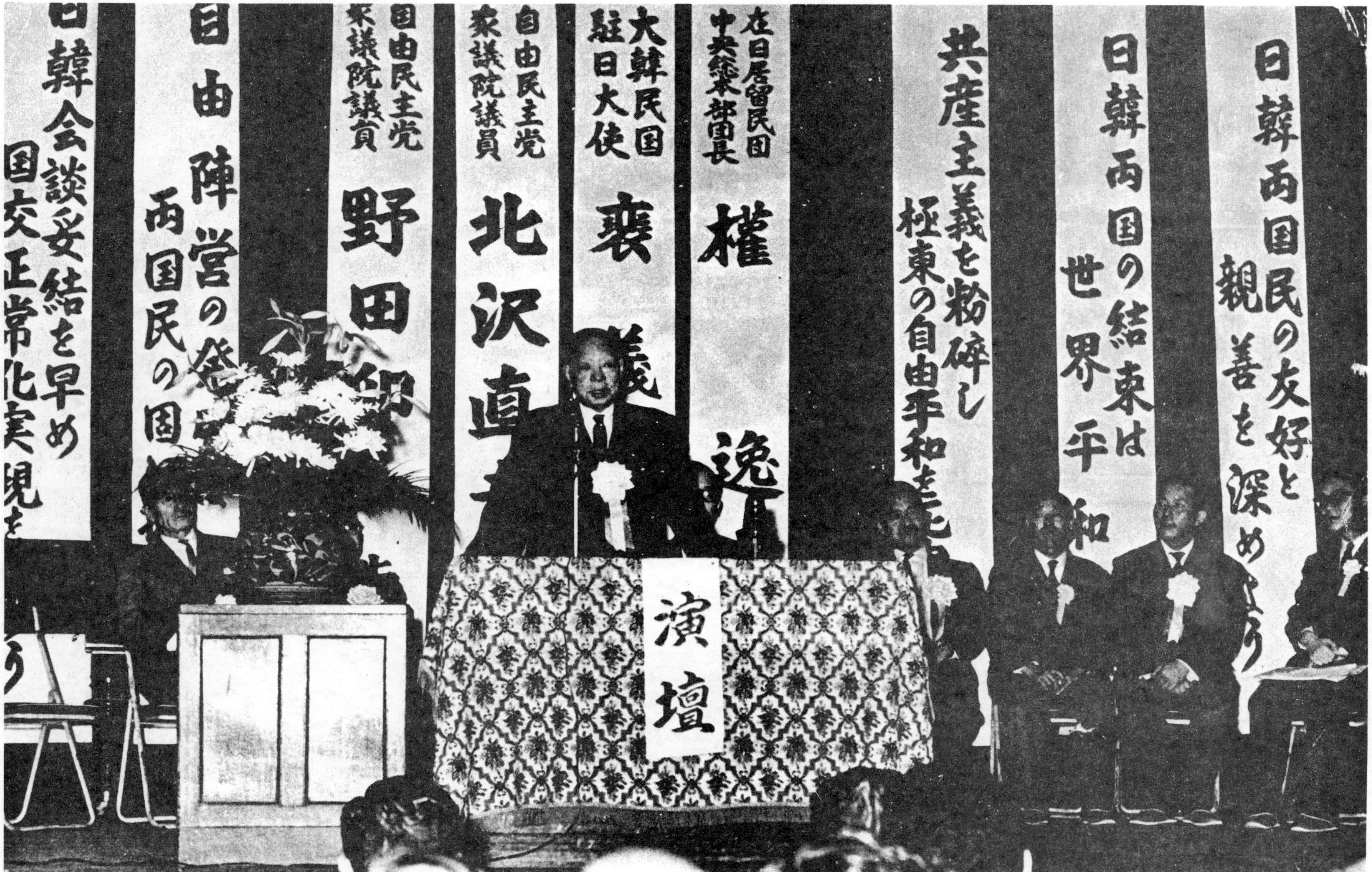

於1962年明徳公民堂、岐阜県日韓親善協会結成会に参席した大野伴睦氏

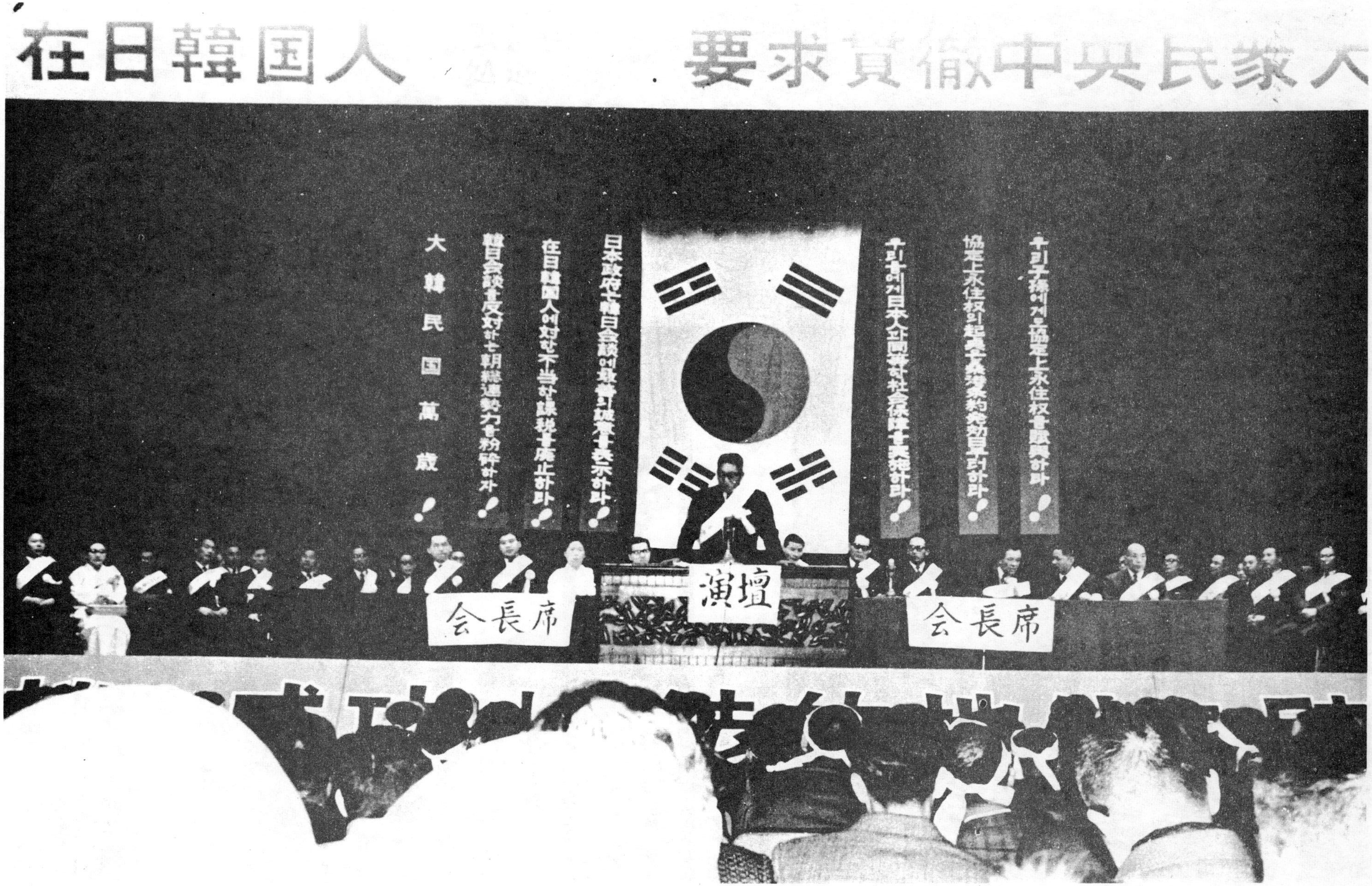

演壇に立って演説する权逸中央団長

金容善副団長、孫桂雲団長、沈種孝事務局長、鄭求郁総領事、崔容碩講師

福岡県地方本部内に韓国学院開設学園運営委員メンバーと李総領事

民団愛知県本部の働きで日韓動物交換祝賀会を催した(カンガルーと丹頂鶴)民団側、盧恭禹氏、朴性鎮氏、鄭煥麒氏、李康氏、

秋田県本部二世第５回夏季講習会（朴東渓地方団長と権赫来文教部長）

福岡県本部主催の成人式（1967.1.15）

民団三多摩地方本部鄭鳳基団長のはからいで1968年度の成人式を催して下さった。

1973年民団全国事務局長研修会記念　前列：李聖南氏、梁玉教氏、姜学文氏、金正柱中央団長、朴明棋氏、趙局長、宋鎬用氏、
後列：姜徳文氏、李[illegible]氏、鄭振章氏、沈種孝氏、安商権氏、金民氏、崔哲氏

1963年度日韓友愛協会訪韓団（卞先春氏、李龍大氏）・韓国写真ニュース社主催　国立墓地参拝記念
（文英淋氏、厳暁変氏、稲葉寅雄引卒団長、金秉錫氏、李東春氏、李東郁氏、高聖勲氏、柳洛根氏、河上堂人記者）

1973年10月在日韓国人指導者研修団一行はハングルの日世宗大王陵を参拝した記念写真　文教部職員、李研修院長、裵光道氏、成根容氏

1973年在日韓国人指導者研修団は文教部の招待で顕忠祠を訪ねた李中央教育行政研修院長と金秉錫引卒団長、成根容引卒副団長、裵光道氏

第二回全国青年部長会（於熱海、松濤館・昭和49年６月10日） 韓国新聞主幹朴性鎮、尹達鏞中央団長、呉敬福事務総長、沈種孝青年局長、
姜秉鎬青年次長、鄭辰竜神奈川事務局長、車承徹記者、尹隆道東京青年会長、梁玉教専任講師と共に

金仁洙中央副団長　朴成準神奈川地方本部団長、尹隆道東本青年会長　金西湖東本事務局長と在日韓国青年たちは朴大統領と記念撮影
1974年度在日韓国青年植樹訪韓団（第一班）

1974年度、60万セマウム植樹訪韓団引卒団長、金仁洙氏（中央副団長）と金致淳東京本部団長（引卒副団長）　金炯晋本国事務所副所長案内で
若い在日韓国青年たちと朴大統領は記念撮影（中）（第２班）

左、徐永昊中央副団長、60万セマウム植樹訪韓団植樹の日在日韓国青年達は朴正熙大統領と記念撮影　右〈鄭辰竜総務〉(第３班)

資料東本提供、1975年度セマウル運動のため訪韓した際に第一線部隊を慰問して記念撮影　　韓相龍氏、安正瀁氏、李乙洐氏、羅大煥氏、李舜夏氏、

孫貴錫氏、朴応圭氏、朴準龍氏、李殷九氏、金漢石氏、李長寿氏、直二鍾氏、李能伊氏、池奐善氏、金鍾宇氏、崔東洵氏、金周年氏、文相圭氏、洪基平氏、李正述氏、金一煥氏、李花春氏、裵鳳道氏、安石允氏、金浩錫氏、張華植氏、申敏夫氏、金命道氏、沈種孝氏、高光柱氏、康遠学氏、孫在栄氏、李大奉氏、徐泰元氏、　民団北海道空知支部団長会議（1962.2.17）〔沈種孝提供〕

在日大韓婦人会空知支部結成大会記念（1961.2.16)〔沈種孝氏 提供〕

北海道婦人会新年会（1958年）

北海道空知支部光復節祝賀会（1961.8.15）〔沈種孝氏提供〕

北海道婦人会空知支定期大会を終えて記念さつえい

第１回民団北海道支部団長会議（1961.7.28）・於旭川二条会館）

孫元祚氏、姜尚阜氏、李在春氏、鄭求郁総領事、孫桂雲団長、金昌基奨学官補、金容善副団長、安炳斗氏、沈種孝事務局長、金在賢氏、池宗渕氏、朴東球氏、金鍾文氏、姜守九氏、北海道地方本部管内班長会議

在日韓国人学生夏季学校第1回入校生と記念撮影する故李承晩大統領とフランチェスカー夫人（1957年8月景武台庭園）
朴闇淑氏、崔鎮海氏、兪南植氏、金己哲氏

朴一哲氏、黄孔煥氏、李義敦氏、裵在潤氏、呉命根氏、朴性鎮氏等の案内で祖国訪問を神戸港で出発する前に神戸新聞社を見学した後記念撮影（1957年20日）夏季学校第1回入校生

第1回入校生と全文教部長官と記念撮影　俞南植氏、金己哲氏、朴闇淑学生

1967年度第２回夏季学校入校生　第１班　卞周浩文教局長時代

1967年度第２回夏季学校入校生　第２班

1967年度第２回夏季学校入校生　第３班

1967年度第2回夏季学校入校生　第4班

1967年度第2回入校生　第5班

1967年度第2回入校生　第6班

1967年度第２回入校生　第７班

1967年度第２回入校生　第８班

1967年度第２回入校生　第９班

1967年度第２回入校生　第10班

1968年第３回在日韓国学生夏季学校入校生　第１班　呉世経文教局長時代

1968年第３回入校生　第２班

1968年度第 3 回入校生　第 3 班

1968年度第 3 回入校生　第 4 班

1968年度第 3 回入校生　第 5 班

1968年度第３回入校生　第６班

1968年第３回入校生　第７班

1968年度第３回入校生　第８班

1968年度第 3 回入校生　第 9 班

1968年度第 3 回入校生　第10班

1968年度第3回入校生　第11班

1968年度第3回入校生　第12班

1968年度第3回二陣特別短期教育入校生　第13班

1968年第３回入校生（第二陣）第14班

1968年第３回入校生第２陣　第15班

1969年夏季学校入校生第４回生　第１班　姜仁煥文教局長時代

1969年第 4 回夏季学校入校生　第 2 班

1969年夏季学校入校生　第 3 班

1969年夏季学校入校生　第 4 班

1969年夏季学校入校生　第 5 班

1969年夏季学校入校生　第 6 班

1969年度夏季学校入校生　第 4 回生

1969年度第 4 回入校生　第 1 班

1969年度第 4 回入校生　第 2 班

1969年第 4 回入校生　第 3 班

1969年度第 4 回入校生　第 4 班

1969年度第 4 回入校生　第 5 班

1969年度夏季学校入校生活（あれ、これ）

1970年度第 2 班（女大生）

1970年度在日韓国学生夏季学校入校生（1970.7.27－8.16）第 5 回　第 1 班（女高生）尹翰鶴文教局長時代

1970年第 4 班（男大学生）

1970年第 3 班（男高校生）

1971年在日韓国学生夏季学校入校生（1971.7.26－8.16）第6回全員記念写真　金珍寧文教局次長

1972年第２班（男子高校生）

1972年度第７回在日韓国学生夏季学校（1972.7.30－8.20）引卒団長・朴仁煥氏、副団長・金秉錫文教局長 第Ｉ班(男子大学生)

1972年第 4 班（女子高校生）

1972年第 3 班（女子大学生）

1973年第 2 班（女子大学生）

1973年度第 8 回在日韓国学生夏季学校入校生（1973.7.30－8.19）引卒団長・柳成烈氏、副団長・金秉錫文教局長、 金昌基教育官補
第 1 班（男子大学生）

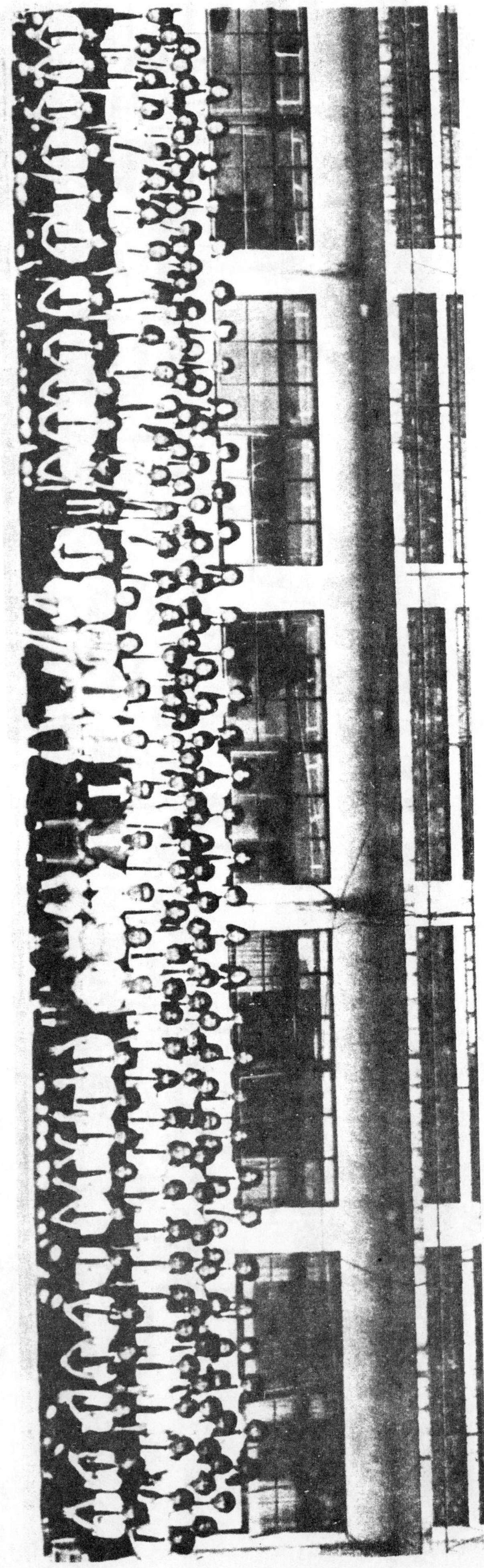

973年第4班（女子高校生）

1973年第3班（男子高校生）

1974年第２班（女子大学生）

1974年度第９回在日韓国人夏季学校入校生第１班（男子大学生）引卒団長・朴仁煥氏、副団長・成根容文教局次長、崔照完氏、
（1974年７月28日～８月17日）

1974年度第４班（女子高校生）

1974年第３班（男子高校生）

1971年７月４日逝去　　元氏は学友事件で熊本刑務所で18年間獄中生活して終戦と同時に出獄した。元、民団中央第11・12代団長、民社、統一朝鮮新聞社主筆として活躍。

中央本部屋舎

1965-4-19現在

前列左権団長、右朴議長
後列左から　卞文教局長
朴総務局長
金事務総長
李宣伝局長
朴組織局長
申民生局長

円内は鄭副団長

中央三機関役員

団長	権逸
副団長	韓檜俊
副団長	鄭烱和
事務総長	金英俊
総務局長	朴炳憲
組織局長	朴太煥
民生局長	申灝
文教局長	下周浩
宣伝局長	李現坤
財政局長	朴炳憲
議長	朴玄
副議長	金陸男
副議長	張聡明
監察委員長	尹致夏
監察委員	朴準龍
監察委員	姜性熙

在日本大韓民国居留民団
中央本部

東京都文京区春日町2丁目20－13
電話（813）2261～3番

在日本大韓民国居留民団 各県本部役員録

中央本部

団長 権逸
議長 朴玄
監察委員長 尹致夏

東京都文京区春日町二丁目二〇―十三
電話(八一三)二二六一～三

東京本部

団長 金己哲
議長 梁三永
監察委員長 李舜夏

東京都文京区本郷二―一―四
電話(八一二)四九二五

神奈川県本部

団長 李根馥
議長 金正大
監察委員長 田耕作

横浜市神奈川区鶴屋町二―一―一八
電話(四四)六六一四

茨城県本部

団長 金有翁
議長 金時弘
監察委員長 李錫麟

水戸市西原町三二一〇
電話(二)三三三七

千葉県本部

団長 姜日九
議長 金洙成
監察委員長 卞源斗

千葉市新宿町二丁目五十三
電話(二)三九九七・八四五二―三

山梨県本部

団長 趙晋奎
議長 鄭成喆
監察委員長 金碩煥

甲府市丸の内二丁目二〇番の六号
電話(二)五四四四

栃木県本部

団長 鄭再出
議長 辛容祥
監察委員長 崔金哲

宇都宮市曲師町オリン通り
電話(二)七七七七

埼玉県本部

団長 金八圭
議長 黄景守
監察委員長 姜錫桂

浦和市常盤町二―七八
電話 浦和(三二)三九五九・〇〇四五・四三八七

三多摩本部

団長 朴喆浩
議長 朴在鳳
監察委員長 韓参洙

都下立川市錦町一―一―五
電話(二)二三八一

群馬県本部

団長　金栄出
議長　金蓮洙
監察委員長　蘇永喆

桐生市永楽町七一ノ一五
電話（二）四三七五

静岡県本部

団長　朱性鶴
議長　林東周
監察委員長　金光博

静岡市相生町二丁目十九—三
電話（五四）三九六一・（五三）四二二六

長野県本部

団長　権重煥
議長　金龍煥
監察委員長　潘相淳

松本市中条町六一九
電話（二）二六三五

秋田県本部

団長　李長春
議長　朴根圭
監察委員長　丁興秀

秋田市土崎港駅前
電話（五）〇九三五

福島県本部

団長　全用道
議長　朴秀烈
監察委員長　李鍾根

福島県平市仲間町五六
電話（平）三二六九

宮城県本部

団長　裵石福
議長　権保根
監察委員長　姜雲竜

仙台市花京院通り二四
電話（二三）九六一〇

北海道本部

団長　裵点錫
議長　金住昌
監察委員長　朴準龍

札幌市南九条西四ノ十
電話（二三）二二六九

青森県本部

団長　金世鎬
議長　金東洙
監察委員長　呂煥雲

青森市長島町一〇一
電話（二）三三一七・二六五一

山形県本部

団長　崔泰幹
議長　諸禧竜
監察委員長　裵光朝

山形市香澄町吹張七五
電話（二）九五〇六

岩手県本部

団長　盧成永
議長　曺点乭
監察委員長　李相慶

盛岡市駅前新町通り一五の十三
電話（二）〇二八

新潟県本部

団長　白源喆
議長　尹建
監察委員長　権寧相

新潟市花園町二丁目
電話（四）二九四二

石川県本部

団長　孫浩東
議長　李龍演
監察委員長　金東晙

金沢市北安江町五八甲四
電話（三一）二九一四

福井県本部

団長 朴三熙
議長 姜英求
監察委員長 韓道根
福井県福井市豊島二ー一二ー三
電話（二）五四三二

富山県本部

団長 李祖文
議長 成楽三
監察委員長 李奉天
富山市表町四昭和会館三階
電話（二）五七七九

愛知県本部

団長 鄭煥禧
議長 姜未律
監察委員長 朴太煥
名古屋市中村区鷹羽町三の五七
電話（五五）二七〇四

岐阜県本部

団長 張呉順
議長 金正圭
監察委員長 趙慶鏮
岐阜市錦町二ー九
電話（二）三二〇一

大阪府本部

団長 姜柱重
議長 朴玄
監察委員長 金達寛
大阪市北区中崎町四三
電話（三七一）七三三一～四

兵庫県本部

団長 徐正浩
議長 安泳科
監察委員長 梁昌煥
神戸市生田区北長狭通四の五
電話（三九）四七三五・〇六五六

京都府本部

団長 金容元
議長 俞錫濬
監察委員長 朴在憲
京都市左京区下鴨宮崎町二九
電話（七八）八二八一～二

奈良県本部

団長 李来玉
議長 裵基薫
監察委員長 李禹鉉
大和高田市田上出町一丁目
電話（高田）二〇九八

滋賀県本部

団長 柳在洪
議長 朴鳳祚
監察委員長 下琦燮
大津市栗津町二番五十五号
電話（七）一〇九七

和歌山県本部

団長 李東碩
議長 文奎植
監察委員長 金石九
和歌山市尾形町三ー九
電話（二）三二三三

三重県本部

団長 陳具祚
議長 李英春
監察委員長 朴三東
三重県津市吉河町二六〇ー一
電話（八）四三〇八

広島県本部

団長 金寛植
議長 朴尚培
監察委員長 崔錫卿
広島市東蟹屋町十一ー十九
電話（六一）六一七一～二

愛媛県本部

団長　金徳淳
議長　朴振業
監察委員長　崔仁洙

新居浜市泉川町松原
電話（愛媛）七二六一

鳥取県本部

団長　朴尚甲
議長　姜鴻遠
監察委員長　金錫桂

鳥取市行徳七五三－一
電話（鳥取）六七八〇

高知県本部

団長　朴俊学
議長　禹鍾徳
監察委員長　崔敬秀

高知市浦戸町二〇〇　浦戸ビル三階
電話（一〇三）（二）八七七七

香川県本部

団長　金正一
議長　石寛伊
監察委員長　張寿億

香川県高松市花園町一五〇〇
電話（高松）八九五四

岡山県本部

団長　魯根璇
議長　河致一
監察委員長　金鏄培

岡山市本町一五番の五
電話　岡山（二）五九四九

長崎県本部

団長　金庚甲
議長　趙連偍
監察委員長　安洪賛

長崎市浜中町二三
電話（四）〇七八一

島根県本部

団長　朴三世
議長　全一球
監察委員長　張福石

江津市東高砂町八五八
電話（江津）二六六〇

山口県本部

団長　金斗甲
議長　陣点春
監察委員長　金郡容

山口県下関市竹崎町四二九
電話（二二）三二二九・四七六五

福岡県本部

団長　文圭準
議長　河相亨
監察委員長　李義孟

福岡市西堅柏字松本漆六四四－三五
電話（六五）九〇三七～九

熊本県本部

団長　徐甲伊
議長　朴善鉉
監察委員長　金基俊

熊本市本山町四七七の五
電話（二）一九八五

佐賀県本部

団長　朴鳳斗
議長　南亀封
監察委員長　盧相武

佐賀市寺町二番地
電話（三）七四五〇

大分県本部

団長　朴英在
議長　韓起文
監察委員長　文益桂

大分市勢家五〇二－五
電話（三）〇三〇四

宮崎県本部

団長 金振玉
議長 金七皇
監察委員長 金世萬

宮崎県宮崎市永楽町四三―二
電話（二）七五一九

徳島県本部

団長 金性式
議長 河奇鳳
監察委員長 朴永盛

徳島市寺島本町西二丁目新天地
電話（呼）五九二五

鹿児島県本部

団長 姜相律
議長 李政源
監察委員長 李泰学

鹿児島市城南町二ノ二五
電話（二）二七〇六

対島本部

団長 金昌珉
議長 玄明般
監察委員長 朴三萬

長崎県下県郡厳原町
電話（三）五九二五

母国選手後援事業の一環として〝ミス在日僑胞〟選出の最終審査が九月二十三日（六四年）東京・世田ケ谷公会堂で行なわれた。美女二十六人の中から晴れの栄冠は大阪代表下信子嬢（中央＝二十才）二位に東京代表金泰子嬢（左隣＝十七才）三位に京都代表郭静子嬢（右隣＝十七才）左端が第四位の大阪代表金清子嬢（十七才）右端が第五位の三多摩代表姜俊子嬢（十六才）（九月二十三日）

一旦選手村に入った選手団(代表)は民団、後援会が準備した歓迎会場に姿をみせ〝一体〟となって盛大な歓迎式を祝い合った。
(六四年九月二十三日・世田谷公会堂)

母国選手団を迎えての歓迎会は数多くひらかれた。僑胞の熱意のほどがうかがえる。
(六四年十月七日・豊島公会堂)

全国各地から選抜された指導要員らは民団中央本部裏に急造した宿舎に勢揃い（10月4日）朴太煥動員局長指揮の下に寝食を忘れて活躍した。後援事業の機動力である張り切る部下たちの元気な表情に権民団々長。李裕天会長のほか幹部らは思わず笑顔をみせていた。

後援事業の陰の立役者“指導要員”らは実務会議（３日間）を開いて万全を期した。（伊東市＝64年９月４日）

対韓貿易の指針

日刊 KEP通信

Daily THE KOREA ECONOMIC PRESS

発行人　金重成　編集人　金晋根

東京　東京都中央区茅場町２丁目18番地　電話　代表（671）8488
大阪　大阪市東区博労町５丁目27番地　電話　代表（251）6628

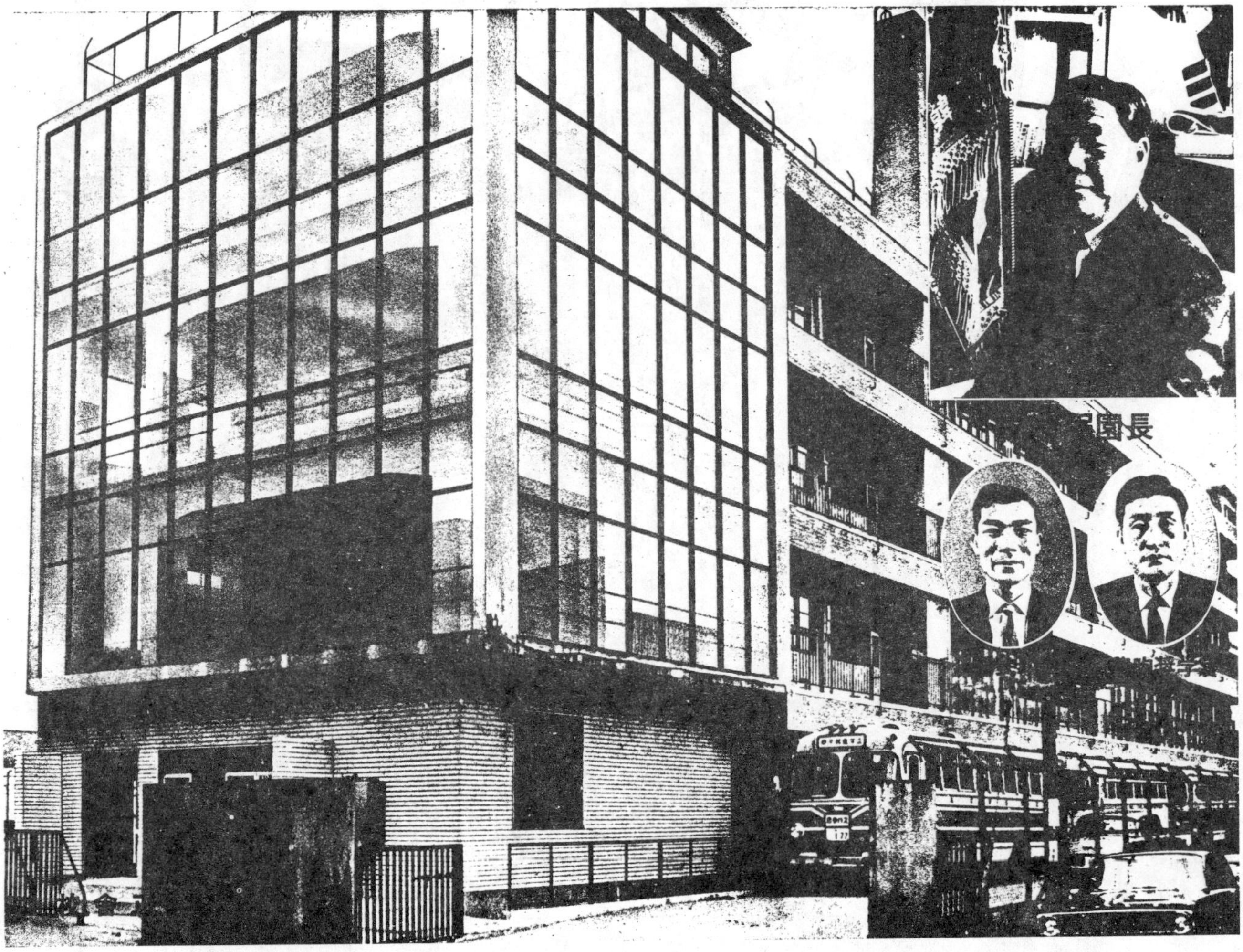
園長

校舎と運動場

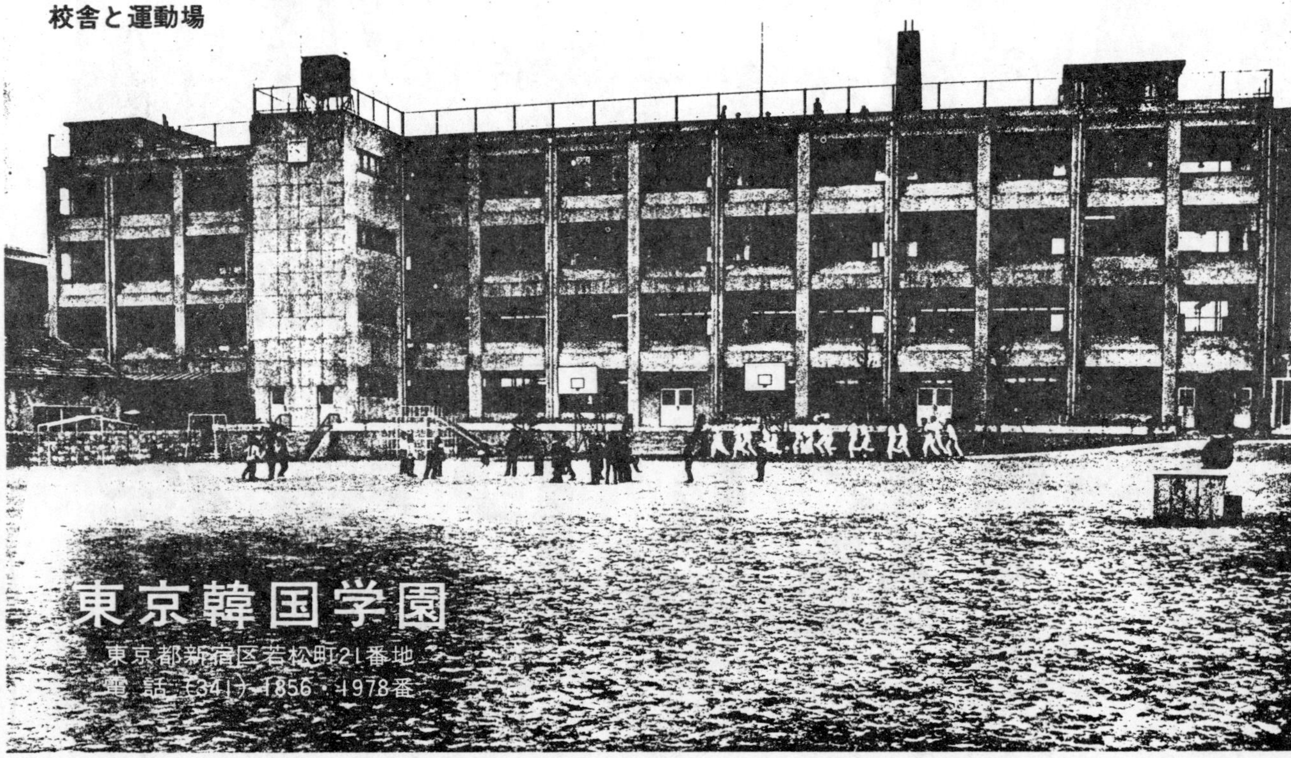
東京韓国学園
東京都新宿区若松町21番地
電話（341）1856・1978番

"ヨーイドン" 入学して初めて迎える運動会。どの表情も明るく元気いっぱい。

楽しい国語の時間。政府派遣教師金東俊先生の指導でけんめいに勉強している二世たち。

運動会の催しもののうち父兄から一番喜ばれるマスゲーム。民族舞踊をとり入れたものだけに優雅な"チマ"や"チョゴリ" で着飾った容姿は父兄らに郷想を抱かせる。

毎年2月中旬に催される文化祭は新しい年を迎える毎に成長して、一般僑胞はもちろん、父兄たちの楽しみとなっている。

◎学園沿革◎

(1) 一九五三年十一月＝民団全体大会で東京韓国学園設立が決議される

(2) 一九五四年一月＝在日韓国学園設立期成会結成

(3) 一九五四年四月二十六日＝開校式挙行、初代学園長金鍾在氏就任

(4) 一九五五年二月三日＝東京都知事学校法人認可

(5) 一九五七年四月二十三日＝第二代学園長金正柱氏就任

(6) 一九五七年十月三十日＝第三代学園長朱洛弼氏就任

(7) 一九六〇年十月六日＝モデル・スクール校舎建築地鎮祭、同十月十七日着工さる

(8) 一九六一年十月三日＝新校舎落成

(9) 一九六二年三月十六日＝韓国文教部認可

(10) 一九六二年十月九日＝在日僑胞教育功労者表彰される（本学園理事朱洛弼学園長以下十二氏）

(11) 一九六五年三月二十日＝初・中等部第十回高等部第七回卆業式挙行

◎教育方針◎

一、韓国の教育理念に基き、在日僑胞民族教育を実施する

二、在日僑胞子弟をして、民族教育を通じ愛国愛族の精神を培養する

三、祖国の固有文化を習得し、これを継承発展させる能力を養成する

四、真理と正義と自由を愛し、人間尊重の精神を育成する

五、健全な心身を錬磨し、自主心と協調心および責任感で、国家社会建設と国際社会に寄与する資質を高める

商工会連合会・活動連結関係

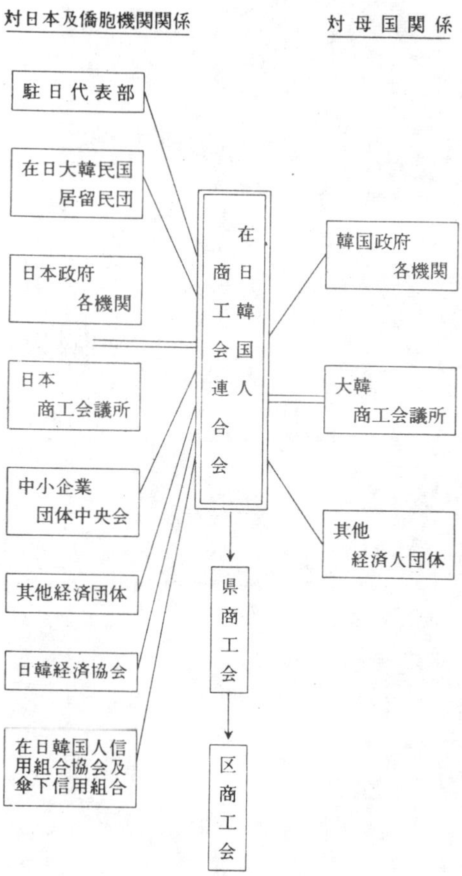

会長
綱領
一、われわれは会員相互の経済的向上を期する
一、われわれは母国の経済発展に寄与する。
一、われわれは国際的な経済交流と親善を図る。

役員

職位	姓名	地区
顧問	徐甲虎	(大阪)
〃	李康友	(東京)
〃	申学彬	(神奈川)
〃	李源萬	(東京)
〃	辛格浩	(東京)
〃	朴龍九	(東京)
〃	安在祐	(大阪)
相談役	范塡圭	(東京)
〃	韓緑春	(大阪)
〃	韓大乙	(東京)
〃	呉炳寿	(東京)
〃	鄭建永	(東京)
〃	黄孔煥	(神戸)
〃	金正柱	(東京)
〃	姜求道	(名古屋)
〃	崔炳燮	(東京)
〃	金在沢	(東京)
〃	張基洙	(東京)
〃	権学黙	(東京)
〃	徐漢圭	(広島)
〃	許泰成	(東京)
会長	許弼爽	(東京)
副会長	安八龍	(東京)
〃	辛　熈	(東京)
〃	柳洙鉉	(大阪)
〃	朴漢植	(大阪)
〃	李熙健	(大阪)
〃	張永駿	(名古屋)
〃	洪勻杓	(神奈川)
〃	李鍾河	(神奈川)
〃	朴　鍾	(山口)
〃	金麟九	(名古屋)
専務理事	千水命	(東京)
常務理事	柳東烈	(東京)

在日韓国人商工会連合会

東京都新宿区柏木1丁目89番地（城ビル）
電話（371）8151～8番

韓国選手団入賞者一覧表

順位 / 競技名	1位	2位	3位	4位	5位	6位
重量挙				(ミドル級) 李宗変 432.5kg	(バンタム級) 梁武信 340.0kg	(フェザー級) 金海男 367.5kg (ライトヘビー級) 李亨雨 452.5kg
レスリング (フリースタイル)		(フライ級) 張昌宣			(バンタム級) 崔永吉	(ライト級) 鄭東求
ボクシング		(バンタム級) 鄭申朝				
柔道			(中量級) 金義泰			

種目別韓国選手の参加人員

性別 / 競技種目	男子	女子	計
陸上	１１	7	１８
漕艇	１２		１２
バスケット	１２		１２
ボクシング	8		8
自転車	6		6
フェンシング	4	1	5
蹴球	２０		２０
体操	7	3	１０
重量挙	7		7
柔道	4		4
レスリング	１２		１２
水泳	4	3	7
近代五種	1		1
馬術	7		7
射撃	１０		１０
バレーボール	１２	１２	２４
合計	１３７	２６	１６３

㊟ ホッケー，水球，ヨット，カヌーは韓国不参加

堂々入場
ートに白いズボンに白い帽子
韓国選手団は　番目に、　旗手を先頭に正々堂々と入場した。
は小旗を打ち振り、歓
迎の拍手を

大韓の健

青瓦台の大統領官邸に朴大統領を訪問、あいさつのあと朴大統領夫妻を囲んで記念撮影の韓国選手団。

辛金丹選手は夢にまでみた父親文濬さんにしっかり抱きかかえられその眼にやきつけるようにみつめるだけであった。(中央)

北韓選手団が上野駅を発つあわただしい数分前……10月9日(64年)午後四時、李裕天後援会々長の不休の働きで、なりゆきが危ぶまれていた辛金丹親子の劇的再会が朝総連本部の朝鮮会館で実現した。一九五〇年の六・二五動乱で別れた辛親子の対面は父親の「金丹」娘の「アボジ」と呼ぶ合うことがやっと、あとは止めどもなくあふれる涙で言葉にならなかった。スポーツに政治はない、というものの上野発十七時五十分発の汽車の時間にせきたてられて文字通り〝わずかな時〟をすごしたまま別れた。「せめて一夜の親子水入らずの……」「あれでは辛選手がかわいそうだ」など集った人びとの間でこうささやかれた。

車のドアがあいて李裕天会長と共に下りたった父親の姿をみるや、辛金丹選手は周囲を取り囲んでいる人輪を払いのけるようにして「アボジ」＝お父さん＝と呼びながらかけ寄り涙を流したまま両手でしっかりと父親の手を握りしめていた。(中央)

10月10日(64年)の花やかな開会式を待たず、北韓選手団(百四十名)は新潟港からソ連船に乗って帰っていった。63年11月、インドネシアで開かれた新興国大会に出場した選手の資格停止問題が紛糾のはじまり。朝鮮大学に投宿していた選手団は〝帰国〟の知らせに「せっかく来たのに…」とさびしさはかくせず、女子選手らはしきりにハンカチで涙をぬぐってた。

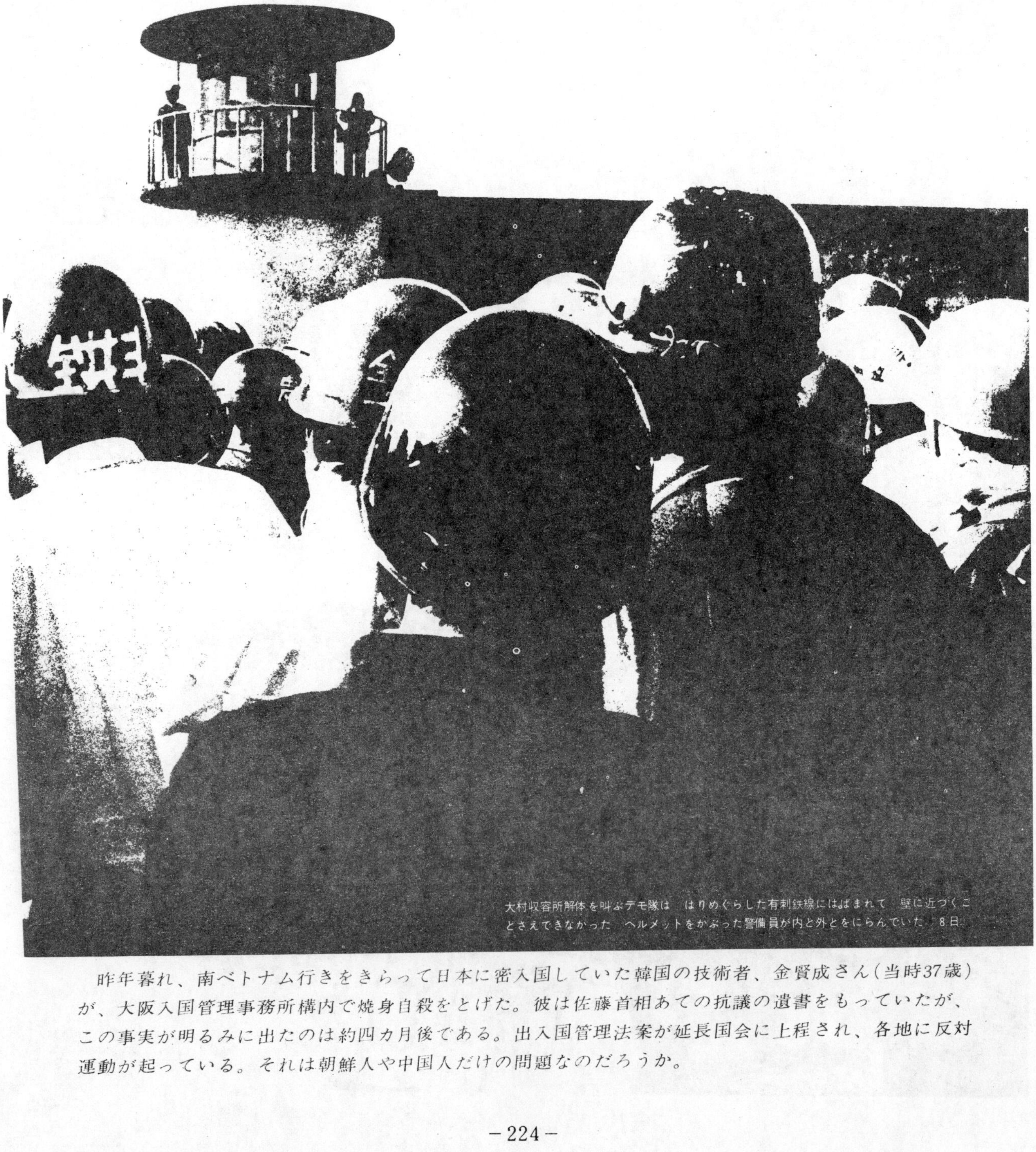

大村収容所解体を叫ぶデモ隊は　はりめぐらした有刺鉄線にはばまれて　壁に近づくことさえできなかった　ヘルメットをかぶった警備員が内と外とをにらんでいた　8日

昨年暮れ、南ベトナム行きをきらって日本に密入国していた韓国の技術者、金賢成さん(当時37歳)が、大阪入国管理事務所構内で焼身自殺をとげた。彼は佐藤首相あての抗議の遺書をもっていたが、この事実が明るみに出たのは約四カ月後である。出入国管理法案が延長国会に上程され、各地に反対運動が起っている。それは朝鮮人や中国人だけの問題なのだろうか。

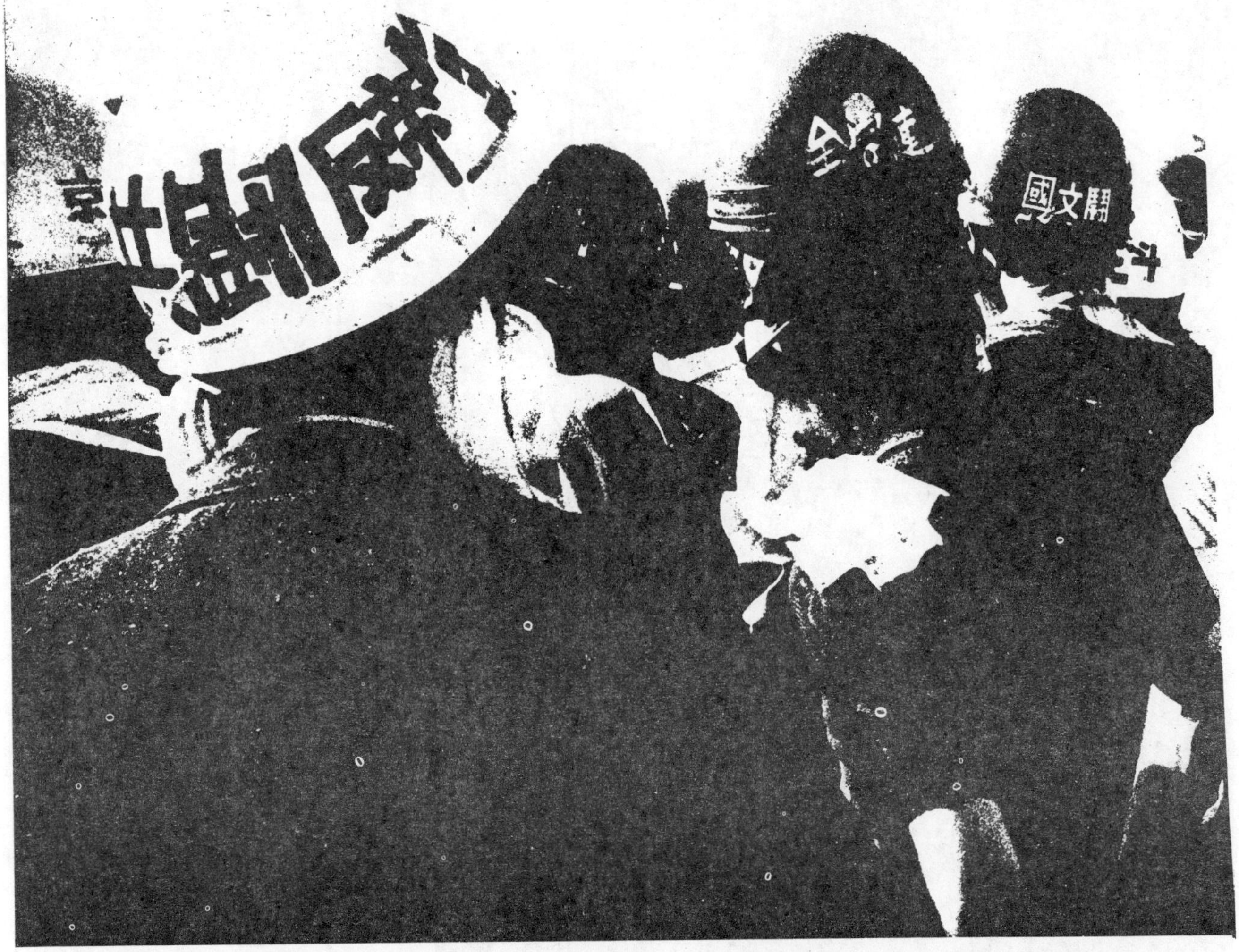

その刃は彼らだけに向けられるか

――出入国管理法案をめぐる各地の動き――

出入国管理法案が直接に意図するものは　在日外国人の90%を占める朝鮮人の規制にある　これまで日本政府の政策に正面から反対したことがなかった民団も　大衆運動をおこした　特に若者と老人の激しい怒りが爆発した（2日）

出入国管理法
決死反対
在日韓国青年同盟
法案に反対
理令改悪反対

の困りきった表情と生き生きとした女子高校生の顔が対照的だった（2日）

二度目の収容所撤去デモ

六月八日午後一時ごろから長崎県大村市の国鉄大村駅前に赤旗がたなびき、ヘルメットが渦まいた。外国人三法案（出入国管理法案、外国人学校法案、旅券法案）に反対し、大村収容所の解体を叫ぶ約五百人の学生、反戦青年委、べ平連の集会が開かれたのだ。

駅前にははやくから"見物人"が遠まきにし、南国の暑い日射の中で、集会をじっと見守っていた。午後三時すぎ、駅前から町の中心部をジグザグデモ。もともと車の少ない町だ。しかも日曜日だったので、実際の交通には殆んど影響はない。しかし商店は警察からの連絡でほとんど雨戸を閉じ、市民は二階や露地の奥から顔をのぞかせていた。

何のトラブルもなく隊列は再び駅前に出て、大村収容所へ向った。

その時、約八百人ぐらいの機動隊が姿をあらわし、デモ隊を道路左側に押しやる。小ぜりあいを続けながら大村収容所に近づくにつれ、機動隊の規制はいっそう厳しくなった。

収容所は刑務所のような長い長い壁の外側に、有刺鉄線を張りめぐらしていた。さる三月三十一日、小田実、鶴見俊輔氏ら五十九人が初めて収容所撤去デモをかけた時は、この有刺鉄線はなかった。正門前でデモ隊の一人が「立入禁止」の立看板をなぐったことから、機動隊とデモ隊との乱闘が始る。圧倒的な機動隊は、素手のデモ隊員一人に数人がかりで、なぐり、けり、頭を押えてひざでけり上げる。デモ隊の負傷者は続出した。デモはその後も小ぜりあいを続けながら大村駅までもどり解散した。

このデモを提起した京大全共闘のメンバーは、そこから伊東の「ASPAC粉砕」へ向っていった。

「他民族を抑圧する民族は決して自由ではありえない」

べ平連の代表者はいった。

「政府が"不良朝鮮人"を弾圧するならば、われわれは"不良日本人"となって闘う」

陳玉璽君の場合

台湾からハワイに留学していた陳玉璽君は、思想的に左傾しているということで、一昨年、留学延期が不許可になった。そ

社説　出入国管理法案と人権問題

読売 44.6.25

出入国管理法案の国会審議が行なわれているが、この法案には社会、公明など各野党ならびに在日外国人の九〇％を占める在日朝鮮人、中国人の間から強い反対が起こっている。韓国居留民団（韓国系）と朝鮮総連（北朝鮮系）とが、一致して絶対阻止の態勢を示しているのも、めずらしいことである。それだけこの法案の内容には、人権にかかわる問題点が多く、これらの人々が一様に強い危惧（きぐ）を感じていることを示すものであろう。

政府は出入国管理法案を提案した理由として、現行の出入国管理令が昭和二十六年に制定されたポツダム政令であり、最近の実情に合わなくなってきたことをあげている。たとえば、日本にくる外国人の数は毎年増加の一途をたどり、ことしは四十五万人前後になるとみられている。これらの出入国者の多くは航空機を利用しており、船舶中心時代につくられた古い管理令では実情にそわない面が多く出てきたのは事実であろう。

そのため同法案は、出入国手続きを簡素化するとともに、観光客などの在留期間を現在の六十日から九十日に延長し、また短期滞在者の幅をひろげ、スポーツ、親族訪問、見学、会議、業務連絡の目的をもって入国するものも含ませるようにした。さらに、査証を必要としない一時上陸のワクを広げ、寄港地上陸、通過上陸が容易にできるようにした。

これらの点は「日本の出入国手続きは、わずらわしい」との批判にこたえた前向きの改正点であるといえよう。

その反面、同法案は、来日する外国人の在留管理体制を強化するために多くの規定を設けたが、それが革新陣営や在日外国人から現行法令より後退する"反動立法"だとの批判を呼んでいる。その第一は、法務大臣が「必要あると認めるとき」は、外国人に対して守るべき活動の範囲その他の順守事項を定めることができる、とした点である。違反した場合は、中止命令が発せられ、中止命令に違反すれば強制退去などのきびしい制裁が課せられるようになっている。

在留外国人が無軌道な行動を許されるはずはないが、法案にはどのような順守事項を課するか明記されておらず、これを拡大解釈すれば、法務大臣が好ましくないとする外国人に対して、広範な権限を行使する危険性が出てくる。野党側がこの点をとらえ、中国、北朝鮮など未承認国に対して、いままで以上にきびしい出入国制限を加えることをねらったものだ、と非難するのも、あながち無理からぬ問題点である。

さらに、この法案が入国管理官の調査権限を強化した点も問題である。入国審査官や入国警備官は「関係人」に対して、質問し、または文書、物件の提示を求めることができるとしているが、この「関係人」の範囲は家族、友人、知人、雇い主などにおよび、もし「関係人」が陳述せず、また書類提示を拒めば罰せられる。これまた乱用されれば、外国人はもとより、それと接触する国民の自由も、大きく制限されるおそれがある。

そのほか被収容者の面会制限など、この法案は取り締まり当局側の立場に重点をおきすぎ、法の拡大解釈や乱用によって生ずるかもしれない「人権への侵害」面を軽視しているという印象をまぬかれがたい。出入国の問題は、国の行政権と人権の保障という二面が微妙にからみあうが、もっと人権尊重の面からこの法案の再検討をのぞみたい。

弾力運用で合意

日韓法相会談終る　再入国にも好意的

在日韓国人の永住許可

西郷法相と韓国の李（イ）法務部長官による日韓法相会談は、十九日に引続き二十日午後七時から法務省でおこなわれ①協定永住許可の申請について、許可の認定をいままでよりも弾力的にする②協定永住者の再入国許可については、再入国許可期間が切れても好意的に配慮する、など四項目について合意し、会談を終った。

この会談で日本側は、会談の焦点だった協定永住の取扱いについて、韓国側の要請にかなり譲歩し、いまおこなわれている在日韓国人の永住権許可申請で、永住権をとるものの数がふえるよう協力する姿勢をとった。

法相会談でまとまった主な内容は次の通り。

◇協定永住資格　協定永住の許可は、現在、第二回外国人登録（昭和二十五年一月一二十七年九月）を受けており、また、事実調査によって戦前から日本に住んでいることがはっきりしている在日韓国人（法律第一二六号該当者）にだけ認めているが、今後は第二回の外人登録を受けており、協定永住を申請する時までに、例えば不法入国で退去強制の手続きを受けるなど、法律一二六号の資格を失うような行為さえなければ、戦前から住んでいたかどうかなどの事実調査をあらためてしないで、申請があればこれを許可する。

◇戦後入国者に対する永住（いわゆる一般永住）許可　いま認めている特別在留（昭和二十年九月から対日平和条約発効の二十七年四月までに入国した、いわゆる戦後入国者について、一年ごとに認めている在留資格）の該当者がおこなう一般永住許可申請について

在日朝鮮人の永住、再入国

調査、手続き緩和

日韓"協定永住"で合意

1969. 8. 21　読売

"協定永住"問題をめぐる日韓両国の実務者会談は、二十日まとまり、同日午後七時から西郷法相と李澔（イ・ホ）韓国法務部長官が再度法務省で会談、次の七項目が確認された。これら各項目は、在日朝鮮人の永住、再入国などに関し、日本側が従来以上に調査、手続きなどを緩和することを確認したもので、法務省としてはこのような弾力的運用により現在毎月約四千件の協定永住申請が大幅に増加するのではないかとみている。

七月末現在までの協定永住許可申請は十二万九千四百九十六人で内十一万六千六百六人が許可されている。確認事項の大要次のとおり。

❶協定永住許可の申請をしたもののうち第二回外国人登録を終えており、戦後不法入国したものと認定されていないものは、あらためて事実調査をせず協定永住を許可する❷戦前樺太に渡航し、戦後引き揚げた韓国人等からの協定永住許可申請については好意的に検討する❸二十七年までの戦後入国者に対する特別在留は、できるだけはやく許可する❹戦後入国者の永住許可審査基準をさらに緩和し、手続きを簡素化する❺協定永住者の再入国許可は、引き続き好意的に配慮する❻協定永住者がやむをえない理由で期間内に入国できなかった場合の理由確認については、再入国許可期間経過後三か月以内に入国できる見込みのものについて、在外公館でこれを行ない、この確認をうけたものは、協定永住者として入国を許可する❼協定永住者の家族の入国、在留については人道的見地から考慮する。

（注）協定永住＝「日本国に居住する大韓民国国民の法的地位および待遇に関する日本国と大韓民国との間の協定」（昭和四十一年一月発効）に基づき、協定の要件を備えた韓国人に対し与えられる永住資格。

西銀座でのジグザグで一人の青年が逮捕された　抗議するデモ隊は流れ解散地土
⇦橋を通りすぎて銀座通りにあふれ出た　「マンセイ」（万歳）の声がとどろいた

ENTRY-DEPARTURE CONTROL BILL PROTESTANTS From June 1 through 8, tens of thousands of people, including Chinese, North and South Koreans, Europeans, Americans and so forth, held rallies and demonstrations in Tokyo, Omura near Nagasaki, and various other places. They strongly protested against the Entry-Departure Control Bill which has been introouced to the current Diet session. If this bill would be enacted, the Minister of Justice and entry examining officials will come to have significantly strong power in controling "radical human rights as to actions and ideas" of foreigners here.

民団のデモでは数回ジグザグ行進がおこなわれた　それを見る指揮者

こで半年のビザを持って日本に来ていたが、その期限も切れ、出入国管理事務所に出頭して、仮放免の手続きをとっていた。昨年二月八日、入管の呼出しを受け、仮放免延期の手続きをするつもりで出頭したところ、その場で収容され、翌日台湾に強制送還された。そこで待っていたのは軍事法廷である。日本滞在中、中国語の新聞に左翼的論文を書き、反乱組織に参加したというのが罪状であった。その起訴の根拠とされた法律による罰則は、死刑または無期懲役である。

このことを知ったアメリカや日本の友人は、台湾政府に対して抗議の運動をおこし、ついにウ・タント国連事務総長も理由説明を求めるにいたって、懲役七年に減刑された。

いつ同じ目にあうか

陳君といつ同じ目にあうかもしれない中国人青年が数十人いる。その中の一人の青年の名をA君としておこう。A君は一九四八年、中国の福建省で生れた。十五歳の時、母に連れられて香港経由で日本に来た。彼がまだ幼い頃に日本に来た父に会うために。それ以後一年更新の特別在留許可を得て滞在している。

A君の在留許可は今年四月二十六日で期限が切れたので更新の申請を三週間前にした。ところが今だに何の回答もない。その理由は、A君が在留資格に違反して、ある中国語の新聞社に勤め、政治活動をしているということにあるらしい。陳君の例から考えて、今日明日中にも「強制送還」されるかもしれないのだ。

ところで送還先の原則はその者の国籍の属する国である。A君の在留許可書の国籍はただ「中国」となっている。これは台湾出身の場合も同じであり、送還先が台湾ということも十分にありうる。

しかしA君は台湾を全く知らない。不安な日々の中にもA君は活動をやめようとはしない。そして活動をやっているから弾圧されるのだという論理に真向うから反対する。人間の解放のためになによりも活動が必要であるという視点を堅持する。

「私は逮捕され、有罪を宣告されるかもしれない。しかし、自分の生命が終るまで不当な人権無視に反対する闘いは続けねばならないと思います」

むろんそんな決意を、日本に来た子供の頃から彼が持っていたわけではない。日本に来て、華僑の生活を見ているうちに次第にはっきりと自覚してきたのである。

彼の行為は、日本国政府にとっては好ましくないものであり、出入国管理令に違反しているかもしれない。だが、日本国憲法や世界人権宣言の精神に反しているだろうか。出入国管理令は、大部分の日本国民が自分には関係のないものと思っているうちに、在日外国人、特に朝鮮人、中国人の基本的人権、それらに関係する日本人の人権さえも奪うものとして機能しているのである。

現行令と法案との違い

大幅に会期延長された今国会で、健保特例法延長案、大学運営臨時措置法案、防衛二法案など、重要法案とされているものの陰にかくれ、出入国管理法案はやや影がうすくなっている。しかしこれを見すごすことは許されないようだ。

この法案は、昭和四十三年の在日朝鮮人祝賀団北朝鮮向け再入国問題、同四十四年の尹秀吉氏政治亡命事件で、裁判所が外国人の人権保護を一歩進めたことに対抗するかのように出されたものである。

その主な内容は、入国者に法務大臣があらかじめ任意に条件をつけられる（第八条）、入国審査官は関係人に質問をし、文書提出を要求することができ（第七三条）それを拒むと三万円以下の罰金となる（第八九条）などである。これは憲法に保証されているはずの黙秘権の否定であり、結果的に在日外国人を圧迫すると同時に、関係人として日本人にも向けられた刃であるといえる。

この関係人とは、違反者の家族はもちろん、接触をもったすべての日本人を意味する。具体的には日中、日朝などの友好団体、ベ平連などがまず第一にあげられよう。刑事訴訟法では証言拒否ができる弁護士、国会議員でさえこの法案では除外されていない。

この他にも要急収容（収容令

書の発行を待たずに緊急に収容される場合）に関して、現行令では「逃亡の虞があると信ずるに足りる相当の理由」がある時となっているのが、法案では「疑うに足りる」となる。退去強制の送還先も、国籍のある国が事実上不可能な場合は、本人の希望によって入国前の居住地等とあったのが、本人の希望と関係なく入管の長が指定し、本人の希望はその時の一つのケースになるなど、現行管理令よりもさらに多くの問題をふくんでいる。

民団にも怒り渦巻く

当然、多数の法律家や団体から反対の声がおこり、「出入国管理法案粉砕実行委員会」が結成された。北朝鮮系団体の在日本朝鮮人総連合会（総連）も、そして従来、日本政府に正面から反対したことのなかった韓国系の在日本大韓民国居留民団（民団）も反対を声明した。五月末からは連日のように各団体主催の入管法に反対する集会、デモがくりひろげられ、各地の入管事務所はデモにみまわれた。

六月一日、東京芝公園で「粉砕実行委員会」が主催した集会があった。参加した約六百人の学生・労働者は、まず公園の入口で機動隊による持物検査を受けた。これは五月三十日、日比谷公園で愛知外相訪米阻止の学生の集会の時もそうであったが、最近の警察警備のエスカレートの一端を物語る。一応任意という形をとりながらも、拒否する者を五、六人の機動隊がとり囲み「何もないなら見せてもいいだろう」と迫る事実上の強制検査である。

翌二日、文京公会堂では民団の主催する「出入国管理法案反対中央民衆大会」が開かれ、全国から五千人が集った。参加した女性の半数は民族服を着ていた。経過報告も、講演も朝鮮語で行われた。そして「非友好的非人道的な日本政府の態度に強く抗議し、法案撤回まで闘う」ことを決議したあと、デモにうつった。

韓国青年同盟（韓青同）を中心としたデモの先頭は、指揮者の指図にかかわらずことさらゆっくりと歩いた。それは、抑制された激しい怒りを感じさせた。

韓青同の金君夫副委員長は怒りをこめて語る。

「韓日会談成立後も何ごともかわっていない。入管法が通れば、さらに悪くなるのだ。戦前から一貫した〝同化と追放〟の政策のあらわれでしょう。

昨年十一月、大阪の入国管理事務所に収容されていた金賢成は、抗議の焼身自殺をした。彼にとって送還は死ぬよりつらかったのです。

僕らは、将来、統一された豊かな祖国が実現し、僕ら自身、言語、風俗、歴史を理解できるようになった晩には祖国に帰りたい。この二つの条件を満たすために運動をしている。僕らの全人格をかけた問題なのです。条件がそろっても強制されたならば、僕らは帰らない。そのことがあなたにわかってほしい」

友清記者

AIRPORT RESTAURANT OPERATED BY HOTEL Miramar
SNACK BAR

1975年２月13日東京日本武道館で行われた希望の日に文鮮明先生の講演に集った聴衆驚くなかれ30,000人（国際勝共連盟日本本部主催）

希望の日フェスティバル

人類の新しい未来 最後の希望 ──メシヤ

現代の予言者 レバレンド・サン・ミョン・ムーン

希望により始まる愛・平和・幸福・理想、これらの実現を願う精神復興運動が「希望の日」であります。明日の世界に対して責任と度量とをもち、神中心の精神に貫かれた青年を育てることを日々、努力なされている、現代の予言者レバレンド・S・M・ムーンの提唱により始まったものです。

ここに掲載されている文章は、希望の日フェスティバルでのムーン牧師の講演内容です。

紳士・淑女の皆様、私は今夜この場に立ちまして、非常な喜びを覚えるものであります。そしてこの場に御来場下さいました皆様に心から感謝申し上げたいと思います。私達はこうして今夜、この武道館大ホールの印象深い情景の中に、神の名の下にひとつに集わしめられたのであります。

今晩、私は「キリスト教の新しい将来」と題して語りたいと思います。しかし、その本論に入る前にひとつの前置きをしておきたいと思います。私は皆様がすでに知っておられるようなことをくりかえし言うためにこの場にやってきたのではありません。私はある新しいことを明らかに示すためにやって来ました

私は、神からの新しい啓示を皆様に分かちたいのであります。

神は唯一であり、キリストは唯一であり、聖書は唯一であります。しかしながら、今日、キリスト教界ひとつをとってみても、そこには、四〇〇種以上の異った宗派があり、それらはすべて同じひとつの聖書を、非常に違った観点から、様々な解釈をもって見ているのであります。そして、今日の我々の関心事はもはや、聖書に対する人間の解釈ではなく、神がどのように聖書を説かれ、何が本当の神のみこころであるか、ということになってきています。この問題に対する解答は神から啓示というかたちでもたらされなければなりません。その啓示を、私は今夜、皆様に分かちたいのであります。このメッセージは、神から来たものであり、神の観点より示されたものでありますから、その内容は、人間の理解してきたものとは、違ったものであって、当然と言えましょう。故に、それは皆様にとって、きわめて新しいものであると思います。

しかし、我々が必要としているものは、新しい思想─神の思想─なのであります。なぜなら、人間は、すでに、自らが創りあげた思想のすべては、研究し尽してしまったからであります。私が今夜、皆様にお話するために、この場にやって来ました理由は、ここにあるのです。故に、私は、神の霊が直接、皆様に語りかけることが出来ますよう、皆様ひとりひとりが、思いをひらき、心をひらいて下さるようにお願いするものであります。

神の目的

歴史を通して、世界のクリスチャン達は、ひとつの重大な絶頂の日、すなわち、聖書に預言されているところの主の再臨の日を待ち望んで来ました。これは、神の約束でありますから、キリストの再臨は、必ず成就されるのであります。

では、何故主は、再び来られるのでしょうか？彼は、神の目的を成就するために来られるのであります。では、神の目的とは何でありましょうか？神は、永遠であり、不変であり、唯一であります。そして神はひとつの目的を持たれ、その目的も又、永遠、不変、唯一なのです。神ははじめに、すなわち、全天宙を創造される前に、ひとつの明確な目的を持っておられました。そして、その目的が、創造の根拠であったのです。神は、その目的を成就するために、宇宙と人間の創造を始められたのであります。

聖書によると、はじめの男と女─すなわち、アダムとイブが創造された後、神は、彼らにひとつの戒めを与えられました。その戒めとは、『善悪を知る木からは取って食べてはならない。それを取って食べると、きっと死ぬであろう』─創世紀二章十七節─というものでありました。神は、彼らに、御自身の与えられた戒めに従うよう求められました。

しかるにアダムとイブは、神に対して不従順を犯してしまいました。その結果が、人間の堕落であります。霊的死が人間に訪れ、神の目的は実現されなかったのです。彼等は、誤った選択をなし、その結果として生じたものは、神が、はじめに意図されたものとは、全く逆のものでありました。彼等が不従順を犯した後、神は、この男と女とをエデンの園から追放する外、仕方がなかったのでした。エデンの園は、地上の神の国の象徴的表現であります。アダムとイブは、もはや、神の国の住民としての資格を喪失してしまったために自ら創り出した邪悪なる王国、すなわち、生き地獄に投げ入れられてしまったのであります。

地上天国

もしアダムとイブが、神に従順に従ったならば、彼らは、地上に天国をもたらしたでありましょう。その天国とは、どのようなところなのでしょうか。アダムとイブは、完成されるべきものとして、罪なきものとして創造されました。そして彼等は神の戒めに従うことにより、成長し、完成するようになっていたのです。彼等が、完成された男性と、完成された女性になるまでの成長期間に於ては、彼等の関係は、兄妹の関係でなければなりませんでした。彼等は、兄弟関係というものの真の伝統を立てるべく期待されていたのです。神はひとりの男とひとりの女を創造されました。何故でしょうか？神は、彼等が完成の基準に達した時に、天的婚姻という祝福によって、彼等を天的夫婦としてひとつにすることを願っておられたのです。神は、神の国を、このアダムとイブを最初の夫婦として立てて出発しようと計画しておられたのでした。もし、それが実現されていれば、神の"生めよふえよ"という祝福は、成就されたはずであります。神は、彼らに、神の子を生みふやす力を与えられたはずであります。そしてそれらの子供達は、罪なき完全なものであったはずであり、それ以外の何ものにもなり得なかったはずであります。罪は決して、人類の中に入りこむことはなかったはずなのであります。子供を生むことによって、アダムとイブは、神を中心とした父と母、すなわち、人類の真の父母となったはずなのであります。もしアダムとイブが、この最初の、神を中心とした家庭を形成していたならば、そこから神を中心とした民族、神を中心とした国家が生れ、さらには、神のみが支配する神を中心とした世界がうち立てられるはずでありました。そして、はじめから、永遠にわたって、完全なる世界となったはずなのであります。

もし、このようなことが、そのはじめのときに成就されていたならば、我々は、今日、このような多くの異った民族や、異った言語をもつことはなかったでありましょう。我々はすべてアダムの立てたひとつの伝統の下に、アダム族というひとつの民族に属していたでありましょう。そして、アダムのひとつの言語が、我々すべての言語となっていたでありましょう。そして、実に、全世界が、神の下にひとつの国であったはずなのであります。

このように、神の御計画に於ては、すべての人々が、地上の神の国に生れるべく定められているのです。我々は、地上に於て、天国生活を楽しむべき存在なのです。そして、地上での肉身の寿命が切れたときに、霊界にある神の国に上り、そこに於て永遠に生きることになっているのです。これが神の、はじめの青写真でありました。その世界には、サタンも悪も、地獄も存在し得ないはずなのであります。神は御自身の子供のために、地獄を創造されるようなことは決してなさいませんでした。善良な父親が、自分の子供が、生れるやいなや、その子供の為にろう獄を建てるなどということはあり得ないのです。まして神が、御自身の子供のためにどうして、地獄などを必要とするでありましょうか。天国のみが、神の本然の目的であったのです。しかしながら、罪の故に、人間はその本然の価値を失い、獣のような存在になってしまったのです。地獄は、その獣のような存在を入れておく神の監のようなものです。しかし、それは、人間の堕落の後にはじめて必要となったものなのであります。

地上地獄─失楽園

それでは、堕落した人間と、堕落した世界の状態を、さらに調べてみましょう。ヨハネによる福音書八章四四節に於て、イエスは、「あなたがたは自分の父、すなわち、悪魔から出てきたものであって、…」と言っています。堕落により、人間は、サタンという偽りの父の下に、ひき連れていかれてしまったのです。人間は、その父親をとりかえてしまったのです。我々は、真の父、すなわち神を離れて、偽りの父、すなわちサタンとひとつになってしまったのです。このようにして、はじめの男と女とは、サタンの子となってしまったのであります。サタンとひとつになって、アダムとイブは、神の祝福も、ゆるしもなしに不法にも、夫婦として一体となってしまったのです。そして、彼等が子供を生みふやしていくときに、その子供達もまたすべて同じ偽父の下に生れることになったわけであります。彼らはすべて、神の子としてではなく、罪の子として生れてきたのです。このようにしてアダム以後、時代から時代へと、罪の子を生み殖し続けて、この堕落した罪悪世界が、もたらされて来たのであります。

我々が神を中心としないが故に、罪の世界、不信の世界、犯罪の世界、憎しみと争いの世界が生れてきたのです。そして、この世界に住む我々も、我々の国家も社会も互いに、破壊し合いながら、何の苦痛も感ずることがないのであります。これが、まさしく、地上の地獄であります。実に、この世界の主人は、神ではなく、サタンなのであります。ヨハネの福音書十二章三一節に、サタンがこの世の支配者であることが示されているのは、そのためなのです。我々は、この宇宙が神によって創られたということを知っています。我々は、神が人間を創られたということを知っています。しかし、今、神は人間の主人ではないのです。何故なら、人間が、自ら、その主人を替えたからであります。人間は神を裏切り、偽りの主人サタンと結んでしまったのです。そして、このサタンが、ずっと、今に至るまで、人類の父となってきたのであります。

救いとは復帰である

全能なる神は、愛の神であり、あわれみの神であります。神の心は、御自身の子の生きながらの死に、深く病まれ、悲しまれました。神は、いかなる人であっても、自らの力で罪のなわめを断ち切り、罪を取り除くことはできないということを知っておられます。神は人間を救いに導くことの出来るただひとつの力は、神御自身であることを知っておられるのです。そして神は、あわれみによって、この世界を救う決意をされたのでありました。神の人間に対する救いとは、人間を異常な逸脱した状態から、本然の善なる状態へと復帰すること以外の何ものでもありません。故に救いとは、復帰なのであります。神は、地獄を天国へと復帰しようとされているのです。神は、御自身の決意を聖書に於て明確に示されています。「わたしはこの事を語ったゆえ、必ずこさせる。わたしはこの事をはかったゆえ、必ず行う」（イザヤ書四六章十一節）神は、行うかも知れないと言われたのではなく必ず行うと言われ、人間とその世界を本然の姿に復帰するという御自身の絶対的決意を示しておられるのです。

では、どのようにして、それをなそうとされているのでしょうか？メシヤによってであります。人類を救うために、神はそのひとり子イエス・キリストを、救い主として、メシヤとして、この地につかわされたのでありました。二千年前、イエス・キリストは生命の創造主として、この世界に来られました。彼は、すべての罪人達を、キリストの如き人に造り変えるために来られたのであります。彼は、地上に天国を復帰するために来られたのであります。

それ故にイエス・キリストは、その第一の福音として「悔い改めよ、天国は近づいた」と宣言されたのであります。イエス・キリストの降臨によって、人々は、事実、そのとき、天国の入口まできていたのであります。

メシヤを迎える準備

しかしながら、神は、世界を復帰するべく、そのひとり子をつかわす前に、そのメシヤを迎えることの出来る信仰の基台を立てるために、個人からはじめて、国家へと拡大して、その道を一歩一歩整えて、準備しなければならなかったのであります。

結局のところこの世界は、今日まで、ずっとサタンの世界でありました。もし、メシヤがこの地上に準備された基台もなく来られるならば、サタン世界は彼を殺してしまうにちがいないのです。故に、神は、ひとつの国家、すなわち、御自身が支配することの出来るひとつの主権をうち立てるために、こつこつと注意深く働いて来られたのであります。イスラエル選民は、そのメシヤを迎えるための準備の結果として生れたのでありました。神はイスラエルの国を、メシヤの"着陸地"として準備されたのです。イスラエルの信仰の基台の上に神の最後の勝利者─メシヤを送ることができたのでありました。

イエスは死ぬために来られたのではない

今だかって解かれたことのない、ひとつの歴史的な謎があります。イエス・キリストの降臨の四千年前に、神は、前に述べましたように、メシヤのためにイスラエル選民を準備しておられました。預言者を通して、神は選民に対してメシヤのために備えるよう、あらかじめ知らせておかれました。神は人々の間にそういう期待を築き上げるように働かれ、事実イスラエルには、メシヤを待望する非常な熱意が見られたのであります。そして、その定められた時に、神は御自身の約束を成就されたのでありました。神のひとり子イエス・キリストは時至って、御自身の民の上に降臨されたのであります。

そして、そこで何が起ったでありましょうか歴史は事実を証すものであります。彼等はその無知ゆえにイエス・キリストを殺してしまったのです。神の選民がメシヤを受けいれることが、神のみこころでありました。しかし、彼等は受けいれるどころか彼を十字架につけてしまったのです。そしてクリスチャン達は、それは神のみこころであったと言って責任逃れをしてきたのでした。何というばかげたことでありましょうか。これは我々の論理に合わないことであります。何かが恐ろしく間違ってきたにちがいありません。それは何だったのでしょうか。

無知がイエスを殺した

人々はナザレのイエスがどういう方であるかを知らなかったのであります。彼等は、彼が神のひとり子であることを知らなかったのであります。もし、彼等が、イエスが神のひとり子、メシアであることを明確に知っていたならば、彼等は彼を十字架につけはしなかったでありましょう。「彼は自分のところに来たのに、自分の民は彼を受けいれなかった」（ヨハネ 福音書一章十一節）

また、聖パウロの証言に耳を傾けて下さい。「この世の支配者たちのうちで、この知恵を知っていた者は、ひとりもいなかった。もし知っていたなら、栄光の主を十字架につけはしなかったであろう」（コリント人への第一の手紙二章八節）

もし彼等が、彼が誰であるかを知ってさえいたならば、彼等は栄光の主を十字架につけはしなかったでありましょう。それは誤りだったのであります。イエス・キリストを殺したのは人々の無知と盲目であったのです。

彼らの国は滅ぼされ、その民は世界中に散らされたのです。しかしそれはただ彼らが神のみこころにかなって生きなかったからなのであります。彼らは、メシヤを受け入れることが神のみこころであったときに、彼を拒否してしまったのです。

旧約聖書の文字の奴隷

さて、そこで問題はイスラエル民族がイエスがどういう方であるかということをなぜ知らなかったのか、ということであります。信じていただけないかもしれませんが、神の選民がイエスをメシヤであることを認めなかった第一の理由は旧約聖書の故なのです。こう言えば皆様は驚かれるかも知れません。しかしイスラエル選民は旧約聖書を文字通りに解釈していました。彼らは聖書がひとつの暗号であることを知らなかったのです。彼らは聖書を文字通り、一言一言、一字一字解釈していました。言葉を換えて言うならば、彼らは旧約聖書の文字の奴隷になっていたのであります。それに対する証拠をあげてみましょう。

旧約聖書のマラキ書は、新約聖書の黙示録と類似した意味をもっています。それは、メシヤがどのようにしていつ来られるかというプログラムと終りの時のようすを明確に示しています。マラキ書四章五節から六節に「見よ、主の大いなる恐るべき日が来る前に、わたしは預言者エリヤをあなたがたにつかわす。彼は父の心をその子供たちに向けさせ、子供たちの心をその父に向けさせる」という言葉があります。では、エリヤとはどういう人だったのでしょうか。彼はイエス・キリストより九百年ほど前に生れた人で、旧約聖書によるとつむじ風の中を火の戦車に乗って天に昇って行った人であります。そのため人々は、エリヤが旧約聖書の文字通り、青い空から火の戦車に乗って再びやって来て、神の子の到来を告げるであろうと信じていたのであります。

このようなことを人々は期待していたのですしかるに、ある日、彼らは、ひとつの並はずれた宣言を耳にしたのです。ナザレから来たイエスという名のひとりの若い青年が、神の子メシヤであるとして、世に向って宣言されていたのです。それは実に信じ難い宣言でありました。エリヤが再臨するというマラキの預言は、実にイエスの使命遂行の障害になったのであります。イエスの弟子達が、イスラエルの町々で福音を述べ伝え、イエスを神の子として証して行ったときに、人々は「もし、あなたの先生が神の子であるなら、エリヤはどこにいますか。聖書に、エリヤが先ず来なければならないと書いてあります」と言って、彼らの言葉を拒否したのです。

バプテスマのヨハネがエリヤ

イエスの弟子たちは、この質問に答えるだけ十分な備えがありませんでした。事実、かれらは旧約聖書の知識をもっていなかったのです。すなわち、彼らはガリラヤの身分の卑しい漁師であり、取税人であり、売春婦でしたそこで、困った弟子たちはある日、このことについてイエスに教えを乞うために彼のもとに行くことに決めました。マタイによる福音書十七章十〜十二節にはこう書かれています弟子たちはイエスにお尋ねして言った、「いった律法学者たちはなぜ、エリヤが先に来るはずだと言っているのですか」。答えて言われた、「確かに、エリヤがきて、万事を元どおりに改めるであろう。しかし、あなたがたに言っておく。エリヤはすでに来たのだ」これは弟子たちにとって本当にショックでした。そしてその時彼らはイエスが、バプテスマのヨハネのことを言われていることを理解しました。弟子たちは、「バプテスマのヨハネがエリヤなのですか」と聞いた。するとイエスは「そうです」と言われました。しかしイスラエル選民は決して納得しませんでした彼らは「そんなはずはない」と言ったのです人々はバプテスマのヨハネがただ、天から降ってこなかったという理由だけで、彼が、エリヤであることを認めることができなかったのです。二千年前の選民たちは、エリヤの再臨の預言が、聖書の文字通り実現されなければならず、したがって天より降臨しなければならないという信仰にかたくなに固執しました彼らは旧約聖書の文字の奴隷だったのです。

失敗者、バプテスマのヨハネ

それでもなお、イエス・キリストは嘲笑する大衆のば声を受けながらも力と権威をもってイスラエル全土で伝道を続けました。人々はそういう人間をそのまま問題にしないわけにもいきませんでした。彼らは、自分たちが正しいという確信を欲しました。

そこで彼らはバプテスマのヨハネのところに行って尋ね、彼らがいろいろな疑問に最終的な決着をつけようと決心しました。そして、ヨハネ福音書の一章十九〜二十一節にあるように彼らはそのごとく行ったのです。彼らはヨハネに尋ねました。「あなたはどなたですか」彼は告白して否まず「わたしはキリストではない」と告白した。

そこで彼らはさらに問うた「それではどなたなのですか。あなたはエリヤですか」。彼は「いやそうではない」と言った。「ではあの預言者ですか」彼は「いいえ」と答えた。このようにバプテスマのヨハネはすべてを否定しました。彼は「私はエリヤではない」と言いました。彼は預言者としての立場さえも否定したのです。誰もが彼は神の預言者であることを知りかつそう認めていました。しかし彼は「私は預言者などではない」と否定しました。何故でしょうか。

彼は当時の状況を判断しイエス・キリストが彼の属する社会からのけ者として扱われているのを知っていました。イエスは負け犬のように見えました。そこでヨハネはイエスの側に立つまいと決心したのです。彼は全てを否定する方がずっと得策であろうと考えたのです。そうすることによってバプテスマのヨハネはイエスを隅の方に追いやり、彼を誰からも擁護されない大イカサマ師に仕立ててしまったのです。ヨハネに否定されたイエスは、このことに関してヨハネ以上に頼みとする人はいませんでした。

それでは、何故イエスは十字架につけられたのでしょう。第一に彼は、聖書の文字通りの解釈の犠牲者となったのです。第二に、バプテスマのヨハネが使命成就を失敗することによって捨てられ、ついには十字架につけられたのです。

我々は、マタイ十一章一〜三節に、牢獄で首をはねられるのを待っていたヨハネが彼自身の弟子のなかの二人をイエスのもとに遣わし次のような質問をさせたのを知ることができます。『来たるべきかた』はあなたなのですか。それとも、ほかにだれかを待つべきでしょうか。」（マタイによる福音書十一章三節）

これはイエスが神の子であるという信仰をもった人のする質問でしょうか。バプテスマのヨハネは以前にヨルダン川でイエスを（神の子としての）証しをしたことがあったのですわたしはそれを見たので、このかたこそ神の子であると、あかしをしたのである」（ヨハネ一章三十四節）

ところが、その同じ人間がその同じ口で今度は「あなたは本当にメシヤなのですか、それとも誰か他の人を捜すべきでしょうか」とイエスに迫ったのです。この質問はイエスにとって失望をもたらしたことでしょう。ヨハネは、何と信仰の薄い人間だったのでしょう。

ヨハネの使命成就を願っていたイエス

バプテスマのヨハネの使命は、メシヤの使命を成就するために非常に重要なものでした。神は「主の道を直くし、備えられた民の心を整えるため」に特別にヨハネを送ったのですそれが、キリストに先立つ者としてのヨハネの使命でした。イエスはバプテスマのヨハネが使命を成就することを心から頼みとしていました。ですからイエスはこのあまりに心外な質問に対して「イエス」とも「ノー」とも答えられませんでした。そのかわりにこう言ったのです。「私につまずかないものは幸いである」（マタイ十一章六節）

これは、彼の惨めな失敗を知ったイエスのヨハネに対する慰めのことばでした。イエスは本当はこう言いたかったのです。「あわれなヨハネ、失敗した男よ。あなたはもはや私に対する信仰を失ってしまった。あなたは神の子につまづいてしまったのだ。かわいそうな

ヨハネよ」

したがって、イエスはマタイ十一章十一節でこう言われたのです。「よくよくあなたがたに言っておく。女の産んだ者の中で、バプテスマのヨハネより大きい人物は起らなかった。しかし、天国では最も小さい者も、彼よりは大きい。」

ヨハネは、天国では最も小さいものも彼よりは大きいといわれるところまで落ちてしまったのです。イエスのこのことばの意味は今まで定かではありませんでした。クリスチャンは、バプテスマのヨハネがその使命を失敗した人間であることに気づかなかったので、このことばの真意を理解できませんでした。今夜我々はその真意を知ることができるのです。ヨハネはイエス・キリストと同時代の人として生まれたのです。ゆえに、キリストが姿を現わした時に"生けるキリスト"を証しする特権をもっていました。彼の使命に関する限り、バプテスマのヨハネはすべての人のうちで最も偉大な、栄えある人物でした。かくして、イエスは彼を、女の産んだ者の中で最も大きい人物であると言われたのです。

しかし、彼の使命の成就という点では、ヨハネは最も小さい者であり、すべての人のうちで最も惨めな敗北者でした。彼より前に生存したすべての預言者たちは、霊界では天国にいました。彼らはイエス・キリストが誰であるか知っていました。しかし、ヨハネは知りませんでした。彼は疑ったのです。彼は懐疑的になり、とうとうイエスの身分がわからなくなってしまいました。遂には、神の子であると自ら証したことさえ確信できなくなったのです。彼は失敗者となり、従って天国にいるすべての者のうちで最も小さい者となってしまいました。

あなたはこういうかも知れません。「文先生、あなたは何の権威によって話されているのですか。何故あなたはそんなに確信をもっておられるのですか」と。

私はまさにこれらのことを言う権威をもっています。神が私にこの真理を示されたのです。私はイエスに会いました。イエス自身が私にこの真理を示されました。そして私はバプテスマのヨハネにも霊界で会いました。彼自身この証しの真実性を証言してくれました。このような特別な霊的体験をした後、私が現実の世界に戻った時には、私がそれまで読んでいた同じその聖書が今度は、全く新しい意味をもつようになりました。たとえ、あなたが今、私が話したこれらのことを真理と認めることができなくても、少くとも是非の判断を保留すべきだと思います。いつの日か、我々すべてが真理を知るようになるでしょう。最終的には我々は全て死んでゆくのです。誰もが霊界に行きついた時、そこでは真理が太陽の光の如く輝いています。そこでは誰一人、真理から免れることはできません。その日にこそ我々は全き真理をまのあたりに知るでしょう。しかしながら、この地上に生きてうる人間に、真理を受けいれるほどの謙虚さを持ちうる人は幸いです。真理と神に対するこの地上の知識があなたの永遠の生命を決定するのです。

イエスは天の雲に乗ってくると思われていた

イエスがメシヤとして受けいれられなかったもう一つの決定的な、三つ目の理由があります。それは、二千年前選民イスラエルはダニエルの預言に従って、神の子が天の雲に乗ってくると思っていたからです。

「わたしはまた夜の幻のうちに見ていると、見よ、人の子のような者が天の雲に乗ってきて…」(ダニエル書七章十三節)

しかし、イエス・キリストは天の雲に乗って奇跡的に現われては来ませんでした。彼は、ヨセフの妻である女マリヤから生まれました。人々は言いました。「どうしてこのイエスが神の子などといえようか。彼は私とかあなたと全く同じ人間に過ぎないではないか」

これこそ選民がイエスを見捨てたもう一つの、動かしがたい理由でした。

ダニエルの預言はイエスの伝道に非常な困難をもたらしました。

キリストが肉体をとって来られたということだけで彼を見捨てた。彼らは、誰かこの世のものではない者が天の雲に乗って現われることだけを待っていたのです。ゆえにイエスを受けいれませんでした。ヨハネはこれらの人々のことを「そういう者は反キリストだ」と言って厳しく糾弾したのです。このような歴史的真実が、キリスト教の世界から隠されてきました。現在、初めて、このイエスの伝道にまつわる、これらの全ての情況が白日の下に明らかにされたのです。

では何故、この時に、こういう真実があからさまにされたのでしょうか。それはキリストの再臨が近いからです。そして神はイスラエルが犯したのと同じあやまちをクリスチャンにさせたくないからです。天の父からの明々白々なる真理の啓示によってのみ、全てのキリスト教会は一つになることができるのです。そうです。真理が我々を一つにするのです。もし、我々が真理を知るなら、その真理が我々を誤った不一致から自由にするでしょう。そして神の明白なる真理が今、明らかにされているのです。

十字架、それはイエスの二次的使命

十字架の死は全く神の子の本来的使命ではなく、予定された路程の変更されたものでした。それは二次的使命だったのです。それは変貌山上で決定されました。このことに関する記述がルカ九章三十〜三十一節にみられます。

「すると見よ。ふたりの人がイエスと語り合っていた。それはモーセとエリヤであったが、栄光の中に現われて、イエスがエルサレムで遂げようとする最後のことについて話していたのである」

イエスの第一弟子のペテロが、イエスから彼がエルサレムで苦しみを受け、十字架につけられるであろうということを知らされた時ペテロは、マタイ十六章二十二節にみられるように、激しく反対しました。

「主よ、とんでもないことです。そんなことがあるはずはございません」するとイエスは彼に強く迫ってこう言われたのです。

「サタンよ、引きさがれ。わたしの邪魔をする者だ。あなたは神のことを思わないで人のことを思っている」(マタイ十六章二十三節)

クリスチャンはイエスが十字架上で死ぬために来られた証拠として、この件をよく引用します。多くの人がこう言います。「イエスの言われたことを聞きなさい。彼は死ぬために来られたと言われた。だから、彼はペテロをとがめ、彼をサタンと呼んだのだ。なぜなら、ペテロはイエスが十字架につくのに反対したからです」

しかし、現在、その解釈は一つの核心的な点を見落しています。イエスは、神がその御計画を変更され、イエスの使命を変えられたことを知った後に、ペテロをとがめたのです。イスラエルがイエスを拒んだので、神は地上天国実現というイエスの本来的使命を成すには、民の協力が必要である以上もはやイエスがそれを続けることができない、ということを知っておられたのです。

それで、イエスの伝道の終りの時点になって、神は彼に霊的救いという限られた目標のみを達成するように願いました。イエスは従っていました。しかし、あわれなペテロは、イエス・キリストの使命がこのように変更されたことについて何も知らなかったのです。

イエスは、ペテロの慰めときこえる言葉が、その時にはすでに神のみこころと何の関係もなくむしろ妨げとなったので彼を「サタン」と呼んだのです。ペテロは無知蒙昧から語ったのです。しかしイエスは、この二次的使命を失敗することは決してできませんでした。というのは、そうなれば、彼が来たことが全く無に帰してしまうからでした。

イエスを受け入れれば神の国は実現していた

もしイエスが、イスラエルの民によって受け入れられていたなら実際には何が起ったか、ということを考えてみましょう。実に、彼はその国の王になっていたでありましょう。そうなれば、イスラエルの王として、彼は彼の弟子達と、ヤコブの十二の部族と、全てのアラブの部族どを含むアブラハムの全ての子孫とを統合したことでしょう。彼らの全ては、神の子を中心とした一家族となったはずであります。

イエス・キリストは、イスラエルの選ばれた民族を中心として神の主権をうちたてたでしょう。神の国の憲法が、イエスの時代に発布されたでしょう。神の主権が現実化された無敵の国家が建てられたことでしょう。神のもとにある一つの国家、それは、人類始祖・アダムがうち建てるべきであったのですが、それは後のアダム、イエス・キリストを王として実現したことでしょう。ローマ帝国でさえ、神の王国の前にはひざまづいたでしょう。

これが、イザヤ書九章七節の預言なのです。

「そのまつりごとと平和とは増し加わって限りなく、ダビデの位に座して、その国を治め、今より後とこしえに公平と正義とをもってこれを立て、これを保たれる。万軍の主の熱心がこれをなされるのである」

当時、偉大なるローマ帝国は世界の中心でした。神の救いの御計画は全世界を復帰することでした。一旦、神の王国がローマにできたならそれが全世界に容易にもたらされるように神はローマを全ての国々の中心として備えられました。もしイエスが、ローマ帝国に彼の王国の建設することができたなら、その時、ローマの力と影響によって、イエスが地上に生きている間に、世界の隅々までイエス・キリストの福音が宣べ伝えられたことでしょう。我々は既に、神の王国の市民となっていたでしょう。キリスト教の歴史には流血とか、殉教者はなかったでしょう。そして、教会の尖塔には十字架はなかったはずです。そうなれば、キリストの再臨の理由もなかったのです。なぜならばメシヤの使命は既に完成されているだろうからです。

しかし、悲しいかな、現実はイエス・キリストは反逆に会いました。アダムとイブの従順なくして神はエデンの園にその御理想を実現することはできませんでした。そして、イエス・キリストも選民の協力なくして、地上天国を建設することはできなかったのです。

十字架は霊的救いのみをもたらした

それでイエスは、彼の第二番目の使命であった霊的救いに移ったのです。選民であるイスラエル民族の無知もうまいのために、イエス様の犠牲が必要になり、仕方なく神はそうされることを許されたのです。そこが十字架の重要なところなのです。神はサタンに払う身代金として、イエスが十字架でなくなられることを許されたのです。それと引き換えに、イエスの復活の時に、神は身体の贖いは出来なくとも、魂は要求することが出来たのです。ですから、神の勝利は十字架にあったのではなく、復活にあったのです。これがキリスト教の救いなのです。

イエスの十字架と共に、キリスト教も十字架にかかりました。主が苦境におられる時誰も彼に信仰をたてなかったのです。誰もがイエス様を裏切ったのです。あのペテロでさえ、イエスを否定したのです。しかし、イエス様の復活と共にキリスト教も息をふき返したのでそれから四十日間というもの、イエスはちりぢりになったキリスト教の残骸を集められ一つにまとめられました。それが今日のキリスト教の始まりであったのです。そうなのです。我々の救いは勝利された復活からきているのです。これは、サタンの力の及ばないキリスト教の勝利なのです。しかしイエス・キリストの身体は犠牲として、またつぐないとして取り去られてしまいました。御自身の肉体をとられた故、人間の身体についても同様にあきらめざるを得なかったのです。ですから我々の救いは魂のあがないのみをもたらし、限界があるのです。この理由は、二千年前に肉身のあがないが成されなかったからであります。この世はいまだにサタンにじゅうりんされています。この世界ではいまだに罪は私達の身体を通して荒れ狂い、私達を支配しているのです。聖パウロは、ローマ人への手紙七章二十四〜二十五節で苦悩のうちに次のように叫んでいます。

「私はなんというみじめな人間なのだろう。だれが、この死のからだからわたしを救ってくれるだろうか。わたしたちの主イエス・キリストによって、神は感謝すべきかな。このようにして私自身は、心では神の律法に仕えているが、肉では罪の律法につかえているのである」

聖パウロは主の恵みの中に生きた人です。しかし、彼のような人できえ、心では神につかえることができても、身体は罪の律法につかえていると告白しているのです。彼の肉体は救われていなかったのです。依然として、罪の中で苦悩していたのです。それは私達にとっても同じです。キリストを受け入れることによって我々は霊的救いを受けました。しかし、私達の肉体はキリストが再び来られて、我々を罪の束縛から解放されるまで、サタンの支配する罪の法則につかえているのです。再臨の主は全き救い、すなわち霊的な救いと肉的救いの、その両方を与えることの出来るたった一人の御方であります。今日のキリスト教は霊的救いを与える力しか持たないのです。その当時のイスラエルと違って、キリスト教は実体的な国の基盤を持っておりませんですから、キリスト教における神の支配圏は霊的な国のみであります。従って人間のもっとも大きな希望はメシアの再臨なのです。

再臨は如何になされるか

今日、我々は論理なくしては何事も信ずることが出来ません。神は真理であり、真理は論理的であります。無知には完全というものがあるはずがありません。キリスト教の祈りだけでは、ニール・アームストロングをして月を踏ませることは出来なかったのです。科学的真理が必要だったのです。私自身は、かって科学部の学生でありましたし、神が科学の神でもあるということを知っています。このように神の言われることは二十世紀の人間にとって、科学的であり、論理的であり、説得力のあるものでなければなりません。

さて、キリストの再臨がいかになされるかを語ることによって今夜の話の頂点に移りたいと思います。聖書のマタイによる福音書二十四章三十節を読んでみますと、「そして力と大いなる栄光とをもって、人の子が天の雲に乗ってくるのを、人々は見るであろう」とあります。また、黙示録一章七節には「見よ、彼は、雲に乗ってこられる」とあります。ところが、テサロニケ人への第一の手紙五章二節には「主の日は盗人が夜くるように来る」となっています。ある預言書には、主は天の雲とともに来ると言っており、また別の預言は盗人が夜来るごとく来る、と言っています。これら二つの預言は少し矛盾しています。もし彼が盗人のごとく来るなら、同時に雲の中に現われることなど出来ません。では一つをとって別の預言を捨ててしまいましょうか。

二千年前のイスラエルの選民は神のお告げが象徴で表わされていることがわかりませんでした。彼等は神のお告げを文字通り解釈したのです。それは重大な誤りでした。我々、クリスチャンが新約聖書を読む時には、同じあやまちを犯してはなりません。我々は神の側に立って聖書を読むべきであり、比喩や象徴の真なる意味を知るべきであります。二千年前、すべての人々が、エリヤが青空から現われることを期待していました。しかし、彼はそのようには来ませんでした。また、彼等はメシヤが天の雲と共に来ることを期待しましたが、そのようには来られませんでした。今日、クリスチャン達は再臨の主が雲に乗って来ることを期待しています。しかし、あなたにはこの時代にそのような期待が裏切られないという保証がありますか。

主は如何に来られるか

主の再臨を待ち望んで空を見あげていても失望するばかりです。彼はもう一度、肉身を持った人として来るからです。これは神の啓示であります。聖書の重要な預言を読むことによってそれを証明させて下さい。ルカ福音書十七章二十節には、「神の国はいつ来るかと、パリサイ人が尋ねたので、イエスは答えて言われた、『神の国は、見られるかたちで来るものではない』」とあります。誰もが天の雲を見るでしょう。しかし、イエス様は「我々は御国の到来は見ないだろう」と言われました。ユダヤ教信者達はメシアの到来を見たでしょうか。いいえ、見ませんでした。なぜなら、彼は肉体を持った人の子として来たからです。

次に、イエス・キリストのもっとも驚くべき発言を見てみましょう。たいていの人は「聖書はそう言っていますか」と聞きます。ルカの十七章二十五節を見ますとイエス様はこう言っておられます。

「しかし、彼（再臨の主）はまず多くの苦しみを受け、またこの時代の人々に捨てられねばならない」

主がもし、天使のラッパの音と共に、力と大いなる栄光のうちに雲に乗ってこられるなら、誰が敢えてその方を拒絶したり、苦しませたりするでしょうか。あなたでしたらそうしますか、これはイエス様の語られた言葉です。その方は苦しみ拒絶されるのです。その方は肉体を持った人の子として来られるからです。最初はその人をキリストとして認めることはむずかしいでしょう。まず初めに、人々は彼を拒絶し苦しみを与えるでしょう。しかしながら、イエス様は十字架にかかるために再び来られるのではありません。彼は栄光の主として来られるのです。この世を審判し、善と悪を分け、神の国を創るため来られるのです。神の義が地上に広がるようにされるのです。ルカ十七章二十六〜二十七節を読んでみますと、「そして、ノアの時にあったように、人の子の時にも同様なことが起るであろう。ノアが箱舟にはいる日まで、人々は食い、飲み、めとり、とつぎなどしていたが、そこへ洪水が襲ってきて、彼らをことごとく滅ぼした」これが人の子の時のあらましです。そして、これは主が肉身をもって人の子として来られる時おこるのです。

一人の人間として、来臨されるイエス様は天国を唱えるでしょう。しかし、誰も耳を傾けはしないでしょう。きっと彼を笑いあざけり、あらゆる悪いことをやるでしょう。そうして、主が審判の座にひきあげられるまで、この世は、その宿のごとく肉欲的なもの——食い、飲み、めとりなどを続けるのです。世が彼を審き主としてみとめる時はもう遅すぎるのです。箱舟は閉まり、審きがまさに始まらんとしているでしょう。

さあ、イエス様が言われているこの一節を聞いて下さい。

「あなたがたに言っておくが、神はすみやかにさばいて下さるであろう。しかし、人の子が来るとき、地上に信仰が見られるであろうか」(ルカ十八章八節)

イエス様は、キリストがもどられた時地上に信仰があるかどうか問われました。何故でしょうか？歴史は繰り返すかも知れません。二千年前、イスラエルには、すさまじい程の信仰がありました。彼らは朝に昼に夜にユダヤ教会で祈りをささげました。彼等は絶えず経典を読み、えりにそれをしるし毎日暗唱していたのです。又、彼等は十戒を守り、あらゆる律法に従いました。農作物の十分の一をささげ、断食に断食を重ねました。それでも、神の子が現われた時彼をみとめることができず、十字架につけてしまったのです。イエス様は信仰を見たでしょうか？ イエス・キリストの目には、地上に信仰が全く見られなかったのです。

ですから、彼が再び肉身をもった人の子として現われる時、地上に信仰が見られないかもしれません。何百万ものクリスチャンや何千もの教会は、人の子の到来を決して見ないかもしれません、なぜなら主が肉身を持ってこられるからです。

キリストがもう一度肉身を伴った人の子として来られる時、まず第一に、彼は二千年前来られた時と同じようにあつかわれるでしょう しかし彼は十字架をくり返すために来られるのではありません。この時は、神の力が明らかに現われるでしょう。再臨の主は本当に審きの場につかれ、審き主として審判されるでしょう。

主は来られます。そして主は、人として来られるのです。そのうえ神の力と栄光を持って来られるのです。そしてこの世を審判されるのです。柔和な者達だけが祝福されるでしょう。ごう慢な者達は消すことのできない火を見ることでしょう。

神の目的は成就される

第一のアダムとイブ：御存知のように神は創造の初めから、地上の天国を最初のアダムとイブと共に造る計画でした。彼等がもし神に対して本当に従順であったなら、彼等は完成し、また神は彼等に天的な結婚をもたらし、神の意志のごとく地上に最初の家庭を造られたでしょう。この家庭は地上天国の基いとなり、アダムとイブは人類の真の父、真の母となられたでありましょう。エデンの園というのは、そういう国の象徴的な表現であります。そして、この世は神の喜びの世界になったでありましょう。

このとどつまりは、子羊の婚宴の話として、黙示録に預言されています。再臨の主はその子羊であり、その完全なるアダムであります主は完全なるアダムとして来られるのです。そして彼は完全なイブを復帰されるのです。それから彼らはひきあげられ、人類の真の父母となられるのです。そしてついに、神の喜びは完璧なものとなるのです。

第二のアダムとイブ：しかし第一のアダムとイブは失敗してしまいました。しかし神の理想は変りませんでした。神は初めに計画されたように神の国を実現し、喜びの世界を創ろうと決心されました。そして、聖書の歴史で四千年後に、神はもう一人の完全なアダムを通じて地上の神の国を復帰しようと計画されたのです。イエス・キリストがその完全なアダムであります。聖書のコリント人第一の手紙十五章四十五節には、イエスは「最後のアダム」、すなわち第二のアダムであるとあります。彼は失敗した最初のアダムのかわりに二千年前に、完全なアダムとして来られたのです。

アダムだけの復帰では、神の国は出来ません。花嫁であり、母親である第二のイブがいなくてはなりません。ですから神は、この第二の嫁となる人、完全なるイブを復帰する予定でありました。これがエデンの園で失われた第一の家庭の復帰でありました。

第三のアダムとイブ：しかしながらイスラエル選民の反逆のために、これは達成できませんでした。それにもかかわらず神は御自身の意思を成就することを決心されたのです。そうしてキリストの再来を約束されたのです。そイエス様がなくなられてから、約二千年が経ちました。そして、今、神はもう一度第三のアダムの立場で神の息子を送られるのです。歴史を通して、神は常に三度目でその目的を果してこられました。数字の(3)が完成の数であるというのは本当です。この時、神は完全なるアダムとイブに天的な結婚をあげさせて、神の長い間の理想を確実に成就され、地上の天国の基いを敷かれるのです。

十字架にかけられる少し前、イエス様はペテロにこう言われました。

「わたしはあなたに天国の鍵を授けよう。そして、あなたが地上でつなぐことは、天でもつながれ、あなたが地上で解くことは、天でも解かれるであろう」(マタイ十六章十九節)

この地上で失敗したのです。罪はこの地上で犯されたのです。ですからそれは、この地上で償われ根絶やしにされなければなりません。

イエス様は私達にこう祈るよう言われました

「み国が来ますように。みこころが天に行われる通り、地にも行われますように」

地上に天国実現

地上が問題なのです。それが何故キリストが地上に帰って来られなければならないかの理由であります。

世の終りが来る時、神はすべてを破壊され、日は暗くなり、星は落ち、わずかひと握りのクリスチャン達が空中に引き上げられ、キリストと共に至福千年を迎えるということを多くのクリスチャンは信じております。

しかし、もし神がそうされるなら神は失敗の神になってしまいます。というのは神の本来のみこころが、この地上においては決してなされないからであります。サタンのためにこの地上を見捨てることになるからです。それではサタンは事実上の勝利者となってしまって神は敗者になってしまうからです。そのようなことは決して起こらないでしょう。神は全能であらせられます。神はこの地をあきらめることは決してされないでしょう。神の国はそう計られた故、成るのです。この日本、アジアもまた神の国となりましょう。もしあなた方がメシヤのおとずれを見るなら、あなた方は神の国の住民となれるでしょう。彼はあなたの希望であり私の希望であり、みなさまえそしてこの世界の唯一の希望であります。

しかし、もし私達が彼を見ることが出来なかったら、その時はキリスト教にはもはや希望がなくなるでしょう。キリスト教は衰えるでしょう。その神霊の火は消えてしまうでしょう。教会は古い遺物の墓と化してしまうでしょう。その時には、この世は暗い運命を待つようになるのです。

皆様、今夜私は神の命令によって、ここ武道館に来ました。聖書の使徒行伝二章十七節にはこうあります。

「神がこうお仰せになる。終りの時には、わたしの霊をすべての人に注ごう。そして、あなたがたの息子娘は預言をし、若者たちは幻を見、老人たちは夢を見るであろう」

私達は、新しい時代の誕生というとてつもない時代に今生きているのです。天国は非常に近づいております。そしてもしあなた方が熱心に神に求めるなら神はあなた方に答えてくれるでしょう。ただちに神にたずねなければなりません。「文師が、真実を語っているかどうか、どうしたらわかるでしょうか?」とどうか私や誰か他の人にその答を聞かずに、神が直接あなたに答えるようにして下さい。心静かに、そして神に熱心に、心を込めてたずねて下さい。祈りの中で神と対決して下さい。神は答えられるはずです。

13日、武道館大ホールにて、愛と喜びの希望の日フェスティバルが、熱気と感動のうちに盛大に開催されました。

人類にとって新しい希望は、メシヤであります。主の大いなる、かつ恐しい日はすぐそこに近づいているのです。その日が素晴しい日か恐しい日かは、あなた方次第です。もしあなた方が救い主に会うなら、あなた方にとってその日は素晴しい日となるでしょう。しかしもし、救い主に会うことがなければ、あなた方にとってその日は本当に恐るべき日となりましょう。

神の祝福がありますように。御静聴ありがとうございました。カンサハムニダ！ありがとう。そしてよき晩でありますように。

主催 インターナショナル・ワン・ワールド・クルセード
希望の日フェスティバル実行委員会
お問い合せ 東京(476)0941〜0945〜6

国際勝共連合在日韓国人会

活 動 実 績

（1972年5月1日～1974年11月30日現在）

沿　革

1967. 6.12～ 9.12	創始者文鮮明師と共に崔会長来日 日本国際勝共連合創立のための幹部養成指導
1968.	崔会長再度来日，巡回講義及び幹部養成指導
1972. 1.20	崔会長三度目来日，巡回講義及び幹部養成指導
1972. 5. 1	国際勝共連合在日韓国人会創立，初代会長に就任
1972. 6～1973. 10	崔会長日本90ヵ都市巡回講演 (在日韓国人居留民団員に勝共講演実施)
1972.10～11	崔会長世界17ヵ国韓国僑胞を訪問時局講演会実施
1973. 12. 20	第一回在日韓国勝共青年クリスマスパーティ開催(参加者200名)
1973. 3	崔会長ブラジル僑胞に勝共講義
1973	崔会長WAKL世界大会参加（自由中華民国）
1974. 4. 13～20	国際勝共連合在日韓国人幹部50名本国研修会
6. 21～23	在日韓国青年指導者選抜研修会，於大阪（参加者60名）
7. 15～31	第一回訪米在日韓国青年指導者セミナー開催（参加者75名）
8. 17～19	在日韓国青年指導者選抜研修会，於大阪（参加者60名）
8. 23～25	在日韓国青年指導者選抜研修会，於東京（参加者60名）
9. 11～10.2	第二回訪米在日韓国青年指導者セミナー開催（参加140名）
10. 19～21	在日韓国青年指導者選抜研修会，於東京
10. 26～28	在日韓国青年指導者選抜研修会，於大阪
11. 1～ 3	在日韓国青年指導者選抜研修会，於大阪
11. 16～12.8	第三回訪米在日韓国青年指導者セミナー開催（参加200名）
12. 20	第二回在日韓国勝共青年クリスマスパーティ開催 在日韓国青年指導者選抜研修会
1975・2・14	第四回訪米在日韓国青年指導者セミナー開催（参加200名）

国際勝共連合在日韓国人会会長

〈崔容碩 会長〉
President Mr.Young Suk Choi

韓国6•25動乱当時全州警察署を守っていた高等学生の一員として対共闘争を始めた崔会長は1955年5月から大宗教指導者であり，勝共理論を確立した文鮮明先生の指導の下に青年指導者として21年間多くの青年達を修練教育させ，1960年から3年間は週2回に及んで水原矯導所在所者2,000名を相手に善導及び反共教育をさせる一方，当時思想犯人達が収監されていた西大田矯導所をソウルから往来しながら転向教育を施し，1964年6月江原道知事と当時の崔貞桓警察局長の招請で道庁全公務員，警察官，道民，有志に勝共理論講議を初めて実施して当地の反共啓蒙団結成の機構を樹立させ，1965年から1967年に至る間，全南反共啓蒙団長として50万道民の勝共教育と青年指導者修練及び，官区司令部将兵及び歩兵学校にて反共講義を行い，1968年国際勝共連合創設の中心要員であると同時に本連合創設者である文鮮明先生の召命を受けて上京，連合初代教育局長兼初代勝共連合修練院長を兼任しながら，ソウル・京畿道を中心とした公務員，教師，予備軍，警察官，学生達延べ17,000名を合宿修練させ，合せて全国勝共指導者の養成に務み，1971年2月野戦軍司令部傘下全軍の巡回勝共教育に当り，国防大学院招請講師として勝共講義を担当した。

1967年，文鮮明先生に従って渡日，現在日本勝共連合会の全国幹部達に勝共理論教育を実施して日本勝共連合会創設の後だてとなり，その後5回に及んで日本を往来し会員指導養成に活躍後1972年5月1日現職に就任し，当時南北7•4共同声明に因って，思想的に混乱していた在日同胞達を訪ね，全国98ヵ都市を駈け巡って民団の協助のもとに10万同胞を動員し生命をかけた講演集会を催し1972年10月から12月末まで世界16ヵ国を巡訪して海外同胞達と啓蒙講演及び座談会を持ち1973年8月には，自由中国台湾にてAPACL大会に代表として参席，1974年7月15日から8月2日まで，第一次在日韓国青年75名を米国で勝共教育を実施し，同じく9月11日から10月2日まで第二次140名を引率，勝共教育をさせ，再び11月16日から12月8日まで第三次200名を米国に引率勝共教育を実施，1975年1月第四次200名をまた米国に引率して1ヵ月間勝共教育を実施する準備を進めるなど，歴史的大課業を黙々と実行中であります。

去る8月15日、文世光による朴大統領ソ撃事件と同時に在日僑胞特に青年に対する勝共思想教育が再認識されるようになりました。本会では既に第1次、第2次、第3次、第4次にわたり在日韓国青年指導者を目差す 600名を選び1ヵ月間づつ米国において勝共教育を行い、新しい在日韓国青年指導者を養成するに至りました。(第1次訪米研修生記念写真)

在日韓国青年訪米セミナー集録

第2回在日韓国青年訪米研修生一同

第 3 次修錬生一同

在日大韓体育会主催、サッカー親善試合訪米団（1974.6.14）（引卆団長金竜宅氏、延祥理事長、李俊明顧問、池宗渕総務、応援団長金秉錫氏、蔡事務局長、尹栄基氏と選手一行羽田発

米国セミナー第４回生、200名。1975年２月14日～ ３月６日

1975.3.1節国際劇場にて14個国の著者合唱団参加記念

北朝鮮＝金日成＝暴力革命＝みのべ都政

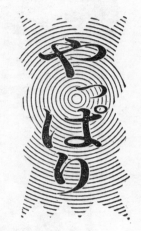

やっぱり 本音でした！

▽…「日朝友好ムード」を唱えたり「南北会談」で話し合いをする等、平和的民主的に見えた北朝鮮…△
▽…＝金日成でしたが、ついに本音をはきました。「南北統一」に名をかりて、相手（韓国）の内乱…△
▽…を利用して即座に共産革命を韓半島全土に勃発させる、という恐るべき「侵略戦争宣言」を発表し…△
▽…ました。（三月六日付毎日新聞、サンケイ新聞）第二の韓国動乱を巻起そうと言うのでしょうか!!…△

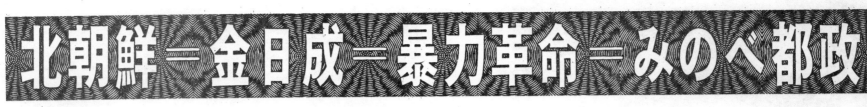

金日成に〝コビヘツラウ〟みのべ知事！1971年10月25日、金日成より招待され訪朝する

〝金日成の演説〟（一九六八年国家創建二〇周年）

「決定的な闘争はただ暴力的方法のみで勝利することができる。暴力的方法なしに何らかの平和的方法で南朝鮮人民が政権をかちとることができると考えるのは愚かな幻想にすぎない」

〝北朝鮮＝金日成は、昔も今もかわらない暴力革命主義者です〟

これが問題の

毎日新聞
サンケイ新聞
の記事

〝全国土要塞化〟〝全人民武装化〟の戦争準備スローガンの下に、北鮮では婦人までも軍事訓練にかり出されている

昭和50年(1975年)　3月6日　(木曜日)　毎　日　新

「南朝鮮での革命利用
統一をかちとる」
金日成主席が強硬演説

【朝鮮通信五日東京】五日の朝鮮中央通信によると、最近平壌で開かれた工業部門熱誠者会議で金日成主席が①三大革命（思想、技術、文化）の歴史的必然性②三大革命グループ運動の発端③三大革命で収めた成果④社会主義建設を促すためのいくつかの課題—の大系からなる演説を行った。

金日成主席は演説で昨年の工業生産が前年度比一七・二％の成長率をとげたと指摘し、これは第五回党大会の目標をはるかに上回る水準であると言明した。金日成主席は今後の課題に触れ、さらに「今後戦争が起ころうと、南朝鮮で革命が起ころうと、それはすべて、わが革命に有利に利用して祖国を統一し、革命の全国的勝利をかち取るべきである」と強調した。

南の革命利用し統一
金日成主席語る

【AP＝東京】六日の平壌放送は、朝鮮民主主義人民共和国（北朝鮮）の金日成主席が、二月二十八日から三月四日まで開かれた〝産業界の活動家〟の集会で演説、「もし将来、南朝鮮（韓国）に戦争か革命が起こった場合、われわれはこれを自己の革命に有利に利用して、国家統一と革命の全土にわたる勝利をかちとるべきである」と述べた朝鮮中央通信の報道を放送した。

金主席はさらに「一般の国際情勢から、偉大な革命的事件が起こるのは、遠くない将来である」と語った。

朝鮮大学校認可取消運動本部

みのべさん

都民

私達こそ血が逆流しますよ

昭和四十三年四月十七日、あなたは都知事の職席について手はじめの仕事として北鮮の大学朝鮮大学校を各方面の憂慮と批判、忠告を無視して、一方的に各種学校として認可してしまいました。

みのべファッショが認可した朝鮮大学校とは

〝抗日の革命文学〟（国語教材）を教える大学教育を見るまでもなく、在日朝鮮総連ではすでに幼児教育から恐るべき反日革命教育を行なっている。日本人は吸血鬼、殺人鬼と呼ぶに致っては驚くばかりです。「そのまま生かしておいてはがまんできない！アメリカ野郎の胸ぐらに銃剣打ち込め！」—幼稚園用・絵本—

日本敵視の教育方針

一、帝国主義、とくにアメリカ、日本に対する憎悪をうえつける。
一、日本帝国主義は三六年間もわが人民に植民地奴隷の網を被いかぶせて、あらゆる蛮行をつくしたことを学ばせる。
一、金日成崇拝を徹底させる。
一、南朝鮮（大韓民国のごと）革命遂行に献身する思想をうえつける。
一、社会主義制度（共産党独裁）の優越性を認識させる。

『教授要綱』より

北朝鮮では幼児までも軍事訓練にかり出されている。

▼特に許せないのは、「認可は好ましくない」という都知事の諮問機関である私学審議会の答申すら無視し、ある日突然認可したことはファッショと言わずして何でしょうか。

▼もとより、日本のわざわいにならず、適法な条件を備えているならどこの国のものであっても国際愛の観点からみて認可するのはあたりまえです。ところが、みのべ知事によって公認された〝朝鮮大学校〟をはじめとして、全国にある朝鮮人学校は全て、日本を敵視し憎悪する反日革命教育を激しく行なっているではありませんか！

〝朝鮮大学校〟とは実は民族教育とは縁もゆかりもない反日革命教育の拠点だったのです。その証拠に、在日する同民族の中ですら大多数は「認可は取消せ！」と反対しています。

▼みのべ都政は、都民の知らないうちに東京に〝北鮮の革命基地〟を持込みました。これが都民の為の知事と言えるでしょうか！〝百害あって一利なし〟都民不在のみのべ都政をやめさせましょう！みのべファッショをやめさせましょう！

1週間断食総括号

10月/24 25 26 27 28 29 30日

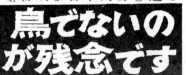

金日成よ日本人妻を返せ

鳥でないのが残念です

政府は安否調査団を派遣せよ

1週間速報新聞
1974年10月31日号
発行所
北朝鮮の日本人妻の里帰りを願う
七日間完全断食国民集会実行委員会
〒150 渋谷区神南1－19－10　TEL 464－5379

7日間断食を貫徹、勝利

広がった支援の輪

第七日目　雨にも負けず座り込む

寒さを退け、熱気に満ちた第七日目の日比谷公園

雨、風、そして厳しい冷え込み――二十四日から始まった一週間断食集会は、三十日夜十二時、無事に終了した。断食参加者総数は千七百五名。過去二千年の日本歴史、いな世界史の中に、これだけ多くの人々が、同時にそして一同に会して、断食を行ったことがあったろうか。しかも、異郷の地で苦しむ同胞のために……。

最終日の三十日は、ふたたび冷たい雨に見舞われたが、日比谷公園には里帰りを願う人々の、熱気に包まれた。

降る雨や吹きつける風に、北朝鮮で悲惨な生活を送る日本人妻の涙や辛さを偲びつつ歩んだ七日間断食集会も、いよいよラスト・デー。外務省や日赤などから誠意ある回答が得られないため、断食決行者としても、何となく終わるに終われない表情で最終日に臨んだ。

だが、七十八才の老人はじめ千五百人が、雨や風の中、死を賭して座り続けていることを聞きつけた心ある人々は、「七日間、闘い抜いた断食決行者を激励しよう」と、ぞくぞくと詰めかけ、その数はこの日だけでも国会議員関係六人、宗教人十三人、文化人、政治団体関係者など数十人におよんだ。

激励者は、午前十時すぎ、世界仏教連合本部の常任理事長である李能嘉が激励に訪れたのを筆頭に、東京教育振興会理事長の福島恒春氏、前参議院議員の植竹春彦氏、自民党東京都婦人部副会長・荒川綾氏、さらにシンポジウム参加のために来日中の韓国聖職者八人、韓国の日本人妻里帰りに尽力している国際善隣キリスト教会の金城周奉氏らが、列をなして現われ、最後の闘いを続けている断食決行者たちを力強く励ました。

午後には、昨日、激励に訪れた中川一郎・衆議院議員からヤクルトと梅干しの見舞い品が届けられたのにつづいて、同じ国会議員の遠藤要氏（参議）、保岡興治氏（衆議）が相次いで激励に駆けつけ、日本人妻家族ら参加者一人一人を激励してまわった。

また国を想い、救国活動にまい進する人々からの激励も後を断たず、日本民族倶楽部の杉本一雄博士はじめ、日華謝恩報徳会会長の縄野源吾氏、北方領域恢復期成連盟の能戸英三氏、日本愛国党総裁の赤尾敏氏らが姿を見せ、「生命がけで闘ってる皆さんの姿に日本人として心から感謝する」と述べ、参加者の労をねぎらった。

とくに午後二時すぎからは雨が降り出し、土しゃ降りとなったが、雨にうたれて身じろぎもせずに聞き入る断食決行者の姿に、激励者も雨にうたれながら激励を行うといった状態で、激励する者、される者、ともに心を一つにして日本人妻の里帰りを実現させようという決意が会場いっぱいにみなぎっていた。

午後三時からは、七日間にわたる断食集会の総括集会が行われた。

雨に負けずに、じっと座り込む断食参加者のひとり

運動さらに強化へ

体の回復後、全国で　―総括集会―

総括集会で激励のあいさつを行う京都産業大教授漆山成美氏

総括集会では、まず京都産業大学教授の添山成美氏が激励あいさつに立ち、「かつて新聞社に務めているとき、新潟へはじめての帰還事業の取材にいった経験があるが、そのとき、帰還者の団長はアパートが建設されているなど受け入れ体制は万全だといっていた。しかし、そうではなかった。日本のマスコミは一方的宣伝しかしないが、真実は消すことはできない」と述べ、一週間の労をねぎらった。

続いて、福岡の婦人代表と名古屋の青年代表が決意表明。救国連盟常任理事の小山田秀夫氏がニューヨークでの断食集会の報告を行った後、アメリカから帰国したばかりという野村健二氏もアメリカの様子を披露。

この後、救国連盟理事長の梶栗玄太郎氏が、一週間の総括演説に立った。梶栗氏は、この期間に国会議員、学者・文化人、キリスト教牧師など宗教人、その他の団体役員など著名人約六十人が激励にかけつけ、さらに政界では、一政党を越え越党派運動として高まってきたことを紹介、また二十六日には学者・文化人の会、二十九日にはキリスト者の会なども発足するなど、里帰り運動が各界各層に広まっていることを明らかにした。

さらに梶栗氏は、日本政府の消極的姿勢と北鮮当局の誤ちを批判した後、「今後、一層大きな国民運動として徹底的に取組みたい。体が回復したら、全国で大運動を起こそう」と提案、会場から大きな拍手を浴びた。

この後、救国連盟常任理事の阿部正寿氏が「里帰り実現へねばり強い戦いを展開する」との声明文を読み上げた後、全員立ち上がって最後の力を込めて「金日成は日本人妻を返せ」「政府・日赤は安否調査団を派遣せよ」とシュプレヒコールし、日比谷公園での全ての行事を終えた。

断食参加者はこの後、都内の宿舎に帰り、引き帰いて夜十二時まで断食を続行した。

朝鮮総連が暴言・脅迫

「ごろつき、帰れ」要望書の受取り拒否

里帰り実現要請に対して、かたくなに拒否する朝総連職員(右)＝朝総連本部で

断食国民集会代表団は三十日午後、在日朝鮮人総連合会を訪れ日本人妻の里帰りが早刻実現できるように要望書を手渡そうとしたが、朝総連は受取りを拒否し、さらに家族を含む代表団に対し罵声を浴びせたり脅迫するという暴挙に出た。

この代表団は断食国民集会の主催者である救国連盟事務総長の渕本忠信氏と家族二人ら計五名で、朝総連幹部には北朝鮮の国会議員もおり日本人妻の里帰りに尽力してもらおうと要望書を手渡そうとしたもの。

一行は受付で要望書を持ってきたことを告げると、三十歳ぐらいの職員は電話で幹部に連絡した後、「われわれとは何の関係もない。帰ってくれ」の一点張り。さらに内から約十五人の屈強な職員が出てきて、渕本氏の腕などをつかんで強引に外に押し出し、また日本人妻家族の老母の切実な訴えに耳を貸さずに、老母も押し出した。

このため渕本氏らは、要望書をたずさえた趣旨などを説明したが、逆に朝総連の幹部らしい中年の職員らは「ごろつき、とっとと帰れ」などと罵声を浴びせ、「こんな運動を続けていたら、どうなるかわからんぞ」などと脅迫した。

朝総連がこのような暴挙に出たため、一行は玄関先で要望書を読み上げて引き上げたが、家族の一人は「北朝鮮の恐ろしさを知った。あんな国にいる娘がかわいそう」と涙ぐんでいた。

田中首相に要望書

首相官邸で「里帰り実現に決断を」

日本人妻家族二名を含む東京・日比谷の断食参加の代表四名は、三十日正午すぎ、首相官邸を訪れ、田中首相あての里帰り実現の要望書を官邸係官に手渡した。

一行は、これにさきだち正午前、会場の日比谷公園で請願の決意表明。ただちに東京・永田町の首相官邸に向った。

首相官邸では、内閣事務官の倉持希代氏(46)に面会、「七日間の国民集会を代表してきました。一刻も早く里帰り実現できるようお願いします。後は、首相の決断ひとつです」とせつせつと訴え要望書を手渡した。

これにたいして、倉持氏は、必ず田中首相に渡るようにしますと答えた。

関係当局に働きかけ　断食後も里帰りを要望

断食集会実行委は三十日に首相あてに要望書を手渡したが、断食後は期間中に引き続き外務省、日本赤十字社など関係当局に対して、里帰りの実現の要請を行っていく。

首相官邸で要望書を手渡した梶栗氏ら

帝国ホテルで記者会見

19社、30人が参加

断食国民集会の〝総括〟記者会見が三十日午後二時から、断食会場前の東京・帝国ホテル寿の間で開かれた。この記者会見には読売、毎日、サンケイ、ジャパンタイムス、共同通信、UPI通信など十九社、約三十人の内外記者が集まった。

会見には、三名の家族代表、学者、文化人の会代表（松下正寿氏）らがかけつけ記者団の質問にこたえた。また主催者側からは、梶栗玄太郎救国連盟理事長が立って、断食集会を開くに至った経過や七日間の報告、今後の運動の取組みなどを説明した。

会見は、この運動があくまでも真実にもとづいた人道主義を中心とする運動であること、米国・国連前でも行われ国際的な反響を呼び起こしていること、などの事情があるだけに、各記者から活発な質問が浴びせられていた。

日本人妻の実情などについて活発な質問などが行われた記者会見

総計47社が取材

報道は7社〝偏向〟浮き彫りに

七日間の期間を通じて日比谷公園への直接取材や記者会見などで断食集会を取材したマスコミ各社は、海外マスコミを含めて総計四十七社にのぼった。このうち、国内で取り上げた大手マスコミは中日新聞やTBSTVなど七社にとどまった。

この大手マスコミの報道姿勢は、さきの中国問題での報道などで〝偏向〟が取りざたされたが、今回改めてその報道姿勢が浮き彫りにされたかっこう。

話題

鳥になって帰ってきた!?

断食五日目の去る十月二十八日の夜八時、都内港区の断食参加者のある宿舎の二階の窓から一羽の青い鳥が飛び込んできた。

この鳥はセキセイインコで、早速入れられた古びた鳥かごの中で、何を訴えたいのか、しきりにおしゃべりをつづけている。どうせ二、三軒先の家から迷い込んできたものだろうが、時が時だけに、日比谷公園で座っている仲間たちの願いがもう聞きとどけられたかと、一同びっくり……。名前はいまのところ思案中のよし。よいのがあったら教えて上げて下さい、とのこと。

家族参加者―A子さんの場合

A子さんの母T子さんは十四年前にA子さん一人を残して朝鮮人の夫と北朝鮮へ渡った。当時九才のA子さんは捨てられたと思ってずいぶん悲観したという。しかしA子さんを残したのは北朝鮮へ行ったら娘にもっと苦労かけるのではないかという母親としての直感からだった。

今、一人暮しで重い病の床に伏す母親T子さんは、A子さんを幼い時に母知らずに苦労させたことをずいぶん悔やんでいるという。A子さんは一日も早く母を日本に迎え、健康にもどしてあげたいと願いながらこの一週間をすごした。

木に登り取りつけた横断幕

断食7日目の青年

七日間にわたった日本人妻里帰りを願う断食国民集会を演出したのは、会場背景や情宣カーにとりつけた横幕。

幅二メートル、長さ二十一メートルの「完全断食国民集会」のアピールの横幕は、五人がかりで三日間の作業の結晶。

一時は、とりはずした会場背景の横断幕も、最終日に今一度、と断食七日目の青年が木の上によじ登っての奮闘。八人が一時間以上かかってとりつけた。

助野夫人らも一日断食に参加

断食集会の現場を見て、その心情に共鳴して断食をした人も多い。ある大学教授夫人や助野聖心女子大教授夫人なども最終日に一日、自宅で断食をして、心情をともにしたという。

望郷

七日間の完全断食を千五百名が貫いた翌日十月三十一日の東京・日比谷公園は、総評系労組の支援する「狭山裁判」のやり直しを要求する労組員や学生らのスピーカーの音が早朝から騒音をまき散らしていた▼七日間の戦いのスタートは快晴、そして終りはどしゃ降りの秋雨だった。この間、雨あり風あり、そして何よりも飢えと寒さが参加者全員を包んだ。それでも千五百の人々はただ黙々と座りつづけた強烈な権利と自己主張の群れ。一方の自己犠牲、―この対照。心ある人々の胸にはどちらの願いが届くだろうか▼自己主張は人を感情的にし、自己犠牲は人を人情的にする。人間は感情の動物だ。自分に感動がなくては人には生命を与えることはできない。このディリーニュースの最後のペンを執るにあたって、私は当事者というよりは一人の記者として書いてみたい。

「権利を、権利をよこせ」―騒然とした今の世の中にあって、人間にとって大切なものは何かを自らの団体を打って訴えることの意味は重い。救国連盟総裁の久保木氏は、「今は人への思いやりの欠けた時代だ」と悲しげに語った。残念ながらそうだろう。だから多くの人々は甘いやさしい言葉にだまされるのだ。

▼集会最終日の七日、午後二時前に降り始めた雨は終日降りつづいた。会場の人々にとって地面と自分を仕切るのは一枚のダンボール紙だけ。あたり一めんがかすむほど降る雨は容赦なくダンボールを通して参加者の足、下着までぐっしょりぬらす。頭と体をカバーするポンチョも下からの攻撃にはなすすべもない▼日本歴史三千年といわれるが、これだけの人々が七日間の断食をしてまで国の将来を憂い警世とした時代があっただろうか。

金日成よ日本人妻を返せ

闘い抜いた七日間

写真レポート

昭和四十九年十月二十四日から三十日までの七日間にわたって行われた日本人妻の里帰りを願う断食集会は、全国に大きな波紋を呼んでいる。同胞の苦しみをはじめて知った国民も少なくない。この七日間を写真レポートを追ってみると――。

夜も徹して行われる断食集会。10月下旬の夜は厳しい冷え込みが襲うが、それでも里帰り実現へ闘いは続く。真夜の日比谷公園には車の音だけが響く

遣を

させて」―思いを込めて、家族の声を
とえ1人の力は小さくとも―。

こちらは、ニューヨークの国連ビル前。座わり込み風景は日本と同じ。もちろん、目的も同じだ

断食期間中に日比谷公園にかけつけられた激励者や激励電報、取材マスコミ各社などは次のとおり。

【衆議院議員】中山正暉（大阪）永末英一（京都）森下元晴（徳島）江藤隆美（宮崎）旗野進一（新潟）中川一郎（北海道）橋口隆（鹿児島）塚本三郎（愛知）保岡興治（鹿児島）

【参議院議員】井上吉夫（鹿児島）下村泰＝コロンビア・トップ（全国）玉置和郎（全国）紫立芳文（鹿児島）遠藤要（宮崎）

【取材各社】朝日　毎日　読売　サンケイ　夕刊フジ　東京　共同　時事　ジャパンタイムス　マイニチデイリーニュース　東京タイムス　内外タイムス　内外スポーツ　北海タイムス　釧路新聞　大阪日日　山梨日日　高知新聞　長崎新聞　南日本新聞　やまと新聞　TBS　NET　日本教育TV　東北放送　UPI　AP　ワシントンポスト　東亜日報　ソウル新聞　京郷新聞　CBニュース　デイリーメール　韓国新聞　週刊女性　全貌　自由社　世界学生新聞　全東京新聞　神社新報　中外日報　仏教タイムス　世論新聞　青年新聞　青年運動新聞　日本写真新聞　社会モニター　全日本報道写真連盟

【献品】中川一郎衆議（ヤクルト千五百個、梅干し三タル）、渋谷区有志（桃缶千三百個、朝鮮人蔘エキス百八十個）、都内有志（みかん四十五箱）、荒川綾（パン五包）、クリスチャン有志（みかん一箱）、菅沼志津（手製梅干し一袋）、町田正一（パン一袋）

【義援金】総計百十七万円、

【激励電報】近藤鉄雄衆議、チンチャンジョ民団三重団長、伊藤昌弘都議ら、各界各層から四十三本。

【署名人署名】百十九人。

断食参加者名簿

十月二十九日付本紙で断食集会参加者名簿を掲載しましたが、次の方々の名簿が掲載もれでした。以下は同名簿の追加名簿です。

キリスト者代表

△中村　信一　△天野　哲也
△藤田　隆志　△水間由理恵
△浅田　恵子　長谷川哲雄
△星野　正恵　△田中登志恵
八名

北海道代表

△井上　勢子
一名

山形県代表

西嶋　和人　伊藤　志郎
△北沢　重人　△岩井富久子
△小森　明
五名

栃木県代表

△西　淳介　△琴寄美恵子
二名

千葉県代表

△田中　一美　△諏訪　愛子
△鈴木真智子
三名

世田谷区代表

吉田俊一郎　田中　茂美
若林　裕司　新岡　幸寛
振原　稔　安川　恵子
西沢　良子　喜友名愛子
松林加良子　遠藤　幸子
熊谷　弘子　△新木　知恵
△長田千穂子　金原　朋子
十四名

新潟県代表

佐々木達雄　小島　雄一
鈴木　弘吉　宇木　和夫
渡辺真佐夫　西井　斉
沢田　葉子　矢田部房恵
△高田　俊一　△池幡　隆
△内山　孝司　△大場　静
△小林まゆみ　△神田　智子
△中村　京子
十五名

愛知県代表

角田　留治　吉田　篤史
太田　幸夫　竹内　秀一
川島　雄弘　鈴木　寿雄
末吉　重人　平塚　幸子
三根　弘江　加藤　郁代
手塚　敏江　吉元　亮子
宮原美佐子
十三名

岐阜県代表

△酒井　安弘　△平井　敏雄
△神谷　晴子　△三村久美栄
△宮本　鶴子　△島袋由美子
六名

静岡県代表

佐野　修　鈴木　勝則
徳村　文夫　小林　清子
石上　光枝　△下村以鎖亜
杉山　厚子　△岩本　尚三
△中臣　房美　△鈴木　博司
△鈴木　雅紀
十一名

京都府代表

昼一。日ざしは予想以上に強い。すでに晩秋だというのに。だが、次々にかけつけてくる激励者に、その日ざしも気にかからない。

安否調査団の

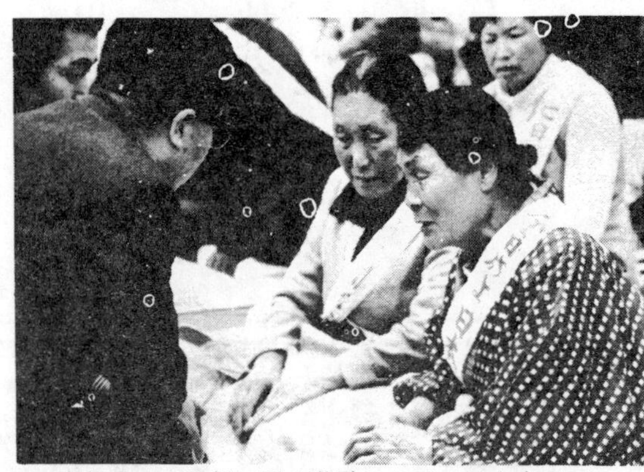

家族の声を真剣に聞く激励にかけつけたある著名人。涙で訴えるその声に、思わず身を乗り出す

「ああ、おいしい」8日目の食事

7日間の断食を終えて、暖かいおかゆをそそぐ参加者、(31日午前1時ごろ、山田屋旅館で)

二十四日から始められた日本人妻里帰り実現のための一週間断食は、三十日夜十二時で一週間の日程を終ったが、日比谷の断食に参加した千五百名のうち約百七十名は、宿舎になっている世田谷・山田屋旅館で無事一週間の断食明けを迎えた。

一行百七十名は、同旅館一階の九十六畳敷きの大広間に集まり十二時まで映画を観賞して残りの時間を過ごした。

午後零時―。大貫武義氏の食前のあいさつで一週間ぶりの食事がはじめられた。お食事は、断食支援者から差し入れられたフルーツ、ミカンのかん詰、ヨーグルト、カゴメジュース、ヤクルトなどが並べてあり、旅館側からもおも湯とみそ汁が用意された。

食事にはいると、しだいに食欲もすすみ、つい「もう一杯」とみそ汁のおかわりをする人の姿もみうけられた。

でも日本人妻思えば
話題はやっぱり里帰りに

一週間ぶりのあたたかいみそ汁に舌づつみを打ちながら断食参加者は、一週間の感想を次のように語った。

「断食は二回目だが、今回はやりやすかった。もっと国会議員に断食を見せなくてはいけない。国会議員はマスコミなどから非難されるのを恐れているのではないか」（最年長の京都佐々木豊生氏）

「みんな消極的だと思った。外務省の人も、一人にもどった時理解してくれていると思う。こんな悲しいことはなくすべきだ」（兵庫・市村都さん）

「政府が動かないのが残念。早くこの運動が広まって実現できるよう祈っている」（愛知・市橋ハルノさん）

なお、この一行百五十名は、このあと三十一日解散し、三々五々それぞれの出身地に帰省するわけだが、なかには、国鉄労働者の違法闘争のためもう一晩山田屋旅館に泊ることを余儀なくされている人もいるとのこと。

坪井 利之　清水 達雄
富名 腰透　金子みち子
遠藤与志雄　竹沢美恵子
埴渕 久志　西山 義春
伊藤 哲義　大西 徹
畑河内祐而　杉森 啓詞
北林 昌文　十三名

文京区代表

高久 マサ　榊 ウメノ
与座 義弘　高木 弘
大野 正信　岩崎 真也
山口真由美　渡辺 文子
八名

板橋区代表

岡崎とし子　高橋 友子
館盛 晃　松下 隆
川上 輝文　二瓶 清幸
八巻 忠治　今他
八名

港区代表

緑川 昭　木文
二名

渋谷区代表

本多 たづ　小山 保子
宮沢 禎子　熱海 房子
石黒 花子　松本 詳永
佐藤 初子　藤田多恵子
山本 勝　越智 義男
沢浦 秀夫　太田 洪量
杉山 孝　山崎 喜博
都 由美子　十五名

神奈川県代表

山下 尚志　中村 勉
石塚 久雄　木下 雅祐
染谷 精二　保坂 康夫
縣 和尋　石原真一郎
△森田 栄次　△松田 秀徳
△富里 紀夫　△和田 宗次
△河相 隆義　△的場真由美
△三田 衛人　△土居 達雄
△落合 則子　△堀江 紀子
△佐古 かね　△遠藤 美子
△相沢 光彦　坂根 哲郎
二二名

大阪府代表

小林 育三　峯松 裕幸
古谷 一夫　浦部 領一
中村 輝彦　山田 博茂
山本 昌宏　島崎 龍雄
横山 順治　△本郷 秀臣
△中野 秀樹　中岡 安子
川口 夏代　池谷美保子
湯浅 和子　水本セツ子
西田 千秋　山崎 順子
十八名

兵庫県代表

△岡田 広幸　△塩谷 真司
△田口 妙子　三名

愛媛県代表

三井 安明　阿部 行雄
一色 清　吉岡 寿扇
四名

高知県代表

北岡 利　一名

福岡県代表

青井 勝久　草野 栄亮
相川 春美　前原 悦子
金子豊美江　小宮 恵子
正木 雄治　平野 正美
大野由美子　小松木軌義
貞方より子　十一名

佐賀県代表

牧川 ミヨ　△林 純二
二名

鹿児島県代表

△井上 哲示　△久保恵穂子
△鶴田 順一　△吉田 弘人
△山上 泰　△長友 清治
△宮本ちえ子　△井上あさ子
八名

祖國發展에 自信과 矜持

祖國에 바라는 在日 同胞의 座談

○○○ 在日本韓國居留民團간부 7명이 조국의 發展相등을 둘러보기위해 지난5일부터 모국방문길에 나섰다가 12일 光州에왔다. 海外에서본조국, 특히 維新體制後는 國民投票로 그동안與·野의 공방전이 거듭되고있는가운데이들은 조국의 국내사정을 어떻게바라보는지 對談을통해 엮어본다. 【編輯者註】 ○○○

크게달라진 發展相에 흐뭇
安保意識 높여 統一基盤을
"母國번영 교포의 국제地位向上"

1975年2月12日

—對談者名單—
▲尹達鏞씨(在日大韓民國居留民團中央本部團長)
▲朴太煥씨(〃 〃 議長)
▲金仁洙씨(〃 〃 副團長)
▲吳敬福씨(〃 〃 事務總長)
▲朴成準씨(〃 〃 神奈川縣團長)
▲曺允具씨(〃 〃 千葉縣 團長)
▲李 根씨(〃 〃 埼玉縣 團長)

▲尹=날로 발전하는조국을 피부로 느낄수있읍니다. 특히 日本에서 조국의 발전모습을 볼때마다 우리 해외동포들은 항상 조국에 감사하는 마음을 잊을때가없으며 또한 日本속의 韓國人은자신과 긍지를 갖고 살아가고 있읍니다. 이같이조국의 발전하는 모습을總和로서 추진할때 加速化되리라 믿습니다.

▲朴太=우리나라가 차츰 經濟再建을 이룩함에 따라 日本人들이 우리해외동포를 보는 태도도달이 달라져가고있읍니다. 새마을운동등 잘살아보겠다는 우리국민들의 執念으로 우리의 지위도 국제적으로 평가받게 된것입니다. 국내사정이 北傀보다 번영하고있다는 것은 이번 日本에있는 동포40만명이상이 우리나라의 영주권을 획득한점에서도 증명할수있읍니다. 이유는 조국이 經濟번영을 이룩하고있고 따라서 이들의 조국을 바라보는 시아가 날로 달라져가고 있기 때문입니다.

특히 朝總聯과 매일싸워야하는 日本에있는 동포로서는 조국이 잘살고부흥해나가야만 이들의싸움에서 이길수있읍니다. 우리에게 제일큰 우려는 조국의 國論이 분열되지 않아야겠다는것입니다.

▲金=바로 國論統一이 문제입니다. 國內문제를 海外에까지끌고와 시시비비를 가리는 것은 못마땅한 처사가아니겠읍니까.

▲朴成=역사적으로 볼때도 國論분열이우리에게많은비극을남겨왔읍니다. 참고 인내하면서우리는 잘사는 나라를만드는데 여념이 없어야 겠읍니다.

▲吳=해마다 조국을방문하고있지만 조국의 농촌은 새마을 사업등으로 날로 달라져가고있고 도시에는 굵직한 공장이들어서공업화로 줄달음치고 있읍니다.

▲朴成=저의고향은 長興군冠山면입니다. 우리농촌도 日本의 농촌과 어깨를 겨룰날이 멀지않았다고 봅니다.

농촌지붕이 개량됐고마을안길이 넓혀졌는가하면 농경지도 잘다듬어져있는 것을 보았읍니다.

마을 깊숙까지 전화와 전기가 가설되는등 어제와 오늘의 농촌이 달라져가고있는것을 실감있게 보았읍니다.

▲曺=복지시설도 안정궤도에 이르고 있다고보아집니다.

농촌의 각종공제제도, 무의촌없애기운동등은 복지제도의 일단면을 말해주고있는것입니다.

수출증대로 국민소득도 높아져가고있는데 현재세계적으로 겪고있는 경제파동을 인내와 절약등으로 극복해나가야합니다.

外交문제만하더라도 日本은 관민이 총화로 밀고나가고있는데 우리나라는 정부일각에서만 하고있는 인상을 주고있읍니다.

▲李=교육제도도 눈부시게 달라졌읍니다. 日本수준과비교해 떨어진점이 없읍니다. 교육이 국력의 원동력이라고 한다면 우리는 그만큼 잘살수있는 원동력이 마련된셈이죠.

▲朴太=조국을 보고간 일본동포들은 조국관이많이 달라져가고있읍니다. 日本에 교포2세인 청년이있었읍니다. 日本에서낳아서자란 그청년은 한국을 비난하기일쑤였어요. 청년의 아버지 설득에도 막무가네여서 그청년의아버지는 자기아들을한국에 한번 보내야겠다는 마음을먹고 저에게 찾아왔기에 제가보증을서고 그청년을 조국에보냈읍니다. 그교포2세청년은 한국을 돌아보고 저에게 다음과같은 편지를 붙여왔읍니다.

「저는 이다음에 또다시 이세상에 태어나도 자랑스런 한국인이 되어야겠읍니다」는 내용이었읍니다.

日本에서 들던 조국과 눈으로본 조국이 달랐으며 조국의 발전상에 크게놀랐다는것이지요. 그만큼 조국의 발전이 우리교포에 큰힘을 준다는 것입니다.

▲朴成=그리고우리나라 일부인사가온데우리나라는 北傀위협이없다는말을하고 있다고들었는데日本내에서도朝總聯의발악은극에달하고있다는것을 감안하면지접 38선을 코앞에두고 있는 조국으로서는 새로운 안보태세와 국방의식이 강화되어야겠다고봅니다.

▲尹=따라서 이같은점세속에서 우리해외동포들이 조국을위해 조금이라도 도움수있는 일이 무엇이며 이를 도와야되겠다는 심정으로 이번조국을 방문하게 된것 입니다.

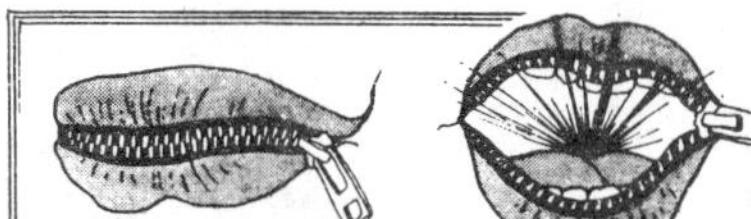

全南日報を礼訪して呉事務総長が訪問者記念帖に署名する場面

祝 創刊23周年

地域社會開發의 旗手, 全南代辯紙의 日益發展을 祝願

繁榮과 安定과 平和統一을 指向하는 母國訪問団

在日本大韓民國居留民團

中央本部

團長 尹達鏞
副團長 金仁洙
〃 李鍾鳴
〃 徐永鎬
事務總長 吳敬福
議長 朴太換
副議長 崔聲源
〃 白丁赫
監察委員長 鄭泰柱
同委員 朴炳憲
〃 柳甲錄

神奈川地方本部

團長 朴成準

千葉地方本部

團長 曺允具

埼玉地方本部

團長 李根

祖國同胞 여러분!

海外에 나가있는 僑胞들은 特히 日本에 살고있는 우리들은 祖國의 알뜰한 保護가 미치지못하는 國際的 與件下에서 歷史的 感情이 解消되지못한체 빼아픈 民族的 서글픔을 느끼면서 살아가고있읍니다

海外에 나가있는 사람들은 그들의 祖國이 發展되고 國力이 富强하여 國際的 地位가 宣揚됨에따라 그들의 地位도 向上되고 外國社會에서 待遇를 받을수 있는것을볼때 내祖國의 繁榮은 우리들 海外僑胞들의 生存을 左右하는것이라고 切感하고있었읍니다 近來에와서 國內에서 國論을 分裂케하고 國民總和를 沮害하므로써 國際的으로는 마치 韓國의 情勢가 不安에빠져있는듯한 印象을 주게하여 이를 黨略에 利用하려 애쓰고있는 一部政治人이나 人士들이 있음을 볼때 참으로 痛嘆을 禁할길없읍니다 나는 海外僑胞의 한사람으로서 國內同胞여러분들에게 다음몇가지를 指摘하여 呼訴코저합니다

▲國外追放을當하여 物議를 빚게하였던「오글」牧師는 지난 二月三日字 美國 CBS·TV인터뷰에서 "韓國에는 종교에對한 彈壓이없고 信仰의 自由가 保障되어있다"고 述懷하므로써 內外의 誤解를 스스로 풀어주었다

▲外國人의 身分으로 宣敎事業을 目的으로 우리나라에滯留한다면서 우리憲法과社會規範을否定하는 言行을 함부로 하는일은 우리國家나 國民을 無視하는 治外法權도 유분수이지 主權國家의 國民으로서 不快하기 짝이없는 行爲였다

▲新民黨 金總裁께서는 國外에나가서까지 이問題를 들추어 종교彈壓이라고 말씀 하셨다하니 出入國管理法을 違反하고 다니는 外國人을 法治國家인 大韓民國은 放任만 하라는 말씀이신지 理解하기 힘드는바이다.

▲萬一韓國人宣敎師나 一般韓國人이 美國이나 日本같은 外國에나가서 그나라의 出入國管理法을어기고 그나라의 內政問題를들추어 誹謗하거나 煽動하고 다닌다면 그나라 政府나 國民이容納하기는커녕 即刻的인 追放이나 拘禁을 免할수없다는것은 常識에 속하는 問題이다

▲美國議會에서 七五年度 對韓軍援을 審議時에 總額 一億六千五百萬弗中에서 二千萬弗을 韓國의 人權이 回復될때까지 留保한다는 但書를부처 議決시켰다는 事實은 정말 수치스러운 生覺이드러 果然 우리國民이 美國議會에서까지 論難될만큼 人權이 유린當하고있는지 되묻고싶을 地境이였다.

▲美國의 對韓軍援은 韓國의 防衛만을 爲하는 善心이아니라 美國自身의 國家安保와 自由世界의 防衛를爲한 判斷에서 오는 必要不可缺의 援助이거늘 이처럼 當然히 提供되어야할 軍援을 놓고 人權回復時까지 留保云云하는 論難이 있었다는것은 우리國民 全體에 對한 모독이나 다름없는데에도 不拘하고 그처럼 말하기 좋아하는 野黨側이나 一部人士들 중에서 흔히 잘하는 反駁聲明한번없이 벙어리가되었다는事實이 섭섭하였고 오히려 我田引水格으로 엉뚱한 속셈을 보였다는일은 가슴아픈 現象이다.

▲新民黨金總裁께서는 年初에 日本東京에 오셔서가진 外信記者會見時에 「韓國에는 信仰의 自由가없다」느니 「言論의自由가 없다」느니 「民主主義가 抹消되었다」느니 하는等의 發言으로 政府를 非難하다가 어느外國記者로부터 그러한 國內問題는 당신나라에 돌아가서 正當하게 擧論할일이 아니냐고 指摘을받았든 事實을볼때 "國益을爲해서는 與野가 없다"는것을 政治人들은 다시한번 覺醒해야 할것이다

▲先進國家의 政治人들은 國際的인 立場에 나섰을때는 國家利益과 黨利私利를 分明히 하여 自己나라의 威信을 堅持하고 있다는 事實을 强調하는 바이다.

▲韓日協定을 賣國協定이라고 反對하고 越南派兵豫備軍의 創設을 反對했고 高速道路를 사치라하고 經濟計劃을 挫折시키려 한사람들은 도대체 國民을 爲하여 무엇을 어떻게 하겠다는 것인가

▲憲政秩序마저 盲目的으로 否定하고 反對하는 사람들은 國民이 眞實로 바라고 期待하는 것이 무엇인지를 먼저 把握해야 할것이다.

美國이나 英國이나 日本같은 先進國家에서도 與野間의 對決은 치열하지만 政府가 國民을 爲해서 하는일, 國家利益을 爲하는 일에는 옳게 받아드려 協調해나가고 있다.

國民이 바라는 것은 政府에 對한 험담이나 虛構한 理想論이 아니라 정말로 國利民福을 爲한 政策提示이며 實踐能力임을 깨달아야 할것이다.

▲新民黨 金總裁는 北傀의 侵略危脅이 없다, 또는 北傀는 南侵能力이 없다고 主張했다가 세찬 批判과 糾彈을 받게되자 이를 修正하게 되었는데 이처럼 國家安保問題에 對해서 所信없이 無責任한 說往說來로써 國民의 安保觀을 誤導하는 累를 끼처서는 안될것이다.

▲北韓共産集團의 중임없는 南侵危脅과 挑發策動으로 第二의 六·二五와 같은 悲劇이 일어난다면 누가 우리國民을 保護해줄 수 있을것인가? 美國사람도 日本사람도 아니다. 오직 우리國民 스스로가 훌륭한 領導者밑에 一致團結하여 民族의 生存을 지켜나가야 한다.

祖國의 同胞여러분!

在日韓國人 六〇萬 僑胞들은 國民各自가 오직 賢明하고 올바르게 現事態를 把握하고 判斷할것을 믿고 있읍니다. 여러분들의 繁榮과 祖國의 發展을 祈願합니다.

在日居留民團神奈川縣本部團長

朴 成 準

(全南長興郡冠山面出身)

韓國新聞

在日大韓民国居留民団中央本部機関紙
韓國新聞
発行人 鄭 烔
東京都文京区春日町2丁目20－13
電話 (815)1451～3
(813)2261～3
振替口座東京 34988

民団綱領

一、われわれは大韓民国の国是を遵守する
一、われわれは在留同胞の権益擁護を期する
一、われわれは在留同胞の民生安定を期する
一、われわれは在留同胞の文化向上を期する
一、われわれは世界平和と国際親善を期する

永住権申請は大車輪で

韓国籍の書換えは一方的な違法！

金刺川崎市長に厳重抗議

県、法務省と折衷

川崎市長　慎重な取扱い約す

日一日と在日同胞の永住権申請促進運動が活発化し、さいきんその実数は増大一路をたどっており、一方、永住権取得者の優遇策に最終的な拍車をかけるものとして、先般ひらかれた韓日両国法務次官会談では、次の各項にわたり合意するなど大きな進展をみるようになってきた。

即ち、①協定永住権の取得者に対して日本政府は、韓日協定の精神を尊重し、日本で安定した生活を営めるよう、あらゆる面で不務者よりも優遇する。②日本政府は永住権申請を促進するため、永住権の意義をひろく広報するとともに、申請手つづきの簡素化をはかる。③協定永住権を取得した者の家族で、協定発効（一九六六年一月十七日）以前までに日本へ入国し、在留資格を得て五年を経過した者に対しては、出入国管理令上の一般永住権を許可する。など大きな成果を見るに至ったがこの永住権運動を終始一貫妨害してきた朝総連では、最後のあがきとして先の田川市を始めとする一連の「韓国籍」から「朝鮮」への切換え運動を展開してきており、最近に至っては、その範囲をひろめ、神奈川県川崎市議会にまで侵透し保守系といわれる川崎市の金刺市長をして、十一月五日までに切換を申請した二八〇人への連絡事務を終らすという、わが方としては納得のいかない事態をひきおこすに至った。

これは、「国家からの機関委任事務であるため、法務省の通達による指示に基づいて行なうので」という従来の原則的な見解をまげたもの。

この事態に抗議するため、去る十一月十日十一時、民団中央では、張聡明監察委員長、金宰淑組織局長、李彩雨民生局長の三人と金信三婦人会長、地元を代表して孫張翼神奈川県地方本部団長、朴彭述川崎支部団長ら十二名が、金刺市長を川崎市役所の市長室に訪ね、この措置は、韓日協定上からも違法であるとの見解を示し、その早急なる訂正を要求したところ、川崎市議会として決議された既定事項であるので、金刺市長としても止むを得ない措置であるとし、県や法務省とさらに折衝し、終局的な結論が出るまで慎重にとりはからうと回答するのにとどまった。

なお一行は、在外国民登録法や政府発行の旅券を正式に提示して本人の意思にしたがい、外国人登録で韓国籍になったものを、一方的に訂正したことは、明らかに違法であることを再確認、今後一切このような窓口事務をおこなわないよう強力に要望し、別掲の要望書を伝達した。

金刺川崎市長に要望する抗議団一行

国籍変更に関する抗議書

李禧元団長

最近、貴地方自治体において、在日韓国人の国籍を「韓国」から「朝鮮」に変更するという、所謂国籍変更をしておりますが、これは基本的に在日六十万韓国人を分裂させ、目下促進中の在日韓国人の永住権申請を妨害して韓日両国間の友好を意識的に阻害しているものであり、その結果は、永住権にかかわる在日韓国人の生活を極めて不利な立場に追込むものと判断せざるを得ず、同時に国籍問題に関する国連の決議、ならびに日本の関係法規にも反するものと断定されるため次の通りの事実に基づき、強く抗議するとともに、あわせてすでに変更した分に対しては、これを早急に韓国籍に是正するよう要求するものであります。

記

一、そもそも日本政府の在日韓国人の国籍に対する措置は、一九四七年五月二日の第一回外国人登録実施において、当時の情勢によって国籍を便宜上一律に「朝鮮」としたが、これはあくまでも「記号」としての措置であったこと。

二、一九四八年大韓民国政府の樹立後、韓国政府は日本政府に対して（1）大韓民国の国民登録証所持者（2）本人の自由意思による者等は、便宜上の措置であった朝鮮籍を正式の国号に従って「韓国」と訂正するよう要望し、日本政府も一九五〇年二月二十三日、閣議決定をもってこれを確認、実施し、さらに韓日協定後の一九六六年一月二十六日には、「韓国」を国籍とし「朝鮮」は「記号」として扱うとの、日本政府の統一見解を発表していること。

三、在日韓国人の国籍は、もとより一九四八年十二月十二日の国連総会決議第一九五号（韓半島における唯一の合法政府は大韓民国である）に基づき、すべて「韓国」であるとされており、さらに韓日基本条約第三条においてもこれを確認の上「在日韓国人の法的地位に関する協定」がなされていること。

四、在日韓国人が所持している外国人登録証は、すべて外国人登録法第十五条により、当該登録の申請および受領が、申請の本人の出頭によって国籍の誤記が生じる術はないこと。もし、日本の一部地方自治体が、自ら第三者による国籍の誤記を認めるならば、それは日本の地方自治体が自らの過誤を認めるものであり、この結果はこれが今日、在日韓国人の永住権申請に対して、多大な妨害となっていることについて、別にその責任を追究されねばならないこと。

五、一九七〇年九月二十六日、所謂国籍変更に対する法務省管登甲合第六八八三号通達において、（1）大韓民国の国民登録証所持者または韓国政府発行の旅券所持者（2）協定永住許可者等は、所謂国籍変更の法的根拠である外国人登録法第十条の二に該当しないことを明らかにしていること。

以上

一九七〇年十一月十四日

在日本大韓民国居留民団中央本部

団長　李　禧　元

永住権【解説】

取得者優遇

自由と生活の証文

小林法務大臣の談話によれば、日本政府は「日本国に居住する大韓民国国民の法的地位および待遇に関する、日本国と大韓民国との間の協定の実施に協力すべきであり、この協定により永住権を取得した者に対しては、永住権を取得しない者よりも優遇することが当然である。

ということになっている。

一方では地方自治法の規定によるものとして、韓国籍を朝鮮籍に切換えて関係方面のひんしゅくをかっている自治体がかいま見られて、ことがらが複雑化したというのが現情である。

事実を事実として認めるならば、韓国と日本、日本と朝鮮関係の微妙な調べにも似たものを感じるのである。

民団が抗議声明を出したゆえんであるが、民団の至上命令である永住権申請締切りが目前にせまっているだけに在日韓国人の思想統一は焦眉の急務となろう。

そもそも永住権申請は、日本のためでもなければ、朝総連への対抗策でもなかったことは論をまたない。

在日韓国人が自らの立場に立脚して、自由と生活の保証を獲得するための最少限の要というにとどまるものである。

まがりまちがって一部自治体の国籍変更に加担し、日増しに切迫の感もひとしおの永住権申請期間が素通りするようなことにでもなれば、後は取返しがつかないことになるであろう。

朝総連の妨害のための妨害と、日本の一部自治体の無思慮にもどる不用意な在方は、いかなる理由にしてもマイナスの面の拡大強化を計るものに他ならないのだ。

永住権と国籍変更は混同されるべき性質のものではないのである。国籍変更が自由（一部自治体の見解）であるというのに反して永住権申請しめ切り後は、その有無是非が論議される必然性があるからである。

寿間に国籍変更は永住権の無意味につながり、永住権の放棄は愛国精神に結ばれるが如き錯覚に明け暮れている輩が往来する風潮は民族の悲劇という他はない。

手取り早い話が、永住権がなければ、ふるさとの土は踏めないのである。更にまた永住権がなければ、在日の期限切れ前夜に離別の酒盛りをするという条件つきで、今日只今この土地に生きているという恰好に過ぎなくなるのである。

蛇足をつければ、永住権がなければ、国民保険に加入が出来ないばかりか、韓日法務当局によって再三確認した保護の証文を自ら捨て去ることになるのである。

要するに永住権がなければ、人権のもろもろの条件のその一つだにもあてはまらないという結果を招くことである。

よく日本は法治国だといい、韓国人の在日は当然なる権利だくらいのことを言って、知ったかぶりをしている輩を見受けるが、ことまげてでも日本はその不当性をなじるのが過去の歴史であり、当然なる権利を主張しながらいざという場合は、しどろもどろにしっぽをまいて逃げるのが、いままでの常識だった。

朝総連の妨害と日本自治体一部の不用意な問題は、在日韓国人のためには意味も理由もないのである。

もしあるとすれば、朝総連は例によって民族の誇りをじゅうりんし、一部自治体これまた例によって、在日韓国人への圧力に終始するために、朝総連は妨害をし、一部自治体は国籍変更を野放しにしたということにもなるのである。

今般、貴川崎市において、在日韓国人の国籍を「韓国」から「朝鮮」に変更することにつき、次の通り要望します。

記

（一）在日韓国人の国籍は、もと国連総会決議第一九五号（韓半島における唯一の合法政府は大韓民国である）に基づき、すべて「韓国」が国籍であり、「朝鮮」は一種の記号であって国籍でないこと。

（二）在日韓国人が、日本国の外国人登録法第十五条により登録の申請またはそれの受領に至るまで、すべて本人の申請でなければならないことになっているので、決して第三者によって国籍の誤記が生じたり、本人の意思に反して「朝鮮」が「韓国」と記載されたりすることはないこと。

（三）日本政府の在日韓国人の国籍に対する措置としては、一九五〇年二月二十三日、日本政府の閣議決定によって、本人の自由意思による申請、および国民登録の提示により、国籍欄を「朝鮮」から「韓国」へ訂正するよう通達しており、その通り実施されてきたこと。

（四）法務省管登甲合第六八八三号通達（昭和四十五年九月二十六日）において、大韓民国の国民登録証の所持者、韓国旅券所持者または協定永住許可者は、外国人登録法第十条の二に該当しないこと。

以上のことを勘案の上、所謂国籍変更をしないよう要望します。

一九七〇年十一月十日

在日大韓民国居留民団中央本部

萎縮憂慮

日本の特関制採択

日本は最近、わが国と香港からの輸入を抑制するため、新たな輸入抑制制度を採択して、韓国商品の対日輸出に打撃を与えた。

韓国、要求線で妥結

駐米軍一個師団減縮了承

駐韓米軍一ヵ師団が完全撤収するという事実が韓国政府によって了承されたことが明らかになった。国防部高位当局者は、この事実を否認せず「韓国軍は一九七一会計年度（一九七〇年七月一日～一九七一年六月末）から起算して一九七五会計年度まで今後五ヵ年間、北傀の先制攻撃を制圧できる充分な装備の改善を米国から保証された」とのべた。

この当局筋によれば、去る七月以後、九回にわたる韓米軍事実務者会談で現行の正常軍援（MAP）外に追加して、装備現代化のための品目とその維持費を、米国側が提供することを約し、一ヵ師団規模を韓国から完全撤収することを政府が了承するかわり、国軍現代化装備品目調整は韓国が要求したラインで妥結を見たとのことである。

このような事実は最近韓米軍事実務者会談が実質的に終り、丁来赫国防長官とマイケリス駐韓米軍司令官の間に交換される「諒解覚え書」が最終的に成案されることによって確実になったのである。

海洋共同開発を決議した韓日経済協力委員会
（朝鮮ホテルで）

海洋共同開発決議

韓日協力委員会・韓日中連絡委員会

エンジン工場建設に支援合意

韓日協力委員会合同常任委員会はさる十二日、韓日中三国連絡委員会を正式に設立し、海洋共同開発に関する決議案を採択する一方韓日合作のモデル・ケースとして自動車エンジン工場を早急に実現させることに意見の一致をみるほか第三回年次総会は来年二月東京で開くことにして閉幕した。

この日の午前正式に発足した韓日中三国連絡委員会は、金廣仁、田中竜夫、黄吉郎ら各国協力委の事務総長が参席、非公開に会議を進めた。この会議では連絡委員会の規約にもとづいて大陸棚共同開発事業を推し進めるために、海洋共同開発に関する決議案を起案し午後の会議でこれを採択した。

この決議の骨子は、①韓日中三国の各協力委で構成した連絡委員会は、海洋資源の調査研究開発のための共同努力を各国政府に建議する。

②韓日中三国の大陸棚領有権問題は政府間の交渉事項であるので干渉しない。

③三国間の海洋共同開発事業を推し進めるため特別委員会を設置するが、韓日中三国協力委員会の会長が特別委員を委嘱、委員数は各協力委が同数にすることにした。

一方、南海岸に石油化学コンビナートを投資建設しようとする日本側の提案は、きたる十二月二十一、二十二両日間東京で開かれる連絡委員会で再論することにするが、韓日合作のモデル・ケースとしての自動車エンジン工場建設問題は、日本側委員の責任のもとに実現させることを確約した。

そのほかに、投資環境改善問題は、政府間の実態調査と併行して協力委員会でも独自に調査および意見を関係当局に提示することも決議した。

韓国軍現代化を

マ議員ら　米大統領に書翰

ヒュー・スコット共和党総務など十四名の上院議員とマユマック議長など十五名の指導級下院議員は、ニクソン大統領に書翰を出し「駐韓米軍減縮に先だち韓国軍現代化に着手すること」と「大統領自身が韓国防衛公約を確認保証するよう」要請した。上下院議員などの両書翰は、十三日午後ホワイト・ハウスに送付した後十四日公開されたが、下院側署名たウィリアム・ブルームフィルを主動した議員は「遠からずニクソン大統領の回信をうけとることになると思う」と記者にのべた。

上院議員はこの書翰で「去る七月二十二日、ホノルル韓米国防長官会談の共同コミュニケに反映されたアメリカの厳粛な対韓防衛公約をニクソン大統領自身がわれわれの友邦と敵に対し、共に再確認保障し、明言することを希望する」と要請した。

韓国との強力な同盟関係を再三強調したこの書翰はまた「韓国軍現代化と太平洋基地からの米空軍部隊韓国移動の約束を一日も早く実践することによってわれわれの信頼を守ることができる」と指摘した。

一方、カール・アルバートジェラルド・フォードなど両党総務も共に署名した下院側書翰は⑴駐韓米軍の減縮がはじまる前に実質的な韓国軍現代化計画が着手されるよう確認すること⑵韓国に対する永年の条約上の防衛条約を再確認するなどの行動が必要であるとのべた。

下院の指導級外交軍事委員会委員を中心とする15名は海外駐屯軍減縮政策に大体同意するが駐韓米軍減縮の時期と適切性には懐疑を抱くとニクソン大統領にのべた。

この書翰は法的拘束力や公式書になるのではないが政治的意味を帯びているだけに注目されるのは今後のニクソン返信をつうじて示される反応である。

北韓の策動を粉砕

国連総会で韓国の単独招請が決定されたことに関連し、共和党（与党）の金昌槿スポークスマンは「北韓の策動にもかかわらず、圧倒的な多数票で、韓国の単独招請案が可決したことは、国連外交の大勝利である」と論評した。

一方、金守漢新民党（野党）スポークスマンは、韓国単独招請案が可決したのは当然なことであると述べ、こんご変遷する情勢に適応した徹底的な対策をとるべきであると論評した。

国内旅行・海外旅行・航空貨物も日航機て

36トン積みの貨物専用便が週3便

SEOUL
ソウルへ直送！

JL651（火・木・土）	13:30 東京	15:40 ソウル
JL652（火・木・土）	20:45	18:50

キログラム当り航空運賃（東京→ソウル）	最低料金	45kg以下	45kg以上
	2160円	256円	195円

ひと飛び 2時間10分　ジェット・マーケティングで企業のお手伝い
火・木・土曜
13:30分発です
韓国向けの商品や荷物は、日航貨物専用便におまかせください。36トン・14パレット搭載のDC-8-62F型機が就航。大きなドアから、乗用車などの大型貨物を積みこんで、ソウルへひと飛びしています。日本航空は、これに加えて、貨客便も毎日運航。ソウルへ週14便。釜山へ週3便。世界に定評あるきめこまかな取扱いで、あなたの貨物を、早く安全確実にお届けします。

AIR CARGO
日本航空
JAL
東京電話サービス
国際貨物・03(471)6611
国内貨物・03(742)7111
横浜営業所045(311)5941
大阪支店・06(203)5141
神戸営業所・078(23)4601
名古屋支店052(561)2401
福岡支店・092(65)4031
札幌支店・011(241)4141

年平均成長率八・六%

月末ごろ経済10ヵ年白書発表

政府は今月末ごろ、二回にわたる五ヵ年経済計画など60年代の産業化努力とその成果を総整理した近代化白書をだす方針である。

首都ソウルの高架道路

六項目を指摘

九日、内閣企画調整室が作成したこの白書は①農村近代化と農漁民所得増大②中小企業育成③貯蓄増大において未だ問題点があることを指摘し、近代化に向うわれわれの姿勢として①国民的団結②合理的生活様式の開発と貯蓄増大③国際収支改善のための国民的努力④新たな企業家精神の確立⑤新たな社会倫理の確立⑥国土統一への前進などをあげていることと見られる。

白書は、このほか今まで10年間の平均経済成長率を8・6%と明らかにし、輸出増大で、資本増大で資本蓄積と対外経済協力強化にともない経済安定をもたらしたと主張した。

韓国銀行純利益 百億ウォン突破

十月末現在

韓国銀行純利益金が百億余ウォンを突破し、金融史上類例のない記録をたてた。

十日、韓国銀行が集計した十月末現在韓銀純利益金は、百十四億千百万ウォンで九月末より十五億ウォンがのび、昨年年末より四五億ウォンを上まわった。

韓銀当局者は、このように韓銀の純利益がのびた理由を外貨預置金の利子が多いためであるとしている。

マンモス12階来週着工

国営企業体永登浦に

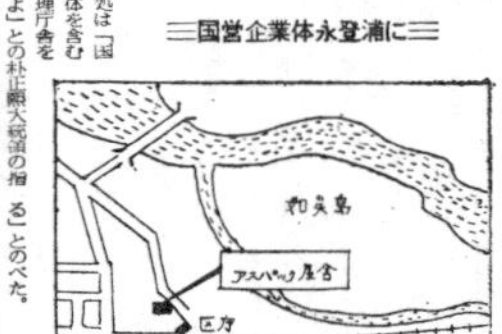

総務処は「国営企業体を含む政府管理庁舎を統制せよ」との朴正熙大統領の指示により、まず第一の措置として漢水以南である永登浦区永登浦洞五街に延建坪6千坪、12階建ての建物を来週中に着工、10余個の国・公企業体を収容することにした。

総務処の高位当局者は11日、「この建物は二千百坪の空地の上に9億ウォンの予算を投入、おそくとも来年度末までには竣工される」とのべた。

この建物が完成されれば、27個の国営企業のうち、商工部傘下機関を除いた10余企業が収容され、全国・公企業体の40パーセントがここに集ることになる。12階のうち一階はアスパックで使用する計画である。

新築される建物の位置は、永登浦区庁北方の現UNCURK庁舎の横で、財源は公務員年金基金8億1千万ウォンとアスパック基金9千万ウォンを使用する計画。

商工部傘下以外の国・公企業体で賃貸建物を使用するところはつぎのとおり。

▲農漁村開発公社▲農業振興公社▲道路公社▲浚渫公社▲水資源開発公社▲保険公社▲成業公社

全面撤収しない

北傀いかんで減縮中止

米安保担当官吏語る

【ワシントン13日同和通信】米国は北傀が駐韓米軍減縮を悪用する場合、削減を全面中止するかあるいは日程をあらため、すでに発表した駐韓米軍二万減縮計画も北傀の反応および軍事力いかんによってその日程表が決定されるであろうと十三日ホワイト・ハウスの官吏が述べた。

この日米国務省で開かれた民間指導者のための外交政策会議で国家安保会議高位官吏たちは、対韓公約遵守のために米国は、韓国に適当な兵力を続いて駐屯させることであろうと再び力説しながらいかなる場合にも駐韓米軍の全面撤収はないであろうと強調した。

会議の規則により身元を明かさないこの高位官吏たちは、米国が対韓防衛公約の信頼度をそぐような米軍削減は決して実行すべきでないと語りながら、駐韓米軍の全面撤収可能性を排除した。

この官吏たちは、米国が対韓防衛を履行するに必要な水準の米軍兵力をひきつづき韓国に駐屯させるであろうと付け加えた。

教授研究費引上げ

朴正熙大統領は十三日の午後ソウル大学本部を訪問、新たに就任した韓沁錫総長よりソウル大学総合建設計画とその推進状況の報告をうけた。

各単科大学長（学部長）も参席したこの席で、朴大統領は「ソウル大学はとくに、つぎの世代の指導者を養成するのが主な任務である」と指摘して「新総長を中心にソウル大学総合建設を効果的に推し進め運営にも努力を」と強調。

来年の住宅融資5億

無住宅市民に50万支援

ソウル市は一九七一年に、市民アパート50棟、各種アパート百二十棟を建立し、無住宅市民の住宅建立を支援するため住宅建立基金5億ウォンを短期低利融資する計画である。

九日、ソウル市によれば無許可建設住宅居住の千五百世帯を収容するアパート50棟は東大門区中浪川堤防一帯の既存無許可建設住宅を撤去した空地に、入居者が工事費を全額負担する示範アパート50棟を安岩島に24棟を追加建立、今年着工した24棟とともに一九七一年十月頃完工し、三・一路に沿って清渓川辺に26棟を建立、サラリーマン六百世帯に、月6千ウォン程度の部屋代で15坪程度の賃与アパート20棟も建てるということである。

またソウル市住宅当局は、滞休宅地に住宅建立を促進し、不良建物改良を支援するため三年間に回収予定の年利8%の住宅建立基金5億ウォンを庶民住宅建立者に一棟あたり50万ウォン限度で融資する計画である。

融資対象は宅地所有者、不良建物改良者、宅地造成地域で宅地を買い、建立費が無く家を建てることのできない市民であるが、職場または住宅建立組合を構成して融資申請するのを原則とするということである。

熱延工場注文をうける

日本の三菱商事

三菱商事など六ヵ会社は、約三千六百万ドルの熱間圧延鋼板工場を、浦項に建設するプラント注文を韓国から受けたと三菱系の三菱商事がさる十五日明らかにした。

三菱商事幹部たちは、年間六十三万二千トンの鉄板を処理するこの工場は〝浦項総合製鉄工場における初めての工場になるであろう〟と語った。

韓国産〝砂〟輸入

日本で30万立法米

日本の貿易会社東京商事は、国内建設工事用の砂を、韓国からただちに輸入しはじめるであろうと、このほど明らかにした。

東京商事は、現在日本で繁盛している建設ブームのために砂が不足し、韓国でこれを輸入するものであるとのべ、第一次船積分は十一月末まで到着する予定であると見とおしている。

農漁民所得競進大会開かる

韓牛団地(固城)に大統領賞

農漁民賞には河四容氏ら20名

第二回農漁民所得増大特別事業競進大会が十一日午前十時、ソウル市民会館で朴正熙大統領をはじめ政府要人と全国道知事、市長、郡守および特別事業団地代表など3千余名の参加裡に開催された。

臨席した朴大統領は別項のようなあいさつをのべ、団地競優秀賞として慶南固城の韓牛団地を表彰し、農漁民賞に河四容氏（忠北清原）など20名に産業勲章およびほう賞を直接授与、金チャンファさん（京畿道農林局主事）など23名を表彰した。

この農漁民特別事業は、政府が去る一九六八年から一九七一年まであわせて四百七十四億ウォンを投入、45万戸の農漁家を対象に90個の主産団地を造成する計画を実行中であり、九月末現在、73%の事業進度を見せている。

鄭紹永農林部長官は、この日の経過報告で、①69年の対象農漁家35万戸中22万戸が一戸当たり、二万五千ウォンの追加所得をあげ、②参加農漁民の営農方式が商業的営農に転換されている。③団地内農漁村のビニール・ハウスが広い田野に展開されるなど近代的に変革されつつあるとのべた。

この日受賞した団地および農漁民賞受賞者はつぎのとおり。

◇団地賞（7位）

▲大統領表彰＝慶南固城地区韓牛団地（副賞百万ウォンおよび優勝旗）▲国務総理表彰＝全北湖南野山開発慶北金烏山地区経済作物主産団地副賞50万ウォンと賞牌）▲農林部長官表彰＝全南南岸地区水産物増殖、京畿道平沢・安城地区酪農主産団地、忠北清原地区蚕業団地、江原道高冷地そ菜団地

◇産業勲章銅塔

河四容（忠北）銀塔＝金忠寛（全南）、姜在範（慶南）、石塔＝任相宰（忠南）、趙亮均（全南）、丁水泳（慶南）、呉洪植（済州）

◇産業褒章

李鍾正（京畿）文光錫（京畿）李東興（江原）申在亨（江原）金在植（忠北）林采俊（全北）金承洙（全南）金達植（慶北）李一雨（慶北）、朴仁宰（済州）李信華（釜山）

◇大統領表彰（公務員）金昌和（京畿農林局）、呉然禹（京畿殖産局）、朴允鏞（江原殖産局）、崔大喆（忠北農林局）、蔡東煥（忠北清原郡守）、朴正圭（忠南殖産局）、李亨均（忠南牙山郡）、黄啓淵（全北殖産局）、鄭成泳（全北殖産局）、孔栄俊（全南長城郡）、金忠万（慶北農林局）で金鍾吉（慶北慶山郡）、安斗煥（慶南農林局）、徐鎮晶（慶南東莱郡）、柳泰顯（済州産業局）、文イ松（済州南済州郡）、河基錫（釜山）、宣宗均（農林局農業開発官室）、金権徹（農林部畜産局）、羅容周（農協会館部）

KS商品案内センター開設

商工部は優秀商品の生産促進および消費者保護施策の一つとして、推せん商品制を実施することにし、まず韓国規格協会（ソウル中区乙支路）にKS商品案内センターを開設することにした。

（農村振興事業における稲作実験）

農村開発投資集中

朴大統領致辞

朴正熙大統領は十一日「政府は第三次経済開発計画五ヵ年計画で、輸出増大と農村開発のため、集中的な投資と指導を行なう」とのべ「高速道路を中心に都市と農村を結ぶ幹線道路を作り、農漁民と都市民が一日、生活圏内で自由に生産し、消費し、生活するようにする」と確約した。

朴大統領はこの日、市民会館でのあいさつを通じて「近い将来において、都市と農村間に発展相の差がなくなり、都市民と農漁民の間に所得や生活環境の差がなくなることになる」と展望し、「問題は、わが国の農漁民がどのような精神と姿勢で何のためどのように努力するかへかかっており、全国の農漁民が一途に意欲と自信に溢れる日、わが農漁村の近代化と農漁民の所得増大も、それだけ促進されるものである」と強調した。

建築、看板など規制

ソウル市、美観地区設定

ソウル市は十日、建築法33・38条および同法施行令百十四条にしたがって、美観地区内建築物の敷地、構造、設備、色彩、用途などを規制するソウル特別市美観地区内建築条例を制定公布した。

条例によれば美観地区は4種に区分、1種は都心部主要街路に位置した地区、2種は都心部から副都心、空港、高速交通路および衛星都市に結ばれる道路辺地区、3種は主要観光道路周辺地域、4種は固有の建築美と民族的情緒を保全する地区とした。

建築設計は1種地区では道路に面した所が長さ18米、幅9米、高さ5階以上であり、2種地区では長さ12米、幅6米、3階以上、3種は長さ12米、幅6米以上でなければならない。

また美観地区内の建築物は原色で彩色してはならず、工場、倉庫、火葬場、鉄物商、貯炭場、刑務所、伝染病院、精神病院、葬儀社など建築物を新築できない。

なおこの条例公布前に建立された既存建物に対しては、市長がゆう予期間を置くことになっている。

本国論調

中共内外の二つの現実

日本社会党の政治的妄言警戒

外部世界の中共「承認」がひきつづくに際して、北京自身の外交姿勢もまた能動的にうごくきざしが見え、最近の国際情勢の重大な関心をよんでいる。

カナダとイタリヤにつづいて、オーストリア、ベルギー、そして中南米の諸国も遠からず中共を承認することになるといわれ、国連における中国代表権問題の討議も本格化されるというが、たとえ中共加入自体が今年も挫折するとはいえ、賛成票が去年を上まわるのは明らかである。日本のばあい、野党の社会党代表が北京を訪問、早急な国交設定を云々したのはさておき、与党の自民党内でも、承認促求論があるのを見過がせない。

一方、中共はそのような動きを積極的に歓迎しながら「人民日報」8日付は、平和共存を基盤に「どのような国家とも関係改善協議をひろげる用意」があるとのべた。アジアではビルマとの大使交換を3年半目に復活させ、フィリッピンにいたっては、中共を承認もせず貿易も許容しないにかかわらず、台風り災民に8万〝相当の救護物資を寄贈すると九日に提議したというほどである。

対ソ関係の解氷企図としては、去る七日、ボルシェビキー革命53周年を迎え、政府名儀ではあるが「熱烈な祝意」をモスクワへ送った事実をあげることができる。

今や中共は「文化革命」期間の外交不在を清算、周恩来主導下に復実、積極外交へ転換したことが明らかである。

しかし、国家承認とはアイゼンハワー元大統領が指摘したよう [illegible] 別すべきである。

西側国家の中共承認は、後者のケースである。中共がその大陸で七億人民を支配する核強国として登場した「現実」を承認するだけというが、そのばあい利害打算がこみ入っているのはもちろんである。

これとともに中共を孤立させる代りに国際社会へ引入れることによって、その好戦・排他性向を解氷または緩和へ導くことができるという論議がつけ加えられもする。

しかし、いくら国際政治だとはいえ、現実論理的契機とともに倫理的契機を無視することはできない。未来に向う効果測定も時おり主観的希望の域を脱しないばあいが少くないということに問題がある。

中共の最近の外交姿勢がまた、文革期間のイデオロギー名分外交のかわりに、現実的対応を見せた点が注目される。このばあい彼等が狙うのは、いわゆる「米帝と日本軍国主義」の孤立化とその膨脹活動における「各個撃破」指向であると判断される。また北京はモスクワへ送った慶祝メッセージで彼等の間の根本的な諸問題が国家関係発展を阻害させないことを確認しあったという。これは党水準の理論紛争にはふれず政府水準の「関係改善」だけを企図するという意味である。

要するに中共の外交姿勢転換とは、決して彼等の路線の変化であるとは見られない戦略の伸縮性を意味するのに過ぎない。また彼等の指導体制では根本路線を毛沢東・林彪が左右するという大前提の上で、単に外交分野の戦略的布石だけが周恩来にまかせられているだけであるという点は明らかである「承認」のうごきの重要な動機が「交易拡大」であるという見方もある。しかし中共は口だけで政経不可分を唱えるだけで、実際において必要なものであれば、政治を度外視した取引になんらちゅうちょしなかったのである。

この機会にわれわれは、日本政界一部の性急な「我田引水」式の対中共接近論にも警戒する必要がある。まず日本は西欧国家でなくまたアジア国家の微妙な対日警戒論は単純な「現実的」観点 [illegible] 党のばあいは、中共が日本に対する敵愾心を鼓舞させる大衆煽動時期にへつらいと低姿勢を専らにしている点第一野党または公党らしい面ぼうは全然さがしだすことができない。一歩進んで「非武装中立論」を党是にするとすれば当然、韓半島の緊張緩和のための寄与と国際的責任を考えるべきであるが、結果的に中共・北傀のごう慢な好戦性を助長する一方、韓国の国民感情をいらだたせているだけにその理論と実践間のむじゅんを見ればむしろ憐憫の情をも禁じえない。附言すれば毛沢東・林彪までも内心は、日本社会党の純真性を嘲笑しながら戦略上利用するだけであると思われる。

一体、中共の「革命的」好戦性と根本路線にどのような質的変化が確認されたというのであろうか。厳然たる客観的現実に対しわざと目をそらせながら性急な対中共接近を主観的な「現実論」として正当化しようとの一部の試みが散見されるが、現段階では平和のため無用だけでなく、危険な政治的遊戯であると指摘せざるを得ない。（韓国日報）

幸州山城の聖址竣工祝す

自力で国を守護した幸州大勝

今から三百七十八年前、壬辰倭乱のおりに、戦勝地である幸州山城が新たな聖地として復原され、十日竣工式が行なわれた。幸州山城は忠武公李舜臣将軍の閑山大勝と金時敏将軍の晋州城血戦とともに壬辰倭乱時の三大勝地の一つとして知られる。

ソウルから西南方26キロ離れた幸州内里に位置した幸州山城は、一五九三年二月、全羅巡察使権慄将軍が二千五百の兵を指揮して倭兵数万名を撃退させた激戦場として歴史上由緒の深い古蹟である。

そこに到れば未だあちらこちらの谷と丘には倭軍を撃滅し、声が涸れるほどの雄叫びがこだましている（記念碑文）。

文公部は去年の九月、偉人・先烈の遺跡に対する集中的な浄化事業の一環として幸州山城に補修工事を着工、一年二カ月目に竣工を見ることになった。

幸州山城の大勝はわれわれの独自的な力で少数の兵と訓練されていない民でも国を愛する救国の一念で団結すれば、どのような大敵であろうとこれをよく撃滅できるという偉大な教訓を後世に残したと信じている。つたえ聞くところによると当時、倭賊の侵入を受けるや婦女子が前掛けに石を運び手に赤い血がまみれるほど奮戦したといわれ、今日婦人の前掛けを幸州チマ（裳）と呼ぶが、われわれ女性が歴史的に国を守った愛国丹心の偉大な象徴であるといえる。

当時の国内情勢をかえりみれば、北方には、清が南侵をねらい南では倭敵が海を乱しており、結局は壬辰倭乱を迎えることになったのである。そのような倭敵侵略を予想し、十万大軍を養兵すべきであると主張されたが、当時の文弱な党派の渦の中で、国防の自主性を失ない、ひいては侵略に当面することになったのである。今日のわれわれが直面している国内外情勢のような側面をほうふつとさせる。

侵略戦犯者、金日成徒党は、結局南侵戦争準備をおえ虎視眈々南韓赤化武力侵略をねらっている。北傀は数年前から、いわゆる4大軍事路線に立脚して、全人民武装化、全軍幹部化、全国要塞化、装備現代化など基本目標を達成したと豪言壮語し、現在では誰がも武器を扱うことができ、いつでも銃器を執って戦うことができると豪語をちゅうちょしないのである。

われわれは今日の国内外情勢を冷徹に注視し、自立経済達成と国防力強化に国民すべてが協同し、団結する姿勢を一層かためるべきことを切に感ずる。

歴史的にわが民族は外侵に決然とけっ起し、われわれ自らの力で撃滅した栄光の勝利を無数に持つ。他力に依存せず、自力で国土を防衛し内には国民がすべてよく生きることのできる福祉国家建設に国民の総力を集中することをちかいたい。

幸州山城の危機を防いだ権慄将軍の軍略家としての卓越した聡明と勇気を永久に輝かせ、前掛けに石を運んで侵略軍と戦い勝った婦女子の愛国忠情を追慕しながら、幸州山城の聖址復原竣工を祝してやまない。（ソウル新聞）

辞令

任韓国支社長代理 孫鍾海

依願免韓国支社長 金栄愚

一九七〇年十一月一日

韓国新聞社

東京商銀職員募集

―来年度新卒者を求めます。

一、採用人員　大学卒男女 若干名／高校卒男女 若干名

二、応募資格　韓国籍で国民登録完了者（入社までに手続申請中の者でも可）

三、待遇　大学卒男子 四〇、〇〇〇円（基本給）／大学卒女子 三八、〇〇〇円／短大卒男子 三五、〇〇〇円／短大卒女子 三三、〇〇〇円／高校卒男子 三〇、〇〇〇円／高校卒女子 二八、〇〇〇円

（諸手当）家族手当、皆勤手当、住宅手当、給食手当、通勤費全額支給、社会保険完備

（賞与）年二回（六月・十二月）

（昇給）年一回（四月）

四、福利厚生施設　男子独身寮完備

五、提出書類　履歴書、写真、成績証明書、卒業見込証明書、外国人登録済証明書、国民登録済証明書

六、勤務先　本店及び新宿、荒川、五反田支店

七、募集締切期日　昭和四十六年一月末日（第二次）

八、試験日及び場所　本人宛通知

応募希望者は提出書類を揃えて本店総務部まで御郵送下さい。

尚、既卒者も随時受け付けております。

東京商銀信用組合

本店 東京都文京区湯島三ー三八ー一五 電話 八三二ー五一四一（代表）

わが家のしあわせは 永住権から

京都の河原町五条南に最新式(カリフォルニア・カーワッシュシステム)の

高速洗車マルマンが11月下旬に堂々オープンします

1 2 4
1 3 5
6 mintues WASH and START

● 6分間で すべてOK

●クルマがメイキャップをしているあいだ TEA & SNACK BUGGY でリラックスして下さい

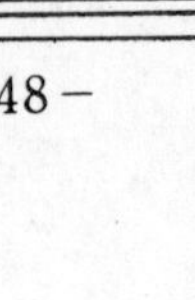

許東律 社長

―ごあいさつ―

このたび京都市下京区河原町通り五条下ル西側に本格的な高速洗車丸満が近日オープンすることになりました。

高速洗車マルマンは米国カリフォルニア製の最新式の高速連続洗車機で、必ずや皆様の御期待に充分添えることが出来るものと確信致しております。

どうか倍旧の御支援と御愛顧を賜わりますよう御願い申し上げます。

尚、皆様の積極的な御協力を切望し、会員申込を致しておりますので御入会の程を重ねて御願い申し上げます。

京都・河原町五条南(マルマンビル) TEL 361−7565

北韓地獄行き寸前に…
密航少年 決死の脱出に成功

神戸で言葉巧みに
あわや北送 民団・大使館が救う
暴露された朝総連の"誘惑戦術"

最近とみに、巧妙、組織化してきた朝総連の工作員による侵透破壊工作は、日増しにその度を深め、悪質化してきているが、韓国から無線技術習得を身につけるため、福岡にいる親戚をあてに密航してきた少年を、言葉たくみに説きふせ、北韓地獄へ送りこむ寸前に、少年に逃げられたという事件がおきており、この種の誘惑戦術が頻発化する傾向を見せてきている。ことの真相は、去る十一日、民団中央本部を訪ねてきた一密航少年の自白により明るみに出たもので、当の少年は、民団と大使館の適切にして温情あるはからいにより、日本政府の入管当局に自首、近日中に本国送還ということになって、いちおう落着したが、同少年の語った朝総連工作員からの脱出行を本人から直接きくため、帰国を前にした少年を記者は訪ねてみた—。

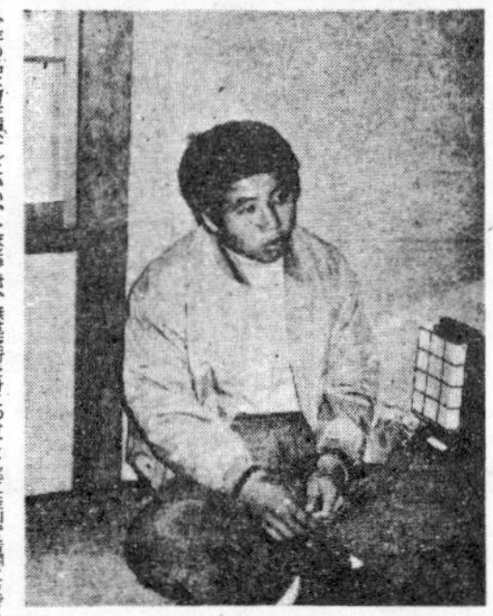

決死の脱出行を語る曺君

少年の名は曺孝満(一七)といい、慶南忠武市が現住所。元外航貨物船の機関長をつとめていた父曺龍洙(ㅁ)さんは肺結核二期で病床に臥したままの不遇な家庭だが、無線技術を身につけて船にのりこむのが彼の大きな夢であった。

浦項市で無線技術で身を立てた友を訪ねたが、おもわしくなく、遂に釜山で暗闇にまぎれて日本行きの貨物船にもぐりこんだ。救命ボートにかくれ二泊三日目に着いたのが神戸港。税関から遠く離れた地点をうまく利用して抜け出すのにひと苦労したが、運よく成功した。

不安感につつまれたまま、埠頭からほど近いところをうろついていたら、とっぜん後から韓国語で話しかけられたのにはびっくり仰天した。しかし次の瞬間、助かったとも思った。

男は一米六〇糎ぐらいの中背で、がん丈そうな体格。頭が中ハゲでしみや、そばかすの多い顔が印象に残っているという。

静かな励ましの言葉につい心を許し、神戸、大阪でそれぞれ一泊し、十一月十日に東京へ着いた。

日本語のいっさい通じない曺君のこと、連れていかれるままにどこかのホテルに宿をとったが、そんな服では怪しまれるからと、下着もろとも新らしいのを買ってくれた。

そして、福岡のどこかにいる（住所は知らないという）叔母のことなど話したが、そんなことには耳もかさず、言葉たくみに北韓をほめたたえる言動が次第に出てき、あげくの果ては「君の思う通りの勉学をさせてあげるから、今すこし待ちなさい。明朝には教育係の人をつれてくる。外出すると日本官憲に捕まるから特に注意するように」と念をおし、テレビでも見ておれと出かけて行った。

曺君は、北韓行きの話が遠回しに出たとき、すぐ危険を感じたという。

この男に気づかれないよう従順な態度を見せておいた曺君の機智はうまく図に当った。

写真に見られるように、曺君の身体は小さいが、敏しょうな感じをあたえる。脱出決行は意外と早かったが、決死の思いであったという。息も切れよと走りつづけ、夜の街に出た曺君は、誰彼なく通りすがりの人をつかまえては「アイ アム ア コーリアン」と訴えつづけた。手まねもした。

まもなくして、ある中年の紳士に会ったところ、この紳士、何を感違いしたのか、新宿区新大久保駅前のキャバレー「ニューコリアン」に車で連れて行ってくれたという。

同胞経営のこの社交場では、事情をきいた前山雅央支配人(三七)と李誠秀営業部長(三七)が、親切に寮に泊らしてくれた上、十一日に朝飯を食べさせて、民団中央本部民生局に連れて行ってくれたというわけである。

このようにして曺君は、大使館へ連れて行かれ、手厚い保護の下へ帰ることになった。

「故郷に帰っても、やはり無線技術を何とかして勉強します。皆さんをさわがせてすみませんでした」と素朴にあやまる曺君。

あわや北韓行き寸前に、決死の脱出行をはかった曺君の前途に、明るい将来が開かれることを記者は祈って別れた。(P)

韓日交流は歌で
フジTV ソウルで新人発掘

▲㊤ソウル市民会館の会場㊦村上委員長から優勝トロフィーを受ける朴銀景さん、左後に張本選手の顔もみえる

歌謡界も、レコード吹込、舞台公演、テレビ出演と、今や韓日芸能交流の波はようやく高まり、日増しに活ぱつ化してきたようだ。特に新人の発掘や、積極的な育成は、少くとも日本の場合は、従来にもまして各社間で競争が激しくなりつつあるが、その対象を韓国に向け、本格的職入れをしてきたのがフジテレビグループ芸能センター（委員長＝村上七郎フジテレビ常務取締役）である。

同センターでは、お隣りの韓国に有望な新人が多いことに目をつけ、かねてから、タレント招請による成果をあげんものと、着々その自主企画を進めてきたが、文化放送など韓国側の理解と協力を得て、去る十一月七日、ソウルの市民会館に六千人（定員五千人）の観客を集め「全国のど自慢コンクール決勝大会」をひらくまでに至ったのである。

この決勝大会には、すでに韓国のテレビ、新聞などの呼びかけで二千人以上の全国応募者から予選を通過したのどのチャンピオンが出場したが、当日の特別ゲスト審査員として日本から参加した高峰三枝子、宮城千賀子、浜口庫之助、プロ野球の張本勲氏らの見まもる中で次のような入賞者が決定、このほど来日した。

日本でのスケジュールは、十一月二十日午後三時からのレセプション（都内・六本木・キャラバン・サライ）のあと専属歌手として活躍するわけだが、十一月二十一日午後四時三十分から一時間、ソウルでの決勝大会風景とともにフジテレビで全国に紹介される。

なお来日一行は第二位の曾淑（21・女）さんと優勝した朴銀景（20・女）さんのほか、コメディアンで司会の郭圭錫（フライ・ーイ）さんが同行する。

韓日サッカー全勝
韓国大学選抜チーム

韓日親善サッカー試合で来日した韓国大学選抜チームは、十一月十五日、全日本対ユールゴルデン（スウェーデン）戦の前に、全日本学生選抜と対戦1対0で（東京・国立競技場）十七日の関東学生選抜とは3対0で（横浜・三ツ沢）それぞれ勝ち進み最終十九日の関西学生選抜とは5対1で全戦連勝を飾った。

韓国は第二位
金4、銀4、銅5の成果
技能五輪

理容で金メダルを獲得した成王福さん（中央で整髪中）

洋服で金メダルを獲得した李貞九さん（中央）

職業訓練振興のための情報交換と技能を通じての国際親善、向上を期して行なわれたアジアで初めての第十九回技能オリンピック国際大会は、去る十一月十日、東京・日本武道館での開会式につづいて、十一日から四日間、千葉市六方町の中央技能センターで、西ドイツなど十五ヵ国が参加、三十種目にわたり、各国お得意の技を競い合ったが、十七日、その審査結果を発表、十九日の閉会式で入賞者の表彰式が行なわれ、全日程をとどこおりなく終了した。

この大会で、韓国は二十九種目に参加、最初から総合優勝を狙って健闘したが、金メダル十七をかくとくした日本チームには遠く及ばず、金メダル4、銀メダル4、銅メダル5と計十三個のメダルをもらい、日本についで第二位に入賞した。

わが方の種目別入賞者は次の通り。

二十九種目に参加
成王福さんら栄冠

〈入賞〉

金メダル　曲げ板金…呉滄イン（二〇）、鋳物…趙鍾翼（一八）洋服…李貞九（二〇）、理容…成王福（二〇）

銀メダル　打出し板金…千炳悦（二〇）、建築大工…金泰浩（一八）、木型…金鴻會（一八）、ラジオ・テレビ修理…鄭敏九（二〇）

銅メダル　電工…高勝烈（一九）、配管…李相渉（一八）、ガス溶接…李魚日根（二〇）、電気溶接…裵山天（二〇）、宝石加工…郭仁鎬（二〇）

「建青25周年記念祝賀会」盛況

先輩・後輩が交歓
「在日韓国人の歴史と現実」出版記念も

㊤会場風景㊦先・後輩の交わりも楽しく—右から二人目が建青初代委員長だった洪賢基氏、立っているのが現韓青の金恩沢委員長

韓青創立二十五周年記念祝賀会は、去る十一月十六日午後六時から、文京区大塚の天風会館で、約三百名参集の下、盛大にひらかれた。

この日会場には、現韓青の前身である建青の創立時代の先輩と韓青の盟員たちがなごやかに談笑するふんいきのうち、金在権公使、李禧元民団中央団長、鄭在俊民団東本団長らの祝辞がつづき、韓青金恩沢委員長の音頭で祝杯をあげて第一部を終了。

つづいて韓青で出版した「在日韓国人の歴史と現実」の出版記念祝賀会がひらかれ、余興では、韓国学園韓青合同出演による舞踊と合唱が喝采をあび、全員のうたう力強い韓国行進曲で四時間にわたる祝賀会の幕を閉じた。

「韓国人会館」落成
喜びの新潟県高田支部

落成した韓国人会館

民団新潟県高田支部（団員百二十人）では、かねてから韓国人会館建設期成会を設け、熱意あふれる団員協力のもと、ついにこのほど写真のような立派な、団員親睦のための会館を落成した。

高田市内の中心部に位置するこの新会館は二十二坪の土地を購入、新築したもので、県下でも教育文化センターの活動が盛んな同支部としては、今後この会館を多角的に利用するものとして大きく期待されており、落成式にあたっては、特に大使館の李楠基総領事が参席するなど深い関心が寄せられている。

なおこの会館建設にあたっては、小支部であるにもかかわらず、次の民団六幹部を中心に、団員が一致協力したおかげであると中央でも大きくこれを評価している。

朴哲浚（高田支部団長）
李範伊（〃副団長）
金相鎬（〃顧問）
丁三岩（〃　〃）
姜基高（〃議長）
李圭容（〃監察委員長）

（長野支局発）

韓国大学講座開く
広範囲な第一次カリキュラム

十一月は、いわゆる"文化の月"とあって、各地では文化的な行事がいろいろと催されるのが毎年の恒例であるが、韓国の歴史、文化、政治、経済を総括的に理解させながら、より高い学問的研究の成果をねらって、去る十一月二日から十二月三十日までの二ヵ月間にわたり、ひらかれている韓国研究院（・木内信胤理事長—都内港区麻布飯倉六の十三）の韓国大学講座は、大学教授、政治家、研究家など韓日両国の最高権威で構成されている講師陣を擁して、いよいよ本格的段階に入り、三十名以内を一クラスとしているにもかかわらず、連日、聴講生が定員を越える盛況を見せており、予想を上廻る成果をおさめている。

講座は、平日は午後五時三十分から、土曜日に限り午後三時から特別講義として、世界経済調査会会議室で行なわれ、各一時間十五分の講義のあと、約三十分の質疑応答をふくむ懇談会が催される。

なお同研究院では、これと併行し、韓国語講座を月曜から金曜まで午後五時から三十分間開講している。

以上二講座の希望者は、直接同研究院に問合せればよく、大学講座の第一次カリキュラムは次のとおりである。（十一月二日から二十日までのは省略し、二十一日からの分を紹介する）

十一月二十一日（土）…弥生期における韓系文化（金正柱）
十一月二十三日（月）…韓国の仏教（Ⅰ）（金知見）
十一月二十四日（火）…韓国動乱（2）（神谷不二）
十一月二十五日（水）…高麗史（旗田巍）
十一月二十七日（金）…李朝教育思想の進展（渡部学）
十一月二十八日（土）…現代における日本人の韓国問題意識構想（渡部学）
十二月一日（火）…韓国の思想①（朴鍾鴻）
十二月二日（水）…韓国の思想②（〃）
十二月三日（木）…韓国の思想③（〃）
十二月四日（金）…韓国の宗教＝大宗教を中心として＝（柳洪烈）
十二月五日（土）…韓国の貿易（安兆鎮）
十二月七日（月）…韓国の儒教①＝李退渓・李栗谷を中心として＝（李家源、李佑成）
十二月八日（火）…〃
十二月九日（水）…韓国の外交＝韓日会談を中心として＝（厳堯燮）
十二月十日（木）…韓国の文化史（1）（黄寿永）
十二月十一日（金）……〃（2）
十二月十二日（土）……〃（3）
十二月十四日（月）……韓国の独立運動（1）（崔永禧）
十二月十五日（火）……〃（2）
十二月十六日（水）……〃（3）
十二月十七日（木）……大韓民国臨時政府史（Ⅰ）（秋憲樹）
十二月十八日（金）……〃（2）
十二月十九日（土）……金九論・李承晩論（孫世一）
十二月二十一日（月）…日本支配下の韓国経済（1）＝主に農政を中心として＝（林炳潤）
十二月二十二日（火）…〃（2）
十二月二十三日（水）…〃（3）
十二月二十四日（木）…韓国の儒士（1）（李海基）
十二月二十五日（金）…〃（2）
十二月二十六日（土）……北韓の実情（方仁厚）
十二月二十八日（月）……韓日会談の韓国的理解（李東元）
十二月二十九日（火）…日韓関係の将来（岸信介）
十二月三十日（水）終了式（韓国大使参席）

年内に永住権申請を完了しよう

業界驚異の的!! 堂々11月28日新開店
国際ナイトクラブ『両班』

—御挨拶—

初冬のみぎり、みなさま方にはますますご健勝のことと拝察いたし慶賀に存じあげます。

平素はクラブ「両班」を御引立下さいまして厚く御礼申し上げます。当「両班」も日増しに、日本ではおろか、韓国におきましても"京都に両班あり"と評価されるまでに至り、ささやかな念願でありますが、韓日親善の一助の実を挙げて参りましたことは喜びにたえません。

このたび、経営の一大刷新を図り、充実した内容に誇りをもって、国際ナイトクラブ「両班」を新開店いたすことに相成りました。これもひとえに、みなさま方の日頃の御愛顧と御援助の賜以外の何物でもないものと、深く感謝致しております。

今後も、各界の方々に広く御利用いただき、真の国際社交クラブの真価を「両班」が範をもって示し、ハイセンス溢れる豪壮な装飾、洗練かつ高尚に教育された従業員、一流調理士による韓国料理と、豪華絢爛の連日ショウなど、ゴージャスの一語に尽きるムードは、必ずやみなさま方の憩いの場として御満足いただけることを信じて疑いません。

何卒、こんごとも一層の御引立を賜わりますようお願い申し上げます。

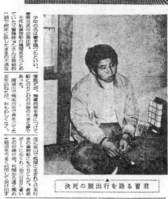

水原観光株式会社
社長 金永昌（水原健二）
京都市四条花見小路上ル一筋東入ル
豊ビル地下 TEL 541—3106〜7番

ろーかるニュース

菊かほる秋の便りによせて

菊かおる十一月である。天は高く馬はこえ、芸術の華も絢爛たる秋の盛りである。
冬の跫音が、もうすぐそこにきこえてきている。
季節の妙なる調べを奏でる美しいひとときでもある。
三日は文化の日であった。
この日を韓国では、学生の日という。
文化の日と学生の日、これは奇縁である。
というのは、この日を顧みて感無量であるからだ。
そもそもこの十一月三日は、明治節であった。明治大帝祭とも言う。戦前の話である。
当時韓国でもやっぱり、この日は明治大帝祭だったのである。
それが現今では、文化の日といい、または「学生の日」というようになった。かっての韓日両国のくめどもつきない物語りが秘められているということだ。
話は今をさかのぼること、なんと四十有余年である。
昭和四年十一月三日、韓国の全南光州市でのこと。
光州公立高等普通学校の学生約四百名がスクラム組んで、道庁に押しかけたのである。
官憲が、これを道庁横の道立病院前で阻止した。
彼我に乱闘がはじまったことは言うまでもない。
学生達は、自由を叫び、独立をうたった。
官憲は連中を片端からつかまえて、ブタ箱に叩きこんだ。
学生達は韓国の志士であり、官憲は日本の代弁者だったのである。
明治節に涙ありであった。
あれから四十年もたったというのに、地方だよりを読んで見ると、今更のようにあのときのことが生々しい、というのだから、韓日両国は、やっぱり地理的歴史的に密接不可分なる間柄であることに色あせる日はなさそうだ。
在日韓国人学生の祖国への熱情が綴られてあるかと思うと、永住権取得に拍車をかける地方ならびに地区指導者達の労苦がしのばれるものばかりである。

投稿歓迎
全国の読者のみなさん！あなたの生活と意見や、楽しい行事など、どしどし投稿して下さい。宛先は本社編集局へ。

私の中の祖国をみつめて

父母の歩みに学ぶ

金末子さんの雄叫び

岡山高校生活体験発表会第三位

去る十一月三日の学生の日、前田高校講堂で開かれた、岡山高校生活体験発表会では、岡山市立商業高校電算科四年金末子さん（金在道氏五女）が、「私の中の祖国をみつめて」を、引提げて登場し、見事第三位の栄冠を獲得した。
因みに金さんの雄叫びは、次のような内容のものだった。（＝写真は金末子さん）

私はこの度祖国を訪問してきました。母国語がろくに話せないくせに、ただ旅行してみたい、見た事のない祖国へと、一種の憧れをもって釜山の土を踏んだのです。だが初めて来たはずの私でしたが、とても懐しい気持ちで胸が一杯になりました。
しかし、私達が、都ソウルで祖国の学生達との話し合いをもった時、この思いも消しとんでしまいました。それは、ことばが通じないという事です。聞きとれても、いざ自分が答えようとしても言葉にならないのです。その時、祖国の一学生がこんな事を言ったのです。
「私達は同じ韓国人でありながら、どうして通訳してもらいながら身振り手振りで話さなくてはならないのですか。まるで外国人と話しをしている様で腹立たしさを感じてなりません。どうしてですか」
すると、日本から行った学生のひとりが答えました。
「私達は日本で生まれ、日本の教育を受けてきたからです」
すると、祖国の学生のひとりがこんな話をしてくれました。
「ある年のお祭りの時、わが国で生まれ、わが国に住んでいる十才になる中国人の子供が自分の国の話しを、自国語で立派に演説したのです。そんな小さな子供でさえ、自分の国を理解し、プライドをもって自国のことばを立派に使っているのに、私達の同胞にそれがみられないのがとても残念です」と。
するとまた、私達の学生のひとりがこう言ったのです。
「現在、祖国訪問という事もできる様になりましたが、私達の小さかった頃には祖国の言葉を学ぼうにも学校もなく、本すらありませんでした」
すると、むこうのひとりが、
「私達の国では中国の人達に学校も本も与えていません。しかし、自分が祖国を愛しているのならば、どんな事をしても学ぶ事はできたと思います。現にあなた方は、十才の子供よりはるかに年上のはずです。それに、たとえ異国日本に生まれても、あなた方には両親がいるでしょう。どうしてもっと両親に教育してもらわなかったのですか。あなた方に自分で学ぶ気持ちがあれば、十才の子供よりもっと祖国に対してプライドがもてるはずです」
それから、初めて学ぶ祖国での三週間にわたる夏期学校を修了して、つぎの事を知りました。
それは、自分がなぜ日本に生まれ、日本に住んでいるのかという事です。今まで自分が、韓国人だという事は知っていながらも、その事には気がつきませんでした。
私達の祖先は二十数世紀も前から立派な文明を創造し、日本の文明を切り開く手伝いもしてきました。しかし、今から約百年前、東洋に押し寄せた西洋の現代科学文明の取り入れが遅れ、そのため先進資本主義国から狙われて、とうとう一九一〇年、わが国は日本の支配下に置かれるようになりました。それからの私達韓民族の受難が始まったのです。
多くの同胞達は、日本本土へ大陸へと分散していきました。その数多い犠牲者の一組みに、私の父母もあったのです。父母達が無知な上、日本の同化政策によって私達の言葉と文字の使用禁止、名前までも日本式に改められ、私達の中から祖国が失なわれていったのです。
父母は四十数年前、日本に渡り九州の炭鉱で働き、その後も労務者として日本国内を転々とし、植民地の辛さを身をもって体験してきた事を考える時、今までの私の生き方は正しかったのだろうか。
小学生の頃から、何をするにも「お前は朝鮮人だ」と言われ、いじめられ、泣いて家へ帰った事をよく覚えています。それが、大きくなるにつれて、自分が韓国人であるという事を、できるだけ隠すようになり、祖国のことばを使う父母を恥しいとまで思うようになりました。そして、自分はそんなことばなど知らなくてもいいと言って、親の教育を無視してきました。
でも、今の私は、祖国を自分の目で見、また同胞達と話をした事を思い出し、なんと恥しい事かと思いました。
どこで生まれ、どこで育とうと、自分の国を恥しいと思い、またいやがってもよいものでしょうか。
私の父母は、異国日本にいても自分の国にプライドを持ち、私達に祖国を忘れさせまいと一生懸命だったのです。そんな父母を今になってはじめて、私は尊敬しています。

悔말고 永住権을빨리申請하자
昭和46年1月16日
在日韓国人大阪地区永住権推進委員会

今里大劇場で二千人の僑胞を感激させた西分団長・秦敬春氏(右)と北分団長・崔翼龍氏

二千人の観衆が感激

映画「あれがソウルだ」

民団大阪生野支部北部分団・西部分団 永住権促進大会

去る十月二十七日、今里大劇場において、民団大阪生野支部北部分団（団長崔翼竜）ならびに西部分団（団長秦敬春）合同主催の永住権促進決起大会および同胞慰安映画会はこの管内が、大阪有数の朝総連勢力のねじろであるだけにその盛況と効果は永住権事業完遂への明るいみとおしを示した。

出席の顔ぶれも、崔鳳学大阪本部団長をはじめとして、卞先春副団長、李熙健大阪商銀理事長、金相玉大阪商銀専務、KR倶楽部会長金鳳煥、駐日大阪総領事館姜今允領事という、そうそうたる面面で、その意気込みもなみなみならぬものがあった。
永住権申請期間が大詰を迎えただけに、二千を越えた聴衆は、感激のルツボに叩き込まれ、身じろぎもできなかった。

横浜支局だより

秋ともなれば、馬ばかりが肥えると思ったらさに非ず、人も肥えて、いくらでも税金を納めるというのだから、人ごとながら慶賀にたえない。
次の採一氏の一文およみ下され。たのしくなること請け合いである。

長者番付に僑胞お二人

―税務署からも表彰さる―

在日僑胞高額所得億万長者百傑番付けは、二名とも神奈川県下の居住者となった。
一九六九年度分日本全国税務署より公示された高額所付億万長者百傑番付けの中には、在日僑胞が二人いた。この二人はともに神奈川県下に居住する事業家である。
まずひとりは、川崎市内に居住する川崎物産商事会社代表取締役李圭（坂本次憲）氏。
今ひとりは横浜市内に居住する不動産貸付業李文九社長両氏である。この両社長はともに赤手空拳で日本に渡り、俗にいう「栄冠に涙あり」は勿論のこと、今日の大成を成し遂げたるは同慶の至りである。
因みにこの両社長以外にも巨大な富みを築き上げた同胞も多数あることと思われるが、今後の発展を祈る次第である。
李圭社長は去る十一月十八日、川崎市商工会議所において、税金完納に付き税務当局より表彰状を授与されたとのこと、めでたしめでたしである。

蔚山に着工する

ナプサ分解センター

石油化学工業の基礎原料を生産するナプサ分解センターが、さる十四日の午後蔚山で着工した。
石油化学系列工場のなかでも核心部門であるこのセンター建設に百三十億ウォンが所要されるが七二年三月に竣工すれば、年間一千七百万ドルの外貨が節約される。
このセンターの生産品は、アチレン、プロピレン、ブタチエンなどである。

楸子群島の海図を

40年ぶりに修正

木浦―済州間の重要な漁業の基地である楸子群島の海図が、40年ぶりに新しく作くられる。
交通部水路局は、去る4月20日から6個月間実施した楸子群島の水路測量で航海安定に危険のある13個所の暗礁を発見し、秋浦島及び永興島の位置が現在の海図から百五十米も離れている錯誤を確認し、これを根拠として来年度は海図を大幅に修正する計画であることを発表した。

札幌で殉難慰霊祭

来年二月札幌、プレオリンピック大会に参加する韓国選手を迎え七千九百名の北海道僑胞たちが行なう予定であった韓国人殉難殉国慰霊祭は、札幌郊外大平和寺境内に建てられた韓国人殉難慰霊碑のまえで行なわれる。
第二次大戦当時北海道の炭鉱に徴用されてきた韓国人は十三万名に達し、そのなかの三万五千名が苛酷な労働条件の下で非命のさいごをとげた。
かれらの孤魂をなぐさめるため札幌僑胞である韓国学院院長曹元氏は韓国人殉難慰霊碑を十年まえに建て、この碑石の附近にある鐘を平和の鐘となづけた。

全武植博士に永信アカデミー賞授与

学術、教育部門で優れた業績を残した人を表彰する今年度（第二回）永信アカデミー賞（審査委員長李熙昇、賞金一百万ウォン）が、韓国科学技術研究所の液体化学研究室長全武植博士に授与された。

長野県支部　永住権促進大運動会

民族の躍動

朝総連人士も多数参加して快挙

去る十月二十五日、長野県本部では、松本氏源池小学校運動場で、永住権促進大運動会を催した。
青年同盟県本部、婦人会県本部、韓学同の協賛下、教育文化センター、韓国新聞長野支局の後援を得て、全県津々浦々からはせ参じた県下在留同胞が一堂に集まった壮観は、折からの快晴と相俟って、天気は晴朗、民族は躍動、国家は悠遠の三拍子揃った素晴らしさだった。
さもあらんかな、この大会に朝総連系同胞までが多数参加して、喜びをともにしたことは、永住権申請が焦眉の急務である現今、長野県本部の快挙は、後世民団史の一頁にどっしり重く記録されるに足りるものであった。

写真　天気晴朗にして人出高し。県下在留同胞が一堂に集まり、壮観で大盛況の運動会

張団長ありがとう

絶賛うけた安芸支部大運動会

十一月三日、安芸支部では、秋季大運動会を開催し、折からの快晴にへんぽんとひるがえる大極旗の悠遠なる姿に、感激ひとしおの張禹基支団長の力強い開会の辞は、天下にこだました。
婦人会、安芸支部、韓国学園および青年同盟の積極的な協力は、かってその例を見ない盛況だったことで、関係方面の称賛を集めた。
数限りもない競技種目の中に永住権申請促進意欲を盛り込んだ工夫は、張禹基団長ならではの芸当で、満評の結果万雷の拍手をあびた張団長のうれしそうな顔が印象的だった。

張禹基団長

連載長編小説　国家と民族の谷間にて（第二回）

都有里
画　千万千

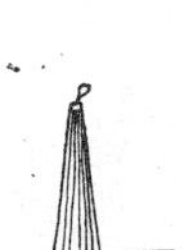

たまたま暮れもおしつまって、正月が来るというので、隣近所の孝子の友達の誰も彼もが、ただもううれしくて飛んで跳ねて喜んでいるというのに、孝子はそんなところの騒ぎではなかったのである。真黒くなって市太郎や源次郎の世話やきに没頭していたことである。これが隣近所の同情を呼び、賞辞を集めたというわけだ。
しかしこんなことが、孝子のためになんの役に立っただろう。孝子の身も世もない疲労困憊は日増しにつのるばかりだったというのに。
三吉が仕事の後片付けもそそくさに、松の病院に松を見舞って、うちへ帰って来て見ると、孝子は市太郎や源次郎を寝かせつけてあるのがつねだった。さて、本人はと見ると、連中二人の傍に背を丸めうつ伏せに眠っているのである 待ちくたびれてつかれ果てた姿であった。
孝子の待っていたのは、所詮、松がよくなることであったろう。その松ははかばかしくないのである。
そんなことを考えると、三吉は眼先が真暗くなった。
孝子が寝ついた後、三吉はお膳の前に座った。コロッケが一つとさけの焼いたのが半切れのっていた。
ビールびんが一本のっていた。
これが三吉のために孝子がととのえた夕飯の仕度であった。
三吉はまず、ビールびんの中の焼酒を一杯ぐっと呑みほした。
孝子は今日も五十銭持って行って、コロッケを十銭、鮭を三切れ、ビールびんに焼酒をつめてもらって、残りは飴玉をいくつか買ったのだろう。
そして今にお母さんがよくなって帰って来るから、泣いちゃ駄目よ、と市太郎や源次郎をなだめすかしたに違いない。
それは彼女の口ぐせだったのだから。
それなのに冬が過ぎても駄目、春が終っても同じこと夏を越えて秋風が立ったら、松の病状はいよいよいけないとあっては、孝子ならずとも気が遠くなるだろう。
遂に孝子が矢つき刀折れて倒れてしまうと、これ幸いとばかり松はあの世へ旅立ったのだから、つれなくはかない母娘のえにしだった。
そしてその孝子も、今はもう余命いくばくもなさそうな具合である。
孝子は黄泉の境を越えてでも、松を追っかけるつもりなのか。
この現実に三吉はすべがなかった。一層のこと、みんなして死んじまった方がましだと思った。
しかし寿命の灯が消えかかった孝子の首をしめることは、どうしても出来そうもなかった。
市太郎なら殺せるだろうか。馬鹿は馬鹿なりに死ぬことがいやで、あんなにつれない思いをしながらもなお一生懸命に頑張っているというのに。
源次郎のそのかぼそい首に、節くれ立ったこの手首をまわしてしめあげることを考えれば背筋が寒くなった。
これでは所詮、おぼつかない一家心中だった。
死ぬことも生きることもままにならない月日が重なって、三吉は十二月二十一日を迎えた。この日は松の四十九日だった。布施も包めないというのに、坊さんは来てくれた。お経をあげてもらったから、松はきっと成仏しただろう。
日暮れになって三吉は出かけて行った。金の工面だったのである。
夜が更けても三吉は帰って来なかった。
どうしたことだろう。泉は気をもんだ。
難行しているのだろう。泉にも察しがついた。借りるだけは借りつくしたのである。知人同僚はおろか、松の葬式のときなんかは、押すり合った隣でさえのがさずに無心をして、松を野辺に送ったことさえあった。そうそうどこかにまた貸してくれるあてがあるわけのものではない。それを承知で三吉は出かけて行ったのである。犬も歩けば棒にあたるという療法に違いなかった。また棒にあたらなかったのだろう。だから帰るにも帰れなくてどこかで立往生をしているような気がする。
それにしても三吉は、孝子の様子がおかしいということは知っているはずであった。
出かけると善に泉に、
「気をつけて見てやってくんねい。なんだかへんだ」
と言っていたから。
殆んど血の気を感じ取れない孝子の、蝋のかたまりのような黄ににごった青白い顔を、泉はちっと見つめていた。息があるようなないようなこころもとない寝顔だった。やせ衰えて見る影もない悲しい姿だった。
隣一つへだてた隣りの長屋の柱時計が、ぼん、と一つ音をならして時のくぎりをつけた。十二時半か、一時なのだろう。
泉は三吉の帰って来ないことに不吉な予感がした。もしやどこかで死んじまったんじゃなかろうか、と思ったりした。そうなるともう居ても立っても居られなかった。それで泉はいきなり立上って見た。ところがそんなことでどうにかなるものではなかった。飛んで行って見たいと思っても、どこへ行ったものだか見当がつかなかった。仕方がなかったんで、泉はまた元通りにその場にべたっと坐った。
その時であった。
孝子が、ぱっちり眼を見開いた。
泉は、あれっ、と思った。救われたような気がしたのである。
孝子が笑みを浮べた。
泉が「孝子」と呼びかけた。
孝子は返事をしなかった。
つんぼにでもなったというのか、この際返事でもしてくれたら、助かるというものなのに、と思って、泉が孝子を見直したら、孝子の眼差しは空間をうろついていた。そのくせ別に何かを見ているのでもなければ、考えているというふうでもなかった。
その様子が、異状だったことである。泉はあわてた。
しかしすべがなかった。三吉がこの場に居ないことが、なんだか、この世に重大な結果をもたらせそうな気がした。どこに居ようとも早いとこ三吉を連れて来なければならないという気になって、泉がふっと立上ったときである。
孝子が「お母さん」と呼んだ。
泉はそこに松が居るような錯覚に襲われた。それで泉はあたりを見まわした。
もとよりそんなことがあろうはずがない。いよいよこれはただごとではないと感じた泉が、
「孝子、孝子」
と続けて呼んだら、孝子は、泉の顔をちょっとのぞいただけで、またもと通りに空間に視線を据え
「お母さん、お母さん、市ちゃんも、源坊もかわいそうよ」と言った。
その市ちゃんと源坊は、珍らしく今夜は、隣りの四畳半で、すやすやと寝息をたてていた。
泉がもう一度「孝子」と呼んだ。
「なーに、泉ねえちゃん」
と答えて、孝子がしげしげと泉の顔をながめた。
これで泉は一息入れた。
「孝子、おもゆもってくるからね」
「いらない」
「なにか食べなきゃ」
「なんにもいらない」
「それじゃ死んじまうよ」
「死なない」
それでも泉は、孝子のおもゆをあたためようと短って腰を持ちあげた。
「ねえちゃん、父さんは？」
「まだだわ」
「会えなくなるんだね」
「どうしてさ」
「だって帰って来ないもの」
と言った孝子を尻眼に泉は台所へ出た。
孝子のおもゆをあたためた時間はさしづめ五、六分にみたなかったろうと思う。
再び泉が、あたためたおもゆを持って孝子の傍に現われたときは、どうしたというのか孝子は先刻の様子とは一変していた。
あえいであえいて、あえぎぬいていた。一気に何百米を吹っ飛んで来て、その場にばったり倒れたといった感じだった。
「孝子」
泉が、かなきり声をはりあげた。
その声がきいたとでもいうのか、孝子の息も絶え絶えのあえぎぶりが、やや小刻みになり、ゆるやかになった。
かと思ったら、孝子が「母さん」と言って手を差しのべようとした。
泉がその手をにぎって「孝子」と呼んだら孝子は、「うーん」と唸い悲鳴をあげ、顔をゆがめてこくりこくりと二、三度咽喉をならした。
泉は、病院で松が死ぬとき、臨終です、と言った医者の声を想い出した。
その時、その声が、そこでもした。
泉は、傍においてあった水さしの水を、孝子の口にふくませた。
しかしその水は孝子の咽喉を通らなかった。
次の瞬間孝子は、こっくり一度咽喉をならした。
それが孝子の最後だった。
泉は、悲しみとこわさで、がたがたとふるえた。
涙があふれたのは、しばらくしてからだった。泉はふるえながら泣いた。
孝子はそのまま、そこに静かだった。
三吉はまだ帰って来なかった。
その頃三吉は、下谷は竜泉寺の寺島甚兵衛のうちに居た。
かれこれ十数年も疎遠にしていた相手である。そういう相手に金の無心に行ったのだから、おい、それっと話がまとまるわけのものではない。
二十数年も前に、お互いに下谷は入谷にその人ありとうたわれた庭師長谷川寒蔵のところの釜のめしを、分け合った頃の話から初まって、吉原通いの数々の想出に華を咲かせていたら、はや十二時がまわっていたという次第では、どうもがいてもらちのあくものではなかった。
遂に三吉は腹を据えて、甚兵衛のついてくれる酒に盃を重ねた。
そんなわけで、終電に間に合わなくなった三吉は
「いいちゃねえか、三ちゃん、一晩ぐらいうちをあけたからとおって、世の中がひっくり返るわけのもんじゃあるめいし、お互いになつかしくてこたえられねい相手というものよ、今夜はこのまま呑みあかして、明日ゆっくりけえんなよ」
と言ってくれた甚兵衛に
「すまねい、甚兵衛さん、突然飛び込んで来て申訳ねいことになっちまって……」
ということにする他はなかった。

韓國新聞
在日大韓民国居留民団中央本部機関紙
韓國新聞社
発行人 尹達鏞
東京都文京区春日2丁目20－13
電話 直(815) 1451～3
交(813) 2261～3
振替口座 東京 163774
本国連絡所(民団本国事務所内)
서울特別市鍾路区世宗路
政府合同庁舎4階
電話 73－0162・0165

在日本大韓民国居留民団 綱領
一、우리는 大韓民國의 國是를 遵守한다
一、우리는 在留同胞의 權益擁護를 期한다
一、우리는 在留同胞의 民生安定을 期한다
一、우리는 在留同胞의 文化向上을 期한다
一、우리는 世界平和와 國際親善을 期한다

故 陸英修女史追悼中央大会
大遺影を前に2万団員集う

北傀糾弾の士気高らかに

本紙既報、去る八月十五日、ソウル国立劇場での第二十九回光復節記念式典挙行の最中、共産分子文世光の兇弾によって逝去された故陸英修女史の遺徳をしのび、北傀共産集団を糾弾する朴大統領令夫人・故陸英修女史追悼中央大会は、民団組織の底力をいかんなく発揮、二万の組織代表、有志団員が全国から参加する中で、去る九月三日正午から東京体育館でしめやかなうちにも盛大にひらかれ、故人への追慕とともに、北傀糾弾への士気を高揚させ、維新祖国への汎国民的積極参与を新たに誓いあった。

花の生涯　正面中央に安置された故陸英修女史の遺影は、白と黄の菊に飾られてあった。慈愛、聡明に満ちたその頭影は心を安らかにしてくれる。故人は黄色をたいへん好み、慈善活動の一つだった「陽地会」の名も黄色く輝く太陽からとったという。短かくて苦しきことも多かったが、やはり故陸女史は花の生涯であったと後世に語り伝えられることだろう。

つきぬけるような快晴に恵まれたこの日、緑の神宮外苑に隣接する千駄ヶ谷駅前の東京体育館前の広場には、故陸英修女史追悼大会のマンモス看板がかかげられ人目をひいたが、午前十時開場を前に、地方からかけつけた民団代表たちが、そこここに整列していた。

前夜十時に貸切バスで出発、一夜をバスの中で揺られ早朝六時半に一番乗りした新潟本部隊につづく宮城本部隊、京都本部隊の一行である。まだ朝食もとってないと疲労の面持。

このようにして北は北海道から南は沖縄まで ほとんど全国の県本部からこの追悼大会に参集、午前十時半から北傀の南侵実態と国民葬当日の模様を収録した記録映画が上映される頃には場内はほぼ満員という有様。

正午きっかり場内は二万の大群衆で埋まった。民団中央の呉敬福事務総長と[illegible]局長の司会で東京韓国学校ブラスバンドの吹奏裡に国民儀礼で大会は始まり、大会主管本部の金致淳東京本部団長の哀悼と決意の程を見せた開会の辞朗読、大会副会長の鄭泰柱中央監察委員長による故陸女史の略歴と業績紹介があって、会場は粛然裡に、年頭所感、陽地会事業などに関する故人の録音肉声を拝聴した。

炎暑の中を 6キロ追悼大行進

次いで大会会長である尹達鏞中央団長、同じく副会長である朴太煥中央議長と鄭泰柱中央監察委員長が全国団員を代表して、白と黄の菊でまわりを飾られ正面中央に安置された故陸女史の大遺影に向かって哀悼の献花が静かにおこなわれ悲しみを新たにした。

このあと、東京韓国学校女生徒たちにより、故人が愛唱していたという「故郷の春」と「半月」が合唱されると、場内のあちこちではしきりに目がしらをおさえる。

さらに追悼大会は進み、尹中央団長と金永善大使がそれぞれ追悼辞を遺影の前で読みあげ、大会参加に間に合わなかった地方からの弔電が司会によって朗読された。

つづいて大会決議文を朴中央議長が、朴正熙大統領に送るメッセージを[illegible]神奈川県本部団長が、日本の田中首相を始めとし外務、法務両大臣、警察庁長官、自民党、朝日新聞、NHKなどに伝達する要請文を、[illegible]埼玉県本部団長らがそれぞれ読み上げ、これを万場一致で採択、来日中の[illegible]氏(民主共和党)の在日国民に訴える追悼演説のあとを受けて在日青年代表の[illegible]君が青年の誓いを力強く読み上げた。

この間、さきに採択された日本各機関に出す要請書を伝達、その返答を求めるための別項のような要請団が編成され、大会席上で顔ぶれを紹介、われるような激励の大拍手裡に目的地に向かうため会場をあとにした。

このようにして、午後一時五十分、国民的哀悼裡に故陸女史追悼中央大会はその幕をおろし、引続き示威行進に移るため、全員会場を出て隣接の明治公園へと場所を移した。

かくして明治公園に移った二万余の示威大群は、秩序ある指揮の下に整然と隊列を組み、炎暑未だ厳しい約六キロの道のり(明治公園↓原宿駅前↓渋谷駅前↓宮益坂↓神宮三丁目↓明治公園のコース)を、延二・四キロの人波で約二時間にわたり、十数台にのぼる宣伝カーに誘導され、「金日成の手先朝総連を追い出せ」「木村外相の対韓発言を取消せ」のシュプレヒコールをのどもさけよとばかり叫びながら追悼大行進をおこない、明治公園に帰着して、さきに日本の各関係官庁へ要請文をもって抗議に行った要請団代表たちの報告を受き、デモ行進に使った金日成人形や万余本号の横断幕を焼いて北傀糾弾の気勢をあげ、午後六時半、大韓民国万才を唱え解散した。(関連記事3面)

遺志うけつぎ団結、発展誓う
尹中央団長の追悼辞

(要旨) 在日本大韓民国居留民団全国組織代表二万名は、故陸女史の霊前に哀痛と追悼のおことばをささげるために参集致しました。わが国権の象徴である大統領に対して国権の回復を祝う光復節式典で狙撃事件がたくらまれたという衝撃と哀痛は決して忘れられません。朴正熙大統領は不幸中の幸いで狙撃を免れましたが、令夫人陸女史が、この凶弾で逝去されました。しかも犯人は、日本国に居住する所謂「韓民統」系列分子であったことは、われわれ在日同胞としてふきあがる憤怒と申しわけなさで一ぱいであります。

国内外を通じて、常に高い気品と優雅さで定評あった陸英修女史をわれわれ在日同胞は今も忘れられません。母国訪問の際、おうかがいしても、常にさわやかな微笑とこまやかな激励を下さった陸女史!

このように、国民の尊敬と敬慕の的であった陸女史は、ひたすら内助の功に徹され、この国の明るい将来のため、生命をささげられたのであります。

謹んで陸英修女史の霊前にちかいます。陸女史は逝かれましたが、われわれは決して女史の無言の教えを忘れません。この際、われわれは、在日同胞社会の分裂と混乱の張本人をつきとめ、日本当局の徹底した糾明を促求しその成り行きを注視します。

女史が、生前になさずをあげられた慈善、社会福祉活動を通してわれわれ一人一人の胸に植えつけられた遺志をうけつぎ固く団結し、母国の発展に一身を捧げます。

朴大統領令夫人陸英修女史のご冥福を祈ります。

在日本大韓民国居留民団中央本部団長　尹達鏞

日本は朝総連を徹底捜査せよ
マスコミの偏向姿勢に抗議す
決議文

わが在日本大韓民国全国代表二万名は、今日東京体育館で大統領令夫人故陸英修女史の逝去を哀悼し、冥福を祈る民衆大会の総意としてつぎのように決議する。

一、われわれは、故陸英修女史が大統領令夫人として国民総和と民族中興のため築かれた偉大な業績を讃えるとともに凶弾の犠牲となられたことに対し憤慨と哀痛をもって哀悼する。

一、われわれは、今般の朴大統領狙撃陰謀が赤化統一に狂奔する北傀とその手先朝総連の指令による所謂韓民統分子の犯行であると断定し、日本政府が朝総連および所謂韓民統集団を犯罪団体として徹底的に糾明することを要求する。

一、われわれは、日本の一部マスコミが今般の朴大統領狙撃事件に関して従来のような偏向報道姿勢をとることに抗議糾弾する。

一、日本政府は、犯人文世光が日本警察の拳銃と日本政府が発行した旅券で渡航したという事実にてらし、朴大統領狙撃事件に対して政治的にも道義的にもその責任を負うべきである。

一、われわれは故陸英修女史が凶悪無道な北傀および朝総連の悪辣な陰謀と所謂韓民統一派の手によって逝去されたことに対する憤怒と痛憤をかみしめながら狂奔する彼等を徹底的に粉砕し、祖国と民団に献身することをちかう。

一九七四年九月三日

朴大統領令夫人・故陸英修女史追悼中央大会

この悲しみを斗争の足場に
朴大統領におくるメッセージ

われわれ在日大韓民国居留民団全国代表二万名は、三千万国民の敬愛慈母であり、大統領閣下の聡明なる令夫人として敬慕していた陸英修女史の逝去を哀悼する為に東京体育館に集まりその総意として朴大統領閣下にこのメッセージを捧げます。

敬愛する朴大統領閣下

まずわれわれは世界のどの国の元首夫人よりも聡明で気高い令夫人を亡くした朴大統領閣下に、そして、敬愛慈母をなくした三千万国民のことばを申しあげながら断腸の悲しみがあふれるのを禁じえません。朴大統領閣下の令夫人として完全であられたのみならず、国母として三千万がすべて敬愛していた女史の逝去が特にわが在日韓国人四十万に与えた衝撃は言語に絶するものであります。この国の栄光を背負って行く二世国民の健全な育成のためわれわれはこのように誇らしい令夫人の業績と遺徳を思い慕う時ごとにこのような国母をわれわれから奪い去った北傀の悪魔のような残虐性と朝総連の許すことのできない反逆的行為、犯人の殺人機械化に対して憤慨し、限りない憤怒を感じざるを得ません。

また一そう嘆かわしく申しわけないのは犯人文世光が在日韓国人の一員であったという事実であります。たとえ民団組織から除名された赤色狂信者であったとはいえ、そのような犯人の跳梁を徹底的に事前に探知封鎖できなかったわれわれの足りなさを痛感してやみません。第二に、日本というこの地であらゆる陰謀がたくらまれ日本警察官の拳銃と銃弾がわが国母の命を奪い去ったというのは痛憤の事実であります。また一層激憤せざるを得ないのは日本の一部言論の恐ろしく無責任に満ちた反韓国的な姿勢であります。

敬愛する朴大統領閣下

われわれは日本に暮しているためより悲しくより痛ましい陸女史の逝去を心から哀悼しながら、無限の悲しみを北傀と朝総連の粉砕のための闘争の足場とし献身することを誓うしだいであります。閣下の御健勝を祈願致します。

一九七四年九月三日

朴大統領令夫人・故陸英修女史追悼中央大会

尹中央団長は場内を埋めつくした2万同胞に見守られ故陸女史の遺影の前で静かに追悼辞を読み上げた

遺訓まもり共産侵略粉砕
金大使追悼辞

(要旨) 全国民の敬慕を一身にあつめられた大統領閣下令夫人故陸英修女史の霊前に敬虔な哀悼を捧げるしだいであります。

令夫人は、共産主義者の凶弾によって倒れ、全国民の悲しみと痛憤がたちこめるなか、永劫の道へ逝かれました。

第二十九回光復節式典で令夫人を失なった全民族は、天人共に許せぬ共産主義者の蛮行を呪い、悲痛を抑え切れないでいます。

嗚呼! 令夫人を失なったわが民族は、この巨大な損失を何をもっておぎない、令夫人の清楚で優雅な気品、高潔な人格をどこで求め大統領閣下を補弼されたその至誠をどこで得られましょうか。

まことに女史は、国家元首の令夫人として、あまりにも大きな遺徳を祖国に残して逝かれました。

今日、私は在日国民とともに、襟を正して令夫人の遺徳と高貴な殉国に対して再び追慕し、哀悼の意をささげます。

令夫人を失なった在日国民は、本国々民に劣らず共産集団の蛮道な行動に激怒を抑え得ず、今や在日国民は居留民団を中心に祖国大韓民国を共産侵略から固く護し、祖国発展に寄与することをちかっております。

女史が残された多くの業績と遺徳をより輝やかせ、韓国の賢明な女性として示して下さった教訓をうけつぎ、令夫人の高貴な犠牲が生かされるべく、今日の試練を国民の総和と団結によって克服し、国家と民族の発展のため、一層の努力をつくすという固い決意をちかうしだいであります。三千万と共に永しえに生きる令夫人の前にわれわれ三千万の深い愛と哀悼の情を一つにし、令夫人の冥福を祈ります。

駐日大韓民国特命全権大使　金永善

弔問お礼申し上げます

去る九月三日、東京体育館で挙行された朴大統領令夫人・故陸英修女史追悼中央大会は全国から二万余名の同胞が参加し、創団以来最大の団結を誇示することができました。これも、ひとえに全国の民団幹部をはじめ一般団員の愛国至誠の賜と存じ、厚く御礼申しあげます。

一九七四年九月四日

在日本大韓民国居留民団中央本部

9月9日 大阪で2万人規模の糾弾民衆大会準備

九月三日の東京体育館における大統領令夫人・故陸英修女史追悼中央大会に先だち、去る八月二十六日、吹田市桃山の千里会館で故陸女史追悼式を挙行した民団大阪地方本部(黄七福団長)では、さらに共産主義集団かいめつの気運をもりあげるため、来たる九月九日午前十時から扇町公園に約二万人参加規模の朴大統領狙撃事件糾弾大阪地区民衆大会を開くことになり、その成果が大きく期待されている。

神戸、福岡でも開く

また兵庫県本部では来る十日神戸湊川公園で民衆大会を開き、約四千団員参加を見こんでおり、福岡では全九州民衆大会を二十日に開くが、この自発的な動きは全国に波及するものと予想される。

時事漫評

金竜煥

(株)三中堂 東京支社
韓国書籍販売センター

本を通じて 韓日間を結ぶ 文化の架橋
〒104 東京都中央区京橋3－6－8　☎03(271)－1981～2　振替東京146144

25坪の店内に韓国の新・旧版書籍10,000余冊の本及び民芸品等を常備、展示販売している日本国内で最大の韓国書籍専門店!

営業案内
平日9:00AM～19:00PM
◆一般教養書籍・全集類
◆専門学術書・大学教材
◆絶版本復刻版
◆各大学・学会研究誌
◆韓国関係英文本
◆年鑑・月報・各種統計資料
◆月・季刊雑誌
◆児童図書・絵本
◆韓日・日韓辞典
◆聖書・讃美歌・楽譜
◆地図・観光案内書 等
〈特設民芸品コーナー〉
陶磁器・木刻品・民俗版画・レコード
カセット・記念切手・楽書 等

【略図】三中堂 / プラザーミシン / 高速2号 / 中央通り / 京橋駅S / 銀座S / 松屋 / 東京生命 / 上州と生活社

故陸英修女史の御冥福を祈ります

- 国語大辞典　李熙昇編/民衆書館●12,000円
- 新国語大辞典　梁柱東編/新韓出版●10,000円
- 国語辞典(三六判)　李熙昇編/民衆書館●1,800円
- 玉篇 兼用 国語辞典(四六判)　金敏洙編/語文閣●2,200円
- 韓日辞典　金素雲編/徽文出版●1,800円
- 日韓辞典　朴成媛編/徽文出版●1,800円
- エッセンス 日韓辞典　安田吉実編/民衆書館●2,200円
- 完全日韓辞典(四六判)　朴洋根編/五星出版●3,500円
- 大漢韓辞典　張三植編/省音社●12,000円
- ポケット 漢字辞典(二色刷)　民衆書館●1,700円
- 最新明文新玉篇　金赫済編/明文堂●1,600円
- エッセンス 韓英辞典　民衆書館●2,600円
- エッセンス 英韓辞典　民衆書館●2,600円
- 俗談辞典　李基文編/民衆書館●1,800円
- 古語辞典　南広祐編/一潮閣●2,200円

- 韓国学大百科事典　[illegible]監修/乙酉文化社●13,000円
- 韓国人名大事典　李熙昇他編/新丘文化社●12,000円
- 韓国文学大事典　金東里他編/文元閣●12,000円
- 国史大事典　李弘稙編/百万社●6,000円
- 祖国への知識をたかめる
- 歴史●宗教●時事
- 大韓国史 全8巻　李瑄根/新太陽社●32,000円
- 韓国史大系 全12巻　千寛宇編/三珍社●36,000円
- 韓国史新論　李基白/一潮閣●1,140円
- 国史新講　李弘稙他/一潮閣●1,440円
- 民族と歴史　李基白/一潮閣●1,800円
- 太陽の照す道 李舜臣将軍伝　李殷相/三中堂●9,000円
- 民族文化論叢 ―李殷相先生古稀紀念―　刊行委編/三中堂●10,000円
- 李朝党争史話　金景坤/三中堂●2,000円
- 韓国思想叢書 全3巻　朴鍾鴻他/泰仁文化社●9,000円
- 韓国現代史 全9巻　申興彬他/新丘文化社●29,000円
- 韓国宗教史　金得榥/エベル出版社●800円
- 韓国教会史　郭安全/基督教書会●4,200円
- 韓国佛教　李喜秀/仏書普及社●780円
- 韓国動乱(日本語版)　金点坤/光明出版社●1,800円
- 韓国共産主義運動史 全3巻　金俊燁他/高大亜研●7,600円
- 東亜日報縮刷版(1920年～1928年)　東亜日報社出版局●90,000円 40冊
- 朝鮮日報名社説五百選　鮮于輝他/朝鮮日報社●840円
- 正しいハングルを学ぼう
- 韓国語教本
- 標準 韓国語 基礎から会話まで　朴成媛編/高麗書林●1,600円
- 実用韓国語 カセット別売3,000円　金東俊/日韓親和会●900円
- 韓国語四週間　金文曙/文芸書林●1,200円
- Let's Learn Korean レコード2枚付　金海成/翰林出版社●1,500円
- 祖先の誇りたかき遺績の香り
- 美術●考古学
- 韓国美術全集 全15巻　金元竜他/同和出版●各7,200円
- 韓国古美術 B4判　文化財管理局/淡交社●38,000円

- 慶州博物館名品選　慶州博物館編/三和出版社●2,000円
- 韓国近代美術 B4判　近代美術館/光明出版社●15,000円
- 生活百科
- 譜学●生活の知恵
- 韓国姓氏大観 A5判　崔徳教編/創造社●9,500円
- 萬姓大同譜 全3巻　[illegible]編/学文閣●18,000円
- 韓国民法上の姓氏制度　李光信/法文社●960円
- 式辞演説全書　高廷基編/大光出版社●2,000円
- 式辞演説事典　編集部編/[illegible]社●2,500円
- 法典 ―六法全書―　玄岩社編●12,000円
- 六法全書　法典社編●12,000円
- 唐四柱要覧　金赫済/明文堂●3,000円
- 身数秘訣　金子斉/南山堂●3,000円
- 原本唐四柱(全)　世昌書館編●3,500円
- ベストセラー
- 小説●単行本
- 関釜連絡船 全2巻　李炳注/新丘文化社3,940円
- 李光洙代表作選集 全12巻　李光洙/三中堂●15,600円
- 乙酉文庫一五〇冊　文宗他/乙酉文化社 平均330円
- 文庫●韓国文学全集 百冊　金東仁他/三省出版社●各330円
- 見直される東洋医学の神秘
- 漢方民間医療
- 東医宝鑑 ―原文附―　許浚/南山堂●10,000円
- 東洋医学大辞典　謝観/高文社●12,000円
- 図解本草綱目　李時珍/高文社●16,000円
- 漢方診断学　李成模編/杏林書院●3,500円
- 漢方臨床40年　杏林書院編●6,000円
- 現代漢方講座　朴盛洙他/杏林書院●5,500円
- 方薬合編　明文堂編●1,000円
- 目で見る韓国旅行案内
- 観光●地図
- 韓国の旅行 全8巻　金燦三監修/三中堂●16,000円
- 韓国大全図 全紙四切　秋正明編/三中堂●1,000円
- 韓国観光地図 ポケット版　秋正明編/三中堂●1,000円

567

アジア大会

女子バレー、北韓、中共を完破

元信喜、重量あげで三冠王

射撃スキート団体でも金メダル

テヘランの空に太極旗ラッシュ

○…韓国は、第七回アジア競技大会2日目の三日夜、重量あげライト級で元信喜が、スナッチ・ジャークを席捲、三個の金メダルを獲得した。また女子バレー・ボール初競技でミュンヘン・オリンピック3位チームである北韓を3−0で制圧、過去二回の敗北を痛快に雪辱した。また、韓国男子バレー・ボールチームもクェイトにストレート勝ちし、快調のスタートを見せ、ついで女子バレーも中共にストレート勝ち、女子バスケットでは、強豪中共とシーソーゲームの末、84−71で凱歌をあげた。南北がアジアで初の対決を行なったこの日、韓国は、フェンシング男子フレール予選で北韓の二名をすべて退け気勢をあげた。しかし、射撃小口径伏射団体戦で、韓国は北韓についで二三三八点で二位、初日の水泳自由型二百メートルの趙五連についで二つ目の銀メダルを獲得した。韓国は女子テニスでも強豪日本を完破、金メダル獲得が確実である。また、趙五連は、男子自由形四百メートル決勝で大会新記録で優勝前回についで二連勝し、千五百メートル自由型でも優勝した。なお射撃でもスキート団体で金メダルを獲得。6日現在、韓国のメダル獲得数は、日本、北韓、中国についで4位である。…○

男子四百㍍自由形で優勝。プールから観衆にこたえる韓国の趙五連選手（アリアメール水泳場で）

男子水泳

四日午後男子四百メートル自由形で「アジアのアザラシ」とよばれた趙五連選手は、すばらしい力泳を披露、4分17秒93の大会新記録で前回の優勝につぐ二連勝を果し、初日の銀メダルについで金メダルを獲得、韓国男子の真面目を発揮した。

女子バレー

三回目の南北対決を迎えた韓国は、ゲームがはじまるやあふれる闘志で、鋭いサーブとスパイク攻勢をそそぎ、6−0で大きくリードした。北韓は、世代交替後攻守の著るしい弱化で、韓国の速攻に屈した。

韓国は、身長では劣っていたが緻密なコンビ・プレー、特に劉敬花、柳貞順が主軸となった時間差クイック・プレーで北の守備を終始ゆさぶり、ゲームの主導権をとった。尹英貞、鄭順玉、李順福など韓国の攻撃はひきつづき息つくひまも与えず、北韓を乱打、ハーフ・スコアでストレート完破した。

三日夜、十後半（韓国時間）からはじまったこの競技は、一時間二十分で終った。

韓国 3（15−9、15−6、15−5）0 北韓

女子テニス

なお中国との対戦も3−0で圧勝した女子テニスが強豪日本を制圧することによって金メダル獲得を確実にはたすことになった。

韓国女子チームは、インドネシアチームを制圧した余勢をかって再たび日本を迎えた三回戦で、楊正順選手が強豪後藤を2−1で、そして、李徳姫はヤガワラを2−0で軽く制圧することによって三連勝を記録、優勝を確実にかちとると見られる。

韓国の対戦相手としては、中共タイ、イランなどがあるが、なべて水準が低く優勝は確定的である。

◇団体三回戦

韓国 2−0 日本

楊正順 2（6−2、2−6、6−1）1 後藤

李徳姫 2（6−0、6−4）0 ヤガワラ

女子バスケット

韓国は競技初盤中共の長身を突破できず苦戦した。

中共は、スターティング・メンバーのうち、1メートル80をこえる選手が4名もいた。しかし、韓国は、基本技が洗練されていない長身の中共を速攻で撹乱させ、趙栄順、李玉様の中距離シュートが好調を見せはじめ、シーソーをくりひろげた。

中共は、長身を利用したゴール下シュートとドライブ・インで得点をあげ、韓国は金載順を中心とするポスト・プレーを展開し、前半終了三分を残して28−27と、薄氷のリードをとったが、中距離シュートをひきつづきあびせて、前半を38−31でリードした。

後半に入って、韓国は中共のゴール下シュートをマークして速攻をひろげ、ファウルが多い中共を余裕をもって制圧した。

◇女子バスケット・ボール

韓国 84（46−40、38−31）71 中共

29回国連総会　韓国問題決議案を提出

米・英・日など　昨年決議履行促す

このたび、国連総会で韓国問題の再討議を固執している共産側の企図を粉砕するため、米・英・日をはじめとする友邦は、西側決議案を提出し、新たな案件の上程を求めた。九月三日午後、国連事務局に接受された案件は、「韓国問題に関する二八回国連総会の合意事項の完全な履行と韓半島の安全と平和維持の緊要性」である。自由友邦は、決議案で、「昨年総会の合意にもとづき①南北対話がつづけられるべきであり、②安保理事会は韓半島での休戦の固守および安全と平和の完全な維持の必要性にかんがみ、国連軍司令部の将来などをふくむ韓国問題に対する適切な考慮があることを希望する」と主張した。

一九七三年秋の28回国連総会は東西両陣営が提出した韓国問題に対する相反する主張を投票に付するかわりに、南北対話を通じて南北韓自体が問題を解決するよう命令し、アンカーク（韓国統一復興委員団）の解体を決議する合意書を満場一致で採択していた。

しかし、重要な二つの決議のうち、アンカーク解体のみが実現を見ただけで、今日まで南北対話には実質的な進展が無かった。

北韓は実質問題を討議しようとする韓国の継続的な提議に反対し対話の再開を実質的に避けて来たのである。

西側は、国連に提出した案件上程説明覚書で、国連が韓国問題を再論すれば、公平に関係された問題を総括的に取扱うのが重要かつ緊急であると前提し、韓国と国連の半世紀にわたる歴史を説明しながら、西側決議案こそ、国連が望む平和的な韓国の統一のための最も現実的で建設的な方法であると主張した。決議案の内容はつぎのとおり。

「国連総会は、韓国民の自由な意思に立脚した韓半島平和統一目標達成のため、進展が築かれるべきであるとの事実と、一九七二年七月四日の南北韓共同声明および南北対話をつづけていくという南北韓双方の態度表明に満足し、しかし、韓半島で完全な緊張解消が実現されないでいることから、一九五三年七月二十七日、調印された停戦協定がこの地域の平和安保維持に必須のものであることを認めると同時に、国際平和と安保維持に関する国連憲章の目的および原則にもとづき韓半島統一達成のための継続的責任をもつことを認めつぎのように決議する。

①73年11月28日、総会で採択された合意声明で表明された会員国らの希望を再確認する。

また南北韓に対して、韓半島の平和的統一を追究するための南北対話をつづけることを促求する。

②安保理は、停戦協定の継続的な遵守を保障する必要性と、この地域での充分な平和安全維持を念頭におき、安保理の責任下にある駐韓国連軍司令部の将来を含めた韓国問題の現況に関して、直接的に関連する当事者との協議下に、適切な手続による考慮を行なうという希望を表明する」。

なお金鍾泌国務総理は三日韓国を訪問中のアハメド・ララキ・モロッコ外相と会談した際、「今秋の国連総会で共産側は韓国問題を議題にするよう策動しているが、韓国問題は南北双方がもっと話し合いを進めて当事者同士が解決する余裕を持ちたい」と語った。金総理のこのような発言は国連総会で韓国問題を討議するよりは南北対話の成果に任せることを望んでいることを示唆したものとして注目される。金総理は又「国連は南北対話を推進させ当事者同志が解決できるような雰囲気作りの役割を果すべきだ」と強調した。

日本は韓国民の感情を直視せよ

大統領狙撃犯につながる〝日本原罪説〟

「国母殺害」忘れぬ韓国民

あまりにも恐ろしい衝撃的な事件を経験した韓国の国民はいま、心底から湧き上がってくる義憤の心情という共通の思いを抱いて、今更のように〝自己の位置〟を再確認しつつあり、その上でみずからを正そうとする転機に直面している。韓国の国民をこのような心情にさせた恐るべき事件は光復節を記念する式場で起きた――それはまさに韓国が二十九年前のその日、日本帝国主義の鎖から解き放たれたことを祝賀する韓国最大の記念式典場だったのだが――。だが、韓国国民の心にはこの日の事件が二十九年前のそれと重なり合って映し出された。これは決して論理の飛躍でも何でもない。韓国国民にしかわからぬ骨の髄にまでしみる悲しい経験なのだ。韓国国民は日本から解放された大きな喜びを分かち合う挙国的な慶祝典場で、祝いの行事にひたっていた折、まさしくその日本から潜入してきたテロリストが解放国韓国の大統領を狙撃した。そして凶弾は大統領夫人に当たり、夫人は帰らぬ人となってしまった。

大統領夫人を殺した犯人は韓国人の血筋を引く男で、法的にも韓国の国籍を持つ韓国人だった。しかしかれは日本で生まれて、日本で育った。犯人は日本の社会で日本語によって日本の教育を受けて成長したのである。すなわち、かれは日本社会によって教育された人間だったのだ。かれの思考と行動がどのような性向を持つものかについて、韓国国民はかれの血筋と法的な国籍にかかわりなしに、考えざるをえないのである。

韓国国民の持つ映像に、この事件が悲しい経験をよみがえらせた条件はほかにもある。それは犯人が日本の警察〝官営〟で盗難にあった凶器を携帯して、しかも日本人の協力により偽造した書類によって日本政府が発給した旅券で日本人として韓国に潜入、犯行に及んだという点である。

こうした前後の状況にもかかわらず、事件発生後、韓国国民はできる限り冷静を保とうと努力した。それは日本と日本人たちの信義と礼儀、それに節度というものを信じたからだった。

道義的、法的に責任なしの強弁

八月十九日、韓国の大統領夫人陸英修女史の葬礼式に日本からは田中首相がみずから参列して弔問をしたが、われわれは田中首相の示した哀情に敬意を表した。そして日本政府の最高首脳のこのような行動表示が、これまで韓国のさいなまれてきた不幸な状態を理解と協調と慰撫の中で互いに収拾しうるだろうと考え、それが日本側の態度の大きな手引きになりうるという確信を持ったものだった。

しかし問題は簡単ではなく、この不幸な事態はまた他の不幸な事態を呼び起こした。そして一部の日本人、一部の日本政治家、一部の日本言論がこのもう一つの不幸な事態をあおっている。これをわれわれはい実沈痛な思いでみつめているが、とくに日本で、こんどの狙撃事件が道義的にも法的にも日本に責任はないという考え方が出たとき、まるでそれが最も妥当な結論ででもあるかのように、一部の日本言論はこれを大々的に掲載して、この主張を後ろだてするような論調を繰り広げていたことは残念だった。そのような発想が出るということは道徳的色盲でもない限り、信じられぬことである。でなければ、日本人特有の生理がこのような強弁を活動させたのだろうか。

「日本人の原罪説」に感銘

端的な反証をあげれば、もし日本に道義的な責任さえないというのであれば、どうして首相みずからが弔問し遺憾の意を表したのだろうか。韓国のことわざに「易之思之」というが、立場を置き替えて考えてみるとはっきりするだろう。韓国国民としては切ない比喩になるが、次のような仮定をしてみた。韓国が日本から解放される前に、韓国に移住してきた日本人の二世が、解放後日本に戻らずに韓国の社会で、韓国語で韓国の教育を受けて成長したとする。この二世があるとき、韓国人を装って日本に渡り、日本の国家元首を狙撃する。その弾が元首夫人に当って殺害したという事件が起きたとしたら、日本人は韓国に道義的責任が全くないというだろうか。

ましてや、こんどの狙撃犯人の父母は日帝（日本帝国主義）によって強制的に日本に連れて行かれ本意でなく日本に定着した人たちなのだ。そうした人のムスコであれば、日本としては二重に道義的責任が問われてしかるべきではあるまいか。

こんどの事件に関連し、ある日本言論の論説が「日本人の原罪説」という立場から日本人の反省を促求していたが、この良識ある見解にわれわれは深い感銘を覚えた。

日本捜査機関の逃げ口上

また、法的見解にしても、全く相反する解釈などというものがあろうか。韓国にも日帝時代に〝高文〟にパスした学歴をもつ在野法曹人がいるが、これらの人びとは犯人が日本で犯行指令を受け、資金をもらい、銃器を日本警察の派出所から窃盗し、日本人名義の旅券を日本人の助力で偽造するという操縦と幇（ほう）助によって犯行を実行したという事実だけで十分、日本国内法によって共犯者たちを厳重に捜査、処断することができると主張している。

しかし、日本の捜査機関はぬるまゆ的な態度で、事件解決のための捜査協力を回避している。それだけではない。犯人がその供述で共犯者として、また背後操縦者として名を出した朝総連系の金浩竜に対しては、日本の捜査機関自身犯人との接触事実を確認しているにもかかわらず、証拠がないという言いのがれで、傍観している。それに、文世光の単独犯行だという〝見解〟から事実上捜査を打ち切ったという報道もあり、また、こうした日本側の捜査態度や見解には日本言論の一部が微妙に同調しているという報告も入っている。

日本側のこのような一連の態度と言動によって、いま一つの不幸のタネが台風の前兆のように芽生えていることは、われわれにとってまた別の不幸な事態である。

なぜ朝総連系集団をかばうのか

それは日本側が自分たちの過誤やつまづきをただ糊塗しようとするだけにとどまらず、韓国と韓国国民の存在を根本からくつがえそうと企図している韓国の敵対勢力を庇（ひ）護し、一方ではこれを扇動したり、幇助したりする行為を恣行しているということだ。この事実は日本を蔑視せずにはいられぬ韓国国民の感情を、ややもすると憤激の頂点へ注ぎ込もうとするほどのものである。

日本側がちゃんとした国交を持つ友邦国の大統領が狙撃され、しかもその夫人を死に追いやった犯行の背後にある朝総連系集団を、日本はなぜ、それほどまでにかばうのか？　その理由は何なのか？

いま一歩退いて考え、もし日本が韓半島に対して何をかなすべきだという大前提があるというのであれば、それは日帝が強占した結果起きた〝分断〟ということの苦しみを解消することに謙虚で誠実な努力をすることではないのか。そして平和統一のための助力者の立場に立つことでなくてなんであろう。こうしたことは日本が当然持つべき日本の対韓倫理性だといえるが、もし日本が少しでもこれに敏感であれば、そして日本および日本人に真の人類愛、あるいは愛隣精神があれば、韓半島の平和統一の助力者にならぬまでも、せめてその妨害者になってはならぬはずである。

政治的センチメンタルの所産

にもかかわらず、最近の日本の〝作態〟はいったい何なのだ？

日本は国交を持つ友邦地域に対して時として非常に傲慢不遜（そん）であり、大国主義意識をみせているが、誤った固定観念と色盲的政治観であれこれ御託をならべ非国交地域の北韓共産地域やその傘下団体には一方的にもっぱら美化しているのはどうしたことなのか？

これは日本のかつての戦争に対する反動であり、戦後の無性格的成長がもたらせた政治的センチメンタルの所産以外の何ものでもない。しかもだ。そのセンチメンタリズムの〝作戯〟が、かれらの過誤によってわれわれを押しこめたワクの中からわれわれがようやく抜け出してからもうかれこれ三十年にもなるのに、〝分断〟がもたらせた苦痛のために二重三重の悲劇に見舞われている隣邦にどのようなキズを与えているか――どうしてかれらの常識はその点を悟れないのであろうか。

八月十五日の驚くべきショッキングな事件を起こした犯人の文世光はこのような日本の社会風土で育った。そしてその日本で、文の意識構造は培養され、その風土で病的に美化された極烈集団に吸収され、その集団の操縦と指令で、韓日両国の間に大きな不幸のタネをまいたのである。

韓国国民の感情に残っているもの

韓国国民は忘れない。七十八年も前のことだが、日本人はその手で王朝韓国の国母を殺害するという蛮行を犯した。にもかかわらず一言の謝罪さえもしなかった。いま、日本を凝視している韓国国民の眼が憤激の垣根を乗り越えて、逆巻く怒涛のように澎湃（ほうはい）として高まりつつある韓国国民の感情の中には、そのような事実が生きて残っているからだ。

だが、われわれはもうこれ以上の不幸を望まない。ところが、日本の傾向が一向に悔いることなくとくに一部の政治家、一部の言論が愚行を重ねることにより、韓日両国の国民感情が互いに一層深いミゾをつくりつつある。

万一、日本が韓国との不幸な事態発展を収拾できないとすれば、それは単に両国間の不幸にとどまらず、アジア全体における日本の不幸を日本がみずから招きよせる前提になるだろうと、われわれはここで断言するものである。

（朝鮮日報＝SISA）

故 陸英修女史の御冥福を祈ります

大韓民国居留民団

横浜支部
支団長 李七斗
副 〃 崔洙南
〃 全柄道
事務部長 盧昌毅
議長 崔竜岩
監察委員長 徐泰玉
横浜市中区末吉町三ー四五 電話 二五一ー一八〇九(代)

南武支部
支団長 郭鍾河
副 〃 黄寧錫
〃 朴正鉉
事務部長 李石堂
議長 金正甲
副 〃 許文哲
〃 李炳吉
監察委員長 金東湖
委員 李南圭
〃 河基元
川崎市中原区新丸子東二ー九七五 電話 四一一ー六六一一

安芸支部
支団長 李実根
副 〃 韓石鎮
〃 李月鳳
事務部長 呉 本
議長 金竜鎬
副 〃 尹栄赫
〃 安碩祚
監察委員長 朴鉉圭
委員 崔鳳周
〃 黄祥泰
広島県安芸郡府中町[illegible] 電話 八二ー三一七七九

伊丹支部
支団長 鄭横出
議長 全奇鎬
監察委員長 朴泰元
事務部長 申泰連
商工会〃 黄周錫
納税貯蓄組合長 呉道源
伊丹市伊丹字[illegible] 電話 八二ー〇七四三

高山建材興業株式会社
社長 鄭横出
伊丹市森本二丁目一〇 電話 八二ー二六四〇(代)

玉山商店 養豚部
代表 全奇鎬
伊丹市伊丹字[illegible] 電話 八二ー〇〇五四(代)

遊技業 天国会館
社長 鄭三祚
伊丹市伊丹字山之上四七五 電話 七五ー一〇四五(代)

サカエ製作所
社長 呉道源
伊丹市下河原字畑ヶ坪一五九 電話 八四ー四一二二(代)

大井建材興業株式会社
社長 黄周錫
伊丹市伊丹字飛鳥九〇 電話 八二ー五〇五九(代)

日本政府関係機関に抗議、要請書を伝達

追悼大会終了後の示威行進とは別に、大会開催中に採択された要請書と抗議文をたずさえた要請団と抗議団は、それぞれ日本政府関係機関と自民党本部、NHK、朝日新聞等に出向きこれを伝達、責任ある返答を促した。

首相官邸要請団　梅甲録中央監察委員、崔成源中央副議長、鄭讃烈山梨本部団長、金嘉宗…本部団長

外務省要請団　白丁赫中央副議長、曹允具千葉本部団長、

法務省要請団　朴炳憲中央監察委員、権…執行委員、権会俊愛知…本部団長、辛容祥栃木本部団長、

警察庁要請団　李寿成中央顧問、丁賛鎮中央顧問、黄七福大阪本部団長、…京都本部団長。

自民党本部要請団　徐元奎中央副団長、金光男中央顧問、金信三婦人会中央会長、…中央執行委員。

朝日新聞社抗議団　…大中央常任顧問、…大阪本部議長、李在…本部議長、…東京本部監察委員、…婦人会東京本部会長。

NHK抗議団　李元世新潟本部団長、孫…北海道本部団長、姜文熙広島本部団長、金斗明山口本部議長、…婦人会日本支会長。

抗議団が訪れた朝日新聞社では一行を五階の編集局次長室に通し中村副編集次長と記者一人が応待した。一行は抗議文を読上げる前に、口頭で来意を説明し、民団の敵性団体の名称を、民団と紛らわしく報道することと、偏向紙面について抗議し、…顧問が抗議書を読上げ手渡した。中村次長は「意見を十分に紙面に反映させるので、今後の朝日の紙面を注意深く見守ってほしい」という意味の返事をした。

一方、自民党本部では要請団に対し、九月四日の木村外相発言は是正取消があるものと思うとし、朝総連に対しては入管法等に依り何らかの措置を講じたい、そして陸女史の逝去に対しては哀悼の意を表明すると返答した。

延々と6キロの追悼大行進

木村外相の妄言取消し朝総連解散させよ　要請書

去る八月十五日の大統領狙撃事件により大統領令夫人が逝去なられたことに…

…

一、既にご承知の…

二、犯人が狙撃…

三、狙撃決行…

四、共犯関係…

五、北傀金日成…

以上の事実を…

これが破廉恥な…

7千同胞の冥福祈る
関東大震災51周忌
民団東京本部主催で挙行

九月一日、関東大震災記念日が再びめぐってきた。今年は五十一周忌である。

この日、東京では民団東京本部主催により午前十一時半から東京商銀荒川支店で殉難同胞慰霊祭をおこなった。雨の日曜にもかかわらず、都内各支部から多数参加、

李乙祈宣伝部長の司会により国民儀礼、徐興錫東京本部議長の開会の辞、中央を代表して金仁洙副団長の追悼辞、金致淳東京本部団長の追悼辞が哀悼裡にそれぞれ読み上げられ、昨年につづいて今年も李時氏の潜在的な日本人の残酷さを実例をあげながらの追悼講演が聴衆に多くの共感を与えた。

この講演中、震災が起きた当時の時間、十一時五十八分四十四秒に一時講演を中止して全員起立のうちに一分間の黙念を捧げ、七千同胞たちの冥福を祈った。

このあと一般焼香があり午後一時すぎ散会。

在日選手団派遣　15種目参加
10月8日から55回国体開く

来たる十月八日からソウル市で開かれる第五十五回全国体育大会に、今年も例年どおり在日韓国選手団を派遣することになった。

この派遣に先だち、在日大韓体育会(鄭建永会長)では、去る八月二十一日午後一時から、東京の同会事務所で全国会長団会議を開き派遣選手選考委員会(蔡洙仁委員長)を構成したが、前年の二百三十人派遣の規模をちぢめ少数精鋭主義でのぞむことにし、約二百人までにする方針をうちたてた。

なお、七日午後一時から同体育会関西本部で、派遣選手銓衡選考委員会を開く。

〈参加種目〉

卓球、射撃、跆拳道、陸上、水泳、野球、庭球、柔道、排球、弓、ラグビー、サッカー、バスケット・ボール、ボクシング、レスリングの十五種目。

在日韓国人テニス大会　大阪

在日大韓体育会所属の大韓庭球協会(梁照習会長)では、第十回在日韓国人庭球選手権大会を来たる九月十五、六の両日午後九時から近畿大学総合グラウンドテニスコートで開く。

種目は壮年男子、一般男子A級・B級の単式と、同じく複式。また一般女子、高校男子・女子、中学男子・女子の単式。

参加料は一名五百円で学生は無料。申しこみは、官製ハガキに希望種目を記入の上、九月六日までに必着するよう郵送のこと。

宛先は大阪市天王寺区堂ケ芝町五〇、在日大韓庭球協会・梁照習、電話での問合せは(〇六)五三二一―三五一二、アルコの金額大か高鍋根まで。

防衛誠金十万円
日野市の金修史氏

都下日野市三沢に住んでいる金修史氏(東京VISION社長)は、民団三多摩本部を通じ防衛誠金十万円を贈って来た。

民族教育50時間
義務制一期開講　愛知

在日同胞の民族教育五…修義務制を採択して、日…る画期的な教育方案の一…注目を集めている民団愛…(権会俊団長)では、愛…園で二日午後七時からそ…開講式を挙行した。

同日は約二百五十人に…講生が出席入園したが、…は、国語三十八時間、…間、社会生活六時間となっ…受講料は無料で年令は…でとなっている。

韓国物産展
郡山で好評

福島県の郡山市バンダイ・グランド・ホテルで去る一日から…

華燭

「北の脅威がない」は越権
山中防衛長官、木村発言を鋭く批判

日本は北傀工作基地
半田参事官が発言

大統領令夫人故陸英修女史追悼中央大会
偏向報道姿勢に憤激
抗議受入れ反映させよ　抗議文

大会会長　尹達鏞

日本国総理大臣　田中角栄殿

大統領令夫人故陸英修女史追悼中央大会の決議にもとずき

在日本大韓民国居留民団中央本部

団長　尹達鏞

ほか全国参列代表

朝日新聞社々長殿

われわれは自らの民族と祖国のために身命をも捧げた過去の祖国独立運動、また金日成共産侵略軍による韓国動乱など輝しい歴史をもつものの子孫であり、今回の大統領狙撃事件が国家の安全と保障に与えた影響の大きさを知るとき、今ふるえおののく憤を抑えることができません。

今こそ日本政府は自由世界の最先端に位する韓国の友好国としての適切で果敢な決断を下されるよう要望して止みません。

> **第24回定期中央委員会延期公告**
>
> 規約第十八条の定期中央委員会会期が九月になっておりますが、諸般情勢による執行部の事情によって、九月会期中に開催するのは不可能ですので、やむを得ず第二十四回定期中央委員会会期を(十月中旬予定)延期し公告します。
>
> 注・各地方本部議長は管内中央委員に通報することをお願い致します。
>
> 次の(十月中)日・時は決定しだい追信します。
>
> 議長　朴太煥

写真説明
(上から順に)

狙撃事件の背後に
裵東湖、郭東儀の線
日本警察で調査中

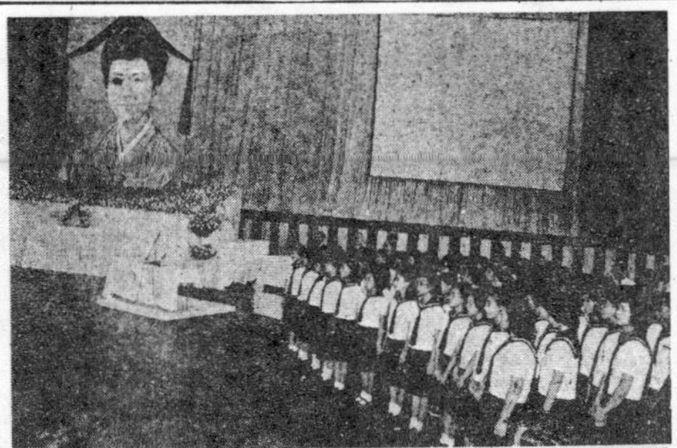

……韓国"本場の味"御賞味は定評ある弊店でどうぞ……

●本場のコムタン
●刺身(カオリ、ピヨンオ、チャリ)
●チヨギ・チゲ(スープ)

서울집　(ソウルの家)

東京都台東区上野6-2-7(御徒町駅前・京成西口通り)　TEL832-7008

丁成玉

서울관광호텔

どうぞ韓国へ

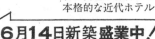

ビジネスに、観光に……ご利用ください。

ソウル観光ホテル

ソウル特別市鍾路区清進洞92番地
☎(73)0101～2・(75)9001～5
電略"OYANGTEL" SEOUL, KOREA

◇洋食堂(11階)
◇日本食堂(1階)
◇コーヒーショップ(B1階)
◇ナイトクラブ(11階)
◇ショピングセンター(1階)

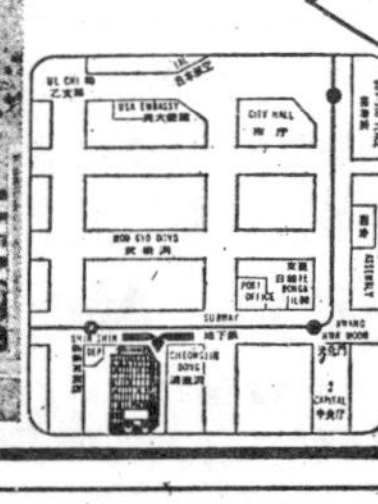

宿泊料金
○W3,000 ($7.50)
○W4,000 ($10.00)
○W5,000 ($12.50)
○W7,000特室 ($17.50)

ソウル中心街に
在日同胞が経営する
本格的な近代ホテル

6月14日新築盛業中!

近代的な設備
家庭的な雰囲気
経済的な料金

客室　102室
特室・ツイン・ダブル・オンドル
日本予約連絡所☎(045)741-1205

韓国の書芸を語る

如山・権甲石氏

(韓国、国展推薦作家)

去る八月一日から二十日間韓日教育文化交流と親善を促進する目的で日本教育協会が、韓国の教育行政家、現場の実践家など20余名を招請し、両国の教育者間の友情と相互理解を深めた。一行は、市道教委の学務課長や有名校の現職校長などそうそうたるメンバーであったが、その中には、第二十一回大韓民国国展の書芸部門、最高賞にかがやき、現在、国展推薦作家として、韓国書芸界の主流をかたづくっている如山、権甲石氏が、現職の国民学校長として、同道されていたので、さっそく、インタビューし、韓国書芸界の現状や展望を聞いた。

第21回韓国国展、文化公報部長官賞受賞作品(如山書)

▼〈韓国と日本の書芸の特徴があるとすればいかがですか?〉

韓国に比べて日本文化や社会伝統が持つ強みというのは、島国であるだけに、外部からの侵略や撹乱に対して比較的安全であり、したがって文化、伝統が破壊や断絶なしに長い間、洗練、濾過、蓄積浄化される素地があったということです。同時に、外国文化の多様な吸収や選択が可能であるということです。

その点、日本における文字をはじめ書芸文化の源流である韓国は大陸からの政治的圧力や、ひきつづく侵略などのため、文化の長期的な醸造、濾過過程にそれほど恵まれていなかったといえますが、文化の枠としての創意やアイデンティティの原型は内外のひきつづく戦乱や圧力の中でも力強く産出、継承され、日本に伝播されて来ました。このような地政学的位置の特色のためか、韓国と日本の書芸の特徴を一言で表現するとすれば、韓国の重厚な豪放さということに対して日本の繊細な流麗さというのが一つあげられるのではないかといえます。もちろん、これは私の私見であり、主観的な印象です。

近頃、日本書芸界の一部で、前衛的な動きや試みがあり、専門雑誌なども発刊されていますが、あくまでもごく少数の奇をてらう人々の試行であり書の本領は、伝統の深化と発展にあるものです。

如山・権甲石氏

▼〈先生の書展や書芸歴について一言お願いします〉

私は、韓国書芸の大家、素荃、孫在馨先生に師事しましたが、王羲之体を根幹としています。

書に志す人の基本的な心構えとして、書を学すると言には、いわゆる「書禅」に身をうちこむ姿勢に徹しなければならないものです。「書禅」とは、書を学することを禅の境地に没入するという心身一如の状態を表現する概念ですが、所謂、無我の境地にいたってこそ、真の芸術としての「書芸」が生れるもので、単なる「テクニック」であってはならないという戒めですね。

私の書芸歴は、一九四二年、全州師範在学中、日本書道展に三回入選した時から二十二年になりますが、その間、大韓民国美術展覧会の13、14、16、17回展に入選、同、18、19、20、21回展に特選、一九七二年、国展書芸部最高賞の文公部長官賞をいただいてから、国展の推薦作家として、韓国書芸界で活躍させていただいております。

▼〈韓国書芸界の実情はいかがでしょうか〉

特記すべきことは近頃、書芸ブームといおうか、特に若い主婦や大学生の間で、熱心に書芸にはげむ人々がどんどんふえて来、中小都市などを中心に、書芸熱などが大へんな盛況です。

また書芸人口がふえるにつれ書芸道具などの需要が高まり、筆、紙硯、墨などの質が向上し、日本にも輸出されています。特に筆は、原料である毛質が優れているので好評です。書芸人口の底辺のひろがりということは、まことに書芸発展のため結構なことといえます。

▼〈先生は特に郷土である全羅北道の書芸文化発展にもご活躍が多いようですが〉

わたしは現職校長として、書芸研究学校の研究の課題探求を託されており教育の場での書芸指導の展開という問題にも一方でとりくんでおります。

また全羅北道の書芸展などでの審査などを託されていますので、一つ一つの応募作品を作者と一緒に勉強するつもりで、審査させてもらっております。近頃数年、全北地方の書の水準がひじょうに高まっているようにいわれております。

一方、書芸史の学問的研究も、私自身の書芸を深めていくために必須のものとしてとりくんでおります。

▼〈ありがとうございました〉

作家略歴

全州師範学校本科卒業、在学中日本書道展、連続三回入選、教職生活三十年

国展(十三、十四、十六、十七回)連四回入選

国展(十八、十九、二〇、二一回)連四回特選全北文化賞受賞

第二十一回国展文化公報部長官賞受賞、国展推薦作家

全北文化賞審査委員歴任、全北道展審査委員歴任、全北書芸教育研究会長、全北道選学士歴任、裡里市及益山郡教育長歴任、裡里市教育会長、現在裡里国民学校長

如山書芸発、裡里市馬洞三二八

新刊紹介

日本語の「古代日本史」なる

"日本上古史"の文定昌著

豊富な史料の科学的解釈

日本の人種、文化、制度が、韓半島からの渡来や影響によるものであることは、かつての日本軍国主義者や国粋論者による歴史のたび重なる改ざんにも拘らず明らかである。

しかし、今までの「日本文化および人種韓半島渡来説」は、ほとんど中国や韓国の史料を中心にした文献考証が主であり、その意味で、史料解釈につきまといがちの「我田引水的解釈」という批判に対して、一方的な独弁でないことを証明するのに、迫力が少々欠けていたことも事実であった。

× ×

このたび、韓国の史学者、文定昌さんによる力著「古代日本史」は、中国や韓国など、外から見た日本史でなく、日本の主な史料や古文献を網羅し、その鋭い表裏をついた内側からの見方にたって、「日本史の淵源」を、見事にときあかしている。

文定昌氏は、五年前「日本上古史」を編さん、日本史学界を震動させるようなユニークな視点と緻密な考証によって「日本の古代史がウラルアルタイ全域にわたる大きな文化の流れの中でとらえられなければ、その真相があかされないこと」を如実に説かれた。このたびの「古代日本史」は、日本古代史がアルタイ人の移動史という、大きなアジア史の中でどのように位置づけられるものであり、日本人、日本国、日本民族というものの根源がどこにあるのかを豊富な日本の史料と文献の駆使と中国、韓国の諸資料との照合、比較によって明らかにした、大作である。

第一編、文献上の古代日本史で「日本書紀」、「古事記」、「新撰姓氏録」などを微に入り細をうがっての解釈とその徹底した照合、考証は、日本国が韓半島における部族諸国家の分家的関係としての存在位置に対して、不動の実証を示している。

また大部分の日本史学者の日本史観の諸前提がどれほど虚構にみちて、根拠のないあやふやなものであるかが一目瞭然でわれわれが教えられた日本史の荒唐なるものにぼう然とならざるを得ない。

第二編、考古学上の古代日本史においては、具体的な考古学的遺物や遺跡を土台に、文献上から考察した諸史実を克明にうらづけている。

付録としての任那史もいわゆる「任那日本府説」が一部日本史学者によるどれほどの偏見にみちた独弁であるかを、わかりやすく、理路整然と示している。

日本史学界に寄せられた稀に見る偏見の無い、良心的成果として高く評価する。近来にない学問的業績であると信じ、韓日両国民が広く読まれることを推奨する。

現在本紙にほん訳連載中の「日本上古史」の日本語版ともいえるが、この日本上古史の発刊より六年を経ており、その間にさらに研究された部分が補足されているので、日本上古史よりも内容的に充実している。

日本での取扱い所は「韓国新聞社」(八一五―一四五一)のほか、大阪府八尾市高安町北四丁一一一、金谷探代。なお三中堂東京支店にも取扱いを交渉するとのことである。

新発売記念切手

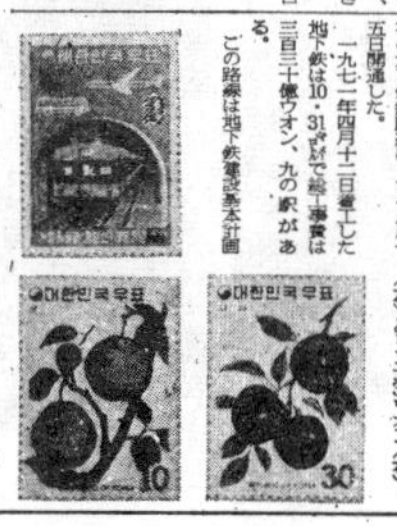

韓国逓信部(郵政省)から、新記念切手が発売された。さる八月十五日韓国最初の地下鉄、鐘路線の開通と秋の名物、梨、リンゴ、をデザインした二種の果物切手。

☆ソウル地下鉄開通記念切手

ソウル駅―清凉里駅間の韓国最初の地下鉄鐘路線は、さる八月十五日開通した。

一九七一年四月十二日着工した地下鉄は10・31キロで総工事費は三百三十億ウオン、九の駅がある。

この路線は地下鉄建設基本計画五つの路線の内最も急を要する路線であった。

図案は地下鉄をカラーで、飛行機とバスが白ヌキでデザインされている。定価は10ウオン(上)。

☆果物記念切手、梨、リンゴ

梨とリンゴは秋の名産で、韓国産は特に有名である。梨10ウオン(左)とリンゴ30ウオン(右)。

韓国と日本の関係に新視点

日本上古史(文定昌著)抜粋と解説

(42)

百済国の滅亡と倭 (2)

羅・唐連合軍の挟撃で百済滅亡

三国史記は、百済の末王義慈を、大胆・勇敢・聡明な人と書いている。義慈王が即位してから、百済は戦闘力大いに振い、その二年には新羅の四〇余城を攻め取って新羅と唐を狼狽させ一五(六五五)年には、高句麗軍の援助をえて新羅の三〇城を奪取した。新羅の真徳女王は唐に急使を遣った。

この時の百済国の本土は、半島の西南端に位置し新羅よりもはるかに狭かった。しかし百済には、高句麗という同盟国が後に控えている。このときの高句麗は、南北満州と半島の西北部を領域とした。高句麗はまた、この三〇年前には隋の煬帝の一一三万名の大軍を打ち破って隋の帝国を自滅させ、八年前には唐の三〇万の精兵を敗走させたほどの強大国である。百済にはまた、海をこえた東に、二〇〇余年間運命を共にして戦ってきた倭国軍がある。

義慈王がもし、その聡明と勇気を失わなかったならば、百済国の基盤は容易に揺がなかったであろう。一方、百済の義慈王一五年に即位した倭国の斉明女王が、正常であってその母国百済の情勢に関心を払っていたならば、百済の滅亡にそれほどあわてなかったであろう。

狭い国土・すぐれた武勇・多くの海外領土の保有・発達した航海術と通商・海外文物の輸入と諸の貢献などによる豪華な生活と遊楽が、百済人一般の気風であったが、それに溺れた王はすでに見た辰斯・蓋鹵・義慈等であり、そのような風流を最高く発展させた者は武王であった(三国史記武王三七年記)。

百済国の武王の娘と見られる斉明女王が、各種の土木工事を興して人民を苦しめ財貨を消費するなど、非正常な生活をなしたことは斉明紀の伝えるところである。

義慈王は、精力絶倫であり四一子をもうけた。豪放な性格の義慈王は、戦勝とみに有頂となるとその一五年、太子宮のために華美を極めた太子宮を設け、また望海亭を建てた。この年の五月、一頭の駿馬(赤い大きいうま)が烏含寺の仏堂にちん入して昼日歩き回っていたが数日後死んだ。そして、百済の王都泗沘に各種の異変が続起したとのことである。(三国史記義慈一五～二〇年)

義慈王は、太子宮と望海亭を新築してから遊楽にふけったが三国史記はこれを「この時、百済の君臣が奢侈にして淫逸であった。」とした。(金庾信伝中)

そうするうちに、百済の佐平「任子」という者が新羅に内応した。因ってようやく勝機が立ったのである。

べし。」と提案した。

ここで高句麗と中国との関係をみれば、これより五〇年前隋の文帝が三〇万の大軍をもって「こま」を攻撃したが、全滅され、その一五年後、煬帝が一一三万名を投入したが大敗し、唐の太宗もまた一〇年間をたえた三〇万の精兵を動かしたが惨敗した。

太宗の後をうけた高宗治も、また高句麗を打つべく虎視眈々としたが、その術なくして一〇年間機伏していた。そこに、いま新羅国王金春秋の提案は云々

王の寵臣が新羅に内通　百済七百年の歴史終る

高句麗は、その国土広大かつ地勢険阻にして容易に図ることができない。しかし百済は、険阻であるのでこれを東・西両面から挟撃すれば容易に撃破できる。百済を攻略したのちに新羅と力を合せて半島の南部から北に向って進撃すると共に、西方から圧迫すれば高句麗もまたやすく打ち破ることができるというのである。

唐の高宗は、戦備を整えて大将軍蘇定方に一三万名の軍を授けた。西紀六六〇年、蘇定方は山東半島の莱州を出発して、六月二一日南部黄海の徳物島に来泊した。そして迎合した新羅軍五万名と合勢して百済軍を打ち破り、八月二日義慈王を降服させた。(つづく)

解説　今回の本文は、実は記者がほん訳したものではなく、文定昌先生が今度新らしく日本語で出版した「韓国史の延長・古代日本史」からの原文転載である。いつもは韓国語の「日本上古史」からのほん訳を載せている。文さんの日本語による原文と、記者のほん訳による日本語とは、やはり味が違っているようだ。歴史物であるから、論文としての味はやはり文さんの方が上である。

さて「日本上古史」の本文を見てみよう。

「二月に三〇城を奪われた新羅の太宗金春秋が急を唐に告げたので、唐の高宗・治が三月に撫州都督名振と左右衛中郎将蘇定方らに大軍をさずけ、高句麗の平壌城を討たせた。このため高句麗は南下できなかった。この攻撃は四年間続けられ動員された唐将軍は程名振、蘇定方、契苾何力、薛仁貴、梁建方らの名将がたちあったが高句麗の将、豆方婁、温沙門たちに勝てなかった。……義慈王が奸臣、任子を重用した。任子は新羅と通じ、妖娘、錦花を王に捧げた。義慈王はこの女におぼれ淫遊を極めた。これを諫(いさ)めた忠臣・佐平成忠を獄中に死なせ、興洙を遠島にした。こうして国庫が空になり、朝廷が乱れるところとなった。」

このあとは今回の本文にある金春秋太宗王の策略のとおりになることが記されている。

文定昌先生は今年たしか七十七または八歳の高令である。そのバイタリティーは、ヘナチョコ記者などのとうてい及ぶところではない。このような長文の論文だけでなく「任那は対馬であった」とか、江上波夫教授の騎馬民族説を評した「天皇騎馬民族説の盲点」などの短文ものもある。

(金元奉　記者)

文禄・慶長の役

壬辰倭乱私録 (7)

西厓柳成竜の三男・柳袗の乱中体験記

金竜煥　画

人を泥棒とみる人たち

たまたま途中で一人の男に会い、あたりの様子をうかがったところ、彼はあごで自分の来た道を指しながら、そこに行けば人たちに会えるだろうと言ってくれた。峠を越えたところに、果たして、二つの小屋と二十余名あまりの男女老幼がたむろしていた。

私たちが近づくのを見た彼らは、非常に驚く様子だった。

「お前たちは何者だ」と一人が問うた。判官夫人はしきりと両手をさすりながら哀願した。

「死関際のこの可哀そうな者どもを助けてください。もう三日も飢えています。もし飯のひとさじも恵んでくだされば、可哀想なこの孫でも助けられますものを……」

襟も袂も千白になっている一人の男が、冠や着物を脱ぎ捨てたまま、腰をむき出しにし坐っていた。彼は目をいからしながら怒鳴った。

「野郎どもをとっとと追いやれ。あんな野郎どもが泥棒を働いて回るんじゃ」

ぼうぜんとした李進士が

「どうしてそんなはずがありましょうか。私たちの顔立ちをごらんになっても、このような老母とあの子を連れては泥棒を働こうとしても、はたまた、……。わたしたちはソウルの両班(貴族階級)ですが、途中で倭賊に出会い、一族郎党をみな見失いました。やっとのことでこの三人だけが生き延びました。どうかこれらに慈悲を恵んでください」と平れ伏さんばかり哀願した。

半白の男がまたも怒鳴りちらした。

「両班ならなおさらに好都合じゃ。向こうの村にいる倭賊らが、両班を捕えて引渡してくれたら、ごまんとほうびをくれると言っていたわい。とっとと去らねば、しばりあげて倭賊に引渡してくれるぞ」

しかし李進士は、一歩たりとも退こうとしなかった。

「死はすでに覚悟のうえ。どうせ飢え死にするものなら、それは倭賊に殺されるより、はるかにましです。父母兄弟を亡くしたこの身、なんで死をはばかりましょうか。ただ七十を越した祖母さまを連れもうしている身の上、三日三夜を飢え歩きながらも、もしかわが国の方でにも会えたらとねがってきましたのに……。同じ血族でありながら、いかなればわたしどもを倭賊に引渡すと口にできましょうか。いかにこれが同じ国の人同士の道理といえましょうか」

凛然と語る李進士の目からは、とめどもなく涙が流れていた。それこそ断腸の悲しさをおぼえる様子だった。

ふくべの冷飯

ペレンイ(賤民たちや父母の喪に服している者がかぶる竹笠)をかぶった一人の男が、李進士の断腸の訴えに感じ入ったのか

「なんと哀れなことよ。あの両班たちに何の罪があろうか。貴いご身分の方々がこのような乱世に遭って苦労しているのに」と言いながら、彼の妻とおぼしき女に、ふくべに飯を盛ってくるように言いつけた。

ふくべに盛った飯を手ずから李進士に渡しながら慰めた。

「委細をお聞きしたところ、ほんとに胸のつまる思いがします。親たちの無礼な振る舞いをお許しください」

三合くらい盛れそうなふくべには、ほぼ半分ほどの冷飯が入っていた。李進士は感謝のことばを繰り返しながら、それを判官夫人にすすめた。判官夫人はそれを取ろうともせずわたしたちに食べるようすすめながら涙を流していた。木の枝を箸に半分ほど食べ終えた李進士は

「年老いた親がすでに何日ものあいだ、何も口にしていません。道中倒れるおそれがありますから、このふくべをくださると途中で水でも汲んで湯漬けにして差し上げられますが……」とねんごろに頼んだ。

「わずかばかりの冷飯、それすらも残されるとすれば何の役に立ちましょう。こちらにはいくらかの飯の余分もありますから、どうか遠慮なく召しあがって下さい。」と答えた。

なんとありがたいことだろう。二人は立ち上がっていく度となくおじぎし、老親を助けることができたと感謝した。判官夫人は、口先だけで恩を返すわけにいかないから、夫人の着ている絹のチマ(裙)を脱いでやろうと申し出た。

「水にちょっとばかりぬれてはいますが、これをお礼に差し上げたいと存じますが…。しかし着替えを持っていませんので、刃物をお貸し下されば裂いて分けようと思いますが……」といいながら判官夫人は着物を脱いだ。

ところが木の下でこの光景を見ていた老人が息子を呼びよせ、

「なんであのチマをいただけるものか」と言うと飯をくれた人がまた話した。

信用組合　岐阜商銀
理事長 趙世済　副理事長 李鍾煥　常務理事 近藤松男　常勤理事 黄南仙
岐阜市金町1−5−2 電話65−2318(代)　大垣支店 支店長 朴鉄洙　多治見支店 支店長 片鳳洙

静岡商銀　信用組合
理事長 朱性鶴
本店 静岡市常盤町3−5−12 電話55−2295(代)　浜松支店 浜松市寺島町404 電話52−6108(代)　沼津支店 沼津市庄栄町7−1 電話22−9522(代)

興進建設運輸株式会社
豊搗企業社
取締役社長 権寧珣
東京都足立区入谷町895 電話(899)0161−3
ソウル事務所・ソウル特別市鍾路区安国洞175−87 安国ビル12階・電話(74)7364 自宅・電話(52)1046
大邱工場・慶北漆谷郡漆谷面太田洞595 電話(2)3812

新世企業株式会社
有限会社 新洋
新亜興業有限会社
(株)川崎ボーリングセンター
取締役社長 朴載熙(新井蘇洋)
川崎市中原区木月1丁目400 電話 411−8434・433−3348

武田商事株式会社
白鳥会館
代表取締役 洪世裕
〒277・千葉県柏市3−6−13 電話(0471)67−8747

上野名物!
〈韓国食料品の卸、小売〉
人参・各種漬物・餅類・塩辛
香辛料・センマイ・他海陸食品一切
第一物産
都内配達・地方発送も承ります
東京都台東区東上野2丁目15番5号(上野宝ホテル裏通り)
TEL03(831)1323

輸出入業
三慶物産株式会社
代表取締役 李東洙
東京都港区新橋1丁目18番21号

韓国YMCA韓国語講座案内
10月新学期生募集
韓国YMCAでは韓国語教育の充実に長年努力してきました。韓国語の学習を通し、韓国の歴史文化の理解を深める総合的な韓国理解を目ざしています。優秀な講師による文法、会話の指導、又講師や専門家によるカウンセリング、フォークソング、韓国民謡を歌う集い、韓国歴史の学習、シーズンスポーツ、韓国訪問等も行っています。
・一般コース(10月7日開講)　期間6カ月(10月−3月)

クラス名	曜日・時間	内容	募集人員
初級	毎月・水 午後6:30−8:00	初めての方のクラス 基礎からの出発、文法、会話	50
中級	毎火・木 午後6:30−8:00	多少読み書きの出来る方のクラス 文型、韓文和訳、会話	50
上級	毎水・金 午後6:30−8:00	中級をマスターした方のクラス 韓国語による講義、高等会話、作文	50

費用　入会金 5,000円　受講料 18,000円　ほかに集中コース・期間3カ月
5−6名の少人数で集中的に学習する。時間は相談の上決定。
費用・入会金 5,000円　受講料・月 10,000円
交通・国電水道橋下車 徒歩5分　在日本韓国YMCA
東京都千代田区猿楽町2−5−5　電話(03)291−1311

韓國新聞
在日大韓民国居留民団中央本部機関紙
韓国新聞社
発行人 尹達鏞
東京都文京区春日2丁目20一
電話 直(815)1451~
交(813)2261~
振替口座 東京 1637
本国連絡所（民団本国事務所）서울特別市鍾路区昌成洞 政府合同庁舎4 電話73—0162・016

在日本大韓民国居留民団 綱領
一、우리는 大韓民國의 國是를 遵守한다
一、우리는 在留同胞의 權益擁護를 期한다
一、우리는 在留同胞의 民生安定을 期한다
一、우리는 在留同胞의 文化向上을 期한다
一、우리는 世界平和와 國際親善을 期한다

全国に激憤の嵐
北傀糾弾大会各地で開く

故陸英修女史国民葬のあと、各地の民団組織では、追悼大会に加えて、北傀・朝総連糾弾民衆大会をぞくぞくと開き、また木村発言取消し要求や一部マスコミの偏向報道への抗議など、日増しに激憤の嵐が全国にふきまくっている。

九月三日東京の追悼中央大会以後だけでも、九日の大阪、十日の兵庫、十三、四日の東京、十七日の神奈川、再び十八日の大阪と愛知、十九日の関東、二十日の九州、新潟、北海道、二十二日の京都、四国と自発的な糾弾民衆大会がつづいており、この勢では九月一ぱいは糾弾月間となりそうである。

雨中を2万大行進 大阪 9日

大阪は九月九日、民団大阪本部（黄七福団長）主催で、朴大統領狙撃事件糾弾大阪地区民衆大会を北区の扇町公園で開いた。この日は折悪しく台風18号の影響で朝から雨が降ったり止んだりの悪天候であったが、それでも定刻の午前十時には約一万数千人が集まり、糾弾デモに移るころには二万人に達していた。

糾弾民衆大会は国民儀礼で故陸英修女史の冥福を祈ったあと下先宗大阪本部議長の開会辞で開会した。黄大阪本部団長は「民団員として今度の事件を見逃ごすことはできない。日本政府と日本言論機関に抗議すると同時に、文世光の背後関係を徹底的に解明しなければならないし、朝鮮総連に対する斗いは今日で終りでなく、今日がはじまりであることを、全民団員は銘記して団結しなければならない」とあいさつした。このあと、尹達鏞中央団長、日本衆議院議員中山正暉氏ら来賓の激励あいさつがあり、続いて大会決議文、各機関に送る抗議文、要請文が読み上げられ、参加者全員拍手裡に採択された。

午後一時すぎ、雨の中を太極旗を先頭にしたデモ行進は扇町公園を出発したが、それと同時に、朝日新聞社に対する抗議団、大阪府外務課に対する抗議団、大阪府警本部に対する要請団も出発した。

デモ隊は読売新聞社前、毎日新聞社前、朝日新聞社前を通過、六キロのコースを約四キロの隊列が延々と行進した。特に隊列の要所々々に配置した宣伝カーが「金日成は人殺しだー」「朝総連をつぶせー」「偏向報道をやめろー」「木村外相は発言を取消せー」「金浩竜を引渡せー」などのシュプレヒコールを先唱し、道行く人々に強く訴えた。デモ隊の先頭が解散地の大阪府庁前大手町公園に到着して、最後が到着するまで約一時間半、扇町公園から解散地まで二時間を要した。

解散地では、金日成と万景峰号の人形と模型が火刑にされたが、燃やす前に傘で突いたり、燃えている最中にも石を投げつけたり、金日成に対する憎しみがいかに深いものであるかを物語っていた。

【写真】㊤から順に
☆故陸女史の大遺影を先頭に神戸のデモ
☆金日成打倒を叫ぶ東京の青年会員
☆車の大行進で人目をひいた横浜のデモ
☆9日、雨中での大阪民衆大会
☆外務省前での青年会員によるゼッケン・デモ（右）

時評
宇都宮徳馬君 恥を知り議員辞せ

◇宇都宮徳馬君、君に対して過去四回に亘って論じて来た。そして今回をもって一応打切ることとする。徳馬君の事務所に毎回の掲載紙を贈呈してあるので、まさか読まなかったとはいわないだろう。もしも読んでないならば、徳馬君の秘書が過剰忠誠で君に見せなかったのではないか、韓国紙には、わざわざ「赤」マジックインキで時評欄を目立つようにしてあるから、少くとも君の秘書は読んでいるはずだ。徳馬君、君に対し、反論のために紙面を提供しよう。時評子Wの論に対し、君から反論あることを期待する。但し、韓国大統領を誹謗する内容のものはお断りする。◇

徳馬君、君が金日成と"会談"したという報告を、毎日新聞八月二十一日、二十二日、二十三日の紙面で読ましていただいた。そして感じたことが二つある。その一つは、金日成は昔のままの大ウソつきだということ。もう一つは、徳馬君について四回目の「時評」で「対論は一方的な意見の発表であった筈だし、それに同意させられた筈だし」と述べたとおりであること、である。

徳馬君の報告文が示すとおり、徳馬君は単なる合い槌とお追従しようの発言しかしていない。金日成の話すウソ八百をそのまま鵜呑みにしている部分を徳馬君自らさらけ出した以外のなにものでもない。しかも徳馬君「南では『北にはツノのはえた鬼が住んでいる』と教えているらしい」とお追従しようを述べているが、徳馬君の思考方式は十九世紀以前じゃないのか。今どき「ツノの生えた鬼」が住むことなど、三つ児でも一笑に付すようなことをよくも発想できたものだと思う。勿論韓国でそんなバカげた教育はしていない。

金日成の大ウソを得々と報告 お世辞だけを発言した北韓行

徳馬君、金日成に会った第一声で「南が北侵する」ようなことをお世辞のつもりでいっていたが、韓国内で「北進統一」が叫ばれたのは李承晩大統領の時代、韓国動乱終結直後の一時期だけのことだったのを、今でもそうだと思っているのかネ、感覚のずれなどといえることではない。徳馬君こそ、南北に抵抗を起こさせようとする「黒い心」人面鬼心そのものだ。現在の韓国は再び同族相克を起こさせないために腐心しているのだ。自分は責任者でありながら対話の席に一度も現われなかった金英柱は、世紀の宣言といわれた「七・四南北共同声明」を一片の否定声明文で葬り去ろうとした。韓国の朴大統領はこれに対し「戦争を再発させないために、あらゆる苦難に耐えて、南北対話の場を維持しなければならない」と再度に亘って表明している。

徳馬君、君が得々として伝えた金日成の言葉が、実はウソ八百であると述べた。何がウソか二つ三つ解明してお目にかけよう。先ず「二つの朝鮮」という問題だが、金日成自身が世界各国の韓国と国交のある国と国交を結びつつあることは現実に何を意味するのか。しかも金日成自身「当分二つの朝鮮を維持していこうというのだ」と、徳馬君に説明しているではないか。「南侵」についての金日成は「南進しないという私たちの保証が何であるかというと、それは米国と直接談判して決める。米国が朴政権に戦争をさせないという保証が得られれば、われわれも保証する。そのためには軍備を縮少することであり、南朝鮮に武器を与えないことである」といったらしいが、この言葉をウラ返せば、金日成が南進しないと"保証"するから、米国は韓国の軍備を縮少させ、武器を供給するな、ということにはなるが、金日成が北の軍備を縮少することも、ソ連や中共から武器を入れないことも、全く触れてなく、軍備が弱化した韓国に金日成が「二十日戦争」を仕掛けないという実質的な保証はないのだ。ただ金日成の言葉だけを信じろ、では保証にならない。彼は常に「戦争準備は完了した」と豪語しているではないか。北も軍縮をやるんだといっても、それをどうして確認できるか。金日成が米国や韓国の軍事視察団を受入れるとでも思っているのかね。

徳馬君、金日成の「統一」に対する三つの提案」を報告しているが、その二つ目「武器を使用しないで平和的に統一しようということ」がどのようにウソなのかは、徳馬君が日本に帰ったあと、八月三十一日付労働党機関紙「労働新聞」に載った金日成のペルー国防相に答えた内容が「南北朝鮮統一のため南朝鮮の革命勢力を強化する」ことにあることを見てもはっきりしている。武器と流血で革命することのみが統一の前提条件であることを、これほどはっきり言明しているではないか。

徳馬君、金日成は次のようなこともいったそうだね「私たちは挑発行為はしないよう関係者に申し渡してある。過去には一部の事件で過ちを犯した者を処罰している。こういうことは平和統一にプラスにならない。とくに南北共同声明以後は、全くしていない」と。徳馬君、これを「盗人たけだけしい」と表現するのだ。徳馬君が金日成に会うわずか数十日前に、韓国の西海岸や済州島とその近くの島に武装ゲリラが上陸して殺人している。共同声明以後の昨年と今年のことだ。「処罰している」というのは行為そのものでなく、計画が失敗した責任のためにしたことなのだ。

徳馬君、金日成は、南北赤十字会談の韓国代表を「全部が中央情報部員だった」ともいったそうだが、北側こそ、全員「労働党幹部」じゃないか。赤十字用語も知らない赤十字社幹部が北側代表の中に居たことをどう説明するか。韓国代表団のメンバーは全員新聞で大々的に経歴が紹介されている。金日成の意に満たないから「中央情報部員」だというのだろう。

徳馬君、君が共産党員であったことは知っている。「徹首まで」の類いだろう。徳馬君、恥ということを心得ているなら議員を辞めることだ。このままだと「四十万団員の怒り」で寝覚めが悪かろう。（W）

4キロに及ぶデモ隊列 大阪 18日

民団大阪本部では、九日の2万雨中デモにつづき、十八日午前十一時大阪城公園に二万八千人が群集し、朝総連粉砕および木村妄言糾弾大阪地区民衆大会をひらき大阪城公園→森の宮→玉造→鶴橋→生野区役所→東成区役所→日之出公園の約八キロにわたる長い道程をシュプレヒコールをとなえながらデモ行進した。この大会には民団大阪府下三十三支部と傘下団体が参加したもので、デモ隊の人波が全長四キロにも及んだ前回に劣らぬ大規模集会となった。

この日、中央からは金仁洙副団長と鄭在柱監察委員長もかけつけて激励、デモ隊列に加わった。

付す漫評
格好な足場
金竜煥

団員湊川に5千 神戸 10日

兵庫県では九月十日、民団兵庫県本部（金基洙団長）主催の、朴大統領狙撃事件糾弾および北傀糾弾兵庫県韓国人民衆大会が、神戸市湊川公園で開かれ県下から約五千人が参集した。

この日、前日とは打って変った好天気で、絶好のデモ日和。兵庫県下での平日の集会に五千人近いという人数が参加したのは、民団兵庫県本部としては特筆されるべきことで、民団員大衆の憤激が十分に表われているとみられている。

大会々場の正面には故陸女史の遺影が中央に掲げられ、その両横に各種のスローガンが下げられていた。

大会は先ず故陸英修女史に対して冥福を祈る黙とうが捧げられたあと、金基洙団長が開会の辞を述べ、卞兵庫本部議長が「北傀と朝総連は、テロという最悪の手段をとろうとした。われわれは北傀のこの蛮行を糾弾し、朝総連を解体させるまで闘わなければならない」とあいさつした。このあと、中央団長、今井軍之行氏らの激励辞があり、さらにこのあと、金万鐘副団長が、朴大統領に送るメッセージを読み上げた。

この大会では、神戸新聞社と朝日新聞社神戸支局に対する抗議文と兵庫県警本部に対する捜査協力の要請文が採択され、直ちに代表団がマイクロバスで出発した。

デモは婦人会兵庫県本部（権炳九会長）代表らが奉持する故陸女史の遺影を先頭に、新開地商店街を抜け街頭行進に入ったが、ここでも宣伝カーが要所々々に配置され、シュプレヒコールが力強く繰返され、道行く人々に手渡されるビラを手に神戸の市民たちは宣伝カーの訴えに聞き入っていた。

デモ隊の中ほどに金日成の人形が首つりにされており、この人形はデモの解散地東遊園地で火あぶりの刑に処せられた。

清水谷公園に5千 東京 19日

十三、四両日間、韓国青年会、大韓婦人会共同による外務省前でのゼッケン・デモのあとをうけて民団関東地方協議会（金致淳事務局長）では、十九日正午から東京千代田区の清水谷公園で、朝総連粉砕・金日成打倒関東地区民衆大会をひらき、殺人集団朝総連を糾弾、木村妄言の取り消し、左傾日本マスコミの偏向報道是正を強く訴え気勢をあげた。

大会を終えたあと、五千群衆はプラカードやゼッケンをつけて、「朝総連粉砕」「金日成打倒」等のシュプレヒコールをとなえながら、清水谷公園→赤坂・溜池→農林省前→銀座→数寄屋橋→東京駅八重洲口のコースでデモ行進し午後三時過ぎ解散した。

外務省前でゼッケン・デモ 横浜、愛知は車で大行進

民団関東地方協議会（金致淳事務局長）では、さる十二日公報館会議室で第一〇二回緊急会議を開いて十九日東京の清水谷公園で同地協主催の「朝総連粉砕・木村妄言糾弾関東民衆大会」を行ない、都内をデモ行進することを決定した。

これより前に十三日は東京本部青年会、十四日は東京本部婦人会が外務省前でゼッケン・デモを行ない、また十七日は神奈川県本部が横浜市内を百二十台の車をつらねてデモ大行進し、朝総連粉砕、木村妄言を糾弾するシュプレヒコールを繰り返した。

十三日のゼッケン・デモでは、午後四時半から東京本部青年会々員約四十人がゼッケンをつけて外務省前に集まって、「韓国の実情を知らぬ木村外相は、妄言を反省し、すみやかに謝罪せよ」「狙撃事件に道義的責任を感じ、韓国に謝罪せよ」とシュプレヒコールを繰返した。このとき制・私服警官約十人が外務省の守衛とともに警備にあたっていて、道路交通法違反、東京都条例違反などを理由に青年会々員の行動を制止しようとしたが、青年たちはこれに応ぜず黙々と外務省前をゼッケンをつけたまま歩きつづけた。

そのとき警察は一方的に青年たちに警告を与えた。これにも応じる気配を見せず約四十分間デモをつづけて午後五時十分頃解散した。

翌日は午前十時半から婦人会々員約百人が同じくゼッケンをつけて外務省正門前でシュプレヒコールをあげながらその前で往復行動を繰り返した。

五百台の大デモ 愛知

民団愛知県本部（権会俊団長）では、九月十八日午前十一時から名古屋市鶴舞公園内の普選記念壇において、朴大統領狙撃事件背後の糾弾愛知県大会を挙行し、北傀と朝総連を糾弾する五百台近い自動車デモを敢行した。

同公園で行われた糾弾大会では権会俊団長のあいさつがあった後、尹達鏞中央本部団長の激励辞があり参会者一同で故陸英修女史に追悼の意を献げ、決議文を成竜九県本部副団長が朗読し満場一致で採決した。

糾弾大会など京都で拡大会議

民団京都府地方本部（張照日団長）では、去る九月十二日午後二時から同本部会議室で本部、支部三機関役員と事務部長、商工会、婦人会、青年会有志ら約七十人が参加して活動強化拡大会議をひらき大統領狙撃事件背後関係糾弾大会開催を中心議題に動員態勢具体策などを討議した。

それによると目標は一万人としておりその成果が大きく期待されている。

このあと、中央の沈導孝青年局長が在日青年運動のあり方について講演した。

公報館長に李元洪氏

新駐日公報館長に着任した李元洪氏と、前館長であった尹栄春氏があいさつのため十八日午後民団中央を礼訪した。

李館長は韓国日報駐日特派員、編集局長、論説委員を歴任した言論人である。一方、前館長尹氏は駐香港公報館長に転任する。

なお金永善駐日大使は十七日午後六時ホテル・オークラに韓日各界人士を招き新旧公報館長の歓送迎レセプションを盛大にひらいた。

㊧が新任の李元洪館長㊨が尹栄春前館長（ホテル・オークラで）

玄公伯氏死去

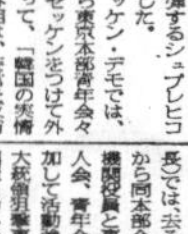

民団東京・葛飾支部団員の玄公伯氏は、去る九月三日東京で行なわれた故陸英修女史追悼大行進の途中、冠状動脈硬化症が原因で死去した。

本籍は済州市、現住所は東京都葛飾区東堀切二ノ一〇ノ二五で、遺家族には夫人と長男夫妻がいる。享年六十一才。

また北傀スパイ逮捕 漁船で但馬海岸上陸 無線機など押収

またもや北傀のスパイが、日本侵入直後、日本警察に逮捕された。十八日、午後八時ごろ、兵庫県城崎郡竹野町切浜の沖合百米の海上に、無灯火の不審な小型漁船が停泊しているのを帰港中の漁船が見つけた。県警外事課と城崎署員が、同海岸に行ったところ、エンジン付きのゴムボート（四、五人乗り）があり、中に男がいた。男は船員手帳などを持っていなかったため、出入国管理令違反の現行犯で逮捕、ボート中にあった無線機、リュックサックなどを押収した。男は北傀の船員、カン・クックサン(三七)と自供している。同県警では北からの工作員で、仲間一、二人といっしょに但馬海岸に上陸したものとみて、付近の山などを捜索している。

張峰華嬢へ弔慰金

八月十五日ソウルの国立劇場で起きた朴大統領狙撃事件の惨劇は未だわれわれの記憶に新しいが、凶弾に倒れた大統領夫人・陸英修女史とともに、流れ弾でなくなった女子高校生の張峰華嬢に哀悼の意を表して民団愛知県本部（権会俊団長）では、弔慰金を名古屋総領事館を通して贈った。

この実録は著者が決死的に死線をさまよいながら偽者・金日成を追跡した血と汗の結晶!
絶対神! 女をめぐってその赤裸々な正体をあばく、これが金日成の実像だ!!
〈本国で連続ベストセラーをつづけている話題の書〉国語版
実録・金日成伝 金日成과 女人들
美麗豪華本・全3巻 (1)意志喪失の暗うつな大陸 (2)ウラル山脈から大同江まで (3)長白山から臨津江まで
北傀軍最高司令部に潜入、諜報工作で花郎武功賞を受けた予備役中尉 李基奉著
ソウル 東林出版社刊 ■日本頒布 韓国新聞社■ 価(全3巻)3,600円(送料400円)
☆全国民団各支部、傘下団体に備えつけ蔵書として最高です

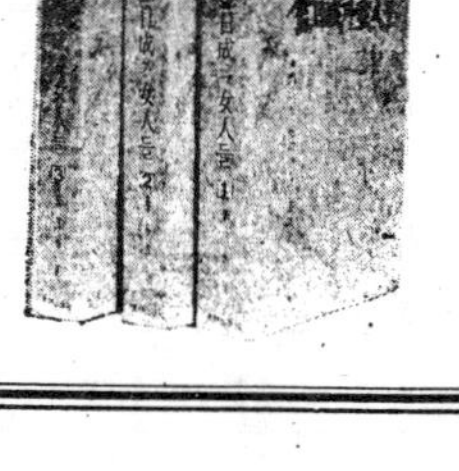

74年上半期 国民総生産、15.3%の成長

維新指標へ躍進快調
重工業拡充で経済成長加速

韓国銀行は十日、七四年上半期国民総生産（暫定推計）は、七十年不変市場価格で一兆六千五百三十億ウォンに達し、前年同期比十五・三パーセントの成長を見せたが、昨年下半期の国際資源危機と、これにともなう国内外物価急上昇で七三年上半期成長、十八・三パーセントにはいたらなかったと発表した。この日、韓銀が発表した「七四年上半期国民総生産暫定推計」によれば、今年上半期GNP（国民総生産）成長の特徴は、生産面では重化学工業の急伸長を通じた製造業の高い増加が高度成長を主導し需要面では、消費、固定投資、輸出の実質増加勢が鈍化することで在庫がいちじるしく増加したこととなっている。このような成長は、輸出百億ドル、国民所得千ドルの維新指標への確実な前進を示すものと見られる。

韓国の経済伸長の基盤は優秀で高い水準の労動力が支えている。特に軽工部門や電子工業部門での躍進はめざましい。写真は大量生産されるテレビジョン。

上半期中、国民総生産を産業別に見れば、

▲鉱工業部門が前年同期比、二八・九％の高い伸長をなしとげ、このうち特に製造業は二九・八％の伸長勢を記録し、全体成長を主導し、

▲農林漁業部門は、前年同期と同じような五・九％の伸長におわり、

▲社会間接資本および建設業が九・九％、その他サービス部門は九・〇％の増加で前年同期の成長率を大きく下回っている。

製造業を部門別に見れば、一次金属（一二九・九％）と輸送用機器部門（七八・四％）が製鉄、造船など重化学工業の生産活動が本格化されるにともない、記録的な伸長を見せ、輸出需要の好調で、繊衣類、皮革、電気機器部門も高い実質増加をなしとげたが、食料品、石油、繊維、製材など内需部門および一部輸出不振業種は、生産活動が低調であった。

一方、国民総生産に対する支出を見れば、総経費は前年同期の七・五％を下回る六・六％の実質増加にとどまったが民間消費支出と、政府消費支出がすべて前年同期の増加率より低い七・一％、二・六％の実質増加におわった。

一人当、三七六ドル
前年比七二ドル増

韓銀が総計した、73年国民総生産は経常市場価格で四兆九千二百八十七億ウォンで、名目上二七・七パーセント増加したが、物価上昇要因を除去した七十年不変市場価格は、三兆五千二百二十七億ウォンで十六・五パーセントの実質成長を記録したと発表した。

また一人当りGNPは、一九七二年の十一万九千ウォン（三百四ドル）から、一九七三年には十五万ウォン（三百七十六ドル）へと三万ウォンをこえたが、このような一九七三年中の経済成長率は、輸出需要の好調と重化学工業の成長によって、三十・九パーセントの高い伸長率を示した製造業が、全体成長を主導したことに基因したものと分析された。

タイヤ輸出
昨年比四百%増へ

自動車タイヤ業界は内需産業が不振状態に陥っている半面、海外輸出は他の業種に比べ意外と好調で昨年よりも四百%の大幅な伸びが期待されている。タイヤ業界によると内需産業が振わない理由は昨年の石油ショック以来①油類価格引上げによる自動車運行自粛②政府の営業用タクシー運行抑制策③貨物トラックによる運送減少傾向などがあげられている。その例として石油販売の減少、高速道路の輸送量の減少がこれを立証している。

業界筋によると、このほかGMコリア、現代、亜細亜、起亜の国内四大自動車メーカーの新車開発が進まず、又全国二百に及ぶ無許可再生タイヤ工場から流れる安い価格の再生タイヤが市場を荒していることにも原因があるという。

ところが輸出においては今年の輸出目標三千三百五十万ドルのうち去る七月末まで二千百万ドルを達成しており、下半期に入ってからは信用状の受取りも増大し四千万ドル線を上回るものとみられている。

タイヤ輸出実績は七二年の五百万ドル、七三年の一千百万ドルに比べる場合、全輸出額は多くないにしても伸び率は高く、輸出対象国が五十六か国にも及んでおり、輸出見通しは非常によいとされている。

日本・イラン・中共につぎ
アジア大会 韓国、金16で総合4位
"南北対決"は11対5で韓国完勝

永遠の前進と友好をちかいながら去る一日、華麗な幕をあげた二十億アジア人のスポーツ祭典、第七回アジア競技大会は十六日間の熱戦をおえ、十六日夜（韓国時間）アリヤマ・スタジアムで閉幕式をあげた。

中共が初参加した、このたびの大会は二五個国で三千名の選手役員が参加、十六個種目で力と技を競い、北韓とはじめてスポーツ全面対決をひろげた韓国は、金メダル十六個、銀メダル二六個、銅メダル十五個で北韓をおさえ、総合四位を占めた。

日本は、金七五個で総合一位を、イランが三十六個の金メダルで二位を、中共が三十三個の金メダルで三位をしめた。

この日、閉幕式は第七回および第八回アジア競技大会旗（パーキスタン）が掲揚された。

大会委員長の閉会の辞についでスタジアムの照明は聖火とともに消され、大会歌が響くなか、八百余名の近衛隊がかかげるかがり火につづき、各国選手は「78年にイスラマ バードで 会いましょう」との電光板を 眺め ながら 退場した。

特に注目されたのはこのたびの大会で初参加する北韓と、韓国との「南北対決」であったが韓国は八個種目で金メダルをかちとり、北韓は4個種目、特に射撃部門で集中的に金メダルをとった。

韓国と北韓の対決は、十五種目で十六回であったが、韓国は十一勝五敗の圧倒的優勢で、スポーツ水準が抜群に優れていることを実証した。

各国メダル獲得数

	金	銀	銅
日本	75	49	51
イラン	36	28	17
中共	33	45	28
韓国	16	26	15
北韓	15	14	17
イスラエル	7	4	8
インド	4	12	12
タイ	4	2	8
インドネシア	3	4	4
モンゴル	2	5	8
パキスタン	2	0	9
スリランカ	2	0	0
シンガポール	1	3	7
ビルマ	1	2	3
イラク	1	0	5
フィリピン	0	2	12
マレーシア	0	1	4
クウェート	0	1	0
アフガニスタン	0	0	1

韓国の金順玉（左）選手と李エリサ（右）選手が北韓チーム相手の卓球試合で奮戦している。この試合で韓国チームは21－15、21－12で快勝

韓国、戦闘機生産
米メーカーと交渉

韓国国防当局が米ロッキード、ダグラス、ノースロップ等メーカーと韓国に戦闘機製造工場か組立工場を設立することを交渉しているという。米側では精密な戦闘機製造にあたる熟練工が韓国にいるかどうかについて疑問を投げているが韓国側では自信があると答えたもようである。

半導体工場建設へ

半導体組立メーカーの亜南産業の新しい工場の起工式がこのほど行われた。敷地四千四百六十坪、建坪三千五百坪規模で建てられる同工場は来年一月の始動をメドにしており、既工場と合せれば五千百余坪の大型工場になる。同社は発足した七〇年に二十一万ドルを輸出したのに続いて今年は四千二百十万ドルの輸出目標をたて現在、四千二百十万ドルを輸出している。

論壇

韓半島 再び"南侵"の危機か…
宇都宮は金日成の提灯持ち
北、"暴力赤化"を広言

北韓の金日成は今年に入ってから再三にわたり「南朝鮮内の革命闘争をいつでも全力を尽くして積極的に支援する」ことを強調するとともに「この支援は、決して内政干渉ではなく、私の当然の義務である」と主張して注目された。それは明らかに、七二年の七・四共同声明以前の対決姿勢と同様のものであり、かつての「暴力革命・統一路線」への逆戻りだったからである。また、金日成は今月の七日、平壌を訪問したエヤデマ・トーゴ大統領歓迎のレセプションで演説、「今日、朝鮮半島に切迫している戦争の危機は"南朝鮮"からの北進の脅威によるものである」と主張した。これと同様の金日成の宣撲を、先月宇都宮徳馬議員（自民党）は頭から信じこんで、日本へ帰ってきてからもしきりに書いたり、しゃべったりして「韓半島の実情も知らずして、金日成の提灯（ちょうちん）持ちをしている」との批判を買った。

七日夜、トーゴ大統領が平壌を訪れたことを歓迎する席で北の金日成は「韓半島にさしせまっている戦争の危機が南朝鮮の好戦分子の"北進の脅威"からくるものである」ときめつけ、「今日の朝鮮統一をめぐる尋常でない事態の根本的な責任のある張本人は、他でもなく米国である」と米国をも非難した。

また翌八日に朴成哲副首相が平壌市の人民文化宮殿で開かれた北韓創立二十六周年記念前夜祭集会での報告演説で、韓国が日米両国政府の支援を受けて韓半島の分裂を画策している、と激しく非難、「統一を望まない米帝国主義者らと南朝鮮かいらいが南北の対話を破たん状態に落とし入れ、またも重大な危険がつくりあげられた」と主張した。

▽「統一革命党」を中核にして

さらに朴成哲副首相は、朴正熙大統領そ撃事件に触れ、「われわれと総連をひぼう中傷して南は挑発に躍起になっており、また、日本政府に対し総連を弾圧してくれとまで依頼している。これは、わが国に新たな戦争を起こそうとする策謀である」ときめつけ、そして「日本の反動どもは朝鮮分裂の野望をやめるべきだ。米帝国主義が危険な火遊びを続け、侵略と干渉を続けるならば、わが国は徹底的に排撃するだろう」と気炎を上げ、軍備のより一層の強化を強調した。

ところが、今日、韓半島における"戦争の危機"は、ほかでもない、金日成の統一政策に端を発している。それは七〇年十一月の朝鮮労働党第五回大会で再確認された「先南朝鮮暴力革命、後北労働党体制下統一」の路線による政策であり、これは事実上の武力統一路線である。

この統一路線は「首領（金日成）にかぎりなく忠実な革命家の隊列」だといわれる「統一革命党」が中核となって、南で暴力的手段によって"民衆革命"を起こし、米軍を追い出して、韓国の現政府を打倒、統一革命党の「真の人民政権」を樹立させた後、「北半部の社会主義勢力と"南朝鮮の愛国的民主勢力"との団結によって、祖国の統一を順調に"平和"裡に実現する」というものである。

▽ゲリラ南派を南の"民衆蜂起"だと……

そして平壌政権は、南の「真の人民政権」を樹立、統一の夢を果たそうというのだが、こうした方法はこれまで、金日成が北半部において、スターリンを上回るといわれたほどの粛清を断行して今日の不動の地位を築いてきた形と本質的には少変わっていない。しかも血の粛清によって北をようやく"統治"した金日成が、こんどはその粛清の手を南に伸ばし始めたといっても過言ではないのだ。

金日成は最近、声を大にして「挑発しているのは南だ。われわれはスパイを送っていない」と言い続け、「統一革命」も北からの工作員ではなく、南の愛国的民主勢力だと主張している。

しかし、金日成は六八年一月二十一日の三十一人の北韓武装ゲリラ・ソウル侵入事件（朴大統領暗殺未遂事件）のときも南の愛国者たちの蜂起だと主張した。だが、皮肉にもたった一人の生存者（金新朝北韓少尉）がいたために、金日成の計画はみんな暴露（ひろう）されてしまった……。

同じく六八年末の、蔚珍、三陟地区への百二十人の武装ゲリラ上陸事件の場合も、自首した二人によって全容は明らかにされたが、このときも北韓は"南の民衆蜂起だ"といった。この事件で韓国軍警によって射殺された北韓ゲリラはなんと百十人にものぼる。その百十人がみんな北の若い青年で、「首領に忠誠を誓った北韓一二四部隊（武装ゲリラ特殊訓練所）のエリートたちだった」ということはすでに周知の事実となっている。

▽武力統一計画は六・二五以来

北はひっきりなしに武装スパイを南派し、西海東海にスパイ船を送り、ときとして北韓のスパイ船は釜山近くにまで現われたりするそしてプエブロ号にしたように韓国漁船を拉致して行ったり撃沈したりしては、それが韓国のスパイ船だからだとうそぶいている。韓国の沿岸警備当局は、北韓のスパイ船が漁船を装ってやってくることを指摘、「自分が漁船の格好で侵入してくるから韓国の漁船をみんなスパイ船だと思っている」と述べ、韓国漁船が獲物を追って漁労禁止区域に入りこまぬよう見張っている韓国の警備艇まで撃沈したと憤慨している。

北はいま、韓半島から米軍を追い出すことに、すべてをかけている。しかし、米軍は二十数年前軍事顧問団だけを残して全員引き揚げたのだが、北韓が六・二五（一九五〇年）を引き起こしたために、国連軍としてまた戻ってきたのである。当時、北韓は「国土完整論」という美名のもとに韓半島の武力統一を試み、突如として三十八度線を越えて南下した。

▽金日成、韓国軍クーデターを期待

韓国はいま、北に対して繰返し「七・四共同声明」の順守、「南朝鮮暴力革命路線」の放棄を呼びかけ、平和統一までの過渡的段階として、南北非武装地帯の非武装化や平和利用を提案、南北相互不可侵協定の締結などを提唱している。そして、いますぐには、"統一"できぬ南北の体制のいちじるしい差異を現実のものとして受けとめている韓国は、昨年の国連総会で、"統一"のあかつきまで差し当たり南北がともに国連に加盟して対話をすすめ、国際的な活動もしようと提案したが、これは北韓が「二つのコリアをつくり韓国側の陰謀」と、拒否した。

韓国内の"民衆蜂起"を半ばあきらめた金日成はいま、韓国軍の内部からクーデターが起こるように画策する工作員を南派しているということである。（S・I・S・A）

韓国語学習 会話・文法

成根容 著

第一部・いろいろな挨拶のしかた
第二部・語尾のいろいろ
第三部・助詞のいろいろ
第四部・会話の応用

―A5判三七〇ページ―
価八五〇円（定価一〇〇〇円の内、著者一五〇円負担・送料一二〇円）

民団中央本部宣伝局
電話 八一五－一四五一～(三)

社員募集
防錆加工・亜鉛メッキ
塗装工　月収　10万～15万
熔接工　　　　8万～12万
メッキ工　　　8万～12万
一般工　　　　8万～11万
社保完・社員寮完備　昇給・賞与年2回
本社　足立区本木東町26－14
工場　八潮市上2－478　TEL0489-95-1351
朝日工業株式会社
代表取締役　尹　秉　元

創団30年史発刊に際して

民族と国家は、その歴史を記録することによって保存されてくるものであり、またその記録を通じて過ぎし日月の事跡と文化を鏡として現在のあらゆる問題に対処して未来への発展を期するものであります。

来たる一九七五年、民団は創団三十年を迎えることになりました。

回顧すれば、千余曲折の多かった過ぎし日月が感慨無量であり、解放された喜びと、団結の旗幟を高くかかげ、自己保全のための多くの努力、民族愛と血で染められた反共闘争、不当な日政に対する抗争など、その輝かしい歴史の一駒一駒を整理、記録して民団三十年史を編さんすることは、われわれの一大事業であるといえます。

既に、写真で見る二十年史は発行されたことがありますが、このたびの三十年史編さんに当っては、写真はもちろん、事実内容の記録で一九四五年八月十五日の解放を起点とし、六・二五動乱を経て今日に至るまでの、各級組織の闘争活動を詳細に収録、刊行せんとするものであります。

この三十年史こそ、在日同胞の勇敢な生きた記録として永遠に残されるであろうことを信じて止まない次第であります。

編纂委員長　尹　達　鏞

資料提供のお願い

先の第二十三回定期中央委員会において決議採択された「創団三十年史」発刊のための編さんにあたっては、全国に散在している民団史のための貴重な資料を広く集めておりますから、古い遺物、刊行物、写真などを積極的に提供して下さるようお願い致します。

また「韓国新聞」の縮刷版（第2巻）も刊行しますので、古い「民主新聞」「民団時報」日刊時代の「韓国新聞」また地方の機関紙なども提供して下されば幸いです。

☆しめきりは十二月二十五日まで

民団中央本部・創団三十年史
編纂委員会事務局
電話・〇三－八一三－二二六一～五（内線三五）

躍進する民族金融機関

あなたもわたしも　商銀通帳！

(商銀) 東京商銀信用組合
理事長　許　弼　奭

☆来春卒業予定の韓国学生優遇採用

本店　東京都新宿区西大久保1－449　電話208－5101（代）
上野支店　東京都文京区湯島3－38－15　電話832－5141（代）
荒川支店　東京都荒川区東日暮里6－22－1　電話802－5121（代）
五反田支店　東京都品川区東五反田2－19－1　電話441－5181（代）
立川支店　立川市曙町1の25の12　電話(0425)22－5131

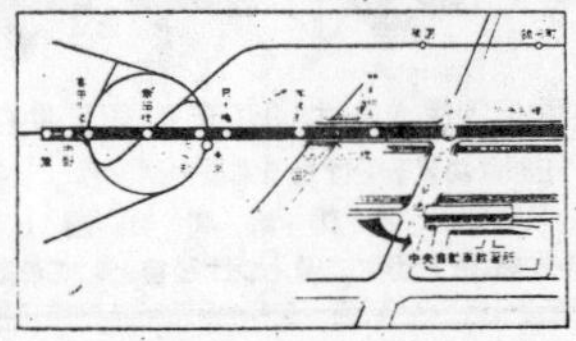

運転免許は当所の卒業証明で実地試験免除！
日本橋より5分地下鉄東西線木場駅下車徒歩5分
都内随一の校舎と立体ハイウエイ練習コース。練習は朝8時から夜7時・予約制で待たずにのれる
深川公認　中央自動車教習所
江東区塩浜2丁目8番4号　TEL.(644)4186～9

最も効果ある広告は「韓国新聞」

品質最高・大量廉価
韓国料理材料一切卸問屋
食用油・味の素・香辛料・調味料・冷麺・中性洗剤　卸販売
韓国産ポプラ・ワリバシほか
(本) 胡麻純正油・胡麻・中性洗剤（製造元・竹本油脂KK）
星印純正胡麻油・胡麻（製造元・九鬼産業）
丸新物産株式会社
☆地方からの御注文には直送します。
本社・東京都豊島区西池袋五ノ二三ノ一〇
電話（〇三）九八五～〇八八四
東京・板橋営業所　電話九五五～三六〇〇

ソウルに在日子弟短大

金大使に創立建議案提出

民団幹部養成科など設置

民団中央第二回常任委員会と同じく第二回執行委員会の決定事項として進められていた在日同胞子弟教育のための短期大学創立に関する建議案が去る九月十二日付で金永善駐日大使あてに提出された。

建議案概要

目的・民族の伝統的文化と国民的教養を学ばせ、韓国人としての自覚と誇りをもつようにするのはもちろん、国際人としての教育をうけることにより母国と国際社会に貢献できる人材育成にその目的をおく。

設置・現在、自費母国留学生補導課程であるソウル国立大学校内の「在外国民教育研究所」を短期大学に昇格させ、一般教養科と民団幹部養成科をおく。

入学・百名から百五十名ぐらいを毎年入学させる。

全寮制・全員寮舎に入るのを原則とし建物は在日同胞の献金でこれを新築する。

なお現在実施されている自費母国留学制度は、今後創設される短大に吸収し、二年修了後には、希望により各大学への進学を認める。

また、高校国費留学生と全額奨学金給付生の扱いはこれを別途にする。

詳細な具体案は、民団中央文教局で継続作成中であるが、建議案が政府当局から採択された場合、改めて内容を発表することになる。

教育指導者研修会

ソウルで10月7日から三週間

民団中央文教局（趙仁燮局長）では、第二回民団教育関係指導者研修会を「文教部長・本運営計画・事業」に依拠して、来たる十月七日から二十六日までの三週間、文教部主管によりソウルの中央教育研修院でひらくことになり全国組織に通達した。

それによると、同研修会に参加する有資格者は日本各地韓国学園の教師と講師、民団地方本部文教部長、次長、課長らで四十五才未満の国語解読者に限る。

経費は往復航空賃、教育期間中の宿食費とも国庫負担で、九月二十四日まで関係書類を提出するよう望んでいる。

青年会山口本部結成

初代会長に権容一君就任

韓国青年会山口県本部の結成大会が九月八日正午から下関市水産会館で男女会員約二百人と民団関係者五十余人が集まる中でひらかれた。

民団山口県本部の権容一青年部長の開会の辞につづいて権純斗団長の祝辞を李坪雨副団長が代読し朴鍾浙駐下関領事、岩村実自民党山口県連会長らの祝辞がのべられたあと、青年会下関支部の林顕吉会長を議長に選び、綱領、規約を確認して採択、活動方針と予算案を審議して次のような初代役員を選出した。

会長　権容一
副会長　徐修賢
〃　朴権語
監査　李得柱

岩国支部も結成

民団岩国支部（李李雨団長）のあとおしで準備が進められていた青年会岩国支部結成は、同会山口県本部結成大会に向かうバスの中でおこなわれた。

この日、バスには三十人の会員たちが同乗して和やかなふんいきに会順を進め、初代会長に朴炳請君を選出した。

山形、秋田青年交流親睦大会

韓国青年会山形県本部では、秋田在住の同胞青年たちに呼びかけ九月十四、五の両日、山形市の蔵王温泉「有楽荘」で約五十人の会員が合同、交流親睦大会をもよおした。

十四日には中央の沈篤孝青年局長による内外情勢と韓国青年のあり方などに関する講演があり、会員たちの意見を交換、翌十五日には野球大会をひらいて親睦の情を深めた。

福岡青年会講習会開く

韓国青年会福岡県本部では同県朝江市の観光センターで、去る八月二十三日から三日間、会員百六十余人参加のもと、夏期講習会をもよおした。

講師には、中央の沈篤孝青年局長、萬宗教教育文化センター所長、伊に韓駐福岡領事があたり、夜はキャンプファイヤーや韓国映画を上映して楽しんだ。

「青年の家」で講習会　佐賀本部

韓国青年会佐賀県本部では、九月十五、六の両日、佐賀市の川上渓泉「青年の家」で男女会員十七人参加のもと講習会をひらいた。

科目は国語、地理のほか、討論会で活発な意見を交換しあった。

講師には、李炳茂教育文化センター所長、中央からの沈篤孝青年局長、朴健次民団佐賀県青年部長、福岡総領事館蔡教育官の四人。つづいて、各地支部でも講演会をひらいたが、同支部団員たちの間では民団に対する不満が多く役員たちの活動がなく女性役員にまかせきり、機関紙「韓国新聞」や「統一日報」その他の刊行物もごく一部のところだけ送り大部分の団員たちには送ってこない実情であるなどがその主なもので、沈滞気味な民団運営に不満の声をもらしている。

ニューヨークで十一日から

在日韓国青年セミナー

国際勝共連合在日韓国中央本部（郭勝鎬本部長）主催の、第二回在日韓国青年セミナーが、さる九月十一日から九月二十六日まで十五日間、アメリカのニューヨークにある「クリスチャン・ブラザース・トレイニング・スクール」で行なわれている。

このセミナーに参加するため全国から集まった青年百三十八人（全員男子）は、さる九月十一日午後十時半KAL便で羽田を出発した。

今度のセミナーも第一回めにつづき、アメリカの実情を見聞し、民主々義とキリスト教の新しい理念を学ぶのが目的で、おもな学習内容は次の通り。

① 民主主義とキリスト教の新しい理念 ② 勝共理念 ③ 国際情勢 ④ 韓国の発展と在日韓国青年の使命

青年たちはアメリカでのセミナーを済えた後、ソウルに直行して陸軍士官学校、板門店を視察する予定である。また、十月一日の「国軍の日」行事にも参加する。

方鎬煥氏、韓民統脱退

反民団組織の韓民統や民団自主守護委員会、金大中救出委の大阪組織の最高幹部である方鎬煥氏（54・元民団大阪本部副団長）はさる七日、民団大阪本部で記者会見をもち、これら組織から一切手を切るとの声明を発表し、注目された。

金敏洙氏も脱退声明

また同じ韓民統の中央委員であり、同九州地区委員長であった金敏洙氏（49）は、去る十七日午前十時、ソウルの民団本国事務所で記者会見をおこなって「韓民統は、朝総連を通じ北傀からの闘争資金を受け、日米の対韓援助中止と反韓国政府運動に狂奔している」と脱退声明を発表し、民団復帰を誓った。

この他、大統領狙撃事件を契機に、朝総連から民団に加入する同胞が増加しているという。

北韓は日本人妻の里帰りを認めよ

＝九段会館で国民大会＝

さる九月十四日午前九時から東京・九段会館で、救国連盟（久保木修己会長）主催の日本人妻里帰り実現運動国民大会が約四千人の一般民衆も参加して北韓の日本人妻消息自由往来を叫んで盛大に行われた。

大会の後、参加者全員は九段会館から神保町─東京駅八重洲口前・数寄屋橋のコースを「北韓・朝総連のデマ宣伝にだまされるな」「一日も早く人道主義をふみにじるな」等のスローガンを叫びながらデモ行進し、新橋駅前で解散した。なおこの日、この大会を支援する一般大衆や韓国人有志も多ぜい参加した。

久保木大会実行委員長講演要旨

「世界に対する中心的問題であるこの大会に対して朝総連は彼らが対内外に宣伝して来た唯一色の政策がバレることをおそれて、あらゆる手段をつかって大会開催の妨害を行なって来た。自由を愛し、真実の道を歩くわれわれは力を結集して、人道主義のかつらをかぶった狼の正体を明らかにするため全力を尽くしましょう。」

この他、決議文を採択して関係当局に提出することになった。

デモ行進の日本人妻と支援者たち

「敬老の日」迎え全国で盛んな催し

さる九月十五日「敬老の日」を迎えた東京商銀では、同本店七階大ホールで、お年寄りをふくむ約四百人の同胞が参加して盛大な祝賀会をひらいた。

この日、招かれたお年寄りは都内居住七十才以上で、最高年者は板橋区居住の朴晴月（女・九十六才）さん。

許弼奭東京商銀理事長はあいさつの中で、みなさんの労苦があったからこそ、今日の同胞社会の発展があるのです。しかし私たちの努力が足りないため、みなさまが満足できるような発展に達することができませんでした。これまでの経験と一層の努力を尽くして、よりよい同胞社会建設のため努力します。少しでも長生きして下さいと慰労激励した。

つづいて尹達鏞中央本部団長は、老人を大事にするのはわが民族の美徳であり、発展であると祝辞をのべた。

このあと、記念品贈呈では、尹斗成さん（男・85・中野）、朴順月さん（女・86・板橋）、郭達武さん（男・83・池袋）、許心一さん（女・85・江東）の最高令者四人に尹団長、許理事長からそれぞれ高級毛布が贈られた。

次いで、安鋪中東京商銀副理事長の乾杯で豪華なごちそうをほおばりながら、歌と踊りに楽しい半日を送った。

またこの日、大阪では大阪興銀で、神戸では民団の兵庫、東神戸、阪神の各支部で、和歌山では和歌山商銀で、広島では藤田観光ビルで、倉敷では韓国学園で、民団の福岡支部では韓国会館で、若松、門司、戸畑、八幡、小倉の五支部では合同で高殿町の海浜センターでそれぞれ同胞老人たちを招待して敬老会をもよおした。

また横浜では十三日に横浜商銀ホールで婦人会神奈川県本部主催により通算九回目の敬老会をもよおした。

東京商銀での敬老会

ミカドが・札幌進出

近畿観光（小浪義明社長）が北海道に進出し札幌に北日本随一の札幌ミカドを開店することになった。九月二十八日午後四時から札幌市中央区南十条西二丁目の札幌ミカドで開店披露を行う。

広島・安佐支部新築

【広島・安佐支局発】

民団広島県安佐支部（安珊洙団長）では、かねてからの懸案であった同支部の屋舎の新築を計画中であったが、同支部管内の一般団員並びに特別有志らの熱烈なる支援によってこのほど完成、去る八月二十四日正午から一般団員・内外貴賓多数が参席して落成式と事務所開きを挙行した。

同支部事務所は国道五四号線に沿って広島市内と可部間、可部町中島にあり、駐車場も完備され利用団員たちからも交通の便利さから評判は良い。

また、この屋舎の完成によって今まで寺小屋式で続けてきた国語講習会も本格的に週二回、広島韓国文化センター金昌坤所長が講師となって開始した。

新築なった安佐支部（円内は安団長）

世界親子かけある記 ㉚

ビジネスと観光と歴史・美術そして…

裵乙祚・裵慶州

（I）〝旅と交通ランドリー、そして食事等〟

旅先のランドリーと言うと大方は、〝ハハア君もかあれには参いるよ〟男としては一番にがてであり旅先のクリーニングは何かとせわしくうまくゆかぬものらしい。

〝適当に要領良くやることを〟と言われようが、私の言おうとしているのはそんなことではない。

〝如何に要領良く洗濯ものをためずにしかも自分で全てをやるか〟である。

旅をすると夜も夜ふかしをする。転々と移動するので、余程よゆうのあるスケジュールでないといつ変更があるか予測出来ない。

私はいかなる場合でも夜ホテルにもどったら、必ずその日着用した下着類は、何も考えず洗濯ものにしてしまい、とやかく考えたりためらう間をおかず、実行した。男はとかく観念的にどうたこうたと先ずやりたすから、日常女性が機械的とも思えるほど単純に無抵抗に行なっている作業を私もやったまでのことだ。

ただし上着はこんなことではかたづくものではない。よほど長旅でなければ背広は一着で充分である。名士や俳優ならいざしらずその場のフィーリングでカメレオン式に脱皮しようものならたまったものでない。ファッションの先端を自負する連中らの田舎成金に到底つきあいかねるが、要するに、旅の衣類は必要最少限にし、特に下着は自己処理によって清潔に保つことが最上のファッションであり、フィーリング的にも最上のコンディションであるとするべきである。

この種の旅で私達ほど地下鉄を利用した者は珍しいだろう。実はコストを下げる目的もあったが、こ大衆交通機関を利用することにより、短期間にその国の底辺にいる人々の実情をしるためにも一番良いと思ったからだ。もちろんバスの利用も大いにしたが、どこも交通渋滞のため時間に制限のある時などはやはり地下鉄がよかった。以下利用した都市名とその特色を列記しよう。

アテネ・小規模・共和国広場からピレウス港まで途中路上。

ローマ・小規模、遺跡保存のため発達せず小規模。

パリ・大規模、いわゆるメトロ十数系統あって車輪がゴムタイヤ式があり静か、路線系統地図があるので便利。

ロンドン・Underground又はTube既然のたて穴式に下るようにリフトで深く上下し迷路のような通路からホームに入る。路線系統図あり。

ニューヨーク・大規模Subway三系統二十数路線で世界に珍しい落書電車！で有名、ニクソンと落書青年等との根くらべで、ついにニクソンはさじを投げたとか。

特記すべき二つの事柄をとりあげてみよう。ロンドンの地下鉄は、それこそ穴ぐらに入るように、気が深くなる程地下にリフトとエスカレーターをのりついでホームに辿り着く。かつてドイツ軍の爆撃に避けたしろものである。まるでピラミッドにでも入るようだと冗談を言ったことがある。

いやもっと宗教的なアメリカの底辺にいる若年層のうっぷんをぶちまかした赤裸々な表情は芸術の域に達しているとさえいえる。まったくみごとであるとしか言えない。車の内外と言わずドア、ガラス窓、シートの上、およそあいているところには全てと言ってよいほど、気ままにそして奔放ごとく、いかりをぶちまけ読者にエロぶり、なまの人間の姿を表現している。国家とばかり消耗作戦に出たニクソン氏も根まけして放任しているというしろものである。

即ちこれらの大衆交通機関には飛行機等にみられない庶民の臭いがぷんぷんするものがある。そして人情は極めて厚く、しかも今や時間も早く正確な、その上料金はバツぐんに安上りの交通機関であるから大いに利用した。

〝初めに韓国料理あり〟

ベトナムで本場の味食わせ…

爆撃にたえたロンドン地下鉄

質・量大型化の広東料理

世界の大都市では今ほとんど各国の料理が食べられるようになった。人間何と言っても口に入るものには目がない。[illegible]いると世界旅行など中途で切りあげて帰いもどらねばならないほど重要なことがらである。またこの食事の仕方如何によって、旅の予算を大幅に修正しなければならないということもある。人間誰でも世界の料理何でもござれ、どんと来いと言う人は先ずいない。何かその人ににが手な食事があるもの、ましてや好き嫌いのはげしい人には、長期海外旅行はひどくこたえるものだ。

そう言う私も臭気にはいたって敏感な方で、先ず東南亜細亜から逐次各地の料理を紹介しながら体験を話そう。

ホンコンで先ずつきあたるのは広東料理だろう。東京でジャパナイズされた中華料理を食べていた人には、相当の覚悟が必要である。質量とも大型化する。せっかちに短時間でたいらげようとしたら先ず途中でダウン間違いなしだ。大人（たいじん）になったつもりで時間と人を超越してユッタリと調始し、楽しみながらそれこそ人生の最良の時間をいくらでも浪ばそうと言うつもりでないと、油ぎった中華に圧倒されてしまう。狭いに私達はつきあいもあって時々日本料理をはさんだので苦労は少なかった。しかし中華料理街のあの異様な臭いは私の敏感な嗅覚をえらく刺激したことは言うまでもない。

サイゴンでは私達は最高にめぐまれていた。前回訪問の時地元ベトナム料理の魚油の悪臭が鼻についていたので、今回は初めからかぶとをぬいで始終韓国料理でとおすことが出来たからである。ここでちょっと、ベトナムの大衆の朝食についてふれておこう。南国の朝は早い。

群がる自転車やオートバイの爆音がけたたましく夜が明けると、街角の大衆食堂には老若男女を問わず裏姿のサンダルばきで朝食をとりにやって来る。東京で言えばさしずめソーメンのかけといったところの、どんぶりに一杯魚油のスープ、それにソーメンのようなうどんを一握り浮かせて無造作に出してくれるのを箸を使いながらこれまた別皿からうどんの上にのっている臭気消しの野菜、（葉っぱといった方が良い）、やはり強い香りがするのを時々口にもっていっては極めて短時間の中に平らげてしまう。見たところ栄養価はどれほどなのかわからぬが何とも物足りない簡素な朝食ではある。私はこれで日中労働が出来るのかなと一人案じた。

この臭気ぷんぷんの料理を前回私は拒否すること三日目にして、ついに空腹には勝てずありついたにがい経験を持っている。〝初めに韓国料理あり〟神これをよしとし、プルコギ、キムチとビビムパを造り、韓（カラ）の地にこれを与えたまえり〟これは世界料理バイブルの第一節に出てくる名文句であり、将来の世界人の食事料理を説いた料理バイブルの一節であると言ったら驚くであろうが、一度韓国料理にありついたらそれこそ同胞の気持にも等しく中毒症状をおこしてしまうことにこれを喰らわそうとの衝動にかられるのは、マダムイブ以来のことで…とまた放言をはいたらお気づきだと思うがこれ等は今回私達が世界旅行で再確認した、世界の料理の中で最初にして最終の料理は他ならぬわがプルコギを初め韓国料理であることの事実にもとづいた放言なのである。

サイゴンには残留韓国人が千数百人も各地におり、地元の若い娘に完璧なまでに韓国標準語を教えこんでサービスよろしく、本場もののオクニ料理を食べさせていた。今にして思えば旅の初めに、わが最愛の料理にありつけたわけである。しかしこれがまた後々まで罪のつぐないをされたアダムとイブの子孫にされたことは大失敗！であった。

各地をまわって低級料理で我慢しなければならなかった私達に、常になつかしくヒロポン的誘惑をもって私達をなやまし、人類肉料理の本家に帰ってプルコギにかぶりつこうと、乾いた食欲とグングン底をついて行くさいふの中をのぞいては、リンゴならぬプルコギ民族に生まれその絶妙な味と香りュームを知っている誇りと悩みを慰め合ったからだ。

（つづく）

興進建設株式会社
東京都足立区入谷町1895・電話 899—0161（代）
東西パルプ工業株式会社
慶南晋州市上坪洞281—1・電話 4377、5377
豊搗企業社
慶北漆谷郡漆谷面太日洞595・電話大邱2—3812（代）
取締役社長 権寧珣・専務 権五鉉

業種 ☆内外旅行の手続・本国家族招請・技術研修の受入・通関業務・その他一切
＝ハワイツアー4泊6日間で¥140,000.☆香港・マカオ3泊4日で¥90,000＝受付中
株式会社 大陽観光社
運輸大臣登録一般第23号
藤田トラベル・サービス代理店
代表取締役 呉奇鉄（吉崎奇鉄）
川崎市中原区新丸子東二の九七五
電話（〇四四）四二二〜〇二五〇（代）
自宅（〇四四）九七七—九四四八

望郷の涙でつづる北韓日本人妻の手記！
あの日、新潟港を出港した私だったが、重労働にあえぎ、食糧不足に泣く共産地獄におちいろうとは、一目会いたいお母さん！
鳥でないのが残念です

日本人妻自由往来実現運動の会会長 池田文子編
頒布価 800円（送料は 150円）　☆注文は 東京都文京区春日町二丁目20 電話（815）1451 韓国新聞社

自由諸国に敵する報道

最近の日本の一部マスコミの韓国問題の報道が、如何にひどい偏向ぶりであるかは、今さら説明をするまでもない。だが、日本の偏向マスコミの"言論暴力"の被害を受けた国はひとり韓国のみではなかった。ベトナム然り、中華民国然り、フィリッピン然り、ラオス、カンボジア、タイ、インド、チベットなどなど、日本に在住するこれらの国の人々の意見を聞いて驚くほかなかった。著名な某在日インド人の言によれば、中共と反目関係のある国についての日本マスコミの報道姿勢は、最近つねに「中共」サイドでしかない、と断言している。自らの国民を"エコノミック・アニマル"と卑称し、公正な報道をしているかに見せている日本のマスコミは、実はアジア地域のほとんどの国に対し、中共側からの視野で偏向報道を続け、アジア地域の自由諸国を敵にしていることが明らかになって来た。本紙ではその一端を、アジア地域の日本留学生から、われわれの知らなかった実情を語ってもらった。当初は、もっと多数の学生が参加するはずであったが、二学期試験の韓国発表の日に重なり、タイ、ベトナム、インドネシアの学生は出席不能となった。（編集部）

アジア諸国に及ぶ日本の偏向報道
地域留学生座談会（上）
日本の偏向マスコミを語る

日本の偏向報道を真剣に語る

意図されたのも知らずに躁される読者

鄭局長＝われわれは弱小民族である。中国も二つに別れ、韓国も二つに別れており、またチベットも同じである。日本はアジアでは大国だが、偏向報道で当って来ている。台湾問題、韓国問題、ベトナム問題の何れも、その偏向報道に対するわれわれの意見を率直に訴えようじゃないかということで皆さんにおいでを願ったわけだ。

岩田先生は、二つに別れた国の友人として、われわれを最も理解してくれる先生として、今日は司会をお願いした。皆さん屈たんな

岩田氏

く日本の偏向報道を切ってもらいたい。

岩田＝では、日本のマスコミを考える―考えるというよりも日本のマスコミを断るということで、今も鄭局長さんがいわれたように一つ忌たんのない意見を出してほしい。日本人である私が司会をするということだが、遠慮のないように、どちらかというと、私は断るトに"ブツ"をつけてぶった断りたい方だから。今局長さんの言葉の中に、アジアの大国日本という言葉が出て来たけれども、大国というのは経済的な力がある。軍事的な力があるということのようだが、それは一時的なもので、ゆう久の大国というものは、どれほど相手の国の人、まわりの国の人世界中の国の人の幸せを祈り合えるものが、その国の民族性の中にあるかということだと思う。そういうことであれば、韓国も自由中国も、チベットにしても、すべてこれ大国で、われわれの方がその後に一歩遅れたようなスタイルで進んでいるんじゃないかと思う。

そういうことで、日本の偏向マスコミ、日本の中でも、朝日、読売、毎日までひっくるめて殆ど全国紙といわれる新聞は、チャンとものごとを直視して、肌で感じたままをすなおに表現しない。報道の中にはいつも何か意図されたものがあって、その意図されたものが判らないところで日本の読者は読まされていると思う。今度の文世光事件、しかも文世光事件では大統領夫人が凶弾にたおれるという悲しい事件だったのだが、そういう事件を、自分の国のこととして体験されている韓国の金聖沢さんからどうぞ―

日本の社会が受入れやすいように報道

金（聖）＝日本のマスコミは上べだけしか載ってない感じで、その背景だとか、自分の肌で感じても、日本の社会が取れやすいように直して書いている感じである。だからそれは本当の情報でなく、恣意性の情報と見受けられる。今時代の流れによって、本当のものを出すのじゃなくて、その流れによって変えて出すという形でやっているわけだ。今わが国では朝総連の問題を強く要求しているわけだが、僕達は共産主義の恐ろしさを強く肌で感じている。あの事件が起ったとき、

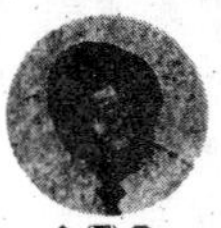

金（聖）君

韓国人だったら、これは朝総連の意図があるんだなと、瞬間的に感じたと思う。しかし日本ではNHKで放送したときに、非常に腹が立った。あれは朴政権自身が裏でやったのじゃないか、といういいかたをしている。夫人がなくなられたということを聞いて非常に悲しんだわけだが、あれでも、朴大統領がうしろでやったのか、ということを聞きたい。自分の属する者を殺すまで、果してうしろでやれる人間がいるかということ、それを政治的だとか、そういう問題を除いて人間の本当の姿として考えて見ればよく判るのじゃないかと思う。

岩田＝今の金君の意見は、日本のマスコミは、起きた事件そのものをすなおにとらえずに、人間的なとらえ方ができない。新聞が売れやすいように、今の日本の事情だと、新聞が売れやすいということは、必らず真中から左の方に書けば新聞はあるていど売れるわけだからそういう意図のもとに事実がかなりゆがめられていると、それが一番単的に表われたのが今度の大統領狙撃事件で、陸夫人の死に繋がったあの事件が、日本のマスコミでは、朴政権が仕組んだ芝居ではないかというような書かれ方をしているところによく現われている。という御意見だったと思う。

韓国とは一寸事情は違うが、国を追われて、インドに亡命政権があり、そこで生活し、そこから日本に留学しているチベットのギャルポ君に少し聞きたい。チベットの現在の状態とか、ダライ・ラマ政権がインドに亡命してくる過程などはチョッとも日本では報じられていない。今後もチベットの置かれた立場を、チベットが中共の勢力下にあるだけに恐らく日本の新聞は取上げないと思うのだが、そんなことをひっくるめて一言。

偏向報道紙の裏にこそ黒幕があるのでは

ギャルポ＝チベット問題について、日本の新聞に一生けん命書いてもらった時期が一時あった。つまり完全にチベット問題を無視したわけではないのだが、前はある国の利益のために書いて、今度はまた逆の国の利益のために書いている。というのは、今の蒋介石総統には同情するし、自分なりにむしろ支持する方だけれども、前は、チベットの問題は国民党側から見た立場から日本のマスコミは取上げた。それが今度、中共が日本と国交樹立して、そして中共ブームになった段階では、いかにもチベットが、中共が来てよかったと、そして国民が皆よろこんでいるようなことを書いている。これはマスコミの見る目が一定してないからだと思う。マスコミの目が一定しているということは正しくものを書くことであって、もう一ついえることは、自分達の利益、あるいは特定の集団の利益のために事実を偏向して書くということは間違いだと思う。僕は朝日新聞のある記者から、一九五〇年から七三年までチベットに関する朝日新聞の記事全部をいただいた。それで見ても、チベットの問題の書方が違っていることが判る。一時はチベット国内の内乱だと、また別の時期にはチベットは独立国でなく、昔から中国の一部地域だったと書くし、今度は中共の下でチベットが非常にしあわせになっている、という風な書方をしているわけだ。例えば、三年前に日本と中共が国交を結ぶ前に、中共が安定して進歩していると書いている。しかし一方私らの方には、チベットで二十名射殺されたとか、あるいは二百名捕まったとか、あるいはお寺に火を付けて焼いたとか、そういうニュースがさかんにはいるわけだ。同時に中共におけるウイグル、満州地方に反発運動があるというような情報もはいる。僕と机を並べて勉強した仲間が、チベットのゲリラとして闘かって死んだ。しかしこれらの事実が全く書かれていないということは、日本のマスコミが一つの方向に読者を持って行っていると思う。もう一つは、中共を、僕が最初に日本に来たときは、マスコミは中共といっていたのが、最近は中国、そして中華人民共和国と呼び、北朝鮮にしても朝鮮人民民主主義共和国と書くようになった。

ギャルポ君

ナゼそこまで強調する必要があるか、非常におかしく思うし、最近チベットの問題でも、朝日新聞が先頭に立って、ダライ・ラマのお兄さんがブータンの国王の暗殺をはかった、チベットは恩知らずだというようなことを書いている。ダライ・ラマのお兄さんが黒マクだと書いている。しかし、僕はその新聞にこそ何か黒マクがあるんじゃないかと思っている。われわれはそんな計画をたてたこともないし、全くウソだけれども、ナゼ今までヒマラヤの国々について何も書かなかった新聞が、この時期になって、真けんになって、何ページも、そして一番前のフロントページに書くということは裏に何かあると見られても仕方ない。今度の韓国にしても、僕がまわりの友だちから聞いてる話と、マスコミの書き方と違う、そういう面では日本と韓国のためにも、アジアの平和ということの意味でも、非常に危ない道の方へ新聞が引っぱっていく感じがする。

岩田＝われわれのよく判らないチベットの事情も説明していただいて有難う、昔日本では喧嘩と泣く子には勝てないといわれ、今はマスコミと泣く子には勝てないといわれる。マスコミが一番強いわけなんだが、世界学生新聞という学生の中で報道活動をしている宮垣さん。

左翼の方が問題の取上げ方がウマイ

宮垣＝日本のマスコミは偏向しているといわれているけれど、新聞というものは、結局、事実を書くことにある。自分の目で見た真実、自分で判断した事実、そういうものを書くべきである。岩田先生もいわれた泣く子とマスコミには勝てないということは、日本のマスコミ界自体の中にもある。私たちもそうである。大新聞は新聞として何を取上げるかということに、読者を如何に引付けるかという面から記事が載せられるとおもう。その結果、日本の中の読者の意識がどっちを向くかということが大きな問題となる。それが悪じゅんかんを繰返すと思う。日本の大新聞が左傾化していったということは、左翼勢力の方が色々な活動をする場合、学生運動でもそうだが、問題の取上げ方がウマイというか、それに対し、右翼でない側はただ押され気味で、共産主義とか共産国家の中にあるむじゅんを、あいまいな立場で、そういう問題を取上げる努力をして来なかったのに、左翼側は、そうでない側のむじゅんを取上げて来た。そして一つの流れができてそれに乗せられてしまった結果だと思う。

宮垣さん

岩田＝宮垣さんは学生でありながら新聞を作っている立場から、現在の日本の大新聞は、売るための技術が非常に巧みであるのに、少くとも本当にものごとの真実を見ようとする連中の技術が劣っていたんじゃないかという、反省をも含んだ御意見である。真実を長い目で見て行けば、必らずそのような技術は破滅するものだと思う。大手の新聞が左傾化していった原因を、今の時点でしっかり追求しなければいけないんじゃないかということが、日本のマスコミに対するわれわれのまず第一歩の姿勢じゃないか、という御意見である。

錯そうした報道をするマスコミの本心は

林＝中華民国と中国共産党に関して、日本ではよく判っていないのじゃないか、二つの中国、一つの中国ということにしても、日本のマスコミは錯そうした報道をしているので、読む人にはよく判らないということで、私はこのことに対して、中華民国の人間として記者自身がもっとはっきり知って報道してほしいと思う。しかし、われわれがどんなに叫んでも焼石に水で、結局は判ってもらえない。今度の事件（韓国大統領狙撃事件）も、本当のことを全く判らなくするようにマスコミが扱かっているようだ。一つの中国または二つの中国という問題は、中国にとっては大きな問題であるのに、私たちの国に対して、日本の新聞やテレビが好ましくない報道をしている。中華民国を日本がどの程度に対象にするかということだ。日本のマスコミが当然報道すべきことも無視されており、両国のこれからの行き方に非常に大きな悪い影響を与えると思う。

送稿と違った内容で載る新聞記事の怪

岩田＝今までの皆さんの意見では、日本のマスコミは偏向しており、すべて真実を伝えていないということで、この一言に尽きるのだと思うが、実は私はタイペイにしばらくいたし、ソウルにも時々行くが、現地の日本新聞の特派員が送った原稿が、必ずしも日本の新聞にそのまま記事になってなくずい分違うのじゃないかと思う、というのは、私の友人の特派員が電話で送稿しているのをそばで立合っていて、特派員たちが現地におって生で目で見て肌で感ずるわけだから、そう偏寄った原稿は送ってないようだが、日本の新聞が印刷されて発表されたときは、いつのまにか内容が違って、必ずしも真実をそのまま伝えていない。私はここ三、四年ソウルにいる機会が多くて、送稿した記事と新聞に載った記事が、どこでそうなるのか、違うことが多くて、なるほど、マスコミの仕組はそういうものなのかなと感じた。（つづく）

出席者（発言順）

司会＝作家・岩田玲文氏

学生＝韓国・金聖沢君（三年）、チベット・ペマ・ギャルポ君（三年）、宮垣聡子さん（世界学生新聞）、自由中国・林聡銘君（一年）、韓国・金文在君（二年）

本紙＝鄭達銘編集局長ほか。

注・学生は何れも亜細亜大学在学生。九月十六日、東京都内。

韓国YMCA韓国語講座案内

10月新学期生募集

韓国YMCAでは韓国語教育の充実に長年努力してきました。韓国語の学習を通し、韓国の歴史文化の理解を深める総合的な韓国理解を目ざしています。優秀な講師による文法、会話の指導、文講師や専門家によるカウンセリング、フォークソング、韓国民謡を歌う集い、韓国歴史の学習、シーズンスポーツ、韓国訪問等も行なっています。

・一般コース（10月7日開講）　期間6カ月（10月～3月）

クラス名	曜日・時間	内容	募集人員
初級	毎月・水 午後6：30～8：00	初めての方のクラス 基礎からの出発、文法、会話	50
中級	毎火・木 午後6：30～8：00	多少読み書きの出来る方のクラス 文型、韓文和訳、会話	50
上級	毎水・金 午後6：30～8：00	中級をマスターした方のクラス 韓国語による講義、高等会話、作文	50

費用　入会金　5,000円　受講料　18,000円　ほかに集中コース・期間3カ月

5～6名の少人数で集中的に学習する。時間は相談の上決定。

費用・入会金　5,000円　受講料・月　10,000円

交通・国電水道橋下車　徒歩5分

在日本韓国YMCA

東京都千代田区猿楽町2－5－5　電話（03）291－1511

文禄・慶長の役

西厓柳成竜の三男「柳袗」の乱中体験記

壬辰倭乱私録（イムジンワエランサロク）(9)

金竜煥画

二人の小坊主

「それを折り裂いて何になりましょう。どうぞおやめになって下さい。」

わたしたちは、いく度も感謝の意を述べてから立ち去ろうとしたところ、笠をつけた二人の男が目にとまった。一人は十五歳の男だったのでかなり背だけが大きく、もう一人は辛巳年の生まれで私より一つ年上だったが、背だけは私よりかえって低かった。

彼らは、そのうちの小さい方の男を李進士にあずかってくれるよう懇請した。

彼は、ソウルのとある両班の息子で倭に捕われる身となったが、夜陰に乗じて逃げて来たものであり、再び捕われるのをおそれ、髪を剃って小坊主を装っているとのことだった。

李進士はその懇請を拒みきれず、彼らの要求を受け入れた。

ところがその少年は、前後をわきまえず彼らに向かってあがいた。

「私もあの少年（もう一人の少年）とちっとも変わらない。ただ年が幼いということにことよせて追い出すとは残念だ。むろん追い出すからには去りますが、それにしても奪った四升の米はなぜ返してくれないのですか」

彼の態度はごう然として、はばかる気色とてなかった。

途中、少年の家門をただしてみたところ、彼は李進士の又従兄弟の息子だった。彼は家族の安否を全く知らないでいた。

大路は人影がまばらだった。李進士は私と少年を呼び寄せ、

「大路のようすをみると、倭賊はすでに通り過ぎたようだ。おまえらはまだ幼いからかまわないだろう。下りて行ってたしかめて来い。その間私は祖母にご飯を差し上げているから……」と言われた。

少年の足は非常に早かった。彼は私の足ののろさをあなどった。

「三日も食べなかったもんで、とても足が思うようにならない」と言ったところ、彼は、自分は四日も食わなかったと答えた。私はひしげるわけにもいかず「もともと下郎の足は早いもんだ」と言い返したところ、彼は憤然と立ちむかって来た。

糧を求めて

大通りに出て、通りがかりの難民たちに倭賊たちのようすをうかがったところ、その一行のうちの一人が少年に、

「おまえはこの間倭賊に捕われた者じゃないか。どのようにして逃げて来たのか。」と問うではないか。ところが、少年は白を切って、

「倭賊にですと、ちがいますよ。私はソウルのある両班の息子ですが、父母に連れ立って避難の途中食糧がなくなったため坊さんに預けられたものです。たまたま、この近辺に住んでいる親類が、私の父母の許へ行くというのでついて行くところです」と答えた。

彼は、涙をたたえている少年を見下ろしながら、

「かわいそうに、かわいそうに……、親類と一緒だというのに、どうしておまえたち子どもだけなのか」と聞いた。

少年は、私たち一行が隠れていた谷を指さしながら、

「あそこに大人たちがおられますが、倭賊たちのようすを探るためわたしたちが出てきたのです」と答えた。

「おまえたちは倭賊がこわくないのか」

「倭賊は大人たちは殺すが、子どもは殺さないと聞いていますので……」

へび苺を食べて

しばらくの間このような対話に聞き入っていた一人の老人が、

「おまえたちは腕立ちもすぐれているが、話しっぷりもまた賢い。並の子どもでない。村の倭賊たちはすでに去ってしまった。いま村には、倭賊たちが置いていった食糧や木綿地、それに財物などがどっさりあるというので、私たちもそこへ行くところだ。なんだったらおまえたちもついて来なさい。米の二斗くらいは何とか都合がつくじゃろう」と親切に言ってくれた。私は、

「おことばはまことにかたじけなく存じますが、私たちの勝手にはなりませんから、ひとまず大人たちに申し上げて見ます」と答えた。二人はすぐに渓谷へ向かって走った。

李進士は渓流べりでへび苺を摘み、それをきれいに洗っては祖母に差し上げていた。私たちは、

「倭賊たちはみんな通り過ぎたそうです」と叫んだ。少年は李進士に、すぐにも村に下りて行こうと言い立てた。

しかし李進士は、ひとまず深い山村に判官夫人を案内して、そこの主人に世話を頼んでから、別れた一行の消息を探聞すべきだといわれた。ところが少年は口を重ねて、

「人間は、東西南北どこへ行こうにも食糧は絶対に必要です。一升の米も持っていないわたしたちは、このままでは十中の八九死を免れません。ですからひとまず村へ下りていって、倭賊たちが残していった食糧を求めるのが大事ではありませんか」と言い張った。少年の話は筋が通っていたものであった。

（おわび、回数は9回目です、5回でなくなりました）

海外旅行のご相談は

運輸大臣登録　第1656号

株式会社　リイ・トラベル・エージェンシー

代表取締役　李　吉燮

●世界各国航空券販売　●外貨交換手続　●韓国及び東南アジア各国観光団募集　●旅券・ビザ（査証）手続　●家族招聘手続　●ジャルパック、ルック、マッパ　その他各種パッケージツアー取扱　●目的地渡加・入国申告・再入国手続（韓国人）　●旅行傷害保険　●生命保険取扱

☆これまで（株）世界旅行社（グローバル・トラベル・サービス）立川営業所として営業して参りましたが、営業内容のより一層の充実化と将来への発展を期して、この度、新しく会社を設立致し、リイ・トラベルとして営業致すことになりました。御支援下さい。

〒190　東京都立川市錦町6－23－17　TEL：0425－22－5674

技術と信用で築く

日本電信電話公社認定

TTK　東洋通信工業株式会社

主な取扱商品　自動交換機から釦電話まで／事務をスピード化する伝送機器、電子計算機システム／屋内放送装置全般、テレビ共聴装置ほか

販売，設計，施工，工事，保守のご用命は当社へ

本社　東京都新宿区西新宿7－21－1新宿ロイヤルビル　電話　東京（03）363－0181（大代）

大阪支店　大阪市西区江戸堀1－128（江商ビル）　電話　大阪（06）443－5591（代）

横浜営業所　電話　横浜（045）321－0201（代）

韓国で三十年の歳月を過した加藤松林人画伯が、その卓越な筆致で描く
韓国の美しい四季の風物詩画集！　全篇に郷愁ただよう雅趣豊かな美麗本!!

加藤松林人　随筆画集

韓國の美しさ

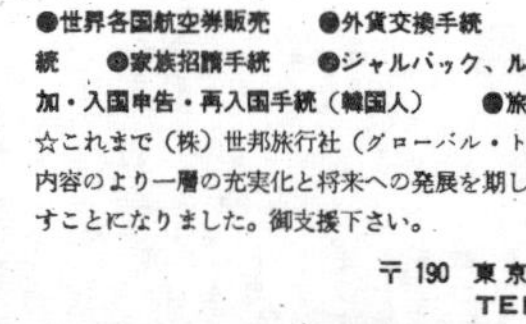

「笠百合」（李前大使「すいせんのことば」から…）

●加藤画伯は韓国のよき理解者であり、韓国の美しさを再認識させてくれる芸術家の目をもっています。

総212ページ・カラー画12枚
挿画132枚　ケント・アート紙使用
布クロース特製函入・¥2,500

発行所……WUM学園出版部

・注文先は　韓国新聞社へ　TEL（815）1451

韓國新聞
在日大韓民国居留民団
中央本部機関紙
韓国新聞社
発行人 尹達鏞
東京都文京区春日2丁目20-13
電話 (815) 1451～3
(813) 2261～3
振替口座 東京 163774
本国連絡所（民団本国事務所内）
서울特別市鍾路区仁成洞
政府合同庁舎4層
電話 73-0162・0165

在日本大韓民国居留民団 綱領
一、우리는 大韓民國의 國是를 遵守한다
一、우리는 在留同胞의 權益擁護를 期한다
一、우리는 在留同胞의 民生安定을 期한다
一、우리는 在留同胞의 文化向上을 期한다
一、우리는 世界平和와 國際親善을 期한다

民団史上未曾有の記録
北傀糾弾民衆大会大方終る

全国に民族的激憤の嵐をまきおこした、朴大統領狙撃事件による故陸英修女史追悼の北傀・朝総連を糾弾する民衆大会は、民団史上未曾有の動員記録をうちたてた東京、大阪、九州などの大規模な民衆大会につづいて、その後も全国各地で同種の民衆大会がつづき、ついに九月一ぱいは、文字通りの糾弾月間となって、二十二日の京都民衆大会でようやく、ひとまずホコをおさめた。

九州初の一万集会 大濠公園

民団九州地方協議会（権[illegible]事務局長）主催による、八・一五朴正煕大統領狙撃事件背後糾弾九州大会が、二十日正午から福岡市の大濠公園で開かれ、対馬、沖縄を除く、九州地協傘下の団員約一万人が参加、九州民団始まって以来最高の大衆会となった。

国民儀礼につづき、権[illegible]事務局長（民団福岡県地方本部団長）は、「文世光は朝総連の訓練生であるから、朝総連を野放しにしておいては韓国、民団のみならず日本にも悪影響を及ぼす。したがって朝総連は解散させなければならないと、開会の辞で強調し、日本マスコミも偏向報道を是正して良識ある公正な報道をなすべきであるとつけ加えた。

次いで決議文、朴大統領に送るメッセージ、日本政府関係機関に送る要請などが読み上げられてこれを採択、午後二時半すぎ約二キロにわたるデモ隊列の行進に移った。一方、抗議代表は四組に班を編成して福岡県庁のほか、読売、朝日、西日本の各新聞社を訪れ、抗議、要請文などを手渡し、午後五時頃報告会を終えて解散した。

バス事故で宮崎団員負傷

この日、福岡での糾弾大会に参加するため、バスを貸切り十九日夜八時頃、宮崎市を出発した民団宮崎県本部管内団員たちは、途中の福岡県八女市で岩元[illegible]運転手(45)の居眠り運転が原因で、四トン・トラックと衝突、二十九人に及ぶ人身事故を起こす大事件となった。

李文雨氏(58)らのケガはいずれも頭や手などに三週間から三日間ぐらいで、同バスには宮崎県本部の金[illegible]監察委員長ら三十五人が乗っていた。

写真 ㊤は福岡で開かれた九州大会 ㊥は札幌市内のデモ行進 ㊦は、円山公園での京都大会

京都は3千人 円山公園

民団京都地方本部（金[illegible]日団長）では、二十二日正午から円山公園音楽堂で、朴大統領狙撃事件糾弾京都府民衆大会を開いた。

この日は夜来の雨もカラリと晴れ上った好天気で、三千余人の団員が集ったなかで開会し、会長団を選出したあと金[illegible]日団長による開会の辞があってから、尹達鏞中央団長の激励辞があった。

つづいて同大会に特別来賓として参席した日本の植木光教議員は国母・陸女史狙撃事件に対し限りない憤激をおぼえると同時に韓国民の心情を察して余りあります。日本国内で計画された事件だけに道義的責任を感じ申しわけなく思います、とあいさつの中でのべ、また同じく小川半次議員も、今日の集会をむだにしないでほしい、日韓間の親善をじゃまして紛争を生じさせる共産主義者たちによってこの事件が計画されたことは明白な事実であるから断呼これを排撃しなければならないと、力強く訴えた。

このあと、決議文を[illegible]副団長が、田中総理と木村外相、狙撃事件特別捜査本部（日本側）、国家公安委員長らに対する抗議文を[illegible]団長がそれぞれ読み上げ万場一致でこれを採択、提出することにした。

終りに閉会の辞を[illegible]委員長がのべ、[illegible]団長の万歳三唱で大会を終え、市内の目抜き通りである円山公園→四条通り→河原町御池→堀川→二条城の四キロにわたるコースを宣伝カーを先頭に「朝総連をつぶせ」「金日成殺人集団を粉砕せよ」「[illegible]を葬れ」などのシュプレヒコールを唱えながら行進した。

漫評　語るに落つ　金竜煥

意義深い新潟デモ

民団新潟県地方本部（李元世団長）傘下団員約三百人は、さる九月二十日十二時半から新潟市の弁天公園に集まり、同県本部主催の殺人集団・朝総連粉砕民衆大会を開いた。

李元世団長は開会辞で、韓日関係は一応両国政府間で妥結したが、我々の戦いはこれからであり、その出発ともいうものが今日の大会であります。戦いの目的が朝総連粉砕であることを団員一人一人が認識を強くし、一層団結した力で戦いましょうと力強くのべた。

つづいて県教組中央事務総長の激励辞がのべられたあと、文[illegible]議長によって、北韓金日成は、対南スパイ破壊活動をただちに中止させよとの主旨の決議文を採択した。次いで大会は金[illegible]監察委員長の閉会辞の後、会場から東大通り→万代橋→柾谷小路→県庁前のコースでデモ行進に入り、「木村妄言取り消せ」「スパイ工作船万景峰号の日本寄港を中止させろ」等のシュプレヒコールをあげながら約二時間の行進を終えた。

特に新潟は北送船万景峰号の寄港先であり、朝総連活動の中心基地であるだけに、この日のデモは意義深いものがあった。

北海道では8百人 札幌大谷会館

民団北海道地方本部（[illegible]団長）では二十日午後一時から札幌市の大谷会館で故陸女史追悼北海道地方大会を約八百人の団員参加のもと開いた。

第一部追悼式は[illegible]事務局長の司会で国民儀礼、金本正議長の開会辞、[illegible]長の献花、金[illegible]副団長の陸女史略歴紹介、[illegible]団長の追悼辞、[illegible]の追悼辞の順で進められたが、会場からの[illegible]「朝総連糾弾大会」に切りかえられた。

糾弾大会はまず、[illegible]議長の開会辞に始まり、中央からの金仁洙副団長と朴[illegible]議長の激励辞が力強くのべられたあと、午後三時に至り、金熙寿副団長を行動隊長に選び、会議会場を出て、道庁前、新聞社などの目抜き通りをシュプレヒコールをとなえながら約一時間にわたる大行進をつづけ午後四時すぎ、民団本部前で解散した。

また大会中に、朴大統領に送るメッセージを金順子婦人会長が、田中総理に送るメッセージを札幌韓国学校の朴弘烈校長が、それぞれ読み上げて採択、NHKおよび朝日、読売、北海道の各新聞社に送る決議文を実行委員会に一任した。

この日、中央からは「民団三十年史」取材のため金[illegible]局長が参加した。

北陸3県は合同大会

北陸地方の福井、石川、富山の各民団地方本部では、合同して、朴大統領狙撃犯・文世光背後糾弾北陸三県民衆大会を二十一日正午すぎから金沢市の石川県婦人会館で開いた。

この日の大会には各県から五百人あまりの団員がかけつけ、国民儀礼、黙祷のあと、劉[illegible]守石川県本部団長が、朝総連の対民団破壊工作を徹底的に粉砕しなければならないと檄をとばし、中央からの朴性鎮韓国新聞主幹も、これを契機に朝総連を完ぷなきまでにたたきつぶし、民団健在なりの気慨を内外に示そうと激励した。

つづいて、決議文と日本各機関への要請文を採択したが、この日は土曜とあって既に午前中、三県幹部が石川県警と県庁におもむき、底田警備部長、杉山副知事から今後の協力を約束された。大会が終って午後二時すぎに至り、ゼッケンをかけプラカードをかかげたデモ隊は「日本政府は朝総連をとりしまれ」「殺人鬼・金日成打倒」などのシュプレヒコールを唱えながら県庁前→香林坊→金沢駅前と行進して、流れ解散した。

岡山では千人 県営公園

民団岡山県地方本部（林[illegible]団長）では、二十日午前十一時から岡山市県営競馬場前公園で千人の団員が参加して、朴大統領令夫人・故陸英修女史追悼大会が開かれた。

大会は国民儀礼に始まり、林[illegible]団長の追悼辞、故陸女史の経歴紹介、日本各機関に送る抗議文、要請文を採択、朝日、読売、山陽の各新聞社と、NHK、岡山県知事、岡山県警本部への抗議・要請団を送出し、正午すぎから公園→奉還町→新西大寺町→岡山駅前までの約六キロのコースでデモ行進した。

一方、前日まで民団本部の前に宣伝カーをくり出し、いやがらせ戦術をくり返していた朝総連は、この日の民団大デモ行進に気色をうばわれ、警戒にあたるなどの弱体をさらけ出した。

滋賀は宣伝カーとビラ

民団滋賀県地方本部（朴[illegible]団長）では、二十二日午後一時から同本部二階講堂で、朴大統領狙撃事件背後糾弾大会を開いた。大会終了後、宣伝カー巡回と、駅頭で二日間ビラ配付をした。

スパイ基地化を説明
大同団結して反対勢力粉砕
李裕天中央顧問が記者会見

民団中央の李裕天常任顧問は九月二十六日正午、新宿「香苑」で在日同胞記者会見を行ない、去る十四日付で米国フォード大統領並びに上・下院議長、キッシンジャー長官宛に送ったメッセージの内容と、併せて民団の大同団結について次のような談話を発表した。

「朴大統領狙撃事件の背後関係と日本が対韓スパイ基地として使われている点について韓国の立場を説明したメッセージは、シュ・スミス駐日米代理大使と、政治担当のピトリ参事官を通じて間違いなくフォード大統領の手許に届くよう依頼した。

一方、民団もこの際、大同団結して、「韓国政府に反対する勢力を粉砕しなければならない」と強調した。

李裕天 顧問

フォード大統領に書簡送る

李裕天常任顧問は、フォード米大統領と上、下院議長に送る書簡を九月十四日駐日米大使館に伝達した。同書簡の中で李顧問は、ニクソン前大統領に対する尊敬の念を表え、朴大統領狙撃事件に対する日本政府当局者の妄言に対し全韓国民は激怒に思い憤激を感えたとのべ、また朴大統領が九年前野党の反対を押え韓日国交を締結したことを指摘し、韓日関係の困難な今日、両国間の友情回復と世界平和のため日本政府に対し温い忠告の措置をとることを衷心から要望すると強調した。

朝日配禁解除

政府は二十三日、去る二日から国内配布を禁止した朝日新聞に対する措置を解除した。また読売新聞支局問題も考慮中である。

時評
日本、北傀の工作基地歴然

◇朴大統領狙撃事件の犯人文世光の背後に「朝鮮総連」―「北傀（北朝鮮）政権」が介在していることから、日本は北傀の対韓スパイの工作基地であることが明白となっているが、これに対して朝鮮総連は組織力を動員して逆宣伝に躍気となり、日本人社会に一人でも多くの同調者を得ようと連日宣伝カーを繰り出している。そして「文世光との関連は無く、韓国側の謀略だ」と主張しているが、その最中、こともあろうに二人の北傀スパイが兵庫県警に捕まるというとんだ「シッポ」を出した。西の諺流に「(へ)一つ」である。◇

今年の七月三日、警視庁、千葉県警、新潟県警の共同捜査によって、北のスパイ孔泳淳が逮捕された。それ以前にも「外国人登録法」違反で摘発されたもの、所持品などから北の工作スパイであると判明した事件が何十回もあった。

最近の日本国会で警視庁の半田警備局参事官は「昭和二十五年から今日まで北朝鮮から日本に密入して摘発された密入国者は三十四件五十七名にのぼっている」と述べたことがある。

このようにはっきりしている事件について、朝鮮総連側は、図々しいといおうか、厚かましいといおうか、日本の警察当局に対してデッチ上げだ、事実無根だ、と抗議をくり返して来た。朝鮮総連はどのような証拠があっても、それには一滴も触れずただ、ただ、全部ウソであるかのような抗議を行なうだけである。「蛙のツラにションベン」とはこのようなことをいうのであろう。

検挙例が語る渡韓のスパイ
日本で90%以上を養成した

「時事評論」第六巻第八号、小谷秀二郎氏による「最近の日韓関係」によると、昨年一月から今年の七月までに韓国で検挙された北傀スパイ百四十三件の内、日本を経由して韓国に潜入したスパイは四〇パーセント、五六件で最高である。そのほかは、北から直接侵入したもの二五件、在韓四一件、拉致した漁夫をスパイにして送り戻したもの八件、よその国からの侵入三件となっている。そしてこの五六件のスパイ事件を分類し、次のようにパーセンテージの高い順から紹介している。

1、韓国より日本へ密航し、指令を受けて本国にひそかに帰還し、スパイ活動をしたもの（一七パーセント）

2、外航船員を仮装して出国し、日本で指令を受けたもの（一四パーセント）

3、技術習得のために渡日し在日中に北朝鮮スパイとなり帰国したもの（八パーセント）

4、永住帰国を仮装して、スパイ活動に従事したもの（八パーセント）

5、韓国内のスパイ網に対する工作資金供与および活動内容の点検を目的として、北朝鮮より日本を経由して韓国に入国したもの（七パーセント）

6、留学生として日本に渡航し、留学中共産主義教育を受け、帰国後スパイ活動を行なったもの（七パーセント）

7、日本留学中、北朝鮮に渡りスパイ教育を受け、帰国後大学教師として就職し、活動をしていたもの（四パーセント）

8、偽装企業体経営者として日本より帰国後、スパイ活動を行なっていたもの（四パーセント）

9、その他、民団員を偽装して韓国に入国したもの。家族、知人を訪問する名目のもとに一時帰国したもの。商用を偽装して一時入国したもの。日本人に仮装して入国したもの。日本観光の目的で出国し、日本で北朝鮮組織に包み込まれ、帰国後スパイ活動に従事したもの（各一パーセント）

この五六件の内訳を見ても判るとおり、5番目の七パーセントが北韓から日本を経て韓国に入国しているが、あとの九三パーセントは、日本で北スパイ工作員に接触されてスパイとなったものである。

これらの人物が如何にしてスパイに仕立て上げられるかということについては、本紙七四年四月二十七日付一一一九号の「時評」「検挙に疑念、日本人の甘さ」と同五月十一日付一一二一号「時評」「朝総連・謀略専担部を新設」で詳しく説明してある。朝鮮総連の工作員に「笑顔」と「猫ナマ」でアプローチされ、気が付いたときはもうどうすることもできない程までに深入りしてしまっているのだ。

朝鮮総連が如何に巧妙な工作をしているか、これではっきり判るはずである。だがしかし、ここに一つのトリックのあることを見逃がしてはならない。それは、文世光の場合、朝鮮総連の金浩竜という政治部長の名が具体的に出て来たが、これは朝鮮総連にとっては取返しのつかないミスであった。

スパイを養成する機関と、表向きの総連組織とは、上層幹部を除いて横の連絡は許されず、どのスパイも、一人か二人の秘密工作員としか接触がなく、その名前も日本名か本国名の苗（みよう）字しか知らされないのが通例である。だから恒に朝鮮総連は「蛙の面にションベン」的厚顔さで通せたのであるが、それが破れたのだ。

米田警備局参事官が「日本が北朝鮮の対韓工作の基地として利用されているといっても差しつかえない」と説明しているとおり、日本は完全に彼らの基地なのだ。しかも北傀政権の指令で動いていることは、日本の主権侵害そのものでもある。(W)

第24回定期中央委員会召集公告

本団第24回定期中央委員会を次のように召集致します。

記

一、日時＝一九七四年十月十八日午前十時
一、場所＝日傷会館（東京都新宿区市ケ谷本村町四二・電話 03 二六九 八一五一番）

一九七四年九月二十四日
在日本大韓民国居留民団中央本部
議長 朴太煥

この実録は著者が決死的に死線をさまよいながら偽者・金日成を追跡した血と汗の結晶！
絶対神！ 女をめぐってその赤裸々な正体をあばく、これが金日成の実像だ!!
〈本国で連続ベストセラーをつづけている話題の書〉国語版
実録・金日成伝　김일성과 여인들
美麗豪華本・全3巻 (1)意志喪失の暗うつな大陸 (2)ウラル山脈から大同江まで (3)長白山から臨津江まで
北傀軍最高司令部に潜入、諜報工作で花郎武功賞を受けた予備役中尉 李基奉著
ソウル 東林出版社刊　日本頒布 韓国新聞社　価(全3巻) 3,600円 (送料400円)
☆全国民団各支部、傘下団体に備えつけ蔵書として最適です

フォード大統領、11月22日訪韓

韓米の伝統的友誼高揚
経済協力・韓日問題など論議
朴大統領の訪米招請も予定

フォード米大統領

朴正煕大統領の招請によって、ジェラルド・R・フォード米大統領が、来る十一月二十二日、韓国を訪問することになったと二十日夜、金聖鎮青瓦台スポークスマンが発表した。フォード米大統領は、十一月二十二日午前ソウルへ到着し、翌日の十一月二十三日午前に離韓する予定である。フォード米大統領の訪韓は、20日夜10時、ソウルとワシントンで同時に発表された。「韓国を理解する大統領」として知られたフォードは、青瓦台首脳会談で、朴大統領とアメリカの対韓軍援をはじめとする経済協力および韓日関係に対する問題を論議するものと見られる。

また、フォード大統領は、八・一五の惨劇に対する米国民の同情と深い弔意を朴大統領と韓国民に伝えることになるものといわれる。

十一月十九日から三日間、日本を訪問したのち、フォード大統領一行は十一月二十二日午前、ソウルへ到着、一日の日程をおえ、ソウルで一夜を送ったのち十一月二十三日午前、韓国を出発する予定である。

就任後、首日に満たない十一月末にフォードが韓国を公式訪問するというのは両国間の伝統的な友好関係を大きく促進するものとして歓迎されている。

特に、ニクソンとは異なり、大統領就任後初の訪問をヨーロッパ……

韓国と米国の伝統的友好の紐帯は深く歴史は古い。写真は米国の戦友としてベトナムに参戦した韓国軍のベトナム民衆診療活動

第7回 韓米安保協議会終る
韓国の共同防衛を再宣明

徐鍾喆国防長官

クレメンツ次官

韓半島の軍事情勢と韓国軍現代化の進度および全般的国防情勢に関する両国の意見交換を議題とする第7回韓・米安保協議会が23日（ホノルル時間）キャンプスミス基地で開かれ二十五日共同声明が発表された。米国首席代表として参加するウィリアム・クレメンツ米国防次官は、22日……

このたびの韓・米……

78年ソウルで世界射撃大会
ベルン国際射撃連で62対40で決議

国際射撃連盟の92会員国代表が参席した中で、18日スイス首都ベルン所在万国郵便連盟（UPU）本部会議室で開かれた国際射撃連盟総会は、一九七八年度開催予定の第42回世界射撃選手権大会を韓国で開催することを62対42で可決した。これで韓国は、射撃部門で初の世界選手権大会を誘致することになった。

この日、午前9時（韓国時間午後5時）から開かれた総会は、78年度第42回世界射撃選手権大会誘致をめぐって、韓国とメキシコが対決、はげしいせりあいを見せたが午後2時（韓国時間10時）、秘密投票で韓国が勝利、大会誘致に成功した。

メキシコ代表について提案説明をはじめた韓国側会議首席代表、金宅竜大韓体育会副会長は提案説明をおえたあと、特別に製作した韓国射撃映画を上映、会員国代表から大きな関心をよんで拍手喝采をうけた。

この日、北傀代表は韓国誘致案を反対しながら、フランス語で挑発的な政治発言をひろげたため、ハスラー会長からスポーツに限って発言せよとの注意をうけ東欧圏国家代表も北傀代表の発言を中止させるため机をたたいた。

78年度、世界射撃選手権大会は4千余名の選手および役員が参加することになり、韓国はソ連をはじめすべての敵性および非敵性共産国選手団の参加のため門戸を開放する。

来年成長率8%
南副総理あかす

政府がこのたびの定期国会に提出する来年度予算案の総規模は、一兆二千六百四十九億ウォンであることが明らかとなった。

南悳祐経済企画院長官は、……

国連「韓国議題」を単一化
総会運営委採択、賛9・反7・棄権8で

……第1（政治）委員会と国連総……

論壇

朝総連規制は 日本の法的責任である

ジュアン・アレグラド

日本に8・15事件の国際法上責任あり
「自己保全」の原則は厳存

……る朝総連という組織の韓国に対する破壊活動――いうまでもなく、朴大統領狙撃事件をも含め――に対して"規制"を求めている韓国の正当なる要求に対して異論をさしはさむことはできないはずなのである。

ましてや、日本のかつての満州での主張は"満州侵略"を敢行したことに対する言いぐさであったが、韓国はどこの地をも侵略しているわけではない（韓国は侵略されたことはあっても、侵略したことのない国である）。韓国みずからの領土に、殺し屋が日本から入ってきて、起きた事件に対する韓国の要求なのである。

▽朝総連規制は当然な主張

しかも、その殺し屋は日本領土内で大韓民国政府の転覆と破壊を目指して活動する朝総連の指令によって動いたものなのである。

十分な調査、捜査の必要などとはもとより、韓国政府の朝総連に対する規制要求が当然な主張であることは二論を要しない。（SISA）

筆者のジュワン・M・アレグラド博士はフィリピンの前駐韓大使。

韓国YMCA韓国語講座案内

10月新学期生募集

韓国YMCAでは韓国語教育の充実に長年努力してきました。韓国語の学習を通し、韓国の歴史文化の理解を深める総合的な韓国理解を目ざしています。優秀な講師による文法、会話の指導、又講師や専門家によるカウンセリング、フォークソング、韓国民謡を歌う集い、韓国歴史の学習、シーズンスポーツ、韓国訪問等も行なっています。

・一般コース（10月7日開講） 期間6カ月（10月～3月）

クラス名	曜日・時間	内容	募集人員
初級	毎月・水 午後6：30～8：00	初めての方のクラス 基礎からの出発、文法、会話	50
中級	毎火・木 午後6：30～8：00	多少読み書きの出来る方のクラス 文型、韓文和訳、会話	50
上級	毎水・金 午後6：30～8：00	中級をマスターした方のクラス 韓国語による講義、高等会話、作文	50

費用 入会金 5,000円 受講料 18,000円 ほかに集中コース・期間3カ月 5～6名の少人数で集中的に学習する。時間は相談の上決定。

費用・入会金 5,000円 受講料・月 10,000円

交通・国電水道橋下車 徒歩5分 在日本韓国YMCA 東京都千代田区猿楽町2－5－5 電話(03) 291－1511

韓国語学習（会話・文法）

成根容著

第一部・いろいろな挨拶のしかた
第二部・語尾のいろいろ
第三部・助詞のいろいろ
第四部・会話の応用

－A5判三七〇ページ－

価八五〇円（定価一〇〇〇円の内、著者一五〇円負担・送料・一一〇円）

民団中央本部宣伝局

電話 八一五－一四五一～（三）

内科・小児科・呼吸器科・外科・整形外科・皮膚科・X線科

中島中央病院

医学博士 李 泰 永（在日韓国人医師会々長）

川崎市川崎区中島3－9－9・電話044(244)0205

チエーン製造販売・チエーン部品・コンベヤチエーン

中山工業株式会社

社長 崔 喆 林

〒174・東京都板橋区若木1ノ6ノ20

電話(935)2233番・0006番(代表)

レジャーセンター 丸三会館

まさに業界随一の設備

1階パチンコ御殿

娯楽の王様 パチンコ

最新式のサイクロン電動式、全台椅子付

2階プレイングコーナー

現代の男には知的スポーツを

●アレチボール●ダイヤモンドボール●ジャンボール●雀球 その他各業界生活のため正しい情報、先取りの各機関紙も設けてあります。

八戸市長横町1番地 TEL 1F (22) 0303・2F (22) 3030

代表者 高 泰 俊

技術と信用で築く

日本電信電話公社認定

TTK 東洋通信工業株式会社

主な取扱商品

自動交換機から卸電話まで
事務をスピード化する伝送機器、電子計算機システム
屋内放送装置全般、テレビ共聴装置ほか

販売，設計，施工，工事，保守のご用命は当社へ

本社 東京都新宿区西新宿7－21－1新宿ロイヤルビル 電話 東京(03)363－0181(大代)

大阪支店 大阪市西区江戸堀1－128（江阪ビル） 電話大阪(06)443－5591(代)

横浜営業所 電話 横浜(045)321－0201(代)

"朝鮮総連から資金もらった"
文世光の妻、真相を語る

朴大統領狙撃事件に関連して、犯人文世光が朝鮮総連生野西支部の政治部長金浩竜から、犯行の資金を受取ったと自供したことについて、当の金浩竜をはじめ、朝鮮総連は今組挙を挙げてこれに反論し、事実無根のデッチ上げだとさわいでいるが、最近これら朝鮮総連の主張こそが、全くの逆宣伝であったことを、日本の週刊誌が白日のもとにさらすということがあった。これによると文世光が朝鮮総連の政治部長なる人物から金を受取ったことを文の妻が自発的に語っており、さらに「前田」「池田」という二人の人物の名も明らかにしている。朝鮮総連のいい分のみを信じようとした多くの人々が了然となっており、真実は曲げられないことを改めて思い知らされている。

前田、池田という別の人名も登場

週刊現代（講談社発行）の九月二十六日号は、同誌独占インタビューとして「夫・文世光が打ち明けた朴大統領狙撃事件の真実」というタイトルで、文世光の妻李成淑さんと実兄文良淑氏との会見記を掲載している。

この記事は週刊現代記者と三人（成淑、良淑、記者）での一問一答形式でなっているが、李成淑、文良淑の二人とも、全く自由な状態で発言したものであり、デッチ上げだとか、脅迫されたものだとかなど、朝鮮総連が好んで使う宣伝文句も、この場合は通用しない、と関係者は見ている。

問題の文世光の金の出所に関する記事は次のとおりである。（同誌三二〜三三ページ、質問者は同誌記者）

――文世光のカネの入手状況をお聞きしたいんですが。まずお母さんから、十一月に五十万円借りて、それを香港旅行に使っている。そのほかは……。

横淑・あとは考えられないですね。七月の末に、信州旅行に行ってるんです。韓国報道では、そのときに四十万円使ってるというんですけど、四万円弱ですわ。おとなが五人、子供が三人、三泊四日で、全部で十万しないですわ。彼女のところの出し分が四万弱。なんぼ使っても、四万以上は出していませんわ。

そのほか新聞報道では、最近になって世光の言動に不安を感じて、兄に相談したとか書いてありましたけど、そんなこと全然ありませんよ。今回の事件のために、千二百万ぐらい持っていて、そのカネがどこから出たかということが問題になっていますが……。

ぼくらわかってるのは、昨年十一月に母からもらった五十万円だけですね。

……収入は、去年からことしにかけて、どのくらいでしたか。

成淑・去年は自主民団の事務所に席を置いてたから、苦しかったんですけど、ことしに入ってからはそれほど……。

自主民団につとめてたときが六万五千円（月給）で、丸進運輸につとめたときは、十二、三万ありました。

――丸進運輸につとめ出したのは、いつごろですか。

成淑・二月に赤不動病院から退院して、二週間ぐらいしてからですね。「アルバイト・ニュース」みたいなのを見て、自分で見つけました。

――十二、三万の給料はほとんど奥さんに渡されていた？

成淑　ええ。

――だんなさんのおこづかいは、大体どのくらい…。

成淑・子供にオモチャ買ったり、たまに自分で本を買うぐらいで、本人はガソリン代ぐらいしかないんじゃないですか。よう使っても二万ぐらいと違いますか。

……状況ではないわけです。

横淑・ないですね。

成淑・金を受けとったのがある雑誌では八月四日と書かれたのでしょ。あれは八月一日なんです。子供の定期十万円と普通預金五万円にわけて、あの人から通帳を私受けとっているんです。

そのとき、あの人はカンパの金やいうて家しました。八月五日にあの人が韓国へ出発すると私に、東京へ二泊の研修に行くといってでたんですが、その費用としてカンパのお金があてられたのだと、説明がつくんです。

――報道では総連の上層部の人から金を受けとっていることになっていますが。

成淑・総連の上層部ではなくてあの人のいうには総連本部の政治部長からだとはっきりいうんです。連絡するのは前田という人だといっていました。私の感じでは"前田さん"が"政治部長"のような気がします。

その人から七月と八月に二回ほど連絡があって、お金をもらっているような気もするんです。

――前田という人物が、文世光のいう政治部長という感じがするのですか。

成淑・はい、そんな感じなんです。（本誌で問い合わせたところ総連本部では前田という政治部長はいないといっている）

――前田という人物と金浩竜とは違う人物ですか。

成淑・電話できく声では、金浩竜さんとは違うわ。若い感じの声で流暢な日本語でした。はたしてほんとに総連の人かどうか、私の感じではよくわからないんです。

――文世光と前田さんの電話のやりとりを聞いたことはありますか。

成淑・一度、七月頃だったと思いますけど、前田さんから電話があって、約束したからといってあの人が出かけたことがありました。ご飯を食べてから出かけていって十一時頃帰ってきたんですけど……。

そのほかに八月二日か三日頃に前田さんと約束しているようでもありましたけど…。

それで、八月五日にあの人が、（韓国に）出かけたとき、私には赤不動病院の池田さんに連絡しろといい残して行きました。友人たちには和歌山へいったといってくれということでした。

人事発令

任組織局次長　李宗徽
　　　　　　　鄭泰善

四月二十六日付をもって発令する。

中央団長　尹達鏞

宮崎、岐阜、青森が完納
滋賀、高知でも一部納入
中央会館建設割当基金

納めようみんなの中央会館建設基金

民団宮崎県地方本部（崔斗玉団長）と岐阜県地方本部（金浩範団長）、青森県地方本部（尹蔵明団長）では、中央会館建設割当基金を、宮崎が百十八万九千八百円全額を去る八月十四日に、岐阜が四百九十二万四百八十円全額を九月十日に、青森が二百七十三万六千七百二十円を九月二十五日に、それぞれ中央会館建設委員会へ完納した。

また滋賀県本部（朴渉性団長）では割当基金の一部として二百万円を去る八月十五日に建設委へ納め、同じく高知県本部（徐仁泰団長）でも全額の一部二十万円を去る八月二日納めた。

これで一時停滞気味だった納金も、順調に進んできたものとして中央では歓迎している。

李在竜青森県本部顧問㊨から金仁洙中央副団長に建設基金が手渡された。㊧は宋鎬用建設委員長

国民登録台帳盗まる
反民団の悪らつな政治的意図
広島

民団広島県地方本部（姜文熙団長）では、十九日深夜、何者かがしのびこみ同事務所二階ロッカーから、国民登録台帳二十九冊が盗まれたと、このほど中央に報告してきたが、この盗難台帳は二十一日早朝になり、広島市観音新町二丁目の太田川放水路河川敷でその全部が発見、回収された。

捜査は広島東署があたったが、犯人は一階から侵入、窓ガラスを破って同台帳を盗みだしたものと見られ、金庫や備品などには一切さわっておらず、台帳だけが狙いとなっているところから反民団系の悪らつな政治的意図をもっている者の仕わざと目される。

台帳発見の動機は、釣の餌になるゴカイを採取に行った通行人の一人？が、新聞記事に出ていた盗まれた台帳らしいと電話で通報してきたためで、姓名は明かさなかったという。

この事件により、中央本部では同種の事件が今後とも発生するのを未然に防止するため、各県本部に具体的な防犯対策を講じるよう公文その他で通達指示した。

「国軍の日」に千三百人参加

十月一日の「国軍の日」記念式典を参観するため、民団中央では恒例の参観団を編成、九月二十七日の静岡を皮切りに全国各地単位で三十日までにソウル向け出発することになった。中央の金仁洙副団長を引率団長とする参観団一行は九月二十六日現在で千三百七十四人となっており、その中には民団組織有功者二十五人がふくまれている。

独立29周年レセプション

金永善大使は大韓民国独立第二十九周年記念レセプションを十月三日午後六時から七時三十分まで東京日比谷の帝国ホテルで催す。同レセプションは8・15事件のためのびのびになっていたもの。

四国地協開く

第三十九回四国地方協議会（尹奇炳事務局長）は、二十二日午後一時から高知市の青柳ホテルで開かれた。協議会は、高知県本部李飛剛青年部長の司会で進められ、高知県本部徐仁泰団長の開会のあいさつにつづき金鎮河駐神戸総領事、安商権中央民生局長らの祝辞がのべられた。このあと高知、愛媛、香川、徳島各県本部からそれぞれ経過報告があり、二・三世同胞子弟の教育問題、反民団分子のしゅく清などを中心に討議が真剣に交わされた。参加人員は約三十人。

なお、さきの十八号台風で家族を二人失った朴政三氏に対し、中央からの見舞金をおくったのをはじめ、金鎮河総領事と香川、徳島、愛媛の各県本部からも金一封がおくられた。

世界親子かけある記 ㉛
ビジネスと観光と歴史・美術そして…
裵乙祚・裵慶州

（Ⅱ）"旅と交通・ランドリーそして食事等"

シンガポールでは海浜の露天売店で大変おいしく食べたこと、ナイトマーケットで東南アジア料理と称する屋台みたいな露天食堂で、高級な食堂でエキゾチックな雰囲気の下で食べた料理のアラモード、インドネシアン調理の焼肉で二番目にありついたインド料理のうまさを忘れられない。かんだんだん"もいつしくなって来て、日本をたってから、食べ物に関する余話が多くなって来たことで、で空気も出て来た料理であり、食のたびに味が薄くなって来たと感じるのだった。

カイロに入ってから地元料理と言わずいわゆる洋風で紹介と謳われる料理といわず、使われている香料の特殊な臭いが鼻について、とんと食欲が進まない、特に息子は閉口しているらしくこちまでがハラハラし出して来た。場所をかえ料理をかえて試食するが鼻についた臭いは一向に消えなかった。ピラミッドを訪ねる途中でとった昼食の地元食は、澄んだ空気と砂埃もあっておそらく食欲は死んだごとくなつかしく思う。

ホテルの朝食はコンチネンタルの朝食、万人向きのトースト、コーヒー又はオレンジジュース類の飲物といった軽食で、旅をする人々には最も体調にあったコースである。

ここで旅なれない時に特にハンデがある人びとの一番の食事アレルギーについてふれておこう。相当な食通でもいざ自分好みの料理を世界各地でメニューからえらんで注文することは中々骨のおれる作業である。まして食通でもなくその上日本語以外にはアレルギーをおこす人々には尚おさら食事には神経を痛うことになるらしい。私はここの旅で行く先々、日本料理店でなけなしの予算をねん出しか、招待にありついて素敵の日本料理と対面する多くの日本人が、黙々と味わっているのを見たし、一団の日本人団体旅行者が、まさか金が切れたとは思えないパリッとした服装で、哀れにも地元学者たちのおやつ的立喰いスタンドで、さもまずそうにハムバーガーをクックと飲み込んでいる姿をよくみかけた。これなどは多分私の想像では、典型的所謂アレルギーによるレストランでの食事恐怖症のあらわれではないかと研究したものだ。

要するに言葉のハンディなどうでも良いので、こちらは客なんだからそれとテーブルにつきやおべたいものの名前をまづさがしてらメニューに目をとおし自分の食みる。（これは多少字が読める方で全然読めなかったらどうする、これはまた後に出てくる）みつかれば後はしめたもので、これを核に全然相手と言葉が通じなくても、そこは商売的センスでことはなんとか運んでゆく。その間落ちついて相手の言うことを反復しながらOK、NOで自分の判る単語だけでも声を出せば、すくなくともてんで見当違いの料理が出ることもあるまい。要はあわてず、一方的に自分の好きな料理単語をならび立てても、御承知の如く世界の料理語には共通性があり、特にフランス語、英語の料理名はたとえ発音に難点があっても、通じない腹立ちまぎれにベランメェ調で英語でとなれば"OK"サンキューサーとくる。果物の場合でもイエス、ノウー、OKを適当にまぜれば、後は腹を決めて人間さんの喰うものをこのおれさまが喰えぬわけがないとくってかかれば、案外世界の名料理のアンサンブルが出てくるかもしれぬ。さあ話をもどそう。

アテネでは外港のピレウス港で食べた野菜主力の料理が、汐風にのってただよってくる海の香りとマッチしてエキゾチックな味がしたことを今でもなつかしくおいしかった想出がある。

ローマではとうとう名物のピザとマカロニにありつけなかった。

オッとされていた、ギリシャでとてもおもしろい言葉があるので紹介しておこう。私達はとにかく地元の料理のうまいやつをしかも身分相応のところまわりとうとうさがしあてた。アクロポリスの裏手の奥まった高台にある"タベルナ"というところでたらふくたべた。発音どおりだとまったく人をくった話である。そもそも食べてもらおうと商売をしている店が"タベルナ"では少々話がこんがらがる、即ちギリシャではバンド付きの野外食堂を"タベルナ"と言っているのである。

イタリアのピッサーラの名は極めて多く大都会の食堂街には、キットといってよいくらいどの名の料理やをみる。一度も食べたことはないが、日本韓国のお好み焼きの兄貴分みたいに大きく分厚なのだと思えば当らずとも遠くない名物料理である。

パリではとうとう純フランス料理の良いものにありつけなかった。一度中級のレストランで食べたものがそうだとするならあまりうまいとはいえなかった。料理の味よりも料金が気になり一向においしくなかったことをおぼえているのみである。パリの比較的安いといわれる日本料理屋"マキ"に飛び込んだのは、やはり長いこと口にしなかった料理への郷愁とコストとの兼ねあいもあったからだが、とにかくめしびつを一つ、味そ汁二杯、漬物二皿、あとはちょっと待ってくれ、それにお茶を早く、注文は早かった。昔とった杵柄とからでおそろしいほど気軽である。御飯をもう一つ追加ペロリと平らげた私達を同情的なまなざしでみていた日本女性のみが記憶に残っている。この後パリで何を食べたのかロンドン入り後血便が出て下痢をしたことをおぼえている。

ここで又脱線"水"について一こと言っておこう。私などは一日として大量の水を食事時に飲まないと腹にとおらないほど水を要求するたちであった。この旅行を通じてどの国でも私はこれのみを唯一の楽しみいや必需飲料として要求した。ところが特に欧州大陸筋は硬質水なので、天然のいわゆるウオーターは殆ど飲まず、人工のエビヤン（フランスの人工水名）即ちミネラルを売りつけられた。

味気なくまずい。私はなれてからは必ず注文の中に Water を加えた。ただの水を注文され中々通じないときは Natural Water ベランメエ調に Worderr と振るわせたり、あらゆる手をつかって目的を完遂した。そして特に神のみめぐみをありがたく思った。

一般に西洋人はコーヒー、茶、その他いわゆるソフトドリンク類は良く飲むが水そのものをがぶのみするのを見たことがあまりない。だからただの水をくれと言うと居酒は、ものぐさそうに私の顔をのぞくように重い足をはこんでいくのだった。中には全ての用事をすまして持って来る時などは、比較的気軽にサンキューを発する私も無言で腹立ちを表現することも度々であった。"水よりまさる飲みものは地球上にない"と断言出来るのもこうした旅をして初めて知る尊い体験である。

（つづく）

"旅のだいご味"覚える
食欲進まないカイロ料理
「楽団つきの野外食堂"タベルナ"」

日本脱出図った大阪在住の林承鳳
スパイ接触に失敗

本紙前号既報、去る十八日兵庫県但馬海岸に上陸した北傀スパイ船を逮捕、無線機などを押収した日本警察は、現場付近一帯をひきつづき捜索していたが、翌十九日の夜になり、密出国の目的で北傀スパイと接触しようとうろついていた男を逮捕した。

この男は姓名が李東俊、本籍が済州道北済州郡旧左面、住所が静岡県田方郡大仁町、無職、一九五二年二月十六日生れと記載された外国人登録を所持しておったが、当局の調べで本名は林承鳳、住所は大阪市阿倍野区西田辺一、ふじみ荘内居住であることを自供した。

李の自供によると、李は七月十日夜北傀の日本向け暗号放送「A3」で①九月十八日午後十一時半から十二時までの間、切浜海岸の海に向って右側にある海岸沿道の標識の所で待機せよ②三十分以内にボートが来なければ接触を中止する③接触の際「カネダさんですか」と問えば、「ミヤモトさんですか」という答がある――との指令を受けた。

李は八月二十五日、事前に指定された場所を下見の上、九月十八日待機したが、接触に失敗したという。釣り具を持った李は、付近のホテルに泊り浜坂駅に向おうとしたところ、検問にかかったもの。

婦人会東本で法務大臣に抗議

婦人会東京本部（趙金粉会長）では、九月二十五日午後一時、代表十五人が、北韓スパイがなかば公然と日本を基地化している折から、その取りしまりを徹底的にしてほしいと法務大臣に抗議した。

訂正

本紙前号三面、韓民統から脱退した金敬洙氏の記事中、「民団本国事務所」とあるのは、「民団本部事務所」の誤りでした。訂正しおわび致します。

尋ね人

☆李重植さん（48才）

本籍・慶尚南道金海郡大東面月納里五六番地

前住所・高知県宿毛市小筑紫

右の李さん（写真）を義兄の李奇穌さん（高知県須崎市東古市町一の十一）がさがしています。李さんをご存知の方は、李奇穌さんまたは民団高知県本部徐仁泰団長まで連絡を。

往年の李重植さん

モデルを求む

25才以下の韓国人未婚女性の写真モデルを求めています。ご希望の方は左記のところまで。

☆電話・東京七一六—七五六一、プルノーまで。または本社にお問い合せ下さい。

三貴商事（株）
王将
光扇センター
市場会館
浜松市領家町2241　電話63−4440（代）
長野市権堂町222−1　電話34−3008（代）
横浜市鶴見区市場大和町7−3　電話501−6102（代）
取締役社長　白鐸善

小浪義明
東京都港区赤坂二〜一四〜六（ミカド）
電話（五八三）一一〇一（代）

墨田製鋼株式会社
コリアンクラブ ナビ
代表　金三岩
東京都墨田区墨田三—一〇—一三
電話（六一四）〇〇二五—三〇

三木シャーリング工場
代表　金賛模
東京都江戸川区松江五—一九—八
電話（六八〇）九四一—六一七

東洋実業株式会社
代表　徐丙吉
東京都江戸川区松江五—一二—一三
電話（六八九）二二三六

同和観光（株）
代表　姜炳俊
大阪市北区大融寺町一
電話〇六（三一三）四八四〇（代）

赤坂にある夜のソウル
ニュー・クイン
東京都港区赤坂三—六—一七
電話（五八四）三六六六
　　（五八二）七八四六

クラブ・ソウル
東京都台東区上野二—六—九
ニュー東天紅並ビ
電話（八三二）二〇〇一・一四一六

李甲洛
千葉県柏市中央二—一—九

株式会社アリラン
社長　朴命南
東京都港区赤坂三〜一二〜一一
電話（五八二）七七三〇・二七一八

ニューワールド航空サービス
代表取締役　李金龍
東京都港区赤坂三—四—一（松平ビル）
電話（五八六）一三七〇—代表

大星商事（株）
代表　朴鍾大
東京都葛飾区亀有三—二四—三
電話（六〇二）〇七七五

趙周七
千葉県柏市あけぼの町
三—五—三

アジア諸国に及ぶ日本の偏向報道

地域留学生座談会（下）

日本の偏向マスコミを語る

マスコミに対する意見を載せるマスコミなし

岩田＝今後日本のマスコミにどうあってほしいと意見を出しても、それを載せてくれるマスコミが無いので、さっき誰かがいった様に水の状態にしかならない。しかし日本のマスコミに対する希望を黙っている事はないので、とにかく、意見を出してもらいたい。

金（文）君

言葉を考えての報道を望む

ギャルボ＝事実をそのまま伝えてほしいということと、それから言葉を考えて使ってほしいということだ。例えばチベットにおける革命ということだが、革命とは、自国民の中から起ることであって、よそから来てやるのは革命ではないと僕は思う。誰が考えてもそうだと思う。しかし日本のマスコミは中共の軍団がはいって来て解放した、革命が起きたといった。だがチベット人は誰も参加していないし、よそから来たのは武器を持って来た人たちで、これは侵略者にすぎない。言葉を考えて文章に表わしてほしいということだ。

日本はマスコミ同志の論争ない、危険だ

金（文）＝マスコミにはマスコミの責任があると思う。現在の日本のマスコミを見ていると、例えば一つの事件がおこったとき、最初はそれぞれの新聞が少しづつ内容が違うが、二日、三日と経っているうちに皆同じ方向に論調が向いてしまうようだ。それを非常に危険なことと思うのは、考え方とか国民の世論が一方的に作られてしまうことと、感情的になってしまうんじゃないかと考える。アメリカの場合は、お互いに新聞同志が論争とか、違った論調が載ったりするが、日本の場合、新聞同志の論争などは全くしないようだ。これは自分たちの勝手な言分ばかりで、相手の批判などを許さないような立場になり、非常に危険なことだと思う。各新聞社が、各々、特長ある取扱いをしてほしい。そうでないと国民を機械的に一方の考えに傾ける危険が目に見えている。

悪い面だけを聞き出そうとする日本のテレビ・インタビューアー

岩田＝日本のマスコミの態度というものを指摘されたわけだが、われわれは日本人でありながら皆さんと同じような考えをもつものである。特にこの前、八月十五日に北朝鮮から帰って来た宇都宮徳馬氏、ソウルから帰って来た秦豊氏の二人が、偶然にも同じ時間帯にテレビに出て、それぞれ十五日の印象を述べている。宇都宮氏はキムイルソンと会った印象みたいなものをしゃべり、秦氏はソウルであった事件の印象をしゃべったが、この二人とも、タメにする発言しかしないだろうとはじめから思いながら聞いていたわけで、インタビューアーが、何とかして大統領狙撃事件はおこるべくしておこったんだという言葉を、無理やりにひっぱり出すような、そして非常にひっ迫した状態で、ソウル市内では今にも日本人が皆殺しにでもあうんじゃないかとか、反日感情がもう、いわゆる官製デモのような形でおこってくるんじゃないかと、そういうニュアンスをもった質問をしていたので、これは非常にマズイなと感じた。宇都宮氏にしても、秦氏にしても少なくとも隣の国の大統領夫人が亡くなったことについて、主義主張は違うにしても、人間として、心から哀悼の言葉が出て出てもよいはずなんだが、そういう言葉は全く出て来ない。しかも、インタービュアーがそういう言葉が出て来ないような雰囲気の質問しかしない。これはテレビでのことで、新聞とは違うけれども、これが日本のマスコミの共通した態度だと痛感した。

皆さんが日本のマスコミに感じた通り、まだよいところはよい、反対のところはあくまでも反対と、一つ自由に発言してほしい。

中共の機関紙と化した日本のマスコミは無意味な存在だ

ギャルボ＝日本のマスコミの偏向ということについて考えると、日本では国の新聞というものがないというところにも一つの問題があるんじゃないかと思う。国の主張を表わす国の新聞が必要ではないかと思う。それがない。一方現在ある新聞は皆商業紙で売るための新聞だから、だからこそ資本側によってコントロールされていると思う。僕自身、日本に来てからのことしか知らないが、中共が読売を追い出して、他の新聞への見せしめにした。新聞同志を競争させて、あの辺から非常に成功したた。つまり中共側の思うとおりの新聞紙面になって来たという感じだ。中共と日本の新聞との間で交わした約束というか条約のようなものが、お互いの国の利益になることしか伝えないとはっきりなっている。こうなると新聞の役目はほとんどないわけだ。これはむしろ中共の政府の機関紙にすぎないものだ。これでは本来の新聞の姿ではない。中共の悪い面も書いてほしいと思う。珍らしいものに飛び付くのは人間誰でも同じことだが、例えばテレビなどが、オリンピックがあるとか、現在のアジア大会のことなどがあると、あそこにも中国の選手がいる。ここにも中国の選手がいるといういい方だ（笑い）。まるで宇宙人が来ているようないい方で（爆笑）、ほかの国の選手は全部無視された形だった。これなんか全くおかしいことだと思う。日本の新聞が、どこの国によってコントロールされているか知らないけれども、上の方で必ずコントロールしているんじゃないかと思う。上の人が、例えば中共なら中共と条約を結んで、だから中共のよいことしか書かない。中共の機関紙となれば、いいすぎかも知れないが、機関紙は機関紙なりとしてそれなりのもの、何かがあると思う。[illegible]新聞の場合七十円だが、七十円プラスどこかの何かがあるとすれば、新聞ほどボロもうけの商売はないと思う（笑い）。僕も知ったら新聞をやりたいと思っているが、もうけるためでなく正しいこと、本当のことを書く新聞を作りたいと思っている。佐藤首相のとき、新聞を追い出したのだが、今の田中さんよりもはるかに佐藤さんの方がアジアの国々から信頼があると思う。このような立派な人をまるで人間らしくないほど悪く書いた日本の新聞は、全く腹が立った。僕は日本人ではないけれど、佐藤さんのようなよい人がマスコミに袋だたきにされたのを見て本当に悲しく思った。僕はアジアの一員として佐藤さんに敬意を表していた。日本のマスコミは、もう少し人間的な感情を持ってほしいと思う。

林君　ギャルボ君

日本マスコミの報道 受取る側が研究必要

共産主義者の意向だけを強く打ち出す新聞

林＝日本の新聞と中国の新聞を比べると、記事の扱い方が大へん違っている。中国の新聞は国民党の内政、外交について政府の意向を正しく伝えているが、日本の新聞は政府のやることを曲げて国民に伝えているとしかいいようがない。日本の新聞は共産主義者の意向だけが強く打ち出されている。昔の日本の新聞はそうではなかったと思う。

自由を叫びつつ偏向したマスコミは本当の自由を失っている

宮垣＝新聞が自由であるということは、自由主義国のよい点であると思う。北朝鮮や中共では、党と政府の機関紙しかない。日本は自由国家だから、自由ということを大事にするなら、どうして新聞の自由のない中共や北朝鮮のことをあそこまで礼賛するのか、そういう国々の圧力に屈しなければならないのかわからない。だから今一番マスコミに望むことは、偏向ということは片よるということで片よるということは自由な見方ができないということであるから、一部片よってしまうと、その先入観でものごとを見るから、偏向した所まで進んでしまうわけだ。何かの問題をとり上げた場合、その新聞が一定の方向を向くと、そのまま突き進まざるを得なくなって新聞自身が自由というものとは違うもので束縛されることになる。そして自由を失しなってしまう。だから今の日本のマスコミを見て思うことは、もっと冷静になって中に北朝鮮とか中共を礼賛するだけでなく、それらの国のことで今いろんなむじゅん点がたくさん現われて来ているのだから、そんなことをもっともっと取り上げるべきであると思う。

新聞倫理綱領に反している日本のマスコミ

宮垣＝さっきギャルボさんが佐藤さんのことを話していたけれど、佐藤さんは新聞を信用せず、テレビを信じた（笑い）。今のマスコミはあるイデオロギーの道具になっていると思う。最近、日本新聞協会の新聞倫理綱領を改めて読んだけれど、今の新聞はこの倫理綱領に反する記事の取扱い方をしていることがよく判った。新聞は事件をあおるためでなく、事件を知らせるために記事を書くべきだと思う。新聞の自由はよろしい、その自由を人類の福祉のために、平和のために役立つ方に使ってほしい。新聞倫理を本当に活かして、新聞は人類のため、平和のためにあるんだと、そういう方向に記事をもっていってもらいたい。

新聞らしい新聞とは読む人の考えを知って書く新聞だ

金（聖）＝さっき佐藤さんの話が出て、僕もそれに同感なんだけれど、佐藤さんがマスコミによってやめさせられたということは僕も本当だと思う。というのは、佐藤さんが最後にインタビューをするとき、新聞記者は全部出て行けといい、テレビに向かって話をするといった。これがもっとも証拠だと思う。今は情報社会の時代だとよくいわれるが、その先端を行くのが新聞だと思う。その新聞が売るためだけの記事を書いて、読んでいる人たちをチョッとも考えずに、責任というものも全く考えずに、ただ売れればよいというだけで、その記事が社会に与えたあと任来については全く考えないんだね。自分らが作っている新聞を、読む人たちがどう考えながら読むかを、もう少し真剣に考えて、責任ある新聞を作ってほしいということだ。人間といってもすべてが人間ではない。本当の人間らしい人間が本当の人間である、という言葉がある。この言葉は新聞にもあてはめられると思う。新聞といってもすべてが新聞ではない。新聞らしい新聞こそ本当の新聞である。もっと深いものがあると思うが、本当の真実を書いてほしいということ、自分らが作る新聞が国民に読まれている。読む人が何を考えるかをよく研究して新聞記事を書いてほしい。

金（聖）君

及ぼす影響結果を考え使命を正しく遂行せよ

金（文）＝皆さんがほとんどいいつくした感じだが、新聞がことさら自由を強調するように見えるけれど、自由には責任があり、この責任を負った自由こそ本当の自由であると認めるわけだ。しかし、今のマスコミの力があまりにも強大となり、自由の権利ということが乱用されている。全く結果がどうなるかを考えないで、その場その場の感情が場当り的に出てくるだけの報道態度でしかない。マスコミの本当の責任という点から見ると、現在のマスコミはほど遠い立場ではないかと考える。新聞報道は、大局的な立場から、国のため、国民のためにどうなるかとか、それがほかの国にどんな影響を及ぼすかとか、結果がどうなるかを十分に考えて、新聞の使命を正しく遂行するべきだと思う。

宮垣さん

新聞チャンネルを選ぶ側にも責任がある

岩田＝日本のマスコミに対する批判が一応出つくしたわけだが、日本人でも心ある人は全部そういうように考えていると思う。考えてはいるといっても、それが一つの形に、例えば不買運動、いわゆる偏向マスコミをはっきり拒否するのだという、そういう形にまではなかなか発展してこない。偏向マスコミに偏向を止せといってもなかなか難かしいことがはっきりしている。一つの方法として、これから日本の報道されたニュースを如何に読むべきかということを新聞記事を読む前に勉強しなければならない、ということになってくるのじゃないか。さっき金君がいった新聞らしい新聞ということだが、その新聞らしい新聞とは何かというと、一国のみの、ある国のみの、ある思想団体の、そういうような利益を代弁するのみでなくて、例えば韓国の悪口を書くなら、その同じテーマの問題が、現在の北朝鮮ではどうなっているかというような、そういう取扱い方をしていく新聞らしい新聞じゃないかと思う。これからの日本のマスコミがどういうようになって行くかということは、ある新聞を取り上げるとかテレビのチャンネルを選択するとか、新聞を読みテレビを見る側にもある程度の責任があると思う。何となくA紙という名前だけで、それを読めばインテリで、インテリは平和を愛していてとにかくほかの日本人より少し程度が高いんだというような意識が日本人の中にあるかぎり、それは今の日本の共産党が東大出身でないと幹部になれないという、日本人の東大コンプレックスをうまく利用して、共産党の幹部は全部東大出だと、従がって共産党はいいんじゃないかという形と、全く同じパターンで今度は新聞がわれわれの身を喰ってしまうというようなことになるんじゃないかと思う。

どうも長い時間色々と有難う。

岩田氏

出席者（発言順）

司会＝作家・岩田玲文氏
学生＝韓国・金聖沢君（三年）、チベット・ペマ・ギャルポ君（三年）、宮垣恵子さん（世界学生新聞）、自由中国・林聡銘君（一年）、韓国・金文在君（二年）
本紙＝鄭達鉉編集局長ほか。
在・学生は何れも亜細亜大学在学生。九月十六日、東京都内。

西厓柳成竜の三男・柳袗の乱中体験記

文禄・慶長の役

壬辰倭乱私録（10）

金竜煥画

少年ついに行方不明

しかし李進士は、

「おまえの話にも筋は通っている。しかし、このような乱世に村へ下りるといって、はたして食糧を手に入れるとしても、他人に奪われるにきまっているからには、まずわたしたち一行の居所を安定させ老親に食を摂らせてからでもおそくはない」と説いた。しかし少年は、いささかもはばかることなく、

「私は、皆さんたちが親類であるだけに、父母のように仕えるつもりでした。どうしてそのように思慮が浅いのでしょう。私は皆さんと別れて一人で村へ下りるつもりです」と言った。私は憤怒を抑えきれず、

「行くなら行け。これまでも耐え通してきたのに、いまさら望みが下りたからといって、なんら変わりがあるわけもなかろう」と少年をなじった。しかし少年は、聞く耳を入れず、

「では失礼させていただきます」と李進士におじぎした。しかし李進士は、少年を手離したくなかったのか、いくたびとなく少年を説得していた。

たまたま、村の方から十五、六人の避難民たちが釜や穀物、木綿や食器などを携えてこちらに歩いてきた。倭賊たちの捨てていったものを求めて来たように思われた。彼らはわれわれのそばで休んだり、あるいは通り過ぎたりした。ところが、突然わたしたちが通ってきた郡の駅村付近の山から杖（巡視の際に用いる提棒）を手にした二十人あまりの大男たちが走ってきながら、

「このどろぼうやろう！どうして他人のものを持ってゆくのか。さっそくそこに下ろさないか」とどなるではないか。

彼らの気勢があまりにも凄じかったので、人たちはみな、重い荷物をかなぐり捨てて逃げ去った。わたしたちも彼らにまぎれて走ったが、例の少年は、そのような騒ぎの際に村へ向けて行ってしまった。それいらい少年の消息は切れ、生死すら知るよしもなかった。

道ばたに人間の死体

わたしたちは力のかぎり走ったものの、やがて杖を手にした大男たちに追いつかれてきたので、仕方なく道端によけて立っていたが、彼らはわれわれ一行をじろじろ見てから通り過ぎていった。

再び歩き出してから間もなく、道ばたの溝にうつ伏したまま死んでいる子どもの屍体を見た。先頭に立っていた私は、あまりにも驚いて思わずたじろいだ。李進士はこれを見てだらしのない子だとたしなめた。それから死んだ子どもの顔をみきわめるべく屍体を杖でひっくりかえそうとしたが、わしずかみに草をむしっていた手のため思うようにならなかった。子どもにはこれといった傷もなく、顔色も変わっていない見知らぬものだった。

しばらく行くと、腹を裂かれた一匹の馬がたおれており、すぐそばには一人の大人が仰向けになって死んでいた。屍体には青黒色の着物がかぶせてあり、足だけをさらけ出していた。すでに顔色もすっかり変わっていて、男女の見分けさえつかなかった。

数人の使者と行き交う

五里ほど行ったところで、釜やかます、米などを背負った五、六人の人に出会った。いままで人間たちに驚かされてきただけに、道はずれに避けて立っていたが、彼らはわたしたち一行をちらっと見やってから、

「かわいそうに、両班と覚しきものたちが……」

とつぶやいた。そして、

「どちらからおいでになりましたか」と聞くのだった。判官夫人が、

「ソウルから来た両班ですが、途中倭賊たちに出会ってこの始末です」と答えた。

「いつ倭賊に会い、またソウルのおそばはどちらでしょうか」と彼らは再び聞いた。

「明礼坊の王宮近くに住んでおります。倭賊は去る二十七日（陰暦）に出会いましたが、その時老父母妻子が散り散りになり、わたしたち三人だけが一緒になったのです」と答えたところ、

「私の家には、三歳のかわいい孫を連れた六十あまりの婦人が泊まっていますが、その婦人は『もし明礼坊の王宮近くから来た避難民に出会ったら、必ず連れて来てください』と言っております。もしかしたら、その婦人の家族ではありませんか」というではないか。

再会

これを聞いたわたしたち一行はいっせいに泣きくずれてしまった。判官夫人は涙を振りながら、

「後生ですから、どうかわたしたちをそこへ連れて行ってください。どうか、案内を……」と哀願した。しかし彼は、

「私の家はここからは遠いうえに、荷物まで背負っているので……。逃げ遅れでもしたら、倭賊たちに追いつかれてしまうでしょう。さて、一緒に行くわけにもいかず、困りましたね……」と語った。

「どれほど遠いのでしょうか」

「二里はありますので……」

創団30年史 発刊に際して

民族と国家は、その歴史を記録することによって保存されてくるものであり、記録を通して過ぎし日月の事実と文化を鏡として現在のあらゆる問題に対処し[illegible]を期するものであります。

来たる一九七五年、民団は創団三十年を迎えることになりました。

回顧すれば、千余曲折の多かった過ぎし日月が感慨無量であり、解放され[illegible]の旗幟を高くかかげ、自己忠実のための多くの努力、民族愛と血で染められた不当な日政に対する抗争など、その絢爛たる歴史の一駒一駒を整理、記録して編さんすることは、われわれの一大事業であるといえます。

既に、写真で見る二十年史は発行されたことがありますが、このたびの三十年史編纂に当っては、写真はもちろん、事実内容の記録で一九四五年八月十五日の解放から六・二五動乱を経て今日に至るまでの、各級組織の闘争活動を詳細に収録、刊行するものであります。

この三十年史こそ、在日同胞の喜怒哀楽の生きた証拠として永遠に残されるものと確信して止まない次第であります。

編纂委員長　尹達鏞

資料提供のお願い

先の第二十三回定期中央委員会において決議採択された「創団三十年史」編さんにあたっては、全国に散在している民団史のための貴重な資料を広く皆様から、古い遺物、刊行物、写真などを積極的に提供して下さるようお願い致します。

また「韓国新聞」の縮刷版（1・2巻）を刊行しました。限定部数なので予約を受けつけていますから、民団備え付用として至急御注文下さい。

第1巻・千ページ・六千円
第2巻・千ページ・一万円

☆資料提供のしめきりは十二月二十五日まで

民団中央本部・創団三十年史
編纂委員会事務局
電話・〇三―八一三―二二六一～五（内線[illegible]）

日韓情報　☆安くて楽しい韓国旅行を！！
出張、観光、訪問に御利用下さい。一人でも、いつでも東京→ソウル間が8,500円も安くなります。
今でしたら、ゆったりした旅行が約束されます。お問い合わせは下記VIP係までお願い致します。
（株）ニツ韓観光開発（VIP係）
本社・東京都品川区西五反田2－5－10・電話（491）3334

祖国のセマウルに桜を植えましょう
街路樹・庭園用の桜をそろえてあります。熱海桜、吉野桜、八重桜など一年生より七年生までの各種です。
高サ…七年生 4メートル、一年生 1メートルぐらい
値段…七年生 1,050円、一年生 150円　植樹期…秋十一月と春の四月末日まで
ピサブル種苗園
栽培住所・[illegible]　連絡所・静岡県沼津市吉田町34－34
李沂東（きとう）
電話・0559－32－1784

戸籍整理無料相談
戸籍上の身分関係、財産相続などの問題解決ご指導いたします。
韓国戸籍法律学会
在日韓国人戸籍問題研究所
所長　兪鎮容
電話 451－1522 454－0908番
（移転先）東京都港区三田3丁目4－20（田町駅前通り三田通り）三豊ビル203号 三豊事務所内

大阪交易株式会社
取締役会長　張仲均
取締役社長　吉橋季尾
東京都港区芝愛宕町一～三（第九森ビル）
電話 代表（四三四）五四四一（代）

国際ビル商事株式会社
会長　金貴鉉
代表　金富鉉
東京都台東区西浅草三－二七－二
電話（八四三）二七七七（代）

竹山鋼業株式会社
社長　朴周植
東京都墨田区文花二－六－二
電話（六一一）〇一〇六

朴宗根
東京都千代田区一番町二七～五
電話（二六三）九一六八～九

総合レジャーセンター
パチンコ・サウナ・レストラン
三友会館
代表　廉廷燮
新京成小岩駅前
電話（六五〇）二五〇四

豊栄商事株式会社
代表取締役　宋宇正
東京都港区新橋二－二〇－一五 新橋駅前ビル一号館
電話（五七三）四一〇一

人蔘・鹿茸
漢方専門
天心堂漢方診療所
所長　張同萬
東京都台東区東上野二－一九－五
電話（八三一）五五五七

権赫熹
千葉県松戸市松飛台一一二
電話（〇四七三）八八－〇六八四

朴聖鎬
千葉県柏市柏一－四－一八

李士喆
千葉県松戸市常盤平五－二八

韓國新聞
在日大韓民国居留民団中央本部機関紙
韓國新聞社
発行人　尹　達　鏞
東京都文京区春日2丁目20－13
電話　直(815) 1451～3
　　　交(813) 2261～5
振替口座　東京　163774
本国連絡所（民団本国事務所）
서울特別市鍾路区昌成洞
政府合同庁舍4階
電話73－0162・0163

在日本大韓民国居留民団　綱領
一、우리는 大韓民國의 國是를 遵守한다
一、우리는 在留同胞의 權益擁護를 期한다
一、우리는 在留同胞의 民生安定을 期한다
一、우리는 在留同胞의 文化向上을 期한다
一、우리는 世界平和와 國際親善을 期한다

『強力な国軍』こそ国力の象徴
任務完遂で国防態勢確立
朴正熙大統領「国軍の日」式典で諭示

朴正熙大統領は、十月一日「国軍の日」を迎えて、「強力なわが国軍は、まさしく国力の象徴であり力の実であって、わが国軍が国防を強固にしてくれることによってわれわれの国力培養も、なお加速化されるものである」とのべ、「国軍将兵と郷土予備軍の皆さんは自分の受けもった任務完遂に最善をつくすことによって百戦必勝、備えあれば憂いなしの完璧な国防態勢を確立してくれるよう望むものである」と語った。

共産から「自由」守る維新体制

朴大統領はこの日午前、ソウル近郊の汝矣島5・16広場でくりひろげられた「国軍の日」26周年記念式典に参席、諭示を通して「一部の…」に対し、…安保と国民総和、そして維新体制で、古典的にだけ受け入れる一部人たちがいまだにわが社会の一角で民主がどうとかいって物議をかもし出し、維新体制に再び挑戦しようとしている事実を私はひじょうに重大視して、これを見守っているものです」と力説した。

また朴大統領は「維新体制は、共産主義者たちから、われわれの自由を守ろうという体制であり、大きな自由を守りぬくためには、小さな自由は一時的にこれを犠牲にすることもでき、または節制することもできる知恵をもってこそ、私たちはその大きな自由をうばわれないだろう」と語り、「われわれもひとと同じように与えられた自由だといってこれを欲しいまま享受した上、なお自由は自由として守ることができると考えるのなら、これは世の中がどのように変転するかを全く知らない幻想的浪漫主義者だと呼ばざるを得ないだろう」と説いた。

さらに朴大統領は「冒険主義者たちと、誤りのない対決を持続しながら分断された祖国の統一を追求していくためには、経なければならないいくつかの過程があるが、その初段階が前にも数回言及したように韓半島にあっての平和定着であり、これを先行させなくて、統一問題を論議することは、それこそ"木に上りて魚を求める"式のものである」ことを指摘、「われわれは南北不可侵協定が締結されることによって南北の平和共存が期待できるし、対話や交流など可能な分野から協力しあわねばならない」と強調、「10月維新の目的が、国民生活と福祉を極大化し、国力を組織化するところにある」と主張した。

ソウル市庁前広場を行進する国軍の威容

南北対話即時再開
韓国、北韓代表を招請
IPU東京会議で朴浚圭団長

列国議会同盟（IPU）東京会議に出席している韓国の朴浚圭団長は、三日の本会議での演説で「南北韓の対話を即時無条件で再開することを提案する」と述べるとともに、南北の相互理解を深めるために、北韓代表を韓国の首都ソウルに公式に招待すると呼びかけた。

韓半島の南北関係は、一昨年七月四日の「平和統一共同声明」による対話と接近の動きのあと、こじれたまま対立が激化し、双方の相互訪問も中断している。

朴団長の発言概要は次の通り。

一、南北再統一をめざす平和的プログラムの段取りとして①南北間の平和的な相互協力と相互開放②国会を構成するための全韓半島にわたる総選挙③一つの政府の構成——を提案する。統一とは大民族会議を招集すれば足りる簡単なものと信じているようだが、選挙を通じないでどうして新しい（統一）国会を招集することができようか。

一、即時、無条件に南北対話を再開することを主張する。対話再開にしり込みする北韓の意図がフに落ちない。北韓は直接（韓国へ）来て見極めてほしい。私は、北韓の同僚メンバーがソウルを訪問するよう公式に招待する。もし北韓議員がソウルを訪ねてきてくれれば、彼らが陸路北韓へ帰ることができるよう責任をもって取りはからう。

この後、同日午後になり、北韓の尹基福代表は、日本国会内で記者会見し、韓国の招請を拒否、非難した。

韓国、郵便物交換も提案

IPU会議の四日の本会議で、韓国代表団の鄭氏は「南北和解に向かっての最初の小さな実際的な第一歩」として、北（韓）に対し「南北間の郵便物の交換から始めよう」と呼びかけた。

光復29周年記念レセプション

さる三日（開天節）午後六時から東京・帝国ホテル三階富士の間で、金永善駐日大使主催の光復二十九周年レセプションが催され、約千二百人の内外貴賓が参席した。

日本政界の要人、駐日本各国大使、公使、特派員が参加者の大多数を占める会場正面には太極旗がかけられた。

この日は特にさる二日から開かれている列国議会同盟（IPU）東京会議に参加している韓国の国会議員多数も参加した。

記念レセプションは、さる八月十五日光復節に行う予定だったが、朴大統領狙撃事件のため延期され、この日催されたもの。（写真左はレセプション風景）

特別寄稿
民団は六十万の求心点
急いで維新体制の制度を
許南富

序言

今日の国際社会の中で、在日韓国同胞の母体になっている民団の特殊性は、国際社会でも特有の民族組織団であることを認知されている総和団結された力で海外国民の生活領域を強固にし、伝統文化民族としての威容を誇示することによって、自ら国際人としての矜持と自負心をもつようにする団体が民団である。民団本然の使命がこのようだとすれば、民団は名実共に六十万同胞の求心点になり、母体としての機能を発揮しなければならない。したがって、民団の能率的であり、非能率的な体制が改善されなければならないし、体制改善があることによって、体質も改善され民団本然の口実を全うすることができるとき、われわれは急いで民団の体制に革新を渇望せざるを得なく、まず次のような制度面の改善を提言するものである。

三機関長の任期延長

現行制度は、団長、議長、監察委員長の任期が二年である。

二年ごと役員選挙を通じて、三機関長を選出することは、いろんな面で非合理的、非能率的、非現実的である。

現実的に見た場合、選挙たびごとに、殆ど固疾的に派閥争い、金品の浪費、必要以上の謀略など、選挙の運動をそのまま踏襲している実情であるところから、このような煩わしい弊害、『民族事業』を展開するよりは、次期選挙に対策した代議員包摂、人気戦略等に力を注ぐことになり、団長本然の任務を遂行する暇を二年ごとにくり返す結果、当然選されるたびに余裕もないまま、二年の任期が過ぎてしまうことになってしまう。

めには次期選挙と関連した『賞心攻勢』をひろげなければならない。

であるから、執行部が一人の団長自体の次期選挙工作のアジトになり、当選した三機関長は団務を合理的に、能率的に処理していくことになってしまう。

したがって、民団の三機関長の任期も、四年に延長すること（全体団員に提言するものである。

弱体民団をまぬがれることになる主要原因の一つが、このような制度面の不備からくる不可避な現象である。

選挙制度を理想的に発展させている先進国で、選挙を四年ごとにし、重要な要職の任期を一回だけに限る再任を八年にすることは、政治団体の経験からみて、任期を四年ごとにすることによって、ひとりの能力と計画を推進し、その結果をもたらすことに最低の期間が四年乃至八年ということに、四年ごとに選挙をすべきであるということである。

これによって、選挙に所要された財政浪費も減らすことができ、一執行部が計画した事業を力強く推進することができる時間的余裕も得ることができる。

したがって、将来性ある事業、確立されるとか、きちんとした民団事業の必要性を確保されず、財政面が常に流動的、不安であり、執行部が、確固たる所信をもって事業を推進することがむずかしくなる。

財政確保のための方針

民団発展強化の根幹は、財政確保にある。今までは、団費と有志団員の寄付金に依存してきた。

であるから、永久性のない基金確保のための事業体がない限り、民団は発展することができない。

団長に当選した方は、つねに資金調達に東西奔走しているのが現実であり、執行部が財政問題は度外視して、計画事業を安心して推進できるように、財源になり、民団を後援する事業体の設立を提案するものである。

即ち、一つの例をとれば、東京都内に団員が経営する遊技業（パチンコ）への景品納入を専担する会社を設立、その会社の純利益金だけで、民団運営の基金になるのではないかということである。

再言すれば、東京都内の団員が経営する遊技場の景品売りあげ高が年間五百億円に近い額であることを私たちは事実として認めねばならず、特に本国から質の良い人参茶などを直輸入して、景品として納品すれば、これこそ一石二鳥の『愛国事業』になるのではないか。

か、この機会に民団も『革新』しなければならないと唐突なるも私の主張である。

任・職員就任規定の改正

朴大統領狙撃事件を契機として、民団規約中、「任職員就任分限規定」第一条三項と第二条二項の規定を最小限度五年にすることを提案するものである。

現規約によれば、二年では一つの組織体構成員としての資質と力量を充分に発揮するには、およそ遠い話である。

すくなくとも、転向後、五年も経なければ、精神的訓練を通じた完全構成員としての資質を保つことができず、その後、役・職員になれるというのは、社会組織体の通念であり、合理的な慣例として知られている。

幹部団体員包摂と受け入れにはより慎重を期す必要があると思われる。

結び

前述した通り、民団がより活動的に発展するためには、最少限右のようないくつかの問題点だけは制度的に改善されなければならない。

そうでない限り、民団はこれから先、本然の使命を全うすることはむずかしいから、当然維新的な運動が必要となろう。

（筆者は民団東京本部監察委員）

北韓の挑発言動を指摘
李首席公報官声明

列国議会同盟東京会議における三日の本会議での韓国の朴浚圭団長の演説に先立ち、二日駐日韓国大使館の李元洪首席公報官（駐日韓国公報館長）は、北韓代表団が日本のマスコミを通じて韓国等へのひぼう行為を欲しいままにしていると次のような要旨の声明を内外に発表した。

▼北韓代表団副団長らは一日の記者会見で、韓日基本条約の無効を主張したが、これはIPU参加に伴なう活動のわくを逸脱し、入国目的以外の特定の政治的意図をふくんだ挑発言動であることを指摘したい。

▼このような脱線的言動が、韓日友好関係を損ね、歪曲し、IPU総会のふんい気を混濁に導くことがないよう期待して止まない。

同姓同本結婚改正案

李海麟議員（維政）等四十九人は二十八日同姓同本の結婚禁止を廃止し親族関係の諸規定を改める「民法改正案」を国会に提出した。同案は与党内でも賛否が分れているので原案通りの通過は不可能とみられる。

北傀スパイますます跳梁
李庸煥操る影の男

本紙既報、兵庫県警により逮捕された北傀スパイ・李庸煥（22）は取調べ中にあるが、その裏に東京を拠点に三年間にわたり、李に工作員教育を行い、北への密行を指示した50才前後の男がいることがわかり、当局はスパイ・エージェントの疑いが濃いものとして、一日から警視庁などの協力を得て密出国教唆、ほう助容疑で、影の男の追跡に全力をそそぐことになったといわれる。この謎の男は、ふだん日本名を名乗っているが北韓人らしいと見られる。

また李は、長崎県の高校を卒業し、東京の自動車工場で整備工として勤めだした三年前頃から前記の人物に工作員になるよう誘われ、都内の食堂や喫茶店などでしばしば接触し、始めのうちは北韓の現情、韓国語の学習、乱数表や暗号の解読などをつめこまれたとスパイ養成の全課程を自供した。

その後李は、静岡、大阪などを転々、その間三十四回もこの男と接触し最後の指示は「九月十八日午後十一時半から同十九日午前零時の間に但馬海岸の指定場所で、迎えに来た者と接触、船で北韓へ渡り工作員教育を受けろ」というものだったが、目的を果たせないまま先ほどの逮捕となったものである。

日本の治安当局は、慎重なこの影の男の行動から、背後にはかなり大規模な組織があるものとして注視その行方を追っている。

文世光、初公判ソウル地裁で

ソウル地検は一日、朴大統領狙撃事件犯人として起訴された在日韓国人の文世光（22）の初公判を七日午前同地裁大法廷で開くと発表した。ソウル地検は同初公判に特別の警備体制をとり、ふだんは出さない傍聴券を発行するなどの措置を取っている。文世光は八月十五日の事件直後に逮捕され九月十二日に国家保安法違反などで起訴された。

故陸女史に哀悼を表明
サハリン同胞

在サハリン新国人同胞たちが、故陸英修女史を哀悼する手紙を朴大統領に伝達して欲しいと、二十三日、大邱にあるサハリン抑留同胞帰還促進会の韓栄相会長あてに郵送してきた。

この手紙は、抑留同胞代表、許照氏の名前になるもので「いますぐにでも故国に帰って、殺人魔たちを処断してやりたいが、それもかなわない」と述べ、「令夫人を失った朴大統領に深い哀悼の意を伝えます」と結んでいる。

大使館九階ビルに

駐日大使館が九階建てビルにたて直されるという。政府は三千五百坪の用地に六百万ドルをかけ九階建てに新築することを計画しており、建設資金調達のため現在の大使館邸を売却し大使館構内に移すという。

時事漫評

金　竜　煥

第24回定期中央委員会召集公告

本団第24回定期中央委員会を次のように召集致します。

記

一、日時＝一九七四年十月十八日午前十時
一、場所＝日傷会館（東京都新宿区市ケ谷本村町四二・電話(03)二六九－八一五一(代)）

一九七四年九月二十四日

在日本大韓民国居留民団中央本部
議長　朴　太　煥

団結으로써 粉砕하자 朝總連의 破壊工作

この実録は著者が決死的に死線をさまよいながら偽者・金日成を追跡した血と汗の結晶！
絶対神！　女をめぐってその赤裸々な正体をあばく、これが金日成の実像だ!!
〈本国で連続ベストセラーをつづけている話題の書〉国語版

実録・金日成伝　金日成과 女人들

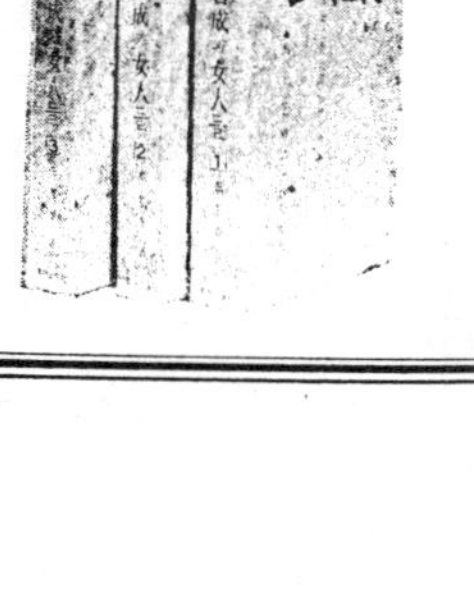

美麗豪華本・全3巻　（1）意志喪失の暗うつな大陸　（2）ウラル山脈から大同江まで　（3）長白山から臨津江まで
北傀軍最高司令部に潜入、諜報工作で花郎武功賞を受けた予備役中尉　李　基奉著
ソウル　東林出版社刊　■日本頒布　韓国新聞社■　価（全3巻）3,600円（送料400円）
☆全国民団各本・支部、傘下団体に備えつけ蔵書として最適です

南北調節委第8回副委員長会議
張基栄副委員長の基調発言
(資料)

張基栄副委員長

本資料は、一九七四年九月二十一日、板門店「自由の家」で開かれた第八回南北調節委員会副委員長会議での張基栄ソウル側副委員長の発言のうち、基調発言部分の全内容である。張基栄副委員長は、この発言を通じて、八・一五朴大統領狙撃未遂事件の犯行が、北傀の「最高当局者によって」企らまれたものであることその陰謀は、一九七二年七月、南北の平和をちかった声明発表の二ヵ月後から着手されたものであることを明らかにし、五千万民族の前に、服罪し、関連責任者を処断することを要求、北傀が口では平和をうたいながら、武力赤化野望を追求している悪辣な企らみを痛烈に糾弾した。

柳章植副委員長

私たちは今日、八回目の南北調節委員会副委員長会議を開くためここに対座しました。

しかし、今のこの席に臨んだ私の不愉快な気持ちは、言葉では表現できないほどのものであることを、まずことわっておきます。わ…

…夜、自身が大阪港に停泊中であった万景峰号に乗船した経緯と、万景峰号の船内食堂で犯行指令を受けた経緯を詳細に、そして確実に記憶、陳述しています。犯人文は当時の万景峰号の船内構造と状況、それに指令を下した者の人相着衣を正確に記憶しており、取り交わした対話の内容も明確に供述しています。

金日成は民族の前に謝罪せよ
北傀の七・四声明誓約も虚偽か

8・15狙撃事件金日成が直接指令
南北声明発表二カ月後に着手

韓日両国の国民感情離間画策
韓徳銖は文世光に贈り物で教唆

五千万民族の前に服罪を
民族の名で謀議関連者処断

大統領暗殺陰謀を8回も企図
摘発されるや嘘八百の居直り

卑劣な暴力主義再度放置せず
南北関係の一切事態は北傀責任

朴大統領の使命感に襟正せ
悲劇の現場で平和統一三原則

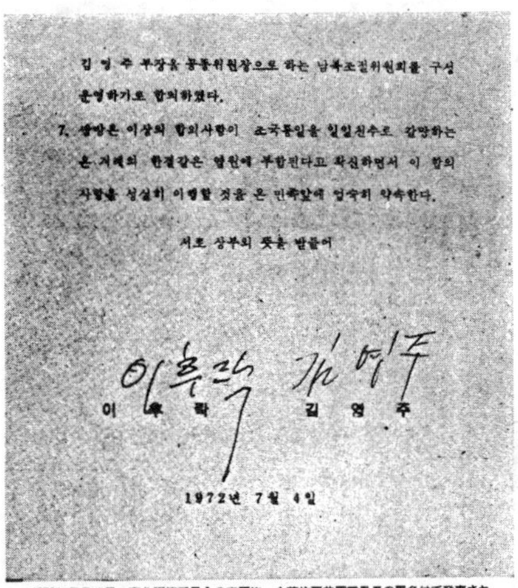

김 영 주 부장을 공동위원장으로 하는 남북조절위원회를 구성 운영하기로 합의하였다.

7. 쌍방은 이상의 합의사항이 조국통일을 일일천추로 갈망하는 온 겨레의 한결같은 염원에 부합된다고 확신하면서 이 합의사항을 성실히 이행할 것을 온 민족앞에 엄숙히 약속한다.

서로 상부의 뜻을 받들어

이 후 락　김 영 주

1972년 7월 4일

1972年7月4日、南北調節委員会の李厚洛、金英柱両共同委員長の署名付で発表された南北共同声明の一部。北韓はこの民族の誓いをほごにする蛮行をつづけている

「北の脅威無い」木村発言に韓国民の怒りは当然
佐藤前首相談

文鮮明氏が再興大集会

大阪 済州婦人会 第3回大会盛況

汝矣島に民族博物館

韓国製品人気の電子ショウ

みんなのアイドル
レジャーセンター 大和ビル
ビリヤード大和 (22)8938
シャンボール (22)8838
大和会館 (22)8937
スマート (22)8936
総合レジャーセンター 大和ビル
八戸市中央通り・TEL (22) 8836

家庭のサービス、パパのおみやげ
健全娯楽の皆様の遊技場!!
八戸 コンドル
八戸市三日町16・電話(22)4054
十和田 コンドル会館
電話・十和田(3)2108
代表 曺喜容

年内に35県本部結成
全国で 学習熱高まる青年会

民団中央現執行部の最大懸案の一つとして注目されている青年会育成問題に関しては、青年局（沈穰孝局長）の強力な指導によって、全国的にその雰囲気が助成され、各地方毎に青年会結成準備が着実に推し進められている。中央青年局では、年内に三十五カ処の地方青年会本部結成を当初の目標としてきたが、現在すでに、二十三地方本部の結成をみ、その上近々には新潟、京都、秋田、群馬等を始めとして、年内には三十五本部を上回る青年会本部の誕生が可能となったのである。

強力な指導で育成

旧韓青が一連の乱動事件や逸脱によって除去されてからの民団内では、青年運動の在り方について真剣に再検討が迫られ、一九七二年の民団中央委員会の決定に基づき、正しい祖国観に立脚した青年育成をはかり、将来においての民団後継者に仕立てるとともに、自由の担い手を指向する組織体としての『韓国青年会』として再出発したのであった。

その後、民団地方本部では、このような理念と方向性をふまえ、教育を通じての青年運動に重点を置き、二日～三日間にわたる青年研修会を開いて、祖国に対する正しい認識と、韓国青年としての自覚を促がしたのであった。

よって、いままでは民族性についてあまり関心がなかった一般青年たちの中から、このような教育を通じて、立派な青年指導者が続々と輩出している。

青年は祖国統一の原動力！

すべての知識と青春を祖国に捧げようと、在日韓国青年たちは愛国意識を高揚するため、率先して祖国のセマウル運動に参加、大きな成果を収めている。

奈良青年部が南山荘で研修

民団奈良県地方本部（金東俊団長）では、九月二十一、二の両日同県桜井市春日の南山荘で、同本部の青年部員三十二人が参加し研修会を開いた。講義科目は国語と韓国史、それに映画鑑賞。

講師には東大阪韓国教育文化センターの朴淳明所長と中央の沈穰孝青年局長の二人があたった。

三重青年会は紫明荘で研修

青年会三重県本部（權琰河会長）では九月二十二、三の両日、同県熊野市新鹿町の紫明荘で、会員二十八人が参加、前記奈良県と同じく国語、韓国史の二科目による研修会を開いた。

講師には三重韓国教育文化センターの金仁顕所長と中央の沈穰孝青年局長の二人。

また行楽に新宮市を訪ねて交友を深めた。

言論研修団が出発

文化公報部主管による在日言論関係研修会は、予定通り十月一日から一週間の日程で本国で開かれるが、一般言論人と民団宣伝関係者ら二十二人がこれに参加することになり、去る九月三十日午後一時半のKAL機でソウルへ向かった。

一行は十月一日の国軍の日式典にも参列する。

納めようみんなの中央会館建設基金

岐阜の金福伊氏が民団に転向

岐阜市で協和住宅会社を経営し朝銀理事をつとめ朝総連に数十億円を収奪されたという金福伊氏（48・慶南密陽出身）が8・15事件に衝撃をうけ朝総連との訣別声明を発表し民団に転向した。

慶南道民会が郷土視察団 東京

東京の慶尚南道々民会（権泰林会長）は九月二十四日午後六時、ホテル・ニュージャパンで第二回理事会を開き、郷土慶尚南道の視察団派遣を再確認し、十月三日釜山集合後、馬山工業団地視察など三日間の日程を確認した。

東京、青森両本部のセマウル結縁団帰国

東京地区第五次セマウル結縁団代表一行は、去る九月二十九日午後一時半のKAL機で、国軍の日参観団一行と共にソウル向け出発した。

今回のセマウル結縁は、民団東京本部執行委員会、同じく豊田支部、港支部、北支部の四機関で、ソウルで十月一日の国軍の日行事を参観したあと、ただちに結縁部落へそれぞれ向かう。

これに先立ち、民団青森県地方本部の沈載明団長ら一行は、団員たちからのセマウル誠金をもって去る九月二十五日帰国した。結縁対象地は、全羅北道になるという。

愛知経友会 講演会開く

愛知県韓国人経友会（会長金允鎬）の主催により九月二十六日午後一時より名古屋城前キャッスルホテル二階ホールで講演会を県下韓国人経済界有志約五十人参席のもとで開催した。講師は韓国の経済学界権威者である沈晩変博士、演題は「経済の展望」について約2時間に亘り講演をおこない多大の関心をあつめた。

ついで同経友会の晩さん会に移りなごやかな雰囲気の中で午後五時に幕をとじた。

朝総連を包囲 三重本部の民衆大会

北は北海道から南は九州南端まで、日本列島を激憤の嵐に包んだ朴大統領狙撃事件による故陸女史を追悼しての北傀・朝総連糾弾民衆大会は、一部地域を除いて、ようやくそのホコ先をおさめた感があるが、そのしんがりを受けもって民団三重県地方本部（陳且祚団長）では、去る九月二十六日午前十一時から同県津市の新町公園で約五百人の団員が集まり、朝総連糾弾民衆大会を開いた。

大会は、孔樹泳三重商銀専務理事の司会で、国民儀礼、同本部朴英基議長の開会の辞、同じく陳且祚団長の経過報告と日韓親善会協会の真弓浩事務局長の激励あいさつがのべられ、大会スローガンが朗読斉唱されたあと、三班に編成されたデモ隊が計七台の宣伝カーの誘導で市中を示威行進し、朝日、読売両新聞、県知事、県議会議長木村外相（三重出身）への抗議要請文をそれぞれ伝達して朝総連即刻解体要請と偏向報道を強く糾弾した。

またこの日、日本の国際勝共連合も友好団体として合流、共に朝総連三重県本部を包囲して威勢をあげるなどの一幕もあり、大成果をおさめた。

韓国人にも奨学金貸与 日本育英会で

学費面で学業困難な高校生、大学生を対象に奨学金を貸与する目的で設けられている日本人育英会（村山松雄理事長）は、来年度の奨学生募集から在日韓国人、中国人の応募も認めると明らかにした。日本育英会はこれまで、出願資格の中に「外国籍者除外条項」を設け、在日韓国人学生の応募を拒否していたが、来年度から出願資格の国籍条項を「日本国民、在日朝鮮、在日中国人」とし、在日韓国人などに対する差別を一切撤廃するというものである。また、在日韓国人学生が応募する際には本名（韓国名）を使用させるように指導する。

新韓学術会24回総会

新韓学術研究会（朴推根会長）の第24回定期総会は去る九月二十六日午後六時から東京赤坂の駐日公報館で開かれ、約五十人が集まり盛会であった。

日、台間同胞交流 洪韓僑協会理事談

さる一日、台湾省韓僑協会・洪鍾根理事が民団中央本部を訪ね尹達鏞団長と歓談し、日台居住同胞相互の交流を今後深めていくことを約束した。尹団長と洪理事との間で約束された内容は、文化、体育の交流、同胞相互の親睦、商業振興の交流、観光団派遣など。台湾韓僑協会・台北市古亭街三〇一巷二弄十一号。

桐生、横浜でも敬老会

民団群馬県桐生支部（郭相俊支団長）主催の敬老会が、少しおくれて去る九月二十九日の日曜午後一時から五時までの間、同支部講堂で開かれた。

同会では、婦人会で丹誠こめたお国料理で舌づつみをうち、民謡や踊りで心楽しい半日を過ごした。

同日の老齢対象者は十八人で計四十人近くの団員たちが集まった。また、横浜支部でも箱根の大寿荘に約七十人が集まり敬老会を催おした。

尋ね人

☆金在鎬さん（金沢・約40歳位）本籍・慶南蔚山。

15年前まで島根県周吉郡大字中村のキラク・パチンコ店で勤めていたところ、一回文通があったのち消息不明の金さんを、未亡人となった金さんのお母さんがさがしています。金さんをご存知の方は千葉県松戸市松飛台64－23金摩植さん（☎〇四七三－88－一九三〇）まで連絡を。

☆鄭喆朝さん（通名・松本三郎）

昭和三〇年八月頃まで福岡、福井もしくは福島に居住していたと思われる鄭さんか、その家族を、お子さんであるソウル特別市道峰区中渓洞四三六－15統5班－5号鄭然斗さんがさがしています。ご存知の方は連絡を。

☆申性模さん
☆李鼎邦さん

一九五〇年に韓国々防長官であった申性模さんまたはそのご子息の熊さん、そして一九四九年に駐香港韓国総領事館に勤めておられた李さんを香港の潘楽平さんがさがしています。ご存知の方は横浜市港北区篠原町二六一三番地山水荘12号室・陳内さん（☎〇四五－四三二－八九一一）まで連絡を。

ビジネスと観光と歴史・美術そして…
世界親子かけある記 ㉜
裵乙祚・裵慶州

"チップについて一言文句申し上げ候"

TIPにはこんな意味がある①"先端、先につけるもの、②傾けるひっくり返す、③心づけ、内報よいひんと、秘訣"ざっとこんな数種の意があり、チップの全貌がこのいくつかの意味の中に包含されていて面白い。即ちチップとは心づけをもらった相手に何の事柄をひっくりかえしても先ず先によいヒントや秘訣内報を提供すること、と与えられる側から定義したらなるほどとうなずける御仁も多いことだろう。

そもそもチップとは公然と許された"ワイロ"であり、買収であると悪いイメージを持つ私には、この英和辞典からひいた三つの解釈は最も当を得ているように思われる。そしてチップのもつもう一つの面、提供された好意や労働に対する当然の報酬と言う、サービスにおける提供者、被提供者間の潤滑油としてのチップの性格を忘れてはならないが、それにしてもチップを渡すと云う習慣に不馴れな国から来た私には、大変抵抗のあるこの習慣は旅行中いろいろな面で、このチップにまつわる誤解、迷惑を受けたものである。

そしてその原因は日本人であると言い度いし、彼等の猛省を促すとともに、西欧社会におけるこの種制度の改善はないものかと考えあえて公開する。

"地獄の沙汰も金次第" サービスにおける潤滑油 チップの元凶は日本人

①発展途上国の出入国時における露骨なチップ要求は、たとえ低賃金労働下の官吏労働者とは言えこうなると悪い意味に使われるチップのワイロの性格をより多く帯びて来る。地獄の沙汰も金次第と言った光景に出会った人々は私一人ばかりではあるまい。

②官公庁の申請証明書発行の順番速度が入れ変り速くなるのもこのチップ的性格からワイロに変ったチップの偉力である。

③空港などでポーター達がパッケージを運んでこちらが渡すチップこそは、チップのもつ一番良い意味に使われる最上のものであろう。そこには一つも暗いイメージはない。だがこの種のものでも額の多少で相手の態度が違い、とまどったり不愉快な気持になることがあるが、労働に対する当然の報酬の額を間違えたと思えば腹も立つまい。

④ホテルについたらサア！大変なことになる。あらゆる機会をとらえて、このチップを渡さねばならないよう事を運んでいく、客にとってはチップ制度のスサマジイ押し売りであり、ボーイ等サービスマンにとっては生活のかかった職業行為ではあるが、罠にかかった動物のようで決して気持の良いものではない。成金風を吹かしたいむきにはまた話は別だが、とくに語学で他人の助けをかりるまでもなく、気の弱い善良な旅人がNo, Thank you と言えず、この種のサービスの押売りもされた時などは、たとえ西欧社会の習慣とは言え早く改めるべきだと思う。

とはいえいずれにしてもホテルに入ったら後は、あきらめてこのチップ制度に最少限はつきあいなさいと言いたいくらい全てにこのチップの偉力をまざまざとみせつけてくれる場面にいくらでも遭遇する。フロントでのチェックした頼みごとやトラブルもこのチップでまず片づく。ルームメードにもチップを置くとおかないでは、石鹸の数、タオルのサービス其の他アッと気がつくほどのドライな返答が返ってくる。

⑤食後のチップは何%置かねばならぬ、タクシー代は何%加算して渡せ等々、さも食事代やタクシー代が初めから割引されてでもいるかのように大っぴらに要求される。また心づかいをしないと思わぬしっぺがえしを喰らうことがある。

さて以上のことがらを通して日本人の流す公害は想像をはるかに上まわるものがある。特に外国語に不自由な人びとが、他国でかけられた当然のサービスを感謝のあまり多額の金額をおしみなく、しかもサンキューを連発しながら相手に一礼も二礼もして渡されるのでは、彼等の連中は迷惑千万も甚だしく、特に私達日本人でない者が、たまたま東洋人たる故に、彼等西洋人の目には多額の御ふせをくれる日本人に仕立ててあげられるのか、或はまちがえたのかは別として、リーゾナブルなチップを渡していると思っている私達を一種異様な眼で見たり、No-good Japanese だと御本人の前で自国語が解らんとばかり、ひにくられ罵倒されたらいいかげん頭にくる公害である。文句を言う相手よりも成金風を吹かしてバラまいていった日本人旅行者を私は憎む者だ。

世界いずこでもチップがまかり通り…

多額の金を渡して尊敬されるのでなく、馬鹿にされ鴨フレ、果ては他の東洋人にまで弊害を及ぼすこの種無知なチップ行為は、何としても早くなおしたいものである。そしてここに一言加えたいのは、大手観光旅行案内業者が発行する案内書等の中に、堂々とチップは一〇%から二〇%とか、一五%から二〇%ともっともらしく、また自己の客に親切をしていると思っているのか、営業用のセッカチなのかはしらぬが、旅行者の判断力を無視した知識の押し売りは即刻なおすべきである。日本人の馬鹿さ加減を宣伝こそすれ、国威の発揚などと間違えられては大迷惑である。（つづく）

華燭

呉鎮洙氏（民団調布支部副団長）長男・正勲君（26）と栗原与七氏五女・喜代美嬢（24）は、百年の佳約を結び、去る十月三日の開天節佳日に、東京・新宿大飯店で祝賀来賓多数参席裡に華燭の典をあげ、韓国へのハネムーンに出発した。

求む良縁

金 英姫さん（28）

ソウル建国大学校生活美術科二年修了。タイピストとして勤務したことあり。現在ソウルの自宅で家事中。希望者は本社まで電話（八一五－一四五一）で。

"漢方医薬の聖典" ここに完訳なる!!

この書は漢方医薬の原典であり、三木博士が「東医宝鑑のあとに発刊された、数多くの漢方医薬書は、すべてこれを手本にしたものか、またはその亜流である」といっているように集大成された漢方医薬の決定版である。今回はじめての口語訳として、この古典はよみがえった。内科、外科、婦人科、小児科、耳鼻科、精神科、あらゆる病名の治療法、処方から臨床医学までを全一巻にまとめ、これ一冊で漢方処方ができる実用書でもある。（続）として、湯液篇、鍼灸篇を加えた。（A5判、特上質紙使用クロース上製本）

東医宝鑑10,000円
続東医宝鑑4,000円
合本特別定価12,000円
振替東京26936

東医宝鑑（内科・外科・雑病篇）
（湯液・鍼灸篇）続東医宝鑑

☆注文は、民団中央宣伝局か、または 東京都中央区銀座6－7－12（丸山ビル） TEL (572) 1669～104 発行 日韓経済新聞社

貸トルコ 売りも可
建坪300坪
松山市道後温泉
許可地域内

連絡先 AM9:00～PM6:00
(0899)46-0700

チエーン製造販売・チエーン部品・コンベヤチエーン
中山工業株式会社
社長 崔 喆林
〒174・東京都板橋区若木1ノ6ノ20
電話(935)2233番・0006番（代表）

祖国のセマウルに桜を植えましょう
街路樹・庭園用の桜をそろえてあります。熱海桜、吉野桜、八重桜など一年生より七年生までの各種です。
高 サ…七年生 4メートル、一年生 1メートル ぐらい
値 段…七年生 1,050円、一年生 150円 植樹期…秋十一月と春の四月末日まで
ピサブル種苗園
現場住所・慶南蔚州郡彦陽邑 連絡所・静岡県沼津市吉田町34－34
李 沂 東（きとう）
電話・0559－32－1784

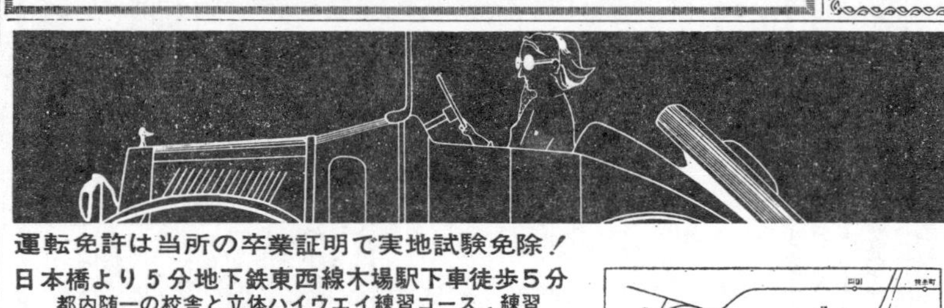

運転免許は当所の卒業証明で実地試験免除！
日本橋より5分地下鉄東西線木場駅下車徒歩5分
都内随一の校舎と立体ハイウエイ練習コース．練習は朝8時から夜7時・予約制で待たずにのれる
深川公認 中央自動車教習所

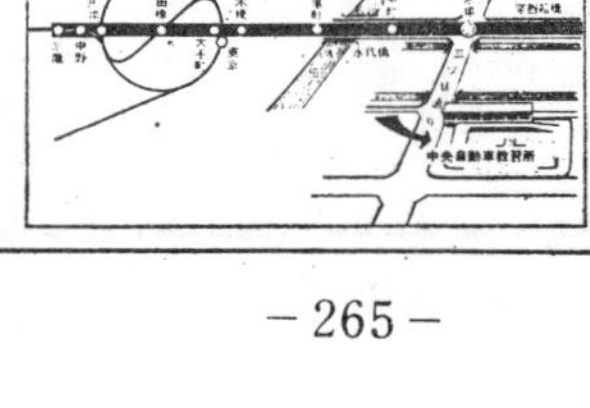

江東区塩浜2丁目8番4号 TEL.(644)4186～9

在日慶尚南道々民会母国訪問団
本会では来る11月6日から2泊3日間、慶尚南道内にある有名寺院を主として観光する母国訪問団を下記の要領で募集致しますので奮ってご参加下さい。
──募集要項──
◎人員構成
本会入会手続の完了した会員を優先する。
◎所要経費
合計 ¥54,600
¥55,600（初行者）
◎旅行地
釜山・陜川・晋州・南海・馬山
◎締切日
1974年10月20日
◎申込先
☆事務所
大阪市北区曽根崎中1－40
（大阪商銀本店6F）TEL(06)311－3851
☆中国観光(株)大阪支社
大阪市生野区中川6丁目10－17(大池市場2F)
TEL(06)754－2545 担当 金、梁まで
在日慶尚南道々民会

月刊雑誌"諸君!"「大新聞を批判する」大特集 近頃溜飲の下がる記事

情報の不足が人間や社会に致命的な過ちを犯させるのは周知の事実であるが、近頃のように過剰な情報が氾濫しても何が正しいかを判別するのに苦しむことになる。しかし、最も恐しいのは事実をまげた誤った情報が、「真実」そのもののごとくふるまい多くの人々に迎え入れられる状況である。

情報の媒介体として、現代社会で最も根強くかつ権威あるものの一つが新聞である。特に日本の社会では、ことさら「活字」に弱いといわれ、大新聞、その中でもA紙などに対する一部進歩派インテリの「信頼」は狂信的といえるほどである。

だかしかし、そのような大新聞が果して無謬であるかどうかに対しての論議は、ほとんどといえるほど見かけられなかった。人々の論議では、しらずしらずのうちにそのような大新聞が提供したいわゆる"事実"や"真実"が客観的な事実や真実としてうけ入れられ、そのような論議にもとづく論理として発展されていく。結局は、その大新聞が"考えるように考える"ことになり、大新聞が示唆する"望ましい行動基準"に適うように"行動する"ことになりかねない。

いわゆる「言論公害」が唱えられる所以がそこにあり、いわゆる「自由な言論」が人々の「自由な判断」や「正しい論理」を腐蝕、汚染させる病菌にもなりかねないという恐しさがある。

文芸春秋発行の月刊「諸君!」十一月号は、以上のような問題意識で、特集(大新聞を批判する)を組み、日本、ソ連、中共の代表的大新聞をとりあげ、きびしく追究している。

以下、その論説を中心に内容を紹介して見ることにする。

福田恆存氏による「新聞への最後通牒」は、日本の大新聞が「言論の自由」の名のもとに、明らかに特定の政治路線や、偏よった観点に立って、与論を刺激、誘導しようと試みており、言論の公器としてあるまじき、他国政府への中傷や誹謗に類した報道を行なっていることを具体的な資料と明確な論理で痛快にあかしている。

特に、去る七月の参院選の展望をはじめとする事前事後の報道姿勢やその論点にひそむ「明らかな論理的ねつ造」を一つ一つ例にあげ、新聞の「見出し」「主張」「解説」の公正性、中立性がどれほど虚構に満ちたものであるかを適確にしている。

そして、日本人としては「反批判」が禁句ともいえる「金大中事件」の報道姿勢に関しても、金大中氏の日本入国許可がライシャワ氏の大平外相宛依頼状によるもので明らかに入国理由が本来の意図とはうらはらのものであるのにも拘らず、そのような事実は、全く伝えられていないことをあかしている。特に木村外相の北韓の脅威に関する発言にしても、「国連軍が駐留している以上」という条件付き発言を、結論の部分だけを誇張したことをとりあげ、「新聞は故意に条件句を省き、悪びれながら韓国を刺激し、日韓離間を策したものに相違無い」と歯に衣きせず直言している。

ついで児玉隆也氏の「朝日新聞広告部の思想」は、自由民主党が依託した意見広告「春闘に望む」の原文がいわゆる「朝日新聞広告部」の権威によって、11個所も修正削除された事例を冒頭にあげ、「朝日」によって行なわれているきびしい「言論検閲」の実態を具体例をあげながら分析考究している。

とくに「中国」報道における暗黙の「検閲」例を見れば、国民の「知る権利」を冒している横暴に近い言論統制に慄然とせざるを得ない。

ともかく近来にない、良識にもとづく公正な論説で読後さわやかな清涼感あふるるを禁じえなかった。

さらに辻村明氏による「新聞の四つの落し穴」は、大新聞の記者や編集者が陥いりやすい「潜在的機能」について、顕在的機能との違いとその社会に及ぼす影響について論じられており、新聞自体に不利益と思われることは「貝の如く口をとざして、一言半句も語らない」ことを指摘し、「意図的な偏向」は新聞社の当事者が意識していることだから単純明快だが、意識しない「非意図的な偏向」の場合が厄介なのだと、偏向の可能性について具体的に述べている。

次には「言論と報道の混同」を米国紙と比較しながら論じ、日本の新聞の「社の方針」と「報道」が作意的に同一方向に編集されていることなどを理論的に論じている。これらのほか、無意味またはある特定の候補者を制するような選挙予測記事なども詳しく触れ、結局、新聞社自身の都合のよい世論調査と、しかもその調査結果と社の方針に大きな差が現われても、それを認めようとしないところに、新聞と世論のギャップがあると、過去の世論調査と社説を対照して説明している。

このほか、中嶋嶺雄氏が、人民日報(中共機関紙)が本当の中共の対外態度の目安でないことを、中共内部での幹部だけが読むほかのニュース紙、例えば「参考消息」などの存在を紹介して、注意を喚起している。

一方、ロバート・G・カイザー氏による『「プラウダ」の内幕』では、ソ連で発行部数一千万部を誇るプラウダが、実は発行二日前には版が組上り「編集者たちが朝出勤してくると、もう翌日の新聞がゲラ(校正用)刷りになって待っている。その日おそくなってから出る当局の公式発表と最新の外国ダネを入れるための空白が若干あるのを除き、あすの新聞がきょうのうちに全部できあがって、いつでも印刷できるようになっている」ことをはじめとし、今まで知られなかったソ連新聞の実態を詳しく述べている。

今日、大新聞の偏向に憤激を覚える人々にとって、これを是非とも一読をおすすめするものである。

(十月二日発売、現在市販中)

(凡)

テヘランのアジア大会 余りにも大きい二つの問題

横車大会になったという話

テヘランのアジア競技大会に出場した選手団が帰国し現地のもようが詳しく伝えられている。ホームタウン・デシジョン(主催側に有利な判定)とか横車という言葉が今度の大会ほど実感されたことはないと口を揃えている。イランの横車は大会進行が危ぶまれる位だったという。何よりもイランに勝たせるための不公平な審判。オイルダラーがあり余って審判員を買収したのか、抱込んだのかレスリングとボクシングの判定は前代未聞であった。

レスリングの逸龍値選手がイラン選手を一方的に押しまくったのに判定は引分けでイランが金、逸選手は銀に泣いた。韓国は幸いクジ運がよくイラン選手と多くあたらなかった。日本の斉藤選手もフォール勝ちを無効にされ日本選手は退場した。ボクシングでは北韓のミュンヘン・オリンピック銀メダリストの金宇吉がイラン選手との判定敗に承服せず騒ぎを起し同大会に汚点を残した。しかし原因を見きわめる必要はある。北韓はクジ運が悪かったのかイラン選手との対戦が多かった。完全に勝ったと思われた試合を三つも判定敗にされたが、金宇吉の試合は誰がみても勝っていた試合だったという。ここではタイ選手団を引きあげてしまった。自転車の場合も無茶苦茶である。百八十kmのコースをイラン側が他国選手には交通事故を理由に事前に調査も練習もできないようにし自国選手だけ練習させ一位から四位までを独占した。

重量あげのドーピング判定はいっそう知能的だ。国王の至上命令だというのが重量あげ、レスリング、水球、サッカーの四種目。重量あげの成績が悪かったので北韓の金メダル三コ、日本の二コをめしあげた。大会最後を飾るサッカーも優勝したが後味悪い審判ぶりであった。重量あげでは金メダル数をふやしたのに陸上の華であるマラソンは自信がないからはじめから除いた。イランはこうした横車で総合二位を占めたが、本当に得たものは建設の立派さに比べ何もない。それどころか今後の大会継続まで危ぶませる結果となった。(KPI)

政治大会になったという話

【アジア競技大会は、とにかくつつがなく終ったが、中国の参加などで、いかに政治が持ち込まれたことか。このまま進めば、やがてオリンピック委員会を国連本部の中に設けなければならないだろうと、西独紙は皮肉る。

『フランクフルター・アルゲマイネ』第七回アジア競技大会では、中国の参加が特筆すべき話題だった。が、同時に、その中国を含めてクウェート、バーレーンその他のアラブ諸国が、この大会を前例を見ないほど政治化したのだった。イスラエルとのサッカー試合を対戦拒否したクウェートが、アジア・サッカー連盟からイスラエルを追放せよ、と提案したのは、その一例にすぎない。中国が国際競技大会に復帰したことによって、スポーツの場は最近にわかに政治化される傾向が強くなった。アラブ諸国と同様、北京政府にとってスポーツと政治との間に妥協はない。中国の大会役員も、「政治をスポーツと切り離すことはできない」と語っている。

だが、国際的な競技会は平和共存を前提として成立するものである。その最もよい例をアジア人自身が示してくれた。三度戦火を交え、いまなお緊張を続けるインドとパキスタンは、アジア競技大会で対戦しているし、国境紛争で死者まで出したイランとイラクも、紛争のあった翌日、八万人の観衆の前でサッカー試合を繰り広げたのだ。

アジア競技大会の政治化がこのままエスカレートすれば、やがてはオリンピック委員会を国連本部内に移さざるを得なくなるだろう。(九月十七日)】《週刊新潮・十月三日号》

第3回韓日対抗 サッカー 15年目日本に破れる

財団法人・日本サッカー協会主催の第三回韓日対抗サッカー定期戦が、さる二十八日東京の国立競技場で開催され、韓日代表戦、大学選抜戦の二試合が行われた。

大学選抜戦では韓国チームが試合開始から圧倒的な強さでゲームを展開し、申鉉浩(漢陽大)李榮武(漢陽大)両コンビの活躍で四対一の大差で日本大学選抜チームを破った。

これにつづいて行われた国家代表戦は、韓日両国サッカー関係者の予想を大きく狂わせ、四対一の差で日本チームが勝った。

日本チームはローマオリンピック予選以来十五年ぶりで韓国チームを破った。

韓国チームは前後半を通して日本チームに押され気味の試合運びであった。釜本邦茂、吉村大志郎のヤンマーコンビの活躍を中枢とした日本チームに圧倒されて、朴利天(国民銀行)金在漢(住宅銀行)らが懸命に鋭いシュートを試みたが得点に結びつかなかった。

苦戦をつづける韓国チームは後半20分、わずかに右からの折り返しを金在漢選手が頭できめ一点挙げたのみで試合を終えた。

これによって対戦成績は一勝一敗一分となった。

大学選抜チームは三試合全部韓国が勝っている。

学生チーム
韓国 4(3－0 / 1－1)1 日本

代表チーム
日本 4(2－0 / 2－1)1 韓国

人気の高・延定期戦 高の四勝一分に終る

韓国私学界で有名な延世大学と高麗大学が毎年対決する五種目球技延・高定期戦が、さる八月二十七日から二十九日まで三日間、ソウル運動場をはじめ各競技場で開かれた。

サッカーを引分けたほか、アイスホッケー、ラグビー、野球、バスケットの四種目とも高大が勝った。通算戦績高大23勝9敗8分け

韓国と日本の関係に新視点

日本上古史(文定昌著)抜粋と解説

(43)

百済国の滅亡と倭 (3)

百済復国運動に斉明女王狂奔

八月二日、降服後の百済地方の情勢は、はなはだ複雑であった。唐軍は、百済を滅ぼした余勢をかって新羅を襲取しようとし、百済の旧臣たちは国を興すべく四方から蜂起した。

百済の復国運動軍の中心人物は、武王の従子夫余福信であった。福信は、かって任存城(いまの洪川)の城主であった関係上、義慈王の降服後直ちに任存城で立ち上がった。

唐の大将軍蘇定方が、唐の高宗の内命によって新羅を併呑すべく策動すると、新羅は、その防衛策として新羅の正規軍に百済人の衣服を着させて百済の復国軍に投入した。

この結果、百済復国軍の気勢が大いに上がった。蘇定方は、本国の指令によって軍一〇、〇〇〇名を残して新羅軍七、〇〇〇名と共に熊津城を守らせることとして、自身は自国の兵とともに、義慈王・その太子隆・朝臣九〇名・兵員一二、八〇〇名を率いて九月三日泗沘を出発して帰国した。

百済の復国軍は、義慈王を救うべく帰路の唐軍を襲撃したが兵力少数のために失敗した。

夫余福信は、さっそく倭の斉明女王に使いを走らせて祖国の滅亡を知らせ、またその復国運動を支援してくれようと要請した。

斉明女王は即位以来すでに五年、この期間中に狂心渠その他多くの土木工事を興して国民を苦しめ、湯治と称して淫楽にふけっていた。女王は大いにあわてて自ら百済復国軍の救援に立ち上がった。

女王は、まず筑紫に行幸して兵を集めて百済に送り・全国に令を発して兵備を整えさせ・駿河の国に命じて軍船を建造して百済に送るようにした。

百済各地の義兵軍が勢力をもりかえすと、これを討平すべく出動した新羅軍は随所において惨敗し、出陣した新羅国王金春秋は、群山地方で陣中死した。(新羅本紀・太宗八年記)

夫余福信は、新しい百済国の王として、この三一年前から倭国内の直轄地(難余田と敦荒梅田)の君主になっている義慈王の子夫余豊璋を迎え入れた。このとき、倭王は多くの物資と兵員を復国軍に贈った。

現行日本書紀斉明三年記には夫余豊璋の来朝が人質となっているが、後人の改作である。白雉元年記は、豊璋を「百済君」と明記した。

斉明女王は、翌年一月二十五日、自ら越州(今日の福井県地方)に到着して百済の同盟国である高句麗と協議し、三月二十五日大津＝博多地方に到着した。女王はまた四月十五日、耽羅国(済州島)を訪問してその王に出兵を要求した。(日本書紀斉明七年紀所載「伊吉連博得の書」)

斉明女王は、自ら百済の復国軍に参加したのであるが、追われて、五月九日、筑紫の下陸郡下都安地方の朝倉宮に入り、七月二十七日死亡した。(斉明七年記)

斉明女王が死んだのち、突如「皇太子」という人物が現われて、博多の長津宮において百済復国軍の支援に全力をつくした。このいわゆる皇太子は、百済の末王義慈の子「夫余勇」であり、後日天智王になる人物である。夫余勇は、斉明六(六六〇)年の春倭国に来たのである。

復国軍の討滅に苦戦の新羅 天智天皇は百済義慈王の子

皇太子＝天智王は、まず、矢一〇万本・米・綿・布・オシカハ(韋)など多くの軍需品と三〇〇〇石の種籾を百済に送って復国軍を助けた。天智紀によれば、天智王が復国軍に送った兵員が約八万人に達し、一方三国史記は、このとき唐将劉仁願城下に留まっている倭の軍船が一、〇〇〇隻に達したとしるしている。

竜朔三年。総管孫仁師領兵来救府城……此時倭国船兵来助百済。倭船千隻停在白沙。三国史記 文武十一年記

(つづく)

解説 今回の本文の中に「女王(斉明)はまた四月一五日、耽羅国(済州島)を訪問してその王に出兵を要求した。」とあるので、日本書紀の記述がどうなっているかを見、その文意を解明する必要がある。日本書紀は次のようになっている。(読み方はやまと言葉だが、判り易いように漢文そのままに示す)

《(斉明七年五月)丁巳(二十三日)に耽羅(たむら)始めて王子阿波伎らを遣して貢献する。伊吉連博得(いきのむらじはかとこ)書にいう、辛酉の年の正月二十五日に、越州に還り到る。四月一日に越州から上路して東に帰る。七日に檉岸山(ちょうがんさん)の明(日本書紀では"みなみ")にいたる。八日の鶏鳴之時を以て(あかつき)西南の風に順(の)って船を大海に放つ。海中に途を迷いて漂流し苦しむ。九日八夜して、わずかに耽羅島に到る。すなわち島人王子阿波伎等九人を招き慰め、同じく客船に載せて帝朝に献じようとし五月二十三日に朝倉朝(斉明女王の行宮、九州朝倉)に奉進する。耽羅の入朝此時に始まる。》

この記述の中の矛盾点は、伊吉連博得が、耽羅国に漂着し、王子ら九人を連れかえって斉明女王に奉つった、というくだりである。

日本書紀の解説者たちは、このことも「至極当然」の如く見て素通りしているが、文定昌先生が何度も解き明かしたように、これも日本優位の立場から"粉飾"した一例であろう。これは当時の少壮外交官であった博得が、斉明女王の内意を受け、百済の友好国であった耽羅に、百済救済の「協力」または「応援」を頼みに行った、と見る文先生の解明が理にかなうところであろう。それは斉明女王の"母国"であり、耽羅の友好国である「百済」をめぐる事件であるからこそ王子が倭国にわざわざ同行したとしか考えられない点も合わせ考える要素となろう。

なお今回の本文も「古代日本史」の日本文の転載である。

(金元奉記者)

壬辰倭乱私録

文禄・慶長の役

壬辰倭乱(イムジンウェラン)私録

西厓柳成竜の三男「柳袗」の乱中体験記

(11)

金竜煥 画

ようやく粥を食べる

「二里どころか、十里でもかまいません」

「では私についてきなさい」

このような対話が交わされてから、彼は急ぎ足で歩き出して。彼の後を追いながら、

「それでは道だけでも教えてください」と言ったところ、彼は、

「この道をたどって一里ほどまいりますと、路傍に大きな一本松が立っています。そこから左に折れる小道がありますから、その道へ折れてください。」と指差しながら教えてくれた。

彼のことばに従って道を急いだところ、はたして路傍に一本松があり、そこから左におれる小道が見えた。

ところが李進士は、小道を見向きもせずに通り過ぎようとした。

「松の木のところから左に折れるようにと言っていましたが……」と私が申し上げたところ、

「そのようなことばが信じられるのか。もし彼の教えたとおりの道を行って、途中で日でも暮れたら大変じゃないか。むしろ大路を選ぶべきだと思う」と言われた。

「それならここでしばらく待つことにしたらいかがでしょうか。さっきの人がすでに家に着いたとすれば、きっとだれかが迎えにくると思いますが……」と私が言ったところ、李進士も私が前に落ちたのか、そこで待つことにした。三人とも松の木の下に横になったが、とても寝つけなかった。気はただもうろうとしていた。

どれくらいの時間がたったのだろうか、平涼子(賤民のかぶる笠)をかぶった白髪まじりの男が近寄って来て、李進士を杖でつつつきながら、

「おい、おまえには耳もないのか。あれだけ叫んでもなにも聞こえないというのか。おまえたちが明礼坊の王宮近くから来たものたちのか」と聞くのだった。わたしたちが座りなおしながら、

「そうですが、それをどうして……」と答えたところ、彼は、

「あの泣き叫ぶ声が聞こえないのか。ある婦人がおまえたちを呼びつづけながら泣いているじゃないか。おまえたちがその張本人ではないか……。早く返事をしてやれよ……」というではないか。

はたしてわたしたち一行を耳をそばだてたところ、わたしたちを呼んでいるのは、まぎれもなく姉に仕えている母の奴婢であった。一息でかけつけた李進士は、彼の父母と妻子の消息を尋ねたが、奴婢は何も知らなかった。ただ、李進士の三子「弘」だけをこの奴婢が負って逃げ延び、もし両班の子だといえば殺されるものと思ったので、自分の孫であるとかくしてきたのだった。奴婢と一緒に家に入ったところ、私は火が付いたように泣きだした。

わたしたちに道を教えてくれた人は、名まえを順卜といった。彼の父は奴婢と偶然にも同じ年であったが、弘をおぶった奴婢が彼に出会い、ことの一部始終を話したところ、あわれに思った順卜の母がこれまで留めてくれたのだった。そのうえ、わずかばかりの米と醤油まで頼んでくれたのであるが、奴婢はこれを食べずに残し、わたしたちに粥を炊いてくれるのだった。

ところが久しぶりに食べる粥だったせいか、かえって吐きけをもよおすばかりであった。

判官夫人は、翌朝やっと半杯ぐらいの粥を食べることができた。

李進士は、奴婢に判官夫人の世話を頼んでから、私たちだけを連れて家を出た。私たちが倭賊たちと出会った付近で、父母の死体でも探すつもりであるらしかった。しかし、その付近の叢や渓谷をくまなく探し回ったが、ついに探し出すことはできなかった。

従兄が粟一升をくれる

私たちが、ただ途方にくれてもどるところへ、金城方面から、五、六頭の馬に婦人たちを乗せた一行が近づいてきた。ところが彼は、偶然なことにも李進士の従兄だった。李進士が彼ら一行の手を握って泣き崩れると、彼らももらい泣きしながら、

「私たちもあまり先走ったため倭賊たちに出会ったのを、かろうじて生きのびてきたが、ここで再会するとは驚いた。しかし道を急ぐので、残念ながらここに留まるわけにはいかない」といいながら、さっさと行ってしまった。

彼ら一行が去るとき、李進士の従兄は粟一升を李進士にくれたが、李進士は固くこれを辞した。彼らはやむなく私の着物にそれをくるんでから去っていった。

なかでも叔父嫂が別れを惜しみながら、煮こんだ小豆二、三合など李進士に差し上げながら、「粗末なものでも感謝しゅうございます。これを召し上がったらいかがでしょうか」というのだった。これも李進士が辞退すると、やはり彼女は私に手渡すのだった。私は、

「兄上、もう日も暮れようとしていますから、そろそろ帰りましょう」と進言した。

李進士は胸をかきむしりながら、ただ「お母さん」「お母さん」を呼びつづけるだけであった。

ちょうどそのとき、西側の方から、馬に乗ってこちらへやってくる者がいた。李進士はいちはやく彼を見きわめてから、

「あそこに来るのは千億のようだ」といわれながら涙まじりの声で

「おーい、おまえは千億ではないか」と叫んだ。

(株)三中堂 東京支社 韓国書籍販売センター

本を通じて 韓日間を結ぶ 文化の架橋

〒104 東京都中央区京橋3の6－8 ☎(03)271－1981～2 振替東京146144

営業案内 平日9:00AM～19:00PM

◈一般教養書籍・全集類 ◈専門学術書・大学教材 ◈絶版本復刻版 ◈各大学・学会研究誌 ◈韓国関係英文本 ◈年鑑・月報・各種統計資料

◈月・季刊雑誌 ◈児童図書・絵本 ◈韓日・日韓辞典 ◈聖書・讃美歌・楽譜 ◈地図・観光案内書 等

〈特設民芸品コーナー〉 陶磁器・木刻品・民俗版画・レコード カセット・記念切手・楽書 等

25坪の店内に韓国の新・旧版書籍10.000余冊の本及び民芸品等を常備、展示販売している日本国内で最大の韓国書籍専門店!

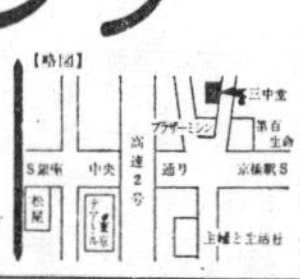

評判の 辞書●事典類
国語大辞典 李熙昇編/民衆書館●12,000円
新国語大辞典 梁柱東編/新韓出版●10,000円
国語辞典(三六判) 李熙昇編/民衆書館●1,800円
玉篇 兼用 国語辞典(四六判) 金敏洙編/語文閣●2,200円
韓日辞典 金素雲編/徽文出版●1,800円
日韓辞典 朴成媛編/徽文出版●1,800円
エッセンス 日韓辞典 安田吉実編/民衆書館●2,200円
完全日韓辞典(四六判) 朴洋根編/五星出版●3,500円
大漢韓辞典 張三植編/省音社●12,000円
ポケット 漢字辞典(二色刷) 民衆書館●1,700円
最新明文新玉篇 金赫済編/明文堂●1,600円
エッセンス 韓英辞典 民衆書館●2,600円
エッセンス 英韓辞典 民衆書館●2,600円
俗談辞典 李基文編/民衆書館●1,800円
古語辞典 南廣祐編/一潮閣2,200円

家庭大百科事典(カラー版) 三中堂●9,000円
韓国学大百科事典 李丙燾監修/乙酉文化社●13,000円
韓国人名大事典 李熙昇他編/新丘文化社●12,000円
韓国文学大事典 金東里他編/文元閣●12,000円
国史大事典 李弘植編/百万社●6,000円

歴史●宗教●時事 祖国への知識をあたえる
大韓国史 全8巻 李宣根/新太陽社●32,000円
韓国史大系 全12巻 千寛宇編/三珍社●36,000円
韓国史新論 李基白/一潮閣●1,440円
国史新講 李弘植他/一潮閣●1,440円
民族と歴史 李基白/一潮閣●1,800円
太陽の照す道 李舜臣将軍伝 李殷相/三中堂●9,000円
民族文化論叢 －李殷相先生古稀紀念－ 刊行委編/三中堂●10,000円
李朝党争史話 金東坤/三中堂●3,000円
韓国思想叢書 全3巻 朴鍾鴻他/景仁文化社●9,000円
韓国現代史 全9巻 申奭鎬他/新丘文化社●29,000円
韓国宗教史 金得榥/エベル出版社●800円
韓国教会史 郭安全/基督教書会●1,200円
韓国佛教 李善秀/仏書普及社●780円
韓国動乱(日本語版) 金点坤/光明出版社●1,800円
韓国共産主義運動史 全3巻 金俊燁他/高大亜研●7,600円
東亜日報縮刷版(1922～80年)40冊 東亜日報社出版局●90,000円
朝鮮日報名社説五百選 鮮于煇他/朝鮮日報社●840円

韓国語教本 正しいハングルを学ぼう
標準 韓国語 基礎から会話まで 朴成媛編/高麗書林●1,600円
実用韓国語 カセット別売3,000円 金東俊/日韓親和会●900円
韓国語四週間 金文暎/文芸書林●1,200円
Let's Learn Korean レコード2枚付 金海成/翰林出版社●1,500円

美術●考古学 祖先の誇りたかき遺績の香り
韓国美術全集 全15巻 金元竜他/同和出版●各7,200円
韓国古美術 B4判 文化財管理局/淡交社●38,000円
中央博物館名品図鑑 国立博物館編/三和出版社●5,760円
慶州博物館名品選 慶州博物館編/三和出版社●2,000円
韓国近代美術 B4判 近代美術館/光明出版社●15,000円

譜学●生活の知恵 すぐ役にたつ生活百科
韓国姓氏大観 A5判 崔徳教編/創造社●9,600円
萬姓大同譜 全3巻 呉義書編/学文閣●18,000円
韓国民法上の姓氏制度 李光信/法文社●960円
式辞演説全書 高廷基編/大光出版社●2,000円
式辞演説事典 華学社編●2,500円
法典 －六法全書－ 玄岩社編●12,000円
六法全書 法典社編●12,000円
唐四柱要覧 金赫済/明文堂●3,000円
身数秘訣 金于斉/南山堂●3,000円
原本唐四柱(全) 世昌書館編●3,500円

小説●単行本 ベスト●セラー
関釜連絡船 全2巻 李炳注/新丘文化社3,940円
李光洙代表作選集 全12巻 李光洙/三中堂●15,600円
乙酉文庫一五〇冊 文宗他/乙酉文化社 平均330円
文庫●韓国文学全集 百冊 金東仁他/三省出版社●各330円

漢方民間医療 見直される東洋医学の神秘
東医宝鑑 －原文附－ 許浚/南山堂●10,000円
東洋医学大辞典 謝観/高文社●12,000円
図解本草綱目 李時珍/高文社●16,000円
漢方診断学 李成模編/杏林書院●3,500円
漢方臨床40年 杏林書院編●6,000円
現代漢方講座 朴盛洙他/杏林書院●5,500円
方薬合編 明文堂編●1,000円

観光●地図 目で見る韓国旅行案内
韓国の旅行 全8巻 金燦三監修/三中堂●16,000円
韓国大全図 全紙四切 秋正雨編/三中堂●1,000円
韓国観光地図 ポケット版 秋正明編/三中堂1,000円

韓國新聞
在日大韓民国居留民団
中央本部機関紙
韓国新聞社
発行人 尹 達 鏞
東京都文京区春日2丁目20－13
電話（815）1451～3
（813）2261～5
振替口座 東京 163774
本国連絡所（民団本国事務所内）서울特別市鍾路区昌成洞
政府合同廳舍4層
電話73－0162・0165

在日本大韓民国居留民団 綱領
一、우리는 大韓民國의 國是를 遵守한다
一、우리는 在留同胞의 權益擁護를 期한다
一、우리는 在留同胞의 民生安定을 期한다
一、우리는 在留同胞의 文化向上을 期한다
一、우리는 世界平和와 國際親善을 期한다

維新体制への挑戦許さず

現憲法は共産との対決で適切

朴正熙大統領所信を表明

朴正熙 大統領

朴大統領は八日午後、青瓦台で新聞、放送などの代表者らと会った席で、内外情勢について所信を明らかにし「北韓共産主義者との対決に当たり、もうひと息がん張るためにも、現憲法はかなり適切なものであると信じている。従って、現在の国内、国際情勢から見て、維新体制への挑戦は許されるものでない」と述べた。大統領はさらに「われわれが米国からさまざまな支援を受けたことを忘れてはいないが、国内問題にまで米国のきげんをうかがって米国の力を引き入れようとすることは許されない」とも語った。

この日の会合は各報道機関の代表者らが新聞、放送を通じて一般国民から募金していた防衛誠金を大統領に届けるための集まりで、大統領は国防念事についての感想を話す中で、この所信を明らかにした。

反維新改憲運動を拒絶

金鍾泌国務総理、国会で答弁

一方、八日の国会では、金鍾泌総理が新民党議員の質問に対し「共産主義者に打ち勝つ唯一の道が維新体制であることを明らかにする」といい切り、改憲運動、反維新体制の動きなどを拒絶する姿勢を示した。

すでに解除されている大統領緊急措置第一、四号の違反に問われて公判中、もしくは刑が確定した者の釈放要求を迫った質問に対しても「これは司法府がやっていることだから、行政府がどうのこうの言うべき筋合いのものでない。裁判がすべて終わるまで時間をかけて見守るべきだ」と答え、さらに「わが社会がまた騒々しくなるような事態になれば、再び大統領緊急措置が発動されるかもしれない」と重大な警告をした。

安保外交の強力な展開

韓・日善隣で共同繁栄

朴大統領施政演説

朴正熙大統領はさる四日、国会本会議で総規模一兆三千六百三億ウォンの新年度予算案を提出するに際し、その施政演説（金鍾泌国務総理代読）を通じ、「新年外交政策の基本方向は①安保外交の強力な展開と②経済および文化交流の拡大そして③平和統一外交の誠実なる促求」であると言明し、「韓国外交において、韓日間の善隣友好関係の維持が両国の共同繁栄ばかりでなく、ひいてはアジア地域の安全と平和そして発展のために非常に重要である」と強調した（施政演説の要旨は2面）

朴議員らが中央を礼訪

列国議会同盟（IPU）東京会議に参加した韓国議員団の朴浚圭団長ら代表四人が……団中央本部を……

佐藤前首相にノーベル平和賞

「北からの脅威無い」の木村外相発言に対し、「韓国が憤慨するのは当然なことで責任ある地位にいる外相がこんな発言をするのは……

喜び満面の佐藤前首相

時評

ジャーナリズムに迎合する方法

◇現在の日本のジャーナリズムほど不可解な怪物はない。日毎に発行される何千万部の新聞の洪水の中に埋まって、"いやもおうもなく"それを読まされる読者は"いやもおうもなく"新聞の"作意"に陥ち込んでゆく、そうしてジャーナリズムが自分の作意に陥ち込んだ読者に次の作意を供給するために、さらに深みにのめり込んでゆく、これを繰返している内に、それと別の意見を持った言論が現われると、それは"世に容れることのできない"、"取るに足らない""暴論"という目でしか受けとろうとしない。つまり、自分らの意見に反する意見は許すことができない、という姿勢である。

小数意見は弾圧される日本

意識的"誤ち"による怪奇

今の日本のジャーナリズムに受容れられようとすればわけはない。

簡単である。デッチ上げであろうと、まっかなウソであろうとかまわない。

例えば「時評」子Wが、一国今まで書いた「時評」は、不本日本のジャーナリズムに脚光をあびて登場しようと思うとすると、まかせに次々と韓国政府の悪口をいえば、韓国政府、特に大統領に不利益なことであれば、見えすいたウソでもかまわないわけだ。「Wが韓国新聞に意で、KCIAに強要されたものので、韓国に往来するために止むを得ず書いた。朴"政権"の独裁に反対する」として、ウソとデッチ上げの"証言"をすればことたりる。もっとも効果的な内容にしようと思えば"南山で拷問"されたことにすればよい。

つまり冒頭に書いた「不可解な怪物」という意味がここにある。自ら正論を以って任じる日本のジャーナリズムは、現在までにこのような意識した"誤ち"を平気で続けて来た。その最も顕著な例は朴大統領狙撃事件で見ることができる。

論理の矛盾も、証拠の有無もおかまいなしに、特筆大書することは間違いない。そして何かのはずみに、Wの証言は"どうもウソらしい"と判っても、それは不問にされるだろう。そればかりか、ウソのはずではない、と弁護されるだろう。

正当な判断力を持つ一部の言論機関を除き、日本のジャーナリズムは"わあっ"と飛び付いてくるであろう。後は口から出……

八月十五日、事件が発生した直後、日頃から"反朴"で知られる人物の"自作自演"だといったことが報道されたが、それが最近になってより具体的に"演出"された脚本になって現われた。いわく、狙撃の後から射ったのだ、文世光を導いたのはKCIAだ。

こんなバカげたことに反論することは、もっとバカげたことだからこれに触れることはやめる。そして次のことだけ説明しておこう。一時、阿部剛という男が、南山のKCIA本部で、死ぬ程の拷問を受けたとして、日本の新聞と週刊、月刊誌が恥も外聞もなくこれを"鬼の声"でも取ったように書きまくったことがある。

IPU議員韓国訪問

「民俗村」に興味

言論研修団の成果

尹中央団長らと歓談する韓国議員団（団長左）

防衛誠金20万

神技！太鼓の踊り　エンジェルスのもっとも得意とするレパートリーの一つ。

世界の「リトル・エンジェルス」がやってきた

10月28日から日本各地で公演

僑民指導講師団

10月22日から全国巡回

地方巡回日程

陸女史の墓に参拝百十四万

大阪総領事館竣工

14日から事務取扱い

時事漫評

可能性のあるものから入れよう

金竜煥

第二의 6·25 꾀하는 北傀와 朝總連의 策動을 東破하자

第３回訪米

募集人員　200名

在日 韓国青年指導者セミナー

（1974年11月15日～12月7日）

費用
渡航費、滞在費は主催者側が負担する
（渡航手続に関する経費、自由時間の経費は個人負担）

募集締切：1974年10月31日

募集要綱

◎目　的……国際的視野に立った在日韓国人社会の指導者を養成する為にアメリカの実情を見聞し民主々義とキリスト教の新しい理念を学び国際親善及び文化交流の促進に寄与する
◎開催地……Barrytown International Training Center
住所・Dock Load Barrytown New York 12507 Tel 914－758－6881
◎内　容……学習　1.民主々義とキリスト教の新しい理念　2.勝共理論　3.国際情勢　4.韓国の発展と在日韓国青年の使命
観光（ニューヨーク・ワシントン・サンフランシスコ）　訪問先・韓国
◎応募資格……在日韓国青年又は学生で20才～35才までの男性（但し、大学生は18才以上可）高卒以上、本パス所持者及び、取得可能者で健康な方（団体生活可能者）

応募方法
参加希望者は選抜研修会に参加していただきます。
第1回・東京選抜研修会10月19・20・21日　第2回・大阪選抜研修会10月26・27・28日
第3回・大阪選抜研修会11月1・2・3日

☆主　催・国際勝共連合在日韓国人会
☆後　援・在日本大韓民国居留民団中央本部

朴大統領 施政演説 要旨

「새마을」은 精神改革運動 維新 具現위해 安定成長

外交

經濟

國防

教育

社會福祉

文化藝術

새해豫算

10월 9일

528돌 "한글날"

▲世宗大王의 銅像

◀「訓民正音」의 原本

"한글"의 由來와 特質

韓国民俗村 "옛날"을 再現

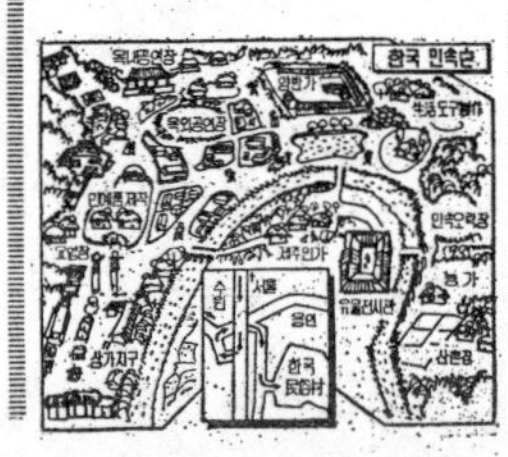

団結로써 粉砕하자 朝総連의 破壊工作

マ ル ト 会 館

社長 姜 秀 根 (徳山義高)

岡崎市本町2−5・電話(0564)21−4859(代)

自宅 名古屋市中村区中村本町1−67 電話481−2566

コ ロ ン ビ ア 観 光 株式会社

代表取締役 鄭 煥 禧 (大山禧一)

中村公園会館・名古屋市中村区豊国通1−3−2 電話471−2291

八 田 会 館・名古屋市中川区柳瀬通1−11−1 電話362−2351

自 宅・名古屋市中村区中村本町1−27 電話471−6257

東洋実業 K.K

河 京 完

海外旅行の御相談は

株式会社 宮本観光サービス

代表 姜 武 夫

本社・岐阜市若宮町六−五 電話六二−三三九〇(山栄ビル3階)

事務所・名古屋市中村区則武町二丁目(鋼鉄ビル10階3号)

電話 四五一−八五四一−二

製鉄・鋳造原料 各種工作機械

新本商店

代表 朴 元 熙

豊橋市八通町九五 電話(〇五三二)二−八七〇三

自宅 豊橋市柱二番町一二三 電話 四五一−一七一三

株式会社 大丸

株式会社 丸越

代表取締役 李 吉 秀 (新日剛水)

名古屋市中区栄四丁目六−五 電話 二四一−三六一一−五

明成車輛 K.K

代表取締役 沈 在 一 (木下在雄)

車輛部・京都市南区吉祥院池ノ内町一二四 電話 六七一−〇二一−三

商事部・京都市下京区西大路八条下ル西町八四

大阪総領事館の占拠

人質とり武器を確保

狙撃犯・文の「九・七斗争総括」明るみへ

十月九日付「統一日報」報道記事によると、朴大統領狙撃事件犯人・文世光は、七日ソウル地裁で開かれた初公判で、七三年九月当時の旧韓青金君夫副委員長に対し、大阪の韓国総領事館を占拠、職員を人質にとり、金大中氏と交換しようとの計画を進めた事実があると検察側の尋問に答え、また新たな波紋を投げかけた。以下、同紙報道記事の主要部分の転載。

これは文世光が七三年九月十三日付で「九・七闘争総括」を書き旧韓青中央本部の金君夫あてに郵送した、いわゆる「九・七総括書」のことをさすのは明らか。そこで文は、金君夫を「親愛なる同志」と呼び、総領事館の占拠計画を伝えるとともに「同志がその日を決定するならば、私は、人員四～五名と武器（ダイナマイト）を確保するでしょう」と書いている。文のこの陳述で、「九・七総括書」の実在が立証され、旧韓青中央の、文は七二年九月に旧韓青を脱退したという声明がウソだったことが否定できなくなった。しかも、狙撃事件と旧韓青中央幹部はなんらかのかかわりがあったのではないか、という疑念を再び生じさせている。

旧韓青中央は七日夜、文が、旧韓青中央の金君夫副委員長（当時）あてに大阪総領事館占拠計画を通告する手紙を出したと陳述したのに対し、「そのような手紙は受け取っていないし、その内容は全く知らない」との声明を出したという。旧韓青中央は、以前にも本紙に対して、①文世光の「九・七総括書」なるものは存在していない②「九・七総括」が東京の国労会館で開かれた事実もない、との「抗議」の電話をして来たことがある。

しかし、「九・七総括」書の実在は、文の陳述で立証されたし、別掲凸版にもあるように、文が自筆で、旧韓青中央本部の金君夫にあてたものであることは否定できない。

総括書の冒頭で、文は「本来同館内にあって意見交換が充分になされるはずですが、今日の情況から、それも思うままにならず、ペンを」とったと述べ、「これは全国で行なっている総括と共に、九・七国労での総括における兵庫の同志が言われた事も含むと考えます。韓青大阪支部長会議の九・七参加への討論内容でもあります」と明らかにしている。

そして、最後の部分で「本来、同志（金君夫）が大阪に来て、学習会をすることを望むのですが、再建も含めて、今大阪は幹部学習が不足しております」とし、「『金大中先生救出』を、文字どおり、生命をかけて、革命活動の一貫として行う。最低一週間、最高一カ月間（大使館は無理なので）領事館（特に大阪）に領事を人質として占拠する。もし、同志がその日を決定するならば、私は人員四～五名と、武器（ダイナマイト）を確保するでしょう」と述べている。

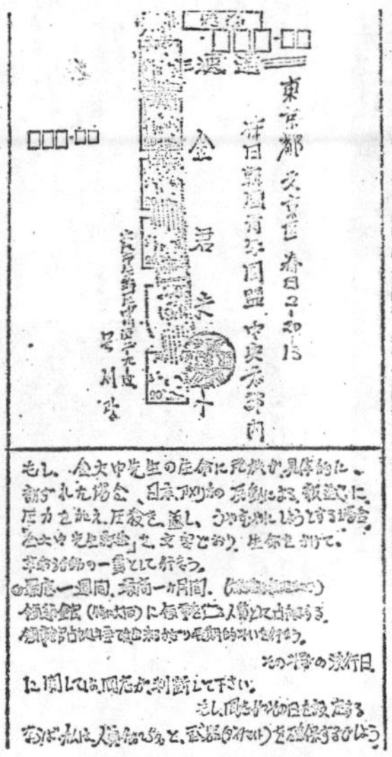

文が金君夫旧韓青副委員長におくった「9・7総括書」の封筒（上）と総領事館占拠をすすめた文面（下）

金、吉井らの協力事実

朴正熙大統領狙撃事件の初公判は七日午前十一時からソウル地裁で開かれ犯人・文世光被告は起訴状を全面的に認めた。

その結果、朝鮮総連大阪府生野西支部の金浩竜政治部長、大津市の吉井行雄、美喜子夫妻は、この狙撃事件を事前に知っていて協[illegible]れた。

ソウルの捜査本部では、かねてからこれら三人の共犯説を唱えていたが、このたびの文の陳述によってその事実が裏づけられたとして、日本側に三人に対する強制捜査を求めることも考えられてきた。

文はこの日の午前十一時から午後四時すぎまで四時間近い検事尋問に対してほぼ全面的に起訴状の罪状を認めた。

その結果①大統領狙撃事件について金浩竜と合意あるいは共謀した②万景峰号にいた「講師」といわれる人からこの計画は金日成主席の指示によるものと聞かされた③吉井行雄、美喜子夫妻は大統領狙撃計画を知りながら、旅券偽造に協力した―など、北傀の「講師」と三人が共犯関係にあったと述べた。

そして、金浩竜の協力が朝鮮総連の組織にもとづいた協力であるかどうかについても「その可能性はあると思う」と答えた。

またピストルの窃盗および、狙撃の実施については、単独犯行であるとし、三人のほかに、新たな共犯者の名はでなかった。

次回公判は十四日に行われる。

郭東儀、裵東湖に容疑　韓国日報

六日付の韓国日報は、捜査当局幹部が「文の背後で指揮したものとして、金浩竜よりさらに上部のとの記事を載せるとともに、民団反主流派の郭東儀、裵東湖両人の名前を出して、両人らにも容疑がかかっていると報じた。

朝鮮大学内で射撃訓練　東亜日報

なお五日付の東亜日報は、文の取り調べに当たった捜査当局の幹[illegible]

この中で当局側は①文は東京にある朝鮮大学校内で射撃の訓練を受けた②文が赤不動病院（東京都足立区にあり、韓国捜査当局は朝鮮総連系の病院と見ている）に入院したことと、大阪港に停泊中の万景峰号に乗船した事実は、北傀が背後で文を操縦したことの決定的な証拠になっている―と語った。

郷土教育振興に四百万
横浜の白沢善氏に功績碑

白沢善氏

出身地である孤島の青少年教育振興のために巨額の私財を寄付し、立派な中学校を郷土で創立するのに、心血を傾けた在日同胞のかくれた美談がある。

美談の主人公は、横浜市居住の白沢善さん（53歳・全南莞島郡所安面出身）である。白さんは、生れ故郷である、所安の孤島に、中学校がなく、中学生は木浦や光州まで毎日船とバスの急行軍をくりかえさなければならない実情を伝え聞き、郷土に中学校建設の必要を痛感していた。

そして、3年前、一面一中学校の文教政策によって所安中学校建設がはじまるや、さっそく二百万円を寄付、郷土の中学校建設はとんとん拍子にはかどった。

また、完成後も、運営費補助として50万円づつ4回あわせて二百万円を支援、総計四百万円もの郷土愛あふれる誠金を、郷土の教育振興のためささげたのである。

このような白さんの至誠にこたえ、島の中学校で勉学している五百名の生徒をはじめ、県父兄、教職員は、海藻類などを採取し、積みたてた誠金二十余万ウォンで白さんの功績碑をたてた。

郷土教育に異国からのまごころを送った在日同胞と生れ故郷の人々をかたく結んだ「美しい至誠の塔」は、校庭の一隅で、学校の発展を見守りつづけることであろう。

所安中学校庭の功績碑

要警戒、日本赤軍派
民団中央　全国に通達

さきのテルアビブ空港での乱射事件、今度のオランダ・ハーグでのフランス大使人質事件など、全世界をまたに荒れ狂っている残虐無道な日本赤軍派の暴挙は目にあまるものがあるが、朴大統領狙撃事件の犯人・文世光と、政府転ぷくなど大統領緊急措置令違反で服役中の早川嘉春、太刀川正樹両日本人を救出するとの目的で、在日韓国公館やその他の駐在機関に対し暴行、破壊事件を画策しているとの風聞が巷間に流れているおりから、民団中央ではこれら日本赤軍派の動きに警戒態勢を整えるよう広く呼びかけた。

世界親子かけある記 ㉝
ビジネスと観光と歴史・美術そして…
裵乙祚・裵慶州

病める現代社会の象徴
30余人種のるつぼの街
栄光のニューヨークも薄汚れ

ニューヨーク（一）

時差の関係でニューヨークに入ったのは、ロンドンを正午に発っておよそ七時間のフライトで午後七時になるところを五時間逆のぼって午後二時頃であった。何の感激もなく旅なれた地に立ち寄る気持で街に入った。あの天をつく摩天楼・高層ビルの群れにも極めて冷静に接する余裕があった。

街は全体に薄よごれ二世紀余の年月にしては、欧州大陸各都市と比べ荒れているように感じた。道路わきに紙切れや汚物が目立ち、本来ならきれいなはずの公園、花壇にもゴミ屑の山が眼につく。巨大な高層ビル群の谷間底のあのすごさは、以前[illegible]はすさまじいと聞いた。かってアメリカの繁栄期に巨万の富をかけ築いたニューヨークの都市づくりと栄光の都市は、今日の多くの世界の巨大都市と同じく、老化し悩みと病根をかかえ、この都市に巣喰ったスラム化のビールスは時と共に拡散して、もはや切開すらままならなくなって来たように思え、やがて現存しも私達の考古学的好奇心をのみそそる古代都市の廃墟の如く、その都市機能を果たし終えの時がやって来るのではないかと思えるほど荒廃して行くようであった。

まちゆく人種の多いのには既に馴れた私達の眼を一そう驚ろかした。白色（アングロサクソン系・ラテン系即ちイタリ・スペイン・フランス人等）黒色では圧到的に多い黒人、それとおびただしい混血プエルトリコ、メキシコ等中南米系、これにインド中国、更に世界中から集って来た人種は三十数種といわれ、正に人種のるつぼの観がある。だから世界有数のスラム地帯があることもうなづける。いわゆる繁華街と言われる五番街をはじめ有名なAV（アヴェニュー）、ST（ストリート）は、これ等スラム化した人種と、界隈からのお上りさんでごったがえしていた。ラッシュ時にはさすがに広い道路も息苦しい程車や人でうずまり、中、上流白人が郊外の住宅地区や、地方小都市の田園生活を求めて逃避するのは、一理あることだと感じるほどそれほどに異様な雰囲気が、夕食時間の始まる午後七時頃から夜空のネオンの光も加えて、アメリカ社会の現状を象徴するように夜の修羅場と化していく様は、見ていてある種の戦慄をさえ覚えるのだった。

ブロードウエイ、タイムスクウエアー、映画テレビに良く出てくるロックフェラーセンター界隈はこれ等黒白黄のたまり場でもある。一体これがアメリカなのかと聞きたくなるほどそれは異質化していく街角である。街の様子を断片的に拾ってみれば、例の如く私達は地下鉄に乗り込んで先づ目にとび込んだのは、車体の外といわず内までいたるところに書きなぐられたスプレー落書きであった。聞くところによるとこればかりはニクソンも手が出ないとのことで大人の社会にはお手あげの状態らしい。車庫に入っている電車に高校生級の生徒及び青少年が、スプレーを使ってウップン晴しにありとあらゆる悪言罵倒から、果ては豆画家やレタリング家顔負けのいわゆる芸術作品まで展開してある。病める社会の象徴をみたようで私は笑えない深刻なものを感じた。又街角といわずあらゆる人の集りそうな場所には、立ち喰いや即ち、大衆レストラン、ドラッグストアー、バー、ホットドッグ、ジュークボックス等、それにむらがり立ち喰いをしているあらゆる人種、もう人間社会と言うより動物化していく現状場面を観像出来る光景である。こんな立喰いをしてまでニューヨークの街をホッツキ歩かねばならない何等の理由も見当らないのに、これは何たる現代社会の病的恥部かとおもわれるのだった。

片やロックフェラーセンター、パンナムビル、ワールドトレードセンター、UNビルありやと見ればまったくスラム化して行く街角をもつニューヨークは不思議な街でもある。

この街でも同じく白人の中、上流は働かなくなって来ているらしく、下層階級の下級労働者は黒人初め混血人種によって維持されているので、白人の表情は言い知れぬ苦悶とあきらめに似た無表情化が進んでいるようにみえた。排他するにはあまりにも下級労働に勤労意欲を失った白人、切るにきれずさりとて同席するには本能的に受け入れぬ何物かを捨て切れない苦悶の表情の前途には、昨日の感をみるようであったのは一人私が黄色人種である所為ではなかったようである。

夜のマンハッタンに鳴るパトカーのサイレンが、無気味な街の印象をますように十二時ごろ人々は何をするのでもなく、蒸しかえるニューヨークの夏の夜をふらつく姿は、やりきれない退廃化と苦境から何とか抜け出そうとさまよう羊の姿をみたようで異様な光景であった。

私達はこの三日間例の如く、地下にもぐったり、郊外に工場見学ドライブをしたり、高級レストランに招待され食事をとったかと思うと、一転して安レストラン、立食スタンドで最低にあげようとする貧乏旅行、何でも見てやろう式にもっぱらホットドッグ、こちらまでヒッピー化したのじゃないかとうたがわしくなるくらい人混みの中をぬって、デパートの売場、通信販売のカタログ集め、本屋で資料を買い、スーパーマーケットで大衆消費材の動向リサーチ、時々アイデアを仕入れようと考える魂胆もあるが、常に気を張っているので一日の終りにはクタクタにつかれる時がある。

今回のアメリカ入りの主目的は私の計画している recycle（リサイクル）産業関連諸機械設備の調査に伴う Bureau of Mines（鉱山局）へのコネと、西部でのスクラップ調査及び公害機関の導入であるが、ひまをみてはニューヨークを離れて他の町へ高速道路利用で工場見学にも行った。アメリカの地方都市は本当に静かな、ある意味では、これこそ本当のアメリカ的な雰囲気のする平和な田園風景であった。

国連ビル（左）がそびえ立つニューヨーク

世界旅行こぼれ話
⑮ つつがあるから食べなかった貝

つつが虫（山形地方）つつ貝との関連から出た話だと思うが、ニューヨークでこんな話を聞いた。

昔日本では旅先でこのつつが虫の風土病にかかって客死する者が多く、旅立ちには別れの酒づきまでして出発したので、あいさつやら通信に相手の消息を尋ねるのに、"つつがなきや"と御機嫌伺いをしたらしい。

ニューヨークでの話ではこれが貝になっていたのが面白かった。この地方のつつ貝はことの他美味しいらしいので一度招待しようとんですよ、"昔日本ではこの貝を喰べると食当りして良く死んだので、旅先の人に手紙で消息を尋ねる時"つつがなきや"と書いていったんだそうです。

ところがこの貝は名物になっていて実においしいのでどうしても良く喰べるんですね。現にニューヨークでは貝料理店として名がとおっている店ですごくうまいのをたべさせてくれますよ。"だからつつがあるから昔は食べなかったものを今ではつつがあるからたべるんですよ"と冗談を言いながらその意味を説明していた。

言葉の由来や、それにまつわる話は実におもしろいものだと思った。

（つづく）

警官暴行事件検証　尼崎

本紙既報（一〇九二号・一九七三年七月三十一日付3面）のとおり、兵庫県尼崎市に居住する民団の一同胞、金李徳さん（51才・工事員）が、飲食店員との口論を訴えに、阪神電鉄駅前派出所に出向いたところ、警官に関節手術を要するほどの傷害を負わされることになり、大阪弁護士会の福原道雄弁護士ら四人を代理人として神戸地検に告訴、民団尼崎市支部（秋相春団長）でも抗議、告発するなど、同胞に対する人権侵害、虐待などのかどで法廷闘争をつづけて来たが、去る八月三十日、尼崎地方裁判所裁判官による、阪神尼崎駅前公園中央派出所（尼崎中央警察署管内）の現地検証が行なわれたが、推移を見つめる在日同胞の関心は深刻で民団尼崎支部に闘争への支援がおくられている。

故 朴烈義士への弔慰金
第2次分　未亡人に伝達

民団中央の初代団長であった故朴烈義士への弔慰金追加分六十二万円（日本円）が、十月一日の「国軍の日」行事参観のため在日代表団一行と、九月三十日帰国した民団中央の金仁洙副団長と李鶴寧総務局長から、ソウル合同庁舎内の民団本国事務所で、未亡人呉義淑女史に伝達された。

この弔慰金は、去る八月の前回につづく第二次追加分（東京、茨城、岡山、山口各県本部割当未納分）で、まだ多くの未納地方があり中央ではこの機会に弔慰金を早急に納入するよう要請している。

尋ね人

☆鄭喆朝さん（松本三郎）

昭和30年8月頃まで福岡、福井または福島に居住していたと思われる鄭さんもしくは、その家族を長男であるソウル特別市道峰区中渓洞四二六、十五統五班五号、鄭然斗さんがさがしています。ご存知の方は民団愛知県地方本部事務局長までご連絡を。

求む良縁

金英姫さん（38）

ソウル建国大学校生活[illegible]二年修了。タイピストとして勤務したことあり。現在ソウルの自宅で家事中。希望者は本社まで電話（八一五一一四五一）とう。

貸トルコ　売りも可
建坪300坪
松山市道後温泉
許可地域内

連絡先　AM9:00〜PM6:00
(0899)46-0700

食用油・味の素・香辛料・調味料・冷麺・中性洗剤　卸販売
韓国産ポプラ・ワリバシほか
(本) 胡麻純正油・胡麻・中性洗剤（製造元・竹本油脂KK）
星印純正胡麻油・胡麻（製造元・九鬼産業）
品質最高
大量廉価
韓国料理材料
一切・卸問屋
丸新物産株式会社
☆地方からの御注文には直送します。
本社・東京都豊島区西池袋五ノ二二ノ一〇
電話（〇三）九八五〜〇八八四
東京・板橋営業所　電話九五五〜三六〇〇

祖国のセマウルに桜を植えましょう
街路樹・庭園用の桜をそろえてあります。熱海桜、吉野桜、八重桜など一年生より七年生までの各種です。
高　サ…七年生 4メートル、一年生 1メートル ぐらい
値　段…七年生 1,050円、一年生 150円　植樹期…秋十一月と春の四月末日まで
ピサブル種苗園
現場住所・慶南晋宇邑余草里国道際　連絡所・静岡県沼津市吉田町34−34
李　沂　東（きとう）
電話・0559−32−1784

「美」……
その感動
―詩う。舞う。天使の譜。
＝第9回定期世界公演＝
こころの天使
リトルエンジェルス
■日本全国92日間絶賛長期公演!!
■入場料金＝S・¥5,500／A・¥5,000／B¥4,500／自由・¥4,000
■開演時間＝P.M.1：30・P.M.6：30
■前売券のお問い合わせ＝東京・03(464)1766／仙台・0222(22)1490／大阪・06(762)7835／広島・0822(91)3261
京都・075(211)4638／神戸・078(321)5195／名古屋・052(762)6298
■主催＝ザ・リトル・エンジェルス後援会
■後援＝外務省・文化庁・駐日大韓民国大使館・国際連合児童基金（ユニセフ）・在日本大韓民国居留民団中央本部・サンケイ新聞社・フジテレビ・関西テレビ放送・東海テレビ放送・仙台放送・広島テレビ放送
文化放送・ニッポン放送　■協賛＝ロッテ商事株式会社

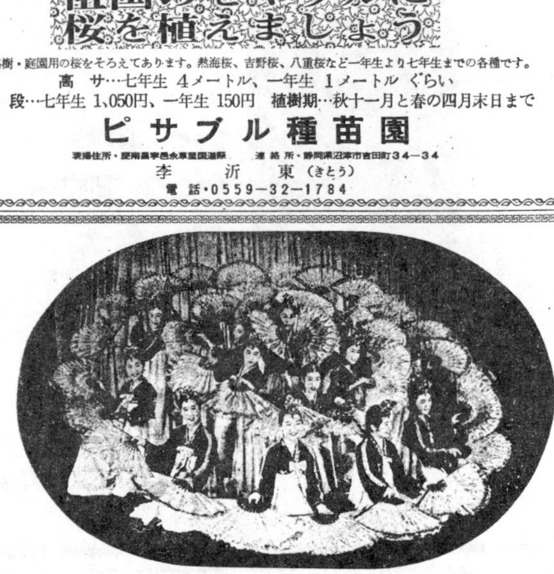

韓日紛糾・間違いはすべて日本側にある

9月15日「中国時報」社説

台北で発行された自由中国の新聞は、最近の韓日問題をズバリ論及した。

先月十五日、日本から渡った文世光の朴大統領狙撃事件から一か月、日韓両国の外交情勢は駐韓米代理大使の斡旋にもかかわらず、日本国内にある北鮮系の朝鮮総連の取締りについて見解が対立、交渉が行き詰った。

これは昨年の金大中事件後、日韓間のいま一つの衝突であり、東北アジアの自由国家平和共存、反共団結のため、われわれは第三者の立場から意見を述べたい。

まず、両国のこのように重大な外交紛糾を招いた狙撃事件の本題についていうならば、われわれは完全に共産党が製造したものだとみている。

韓国当局の捜査結果にはっきり見られる如く、文世光は日本人、吉井夫妻の旅券で日韓両国の関門をくぐり抜けており、しかも旅券入手に手を貸した吉井の妻は、文が加入している左翼団体内でかなりな役柄を担当していた形跡があるうえ、昨年には夫を残しおいて文と香港に旅行し、準備工作、連絡活動を進めた疑いもある。

したがって文の朴大統領狙撃行動は、少なくともこの両人が所属する左翼団体の指図によるものと立証でき、韓国政府がこれに基づいて北鮮頭目の金日成が事実の指令者だと公表したのは、合理的な推断といってよく、決して誇張ではない。

狙撃事件の背景がはっきりした以上、韓国が日本政府に向かって事件そのものに抗議する一方、今後、類似した事件が再発しないよう要求するのは当然といわなければならない。

ところが日本側の当初反応は、正式陳謝を拒否したばかりでなく、七日に木村外相が国会で韓国を朝鮮半島「唯一の合法政府とは認めていない」などの発言をしている。その雰囲気の甚だしさは韓国にとって忍び得るものではない。

韓国各地民衆の反日デモが激しさを加え、十一月に至って田中首相が自民党長老の一人、椎名氏を特使としてソウルに赴かせ、両国関係の改善を図ると発表した。しかしその出発が延び延びとなっている。理由は外交ルートによる折衝の結果を待つものだという。

韓国が日本に要求した五項目がもし報じられている通りならば、田中政府には受け入れを拒絶する理由はない、とわれわれはみている。

たとえば「日本は韓国に対し正式に謝罪する」項目一つだけを例にみよう。かりに狙撃事件本題を抜きにしても、木村外相の上述の発言からして「正式に謝罪する」必要がある。

なぜならば、一九六五年の日韓復交条約第三条には「大韓民国は韓国唯一の合法政府である」と明記しているからだ。

また、「日本はこの狙撃事件の調査に全面的に協力する」「日本は日本報道界の韓国に対する偏見を是正する」両項の例をみよう。

前者は共産党の陰謀がはっきりした以上、当然協力すべきであり一歩進んだ調査を拒否するのは間違っている。一方、日本報道界が左派に操られて報道と論評に偏見をもっているのは、韓国が感じとっているばかりでなく、わが中華民国も早くから同様に感じており、日本の識者も憂慮を示している。田中政府はなぜ報道界のこのような偏見を無視するのだろうか?

韓国の要求五項目のなかには「狙撃事件の日本人共犯者引渡し」が含まれている。なるほど十九世紀後半以来、「政治犯不引渡し原則」論が一般化してはいるが国際法学者の間では、国家元首およびその家族の暗殺犯、または政治テロ行為者は政治犯とみなすことはできない、とする主張が少なくない。

文世光が日本の共犯者と進めたのは韓国元首の暗殺であり、その背後にある「朝鮮総連」は北鮮の命令で動いている組織であるうえ、北鮮頭目の金日成は狙撃事件のあと、九月一日に公然と韓国内の「革命行動」を積極的に支持すると言明している。

そこでわれわれは、日本政府が国内法の人権自由保障を理由にして、日本人共犯者の引渡しを拒絶し、「朝鮮総連」の取締り措置はとれない、と強調しているのは、国際法に対する大きな曲解ではなかろうかと疑問したい。

そしてこの曲解は、韓国にとっては一大禍根を残すのは改めていうまでもなく、日本自身にとっても決して好結果を生まない、とわれわれはみている。なぜならば、それは政治テロ行為者に対するこの上もない大きな激励となるからだ。

〈中華週報七二九号〉

ボクシング　ハーバート康、浮上

対清家戦3回でKO

韓国ライト級1位ハーバート康と日本J・ウエルター級6位清家正勝（SB山口）の10回戦は、さる6日午後8時15分から東京・後楽園ホールに一千七百人の観衆を集め、メインエベントで行われた。ハーバート康は3回まで相手の攻撃をかるくカバーし、3回2分25秒強烈なレフトフック一発でKO勝ちした。ハーバート康は一九六六年初来日し、金沢和良（アベ）を2ラウンドにKOし、日本のファンを驚かせた。翌六八年1月25日に再来日、伊東健一郎（木村）を2ラウンドでKO、同年9月11日、東洋フェザー級タイトルマッチで、斎藤勝男（タナカ）をまたまた2ラウンドでKO、チャンピオンとなった。

そして11月12日タイトルマッチで、岩田聖（リキイシケン）を6ラウンドKOで初防衛した。六九年1月15日、日本のホープ堀田国明（ヨネクラ）が挑戦したが6回1分14秒KO勝ちで2回タイトルを防衛した。一九七〇年3月11日千葉信夫（ヨネクラ）は日本人ボクサー3人目の挑戦者として、タイトルマッチで8ラウンド、右フックをアゴに強打、康はカウント8のダウンを喫し、千葉は東洋フェザー級新チャンピオンとなる。康はJ・ライト級転向を表明した。康は同年4月8日、岩田健二（金子）を3ラウンドにKO、七一年10月14日野畑蒼雄（常滑）と10回引分け、昨年6月10日岩功一行（京浜川崎）に釜山市で判定勝ちし、そして今回のKO勝ちで日本人ボクサーとの戦績は12戦10勝（8KO）1敗1引分けとなった。康は最近新たなテクニックを身につけ、強打を身上に日本ボクサーキラーとして再浮上するものと見られる。

3ラウンド、ハーバート・康（白トランクス）の見事なレフトフックが清家の顔面に決まった瞬間。清家の足が崩れかけている。

ミス・インター東京大会

韓国代表おしくも入選せず

社団法人・ジャパン・ビューティ・コングレス協会主催、第十四回ミス・インターナショナル世界大会がさる九日午後六時から、東京九段、日本武道館特別ステージで開催され、韓国をはじめ世界の美女四十七人が、それぞれ国を代表した絢を競った。

美女審査は、第一部・民族衣裳、第二部・水着姿、第三部・ドレスファッションの三部門で行なわれ、出場の美女たちはアルファベット順のアメリカ代表からステージに上り、次々とアデヤカさを競っていた。韓国代表は第二十八番に登場したミス姜英淑。ミス韓国は19歳で身長168、体重51、B91、W61、H91。良妻、賢母になるのが将来の希望と言うミス姜英淑は女子大生。

当日の審査員は、映画監督・松山善三、俳優・丹波哲郎、外人記者クラブ第一副会長・ベラ・イリアシュ、フジテレビ常務取締役・見島正憲、駐日インドネシア大使・ユスフ・ラムリ、外務省文化事業部長・堀新助氏ら十四人、審査の結果、韓国代表は第一次審査で十五位内で入ったが、最終審査に韓国代表は欲しくも票が足りず順位に入ることができなかった。結果74ミス・インターナショナルには、アメリカ代表が入賞した。

ミス・韓国・姜英淑嬢

モデルを求む

25才以下の韓国人未婚女性の写真モデルを求めています。ご希望の方は左記のところまで。

☆電話・東京七一六一七五六一、ブルノーまで。または本社にお問い合せ下さい。

社員募集

防錆加工・亜鉛メッキ

塗装工	月収	10万～15万
熔接工		8万～12万
メッキ工		8万～12万
一般工		8万～11万

社保完・社員寮完備　昇給・賞与年2回

本社　足立区本木東町26―14
工場　八潮市上2―478　℡0489-95-1351

朝日工業株式会社
代表取締役　尹　秉　元

韓国と日本の関係に新視点

日本上古史（文定昌著）抜粋と解説

（完）

百済国の滅亡と倭　（4）

白村江の戦い破れ　百済は完全に滅亡

これよりさき（六六一・二月）復国軍は、錦江を渡って熊津城に攻め入った。このとき、熊津都督劉仁願は一、〇〇〇名の精鋭を出して防戦したが全滅し、熊津城は復国軍によって包囲された。熊津城内の唐軍九、〇〇〇名と新羅軍七、〇〇〇名は袋の中の鼠となっており、劉仁願は急使を走らせて唐の高宗にそれを報告した。

一方、百済を滅ぼした唐の高宗は、その余勢をかって宿敵高句麗を一気に撃破すべく、その翌年（六六一）の四月、帰順した突厥の契苾何力・大将軍蘇定方・龐孝泰などに、五〇万名の大軍を授けて高句麗を討伐させた。

八月、龐孝泰は平安北道の清川江における高句麗軍との激戦で、一三万名の大軍と自身は勿論、その子一三人までもろともに全滅された。

龍朔二（六六二）年二月。左驍衛将軍白州刺史沃沮道総管龐孝泰。与高麗戦於蛇水之上。軍敗。与其子十三人倶戦死。（資治通鑑巻二〇〇唐紀一六高宗上之下）

蘇定方等が率いる唐軍三七万名は平壌まで進出したが、食糧不足と寒気に襲われて全軍餓死の危機に瀕した。新羅将軍金庾信が率いる決死隊による糧米の補給によってようやく飢死を免がれて、[illegible]として逃げ帰った。（三国史記文武王一一年紀、日本書紀天智即位前紀）

平壌の敗戦に困った唐の高宗は、熊津都督劉仁願に「平壌方面の軍を既に撤収した。因て熊津の一城を保ち得ないであろうから至急撤収すべし」と指令した。

ところが、このとき帯方州刺史劉仁軌があらわれた。戦略に富んだこの人物は、それを不可として唐の高宗につぎの上疏文を呈送した。

陛下、もし高句麗を滅そうとすれば百済の地を捨ててはなりません。夫余豊（義慈王の子）が北に在り、夫余勇は南（筑紫）に在って、百済・高句麗・倭三国が一団となって復国運動を展開しています。もし唐軍が退けば直ちに復国するでありましょう。……よろしく奮怒を以て改興の政策を採用すべきであります。（旧唐書列伝 四劉仁軌伝）

唐の高宗がこの策を受け入れて、三年前唐京に同行させた義慈王の長男夫余隆を熊津都督に任命して、大量の唐軍と共にその本国に帰還させた。百済の太子夫余隆の帰国とその旧城に対する自治の許与は、百済人の反抗心を減退させた。故国に帰った夫余隆は、唐軍と行動を共にしながら復国軍の説得に努めた。

夫余隆の説得とその活動によって、百済復国運動者たちの戦意も漸次鈍るようになり、両軍の戦闘は八月一三日州留城において行われた。さらに唐軍が九月白村江において、いわゆる倭船四〇〇隻を破ったことによって、過去四年間にわたる百済の復国運動は終幕を告げたのである。

劉仁軌及別帥杜爽・扶余隆。率水軍及糧船。自熊津江往白江。……四戦皆捷。焚其舟四百艘。賊衆大潰。扶余豊脱身而走。（旧唐書百済）

百済の復国軍を平定した熊津都督夫余隆は、翌年八月、唐の高宗の勅司劉仁願の立会のもとに熊津の就利山において、新羅国王金法敏と共に盟約式を挙げた。

唐の傀儡的な存在であるこの熊津都督府は、つぎのような役割を担当して、その後一〇年間使命を果たすのである。

①百済旧地の自治権を賦与されて新羅と対等な位置につき、とかく唐に反抗がちとなった新羅を牽制すること。

②その傘下に筑紫都督府を設置し、熊津都督府の援護の下に日本列島内に親唐的政権を樹立すること。

（完）

百済太子自ら復国軍を平定
高句麗討滅を諦めかけた唐

解説

百済国の復国運動は一時非常に優勢となり、復国が可能となった時代があった。それは百済滅亡後三年目頃であったが、その復国の可能性は二つのできごとから自ら崩れ去ったのである。

その一つは、復国軍の最高指揮官であった「福信」の政権欲であり、もう一つは「扶余隆」自らが復国運動を背じてしまったところにある。

百済が亡びた（義慈王が降服した）あと、周留城を根拠地にして福信と道琛二人の武将が、百済民を糾合し、羅唐連合軍を各地で撃破し、扶余豊を王と仰いで推戴した。復国軍の勢いが強まるにつれ、福信は自ら「霜岑将軍」となり、道琛は「領軍将軍」と自称した。百済西北部の遺民たちに慕われる道琛は福信に殺され、主として復国軍を統率した扶余豊も福信に命をねらわれた。そして福信自身が扶余豊に殺されてしまった。これで復国軍の士気はいちじるしく低下してしまうが、さらに戦意を失くさせたのが扶余隆の「熊津都督」としての出現である。

その結果は本文のとおりとなるのであるが、後に高句麗が亡びた後に、扶余隆は新羅に追われて唐に移り「光禄大夫・太常員外郷・兼熊津都督帯方郡王」として遇され、洛陽で六八二年に六七歳で死亡する。

高句麗が亡びた後、新羅を併呑しようとする唐に対し、これを外交的に、戦略的に排除しようとする新羅にとって、「熊津都督」となっている扶余隆は二つの意味で好ましからざる存在であった。その一つは、唐のバック・アップを得ているということ、もう一つは、旧百済民が扶余隆のもとに勢力を糾合し、新羅に対し反乱する可能性があること、であった。

百済滅亡後、日本は百済復国に全面的に協力したことを理由に、一時唐と新羅の「軍政」下に置かれるが、このことも「日本書紀」は全く逆の粉飾で記録している。このことは後に機会を得て紹介したいと思う。

この連載は今回をもって終り次週にこの連載について、色々なことを振返って見たいと思う。

金元奉記者

西厓柳成竜の三男「柳袗」の乱中体験記

文禄・慶長の役

壬辰倭乱私録（イムジンウェラン）

（12）

金竜煥画

母の無事を知る

はたして彼は千億（南宮家の従者）だった。彼は驚いて馬から飛び下り、

「ああ、進士さま、生きておられましたか」といいながら、はらはらと涙を流すのだった。

「母上はいずこにおられるか」

李進士はまずそれを尋ねた。

「あの日の夜、大奥様の馬の手綱を取っていた私は、倭賊に出合ってから、いちはやく馬にむち打って山奥へ隠れました。敦深（判官夫人の奴婢）もあとからやって来ましたので、わたしたち二人がお世話をしています。昨朝ようやくこの向こうの村に着きましたが、大奥様はわたしたちに進士様を探すよう言い付けられました。まる一日を探し回ったけれど進士様に会えないまま、ちょうどいま、もどってゆくところです」と千億は言った。

李進士と私は、千億が乗っていた馬に乗り、李進士の母上のおられる所へ急いだ。再会を喜び合うあの日の情景は、とうてい筆舌で尽くせるものでなかった。

李進士の母上が待っていた荷物は、みな姉の[illegible]な絹の着物ばかりだった。そのうちの一部が売られて、わたしたちの食糧となった。

李進士と私は急いで飯をとり、母の従者たちを連れて判官夫人の居所へ急いだ。

李進士は十余日あまりをその家に泊まりながら、一行の消息を探聞するためあらゆる手をつくしたが、ついにむだだった。わたしたち一行は、

「朱山を離れて、永平の朴春の家を尋ねて行く途中倭賊に会ったのだから、もしも生きているとすれば朴春の家に行っているにちがいない。春川の家に行くことにしましょう」といわれる李進士の意見にしたがうことにした。

まず、木棉地五疋を売って一頭の牝牛を求めて、これに判官夫人が、そして馬には南宮氏が乗った。また、獺皮（いたちの皮）を一頭の小馬と交換、これには私が乗ることになった。

たまたまある峠を越えたところ、黒い衣をつけた一人の男が、

「倭賊が来るぞ!」と周章狼狽して疾駆してくるではないか。私たち一行もまた他の連れも、あたふたと地に伏しながらすばやく山へはい登った。ところが山上のある人が、

「驚くことはありません。そいつがまさに盗人なのです。みなが驚いて荷物をかなぐり捨てたら、それを持ち去るための仕業です…」と大声で叫んだ。

後になってわかったことだが、はたしてそのような者たちが少なくなかった。

日が暮れてから、とある山村にたどりついたが、そこは春川に属する所だった。村の名は記憶していないが、そこの部落の者が、倭賊に矢を射ようとしたのが見つかり、倭賊の援軍にふみにじられて、その部落全体が廃墟と化してしまった。一百人あまりの村人は男女を問わず皆殺しにされたのである。男一人と女一人の二人だけが生き延びたとのことであった。屍体が麻束のように積み重ねられ、井戸や川の水も血色に染まって、飲み水とて求めるすべがなかった。ようやく一夜を明かし、翌日「サルンイ」という部落にたどりついたが、あまりにも深い山奥だったので、倭賊たちも足を踏み入れなかった。

そこから朴春の家までは、白雲山を越える五里ほどの道程であったので、まず奴婢千億をそこへつかわしたところ、はたしてそこには姉が長子（チャンジァ）と女奴婢五人を連れて泊まっているとの知らせだった。

このようにしてわたしたち一行は、楊州に再び集うことになったが、ただ、南宮判官と彼の従僕根山そして一人の奴夫（女の奴婢の夫）の在処だけはぼく然としていた。

「サルンイ」で六日を過ごしたが、ある日、宰相金瓚（一五四三～一五九九年、雅号・誠菴、一五九一年大司憲、官位右参賛にいたる）が従者をよこしてきた。彼の父の若い時分からの親友であったが、大司憲（最高裁判所所長）の官職をもって扈駕（王に仕えること）し、その間、平安道に逗留していたのであるが、江華島に避難した母の安否が気づかわしかったのであった。

すかさずわたしたちが彼を訪ねたところ、父上の無事を知らせてくれながら、仙山の脯肉（乾し肉）を分けてくれた。

サルンイを発って朴春の家を訪ねたところ、彼は相変わらず親切にもてなしてくれた。

三日後抱川に着いた。楊州にいた姉に人をやって抱川に来るよう伝えたところ、やがて姉も抱川へやってきた。しばらくしてから、抱川からほど遠くない「クルコゲ」というところへ移った。そこは倭賊が侵していなかったため、抱川守令も家族連れて滞在していた。当時の守令は大司憲金瓚の従兄にあたるため、彼も父とは知り合いの間柄だった。彼はわたしたちに真心から親切に対してくれた。

八月になってからここにも倭賊が現れたので、一行はおのおの山に隠れた。私は李進士と一緒だった。

たまたまわたしたちの前を通り過ぎた二人の倭賊は、やや小高いところに座りこんで話しあっていた。

「おい、あそこに人の気配がする」

「とんでもない、こんなところに人がいるはずがあるかい」

＊躍進を続ける寿観光グループ——!

スター東京　★ゴージャスで華麗な魅惑の殿堂★グランドキャバレー　★国電鶯谷駅前/TEL〈873〉8181〈代〉

ヤングスター　★独特のセクシームードをわずかな予算で　★サラリーマンキャバレー　★国電神田駅西口/TEL〈252〉5331－5

ホテル東名　★ムーディな2人だけのお城　★御殿場I・C乙女方向700m左折★TEL 0550〈3〉0211－3

グラーチェ　★ピザレストラン　★上野広小路松坂屋斜前/TEL〈831〉0039

★レジャープラザ池之端会館★上野ABAB前第一勧業銀行横通り★TEL〈832〉6023－5

フロリダ　★3・4F★ダンスホール　★TEL〈832〉6347・6354

コンパゴールド　★1・2F★日本一のコンパ　★TEL〈832〉6358－9

メンズロイヤル　★B1F★高級クラブ　★TEL〈832〉6502－3

新羅苑　★3F・大小ご宴会を承ります★焼肉　★上野ABAB前第一勧銀裏★TEL〈831〉2644

■株式会社　寿観光
■東京都台東区上野2－10－4■TEL〈831〉8877

ROLLS-ROYCE　欧米車 輸入販売

世界の最高級車ロールス・ロイス!!

9月末通関したばかりの新車です

男の夢を叶えて下さい!

▼価格は相談に応じます

☆他に米新車は半額に近い出血価格です

☆世界で3台しかない新車↑

委細面談　☆4ドア新車→

ヤング サイクル カンパニー

・東京都北区東十条4丁目7番11号
電話(914)0745番　取締役社長 崔 容 圭

韓國新聞
在日大韓民国居留民団
中央本部機関紙
韓國新聞社
発行人　尹　達　鏞
東京都文京区春日
2丁目20－13
電話　(815) 1451～3
(813) 2261～5
振替口座　東京　163774
本国連絡所（民団本国事務所内）
서울特別市鍾路区昌成洞
政府合同庁舎4層
電話73－　0165

在日本大韓民国居留民団　綱領
一、우리는 大韓民國의 國是를 遵守한다
一、우리는 在留同胞의 權益擁護를 期한다
一、우리는 在留同胞의 民生安定을 期한다
一、우리는 在留同胞의 文化向上을 期한다
一、우리는 世界平和와 國際親善을 期한다

「中央会館」問題に結論
本格建設さらに前進
不正事実無根を確認
第24回民団中央委開く

中央会館建設促進、組織秩序確立と対朝総連問題などをかかえた第二十四回定期中央委員会は、東京市ケ谷の日傷会館で去る十八日午前十一時十分すぎから金永善大使、全在徳公使、権逸国会議員らの来賓を迎え、全中央委員百五十五人中、百十三人が出席して、中央の李聖南総務局長の進行で開かれた。

国民儀礼のあと、朴太煥中央議長による委員点呼成立宣言があり、尹達鏞中央団長から「中央会館建設を約束して以来今日に至るが、換地問題をめぐって不正があったなどと一部日本新聞に虚偽報道されたことは遺憾にたえない。これはあり得るはずがなく、一部不純分子と朝総連が民団破壊を画策している時期だけに、私共と協力して一致団結、今後とも会館建設に邁進していこう」との主旨のあいさつがのべられた。

白熱の討議も終り全員起立で万才三唱

会館建設を妨害し
民団を混乱に陥れる
尹団長の声明

十月十四日付の“東京タイムス”をはじめ、日本の全国地方新聞に民団中央会館建設敷地の換地問題に関する記事が大見出しで報道された。建設用地の換地に関しては、去る三月二十二日の第二十三回中央委員会において報告され、充分に論議を重ねたうえ決議了承された問題なので、いまさら説明を必要としないが、敢えて次の基本点だけをあげて新聞報道の虚偽をつくものである。

換地の条件として（一）わが国の国益につながる。（二）在日同胞社会にとっても有益である。

（三）日本の地域社会にも貢献出来る。以上の条件に合致するので換地が行なわれたのである。

十億円云々の件について、民団としては一切関知しないところだが、換地に際し、建築並びに基地代の一部として三億円の努力を得たのは、民団社会が周知の事実である。

ここで遺憾に思うことは、報道の出所もさることながら、来たる十八日に開かれる民団中央委員会を目前にして、しかも地方紙に記事を流した点に疑惑を感ずるものである。

このような意図は明らかに、中央会館建設を妨害し、しいては民団を混乱に陥れんとする作為から出たものと断定して憚らない。

そして、最も憤慨に堪えないことは、岸信介、長谷川仁の両親韓派政治家を問題の渦中に巻きこんで、韓日離間策を弄している こと、この問題とは、何等関係のない金大中事件を絡ませた点は、到底許せない陰謀としか思えないのである。

もし不正があるとすれば、明確にそれを指摘し、法的に措置を取ればよいのであって、根も葉もないことを何かがある如くに装させて政治的に悪用するが如きは、卑劣極まる行為として糾弾されなければならない。

われわれは、在日同胞が長い間、念願してやまない中央会館を建設する過程を積極し、前述の如きどのような妨害や中傷があろうとも、それらを断乎と排除して、一路会館建設事業に邁進することを改めて警告する次第である。

一九七四年十月十四日
在日本大韓民国居留民団中央本部
団長　尹　達　鏞

時評

ある体制の機関紙か朝日新聞
内容を複雑化させる報道
狙撃陰謀をかばう「陰謀」

◇全韓国民に強烈な衝撃と悲哀をもたらした犯人文世光は、十九日午前、ソウル地方法院で死刑を判決された。上告するとのことらしいので、さらに高等法院、大法院（最高裁）と進んで行くと思われるが、文世光の狙撃事件をめぐって実に奇怪な報道が、最近日本で目立ちはじめた。日本の一部の報道機関に現われたこの問題の扱かい方は、まさに朝鮮総連や金日成のいい分を何とか裏付けしようとしているとしか見えない。特に朝日新聞にそれを顕著に見ることができるのは何を意味するのであろうか。◇

朝日新聞（東京）10月7日付朝刊社会面には「ほぼ正確な経過判明」「朴大統領そ撃」「陸夫人の倒れ方、落ちたけん銃」「ナゾの要素残す」という「テレビフィルム分析」記事が掲載された。

多忙な読者がこの5本の見出しを見ただけでは、一体何がナゾなのかピーンと来ないであろう。しかも本文の中の四つの小見出しを順に目で追って見ても何がナゾか判らない。いわく「連続四発の銃声」「三度目の『せん光』」「ピストル手渡し」「残されたナゾ」である。

そこで内容を読んで見る。「残されたナゾ」の記事の中に次の一節があった。「フイルムを詳細に分析した撮影関係者の大きな疑問点は陸夫人の倒れ方である。文が使ったSWチーフス38口径ピストルの弾丸が命中した場合、強烈なショックをうけるはずだという。が、フイルムで見るかぎり陸夫人の倒れ方はきわめて緩慢で、それほど出血をしていない。文が取り押さえられたあとに演壇正面にかけつけた外人記者も『陸夫人はまだ真すぐ座っていた。直後に驚がくしたような表情になり、うしろにゆっくり倒れた』と証言している。そしてこの記事の前に『ピストル手渡し』の小見出しで『CBS（米国テレビ）のフイルムには不可解なシーンが一つある。被弾した陸夫人が搬出された直後の画面だが、取り押さえられた文世光の近くで四人の警護員が二丁のピストルらしいものをすばやく手から手へ受け渡している光景だ。このあとカメラはオーケストラボックスの床に落ちている文のものらしいピストルをアップし、これを拾いあげてポケットに収める係官の姿を写す。』という記事が伏線となって先行している。

さすがに大朝日ともなれば、これ以上に深入りした推測記事は書かないが（これが巧妙なところである）、同紙十九日付夕刊（東京）の「文世光の死刑判決を聞いて」という各方面の声を集めた中で、日頃から反韓論を売物にしている青地晨という人物に「はたして文が真犯人であるかについてもちょっと疑問がある。犯人だとしてもロボットにすぎないのではないか、韓国内部の複雑な事情ともからみあっている感じがする。背後関係を徹底的に洗い出したうえで判決を下すべきで、その点にひっかからざるを得ない」と語らせ、さらに朝総連のフラクション組織韓民自統の韓という男に「韓国の捜査当局の発表したデータによれば、陸夫人が文の弾丸で殺されたとの確証はない」といわせている。ちなみに回答者六人中、二人（30行）が死、四人（79行）が疑問という配分である。

われわれをしていわしむるならば、これは正しく「朝日新聞」の意図された陰謀以外の何ものでもない。明りような事件をことさら複雑に扱かい、読者に判断を誤まらせ、朝総連や金日成の宣伝をバック・アップするやり方であることは、少し冷静に考えて見れば誰にも判ることである。日本新左翼の評論家を看板にしている者や、金日成の代弁で飯を喰っている者らの意見と称するものを、いかにも公正な判断の如くに扱かう朝日新聞の論理、体質は“どう見ても”一般商業紙”ではない。カムフラージュされた、ある体制の機関紙と断ずることにいささかのちゅうちょも必要ないのである。

文世光に対する判決文によれば「第四弾は約十八・二尺の所から壇上の陸英修・朴大統領夫人に向かって発射、その右側頭部に命中した。」となっている。文世光自身も公判廷でこれをはっきり述べている。陰謀説の成立する余地などあり得ないにもかかわらず、韓国の体制側の陰謀のように宣伝しているのは、北傀＝朝総連による二年にわたる狙撃陰謀が白日のもとにさらされることを、衆目からそらそうとする二重陰謀である。

弾道と出血は次のような関係が普通である。弾丸が入射した側よりも、突抜けて出た側の方が傷口は大きく、出血も甚しい。正面から見ていた人たちが陸女史の被弾に気が付いたのは出血を認める前に、姿勢が崩れたためである。もし陰謀説のように陸女史の背後から撃ったのであれば、姿勢が崩れる前に、陸女史の前頭部の出血を陸女史の出血を周囲の者に認めるはずである。全く子供だましのような話にすぎない。

青地晨という男は、九月十二日、朝総連の連中と一しょになって椎名特使派遣反対の抗議運動をし、日本の警察が朝総連の金浩竜に捜査の手をのばすことに反対した張本人である。その男が「背後関係を徹底的に洗い出したうえで判決を下すべき」だといっている。自己の論理の矛盾をこれほど鉄面皮にさらけ出しても評論家といえるだろうか、「韓国内部の複雑な事情」はすべて金日成のリモ・コンのもとに、共産主義者がそう宣伝し、さわいでいるだけにすぎない。韓国内部に複雑な事情は存在しない。（W）

安房支部を表彰

力強いあいさつがのべられた。次いで、鄭泰柱中央監察委員長のあいさつがあり、金永善大使は祝辞の中で「北傀・朝総連の対韓破壊攻勢に対し、国内はもちろん日本にあって、自治団体である民団の実力を発揮して共にこの粉砕に当ろう」とのべ激励した。

つづいて金大使は、今度表彰される予定だった“全国で唯一の朝総連組織のない千葉県館山市の民団安房支部”の表彰状を出席中の同支部蒋鎮文団長（50）に授与しその功績をたたえた。

金大使から表彰状をうける蒋鎮文支団長（右）

再び李裕天中央常任顧問、元中央団長だった権逸国会議員の祝辞がのべられ、簡略な議決機関報告のあと、執行機関活動報告を呉敬福事務総長が、組織局報告を李東鎬局長が、経済局報告を李聖南総務局長が、民生局報告を安商権局長が、文教局報告を朴鳳成局長が、宣伝局報告を鄭彩郁局長が、青年局報告を沈鍾泰局長が、民団三十年史編纂報告を金東春局長がそれぞれおこない、午後二時に宅り昼食、休憩に入った。

午後二時四十分に委員会は続開され、中央会館建設委員会報告を宋鎬用局長（事務次長兼）が、監察と中央会館特別調査委員会報告を鄭甲生監察委員と朴炳憲監察委員がそれぞれおこなったあと、いよいよ質疑応答が始まった。

監察・特別調査委へ質疑

へきとう、大阪の黄七福団長、兵庫の李埈植議長らは、質疑の順序を、監察委員会と会館特別調査委員会の方から先にやろうと緊急...

利敵行為者を規制

そしてさらに、建設資金の具体案に入ってからは、来年三月の中央委員会までには、今までの七億五千万円の募金とその後の物価高による超過額一億二千万円をふくめて認められ、地方には割り当ての迷惑をかけない、あらゆる方法で捻出調達するとの約束をつけ加えた。

つづいて傘下団体規制と懲戒処分規程等「組織秩序確立に関する決議」と「傘下団体運用規定」の二案を兵庫福事務総長が読み上げ解釈をうけ加えたところ、金信三婦人会中央会長ら一部の強硬な反対があったが、民団組織の基本秩序確立のためには是非必要であることを説明し、第七回中央委員会の決議を再確認する形でこれを通過させた。

また第三号案の「朝総連に対する決議」を権赫源中央副議長が読み上げ、後日朝総連に対する本団の姿勢を確立する決議文を採択、地方組織から在日韓国人商工会連合会、組織有功者表彰等の案件がそれぞれ提出され、今後検討をつづけることにし、婦人会から出された中央委員、代議員の増員要求と、在日韓国医師会の傘下団体加入も今後検討をつづけることにし、分科委員会は時間切れで、この案件を各委員に後送することに

決定、金在徳駐日公使の“総和前進”に関する祝辞がのべられたあと、権国会議員の先唱で万才三唱をとなえ、八時三十分閉会した。

前記組織秩序確立に関する決議案では「本団団員は本団規約第六条に依拠し各級組織に対し文書で請願、または異議をする権利を持つと規定されているにもかかわらず、団内の問題を団外に持ち出し、本団に大きな損失と影響を与えるだけでなく利敵行為をなしたことは、大変遺憾であると言わざるを得ず、本委員会の決議として、如何を問わず団内問題を団外に公開する者は規制することを決議してくれることを執行委員会決議および中央三機関会議で提案する」となっており、地方紙に換地問題が大きく取り上げられたことと関連し、一部人士に懲罰等の処置が取られるものと予測されていた。

傘下団体は査察うける義務あり

今委員会で傘下団体運用規定に追加され三項は次の通り。

①傘下団体としての承認をうける時の条件を変更する時には、中央委員会の承認を受けなければならない。

②傘下団体の懲戒規定は、本団の懲戒規定を越えることはできない。

③傘下団体は、本団監察委員会の査察をうける義務がある。

日本図書館協会選定
金熙明著
日本の三大朝鮮侵略史
＝倭寇・壬辰倭乱・日韓合併と総督統治＝
☆日本が如何に朝鮮を侵略したか三つの歴史的事実を韓国学界の研究成果をふまえて叙述した日本の「つまずき」の歴史を日本人の前につきつけたものである。
〔就職大学教授　渡部学〕
※最寄りの書店に市販されております。
B6判美装　四〇〇頁　写真別刷七枚　価九八〇円・〒一四〇円
発行所　洋々社
東京都新宿区納戸町五
〒一六二　電話（二六八）〇七九六番
振替　東京　一三一五一五番

権逸議員が記者会見

民団中央元団長、顧問で、現韓国々会議員の権逸議員（維新政友会）は、さる十四日東京・赤坂の駐日韓国公報館で在日同胞記者団と会見した。

この記者会見で権議員は、中央会館建設用地問題をめぐる事態での執行部の対策に言及し、日本が北傀・朝総連の対韓破壊工作基地になっている折、民団は大同団結してこれを一掃しなければならない時なのに、公開質問状を出し世間を騒がせ、足を引っぱるような行為は慎しむべきであると警告、良識ある判断...

対韓軍援削減主張は、ライシャワーの内政干渉
ニューヨーク・タイムズ読者が反論

駐韓米軍撤収とアメリカの対韓軍援削減を主張した前駐日米大使エドウィン・ライシャワー教授が寄稿したニューヨーク・タイムズ・マガジンの記事を読んだ米国の一読者はライシャワー教授が「韓国の国内情勢を自由化するため、一種の政治的恫喝」を行なっていると非難し、事実上、アメリカ政府の制度だけがすぐれた形態の政治制度であるという独善をおしたて、そのため他国の内政に干渉する権利を主張したとのべた。

...で事を進めるよう強く要望した。

電子部品価格10％引下げ

電子部品業界は提携メーカーの国際競争力を強め、共同で不況を打開するための一環策として製品価格を一括して一〇％引下げることにした。この決定は全業社等一五〇余の機器メーカー代表が参加した会議でなされたものである。

読売新聞も解禁か

政府は十八日、読売新聞ソウル特派員の入国を許可すると決めたと明らかにした。まず第一段階として特派員の入国を許可したもので、ただし残りの問題（支局の閉鎖や同紙の国内輸入）は別個の問題であるとなっている。

政府は昨年八月二十四日、読売新聞が金大中事件について虚偽の報道をしたとして読売新聞ソウル支局の設置許可を取り消すとともに、当時ソウルにいた同社の特派員三人に国外退去を命じ、同紙の輸入を禁じたもの。

先月二十三日には朝日新聞の輸入禁止が解除されており、日本の大手新聞に対する関係は元に戻されつつある。

文鮮明氏のポスター話題

文鮮明氏が教祖になっている統一教が、十六日ワシントンで行った文氏の復興説教の前宣伝のため、同氏写真入りのポスターで中心街をぬりつぶしたかっこうになり、地下鉄本部から当局に苦情が寄せられ話題になっている。

丁讃宇氏ソウルで演奏

在日バイオリニスト丁讃宇さん（24）の演奏会が十八日夜ソウルの梨花女大講堂で行われ林元植氏指揮の市響と協演し喝采をあびた。丁氏は桐朋音楽大から昨年パリ国立音楽院を首席で卒業しており欧州楽壇でも有望なバイオリニストとして嘱望されている。

...決でこれを採択、前記黄団長は「金大中事件以来、日本マスコミが、韓国又は民団に対して不利な偏向報道をしている今日、民団内部のものは内部だけで解決しよう。会館問題に関し最近日本の地方紙に利用させた報道内容は全くけしからん。白黒の決着はこの中央委員会でケリをつけよう」と力説、東京の金致淳団長による“事実無根によるコトの処理”提言もあって、場内は賛否両論で一時騒然となったが、つまるところ監察委や特別調査委による“日本政治家が介在したこともそれに依る不正等の事実もない”報告が何度も...

これにつづいて尹中央団長も鮮明に、不正がなかったことを再び確認して大方の賛意を得た。六時十分に至り尹中央団長らが執行部と議長団が約三十分間協議の末再び委員会は続開、尹中央団長の「十月十二日から会館建築は始まっている。今後とも組織の皆さんの期待に答えるよう最善をつくす。その個物議をかもされたことについては私の力の至らざるものとして釈明する」と謝罪のあいさつをのべ万場われるような大拍手をあびた。

ぱいすゞ漫評
二律背反的主張
金竜煥

中央会館建設하여 民族事業이룩하자

一九七五年度　自費母国留学生募集

一九七五年度在日韓国人母国留学生を次のように募集します。

一、募集対象
母国の大学課程以上（大学又は大学院）で自費で学業を継続する在日大韓民国国民

二、志願資格
(1) 日本外国人登録法に依る登録を済ました者
(2) 日本国内で高等学校を卒業した者（一九七四年度卒業予定者を含む）
(3) 日本国永住権を取得又は申請中の者

三、留学手続
(1) 大学院が上済する試験に合格しなければならない
(2) 大学は三校まで志願が可能です
(3) 入学許可
志願校に対する入学許可は一九七六年初になるが、七四年十一月頃入学許可予定校に対する通知を致します
(4) 予備教育課程及び大学修学時期
母国大学に入学許可予定された学生は全員ソウル大学校内に設置されている在日韓国人母国留学生予備教育課程に入学して一年間所定の課程を履修し入学が許可される予定の大学には一九七六学年度から就学します

四、提出書類
(1) 母国留学志願書（所定様式）……三通
(2) 留学希望大学調書（所定様式）……四通
(3) 卒業証明書又は卒業予定証明書……一通
(4) 成績証明書（最終学校分）……一通
(5) 外国人登録済証及び永住権取得証明書……一通
(6) 国民登録済証……一通
(7) 所属民団長推薦書……一通

五、志願書交付及び提出処
駐日韓国大使館　教育官室
駐大阪韓国総領事館　教育官室
駐札幌韓国総領事館　教育官室
駐福岡韓国総領事館　教育官室
駐名古屋韓国領事館　教育官室
在日大韓民国居留民団中央本部　文教局
在日大韓民国居留民団各地方本部
各地方韓国教育文化センター

六、志願書提出期間
一九七四年十月五日から十一月五日まで

七、銓衡実施
(1) 日時　一九七四年十一月十日（日曜日）午前九時試験場集合
(2) (1) 関東地区　東京韓国学校
（東京都新宿区若松町二一　電話〇三（三五七）二二三三）
(2) 東北地区　札幌韓国教育文化センター
（札幌市南九条西四丁目　電話〇一一（五一一）八九三一）
仙台韓国教育文化センター
（仙台市本町一ー五ー三　四電話〇二二二（六一）六九七〇）
(3) 中部地区　大阪韓国学校
（大阪市西成区梅南通五ー五　電話〇六（六六一）二八九八）
(4) 西部地区　福岡韓国教育文化センター
（福岡市博多駅前一ー一八ー一七　電話〇九二（四一）四五八五）
(5) 名古屋地区　名古屋韓国教育文化センター
（名古屋市中村区亀島町一六ー五　四電話〇五二（四五二）二一九一）
(3) 銓衡科目
①大学新入及び編入……国語・英語・数学・作文・面接
②大学院志望者……国語・英語・論文・面接
※予備教育課程修了者は書類銓衡のみで合格者を決定します

八、予備教育免除
在日韓国学校の卒業生（卒業見込者を含む）で学校の成績が優秀であり予備教育を免除しても入学においての修学が可能であると認め出身学校長の推薦を受けた者の中で、銓衡成績が卓越な者（全科目成績が優秀な者）は予備教育の全部が免除されます

九、其他の事項
(1) 一九七五学年度入学が予定されている者でも予備教育課程の成績が極めて不良で修学の見込みがないとみなされた場合は大学進学を保留します
※特に「ソウル大学校」は予備教育課程修了後同大学が別に実施する「母国修学生特別銓衡」に合格しなければなりません
(2) 志願校入学は第一・第二志望校中で予備教育課程修了後一九七六年初に確定許可されます。留学期間中の大学及び学科の変更（転学・転科）等は原則として許可されませんので学校及び専攻学科の選定には慎重を期して下さい
(3) 其他の事項は最寄の韓国教育文化センターにお問合せ下さい

大韓民国大使館教育官室
〒一〇六　東京都港区南麻布一ー二ー五
電話　〇三（四五三）九六五三
〇三（四五二）七六一一～九内線八一・九二

維新の指標へ躍進好調

75年輸出は62億ドルに
成長率8%、GNPは9兆48億予想

政府はこのほど経常価格九兆四十八億ウォンにし、新年の実質成長率は長期開発計画の九㌫より低い八㌫に調定し、卸売り物価上昇率を15㌫に予想した来年度総資源予算案(ORB)を作成した。

経済企画院が14日発表した総資源予算案によれば、新年の輸出目標は62億㌦(FOB価格)と今年より31・9㌫がのび輸入は今年より23・7㌫ふやした82億㌦(CIF価格)に策定し、経常収支赤字は今年より八千八百万㌦が少い十一億八千万㌦に策定した。

関係部処間で細部協議が終りしだい、今月中に確定されるこの総資源予算案によれば、国内貯蓄率は、今年より2・5パーセントふやした20・5パーセントで失業率は景気鈍化を考慮して、今年の4・3パーセントより高めの5・4パーセントと予想している。

一方、一人当りGNPは六百五十七ドルで今年の推定値五百四十五ドルより20・5パーセント程度のびるものと見られる。

国内貸出は45・2%

金財務長官は十二日今年度財政安定計画を修正、国内貸出限度増加率を当初の三三・七%から四五・一%に大幅に増やすことにしたと語った。これにより今年の国内貸出増加額は当初計画より二千二百四十億ウォン追加され八千七百七十五億ウォンになり、年末残高は二兆八千百七十九億ウォンになった。金長官はこのように貸出を増やしたのは外貨部門の通貨吸収が当初の予想よりも更に増えたためであり、総需要抑制政策には変りはないと語った。

原子力3号機 月内着工に

政府は慶南昌原郡内浦里に建設することにした原子力発電所3号機を十月中に着工する一方、建設所要外資をカナダの原子力株式会社から導入するため借款交渉をしている。来る八〇年度の完工をメドに六〇万㌔規模の同3号機原子力発電所は内資八百四十四億八千二百万ウォン、外資一億五千六百万ドルを投入するが、借款交渉は年内に決着させカナダ側からは機資材を購入する予定である。

経済事情は来年好転
南副総理、経済成長8%を楽観

南副総理は九月末現在の通貨量が増えたのは総需要抑制を多少緩めるとの政府方針に基因しているが、一方では旧穀資金供給のために止むを得なかったものであると語った。南長官は又、経済事情は来年には好転する見通しであり八%経済成長の達成は容易であると述べ、更に来年度の輸出は上期に二十億ドル、下期に三十四億ドル、総額六十二億ドルに見込んでおり投融資を大幅に増やして景気浮揚を図る方針であると語った。

オイルダラーを初導入

政府は中東産油国から初めて千九百万ドルのオイルダラーを導入、外資導入の拡大契機を造成することになった。財務部はUAEのアブダビ政府から八・五%(年利)六年据置後九年分割払い条件で千九百万ドルを導入することにし、産業銀行を借主として起債し、今月中に導入すると発表した。

輸出百億㌦、国民一人当り所得千㌦の維新指標をめざし韓国民は総力をあげてうちこんでいる。写真は現代造船ドックで行なわれた純国産技術で建造されたアトランチックバロン号(26万㌧)の命名式。バロン号は3500万㌦契約でギリシアから受注した超大型タンカーである

平和指向の立場を宣揚
朴IPU議員団長が帰国談話

東京で開かれた第61回IPU(国際議員連盟)総会に参席した韓国代表団一行が十二日午後金浦空港着、帰国した。

朴浚圭韓国代表団長は、到着直後、空港で「このたびの総会に参席した与野議員らが、皆積極的な討論に参加し、平和をめざす韓国の立場を大きく印象づけた」とのべ、「北傀代表団には、彼等がわれわれの招請どおりソウルへ来ることができなければ、われわれが平壌へ行くと提議するなど、南北交流へ積極的な姿勢を示し、各国代表から多大な共感をうけた」とのべた。

朴団長は、「北傀側が韓半島の緊張緩和問題をつぎのIPU理事会で論議しょうと提議、第一委員会で可決させたが、12日朝開かれた執行委では、南北韓の問題はIPUで論議すべきでなく、当事者どおし論議すべきであるというわれわれの主張に各国が同調、8対2で北傀提案を否決させた」とあかし、このような成果がなべて6・23外交宣言と南北対話を促求したわれわれの立場が広く支持をうけたことに支えられたものであると説明した。

朴団長はまた、「このたびのIPU総会は、日本国内でも一部韓国に対する誤った認識を是正し、南北韓の意見を正しく認識させる分水嶺となった」とのべた。

この日、朴団長をはじめ、陸寅修、文太俊、丁来赫、張基栄(以上共和)、徐仁錫、姜文奉、金振鳳、崔永喆、李淑鍾、李範俊(以上維政)、鄭一亨、鄭憲柱、呉世応(以上新民)、姜尚郁議員(無所属)など代表が帰国した。

福岡県本部で報告講演会も

なおIPU東京会議に参加した金基衡(維政会)、金守漢、宋元英、蔡汶植(以上新民党)、金禄永(統一党)の五議員は日本内各地で在日同胞の慰労をかねた講演会をもよおしているが、15日には民団福岡県本部会議室で鄭文淳駐福岡総領事、福岡、佐賀長崎、熊本大分の各民団県本部役員などの参加裡に講演会をもった。

午後三時から六時までの三時間行なわれた講演会では、金守漢議員が「IPU東京総会」と題する所論をひれきし、IPUの性格、東京会議での韓国代表団の提案内容、それに対する「北」の対応などが詳しく報告された。さらにIPU韓国代表団の任務として①会議で正しい対韓認識をひろめる②日本マスコミに真の韓国の考え方を紹介する③(野党議員として)日本野党との交流を深める――ことなどが課せられていた、と述べた。

宋元英議員は「IPUと南北関係」と題して"ヤンバン論争"のてん末など興味深い裏話をおりまぜながら講演した。

蔡汶植議員は主に韓国と「北」や日本との考え方の「物さし」のちがいに話をしぼって講演した。

さらに金禄永議員は「唯一思想」をオウム返しするIPU「北」代表団の実像を紹介し、統一問題にふれて統一は民主主義にのっとってやらねばならないと強調した。

最後に金基衡議員が国際情勢と韓国の基本姿勢について、中でも南北関係に焦点をしぼって講演した。

講演会のあと五議員を囲んで夕食会がもたれた。

国際議員連盟 代表団、120余名訪韓
蔚山工団・板門店など見学 丁議長招請で

東京IPU総会に参加した各国代表団のうち百二十余名が、丁一権国会議長の招請で12日、来韓した。

各国議員団は、三、四日間づつわが国に滞留し丁議長をはじめ国会代表を訪問、議会間の協力方案を論議する一方、十三日には蔚山工業団地をはじめ産業視察、十四日には板門店などを見学し、十五日、帰国した。

十二日、来韓した十八カ国議員団はつぎのとおり。

▲アルジェンチン=ルター外務委員長外2名 ▲バングラデシュ=アブドゥル・ウキル議長外4名 ▲フィンランド=ピロレイネン財務長官外10名 ▲ブラジル=ディアス上院議員外13名 ▲マレーシア=モハメド・ヤシン上院議員外2名 ▲ノルウェー=バテカ議員外5名 ▲ニュージランド=キル議員外1名 ▲シエラリオン=ゴバ議員外3名 ▲泰国=プラパスナ臨時議長外8名 ▲フランス=モンテスキュー議員外4名 ▲ラオス=2名 ▲印度=ムラハリ議員外4名 ▲イラン=ソリマン議員外4名 ▲イスラエル=リマルト議員外9名 ▲アイボリコスト=モリス副議長外1名 ▲リベリア=トルバート上院議長外5名 ▲エイレー=シムス議員外1名

金浦空港到着の訪韓議員団

韓日関係の反省と展望
―親善・協力の新座標をさぐる―

経済協力の基本問題
林 鍾 哲 〈ソウル商科大学・副教授〉

「アジアの貧困」は日本にも責任

四千二百億ドルのGNPと一億八百万の人口、そして三百六十二億ドルの輸出規模をもつ日本とどう共存するかが、一九七〇年代のアジア諸国の最も深刻な問題となっている。戦後の世界が米国との関係で直面したつらい関係を、いまやアジア諸国は日本との関係で直面している。

ところが、一九四〇年代後半、米国を中心に展開された相生関係が、残念ながら一九七〇年代後半の日本をめぐるアジアでは発見されえないばかりか、かえって相克関係だけが露呈し、悪循環を重ねている。

他民族、他国家と共存しなければならないように運命づけられているこの小さな宇宙船"地球号"において、このような相克関係は早急に除去されるべきであり、そのためには、両当事者が互いに、その悲劇の根本を除去すべく真摯な努力を傾けなければならない。

容易に解消できない国民感情を抑えながら、大局的見地で正常化の道を切り開いたといえる韓・日経済関係が、十年あまりの歳月を経ている現在まで、望ましい姿に至らなかったという事実は、ただ韓・日両国だけの不幸ではあるまい。

ところで、このような望ましからぬ現実をもたらした過ちが、日本側により多くの責任があるということは、ひとりわれわれの独善によるこじつけではない。タイで、インドネシアで、自由中国で、そしてマレーシアで、望ましからぬ経済的現実をめぐって日本との摩擦が拡大されているという事実は、その過ちがどこにあるかを雄弁に物語るものである。

もちろん、アジアの開発途上国にも過ちの一端はある。しかし、その過ちの原因が貧困という事実だといえるが、アジアの貧困に対するすべての責任を他の植民列強と同じように日本も負うべきであるにもかかわらず、かえってそれを富の手段として利用しようとしている日本の無思慮、非道徳的な行動によって、今日に見るようなアジアの摩擦が生じるのである。

いいようによっては、賠償行為を終えている今日、二十世紀前半の植民地収奪や戦争中の残虐行為に対する責任はないといえばそれまでであり、日本が良質の商品を安く生産し、自由競争原則の下で金をもうけるのが、なぜ悪いのかと反問するかも知れない。

しかしながら、国際経済関係というのは、財貨、用役、または資本や技術を媒体とする人の交流なので、経済活動の主体といえる国民の思考が重要な因子として作用するのである。

ところが日本の場合、そのような因子に致命的な欠陥があるばかりでなく、それを正視しようとしないところに諸悪の種が宿っているのである。

経済大国にふさわしくない行動

植民地主義は絶対悪だとはいえ植民地での経済建設は善であったと主張した久保田式思考は前者の例であり、午睡時間はいうまでもなく、夜もすがら金もうけにだけ熱中する経済的動物性、郷に入って郷に従えない道徳的情緒の欠如行動は後者の例といえる。

それればかりでなく、裸一貫で一家を成したものによく見られる成金族の吝嗇さが、国は富んでいるが国民は貧しいという日本経済の構造的矛盾と相まって、経済大国らしくもない行動を依然としてつづけているところに日本の不幸がある。

元来、国際経済関係というものは、自国経済の円滑な循環と適正な成長を保障し、その不足分を補うために設定されるもので、国益追求本位の政策を過ちとはいえない。しかし、それも程度の問題であって、それが度を過ぎると、共存的補完関係は破壊され、近隣窮乏化的な相克関係がこれに代わることになる。

このような相克関係が、大国にとっては別に苦痛にはならない。しかし苦痛を感じないとしても、小国の経済的生存とその最小限度の向上を留念してきたのが世界経済の主人公だった英国と、それにつぐ米国の態度であり、大国としての態度を意識的に拒否したのが株式会社日本、無意識的に拒否したのが日本人のいわゆる、「貧之性」だと決めつければ、過去の不幸を意識した韓国人の方が偏屈な日本観だろうか。

日本の対外経済協力態度が他の先進国のそれに比べて基本的に誤っているとか、個々の援助行為に多くの欠陥があるという問題は、経済大国に成長、調和ある世界へと意識的に進むべき立場にありながらも、大国にふさわしい行動、大国としての責任を全うしえない不幸に比べればなんでもないことだといえる。

もちろん日本と経済交流をしている国としては、開発援助あるいは開発輸入という美名の下に他国の自然を回復不能にまで傷つける行為、資本協力にかこつけて斜陽産業のスクラップを高く売り付け公害産業の輸出、あるいは資本財の場合にしても、効率を全く無視したので、国際競争はおろか、国内市場相手の生存も不可能な不健全企業の量産と過酷な勤労条件、それも日本式労使関係の一方的な強要、また対先進国貿易で生れた貿易赤字を、対開発途上国貿易の黒字でカバーすることによって、日本と貿易する国家の国際収支の均衡を破壊する行為など、それこそ堪えられないことである。

しかし、なによりも重要なことは、ノーブレス・オブライジ(No-bless Oblige)に対する日本の認識態度だといえる。

すなわち、それに対する認識不足が、一時軍事的な野獣だった日本を、こんどは経済動物ではなく経済的けだものを放し飼いしているのではなかろうか。

転換点の韓・日関係
金 洪 喆 〈韓国軍事問題研究所 所長〉

高い次元での政策を

十九世紀末ごろまでも、アジアの儒教文明国からみた場合、倭国日本は一介の浮浪国であり、辺境の蛮族であった。欧米文明圏から見ても、日本は太平洋北端の孤島であり未開地にすぎなかった。外勢の圧力によって西洋の文物制度を導入するようになってからはプロテスタンティズムの精神的倫理の真髄に感化されるいとまもなく、長い歴史的背景と伝統をもつ西洋の「富国強兵」策の制度的な表皮だけを盲目的に直輸入、「脱アジア論」を高唱しながら西洋化に励み、対内的には軍国的な帝国主義の定着をはかり、対外的には領土拡張と植民地建設を試図しながら、アジア文明圏から冷遇されてきたそれまでのコンプレックスを排除してきたのが、近世日本の一貫した外交政策であるが、そしていまなおその残影をとどめている。

日本は韓半島侵奪の魔手を延ばしはじめてから間もなく、旧大韓帝国末の皇后閔妃を弑逆するという国際的な犯罪を犯した。三十余年にわたって韓半島と韓民族を強奪、植民地化した日本帝国主義の罪科は、韓国民の脳裏に生々しく刻まれている。八・一五解放の歴史的性格は日本帝国主義の覇業を韓半島から除去する契機であり、不屈の抵抗をつづけてきた韓民族の独立解放運動の結実であると特色づけられる。一九六五年の韓・日国交正常化は、過去の不幸だった韓・日国民史を新時代にふさわしい新しい次元で昇華させるべくいっさいの憤怒をこらえながら、韓国国民が日本に対して施した恩恵の所産である。またそれは、韓・米・日三国の政治的な共同の敵となっていた共産主義イデオロギーの脅威から、自我の守護と生存を保全しようとする米国の北太平洋戦略の実践的共同対応策の一環として日の目を見ることができたのである。

それ以来日本の外交政策は、いわゆる「政経分離」という政策路線を標榜しながら、韓国を含むアジア全域を彼らの経済圏に隷属させるとともに、これを通じての利得追求に血眼になっていた。また彼らは「経済的動物」というニック・ネームを誇らしげに自慢している。共産主義政治イデオロギーの恐るべき脅威をいまだに体験されていない彼らは、韓国民が克服してきている政治現実の試練に対し、政治、理論全般にかけて悪意に満ちた批判と冷血的な態度を示しながらも、面従腹背の典型的な倭人精神を韓・日両国関係に投影しているのを韓国民は知っている。

韓・日国交正常化は韓国民の施恵

これまで日本は、物理的にはアジアに生存しながらも、精神的、経済的にはアジア的な国民でなかったばかりか、ひたむきに西洋の"文物制度"の同化に全力を傾けていた。

言い替えれば、西洋的文物社会に対する無限の憧憬とへつらいは最も自然な行動様式であるかのように受け止めながらも、共同協力の精神的支柱ともいえるアジア国民をつねに蔑視する悪習を自ら証明しているわけである。新版「脱アジア論」的な日本の外交政策を隣邦の友好国家は、あ然失色の目で見守らざるをえなかった。じじつ日本自身が、アジア的国民の一員にいちはやく立ち返るための、精神的、政策的な努力をなおざりにするとすれば、アジアの平和と安全、そして共同繁栄のために日本が寄与するすべての貢献は、アジア全体国民によって否定的に受け入れられるであろう。八・一五解放二十九周年の記念式場での大統領そ撃事件は、新しい韓・日国民史の展開過程における至大な衝撃であり、これによる瞬間的でも純粋な国民感情は、漸次国民一人一人の情念となって拡散していった。

なぜならば、共産主義テロリズムの残虐性もさることながら、韓・日関係史の歴史的な背景からみて韓国民の意識の中には、それが第二の閔妃弑殺事件のように映ったからだ。政治や外交は、つねにその結果が重要である。たとえ犯人が間違いのない韓国人だといえ、その政治的な環境条件からすれば「日本人」にみなされるばかりでなく、犯罪を謀議した場所が日本国内であるうえに、犯人が所持していたのがあくまでも日本国民の旅券である。それにもかかわらず事件後の日本の外交的態度や姿勢をはじめ、政治、言論に至るまで途方もない方向感覚で一貫している。

韓国を窮地に追いこむための凶計

のみならず、木村外相が日本の国会で「韓国に対する北韓の脅威はないものと思う」などと発言をしたことは、八・一五事件をはじめ、つねに北韓共産集団から直接的侵略を受けている韓国の立場を理解するどころか、かえって国際社会において、わが国を窮地に追いこもうとする底意をあらわにしたものと受け止めるよりほかない。日本は戦後の世界政治と外交に干与しはじめてからすでに三十年近い。真の協力と繁栄を共にすべき韓・日国民史の展開過程において、日本の政治、経済、軍事、外交的政策がどうあるべきかを忠告するのは無意味なことである。日本自身の英知と洞察力をもってこれらすべてを啓発、かつ発展させるべきであるからである。

昨今における韓・日関係を概視している韓国民は、日本が、共産主義テロリズムの温床の役割をしているそのような政策を一日も早く是正するとともに、不幸な記録点でつづられた韓・日国民史を誠実な態度をもって清算し、韓半島の長期的、軍事的安定に寄与するよう警告している。また、韓・日関係におけるわが国民の純粋な感情がいかなるものであるかを正しくとらえて、これを正道へ導くのがわが国の政府の当面した責務でもあろう。

韓国語学習(会話・文法)
成根容 著
第一部・いろいろな挨拶のしかた
第二部・語尾のいろいろ
第三部・助詞のいろいろ
第四部・会話の応用
―A5判三七〇ページ―
価八五〇円(定価一〇〇〇円の内、著者一五〇円負担・送料一二〇円)
民団中央本部宣伝局
電話 八一五―一四五一~(三)

韓日貿易の窓口
韓一銀行
東京都千代田区霞ヶ関3丁目2~5
(霞ヶ関ビル33階)
TEL 581―2351(代)

団結로써 粉砕하자 朝總連의 破壊工作

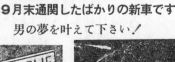

世界の最高級車ロールス・ロイス!!
9月末通関したばかりの新車です
男の夢を叶えて下さい!
ROLLS-ROYCE 欧米車輸入販売

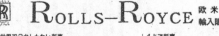

←世界で3台しかない新車
↓4ドア新車

ヤング サイクル カンパニー
東京都北区東十条4丁目7番11号
電話(914)0745番
取締役社長 崔 容 奎
委細面談

NOTE: This brochure was originally produced in England and has been reprinted for use in the U.S. pending publication of final U.S. brochure. Cars entering U.S. and Canada differ from those shown here in that they have left hand steering, head rests on front seats, safety belts, front and rear side marker lights and other equipment required by Federal Safety Standards.

☆他に米新車は半額に近い出血価格です

中央会館建築開始
七六年二月までに竣工

在日韓国人の殿堂「韓国中央会館」の建設は、さる十二日大成建設によって着工され、十五日からはブルドーザー、パワーショベルも投入され、基礎関係工事が本格的に進み出した。予定通り工事が進展すると、再来年(七六年)二月二八日までには、待望の竣工式を迎えるわけである。

そもそも民団の拠点となる「中央会館」的な建物を持つべきだ、という話は非常に旧くからあった。民団中央本部が、若松町(現在の東京韓国学校所在地)から今の春日二丁目に移って来たときはその敷地に立派な建築をする計画も立てた。しかし、消防法の規制で三階建以上は建てられないということから、結局よそに敷地を求めるほか方法がなく、計画はお流れになった。一九六五年の第五回定期中央委員会で正式に「中央総合会館」建設を推進する決議が行なわれ、その後歴代中央団長が会館建設問題に努力して来た。

一九七〇年の大阪万国博を契機として会館建設問題は具体性を帯び、建設委員会が設置された。その後も迂余曲折はあったが、こうして十月十二日、具体的な着工を見るに至ったものである。

最終的に決定した建築内容は次の通り。

事務所側=延約千六百坪、地下一階、地上八階、民団は六、七、八階を使用、エレベーター11人乗2基、八階は大会議室

一部宿舎側=延約七一〇坪 地下一階、地上十一階、十階の小会議室は事務所側八階大会議室と平面連結、十階、十一階民団使用、9人乗りエレベーター一基ほかに民団百回線交換機、大会議室に同時三国語通訳装置など。

なお建設委員会事務局宋鶴用局長によれば、会館建設基金が完納されているのは五つの地方本部で、その他の地方本部も一日も早く完納されるように全力をつくすよう待望しているとのことである。

本格的工事にとりかかった中央会館の現場→

文世光に死刑宣告
共産化狙った朝総連と共謀

朴大統領狙撃事件の審理を進めていたソウル刑事地裁合議第八部の権宗根裁判長は、十九日午前十時十五分開かれた判決公判で、犯人の文世光(22)に対し、去る十四日午前十時十五分から同地裁大法廷で開かれた第二回公判での鄭致根部長検事が論告、死刑を求刑したのを全面的に認め、死刑を言い渡し、十一時五分閉廷した。

権裁判長は判決理由の中で、朴大統領の暗殺をねらったこの事件は、北傀の人民民主主義戦略の一環として、韓国の共産化をねらって引き起こされた。文はこの対南赤化政策を支持する共産主義者であり在日朝鮮総連大阪生野西支部の金浩竜政治部長と大統領殺害を共謀したとして八月十五日の光復節式典会場で文の銃弾によって死亡した大統領夫人の陸英修女史の死を単なる殺人とはせず、内乱目的殺人罪として起訴、さらに反共法違反、国家保安法違反などの罪名を加えて起訴していた検察側の主張を全面的に認め、死刑の判決を下したもの。

また権裁判長は判決主文で文への死刑を宣告した後、事件現場で押収された日本警察のけん銃一丁と不発に終わった銃弾などは日本国に還付すると述べた。一方、弁護側は「真の主犯は北傀と在日朝鮮総連で文は踊らされたに過ぎない」という情状酌量の主旨で弁論したがほとんどしりぞけられた。

審理は妥当 死刑は当然
鄭宣伝局長談

文世光の狙撃事件判決の十九日午後、朝日新聞の「文世光死刑判決を聞いて」の電話インタビューで、民団中央の鄭達鉉宣伝局長は次のように語った。

「当然の判決です。殺人そのものは如何なる体制下にあっても認められるものではありません。ただ日本警察当局は、今後とも文に直接教唆、指示を与えてきた大阪の吉井夫妻、朝総連の金浩竜らと、さらにその背後関係を徹底的に追及して欲しいと思います。それから今度の判決までスピード審理云々と言っている人もいるが長びけば長びくほど、物議をかもすだけのことで、審理の仕方も全く妥当だと思います。」

民団封じこめ工作の朝総連
新潟

去る八月十五日光復節式典で起きた朴大統領狙撃事件以来、とみに凶悪化した北傀 朝総連の侵透攻勢に対処、民団全国組織では従来にも増して警戒態勢を整えているが、万景峰号などによる在日同胞北送の拠点・新潟市では、朝総連の妨害工作が目立ち、民団への嫌がらせ行為が露骨になってきた。

即ち、去る十二日まで開会中だった新潟県議会では、社会党議員が、民団が市中の要所に立てた北傀・朝総連糾弾の看板を取り外し、北送反対、万景峰号寄港反対運動を規制せよと発言していた事実が明らかとなった。

なものである限り規制できないと却下したが、これは朝総連が社会党など左翼系議員をそそのかし民団活動を封じこめようとした点りであるところから民団では一笑にふしている。

問題の看板は、朝総連新潟県本部と程近い鏡ケ島交点わきの空

てもよく読めるように書かれた大看板で、「好戦狂・金日成よ!同志粛清と自民族殺傷のみに狂奔せず、平和統一に耳を傾けよ」「日本政府よ、韓国の破壊と侵略を目的とするスパイ指令船・万景峰号を日本の港に寄港させるな」となっている。

散会した。

判決文要旨

【判決文】

ソウル刑事地裁第八部判決

事件、内乱目的の殺人、国家保安法違反、反共法違反、特殊せっ盗、入国管理法違反、銃砲火薬類取締法違反

被告文世光(一名南条世光、吉井行雄、川上勇治)。無職、一九五一年十二月二十六日生まれ。住所、日本国大阪市生野区中川西二ノ九ノ四。本籍慶尚南道晋陽郡大坪面山村里七七五。

検事、鄭致根。弁護士、宋明寛、車英朝(各国選)

▽判決理由

被告は一九六七年三月、大阪の私立成器高校に進学したが二年で中退、在日韓国居留民団大阪府生野区北支部の団費集金人をはじめプラスチック工場従業員、廃品回収員、消火器販売、ビル清掃員、港湾労働者——などを転々とした。

被告は高校在学中から共産党宣言、金日成選集、毛沢東語録などを読みふけるとともに毛沢東の肖像を自宅に掲げて共産主義思想を信奉し、日本の資本主義社会構造および在日韓国人社会に対する矛盾の解決は、日本と韓国を共産化することだけであると、妄想した。

七三年九月初旬、北の対南赤化戦略の前進基地であり、反国家団体である在日朝鮮人総連盟の構成員と民団を仮装した不純分子らが加入する金大中救出対策委員会大阪委員会に加わり、同年九月中旬、大阪駐在の韓国総領事館を占拠し、同職員を人質にして金大中氏と交換することを画策するなど、同かいらい集団および朝鮮総連の各種扇動、宣伝活動に同調し、人民民主主義革命路線に基づく対南赤化統一の野望成就を希望している共産主義者である。

①北朝鮮の在日対南工作指導員であり、朝鮮総連大阪生野西支部政治部長である金浩竜(金セ)は七三年九月中旬、被告の自宅で「現時点で韓国の共産化を成し遂げるには、四・一九のような民衆ほう起で政府を転覆するほかない。その唯一の具体策は朴正熙大統領を暗殺することで、この英雄的な事業を遂行して欲しい」と指令し被告はその実行を決意した。

②七四年二月初旬、金から改めて「暗殺決行は八・一五記念行事の際とする。今後、一切の組織活動から手を引け」と指令され、二月から三月の間、東京の赤不動病院に入院して学習に専念、続いて五月四日、大阪港に停泊中の北傀工作船「万景峰」号内で氏名不詳、四十七歳ぐらいの北傀工作指導員と会い、「朴大統領暗殺は金日成主席の直接指示である」と指令を受けた。

③被告は吉井夫妻の協力で得た吉井行雄名義の旅券と金から受け取った八十万円を持って八月六日、大韓航空機で韓国に潜入、武器としては七月十八日、大阪府警南署高津派出所から盗んだピストル一丁、実弾五発をラジオケースの中に隠して携行した。

④八月十五日午前九時ごろ、乗用車で八・一五式典会場の国立劇場に行き、正面南側一般人通行門から入場した。ロビーで入場する朴大統領を狙撃しようとしたが、距離の関係で変更した。同十時二十三分ごろ、B列214号座席に座ったまま腰に隠していたピストルを抜こうとしたところ、第一弾が誤発となり、被告は大たい部に貫通傷を負った。被告は慌てて通路に飛び出し、演壇に向かって走りながら約二〇・九メートルの距離から演説中の朴大統領に向かって第二弾を発射したが、演台の左側に当たり、第三弾は不発だった。

⑤第四弾は約一八・二メートルの所から壇上の陸英修・朴大統領夫人に向かって発射、その右側頭部に命中した。第五弾は観客が足を払ったため倒れる瞬間、発射され、演壇後ろの国旗に当たった。陸夫人は同日午後七時ごろソウル大学付属病院で、頭がい骨複雑骨折などで死亡した。これによって国憲を乱し、反国家団体の指令を遂行する目的によって大統領夫人を殺害した。

▽証拠の要旨(略)

▽法令の適用

内乱目的の殺人罪と反国家団体の指令による目的遂行のための殺人罪は一つの行為が二つの罪名に該当するが、重刑の方の内乱目的殺人罪によって死刑を選択し、他の罪による刑罰は最も重刑である内乱目的殺人罪の刑に吸収させ処罰する。押収物件のうち、けん銃一丁は特殊せっ盗による物品であり、理由が明白であるため、被害者の日本国に返還する。

世界親子かけある記 (34)
ビジネスと観光と歴史・美術そして…
裵乙祚・裵慶州

この絶大な力量
世界人種大会の開催地
全てを呑みこむ巨大な街

ニューヨーク (II)

ニューヨークという街は誰も、非常に満足して帰る街でもなく、だからと言ってマッタク失望して逃げていく街でもないと私は考えた。滞在が思ったよりも長びいたので街の中を出来るだけ歩くことにし、繁華街、裏街と言わず、ビルの中、公園、美術館、百貨店、スーパー・立喰いのドラッグストア、工事場の労働者と接し、五番街の路上で鉄なべの異様な楽器でかなでる辻楽士のメランコリックな色音に耳をかし、地下鉄のすさまじい風景にもなれ、喰い、歩き、聞き、視、話し、日常生活に必要なことは一通りやってみた。

余の力にまかせてオッたてた摩天楼の群に失望し、広大なセントラルパークの緑に心なごみ、世界の各地から集荷された物産のショッピングに事欠かず、世界人種大会の開催地のような、大衆の人混みの中でカラー写真をとったら、さぞかし理想的色彩のコンビネーションが出来上ることだろう。そして生い立ちも違い考え方も勿論違う。経済的地盤に至ってはピンからキリまで、幸福な者もいればこの世をおさらばしてあの世とかへ行かれてはと忠告したくなるような連中も勿論いる。これ等の人々が話し、行動し、融和し、にくみあい、果は暴力沙汰にもなるが、ニューヨークはこれ等全てのものをのみ込んでゆく不思議な街である。

政府も乱れ、経済にもひびが入って、この頃のアメリカは威信にも欠けて来たが、未だその持つ絶大な力量は自他共に認めている。

ニューヨークはこうした苦悶を端的に受けて、世界の各地から集ってくる人々が観たり感じたりして帰る街であり、そしてニューヨークはそうした人々に臆面もなくアメリカの恥部をさらけ出している巨大で世界的な街である。

タイムスクェアーをダウンタウンに向かって左に一直線五番街を横切ってPAUAMの一風変ったビルを見ながらUNまで歩いた。一般目的の高層ビルが眼に入ってからそこにたどりつくまで、相当の距離を計算しないと途中でへたばってしまう。

UN(国際連合本部)には世界各地からひきもきらず観光客がやってきていた。現在あまりにも一部大国が勝手気ままにUNを私物化しているので活動状況もかんばしくないが、人類が近年二度の大戦を経験し、そして二度にわたって国際機関をつくり話し合いの場を持ちながら、依然として人間の叡知をその将来のため発揮出来ないのは悲しいことだ。決定的パワーを持ち合わせぬUNが、これからの世界においてその理念を指導力を維持出来るのは、直接政治経済の分野と関係のない教育保健環境等の二次的なものに限られてしまったが、無知な政治家等の猛省を促したい。

日曜なので Metropolitan Museum の入場料は原則として無印であったが、本人がのぞむならいくら払っても良いと仲々粋なはからいである。この美術館は欧州のそれよりは幾分年代の下った十七〜十九世紀の家具や武具類などが豊富に収集されており、又オリエント・アジア、特に中国インド方面の品目が多いようであった。ゴールドコーナーにわが国の金冠が展示されていると聞いていたので、さがしまわったが見当らない。こうなると意地でもみつけてやれと八方聞き歩いたがついに果たさなかった。それでも息子が館内案内書を引いていたら何とソウルに返したらしく、展示場所をソウルと訂正してあったらしい。

十三日の金曜日西洋人のきらう厄日である。午後郊外のショッピングセンターに行く約束があるので時間のあい間をぬって、宝石関係のカタログと遠心鋳造機メーカーの調査に一人で飛び出す。通信販売を兼ねたALAキャスティング社は案のじょう休業中であったが、遠方から来たので便宜を計ってほしいと頼み込みカタログを手に入れた。ロマーヤ・ラバー社は、かって私が遠心鋳造機の輸出雑貨をやっていた関係で関心があったので訪問し、社長と小一時間最新の遠心鋳造技術についてスライド写真を見ながら有益な知識を提供してくれた。この後調査していくだろうRecycle(リサイクル)産業における貴金属再生計画が成功すれば大いに役立つ技術もある。

午後はニューヨーク郊外のルーズベルトショッピングセンターに本当のアメリカ人の生活様式をのぞこうと出かけた。このセンターはもとリンドバーグが初めて大西洋横断飛行に成功した時に使った飛行場をそっくり、中央ショッピングの建物を囲りを全て駐車場にした広大なものである。都心のゴミゴミした百貨店やスーパーと違いゆったりとして、本当にショッピングを楽しめるところであり、高級家具は特に素晴しくクラシックなものが多く、アメリカ人の意外にクラシックを好む落ちついた一面をのぞかせていたが、聞くところによるとこれが中流以上のアメリカ人の姿だと言う。

往復の高速道路は、平行して走る一般道路及びコマーシャルロードと違い、乗用車のみが時速百キロ以上で流れるパークロードと言うドライブ専用道路で、街灯や両側の柵が全て山荘風の木造りであり、かかっている橋はコンクリートの素肌をみせず自然石張りをほどこして自然の景観をそこなわないよう細いところまで気を配ってあるのは、日本のようになんでもモダン風調の軽薄さとは対象的で、良識あるアメリカの一面をみるようで気持が良かった。

(つづく)

林立する摩天楼群

在日韓国青年セミナー
国際勝共・崔会長、協力を要望

崔容碩 会長

国際勝共連合・在日韓国人会の崔容碩会長は、同会主催で十一月十五日から米国で行われる第三回訪米・在日韓国青年指導者セミナー開催に先立ち、その実施に関する協力要請のため、十六日本社を訪れた。

このセミナーは、在日韓国青年を有資格者(20才から35才までの男性)とし、東京と大阪でそれぞれ選抜研修会(本紙広告参照)を開いて参加者を決定するが、既に二回にわたって開かれた同セミナーでは約二百人が参加し、三回目の今度はいっきょ二百人を募集することになっており、その成果が大きく期待されている。

問合せは、東京・五八三—三四七九。

陸女史の殉難記録上映
広島

【広島・安佐支局発】

民団広島県安佐支部(安理洙団長)では、去る十四日午後七時から同支部講堂で定例の国語講習会の場を借りて広島県韓国文化センター提供近著の故陸英修女史の殉難を報じる生々しい記録映画を上映、同女史の生前の遺徳を偲んだあと「青年は祖国統一の原動力」たれと、先におこなわれた在日韓国青年たちの祖国セマウル運動参加模様を伝える記録映画「わが祖国」等を上映、多大な感銘を与えた。

全国で一万断食抗議
日本人妻里帰り運動、米でも呼応

本紙既報、去る九月十四日東京・九段会館で、救国連盟主催で開かれた北韓の「日本人妻里帰り実現運動国民大会」は、約四千人の賛同者が集まる中で、大成果をおさめたが、これを契機に、この日本人妻祖国自由往来運動は全国的に波及し、来たる二十一日から一週間、東京、大阪、京都、名古屋、神戸、福岡等地でいっせいに「一万人断食闘争」に入ることになり、大きな話題を呼んでいる。

これは祖国自由往来を阻止せんとする北傀・朝総連への人道的抗議であり、全世界に対する人権宣言であるとして、その帰すうが大きく注目されるが、前記断食抗議に呼応、在米日本人たちも日時を同じくして、国連ビル前で約千人動員の予定で断食抗議に入る一方、国際赤十字へも強く働きかけることになった。

帰化説くつがえす張本選手

日本への帰化問題で話題を投げかけていた日本ハムの張本勲選手(34)(張勲)は、悩んだあげく一時帰国、各界有志、知己、ファン等と三日間にわたり相談を重ねた結果、最終的に帰化しないと決意のほどを表明、多くの同胞たちが安どの胸をなで下した。

なお同選手は、今シーズンに七回目の首位打者日本新記録を打ちたてており、日本ハムから大杉選手と共に交換選手として発表されたが、巨人の長島監督就任の後がまとしておさまる公算が大だ。

55回国体閉幕
在日チーム11位

八日から十三日までの五日間にわたって一万三千人の選手が参加して熱戦をくりひろげたソウルの第五十五回国体は、ソウルが優勝してその幕を閉じた。

全二十七種目の競技中、在日同胞チームは十五種目参加して健闘、団体順位は十一位に終った。

また、今大会では、韓国新記録が十一個、ジュニア新記録一個、大会新記録九十個が樹立された。

総代理店制に挑戦
ロールス・ロイス輸入
穏健不屈な崔容奎氏

崔容奎氏

日本の大手外車総代理店制に挑戦、韓国人としては日本最初の欧米車輸入販売をやって、その筋のプロより恐れられている崔容奎氏(52)が、このほど世界に三台しかないという英国のロールス・ロイスを先月下旬入荷、カーマニアや業者間に話題をまいている。

この新入荷車2台は〝男の夢を叶えよう、世界の最高級車ロールス・ロイス〟のキャッチフレーズで、本紙などにも広告、売りに出しているが、黄海道人特有の穏健ながらにも不屈の闘志を燃やし、この道で大成したいと意気盛んである。

氏が経営しているヤング・サイクル・カンパニー(東京都北区東十条四丁目七番十一号)はもともと二年前から米国のハリウッドに設立された会社で、その間、米車を中心に扱ってきたが、このたびのロールス・ロイスをきっかけに欧州車にまで手を広げたものである。

ちなみに崔氏は、民団組織でも創設時代から功労が大きく、都内北支部団長を経て、現在同支部顧問となっており、黄海道人会の運営委員長もつとめる世話好きである。

求む良縁

金英姫さん(28)

ソウル建国大学校生活芸術科二年修了。タイピストとして勤務したことあり。現在ソウルの自宅で家事中。希望者は本社まで電話(八一五—一四五一)ころ。

貸トルコ 売りも可
建坪300坪
松山市道後温泉
許可地域内
連絡先 AM9:00~PM6:00 (0899)46-070

尋ね人

☆金在鎬さん(金沢・約40歳位) 本籍・慶南蔚山。

15年前まで島根県周吉郡大字中村のキラク・パチンコ店で勤めていたころ、一回文通があったのち消息不明の金さんを、未亡人となった金さんのお母さんがさがしています。金さんをご存知の方は千葉県松戸市松飛台64—23金厚植さん(〇四七三—88—一九三〇)まで連絡を。

☆鄭喆朝さん(通名・松本三郎)

昭和三〇年八月頃まで福岡、福井もしくは福島に居住していたと思われる鄭さんか、その家族を、お子さんであるソウル特別市道峰区中渓洞四三六—15統5班—5号鄭然斗さんがさがしています。ご存知の方は連絡を。

☆申性模さん
☆李鼎邦さん

一九五〇年に韓国々防長官であった申性模さんまたはそのご子息の鼎さん、そして一九四九年に駐香港韓国総領事館に勤めておられた李さんを香港の潘楽平さんがさがしています。ご存知の方は横浜市港北区篠原町二六一二番地山水苑12号室・陣内さん(〇四五—四三二—八九一一)まで連絡を。

潘楽平さん

☆李重植さん(48才)

本籍・慶尚南道金海郡大東面鳥納里五六番地

前住所・高知県宿毛市小筑紫

右の李さん(写真)を義兄の李奇藤さん(高知県須崎市東古市町一の十一)がさがしています。李さんをご存知の方は、李奇赫さんまたは民団高知県本部徐仁泰団長まで連絡を。

☆崔順泰さん(65~70才程度・男)
☆崔貴童さん(62才程度・男)

本籍・全羅北道沃溝郡

妹である崔貴順さん(56)がさがしています。

次兄の崔貴童さんは、全南高興郡・長興郡などを転々したのち渡日したということで、長兄の崔順泰(発音による表記)さんも五、六年前、ラジオ放送を通じて妹である崔貴順さんをたずねたとのことです。崔さん兄弟をご存知の方は、釜山市東莱区東上洞20統4班金泰吉さん方崔貴順さん又は、民団中央本部民生局まで連絡を。

☆梁燦乙さん(49)

平南安州郡東面祥瑞里。

終戦後も日本に居住していたという。兄さんの梁燦伯さんが尋ねています。①東京都足立区扇二の四〇二二か②足立区本木町五の四〇二一、大和商事、秋田 豊作まで。

☆張徳心さん(97)
☆天 根さん(51)

当時の通名は徳田。終戦直前まで下関市丸山町一八七二の四に居住。

全北南原郡双網里二三〇番地、湖南羅紗方、張鉄根さんが尋ねています。

中央会館建設하여 民団維新成就하자

第3回訪米
募集人員 200名
在日 韓国青年指導者セミナー
(1974年11月15日〜12月7日)
費用
渡航費、滞在費は主催者側が負担する
(渡航手続に関する経費、自由時間の経費は個人負担)
募集締切:1974年10月31日

募集要綱
☒目的……国際的視野に立った在日韓国人社会の指導者を養成する為にアメリカの実情を見聞し民主々義とキリスト教の新しい理念を学び国際親善及び文化交流の促進に寄与する
☒開催地……Barrytown International Training Center
住所・Dock Load Barrytown New York 12507 Tel 914—758—6881
☒内容……学習 1.民主々義とキリスト教の新しい理念 2.勝共理論 3.国際情勢 4.韓国の発展と在日韓国青年の使命
観光(ニューヨーク・ワシントン・サンフランシスコ)ほかに韓国訪問
☒応募資格……在日韓国青年又は学生で20才〜35才までの男性(但し、大学生は18才以上可)高卒以上、本パス所持者及び、取得可能者で健康な方(団体生活可能者)
応募方法
参加希望者は選抜研修会に参加していただきます。
第1回・東京選抜研修会10月19・20・21日 第2回・大阪選抜研修会10月26・27・28日
第3回・大阪選抜研修会11月1・2・3日
☆主催・国際勝共連合在日韓国人会
☆後援・在日本大韓民国居留民団中央本部
★連絡先 東京都港区赤坂3—4—1 赤坂松平ビル801号室 〒107
国際勝共連合 在日韓国人会事務局 TEL (03) 583・3479

北傀 継母と権力闘争し烈？ 金正一の生母日記放送

死後26年目に「闘士」称号

平壌放送が異例の賞讃

北傀金日成の長男であり、第二番目の指導者と見られている金正一（北傀労働党中央委員会組織担当、秘書）と、金日成の後妻である金聖愛（北傀女性同盟委員長）の間に、し烈な権力闘争がくりひろげられている。

ここ数年来、にわかに金正一が労働党内の地位が上昇し、金日成だけに冠せられていた尊称が、金正一の名前の冒頭にもつくようになって来たことは周知のとおりで金日成のあとがまに金正一が座るための下準備であるとは、朝総連内部でも承知されている。

しかし、金正一が金日成のあとがまに座るためには、多くの先輩や、おじ金英柱にもニラミの効く人物にならなければ、先ずは無理だろうとも考えられていた。ところが、肉親たちだけでなく、継母である金聖愛までも威令下に置かなければ、とうてい"首領様"にはなれないのが実情である。そして金正一と金聖愛の権力闘争が、展開していることを、はからずも平壌放送がさらけ出した。

九月二十二日の平壌放送は、一九四九年に死んだ金日成の前妻、金貞淑をして「金日成に無限に忠誠だった不屈の闘士」という風に描写し、金貞淑が一九三〇年代に書いたという、金日成に関する日記の内容を放送した。

これは金貞淑が死んで実に二十六年目に、初めて金正一の生母として報道されたもので正に異例のことである。

この金貞淑は三〇年代後半、旧満洲で金日成と同居生活をはじめ二人の息子を生んだのであるが、四九年九月二二日、平壌で不帰な死に方をした。謀殺されたという噂まであったが、現在まで、その死因すら究明されていなかったのである。

北傀の放送が今になって初めて金正一の生母を「闘士」として浮かび上らせたのは、金正一の政治基盤が本格的に強化されつつあるということを物語るものであり、同時に継母金聖愛との権力闘争で金正一が優勢になったことをも物語るものである。

したがって金正一、金聖愛、金英柱の間の、族閥内の権力闘争は金日成を頂点として、より激しくなるし、党幹部間の暗闘まで連鎖的におこり、北傀の権力層内部まで拡大されるものと見られる。

ハングル専用は"発展指向"だ "愚民量産"だで論争

制定五二八周年迎え再発

去る十月九日はハングルの日。ハングルが制定されて五百二十八年を迎え数々の記念行事がくり広げられた。ところがこの機会にまたもやハングル専用をめぐる論争に火がついたことも注目された。ハングル専用派が「伝統文化継承はハングル専用で」と強調すれば、これを時代錯誤ときめる側もある。つまり解放後三十余年がすぎた今になって主体性だけを先行させハングルを民族運動と結びつける漠然としたハングルの優秀性だけを強調するのではなく再評価、反省もすべきであるというのである。

中高校教科書がハングル専用になったのは七〇年度から。その文教部が去る七月七五年度から漢字混用にすると発表した。ハングル専用派はだまっていない。一体誰のための漢字教育なのかとかみついた。①ハングルに不便を感じるのは旧世代だ②意味を現わすには漢字が向いているというがそうばかりとはいえない③古典文化を継承する能力は正常なハングルの世代が植民地教育をうけた日本語世代より大きいし中、日と漢字文化交流をはかるというのも根拠がない、と主張する。また中国がその伝統に比べ文明におくれたのは人口語と漢字語の差異にあり、教科書に漢字を復活しても古典は読めず、日本の政治経済的影響力増大に合せるように漢字混用論が持ち上ったことや日本大使館文教担当官がハングル専用に反対したというのも不愉快だという話まで飛び出した。

これに対し混用論者は①わが文化遺産が漢字文化であり②父親の本も読めない愚民だけが量産され③辞典にもない漢字の言葉がハングルであらわされ非能率的であり④ハングル専用で利をみる人たちが政府を動かし教科書から漢字をなくし⑤ハングル専用だけが愛国の道であるように誤導したが漢字混用は国籍をとりもどす教育革新だと反駁する。しかし若い世代のため既成世代が不便を我慢すべきだという向きが多く「独立新聞」後八十年たった今ハングル専用論争をくり返すのをなげいている。

特別寄稿 朝鮮総連は治外法権的な存在か

佐々木盛雄

韓国政府が、日本国内における「朝総連」の「反韓活動の禁止」を要求してきているのは、日本として十分理解すべきである。現に警察当局も、日本が韓国に対する北朝鮮の「謀略基地」となっていることを国会で認めているのである。しかるに、政府は「朝総連」を野放しにしており、そのために「朝総連」は日本にありながら、まるで治外法権的存在となっている。たとえば「朝総連」の経営する「朝鮮大学」は、民族教育の名において、「反韓」のみならず、「反日」教育を行っていても、日本の官憲の立入りを許さぬ特殊地帯となっているのである。だが、日本政府は、日本の領土内において外国人に対する法律上の取締りができぬというのなら、政府はもう「主権国家」の看板を下ろして金大中事件の「主権侵犯」などとえらそうなことはいわぬがよかろう。

早い話が、立場をかえて考えてみるがよい。仮りに日本が北朝鮮において「居留民団」を組織して、金日成政権打倒工作をやり、平壌に「日本大学」を設置して、民族教育と称して「反朝教育」を行ったとしたらどうなるだろうか。もとよりそんなものの存在は頭から認められないのみか、直ちに一網打尽に処されることはいうまでもあるまい。

そんなことは北朝鮮ばかりではない。現に中共においては、日本人が「スパイ罪」で投獄されても、日本政府は一言の抗議も申入れることができない状態ではないか。

韓国に対しては、正式公判で判決を受けた日本人犯人の釈放を強要し、中共に対しては逮捕理由の開示を求めることさえもできない日本外交の腰抜けぶりを、木村外相は一体どう考えているだろうか、その弁明を聞きたいものである。

最近の日本外交の基本的誤謬は、友好国と、敵性国との区別をわきまえないことであって、そのために台湾を切り捨てて、中共と手を結んだり、韓国を敵視して、北朝鮮への接近を企てたりするのである。「等距離外交」などという馬鹿げた流行語の魔術に頭が冒されてしまって、友好国と、敵性国との距離判断もできないのが近頃の霞ケ関の盲動外交である。（自由民主党同志会事務理事）

韓国新記念切手

韓国逓信部（郵政省）から、新しい切手七種類が発売された。記念切手は、第一回世界民間外交指導者（PTP）大会、第五十五回全国体育大会（二種類）、万国郵便連合創立百周年と秋の名物、柿、初夏の名物サクランボをデザインした二種類の果物切手。

第一回世界民間外交指導者（PTP）大会記念切手。

第一回世界民間外交指導者（PTP）大会が、PTP韓国本部主催のもと、十日から十四日までソウルで開かれた。

PTPは、一九五六年国際民間外交機構として国民間の相互理解と友好親善を目的に、一九五六年米前大統領のアイゼンハワー将軍により創設された。その理念は、世界平和を具現化するところにある。会員国は韓国をはじめ二十四ヵ国。

第一回ソウル大会は「世界平和のための民間外交の役割」をはじめとする七ヵ議題を、参加二十四ヵ国五百余名の代表が討論した。今大会を通じて、韓国は韓国の文化、芸術、政治、社会、特に経済発展相を紹介した。また、平和統一のための韓国民の努力を示し、参加者らに維新韓国に対する理解を深めた。逓信部はこの大会を記念し国内外に広く知らせるため、記念切手を発行した。

図案は韓国の国宝第一号の南大門をはじめ、世界の名所とPTPのマークがデザインされている。額面は10ウォン。

万国郵便連合（UPU）創立百周年記念

万国郵便連合（UPU）はさる九日で創立百周年を迎えた。UPUは国連の専門機構で、全世界を単一郵便領域に形成して、国家相互間に郵便物中継の自由を保障し、郵便関係の国際協力増進を目的にしている。会員国は百五十三ヵ国で韓国は一九〇〇年一月一日正式に加入した。韓国逓信部はUPUの業績を賛揚し、記念切手を発行して内外に宣伝している。

二種類の記念切手はそれぞれ黄と青で、UPUのシンボルマークがデザインされている。額面は10ウォンと百10ウォンの二種。

果物記念切手、柿、サクランボ。

柿は秋の名産で、韓国産の柿は特に有名である。サクランボは初夏の名産。柿の切手は額面30ウォン、サクランボの切手は10ウォン。

第3回在日韓国留学生体育大会

＝10月27日韓国学校で＝

在日韓国留学生が相互の交流と親睦を深め、心身を鍛錬する目的で年例行事として開催する第三回在日韓国留学生体育大会（関東地区）が、東京韓国学校運動場で来る十月二十七日日曜午前十時から午後五時まで（雨天の際は十一月三日に延期）催される。

このたびの大会は、早稲田大学韓国留学生会（李吉洙会長）と慶応大学韓国留学生会の主管で、サッカー、野球、バレー・ボール、バドミントン、卓球などの種目を中心に慶応大学、東京大学、明治大学（以上A組）早稲田大学、東工大、大使館職員・民団など混成チーム（以上B組）および女子チーム（以上C組）などの団体対抗と個人競技などで進められる。

会費は5百円で昼食、記念品などが準備されている。なお優勝盃も、民団中央本部団長盃（バレーボール）、在日大韓体育会々長盃（サッカー）、東京韓国学校長盃（卓球）新韓学術会会長盃（応援）などがよせられており、在日韓国留学生の積極的な参加が望まれている。

韓国と日本の関係に新視点

日本上古史（文定昌著）抜粋と解説

連載を終って

約一年半余の間連載した「日本上古史」の抜粋と解説を終えてみると、何か非常に長い道のりを歩き終えたような気がする。回数はタッタの四四回にすぎないが、自画自讃といわれることを覚悟の上で、内容はかなり充実したものであったと思っている。

連載して見て、意外な反響があったことに驚ろいたり喜こんだりした。そして、中には貴重な御意見を下さった読者もあり途中から読み出して、第一回から全部ほしいと申込まれた読者も少くなかった。極力申込まれた読者にはサービスをしたつもりであるが、中には手落ちもあったのではないかと、大へん申訳なく思っている次第である。

この連載を続けて読まれた読者は、著者文定昌さんの指摘された日本書紀の裏側、つまり隠された意味を知って大分驚ろかれたのではないかと思うし、また日本書紀をどのように読むかということも、相当考えさせられたのではないかと思う。事実そういうことが判ったとして電話を下さった人も数人おられた。

日本歴史の原典として古事記と並ぶ唯一の史料が、表面通り読んだのでは"事実"と違うということになれば、これは日本の史学会にとっても相当のショックであるはずだ。この「日本上古史」が四年前に発表されたとき、江上波夫氏の「騎馬民族説」以上にユニークな説として一部で騒がれたのも、そのためであった。

事実、百済滅亡後、その分国であり、軍事援助国であった倭国は、新羅と唐に対して敗戦国の立場となり、新羅と唐の「軍政」下に置かれた状態がしばらく続くわけだが、これを日本書紀は全く逆の記述で粉飾している。筑紫都督府という言葉が天智六年十一月条に出てくるが、この都督府という官庁名が何を意味するかが問題となる。著者も触れたが、最近日本で出版された書物でも、天智、天武両朝が唐の軍政下にあったことを論じている。

この「日本上古史」の日本版「韓国史の延長・古代日本史」にも、当時日本が新羅唐の政下にあったことが述べられている。従がって、これから日本書紀を読むときは、こと対外関係の部分については、一応逆のことが隠されているものとして文字通り「眼力紙背に徹する」読み方が必要であろう。

さて、連載中に、色々と新らしいことが発見された。日本書紀の記録の矛盾が解明されていく過程で、著者文定昌さんの指摘された以外のことで発見されたのもある。

その一つの例が、日本書紀の天孫降臨の条に出てくる「膂宍の空国」（そじしのむなくに）であった。

これは第二〇回、二一回の解説で詳しく述べた。また「高松塚古墳」の被葬者についての推察も試みたが、これは第三三回〜三七回にわたって解説で詳述した。

このほかにも幾つか有るが改めて触れることは止める。

「日本上古史」の連載を終わらせたのには三つの理由がある。その一つは、古代史の中で「韓・日」関係に特に密接な部分は記者の判断では「百済の滅亡」までで一応終ったということ、二つ目は、この連載が一年半以上にわたって続いているが、その間に、色々な都合で掲載がとんでしまうので、一つのテーマとして期間の割に回数が少ないこと、そして三つ目は、これが最大の理由でもあるが、日本語版の「古代日本史」が、文定昌さん自らの出版によって発行されたので、読みたい人にはそちらを読んで頂くことの方が、より有意義であること、の三つである。

最初の内は毎回さしえも入れていたが、第一九回まででさしえを入れることをやめた。記者がこのことに専門にかかり切りになれないので、読者には申訳ないと思いつつ中止したものであった。これは記者自身、非常に残念に思っている。

近々、文定昌氏の著書「檀君史記研究」を連載

この「日本上古史」は、上代日本の歴史が、七世紀以後、それ以前までの事実を逆に改ざんした「日本書紀」を中心に、その内容の一つ一つについて解明したもので、今更説明するまでもないことながら、「統一した新羅」とは全く無関係な、独立した「皇統」を主張する矛盾を衝いたものであった。つまり上代の日本人が歴史を作りかえた実相を余すところなく、文定昌さんが掘り返したものである。しかし、日本書紀そのものは現在の韓国にそれ程悪い影響を与えるものではなかった。これに反して、日本人の改ざん、消滅工作のために、現在の韓国が真に迷惑をこうむっている史学がある。それは「檀君」の歴史である。

「韓国日本、朝鮮論古三十六年史」を発行するに当り、それの資付史料の一つとして「檀君朝鮮史記研究」という本を出版した。これは、日本書紀・古事記二典による日本の歴史が、どのように逆のぼっても二千五百年を少ししか上まわらない（明治時代）のに、檀君史は四千数百年を数える歴史となるので、日本の史家たちが、檀君を単なる「神話」に仕上げたのだ、という二大研究論文である。

この檀君史は日本に関係のない、全く韓国のみの歴史である。この歴史を神話にしてしまうことによって、箕子朝鮮史も神話になり、韓国の歴史は半分の長さに縮むこととなる。しかも、日本の史学者の作業の影響は韓国史学者の中にまで残っている。正しい歴史をつかむことが民族にとってどれほど重要であるかは、改めていうまでもない。

装いを新たにして、文定昌さんの「檀君史記研究」を紹介する。御期待を乞う次第。

最後に御声援を下さった読者各位に紙上をかりて御礼を申上げます。

金元奉記者

西厓柳成竜の三男「柳袗」の乱中体験記

文禄・慶長の役

壬辰倭乱私録 (13)

金竜煥画

飢えをしのぐために牛を屠殺

彼らは倭賊でないことを装おうとしているようすだったが、倭賊にちがいなかった。おそらくわが国のものが二、三人まじっているらしかった。あまりにもこわかったので、翌日は隠れ場所を移した。後になって聞いたが、私たちが前に隠れていたところで倭賊たちが人を殺したとの話であった。

毎日のように、夜明け前の薄暗いうちに朝飯を済ませ、山奥に隠れに行くのが日課となった。

ところがある日、私は食事がおくれたため、一行から離れて乳母と二人だけで山奥に隠れた。夜が明けてから見ると、なんとすぐ側に倭賊の屯所があり、ひっきりなしに賊兵たちが出入りしていた。ある者は大刀を振り回しながら草むらを切り払ったりしていたが、その切れっ端は私のいるところまで舞い込んできた。そんなところに、乳母と二人だけで隠れているということは、とてもたまらないことだった。日が暮れてから、二人はひそかに峠をよじ登って行ったが、私は運悪くも三、四丈もある絶壁に足を奪われ、下の沼地に落ちこんでしまった。

間違いなく倭賊に見つけられ、もう命はないものと思ったので肝を冷していたが、幸いに倭賊たちは私に気づかないようだった。

わたしたちは真夜中になってからようやく家へもどった。みな無事ではあったが、このようなこわいところに、いつまでも泊まっているわけにもいかず、話し合いのうえで加平に向かった。

一行は間もなく雲岳山に位置している懸灯寺に着いた。その寺は以前、祖母がしばしば参詣されたところであるが、すでにそこを去ってから久しく、だれ一人いない空き寺になっていた。寺は大路から近く、倭賊たちの侵すおそれがあったため、一行は山奥の木の枝で覆った仮小屋で起居した。

時節はすでに九月だったので、夜中の冷気は厳しく、ときには藁を探して寒さをしのぐありさまであった。およそ一月あまりをそこで過ごした。

もともと山が奥深かったので、倭賊たちが侵すおそれはなかったものの、食糧不足が問題だった。たとえ売れそうなものがあるにしても、そもそも買い手がなかった。

いろいろと思案をめぐらしたあげく、わたしたちが乗っていた牛を屠殺することにした。しかし、塩も醤油もあるはずがなかった。漢珠は肉を鍋（寺などで用いる真鍮製の底の平たい釜）に盛ってきたが、それでも多くの人たちの分を煮ることはできなかった。やむなく庭にかがり火をたき、肉を焼いては飢えをしのいだが、それもつかの間だった。

それからはドングリを拾いはじめた。鍋に入れてこれを煮こむつもりだったが、思うようにならなかった。これも結局、皮をむいて焼くよりほか仕方がなかった。ドングリの渋さや苦さは別に感じとれなかったが、食べてからしばらくすると、くらくらと目まいがした。とうていこれでは飢えがしのげなかった。

こんどは漢珠が他の奴婢たちを引きつれ、そこから三里もある倭賊たちの屯所近くの畑に下りて行って、まだ刈り入れない粟を刈ってきた。しかし十斗あまりの粟が手に入ったとはいうものの、これを搗く臼がなかった。やむなく山奥の庵を尋ね、三日も寝泊まりしながら搗いてきた。代官所から山里までは一里以上も離れていたので、旅人がわずか二、三度訪れたほどのへき地であった。

一行はこれを食糧に加平へ向かった。途中では、奴婢たちが拾ってくる穀物の落ち穂で飢えをしのいだ。

雨上がりの湿った庭にふくれた豆が白く散らばっていたので、ふくべを持って一つ一つ拾い上げると、わずか七合ぐらいにしかならなかった。そのあたりではもう拾うところがなくなると、奴婢たちは遠くへ出かけて行った。私が後を追おうとすると、つれて行こうとしないので、しばらくして方向だけ見定めて後を追った。ある山奥にはいると、山が大きく峻大で、前には険しい渓流が横たわっていた。

時は十月だった。姉が古い行袋をほどいて二重のポソン（韓国の足袋）をつくろってくれたのにふだんははかずにいたが、その日はジプシン（韓国のわらじ）に合わせてはいていた。

川を渡ろうとしてポソンを脱ぎ、中衣をまくり上げて見ると、流れが急でとても渡れそうにもなかった。仕方なく岸辺に腰をおろしおなかはすいたので大声で泣いていると、女の子と男の子を牛に乗せた通りがかりの一人の婦人が私を見て、やさしく背中をさすってくれながらこういった。

「かわいい顔で身なりもきちんとしているから両班の子だろうに、食わせられないので捨てたようだ。私と一緒においで」

婦人は子どもを牛から下ろし、私に乗るようにといいきかせた。私が返事もせずただ泣いてばかりいるので、いくらなだめすかしてもむだと思い、子どもたちを元どおりに牛に乗せて川を渡って行った。

品質最高
大量廉価
韓国料理材料
一切・卸問屋
食用油・味の素・香辛料・調味料・冷麺・中性洗剤 御販売
韓国産ポプラ・ワリバシほか
（本）胡麻純正油・胡麻・中性洗剤（製造元・竹本油脂KK）
星印純正胡麻油・胡麻（製造元・九鬼産業）
丸新物産株式会社
☆地方からの御注文には直送します。
本社・東京都豊島区西池袋2丁目1731
電話（〇三）九八五〜〇八八四（代）

祖国のセマウルに桜を植えましょう
街路樹・庭園用の桜をそろえてあります。熱海桜、吉野桜、八重桜など一年生より七年生までの各種です。
高サ…七年生 4メートル、一年生 1メートル ぐらい
値段…七年生 1,050円、一年生 150円　植樹期…秋十一月と春の四月末日まで
ピサブル種苗園
現場住所・慶南昌寧邑余草里国道隣　連絡所・静岡県沼津市宮田町34−34
李沂東（きとう）
電話・0559−32−1784

望郷の涙でつづる北韓日本人妻の手記！
あの日、新潟港を出港した私だったが、重労働にあえぎ、食糧不足に泣く共産地獄におちいろうとは、一目会いたいお母さん！
鳥でないのが残念です

日本人妻自由往来実現運動の会会長 池田文子編
頒布価 800円（送料は150円）　☆注文は 東京都文京区春日町二丁目20 電話（815）1451 韓国新聞社

韓國新聞
在日大韓民国居留民団
中央本部機関紙
韓国新聞社
発行人　尹達鏞
東京都文京区春日2丁目20－13
電話（815）1451～3
（813）2261～3
振替口座　東京　163774
本国連絡所（民団本国事務所内）서울特別市鍾路区昌成洞
政府合同庁舎4階
電話73－　・0165

在日本大韓民国居留民団　綱領
一、우리는 大韓民國의 國是를 遵守한다
一、우리는 在留同胞의 權益擁護를 期한다
一、우리는 在留同胞의 民生安定을 期한다
一、우리는 在留同胞의 文化向上을 期한다
一、우리는 世界平和와 國際親善을 期한다

韓国の国連加入速かに

北韓は不可侵協定受諾せよ

朴正熙大統領「国連の日」記念辞

朴正熙大統領は、二十四日の国連創設二十九周年を迎え、韓国は国際社会の一員として速かに国連に加入しなければならないし、その意味で韓国と国連とは、今後ともいっそう緊密な協力を固めていきたいと次のような要旨の記念辞を内外にひろく発表した。

朴正熙　大統領

国連と一層緊密な協力を

南北対話の正常化に最善尽すことを確認

（要旨）

今日われわれは世界平和と人類の発展のためのわれわれの共通の念願を達成するために創設された国連創設二十九周年を祝賀するものである。

私はこの意義深い日を迎えて、韓国と国連の特別な関係を、ふり返り、今後国連と韓国とのより一層緊密な協力を固めたいと思うものである。

早くも一九四七年十一月から国連総会は、韓半島のすべて韓国人の恒久的念願である民主統一政府の樹立を支援するため、国連臨時韓国委員会の設立を決議した。そして、一九四八年一月、韓半島全域における選挙の監視のために韓国に入国した。

だが不幸にも、国連のこのような初期の努力は実効を収めることができなかったがその理由は、北韓共産主義者の同委員会の韓半島北地域への入国を拒否したためである。したがって国連は、韓半島において自由選挙の実施が可能な地域においてのみ実施することを決議した。

大韓民国政府は、このような国連決議に基づく総選挙の結果樹立された。国連はしたがって、韓国政府は韓半島における唯一合法政府として承認した。

一九五〇年六月、北韓共産侵略者が韓国に対して全面的奇襲攻撃を敢行するや、国連は韓国軍と共に侵略者を撃退するために、史上初めての国連平和軍を組織した。……

……

われわれはまた、国連の平和努力が、より高い次元に展開されることを望み、同時に韓国の国連加入が、これまで成就されなかった事実を遺憾と思わざるをえない。

……

今日私は、南北対話の正常化と順調な進行のために、われわれは最善を尽すことをいま一度確認し、われわれの平和努力が実を結ぶように、国連がわれわれに充分な支援を提供することを惜しまぬことを希望するものである。

北傀指導員が開城から帰順

孔卓虎さん記者会見

北韓では反・金日成事件が続発していると記者会見で語る孔卓虎さん

……

6月に休戦線をこえる

中央情報部発表

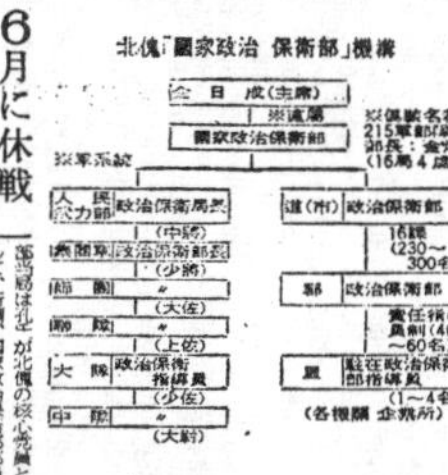
北傀「国家政治保衛部」機構

金日成直属の監察機構

毎晩偶像化の講演

金正一・金聖愛の暗闘し烈

食糧節約と減量配給

北傀、また要人暗殺を陰謀

日本赤軍やといゼラチン爆弾で

北傀は悪名高い日本の赤軍派要員をえらび、韓国へ密派、8・15狙撃事件のような要人暗殺を企図していることが19日明らかにされた。

……

時評

李恢成の論理　現代のマキャベリズム

朝総連と文のつながり

朝日新聞紙上で否定

◇前回の時評で、朝日新聞の意図された報道について触れた。その内容は十月十九日の夕刊までについて論じたものであった。ところが、切り取り時間を無理に延長して、時評の原稿を十九日付本紙に掲載した翌日、即ち十月二十日、朝日新聞（東京）に追っかけて同じ意図で企画された一文が掲載されていた。同紙五面の論壇に掲載された「歴史はいつもあとで語る」という朝総連系作家李恢成のものである。筆者はここで本当に退屈を添える者の一人として、韓国に対する巧みに偽装されたマキャベリズムを見たのである。◇

……

金竜煥

日本図書館協会選定

金熙明著
日本の三大朝鮮侵略史
＝倭寇・壬辰倭乱・日韓合併と総督統治＝
B6判　美装　400頁
写真図版70枚
価　980円・〒140円
☆日本が如何に朝鮮を侵略したか三つの歴史的事実を韓国学界の研究成果をふまえて叙述した日本の「つまずき」の歴史を日本人の前につきつけたものである。
〔武蔵大学教授　渡部学〕
※最寄りの書店に市販されております。
発行所　洋々社
東京都新宿区納戸町五
〒162 電話（268）0796番
振替東京　131515番

韓国語学習　会話・文法
成根容著
第一部・いろいろな挨拶のしかた
第二部・語尾のいろいろ
第三部・助詞のいろいろ
第四部・会話の応用
―A5判二七〇ページ―
価八五〇円（定価一〇〇〇円の内、差額一五〇円負担・送料一二〇円）
民団中央本部宣伝局
電話　八一五―一四五一～（三）

中央会館建設하여 民団維新成就하자

一九七五年度在日韓国人母国留学生を次のように募集します。

一九七五年度　自費母国留学生募集

一、募集対象

二、志願資格

三、留学手続

四、提出書類

五、志願書交付及び提出処

六、志願書提出期間

一九七四年十月五日から十一月十日まで

七、銓衡実施

八、予備教育免除

九、其他の事項

大韓民国大使館教育官室
〒106　東京都港区南麻布一－二－五
電話　〇三（四五三）九六五三
〇三（四五二）七六一一～九　内線八一・九二

農業機械化に飛躍的進展

農機供給に百50億支援
81年まで百20万台確保し完成

農水産部は21日、新年に百50億ウォンの資金を動員、動力耕耘機3万5千台をはじめ動力防除機2万2千台揚水機6千台、動力脱穀機千台稲まき機3千台など、7万3千台の農機械を供給することにした75年度農業機械化計画を立てた。この計画によれば75年度農業機械化に所要される支援資金規模は、今年の75億ウォンにくらべ、2倍にふえたものであり、融資支援比率においては、一般事業分は70パーセント、セマウル共同利用分と動力防除機具は所要資金の百パーセントを全額支援することにした。

維新農政の一大指標は農業の機械化革新の実現である。写真は、出荷を待つ国産耕耘機の壮観。韓国農村のすみずみではとり入れ時で軽快なエンジンの音がひびいている。

農水産部の農業機械化長期供給計画によれば、74年から76年まで3ヵ年間に21万8千8百44台の農機械を供給、76年末の農機械保有台数をなべて44万6千百56台にふやす計画であり、76年以後81年までは百7万2千8百35台を供給、81年末には、百28万2千3百94台を確保するようにする方針である。

農水産本部は、このような農業機械の長期供給計画によって農業機械模範団地を設置運営し、利用率を高め農業機械検査施設の拡充および検査員の増員、わが国の農業実情に適した経済的な農業機械を研究開発普及する方案もかねて研究することになっている。

国産農機具展示会
全北益山で50種出品

農業機械の普及を促進するための全国農業機械展示会が22日午後全北益山郡五山面南田里で、金鍾泌国務総理と鄭韶永農水産部長官をはじめ営農関係者二千余人の参席裡に開かれた。

この日、金鍾泌国務総理は致辞を通じて来る81年まで全農村部落に各種農機械が完全に普及されるよう支援し、営農作業が一括して処理されるようにするとのべた。

一方、鄭韶永農水産部長官は、来年度には総百50億ウオンの資金を支援、動力耕耘機3万5千台、動力防除機2万2千台、揚水機6千台、動力脱穀機7千台、播種機3千台など、なべて7万3千台の農業機械を供給するとのべた。

鄭長官は農機械供給にともなう農民の資金負担を無くすため、▼動力耕耘機は所要額の40パーセント▼動力防除機、百パーセント▼揚水機および動力脱穀機70パーセント▼精米機、50パーセントを年利9パーセント、3～7年分割償還条件で融資するとのべた。

この日の展示会には、農村振興庁と全国28個農機具業体で開発した百50余種の各種農機械が展示された。

韓日貿易会談
生糸輸入規制を漸進緩和
のり輸出は未妥結で再論

第十一回韓日貿易会談は、二日間の会議を終え22日夜おそく閉幕した。このたびのソウル会談で韓日両国間に論難の焦点となったのは、韓国産生糸輸入に関する日本側の規制問題であったが、韓国側がこの規制の緩和を強く促したのに反し、日本側は国内生糸価格が落ち生産業者の被害が大きいという理由をあげ、今すぐ解除措置を取るのが難しいが、今後、漸進的に努力するとのべた。

韓国側首席代表である崔浩中外務部通商局長は「今後、生糸問題だけを扱うことになる韓日間の特別委員会を構成すべきである」とのべた。

このたびの会談で、韓国側はまた日本産劇映画の輸入要請に対して「韓国では、日本の歌謡すら歌えない実情」であることを指摘、現在としては「日本映画の輸入を許可できない」という反対の態度をあかしたものといわれる。

日本側は、韓国側の牛肉とかん詰など、新規開発品目の輸出品目の輸出要求に対して、合作投資などの方式で、民間業体と協力すると約束した。

日本側はまた、韓国産のり輸入問題に関して、国内市場価格の暴落を理由にうけ入れ不可能であるとの立場を守った。

8・15事件で延期されたこのたびの11回貿易会談の以上のような合意事項は、23日午前、共同声明で発表されたが、12回会談は来年の8、9月頃東京で開かれる。

対日豚肉輸出好調
目標達成は確実に

農水産部によると去る五月豚肉の対日輸出が再開されて以来、九月まで千九百十二屯（四百四十万三千ドル）と本年輸出目標二千六百屯（六百万ドル）の七三・五％を達成、十一月までには目標を上回る見込みである。

対韓繊維
クォーターのばす

ヨーロッパ共同市場（EEC）当局は、今年、韓国、印度、パーキスタンおよびエジプトから繊維製品を9個会員国がより多く輸入できるよう許可すると22日発表した。

韓国など4カ国の繊維製品に対する欧共市会員国の輸入クォーターは、73年以来、固定されているが、これら4カ国の要請をうけ入れ増加された。

EEC執行委員会代弁人は、今年末か来年初に75年度クォーターに対する協商が、これら国家と相手にはじめられるとのべた。

75年米生産目標3千百万石
今年は"統一稲栽培"で3千51万石収穫

農水産部は今年の米の収穫量が3千51万石に達するものと推定75年度米生産計画量を3千百万石を策定した。

22日、農水産部によれば去る9月15日の第2回稲作状況調査で秋穀収穫量を3千21万石に集計したが、9月中旬以後、ひきつづき気象条件が好調で、平年に比べ降雨量が少なく晴天がつづき、日照時間が充分であったため、今年の秋穀収穫量は、3千51万石にいたるものと見られる。

今年の生産量が3千51万石に達したばあい、去る73年よりは百25万2千石が、今年の当初生産計画量3千16万7千石よりは33万3千石が増収されることになる。

農水産部は、今年の米生産が好調を示すにしたがい、来年度には今年の計画より約83万3千石を上まわる3千百万石を計画、増産のため多収穫性統一稲栽培面積を60万町歩（全体の50パーセント）まで拡大し、多収穫農家の施賞拡大など総合的な増産施策をひろげていくことにした。

輸出36億2千万ドルに
10月15日現在で

商工部によると今月十五日現在の輸出実績は三十六億二千二百万ドルで輸出目標四十五億ドルの八〇・五%を達成した。一方今月一日から十五日までの信用状受取りは一億七千万ドルと同十五日間の輸出実績一億六千二百万ドルを若干上回ったが、これは九月中の信用状受取りが輸出実績に充たなかったのに比べ多少回復をみせた。これによ

特別寄稿

日韓友好維持の原点

西川　勉

対立の日韓関係

まず最初に、八月十五日の光復節式典での朴大統領そ撃事件で凶弾に倒れ、尊い生命を断たれた大統領夫人、故陸英修女史の霊に対して、深い哀悼の意を表するとともに、手段を選ばず暴力によって事を運ぼうとする行為に対して、許し難い怒りを感じ得ないことを強調したい。

それにしても、金大中事件以来不自然になり出した日韓関係は朴大統領そ撃事件で一層むずかしいものになってしまった。事件後韓国側は日本が犯行準備の場合となったということで日本政府に対して理解を求めてきた。この間、日本は当初「韓国人同士の問題でよかった」と胸をなでおろしたものの文世光が入手した旅券に日本人が関係していたことや、日本の警察から盗み出されたピストルが使用されたことなど、この事件に深く日本がまき込まれていた事実が明るみに出るにつれ大きなショックを受け日本政府は「遺憾の意」を表明するとともに、故陸英修女史の葬儀には、田中首相自ら参列して哀悼の意を表明したのだった。

しかし、陸英修女史の死は大衆の情感をふかく揺さぶり、険しい反日感情をまき起した。それは戦前の日本による朝鮮統治三十六年の記憶と重なりあって、論理を越えた感情のウネリに発展しようとしている。ソウルでは九月六日、デモ隊が日本大使館に乱入し、大使館員にケガを負わせ、車に火をつけ、ついに日本の国旗を降して引き裂いたのである。韓国側の捜査では、そ撃事件の背後に、北朝鮮と関係する朝鮮総連の動きがあったとして韓国の金東祚外相は、日本政府に対して、日本の対韓工作基地化を阻止するため、名ざしで朝鮮総連の制圧を求めて来たがこれに対して「国内法の枠内で」と返答した日本側の態度に韓国側は満足していない。さらに、こうした日韓関係が最悪の状態にある最中で、木村外務大臣が「韓国には北朝鮮の脅威は存在しない」（八月二十九日参院外務委員会）という主旨の発言をしたことや「韓国を朝鮮半島における唯一の合法政権とは認識していない」（九月五日参議院外務委員会）とのべたことに韓国側は強い反発をみせ、これを韓国のマスコミが「木村妄言」として、一面トップに掲げて民衆の反日感情をさらにかきたてていることも一面で事態を悪化させているようだ。

尺度と認識のズレ

これら一連の動きをみていると最近の日韓関係をこじらせている根本の問題として二つあげることができる。第一点は「相互の認識のズレ」でありもう一点は「互いに相手の立場を自分自身の尺度で計って物申すところから生ずる感情の対立」である。まず第一の「認識のズレ」については、当り前のことだが、韓国には韓国の特殊な事情があり、日本には韓国とは違った日本独自の事情があることだ。つまり韓国は日本と同じように西側陣営に属す民主主義国家であることは違いないが、分断国家として三十八度線を境にして体制の違う北朝鮮と相対峙し、緊張緩和という国際潮流の中で、一方で北との対話を計ろうとしながらも、一方では軍事的な警戒を解いておらず、国内的には準戦時体制をとっており「反共法」に代表される一連のきびしい治安維持政策をとっているのである。このあたりは、公党としての共産党が都市部を中心に着々と票を伸ばし「自共対決」という言葉がきかれる日本とは大きな違いだし、また四方を海に囲まれた日本の国の中でレジャーを楽しんでいる日本人にしてみれば「韓国の安全は日本にとって緊要」という日米共同声明や韓国が日本の安全のトリデになっているという考え方は、緊張緩和という国際潮流の中で、どちらかというとシビアに受けとめていない感があるのである。

従って日本人は、韓国のきびしい現実を充分に理解できないままに相手を刺激するようなことを口にする場合があるし、また逆に日本に対して韓国側が要求してくるものの中には気持としてはわかるにしても、日本の現実から非常に受け入れることがむずかしい問題があるのも事実である。たとえば韓国側が日本に対して日本が対韓テロ行為の中継基地になっているとして朝鮮総連の取り締りを要求してくると早速、日本の国内では右翼団体の一部が宣伝カーを繰り出して朝鮮総連攻撃を展開し始めたし、これに対して、社会党をはじめとする野党は一斉に「日本の国内法の改正まで促すような口調で朝鮮総連を締め出せというが如き要求は内政干渉の疑いがある」と反発するなど、左右両面からの反応が出てきているのである。だが有識者の多くが明らかに国内のある組織が対韓破壊工作の準備をしている証拠をつきとめた場合は国内法で取締れるにしても国内法を改めてまである組織を取り締るようなことをした場合にはそれこそ在日六〇万の朝鮮人もまきこんで社会的な大混乱を引き起すことは必至とみており、これが今の日本の現実的かつ一般的な意見であることもまた事実なのである。

こうした中でわれわれが特に注意すべきは、その地理的歴史的関係から日本という場所とそこに住む日本人が、知らぬうちに韓国内の問題や南北間の紛争にまきこまれていくことであり、それが外交問題にまで発展し、国と国の間をおかしくしている一面である。不穏な動きがあればある組織を「国内法の枠内」で取り締るとしても、その前に日本人の一人一人がこうした事件にひき込まれないよう心がけなければならないのである。

望まれる冷静さ

どうも日本と韓国の関係をみていると感情的な対立が先行し、冷静さに欠けるところが多い。その姿は両国のマスコミを通して観察される。何か事件が起るたびに、そして事件が進展するたびに、このところ双方のマスコミは事件をセンセーショナルに取り上げ、それが、ややもすると民衆の反感を必要以上にかきたてて、両国の政府間関係以上の民衆対民衆の距離を引き離す結果になりかねない要素を含んでいる危険を感じる。

本誌二四四号に、私は韓国政府筋の友人がかつて私に指摘してくれた日本のマスコミに対する批判を記したが、それは（一）日本のマスコミが、北朝鮮はじめ社会主義国に対しては友好的だが日本と同陣営にある韓国に対しては批判的であること。（二）韓国を外国として扱わず恰も国内の出来ごとのように扱うこと。（三）日本国内の犯罪記事でも日本人の場合に比べ韓国人の場合は扱いが違うこと。（四）韓国が準戦時体制下にあることを忘れたような記事が多いことなどの四点である。日本人の中には、これらの総てがその通りだとはいわないまでも、ある点ではうなづける点もあると認める学者や有識者がマスコミに反省を求める論調を掲げ出した。その為とはいわないにしても大統領そ撃事件以後は、日本のマスコミには最悪の日韓関係の前途を憂慮して改善への方策を模索する姿勢が出てきている。その中には、韓国に対する批判だけではなく、日本政府の対韓外交のあり方も同時に批判し反省を促すことも忘れていないのである。これまで日本政府は事件が起るたびに「事態を静観する」「事態の好転を期待する」というきまり文句を連発し、それが韓国政府の強硬姿勢で、さらに窮地に追い込まれていく現象をとらえ、こうした日本のはっきり物事をいわない姿勢が相手に誤解を与える結果になるとの論調を掲げているのである。そして野党も国会で政府の対韓外交の姿勢を追及、それが木村外相の発言につながっているのである。

しかし、このところ韓国のマスコミは政府批判を禁じられていることもあってのことかどうかわからないが、感情的な対日批判だけに終始して国民の反日感情を日一日と深めることになっているのは日韓友好を真から願う者の一人として残念でならない。大統領夫人の不幸な死によって、反日の感情が溢出するのは当然であることもよくわかるが、極度に険悪化している日韓関係は、その感情の高ぶりを助長して決定的な事態を招く前に、双方がもっと冷静に考えてみる必要があるのではなかろうか。

火に油を注ぐな

一連の事件が起るたびに日本の政界の一部から「対韓経済援助の再検討」という言葉がきかれるがこうした言葉は安易に出すべきではないと考える。この言葉の背後にひそむものは「援助を与えている」という姿勢であろうが、それが政治的な事件にからめて再検討つまり極端に言ってストップをにおわすということは、それこそ「火に油を注ぐ」ようなものである。現に、東京アジアに対する経済進出の現状からこの地域に根強い反日の機運があり、今年一月の田中首相の東南アジア訪問で受けた激しい反日デモを、ここでわれわれはもう一度考え直してみる必要があるのではなかろうか。なかでも韓国に対する日本の経済進出の規模からして、問題がないわけはないのである。

事実、日本で金大中事件をめぐって、マスコミや国会などで対韓経済援助という言葉が氾濫したとき、韓国側の反応は非常にきびしかった。当時の韓国紙は「日本の対韓経済協力は一方的に韓国を潤おしているものでなく、それ以上に日本の企業に利益をもたらしているものである」（朝鮮日報）したがっているものである」（朝鮮日報）したがって「一部日本の世論が対韓「援助」の中断を云々するのは一種の苦笑を禁じえない。日本が「いつどういう形で対韓「援助」をしたというのか」（中央日報）とのべているのである。つまり、こちらが使う「援助」という言葉を韓国側が「援助」として受けとっていないあたりは、東南アジア諸国が日本は「経済協力」とか「経済援助」とかいっているが、実は「経済進出（侵略）」に他ならないという論理と同じであるあたりを、もう少し注意を払って反省しなければならない。いまは、経済論を述べているわけではないからその具体論にはふれないが、前述した韓国紙の論調をみただけでも、日韓は経済面でも多くの問題が横たわっているのである。日韓間の経済的な反日が政治的事件による感情的反日にすり変えられているということもないだろうが、逆にあまりにも政治的な事件に双方がふり回されて、その陰で経済的な問題点が改善されないままに放置されている点、しかもそうした経済的反日の現状も知らずに対韓経済援助の再検討などを持ち出す場合、さらにもう一つの新しい厄介な問題がもち上り爆発しかねないといっても過言ではない。

相互理解のために

朴大統領そ撃事件の犯人の文世光が日本で生まれ育ち、祖国を知らない在日二世だったことは、在日韓国人社会に深く複雑な衝撃を与えた。在日韓国人のうち二世や三世はすでに八割を占めているといわれるが、現実に彼等は日本では進学、就職という人生のフシ目の時に異民族差別という日本社会の壁にぶつかり、祖国からは日本人と同じ社会条件のなかで育った「特異の集団」としてみられている一面があるといわれ、その両極からの圧迫の結果、身の置きどころもない状況の中で反権力運動に共鳴する二世たちも出てくるという。たしかに日本の社会は、戦後も外国人を排斥する一面が未だに強く残っている。それは韓国人に対してだけでなく他の国の在日外国人に対しても同じである。それは日本の社会にみられる終身雇用年功序列というタテ型の独特な制度の中では外国人に働く場は与えられていないし、働いたとしても臨時雇いで身分上の保障は何もないのである。こうした一面はいま国際化時代の中で日本の海外進出が進むにつれ、現地人との間で差別待遇などをめぐって問題を起し反感を買っていることと全く同じであり、その原因は、日本人自身の閉鎖性、日本人社会の閉鎖性に根本の問題があるのであって、こんな状態では、自ら胸襟を開いて外国人と接し相互理解を深めることはむずかしい。

冒頭でものべたが、日韓間の認識のズレとお互いに自分の尺度で相手を計るわるいクセを無くすためにはもっと民衆的レベルでの両国間の人的交流を通じての相互理解を深める以外にはないと思う。

これまで日韓間の人的交流は金もうけのための「集団」やレジャー資金をたっぷりもってキーセンパーティを楽しむ観光「集団」が日本から海を渡っていくような現象は百害あって一利なしとしかいいようがない。とくに先程から何回もいっているように、ややもすると感情的な対立を招きがちな両国間では旅の恥はかき捨て的な「集団」よりも、学究の徒や知識人、文化人など地味ではあるが、「個人的」なレベルでの長くて深い交流が大切である。（中略）

日本人も隣国の言葉ぐらいは積極的に学んでほしいと思うのである。もしそれを忘れれば、再び韓国人のしゃべる日本語の世話にならなければ韓国人と話ができないような日本人がますます増え、真に平等の相互理解はさらに不可能になるだろう。

（一九七四・九・八）

（国際問題研究家）

貸トルコ　売りも可
建坪300坪
松山市道後温泉
許可地域内

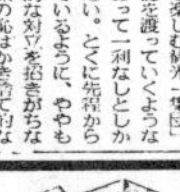

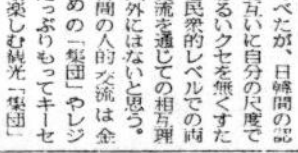

連絡先 AM9:00～PM6:00
(0899)46-0700

"漢方医薬の聖典"
ここに完訳なる!!

この書は漢方医薬の原典であり、三木博士が「東医宝鑑のあとに発刊された、数多くの漢方医薬書は、すべてこれを手本にしたものか、またはその亜流である」といっているように集大成された漢方医薬の決定版である。今回はじめての口語訳として、この古典はよみがえった。内科、外科、婦人科、小児科、耳鼻科、精神科、あらゆる病名の治療法、処方から臨床医学までを全一巻にまとめ、これ一冊で漢方処方ができる実用書でもある。（続）として、湯液篇、鍼灸篇を加えた。（A5判、特上質紙使用クロース上製本）

東医宝鑑10,000円
続東医宝鑑 4,000円
合本特別定価12,000円
振替東京26936

東医宝鑑（内科 外科・雑病篇）
（湯液・鍼灸篇）続東医宝鑑

TEL (572) 1669～101　株式会社 日韓経済新聞社

中央会館建設하여 民族事業이룩하자

この実録は著者が決死的に死線をさまよいながら偽者・金日成を追跡した血と汗の結晶！
絶対神！　女をめぐってその赤裸々な正体をあばく、これが金日成の実像だ!!
〈本国で連続ベストセラーをつづけている話題の書〉国語版

実録・金日成伝　金日成과 女人들

美麗豪華本・全3巻　(1)意志喪失の暗うつな大陸　(2)ウラル山脈から大同江まで　(3)長白山から臨津江まで
北傀軍最高司令部に潜入、諜報工作で花郎武功賞を受けた予備役中尉　李　基奉著
ソウル　東林出版社刊　日本総代理　韓国新聞社　価(全3巻) 3,600円 (送料400円)
☆全国民団各本・支部、傘下団体に備えつけ蔵書として最適です

"鳥でないのが残念です"

日本人妻里帰り実現運動

"金日成よ日本人妻を帰せ"
全国で断食抗議始まる

望郷の涙でつづられた手紙集「鳥でないのが残念です」で、その存在がますます大きく人道問題としてとりあげられてきた北韓で苦しむ日本人妻たちの里帰り自由往来を支援する国民運動展開のため、さる二十四日、東京・芝公園で、救国連盟（代表・久保木修己）主催の「日本人妻の里帰り実現国民集会」が、約千五百人の日本人家族と支援者参加で行われた。

主催者を代表した久保木修己氏はあいさつで「青空のはるか向うには、十五年間もの長い間"羽があったら飛んで帰りたい"と泣いて望郷の念にくれている日本人妻たちが多ぜいいる。まもなくまた厳しい冬が訪れる。そこには、着るものも、食物も、まともなふとんすらなく、苦しみと悲しみだけが重々しくたれこめている。ゆえに、我々は生命がけの断食抗議集会をもって、これ以上犠牲者を出すことのないよう全国民、全世界の人々に訴えなければならない。そして何よりも厳しい冬の到来する前に日本人妻たちの里帰りを実現するために立ちあがらなくてはならない」と、決意のほどをひれきした。

つづいて来賓として衆議院の中山正暉議員があいさつに立ち「北朝鮮に帰りたいという人のために北朝鮮から船が出たのなら、日本に帰りたいという人のためにも日本が船を出してお帰りなさいと迎えるのは当然のこと、これだけの力を合わせて訴えるなら必ず心ある人びとは動く」と激励した。このあと東京代表の老母の涙ながらの訴えがあったのち、「金日成は日本人妻を帰せ」「日本人妻里帰り実現」などのシュプレヒコールをくり返し、赤坂・清水谷公園まで、約一時間半にわたるコースをデモ行進した。

いったん清水谷公園で解散したデモ行進は、その後再び日比谷公園に結集して、噴水池前に座りこみ、千五百人全員が一週間の完全断食に突入した。

この時、座りこんでいる民衆の前に、第二十次北送船で北韓に渡り、その悲惨な実態をまのあたりに見て北韓から死の脱出をはかった、元在日韓国青年の金幸一さんの母が愛知県からかけつけ、「脱出した息子と韓国で出会ったとき、最初に息子が言った言葉は、"北送船を救ってくれ"だった。日本に戻った息子にかわって、私は生命がけで北送阻止を訴えるつもりです」と、感涙にむせびながら激励した。

集会の後、外務省、日本赤十字社、衆参両院関係各機関に代表団をおくり、請願書を手渡すなど幅広い抗議・救出活動を一斉に展開した。

一方、自民党本部を訪ねた要請代表団の請願書を受け取った、福田篤泰自民党外交調査会長は「人道上の理由で帰還したのだから、人道上の問題として里帰りは実現できる」と断言、家族代表を激励した。

また翌二十六日午後一時、民団中央本部の尹達鏞団長、鄭通鉉宣伝局長は日比谷公園の断食現場を訪ねこれらの人びとを激励、支援を約束した。

さらに、海をへだてて、日本人妻の里帰り実現を世界に訴えるため、日本からの家族代表十人がアメリカ・ニューヨーク国連本部前で、およそ七百人あまりのアメリカ市民の支援闘争を受け、さる二十一日から断食に入っている。

写真…㊤は断食に入った日本人妻里帰り運動の家族、支援者たち ㊦は北韓の実態を訴える展示会場

第3回 民団文化賞 受付始まる
11月10日しめきり 必要書類ほか

第三回文化賞が今年も授与されることになり、候補者推せん依頼に関する要領が、中央文教局（姜仁煥局長）によってこのほど発表、全国組織に通達された。

受賞資格及び種類

民団々員であり、次の各項に該当する業績が卓越し、在日同胞社会に大きく寄与した者。

(A) 学術賞…人文社会ならびに自然科学部門の研究、著作活動

(B) 芸術賞…芸術にいしく研究創作活動等。

(C) 教育賞…民族教育機関での教育の改善発展向上活動等。

(D) 体育賞…在日同胞の体位向上活動等。

必要書類ほか

推せん理由書、略歴、写真、業績に必要な証拠資料、国民登録済証を揃えて、地方本部団長か傘下機関長名義で、十一月十日まで中央本部の尹達鏞団長あてに提出すること。

事件 狙撃 共同謀議容疑で旧韓青捜査

朴大統領狙撃事件の犯人文世光(22)は、すでにソウル地裁で死刑宣告を受け、上告しているが、この事件の背後関係をひきつづき捜査中である大阪府警特捜本部は二十五日早朝、犯行以前に大阪総領事館占拠をすすめた「九・七総括書」などを送っていた相手である旧韓青委員長の金君夫の自宅（東京都文京区小石川四の十七の一小林マンション二〇三号）と、旧韓青本部事務所（東京都文京区春日二の二〇の十三）を、殺人予備、旅券法違反、出入国管理令違反容疑で強制捜査する一方、文が偽装入院していたといわれる東京・足立区梅田町の赤不動病院にも捜査員を派遣、入院当時の関係書類任意提出を求めた。

この日の捜査で大阪府警特捜班は金の前記二カ所から手帳、メモなど証拠品十二点余を押収したが、狙撃事件の直後、文の自宅の捜査を行った同府警は、金にあてた朴大統領狙撃をほのめかす主旨の手紙を発見したともいわれており、金が事前にこの犯行を知っていたか、さらに進んで、実は"二人で暗殺の共同謀議をした"などに関する"確定的な証拠"を同府警が握っているのではないかとの大方の観測が強くなってきた。一方、容疑をかけられている金は、謀略だとうそぶいていた。

ビジネスと観光と歴史・美術そして…
世界親子かけある記 ㉟
裵乙祚・裵慶州

COMEX（ニューヨーク商品取引所）見学とその利用について

前日LME（ロンドン金属取引所）が四十ポンドも暴騰しているので、今月のコメックス銅は多分制限値一杯に張りつき、取引の場立ちが出来ないだろうと西子と話し合っていたが、案の定立ち会いと同時に制限値を軽く越えてまったく売物がなくキャリー（売買のやりとり）は、止ったまま新規の手が出るのを待って中止状態が続いているところへ市場見学に入った。

この市場は外見がかりの大きい建物の中に農産物・金属等雑居している総合商品取引所である。各品目毎にリングがあり、身振り手ぶりで熱気を帯びているのも日本のザラバ取引と変らない。四面の壁にはボードが張りめぐらされ時々取引値が掲示され活気がある。しかしこと金属に関してはロンドンのLMEの比ではなく、まったくLMEのローカル市場の域を出なかった。LMEの百余年の歴史の前には歯が立たないということか。

三代目だと言うユダヤ系の若社長いわく"それは歴史的なものであり、事実であってどうにもならないハンデだ"とあきらめ顔であったが、"一言加えるならLMEよりはCOMEXが近代的取引法であり、取引限月もLMEの三カ月より六カ月のコメックスがヘッジ（保険つなぎ）するのには合理的なんだけれど、相手さんの百年にはかなわないですよ"と私の顔を見た。

ユダヤ系商人らしくすかさず、単刀直入にコメックスにヘッジしないかと切り込んで来た。現在の日本ではMITI（通産省）の制限があって出来ないのだと言ったらノーグッドと解せない顔をしていた。

現在日本市場が米国から輸入するスクラップの量は大きい。そのほとんど全てが輸出業者のシッパー及びパッカーによってコメックス市場にヘッジされているのにも拘らず、輸入側の日本は間接にLMEにヘッジするか、またはまったくヘッジもせず、入荷まで思惑せざるをえない大きなスペキュレーション（危険負担）を背負い込んでいる事実をしっている私は、何としてもこの種のリスクを回避すべく東京に、金属商品取引所を開設しようと十年来運動を続けているが、MITIの不合理な通商政策によって輸出入が自由化されないため、今尚実現出来ずにいることを彼にうったえたかった。それよりもまずコメックスに自由にヘッジ出来る外国為替制度の改正を切望する者だと彼に告げた。

ワシントンに五千同胞
ローカルなCOMEX
気がるなエアーバス

ワシントン（WASHINGTON）

七時発のワシントン行エアーバスに乗るので六時にホテルを出た。めったに乗らぬタクシーを拾ってイースト・ターミナルセンターまでわずか十分たらずの距離だ。運ちゃんがさかんに飛行場まで行こうという、料金はたいして変らぬらしいが、一般にアメリカのタクシーはよほどでないと乗る気になれない。おんぼろ車でしかも不潔だし、おまけに冷房のないムンムンする車が殆んどではバスの方がはるかに乗心地が良い。

国内空港は国際空港のケネディとは別のラガルディア空港でしかもエアーバスの出るところは、シャトル港であった。

エアーバスというと一般にも知られるようになったが、出発時間は一応一時間間隔ぐらいにきまっているが、客は簡単な搭乗カードに必要事項（名・住所）を書き込み搭乗する。満席になると出発である。もし積み残しの客がいれば新しい機を準備し、残した客と新規の客を乗せてまた発つといった具合に、あのわずらわしい搭乗手続なり国際線のように時間的にもそんなにうるさくなく、いつも気軽に行って乗れるのが魅力である。そして搭乗券は機内でスチュワーデスが飛行中バスのように販売してあるく。搭乗前にロビーに来ている客には早朝などコーヒーとパンがサービスされる場合もたくバス客並みの扱いで気軽でくつろげるのが良い。

空から見るワシントンは緑に囲まれた公園のような街並が点在する首都である。空港から市内のアーリントン墓地に直行した。勿論ケネディーの墓地を観覧するためである。運転手がたまたま韓国人だったのでなつかしく色々質問したが、ワシントンには現在韓国人が五千人ほど生活しているとのことである。墓地内、市内名所見物の周遊券を買い求め、先ず墓地観覧から始めた。実は私達のワシントン訪問の主目的は、内務省の鉱山局に数日前アポイントをとって、私がアメリカに来った最大の目的である金属のリサイクル産業についての調査のためやって来たのだが、約束時間の一時まで間をみて市内見物とあいなった次第。

墓地というより公園といった方がいいくらい手入れがいきとどき、きれいに芝生の上に整然と並ぶ白大理石の墓標は、有名無名の戦士、国家に功労のあった政治家のもので、日本やわが国でみる墓地とはまた違う一種の荘厳な気が静寂の中にみなぎっていた。

ケネディー大統領の墓地は小高い丘陵の中腹にあった。かつて一世を風靡した人の墓とは思えないほど簡素なしかも何か人を打つ造りで、大地の中央に丸く御影石で円形に石を敷き、その中心には永劫に燃え続ける炎が強く印象的である。中央に故人左右に子供等の黒御影の墓碑が強く胸を打つ。通例の墓地にみる故人への追憶というより、未だ現世とのかよいを続ける生命のいきづかいのようなものを感ずる墓の雰囲気である。絶えることなく続く墓参の人々の表情は、親しい人にでも会う如く温和で澄んで見えた。一人の若い指導者への限りない愛着と追憶の真しな姿を見る思いで、私は深く感銘した。（つづく）

緑に囲まれたワシントンのふかん

経済専門委員会開く

民団中央経済局（李建鋳局長）では、さる十一日午後一時から中央会議室で尹達鏞団長、呉敬福総長参席のもと、現執行部発足以来初の経済専門委員懇談会を開き、商工会助成、納税貯蓄組合と生活協同組合の設立、税金対策の指導と税務知識の普及等を協議した。

同日参席した専門委員は、金達寛、玄庠浩、李年子、趙世爾の四税理士である。

群馬青年研修会開く

民団群馬県地方本部（鄭徳文団長）では、さる十六日午後五時から桐生支部（郭相俊団長）において、同胞青年二十三人と団員らが集まり、中央の沈穂孝青年局長を講師に約五時間にわたり、内外情勢と青年の進むべき道につき研修会を開き、近々結成される予定の青年会準備会議を併せて開いた。

楽しい秋の運動会

さる十月二十日、東京、大阪、京都の各韓国学校で一斉に運動会が行われた。

各学校のグラウンドには朝早くから多数の同胞が参加して、生徒らの力強い競・演技に拍手をおくり、多種の競技に参加するなど、PTAの三者が一体となって、地域同胞全体の運動会として、楽しい秋の一日を過した。

（写真㊤は東京韓国学校生徒による機械体操）

勝共連合の訪米研修会

本紙前号既報の国際勝共連合在日韓国人会主催による第三回訪米・青年指導者セミナー参加選抜研修会が、さる十九日午前八時半から神奈川県厚木市の勝共研修所で五十二人が参加して開かれ、中央からは沈穂孝青年局長が講師として出席した。

韓国福岡JC 来年初に認准

大阪、兵庫の在日韓国青年会議所につづいて、来年一月に開会予定の韓国JC臨時総会で韓国福岡青年会議所が正式に認准されることがこのほど明らかになった。

この認准に先立ち、福岡では、すでに韓国青年商工会議所（羅大日会長）がさる八月四日発足しており、先輩格の韓国大阪JCとその具体策などを協議中である。

在阪・済州道 四団体を総合

済州道出身者の親睦団体である大阪の在日本済州道民会（康昌鋭会長）、在日済州経済人協会（康□勲会長）、在日済州道親睦会（俵東仁会長）、在日済州青年会（梁東錫会長）の四団体代表が、さる十七日午後五時半からホテル・プラザ二十三階会議室で懇談会をもち、済州道知事からの郷土訪問招請に関する総合調整のため、今後同四団体の一括統合に関して「在阪済州道四団体統合推進委員会」を発足させ、統合を急ぐことになった。なお、東京では済州開発協会（金坪珍会長）の一本にまとまっている。

民団の各務原分団結成

民団岐阜県地方本部（金□範団長）では、かねてから各務原（カガミハラ）市に在住する団員たちの組織体として、各務原分団結成を進めてきたが、去る二十日正午から各務原福祉センターで七十余人の団員が集まり、結成大会を開いた。現在同地区には約五十世帯の団員家族が居住している。

同日選出された役員は次の通り。

分団長	金制伯
副分団長	鄭大成
事務課長	金炳出
分団議長	張乙出
顧問	鄭学寿

分団所在地は、岐阜県各務原市蘇原旭町二丁目三十六番地、電話（〇五八三）八二―一八九〇番。

☆エンゼルス記者会見☆

第四回リトル・エンジェルス日本公演のため、さる二十二日来日した一行六十八人が、さる二十五日、帝国ホテル孔雀の間で記者会見を行い、九十二日間にのぼる公演日程を発表した。

申順心団長はあいさつで、「われわれは世界十カ国の人々に可憐な歌声とステップにより愛のメッセージを届け、韓国の民間使節として国際親善に奉仕してまいりました。今回の日本公演は子供達による舞踊を通しての文化交流と、国際親善を企てるためです」と述べた。

六十八人の団員の中、五十五人が子供で、十三人は教育、舞踊、料理等の担当者である。子供達は男子三人を除いて、七才から十三才までの少女。

公演は来る二十九日から東京・日劇から始まる。一日二回公演で昼と夜行うが、昼は午後一時半から、夜は午後六時半から開演する。

尋ね人

☆趙且祥さん（58・呼び名正彬）

東京・丸善に勤務していた。本籍は慶州市光明洞。姉さん趙春子さんは三十四歳。出嫁中。母親の金艮順さん（84）は健在です。大邱市大鳳洞二五九に住んでいる夫人・朴芝伊さんまで。

☆李重植さん（48才）

本籍・慶尚南道金海郡大東面馬納里五六番地

前住所・高知県宿毛市小筑紫

義兄の李斉鎬さん（高知県須崎市東古市町一の十一）がさがしています。ご存知の方は、李斉鎬または民団高知県本部姜□仁事務局長まで連絡を。

☆張徳心さん（97）

☆〃天根さん（51）

当時の通名は徳田。終戦直前まで下関市丸山町一八七二の四に居住。

全北南原邑双橋里二三〇番地、湖南羅紗方、張奉根さんが尋ねています。

訂正・本紙前号一面、中央委の「組織秩序確立」に関する記事中、第七回中央委決議を再確認云々は、第五回中央委の誤りでしたので訂正おわびします。

モデルを求む

25才以下の韓国人未婚女性の写真モデルを求めています。ご希望の方は左記のところまで。

☆電話・東京七一六―七五六一、ブルノーまで。または本社（八一五―四五一一）にお問い合せ下さい。

ハーバート・康 佐々木にKO勝

韓国ライト級1位ハーバート・康と、日本同級4位、佐々木行則（P湘口）の10回戦は、21日午後7時16分から東京・後楽園ホールに二千人の観衆を集めて行なわれた。ハーバート康は2回、56秒左右のパンチでダウンを奪ったあと2分15秒にふたたび右のレフトフック一発でKO勝ちした。これで康は、日本人ボクサーとの対戦成績が13戦11勝（9KO）1敗1引分けとなった。また康は、12月9日に再来日し、世界ランキングのボクサーと対戦する予定である。

東洋実業 K.K

河京完

北傀와 朝總連은 '南北不可侵' 提案을 無條件 받아드리라

ROLLS–ROYCE　欧米車輸入販売

世界の最高級車ロールス・ロイス!!

9月末通関したばかりの新車です

男の夢を叶えて下さい！

←世界で3台しかない新車　↓4ドア新車

ヤング サイクル カンパニー

東京都北区東十条4丁目7番11号

電話（914）0745番

取締役社長　崔容奎

委細面談

NOTE: This brochure was originally produced in England and has been reprinted for use in the U.S. pending publication of final U.S. brochure. Cars entering U.S. and Canada differ from those shown here in that they have left hand steering, head rests on front seats, safety belts, front and rear side marker lights and other equipment required by Federal Safety Standards.

☆他に米新車は半額に近い出血価格です

在東京外国特派員の座談会

日本のマスコミを評す

(上)

東京に特派員となって着任して十年近い人から、二十数年になる人まで、在京四人のベテラン外国人記者が語る日本マスメディアの紙態である。日本のマスコミが偏向していると指摘されて既に久しい。しかし日本の大新聞は時に"国際的"であったり、時に"国粋的"であったりしながら、そのような指摘だに応ぜず、"わが道を行く"という姿勢一本ヤリであるが、もうそろそろ極限に近ずいて来ているのではないか。さて四人のベテラン記者たちはそれをどう評するのか。

偏見報道を続けた結果は!! ノーベル賞に見る国民の反応

朴主幹＝今日は、日本のマスコミの偏向報道といわれるものについて、皆さんがたに、第三者の立場から、例えば韓国問題の報道のされかたなどを主にし、時間が許せば、皆さん方のお国に対しての偏向報道があった、なかったとかも話題にしてほしいと思います。まず、韓国の問題に対するマスコミの報道から一つ。

プリングスハイム氏

プリングスハイム氏＝私、毎日日本語の新聞を読んでますので、日本の新聞の有りよう、態度については詳しいつもりですが、いつも目につくことは、国際問題についてだけでなく、国内問題にあっても偏見のある報道ぶりがひどく、これが日本のマスコミの最大の欠点だと思います。色々な実例を挙げることができますが、まず国内問題についていえば、ほとんど例外なく、総理大臣や政府を、あらゆる機会をもって攻撃する。攻撃するだけじゃなくて、大へんヒニクレた書き方で、特に総理大臣をまるでバカにしているような態度をとっているんだといえます。その近い一つの例は、この間、佐藤前首相がノーベル賞をもらったというときに、それは適当であるかどうかそれぞれの意見がありましょうけれども、ほとんどは、佐藤前首相に与えられたことを、バカげたものだとか、意外だとか、へんだとかなどと、ほとんどそういう意見ばかり新聞に載った。もちろんその意見の選び方にも偏見があったと思うけれども、一般の人がそういう意見を多く出したということは、これは佐藤さんに対する長年の間の偏見のある書き方が、国民の間に反佐藤というイメージを深く刻みつけたからだと思います。

国際問題については、日本のためばかりの書き方をするのが多くて、相手の国に色々悪い意志があるとかあるいは日本に対してよくない態度を持つかのような書き方をする。日韓関係については後でもっと詳しく話が出ると思いますが、例の、いわゆる日本の学生裁判問題とか、金大中事件とか、また最近の朴大統領狙撃事件とかのあと任末の問題については、非常に偏見のある書き方をするのが目立つといえます。

自己検閲をしている新聞 反政府的が一つの自慢点

ナライン氏＝わたしのいいたいことを全部プリングスハイムさんがいってしまったようなものですが(笑い)、だけども、一つ日本のマスコミで一番目立つのはですね、ほとんど口を揃えたように、ま一例外の新聞もあるけれども、ほとんどいわゆる大新聞ですね、三大新聞とか四大新聞とかいわれているけれども、これらの新聞の反政府的なものがよく目立ちますね、国内問題にしろ、国外問題にしろ、政府の発表したことや、政府の行動について、これを社説で取上げてほめたのもタマにはあるけれども、ほとんどそういうものを取上げた社説が見えませんね。これが一つの大きな、日本の新聞

す。わたしの国やほかの国でも、この一つのプリンシプルというか何かそのう、一つの有り方というものがあるんです、いわゆる一つの常識といいますか、それは何だというと、もちろん新聞というものはどこの国でも色々と誰のことでも自由に批判するけれども、そういう新聞でも政府がいいことをやったときは、政府のことをホメて社説を書くし、悪かったときも批判するし、特に私の経験では、大体国内政策を強く批判するのは常識ですが、外交問題になると批判的であるけれど、自分の国の外交であるから政府がよいことをやったときはそれを支持するとか、そうでないときは批判するという

だけ例外で、ま、ジャパンタイムスは英字紙で一般国民に直接の影響力がないから、これは別として日本の新聞でこういう社説(政府をホメる社説)はメッタにないね。これはなぜかと、日本の新聞界の人に聞くと、明治時代で(すでに)いわゆる政党紙というものがあって、政府政策を支持する新聞もあったそうですけど、あれからどういうわけか、とにかく新聞の一つの自慢というものが、反政府的だということを持ってしまったが、これは一つの、日本なりの常識になっている見たいで、これは非常に不思議であるし、困ったことですね。まぁ不思議だと思う。それからもう一つですね、これはわたしがこの間もどこかでいったのですけれど、言論の自由を守りながら妙にですね、日本の新聞そのものが一つの自己検閲を行なっているようなもんですね、それはどういうことかというと、新聞は書く立場として何でも自由に書くのだといって、書く自由を求めておりながら新聞に載せるニュースはどのニュースも載せるというのじゃないのですね、載せるニュースは自由じゃないといえます。それを載せてムードを作りたいというときは、一生懸命そのニュースを追って大きい見出しで書いたりするけど、新聞社が思想的なのか他の意味かは判りませんけど、気に入らないニュース、気に喰わないニュースは出さないとか、あるいは小さい見出しで出すということですね。これは公平というか、良心的なニュースの扱い方でないということが目立ちますね。

ナライン氏

悪い面は強調し 良い面は報道されない 対韓国差別

スムラー氏＝これは大体ナラインさんがいっていることと同じ考えだと思いますが、ただ反政府的な新聞ということは日本だけに限られたものではないと思います。ほかの国でも同じような現象がある見たいで、いわゆるパーティズンプレス、つまり何かの政党につながっている新聞だけじゃなくてインフォーメーションプレス、ということは、一般の情報機関としてのマスコミの媒体なども、いわゆる暴露記事を強調するという傾向がある、つまり反政府の暴露記事という意味ですが、そういうことに力を入れるという傾向がほかの国にもあります。とにかく国民が知る権利があるというたてまえで、昔から日本の新聞もそういうことはよくやっているけれども、昔といっても戦後のことですが、それが最近は海外の、特にアメリカのニューヨークタイムスのような新聞も、そういう態度を非常に強調してきて、例えば政府の秘密文書を盗んでも、それが発表すべきだと(する立場)、国の利害関係よりも知る権利の方が重大だというような立場をとるようになった。

以前はアメリカと同じように日本のマスコミも韓国に対して低姿勢をとるのが普通だったです。それが最近は高姿勢になった。例えばその、北朝鮮に対するのと、韓国に対するので取扱いは非常に差別的であるということです。韓国に関する場合は、進歩を示すようなことは決して強調しない、欠点ばかりを強調しますが、北朝鮮に対して書く場合は決して欠点を強調しないで、進歩的なものだけを指摘するということ、例えば北朝鮮では報道の自由がないということは、全然触れないでだまっている、見逃がしています。つまり、

もかかわらず、韓国については、国内の事情が非常に悪いというふうに、悪いという面ばかり指摘するようです。いい面は決して紹介しないという態度をとっております。

韓国に対して公平でない新聞の取材の仕方は日本の新聞だけに限らず、一部のアメリカ、あるいは

ほかの国の新聞にもそういうことはあるのです。もう一つ、これも日本のジャーナリストのことだけではないけれども、自分はジャーナリストである、そういうことはよく考えているんだと、自分はインテリだという態度を取っている。(思想的に)別にそうでない人でも、ただ自分はジャーナリストだからとして、インテリであることをイバっている態度をとっています。

スムラー氏

それからもう一つは、書くべきところを書かないという技術と、強調する手かげんでニュースの実情を曲げるという、こういうジャーナリストの技術を多く見うける。例えば、反政府のデモでは非常に大きく取扱う、でも政府を支持するようなデモがあった場合や、集会があった場合は、非常に短かく二[illegible]に閉じ込めた、あまり目立たないような、新聞に載せ方をする。例えばこの間の、朴大統領夫人の狙撃事件にしても、政府を支持するデモとか集会があった場合のそれを小さく書いたり、あるいは全然書かないというような取扱かいで、正しい実情を、紙面でそれを曲げることをしています。

日本の新聞の韓国に関する取材とか取扱い方の結果として、日本の国民の間に、韓国に対する非常に悪いイメージが作り上げられた。その結果はですね、私はたびたび韓国に行くのですが、韓国に行くたびに(日本の)友達から「韓国は危ないよ、気を付けないといけない」と色々警告されるわけです。それから「ジャーナリストとして自由な活動ができるはずがないじゃないか」などということもよくいわれるわけです。しかし実際はそういうことは無いし、何の検閲もなく、私は自由に自分の記事を電文にしたり、記事にして出すことができます。なぜなら干渉がないということが事実だからです。

大新聞に独自性論説ない 自主制限の新聞信用性うすい

ヒールシャー氏＝日本の新聞の野党の立場の伝統というものの一つの理由は、本当の野党が弱いということもありましょう。だからそこから見ると新聞はその代りに野党の立場をとることは当然なことではないかとわたしは思います。ただどこまでその立場をとるかどうかが問題であります。ある程度は政府側でない人を代表して政府を批判することは、新聞の一つの役割じゃないかと、わたしは自分の国でもそうだと思います。問題は標準とか、どういう規模まですかとか、そういうことはありましょう。わたしは、例えば日本の新聞に対して思うことは野党に対して、あまりアマえる問題があります。野党自身、特に日本の社会党を見ると本当に政権を取る意志がないと思います。というのは今の状態があまりにもいいから、つまり新聞でも野党第一党として通るから、別に与党の第一党になる必要もないでしょう。そこが一つの点でもありましょう。

ヒールシャー氏

(日本のジャーナリストの)韓国朝鮮半島全体の取扱い方を見ると、南はニュースの取材ができるから日本の国内と同じような立場で扱うのじゃないかと思われますーというのは(韓国)政府に対して批判をしているが、詳しい経済事情も報告するわけでしょうから わたしは韓国に関する一般のニュースが全然ないことはないと思います。けれども何か大きな事件があると皆はそれだけに注目するということは(日本)国内でもあります。例えば今の総問題ですね、総問題は新聞を見ると一番大きな問題でありましょう。しかし結局国民の反応を見ると、ある程度物価問題の方が比重が大きいのじゃないかと思います。そこでムードの問題もあります。韓国問題の取上げ方でもですね、あまり(日本)国内(ニュース)の取扱い方と違わないと思います。北に対しての扱い方は、結局、まず取材が自由にできないから、取扱うニュースの内容も少ないのです。その上に野党のような(思想的に)アマイ立場で取扱うところからのものも多いですね。

もう一つは、日本の大きな四つか五つの新聞の社説政策はですね わたしが見るとき、一つの新聞としての独自性がなく、皆打合せてやっているように思えますね。例えば田中総理が二年前に総理になったときには神様のようにホメたたえたのですね、プラスかマイナスかという役を分析したことはほとんどありませんでした。それから一年たったら何でも反対するようになった。何の提案をしても分析しない。例えば、去年はじめて選挙制度を変える提案があったときも、皆反対の立場からだけで取扱いましたですね。あまり分析しなかった。そういうことも一つの問題でしょう。だからムードのように、打合せの上に、皆大体同じことを書くことが多いんです。皆が同じように書くと、一つの新聞の意見となりますから、大きな問題に見えるし、大きな影響があるわけです。もう一つは自主制限という問題があります。例えば国内としては天皇制について自由に書けない。部落問題について自由に書けない。在日韓国人の差別問題についても自由に書けない。ほとんど自由に書けない。

これと同じように、外国について、例えていうならば中国(中共)と北朝鮮についても自主制限がありますから、ここで信用としては非常に大きな問題があるわけです。その結果として信用できないという結論が出るわけです。自主制限であれば、ニュースとしては知っているかぎり普通は載せるはずです。あとは解説の問題です。例えば韓国問題、中国問題や、核の反省問題をとって見ても、長期的な独立した路線政策はないらしい。というのは、事件がないかぎり痛いところを自分から進んで取上げることがない。というのは、日本の天皇がヨーロッパに行ったときに批判の声が出たんです。戦争の責任の問題について、それは日本の新聞も載せました。それからこの間のコーエン発言問題などについても、あるていど話が出ましたが、日本の新聞自身がイニシアチーブを取った問題はあまり出ない。

田中さんについて色々批判の声もあったし色々の疑いもあったんです。それはズーッと前から知られていることなんです。結局新聞じゃなくて月刊の文芸春秋に何か研究の意味で出たわけです。研究は一つのことを新らしく掘り出すことですが、解説も一つのことを掘り出すことでしょう。判断力をつくるためには新聞はこの両方をするはずです。ニュースは、解説や判断力のための資料としてとりあげられるはずのものです。ところがここに、色々自主制限がありますから時々問題になるわけです。それも、例えば戦争についていえば、その前の責任の問題ですね。これを西ドイツで見ると、新聞によっても違うし、政党によっても違うけれども、今までの大きなトピックス、政治でもマス・メディアでも、それを時々取上げては解説したり、研究したりすることがあるけれども、日本ではあまり見ないですね。この間テレビのイレブンPMという番組で、これはいつもはセックスのことばかりやっている番組ですね、これが一年に一回とかで、戦前の韓国に対する日本のやったことを掘り出していた。あとの方では今の韓国問題と無理に結びつけるやりかたであまりいいとは思わなかったけれども、このようなプログラムがやはり必要じゃないかと思っています。(つづく)

出席者(名前順)
ハンス・E・プリングスハイム氏(イギリス、ロンドン・イブニング・ニューズ特派員)
K・V・ナライン氏(インド、マドラス市、ザ・ヒンドウ極東特派員兼代表)
アルフレッド・スムラー氏(フランス、パリ・マッチ誌、エア・エ・コスモス航空誌駐日特派員)
ゲブハルド・ヒールシャー氏(ドイツ、ミュンヘン、ジュートドイチェ・ツァイツング(南ドイツ新聞)極東特派員)
韓国新聞社 朴主幹・他

朴主幹

座談会・右から朴主幹、プリングスハイム氏、ナライン氏、スムラー氏、ヒールシャー氏

知ってびっくり コーエン教授とラロック提督の正体

コーエン教授の「日韓[illegible]」発言につづいて、今度は、ラロック元提督が、「日本へも核積載艦が入港したことがある」とアメリカ議会で証言。

府攻撃にはもってこいのプレゼントと、またまた新聞はうれしげに書き立てたが、このおふたり、経歴をみてゆくと、さてどうも、どこまで信じてよいものやらいささか疑問。

というのはラロック氏、日本へも寄港したことのある第七艦隊の旗艦プロビデンスの艦長だったと報じられたのだが、艦長だったのは64年10月から翌年11月までのたった一年。しかもそのときのプロビデンスは第一艦隊の旗艦、そのうえ、肝心の艦は修理でドックに入ったままだったというのだから第七艦隊について知っていようはずはなく、もちろん日本へ寄港したこともない。そのうえ、

「ラロック氏は五年間中将昇進の名簿にのりながら、最後まで中将になれなかった人。これはアメリカ海軍では、非常に異例のことなんです」(政治学者N氏)

海軍では名うてのアウトサイダー的存在だったらしいのだ。「そういう人が核積載といった重要な事項を知っているわけがないんです」(外務省筋)

コーエン氏にしても、「ああまたやったかというのが第一印象でしたよ」(政治学者K氏)といわれるくらい、これまた評判はすこぶるわるいのだ。

またか、というのはコーエン氏今年はじめに韓国で金大中氏と対談したのだが、コーエン氏が発表した内容はデタラメもいいところ「金大中氏自身が怒って抗議したほどなんですよ」(前出・K氏)

となるとコーエン氏の発言も、いったいどこまで信じてよいものやら……。

(中略)

外国のものならなんでも信じるなんていうのは終戦直後の話。遅れてるねエ新聞は。

西厓柳成竜の三男「柳袗」の乱中体験記

文禄・慶長の役

壬辰倭乱私録(イムジンワエラン)

(14)

金竜煥画

崔守令は恩知らず

私はその場に泣きくずれていたが、ふと木立の間から泣きながら逃げ出すノロが目についた。最初は何の声かわからなかったが、急に恐ろしくなってとっさに川を渡ろうとして危うく流れに足をとられるところだった。ジプシンとポソンをなくしてしまったので、はだしで峠を越えた。

すると牛をひいて行った婦人が、そこの畑であずきをとり入れていた。私は恥ずかしさのあまり知らぬふりをして通り過ぎた。折よく奴婢たちが落ち穂を拾ってひき返して来たが、畑のそばにいたその若い婦人が私を見て驚愕した。

「あそこで泣いていた子がここまでやって来たんだね。子どもを道ばたにほうり出してあんなに泣かせっぱなしにするとは……。」

奴婢たちが一部始終を説明すると、その婦人は心から同情してあずきを枝ごとひとかかえほど分けてくれた。私はますます気まりが悪くなって受け取らずにいると、奴婢たちがたいそうありがたがって受け取った。後ではかって見ると、三、四升ぐらいあった。

姉がポソンのかわりをこしらえようとしたが、木綿地がなかったので黄色くあせた織り目のあらい麻布でこしらえたところ、片方は黄色く、片方は白かった。

加平守令崔俊禄は、ソウルにいた時分しばしば父を訪ねて来た人であった。しかし彼は生まれつき人となりが悪く、伯父(柳雲竜)が祖母と一緒に加平に来られたさいにも、ただの一度も顔を見せなかった人である。彼の姨母の洪判書夫人が当地に来たときも、一向に寄せつけなかったという。そのような彼がわたしたちの世話をかってくれるはずはなかったのである。

彼の妻は洪判書(判書はいまの長官)の娘であり洪舎人(舎人は正四位の官職)の妹であった。その洪舎人の夫人は名門の出で、また心づかいもやさしかった。つねに夫の振る舞いに不満を抱き、折に触れて忠告したが、彼はがんとして聞き入れようとしなかった。

したがって洪夫人は、わたしたちがそのように近くに泊まっているにもかかわらず、自身はおろか、従者さえも寄こさなかったのである。

たまたま崔守令が、監司(道知事)の元へ出向くことになった。洪夫人はその隙を見計らって従者に

くれた。また、私に一度帰るよう言ってよこした。私がその家を訪ねたところ、洪夫人は真心からあたたかくもてなしてくれた。

その奴婢がわれわれのこれまでのいきさつを話し申し上げたわけだが、私が落ち穂を拾いに行ってポソンを片方なくし、麻ポソンでついをそろえていると申し上げると、その婦人は涙を流していった。

「かわいそうに。なんとまあ、あわれなこと。どれちょっと足を出してごらん。」

私のはいているポソンを見せなさいというので、奴婢が私の足をつかんで差し出すのであった。私はその手を払いのけた。その婦人は笑いながら自分の息子を呼んだ。

息子は私よりずっと大きかった。

「おまえのお友だちだよ。かわいそうだからおまえの上着を脱いでおあげ。」

婦人がこういうと、彼は着ていた黄緑色のチュンチマク(上衣の一種。若男の子が着用した日本の陣羽織に似た着物)を脱いで私に着せてくれた。

また、米と栗を一斗ずつと、洪夫人の子どもの着物までを分けてくれながら、

「守令さまがおられないので、わずかですけど悪く思わないでください。ここに久しくおられるならまた訪ねてください」とねんごろに慰めてくれた。

私は丁寧にお礼をいって退いた。

十五日ほどして、またもや食糧が絶えてしまった。思案のすえ横根の大篭へ行くことに決めた。そこには父の田んぼ五、六畝があり、これを奴婢大福が耕作しているばかりでなく、少なからぬ遠戚たちがいるところだった。

一行十五人が横根の[illegible]をめざしてゆく途中は、それこそ飢乞いの道程だった。四日目に横根邑を通過することになったが、そこは当時、南彦経(字・時甫、官職参議にいたった)という人が、義兵将として陣を布いていた。彼は一人の兵卒まで添えてくれながら、わたしたちの通過を許してくれた。

一行は、とある川を渡ることになったが、流れが深かったので容易ならぬ苦労を味わった。一頭の馬の背に乗って婦人たちは渡されたが、一行がほぼ渡り終えた時分、砥平方面から一人の男が馬を疾駆させてきながら、

「みなさま方はお見受けしたところ両班さまのようですが、いま砥平方面におおぜいの倭賊が侵入、間もなくこちらへ押し寄せるものと思われます。いち早くここを避けてください」と急を知らせ、自分

団結로써 粉砕하자 朝總連의 破壞工作

韓國新聞
在日大韓民国居留民団 中央本部機関紙

縮刷版 第一集 第二集 遂に刊行

本紙創刊以来今日に至るまでの主要全紙を細大もらさず収録した歴史的な本縮刷版を全国団員と組織、傘下機関の書架にお届け致します。

☆第一集は一九六四年から一九六九年までの分を収録。

☆第二集は一九六九年から一九七四年までの分を収録。

また附録として民団地方本部等の発行による機関紙や資料を併載しました。

▼限定版につき至急御注文下さい。
頒布価・第一集(八三六ページ)は六千円
・第二集(一四三二ページ)は一万五千円

発売元 中央宣伝局
電話(〇三)八一五—一四五一(代)

躍進する民族金融機関

あなたもわたしも 商銀通帳!

商銀 東京商銀信用組合

理事長 許弼奭

☆来春卒業予定の韓国学生優遇採用

本店	東京都新宿区西大久保1—449	電話208—5101(代)
上野支店	東京都文京区湯島3—38—15	電話832—5141(代)
荒川支店	東京都荒川区東日暮里6—22—1	電話802—5121(代)
五反田支店	東京都品川区東五反田2—19—1	電話441—5181(代)
立川支店	立川市曙町1の25の12	話話(0425)22—5131

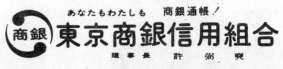

韓國新聞
在日大韓民国居留民団
中央本部機関紙
韓國新聞社
発行人 尹 達 鏞
東京都文京区春日2丁目20−13
電話 直（815）1451〜3
交（813）2261〜5
振替口座 東京 163774
本国連絡所（民団本国事務所内）
서울特別市鐘路区昌成洞
政府合同庁舎4層
電話73−0165

在日本大韓民国居留民団 綱領
一、우리는 大韓民國의 國是를 遵守한다
一、우리는 在留同胞의 權益擁護를 期한다
一、우리는 在留同胞의 民生安定을 期한다
一、우리는 在留同胞의 文化向上을 期한다
一、우리는 世界平和와 國際親善을 期한다

育英奨学に協力を

浄財喜捨には免税措置

韓国教育財団で支援要望

民団中央文教局（姜仁煥局長）では、財団法人・韓国教育財団の育英奨学事業にともなう次のような尹達鏞団長名儀の協力要請文を基金造成計画表と共に全国地方本部に通達、同胞有志の積極的支援を求めた。

優秀、方正な学生に奨学金

韓国教育財団は、在日韓国人教育後援会を母体として、一九七三年四月十二日財団法人として設立されたものであり、学業成績が優秀で、かつまた、品行方正でありながら、経済的理由により学費の調達が困難である在日韓国人学生に奨学資金を給付し、学業を継続させて教育科学の振興、文化の向上、社会福祉への貢献に寄与出来る能力のある立派な韓国人を養成するための育成事業機関であります。この目的を達成するために

一、奨学金の給付
二、学生会館の設置
三、奨学金の給付を受ける学生の善導
四、その他前条の目的を達成するために必要な事業等があります。

申すまでもなく我々は、避けがたい歴史性によって多くの同胞が日本に定着居住を余儀なくされたとしても、この地はあくまでも外国であり、我々は疑いもなく韓国国民であるという厳然たる事実には変わりありません。

我々は恵まれない環境の中で、言い知れぬ苦難と損害をなめながら、不屈の民族意識によって逆境を克服しながら、二・三世の民族教育に物心両面において熱意を示して参りましたが、今後も外国の現地で安住しながら、大韓民国の国民として広く世界に雄飛し、末長く後裔に引き継ぐ栄ある祖国統一の実現に寄与する後裔を育成しなければなりません。

我々は厳然たる独立国家の在外国民として矜持を持って、「精神的国籍」を強調する根本に難を解決して行く決意であり、その為には教育即ち祖国の気高い民族文化の遺産を教育の実践を通じて行なうため、あらゆる努力を惜しまない覚悟を致しております。本団はこの事業遂行のために、之を正し、能動的にしてしかも積極的に推進するために、姿勢を新たに致しております。一方、財政的に困窮している同胞子弟を一人でも多く援助し、学術団体を支援し、又各種の講習会を支援して教育事業を活発ならしめるためには、同胞有志の物心両面に亘る御配慮と御支援があってこそその目的が達成されるものと信じてやみません。どうか、この百年の大計であります育英奨学の大義と教育の重要性に鑑み、この趣旨と目的を御理解され、有志御一同の財政的御支援がありますよう切にお願い申し上げます。

なお、この財政的御支援に対しては免税処置が得られますことを申し上げます。また、今日まで教育財団の育成に貴重な浄財を喜捨された皆様と、在日韓国人の教育に献身的な支援を惜しまなかった指導者の皆さんに心から感謝と敬意を表するものであります。

最後に、異国の地で懐郷の思いを自ら慰めておられる同胞皆さんのしあわせと御健闘を祈ってやみません。

在日本大韓民国居留民団中央本部 尹達鏞

朝総連浸透に要警戒

スパイ容疑で陳斗鉉（東本副団長）逮捕

韓国陸軍保安司令部（CIC）は五日、韓国々内で共産革命を共謀していたスパイ・グループと関連者ら十八人を摘発、そのうち、現職の民団東京本部副団長の陳斗鉉（진두현）ら八人は北傀スパイ容疑で逮捕したと発表した。

同発表によると陳は去る六四年ごろから北傀工作員として活動をつづけていたと言われ、六五年二月十七日から同年三月十一日までの間、北韓にわたり、李孝淳労働党対南工作担当書記から「韓国民団内に韓国政府打倒のための拠点をつくれ」と指令され、七〇年に至り民団組織にもぐりこむことに成功、破壊工作を徐々に進めてきたという。

また七二年の十一月十八日から十二月六日まで、二度目の密航をして日本ー北韓間を往復し、金日成から最大賞辞をうけたという。

二度目の密航では、韓国内への浸透工作を指令され、前後八回にわたって入国、スパイ工作をつづけてきたが、重な任務は、政界、学界、宗教界、軍需産業など各分野で反政府勢力を拡大することにあり、すでに「民主守護同志会」という地下組織もつくりあげていたという。

ちなみに陳は、去る十月一日の「国軍の日」に参観する関東地方在住団員たちの引率者の一人として帰国しているうち、逮捕されたもの。また主犯格の陳の指揮下にあったという姜乙鍾陸軍本部副官監室員（강을종）、張西郎漁業協同組合兄州直売場所長、安竜燦全南大学法政学部長（안룡찬）、李水宰漢陽大学教授らの逮捕も明らかにした。

（注）以上は、陳の自白を中心として発表されたものといわれ時日など多少のズレが見られるというが、当局の継続とり調べで、数日中に新事実が追加されるものと見られる。

時評

金日成がじきじきに スパイ行為指令

◇既に発表された通り、去る十月十日北傀のスパイ陳斗鉉一味と関連者十八名が一網打尽に検挙された。陳斗鉉が民団東京本部の現職の副団長であっただけに、われわれの驚きと憤怒は大であると言わざるを得ない。陳は二回にわたって北韓に密航してスパイ教育を受けたのみならず本国にいる二名の手先までも北韓に行かせて同じくスパイ教育を受けさせて再び韓国に戻すという、大胆なはなれわざを行なったのである。◇

陳斗鉉一味のスパイ事件は、本国当局やわれわれが常に訴えていた事実を裏付けしたものと言えよう。

つまり、北傀共産集団は日本を対韓国政府打倒のための破壊工作基地にしていること、その手順として民団内部に深く浸透し、重要なポストを獲得して合法的に韓国へ往来しながら、国内の政治分野への進出を画策し、社会的には不平不満分子を抱きこんで、社会混乱を惹起し、学園並びに宗教界には民主守護という口実のもと民主守護同志会なるものを組織し、軍需産業分野にまで侵透して労働組合を利用して地下網の扶植等、あらゆる階級の網羅は勿論、国内の不平不満勢力や反対勢力を統一戦線に連結させて、いわゆる決定的時機に大衆を蜂起させるという目的で暗躍しているのである。

保安司令部では、この事件の特徴として①民団を拠点として北韓を往来しながら、祖国の民主回復という名目のもと政界進出を計った。②国内不満不平分子らを抱きこんで流言ひ語を流布して民心の動ようと、所謂人民革命の誘発を策した。③学園、宗教人を浸日させてスパイ教育を実施させ、反政府闘争を煽動させた。④軍部内にスパイを侵透させ軍事機密を蒐集した。等をあげている。

私は以上述べた四つの特長の他に、この事件で見逃がしてはならない特長のいくつかを指摘したい。

先ず陳斗鉉のスパイ指令者が北傀の金日成であることである。日本で検挙されている他のスパイの例からみて、金日成が自ら面接し直接指令を出したとは、そうざらにはない。しかも第二次入北の際には、金日成は"キムサラギ"（金の粒）の一等幹部だ、と陳斗鉉に最高の称賛をあたえたのである。

クムサラギ（金の粒）幹部と持ちあげ 民団赤化の手先に仕立てる

そして金日成は、①民団東京本部を赤化せよ。②軍部内の機密部署に工作員を扶植せよ。③韓国内にある凡べての反政府勢力による統一戦線を形成して、背後で操縦せよ。

以上、三つの特別指令を下し激励したというのだから問題は穏やかでない。

すくなくとも一国の元首を自認している者が、スパイ指令者であったという事実は、かの武装スパイ団による大統領官邸襲撃事件を連想させるし、その時の誤ちを南北対話のために平壌入りした当時の李厚洛情報部長に、金日成は認め謝まったことを考え合せるとき、金日成の殺人鬼的野望をいま更のように悟んであまりある。

次は、この事件を通して使われた莫大な活動資金である。既に使用済みの額が二、五〇〇万ウオン、押収された七、〇〇〇ドル、日貨二〇〇万円、韓貨三、一二万ウオンとなっている。

三千数百万ウオンにのぼる莫大なスパイ資金を湯水の如くばらまいての暗躍は、かれらの任務が如何に重要視されていたかが伺われるし、スパイの大型化を物語る証左であろう。

次にあげたいことは、北傀金日成の野望は、終始一貫変わらないで、いまでも、恐らく死ぬまで続くだろうということである。

つまり、南北共同声明が発表されたのが一九七二年七月四日で、声明の中の第二条に、「双方は南北間の緊張状態を緩和し、信頼の雰囲気を造成するため、たがいに相手側を中傷、誹謗せず、大小を問わず武装挑発をせず、不意の軍事的衝突事件を防止するための積極的な措置を取ることに合意した」とある。

にも拘らず陳斗鉉は一九六一年ごろから検挙されるまでスパイ活動をしてきたし、南北共同声明が発表された一九七二年七月以後にも入北し、金日成から直接前述の指令を受けている事実は、金日成の本心が那辺にあるかがわかる何よりの証左である。

口では南北対話に応ずる如く見せながら、陰ではスパイによる政府打倒と破壊工作を直接指示した金日成こそは、祖国に対する反逆者であり民族の裏切者でなくて何だろう。

陳斗鉉個人の行動範囲をみると、かれは常に民団との繋りを保ち、必らずといっていいほど何かの役職についていること、役職に名を連ねはするものの、その任務を果そうとはせず内部批判にのみ終始してきたのである。かれの一連の行動を思い合わせると、スパイ事件と符合する面が今にしてはっきりしてくるのである。

例えば、去る九月三日行なわれた故陸英修女史追悼式後の、北傀並びに朝総連糾弾デモ行進が終ったあと、明治公園で万景峰号と金日成の人形を焼き払う場面があった。その指揮をとったのが陳斗鉉であった。陳には事前に「殺人鬼金日成、工作船万景峰号を焼きうちにする」等の文面を渡したが、陳は金日成の悪口を一言もいわず万景峰号焼きうちの掛声だけを張りあげた。終ったあと、民団のある幹部が陳を問責したところ、それ以来民団に姿を見せなかったとのことである。

いくらスパイとはいえ、金日成を批判したり悪口を言うことはタブーとされているとのことを、付け加えておく。（T）

北傀の恐るべき対南工作防止に全力を

尹中央団長談話

去る五日、韓国陸軍保安司令部（CIC）は、スパイ容疑で陳斗鉉民団東京本部副団長を逮捕したと正式に発表したが、この報に接した民団中央では次のような尹達鏞団長談話を発表、傘下全組織へ警戒心をよびおこした。

十一月五日、本国捜査当局の発表によれば、去る十月十日、北傀スパイである陳斗鉉一党ら十八人が検挙されたという。

この報道に接したわれわれとしては、陳斗鉉が民団東京本部の現職副団長にまで浸透し、スパイ活動をしたという点に一層の驚愕と憤りを禁じえない。

陳は一九六五年二月、一九七二年十二月、再度にわたり入北、密封教育をうけて日本へ戻ったのち本国を往来しながら、不平不満分子らをだき込んで入北させ、スパイ教育をうけさせた。自身はスパイ活動を容易にさせるため身分偽装策として民団組織に侵透、東京本部副団長という重職まで獲得したという点をわれわれは重視せざるを得ない。

この事件を通じて見るに、北傀は日本を対韓破壊工作の基地として暗躍しているという事実が一層明らかになり、特に民団内部に侵透して、韓国常人のふみ台にし、手段をえらばない方法で民団と韓国に対して分裂と破壊工作を画策している点である。

このたびのスパイ団事件は、日本を拠点とする北傀の対南工作がいかに悪辣で恐るべきことであるかをふたたび明らかに示したものである。

それ故、わが民団としては組織を再整備し、取締りをきびしくして、ふたたびこのような北傀スパイが侵透できないよう未然に防止すべきであり、その手先である朝総連打倒に全力を傾けるべきことを痛切に感ずるところであります。

一九七四年十一月五日
在日本大韓民国居留民団中央本部団長 尹達鏞

東京・中野支部正常化 27カ月ぶりに総会

団長に許南富氏を選出

鄭在俊など、いわゆるベトコン不純分子らの反民団的組織撹乱により、東京の民団中野支部は二年間近く機能停止の状態にあったが、去る二日、二十七カ月ぶりに正常化のための総会を開き、今年度活動方針を採択、新役員を選出して再出発した。

許南富 団長

総会は、正午すぎから中野区内の須田ビル二階で開かれ、団員七十余人が参席、金周共、崔炳鶴両副議長の進行ですすめられ、役員選出では五人構成の選考委員が許南富氏を団長に、安聖出氏を議長に、権寧燮氏を監察委員長にそれぞれ指名、万場一致で承認した。

なお旧事務所は、不純分子たちに不法占拠されたままなので、臨時事務所を開設準備中である。

時局講演会 大きな成果

14都市を巡回

本紙既報、在日同胞啓蒙のための全国巡回講演を目的とした本国から来日の国民指導講師団は、その名称を時局講演団と変更、予定より三日おくれて十月二十五日から十一月二日まで九日間の日程で大阪をはじめ全国十四府県で二千人を越える同胞たちに、統一と南北対話、北傀情勢、国際関係展望等を主要演題に巡回講演と映画会を開き、大きな成果を残してこのほど帰国した。

講師は趙徳松（朝鮮日報論説委員）、朴東雲（韓国日報論説委員）両氏ほか七人。映画は「リトル・エンジェルス」「陸英修女史国民葬」「北の紅い近衛隊」の三本。

巡回地方は、東京、横浜、新潟、仙台、札幌、名古屋、大阪、京都、神戸、岡山、広島、福岡、熊本、沖縄の十四ヵ所。

2日、東京商銀での講演会

離散家族再会拒否

赤十字会談

南北赤十字第五回実務者会議は五日午前十時から板門店の中立国監視委員会議室で開かれ、大韓赤十字側は「七五年元日に南北に離散した家族とその老父母が板門店で会えるようにあっせんしよう」と提案したが、北赤は実現性が薄いとの理由をつけ、これを拒否した。

また大韓赤十字側は、昨年七月以来中断されている本会談の日時を提案するよう北赤に要請したが北赤はこれも拒否した。

次回は十一月二十九日の予定。

韓国出版文化賞に趙豊衍氏

韓国出版学会は、第三回韓国出版文化賞に趙豊衍（조풍연）を選出した。趙氏は、解放後の混乱期から、斬新な企画編集を行い出版界に大きく貢献したため、今度の受賞となったもの。

韓国創作文学賞に鄭乙炳氏

七四年度第七回韓国創作文学賞（韓国日報制定）受賞者に作家・鄭乙炳氏（40）を決定した。

日本図書館協会選定
金熙明著
日本の三大朝鮮侵略史
＝倭寇・壬辰倭乱・日韓合併と総督統治＝
B6判 美装 四〇〇頁 写真挿図七〇枚
価 九八〇円・〒 一四〇円
☆日本が如何に朝鮮を侵略したか三つの歴史的事実を両国学界の研究成果をふまえて叙述した日本の「つまずき」の歴史を日本人の前につきつけたものである。〔武蔵大学教授 渡部 学〕
※最寄りの書店に市販されております。
発行所 洋々社
東京都新宿区納戸町五
〒一六二 電話（二六八）〇七九六番
振替 東京 一三一五一五番

時事漫評

いつでも手はさし延べられている

金竜煥

大阪総領事館の庁舎竣工祝い 11月9日

本紙既報（七四年十月十二日・第一一四〇号）のとおり、去る十月十四日移転し、すでに執務中である駐大阪大韓民国総領事館の竣工祝賀会が今日九日、大阪市南区三津寺町十二番地の、同館9階で午前十一時から行なわれ、十二時からは祝賀宴がひらかれる予定である。

中共産の唐辛子輸入

韓国政府関係当局が、さる二日明らかにしたところによると、韓国政府は今年トウガラシが凶作のため価格調節用に外国産トウガラシ三千トンを輸入することにし、そのうち二千トンは貿易商が香港にある中共の出先機関と直接契約を結び中共産トウガラシ二千トンをトン当りFOB（本船渡し価格）七百六十ドルで導入することにしたものである。中共産トウガラシは、外国産トウガラシ中では安く韓国人のし好にも適しているといわれる。

一方、農水産部は導入計画量中残りの一千トンは東南アジア諸国から導入することにし、このうち二百トンは、トン当り八百四十ドル（FOB価格）で、すでにインドネシアと契約をしたという。

ソウル陸上大会に中共を招待

大韓陸上競技連盟は、来年六月九日から十四日までソウルで開かれる第二回アジア陸上選手権大会にアジア陸連の加盟国である北韓およびモンゴルはもちろんのこと、非加盟国の中共を含む三十カ国を招待すると発表した。

大韓陸連は、陸上選手権大会にこれまで相互交流のなかった北韓選手団も公式に招待することをきめ、さる九月、テヘラン・アジア競技大会に参加した南北両陸連首脳間で話し合いが行われた際、北韓のソウル大会参加を確約している。

また非加盟国である中共の招待は、八月末の国際陸連（IAAF）総会での「加盟国と非加盟国との交流承認」という決定にもとづくものである。

李周郁大韓陸連会長は、中共が入国を認めてくれさえすれば事前交渉のため中共を訪問する用意のあることを表明している。

このソウル大会には、ソ連陸連会長でありヨーロッパ陸連副会長であるレオニード・S・コメンコフ氏も個人資格で招請されており同氏は、すでにソウル訪問を内諾したと伝えられている。

団結로써 粉砕하자 朝總連의 破壞工作

韓國新聞

縮刷版 第1集 第2集 遂に刊行!!

本紙創刊以来今日に至るまでの主要全紙を縮大もらさず収録した歴史的な本縮刷版を全国団員と組織、傘下機関にお届け致します。

☆第1集は1964年から1969年までの分を収録。
☆第2集は1969年から1974年までの分を収録。

▶限定版につき至急御注文下さい。
頒布価・第1集は（836ページ）6千円
・第2集は（1442ページ）1万5千円

発売元 民団中央宣伝局 電話（03）815−1451（直）

☆また附録として民団地方本部等の発行による機関紙や資料も併載しました。

ニューズ・ウィーク誌クリシャー記者のインタビュー

朴大統領・米誌で一問一答
韓国的民主主義への道

フォード米大統領の訪韓をひかえて、このほど米国のニューズウィーク誌は韓国の朴正熙大統領にインタビューし、最近の韓国情勢に対する見解などについて聞いた。このインタビューに答えた朴大統領は極東における東西のバランス、韓日関係、駐韓米軍などの問題について見解を明らかにしたが、また、韓国には政治犯はいないことを強調するとともに、逮捕中の学生や市民などに"フォード恩赦"をする考えはないことなどについても語った。以下はニューズウィーク誌のクリシャー記者と朴大統領との一問一答の内容である。

問——デタント(緊張緩和)は大国の利にはかなったものとなっているが、韓国のような小国の利益にとってはどうだろうか。

答=それは、北韓にさえ、われわれの対話への呼びかけに応じさせたのだから、やはり利益になっているものと考える。とはいうものの、北は対話をするふりをしながら同時にわれわれに軍事的挑発を続けており、最近では私を暗殺しようとして文世光を送ってきた。文は私を射そこねて私の妻を殺害した。それに、北はわれわれが提議した不可侵宣言の目的と真の趣旨を明らかに悪用しようとしている。したがってわれわれとしても警戒をおろそかにできないわけなのだが、同時に統一を期待して緊張緩和への貢献を続けながら、しんぼう強く北との対話を続けて行くべきだと考える。

中ソ米日利益一致がカギ

問——中国、ソ連、日本は極東地域の安定にどのような役割を果たすことができると思うか。

答=これら三国は米国と並んで同地域の安定に最も影響力のある国ぐにである。そこでこの四大国の役割は大きい。現在の勢力均衡と現状維持政策は、米軍および国連軍の韓国駐留継続をも含め、共産側がデタントを口実にどのようなことを言おうとも妨害されてはならぬものだと思う。極東では中ソ米日など四国の利益が一致しているかぎり、完全な安定を期待することができよう。

問——一部の米国人は韓国に民主主義を育てられなかったことに失望している。ライシャワー元駐日大使は、これ以上韓国を擁護することは米国の利益にならぬといっているが……

答=ライシャワー教授の意見はかならずしも米政府や米世論を反映するものではないと考えるが、海外で韓国の民主主義について、いろいろいわれていることは知っている。だが、現在はすべての人々が民主主義のために闘っている段階にある。それは平和と自由の追求が人類の理想であるからだということに間違いはない。しかしどこの国もまだ民主主義を完全には達成していない。それに、国によってそれぞれ歴史的、文化的、地政学的背景が異なっているから民主主義への道はおのずから違ったものであろうと考える。

分断国韓国の特殊事情

世界には約百五十カ国もあるが、このうち韓国はごく少数の分断国の一つである。それに、韓国の首都ソウルからわずか二十四マイルの地点に軍事分界線があり、その向こうにはわれわれの生存に始終脅威を与えている北の共産主義者らがのさばっている。北韓の二百六十万にのぼる膨大な正規軍と民兵隊は共産中国やソ連、あるいは日本と戦うために訓練されているのでは決してない。それはまさしくわれわれを転覆することを目的に全ての行動をしているのだ。われわれとしては米国がかつてソ連のミサイルがキューバに設置されたのを知ったときの事態と同様、(ノドもとにあいくちをつきつけられたように)引続き緊迫した状態に直面している。こうした実情を知っていれば、偏見にとらわれているのでない限り私を指して弾圧的だという批判を下すことはできないはずだと思う。われわれは民主主義を達成するために最善を尽くしているが、その民主主義はわれわれの国の事情に適合したものでなければ何の意味にも(もとも子もないということになり)ならないと思う。なお、韓国では政府への反対意思表示も法のワク内では、ちゃんと許容されている。

維新体制は民主主義の土台
フォード訪韓と逮捕学生減刑は関係ない

問——一九七一年の選挙当時、あなたは「これ以上政権の座にとどまることはないだろう」といったが、その後気持が変わったのはなぜか。

答=米中和解の国際潮流が始まり、ニクソン前米大統領は中国を訪問、日中国交は正常化し、日本と台湾との外交断絶など、このような突然で急激な国際情勢の変化に、われわれは直面することになった。そこでこの新しいデタント・ムードに対応するため、われわれは北韓との対話を呼びかけた。それは、とりもなおさず、われわれの安全を維持するためでもあった。

情勢変化と"安全"の条件

こうした情勢変化の中で、われわれの安全を図って行くには、まずわれわれの社会のムダと非能率を排して国家の力を集約し、国民の間に広がっている危険な自由放任思潮の弊害を払拭(しょく)することにより、北韓との平和的競争に臨む姿勢を整えて行かなければならない。そしてそのためには引き続き私が大統領のイスにとどまる必要があると考えた。だから、私は十月維新(一九七二年)を行った。一部の人たちは、この改革のねらいを理解しないために批判的だが私はみずから苦難を背負うことにし、果たして私が正しかったかどうかについては歴史の判定にゆだねることにした。

問—韓国は平和的な政権交替もなく、あらしのような政治史に色どられている。あなたは後継者について考えたことがあるか。

答=韓国では民主主義が十分に根づいていないので、平和的な政権交替というものがなかった。政権交替というものは、それができるようなしっかりした土台がなければならない。私はいま、それをつくろうとして努力している。新しい憲法はそれを保証するものである。後継者問題について言うならば、よくいわれる「後継者の養成」ということはどうかと思う。というのは政府指導者になろうとする者は他人に頼らず、みずから道を開くべきであり、それでこそ始めて後継者として信頼できる力量を持つものといえる。

「拷問などありえない」

問—最近の政治犯の逮捕や拷問で韓国のイメージが傷ついていやしなかろうか。

答=韓国に政治犯はいない。いるのは共産主義者と暴力で政府転覆を図る者だけだ。したがって、いない政治犯に対し拷問するわけはない。現在、開会中の韓国国会の討議を聞き、新聞を読んでもらえば、韓国内で相当な反対意思表示が許されているということがわかるだろう。

問—政府が許容できる、国内異論の限度はどの辺にあるのか。

答=われわれは少数の反対する権利をちゃんと認めている。ただそれが法のワク内で許容されるものだということは当然だ。すなわち、国会を舞台とした自由討議は可能である。しかし社会混乱を招いたり、国家経済の発展に悪影響を与えるデモ活動は許容されていない。

問—金大中氏についてだが、そろそろ、本人の要望をいれて出国を認めていい時期ではないか。

答=彼は自由だ。好む所に行き、好む人物に会うことができる。あなた自身も含め、外国人特派員たちも彼に会っているだろう。しかし韓国からの出国については、現在進行中の裁判の結果を待たなければならない。もし彼が潔白であれば、それが明らかになった時点で、彼は他の韓国国民と平等に扱われる。

韓日関係、米大統領の訪韓

問—対日関係だが、韓国側はなぜ、過去は過去として水に流し、相互繁栄のため経済関係の緊密化をはからないのか。

答=われわれ(韓国と日本)は一九六五年の国交正常化いらい、協力し、よき隣人であろうと望んできた。だが日本人は主として韓国との経済協力関係を考えている。私はそれをもっと緊密な精神的関係に広げたいと思っている。つまり、われわれは互いに相手側の立場と問題をもっとよく理解するよう努力し、また互いにもっと尊重するようにつとめるべきではないのか。そうすれば、双方で一層緊密な協調がなされるはずだと思う。われわれは日本の良質の借款と投資を選択的に歓迎している。

問—フォード大統領訪韓のさいに、政治犯の恩赦を計画しているというのは本当か。

答=前にも言ったようにわが国に政治犯はない。ただ共産主義者と政府転覆陰謀にかかわりあった事犯だけがいる。このうち後者で裁判の進行中に改しゅんの情が深い者に対しては減刑が考慮されている。判決で十年の刑を言い渡された学生が深く罪を悔い、こんごは善良な市民として立派な社会生活をいとなむと約束して執行猶予になった例もある。韓国政府と国民はフォード大統領の訪韓を心から歓迎する。しかし彼の訪韓と減刑問題とは関係がない。

"業績"は国民全部のたまもの

問=大統領は、何を最も大きな業績だったと考え、また何を最もむつかしい問題だと思うか。

答=私はこれまで私がなしとげたことに対し、いろいろな称賛も受けたしまた批判も受けた。しかし、最後の判断は歴史にゆだねたい。しいてその"業績"についてきかれるとすれば、その業績は私個人のものではなく、わが国民全部の業績だと言う以外にない。なぜなれば、それは国民全部の団結と協調のたまものだったからだ。なお、むつかしい諸問題もたくさんある。私の仕事は言論人の仕事よりもはるかにむつかしいということは確かだ。最もむつかしいことは国民の団結を図り、総和をもたらせることによって、わが国民の底力を最大限に発揮させるということだ。これは国家、国民の繁栄の基礎になるもので、これさえなしうれば、他のすべての問題は自然に解決できるだろうと思う。(S・I・S・A)

新型"金冠"出る、慶州98号古墳
棺蓋あけるや金色燦然
宝箱・腕環など王妃陵と推定

慶州市皇南洞北方の第98号古墳で金冠をはじめ、曲玉模様の純金製針、金粧刀、首環、胸飾り、金腕環11個、金指環11個、太環式耳飾り模様の金製垂飾3ついなど、華麗な遺物があふれ出た。文化財管理局、学術調査団は28日東西2・2メートル、南北0・7メートルの木棺の蓋を開くや、古墳の主人公を埋葬した当時、身につけていた華麗なる各種の装身具が発見されたと発表した。調査団によれば、木棺底部の頭の跡には、天馬塚から出土したものと同じような金冠と冠垂飾が首の部分には首飾りが、胸の位置には胸飾りが、腰のあたりには純金製の腰帯とその飾りが、帯の両側には金の腕環と指環が、足の下には、長い三条の太環、耳飾り模様の金製垂飾が置かれていたということである。

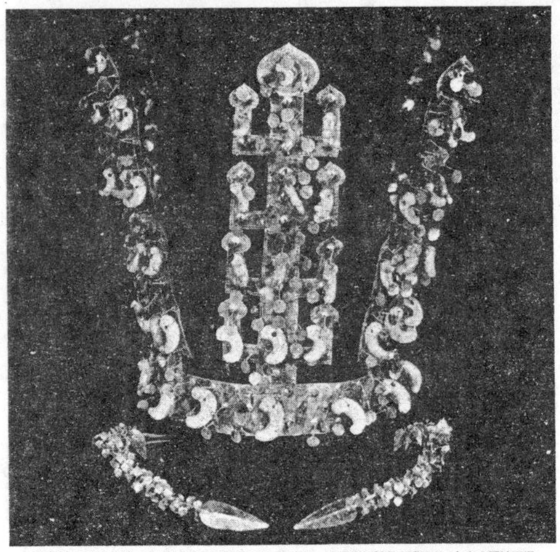

1973年に155号古墳で発掘された新羅文化の華「金冠」。このたび98号古墳で出土した金冠は王妃用であるとみられ、より美しい装飾でデザインされている

このたび発掘された金冠は、天馬塚および金冠塚のものと様式が同じようなものが大きな特徴。大きさは27・5センチメートル、台輪の長さが26センチ幅3・5センチで天馬塚(高さ33㎝、台輪直径20・3㎝)より小さいが、冠の前部の瓔珞が、特に多い。

純金の板を帯のように鍛えあげ頭にかぶせるようにつくりあげた台輪の中に「出」字模様の花飾り(立華式)3個を立て、その両側に鹿角模様の華麗な装飾をひとつづつ立てた古格をおびた典型的な新羅金冠の様式である。

また金冠装飾の枝わかれの所と屈曲の間および宝珠形の頂上に硬玉製のひすい、曲玉が無数に垂れており、まことに美しい。

調査団長金正基博士は、今までどの古墳でも見かけられなかった足もとの特異な装身具をはじめ、朱色の漆と金箔をかぶせ、瓔珞模様を飾った古代新羅古墳最初の華麗な棺の蓋、今まで発掘されたなかで最も多くさんぜんたる瓔珞がついた金冠、そして、首環と胸かざりが完全に区分された新羅最初の首環と胸かざりなどからおしてどの新羅古墳の被葬者より身分が高く厳葬された古墳であるとあかした。

金博士は、①このように装身具が華麗で、第一五五号古墳(天馬塚)と金冠塚、金鈴塚、瑞鳳塚など、王陵と推定される古墳らの木棺の中で間違いなく出土される剣がなく、②98号古墳の南方の墓より、後で作られたものである点と③金冠から足もとまでの長さが1メートル60センチで被葬者の背丈が小さい点、④金冠の高さは低めなかわりに台輪が大きい点(女性は男性より髪が多いので)、⑤内冠が無いという点などからおして主人公は、新羅盛期の王妃でなければ女王の陵でないかと思われる。

調査団によれば、今まで女子の古墳発掘はこのたびがはじめてであるといわれる。

剣が無く、足もとの多くの装飾と、大体において墓の様式が単調な点からこのような判断が下されたものであると調査団はあかした。

その当時、女王や王妃が王冠をかぶったかはさだかでないが、金冠と純金腰帯などが出土されたのから見て最高の地位にあった人の墓であるのは確実と見られる。

新羅文化あかす歴史的発掘
ソウル大、金元龍博士の論評

98号古墳からの金冠出土消息を伝え聞いた金元龍博士(ソウル大・考古学)は、「期待したとおり」だとし「墓の主人が王妃など女性と信じられる」とのべた。しかし、墓の価値など学術的価値は南墳の発掘が終ったあと、両墳墓の時代差異、遺物差異、男女装身具、差異などを比較することによって確実にあかされることといわれ、このたびの発掘だけで、早急に評価するのは禁物であると指摘した。

金博士は、女性のものとあかされれば、女性が金冠をかぶった初のケースであると語った。

「このたびの発掘で、新羅がペルシャなど西域と文物交換をしたのではと考えられます。出土された器のうち、銀器はペルシャで作られたのではと考えられるほど外国臭が強いです」。天馬図の馬もどこか西域系統の影響をうけたように考えられることや、味鄒王陵地区の他の墳墓から出て来た人間の顔が刻まれた珠、鶏林路の純金宝剣などが典型的なペルシャ系統で、これをうらづけするものであると強調する。

今後、新羅が西域と文物交換をしたとすれば中国を通じた物なのか、ルート解明が残った問題であるとつけ加えた。

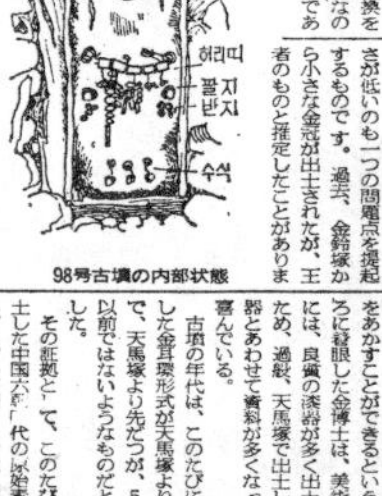

98号古墳の内部状態

「このたび出て来た金冠の高さが低いのも一つの問題点を提起するものです。過去、金鈴塚から小さな金冠が出土されたが、王者のものと推定したことがあります」。このたびの出土で金冠が低いということは、頭の大きさによるものなのか、身分に関連したものなのか、使用者の性にともなうものなのかを糾明すべきであるということである。

このたびの発掘のもう一つの意義として、その当時、新羅の葬制をあかすことができるということころに着眼した金博士は、美術史的には、良質の漆器が多く出土したため、過去、天馬塚で出土した漆器とあわせて資料が多くなったと喜んでいる。

古墳の年代は、このたびに出土した金耳環形式が天馬塚より古式で、天馬塚より先だつが、5世紀以前ではないようなものだと展望した。

その証拠として、このたびに出土した中国六朝時代の原始青磁をあげた。わが国には、六朝陶磁器を研究する人がおらず、外国専門家の意見を聞かねばならないが、六朝陶磁器が古墳年代決定に標準となるといくたびも強調した。

しかし、金耳環が足もとから出て来たのは武寧王陵でも足もとから、腕環・金耳環が出土されたことを想起させ、王妃が死んだ際、それ以前に使用したものを箱などに入れて、足もとにおいたようであると意見をのべた。

金博士は、結論的にこのたびの発掘が、歴史、文化、社会、経済的側面から新羅を立体的に研究できる歴史的大発掘であるとのべた。

眼もくらむ金色の瑞気
埋葬当時の状態完全に保存

二十五日午後二時、木棺を注意深く開きはじめていた調査団は、突然眼のくらむような金色の光に驚きを禁じえなかったといわれる。東西二・二メートルの棺内には数えきれないほどの各種金製装身具が調査団の眼をあけられないようにしたのである。

この装身具は棺の蓋がよく保護され、埋葬当時の位置をそのまま維持、今後、正確な出土状態分析を可能にした。

"漢方医薬の聖典"
ここに完訳なる!!

この書は漢方医薬の原典であり、三木博士が「東医宝鑑のあとに発刊された、数多くの漢方医薬書は、すべてこれを手本にしたものか、またはその亜流である」といっているように集大成された漢方医薬の決定版である。今回はじめての口語訳として、この古典はよみがえった。内科、外科、婦人科、小児科、耳鼻科、精神科、あらゆる病名の治療法、処方から臨床医学までを全一巻にまとめ、これ一冊で漢方処方ができる実用書でもある。(続)として、湯液篇、鍼灸篇を加えた。(A5判、特上質紙使用クロース上製本)

東医宝鑑10,000円
続東医宝鑑 4,000円
合本特別定価12,000円
振替東京26936

東医宝鑑(内科 外科・雑病篇)
(湯液・鍼灸篇)続東医宝鑑

☆注文は、民団中央宣伝局か、または 東京都中央区銀座8-7-12(亀山ビル) TEL(572)1669・104 発行 日韓経済新聞社

品質最高
大量廉価

食用油・味の素・香辛料・調味料・冷麺・中性洗剤 卸販売
韓国産ポプラ・ワリバシほか
(本) 胡麻純正油・胡麻・中性洗剤(製造元・竹本油脂KK)
星印純正胡麻油・胡麻(製造元・丸鬼産業)

韓国料理材料
一切・卸問屋

丸新物産株式会社

☆地方からの御注文には直送します。
本社・東京都豊島区池袋2丁目1713
電話(〇三)九八五～〇八八四(代)

●ドリンクの中にはいっている高麗人参は純生の三年根です。
●ドリンクを召し上がりながら、そのまま人参をかじってください。
●ドリンクはカクテルに、人参はジュースにしてもおいしく召し上がれます。

生が到着(きた)!
神秘の力
純生人参 ゴールド

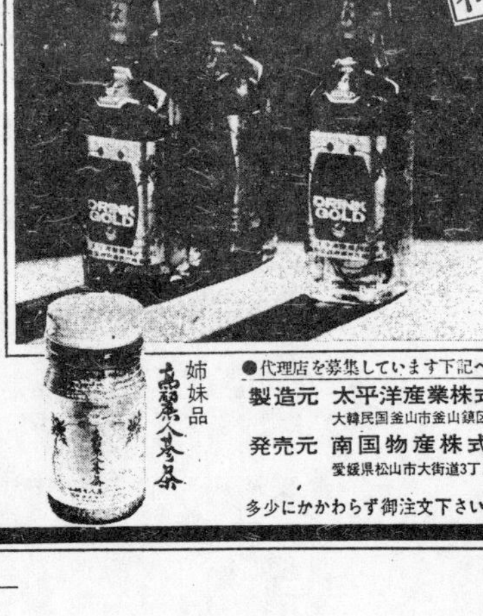

姉妹品 高麗人参茶

●代理店を募集しています下記へお問い合わせください
製造元 太平洋産業株式会社 大韓民国釜山市釜山鎮区大淵洞209-1
発売元 南国物産株式会社 愛媛県松山市大街道3丁目8-23 TEL(0899)43-1818
多少にかかわらず御注文下さい。資料サンプルお送りします。

躍進する民族金融機関
あなたもわたしも 商銀通帳!
(商銀) 東京商銀信用組合
理事長・許弼奭
☆来春卒業予定の韓国学生優遇採用

本店	東京都新宿区西大久保1-449	電話208-5101(代)
上野支店	東京都文京区湯島3-38-15	電話832-5141(代)
荒川支店	東京都荒川区東日暮里6-22-1	電話802-5121(代)
五反田支店	東京都品川区東五反田2-19-1	電話441-5181(代)
立川支店	立川市曙町1の25の12	話話(0425)22-5131

中央会館建設基金早急に

換地問題小冊子は回送せよ

建設委員会が地方本部に通達

東京・麻布二の橋の「韓国中央会館」建設現場では、去る十月十二日以来、連日槌音も高く会館工事が進められているが、着工以前、一時物議をかもした換地問題をめぐって、民団一部人士たちにより印刷配付された、換地疑惑云々なる小冊子は、その後の第二十四回中央委員会で、不正がなかったものと解明したので、これはいたずらに民団の感情を失墜させ士気を低下し、募金継続にも支障ありと思われるので、至急中央へ回送するよう同会館建設委員会では、全国地方本部団長あて公文で通達指示した。なお建設委では、所期の工程を順調ならしめるため、地方割当建設基金を早急に納めてくれるよう協力を呼びかけている。

偉容を誇る中央会館完成予想図

換地問題はすべて結着 組織は建設に協力せよ

鄭監察委員長の談話

第二四回中央委員会が終了し、民団組織の運動のポイントは組織の強化と対朝総連闘争、および中央会館の建設に重点がおかれ、スタートしているが、民団中央本部鄭泰柱監察委員長は、これについて次のような談話を発表した。

「さる第二四回中央委員会では全中央委員の良しな討論を得て、無事に終了することができたことについて、中央監察委員会として中央委員各位に感謝する次第である。特に今回の中央委員会では、一部の顧問の方や八人委員会と称する有志の方たちによって、中央会館換地問題について提議された件につき、最終的に論議が尽された結果、この問題はすべて結着し今後これ以上ふたたび論議しないという決定を見た。したがって、どの立場の人も、これを一切白紙とし、組織のために尽力されること[illegible]後中央会館の建設に全力をあげて協力しなければならないと思う。中央委員会では、各中央委員が組織優先の立場を堅持し、中央委を無事に終らせたということを、誠[illegible]組織の強化、対朝総連闘争、中央会館の建設に全力をあげることを念願いしたい。また中央団長は委員会で述べたとおり、建設委員会の改編に関しては誠意をもってとにこだわることなく、全[illegible]人が建設委員会に参加でき、すべての組織が協力できる方向に[illegible]れることを強く願って止まないのである。」

体育会北海道本部結成

在日大韓体育会北海道本部結成大会が去る十月二十六日午後一時から、札幌市内のパーク・ホテルで開かれ次のような役員を選出した。

会長 李俊明
副会長 呉滋敬 李漢植 張在守 金泰栄 金鍾淳

青年会長野本部結成

会長に 呉公太君 代表監査に 李文禧君

在日韓国青年会長野県本部の結成大会が、去る十一月三日午前十一時より、松本市の信州会館において、民団幹部約十人を含めた青年男女七十余人が参席した中で、盛大に開かれた。

金虎生君の司会の下に、先ず、民団長野県地方本部の李東富団長のあいさつに始まり、沈極孝中央青年局長、長野県教育文化センターの金昌交所長、国際勝共連合長野県本部の高橋一寿事務局長等からの激励の言葉があったあと、李鍾永青年部長の経過報告、そして綱領、規約等の承認採択が終って、役員選挙では、会長に呉公太君、副会長には金達勇君が選ばれた。

そのあと、沈極孝青年局長の『青年運動に関する指導理念と方向性』について約一時間の講演があり、趙仁石諏訪支部団長の閉会辞をもって、約五時間に亘る結成大会が盛況裡に終ったのである。

当日の大会に出席した大部分の青年は、諏訪、長野、伊那等の遠距離から集まったものであり、地元松本市内からの青年は出席しなかった。これは民団内部で対立している一部の派閥抗争がなさした影響からであり、これらの解なくしては、民団は勿論、今後青年会発展にも大きな支障となるだろうと心ある団員たちをして慮させている。

選出された役員はつぎの通り。

会長 呉公太
副会長 金達男 一名保留
代表監査 李文禧
監査 李鍾実

雨・風の中で座りこみ

北韓日本人妻里帰り国民集会

バ声浴びせ悪態つく朝総連

さる十月二十四日から日比谷公園で行われた、北韓の日本人妻里帰りを願う「千五百人七日間・完全断食国民集会」が同三十日夜十二時、無事終了した。

断食期間一週間の天気は、雨や風で冬なみの厳しい冷え込みだったが、このような悪条件の中で座り続けた参加者の一人は、北辺の地で故国を思い続の日々を送っている、わが同胞を考えればこのぐらいの苦しみは、苦労とも言えません、私たちのこの運動によって日本人妻が一日でも早く里帰りできたら幸いですと、断食を終えた感想を語っていた。

期間中には多くの[illegible]議員や学者、知識人多数が断食現場を訪ねて激励し、支援を送った。

また、民団でも中央本部の尹達鏞団長、大阪本部の黄七福団長をはじめ、中央、東京本部の全職員命がけで闘っている皆さんの姿に韓国人として心から感謝します」と述べ、参加者の労をねぎらった。

さらに断食国民集会代表団は、三十日午後、朝総連本部を訪ね、日本人妻の里帰りが早刻実現できるように、嘆願書を手渡そうとしたが、朝総連はこれを拒否し、さらに家族を含む代表団に対しバ声を浴びせ悪態をつくという暴挙に、一行を激憤させるという一幕もあった。

一方、日本人妻の里帰り実現を世界に訴えるため、アメリカ・ニューヨーク国連本部前で、さる十事終え帰国した家族代表十人が、東京・赤坂のホテル・ニュージャパンで記者会見を行い、一週間の運動を通じて得た成果を報告したが、これによれば、国連大使三十四人が支援を約束する署名をし、日本人妻自由往来問題が国連の正式議題として提出されたときは、努力しますと語ったという。

また、二百数十人の大学教授、六百五十数人の在米日系人らが署名し、運動が実るよう激励、米国の各言論機関は、断食現場および運動の趣旨を全米向けのテレビと各新聞に大きく報道したという。

雨と風の中、身も凍えるばかりの断食集会

世界親子かけある記㊳

ビジネスと観光と歴史・美術そして…

裵乙祚・裵慶州

アーリントン墓地を後にして間もなく隣接のリンカーンの記念館前につく。今尚この偉大な民主政治の像は、遥か一直線上のかなた国会議事堂を睥睨し、この国の民主政治を見まもっているようで襟を正すおもいである。

市の中心に入る両側の公園や建物の調和された都市計画は、素晴しい。人為的首都づくりはこのワシントンの他、ブラジリヤ・カンベラと世界にいくつかあるが、人間の叡知をかたむけて理想的首都づくりをしようとする意図がありありと見え気持が良いものである。市内見物の遊覧バス（窓なしの花電車タイプ）に乗り継ぎルートにのる。

ホワイトハウスは濃い緑の木陰に白亜の壁をのぞかせ静まりかえっていた。心なしか輝きを失い物悲しく見えたのは主人公のなすところであろうか。

ワシントンの象徴、ワシントン・モニュメントの尖塔がひときわ高く天をついて建っている。この尖塔の構想はまったく、あのエジプトのピラミッド・オベリスク、その他古代オリエント社会に多く残る記念碑に発することは、容易に気づくことだが素晴しい記念塔である。人間の神・天国に対する恐れとあこがれを表現する最高の表現手段とも言えるほどこの種の塔は、天空をつき、中空にそれを見る者をして、すい込まれるような遥かなあこがれと戦慄をおぼえさせるものを持っている。この塔はワシントンの街のどの地点からもいつでも望める程高く、ワシントンのシンボルである。

国会議事堂の前を通りポートマック河畔の桜にかこまれた池の端を一周、白亜の堂とモニュメントの高く安定した直垂線の調和のとれた風景は、人の心をいたく打つものがある。

もとのリンカーン像の前にもどり、記念写真をとろうとしてはからずも私は"リンカーン記念堂、ワシントンモニュメント、国会議事堂、そしてリンカーン記念堂の後手にあるアーリントン墓地が、いわゆる"聖なるライン"上にピッタリのっていることを発見した。

リンカーン像の荘厳

聖なるライン上の構築

黒人に占領された首都

素晴しく広大な構想で長い年月をかけ築き上げたアメリカ人の誇らしさをみるようである。幅一〇〇メートルはあろうこれ等聖なるライン上にある構築物をつなぐ緑の帯状の芝生の両側は、深い森がくっきりと直線の区画をつくり、帯状の巨大な芝生のじゅうたん上には、リンカーン広場より大きな長方形の人工池が続き、その先は広大な台地の芝生がひろがる中心に高く天空にワシントンモニュメントが聳え、果ては国会議事堂の白い建物に達する広大なラインは、その規模においても構想においても世界有数のプランと言えよう。

リンカーンの坐像がこの聖なる緑のラインを遥か議事堂をみおろしているところが何とも言えない荘厳さと、現在のアメリカの現状を見すえているようで襟を正す思いであった。ホワイトハウスはこのラインからはずれ森の中に消えているのは、如何なる意味を持つのか私にはついに解せぬ難問であった。

官庁街は整然と区画された静かな地域に、緑に埋る理想的な配置である。内務省の鉱山局はすぐにわかった。会った役人は遠くから来た私達を誠意をもって応待してくれ、アメリカでは軍需面からのみリサイクルを考えており、民需産業との関連におけるリサイクル産業には未だ手がついていないので期待にそえない旨を、学者技術者の如くていねいに解説する姿勢には頭が下った。

しかしこの理想的なワシントンにも問題は多くあるらしい。街の外側にそって黒人街がとりまき、首都もはや彼等に占領されているとあるアメリカ人は言っていた。

世界旅行こぼれ話

女の執念を見た、ジャクリーンの真意

ワシントンのアーリントン墓地にある故ケネディー[illegible]話だが、つくづく女[illegible]しさに私はある戦慄[illegible]た。

ケネディー暗殺の[illegible]めやらぬある日、[illegible]全米国人の同情を一[illegible]たはずの故大統領未[illegible]ヌが、突如ギリシャ[illegible]スと再婚したと発表[illegible]アメリカ人の驚きよ[illegible]様のものでなかった[illegible]そくを生み喧々ごうごうの有様。これから話すこともその中の一つで、最もありそうな話でもありまたあるはずもないといった話である。

ケネディー家は打ち続く悲運と年来の出費によって、名家としての対面を保つのに事欠くピンチ家計であった。将来もし夫の残していった子供等を立派に育て、しかも男の子には悲運の夫の後を継ぎ大統領の椅子につかせるのにはそれ相当の経済的基盤も必要である。しかし現在ただ一人残った義弟はこれまた、スキャンダルでいつどのようにころがるか解ったものじゃない。そこでジャクリーヌは考えた、是が非でも夫の意志をついで子供を世に出すには、金主が必要である。

天の意か、その時ちょうどケネ[illegible]ためるためにのみ、この世に生れて来た男にしか評価されないのが何ともあわれである。

ロスアンジエルス（Los angeles）

アメリカは広大な国だと思う。ニューヨークを発って四時間余コロラド河の渓谷グランドキャニオンが眼下に大地を深いつめでかいたように壮厳雄大な絶景と一種恐怖感を伴って拡っていた。乾燥した砂漠に接した郊外に入るともう大都会の様相を呈して、一面に拡がる住宅街ハイウエイ等がロサンジェルス到着かおもわせる。

この西部にはやたらとSANのつく町の名前が多い、例えばサンフランシスコ、サンノセ、サンタ・バーバラ、サンディエゴ、そしてロサンジェルス等、これ等は皆スペイン語の"聖"なんとかで牧師の称号につかったものである。してみればこの界わいはスペイン系の牧師がうろちょろしていたことにもなる。実際のところ西部はメキシコ国境にかけスペイン系が独立以前より居住してたところである。（つづく）

壮大なロスの中心街

秋晴れの北摂体育祭 大阪

大阪の民団北摂地区の第2回合同体育祭は、秋晴れの三日の日曜、豊中市自然公園で約千二百人もの同胞たちが集まる中で盛大にひらかれた。

この日選手団入場では、前年度優勝チームである吹田支部を先頭に管内各支部が堂々と行進、黄尚奎吹田支部団長と体育祭実行委員長の姜弘実東淀川支部団長の激励辞がのべられたあと、競技の火ぶたがきられ、小・中・高生徒たちと一般青・壮年たちが各支部を代表して熱戦をくりひろげ、総合得点で東淀川と高槻両支部が同点となり、抽せんの結果、高槻支部が幸運の優勝旗を下先春大阪本部議長から授与され和気あいあいの楽しい一日を終った。

留学生体育大会ひらく

さる三日午前十時から東京・韓国学校運動場で、第三回在日韓国留学生体育大会が開かれた。

今年の大会は、早稲田大学韓国学生会（李吉洙会長）と慶応大学韓国留学生会（李無星会長）の主管で行なわれたが、この日の大会に参加したチームは、早稲田、明治、慶応の各大学留学生と、民団中央、駐日大使館チームがゲストとして参加した。

国費留学生募集

12月10日までに願書しめきり

政府文教部では、駐日大使館を通じて例年の高等学校課程国費母国留学生・七五年度生を募集することになったと、このほど民団中央に通達してきた。

しめきりは七四年十二月十日までだが、募集要綱は領事館、民団各地方本部と教育文化センターに問合わせればよい。

けんらんたる"流線美"

満員の場内は恍惚の境

エンジエルス幕あけ

九十二日間のロングランの日程で来日した韓国が生んだ世界の天使たち「ザ・リトル・エンジェルス」の東京公演が日劇で、さる十月二十八日から幕をあけた。

この日、二千五百人を収容する日劇の場内は満員の盛況、ライトが一斉に舞台を照らすと、客席からは「可愛い―っ」という歓声と、盛んな拍手がおくられた。

舞台の両側から出てきた、七歳から十三歳までの少女たちの踊りは、韓国舞踊特有の流線美をかもし出しけんらんと目をうばうばかりの美しさ。場内のあちこちから恍惚の嘆息がもれる。出し物は、第一部に夜明けの響き、春の子供たち、扇の舞、太平天下、花の宴、お嫁にゆく日、僧舞。第二部は、長鼓の踊り、人形の踊り、剣の舞、仮面の踊り、琴と唄、夜道農楽と最後は全員によるコーラス。公演時間は二時間半。

観客の一人、作曲家の高木東六氏は、一目見て、もはや私はこの小さな大使達のとりこになってしまいました。言いようもない程可愛いですねと語った。

東京公演は来る十二月二十九日まで。前売券の問い合わせは、電話〇三（四六四）一七六六。

開演時間は午後一時半と午後六時半の二回。

入場料金・S席・五千五百円、A席・五千円、B席・四千五百円、自由席・四千円

「夜明けの響き」を踊るエンジエルス

韓国語学習（会話・文法）

成根容 著

第一部・いろいろな挨拶のしかた
第二部・語尾のいろいろ
第三部・助詞のいろいろ
第四部・会話の応用

―A5判三七〇ページ―

価八五〇円（定価一〇〇〇円の内、著者一五〇円負担・送料・一一〇円）

民団中央本部宣伝局 電話 八一五―一四五一～（三）

中央会館建設하여 民団維新成就하자

75年度 生徒募集

一、募集人員
初等部一学年……五〇名
中等部一学年……五〇名
高等部一学年……一〇〇名
外 編入生若干名 但し高三は除外

二、受験資格
初等部一学年……満六歳児童
中等部一学年……小学校卒業 又は 予定者
高等部一学年……中学校卒業 又は 予定者

三、願書受付
期間…初等部・自一九七四年十一月一日～至十二月六日（午前九時～午後五時）
中・高等部・一九七四年十二月一日～至二月七日（午前九時～午後五時）
場所……本校教務部

四、受験手続
（イ）本校所定の入学願書
（ロ）出身学校調査書（編入は在学及び成績証明書）
（ハ）国民登録済証明書
（ニ）写真四枚（4cm×5cm）
（ホ）考査料
初 三〇〇円
中 一〇〇〇円
高 二〇〇〇円

五、考査
初等部……面接
中等部……面接、書類審査
高等部……面接、学科考査（国、英、数）
（但し、日語科目で国語代行可）

六、考査日時
初等部……一九七四年十二月七日（土）午前十時
中・高等部……一九七五年二月八日（土）午前九時

七、合格者発表
初等部……一九七四年十二月九日（月）正午
中・高等部……一九七五年二月十日（月）正午

八、其他
（イ）提出書類は返還しない
（ロ）入学に関する問合せは教務部まで

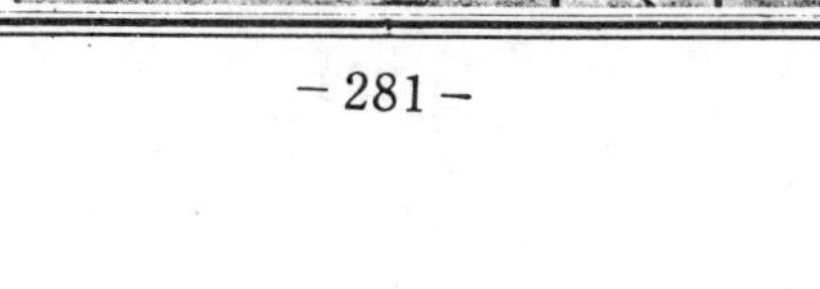

東京韓国学校
東京都新宿区若松町二一
TEL（三五七）二二三三～五

在東京外国特派員の座談会
日本のマスコミを評す（中）

在日韓国人は少数民族
二つに分れているのが悲劇を大きくしている

朴主幹

朴主幹＝わたしは日本に三十年以上いる間に、日本の新聞は政治をするということを知りました。それは日本の新聞は影響力が非常に大きいということです。戦争をあれほど書きたてた日本の各新聞が、今ヒールシャーさんがいったように、反省とかそういうものなしに、無責任と一貫性のないやり方で、いいたいほうだいのことを書いております。例えば日本での在日韓国人の差別問題なども、アメリカでの黒人問題については正義の味方のように大々的に書くのに、日本国内の在日韓国人の差別問題はあまり取上げないのですね。このようなことも含めて御意見を出していただきたいのです。

戦前の人種差別意識 再教育によって解決 ドイツでは既に実施

ヒールシャー氏＝わたしが日本におって在日韓国人の差別問題を具体的に知った一つは、この前の日立の問題です。それまでは何も出てこなかったですね。でもわたしは前に半年ぐらい京都に住んだことがあります。関西には在日韓国人が多いから、差別のことを聞きました。わたしの家内も京都で学校に通っていましたので、そういう内容をよく判っていたのです。わたしの国でもユダヤ人問題で悪い歴史がありましたから、最初から非常に関心を持ちました。結局わたしの印象では、なぜそういうことを、日本の新聞がとりあげないかということに疑問がでました。在日韓国人の差別問題が一つ一つ新聞のトピックスにならないということは前提条件として認めますし、たいして珍らしい話でもないということではニュースにもなりませんでしょう。わたしから見るとどの国でもマイノリティ（少数派）がいるかぎり問題がでる、それはしょうがないという、一つのあきらめであるかも知れません。一つは、在日韓国人の場合どういうことで日本に来たかということからはじまるわけですが、日本の政府にも、あるいは個人にもいえることは、徴用とか、いろいろの悪い理由で大部分の人を連れて来ているから責任があると思います。普通の、例えばマレーシャを考えると色々のマイノリティもありましようけれども、そういう人は色んな理由でそこにはいって来たのです。日本にはいって来た二十世紀以来はいって来た韓国人は、大部分は自分のイニシャティブではいってこなかった。日本政府の強制々度やそれに近い色んな理由ではいって来た。ですからそういうような状態であることに対しては、責任も普通より大きいでしょう。それだのに日本の政府は何もしない、新聞はこれに対して社会の教育という面で大きな役割を果すべきでしょう。だから、政府がやらなければ、少くとも新聞がこういう差別問題とかを取上げるべきでしょう。例えばドイツについていえば、ドイツ人と、むかしのポーランド人、ユダヤ人の問題があります。ポーランドも韓半島と同じように両域（東と西のこと）にまたがっているのですね。ここにも人間関係で大きな問題が生まれています。それから民族という意味でも、あるドイツ人特に

ヒールシャー氏

ヒットラー時代に目立っていたドイツ人の考え方ですね、ユダヤ人に対する考え方で、非常にスペリオリティ・コンプレックスとインフェリオリティ・コンプレックスの問題があったです。そこで、これに対する大きな再教育をしないかぎりならないということが叫ばれました。ですから、わたしが高等学校を卒業したのが一九五六年ですから、十八年前ですね、そのときの教育も今の教育も、どの時代の教科書もユダヤ人の問題を大きく取上げているわけです。わたしの前の仕事は法律家としての仕事ですが、わたしはユダヤ人を代表して政府に対するクレームを法律家として弁護したのです。こういう活動は大きい意義をもっているのですが、反発する声が出ることも多いですね。もう三十年もたったんだからという声もだいぶあります。しかし大きなトピックスとしては取上げられるわけです。一つはこれは戦争中にあったドイツの国内問題として大きいわけです。日本の場合は（戦時中）国外でやったことの方が大きかったのです。例えば韓半島で、中国大陸でやったことです。だから日本の国内での意識は、反省心を呼びおこす程強くなかったのですね。もう一つは投票したドイツ国民を代表する与党の社会民主党、これは日本の民社党や社会党に当る政党ですが、この社民党はヒットラー時代の野党です、その時代からドイツのユダヤ人政策に反対していたわけです。その時は非合法組織として弾圧されたので表むきの活動はできなかったのです。新らしい社会となってからの活動は効果があったのです。日本の場合、戦後色々なことをいっている人たちも、戦時中は政府に大きく協力したのですね。国民の考え方も違うわけです。例えばサンフランシスコ条約で独立した国家となったとき、それと同時に過去のことを忘れてしまったようなところが強いのです。在日韓国人の差別問題もだから日本の新聞が扱わないのですね。

十五年前より認識良くなった 日本人の差別は社会問題から

スムラー氏＝日本人の、韓国人に対する態度は、根本的には沖縄人に対する態度に似ていると思われるが、韓国人に対する差別問題は重大な意味を持つと思います。在日韓国人の人口のこともあるが韓国は独立した国であったという点と、日本が過去において韓国から、または韓国を通して中国からいろいろ学んだ、知識を持って来たということが何百年、何千年にさかのぼった歴史があるから、それほど重要な関係にあったわけです。ですから韓国人に対する日本人の差別待遇は、例えばドイツあるいはヨーロッパの国のユダヤ人に対する差別の問題と根本的に違っているのです。ヨーロッパの場合、ドイツの場合の反ユダヤ人の態度は間違った民族学的な考え方を基礎にしたものであります。だが、韓国に対する日本人側の差別はむしろ社会問題にもとずくものであると思います。つまり韓国側が、自分らの社会を組織するような、そういう能力があまりよくなかったという点もあるといえます。そこに優越感とか劣等感という問題があるわけです。まあ十五年以前ならば日本人はわざわざ韓国料理を食べに行くことはほとんどなかったけれども、それが急に好きになったということで、文化というか、文明という面で韓国と何かの親しみができたという現象があります。但し、この差別をなくすということは非常に難かしい問題で、これは永年を要する問題であります。日本人に韓国人が、対立できるような立場であると思えば韓国人を尊重するようになるでしよう。もう一つは北朝鮮が、韓国と日本の間を引きはなそうと努力していることもあるわけです。それから、朴大統領と田中首相が韓日関係の正常化を果したということは、これはある意味においてはアデナウアとドゴールの間で、独仏の長い間のもつれを忘れて正常化させたと同じようなことだと思うのです。非常に意義の深い、大きな問題だったと思います。そこで大へん重要なことは、日本人の韓国人に対する差別が、なくなったとはいえないが大へんよくなったといえるのです。逆に北朝鮮は日本に対する差別を強調するようになりました。日本の野党と報道機関が韓国に対して差別的な態度をとり、北朝鮮に対して好意的な態度をとるということは、差別問題に悪い結果しか出て来ない。つまり日本人の韓国人に対する差別感情を強めるような傾向になり、一方では逆に北朝鮮の日本に対する差別感情を強める結果になりかねないと思います。民族的な差別だけでなく、日本の報道機関は政治的な差別を示しています。例えば田中首相が外国旅行をした場合、何か不都合なことがあった場合、それは日本の新聞の記事になるわけです。ところが、例えば社会党の成田委員長が北朝鮮に行ったときに、だいぶ不都合なことがあったはずです。それは日本の新聞には報道されなかったのです。それが週刊文春に少しだけ出たのですけれども、こういうふうに差別的な報道がされているわけです。

スムラー氏

白人には頭上がらず アジア人は低く見る日本人

ナライン氏＝日本人の韓国人に対する差別問題は、口では何といおうとも、根本的には日本人は人種差別を行う人種だといえることです。これには色々理由はあるのですけれども、明治維新以来日本の国民というものが、一つの大きな目的を持っていたわけです。それは西洋人、つまり白人と平等な水準に達するまで努力するという目標を立てたわけですね。それで日本人はアジアのどの国の民族の社会よりも白人と平等の社会を築いたという考え方があるのですね。例えばわたしは戦争中に日本にいたことがあるんですが、そのときですね、ナンだアンタはクロンボじゃないかとよくいわれたことがあるんです。インド人ということを知っておりながらです。そういうふうに色の差別というのが非常に強い、マ、自分たちは白人と一諸だ、ほかのアジアの、あるいはアフリカの民族というものは自分らよりも低いんだと思っているわけです。この観念は日本人の頭の中に相当強いんだと思うんです。ただはっきりいわないだけの話なんです。例えば韓国人は戦争中労働者としてたくさん連れてこられたわけです。そういう人がどういう仕事をしたかというと、日本人が一番いやらしいと思っている仕事ばかりさせられた、早い話が汲取り、それを朝鮮人にさせるというように、朝鮮人というとそのような待遇しか与えなかったのです。それから韓国人の部落というものがあっちこっちにあったが日本人の社会の中へなかなか溶け込むことができなかった。これは日本人が一つの二重人格をもっているせいだと思うんです。白人に対しては日本人は頭があがらないしかしほかの人種に対しては自分の方がエライんだと思っている。これは二重人格です。今は韓国は独立国であるので、そういうことは公けにいえないけれど、今だって何か話があると、あ、あれは朝鮮人だ、とよくいわれるわけです。こうナンとなく、朝鮮人だから、自分たちと平等じゃないという観念ですね、朝鮮人はニンニクを食べるからイヤだとかね、とにかくそういう差別的な考え方、人種差別の観念はなかなか抜けないけれど、さっきヒールシャーさんもいったが、教育によって、日本人の若い世代からそういう観念をなくさなければならないし、なかなか解決しない問題だろうと思います。残念ながらこの差別的な態度を失くそうという、日本人自身の大きな運動がないということ、これは本当に残念ですね。こういうことにイニシャチブを取って運動をやろうといった人は、わたし残念ながら一人も知りませんね。

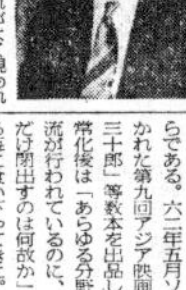
ナライン氏

戦後すぐ帰国すればよかった ソ連にもある少数民族差別

プリングスハイム氏＝わたしは差別問題と関連して別の問題をとりあげたいと思います。率直にいってどの国にも少数のマイノリティがあるということが、色々悲劇のもとになっているという点です。わたしは日本の敗戦後に韓国人が日本に残ったという点に一つの悲劇があると思います。そこには色々複雑な問題がからんでいますが、そのときに（日本の敗戦直後）韓国人を帰国させることが合理的だったと思います。もちろん歴史的にさかのぼって、韓国人が自分の意思で日本に来たんじゃない、そのときに自分の国に帰されるのはかえって残酷だという点があったけれど、結論としてはやはりそのときに自分の国に帰らせた方が良かったと思うんです。それができなかった原因は、韓半島がドイツと同じように二つに分れてしまった、それで両方から反対があった。長い間もめて、帰りたい人もなかなか帰れなかったということもあるし、別の意向では、永住権を当然要求できる権利があったし、日本で財産、地位などがある程度できたものを捨てて帰っても、向こうには何もない、やり直すということはまた個人個人の立場からいえば大へん不公平な結果をもたらす恐れがあった。結局、日本人と韓国人の間にあまりいい関係が生まれないということは事実である。さっきスムラーさんもいったけど、お互いに優越感、劣等感がそれぞれの原因にもとづいて存在すると思う。日本人がなぜ韓国人に対してすっきりしないかということは、長年に亘る歴史的ないきさつの中で、韓国人はわれわれと同じような人間ではない、ということを頭の中にたたき込まれたためですね。わたしも日本に来たときに、知合いになった韓国人と仲良くなったが、日本人からすぐ「あんたよく気をつけなさいよ、朝鮮人ですよ、どういうことをやられるか判りません」とね（笑い）そういうことをいわれたんです。もうこういうことが日本の国民感情の中に深くはいっているのです。何十年間にそれを植えつけられたんです。これは理性ではいくら不合理だということをいわれても、感情的になかなか抜け切れないというのは、よいことではないが、人間の性質上やむを得ないことだといえます。韓国人が二派に分れて日本にいるので色々の問題が生れてくるんでしょう。悲劇をなおさら大きくしているんですね。日本に六十万人の、もとの朝鮮人が存在するということは、日韓関係の上にも、もめごとの種をまいているといえるわけで、結局、あの朴大統領狙撃事件もそういう問題から生れたと認識しなければならないし、また金大中事件の問題も、そういう関係とからんで生れたものであるといえる、それに対する日本側のはげしい反撥、反感も、結局そういう問題とからんで考えなければならないと思います。結論として、やはり自分の国に行った方が一番いいんだと思う、よその国にいれば一つのマイノリティとして必ず色々の問題が起ります。アメリカでもそうであるし、ほかの国でのユダヤ人問題と同じように、ユダヤ人が自分の国を持ってなかったからその国で反ユダヤの感情がおきて色々な問題があったのです。

プリングスハイム氏

ヒールシャー氏＝同じ国民の中でもですね、例えばわたしはソ連に占領されている今の東ドイツのもっと東の郷土から戦争のあとで逃げたんです。西の方へですね。小さい村にはいったのです。そのときはわたしも外からはいって来たよその人間だったわけです。結局差別扱いをうけたのです。何年間もそういう扱いをうけました。

プリングスハイム氏＝そこはまた問題がむつかしいです。韓国と北朝鮮のような場合にはその国から来た人は、やー自分は向こうでやられたから逃げて来たといっても、スパイではないかとの疑いも受けるし、そういう実際の例もあるし、そういうことは非常に複雑なんですね。

スムラー氏＝ソ連の中にもマイノリティがあるわけですが、わたしの聞いた情報によりますと、ヨーロッパにおけるユダヤ人、日本における韓国人と同じような差別をうけているようなことを聞いております。（つづく）

出席者（発言順）
ハンス・E・プリングスハイム（イギリス、ロンドン・イブニング・ニュース特派員）
K・V・ナライン氏（インド、マドラス市、ザ・ヒンドゥ極東特派員兼代表）
アルフレッド・スムラー氏（フランス、パリ・マッチ誌、エア・エ・コスモス航空誌駐日特派員）
ゲプハルド・ヒールシャー氏（ドイツ、ミュンヘン、ジュート・ドイチェ・ツァイツング〈南ドイツ新聞〉極東特派員）
韓国新聞社　朴性鎮主幹・他

モデルを求む
25才以下の韓国人未婚女性の写真モデルを求めています。ご希望の方は左記のところまで。
☆電話・東京七一六ー七五六一、ブルノーまで。または本社（八一五ー一四五一）にお問い合せ下さい。

日本の映画界
韓国進出の希望捨てず 国民感情はどうなるか

先月ソウルで開かれた韓日貿易会談で日本側は韓国に対し日本映画の輸入規制を解除するよう要求し韓国市場をねらう日本側の執念を再び見せつけられた。日本映画が韓国市場をうかがい出したのは国交正常化の前の六〇年代初期からである。六二年五月ソウルで開かれた第九回アジア映画祭に「椿三十郎」等数本を出品し、国交正常化後は「あらゆる分野で相互交流が行われているのに、ただ映画だけ閉出すのは何故か」と機会ある毎に食い下ってきた。

世界でも指折りの映画国日本が韓国市場を席巻するのは当り前かも知れない。七〇年代に入り斜陽化したというものの韓国では外国映画に対する関心は極めて高い。ことに日本映画が公開される場合、対日感情は別としても映画ファンの好奇心をかき立てることは間違いない。だが対等な立場で映画交流がはじまれば派生する問題は一、二にとどまらない。まず全国民の日本に対する敵対感情も問題であるが芸術的次元からしても日本映画の一方通行となる。外画の輸入価格を最低三万㌦としても国産映画の輸出価格が最高五千㌦であるから貿易面でも非常なアンバランスとなる。この条件でしても韓国映画が日本市場に流れるとは思えない。六九年十一月韓日映画交流の先がけとしてソウルで鑑賞会議の形で日本映画週間を開くことに合意したが対日感情もさることながら右のような事情で実現するにいたらなかった。

それでも日本側は執ようである。七一年のアジア映画祭はボイコットしながらも七二年ソウルで開かれた第十八回アジア映画祭には十二本の作品と大代表団を送り込んだ。映画当局でも何時かは映画交流が実現するとみて、それに先立ち①日本と第三国の合作映画輸入②国産映画への日本俳優出演③韓日合作映画製作④日本映画輸入等四段階措置を考えたこともあった。これも三段階までは日本映画を輸入するための小細工だと批判されウヤムヤになってしまった。日本映画輸入は当分先の話だ。〈KPI〉

「人民日報」新聞でない
北京駐在外人記者の勇気ある報道

オタワからの中央社電は次の通り伝えている。トロントのグローブ・アンド・メールのボーンズ北京特派員は、最近「人民日報」は千人の従業員を抱えているが、記者はいない。一年中編集員は三分の一ずつ農村に行き、生産労働に従事している。

——一編の社説が発表されるまでには、大体二か月もかかる。ニクソンの辞任記事も目立たない紙面で短い四段で片づけている。

——「人民日報」は中共党「中央委員会」の機関紙であるが、我々西側の眼で見れば、それは全く宣伝の具であり、新聞紙ではない。

——「人民日報」本社は北京の目貫き通りにあり、大門は開かれているが、部外者は勝手にははいれない。北京を訪問した記者団が参観を許されたのは、長い廊下の突き当りにある応接室、受付室、活字室、印刷工場だけであった。

——「人民日報」社とそこから一㌔以上離れたところにある「新華社」は、共に警戒が厳重で、自動小銃を持った制服の兵士が正面玄関で警備しており、各階ごとに守衛がいて、訪問者が間違いを起さないよう、トイレにはいった時でも厳しく監視している。〈中華週報〉

文禄・慶長の役
壬辰倭乱私録（15）
西厓柳成竜の三男「柳袗」の乱中体験記
金竜煥・画

寺に百余名の避難民

波がかなりあわててかけて行くさまを見て一同は目をまるくした。服を脱ぐまもなく水の中にどぶんと勢いよく入って行った。幸いその川は川幅が広いわりにそれほど深くはなく、私の胸すれすれだったが、水が氷のように冷たかった。

無我夢中で川を渡ると、倭賊は気配だけで姿を現さなかった。そこの遠戚たちは、この知らせを聞いて人をよこし、かがり火をたいておいたので、まずぬれた服を火にあぶってかわかした。

送ってよこした馬に分乗して入って行くと、大福はどこへ姿をかくしたのか見当らず、ただ穫り入れた穀物が五、六石が残っていた。

地元の遠戚たちも穀物の一、二斗ほど分けてくれたので、一行は十月まであれこれ過ごすことができた。

十一月（陰暦）になってから川が凍りつくや倭賊たちは間髪を置かず押し寄せてきた。一行は遠戚の者たちと、またもや山に隠れなければならなかった。

その山には大きな寺があったので、避難民たちはみなそこに泊まっていた。ここでは食糧が尽きたら最後、売る物とてなかった。姉はついにチマ（裳）を売り払ってもみ十三升を手に入れた。

密花（琥珀に似た玉・冠につける飾り）などは平素は高価なものであるが、当時はだれ一人買おうともしなかった。売り歩いたあげく、これを広州牧使（守令）の許へ送ったところ、木綿地十七疋を送ってくれた。

さじまでも売り払ったあとだったので木を削って作ったさじでかゆをすするという始末だった。十二月には時疫流行病まではやり、寺にいた人のうち三十余人が命を失うありさまだった。私もその疾病に罹ったのであるが、やっとのことで命だけは拾うことができた。ともかく、ここもそれ以上泊まっていることができなくなった。

父が使者をつかわす

南陽（水原の西南地方）には李進士の田地があったので、一行はそこへ行くことにした。昼間は山に隠れ、夜中になってから倭賊の陣地を縫うように避けて通る避難行であったが、倭賊もさることながら、義兵を名乗るわが国の人たちがいっそうこわかった。彼らは難民たちの弓矢はもとより、荷物なども手当たり次第にひったくるのであった。ちょっとでも反抗する気配が見えたら、一刀の下に殺されるので、その恐ろしさといったら言い尽くせないものがあった。

わたしたち一行には、奪われるほどの物もなかったが、ただ一頭の馬をもし奪われたら、李進士が親しく義兵将に訴えることにした。

途中わたしたち一行と、洪渾（字・渾元・柳成竜とは親密な間柄）の夫人一行だけが、義兵たちのそのような難を免れることができた。

[illegible]陽地方には倭賊たちの大きな陣地があった。そこを抜け出たところに南陽が位置していたため、一行は南陽から二里ほど離れた手前の地点に止まり、食事を済ませてから夜を待った。

夜になってから一行は出発したが、ちょうどそのとき、後ろの方から幾人かの人たちが、「李進士のご家族ではありませんか。私は平安道の宰相大監（柳成竜）さまの使いの者ですが……」というではないか。

父は、二頭の馬に荷物を積ませ、「私の子弟を探しにゆく者たちであるから、道を妨げてはならぬ」という付け書きと一緒に、四人の使者をつかわしたのであった。

彼らは風聞をたよりに加平から楊根、楊根からさらに南陽に向かうところだったのである。彼らはすかさずわたしを引き取ると申し出たが、李進士はこれを許さなかった。

涙で別れを訴える

「これまで艱難辛苦を共にしてきた者を、いまになってどうして手離せましょう。それだけは絶対になりません」と李進士は決然と言い切った。それを聞いた私は、涙を流しつつ行かせてくれるよう哀願した。しかし、李進士はがんとして動かなかった。私はひそかに立ち上がって、使者のところへ行った。使者は私を背負って立ち去ろうとした。これを見た李進士は憤り、すかさず千億をよこしてきた。千億は、

「李進士さまは、何か消息を父上に伝えるつもりのようです。どうして軽々しく振り舞われますか」というのだった。

しかし、私はそれが信じられなかったので、もどろうとしなかった。李進士はついに乳母を寄こしてくれた。

中央会館建設하여 民族事業이룩하자

ROLLS-ROYCE 欧米車輸入販売
世界の最高級車ロールス・ロイス!!
9月末通関したばかりの新車です
男の夢を叶えて下さい！
←世界で3台しかない新車
↓4ドア新車

NOTE: This brochure was originally produced in England and has been reprinted for use in the U.S. pending publication of final U.S. brochure. Cars entering U.S. and Canada differ from those shown here in that they have left hand steering, head rests on front seats, safety belts, front and rear side marker lights and other equipment required by Federal Safety Standards.

☆他に米新車は半額に近い出血価格です

ヤング サイクル カンパニー
東京都北区東十条4丁目7番11号　取締役社長　崔容奎
電話 (914) 0745番
委細面談

韓國新聞

在日大韓民国居留民団
中央本部機関紙
韓國新聞社
発行人　尹達鏞
東京都文京区春日
2丁目20ー13
電話　直（815）1451〜3
　　　交（813）2261〜5
振替口座　東京　163774

本国連絡所（民団本国事務所内）
서울特別市鍾路区昌成洞
政府合同廳舍4層
電話73ー0165

在日本大韓民国居留民団　綱領

一、우리는 大韓民國의 國是를 遵守한다
一、우리는 在留同胞의 權益擁護를 期한다
一、우리는 在留同胞의 民生安定을 期한다
一、우리는 在留同胞의 文化向上을 期한다
一、우리는 世界平和와 國際親善을 期한다

民団破壊活動再開

朝総連の宣伝教養隊

個別訪問で見えすいた手くだ

朝総連では、このほど開かれた第十期第二回中央委員会を契機に「九・二四教示貫徹行動隊」の運動展開のための宣伝役割を果たす「祖国統一宣伝教養隊」を表面におし出し、戦闘的な対民団破壊活動を開始することになったと消息通は伝えている。

もともとこれは今回の中央委以前にその方針を決定していたもので、さる十月二十五日から「祖国統一宣伝教養隊」は、東京、大阪、福岡の三大密集地域で活発に運動を開始しており、残りの神奈川、兵庫、愛知、京都、広島、山口等の主要地域でも今月中には活動を開始することになりそうだという。

この運動は、文世光事件が北傀と朝総連によってひきおこされたものであることが内外に明らかにされたため、一時停滞していたもので、世間の騒音がようやく下火になったのを見はからって再び活動を開始したものとされ、さきほど北韓を訪問した青年代表団の帰日を待って士気を鼓舞、この挙に出たものである。

この具体的戦術の一つとして、彼等は全同胞の個別訪問策をとり、彼地でもらった金日成サイン入りの時計や記念写真をちらつかせるなど、興味と名誉心をそそる底の見えすいた手くだをつかっており、心ある同胞たちの中にはそのあまりの露骨さにまゆをひそめ、逆効果を招くこともあるという。

朴大統領狙撃事件を歪曲

朝総連に踊らされた兵庫・伊丹市議会

去る十月八日、兵庫県伊丹市議会が、朝総連伊丹支部の「請願」「書」なるものをもとに社会、共産両党の合作になる「在日朝鮮人の民主々義的民族権利の保障を求める決議」を一方的に採択したのに対し、朴大統領狙撃事件の真相を歪曲したこの対韓非難は許されざるものであると、地元民団伊丹支部（鄭積出団長）では、青年会、婦人会の応援を得て、十一月一日午後、伊丹市議会の松岡久太郎（社会）議長を訪れ、国際信義にもとるこの不当な決議に激しく抗議、その撤回を強く要請した。

この抗議に対し松岡議長は、議員総会か本会議にかけ、その結果を文書で回答すると約束した。

一方、その後の民団側の調査により、この決議案は故意に会期終了直前に出され、わずか二十分間に審議もせず急行通過させた。また同日、市議会の傍聴席には朝総連系同胞が多数おしかけ成り行きを見守っていた、との事実が明るみに出され、朴大統領狙撃事件以来、倍旧して対韓非難宣伝に狂奔している朝総連と、革新議会といわれる伊丹市議会の野合ぶりを如実に見せてくれた一つのケースとして注目される。

国政レベルで審議するもの

伊丹市議会・大島東彦議員談

「充分に審議すれば、決議ができることもなかったと思う。だいたい、あのような決議は国政レベルで審議するもので、市議会レベルでやるものではないという立場から、私は反対意見を述べた。そもそもあれは、朝総連伊丹支部が請願書としてもってきたもので、市議会としては必ずしも取り上げる義務はなかったのに、付託された総務委員会（委員長・川本英郎議員＝共産党＝）が請願書として採択してしまい、そのあと社会党、共産党所属の紹介議員らが請願書の意のとおりに決議案を作成し、会期終了まぎわに、充分な審議をしないで多数決で決議されてしまったものだ」

文世光、犯罪を全面反省

13日の控訴審初公判で

判決は二十日

朴大統領狙撃テロ事件の犯人・文世光の控訴審初公判は、十三日ソウル高裁で開かれた。

この日の裁判では、人定尋問のあと、弁護側の控訴理由書の朗読、検察側の反論、また弁護側、検察側双方の質問とつづき、急テンポで裁判は進んでいった。

文は、宋明寛弁護人の質問に答え、私の行動は全面的に間違っていたといい、韓国動乱は北韓側が引きおこしたもので、朴大統領は多数国民の支持を得ていることがはっきりわかったとものべ、自分の行動は全面的に誤まった犯罪行為であったと、たんたんと現在の心境をひれきした。

このあと、法廷にはビデオコーダーがもちこまれ、光復節式典当時の狙撃事件の模様が放映されると声をあげておどろき、自分の犯罪行為を素直に認めたといわれる。

次回は二十日に開かれ、判決公判となる予定。

時評

朝日新聞　680万読者ダマせるか

◇朝鮮総連系作家の李恢成が、11月9日付朝日新聞の「論壇」で、前回李自身が論壇で論じた〈希望論〉の弁護をしていた。それは11月2日付同論壇に投稿した日本人作家岩田淳文氏に対する反論の形をとっていたが、自らの勉強、認識不足、そして強弁、自分を如何にも「良心」の権化の如く見せようとする詭（き）弁、感情的決めつけ以外、何ら人を納得させるものを持ち合わせていないことを示す全くの駄文にすぎない。朝日新聞がなぜこのような文章を好んで取上げるかは今更論じることもない（10月19日付および10月26日付本紙時評で指摘ずみ）。◇

李恢成の文中、まず認識不足の点から指摘しよう。彼は自分に反論した人物に対して反論を書きながら、岩田氏の名を故意に出さないのと同一筆法で、「民団系某紙」と書いているが、これは明らかに李恢成批判を連載した「統一日報」を指していると直ちに判断がつく。李がこの新聞を「朴政権のエイジェントぶりを発揮している」とし、「御用新聞」だとキメつけたが、共産化を拒否し、自由民主主義を擁護する立場の韓国系在日新聞、通信は少くない。李から見ると、これらは全部「御用新聞」であり〝御用通信〟であり「エイジェント」ということになろう。それとも認識に欠けた李のいう「短絡した思考」そのものではないか。もう一つは、「投稿者の私への反論資料が奇怪なものである」というくだりである。岩田氏の論理を読むと（「勤労者」四月号）とはっきり出典が明示してあるにもかかわらず、「私には見当がつかない。まるで信憑（しんぴょう）性を欠く」とし「投稿者は特殊なルートで入手したと思われる云々」と、ことさら「韓国の情報機関がしばしば流布するもの」と論じているが、時評子Wも、この「勤労者」が北傀の出版物であり、朝鮮総連の出版物にも誌名が登場したことのあるのを知っている。都合の悪いことには否定してかかるおとぼけぶりは見事だが、これは左翼の連中の常とう手段である。

李恢成論理の完全崩壊

文の控訴審陳述が決定づけ

文世光の行動を「愛国の至情にもとづくものであった」と、前回の論壇での主張をくり返しているが、11月13日に行なわれた文の控訴審で、文自身の口から「思想が未熟だったため、結果的に朝鮮総連にだまされたことになった」と陳述したのを、どういいつくろうのかが見ものとなろう。李をはじめとする左翼陣営が何といい張ろうと、文本人がはっきりいっていることは、日本の各紙の報ずるところなのである。李が前回の論壇で自信満々と述べていた「彼は最後まで共産主義者としての信念をのべて死んでいこうとするのではなかろうか」という論旨はあくまでも10月26日付本紙「時評」で筆者が指摘したとおり、李の〈希望論〉にすぎなかったし、李が待望していた控訴審は李にとって論理の敗北を決定づけるものとなった。

李が、六百八十万部の発行部数を誇る朝日新聞で論じたことは、文と朝鮮総連＝北傀は無関係だということを、朝日の威力で日本中に印象づけるための作業であった。だがそれは、朝日六百八十万読者をバカにしようとしたことの一つでしかなかったことが暴露したのである。

しかも11月9日付朝日の論壇で、またも朝日の読者をバカにしたことを平然と書いている。それは「最後に断わっておくが、私は金日成主義者ではない。そのことは今回の文世光事件に対する私の見解が、南北何れの主張とも異なる独自のものであることからも明白であろう。私はただ在日朝鮮人二世の一人として、また一人の作家として自らの良心にしたがって発言しているだけである」と主張したことなのだ。

筆者は李が金日成の神格化、独裁者ぶりについて批判したことが全くないことをよく知っている。また、韓国大統領のすばらしい領導力についての称讃（さん）の論がなかったこともよく知っている。常に北傀を弁護し、韓国政府を誹謗（ひぼう）することしか知らない李が、「独自のものである」と強弁している「南北いずれの主張とも異なる」という主張は、それはそのまま、自らが北傀の弁明にこれつとめているということとの、裏返しの偽装にすぎないし、「金日成思想のどのページを開いてみても、テロを容認する字句は見当らない」ということと、「金日成主義者でない」ということとは、言葉の上の単なる言訳にしかならないことを証するものである。

ついでに李の幼稚な論理も指摘しておこう。文の犯行について「百歩ゆずって北が狙撃者を差しむけるとして、はたして文青年のような未熟なアマチュアを送ったりするだろうか。この一事からも北の陰謀説には無理がある」と主張しているが、北傀がそれまでに七回、プロフェッショナル、アマチュアとりまぜて朴大統領の暗殺を企だて、ことごとく失敗したことにも、説明をつけることができるというのだろうか。

李は作家の良心云々といっているが、文のテロ事件は原稿用紙の中での創作ではない。幼稚な論理を振回して恥かくより、創作でもかく方がやはり似合うというものだ（W）

スパイ事件に焦点

金団長の引責辞任留める

第13回東京地方委

民団東京地方本部（金致淳団長）の第十三回定期地方委員会が去る八日午前十時半から東京商銀七階講堂で開かれた。

現職の副団長がスパイの主犯であったという事件があっただけに緊張した雰囲気のうちに開会し、国民儀礼のあと教育憲章朗読、徐興錫議長の開会辞があってから委員点呼が行なわれ、六十三人定員のうち四十九人が参席、委員会が成立した。

つづいて金致淳団長、金栄洪監察委員長のあいさつのあと、許弼奭東京商銀理事長、鄭東淳常任顧問、尹達鏞中央団長、全在徳駐日公使、権逸国会議員と祝辞がつづいた。

次に三機関並びに各部の報告が終ってから昼食に入り、一時半から再開したが、質疑も殆どなく主に陳斗鉉スパイ事件に焦点がしぼられたことになり、金栄洪委員長が事件の内容を詳しく説明したあと討議に入る前、金致淳団長が発言を求め、団長としての責任を痛感し議長に辞表を提出したことを明らかにした。

これに対し朴東煥、金西湖、張基珠、安昌燮各委員がこぞって反対し、陳斗鉉副団長の指名は金致淳団長一人の推せんだけでなく、他の多くの推せんによるものだから直接の責任はない、そして民団組織内に浸透しているスパイの索出は容易ではない、辞任をすれば北傀の思うツボにはまることになるから、心機一転して団務に励んでほしいという意見が圧倒的になり、同地方委員会の総意により金団長の辞表は受理されず、金団長も今後とも組織のため一身を捧げる決意をあらたにすることを表明し、午後三時ごろ閉会した。

なお、金団長に辞表を出していた金九商副団長も、「辞表を取り下げ組織強化に全力を尽くすよう」とする地方委員の発言に、涙を流しながら無言で応じた。

陳斗鉉事件で論議をよんだ東京地方委

スパイ侵透させる北傀

全在徳公使挨拶

北傀は民団にスパイを侵透させて対韓破壊工作をし、スパイが検挙されると、こんどはスパイを副団長に任命した責任を民団幹部に負わせて混乱を起そうとしている。このような策動に乗ぜられてはならない。

あまりにも大きい罪過

権逸議員挨拶

陳斗鉉とは取調べ当局の計らいで二回面会したが、泣いてわびていた。何んとか救助するつもりで努めたが、かれの罪過があまりにも大きい。入北した日時もアリバイのたつ日を成偽自白するようでは改心の情がないものと思う。陳の妻朴三順とも会ったが、初めての時の約束を二度目には完全に破るなど、根は相当に深いところにある。

陳斗鉉を除名処分

民団東京本部監察委員会（金栄洪委員長）は、さる七日陳斗鉉とその妻朴三順を団員籍から除名処分した。

処分の理由は反国家的スパイ行為。

陳斗鉉◇（一九二八年六月二十日生）
現住所・東京都世田谷区奥沢四ー二八ー一
本籍・京畿道仁川市松峴洞一〇〇
国民登録番号・東京一三八二八号
永住権許可番号・協定二三三五〇号

朴三順（一九三三年九月十二日生）
本籍・忠清北道永同郡梅谷面楡田里。
国民登録番号・東京一三八二九号

新執行部を構成

民団東京本部は、さる十三日新たに執行部を構成した。今度の構成はさる八日開かれた同本部地方委員会で、「より強力な体制づくりに全力を尽す」と決議された事項に基づいて、全常任委員が金致淳団長に辞表を提出したため行われたもの。

発表された執行部は次の通り。

事務局長	金西湖
総務部長	韓相竜
組織〃	申秀鉉
宣伝〃	金政男
文教〃	李乙珩
民生〃	許南明
経済〃（兼組織委員長）	安正煥
青年〃	尹陸道
企画室長	高翔徳
宣伝委員長	韓昌燮

時事漫評

軽そつに乗らないで

金竜煥

沖縄海洋博に

本国参観団招請

民団中央では、かねてから推進中であった沖縄海洋博覧会への本国同胞参観団招請事業実施に関して、十一月七日開かれた第九回中央執行委員会で検討した結果、参席全員の賛同を得たので、十一月十三日付公文をもって金永善大使あてに、本国政府関係部処と協議早急に許可してくれるよう要請した。

この実施に先だって、担当の中央民生局（安商権局長）では、その具体的要項を既にまとめている。

義務教育制を再確認する愛知地方委

中央会館建設協力

50時間義務教育制

第21回愛知地方委

民団愛知県地方本部（権会俊団長）では、十一月七日午前十一時から名古屋市の愛知商銀講堂で地方委員六十八人中、五十一人が参席して第二十一回地方委員会を開いた。

まず権会俊団長の民団組織の重大任務を強調するあいさつがあり、民団中央を代表して李聖南総務局長が登壇、五十時間民族教育義務制実施と団費徴収制確立は全国組織の網であると讃揚したあとさきの第二十四回中央委員会の決議を確認し、特に中央会館建設基金完納に積極的協力を要望、あわせて青年会結成を促求した。

つづいて名古屋総領事館の金相鉉領事から激励の祝辞がのべられ各機関の経過報告があり、商工会の再建と商銀の育成、青年会結成、中央会館建設等の中央委決議事項の遵守、五十時間義務教育制と教育委員会の設置、中央機関紙の迅速配付などを確認採択して午後八時に散会した。

北傀また挑戦

国軍合同参謀本部は十五日「休戦ライン西部前線で銃撃戦が行われた」と発表した。

この発表によると、この日午前八時五分、江原道にある休戦ライン西部前線の高良浦地域の非武装地帯で、北傀が機関銃で射撃を加えたため、国軍もこれに応射、双方は一時間十五分にわたって銃撃戦を交えたという。北傀は北側の歩哨所から最初に撃ってきたという。

徐興錫氏永眠

民団東京本部議長・徐興錫氏は、さる十三日午前一時、急性心不全で永眠した。一九一三年一月二十日生れ、享年六十一歳。

故人は民団台東支部団長、同東京本部副議長、同監察委員長、中央本部監察委員等を歴任した。

葬儀は十五日正午から台東区西浅草の緑泉寺で、民団東京本部葬として行われる。

民団中央声明

フォード大統領の訪韓歓迎

韓米友好関係の維持は世界平和の維持にも重要

フォード米大統領が十一月十八日、日本を訪問し、日本政府首脳と日米友好関係の確立にとって、重要な会談を終えたあと、同二十二日韓国を訪問し、朴正熙大統領と会談する。

フォード大統領の今般の訪日訪韓は、日本や韓国にとって極めて重要な意味を持つものとして国民の大多数は、心から歓迎しているのであるが、日本の野党三党と過激分子らは、いち早く「フォード訪日反対」「安保反対」を掲げて訪日阻止劇を演じようとしている。

われわれ在日同胞としては、韓米日の自由陣営結束のためと、三国の安保上フォード大統領を温く迎えるものである。

ところが、在日同胞社会の一部不穏分子らは、フォード大統領の訪韓に反対する運動を行なっている。しかも日本においてこれほど愚かな行為がまたとあろうか？

友好国の大統領が親善を深めるため自国を礼訪するのに反対する国民は、その国の国民とは言えないであろう。

元来、韓米友好関係の維持は、経済面や食糧輸入面、加えて対外政策、安全保障の面から見ても、世界平和の維持という点から極めて重要性を帯びており切っても切れない連帯感が深い。

特にベトナム戦争の名誉ある終結のため韓米両国がかためた「血盟の友好関係」は、両国の歴史に永久に残る偉業である。

それに北傀および朝総連が韓半島武力赤化のため、日本を基地として無謀な策動をほしいままにしている現在、われわれは、フォード大統領の訪韓が平和のための新しい寄与をアジア地域に確立する契機であることを信じ心から歓迎するしだいである。

一九七四年十一月十四日

在日本大韓民国居留民団中央本部

団長　尹達鏞

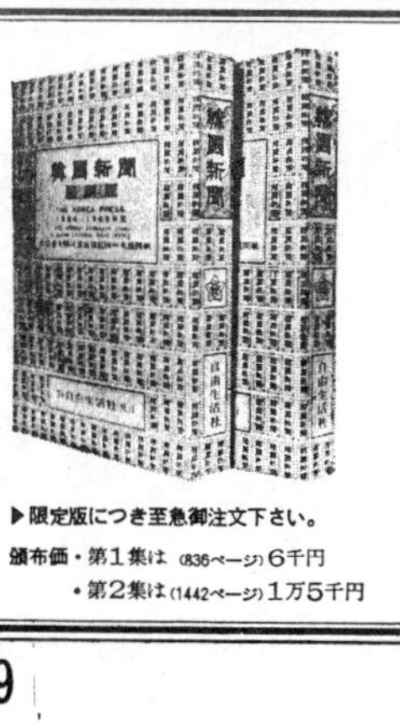

韓國新聞

縮刷版　第1集　第2集　遂に刊行！！

本紙創刊以来今日に至るまでの主要全紙を細大もらさず収録した歴史的な本縮刷版を全国団員と組織、傘下機関の書架にお届け致します。

☆第1集は1964年から1969年までの分を収録。
☆第2集は1969年から1974年までの分を収録。

▶限定版につき至急御注文下さい。

頒布価・第1集は（836ページ）6千円
　　　・第2集は（1442ページ）1万5千円

発売元　民団中央宣伝局　電話（03）815ー1451（直）

☆また附録として民団地方本部等の発行による機関紙や資料も併載しました。

維新経済の底力、不況に揺がず

輸出増で安定成長めざす

鉄鋼、建築など好調で安定勢

経済企画院では、5日午後、朴正熙大統領への10月中経済動向を報告するにあたって、世界的なインフレおよび資源危機の挑戦に対する韓国経済の不況対応策が、徐々に成果をあげはじめている徴候を具体的に説明し、安定を基調とする成長政策の推進に、より強い自信と決意を示す要旨次のような報告内容を発表した。経済企画院は「物価は安定勢を維持し、国内与信を増加させながらも財政黒字を通じて通貨を減少させ、輸出が減少はしたが信用状来到増加推勢が回復されるなか、生産および出荷が増加しはじめ、総合的な景気指標は9月のように下向性安定勢を示した」と報告した。

10月維新を契機に韓国の産業はあらゆる面で飛躍的な発展を遂げた。特に石油化学工業および繊維工業、造船工業などでは先進国の隊列に伍して行く進展で世界の羨望となった。写真はたわわに実った稲を小型ハーベスターで刈り入れている光景。

この日、各部処から報告された主要経済指標によれば、物価は全国卸売り物価が需要減退による綿糸・合板など工産品の出荷増大と季節農産物の下落で、9月が0.3%今年に入って34%上昇におわりソウル消費者物価は、季節野菜類の出荷増大で9月より1%が下がり今年22%の上昇を見せた。

国内与信は、秋冬を前後する資金放出で、10月中3百35億㌆が増

兆6千百18億㌆、通貨量は8千3百23億㌆である。

10月中の輸出は、8月以後、ひきつづく信用状来到額の減少のため9月より5千2百60万ドルが減少した3億9千百万ドル、今年に入って38億7千4百万ドル（年間目標45億ドルの86・1%）にいたった。

鈍化推勢にあった信用状来到額は、9月より3千4百万ドルが多い3億4千9百80万ドルと集計され、輸出増加の回復調を示した。

9月中、産業生産は、電気器機・肥料の生産好調で繊維類・仮髪など不振部門をカバーし、8月より2.5%が増加し、出荷は清酒などが秋夕景気で活気をおびる一方、鉄鋼製品の輸出好調が契機となって、8月より2.3%がのびたが、在庫は全般的な需要減退で先月より2.3%がふえた。

これによって景気予行総合指標は下向安定線である1・4を示した。建築許可面積は9月中、百72万平方メートル。今年に入って千3百35万平方メートルで昨年同期に比べ、6・2%増加におわったが総需要抑制政策にともなう建築抑制策が効を奏するものと分析される。

なお現在、関係当局では、景気浮揚、輸出増大および雇用水準維持のための総合対策を作成中であるといわれ、このような対策は不況が最低線を記録することと見られる来年一・四分期中に集中実施することにし、公共事業の早期執行と零細民就労事業など公共支出の拡大で沈滞した民間需要を刺激し、施設投資を誘導する一方、輸出振興のための施策に力点をすえることにした。

特に政府は、輸出業界の資金難緩和と輸出促進を支援するため[illegible]率を引き上げないかわりに、輸出金融支援策を現行の3百50㌆から4百㌆に引上げ、関税還付制の実施を延期する問題などを検討中。

"漢方医薬の聖典"
ここに完訳なる!!

この書は漢方医薬の原典であり、三木博士が「東医宝鑑のあとに発刊された、数多くの漢方医薬書は、すべてこれを手本にしたものか、またはその亜流である」といっているように集大成された漢方医薬の決定版である。今回はじめての口語訳として、この古典はよみがえった。内科、外科、婦人科、小児科、耳鼻科、精神科、あらゆる病名の治療法、処方から臨床医学までを全一巻にまとめ、これ一冊で漢方処方ができる実用書でもある。(続)として、湯液篇、鍼灸篇を加えた。（A5判、特上質紙使用クロース上製本）

東医宝鑑10,000円
続東医宝鑑 4,000円
合本特別定価12,000円
振替東京26936

東医宝鑑（内科・外科・雑病篇）
（湯液・鍼灸篇）続東医宝鑑

ご注文は、民団中央宣伝局か、または東京都中央区銀座6-7-12（龍山ビル）TEL (572) 1669～104 発行 日韓経済新聞社

韓米繊維会談

割当増加率で完全合意

一年次五億平方ヤードで7%増

第二回韓米繊維案会談は九日、第一次年度基本割当を五億四百七十万平方㍎とし、向う三年間の割当増加率を一次年度七%、二次年度六・二五%、三次年度六・七%とすることで合意、双方が覚書に各々署名した商工部発表による交渉妥結内容は①既存韓米繊維協定上の八グループを多国間協定では三グループに縮少②グループ間に融通性を持たせ、グループ一は一五%、グループ二は七%、グループ三は一%に各々転用することにしグループの中での特定品目には一〇%、七%、五%を各々決め③前年度分の年次度への繰越し使用は一一%とし、このうち早期使用は六%を越えないようにしている。

外資導入総額72億㌦

米40・日本28%の順

経企院発表によると去る九月末現在外資導入総額は七十二億六千五百万㌦（確定基準）、到着基準では五十億七千四百九十万㌦である。一方投資は七億千二百九十万㌦となっている。外資導入額の国別金額では米国二十億五千六百万㌦と四〇・五%、日本十四億三千九百万㌦と二八・四%、欧州および其の他地域十二億二千二百万㌦と二四・一%、国際金融機構三億五千七百万㌦と七%の割合。また昨年までの米国の対韓経済援助額は五十億四千五百万㌦で支援援助十八億七千五百万㌦、開発贈与一億千四百万㌦、開発借款四億四千万㌦、PL四八〇号援助十六億五千五百万㌦、其の他九億六千万㌦である。

農村指導支所を設置

15億予算で面単位に

農水産部は5日、来年度には15億7千8百40万ウオンを投入し、面ごとに1カ所づつの農村指導支所を設置運営することにした。

農水産部当局者は、現在郡単位一つづつ設置されている農村指導所だけでは、営農技術の円滑な普及が難しいとあかした。

これにともなう人員補充は、農村振興庁が傘下機構の臨時職員千7百85名を正規職員として採用、各支所へ配置させる方案を検討中であると当局者はのべた。

原子力公社を設立

政府出資5割で資本金千億

国務会議は5日午後、来る86年まで9つの原子力発電所を建てるなど、原子力の集中的な開発事業を専担する韓国原子力発電公社の設立を内容とする「韓国原子力発電公社案」を議決した。

①一千億㌆の資本金のうち、政府が半分以上を出資し、公社の資本は株で分割させるようにする。

②公社は社債を発行でき、役員は社長および副社長、各一人を含む6人以内の理事と2名の非常勤理事と監事一名にする。

26万トン級超大タンカー "アトランチックバロン号"

現代造船がギリシャ船主に引渡す

去る5月、竣工された現代造船の26万トン級、超大型タンカー「アトランチック・バロン」号が、張礼準商工部長官をはじめとする関係者が見守る中で5日、蔚山尾浦湾沖で船主であるギリシャのリバノス氏側に、正式に引渡された。

この日の式典では現代造船の鄭周永会長と船主リバノス氏を代理するラポティ・パスキー氏間に引渡文書が署名されたあと、韓国の純国産技術で建造された巨大な「アトランチック・バロン」号は大きな銅鑼のひびきを残しながら、ギリシャへ向かった。（写真はバロン号）

韓・米・日の三角関係（上）

梁 好 民（ソウル中央大学教授）

論壇

韓国にとって米国は軍事的同盟国であり日本は非同盟の隣邦である。これは決定的といってもいいほど重要な相異である。米国が韓国の同盟国である以上、韓国に対する防衛公約を誠実に履行すべきであり、米国のソ連および中共に対する影響力を利用、韓半島の平和維持に努力すべきである。また、いかなる場合においても、日本が韓国の安保面での米国の肩代わりになるというような幻想は捨てるべきである。

韓半島の政治的座標

現代国際政治の推移がいわゆる「多極化時代」という概念で特徴づけられるようになってから、韓半島の平和は四強（米・日・ソ・中）の協力、または勢力均衡によって保障するといった構想が台頭しはじめた。むろんこのような構想は、まだ模索段階にあるのであって、定式化したものではない。またいかなる形であれ、韓半島に介入している米・日・ソ・中共四大国間で具体的論議が交わされている気配もない。

しかし、韓半島の統一問題が短期間内に解決されうる可能性が薄いばかりでなく、核兵器とミサイルの恐るべき発達が列国の平和共存と相互協力を強要して、限界状況の下における韓半島の平和保障問題は、不可避的にこれら国家の共通課題とならざるをえない。

現時点での韓半島の政治的座標は、南韓における韓・米・日の三角関係、北韓での北韓・ソ・中の三角関係、そして韓半島外での米・日・ソ・中共の四角関係を基軸として形成されてきた。これら三つの集団間の相互関係はあくまで相互作用の下におかれているので、いずれも相関関係からの離脱または独自的な存立が不可能である。

とくに、世界の三大核国家である米・ソ・中の相互関係は、韓半島の情勢変化に至大な影響を及ぼすであろう。というのは、なによりも韓国は一九五三年以来、米国の軍事同盟国となっており、同じように北韓共産集団も、一九六一年七月に結ばれたソ連をはじめ中共と友好、協調および相互援助に関する協定という名の軍事協定によって、軍事同盟国になっているからである。これは米・ソ・中三大核国が、軍事条約などによって韓半島に介入していることを意味するが、これは韓半島が世界唯一の地域でもある。

強調される日本の役割

日本は、たとえ核保有国ではないとしても、GNP世界第三位を占める「経済大国」に成長しており、アジアにおける第一の先進工業国であるばかりでなく、その地理的な位置からみても韓半島の平和は日本の平和のための防壁にみなされている。のみならず、日本資本の急激な対韓進出によって両国の経済関係が深化しているので日本はすでに非軍事的な面では韓半島問題に介入していると国際政治の面ではみなしている。したがって、韓半島での国際関係が論議されるたびに、日本を含む四大国が登場し、また日本の役割が強調されている。

とくにニクソン・ドクトリンが高唱されて以来、米国は、日本の力を東北アジアの勢力均衡のための不可欠の要素として認めているばかりでなく、意識的にこれを浮き彫りさせてきたのである。したがって日本は、韓半島問題について、ある意味において建設的な役割を担当する意思と、国際的な発言権をもつということが、いつの間にか当然なことのようになってしまった。いらい韓・米・日三角関係の対象にまで発展した。

南北韓関係の緊張緩和のため、または平和伸張のため、ひいては南北統一のために、日本がどれだけソ連および中共・北韓などを説得し、どれだけ効率的な役割を果たしうるかが大きな問題だといわざるをえない。したがって、一九六五年の韓・日国交正常化以来拡大深化されてきた両国間の経済関係によって日本は、韓国にとってきわめて重要な隣邦となり、日本としても自国の国家的利益という点からみて、韓国が、関心の対象となりつつあるのである。

韓・米 韓・日 パートナーシップに差

3大核国軍事条約介入は韓半島のみ

韓・米・日三角の力学

韓日関係が深化すればするほど、韓・米・韓・日、米・日という三角関係も協力と摩擦、競争と調整のプロセスを経ながら発展するということは、国際政治の論理からみて十分に予見されるばかりでなく、現にそのようなきざしが部分的に現れている。

ところが、韓国民の立場からみた場合、米国と日本は、韓国にとって同じ比重のパートナーにはなれないのである。これは、米国が世界最強の国であり、日本の国力は米国に比べてはるかに及ばないという単純な判断に基づくものではない。

まず歴史的にみて米国は、韓国を日本帝国主義から解放し、旧日本は韓半島に対する帝国主義侵略国である。これは、日本の為政者には軽視しうる過去であるかも知れないが、韓国人にとっては重大な意味をもっている。時代の変遷にともなって韓・日基本条約が締結され、これによって過去のおぞましい関係が清算されたと仮定しても、韓日間の国交正常化はまだ十年とはなっていない。大韓民国政府が樹立され、韓国動乱が起こり、戦後の廃墟から再建する韓国の成長期と死活の岐路に立たされた試練期を通して、米国が韓半島に対して軍事的、経済的にばく大な努力——これに対する評価は別として——を傾注していたとき、韓国と日本との関係は絶無の状態にあったといえよう。

一九六五年以後ようやく韓日関係は正常化し、日本は韓日協定に規定されている無償三億ドルの請求権資金をはじめ有償二億ドルの経済協力資金によって対韓資本移動の道を開いた。しかし当時、米国はすでに百億ドルに達する軍事および経済援助を韓国に提供していた。これは第二次世界大戦以後の韓・米関係が、韓日関係に比べて、時間的にみて二十年も先んじていたばかりでなく、その深度も比べものにならないほどの懸隔な差があったことを意味する。しかしこれは、むしろ援助問題に属するといえる。

安保という観点からみた場合、米国と日本は対韓国との関係において全く次元を異にしているのである。すなわち米国は、韓国の安全と東北アジアの平和維持のため積極的な役割を果たしている韓国の軍事同盟国であるが、日本は単なる隣邦にすぎない。ただ日本と同盟関係にある米国が韓国の同盟国だという点から、韓・日両国間には間接的な安保上の連帯意識はありうるといえよう。

米国の代役としての日本

しかし日本は、韓国の安保について直接的な義務を負っていないばかりでなく、韓・米両国の軍事同盟によって韓半島に平和が維持される場合、なんらの努力もなくして自国の安全を保ちうるのである。

国家間における最高の友好関係は同盟関係といえる。韓・米両国はそのような関係にあるが、韓・日関係は一般的な意味での善隣関係に過ぎないのである。韓・米・日の三角関係を論ずる際に、しばしば韓・米、韓・日関係このような基本的な差を見落とす場合がなくもないが、これは近年とみに高まりつつある日本資本に圧倒されてしまった錯覚だといえる。したがって、今後米国の対東北アジア政策が逆転しないかぎり、韓国では韓・米関係がその基本で、韓・日関係はあくまでも補助的なものにすぎない。

米国の対韓政策は、彼らの世界政策の一環であるので、世界戦略の構想において韓国がその考慮の対象となっているのはいうまでもない。特にソ連をはじめ中共の影響から、日本を保護する防波堤としての両韓の存在価値を認めているのは、これまで米国政治家たちの一致した見解である。米国の戦略的見地からみた場合、アジア第一の先進工業国であり、文明国の日本は、この地域の心臓部といわざるをえない。日本の国土は米国の二十五分の一にすぎないが、GNPの面では米国の六分の一に肉迫している。一方中共は、国土において日本の二十六倍になるが、GNP面では日本のそれの半分にすぎない。

米国はこのような日本の力量を無視できないばかりか、その将来に対しても関心を注がざるをえない。米国は日本と協力して、太平洋・アジア地域の政治秩序を築きあげようとしており、とくに中華民国が没落し、中共が巨大な潜在勢力として登場している現実にかんがみ、日本をこの地域における支柱とみなしているのである。

一九六〇年代の後半から米国は第二次世界大戦後これまで世界各地域で過剰関与したことを感知、そのような役割を縮小しなければならないということを悟るようになった。

ニクソン・ドクトリンは、そのような意識を基とした新しいアジア政策であった。また、米国の努力がアジアから減退した場合、米国は彼らの経済的、政治的代役を担当する勢力として日本に目星をつけていた。ケネス・T・ヤング（Kenneth T. Young）の見解からもみられるように、米国のアジア専門家たちは世界第一級の非軍事的経済大国である日本を、新しい形態の国際政治勢力として認めているだけでなく、日本はたとえ核武器を所有していないとしても、その財源および影響力を行使することによって、地域体制の樹立に寄与しうる十分な力を備えているとみなしている。

核カサの下の安住

さらに日本は、米・ソ・中など三大核保有国間の緊張を緩和させ協商を通じてアジア全地域に経済力を進出させる支柱としての役割を期待していた。いわば、経済大国の日本を政治大国の地位にまで引き上げ、米国と提携することによって新たな勢力均衡の形成を試みようとしていた。

一方日本は、核を保有していないため、その防衛は米国の核カサに依存しているばかりでなく、米国の軍事力が東北アジアの全般的な安全を保障させるための軍事戦略を構築してきたのである。

ところで、米国が日本の政治大国としての国際的役割を強調しているのとは裏腹に、日本自身はかえってそのような役割の担当をためらっているのは、それこそ現代のアイロニーといわざるをえない。一九五一年のサンフランシスコ条約によって主権を回復してから、佐藤内閣末期にいたるまで日本の外交政策は、米・日同盟関係のワクのなかで展開されてきており、米国の外交路線イコール日本の外交政策という感を与えている。とくに冷戦体制下での日本は四極化した世界の一極に安住しながら、米国のひ護の下で経済成長だけに全力をつくしてきた。その間、中共とは政経分離の方式によって交易を進めており、一九五六年鳩山内閣は、日・ソ国交回復に関する声明を土台に、いわゆるアデナウワー方式に習った対ソ関係正常化を実現させた。

（次号につづく）

小型車生産本格化

物品税引下げを機に

起亜産業の「キア一〇〇〇」生産、現代自動車の「フオニー」試作それに政府の物品税引下げを機に来年から小型乗用車の販売競争が本格的になるとみられる。起亜は九八五ccの小型乗用車を生産、去る十月から試乗中で七五年初めから実施されるとみられる物品税引下げと共に市販を計画しており現代自動車でもイタリアで開かれている自動車展示会に一二五〇ccの小型車を出品、好評を得ており七五年末まで又は七六年初めから本格的な製作にはいる予定という。

韓国電子展26日から

海外からも36企業参加

第五回韓国電子展覧会が今月二十六日から八日間ソウルの徳寿宮現代美術館で開れる。商工部主管、韓国精密機器センター主催で開催する同展覧会には国内から百十四企業、海外からは米国、日本、西独、台湾、フランス、香港の六カ国から三十六企業が参加する。

10月末船舶輸出

57隻で七億二千六百九十一万㌦

船舶輸出契約が超大型油槽船十一隻をはじめ五十七隻の七億二千六百九十一万三千㌦にのぼり来たる八〇年度には十億㌦を上回るものとみられている。

団結로써 粉砕하자 朝総連의 破壊工作

京都韓国高等学校（普通課程）
75年度 生徒募集

一、募集人員
①第一学年三五名（男女共学）
②第二学年若干名
二、入学資格
①中学校卒業者又は卒業見込者及同等な学力検定を受けた者
②高等学校第一学年修了者
三、出願手続 次のものをそろえて左記出願期間中に提出して下さい。
①入学願書（写真貼付）
②出身学校長の内申調査書及同等な学力検定を受けたもの
③考査料 ￥四、〇〇〇
注意 ◎以上を一括して提出し、受験票を受取って下さい
◎用紙類はすべて本校所定のものを使用すること。
◎受付時間は 左記出願期間中 午前九時から午後四時まで。但し土曜日は正午まで（日曜・祝日は休み）
四、選考方法
①学力テスト（日本語・数学・社会・英語）
②面接
五、期日

	出願期日	考査日	合格発表
第一次	一月二十日(月)～二月十九日(火)	二月十日(水)午前八時四十五分	二月二十四日(月)午後二時～四時三十分
第二次	二月二十五日(水)～三月十九日(火)	三月十八日(火)午前八時四十五分	三月二十二日(土)午前十時～午後二時

注意 ①考査当日は受験票、筆記用具、および昼食をもって午前八時四十五分までにきて下さい。
②入学許可の発表は本校内に掲示します。
六、入学手続
(1)入学を許可されたものは五日以内に左記の書類および学費を納入して手続を完了すること。
①納入金額 ￥四五、〇〇〇（第一次本校出身者 ￥二五、〇〇〇）
(イ)入学金 ￥二四、〇〇〇（第一次本校出身者 ￥九、〇〇〇）
(ロ)施設充実費 （入学時のみ）￥一〇、〇〇〇
(ハ)師親会入会金（ 同 ）￥ 三、〇〇〇
(ニ)生徒会入会金（ 同 ）￥ 三、〇〇〇 計 ￥四〇、〇〇〇
②誓約書（本校所定用紙） ③写真（三枚） ④その他所定書類
(2)左記の学費は入学式の前前日（四月七日）(月)までに納めること。
①学費（第一期分）￥二五〇〇〇円
注意 ◎期間内に入学手続をしない時は入学を取消すことがある。
七、入学式 四月八日(火)午前十時
八、学費（一期分を一度に納入するのを原則とする）
①第一期分（四月～八月） ￥二五〇〇〇
②第二期分（九月～十二月） ￥二〇〇〇〇
③第三期分（一月～三月） ￥一五〇〇〇（年額 ￥六〇〇〇〇）
④月額 五〇〇〇 内訳
a、授業料 ￥三三〇〇
b、師親会費 ￥一〇〇〇
c、生徒会費 ￥七〇〇
九、注意事項
①入学考査料および学費などの納入後は事情のいかんにかかわらずいっさい返済しません。
②願書は楷書でていねいに書いて下さい。
③不明の点は本校教務部に問い合わせて下さい。
④本校は男女共学です。

京都韓国中学校

一、募集人員 男女 第一学年 三五名 第二学年 若干名
二、入学資格
①第一学年 小学校卒業者又は卒業見込者
②第二学年 中学校第一学年修了者
三、出願手続 入学願書（本校所定用紙）を出願期間中に本校教務部に提出して下さい。
四、出願期間
①第一次 十二月一日(月)～三月二十七日(木)
受付時間は日曜日、祝日の外は毎日午前九時から午後四時まで 但し土曜日は正午まで。
五、入学許可
①第一学年は（イ）書類審査と（ロ）面接により入学を許可する（入学許可書を送付する）
②第二学生は（イ）学力考査と（ロ）面接を行い入学を許可する。
六、入学式 四月八日(火)午前十時
市バス……北白川仕伏町行 ⑧番（梅津車庫発） バス小倉町下車 北へ二分
岩倉行 ⑤番（京都駅発） バス別当町下車 西へ4分
岩倉行 ㉟番（京都駅発） バス伊織町下車 南へ2分
市電……[illegible]前下車 東へ7分
北白川電停下車 北へ6分

京都韓国学校
京都市左京区北白川東平井町八
電話（七九一）四一六一（代表）

北送の拠点・新潟に

青年会本部を結成

つづけて各地区に支部結成

悲劇の北送の拠点、新潟市に、在日韓国青年会新潟県本部が、去る十日民団新潟県地方本部講堂において結成された。

午後一時からの結成大会には、県下の青年有志七十余人と、民団関係者約四十人余りが集まり、崔鍾学君の司会の下、国民儀礼、車健治青年部長の力強い開会辞、李元世民団新潟県地方本部団長のあいさつと続いて、崔栄海新潟韓国教育文化センター所長、張稚彦山形県青年部長らの激励の言葉があったのち、あらゆる曲折と苦難に満ちた経過報告が終って、役員選出では、会長に李興曲、副会長に李昌玖、金昌光、代表監査に姜洋一君らが選ばれ、その他の役員については会長団に一任され、後日発表されることになった。

活動方針については、中央指示の基本方針のもとに、当面の日常的な活動としては、まず、各支部単位で青年会を結成し、会員の拡大と意識の向上をはかるために、各種会合や講習会を定期的に開催して、親睦とともに充実した青年会づくりに努力するとのこと。

最後に、沈雄孝中央青年局長による「青年運動に関する指導方針とその方向性」について約一時間の講演があったのち、盛大かつ意義深い結成大会を終えた。

今回の新潟県青年会本部は、全国で二十五番目の誕生であり、その結成が全国で注視されていた。

それは、新潟港が北送船の出入港として、北韓と朝総連との間の唯一なる拠点であり、また北送事業の拠点として、朝総連ではあらゆる暗躍と謀略をほしいままにし北送船にまつわる諸々の事件や悲劇が繰り返えされてきた。そして北送船の送迎を理由に全国からの朝総連の擬散は激しく、いまや新潟港は彼等朝総連の『聖地』の観を呈している。

反面、朝総連のばっこによって蒙る民団員の被害は甚大であり、ときには民団の興亡につながる事態が起きた事さえ再三であった。

このような事から、民団勢力の結集によって彼らの暴挙を阻止し民団発展の推進力ともいうべき韓国青年会の結成が、このような意味からでも急がれたものであったが、今般、この発足によって今後もたらされるべき成果が、大いに期待されるのである。

民族教育熱盛んな新潟

崔栄海夫妻の献身的功績大

去る十日の新潟県青年会本部の結成の影には、県内で民族教育の学習熱が盛り上がり、その刺激をうけて今回の青年会発足に大いなる貢献があった事実を見逃しては

この教育の推進者は新潟県韓国教育文化センターの崔栄海所長であった。

崔所長は昨年の夏ごろ新潟の所長として赴任し、同胞宅を個別訪問、民族教育の必要性を説き、消極的な態度に一時は挫折感さえ抱いたのであったが殉教者的な努力を続けた甲斐あって今では一世帯だけを除いた全同胞の子弟が一週間で一日(三~四時間)の授業を受けているという。

新潟市で成功をみた後、新津・新発田両市を中心とする新津分団と、直江津・高田を合併した上越分団の三個所の分団を、教育者として当然なる使命とはいえ、余りにも献身的な夫の苦労を座視するに忍びず、自らかって出た金南境夫人が新津分団を受持ち、崔所長は新潟市と上越市の両方を掛持って片道一三〇キロの道のりを往復しながら、全国でも稀に見るほどの民族教育が盛んである。

中央会館ベノト杭工事盛ん

ベノト杭工事(クレーン後方が現場事務所)

民団中央会館建設工事は、さる十月十二日に着工されたが、それから一カ月、記者が訪ねた十一月十三日現在、現場は既にベノト杭(基礎杭)工事が盛んに行なわれていた。

この日、建築予定地の歩道の上部に設けられた建築現場事務所には、中央会館の設計主任である鄭寿相氏と、建築工事を請負っている大成建設がすでに現場事務を開始していた。

既報の通り、中央会館は9階の事務棟側と、11階の宿舎棟側に分かれているが、このうち、お互にゆききできるのは1、2階と、事務棟9階の大会議室と宿舎棟11階の小会議室の3フロアーだけである。つまり事務棟9階と宿舎棟11階は同一平面のフロアーになっているわけで、宿舎棟の方が各階とも天井が少し低いことを示している。工期は十二月初旬まで杭工事、七五年一月末まで根代(穴堀り)工事、三月末まで基礎工事、四月下旬には1階から11階までの鉄骨組上工事が完了、コンクリートの打込みがこのときから本格的になり、七月には仕上げ工事にかかり、十月末には建物の形が完了する。それから外部仕上げ、内装工事が行なわれ、七六年二月末には竣工する予定である。この工期について、大成建設の井川文雄工事主任は「無理に工期を縮めることもしないが、工期が伸びることはない」と語っていた。

鄭氏によれば、高層建築物としての安全性(火災など)については、消防法に定められた通り忠実にしたと語った。

愛媛日韓親善協会 全国で21番目に結成

―初代会長に竹葉秀雄氏、副会長に朴振業愛媛団長―

かねてから準備が進められてきた四国の愛媛日韓友好親善協会の発会式が、さる九日午後、愛媛県松山市道後の文教会館で開かれた。

同協会は四国地方初のもので、会場には四国関係者三百五十余人が集まり、武智新氏の司会で進められ、長岡悟氏の開会の辞につづき四国々歌斉唱、藤内桂郎、朴振業(民団愛媛県地方本部団長)両国代表のあいさつ、経過報告、会則審議のあと、役員選出と紹介があった。

同協会当面の活動方針としては四国の文化交流、青少年招請による技術指導などがあげられている。この協会は全国で二十一番目のもの。

なお発会式では、神戸の金鎮洞総領事と、民団中央の姜仁煥文教局長が来賓祝辞をのべ、その発展を祈った。

初代役員

会長 竹葉秀雄
副会長 朴振業
〃 藤内桂郎
〃 米田徹郎
〃 朴鍾煥

大阪青年会結成の兆し

北傀糾弾青年決起集会開く

民団大阪府本部の青年部主催、同生野四支部主管の「北傀スパイ糾弾韓国青年決起集会」が去る十日午後七時から、民団生野西支部講堂で開かれた。

この夜、会場には生野管内から二百余人の青年が集まったが、記録映画上映のあと、来賓あいさつに移り、つづいて北傀・朝総連の対韓スパイ工作を糾弾する決議文を採択したあと、青年代表の徐武雄君が、旧韓青が北傀・朝総連の手先となっている今日、われわれには新しい青年組織体が要求されている。一日も早く韓国青年会を造成しようと檄をとばして閉会、大阪全域を統合した青年会本部結成への鼓動がようやく活発化してきたきざしを見せてくれた。

蔵王で研修会

在日韓国青年会山形県本部(康成実会長)では、去る九・十日の二日間、山形県蔵王温泉の有楽荘に、青年幹部十六名を集めて、研修会を開いた。

青年局長を講師に招き「日本における韓民族の役割」という歴史テーマで五時間に亘っての講義があったのち、座談会では現在の民団や青年会について活発な討議が行なわれた。

丁賛鎮顧問の還暦祝い

丁賛鎮 顧問

民団中央の丁賛鎮顧問は令夫人の崔末香女史と共に満六十才の還暦を迎え、十一月十六日の今日午後一時から、東京商銀講堂で祝賀客多参席のもと寿宴を開く。

コリアスポーツ10周年記念

在日同胞社会の体育普及、向上と国際スポーツ交流に多年間つくしてきた在日大韓体育会の蔡洙仁副会長が主宰するスポーツ誌「コリア・スポーツ」の発行所・コリア・スポーツタイムズ社では、このたび創立満十周年を迎えることになり、新潟県越後湯沢スキー場の宇里山荘開設八周年と共に、オリンピック参加メダル展示等をふくめた記念カクテル・パーティを次の要領で開くことになり、多数来賓の御参席を希望している。

日時・十一月二十二日午後五時
場所・東京商銀七階ホール

なお同日、関係功労者には感謝牌と功労賞状が授与される。

復帰の崔泰一氏、防衛誠金50万

金公使(左)に防衛誠金を手渡す崔氏(中)右は金団長

さる九日、崔泰一氏(民団荒川支部前団長)が、民団東京本部金致淳団長とともに駐日大使館の金在権公使を訪ね、防衛誠金五十万円を手渡した。崔泰一氏は一時、鄭在俊一味らに悪利用され、心にもない不純行為をさせられた人。このため崔氏は、さる七三年十一月六日民団東京本部監察委員会から除名処分を受け、七四年五月九日同委員会から処分を解除されたが、その後深く反省するところあって、今後は国家と民団組織のため全力を尽くすと言う声明を発表、従前にもまさる熱誠ある団員に復帰した。氏はさる十月一日「国軍の日」記念行事に参観団の一人として祖国を訪問して帰日このたびの防衛誠金を喜捨したもの。

尋ね人

☆李相福さん(広田福貴男・51歳)本籍・慶北清道郡
19歳の時渡日し、10年前、故郷へ手紙があった。福島県または静岡県居住と見られる李さんを弟である慶北大邱市北区検丹洞六八三番地、東方製菓社内印刷部、李相泰さんがさがしています。

ご存知の方は民団中央本部民生局または韓国の李さんに連絡を。

☆朴昌仁さん(六四、五才)本籍・慶尚南道晋州市本城洞一二三番地(旧本町)
四十年前に渡日、大阪に居住していた朴さんを弟の昌福さんと昌壕さんがさがしています。朴さんをご存知の方は、名古屋市南区鳴浜町四一五 金東植さん(五〇五二(六一)一二六二三)まで連絡を。

☆鄭丁律さん(鄭山丁律)本籍・慶南晋陽郡 山面栗莎里二五五番地
福岡県若松方面で旅館業を営んさんを息子である韓国晋州市将台洞一三八一四、鄭在和さん(電話四一一九七)がさがしています。鄭さんをご存知の方は韓国の鄭さん又は熊本県菊池郡合志町栄三七九六の西山末子さんまで連絡を。

☆金奥守さん(67歳ぐらい)本籍・慶南昌原郡内西面。晋州湾通学校卒業。

☆盧文賛さん(60歳ぐらい)慶南昌原郡大方里が本籍。

☆姜在根さん(40歳ぐらい)慶南馬山市が本籍で忠武市(統営)の寅己寓方に住んでいたこともある。

▼右三人を御存知の方は民団中央本部の呉敬福まで連絡を。

ご夫人を息子さんである金山昌さん(金漢祚・38才)がさがしています。

金漢祚さんは、大阪で生まれ、お母さんと妹と一緒に満州の大連へ、お父さんを訪ねたこともあり、お母さんと妹は、戦前日本へ戻ったということです。お父さんであった金山金太郎さん(写真)は、解放後、渡日し、金漢祚さんは一人で育ったとのことです。金さんがお母さんと別れたのは9才の時だといわれます。

故金山金太郎さんのご婦人や娘さんをご存知の方は、民団中央本部民生局、または韓国済州道北済州郡翰林邑翰林里一三五四番地金漢祚さんに連絡を。

金山金太郎さん

裡里工業団地入居説明会 東京 大阪

韓国商工部では、馬山輸出自由地域の入居者満配にともない、別輸出自由地域として、全羅北道の裡里に総面積27万9千坪の輸出工業団地を造成、今年の六月から入居の受付を開始していた。しかし韓国の新らしい輸出自由地域のPRが、日本の業者に行き届いていない面があるので、日本の商工会議所が主催して、裡里輸出自由地域の説明会を開くことを計画してきたが、このほど、次のような説明会案がまとまり、近く韓国から裡里工業団地管理庁長らが来日「日本企業の韓国工業団地への進出に関する説明会」を東京と大阪で開くことになった。

東京説明会=11月27日午後2時から5時まで、都内丸の内、東京商工会議所七階、国際会議場。

大阪説明会=12月2日午後2時から5時まで、大阪商工会議所大会議室。

テーマ=①最近の韓国の外国人投資政策と今後の見通し。②韓国の工業団地開発現況。③裡里輸出自由地域とその入居について。

説明者=裴庁長。李漢春開発局長。朴聖根駐日大使官参事官。李晶哲駐大阪領事。金容善東京貿易館長。鄭泰潤大阪貿易館長。

なお在日韓国人の「本国で事業を行う時のあい路について」の説明と質疑応答、建議事項の聴取などの説明会を、11月28日午後2時から、新宿の東京商銀本店7階大会議室で、在日韓国人商工会連合会(許弼奭会長)の主催で開く。

本国で青年研修会 12月1日から一週間

民団中央青年局(沈雄孝局長)主管により去る八月二十日から二十九日までの十日間、本国で開かれるはずだった全国青年指導者研修会は、八月十五日の不祥事件により無期延期になっていたところ、このたびようやく準備ととのい、次の要領により実施することになった。

研修会実施要領

期間…十二月一日から七日まで
人員…六十人
場所…民団本国事務所
集合…十一月三十日午後三時
参加金…二万円
旅費…各自負担(地方本部)
宿食費…政府負担

新しい可能性を求める 首都師範大舞踊団

韓国の首都女子師範大学舞踊部学生の公演が、さる七日午後七時から東京・九段会館で催された。

公演は、一部と二部に分かれており、一部は同大学博物館に保管されている李朝時代の民俗衣装が紹介された。二部は舞踊で、善と愛の象徴的物語り「木コリと天使」が公演された。

古典舞踊とモダン・バレーを取り入れ新しい可能性を求めた創作舞踊。モダン・バレーの衣装は白のチマ、チョゴリで、これを着た学生らがリズムに乗って舞うときに出る衣装の線は、一言で表現できないほどの美しさで、客席からは盛んな拍手が送られた。今回の来日公演は一九六二年東京・日比谷公会堂に次ぐもの。

世界親子かけある記㊲

ビジネスと観光と歴史・美術そして…

裵乙祚・裵慶州

東洋移民の多い加州 ロスはリトル・東京 日本人街で思う在日僑胞

ロスの空港は意外に大きく清潔である。例の如くダウンタウン行きのバスに乗り込んで間もなく高速道路に入ったが、両側の丘に栄つきバッタの如く石油採掘機が林立する間をぬって峠を越したところから、一変して異様な光景に一種の安堵感をおぼえた。京都か大阪に来た錯覚を感じたからだ。山なみを背にひろがる街並みは、低高層ビルが調和してニューヨークのそれの如くビルの圧力を感じさせない美しい町である。街角に立つ人々も気のせいか東洋的で親しみをおぼえ、事実このカリフォルニヤ地方は東洋人の移民が集中しているところでもある。

遥々と東南亜から中近東、欧州大陸からアメリカの西海岸まで、いくら世界が狭くなったとはいえ、どんなに今度の親子旅行が楽しくのんびりしたものであったにしても、やはり緊張が続いて旅のつかれが出たのであろう。ロッキーを越え太平洋岸の西海岸に入ればもう東京とは隣り同志、眼と鼻の先程の距離だという安堵と親近感がどっと溢れて、一種のノスタルジャが心身をおおい、私の心理状態は極めて軟弱でモヤモヤしていたのであろう、一度につかれが出てホテルに到着するなりベッドに丸太の如く横たわり少時熟睡してしまった。予想にたがわずロスの街は清潔でどことなく私達がみなれている街のように親近感をおぼえた。この街でようやく欧州からさがし求めていたヘヤートニックが手に入ったのは、ほっとするとともにゆるみかけていた私達の帰巣心を一層しげきした。

"Little Tokyo"

日本人街というのでしごく興味があり、食事の値段も洋食よりは割安になるし、又間もなく日本に帰ればどうせ食事はもどるのだからと言う勝手な理屈をこねて、ロス滞在中は出来るだけ利用することにした。

中国人街のあの薄よごれた、どぎつい原色を主体とした街の熱気はなく、静かで内向的とも言える日本人の性格をそのまま表現したような街の雰囲気は、馴れた者の気安さでちょくちょく足を運ぶようになったと言うことだ。新開地の広場のように道路幅はだだっぴろく、建物は少さくおそまつな感じがし、人出はまばらで、あの中国人街の如く四六時中混雑と喧騒の中にいるのとは天地の差である。

一般に中国人の油ぎった濃いスープのような雰囲気や性格と対象的に日本人のそれは、サラッとして水にも似たものを持っているが、私達は今迄欧州廻りで来たせいか、西海岸までのあの濃厚な西洋人体臭と生活全てにしみわたっている東洋人とはまったく異る雰囲気からこの西海岸のロスに来て感ずる街の様子は、いままでミルクを飲んでいた者が冷い水をのんで感ずるすきとおるような淡白感を味ったのはけだし私一人ではあるまい。

日本酒にほろよいして一回り

日本文字がいやにまぶしい日ざしの中で私達は一廻り日本人街をぶらつくのに二十分とかからなかった。街の人口の交叉点脇に建つ住友銀行ロス支店のある十数階建ての鹿島ビルが、夕日にその真白な姿を横たえている時、一ぱいの日本酒にほろよいした私達は、あまり繁盛してもいない日本人街をぶらつきながらホテルに帰った。

ここを訪れた日本人の幾人が、日本人同志寄りそって異国の空の下で困難と差別の中で生活をして来た同胞をおもい、現に日本で自分等が異国人として特に在日同胞にいだく、小児病的で強者には寛大的であり弱者には尊大である一種の精神的未熟児、後発民族の持つコンプレックスから如何に不当な差別をしているかを識っているであろうか。

Beverly Hills(ベバリーヒル)にあるロスきっての高級家具店"W&J Sloane"に行くことになり、フリーウエイに入る。延々三十数粁にわたって両側に高級商店が並び、住宅地区とあわせて世界有数の高級人種が集るところで、ロスのメインストリートである。"Holly-Wood"と"Beverly-Hills"が近づくに従って建ち並ぶ住宅はのどから手が出そうな超高級化となり、椰子の街路樹が南国情緒豊かに、私はふとサイゴンやカイロを想い浮べていた。

Sloane は国内に支店を持つ高級家具デパートで、ハイクラスを主にした店内の装飾や展示家具のシックな品格ある品々は素晴しいものであった。老練な店員が顧客の気をそらさずサービスをし成約に持ち込むあたりは、見ていて小気味良い程であり、将来この種高級家具を取扱う機会があるかもしれない私は、注意深くこのセールスプロモーションやインテリヤ等を観察していた。

西海岸視察の最大目的はScrapyard(スクラップ業者の置場)の調査と非鉄金属原料の買付けと、そして今迄輸入取引していた先Shipper(輸出業者)、Packer(問屋)への挨拶であった。ロス郊外にある第一の訪問先の鉄屑ヤードは、日本のそれと大差なく機械設備作業内容も殆ど変るところがない、ただ自動車の廃車が多いことと必ずどこにでも引き込み線があって輸送事情は日本よりはるかに恵まれているようであった。従業は普通"Junk"の代名詞で呼ばれている黒人・東洋人等がまったく同じ作業内容をしていた。

ロスの最大手業者のヤード見学にフリーウエイを西南に時速百粁でつっ走る。GieiKos(大ロスアンジエルス)を四方八達にはりめぐらされた高速道路は、ニューヨーク郊外の道とはまた違う如何にも自動車王国の姿縮如として素晴しく、世界一の道路網と言えよう。南国的情緒の郊外住宅地を包含するグレート・ロスアンジエルス市は人口八百万の全米第二の大都市にふくれ上り、近郊産業の発達で人口増加率は全米一とのことである。とに角ロスは車がなければ動けない町である。

鉄屑ヤードは数万坪もあろうと思われる広大な敷地内に、間断なく動きまわる移動クレーンの群、山と積まれた廃車、それをコンベヤーに乗せまたたく間に小片にして選別処理していくシュレッダー設備、ちょっとした日本の電炉メーカー並みの規模である。

ここも例にもれず経営者はユダヤ系米人で鉄・非鉄兼業である。社長のアルバート氏は温厚であるが、絶対に自から指値をしないのは、ユダヤ人のきびしさを感ずる。ごく最近米国のスクラップ規格が変ったので一つパンフレットを持って行ってくれと"NASMI"の規格表をくれた。

"ナスミ"とは"National Association of Secondary Matrial Industrials, Inc.,"の"Standard Classification for Nonferrous Scrap Metals,"と言う規格表のことを言う。全米非鉄金属取扱業者のスクラップ選別分類基準規格であり、輸出する場合にもこの規格を適用しているので、私達には関係が深くなじみのあるものである。近来産業の進展のテンポが早く規格に矛盾が出て来ているので改定したらしい。また日本等との規格相違によるトラブルがしょっちゅうおこり、Claim(クレーム)も頻発していることなので時勢に即した改善の声が高かっただけによろこばしいことである。(つづく)

韓国語学習 会話・文法

成根容 著

第一部・いろいろな挨拶のしかた
第二部・語尾のいろいろ
第三部・助詞のいろいろ
第四部・会話の応用

—A5判三七〇ページ—

価八五〇円(定価一〇〇〇円の内、著者一五〇円負担・送料一一〇円)

民団中央本部宣伝局
電話 八一五—一四五一~(三)

끝없는 支援속에 建設되는 民族殿堂

75年度 生徒募集

大阪韓国高等学校(普通科・男女共学)
募集人員……第一学年 一〇〇名
出願期間及び手続
○期 間:一月二七日~二月十四日の午前九時から午後四時まで(但し日曜日除外)
○手 続:入学願書、個人報告書、受験料五、〇〇〇円を同時に提出すること
入試詮考日、及び試験科目
○考査日:二月十五日(土)九時より十五時まで
○科 目:国語又は日本語の内択一と、数学、英語、面接

大阪韓国中学校(男女共学)
募集人員……第一学年 一〇〇名
出願及び手続き
○期 間:一月二七日~二月十四日(但し日曜、祝祭日除外)
○手続:入学願書、個人報告書(受験料なし)を同時に提出して下さい
入試詮考日及び試験科目
○考査日:二月十五日(土)九時より十五時まで
○科 目:国語又は日本語の内、択一と算数、面接
※使用教科書は無償給付

金剛小学校(男女共学)
募集人員……第一学年 九〇名
出願期間及び手続
○入学願書だけを一月二十一日までに提出して下さい
入学(許可)面接日
○一月二十二日(水)午後二時から
※使用教科書は無償給付

金剛幼稚園(男・女)
募集人員……四歳児、三〇名。五歳児七〇名 計一〇〇名
出願期間及び手続
○入園願書を十二月十一日(水)までに出して下さい(定員になり次第締め切り)
入園説明会日
○十二月十二日(水)午後二時から

〒557 大阪市西成区梅南二丁目五番二〇号
学校法人 金剛学園
電話(06)(661)二八九八番(代)

在東京外国特派員の座談会
日本のマスコミを評す（下）

南北が統一なる日まで　この厳しさ続くとみる

朴主幹＝これで一通りみなさんの御意見を聞いたわけですが、もう一回本題にもどりまして、日本のマスコミの偏向に対する問題で、さっきいい足らなかったこととか、またそこに付け加えてみなさんのお国における日本の偏向マスコミの被害などがありましたら、それも入れて一つおねがいします。

朴主幹

変な敬称の扱いかた　日本独特　間違いを訂正する意志もない

ブリングスハイム氏＝そうですね、国として被害を受けるというとチョッと大げさかも知らないけどですね、妙な問題があります。それは、日本の新聞の非常に変なクセのことです。日本の新聞ですね、国籍を問わず、日本の警察あるいは日本の法律の当局からの何かの犯罪の疑いがあった場合、新聞の場合はそれを取扱うときに急に敬称を落して名前を書くんです。例えば交通事故をおこして、人をはねたというとき、警察に一応疑われているだけで、山田さんはすぐ山田となるわけです。あとでこの人が本当に無罪であった、つまり交通事故は、はねられた人が違法であったため、やむを得ないではねたとしても、車を運転していた人は山田さんでなく山田と呼び捨てになりますね。これは外国人の場合でもそうであることは変りません。例えば非常に変ったケースであったけれども、日本の飛行機がハイ・ジャックされたとき、パイロットは顔を見てないから判らないけれども、ハイ・ジャックの犯人は英語を使っており、わざわざ変な日本語を使った、だからそれは外国人だと断定したのですね、それでパッセンジャーリストで一人のドイツの会社の支配人が乗っていることが判った、直ちにこれを日本の報道機関がこの人を犯人扱いしたんです。これは全然無根であって妙な日本人が犯人だったけれども、とにかく新聞ではそのドイツ人を、何々さんでなくてただの何々とされたんです。呼び捨てにしたのですね。これとは逆に、外国で日本人が法律に触れるような場合があって、犯罪を起こしていても、証拠があっても、その日本人に対して敬称を付けるんです。その実例は、例のいわゆる二人の学生であるが、裁判を受けても、有罪という判決が出ても、これはやはり早川サン、大刀川サンとなっております。もう一つの例はタイ国において、玉本さんという人は、はじめ向こうの法律に触れるようなことで新聞に書かれたんです。そのときは日本の新聞でチャんと玉本サンと扱かわれたのです。けれどもあとで、日本の法律にも触れたということが判ったとき、はじめて玉本というふうに敬称がおとされたんです。こういう日本の新聞の差別的な扱いは大変かわっているといわれます。ドイツの会社の支配人があとで無実だということが判っても、ほとんどの新聞がおわびのような、また訂正記事は載せなかったのです。一つの新聞だけが、短いけれど、失礼しましたという意味の、チョッとした記事を載せたのです。もう一つ日本の新聞の特長は、どんなに自分が間違ったことを書いて載せても、あとでそれを指摘されても、決してそれを訂正する意思はないんだというし、やむを得ず訂正するときでも、非常に小さく、しかも自分の方の間違いというよりも、何かよその間違いのような書き方をするのです。ドイツの場合は非常に違うんです。ドイツではほとんど同じような大きさで訂正を載せるのが普通です。とにかく反対の意見も必らず載せるということが規定にあるわけです。

ヒールシャー氏＝それは法律化しているのです。

ブリングスハイム氏＝こういうことは、日本の新聞の非常によくない点だと思います。差別問題に関してもそうだということです。

ブリングスハイム氏

フランスなら特派員追い出す　実在せぬ人物の寄稿が載る怪

スムラー氏＝フランスに対しては日本のマスコミの偏向の問題はないのですが、ほかの国のことは左の政治のことをよく書くようだ。フランスの場合は、反政府だけでなく、反仏的なことをあらゆる方面でとるならば、特派員におそらく国に帰りなさいといわれることでしょう。つまり組織的な態度のことですがね。フランスはヨーロッパでますます経済的に重要な立場をとるし、イギリスも余りパッとしなくなったし、ドイツは経済的に相当強い国であるけれども、二つに分れた国であるし、フランスはますます重視されているし、ド・ゴールという人格は大へん中心的な人物であって、そういうことを考慮して、したがって例えば国際政治、また他国に対する政策の面について、フランスの立場と日本の立場はチョッと似ているようなことを、日本のジャーナリストは感じているのではないでしょうか。被害といえば、わずかですけれども、フランスでスキャンダルがあるとして、日本の週刊誌などが、フランスに実存しない人物の名前や、日本にいもしない特派員の名前で寄稿という記事を載せるということはあります。全体として日本の新聞のフランスに対する取扱いは公平だと思います。逆のことをいえば、むしろフランスの報道機関は日本に対する理解が浅くて、センセーショナルのようなことを強調し、あまり公平ではない、むしろ日本の新聞が外国に対して不公平である以上にフランスの新聞が日本に対して不公平であるといえるわけです。例えば日本で政変があるというときにフランスの新聞は二、三行しか載せないし、韓国で大きなことがあってもあまり報道しないようです。

スムラー氏

南北が満足する報道は難しい　どういう標準の報道かが問題

ヒールシャー氏＝日本の新聞の韓国に対する態度は特別なものじゃないかと思う。韓国とは歴史的な関係もあって親しいというか、ニュートラルなというか、そういう気もあるでしょう。在日韓国人もあるし、南と北と別々の国になっているし、新聞で書くとすれば扱かい方は難かしいこともあるでしょう。しかし、少くとも三つの可能性があります。日本の新聞が北朝鮮に対して親切な報告をするなら、韓国政府が反対するでしょう、また韓国の野党も反対するでしょう、中にはそうでない人もいますが、逆に韓国政府に親切な取扱いをすると、北朝鮮も反対し、韓国の中の反政府の人も反対するし、こっちにいる反政府派も反対するから、結局南と北と両方が満足する報道は日本から見るとできないと思います。だからどこがプライオールテイ（優先性）であるかどうか、どういう標準で報道するかどうか大きな問題です。だから完全な意味で韓半島問題についての報道は、いつまでも問題としては続くと思います。ですから日本人と韓国人の間の根本的な問題の正常化がないのです。どんな事件があっても、根本的な問題が出てくるでしょう。対立することもあれば、合意の立場のときもあるでしょう。これを日本の国内問題と比べるならば、自衛隊問題のようなものでしょう。自衛隊に事件があった場合、自衛隊に反対する立場からは大きなニュースになりましょう。政府の支持する立場からはそんなに大きな事件とは見られないはずです。そういう立場もあるでしょう。韓国についていえば、本当の意味で正常化にまだならないから、どんな事件でも根本の問題が出てくるんですよ。ですから根本的な正常化が達する前に、今のような問題は解決できないと思います。

ヒールシャー氏

インド関係に見る　中共と仲が悪いと　下がる記事処遇

ナライン氏＝先ほど誰かもいいましたが、日本の新聞はムードを盛上げるような編集の仕方をしているということですが、全くそうだと思います。インドの場合は、例を挙げると一九五〇年代の話になるけど、当時日本の某大新聞、某全国紙は、インドのことを良く書いていたのです。それは当時インドを非同盟主義だからという意味からだったのです。平和五原則の。それが一九六〇年になると急にインドに対する日本の新聞の態度が変ってきた。それはなぜかというと、インドと中国（中共）との関係が悪くなって来たからですね。だから一九六二年にインドと中国の間に戦争があって、そのときから全く態度がはっきり変っちゃって、それまでインドの非同盟主義を大きく持ち上げ、インドをおだてたということは、その政策を支持したのではなく、少しは支持しているかも知れないが、それよりも中共と仲がよかったから、まあインドも良く書いてもらえた（笑い）ということで、インドと中共の仲が悪くなった途端にインドは悪者になった（笑い）し、相場がドンドン下がって来たということ（笑い）です。これは一つの大きな、極端な例です。もちろんインドは大人口をかかえ、面積も広いし、色々問題も多い国ですけれど、それまでは良い記事が出たのに、それからは、ニューデリーに特派員もいるけれど、インドのことを、それほど大事にしないということです。何かインドの記事が載る場合は、飢餓（ききん）が来たとか、食料不足とか、大きい洪水があったとか、そういうことがニュースとして話題になるだけです。もう一つの例は最近の話になるけれども、今年の五月十八日に核実験したということで、日本の各新聞がインドの核実験を批判したわけです。一つ気が付いたのは、インドの核実験には一面に批判的な大見出しで、見出しを読んだだけでインドのやったことが気に入らなかったな、とすぐ判るような見出しが立ったし、大きく扱かわれたのに、それから数日たって中共が一メガトンという大きな爆発をやったわけです。この記事は二面に小さく、中国が核実験した、という程度に出ていたにすぎない。こういうふうに読者の頭の中に差別的な印象を与えようとしていることが非常に目立ちますね。

ナライン氏

ブリングスハイム氏＝例えばアラブとイスラエルに関する問題でも、日本の新聞の取扱かいはですね。最近のアラブとイスラエルの戦争はアラブの方から仕かけたということははっきりしているのに日本の新聞はあたかもイスラエルの方で攻撃を仕かけたというような書き方をし、今になって、韓国動乱のときは韓国の方から38度線を越して北を攻撃したみたいな書き方、すらあるのですね。だから非常に不公平な書き方を、外国問題でもするわけですね。

分裂国家の人間どちらもいい人間　植えつけられた悪感情

ブリングスハイム氏＝今ヒールシャーさんがいっていることは、どっち側の見方に立ったにしても同じ見方を取らない立場から非難されるということですけれども、これは結局二つに分れた国の非劇なんですよ。これはドイツでも同じであるんです。戦前までは、今の東西ドイツ、いわゆるドイツ連邦国とドイツ民主共和国ですね、両方の民族は全く同じ民族であった、どっちがよくて、どっちが悪いということは有り得ないんですよ。勿論韓半島の北とか南とかいっても皆同じ人間です。どっちがいいとか悪いとかはいえない。終戦当時の、よその国の軍事上の都合で、全く不自然な境界を作ったもので、それでお互に相手の奴が悪いんだという考え方を植えつけられたということは、非常に悲劇であるし、これが結局は問題を複雑にさせているということです。われわれはよその国、わたしはドイツはよその国じゃないが、韓国と北朝鮮から見ればよその国の人ですが、よその国の人から見れば、両方のうちどっちがよくて、どっちが悪いというよりもですね。取扱い方に本当に困っているのですよ。どっちも自分の方から敵に思いたくないですね、政治的にはどちらかの態度を取るけれども、人間としては、どっちもいい人間のはずなんですよ。あるいは両方にその悪い人もいるわけなんです。それが問題を複雑にさせることですね。直接この報道問題に関係ないけれど、さっきヒールシャーさんのいったことと関連したことだったので。

元帝国主義と元植民地の関係が問題を複雑にしている

ナライン氏＝さき程から、皆さんから話が出て、明らかなように、韓国人であろうが、北朝鮮人であろうが皆が同じ韓民族であるわけですが、どこの国でも少数民族の問題はあるのです。日本の場合は、日本は元帝国主義であって、〝朝鮮〟は植民地であったということころに、問題をもっと複雑にしているわけです。だから、何か一つ問題解決ができない。何か一つが決まれば問題解決になるということはなかなかならない。だから、できるかどうかの見通しですけど、どうやって両方の人間が、日本にいる六十万の〝朝鮮人〟が、どうやったら統一ができるかということ、日本にいる六十万の〝朝鮮人〟が二つの団体でなく、一つの団体になれば、日本における力は強くなるわけです。日本で、韓国人の行動を北朝鮮人が監視する。北朝鮮人が韓国人の行動を監視する、だからどうしても統一した行動ができないのです。これは非常に残念なことです。だから、この事情が続くあいだは、この韓国問題というのは残念ながら今のまま、割合に厳しい状態が続くと思うんです。もし、韓国と北朝鮮が統一できれば非常に影響してくると思います。

朴主幹＝忙しいところを、今日は有難うございました。（完）

出席者（発言順）
ハンス・E・ブリングスハイム氏（イギリス、ロンドン・イブニング・ニュース特派員）
K・V・ナライン氏（インド、マドラス市、ザ・ヒンドゥ極東特派員兼代表）
アルフレッド・スムラー氏（フランス、パリ・マッチ誌、エア・フランス、エ・コスモス航空誌駐日特派員）
ゲプハルド・ヒールシャー氏（ドイツ、ミュンヘン、ジュートドイチェ・ツァイツング《南ドイツ新聞》極東特派員）
韓国新聞社　朴性鎭主幹・他

韓国の医療従事者は一〇、五〇九人

韓国の医療従事員のうち、国内で就業している数は全部で一万五百九人で、この内訳は専門医が三千四百十八人、一般医七千九十一人と集計された。韓国医協がさきほど世界保健統計年報に収録するため調査した内容によると、専門科別では外科七百二十五人、内科五百二十八人、産婦人科四百九十六人、小児科三百五十人、耳鼻咽喉科二百三十三人となっている。

一方、女性の場合専門医三百五十七人で、このうち百四十六人が産婦人科、八十五人が小児科、三十二人が眼科、二十一人が耳鼻咽喉科、十七人が内科である。

各専門別内訳は次のとおり（カッコ内は女医）。内科五二八（十七）、小児科三五〇（五）、血液科七一（十二）、皮ふ泌尿器科七〇、皮ふ科六四（三）、神経精神科四九六（一四六）、麻酔科五八（四）、外科七二五（五）、神経外科五九、眼科一七六（三十二）、耳鼻咽喉科二三三（二十一）、整形外科一五〇（一）、泌尿科七十一、臨床病理科六十六（七）、X線科九〇（十二）、予防医学科一一七（九）。

病院協会が調べた七三年度の病院の実態は一個病院当りの人口数は七百七十八人、医師一人当りの診療人口は十七万九千人となっている。

拓殖大で韓国語劇　23日

東京拓殖大学語劇祭実行委員会では毎年恒例の、世界各国語による第38回語劇祭を、来る11月21日から24日の4日間、拓殖大学茗荷谷ホール（地下鉄茗荷谷駅下車）で催おす。

とくに韓国語研究会（鈴木敏之会長）では、23日12時50分から13時50分まで、韓国語劇「エチュード」を公演する。在日韓国人の参観を歓迎するとのことである。

モデルを求む
25才以下の韓国人未婚女性の写真モデルを求めています。ご希望の方は左記のところまで。
☆電話・東京七一六―七五六一、プルノーまで。または本社（八一五―一四五一）にお問い合せ下さい。

西厓柳成竜の三男「柳袗」の乱中体験記

文禄・慶長の役

壬辰倭乱私録（イム ジン ウェ ラン）（完）

金竜煥　画

十一カ月目にソウルへ

一里ばかり行ったところで一泊し、朝になってから再び道を急いだ。使者たちは交替で私を背負った。ある家に着いたのが十二月の二十八日だった。そこには五十歳あまりの婦人がいたが、彼女は私を見るや大声で泣きながら、

「他人は生きてこのように父母の元へ帰れるのに……わたしどもは小宮の奴婢だったのですが、ちょうどこの坊っちゃんくらいの子どもがいました。ところが江原道で倭賊を避けていたとき、どさくさまぎれにその子を見失い、いまはその生死すらおぼつかないありさまです」とわめくのだった。

楊根で一泊したが、ここからは乳母も馬に乗った。途中には多くの盗賊がちょろちょろしており、朝廷の令がとどくはずもなかったが、みなが丁寧にもてなしてくれた。また、安全な道順までいちいち教えてくれるのであった。遂安（黄海道東北地方・平安南道との境界）に着いたとき、一人の坊さんがわたしたちを迎えてくれ、庭にござを敷いて食物と果物をふんだんにもてなしてくれた。その日の夜、平壌に盗賊の頭が現れたといううわさがひろまった。遂安守令は、夜通しで平壌支援の準備を整えていた。わたしたち一行は、夜が明ける前にその地を発った。

三登郡（平壌東方の江東郡）に着いたところ、当地の守令は平壌に出向いていなかった。下僕に尋ねてみると、父は賢将（李如松）とともに平壌に布陣しているとの話だった。さっそく父のもとへ使者をつかわしたところ、父は軍官を寄こして、

「平壌ははなはだ喧そうであるから、そのままそこに留まっているように」といい付けてきた。やむなくわたしたちは、平壌を二里ばかり前にして三登郡にとどまることにした。

翌日早朝、守令のお出ましの声が聞こえた。間もなく、守令が私に会いたいとのいい付けがあった。出て見ると、彼は殷山（平南順川郡）守令であった。平素から父の身寄りだった彼は、

「今晩、大監（柳成竜）様は李提督（李如松）と共に、一人の健兵をつれてソウルへ発たれました」といいながら、その前夜、父に会ったときの状況を伝えるのだった。

「別れていた子をようやく探し出したが、このように会えぬまま発つことになりました。どこにわが子をあずけるのが上策でしょうか」と父が心配しているのを、

「私が引き受けることにしましょう」と殷山守令が申し出たところ、父は大いに喜ばれたとのことだった。私は失望のあまり、地にひれ伏して号泣した。ややあって、父がつかわした軍官が着いた。父は、

「おまえに会って行くつもりだったが、焦眉の国事ゆえ、このまま道を急ぐ。父の竹馬の友殷山守令がおまえを引き取りたい、といわれるから、したがえ。ソウルが平定されたら人をつかわすから、そのときに上京せよ」といってよこした。軍官は、私が殷山に着くまで付き添うよう命ぜられたといった。

殷山に着いてから、永柔を経て安州という、ところに避難し、衙前（地方官吏）李思白の家に長らく泊まっていた。当時はやや小康状態だったので、その地方はすこぶる平穏であった。そのせいだったか、当地を通過する多くの守令たちは、約束でもしたように私を訪ねてくれた。みな厚く私をもてなしてくれたが、中には着物をあつらえてくれる方もあった。

安州守令は、私のいるところから三里ほど離れたところにいた。彼は私に奴婢をくれたうえ、食糧といろいろなおかずをひっきりなしに送ってくれた。私は幼い子どもだったので、済まないとも思わず、何げなくそれらをいただいていた。ところが、遠くにおられる父がこれを知って、

「決して守令たちのやっかいになってはならない。嘉山地方には祖先伝来の田地があり、また母方の実家もある。そこからおまえの食糧をとり寄せるようにせよ。官庁に迷惑をかけては相成らぬ」といい付けてきた。

私はさっそく嘉山におもむいた。たまたま嘉山守令沈新経は、父と親交のある人だった。彼は非常に喜んで私を迎えてくれた。しかし私は、父の戒めを伝えながら、これをことわった。彼は私を殊勝に思ったのか、

「大監（父）様が清廉であるから、ご令息のあなたもやはり……」といいながらほめてくれるのだった。

十月（癸巳）、王はソウルに還宮された。父も慶尚道におられる祖母に会ってから上京されたと、私にも上京するようにと使いの者をよこした。うるう十一月、私は十一カ月ぶりにソウルへ帰ってきた。

翌年（宣祖二十七年・一五九四年）の三月、継母をはじめ、姉、弟たちも帰って来た。そのときのなつかしさと嬉しさは、どうして筆舌につくせるだろうか。壬辰年の辛苦は、いまでは幼時の昔話になってしまった。父母は逝き、弟たちとも死別してしまって、私も病床について久しく、命も期しがたい。

私は後孫たちに壬辰の乱当時のこのような辛苦を伝え、これを座右の銘にするよう、記憶をたどりながらこれをしたためた。（完）

●ドリンクの中にはいっている高麗人蔘は純生の三年根です。
●ドリンクを召し上がりながら、そのまま人蔘をかじってください。
●ドリンクはカクテルに、人蔘はジュースにしてもおいしく召し上がれます。

生が到着（きた）！
神秘の力
純生人蔘ゴールド

姉妹品
●代理店を募集しています下記へお問い合わせください
製造元　太平洋産業株式会社　大韓民国釜山市釜山鎮区大淵洞209-1
発売元　南国物産株式会社　愛媛県松山市大街道3丁目8-23 TEL(0899)43-1818
多少にかかわらず御注文下さい。資料サンプルお送りします。

品質最高
大量廉価
食用油・味の素・香辛料・調味料・冷麺・中性洗剤　卸販売
韓国産ポプラ・ワリバシほか
㊍ 胡麻純正油・胡麻・中性洗剤（製造元・竹本油脂KK）
星印純正胡麻油・胡麻（製造元・九鬼産業）
韓国料理材料
一切・卸問屋
丸新物産株式会社
☆地方からの御注文には直送します。
本社・東京都豊島区池袋2丁目1713
電話（〇三）九八五～〇八八四（代）

スパイ基地化した日本！
金日成—朝総連の陰謀を暴く!!
ドキュメンタリー　南北の死角情報
B6判256頁　定価700〒150円
元 朝総連石川県本部組織部長
成 奎 昌 著
発行所・東京都文京区春日2―20―13　光明出版社
☆希望者は本紙へ（電話・815―1451）または東京三中堂書店へ（電話・271―1981～2）

韓國新聞

在日大韓民国居留民団
中央本部機関紙
韓國新聞社
発行人 尹 達 鏞
東京都文京区春日
2丁目20−13
電話 直(815)1451〜3
交(813)2261〜5
振替口座 東京 163774

本国連絡所（民団本国事務所内）
서울特別市鍾路区昌成洞
政府合同庁舎4層
電話73−0165

在日本大韓民国居留民団 綱領

一、우리는 大韓民國의 國是를 遵守한다
一、우리는 在留同胞의 權益擁護를 期한다
一、우리는 在留同胞의 民生安定을 期한다
一、우리는 在留同胞의 文化向上을 期한다
一、우리는 世界平和와 國際親善을 期한다

フォード大統領韓国入り

「朴正熙大統領と会談」

米・日百十四年の国交の中で初めて十八日午後東京入りした米国のフォード大統領は、日本での全日程をすまし、予定通り二十二日午前大阪国際空港から大統領専用機でキッシンジャー国務長官ら関係随員を帯同、韓国入りした。

フォード米大統領

訪韓3番目の米大統領

フォード訪韓は五二年と六〇年のアイゼンハワー、六六年ジョンソン訪韓につぐ米大統領として三番目の訪問である。一泊二日の滞在予定ではあるが、その意義は大きいものがある。フォード大統領一行は午前十時に、朴大統領ら政府要人の出迎えをうけ金浦空港に到着、直ちに銅雀洞の国立墓地におもむき、無名戦士と朴大統領夫人陸英修女史の墓に花環を捧げ、宿舎の朝鮮ホテルに入り、この日午後三時から朴大統領と韓・米頂上会談にのぞんだ。夕食会は中央庁、メニューは純韓食、コックウエイターは各ホテルから選抜し、徹底した身元調査が行われた。レセプションでは洋酒を使うが夕食会祝杯用は清酒等韓国産の酒が使われたとのこと。一行は公式、非公式随員を合せ五百人にのぼるとみられ、朝鮮ホテルを二十二、三の二日間貸切った。贈物はフォード大統領だけに贈る方針で国産工芸品が選ばれる。また記念煙草、記念切手も発売された。フォード大統領は朴正熙大統領と軍事、政治、経済など多方面にわたり二日間会談するほか、夕食会での演説以外には公式発表や記者会見、国会演説もない予定であるといわれる。

非武装地帯にトンネル構築

調査中の韓・米軍、地雷で死傷

国連軍発表

在韓国連軍司令部スポークスマン（ウイリアム・ワッドサイド米軍大佐）は十五日深夜、北傀側が休戦ライン中東部の非武装地帯にひそかにトンネルを構築、南方へ約一㌔も侵犯していると非難した。国連軍側は重大な休戦協定違反だとして近く軍事休戦委を開いて抗議すると明らかにしている。

武器輸送施設あるトンネル

続いて徐鐘喆国防部長官も十六日朝の記者会見で、この事実を公表した。

発表によると、このトンネルは韓国軍民政警察隊（憲兵）が十五日に発見したもので、北側のゾーンから非武装地帯南側に千㍍も突き出した幅〇・九㍍、高さ約一・二㍍のコンクリート製のものだった。トンネル内には二百二十㍍の電灯線がひかれ、兵員や武器の輸送ができるトロッコの線路や配水施設も造られてあった。

十六日朝の記者会見で、徐国防部長官は「この北傀の試みは短時間で数千人の兵力を南に侵攻させるためのとんでもない計略であり南進意図の重大な証拠といえる」と語った。

また国連軍と韓国国防部の発表によって、十五日朝に起きた休戦ラインでの銃撃事件は、このトンネル発見に端を発したものであったこともわかった。

陸海空軍の警戒強める

在韓国連軍と韓国国防部は北傀側が休戦ライン非武装地帯にトンネルを構築、南侵の準備を進めていたと発表したのとは別に、韓国国会は十九日緊急本会議を開き、「北傀の侵略行為についての非難決議」を採択することにした。

トンネル発見の報告を聞いた政府は十七日に安保関係閣僚会議を非常招集するなどあわただしい動きを見せたが①この事実を各国の国連代表らに知らせることによって、北傀の平和宣伝に対抗する②北傀の侵略に備え、陸海空の警戒体制を強める—などの方針を確認した。さらに十八日にはソウル駐在の外交団にもこの事実を報告した。

国会、緊急会議ひらき非難決議

つづいて十九日に開かれた国会では、本会議で、このトンネル事件をとりあげ「これは事実上の武力南侵行為である」という国連に送るメッセージ、政府と国民、そして北傀に送る決議文を採択した。

また二十日夜、国連軍司令部では、同日午後一時半ごろ、韓・米軍共同でトンネルを調査中、北傀側が仕かけた爆発物で将校ら計八人の死傷者がでたと追加発表した。

不可侵協定受諾せよ

李文公部長官声明

李文公部長官は声明で「今度発見された地下トンネルは、武装スパイを本格的に南派させ、われわれの社会に極度の混乱をかもし出させて、大々的な武力南侵を敢行するために構築されたものであることは明らかであり、かれらが表面上は平和攻勢を取りながら、実際には武力赤化統一の基本政策を少しも放棄しようとせず、韓国を転覆させるためにどれほど緻密に計画しており、また血眼になっているかを物語っている」と強調、また「北傀のこのような侵略行為は休戦協定に対する明白にして重大な違反であるだけでなく、互いに武力挑発しないと約束した七・四南北共同声明を白紙化させるものである」と指摘した。次いで「北傀はこのような侵略的な挑発行為を直ちに中止、韓半島の真正な平和を定着させるために、われわれの南北不可侵協定締結の提議を直ちに受諾することを促す」と述べた。

時評

トンネル事件の意味するもの

◇さる十五日早朝、韓国三八度線の中部戦線で、北傀軍から射撃を受け、韓国側も応射、約一時間十五分にわたって撃合いが続いた。北傀軍が射撃する直前、韓国の民警隊は不審なものを発見し、まさに調査に手をつけたばかりのところだった。そして撃合いが終ったあとで調査を続けた結果、そこにはトンネルが北からのびて来ていたのである。このことについて、日本のマスコミが批判したのを知らない。◇

北傀の南侵作戦を立証

批判さける日本マスコミ

このトンネルは地下約四〇㍍のところに、幅一㍍、深さ一、二㍍の、コンクリート・スラブで天井と側壁が補強されたもので、北から東南方向へ、軍事分界線の一㌔南までのびていた。トンネル内には二百二十㍍の配線がしてあり、六〇㍗の電球がついていた。狭軌の土砂運搬用とみられる線路とトロッコが発見され、トロッコの中には新らしい土が積まれており、トンネル工事の続行中であることを示していた。この線路は途中ですれ違うための、う回路、方向転換のための円形車庫まで整のっており、トンネル内には排水設備、洗面所があり、残飯入り食器、クレーマ地雷、北韓製腕時計、幾らかの爆薬が放り出されていた。以上は在韓国連軍司令部スポークスマンの発表したものである。

われわれはこの報道に接したとき、直ちに事態が容易ならざるものであることを感じ、あくことなき北傀の南侵作戦に、止めることのできない憤りを覚えるのである。

日本の新聞の報ずるところによれば、ソウルの消息筋の話として、今回、非武装地帯で再び緊張が激化したことについて、二十二、二十三両日のフォード米大統領の訪韓と関連があるとの見方をしている、とのことである。それがもしも正鵠を射た推測であるならば、北傀側は思わぬところで計画が挫折したといえよう。しかし、これは少し違うようだ。一㍍×一、二㍍のトンネルでは、トンネルの掘削作業はせいぜい二名程が、それも座って掘らなければならない。発表どおりとすれば、トンネルの出口を秘密の地域に設けるためには、もっともっと南方にまでトンネルを伸ばさなければならないであろう。少くともパトロール隊が余り数多く行き来しない地域までのはず必要がある。とすれば、あと五十や百㍍先までは用をなさない。数百㍍、いや千数百㍍が必要である。一週間やそこらで、武装ゲリラや武装スパイが完全に成功して韓国に侵入することができる程、トンネルの掘削作業は進まない。だから、このトンネルは、フォード米大統領の訪韓とは関係なく、北傀が常時行なっている対韓侵入作戦の一つとして掘進中のものであったと見るべきが正しいであろう。

従がって地上での撃合いを指していることだと思うが、これも、たまたま時期的に米国大統領の訪韓直前であったということにすぎない。北傀が射撃を加えて来たことには、別の意味がある。

軍事休戦ラインには、中心線をはさんで両側に二キロの非武装地帯があり、韓国側は常時この地域を、民警隊、韓国軍がパトロールしている。一方、北傀は休戦協定を無視して、この非武装地帯内に一キロも進出してトーチカを構築し、常に韓国側パトロール隊に照準を合わせて、いつでも発砲できる態勢にある。

このトンネルの構築がいつごろから始められたのかはともかく、北傀のトーチカ内の兵士には、トンネルがどの方向に、何百㍍のびつつあるかは、常に連絡があり、韓国のパトロール隊が異状を発見したような場合、トンネル内の人物が無事北傀の支配領域内に逃走するまで、調査の妨害をする射撃を命ぜられていることは間違いない。撃合い時間一時間十五分は、トンネル内の人物たちが、必要な品物を運搬しつつ、中腰で韓国側と北傀側合わせて二㌔以上を撤収するに要する時間である。武器も掘削用具も、通信線も残っていなかった理由もここにあろう。

北傀の失敗は、トンネルの天井が地下わずか四十㍍のところを通っていたことと、発見の端緒となった「水蒸気」の地上流出である。

地下四十㍍ということは、トンネルがせまくて本格的な計器が使用できなかった誤差によるものであろう。水蒸気については次の理由による。トンネル内には六〇㍗の熱源と、作業人員の体熱で、地上より二十度は高温であったろうということ、地上は既に摂氏〇度以下（そのころソウルはマイナス六度の日があった）であったこと、コンクリート・スラブの継ぎ目と地表のゆるみとが偶然重なったということ、こうして新鮮な空気を送り込れたトンネル内の暖かい空気が地上にもれ、水蒸気になったのである。北傀にとっては返す返すも残念なことであったろうが、そこはぬけ目なく、トンネル内で調査中、爆発するように地雷をしかけていた。

ここでわれわれが思うことはこれがもしも逆であったら果して日本の新聞が、今度のようにサラリと報道するだけで済ますだろうかということである。北傀が、トンネルは韓国側が掘ったと主張し、日本の新聞がこれを載せているが、北傀のこのような「軍国主義」「好戦性」「侵略性」について、日本のマスコミは一切の批判をさけている。なぜ北傀については沈黙するのか、北傀の主張が正しいと思っているのだろうか、日本人審査帰り問題も含め、北傀の都合の悪いことには、なぜ北傀に協力するのか、ここに今日の日本マスコミの正体が示されているようだ。

この態度は、自ら主張する「真の自由」を、共産側に売渡すものである（W）

東京にいた金日成の息子

偽名でIPUに潜入した金正一

金日成の実子であり、やがてはその後継者になるだろうと目されている金正一（北傀労働党秘書局長）が、さる十月東京で開かれたIPU（列国議会同盟）総会に、北傀議員団随員十三人のうちの一人として、「リ・ジョンヒョク」という偽名を使用して参加したことが、このほど在日同胞日刊紙「統一日報」によって明るみにだされ、十一月十九日付の同紙はこれをスクープ記事として大々的に報道、内外に騒然とした話題をまいている。以下、同紙が報道した一部要約をここに転載する。

北傀側が東京でのIPU総会への代表団を派遣するのを契機に「労働党」の高位幹部を派遣するだろうということは、来日する前から日本における消息通たちの間でうわさされていた。したがって金英男「労働党」候補政治委員・国際部長が副団長として、玄基福「労働党」中央委員等が団員として代表団に加わっていることが伝わるや、党の高位幹部とはこの人たちのことだろうとみなされた。

だが、統一日報では、北傀側の事情に精通している信ずべき筋から、この人たちよりさらに有力な高位幹部が、それも党の組織と対韓国、対日本工作の実権を握っている責任者級の人物が来日するという情報を入手した。しかし、北傀最高人民会議代議員からなる正式代表の中にはそのような人物は見当らなかった。そこで、随員として来日した十三人に眼を向け、同紙の調査網を総動員して調べたところ、随員中に「リ・ジョンヒョク」と名のる人物が、実は金日成の実子で、「労働党」の秘書であり、北傀政権内において、第二の権力者といわれる金正一その人であることがわかった。

また同紙がIPU東京総会参加北傀代表団随員中に、高位幹部がいることを確信するにいたったのは、代表団の随員が異例なほどに多数だったからで、来日した代表である議員の数は九人であるのに何と随員が十三人もあったことである。しかも代表である最高人民会議議員たちの姓名は漢字で発表され、議員職以外の職名・職位も知らされていたのに、随員たちの名前は「ハングル」で—日本文では表音仮名でしか知らされなかった。

これは、随員たちの多くが偽名を使っていたからにほかならないとにらんだ同紙は、まず随員たちの写真を撮り、その写真を北傀側の内情に、また万景峰号等北送船の事情に通じている内外人士にみせて人物確認をすすめたという。

その過程で、随員中に、北送船等でよく来日して日本におけるスパイ工作を指導してきた人物たちが多数まじっていたことがわかりそれらの人たちが朝総連や朝青同・女性同盟等の大衆団体の組織点検をおこなったことを知った。同紙ではさらに、随員中「リ・ジョンヒョク」を名のる人物が金正一であることを確認し、金正一が専任の個人秘書と護衛をつれてきた事実といま一人秘書を帯同している事実までつかんだ。

従って、IPU代表団の随員が代表よりも多くなるほかなかったわけだが、なぜ北傀の第二人者である金正一が、偽名まで使ってこのように来日したのか、の解明につとめたところ、金正一の別用件の一つは、衰退一路をたどっている朝総連の組織的点検をおこなって立てなおしするための新たな対策を講ずることにあったという。

だが、金正一来日の最大の目的は朝総連立てなおしよりも、対南工作の強化にあったのである。

金正一が、いまや「党」の組織・宣伝部門ばかりでなく、対南、対日工作の指揮権も手中に収めている最高権力者であって見れば、これはおのずとうなずけることであろう。このようにして、金正一来日の秘密は明かされたが「明七五年の解放三十周年に向けての韓国破壊工作が憂慮されるというのが消息通たちの一致した意見である」と統一日報は結んでいる。

解説 朝日記者も確認

共同通信社が、来日したのは金正一でない、として本物の金正一の写真を配信、各紙がこれを掲載していたが、その写真はどう見ても二十歳台のものであり、現在の年令は三十五歳であることを無視した観がある。試みに共同通信が配信した写真に、眼鏡を書き加えると、IPUに出席した男とウリ二つとなった。

また、韓国日報十九日付では、朝日新聞外信部の小林記者が、IPU会議のときリ・ジョンヒョクに逢ったとき、横にいた朝鮮総連の幹部の一人が「この人が金日成の息子」といったことを聞いた。小林記者は、その時は冗談だと思ったが、今、すべての情況から推して、まさしく「リ」と名乗った人物が金日成の息子の金正一であると、十八日に語ったと報じている。種々雑音があろうと、金正一に相違ないというのが大勢の認めるところである。

IPU会議で右端が見張りをしている感じの金正一、その前列手前から奥へ3人目が張基栄韓国代表（円内は正面からの金正一）

沖縄に韓国人慰霊塔

建立委員会28日に発足

民団中央では、さきの第九回中央執行委員会において、太平洋戦争中沖縄において戦歿した軍人、軍属、一般民間人等の同胞犠牲者の英霊を慰めるため、彼地にその慰霊塔を建立する決議を見たことがあるが、その実施にあたっては韓国人慰霊塔建立委員会を発足させ本国政府と在留同胞からの財政的支援を得ることになり、沖縄海洋博を機会にようやく本格化することになった。

この慰霊塔建立については、大きな関心と善意をよせている日本人有志も多く参加することになっており、その成果が期待されている。

なお慰霊塔建立委員会は、来たる二十八日午後一時から、東京品川駅前のパシフィック・ホテルで発会式を行なうことになった。

日本図書館協会選定

金熙明著
日本の三大朝鮮侵略史
＝倭寇・壬辰倭乱・日韓合併と総督統治＝
B6判 美装 四〇〇頁
写真挿画七〇枚
価 九八〇円・〒一四〇円

☆日本が如何に朝鮮を侵略したか三つの歴史的事実を両国学界の研究成果をふまえて叙述した日本の「つまずき」の歴史を日本人の前につきつけたものである。
〔武蔵大学教授 渡部 学〕
※最寄りの書店に市販されております。

発行所 洋々社
東京都新宿区納戸町五
〒一六二 電話（二六八）〇七九六番
振替東京一三一五一五番

団結로써 粉砕하자 朝總連의 破壞工作

75年度 生徒募集

一、募集人員
初等部一学年……五〇名
中等部一学年……五〇名
高等部一学年……一〇〇名
外 編入生若干名
但し高三は除外

二、受験資格
初等部一学年……満六歳児童
中等部一学年……小学校卒業 又は 予定者
高等部一学年……中学校卒業 又は 予定者

三、願書受付
期間…初等部・自一九七四年十一月一日〜至十二月六日（午前九時〜午後五時）
中・高等部・一九七四年十二月一日〜至二月七日（午前九時〜午後五時）
場所……本校教務部

四、受験手続
（イ）本校所定の入学願書
（ロ）出身学校調査書（編入は在学及び成績証明書）
（ハ）国民登録済証明書
（ニ）写真四枚（4㎝×5㎝）
（ホ）考査料
初 三〇〇〇円
中 一〇〇〇〇円
高 二〇〇〇〇円

五、考査
初等部……面接
中等部……面接、書類審査
高等部……面接、学科考査（国、英、数）
（但し、日語科目で国語代行可）

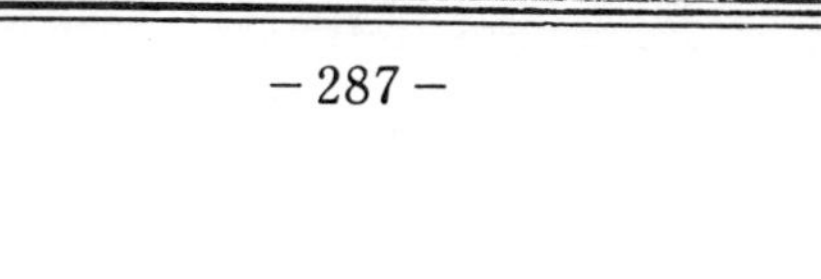

六、考査日時
初等部……一九七四年十二月七日（土）午前十時
中・高等部……一九七五年二月八日（土）午前九時

七、合格者発表
初等部……一九七四年十二月九日（月）正午
中・高等部……一九七五年二月十日（月）正午

八、其他
（イ）提出書類は返還しない
（ロ）入学に関する問合せは教務部まで

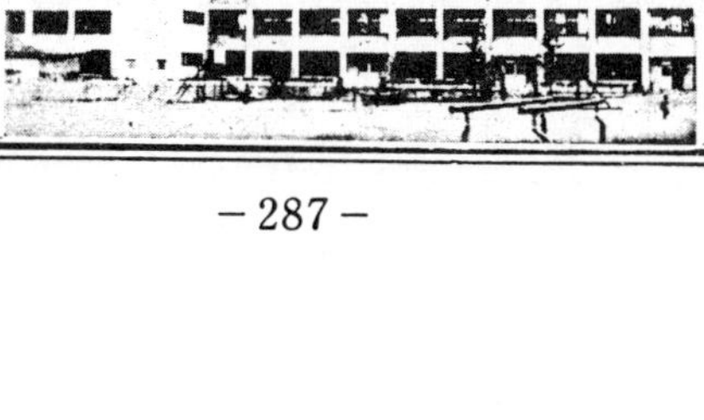

東京韓国学校
東京都新宿区若松町二一
TEL（三五七）二二三三〜五

韓国, '75' 国際海洋博 へ参加

「海洋発展」を世界に宣揚

民俗舞踊、亀船、資源開発などを紹介

七五年七月二十日から六カ月間沖縄で開かれる国際海洋博覧会に韓国は三億七千万ウォンの予算を投じて韓国館を設置して参加することが確定した。韓国館には「亀船」をはじめ近代的な造船モデル、未来の船舶構想図、海洋開発科学技術現況および計画、近海および遠洋漁業開拓現況、海洋文化・芸術交流史等「海洋韓国」のイメージを一目で紹介する内容物を展示又は出品する。

EXPO'70で韓国は「より深い理解と友情を」とのテーマのもと工業化の進む国の実情を世界の人々に紹介した。このたびEXPO'75国際海洋博では維新韓国の成長ぶりを世界に誇示することになろう。

このほか民俗舞踊公演場、民芸品と土産品の展示店舗も付設される。一方同博覧会のハイライトである「韓国の日」行事は八月十五日を前後して行われるが、これには大勢の民俗舞踊団が出演する。

財団法人・沖縄国際海洋博覧会協会に参加を通告した国家は、韓国をはじめとする二十五カ国で、期間中の入場客数は五百万名と推測されている。なお、民団でも組織をあげて、本国家族招請運動を行う予定である。

EC、韓国を中所得国に分類

ECは自由世界の開発途上国を所得水準と人口、それに輸出能力を中心とした工業化の程度によって八グループに分類、韓国を中所得国に規定した。これによって韓国は国連の特別基金支援対象から除外されることが確実になった。

豚肉の輸出 六百万ドルに

農水産部によると十二日現在で豚肉の輸出目標六百万ドルを超過、六百十七万五千ドルに達した。

西ドイツが精機センタ支援

西ドイツ政府は韓国の精密機械技術センターを支援するため向う三年間百三十九万マルクを使用、必要とする精密機械と測定および試験器具を供給、又二人の精密機械技術専門家を韓国に派遣して韓国人専門家に精密機械技術を習得させることになった。このような支援は「韓国・西独政府間の精密機械技術センターのための技術協力約定」に基づくもの。なお、この韓国精密機械センターは豪州?標準協会と技術協力協定を締結した。同協定は①豪州?標準協会規定に合せて製品の性能と安全検査を行う②韓国の会社に対する技術指導者の教育③豪州標準協会の証紙使用規程等を内容としている。

15万戸に電気架設 農漁村に68億投入

商工部は農漁村完全化計画(七三〜七七年)第三次年度の来年の農漁村電化率を今年の五九%から六五%に引上げる目標をたて十五万戸の農漁村家屋に電気を架設することになった。商工部はこの事業に六十八億四千万ウを投入する。

市銀純益63億 前期比百15%増

この二十五日から第一銀行を皮切りに五市中銀行の今年度上半期定期株主総会が開かれる。金融界によると五市銀の当期純益規模は六十三億七千万ウで前期の二十九億七千万ウ比一一五%に相当する三十四億ウの増加である。従ってこれまで年三%の配当だった政府株に対しても年一〇%引上げられ、民間株には年一〇%から年一五%に増額配当になる見込みである。五市銀の純益は次のとおり。

(単位百万ウ・カッコ内は前期純益)・第一九〇〇(五二九)、ソウル七一七(四五〇)、韓一、三九五(五六二)、商業一、六一八(八七三)、朝興一、六八一(五五五)。

74年度 輸出目標の達成楽観

張商工 不振の繊維・合板など好転を予想

張商工長官は十三日清州を訪れ忠北道庁で道内実業界代表と懇談会をもち、現在の輸出実績は四十億ドルを越えており、今年目標四十五億ドルの達成はもとより、約四十七億ドルにのぼるものと見られていると語った。張長官はまた繊維と合板が最も大きな問題となっているが、繊維は当初の輸出目標十七億ドル中十六億ドルの達成は可能であり、合板は主要市場である米国の住宅建設が目下のところ不振なため輸出が不調だが、近く好転する兆しをみせていると語った。張長官は現在の信用状の受取り状況から推して来年の四、五月頃が最悪の事態になりそうであるが、これを克服できるものとの見解を述べた。

印尼に合弁会社設立 一次にプラント輸出

業界によると正陽細幅織物工業はインドネシアのPTトリ・イメンソン社と資本金四十万ドル(折半投資)煙草製造用無断ベルトプラント輸出に合意、年内にジャカルタに工場の建設を完了、来年から二種類の無断ベルトを月産二万五千〜三万個を生産して煙草製造に供給し年間二百万ドルの販売収入をあげることになった。

東レ・帝人の契約不履行で 合織操業不振に

莫大な資金を投じて建てた輸出専用の合織工場が合弁先の契約不履行により操業が振わず不評を買っている。化繊業界によると内・外資二百五億ウオンを投入、日本の帝人と合弁投資で日産百トン規模の大型ポリエステルファイバー工場を建設中の第一合織は現在六十八トンの施設を完了しているが、これまで十七トンだけが稼動されており国内化繊工場の中で最低の操業率。また百一二億ウオンの資金を投下して日産五十トン規模のポリエステルファイバー工場を日本の東レと合弁で建設した第一合繊は今月七日から操業を始めているが現在、設備の五〇%の二十五トンの稼動にとどまっている。

日本と合弁で巨額の資金をつぎ込んで建設した鮮京と第一合織の大型工場の操業率がこのように低調なのは、合弁契約の際製品販売の責任、即ち同工場で生産されたポリエステル・ファイバーを全量輸入販売するとした帝人と東レが、契約条件を履行しなかったためといわれる。特に彼らは東南アジアに輸出する場合は自分たちの既存取引先を制限するなど、国内業者の制限を加えている。

「史上最高」の豊作

農水産部集計、438万5千トン

韓国農水産部が今年度の米の収穫量を集計して十四日、発表したところによると、今年の米の収穫量は三千二十六万石、トン数で四百三十八万四千五百トンであることが明らかにされた。

この三千二十六万石というのは昨年度の収穫量二千九百二十四万石よりも三・五%の増産を示すもので、これはまた、農水産部が見積った今年の収穫目標量よりも十一万石も多いものである。

ところで、このように米の収穫量が豊作を示したのは、営農に必要な資材を適当な時期に投入したこと、田植えの時期に良い天気に恵まれたこと、田植えの植え付け面積が昨年に比べて二万二千ヘクタールが増えたこと、統一稲の栽培面積と集団栽培団地が拡大されたことなどによるものだと、農水産部当局は説明している。

韓国語学習(会話・文法)

成根容 著

第一部・いろいろな挨拶のしかた
第二部・語尾のいろいろ
第三部・助詞のいろいろ
第四部・会話の応用

—A5判三七〇ページ—

価八五〇円(定価一〇〇〇円の内、著者一五〇円負担・送料・一一〇円)

民団中央本部宣伝局

電話 八一五—一四五一〜(三)

論壇

韓・米・日の三角関係 (中)

梁好民 (ソウル中央大学教授)

三角安定の前提は友好と協力

米国カナメにする安保体制の強化必要

(前号からつづく)

しかし日本外交は、基本的には対米追従的であり、米国の忠実な同盟国として貿易立国を追求したといえる。

ところが、一九六〇年代の後半に入ってから国際政治の多極化現象が表面化するや、日本もこれに対処するための独自の立場を定立する必要性を感ずるようになり、アジアにおける自身の役割を考慮するにいたった。

それまですでに日本経済は高度成長をなし遂げ、国際的発言権を行使しうる準備態勢を整えていたとみるべきである。

前にも指摘したように、米国がニクソン・ドクトリンによって米国の核カサ下でのアジア諸国の自衛、そして経済的・政治的面での日本の代役を期待していただけに日本の自主外交路線も、じつは米国の希望によって促進されたといえる。したがって、一九六九年十一月のニクソン・佐藤共同声明は日本の自主外交路線を中外に宣明したものであり、同声明で日本がことさらに強調しているのは、オキナワの日本への復帰問題であった。のみならず日本は、一九七〇年代に入ってから自主外交と自主国防という軌道に乗ったのである。

日本資本の移動

日本がアジアにおける大国的地位を築きあげていく過程は、アジア諸国に対する経済的進出によってはじまる。ここ五、六年の間、日本資本は韓国をはじめ東南アジア諸国へ著しく移動しているが、このような現象は米国の新しいアジア政策と関係がある。一九六五年、電撃的に締結された韓・日基本条約も、米国の背後調整と切り離しては考えられない。米国は日本の経済力、そしてこれを土台とする国際政治上の役割を重視しているため、韓国の安保をつねに日本の安全と関連させて検討している。要するに、米国としては「日本の維持」が目的であり、韓国の安保はあくまでそのための手段として考えてきたわけである。

韓国の存在が他国の安全維持のための手段にみなされているということは、韓国人にとって決して愉快なことではない。しかし、国力の大小が国家価値の評価基準になっているということは、古今を問わず冷酷な国際政治の論理である。したがって韓国人としては、なによりもまず韓国の安全と自身の生存および発展が必須条件となるため、われわれは国防に全力を傾注する一方、米国との同盟関係を強化すべきだと思う。韓国を手段とみなすのは、あくまでも外国の立場であって、われわれの立場からすれば外国が手段で、韓国は目的である。国際関係の場においてすべての国々が絶対的に追求しているのは自国の利益である以上韓国も歴史的に制約されている国際環境の中で、冷静に自国の利益を追求しなければならないのである。

借款、直接投資、技術協力という形態での日本資本の大量導入にともない、韓国における日本の影響力は日増しに増大している。したがって韓・米・日の三角関係は新しい現実として形成されつつある。一九七二年度だけでも、日本は公共借款および商業借款など合わせて二億四千百九十万ドルを韓国に提供しているが、これは単一国家としては米国の三億四千四百四十万ドルに次ぐ金額である。また、一九七三年度の外国人の対韓投資状況をみると、米国が十五件の千二百五十万ドル(全体の四八パーセント)で、日本は三百五十八件の二億九千五百万ドル(全体の九四パーセント)に達し、断然首位を占めている。

このように日本経済の対韓進出を促進させた要因は、日本が対外貿易を通して引きつづき黒字を出したことである。一九六五年までの日本の外貨保有高は二十億ドルにすぎなかったが、一九七二年末には百八十億ドルに激増している。外貨保有面においても日本は西ドイツに次いで世界第二位を占めている。

このようにして日本は、賠償を含めて世界第二位の経済援助国となり、年間約二十億ドル(GNPの〇・九六パーセント)を対外協力に振り向けている。日本はこのような経済実力をもって、韓半島においても米国と同等の参与勢力になろうとしている。

三角安定の前提

現在、日本外交の政策的基調は、西方側、とくに米国との緊密な関係を維持しながら、アジアとの強固な基盤を構築するとともに、米国の核カサの下で実利?を追求することである。日本の外交は非軍事的、非理念的で、商業主義的である。

韓半島における米・日の提携が円満に持続し、日本の経済協力が経済侵略にならないとすれば、韓・米・日の三角関係は安定を得ることになるだろう。しかし、日本の経済進出がいわゆる「経済的動物」、または「低賃金雇用など」という政策に執着したり、経済力をかかげて民族的な優越意識にとらわれるとすれば、タイやインドネシアで示されたように韓国国民の激烈な民族的反抗を招くことになり、韓・米・日三角の協力体制は破壊されることになるだろう。

アジアの多くの後進国は日本の投資を必要としながらも、歴史的な経験などから不安を感じており、予想される日本資本の横暴に対する牽制策として米国の介入を望んでいるのも当然なことといえる。韓国もまたその例外ではいえない?。一方、これにもまして重要なことは、韓半島で米・日間の勢力競争が展開された場合、これに対処することである。

米・日間の戦争を仮想した場合、それは決して軍事的戦争にはならないということがはっきりしている。日本の国防予算は一九七二〜七三年度に三十億ドルを計上しており、これは世界第七位の金額で、アジアの弱小国からみた場合には驚くに足る財政支出だといえるが、日本はいまだに自国の安保を米国の核戦略に依存している現状である。ニクソン・ドクトリンの宣布がアジア全域に至大なショックを与えていた当時、一部の論者は韓国の安保に対する日本の軍事的な寄与を期待し、はなはだしくは韓・米・日の東北アジア防衛同盟説までが取りざたされたことがある。

しかし、日本の核武装および自衛隊の海外派遣は、日本の国内事情からみて不可能に近いことであり、かりにそれが可能だとしても、世界三大核保有国が介入している韓半島に軍事的に介入するということは、理性的には想定できないことといえよう。それはあたかも火に飛び入る虫も同然な冒険であり、韓半島で戦火が起こった場合、日本を核洗礼という破局に追いこむ結果を招くからである。したがって日本は、どんなことがあっても韓半島への軍事的介入を忌避するであろう。したがって韓半島に対する安保上の直接的な寄与は期待できないと思う。

米・日の経済競争

米・日の韓国における競争は、経済的・政治的競争に局限されるといえる。とくに両国が国際的規模の国際競争を繰り広げるとすれば、必然的にその影響は韓国にも及ぶことになるだろう。戦後日本の工業は米国のひ護の下で発達してきたばかりでなく、経済小国が経済大国に成長すると、必然的に国際競争をまき起こすことになり、ついには深刻な摩擦を生ずることになるというのが世界経済の法則である。戦禍を被らなかった戦勝国の米国は、一九五〇年代末まで世界最強の経済力を背景としてドル貨の優位を誇示していた。

ところが、敗戦諸国の復興につれて貿易黒字が減少しはじめたところへ、政府の継続的な海外軍事経済援助および民間資本の海外投資は、一九五八年ころから米国の国際収支の面でひきつづき赤字要因となり、ベトナム戦の戦費支出は事態をいっそう悪化させてしまった。このような状況の下で米国が直面したもう一つの難関は、世界市場に浸透んる日本経済の競争力であった。日本の軽工業製品と繊維類はすでに米国市場を圧している。とくに一九六〇年代における重化学工業の急速な発展は米国の競争産業にいちじるしく圧迫を加えている。

ことに米国が王座を占めていた自動車、鉄鋼、化学繊維、電気機械および機具、ラジオ、TVなどは、日本製品の進出の前に脅かされている。このようにして、一九六〇年代の初期までは米国の貿易の対象になっていた日本経済の急速な発達が、一九六〇年末ころから、いつの間にか強敵として警戒の対象に変わってしまった。

このような圧迫は、敗戦の廃虚から「経済奇跡」を成就した西ドイツからも押し寄せた。米国はドル貨の不安、金保有高の減少、国際収支上の赤字、インフレ、企業〇縮などの打開策をいろいろな面から試みたが、ついに一九七一年八月十五日、ニクソン大統領はドル貨の防衛と自国産業の保護を目標とする果敢な緊急対策を講じたのである。

いわゆる「ニクソン・ショック」と呼ばれるこの対策は、国際的に大きな衝撃を与えた。

ニクソン言明によると、第二次世界大戦後米国は、ヨーロッパとアジアの諸国が経済的に自立しうるよう巨額の援助を提供した結果これらの国々、とくに日本と西ドイツは米国の強力な競争者になったというのである。したがって、いまころ、これらの国々が世界の自由を守護するために米国と同等の責務を負うべきであり、為替レートの切り上げによる平等な立場での競争を提唱しながら、金・ドル交換の一時停止をはじめ、一〇%の輸入課徴金の暫定的な実施、七%の自動車消費税の廃止などを一方的に発表した。

(つづく)

華麗なる新羅文化の粋

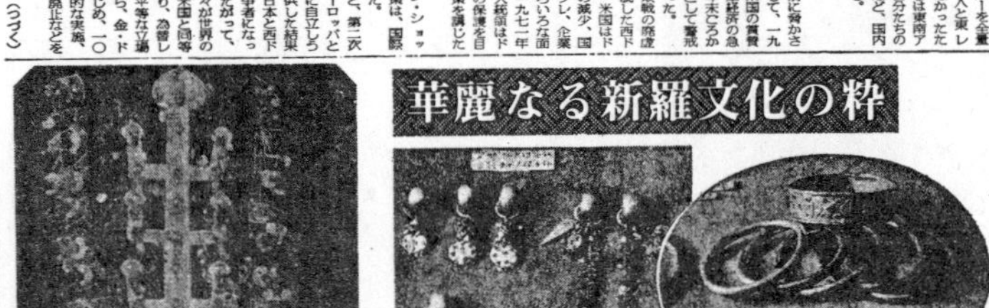

去る11月9日慶州98号古墳から発掘された新型金冠㊧と金製指環と腕環㊥および耳環㊨

말없는? 支援속에 建設되는 民族殿堂

京都韓国高等学校(普通課程)

75年度 生徒募集

一、募集人員
①第一学年三五名(男女共学)
②第二学年若干名

二、入学資格
①中学校卒業者又は卒業見込者及同等な学力検定を受けた者
②高等学校第一学年修了者

三、出願手続 次のものをそろえて左記出願期間中に提出して下さい。
①入学願書(写真貼付)
②出身学校長の内申調査書及同等な学力検定を受けたもの
③考査料 ¥四、〇〇〇

注意 ◉以上を一括して提出し、受験票を受取って下さい
◉用紙類はすべて本校所定のものを使用すること。
◉受付時間は 左記出願期間中 午前九時から午後四時まで。但し土曜日は正午まで(日曜・祝日は休み)

四、選考方法
①学力テスト(日本語・数学・社会・英語)
②面接

五、期日

	出願期日	考査日	合格発表
第一次	一月二十日(月)〜二月十九日(火)	二月十日(水)午前八時四十五分	二月二十四日(月)午後一時〜四時三十分
第二次	二月二十五日(水)〜三月十九日(火)	三月十八日(火)午前八時四十五分	三月二十二日(土)午前十時〜午後二時

注意 ①考査当日は受験票、筆記用具、および昼食をもって午前八時四十五分までにきて下さい。
②入学許可の発表は本校内に掲示します。

六、入学手続
(1)入学を許可されたものは五日以内に左記の書類および学費を納入して手続を完了すること。
①納入金額 ¥四五、〇〇〇(第一次本校出身者 ¥二五、〇〇〇)
(イ)入学金 ¥二〇、〇〇〇(第一次本校出身者 ¥九、〇〇〇)
(ロ)施設充実費 (入学時のみ)¥一〇、〇〇〇
(ハ)師親会入会金(同)¥ 三、〇〇〇
(ニ)生徒会入会金(同)¥ 三、〇〇〇 計 ¥四〇、〇〇〇
②誓約書(本校所定用紙) ③写真(三枚) ④その他所定書類
(2)左記の学費は入学式の前前日(四月七日)(月)までに納めること。
①学費(第一期分)¥二五〇〇〇円
注意 ◉期間内に入学手続をしない時は入学を取消すことがある。

七、入学式 四月八日(火)午前十時

八、学費(一期分を一度に納入するのを原則とする)
①第一期分(四月〜八月) ¥二五〇〇〇
②第二期分(九月〜十二月) ¥二〇〇〇〇
③第三期分(一月〜三月) ¥一五〇〇〇(年額 ¥六〇〇〇〇)
④月額 五〇〇〇 内訳
a、授業料 ¥三三〇〇
b、師親会費 ¥一〇〇〇
c、生徒会費 ¥七〇〇

九、注意事項
①入学考査料および学費などの納入後は事情のいかんにかかわらずいっさい返済しません。
②願書は楷書でていねいに書いて下さい。
③不明の点は本校教務部に問い合わせて下さい。
④本校は男女共学です。

京都韓国中学校

一、募集人員 男女 第一学年 三五名 第二学年 若干名
二、入学資格
①第一学年 小学校卒業者又は卒業見込者
②第二学年 中学校第一学年修了者
三、出願手続 入学願書(本校所定用紙)を出願期間中に本校教務部に提出して下さい。
四、出願期間
①第一次 十二月一日(月)〜三月二十七日(木)
受付時間は日曜日、祝日の外は毎日午前九時から午後四時まで 但し土曜日は正午まで。
五、入学許可
①第一学年は(イ)素質検査と(ロ)面接により入学を許可する(入学許可書を送付する)
②第二学年は(イ)学力考査と(ロ)面接を行い入学を許可する。
六、入学式 四月八日(火)午前十時
市バス…北白川仕伏町行 ⑧番(梅津車庫発) バス小倉町下車 北へ二分
岩倉行 ⑤番(京都駅発) バス別当町下車 西へ4分
岩倉行 ㊺番(京都駅発) バス伊織町下車 南へ2分
市電…叡電茶山前下車 東へ7分
北白川電停下車 北へ6分

京都韓国学校

京都市左京区北白川東平井町八

電話(七九一)四一六一(代表)

フォード大統領歓迎

在日韓国人カーパレード

在日韓国人の心情伝える フォード米大統領の韓国訪問を歓迎する自動車示威行進が、さる20日午後1時から民団東京本部主催で行なわれた。東京韓国学校々庭に勢揃いしてスタートしたカーパレードは、新宿伊勢丹→代々木→渋谷駅前→虎の門→数寄屋橋→東京駅八重洲口を経由し、常盤橋で解散した。行進する自動車には太極旗と星条旗、それに「フォード米大統領歓迎」「韓・米・日友好強化」のプラカードが車体をおおって在日韓国人の心情を道行く人びとに伝えた。

文、控訴審でも死刑判決

朴正熙大統領狙撃事件控訴審判決公判は、予定通り二十日午前十時半からソウル高裁刑事二部（全尚錫裁判長）で開かれ、犯人・文世光被告は予想どおり控訴棄却となり原審と同じ死刑判決が下された。

文は、去る十三日の公判ではじめて自己の犯行に対する強い反省の意を表わし、心境の大きな変化を見せていたが、あまりにも重い罪には勝てず、情状酌量の余地はなかったものと思われる。

全裁判長は判決理由の中で「文の犯罪は、犯行の動機や目的の不法性、犯行の暴力性、さらには英雄主義的な性格から発した点からみて許せないものである。文はその狙撃犯という犯行手段の兇悪性と、たとえ未遂に終わったとはいうものの、一国の元首を銃で狙撃したこと、また国家元首夫人の生命をうばった結果に対しては、極刑はまぬがれないものである。北韓共産主義者らと対立しているわが国の国家安保という見地から、文の犯行が深刻な社会混乱をおこし、国家の基本をおびやかしたという点などを総合して文を断罪することは当然なことである」とのべた。

なおこの日、文は判決後、弁護士を通して、上告への意思を明らかにした。この上告審も年内に行なわれる可能性はあるが、関係書類が大法院に回され、各種手つづきを経て大法院にかかるまでには最長二カ月の余裕がある。

防衛誠金20万ウォン 東中支部3機関

母国訪問中に民団愛知県東中支部の金在永団長、金四章議長、鄭哲永監察委員長の三氏は十二日、防衛誠金二十万ウォンを韓国日報社を通じて伝達した。

世界親子かけある記㊳

ビジネスと観光と歴史・美術そして…

裵乙祚・裵慶州

天国・ディズニーランド

心なごむ平和な風景 老幼男女の魅力の園

ディズニーランド (Disney-land)

〝天国〟この形容詞がつく国があるとすればこのデイズニーランドこそ最もそれにふさわしいだろう。広大な駐車場をひかえ、入口から既に世界各地からやって来たと思われる客がおしかけている。平和な風景である。心なごむような幸福がこぼれるような情緒。子供の天国でもあり、男女の愛の場であり、大人の心の郷里であり、老夫婦が若がえる魅力の国でもある。

入口を入ると正面 Fantasyland に向ってメインストリートが、おとぎの国の参道のように美しい並木の街路樹に囲まれて延びている。右手にディズニー記念展史館、左手にみやげもの屋、続く両側は野外レストラン等、中央に路面駅馬車のレール、定時に披露されるディズニーの人気スターミッキーマウス、小人等のにぎやかなデモンストレーションの行進は涙が出るほどおかしく夢のあるパレードである。花壇には色あざやかな花が咲き乱れ南国の太陽にまぶしく輝き、世界のあらゆる人種が着こなすカラフルなファッションの群、子供をつれ、妻と腕を組み、恋人はよりそい、老人は杖をひき、全てのものがこの平和な大通りを埋めつくしている有様は、何にもかえがたい楽園の姿である。

左手に折れると、そこは Adventure land（冒険の国）である。あらゆる子供が関心を持ちそうな動物やアドベンチャーは大人ですらつい夢中になるほどの楽しいコーナーだ。

次の Frontierland（開拓新天地の国）かつてこの国を開拓した祖先のおもかげをしのび、今なお彼等の中に生きつづける開拓精神、つねに自由で未知の新天地を求めようとする国民性を学んでもらおうと、河川蒸気船、海賊船で人工湖を一周させながら、両岸に西部開拓時の苦難の歴史を展開してあるのはおもしろい。

Fantasy land（お伽の国）ディズニーランドのメインコーナーである。ミッキーマウス・小人・小ぶた等、あの人気者の夢が全てこのお伽の国の城の中につめ込まれているように、老若男女、大人子供を問わず、一時は全ての浮世の悩みを忘れて夢中になれるのもこのコーナーである。特にボートで流れに乗って入る〝Small World〟の中で演じられる世界の人形の踊りと各国の音楽がかもし出す素晴しいパノラマは忘れることの出来ない楽しい一時である。

暗黒の中に猛烈な音楽が感動をおこすのと時を同じく、闇をくり抜いたようなイルミネーションの光の国・ヨーロッパの国からこのお伽の国の闇の中の踊りと音楽との大パノラマが始るのである。舞台はオリエントに移りエキゾチックな小人の人形がメランコリックな音楽に合せて踊る、お伽の国の夢物語である。可愛い黒んぼの国アフリカ、ディズニーの世界では全てが愛くるしいほどこの小者の人形は可愛い。太陽が輝く南米のフラメンコ、ギターの音色が絶えられないほど心をときめかす。パッと広がる麦の国、南太平洋・フラダンスがおかしい。

突然暗闇の世界を破って轟きわたるオーケストラの大音楽祭、シネラマ式に立体的に広がる全世界を代表する人形オーケストラ・大行進曲、圧倒する大パノラマ、かくしてグランドフィナーレーがやって来る。

素晴しい夢の国お伽の国を旅して人々は出てくる。

〝Tomorrowland〟（未来の国）あらゆる可能性を求める人間心理をくすぐるようなコーナーである。科学の未来を追う人々の夢を乗せて飛び走り沈みかけめぐる。

以上ディズニーランドの案内を終ったが、ディズニーはこの子供の楽園をとおして、子供ばかりでなく大人にも、米国のみでなく全世界の人々に、心ゆくまで平和な楽園の遊びをすごし、この幸福な一時の感激を世界各地に持ち帰り、人類の争いのない子供のように純真で、平和な世界を築こうと願ってこの巨大な投資をした。彼

〝おたがいさま〟（毛唐＝西洋奴・支那人＝チャンコロ・倭奴ウエノム）＝リャンプンチャイ＝日本のがき奴朝鮮人＝半島人等）

良く日本人が〝あの毛唐の奴〟〝鮮人〟等と特に明治生れの無知蒙昧な老人連中が言うこれ等の言葉は、軍国主義的国粋主義的でたらめな教育を受けた連中等が多く口にする自己劣等感、コンプレックスのあらわれである。じゃ当の日本人は何もかげ口をたたかれない優秀民族かと言うとさにあらず、今や世界の悪口ぞう言の中日本人白眼視の表現はおびただしいものがある。

倭奴、チョッパリ（韓国）、リャンプンチャイ（中国）、そして世界各地でエコノミックアニマル、火事場どろぼう、ジャップ、モンキー、デッパ、成りあがり者、セックス獣、集団動物、と数え切れぬほど毛ぎらいされたり、やっかまれたり、油断のならぬ小者としてあまりにも評判が良くない。

この種の罵倒は世界各民族が、お互いにことある毎に口外する一種のユーモアであるうちは何事もないが、それが昂じて悪感情にまで発展すると一昔なら一戦まじえることにもなりかねない。〝人のふりみてわが身をなおせ〟のたとえのとおり、何事にも自己をおいて他人のことのみ気になる人種が良くあるが、日本人は特にこの部類に入るのではないだろうか。

東洋史の一角をみると、中国は常にその国力が優勢劣勢の時を問わず、隣国に対して中華尊大の姿勢をとり他民族を蔑て斜視し続けた結果、歴史的に数次にわたって亡国の憂き目にあった。韓国もその本家として分家の倭人を事ある毎にいびり蔑視し、尊大であったために、分家の日本にぶんどられついに独立国としてしのびがたい恥をかいた。日本はとみると第二次大戦で打ちのめされたが、火事場どろ式と天運に恵まれ、いっきに経済復興の波に乗って今日経済大国なるものにのし上ったが、それはあくまで彼等の小知と天の利が向いたのであって、問もなく人問塞翁が馬・思わぬ災難がやって来ないとも解らない。心して他人のふりをみたり、他民族を蔑視するような言動は深くつつしむべきである。

そしてお互いさまに悪口かげ口をきかれているのだから、言わぬにこしたことはない。（つづく）

世界旅行こぼれ話

おとぎの国・ディズニーランド

狙われる同胞青年

甘い汁で釣り、スパイ教育 兵庫で逮捕の林承鳳の場合

本紙既報（一一三七・八四号）のさる九月二十日兵庫県城崎郡竹野町切浜海岸で密出国しようとして兵庫県警に逮捕された李慶煥こと林承鳳（22）を同県警外事課では追及してきたが、林はこれまでに七二年に密出国し北傀の工作員養成所で訓練をうけ、今年の五月に、外国人登録証明書切替えのため再び密入国、これをすませ再び密出国をはかったところを逮捕されたと自供した。

林は、七一年に長崎の高校を卒業した在日二世で、東京で勤めていた頃、岩本コト李起宅と名のる北傀工作員に、スパイ工作教育をうけ、七二年四月七日早朝、李と共に秋田県象潟海岸から小型快速船で密出国三日後の九日に清津港に到着、「招待所」なる名称の工作員養成所に入っていわゆる共産学習を受け、二年後に外国人登録切替えのために密入国して手続をすませ、北傀側からの指令を待ち先の切浜海岸で密出国しようとしたところを逮捕されたというのがその全容である。

当局消息通によると、さいきん北傀は、北から工作指導員を日本に派遣、純真な同胞青年を狙い、甘い汁で釣ってスパイ教育を施しているのが一つの傾向だという。

生活協同組合と商工協同組合設立て

経済局 活動方針一部修正

民団中央経済局（李建錫局長）では、七四年度活動方針中、消費生活協同組合設置の実施過程に関し検討した結果、現情にそぐわぬことのないよう一部を修正、これを全国組織に指示通達した。

それは組合の設備にあっては、各地域の実情にてらし、「生活協同組合」または「商工協同組合」等にするよう指導するとなっており、その理由としては、前記両者は共に法人組織として不動産登記、固定資産税免税等、同じ特典がうけられるが、生協はその実質的事業において（生活物資供給事業）大都市や同胞密集地域など極限されたところだけ可能であり、商工協は商工業者が多少でも居住していれば設備が可能で、組合員に対する金融も取扱うことができ、設立手続なども生協より商工協が容易であるところからその地域に都合のいい方を採択設立できるよう経済局では資料一切を準備、印刷製本して各県本部へ送ることになった。

豊島韓国会館落成

さる十五日民団東京本部管内豊島支部の豊島韓国会館落成式が行われた。

同会館は、金熙淑豊島支部団長韓検俊建設委員長らが中心となって建設したもので、地上四階の現代式コンクリート建物である。

新築会館四階で行われた落成式会場には、尹達鏞民団中央本部団長、李範勲駐日韓国大使館総領事ほか、約二百人の管内団員が参加した。

この席で同支部金熙淑団長は、「団員の団結と努力で会館が建設されました」とあいさつし、盛んな拍手を浴びた。（写真㊤は新築なった豊島韓国会館）

青年会結成促進を決議

岐阜第28回定期地方委開く

民団岐阜県地方本部（金浩範団長）では、さる十六日午前十一時から同本部会議室で地方委員五十人中、三十三人が出席して第二十八回定期地方委員会を開いた。

国民儀礼のあと、金正圭議長の開会の辞につづき、中央を代表して李聖南総務局長があいさつにたち、さきの第二十四回中央委決議事項の組織再整備、中央会館建設への積極協力等の遵守を要望したあと、既設教育委員会の活発化、青年会本部結成の促進、宣伝活動としての中央機関紙の個別直送と日本マスコミ界の正常な対韓認識促求、納税貯蓄組合結成と税務講習会の開催による知識普及等の決議を採択して午後五時に閉会した。

中央と共に新館を建設

奈良地方委

民団奈良県地方本部（金東俊団長）では、さる十七日午前十時から同本部会議室で地方委員三十五人中、三十人が参席して第十八回定期地方委員会を開いた。

国民儀礼のあと李鳳尚議長が開会の辞をのべたあと、中央を代表して前日の岐阜県につづいてこの日も李聖南総務局長が同じく第二十四回中央委での決議事項に関する遵守実施を要望したあいさつをのべ、青年会と生活協同組合の結成促進、国語講習会の義務制度化などを決議採択した。

なお同本部では、中央会館建設割当募金を同本部新築建設費と併せて募金中で、中央への納期については来年初には確答できると同日口頭で伝えてきた。

東京・荒川支部 熱海で研修会

民団東京本部管内荒川支部（団長・高昌運）と傘下団体の第一回役員合同研修会が、さる十六日静岡県熱海のホテル・八景で開かれた。

この日は同支部傘下・商工会、婦人会幹部と青年の活動家約七十人が参加した。なお、この研修会は民団東京本部管内の支部として初めてもたれたもの。

研修会には同支部の三機関長、金致淳東京本部団長、朴献京駐日韓国大使館領事、朴性鎮本紙主幹らが参加して激励した。また、朴領事は「最近の朝総連動向」、朴主幹は「民団の組織と、規約解説」と題し、それぞれ講演をおこない、実り多い研修会を終えた。

金致淳東本団長はこの日、各支部の最末端組織活動家を中心にした研修会を緊急に行いたい、荒川支部の研修会が新しい民団運動の出発ですと語った。

鄭基兌氏永眠

入院加療中のところ十一月十九日午後七時二十五分永眠した。葬儀は二十一日午前九時、町屋斎場で建青当時の友人多数が参列した中で取り行なわれた。享年五十四歳。

故人は建青創設当時からの熱烈な青年運動家だった。

漬物に自信のある方！

30才～55才位迄・男女不問

初給 80,000円

◎百貨店派遣員（女子）
16歳～40歳位迄 2名

初給 85,000円

各種保険・寮完備・制服貸・交通費全額・昇給
賞与 年2回・食事付

〒150 東京都渋谷区道玄坂1－17－10
東京ビジョン（株）
(03) 461－3622 李

スパイ基地化した日本！ 金日成―朝総連の陰謀を暴く!!

ドキュメンタリー 南北の死角情報

B6判 256頁・定価 700円 〒150円

元 朝総連石川県本部組織部長 成奎昌 著

発行所・東京都文京区春日2－20－13 光明出版社
☆希望者は本紙へ（電話・815―1451）または東京三中堂書店へ（電話・271―1981～2）

75年度 生徒募集

大阪韓国高等学校（普通科・男女共学）
募集人員……第一学年 一〇〇名
出願期間及び手続
○期 間：一月二七日～二月十四日の午前九時から午後四時まで（但し日曜日除外）
○手 続：入学願書、個人報告書、受験料五、〇〇〇円を同時に提出すること
入試詮考日、及び試験科目
○考査日：二月十五日（土）九時より十五時まで
○科 目：国語又は日本語の内択一と、数学、英語、面接

大阪韓国中学校（男女共学）
募集人員……第一学年 一〇〇名
出願及び手続き
○期 間：一月二七日～二月十四日（但し日曜、祝祭日除外）
○手続 ：入学願書、個人報告書（受験料なし）を同時に提出して下さい
入試詮考日及び試験科目
○考査日：二月十五日（土）九時より十五時まで
○科 目：国語又は日本語の内、択一と算数、面接
※使用教科書は無償給付

金剛小学校（男女共学）
募集人員……第一学年 九〇名
出願期間及び手続
○入学願書だけを一月二十一日までに提出して下さい
入学（許可）面接日
○一月二十二日（水）午後二時から
※使用教科書は無償給付

金剛幼稚園（男・女）
募集人員……四歳児、三〇名。五歳児七〇名
計一〇〇名
出願期間及び手続
○入園願書を十二月十一日（水）までに出して下さい
（定員になり次第締め切り）
入園説明会日
○十二月十二日（水）午後二時から

〒557 大阪市西成区梅南二丁目五番二〇号
学校法人 金剛学園
電話（06）（661）二八九八番（代）

どちらがキツネ?
金嬉老と金文子さんの離婚

さる七一年十月「獄中結婚」で話題を呼んだ金嬉老、金文子夫妻がこのほど離婚したことが明らかになった。金嬉老は無期懲役の判決をうけ現在東京の小菅刑務所で服役中である。新婦の金文子さんは写真と手紙だけで獄中結婚後昨年七月渡日今年二月二十四日滞留期間満了で帰国したままである。

金嬉老によると、金文子さんが日本に滞在中、静岡県掛川で焼肉店を経営している母親の朴得淑さんの所に身をよせ、家族をさんざん苦しめたあげく百五十万円をもって帰国してしまったという。

金嬉老は「無知で根性の悪い女」を紹介したと救出委関係者にまで不満をのべ「かれらの芝居にのり詐欺にあったようだ」といっている。母親の朴さんも「新婦は一カ月に二回位面会に行く以外、家庭的なことは何一つできなかった。日本にぜいたくな生活ができると思っていたのではないか。ウソもよくつくし、他人の自動車を勝手にいじって事故を起したこともある」と語っている。さらに金嬉老は「自分を救出するとか慰問に来るとかで本国からやって来ては日本人にカネをかりるとか迷惑をかける人が少くない。韓民族の名誉と誇りを守るため戦って来たがこれからは韓国人として生きる自信がなく、醜く、恐しく、恥しい同胞を考えると重大な決心をすることを考えている」とまでいっている。

一方、金文子さんは帰国後ソウルにしばらくいたが忠南論山郡に落着いている。金嬉老との離婚について「一敗されたのはどっちだ」と金嬉老の言分を謀略だと全面的に否定する。「姑と一緒に生活しながら毎月三、四回の面会は欠かさなかった。差入れや洗濯や誠心誠意つくした。帰国の際四十万円はもらったが旅費である。同居家族が祖国の悪口をいい軽べつするのはがまん出来なかった。金嬉老が私と結婚したのは韓国女性と結婚すれば裁判が有利になると計算したためだ。それが無期懲役を宣告されたので効果がなかったことをさとり離婚を要求したのだ」と真向うから反駁している。

韓国新発売切手
国楽楽器シリーズ、拍と編鐘

「拍」拍は六個の木製棒から成っており、上部の幅はせまく厚みもうすい、下部は少し幅が広くなっており厚みもある。上部には二つの穴があり、鹿皮の紐(ひも)をよじって、"六個の木製つつき棒"をつづっている。

拍は下の方を両手でよせあつめて握り、それを七回左側から右側へひろげて、左手で棒切れが動かないように支え、右側へ一つにあわせて、声を出す。

音楽を始めるとき拍を一回打ち二度目は三回打つ。

「編鐘」編鐘は十六個の鐘が下段に八個、上段に八個ぶらさがっている。鐘の大きさは、全部同じだが、ただしその厚さがそれぞれ違う。鐘が厚ければ音が高く、薄ければ音が低い。昔は、左右両手にかなづちをもって鐘の下の丸いところを打ったが、このごろは右手だけで打つ。

編鐘は編磬とともに雅楽には不可欠なものであり、今も宗廟と孔子廟などの祭り音楽に使用されている。

「拍」の切手は楽器と演奏している楽士がデザインされており、ピンク色。大きさはタテ36㍉、ヨコ53㍉。10㌆。

「編鐘」も楽器と演奏している楽士がデザインされている。大きさは「拍」と同じ。黄色で30㌆。

切手発行九十周年記念「切手愛好週間」特別切手。

韓国逓信部は、さる十月十七日から一週間を「切手愛好週間」として設定し、全国各地で切手展示会を開いた。

韓国は、一八八四年に新郵便制度を実施し、その時五種の切手がはじめて発行された。なお、今回の切手愛好週間記念までに発行された切手は、総九百十四種に達する。

特別記念切手に一八八四に発行された、韓国最初の切手二種類を図案したもの。10㌆。

第一回アジア跆拳道選手権大会記念切手。

第一回アジア跆拳道選手権大会が、さる十月十八日から二十日まで三日間ソウルで開催された。一九六二年第四十三回全国体育大会から正式競技種目に採択されたこの種目の競技にも十一カ国百五十余名が参加した。

■今回の記念切手発行は韓国の「国技」である跆拳道が世界的な武道として紹介されてから、始めて行われる国際規模の競技を記念し内外に広く大会を宣伝するためである。

切手は競技場面がデザインされており緑色。タテ26㍉、ヨコ36㍉、10ウオン。

新刊紹介二つ

ドキュメンタリー「南北の死角情報」
「真実」と「事実」を追った命がけの証言
成奎昌著　光明出版社　価・700円

韓半島における南北韓間の所謂「緊張状態」や「葛藤関係」およびその経緯などの真相は日本マスコミの渦中に埋もれているかぎり到底、そのいとぐちすら見出せないというのがその実情である。それほど日本マスコミの偏向ぶりは、こと韓国に関するかぎり、呆れかえるほどいじきたなく韓国に不利な情報をことさら歪曲して伝えることに熱をあげているように見られる。

問題は、言論自由の楽園を謳う日本マスコミから、韓国問題の「真実」や「事実」を得られないということであるがそのような「真実」や「事実」を知るためには、われわれ自身によるわれわれの直接経験と具体的証拠を中心にした、われわれが必要とする「真実」と「事実」を追いつづけるしかないといえよう。

× ×

ドキュメンタリー「南北の死角情報」は、まさに、韓民族の一員による「韓国問題」に関して身命をかけて綴り、語った「証言」である。明大法学部を卒業した在日同胞社会のインテリである氏が、朝鮮総連傘下の青年同盟石川県本部委員長、同連石川県本部組織部長として、青春の情熱を、北韓―朝総連路線に傾注して得たものは、結局幻滅と自己嫌悪であり、朝総連を脱退することになる。

この書は、このようなきびしい試練と苦難をへた筆者が、南北韓に介在すると見られる多くの問題に対して具体的な資料や「事実」をあげつつ適確に分析し、答えている。在日同胞はもちろん、日本各界の人々の必読の書であると信じてやまない。(奎)

推理作品集「殺意の曠野」
専門の素材使い スリリングな実感
麗羅著　毎日新聞社　価・680円

広大な北海道の雪深い原野を舞台に出生の秘密を軸とした犯罪心理の巧みな綾、スリリングでサスペンスに富んだプロットの展開で息もつがせずに読ませてくれる『殺意の曠野』は、さすが大型作家としての前途有望を感じさせる重みがある。

アイヌ語の北海道実在の地名を足をのばして丹念に調査した上に、作者が本業としていた不動産や金融業の専門語が解説つきで随所にとび出し、実感として迫ってくるのも本格社会派ミステリーのだいご味を満喫させてくれる。

事実作者があとがきでいっているように"三つの作品のどの詐欺犯罪も実際に私が見聞したケースを材料に使った"から当然の結果かも知れない。

収録の『ルバング島の幽霊』も作者の友人Oという実在の人物がモデルで現在行方不明中とあるが、この作品が昨年の第4回サンデー毎日新人賞(推理部門)を受賞したこの人の出世作である。

戦後、南方のルバング島からの帰還兵たち仲間にくりひろげられる醜い人間模様を、やはりお得意の金融業を題材にとって犯罪相を描破しており、作者の故郷韓国と日本を舞台に、土地ブローカーたちの狼のような貪欲に人間血脈と怨念をしつようにからませて描いた『呪縛』も一部この人らしくないプロットを進めた個処があったが、これまた充分にいただける中篇である。しかもどの作品も、血なまぐさい殺伐な推理のテンポの中品も血腥い殺伐な話の中で、心理のひだを彩る詩情豊かな文章は心を和ませてくれ救われる思いだ。ちなみに作者名「麗羅」の麗は高麗の麗、羅は新羅の羅からとったもの。氏は、この項紹介の筆者と在日学徒義勇軍として韓国動乱時に生死を共にした戦友の間柄。(英)

神話でないことの確認
文定昌『檀君史記研究』(1)
訳・註　金元奉記者

檀君、箕子二千二百年余りを日本人が歴史から抹殺

「国」を「因」にすりかえた今西竜

こんにち、この国(韓国)の史学界では、檀君(だんぐん)朝鮮の歴史に関して、それは史実である、というのと、一つの神話にすぎない、というのと、両論がいささか紛糾している。

檀君朝鮮が、一つの神話にすぎないと主張する側は、「檀君古記」が仏教的・道教的な仮想である、中国の史書にない、考証が確実でない、非科学的だ、正しい歴史研究法からは認定することはできない、などの弁を打出している。

しかし倍達(ベダル)民族は黄河文化圏内の古族であり、この国の歴史年条は、おおむね檀君二、000年、箕子一、000年、新羅一、000年、高麗五〇〇年、李朝五〇〇年とし、ざっと四、二〇〇年余りであるというのが、わたしたちの父祖から受け継いだ国民一般の、歴史常識であった。

一九一〇年、この国を強占した軍国主義日本人たちは、自らの強占と統治を歴史的に合理化させるために、もう一つは、四〇〇〇年のこの国の歴史を、二〇〇〇年にもならない自分たちの歴史に、強引に従属化させるために、古い三朝鮮二、二〇〇余年間の歴史を抹殺(まっさつ)するための作業に全智を投入した。

日本人たちの強行したこのような歴史改変の担い手たちは、東京帝国大学教授・黒板勝美、京都帝国大学教授・内藤虎次郎・今西竜・三浦周行、朝鮮総督府学務局の当局者らである。彼らは檀君朝鮮の建国に関するテーマに鉄斧(てつふ)をふるいはじめた。

その昔この国には「神誌秘詞」・「留記」など、古三朝鮮に関した史書などが多かったのであるが、高句麗の滅亡するときの唐長、魏(ぎ)将母(カン)丘倹による乱、金国の侵冦、蒙古の占領、壬辰倭乱(日本でいう文禄・慶長の役)などの度重なる受難により、奪われ、焼失し散逸した。そのために、檀君朝鮮と箕子朝鮮に関した記録としては、三国遺事に収録されている「古朝鮮記」が残っているだけであった。

三国遺事に収録されている「古朝鮮記」中、王険朝鮮に関する記事は、檀君朝鮮の建国に関する歴史事実を、古代中国の特殊用語でもって大へん簡単、明直に記された名文である。

三国遺事の編者、僧・金一然は、この「古朝鮮記」の中の、統一国家檀君朝鮮を建設した勢力の主体である「桓の国」(ウアンナラ)を、仏教の「帝釈天」的な解説で説明するために、「昔有桓国」(むかしフアンのくにあり)という言葉のあとに「謂帝釈也」(いうところの帝釈なり)という註をつけ足したのである。

ここに着眼した前述の日本人"担い手"たちは、「昔有桓国」の「国」の字を「因」の字にすりかえ、この「因」字を最大限に活用して、次のような二つの効果をつくり出そうとした。

一、むかし「桓因」という神が、その息子「雄」を太白山の檀の木の下に降臨させ、檀君朝鮮を建設した、ということであるから、これは一つの神話にすぎない。

二、檀君歴史というものが、一つの神話であるからには、箕子朝鮮も確実でなく、従がって朝鮮は古くから漢次貢(今のソウルの市内を流れる漢江のこと)以北は中国の属地であったし、その南は日本と関係が深い三韓の地である。故に朝鮮人の本当の始祖は朴赫居世(パックヒョックコセ・白羅の初代王)である。

三・一独立運動弾圧後に、韓国に赴任した総督斎藤実は、この国の歴史の抹殺に力を入れ、在韓日本人学徒に厳名した。その第一次的な役割を担当した者は今西竜であった。

若く血気であった今西は、古三朝鮮二千二百余年間の歴史を抹消し、この国の史記を日本国の史記に従属させる内容の、「朝鮮古史研究」という学位論文を作成し、一九二二年、今西の母校京都帝国大学に提出した。

今西はその論文で「昔有桓国」の国を因にすりかえ、史上初めて見る"檀君神話説"というのをデッチ上げ、博士号を授けられた。それによって得た「文学博士」今西竜という"権威"をつけ、いわゆる"檀君神話説"を植民地朝鮮に流しはじめた。

朝鮮総督府は、今西がデッチ上げたこの檀君神話説を、完全なものとするために、古三朝鮮に関する史書と文献をことごとく収集してしまう一方、今西、内藤らはいわゆる檀君神話説を考証的に証明したという形をとるために、また、その偽作考証を裏打ちしたデッチ上げの檀君神話説を、朝鮮人一般に強要するために、一五一二年慶州府尹李継福が重刊した三国遺事正徳本の、「古朝鮮記」の中の「昔有桓国」の国の字を、極秘のうちに因の字にすりかえ、その改ざんしたものを京都帝大で影印(えいいん・写真または化学的方法で複製すること)し、「京都帝国大学影印本」という名称で、日本内の関係先に配付しただけでなく、これをひろく全朝鮮に普及させるため、古典刊行会という名で、近沢印刷所からおびただしい数を発行した。

これにより、こんにちこの国史学界一般にひろく散在する「三国遺事」という冊子は、日本帝国時代に発行されたものも解放後発行されたものも、わずかに崔南善(註)のものを除いては、そのすべてが今西のデッチ上げによる"桓因"になったまま伝わっている。

またこのために、現在国内史学会で盲目的に称えられる檀君神話説というものは、これらの論拠と考証がどうあれ、そのそもそもの出所は日本人の悪意ある詐欺的所産によるものである。

〈註〉崔南善=一八九〇~一九五七。国学者。朝鮮歴史、三国遺事解題、朝鮮独立運動史、国難克服史・檀君論など著書は二十以上ある。

(つづく)

解放後の混乱期を闘かった
建青創設回想録 (1)
洪万基　文

洪万基氏は建青創設者で初代委員長として活躍した故洪賢基氏の実弟として、共に青年運動に身を投じあの戦後の混乱期に辛苦を共にしながら祖国の将来に心を燃やした人である。

なお、洪氏はかっては文学青年として、「流水屋」という作品を発表するなど、その才智を発揮したこともあるので、このたびの回想録も多いに期待がもたれる。御愛読の程を願うものである。

終戦直後

一九四五年八月十五日

僕はいまでも、この日のことをまざまざと憶いだすことがある。

あの瓦礫の山の廃墟から、今日の東京が想像出来ようか?

朝からかっと照りつける暑い日であったが、正午のいわゆる玉音放送、わけもなく慌ただしく、僕も参列して拝聴したが、ラジオは雑音が多く聴き苦しいことおびただしい。

天皇の声は始めて聴いたが、途切れがちの、いわば声涙共にくだるというのであろうが、どうやら忍びがたきを忍び、耐えがたきを耐え、だけははっきりききとれた。

無条件降伏の敗戦である。僕はこのとき程人間の無力さを思い知らされたことはない。

皆、呆然として放心しているように無表情そのものであったが、若い女の子だけが声をころして忍び泣きを洩らしていた。きょうまでのあの優秀民族のヒットラどもは、一体どこへ行ってしまったのか?いやナチスもどき残兵どものしゅん動がなかったわけではない。あくまで抗戦するという、悪あがきする奴らに、このうちのめされた会場を見せつけてやりたい。それにしても神風は吹かずじまいだった。

下宿に帰った僕は、素裸かになって、街から買い求めた夕刊に歓喜ともいい難い、いい知れぬ興奮に紅潮していた。しかし、こんな体裁のいいことではない。正直に告白すると男泣きしていたのだ。

これは亡国民の経験のない人にはわからないかも知れない。だから僕は、いまのパレスチナ・ゲリラの気持も、矛盾することではあるが、イスラエルの出方も、心理的にわからないこともない。

朝鮮人民の奴隷状態に留意、自由かつ独立国たらしむ。カイロ宣言のこの一行に僕だけではなく、われわれ同胞は万感を胸にこめてかみしめていたのである。自由かつ独立国たらしむ……何んと素晴らしい言葉だろうか。しかしながら奴隷状態に留意するということは、世界中の人々、少なくとも連合国巨頭達の、哀れみをかったということに他ならない。これがかつて外敵と戦いながら五千有余年の歴史と文化を誇った民族のなれの果てであろうか?僕は凝っと天井をみつめながら思いにふけっていた。

服をつけて外へ出てみると、街並みが以外に静かである。いくさに敗けて歓声をあげる馬鹿もいないだろうが、とにかく平静である。男達のうち沈んだ顔つきとは違って、女、子供たちは他人ごとみたいにあかるい。そういえば、昨日まで、大本営ベッタリの報道機関、無冠の帝王の豹変ぶり、言論人の良心ほどあてにならないものはない。

阿南陸相は類い稀な勇気の持ち主とみえて割腹自殺、総理である鈴木貫太郎の自宅が放火されて焼け落ちるなど、まるで遠い国のニュースのようにきこえて、どうということもない。

空襲がなくなっただけで人々はくつろげるものであろう。これからはめいめいの暮らし方をさがさなければならぬ。ときたま敵機襲来ならぬ日本のオンボロ戦闘機が気が狂ったように爆音を響かせて、宙返りの曲技をみせて示威をするだけであった。

僕は他人の喪中に有頂天になるのも人間のたしなみではないので、眼を押拭いながら人並みを歩く。

日は落ちて夏の暮れなずむ頃であったが、九段の坂下から飯田橋の方へまがって行くと、瓦礫のなかに夏草がぼうぼう生えている焼跡に露天風呂がある。

いまでも当時を回顧して不思議に思うのだが、つまり銭湯が爆撃で吹きとばされてしまった焼跡に大理石の湯殿だけがそのまま残っているのに、誰がどうやって湯かしたのか、お湯がこんこんと溢れている。

裸の子供たちがキャッキャッ騒ぐので近づいてみたら男女混浴で、しかも無料である。僕も服を脱いで湯舟につかった。

十六、七のうら若い娘たちのやわ肌をながめながら、この時ほど女が美しいと思ったことはない。皺くちゃの婆々ならともかく、この若い娘たちも別に羞じらう風もなく、堂々として次から次へと入ってくる。

戦争など悪夢のよう、これまさにわが青春の天国。僕はなるべく足をのばして若い娘のお尻のあたりをさわってみた。あのピチピチとひきしまった両方の乳房をもぎとってみたい。

この日をかぎりに、軍国主義よさらば、平和日本の夜明けである。

マッカサー元帥がパイプをくわえて飛行機のタラップを降りてきた日から、戦後の闇市と混乱。浮浪児とパン助。ギブミー、チョコレット。そして蛆虫が湧いた。

日本人には民主主義者が雨後の筍のようにおく面もなくあらわれた。

たとえば熱烈な皇道史学者、徳富蘇峰翁、おそらく彼はその昔、大和朝廷に召されて吠声(犬のなき声)をやらされた熊襲族の後裔と思われるが、戦後、俄かにわれこそはとばかり、自分は民主主義者であったと名乗りをあげた。

正直な話、僕は日本が本土決戦を叫んで竹槍訓練に励げみ、サイパンやアッツ島の玉砕につづけと、大和魂の本懐を旨とすべしと叫けび、日本人は遠からず絶滅するのではないかと思った程である。

ところが、いままで見たこともない碧い目の図体のデッカイ、いわゆる占領軍が進駐して来ると、どうしてこうも日本には自由愛好家や民主主義者が多かったのか、学校で英語の教師ですら、ロシヤ人は鈍つくで野蛮な人種で、ゲルマン民族や大和民族ほど優秀でないと知ったかぶりをし、ときにはカツと喝をいれて、オレはヒットラだとわめき、朝鮮人の生徒とみれば、やたらにビンタをはっていたあのファシストどもが一夜にして消えてしまった。

僕の知っていた女性は"妾は日本が敗けたら必ず死ぬわ"とけなげなことをいっていたのが、ある日道ばたで見かけたが、口唇をマッカにぬりたぐってガムをニチャ、ニチャかみながら、色の黒い見上げるほどの大男の腕にぶらさがって歩いていた。

しかし、一概にどれもこれも悪いとそしるわけにもいかない。それならそれで、いいではないか。人間も保護色動物の如く生活性に順応した生き方というものがあろうというもの。

(つづく)

＊躍進を続ける寿観光グループ——!

スター東京　★ゴージャスで華麗な魅惑の殿堂★グランドキャバレー　★国電鶯谷駅前/TEL〈873〉8181〈代〉
ヤング★スター　★独特のセクシームードをわずかな予算で　★サラリーマンキャバレー　★国電神田駅西口/TEL〈252〉5331－5
ホテル東名　★ムーディな2人だけのお城　★御殿場I・C乙女方向700m左折★TEL 0550〈3〉0211－3
グラーチェ　★ピザレストラン　★上野広小路松坂屋斜前/TEL〈831〉0039
★レジャープラザ池之端会館★上野ABAB前第一勧業銀行横通り★TEL〈832〉6023－5
フロリダ　★3・4F★ダンスホール　★TEL〈832〉6347・6354
コンパゴールド　★1・2F★日本一のコンパ　★TEL〈832〉6358－9
メンズロイヤル　★BIF★高級クラブ　★TEL〈832〉6502－3
新羅苑　★3F・大小ご宴会を承ります★焼肉　★上野ABAB前第一勧銀裏★TEL〈831〉2644

■株式会社　寿観光
■東京都台東区上野2－10－4■TEL〈831〉8877
■取締役社長　范　塡圭

ROLLS ROYCE　ROLLS–ROYCE　欧米車輸入販売
世界の最高級車ロールス・ロイス!!
9月末通関したばかりの新車です
男の夢を叶えて下さい!
▼価格は相談に応じます

☆他に米新車も半額に近い出血価格です

☆世界で3台しかない2ドア新車
☆4ドア新車→
委細面談
ヤング サイクル カンパニー
東京都北区東十条4丁目7番11号
電話(914)0745番
取締役社長　崔　容　奎

韓國新聞
在日大韓民国居留民団
中央本部機関紙
韓國新聞社
発行人 [illegible]
東京都文京区春日2丁目20－13
電話 直(815)1451～3
　　 交(813)2261～5
振替口座 東京 163774
本国連絡所(民団本国事務所内)
서울特別市鍾路区昌成洞
政府合同庁舎4層
電話73－0165

在日本大韓民国居留民団 綱領

一、우리는 大韓民國의 國是를 遵守한다
一、우리는 在留同胞의 權益擁護를 期한다
一、우리는 在留同胞의 民生安定을 期한다
一、우리는 在留同胞의 文化向上을 期한다
一、우리는 世界平和와 國際親善을 期한다

平和と安全保障で合意

両国の友好と協力を再確認

朴、フォード両大統領会談

朴正熙韓国大統領の招きで韓国を訪問したフォード米国大統領は、韓国滞在二十三時間十分の一泊二日中に、朴大統領と二回にわたって韓米首脳会談をひらき両国恒久の友好関係を再確認しあった。フォード大統領は二十三日午前九時十五分、予定より二十五分遅れて離韓したが、朴大統領とフォード大統領は、前日午後三時から青瓦台で第一回首脳会談を開いた後、共同声明を発表した。韓米首脳会談では、韓半島をめぐる平和と安全保障問題が中心的に論議され、朴大統領が韓国の平和統一政策を説明、南北対話を継続追求することを明らかにしたのに対し、フォード大統領は、これを全面的に支持し、対韓安保を再確認すると同時に現水準の駐韓米軍を削減せず継続維持することを確約した。

胸襟開いて世界を語る㊨朴大統領と㊧フオード大統領、これを見守るキツシンジヤー国務長官

〃北からの脅威〃認め 現兵力維持を確約

二十二日の第一回韓米首脳会談には、朴、フォード両大統領のほかに韓国側から金鍾泌国務総理、金東祚外務部長官、金正濂大統領秘書室長、咸秉春駐米大使、米国側からキッシンジャー国務長官、スナイダー駐韓大使らが参席した。

第一回首脳会談で両大統領は、韓米両国間の伝統的な友好と強力な協力関係を再確認すると同時に最近の国際情勢について幅広く意見を交換した。

朴大統領は、この席で、韓半島情勢について言及し、特に最近北傀が南北非武装地帯の韓国側地域内にまで構築した地下トンネルの例をあげ、「北からの脅威」を説明した。

これに対し、フォード大統領は、一九五四年の韓米相互防衛条約にもとづき、韓国に対する武力攻撃を撃退するため即刻的かつ効果的な援助を提供するとの米国の決意を再確認した。また、これと関連して、三万八千人の駐韓米軍をこれ以上削減する計画のないことを確約した。さらに同大統領は、韓国軍現代化計画の履行が韓半島の平和のためにきわめて重要であると認め、同計画推進のために米国が継続支持することを約束した。

米国のこのような対韓安保公約再確認は、韓国・韓半島の安全保障は、アジアの平和と直結し、同地域に至大な利害関係をもっている米国にとってもきわめて重要であるとの基本認識にもとづいている。

このため米国は今回の訪韓において、韓国の平和統一政策にもとづく、南北対話推進政策に対する支持を再三表明、同政策推進に対する支持を確認した。

韓国政府は、七〇年代に入ってそれまでの〃南北対決〃を廃棄、七一年夏、南北一千万離散家族捜しのための南北赤十字会談を提唱した。そして、南北間の平和的自主統一を推進するため、「七・四南北共同声明」を発表し、昨年夏には「六・二三平和統一外交政策宣言」によって、南北統一の妨げにはならないという前提条件つきで南北が各種国際機関に加入することはもちろん、国連加入にも反対しないことを明らかにするとともに対共産圏門戸開放政策の推進を表明した。その後、今年一月には南北間の緊張緩和と平和定着のため南北相互不可侵協定の締結を提唱した。

さらに、さる八月には①南北相互不可侵協定を締結しなければならない②南北がたがいに門戸を開放し、信頼を回復しなければならず、このため南北対話を誠実に進め、多角的な交流と協力を実現しなければならない③このような基盤のうえで公正な選挙管理と監視のもと土着人口比例による南北自由総選挙を実施し、統一を達成しなければならない—との「平和統一三基本原則」を明らかにしている。

そして、機会あるごとに、昨年夏、北傀側によって一方的に中断されたままの、南北対話の正常化のため、無条件、即時に南北調節委員会会議および南北赤十字本会談の再開を呼びかけている。

ところが、北傀側では、これに一向に応じないのみならず、八・一五大統領狙撃事件や、非武装地帯地下トンネル構築事件として現われているように「七・四南北共同声明」に反して、あいもかわらず、「先南韓暴力革命・後北傀体制下の統一」路線を踏襲している。

(韓米共同声明および関連記事二面に掲載)

朴大統領を招請 フォード大統領

二十二日、第一回韓米首脳会談後に発表された朴・フォード共同声明によると、フォード米大統領は、朴正熙大統領に、米国を訪問するよう招請し、朴大統領はこれを心よく受諾した。両大統領は、訪問の時期については双方にとって適当な時期とすることで合意した。フォード大統領の朴大統領訪米招請は、韓国現政府が推進している南北平和統一政策に対する、米国政府の友好的支持表明にほかならないものとみられている。

時評

再びトンネル事件に思う

◇さる十一月十五日、軍事境界線の非武装地帯で北傀が掘ったトンネルが発見された。韓国の徐鍾喆国防部長官は、このトンネルが「単にスパイを韓国に送り込むためのものではなく、その目的が、大規模な軍事的奇襲攻撃を行なう点にある」と述べ、ニュースに接した人たちを思わずふるえ上がらせた。青瓦台のスポークスマンは、このトンネルの構造からみて「遊撃挑発の正規軍が作戦を遂行するのに必要な各種の軍需物資を一時に提供することが可能なものである」、という発表を行なった。◇

北傀はこのことに関し、またもや例の如く韓国側に転嫁しようとしたようだが、その後の国連軍側の三回に及ぶ合同調査の提案を拒否した事実は、そのデッチ上げ説が、あまり説得力のないものであることを自ら暴露したようであった。去る二十日の、このトンネルに対する韓国軍の共同調査が行なわれた最中、トンネル内で爆発事故が起ったことは、何んのことはない、北傀はトンネルでの自殺行為が嫌で合同調査を断わったことが明るみに出された。

金日成は、すでに一九六〇年代後半に、ベトナム戦争における教訓を生かし、一九六九年頃に軽歩兵旅団の新設と共に、特殊遊撃戦遂行部隊を創設したのである。

ベトナム戦において、北ベトナムが使用した戦術、戦略の特徴は、なんと言っても、ジャングルを利用した隠密作戦と、敵側裏深部に潜入したベトコン部隊による、テロと撹乱戦法に代表されるであろう。

この戦い方において、最も効果的に利用されたのが、ジャングルと地下トンネルであったことは、誰も知る周知の事実である。

全国要塞化のあらわれ 奇襲攻撃に利用可能

ベトナムにおいて、地下トンネルが無数に掘られ、それが効果的な役割を遂行し得た要件は、簡単に掘ることができたその地質にあったことは言うまでもない。

だから彼らは、戦いながらトンネルを掘りまた戦ったのである。

だが韓半島の場合、地質が掘りにくい岩質であるということは、もし韓半島において、トンネルが掘られた場合には、それが大陸の要塞としての役目を果たす二重構造があるという特徴がある。

金日成は、早くからこのことに目をつけ、「全国土を要塞化」するという〃大事業〃を断行したのであった。

一九七一年二月八日の北傀人民軍創建二十三週年記念における民族保衛副相・韓益洙が、その報告のなかで「集中と分散、積極的防衛と背後撹乱、大小部隊の結合、正規、遊撃戦配合…敵の背後の第二戦線の編成、襲撃前狙撃手及び遊撃隊の活動」に関する武装闘争の形態についての言及が注目される。

彼らが言う「集中と分散」そして「背後撹乱」と「大小部隊の結合」「遊撃戦配合」と「敵の背後の第二戦線の編成」などに加え、「襲撃前狙撃手」などの実戦における効果的な活用をどのような形で用いようとしたのかが、常に私の関心を喚起することがらであった。

また、これと関連して考えられるのは、一九七二年の初め、国連軍側によって暴露され、現在までも問題になって北側による非武装地帯の要塞化である。

この事件は、北傀が非武装地帯にぼう大な兵器と兵力を投入し無数に陣地を構築して、非武装地帯を完全に要塞化し、前線を二重に南進させ照準を韓国軍の前方基地に合わせ、射程距離に入れたというものであったが、今回の地下トンネルの発見は、恐らくこのことと、有機的に密接に結合したものと考えても良いものであろうし、少なくとも、その軍事路線の延長線上にあったものと解釈して良いものであろう。

当然、地下壕や、地下トンネルという構想が現実的に表面に出てきたとしても、決して不思議なことではない。

そのような考え方の延長が、軍事施設や産業施設の地下への移動という「要塞化」政策に特徴的に出ているとも理解出来るだろう。

トンネルの拡大、延長が要塞化である訳であり、それが発見されたからといって、今さら驚ろくには当らないことである。

北傀の崔賢国防相と韓益洙副相の言葉も平たく煎じつめれば、地下、海中、空中、地下を問わず、革命と戦争のためには、考えられるありとあらゆる手段を労し尽すという考え方の表現なのであり、それは、全く合法則的な現象であるということであり、むしろ、地下トンネルを掘らないということの方が不思議といえるものであろう。

今回、発見された地下トンネルは、接近と規模から言って、ある特殊な限定攻撃と任務の遂行のために掘られたものであろうがこのことで何によりも先ず懸念されるのは、犠牲をいとわず、しつように繰り返される北側のこの種の挑発行為や、戦闘的行動に対する、「またか」という「慣れ」とそこからくる決定的不信感への拡大であろう。

一九五〇年の韓国動乱以後、それを教訓として、祖国は平和的に統一されなければならないと繰り返し言われてこのかた、われわれに与えられる現実は、このような平和統一を願う民族の願望を平気で踏みにじる否定的な動きがあまりも目につき過ぎる。

祖国の発展は、決して兄弟同胞との殺りくの果てに築かれることはないであろう。

(成)

「大韓民国」と呼称 国連で中共とソ連

東亜日報 〃青信号〃と歓迎

中共の黄華国連大使が、去る二十五日の国連政治委員会における議事進行にかんする発言の中で、はじめて「大韓民国(リパブリック・オブ・コリア)」と韓国を正式呼称で呼んだことがこのほどわかり、大きな話題をまいている。

東亜日報の社説は、この黄華発言は単なる偶然のものではなく、中共の対韓政策の変化を反映するものと受けとめている。そして、これは昨年の六・二三宣言路線を中共がはじめて受け入れたものとみなし、「韓中関係改善の青信号」と歓迎している。また、二十六日夕方になってソ連のマリク国連大使も中共につづいて韓国を正式呼称で呼んだことが、韓国の合同通信が伝えてきた。これによって中共ばかりでなく、ソ連も対韓政策を転換する可能性が強くなった。

組織強化対策の事務要員研修会

=本国で11月28日から=

民団中央では、本国政府の要望にこたえ、東京、大阪両地方本部から推せんされた事務要員四十人を編成、民団組織強化対策の一環としての国内研修会を実施することになった。

期間は東京が十一月二十八日から、大阪が十二月五日から九日までで、それぞれ五日間となっている。

国家保安法違反で陳斗鉉を起訴

本紙既報、北傀スパイ団事件主犯として逮捕された陳斗鉉前民団東京本部副団長(46)ら十一人が十八日、国家保安法違反等の疑いで拘束起訴された。

ソウル地検公安部が明らかにしたところによると、陳らは民団を足場にして、韓国内の政界、学園、宗教界等にスパイ網の扶植活動をしてきており、国家保安法のスパイ罪に該当するという。

なお、陳斗鉉らはさる十月十日に韓国陸軍保安部により検挙されていたもの。

具氏ら籠球協会参与に

在日僑胞の具滋景(北海交易社長)権東明、李信学(北海道商銀理事長)三氏が、李永禧会長により刷新強化された大韓籠球協会参与に選ばれた。

日本図書館協会選定

金熙明著

日本の三大朝鮮侵略史

=倭寇・壬辰倭乱・日韓合併と総督統治=

B6判 美装 四〇〇頁
写真挿画七〇枚
価 九八〇円・〒一四〇円

☆日本が如何に朝鮮を侵略したか三つの歴史的事実を両国学界の研究成果をふまえて叙述した日本の「つまずき」の歴史を日本人の前につきつけたものである。
〔武蔵大学教授 渡部 学〕

発行所 洋々社
東京都新宿区納戸町五
〒一六二 電話(二六八)〇七九六番
振替東京 一三一五一五番

※最寄りの書店に市販されております。

(写真は祝賀パーティ)

コリアスポーツ10周年

さる二十二日午後六時から東京銀座七階ホールで、コリア・スポーツ(発行人・蔡洙仁)発行十周年記念行事が催された。

宇里山荘(新潟県越後湯沢スキー場)開設八周年記念パーティと共に行われたこの日の会場には、在日同胞が各国際競技に参加してかく得したメダルと記念牌などが展示され、関東一帯に居住する民団幹部および体育会幹部多数と蔡洙仁氏の指導を受けている青年ら約百余人が出席した。

記念式は金数龍民団東京本部団長が司会を行い、尹達鏞民団中央本部団長らの祝辞が述べられた。

その後、許弼奭東京商銀理事長の乾杯でカクテル・パーティが開かれ和気あいあいのふんいき裡にオリンピックなど懐旧談に花を咲かせた。

禹、崔両公使の歓送迎宴

金永善駐日大使は、新旧駐日経済使節団長の禹容海公使と崔昌洛公使の歓迎レセプションを十一月二十五日午後六時から帝国ホテル富士の間で催した。

崔昌洛公使は一九三二年生れ、ソウル大学院出身、この間経済企画院の経済協力局長、経済企画局長、企画管理室長、経済協力次官補を歴任した。

また、禹容海前公使は経済企画院企画次官補に転任する。

陸女史墓碑除幕

朴正熙大統領令夫人、故陸英修女史の墓碑除幕式が、百日脱喪の一日前である21日午前、銅雀洞国立墓地にある故陸女史の墓前で行われた。この日の除幕式には令嬢である槿恵、槿暎嬢と故陸女史の国民葬葬儀委員長であった金鍾泌国務総理をはじめ、丁一権国会議長、閔復基大法院長、李鍾虎監査院長と金正濂青瓦台秘書室長、ベンジャミン・ティロナ駐韓フィリッピン大使など各界人士70余人が参席した。

시사漫評

金日成のゆううつ

金竜煥

韓国語学習 会話・文法

成根容著

第一部・いろいろな挨拶のしかた
第二部・語尾のいろいろ
第三部・助詞のいろいろ
第四部・会話の応用

—A5判三七〇ページ—

価八五〇円(定価一〇〇〇円の内、著者一五〇円負担・送料一二〇円)

民団中央本部宣伝局
電話 八一五—一四五一～(三)

中央会館建設하여 民団維新成就하자

韓國新聞

縮刷版 第1集 第2集 遂に刊行!!

本紙創刊以来今日に至るまでの主要全紙を細大もらさず収録した歴史的な本縮刷版を全国団員と組織、傘下機関の書架にお届け致します。

☆第1集は1964年から1969年までの分を収録。
☆第2集は1969年から1974年までの分を収録。

▶限定版につき至急御注文下さい。

頒布価・第1集は(836ページ)6千円
　　　・第2集は(1442ページ)1万5千円

発売元 民団中央宣伝局 電話(03)815—1451(直)

☆また附録として民団地方本部等の発行による機関紙や資料も併載しました。

"血盟の友誼"で平和確立をちかう

22日から2日間、歴史的なフォード大統領の訪韓によって行なわれた朴正熙大統領との首脳会談はデタント時代における自由世界の極東対共防衛体制の新たな方向確認という歴史的意義をもつものとして、世界の注視を集めたが、首脳会談の結果発表された共同声明は、自由世界極東の堡塁としての韓国の貢献と発展を高く評価再確認し、韓米両国の血盟の友好関係を平和確立という共同目標への努力として確認したことである。本紙では、このたび発表された韓米共同宣言全文および二十二日夜行なわれた両大統領の晩餐演説要旨を資料として紹介する。

22日夜、中央庁ホールでの朴大統領主催晩餐会で乾杯する韓・米両大統領。フォード大統領はマンドゥクク、ジャッチュグ（松の実かゆ）などの料理を二人分もとり10年知己のように朴大統領と歓談した。

韓米共同声明（全文）

朴正熙大韓民国大統領閣下の招請でジェラルド・R・フォード米合衆国大統領閣下は現国際情勢に関し、意見を交換して両国の共同利益と関心事に関し討議するため、一九七四年十一月二十二日と二十三日、大韓民国を訪問した。

訪問中、両国大統領は二回の会談をもち、この会談には金鍾泌国務総理、ヘンリー・キッシンジャー米国務長官、金東祚外務長官、金正濂大統領秘書室長、リチャード・L・スナイダー駐韓米大使、咸秉春駐米韓国大使とその他両国政府高位官吏たちが参席した。フォード大統領はまた韓国に駐屯している米軍を訪問した。

フォード大統領は顕忠塔に献花し、朴正熙大統領令夫人・故陸英修女史の墓所を参拝して朴大統領に同令夫人の悲劇的で、突然の逝去に対し深甚なる弔意を表した。

両国大統領は、大韓民国と米合衆国の強い友好と協力の紐帯を再確認し、大韓民国と米合衆国間の関係を特徴づけている安保問題およびその他相互利益に関する諸般事項に対し緊密な協力と定期的な協議を継続していくことに合意した。

両大統領は、最近数年間のアジア情勢において、政治的・経済的に相当な変化があったことに注目し、この地域の盟邦がより強力となり繁栄し続けており、また自国の安保はもちろん、この地域全体の安保のため継続多くの寄与を行っていることを認めた。フォード大統領は、米合衆国が太平洋国家としてアジア・太平洋地域に至大な利害関係をもっており、この地域の平和と安全を確保するため最善の努力を継続することを明らかにした。朴大統領は、そのような目的を志向する米国の政策に対し理解と全幅的な支持を表明した。

朴大統領は、韓半島の緊張を緩和して平和を定着させることによって究極的には韓国の平和的統一を期する目的で北韓との対話を維持するため大韓民国がこの間傾注してきた諸般の努力に関し説明した。朴大統領は北韓当局のこれまでの無誠意な態度にもかかわらず、大韓民国は対話を継続追求する意向であることを確認した。

フォード大統領は、米合衆国が大韓民国のそのような諸般努力を継続支持することを確約し、大韓民国の建設的なイニシアチブが、関心のあるあらゆる国家から肯定的な呼応を受けるよう希望すると表明した。

両国大統領は、現国際連合総会の韓国問題討議に関し意見を交換し、米国およびその他友邦が提出した決議案に対し、総会が好意的措置をとることが重要であるということで合意した。

両国大統領は国際連合総会が過去二十余年間、韓半島で平和を維持してきた安保体制の重要性を認め、その基礎のうえに韓国問題を討議すべきであるという希望を表明した。

朴大統領は、韓半島情勢に対し詳細に説明し、特に最近非武装地帯南側まで構築された地下トンネルの例にもみられるように、北韓の敵対行為による平和と安定に対する脅威を説明した。

両国大統領は、大韓民国軍と駐韓米軍が侵略を抑制するため高度の戦略と準備態勢を維持しなければならないということで合意した。

フォード大統領は一九五四年の大韓民国と米合衆国間の相互防衛条約に依拠、大韓民国に対する武力攻撃を撃退するため即刻的かつ効果的な援助を提供するとの米合衆国の決意を再確認した。これと関連してフォード大統領は、朴大統領に米国は現水準の駐韓米軍を減縮するいかなる計画もないことを確約した。

両国大統領は、大韓民国軍の現代化計画の進捗状況を検討し、同計画の履行が大韓民国の安全と韓半島の平和のためきわめて重要であるということで合意した。フォード大統領は大韓民国が充分な自主防衛能力と意思をもつ防衛分担の幅が増大していることに留意し、大韓民国の防衛産業をいっそう発展させるため米合衆国が適切な支援を継続する用意を確認した。

フォード大統領は、充分な賦存天然資源の不足およびこの地域においての継続的な緊張など数多くの難関にもかかわらず大韓民国がなしとげた急速にして持続的な経済発展を請揚した。

朴大統領は、韓国の経済、科学および技術分野の発展においての米合衆国の寄与に謝意を表した。

両国大統領は、最近の国際経済変動がもたらした影響を検討した。双方は両国が相互利益のため緊密な経済協力を継続増進しなければならず、韓・米両国は、あらゆる国家が、いっそう緊密に相互依存しなければならない精神に立脚しそれぞれ他方に対する経済政策を進めていかなければならない、ということに合意した。

双方は、国際社会が直面しているあらたな問題に対する政策調整の必要性に対し見解を同じくした。両大統領は、両国にひとしく有益な双務的な経済関係が実質的に継続増進されてきたことに対し、互いに満足を表明した。双方は、米国およびその他外国の継続的な対韓民間投資がのぞましい、ということに合意した。また交易上の諸般の障害要因を減少させ安定した食糧供給を保障するための体制を確立し、適正価格によるエネルギーの安定した供給を実現するために国際的努力を集中させねばならないということに同意した。

朴大統領は、世界平和を確立し、世界経済秩序を回復するためのフォード大統領の諸般努力に対し大きな期待と敬意を表した。

フォード大統領は、その一行と米国国民にかわり、訪韓期間中の温かい歓待と厚意に対し朴大統領と大韓民国国民に深く感謝した。

フォード大統領は、米合衆国を訪問するよう丁重に招請し朴大統領はよろこんで受諾した。両国大統領はこの訪問が相互に便利な時期に行われることに合意した。

朴大統領の晩餐演説（要旨）

永遠の同伴者として　韓米共同の念願成就

いま、わが人類は確実に変化と挑戦の時代に生きております。この変化は決して退歩ではありません。発展のための変化と戦争と貧困でない平和と繁栄のための変化にならなければなりません。

しかし、不幸にもわれわれの前には、いまだ多くの難関が横たわっております。こうして、平和と繁栄を希求するわが人類の前進を脅かしております。暴力と侵略をこととする好戦的集団がいまだに国際社会の一角にうごめいているかと思えば、資源不足現象が触発した世界経済の一大危機が、あるいはそれといえるでしょう。

フォード大統領閣下！　われわれは韓半島の平和がただちにアジア平和維持の基本であると信じております。そうであるために、われわれは北韓の侵略脅威からわれわれの安全保障を確固とすることが、ただちに韓半島における戦争再発を未然に防止し、北韓共産主義者たちの赤化統一野欲を粉砕する道だと確信するものであります。

北韓共産主義者たちは、われわれとの対話の途中にも不法な挑発行為を恣行しております。特に、最近に至っては非武装地帯内に地下洞窟を掘り地下から陰密に兵力を浸透させ、われわれの後方を撹乱しようとする侵略的行為を強行しました。

閣下におかれては、きょう前線でその生々しい光景を見て直接話を聞いたものと思われます。

かれらのこのような挑発行為は、こんごも継続するものと思われます。韓半島においての平和努力にはこのような難しさがあります。

しかしわれわれは、かれらとの対話を中断せず、忍耐と誠意でもって平和政策のためのわれわれの努力を継続してゆくでありましょう。

また現在、世界経済は大きな挑戦と試練を経ております。その余波はわが韓国経済にも大きな打撃を与えております。しかし、これまでわが国民と政府は、すぐれた智恵で克服してきました。

わたしはわれわれがこのような世界的経済危機を克服するところにおいては、資源保有国と消費国がたがいに利害をこえて、協力を強化し、この問題を公正に解決してゆくというすべての国家の誠意ある協力と努力が何よりも緊要であると考えるものです。

わたしはこのような変化と挑戦の世代においても、韓国と米国がすでに久しい以前から侵略者を追い出して、自由と平和を守護する過程で結ばれた血盟の友誼が、こんごもより以上に強化発達させてゆかなければならないと信じています。

わたしはこのような視点から、閣下がわが大韓民国を訪問することになったのは、韓米両国がたがいに力を合わせて衆智を集めながら、われわれの共同の念願を成就するという永遠な同伴者としての確固とした決意を再言明することであると信じ、それを満足に思うと同時に、その間米国民が、物心両面から助けてくれた暖かい友情に対し、この席を借りてわが国民とともに、心から感謝をささげる次第です。

韓米両国の変わることのない友誼と、米国国民の無窮の繁栄を祝しながら、フォード大統領の健康のために、ともに祝杯をあげましょう。

フォード大統領の晩餐演説（要旨）

不変の盟邦韓国の　支持・支援をちかう

きょう、韓国国民がみせた暖かい友情は、わたしが以前に友邦に満ちたこの国を訪問した時に受けた温情をはるかにしのぐものでありました。

わたくしは、韓国社会の活気と躍動力、そして韓国女性たちの魅力と美しさに深い印象を受けました。

わたくしは、いま少し時間的余裕をもって、印象的であり持続的な韓国の物質的成長だけでなく、この国の輝かしい歴史に接しえないことを残念に思う次第です。

こんども私の妻とともに、もう一度訪れることを希求します。

今夜、韓国社会の各部門の各指導者たちと会えたことは大きな喜びであります。特に国会議長と他の議会指導者たち、そして諸政党の指導者たちに会えたことをうれしく思っております。米国の国会で二十五年間をすごしたわたくしは、代議政治の議会主義に大きな比重を置いています。

わたくしは、韓国とアジアと全世界を通じて、平和を守る米国の確固とした決意を表示するためにこの地に来ました。

韓国民と米国民は、戦時でも親友でありました。われわれは平和時にもこの友情を変えることはないでしょう。米国はすべての人類のために平和を追求しております。けっして他の犠牲の産物にならないようにするでありましょう。

わたくしは今夜、この席で、米国は韓国を継続して助け、支持することを確約するものであります。韓米の友誼は、今後も長く継続するでありましょう。

われわれは現在、アジアと世界のいたるところで国際関係が新しく展開されている転換期に生きております。

朴大統領閣下！北韓との対話の道を開いた貴下の偉大なるイニシアチブは、韓国問題の解決に平和的で正当な解決方案を探すところに大きな寄与をしました。韓国国民特有の忍耐と勇気でもって、この努力を遂行してゆくであろうとわたしは確信します。

われわれがエネルギー欠乏と通貨危機のような新しい世界問題に対する計画をたてる時、米国はすべての国家の利益を考えます。

われわれ共通の利益と共同の問題に対して、韓国と継続して協議するでしょう。

われわれのすべてが住む新しい世界に対して、いま一度認識をしなければなりません。大きくても小さくてもすべての国家が、たがいに依存しながら住んでいることをいま一度考えます。

わたくしは平和の使者としてこの地に来ました。世界のすべての国が視野を高めて、関心を広めることをわたくしは心から願います。わたくしは戦争にむかって一歩を踏みだすよりは、平和のために数万里を歩きます。米国はわが米国民がたがいに信じ合っているように、韓国国民に対して信頼をもっております。きょう、みなさんがわたくしにみせた歓迎は両国の盤石のような友好関係の表象であります。それは、両国国民間の友情の強い力の表示でもあります。

紳士淑女のみなさん！ともに起立し、わたくしを迎えて下さった朴大統領と偉大な大韓民国国民のために祝杯を上げましょう。

論壇

韓・米・日の三角関係（下）

梁好民（ソウル中央大学教授）

韓国にとって米国は"軍事的同盟国"であり、日本は"非同盟の隣邦"である。また、いかなる場合においても、日本が韓国の安保面での米国の肩代りになるというような幻想は捨てるべきである。

日本の"安保協力"は幻想

韓・米、韓・日関係の格差透視が必要

このような米国の政策は、日本の対外輸出に大きな打撃を与えることになるので、日本の財界と企業は激動した。結局日本は、米国の措置に対応するため円貨の為替レートを切り上げた。それは致命的な打撃とまではいかなかったにしても、日本の米国に対する不信感は日増しにつのるばかりであった。一方米国は、円貨の切り上げだけではない貿易のばく大な赤字を埋めることができなかったため日本に対し、鉄鋼、繊維類などの対米輸出を自主的に抑制してくれるようにと要請した。しかし、日本が自由経済の保護という見地からこれに応ずることをためらったため、恩知らずだというので対日不信感が台頭するようになり、米国市場では日本商品に対する排斥気運がみなぎるようになった。

このような米・日間の自己生存のための経済競争は、幸いなことには、韓国にはこれといって取りあげるほどの影響を及ぼさなかった。しかし今後、米・日両国間に苛烈な国際競争が展開されるとすれば、その余波は必然的に韓国にも及ぶことになるだろう。日本資本の行き過ぎた対韓進出に対し、米国は内心警戒しているかも知れない。一九七四年五〜六月現在の韓国の輸入総額二十六億三千九百七十五万八千ドルのうち、日本はその三七・五%の九億八千六百六十万ドルを、米国は二五%にあたる六億五千八百二十三万七千ドルを占めていて、日本は米国をはるかに凌駕している実情である。

一方韓国の対外輸出十八億二千二百万ドルにおいても、日本は総額の三六・五%を占めているのに比べ、米国は二九・八%を占めているにすぎない。これは韓・日間の交易関係が、韓・米間のそれよりはるかに緊密化している証左であり、簡単に軽視してはならない事実だといえよう。

米・日間の非イデオロギー的な経済競争のなかで、ひ弱な韓国が選択すべき道は、いうまでもなく現実主義的でかつ実利主義的な道である。ただここで見落としてならない点は、経済大国としての日本の威力である。日本資本の対韓進出に目がくらみ、日本の経済力を過大評価、これに依存することによって、韓国経済をたやすく発展させうると錯覚しているとしたら、それこそ危険きわまりない思い違いである。

多極化と利益追求

昨年末から今年の初頭にかけて資源難と石油波動に直面した日本は、自国経済力のひ弱性をいまさらのように痛感した。国土が狭いうえに資源に乏しい日本の経済発展には、おのずから限界があったのである。日本経済は、GNPと工業生産力の面では断然先進国に属するが、一人当たり平均所得の面では中進国の領域にとどまっている。日本人の勤勉、制度の科学技術、それに加えて彼らの貯蓄力が、貿易立国政策を通じて日本経済を今日の位置にまで引き上げたとはいうものの、一般国民の生活はまだ豊富だとはいえない。

経済大国を自負している日本に水洗式便所の普及率が全国でわずかに一〇パーセント（東京だけは二〇パーセント）であり、舗装道路も全国の道路の一〇パーセントにすぎないという事実には、驚かざるをえない。したがって、あくまで善意に評価するとしても、日本の対韓経済協力が韓国経済に寄与しうる能力は非常に制限されており、その行先がはなはだしいものだといわざるをえない。

もしも米・日間の経済競争が今後の両国関係を悪化させるとすれば、そこにはいろいろな事態が想定できる。日本は米国の核カサを信じられないというので、単独で核武装を強行し、これを背景に国際的発言権を強化するかも知れない。

国際関係では、伝統的に当時代の最新最強の武器保有国が最高の発言権を行使するのが通例になっている。今日の大多数の日本国民は核武器を反対しているが、日本は核を開発しうる技術水準に到達しているのである。問題は狭小な島国の日本が核実験の場所と、核物質の原料をどこに求めるかである。もし米国の経済的な圧力の下で、日本の雇用水準と経済成長の水準を維持するためには核開発が唯一の道だとすれば、核開発に対する反対世論は急激に冷めるであろう。

また経済優先という見地から、韓国と北韓に対して等距離外交を断行するものとみられている。これは前者の場合に比べてより現実的で可能性が多いといえよう。しかし、日本が核武装を強行するためには、まず野党・言論・労働組合などの反対勢力を鎮圧し、さらには独裁体制の確立がその先行条件となるので、これは政治的破滅という危険性をかかえている。したがって日本は、核武装よりはむしろ国際政治の多極化を利用、米国政策に反抗しながら経済的利得を追求するであろう。

安保に対する幻想

むろんこのような事態は、現時点では飛躍的な想像にすぎない。米・日はそのような共同破綻にまで事態を追いこむこととなく、利害関係を合理的に調整する能力を発揮するであろう。また両者の対立が深刻な危機をかもしだした場合それこそ共同的理念に立ち返えることも可能である。また、たとえ米・日関係の悪化を仮想するとしても、韓国は自由の国家利益が犯されないかぎり、決して性急に巻きこまれてはならないのである。

韓・米・日の三角関係において韓国が取るべき立場は、たとえ米・日が協力すると競争すると問わず韓・米・韓日関係の性格の差を熟思してから対処すべきである。

再言するまでもなく米国は韓国にとって軍事的同盟国であり、日本は非同盟的隣邦である。この点は決定的な重要性を持っている。米国は韓国の同盟国である以上、韓国に対する防衛公約を誠実に履行すべきであり、米国のソ連および中共に対する影響力を利用して、韓半島における平和の樹立を促すべきである。いかなる場合においても、日本が韓国の安保面での米国の肩代わりになって寄与しうるという幻想は捨てるべきである。国際関係においていわゆる国力とは、まず軍事力であり、その次が経済力、政治力などである。これらの三者は有機的な関連の下に発達するもので、米国はこの三者を均衡的に発達させた世界の超大国である。

日本は、過去の歴史的関係にもかかわらず、現在は韓国にとって最も重要な隣邦である。日本経済の対韓進出によって、両国関係はいっそう緊密しつつある。ここで両国間の善隣友好関係を発展させるためには、国際的に公認された互恵主義の原則が徹底的に適用されるべきであり、そのような原則に立脚して協力が行なわれなければならない。そして「援助」が収奪に変質するとすれば、結局、韓・日両国の関係は破たんを免れえないであろう。韓・日経済協力は、弱者の立場にある韓国は一段と国家利益に忠実であるべきであり、政治資金だとか、公害産業の導入、または低賃金雇用の許容などというようにみだりに日本資本を迎え入れるとすれば、韓国国民の大きな反発はもとより、政治的、社会的抵抗をも誘発するおそれがある。これは両国にとってこのうえもない不幸の再発だといえよう。韓・日関係は歴史的に複雑であるだけに、だれもが納得できる公正な利潤ベースで経済協力が進められなければならない。

結論

米国は日本を東南アジアの政治大国とみなして、米・日・ソ・中共の勢力均衡による平和秩序の確立を構想しているようだが、日本がどれだけ韓国のために政治力を発揮しうるかが疑問であるばかりでなく、その発言権もおのずから限界があるということを忘れてはならない。

それはまず第一に、日本にとって大国のソ連ならびに中共は、経済的に韓国とは次元を異にした重要性を帯びているからである。

第二に日本は、非核国家であるため、核保有の強大国である中共ならびにソ連と同等の権威と発言権は持てないからである。核兵器は道義的には好ましくない存在だといえるが、国際政治の面では力の象徴である。これらのすべてを考慮に入れた場合、韓国が韓・米・日の三角関係において第一次的に米国を重視するのは当然だといえる。ただ日本は対韓関係において、米国とはちがった特殊な国力を保有している。つまり、文化力がそれである。

言語の容易な疎通と生活様式、生活感情などの東洋的類似性は、日本の学問・芸術・マスコミが急速なスピードで、しかも韓国に深刻な影響を及ぼしている。したがって、日本がそれこそ善意の対韓文化協力を試みるとしたら、その効果は経済協力に劣らぬほど深大なものであろう。しかし、これが偏狭な政略的魂胆から発したものだとすれば、逆効果を招くことはいうまでもなく、韓国民の猛烈な反発を買うことになるであろう。このような点からも韓・日関係は深化すれば深化するほど、いっそう慎重性が要請されるわけである。（完）

"漢方医薬の聖典"ここに完訳なる!!

この書は漢方医薬の原典であり、三木博士が「東医宝鑑のあとに発刊された、数多くの漢方医薬書は、すべてこれを手本にしたものか、またはその亜流である」といっているように集大成された漢方医薬の決定版である。今回はじめての口語訳として、この古典はよみがえった。内科、外科、婦人科、小児科、耳鼻科、精神科、あらゆる病名の治療法、処方から臨床医学までを全一巻にまとめ、これ一冊で漢方処方ができる実用書でもある。（続）として、湯液篇、鍼灸篇を加えた。（A5判、特上質紙使用クロース上製本）

東医宝鑑10,000円
続東医宝鑑4,000円
合本特別定価12,000円
振替東京26936

東医宝鑑（内科 外科・雑病篇）
（湯液・鍼灸篇）続東医宝鑑

☆注文は、民団中央宣伝局か、または [illegible] TEL (572) 1669〜104　製作発行　日韓経済新聞社

第二의 6·25 꾀하는 北傀와 朝總連의 策動을 [illegible]하자

75年度 生徒募集

一、募集人員
初等部一学年……五〇名
中等部一学年……五〇名　外 編入生若干名
高等部一学年……一〇〇名　但し高三は除外

二、受験資格
初等部一学年……満六歳児童
中等部一学年……小学校卒業 又は 予定者
高等部一学年……中学校卒業 又は 予定者

三、願書受付
期間…初等部 自一九七四年十一月一日〜至十二月六日（午前九時〜午後五時）
中・高等部 一九七四年十二月一日〜至二月七日（午前九時〜午後五時）
場所……本校教務部

四、受験手続
（イ）本校所定の入学願書
（ロ）出身学校調査書（編入は在学及び成績証明書）
（ハ）国民登録済証明書
（ニ）写真四枚（4cm×5cm）
（ホ）考査料　初 三〇〇〇円　中 二〇〇〇円　高 二〇〇〇円

五、考査
初等部……面接
中等部……面接、書類審査
高等部……面接、学科考査（国、英、数）
（但し、日語科目で国語代行可）

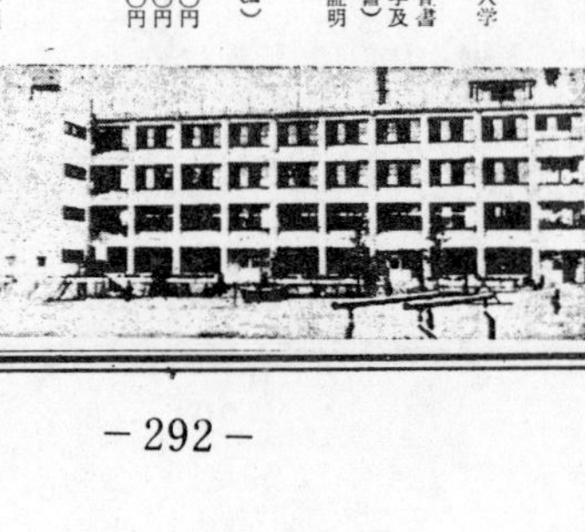

六、考査日時
初等部……一九七四年十二月七日（土）午前十時
中・高等部……一九七五年二月八日（土）午前九時

七、合格者発表
初等部……一九七四年十二月九日（月）正午
中・高等部……一九七五年二月十日（月）正午

八、其他
（イ）提出書類は返還しない
（ロ）入学に関する問合せは教務部まで

東京韓国学校
東京都新宿区若松町二一
TEL（三五七）二二三三〜五

困窮同胞をたすけよう
歳末相互扶助運動
全国の支部、分団単位で展開

民団中央では例年実施してきた歳末相互扶助運動を、今年も次の要領で実施することになり、全国地方組織へ積極的に運動を展開するよう通達指示した。

扶助対象者
民団々員で生活困窮者、孤児、身体傷害者、重病患者、罹災者とこれに準ずる者。
(民団の実情に応じて、対象資格をひろげることもある)

実施期間
一九七四年十二月五日から三十日まで。

募金および物品回収活動方法
各支部または分団単位とするが、管内有志や団員たちを個別訪問して本運動の趣旨を説明し実情に照らして効果的方法をとる。

拠出金品の配分方法
拠出された金品は支部、分団管内の被災者、孤児、重病者らに重点的に配分するが、以上の結果を中央民生局に必ず報告するよう要望しており、内容を本紙に掲載発表する。

文の狙撃事件による監察機関辞任は撤回
大阪地方委

民団大阪府本部の第二十回定期地方委員会がさる二十一日午前十一時四十分から、同本部講堂において開かれた。

同日は地方委員百三十八人中百十一人が出席、鄭慶浮駐大阪総領事、中央からは金仁洙副団長と安商道民生局長が参席した。

黄七福団長はあいさつの中で「朝総連は〝金日成教示〟なるものによって、民団破壊を積極的に行うとの方針をたてており、さいきん本格的な対民団破壊策動を開始した。これら朝総連の不純な意図を徹底的に粉砕しなければならない」とのべた。

このあと三機関報告につづき質疑応答が行われ、組織改善、白頭学院、金剛学院、地方委員と代議員配定などが論議されたあと、文世光事件に関連する監察機関辞表撤回問題に入ったが、現時点において辞表を受理して臨時大会を召集することは好ましくない、との意見が大勢をしめ、前日の執行部の判断を追認した。

新設の青年会育成 学園建設は予定通り
京都地方委

民団京都地方本部(金昭日団長)では、去る二十六日午前十一時半から第二十一回定期地方委員会を同本部会議室で開き、地方委員、来賓など約百人が参加した。

会議は国民儀礼から始まり三機関長のあいさつにつづいて中央からの金仁洙副団長が祝辞をのべ、経過報告、質疑応答のあと、朝総連と不純分子らへの対策、結成されたばかりの青年会育成などが熱心に討議されたが、特に日本人住民たちの反対運動によって建設が遅れている京都韓国学校問題が論議され、建設は実施する、生徒も募集中であることを再確認、ほかに生活協同組合設立促進朝総連系の信用組合利用中止、中央会館建設割当基金の早期納入をきめた。

青年会 京都本部 群馬本部 結成
京都会長に金正楽君、群馬会長に李錫録君
未結成地方もぞくぞく準備中

韓国青年会京都本部結成大会は二十四日午後三時から、民団京都地方本部三階講堂において開かれた。

結成大会には百五十余人の青年と民団団員が参加したが、特に同会結成に献身的な協力をおしまなかった張聰日団長はあいさつの中で「民団執行部はこれまで何度か青年会結成を試みたが、結局成功しなかったのは私たち民団の責任もあろうが、青年たち自身が自覚に欠けていた点は否めない。

今後この青年会が持続的な活動を続け、成長することを期待したい」と激励した。

このあと洗褲孝民団中央青年局長のあいさつ、李宗換民団京都府本部青年部長から経過報告があり大会議長団を選出、綱領および規約の解説を洗青年局長が行ったあと、役員選出に入り、青年部から推せんのあった役員選出案が青年参加者たちの盛大な拍手のなかで通過した。

会長・金正楽、副会長・李隆男、諸神換、代表監査・孫日、監査・鄭中尹、林忠吉、組織部長・鄭東鉉、文教部長・金容一、体育部長・李孝、総務部長・崔正勲、宣伝部長・張西鎬

◇

韓国青年会群馬県本部結成大会も同じ二十四日正午から同民団本部二階講堂で、青年、民団役員など八十余人が参加した中で開かれた。

蔡洙文団長はあいさつの中で「私の民団群馬県地方本部の公約は青年会結成でした。これまでに何回も講習会をつみかさねて青年会を結成した意義は非常に大きいものがあります。青年は祖国と民団の明日をになう貴重な柱であります」と激励した。

このあと次のような役員選出があった。

会長・李錫録、副会長・崔昭男、鄭議煥、総務部長・鄭明坤、組織部長・鄭海雲、文教部長・朴淑海、宣伝部長・朴光男、体育部長・安中植、監査・金数玉

このほか、執行部内に「指導部」を設け、全般的な会員の指導、執行部の補佐にあたらせることとし、指導部長に権在一君が選出された。この日、中央からは成根容文教次長が参席した。

青年会京都本部結成のもよう

尋ね人

☆鄭喆朝さん(松本三郎)
昭和30年8月頃まで福岡、福井または福島に居住していたと思われる鄭さんもしくは、その家族を長男であるソウル特別市道峰区中渓洞四二六、十五統五班五号、鄭然斗さんがさがしています。ご存知の方は民団愛知県地方本部事務局長までご連絡を。

☆李相福さん(広田福資男・51歳)本籍・慶北達城郡
19歳の時渡日し、10年前、故郷へ手紙があった。福島県または静岡県居住と見られる李さんを弟である慶北大邱市北区検丹洞六八三番地、東方製菓社内印刷部、李相泰さんがさがしています。

ご存知の方は民団中央本部民生局または韓国の李さんに連絡を。

☆朴昌仁さん(六四、五歳)本籍・慶尚南道晋州市本城洞一二三番地(日本町)
四十年前に渡日、大阪に居住していた朴さんを弟の昌儀さんと昌…をご存知の方は、名古屋市南区鳴浜町四ー五 金富竜さん(〇五二(六一一)一六三三)まで連絡を。

☆鄭丁律さん(松山丁律)
本籍・慶南昌原郡鎮東面京楽里二五五番地
福岡県若松方面で旅館業を営んでいるかも知れないといわれる鄭さんを息子である韓国慶州市将台洞一三八ー四、琴湖薬局内、鄭在和さん(電話四一九七)がさがしています。鄭さんをご存知の方は韓国の鄭さん又は熊本県菊池郡合志町栄三七九六の西山末子さんまでご連絡を。

☆金興守さん(67歳ぐらい)
本籍・慶南昌原郡内西面。昌原普通学校卒業。

☆盧文賛さん(60歳ぐらい)
慶南昌原郡大方里が本籍。

☆姜在根さん(40歳ぐらい)
慶南馬山市が本籍で忠武市(統営)もある。

▼右六人をご存知の方は民団中央本部民生局まで連絡を。

☆故金山金太郎さんのご夫人
をお子さんである金山清さん(金演祚・38才)がさがしています。

金演祚さんは、大阪で生まれ、お母さんと妹と一緒に満州の大連へ、祖父さんを訪ねたこともありお母さんと妹は、戦前日本へ戻ったということです。お父さんであった金山金太郎さん(李甲寿)は、解放後、渡日し、金演祚さんは一人で育ったとのことです。金さんがお母さんと別れたのは9才の時だといわれます。

故金山金太郎さんのご婦人や娘さんをご存知の方は、民団中央本部民生局、または韓国済州道北済州郡翰林邑翰林里一三五四番地金演祚さんに連絡を。

金山金太郎さん

和歌山青年会、本国で研修会

さる七月二十日に結成された青年会和歌山県本部(李宗紀会長)の役員・会員十一人が、母国研修会を行うため二十二日、大阪国際空港から帰国した。

一行は二十二日、釜山市教育委員会を礼訪して、韓紙式謄写機一台を寄贈し、そのあと大邱に立ち寄って、ソウルに向かう。

今回の本国研修会の目的は、母国訪問により民族意識を高めるためのものという。

同会では国語講習会、廃品回収による青年会活動資金の調達、本国民俗舞踊団和歌山公演など、活発な動きを見せている。

民団組織に整風を…まず班編成から出発
東京・江東支部で初の試み

民団東京・江東支部(金光和団長)では、さる二十四日午後二時から江東区深川青年館で、新しい民団整風運動の発会式を開いた。

この運動は民団組織に整風を取り入れるため東京本部が計画し、同支部が始めて実践に踏切ったもので、運動の指標は①実践する民団、②行動する民団、③信守する民団、④自主する民団、⑤勝共する民団、⑥近代化する民団となっている。まず手始めに同支部では、管内分団の活動を強化するため、地区別に班を編成して細胞組織活動を行うと決定している。

現在同支部管内同胞総数は、約三千五百二十人、そのうち韓国籍が二千百三十人である。

デマ宣伝の不純分子ら糾弾
葛飾の石寿星議長

去る九月三日、東京都体育館において挙行された朴大統領夫人・故陸英修女史追悼中央大会後、示威行進中、冠状動脈硬化症が原因で死亡した民団東京・葛飾支部(尹致夏団長)の団員・故玄公伯氏をめぐり、ベトコン派等の不純分子らが、これは強制狩出しのための犠牲であったとデマ宣伝を流布したのに対し、このほど同支部の石寿星議長は、一国の大統領令夫人が逝去され、国民として霊前でその冥福を祈るのは当然であると、その非人間性を強く指摘する反駁文を本紙に寄せてきた。

家庭通じ韓日親善
長野国際親善クラブ

毎年韓国への定期旅行と交歓など韓日親善運動を進め、いくたの実績をあげてきている長野国際親善クラブ(倉島至会長)では、東京在住の韓国女子留学生六人を韓国大使館の人選で長野に招待、家庭生活を通じて日本的生活様式を体験させて親善の一助にしようとの試みを実施することになった。

期間は十二月十三日から十五日までの二泊三日間で、受入はすべて奉仕によるもので、今回は次の六人がきまった。

○手鳳姫40・お茶の水女大大学院国文専攻一年(ソウル外国語大日本語科)○曹東和30・お茶の水女大大学院被服専攻二年(梨花女大家政学科)○朴原希26・東大大学院農学科(淑明女大薬学科)○朴初声21・慶応大社会学一年(梨花女高)○李福庭20・聖心女大英文二年(聖心女高)

この他に金日姿20・梨花女大二年を直接本国から招待中である。

世界親子かけある記 ㊴
ビジネスと観光と歴史・美術そして…
裵乙祚・裵慶州

スクラップで世界を支配
よく働らくユダヤ系米人
ユダヤ商法と日本商法

〝ユダヤ系スクラップ業者の実態〟

I・スクラップの哲学…経営理念

スクラップと聞いただけでいわゆる上流階級の連中等は、あのジャンクかと一種の嫌悪感を持つこの業種こそユダヤ人が目をつけた最大の根拠であり、これが今日の如く世界の非鉄業界に君臨するそもそもの始まりなのである。勿論金銀等貴金属、銅その他ベースメタル等の鉱業界においても圧倒的に支配力を振っている根底には、国家を失い頼るものは物言わぬ時代の流れに右左され浮沈することのない永遠の価値、絶対的に頼れるものそれが〝Non-Ferrous metal〟(非鉄金属)そのものであったことが、ユダヤ人の最後のとりでであったことはまちがいない。

全業界において下流層と目される人々が、スクラップという人間生活の廃棄物、産業の使い捨てのスクラップを扱ったのは、決して好きこのんでやったのでなく、ぎりぎりの線まで追いつめられた人びとの最後の知恵をしぼったものであり、彼等のこれ以上落ちることのない最低のとりでである。いやもっと深くに神の意志に従って与えられた天業としてでなければ、誰がこのよごれた人間社会の捨て残りにも似たスクラップを本業としようか。

彼等は虐待された民の本能的生活の知恵として従事し始めた鉄、非鉄等鉱業、スクラップ業界において今や全世界を支配するまでに基礎を固めて君臨している。

最近公害問題がやかましくなりその合理的解決の一策として、資源再回収利用運動がおこり、またしてもこの人間社会の廃棄物都市ごみや、産業廃棄物のスクラップ等、生物界に於て新陳代謝現象に匹敵するこれら廃棄物なりスクラップを再生循環することによって、世界資源の使い捨てによる早期枯渇を防ぎ、あわせて公害問題をも解決しようとする新産業Re-cycle産業に触手を動かし始めたのは、この猪業務を最大のよりどころとしている彼等にしてみれば至極当然であり、来るものが来たと考えているに違いない。

II・組織経営活動

ユダヤ人の組織は民族的であり血族的であり、しかも宗教的にあらゆるもので整備されているから外部からの多少の圧力では微動だにしない秘密結社的性格をも持っているようである。この点日本のように血縁関係どころか、商社という純組織のみによって運営されるのとは雲泥の差があり、そのインフォメイションの点にしてもまたあらゆる商売上の情報がもののみごとに徹底される点、われわれの想像をはるかに超えている。中国人も同じような組織を持つがユダヤ的秘密結社的宗教的匂いが比較的薄く、感覚としては日本人韓国人と同一東洋人ということで、いくら特殊であっても Asian ということで通じるものがあるのは商取引をやってみてすぐ気づくことである。

極めて前近代的であり、非常に閉鎖的である彼等の社会組織の中に、近代的経営方式が共存するところにユダヤ人のこわさがあり、学ぶところがあるのを私達は率直に認めねばなるまい。規模にもよるが大手の事務系には最近代的装備を備え、現場作業においても日本のそれとは較べものにならぬほど作業環境は良く、機械化は最大限とり入れてある。勿論コストの問題から当然とはいいながら、彼等の経営に対する感覚とシビヤなコスト計算の上にこれ等は導入されているものと思う。

事務の一端をのぞくとまず、ロイター通信のTELEFAXが設置され、大手にはこの他プッシュボタン式市場相場受信機が併用され、あらゆる合理化と情報収集がなされている。

従業事務もまた多分ユダヤ系が多いと思うが、勤務態度は徹底していて効率は極めて良いと言っている。在庫管理も整備されトップはいつでも在庫状況を掌握し、商談はまったくストレートにマンツウマンで即決出来るのが良い。輸送機関は大型トレーラー(一日の行動半径五〇〇キロ)引込線を駆使し一日のデリバリー(荷さばき量)は、日本の比ではないと判断した。

III・ユダヤ人と如何に対等の商取引をするか
—世界スクラップ・ユニオン構想

過去私達は西海岸からのスクラップ輸入をして想像以上の損害を蒙った。その度に日本側のみこんな紛糾を避けなければならないのか不可解といきどおりでいっぱいだった。輸入物につきものの相場変動によるリスク(危険負担)は、日本の現市場流通組織では到底さけられないとは識りながらも、やはりヘッジ市場を持たない不利をどうすることもできなかった。品質数量上のクレームがおこり交渉しても、セツル(取り決める)するどころか、最後には何の処置もせず泣き寝入りするケースがしばしばあるたびに、何故ユダヤ系商人はフェアープレーに商取引をやらないのかと憤りをおさえ切れなかった。あるシッパーとはこのため長い商取引を停止したこともある。

これ等原因の一端は日本商社も責任があり、現地買付のため在米駐在員の若手未熟の社員がお百度をふんで各社が過当競争を繰りひろげれば、いくら何でも相手のユダヤ人たるもの強気に出るのは火をみるより明らかで、とやかく条件をつけるなら韓国でも台湾でもホンコンでもいくらでも好条件で買ってくれるからと高姿勢に出る。また思考発想感覚の微妙な相違から交渉上の行き違い感違いが生じ、結局はこちら側の敗訴となる場合が多い。また Full-amount L/C(全額支払輸入為替手形支払制度)をオープンした日本側としては、これ以上交渉しても勝ち目なく、リスクを最終輸入者であるコンシューマー(最終消費者)に転嫁してくることになる。

今度の視察で前から私が提案している以下の事を強く相手方に要求するよう現地商社マンに訴えた。即ち、スクラップの商取引は需要供給関係においてお互いに対等でフェアーに商取引をせねばならない。アジア・アメリカ・ヨーロッパの関係輸出入業者が〝International Scrap Union〟(国際スクラップ同盟)を結成して、国際的規模で商取引の正常化・情報交換・クレームその他のトラブルを仲裁する機関等を組織運営するならば、需要供給はスムーズに行き公平でフェアーな商取引習慣が生れるであろうと提案した。

IV ユダヤ商法・日本式商法・くずや商道

ユダヤ人ヤードの視察を申し込むと必ず何か商取引が出来るのかと返事が返ってくる。ただなんとなく視察するとか、目的もなく見学訪問しようとすることに対し、彼等は不思議に思い、また興味がないと考える。時間の浪費だとする。日本人は良くこの種の視察とか見学という言葉を使いたがる。そして臆面もなく写真をとりまくる。相手にとっては迷惑千万で、この忙しいのに何も好きこのんで具体的商談も持ち合せない者につき合うのはまっぴらだと出るのは無理からぬことである。

前述で私は昼食を立ち喰いしながら働きまくっているニューヨークのユダヤ系商品仲買人の勤務ぶりを紹介したが、まったく彼等の勤務中の作業能率の良いことはおどろくべきで、社長以下実に良く時間を浪費せず働く。日本の大手会社で良く見られる偉方ののんびりしたくつろぎ型勤務とは、問題にならないくらいスマートで緊張した仕事ぶりである。それこそ社長はボスと社員に呼ばれ、名実共にワンマンパワーでありオールマイトである。Owner(経営者)としての社長の時間割は、とてもわれわれなど及びもつかぬオーバーワークであり、ハードスケジュールである。だから彼等の権限と言おうか権威と言うものは自他共に認める絶大なるものがある。しかも彼等はこの忙しい中で彼等の道楽や趣味を忘れてはいなかった。必ずと言って良いほど彼等の部屋には、自己のもつレジャー関係の写真やら資料が飾られていたのは、決して彼等が世にいう〝仕事の虫〟ではないことを物語っていた。彼等には年配の現場及び事務のアシスタントが居て、いやブレーンと言った方が良い、それ等から上ってくる正確なデーターをもとに迅速に物事の結論が出るのだった。素早い勘とアイデアを与え適切なアドバイスを提起すれば、極めて短時間の間に部下から決断の材料が上ってくるのを私は度々見た。

(つづく)

スパイ基地化した日本！　金日成—朝総連の陰謀を暴く!!

ドキュメンタリー　南北の死角情報

B6判 256頁・定価 700円 〒150円

元 朝総連石川県本部組織部長　成奎昌 著

発行所・東京都文京区春日2−20−13　光明出版社

☆希望者は本紙へ(電話・815−1451)または東京三中堂書店へ(電話・271−1981〜2)

望郷の涙でつづる北韓日本人妻の手記！

あの日、新潟港を出港した私だったが、重労働にあえぎ、食糧不足に泣く共産地獄におちいろうとは、一目会いたいお母さん！

鳥でないのが残念です

日本人妻自由往来実現運動の会会長　池田文子 編

頒布価 800円(送料は150円)　☆注文は　東京都文京区春日町二丁目20　電話(815)1451　韓国新聞社

これが北傀の真意である!!

休戦ラインで発見されたトンネル

「写真説明」

さる11月15日、韓国西部戦線の非武装地帯内で発見された北傀が奇襲攻撃用に掘り進めていたトンネルの、全ぼうともいえる写真である。

上段写真は、トンネル内で発見された北傀軍の残留品。左はしが二二〇ボルトの電圧で配電していた電線。台の上の右へ順に、柄のないショベル3と柄付ショベル2。ツルハシ1。突きぐわ1。バール2本。スプーン3。飯のはいっている飯ごう3。金属製食器1。水筒2。鉄製フック13。大小のモルタル用コテ12。二百二十ボルト用ソケット3、そのうち二つには電球がついている。

中段左。トンネルの中にあったトロッコ。枠はトンネルの大きさで、トロッコを押す姿勢を試みている。手前の国軍兵士が操作しているのはブレーキのハンドル。なお枠の上側端部に注意、トンネルの中で落盤を防ぐため、コンクリート・スラブの天井と側壁を、このように接合させてある。中段右はトンネル内部、前方で左に曲がっている。

下段左、トンネルの中で、トロッコを方向転換したり、すれ違ったりするためのポイント地点、横の両方がトロッコの車庫にもなっている。これは、一台のトロッコが全延長を往復するのではなく、数台のトロッコが同時に作業することを可能にしており、トンネル掘進が多人数で行なわれたことを示すものである。下段右、韓国民警パトロール隊がトンネルから出る水蒸気を発見した地点。その異状を調査しようとしたとき、北傀軍から射撃が加えられ、約一時間十五分の間、調査を妨害してトンネル内の北傀兵を撤退させた。

このトンネルはせまいが国連軍側で試算したところでは、二、三時間内に師団級の兵力が、共用火器を携帯して、ソウルに近接した道路に移動集結が可能であるとのこと。金日成は日本の某愚鈍な議員に「北は南侵の意図なし」と日本で宣伝させたが、本紙「時評」でも指摘したことがあるように、その議員のバカさかげんと金日成の大ウソを具体的に証明したものである。

神話でないことの確認

文定昌「檀君史記研究」(2)

訳・註　金元奉記者

檀君朝鮮に関する古記の由来と特長(1)

三国遺事編集当時我国に古史記あり

由来　三国遺事、帝王韻記などが伝える古朝鮮記は、もとは「留記」から出たものである。「留記」というのは高句麗のはじめ（BC37）、はじめて文字を使用するとき、すなわち東明聖王～大武神王年代の史官たちが、この国の上古から高句麗初葉にいたるまでの二千二百余年間の歴史書一〇〇巻を記述したが、それを「留記」という名称にしたものだという。（申采浩〈註〉「朝鮮上古史」一一面）。その後「留記」は高句麗嬰陽王のときに李文真がこれを刪修（さんしゅう）。煩雑なところを削りつくりなおすこと」した（「三国史記」高句麗本紀、嬰陽王十一年正月条、西紀六〇〇）。

ところが、この「留記」について申采浩の説くところによれば、魏将毋（かん）丘倹が侵入し、乱中に奪い去ったということである（同氏「朝鮮上古史」一一面）。丹斉（申采浩の号）がいうこの毋丘倹の乱とは、渤海（バルヘ）二四年（西紀九〇二年）魏の幽州刺使毋丘倹が、楽浪太守劉茂と合勢して渤海を攻撃し、その首都、丸都城を陥落させ、王が南沃沮（オックチョ）に逃亡（魏志、東夷伝）したが、このときのことではないかと思う。

魏将に奪われた「留記」

魏書に記録されわが国に

毋丘倹に「留記」を奪い去られたこの国には、上古朝鮮に関する史記がなくなってしまった。ところが、その後、魏人たちが「留記」に記録されている檀君朝鮮に関する史実を、魏書に載録してあったことから、その魏書が後日朝鮮にはいり、檀君朝鮮に関する史実をふたたびこの国に伝えることとなった。金一然（三国遺事の編者）、李承休〈註〉などが、この魏書に収録されている檀君朝鮮に関する記事を、三国遺事、帝王韻記で引用した。このことから現在まで檀君朝鮮の歴史がこの国に伝わってきたとのことである。（申采浩前掲書）

〈著者註、鄭寅普〈註〉はその著「朝鮮史研究」で、檀君古記に関して次のように述べている。「檀君に関して一然の三国遺事がもっとも古いものであるとし、唯一の典拠としようとしているが、この記録がなかったとしても、檀君がわれらの始祖であることを、朝鮮人は皆知っていることだ。魏書は拓抜氏の魏書でなく、王沈が作った魏書であることを知っている。……書魏の書としては、王沈の作が孤行したので、それがわが国にはいって来たものと見る」（同書三四面）〉

古朝鮮記が「留記～魏将毋丘倹～魏志～朝鮮。それが金一然の三国遺事、李承休の帝王韻記などに掲載された」とする見解は誤断であると考えられる。

三国遺事、紀異第一巻は「古朝鮮」の題目の下に「王倹朝鮮」だという註をつけ、その本文でもまた「魏書にいう」「古記にいう」という二つの題目をつけており、そして各々古朝鮮に関する歴史を記録しているので、この三国遺事の「古朝鮮記」は二つの文献にもとづいて編集されたものであることをはっきり示している。

さらに三国遺事に載録されたこの「古朝鮮記」には、厳然とした三つの事実が内包されている。その第一は、この「古朝鮮記」は金一然自身が記述したものではなく、わずかに既存の二種の文献を、そのまま引用したものにすぎないものであること。第二は、この「古朝鮮記」が古記にいうとして、「昔有桓国」からはじまり、漢四郡にいたるまでの歴史を記録しているのは、その当時この国には、そのような記録が確実に存在していたことを物語るものであり、またこの古記は、王倹朝鮮の建国初期から、漢四郡設置年代までの二千二百年余りの間に、この国の歴史がこれこれであるということを明白に語ってくれている。第三には、こうした「古朝鮮二千二百年間の歴史年条」を、魏書に記録されている「古朝鮮」を引用することによって偽証したことである。

金一然は高麗王朝の高名な国師である。その著三国遺事は高く、深く、広い史実の記録である。この三国遺事を〝荒唐無稽（こうとうむけい）〟だとして誹謗した者は、史家・安鼎福（一七一二～九一）であり、これに追従した者は李朝末葉、事大主義思想を盲目的にふりまわした儒学徒・李承休（一八五〇年代・崔南善「新訂三国遺事」五六面）と、金沢栄（一八五〇～一九二七）らである。（つづく）

〈註〉申采浩、一八八〇～一九三六。史学者。独立運動家であり、言論人であった。著書には朝鮮上古史のほか、朝鮮史研究草、乙支文徳伝、東国巨傑崔都統伝、李舜臣伝、朝鮮上古文化史、六伽耶考、ほかがある。

李承休、一二二四～一三〇〇「高麗」時代の学者で文人、動安居士と号し、加利李氏の始祖文科に合格、流麗な文章をもって名文を書いた。後書状官となり、殿中御史、詞林侍読学士左諫議大夫、判秘書事、密直副使監察大夫詞林承旨をつとめた。殿中御史に任ぜられたとき、しばらく官職を離れ「帝王韻記」「内典録」を著述した。著書に「動安居士集」がある。

鄭寅普、一八九二～？。為堂と号した。国文学士。国文学、国史学などを研究し、民族本来の学問をとり戻すために闘かった。一九一〇年中国で東洋学を専攻しながら独立運動を行なった。一九一八年に帰国し、延禧専門学校（延世大の前身）、梨花女子専門学校（梨花女子大の前身）、セブランス医科専門学校（延世大医学部の前身）、中央仏教専門学校（東国大の前身）そのほかで国学、東洋学を講義しつつ、東亜日報、時代日報の論説委員として、ときの総督府を痛烈に批判したことは有名。六・二五動乱で北に拉致された。今度のIPU会議参加北代表団長によれば死亡したとのことである。著書に、朝鮮史研究日鮮李商在先生伝、朝鮮文学源流考、そのほか多数がある。

解放後の混乱期を闘かった

建青創設回想録(2)

洪万基　文
金竜煥　画

終戦直後

さて、たわごとはこの位にして、いよいよ本論に入るが、その前にもう一言いっておきたいことがある。

これは他ならぬインフレの話。僕は巣鴨の庚申塚、四谷は塩町で二回焼けだされたが、その度に新附日本国民としてり災手当をもらった。

「さあ、君は何処へ疎開するんだね」係官。

「ハア、僕は朝鮮の故郷へ疎開します」

「なんだあ、貴様！」

たわけた嘘を言うなとばかり、係官はしばしにらんだが、何しろ空襲後の見わたす限りの焼跡で、まだ残り火がくすぶっている中だ。

「まあ、しようがないや」

このどさくさまぎれだ。朝鮮野郎にごまかされても、手前のふところがいたむわけではないからと、ぶべつのいろを顔にありありとみせて、朝鮮行きの旅費を支払ってくれた。

こうやってせしめた金と、動員された軍需工場で汗水たらしながらみみっちくためこんだ金とで、三千円ばかりの大金を持っていたのだが、朝鮮行きは取りやめ、防空ごう暮らしもままならぬから、山梨へ疎開してしまって空家になっている兄の部屋へころがりこんだ。

終戦で軍需工場は解散。毎日ブラブラしたが、解放された祖国は三十八度線の以北がソ連軍、以南が米軍といった風に、日本軍の武装解除を名目に進駐してきた。

それでこの際・米語を習っておけば役に立つだろうと思い、神田にあるニコライ堂の〝下斗米伝導師から英語を、牧島牧師からロシア語を学びに行っていた。

それでその三千円の話だが、軍需工場で働いて、ときの日給が八十銭であるから、如何に大金であるか想像出来よう。ところが終戦後いたるところに闇市が立つとともに、いまよりももっとすさまじい狂乱物価。何しろ紙屑同様の金はあっても物のない時代だから、本を二・三冊買ったら金もなくなりかけた。

メチール酒をぶらさげてきた呉本君（呉維鳳）が祖国が独立したからお祝いに新宿二丁目へ遊びに行こうという。

呉本君は兄（洪賢基）の印刷会社の工場長であったが、紅顔美少年の僕を二丁目の妓楼へ誘い、法悦の遊びを教えたのもこの野郎である。

メチール酒を食らい酔った勢いで出かけはしたが驚いたね。

ここも焼野原、僕がはじめて連れてこられたときは豪華な妓楼に入口を睨むれば、映画女優ならぬ遊女の大写しの写真がズラリと並らべられて、お気に入りの女を指させば下足番やら、やり手婆々が〇〇さんお上り！と声を張りあげたものだが、いまはその跡形もない。

僕がひたすら武者振いして意気ごうしない、相手は妖艶な女で〝あなた初めてだなんて嘘、腰の使い方がうまかったもの〟なんていっていたその女の影もない。焼野原の瓦れきのあととはいえ蛇の道は蛇で、おのずとその息吹きがあり、たよりなげな街灯の下に辻姫がたむろして、やけに煙草をふかしている。

呉本はとみると、お白いをセメントのように塗りたくった唇の真赤な、おまけにくびに包帯までまいた梅毒のようなかすれた声で、底抜けに陽気な女と抱きあっていちゃついてやがる。

チェッ！胃腸の弱い僕は吐気を催して草むらにしゃがみこむと、〝草や、つわものどもの夢のあと〟、ゲェッ、ゲェッと胃液を吐き、みずっぱなをたれ、しきりに涙を拭いて気をしずめてから、やや落ちついたので出てみると、呉本と女の姿が見えない。

仕方がないから大通りの新宿生活文化会館のまえに出るつもりで娼楼とも、しもたやともつかぬ軒並みの通りを抜けていくと、門構えの塀のところに、みすぼらしいなりはしていても生娘らしい、いや戦前なら公爵か伯爵家の姫だったかも知れない人品いやしからぬ女が、眼は口程にものをいい。

それにつられてかたわらへ寄添い〝どう遊ばない？〟と誘った。彼女は黙ってコックリうなずく。女の案内で焼残りのビルらしい建物の二階にあがっていったが、これがまた驚き。ガランとしたコンクリート床の上にむしろが二枚敷いてあるだけ。仕方がないから乞食夫婦よろしくこもの中へもぐり、いざ鎌倉、ところが暫らくするとコツン、ゴツンといやに重い足音がしたかと思うと、枕元でピタリと止まる。息をころしていたが立ち去らない。うす目をあけて見上げると、いやに図体のデッカイ白人の壮丁がニコリともしないで懐中電灯を照らしている。

ユウ スネイク ゲラウト と一喝したかったが、相手は腰にピストルをさげている。へたに出て野郎に一発ぶっ放なされたら僕と女の心臓が射抜かれ、床を突きぬくのではないか、それに蛇の鎌首を穴にさしこんでいるのは、このMPでなく僕自身である。

首をすくめていもりのように、女の体にへばりついていたね。（つづく）

生が到着！

●ドリンクの中にはいっている高麗人蔘は純生の三年根です。
●ドリンクを召し上がりながら、そのまま人蔘をかじってください。
●ドリンクはカクテルに、人蔘はジュースにしてもおいしく召し上がれます。

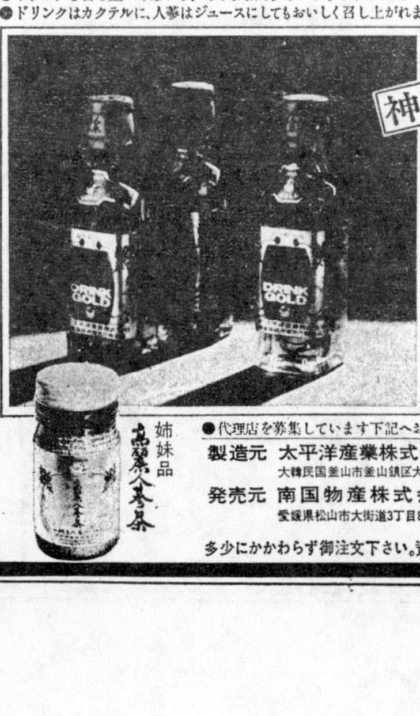

神秘の力
純生人蔘ゴールド
姉妹品

●代理店を募集しています下記へお問い合わせください
製造元　太平洋産業株式会社
大韓民国釜山市釜山鎮区大淵洞209-1
発売元　南国物産株式会社
愛媛県松山市大街道3丁目8-23 TEL（0899）43-1818
多少にかかわらず御注文下さい。資料サンプルお送りします。

中京地方随一を誇る大社交場
国際観光キャバレー
ゴールデン・ソウル
名古屋・今池　電話733-2545～8
代表　田九瑢（藤田政雄）

躍進する民族金融機関
あなたもわたしも　商銀通帳！
商銀　東京商銀信用組合
理事長　許弼奭
☆来春卒業予定の韓国学生優遇採用

本店	東京都新宿区西大久保1-449	電話208-5101（代）
上野支店	東京都文京区湯島3-38-15	電話832-5141（代）
荒川支店	東京都荒川区東日暮里6-22-1	電話802-5121（代）
五反田支店	東京都品川区東五反田2-19-1	電話441-5181（代）
立川支店	立川市曙町1の25の12	電話（0425）22-5131

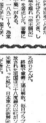

韓國新聞
在日大韓民国居留民団
中央本部機関紙
韓国新聞社
発行人 尹達鏞
東京都文京区春日
2丁目20−13
電話 直(815)1451〜3
交(813)2261〜5
振替口座 東京 163774
本国連絡所（民団本国事務所内）서울特別市鍾路区昌成洞
政府合同庁舎4階
電話 73−0165

在日本大韓民国居留民団 綱領

一、우리는 大韓民國의 國是를 遵守한다
一、우리는 在留同胞의 權益擁護를 期한다
一、우리는 在留同胞의 民生安定을 期한다
一、우리는 在留同胞의 文化向上을 期한다
一、우리는 世界平和와 國際親善을 期한다

国連で韓国支持派圧勝 28カ国決議案を採択

国連総会終盤の東西対抗のヤマ場である韓半島問題討議は九日午後、総会第一（政治）委員会で決議案の表決が行われた結果、日本、米国など韓国支持派二十八カ国の決議案（南北対話促進、在韓国連軍の将来を安保理で討議）が賛成六十一、反対四十二、棄権三十二で採択された。続いてこれに対抗して中共、ソ連など共産圏および非同盟急進派の北韓支持の四十カ国が提出していた決議案（韓国駐留の国連軍撤退検討など）が投票に付され、賛成四十八、反対四十八、棄権三十八の賛否同数となったが、議事規則によって、同数は否決となり、北韓案はあっさり葬られた。これで日米など西側諸国は国連外交でカンボジア代表権問題に次いで貴重な白星をあげた。

19票の大差、本会議でも確実 西側自由陣営の主張つらぬく

この日は北韓支持国派が要求した「北側決議案に先議権を与えるかどうか」でまず投票が行われ、賛成四十八、反対五十、棄権三十三で北側の要求が葬られた。続いて韓国支持国派の決議案に対しサウジアラビアが修正案を提出したため、この修正案を認めるかどうかの投票が行われた。これは先にフランスが出し、西側がすでにのんでいた修正案をさらに部分修正したもので、「安保理はしかるべき時期をみて国連軍の将来を検討する」というくだりを「国連軍司令部の解体を含め…」などと修正されていたが、韓国支持派は「実質的に変わりはない」と判断、賛成国を増やすためこの修正案を受け入れることにした。投票結果は賛成五十七、反対四十三、棄権三十五で採択された。

続いていよいよ韓国側決議案が投票に付された結果、賛成六十一、反対四十二、棄権三十二の大差で採択された。北韓支持国はこれをあきらめず北側決議案もさらに投票に付すべきだという動議を出したが韓国支持派は「二つの決議案の内容が矛盾するので投票の必要はない」と主張した。この結果投票結果は四十八対四十八と賛否同数となった。「同数は採択されない」という議事規則にしたがって、韓国支持国は勝った。

韓国の実情理解させるため 共産側支持国を招請する
韓国の朴東鎮大使、国連で演説

韓国の朴東鎮国連大使は九日午後（韓国時間、十日午前）、「祖国問題」に関する韓国支持派の決議案を十九票差で可決、北韓支持派の決議案を賛否同数で否決した後の国連政治委員会で演説し、「国連での討議において韓国の実情を充分に理解できなかったために共産側案を支持した諸国の代表を、適切な機会に韓国の現実を知ってもらうため韓国に招請する」と述べた。また今国連総会に韓国首席代表として参加している金東祚外務部長官は、同日、韓国支持決議案が採択されたことに対し「これは韓国の統一外交政策の勝利である」と述べた。

平和統一のため対話継続
韓国支持決議案

韓国支持決議案（米国、日本など二十八カ国共同提案）全文次の通り。

…自由に発議された韓国人…基づき、韓国平和統一の…に対する前進が行われる…望し、一九七二年七月四…ルと平壌で発表された共…対する満足の意思と南北両側によって明らかにされた対話継続への意思を想起しながらも、韓半島における緊張が完全には消え去っておらず、また一九五三年七月二十七日の休戦協定が同地域の平和と安定に不可欠のものとして存続していることを認識し、国際平和と安全の維持に関する国連憲章の目的と原則に従い、国連が韓半島における同目的達成を保障するための継続的な責任を持つことを承認し、次のことを決議する。

①総会は一九七三年十一月二十八日、国連総会で採択された総意（コンセンサス）声明に表明された加盟国の希望を再確認し、南北両側に対し韓半島平和統一促進のための対話継続を要請する。

②総会は、安全保障理事会が休戦協定および同地域の平和と安全に対する継続的な関与を保証することが必要であることに留意しつつ、直接当事者らの協議のうえ、休戦協定継続に関する適切な取り決めに関連して、国連軍司令部解体を含む韓半島問題の諸局面に検討を加えるよう希望を表明する。協定は二つの政府の間の永続的な和平を導く両者間の交渉と和解ができるまで、韓半島における平和と安全を維持するためのものである。

時評
国誤らせる 新民党 金泳三の発言
座して北傀南侵を待つ？
党利党略のみの愚言

◇韓国の野党第一党である新民党は、与党と対決するため、各種の戦術をひねり出しては、本国紙のみならず、日本を含む外国紙にまで話題を提供しているが、さる五日から鳴物入りで突入した「時限付国会ろう城」もアッけなく終った。このことについてはとやかくいうつもりもないし、野党のカケ引の一つとして是認することもやぶさかでない。だが、五日からの「国会ろう城」を前にして、その前日記者会見で述べた新民党金泳三総裁の談話の中に、黙過することのできない部分があり、さらにその前、米国フォード大統領が訪韓したのを機に、米国の「ニューズ・ウイーク誌」バーナード・クリシャー記者に語った部分にも、同じような内容が含まれていた。いわく〝北傀が南侵するということはあり得ない〟◇

金泳三総裁の件（くだん）の発言をもっと詳しく再録すると次のとおりである。

「北傀が全面的な南侵をするであろうという政府の主張は、国民に不安を与えようとする虚[illegible]して韓・米軍事協力体制が続くかぎり、北傀は南侵できないというのが、自分の判断である。フォード米大統領の訪韓で、米国の対韓防衛公約が確認されたし米・ソ頂上会談、キッシンジャーの中共訪問で現われた周辺情勢の発展から、北傀の南侵の脅威を打出して独裁体制を続けて行く名分がない、ということが一層明確になった。現政権は、民主体制に戻ったその日に、北傀がナダレ込んで来るかのように脅やかしているが、国民は納得しない。これは六十万国軍を冒とくすることであり、国民の徹底した反共精神に、敗北意識を植えつけるものである。われらの闘争は必ず勝利するものであり、闘争によって勝利の時期が縮まるものと自分は確信する〟（ハンゲッククイルボ12月5日付一面）」

クリシャー＝もしあなたが権力を握ったとして、北韓との対話をどのようにするか？

金泳三＝……先ず自分がしたいことは金日成と会談するということであり、下級レベルの対話を進めるよりも、むしろ金日成と直接会談することを探究すべきであるということだ。

クリシャー＝北韓の脅威はどの位重大なことか？

金＝脅威について朴大統領がいうことに賛成できない。米軍が韓国に駐留している限り戦争の危険性はない。ソ連と中共はそのような戦争で、北韓を長期的に支持しないだろう。また金日成は、北韓で達成した経済的発展を危くすることはしない。多分小ぜり合いやスパイ事件といった小規模の妨害事件はあり得る。基本的に金日成は現状維持で満足しているにちがいない。（ニューズ・ウイーク12月9日号11頁）

これが野党第一党々首の発言である。つい数日前に南侵用のトンネルが発見されたばかりというのに、米軍がいるから南侵はないとか、中・ソが北韓に長期支援をしないとか、金日成が現状で満足しているとか、金日成と直接会談するとか、北傀がナダレ込む恐れありということが国軍を冒とくするものであり国民に敗北意識を植えつけるのだとか、どれ一つとしてまともな情勢分析ができているとは思えない。

このような愚かな内容を内外の記者たちに平気で発表し、国民を惑わすことを何とも思わぬとすれば、国をあやふくするものであり、金大中同様、金泳三は政権を担当する能力のない劣等政治屋でしかない。もしも朴大統領が独裁者だというなら金日成は何か、その金日成が、共産体制以外の韓国の政権と頂上会談をするとすれば、それは韓国を共産化するメドが付いた時でしかない。韓国の大統領に金泳三がなろうと、はたまた金大中がなろうと、反共を国是とする限り、北傀の南侵赤化政策はなくならないし、悪宣伝は彼らない。米軍がいるから南侵は無いという安易な考えで金日成を視ることは、防犯ベルがあるからドロボウがはいらないと考えるよりも、さらに危険なことである。金日成自身、十月一日、シリアの大統領を前に演説しているではないか「米軍が引続き駐留する場合一旦戦争が起れば全面戦争となろう」と。これは中・ソを背景とした自由世界に対する恐ろ愕な威し文句である。

われわれ在日韓国人が、今日本の政治家の中で最も憎んでいるうちの一人は宇都宮徳馬である。彼は元共産党員だし、十年前に金日成に会って日本の共産化を誓った男である（宇都宮自身の報告書より）。その男が、金大中をかばい、金大中は世界の誰よりもこの男を頼りにしている。その金大中が、壬辰倭乱における元均であるならば、金泳三は、壬辰倭乱における金誠一である。一五九〇年、通信副使として日本を視察して帰った金誠一は、通信正使黄允吉の「秀吉朝鮮侵略の野心あり」という警告報告に対して「秀吉に侵略心なし」と反論に汲々とし時の政府に何等の対策処置も講じさせず、むざむざと秀吉配下の倭軍に国土を踏みにじらせる結果を招いたのである。

三十八度線に釘付となっている数十万国軍の血と汗の賜物が今日の韓半島の平和であることを忘れ、国軍将兵の苦労を知ろうとせず、米軍駐留で南侵はないとする者こそ、国軍を冒とくするものである。つねに金日成は南侵の口実と機会を待っているのだ。

金泳三総裁に告ぐ、党利党略のためにのみする発言で、国をあやまらせてはならぬ。不明をわび、発言を撤回せよ（W）

裡里工業団地入居説明会開く

在日韓国人商工会連合会（許弼奭会長）では、去る十一月二十八日午後二時から東京商銀本店会議室において、同会横東烈専務の司会により在日韓国人の本国工業団地進出に関する説明会を開き多くの関心を集めた。

この日のテーマは①最近の韓国の外国人投資政策と今後の見通し②韓国の工業団地現況③裡里及びその他工業団地入居についての三つにしぼられ、本国政府商工部工業団地管理庁の鄭庁長と李漢春開発局長、駐日大使館経済担当の朴聖根参事官が、それぞれ説明役を果たした。

中央からは本社の朴性鎮主幹と金昌植経済次長が参加した。

難問題は共に協力して解決しよう
趙一済公使が中央礼訪

さきごろ就任した駐日韓国大使館の趙一済公使が、さる五日民団中央を礼訪し、尹達鏞団長をはじめとする各局長幹部らと歓談した。

駐日韓国大使館の李鼎勲総領事の案内で来団した趙公使は、朱鏞用事務次長から中央会館建設状況、尹団長からは同胞社会全般の諸問題に対する説明を受けた。その後、趙公使は、今後も時間が許す限りみなさんと話し合いたいと謙虚にあいさつし、今後、難問題に対しては、共に協力して解決するため努力しましょうと語った。

趙公使（中央）と歓談する尹中央団長（左）

戸籍実務指導班が来日 11日から全国巡回

民団中央民生局では、このほど本国政府から派遣される民団実務者のための戸籍事務ならびに各種領事業務処理に関する指導班を受け入れるに先立ち、各地方組織にたずさわる役職員たちがこの実務講習をうけられるよう該当各県地方本部あてに通達指示した。

指導訪問日程（予定）

神奈川	十二月十一日
愛知	〃十二・三日
大阪	〃十四・五日
兵庫	〃十六日
福岡	〃十七・八日

事務要員研修会おわる 東京・大阪ともに

本紙前号既報、本国政府招請による民団事務要員研修会は、予定通り東京班が十一月二十八日午前九時からソウルのアカデミーハウスで開講式をおこない、国内一流講師による二日間の講義のほか、産業視察、慶州観光、板門店訪問など予期以上の成果を収めて五日間の日程を終了、さきほど全員帰任した。

なおこれにつづいて大阪班も予定通り五日から九日までの五日間全日程を終了した。

鄭璿福氏永眠

鄭璿福氏（前民団兵庫県本部団長、兵庫県韓国人商工会顧問、神戸商銀理事）は六日午後四時七分兵庫県ガンセンター附属病院で内臓ガンのため永眠した。享年五十九歳。

葬儀は八日午後三時から神戸市長田区の平和寺で民団兵庫地方本部葬として、組織、経済人ら多数哀悼裡にしめやかに執り行われた。

金相玉氏永眠

大阪商銀専務理事の金相玉氏は去る十一月二十五日午後十一時三十分に永眠した。享年五十四歳。

「共産主義百問百答」 平易な解説書、全国に配付

民団中央組織局では、最近ひんぱんに発生する北傀スパイ事件にかんがみ、在日同胞の共産主義の実態に対する認識を啓発するための一環の方法として、本国の国土統一院発刊になる大衆向きのための平易なテキスト小冊子『共産主義百問百答』と『北韓問題百問百答』二冊を、全国傘下組織に広範囲に配付、その読解普及を期待している。

婦人会百五十日運動終る

さる七月十二日福岡から始まって十一月二十四日の岡山に至るまでの百五十日間国民運動を全国規模で実施してきた大韓婦人会（金信三中央会長）では、全日程をとどこおりなく終了、このほど次のような集会統計報告を発表した。

この報告によると集会総数は七十四回、講演会聴講者数は延一万二千四百九人、青年座談会参加者数は延八百二十人となっている。

この統計は、同婦人会創設以来この種の集まりでは画期的な記録である。

●TOKYO ●OSAKA ●FUKUOKA ●SEOUL ●PUSAN ●CHEJU ●TAIPEI ●HONG KONG ●BANGKOK ●HONOLULU ●LOS ANGELES

大きく、豊かに翼をひろげる大韓航空

雄大なジャンボの機影に、ますます充実する大韓航空のネットワークをうつして…
東京から、ソウルからホノルル、ロサンゼルスへ飛ぶ太平洋線、東南アジアへの路線もユニークにそしてきめ細かなサービスを提供しております。
韓国ルートは大韓航空の面目躍如、週53便・座席数9,500席とKALならではのスケール。
親切な機内サービスと共に大きく、豊かに翼をひろげる大韓航空にご期待ください。

大韓航空 KOREAN AIR LINES

国際収支改善に特別措置

総合景気対策を発表

換率調整、金融支援で不況克服

政府は7日、当面する不況局面を克服し石油危機で深まった国際収支逆調現象の改善とインフレ阻止を基本方向として掲げた総合景気対策を発表した。総合景気対策の主要内容は、対米ドル換率を現行ドル当り4百㌆から20パーセント引き上げ、基準換率を4百80㌆に決定、これを基準として変動換率制を実施し、石油製品価を7日から平均31・3パーセント値上げし、米など58生活必需品価格値上げは当分、政府の事前承認制にし、貯蓄性金利および政策優待金利を引き上げ、中小企業の老朽施設代替支援、民間投資促進策として5百億㌆支援、零細民優先雇傭策の具現などである。

世界経済の不況にもめげず韓国の経済、特に輸出の伸張は奇跡といえるものがある。写真は韓国造船公社で建設中の大型船、このたびの12・7措置で輸出の底力はより高まることになるといわれる

南悳祐副総理兼経済企画院長官は、この日午前、金龍煥財務、金載圭建設、高在玭保社部長官、沈宜煥商工次官などと合同会見を持って「国際収支改善と景気回復のための特別措置」を発表し、①換率引上げとこれにともなう物価の追加値上げ要因を除くため年間総通貨増加率を35パーセント内外に制限し、②バンカーC油に対する石油類税率10パーセントを75年末まで5パーセントに時限付け引下げ、③政府米、合殺と練炭は現行価格を維持し、④電気料金は引上げるが、月50KW時以下の家庭料金は、現行価格どおり凍結、⑤雇傭増大と景気回復のため75年投融資事業費58パーセント(千8百96億)を上半期に早期執行、⑥セマウル事業費として8百94億㌆を集中放出、⑦75年上半期中、なべて9百17億㌆の政府調達物資を購買、⑧3百億㌆調達基金として繊維、合板など不況の激しい業種の在庫を購買備蓄することをあかした。

政府は、換率引上げにともなう補完措置で7日午前まで外国換銀行の外換取引を一切停止させた。

①短期外債償還負担金5百10億㌆に対し一年据置き、2年償還、年利15・5パーセントの一般融資実施、②ドル当り輸出および輸入金融額を引上げ、国産原資材は現行の4百㌆から4百80㌆へ、輸入原資材は3百80㌆から4百20㌆にあげ、③貿易金融金利を国産原資材は現在のように9パーセントから12パーセントにあげた。

また、貯蓄増大のため、短期貯蓄性金利を引上げ、一年以上定期預金はそのままにし、3ヵ月と6ヵ月まではすべて15パーセントに特別家計定期預金金利は16パーセントから18パーセントに高めた。

企業も歓迎

職場セマウル運動に全力

なお4日、金容完全経連会長、朴忠勲貿易会長、金奉才企協中央会会長、金鍾大大韓商議常勤副会長など経済団体会長団は合同記者会見を持ち、国際収支改善と景気回復のための政府の12・7総合景気対策は、時宜に適した断案で、企業に新たな活力を吹き込むことであると歓迎し、企業人も政府の勇断と安定成長の努力にこたえるため①技術革新・原価節減・流通経路短縮を通した物価の安定と公正取引秩序の確立、②輸出市場多辺化と新商品開発で輸出増大努力の倍加、③勤労者の福祉向上と余裕労働力活用で雇傭水準安定と雇傭機会拡大、職場セマウル運動の先頭に立つことなどをちかった。

全軍主要指揮官会議

北傀の南侵企図粉砕に万全

北韓の最近の動向を討議する全軍主要指揮官会議が四日午後国防部会議室で徐鐘喆国防部長官の司会で開かれた。この会議には韓信合参議長、三軍参謀総長をはじめ、陸軍の管区司令官以上と海軍の艦隊司令官以上、ならびに空軍の作戦司令官および軍需司令官以上、国防部直轄機関長などが出席した。

席上、これらの各軍指揮官たちは、最近北韓が“唯一体制”を一層強化しながら軍需産業を極大化し各種戦略物資の備蓄と新鋭装備の導入を行っている点を重視、また北韓海軍と空軍基地が前方に移動したこと、南侵トンネルが構築されていたことなど、多様な浸透戦術を駆使して速決の大規模南侵準備を完了していると分析した。

特に北韓が最近非武装地帯の南側にまで構築した地下トンネルなどには大規模の奇襲作戦やスパイの大挙南派を計画している証拠がみえると断定、なお、地下組織に対する北韓の武器供給などはすでに戦争準備を終えた“南侵行為”に他ならないと批判した。一方、指揮官たちは、十月維新の課業を成就することとセマウル運動を成功させることに、先導的に参与してこれらを完遂させることで国家大業のこやしになろうと決意のほどを申し合わせた。

なお、徐鐘喆国防長官は同会議で諸指揮官に対して訓示し「軍の最高統帥権者である朴大統領の領導のもとで一糸乱れぬ団結ぶりをみせ、おのおのが十月維新の先導的役軍として、またいかなる内外の挑発をも粉砕し得る安保の中軸として、最大の努力を傾注するよう」要望した。

韓豪間で合意

セーター等四品目は割当制に

韓国と豪州の両国政府はセーター、ブラウス、ドレス・シャツの四品目だけを七五年一月から向う一年間輸入規制を実施することにした繊維交渉を妥結させ、了解覚書を交換した。この品目の年間割当は二百八十一万着に決定、豪州が輸入規制を主張した七品目の中から大人用フレイスト、アンダーウエア、シャツは規制対象からはずすことで合意した

論壇

韓国、“輸出立国”の奇跡

世界経済逆境に驚異の伸張

不況にめげず今年輸出目標を超過達成

朴正熙大統領は三十日奨忠洞国立劇場で開かれた第十一回“輸出の日”記念式でのあいさつ(金鍾泌国務総理代読)を通じ「今年度の輸出目標四十五億ドルは超過達成した」と明らかにし「世界経済の逆境の中で驚異的な輸出伸張を持続することができた」ことは意義深いと述べ、こんご「難局を克服し各自の生活安定を達成する道は、国民が一致団結して各自の職分に最善を尽くすことだ」と激励、そのためには「国力培養を加速化してゆくことが大切である」と強調しているが韓国の国情からして、輸出の増大は単に経済力の伸長にとどまらず、北傀の侵略に対応する国家防衛力の強化にも通ずるもので、今年度の輸出目標額をすでに超過達成したということは、その意義が大きい。

資源に乏しい韓国が“輸出立国”を決意して、世界市場に挑戦し始めてからすでに十年の年月が流れ去った。そして今年度の輸出目標額は四十五億ドル。あと一ヵ月を残して十一月末現在でこれは超過達成した。“輸出立国”の計画を立てて進む以外に韓国は“豊かなる社会”を建設する方途がなかった。まだ“豊かなる社会”の玄関口にもさしかかってはいないが、どうやら貧困からは抜け出すことができそうだ。一九六三年に十一月三十日を初めて「輸出の日」と決め、毎年この日を記念して、輸出の実績をたしかめた上で次の輸出計画を練ってきたが、その甲斐あって、今年のように世界経済がスタグフレーション(物価騰貴と景気の全面的後退の同時進行)に悩んでいる中でも韓国輸出はめげなかった。いまや韓国は小国ながら、世界でも輸出立国に飛躍する国の一つに数え上げられるに至った。不景気の世界経済の中で韓国輸出が伸張したということは注目に価しよう。

世界経済ははなはだしい不景気に苦しんでいるが韓国は今年の輸出目標額を超過達成し、年末までには四十七億ドルを記録しよう。もちろん、世界市場は不況症状で輸出環境はよくなかった。

韓国が輸出立国の旗印を掲げたばかりのころ、六四年の輸出実績はわずか一億二千万ドル余りにすぎなかった。それから計算すると、今年の輸出額は四十倍を越したことになる。とくに今年のように不況の風の吹き荒れる世界市場の中で、韓国輸出が持続的伸張の実をあげたということは奇跡的である。恐らくそれは、これまで韓国経済が、輸出基盤をしっかと固め、それを拡充してきたからで、その効果が今回ハッキリ表れたものとして評価される。

昨年度の生産誘発効果は二・二倍であった。

もともと韓国経済は、実に弱質であった。それがここ十年の間に急激に強化されてきたわけだが、それを主導してきたのが“輸出”であった。

韓国輸出がこれまで、驚異的な伸張を続けてきた要因を分析してみると、それは旺盛な生産、雇用などに支えられ、また所得も増加する、といった経済状況をつくり出すのに大きく寄与した。近年、ますます輸出の規模が大きくなり、輸出額も増加したが、これが韓国経済の発展に大きく寄与したこともまた事実である。そして加速化された経済発展がまた、輸出を年々伸張して行った。

経済発展の進むにつれ、生産面も拡大した。昨年度の生産面をのぞいてみると、昨年の輸出実績は三十二億五千万ドルだったが、輸出生産の誘発額は七十一億六千万ドル余りにのぼり、二・二倍の生産誘発効果をみせた。これは、生産誘発効果の大きかった七〇年度の一・七三倍よりも、さらに飛躍的増加を呈している。

また、昨年度の韓国輸出がGNP(国民総生産)に寄与した比率をみると、それは六〇%以上にも当たる。

一人当たり所得の半分が輸出分また、輸出伸張は就業人口増をも誘発するが総就業者数に対する輸出による雇用誘発人員をみると、七〇年度には八・五%にすぎなかったものが昨七三年度には一九・五%を記録した。きわめて大きな雇用の誘発効果を招来している。

一方、GNPの成長に対する輸出の寄与度も非常に高く、国民生活水準を決定する一人当たりの所得の場合、その約半分が輸出によるものだということが明らかになっている。

このように、急激に高まった韓国経済の発展に主導的役割を果たした輸出は、その持続的伸張の内容をみるとき、まず目につくのが膨大な量的増加である。近年は質的な向上にも力が入れられるようになったが、十年間の飛躍的グラフの上昇は一貫して、その量にあった。

六三年から今年までの十一年間にわたる韓国輸出の伸張率をのぞいてみると、まず七三年までの十年間の年平均伸張率は四五・九%を記録、次いで今年が四四%になる予想である。このような高度の輸出伸張率は、ほとんど「毎年」といっていいくらいに続けざまにこの目標額を超過達成していることによるものである。これは韓国の輸出潜在力の強さを示すものであり奇跡的とさえ評されている。

むろん、この輸出伸長は、その量的な増加にだけ支えられているのではない。質的な幅も大きくなって向上しており、輸出製品の中で工業製品の比重の大きさが目立っている。工業製品の比重は“出発”当時の六三年には五一・七%にすぎなかったものが十年後の七二年には八七・七%にハネ上がった。そして昨七三年には引続き八八・二%に上がり、顕著な質的向上を示した。

急増した重化学工業製品

こうした韓国輸出の質的向上は相対的に、韓国の工業化水準を次第に高くしている。それは輸出産品のうち、工業製品の比重が漸次に高くなりつつあるところによく表れている。二回にわたった経済開発計画の推進とその成果をみると、輸出産業施設が継続的に拡充されてきたことがハッキリしている。それに労働性の向上と技術の改善が加わって、経済発展の推進力となったのである。とくに最近、見られる輸出産業の大変化と資本集約的な形態への質的発展によって、重化学製品の輸出高がはなはだしく増えているのが目立っている。

重化学工業製品が工産品輸出額で占める比重をみると、七一年には二七%だったものが七三年には三一・三%、そして今年はさらにふえて三六・二%を示した。また輸出品目の幅も十一年前の六三年には百十九品にすぎなかったものが、昨七三年には一千五十九品目へと、十倍にふえた。

なお、輸出の相手国も六三年にはたったの三十三カ国だったのが七三年には百十六カ国に拡大した

韓国の輸出増大の“潜在力”

輸出が韓国の経済開発にとって主要戦略対象とされるのは、韓国経済の輸出依存度が六三年には五・六%だったものが、七三年には三三・三%に急増したことをみても容易にうなずけるものがあろう。

こうした韓国の輸出成長趨勢は伸張率の面からいうと世界一位である。今年の世界経済は不況の兆で輸出も伸び悩みをみせているが、昨年の世界輸出は世界経済全般の好況に支えられて三六・七%という驚異的伸張率をみせた。ところが、韓国輸出はこれよりもさらに二〇〜三〇ポイントも高い伸張率を示したものだった。

一方、世界輸出の量に占める韓国輸出量をみると、その比重は六六年にはやっと〇・一三%そこそこだったものが昨七三年には〇・五七%の水準に達しており、韓国はいま、世界経済の中で、工業輸出国として頭角をあらわしつつある。とくに輸出構造の面において韓国は昨年度で工業製品の輸出比重が八八・二%に達した。先進国の輸出比重平均が七八・八%であるから韓国の方が〇・四%高かったことになる。

以上のような数字は、こんごの韓国経済がさらに資本の投入と技術の向上、および経営の科学化を推し進めることができるという大きな潜在力と指摘されている。

貿易依存度の高い経済政策に

どうやら、今年も韓国輸出は驚異的な伸張率を示すことができたが、しかし、それもいまヤマバにさしかかっている。というのは不況のアラシが世界市場に吹き荒れているからで、当然、その余波として韓国輸出は恐らく大きな試練に出くわすだろう。実際のところ、世界経済不況のアラシはすでに昨年の初めごろから始まっていた。しかし、韓国の場合はこれまで固めてきた輸出基盤の上で積み重ねの“慣性波”に乗って、なんとか漕(こ)ぎ切ってきた。だが、危機は目の前にせまっている。

韓国の経済政策は輸出優先の政策に基づいていたが、いきおい、それは貿易依存度を高くする結果になった。貿易は世界各国が相手であるから、世界に吹き荒れているアラシを韓国がかぶらぬわけはない。いよいよ貿易依存度の高い韓国経済にも深刻な現象が現れつつある。国際的不況からくる弊害はまぬがれえないし、韓国経済はようやく難しい一面に出くわしたのである。

早急に“補完策”打ち樹てよ

したがって、これからの経済策は大きく改善されなければならない。すなわち、これまでは開発優先で推進されてきた輸出政策をぐっと引き締めて、内実を固める方向でやって行かなければならぬことになるだろう。

経済開発の評価も新しくやり直さなければなるまいが、これまでの経済政策とその実績をじゅうぶんに分析、研究し、早急にその補完策を打ち樹てなければならない、と指摘されている。

(SISA)

"漢方医薬の聖典"
ここに完訳なる!!

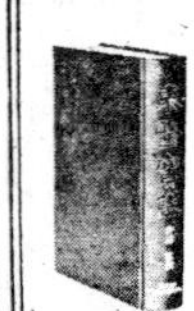

この書は漢方医薬の原典であり、三木博士が「東医宝鑑のあとに発刊された、数多くの漢方医薬書は、すべてこれを手本にしたものか、またはその亜流である」といっているように集大成された漢方医薬の決定版である。今回はじめての口語訳として、この古典はよみがえった。内科、外科、婦人科、小児科、耳鼻科、精神科、あらゆる病名の治療法、処方から臨床医学までを全一巻にまとめ、これ一冊で漢方処方ができる実用書でもある。(続)として、湯液篇、鍼灸篇を加えた。(A5判、特上質紙使用クロース上製本)

東医宝鑑10,000円
続東医宝鑑 4,000円
合本特別定価12,000円
振替東京26936

東医宝鑑(内科 外科・雑病篇)
(湯液・鍼灸篇)続東医宝鑑

☆ 注文は、民団中央宣伝局か、または 東京都中央区銀座6−7−12(滝山ビル) TEL (572) 1669・104 株式会社 日韓経済新聞社

韓日貿易の窓口

韓一銀行

東京都千代田区霞ヶ関3丁目2〜5
(霞ヶ関ビル33階)
TEL 581−2351(代)

品質最高
大量廉価

食用油・味の素・香辛料・調味料・冷麺・中性洗剤 卸販売
韓国産ポプラ・ワリバシほか
(本) 胡麻純正油・胡麻・中性洗剤(製造元・竹本油脂KK)
星印純正胡麻油・胡麻(製造元・九鬼産業)

韓国料理材料
一切・卸問屋
(旧 新井商店)

丸新物産株式会社

☆地方からの御注文には直送します。
本社・東京都豊島区池袋2丁目1713
電話(〇三)九八五〜〇八八四(代)

神戸製鋼所指定工場
金属・チタン・研磨・切断仕上
指定納入 神戸製鋼所・住電・新日本製鉄
山陽特殊製鉄・日本砂鉄鋼業(株)

加古川金属工業(株)

取締役社長 車 慶 泰
(伊 藤 慶 造)
工場 兵庫県加古川市東神吉町神吉248
TEL (0794) 32−5587・6538 / 6506・3705
自宅 兵庫県加古川市東神吉258−1
TEL (0794) 31−2155・32−3705

京都韓国高等学校(普通課程)
75年度 生徒募集

一、募集人員
①第一学年三五名(男女共学)
②第二学年若干名

二、入学資格
①中学校卒業者又は卒業見込者及同等な学力検定を受けた者
②高等学校第一学年修了者

三、出願手続 次のものをそろえて左記出願期間中に提出して下さい。
①入学願書(写真貼付)
②出身学校長の内申調査書及同等な学力検定を受けたもの
③考査料 ¥四、〇〇〇
注意 ●以上を一口にして提出し、受験票を受取って下さい
●用紙類はすべて本校所定のものを使用すること。
●受付時間は 左記出願期間中 午前九時から午後四時まで。但し土曜日は正午まで(日曜・祝日は休み)

四、選考方法
①学力テスト(日本語・数学・社会・英語)
②面接

五、期日

	出願期日	考査日	合格発表
第一次	一月二十日(月)〜二月十九日(火)	二月十日(水) 午前八時四十五分	二月二十四日(月) 午後二時〜四時三十分
第二次	二月二十五日(水)〜三月十九日(火)	三月十八日(火) 午前八時四十五分	三月二十二日(土) 午前十時〜午後二時

注意 ①考査当日は受験票、筆記用具、および上履をもって午前八時四十五分までにきて下さい。
②入学許可の発表は本校内に掲示します。

六、入学手続
(1) 入学を許可されたものは五日以内に左記の書類および学費を納入して手続を完了すること。
①納入金額 ¥四五、〇〇〇(第一次本校出身者 ¥三五、〇〇〇)
(イ) 入学金 ¥二四、〇〇〇(第一次本校出身者 ¥九、〇〇〇)
(ロ) 施設充実費 (入学時のみ)¥一〇、〇〇〇
(ハ) 師親会入会金(同)¥ 三、〇〇〇
(ニ) 生徒会入会金(同)¥ 三、〇〇〇 計 ¥四〇、〇〇〇
②誓約書(本校所定用紙) ③写真三枚 ④その他所定書類
(2) 左記の学費は入学式の前前日(四月七日)(月)までに納めること。
①学費(第一期分)¥二五〇〇〇円

七、入学式 四月八日(火)午前十時
注意 ●期間内に入学手続をしない時は入学を取消すことがある。

八、学費(一期分を一度に納入するのを原則とする)
①第一期分(四月〜八月) ¥二五〇〇〇
②第二期分(九月〜十二月) ¥二〇〇〇〇
③第三期分(一月〜三月) ¥一五〇〇〇(年額 ¥六〇〇〇〇)
④月額 五〇〇〇 内訳
a、授業料 ¥三三〇〇
b、師親会費 ¥一〇〇〇
c、生徒会費 ¥七〇〇

九、注意事項
①入学考査料および学費などの納入後は事情のいかんにかかわらずいっさい返済しません。
②願書は楷書でていねいに書いて下さい。
③不明の点は本校教務部に問い合わせて下さい。
④本校は男女共学です。

京都韓国中学校

一、募集人員 男女 第一学年 三五名 / 第二学年 若干名

二、入学資格
①第一学年 小学校卒業者又は卒業見込者
②第二学年 中学校第一学年修了者

三、出願手続 入学願書(本校所定用紙)を出願期間中に本校教務部に提出して下さい。

四、出願期間
①第一次 十二月一日(月)〜三月二十七日(木)
受付時間は日曜、祝日の外は毎日午前九時から午後四時まで。但し土曜日は正午まで。

五、入学許可
①第一学年は(イ)書類審査と(ロ)面接により入学を許可する(入学許可書を送付する)
②第二学年は(イ)学力考査と(ロ)面接を行い入学を許可する。

六、入学式 四月八日(火)午前十時

市バス……北白川仕伏町行 ⑤番(梅津車庫発) バス小倉町下車 北へ二分
〃 岩倉行 ⑤番(京都駅発) バス別当町下車 西へ4分
〃 岩倉行 ⑥番(京都駅発) バス伊織町下車 南へ2分
市電……叡電電停前下車 東へ7分
北白川電停下車 北へ6分

京都韓国学校
京都市左京区北白川東平井町八
電話(七九一)四一六一(代表)

沖縄に韓国人慰霊塔を

11月28日に建立委員会開く

名誉会長に金大使、会長に尹中央団長

本紙既報、大平洋戦争の末期、最後の激戦地として壮烈を絶した沖縄戦で散っていった韓国人（軍人・軍属・挺身隊・住民）約一万五千余柱の霊を慰めるため、韓国人慰霊塔建立委員会が去る十一月二十八日午后一時から、品川のパシフィックホテル桔梗の間で開かれた。当日は金永善駐日大使の代理として尹河珽公使、李竜勲総領事、民団中央団長代理として金仁洙副団長を筆頭に民団各地区代表と、日本側としては西郷隆秀、藤木俊、北嵐政雄氏らが参加してあいさつが行なわれたあと、経過報告、会則等の説明があってから、次のような委員を構成、発表した。

金永善　大使

尹達鏞　中央団長

役員名単

名誉会長　金永善（駐日韓国大使）

顧　問（順不同）　曺圭訓、金光男、丁賛鎮、曺寧柱、李裕天、李禧元、金正柱、李壽成、張聡明、尹致夏、金泰変、姜桂重、辛格浩、鄭建永、許弼奭、安八竜、金己哲、范填圭、鄭煥麒、尹仁述、徐甲虎、李熙健、朴漢植、韓禄春、金鳳煥、姜東淳、安在祜、金坪珍、金在沢、姜宅佑、李鍾大、朴太煥、西郷隆秀、高尾常彦（常任）

会　長　尹達鏞（中央団長）

副会長　金仁洙、徐永昊

事務局長　安商権（民生局長）

次長　姜徳才

〃　金世均（沖縄連絡事務所長）

参　与　駐日韓国大使館関係者

常任委員（順不同）　李龍勲（総領事）、崔公夫（領事）、鄭普永（領事）、尹達鏞、金仁洙、徐永昊、呉敬福、安商権、宋鎬用、李相南、金致淳、徐正雲、権会俊、黄七福、姜文熙、許允道、権赫斗、尹奇炳、蔡洙仁、李鍾基、金信三、鄭達鉉

委員　尹達鏞、金仁洙、李鍾鳴、徐永昊、白丁赫、崔成源、金致淳、朴成準、曺允興、呉敬福、安商権、宋鎬用、李相南、李在竜、蔡洙仁、金知鐸、許允道、金成一、鄭煥烈、金顕永、辛容祥、姜昌生、裵永祖、黄七福、李根、金晃様、鄭鳳基、張明日、曺徳文、金東俊、康民善、朴洙性、李東富、金相基、李元世、姜文熙、徐正雲、林鍾信、孫桂雲、朴尚甲、沈義明、朴照沢、趙鏞珠、朴鍾、金東洙、権赫斗、朴碩道、韓永出、朴秀烈、朴鳳斗、権会俊、南在頤、金浩範、張斗玉、陳且祚、裵八岩、崔季守、金鳳八、康東玉、徐仁泰、朴振業、尹奇炳、金鍾南、金世均、金信三、鄭建永、李麟基、鄭達鉉、李建鍋、姜仁煥、沈禧孝、鄭寿相、藤木俊、北嵐政雄

監査（中央監察委員会）　鄭泰柱、朴炳憲、柳甲録

父祖の地へ還る

異国の空の下で30年

第二次大戦戦殁同胞九二二柱

第二次大戦中、日本によって強制徴兵され、異国の空の下で貴い生命を失なった韓国人戦殁者の遺骨奉還をめぐり、ここ数年間韓日両政府間の交渉は遅々として進まなかったが、このたびようやく、二千余柱の遺骨のうち九百二十二柱（陸軍六百十九、海軍二百九十七、その他六）が、十二月二十日、羽田空港から、ひたすらこの民族的事業に献身してきた釜山靈園の鄭琪永理事長によって父祖の地、韓国に奉還され安葬されることとなった。

遺骨奉還がこれほど長びいたのは日本政府がいわゆる「遺族第一主義」の原則を掲げて、遺族が現われないかぎり、奉還が不可能であることを固執し、また、北韓に縁故を持つ遺骨に対する配慮という名で一括引渡しをしぶったことに原因があるが、その実、遺骨の保管状態などから見れば、そのような口実は虚構といいうしかなく、その底意を疑わざるを得ないというのが、遺骨奉還事業を推進して来た関係者の意見である。遺骨の保管問題にしてもたとえば3年前まで二十年間、厚生省倉庫へ一箱に50柱をつめて放置するというありさまで、韓国側関係者が抗議するやようやく、東京の祐天寺納骨堂へ移したということである。

このたび奉還される遺骨九百二十二柱は、十二月二十日、羽田空港から釜山へ出発、釜山市立公園墓地内釜山靈園納骨堂に奉安されることになり、日本政府厚生省政務次官が奉還責任者となって同行する予定である。

なお、奉還に先だって十二月十九日、祐天寺では慰霊祭が行なわれ、また奉安後の十二月二十三日には、韓国政府主催の慰霊祭が釜山市民会館で開催されることになっている。

なお遺族に対する遺骨引渡しは十二月二十四日から行なわれる予定であるが、このたびの日本政府弔慰金に対して、前回の二万円を増額するよう交渉中である。

また、現在無縁故の理由で祐天寺にある千余柱の遺骨も、一括奉還されるよう、政治的解決を望む声が高い。

金熙明氏作品 22日TV放映

きたる12月22日（日）午前10時半から11時まで、東京のTBSテレビ（地方はネット局に注意）で、金熙明氏の著書から素材をとって国際放映が企画製作した「歴史はここに始まる」という映画が放映される。

これは金氏の著書「興宣大院君と閔妃」および「日本の三大朝鮮侵略史」の中の「閔妃殺害の真相」の部分が映画化されたもので、韓日両国の暗い歴史の序幕そのものであり、両国民必見の番組である。

京都商銀 新築落成

京都商銀（趙鏞雲理事長）では、永年の懸案であった本店がこのほど落成するにあたり創立二十周年記念をかね、新築落成祝賀会が十一月二十七日午前十時三十分から同商銀西館ホールで内外の来賓及び組合員約二百余人参席のもとで盛大に開かれた。同日、鄭煥淳駐大阪総領事、張熙日民団京都本部団長、李熙健韓信協会長、張聡明同協会専務理事ほか各商銀理事長ら多数が参席、竣工を祝った。建物は地下一階地上八階、敷地百五十坪余り、総工費四億六千万円、入口全面には韓国から取り寄せた高級石材を敷きつめた超デラックスなものである。

超デラックス京都商銀ビル（円内は趙理事長）

"わが生涯の最良の日"

姜桂重、金聖洙両氏

叙勲祝賀会

去る八月十五日の光復節で、政府から国民勲章・無窮花章を叙勲された姜桂重前民団大阪地方本部団長と、その前の三・一節で同じく牡丹章を授与された金聖洙同本部顧問の二氏を祝うための叙勲記念祝賀会が三日午後六時から大阪市南正の瑞園で民団傘下組織ほか各界からの祝賀客四百余人が集まる中で盛大に催された。

満面に喜びをたたえた御両人にとってこの日は"わが生涯の最良の日"とあって、緊張した面持の中にも始終微笑を忘れず、やはり心からの嬉しさはかくしきれそうもなかった。

中央からは尹達鏞団長が招請人の一人として参加、ぞくぞくとつめかける来賓たちにいちいち丁重な握手で迎えた。

青年会東京本部 第2回定期大会

新会長に趙鍾日君選出

韓国青年会東京本部の第二回定期大会が、さる八日午後一時から東京商銀七階大ホールで開かれ、役員改選と、活動方針を決定した。

この日の会場には、代議員八十九人の中、六十五人が参加、都内居住青年約二百人もかけつけた。

同青年会では今後、新しい民団整風運動の先頭に立って献身的活動を行うことを強く決議した。

新任役員

会　長　趙鍾日

副会長　尹仁道・黄昌吉

監察代表　金昌世

青年会岐阜本部結成

会長に金幸男君

十一月下旬結成の予定が遅れていた韓国青年会岐阜県本部は、去る十二月一日午前十時から民団岐阜県地方本部講堂で約三十余人が集まり開かれ、会則案説明、承認のあと、次の初代役員を選出して散会した。

なお中央からは安商権民生局長がかけつけ祝辞をのべ激励した。

初代役員

会　長　金幸男

副会長　裵哲雄、呉俊植

監察代表　金正一

青年会埼玉本部 29番目に結成

初代会長に金明熙君

韓国青年会埼玉県本部結成大会が、さる八日午前十一時から、同県浦和市・東晶大飯店で盛大に開かれ、全国二十九番目の地方本部が誕生した。

この日の大会には、同県内居住青年約百人と、民団幹部約六十人が参加した。

民団埼玉県地方本部の李根団長は大会の祝辞で、五千年の歴史をもつ民族史の中で、青年が果した役割は輝かしいものがあった。近くは日本社会にあって民団を結成し、反共運動を展開して来た。このような青年史に、一部の青年は汚点を残したが、今日結成される青年会は、このような一部の不純勢力を粉砕し、民族的な立場で強力な青年活動が展開されることを熱望しますと述べ場内から大喝采を浴びた。

続いて、結成準備委員の朴長沢君から経過報告が行われ、金明熙君を議長に選出、役員選出に入って次の初代役員を選出した。中央からは呉敬福事務総長と鄭鳳賓組織次長が参席、大会を祝った。

初代役員

会　長　金明熙

副会長　李正男、李清實

監察代表　金南安

青年会埼玉県本部結成なり万才三唱で気勢あげる

幹部研修会を年2回に

四国地協

第四〇回民団四国地方協議会は去る六日午後一時から民団徳島県地方本部会議室により開かれ、金鍾南徳島本部団長の開会の辞につづき、尹奇炳四国地協事務局長のあいさつと、中央を代表して李相南総務局長と神戸総領事館の田鉉培副領事がそれぞれ祝辞をのべ討議に入った。

この日の合意事項は次の通り。

①高松韓国教育文化センターを四国韓国教育文化センターと改称するため民団中央を経由して大使館に提出する。②団員の団束について四国四県が緊密に連絡しあう。③次回からの四国地協開催は、輪番制を止め交通の便利な中央地区をそのつど選定する。

なおこの日、中央としては幹部研修会を年二回励行し役職員就任前の身元調査を徹底化すること、中央会館建設基金の募金を早急完遂するよう李局長が要望した。

「南北の死角情報」出版記念

さきに出版され全国的に注目を集めている成奎昌著の「南北の死角情報」出版記念祝賀会が、去る五日午後五時から、著者出身地である石川県金沢市片町の九竜飯店で地元の山水会、民団石川県本部、同金沢支部の合同主催によって盛大に催され中央から鄭富伝局長も参席し成奎昌氏の壮挙を祝った。

世界親子かける記 ㊵

ビジネスと観光と歴史・美術そして…

裵乙祚・裵慶州

だから日本からあまり具体的な目的もなく、また商談も打ち合わせず、この種オーナーなり、Executive（重役）にあおりものなら、まったく珍芸に等しい場面を展開し、こちらの無能ぶりを露呈するようなものだ。相手は一人こちらは二、三人、言葉のハンディなどこの際問題外である。要は商売に対する基本姿勢の相異である。右往左往してあげくの果ては、責任者の立場にありながら即答出来ず、他日返事すると引き下っては目も当てられなく、まったく相手に無能をみすかされ、商取引という厳しい戦闘に敗残したも同然だ。

日本人は良くその話の中で国家社会に対する責任とか奉仕の話を持ち出す。彼等には何のかかわりもない事柄であり、少くとも商取引には直接なんの関係もないことを持ち出すのはナンセンス以外のなにものでもない。肩をすぼめて何をねぼけているんだ、商売のイロハを学びなおしてなぜと言わんばかりのゼスチュアーが返ってくるのみである。

要するにユダヤ人と日本人の商売に対する基本的考え方がちがう以上に彼等は、具体的、高利潤的、利己的商法であるのに、日本人のそれは、抽象的（特に関東の陳情型商人）、薄利的、何だか解らないへんな意味での社会的商法であることは、とうてい日本人が一対一では相手なるしろ者でないことを識るべきである。ユダヤ人は彼等が目やすとする高利潤を割るような交渉や相手には、即座にNOとくる。それにひきかえ日本人は低マージンをなおけづってまで大量取扱いによってCoverしようとする極めて危険な薄利多売思想がある。このことが基本的に彼等とくいちがう点であり、こちらがみすかされる原因にもなっている。

資源再活用の新産業

米式大量生産消費の末路

在日同胞の場合も思う

リサイクル（Recycle）産業とは現代産業の理念であった大量生産大量消費による、全資源の活用化の喚起とあらゆる生産手段を動員して量産された生産品は、これまた消費は美徳の名の下に大量消費し、ぼう大なる物質をスクラップ化し廃棄物化する。この種の産業構造をアメリカ式大量生産、大量消費型経済と言って、世界経済をリードする指導理念として来たことは大方の承知しているところであろう。

ここでチョットこの Re-cycleの字句説明をしておこう。Reとは"再び"とか…"し直す"と言う接頭語であり、Cycleとは"周期""循環"とか、"一巡"の意である。即ちぐるぐるまわることから発して、或るものを一方向的にでなく円的に始終なく巡環させること。それから発展して、資源を今までのように使い捨てにするものでなく再生利用し再び資源として再活用する。そして使い捨てるものもなく全部還元し、しかも公害問題をもあわせて解決しようとする構想がいわゆる Recycle であり、それを今までの使い捨てていた都市廃棄物や、産業廃棄物に適用、一つの大きな新しい産業として脚光を浴びたのが Re-cycle 産業なのである。

しかもこの大量生産大量消費の産業構造に大きな陥し穴があったことにいち早く気づいたのも他ならぬアメリカその者であった。大量生産使い捨て方式による消費経済の爆発的進展は、急速にその生産行程中におこるあらゆる公害問題、産業廃棄物、使い捨てによって生ずる巨大な物質の都市ごみ等、人間生活の必然的副産物としてのこれ等諸類の処理に、今や世界の知能は全力を挙げてその解決法を模索していると同時に、限りある資源を湯水の如く消費し捨て去る産業経済構造に、心ある関係者等は地球資源の最終的限界点即ち資源の枯渇が意外に早く来るであろうことを語り、戦慄にも似た恐怖をおぼえ、この大量消費の機構を今の中に修正しなければ、間もなくこの地球上に資源不足による深刻な事態が到来するだろうと予告し始めた。

資源の利用法にメスを入れ、資源の節約と資源の再生利用、そしてもっと資源の多元的利用法として、今まで廃棄処分していた産業廃棄物や却市ごみ等の中に含まれるぼう大な有用資源を徹底的に再回収して資源の早期枯渇を防ぎ、効率的資源のリサイクル化を計り、あわせて公害問題をも解決しようとする総合的研究開発を、アメリカの内務省鉱山局は五〇年程前からこの種研究にとりかかっていることを私は知り、私達が今会議部門でやっている再生メタル関係の仕事を今一歩推めて、金属のリサイクル産業をおもいたったのは、たしか一年前であったか。ワシントンの内務省鉱山局で会った Metallurgist（冶金学者）の話によると、そもそも国の要請によって行なわれているこれ等の研究は、基本的に国際的であり又宇宙産業に関連が多く、あなたたちの如く民需的であり一般的既存産業のリサイクルについては、方向がちがい、また対象物の性格も大きくちがうので御期待にはそえない。しかし一般金属廃棄物をイリノイ州、ユタ州で一部初歩的工業化段階で稼動しているところがあるから紹介してもよいと言っていた。

スクラップ業者は殆どユダヤ人

この種金属（一般ベースメタル及び貴金属、特殊金属等）のリサイクル産業は、世界で未だ緒についたばかりの若い部門であるので、若労も多いが原料取扱いのみでは行きづまりを意識している私達のこれからの仕事として、充分検討する価値する仕事であると確信する。

アメリカ西海岸の鉄及び非鉄のスクラップ業者は殆どユダヤ系米国人が従事している。このことは在日韓国人がおかれている立場と極めて良く似かよっていることがらである。規模においてははるかに大きくまさる彼等は、既にこの金属のリサイクルに取り組んでいる。彼等の広告宣伝文句には"Re-cycle Center""Re-Cycling resources"といったリサイクル関係の語句が多く見られ、彼等が時代的要求をいち早くかぎつけ、事業としてとりくんでいく感覚の鋭さを思わせるのである。

"屑や""Scrapや"の異名

日本でもこのくずやを色々と呼んでいるらしい。例えば、一般的に"屑や"と言うと全国的に通じる名称であるが、静岡地区で言う"ぼっこや"となると何のことやら解らない人が多かろう。スクラップ業者と言うとチョットはいからに聞こえは良いが、鉄及び非鉄金属の屑を取り扱う業者を総称して言うので、くずやよりは多少高級であり限定された代名詞である。近年になって業界イメージを改善高揚させようと鉄鋼原料や地鉄商または非鉄原料業者と、えらくいかめしい呼び名を使い出したが、果して従事している業者の精神面まで高揚したかあぶないものである。

ことはアメリカでも同じことで、過去この種業者を"Junk"（かたまり、がらくた、くずもの、屑鉄等）と言って卑下しまた自虐的に自分等もまたこのように言っていた。そして東洋人黒人の多くがこれに従事し、ユダヤ系米国人が圧倒的に強くこの業界をぎゅうじっているのである。最近ではこのジャンクも御多聞にもれず、職業意識の向上改善を目ざし、その名もさっそうと時代の脚光をあびて"Recycle-Center""Re-cycling resources"と立派な肩書をつけ、今やリサイクル産業のチャンピオンとして時代の花形役者にのしあがった。世の中変ったもんだと苦笑している。

話があちこちとんだが要するに限りある資源の有効再生利用を計るには、どうしてもこれ等くずやジャンクが活躍せねば事が成就しないことである。時代が変れば価値も変るたとえの如く、今やこのくずや即ち原料業者のはぶりたるやたいしたものである。ことにわれわれ在日同胞の大部分がこの部門に関連しているとすれば、無関心にはすまされない。すくなくとも一般の常識として最低辺の職業と自他共に容認していたこの業種が、いくら激変の時代とはいえ、人類の生死にかかわる重要産業部門にのしあがろうとは神ならぬわれら解ろうはずもなかったのである。

こうなれば後はわれわれ在日同胞の意識革命のみが、この職業をパンの糧として輝きのあるものとするか、底辺よりはいあがれずこれからもまた長い屈辱の職業意識の下に人生を送るかを決するものといえよう。そしてわれわれが結束団結する時にこそ、全世界の非鉄金属・鉄原料をぎゅうじっているユダヤ人に匹敵する強大なグループになりうるのではないだろうか。（つづく）

鋼材全般
西山鋼材
代表者　西山仁
東京都板橋区赤塚七丁目九番五号
電話　九三〇―二二九・九五六四・九六九九番

株式会社
オークラ
代表取締役　朴淳台（大倉淳）
金沢市橋場町四―一〇
電話（〇七六二）六一―〇五九一

株式会社
三幸観光
取締役社長　朴金城（千田登喜男）
金沢市片町二丁目十三―十一

日本石油株式会社特約店
合資会社丸武燃料商会（石炭部）
丸武石油販売株式会社（石油部）
取締役社長　田炳武
横浜市神奈川区立町九―七（丸武ビル三階一号）
電話〇四五、四二一―三三三一五（代）

玉川物産株式会社
三興実業株式会社
代表取締役社長　薛文傑
玉川物産本社　〒920 金沢市下近江町六八番地　丸越前（武蔵ビル三階）　電話（〇七六二）（代）六三―四三八番
三興実業本社　〒920 金沢市下近江町六八番地　電話（〇七六二）（代）六三―四三五番
自宅　〒921 金沢市西泉一丁目一〇一番地　電話（〇七六二）四二―八八―一番

75年度 生徒募集

大阪韓国高等学校（普通科・男女共学）
募集人員……第一学年　一〇〇名
出願期間及び手続
○期　間：一月二七日～二月十四日の午前九時から午後四時まで（但し日曜日除外）
○手　続：入学願書、個人報告書、受験料五、〇〇〇円を同時に提出すること
入試詮考日、及び試験科目
○考査日：二月十五日（土）九時より十五時まで
○科　目：国語又は日本語の内択一と、数学、英語、面接

大阪韓国中学校（男女共学）
募集人員……第一学年　一〇〇名
出願及び手続き
○期　間：一月二七日～二月十四日（但し日曜、祝祭日除外）
○手続　：入学願書、個人報告書（受験料なし）を同時に提出して下さい
入試詮考日及び試験科目
○考査日：二月十五日（土）九時より十五時まで
○科　目：国語又は日本語の内、択一と算数、面接
※使用教科書は無償給付

金剛小学校（男女共学）
募集人員……第一学年　九〇名
出願期間及び手続
○入学願書だけを一月二十一日までに提出して下さい
入学（許可）面接日
○一月二十二日（水）午後二時から
※使用教科書は無償給付

金剛幼稚園（男・女）
募集人員……四歳児三〇名、五歳児七〇名　計一〇〇名
出願期間及び手続
○入園願書を十二月十一日（水）までに出して下さい（定員になり次第締め切り）
入園説明会日
○十二月十二日（水）午後二時から

〒557 大阪市西成区梅南二丁目五番二〇号
学校法人　**金剛学園**
電話（06）（661）二八九八番（代）

実業の世界「韓国特集」

一冊に結集された"韓国総覧"
世界における韓日の座標あかす

近頃、はじめて訪韓して来た人々の意見や感想を時々聞くが、おしなべて「新聞報道とは大違い」「百聞は一見にしかず」ということばである。それほどにも韓国に対する日本のマスコミの歪曲宣伝は激しく、それほどにも韓国に対する悪感情をでっちあげるのに成功したことが不思議でたまらない。

金大中事件を契機として、ともかく多くの主要日刊紙をはじめ週刊誌、月刊誌、そしてテレビにいたるまで、韓国を悪者にしたてるための口実さがしに血眼になっていたため、韓国のありのままの姿を伝える記事や報道や記録は、とりあげられもせず、あっても白い眼で見られがちだったようである。

そうでなくとも両国間には、虚心坦懐なつきあいをするには、あまりにも大きな過去のしこりが残っており、慎重な相互努力によって理解しあい徐々に歩み寄りを積んでいくべきところを、偏向マスコミはこれに冷水をぶっかけたとはいえないだろうか。そして、この事態をただすためには、韓国への誤解をつくりあげた一部日本マスコミが、一日もはやく常道に帰り、良識をとりもどすことであろう。また、そのような反省と正論確立の気運は、他の一部から徐々にかもしだされている。

×　×

実業の世界社（発行人・白井隆夫）では、このたび、韓日関係の大激動の年として、歴史に記録される一九七四年を送るにあたって「韓国にとっての日本、日本にとっての韓国」主題下の韓国特集を組み、臨時増刊号（12月15日）として発行した。

三百頁にいたる紙面には、単に経済問題だけでなく、政治、言論軍事、歴史、法律などあらゆる側面から見た韓国の実態や問題点を克明に正しく描いている。

執筆陣は日本の一流学者、言論人および韓国、アメリカにわたる斯界の権威で、単に、「韓国の立場」もしくは「日本の立場」からではなく、「世界の中の韓国と日本」という視角から問題に切りこみ、鋭い批判と明確な展望をうち出している。執筆者総勢三十七名そのほかに大使対談、外人特派員座談会、写真、解説など、いわば韓国と日本の過去・現在・未来を貫く、歴史と現実の生々しい、緻密な解剖図である。

また巻末には資料として、数字で見る韓国経済をはじめ、年表、法律、歴史、写真などを一冊に総集された、韓国総覧ともいえるいたれりつくせりの編集である。韓国百科辞典として日韓両国民のすべてがぜひ座右にそなえて惑くない特集である。特に、新年の休日の間に十分読みでがあるので、この際一読しておくのもよいであろう。十二月十五日発売、なお地区によって書店にないところもあるので、近くの民団に申込まれると便宜を計ることになっている。B5判（週刊誌大）二九六頁。定価七五〇円、送料五二円。韓国人執筆者の目次は次のとおり。

≪大使対談≫金永善・金山政英
太完善　日本の協力がないと韓国は何もできないと思うな
朴忠勲　指標を通してみた韓国経済成長の足跡
安光鎬　国際経済環境の変動と韓日経済関係
金周仁　アジア経済圏のメリット＜日韓協力の真の意味＞
呉範植　日韓貿易の実体＜日韓のキズナはやはり強い＞
金三　共産主義につくか？自由主義につくか？
郭鍾元　韓日文化交流の驚愛さ
崔壽他　軍事境界線に掘られていたトンネルの意味
成昌煥　韓国で奇跡が実現された背景
宋海均　セマウル運動と農漁村の変化
金正柱　八・一五狙撃事件の現代史的論評
金元幸　金日成（北朝鮮）の代弁者か？朝日新聞
金命潤　貧困からの脱出と朴大統領
徐基源　韓国経済の未来像はバラ色か
李東馥　韓国の厳しい現実＜絶え間のない北朝鮮の威脅＞
金在鳳　韓国経済を動かす主要人物
張和洙　韓国の貿易界を牛耳る日本商社
徐永姫　白百合を思わせる初印象＜故・陸英修女史の人柄＞
鄭泰基　韓国経済協力の問題点＜韓国人の目に映った＞
李炳注　韓日両国の若い世代に与う
林鍾哲　アジアの貧困は日本の責任

特別寄稿

最近の韓国を初見聞

歪められた韓国観　日本マスコミのせい
"自立経済"にいま一歩

筑波大学副学長　福田信之

去る十月二十九日から一週間韓国文教部長官の招きにより生まれて初めて韓国の素顔を直接見聞する機会に恵まれた。一行四人いずれも大学教授で外国経験豊かな者ばかりであったが、韓国は初訪問であることを聞いて、韓国は近くて遠い国であることを今さらのように感じた次第である。出発前、女房から「言動に気をつけなさい。おっかない国だから」と注意を受けたが韓国に対する悪感と偏向に満ちたマスコミ報道に連日接していると、そんな気分になるのも無理からぬことであろう。しかし私は、他国の主権に対して尊敬と中立態度を維持するかぎり、いかなる国へいっても安全であると確信しているので、女房の忠告を一笑に付したが、韓国滞在中不愉快な経験は一度もなく、日本にいるのと同じ自由を満喫したわけである。

過去半年間に私は中国大陸と台湾を初訪問し、先月はアメリカを一週間視察したが、日本のマスコミは全く信用できないことをあらためて知らされ。他国の事情の大筋と傾向は少しも国民に知らせず、共産国家については少しばかり良い面を誇大に報道して国民を欺き、自由国家については異常な事件だけを追及して悪いイメージを造りあげ、日本の国が一日でも早く共産圏の仲間入りをするのが幸福であるかのような幻想を国民に抱かせつつある。いかなる共産国家でも、日本のような高い消費生活は望むべくもないこと、また彼らがいかに宣伝しようとも、自由国家におけるような自由と民主主義は絶対に実現しないという単純明快な事実の認識が、日本のマスコミには欠如しているように思えてならない。なによりも、共産圏にそもそも自由なマスコミが存在するとでもいうのか。

特に韓国に関する報道は悪意と無理解に満ちており、北朝鮮に対する同情的な報道姿勢と対照的である。北朝鮮はプロレタリア独裁の確立した共産国であり、国内の実情を知ることは困難であるが、数多くの日本人妻からの哀訴の手紙からもわかるように、人民の生活は想像を絶するほど厳しいらしい。観光ルートの表づらが良いのは共産圏に共通しており、それから一般人民の生活を推察するのは間違っている。韓国の経済は急速に成長し、過去十年間に貿易は八十倍、個人収入は五倍に増大し、自立経済に今一歩という所にまで達している。われわれは韓国内のいずこの場所でも自由に見聞できるが、かつて伝えられた極度の貧困はほとんど影をひそめており、一般の国民生活は意欲と明日への希望に満ちているように思われた

いろいろな大学や研究機関の新設は日本よりも進んでいるのではないか。来春からいよいよ移転が開始されるソウル大学の新キャンパスは筑波大学よりも規模雄大である。

韓国では数多くの学長や教授と会談したり、与野党の指導者から直接意見を聞く機会をもった。北朝鮮からの軍事スパイは何度も摘発されており、軍事境界線や公海でトラブルは跡を絶たないだけに、共産主義の侵略に備えるという点では、与野党だけでなく国民的コンセンサスが得られているという。

しかし危機の認識の程度と、いかに対処するかの方法論の差異が、国会や言論界ではしばしば問題になっているのである。いかなる自由主義国家でも、国の自由と独立が危機に瀕する非常事態下では、自由と民主主義が制限を受けるのは当然であるがどの程度までという点では意見が別れてくる。しかし、国民が政府に対して反対の意思表示を行ったり、野党が憲法改正案を提出する自由をもっている事実を知れば共産圏やヒトラーの独裁とはほど遠い。一口にいえば、共産主義者の活動や利敵行為が禁止されているのであり、日本のように自由社会を破壊する自由まで広範に認められている国から見れば、韓国が大変不自由に感ぜられるのである。

石油ショックを頂点とする現在の国際的な危機が、若い韓国経済の前途に重くのしかかっていることは間違いない。これが北からの脅威と相まって韓国にダブルパンチを加えつつある。

この二つに耐えない限り韓国に明日はない。しかしそれは対岸の火ではなく、明日は日本の運命である。左翼勢力の強くなっている日本がアジアで孤立するなら、アメリカにとっても存在価値は薄くなり、自由圏の一員である資格を失うかもしれない。逆に日本が左翼の手に落ちれば韓国の運命は風前の灯である。

アジアでもっとも近い日韓両国、文化交流の面でも千年以上の歴史をもつ両国は運命共同体といっても過言ではない。特に中年以上の各界の指導者のほとんどが自由に日本語を話せる国である。日韓両国が相互の理解と友情を深めることは、たんに両国民の平和と繁栄にとって不可欠であるばかりでなく、世界平和に寄与する上でも重要である。（自由新報）

日韓文化交流　講演と映画の会

入場無料

社団法人日韓親和会（鈴木一会長、雑誌「親和」発行元）では、毎年、韓国から名士を招待して、日韓文化交流のための文化講演会を催しているが、今年も次のように「講演と映画の会」を開催する。今年のテーマは「古代文化」。

日時＝十二月二十一日（土）午後二時半から。
会場＝日本クラブ（日比谷国際ビル九階、帝劇のあるビル）
講演＝百済武寧王陵と日本古墳文化、
講師＝伊武炳忠南大教授（忠南大付属博物館長・百済研究所長）
映画＝新羅古墳
解説＝斉藤忠大正大教授
入場無料

神話でないことの確認

文定昌「檀君史記研究」（3）

訳・註　金元幸記者

檀君朝鮮に関する古記の由来と特長（2）

桓雄の熊女と結婚は他族との融和を垂範

申采浩は、安鼎福について次のように評している。「終身、歴史の一門に努力した五百年来唯一の史家である。しかしながら、山野の儒として、蒐録の閲覧が不足であり、三国史記を末年になってようやく見ることができた……。箕子本紀の後に檀君と扶余を附け足しとし、……弓裔と王建を帝王とした妄発もあり、あまりにも高麗中心主義を固守して、民族自体の活動を無視することが多い。……けれども研究の精密は先生以上のものはない。……」（同氏「朝鮮上古史」一四～五四面）

金沢栄に関しては、①日本人が発刊した『朝鮮大観』は、『金沢栄という学者は、檀君の伝説を僧徒の偽作であると断定した。』となっており（同書六面）、②申采浩は「年前の金沢栄の『歴史輯略』を、根拠のない日本の神功女王、一八年に新羅を征服した。垂仁王二年に任那府を設置した。などのことを、日本書紀からとり入れて、自称な偉を自慢している。』とした。（朝鮮上古史三二面）

三国遺事と帝王韻記は、元の国に臣事をする高麗朝の権臣たちの、この国の史記を抹殺しようとする作業が、盛んに進行しているその年代に、金一然と李承休が心血を注いで叙述した誠実な史記であるので、後世の人間たちが受入れて参照すべきところの、貴重な文献であるのだ。

「三国遺事」は「三国史記」の独断と遺漏を正す編さん

特長　日帝の強占時、日本人御用学者たちが、侵略的にデッチあげた檀君神話説を、この国の一部の史学徒たちが受入れ、考証云々の似而非考証的な説でもって、檀君朝鮮に関する古記を、一つの神話的な文献としてわい曲しようとしている。

しかし、既に述べたように、二千年以上前に記録されたであろうと推測されるこの、檀君朝鮮に関する古記は、金一然またはその門人たちが註解したところの、「謂帝釈也」という語を抜いてしまうと、檀君朝鮮に関する古記自体には、神話的なものが全くないのである。

三国遺事より約二十年後に記述された李承休の帝王韻記は、その註解で三国遺事が引用した「古朝鮮記」とは別異の文を引用して、その中の「昔有桓国」を「桓因」とするなど、古朝鮮記を大きくわい曲した。李承休が引用した文献が、このように「昔有桓国」が「桓因」になった理由を、本書は以下逐次説明するつもりである－。僧金一然の三国遺事が「謂帝釈也」の註解をつけたのは、檀君朝鮮時代の「君」と「王」との別を、仏教の帝釈天的な観察をもって説明しようとした儒者ないものであると推測できる。

≪著者註＝仏教の帝釈天に関する説話＝天上には創造神と支配神があったが、文配神である帝釈（一名桓因）は、三三層階からなる三三天の最も上である須弥山頂にあって、三三天を統管したが、首見城にいる四天王と、三三天を従がえ、仏と仏法に帰依する者は保護し、三面六臂の神である阿修羅の軍隊を征伐する、というものである≫

檀君古記は、その字句などが、古代中国の帝王学的な特殊用語をもって述べられている箇所が多いことなど、その字義が甚だひろく深く、複合的であるので、今日現在通用している漢字の意義をもってしては、解釈することのできないことが多い。これが檀君朝鮮に関する古記の大きな特長である。

そういうことであるので、本文は逐次、そのような字句に解をつけたのであるがそのような中にも、桓雄と熊女が婚姻する題目の「雄乃 仮化而 婚之」を「桓雄が大きな寛容で嘉（よし）と受け入れ、率先し範を示して、服従して来る熊族の女と結婚した」というように読まなければならないことなどに、最も大きな特長が存在するのである。

僧金一然は、一二〇六年慶州の章山郡で生まれ、九歳で出家、二十二歳で禅の「上上科」に合格した。七十六歳のとき普覚国師となり、八十四歳で死した。この金一然が三国遺事を叙述したのは彼の晩年の一二七〇年頃である。これは、金富軾が、一一四五年に「仁宗王」の命を受けて三国史記を編さんしたのが、独断的な註解と、史実の遺漏が多すぎるとして、それを補ない正すことが目的であった。三国遺事は、この金富軾の三国史記と並ぶこの国の古史記の双璧的な存在のものである。この三国遺事は、その紀異第一巻古朝鮮記で「古記」を引用して、檀君朝鮮の建国に関する事実に対して、次のように記録した。

「古記にいう、昔、桓の国があった。桓の国の、数多い庶子たちの中で、最も地位が高く、抜きん出た人。……あるいは庶子宿桓雄？……が、天下を治めようとはかった時に、そのようなことを相当するだけの人材をひろく探し求めるので、公子（高位で抜きん出た人物）の父王、またその意図を受けて皆承したなう同族の大夫と、諸父老たちが一致して話すには「三危の地の三万伯たちを起用すれば、太伯たちがよくその任務を遂行して、人間社会を大きく利あるようにすることができるだろう」とした。その言葉を受入れた桓雄が、その三危太伯たちに、各々天符印（信任状・著者註）を与え、行って攻略し平定せよ、と命じた。そして桓雄は軍三千を引き連れ太伯山、すなわち今日のハルピン完達山頂の、神檀を祭ってある木の下に到着し占拠した。そしてその都邑の名を『神市』だとした。これがすなわち桓雄大王である」

「古記云　昔有桓国　謂帝釈也　庶子桓雄　数意天下　貪求人世　父知子意　下視三危太伯可以弘益人間　乃授天符印三箇　遣往理之　雄率徒三千　降於太伯山頂　即太伯今妙香山。神檀樹下　謂之神市是謂桓雄天王也」

≪著者註＝金一然が註とした妙高山は、次に説明するように事実でない。またここでいう神市は、次の七で見るように、今日のハルピンである。≫

（つづく）

解放後の混乱期を闘かった
建青創設回想録（3）

洪万基　文
金竜煥　画

朝連草創期

それから語学のことであるが、ヤソ米伝道師はいきなり旧約聖書をテキストに使い、牧島牧師のロシア語はローマ字でも発音がまるきり英語と違い、それに蜂々のような字もあれば、カギ型の字もある。男性・女性・中性語もあり、語尾変化のややこしいこと。

元来、朝鮮人は語学の上手な民族とされている。もっとも「諸君、朝鮮人を見給え、朝鮮人は日本語をならい、その日本語を通して英語をならう。即ち日本語が出来なければ生きて行けないから必死でやるのだ。そこのところを見習いたまえ」とおかしなことをいう日本人教師もいたが、要するにハングルの母音と子音をみればわかるように、大抵のことは自由自在に発音出来るような仕組みになっている。

僕の遠祖は中国人なので、血は水よりも濃いとばかり中国語もやってみたが、その発音のむつかしいこと。

日本人の大方は朝鮮人は地理上中国文化をただ中継したにすぎないというが、これは大違いで、朝鮮でそしゃくし、充分消化してから移植しなかったならばおそらく日本には根づかなかったのではないかと思われる。

それはともかく難解で学習の意欲を失っていたのにもかかわらず、ニコライ堂へせっせと通ったのは、牧島牧師のところに美智恵さんという妙齢の娘さんがいたからである。

僕は朝鮮飴とあの時分としては珍しい南京豆を大ぶん献上した。僕の仲兄（洪舜基）がまだ生きていて、その道のヤミ屋仲間の大親分だったからである。

令嬢は喜んで南京豆をかじり、甘い朝鮮飴をしゃぶっていた。

で、僕は事あることに秋波をささやき、令嬢がかなってプロテスタントではなく、ギリシヤの正教であるから敬かに十字をきり、彼女の賢いさくらんぼのような唇を頂戴してしまった。

本殿に入るといいながら、いつまでたってもくだらない助平なおのろけばかりではないかというかも知れないが、終戦前後の様相から語らないとわからないのではないかと思う。

それに自分から裸にならないと他人のことに触れることが出来ないではないか。自分もくだらなかったが、あいつもつまらない人間であったとありのままを知ってもらいたい。

秋も深まってからであるが、ある日の朝刊を拡げると、『朝鮮人連盟』の広告が載っていた。

帰還同胞の援護と、民族権利の擁護のために在留同胞の力を結集しようというものであった。

新宿西口の朝鮮奨学会館、いまは敷地いっぱい大きなビルディングを建て、貸ビルで儲けているらしいが、当時はレンガ造りの二階建てで中央大学法学生の槻成治と訪ねてみると、机もなく長い板のような椅子をところどころ置いてあるだけで、壁には『祖国光復万歳』『朝鮮自主独立万歳』から始って、文句も文字も下手クソなビラがところ狭しとばかり貼りめぐらされてあった。

誰もいないので不審に思っていたら、三十がらみの好男子がにこやかに現われ、毛唐のように両手をひろげながら、

"チョンマル・パンカップスムニダ"実になつかしいですね！という。

初対面の男ではあったが、祖国が解放されて嬉しいという意味であろうと思われ、僕もそのように解釈し、パンカップスムニダ、ハッハハ、ヒッヒヒッと笑い握手を交わした。

在日三百万同胞が先を競って帰国したがるが、帰ってもすぐ仕事があるわけでもなく、混乱を招くだけであること。

学徒は祖国将来のため、少しでも多くを学んだ方がいいのではないか、など話した。

この男の口から李承晩博士がどうの、臨時政府の金九主席が重慶にいて、どうこうしたといったようなことを聞いたような気がするが、金日成については触れなかった。

つまり、この段階では朝連草創期で、単なる民生擁護団体を目指したにすぎない。

それから暫らくすると、朝鮮文化教育会なるものが、やはり朝刊の広告らんに名乗りをあげた。

所在も大森の方にあって、それに文化とか教育とか、やたらにハイカラで高しような名詞をつらねて、インチキ臭いので訪ねもしなかった。

あとでこれに参加した連中に聞いた話によると、最初は金某とかいう男が組織したらしいが、崔鮮一派が乗りこんで金某を追放し、崔鮮一がお山の大将におさまったらしい。

このグループは突飛なことをよくする集団で、何でも紀尾井町にあった当時の李王邸へ夜闇に乗じ塀をのりこえて侵入したらしい。驚いた執事が朝連に連絡し、朝連から保安隊がかけつけ、一人ずつ縄でしばって僕に詰込みトラックで運び去った。誰が問責したかは知らぬが、李王家は国家に属することである。正式な政府が樹立されてから処分することであってお前らのようなチュウチュウが天井裏で騒ぐことではない。

そのうえなぐられたりけられたりしたというのである。

（つづく）

優秀な人材を求む！！

信用組合　京都商銀

理事長　趙鏞雲

京都市下京区四条通堀川西入る
電話　801－6111（代）

同胞本位の金融機関！！

横浜商銀　信用組合

理事長　李鍾大

横浜市中区蓬来町2丁目3
電話　045(251)6921（代）

第4回訪米

在日　韓国青年指導者セミナー

募集人員　200名

（1975年1月26日～2月14日）

募集締切：1975年1月14日

費用　渡航費、滞在費は主催者側が負担する（渡航手続に関する経費、自由時間の経費は個人負担）

募集要綱

◎目　的……国際的視野に立った在日韓国人社会の指導者を養成する為にアメリカの実情を見聞し民主々義とキリスト教の新しい理念を学び国際親善及び文化交流の促進に寄与する
◎開催地……Barrytown International Training Center
住所・Dock Load Barrytown New York 12507　Tel 914－758－6881
◎内　容……学習　1.民主々義とキリスト教の新しい理念　2.勝共理論　3.国際情勢　4.韓国の発展と在日韓国青年の使命
観光（ニューヨーク・ワシントン・サンフランシスコ）ほかに韓国訪問
◎応募資格……在日韓国青年又は学生で20才～35才までの男性（但し、大学生は18才以上可）高卒以上、本パス所持者及び、取得可能者で健康な方（団体生活可能者）

応募方法
参加希望者は選抜研修会に参加していただきます。
第1回・東京選抜研修会1月4・5・6日　第2回・大阪選抜研修会1月10・11・12日
第3回・大阪選抜研修会1月15・16・17日

☆主　催・国際勝共連合在日韓国人会
☆後　援・在日本大韓民国居留民団中央本部

★連絡先　東京都港区赤坂3－4－1　赤坂松平ビル801号室　〒107
国際勝共連合　在日韓国人会事務局　TEL（03）583－3479

韓國新聞
在日大韓民国居留民団中央本部機関紙
韓国新聞社
発行人 尹達鏞
東京都文京区春日2丁目20-13
電話 (815) 1451~3 (813) 2261~5
振替口座 東京 163774
本国連絡所（民団本国事務所内）서울特別市鍾路区昌成洞 政府合同庁舎4階 電話73-0165

在日本大韓民国居留民団 綱領

一、우리는 大韓民國의 國是를 遵守한다
一、우리는 在留同胞의 權益擁護를 期한다
一、우리는 在留同胞의 民生安定을 期한다
一、우리는 在留同胞의 文化向上을 期한다
一、우리는 世界平和와 國際親善을 期한다

韓国側決議案が賛成61，反対43で勝つ

17日の国連総会本会議

南北対話促進要請など

韓半島に関する問題に決着

国連総会本会議は十七日、南北韓問題に関する第一委員会（政治）の討議報告と韓国側決議案を賛成六十一、反対四十三、棄権三十一で承認した。この結果、第一委員会が九日採択した①南北対話促進を要請する昨年総会の総意を再確認する②在韓国連軍司令部解体を含む南北韓問題を直接当事者と協議のうえ、安保理が検討する—との決議案が確定され、今総会における南北韓問題に決着をつけた。

この日は北韓側が第一委員会で敗れた「国連の旗の下に南韓に駐留するすべての外国軍隊撤退」法議案を本会議に上程、再び挑戦を試みるのではないかとの観測から韓国支持派の日本、米国などは最後まで緊張した。しかし北韓側はあえて本会議での決戦には出ず、中国、ソ連の二大国が韓国側決議案を非難、北韓擁護の立場を強調しただけに終わってしまった。なお、第一委員会の表決結果と比べ、本会議の表決の反対票が一票増え、棄権票が一票減ったのはシエラレオネが前回の棄権から反対に態度を変えたためである。なお同日閉幕する予定だった総会会期を一日延長し、十八日までとすることを全会一致で決めた。延長の理由は、第五委員会（行政・予算）からの報告書提出が遅れているため。

朴正煕大統領、輸出商品の展示観覧

朴大統領は11月28日輸出振興拡大会議が終わつた後、今年度の国際博覧会及び新規輸出商品展示会に出品された155点の展示品を観覧した。

改憲主張は国民誤導

朴大統領、維新体制強調

朴正煕大統領は16日「現在、われわれが当面している現時局を、国際経済の側面や国家安保の側面から見ても、極めて重要で、難局であるという点を明確に認識すべき時」であるとのべ、「このような時点で、少数政治人の無節制な放縦と野欲を充足させるため全国民の生存権をほうきすることは絶対にありえない」とのべた。

国民総和阻害する小数人士

統一主体国民会議議長である朴大統領は、この日午前10時、ソウルのタワー・ホテルで開かれたソウル・済州地域「統一主体国民会議統一安保報告会」で祝辞（郭尚勲運営委員長代読）を通じ「わが社会の一角には維新体制と精神を正しく理解しようとしない少数の人士があり、国民総和を阻害している」と指摘し、「憲法だけ改めれば、万事が一朝に解決されるように国民をだまし、誤導している」と非難した。

朴大統領は、「彼等は、ことあることに、自由よ、民主よと叫びながら、その実、自由と民主が培われる基盤となる国力培養と法秩序を破壊しようとしており、国民のためを口にしながら、国民の利益とは相反する行為のみを行なっている」とのべ、「われわれは国民各自の安全と繁栄のため、維新体制をひきつづき維持、発展させて行くべきであるということをふたたび強調するところ」であると強調した。

朴大統領は「北韓共産主義者らのたえまない挑戦と脅威に対して、われわれは国家の安全保障を確固とかためながら、これに対処し、世界的な不況の中でも、一貫した成長を持続して来た」とのべ、「それは、ひたすらわれわれの維新体制が、このようなすべての試練と挑戦を克服、今日のような国力伸長を可能にしたと確信する」と語り、「不退転の勇気を持って維新課業完遂のため前進しよう」とのべた。

名古屋総領事館昇格祝賀

駐名古屋総領事館は一九六六年五月三十一日、領事館として開設され、満九年目の今年五月三十一日付で総領事館に昇格したが、同総領事館の昇格祝賀会が、十日正午から名古屋観光ホテルで盛大にひらかれた。

祝賀会には金永善大使をはじめ、全在徳公使、李春秀駐名古屋総領事、民団中北地協権会俊事務局長をはじめとする、中北地協管内の各民団役員、桑原愛知県知事、本山名古屋市長、愛知、三重の日韓親善協会日本側役員ら、韓日双方の人士三百五十余人が出席した。

時評

大臣になれなかった宇都宮

「三木新内閣は短命」と評す徳馬 院内の不愉快な噂の意味は？

◇文芸春秋誌に発表された「田中角栄研究その金脈と人脈」という二編の記事が導火線となり、田中さんは退陣を余儀なくされ、三木さんが登場した。ところが、この三木新内閣発足にあたり、われわれ在日韓国人に対し、変なウワサのあることが明らかになった。その人物の名前を聞くだけでも不愉快であるが、噂そのものがこの不愉快な宇都宮徳馬に関してである。つまり、この人物の入閣阻止を運動したのは韓国人ではないかということである。在日韓国人にそれほど政界に影響をおよぼし得る人物がいると見られるとすれば、それは"光栄の至り"というものであろう。この話もさることながら、われわれが「三木内閣」の前途に深い関心を持って注目していることは確かである。

さる日、某日刊紙記者と顔を合わせたときに、三木内閣に対する感想を問われた。それに対して、われわれ在日韓国人は、こと対韓国・対在日韓国人政策以外に関しては、他国のことであるから、とやかくいう筋合いでもない、また内政に干渉するようなことをいうつもりもない、ということを明らかにした。

このときに、たまたま話が三木内閣の組閣当時の話になり、宇都宮の名が出たのである。記者いわく「宇都宮徳馬さんが入閣しなくてよかったですね。」と。

われわれが、宇都宮の入閣を好まないことは事実であり、宇都宮入閣確実という新聞辞令が不発だったことは、その新聞辞令を報じた偏向マスコミに対し、ザマーないね、という気持であることを説明した。皮肉にも、宇都宮初入閣を大見出しで報じたそのY新聞の翌日の紙面に「祝賀の電話は鳴りっぱなしだったが」三木総理からの電話はなかったことを報じていた。

この記者氏「ところで院内（国会のこと）では、宇都宮さんの入閣を阻止したのは在日韓国人だという噂があるが？」と、聞き流すことのできないことを語った。以下問答を再現しよう。

「そんなことは知らないが、多分有り得ないだろう」

「例えば有力な代議士の秘書を通じて動きかけるとか」

「もしも、われわれの側の人間がそんなことをすれば、それは内政干渉になることだから、それが日本の報道陣の耳に入ることだろう。秘書を通じたら、その秘書が無責任に（代議士に関係ないことであるから）報道機関に発表しないという保障はないだろう。」

「誰も信じられないということか」

「そういうことだ。院内で本当にそんな話があるとすれば、それは宇都宮が入閣できなかったことを、韓国サイドの運動があったようにいいふらして、宇都宮の"株"をあげるためにしているのではないか?。それこそ宇都宮の秘書辺りから出たかも知れないね」

記者氏は納得したような、しないような顔をしていた。何れにしろ、宇都宮といえば韓国、それはもちろん、よくない意味でのことだが、そういう発想が、まかり通ることに、我慢のならない不愉快さがこみあげてくる。韓国を悪く売って食っている男、であることの最も良い例証であるからだ。

三木派の重鎮といわれながら、宇都宮を入閣させなかった三木総理の、その本意が奈辺にあるのか知るすべもないが、記者氏は「次期改造内閣では入閣間違いないといわれている」とも語っていた。彼が入閣しようがしまいが、そんなことはこちらの関知するところではない。しかし、次のように答えて記者氏の反応を見た。

「国会議員と閣僚は違う。誰が閣僚になろうと、日本の政権が自由民主主義の方向に進むかぎり、単なる議員時代とは違い、具体的に国政運用の場に立てば、イキナリ北朝鮮と国交を結ぶということは、先ずあり得ないのじゃないか、もちろん、政権が社会党や共産党に渡れば、そのときは別の話である。」

この記者氏と別れたあとで、記者氏のいったことを、改めて反芻して見た。宇都宮の組閣当日の発言も合せて考えて見た。そして、うわべとは別に、彼は大臣になりたかったのだ。という結論を得た。彼が入閣確実なように報じられていた時間帯では「私の入閣を伝えていたが、キツネにつままれたようだよ。三木派から大臣をなるべく出すのはよそう。むしろ組閣について相談をうけるつもりでいたんだから」と語り、そういいながら「モーニングは十年前のものだ。仲人をしたからモーニングぐらい持っている」と、もう大臣の認証式のことを語っている。これがマスコミの間違った予想であるとは思ってもいなかった。三木総理が本当にそう思っているぐらいに考えたのであろう。それがはずれた。宇都宮はいう「人の悪口はいいたくないが、三木内閣は短命でしょう。これでは国民の支持を失う。派閥ゴタゴタの人事。そのうえ右よりの内閣なので気にかかる」と。自分が抜けた内閣は国民に支持されず、短命だとは、これが彼一流の論理である。そして負け惜しみ「入閣しないで自由の立場でいられた方がいい」。（「」内前出紙より）

ともあれ、三木新政権に対しては、これ以上、韓日関係に悪感情を増幅するような政策を取らないことを望み、かつ、それを注視するものである。（W）

大統領狙撃犯 文の死刑執行

上告を棄却、原判決の通り

韓国大法院の洪淳曄裁判長は、さる十七日午前十時半、大統領狙撃事件の犯人・文世光（23）被告に対し予想どおり上告を棄却し原判決の死刑を確定させた。

この判決により、さる十月七日にソウル地裁で第一審が始まって以来、七十一日目でこの事件の法的処理はすべて終わったことになる。文被告は、さる十一月の控訴審以来、表向き犯行にたいする反省の色を濃くしており、十一月中に家族に送った手紙のなかで、死刑確定後、大統領特赦への期待をにおわしていたが、ソウルでは事件の性質上、その可能性はまずないとみられていた。

ソウル刑務所で絞首刑

去る十七日に上告を棄却され、原判決の死刑が確定された文は、事件発生後百二十八日目、判決後三日後にあたる二十日午前七時半収容中のソウル刑務所で絞首刑に処された。

執行前の文は「私がもし韓国で生まれていたらこんな犯罪はおこしていなかったろう。朝総連にだまされこのような罪を犯したことになったが、朴大統領閣下や韓国民に申しわけない。そして母にも…」と悔恨の涙にくれていたという。

在日医師会の医療奉仕活動

来年5月に永宋島で

昨年は忠清南道、今年五月には済州道で医療奉仕活動を行って好評を得た在日韓国人医師会（李泰永会長）は、さる十月三十日の第二十四回理事会で来年も医療奉仕活動を継続実施することを決定、韓国保健社会部、大韓医学協会に実施地区選定を依頼していたが、このほど、来年の実施地区が決定した。

在日韓国人医師会に入った連絡によると、韓国保健社会部と大韓医学協会はさる十一月二十八日から二十九日にかけて実施地区の検討を行った結果、韓国西岸の黄海上にある人口約二万人の京畿道管内の永宋島に決定した。

これを受けて同医師会では来年五月初旬実施のための計画を進めているが、今度初めてレントゲン機器を持ち込んでの本格的な医療活動を行うことにしている。

趙治勲六段 選手権戦に 林海峰やぶる

第二十二期日本棋院選手権戦の挑戦者決定戦で趙治勲六段が林海峰九段を破り、二十五日から日本棋院で坂田栄男選手権者に五番勝負を挑むことになった。趙六段は十八歳。五歳の時に来日木谷実門下に入り呉清源九段より早い最年少入段記録をつくった天才児で、今度の挑戦も最年少記録である。

公報館で現役作家展

本国政府の文化公報部と民団東京本部推せんにより来日した本国の李斉晢氏ら第一線美術作家十氏による「韓国現役美術作家東京展示会」が、国際美術文芸交流会（ソウル在）主催により来たる二十三日から三十日までの八日間、東京駐日公報館画廊でひらかれる。

一行の来日は、金周奉牧師が主宰する東京韓国キリスト教会の招請になるもので、故陸英修女史追慕展と銘うっている。

この展示会には来日作家のほか朴瑛星氏らの賛助作品も併せて展示されるが、今日の韓国画壇を総網羅した観を呈しており、美術愛好家たちの大きな関心がよせられている。

後援には民主共和党、駐日公報館と本社があたっている。

京都青年商工会議所結成

京都韓国青年会議所の結成を目標にした京都韓国青年商工会議所の結成大会は去る十五日午後二時から、左京区宝ケ池にある京都国際会館場C－2号において、会員をはじめ来賓など五十余人が参加して行われた。

韓国福岡青年会議所も、来年一月のソウルでの韓国JC中央大会で、KJCとして認准されることが確定しており、京都は、大阪、兵庫、福岡につづいて四番目の在日KJCをめざすことになる。在日KJCは、まだ一部だけに結成されているが、ゆくゆくは東京、横浜など、東北にも結成されていくものとしてその発展が望まれている。

趙公使迎えて 咸安郷友親睦

去る十二月六日に赴任して間もない駐日大使館の趙一済公使を迎えて、出身地を同じくする咸安郷友たちは、中央の安商福民生局長の音頭とりで、十日午後六時から東京新宿の東京大飯店で歓迎小宴を催し和気の中で歓談した。

この日の出席者は、安親出、安鐘中、趙仁済、李浩相、趙福来氏ら三十数人であった。

駐日公報館で送年パーティ

駐日首席公報官兼駐日公報館長は、二十日午後六時から八時まで駐日公報館に大使館及び本国派遣機関、民団及び傘下団体幹部、文化芸術人、本国特派員、在日言論人等を招き送年パーティを催した。

人事発令

依願免 組織局次長 李宗徽
任組織局次長 朴麟寿
一九七四年十二月十四日 団長

お知らせ

年末、年始の執務日程は次の通りです。
年末終務 十二月二十八日
新年始務 一月六日
民団中央本部

시사漫評

金竜煥

☆最高の加工技術を誇るデザイン☆
ダイヤモンド・高級宝石 指輪の製造卸
株式会社 錦光堂
社長 金沢吉宏
専務 金沢政煥
本社 神戸市葺合区二宮町四丁目八一一
電話 二四一－六一三三（代）

中央会館建設하여 民団維新成就하자

実業の世界 臨時増刊 韓国特集号
韓国にとっての日本・日本にとっての韓国
日韓情勢のすべてを語る！《大使対談》 金永善（駐日韓国大使） 金山政英（前駐韓日本大使）
●国際経済環境の変動と韓日経済関係……安光鎬
●共産主義か？自由主義か？日本はどちらを選ぶか？…金立三
●軍事境界線に掘られていたトンネルの意味……崔書勉
大韓民国大年表（1945年～1973年）
目で見る セマウル運動〈若きエネルギーの跳躍〉
●金日成（北朝鮮）の代弁者か？朝日新聞……金元奉
●韓日両国の若い世代に与う……李炳注

好評発売中！ 定価七五〇円 〒五二円
日韓は牙をむき合うな！
各産業別にその成長を見る 数字で見る韓国
韓国の歴史と今日 ●過去 ●独立後 ●国土
写真で見る！ 38度線＝鉄道は走りたがっている 日韓条約調印の瞬間 8・15を汚した文世光 現代の韓国＝韓国企業の近代化進む驚異の開発・未来を背負う若人
●低調愚劣な日本〈韓国の実情を研究しよう〉……高杉晋一
●日韓関係を歪める日本のマスコミ……御手洗辰雄
●日本人の精神と韓国文化〈李退渓と教育勅語〉…阿部吉雄
●椎名特使に同行――事態の進展を喜ぶ……宇野宗佑
●"ズバリ！韓国に提言"輸出産業のあり方に疑問…野見山勉
●人類の"実験室"韓国"開発途上国の経済成長モデル‥加瀬英明
実業の世界社 東京都港区芝公園1－3－12 ☎(03)434-2261 振替東京96322

南侵『地下トンネル』の実相

（資料）

本紙既報（第一一四四号11月23日付1面）のとおり、去る11月15日、国連軍司令部の発表は北傀が休戦ライン中東部の非武装地帯に南方へ約1・2キロも地下トンネルを構築していることを明らかにした。韓国の一線守備部隊後方へ大量の兵員や武器の輸送を可能にする、赤化侵透のパイプである地下トンネルが発見されたことは、北傀の表面的な平和云々の主張とはうらはらの凶悪無比な企図を生々しく裏付けるものといえる。特に本紙一一四六号（11月30日一面）時評欄でも指摘されたとおり、国連軍の三回に及ぶ合同調査を拒否し、かえって韓国側に責任を転嫁しようと嘘八百の妄言をろうするなどしている。本報では北傀による地下トンネルの実状とその背景をこのたび海外公報館発行の解説全文によって資料として紹介する。

一、トンネルの発見と南侵作戦の証拠

一九七四年十一月十五日、わが方の民事行政警察隊は高浪浦北方の非武装地帯を巡察していた。この巡察は休戦協定の規定にしたがって定期的に行なわれるものであった。

午前七時三十五分、九人編成の巡察隊がある地点にさしかかったとき、地面から湯気のようなものが立ちのぼるのを発見した。不審に思った巡察隊はただちに地面を掘りはじめた。

その瞬間、北韓共産軍陣地から巡察隊目がけて三百発以上の自動火器の集中射撃を浴びせてきた。巡察隊はただちに適切な防御措置を取り、幸いにも犠牲はなかった。

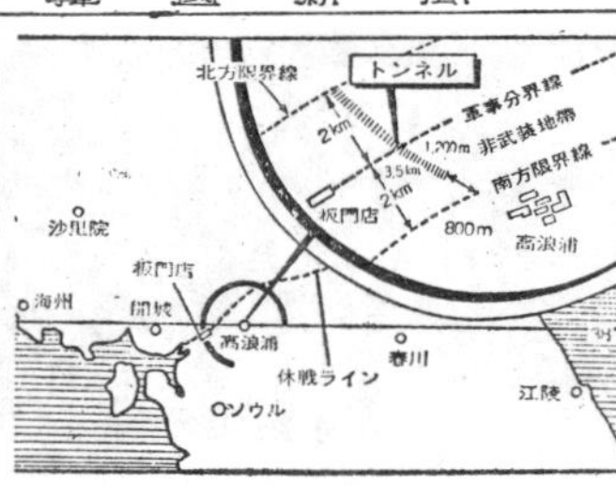

北傀の赤化侵入地下トンネルの位置

ここで見逃せない事実は、軍事分界線南方にいるわが方の巡察隊に対して、北韓共産軍がなぜ集中射撃を浴びせてきたかということである。その理由は間もなくわかった。それはほかでもなく、巡察隊がトンネルを発見するのを妨害する目的からでた行為だったのである。

一方、巡察隊は北韓共産軍の妨害行為にもかかわらず沈着に捜索をつづけた。地面からかなり深く掘り下げたとき、そこには口をあんぐり開けたトンネルが現れた。そこは軍事分界線南方一・二キロの地点であった。

一九五三年七月二十七日、休戦協定の成立により、南北の軍隊は当時の前線を軍事分界線としてそれぞれ南北に二キロずつ後退、幅四キロの非武装地帯をつくった。そして軍事分界線北方の非武装地帯は北韓共産軍が、南方は韓国軍と国連軍がそれぞれ管轄することとなった。

ところが何と、トンネルは軍事分界線の南方一・二キロの地点まで掘り進められていたのである。そしてこのトンネルは山の下を掘り抜いた部分もあり、同地点から北方に伸びた部分を合わせると、その全長は約三・五キロに及ぶものと推定される。

ところで、北韓共産軍が軍事分界線北方の非武装地帯を韓国に対する攻撃基地として要塞化したという事実とともに、非武装地帯にトンネルを掘っているという情報は、早くからつかんでいたのであるが、はからずもこの日、民事行政警察隊によって確認されたのである。

トンネルを発見した民政警察巡察隊はさらに奥へ入りに捜索を進めた。その結果、トンネル内部の全貌を確認するとともに、多数の動かせない証拠品を捕獲することができた。すなわち、トンネルは高さ一メートル二〇センチ、幅約一メートル。壁と天井にはコンクリート板を当てた堅固なものであり、地面にはトロッコ用のレールが敷かれ、ところどころにターニング・ポイント（回車路）と排水溝まで設け、しかも、二二〇ボルトの電線が引かれ、二〇メートルおきに六〇ワットの電球が架設されているといった、実に大がかりなものであった。

そして、トンネル内にあった時計、羅針盤、水筒、飯ごう、北韓製電話機、ツルハシ、テコ、トロッコ、電球、北韓製たばこをはじめソ連製ダイナマイト六箱、大量のクレーモア地雷を発見、捕獲した。地雷には「米帝侵略者どもを消せ」という挑発的な宣伝文句まで書いてあった。また、食器には食べかけの飯が残っていて、作業中にトンネルを発見された北韓共産軍があわてて逃走した事実を物語っている。

以上のような事実は、北韓共産集団が韓国を再侵略する目的でトンネルを掘ったということを裏付ける証拠である。

二、北韓共産集団の反応

トンネルの全貌を確認した駐韓国連軍司令部は、同事件が休戦協定に対する重大な脅威と見做し、同日夜、特別声明を発表するとともに、共産側に対して軍事停戦委員会の開催と、共同調査を提案した。

ところが北韓共産集団は、トンネル発見三日後の十八日になってようやく反応を見せた。すなわち、北韓共産集団の中央通信は「トンネル事件というのは完全にでっち上げられた欺瞞宣伝劇であり、新しい戦争を挑発するための口実」であるとしらを切りながら「われわれとは何の関係もないことなので、共同調査に応ずる必要はない」と、国連軍側の共同調査提案を拒否した。

北韓共産集団のこのような反応は、ひとくちに言って、その侵略企図が明るみに出たことから、国際世論の手前、逃げの一手しか取れなかったことを証明するものにほかならない。もし、北韓共産集団がほんとうにトンネルとは関係がないなら、共同調査を拒否する理由はどこにもないはずである。

大規模な軍事奇襲企図の証拠

逃走時間かせぐため妨害射撃

三、大兵力投入で奇襲

ところで、北韓共産集団はなぜトンネルを掘ったのだろうか。そして、何をしようとしたのだろうか。この疑問についてはまず戦術的な面から考察してみる必要がある。

第一に、トンネルにはレールが敷かれてあり、トロッコの向きを自由自在に回転できるターニング・ポイント（回車路）と排水溝まで設けてあったという事実である。このトンネルを利用すれば、一時間に一個連隊以上の兵力を浸透させることができる。また、このトンネル内に軍隊が入るとすれば、約一個師団の兵力を収容、隠匿することができるのである。しかも、トロッコは大砲の砲身や重火器までも楽に運搬できる仕組みになっている。

したがって、このトンネルは防御用でないことはもちろん、単なる探索用でもなく、完全に攻撃用のトンネルなのである。

第二には、トンネルの位置である。今回発見されたトンネルは高浪浦北方、ソウルからはわずか五十二キロの地点にあった。五十二キロといえば、自動車で一時間足らずで走破できる距離でしかない。

軍事専門家たちは今回発見されたトンネルが天候、気象、地形、河川などの拘束を受けることなく、いつでも奇襲作戦遂行が可能な兵力輸送路として活用できる点をとくに注目している。しかも、西部休戦ライン上の天然障害物である臨津江の凍る冬季には、北韓共産軍は臨津江を渡河していとも簡単にソウルを攻撃することができるのである。

第三には、北韓共産軍の基本戦術である速戦速決と切っても切れない関係があるという点である。すなわち、北韓共産軍はこのトンネルを利用して大部隊の兵力を非武装地帯南方に浸透させ、第一線の韓国軍を前後から挟み撃ちにして速戦速決戦術を駆使することができるというわけである。

以上のような戦術面を通じた考察の結果は、このトンネルが多目的トンネルであることを立証している。

第一に、全面戦争を引き起こした場合、このトンネルを利用して一時に大量の兵力を投入、前方の有利な高地を一挙に占領して韓国軍の防御線をくずそうというものである。

第二に、約八万人にのぼる特殊ゲリラ部隊を安全に大韓民国に浸透させ、首都圏をはじめとする後方地域でゲリラ戦を展開させようというものである。

第三に、これら浸透兵力に対する各種装備と補給品を運搬することができる。

ところが、このような軍事面での目的以外に、いま一つ見逃してはならない点がある。それはほかでもない。北韓共産集団が大韓民国内で内乱をでっち上げる陰謀を企んでいるということである。

金日成は常々、統一問題は「民族内部問題」だと主張している。

つまり、〝統一〟を目的に北韓共産集団が戦争を引き起こしても、それは〝民族内部問題〟であるから、米国や国連は干渉するな、ということなのである。金日成にしてみれば、一九五〇年、赤化統一を目的に韓国動乱を引き起こしたとき、国連軍の参戦によって北傀共産軍が潰滅し、戦争目的も達成できなかった苦い経験から、大韓民国と米国、大韓民国と国連の集団安保体制を破壊することによって、韓国動乱のときの二の舞いだけは避けたいというわけである。

ところでこのトンネルこそ、金日成の言う「民族内部問題」と密接な関係があるのである。つまり、金日成はこのトンネルを利用して大量の兵力を浸透させて戦争を引き起こしたのち、それが北韓共産軍の南侵によるものではなく、韓国軍内部の反乱であると宣伝しようと企んでいるのである。韓国軍の反乱である以上、駐韓国連軍としても手のつけようがないだろう、というのが金日成の魂胆なのである。

過去においても、金日成は北韓共産軍の特殊部隊を浸透させておいて、それが大韓民国内で起こった「愛国青年たちの義挙」であると言い張った事実がある。一九六八年一月二十一日の大統領官邸青瓦台襲撃企図や、同年十一月の蔚珍・三陟ゲリラ事件がそれである。

こう見てきたとき、北韓共産集団が大量のゲリラ部隊を浸透させたうえで、「愛国人民たちの武装蜂起」であるとして、それを支援するという口実のもと、武力で南侵してくるだろうことはあまりにも明白な事実であり、この点、大韓民国の社会秩序が混乱している場合には、金日成のそのような戦略が正当なものとしてまかり通る可能性を排除することはできない。

結局、大韓民国の安保は単に軍事的な面だけでなく、社会秩序の安定が大きく左右するということになる。大韓民国が断行した維新体制と総力安保態勢の当為性もほかならぬそこにあるわけである。

四、休戦のない休戦ライン

北韓共産集団が北方非武装地帯、つまり軍事分界線（休戦ライン）から北方二キロの非武装地帯内に大々的な攻撃基地を構築したという事実は、すでに一九七二年に明らかにされ、当時、駐韓国連軍司令部はかずかずの証拠とともにその詳しい内容を発表した。

北韓共産軍は板門店から金城に至る八〇キロにわたって、軍事分界線沿いに鉄柵を構築したばかりでなく、非武装地帯内に二二五ヵ所のコンクリート・トーチカを築いて要塞化し、野砲、迫撃砲、高射砲、無反動砲、重機関銃など、各種火器を持ち込んだ。北韓共産軍が非武装地帯内に配置した兵力だけでも、軽く一個師団規模をオーバーしている。すなわち、非武装地帯を南侵のための前哨基地として完全に武装化したのである。

それでも、そのときの非武装地帯の武装化は、まだ軍事分界線の北方で行なわれただけであった。ところが今度は、公然と軍事分界線までも侵犯、南方深く侵略してきたのである。

また、北韓共産集団は、最近多数の超音速戦爆機と特殊部隊空輸用の新鋭輸送機一〇〇機を導入した。そのほか、ミサイル装備艦艇、高性能潜水艇、高速魚雷艇をはじめタンクを千台も導入した。一体、誰と戦うための飛行機であり、潜水艇なのだろうか。

「全人民の武装化」スローガンのもと、幼稚園の子供から八十の年寄りにいたるまで、一人残らず軍事訓練を施していることは、すでに周知の事実である。

これが果たして平和のための行為なのだろうか、それとも戦争のための準備行為なのだろうか。

休戦協定を踏みにじり、いま一度侵略戦争を引き起こすための金日成の凶計であることは、あまりに明々白々な事実である。

金日成の南侵画策は昨日や今日に始まったものではない。その端的な証拠をあげてみよう。南北調節委員会の平壌側共同委員長でありながら、対話の席には一度も顔を出していない金英柱（金日成の実弟）が一九七三年八月二十八日、南北対話を一方的に中断させる声明を発表したとき、金日成の腹黒い魂胆は早くもさらけ出されたのである。

五、韓国の平和への努力

同年十月初め、北韓共産集団は「人民軍指揮官および政治局員熱誠者大会」というものを開き、大韓民国が北韓共産集団の赤化統一案を受諾しないならば「ヤツら（大韓民国のこと）を永遠に一掃してしまう」とうそぶいた。

果たせるかな、北韓共産集団は同月末ごろから西海（黄海）五島海域を侵犯しはじめたかと思えば、今年二月十五日には、同海域の公海上で非武装の韓国漁船を攻撃、一隻を撃沈し一隻を拉致していくといった野蛮行為を犯した。

さらに金日成は今年三月九日、大韓民国政府とはいかなる妥協もありえず、韓国内で容共革命ないし共産革命が起こるよう支援するのは「決して内政干渉ではなく、当然な義務」であると公言してはばからなかった。

そして、六月二十八日には東海（日本海）の公海上で韓国の海洋警察隊警備艇を攻撃、撃沈し、七月二十日には群山沖に武装スパイ工作船を浸透させた。

あげくのはてには八月十五日、朴正熙大統領の暗殺まで企図したのである。金日成は朴大統領暗殺に失敗するや、在日朝鮮総連の幹部たちを平壌に呼びつけ、大韓民国で赤化革命を起こすことだけが統一のための唯一無二の方法であるといきまいた。九月二十四日のことである。

ところで、今回発見されたトンネルの壁には「九月二十四日」、あるいは「九月二十六日」という日付けが記されていた。とすれば金日成が朝鮮総連の幹部たちに大韓民国の赤化革命のために決起せよとどなりつけていたその瞬間、このトンネルが掘られていたというのがまぎれもない真相ではないか。

つまり、北韓共産集団は口では「平和統一」をうんぬんしながらその裏では戦争準備を完了し、ひたすら南侵の口実と機会だけを狙っていたのにほかならない。

北韓共産集団の絶え間ない挑発にもかかわらず、韓半島に平和を定着させるための大韓民国の誠実な努力は忍耐強くつづけられた。

あばかれた地下トンネルを発見場所に立って見つめる民政警察隊員

一九七一年八月、一千万南北離散家族さがしのための南北赤十字会談を提案し、翌一九七二年五月には、朴大統領の特使が平壌を訪問して説得、七・四南北共同声明発表に成功した。

南北赤十字会談では、大韓赤十字社側が離散家族を再会させるための具体案を提示、ただちに事業に着手しようと呼びかけたのに対し、北韓赤十字会側は大韓民国の反共政策放棄を要求しながら、それに応じなければ離散家族を再会させることはできないと、理不尽きわまる主張を固執した。

一方、南北調節委員会では、大韓民国側が「南北双方がそれぞれの社会を相手側に完全に開放しよう」と提案したが、北韓共産集団側は軍事問題の先決を主張して譲らず、国連軍司令部の解体と米軍の撤退だけを図った。

そして、一九七三年八月二十八日の金英柱声明後も、大韓民国は南北対話を正常化させるため、重ね重ね対話再開を呼びかけたが、北韓共産集団はぬらりくらりと言い逃れに汲々しながら、いまだに対話再開に応じようとしていない。

このような北韓共産集団の対話拒否、平和否定の姿勢にもかかわらず、韓半島に平和を定着させることこそ、民族の悲願である統一の大前提であるという信念から、大韓民国は一九七三年六月二十三日、若し北韓共産集団が欲すれば国連やその他の国際機構に南北が同時加盟するのに反対しないむね内外に宣言し、さらに今年一月十八日には南北不可侵協定を締結して韓半島から戦争再発の危機を追放しようとまで提案した。ところが北韓共産集団は、そのいずれも拒否する態度に出た。

そして、あげくのはてには軍事分界線南方の非武装地帯にまでトンネルを掘り、その侵略企図を露骨に示すところまできているのである。

あくことを知らない北韓共産集団の侵略企図を粉砕する道はないか。それはただ一つ、国民総和をもって北韓共産集団の野望をくじき、韓半島に平和を定着させること以外にないのである。大韓民国は平和定着のために今後とも誠実な努力を忍耐強く続けていくだろう。

トンネルの中に敷かれたレールの上にはトロツコがおかれ、ところどころにターニング・ポイント（回車路）と排水溝まで設けられている

社員募集

防錆加工・亜鉛メッキ

塗装工	月収	10万～15万
熔接工		8万～12万
メッキ工		8万～12万
一般工		8万～11万

社保完・社員寮完備　昇給・賞与年2回

本社　足立区本木東町20－14
工場　八潮市上2－478　℡0489-95-1351

朝日工業株式会社
代表取締役　尹　秉　元

當日 받아 볼 수 있는 新聞

新亞日報

自由・中立・公益
〈總合全國紙〉
支社長　金慶燮

◆在日同胞 消息을 가장 많이 故國에 알리는 新聞
◆本國投資에의 길잡이 不動産페이지
◆本國經濟界 動向의 縮圖
◆財界話題
◆本國에 關한 其他相談

購讀申請 및 廣告申託은
東京都台東区東上野1丁目21番4號
新亞日報社　日本支社
電話〇三（八三三）一五六五番
振替口座　東京一八八二三六番

●本場のコムタン
●刺身（カオリ、ピヨンオ、チャリ）
●チヨギ・チゲ（スープ）
ほか注文に応じ調理します。御申しつけ下さい。

家庭の延長、韓国〝本場の味〟御賞味は定評ある弊店でどうぞ………

서울집

東京都台東区上野6－2－7（御徒町駅前・京成西口通り）TEL832－7008

忘年会、新年会受付中!!

（ソウルの家）丁　成　玉

第二의 6·25 꾀하는 北傀와 朝總連의 策動을 擊破하자

75年度 生徒募集

一、募集人員
初等部一学年……五〇名
中等部一学年……五〇名
高等部一学年……一〇〇名
外 編入生若干名　但し高三は除外

二、受験資格
初等部一学年……満六歳児童
中等部一学年……小学校卒業 又は 予定者
高等部一学年……中学校卒業 又は 予定者

三、願書受付
期間…初等部・自一九七四年十一月一日～至十二月六日（午前九時～午後五時）
中・高等部・一九七四年十二月一日～至二月七日（午前九時～午後五時）

四、受験手続
場所……本校教務部
（イ）本校所定の入学願書
（ロ）出身学校調査書（編入は在学及び成績証明書）
（ハ）国民登録済証明書
（ニ）写真四枚（4cm×5cm）
（ホ）考査料　初 三〇〇〇円　中 一〇〇〇〇円　高 二〇〇〇〇円

五、考査
初等部……面接
中等部……面接、書類審査
高等部……面接、学科考査（国、英、数）
（但し、日語科目で国語代行可）

六、考査日時
初等部……一九七四年十二月七日（土）午前十時
中・高等部……一九七五年二月八日（土）午前九時

七、合格者発表
初等部……一九七四年十二月九日（月）正午
中・高等部……一九七五年二月十日（月）正午

八、其他
（イ）提出書類は返還しない
（ロ）入学に関する問合せは教務部まで

東京韓国学校
東京都新宿区若松町二一
〒一（三五七）二二三三～五

民団30年史に輝く業績

12月17日まで全国で32県本部結成

民団中央今年の最大課題の一つである、青年会本部全国組織は、十二月十七日現在の福島県本部結成をもって、ついに三十二県本部を数えるという輝かしい業績をのこした。不純分子の策動化した旧韓青組織追放のあとをひきうけて、維新民団の柱となるべき在日韓国青年のためのこの新しい組織づくりは、七四年度が暮れようとしているいま、名実共に民団三十年史にさんぜんと輝く金字塔をうちたてたというべく、その限りなき前進と発展が大きく期待されるゆえんである。

長崎県本部結成　初代会長に　劉正人君選出

去る十二月十五日正午から長崎県大村市民会館でひらかれた韓国青年会長崎県本部結成大会には、約五十余人が参加、国民儀礼のあと辛烈君の司会により大会が進められ、韓永出長崎県地方本部団長と中央からの李理南総務局長の激励の祝辞がのべられたあと、趙仙童君の経過報告に次いで、綱領および規約確認、活動方針案と予算案をそれぞれ議決、次のような初代新任役員を選出した。

初代役員
会長　劉正人
副会長　趙富吉
(他の役員は選衡中)

このあと沈中央青年局長から青年運動に関する中央指示があったが、同本部結成は全国で三十番目に記録された。

宮城県本部結成　初代会長に　徐昌木君

韓国青年会宮城県本部結成大会は、去る十二月十五日午後一時から民団宮城県地方本部会議室で会員三十二人、一般団員二十一人参席のもとひらかれた。

国民儀礼、教育憲章朗読のあと徐正喜宮城県地方本部団長と中央からの沈鍾孝青年局長からそれぞれ祝辞がのべられ、徐昌木、安相訓両君を議長に選出、経過報告があって活動方針案と予算案を通過させた。

次いで役員選出に入り次の初代役員が選出された。

初代役員
会長　徐昌木
副会長　宋寛
〃　孫善子
代表監査　安相訓

さいごに沈中央青年局長から青年運動に関する中央指示があって閉会した。

福島県本部結成　初代会長に　金大河君選出

韓国青年会福島県本部結成大会は、去る十二月十七日午後一時から民団福島県地方本部会議室で、会員二十六人、一般団員三十二人が集まる中で、民団の金南完事務局長司会によりひらかれた。

国民儀礼、教育憲章朗読のあと鄭聖植青年部長の力強い開会の辞、朴秀烈福島県地方本部団長と中央からの沈鍾孝青年局長の激励の辞がのべられ、金大河、裵明吉両君を議長に選出、鄭青年部長から経過報告があって活動方針案と予算案を通過させた。

次いで役員選出に入り次の初代役員が選出された。

つづいて沈中央青年局長から青年運動の指導方案が説明された。

初代役員
会長　金大河
副会長　裵明吉
〃　鄭泰植
代表監査　朴一推
監査　周基鎬
総務部長　金太燁
組織〃　李振玩
宣伝〃　鄭錫助

朝総連侵透に対処　本国研修会で精神武装

中央組織局が全国に指示

民団中央組織局（呉敬福局長）では、朝総連による民団ならびに本国社会への日増しに激化する破壊行為、侵透工作などに対処、民団幹部の精神的、理論的武装の培養向上をはかるため、さいきんたびたびおこなわれている本国での研修会をさらに全国的規模にひろめるよう各県本部に指示通達した。

これは、従来の地協単位の大がかりなものをさけ、むしろ地方本部単位か、合同し易い近隣地方本部との協同研修会の方がはるかに実質的な効果をあげるものとして八十人から百人前後が理想的な編成であると指摘、希望条件など具体案がまとまり次第、中央へ報告してくれれば、万全の便宜をはかることになっている。

二二五世帯に毛布

民団東京本部が配付

年末活動として民団東京本部では、歳末助け合い運動の一環として、各支部毎の相互扶助活動の他に、本部独自に年末福祉事業を行うことにし、都内の二百二十五世帯に、世帯当り四千円相当の毛布をおくることを決定した。

新年初頭の活動では、例年通り一月十日目黒・八方園で本部新年会の開催、一月十五日東京商銀本店で成人式の開催を決め、二月初旬に東京本部管内各級指導者拡大会議を五百名規模で開くことになった。

歳末助けあい運動活発　岡山青年会

民団中央が全国組織に呼びかけている歳末相互扶助運動は、傘下各団体で活発な運動が展開されているが、韓国青年会岡山県本部（鄭竜男会長）では、岡山、津山、新見の同会三支部の協力を得て先月下旬から本格的に動いており、すでに三十万円以上を募金、神戸の同胞育児施設である愛神愛隣舎にその第一号を寄金する。

これを機に同青年会では、二十二日にクリスマスパーティを兼ねた青年祭をひらき、さらに扶助運動拡大を祭告協議し、歳末いっぱいまで奮闘することになっている。

経営改善の税務講習会

昨年末を上回る今年の不景気風のふきまくるなかで、少しでも経営改善と合理化をはかり、納税義務の効率的遂行をなしとげようとの目的で行われている民団中央経済局主宰の税務講習会は、講師に尹達鏞中央団長をはじめ、民団中央の経済専門委員である税理士らを派遣して活発に開かれており所期以上の成果を収め好評を博している。

日程は愛知（五日）、神奈川（六日）、千葉（十日）が済んでおり、十五日には福井で、二十二日には三重で開かれる。年内の予定は一応これだけだが、来年に入ってからはより本格化するものとみられ、大きな期待がよせられている。

会場を埋めつくした国民勲章叙勲祝賀会

民団東京の枝川分団創立

セマウム民団運動で分団・班づくり

セマウム民団運動で分団・班づくりに活発な動きを見せている民団東京・江東支部では八日、新たに枝川分団が創立され、枝川一、二班の発足式がもたれた。

これは、江東支部がさる十一月二十四日、セ民団運動のモデル地区として、全国にさきがけて発足して以来、民団系、総連系同胞が密集している枝川地区を重点対象に、分団、班づくりを進めていたもので、枝川分団は、塩浜、潮見分団につづく江東支部で三番目のものである。また、あわせて発足した枝川一、二班は、班としては初の組織となった。

18日は深川分団

また十二月十八日午後七時からは、江東区・森下青年会館でかねてから進められていた深川分団創立総会がはなばなしく開かれた。

この夜会場には約五十余人の団員たちが集まり、セマウム民団運動の趣旨と五大綱領の具体的実践方法に関する説明があったあと、次の新任役員を選出、今後の相互親睦と団結を誓いあって、和気あいあい裡に九時すぎ散会した。

同総会に中央からは鄭奉善組織局次長が激励のためかけつけた。

新任役員
分団長　李敬煕
班長　金日光
〃　金明徳

分団事務所は、江東区森下2の6の4、電話（六三一）一九九八

なお来年一月九日には大島分団が結成発足する予定である。

許弼奭、范塡圭両氏叙勲祝賀会

さる十四日午後一時から都内文京区の椿山荘で、民団中央の許弼奭、范塡圭両顧問の国民勲章叙勲祝賀会が、民団中央本部、東京本部の共催で催された。

この日のパーティには許氏夫妻と范氏を代理して同夫人と長男の韶司さん（范塡圭氏は病欠）が参加した。

また、大使館からは金永善大使と全在禎公使、都内在住の民団幹部と経済人ら約二百人が会場に詰めかけて両氏の受章を祝った。

世界親子かけある記 ㊶

ビジネスと観光と歴史・美術そして…

裵乙祚・裵慶州

絵のような港の旅情

にぎやかなチャイナタウン　じんとくる韓国料理店

サンフランシスコ（SAN FRANCISCO）

サンフランシスコの気候は良いと聞いていたが、たしかに夏と言うのに朝夕はそれほど暑くなく涼しい。起伏が多く、したがって坂も多く街の様子が色々と変化し楽しい環境であり、中心部の美しい建物と丘の上を埋めつくす高級住宅、深く入りくんだシスコ港に停泊する客船のおびただしい数、これ等が渾然となって世界有数の美港を形づくっているのである。

シスコの市内電車はあまりにも有名だ。急勾配の坂道をはいつくばるようにのぼっていく電車から眺める展望はまた格別である。港町特有のエキゾチックな眺めが走馬灯の如く変って行き、見えがくれするダウンタウンの街並み、鏡の如く反射する入海に出入する船、絵のような風景である。

たまたま電車の接触事故で頂上近くで降り高台の西端からゴールデンゲートを眺めようと、一般旅行者が歩いたこともない高台の高級住宅街を小一時間散歩してとある小公園に出、ゴールデンゲートを一望の下に見おろす点にたどりついた。実に小ぎれいな住宅街で住み心地の良い環境である。金色の夕日に映くかかるゲートを眺めながら旅情を二人でしみじみ味った。

夜招待されて西北海岸の中華料理店に入った。この一帯は霧も立ち込めず、ヨットハーバーも近くにあり、リクレーション地としてはやっていると言う。飲んだ老酒がやけに腸にしみこんで心まで酔がまわってくるようである。当地滞在十年余のある商社の支店長は余生をこの地で送っても悔いはないと断言していたのが耳に残っていた。

シスコでも私達のスケジュールはつまっていた。対岸のオークランドに西部きっての大手スクラップ業者のオークランド支店を訪問し、その足でサンノセの良心的なシッパー（輸出業者）を訪ねようと車をとばした。サンノセは日本人移民の多くが農業に従事していた日系人の多い町で、静かな環境が何とも言えない地方都市で、街中に立派なお寺が建っているのが印象的だった。

海外のスクラップ業者のヤードは広い。大手ともなれば数万坪の敷地に移動クレーン、電気磁石、シャベルローダー、フォークリフト、クレーン・シャーリング、プレス等機械類を総動員して荷さばきする情景はみものである。前にふれた如く現場作業内容は日本のそれと大差ないし、営業にしても東京でわれわれがやっているのと変らないが、彼等の一つ異るのはユダヤ系米人と言う特殊な組織を持っているのが強味であろう。同民族的、同一宗教、そして同族化政策による組織化は強力なもので、例えばオークランドに御所をかまえるユダヤ系老人の場合、娘や孫娘が西海岸一帯の大手スクラップ業者に嫁ぎ姻戚関係を結び、商売の上でも分離独立の形で本支店関係を樹立させ、網の目のように情報なり人間の連繋を密にしているから、この大御所的大ボスの老社長の指令は徹底しているようであった。現に私達が西部一帯をかけまわった時なども、行く先々で私達の一挙手一投足が詳細に情報交換され特に契約内容は筒抜けで格差をつけて買付けることはとうてい出来そうになかった。東京でしばしば経験する在日外商、（米国スクラップ業者の東京駐在かまたは輸出代行者等）のものものみごとにスクラムを組んで同一オファー（引合）を出してくることを思い出し苦笑した。それと今一つは彼等が極めてタイムリーにロンドンのLME（金属取引所）及びニューヨークのCOMEX（商品取引所）の情報をキャッチし、HAGE（保険つなぎ印ち相場のリスクを防ぐための売り又は買いつなぎ）をしていることがある。残念なことに東京にいる私達はこの種金属商品取引所がないばかりに、年々相場の上下によって蒙る損害は莫大なものがある。このたびの世界旅行でロンドンのLMEやニューヨークのCOMEXを訪問し、研究するのもつまるところ東京に金属商品取引所をつくろうとする十数年来の私のこの方面の運動を仕上げるためのものであったのである。

ポートランドの大手業者たち

七月末日近くシスコを発って北上約一時間二十分余のフライトで千数百㌔離れたオレゴン州都のポートランドに着いた。ここには西海岸で比較的大手の業者がかたまっているのでその中数社を訪れようとやって来たのである。

そもそもこのポートランドは河口から数十㌔内陸に入ったところではあるが、万㌧級の貨物船が入港出来、日本その他への木材積出港としても重要な拠点であると聞く。人口数十万の州都に日本料亭があるのにはまいった。木材買付の日本商社マンがたむろしているのと地元米国人が客死らしく繁盛していた。

四社ほど廻った業者はいづれも大手で、輸出業者であり、パッカーでもあった。いづれもユダヤ系で例の如く横の連けいは申すまでもなかった。

ここの業者間で目につくことはさかんにRECYCLEと言った会話の中の言葉やまた、広告宣伝文句や会社の看板などにもこれらの辞句で使われていたし、貨物自動車にも掲示されていた。これからの私達業者のあり方を暗示するようで、一度大手社長のシュニッツァー氏（ドクターであるとか）と話してみたかったが時間がとれなかった。

シャトル・タコマ（タコマ銅の生産地）まで足を延ばそうとしたが果せなくシスコに逆戻り引きかえした。ここでちょっと私はシスコの在米韓国人のことと、中華街のことについて一言ふれておこう。

シスコにはわれわれ同胞が地元紙を発刊しているほどいると言うから相当数にのぼるといってもよい。中国人のように何でもかんでも一カ所にたむろして集団威力を発揮するわけでもないから目立たず、それだけまた生活に決して恵まれているとは言えない。

望郷の念にかられる同胞たち

それでも韓国料理店に、ひょこひょこと時たま顔を見せる同胞同士はしごくなつかしがり、消息を交換し合う光景は、何かじんとくるものをおぼえる。二世、三世と下るにしたがって、住めば都のたとえの如くすっかりアメリカナイズされ、祖国や同胞同士のことは微塵のしめっぽさもないが、寄る年なみに祖国を恋いこがれ故郷に帰りたいと願う望郷の念には、同じ境遇におかれている私達には何とも言いようのないあわれさを感ずるのだった。何はともあれ如何なる理由のもとに祖国を離れたかは解らぬが、つつがなく生活だけはしているとのことで、御同慶にたえない。

（つづく）

サンフランシスコのケーブル電車

民族教育50時間修了式

愛知県で130人

民団愛知県地方本部（権会俊団長）が主宰し、さる九月二日から始まった民族教育五十時間義務履修の第一期講習は、さる十一月三十日をもって終った。このあと十二月中旬以降、愛知韓国学園本園と九つの分園で行われる修了式が行なわれる。第一期受講生は三百三十四人だったが、無事五十時間を修了し、修了証書をもらえるのはその四〇％である百三十余人。修了式の日程が五日現在で確定しているのは、豊田（16日）、一宮（18日）、瀬戸（19日）、名南（19日）、西碧（20日）の各分園と本園（23日）である。

住所変更

旧・ソウル市竜山区漢江路一街二九五－一

新・ソウル市永登浦区汝矣島洞一－一七一、中央援護会館内

電話（四九）七八九〇

社団法人 在日学徒義勇軍同志会

主演賞に 金芝美嬢　パナマ映画祭

第十二回パナマ国際映画祭で韓国の金芝美嬢が作品「土地」（金洙容監督）で女優主演賞に選ばれた。パナマ国際映画祭は本選でソ連、ポーランド、スペインなど十七カ国の作品があげられ、作品、監督、男優主演、女優主演、の本賞四個部門ではげしい競争を経たが、金芝美嬢が栄誉の女優主演賞を獲得したものである。

韓国食料品の卸・小売

故郷の料理で正月を迎えましょう！

高麗人蔘・各種漬物・餅類・塩辛・ごま油
香辛料・ゼンマイ・豆もやし他海陸食品一切

上野名物 第一物産

☆暮れで忙しくしております。都内、地方問わず早目に注文して下さい。

東京都台東区東上野二丁目十五－十（ホテル裏通り）
電話 03（八三二）一三二三

ROLLS-ROYCE　欧米車輸入販売

世界の最高級車ロールス・ロイス!!
9月末通関したばかりの新車です

男の夢を叶えて下さい！

▼価格は相談に応じます

☆他に米新車は半額に近い出血価格です

↑
☆世界で3台しかない2ドア新車

委細面談

☆4ドア新車→

ヤング サイクル カンパニー

東京都北区東十条4丁目7番11号
電話（914）0745番
取締役社長 崔容奎

＊躍進を続ける寿観光グループ――――！

■株式会社 寿観光
■東京都台東区上野2－10－4■TEL（831）8877
■取締役社長 范塡圭

スター東京 ★ゴージャスで華麗な魅惑の殿堂★グランドキャバレー ★国電鶯谷駅前/TEL〈873〉8181〈代〉

ヤング★スター ★独特のセクシームードをわずかな予算で ★サラリーマンキャバレー ★国電神田駅西口/TEL〈252〉5331－5

ホテル東名 ★ムーディな2人だけのお城 ★御殿場I・C乙女方向700m左折★TEL 0550〈3〉0211－3

グラーチェ ★ピザレストラン ★上野広小路松坂屋斜前/TEL〈831〉0039

★レジャープラザ池之端会館★上野ABAB前第一勧業銀行横通り★TEL〈832〉6023－5

フロリダ ★3・4F ★ダンスホール ★TEL〈832〉6347・6354

コンパゴールド ★1・2F ★日本一のコンパ ★TEL〈832〉6358－9

メンズロイヤル ★B1F ★高級クラブ ★TEL〈832〉6502－3

新羅苑 ★3F・大小ご宴会を承ります★焼肉 ★上野ABAB前第一勧銀裏★TEL〈831〉2644

韓国に民主主義は生きていた

韓国の津々浦々を見て"結論"

ワシントン・ポスト紙に掲載

ジャック・アンダースン記者

「真実を報道するのでなければ、この仕事に何の意義があろう」——と米国の有名なジャーナリスト・ジャック・アンダースンはこれまでに幾度となく"権力"に噛みついてきたことで知られているが、このアンダーソン氏がこのほど韓国を訪問、全国の津々浦々を旅して回り「韓国で、民主主義は生きていた」と題した小文をものしてワシントン・ポストのコラム、メリーゴーラウンドに載せた。アンダースン氏は韓国で朴大統領をはじめ、金大中氏など与野の政治家や一般の各階各層の人びとに会って語ったが、かれは「私は韓国で反政府人士たちが朴大統領を自由自在に批判したり、デモをしたりしているのを目（ま）のあたりに見た」と述べ、さらにソウルの新聞はデモの記事をはじめ、こうしたことをもちゃんと報道していると伝えた。なお、韓国の反政府行動者らはKCIA（韓国中央情報部）を恐れていたが、しかし最も苛酷な反政府活動家でさえもKCIAは北韓の秘密警察NPSB（政治安全局）に比べれば、まことに手ぬるいと評していた——と同氏は書いている。

一九五〇年から五三年までの韓半島における動乱は、北韓の金日成が韓半島全土を掌握しようと試みた戦争を阻止するためのものだった。この苛酷な戦いに介入した米国は多くの犠牲を出し、米国人三万三千六百二十九人が死亡、十万三千二百八十四人が負傷した。

ところが、いま多くの米国人たちは果たして、この大きな犠牲が価値のあるものだったかどうか、について疑問をさしはさんでいる。こうした疑問を抱く人びとの主張は「韓国の朴大統領が絶対的な権力で韓国国民を束縛しているということは、南の国民の生活が北の金日成下にある北韓の人びとの生活に何もまさる点がないということになる」というもので、かれらは、それなら何も米国は大きな犠牲を払って韓国の民主主義を守る必要はなかったのだと言っている。

各界各層の人びと話し合う

本当に米国は、あの韓国戦争に介入してあのような大犠牲を払う"価値"がなかったのだろうか。この問題を解明したいものと、私は二十年ぶりに韓国を訪問。四日間にわたって韓国の全土を隅々まで見て回った。

まず私はソウルから釜山に向かって自動車を走らせた。ガイドは政府の官吏ではなく、私の友人だった。そして私は途中、農村や商業基地などで車をとめ、思いのままに見て回った。農村を訪れたとき、私は田舎の旅館で一夜をすごし床の上にゴザを敷いたところで寝たこともあった。

また、私が訪問して語った韓国人は各階各層の人びとにわたっており、それは政府の官吏、野党の指導者ら、財閥、純朴な田舎の人たちなど、さまざまだった。

こうして、さまざまの韓国人と話し合い、いろいろな韓国の姿をみて歩いた私は、北韓の状況と韓国のそれを比較してみた。私は北韓を訪問することはできなかったが、北韓を訪問した米人ジャーナリストや学者など、その他の訪問者から得た情報を資料に、こまかく分析してみたのである。

北韓の情報と秘密警察NPSB

北韓を訪問した人びとの情報、あるいは報道は、北韓を恐らく、世界で最も抑圧された画一的な社会だと表現している。今年の初め北韓の反政府、反党の人びとが金日成の絶対権力に対して挑戦を試みたが、かれらはことごとく二月十五日に無残なことに処刑された（北韓の刑法は"純粋な刑法"的面を持っておらず、すべての犯罪は共産主義の政治および政策に関連させて罰しうる。刑法第六十四条以下にその規定があり「国家主権敵対に関する犯罪」は死刑、または無期で、ドロボー、放火犯、詐欺師なども「国家のためにならない」という法の解釈によってはこの「国家主権敵対に関する犯罪」が当てはめられている。なお同法第九条に規定してある強盗の場合は、第六十六条の武装スパイ罪で処断することができると、第八十二条で明文化している）金日成の個人独裁体制を確立する上でこの上もなく残忍な粛清を続けてきた金は、いまもなお、北韓人たちを監視しており、政府の各クラス部処と各階各層に秘密警察の役目をする政治安全局（NPSB）を張り込み、秘密の監視任務をさせることにより、きびしい統制を行っている。このNPSBは金日成の目となり耳となって、北韓人たちの政治監視を行っており、かれらは軍隊の中隊レベルから高級官僚、下級官吏に至るまで、はては北韓内の一般隣人にまでその手を伸ばしている。

また、北韓では、工場あるいは農場で働いている男子のほとんどは——病人でない限り——みんな労農赤衛隊に入らなければならぬことになっている。この労農赤衛隊は金日成に忠誠を誓わせられた"赤い民兵"で、戦闘準備のため強制的に軍事訓練を受けさせられる。その上約七十万人の青年たちが毎年一カ月間は完全に"現役服務"として訓練に終始するほか、毎週五時間ずつ、仕事以外に軍事訓練に服するから、非常にきつい生活をしている。

KCIAもNPSBの比ではない

平壌を訪問したことのある人びとは異口同音に平壌の街が荒涼とした感じで、憩うようなところだと表現している。また街行く人びとの表情は暗く、一様におずおずしているという。そして平壌は官用車以外には自動車も見当たらない街だというが、北韓では市民が何かを恐れており、話をするときには必ず「金日成首領のおかげ様で」という言葉をつけるそうだ。

私は韓国で、家族や事務所を訪ねたが、誰一人として政府を批判することを恐れている者はいなかった。しかし、ただ、野党の指導者たちが私の泊まっているホテルへ訪ねてきたときは、ゼスチュアで「この部屋には盗聴器がしかけられているのではないか」といった様子で、語る言葉に非常に神経を使っていた。それは明らかに野党の指導者がKCIA（韓国中央情報部）を恐れているためであった。だが、最もひどい政府批判者たちも、KCIAは北のNPSBほどに弾圧的ではないということに同意見だった。

近代的な造船所や大規模製鉄所

ソウルを離れて地方へ行くと、地方の人びとは一様に、全く政府を意識していないといった印象が濃かった。旅して回ると、韓国の主要都市は繁栄しており、ざわめいていた。そして町に道路に、たくさんの民間人の車が警笛を鳴らして走り、ごったがえしていた。しかし、人びとは親切で非常に明朗だった。

私はソウルの中心街にある百貨店に入って買物をしたが、それは米国のデパートと非常によく似ていた。店内は混んでおり、クリスマス商品を買おうとする人の波でいっぱいだった。

一方、田舎も整然としており、非常に貧しい村の家々にまで電線が通っていた。そして聞くところによると、多くの農家にもテレビ受像機があるということだった。

私は途中、近代的な造船所を見たが、そこでは日本で造られるより廉価で多くのタンカー（油送船）が製造されていた。また米国に輸出する鋼鉄を生産している大規模な製鉄所をも見て回った。

朴大統領そ撃事件含む北の工作

私は米国の繊維卸売り業者がこう語っているのを聞いたことがある。「いま、米国は衣類製品のほとんどを韓国から輸入している」と。

韓国の経済成長率は現在、一五%を記録しており、まことに驚異的である。これは世界で最も高い成長率である。

韓国の人たちが三十八度線以北に住む同民族の人たちより遥かに自由な生活をしていることはハッキリしている。そして、また韓国の人びとは北よりも完全によりよい生活を営んでいる。

一方、朴大統領が一部の自由を規制し、政府批判者の一部を投獄したのは確かである。だが、朴大統領は私とのインタビューに答えてこう強調した。「一部の人びとが投獄されたのは自分の支配に反対したためではなく、非常措置令に違反したためである」と。四つ出された緊急措置はいま、その殆どが解除されているが、朴大統領はその緊急措置がこの国に必要だったのは北韓の破壊工作のためだったと言明した。

北韓の工作員らが韓国のサボタージュや破壊工作の背後でうごめいていることは議論の余地もない。こうした北の破壊工作の中にはこの夏に起きた朴大統領暗殺未遂そ撃事件なども含まれている。

大統領非難や"罵倒"も自由自在

確かに言えることはソウルには公然と政府に反対する者がいっぱいいるが、これらの反対者たちは獄舎に入れられることなしに、朴大統領を非難・罵倒している。韓国ではそれが可能なことを私はまのあたりに見たのである。

大統領緊急措置令が出されたときは千二十四人が逮捕され、そのうち二百三人が有罪となった。しかし執行猶予などで釈放された者も、かなりあって、いま百八十六人が収監されている。この大部分は学園で反政府運動を指導してきた者たちであるが、うち十二人は宗教指導者である。私が韓国を訪問した直接の理由はこの宗教指導者たちが釈放を要求したためである。

とはいえ、一方では反朴人士たちが朴非難を盛んにやっており、その反対デモなどをも行っている。またソウルの日刊新聞もこうしたデモについて報道している。

韓国では、民主主義の手順については明らかに制限されているが、しかし民主主義は死んでいない。それに確かなことはこの国が朴大統領のもとで驚異的な経済発展を成し遂げたということである。

（SISA）

韓国で高校野球の人気サッカーを抜く

今年のスポーツ観覧者数は十一月末現在で百九十七万二千人の昨年並みでスポーツに対する関心に変りないことがわかった。ソウル運動場、孝昌球場、奨忠体育館ほかその他体育館で催されたスポーツ競技は大小百三十ほどで、最も多く観衆を動員したのは八月第回高校野球の二十一万六千二百二十人であった。これは昨年のワールド・サッカー・アジア地域予選の二十一万二千人を若干上回る記録である。

高麗人蔘茶

年末、年始の御贈答品には今流行の高麗人蔘茶がいちばんです。特に同胞が日本の方に贈る場合、とても喜ばれ重宝がられております。この機会に是非どうぞ御試し下さい。

◆宇昌人蔘茶　50g入1,500円から300g入木箱6,500円まで各種あります。（送料当社持ち、全商品2割引）

◆強壮剤・鹿茸丸　10日分10,000円、30日分30,000円

東京都新宿区戸塚町3—348〒260（電話）371—4240

朝日興業株式会社

神話でないことの確認

文定昌「檀君史記研究」(4)

訳・註　金元奉記者

桓雄、檀君が建国したが　その時代部族国家が既存

檀君に関する文献 (1)

金一然の三国遺事に掲載された古朝鮮記

字解　康熙字典・漢韓大辞典による。

檀＝雄々しい。活発である。木名。姓。克敬・勤民を檀相という。

帝釈＝仏教語で、須弥山頂上忉利天の王君。

帝＝王天下之号。徳合天者を帝と称する。象天地曰帝。

庶子＝周の官名。古く周の天子の官に庶子官あり。≪著者註＝庶子官は天子の庶子と、卿大夫の庶子たちの教養を受持った官職名で庶子の官職名はその後、中国の歴代朝に使用され、秦と漢では、それを大中庶子としたし、六朝以後は太子の属官を左右庶子とした≫庶子は諸子也。庶長は秦の爵位名であった。庶子は衆の子。

子＝太子之子曰元子。諸侯之子曰公子。男子之通称。子者は人之美称。有徳有爵之通称。

雄＝為父。壮也。草之精秀者を為英、鳥之将群者を為雄。張良は英であり、韓信は雄である。斉荘公指郭最曰、是寡人之雄也。

数＝計也。数任者順。問国君之富に数地以対。計之有多少曰数。君子以制数度徳行。常官が常以治数する、治数は毎事に多少異也。数は汲汲。数は追従の意。

知＝主也。議也。

意＝意之発也。

貪＝欲物也。貪は探也。

父＝家長。同姓諸侯と同姓大夫を皆諸父という。老叟之称。男子之美。（孔子を尼父と称す。管仲を喬父と称す。汜増を亜父と称す）。祈父爵老之通称。

三危＝古代中国の湖南、湖北の原住民である三苗、すなわち苗族たちの住む地方（書伝・禹貢による）

この古朝鮮記に現われた桓雄天王は、すなわち檀君王倹の父王である。檀君誕生の経緯を、古朝鮮記は次のように記録した。

「桓雄天王は、風伯、雲師、雨師を従がえ、穀・命・病・刑・善悪など、すべて人間の三六〇余事を受持ち、人間社会を治め、教化した。

このときに一熊と一虎が、同じほら穴の中に住みながら、つねに神王・雄に祈っていった。願わくは変身して人間となるようにして下さい」。

≪著者注＝この熊と虎とは、桓雄が三千名の兵で平定したところの、太白山下の両原住部族たちのことである≫

それに対して聖王が神霊のような「よもぎ」一束と、ニンニク二十コを与えて申渡した。お前達はこれを食べ、百日間日光を見なければ、直ちに人間になるであろう。と。

≪著者註＝よもぎとニンニクは食品である。特によもぎは、もぐさとして鍼灸に用いる。また「艾服官政」として（康熙字典）そのときの人たちが心身を斉戒するのに使用したようである。≫

熊と虎はそれを食べながら三七・二十一日間自戒、自粛したが、熊は女子の体となり、虎は自粛がなかったので人間となることはできなかった。

≪老者註＝太白山地方に原住して来た熊族と虎族は平定された人たちで、支配者である桓の国の人たちと同居していたが、熊族は桓国に同化吸収されたが、虎族は拒否して同化できなかった、という平定とその同化の過程を語ると見るべきである。≫

そして熊女となった者たちは、彼女たちと結婚してくれる人がいないので、つねに檀の木の下で、子供が生まれるように祈願した。

≪老者注＝屈した者、熊族と、治者桓の国の人たちとの通婚過程を物語るものである≫

遂に桓雄は大きな寛容をもって嘉美し、率先躬行して熊女と結婚し、一人の息子を出産した。その子を「檀君王倹」と号した。ときは唐の堯大子が即位した五十年目の庚寅の年であった。（金一然の原註。唐の堯大子が即位した年は戊辰の年である。それから五十年といえば丁巳の年となる。よって庚寅の年というのは誤りである。）檀君王倹が、平壌城に都を置き、国号を朝鮮だとした。

「将　風伯　雨師　雲師。而主穀　主命　主病　主刑　主善悪。凡主人間三百六十余事。在世理化。時有一熊一虎。同穴而居常祈于神雄。願化為人。時　神遺霊艾一炷・蒜二十枚曰。爾輩食之。見不日光百日。便得人形。熊虎得而食之　忌三七日。熊得女身。虎不能忌。而不得人身。熊女者　無与為婚。故毎於檀樹下、呪願有孕。雄乃仮化而婚之孕生子。号曰檀君王倹。以唐高即位五十年庚寅。（以下金一然註）唐高即位元年戊辰。則五十年丁巳　非庚寅也。疑其未実。」

字解　康熙字典・漢韓大辞典

神＝聖乃神。聖而　下可知之謂神。伸者　為神、屈者　為魂。民不能名　曰神。

仮＝寛容。大也。与嘉　同　美。

化＝教行也。躬行于上、風動于下。使人回心　曰　化。

御＝統治。関於大子之　敬称。

蔵＝匿。蓄。蔵物之　所。西蔵之略。

古朝鮮記のこの題目は、桓雄が太白山に都邑し、国家組織として農業生産社会を治める経路と、その地方に原住していた部族たちとの、同化関係を如実に物語るものである。これらから考えるとき、韓半島内の国家成長は、決して桓雄と檀君からはじまったものでなく、それ以前に部族国家が、相当数にのぼっていたということを知ることができる。

（つづく）

解放後の混乱期を闘かった

建青創設回想録 (4)

洪万基　文
金竜煥　画

朝連草創期

ところで、朝連の左翼勢力に対抗して朝鮮建国促進青年同盟が台頭したと、世間では一般に思われているが、最初は必らずしもそうであったとはいえない。

神田猿楽町の朝鮮基督教会で朝鮮青年学生同盟の準備会があり、つまり青年や学生を網羅した同盟の発案があり、この時は朝連の文化部からも来賓が来ていた。

朝連が左翼思想で武装する以前のことである。

国家建設の理念と題し、東大の学生がソクラテスがどうの、アリストテレスやプラトーンがどうの、要するにギリシャ哲学を語るわけだが、おそらくしゃべる本人もわからないようなことをひとしきり。次に立った眼鏡をかけた工業大学の学生も、これまでは横文字文化と縦文字文化の戦いであったが、これからもその傾向はまぬがれないだろうというようなことをいう。

彼によれば横文字文化は産業革命をなしとげ自然科学の目覚しい発達をもたらしたが、縦文字文化圏は深遠な精神文化を継承してきたというのである。

僕はこのつどいに兄の洪賢基が来ているので驚いた。

彼は湖南地方の私立高敞高普の出身であり、私立中学とはいっても別に民族主義を標ぼうする学校ではなかったが、それでも私立の特色は充分活かされて、あのやかましい時代でさえ、李克魯、崔鉉培など主宰する朝鮮語学会系統のハングルは課外として学習されていた。

この学校の面白いところは日本語が出来なくても教師に採用されていたことである。

漢文と書道を担当した宋先生は、日本語を全く知らない平壌韓服姿の七〇近い老翁であった。

この老人は李朝英祖時代の老論の中心人物で、西人の領袖であった有名な宋時烈の後えいである。

この宋老師の息子さんが京城の私立中東学校の教監で、その長男が僕の再従姉と結婚したので姻戚関係にあるということもあって、わが子族の子弟らが大挙してその学校に入学することになった。

新民党の議員であった洪炎基もこの学校の出身である。

兄の洪賢基がこの準備大会に姿を見せたのは、発起人のひとりで早大で考古学を研究していた申林雨がハングルの話を頼んだからである。

青年実業家洪賢基がさっ爽と登場し、ハングルは表音にしても、表記にしても非常に科学的であると、民族の偉大な遺産であると強調していた。

というのは戦後のことで、みんなが栄養失調であるか、くたびれた格好をしているのに、彼だけがひとり精彩を放っていた。

彼の晩年を知っている人はおそらく想像もつかないことに違いない。また日帝の民族文化抹殺施政のため、ハングルについて造詣の深い人は極めて稀だったせいもあって、彼は得意であった。

李海三がこの席にいたかどうか記憶にないが、行動派のことであるから、きっと朝連の幹部としてヒナ壇に連らなっていたに違いない。

問題の李海三がこのつどいに臨席していたとすれば、これは洪賢基にとっては宿命の出会いであったとしかいいようがない。

いずれにしても、この朝鮮青年学生同盟の準備大会は流産してしまった。

しかしながら、これが発端となって朝鮮建国促進青年同盟と、在日学生同盟が結成され、祖国の情勢を反映して建青は朝連と死闘を繰返しながら拡大し、学生同盟もずっと後のことではあるが、左右両翼に分裂した。

洪賢基は猿楽町の朝鮮基督教会で会合した朝鮮青年学生同盟準備委員会に招かれて訓民正音の話を得意になってしゃべったが、団体に関係したい意志はなかった。当時彼は残務整理で多忙を極めていたのである。

いまの通産省にあたる交易営団が銀座の三越の全館を占めて、元国鉄総裁の石田礼助が理事であり、戦時中はあらゆる物資を扱っているので大変な羽振りであった。洪賢基はその嘱託となり印刷の全部を引受けていた。仕事さえ間に合せてやれば金はいくらでも出すといった有様で幹部と組む水増しの請求など、当然すぎるむしろ常識でさへあった。それと山梨に電波会社をもっていたのである。これが終戦で全部営業を停止したが、当時としては莫大な現金とそれから営団からまわされた印刷用紙が日大皇道研究所の倉庫をはじめいくつもの倉庫に保管されてあった。

彼はそれを全部整理して故郷に錦を飾りたかったのである。彼が幼少の頃秀才であったことは前にも書いたことがあるが、小中学校を全優で通し、神童だとさわがれ、彼のゆくところ可ならざるものはないように思われた。東京留学は家庭の事情で無理だったので全州師範学校の補習科に進み国民学校の教師になるより他なかったが、詩人で著名な毛允淑女史の弟で高敞高普に赴任していた若い毛先生が彼の恩師であり、この毛先生が彼の才能を惜しみ、八方手をつくして奨学金で東京留学の夢を叶えさせた。

入試勉強も殆どしていなかったので彼は早大の法科へ籍を置いたが、しかし日本へ渡った彼は悪い癖が出た。女癖である。中学時代も幾つかの恋愛事件で騒動をおこし、先程全優だといったが、高普時代の五年級になって操行と体操が乙となり、成績も首席から三番に落ちている。しかしこれはかえって彼の周囲の同情をかった。秀才が進学出来ないのでやけくそをおこしたというものである。高敞には有名な古城があるが、彼は学校の馬術部に入り、馬にまたがってこの城内を一巡して町中をよく疾走した。

花の東京。俗っぽい唄の文句めいてくるが、たしかに当時の東京はあこがれの都だったのである。昔はよく洋式の家屋、中華料理それに日本人の女房をもったら最高の幸せだろうと云われた。日本の女は従順で男に献身的につくすというので世界的に評判であった。

（つづく）

生が到着（きた）！

神秘の力

純生人蔘ゴールド

●ドリンクの中にはいっている高麗人蔘は純生の三年根です。
●ドリンクを召し上がりながら、そのまま人蔘をかじってください。
●ドリンクはカクテルに、人蔘はジュースにしてもおいしく召し上がれます。

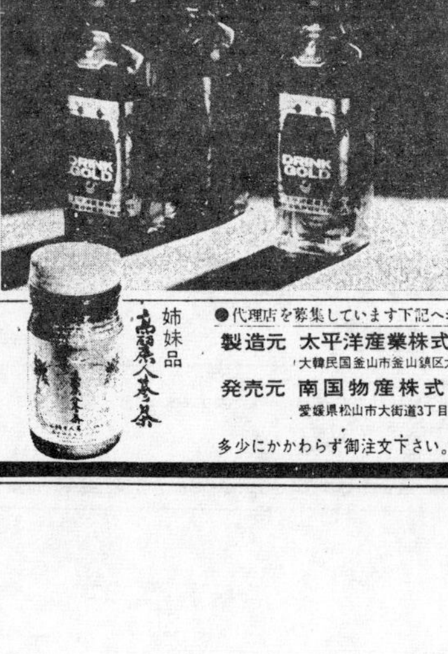

姉妹品　高麗人蔘茶

●代理店を募集しています下記へお問い合わせください

製造元　太平洋産業株式会社
大韓民国釜山市釜山鎮区大淵洞209-1

発売元　南国物産株式会社
愛媛県松山市大街道3丁目8-23 TEL(0899)43-1818

多少にかかわらず御注文下さい。資料サンプルお送りします。

神戸製鋼所指定工場

金属・チタン・研磨・切断仕上

指定納入　神戸製鋼所・住電・新日本製鉄
山陽特殊製鉄・日本砂鉄鋼業(株)

加古川金属工業(株)

取締役社長　車　慶　泰
（伊藤慶造）

工場　兵庫県加古川市東神吉町神吉248
TEL (0794) 32-5587・6538
6506・3705

自宅　兵庫県加古川市東神吉258—1
TEL (0794) 31—2155・32—3705

上野で本場の味を!!　忘年会 新年会 受付中

焼肉料理　新規開店

団体宴会は300名様までOK

ロース焼……¥550　冷　麺……¥500
カルビ焼……¥550　定　食……¥500
ミノ焼……¥500
◎ランチサービスタイム 11:00〜2:00
ビビンバ……¥300　焼肉定食……¥500
クッパ……¥300　定　食……¥400

▼12月30日まで
サービス期間
（ビール・大）150円
の超廉価提供
＜早朝タイム＞
午前5時〜8時まで
朝食うけ承ります。

御宴会1,500円から4,000円まで6コース

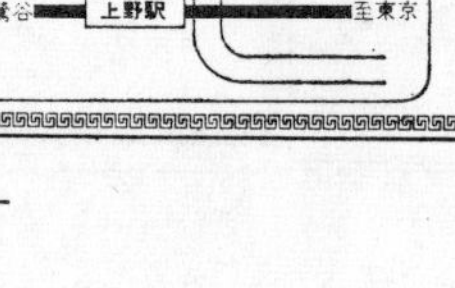

☆上野サウナ温泉会館1・2F

☆結婚式の披露宴に最適

焼肉の殿堂　漢一館

台東区上野6—16—5（上野京成百貨店東口通り）
電話 831—9417

韓國新聞
在日大韓民国居留民団
中央本部機関紙
韓国新聞社
発行人 尹達鏞
東京都文京区春日2丁目20－13
電話 直(815)1451～3
　　 交(813)2261～5
振替口座 東京 163774
本国連絡所（民団本国事務所内）
서울特別市鍾路区昌成洞
政府合同庁舎4層
電話73－　0165

在日本大韓民国居留民団 綱領
一、우리는 大韓民國의 國是를 遵守한다
一、우리는 在留同胞의 權益擁護를 期한다
一、우리는 在留同胞의 民生安定을 期한다
一、우리는 在留同胞의 文化向上을 期한다
一、우리는 世界平和와 國際親善을 期한다

「セマウル」は民族中興の道

勤勉・自助・協同で国難を克服

朴正熙大統領、「全国セマウル指導者大会」で訓示

朴正熙大統領

朴正熙大統領は18日、「セマウル運動は、まさしく10月維新の理念を具現するための実践道場」であると指摘し、「セマウル運動こそはわれわれが今後もひきつづき汎国民的に推進すべき救国愛族の実践運動であり、民族中興を確実にうらづける一大前進運動」であると強調した。朴大統領はこの日午前10時、ソウル奨忠体育館で開かれた全国セマウル指導者大会で金鍾泌国務総理が代読した諭示と全国市道で開かれたセマウル指導者大会に送った諭示で以上のように強調し「現在、都市や農村を問わず全国的に燃えさかっているセマウル運動の焔こそは、われわれが億万の金銭でも買えない国難克服の原動力であり、新歴史創造の活力であると確信する」とのべた。

朴大統領は「われわれが、われわれ自身の力で安定と繁栄を築き、祖国の平和的統一を促進する道はわれわれの国力を一日も早く養いこれを充実させ組織化させる道のみである」と強調した。

朴大統領は「現在、われわれに最も急を要し、重要なことは当面した世界的経済危機をいかに他よりもより早くそしてより賢明に克服して行くべきかである」とのべ「われわれがこの難局を克服するためには、政府と国民が渾然一体となって勤倹節約を生活化し、協力して国力培養に献身する道のほかにはないと確信する」と明らかにした。

朴大統領は、新年のセマウル事業の基本方向を[illegible]増産に寄与し、雇傭効果をあげる大規模の就労事業を展開することにおき、これを大々的に推進していく」とのべ、農地造成のための山野と遊休地開墾、公共事業の大々的な展開などをちかった。

朴大統領は「深刻な資源難を克服するのには、一時なりともこのセマウル運動の力強い歩みをとめてはならない」と強調した。

なお年間を通じて本国のセマウル運動に協力、もっとも大きな実績をあげたものとして、民団東京本部（金致淳団長）は、ソウル奨忠体育館で催された全国セマウル指導者大会で、一九七四年度セマウル事業有功団体として大統領表彰状を授与された。

金致淳東本団長

民族教育 振興に50万

愛知経友会で毎月寄金

尹泰明会長

愛知県韓国人経友会（尹泰明会長）では、去る十一月十二日から三日間、慰安旅行を兼ねた第十二回総会を会員八十五人中五十一人が参加して熱海温泉の富士屋ホテルで開き、新年度の新任役員を選出した。

また同会では、十二月十八日理事会を開き、総会での決議事項を討議した結果、民族教育実施のため教育委員会に毎月五十万円を寄金することにし、セマウル運動や民団運営にも積極的な協力をすることで意見の一致をみた。

ソウル中央大 東京で公演

学習院大学の招待で訪日中の韓国・中央大学舞踊科・音楽科（団長張炳祐教授以下学生27人、教授6人）学生による韓国民俗芸術公演が十九日と二十日の午後六時半から東京・代々木のオリンピック青少年センターで披露され大好評を博した。

この公演は昨年八月、中央大学の招請で韓国を訪問した学習院大学ホッケー部の返礼として学習院大学桜井院長が招請し、実現したもので十九日の公演には、東京韓国学校の生徒も招かれて、第一部の民俗舞踊、第二部の創作舞踊、第三部の国楽合奏・民謡をたのしんだ。また、二十日の公演には学習院大学で披露され、両日とも青少年センターで研修中の日本人青少年が多数観覧、その素晴らしさに目を見はった。

またさる十七日にはNETテレビ「十三時ショウ」に出演、十八日には東京・中野の[illegible]館でも舞踊・国楽を披露した。

尹団長主催で

母国留学生慰安の夜

年々、在日同胞子弟の母国留学熱は高まる一方だが、このほど公用で出張中の呉敬福事務総長は、中央団長の名儀で「母国留学生慰安の夜」を催して激励した。

この夜会場であるタワーホテルのハッピールームに集まった留学生は百七十三人、民団職員をはじめ、外務部、文教部、延世大学、慶熙大学の関係官と教授ら三十人も混えて人気歌手出演とバンド演奏もはなやかなうちに大盛況を呈した。

ソウルのタワー・ホテルで開かれた母国留学生慰安パーティ

静岡県本部も建設基金完納　年の瀬をひかえて、中央会館建設工事も本格的な段階に入った。全国組織からの割当基金も順調に納付されている。あわただしい歳末の23日午後、民団静岡県地方本部からは、康民善団長㊥と朴永根副団長㊨が連れだって、尹達鏞中央団長㊧に建設割当基金全額を完納、歓談がしばらくつづいた。

青年会結成快調

宮崎本部 33番目のゴールイン

全国で三十三個目の青年会県本部が二十二日、宮崎で発足した。

民団県本部会議室で午前十一時から開かれた結成会には、三十名の青年を始め、李道均駐福岡領事、金斗鉉大分韓国教育文化センター所長、民団役員の来賓六名が参加した。

李道均領事は来賓あいさつのなかで「文化センター所長のリードのもとに、国是を遵守する立派な韓国青年運動を展開することを期待する」と述べ、ついで金斗鉉センター所長が過去の旧韓青の運動の誤りと、青年会のあり方について説明があった。

沈慶孝民団中央青年局長と、東京青年会の祝電が披露され、青年会綱領・規約案の確認が行われた。

このあと役員選出に入り、会長・高正基、副会長・鄭実、金正二、総務・張英文、組織・安田己、宣伝・金栄蔵、文教・鄭秀明、体育・李昭夫、女子・金順姫、代表監査・張益一、監査・李鐘相の各役員がそれぞれ満場一致で選出され顧問として民団県本部三機関長、県本部顧問、李永会氏と都城支部団・李昌源氏の五名が選出。

顧問に選出された張斗玉民団団長は「民団の傘下団体として努力してほしい。もちろん民団も相互協助の精神で支援する」と青年たちを激励した。それをうけて高正基会長も「青年会としての自主性を発揮して、青年独自の運動ももりあげたい」と抱負を語った。

「アジアの明日を開く」国際会議盛了

世界平和教授アカデミー主催

経団連会館で開催の「アジアの明日を開く」国際会議のもよう

世界平和教授アカデミー主催の「アジアの明日を開く」国際会議（松下正寿議長）が、さる十九日から二十二日まで四日間開かれ、白熱の討論を展開した結果、共同コミュニケを発表して幕を閉じた。

「世界平和教授アカデミー」は韓国、日本、中華民国の三カ国大学教授および学者で構成されている。今度の会議は第三回めでありサンケイ新聞社、自由社、国際文化財団の後援で行われた。

会議は、東京の経団連会館国際会議場で開幕し、帝国ホテル桜の間でその間、真剣な討議を重ねた結果、直面するアジアの危機を克服するため、韓・日・華三国が、共同で努力することを決意した、声明を発表して全日程を終えた。

会議のテーマは「アジアの危機と新しい希望」であった。そして①アジアとは何か?、②危機とは何か?、③新しい希望とは何か?、これら三つの具体的議題を元に、韓国から弘益大学・李恒寧総長を団長に二十人、中華民国から淡江文理学院・張建邦院長を団長に十三人、アメリカからハワイ大学東西センターのジョン・ウォルシュ主任研究員、日本から二十人の参加者を含めた五十四人の学者・研究者が参加して、基調講演と討議を行った。

また、期間中には前衆議院議長・船田中氏の歓迎レセプションや韓国の李東元無任所長官の特別あいさつと、同長官主催のレセプションも催された。

閉幕式で韓国の李恒寧団長は、「四日間の討議を通じて、三国の教授、学者が共に共産主義の危機を感じており、それを克服するため、強く団結されたと思われる。また、参加教授が相互親善と友情を固めることができたのは、たいへん喜ばしいことである」と閉会の辞を述べた。

閉会の後、三カ国代表は記者会見を開いて、具体的な問題解決は日本側の執行委員会に一任した。これから日本側執行部は、機関紙発行と共同コミュニケに明文化されているセンターを設立し、アカデミーの活動を行うことを明らかにした。

コミュニケは、直面するアジアの危機の克服めざし、(一)文化的危機克服、(二)地球的時代的危機の超克(三)反共的協力態勢の構築、(四)東西文化の調和による新世界文化の創造、(五)アジア研究協力センターの設立をうたっている。

本国学生とXマスパーティ

エンゼルスの歌に在日韓国勝共青年の集い

第二回、在日韓国勝共青年クリスマスパーティが、さる二十一日午後六時半から、東京・青山会館で催された。

国際勝共連合在日韓国人会（崔容碩会長）主催、在日韓国青年アメリカ・セミナー同窓会主管で催されたこの日のパーティには、民団中央から尹達鏞団長をはじめ各局長、同東京本部の各部長、駐日大使館から黄哲秀首席教育官が来賓として出席し、同胞青年約三百五十人が参加した。

また、この日は韓日大学生親善セミナーに参加するため来日している、本国学生と教授四十一人と日本側で公演中の「リトル・エンジェルス」団員二十余人が特別参会して、同胞青年との交流を深めた。

席上、崔容碩会長はあいさつに立って「七五年は祖国の平和統一が達成できるようにわれわれみんなが祈りましょう。ただ祈るのみでなく海外に居住している海外同胞と国内同胞が一心団結して、朴大統領を中心に努力するならば、われらの念願である平和統一は達成できるでしょう。今日のこの場が親睦のみでなく、人類のため犠牲になったイエスキリストの精神を学ぶ場になることを望みます」と語った。

ついで黄哲秀教育官、尹達鏞中央団長のあいさつがあり特別参加したリトル・エンゼルスからクリスマスキャロルをはじめお祝いのコーラスが天使の声さながらに送られた。

和やかなパーティ

中共旅券で初韓国入り

中共の旅券をもつ張立新氏（28・英語名アレック・チャング）がカナダ旅券の中国人妻ルイス・クオン夫人を伴い、十八日午後九時五十分金浦着のKAL機で韓国の土をはじめてふんだ。寄航地上陸許可をうけた張氏夫婦はKALホテルに一泊、十九日午前KAL機で香港に向った。張氏はロサンゼルスからホノルル、東京経由で来韓したもので旅券に四七年四月生、職業はコンピューター・プログラマーと漢字で英語で記入され、夫人は通関申告書の職業欄に販売員と記した。張氏は一・七五[illegible]の長身でメガネをかけ、旅行目的は観光だと答えた。両人の滞韓時間は十二時間。

故・陸女史に捧げる歌

山形在住の吉村星妃さん

故陸英修女史を追悼する哀悼歌を作詞作曲し、故人の霊に捧げた一日本女性が、いま心ある両国人士たちを感激させ話題となっている。

この話題の主は、山形市に住む吉村星妃さん（本名・渡辺由利子、33歳）といい、朴大統領令夫人故陸英修女史の悲劇的な死に心をうたれ、故人に捧げる哀悼歌を作詞・作曲したもの。

この歌が、さる十一月二十三日ソウル・国立劇場で行われた故人の百日忌の際、ソウル国立音大の李貞姫さんによって歌われ、きく人々の胸を打った。無名無縁の一日本人女性の心暖まるこの行為に感激した朴大統領の吉村さんへの親書がこのほど届き、さる十三日、山形市内の陽華楼に垂石義太郎山形日韓親善協会会長、盧在朝駐仙台領事、趙鎬珠民団山形本部団長はじめ、十余人が出席して親書の披露会がひらかれた。

中央新年会のお知らせ

民団中央では七五年一月八日正午から本部屋舎内で各機関代表、有志たちを招き新年会を催す。

當日 받아 볼 수 있는 新聞
新亞日報
自由・中立・公益
〈綜合全國紙〉
◆在日同胞 消息을 가장 많이 故國에 알리는 新聞
◆本國投資에의 길잡이 不動産페이지
◆本國經濟界 動向의 縮圖
◆財界話題
◆本國에 關한 其他相談
購讀申請 및 廣告申請은
新亞日報社 日本支社

말없는 支援속에 建設되는 民族殿堂

実業の世界 ■臨時増刊■ 韓国特集号
韓国にとっての日本・日本にとっての韓国
日韓情勢のすべてを語る！《大使対談》
金永善（駐日韓国大使）
金山政英（前駐韓日本大使）
●国際経済環境の変動と韓日経済関係……安光鎬
●共産主義か？自由主義か？日本はどちらを選ぶか？…金立三
●軍事境界線に掘られていたトンネルの意味……崔書勉
大韓民国大年表（1945年～1973年）
目で見る セマウル運動〈若きエネルギーの跳躍〉
●金日成（北朝鮮）の代弁者か？朝日新聞……金元奉
●韓日両国の若い世代に与う……李炳注

好評発売中！ 定価七五〇円 〒五二円
日韓は 牙 をむき合うな！
各産業別にその成長を見る 数字で見る韓国
韓国の歴史と今日 ●過去 ●独立後 ●国土
写真で見る！ 38度線＝鉄道は走りたがっている 日韓条約調印の瞬間 8・15を汚した文世光 現代の韓国＝韓国企業の近代化進む驚異の開発・未来を背負う若人
●低調愚劣な日本〈韓国の実情を研究しよう〉……高杉晋一
●日韓関係を歪める日本のマスコミ……御手洗辰雄
●日本人の精神と韓国文化〈李退渓と教育勅語〉…阿部吉雄
●椎名特使に同行——事態の進展を喜ぶ……宇野宗佑
●"ズバリ！韓国に提言"輸出産業のあり方に疑問…野見山勉
●人類の実験室"韓国"開発途上国の経済成長モデル‥加瀬英明
■実業の世界社 東京都港区芝公園1－3－12 ☎(03)434-2261振替東京96322

第36回定期中央大会開く（3月24日・中央であいさつしている尹達鏞新団長）

大統領狙撃事件で陸英修女史逝去す
（8月15日）

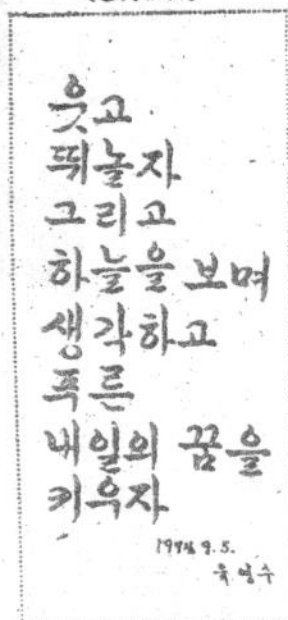

フオード大統領訪韓（朴大統領と頂上会談、11月22日）

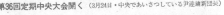

民団中央初代団長であった朴烈義士が平壌で逝去された（3月1日・東京で追悼式）

写真で見る 本紙報道一年

故陸女史追悼大行進は延々とつづいた（9月3日・東京）

雨中、大阪での北傀糾弾民衆大会（9月9日）

植樹記念日に在日青年たちは朴大統領と共に苗木を植えた（4月3日）

東京にいた金日成の息子
（後方でほほ杖をついている金正一、円内は正面から見た写真）

読売の偏向報道に全国抗議運動拡大
（写真右は7月11日、東京の読売本社前で）

東京韓国学校創立20周年文化祭（4月27日）

金永善大使着任（1月22日）

東京韓国学校卒業式（3月4日）

年間重要日誌

一月
八日・民団中央新年会、大統領緊急措置一号二号発動
九日・愛知県警、北傀大物スパイ検挙
十四日・大統領緊急措置三号発動
十七日・朴烈義士永眠（平壌）
二十二日・金永善大使赴任
二十四日・日本政府の田中発言」問題になる
二十七日・青年会愛知本部結成

二月
一日・朴烈義士遺骨返還嘆願書を国際赤十字に発送
一日・同要求書、金日成に送る
二日・政府緊急融資商銀に配定
五日・国費留学生合格者発表
十五日・西海岸漁船拉致事件
十六日・同事件糾弾声明発表
二十三日・朝総連十全大会、民団攪乱指令示達

三月
一日・五十五回・三・一民衆大会、朴烈義士追悼式
四日・東京韓国学校卒業式
六日・公報館侵入乱動事件、西海岸事件糾弾婦人会大会
二十二〜二十三日・第二十三回中央委員会
二十四日・第三十六回定期中央大会、三機関役員改選

四月
二日・セマウル青年奉仕団苗木を持って本国へ出発
三日・大統領緊急措置四号発動
七日・山形県韓日親善協会誕生
十四日・民団中央三機関本国へ
十六日・不純分子糾弾神奈川大会
二十五日・政府、日本人学生送還発表
二十六日・倉石農林大臣主催で尹団長当選祝賀会
二十七日・東京韓国学校創立二十周年行事

五月
七日・神戸、横浜、名古屋各領事館が総領事館に昇格
八日・東京教育大学付属高の入試問題で民団中央が抗議
十一日・東京商銀二十周年記念館落成
十二日・民団京都府東山支部会
十四日・ミス・コリア決選大会に在日代表朴中子嬢参加して友情賞をかくとく
二十八日・全国団長会議
二十九日・金在権公使赴任

六月
一日・第十九回関東日行事
八日・朝総連百二十日運動に対する尹団長反駁文発表
十日・第二回全国青年部長会議
二十五日・六・二五動乱特別声明
二十八日・東海岸海上警備艇拿捕沈没事件発生

七月
四日・七・四声明二周年で尹団長談話発表
九日・尹中央団長、入管事務簡素化要望
十日・青年会青森本部結成
十一日・読売新聞の偏向報道に全国抗議運動盛ん

（3面へつづく）

三友興業株式会社
代表取締役 廉廷燮
東京都江戸川区北小岩六丁目一五番地
電話（六五〇）二五二六番

●本場のコムタン
●刺身（カオリ、ピョンオ、チャリ）
●チヨギ・チゲ（スープ）
ほか註文に応じ調理します。御申しつけ下さい。
家庭の延長、韓国〝本場の味〟御賞味は定評ある弊店でどうぞ……
서울집
東京都台東区上野6−2−7（御徒町駅前・京成西口通り）TEL832−7008
忘年会、新年会受付中‼
（ソウルの家）丁成玉

大韓民国居留民団
愛知県一宮支部
支団長 卞禹燮
議長 朴慶元
監察委員長 鄭昌實
事務部長 朴雪雄
一宮市城崎通二丁目二
電話 七三−四九二一(代)

大韓民国居留民団
東京都渋谷支部
支団長 金勲暎
副団長 尹在洙
〃 鄭芳休
議長 呉命根
副議長 段寛植
〃 李根祥
監察委員長 金玉岩
〃委員 金法栄
事務部長 金聖泰
東京都渋谷区宇田川町一四−一四
電話四六一−五三八二(代)

北韓にいる日本人妻たちの里帰り実現運動全国に広まる

㊤は銀座をねり歩く抗議デモ隊　㊦は断食一週間目の家族たち—9月14日—

中央会館完成予想図

第24回中央委員会開く（10月18日・中央会館建設問題に不正なしと調査委で再確認する）

休戦線地下にトンネル掘る北傀

＝㊨南韓側に出口があった・11月15日＝

◀ソウルでのミス・コリア決選大会で在日代表の李甲子さんは友情賞をうけた（円内）

第12回韓国人全国体育大会開く　（7月22日・奈良）

大阪総領事館竣工

（10月14日から事務開始、地上九階の威容を誇る）

名物年中行事の敬老会は今年も全国で盛大に…　（9月15日・東京商銀で）

世界のリトル・エンゼルスに大人気

（2面からつづく）

二十一日・青年会和歌山本部結成

二十二日・第十二回在日韓国人体育大会、[illegible]

二十三日・読売新聞社が謝罪

二十七日・婦人会[illegible]国民運動民族大会

二十八日・青年会[illegible]本部結成

八月

五日・教育者研究大会、[illegible]

十二日・青年会[illegible]、[illegible]本部結成

十五日・第二十九周年光復節[illegible]民衆大会、[illegible]件で[illegible]

十六日・在日新聞通信協会総会

十九日・故陸英修女史国民葬

二十六日・故陸英修女史追悼[illegible]国民大会

九月

二日・故陸英修女史追悼[illegible]民衆大会

八日・青年会山口本部結成

十日・狙撃事件糾弾民衆大会

十四日・日本人妻里帰り運動

十五日・敬老の日記念行事

十七日・[illegible]公報館長就任

二十日・九州地協、新潟、岡山、北海道本部民衆大会

二十一日・福井、石川、富山合同民衆大会

二十二日・京都民衆大会

二十六日・三重民衆大会

十月

一日・国軍の日に代表団参加

十八日・二十四回中央委員会

二十八日・リトル・エンジェルス東京公演開幕

十一月

三日・青年会長野本部結成

九日・愛知日韓親善協会結成

十日・青年会新潟本部結成

十五日・東京豊島支部会館落成、休戦線地下トンネル発見

二十二日・フォード大統領訪韓

二十四日・青年会東京、群馬本部結成

二十八日・沖縄[illegible]会

十二月

一日・青年会岐阜本部結成

六日・[illegible]公使着任

八日・青年会埼玉本部結成

十五日・青年会宮城、長崎本部結成

二十三日・青年会福岡本部結成

韓国食料品の卸・小売

故郷の料理で正月を迎えましょう！
高麗人蔘・各種漬物・餅類・塩辛・ごま油
香辛料・ゼンマイ・豆もやし他海陸食品一切

上野名物　第一物産

☆毎年ご愛顧いただいております。都内、地方問わず早目に注文して下さい。
東京都台東区東上野二丁目十五—五（宝ホテル裏通り）
電話03（八三一）一三二三

高麗人蔘茶

年末、年始の御贈答品には今流行の高麗人蔘茶がいちばんです。特に同胞が日本の方に贈る場合、とても喜ばれ重宝がられております。この機会に是非どうぞ御試し下さい。

◆宇昌人蔘茶　50g入1,500円から300g入木箱6,500円まで各種あります。（送料当社持ち、全商品2割引）
◆強壮剤・鹿茸丸　10日分10,000円、30日分30,000円

東京都新宿区戸塚町3—348〒260（電話）371—4240
朝日興業株式会社

中央会館建設하여 民族事業이룩하자

品質最高
大量廉価
韓国料理材料
一切・卸問屋
（旧 新井商店）

食用油・味の素・香辛料・調味料・冷麺・中性洗剤　卸販売
韓国産ポプラ・ワリバシほか
㊍ 胡麻純正油・胡麻・中性洗剤（製造元・竹本油脂KK）
星印純正胡麻油・胡麻（製造元・九鬼産業）

丸新物産株式会社

☆地方からの御注文には直送します。
本社・東京都豊島区池袋2丁目1713
電話（〇三）九八五～〇八八四（代）

新年会・還甲宴・結婚披露宴の総合ビル
其他大小宴会〔200名収容可〕
B1—男性サウナ・F1—駐車場・F2—スナック喫茶・F3—焼肉レストラン
F4—お座敷レストラン・F6—女性サウナ　美容室

ドライブイン　外苑
東京・千駄ケ谷駅前通り
403-3267（焼肉レストラン）
403-3206（洋食レストラン）

◎駐車場……30台収容可

霊魂を冒とくし、反米教育をする北傀
黄海道信川の虐殺を逆にスリ替えて

北傀が、あらゆることを巧妙に「反米」「反日」「反韓」の材料にスリ替えて、国民にウソの教育をしていることは周知のことであるが、最近、北韓を訪れた朝鮮総連の在日同胞に、飛んでもない大ウソで、反米教育を行ったことが明かになった。

北韓の黄海道信川は、戦前から宗教人の数の多いところで、解放後金日成徒党はこの地区を「反革命的地域」と称していたが、韓国動乱の最中に、この地区の宗教人を大量に虐殺し、また廃鉱に生き埋めにしたことで有名なところである。

十二月九日、北韓を訪問中の朝鮮総連同胞を信川に集め、名付けて「復しゅうの集会」を催したとのことである。そのときの様子は、いかにも米軍が良民を虐殺したようにデッチ上げ、その地区を「怨恨の地信川」という呼び名で反米感情育成の地にしているということである。地下に眠る本当の被害者の魂は、誰に怨恨をいだいているだろうか。霊魂冒とくのサンプルである。

韓国新発売切手

「フォード大統領訪韓記念切手」

アメリカのフォード大統領が朴正煕大統領の招請を受け、さる十一月二十二日韓国を公式訪問した。

今度のフォード大統領訪韓は一九六〇年のアイゼンハワー大統領、一九六六年ジョンソン大統領の訪韓に次いで、三度めのアメリカ大統領訪韓であり、大統領就任以来日本と共に、初の訪問国ということに大きな意味がある。

フォード大統領は二日間韓国に滞在しながら頂上会談を行い、両国間の懸案問題と共同関心事に対して突込んだ意見が交換された。

韓国民はフォード大統領の訪韓を心から歓迎した。

切手は、ヨコ36ミリ、タテ26ミリ、定価10ウォン。

「故陸英修女史追慕特別切手」

朴正煕大統領令夫人・陸英修女史は、一九二五年十一月二十九日忠清北道沃川郡沃川邑で生まれた。

ソウル培花女子高校を卒業した後、古里の沃川女子中学校の教員となり、一九五〇年十二月十二日朴正煕大統領と結婚した。

陸女史は、さる八月十五日第二十九周年光復節記念式場で、北韓共産主義者の指令を受けたテロリスト文世光の凶弾により殺害された。

生前の陸女史は、社会奉仕活動を積極的に行い、特に、女性の福祉と社会的地位向上、子供に対する愛と育英事業、不遇な老人とハンセン氏病患者救護活動など、数え切れないほど、あらゆる事業を献身的に行い、全国民の尊敬を受けた。

故陸女史の遺徳を追慕するため、故人の四十九回誕生日に追慕切手として発行された。

切手は、緑色、オレンジ色、紫色、青色の四種類に、故人の笑顔が蓮の花と一緒にデザインされている。ヨコ26ミリ、タテ36ミリ。定価いずれも10ウォン。

「年賀記念切手」

一九七五年は、東洋伝来のうさぎ年となる。

韓国では古来から新年を迎えると、親戚や知人を訪ね互いの幸福を祈る美しい風習がある。また、尋ねることができない知人には、年賀状を送って新年のあいさつを行っている。

通信部では、新年に際し祖国近代化のため、全国民が協同し、より誠実、勤勉に豊かな生活を築くよう祈りながら、新年のあいさつと喜びを伝える年賀状に使用する二種類の年賀切手を発行した。

切手は、民族衣裳を着たうさぎがデザインされた緑色切手と、太陽を中心にして希望を表す韓国式福財布がデザインされているオレンジ色切手二枚ともヨコ26ミリ、タテ36ミリ。定価いずれも10ウォン。

尋ね人

金永徳さん（50才）黄海道黄州邑出身。沙里院農校卒。第二次大戦中シンガポールの捕虜収容所監視員をつとめ終戦後復員して東京に住んでいたとのうわさあり。

お気づきの方は、電話03-四五五-四一五八・金まで電話を。

☆鄭喆朝さん（松本三郎）昭和30年8月頃まで福岡、筑井または福島に居住していたと思われる鄭さんもしくは、その家族を長男であるソウル特別市道峰区中渓洞四二六、十五統五班五号、鄭然斗さんがさがしています。ご存知の方は民団愛知県地方本部事務局長までご連絡を。

☆李相福さん（広田富雄男・51歳）本籍・慶北達城郡 19歳の時渡日し、10年前、故郷へ手紙があった。福島県または静岡県居住とみられる李さんを弟である慶北大邱市北区検丹洞六八三番地、東方製薬社内印刷部、李相泰さんがさがしています。

ご存知の方は民団中央本部民生局または韓国の李さんに連絡を。

☆金興守さん（67歳ぐらい）本籍・慶南昌原郡内西面。昌原普通学校卒業。

☆盧文賛さん（60歳ぐらい）慶南昌原郡大方里が本籍。

☆姜在根さん（40歳ぐらい）慶南馬山市が本籍で忠武市（統営）の盧己萬方に住んでいたこともある。

▼右三人を御存知の方は民団中央本部の民生局まで連絡を。

易学の金于斉氏が「仙人秘伝」

さる十一月二十二日に東京で開かれた世界予言者大会に参席した同大会の金于斉韓国協会審査委員長が、「仙人秘伝」という本を出版する。

金氏によると、同冊子は「全世界の人々の健康と幸福をもたらす」だろうという。また、金氏は、生年月日の出生時間だけわかればその人のこれからの運命を予言できるとのこと。

その経歴をみると、入山修道十年、易術三十年の経験を有しており、大韓弘会会長、易術人協会学術院長などを歴任している。著書も易学書など二十数種にのぼっている。

なお、金氏の連絡先はホテル・ニュージャパン。

坐ればピタリ、金師の易断ぶり

金在萬氏学位とる

一九六九年から広島大学の大学院で、教育学博士課程を研究、論文を提出して帰国していた韓国大邱教育大教授、金在萬氏（40）は、さる11日、広島大学から、教育学博士の学位を授与された。

学位論文は「AnA xiologic al Stray of Dewey's Educa tion」

このほかに論文、著書など多数あり、将来をしよく望されている。

慶尚南道密陽出身、慶北大学師範大教育科卒、同大学院修士課程を卒業、同博士課程を中退していた。

移転御通知

このたび左記のところへ移転致しました。
音楽のことなら何でも引きうけます。
今後共よろしく御引立て下さい。

新住所・横浜市中区千歳町一ー十一
マンション『長者町』803号・801号
電話（〇四五）二五二ー七〇七〇、一三三三

株式会社 清原プロダクション
代表 清原 稔

神話でないことの確認
文定昌「檀君史記研究」（5）

訳・註 金元奉記者

檀君に関する文献（2）

金一然の三国遺事に掲載された古朝鮮記

三国遺事はこのようにして建国された檀君朝鮮の歴史年条を中国の文献を引用することにより、次のように二千年前であるとした。

「魏書にいう、今から二千年前に檀君王倹があり、都邑を阿斯達に定めて国をひらき朝鮮と称したが、尭と同時だとした。」

魏書云。乃往二千載 有檀君王倹。立都阿斯達。〃経云無葉山。亦云白岳。在白州地。或云在開城東。〃今白岳宮是。開国号朝鮮。与高同時。

〈著者註＝高は唐の尭王をいうもの。高麗朝三代王定宗の名が尭であったので忌み、尭の代りに高字を使ったのである。また次に出る周虎王は武王をいったのであるが、高麗二代王恵宗の名が武であったので忌みきらったもの。〉

またこの三国遺事は①檀君朝鮮が、その社稷存続千五百年間に、三回も都を移したのを、②檀君朝鮮と箕子朝鮮との政権が交替する過程を、③そして政権を奪われた後の檀君一族が、箕子に追われて遂に完全に没落する末路を、④前掲「古有桓国」を紀元とした、檀君朝鮮の完全没落時までの年条などを、次の如く述べている。

檀君王朝は千九百八年間 箕子朝鮮の時山神となる

「檀君はその後、都邑を白岳山、阿斯達、弓忽山、今弥達などの地に移転するなどして、その国家社稷の存続期間が、千五百年に達した。周の虎王が即位するや、己卯年に「箕子」を朝鮮王に封じた。檀君がちょうど蔵の唐京に移去し、その後阿斯達にもどってかくれていたが、遂に山神となった。その寿命が千九百八年であった。」

君乃移於蔵唐京。後還隠於阿斯達。為山神。寿一千九百八歳」

〈著者註＝「移於蔵唐京」は、檀君朝鮮の最終の敗れた王が、唐のみやこに一時逃亡していたようでもある。研究すべき問題だと思う。〉

〈註〉この連載の第二回で、魏将毋丘倹が渤海（バルハ）二四年（西紀九〇二年）に丸都城を陥落させ、そのとき「碑記」を奪い去った、というくだりが、申采浩の「朝鮮上古史」からの引用文として文定昌氏の著書に示されていたが、北海道の一読者からこの年代に誤りがあるとの指摘があった。

北海道旭川市に住む李光鎮さんからの手紙の要旨によれば①魏の毋丘倹の一次侵入は高句麗東川王一八年（西紀二四四年）になっており。②同じく二次侵入は、その次の年の一九年（二四五）になっている。③魏志・斉王芳本紀正始七年（二四六）に〃春二月幽州刺史毋丘倹討高句麗……〃などが韓国檀学会編「韓国史・古代編」に詳述されており、さらに④三国史記巻一七、高句麗本紀第五、東川王二〇年（二四六）条に〃秋八月魏遣幽州刺史毋丘倹将万人出玄菟来侵……〃ともあるから、申采浩の「朝鮮上古史」に史実と差異があるのではないか。ということであった。そして著者（文氏）に照会して訂正すべきではないかという御意見であった。早速、その手紙を文定昌さんに回送し、御返事を待っている次第であるが、記者も文献を調べてみた。

韓国檀学会編の韓国史・古代編には、確かに李氏の指摘したとおりである。また、この共同編者の一人李丙燾博士の著書「韓国史大観」（普文閣69年版本）でも同じことが述べられている。

また三国史記も李氏の指摘どおりであった。そこで、念のため「中国史書」はどうなっているかを、改めて調べてみた。

中国史書で、高句麗と毋丘倹が関わり合った記録の、最も古いのは、晋の陳寿の撰になる「三国志」である。この中の「魏志東夷伝・高句麗伝」の中に「正始三年、宮寇西平安、其五年、為幽州刺史毋丘倹、所破」として「毋丘倹伝」と、毋丘倹伝記に「正始」年号は、西紀二四〇～二四九年であるので、毋丘倹の高句麗侵入は西紀二四五年ということになり、前記韓国史古代編と一年の差がある。

これが次の、唐の姚思廉の撰になる「梁書」の「諸夷伝・高句麗」の記録では「正始三年、位宮寇西安、嘉平五年、幽州刺史……」となって、また違っている。嘉平という年号は魏の年号で、西紀二四九年～二五四年までであるので、嘉平五年は西紀二五四年となり、韓国史・古代編とは十年のズレがある。

さらに下って北斉の魏収の撰になる「魏書」の「高句麗伝」では単に「魏正始中、入寇遼西安平、為幽州刺史毋丘倹所破」となって、紀年はあいまいである。随書また然り。だが、何れにしろ、文定昌さんの引用した文献とは紀年にあまりにも差がありすぎることは確なようだ。

× × ×

関連ニュース

檀君神殿「開天宮」起工式

毅斎・許百錬氏（東洋画家・84）が推進している無等山の檀君神殿開天宮が二十一日、起工式を行った。

この開天宮は、光州市鶴雲洞雲林部落後山に建立されるもので、一万坪の土地に本殿、図書館、合宿所など、六個建物が建造されることになっており、許百錬氏の東洋画展収入金一千八百万ウォンと、政府補助など総額一億五千万ウォンを投入し、七六年十一月三日の開天節までに竣工の計画である。

× × ×

解放後の混乱期を闘かった
建青創設回想録（5）

洪万基 文　金竜煥 画

朝連草創期

朝鮮の山奥から出て出た若者がこのような女の脂粉のにおいに迷うのも無理からぬことかも知れぬ。しかし苦学生の分際で勉強もせず遊とうにふけるとはけしからんということになる。たちまち噂はひろまり、奨学金は打切られ、祖先伝来の田畑まで売りとばすとなると、世間はうって変って冷たくなった。

打開策のため帰郷するが文字通り石もて打たれるが如く、東京に逃げてきている。

当時朝鮮では日本式のいわゆる創氏改名が行われ、志願兵制度からやがて徴兵へ移行する段階であったが、実をいうとこの頃僕は兄に連れられて東京へ渡っている。

来てみてビックリした。兄の下宿は高田馬場近くの諏訪町にあった昭栄館であっただが、下宿賃がとどこおってはいれない。簡易旅館に泊って外食するといった有様であったが、下宿はそのままほうり出して、早大の鋳物研究所の裏にあったいびつになって傾きかけた汚ない間貸しの一間を借りて移った。

当時の留学生気質は妙というか団々しいところがあり、たとえば食堂に行くと知合いの先客がいる。彼は食事を済ませて煙草をふかしており、合席となって雑談を交しているうちに、〃実は洪兄〃という。食事は済ませたけれども金がなくて出られない事情を話す。兄は苦笑するがそれを引受ける。こちらも金欠であるから兄弟してトーストとミルクで朝食を済まし、勘定の段になると先客の分が兄弟の合計よりも多い場合がある。つまり洪賢基はそれをきっぱり断れない、人が好いというか気の弱いところが死ぬまであった。

ところで洪賢基はここで心を入れかえて奮起したであろうか。

さにあらずますます悪癖はこうじて今度はいまでいう人妻キラーに変身した。相手は仕立屋職人の女房だとか、下宿屋の女将、喫茶店の女主人といった類いである。相手の女からみつがれ、女が急に化粧やら衣裳にこるようになるから、亭主のいない女ならともかく、やがてウワサから亭主にも知れわたるようになり、よく訴えられた。当然警察沙汰になる。

しかし一概にこれは、洪賢基ばかりを責めることは出来ない。

やくざのヒモのようでもなるが、彼の性格からものを脅しとったり、まきあげることは出来ない人間である。文字通り女からみつがれ勝手に熱をあげさせただけである。新民主刑法のように姦通罪がなかったわけではないのに、そのところはよく理解出来ないが大抵拘留ぐらいで起訴されたことがない。これは不埒な女房どもが、亭主とまるく納まって亭主をなだめた結果だろうが、その火の子が私ども弟たちにまでふりかかった。

警察から呼出しがかかってくる。出頭すると臭い飯を喰ってすっかりやつれた兄の姿がそこにあった。「どうだ。弟たちの手前恥かしいとは思わぬか。朝鮮のクセしてこの助平野郎！」とどなって刑事は兄をにらむ。反応がない。根負けし刑事は、「学徒兵でも志願して魂を入れかえるんだね……」これで釈放である。

先程交易営団の仕事を引受けてずい分、もうけたことをいったが、これは伯兄洪賢基の発案ではなく、解放後二十八才の若さで死んだ仲兄洪舜基が始めて、自分は闇屋に向くからと兄に引継がせたものであった。

僕は今でも思うのだが、民族怒り人間怒りで、ビジョンというか目的というか、生甲斐のある希望がなければ国家も人間も駄目になってしまうということである。

事業が軌道にのると眼に精気を帯びて精かんな感じになってきた。そのときの写真がいま僕の手もとにあるが、シックでスマートな感じの好青年である。

先にも述べた通り、解放直後の洪賢基は団体に参加する意志がなく、財をまとめて帰国したかったと語ったが、それは巨万の富を築きたい意欲というよりは、放とう時代冷遇した人達にその晴れ姿をひけらかしたい児戯に類するいわばたわいない心理からである。実はこの虚栄心が、やがて彼を滅ぼしたといってよい。

終戦直後如何に多くの人々が祖国を目指し殺到したかは、例えば徴用その他で二百五十万近くいた同胞が、現在六十万という数字が如実にそれを物語っている。大部分の人々があの不便な時代、万難を排して帰国してしまった。祖国に骨を埋めたい人情もさることながら、民族独立に湧きかえっていたのである。当時は正規航路の連絡船が途絶えて、大抵密船の類いをやとい、家財の一切を積みこんで玄海灘を渡るのであるが、しばらくするとけしからんウワサが立った。この漁船とも渡し舟ともつかぬポンポン蒸気の船主どもの中には、さながら海賊もどきのはたらきを仕でかすのがいるという。

真偽の程はさだかでないが、ひどい者になると乗客をもろとも荒波の海中へほうりこんで、家財なり金目のものを略奪するというのだ。こうなると拳銃一丁を用意しなければなるまい。洪賢基は憲兵上りの男にわたりをつけたが、これがさっぱりラチがあかない。ほんとうは武装解除して占領軍がその所持を許さなかったからである。

それに財産の整理がつかなかった。金の延棒が購入出来るわけでもなかったし、宝石なども戦時中に供出されて三井とか住友の金庫にねむっていたのである。もし市中に出廻っていたとしても鑑識眼がなければならない。土地、家屋、有利な事業の話はずい分あったが帰国するつもりでいたから、別に関心を示さなかった。

（つづく）

●ドリンクの中にはいっている高麗人蔘は純生の三年根です。
●ドリンクを召し上がりながら、そのまま人蔘をかじってください。
●ドリンクはカクテルに、人蔘はジュースにしてもおいしく召し上がれます。

生が到着（きた）！
神秘の力
純生人蔘ゴールド

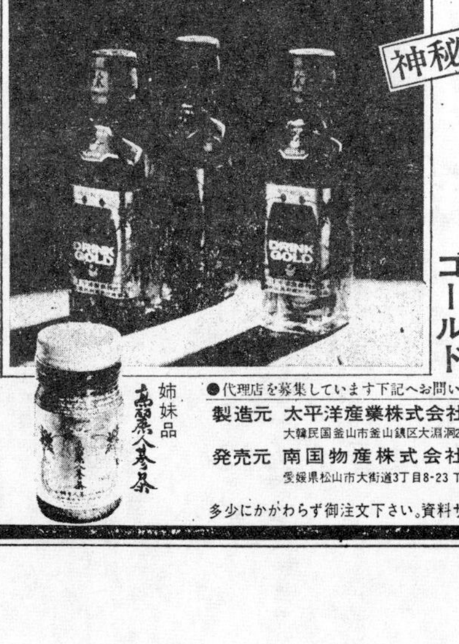

姉妹品 高麗人蔘茶

●代理店を募集しています下記へお問い合わせください
製造元 太平洋産業株式会社
大韓民国釜山市釜山鎮区大淵洞209-1
発売元 南国物産株式会社
愛媛県松山市大街道3丁目8-23 TEL (0899)43-1818.
多少にかかわらず御注文下さい。資料サンプルお送りします。

神戸製鋼所指定工場
金属・チタン・研磨・切断仕上
指定納入 神戸製鋼所・住電・新日本製鉄
山陽特殊製鉄・日本砂鉄鋼業(株)
加古川金属工業(株)
取締役社長 車 慶 泰
（伊藤慶造）
工場 兵庫県加古川市東神吉町神吉248
TEL (0794) 32-5587・6538 / 6506・3705
自宅 兵庫県加古川市東神吉258-1
TEL (0794) 31-2155・32-3705

上野で本場の味を!!　忘年会 新年会 受付中
焼肉料理 新規開店
団体宴会は300名様までOK

ロース焼	¥550	冷麺	¥500
カルビ焼	¥550	定食	¥500
ミノ焼	¥500		
◎ランチサービスタイム 11:00～3:00			
ビビンバ	¥300	焼肉定食	¥500
クッパ	¥300	定食	¥400

▼12月30日まで サービス期間 (ビール・大) 150円の超廉価提供
御宴会1,500円から4,000円まで6コース

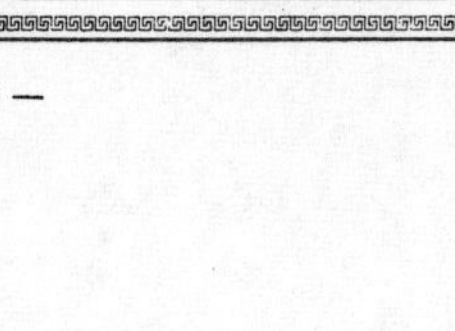

☆上野サウナ温泉会館1・2F
☆結婚式の披露宴に最適
焼肉の殿堂 漢一館
台東区上野6-16-5（上野京成百貨店東口通り）
電話 831-9417

韓國新聞
在日大韓民国居留民団
中央本部機関紙
韓國新聞社
発行人
東京都文京区春日2丁目20—
電話 (815) 1451～
(813) 2261～
振替口座 東京 1637
本国連絡所 (民団本国事務所)
서울特別市鍾路区
政府合同庁舎
電話 73—

一、우리는 大韓民國의 國是를 遵守한다
一、우리는 在留同胞의 權益擁護를 期한다
一、우리는 在留同胞의 民生安定을 期한다
一、우리는 在留同胞의 文化向上을 期한다
一、우리는 世界平和와 國際親善을 期한다

謹賀新年

乙卯新年に託す民族の誓い

大海原にすがすがしい精気がみなぎる。

輝かしい維新の年輪を三たび刻み、繁栄と成長の歴史をはぐくんだ太陽が—

今、大韓の錦織りなす地に四たび臨み、乙卯新年元旦のあけぼのを開く。

七色の彩光がたおやかな波頭に映え、黄金の光脈が天と地と海を結ぶ東海の日の出。

それは、強大な外敵の侵略をあくまで挫き五千年ひとすじに、民族の誇りと文化の華と父祖の地を守りつづけて来た

力強い生命の光芒—。

それは、三国統一の偉業を果たした新羅の英主文武大王が、死してのちも祖国の疆土を守る、護国の化身であろうとする念願で、自らの骨を埋めた大王岩下、海底陵の息吹き。

そして、それは甲寅年八・一五の日、赤魔の凶弾で国に殉じた国母陸英修女史の至誠を天が賞し、ソウルの天空にくりひろげた妙なる彩光の飛瀑。

また、潮騒の中、紺碧の大海原にこだまする太古の海鳴りは、大韓の子々孫々へ脈々とつながる生命の搏動。

この搏動は、東海に昇る太陽、海底陵の息吹き、殉国の国母が築いた至誠と慈愛の遺徳の中で、より高く、より強く、より美しく、生きつづける。

これこそは、父祖の血と肉を連綿とつぐ、われわれの希望。

この躍動する若く幼い生命にわれわれは無限の夢を託すのだ。

サラエボでの卓球世界制覇、南阿ダーバンでの拳闘世界選手権獲得、モスクワ、チャイコフスキー音楽祭での栄冠など、洪秀煥、鄭明勲、李エリサらの名は、世界に冠たる大韓の子の英知と才能を物語るわれわれの誇り。

この清純な生命の芽生えをふみにじろうとする凶悪な外敵の企図から、平和を忌み自由を嫌う破壊の亡者があくまでも追いつづける民族文化抹殺の策謀から、われわれは、たぐいまれなる生命を、父祖の血肉の遺産を、守りつづけ、はぐくみ、花咲かせなければならない。そして、それこそが維新四年目、一九七五年の元旦に託す、民族の誓いなのである。

在日本大韓民国居留民団
中央本部
東京地方本部　神奈川県地方本部　千葉県地方本部　山梨県地方本部　栃木県地方本部　茨城県地方本部　埼玉県地方本部　三多摩地方本部　群馬県地方本部　静岡県地方本部　長野県地方本部　秋田県地方本部　福島県地方本部　宮城県地方本部　北海道地方本部　山形県地方本部　青森県地方本部　岩手県地方本部　新潟県地方本部　石川県地方本部　福井県地方本部　富山県地方本部　愛知県地方本部　岐阜県地方本部　三重県地方本部　大阪府地方本部　兵庫県地方本部　京都府地方本部　奈良県地方本部　滋賀県地方本部　和歌山県地方本部　広島県地方本部　岡山県地方本部　鳥取県地方本部　島根県地方本部　山口県地方本部　福岡県地方本部　長崎県地方本部　佐賀県地方本部　大分県地方本部　宮崎県地方本部　熊本県地方本部　鹿児島県地方本部　対馬地方本部　愛媛県地方本部　徳島県地方本部　高知県地方本部　香川県地方本部　沖縄県地方本部

在日韓国人信用組合協会
東京都新宿区西大久保一—四四九　電話二〇八—五一〇一
会長 李熙健・常任副会長 張聡明・副会長 許弼奭、姜宅佑、徐甲虎、鄭奎任

信用組合 大阪興銀　大阪市天王寺区筆ヶ崎町17　電話(七七二)一三八一
信用組合 大阪商銀　大阪市北区曽根崎中一丁目40　電話(三一一)三八五一
信用組合 東京商銀　新宿区西大久保一ノ四四九　電話(二〇八)五一〇一
信用組合 愛知商銀　名古屋市中村区鷹羽町三丁目101　電話(四五一)五一四一
信用組合 横浜商銀　横浜市中区蓬莱町2—3　電話(二五一)六九二一
信用組合 京都商銀　京都市下京区四条通堀川西入る唐津屋町075　☎(八〇一)六一一一
信用組合 広島商銀　広島市銀山町3—18　電話(四四)三一五一
信用組合 神戸商銀　神戸市生田区中山手通3—49　電話(二三)三九一一
信用組合 岡山商銀　岡山市野田屋町2—6—3　電話(二四)五九三一
信用組合 福岡商銀　北九州市小倉区香春口二—七—二三　電話(九四二)八八八八
信用組合 山口商銀　宇部市相生町9—13　電話(二一)七一七八
信用組合 和歌山商銀　和歌山市三木町堀詰6—2　電話(三一)三三四一
信用組合 三重商銀　桑名市新矢田2—19　電話(二二)四三五五
信用組合 埼玉商銀　浦和市高砂3—9—12　電話(二二)一一三一
信用組合 奈良商銀　橿原市新賀町二五四—二　電話(二)六七一一
信用組合 北海道商銀　札幌市中央区南九条西四ノ一〇　電話(五二一)〇一三一
信用組合 茨城商銀　水戸市大町一—二—一六　電話(二四)六三四一

信用組合 静岡商銀　静岡市常盤町三—五—一二　電話(五五)三二九五
信用組合 滋賀商銀　大津市粟津町5—8　電話(三七)一三三〇
信用組合 岐阜商銀　岐阜市金町一—五—二　電話(六五)三三一六
信用組合 千葉商銀　千葉市新宿2—9—8　電話(四二)〇一七六
信用組合 福井商銀　福井市みのり二丁目19—11　電話(三六)一五一五
信用組合 熊本商銀　熊本市米屋町二丁目22　電話(五三)一二三七
信用組合 新潟商銀　新潟市弁天町3—24　電話(四五)八二八一
信用組合 宮城商銀　仙台市本町1—5—34　電話(二二)三三六一
信用組合 長崎商銀　長崎市籠町4—16　電話(二六)七二四一
信用組合 岩手商銀　盛岡市菜園1—7—23　電話(五二)八五一一
信用組合 石川商銀　金沢市本町2—13—7　電話(六三)九一一〇
信用組合 青森商銀　青森市長島3—7—12　電話(七七)一四四八
信用組合 秋田商銀　秋田市中通6—1—64　電話(三三)五一一一
信用組合 島根商銀　松江市雑賀町二〇一　電話(二一)九一一一
信用組合 富山商銀　富山市牛島新町三番二一　電話(三二)八七八七
信用組合 群馬商銀　前橋市古市町四九七—五　電話(〇二七二)五二—一三二〇一

一戸に一冊 商銀通帳

623

乙卯年

새해인사

一九七五年은 民団飛躍의 해
維新指標向해 総進軍합시다

経済成長의 成果딛고
不退転의 決議로 祖国中興에 매진

駐日大韓民国全権大使　金　永　善

一九七五年의 새해를 맞아 親愛하는 在日同胞여러분과더불어 지난 한해를 謙虚하게 되돌이켜보고 올해는 在外国民으로서 자랑스럽게 그리고 힘차게 営為해나갈 決意를 새로이하고자 합니다。

돌이켜보면 一九七四年은참으로 曲折에찬 한해였읍니다。그러나 우리들은 이試練에넘친 한해를 挫折됨이없이 克服하고 새해를 맞이하였읍니다. 나는 지난 한해의 움직임과 잇단 올해야말로 韓日両国関係史에있어 특히 記憶될時期로서 記録될것으로 確信하는바입니다。

一九六五年、韓日国交가 正常化된지 올해는 꼭十年째가 됩니다만 韓日両国関係의 基本이 어떠해야 할것인가에관하여 지난一、二年동안과같이 率直하고 허물없는 論議가활발히 展開되어보기는 일찌기 없었던 것으로 생각됩니다。

金永善大使

率直한 論議야말로 참된뜻의 相互理解와 親善의 첫걸음이요 基盤이아니겠읍니까。

敬愛하는 在日同胞여러분! 韓日両国間에서 서로 忌憚없는 論議를 거듭한것은 그省察위에 새로운 相互関係를 構築할수있는 状況을 達成하는데 크게 이바지했다고 생각됩니다。이같은 새로운 状況아래서 새로운 해를 맞이한 올해야말로 韓日両国関係의 「새로운章」을 펼치기에 알맞춤의해라고 나는 確信하는 바입니다。속담에 비내린뒤에 땅이굳는다고합니다。

우리들 在外国民一同은 더불어 이한해를 韓日友好의 땅을굳히는 해가되도록 힘을합쳐 나갑시다。

지난해는 또한 国際経済環境이 일찌기 볼수없게 苛烈했던 한해였읍니다。우리들은 自由世界에있어 GNP第二位를 자랑하는 日本国이 「오일・쇼크」에따른 一連의 余波로 어떤事態에 빠져들었던가를 빤히 目撃할수가 있었읍니다。経済的으로는 日本보다 훨신 바탕이 弱한 우리 祖国이 克服하지않으면 아니되었던 試練이 얼마나 컸던가는 쉬사리 想像이 갈것입니다。

그러나 우리들은 이試練을 능히 克服하고 第三次五個年計劃의 第四次年度로서의 새해를 맞이하였읍니다。우리들은 年間経済成長率八%, 年間総輸出量四十五億달러라는 昨年度目標를 達成시켰읍니다만 経済力의 集中的表現이라고할 이들指標의 達成은 우리들이 祖国近代化의 中間目標의 道標로서 設定해놓은 八〇年代初 一人当GNP千달러, 総輸出量百億달러라는 目標実現에 대한 우리들의 自信을 한층 깊게해주었읍니다。未曾有의悪条件下에서의 年間目標達成은 無限한 可能性을 約束하는우리民族의 底力을 보여준것이라고 할수 있을 것입니다。

우리들은 이試練을 통하여얻은 貴重한 経験과 叡知를기울여 올해의 年間経済成長率및 総輸出量目標를 不退転의 決意로 達成해나가야 할것입니다。

되돌이켜보면 지난해는 北韓의 사나운 威脅을줄곧 받아온 한해이기도 했읍니다。年頭인一月十八日 朴正熙大統領은 南北双方은 서로 挑発하지말고 平和維持의 担保로서 南北不可侵協定을 締結하자고 提案하셨읍니다。이에대한 北韓側의 実際의 回答은 二月十五日 韓半島西海岸 白翎島부근의 公海上에서 우리漁船二隻을 攻撃하고 한隻을 沈没기키고 한隻을 北韓地域으로 拉致해간다는 蛮行이었읍니다。平和롭게 漁撈作業中에 졸지에 가장 아끼는 家族과의 生離別을 強要당한 拉北漁夫들은 北韓의 땅끝에서 어떤 心情으로 이새해를 맞이하고있을것이겠읍니까?

朴大統領은 平和指向的이요 現実的인까닭에 内外에 높은 評価를 받은 「六・二三平和外交宣言」一周年을 맞아 지난六月二十二日 談話를 통하여 北韓側에대해 武力挑発을 그만두도록 요구하고 두번다시 南北不可侵協定의 체결을 요구했읍니다。이에대한 北韓側의対応은 어떠했읍니까。六月二十八日 北韓은 韓半島東海上에서 巡視中이던 우리警備艇을 包囲攻撃하여 沈没시켜는 武力挑発을 敢行했던것입니다。지난八月十五日 光復節記念式典에서 朴大統領이狙撃당하고 令夫人陸女史가 被撃、絶命하신 政治테로事件은 지난해에 들어서면서 한층더 심해진 北韓의 対南挑発行為의 하나의 帰結이라고 할수 있을것입니다。또한 지난 十一月十五日 韓半島休戦線의南側非武装地帯에서 発見된 北韓의 地下「콩크리트・터널」은 平和宣伝은 偽装에 지나지않고 北韓의 숨겨진 意図그무엇이었던가를 雄弁으로 리켜주고있읍니다。이같은 極히 対照的인 南北双方의 基本的姿勢는 国際社会에도 그대로 投影되어 지난二十九次「유엔」総会에서는 韓半島問題討議에 따른 韓国支持国의決議案이 賛成六十一、反対四十二의 圧倒的多数로 採決되었던것입니다。

親愛하는 在日同胞여러분! 内外와 諸情勢는 매우 苛烈하다 하지않을수없읍니다만 苛烈하면苛烈할수록 우리는보다더굳게 一致団結하여 北韓의 威脅을 물리치면서 우리들이 이미 策定해놓은 祖国近代化의 道程을 한걸음한걸음 着実히 걸어나가지 않으면 아니될것입니다。그것이민경은 諸外国에대한 우리들의 矜持를 높이는 길이요 祖国統一에 이어져가는 길이기도 하는것입니다。

希望을 새롭게하는 새해를 맞아 在日同胞여러분의 家庭에 두루두루 鴻福이 깃들기를 충심으로 바라 마지않습니다。

赤色侵透粉砕期하여
中央会館建立에 全組織力傾注를

民団中央本部団長　尹　達　鏞

尹達鏞団長

一九七五年을 맞이하여 異域에서 祖国의 平和統一成就와 民団의 発展을 위해 晝夜로 尽力하고 계시는 全国団員 여러분께 새해인사를올리는바입니다。

지난一年은 우리民族에게는 過去의 어떤 때보다도 多事多難한 한해였읍니다。

特히 北傀의 露骨的인 武力挑発과 南韓侵透를위한 日本을 基地로 한 迂廻作戦이 어느때보다도 熾烈했던 해였읍니다。

北傀는 西海에서 平和的으로 漁撈하는 우리의 漁船을 무작정 砲撃拉致했고 東海에서는 까닭도없이 警備艇을攻撃 撃沈했읍니다。平和統一을 바라는 民族의 希望의 窓口였던 南北赤十字会談에 対해서는 새매를 쓰면서 妨害하기 시작했읍니다。

심지어 그들은 우리의 英明한 指導者 朴正熙大統領의 狙撃陰謀를 꾸며내어 無知蒙昧한 文世光을 殺人狂으로 만들었으며 民族의 尊敬과愛慕를 받으시던 大統領令夫人 陸英修女史를 殺害했던것이니다。

이러한 天人共怒할 [illegible] 蛮行에 対하여 全民族의 슬픔과 憤怒는 봇물처럼 일어나 団結과 総和의 巨大한 소용돌이가 하늘을찔렀읍니다。

故陸英修女史追悼中央大会에는 二万의団員이 一堂에 모여 陸英修女史의 逝去를 哀悼했고 継続하여 日本全国坊々谷々에서 殺人鬼를 조종한 朝総連과 北傀를 糾弾하는함声은 衝天하여 民団의 巨大한 組織과 底力이 内外 誇示되었읍니다。

非武装地帯에 地下터널을파 武力侵透의 秘密通路를 露呈하다가 우리民政警察隊에摘発된 北傀의 悪辣한 策動은 우리의 団合과 総和앞에 여지없이 부서지고야말것이다。

特히 포드大統領의 訪韓으로 韓美間의 血盟의 友誼를 굳게 다진 오늘 우리는 自由와 平和를 지키는 反共의堡塁로서의 決意를 더욱 다짐하는 바입니다。

지난해 우리 民団이 이룩해온 값진成果는 첫째 日本言論의 偏向報道를 철저히糾弾하여 自粛하게한 일입니다。

또한 未入団者入団運動에있음된 戸籍整理 在外国民登録申請과 旅券所持運動의 促進으로 民団의 団勢가 크게拡充된 일입니다。

또한 우리의 長時日間의念願이었던 中央会館이 着工되어 現在工事가 進行中에 있읍니다。青年会의 結成과 拡大로 우리 二、三世의 健全한 育成의 基盤이 닦여가고 있읍니다。

새해에는 우리가 이룩한지난해의 모든 成果를 발판삼아 더욱 눈부신 発展을 期해야겠읍니다。

첫째로 우리는 日本을 발판으로하여 朝総連과 北傀가 끊임없이 노리고있는 侵透破壊工作을 철저히 粉砕하기위해 精神을 武装하고 組織을 強化하는데 힘을 써야겠읍니다。

둘째로 우리의 念願이던中央会館의 完工을위해 組織의 総力을 다해야겠읍니다。

세째로 우리는 오끼나와에서 열리는 海洋博覧会를 맞아 本国家族을 초청하고安全하게 見学滞日할수있도록 最善을 다해야 겠읍니다。

네째로 二、三世의 民族教育의 抜本的인 길을 打開하여야 하는동시에 組織의 基幹要員養成에 더욱 박차를加하여야 하겠읍니다。

그리고 우리의 民団組織을 더욱 近代化하고 日本社会에서 우리의 子女와 同胞가享有해야할 経済・民生・文化・教育의 권리를 더욱 넓히고 굳히기위해 全力을 다하는前進의 해가되도록 노력합시다。

새해에 団員여러분과 여러분의 家庭에 香福있으시기를 祈願합니다。

経済危機打開에 全力投球를
同胞企業의 基盤強化에 協力

韓国人信用組合協会々長　李　熙　健

李熙健会長

新年을 맞이하면서 日本에서 祖国의 発展과 同胞社会의限없는 前進을위해 活躍하고계시는 各位께 인사를 드리며 今年이야말로 우리에게 행복한해가 되도록 여러분과함께 祈求하는바입니다。

一九七四年을 되돌아보면 政治的으로 経済的으로 참으로 어려운해였읍니다만 그中에서도 八・一五의 悲惨한事件은 우리에게 있어 놀랍고 悲痛하기 限이없읍니다。새삼스레 義憤을 禁치못하는바입니다。

再昨年末부터의 石油波動은 自由経済各国으로하여금 高度成長経済로부터 急転安全経済에로 政策転換케하고 인플레의 昂進을 鎮静하기위해 財政金融面의 긴축을 強化하고 需要를 抑制하고 있기때문에 経済는 자못 萎縮되고 不況은 더욱 深刻化하여 도리어 物価는 上昇한다는 従来의経済観念으로는 도저히 생각할수없는 희유의 現象을 招来하여 中小企業을 経営하고계시는 同胞各位는 多難의 在庫를 안고 앞으로 어떻게될것인지 方向感覚을 잃을정도의 不安한 다음으로 新年을 맞으셨으리라 믿습니다。

우리는 이보기드문 未曾有의 経済情勢에 直面하면서도 同胞社会의 経済的基盤의 構築과 安定된 生活権의 確保에 寄与하고 信用組合設立의 本旨인 相互扶助의 精神을가지고 組合運営에 精力을 傾注해온 結果、昨年末로 全国三十三個所의 信用組合으로総預金量二千二百億円을 超過하는 業績을 가지고 同胞中小企業의 発展을위해 多少라도 貢献한것을 다행으로 생각하는바입니다。

아시는바와같이 우리나라에서도 石油波動으로인해 経済의 不況은 免할수없으나 英明하신 朴大統領閣下의 領導下 国民総和의 旗幟아래 経済建設・統一達成에의 基盤造成을위해 第三次経済五個年計画達成에 全国民이 総力을傾注하고있는것입니다。今年에들어와 世界的으로 不況이던景気가 차츰 上向方向을 보여 日本에서는 不景気를 덮어쓴 業種에 対해서는 一部金融의 緩和에의해 経済의 재조정을 꾀하는것으로 보여지므로 봄부터 景気는 어느정도 회복될 기운인것으로 생각됩니다。

同胞各位는 이難局 속에서 経済実態를 正確히 把握하시어 企業収入의 減退、倒産等의 事態를 避할수있도록 연구를 거듭하실것을 祈願하면서 나는 信用組合協会長으로서 될수있는限의 協議와 活路를 開拓하기위한 努力을傾注할생각이므로 今年에는 부디 協力과指導를 배풀어주시도록 부탁드리오며 新年의인사를 드립니다。

日林観光チェーン店

一度・ご試浴されたら
素晴らしさがわかる
(営業時間午前10時～深夜3時)

男女サウナ 日林
浅草国際通日林会館2・3・4F
(八四一)八二九六(代)

バクハツ的人気!
良く出る良く出す!
アナタなら知ってる店

パチンコ 一号線
浅草ロック入口 (八四一)〇一二五

世界のショーが楽しめる
21世紀の宇宙キャバレー

浅草グランド 日林
浅草国際通り
(八四一)三七七三・三八八三

■人魚のような
美人ホステスの群■

深海の城 クラブ シャトー
浅草雷門東莫ビル地階 (八四三)〇九六五～七

日林観光株式会社
代表取締役 小林健次
東京都台東区浅草2－18－4 日林会館 2F
電話 03 (841) 3569・3574

漢方高貴薬のすすめ

原始から現代に至るまで東洋の妙薬

▲ソ連産鹿茸(全枝)

漢方高貴薬「鹿茸(ロクジョウ)」の知識

進歩発展した現代科学でなお実証し得ないような薬効を持つ東洋の神秘と云われる漢方高貴薬鹿茸とは中国及びシベリヤ大陸に住む牡鹿の新角すなわち袋皮を未だ脱してない袋角であり又、茸角の先端ほど上品とされています。

古来不老長寿は人間の永遠の夢でありますが、中国及びシベリヤ大陸において古くから最高級の漢方薬として愛好されています。

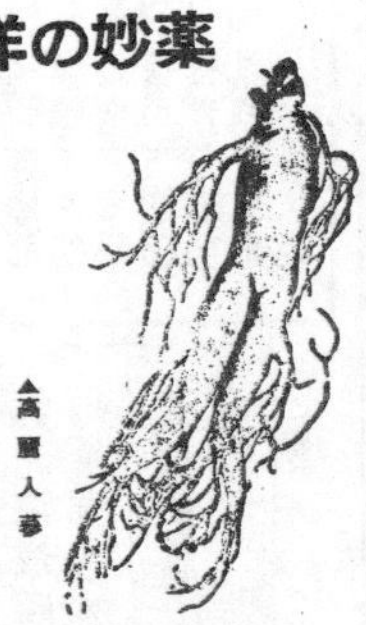
▲高麗人蔘

延寿堂漢方の組織

山本延寿堂は漢方専門家として、全国に延寿堂漢方を拡める事によって日本の健康に奉仕しつづけます。
よりすぐれた漢方薬材料を求めて輸入仕入部門では、現地へ直接的に購入し、全国各地へより安い値段で販売する様に卸部門が活躍しております。

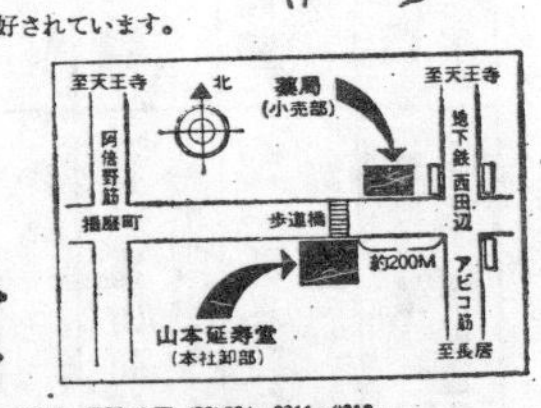

鹿茸・人参・牛黄・麝香の輸入専門卸売

株式会社 山本延寿堂

本社卸部　大阪市阿倍野区阪南町5丁目25の18　〒545　電話 大阪 (06)694―0311・0312
支店小売部　大阪市阿倍野区阪南町5丁目21の8　〒545　電話 大阪 (06)624―1790・1791

1975 各界의

組織発展위한 新風導入을 総和와 改革으로 団強化図謀

民団中央本部議長 朴太煥

朴太煥議長

一九七五年의 새해를 맞이함에있어 全国組織任職員 여러분 그리고 団員 여러분께 삼가 祝賀의 말씀을 올리는 바입니다. 一九七四年은 우리 組織과 在日六〇万同胞들의試練의 해라 하여도 過言이아닐만큼 苦難의해이었읍니다. 비할바없는 逆境속에서 組織을 担当하신 여러분과 愛団에 불타는 全団員의 冷静하고도 毅然한 姿勢가 이를 克服하고 올바르게 団을 邁進케하였다 함은 創団以来 오늘에 이르기까지 蓄積된 組織의 힘이었다고 評価할수있읍니다.

一九七五年의 새해는 우리 組織의 그어느때보다 飛躍的인 発展을 願하면서 몇가지 抱負를 여러분과같이 研究 実践하고자합니다.

①우리들은 스스로의 힘으로써 올바른 団을 運営하고 스스로의 힘으로써 在日韓国人의 権益·民生安定을 期할

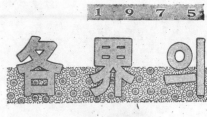

赤侵粉砕、組織保安철저 組織強化와権益確保에総力을

民団中央本部監察委員長 鄭泰柱

鄭泰柱監察委員長

150日間運動成果 딛고 「総力安保」로 難局을打開

婦人会中央本部会長 金信三

金信三会長

成年의歴史 터전삼아 同胞教育의 中興을期約

東京韓国学校校長 呉培根

呉培根校長

維新의 그날은 하루하루 자란다

郷軍精神 되살려 自由의尖兵을自覚、反共一線에

大韓民国在郷軍人会日本支会会長 李麟基

李麟基会長

相互扶助로 民族紐帯強化 経済力培養은 組織強化로

東京商銀理事長 許弼奭

許弼奭理事長

文化産業株式会社
代表取締役社長 朴碩道
本社 秋田県大館市字大町42 TEL 01864(2)1910・0509
遊技場
本店 秋田県大館市観音町 TEL 01864(2)1286 / 秋田店 秋田県秋田市川反5丁目 TEL 0188(62)6245
駅前店 秋田県大館市駅前 TEL 01864(2)4734 / 土崎店 秋田県秋田市土崎港中央通 TEL 0188(45)3307
中央店 秋田県大館市中央通 TEL 01864(2)3020 / 能代店 秋田県能代市西通町 TEL 01855(2)4267
三六九建設株式会社
代表取締役社長 朴碩道
本社 秋田県大館市字東台195の2 TEL 01864(2)4745

大韓民国社団法人 全州李氏 大同宗約院日本支部
総裁 李玖
日本支部会長 李相権 他親族一同 TEL (075) 461-6882
●全州李氏の方は、どなたでも入会できますので一報下さい。

迅速・正確・安全……………
建築設計・施工管理・建築積算・総合建設業
建設大臣登録(ヨ)1710号
安本建設工業株式会社
代表取締役 安国鎮
本社 東京都千代田区神田神保町1−8 電話(03)294−0265(代)2630・5441(代)
東海支社 静岡県富士市仲見991−3 電話(0541)34−1102
営業所 埼玉県飯能市岩沢283−5 電話(0429)72−5954

青年会のビジョンは明るい

中央本部の研修場完成

年間六期の教育 練成修了

民団中央本部青年局（沈穜孝局長）では、一九七五年度の青年会問題について、①中央本部で教育練成。②青年会中央本部結成。③青年会の諸事業活動の積極化。④外国居住意識の向上と権利義務観の育成。そのほかについて、綿密な計画を立て、これを徹底的に実践し、青年会を民族の次代の指導者として、名実共に備わった組織に成長させることを明らかにした。まず沈局長との一問一答から。

昨年度は、さる十二月二十三日結成された青年会宮崎県本部を最後に、全国三十三の青年会地方本部が結成された。このことは青年運動の不毛地帯ともいわれていた在日韓国人社会が、不毛地帯であるどころか、その未来は非常に明るいと確信する。

―青年会中央本部結成のことについてはどうか。

来年二月予定されている福井県地方本部が結成された後、直ちに結成する予定である。そのときまでは全国四二の青年会地方本部が結成される見込であり、その代表者が集って汎青年的に自分らの代表機関を自ら選ぶことを期待し、青年局としては青年たちが十分活動できる舞台つくりに全力を尽くすのみである。

―先に語った明るいということは具体的には？

在日青年二・三世たちの大部分が、日本の高等教育以上を受けているから、今後の民族精神教育を通じて韓国観（祖国観）をもたせることは簡単であるといえよう。

民団が青年を育成するにせよ、育成された青年が活動するにしていつも資金面に大きな困難があることを否定することはできない。

今後は青年会自体で経済活動を行い、資金の獲得は勿論のこと、家庭訪問を兼ねて、より親密性を深めて行くよう指導する。

例えば、韓国から民芸品等を共同で仕入れて安価に売ることも一つの運動方法として考えることができる。

―民団中央本部内敷地に昨年末完成した青年研修場の運営に関する計画はどうか。

研修場設立目的は、青年会指導者および民団組織委員を養成するためである。その運営は、各地方本部が推薦する青年を中央本部が引受け、宿泊させながら二カ月間教育して地方に帰す。そのため中央本部内に三十人収用可能な宿泊施設も用意されている。

教育内容は、韓日両国の歴史、韓国語、韓国政治史、韓国文化史、経済発展史、セマウル事業論、反共理論、安保論、北韓の実情、民団史などと、実務面の、行政事務会議進行法、司会法、説得法、啓蒙、宣伝実習などが計画されている。

この養成活動を来年一年間重点的に行い、一年で六期生まで卒業させる計画を立てている。

それとは別に二カ月ごとに二〜三日くらいの地方研修を行なう予定。

二月中に結成予定の青年会中央本部が結成されれば、三月開かれる民団の定期中央委員会で民団の傘下団体として認証を受ける予定であり、同時に草案として作成されている青年会綱領と規約が対式に決まる見込である。

×　×　×

なお青年局が明らかにした新年度の事業計画は次の通り。

一、一月末、全国地方本部青年部長および青年会長会議開催。

二、一月二十日から全国青年指導者三十人づつ、二カ月教育を連続実施。

三、二月に在日韓国青年会中央本部結成。

四、三月末項、七五年度六〇万の、セマウル植え運動に関する本国訪問団派遣。

五、各地方別に二・三日間の研修会を二ケ月間隔で実施する。

六、韓国産民芸品を共同購入して、各地方青年たちに経済活動をさせる。

七、日本青年団体との交流活動を積極的に進める。

×　×　×

将来の青年運動の展望に立脚して確立された在日韓国青年運動に関する指導方針案は次の通り。

一、在日韓国青年たちは祖国統一の原動力であり、それを推進する主役となる。

①、韓国政府が祖国統一の前提条件として、「南北不可侵条約」を北韓に提案したが、北韓はこれを黙殺した。われわれは本国政府が行った正当な提案を北韓が受諾するまで促求する運動を継続展開する。

②われわれは北韓の偽装された平和攻勢と、それに従がう朝総連の陰謀と凶計を粉砕する先ぽう隊になる。

③韓国の安保と繁栄は、韓国民の至上課題である。従って、一部の日本マスコミの無責任的で偏向的な態度に対して、われわれはこれを糾弾し、予防する。

④、祖国で展開されている「セマウル運動」に、われわれ在日韓国青年たちは、われわれが持っているすべての知識と青春を祖国に捧げて協力する。

二、在日韓国青年たちは、在日韓国人の権益擁護と地位向上、そして、協同し団結する課業を遂行する主役となる。

①、われわれは在日韓国人社会の先ぽう隊であり、将来の指導者である自覚の下で、いつもわが社会を指導して行ける、実力培養と体制確立に努力する。

②われわれは先祖が、日本の歴史上に寄与した偉大な業績と、日本文化の原流が韓国であることを高く評価して、われわれの存在価値と在日生活権の意義を、正しく認識し、日本国民の不条理な民族差別観を打破するため努力する。

③、われわれの父母と先祖たちが苦難の中で作り上げた貴重な遺産と土台を継承して、なお一層の生活向上と、国力の培養を期する実践的な運動目標に努力する。

三、今後日本に居住する韓国人としての姿勢と態度。

①われわれに定められている法的地位と処遇問題を正確に把握する、在日韓国人の大部分が永住権を持っている。それに従がって法的に参政権を除いては、日本内国民と同等な待遇を受ける主張と、それを貫徹させるための運動を積極的に推進する。

②われわいは善良な国際人として、日本に居住している限り、本国の法令を尊守することは勿論義務を忠実に守った上、権利を正当に主張する。

四、日本社会の精神風土の中で、成長する二・三世たちに民族教育を実施する。

①、民族とは言語があり、言語には必ず固有の文化と、それに従がう民族精神がある。同じ血統、同じ民族といえども民族語を知らなければ、民族の固有精神と思考の培養は困難であり、その民族の将来は明るいといえないだろう。従がって、その国の言語は、その民族の魂ともいえる重要なものである。

②民族の生存可否は団結如何に左右されるものであり、民族的な団結は民族意識と自覚のみによって確立される。従がって、民族を理解するためには民族教育が必然的であり、民族教育のみに民族が生きる道が具現される。

③従って、民族としての自己を発見するためには、民族教育が必ず必要である。これを「民族再確認運動」と称え、これを積極的に推進する。

研修場と中央本部職員、円内は沈穜孝青年局長

中央会館 基礎工事たけなわ

東京都港区南麻布、通称「麻布二の橋」交差点のすぐそば、今、民団員の殿堂、韓国中央会館の建設工事は真最中である。

昨年の十月中旬に着工された中央会館の建設工事は、工程の予定表通り進ちょくしており、現在までに、現場事務所の仮設工事から杭用探掘、山留杭、基礎となるベノト杭（六十二本）の打ち込み工事と、宿舎側の根伐、捨コン、基礎地中梁工事が終っている。

新年からは宿舎側の埋戻しと、事務所側の根伐がはじまり、工事現場は日一日と活気を見せることになる。一月中には宿舎側の埋没管工事、土間コン打ちが終了、事務所側は根伐、山留、根伐、捨コンが終了する予定である。

二月に入ると、事務所側の地下室工事がはじまり、三月一ぱいで地下室を含む一切の土堀り工事は完了、三月末には山留杭を抜き、四月上旬からいよいよ鉄骨組立工事とコンクリートの打込み工事がはじまり、見学者が見てもサマになるようになる。特に四月二十日すぎの鉄骨工事十一階まで完了の時期になって、おおかたの団員にはじめて中央会館の建設をしているのだという、しみじみとした実感がわいてくることであろう。写真は十二月十四日撮影、宿舎側の根伐と捨コンが行なわれているところである。

一九七五年を占なう

共産圏の内三国が韓国を支持する!!

韓国予言界の第一人者 金鶴氏に聞く

韓国の著名な予言者金鶴氏が、一九七五年を占なった。金鶴氏は「国際予想科学協会韓国会長」「社団法人韓国易学会々長」「統合団体韓国易術人協会中央会長」の肩書きを持つその道の大家、現在まで予想適中率90％という確かさで定評がある。さて、では一九七五年はいかなる年とあいなるか、当るも八卦、当らぬも八卦。ゆるりとお楽しみのほどを。なお、金鶴氏は当分間日本に滞在する由、宿所は、東京赤坂のニュージャパン・ホテル、九〇八号。

問　世界的な不況が襲来しているが、今年の見通しはどんなものでしょうか？

答　今年の七、八月までは不況が続くでしょう。アメリカをはじめヨーロッパ諸国から緩和されつつあるが、日本の場合は九月以後によくなる兆しが見える。

問　国際情勢の斡せんと動向はどうか？

答　三月以後からアメリカの指導者とソ連指導者が、中東とアジアの危機について、緩和するために努力するうちに、むしろ米ソが危機状態に入り、世界全体の危機まで招くが、一歩前で最悪の事態を脱するでしょう。

問　韓国で戦争の危機はあるのかどうか。

答　あり得ないと出ている。

問　アメリカ軍がアジア地域から撤収の可能性ありやいなや。

答　論議はあろうが、向う三年以内はない。

問　今年国連における韓国対北支持するだろう。

問　韓国の反維新運動の展望は？

答　韓国の維新体制は、三年内に成功するから反維新運動は自然消滅されるだろう。

問　日本と北韓との国交正常化の可能性はあるか。

答　三年間の日本運を解いて見ても、可能性はない。

問　日本と韓国との関係は？

答　悪化するようなことはない。むしろ、相互間にいままでの誤解が解消する。例えば、親友とも喧嘩のあと一層親密の度が深くなるように。

問　在日同胞と民団の立場と展望について。

答　民団は、在日同胞、その家族の保護と、生活権の確立のため、

韓どちらが有利か？

答　まだ世界運の中でアジア運と韓国運が周易から見た場合、天地創造の中で芽が出るように、韓国運が北韓より強く世界の中に根を張るから韓国が有利だ。

問　共産圏の中から韓国を承認する国が出るかどうか？

答　共産圏から三カ国が韓国を韓日両国によりよい橋のような役割を果すようになり、共産圏にいる同胞を祖国のフトコロに戻す重大な役割を、過去よりも高い次元で活発に働くようになろう。三月以後には本国の助力もあり力強く発展してゆくことでしょう。

日本のマスコミは二枚舌

「言論人」が指摘して批判

日本の良識ともいえる人々が集っている「言論人懇話会」（大平善梧氏ほか）では、月三回、「言論人」というタブロイド四頁の定期刊行物を出しているが、旧ろう12月25日発行の最新号で、東京での爆弾事件と、サイゴンでの爆弾事件とについての、日本のマスコミの報道の仕方を批判していた。以下、「言論人」の好意によって全文を紹介しよう。

提言・東京とサイゴンの間

十二月半ば、東京・銀座で大成建設爆破事件が起った。爆弾をしかけた旨の予告電話があったあと一階駐車場で爆弾が破裂し、社員警官ら十三名が重軽傷を負った。三菱重工ビル、三井物産、帝人中央研究所などの爆破事件に次ぐテロである。

この事件に対して、マスコミは一せいに反発した。市民社会のルールを無視した非人道的な暴力に対して、非難の声をあげ、さらに警察の強い取り締まりを要望した。このような主張自身は決して間違ってはいない。万一、この種の暴力テロ事件が肯定されるようになれば、法秩序は崩壊し、国内的には暴力対暴力という無政府状態におちいり、われわれの自由や繁栄はもちろん、生存さえおびやかされるようになる。テロが民衆の敵であることは今さら論ずるまでもない。

しかし、これらのテロ非難で一つ気になることがある。この爆破事件の犯人達は、単なる精神異常者や個人的な動機によるものではなく、政治目的をもった政治的組織であろう[illegible]られたとする犯人からの声明文には、差出人として「東アジア反日武装戦線"大地の牙"情報部」と記されており、声明文の内容も一つの政治思想を背景にもっている。

「わが部隊は植民地主義企業、帝国主義者を地上から掃滅する戦いの一環として今日の作戦を決行した」のだそうであるから、要するに悪の塊りであるはずの"日本帝国主義"の拠点である前記の大企業に対して、挑戦を試み、武力闘争を行うことで、民衆を"解放"しようということなのであろう。

マスコミがこのテロを非難したのは、当然こういう背景を知った上でのことであろうから、結局マスコミは「武力解放闘争」なるものを否認したことになるのだろう。それもそれなりに理解できることである。万一武力解放闘争なるものが肯定されるならば、至るところで主観的には"純粋な"狂信を正義と見なすゲリラ達の戦いのために世界は一種の第三次大戦にまでいたるだろう。食糧不足、資源問題、インフレなど火種にはこと欠かない。

従って武力解放闘争を否定するのも当然だが、どうにもフに落ちないのは東京・銀座のように身近な所で起った武力解放闘争なるものに対して、これを憎むことで人後に落ちなかったマスコミが、なぜベトナム戦争の武力解放や武力統一に肯定的な姿勢をとったのかということである。また、それを防止すべく努力した南政府や米軍の活動を、なぜ頭から侵略者扱いをしたのだろうか、ということである。

サイゴンでは、かつていくつかの爆破事件がベトコンの手によって行われ、劇場やレストランで多数の市民が殺傷された。もし、東京の爆発事件を憎むなら、ベトコンのテロ活動も市民社会に対する挑戦として非難するのが当然ではなかったか。東京の場合には自分に身の危険が迫るとして「本音」を吐き、サイゴンの場合は関係が薄いからベトコン讃歌に走ったというなら、それは二枚舌であると同時に想像力の貧困を示すものである。

歳拝

食品製造卸

有限会社 加富利産業

代表取締役 金漢弼

〒123 東京都足立区西新井本町4ノ25ノ12

電話 東京（03）890—〇九五一（代表）

賀　中央会館建設하여 民団維新成就하자　正

●本場のコムタン
●刺身（カオリ、ビヨンオ、チャリ）
●チヨギ・チゲ（スープ）
ほか註文に応じ調理します。御申しつけ下さい。

家庭の延長、韓国〝本場の味〟御賞味は定評ある弊店でどうぞ………

서울집

東京都台東区上野6—2—7（御徒町駅前・京成西口通り）TEL832—7008

忘年会、新年会受付中!!

（ソウルの家）丁　成　玉

上野で本場の味を!!　忘年会 新年会 受付中

焼肉料理　新規開店

団体宴会は300名様までOK

ロース焼……¥550　冷　麺……¥500
カルビ焼……¥550　定　食……¥500
ミノ焼……¥500
◎ランチサービスタイム 11:00〜3:00
ビビンバ……¥300　焼肉定食……¥500
クッパ……¥300　定　食……¥400

御宴会1,500円から4,000円まで6コース

昭和通り　上野洋裁学院　漢一館　広場　京成百貨店　至鶯谷　上野駅　至東京

☆上野サウナ温泉会館1・2F

☆結婚式の披露宴に最適

焼肉の殿堂　漢一館

台東区上野6—16—5（上野京成百貨店東口通り）

電話 831—9417

みんなのアイドル

レジャーセンター 大和ビル

3F ビリヤード大和 八戸市中央通り ㉒8938

2F シャンボール 八戸市中央通り ㉒8838

1F 大和会館 八戸市中央通り ㉒8937

地階 スマート 八戸市中央通り ㉒8936

総合レジャーセンター

大和ビル

八戸市中央通り・TEL（22）8836

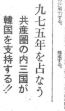

賀 北傀와 朝総連은 '南北不可侵' 提案을 無條件 받아드리라 正

大韓民国居留民団 神奈川県本部
団長 朴成準
副〃 金恒徳
〃 金有河
事務局長 鄭辰竜
議長 金桂善
副〃 黄二柱
〃 韓時泰
監察委員長 金大栄
委員 李一撲
〃 白甲成
横浜市中区若葉町三-四三-四
電話二五一-六二七一(代)

横浜支部
支団長 李七斗
副〃 崔洙南
〃 全柄道
監察委員長 盧昌毅
議長 崔竜岩
事務部長 徐泰玉
横浜市中区末吉町三-四五
電話二五一-一八一〇(代)

鶴見支部
支団長 鄭南徳
議長 李晋九
監察委員長 張華翼
事務部長 孫永起
横浜市鶴見区下末吉一-一-二七
電話五八一-〇三九一(代)

川崎支部
支団長 朴点圭
議長 裵奉朝
監察委員長 鄭宗坤
川崎市川崎区浜町四-一二-一
電話三五五-八六二三(代)

南武支部
支団長 郭鍾河
議長 金正甲
監察委員長 金東湖
事務部長 李石堂
川崎市中原区新丸子東二-九七五
電話四一一-六六一一

湘中支部
支団長 尹錫鳳
議長 張寿錫
監察委員長 尹富馹
事務部長(副団長兼) 尹載一
藤沢市藤沢二-一-一三
電話二二一-九四七四

湘西支部
支団長 尹仲守
議長 金在萬
監察委員長 張渙植
事務部長 李鍾徳
小田原市板橋二四八-八
電話二二一-三五八八

横須賀支部
支団長 姜基
議長 金喆洙
監察委員長 李昌権
事務部長 張豊翼
横須賀市日之出町一-七
電話二二一-二八一四

高座支部
支団長 金甲植
議長 柳在完
監察委員長 郭文秀
事務部長 李相烈
大和市中央五-一二-二四
電話六一-四五五三

相模原支部
支団長 李甲述
議長 李廷圭
監察委員長 黄年煥
事務部長 金用鐸
相模原市矢部四-一四-七
電話五四-八四四八

大韓民国居留民団 茨城県本部
団長 裵永桓
議長 洪得竜
監察委員長 張師駿
事務局長 李信吉
水戸市大町一丁目二番十三号
電話二一-三三二七(代)

県北支部
支団長 金基浩
議長 李讃鎬
監察委員長 呉奉順
日立市多賀町四丁目三-一四
電話三六-一〇五一

中央支部
支団長 金大顕
議長 安木寿
監察委員長 劉載皓
水戸市上水戸一-一-三六
電話二四-六二四二

県南支部
支団長 李瀾基
議長 李奉根
監察委員長 金圭性
石岡市大字石岡七〇〇-一
電話三-三七七三

県西支部
支団長 梁哲煥
議長 金玉洙
監察委員長 李彰
下館市南町二-三六-一
電話二-二三八三

竜ヶ崎支部
支団長 朴鍾大
議長 趙柄秀
監察委員長 権寧中
龍ヶ崎市米町四、〇一五
電話二-一七六二

鹿行支部
支団長 金基乭
議長 全星九
監察委員長 彭倉柱
鹿島郡神栖町奥野谷浜五六六五・電話六-四六六一

茨城婦人会
会長 宋俊子
副会長 李甲淳

茨城商銀
理事長 朴台守
水戸市大町一丁目二-一六
電話二一-三三二二(代)

韓国商工人親睦会
会長 金有翁
副会長 金時弘
〃 金貴奉

大韓民国居留民団 長野県本部
団長 李東富
副〃 権宅玘
副〃 鄭埈和
議長 孫晋兌
副〃 魯学秀
副〃 金命植
監察委員長 黄雲瑞
監察委員 成隆興
〃 呉英植

大韓民国居留民団 新潟県本部
団長 李元世
副〃 権東国
〃 姜守徳
議長 文錫順
副〃 李範伊
副〃 李判魯
監察委員長 金萬淑
監察委員 金三中
〃 李圭紀
事務局長 姜守徳

大韓民国居留民団 群馬県本部
団長 魯徳文
副団長 文延吉
〃 鄭奎和
議長 劉寅寿
副議長 黄命東
〃 安萬道
監察委員長 張政夏
〃 委員 鄭聖鎬
〃 委員 李錫昶

大韓民国居留民団 岡山県本部
団長 林鍾信
副団長 鄭大化
〃 尹信雄
事務局長 趙三源済
議長 金甲文
副議長 姜聖初
〃 金在浩
監察委員長 金寅甲
委員 禹済弘
〃 崔秉哲
婦人会〃長 崔徳任

大韓民国居留民団 静岡県本部
団長 康民善
副団長 朴鍾完
〃 朴永根
事務局長 朴正煥
議長 李春来
副議長 崔三卿
〃 徐復教
監察委員長 金松坤
委員 金相玉
〃 李守岩
静岡市相生町八-七
電話四五-四五三二-五

大韓民国居留民団 三多摩本部
団長 鄭鳳基
副団長 鄭周植
副団長 朴栄年
事務局長 宋在植
議長 李吉燮
副議長 韓参洙
〃 許炳泰
監察委員長 李石柱
監察委員 趙景伊
〃 林魯興
立川市錦町一-三-二〇
電話〇四二五-二三-三八一
二三-四八〇八
二三-五八一八

立川支部
支団長 李吉燮
副団長 徐東渙
副団長 朴載鉉
事務部長 金昌植
議長 王時福
副議長 権聖仁
副議長 朴仲輔
監察委員長 李宇永
監察委員 鄭錫佑
監察委員 金燦佑
立川市錦町一-三-二〇
(電話)〇四二五-二三-二六三五

調布支部
支団長 鄭周植
副団長 呉鎮洙
〃 辛容鳳
事務部長 李尚権
議長 金在実
副議長 金甲伊
副議長 金萬守
監察委員長 朱在文
監察委員 林魯興
監察委員 魯文基
調布市下石原二-一三九
(電話)〇四二四-八二-〇三六七

岡山支部
青年会〃長 鄭龍男
岡山市駅前町一-五-一二
電話二二五-〇八二六(代)
支団長 朴東休
事務部長 金錫虎
議長 安若翰
監察委員長 金演輝
岡山市駅前町一-五-一二
電話二四-七五七三

武蔵野支部
支団長 梁仁鎬
副団長 許炳泰
副団長 朴在鉉
事務部長 金定慶
議長 朴昌浩
副議長 権外祚
副議長 金完根
監察委員長 姜大鳳
監察委員 李成辰
監察委員 辛基権
小金井市関野町二-四-一八
(電話)〇四二三-八四-〇〇三一

八王子支部
支団長 盧載赫
副団長 蔡栄憲
副団長(兼事務部長) 金有根
議長 韓参洙
副議長 劉再錫
副議長 事先相
監察委員長 金鍾萬
監察委員 金在述
監察委員 李根生
八王子市高尾町一六〇九
(電話)〇四二六-六一-二〇三五

西多摩支部
支団長 李容世
副団長 裵宗鉉
副団長 宋賢淑
事務部長 李義相
議長 崔根植
副議長 李夏林
副議長 申台彦
監察委員長 李鍾一
監察委員 宋太郎
監察委員 金現官
福生市福生奈賀五五四
(電話)〇四二五-五一-〇一三四

兵庫県 尼崎支部
支団長 秋相春
副〃 陳鳳守
〃 柳萬畊
事務部長 韓貞錫
議長 韓龍表
副〃 朴用周
〃 申忠植
監察委員長 権泰煥
委員 金季云
〃 裵贊奎
守部分団長 申忠植
汐江〃 陳鳳守
中央〃 姜南守
三反田〃 朴奎東
長洲〃 崔潤洙
大島〃 李永奎
築地〃 厲昌文
浜田〃 曺起述
[illegible]〃 趙秉奎
武庫川〃 朴次龍
立花〃 金慎培
水堂〃 金起五
杭瀬〃 鄭煥周
丸島〃 朴南斗
学園理事長 金応煥
納税貯蓄組合長 朴徳龍

婦人会〃長 尹元淑
青年会〃長 孔鍾熙

西神戸支部
支団長 金鳳龍
副〃 徐桂東
〃 朴永緒
事務部長 李大奉
議長 呉述根
副〃 金高石
〃 慎徳祐
監察委員長 南彰彦
委員 丁東煥
神戸市長田区神楽町四-一一-三
電話六九一-七三二一(代)

東神戸支部
支団長 朴泰洙
副〃 李東信
〃 黄今植
事務部長 徐人水
議長 金順用
副〃 金連寿
〃 権鳳文
監察委員長 丁有声
委員 李孝連
〃 裵相明
神戸市葺合区旭通二-一九-一四
電話二三一-二三〇一(代)

川崎物産株式会社
中央車輌株式会社
取締役社長 李圭
川崎物産本社 川崎市幸区南幸町三丁目九七 電話〇四四(川崎)五一一-六二三三-七
中央車輌(株) 東京都大田区大森南三-三〇-一六 電話七四一-六五三一-五

三成イー・アンド・エム株式会社
取締役社長 金容太
東京都港区六本木三丁目十八の十二
ゲッツビル4F・電話(582)五四三二(七)

済州開発協会副会長
韓国居留民団荒川支部議長
李昌植
電話(八三二)四四一一

大星商事株式会社
代表取締役 朴鍾大
東京都葛飾区亀有三-二四-三
電話(六〇一)八一九一番

財団法人・朴竜九育英会
理事長 朴竜九

日比谷物産株式会社
社長 李東洙
東京都港区新橋一丁目十八番二号
第一日比谷ビル・電話(五〇三)九九八六

相互化工株式会社
社長 玄栱洙
東京都足立区関原一丁目六番二一号
電話(八八七)三一八一~三

株式会社 みすず商事社長
朴珪秉
東京都練馬区練馬一-十八
電話(九九一)三一八一

千葉商銀信用組合
理事長 張在昶
千葉市新宿町二丁目九番八号
TEL〇四七二(42)〇一七六(代)

株式会社 成和
代表取締役 河聖根
東京都港区芝大門一の十五の四
電話(四三一)六八二七

高山商事株式会社
高琫鉉
東京都渋谷区代々木一丁目三五ノ十六

大和商事株式会社
社長 徐海注(大城敏三)
(ニュー栄楽園ビル)
千葉県習志野市津田沼一丁目一九-一七
電話(0474)七二-〇三〇〇・二九二九

幸進商事株式会社
社長 金鶴鎮
東京都千代田区神田鍛冶町一-五
電話(二五六)三七三一番

賀 第二의 6·25 꾀하는 北傀와 朝總連의 策動을 粉破하자 正

総合スイッチメーカー
大星電気工業株式会社
代表理事社長 朴炳憲
ソウル特別市永登浦区九老洞一九七の一七
(韓国輸出産業公団第一団地内)
電話(直)六八一六四八四 六九一六四九四番

電子計算機部品
電気通信機部品
金属挽物加工
モルド成型加工一般
製造
株式会社 杉原製作所
取締役社長 杉原正倉 (朴炳台)
本社 東京都目黒区中央町二丁目十九番五号
電話 (七一一)一〇一〇番

在日本大韓民国居留民団福島県地方本部議長
福島県韓国人生活協同組合専務理事
福島商銀信用組合設立発起人
アリラン納税貯蓄組合組合長
李守鉉 (大谷)
事務所 郡山市麓山一丁目十六番十一号
電話(〇二四九) (22)五九五六 (23)九〇七七 (22)五五〇一

不動産・金融・アパート・駐車場
永信物産
社長 朴石銅 (松田欣也)
〒150 東京都渋谷区渋谷三—九—二
電話(〇三)四〇七—一五七八(代表)

愛知商銀
理事長 鄭煥麒
専務理事 金漢永
名古屋市中村区則武一丁目五—一
電話 四五一—五一四一(代)

兵庫県韓栄親睦会
朴玉辰 姜鍾石
李来進 徐光錫
鄭英基 鄭豪基
申昌洙 朴国尾
金昌変 車憲昭
申泰洙
姫路市光源寺前町五九
電話 八一—〇五八五

愛知県韓国人経友会
会長 尹泰明
副 〃 高命龍
〃 孫潤寿
専務理事 李武林
常務理事 劉堪鎬
名古屋市中村区鷹羽町三丁目一〇一
電話 四五一—七三四一(代)

愛知韓国学園 理事長
愛知商銀 理事長
鄭煥麒
名古屋市中村区則武一—一五—一
電話 四五一—五一四一(代)

静岡商銀
理事長 朱性鶴
専務理事 浦野雄二
本店 静岡市常盤町三丁目五番十二号
電話 (〇五四二)五五—二二九五(代)

全南開発協会
会長 姜永彰
副会長 白鐸善
〃 金冑鍾
〃 洪釆植
専務理事 金容厚
常務理事 安夢弼

京王交通株式会社
社長 許允道
東京都杉並区和泉町四—四一—一五
電話 〇三—三二二—六一一六(代)

大山病院
外科・内科
院長 崔仁瑞
東京都立川市栄町六—二一—一九
電話 〇四二五—三六—六六六一代

週刊宗教東京支社
支社長 黛亨
本社 ソウル特別市鍾路区新門路一街二四 高麗ビル八一一号室
TEL(七五)五八—七一七〇
支社 〒154 東京都世田谷区下馬五—二十一—十三
TEL 〇三(四二一)四四八九

祝・日韓親善
福島県知事
木村守江

三貴商事KK
社長 白鐸善
王将 浜松市領家町二—二四 電話六三—一四二一四〇
光 長野市権堂町 電話三四—二二一〇一八
センター 横浜市鶴見区鶴見市場大和町 電話五〇一—一七〇一三
市場会館 静岡県浜名郡可美村若林 電話四八一—一八一一五
パーク観光

(株)アルプス
フランス洋菓子製造販売
社長 鄭鎮烈
甲府市朝日五—五—七
TEL 〇五五二—五二—五三五一

三洲企業株式会社
取締役社長 李彩雨
本社 〒160 東京都新宿区四谷二—一八
電話 (三五九)三七九一〜二 三七九三(直通)

丸協産業KK
社長 韓致五
尼崎市神田北通二丁目十二
電話 四一一—五二四五(代)

加図建設工業
代表取締役 権図遠
川崎市高津区宇根六四二
電話 八三三—四三三一—二

在日大韓民国居留民団神奈川県本部顧問
在日韓国人関東地区慶南道民会副会長
合資会社丸武燃料商会社長
丸武石油販売株式会社社長
田炳武
横浜市神奈川区立町九—一七
電話 (〇四五)四二一—三三三五〜六

金性徳
川崎市中原区木月七〇七
電話 四一一—八三二一(代)

遊技業
株式会社 阪神
社長 李元得 (村上)
尼崎市神田北通り二丁目二〇
電話 四二一—五一〇五(代)

湘南センター
社長 金守億 (青山寧珠)
平塚市宝町二丁目一二
電話 (〇四六三)二一—一〇三三

韓国焼肉料理
南大門
代表 朴永緒
神戸市三の宮生田節上高地上入る
電話 三三一—九〇六三

DELUXE (横須賀・衣笠)
HOTEL マイアミ
- ワンガレージ・ワンルームシステム
- 豪華和・洋室特別ルーム付・23室
- 終日営業

横須賀市公郷町1—53—1 TEL 0468 (53) 3311〜2

レジャーセンター 丸三会館
まさに業界随一の設備

1階パチンコ御殿
娯楽の王様 パ チ ン コ
最新式のサイクロン電動式、全台椅子付

2階プレイングコーナー
現代の男には知的スポーツを
●アレンヂボール●ダイヤモンドボール●ジャンボール●雀球 その他各業界生活のため正しい情報、先取りの各機関紙も備えてあります。

八戸市長横町1番地 TEL 1F (22) 0303・2F (22) 3030
代表者 高 泰 俊

韓日貿易窓口
韓一銀行
東京都千代田区霞ヶ関3丁目2—5
(霞ヶ関ビル33階)
TEL 581—2351 (代)

高麗人蔘茶

年末、年始の御贈答品には今流行の高麗人蔘茶がいちばんです。特に同胞が日本の方に贈る場合、とても喜ばれ重宝がられております。この機会に是非どうぞ御試し下さい。

◆宇昌人蔘茶 50g入1,500円から300g入木箱6,500円まで各種あります。(送料当社持ち、全商品2割引)

◆強壮剤・鹿茸丸 10日分 10,000円、30日分 30,000円

〒260 東京都新宿区戸塚町3—348 (電話) 371—4240
朝日興業株式会社

一般輸出入業及び国内販売
豊栄商事株式会社
代表取締役 宋 宇 正
東京都港区新橋2—20—15新橋駅前ビル1号館3階
TEL (573) 4101(代)

☆

本場フィンランドから輸入した最高の設備！
都内唯一の三段式円形サウナ！
超音波風呂であなたの健康を守りましょう。

新橋駅前サウナ
▼営業時間・朝7時〜夜12時まで
新橋駅前ビル1号館2階
TEL (573) 4108(代)

＊躍進を続ける寿観光グループ——！

スター東京 ★ゴージャスで華麗な魅惑の殿堂★グランドキャバレー ★国電鶯谷駅前/TEL〈873〉8181〈代〉
ヤング★スター ★独特のセクシームードをわずかな予算で ★サラリーマンキャバレー ★国電神田駅西口/TEL〈252〉5331—5
ホテル東名 ★ムーディな2人だけのお城 ★御殿場I·C乙女方向700m左折★TEL 0550〈3〉0211—3
グラーチェ ★ピザレストラン ★上野広小路松坂屋斜前/TEL〈831〉0039
★レジャープラザ 池之端会館 ★上野ABAB前第一勧業銀行横通り★TEL〈832〉6023—5
フロリダ ★3·4F ★ダンスホール ★TEL〈832〉6347·6354
コンパゴールド ★1·2F ★日本一のコンパ ★TEL〈832〉6358—9
メンズロイヤル ★B1F ★高級クラブ ★TEL〈832〉6502—3
新羅苑 ★3F・大小ご宴会を承ります★焼肉 ★上野ABAB前第一勧銀裏★TEL〈831〉2644

■株式会社 寿観光
■東京都台東区上野2—10—4 ■TEL〈831〉8877
■取締役社長 范・塡圭

韓國新聞
在日大韓民国居留民団
中央本部機関紙
韓国新聞社
発行人 尹達鏞
東京都文京区春日
2丁目20―13
電話 直(815)1451～3
交(813)2261～5
振替口座 東京 163774
本国連絡所(民団本国事務所内)
서울特別市鍾路区昌成洞
政府合同庁舎4層
電話73―0165

在日本大韓民国居留民団 綱領

一、우리는 大韓民國의 國是를 遵守한다
一、우리는 在留同胞의 權益擁護를 期한다
一、우리는 在留同胞의 民生安定을 期한다
一、우리는 在留同胞의 文化向上을 期한다
一、우리는 世界平和와 國際親善을 期한다

維新体制は国力を培養

南北統一を速かに成就

[朴大統領の年頭記者会見]

朴正熙大統領

朴大統領は十四日午前十時から中央庁で今年初の記者会見を行い「維新体制は国力を培養し南北統一を速かに成就する唯一の道である」と強調した。朴大統領は二時間四十分にわたり内外政策を明らかにしたが、会見のもようはテレビ、ラジオを通じ全国に中継放送された。

朴大統領は維新体制の改編を求める民主化要求を「うわごと」と非難し、改憲要求について「北からの脅威がなくならない限り維新憲法は絶対変えられない」と改憲運動に対しては強硬に対処していく姿勢を示した。朴大統領は、8・15狙撃事件や非武装地帯でのトンネル事件の例をあげ、北韓があくまで赤化統一の野欲を捨てていないとも非難した。朴大統領はまた韓日関係について、地理的、歴史的に最も近い隣国であることを強調し、韓日両国の協力関係が両国の安全と繁栄ばかりでなく、アジア全域の安全にも寄与するものであることを強調した。言論自由については「自由がないという発言そのものが自由のある証拠ではないか」と反論し注目された。(全文は次号に掲載)

国家の安全保障堅固に 生活の安定維持と国民総和

朴大統領の年頭辞

朴正熙大統領は一日、新年の辞を通じ「今日われわれが迎えたこれからの新しい年は決して順調な一年ではあるまい」と展望、「国家の安全保障面でも国際経済の側面でもともににむづかしい一年になるだろう」と述べた。また、朴大統領は新年の三大施政方針として①政府は何よりもまず国家の安全保障を一層堅固なものにしてゆくために総力を注ぐ②世界的な経済不況の中でも国民生活の安定基調が固く維持できるよう最善の努力をする③国民精神の振興と国民倫理の確立で国民総和を一層固めてゆくよう努力する――と明らかにした。

親愛なる五千万同胞のみなさん！

私は新しい年を迎え、さる一年間困難な与件のもとでおのおの生業にいそしんでこられたみなさんの労苦に対して、まずあたたかい慰労と丁重なねぎらいを寄せたいと思います。そして、新年にもみなさんの家庭に幸福とよろこびが一層満ち溢れるよう心から祈願するものであります。

顧みて、さる一年は文字通り多事多難な年でありました。今日私たちが迎えたこの新年も決して平坦な一年にはならないでありましょう。さる一年と同じように国家の安全保障面なり、国際経済の側面において困難な一年になるものと予想されます。なぜかといえば北韓共産主義者たちはいまもって韓半島全体を共産化することができると信じているため、新年にも軍事的面からだけでなく政治、経済、社会各分野にわたってひきつづきわれわれに各種の挑発と陰謀を画策してくるであろうことが明らかであります。また、世界的な不況は当分間もっと継続するものとみねばならず、昨今の世界的な資源難現象は、今後の国際関係をより複雑にし新しい形態の緊張を造成する憂慮すらいだかれております。

このような内外情勢に照して、新年はまことに至難の難局であるといわざるをえません。それゆえに、私は国民のみなさんと共に新年のよろこびをわけあうこの場をかりて耳に聞えのよい話よりはかえっていまわが祖国が直面している、いやわれわれ人類全体が直面しているこの難局を直視し、これを克服する道が果たしてなんであるかを正しく知り、われわれすべてがこれを実践していかねばならぬことを強調したいと思います。

私は、われわれすべてがこの難局を克服していくにあたって、いくばくかの私の所信を表明したいと思います。

政府はなによりもまず国家の安全保障をより堅固にすることに総力を傾ける所存であります。よって、北韓共産主義者たちの脅威からわが国民の生命と財産、そして基本権を確固として守護していくでありましょう。過去、わが祖先は難局に処しながらも、まさかという安易な考えと党争のために、国家安保をおろそかにし、挙句の果てには、民族史に大きな汚点を残したことが、ひとたびならずありました。遺憾にも、昨今の一部の動態に照らしてみるとき、根本的な状況は昔も今も大きくたがうことはないのではないかという憂慮さえもいだかせます。

いまわれわれが直面している重大時局を正しく認識することができず、国論の分裂だけに事を構えるとするならば、国家の安全保障はふたたび政権闘争の祭物になり北韓共産主義者たちの、再侵をすすんで招く悲劇をもたらすことになるでありましょう。そして民族史にいまひとつの汚点を残し、われわれは、後孫たちの厳しい審判を免がれることができないでありましょう。われわれは決してこのような愚をふたたび犯してはなりません。どんなことがあっても国家安保を政争の祭物にしてはなりません。ただ有備無患の精神で総力安保の態勢を確固に構築していかなければなりません。

第二に、政府は世界的な経済不況の中においても国民生活の安定基調を固く維持していくよう最善の努力を傾けていくでありましょう。

そのため、私はわれわれすべてがこぞって心を合わせ協力し、もっと汗を流しもっと努力し一つでももっと生産し一つでももっと節約して国力培養を加速化していくことに献身するよう望むものであります。

第三に、政府は国民精神の振作と国民倫理の確立によって国民総和をより堅固にしていくように最大限の努力を傾ける所存であります。

たとえわれわれの暮し向きが楽でないとしても、互いに助け合い互いに信じ合いながら、よろこびと困難を互いにわけあうことできる共存共栄の社会風土を造り上げることに努力していかねばなりません。このように政府は新年にもすべての国民の絶対的な協調のもとに安定的と繁栄、そして平和統一のための基盤を多角的にひきつづき追求していくでありましょう政府と国民、そして国民各自が、だれかれとも区別することなく互いに心を合わせ努力し、最善を尽せば、今年がいくら困難な年になろうともわれわれはこれを優に克服していくことができると確信いたします。

新しい年は維新第三次年度であると同時に、わが民族が、外勢の圧迫から解放され独立を達成して三十年になる年でありけす。私はこの意義深い新年をわれわれが正しく迎え入れる道は国力を充実に培養し、名実共に自主独立のよって立つ基盤を確固に固めていくことにあると信じます。そして各界の指導層は奢侈と安逸な生活態度を排撃し倹約と勤勉を美徳とする社会気風を造り上げることに率先して範を垂れねばならないでありましょう。公務員をはじめすべての公職者は国民のため奉仕する姿勢で、各自の職務を誠実に遂行し国民総和の嚮導にならねばなりません。このように各界各層のすべての国民がこぞってあくことのない努力を傾けていくとき、新年は難局を克服し、民族中興のよって立つ基盤を固める栄光ある年になるでありましょう。

新年にもどうかみなさんの御家庭にあまねく幸福と発展がいやまされんことを心から祈願するものであります。

時評

典型的悪徳軍人だった李竜雲

逆怨みから売国奴に転落…… 宇都宮の陰謀にのせられて

◇最近、韓国の野党新民党金泳三総裁が、また米国のジャーナリストに「北傀は単独南侵をしない」と語ったが、それを受けた形で、韓国の元海軍参謀総長李竜雲が、日本で記者会見をして同じようなことを発言した。案の定、日本のマスコミは米国のラロックやコーエンの発言のときと同じように大々的に報道した。これはもちろん宇都宮徳馬の演出によるものである。反韓国的言辞さえ耳すれば、無定見に飛びつく日本マスコミの知性の無さの証明のようなものを見るのである。日本の俗言「クソもミソも一緒くた」という言葉は、正にこれを指しているのだ。マスコミの権威を自ら失墜させるものであろう。◇

元海軍参謀総長という肩書きは大へん立派だが、この李竜雲は李承晩大統領時代の韓国海軍上層部の不正腐敗のサンプルのような悪徳軍人であった。現在では日本のマスコミ界でも知らぬ者はないのである。

李承晩大統領時代、六・二五動乱後の韓国軍部の腐敗は言語に絶するものがあった。そのときに李竜雲が一水兵に至るまでの全海軍将兵から"上納金"を集め、利権のリベートを要求しその集めた金は約九千万ホワン(一ドル五百六十ホワン、同日貨三百六十円のとき)であった。今から十五年前の物価を考えて見れば、この金がいかに大きいかが判る。不正蓄財が処断され財産が没収された。

その李竜雲が自らの恥ずべき過去を棚にあげ、革命裁判を逆うらみし、韓国政府を誹謗しているのである。いわく「韓国政治史上類例のない不正腐敗、暴圧独裁の非道極りない圧政により国民の窮乏は絶頂に達している。自由、に抑圧されてないばかりか……る」。これは、かって自分たちがやったことではないか。それやこれやが李承晩大統領をたおす「学生革命」にまで発展する原因となったのだ。それを、金大中同様、己れは米国に体を逃避させていながら、外国に対して祖国の悪宣伝をしているのである。韓国軍将兵に対し現政権打倒のために立上れと、利いた風なことをいったところで、李国軍将兵の軽侮の的であることを忘れた所業である。国軍将兵が李の呼びかけを知ったなら、はらわたを煮えくりかえして李を憎むであろう。

金大中が日本やアメリカで反政府運動に狂奔した当時は、北傀が南侵しないという断争スローガンはまだできてなかった。だから金大中はそのようなことはいわなかったが、民青学連事件後、大分してからもっともらしい理くつをつけて「北傀は南侵しない」ということが、反政府活動家の間から囁かれはじめ、遂には韓国の反政府人士の間でいつの間にか真実であるかのように定着し、野党の党首が内外のジャーナリストに公然と放言するまでに至った。李はこの言葉を受売りした形になっているが、この言葉の真の出所は、あるいは宇都宮徳馬あたりの可能性が強い。

本国において、実際に北傀と対峙している国軍将兵は、北傀のあらゆる手段に出あっているから身をもって北傀の侵略性を感じているし、国内の反政府人士もそれは同じことである。それを敢えて「北傀は南侵しない」といい切るためには、その発想ができる立場にある者でなければならない。

昨年宇都宮が北韓に行き、金日成にたのまれた「北は南進の意図を持たない」という宣伝が日本を経由して韓国にはいったと見ることは、これは理の当然である。韓国政府の揚げ足取りの材料なら、少々理不尽なことでも飛びつく反政府運動分子がこれを放っておくわけはないのだ。

しかし、公党の党首が公然とこれを放言することは、一体韓国の野党は何を考えているのか大きな疑問としなければならない。米軍がいるから北は南侵しない―とか、北は単独で南侵できない―とかの言辞を弄する連中は、共産国家の体質を知らない無知蒙昧な連中か、又は韓国に油断をもたらそうとする不純分子である。かって中共が文化大革命と称する一大殺人のるつぼとなっていた一九六七年、中共にいた英国人ジョージ・ワットという人が中共に捕われ、二年間にわたってスパイになることを強要され、表面上スパイになることを受入れて英国に帰直前、中共の幹部からいわれた言葉は、次のように重大なことである。「一九七五年には韓半島で動乱が起こり、全面戦争となって、共産主義は世界を征服するであろう」

一九七五年は今年である。その七五年に韓国民を惑わせ、油断させるための「流言・ひ語」が一つの真実の如く公然と語られ日本のマスコミに報道されているのである。このジョージ・ワット氏の報告については後日改めて紹介する予定であるが、実に巧妙に「攻略」が進展していることを明りように示すものである。このようなことを知らずして、ただ政権を取るためだけの方便として、ただ私怨の報復として、北傀が南侵しないと公言することは、真実を覆う者としては許すことができない。

まして、李竜雲が祖国の政府を誹謗するのに、金日成の代行人である宇都宮の謀略にのせられてやったということは、これは日本流にいえば売国奴であり非国民である。大金が動いたであろうことは確実である。(W)

南北郵便物の交換を再提議

南北調節委員会の張基栄ソウル側副委員長は八日板門閣で開かれた会議席上で、劉明日平壌側副委員長に、「貴方は昨年六月、大韓民国が早くから加入している万国郵便連合(UPU)に加入したから、この機構の憲章の精神に照らしてみても、また南北間の多角的な交流と協力のためにも、南北郵便物交換の提議には快く同意されるだろうと信ずる」と語った。

張副委員長はまた、高浪浦北方非武装地帯の軍事分界線南方の韓国側地域で発見された北韓側構築の地下トンネルに関する写真を提示し「共同調査団を構成して直ちに現場調査を実施しよう」と提案するとともに、この地下トンネルは明らかに南を奇襲攻撃するための兵力と装備を大規模に輸送する目的でつくられていると指摘した。

これらのソウル側の提議に対し平壌側は一貫して拒否の態度を示した。

なお、ソウル側は南北調節委員会の第四回会議を平壌で早急に開催し、南北相互不可侵協定締結のための具体的協議を始めようと申し入れたが、北側は委員会の改編が先行されることを要求、この日の会議は物別れとなった。

株式会社 金岡
代表取締役 金鍾徳
東京都中野区中央三丁目一番九号 電話(三六〇)一一二二・六番
上野店 東京都台東区上野四丁目七番五号 電話(八三二)五一二四・四番
新町工場 群馬県多野郡新町中河原一四四八番地 電話(〇二七四)四二－一〇五〇番

祖国と民族を裏切る 李竜雲妄言に糾弾声明

去る十三日、東京永田町の衆議院第一議員会館で、宇都宮徳馬代議士のキモ入りで韓国の元海軍参謀総長の肩書きを持つ李竜雲が記者会見をし、「北の脅威はない」というような内容の声明なるものを発表した。このことは既に日本のマスコミが大々的に報道したところであるが、民団中央本部はこれに対して「個人的な怨みをもって祖国と民族を裏切った卑劣な男で…現在の韓国を云々する資格はない」と、尹達鏞団長名による別項の声明を発表した。

なお李竜雲の発言に対し、韓国大使館李元洪首席公報官も要旨次のような反論の談話を発表している。

「韓半島に北からの脅威はないという言を弄したことは荒唐無稽い以外の何ものでもない。一九六二年不正蓄財で断罪されており、元韓国海軍参謀総長の名において今日の韓国を語るにふさわしい人物ではない。」

声明

去る十三日李竜雲なる者が記者会見を行ない「北の脅威はない」とか「米軍が核兵器を配備している」とかうそぶいているのが各紙に報道されたこれは全くの偽謀宣伝であり、金日成の手先になり下った宇都宮徳馬の策謀である。

李竜雲は一九六〇年十一月、不正蓄財の嫌疑で海軍参謀総長職を罷免され、同六二年五月三日不正蓄財罪で軍事革命裁判で二年の懲役を言渡され財産も没収された。同六三年五月十六日特赦によって釈放されたが、六七年頃からベトナムやアメリカを往来しながら反政府活動を本し個人的な怨みをもって祖国と民族を裏切った卑劣な男である。

従って、十数年も前に祖国から断罪された元悪徳軍人である李竜雲には、現在の韓国を云々する資格はない。

しかもこのような背徳者を操って反韓国運動を画策している宇都宮徳馬の悪辣な行動は、韓日友好親善を阻害し、ひいてはアジアの平和を乱す行為として強く糾弾するものである。

われわれ在日四十万民団員は、かような悪徳宣伝に惑わされるほど無知ではない。われわれは、ひたすら祖国経済建設と平和統一のため全組織をあげて、維新課業遂行に邁進することを改めて確認しかかる謀略や誹謗を断呼と排斥することをここに声明する。

一九七五年一月十四日
在日本大韓民国居留民団中央本部
団長 尹達鏞

KAL東京支店長に金達会氏

大韓航空では、李泰元東京支店長のパリ支店転任にともない、後任の東京支店長に本社営業部次長だった金達会氏を任命した。

ラオス公使に鄭求都氏

駐札幌総領事館に二年六カ月間在任していた鄭求都総領事は、ラオス大使館公使(大使代理)として近く赴任することになった。

札幌総領事に文鍾律氏

政府は七日付けで文鍾律駐クウェート通商代表部公使を駐札幌総領事に発令した。

時事漫評

金日成の初演奏

金竜煥

快適な空の旅をお約束……………

滞空10,000時間を超えるベテラン揃いの機長をはじめ、厳しい訓練を経たスチュワーデスやパーサー。そして、縁の下の力持ち優秀な整備員たち――これらのみごとなチームワークが快適な空の旅をお約束します。

もちろん、心をこめた機内サービスも好評。民族衣裳チマ・チョゴリを着たスチュワーデスのほほえみは限りないやすらぎをあたえてくれるでしょう。

フライトルートもさらに充実…………

KALは週53便の日韓線をはじめとして、台北・香港・バンコクの東南アジア線。ホノルル経由ロサンゼルスの太平洋線とフライトルートも充実。さらには、現在就航しているソウル↔パリ直行貨物便を足がかりに、欧州線へと、その翼をたくましく伸ばしています。

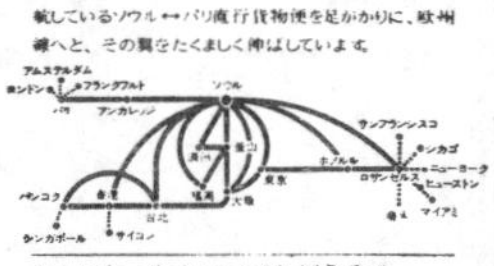

おもいたったらいつでもどうぞ！……

こんなに便利なタイムスケジュールはKALだけ。韓国なら観光でもビジネスでも、おもいたったらいつでも飛べます。今日いって今日帰れる、まさにお隣りさんどうしの空のおつきあい。

KALは世界の空をめざす国際的な航空会社。でっかいジャンボで、いってらっしゃい！

KOREAN AIR LINES
大韓航空

東京：(03)211-3311代 大阪：(06)244-1111代
福岡：(092)411-9101代 このほか全国14ヵ所に営業所がネットされています。お問い合わせはお近くの航空代理店又はKAL営業所へどうぞ。

経済開発　4次5ヵ年計画構想なる

81年輸出2百億ドルに　GNP、千5百ドルで上位工業国に躍進

政府は一、二、三次経済開発計画の成果を基盤に自立経済体制を完成するための第四次五ヵ年計画作成をいそいでいる。一方、韓国開発研究院（KDI）も経済政策協議会を各界関係者五十余人で構成し七七年から八一年までの第四次計画の基本戦略を打出した。期中の主な目標は成長率年間八−九%、輸出依存度三六%、商品輸出は八一年二百億ドル等になっている。

世界最高の経済成長をなしとげつつある韓国の底力は優秀な人的資源が豊富であることだ。写真は世界市場への輸出増加がいちじるしい電子機器製作のもよう

KDIは第一次試案の基本方向を、これまでの経済開発を基礎に①自立経済体制の完成②世界的資源不足を克服し食糧、エネルギー、重化学工業開発に重点をおき成長と貿易依存度の調和③セマウル運動、雇用増大、人力開発、人口調節、教育、住宅建設、勤労者の福祉向上等社会開発のための政策を追求し福祉均等のための基盤づくりにおいている。同時に重点政策目標を①食糧増産と節約で自給向上②原子力、石炭、水力、燃料等国内エネルギーを積極開発すると共に石油エネルギーの消費を抑制③鉄鋼、石油化学、機械等輸入代替産業を積極育成し適正輸入需要の誘致④商品輸出約二百億ドル（八一年）を達成し輸出の外資稼得率を画期的に改善⑤都市と農村のセマウル運動を継続展開し社会開発の中心とし福祉均等を進め⑥科学技術と人力開発を促進、企業革新を奨励し労働生産性を向上させ国土の効率的開発と活用を通じ都市、農漁村、工業団地の均衡発展をはかることにしている。

また、同試案によると一人当り国民所得（GNP）を一一%成長で策定すると七九年に千百四十七ドル（経常価格で千ドル）を達成し目標の八一年には千五百七十二ドルとなり、九%成長の場合は七八年千八六ドル、八一年千四百三十六ドル、八%成長の場合は七九年千五十六ドル、八一年千三百七十一ドルとなる。昨年の一人当りGNP五百三十三ドルと比べると第四次五カ年計画のおわる八〇年代には千ドルをこえ最低千三百ドルから千五百ドルの中進国上位グループに仲間入りできることになる。

このような計画は74年度の輸出が47億千三百万ドルで目標を四・七%超過した実績をふまえたものである。これは七三年度の実績三十二億五千六百九十一万二千ドルに比べると実に四四・七%の高い伸びで、石油ショック以降国際景気の後退で輸出が全般的に低調な中で記録的な輸出を成し遂げたものである。張商工長官は「国際景気の沈滞にも拘らずあらゆる困難を乗り超えて四・七%も超過達成、八〇年の百億ドル輸出目標達成に今一つの里程標を築いた」と語った。

七四年の輸出の伸び率四四・七%は七三年の八〇・一%に比べると約半分位だが、輸出不調の中で輝しい伸びをマークしたことが分る。六五年から七四年までの十年間の平均輸出伸び率は四四・七%だった。

七五年予算を確定　実質経済成長率は六・八%に

なお政府は今年度の実質経済成長率を六・八%に、一人当たりのGNP（国民総生産）を二十一万六千ウォン（五百四十四ドル）に策定した七五年度総資源予算（ORB）を最終的に確定した。これによると、国民総生産（GNP）は経常価格で昨年の七兆二千百四十四億ウォンより二三%多い八兆八千七百五十九億ウォンに、また七〇年不変価格では昨年の三兆九千二百億ウォンより実質で六・八%増加した四兆八百五億ウォンに策定されている。

今年の経済成長率六・八%という水準は長期計画上の八・六%に比べると一・八%低いが、これは今年の世界景気の見通しが暗く、インフレがおさまりそうにないからである。

なお、輸出は昨年より二八%ふやして六十四億ドルに、一方輸入は一六・一%増の八十億ドル（GIF）に決めたが、他方で外貨十六億三千七百万ドルを導入し、年末の外貨保有高十二億四百万ドルを維持することにした。

平和統一の道は対話のみ　慎長官、北韓の戦争策動中止を促求

慎道晟国土統一院長官は三日「われわれは平和的統一のためには対話以外には方法がないと考えている」と明らかにし「そのためにいつでも、またどこででも北韓側と対話を持つことを望んでいる」と語った。

慎長官はこの日午前、臨津江の自由の橋で開かれた韓国キリスト青年協議会統一祈願礼拝に出席し、あいさつを通じてこのように語り「対話は板門店やソウル、平壌だけに限らず、国連やその他どこの地においてでも多角的に持つべきであり、その対話はきたないひぼうや口げんかでは全く意味がなく、善意と協力の姿勢から出たものでなければならない」と強調、「北韓は一日も早く戦争策動を中止して対話のテーブルに戻ってくるべきである」と促求した。

政府、韓国問題の脱国連図る　米日と協調、中ソとも接近して

政府は今年の国連対策と関連、韓国問題の脱国連化に力点を置く方針で、米国、日本など友邦との協調を強化するかたわら、ソ連、中国とも間接的な接近を図ることを決めた。

外務部の高位消息筋が一日語ったところによると「昨年ソ連は国連で北韓の宣伝活動にほとんど傍観的な態度をとっていたが、中国もまた消極的だったという情報を入手した」とのことで、同筋によると「韓国政府はソ連、中国に対し、北韓が無謀な国連"対決"をするのを避けるよう勧告するように、多角的な努力をくり広げるが、この努力の一環としてきたる三月に金東祚外務長官を米国に派遣米国とこの問題を協議する考えだ」ということである。

金長官の訪米のさいにはこうした国連対策と関連、駐韓国連軍司令部解体に伴う休戦協定代案問題も議題にのぼるものとみられ、これに備えた国連安保理事国および韓半島周辺強大国による協議開始問題などが論議されようと、同消息筋は伝えた。

開発途上国の援助拡大へ　経済協力、技術供与、医療団派遣

政府は新年に入り中東、アフリカなどの開発途上諸国に対する経済協力、技術供与および医療団派遣など、対開発途上国援助を大きく拡大する方針である。

この方針の一環として金鍾泌国務総理は二月中にアジア地域を訪問する予定であり、また、アフリカ、中東地域には二つの経済協力使節団を派遣する。なお、政府は二十五カ国に技術援助を提供するとともに医療団をアフリカ十三カ国と中東四カ国に派遣する計画である。

論壇

'75南北対話とその行方

柳瓊賢（東亜日報記者）

「七・四共同声明」は空文化　"南"の建設的提議に"北"の教条的主張

数年前、南北対話が始まったときは、いよいよデタント（緊張緩和）の国際潮流が激動の韓半島まで包もうとしていると大へんな騒ぎとなったものだった。いわく「南北関係の黎（れい）明が訪れた」とか、「二十七年の氷壁を破る鼓動」、あるいは「四半世紀にわたる障壁に風穴をあけた…」うんぬんと表現され、それは"民族による同質性への開眼"として世界でも脚光を浴びたものだった。そして、この大きな感動は、南北の離散家族捜し運動くらいは難なく進むだろうという期待感を国民にかもし出したが、以来、三年半、遅々としてその歩みは進まず、いまだに老父母たちに会うことさえ不可能な状態に捨ておかれている。赤十字会談が始まった翌年の七二年には、とにかく南北双方に横たわっている"不信感"を駆除しようと七・四共同声明による"政治会談"が始まった。それから、幾度かソウルと平壌間を往復した双方代表の足もいまではピタリと釘ずけになり、分断の悲劇はいっそう色濃いものになろうとしている。

昨年一年間の南北対話はどうやら「細々としたパイプだけはつないでおいた」という性質のもので何の進展もみられぬままに終わった。南北調節委員会副委員長会議が六回、南北赤十字実務会議が六回、両方合わせると、毎月一回くらいは南北対話を実施してきたことになるが、いずれも何の歩み寄りもみせぬまま、"名ばかりの対話"だった。この一年を通してみるとき、北韓はすでに対話進展への意欲も誠意も持ち合わせていない。いずれの会議においても、北側代表はきまり文句の、"演出宣伝"——。韓国側の代表もそうした相手と話し合おうとするのだから、大へんな忍耐を必要とする一年だったわけである。

▽「知らぬ存ぜぬ」の繰り返し

七四年の南北韓関係はその前年よりも悪化した。昨年二月には北韓艦艇が韓国漁船一隻を撃沈、他の一隻を拉（ら）致し去った。また六月には北韓の砲艦三隻が、韓国漁労船の保護と警備に当たっていた韓国海岸警備艇一隻を包囲しつつ、追いこんで撃沈。そして八月十五日の大統領狙撃事件、また、十一月十五日に発見された非武装地帯の地下トンネル構築事件など——。こうした事件の起きるたびに南側は南北調節委員会副委員長会議で抗議、また休戦以来続いてきた板門店の軍事停戦委本会議でも"休戦協定"違反だと抗議して"共同調査"を申し入れたりした。だが、いずれの場合も北韓は事件そのものを認めようとせず、知らぬ存ぜぬの繰り返しである。（一九六八年に北韓武装ゲリラ三十一人がソウルに侵入、朴大統領の暗殺未遂を図ったときも北韓は事件を認めず"南のデッチ上げ"だと強弁したが、七二年に、当時の中央情報部長李厚洛氏が平壌を訪れて金日成と会談したとき金日成はこの暗殺未遂事件を認め責任者を全部処分したと述べた。こうした例にみられるように、武装ゲリラ事件をはじめ、北韓は多くの破壊事件など休戦協定違反事件を引き起こしたにもかかわらず決してそれを公に認めたことがないのである）

▽細々とした"対話"の糸さえ

だが、何のツミもない漁夫たちを拉（ら）致し去って、漁夫の家族たちをみじめなどん底につき落とすことは許しがたき行為である。ましてや、それらの事件で生命を落とした人たちの場合は全く悲憤の至りである。

韓国側はこうした事件のあるたびに北側に抗議したり要求したりしたものだった。「漁夫たちの生死を知らせよ」「ツミもない拉北漁夫を家族のふところに返せ」、「沈没漁船を引き揚げるために共同調査をしよう。そして撃沈された場所が公海上か否かを正そう」「八・一五事件の責任者を厳しく処断すべし」「地下トンネルを共同調査して破壊しよう」——等々しかし、いずれの提議にも北韓は耳をかすどころか、事件を認めようとする素振りさえ見せなかったのである。

そして最近では細々とつながってきた"対話"の糸さえ切れそうな状態に陥っている。大韓赤十字社は北側に第八回南北赤十字本会談を開こうと提議し続け、また調節委員会ソウル側は平壌側に対して第四回調節委員会会議の開催を何度も促求してきたが、北側は何だかんだと言いがかりをつけては会談の開催に対して否定的な態度を続けている。その言いがかりは、「ソウル」が会談開催場としての条件を備えていないというものである。

▽金大中氏事件を口実に一方的中断

南北韓の体制がいちじるしく異っていることは世界周知の事実である。自由民主主義を指向する大韓民国の資本主義体制と、共産主義を教祖にする北韓の社会主義—この二つの体制が解放以降、体制構造の違いはいうまでもなく、価値体系までも変え、また歴史意識をも根本的に異なるものにしてしまったのである。

これは明らかに民族の悲劇である。したがって韓国側はこの深刻な断絶を少しでも緩和しようと、……対話続行に努力し、とくにここ一年あまり北側の態度が硬化してからは並々ならぬ忍耐と努力を重ねてきた。だが氷河のあつい壁には小さな穴さえあけられなかったといってよい。

そしていまでは七二年の「七・四共同声明」の約束は空洞（どう）化してしまった。七・四共同声明の「自主平和統一三原則の宣明」をはじめ、相互誹謗（ひぼう）と軍事衝突の防止、多方面的な相互交流の実施など、明るい前途を思わせた南北韓の約束が形骸（がい）化してからかなりの時間が過ぎ去った。北韓側は一昨年の八月二十八日、金大中氏事件を口実にして当時の調節委ソウル側委員長李厚洛とは対話しないと声明、一方的に南北対話を中断してしまった。金大中氏事件は北韓とは何の関係もない事件だったが、それでも韓国側は調節委ソウル側委員長を交替して対話を続けようと図った。しかし、それが北韓の単なる口実にすぎなかったことは後に次々と露出される結果となり、北韓は韓国側の示すあらゆる提案にしりごみしている。

▽六・二三宣言に反対しながら

韓国政府は一昨年六・二三宣言を宣布したが、それは平和に統一されるまでの過渡的段階における至極現実的な措置だった。これは平和共存の現実化として南北韓にとってはまことにうがった断案だったが、これが緊張緩和の国際潮流の中で評価されたことは北韓にとって衝撃であった。北韓はこうした韓国をけなしながら、しかし自分の方は「南北対話」の始まったことを外交武器に活用して、北韓承認国をふやすなど、外交的劣勢挽回しようと動いた。そうした外交的効験を獲得するかたわら北韓は他面で対南攪（かく）乱赤化工作の手段をいっそう陰険化させたため南北関係に硬化した。

南北対話により、北からは延べ二百人の人びとが南側にやってきて韓国のものの豊富さ（北に比べそれは驚くべきものだったらしい）人びとの生き生きと動く、"人間"社会を見ていった。それは「南韓はあわれな貧民の巣窟（くつ）だ」という政治洗脳で全く思い違いの"信念"を抱いていた人びとをビックリさせた。調節委員会代表にしろ、赤十字会談代表にしろ"党性不安"の人びとが次々に交替され、姿を消して行ったのも、北側の政治的苦悶をよくあらわしている。

北側の提議が宣伝的だったのに反し、韓国側からの提議はどれも現実的なものばかりだった。調節委ソウル側の相互社会の完全開放提案と自由交流。また大韓赤十字が実務会議で提案した六十歳以上の老父母の生死確認と面会あっせん問題、また板門店に面会所と郵便物交換所を設置しようとする提案など——。だが、これらはいずれも北韓の馬耳東風姿勢によって放置されたままとなっている。

北韓側は、国際赤十字が南韓の漁夫を含め北韓に抑留されている韓国側人士四百三十六人の実態調査をするために代表を派遣するといった通告を"外勢介入"として一言のもとに拒否した。

にもかかわらず、韓国側努力で対話が細々と続くのではないか。しかし、休戦協定の行くえと関連して、多分不可侵協定締結問題と南北韓の国連同時加盟が大きな課題として登場することを余儀なくされるであろう。そして当分の間、南北韓は緊張の中で暗中模索の"対話"を続けて行くだろう。

（筆者は東亜日報記者（SISA））

23万トンタンカー　現代造船、3隻目の"超大型"

現代造船（鄭周永代表）が建造した23万ト級超大型油槽船、パン・アジア・キャレジ号の命名式が張礼準商工長官をはじめ船主代表C・Y・ツン氏（アイルランドナビゲーション会長）などが参席したなか、13日午前11時、慶南蔚山市下洞、現代造船所で行なわれた。

昨年、2月に着工、8月30日進水、艤装作業をおえ、10カ月目のこの日、命名されたパン・アジア・キャリア号は、長さ3百19・8メートル、幅53メートル、甲板までの高さ25・3メートル、最大速力16・8ノットで25万名の延人員が動員され完成された。

船主は、アイルランド・ナビゲーション社と川崎汽船の合作会社であるパン・アジア・タンカー・サービス社で輸出価格は3千5百万ドル。現代造船はなべ32隻8億5千万ドルの船舶輸出契約を結んでいるがこのうち5隻が完工された。

韓国居留民団

三重県地方本部
団長 陳且祚
副団長 朴石巌
副団長 李鉀植
議長 朴英基
副議長 金敬煥
副議長 安鍾錫
監察委員長 崔栄大
監察委員 陳琫根
監察委員 崔根殊
事務局長 趙外成

桑名支部
団長 朴基魯
議長 孔樹泳
監察委員長 柳吉文

四日市支部
団長 朴在春
議長 金炳賛
監察委員長 鄭仁梧

津支部
団長 金珠業
議長 呉鍾根
監察委員長 李相植

伊勢支部
団長 李徳雨
議長 金東植
監察委員長 朴武甲

上野支部
団長 李済福
議長 李尚桂
監察委員長 都正気

尾鷲支部
団長 金水岩
議長 金世云
監察委員長 申外突

松坂支部
団長 高光泰
議長 金炳柱
監察委員長 権日文

東京都目黒支部
支団長 姜高元
議長 金孔
監察委員長 黄晩伊
事務部長 方宣雄
東京都目黒区青葉台一−三〇−一〇
電話七一三−四三七八（代）

日林観光チェーン店

一度・ご試浴されたら素晴らしさがわかる
（営業時間午前10時〜深夜3時）
男女サウナ 日林
浅草国際通日林会館2・3・4F
（八四一）八二九六（代）

バクハツ的人気！良く出る良く出す！アナタなら知っている店
パチンコ 一号線
浅草ロック入口（八四一）〇一二五

世界のショーが楽しめる21世紀の宇宙キャバレー
浅草グランド日林
浅草国際通り（八四一）三七七三・三八八三

☆人魚のような美人ホステスの群☆
深海の城 クラブシャトー
浅草雷門東貫ビル地階（八四三）〇九六五〜七

日林観光株式会社
代表取締役 小林健次
東京都台東区浅草2−18−4 日林会館 2F
電話 03（841）3569・3574

漢方高貴薬のすすめ
原始から現代に至るまで東洋の妙薬

▲ソ連産鹿茸（全枝）

漢方高貴薬「鹿茸（ロクジョウ）」の知識

進歩発展した現代科学でなお実証し得ないような薬効を持つ東洋の神秘と云われる漢方高貴薬鹿茸とは中国及びシベリヤ大陸に住む牡鹿の新角すなわち袋皮を未だ脱してない袋角であり又、茸角の先端ほど上物とされています。

古来不老長寿は人間の永遠の夢でありますが、中国及びシベリヤ大陸において古くから最高級の漢方薬として愛好されています。

▲高麗人参

延寿堂漢方の組織
山本延寿堂は漢方専門家として、全国に延寿堂漢方を拡める事によって日本の健康に奉仕しつづけます。
よりすぐれた漢方薬材料を求めて輸入仕入部門では、現地へ直接的に購入し、全国各地へより安い値段で販売する様に卸部門が活躍しております。

鹿茸・人参・牛黄・麝香の輸入専門卸元
株式会社 山本延寿堂

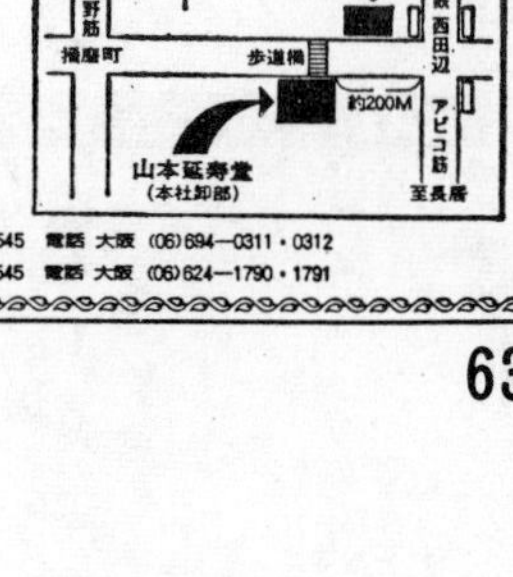

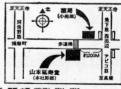

本社卸部 大阪市阿倍野区阪南町5丁目25の18 〒545 電話 大阪（06）694−0311・0312
支店小売部 大阪市阿倍野区阪南町5丁目21の8 〒545 電話 大阪（06）624−1790・1791

北傀・朝総連の赤化野望粉砕

一九七五年は民生の権益拡充の年

決意新た民団中央新年会

新年を祝い民団事業推進への決意をわかちあう民団中央本部の一九七五年新年会が、8日正午から民団中央本部で駐日韓国大使館の全在徳、趙一済両公使、権逸国会議員をはじめ同胞社会各界からの来賓および、関東地区民団幹部らの参席裡に盛大に行なわれた。

李聖南総務局長の司会で進められた新年会で尹達鏞中央団長は、昨年度の成果として、日本言論の偏向報道糾弾、民団々勢の拡張、中央会館の着工、青年会の結成と拡大などをあげ、新年度の活動方針として、特に陸英修大統領令夫人殺害やトンネルによる南侵事件などにあらわれた北傀・朝総連の悪らつな野望を粉砕すべきであると強調した。

尹団長はついで中央会館の完工、沖縄海洋博への本国家族招請、民族教育および組織基幹要員の養成を新年度の運営重点目標としてあげ、民団三十周年を迎える民団の発展と充実のため一層の協調をねがうとのべた。

ついで、われわれ民団員自身の力で、民団の飛躍をかちとるため、より一層の体質の自己改造を行うべきであるとする朴大煥中央議長はあいさつの中で、今年度は、民団組織の拡張よりは、組織の質的再整備をはかる年として精励しようと力強くのべた。

また全在徳公使は、来賓あいさつを通じて新年度は、民団とのより緊密な協力態勢をかため、同胞の生活権益確保のため日本政府に対しはたらきかけ実現してゆくこと、とくに同胞社会での経済向上をはたして行くことおよび、同胞社会における民団組織の内部的矛盾を一つ一つ改善していくことに共にはげむことを強調した。

おわりに権逸国会議員は、現在の世界は不況、インフレ、国際収支の悪化など共通の危機に当面しているとのべ、このような危機にそえて、金日成の南侵の企図などが、われわれには、一つの困難としてたちはだかっているが、われわれの維新体制はこのような困難をのり切り克服する底力と戦力をかねそなえており、維新体制のもと団結と前進をつづけようと激励、大きな感銘を与えた。

このあと百二十余人の各界人士は二時間あまり和やかな歓談をかわし散会した。

決意も新たに盛況だった中央新年会

民団整、風の年

東本新年会

民団東京本部新年会が、さる十日、目黒の八芳園で開かれた。

会場には、野田卯一、中山正暉氏ら衆参議員多数と、在日同胞出身の権逸議員、大使館から尹河珽、趙一済両公使と都内居住の同胞約五百人が参加した。

金致淳東京本部団長はあいさつで、「今年は本団の整風運動であるセ民団運動に団の総力を尽したい」と新年の決意を述べた。

つづいて各界代表あいさつのあと、鄭東淳同本部常任顧問の乾杯で祝宴がはじまり、三時過ぎまで続けられた。

商銀新年会に七百人

信用組合東京商銀は、一月十七日、同商銀七階大ホールで恒例の新年会を催した。東京商銀の新年会は開会のスピーチ、祝辞一切を抜きにして、いきなり祝杯があげられるというスピードぶりで、非常に気軽な感じを与えていたが、今年は例年よりも出席者が多く午後三時の開会までに七百人余りが参席して盛況を極めた。

大阪商工会で名刺交換会

七五年度の新年名刺交換会が大阪韓国人商工会（姜宅佑会長）主催で去る一月九日午前十時から大阪総領事館の八階ホールにおいてひらかれた。

この日会場では、同会の姜会長、鄭度淳総領事のあと尹達鏞中央本部団長、黄七福大阪本部団長らがそれぞれ力強いあいさつをのべ新年の誓いも新たに三時すぎ閉会した。

秋田青年会結成

全国で三十五番目

初代会長に金秀明君を選出

十五日の成人の日に、東北六県で最後の青年会秋田県本部が結成された。

民団本部会議室に青年たち四十人と民団関係者ら八十人が出席して開かれた韓国青年会秋田県本部結成大会は、崔洪佑民団本部青年部長の司会で進められた。大会議長に金秀明君を選出したあと朴碩道団長は、民団をになうのは二世、三世の青年たちであるとあいさつ、ついで申在植駐仙台副領事が激励辞をのべた。

ついで朴青年部長が青年会結成までの経過を報告、青年会規約案を確認し①会員相互の親睦を通じ会員拡大に努める②月例会の開催③スポーツ、文化活動を通じて他の青年会本部と交流④母国研修会の開催⑤三十代から四十代までを対象としたOB会の組織などの活動方針を採択した。

初代役員選出では、会長に金秀明、副会長に成政弘と金栄子、総務に南幸一、組織に鄭元植、文教に権芳俊、宣伝に金永三、女子に李先玉、体育に呉明俊の各君を選出。会長に選ばれた金君は「民団を背負ってゆく気概で、青年会員の拡大と質的向上を目指したい」と決意を述べた。

秋田青年会本部は全国で三十五番目の結成。

世界親子かけある記㊷

ビジネスと観光と歴史・美術そして…

裵乙祚・裵慶州

中華なる祖国に忠誠

大規模なシスコのチャイナタウン

「天下為公」孫文の扁額

サンフランシスコのチャイナタウンはその規模においても、またその歴史においても世界有数の中華街と言えよう。入口のパイロウ（門）にかかる〝天下為公〟の孫文の扁額がこの街の歴史と意志の強さを象徴するようである。中華料理やみやげ物屋が両側に並ぶメイン通りを上り下りして、街の中央にある歴史記念館に入って、苦力として差別虐待された彼等先祖の受難史を見て胸につかえるものがあった。又その解説文の一つにざっと以下のような意味の警告文を見て私はすくなからず驚くとともにこれだけの根性がなくてはと一人口ずさんだ。虐殺場面を再現してある蝋人形の解説文はこうであった。〝見よこのように君達によって何の理由もなく虐殺されていった私達同胞の姿を、これ等の全ての責任はアメリカ人君達にあるのだ〟。

空恐ろしい警告であるとともに中国人の底知れぬ意地を見たようで、襟元が寒くなるような場景であった。世界のどこの地にあろうと彼等は同化せず、自己のペースをくずすことなく中華なる祖国に忠誠であった姿を想いうかべ、深く学ばねばならないことを痛感した。

生理的に私は中国人に一種の威圧を感じ、それだからあまり交際もないし、歴史的にみて常に敵対関係が多かったことの所作意識もあって決して私は中国人を好きではない。これは冗談だが、いつも中共思想の生にえにされて子分扱いにされる一人よがりの中国人に対するそうじゃないんだ、われわれだって過去アジア大陸を席捲した君達をして万里の長城を築かせ封じ込めた、れっきとした大民族なんだし、かってはわれわれの足下にひれふし国名も変ったではないかと言ってやりたい反抗心のなすところかも知れない。

それにしても彼等中国人のバイタリティや結束力の前には、只々頭が下るのみであり、やはり偉大な民族には変りがないことだけはどうしても認めざるを得ない。

〝世界各地のチャイナタウン〟

サイゴンのショロンと言えばあまりにも名高い中国人街である。過去の痛ましい歴史から彼等の先祖があらゆる苦難を乗り越えて築いた異国における不安の中で、ここばかりは大手を振り気軽に生活出来る中国人街である。確かにどこの国へ行っても中国人街は、囲りの地区と一目でわかるようなきわだった特色を持つ地区でもある。彼等は絶対中国人本来の姿勢をくずさず守り切る。それ程彼等は中華大国人なのだ。反面自己を護るためには妥協も辞さない応揚な心をも勿論持ち合せている。人間生活の最低必要条件を満す食糧の流通をまず彼等は数視して街づくりを始める。だから彼等は人間の基本条件である泣きどころをわきまえている偉大な人種と言わねばならぬ。

ショロンの街もまた他の多くのチャイナタウンの如く食品関係を中心に街並みはひろがる。だから混雑と熱気が溢れバイタリティがある街である。料理店の数は夥しく、職があるのかないのか露店や街路には人びとがあふれている。南国の熱気で市場は異様な臭気がただよう。中国特有の朱色青色、そして漢字の看板が目立つエキゾチックな街である。

人の群、荷車の往きかい、露店をはる女等のうつろな目なざし、店頭に下げられた鶏や豚の丸焼き全てが人間のいとなみであり、中国人特有の生活模式でもある。

この何の変ってもない人びとの心には、あの中国革命の鉄のような同郷人意識による組織が、厳然として支配していることを忘れてはならない。彼等の保身術たるや、世界でユダヤ人と並び、しいたげられた者達の知恵から生れたのであろうが、今や東南アジアやその他の地域では、その国の消費経済を掌握する恐ろしい力を発揮するまでになった。

東南アにおいて、とうとう華僑が国家を建設するまでになったのがシンガポールである。かつての中華街には有名なタイガーガーデンはじめ、東南亜の原地産品特にゴム錫を扱って巨万の富をなした中国人の絶大な力を誇示するごとく多くの人びとの訪問を受けている。フリーポート（自由港）の有利な条件と東南亜の中央に位置し海上交通の要衛にあたり、海外華僑の礎石地としてその発展が注目されている。

ロンドンのピカデリー脇にある中華街は規模こそ小さいが、完璧なまでにチャイナタウンの特色を備えている。生き抜くためのあらゆる商売がここにもまた軒を並べている。中にはいかがわしいショーもやれば、あいかわらず料理店の数は圧倒的に多い。幾度か私も食事に行ったがどこからこうも集るものかと思われるくらい多くの中国人がいつもウロウロしていた。

ニューヨークの地下鉄に乗ってCanal駅で下車すれば、目の前には高層のワールド・トレード・センタービルがすぐそこに見えるマンハッタンの先端地区に中華街はある。話によるとその昔、米国に苦力としてつれてこられた人びとが住みつき今日の中華街となったと言う。話は黒人のそれと似ている。いったん街に入るとやはり活気に満ち国際的な雰囲気がただよう街である。ゴミゴミとした路地裏までいっぱいに店をはり、客寄せをしている光景は世界共通のチャイナタウン風景であり、恐ろしくなるような中国人の生活力旺盛な順応性を発揮しているのには、ただただ頭がさがる思いである。私達は良く地元の食事にあきたり鼻づまるとどんな中華街に出かけて、東洋人と接しながら食事の不満をいすやのが楽しかった。

（本稿は都合上、いちおうこれで最終回と致します）

シスコのチャイナタウン門

セ民団の基礎固め

民団中央本部組織局（呉敬福局長）では、さきに各地方本部に対して、民団の一大整風運動である「セ民団運動」の趣旨、目標、活動内容などを組織末端にいたるまで周知認識させ、維新民団の改革を推進させることに関して、鋭意努力しているが、その進行状況を地方本部からの実情報告を中心に検討し、二月からの活発な実践を期している。

三一慶祝使節団

本国で開催される第56回三・一節記念式典に民団が派遣する恒例の慶祝使節団は、つぎのような規模で編成される予定である。

募集人員は百人を予定しており、各地方本部および支部役員など、地方本部あたり3人となるが、関東・東北地協は第一地区、近畿・中北・岡山・鳥取・四国などは第二地区、九州地協・広島・島根・沖縄は第三地区、山口は第四地区として、それぞれ、羽田、大阪、福岡などの空港から出発することになる。

青年のエネルギーを民団は切実に望む

全国民団で成人式

さる十五日は成人の日。この日全国民団では、一斉に成人式を行ない、新しく大人の仲間入りした二十才の同胞青年たちを祝い、成人としての自覚を促した。

この日、東京では午後一時から東京商銀七階大ホールで記念式を催して、来賓をふくめて二百五十人が参加した。

都内では、今年成人になる人が約四百人おり、その内百五十人の青年が参加した。

会場では式に先立って、フォード米大統領訪韓の記録映画が駐日公報館提供で上映されたあと、東京本部の金致淳団長は祝辞の中で、今の民団は青年のエネルギを切実に望んでおり、より多くの青年が「セ民団運動」隊列に積極参加して、われらと共に新しい民団を築こうと力強く述べた。

続いて中央の尹達鏞団長をはじめ各界来賓の祝辞が述べられ、成人を代表して、金英子さん（墨田区居住）が、韓国人として成人式に出席したのが何よりも嬉しい、これからは韓国人であることを自覚し、若さと力強い勇気を持って祖国建設と民団に寄与したいと新たな決意を述べ、記念撮影が行われた後、青年会東京本部結成日会長の乾杯で祝宴がはじまり楽しい交歓風景がくりひろげられた。

熊本でも盛況裡に

十五日午後一時半から熊本県本部で開かれ約六十人が参加した。

今年十人の該当者がおり、この日は全員出席した。

裵八岩団長主催で行われた式場で、熊本商銀から千円入りの預金通帳が、青年会からは男子成人にライター、女子成人に香水入れがそれぞれ記念品として贈られた。

㊤は、東京商銀で行なわれた成人式

医師、薬剤師の新年度申告

民団中央民生局（安商権局長）では、本国政府ならびに駐日大使館の要望により、「在日韓国人医師の韓国内資格問題」と「七五年度薬師（薬剤師）定期申告」に関し、その実施のための名簿や資料を提出するよう前記医師会および民団地方本部団長に指示した。

求む良縁

張正実さん(36)

本籍は忠南。現在ソウル在住。ソウル祥明女高卒。

希望者は本社まで電話（八一五一一四五一）乞う。

尋ね人

☆金曽介さん（通名は川上・本貫義城）

本籍は慶北星州郡。年令は52〜53才（男子）ぐらい。終戦前、九州佐賀県佐賀市に居住し、戦後一時帰国して二年後再渡日した方で、金さんのお父さんの名前は金仁根さんだといいます。金さんをご存知の方は、港区芝西久保巴町25、紀亜商業（株）東京支店、金在福さん（〇三・四三一・三六二一）まで連絡を。

☆山口松吉さん

解放当時、下関市安岡町横野で住んでいた山口さんを、奥さんである李守連さん（山口常子・山口春子）がさがしています。ご存知の方は、慶尚北道迎日郡城西面永湖区一七七番地具淑鉉氏方李守連さんか、民団中央本部民生局まで連絡を。

☆黄昌実さん（55・女）

本籍は平壌。黄能星さんの長女で、三十五年前に渡日。ご好知の方はソウル市冠岳区黒石洞九三一一三三、安恭歓さんまでお知らせ下さい。（電話六八一一六四〇一）。

セ民団の前衛

大島分団創立

セ民団運動推進の中核として、日夜、管内組織整備に努力を傾注している東京・江東支部管内に、新たな組織原則にもとづく大島分団が創立され、これからの民団組織の前衛的活動展開が期待される。

九日、午後七時から大島5丁目会館で開かれた大島分団創立総会は、約50人の管内団員の参席裡に民団の五大綱領のもと、セ民団運動の精神めざし総力を傾むけることをちかい、分団長に金鍾泰、第一班長に鄭万永、第二班長に朴宗熙の諸氏を選出した。大島分団の事務所は、江東区大島四一三一一〇（電話六八五一八八六九）であるが、一月二〇日に亀戸分団、一月二六日には砂町分団が発足。

韓国料理　食堂園

茶房　ラタン

川崎市中原区小杉町三一四三〇
電話七二二一四四八八〜三二六五

遊技業　末吉会館

深夜レストラン　営業時間・午後八時〜午前五時迄

代表　金秉作

横浜市鶴見区上末吉横綱
電話　五七三一六一四六

大原物産株式会社

代表取締役　李柄周

千葉県木更津市
木更津二丁目一〜三
電話〇四七三八（23）八四五一〜三番

生が到着（きた）！

神秘の力

純生人蔘ゴールド

●ドリンクの中にはいっている高麗人蔘は純生の三年根です。
●ドリンクを召し上がりながら、そのまま人蔘をかじってください。
●ドリンクはカクテルに、人蔘はジュースにしてもおいしく召し上がれます。

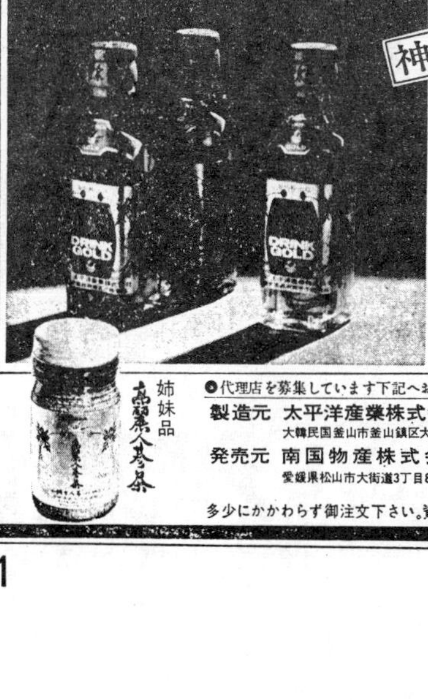

姉妹品　高麗人蔘茶

●代理店を募集しています下記へお問い合わせください

製造元　太平洋産業株式会社
大韓民国釜山市釜山鎮区大淵洞209-1

発売元　南国物産株式会社
愛媛県松山市大街道3丁目8-23 TEL(0899)43-1818

多少にかかわらず御注文下さい。資料サンプルお送りします。

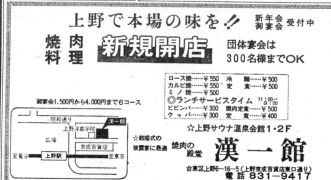

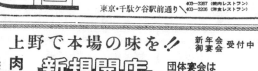

新年会・還甲宴・結婚披露宴の総合ビル

其他大小宴会〔200名収容可〕

B1ー男性サウナ・F1ー駐車場・F2ースナック喫茶・F3ー焼肉レストラン
F4ーお座敷レストラン・F6ー女性サウナ　美容室

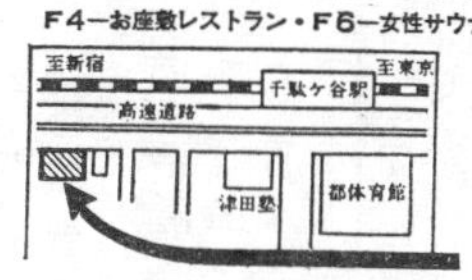

ドライブイン　外苑

◉駐車場……30台収容可

403−3267（焼肉レストラン）
403−3206（洋食レストラン）

東京・千駄ケ谷駅前通り

上野で本場の味を!!　新年会　御宴会　受付中

焼肉料理　新規開店

団体宴会は300名様までOK

ロース焼	¥550	冷麺	¥500
カルビ焼	¥550	定食	¥500
ミノ焼	¥500		

◎ランチサービスタイム　11:00〜3:00

ビビンバ	¥300	焼肉定食	¥500
クッパ	¥300	定食	¥400

御宴会1,500円から4,000円まで6コース

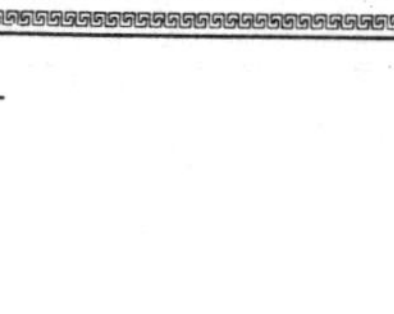

☆上野サウナ温泉会館1・2F

☆結婚式の披露宴に最適　焼肉の殿堂　漢一館

台東区上野6−16−5（上野京成百貨店東口通り）
電話 831−9417

金日成は自由に魔力が使える
？？？？？？？？？？？？？？
！！！！！！！！！！！！！

12月26日の平壌放送

噴飯しないよう注意
北傀の大マジメなナンセンス

北傀では、今金日成の神格化の段階を経て、すでに金日成の「現神人（あらひとがみ）」としての宣伝が行なわれていることは、平壌放送を聞けばすぐに判ることであるが、旧ろう12月には、金日成が魔神の如き"超能力"を自由自在に使いこなすという、常識では考えることもできないような大ウソを北傀住民に対して押付けている。金日成をして"人類の太陽"という表現をし他の共産国家から非難され、"民族の太陽"という風に言葉を入替えたのはつい最近のことであるが、さてこの"超能力"以上の"魔力"を、他の共産国家がどう受入れるか、チョットした見物である。

12月26日の平壌中央放送が宣伝するところによると、金日成は次のような"大魔術"を行うとのことである。

①縮地法＝大局地を駆ける式の距離を縮めることで、何百キロでもアッという間に移動するということ。

②転身術・葬身術＝いわずと知れた"変幻自在"ということ。

③迎神術＝巫女（みこ・ムダン）などのように神おろしをすることなく、意のままに"神"を呼び寄せて対話をすること。などが自由自在にできるほか。

④松かさ（松の実）から弾丸を作り、（これなら弾丸工場は不要のはずだが？）

⑤砂つぶから米を作り、（北傀の米作農業はやらなくてもよいはずだよな）

⑥かれ葉一枚を浮かべて大河を渡る。（舟などは無用の長物ということだよね）。

これを伝え聞いたある人いわく「金日成は宇宙人の化身だ！」。そういえば、今に北傀は金日成を偶像化する最後の段階で、キリスト以上の奇跡を行う「宇宙人」といいだすのではなかろうか。

韓国の家族行事
—冠・婚・葬・祭—

韓国人の一生で最も重大な意義を持つのは満一歳のときと還暦（六十歳）のときである。

満一歳の誕生日の祝宴では、ご本人の赤ん坊は華やかな固有衣裳を着せられ、山盛りの餅や菓子や果物の前に座らされる。そして将来の職業や地位を象徴するものがその前に置かれる。筆は文人、銅貨は商人といったように例えるが、とにかく、まっさきにつかんだものが将来を予言するものとされている。

還暦は人生における社会的活動の一周期を完結したものと解釈されている。今日では、このような観念は一般的ではなくなったが、還暦（韓国では"還甲"という）は今なお人生最大の盛事として、家族の行事では最も重んじられている。

昔から伝来された儒教式葬式では、多くの女たちが雇われ、哭声を上げて死者を弔い、また墓地に向かう厳粛な行列が長々と続く、極めて煩雑な儀式であった。このような慣習は、しばしば一家を破産に陥れるほど浪費的であったが、政府による生活簡素化運動の普及により、最近は相当に簡素化されている。

韓国の墓地は今でも田舎に行くとよく見かけられるが、たいていは家運を興すといわれる山腹の吉地が選ばれ、そこに死者の棺を埋葬して土をまるく盛り上げ、芝を植えつける。

昔流の婚礼の儀式では、盛装した花嫁がカゴに乗って花婿の家に行き、お互いに初対面をして杯を交わすのが習わしであったが、今は全く見られなくなっている。

現在ではあらゆる施設が完備しており、花嫁衣裳まで取り揃えている結婚式場で、簡略な西洋式の、時間も三十分ていどの結婚式が普通となっている。

昔は配偶者の選択は家が決定したため、結婚する本人同士は式の前に一度も対面することがなかった。しかし現代では、男女が大学や社会などで自由に交際するようになったので、こんなことはなくなっている。

一般的には、仲人がまず適当な配偶者を両方の家族に紹介する。そこで両人は知り合うため"一時"の交際を許される。婚約の締結は本人の自由にまかせられているが、韓国の子女たちは両親に従順だから、たいていの場合、めでたくおさまる。

韓国においては、自由選択による結婚が通例となっている西欧諸国よりも離婚がはるかに少ない。これは特記されるべき点である。東洋の習慣には一見、奇異に映るが長所もあることを忘れてはならない。（実業の世界・特集号）

高砂族日本敗残兵におもう
1・9中央日報「噴水台」から

インドネシアのモロタイ島で発見された台湾高砂族出身の旧日本帝国陸軍一等兵アスンバラリン、日本式創氏名中村輝夫氏。横井、小野田につづき三人目で、そう珍しくないのかそれほど大騒ぎはしていない。いや、かれが異民族であるから、常に繁栄を追うのにいそがしい日本としては過去の傷あとがとんでもないところから見つかったため少し体裁悪いのかも知れない。

高砂族は台湾がオランダ人、中国人、日本人に支配される以前からの先住民族である。人類学的にはマレー・インドネシア系に属する。高原で火田をつくり狩りように生きる台湾のインデアンである。日本に対するかれらの抵抗は激しいものがあった。一九三〇年十月警察駐在所と運動会を開いている学校を襲い日本人を殺傷した事件があった。これに対する日本人の報復は三一独立運動当時われわれがうけたことを思えばよい。飛行機、山砲まで動員した日本陸軍が二カ月間も討伐をつづけた。ある部落では婦女子百余人が集団自殺している。またあくまで戦うため部族の首長は一族の婦女子二十余人を自らの手で殺し自決している。強圧で臨んだ日本軍も一方では懐柔を忘れなかった。日本統治に服従すれば「熟蛮」という名で、抵抗をつづける「生蛮」と区別した。そのうち大平洋戦争がはげしくなると「帝国日本」は高砂族を先頭に立て、その勇猛性を利用することにした。樹寛順の村から日本陸軍の志願兵の出たわれわれの場合と同じである。中村輝雄も正にその中の一人である。

かれが日本の敗戦も知らないままジャングルにかくれて三十年、かれが忠誠をつくした日本とは国交さえも切れた。かれの入隊後生れた子供はすでに四子の父となり新妻はかれを待ちくたびれ再婚して久しい。故郷に帰り昔の山川をながめるかれの胸の中には永遠にとけない何かが残ることだろう。われわれと同じくびきにしばられた高砂族一兵士の姿から、忘れ去られようとしたわれわれの暗い影が蘇るような気がしてならない。

ソウル大学校一カ月かけて大移転

ソウル大学の冠岳キャンパスへの大移転が来る二十日から一カ月間、八千万ウォンの費用をかけて展開される。今度の移転対象は全校生の六四％九千人、教授の五五％五百五十人、教職員七〇％の四百二十人で、十二屯トラック二千二百台分が輸送される。

済州市にソ連標識のカモメ一羽飛来

昨年末全南済州郡公山面で、ソ連が鳥類研究のため飛ばしたアオサギが発見されたのにつづき、このほど済州市海岸の漁網に、同じような標識を足首にまきつけたカモメがかかった。

北韓も招待
アジア陸上選手権

韓国陸上競技連盟は十七日、六月九日からソウルで開く第2回アジア陸上選手権大会に中共、モンゴルの二カ国と北韓も招待すると発表した。同連盟は、来月までに三十カ国に招待状を発送するが、なかには中近東のイラン、イラク、クウエートの三国もふくまれている。

神話でないことの確認
文定昌「檀君史記研究」(6)
訳・註 金元奉記者

檀君に関する文献 (3)

李承休の帝王韻記中の古朝鮮の歴史

高麗・忠烈王のときに政治、文化、宗教など多方面の識見が豊富だった李承休（一二二四〜一三〇〇）は、七言古詩で中国の歴史と朝鮮の歴史を、至極簡単に記した。そのうち、古朝鮮に関する部分は次のようになっている。

（1）そも誰がはじめに国を建て、風雲をおこせしや。そは釈帝の孫檀君なりき。

（2）古唐の堯帝が国を開きし戊辰の年に同じという。虞を経て夏をめぐり辰の中ばのときなりとぞ。

（3）殷の国の武丁がなだれ込み来りし乙未の年に、阿斯達の山に入り神となれり。

【原注＝今の九月山である。一名弓忽ともいう。また三危ともいう。今も祠堂がある。】

（4）国を治めしより一千二十八年。いかように移り変りしかば、桓因を伝うること無けるに。

（5）くずれてのち百六十四、徳ある人々のありて君臣の義ふたたび開く。

【原注＝あるいは、爾後一六四。ともいう。】＜著者註＝このことは、檀君朝鮮の敗王が、残党をひき連れて阿斯達にはいり、すでに百六十四年間地方政権を樹立したことをいうもののようだ》【原注＝わずか、父子はあるが、君臣はない】＜著者註＝これは、敗退した集団である以上、君臣という大義で礼称される資格はなくなり、ただ、人間相互間の父子の情があるだけであると、詩文中にある「開君臣」を非難したものらしい》

（6）後朝鮮の国祖となりし、そは箕子なれば。ときは周の武王元年、乙卯の年の春なりき。

（7）逃がれ逃がれてこの地に至り、自ら国を立てたるを、武王はるかにこれを王に封じたり。

（8）謝さざるは礼にあらざり、都に入り帝にまみゆるに。洪範九疇と人倫を問わる。

檀君王朝、敗れて逃がれ 一六四年間地方政権となる

【原注＝尚書疏にいわく、武王が箕子を逮捕しようとしたが、箕子が朝鮮に逃亡して国を建てた。武王はそれを聞き、箕子を王に封じたので、箕子はその封を受入れた。そして臣下の礼を欠くことができないので、都に入って謝礼をした。武王が洪範九疇を問い、そして周の国に十三年間とどめた。】

＜著者註＝中国で伝えられる箕子は、殷の末年の明賢で、名は胥余、子は須臾である。武王が暴君「紂」を討ち破って政権を奪ばい周を建国したので、天下は皆喜こんだが、伯夷、叔斉、箕子だけは、武王のこのような「以臣伐君」が「後世に乱臣と賊子が帝位を奪う先例をつくる（韓退之の伯夷頌文）」として服従しなかった。武王が彼らを逮捕しようとしたので、箕子は朝鮮に逃げて「箕子朝鮮」を建て、伯夷と叔斉は首陽山に入って餓死したということである。その後今日まで、史伝の作者は記録しなかった。》

（9）箕子の四十一代の孫は名を準といえるが、ひとに侵し奪われわずかに百姓となれり。

（10）九百二十八年を治め遺風と功業大なりけりとし、また浮くかがやけりと伝う。

＜著者註＝箕子朝鮮の治績に関して、一九〇三年、許伝が編纂した「六東正路」は、その第三巻で「東史」によるとして次のように記録している。「箕子が朝鮮に入り、百姓を教えるに礼儀からし、八条の禁法を設定したので、その民の中に盗賊がなく、夜も大門を閉じなかったし、婦女が貞信で淫せず、田野では農耕がおおいにおこり、都邑の人たちは盃皿を食すことができ、父祖を尊崇し、信義が厚く、謙譲で、篤実であり、教と学術がおおきくおこるなど、中国の風を植えた」。》（漢文略）

（11）準がついには金馬郡に移りては、都を立てふたたび人君としてよくせり。

（12）漢の将軍衛満はもと燕のひとにして。漢の高帝十二年丙午の年に。

（13）攻めきたりて準より国を奪いしが。その孫右渠のときもろもろの罪が国に満ちたり。

（14）漢の武帝の元封三年癸酉の年に。＜B・C一〇八年著者註》将兵出師して衛満を討ちたり。

【註＝国内の人が衛右渠を殺害して、漢の軍士を迎え入れた。】

（15）三世合わせてわずかに八十八年。漢を負い準を逐い出したれば、人たちわざわいまぬがれき。

＜註＞前回紹介した北海道旭川市の李光鐘さんの手紙に対し、著者文定昌さんから次のような返事があったので、ここに要点を紹介しよう。

「……。あの書は、先生も御指摘の通りまったく三十六年史の余滴〜分泌的なものであります。（これは、文さんの著書「軍国日本・朝鮮強占三十六年史」上中下三巻、総頁数千六百余、の付録資料として刊行されたことをいうもの）。執筆も二十日間。そのときは助手がいましたので、後を助手にまかせ、それ以来一度も校閲しなかったのであります。李光鐘氏の質問驚きました。そのような間違いがどうして出来たのか、汗背三斗であります。毌丘倹の乱は、あまりに有名であり、また東川王20年が二四六年であったことを知らない史家はいないでありましょう。申采浩（引用文献の著者）も正確に、しかも正始7年紀と毌丘倹伝とを対照〜疑問を提起しつつ、正確に取扱っています。御迷惑かけて、何と御わび申上げてよいかわかりません。…」（原文のまま）。

旭川の李光鐘さん、これで判っていただけたろうか。文さんは「その書は一つのメモ〜参考書として費捨的に取扱った」と述べている。なお、七言詩の漢文は省略す。

解放後の混乱期を闘かった
建青創設回想録 (6)
洪万基 文　金竜煥 画

朝連草創期

この時に現れたのが李海三、徐鍾実である。朝連は最初もいったように帰国者援護と民生団体として出発し準備発起人は尹槿である。それが金斗鎔、曹喜俊、李珍珪、林光澈らが、頭角をあらわし、金天海が出獄するにおよんで、韓相大という極左系が、ヘゲモニーを握るようになって妙なことを始めたらしい。その兵隊が朝連の保安隊である。その師団長格の韓相大と建青は最初から成敗を期してよく武力衝突を繰りかえした。

それはともかく朝連成立初期から参加していた李海三、徐鍾実が脱退して洪賢基に接近、執ように説得工作を始めた。いま時、金を持っていても建国事業民族独立に役立てねば死に金に近いと、きいたようなセリフをいい、左右両翼の政治情勢を分析し、その功労と貢献から李承晩博士と金九氏系の臨時政府系が正統で、正式な政府が樹立された暁には、輝しい将来が約束されると力説するのである。

これが正論であったかどうかは別として朝連を左翼陣営が実力を握ると、親日派つまり民族反逆者の摘発が始まったらしい。やり玉に挙げられたのが、日帝議会の元代議士であった朴春琴、それから李起東、李海三、らその他である。

李海三が親日派にあげられた理由は協和会の幹部であり、よく愛国者を密告したというものであるが、協和会の件はともかく密告云々は疑わしい。戦争中に愛国者なるものがそんなにごろごろしていたとも思えぬからである。

また李海三は無知な奴だったという人もいるが、僕の知る範囲では口は達者であり、それから体躯の堂々とした人で押しだしのきく、読心術というか、ひとの心を見すかすところがあった。こういう種類の特長は自ら過じょうというか尊大振るところがあり、懐疑派の煮えきらない態度とは違って確乎とした信念がある。たとえば金載華に面識はないが、民団の文教局長など歴任した崔鮮など、"グノム、ムシックハンセッキ……"とよくいっていた。金載華が民団々長在任中ではあり、僕は奇異に思ったが、新聞を読むふりをして逆さに持って絵を眺めているというのである。しかし姜順鍔の話によると評価はまた違っている。それはたしかにそうかも知れないが、しかし立ち処、即興的な弁舌のさわやかさは叶う人がいないという。氏は新民党の議員に当選したこともあり、その後の活躍振りをみても李海三と一脈通じるところがあるまいか。

別に僕は両氏に私怨があってひぼうするわけではない。実は戦時中、兄の女中をやっていた済州島の女が金載華の差事公をしたことがあり、李海三も神田三崎町の路地で山海荘という食堂を早くから経営され、お正月などよく朝鮮餅など食わせて調法がられたので、むしろなつかしい気さえする。

要するに、両氏は在日僑胞の典型的な類なので人柄を挙げてみたにすぎない。日本人社会はよく島国根性だというようによそ者は入れないという血縁的、又は地域的結合の強いところである。その中で生抜くためには両氏のようなたくましいというか、物ごとにおじないハッタリ手段が必要なのである。日本人はよく出鼻をくじいてしまうとおずおずひっこんでしまうが、こちらが弱味を見せると最後までつけこむところがある。両氏のような性格の僑胞は多いが大抵成功している系譜である。

それに李海三は勤勉で大へん精力的な人間であった。洪賢基は神保町の鈴蘭通りにある商家の二階を仮住まいにしていたが、李海三は早朝、しかも連日のように訪ねて来る。李海三のこのような熱心な説得工作は、たとえば姜順鍔の話によると"李氏は洪賢基という人間の人格に惚れこんでこの人を措いてほかに人物はいないと決めてかかった"ということになる。弟の僕としてはなるべくそう思いたい。

しかし果してそうであろうか。ありていにいうならば、李海三、徐鍾実その他朝連からの脱退組は何としても、左翼勢力に対抗する団体を組織したかったのである。しかし幾らそういう腹案があったとしても資金がないことには絵に描いた餅でしかない。その前例が最初に記した神田の基督教会で準備委員会をもった朝鮮青年学生同盟の流産である。なんぼ集った人間の皆が雄弁であっても、口ばかりではどうにもならない。

だからこの人たちにいわせると幾ら金があるにしても、この際、民族独立事業に役立てなかったら、死に金であり、宝の持腐れだというのである。殊に李海三のこの気持が不純でなかったことは、氏も解放早々食堂の山海荘を処分し、一ぱしの志士気取りであったことでもわかる。しかし食堂を処分したその金は朝連にでもまきあげられてしまったのか彼が洪賢基説得に日参していた頃は無一文であった。

しかしこの背景には当時の祖国の情勢を展望しなければなるまい。国内派つまり国内の政治家によって朝鮮人民共和国なる案で政府樹立を模索し、左右両翼の人士を網羅した閣僚まで発表して李承晩博士を国家主席に推載している。これを宋鎮禹、金性洙ら右翼系の人はアメリカから李承晩博士や重慶の臨時政府金九主席らが帰国してから検討した方がよいと応じなかったばかりか、進駐してきていた米軍司令官のハーヂ中将も軍政の段階だといって言下に断っている。

これは当時人民党の党首呂運亨、そのほか安在鴻らが提唱したもので、この人達は日本の社会党に近いイデオロギーであったといってよい。（つづく）

山海荘と主人李海山

滋賀商銀
理事長 李正来
大津市粟津町5の8
電話（37）一三三〇

韓国居留民団
京都府南支部
支団長 権五得
副団長 諸相善
〃 林営璟

韓国居留民団
滋賀県地方本部
顧問 権寧崙

福日観光株式会社
社長 金日煉
本社・ニュー楽天地 東京都江戸川区松島三丁目十四番七号
電話（六五一）四五七九番
（六五三）四八五六番
支社・明星会館（明星サウナ・焼料理松駒）
市川市南八幡四丁目二番二号
電話（〇四七三）（二三）三二四一〜二番

韓国居留民団北支部団長
羅針盤商事株式会社々長
羅大煥
東京都北区赤羽一ノ二ノ一五
電話（九〇二）七七〇〇

陸王交通株式会社
韓檜俊
電話（九五五）六一〇一

在日韓国人結婚相談センター
常任顧問 金聖洙
会長 徐萬洙
所長 金鍾澤
大阪市天王寺区味原町四番地一号
味原日生ビル四〇六号室
TEL（06）七六八一-一三八五番

千原生コンクリート株式会社
代表取締役 千原善造
京都市南区吉祥院
中河原里西町四

民聖
鄭輝東

吉村産業株式会社
社長 金相煥
京都市南区久世
東土川町一八〇

京美染色
孫戊尚
京都市中京区
壬生相合町三一

鳥正
崔煥溥
京都市北区紫野西船岡町七三

謹賀新年 1975年 元旦
《本年も宜しくお願い申し上げます。》
カクテル・ラウンジ…………レインボウ
高級フランス料理…………サントロペ
中華レストラン・クラブ……Knight & Night
湯島プラザホテル
YUSHIMA PLAZA HOTEL
株式会社湯島プラザホテル
取締役社長 金奉佑
東京都文京区湯島3丁目30番6号 ☎ 831-2313（代表）

最も効果ある広告は「韓国新聞」

湯島の香りただよう静寂の地…
上野の森を眺望…和洋室大小30室●エレベーター付
ホテル ひいらぎ
超近代的完全設備
地下鉄千代田線湯島駅下車1分
お茶の水駅・御徒町駅より徒歩5分
TEL(831)6994・(832)0505
国際的スケールの社交場！
美人ホステス300名と一流ショー！
●デラックスキャバレー●ノーチップ制●明朗会計●
上野ニューグランド
上野不忍池・水上音楽堂前・TEL 831-6607・3666・5983 835-4916

同胞社会で最大部数の「韓国新聞」

韓國新聞
在日大韓民国居留民団
中央本部機関紙
韓國新聞社
発行人　尹　達　鏞
東京都文京区春日
2丁目20－13
電話　直(815)1451～3
　　　交(813)2261～5
振替口座　東京　163774
本国連絡所（民団本国事務所内）
서울特別市鍾路区昌成洞
政府合同庁舎4層
電話73－　0165

在日本大韓民国居留民団　綱領

一、우리는 大韓民國의 國是를 遵守한다
一、우리는 在留同胞의 權益擁護를 期한다
一、우리는 在留同胞의 民生安定을 期한다
一、우리는 在留同胞의 文化向上을 期한다
一、우리는 世界平和와 國際親善을 期한다

維新体制継続推進

国民投票で是非問う

―朴大統領が正式発表―

朴正熙大統領は二十二日、特別記者会見を行ない、現行維新憲法体制の是非を問うための国民投票を実施すると正式発表した。朴大統領は、今回の国民投票の目的は、維新体制の正しさを再確認するところにあり、あわせて大統領に対する信任投票とみなし、反対者が多い場合には、いさぎよく大統領職からしりぞくとはっきり言明した。この決定はなされたものである。大統領はこの日、国民投票の日時については具体的にしなかったが、二月中旬になる。また大統領は、北韓が暴力による赤化統一路線をすてない限り、現維新体制をつづけていくの年頭記者会見における見解をくり返し強調した。（特別談話全文は次号に掲載）

在日同胞熱烈に支持

民団中央声明

維新体制信任国民投票に際して―

一九七二年十一月二十七日、韓国々民は「維新憲法」を、九一・五％の賛成で支持しました。

組織拡大。中央会館建設

セマウム運動、創団30周年行事など

民団中央、75年度事業概要を発表

民団中央では、昨年末から七五年新年度における活動方針を第二十四回定期中央委員会での決議事項を骨子に、実情にそった具体案でこれをまとめてきたが、組織整備と強化拡大、中央会館建設など全般にわたり、このほどその事業概要を次のように明らかにした。

中央会館建設進む

中央会館建設は本軌道にのり、去る十三日には、金永善大使臨席のもと、尹達鏞中央団長（建設委員長）と大成建設の間で契約調印し、九日現在では鳥取県本部が割当基金と追加金を公開八番目で納入した。一方、建設作業も今年に入り活発化してきており、三月中旬までには基礎工事を完了、本格的に鉄骨建方に入る。

中央会館建設

一九七四年十月十二日に本工事が着工され七六年二月までの完工を目ざし、段後その建設作業が本格化してきているが、この会館建設費は現在八県本部の完納を見たしかし全国組織への割当基金納入が未だ順調とはいえず、建設委員会では基金納入における全面的協力をひろくよびかけてる。一方、会館建設は予定通り順調に進行されている。

組織拡大のための未加入者の加入運動

全国青年会の組織育成

沖縄に韓国人慰霊塔建立

創団三十周年記念行事と三十年史出版

在日同胞戸籍整理

維新事業への参与、セマウム運動の継続

短期大学設置

文教事業機構改編

経済事業推進

教育事業の基盤造成と育成発展

各種会議開催と対不純分子対策

法的地位問題

海洋博へ家族招請

惰性、無気力を清算　組織を整備、強化

＝呉敬福事務総長談＝

呉事務総長

日本言論界への対策と「韓国新聞」補強

実力次第でくり上げ卒業

北韓の宣伝風船ソウルで発見

釈迦誕生日、子供の日を休日に

政府は今年から釈迦誕生日の旧暦四月八日と、子供の日である陽暦五月五日を公休日にすることを発表した。

組織有功者の福祉問題

民団各級組織に十年以上勤続した団員で、その功が顕著な者には生活の土台を保障してやることによって組織員の士気を鼓舞する。

照点

はなす漫評

ほくそ笑み

金竜煥

快適な空の旅をお約束……………

滞空10,000時間を超えるベテラン揃いの機長をはじめ、厳しい訓練を経たスチュワーデスやパーサー。そして、縁の下の力持ち優秀な整備員たち――これらのみごとなチームワークが快適な空の旅をお約束します。
もちろん、心をこめた機内サービスも好評。民族衣装チマ・チョゴリを着たスチュワーデスのほほえみは限りないやすらぎをあたえてくれるでしょう。

フライトルートもさらに充実…………

KALは週53便の日韓線をはじめとして、台北・香港・バンコクの東南アジア線。ホノルル経由ロサンゼルスの太平洋線とフライトルートも充実。さらには、現在就航しているソウル↔パリ直行貨物便を足がかりに、欧州線へと、その翼をたくましく伸ばしています。

おもいたったらいつでもどうぞ!……

こんなに便利なタイムスケジュールはKALだけ。韓国なら観光でもビジネスでも、おもいたったらいつでも飛べます。今日いって今日帰れる、まさにお隣りさんどうしの空のおつきあい。
KALは世界の空をめざす国際的な航空会社。でっかいジャンボで、いってらっしゃい!

KOREAN AIR LINES
大韓航空
東京：(03)211-3311(代)　大阪：(06)244-1111(代)
福岡：(092)411-9101(代)　このほか全国14ヵ所に営業所がネットされています。お問い合わせはお近くの航空代理店又はKAL営業所へどうぞ。

朴正煕大統領の年頭記者会見

（資料）

維新体制は民主発展の基盤
政府に対する不当な非難・誹ぼうは言論自由健在の証拠
不況克服し安定成長へ前進

（要旨）

朴正煕大統領は一九七五年一月十四日午前十時、中央政庁第一会議室で恒例の年頭記者会見を行い、国内外情勢に関する見解を明らかにするとともに、今年の施政方針の方向を具体的に提示した。

朴大統領は、今年が、わが民族が日本帝国主義から解放された光復三十周年、北韓共産集団が赤化統一のために引き起こした韓国動乱二十五周年に当たると同時に、維新第三次年度という意義深い年であることを強調、今年の施政三大重点は①国家安保態勢の強化②経済的難局の打開③社会紀綱の確立と総和団結——であると明らかにした。

朴大統領はこのほか、この日の会見を通じて、北韓共産集団に対して①南北不可侵協定の受諾②六・二三平和統一外交政策宣言の受諾③休戦協定の存続④南北対話の早急な正常化⑤国連への南北同時加盟、若しくは大韓民国の単独加盟——という五項目の提案を行なって注目を引いた。

本紙ではこの日、二時間四十分にわたって行われた朴大統領年頭記者会見の要旨を紹介する。

問い＝おいそがしいところ、このように会見の機会を与えて下さったことに感謝します。昨年末に行われたフォード米大統領の極東旅行を契機にして、韓米両国の友好関係は、いっそう緊密化し強固なものになったと考えられます。

新年度の対米ならびに対日外交などを含めて、大統領閣下が構想されている対外政策の大綱について、ご説明下さい。

大統領＝まず、最近の国際情勢をざっとながめてみることにしましょう。とかくこの時代を緊張緩和の時代、あるいは和解の時代といっています。

たとえ対立と摩擦が生ずるとしても、過去のように、武力や力などで、すべての問題を解決してしまおう、といったような考えを捨てて、交渉と対話を通じて、平和的に協調に従って解決する道をさぐろう、ということです。

それでは、以上のような国際潮流が現実的には、どのような結果をもたらしてきたか、とくに私たちが生存を営むこの韓半島の周辺に、どのような事態の進展をもたらしたか、というのが問題になります。

昨年一年間をふりかえってみますと、韓半島をめぐるいわゆる四大強国という米国、ソ連、中共、日本の四大国関係——などで、実質的には大きな進展がみられなかった、と私たちは観察するわけです。

それから、とくに昨年からは、世界的な経済不況によって、石油、食糧または重要原資材の不足現象が起こり、これが以上のような国際情勢を一層複雑化させ、むずかしくさせているようです。

ところで、私たちの韓半島の情勢は、皆さんがよくご存じのように、南北の対話は北韓側の一方的な中断宣言によって、さる一年半の間中断状態にあります。現在のところ、たまに実務者レベルの会談が続いてはいますけれども、これは、北韓側が会談打ち切りの責任からのがれるために、やむを得ずしがみついているだけのことであって、会談に対する誠意があって、会談に臨んでいるのではない、とみるのです。

それに、北韓の共産主義者らの挑発的な実態はどうでしょうか。それは、このように南北の対話が進められている間にも、あるいは対話が中断状態にあった間にも、昨年八・一五事件や最近のあのトンネルを掘って南下してきた事件などをみるとき、その執拗にして悪どい手口は、昔も今も、一向に変わっていないようです。

以上のすべての事態を総合して判断するとき、私たちは、その間の緊張緩和と平和の定着をはかるために、文字どおりあらゆる忍び難いことを忍び、忍耐と誠意をもって、ずいぶん努力してきたわけですが、北韓の共産主義者らは始めから終わりまで一貫して、赤化統一とか「南朝鮮」革命などといった彼らの基本的戦略を少しでも変えないでいることがわかります。私たちを失望させるのは、社会の一角では、私たちが以上のような状況のもとに置かれているにもかかわらず、北韓共産集団には韓国を侵略する能力がないとか、あるいは北韓からは何らの脅威もないなどといったことをいうかと思うと、北韓からの脅威は依然として存在する、という政府の発言に対しては、そのような事実がないのに、国民を抑圧するため、抑圧する手段として、脅威があると、政府では言っているのだとの声をあげています。こうして、社会の一角では、国民の安保意識を鈍らせているわけで、これをまことに遺憾とするわけです。

特殊ゲリラ8万養成
トンネル南侵を画策

今立ちどころに、私たちの目の前で、この目で目撃し、肌に感じ、また体験することのできるいくつかのしるしを取りあげてみましょう。

たとえば、昨年八・一五事件のようなことです。共産党がテロリストを送り込んで、大統領を暗殺しようとし、公の場で、大統領の家族をそ撃して命をうばわれたことを、私たちはこの目ではっきりと見たわけです。

また最近の事態はどうでしょうか。休戦地帯にトンネルを掘り、奇襲攻撃を行うために、モグラのようにはいおりて来るのを見つかり、もはや化けの皮がすっかりはがされました。これも私たちはこの目でよく見ています。それにこのトンネルが一つだけではない、というのが問題です、私たちの知っている限りでは、今度発見したもののほかにも、もういくつかがあるのを知っているので、これを調べているわけです。

また、休戦ラインの向こう側の北韓の動きをみますと、休戦ラインの近くに新しく飛行場を完成させているばかりか、大韓民国をねらい、大韓民国を意識したいくつかの新しい軍事施設を次つぎと増強しています。

休戦ライン付近の彼らの飛行場から発進する飛行機が、ソウルを攻撃しようと思えば、わずかに二分か三分もあれば、こちらに到着することができます。

また臨津江の向こう側にある敵の砲兵陣地をみますと、射程距離が首都ソウルをはるかに飛びこえる長距離砲を備えた砲陣地が、一年まえに比べて、おびただしくふえました。

また臨津江の対岸には、奇襲攻撃用の渡河装備を大量に貯えて、機会だけを待っているということも、私たちはちゃんと知っています。

このほかに、一九六八年一月にソウルに侵入した「金新朝特攻隊チーム」一・二一事態のときに入って来た敵のゲリラ部隊のような部隊を全部合わせると、——北韓ではこれを特殊八軍団といいますが——その兵力は、私たちの知る限りでは、約八万人にのぼります。

こんなありさまなのに、「北韓は南侵能力を持たない」、「北韓からの脅威はない」などというのは、全く理解に苦しむところです。また、北韓が保有している軍事力をみましても、現役の正規軍と労農赤衛隊、それに彼らの言う赤色青年近衛隊など、このような武装された武装軍が、約二八〇万人に達すると、私たちは見ています。

彼らの人口は、わずかに一、五〇〇万足らずで、GNPもわずかに三百ドルにみたないのです。このような北韓が、二八〇万というおびただしい軍事力を保有しています。

最近米国の国防当局でも、北韓の保有する以上のような軍事力が、韓国に対する深刻な脅威になっている、という事実を公にしました。北韓の以上のような脅威に対しては、常に厳重な警戒を怠らないように、という警告さえも送ってきたと知っています。

それなのに、どうして韓国人でありながら、また韓国の政治家でありながら、北韓の脅威が厳として存在しているにもかかわらず、それがない、存在しない、と唱えて、国民の安保意識を鈍らせるのでしょうか。

韓国の政治家や一部の知識人のうち、以上のような無責任きわまる発言を出まかせに行う人たちは、とくにこの点に照らして、これからはとくに警戒してほしいと思うのです。

以上韓半島の周辺情勢と韓半島の内部情勢をざっとながめてみました。私たちの外交政策というのも、以上のような国際情勢と私たちの特殊な条件を正しく認識し、それに基づいて立てねばならないと考える次第です。

経済・実利・統一外交で
共産圏とも関係改善

一つは、国の安全保障をもっと強化するための安保外交、また一つは、経済の持続的な発展を追求するための経済外交、あるいは実利外交、最後のもう一つは、平和統一の基盤をたえ間なく造成するための統一外交です。この三つが、やはり今年の外交の三大基本方向といえるでしょう。

昨年十二月に、米国のフォード大統領が韓国を訪問しました。この訪問によって、韓米両国間の伝統的な友好関係を一層強化したということは、皆さんがすでにご存じの通りです。

しかし私は、フォード大統領の韓国訪問が、そのような儀礼的な面よりも、むしろ実質的な面において、韓米両国の協力関係を固めるのに、大きく役立った、とみます。

対韓公約に対する米国の決意を再確認したことで、韓国の安全保障を一層強化させた点、また交易の増進、あるいは食糧の供給など、当面の問題に対する両国間の相互理解と協力を一層深めたことで韓国経済の持続的な発展を保証する上において、とても頼もしい合意に到達した点、それに、これまで韓国政府が進めてきた一連の平和政策に対して、米国政府が百パーセントの支持を表明した点などは、これからの韓国外交を展開する上で多くのプラスになるものと期待しています。

次には、対日関係です。これまで日本との間にはいろいろな問題があるにはありましたが、日本はやはり地理的にも歴史的にも、韓国と一番近い隣国である、という事実を見のがすことはできません。

それに、韓日両国間の友好協力関係というものは、ある一方がもっと得をし、ある一方がもっと損をする、といったような関係ではなく、両国の安全と繁栄のために、共に寄与・貢献し得るばかりかひいてはこの地域全体の安全と繁栄にも、大きく寄与し得る関係だ、と私たちは見る次第です。

昨年八月十五日の事件が原因になって、両国の間には一時的であったのですが、深刻な局面が展開されたこともあります。しかし、韓日両国は、全アジアの安全ならびに繁栄をはかるとの大局的な見地から、韓日基本条約の精神に立脚して、互恵平等と信義に基づき、友好関係をこれからも引きつづき増進させることに力を傾けています。

このほか、共産圏諸国または中立諸国に対しては、六・二三平和統一外交政策に従って、これからも互恵平等の原則に基づき、門戸開放政策と関係の改善策を進めるつもりです。

最初の問いに対する答弁を終えます。次の質問をどうぞ。

問い＝共産主義者たちは、南北対話にそっぽを向き、八・一五大統領狙撃事件を引き起こし、休戦ライン非武装地帯にトンネルを掘るなど、大韓民国に対して一層激しい赤化工作活動を展開しております。こういう状況のなかで南北対話にどのような態度でのぞむか、ということについてうかがいたいのですが…。

大統領＝先ほども述べましたが、率直にいって南北対話はうまくいっておりません。率直にいってこれまでに進展は全くなかった——こう申し上げるほかありません。

特に最近には、向こう側は、調節委員会そのものさえ格下げしようという動きを見せているようです。

われわれが今、南北対話でしようということと、これらが対話にのぞむねらいとの間に隔たりがあるようです。われわれが望んでいることは、南北はどんなことがあっても緊張をゆるめ、平和を定着させて戦争を防ごう、平和統一というのは、そうしてから南北間の交流とか、協力などを通じて時間をかけてだんだん解決すべきことである。

まずは、このような緊張緩和と平和の定着、そしてこのことを実現する一つの手がかりとして互いに誠実な対話をすべきであるということです。ところが向こう側は、対話を政治宣伝手段に悪用しており、あらゆる手だてを弄して韓国社会に不安と混乱をつくりあげようと図っております。また、大きな弱点があれば暴力によるいわゆる赤化統一の機会をつかもうとしている——これがかれらの腹黒い考えであります。

かれらがもともと対話に応じたねらいは、一つの宣伝道具に利用しようということにあったのですから、かれらの態度は、われわれがかねてから予測したことでもあります。

かれらは、このような宣伝の一方で、また対話のさなかに意表をついてわが漁船や警備艇を拉致・撃沈するとか、非武装地帯内にトンネルを掘ってもぐら同然に地下を潜って来るなどといった、とんでもないことをやってのけているということです。

こういう仕業は、ことごとく南北対話がはじまってから起こったことです。

昨年に起きた八・一五大統領狙撃事件を取り上げて見ても、犯人・文世光を取り調べた報告書によりますと、狙撃をいつ指令し、いつから準備に取りかかったといいますと、一九七二年九月となっています。この時から狙撃計画に着手したのです。

一九七二年九月は、七・四共同声明（七二年七月四日）が発表された年ですが、それこそ共同声明に、南と北がサインしたインクが乾く間も与えずにこういう途方もない陰謀をまためぐらしたことがわかります。

もう一つわれわれが関心をもって見守るべき問題は、トンネル工事を終えようとした時期のことですが、かれらは、今年十月を「工事完了」のメドとしました。

今年十月は、先ほど述べましたように、かれらのいわゆる政権樹立三〇周年と労働党創建三〇周年とか、などといって今年は大変なお祭りムードが騒々しいありさまを見ております。では、トンネル工事の完成を十月としたのは、どのような陰謀とかかわりがあるのかということも、十分想像できることです。

北韓共産主義者が南北対話に関する考え方が基本的にこのようなものであり、また対話にのぞむ態度がこういうものであっては、率直にいって南北対話にわれわれが期待すべきことは、事実上何もありません。しかしわれわれは、この対話はどのようなことがあっても打ち切られてはならず、むしろ正常化に全力を注ぐ考えです。

なぜなら、同族同士が、二度と血を流すようなことがあってはならないからで、六・二五韓国戦争のような同族相食む悲劇を繰り返してはなりません。したがってわれわれはいかなることがあっても韓国戦争のような同族相殺の悲劇を繰り返してはなりません。

〝維新〟は唯一の解決策
北の赤化企図を粉砕

では、対話を受け入れるようにする方法はなにか？その方法は一つしかありません。それは、われわれが速やかに国力を培い、われわれの力を育てるほかない、と私は考えます。

武力や暴力でしては、大韓民国をくつがえすことができない、ということをかれらがしかとわきまえて諦めるように仕向けなければならないということです。

われわれの国力が絶対的に優位の地位を確保することこそ、かれらに幻想や妄想を放棄させ、またいわゆる「暴力革命路線」を変えさせる一つの契機となるでしょう。こうなれば南北対話に対しても、もう少し誠意をもって応えてくるものと信じます。

われわれが強ければ、交渉を呼びかけてきます。弱いと見る時は、かれらはいつでも暴力で挑んで来るでしょう。今、われわれは国民総力安保のスローガンを押し立てて国力培養を一日でも早く期さなければならず、これに拍車を加えなければなりません。十月維新の根本的な目的もここにあります。

十月維新こそ、このような国民の運命を全うすることのできるただ一つの道である、と私は確信します。一部のものは維新体制を撤廃してこそ国民総和がうまくゆき、北韓による赤化侵略を防ぐことができる、などといっておりますが、これはたわ言に過ぎません。

では次の質問をどうぞ……。

問い＝いまおっしゃったように、北韓共産集団はわが方の提案した南北相互不可侵協定を拒否するとともに、国連軍の解体を主張しています。これに対してはどうお考えでしょうか。

大統領＝去年の年頭記者会見の際、この席を借りて私が提案したのがほかならぬ南北相互不可侵協定でした。

北韓側が心から平和を願うなら、これは当然受け入れるであろうという推測から提案したのですが、その後北韓共産集団は引きつづきこれを拒んできています。

北韓側はまた、わが方の提案したこの平和的南北相互不可侵協定に先立っていわゆる南北平和協定案というものを持ちだし、機会あるたびにこれを政治宣伝の道具として利用してきましたが、わが方はそれを拒否しました。なぜ反対したかと申しますと、彼らの言う平和協定案というものは名ばかりのものであって、本当の意味での平和ではなかったからです。偽装された一つの欺瞞術策であり、平和のための協定というよりは、戦争を目的とする、侵略を目的とする協定であることを見抜いたから拒絶したのです。

北韓の脅威除去まで
維新憲法改正は無謀

彼らのそれとは反対に、わが方の提案した不可侵協定の内容は、皆さんもご存じのとおり、南北双方がいかなる形態であれ、武力侵攻をしないということを満天下に約束しよう、また互いに内政干渉を控えようというものであります。われわれは北韓の共産主義には反対しているが、強いてそれを誹謗するとか干渉はしない、北韓側もわれわれの自由民主主義や資本主義をこころよしとしないだろうが、われわれに反する誹謗をつつしむように、そしてもう一つは、現行の休戦協定体制はそのまま維持されるべきである、というのがわが方の提案した相互不可侵協定の骨子です。

北韓はこれを拒否しました。彼らがなぜ拒否したかは見えすいています。先ほども申しましたように、武力による赤化統一という野望と幻想がそのまま残っているかぎり、彼らとしてはこれを受け入れることができないからです。

彼らは、今後ともそのような野望を貫徹させるためには、引きつづき武力挑発を行わねばならず、スパイや、テロ団の南派、地下組織の拡大などを通じて、韓国社会の混乱と不安を醸成しなければならないのですが、もし不可侵協定が締結されたら、そのような画策に支障をきたすわけです。

そういうわけで彼らはこれを拒絶しました。

また、北韓側では国連軍の無条件撤退を主張していますが、彼らはこれを一昨年の第二十八回国連総会にも、去年の第二十九回国連総会にも決議案として上程させました。

国連軍が韓国に駐留しているのは、何もわが方が呼び入れたものでなく、北韓側が呼び入れたというのがより正確です。

一九四九年末、つまり韓国動乱が勃発した前年、韓国に進駐していた三十八度線以南の米軍は完全撤退しました。

翌年六月二十五日、北韓は一斉に不法南侵を開始しました。そこで国連軍は、侵略軍を阻止するとともに、韓国を防衛すべくこの地に進駐したのであります。

いまだに国連軍がこの地に残留しているという事実は、北韓共産集団の武力南侵可能性がいまなお排除されていないことを立証するものです。

先ほども申しましたように、北韓共産主義者たちの軍事力が大韓民国に対する深刻な脅威になっているため、米軍や国連軍がこの地に駐留しているわけです。

もちろん私自身も、国連軍司令部がいつまでも、また無制限に韓国に駐留すべきであるとは考えていません。

しかし、もし現段階で国連の決議とか、国連安保理の決議によって国連軍司令部が解体されるとすれば、休戦協定の効力だけはそのまま存続させて解体すべきだというのが韓国政府の主張であり、さらにはわが友邦諸国の見解でもあります。

私は今日この席を借りまして、もう一度北韓共産主義者たちに対しいくつかの提案をしようと思います。

これまでの話のまとめになるかも知れませんが、北韓はこれまでの我執を捨てて、南北相互不可侵協定提案を受諾せよということです。本心から平和を願っているとすればです。

第二には、六・二三宣言を肯定的に受け入れるとともに、統一が実現するまでは、南北がともに国連に加盟しようということです。

第三は、休戦協定の効力をそのまま存続させるということに同意するならば、韓国は国連軍司令部の解体に強いて反対しません。

第四には、南北対話の早急な正常化に、より誠意を示せということです。

最後に、いま一つ提案したいことは、もし北韓側が国連への南北韓同時加盟に最後まで反対するならば、大韓民国だけでも国連に加盟するということである。わが大韓民国は、国連に加盟するだけの十分な資格を備えている。したがって、もし北韓が国連への同時加盟をこころよしとしないまでも、大韓民国の国連加盟に対しては、強いて反対するとか、妨害してはならないということです。

以上、五項目を提案するものです。

問い＝野党は昨年末から維新憲法の改正を執拗に要求していますが、大統領閣下はすでにこの問題については見解を披露なさったことがありますが、この機会にもう一度ご意見を述べていただきたいと思います。

大統領＝この問題については、これまでもたびたび私の所信を明らかにしたことがあります。

結論からさきに申しますと、北韓共産主義者たちが、韓国の赤化統一という暴力革命路線を放棄し、北韓からの脅威が完全に取り除かれるそのときまでは、現行の憲法を改正してはならない、というのが私の確固たる所信であります。

その理由をいくつか述べましょう。

まず、現行の憲法は一九七二年十月、国民投票によって国民みなさんの圧倒的な支持を得て制定された憲法であります。

したがって、この憲法は一部の人びとが批判しているように、何人かの意見によって制定したものではなく、国民的な合意と国民的な正当性に基づいたものであるとわれわれは確信しております。

次に、いま一つの理由は、これまで二年間にわたってこの憲法を運用してみた結果、われわれの実情と現実的な条件に最も適した制度であることが実証されました。もちろん、私としても、維新憲法が完全無欠だとか、理想的な制度だとは思っておりません。また、そのような完全無欠で、しかも理想的な制度があるはずもありません。

われわれは、この体制のもとで、激動する国際情勢に、いつでも適切かつ能動的に対処しえてきたばかりでなく、かずかずの難しい試練や挑戦も克服できたのであり、また機会さえあれば武力や暴力によってわが国を挑発すべくねらっている北韓共産主義者たちの絶え間ない挑戦に対しても、われわれは鉄壁のような総力安保態勢で、国家と民族の生存権を守護してきたのであります。

また、オイルショックや資源難などによって世界の経済が一大激動をやむなくされた渦中でも、石油一滴生産されず、これといった天然資源一つとてないわが国において、経済が安定基調を維持して不断に成長を続け、また国力培養を続けることができたという厳然たる事実を、われわれは忘れてはなりません。

そのような難かしい現状にもかかわらず、輸出増大、重化学工業の建設、防衛産業の育成、セマウル事業など、国家の主要政策目標を計画どおりに推進してきたばかりでなく、また推進しつつあります。

わが国の経済発展はどうでしょうか。昨年の目標八％を若干上回る八・二％の成長を成し遂げました。したがって、一人当たりGNPも、待望の五一三㌦線を突破、昨年末のわが国の国民一人当たりGNPは五一三㌦になりました。

昨年のような国際環境のもとで達成されたこのような実績が、努力もなしにただ自然に成し遂げられたものと見なせるでしょうか。

また、他国に比べて条件が有利であるためにこのような成果を達成することができたかといえば、そうでもありません。

それではどこにその原因を求めるべきでしょうか。十月維新によって整備された秩序正しく能率的な政治体制のもとで、政府と国民が一致団結して汗水流して働き、そして努力した結果です。

自由は国情により差
幻想的民主論は禁物

われわれはこの厳然たる事実を忘れてはならないし、また、度外視してもならないと思います。

最近、国内一部の人たちの中には、現行の憲法だから改正しなければならないと主張しており、憲法さえ改正すれば万事がうまくいくかのように国民を扇動している人がいます。

彼らの主張どおりだと、憲法さえ……維新憲法さえ撤廃すれば、国防も、経済もうまくいくばかりでなく、民主主義もりっぱに実現するということです。

はたして、彼らの主張を信じていいものでしょうか。事実は彼らの言動は国民を愚弄するものであるとしか考えられません。

韓国動乱にしても、北韓共産集団が予告したうえで侵入して来たのではありませんでした。もともと、侵略者たちは予告なしに侵略を始めるのが常識のようになっています。

われわれが安心しているとき、侵略などありえない、脅威がない、心配することはない、と安心しているとき、敵は攻撃してくるものなのです。

わが国の近代史を振り返ってみるとき、いろいろと数多い困難を経験していますが、中でも代表的な二つの事件をとりあげるとすれば、かつての壬辰の倭乱と現世代の経験した韓国動乱ではないかと思います。

この二大事件の与える教訓は、いずれも当時の政治家たちの誤った時局観や安保観、情勢判断によって、われわれ自身が国難を招き、歴史の上に汚点を残したということです。ということは、すべからく政治家たちがその責任を負うべきだということです。

何人かの政治家が、このように安保を党略の道具にしたことから、七年間の壬辰の倭乱という、歴史上最も惨酷な国難を自ら招くことになったのであります。

韓国動乱にしても、決してその例外ではありません。当時の一部政治家たちは北韓の情勢をまともに把握することができず、北韓共産党には南侵するだけの能力がないとか、もし攻撃してきたところで、わが方で反撃を加えれば、朝飯はどこで、昼飯はどこ、夕飯はどこで食べるかといった具合で、二日もあれば戦争は終わるといった虚勢を張っていたところをやられたではありませんか。

われわれの世代において、再びそのような国難を自ら招いてはなりません。

少なくとも国家安保に関する問題だけは、党略的にも、政略的にもこれを利用してはならないと信じています。

近ごろ、なにかにつけて政府に反対している一部の人たちは、口さえ開けば必ずといっていいほど、民主主義がどうのとか、自由がどうのといった話をしているようです。

彼らの主張どおりだと、民主主義や自由は彼らの独占物であり、現政府の大統領や長官などといった人たちは民主主義や自由が何であるかも知らない分際で、政治をやっているということになるようです。

彼らはまた、言論の自由を保障していない現政府は独裁政権であると扇動しています。さらに最近は、かずかずの途方もない流言まで飛ばしている実情です。

執権を中止し、大統領も退け、といったことを平気でいってのけ、ある新聞ではこれを拡大報道して国民を扇動しています。

どの独裁国家において、政府に対するそのような非難、誹謗をほしいままにして逮捕されない国家があるでしょうか。つまりこれが言論の自由でなくて何であるかということです。

では、民青学連事件とは何か——その主謀者たちは暴力で現政府を転覆させようとする、そういう内乱陰謀をしたから、拘束して裁判にかけたのであります。

つまり、共産主義者たちと共産主義者でないものとが、究極的に狙う目的は異なるけれども、何よりもまず政府を暴力で転覆させるという点で完全に一致したのであります。

ほかでもないこの点を、共産主義者たちは巧妙に利用しました。

これは、共産主義者のいう統一戦線戦略です。

政府がこの事件を手がけてわかったことは、内容を知らずに加担したものがあり、また一時的にせよ政府に対する不平不満から加担したものが多いということでした。それで政府としては、どういう措置を取ったかといいますと、まず自首期間を設けました。五日間にわたる自首期間を設けました。

自首してくるか、たずねて来て自分の誤ちをはっきり悔いるものは、みな釈放した結果、学生は学校に戻って勉学に励んでおり職場づとめのものは職場に戻って仕事に励んでおります。

今、身柄を拘束され、裁判を受けている者三、四〇人は、しまいまで自首の勧告を聞き入れずに、地下に潜っていたところをつかまったものからなっています。

この事件には、外国人の日本人学生二人が加担していたのですが、この二人の裁判のさいには、日本からやって来た家族と、それから韓国駐在日本大使館の職員にも傍聴を許しました。裁判も、わが国の裁判制度にしたがって一審、二審を経て、今では三審に係留中です。

ここで結論を申しますと、今の維新憲法は改めてはならない、維新憲法を廃止し、かつての憲法に戻ることは、率直にいって国を滅ぼす道である。私は、こう断言したいのです。

次の質問をどうぞ……。

問い＝冒頭でもおっしゃいましたが、世界的な経済不況は、韓国の経済にも深刻な影響を及ぼしましたが、今年も継続するものと思われますが、このような経済事情は、この難局を克服する方策について、お話しください。

大統領＝とても難しい質問ですが、皆さんにわかりやすいように、三分野に分けて説明しましょう。

第一に、国際経済と韓国経済が、どのようにかかわりあっているかの問題です。第二には、今後ともやはり韓国にとって一番重要なことは安定なので、韓国経済の安定をどのようにして持続させるかの問題。第三には、どんなに安定が重要ではあっても、韓国経済は今なお相当の成長潜在力を秘めていますので、安定基調の経済成長をどう進めるかの問題です。以上三つの分野に分けて話すことにしましょう。

国際経済と韓国経済は、一昨年十月の石油ショックに見舞われました。それ以来現在までの世界経済は、一九三〇年以来始めてといわれる最大の危機に直面している、とみています。

昨年の経済成長率は、八・二パーセントだったのですが、これは、外国に比べると、まことに優秀な成長ぶりであったと言えば言えないこともありません。それにもかかわらず、韓国の経済も昨年の下半期からは、徐々に、輸出が鈍りはじめ、在庫が累積し、失業者がふえ、昨年末からは不況がはっきりしてきました。

政府は、これをあらかじめ予測し、昨年の初めから、一・一四緊急措置を断行すると同時に、石油ショックにともなういろいろな衝撃を第一次的に可能な限り緩和することに努力しました。

ところが、その後の内外経済の難局は、予想されたよりもはるかに大きく、これが相当長期化する見通しのため、政府は、国際収支の改善と景気回復をはかるべく、昨年末にいわゆる一二・七措置を取りました。

世界経済の不況にも
GNP513ドルを達成

今日、この席では、いくつかの基本問題に関する施政方向を述べることにしましょう。

第一に、経済の安定問題です。今年の最大課題は、やはり激変する国際経済の環境にすみやかに適応して、韓国経済の安定成長を再建することです。

次に、物価の問題です。物価の安定をはかるためには、まず石油やその他外国から輸入する重要原資材の価格変動に適応する国内の価格構造の再編成が、すみやかに実現されなければならないと考えます。

糧穀については、昨年は幸い豊作になりましたので、十分な量の政府管理糧穀を備蓄しているばかりか、これに加えて、輸入すべき糧穀も、すでに確保ずみです。

最後に、経済成長政策についてはどうするかといえば、いろいろ難しい問題が多く、国際的な与件も悪いので、過去にわが国が成し遂げたような、そういう高度成長は期待することができないのですが、そのときそのときの国際的な与件を敏感につかむとともに、われわれの持っている成長の潜在能力を最大限に発揮しつつ、安定成長に大きく外れない範囲内で、経済活動も積極的に振作し、輸出も積極的に振興させて、これを推進していくのが、わが経済の成長をそのまま維持しながらわが経済に活力を吹き込み、また不況を打開する積極的な方策になるだろうと、こう思っています。

これで、この問題に対する答弁を終えることにしますが、結論的に少しつけ加えましょう。今年は、いろいろと困難な年になると思います。第一に、私たちが明らかに認識しなければならないことは、この難局の克服策がどこにあるかを考え、それぞれの心の持ち方を新たにしなければならないことです。

この難局を克服する上で、一番必要な武器があるとすれば、それは、国民の総団結と総協力、そして助け合いの道にしかない、と考えます。全国民が総団結すれば、たとえどんなに困難な問題が持ち上がっても皆にこれを乗り越える力が生まれます。したがって、まず増産をはかり、節約に心がけることに全国民が力を合わせなければならないと思うのです。

次の質問をどうぞ……。

〝セマウル〟は維新基盤
81年一人当千ドルを

問い＝政府がこれまで力点を置いて推進してきたセマウル（新らしい村づくり）運動は農漁民の所得増大および環境改善などを通じて、農漁村の近代化に大いに貢献していると思います。閣下は、今後このセマウル運動がどのように展開されるべきであると思われますか……。

大統領＝セマウル運動がはじまってからすでに四年が経ちました。今年でちょうど五年めを迎えますが、皆さんがこれまで直接見て痛感していると思いますが、わが国農漁村の姿は日に日にその面目を新たにしつつあります。見かけはいうまでもありませんが、中味も日増しに充実化しています。

また、農漁民たちの考え方も変わってきており、農家の所得が大幅に増大していることも統計に現れています。

私ははじめからセマウル精神というものは「豊かに暮らすための運動」であると規定しました。セマウル運動は、とりもなおさず、われわれが豊かに暮らすことをめざす精神姿勢を指します。

われわれが豊かに暮らすためには、まず精神姿勢から正すべきであり、精神革命を伴うべきであると私は信じています。

誠実勤勉であり、自助心に強く、協同心が強くあってこそ所得も増え、豊かに暮らすこともできます。セマウル運動において精神革命を伴わなければそれは魂のない運動です。

われわれは、セマウル運動の第一次の目標を一九八一年においていますが、その時になってわれわれは、国民所得を平均百四十万ウォンの水準に引きあげることにしております。

その時になれば、韓国民一人当たりのGNPは千ドルに増えるでしょうが、これは国民全体の一致団結した努力なしには考えられないと思います。

農村に行って見れば、すでに平均所得百万ウォンを上回る村があちこちに現れましたが、なかにはすでに目標の百四十万ウォン台に迫る村も増えつつある実情です。

政府は今後ともこのような優秀なセマウル村を、優先的にテコ入れするというこれまでの方針をそのまま推し進めていくつもりです。りっぱな指導者を先頭にして村民たちが打って一丸となって熱心に働く村落に対しては、電気を引いてやり、電話も架設してやり、上水道や倉庫の設備にも力を貸すつもりです。

また農産物の出荷量が多くなれば、トラックの買い入れにも融資を与え、営農資金も供与する考えです。さらに技術分野の公務員や技術者を派遣して指導する一方、その立地条件が適しているとすれば、セマウル工場も優先的に建ててやるつもりです。

セマウル運動は、いまようやく農村に根を下ろしはじめたとみております。この運動が今日にいたるまで、数多くの美談が隠れています。それこそ涙なくしては聞くことのできない数多くの生きた美談が、農村の隅々で花を咲かせており、これが農村の灯火となって農村を明るく照らしているということを、決してわれわれは忘れてはなりません。

セマウル運動は、われを犠牲にしてまで奉仕しているセマウル指導者やセマウル婦女会員、四H会員、農村指導機関の職員、関係公務員の血と汗、涙と誠意が、今日の成果をもたらしたという事実にかんがみ、われわれ国民は敬意と称賛と、そして激励を惜しまないものです。

私は、毎月一回経済動向に関する報告を受けていますが、そのさい全閣僚と一緒にセマウル運動の成功した例をセマウル指導者から直接聞いております。

そのような報告に接するとき、また生々しい彼らの体験談を聞くとき、時には感極まって目頭が熱くなるのをおぼえたり、呆然となることがあります。

当初セマウル運動は、農漁村から火がつきましたが、いまや都市の住民たちも進んで参加するようになり、職場や学校、ひいては軍隊までに燃え広がっていることはまことに喜ばしいことです。

この運動は皆さんもご存じのようにみなが豊かに暮らすための運動であるのですから、一人たりとも手をこまぬいてはならないわけですが、セマウル指導者に対して、われわれは、声援と激励を惜しみなく送るべきだと思います。

記者代表＝新年における施政方針と国内外の主な政策について、長時間にわたって詳しく述べていただきました。記者団を代表して厚くお礼申し上げます。

司会＝以上をもって朴大統領閣下の一九七五年の年頭記者会見を終えます。ありがとうございました。

全国地協事務局長会議開く

民団整風は「セ民団運動」で

推進方法は全国的に統一

について意見を交わした。会議の結果、民団の整風運動に対しては「セ民団運動」と称することに意見が一致し、近い将来、全国団長・事務局長会議を開いて「セ民団運動」をより強力な態勢で推進するための方法論を全国的に統一させることに決定した。

また、規約改正問題に対しては各地協が中心になって、ひきつづき審議を行ない、全国団長・事務局長会議で意見を統一させることに意見一致し、今後そのための努力を続けることにした。

この日の会議には、東北（徐正寿宮城団長）、関東（金致淳東本団長）、中北（金宰淑愛知事務局長）、近畿（黄七福大阪団長）、中国（姜文熙広島団長）の各地協代表が参加し、九州地協と四国地協は欠席した。

中央からは尹達鏞団長をはじめ金仁洙副団長、呉敬福事務総長のほか各局長らが参席し、規約改正問題の審議では、朴炳憲監察委員を招いて意見を聴取した。

尹団長はあいさつで、「民団強化に各地協代表者であるみなさんの積極的な協力を望む」と述べたのにつづいて、呉敬福事務総長から「民団整風運動」、「規約改正問題」等二つの会議テーマが提起された。

論議の結果、民団整風運動は、創団三十年を迎え全国組織を再点検し末端組織を重点的に強化する活動方針をより現実に接したものにして、団員のため働く民団にする、世代交代の第一次年度に定める後進養成に全力を尽す、文世光事件が示した教訓を完全に消化する組織にする等、これらの基本案を中心にし、この運動を「セ民団運動」と称する。全国的なムード作りと方法論を統一させるため、三月の中央委員会前に全国団長・事務局長会議を開く。

規約修正に対しては、規約修正委員会が示している基本案を元に執行委員会、常任委員会、顧問会議等を通して論議したものを呉敬福総長が報告し、規約に関する意見を長期的展望に立って広く述べた。

三・一節慶祝使節団を派遣

全国で百人

本紙前号で既報のとおり、中央本部民生局（安商権局長）では、第56回三・一節慶祝使節団を派遣本国の記念祝典に参席させる予定を次のように決定し、各地方本部に人選と派遣手続を通達、その報告を待っている。

一、募集人員（百人）

各地方本部役員および支部役員から選定（各地方本部3人以内）

二、旅行日程表（2泊3日）

2月28日午後3時までソウル到着。

3月1日、3・1節記念式典参席、国軍墓地参拝、市内観光。

3月2日、午前中解散。

三 各地区別出発

（1）第一地区・関東地協内各地方本部・東北地協内各地方本部

航空便（東京―ソウル―東京）東京羽田空港から出発

2月28日午前9時東京羽田空港KAL・カウンター前に集合すること。

（2）第二地区・近畿地協各地方本部・中北地協各地方本部・岡山、鳥取地方本部・四国地協各地方本部

航空便（大阪―ソウル―大阪）

集合場所・大阪空港

（3）第三地区・九州地協各地方本部・広島・島根地方本部・沖縄地方本部

航空便（福岡―釜山―福岡）

集合場所・福岡空港

（4）第4地区・山口本部は航空便または船便利用

四、名単報告

各地方本部は、慶祝使節団名単を2月10日までに中央本部民生局へ送付。

なお全員は、2月28日午後5時まで民団本国事務所へ集合すること。

75年は同胞教育飛躍の年

活動の積極的助成と実践を 50時間の義務教育制を普及

中央文教局

民団中央文教局（姜仁煥局長）では、一九七五年を「在日同胞子弟教育飛躍の年」に設定し、在日同胞社会の存続と発展の鍵としての同胞教育問題を、より本質的、大局的に把握、民団組織としての長期的展望を樹立し、より積極的な教育活動推進をはかることになった。

そのような、在日同胞教育活動の積極的な助成と実践をはかるため中央文教局では、まずその司令塔となるべき教育委員会を組織発足させると同時に、教育関係者による協議連絡活動をより頻繁に行なって行く計画案を樹立した。

このような協議活動は、3月に予定される中央委開催以前に行なわれるが、その主な概要はつぎのとおり。

一、全国文教部長会議（2月5日開催予定）

二、学校長・理事長・PTA会長・関係地方本部文教部長の連席会議（2月15日予定）

三、教育官室および直轄文教部長連席会議（2月25日予定）

四、全教育関係者合同会議（2月末か3月初）

また、民族義務教育五十時間制を実施して多大なる成果をおさめている愛知県本部の実例にならい全国組織へとり入れる予定。

特別寄稿

八・一五事件の教訓と今後の韓日関係 (上)

成奎昌

韓日両国の国家関係を震憾させた朴大統領狙撃事件も、文世光の死刑執行によって、事件発生後、百二十八日目にして、物理的には一応の決着を見るに到ったのである。

しかし、文世光が、その死刑執行をいい渡された直後、立ち合い検事の前で、首をうなだれ、涙を流し、「韓国で生まれていれば、このような犯罪は犯さなかっただろう。大統領と国民に心からすまないと思う、母に不孝をわびるとともに、妻には第二の人生を歩んで欲しい。朝総連にダマされた私はバカだった」という最期の言葉が語るように、この文世光の死刑執行は、今更ながらにわれわれに強い衝撃と教訓を与えた。

文の死刑執行後、テレビで写し出された文の母親、陳末蘭さんが「朝総連を殺して下さい。あの女（吉井美喜子を指す）さえいなければ、こんなことにはならなかっただろう」と血の出るように叫んで胸をかきむしる痛々しい姿は、私には、まことにショッキングなシーンであった。

そこから、やり切れなさを感じたのは私一人ではなかったであろう。

またいかに罪を犯したものとはいえ、罪を悔い、生きたいと願うものを、あえて断頭台に送らなければならない非情な世界に、仮借ない無情と寂しさを感ぜざるを得なかった。

文世光の死刑執行は、法治社会に住む者にとっては、のがれることのできない定めではあったろうが、われわれにとって忘れることのできないことは、この事件に明らかに荷担した幾人かの、組織、背後関係者が、なんの科も受けずに免罪に付されたということである。

そこに、われわれとしては、この事件を、もう過ぎ去った悪夢のような出来事として、片づけることのできない不合理と矛盾を感じ、義憤にかられる思いがするのである。

元来、この事件は、その犯行の計画と準備が日本でなされ、なお且つ、犯人が日本で生まれ、育った在日二世の青年によって為されたという、日本の政治と社会土壌の中で生まれた特異な性格を持っていた。

文世光が「韓国で生まれていれば、このような犯罪は犯さなかったであろう……」と最期の言葉で指摘した如く、この事件の社会的基盤は、明らかに、日本の社会土壌の中にあったと断ぜざるを得ない。

その意味では、まず先に、最も厳しい指弾を受けなければならないものは、文世光をして、直接、その行動にかりたてた朝総連に対する断罪と同時に、その社会的背景となった、土壌の醸成に積極的に寄与したものたち、即ち、日本の一部マスコミに対する告発であろう。

長い期間にわたる執ような朴政権に対する攻撃と、問題を日本社会に直接、扇動的に提起した、その激しい反韓国報道にその重要な側面があったことはいうまでもない。

その意味では、独立した国家に対する外国のこのような激しい、動員された執ような"世論"攻撃は第二次大戦の終了と戦後植民地支配体制の崩壊以後、極めて希れな出来事ではなかったろうか。

少なくとも、そのような日本の一部マスコミの動向が、朝総連を勇気づける主要な媒介になり、文世光を側面的に鼓舞激励した重要な心理的バック・ボーンになったことは間違いない。

日本のマスコミの偏向的性格がもつその敏感な反応は、図らずも事件当日のNHKの「自作自演説による官製テロ」の可能性を強く示唆した報道解説に現われ、また韓国に対する反政府感情をあおり立てた、八月十五日の朝日新聞夕刊の猪狩章の解説記事に露骨に表現されていた。

そのような、日本の一部マスコミの偏向は、無辜の殺人をともなったテロ行為に対する反省と道義は姿を消し、家族を殺しても、己れの欲望と野望は達成せずには置かないという、最近頻繁に起きている"日本的"家族犯罪の特徴と鎌倉、室町の昔からの日本特有の武士階級による骨肉相喰む政争政略の伝統を引き継いだ典型の延長感覚が平気で語られ、無感動に解脱されるという特有の性理をみせていた。

"正義"を説いたつもりの、いわゆる日本の進歩的知識人の正体の対韓国観の生理と倒錯した倫理性がそこにあった。

恐らく、朝総連は、このような生き渡った「反朴宣伝」の社会環境のなかに、行動を起すことの有利さと、そこから生まれるであろう計算を打算したに違いなかった。

また文世光は、そこに心理的に朴大統領を暗殺することに対する合法的な免罪符を受け取っていたに相違なかった。

それを衝撃的に物語るものが、「韓国で生まれていれば、このような犯罪は犯さなかったであろう……朝総連にダマされた私はバカだった」と語った文世光の最期の言葉であったろう。

それは、とりもなおさず、文世光が、その最期の間際に残した、日本のマスコミの偏向報道に対する告発であり、直接指揮した朝総連に対する断罪でもあったろう。

その意味では、現代の"民主々義"社会にあって、マスコミが節度を失って、放任された場合の反社会性のもつ、恐るべき断面を露出させた事件として、後世に残る教訓的な事件として記録されるであろう。

報道のコミュニケーションにおいては、何よりも先ず、公平さと客観性が要求される。

しかし現実には、報道のゆがみは、目だたない形で公衆読者の中に浸透するため、それを見破ることは極めてむずかしいといわねばならない。

われわれが、重要に思うものは、このような一部言論の偏向と扇動が、今日の日本をリードする"権威的"な一部の知識人に依るところに問題の深刻な一面をみる思いがする。

社会構造の上層に位置する、日本のエリート族が、常にわれわれを見下しているというところに問題の容易ならざる側面を見、またある種の警告と啓発を受けるのである。

対韓国観に関する日本のマスコミの特徴が、表面、ある特定の彼らの代理人たちに対する"救援保護"関心という、偽善的な仮面をかぶっているところに、その狡猾な侵略性をのぞかせている。

その特徴は、植民地社会においてみられる特有の価値類型に属するものであり、自分自身の集団の標準を他の集団に強引に押しつけようとする強圧的潜在意識に支えられているところに、今後の韓日関係の問題処理における性格の容易ならざる側面を表出させている。

今後の韓日関係において文世光事件が残した問題点は、ある一定の事件を通した断面的な考察や、日本の一部マスコミ界が果たした側面的な役割を断片的に語るだけでは十分とは言えない。

それは、どうしても、本来のマスコミがもつ、その性格の本質的側面についての考察が必要になるだろう。

戦後の日本の"民主々義"社会にあって、対韓国問題に深刻な偏向が存在するその主要な理由の一つの柱は、本来の日本人がもつ、対韓国人に対する侵略的植民地主義の思想的残滓にあり、もう一つの柱は、戦後の変改した社会条件のなかで台頭した合理主義や、民主々義の倒錯したところの自己中心主義的思想の混合にある。

そして、その社会構造上における主要な機能的役割をになってきたものが、戦後の日本のマスコミであったと言えるであろう。

本来、パーソナル・コミュニケーションにおいては、受け手は送り手に対し、質問や回答を通じ、自分の意図を送り手に送り返し、直接理解させる手段と方法を持つ。

しかし、マス・コミュニケーションの場合には、この受け手が自己の意図するところの意見を送り手に送り返す手段と方法が円滑に具備されていない。

この相違は、又受け手が送り手であるところのマスコミに対抗するだけの手段と機能を持たない個人であり、圧力を持った団体や、組織でないというところに質的に違う側面と社会的不条理を有する。

この社会的不条理を正すためには、理想的には、マス・コミュニケーションの受け手であるところの個人が、送り手であるところのマスコミに対抗で来得るだけの手段と機能を持っていなければならないということになる。

（筆者は「南北の死角情報」著者）

朴烈義士の一周忌

東京の曺渓宗弘法院で

六・二五動乱時、北傀によって拉致されたまま、昨年一月十七日平壌で七十二歳を一期に永眠された民団中央初代団長の朴烈義士は、同じく三月一日、東京の日本青年館で大追悼式が行なわれたが、そのちょうど一周忌にあたる十七日、張義淑未亡人と遺児金慶熙さんの見まもる中で午後五時から東京文京区の大韓仏教曹渓宗在日弘法院で、民団など関係者多数参席裡にしめやかな法要をあげ故人の冥福を祈った。

（写真◎は朴烈義士一周忌法要）

大阪本部新年会

民団大阪本部の新年会が、一月八日午後一時、大阪本部講堂で、鄭尾淳総領事、宋升鉉領事、金権万領事および各支部三機関長、姜宅佑商工会長、常任顧問をはじめ一般団員ら四百人の参加裡に行なわれた。

なお、同本部主催成人祝賀会が一月十五日の午前十一時、森の宮青少年会館で、四百余人参加裡に盛大に行なわれた。

静岡本部新年会

民団静岡県本部と静岡商銀共同主催の新年会が十八日、午後一時から5時まで、静岡市フレンド・ボウルの大ホールで李起周横浜総領事、八木弘心静岡県会議員、杉田大三静岡市会議員らの来賓を迎え、四百人参加裡に盛大に開催された。

席上、呉漢植団長に対して、郷土予備軍庁舎建設基金寄付に対する表彰状が総領事から授与された。

亀戸分団が発足

東京の民団江東支部では、二十日午後七時から区内の亀戸五丁目会館で亀戸分団創立総会を、支部役員、各傘下団体役員、亀戸地区の団員ら約五十人が出席した中で開いた。

朴南浩支部副団長から、江東支部の六個目の分団となる亀戸分団の創立経過が報告された後、分団役員選出に入り、分団長に支部総務課長の金在洪氏（59）が選ばれ亀戸第一班の班長に若手の呂栄吉氏（31）、同第二班の班長に李周伊氏（53）がそれぞれ選ばれた。

愛知の成人式に六百人

愛知県本部主催による成人式は十五日午後三時から名古屋・中日パレスにおいて新成人二百十一人のほか、同胞青年たち二百余人、一般団員百五十余人という多数が参加する中で盛大に開かれた。

一部式典では国民儀礼のあと、崔会俊団長、愛知商銀の鄭煥麒理事長らが激励辞をのべ、第二部の懇親会に移り、中京大学の沈晩燮教授の「韓国経済の展望と在日韓国人の使命」と題する記念講演が大きな共感をよんだ。

第三部のデイナパーティでは、教育委員会の李春植委員長の音頭とりで祝杯をあげ、歌と踊りで盤上花をそえる楽しい半日をすごし記念品のほか商銀預金通帳と印鑑がそれぞれ成人たちに贈られた。

山口県本部でも成人式

民団山口県本部では、十五日正午から本部会議室で、成人となった39人の団員子弟を迎えてその前途を祝った。記念品として県本部からアルバム、山口商銀からボールペン、ハンカチが贈られ、領事館、青年OB会下関支部からも祝賀金が贈られた。

歳末に贈物

李七斗団長らが

駐横浜李起周総領事と民団横浜支部李七斗団長は、旧ろうの二十五日、管内の同胞困窮者十七世帯を訪問して激励しながら、歳末費の一部にと金品を贈り多大な感銘を与えた。

慶南道新年会

昨年六月に発足した在日関東地区慶尚南道道民会の新年会が二十日午後六時半から東京・芝白金台の八芳園で盛大にひらかれた。

☆最高の加工技術を 誇るデザイン☆
ダイヤモンド・高級宝石 指輪の製造卸
株式会社 錦光堂
社長 金沢吉宏
専務 金沢政煥
本社 神戸市葺合区二宮町四丁目八ノ一
電話二四一―六一三三(代)

日本規格表示許可工場
☆従業員募集（随時面接・履歴書持参・業界最高待遇）
株式会社 大山建設
本社 滋賀県高島郡安曇川町西万木 電話安曇川（07403）2―1221(代)
大津工場 大津市際川2丁目 電話 大津（0775）23―1730
代表取締役社長 金点植（大山仙吉）
滋賀生コンクリート株式会社

文化産業株式会社
代表取締役社長 朴碩道
本社 秋田県大館市字大町42 TEL 01864(2)1910・0509
遊技場
本店 秋田県大館市御成町 TEL 01864(2)1286
駅前店 秋田県大館市駅前 TEL 01864(2)4734
中央店 秋田県大館市中央通 TEL 01864(2)3020
秋田店 秋田県秋田市川反5丁目 TEL 0188(62)6245
土崎店 秋田県秋田市土崎港中央通 TEL 0188(45)3307
能代店 秋田県能代市西通町 TEL 01855(2)4267
三六九建設株式会社
代表取締役社長 朴碩道
本社 秋田県大館市字東台195の2 TEL 01864(2)4745

☆とても広いです（4百名様まで）
☆ゆっくりできます（貸切りは一日一組方式）
☆味はバツグン（本場仕込みの名コックが腕をふるいます）
中国料理 ビッグチャイナ ホテル東京直営
新宿歌舞伎町29 スタッセビル7F 西武新宿駅ホーム前
予約・お問合せ TEL 200-2008

飲茶と味の広場!!
超デラックスなムードです
トラジコース 2,400円（料理8品、税サービス料込）
コスモスコース 2,900円（料理9品、税サービス料込）
チンダルレコース 3,400円（料理10品、税サービス料込）
ムグンファコース 3,900円（料理10品、税サービス料込）
★キムチの持込みOK
結婚披露宴 承ります

神話でないことの確認

文定昌「檀君史記研究」

訳・註　金元奉記者

(7)

三国遺事は檀君の歴史を民族に残した貴重な史料

檀君に関する文献 (4)

世宗実録に現われた古代三朝鮮の関係記

一四五三年に記録された「世宗実録」第一五四、地理志平壌条は、古朝鮮三朝の歴史に関して次のように記載した。

一本是三朝鮮の旧都である平壌は、唐の堯帝戊辰年に神人が檀の木の下に下降したので、国人がその人を擁立して王にした。

王が都を平壌に定め、檀君だと号した。それが前朝鮮である。周の武王が商村に勝ち、箕子を封じた。この地を犯すことになったこれが後朝鮮である。

その四十一代孫準の時代に、燕の衛満という者がいでた人が、千人を従がえて亡命して来て国を奪い王険城、すなわち平壌府に都を定めた。これを衛満朝鮮という。

衛満の孫右渠が詔を奉じないので、漢の武帝が元封二年に将帥を派遣して右渠を討たせ、真番、臨屯、楽浪、玄菟の四郡を置いた。

∧著者註＝李朝実録にはこのほかにも、尹祚が挿して挙げた長文など、多数の古朝鮮記が平壌地理志の条に載録されているが、京水休と権近らのものと大同小異であるので省略する∨

世宗実録巻一五四地理志・平安道・平壌府条

一本三朝鮮　旧都　唐堯戊辰　神人降于檀木之下　国人立為君　都平壌　号檀君　是為前朝鮮　周武王　克商封箕子于此地　是為後朝鮮　逮四十一代孫準　時有人衛満　亡命聚党千余人　来奪準地　都于王険城　是為衛満朝鮮　其孫右渠　不肯奉詔　漢武帝元封二年　遣将討之　定為真番　臨屯　楽浪　玄菟　四郡。」

檀君の割注中の古朝鮮記

一四六一年（世祖七年）に刻まれた詩人権擥(註)の附は、檀君古事に関して次の本文のように記録しているが、李王朝の仏教全盛時代に事大主義思想に深くひたった儒人権は、仏教全盛時代に記録された「三国遺事」の古朝鮮記を、彼の主観のままに加筆した。その主な点を見ると次の如くである。つまり「三国遺事」に所載の

（1）「数意天下　貪求人世」を「弘益人間」を、単に「意欲下化人間」とした。

（2）「遣往理之」を削除した。

（3）三国遺事にない「檀は…あるいは檀ともいう。山はすなわち現在の平安道寧辺府妙香山である」ということを加筆した。

（4）「謂之神市」を削除した。

（5）「熊乃仮化而婚之」を「熊乃仮化而為人」になおした。

（6）「以唐高即位五十年庚寅　都平壌城」…

（7）「周虎王即位己卯　封箕子於朝鮮」を「至商武丁八年乙未」となおした。

（8）「…」

（9）「御国千五百年」を「享年千四十八年」とした。

[illegible]

「三国遺事」はある意味でいうなれば、朝鮮上代を唯一に担う文献ということができる。

嫡称朝鮮「至曰檀君」…朝鮮の生活と文化の黎明と古形を見せてくれるものとしては、わずかにこの書があるだけであろう。……まず、朝鮮の国祖が檀君であったことを伝えるのはこの書の外になにがあろうか。『三国遺事』の『古朝鮮』がなかったとすれば、檀君に関する文献的信ぴょうがなく、よって…

∧著者註＝崔南善は「済王韻紀は三国遺事と時期を同じくして撰されたものである。」（同氏の「増補・三国遺事」49面）と断じたし、現在はそういう説に立つ傾向が多い。しかし檀君に対する学問的考究の動機を生じないし、従がって檀君を中心として論じ明かすことになった。[illegible]

[illegible]

〈註〉権擥（クオンナム）＝一四一六〜一四六五。文臣。所…[illegible]

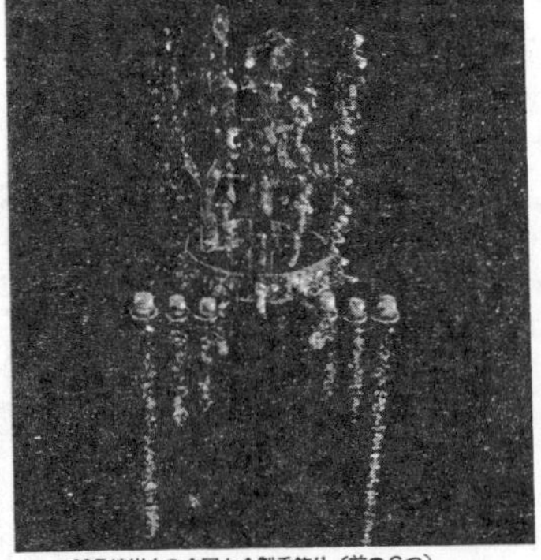

98号墳出土の金冠と金製垂飾り（前の6つ）

偉大な文化遺産…ソラボルの栄華

慶州の古墳から出土した遺物が語る千五百年前の新羅人の生活

新羅千年の都、慶州の古墳から往時の風俗や生活相をしのばせる数かずの遺物が出土した。発掘作業がほぼ終わりに近づいた九十八号古墳や、一九七三年発掘された天馬塚は、巨大な封土墳であることなどから、新羅時代の王陵だということが確実的となった。

その他の封土の崩壊した教育墓の発掘についても、日帝時代以来これまで本格的調査が続けられた結果、これら古墳から金冠をはじめ金銀製の装身具や馬具、食器、土器、鉄などの武器用品や、さじ、針、はさみなどの日用品、卵、鳥骨、貝がら、柿の実などの食品まで出土した。

韓国舞踊の〝静〟芸術

日本第1人者小沢恂子さん

韓国に友情出演

日本社会でもよく知られている韓国の指折りの舞踊家・趙沢元氏の金冠文化勲章受賞記念、韓・日合同舞踊公演が、来る二十四−五両日間ソウルの国立劇場で開催される。

「ミレーの晩鐘」、「身老心不老」など趙沢元氏の大作品が再現される今度の公演には韓国側から宋范、宋晟、金文淑の各氏らをはじめ国立バレー団員と舞踊団員七十人が出演するほか、日本側からも日本舞踊界の先駆者とも言える石井漠の一番弟子・石井みどりさんと日本創作舞踊団員二十余人が友情出演する。

日本側からは、今度の公演のため日本の韓国舞踊第一人者である小沢恂子（五十四）さんが、さる十一日韓国を訪れて準備を行って[illegible]

…いる。五十年代趙沢元氏のパートナーであった小沢さんはこう語る。

「趙先生の祝賀公演の一役が担当できて何よりも嬉しいです。私は今度、趙先生の昔の作品である舞の再現を担当することになりましたが、趙先生のすぐれた芸術を生かせることができるか心配です」小沢さんは一九五二年から六[illegible]年まで、趙氏のヨーロッパ公演など、一百回以上もの発表会でパートナーとして活躍した。二人だけで二時間以上の公演を行ったことも数回。趙沢元氏の代表作「春香伝」、「田園風景」、「ミレーの晩鐘」などのパートナーはいつも小沢恂子さんであった。

「十歳のとき、崔承喜舞踊公演を見て、幼い気持でも韓国舞踊にほれました。その後、韓国舞踊を習いはじめてから、韓国舞踊がすべてのバレーに引用できると思い懸命に習おうと努力しました。趙先生に会えたのが何よりも幸運でした」。

小沢恂子舞踊研究所（東京都世田谷区北沢五−四〇−十四）を設立し、日本人の舞踊愛好家に韓国舞踊を教えはじめた。現在まで千余人が卒業し、指導者としての韓国舞踊家だけでも十人以上になる。

その間、二回の韓国舞踊発表会を持ち、韓国舞踊協会から感謝状を受けもした。来る六月に第三回・韓国舞踊発表会を開催する計画を持っており、今度の訪韓期間でその研究調査も行うといっている。

「韓国舞踊は日本、インド舞踊と違ってシンプルであるが、ムードがあり観客を引き込めます。静止した瞬間にも静かな動きがつづき、観舎と呼吸をともにします。長鼓舞と剣舞などのテクニックは若い舞踊家がすぐれているけれど、動きのないところで動きを表すという芸は一般舞踊家は演ずることの難かしい韓国舞踊の魅力です」と付け加えた。

「趙先生の芸術はテクニック芸術でなく、韓国舞踊が持っている静かな芸術です。私は趙先生から〝芸術とは何か〟を習いました。韓国舞踊を習いながら人間の心を知ることができたともいえましょうか」という小沢さん。二十六日帰国する。

趙演鉉氏永久執権ねらう?

対立深めた文人協会総会

韓国文人協会はさきの第…総会で理事長に趙演鉉氏…だ。また、…の鋭い対決の中で一今後は…でなく…ことを可決したから一選…

[illegible]

焼肉(炭焼き)御宴会・新年会予約受付中!

長春館

東京都新宿区新宿2丁目54

電話(354)5141

代表　李康五

解放後の混乱期を闘かった

建青創設回想録

洪万基　文

金竜煥　画

(7)

[illegible]…はとても意志でつくせるものではない。理由はといえば彼等が駐留中は彼等をもてなし、国連軍が進撃して来たらそれを歓迎したという、はっきりいえば弱い者いじめである。

僕は韓国から来る人に、どうして共産主義がそれ程嫌いなのかきいて見たことがある。彼等は一様に〝あなたは体験してないからわかるまいが、要するに人間をがんじ搦めにしてグウの音も出ないようにしてしまう〟というのである。これではいつまで経っても不信感は拭いきれないではなかろうか。

その当時、僕が共産圏の指導者で感心するのは北ベトナムの故胡志明氏の庶民的な飾らない抱擁力と行動力であり、日本共産党宮本委員長の忍耐とその経綸である。もっとも中国の毛主席や周恩来総理は政治家としていい方かも知れない。要するに当時はまた姿をあらわさぬアメリカの李承晩博士、重慶の金九主席がひきいる臨時政府の要人たちに絶大なる期待を寄せていたことはまぎれのない事実である。

一九四五年十一月十六日日比谷の飛行館ビルで朝鮮建国促進青年同盟の結成記念大会が催され大盛況であった。これを書きながら僕は実に以外な感に打たれる。というのは建青が発足したのはこの一、二年後のしかも跨変または初状頃とばかり思っていた。

建青結成大会

三十八度線以北はソ連軍の進駐と共に金日成部隊も帰国し、鉄壁の陣を固めつつあり、民主党なるものもあったが、党首の曺晩植氏は七〇をすぎた老齢である。新義州学生事件なども発生し、地主、富裕層、旧総督政治協力者などが以南目指してなだれを打っている。満州から引上げてきた作家新田次郎氏の夫人藤原ていさんが書いた〝星は流れる〟を読むと、三十八度線近くの川で溺れかかったのを北鮮側の監視隊員が救いあげて、へたばっている引揚者のこの子連れの母親に〝とにかく此処ではいけない。もうすぐ以南だから這いずってでも行きなさい〟と諭すようにいうところがある。満州及び三十八度線以北へ、進駐してきた囚人部隊を放ったという話さえある。

金日成については一つの思い出がある。僕が金日成の名をきいたのは幼少の頃であり、それから十六、七の頃、平壌の府民館で〝共匪金日成徒党展覧会〟をみたことがある。日帝時代であったから豆満江を渡るゴムボートだとか、それから醤油で手紙を書いて火にあぶれば読めるといった式の幼稚なものばかりであったが、僕は胸を熱くして涙がこぼれそ…

[illegible]

…ところが終戦直後ニュース映画をみると二十才位の白面…石原慎太郎が最初参議院に…遠東の軍服を着せたと思え…

[illegible]

（つづく）

大韓民国居留民団

兵庫県西播支部

支団長	車慶泰
副 〃	朴玉辰
〃	朴淳徳
事務部長	金永孝
議長	金義済
副 〃	金成烈
〃	曺判泰
監察委員長	姜鍾石
委員	申昌洙
〃	徐光錫
婦人会〃長	裵桂守
青年会〃長	金甲徳

姫路市光源寺前町五九
電話八一−〇五八五(代)

広島県備後支部管内有志

県本部監察委員長	裵海植
県本部顧問	張泳徳
同支団長	趙象伊
商銀福山支店長	陳炳大
	鄭聖出
	曺裕承

足立支部

支団長	玄奎元
副 〃	洪良植
〃	朴京植
事務部長	金潤濱
議長	李禎雨
副 〃	金福来
〃	曺相鉉
監察委員長	孫道淵
委員	金聖三
〃	孔判教

東京都足立区千住桜木二−一−一四
電話八八八−八三〇一〜二

新宿支部

団長	金炳栄
議長	李慶容
監察委員	李明浩
事務部長	李昌夏

東京都新宿区三光町二五
三立ビル二〇三号
電話三五二−四〇七〇

荒川支部

支団長	高昌運
議長	李昌植
監察委員長	文斗河
事務部長	高潤玉

東京都荒川区荒川三の三一の九
電話八九一−〇五五五(代)

横浜支部

支団長	李七斗
副 〃	崔洙南
〃	全柄道
議長	崔竜岩
監察委員長	徐泰玉
事務部長	盧昌毅

横浜市中区末吉町三−一四五
電話二五一−一八一〇(代)

創団30年史発刊に際して

民族と国家は、その歴史を記録することによって保存されてくるものであり、またその記録を通して過ぎし日月の事実と文化を鏡として現在のあらゆる問題に対処して未来への発展を期するものであります。

一九七五年、民団は創団三十年を迎えることになりました。

回顧すれば、千余曲折の多かった過ぎし日月が感慨無量であり、解放された喜びと、団結の旗幟を高くかかげ、自己充実のための多くの努力、民族愛と血で染められた反共闘争、不当な日政に対する抗争など、その困難たる歴史の一齣一齣を整理、記録して民団三十年史を編さんすることは、われわれの一大事業であるといえます。

既に、写真で見る二十年史は発行されたことがありますが、このたびの三十年史編さんに当っては、写真はもちろん、事実内容の記録で一九四五年八月十五日の解放を起点とし、六・二五動乱を経て今日に至るまでの、各級組織の闘争活動を詳細に収録、刊行せんとするものであります。

この三十年史こそ、在日同胞の貴重な生きた資料として永遠に伝えられるであろうことを信じて止まない次第であります。

編纂委員長　尹達鏞

資料提供のお願い

先の第二十三回定期中央委員会において決議採択された「創団三十年史」発刊のための編さんにあたっては、全国に散在している民団史のための貴重な資料を広く集めておりますから、古い資料、刊行物、写真などを積極的に提供して下さるようお願い致します。

また「韓国新聞」の縮刷版（1・2巻）を刊行しました。限定部数なので、民団各級の備付用として至急御注文下さい。

第1巻・千ページ・六千円
第2巻・千ページ・一万円

☆資料提供のしめきりは二月二十五日まで

民団中央本部・創団三十年史
編纂委員会事務局

電話・〇三−八一三−二二六一〜五(内線三五)

上野で本場の味を!!　新年会 御宴会 受付中

焼肉料理　新規開店

団体宴会は300名様までOK

ロース焼	¥550	冷麺	¥500
カルビ焼	¥550	定食	¥500
ミノ焼	¥500		

◎ランチサービスタイム 11:00〜3:00

ビビンバ	¥300	焼肉定食	¥500
クッパ	¥300	定食	¥400

御宴会1,500円から4,000円まで6コース

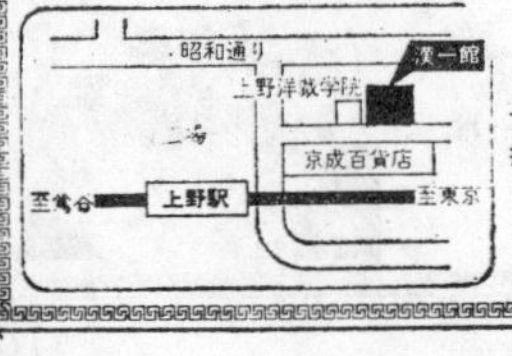

☆上野サウナ温泉会館1・2F

☆結婚式の披露宴に最適

焼肉の殿堂　漢一館

台東区上野6−16−5（上野京成百貨店東口通り）
電話 831−9417

韓國新聞
在日大韓民国居留民団
中央本部機関紙
韓國新聞社
発行人　尹 達 鏞
東京都文京区春日2丁目20－13
電話　(815) 1451～3
　　　(813) 2261～5
振替口座　東京　163774
本国連絡所(民団本国事務所内)
서울特別市鍾路区昌成洞
政府合同庁舎4階
電話　73－0192・0165

在日本大韓民国居留民団　綱領
一、우리는 大韓民國의 國是를 遵守한다
一、우리는 在留同胞의 權益擁護를 期한다
一、우리는 在留同胞의 民生安定을 期한다
一、우리는 在留同胞의 文化向上을 期한다
一、우리는 世界平和와 國際親善을 期한다

セマウム植え運動

挙団的規模で拡大強化

祖国緑化で愛国の至情を高揚

民団中央青年局(沈謙孝局長)では恒例の「在日同胞セマウム植え運動」推進に関して、本年度は、例年よりさらに挙団的規模で拡大強化された奉仕計画を樹立、組織の充実と愛国心の高揚に総力をあげてとりくむことになったが、このたび、その要綱を管下各地方本部へ通達した。

このたびの「60万セマウム植え運動推進」要綱はつぎのとおり。

一、目　的

民団年中行事の一つである「在日60万セマウム植え運動」の一環として73年度からはじめられた60万本苗木植え運動は、去る二年間にわたって実施されて来たが、在日韓国青年奉仕団の奉仕は国内外で高く評価され、また祖国山河の緑化に多大なる貢献をはたした。

したがって、今年は例年より、拡大強化した奉仕団を派遣し、本国造林緑化事業に寄与することはもちろん、これを通じてわれわれの組織をより強固にし、祖国で祖国を愛するわれわれの愛国の至情をひろく宣揚することに目的がある。

二、方　針

(1) 60万本の苗木を祖国山河に植樹する。

(2) 本事業は、民団中央本部青年局で主管し、挙団的規模の民団事業として実施する。

(3) 本事業の成果をあげるため、本国政府の各関係部署に行政的便宜提供を要請する。

三、実施期間

一九七五年四月一日～四月八日(八日間)

四、各地区出発地と日時

各地方単位で出発する。

五、参加人員と範囲

(1) 参加人員三百人(男子二一〇人(70%)女子九〇人(30%))

(2) 各地方本部青年部長および青年会長は必らず参加すべきである。

(3) 青年組織活動に積極的に参加する青年を中心に選抜する。

六、参加金

四八、五〇〇円(日貨)

七、実施内容

(1) 植樹活動　一日

(2) 両親家族訪問　一日

(3) 産業施設見学　一日

(4) 国軍基地、顕忠祠参拝　一日

(5) 学習　二日

その他

服装は男女ともに青色ブルージン、スカーフは緑色(もえぎ色)帽子とワッペンは中央本部で一括購入し、分配する予定である。

結団式は一九七五年四月一日午後九時、解団式は一九七五年四月八日午前十時(本国事務所で挙行)、国内解散の予定。

本国研修会

民団中央が発表　今年も盛ん

民団中央では一月二十日現在までに判明した、本国における今年度の研修会開催計画が次の通りであるとこのほど明らかにした。

東京本部	二月五日～九日	愛知青年会	二月十六日～二三日
中北地協	二月十二日～十六日	千葉本部	二月二四日～二八日
三多摩武蔵野支部	三月初旬	兵庫本部	三月二九日～四月一日
大分婦人会	三月二九日～三一日	大阪本部	三月末
広島〃	四月初旬	埼玉〃	〃
新潟〃	四月二〇日～二五日	九州地協	四月中旬
埼玉青年会	五月初旬	大分本部	〃
東京婦人会	八月初旬		

民団東本が百三十人研修

民団東京本部(金致淳団長)傘下各支部三機関拡大会議が五日から七日までソウルの行政研究院で開かれる。八日に釜山の現代造船所を見学、九日釜山で解散するが参加人員は百三十人で外務部招請によるもの。

地方本部単位の三機関会議が、これだけの規模で本国で開かれるのは全国でも初めてのことで、その成果が期待されている。

韓国大使館の抗議を考慮

今後の隔意なき友好願う

李竜雲手記の朝日釈明

「朝日ジャーナル」誌一月三十一日号に掲載された「李竜雲手記」問題に対する同誌の釈明文は次の通り。

本誌一月二四日号に掲載された元韓国海軍参謀総長李竜雲氏の「朴大統領を糾弾する手記」について、駐日大韓民国大使館から、このほど本社に抗議がありました。

当朝日ジャーナル編集部としては、手記の筆者李竜雲氏について

時評

日本マスコミ　若手記者は感覚派

「反共」にはシラケル心理　出発点は新左翼と同じ

今日、日本のマス・コミが偏向しているということは、当のマス・コミ内部の人間を除いては、大方の日本人が痛感しているところであり、またミニ・コミと呼ばれる群小出版物の内で、マス・コミの偏向を論じているものも少なくない。しかし、これは全くの「焼石に水」で、いうなれば「蛙の面に小便」である。なぜそうなのかを考えざるを得ないが、われわれから見た場合、日本のマス・コミの韓国関係の報道に現われる偏向ぶりから判断して、その原因は記者たち自身の思考方式そのものにあると見る。彼らは自分たちの置かれている立場の重要性よりも、感情を先行させてものを見、判断することしか能力がない、一種の精神的な「身障者」に育ったからである。

韓国の大統領が、何か重大な発表をしたとする。日本の記者たちの受取り方と、例えば日本に駐在する諸外国の記者諸氏の受取り方とでは、非常に大きな差がある。

今回朴大統領が発表した「国民投票」についての報道でも、取材記者、解説記者の、ほとんどのマス・コミ記者の姿勢が、これまでの韓国関係の報道のと同じである。つまり、反政府的な言動に重点がおかれていて、取りようによっては韓国に対する内政干渉ともいえるのである。ではなぜこうした姿勢でしか報道しないのだろうか、この問題について少し分析して見た。

現在の日本の若い記者たちについて、その心理状態を指摘すると、

①日本と比較して韓国には言論の自由はない。

②韓国の大統領は独裁者であり、弾圧政治をしている。

③韓国が北韓と対決しているのは、政権維持のための口実である。

④現在もしも韓国が北韓と自由に往来させ、定住を許すなら韓国民の大半が北に行くだろう。

⑤韓国政府の反共国是は心情的に同調できない。

⑥基本的姿勢は反政府的立場を支持する。

⑦野党および反政府派の声のみが正しい。

⑧野党および反政府派をバックアップすることが、韓日両国民の真の友好につながる。

⑨日本の国民が求めているのは韓日関係の汚点報道と反政府的センセーショナルな報道だ。

……(W)

尹団長(左)と歓談する李長官(右)

三重日韓協会　新年会ひらく

三重県日韓親善協会(中川副会長)では、一月二十七日午後二時から、津市の洞津会館で約百人の両国人士参加のもと新年会を催し親善交流をはかった。

この日、同会の山本東治郎副会長、駐名古屋の崔春秀総領事、中央から手和南総務局長が参席、それぞれ祝辞をのべ五時すぎ散会した。

日本図書館協会選定

金 熙 明 著

日本の三大朝鮮侵略史

＝倭寇・壬辰倭乱・日韓合併と総督統治＝

B6判 美装 四〇〇頁
写真挿図七〇枚
価 九八〇円・〒 一四〇円

☆日本が如何に朝鮮を侵略したか三つの歴史的事実を両国学界の研究成果をふまえて叙述した日本の「つまずき」の歴史を日本人の前につきつけたものである。
〔武蔵大学教授　渡部　学〕

※最寄りの書店に市販されております。

発行所　洋 々 社
東京都新宿区納戸町五
〒一六二　電話(二六八)〇七九六番
振替東京一三一五一五番

合同教育懇談会開く　東京

東京の在日韓国人合同教育懇談会が、さる一月二十九日午後一時から、東京韓国学校で民団東京本部主催で行われ、二世教育の諸問題と東京韓国学校が直面している問題をめぐって活発な意見を交わした。

懇談会には、中央から尹達鏞団長、姜仁煥文教局長と成根容次長、東京本部から金致淳団長、李乙衍文教部長、駐日大使館から金正協教育官補、東京韓国学校から安聖出理事長、呉炳俊校長以下教師多数と、同校PTA幹部多数が参加した。

懇談会を主催した金致淳東本団長はあいさつで、今年は創団三十周年を迎える年であり「働く民団」をスローガンにして出発した年であります。そのため東京は全力をつくして「民団運動」を展開するが、第一課題は教育問題であります。今日は東京韓国学校を実際的にどうするかを検討して、まず、民団が何から学校に協力すればよいのか、結論を出してほしいのですと述べた。また尹中央団長は、教育面に対しては就任後ただちに、

本国支援に感謝

李無任所長官、中央を礼訪

第四回韓日議員懇談会に首席代表として来日した韓国の第一無任所長官・李秉禧氏が、一月二十五日民団中央本部を訪れ尹達鏞団長と歓談した。

席上、李長官は「最近国内政治が相当混乱しているかのように、日本の各マスコミが報道しているが、決して日本の報道機関が判断しているような状態ではない」とのべ、「北韓は金日成政権が約三十年もつづいているが、今日まで金日成打倒という声を聞いたことがない。北韓と我が政府を比較したくはないが、韓国を云々するに当たって南北を同時に眺めなくては韓国の現状を正確に判断できない」とも語った。

ついで民団の本国支援に対しては、国民の一人として深く感謝する。政府の対民団政策は現在各部の次官レベルで検討しており、近い将来よい結論が出るだろうと話んだ。

金鳳煥顧問永眠

一月二十一日永眠した故金鳳煥氏(民団中央顧問、民団大阪顧問)の葬儀・告別式(葬儀委員長・李熙健大阪興銀理事長)が二十四日午後一時から、大阪・東区の南御堂難波別院においてしめやかに執り行われた。

葬儀には鄭彦淳駐大阪総領事、尹達鏞民団中央団長、朴漢植国会議員、姜宅佑大阪韓国人商工会会長など三百余人が参席し、故人の功績を讃え冥福を祈った。

「セ民団」と三・一節

中央での青年研修

百三回・関東地協ひらく

さる一月二十五・六の両日間、熱海のホテル・八景で、第百三回関東地方協議会が開かれ、「セ民団運動」、「三・一節記念行事」など、当面の民団が直面している諸問題をめぐり真剣な討議が行われた。その結果「セ民団運動」は組織の全力を尽して強力に推進する。

「三・一節記念行事」は関東地協の全地方本部が参加して、東京で盛大な民衆大会を開催することを決定した。また全国の注目を集めている民団中央の青年研修問題に対しては、中央本部内に設置されている研修場で一定の教育を受けたあと、各地方本部および各支部に派遣して、「セ民団運動」の諸般事業に寄与させる。来たる三月末本国に派遣予定の〝セマウム植え運動青年奉仕団〟は、約三百人の青年を派遣する予定であると中央の呉敬福事務総長からの計画報告があった。

会議には、新潟、山梨を除いて地協内の各地方本部の三機関長と事務局長らが参加した。また、中央からは、尹達鏞団長、金仁洙副団長、朴炳憲監察委員長らが参加し、駐日大使館からは趙一済公使が特別参席した。

北傀、南韓非難放送を突然中止

一月二十八日のソウル放送によると、二十三日、休戦ライン全域で対南非難放送を再開した北傀側は、二日後の二十五日午前零時十分からこの放送をはたと中止した。これは南北調節委員会の李東馥ソウル側スポークスマンが明らかにしたものである。

李スポークスマンは、「彼らの動静を注視しているが、これまでの非難放送が再開されていないことからみて、北側はソウル側の非難放送中止要求を受け入れたものとみている」と述べた。

日本に抗議焼身自殺図る

一月二十七日午後八時四十分ごろ、ソウル市鍾路区中学洞にある日本大使館正門前の路上で、一人の韓国老人が焼身自殺をはかったこの老人はただちにソウル大学附属病院に運ばれたが、全身ヤケドを負い重傷である。

警察の調べによると、この老人はソウル市道峰区に住む六十三才になる朴儀世さんで、ビニール袋に石油と思われるものをつめこんで全身に浴びたのち、マッチで火をつけたものらしいという。

焼身自殺をはかった理由として合同通信では「韓国がこのような状態になったのは日本の責任だと考え、抗議した」と朴さんがのべたとしている。

本国に在日二世教育のための初級大学を設立するよう建議していると語った。民治根校長は、今年の当面問題として、学校の質的向上を目ざして全教師が一体となって努力します。優秀な学校であるならば父兄が安心して生徒を学校に行かせるでしょう。そのため、学習指導と生活指導に主力をそそぐすと語った。

釜山からも米へ直行　KAL便

大韓航空では二月四日から現在週七回運航中の米州旅客便のうち直行便(ソウル－ホノルル－ロサンゼルス)一回を釜山まで延長週二回運航、これで釜山から直接米州へ旅行が出来る。

韓国映画がモスクワへ

このほど明らかにされた韓国の文化公報部の今年度映画施策によると、韓国は今年七月初めにモスクワで開かれる国際映画祭への国産映画の出品を奨励する計画である。すでに何人かの映画製作者は七月初めに開かれる予定のモスクワ映画祭出品をめざし、製作しているという。

KJC定期総会に出席　福岡

韓国福岡青年会議所の張鎮副会長ら十五人のメンバーは、一月二十五日から二十六日まで、ソウル・半島ユースホステルで開かれる韓国青年会議所(KJC)の定期総会に出席するため、二十四日午前十一時五十分、福岡発のKAL機でソウルに向かった。

韓国青年訪米セミナー

国際勝共連合在日韓国人会(崔容鎬会長)主催による第四回在日韓国青年訪米セミナーの関西地区選抜研修会が、去る一月二十四日午前九時から兵庫県宝塚市で開かれ、五十八人が参加したが、中央からは沈揆孝青年局長が特別講師として参加、「日本歴史二千年間に寄与した韓国人」と題し講演した。

團結로써 粉碎하자 朝總連의 破壞工作

75年度 生徒募集

一、募集人員
初等部一学年……五〇名
中等部一学年……五〇名
高等部一学年……一〇〇名
外 編入生若干名
但し高三は除外

二、受験資格
初等部一学年……満六歳児童
中等部一学年……小学校卒業 又は 予定者
高等部一学年……中学校卒業 又は 予定者

三、願書受付
期間…初 等 部・自一九七四年十一月一日～至十二月六日(午前九時～午後五時)
中・高等部・一九七四年十二月一日～至二月七日(午前九時～午後五時)
場所……本校教務部

四、受験手続
(イ) 本校所定の入学願書
(ロ) 出身学校調査書(編入は在学及び成績証明書)
(ハ) 国民登録済証明書
(ニ) 写真四枚(4㎝×5㎝)
(ホ) 考査料
初　三〇〇〇円
中　一〇〇〇円
高　二〇〇〇円

五、考　査
初等部……面接
中等部……面接、書類審査
高等部……面接、学科考査(国、英、数)
(但し、日語科目で国語代行可)

六、考査日時
初　等　部……一九七四年十二月七日(土)午前十時
中・高等部……一九七五年二月八日(土)午前九時

七、合格者発表
初　等　部……一九七四年十二月九日(月)正午
中・高等部……一九七五年二月十日(月)正午

八、其　他
(イ) 提出書類は返還しない
(ロ) 入学に関する問合せは教務部まで

東京韓国学校
東京都新宿区若松町二一
〔三五七〕二二三三～五

維新体制は民族唯一の活路

大統領特別談話
―国民投票実施に際して―

(資料)

本紙前号で報道されたように、朴正熙大統領は22日午前、現行憲法に対する賛否を国民に直接問う国民投票案を公告した。朴大統領はこの日、全国のテレビおよびラジオ放送を通じて国民投票案公告にともなう特別談話を発表し、このたびの国民投票は、現行憲法に対する賛否に関する投票だけでなく、大統領に対する信任投票とみなしもし国民が現行憲法の撤廃を望むとすれば、これを大統領に対する不信任とし、ただちに大統領職から退く予定であると表明した。なお、投票日は、国民投票法29条にしたがい、22日以後20日から60日以内に決定されおそくとも投票日の一週間前に公告されることになる。本紙では朴大統領の特別談話全文を紹介する。

維新体制で内外難局克服

親愛なる国民のみなさん、わたしはきょう主権者である国民のみなさんに、いま一度重大かつ賢明な決断をうながすものであります。

わが大韓民国の国民はすぐる一九七二年十一月二十一日実施された国民投票において、主権者の絶対的な決意として、安定と繁栄、そして祖国の平和統一を志向する民族の切実な念願がこめられた現行憲法を確定し、国政全般にわたり一大維新的改革を断行するため新しい憲政秩序をこの国にうち立てたのであります。

およそ、憲法とは、その存立の基礎を国民の主権的決断にもとめ、その存在価値を民族の公益にもとめる国家の基本法であり、その時代、その社会の歴史的使命と理念を志向する国民意志の規範としての表現であります。

したがって、現行憲法とこれに基づく維新体制は、変転激動する内外情勢に能動的に対処しあらゆる浪費と非能率を抑えて国力培養を加速化し、これを組織化しようとする国政体制であり、われわれの歴史的現実にもっとも合致する、健全な民主主義の発展を可能にする憲政秩序であり、また六・二五動乱のような北韓共産主義者たちの南侵を未然に防止し、韓半島の平和を定着させることで平和統一の基盤を構築するための民族中興の意志なのであります。

そのためわれわれはすぐる二年のあいだ、この憲政秩序を維新しつつ、国力培養の刮目すべき成果をなしとげたのであります。

けれども、すでに年頭にもかさねて説明したように、いまわれわれは昨年に劣らない重大な難局に当面しているのであります。

石油波動にはじまる世界的な経済不況は、日がすぎるにしたがって、深刻化しつつあり、これに加えて資源難は、資源保有国と消費国とのあいだに新しい緊張を生み出しているのであります。一方、国際政治情勢は強大国間の和解努力にもかかわらず、局地戦争の勃発可能性はかえって増大しつつあります。

このような状況の中で北韓共産主義者たちは、われわれの生存と自由を抹殺しようとして血眼になっております。彼らは五千万民族の念願ではじめられた南北対話を一方的に中断し、七・四共同声明を踏みにじったまま、韓半島の平和政策のためにわれわれが提議した、正当であり、しかも実現可能なあらゆる現実的な方案を、常套的手段によってひぼう・拒否しつつ、韓半島の赤化統一のための機会のみをねらっているのであります。

われわれはこのような好戦的で執拗的な極左冒険主義者たちの絶え間ない赤化脅威の中で、国民の生命と自由を守り、分断された祖国の平和統一を構築しなければならず、一方では世界的な経済不況の中でも国民生活と国民経済の発展を持続して求めなければならないという難しい現実に面しているのであります。

このような難しい状況の中でわれわれの生存と自由、そして平和と繁栄をわれわれ自らの力によって確保する道があるとするならば、それはわが国民一人一人が各自の受け持つ職分に忠実であり、汗を流して働き、また働くことによってやがてわが民族の偉大な底力を開発し、これらを一つにまとめ、国民の総和として昇華させることのみであります。

いま多くの国々が世界的な経済不況と資源難のため、飢餓と失業事態の脅威の中に苦しんでおり、ひいては先進国さえもこの難局に耐えることができず、経済的にまたは政治、社会的に大きな混乱にあっていることを思うとき、われわれがこの程度ながらも、国民生活の安定基調を維持しつつ北韓共産集団の脅威に対処していけたのは、まさしく十月維新によってなされた秩序があり、能率的な国政体制の中で、政府と国民が一致団結、汗を流して努力してきた結果であります。

われわれは、東西古今どの国の歴史からも、国民の自制と団結された努力なしに、放縦と分裂とで困難を克服したという例を見ることはできないのであります。

国力培養の関鍵は総和のみ

今日西欧社会の良識ある人たちは、複雑で現代的な危機状況を能率的に克服するためには、西欧諸国の現在の政治秩序も不充分な点が一つや二つに止まらないことを認め、いわゆる"西欧民主主義の危機"説まで出ているのであります。

そしてこれを克服する道は、ただ国民の節制と団結、そして指導者の指導力にあるということを強調しているのが実情であります。この点からしてもわれわれは維新体制の歴史的な当為性と現実的な不可避性を再認識せざるを得ないのであります。

国民のみなさん!

われわれが、北韓共産集団をして赤化統一の野欲を放棄させ民族的な良心をとりもどして、南北対話に誠意をもってのぞむようにすることで、平和的な祖国統一の道を求めようとするならば、なによりもまず、われわれ自らが総和維新によって固く団結し、一寸のすきも、浪費もなく、国力を培養して、彼らよりも力の優位を確保してはじめて可能なのであります。

そして国民生活の安定と国民経済の発展、また公益と秩序を先んじ、能率と秩序を尊重して政治、経済、社会、文化などあらゆる領域で安定を維持し、政府と国民が一致団結して国力培養を加速化してはじめて成就されるのであります。

北脅威除去まで憲法固守

われわれが自由と民主を口先だけで叫び、その根本となる国力培養をおろそかにし、自由でない放縦、民主でない混乱を助長するならば、北韓共産集団は、対話どころか、かえって、われわれの分裂と混乱のすきをねらって、赤化統一のためにあらゆる策動と挑発をより激化させるでありましょう。

そして国民生活の安定基調は破壊され、健全な民主主義の発展もまた、期待することができなくなるでありましょう。それゆえに、現行憲法とこれを基盤とする維新体制は、困難に処するわが国と民族が生きるための唯一な道なのであります。

にもかかわらずいまわが社会の一角には、維新体制と現行憲法の撤廃を煽動し、憲法手続きを無視し、憲法の機能を麻痺させようと画策する人々がおり彼らは八・一五の蛮行と非武装地帯内の南侵トンネルを目前にしながら、なおかつ北の南侵脅威はないなどと無責任な言動をもって、国家の安保さえも政治道具化し、国論を分裂させ、社会混乱を助長させることで、国民総和を阻害しているのであります。

このような言動をそのまま放置するとすれば、国民の総和団結は破壊され、国力は分散弱化され、社会秩序の紊乱によって国民生活の安定基調と経済発展は阻害されてしまうでありましょう。

そしてわれわれの内部分裂と混乱は、北韓共産主義者たちのいわゆる"人民民主主義革命"を助ける結果を招くこととなり、北韓共産党側に武力の南侵の機会を与えることで、その安全それ自体さえ危険にさらす重大な事態を引き起こすことになりましょう。

国民のみなさん!

このような諸般の条件にてらし、北韓共産主義者たちが韓半島を赤化統一しようとする暴力革命路線を放棄させ、北からの脅威が完全に無くなるまでは、決して現行憲法を撤廃してはならないというのが、わたしの所信であります。

わたしは、むしろこの憲法を引きつづき守護し、維新体制をより発展させていかなければならないと確信しております。これが、わたしが大統領として、国家の重要政策を樹立、執行していく国政の基本なのであります。そのため、わたしは憲法第四十九条の定めるところにしたがって、国務会議の議決を経て、現行憲法を引きつづき守護しなければならないという、わたしの国家重要政策に対する国民投票を実施することにより、主権者である国民のみなさんに、その賛否を直接問うことを決心したのであります。

そのようにして、国論を統一し、維新体制の歴史的な当為性と国民的な正当性を再確認することで、国家を保衛し、国利民福を増進させねばならないという大統領としての責務を、より誠実に遂行する決意を新たにしたのであります。したがって主権者である国民のみなさんは、われわれの安全と自由平和と繁栄のために、現行憲法を引きつづき守護し、これを基調とする維新体制をより発展させていくべきか、さもなければ、ふたたび混乱と退嬰の古い体制にもどるべきか、今度の国民投票を通じて明白にしなければなりません。

十月維新は、過去、自由と民主という名の下に恣行されていた放縦と混乱、無責任と非能率を除去し、国力培養を加速化して、われわれの歴史的現実と調和させうる真正な民主主義をこの国に花咲かせるすばらしい改革なのであります。

それ故にわが国民は現行憲法とわが国の基本法に定め、民主的な手続きによって政府を樹立したのであり、わが国民は各自の生業に最善を尽しつつ、分相応の自由を享有しています。

したがって、社会を混乱までさせながら、回復しなければならない自由や民主が他にあるということは決してありません。

ましてや、社会秩序を破壊し暴力で国家紊乱や国家転覆を企図する犯罪行為を、あたかも民主回復であり、自由であるかのように錯覚することは決して許されることではないでしょう。

それにもかかわらず、憲法をひぼうする一部人士たちは、口を開けば必ず、民主回復とか自由だとかいうそのようなスローガンを打ちたて、憲法さえ改めれば、自主国防、自主経済もおのずから解決され、ある朝、国民すべてがみなよく暮らせるようになっているかのごとく、与論を惑わさせ、社会を混乱させながら、憲政秩序の破壊を煽動しています。

国民投票で総和の確認を

しかし、そのようなことになれば、国力の分散と浪費、無秩序と非能率がはたして、わが国家や社会にどれほど大きい弊害をもたらすかは、国民のみなさんがよく知っていることと思います。

政府がすることであれば、その当否を問う前に反対のための反対ばかりを極限的に繰りかえしてきました。

韓日国交正常化を"売国"であるといい、国軍のベトナム派兵を"若者の血を売る"とまで極限し、はなはだしきに至っては、郷土予備軍創設を政治的な利用物であるといいました。

また、国会では少数の意見が貫徹されないといい、議政壇上を占拠し、暴力で議事進行を妨げするのをこととしてきました。そして、選挙のときになりさえすれば、無秩序と無節制の政治風土の中で、はなはだしい国力の浪費と混乱、そして国民道義の堕落すら招来してきたのであります。

国民のみなさん!

このようなことが、つまり現行憲法を反対する人々が繰りかえしていくことを願っている、いわゆる"自由"や"民主"の実態であります。われわれは決してこれを真正な自由、真正な民主ということはできません。それは名ばかりの自由であり、民主であって、その実は放縦であり、混乱であり、無責任なことであります。自由や民主は、いま憲法を反対している一部人士たちが持っている占有物とか、特殊な知識ではありません。それはわが国民だれもが、現在ともに享有しており、また引き続きうちかって行かなければならない普遍的な行動規範なのであります。

民主主義は少数意見を尊重するが、多数の意思で決定されるものであり、善意の競争で国民の審判を問うが、その結果にきれいに承服するものであり、自由や権利を享有するが、他人の自由や安定そしてより大きな全体国民の自由や国家の安定を妨げない範囲内で享有されなければならないものであります。そうするために現時点で、われわれがふたたび放縦と混乱、無責任と非能率を繰りかえしていくのは、国家、民族の発展を阻害する過誤であり、民族史に一大汚点を残すものといわざるをえません。そして、このような政治風土の中では、誰がこの国の国政を担ったとしても、真の愛国憂族の経綸を確信をもって推し進めていくことは不可能にならざるをえません。

そこで私は、わが国が当面している今日の国内外現実にてらして、北韓共産集団の戦争挑発脅威を断固として粉砕し韓半島の平和を定着させ国民の生命と財産、そして自由を保全し、急変する国際情勢に能動的に対処し国家利益を伸張し、世界的経済不況の中でも国力培養を継続し、国民の安定した生活を可能にし、平和的祖国統一の基盤を着実に構築していくためには、現行憲法を守護し、これを土台にした維新体制を継続発展させていく方向で、国家の諸般重要政策を樹立、執行していかなければならないと確信します。

そしてこれが大統領としての職務を誠実に遂行していく道であると判断します。したがって私は今度の国民投票をただ現行憲法に対する賛否投票であるばかりでなく大統領に対する信任投票とみなします。

国民のみなさん!

私個人は、民族中興の歴史的使命のため、すでに私のあらゆるものをすべてささげました。万一、わが国国民のみなさんが維新体制の歴史的当為性を認定せず、現行憲法の撤廃を願うならば私はそれを大統領に対する不信任とみなし、即刻大統領職から退くものであります。

しかし国民のみなさんが現行憲法を継続守護しなければならないという私の国家重要政策に賛成するならば私はみなさんの信任と支持のもとで、より誠実に国家と民族のために献身することを確約します。

このたびの国民投票は、実にわれわれ国家の運営を左右する重大な決断であります。

われわれが直面しているこの難局を直視し、真摯で賢明な愛国的決断を下すことを願います。ありがとうございました。

造船八〇・四%で最高
本年主要生産目標

政府は米、船舶、石炭、肥料、自動車、セメント、綿糸、ナイロン糸等主要品目の今年の生産目標を最高八〇・四%まで増やし通信、道路、上水道、船舶発等を大幅に拡大することにした。これによると米は昨年比三・七%、造船八〇・四%、石炭一二・六%、工作機械四三・七%、動力耕運機三三・三%、ナイロン糸五二・四%、鉄鋼材一八・三%、セメント一七・三%を各々増やした反面、不況の深刻な品目の合板は二・八%、それに板ガラスは一一・八%を減産することにしている。

商議が予想
上半期も景気沈滞が続く

今年上半期は生産、販売不振、企業収支の悪化で景気は引続き沈滞する見込みだ。大韓商議が全国四一二製造企業体を対象に調べたところによると七四年の十〜十二月は季節的な需要期にも拘らず不況を免がれることが出来ず、従って今年の上半期も景気の沈滞は更に悪くなるという。特に企業体の資金事情は販売不振と在庫増加、それに企業収支の悪化で資金の逼迫は避けられず、製造業は深刻な経営難に追い込まれるものと予想。

遠近海漁船
37隻を導入

水産庁は今年に二千五百五十万ドルの外貨を導入して遠近海漁船(各種)三十七隻と十カ所の製氷冷凍および総合食品施設を設置する計画である。これによると韓日漁業協力資金残余分千七百九万ドルで漁船を導入してこのうち①二百万ドルでは建造するとしている。またADB水産借款(一次分)八百四十一万ドルで四百t級カツオ漁船八隻をはじめディーゼルエンジン資材を輸入する計画。

国民投票実施の意義

解説

中　化　鳳

朴正熙大統領は二十二日午前十時、テレビ、ラジオを通じて特別談話を発表、現行の維新憲法の存続について、その是非を問う国民投票を行う予定であると発表した。同大統領は国民投票をいつ行うかについては具体的に触れなかったが、その日時は閣議の承認を得たのちに、国民投票を管理する中央選挙管理委員会が投票日を決定し、公告することになっている。いまのところ投票期日は確定していないが、二月十一日から十五日までという目算が有力である。なお、韓国政府は同日午前八時三十分から大統領主宰のもとで金鍾泌首相をはじめ全閣僚が出席して臨時閣議を開き、①国民投票を実施する手続きとしての国民投票法施行令改正案②国民投票案の内容を議決した。

「弱い南の政権」を望む北韓

その後、大統領府スポークスマンは「二十二日八時半からの臨時国務会議(閣議)で国民投票法の施行令などを決定、直ちに公布した」と発表した。

国民投票法は七三年二月二日改正されているが、同法の施行令は制定されていなかったから、今回の同施行令の公布で二月に予定されている「維新憲法の続行は是か非か」の国民投票は改正された国民投票法による初めての投票となるわけだ。

朴大統領はこんどの国民投票の計画について「憲法第四十九条により、閣議の議決を経て、現行憲法を引き続き守るべきだという国家重要政策に対する国民投票を実施して、主権者の国民にその賛否を問い、国論を統一し、維新体制の歴史的妥当性と国民的正当性を再確認し、国家を防衛し、国利民福を増進する責任をさらに誠実に果たしたい」と述べているが、分断国韓国というむつかしい立場に立つ国の大統領としては"懸命にして賢明"な所信表明だったといえよう。

むろん、これに対してさまざまな批判があるが(批判があるからこそ、朴大統領は国民投票に訴えなければならないハメとなったといえるが)、やはり韓国の場合は北の共産主義者らが"南に弱い政権"をと望み、朴政権を倒してから南北を共産主義による統治で"統一"しようという計画を立てていない限り、維新体制に代わるよい案はないのではないかと考えられる。

批判・反対、破壊は容易だが

朴大統領はこのほど国民投票実施に関する発言の冒頭で「主権者である国民のみなさんに賢明な決断を促したい」と呼びかけているが、これまでも朴大統領は重大問題にぶつかるとよく国民投票にかけて決定してきたものである。たとえば次のとおり。

◇一九六二年十二月十七日、軍政から民政移管の第三共和国憲法採択。投票率八五・三%、賛成七八・八%。

◇六九年十月十七日、大統領は再選までと定めた憲法六九条を改正して三選を認める。投票率七七・一%、賛成六五・一%。

◇七二年十一月二十一日、非常戒厳令(同年十月発令)下で南北対話を進展するためにと「維新憲法」の賛否を問う。投票率九一・九%、賛成九一・五%。

法務部によると、今度の国民投票は選挙の一般原則と憲法改正に関する憲法第百二十八条二項の規定に従い、有権者の過半数の投票と、投票者の過半数の賛成で確定するという。

さきに日本を訪れていた新民党の金泳三総裁は、サンフランシスコに滞在中、同地で今回の国民投票発表について「言語道断」と論評したと外電は伝えているが、批判や反対、そして破壊はたやすいことだ。しかし実際に何かを打ち出し、建設して行くことは決して容易なことではない。

強力な"維新体制"あればこそ

維新体制は難局克服の土台
国民投票を総和と前進の契機に

この点について朴大統領は言っている。「われわれは韓半島の"赤化統一"のチャンスばかり狙っている好戦的にして教条的な北の極左冒険主義者たちの絶えざる脅威の中で国民の生命と自由を守って行かなければならないし、また、そうした中で分断された祖国の平和統一を模索して行かなければならない。のみならず、一方では世界的な経済不況の中にあっても国民生活と国民経済の発展を継続して求めて行かなければならないという難しい現実に直面している」のだと。

確かに朴大統領としては、資源不足や飢餓、それに失業などによって世界経済が苦境に達しているときに、先進国でさえこの難局に耐えかねているのに、韓国の国民生活がどうにか安定基調を維持してきたことは維新憲法による秩序と能率的体制があったからだと判断しているのである。さらに大切なことはそうした政治的経済的社会的困難にさらされている時期に北韓の共産主義者たちが「奇襲―占領…統一」の筋書きを実施しえないでいるのも韓国の強力な"維新体制"があるからだとの認識があるのだ。

何といっても現在の韓国で最優先の問題といえば、北からの攻撃、いわゆる共産主義者らの"南侵"問題であろう。であるからこそ、このさい朴大統領にとって変わろうとする韓国の政権欲者たちの"方針"も、北からの脅威が、「ある」とみる場合と、「ない」と考える場合とでは大いに異なってくるのである。

北の"脅威"とその事件

北からの脅威が「ある」とみる人の場合、それは非常に現実的である。事実、韓国では始終、北による理不尽な事件が起きている。昨年一年間をざっと振り返っただけでも、約一年前の二月十五日には北韓の艦艇が西海の公海上で韓国漁船一隻を撃沈、一隻を拉致し去った。これに対し、南北対話の調節委ソウル側副委員長は抗議するとともに、撃沈の場所を確認するために共同調査をしようと北側に申し入れたが、北韓は拒否。また六月二十八日には北韓の砲艦三隻が東海で韓国漁労船の保護と警備に当たっていた韓国海岸警備艇一隻をおそって包囲しながら、追いこんで撃沈した。この事件に対する抗議、そして共同調査の申し入れも同様の扱いを受けた。さらに十一月十五日には北韓が非武装地帯に地下トンネルを掘り、越境して南側にまで構築してあるのを発見、この南側にまで伸ばされたトンネルを調査していた米軍と韓国軍の将兵八人が死傷するという事件が起きた。

こうした事件が起きるたびに、そうした事態はソウルからの特派員による記事で日本の各新聞も大きくリポートしている。だが、それが論評になると、どういうわけか、日本の多くの新聞は韓国に対して意地が悪い。たとえば「地下トンネル事件があったため、折しも訪韓中のフォード大統領に対し、朴大統領は格好の"北の脅威"を強調できるわけだ」といった具合である。

フォード訪韓のさいの逸話

何も"北からの脅威"を強調するために、韓国側は事件を待っているわけではない。事件、とくに人の命にかかわる事件など、起きては困るのに、起きるから、それを"脅威"と呼ぶのである。

こんな逸話がある。昨年の十一月二十二日、韓国を訪問したフォード米大統領に朴大統領は真剣にこう言った。「韓国の土を踏まれて、だいぶ事情がおわかりのことと思うが、北側は折あらば、南を攻撃し"赤化統一"しようとしている。南側にまで構築された地下トンネルも奇襲のための兵力や武器の輸送、補給のためのルートだった。南側が共産主義に侵略されれば、韓国国民はいま持っている生活の自由さえ失うことになる。国民の生命、財産の保障もできないような共産主義者の脅威が現実にあるのに、そしてそれから国民を守ることが第一の問題なのに、フォード大統領閣下、もしあなたが、この分断国韓国の大統領だったとしたら、どのような政策を取られるか――。私はそれを知りたい」と。これまた、真剣な顔つきで聞いていたフォード大統領は、「私も、あなたと同じようにしていたでしょう。否、もう少し強硬な政策を取るかも……」と答えたという。

当時、日本のマスコミはフォード大統領の訪韓は「極東旅行の"おまけ"みたいなもの」で「韓国に民主回復を促進させるために乗り込んだ」のだという見解さえ大ぴらに披歴していた。ところが共同声明では「韓国軍近代化の公約履行」などが強調されていた。

局地戦争の可能性と国際政治

朴大統領はこんど、国民投票の実施を発表するに当たり、国際政治情勢にもふれ、そうした状況の中の韓国の立場について述べている。すなわち「国際政治情勢は強大国間の緊張緩和の努力にもかかわらず、むしろ局地戦争の勃(ぼっ)発可能性に増大しつつあるが、こうした状況の中で北韓共産主義者たちは血眼になって南の国民の生存と自由を圧殺しようとしている」と指摘、金日成一派が韓半島の赤化統一の機会をねらっていることについて述べている。

北韓の金日成主席は今年の新年の辞ですでに「今年も全軍の幹部化、全軍の現代化、全人民の武装化、全国の要塞化を基本内容とする党の軍事路線を徹底的に貫徹して、国の防衛力をいっそう強固にする」ことを打ち出しているが、十六日の平壌放送によると、同主席は八日から平壌で開かれていた「全国農業大会」の最終日の十五日、「戦争勝利のために食糧百万トンを備蓄するよう」呼びかけた。

金日成の百万トン食糧の備蓄説

この金日成主席の"重要演説"の内容は労働党機関紙の労働新聞に全文掲載されたが、金日成はその中で「われわれが過去、祖国解放戦争(六・二五動乱)で米帝国主義者と戦って勝利できた要因の一つは食糧の備蓄が十分だったことにあった。これからわれわれは数百万トンの食糧さえ備蓄しておけば、いかなる敵とも戦って勝利できる」と力説している。この金日成発言は勝ちもしない戦争の"休戦"を勝った勝ったと例のごとく、大ボラをふいているという矛盾のほかに"食糧の備蓄"を次のもう一つの戦争の勝利のためと強調していることである。そこにいかなる理由があろうと戦争ほどにむごい罪悪はない。にもかかわらず、金日成はいまも変わらず、北韓の住民たちを新たな戦争に追い込もうと、まるで馬の尻でも叩くようにハッパをかけている。

韓国としてはこのような金日成の考え方や生理などに敏感である。ゆえに、そうした北韓の"好戦性"にあらゆる対処がなされてきたわけで、維新体制もそのための措置に他ならなかった。

北韓はいつも、六・二五動乱は「しかけたのは南側」で「勝ったのは北だ」と臆面もなく主張してきたものだった。そして日本のマスコミなどは最近でさえも"朝鮮戦争"を語る場合、「どちらからしかけたかは知るよしもないのだが」とか「どちらが侵略者であるかは別として」とかいう前書きをつけている。

これはきわめて偽説である。だいたい、一九五〇年六月二十五日北韓の大軍がソ連製のタンクを先頭に突如、三十八度線を越えて南下してきたこと、そして三日後には破竹の勢いでソウルを占領、またたくうちに釜山近くにまで南下したことは記録にも残っている。

六・二五のような南侵を未然防止

あのような奇襲作戦は周到な計画と準備がなければ不可能なことである。そしてそれはとりもなおさず金日成が韓半島全土を"赤い"共産主義による独裁で統治しようと試みたことを明示している。

問題はこの悲惨な"民族殺し合い"戦が「まさか…」「まさか、戦争まではしかけてこないだろう」と南側で思っていた矢先に、そして米軍が五百名ほどの顧問団だけを残して全部撤収した直後に起きたということである。

この問題に関し、朴大統領は「六・二五動乱のような北韓共産主義者たちの南侵を未然に防止し韓半島に平和を定着させ、平和統一の基盤を構築する」ことが重要だと述べ「そのためには浪費と非能率を抑えて国力培養を加速化ずる国政体制が必要だ」と主張、現在の憲政秩序維持以外によい方法があるのだろうか、と訴えている。

韓国の混乱喜ぶ北の共産主義者

韓国は朴大統領の時代になってから大きな経済建設を成しとげた。それは昨秋、訪韓したフォード米大統領が十一月二十六日、米議会指導者たちに韓国の経済発展について「実に大きな経済的前進をしている」とたたえた発言の中でもじゅうぶんうかがわれる。工業化と輸出の伸張、セマウル(新農村)運動と農民の生活向上などにうかがった政策を用いたことはすでに周知の事実となっている。にもかかわらず、朴大統領のなすこと、することが非難されるのは、①朴政権が長いこと②維新憲法が"強い体制"づくりのもとになっていること③北が南の"強い政権"を倒すことを第一の目標にしていること――などによって、かもし出されたものだといってよかろう。この点、朴大統領は「われわれが混乱し分裂して喜ぶのは北の共産主義者らだけだ」とハッキリ述べている。一方、長期政権の朴大統領に対し退陣をせまる声が「大統領は後継者を養成する気はないのか」などと問うたのに対し、こう答えている。「政治というものは、ちょっと利口そうなものを見つけて養成して後を継がせるなどというように簡単なものではない。大統領はこの国と国民の生存を保障し、繁栄、発展に力をいたす手腕を持っていなければならない」と。

国民が「よりよく生きること」

朴大統領は七〇年八月十五日、北を相手に始めて「戦争ではなしに、創意、建設、開発など善意の競争をしよう」と呼びかけた。七一年には赤十字の離散家族捜し運動で対話が始まり、七二年には七・四共同声明による"政治的対話"も開始。また、七三年に朴大統領は六・二三外交宣言で「南北韓の国連同時加盟」と共産圏諸国を含むあらゆる国ぐにとの外交促進を提議、七四年早々には南北韓の不可侵協定締結を呼びかけたが、いずれも北側は「二つのコリアをつくる謀略」として拒否した。

いずれにせよ、韓国と朴大統領の問題を考慮するとき、北韓と金日成の動向抜きでは語れない。要は韓国国民が"よりよく生きること"であり、その道を選ぶのは韓国国民自身だということだろう。(SISA)

愛知韓国学園　理事長
愛知商銀　理事長
鄭　煥　麒
名古屋市中村区則武一―五一―一
電話　四五一―五一四一(代)

京都韓国高等学校(普通課程)
75年度 生徒募集

一、募集人員
①第一学年三五名(男女共学)
②第二学年若干名

二、入学資格
①中学校卒業者又は卒業見込者及同等な学力検定を受けた者
②高等学校第一学年修了者

三、出願手続　次のものをそろえて左記出願期間中に提出して下さい。
①入学願書(写真貼付)
②出身学校長の内申書(作成及同等な学力検定を受けたもの)
③考査料　¥四、〇〇〇
注意　◎以上を一括して提出し、受験票を受取って下さい
◎用紙はすべて本校所定のものを使用すること。
◎受付時間は　左記出願期間中　午前九時から午後四時まで。但し土曜日は正午まで(日曜・祝日は休み)

四、選考方法
①学力テスト(日本語・数学・社会・英語)
②面接

五、期日

	出願期日	考査日	合格発表
第一次	一月二十日(月)〜二月十一日(火)	二月十二日(水)午前八時四十五分	二月十四日(金)午後二時〜四時三十分
第二次	二月二十六日(水)〜三月十一日(火)	三月十八日(火)午前八時四十五分	三月二十二日(土)午前十時〜午後二時

注意　①考査当日は受験票、筆記用具、および昼食をもって午前八時四十五分までに来て下さい。
②入学許可の発表は本校内に掲示します。

六、入学手続
(1) 入学を許可されたものは五日以内に左記の書類および学費を納入して手続を完了すること。
①納入金額　¥四五、〇〇〇(第一次本校出身者　¥二五、〇〇〇)
(イ)入学金　¥二四、〇〇〇(第一次本校出身者　¥九、〇〇〇)
(ロ)施設拡充費(入学時のみ)¥一〇、〇〇〇
(ハ)師親会入会金(　同　)¥三、〇〇〇
(ニ)生徒会入会金(　同　)¥三、〇〇〇　計¥四〇、〇〇〇
②誓約書(本校所定用紙)　③写真(三枚)　④その他所定書類
(2) 左記の学費は入学式の前前日(四月七日)(月)までに納めること。
①学費(第一期分)¥二五〇〇〇円
注意　◎期間内に入学手続をしない時は入学を取消すことがある。

七、入学式　四月八日(火)午前十時

八、学費(一期分を一度に納入するのを原則とする)
①第一期分(四月〜八月)¥二五〇〇〇
②第二期分(九月〜十二月)¥二〇〇〇〇
③第三期分(一月〜三月)¥一五〇〇〇(年額　¥六〇〇〇〇)
④月額　五〇〇〇　内訳　a.授業料　¥三三〇〇　b.師親会費　¥一〇〇〇　c.生徒会費　¥七〇〇

京都韓国中学校

一、募集人員　男女　第一学年　三五名　第二、三学年　若干名

二、入学資格
①第一学年　小学校卒業者又は卒業見込者
②第二学年　中学校第一学年修了者

三、出願手続　入学願書(本校所定用紙)を出願期間中に本校教務部に提出して下さい。

四、出願期間
①第一次　十二月一日(月)〜三月二十七日(木)
受付時間は日曜日、祝日の外は毎日午前九時から午後四時まで。但し土曜日は正午まで。

五、入学許可
①第一学年は(イ)書類審査と(ロ)面接により入学を許可する(入学許可書を郵送する)
②第二学年は(イ)学力考査と(ロ)面接を行い入学を許可する。

六、入学式　四月八日(火)午前十時

九、注意事項
①入学考査料および学費などの納入後は事情のいかんにかかわらずいっさい返済しません。
②願書は楷書でていねいに書いて下さい。
③不明の点は本校教務部に問い合わせて下さい。
④本校は男女共学です。

市バス……北白川仕伏町行　⑧番(梅津車庫発)バス小倉町下車　北へ二分
〃　岩倉行　⑤番(京都駅発)バス別当町下車　西へ4分
〃　岩倉行　⑥番(京都駅発)バス伊織町下車　南へ2分
市電……銀閣寺停前下車　東へ7分
北白川電停下車　北へ6分

京都韓国学校
京都市左京区北白川東平井町八
電話(七九一)四一六一(代表)

極貧団員の本国訪問

地方の協力で今年中に実施

中央組織局が全国に調査指示

本紙前号既報、中央の呉敬福事務総長の今年度実施予定の事業に関する談話中、生活貧困のため生れ故郷を一度も訪問できなかった団員たちのための母国訪問運動展開に関しては、その後、中央組織局が鋭意この具体案を検討、全国地方本部あてに、「極貧団員調査依頼の件」として公文が発送され、二月二十日までに報告するよう指示した。この調査結果により、中央では全国地方組織の積極的協力のもと、これら団員たちの段階的本国訪問実施をはかることになり、その成果が大きく期待されている。

民団不動産は法人登記で

中央経済局が全国に現況報告指示

民団中央経済局（[illegible]局長）では、一月二十八日付の公文で全国地方本部に、各級民団全体の不動産現況を二月二十八日までに調査報告するよう指示した。

その目的は、民団財産保存の基礎作業とするところにあるが、これは従来、民団財産であるはずの民団所有不動産が、個人の名儀で登記されていた前例が多く、その管理、所有権などをめぐって時おり紛争がおきたことからしてとられたもので、今後公共財産である民団不動産は理由の如何を問わず必らず法人登記に移すよう強く要望している。

「待遇問題」で報告を促求

中央民生局

民団中央民生局（安[illegible]局長）では、「社会保障ならびに待遇問題に関する活動報告」を、全国地方本部に公文で指示、協力を求めていたが、わずか数県本部だけが経過を報告してきただけで、大多数の地方本部がこれに応じていないため、資料作成に支障をきたしているところから、このほど催促の公文を発送して協力をうながした。

滋賀青年会結成

セマウム運動採択

初代会長に金一範君を選出

滋賀青年会の結成大会は一月二十六日午前十一時半から、民団本部講堂で会員九十一人と民団役員・来賓ら計百二十余人が参加して開かれた。

大会は国民儀礼、朴成圭青年部長の開会辞のあと朴[illegible]団長があいさつに立ち、ぜひ民団の次代を担う青年会にしてほしいと激励し、また金相[illegible]商工会会長は、青年会が祖国統一への原動力になってくれるよう望むと述べ、このあと沈成孝民団中央青年局長ら来賓の激励辞がのべられた。

続いて鄭秀浣、李龍[illegible]、李光守の三氏を議長団に選出、李龍徳氏から民団青年部の活動を中心にした結成大会に至るまでの経過報告のあと、役員選出に入った。

会長・金一範　副会長・李文基、呉祥一　総務・金相孝　組織・崔正鳳　宣伝・寛東亀　文教・李相俊　体育・李海一　女子・趙満女　代表監査・金仁一　監査・朴虎龍、崔巌

活動方針案、予算案審議では組織拡大を重点にして、在日同胞の権益擁護、セマウム運動などを推進するため、当面は教育、宣伝活動を強化するとの活動方針を採択した。

特別寄稿

八・一五事件の教訓と今後の韓日関係（中）

成　奎　昌

しかし、現実は、このような社会全体のなかで果たす、現代のマス・コミュニケーションのもつ、大きな社会的影響に比べ、本来のマスコミがもつ否定的な側面が真剣に検討され調整されずにいるところに問題の重大性があるが——

これが、韓日関係においては、特に、日本に六〇万の同胞を有するという特殊な関係にある韓日関係のコミュニケーションにおいては、日本のマスコミが、その機能と組織力を一方的に発揮し、韓国をかけているところに不公平が存在する要因がある。

これは、社会的に制約された[illegible]国に住む在日韓国人の立場としては、一面やむをえないことでもある。そこに日本のマスコミと同等の論理と組織力を持とうとすること自体が、どだい無理な話である。

しかし、問題の所在はそこにあるのではない。

韓国と日本との間のコミュニケーションが、円滑にいかない最大の理由は、対抗で[illegible]得る十分なコミュニケーションの機能と手段を持たないわれわれに対し、日本のマスコミがひどく偏向に満ちて、差別的であるところにある。

全てのコミュニケーションには、送り手と受け手があり、送り手が受け手に対し、一方的に送り出すコミュニケーションだけでは、本来のもつコミュニケーションの効果と機能を果たすことはできない。

そこでは当然、受け手に対する受け取り反応が対話の相手のコミュニケーションとして反映されなければならないはずである。

特に、現代の高度に肥大化した情報化社会にあっては、当然、不公平で、一方的になりがちな受け手に対する配慮がなされなければならない。

しかるに、日本における韓日関係のコミュニケーションでは、社会的に、心理的に大きな影響を与える大規模な宣伝や、挑発、もしくは、デマや流言に近いものに到るまでが、一方的に、侵略的支配者によって流されたと同様に、"同化"の神話に粉飾された日本のマスコミの手によって流布されていることによって、問題なほどに深刻な側面を持つことになる。

彼らは、当然、そこに、一方的な受け手であるところの韓国側の意見や批判というものに対する問題意識しなければならないのである。

しかし、実際には、在日六〇万のうち、四〇万を代表し、日本社会にも一定以上の役割と貢献を果しているわれわれの意思の代弁とその機会は、甚しく不公平に配分されている。

われわれに与えられた表現の自由に対する精一ぱいのおなさけが、極度に制限された投書欄のなかで埋没させられてしまうか、さもなければ、日本のマスコミの感覚と嗜好に合った一部の在日韓国人小説家や、"評論家"の同化的論理の極めて僅かのお恵みによる発言によって代行されてしまう。

日本のマスコミが、金科玉条の如く、ことあるごとに吹聴する、その報道と表現の自由の実体というものが、このような、自分達だけに都合の良い、自分達だけに与えられた特殊の手中にあるところに民族的エゴイズムの極致がある。

また、彼らが好んで採用する同化的論理が、果して普遍的大多数の韓国的意識の上に立った意志を代表するものか、どうかは、極めて疑がわしい場合が多いと言わざるを得ない。

わけても、自国の民族の意思に代行される行為には、生理的な嫌悪感とともに、われわれのナショナリズムが許そうとしない。

またそういう人達の文学、表現力の技術性と一定の見識が、必らずしも、韓国問題の論理において、その社会的、政治的意識にとってかわる学術研究のものであるという保証はどこにもない。

問題は、日本において、そのような植民地的同化現象が歓迎されるところに、日本の対韓国観における論議の本質的側面と、その植民地的侵略体質の習癖がある。

特に、偏見と差別に満ちた、マス・コミュニケーションの送り手が、その内容を必らずしも正確に伝えるとは限らない条件のもとでは、その媒体のもつ性格によっては、時にはわれわれに甚しく不利である。

パーソナル・コミュニケーションでは、送り手と受け手との間に直接的な対論形式を通しての調整と理解を図ることができる。

しかし、新聞や雑誌などの企業体では、読者に対する劇的な効果についての期待をもつため、それは、実際には、記事の大見出しや、センセーショナルな記事の大見出しや、扇動的語句によって表現される。

だから受け手であるところの公衆読者は、その記事の内容よりも劇的な見出しや、扇動的な語句の力点に強く印象づけられてしまう。

したがって受け手は、その記事の論理的な内容よりも、劇的な見出しに表現された語句の力点に暗示を受け、自己の態度や、行動の方向をきめてしまう。

特に、単純な視聴覚に訴えるテレビや週刊誌の発達と普及は、マス・メディアの提供する報道が、益々、刹那的、扇情的性格を帯びているため、人々を活字による論理的思考作用から、視聴覚の直接的な刺激だけに頼る傾向を深めさせ、単純なイメージの複合と反復により、行動類型が増々、衝動化、感情化されてしまう。

これは、現在のような特に高度に肥大化した情報化社会にあっては、特にその意味のもつ重大な側面を内包させている問題である。

このことはマス・コミュニケーションの受け手であるところの公衆に、送り手であるところのマス・メディアの性格や条件によっては、普通の心理状態であっても、公衆の判断を誤まらせ、非合理的な行動反応に導びくことのできる、潜在心理に与える重大な問題をはらんでいる部分であるということである。

特に、最近の韓日関係にあって金大中事件以後における、日本の一部マスコミの傾向に特徴的にあらわれたような——毎日のように新聞の大見出しなどで、読者を一定の方向へ印象づけてしまうと、その後で、その否定の記事が載ったとしてもあとの祭りで、すでにできあがった先入観は、なかなかに変わるものではない。

われわれが、文世光の大統領狙撃事件に対し、その「未熟な思想」に直接、間接に与えた重要な社会的背景として、日本の一部マスコミの偏向報道と、その役割についてスポットを当て、その社会的風土について、特に指摘するゆえんがそこにある。

日本のマスコミが、本来もつマス・コミュニケーションの肯定的な側面を十分に発揮しようとするためには、先ず、その社会の成員に対する偏見と差別を改め、新聞が、公衆読者の意見を公平に反映させ、公論の発表機関としての機能を果たし、日本の政治が目指す、社会的公正の実現を、言論の分野にも実現させるために、送り手と受け手との円滑な意思の循環の役割を果たさなければならない。

朴大統領狙撃事件で、日本の対韓国観における非倫理性が、社会面に続く現われたものが、日本の一部マスコミに代表される「官製テロ説」や「心情的支持論」であったとすれば、それが日本の政治次元のレベルで続く突出したものが「日本は道義的にも、政治的にも何んら責任がない」と言明した日本外務省筋の発言であり、木村外相の「韓国に対する北韓の軍事的脅威はない」という国会における答弁であったろう。

日本の政治が、過去の侵略的植民地主義の思想性の土台に立ち、戦後の社会条件の変化にともない台頭した"純粋"な資本主義的人間の行動としての政治心理と経済心理の上に立っていることをこれほどイヤというほど見せつけた発端はなかった。

それは、国会の答弁における問題の発言があったその翌日、東京丸の内の外人記者クラブでの講演における質問に答えて、木村外相が、さらにその発言の事実に加えて「当然のことを言ったまでだ」と開き直ったその姿勢によりいかんなく発揮されていた。

朴大統領狙撃事件によって、韓日関係を震撼させた直接的な動因が、文世光の狙撃行動であったとすれば、その政治的、心理的バックボーンを成していたものが、この木村発言に代表される日本の対韓国観であり、日本が韓半島問題において、反韓勢力の温床となり、その前哨基地としての役割を担っていたという事実であった。

朴大統領狙撃事件が、韓日両国国民の前に、いや応なく大きくクローズ・アップされた問題点の重点がそこにあった。

それは「捜査の面からみて、日本が北の対韓工作基地として利用されているといってもさしつかえない」と述べた平田発言に待つまでもなく、日本が好むと好まざるとにかかわりなく、韓半島問題に位置したその状況を、そのまま指摘したものであった。

（筆者は「南北の死角情報」著者）

江東・砂町分団を結成

一月二十六日、東京の民団江東支部の七例目の分団である砂町分団が発足した。

北砂三丁目会館で開かれた創立総会には東砂、南砂、北砂居住の団員ら七十余人が出席し、金[illegible]俊団長のあいさつの後、朴[illegible]議長から分団設立までの経過が報告され、分団役員選出では、分団長に李圭[illegible]氏が満場一致で選出され、ついで第一班（北砂地区）・張相洙氏(59)、第二班（東砂地区）・金八千代氏(40)、第三班（南砂地区）・任[illegible]洙氏(41)がそれぞれ班長に選ばれた。

江東支部では今後、東陽、豊州の分団を組織する予定で、二月中旬までに創立総会を開く予定。

なお、砂町分団の事務所は江東区東砂八—五一三　金[illegible]俊氏（支部顧問）宅に設置された。

都教育庁で抗議する中央の成根容文教次長㊧

熊本・天草支部が発足

団長に鄭鉉洙氏

一月二十七日午後三時から熊本県天草郡本渡町のレストランで開かれた民団天草支部結成大会には、金八[illegible]県本部団長、金[illegible]同監察委員長をはじめとする県本部役員、宋容顕熊本韓国教育文化センター所長らの来賓、天草地区十三世帯のうち十一世帯、十一人の団員が出席、経過報告のあと役員選出で各氏が満場一致で選出された。

咸鏡北道の姜知事来団

韓国の咸鏡北道の姜[illegible]知事が、一月二十一日民団中央の[illegible]顧問の案内で中央を訪れ、尹達鏞団長、[illegible]事務総長らと歓談した。

姜知事は「国内政治を国外に持ちこんで国論を分裂させる行動は許されない行為である。国内政治は国内で解決しなければならないということは、どの国にせよ、常識であるはずだ」と語り、一部の政治家を激しく非難した。

現在の咸鏡北道知事とは、六・二五動乱のとき、南韓へ避難した人のうち、以前の故郷が同道であった同胞たちの地方自治体（親睦、連絡を主とする）の代表で、現在、国土統一院の中に事務所を開いており、反共運動の先駆的役割を果たしている。

それは、共産主義者の支配下で生活していた被害者として、誰よりも共産主義社会の実態をよく知っているからだと姜知事は付け加えた。

安東郷友会

ニュー・ジャパンで

さる一月二十六日午後二時からホテル・ニュージャパンで、在日本安東郷友会（金鳳鎮会長）が催され、約五十人の会員が参加した。この日は本国の安東出身国会議員の金尚年氏と、駐日大使館の金在権公使が招かれ祝辞を述べた。同会の連絡先は次の通りで、安東郡出身同胞の積極参加を望んでいる。

東京都北区田端町二九一番地　電話・八二三—三三二八

教育行政に異常あり

外国人には就学通知もなく

手続きのほかに誓約書とる

東京都世田谷区教育委員会で、小学校に入学する外国人（在日韓国人を含む）に対して、普通の就学手続きのほかに、誓約書を書き、それをもって児童と保護者が当の学校の校長と面接し、校長の許可をもらった後、入学できると言った事例があり、民族差別の一つの典型として問題になっている。

この報に接した民団中央本部文教局では、さっそくその事実をつきとめ、世田谷区教育委と東京都教委に強力な抗議を行ない、ただちに誓約書の撤回を要求した。

これに対して、世田谷区教育委員会から、さる一月二十九日民団中央本部に「誓約書は今日午前十一時から撤回するよう区内の各学校に通達した。また、いままで提出された誓約書も、この時点から削除する」と電話による知らせがあった。

また、同文教局は東京都教育委員会に対して、韓国人子弟の就学児童への入学通知を実行するよう要望した。その理由として①大多数の韓国人父兄は市町村を含めて、通知が来るものと思っているが、通知がないため仕方なく、所轄の教育委員会に出向く。②ほとんどの韓国人父兄は入学の方法を知らないので、毎年混乱が起きると述べた。

これに対して教育委員会では、在日韓国人は義務教育を受ける義務がないため、入学通知を出すのは困難である。今の時点で何とも言えないので、今後検討して見る予定であると語った。民団中央文教局ではこの問題について都教委はもちろん全国にわたってこのような事例の有無を確認、根本的な是正をはかる予定。

大阪商銀の人事異動

信用組合・大阪商銀（朴漢植理事長）では去る一月二十日午前十一時から大阪の東仙閣で新年会を開き、次のような人事異動を発表した。

宮越　稔・常務理事から専務理事に昇格
金　在圭・専務理事として新任
西川　進・常務理事
清水昌雄・常務理事
山喜　勉・常務理事
永井栄資・理事から常務理事昇格
金　事烈・理事から常務理事昇格
高山一与志・参事から理事に昇格
町田佐雄・参事から理事に昇格

関連人事

岩本吉郎・平野支店長から内匠室付調査役へ
松村白羅・森小路支店長から管理部次長へ
菱垣純一・審査部次長兼任（業務部次長）

訂正とおわび・本紙前号本面の朴烈義士記事中、遺児金[illegible]熙とあるのは「[illegible]子・[illegible]熙」の誤りでした。訂正しおわびします。

華燭

民団兵庫県西方本部の金[illegible]団長の長男・[illegible]君と、尹[illegible]氏の四女・[illegible]子さんは、百年の佳約をむすび一月二十六日正午から神戸市の東明閣で華燭の典をあげた。

この日、中央からは尹団長を代理して[illegible]事務局長が祝辞をよみ、本国から来日中の[illegible]、朴[illegible]両国会議員が参席し両家を祝福した。

在日韓国人結婚相談センター

常任顧問　金　聖　洙
会　長　徐　萬　洙
所　長　金　鍾　澤

大阪市天王寺区味原町四番地一号　味原日生ビル四〇六号室
TEL (06) 七六八—一三八五番

尋ね人

☆金曽介さん（通名は川上・本貫義城）
本籍は慶北星州郡。年令は52～53才（男子）ぐらい。
終戦前、九州佐賀県佐賀市に居住し、戦後一時帰国して二年後再渡日した方で、金さんのお父さんの名前は金仁煕さんだといいます。
金さんをご存知の方は、港区芝西久保巴町25、起亜産業（株）東京支店、金在福さん（〇三・四三一・三六一一）まで連絡を。

☆山口松吉さん
解放当時、下関市安岡町横野で住んでいた山口さんを、奥さんである李守蓮さん（山口常子・山口春子）がさがしています。ご存知の方は、慶尚北道漆城郡城西面永洞区一七七番地黄点鉉氏方、李守蓮さんか、民団中央本部民生局まで連絡を。

☆黄昌実さん（55・女）
本籍は平壌。
黄竜星さんの長女で、三十五年前に渡日。ご存知の方はソウル市冠岳区黒石洞九三—一三三、安[illegible]勲さんまでお知らせ下さい。（電話六八—六四〇一）

☆金鍾九さん
☆金俊永さん
解放後、大阪で居住していたという金さんらを忠北堤川郡清風国民学校校監、朴重熙さんがさがしています。ご存知の方は中央本部総務局金信植（(813)一二三六一）まで連絡を。

求む良縁

張　正実さん（36）

本籍は忠南。現住ソウル在住。ソウル祥明女高卒。
希望者は本社まで電話（八一五—一四五一）へ。
ほかに在日僑胞女性（高校卒・25）あり、希望者は写真と履歴書

貸トルコ　売りも可
建坪300坪
松山市道後温泉
許可地域内

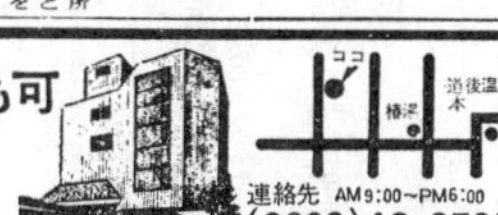

連絡先　AM9:00～PM6:00
(0899)46-0700

スパイ基地化した日本！　金日成—朝総連の陰謀を暴く!!

ドキュメンタリー　**南北の死角情報**

定価 700円 〒150円
B6判 256頁

元　朝総連石川県本部組織部長　成　奎　昌　著

発行所・東京都文京区春日2—20—13　光明出版社
☆希望者は本紙へ（電話・815—1451）または東京三中堂書店へ（電話・271—1981～2）

75年度　生徒募集

大阪韓国高等学校（普通科・男女共学）

募集人員………第一学年　一〇〇名
出願期間及び手続
○期　間：一月二七日～二月十四日の午前九時から午後四時まで（但し日曜日除外）
○手　続：入学願書、個人報告書、受験料五、〇〇〇円を同時に提出すること
入試詮考日、及び試験科目
○考査日：二月十五日（土）九時より十五時まで
○科　目：国語又は日本語の内択一と、数学、英語、面接

大阪韓国中学校（男女共学）

募集人員………第一学年　一〇〇名
出願及び手続き
○期　間：一月二七日～二月十四日（但し日曜、祝祭日除外）
○手続　：入学願書、個人報告書（受験料なし）を同時に提出して下さい
入試詮考日及び試験科目
○考査日：二月十五日（土）九時より十五時まで
○科　目：国語又は日本語の内、択一と算数、面接
※使用教科書は無償給付

金剛小学校（男女共学）

募集人員………第一学年　九〇名
出願期間及び手続
○入学願書だけを一月二十一日までに提出して下さい
入学（許可）面接日
○一月二十二日（水）午後二時から
※使用教科書は無償給付

金剛幼稚園（男・女）

募集人員………四歳児三〇名、五歳児七〇名
計一〇〇名
出願期間及び手続
○入園願書を十二月十一日（水）までに出して下さい（定員になり次第締め切り）
入園説明会日
○十二月十一日（水）午後二時から

〒557　大阪市西成区梅南二丁目五番二〇号
学校法人　**金剛学園**
電話（06）（661）二八九八番（代）

日本映画 韓国で輸入論議

国民感情どう動く？
良きにつけ悪しきにつけ問題
韓国で上映されたときの後味

さる1月13日、ソウルで開かれた韓日協力委の第12回合同常任委員会で、日本映画の輸入問題が再燃、論議を呼び起した。

ピンク（ポルノ）、やくざ、よろめき、どたばた、殺人時代劇、…

韓日文化交流の正道

日本映画の輸入に反対する
問題は外国文化の侵食による隷属「文芸映画の相互交換」も口実

（中央日報）

日本映画輸入説

（朝鮮日報）

▽映画の商業性、大衆志向性から……

こうした"日本文化"なるものがもし水準が高くて健全なものであればまだよいのだが、「安かろう悪かろう」の商品のように、…

▽本心は韓国への映画市場進出

（東亜日報）

趙治勲六段に「殊勲賞」
21日日本棋院で決まる

日本棋院は、さる一月二十一日第八回棋道賞の選考委員会を開き現在日本棋院選手権を争っている韓国の趙治勲六段に「殊勲賞」を授与することを決定した。

趙治勲（一九五六年七月三〇日生）君は、五歳のときから碁をはじめ、一九六二年八月・六歳の年に木谷実棋士の招きで来日して本格的な碁の勉強をはじめた。

十一歳のとき日本棋院の初段になり、六八年四月一日、正式に日本棋院の棋士となった。その後、年を経ると共に段を重ね、十六歳のとき六段になった。その間、公式試合があるたびに抜群の成績を残しただけでなく、優秀な成績を残しただけでなく、有名棋士たちをびっくりさせた。

なお、七一年度には日本棋院の新人賞をかく得し、七三～七四年度・新鋭トーナメントに連続優勝した。

いま行なわれている坂田九段との選手権戦に対して、趙治勲君の実兄であり、韓国棋院四段である趙祥衍氏は「技術的には問題がないと思われる。ただ連続二敗したことによって精神的に治勲が緊張しているかも知れないが、結果については何ともいえない」と語った。坂田氏との成績は現在二勝二敗で、決戦の第五試合は来る二月六日に市ケ谷の日本棋院で行なわれる。

韓国語学習（会話・文法）
成根容 著
第一部・いろいろな挨拶のしかた
第二部・語尾のいろいろ
第三部・助詞のいろいろ
第四部・会話の応用
—A5判三七〇ページ—
価八五〇円（定価一〇〇〇円の内、著者一五〇円負担・送料・一一〇円）
民団中央本部宣伝局
電話 八一五—一四五一～(三)

ご案内

私どもは韓半島の長い歴史の中に深く根を据えた素朴な美しい古陶器をはじめ、近代作家の手で見事に再現された高麗青磁、李朝時代から受けつがれた螺鈿漆器を主とし、高麗人参から各種民芸品に至る迄、厳選された品々を取り揃えている東京で唯一つの韓国特産品の専門店でございます。
場所も交通至便な赤坂のホテルニュージャパンのアーケード（地下一階）であります。
コリアショッピングセンター
東京都千代田区永田町2－13－8
ホテル・ニュージャパン・アーケード
東京 赤坂TEL(03)581－4668(代表)

神話でないことの確認
文定昌「檀君史記研究」（8）
訳・註 金元奉記者

檀君に関する文献（5）

白南雲の檀君朝鮮観

白南雲教授（延禧専門—現延世大学校）は、一九三三年九月日本の「改造社」で発刊した彼の名著「朝鮮社会経済史」で、いわゆる"檀君神話"に対して社会科学的な批判をもって見解を表わしたが、その概要を述べると次のとおりである。（同書一二面）

（1）朝鮮の神話と伝説を記述にもとづいて集成しようとすることは不可能である。何となれば……この国の古記録は外賊によって、あるいは焼かれ、または散逸してしまったためである。檀君に関する神話は、文献に残っている最古の建国神話であり、貴重な史料である。

（2）神話は人間の現実生活の反映的な産物として、人間対人間の生活関係的行動、または支配と服従に関した観念形態として規定したと考える。

（3）檀君神話は人間の現実関係に対した神話一般の、世界社会の断代分類が行なわれるそのことを、合理化させる観念形態、すなわち神話の階級的な任務を保持している。檀君神話の決定的な特徴は、天孫降臨の仮象化であり、檀君王倹の神聖化にあるのである。

（4）風伯・雨師・雲師などは農業生産の重要性を語るものであり、穀、ニンニク、もぐさなどは、その社会の産業が田野耕作の段階にはいっていたことを教えてくれるものである。

（5）檀君神話は決局は朝鮮民族の発達の本源ではなく、比較的後期的なものであり、また酋長の名をもっての「だんぐん」は無数にあったであろうと思われる。

（6）熊と虎の同穴生活は女系酋長と男系酋長が並存する状態をいうものであり、檀君が熊女から出産したということは、現実的には男系世襲酋長制の確立を物語るものであると見る。

申采浩の「朝鮮上古史」が語る上古朝鮮

一九四八年鍾路書館で発行した申采浩の「朝鮮上古史」は、上古朝鮮と史記に関して次のように記録した。

朝鮮民族の発祥地　東・西古代の人民たちが、皆同じように「火」を発見したことを記念した。ギリシヤの火神、ペルシヤの火教、中国の燧人氏などは、すべてがそういう伝説である。朝鮮民族は特に火を大切にし、人名を「ブル（火）」と付けた例が多い。夫婁・東扶余などは「ブル」の音訳であり、「ブル」と付けた地名も少なくない。すなわち扶余・夫里・不耐・不而・不内・弗代などはすべてが「ブル（火）」という意味である。

哈爾浜・安市城・平壌が檀君時代の三大都市で京

檀君王倹の建国（注）　朝鮮族が「アリラ」に分布し、各「ブル」（野）を開拓したところから、共通的な信仰そして…太白山の樹林を光明神の宿と信じ、そのように信仰する林の名を「スドゥ」と呼んだ。スドゥはすなわち「神壇」のことである。

スドゥすなわち神壇を祭じ五月と十月にお祭りを行なう部落の中から一人を選んで祭主と定め、スドゥの中央に座せて彼を天神と名付けて衆人が祭事を捧げた。……五・十月

古記と古事記などによれば、朝鮮文化の源始である「スドゥ」の発源が「松花江」辺の哈爾浜（ハルビン）付近であり、…古代朝鮮民族が最初に開拓した野地、すなわち「ブル」である。…

解放後の混乱期を闘かった
建青創設回想録（8）
洪万基　文
金竜煥　画

建青結成大会

……（つづく）

中央会館建設하여 民団維新成就하자

写真でつづる韓国の生活文化!!
韓国の民俗
和歌森太郎 序
崔仁鶴
萩原秀三郎 著
口絵カラー写真5点
本文写真450点収録
B5変型版250頁
定価2,500円
〈送料240円〉
●お近くの書店でお求めください。

崔仁鶴（著者）略歴
昭和九年生まれ。
ソウル明知大学卒。
ソウル慶熙大学校大学院を経て、東京教育大学文学研究科博士課程(民俗学専攻)。
ソウル明知大学助教授・桐朋学園大学講師。

獅子舞（咸鏡南道北青）

本書〈まえがき〉より 抄

発行所
第一法規出版株式会社

上野で本場の味を!!
焼肉料理　新規開店
団体宴会は300名様までOK
ロース焼……¥550　冷麺……¥500
カルビ焼……¥550　定食……¥500
ミノ焼……¥500
◎ランチサービスタイム 11：00～3：00
ビビンバ……¥300　焼肉定食……¥500
クッパ……¥300　定食……¥300
御宴会1,500円から4,000円まで6コース

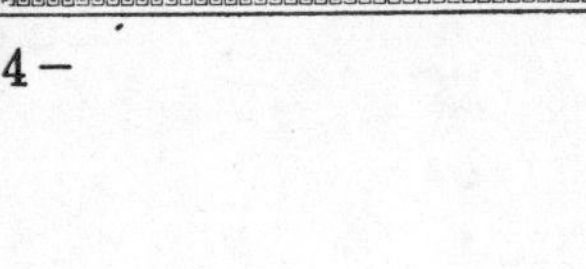

☆上野サウナ温泉会館1・2F
☆結婚式の披露宴に最適
焼肉の殿堂 漢一館
台東区上野6－16－5（上野京成百貨店東口通り）
電話 831－9417

韓國新聞

在日大韓民国居留民団中央本部機関紙
韓國新聞社
発行人 尹達鏞
東京都文京区春日2丁目20―
電話 (813) 1451―
(813) 2261―
振替口座 東京 1637
本国連絡所 民団本国事務所
서울特別市鍾路区
政府合同庁舎 4
電話 73―0192・01

一、우리는 大韓民國의 國是를 遵守한다
一、우리는 在留同胞의 權益擁護를 期한다
一、우리는 在留同胞의 民生安定을 期한다
一、우리는 在留同胞의 文化向上을 期한다
一、우리는 世界平和와 國際親善을 期한다

セ民団運動の全国化

規約改正、国民投票見解統一

全国民団三機関長、傘下団体長合同会議

さる一日午後一時から東京商銀七階大ホールで、民団中央本部主催の全国地方本部三機関長ならびに中央傘下団体長合同会議が開かれ、「セ民団運動」の全国化、規約改正など、当面の重要問題に対する推進方法といままでの経過報告が行われた後、近日中に施行される国民投票に民団としての見解を全国的に統一し、民団中央の尹達鏞団長が先日発表した声明を全国民団の統一見解とすることを同会議で確認した。

なお、「セ民団運動」に対して、この運動を全国的に強力かつ計画的に推進するため、各地方本部は二月中に三十年民団史の転換ともいえる祭風運動の発起式などをもち、中央と地方が目的達成のため一体となって努力することを決議した。

同会議には、約百五十人の関係者が参加し、駐日大使館の尹一済公使が来賓として招かれ祝辞の中で「在日同胞の権益を護る民団が三十年を迎えた今日は、一世代の転換点だと思う。いままでの活動を高く評価し感謝する。わが国が北傀からの脅威を受けていることは、金日成の新年特別演説一つだけをとってみても明らかである。わが政府は祖国の山河で二度と戦争を起さないとするのが最大の課題である。民団は自主団体であるが、祖国で平和が維持されるよう、遠く日本にあっても最大の努力をつくすよう心から願う」と力説した。

また、尹達鏞中央団長はあいさつで「本国政府が急変する国内外情勢の中で起きた一連の事態を無事克服したのは、維新団結の強力な力があったからである。もし、維新体制の下で国民が総力団結されていなかったならば、これらの諸事件は克服できなかったでしょう」と語った。つづいて朴太煥議長、鄭泰柱監察委員長、朴太煥顧問らがそれぞれあいさつした。

議事に入り、組織局から①セ民団運動推進の件、②セマウル誠木賄り（現金）運動の件、③模範団局調査依頼の件、④三・一節行事の件のほか、民生局・沖縄慰霊塔建立に関する報告、青年局・セマウムシキ運動指示の件、文教局・全国文教部長召集、経済局・民団所有不動産現況把握の件、建設委事務局 中央会館建設に関する報告、三十年史編纂委員会事務局・三十年史進捗報告など、各局から団務に関した報告および指示が行われた。

次いで規約改正問題に移り、今までの経過を報告した後、現在まで整理された文案を中心にして各代表は、それぞれの地方で来たる中央委員会まで審議するよう指示した。

さらに、この日の会議では国民投票実施に対する民団の態度を明らかにしたのち、全員拍手賛成裡に終了した。

尹達鏞中央団長

規約改正案内容発表

規約改正委員会が二月一日づきで発表した改正案内容は次の通り。

①第十四条を「団長選挙は在席数の過半数を得ねばならない」から「団長選挙は在席数の過半数を得ねばならず、団長選挙管理規定は別にこれを定める」とする。

②第十八条に「定期中央委員会は年二回、三月、九月とし」とあるのを「年一回（三月）」とする。

③第三十八条に新たに「事務局長の任命は地方団長の推薦を受け、中央団長がこれを行う。中央団長および地方局長以下の執行部任職員は、中央委員、中央代議員に被選されることはできない。

④第五十四条は「各級大会において選出される本団任員および中央委員と代議員の任期は、二個年として、補選者は前任者の残余任期までとする」を「中央および地方大会で選出される本団任員および中央委員と代議員の任期は三年とし、三選を禁じ、補選者は前任者の残余任期までとする。支部大会において選出される任員の任期は二個年とする」に改める。

国民投票12日に実施

現行維新憲法体制の是非を問うための国民投票は、二月十二日を臨時公休日と定め、全国一斉に実施すると政府は五日午前十時に正式発表した。

「朝日ジャーナル」、「週刊ポスト」誌と共に、李竜雲を中心にした一連の記事を掲載した「週刊女性」誌では、その間、民団東京本部並びに都内各支部から激しい抗議を受け、さる三日から市販されている同誌二月十八日号の特集記事の中でカコミ入りの謝罪文を掲載した。

なお、「週刊ポスト」誌でも、同誌の野口晴男編集長が東京本部の金致淳団長に、来る十一日発売される同誌に謝罪文を掲載すると約束している。

釈明と謝罪

本誌二月十一日号に掲載した朴大統領に関する記事が、結果として、朴大統領をはじめ、韓国政府、韓国国民のみなさまに不快の念を与え、ご迷惑をおかけしましたことを深謝いたします。

根のない記事と判断 一方的扱いを深く反省

李竜雲事件

本誌編集部としては、友邦国の国家元首のイメージをダウンさせようというような政治的意図は寸毫もなかったことを、ここにあらためて確認いたすものです。

この記事の主たる根拠は、李竜雲氏の一月十三日の記者会見をはじめとする、その他マスコミを通じての一連の発言によったものです。

しかし、その後明らかにされたところによれば、李竜雲氏は在職中に不正蓄財事件で任期を全うすることなく解職されたばかりか、三年の実刑に服し、すでに十数年前に軍籍から除籍されたことからも明らかなように、信頼性のない人物であり、したがって、その発言内容は国家元首と国民を意図的に冒涜する悪意に充ちた根も葉もない暴言であり、韓国を破壊せんとする勢力に組するものであるといわれていることは、もっともであろうと思われます。

このような事実に鑑み、本誌編集部としましては、同記事内容はなんら根拠のないものであると判断いたします。

このように信憑性を欠くにもかかわらず記事にしたこと、およびコメントの取り扱い方が一方的であったことを深く反省するものです。

本誌は、今後も誌面を通じて、韓国政府と国民のみなさまと、いっそうの友好を深めることを願うものであります。

週刊女性

時評

ウソで固めた反韓運動

宇都宮徳馬

◇週刊文春二月十三日号「ブンシュン・フーズ・フー」（文春うわさ話）の中に、スキャンダルばなしとして「李竜雲氏は英雄か悪党か」というタイトルで、李竜雲について韓国海軍OBの親睦団体「警海倶楽部」から出た「李竜雲氏の行状」というパンフレットの内容の一部と、これを否定する宇都宮徳馬の談話が載っていた。李竜雲の写真の横に「百万人といえども"I go"か、それとも"アイゴー"か、そこが問題だ」と半分茶化して、あまりマジメな記事でないみたいだが、ここでの宇都宮の言葉があまりにも幼稚すぎるので、事実を探って見ることにした。◇

まず宇都宮の言葉「信頼できる友人の紹介で会いました。その時一つの意見としてこれをきいておくのも日本国民として無意味じゃないと思いましたし、何よりもまず、彼自身の朴政権に対する怒りはホンモノだと感じましたよ。政敵を追放する場合に、汚職の名目をつけるのは朴政権の常套手段ですから、そんな文書は信じられませんな」

李竜雲については、本紙一月十八日付第一一五一号の「時評」でも既に論じたので、同じことを再び論ずるつもりはないが、そのときスペースの関係で触れなかった部分について今回は紹介することにするが、その前に、宇都宮の言葉を少し吟味する必要がある。

「信頼できる友人」は大方の想像がつく。しかしそれよりも「一つの意見としてきいておくのは日本国民として無意味じゃない」ということであるが、宇都宮の本心は、一つの意見として、なんてものではなく、韓国政府を誹謗中傷する内容であるかぎり、自分の運動（金日成と協力して韓国政府を消滅させること）に役立つ材料と判断したからである。韓国政府に対する誹謗中傷であれば、その人物がどうであれ、その話の真偽がどうであれ、利用しなければ損であるのだ。ましてや元海軍参謀総長というフレ込みの"韓国人"であれば、その効果は実に満点である。それが宇都宮の本心であって他のどのような理由もカムフラージュにすぎない。

「彼自身の怒りはホンモノと感じた」というのも、前記の手法と全く同じ"宗教"である。しかしこの言葉は宇都宮自身、ミソもクソも見分けのつかない熱の上った状態であることをも証明するものである。何となれば、李の正体が明らかになったとき、国民のほとんどがナーンだそうだったのか、という感を新たにしたであろうからである。

軍事革命以前に失脚 位階勲等はく奪さる

悪徳・李竜雲

「政敵を追放する場合に、汚職の名目をつけるのは朴政権の常套手段」ということばこそ、宇都宮の本質を示す言葉である。政敵というからには、少くとも朴大統領に政治的影響力を与える人物を指すことになるはずだが、そんな大物が汚職で摘発、追放されたと見られる事件は、今だかつてないのである。但し汚職官吏を大量に処分したことはある。そのことについては本紙七四年二月十六日付第一一一二号「時評」で「不正蓄財公務員追放」というタイトルで「官紀粛正の成果期待、公務員の節度にまで革新を、不正蓄財の国家還元を望む」として論じた。だから「政敵追放云々」は宇都宮の、韓国政府に対するいわれなきデッチ上げの中傷にすぎない。悪徳の醜悪たる本質の面目躍如たるところである。

「そんな文書は信じられん」とは、裏を返せば、李を利用する立場として、そのような文書を認めることは困る、ということである。"追放"云々の言葉にかぶせていっていることであるが、如何にも韓国政府側のデッチ上げたという印象を与えようとするもので、宇都宮としてはウマくいったつもりであっても、李が不正蓄財者として「海軍参謀総長」から引ずり落されたのは、軍事革命以前の「張勉内閣」時代である。李の在任期間は一九五九年二月二三日から六〇年九月二八日。軍事革命は六一年五月一六日である。これで宇都宮がどんな大ウソつきかはっきりした。

さて李竜雲であるが、李は六〇年四月十九日学生革命の後、張勉内閣ができてすぐに「不正蓄財の悪徳軍人」として現役から予備役に回され、六一年五月の軍事革命直後、軍事政府によって逮捕されて裁判にかけられたのである。

裁判の判決で「位階勲等」をはく脱され、三年の実刑を言渡された。六二年五月二日付である。李は日本で自分の肩書を「予備役海軍中将」と発表したが、彼には軍人の位階を称する資格はないし、そのことは違法である。

日本の高等商船を卒業し、海軍予備学生から予備士官となり日本の敗戦当時は「海軍少佐」というフレ込みで、李承晩大統領時代韓国海軍に入り、海軍中領（中佐）に特任された。そのとき日本には、日本人妻と二男一女が残されていたが、李は韓国でキム・ボンヤンさんと結婚した。李が日本に逃げ出すと共に離婚している。

李が今回宇都宮の策略にのせられた裏には、李自身の韓国政府に対する"逆うらみ"もあるが、そのことを利用した集団から、李に対して相当多額の金が動いたものと判断できる。このことは李竜雲の人格からして当然考えなければならないことである。

前回の李を論じた時点で、不正蓄財九千万ホワンと書いたが、これは記者が軍裁初期に報じられた数字を記憶違いしていたもので、実際は二億二千万ホワンにものぼっていた。（W）

時事漫評

自分の後ろをよく見て

金竜煥

愛知一千万円など建設基金一部納入

中央会館

中央会館建設作業は前月にひきつづき連日順調な工程を進めているが、全国組織にわりあてられた建設基金のうち、一月二十七日には愛媛県地方本部が四十万円、同三十日には富山県地方本部が五十万円、二月一日には愛知県地方本部が一千万円と、それぞれ割当基金一部を納入してきた。

サハリン韓国人帰還 南・北韓と真接話す

＝ソ連・グロムイコ外相が言明＝

二月三日付サンケイ新聞は、去る一月十六、七の両日、モスクワで行われた宮沢外相とグロムイコ外相との会談で、サハリン（旧樺太）に残留している韓国人問題につき話し合いがあったと報道し、これは「きわめて信頼すべき日ソ外交筋から」入手した両外相の公式発言録によって明らかになったもので、宮沢外相が「サハリンに居住している韓国人の日本移住を実現してほしい」と申し入れたのに対し、グロムイコ外相は、サハリンの日本人の帰還には同意したものの、「韓国人については日ソ間の問題ではなく、これはソ連が南北韓と話し合うべき筋のものである」ときっぱりとはねつけたといわれる。

このグロムイコ発言は、昨年の十月二日訪ソしてコスイギン首相と会談した、日本の竹入公明党委員長が明らかにした事実とは食い違うもので、竹入委員長は、その時、コスイギン首相が、「韓半島出身者の帰還問題」について今年一月再開される日ソ平和条約交渉の席上、日本側が議題とするなら、話し合う用意がある旨言明したと語っている。

また、ソ連側はすでに一昨年五月十六日モスクワを訪問した日本赤十字社の東竜太郎社長に対し、ソ連赤十字社社長が、日本側で身柄を引き受けるなら、出国の許可を出すとも言明している。ところが今回のグロムイコ発言は、これらの事実と食い違うものが大きく、在サハリン同胞の帰還問題に関し将来、南北とくに韓国との直接交渉の可能性を示唆したものとも見られる。

なお、在サハリン同胞は約六万四千三百人と推定され、帰還希望者は約七千人（樺太抑留帰還韓国人会調べ）といわれている。

▼参考に、朝日新聞「声」欄に掲載された在日韓国人の主張を書いて見ることにする。

在サハリンの韓国人も返せ

福島県 張在述
（樺太抑留帰還韓国人会顧問 59才）

二回目の日ソ交渉が宮沢外相の訪ソによって開かれた。日本側の最大目標は"北方領土"返還にあったが、報告は、必ずしも日本国民の期待に沿うものでなかった。しかし領土に関するソ連側の門戸はかたく、この問題は今後の継続交渉課題として持ちこされた。

"ソ連在住日本人の帰国に関しては日本人が帰国を希望するなら、ソ連側はそれを妨げないことを約束させた"と外相は記者団に語った。私たち（樺太抑留帰還韓国人会、東京・足立区六月町）が十有余年にわたって日本政府に陳情しつづけた旧樺太残留韓国人（帰国希望者七千人）の戦後処理の問題について、その責任のすべてが"北方領土"返還と不可分の状態にあり、この人々の帰還は人道的にも法的にも日本側にあることから、今回も宮沢外相の訪ソを機会に、在サハリン同胞の帰還についての陳情をした。

去年十月公明党代表が訪ソしたときにも、この問題をソ連首相に話したら、日ソ交渉の議題として日本政府に提起するようにいわれたのである。かつて国家総動員法により、日本人として強制連行され、引き揚げ時には差別されて残留を余儀なくされた在サハリン同胞が、今回の"帰国を希望する在ソ日本人"の中に含まれているのかどうか。見解を明らかにしていただきたい。

宗教弾圧一切ない

TVでオーグル牧師語る

昨年の十二月十四日に反政府活動の嫌疑で韓国から追放されたジョージ・オーグル牧師は二日「韓国で宗教の弾圧は一切ない」と語った。オーグル牧師は同日、米国のCBSテレビ「韓国と宗教事案」という三十分特別番組に出演、自分が追放された理由は宗教人であるからでなく、韓国政府が彼の社会的な活動方法を問題にしたためであったと述べた。同番組にはオーグル牧師の他二人の牧師とともに、林昌栄元国連韓国大使ら四人が参席し、韓国でのキリスト教に関して討論を行った結果韓国には宗教的な迫害はないということで全員意見が一致。

柳済斗選手輪島に挑戦

WBA世界ジュニア・ミドル級ランキング一位の柳済斗選手（さ）がチャンピオンの輪島功一選手に挑戦することになりこのほど仮契約をすませたという。タイトルマッチは四月二十一日頃東京で行われるもよう。

安光鉄大使・永眠

外務部の安光鉄大使（本部待機）がさる一月二十九日午後九時頃膵臓ガンにより永眠した。享年50才。

修交勲章授与

朴大統領は一月三十日、離任帰国した後宮日本大使に修交勲章光化章を授与した。

李澔前駐日大使に勲一等章

日本政府

李澔合同通信社会長は三十日、日本政府から勲一等旭日大綬章を授与された。

外銀東京支店長に鄭憲俊氏

韓国外換銀行の東京支店長に、同行本店の国際部長だった鄭憲俊氏が二月末頃赴任してくる。また現支店長だった黄彰燾氏は本店審査一部長に転任する。

日本図書館協会選定

金熙明著
日本の三大朝鮮侵略史
―倭寇・壬辰倭乱・日韓合併と総督統治―

☆日本が如何に朝鮮を侵略したか三つの歴史的事実を両国学界の研究成果をふまえて叙述した日本の「つまずき」の歴史を日本人の前につきつけたものである。
【武蔵大学教授 渡部学】
※最寄りの書店に市販されております。

B6判 美装 四〇〇頁
写真資料七〇枚
価 九八〇円・〒一四〇円

発行所 洋々社
東京都新宿区納戸町五
〒一六二 電話（二六八）〇七九六番
振替東京 一三一五一五番

快適な空の旅をお約束……………

滞空10,000時間を超えるベテラン揃いの機長をはじめ、厳しい訓練を経たスチュワーデスやパーサー。そして、縁の下の力持ち優秀な整備員たち――これらのみごとなチームワークが快適な空の旅をお約束します。
もちろん、心をこめた機内サービスも好評。民族衣装チマ・チョゴリを着たスチュワーデスのほほえみは限りないやすらぎをあたえてくれるでしょう。

フライトルートもさらに充実…………

KALは週53便の日韓線をはじめとして、台北・香港・バンコクの東南アジア線。ホノルル経由ロサンゼルスの太平洋線とフライトルートも充実。さらには、現在就航しているソウル↔パリ直行貨物便を足がかりに、欧州線へと、その翼をたくましく伸ばしています。

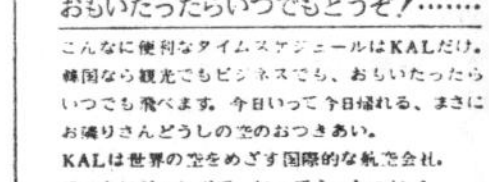

おもいたったらいつでもどうぞ!……

こんなに便利なタイムスケジュールはKALだけ。韓国なら観光でもビジネスでも、おもいたったらいつでも飛べます。今日いって今日帰れる、まさにお隣りさんどうしの空のおつきあい。
KALは世界の空をめざす国際的な航空会社。でっかいジャンボで、いってらっしゃい!

KAL
KOREAN AIR LINES
大韓航空

東京：(03)211-3311㈹　大阪：(06)244-1111㈹
福岡：(092)411-9101㈹　このほか全国14ヵ所に営業所がネットされています。お問い合わせはお近くの航空代理店又はKAL営業所へどうぞ。

維新内政に画期的成果めざす

庶民住宅24万戸を建設 集落2万5千を特性別開発

朴正熙大統領は31日午前、建設部を年頭巡視、金載圭建設部長官から今年の建設政策および去年の実績の報告をうけた。金長官はこの席で、今年の住宅建設は賃貸アパートの大量建設に力点をおくことにし、庶民住宅建設のため政府部門から9百18億ウォンを投入、昨年の5万戸より46%がのびた7万3千戸を建設し、民間自力では16万7千戸を建設させることにし、合計24万戸をたてる計画であると報告した。

金長官は、庶民住宅建設のための宅地供給対策として（1）都市計画でアパート地区を新設し、（2）今後、宅地開発のための土地区画整理事業は民間人や組合に許可せず、地方自治団体および住宅会社にのみ許すが、集団参与地制度を適用、これをアパート地区として開発すると報告した。

金長官はまた、農村の分散した部落を集団化し、計画的な開発に誘導するため、全国に散在する50戸～6百戸規模の集団部落2万4千カ所を位置特性にしたがい、▼放射型、▼格子型、▼散在型、▼複合型など4形態にわけて開発計画を推進することにし、人口2万～40万規模の百89個中小都市に対する食水難解決のため、漢江をはじめとする5個水系別広域上水道計画を樹立、施行することにしたとのべた。

ついで、金長官は、国内建設業体の国際大型工事受注体制を確立する一方、民間建設業体の出資で資本金10億ウォン規模の韓国海外建設株式会社を設立、海外用役市場を積極的に開拓し5億ドルの今年の建設輸出目標を達成する計画であり、去る3月に着工した97キロの湖南高速道路、32キロの南海高速道路は来る9月まで完工の予定であるとのべた。

一方、金長官は内外資、総4百12億ウォンを投入する大清多目的ダム建設工事は上半期に着工、来る79年に完成し、昨年50%工事が進行した安東ダムは年末まで80%進展させる予定であり、昌原機械工業基地など5個重化学基地をひきつづき建設し、北坪港、群山外港などの建設以外に仁川・馬山など26個既存港の整備拡充事業もひろげると報告した。

このほか、金長官が報告した今年の主要建設部の建設分野施策はつぎのとおり。

▼建設事業の就労効果を通じた庶民生活＝道路・治水・上水道・住宅など9個部門に労賃所得事業として特別資金52億ウォンを配定　このうち25億4千3百万ウォンを労賃に撒布し、延人員百63万8千人を就業させ、1・4分期中52個所政府工事を早期執行など。

貧農の家庭で育った朴大統領は施政の最重点に庶民生活の向上と安定をすえている。一人当り国民所得516ドルへ国の経済水準を高めた維新施政実績のうらには韓国社会から貧困を一掃しようとの大統領の悲願がある。写真は60万セマウム植えの奉仕団員と植樹する大統領

北傀、南侵準備に躍起 地下トンネルも11～13個予想

韓・米第1軍団長ジェイムズ・F・ホリンスワード中将は、30日「北韓は去る6カ月間にわたって西部戦線軍事分界線北方の砲陣地に1・2メートル厚さのしゃへい物を構築し、漢水以南を射程内におく長距離ロケット砲など砲陣を強化し、議政府だけでなくソウルを中心とする漢江南方までを射程距離にし、奇襲攻撃をしかける準備をそなえている」とのべた。

ホリンスワード将軍は、また休戦線の北韓トンネルは、すでに発見された2個以外に、11～13個がもっとあるようだとのべ、このうち一部に対しては積極的な位置探索作業が進行しているとのべた。

この日午前7時「韓・米第1軍団長将校クラブで開かれた世界平和のための、朝食祈祷会をおえたのち、記者会見したホリンスワード中将は「北韓は海上と地上を利用する奇襲攻撃能力を備えているが、わが将兵は訓練を強化、24時間これに対備している」とのべた。

ホリンスワード将軍は、また、「北韓のこのように増加された攻撃能力に対して新たな軍援武器の必要性を感じないか」という質問に対して「駐韓国連軍司令官が答える問題」であると前提、個人意見としては「米国政府と議会で韓国の立場に深い関心を持って、新たな軍援などを協議することを希望する」とのべた。

この日の朝食祈祷会には高位将校および漢水以北地域機関長など百50余人が参席した。

インタビュー　維新憲法は国民熱望実現の基本

◇朴大統領は一ヵ月前、青瓦台でもたれたNANA通信のピーター玄記者とのインタビューで、米軍の韓国駐屯は極東地域で、ソ連・中共・北傀などのぼう大な軍事力と均衡を保つため緊要であるとのべた。朴大統領は、NANAによってアメリカの百50の日刊紙と日本の毎日新聞に配付されたこのインタビュー記事で、「現在の中・ソ不和は、この点から考慮されるべきまた一つの要素であると指摘、このような理由から私は、アメリカが極東で韓米相互防衛条約と米・日安保条約のような公約を引きつづき守って行くものと思われ、また守って行くべきであると考える」とのべた。このほかのインタビュー要旨はつぎのとおり。◇

平和統一が目標　日本の良心的言論に期待

▲フォード大統領の訪韓と韓米関係　去る11月のフォード訪韓は、われわれの伝統的な友好関係を強化させた。フォード大統領の訪韓は「意義あるもの」であり、アメリカが韓国との友誼を強めた。

フォード大統領との頂上会談は韓国の安保と平和に対するアメリカの確固たる再保障をもたらした。

私は、フォード大統領が平和と経済回復のためのわれわれの建設的な追究と緊張緩和にも拘らず、韓半島が日ましに高まる北傀の侵略的意図で戦争の脅威がつづいている最も危険な地域であるということを認識するものと思う。

▲維新憲法に関して＝韓国の一九七二年憲法は、国民多数によって6年ごとに大統領が選出されるよう規定されており、また平和的政権交替を規定している。

それ故、ある一人の大統領が無限の権力を行使できるとか、大統領職を無限に維持できるというのは事実ではない。

このような根拠のない非難はわれわれの新憲法内容の精神を知らない人々によってでっちあげられている。

国家の危機に際してのみ大統領は、自身が必要であると判断される緊急措置を下しうるよう憲法によって許されている。とはいえ、わが国民の基本人権はつねに保障されて来た。私は、このような憲法条項がすべてではないにしても大部分の民主国家に存在すると確信する。

今まで、時おり、北傀の軍事力増強に対する警告があり、最近非武装地帯の北傀軍トンネルが摘発された事件は、わが国を侵攻し共産化しようとする北傀の計画の多くの実例中の一つである。このような脅威に直面し、われわれは団結して、わが国の国家資源と国力を培養すべきであり、北韓共産主義者をして、彼等の企図が成功しないことを立証すべきである。

その時にこそ、韓半島に平和が到来することであり、維新憲法は国民の熱望を成就させるのに寄与するようになっているので、いかなる犠牲をはらってもそれを守らなければならない。

▲韓国の政治犯に関して　わが国には政治犯というものがない。ただわが政府を転覆しようとした一団の共産主義者と彼等の共犯者および破壊活動に関する一にぎりの反政府煽動者とこれにだまされた人々だけである。

彼等の反国家行為は法によって処罰されるのが当然であろう。

しかし、私は、彼等のうち改悛の情を示すものには減刑を考慮することになるかも知れない。

▲一部アメリカ新聞人、学者らの対韓批判に対し＝私は少数のアメリカ新聞人と学者らがわが政府に対してひじょうに批判的であることを知っている。その理由は、彼等がわれわれの現実と与件を理解していないからである。

しかし、彼等も、遠からずわれわれの与件と現実を理解し、われわれの関係が従前のようにかたまることを希望する。

▲日本言論の対韓偏向報道に関して＝日本のマス・メディアが北傀に偏よって偏見的報道をしている。

日本のみならず、自由世界のその他の地域でも特に東西和解がはじまって以来、共産世界のできごとをいいほうに解釈しようとする傾向を示して来た。

日本では、一部記者と解説者が彼等の良心に反して商業的な理由から、このようなデタントの雰囲気を利用している。明らかに一部日本言論人らはこのような偏よった報道が事実上、長期的には日本言論に害を与えるだけでなく、彼等の意図にもそぐわないということをさとりはじめている。

このような良心的な日本言論人が自らの立場を明かすならば北韓はこれ以上、日本を彼等の反韓国作戦基地として利用できないということをさとることになろう。

▲南北統一に関して＝韓国の最も重要な長期目標は分断された祖国の平和的統一である。しかし北韓の硬直した姿勢から見て、私は、わが祖国の統一が短期間内に実現されるとは思わない。

私は、韓半島でのまた一つの戦争を防ぎわれわれの問題を平和的に解決するためあらゆる努力をつくしている。そのような努力の例をあげれば、私が北傀にくりかえし提案した相互不可侵協定締結、南北韓国連同時加入、南北対話の継続などを列挙できる。しかし、北側はそれに対して拒否的反応をくりかえしている。

南北韓の平和的共存が可能となり、相互交流と信頼および平和が成就できる可能性があるばあい、われわれは南北韓の居住人口に比例する南北総選挙を通じて、政治的に統一できるであろう。

韓国は自由アジアの堡塁

前日本防衛庁長官山中貞則議員と労働省政務次官中山正暉など日本国会議員らが、去る23日、東京で開かれた韓日議員懇親会で韓半島に北傀の軍事的脅威がしだいに高まっているという点を強調した事実が1月30日李秉禧無任所長官によって明らかになった。韓日議員懇親会韓国側幹事長である李秉禧長官は、この日、記者会見を通じてこの事実を伝え、『特に山中議員は防衛庁長官在職中軍事情報を総合判断結果、韓半島の安保問題は北韓の軍事動向から見て絶対に安心できない状況にあり、75年には韓半島で戦争が起る憂慮もあると展望する発言をした」とあかした。

中山議員　山中議員　李秉禧議員

韓・日議員懇親会演説 要旨
山中貞則(前防衛庁長官)・中山正暉(労働省政務次官)

山中貞則議員

▼およそ、国際間の問題はつねに相手側の立場に立って理解しようと努力すべきである。韓国に対する日本の罪過に対し、韓国人の現在の心情は「許すことはできても忘れることはできない」ような心情である。これを前提として日本人は韓国を認識すべきである。

▼8・15朴大統領狙撃事件のあと、当時の木村俊夫日本外相が「韓半島には戦争の脅威が無い」と断定したのに対し、私は「そのような脅威の有無は当該国の国民や、当該国がよりよく知っていることであり、また、韓国政府がそのような脅威を主張している以上、友邦であるわれわれとしては、そのような意見表明を尊重すべきである」とのべ木村発言は軽率なものであったことを国会で答弁したことがある。

▼明確にいうが2カ月前まで2年余にわたって日本の防衛庁長官として存在していた私としては、多くの軍事情勢を綜合判断して来たが、「韓半島の安保問題は北韓の軍事的動向から見て絶対に安心できない状況にある」

▼韓国の維新体制に対しても批判をしているが、北には中・蘇という巨大な共産国がひかえており国土の半分が赤化されている状況のもと、生存のためどれほど悩んでいるかをわれわれは立場をかえて理解すべきであろう。

それはかりでなく、中華民国を捨て、中共と国交を結んだ日本に対して韓国は不信の目で見つめている。つぎには韓国をうらぎり北韓にいかないかという憂慮をしている。

最近には、地下トンネルを掘った事実まであり北からの脅威を排除しようとする韓国の苦悩に対しわれわれは理解をすべきである。

▼アジアにおける大韓民国・日本・台湾・フィリッピンは自由主義国家の保塁であり、これらの国家が連帯性を持つ立場から、自由を脅やかす勢力に対応すべきであると考える。

中山正暉議員

▼現在の国際情勢と関連、あるいは一九七五年には中東戦争が再発されるとか、或はベトナム戦が再演されるとか話しているが一九七五年には韓半島で戦火が起るのではないかと憂慮している。

一九六八年の文化革命の際、中共に滞留していた英国人技術者が中共で軟禁されていたが、どうしてでも中共から抜け出ようとして中共当局によるスパイ教育をうけたあと、スパイの指令をうけ中共を離れたが中共高官が彼に与えた最後の指令が「われわれは一九七五年、世界動乱の点火を韓半島からはじめるであろう。その時、お前は英国から中共に居る某と連絡をとれ」ということであった。

私は、この事実を彼の著作から読んだが一九七五年は韓半島の安保と関連、何よりも北韓の動向に注目すべきである。このような見地から両国の協力と理解が必要であると見られる。

▼われわれが韓半島の安保を心配するのは大韓民国の安全だけのためでなく、まさにわが日本人のためである。

韓国が赤化されれば、日本の赤化も必至であるという見解を私は持っている。

青瓦台に海外から激励電

青瓦台は朴大統領が国民投票実施を発表してから米、日はじめブラジル等の海外同胞から激励電報や手紙がぞくぞくよせられていることを明らかにした。ブラジルの韓人僑民会、韓国文化協会、在郷軍人会等がこのほど連絡会議を開き「一万ブラジル僑胞一同は閣下の救国一念を推仰してやまない」とのメッセージを朴大統領によせている。同僑民会はまたブラジルの有力紙に「朴大統領の愛国、愛族的英断に驚嘆を禁じえない」との声明も発表したという。

総投票人数は一千六百万余
内務部が集計発表

内務部は二十九日、国民投票の総投票人数を集計、一千六百七十五万四千二百八人と発表した。この総投票人数はさる二十二日から六日間、全国邑、面、洞で一斉に作成した投票人名簿に記載された投票人数を内務部が集計したもので、これは総人口三千三百二十九万九百二十一人（七四年十二月三十一日現在の住民登録人口）の五〇・三%に該当、七二年の国民投票のさいの投票人数より六・八%ふえている。

総投票人数のうち、男子が八百三十万一千六百二十九人、女子は八百四十五万二千五百七十九人で、女子が男子より十四万九百五十人多い。

在日同胞社会에서 好評받는 本国新聞

新亞日報

自由・中立・公益
<日刊全国総合紙>
(創刊10周年)
購読料月二千円(送料共)　支社長　金慶燮

◆在日同胞の声を誠実に代弁する新聞。
◆本国と海外同胞との紐帯強化のため努力する新聞。
◆本国に関する其他あらゆる相談。
購読及び廣告申込みは
東京都台東区東上野1丁目21番4号 第一竹野ビル
新亜日報社日本支社
〒110 電話(03)八三二—一五六五番 郵便振替東京一八八二三六番
※支局設置中…民団各県本部単位に支局長募集中、希望者は連絡を乞む

人類の新しい未来
世界を一つに結ぶ——愛と喜びのフェスティバル

希望の日 フェスティバル

■日時　2月13日(木)・14日(金)・15日(土)
午後6時～8時30分　《入場無料》
■場所　武道館大ホール
■主催　希望の日フェスティバル実行委員会
インターナショナル・ワン・ワールド・クルセード

いま、私たちがなくし、欲しているものは「希望」であるといえましょう。「希望」により始まる、愛、平和、幸福、理想、これらの実現をと、1972年、レバレント・サン・ミョン・ムーン（文鮮明牧師）の提唱により始まったのが、精神復興運動「希望の日」であります。希望の日フェスティバルは、この教えにしたがい、楽しさのなかに精神復興を説く祭典であります。
今回は、世界講演の最初の国として日本で行われ、ニューホープ・シンガーズ、ハンサン舞踊団などにより、楽しく開催されます。

●レバレント・サン・ミョン・ムーン
インターナショナル・ワン・ワールド・クルセードの創設者

●講演内容
2月13日(木)　人類の終末と希望
14日(金)　神の摂理と日本の使命
15日(土)　愛の危機と新しい秩序

●プログラム
1．オープニング・セレモニー
2．扇の舞(13日)
長太鼓の踊り(14日)
扇の舞(15日)
3．ソングス・アラウンド・ザ・ワールド
4．僧舞(13日)
琴と唄(14日)
天女の舞(15日)
5．挨拶
6．講演
7．長太鼓の踊り(13日)
仮面の踊り(14日)
カンガンスオレ(15日)
8．グランド・フィナーレ

●スケジュール
2／13・14・15　武道館大ホール——(東京)
2／18・19・20　宮城県民会館——(仙台)
2／24・25・26　中之島公会堂——(大阪)
3／3・4・5　中日劇場——(名古屋)
3／10・11・12　京都産業会館シルクホール——(京都)
3／18・19・20　広島市公会堂・見真講堂——(広島)
3／24・25・26　大濠高校体育館——(福岡)

●喜び、愛を伝達する
ニューホープ・シンガーズ
世界14ヶ国の青年男女からなる、ユニークな合唱団。ヨーロッパ古来のコーラルから現代音楽まで、幅広いレパートリーをもっています。

●東洋の神秘
ハンサン舞踊団
18才から24才までの乙女達からなる、韓国民俗舞踊団。5000年の歴史を持つ、伝統文化から生まれた芸術作品を、見事に演じ表現します。

●ご連絡・お問合せ　東京(03) 476－◌941

民族教育の使命感確立

「民団中央で教育委開く」

大使館教育官室との協調改善

民団中央教育委員会は一月三十一日、民団中央本部会議室で開かれた。この日会議には、十二人中十人の教育委員と民団中央から金仁洙副団長、呉敬福事務総長、姜仁煥文教局長と成根容同次長、学校関係から金昌式、張益和、宋吉燮氏らが出席し、在日同胞短大設置問題の経緯が報告された後、七五年度文教基本方針、七四年度民団文化賞審査を中心に討議がかわされた。

先ず教育委員会は、文教局の諮問機関として、教育全般に関する効果的な討議と研究を通じて寄与することを目的とすることを確認しあい、七五年度教育基本方針では、七五年を〝在日同胞子女教育飛躍への年〟と設定し、そのために①反省の上に立つ使命感を確立する②文教問題全般の実態を把握し体系を確立する③業務の円滑化をはかるため、大使館教育官室との協調を改善する、などが討議され在日同胞子弟教育の方向性設定で話しあった。

また、第三回民団文化賞では、東京と大阪など各地方本部から推薦のあった四人の候補者について審査が行われた。

委員長に張益和氏

なお、この日、教育委員長に張益和氏(前大阪韓国学校々長)、副会長に張暁氏が選出された。

祖国の山野を緑化

苗木をおくる運動で指示

一株百円の桐の木を推奨

中央組織局

民団中央組織局(呉敬福局長)では、さきほど本国のセマウル運動支援にともなう「在日六十万セマウムシムキ運動」の一環として祖国緑化のため苗木をおくる運動実施に関し、全国組織に指示通達したが、このほどその具体的方法の一つとして、苗木そのものを直接日本からおくるより、誠金をおくって本国で現地購入させた方がはるかに合理的であるところから、その趣旨を寄贈団員たちに周知させるよう再指示した。

寄贈実例の一つとして、現在国内の苗木栽培業者がもっとも需要価値の高い桐の木五千株を栽培しており、単価は一株当り日貨で百円の廉価であるところから、中央ではこれを推奨、希望する地方本部では、今月二十五日の苗木をおくる運動報告しめきり日まで中央組織局へ一括注文するよう望んでいる。

山梨青年会準備委発足

民団山梨県地方本部(鄭鎮烈団長)では、二月二日、地元同胞青年ら二十人近くが集まり午後二時から六時まで、青年研修会を開いた。

この日、中央からは沈鍾孝青年局長が参加して民族運動の重要性に関し講義したほか、青年会山梨県本部の結成準備委員会に立ち会い、気運も盛り上るふんいきの中で次のような準備委員を選出した。

準備委員会
委員長 朴鍾植
副委員長 金義鉉
〃 朴正玉
委員 鄭 部
〃 李泰洙
〃 金泳哲

なお同日、おくればせながら成人式もあわせて開き、記念品を贈って激励した。

二月十六日静岡本部結成

来たる二月十六日午前十一時から静岡商銀会議室において、かねてから鋭意推進中であった韓国青年会静岡県本部の結成大会が開かれることになった。

これは、県下の静岡、浜松、御殿場、東部、清水、志太には既に青年会支部が結成されており、これら県下全青年の総意と熱望によって今回の県本部結成となるもので、当日は一人でも多くの団員家族が集まり共に激励しあうよう関係者たちは望んでいる。

八日から新潟 青年研修会

韓国青年会新潟県本部では、きたる八日から十日の間、二泊三日の予定で三島郡和島村の妙法寺で第一回研修会を開く。

この研修会は同青年会が発足してから初の県本部単位の行事で、県下青年百人の参加を見込んでいる。なお、研修会には中央から曺寧柱顧問、沈鍾孝青年局長らが講師として参加する予定。

特別寄稿

八・一五事件の教訓と今後の韓日関係(下)

成 奎 昌

戦後三十年、たしかに行政的、法的には、韓日関係の過去は清算されたといえるであろうが、木村発言や金大中事件以後の日本の一部マスコミの偏向は、日本人の深層心理にある対韓国観を、まさにショッキングに溯って過去の時点に引き戻した出来事であった。

われわれは、韓日関係の社会心理的側面における日本人の本性が、過去の三十年前とさほど変わっていなかったというショッキングな現実の前にさらされたのであった。

そこには、韓日関係をもう一度、韓日条約が結ばれた時点に溯って再考してみなければならない、久保田発言などに代表される問題発生への必然性をみた想いがした。

勿論、日本には日本なりの国益に基づいて韓半島問題への今後の帰趨から考慮される利害得失と計算の上に立った外交があることは当然なことであろう。

しかし、文世光が日本という不遇な環境のなかで培われた民族的疎外感のため、朝総連に引きずり込まれ、それが犯行を犯すことになった重要な契機となったということは、過去において同じ境遇を歩んだ二世でもある自身の行動を省りみて、実感と衝動をともない身に迫った。

こう考えてみた場合、木村発言や、日本の一部マスコミの偏向が、決して単なる体制認識の見解の違いや、偶然から起きたものではないことを悟らされた。

ましてや、この事件が大統領を暗殺することから韓国における「民族蜂起の起爆剤になる」ことにその目的があったということは、この事件の真相解明に対する日本の捜査当局のアカ抜けしない動きとともに、韓日関係の将来について、われわれがある種の危機感に基づく認識を深めていることに対する正当性を立証したものであった。

しかし、そのことよりも、われわれを含めて日本の関心の多くが感情に走り、この事件からより真険に考えてみなければならなかった問題点に気付かずにいたことがあった。

それは、日本が韓国の存立をおかしたということに対し、どのような関心を示し、責任を持つかということに関心を集中し、日本のテロリズム発生に都合の良い社会風土に対する状況認識の冷静な観察を欠いていたことであった。

その意味では、日本のテロリズム発生の必然的社会条件が、戦前の大陸浪人に代表される帝国主義的拡張主義と、戦後は妙義山中における連合赤軍の虐殺事件と続発する内ゲバと爆発、暗殺テロ行為に代表される別の形式で現われた左翼浪人の台頭、これが外に向っては、ハイジャックに代表される中近東情勢の進展にともない台頭した、世界の政治レベルにおける殺し屋担当のテロ遂行機関としての〝世界赤軍兵士〟の伝統に引き継がれているものであることを悟らねばならなかった。

新年を迎え世界の情勢は、いよいよ激動の様相を深めている。

ベトナム、カンボジアにおいては、一昨年のパリ和平協定もものかわ、すでに二十七万人の共産軍兵士が戦車を先頭に堂々と南へ侵透し、去る七日には、カンボジヤに接するフオクロン省が陥落し、カンボジア〝解放勢力〟と北ベトナム軍との軍事提携がより強化され、戦闘の拡大とともに死傷者は急増し、民族同士の痛ましい流血は増々悲惨を極め、国民は一体何んのために戦い、殺し合っているのか皆目その意味すらつかめない状況にある。

また中近東においては、第五次中東戦争がいよいよ必至の状況となってきており、それにともなった沖縄米軍のあわただしい動きなどが伝えられている。

米国首脳は、石油をめぐる対産油国に対する強硬姿勢を示し、軍事介入の可能性を匂わせ、周恩来は、世界の趨勢は〝強大国の接近による国際緊張の緩和にある〟と力説している彼の信奉者達をよそに、去る二十日の全国人民代表大会において「いつかは、世界大戦が起きるだろう」という不気味な予言をし、「世界の情勢は緩和されておらず、恒久的平和などおさら問題にならず」「革命と戦争の要素はいずれも増大し」「当面の国際情勢の特徴は依然として天下が大いに乱れていることであり、しかもますます乱れている」と指摘し、「戦争に備え」、「深く地下道を掘り、いたる所で食糧をたくわえ」ようと呼びかけ、また、金日成は、新年辞において四大軍事路線の貫徹を強調した後、去る十五日の「全国農業者大会」では「わが国ではいつ再び戦争が起こるかわからない」「われわれが過去の戦争で勝利できた要因の一つは、食糧の備蓄が十分であったことにあった」と力説し、戦争準備を徹底するため「百万トンの食糧を備蓄し」「戦争が起き電気がない場合に備え、ガス発動機や、重油発動機などを準備しなければならない」と戦争準備のための具体的な指示を出した。

このような、極東、東南アジア中近東における国際的政治、軍事情勢に加え、経済面においては、国際経済の不況が増々深刻さを加え、国際収支の悪化から韓国経済に与える影響が心配され、それに起因する政治情勢へのはね返りと、この機を逃がさず打たれてくる北韓からの各種の内部攪乱工作が憂慮される。

北韓がもし軍事行動にでるとすれば、このような米国を中心とする西側世界の政治的、経済的混迷につけ込んだスキを突くだろう。

北韓がかねてから説く「南朝鮮革命と統一のため」の「三大革命力量」のうちの「国際的力量の準備」される時期とは、正にこのような米国を中心とする西側世界の政治的、経済的混迷の時期を指すものであり、韓国が西側世界の経済的混乱の余波をモロにかぶった時、国内の不安定要素と国際的な紛争によるアメリカの敗北、軍事的集中力が分散されたスキに「即戦即決」の方向で行動を起こすことが十分に予測される。

そのような、政治、経済的混乱による人心の動揺こそが、北韓共産主義者達が、かねてから期待する「南朝鮮革命のため」の「革命情勢」が最も熟した行動を起こすための最も有利な「決定的時期」であると考えられるからである。

しかも、今後の韓半島問題に重要な位置を占める日本という条件は、この「革命情勢」の「決定的時期」に向って予想される各種のテロ行為や軍事的挑発行為を〝合法化〟し、その与件の構築のために積極的に寄与するものと考えられる重大な危険要因を持っている。

それが、特には金大中事件以後表われた、日本の一部政治人や偏向マスコミに代表される動きであり、依然として後を絶たない対韓国観に対する状況認識の甘さである。

そしてもう一つの特徴は、最近韓国の一部政治家や宗教人の間で小児病のように流行している国内問題の解決を外勢に依存し、その擁護のもとで解決しようとする動きである。

自主性のない被植民社会の思想的名残りであるが、このような韓国の一部政治家や宗教人の動向は常に韓国を見下し、思いあがった態度を示す一部日本の政治人の跳梁をうながし、議論の偏向を勇気づけている。

特に宇都宮徳馬などは、何を血迷ったか十四年も前に現役にいたという、しかも不正蓄財のかどで処罰され道徳的にもいかがわしい経歴をもつ山師的人間をつかまえ、己れの政治的行動のための野心の道具に使うとは、腐肉にとびつくハイエナのような見下げ果てた行為と言わざるを得ず、常識人としての初歩的な見識をも疑わざるを得ない。

少なくとも、議会人としての領分と節度を逸脱した、韓国に対する敵意に絶対的な行動であると言わねばならない。

このようなムキになった人達や一部の勢力がどう力説してみたところで、世界の趨勢という客観は、そういう人達の思惑と目論みに従って動くとは限らない。

客観は、そういう人達の努力と意向にもかかわらず、全く違った方向へと向っている。

朴大統領は、去る二十二日、内外の批判に応えて、維新体制の是非を問う国民投票の実施を提示した。

最近の韓国内における或る新聞の動向は、連日憲法の改正と維新体制に対する報道解説を掲載している。

すでに国内においては、憲法改正と維新体制に対する論議が高まり機は熟しているようである。

韓国の場合、一部にある小児病的な主観がどうあれ、客観的に国家的存立そのものが、不断に脅威にさらされている状況のもとで、国民生活における或る一定の制約は不可避とみなければならない。

また、韓国の現在の制約された状況が、国民一人一人の国家への忠誠と貢献によって支えられていることを考え、政策の論争と適用は、絶対に敵につけ込むスキと口実を与えるものであってはならない。

矛盾の拡大と対立に走ることではなく、対話と協調、信頼による国民的総和の達成のため、その政治的条件の醸成のため、慎重で柔軟な対応が望まれる。

われわれにとって必要なことは目標を誤らないことであり、真の敵に対する対応と内部の矛盾に対する対応を理性によって区別しなければならない。(完)

(筆者は「南北の死角情報」著者)

民団文化賞に 学術・金熙明氏 教育・宋吉燮氏

民団中央常任委と執行委から民団文化賞受賞者決定を委嘱された中央教育委では、審査の結果、最終的に、学術賞には歴史物で意欲的な作品を著述した金熙明氏、教育賞には、大阪金剛学園で民族教育のため多年功績のあった宋吉燮氏がそれぞれ選ばれた。

〈授賞者の横顔〉

金熙明 氏

金熙明氏…忠南論山生れの七十オ。日本大学社会科卒。旧東京市役所に勤務。戦後、民団中央の事務総長を三期、副団長を二期、日刊当時の「韓国新聞」副社長兼編集局長を歴任後、引退。病床にありながら「日本の朝鮮三大侵略史」(日本図書館協会選定)、「興宣大院君と閔妃」ほか詩集などを著述する。現在、在日韓国人P・E・Nクラブ会長。

宋吉燮 氏

宋吉燮氏…全北扶安生れの四十七才。大阪府立大学機械工学科で学ぶ。大阪の金剛学園で二十二年間民族教育にたずさわる。現在同学園校監。

韓国会館落成

民団愛知県一宮支部(卞昌宰団長)が建設中だった韓国会館の落成式を九日午前十一時から同会館(一宮市大字浅野字内浦五七・電話〇五八六—七七—七八五一)で団員約三百人参加のもと開かれた。会館建設委員長の卞団長の経過報告につづき、中央を代表して李仲南総務局長が竣工までの功績をたたえるあいさつをのべたあと駐名古屋総領事、権会俊愛知県本部団長、一宮市の森関太郎市長、日韓協会理事の服部興隆県会議員らがそれぞれ祝辞をのべた。

次いで、金永善駐日大使(金領事が代理)、尹達鏞中央団長(李総務局長が代理)権会俊愛知県本部団長の感謝、表彰状が建設委員会へそれぞれ授与された。

会館規模は敷地二〇一坪、建坪一一〇坪の二階建だが、会館建設には卞団長が一千万円を寄金している。

町支店上棟式

東京商銀(許弼奭理事長)五番目の支店として今春開設される、錦糸町支店棟上式は、二月四日午後一時から雨中にもかかわらず、関係役員、来賓ら多数集まる中で行なわれた。

三・一節にセ民団発起式 尼崎

民団兵庫・尼崎支部は三日夜、第十八回地区委員会を開き、尼崎セ民団運動の発起式を三・一節記念式典の当日の三月一日にもつことを決めた。また、そのための準備期間として、二月二十八日までを設定した。

午後七時から同支部三階会議室で開かれた地区委員会は、七十四人の地区委員中、六十余人が出席、支部財政問題、中央会館建設基金割当問題等が討議されたほか、セ民団運動推進に関しても積極的な討議が行われた。

愛知韓国学園 学校法人認可

民族教育五十時間義務制度を実施して、全国に範を示した民団愛知県本部(権会俊団長)では、愛知韓国学園が一月三十一日付で愛知県から正式に待望の学校法人の認可がおり喜びにわいている。同学園では昨年十二月二十日付で愛知県に日本の私立学校法に基づく学校法人認可申請を行っていたもので、併せて三十一日付で名古屋韓国学校の設置も認可された。認可がおりたことで同学園の名称は「学校法人愛知韓国学園、名古屋韓国学校」と変更されることになった。これで韓国系の学校法人は初・中・高を併設した正規システムの京都、大阪、東京の各韓国学校三校と、神戸韓国学園をあわせ五校となった。

この正式認可で同校には、固定資産税等の免除、生徒への各種学生割引証の発行などの特典が与えられ、県当局からの補助金、貸付金も受けられることになった。

50時間制義務 教育2期開校

また、民族教育50時間制履修の第二期開講式が二月三日同校で開かれた。

この開講で、名古屋の本校には中村、中川などの十一支部、豊橋分校には豊川、西宝など三支部が参加、受講生総勢は三百三十人にのぼると予想される。

ほかに岡崎、豊田、西尾などでは四日から七日までの間にそれぞれ個別的に開講式をもつ。

兵庫でも民族教育50時間制

民団愛知県地方本部の、民族教育五十時間履修義務制度は、すでに第二期講習に入り、民団中央文教局でも、全国地方本部がこの愛知方式をとり入れるよう、積極的に呼びかけているが、このほど民団兵庫県地方本部(金致淳団長)でもとり入れることになった。

すなわち、同本部では県下におけるセ民団運動の一環として、民族教育問題に対し本格的に取り組もうと、一月三十一日午後一時半から関係者らが集まり、神戸韓国学園で関係者たちの初の懇談会を開き、この具体策について真剣な討議をした。

フィギュア 選手権独占

さきに大邱で開かれた第二十回全国男女種別フィギュア選手権大会で女子大A組で李賢珠選手(専修大)が昨年の覇者洪恵卿選手(専修大)を抑え優勝した。一方、女子高A組でも申恵淑選手(東京韓国学校)、男子高では韓秀峰選手(大阪大附高)がそれぞれ優勝し在日選手たちが選手権を独占した。

大阪文化センターの看板盗難

民団大阪・生野北支部(朴翼竜団長・大阪市生野区中川四丁目所在)の二階に同居している東大阪韓国教育文化センター(朴淳明所長)の看板が何者かによって盗まれ、去る一月二十五日、同センターから三百メートルばかり離れた朝総連生野西支部で見つかるという奇怪な事件が発生、暗い話題をまいている。

もともとこの民団と朝総連支部は近い距離にあるせいか、今までにも何回となく乱闘騒ぎがおこったりして物議をかもしてきており再び今度の事件発生となったもので、被害届けを受けた生野警察の調べによると、問題の看板はタテ五十六センチ、ヨコ二十五センチ、厚さ四センチぐらいで朝総連のなかへ投げこまれたらしく、裏戸のガラス一枚がこなごなに割れていたという。

また、生野西支部の自転車二台も前の平野運河につき落されており、犯行時間は二十五日午前六時ごろ生野西支部隣りの老婆がガチャンとガラスの割れるような音を聞いているところから、同署では器物破損事件として捜査している。

民団生野北支部では同日午後、同署に看板の盗難届けを出し、犯人の徹底追求を要請した。

YMCA韓国語講座

4月新学期生募集

韓国YMCAでは韓国語教育の充実に長年努力してきました。韓国語の学習を通し、韓国の歴史文化の理解を深め総合的な韓国理解を目ざしています。優秀な講師陣による文法、会話の指導、又講師や専門家によるカウンセリング、フォークソング、韓国民謡を歌う集い、韓国の歴史学習、シーズンスポーツ、韓国訪問等も行なっています。

・一般コース(4月7日開講) 期間 6カ月(4月〜9月)

クラス名	曜日・時間	内容	募集人員
初級	毎 水・金 午後6:30〜8:00	初めての方のクラス…基礎からの出発、文法、会話	50
中級	毎 月・水 午後6:30〜8:00	多少読み書きの出来る方のクラス…文型、韓文和訳、会話	50
上級	毎 火・木 午後6:30〜8:00	中級をマスターした方のクラス…韓国語による講義、高等会話、作文	50

費用 入会金 5,000円 受講料 24,000円

・集中コース・3カ月(一週2回 1回2時間)
5〜6人の少数で集中的に学習する。時間は相談の上決定。
費用 入会金 5,000円 受講料 40,000円

☆英会話教室 外人を囲んで生きた英会話を習う 毎火曜日午後6:30〜8:00 入会金 5,000円 受講料月 2,000円

☆韓国民謡を歌う集い ソウル音大出の講師の指導により韓国民謡を歌う楽しい集い
毎月第1、第3月曜、火曜、午後6:10〜6:40 無料、どなたでもおいで下さい

交通・国電水道橋下車 在日本韓国YMCA 東京都千代田区猿楽町2-5-5 電話 (03) 291-1511

日本規格表示許可工場
☆従業員募集(随時面接・履歴書持参・業界最高待遇)
株式会社 大山建設
本社 滋賀県高島郡安曇川町西万木 電話安曇川 (07403) 2—1221(代)
大津工場 大津市際川2丁目 電話 大津 (0775) 23—1730
代表取締役社長 金点植(大山仙吉)
滋賀生コンクリート株式会社

文化産業株式会社
代表取締役社長 朴碩道
本社 秋田県大館市字大町42 TEL 01864(2)1910・0509
遊技場
本店 秋田県大館市鍛冶町 TEL 01864(2)1286
駅前店 秋田県大館市駅前 TEL 01864(2)4734
中央店 秋田県大館市中央通 TEL 01864(2)3020
秋田店 秋田県秋田市川反5丁目 TEL 0188(62)6243
土崎店 秋田県秋田市土崎港中央通 TEL 0188(45)3307
能代店 秋田県能代市西通町 TEL 01855(2)4267
三六九建設株式会社
代表取締役社長 朴碩道
本社 秋田県大館市字東台195の2 TEL 01864(2)4745

☆とても広いです(4百名様まで)
☆ゆっくりできます(貸切りは一日一組方式)
☆味はバツグン(本場仕込みの名コックが腕をふるいます)

中国料理 ビッグチャイナ ホテル東京直営
新宿歌舞伎町29 スタッセビル7F 西武新宿駅ホーム前
予約・お問合せ TEL 200—2008

結婚披露宴承ります
トラジコース 2,400円(料理8品、税サービス料込)
コスモスコース 2,900円(料理9品、税サービス料込)
チンダルレコース 3,400円(料理10品、税サービス料込)
ムグンファコース 3,900円(料理10品、税サービス料込)
★キムチの持込みOK

神話でないことの確認
文定昌「檀君史記研究」(9)

訳・註 金元奉記者

檀君に関する文献 (6)

申采浩の「朝鮮上古史」続き

北扶余は王倹以来、高強国家となり明廷の権力が永く続いたことなし」と記録する程度に大そ、歴世がつづいたので、高書扶余伝が「その国が富み栄え、先世このかた、敵に破れたことなし」と記録する程度に大そ、歴世がつづいたので、史料もまた多かったのであるが、慕容廆の乱(高句麗西川王)西紀二九二年・晋書註)によって、その名と一しょに亡失してしまったのである。

さらにまた、高句麗は東明聖王と大武神王のときに、史官が朝鮮の上古から高句麗初葉までの、政治上の事実を記録した「留記」という史書百巻を秘蔵していたが、魏将毋丘倹の乱で

略奪された。檀君王倹の名と、三韓扶余の略史が、魏書に記載されていたのは、魏人が略奪していった「留記」から摘記したものである。(同書一〇〜一一面)

金富軾の三国史記と、朝鮮民族の衰弱化の素地

その後①百済の中葉にいたり高興博士〈註〉が「書記」を著述し、②高句麗大王に李文真博士〈註〉が「新集」を著作した。③新羅は真興大王の全盛時代に、居柒夫〈註〉が「新羅国史」を叙述した。

統一後の新羅は、武を奨励し文を修めることなどに力を入れた。そして優秀な史書が多く出たのである。

(1)無名氏の「仙史」は宗教史と見られるだろうし、(2)魏弘〈註〉の「郷歌」は文学史と見られるだろう。(3)金大問〈註〉の「高僧伝」と「花郎世記」は芸術史ということができる。

しかし、これらもすべて失くなってしまった。

高麗時代(新羅の後の統一国家)に下って、作者不明の「三韓古記」「海東古記」「三国史記」などと、金富軾の三国史記と金一然の三国遺事があったが、今日に伝わるのは金富軾の三国史記と金一然の三国遺事のみで、その他は全部消滅した。だが、

蒙古の機嫌を恐れ作ら編纂 三国史記に伝わらぬ真実史

三国史記と三国遺事が伝わっているのは、金富軾と金一然らの〈である〉

傑作が優秀なためではない。白頭山東北南方の女真族の国金国は新羅に服従していた奴民であった。高麗朝図には「女真が以事高麗」だとしており、高麗史に記載された金景祖の書にも「女真が高麗をもって父母の邦となした」とある。そうしたところ、女真が一朝にして強大化し「兄、大金皇帝は高麗国王に書を送った」などと、甚だ傲慢になったので、妙清〈註〉を中心とした血気派が北に向かって事大派である金富軾一党により

ついには高麗が蒙古に屈し、必然の威厳が高麗にとどろくようになったので、蒙古の機嫌を損なうことを恐れ、その前までの強く勇敢であった事実を収録した史書などをことごとく削除、改め、どれほどか卑屈な言葉で中国を讃えたことか、北方の強国を助けて来たという偽造の書をつくり、これを民間に配ることになった。そしてその当時唯一の事大思想の鼓吹者である金富軾の書と、また付随的な三国遺事が伝わることになったのである。

……

校長、教育方針は間違ってます
思想を押しつけ、教科書半ばで卒業させる先生は反省せよ
福岡県立H高校の卒業式答辞(昨年)

今年も間もなく日本全国で、各級学校の卒業式シーズンに入るわけだが、ここに、昨年の卒業式である高校の卒業生総代が読み上げた答辞を一つ紹介しよう。

本来、卒業式は学校教育のある級毎の一つの区切り行事であり、楽しい想出となるべき性質のものである。それがここ数年来、卒業式をまともに開けない学校のニュースが日本の新聞紙上をにぎわせている。進歩的思想と称する容共教師と、大学の新左翼の影響にかぶれた高校生たちの「革命ゴッコ」であるが、このような結果をもたらす偏向教育が是か非か、今や教育関係者、学父兄、心ある教師の間で次第に批判が大きくなりつつある。

だが、それとは別に、生徒自身も、現代の偏向した教育のあり方に鋭い批判の目を向けはじめていることを、この一文は如実に証明するものである。

雑誌「自由」11月号より

卒業生総代答辞(全文)

校庭の白梅も、ひとしお高く香ってくるこのよき日に、県官はじめ来賓多数ご臨席のもと、このように盛大な卒業の式典をあげていただき、また、ただいまは校長先生の温情あふれるご訓示をはじめ数々のご丁重なお言葉をたまわりまして、卒業生一同身にあまる光栄と存じ深く感銘いたしております。

しかし私はこの場をかりて、在校生ならびに多数の御父兄の皆様に訴えたいことがあります。それは私たち生徒にとって非常に関係の深い先生についてです。

進学や就職を目前にひかえた私たちの人生にとって、もっとも大切な時期に一週間近くも学校を休み、教科書は半分ぐらいしか進んでいない教科があります。こんなことって、あるのでしょうか。その頃ちょうど日教組の全国大会が開催されていましたね。A先生——

先生方のストの日に、ストに参加していない先生の授業などは受ける必要はないなど言われましたね。私たちは、この事実をどのように受け止めればよいのでしょうか。

また授業中、中華人民共和国や毛語録のプリントを配ったり、天皇に悪い奴だ、日の丸はきらいだと言っておられたB先生。授業内容にしても、資本主義についてはたった一時間しか授業をせず、社会・共産主義については四時間も念入りに授業されました。

それからC先生。授業中に「先生という職業は、聖職ではないんだ。自分たちは労働者である」と言われましたが、それならばなぜ生徒をなぐろうとなさるのですか。その時の先生は、単なる教える側と教えられる側、生産者と消費者という、そんなお気持だったのですか。

労働者が、ただ働けばいいのなら生徒をなぐるというようなことはなさらないでしょう。そこには、生産者と製品以上の何かがあるのではないでしょうか。それは聖職意識というものではないでしょうか。

D先生。あなたはストの前日の国語の授業の時、国語とはまったく関係のないストに対する自己弁護をなさいましたね。それで、そのことを生徒が指摘すると、クラス担任に、あいつは態度の悪い奴だと言われたと聞いております。先生が、そんな視野のせまいことでよいのでしょうか。

E先生。あなたも同じです。文化祭の前日に、物がステレオコンサートの実施のために、まちがって君が代を時に、血相をかえ、息づかいも荒く恐ろしい顔で、何のためにこんな曲を流すのかと言われましたね。君が代や日の丸がなぜいけないのですか。私たちは、これらを国歌や国旗として見てはいけないのです。

なぜそれがいけないのでしょうか。それは先生方の偏見ではないでしょうか。

F先生。G先生。先生方のあり方を考えてみると、どうしても私たちの目には無気力としか見えません。いいえ、これらの先生方だけでなく、Hは、本当に教育というものを考えていらっしゃる先生方が何人いるのでしょうか。生徒の受ける選択にしても筑波大学など、いるのなら、防衛大学校はどうかといっとか、内申書を書いてやるのと、これが先生の生徒に対する助言なのでしょうか。

……

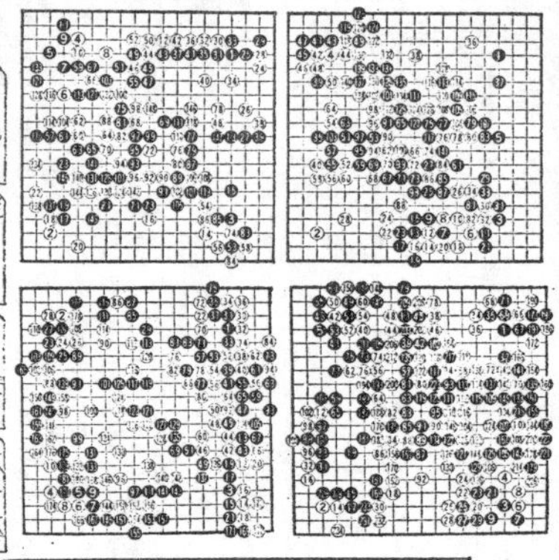

趙六段・選手権戦に敗る
日本棋院史上で最年少の挑戦者

十一歳で初段入段 それも最年少の記録

若冠十八歳の韓国人趙治勲六段は、囲碁界の大御所といわれる坂田栄男選手権者(九段)に36人がスタートした挑戦者決定戦を勝抜いて選手権戦を挑んだが、最終の第五局でも敗れ、ついにタイトルを奪うことはできなかった。

趙六段は敗れたとはいえ、色々の話題を残した。まず、選手権の挑戦者としては、日本棋院初めての年少であり、それもストレートで一敗するのでなく、二勝したあと一局一局が坂田を窮地に立たせる坂田選手権者にとっての鬼門(かどばん)であったからである。三局、四局、五局と、本因坊はもちろんのこと、坂田選手権もやきもきしたことは、囲碁界はじまって以来のことであった。

趙六段は、一九六二年六歳のとき、東京四谷の木谷実道場に内弟子として来日、十一歳のとき日本棋院の最年少記録を破って初段となった。それまでは林海峰九段が十二歳で入段した記録をもっていたが、これを一年上回ったのである。

また選手権挑戦者としても、六

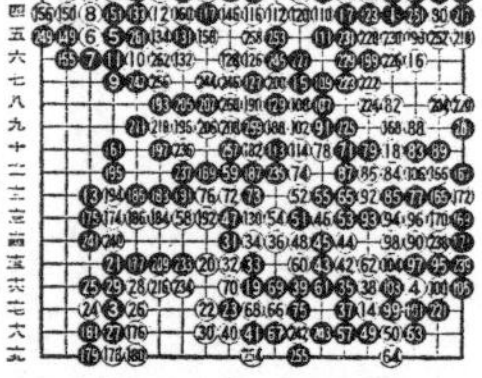

……

一般輸出入業及び国内販売
豊栄商事株式会社
代表取締役 宋宇正
東京都港区新橋2−20−15新橋駅前ビル1号館3階
TEL (573) 4101(代)

本場フィンランドから輸入した最高の設備!
都内唯一の三段式円形サウナ!
超音波風呂であなたの健康を守りましょう。
▼営業時間 朝7時〜夜12時まで
新橋駅前サウナ
新橋駅前ビル1号館2階 TEL (573) 4108(代)

解放後の混乱期を闘かった
建青創設回想録 (9)

洪万基 文
金竜煥 画

建青結成大会

……

……(つづく)

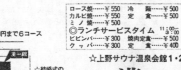

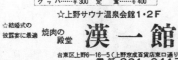

中央会館建設하여 民団維新成就하자

上野で本場の味を!!
焼肉料理 新規開店 団体宴会は300名様までOK

ロース焼……¥550	冷麺……¥500
カルビ焼……¥550	定食……¥500
ミノ焼……¥500	
◎ランチサービスタイム 11:00〜3:00	
ビビンバ……¥300	焼肉定食……¥500
クッパ……¥300	定食……¥400

御宴会1,500円から4,000円まで6コース

☆結婚式の披露宴に最適
☆上野サウナ温泉会館1・2F
焼肉の殿堂 漢一館
台東区上野6−16−5(上野京成百貨店東口通り)
電話 831−9417

創団30年史発刊に際して

民族と国家は、その歴史を記録することによって保存されてくるのであり、またその記録を通して過ぎし日月の事実と文化を教訓として現在のあらゆる問題に対処して未来への発展を期するものであります。

一九七五年、民団は創団三十年を迎えることになりました。

回顧すれば、三十年間の多かった過ぎし日月が波乱続きであり、解放された喜びと、団結の旗幟を高くかかげ、自己向上のための多くの努力、民族と祖国を求められた反共闘争、不当な日政に対する闘争など、その渦巻く歴史の一齣一齣を整理、記録して民団三十年史を編さんすることは、われわれの一大事業であるといえます。

既に、写真で見る三十年史は発行されたことがありますが、このたびの三十年史編さんに当っては、写真はもちろん、事実内容の記録で一九四五年八月十五日の解放を起点とし、六・二五動乱を経て今日に至るまでの、各級組織の闘争活動を詳細に収録、刊行せんとするものであります。

この三十年史こそ、在日同胞の生活史の生きた記録として永遠に残されるであろうことを信じて止まない次第であります。

編纂委員長 尹達鏞

資料提供のお願い

先の第二十三回定期中央委員会において決議採択された「創団三十年史」発刊のための編さんにあたっては、全国に散在している民団史のための貴重な資料を広く集めておりますから、古い資料、刊行物、写真などを積極的に提供して下さるようお願い致します。

また「韓国新聞」の縮刷版(1・2巻)を刊行しました。限定部数なので、民団備え付用として至急御注文下さい。

第1巻・八三六ページ(一九六四年から六九年まで) 六千円
第2巻・一、四二八ページ(一九六九年から七四年まで) 一万五千円
第3巻・一、四〇〇ページ(一九四五年から六三年まで) 一万五千円
朝鮮新聞、民団新聞、民主新聞、韓国新聞、解放写真画報、韓国写真画報等を収録。

☆資料提供のしめきりは二月二十五日まで
民団中央本部・創団三十年史
編纂委員会事務局
電話・〇三−八一三−二二六一〜五(内線二六)

韓國新聞
在日大韓民国居留民団
中央本部機関紙
韓國新聞社
発行人 尹 達 鏞
東京都文京区春日
2丁目20—13
電話 直(815)1451〜3
(813)2261〜5
振替口座 東京 163774
本国連絡所 [illegible]
電話 73-0192・0165

在日本大韓民国居留民団 綱領
一、우리는 大韓民國의 國是를 遵守한다
一、우리는 在留同胞의 權益擁護를 期한다
一、우리는 在留同胞의 民生安定을 期한다
一、우리는 在留同胞의 文化向上을 期한다
一、우리는 世界平和와 國際親善을 期한다

国民投票で現体制支持

維新憲法は国政の基本 歴史的正当性を再確認

朴 正熙大統領

現行維新憲法に対する賛否および、事実上においての朴正熙大統領の信任を問う国民投票は、国民自身はもちろん、全世界注視裡に十二日早朝七時を期して全国いっせいに実施、同日午後六時にしめきられ、同夜八時ごろから全国二百七カ所で開票が始まり、翌十三日の夕方おわった。

結果は投票率七九・八四%、賛成七三・一%、反対はわずか二五・一%、無効一・八%という現体制支持を表明する国民の意志が反映され、維新韓国は再び大きく前進することになった

十二日の国民投票は、[illegible]て全国で[illegible]められたが、十三日早朝には朴大統領の維新政策を支持する賛成票がすでに投票総数の半数をはるかに超え、[illegible]確定した。

これは予期通りの成果ではあるが、国民の大多数が現行憲法による朴大統領の政策をほかの何ものよりも支持していたという明らかな証拠といわねばならない。

一方、現政権を批判する野党攻勢は、三野党合わせて二百万にものぼる党員が全国にくり出した運動[illegible]はわずか[illegible]かったと言われ、また全国いっせいに鳴らすはずだったキリスト教会のいわゆる民主々義の危機を訴える一斉鐘[illegible]も、[illegible]などホンの数カ所しか[illegible]なかったことは記録すべき事実である。

国民投票で承認された朴大統領提案の骨子は次の通り

北韓共産主義者が韓半島赤化統一の野望を放棄し、北からの脅威がなくなるまで現行憲法は撤廃すべきでなく、これを守り維新体制を発展させることが国政の基本である。従って国務会議の決定に基づき憲法第四九条によって現行憲法を守り続けるとの大統領の国家重要政策について主権者たる国民の賛否を直接問い、国論を統一し維新体制の歴史的正当性を再確認する。

国民投票最終結果

韓国中央選挙管理委がまとめた、韓国の国民投票の最終結果は次の通り。

▽投票総数 一三、四〇四、二六〇票(投票率七九・八四%)
▽賛成 九、八〇〇、二〇六票(七三・一%)
▽反対 三、三七〇、〇八六票(二五・一%)
▽無効 [illegible]

国民総和で発展
朴大統領特別談話

[illegible]喜んでこれに参与し、[illegible]

国民のみなさん!
いまやわれわれは、何よりもまず国民総和を一層固めるために、重大な力を傾注しなければならない重大な時点に立っています。

これからわれわれがすべきことは、この貴重な契機をけっして無にしないようにして、これを国家発展と難局克服の原動力とすることであります。

[illegible]われわれは今、この時を契機に、[illegible]みなさんが社会的身分と階層の別なく心機一転して、お互いに胸襟をひらき、手に手をとりあい民族中興の金字塔をうちたてるため共に協調しましょう。

国民のみなさんの信任と支持に対して、あらためて感謝するとともに総和的協調を願うものであります。

国民投票の結果を歓迎
―民団中央が声明―

維新憲法こそは、わが民族の実情に見あう韓国的民主主義であり、この理念と体制で領導される朴正熙大統領こそは、祖国が当面する難関を克服できる指導者であることを、国民の総意をもって判断し信任をよせたことは意義深いことであるといえます。この結果は、また過去2年間の維新体制によって築かれたすべての成果と発展を基盤に、祖国統一の遂行をもって民族中興をなしとげることを国民全体が決意したものといえます。

また、国民投票の結果、憲法と政府に対して民主的手続によって全国民の審判が降った以上、これからは、小異を捨てて大同団結する道があるのみであります。

そしてもっぱら憲法論争にあけくれている一部政治人はもちろん、また海外で祖国の威信と韓国民の矜持を傷つける行為がないよう自粛すべきであります。

[illegible]をちかうしだいであります。

一九七五年二月十三日
在日本大韓民国居留民団
中央本部団長 尹達鏞

在韓米軍削減に反対
シュレンジャー米国防長官言明

ワシントンからの外電によると、シュレンジャー米国防長官は[illegible]

「一七六年会計年度の間に駐韓米空軍基地を削減する計画はない」と明らかにし「太平洋地域ではいまも突発的な戦争危機が発生する可能性があるため、米国は韓国と日本などに駐屯している米軍基地を削減する考えはない」と述べた。

電波妨害 激しい北傀

韓国での国民投票実施に符号を合わせるかのように、北傀の対南電波妨害工作が目に余っている。

さる二月四日、政府スポークスマン李源京文化公報部長官は、七・四南北共同声明の基本精神を踏みにじる北傀のこの新しい形態の挑発行為に関して声明を発表、国際電気通信連合(ITU)憲章に正面から違反する電波妨害行為を[illegible]

北傀、李竜雲声明を休戦線で風船でまく

最近韓国当局が明らかにしたところによると、さる一月十三日、東京で元韓国海軍参謀総長の名で李竜雲が内外記者を呼び、北からの脅威はないと否定、韓国に対し現政府打倒のため[illegible]することを呼びかけた声明[illegible]したが、北傀は、その[illegible]同声明全文を印刷した[illegible]後援に告ぐ!」を風船[illegible]休戦線越しに韓国内にバラまいたという。

李竜雲の声明発表の背[illegible]では、さる一月十六日[illegible]出身の予備役将兵およ[illegible]諸団体である[illegible]の過去の罪状とともに[illegible]勢力に誘惑され犯行を[illegible]声明が発表されており、[illegible]間では李の日本での記[illegible]暴力革命の気運を高め[illegible]の指令工作にもとづく[illegible]

団費・会館建設費 完納実践期間を設定

中央会館建設に全力をあげている民団中央では、来たる中央委員会を前にこのほど「会館建設割当基金ならびに団費完納実践運動期間」を設定、李聖南総務局長指示で全国に通達した。

この件に関し李総務局長は、会館建設基金割当はもとより、団務[illegible]

[illegible]既に期限納入を励行させるよう努力すること。

実践要項

運動期間……一九七五年二月十日から二月二十八日まで

[illegible]今年度二月分まで一括完納し、三月[illegible]まで納入すること[illegible]

幹部研修会を計画
中国地協

民団中国地方協議会は[illegible]

中央からは崔成源副議長と呉敬福事務総長が参席した。

崔秦煥氏永眠

[illegible](崔鐘珠葬儀委員長)をもって二月九日午後一時から山形市八日町の宝光院でとりおこなわれた。

〈オーグル〉社会主義のチンピラ運動家
ソウル大で労組の講義 布教より政治扇動に没頭

時評

◇韓国を追放されたオーグル牧師(George.E.Ogle)が、二月十日から日本各地で"韓国を追い出された理由"なことについて講演して回っている。その内容をここで反駁するにはスペースがないが、オーグル牧師の話を聞くかぎりでは、どうも宗教家ではなく、社会主義のチンピラ運動家という印象しかない。彼が韓国内で行なったことを考えると、宗教活動の「自由」を、政治活動の自由と摩(す)り替えようとしていることが、あまりにも明白である。そして彼は、宗教家として越えてはならない領域に、執ように食い下がり、北傀の明らかな工作スパイまで「民主的人士」として釈放せよと叫んでいるのである

オーグル牧師が日本で語ったことを大まかにいえば、朴政権は極悪な独裁政権であり、人民革命党事件、民青学連事件、国民投票のすべてが、政権維持のためのデッチ上げまたは工作にすぎない、ということである。

彼は一九五四年、米国合同メソジスト教会から派遣され、キリスト教の伝道師として韓国に入国を許された。彼の仕事は、「都市産業伝道」(Urban Industrial Mission)で、主として労働者に対する宣教が任務であった。

彼は労働者に"神"の言葉を伝え、精神的な救いを与える立場にある。だが、彼はキリスト教をひろめ、神の子羊を救うという本来の任務とはほど遠くかけはなれた「労働運動」の"説教"に重点をおいて活動した。

ソウル大学校商科大学の教授となって、彼が講義したのは「労働組合の結成について」とか、「労働組合の活動について」というようなテーマであった。大学教授が"学問"として労働運動を講義することは別にどうということではないし、これについて政府がとやかくいったということもない。だが、彼自身はこのことと、宣教師としての活動とを同じ次元として考え、学外においても祈祷式のあとで大衆に労働運動を説いていた。だが、これは彼を追放する理由にもならなかったし拘束もされなかった。

オーグル牧師が[illegible]ればならなかった[illegible]革命党事件に「人[illegible]目で介入して来た[illegible]この「人革党」事[illegible]四年に第一次事件[illegible]民青学連事件に関[illegible]事件が摘発された[illegible]これは本紙七四年[illegible]一一二〇号三面特[illegible]いると[illegible]作スパイ」事件で[illegible]

の"政治犯"ではない。好まないし、許さない。宣教師[illegible]上げだと公言し、韓国の大統領[illegible]

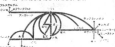

愛知韓国学園 理事長
愛知商銀 理事長
鄭 煥 麒
名古屋市中村区則武一—五—一
電話 四五一—五一四一(代)

時事漫評
南北対話

快適な空の旅をお約束……………
滞空10,000時間を超えるベテラン揃いの機長をはじめ、厳しい訓練を経たスチュワーデスやパーサー。そして、縁の下の力持ち優秀な整備員たち——これらのみごとなチームワークが快適な空の旅をお約束します。
もちろん、心をこめた機内サービスも好評。民族衣装チマ・チョゴリを着たスチュワーデスのほほえみは限りないやすらぎをあたえてくれるでしょう。

フライトルートもさらに充実…………
KALは週53便の日韓線をはじめとして、台北・香港・バンコクの東南アジア線、ホノルル経由ロサンゼルスの太平洋線とフライトルートも充実。さらには、現在就航しているソウル→パリ間貨物便を足がかりに、欧州線へと、その翼をたくましく伸ばしています。

おもいたったらいつでもどうぞ!……
こんなに便利なフライトスケジュールはKALだけ。韓国なら観光でもビジネスでも、おもいたったらいつでも飛べます。今日いって今日帰れる、まさにお隣りさんどうしのおつきあい。
KALは世界の空をめざす国際的な航空会社。
ごっかいジャンボで、いってらっしゃい!

KOREAN AIR LINES
大韓航空
東京:(03)211-3311代 大阪:(06)244-1111代
福岡:(092)411-9101代 このほか全国14ヵ所に営業所がネットされています。お問い合わせはお近くの航空代理店又はKAL営業所へどうぞ。

ソウル—釜山間 同軸ケーブル完成

一度に7千6百通話も TVの全国同時放送が可能

ソウル—釜山間に電話のハイウェイとよばれる同軸ケーブルとうつ陵島の陸地を結ぶ無線直通電話が完工され七日午後2時、ソウル市外電話局で金鍾泌国務総理、張承台逓信部長官などが参席したなかで開通式を催した。

逓信部が国内外通信の激増趨勢にともない、去る67年5月、着工したこの同軸ケーブルは、総延長5百42・2㌔で77億8千万ウォンと40万5千名の人力を投入、7年8カ月目に開通した。

このケーブルは一度に7千6百80通話路を形成、市外通話をじん速正確に消化し、既存マイクロウエーブ通信方式とともに幹線通信網の2元化をなした。

韓国での高度経済成長にともない電信電話の普及はめざましいものがある。写真は1970年6月2日開通された衛星通信錦山地球局の直径27ｍの巨大アンテナ

これでわが国市外電話回線は、1万6千5百19回線から2万4千余回線にふえ、通信線路事情で困難であったテレビジョンの全国同時放送も可能にした。

逓信部はソウル—釜山間同軸ケーブルについで、今年中に大田—全州（百二㌔）、76年に全州—光州（百6㌔）、77年にソウル—原州—江陵（百89・7㌔）間と木浦—光州—釜山間も架設する計画である。

一方、昨年5月に着工、9千8百40余万ウォンをかけて6個月目に開通された鬱陵島と陸地間の無線直通電話は極超短波方式（UHF）であるが、この開通で鬱陵島と直通電話が可能となった地域は、ソウル、釜山、大邱、江陵、束草、浦項など6個地域であり、その他の地域はこれらの地域との中継で通話できる。

鬱陵島に電話をかけるには、全国どこでも一〇一番に申請すればよく、料金は3分一通話で2百10ウォンである。

ハーマン・カーン博士

韓国的民主主義の必然性強調

朴正煕大統領は十日、「安保問題を除き、自分は当面する最も重要な内政上の課題はわが国の民主化と工業化を成し遂げることにあると考え、これを達成するために今まで努力してきた」と述べ、「現実的に民主化と工業化という二つの課題を同時に推進できるかということは重要な検討対象となってきたが、民主化するということがただ政治的な面にだけ、極限されるなら民主化の実質的な意味は減少するだろう」と語り、各界の反響を呼んでいる。

これは朴大統領が、米ハドソン研究所のハーマン・カーン博士と対談した際に述べたものだが、さらに朴大統領は「民主化の真の意味は経済生活面での均等が伴う時挙揚されるにもかかわらず、わが国の一部人士は政治的な面での民主化のみが民主主義のすべてだと錯覚し、これだけを前面に押しだすべきだと主張しているために、内政面での不必要な浪費と非能率を強いられてきたのが、わが国の過去の実情」であると語った。

朴大統領はまた、「工業化を達成するのにも、種々の忍耐と刻苦と努力が必要であり、このように困難で苦しい過程を経なければ工業化はできず、また工業化が成し遂げられてはじめて経済生活の均等も保障される」と前置きし、ついで「従って工業化のための努力が即ち民主化のためのもの」であると述べた。

ハーマン・カーン博士は世界経済の展望と主要商品の需給展望及び韓国経済の将来に関するセミナー（韓国と韓国開発研究院共同主催）を持つためにさる九日訪韓したものだが、韓国的民主主義に関しては、「韓国は、南北関係や半ば戦争状態に置かれている特殊性からして、韓国的な特別な民主主義が必要だ」と述べている。

IMF石油基金の対韓配定額

七五年は二億三千四百万㌦に

IMF（国際通貨基金）石油基金の七五年度対韓配定額は一億九千五百万SDR（二億三千四百万㌦）に確定した。

政府はIMF理事会の最終確定が下り次第、配定額を引き出して外貨保有高に繰入する予定である。

大単位農業開発始まる

農水産部は今年中に、慶州・挿橋川・界火島3地区の農業総合開発計画に着手、なべて6百51億ウォンを投入し来る79年に完工すると一日、発表した。この計画によれば3個地区の開発で6千3百69haの耕地が新たに造成され、これによって73万㌧の増産効果が出るものと見られる。

この日、農水産部はすでに70年から72年の間に着手された錦江・平沢・栄山江の3地区、そして76～82年の間に着手される島潭など9個地区開発計画までを含め、15個地区開発に

▲内資（3千百64億ウォン）、外資（6億8千9百万ドル、5千9百13億ウォン）が投入され、なべて30万9千8百41㌶の耕地が拡充され

▲これによって73万4千トンの食糧増産が実現すると明らかにした。

これら15個地区開発事業は、京畿・忠南北・慶南北・全南北7個道の54個市・郡にわたって湖水と海の干拓・山林開発による耕地開発以外にも6万7千戸の農漁家電化・揚水場・貯水池建設など多目的開発効果をめざす方向へくりひろげられる計画である。

政府はこの大事業に所要される外資を世界銀行（IBRD）、アジア開発銀行（ADB）など国際金融機構から借款として調達するため一部交渉を進めている。

文教部、事務処理を簡素化

遅延理由も通報など

韓国政府文教部は一月31日、11個民願事務の処理期間を短縮し、5個事務の具備書類を簡素化した「対民業務改善法案」を各市道教育委員会に通達した。

これとともに今後、民願事務を接受したばあいにはかならず接受証明書を交付することにし、定められた処理期間をこえたばあいには、その遅延理由を通報することにした。

また、担当職員は受付けた民願をかならず処理簿に記載し、該当民願事務責任者は毎週一回、事務処理部を点検するよう指示した。文教部のこのような行政改善措置は維新文教行政改革の一環として着手されたものである。

サウジと協定

技術開発で関係強化

韓国とサウジアラビア政府間の経済技術協力協定が、さる一月二十七日、両国が国内法の手続きを全部終えたことにより発効となった。

この協定の発効により両国間の経済協力関係は本格化したと両国関係者は語ったが、両国は今年から経済協力共同委員会を設置、韓国とサウジアラビア間の資源および技術開発など各分野の共同開発投資を行うことになった。

なお、この協定は、サウジアラビアがアジアの国家とは初めて締結した経済技術協力協定で、全文七条からなり、最初の有効期間は五年となっている。

石炭生産九百万トンを目標

石炭公社は石炭生産3カ年計画を樹立、77年まで生産目標量を9百50万トンに推定推進することにした。

李根陽石公社長は7日、3カ年計画初年である75年にまず、政府生産計画4百50万トンより50万トンを増産、5百万トンを採炭するとのべた。

李社長は、目標生産量を達成するため、現在の偽傾斜採炭法を障壁式採炭法にかえ、来る3月中にこれに必要とする水圧式支柱3百5セットを英国から導入、試す方針であるとのべた。

石公は3カ年計画の間、3百98億ウォンを投資するが今年に百28億ウォンを投資する。

李社長はまた低質炭活用法案など技術研究にも努め、約6億トンの石炭増産効果をあげるとのべた。

安保と危機政府の構造

韓国の現実は「危機政府」を要請

「維新」は国力の総和と発展に不可欠

朴　一　慶（ソウル明知大学学長）

七二年十月に韓国では維新体制がしかれ、十一月二十一日に実施された国民投票では九一・五％の高率で改憲を認めた。ところが同じころ北韓でも憲法が改正されたが、北韓体制の中ではこれに反対することはむろん、批判することさえも許されてはいない。北韓の新憲法は十章百四十九条から成り、七二年十二月二十七日に最高人民会議第五期第一次会議で採択され、即日発効した。同年十二月十二日五年ぶりに行われた最高人民会議代議員選挙は投票率、賛成率ともに一〇〇％だった（この一〇〇％という数字は北韓のいつの選挙のときにも示され、反対する自由のないことを物語るものである）。

北韓の新憲法では主席が「国家の首班であり、国家主権を代表する」（第八十九条）と定められており、金日成（当時"首相"）は一〇〇％の賛成で主席となり、金日成独裁体制はさらに強化された。また北韓の首都は旧憲法では「ソウル」となっていたが、新憲法では「平壌」に改められたもの、金日成首相（当時）は十二月二十五日最高人民会議の演説で「社会主義の完全な勝利を目指して戦いを力強く押し進める」ために新憲法を採択するのだと述べた。むろん、北韓ではこの新憲法に対する反対意思表明などできない仕組みになっている。

一九四九年八月十五日に樹立された大韓民国は自由民主主義を基本理念とする政治体制で出発した。だが、その自由民主主義のあらわれ方が英国、米国、フランスなどの先進諸国に比べ大きく異なった。それは大韓民国が英米仏などと違い①分断国家である②開発途上国である——の二つの基本的特徴を持っているからだといえる。

大韓民国での総選挙には北側の共産主義者らが参加しないため、その選挙区域は南韓に局限され、今日に至っているものの、大韓民国は韓国国民の自由な意思によって選出された国会議員が四八年"制憲国会"で憲法を制定、この憲法を基礎に大韓民国を樹立した。これが第三回国連総会で大韓民国は韓半島で唯一の合法政府と認められたゆえんであり、そこに正統性もあることは言を要さない。

▽福祉国家具現の基盤もなく…

このあと、北側は同年九月に金日成を首班とする"人民共和国"の樹立を宣言したが、これはソ連軍の銃剣に守られて発足した共産政権で、民族的良心を捨て、北韓住民大多数の意思を強圧して樹立の形を取った共産主義国の走狗（く）に他ならなかった。にもかかわらず、北韓は初めから、韓半島を暴力で赤化統一しようと試み、その"至上目標"なるものを達成するために血眼になった。こうした北韓の動きをまのあたりにして大韓民国は、国家安全保障という課題を国家の最大重要問題の一つとして行かなければならぬ立場に立たされた。そのため韓国は"危機政府構造"の採択を余儀なくさせられたといってよい。

次に韓国の民主主義が英米仏などのそれと異なっていたことの理由がもう二つある。それは韓国が低開発国、ないしは開発途上国として出発しなければならなかったためで、韓国は最初から困難な経済的位置に立っていた。したがって近代先進の民主諸国にみられるような福祉国家具現のための経済基盤に欠けていたし、また自由民主主義の存立に必要な最少限の経済的水準さえも持ち合わせていなかった。

▽先進諸国の制度を模倣

すなわち、韓国の基本体制は自由民主主義をその土台にしながらも、まず何よりも国家保障という課題を優先させなければならなかった。このため韓国は建国当初から危機政府構造の採択をしたし、次いで自由民主主義の物質的基盤を造るために、また近代福祉国家を具現する上で必要な経済発展を二大課題にしなければならなかった。そこで韓国の憲法もこれらの二大課題の必然性を自覚的に把握したものでなければならなかったのである。

ところが、幾年か前までの韓国の体制ならびに憲法は先進民主主義諸国の制度をそのまま模倣したものに他ならなかった。ゆえにその民主主義の追求も先進諸国の複写に他ならず、韓国の国家安全保障制度ならびに経済発展の施策もそうした基盤の上に立とうとしたものだった。

ところが、幾年か前までの韓国の体制ならびに憲法は先進民主主義諸国の制度をそのまま模倣したものに他ならなかった。ゆえにその民主主義の追求も先進諸国の複写に他ならず、韓国の国家安全保障制度ならびに経済発展の施策もそうした基盤の上に立とうとしたものだった。

ところが七二年の十月維新、およびこれに伴う維新憲法は国家安全保障と経済発展の方途の問題をじゅうぶんに自覚して把握したものだった。すなわち、われわれ韓国の立場に適合した体制をつくって行くという点で時間的空間的に現実性を帯びたもので当為性を持っていた。

▽維新憲法の現実的"当為性"

第一の国家安全保障の点では北韓の動向に適合しなければならぬという問題が存在していた。北韓は六・二五（一九五〇年六月二十五日に勃発した韓国動乱）を挑発し民族殺し合いの大戦争を起こしたあと、五〇年代は戦後復旧作業に過ごしたものの、六〇年代に入るや、再び赤化統一のための準備に狂奔し出した。そして六〇年代後半から七〇年代に至ってからはみずから「戦争準備完了せよ」と豪語し、さまざまな挑発を起こし侵略行為を繰り返した。

このような北韓の動向をまのあたりにし、いろいろな事件に苦しめられた韓国は北側のいう"決定的時期"に備えて国民の安全保障策を取らなければならなかった。その根本的"断行"が十月維新制度であり、このために採択されたのが維新憲法であった。したがって維新憲法の最大の特徴は国家安全保障のための危機的政府構造が採択されているということである。

また維新憲法は五・一六（一九六一年五月十六日の軍事革命）以後、数次にわたってなされ、なおいまも続けられている経済開発五"年計画の土台づくりのための自由民主主義的基盤構成を規定する条項を持っており、また福祉国家を具現するための経済発展を目標とする諸規定をより自覚的積極的にもうけている。

▽自由体制が崩壊すれば……

このような維新憲法を最近では一部論者らが自由民主主義復活のために改正しなければならぬと主張している。しかし、それは果たしてわれわれの時間的空間的現実に適合する"正論"だといえるのだろうか。

もし、ここで維新体制をわれわれが否定したらどうなるだろうか。

まず、第一に大統領選挙ならびに国会議員の選挙をはじめ、その他の政治体制を旧制のものに戻した場合のことを想定してみよう。まず、韓国国民の現在の経済的、政治的水準からみて、それは従来の浪費を再び呼びおこし、国民道義を退廃させてしまうだろう。それは百害あって一益なしの混乱に社会を導くとともに、分裂が再現しよう。こうしたことが結果的に北韓を利するようになるだろうということは一目瞭（りょう）然としているが、それは韓国の現実を客観的に、かつ率直に認識する人であれば容易にわかることである。

第二の問題。それは自由民主主義が人権の保障を最高の目標にしていることはいうまでもない。しかし、徹底的に人権を守ることによって、自由民主主義の体制が破壊されれば、どうなるか——。大韓民国のように分断国の場合、とくに平壌の共産独裁政権とすぐ北側に対時している韓国としては現在の"生存"と"人権"を失わぬための体制が基本になってくるのである。それがたとえ"人権の制限"を余儀なくされているとしても"人権を全くかえりみられない"北韓共産独裁政権による統治よりは遥かによい。

▽無視できぬ北からの共産脅威

したがって国家安全保障度の高い英米諸国と同じ程度の人権保障を韓国でも「おこなえ」ということは現実と遊離した意見である。

第三。植民地危機の克服のために制定されたドゴール憲法が規定した危機政府構造が植民地問題を解決したことは周知の事実であるが、フランスでは外侵の憂慮のない現在でもそのまま持続されている。こうした例から考えるとき、韓国の維新憲法による危機政府構造は現存する北韓の脅威からして当然のことといわなければならない。にもかかわらず、この維新体制を"一人独裁体制"に他ならないなどと結論づける人びとは、北からの共産脅威を軽視、あるいは無視しているものである。

第四。南北韓関係は南北対話が始まった当初よりもむしろ悪化しているが、こうした段階の途上で現在、改憲を主張することは韓国の立場を弱化せしめるものであり、あるいは無視するものでさえありうる。

第五。石油危機以来、世界経済は不況にひんしているが、以上のような状況は韓国「危機政府」構造を要請している。（SISA）

在日韓国人結婚相談センター
常任顧問　金　聖　洙
会　長　徐　萬　洙
所　長　金　鍾　澤
大阪市天王寺区味原町四番地一号
味原日生ビル四〇六号室
TEL (06) 七六八—二三八五番

文化産業株式会社
代表取締役社長　朴　碩　道
本社　秋田県大館市字大町42　TEL 01864(2)1910・0509
遊技場
本店　秋田県大館市御成町　TEL 01864(2)1286
駅前店　秋田県大館市駅前　TEL 01864(2)4734
中央店　秋田県大館市中央通　TEL 01864(2)3020
秋田店　秋田県秋田市川反5丁目　TEL 0188(62)6243
土崎店　秋田県秋田市土崎港中央通　TEL 0188(45)3307
能代店　秋田県能代市西通町　TEL 01855(2)4267
三六九建設株式会社
代表取締役社長　朴　碩　道
本社　秋田県大館市字東台195の2　TEL 01864(2)4745

同胞社会最大を誇る韓国新聞

YMCA韓国語講座
4月新学期生募集
韓国YMCAでは韓国語教育の充実に長年努力してきました。韓国語の学習を通し、韓国の歴史文化の理解を深める総合的な韓国理解を目ざしています。優秀な講師陣による文法、会話の指導、又講師や専門家によるカウンセリングフォークソング、韓国民謡を歌う集い、韓国の歴史学習、シーズンスポーツ、韓国訪問等も行なっています。
・一般コース（4月7日開講）　期間　6カ月（4月—9月）

クラス名	曜日・時間	内容	募集人員
初級	毎 水・金 午後6:30—8:00	初めての方のクラス…基礎からの出発、文法、会話	50
中級	毎 月・水 午後6:30—8:00	多少読み書きの出来る方のクラス…文型、韓文和訳、会話	50
上級	毎 火・木 午後6:30—8:00	中級をマスターした方のクラス…韓国語による講義、高等会話、作文	50

費用　入会金　5,000円　受講料　24,000円
・集中コース・3カ月（一週2回　1回2時間）
5～6人の少数で集中的に学習する。時間は相談の上決定。
費用　入会金　5,000円　受講料　40,000円
☆英会話教室　外人を囲んで生きた英会話を習う　毎火曜日午後6:30—8:00　入会金 5,000円　受講料月 2,000円
☆韓国民謡を歌う集い　ソウル音大出の講師の指導により韓国民謡を歌う楽しい集い
毎月第1、第3月曜、火曜、午後6:10—6:40　無料、どなたでもおいで下さい
交通・国電水道橋下車　在日本韓国YMCA　東京都千代田区猿楽町2-5-5　電話 (03) 291-1511

☆とても広いです（4百名様まで）
☆ゆっくりできます（貸切りは一日一組方式）
☆味はバツグン（本場仕込みの名コックが腕をふるいます）

中国料理 ビッグチャイナ ホテル東京直営
新宿歌舞伎町29 スタッセビル7F 西武新宿駅ホーム前
予約・お問合せ TEL 200—2008

結婚披露宴承ります
トラジコース　2,400円（料理8品、税サービス料込）
コスモスコース　2,900円（料理9品、税サービス料込）
チンダルレコース　3,400円（料理10品、税サービス料込）
ムグンファコース　3,900円（料理10品、税サービス料込）
★キムチの持込みOK

民族学校への入学勧誘

50時間義務制、初級大学設立

全国文教部長会議ひらく

「在日同胞教育飛躍の年」と設定された今年初の全国文教部長会議が、六日午後二時から六時までの間、民団中央（姜仁煥文教局長）で開かれた。

この日の会議には全国十六県地方本部から関係者ら二十余人が参加したが、さきの中央教育委でも決議された民族学校への入学勧誘、愛知県の範例に見られる民族教育五十時間義務制の他県における普及化、日本人学校入学にともなう差別撤廃運動、京都韓国学校建設支援、教育有功者の表彰、大使館教育官室との協調改善および事務体系確立等を中心に討議、多くの成果を得た。

また初級大学設置についても、その設立と運営案をめぐって具体的な意見を交換し、その実現を強力に推進することにした。

熱烈な討議をつづける全国文教部長会議

教育財団に貢献

文教部長官が感謝状

民団福岡

民団福岡県地方本部の県下支部三機関長・傘下団体長および顧問合同会議が三日午後一時から、県本部三階会議室で、約五十人が出席した中で開かれた。

国民儀礼のあと、文教部長官からの感謝状が、鄭文淳駐福岡総領事から権将斗団長に授与された。

これは民団本部と民団有志が財団法人・韓国教育財団（許弼奭理事長）に大きく貢献したという理由によるもので、民団組織に対する感謝状はこれが初めてである。

もともと福岡民団は同財団に県本部として正会員に加入し、文教部予算に会費を計上してきたし、また昨年死去した福岡韓国人二代目理事長の劉徳鉢氏の葬儀は、葬儀で集まった香典から百万円を財団に寄金した。

さらに福岡商銀育成・強化の討議では、同商銀の出資金が一億七千万円であるため、貸付の最高額が三千三百万円と少ないことが報告された。このため団員が主要取引きを日本の金融機関と行っている事実が指摘され、会議では団員利用者の要望にこたえて最高貸付額を一億円にまで増額するため、出資金を大幅に増やすよう民団全体が協力することを合意した。

感謝状授与のあと、鄭泰柱民団中央監察委員長のあいさつがあり、合同会議にうつり、①規約改正案の報告②朴大統領特別談話の朗読と説明③維新体制維持・発展対策の件④福岡商銀強化・強化の件⑤三・一節本国訪問団派遣の件などを真剣に討議した。

教育有功者を表彰

全国で42人、三・一節式場で

さきほどの民団中央教育委と全国文教部長会議で表彰がきめられた民族教育実施以来、一九七四年度までの教育有功者四十二人が、来たる三月一日各地で開かれる第五六回三・一節記念式場でそれぞれ表彰されることになったとこのほど中央文教局から発表された。

表彰者（敬称略）

金昌式（東京韓国学校々監）
金○昇（〃 庶務課長）
朴偕忠（〃 教務主任）
金永奎（〃 国民教科主任）
金永純（〃 音楽教師）
金東俊（東京・韓国教育文化センター所長）
許南明（東京韓国学校教師）
小林忠雄（〃 〃）
河合聡（〃 〃）
渡辺秀吉（〃 用務員）
斉藤栄一（〃 〃）
成根容（神奈川韓国学園講師）
金仁鉛（三重・韓国教育文化センター所長）
姜永祐（京都韓国中・高校監）
文祈述（〃 教師）
金聖閏（〃 元校長）
徐泳顯（〃 教師）
李静子（〃 〃）
兪達洙（大阪韓国学校教師）
宋古変（〃 校監）
金鎮岳（〃 副校監）
諸葛居徳（〃 事務長）
洪祐憲（〃 教師）
李福植（〃 〃）
韓清光（〃 元校長）
張益和（〃 教師）
権寧裕（〃 教師）
韓鍾鎮（〃 顧問）
尹水子（民団八尾支部・教師）
段照顯（小林寺小学校講師）
黄正周（北中道小学校〃）
崔晶林（大阪小路小学校〃）
李喜尚（大阪弥生小学校〃）
文尚浩（守口第二中学校〃）
金容海（大阪鶴橋小学校教師）
任正銮（大阪・韓国教育文化センター所長）
川上泰徳（大阪韓国学校教師）
江波文英（大平寺小学校講師）
趙三顯済（倉敷韓国学園々長）
趙貞玉（九州若松小学校講師）
金東和（〃 足立小学校〃）
姜潤成（〃 戸畑小学校〃）

韓国の国民投票

金元奉

▼本稿は二月十五日号の「言論人」に掲載されたものですが、好意により本紙に転載致しました。

×　×　×

日本のマスコミの報道のみを通じて見るかぎり、韓国の「国民投票」は朴大統領のアンフェアーな手段という印象をうける。このことは重大な内政干渉の現われであるが、日本のジャーナリズムのほとんどはそれを意に介していない態度である。もはや正気の沙汰ではない。自らは〝正義の味方〟のつもりで、外部からの一切の批判を黙殺してひたすら自己陶酔に溺れているわけである。

戦争中、日本の新聞、雑誌がどれだけ国民をダマし、誤った世界観を植えつけたかを想い起して見ればよい。満州事変と称する侵略戦争からのち、すべての戦争を「聖戦」として国民に押しつけ得たのは、時の政府の力ではなく新聞の力であった。JO…という一本の電波しかなかった時代、新聞の果した戦争扇動は〝偉大なものであった。

国家の法律によって徴兵された人々は致し方ないとしても、年少者を志願という形で戦場へ行かせたのはすべて新聞のなせる罪ゆえであった。ましてや敗色濃厚となって特攻隊を謳え、何度を美辞化し、原爆の破壊力さえも真実を伝えなかった。それが敗戦となるや、昨日までの罪を全く忘れたかのように、戦争を非難し自らは戦争を批判して来た如く振舞った。そして今再び同じ過ちを繰返している。鬼畜米英と同じ筆法で韓国に圧力をかけているのである。日本の新聞がどのように暴れようとも、北韓がどのように住民を圧迫しようとも、ベトコンがどれほど停戦協定に違反しようとも、中共が特派員をツンボ桟敷におこうとも、そのことに対する一斉キャンペーンは全くなく、いやむしろ弁護する姿勢さえ示しながら、韓国に対してのみ〝正義の味方〟面でキャンペーンをしているのである。一般の読者はその正体を知る機会もなく連日このようなマスコミに毒されているが、日本の国民が気の毒でならない。気がついて我に返った時は、日本が共産化した時であろうか、だが、それでは遅すぎる。

韓国でこの度行なわれる今度の国民投票は文字通り、国民に対して大統領が信を問う重大なことである。日本のマスコミが報ずるように、これを弾圧の口実にしたり、政権の延命策の手段とするためだけの目的で行なわれるものではないのである。今度の国民投票は、朴大統領が虚心に、国民全体がどう考えているかを問うものであり、大統領にとってのいわば危険なカケである。改憲（改悪は改悪）派でも、実質的には現憲法の無条件放棄）要求派が、本来ならば国民投票を要求すべきであり、政府が国民投票を打出すことは、改憲派の第一段階の勝利である筈のものである。何となれば、改憲要求派がいう通り、この憲法が国民をシメつけ、苦しめ、困らせているものであれば、この投票によって大統領は退陣することになるからだ。

この国民投票に反対する改憲要求派は、政党主催の改憲説明集会を開かせろといっている。それが無いから投票をボイコットするということは、別の言葉でいえば、改憲賛成者を今から増やす運動をさせろ、ということである。現憲法が制定実施されて既に二年半になろうとしている。国民は身をもって改憲、いや廃憲すべきかどうかは、充分に経験している筈である。改憲要求派がいう「国民の総意」であるならば、何を今さら改憲要求説明会を開く必要があるだろうか。

それなら、政府として時間が充分なら、改憲要求派がいう集会を開かせてもよいではないかというであろう。だが政府が集会を許さないポイントはここにある。つまり政府はその危険性を充分に知っている──といえば誤解されようが、その理由は別にある。韓国の改憲要求派の動きにほくそ笑む者がいるからだ。改憲要求派の集会場で爆弾またはそれに類したことで事件が起れば、その結果の答えは一つしかない。KCIAの仕わざだと騒げば、反共を国是とする韓国がついえることを図る者の思うつぼである。今韓国内部が、政治的な混乱に陥ることを待っている集団によって、何百万人の死者をもたらす結果になるからである。

だが、個人同士の賛否論議までをも禁じているわけではない。ところがこれまでも禁じられているように、韓国内の新聞がマンガで風刺している。これは反対に、無い筈の言論の自由がそこに厳然と存在していることの証拠である。

この国民投票は、あくまでも大統領が国民に問いかけるもので、一部の人間の都合に合わせるものではない。国民が、今日まで現憲法下で生活して来た体験から、大統領の問いに答えることで目的は達するのである。つまり国民一人一人が、自分自身の生活と体験から賛成、反対を決めることが肝要であって、一部の改憲要求派が考えているような、反対教育のための機会を与えるものではない。なお勿論のこと「賛成集会」も禁じられている。「韓国新聞社編集委員」＝1月31日記

仙台で同胞に

老人手帳交付

仙台市（島野武市長）では、六十五歳以上のお年寄りに交付している老人手帳を近く韓国同胞にも交付することになった。

仙台市在住の六十歳以上のお年寄りの親睦団体である韓寿会（会員十五人）の代表・金翼坤、徐相冶、李在佑氏と早川知明市会議員が十日午後、市老人福祉課を訪ね同胞老人にも老人手帳と老齢福祉年金を支給してくれるよう要望したところ、後藤同課長は「市の権限でできるもの（老人手帳交付）は早急に是正していく」と明らかにし、「差別行政と思われるものは撤廃していく」と語ったが、老齢福祉年金に関しては、国に権限があるため、市としては判断できないと答えた。

なお韓寿会では、今後の進展を見守り、結果によっては再度、市当局と折衝する方針。

また、同会は会員を五十人以上に増し、市または県の老人団体協議会に加盟する方針でもあるという。老人団体協議会に加盟すれば県または市から補助金交付等の特典がある。

石川県でもセ民団運動

11個班編成でスタート

民団石川県地方本部でもセ民団運動に積極的に取り組むことになった。さる八日午後一時から同本部会議室で開かれた本部三機関長・支団長連席会議で示範支部には七支部のうち大きな金沢支部が選定された。同支部にはすでに十一個班が編成されているが、同支部を模範として、他の支部でも早急にセ民団運動を開始することになるという。

この日の会議では、さる一日東京で開かれた全国地方三機関長・傘下中央団体長会議の内容が報告され、規約修正問題、石川におけるセ民団運動示範支部の選定、青年会結成問題が主に論議された。

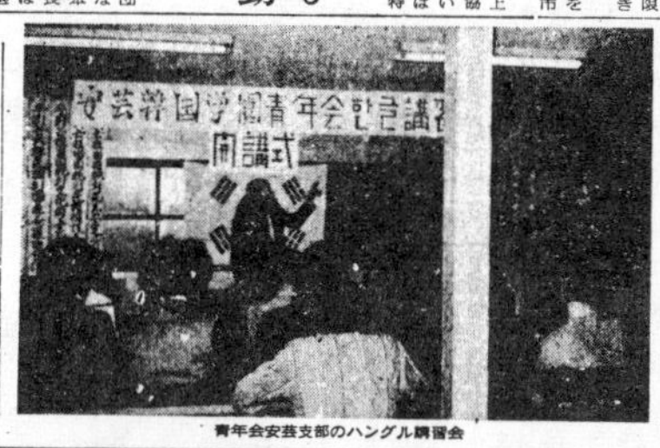

青年会安芸支部のハングル講習会

「東亜日報」悪用した不純分子の悪質行動

民団京都で声明発表

さいきん反政府的一連の報道で物議をかもしているソウルの東亜日報をめぐって在日同胞間でも甲論乙駁の論議が一部で起っていたが、京都地方の一部不純分子たちはこれを悪用、日本人社会に誤解を招くような悪質な言動を欲しいままにしているところから、民団京都府地方本部ではこのほどその正体が朝総連系の幹部であることをつきとめ、次のような声明を発表、内外にその真相を明らかにし警告を与えた。

声明文

去る一月二十六日京都新聞の「東亜日報を支援する在京都僑胞組織結成」云云の報道に対して私は在京韓国人四万八千を代表して次の通り声明します。

一、東亜日報広告事件は東亜日報自身が国内問題であるという見解を表明しましたので、我々在日同胞が関知するところでないことを明白にしておきます。

二、右記事中「東亜日報支援」云云の代表朴熙均という者は民団々員でもなく韓国人でもない正体不明な者であります。

従って東亜日報支援在京僑胞を云云する組織も正体不明であり実在如何が疑われます。万一、実在するにしても民団内の利敵不純分子か敵対陣営所属者達が韓国人という仮面をつけ反韓国反民族行動をするため作った悪意にみちた策動だと断定します。

在日本大韓民国居留民団京都府地方本部

団長　張熙日

追添

右記代表者朴熙均という者は、その後の調べで在日朝鮮人青年同盟滋賀県本部の幹部であることが判明された。従って、この組織体の本質も推測できる。

36人除名処分

民団東京

民団東京本部監察委員会（金栄洪委員長）は、二月四日付をもって問題の赤不動将院々長・金振玉など三十六人を本団規約第六十六条違用規定第一条第一項ならびに第三項、さらに第三条第六項に該当する違反を犯したかどで、組織撹乱の不純分子として除名処分した。

李丁珠、李斉用、田明祚、趙鶴来、朴才洪、李容子、李相連、河兆龍、河完植、河敬植、許敏斗、黄一栄、李長馥、金如玉、梁判山、呉光烈、金徹洙、高昌樹、金康寿、申鳳権、申道寅、梁昌玉、林泰成、高昌寿、朴春子、韓之沢、趙守連、金東仁、元万植、姜道協、梁炳竜、鄭同例、申正煥、李鍾服、李泰重、金振玉

安芸支部で国語講習会

広島県の民団安芸支部では、青年会安芸支部の自主的活動の一環として、一月二十五日から受講生三十余人が参加の上ハングル講習会を開いているが毎週土曜の午後二時間を受講時間にあてている。

調布の罹災同胞に

金大使から見舞金

去る二日午後六時二十五分頃、都下調布市下石原一六三六番地から出火した火災で付近一帯九世帯が焼け出された。

この火災でわが同胞も六世帯が焼け出され、特に幼い姉弟二名が焼死するという惨事になった。

そこで民団では直ちに三多摩本部と地元の調布支部で救済対策本部を設け、罹災者全員に暖かい救援活動の手をさしのべているが、駐日韓国大使館でもいたく心配、金永善大使から特に見舞金十万円が贈られることになり、民団三多摩本部鄭寅基団長、鄭居植副団長と調布支部三機関長が、五日に同胞罹災家庭を一軒一軒見舞い、金永善大使に代わり大使からの見舞金を伝達し慰めた。

一宮・韓国会館　去る5日完工落成した民団愛知一宮支部会館

新羅古墳発掘の講演と映画会開く

韓国慶州市皇南洞の一五五号、九八号古墳の発掘調査報告会である「新羅古墳講演と映画の会」が八日午後一時半から東京・新宿の紀伊国屋ホールで開かれた。

この日の調査報告会では同古墳の発掘調査団長である金正基氏（韓国文化財管理局）と指導員の金元竜教授（ソウル大）が、遺物品などのスライド写真を使いながらの解説、および西嶋定生東大教授の講演が行われ、会場を埋めた日本の考古学や古代史研究家たちは熱心に講演に耳を傾けた。

また、講演の後には一五五号、九八号古墳の発掘調査映画二本も併せて上映され、観客は天馬図、金冠などの貴重な遺物品に目を見はった。

求む良縁

柳 貞愛さん

柳貞愛さん（26）

高校卒後、現在ソウルで公共機関に勤務中。実直、温順で健康体ほかに僑胞女性（25・高卒・事務員）もいます。

希望者は本社（八一五—一四五一）までお電話下さい。

日本図書館協会選定

金熙明著

日本の三大朝鮮侵略史

＝倭寇・壬辰倭乱・日韓合併と総督統治＝

B6判 美装 四〇〇頁
写真挿図七〇枚
価 九八〇円・〒 一四〇円

☆日本が如何に朝鮮を侵略したか三つの歴史的事実を両国学界の研究成果をふまえて叙述した日本の「つまずき」の歴史を日本人の前につきつけたものである。
〔武蔵大学教授 渡部 学〕
※最寄りの書店に市販されております。

発行所 洋々社
東京都新宿区納戸町五
〒一六二 電話（二六八）〇七九六番
振替 東京 一三一五一五番

中央会館建設하여 民団維新成就하자

スパイ基地化した日本！　金日成—朝総連の陰謀を暴く!!

ドキュメンタリー
南北の死角情報

定価 700円 〒150円
B6判 256頁

元 朝総連石川県本部組織部長 成 奎 昌 著

発行所・東京都文京区春日2−20−13 光明出版社
☆希望者は本社へ（電話・815−1451）または東京三中堂書店へ（電話・271−1981〜2）

武田商事株式会社
白鳥会館
代表取締役 洪 世 裕
〒277・千葉県柏市3−6−13
電話（0471）67−8747（代）

年末・年始のご宴会は
TEL075(561)1147

北京料理
東華菜館

純北京料理
大・小宴会場完備
桃園亭
京都市・河原町四条下ル西側
（TEL）351−4745・6955・7372

世界卓球　韓国女子三連覇ならず

団体・対中共戦で涙
李エリサ振わず接戦の末

インドのカルカッタで行なわれている第三十三回世界卓球選手権大会で、ソ連、チェコ、日本などを破り六戦六勝した韓国女子チームは、第五日の十日、中共チームと決勝戦を争ったが、逆転を演じて大激戦の末、3―2で敗れて準優勝に止まり、前回につづいての……リサに調子が出ず、中国の高新……に破れた。李エリサの不調がすぎ去った感がある。

◇女子団体戦決勝◇

中国 3（単3―1 複0―1）2 韓国

女子ダブルスで敢闘する韓国チーム　左＝鄭賢淑、右＝エリサ　の両選手

アジア卓球連盟は解散か

ジャカルタ（インドネシア）のアジア卓球連盟（ATTF）……

一日、国際卓球連盟（ITTF）のアジア卓球連合（ATTU）の承認に伴いATTFは解散したと語った。

ATTFには韓国、インドネシア、南ベトナム、カンボジアの四カ国が加盟している。

北傀に招請状

……てそれぞれ招請状が送られた。

韓国洋画界の重鎮
朴生光作品展
2月27・28日東京彩壺堂サロンで

戦前から日本の院展にも数回入選し、昨年も「白韻」を院展に出品、韓国洋画界にその人ありといわれる朴生光氏が、沖縄に筆立された。会ってみると、昔と少しも変……

戦争が激化し終戦の年の二十年一月に、家族と共に二十五年間も住みなれた日本を去り、韓国の生れ故郷晋州に帰国したが、以後は韓国画壇で活躍、現在ソウル弘益大学美術部教授の職にある。おもえば昨年八月のことだが、「朴生光です、東京に来て院展出品画の準備をしています……」という電話を受けたと者は、うれしかった。

佐久間善三氏談

朴生光とはじめて知合ったのは、はっきり覚えていないけれど、昭和十年頃ではないかとおもう。故馬場不二の近所に住んでいて、銀座の僕の事務所に二人で時々遊びに来たことを思うと、早くも四十年の交遊になるわけだ。……社（東倉子画塾）に入門し、秋の院展では昭和十五年に「鳩舎」・十六年には「秋堰」で入選している。

朴生光画伯

……院友に推挙されるという幸運にめぐまれた。現在は東京大学美術部大学院に在学中の令嬢と一緒に住み、今秋の院展出品作のため、猛烈な意欲を燃やしている。朴さん……

新刊紹介

韓国の習俗の根源を知る上で最適の資料
「韓国の民俗」

……行）によるもので、わが韓国の民間生活文化を紹介することによって韓・日親善に寄与しようとする意図が感じられる。B5変型の……化を紹介したものだが写真に細い注釈をつけ加え、実に視覚で子供から老人に至るまで労せずして読めるよう編集されている。

……う。ちなみに我々の生活にまつわる宗教、生活様式、行事、婚礼、民族芸能、遺跡、王陵、寺院等を地方別に整然と編集されていて……民俗のもろもろについて、写真を適当に配置しながら、きめ細く、しかも判り易く説明を加えているので、一読してみて我が国の習俗が日本古代の仏教文化の母胎を形成しているな……と密かに誇りと自負心を感じさせた。

成人は勿論のこと同胞子弟に是非とも一読を勧めたい本である。日本古代の探求の研究の資料としても最適であり、わが韓国の民族の底辺に深く横たわっている民俗を理解することによって真の韓・日親善と友好が生まれるものと信ずる。とにかくわれわれ在日韓国人に取っても心のふるさとをかいまみる思いにかられる説得力ある労作である。

ただ、欲をいえば古事等もっと多角的に編集し、習俗の起源等について具体的に説明がついたら……と思う。

成根容

ご案内

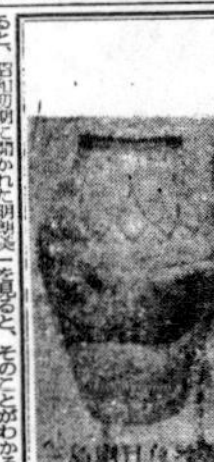

私どもは韓半島の長い歴史の中に深く根を据えた素朴な美しい古陶器をはじめ、近代作家の手で見事に再現された高麗青磁、楽浪時代から受けつがれた螺鈿乾漆器を主とし、高麗人参から各種民芸品に至る迄、厳選された品々を取り揃えている東京で唯一つの韓国特産品の専門店でございます。

場所も交通至便な赤坂のホテルニュージャパンのアーケード（地下一階）であります。

コリアショッピングセンター
東京都千代田区永田町2－13－8
ホテル・ニュージャパン・アーケード
東京赤坂TEL(03)581－4668(代表)

神話でないことの確認
文定昌「檀君史記研究」
檀君に関する文献 (7)
訳・註　金元奉記者
(10)

檀木下に降った桓雄に誰が祭壇を築き供えるか
三国遺事を駁す

申采浩の「朝鮮上古史」続き

三国遺事に対する批判

古記に檀君の寿命一千四十八年・一九〇八歳などの説がある……

鄭寅普の「朝鮮史研究」の中の上古朝鮮

古朝鮮の疆域

解放後の混乱期を闘かった
建青創設回想録
洪万基　文
金竜煥　画
(10)

建青結成大会

東京杉並区の天沼にあった建青本部、中央腰かけているのが故朴烈義士、その左が初代建青委員長の故洪賢基氏

北傀와朝總連은'南北不可侵'提案을無條件 받아드리라

創団30年史 発刊に際して

民団と国家は、その歴史を記録することによって保存されてくるものであり、……

一九七五年、民団は創団三十周年を迎えることになりました。

……

既に、……二十年史は発行されたことがありますが、このたびの三十年史編さんに当っては、……一九四五年八月十五日の解放を起点とし、……

この三十年史こそ、……

資料提供のお願い

編纂委員長　尹達鏞

第1巻・八三六ページ（一九六四年から六九年まで）六千円
第2巻・一、四二八ページ（一九六九年から七四年まで）一万五千円
第3巻・一、四〇〇ページ（一九四五年から六三年まで）一万五千円

☆資料提供のしめきりは二月二十五日まで
民団中央本部・創団三十年史
編纂委員会事務局
電話・〇三―八一三―二二六一～五（内線二六）

上野で本場の味を!!
焼肉料理　新規開店
団体宴会は300名様までOK

ロース焼	¥550	冷麺	¥500
カルビ焼	¥550	定食	¥500
ミノ焼	¥500		

◎ランチサービスタイム 11:00～3:00

ビビンバ	¥300	焼肉定食	¥500
クッパ	¥300	定食	¥400

御宴会1,500円から4,000円まで6コース

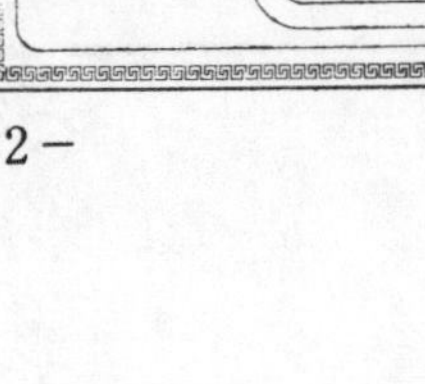

☆上野サウナ温泉会館1・2F
☆結婚式の披露宴に最適　焼肉の殿堂　漢一館
台東区上野6―16―5（上野京成百貨店東口通り）
電話 831―9417

韓國新聞

在日大韓民国居留民団 中央本部機関紙
韓国新聞社
発行人 尹 達 鏞
東京都文京区春日2丁目20−13
電話 直 (815) 1451〜3
交 (813) 2261〜5
振替口座 東京 163774
本国連絡所：民団本国事務所内 ソウル特別市鍾路区世宗路 政府合同庁舎4層
電話 73−0192・0165

在日本大韓民国居留民団 綱領

一、우리는 大韓民國의 國是를 遵守한다
一、우리는 在留同胞의 權益擁護를 期한다
一、우리는 在留同胞의 民生安定을 期한다
一、우리는 在留同胞의 文化向上을 期한다
一、우리는 世界平和와 國際親善을 期한다

大統領緊急措置違反者を釈放

民族中興の歴史的課題に参加させる機会を与える

朴正熙大統領は、さる十五日午前、特別談話を発表、二日本人を含む大統領緊急措置第一、第四号違反のうち、一部共産主義者を除く拘束者全員を「国民総和を一層固め、民族中興の歴史的課題に参加させる機会を与える」ため、即刻釈放することを明らかにした。なお、金鍾泌国務総理は、この発表に先立ち、同日、駐韓日本大使を公邸に呼び、日本人二被告も無条件で釈放すると通告した。十八日午後には既に百四十八人が釈放されている。

朴正熙 大統領

この日の午後、韓国の外務部は駐韓日本大使館の照会に対する回答で、日本人二被告の釈放は、刑事訴訟法第百一条の「拘束の停止」規定（法院は相当な理由がある場合には、決定によって拘束された被告人を親族、保護団体その他適当なものに身柄をあずけるか、被告人の住所を制限して拘束の執行を停止することができる）にもとづいて行われるものであることを明らかにした。

この釈放措置では人民革命党事件の関連者二百三人のうち、人民革命党関連者二十一人と国家保安法および反共法違反関連者十三人それに緊急措置違反者一人の計三十五人は今回の釈放措置から除外された。

理解しない者は取締まる

朴正熙大統領は、二十一日午前、文化公報部年頭巡視の席上、「民青学連に関連して拘束の釈放された一部学生、宗教人、在野の人たちが政府の説明にもかかわらず無罪を主張している。彼らは緊急措置でなく国家保安法だけで極刑に処せられる犯罪を犯している。政府が正当なことをしながら、誤解を受け、一部では、それを知りつつ扇動を行っている」とし「事件の不穏活動を再開し、それでも理解しようとしない者は、法で取り締まるよう」指示した。

国民的合意を昇華

朴大統領特別談話

[illegible]

軽挙妄動は再拘束する

黄法務長官談

政府は十八日午後、黄山徳法務長官が談話を発表し、刑の執行停止、拘束の執行停止で出所した学生、知識人らに「この措置に踏み切った大統領の真意を理解せず悔い改める態度をみせないまま軽挙妄動することがあれば、再拘束するほかない」と警告した。

学生の将来考慮し釈放

金聖鎮代弁人談

二月十五日午前十時大統領特別談話を発表した青瓦台金聖鎮スポークスマンは同特別談話に関してつぎのように補足説明した。

一、人民革命党関係者をはじめとする反共法、国家保安法違反者は釈放から除外される。

二、しかし、犯行当時学生身分であった者は将来を考慮して釈放する。

三、外国人に対しては、両国との友好関係のための寛大な措置によって釈放する。

四、刑が確定された者は刑執行停止措置で釈放する。

五、裁判が進行中の者は法院（裁判所）で適当な時期に決定する。

早川・太刀川氏は再拘束しない

参院法務委で答弁

十八日の参院法務委員会では韓国の安養矯導所から釈放されて十七日帰国した早川嘉春、太刀川正樹両氏の法律上の身分についてただしたのに対し、安原法務省刑事局長、中江外務省アジア局次長らは「両氏が韓国側に再拘束される恐れはない」との見解を明らかにした。

韓国政府に抗議しない

衆院で宮沢外相

宮沢外相は十九日の衆院外務委員会で、社会党の堂森芳夫氏が韓国の民青学連事件で逮捕、このほど釈放された早川、太刀川両氏の発言を取り上げ「両氏が事件はデッチ上げといっている以上、韓国政府に抗議すべきだ」と述べ、外相の見解をただしたのに対し、「従来の韓日間のわだかまりの一つが解消した」と述べると共に、「デッチ上げかどうか究明する立場にわが国はなく、韓国の裁判が適正に行われていると考える限り、デッチ上げとはいえない」と答え、抗議する意思のないことを明らかにした。宮沢氏はこれを不満とし「両氏は事件をデッチ上げといっており、日本人の権利を守るべき外相としては、韓国政府に抗議すべきだ」と迫った。

しかし、宮沢外相は「両氏の発言は長い間自由を拘束された状態から解放された直後であり、冷静な状態での発言とは必ずしもいえない。また被告の立場にあった人の主張であり、現状では真相がどうだったかは知りえない。よその国で起きたことであり、韓国が法に従って処理してきたと信ずる」と抗議の要求を拒否した。

真の自由と韓国のタブー

純真な運動を利用する分子

群盲象を評する形の論議

時評

◇韓国政府は国民投票の開票が終った四十数時間にして、民青学連事件関係の非共産系拘束者全員と、二人の日本人を何れも無条件で釈放したが、これは歓迎すべき英断である。しかし、二人の日本人が故国の土を踏むやいなや、民青学連事件はデッチ上げだと記者団に語ったことは、日本における今後のマスコミ報道に新らしいネタを提供した。韓国政府、特に大統領に不利益をもたらす言動は、日本マスコミの無条件歓迎するところなので、本国に釈放されている民青学連事件の関係者の言動と軌を一つにして、当分かしましいことであろう。奇説、怪説、百鬼夜行ならぬ、百家争鳴が予想される。

二人の日本人は日を追って色々と発表しており、本国でも首謀的役割を果した学生が、拷問されたとか、デッチ上げたとか発言し、新聞や放送をにぎわしている。そして重大なことには人民革命党事件までもが、逆にデッチ上げたと発言するに至った。

ここで民青学連事件や、人民革命党のことについて長々と論ずる紙数はない。ただはっきりいえることは、純全たる学生の運動と、それを利用してある特定の目的に役立たせようとした団体とは、当然切り離して真実をみつめなければ、そうでなくとも混沌（こんとん）とした論議が、全く収拾のつかない混乱を韓国内に呼び起すだろう、ということである。

民青学連事件や人民革命党事件を、単に韓国政府が反対勢力を押さえ込むための手段であったかのように論ずることは、群盲が象をなでて、それを元に象を論ずるに等しい誤りで

[illegible]

시사漫評

金竜煥

オーグル牧師の政治活動は違法行為だ

民団中央が法務省に要請書

[illegible]

要請書

[illegible]

日本国法務大臣 稲葉 修 殿

在日本大韓民国居留民団 中央本部団長 尹 達 鏞

法務省に要請書を渡す安民生局長（左）と李総務局長（中）

姜錫培氏永眠

[illegible]

対日輸出目標17億ドル

民団中央会館建設

日本駐在の各級公館長会議

[illegible]

北傀武装船を海軍が撃沈

韓国国防部十五日の発表によると、同日午後一時五十分頃、北方[illegible]

金領事局長中央を礼訪

[illegible]

全国監察委員長会議召集

民団運動展開にともなう組織強化ならびに保安強化対策等を協議すべく次のように会議を召集致します。

記

日時と場所＝一九七五年二月二十五日午後一時（京都・都ホテル）、同二十六日（民団京都府地方本部会議室）の二日間

案件＝①民団活動状況②国内情勢と北韓情勢③北傀と朝総連による対南工作状況④保安強化対策⑤規約改正案検討⑥一般監察打合せ、ほか

一九七五年二月十七日

在日本大韓民国居留民団中央本部

監察委員長 鄭 泰 柱

中央会館建設하여 民団維新成就하자

すでに3年目。韓国僑胞の皆様にますますご好評。
ユニークなアリコの生命保険。

ALICO

■海外でも保障する（大きな安心）
アリコは、アメリカン・インターナショナル・グループ（AIG）の一員として、世界各国に充実した保険のサービスネットを持つ会社。こうした恵まれたサービス環境と、そのユニークな経験で、外国人向け生命保険にはもっとも豊富な実績を持っています。安心に国境はない——この思想のもと、保有契約高10億ドルを越える企業に成長したアリコは、皆さまの安心と共に歩む世界の生命保険会社です。

■韓国僑胞の皆さまのために特別設計した生命保険プラン
アリコ ジャパン（アメリカン ライフ インシュアランス カンパニー）は、日本に登場した外国生命保険会社第1号として、韓国僑胞の皆さまのために、ユニークな生命保険プランを設計して3年目、ますますご好評をいただいています。

ALICO JAPAN
American Life Insurance Company

エージェント募集
インターナショナル エージェンシーでは、韓国僑胞のみなさまへの一層のサービスを期すため、大阪、神戸を中心に全国的営業網の充実を計画中です。あなたの現在の経験がそのまま生きる代理店経営で、より豊かな収入をめざしてください。履歴書、写真を同封の上お申し込みください。

お問い合わせは
アリコ ジャパン
インターナショナル エージェンシー
☎03-374-2861
〒151 東京都渋谷区代々木1丁目58番10号

駐ソウル日本人特派員団と 金鍾泌総理との対話

（資料）

金鍾泌 総理

金鍾泌国務総理は、去る二月六日午後四時三〇分から同六時二〇分まで中央庁執務室で駐ソウル日本人特派員団（十三社）と約二時間にわたって会見した。

金総理と日本人特派員との"対話"は韓国の内外問題全般にわたっているが、金総理が日本人特派員と公式に会見したのはこれが初めてであり、国民投票実施に先だつ政府の見解を表明した。以下その内容の概要を紹介する。

金鍾泌総理　今日は、インタビューというより、ざっくばらんに一つ話し合おうと思っております。形式張ったりするのが嫌いなものですから……

日本特派員団　では、今日は総理がおっしゃいましたように、われわれもざっくばらんにいろいろなお話をいたしたいと思います。

今度実施される国民投票ですけれども、国民投票の在り方自体に非常に問題がある。特に反対側の意見が一切封じてある、ということがいろいろ報ぜられています。それ自体にいろいろ疑問がありますが、それについてはどういうふうにお考えでしょうか。

金総理　まあ、いろいろ言っているようですけれど、どうですか。はたから見て反対は一切言えない状態であるのか、だいたい放題みな本当は言っているのではありませんか。どうですか。

特派員団　やはり、まあ、新聞であれだけ、検察当局、司法当局がこれこれをやる、拘束の対象になるぞというふうにはげしく言っている。結局反対する人達も結果的には反対の口を封ぜられたと、いう形になるのではないでしょうか。特に野党なども戦術を転換せざるを得ない状態になっております。

金総理　不正とか腐敗などのうわさは私はみなさんよりも余計聞いているでしょうね。しかし、そう喋っている人が周囲に居ませんよ。一九六〇年に四・一九事件があって、その前もそういうことは相当いわれておりましたけれど、それから何かあると、そういうことを言わなければ立場が立たないような、そういう、なんか、こう性質があるのです。誇大にそういうことを言うことも多いのです。相当こまかい所まで目を通しながら、随分その間、不正とかを除こうというので、政府が努力をしているし、こういう努力は、今後もずっと続けていくでしょう。一般的に言っているような、そういう大げさなことは実際には当たらない、そう理解していただきたいと思います。私は、国会でも随分野党からそういうことを質問され、答えておりますが、野党が言ってこられるのは切除要素であるというふうに考えて、少しもそういう点では気を緩めておりません。少しでもそういうことがあればすぐ手をつけて整理などしております。

特派員団　この前も現職大臣の責任が云々とからんだようなうわさが立ったりして、やっぱり国民の間にこれは事実なんだという不信の念が非常に強く生れたと思うのですがね。

特派員団　輸出高の百億ドルの方は……

金総理　それが、やはり八一年には百億ドルというふうに予定を組んでいたのですが、いま先に進んでいるわけなので、オイルショックがなかったならば、もうちょっと短縮されたかも知れないのですが、先走っていたのがありますから、いまのところ八一年より遅れるとは考えてはおりません。

特派員団　それでは個人所得千ドル、輸出百億ドルを目標にして二年くらい先に進めたというわけですか。こちらの国は観光収入というのが大きいですが、今朝の朝刊をみますと今年の目標はすが日本の観光客はこれに対してかなりシビアで、達成はむずかしいのではないかとクローズアップされていますが、それはなにか根拠があって……。

発展は自らの継続的努力で

金総理　根拠がないこともないし、まあ一つの目標ですから、これぐらい、あればと考えたのですが、あれは去年からずっと減って、それにはいろいろ原因があると思いますけれど、経済不況だとか、韓日関係がなにかこう気まずくなったりして、そうなったのだと思いますけど、なにか日本の人に迷惑をしたり、あるいは迷惑をかけたり、そういうことはなかったと思いますよ。歓迎しますよ、日本の方は。私はだれから聞いたか、日本から来た人に、韓国に行っても安全なんですか、と聞かれる人がいるが、みなさんここでみて、日本から観光客が来てどういう雰囲気を見られましたか。どうですか。

今年の正月からはヨーロッパから来ており……

国民投票は総和前進の契機

物価44・6%上昇は外要因37%

81年輸出百億ドル達成は不動

国民投票は総和前進の契機
民生、民主の均衡発展めざす

四大国クロス承認方式は幻想

口先では対話、裏では南侵企図

千五百万人口に二八〇万の軍隊

国防部勤務時に6・25を予告

金大中事件は既に解決済み

プラス・アルファとは確かな認識

改正旅券法施行

5年を経過した旅券は民団を経由し更新発給

中央民生局

民団中央民生局（安商権局長）では、このたび本国政府で新しく改正された旅券法施行令（一九七五年一月一日から施行）に関し、駐日大使館から指示があったので、これを広く周知させるため全国民団組織に通達すると共に、手続きにおいて誤ちのないよう留意を要望した。

留意事項

（一）本施行令第2章第6条の1・2各項と第6章第20条各項ならびに付則3・4・5の各項

付則5項にあって発給年月日から五年が経過した旅券は一九七五年六月三十日までに更新発給することになっているが、これに関する期日延長関係は大使館を通じて関係部署に交渉中である。

以下は前記の施行令の各条、項の原文である。

第2章第6条の1・2項……一般旅券の有効期間について①一般旅券はその旅行目的によって五年以内の有効期間をつけて発給する。②第1項の有効期間は発給日から五年を経過しない範囲内でこれを延長することができる。

第6章第20条の各項……旅券の更新発給について①旅券を発給してもらった者が、その旅券の有効期間が満了した後にも、継続旅券を必要とする場合には、旅券の更新発給を申請することができる。②第1項の旅券の更新発給申請に関しては、該当旅券の発給申請に関する規程を準用する。但し発給権者は外務部令が定めるところにより、一部書類の提出を免除することができる。

付則3・4・5項……第3項の一般旅券中、回数旅券に対する経過規程については、この令が施行される前に商用または文化を目的として発給された一般旅券中、複数（数次）旅券または回数旅券は、この令の施行と同時にその効力を喪失する。ただ外務部長官が定めるところにより有効確認をうけたものはこの限りでない。

第4項の一般旅券中、単数旅券と国外に居住する同胞が所持している旅券に対する経過規程については、この令の施行日前に既に発給された一般旅券中、単数旅券と国外に居住する同胞が所持している旅券で、その発給日から五年が経過したものは、外務部令が定める時期まで更新発給をしてもらわなければその効力を喪失する。

第5項官用旅券に対する経過規程については、この令施行日前に既に発給された官用旅券で、その発給日から五年が過ぎたか、この令施行日から六カ月以内に五年になるものは一九七五年六月三十日まで、更新発給をうけなければその効力を喪失する。

（二）更新発給にあって……該当旅券所持団員は、民団を経由して手続きを完了させること。

（三）更新発給細目について……この細則については追って通知、発表する。

静岡青年会結成

初代会長に金炳松君

韓国青年会静岡県本部の結成大会が、さる十六日正午過ぎから静岡商銀会議室で開かれた。この日会場に集まったのは、浜松、静岡、清水、東部、御殿場の各青年会支部の会員のほか、民団関係者ら約七十余人。

民団静岡県地方本部の朴正情事務局長の司会により国民儀礼のあと康民善団長があいさつ、つづいて中央からかけつけた沈揆孝青年局長の「在日韓国青年の指導方案と使命」と題する講演があり、横浜の李起周総領事が激励辞をのべた。

このあと金炳松君を議長に選出し、朴事務局長が結成大会に至るまでの経過を報告した。

次いで綱領、規約の説明がなされたが、活動方針案と予算案の検討は、日を改めて役員会で立案することにし、次のような初代役員を選出した。

なお閉会後、記録映画「北韓の実情と統一問題」を上映、つづく慰労会では和気あいあい裡に今後の抱負を歓談した。

初代役員

会長	金炳松
副会長	金　勇
〃	鄭　徹
総務部長	朱一男
組織部長	朴辰悟
宣伝部長	金　亮
体育部長	郭光雄
女子部長	安正美
代表監査	朴根郁
監査	徐相栄
〃	李東洙

セ民団講習会開く

兵庫青年会

韓国青年会兵庫本部は、三月一日から尼崎支部で開始されるセ民団運動に積極的に取り組むことになっているが、さる十五日午後七時から民団本部会議室で、青年幹部三十人余を集め、民団の李慶高組織部長と師竜洙青年部長を招いて講習会を開いた。

この日は、セ民団運動の内容と基本的な推進方法などを討議したが、民団、婦人会、青年会の三者が一体となって強力に推進していくことを確認した。

また、民団側からは、青年会も独自の事業目標を設定していくことが重要だとの意見が出されたが青年会側では、民団の組織機構に合わせて、分団、班組織をつくることも考慮したい、との態度を明らかにした。

さらに、秋相春尼崎支部団長がさきほど東京の江東支部を訪れ、セ民団の推進について意見交換をするなど、尼崎独自のセ民団運動構想が着々と固められている。

韓国人学童に誓約書とって差別

中央文教局　全国に実態調査指示

本紙既報（一一五三号）の外国人就学児童に対する民族差別の一つのあらわれとして、一般の入学手続きのほかに誓約書を書かされた事件が、東京、奈良、大阪等であいついで起こっているところから、民団中央文教局ではこれを重視、姜仁煥局長指示による教育権益闘争推進方法を全国組織に通達した。

これは就学における差別撤廃では、すでに日本の文部省との間で諒解事項に属しており、如何なる形態であるにせよ、日本人と同様の規定手続書類以外のものを書いてはならない、というもので、中央文教局では、全国組織に就学通知等の実態調査を指示、居住地域の管下教育委員会との折衝結果をもふくめてその結果を報告するよう要望している。

ちなみに文部省では今から十年前である一九六五年十二月二十八日付の次官名儀で誓約書を強要しないようにとの通達を出しているなお、この問題をめぐって中央では、統計がまとまり次第、文部省側に徹底的な撤廃措置を要求することになった。

随筆

「愛国」ということ

ソウルの空の下で思う

康　太　雄

消費が美徳であるかのように、欲しいままのぜいたくをして、のらりくらりと暮らしていた時代が日本にあったように、わが国でも節約を知らず大量消費に明け暮れていた一時期が三、四年前にあった。

好景気の波に乗って、家庭の電化は都市から農村にまでひろがり、冷暖房、冷蔵庫、洗濯機、テレビ、電話、録音機、炊飯器などが高度に開発、生産され、その普及とともに電気の消耗率は天文学的数字で上昇一路をたどった。

電気会社では深夜割引までしてサービスこれにつとめ、電力販売に力を注ぎ、莫大な宣伝費まで支出するといった有様であった。

二次大戦直後われわれは、豊富な電力をもっていたが、北傀の一方的な送電中止により暗黒の毎日を送っていたことがある。

工場は作業を中断し、一般家庭では停電の連続であったことを考えると、まさに隔世の感がある。

しかし、今となってはオイル・ショックのとばっちりで、電気料金は約倍にはね上り、電気会社や政府からも節電協力を訴えるようになった。

消費者の大多数が昨今の政府の節電PRで始めてわが国の水力発電が全発電量の10%しかならず、残り90%が火力で油を使用している事実を始めて知り驚いたのである。

油一滴とれないわが国であってみれば、もちろん発電のために莫大な外貨を支払って油を買入れなければならなかったわけである。

しかし、わが国の人びとが安い電気か物資をほしいままに使っていた習性は、すぐさま捨てきれなかったものとみえて、突然の節電時代を迎えたのは大きな苦痛であったに違いない。

×　×　×

何年か前のソウルのあるホテルでのできごとである。

在日同胞であり、民団で或る職責について いる旧友B兄が、H新聞が毎年催す行事に参加するため、海を越えてやって来た時のこと。

私は電話をうけ、はやる心を押さえながらホテルに出かけてみると、既に三人の先客が来室していて、話に花が咲いていた。

五月でまだむし暑くはなかったが、室内で、室内とトイレの電灯をつけたまま、あとの二人とともに別れをつげドアの外に出た。

上着をつけているには少し暑い。

先客たちは冷蔵庫からビールを出し盛んにのみほし、話にも熱がこもる。その上、トイレへの出入も繁くなっていくようだった。

B兄とて〃のんべえ一番〃を自認しているだけあって、顔は金太郎のように火照り、久しぶりの再会とみえてすっかり上機嫌でのべつまくし立てている。

そのうち客の一人がアルコールがだいぶ回ったらしく、「ああ暑い!」と立ち上がりざまエア・コンのスイッチを入れたあと、トイレへ入って用をすませ電灯はつけっ放しのまま元の席に戻りビールをグイと一息でのみほした。

間もなく室内の温度は適度に冷えてきた。

休むこともなく冗談をとばしながら笑わせていたB兄が今度は立ち上がりトイレで用をすまし出てくる時、ずっとつけっ放しの電灯を消し、エア・コンのスイッチも切り、また室内灯もすばやく消して元の席へ坐り、ケロリとしてまた例のジョークをとばし始めた。

おしゃべりもようやく終り一人の客が再び

ところが客たちを見送ったB兄は再び先の消灯動作を何げなくすませ私と向かいあい、ビールをすすめながら雑談を再開するのであった。

話もどり、彼は往年から無類の酒好きとあって、のんではしゃべり、しゃべっては果てるともなく鯨飲するのが習性であった。

そんな彼に、こんな無駄を省く一面があったことを私は始めて発見し、感動した。

規定以外の飲酒代のほかは、ホテルの基本宿食費を主催側のH新聞社が負担しているわけで、もちろん電気料などは別途にもらうはずはない。

酒が仕事以外のすべてであると言っても過言ではなかったB兄に、私は実質な愛国のある小さな断面をこの目で発見することができたのである。

その夜私たちは、明洞あたりの居酒屋で酌み交しながら、或る在日少女の一人に話が及んだ。生まれて始めて母国を訪ねたこの少女が金浦空港に降りたった時、「ああ、ここがわたしの祖国なのね……」と絶句し、感激のあまり滂沱と涙が溢れていたと彼はいいながら、酔いも手伝ってか一しずくの涙を流していた。私もつれこまれて目頭が熱くなるのをどうすることもできなかった。寂寥とした時間がしばらく流れ対話が切れたあと、彼は本然の姿?に戻ったのか、再び突拍子もない話題をゼスチュアたっぷりで披露しだした。

しかし、彼の頬を濡らした感動の熱い涙は渇きもせずに、透き徹るような哀しみを滲わせ、夜と共に私の胸の底にだんだん沈んでいった。

×　×　×

目にしみるほど青く高く晴れ上がったソウルの空の下、繁華街を行き交う人の群は今日も絶えないが、人もまばらな横小路の片隅に忘れ去られたように立っている電柱の街路灯には、昼間だというのに電灯がついたままでいるのを見て、私は海を越えて帰って行ったホテルでのB兄のことを思いだす。

したがって室内にいる時はもちろん、外出の時でも電灯をつけたまま出て行くのが普通だが、何と彼のこの行動はわが家にいるかのような無駄のない節電ぶりである。

母国の電気を自分の家のものであるとし、祖国の外貨を自分の家の貴重な金であると考えている人がこの世の中にいったいどれぐらいいるのだろうか。私はこの彼からそれを始めて学ばされたのである。

口を開けば喉が枯れるほど愛国を唱えるのが愛国ではない。愛国とは実践で証明されなければならないと私は常日頃思っている。

（筆者は、ソウル中央大学校芸術大学映画演劇科教授・映画監督）

史上最大の結婚式

統一教の信者同志1,800組結ばる

さる八日韓国のソウルで人類史上最大といわれる国際合同結婚式が行われ、世界の関心を集めた。

この日ゴールインしたのは三千六百二人で一千八百一組。これには韓国人組が八百九十二組、日本人が七百九十九組、十八ヵ国から来た欧米の男女が百十一組、中国人二組、在日同胞十八組、国際カップルが三十組、黒人と白人の混血三組。

この日の新郎新婦の衣装は統一された。新郎は紺色の上下衣、新婦は白の韓服（チマ・チョゴリ）。

結婚式の主催は統一教、主礼は統一教の創始者である文鮮明教主が行った。

式場は韓国で室内体育館として有名な奨忠体育館で、午前十時新郎新婦の入場ではじまり、主礼の文鮮明教主と夫人の韓鶴子女史から香水洗礼を受けた後、グラウンドに書かれた自分の番号の前に整列。全員入場するのに約一時間がかかり、文氏の祝辞と祈りで結婚式が進められ、午後一時半に、ようやく式を終えた。この時間は一組七秒かかったことになる。

統一教では61年三十六組、62年七十二組、63年百二十四、68年四百三十組、70年七百七十七組の集団結婚式を行い今度は六回目。

特に注目されるのは、今度の結婚式に日本人が七百九十九組もあり、これら日本人組の行動に対して一部のマスコミは統一教を批判し、また、批判的な父母の言分を多く取り入れた報道があったが、関係者の話によればそれらの反対肉親たちはごく一部であると力説している。

その当によるとこの肉親たちの裏には他宗教者や共産党員らがくっついて扇動しているともいわれている。

従って統一教ではたとえどんな意見であろうと耳を傾け反省する点は反省し、すべての人が同教を理解して共に世のため働ける日を迎えるため努力しますと語っていた。

結婚式の総費用は七千万ウォン、新郎新婦らは式を終えた後、八十台のバスに乗ってソウル市内をパレードし、外国人組はほとんど九日には韓国を離れた。

一方、十三日から十五日までの三日間は、東京・九段の日本武道館で同教主催の希望の日フェスティバルが文鮮明教主を迎えて催された。

この三日間には毎日約二万人の人びとが大ホールを埋める大盛況で、講演は「一日目・人類の終末と希望」、「二日目・神の摂理と日本の使命」、「三日目・愛の危機と新しい秩序」の演題で語られたが、期間中には韓国の「ハンサン舞踊団」と、各国混成の「ニューホープ・シンガーズ合唱団」が錦上花をそえた。

「希望の日」フェスティバルで盛集した日本武道館

神奈川で合同会議

民団神奈川県地方本部（朴成準団長）では、2月19日午後1時から同本部会議室で第7回本部三機関および支部三機関長合同会議を開いた。

来賓に領事館の[illegible]和領事および中央組織局次長らを迎え、60人が参加した同会議の議題は、一九七五年組織事業方針、中央会館建設事業金納付など8項目で、真摯な論議が行なわれた。

あいさつで朴成準本部団長はセ民団運動の基本姿勢を強調し、支部、本部間の緊密な連絡と協調の方法を提起し要望を託した。

なお、[illegible]領事は「74年度の北韓の実情」を紹介し、北傀が南侵準備に狂奔しているありさまをのべ、維新体制の確立こそ、南侵企図粉砕の鍵であるとのべた。

大阪婦人会が定期大会

裵会長が四選

在日大韓婦人会大阪府本部第十四回定期大会が十六日午前十一時から、民団大阪府本部講堂で開かれ。

代議員百五十人中、百四十七人が出席し、九八%という高い出席率に大会はいやがうえにも盛りあがりをみせた。

冒頭、裵順姫会長は、日本マスコミの対韓偏向報道や文世光事件の古井夫妻に対し民団とともに先頭に立って糾弾闘争を展開した婦人会活動の成果をふまえ、今後の課題として対内的に、婦人会をより強化・拡大するために世代交替の必要性を強調するあいさつを行った。

つづいて金信姫婦人会中央本部副会長（会長代理）、崔[illegible]民団大阪府本部事務局長（団長代理）、洪性仁同青年部長の祝辞があったが、いったん休憩に入り、用意した手料理で昼食をとった。

再開された大会では経過報告、財政報告があり、[illegible]、役でこれを承認した。

このあと役員改選にうつったが、論議がかわされたが、議長から資格があるこの詳しい解明で合格が納得した。

そのあと役員改選について改選の選に移り、選挙の結果、河小出氏が四十一票、[illegible]氏が[illegible]十九票で六票の差で河小出氏が当選した。

婦人会南武支部総会

会長に河小出氏

婦人会神奈川県南武支部の第八回臨時総会は、二月十六日正午過ぎから同支部二階大会議室で民団県本部の朴述祚顧問、金信姫、金有河両副団長、婦人会中央の斉[illegible]情副会長らの来賓多数参席した中で開かれた。

同日臨時議長の選出に手間どったが、紛糾を予想してか斉中央副会長が自から臨時議長役を引き受け議事を進行させた。その中で韓国人と結婚した日本女性の会員資格の有無（規約第三条）の解釈で

讃助、役で裵会長は十年間会長職にありた。今回で四選目。

つづいて会長から副会長（今期より、名前を）に洪[illegible]順、権[illegible]順、徐[illegible]の三氏が、また総務部長に[illegible]職の金[illegible]氏がそれぞれ指名された。

改選された新役員は次の通り。

会長・河小出、副会長・[illegible]、[illegible]、総務部長・[illegible]、[illegible]・[illegible]連、[illegible]連。

婦人会左京支部が国語講習

民団京都府地方本部（[illegible]団長）管下の左京支部支団による大韓婦人会左京支部では、啓蒙運動の一環としてさる一月から国語講習会を民団左京支部会議室で開講中であるが、ゆくゆくは同本部管下の全支部でもこれを範として開講する予定であるという。

現在の受講生は五十六人に達しており、毎週水・金の二回講義である。

なお講師は、京都大学院で建築を専攻している文[illegible]氏である。

文化産業株式会社

代表取締役社長　朴　碩　道

本　社　秋田県大館市字大町42　TEL 01864(2)1910・0509

遊技場

本店　秋田県大館市鍛冶町　TEL 01864(2)1286
駅前店　秋田県大館市駅前　TEL 01864(2)4734
中央店　秋田県大館市中央通　TEL 01864(2)3020
秋田店　秋田県秋田市川尻5丁目　TEL 0188(62)6243
土崎店　秋田県秋田市土崎港中央通　TEL 0188(45)3307
能代店　秋田県能代市西通町　TEL 01855(2)4267

三六九建設株式会社

代表取締役社長　朴　碩　道

本　社　秋田県大館市字東台195の2　TEL 01864(2)4745

大韓民国居留民団

福島県本部

議長　李守鉉
副議長　金在有
〃　李才禧
監察委員長　鄭煥杓
監察委員　李南洙
〃　金在萬
団長　朴秀烈
副団長　李鉉達
〃　盧根鉉
事務局長　金南完

郡山支部
団長　金和植

浜通支部
団長　権根錫

婦人会福島県本部
会長　裵錦仙

青年会福島県本部
会長　金太河

福島韓国学園
理事長　李守鉉
学園長　金龍俊

福島県韓国教育文化センター
所長　金景南

京都韓国高等学校（普通課程）

75年度　生徒募集

一、募集人員
①第一学年　[illegible]名（男女共学）
②第二学年　若干名

二、入学資格
①中学校卒業者又は卒業見込者及び同等な学力検定を受けた者
②高等学校第一学年修了者

三、出願手続　次のものを受付期間中に提出して下さい。
①入学願書（写真貼付）
②出身学校長の内申調書及び同等な学力検定を受けたもの
③考査料　¥四、〇〇〇
注意　●以上を一括して提出し、受験票を受取って下さい
●出願書はすべて本校所定のものを使用すること。
●受付時間は、受付期間中　午前九時から午後四時まで。但し、土曜日は正午まで（日曜・祝日は休み）

四、選考方法
①学力テスト（日本語・数学・社会・英語）
②面　接

五、期　日

	出願期日	考査日	合格発表
第一次	二月十日(月)～二月十九日(水)	二月二十日(木) 午前八時四十五分	二月二十四日(月) 午後一時～四時三十分
第二次	三月二十六日(水)～三月二十八日(金)	三月二十九日(土) 午後八時四十五分	三月三十一日(月) 午前十時～午後三時

注意　①考査当日は受験票、筆記用具、および上履をもって午前八時四十五分までに登校して下さい。
②入学許可の発表は本校内に掲示します。

六、入学手続
（1）入学を許可されたものは五日以内に左記の手続および学費を納入して手続を完了すること。
①納入金額　¥四五、〇〇〇（第一次本校出身者　¥二五、〇〇〇）
（イ）入学金　¥二四、〇〇〇（第一次本校出身者　¥九、〇〇〇）
（ロ）施設充実費　（入学時のみ）¥一〇、〇〇〇
（ハ）師親会入会金（　同　）¥　三、〇〇〇
（ニ）生徒会入会金（　同　）¥　三、〇〇〇　計　¥四〇、〇〇〇
②誓約書（本校所定用紙）　③写真（三枚）　④その他所定書類
（2）左記の学費は入学式の前前日（四月七日）（月）までに納めること。
①学　費（第一期分）¥二五〇〇〇円
注意　●期間内に入学手続をしない時は入学を取消すことがある。

七、入学式　四月八日（火）午前十時

八、学　費（一期分を一度に納入するのを原則とする）
①第一期分（四月～八月）　¥二五〇〇〇
②第二期分（九月～十二月）　¥二〇〇〇〇
③第三期分（一月～三月）　¥一五〇〇〇（年額　¥六〇〇〇〇）
④月　額　五〇〇〇　内訳
a、授業料　¥三三〇〇
b、師親会費　¥一〇〇〇
c、生徒会費　¥　七〇〇

九、注意事項
①入学考査料および学費などの納入後は事情のいかんにかかわらずいっさい返済しません。
②願書は楷書でていねいに書いて下さい。
③不明の点は本校教務部に問い合わせて下さい。
④本校は男女共学です。

京都韓国中学校

一、募集人員　男女　第一学年　三五名　第二学年　若干名

二、入学資格
①第一学年　小学校卒業者又は卒業見込者
②第二学年　中学校第一学年修了者

三、出願手続　入学願書（本校所定用紙）を出願期間中に本校教務部に提出して下さい。

四、出願期間
①第一次　十二月二日（月）～三月二十七日（木）
受付時間は日曜日、祝日の外は毎日午前九時から午後四時まで　但し土曜日は正午まで。

五、入学許可
①第一学年は（イ）書類審査と（ロ）面接により入学を許可する（入学許可書を送付する）
②第二学年は（イ）学力考査と（ロ）面接を行い入学を許可する。

六、入学式　四月八日（火）午前十時

市バス……北白川仕伏町行　③番（梅津車庫発）バス小倉町下車　北へ二分
岩倉行　⑤番（京都駅発）　バス別当町下車　西へ4分
岩倉行　⑥番（京都駅発）　バス伊織町下車　南へ2分
市電……叡電終停前下車　東へ7分
北白川電停下車　北へ6分

京都韓国学校

京都市左京区北白川東平井町八
電話（七九一）四一六一（代表）

この目で確かめた韓国での国民投票

（上）

蔚山市新亭洞第二投票所

喫茶店での話題はすべてが国民投票

曺承徹記者

韓国でさる十二日実施された国民投票を取材するため、さる九日帰国して、投票日を迎えようとする国内の雰囲気と、投票日当日義務である一票を自らの判断で行使する国民の姿を目でたしかめ、肌で感じて日本にもどって来た。

十一日は国民が迎える旧正月であって、幾分、お祭り的空気を感ずることがあっても、国論を統一し、国の重要政策を決定しようとする投票日を待ってるような様子ではなかった。

このような様子から韓国を知らない海外同胞および外国人は、国民全体が投票に無関心であるかのように判断するかも知れないが、もし、そうだとするならば、それは韓国を知らない証拠であり、皮相的な見方にすぎない。雰囲気が静かであった理由として考えられるのは、国民投票が誰かを選ぶ選挙でないこと、また、国民投票に関する法律に街頭演説、宣伝壁報、立看板等の掲示、賛成および反対を扇動する宣伝行為などが禁じられていたためであろう。それにしても同法第二六条に「国民投票の対象になる事項に関して単純な意見の開陳、意思の表示は国民投票に関する（禁止）運動でない」と明示されていて、国民各層はこの法律の範囲内で自分の意思を述べられるし、事実そうしていた。その例として語りあう場として一番利用されている喫茶店の各テーブルの話題は、ほとんどが国民投票に関するものであり、テレビで報道されるこの種のニュースに耳を傾けていた。また、報道機関では論評はないにせよ、事実報道を積極的に行っていた。特に目立つのは野党勢力の国民投票ボイコット闘争と検察当局の見解が新聞、ラジオ、テレビを問わずニュースの半分を占めていた。

投票日当日は朝早くから投票所に向う人が目立ち、どの投票所にも長い行列ができ、典型的な投票風景であった。投票所の管理および投票事務はすべて選挙管理委員会によって行われた。なお、投票所には投票立合人によって投票状況が監視された。これらの人はみんな関係法令に定められた記章をつけ、公正な関係人であることを明らかに表示していた。投票方法は、投票を知らせる通知書と住民登録証を持って投票所に行き入口を入ったところにすぐ設けられた投票人名簿確認所で、本人であることを確認してもらったあと、持って行った通知書に確認済のハンコを押してもらう。次は選挙管理委員長席に行って投票用紙と通知書を交換する。それからは前後左右が見えない記票所に入って賛否の意志を投票用紙に書き入れた後一投票所一カ所づつ設けられていた投票箱に投票用紙を入れていた。投票は、午後六時に締切られて終了し、その場で密封され選挙管理委員によって開票所に移送された。一開票場には数投票所から投票箱が集められ、各報道機関と立合人の監視する中で選管委員によって開票が行われた。当日は徹夜で開票し、その経過はラジオ、テレビを通じて全国に報道された。

その結果は前号の本紙にも報道されており、日本の新聞にも報道された通りである。開票結果が明らかになったあと、接して見た韓国民はほとんどが次のように語っていた。「今後政府は、少数であるが反対者の意見にも耳を傾け、国政に反映することを望みたい」

また、ある人は「いまのわが国の現実を認識するならば、われわれがやることがなにかという必要もないでしょう」と反問していた。

それから「国民の基本的権利行使を奪おうとした一部の人々も、この結果を冷静に受け止め国家発展に協力することを願いたい」とも語っていた。政府では今度の国民投票について、「勝利者も敗北者もない投票であった。これからは全国民が一致団結して国家建設に努力しよう」と声明を発表し国民の団結を呼びかけた。

自らの判断で1票を投じる市民。前方幕の中は記票所、手前の人は立合人

これが新聞論調形成の正体だ

存在しない編集方針

報道姿勢はご都合しだいで変る

矢野健一郎

新聞に対する批判としてよくいわれることの一つは、新聞は当然書くべきことを書いていないということである。たとえば「週刊文春」二月五日号は「墜ちた毛沢東、〝新聞が書けなかった中国〟研究」という一文で、米誌ニューズウィークが中国の全国人民大会に関連して毛沢東の権威の失墜を推測していることを紹介するとともに、このように突っこんだ解釈を下しえない日本の新聞を皮肉っていた。（「月曜評論」の好意により転載）

確かに私の読んだ範囲内でも、欧米の新聞に竹のカーテンに包まれたナゾに迫ろうとする積極的な姿勢のようなものが感じられたのに比べて、日本の新聞には中国の説明をうのみにする無気力でお座なりな姿勢が感じられたのである。

新聞に対するいま一つの批判は、その立場が首尾一貫しておらず、その時々の都合でどうにでも変わるということである。これは雑誌『諸君』三月号掲載の「朝日新聞社説の戦後三十年」の中で、辻村東大教授が指摘しているところである。そこでは朝日が日米安保を積極的に支持する立場からそれへの否定的な立場に変って行ったこと、また最初沖縄や小笠原に対する日本の潜在主権の存在を否定するかのような論理を展開していた同紙が、その後沖縄返還を強硬に主張する立場に変ったことなどが、実例を挙げて示されている。辻村教授はこれを「かなり無責任な御都合主義」と評している。

このほかにも新聞に対しては、大勢順応的であり、たとえばPCBが問題だというと連日のようにPCB汚染を騒ぎ立て、そのくせしばらくたつとすっかり忘れてしまうという健忘症であることが指摘できるだろう。また、中国と米国、北朝鮮と韓国では、これに対する新聞の姿勢が一変してしまうというような不公平さも指摘されうるだろう。

ところでわが国の新聞は、なぜこのように書くべきことも書きえないほど臆病であったり、立場が絶えずぐらぐらと変わるほど首尾一貫性を欠くのであろうか。私はこうしたことの起こる根本原因を最近どうやら突きとめることができたと感じている。それはわが国の新聞における論調形成の特殊なメカニズムにあると考えられるのである。この点に関する私の考え方は近く刊行される拙著「新聞の欠陥をつく」（日本教文社刊）の中で詳述しているが、ここではその要点を紹介したいと思う。

わが国の新聞の論調形成のメカニズムは、自由な言論の伝統を持った欧米諸国の新聞のそれと比べて、著しく違った特異なものであるように思われる。その特徴を箇条書きにすると次のようになる。

一、わが国の新聞はほとんどの場合、論調の決定権であるいわゆる編集権と、それによって決定される論調のあり方つまり編集方針とが、極めて曖昧模糊としており、存在しないに等しい。これは欧米の新聞で社主とか社主から委任を受けた編集責任者が編集権を握り、それに基づいて編集方針を打ち出しているのと対照的である。わが国でも編集権とか編集方針とかいう言葉が存在している以上、そうしたものがばく然と意識されてはいるようである。しかしそれは特定の人が編集権を握り、その権限に基いて一定の方針を打ち出すという風なものとしては考えられていないのである。

一、従って編集および編集方針は明確な形では存在しないのであるが、それならば個々の新聞記者はそれらの拘束を受けることなく自由に物が書けるかというと、事実は全くその反対である。個々の新聞記者はそれぞれ「社論のワク」といったものを強く意識しており、そのワクをはみ出さないように極めて用心深く自己規制しながら物を書いているのである。また、明確な編集方針という形でのワク組みは存在しないに等しい。にもかかわらず個々の新聞記者が一定のワク組みを強く意識しているということは、理屈に合わぬと考えられるだろう。だが実際にそうなのである。

一、そのタネ明かしをしよう。個々の新聞記者が意識しているワクは、編集権を持った人によって明示された編集方針といったものではなく、そんなものは前にもいった通り存在しないに等しいのである。そのワクは新聞社内を支配している雰囲気なのである。それは特定の人によって作り出されたというよりも、いわば社内全体がかもし出す雰囲気なのである。それははっきりした形を持ってはいないが、それにもかかわらず個々の新聞記者に対しては強い拘束力を持ったものとして意識されているのである。

一、これをいい代えれば、わが国の新聞はそれぞれ新聞社内全体のかもし出す雰囲気によって支配されているということである。この雰囲気が編集権を握った形で、論調を支配しているということである。この雰囲気はわが国の新聞社では実に強大な力を持つ。しかしそれが雰囲気である以上、個々の問題について明確な指針を示すということは勿論ない。それは理性的な是々非々主義の立場をとることもない。それは主として集団としての新聞社の自己保存本能の表現といった形をとる。それはまずなんらかの意味で新聞社の利害と関係のありそうな存在を刺激してはならないといった禁忌、つまりタブーとして存在する。たとえば、北京に特派員を派遣できるためには中国を刺激してはならない。読者、特に声が大きく、ことによると不買運動でも起こしかねないような組織を刺激してはならないといったタブーである。

また新聞社の集団としての自己保存本能は、集団の和を乱すようなこともタブー視する。こうした意味で労組の意見を無視してはならないし、それを刺激することはタブーである。さらに一般的にいってだれかれを問わず、刺激することは和をみだすことであり、危険を冒すことだから、避けねばならぬのである。

以上を要約すれば、第一にわが国の新聞にはほとんどの場合はっきりした編集方針は存在していないということであり、第二に編集方針に代って論調を左右しているのは新聞社内を支配している雰囲気だということであり、第三にこの雰囲気は主として新聞社の内外の雰囲気を刺激してはならないというタブーとして個々の新聞記者に意識されていることである。これが私の発見した日本の新聞の論調形成のメカニズムである。

さて最初に掲げた新聞のさまざまな欠点も右の「理論」に照らしてみればその原因が立ちどころに解明されうるのである。わが国の新聞は中国の人民代表大会に際して、多くの場合は中国のいい分をうのみにして伝えるだけで、欧米の新聞のように大胆な分析、推論をなしえなかった。なぜならば、多くの新聞社を支配している雰囲気は数年来中国を刺激することを強いタブーと見なすようなものであり、また中国が自ら説明しようとしないことを、つまり中国のナゾをあれこれと詮索することは中国を刺激することになると考えられるからである。ただし、このタブーが一、両年前ほど強いものでなくなって来ているらしいことは「中国の日本に対する態度が大変わりに変わった」ことを指摘した一文が朝日の夕刊の「今日の問題」に載ったことにうかがわれた。

また新聞の論調がぐらぐらと変わり、一貫性を欠くことも、この「理論」に照らせば当然のこととして理解されうるだろう。論調を支配しているのは雰囲気であるが雰囲気はもともと首尾一貫せぬものであり、大勢に応じてたえず揺れ動くものであり、御都合主義のものなのである。朝日の論調が安保の積極的支持から批判に変わったということは、朝日を支配していた雰囲気が変わったことの結果に過ぎなかっただろう。また新聞論調が大勢に順応して大騒ぎをするかと思えば、それをケロリと忘れる健忘症でもあること、相手次第で態度を変え、自主性のある判断を下しえないことなども、それが雰囲気に左右されている以上避け難い事だろうと思われる。

わが国の新聞が欧米の新聞と比べて、編集権の所在が不明確で、編集方針もあいまいであること、新聞社内のばく然たる雰囲気が事実上編集権を掌握った形で論議を支配していること、この雰囲気はほとんどの場合「刺激してはならない」というタブーとして個々の新聞記者に意識されていることなどいずれも日本人の社会心理つまり国民性に由来しているものと私は判断している。しかしそれらが日本人に共通する国民性に由来しているとしてもこうした奇妙な論調形成のメカニズムの中にあってその異常さに気付こうともせず、あるいはたとえ気付いてもあえてこれが打破を試みようとしない新聞人の責任を不問に付してよいということにはならないのである。新聞人の責任にこれ以上言及する余裕はないが、いずれまた機会があれば、改めてそれについて触れたいと考える。（評論家）

神話でないことの確認

文定昌「檀君史記研究」

訳・註　金元奉記者

（11）

檀君に関する文献　（8）

鄭寅普の「朝鮮史研究」の上古朝鮮・続き

裕福で強国だった古朝鮮

箕子朝鮮説は漢人の妄筆

箕子朝鮮に関する異説　流浪した漢人たちが、自族の勢力発展に関した上古史の誇りとして箕子の朝鮮王冊封説をつくり上げた。史記の原文を見ると「箕子が武王に『洪範九疇』を伝えた後に、武王が箕子を朝鮮王に封じた。」となっている。箕子が逃亡して朝鮮にはいり、箕子朝鮮を建てた後に武王に呼び寄せられ、洪範九疇を講義し、周の国に朝貢した、となっているが、箕子の志節が、そのようなことをする道理は絶無なはずであるし、また箕子の墳墓にしても、史記・微子世家の註に「梁国・蒙県に箕子冢有り」となっているし、水経註に「箕子の墓がある」と河南志を引用した。……根拠のあいまいな「武王の箕子朝鮮王冊封」説を、流寓する漢人たちの妄筆を信じ、近々千年程の間に説が出て信奉されはじめ、今日にいたるまで流伝されている。

《著者註＝「流寓」ということは、亡命または離郷して放浪していて、よその国または他郷で寓居することをいうもの》

箕子朝鮮が流伝されたわけを知らなければならない。……古朝鮮の衰亡は衛満以後のことである。箕子朝鮮が流伝したゆえんを知るには、まず「箕」と「クンム」との転移過程（言語学的に、訳者）を知らなければならない。「クンム」は古代朝鮮にあって最高の称号であった。だから檀君王倹がそのまま王となったのである。……古代にあって「ハーン」(韓)、「カーン」(汗)などは「君」を称する言葉であるが、韓と汗は小国の君を称するもので、天下に王となる人、即ち全朝鮮の王であってこそ「クンム」と呼ばれた。高句麗は都城に箕山があったが、箕山は王が山行したところであったので、その山を箕丘ともいった。

白頭山を蓋馬大山だという。蓋馬も「クンム」と読むだろうし、箕準と衛満が都としたところがすべて王倹城であったし、……王倹城は……それは遼水岸の平壌、即ち海城であったし、蓋と海の古音は「クンム」であったので、結局、箕・蓋・海はみな同じ「クンム」となるのである。

したがって衛満に追われた箕準が、つまりその時代の朝鮮全国の王で、檀君の遠い子孫であった。周の国の武王に追われて逃げた殷人箕子とは何等の関係もなかったものである。（同書五六〜六一面）

古朝鮮の衰亡　古朝鮮は北は松花江・西は興安山脈と万里の長城・東は東海・南は韓半島をその領域とした大国で、国家は裕福、国民は勇敢だったので、契丹志は「三人渤海・当一虎」（渤海人三人は虎一匹の力に相当する、訳者）だとし、漢土文献は「扶余は其人が強勇である。」としたし、三国志・後漢書・晋書などは「其人が勇敢である。勇気と力のある人が多く小さい衆といえども強力で性は強勇である。高句麗人は行歩のとき皆走る。」とした。

BC二〇〇年頃、秦始皇帝が東北（日帝時満州と称した地方）の朝鮮と西北の匈奴に備え三十万の兵士を動員して万里の長城を構築した。韓人張良が亡国の恨みをいだき朝鮮に救援を求めたので王某両が力士黎氏を推選してくれた。この人物が即ち史上に有名な滄海力士である。

滄海力士黎氏は、穢族の人であろうか、百二十斤（約七十二㌔）の鉄棒（日本で鬼が持っている金棒と同じような物、訳者）をふり回し、陽武博浪沙中で秦始皇帝を襲撃した。

この強大な古朝鮮が隣国の燕の国を信に脅やかした。燕の国家社会が危険な状態になることであった。東周恵王二四年に（古朝鮮が、記者）燕を討ったので、燕は斉の国に救援を請うた。このときは斉の桓公三〇年であり、管子に話すに「北に向かって令支を下鳥山で攻伐して孤竹を斬り、山戎に出合った」と。山戎は即ち燕の北の方にある朝鮮である。令支と孤竹はそのとき朝鮮の地であったので、斉の国が燕の国を救援すべく朝鮮にはいって来ていて、古朝鮮軍に出合い敗走したということである。

元来朝鮮と燕は国力が同じでなかったので、史記・燕家譲に「燕の国は北から蛮貊が侵略して来る上に、関内では斉と晋に追われるなど、強国の間に囲まれているので、それは列国中で最も弱少な国である。」となっている。

そうしたところ、東周顕王二四年（B・C三三三）に、燕の易王が王号を称し、甚だ傲慢になって朝鮮に侵冦するので、朝鮮が他の国に先立って燕を討とうとしたところ、大夫、礼という者が和解を主張したので、朝鮮王は礼を使者として燕に送り両国間に和を成立した。そして燕が兵を大量に養う機を与えてしまった。（魏書）

古記、何奴伝によると「はやくから東胡、すなわち朝鮮に捕われていった燕の将師秦開が、偽わった降服で朝鮮への信任を得た」となっている。秦開が帰国した後、大きな謀略を図った。魏略は「燕が遂に秦開を送って西方を攻略させ、地二千余里を奪い、追って満潘汗にいたりその地を境界としたので朝鮮が遂に弱体化した。」と記録した。

そして朝鮮が衰亡し、燕が起ってくるさまを、漢の人、王符は、その著・潜夫論で「昔周の宣王の時代、韓侯があったが、その国は燕と国境を接していた両国の興亡を詩にいう『あの大きくて恐ろしい韓の国、燕の育兵を整えせしめたり』その後韓の国は都を西に移し《今のはるびんから西の蓋平に、著者》、またこれ韓姓であるといっていたが、衛満の攻撃を受け、海中に移ったと。」と書いた。さらに郭道卿の燕史は、詩で謡った「その燕を追うといえる、貊が」「その燕の軍が出征せる北の国なり」、貊は韓の北にあり、韓はもはや燕の有するところとなりたり、韓族が東に逃がれ、漢の国の初めの年に三韓を起せり。（同書五八・八四〜八五・九一〜九二・九七面）

解放後の混乱期を闘かった

建青創設回想録

洪万基　文
金竜煥　画

（11）

建青結成大会

運営費の問題であるが、最初は悉く洪賢基の私財で賄っていた。これに異論をはさむ人はあるまい。李起東という男が一金三万円也の寄付を申し出たことがあるが、これは拒絶している。というのは、この李起東は朴春琴同様、民族反逆者の烙印をベタッと押されて朝連側からも指弾されたからである。以上部署責任者のうち、許雲竜だけは、旧日本軍憲兵の密偵だったとかで査問会をひらき追放してしまった。これに続いて調査部責任者であった全相浩が間もなく帰国して、風の便りによれば釜山警察署の署長になったという話である。彼は立命館大学の法科出身でインテリであった。

調査部の後を引継いで金陵男、情報部を新設して金麗洙が責任者となった。手始めに、檄、趣旨、綱領、運動方針、青年建設隊要綱、いろいろ盛り沢山あるが、その中・重要だと思われるので、綱領だけ採りあげて訳してみると、

建青綱領

一、われわれは祖国の完全なる自主独立を目指してその実現のために、朝鮮青年の大同団結を期すべし。

一、われわれは自由かつ民主主義国家建設のために献身奮闘を誓うものである。

一、われわれは官僚民主的遺習を打破し、進取と創造性を発揮して建国の礎石たらんとするものである。

一、われわれは教育の革新をはかり、民族文化の永遠なる発展を遂行せんとするものである。

一、われわれは国家的事業の推進のため青年建設隊を編成し、難局に際しては随時動員すべく待期するものである。

一、われわれは質素を旨とし、健全なる勤労精神の培養を堅く期すべし。

この綱領はいま顧りみてもなかなか立派なものであった。如何なる団体、又は会合でも趣旨綱領は悪かろう筈がないが、肝腎なことは実践如何にかかっている。ところが大低空文化してしまって、その精神を忘れてしまうことである。

当時、朝連側が建青を誹謗するに、馬鹿な奴らの烏合の衆とよくいった。つまりイデオロギーがないということである。これはある意味ではあたっていたと思う。というのも、この綱領の精神を掲げて、実践の汗みずをたらしたならば、まぎれもなく、いまの毛沢東語録にも匹敵するものであった。惜しむらくはその精神が徹底せず、空念仏に終ったことである。空念仏はおろか、誰一人この精神を理解出来なかったのではあるまいか。

建青側はこの朝連の誹謗にこたえてうろたえた。賛否、うろたえたならまだしも、無知であった。建青側はこの誹謗にこたえて無色透明を標榜した。これは洪賢基が言いだしたことで、つまり、自分たちはアカにも桃色にも染まらない純然たる民族主義者だと言いたかったのであろう。しかしこれは無邪気すぎる。

建青は結成すると同時に、東京、多摩川、城東、三多摩、神田、銀座、山武、安房、木更津、下総、横浜、鶴見、相模原、川崎、土浦、水海道（茨城県水海道町）、前橋、秋田、松本、大町（長野県北安曇郡）、兵庫、大阪、京都といった順に矢継早やに燎原の火の如く拡大していった。しかし到る処で必ず既成の朝連支部と血を流し、しのぎを削った。

京都支部結成のときも案にたがわず襲撃をうけて殴りこみをかけられている。宣伝部責任者金容太以下皆なぐりとばされたが、さすがに洪賢基には手を出さず、禅問答のような埒もないことを受答えている。

「民族団体として朝連があるにも拘らず、建青なるあやしげな同盟を唆かしてまわるのは何故であるか？」

「建国促進青年同盟は民族青年の発露であって、そういう意味では無色透明である。朝連のような赤色団体ではない…」

というわれから、無色透明を標榜するようになった。しかし、これはよく考えてみるとナンセンスである。団体のあるところ思想的、若しくは哲学的中身がなくして、如何なる趣旨があろうというのであろうか？

つまり、先に挙げた建青の綱領は抽象的ではあっても、立派な青年の理念である。趣旨綱領の精神を理解し、この簡単明瞭な理念を掲げて追求奮闘したならば、あるいは青史を飾ることが出来たのかも知れない。

結成大会と共に、破竹の勢いで日本全国限なく組織が拡大して行ったので、幹部は気をよくして調子に乗りすぎた。自分たちが偉いと錯覚したのである。

やがて全国大会を開催して、中央執行委員を選出した。

中央執行委員長	洪賢基
副委員長	徐鐘実
〃	許雲竜、後に金容太
宣伝部長	金容太
庶務部長	金顕弼、後に柳某
外事部長	李元裕
財政部長	李承裕　〃金斗冲
調査部長	金陵男
情報部長	金方洙
文化部長	李海竜　〃金泰洞
建設部長	金鐘斗
訓練所長	崔猛虎
体育部長	蔡洙仁

（つづく）

団結로써 粉砕하자 朝總連의 破壞工作

創団30年史発刊に際して

民団と国家は、その歴史を記録することによって保存されてくるものであり、またその記録を通じて過ぎし日月の事実と変化を鏡として現在のあらゆる問題に対処して未来への発展を期するものであります。

一九七五年、民団は創団三十年を迎えることになりました。

回顧すれば、干余曲折の多かった過ぎし日月が感慨無量であり、解放された喜びと、団結の旗幟を高くかかげ、自己防衛のための多くの努力、民族愛と血で染められた反共闘争、不当な日政に対する抗争など、その絢爛たる歴史の一駒一駒を整理、記録して民団三十年史を編さんすることは、われわれの一大事業であるといえます。

既に、写真で見る二十年史は発行されたことがありますが、このたびの三十年史編さんに当っては、写真はもちろん、事実内容の記録で一九四五年八月十五日の解放を起点とし、六・二五動乱を経て今日に至るまでの、各級組織の闘争活動を詳細に収録、刊行せんとするものであります。

この三十年史こそ、在日同胞の民族運動の生きた記録として永久に伝えられるであろうことを信じて止まない次第であります。

編纂委員長　尹達鏞

資料提供のお願い

先の第二十三回定期中央委員会において決議採択された「創団三十年史」刊行のための編さんにあたっては、全国に散在している民団史のための貴重な資料を広く集めておりますから、古い遺物、刊行物、写真などを積極的に提供して下さるようお願い致します。

また「韓国新聞」の縮刷版（1・2巻）を刊行しました。限定部数なので、民団備え付用として至急御注文下さい。

第1巻・八三六ページ（一九六四年から六九年まで）六千円
第2巻・一、四二八ページ（一九六九年から七四年まで）一万五千円
第3巻・一、四〇〇ページ（一九四五年から六三年まで）一万五千円
朝鮮新聞、民団新聞、民主新聞、韓国新聞、解放写真画報、韓国写真画報等を収録。

☆資料提供のしめきりは二月二十五日まで

民団中央本部・創団三十年史
編纂委員会事務局
電話・〇三−八一三−二二六一〜五（内線二六）

上野で本場の味を!!

焼肉料理　新規開店

団体宴会は300名様までOK

ロース焼……¥550　冷麺……¥500
カルビ焼……¥550　定食……¥500
ミノ焼……¥500
◎ランチサービスタイム 11:00〜3:00
ビビンバ……¥300　焼肉定食……¥500
クッパ……¥300　定食……¥400

御宴会1,500円から4,000円まで6コース

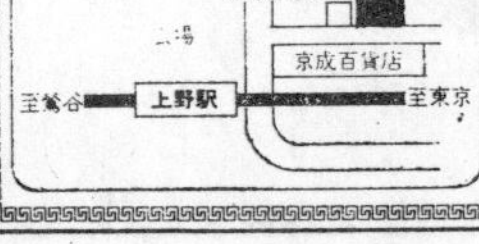

☆上野サウナ温泉会館1・2F

☆結婚式の披露宴に最適

焼肉の殿堂　漢一館

台東区上野6-16-5（上野京成百貨店東口通り）
電話 831-9417

韓國新聞

在日大韓民国居留民団
中央本部機関紙
韓國新聞社
発行人 尹 達 鏞
東京都文京区春日2丁目20−13
電話 直 (815) 1451〜3
交 (813) 2261〜5
振替口座 東京 163774
本国連絡所（民団本国事務所内）
서울特別市鍾路区昌成洞
政府合同庁舎4階
電話 73−0192・0165

在日本大韓民国居留民団 綱領
一、우리는 大韓民國의 國是를 遵守한다
一、우리는 在留同胞의 權益擁護를 期한다
一、우리는 在留同胞의 民生安定을 期한다
一、우리는 在留同胞의 文化向上을 期한다
一、우리는 世界平和와 國際親善을 期한다

第56回 三・一節

第五十六回三・一節を迎え、今年も民団全国組織では、式典と各種記念行事を催おすことになった。特に今年の記念行事は、維新体制に対する国民投票の結果が支持されたあとだけに、在外国民としても維新課業完遂のための積極的な参与を固めるということで、その意義は重く大きいものがある。この日東京（国際劇場）大阪（中之島中央公会堂）は、民俗芸能など多彩なプロを組んでおり、全国各地でもこれに準じた行事を催おすことになった。一方、本国で催される式典には、例年より簡素化して全国から三十二人の代表だけが参加することになった。

「セ民団」で朝総連を粉砕

尹団長記念辞

尹達鏞　中央団長

親愛なる同胞の皆さん―

一九一九年（今から56年前）の今日、わが二千万民族は祖国と自由をとりもどすため、命を賭けてたちあがりました。

日帝の警察と憲兵の銃剣にも屈せず、息の絶えるその瞬間まで大韓独立万才を叫びつづけました。

今日、われわれが、われわれ自身の祖国をとりもどし、韓国民として、堂々と国家に奉仕できるようになったのは、わが先烈の血で築かれた闘争の成果であることを知らねばなりません。

われわれは、先烈の血であがなわれた祖国の疆土と自由をいかなる侵略からも守り抜かねばならず立派に育てあげねばなりません。

親愛なる同胞の皆さん―

一九七五年度の三・一節を迎えるにあたって、われわれの祖国が維新体制を基盤としてわが歴史上類例のないほど輝やかしい発展をなしとげているということを知っております。

同時に、われわれの祖国を破壊し、南侵しようとする北傀共産党の悪辣な蛮行がなされていることもよく知っております。

今日、第五十六回三・一節を迎え、われわれがちかうべきことは

第一に、三・一精神とは、わが民族が少々の意見の差異は止揚して愛国精神を発揮することであります

第二に、三・一精神とはいかなる外敵の侵略と抑圧があっても、命がけでこれを退け、われわれの主権と領土を死守する精神であります。

第三に、三・一精神とは、われわれが当面する問題に対して自主的に選択し、決定することを尊重する精神であります。

第四に、三・一精神とは、他者を怨み非難するよりは、自己充実に重きをおくところにあるということであります。

このような三・一精神をわが民族、一人一人が深く心に刻むべきでありましょう。

二月十二日に実施された国民投票の結果こそは、ごく少数分子が騒ぎをおこしていた反体制的言動が決して全国民の意思ではなく一部敗者と不平分子のしわざにすぎなかったという事実を明らかにしています。

われわれは、今日、国民投票でわが国民が自主的に選択した「維新の道」を「飛躍の道」としてうけとめ、民団の総和体制である「セ民団」を積極的に展開する為にも、われわれは予想される北傀の手先である朝総連のあらゆる挑発と破壊工作を徹底的に粉砕し、民団組織を強化することを皆さんとともにちかうしだいであります。

おわりに、祖国の独立を守護のため犠牲となられた先烈と、戦没将兵の冥福を祈り、祖国の栄光と共に民団の発展を祈ってやみません。

一九七五年三月一日
在日大韓民国居留民団中央本部
団長 尹 達 鏞

金大使記念辞

金永善　大使

第五十六回三・一節を迎え、親愛なる在日同胞のみなさんとともに、この意義深い民族的式典が年々歳々、新しくわれわれに語りかける"呼び掛け"の意味を汲みとり、明日への進運に資したいと思います。

いまを去る五十六年前のこの日わが民族指導者三十三人は「独立宣言書」を通じ、わがくにが"独立国"であり、わが民族が"自主民"であることをひろく内外に宣明いたしました。この独立国であり自主民であらんことは、わが民族の永遠の指標であり、その意味づけは常に新しくあらねばならぬと、私は確信いたします。

真に独立国であるためには、それを裏付ける力がなければならず真に自主民であるためには、その力を真にその力とならしめる誇り高い衿持が培われねばなりません。

われわれは、この信念のもとに不退転の決意で国造りにいそしみ六二年から七二年の十余年間、年平均九・六パーセントの高度経済成長を持続させ、祖国近代化の基盤を固めてまいりました。オイル・ショックのマイナス要因がもろに重なり合った七四年度においても、われわれは八・二パーセントの高度成長を達成しました。この実績と、これに裏付けられた自信と衿持は計り知れぬわが韓民族共同の資産であり、これは海外在住の同胞みなさんも等しくわかち合う資産であることは申すまでもありません。

親愛なる同胞のみなさん！

今日、高度成長の"神話"は、世界的に崩れつつあるといわれております。発想の転換が緊要であるともいわれております。この年がかつてなく試練が加重されたむずかしい年であろうことは予想に難くありません。こういう状況のもとに、われわれは五十六回目の三・一節を迎えました。

しかし、いかにわれわれを取り巻く条件がきびしいといえども、われわれは今日を乗り越え、明日の国土統一を期約するためには、われわれ自身の力を不断に拡充しこれに裏付けられた自信と自覚を高めていくほかありません。

われわれはここで三・一独立運動の今日的意義をいま一度きわめこの難局を切り開いていく原動力を学び取ろうではありませんか。

五十六年前のこの日、わが民族がひとしく民族的次元に立ち、団結を固くすることがなかったならば、われわれの"永遠の民族的脈絡"ともいうべき、今日の「三・一」の金字塔をうち立てることができたでしょうか。この団結を基盤とする民族自決の要請は、五十六年前に当為であったように、今でも当為であると私は確信するものであります。

われわれは、さる二月十二日国民投票を通じ、維新体制の歴史的当為性と現実的不可避性とを再確認いたしました。

この結果を踏まえ、朴正熙大統領は二月十三日特別談話を通じ、「国民投票には勝者もなく、敗者もない」と指摘し、「国民投票で再確認された国民的正当性に立脚して今後国民総和を土台にする挙国的政治体制を発展させていく」ことを言明されました。国民総和と挙国体制は時代の要請であります。

われわれが明日を期約する道は平凡ではありますが、国家的次元に立っての団結を差し置いてはありません。

一に団結、二に団結であります。民族的エネルギーの集約であります。

先烈の霊に敬虔な黙祷を捧げながら、この民族的式典の名においていま一度一致団結を誓い、民族中興の道を邁進いたしましょう。

一九七五年三月一日
駐日本国大韓民国
特命全権大使
金 永 善

三・一精神で難局克服
朴正熙大統領におくるメッセージ

尊敬する大統領閣下

今日、意義深い第五六回三・一節を迎え、在日本大韓民国居留民団は、祖国の独立のため命を捧げられた先烈と愛国志士の英霊を追慕し、その愛国犠牲精神をしのびつつ、この会場で記念式典を催おしました。

われわれは、この式典で半万年の輝かしい歴史を持つ韓民族の誇りをもって主権の不可侵を世界に宣言した三・一独立精神を心に刻み、今日の困難を打開、克服する精神を貫くうけつぎ、自由と平和を守るために命を捧げるという明らかな証拠を世界に提示した日が今日であることをわれわれは知っています。

われわれの先烈が、日本帝国主義の侵略と抑圧に血をもって抗した三・一精神は、わが歴史に輝かしい精神的遺産としてわれわれに継承されています。

また、この民族の精神遺産は、ただちに遺産としてのみならず今日の祖国が当面した難局を克服できる明らかな指標を示してくれたものであることがわかります。

われわれは「維新精神」をもとに鉄の団結をちかう民衆大会を開催し、本大会の総意をもって大統領閣下にメッセージをおくるしだいであります。

尊敬する大統領閣下

今日、この日はわが民族の生命と歴史は、いかなる外敵の侵略や抑圧にも屈せず、ますます強化される不滅のものであることを知っております。また、今日、この日はわが民族の運命は、わが民族自身が選択するという民族自主の指向を世界万邦に宣布した日であることをわれわれはわきまえています。

尊敬する大統領閣下

北傀の南侵のための企図と凶計は絶頂に達して、わが国母、大統領令夫人を殺害するかと思えば、地下トンネルを掘って奇襲を企てる凶謀ります。言であばかれるにいたりました。

このような時機に国内一部には無責任な政治家や、国家の安保より自らの栄華を先だたせる輩らは北傀の侵略企図を軽視する傾向があることを指摘せざるを得ません。

われわれは、このような難局を克服するため民族の中興と祖国の近代化を具現する維新体制に団結をかため、三・一精神が示す強じんな民族性を再確認し自主的民主々義国家建設に尽力される大統領閣下とともにあるということに限りない栄光を覚えるしだいであります。

尊敬する大統領閣下

二月十二日に実施された国民投票の結果、維新体制はわれわれの生きる道であり、われわれに最も適合した方法であるということを大統領閣下は、はっきりと示してくれました。

わが在日国民らも朴大統領閣下領導のもと、維新総和体制に直結される「セ民団」運動に総力をつくすことをちかうしだいであります。

おわりに、われわれは在日六十万同胞の地位向上と永住権未申請者に対する救済と民生安定等に対して、特別な配慮と措置をお願いいたし、躍進する祖国にかぎりない栄光と閣下の健勝を祈願するしだいであります。

一九七五年三月一日
在日本大韓民国居留民団第五六回三・一節記念民衆決起大会

論壇
第56回三・一節迎え 独立宣言書を再吟味

一九〇九年日本帝国は、韓国の民族的要求に由来したのではなく、日本の武力に依る韓・日併合を強行したのである。

その後、時に応じ様々な金石盟約をふみにじったことに対して、韓国人の日本に対する不信と怒りは極度に達した。

ついに、韓日併合強行後十年を経た、一九一九年（己未）三月一日、首都ソウルを中心に韓国全土の津津浦々に憤怒と怒りに満ちた群衆は、怒涛の如く街に流れ出て、『大韓独立万歳！万歳！』と喉声がはりさけんばかりに大声で叫んだ。

この三・一独立運動には全国で二百二万三千九十八人が参加し、この独立万歳の雄叫びは全土を席捲したのである。

三・一独立運動を理由に逮捕投獄された者四万六千九十四人死亡者七千五百九人、行方不明一万五千百五人に上った。

このような一大民族運動の理論的骨子を為す、独立宣言書をこの際再吟味することはその真相を把握することとまた、この崇高な三・一精神を継承する上にも重要な意義をもつものと考えられる。先づ、

一、自己の主張を明確にし、正当性を明白にしている点である。曰く『われらは、ここにわが朝鮮の独立国であることと、朝鮮人が、自主民であることを宣言する』となっている。これは所謂韓、日併合そのものが、民族反逆者と帝国奴、それに日本帝国の武力に依るもので、民族的要求によるものではないことに対する反発であり、韓、日併合そのものを否定すると同時に、韓国は独立国であるとの宣言即ち自己主張である。

この宣言は、人類平等の大義であり、民族独立は天賦の権利である。

これは天の明らかな命令であり、時代の大勢、全人類の共存共栄の権利であって天下のなにものといえどもこれを阻止し、抑圧し得ないと、自己主張の正当性を、天下に向けて堂々と述べている。

二、日本に対する自己姿勢

日本が犯した罪悪は、旧時代の遺物である侵略主義、強権主義であり、その犠牲となった、生存権の剥奪、思想の自由な発展の障害、民族の尊厳毀損、わが文化民族を野蛮視し、卓越せる民族心理を無視し、差別不平なる日本はもっぱら征服者の快をむさぼるのみ、この犯罪者日本を罰し、怨むことが主なる目的でなく、むしろ、勇気、明断、果敢をもって旧来のあやまりを正し、真心からの理解と同情にもとづく、友好の新局面を打開することが彼我のあいだに禍を遠ざけ、祝福をもたらす捷径であることを明察すべきであるとさとし勧告した。

三、吾人の最大急務は自己忠実

このたびの行動は先に例挙した日本の不義を責めるためのものでなく、旧怨および一時の感情によって他を嫉逐し排斥するものではない。

自己を策動するに急なる吾人は他を怨むいとまはない。現在の問題に多忙なる吾人は過去をとがめる暇がない。今日われわれの専念するところはただ自己の建設のみであり、独立を確実にすることである。決して他を破壊することではない、厳粛なる良心の命令によって自家の新運命を開拓せんとするものである。

四、東洋の永遠平和にも腐心

今恨苦怨の二千万人民を威力をもって拘束することは、東洋永遠平和を保証する所以ではない。のみならずこれによって東洋安危の主軸たる四億中国人民の、日本に対する危惧と猜疑とを、ますます濃厚ならしめその結果として、東洋全局の共倒と同亡の悲運を招くことは明白である。朝鮮独立は、朝鮮人をして正当なる生活の繁栄の追求をなさしむると同時に、日本をしてその邪道から脱出せしめ、東洋の支持者たる重責を全うせしめ、中国が夢寐にも忘れない不安、恐怖から脱出せしめ、東洋平和のまたその重要なる一部をなす世界平和に必要なる段階たらしめんとするものである。

区々たる感情の問題ではないと記されている。

五、希望と自信を表現

ああ、新らしい天地は眼前に展開された。威力の時代は去って道義の時代はきた。新らしい春は世界にめぐりきたり、万物の蘇生を促進しつつある。天地の復運に際会し世界の変潮に乗じた吾人は、何らのちゅうちょなく何らの忌憚もない。わが固有の自由権を護全し、生業の楽を享受すべくわが自足の独創力を発揮して春満てる大界に、民族の精華を結集すべきである。

われらはここに奮起した。良心はわれわれと共に有り、真理はわれらと共に進む。全世界の気運はわれわれをまもっている。着手はすなわち成功である。ただ前方の光明に向ってばく進あるのみ。

六、主張と態度は公明正大に行動は秩序尊重

①公約三章の今日われわれの行なうこの事業は、正義、人道、生命尊厳のための民族的要求、すなわち自由精神を発揮するもので、けっして排他的感情に逸走してはならない。②最後の一人まで、最後の一刻まで、民族の正当なる意志を欣然として発表せよ。③いっさいの行動はもっとも秩序を尊重し、吾人の主張と態度を、あくまで公明大正にせよ。

以上が今より五十六年前の独立宣言書の骨子である。

想い起せばあの日本の憲兵政治が全盛を極めた時代にこのような勇気あるまた奥深い宣言書の内容に接し、ただ黙してこの運動のために犠牲になった先烈に対し感激の念を禁じ得ず、現代におけるわれらに向かって何かを示唆していることに襟を正すのみである。

一九七五年二月二十六日
主幹 朴 性 鎮

× × ×

시사만평

金日成の南北対話
金竜煥

政府施策に順応 同胞の権益擁護
決議文

一九一九年の今日、全民族が決起した独立運動は、わが先烈の崇高な愛国愛族精神の発露であった。われわれは、この三・一精神を継承して、維新課業完遂と祖国の平和統一のための本国政府施策に順応し、在日同胞の権益擁護と民生安定と福祉向上を期して、民団組織強化に邁進することをちかい、本大会の総意として、つぎのように決議する。

一、われわれは民族の自主独立のため犠牲となられた先烈らの崇高な三・一精神にならい、維新課業を完遂して国家発展と同胞福祉事業に邁進する。

一、われわれは、政治、経済的に動きの激しい今日の国際情勢に能動的に対処し、あらゆる謀略と誹謗を断乎と粉砕し、維新体制に呼応して、民族の念願である祖国の平和統一を築くため、全力を傾ける。

一、われわれは、在外国民としての衿持と国際的信義にもとづき在日同胞社会の繁栄と、民団組織強化のため、対内外的に積極的に活躍する。

一、われわれは大韓民国々民として、日本をはじめ世界自由友邦国民と友好親善をはかり、世界平和に貢献する。

証拠写真提示し 北傀の南侵糾弾
武装船問題で国連軍が

板門店の軍事停戦委員会第三百五十九回本会議が、二月二十一日午前十一時、北傀側の要請で開かれた。本会議で金善鉉北傀側首席代表は、さる十五日、韓国東海岸の巨津沖で発見され撃沈された北傀の武装船舶は、巡察船で当時漂流中であったと主張し、船舶と乗組員の返還を要求した。

これに対し、駐韓国連軍側のモーガン首席代表は、「北傀の船舶が軍事分界線（休戦線）を越えて韓国側水域内に侵犯したのは休戦協定第十五項の明白な違反行為であると指摘し、いったいなんのために北傀がこの船舶を韓国内に送り込んだのか」とただした。さらにモーガン首席代表は「北傀は漂流中であったと主張しているが事件を綿密に調査した結果、当時船舶が稼動していたことが確認された」と述べ、北傀船舶が沈没する直前に航海している証拠写真を提示し、「このような証拠があるにもかかわらず、当時の状況を弁明しているのは、糾弾されて当然なことである」と激しく非難した。

民族教育教師十人が来日

在日同胞子女に対する民族教育を強化するため、文教部から派遣された教師十人が二月二十日来日、それぞれ割当てられた韓国教育文化センターに向かった。民団中央を礼訪した来日教師は次の通り。

蔡奎生、高陽柱、鄭鉉球、朴賛堤、李賛洙、鄭在錫、李相熙、蔡相浩、朴能済、金鋪万。

日本官吏に韓国語講座

東京韓国文化教育センター主催の日本人向け韓国語講座が、さきほど、虎ノ門の国立教育会館で、開講式をひらきスタートした。

受講生は二クラス四十人で、日本の官公庁に勤務し、行政機構の第一線で活躍している人たちばかり。

韓国側機関が、日本の官公庁相手に、このような形式の講座をもつのは初めてのこととあって、開講式は大変の気の入れようであった。この日会場には金永善大使、黄哲秀首席教育官、呉培根東京韓国学校校長、崔壽勁韓国研究院院長らそうそうたるメンバーが参席、日本側からは文部省の木田学術国際局長、金山政英元駐韓大使らが祝辞をのべ激励した。

コロンビア大使に 玉満鎬前空参総長

関係はこのほど前空軍参謀総長玉満鎬予備役大将を駐コロンビア大使に任命した。

コロンボ公使に 李相振総領事

駐日大使館李相振参事官兼総領事が二月十八日付で駐コロンボ通商代表部公使に栄転発令をうけた。

このほかにも朴鎮一等書記官が本部通商三課長に、鄭京根領事は文書担当官に、丁埛勲領事は駐クメール大使館一等書記官兼領事にそれぞれ転任する。

三・一節スローガン

一、三・一精神うけつぎ維新課業完遂しよう。
一、セマウル精神に則とりセ民団運動を力強くくりひろげよう。
一、日本政府は、韓日協定の基本精神を遵守せよ。
一、われわれは、在日同胞の地位向上と福祉事業に邁進しよう。
一、北傀は、南侵野欲をすてて、南北対話に誠意を示せ。
一、金日成の手先・朝総連を徹底的に粉砕しよう。
一、大韓民国万才。
一、在日本大韓民国居留民団万才。

陳斗鉉、起訴事実認む

ソウル刑事地裁は二月二十五日民団東京本部の元副団長だった陳斗鉉（46）を主犯とする北傀スパイグループに対する初公判を開いた。

陳被告は昨年十月一日の「国軍の日」行事に参加する口実で韓国に渡った時、国家保安法違反で陸軍保安司令部に逮捕され、関連十四被告とともに起訴されていた。

この日の公判で、陳被告は日本と平壌の間を往復した事実など起訴状の大筋を認めた。

韓日貿易の窓口
韓一銀行
東京都千代田区霞ヶ関3丁目2〜5
（霞ヶ関ビル33階）
TEL 581−2351（代）

三・一精神되살려서 維新課業完遂하자

創団30年史発刊に際して

民族と国家は、その歴史を記録することによって保存されてくるものであり、またその記録を通して過ぎし日月の事実と文化を鏡として現在のあらゆる問題に対処して未来への発展を期するものであります。

一九七五年、民団は創団三十年を迎えることになりました。

回顧すれば、千余曲折の多かった過ぎし日月が感慨無量であり、解放された喜びと、団結の旗幟を高くかかげ、自己忠実のための多くの努力、民族愛と血で染められた反共闘争、不当な日政に対する抗争など、その絢爛たる歴史の一齣一齣を整理、記録して民団三十年史を編さんすることは、われわれの一大事業であるといえます。

既に、写真で見る二十年史は発行されたことがありますが、このたびの三十年史編さんに当っては、写真はもちろん、事実内容の記録で一九四五年八月十五日の解放を出発点とし、六・二五動乱を経て今日に至るまでの、各級組織の闘争活動を詳細に収録、刊行せんとするものであります。

この三十年史こそ、在日同胞の貴重な生きた記録として永遠に残されるであろうことを信じて止まない次第であります。

編纂委員長 尹 達 鏞

資料提供のお願い

先の第二十三回定期中央委員会において決議採択された「創団三十年史」発刊のための編さんにあたっては、全国に散在している民団史のための貴重な資料を広く集めておりますから、古い遺物、刊行物、写真などを積極的に提供して下さるようお願い致します。

また「韓国新聞」の縮刷版（1・2巻）を刊行しました。限定部数なので、民団備え付用として至急御注文下さい。

第1巻：一、八三六ページ（一九六四年から六九年まで）　六千円
第2巻：一、四二八ページ（一九六九年から七四年まで）　一万五千円
第3巻：一、二〇〇ページ（一九四五年から六三年まで）　一万五千円
（朝鮮新聞、民団新聞、民主新聞、韓国新聞、解放写真画報、韓国写真画報等を収録）

☆資料提供のしめきりは三月十五日まで
民団中央本部・創団三十年史
編纂委員会事務局
電話・〇三−八一三−二二六一〜五（内線二六）

香里支店 3月24日（月） 新設開店

開店記念預金増強運動期間中のご協力と
開店当日のご来店をお待ち申上げます

香里支店 寝屋川市寿町50−20
（開店后） ☎（0720）33-3551（代表）
開設準備室 森小路支店 ☎（06）932-7741

大阪商銀

開店記念預金 増強運動実施中
理事長 朴漢植
支店長 張潤奎

三・一運動の経緯と意義

日帝打倒を叫び国に殉じた柳寛順嬢（パゴダ公園のレリーフから）

村婦・少女も理解した「宣言書」 最大の非暴力民族抗争

三十三人と民衆

三・一運動を起こした中心勢力が何であったか、これについてまず頭に浮かぶのは、独立宣言書に署名した民族代表三十三人――あるいは彼らと深い関係があった人士を含めた四十八人――である。彼らによって三・一運動は推し進められたためである。

これら三十三人は、天道教・キリスト教ならびに仏教の諸宗教団体を代表する人によって構成されていた。

およそ社会運動は強かれ弱かれ組織がなくてはなり立たない。韓国――とくに、その農村のように孤立的な社会では、それがなおさら切実な問題である。三・一運動の場合、その組織が宗教団体を通じてなされたところに大きな特色の一つがあるといえる。

韓末には多くの社会団体と政治団体があり、活発に活動した。また義兵の活躍も全国的に連結されるほど広い組織を持っていた。しかし合併以後、みな弾圧され姿を消した。ただわずかに宗教団体だけが許されていた。それでこのときの民族運動が、この宗教団体の組織を通じて起きたということは当時の事情としては最も自然なことであった。ことに天道教の前身である東学とか、新教系統の影響が大きかった独立協会の伝統も考えなければならない。もちろん、これら宗教団体のすべての組織がこの運動に動員されたのではなかったかも知れない。しかし、三十三人の運動計画が伝えられたのはこれらの宗教団体を通じてであった。それで各地の天道教堂、キリスト教会あるいは寺院らが示威運動の母体になった例は数多くあった。

しかし、実際の三・一運動は三十三人が予想した以上に全国民的運動に進展してしまった。三十三人は運動を計画するかたわら、対外的交渉の前面に現われ民族を代表する象徴的存在になった。しかし、実際に運動を展開した中心的存在にはならなかったようである。三・一運動が全民族の示威運動として展開されたのは、天道教・キリスト教の一般信者たちの活動にもよったが、何といっても学生の力がより大きいものではなかったかと思われる。すでに早くから論議されながらも積極性が欠けていた独立運動の計画が、急テンポに進められたのは東京留学生たちの計画に刺激されたものと知られている。すなわち、三・一運動より先立つ一九一九年二月八日、東京留学生たちの運動が爆発した。彼らは東京のキリスト教青年会館に集まり、独立宣言書を発表したのであった。

学生の蹶起運動

三月一日――ソウルで独立宣言書を発表した当日、示威運動の先頭に立ったのもまた学生たちであった。三十三人が予定された塔洞公園を変更して、泰和館（明月館支店）で、彼らだけの会合を持ったことに対し学生たちは憤慨した。予定通り塔洞公園に集まった学生たちは、独立宣言書の朗読のあと、市街行進に突入した。このときの光景について次のような生々しい記録がある。

「わたしが公園に行ったとき、公園は、すでに警官たちに包囲されていた。公園の塀の内側にはほとんど千歩も進めぬほど人がいっぱい満ちていた。わたしは塀の一隅に立って、学生たちが入口になだれ入るのを見た。にわかに深い静寂が訪れ、誰かがその静かさの中で演壇に立ち独立宣言書を読むのを見た。わたしはあまり離れていたため、内容はほとんど聞きとれなかった。しばらく沈黙がつづいたと思った次の瞬間、万歳の叫び声が天をついた。狭い公園の中で皆は戦慄し、あたかも爆発するかのように見えた。万歳の声は絶え間なく、空には色とりどりのビラが舞い、群衆は公園からなだれ出て市街行進を行なった。皆のように万歳を叫びながら四方にビラをふりまき行進した……。公園の入口で、誰かがわたしにひと束のビラを渡し短く命令した。〈撒け…〉道には群衆が満ち溢れていた。わたしは驚きで佇んでいたが、ビラを受け取った。〈今だ！〉なん人かが叫んだ。「学生たちよ！少年たちよ、時は来た！」ほかの人たちも叫んだ。女たちは感激して、泣きながら飲みものや食べものをくれた」（李儀景「鴨緑江は流れる」一九五五年、女苑社刊、一八七〜一八八ページ）。

この学生たちの示威と市民の呼応こそ、三・一運動を三・一運動たらしめたのではなかろうか。ソウルだけでなく、各地方の示威でも学生たちが最も熱烈な参加者であったことは、多くの記録と統計に現われている。

もちろん学生たちは社会的活動に未熟な階層である。しかし、それゆえ水火を恐れず、誘惑に負けず、正しいと思うことのために闘うことができる階層であろう。それだけでなく、当時の学生は社会の[illegible]知識人としての強い自負心に燃え、一般からも尊敬と期待をかけられていた。それに彼らは、学校という連絡と団結に便利な組織があった。三・一運動における学生たちの大きな役割は、このような諸条件のためではなかったかと考える。

学生を中心にくり広げられた示威運動は、各界・各層の市民から熱烈な呼応を得た。そして全国各地に津波のように伝わった。到るところに示威・万歳・烽火があがった。男女老若の区別なく、普通学校（今の国民学校）の児童までも示威運動にくわわった。商人たちは撤市を、労働者たちは罷業を、官吏らは退職を断行した。妓生も各地で示威に参加した。らい病患者や乞食までが示威行進に加わり、万歳を叫んだ。地方に広がるほど暴力沙汰が起こり過激な行動となった。

民族運動にひろがる

教会→学校→村の有志、連絡はこのようにして地方に伝達されたであろう。そして全国にひろがった示威運動において最も熱烈に先がけたのは学生・市民・農民など名もなき民衆であった。これに対し上流層は一般的に慎重な態度であったと知られている。たとえば次のような報告に耳を傾けなければならない。

「ある日赤いふちのシャッポをかぶり長い刀をさげた日本憲兵と韓国人出身の補助憲兵数人が村に入り騒動がおきた。村の人たちは大ていどこかにかくれ、許氏という老人ひとりが表に立って彼らとやりとりを行なった。この老人は文字一つも知らぬほど無学で、それこそ一生をたき取りで過ごした人だ。それにもかかわらず、この老人が先頭に立ってすべての責任を負い鞭を打たれた。それで村は別に犠牲者も出さずに災難を免かれた。この老人はたちまち村の話題の主人公になった。今にして思えばこの村での三・一運動の光栄は、この方がひとり占めしたようなものであった。事実この老人は誰よりも勇み込んで村中をねりまわったし、万歳も誰よりも大きくのどが破れんばかりに叫んだ」（柳洪永著「三・一万歳の回想」――朝鮮日報、一九五九年三月一日）

独立宣言の書

「吾等はここにわが朝鮮の独立国であることと、朝鮮人の自主民であることを宣言す」

このように始まる独立宣言書は民族代表としての責任を背負って立ち上がった三十三人の精神と、民族全体の精神をよく現わしている大文章だといえよう。

独立を宣言するはじめのくだりから公約三章にいたるまで、理路整然たるこの宣言書は、わたしたちが記念すべき文章の一つであることはたしかだ。

何よりもこの宣言書は、一部で主張したような独立のための「請願」でなく、「独立そのものの宣言」だったことに大きい意義があると思われる。宣言と請願の差は天と地のようなものだといえる。独立の宣言――そこには圧倒的な力がひそんでいるように感じられる。それは、彼らが目的とする独立に対しての絶対自信を現わしているからだ。一般民衆が熱烈に呼応したのは、この自信たっぷりな「宣言」にひきつけられたためではなかろうか。万歳を叫べば独立できるという自信がすべての民衆の胸に満ちていたことに多くの説明はいらない。ただ次の実話を紹介することで足ると信ずる。

ある田舎の村婦が警察署の前で万歳を叫び、捕えられた。日本の警察はその女に向かって誰がさせたかときいた。そのとき、この村婦は次のように答えたという。

「あなたは夢をみていませんか？鶏が朝早くなくのも誰がさせてのことですか。わが国の独立の喊がさすので、わたしは自然に一人で万歳を叫んだのです」（愛国同志援護会刊、「韓国独立運動史」一九五六年、一八ページ）。

ソウルで十一歳の女学生が捕えられて行った。日本の警察はこの子どもに向かって「なぜ旗をふり喊んだか」ときいた。その幼い女学生はその問いに対して、

国をさがす喜び

「あなた方はほんとうにバカね。いつか母さんが小さい針を一つなくし、半月あまりもさがしたすえやっと探しあてて非常によろこばれていたわ。まして三千里錦繍江山（錦の山河）をさがしたのにどうしてよろこばずにいられるの」（同上書、一三八ページ）

このような名言は、知恵というよりは彼らの胸のなかに独立の自信がみちていたことを物語ってあまりある。ではこの自信はどこから生まれたのであろうか。これについて独立宣言書は次のように表現している。

「半万年歴史の権威に仗してこれを宣言し、二千万民衆の誠忠を合してこれを佈明し、民族の恒久如一な、自由発展が為に此を主張し、人類的良心の発露に基因した世界改造の大気運に順応並進する為にこれを提起するなれば、是ー天の明命であり、時代の大勢にして、全人類共存同生権の正当な発動なり。天下の何物もこれを阻止抑制できない」

この意味は、独立宣言書の他の部分で、「良心がわれと同存し、真理がわれと併進するなり」といっているのと同じことではないかとおもう。要約すれば、韓国の独立は、内には良心の命令であり、外にはこの真理が国際的に許される時代が到来したため可能だ、と信じたのだと思われる。

民族の独立が良心の命令だということは、誰しもすでに悟っていたところであった。しかし、この真理が具体的に許されないところに民族の悲哀があった。しかし、今や「威力の時代が去り、道義の時代が来たので」、この真理がわれらと伴なうことができると信じたのである。それで独立の自信は民族自決主義の「人道精神」に現われた世界的な新たな兆を信頼したがゆえに生じたとみられる。一般民衆は、このような内容を知ったかどうかは知らないが、根本をさぐれば違ったところがないと思われる。

非武力的闘争

ここでわたしたちがよく耳にする三・一精神とは何かについて述べたい。三・一運動は繰り返していっているように民族運動であった。それで三・一精神とは、民族精神といえよう。しかしまた、それは「独立と自由のための闘争」でもあったから、これは独立精神または自由精神ともいえる。あるいは、正義のための闘いであったから正義心、または圧迫された民族の反抗であったからこれを反抗心とも、民衆が主になっておこした運動だから民衆の精神ともいえるとおもう。

三・一精神の本質

これらはすべて間違っていないが、これらは必ずしも三・一運動にだけ限られるのではないから、三・一精神は、抽象的な用語では完全に説明できないのではないかと思う。重要なことは、三・一運動という事実、それ自体であろう。その具体的な事実が現代人の胸にひびくものがあれば、それがすなわち、現代人に継承される三・一精神ではなかろうか。だから必要なのは、三・一運動の事実自体についての認識であろう。この事実を除いての三・一精神はありえないといえる。

三・一運動の結果を論ずるにおいて、わたしたちは日本の植民地政策の変化、すなわち武断政治から文化政治への転換について言及しなければならない。

この文化政治が欺瞞的な政策であったことはすでに広く知れわたった事実なのでここでは省略するが、ただ、いくつかの例をあげると、文官も任命すると約束した総督はついにただの一人の文官も任命しなかった。また、憲兵警察制度も廃止したといいながら、かえって思想犯は増加されたし、監獄も拡張された。

韓国の文字で発刊される新聞も許可されたが、それは韓国人の思想を統制する手段であり、日本の必要によるものであった。このように文化政治が欺瞞政策に過ぎなかったにせよ、これらの政策変化に意義がないのではない。

それは、韓国民族の頑固な反抗とこれに呼応した世界の世論によって、日本は表向きにでも政策の変更を強要された証拠であるからである。

結論と展望

すでにのべたように、事実の客観的な認識こそもっとも重要なものである。もちろん客観的な認識とは決して事実の羅列をいうことではない。事実をその本質から、そしてその本来の形から理解するということである。

偉大な歴史的事件であるほど、それは神話のようにその本質をおおいかくすベールにつつまれやすいため、それはやがて現代に何らの反応も起こせないようになるからだ。

体験の無い者にいくら三・一精神を唱えても心から理解されることはできないだろう。

三・一運動を現代にいかす道はそれを客観化させ、そのほんとうの姿を伝える以外に道はない。その客観化された事実が、おのおのの胸を打つこだまとなって、ひびきわたるようにするほかはないであろう。

（李基白「三・一運動論」から）

己未独立宣言書（全文）

獨立宣言書

吾等은 玆에 我朝鮮의 獨立國임과 朝鮮人의 自主民임을 宣言하노라。此로써 世界萬邦에 告하여 人類平等의 大義를 克明하며 此로써 子孫萬代에 誥하여 民族自存의 正權을 永有케 하노라。半萬年歷史의 權威를 仗하여 此를 宣言함이며 二千萬民衆의 誠忠을 合하여 此를 佈明함이며 民族의 恒久如一한 自由發展을 爲하여 此를 主張함이며 人類的良心의 發露에 基因한 世界改造의 大機運에 順應並進하기 爲하여 此를 提起함이니、是ー天의 明命이며 時代의 大勢이며 全人類共存同生權의 正當한 發動이라 天下何物이든지 此를 沮止抑制치 못할지니라。

舊時代의 遺物인 侵略主義 强權主義의 犧牲을 作하여 有史以來 累千年에 처음으로 異民族箝制의 痛苦를 嘗한지 今에 十年을 過한지라 我生存權의 剝喪됨이 무릇 幾何이며 心靈上發展의 障礙됨이 무릇 幾何이며 民族的尊榮의 毁損됨이 무릇 幾何이며 新銳와 獨創으로써 世界文化의 大潮流에 寄與補裨할 機緣을 遺失함이 무릇 幾何이뇨。

噫라 舊來의 抑鬱을 宣暢하려 하면 時下의 苦痛을 擺脫하려 하면 將來의 脅威를 芟除하려 하면 民族良心과 國家的廉義의 壓縮銷殘을 興奮伸張하려 하면 各個人格의 正當한 發達을 遂하려 하면 可憐한 子弟에게 苦恥的財産을 遺與치 아니하려 하면 子子孫孫의 永久完全한 慶福을 導迎하려 하면 最大急務가 民族的獨立을 確實케 함이니 二千萬各個가 人마다 方寸의 刃을 懷하고 人類通性과 時代良心이 正義의 軍과 人道의 干戈로써 護援하는 今日 吾人은 進하여 取하매 何强을 挫치 못하랴。退하여 作하매 何志를 展치 못하랴。

丙子修好條規 以來 時時種種의 金石盟約을 食하였다 하여 日本의 無信을 罪하려 아니하노라。學者는 講壇에서 政治家는 實際에서 我祖宗世業을 植民地視하고 我文化民族을 土昧人遇하여 한갓 征服者의 快를 貪할뿐이요 我의 久遠한 社會基礎와 卓犖한 民族心理를 無視한다 하여 日本의 小義함을 責하려 아니하노라。自己를 策勵하기에 急한 吾人은 他의 怨尤를 暇치 못하노라。現在를 綢繆하기에 急한 吾人은 宿昔의 懲辯을 暇치 못하노라。今日 吾人의 所任은 다만 自己의 建設이 有할뿐이요、決코 他의 破壞에 在치 아니하도다。嚴肅한 良心의 命令으로써 自家의 新運命을 開拓함이요、決코 舊怨과 一時的感情으로써 他를 嫉逐排斥함이 아니로다。舊思想 舊勢力에 羈縻된 日本爲政家의 功名的犧牲이된 不自然 又不合理한 錯誤狀態를 改善匡正하여 自然 又合理한 正經大原으로 歸還케 함이로다。當初에 民族的要求로써 出치 아니한 兩國合倂의 結果가 畢竟 姑息的威壓과 差別的不平과 統計數字上 虛飾의 下에서 利害相反한 兩民族間에 永遠히 和同할수 없는 怨溝를 去益深造하는 今來實績을 觀하라。勇明果敢으로써 舊誤를 廓正하고 眞正한 理解와 同情에 基本한 友好的新局面을 打開함이 彼此間 遠禍召福하는 捷徑임을 明知할것 아닌가。또 二千萬 含憤蓄怨의 民을 威力으로써 拘束함은 다만 東洋의 永久한 平和를 保障하는 所以가 아닐뿐 아니라、此로 因하여 東洋安危의 主軸인 四億支那人의 日本에 對한 危懼와 猜疑를 갈수록 濃厚케 하여 그 結果로 東洋全局이 共倒同亡의 悲運을 招致할것이 明하니、今日 吾人의 朝鮮獨立은 朝鮮人으로 하여금 正當한 生榮을 遂케하는 同時에 日本으로 하여금 邪路로써 出하여 東洋支持者인 重責을 全케하는 것이며、支那로 하여금 夢寐에도 免하지 못하는 不安恐怖로써 脫出케 하는것이며 또 東洋平和로 重要한 一部를 삼는 世界平和 人類幸福에 必要한 階段이 되게 하는것이라 이 어찌 區區한 感情上 問題이리요。

아아、新天地가 眼前에 展開되도다。威力의 時代가 去하고 道義의 時代가 來하도다。過去 全世紀에 鍊磨長養된 人道的精神이 바야흐로 新文明의 曙光을 人類의 歷史에 投射하기 始하도다。新春이 世界에 來하여 萬物의 回蘇를 催促하는도다。凍氷寒雪에 呼吸을 閉蟄한것이 彼一時의 勢라하면 和風暖陽에 氣脈을 振舒함은 此一時의 勢니 天地의 復運에 際하고 世界의 變潮를 乘한 吾人은 아무 忌憚할것 없도다。我의 固有한 自由權을 護全하여 生旺의 樂을 飽享할것이며 我의 自足한 獨創力을 發揮하여 春滿한 大界에 民族的精華를 結紐할지로다。吾等이 玆에 奮起하도다。良心이 我와 同存하며 眞理가 我와 幷進하는도다。男女老少 없이 陰鬱한 古巢로서 活潑히 起來하여 萬彙群象으로 더불어 欣快한 復活을 成遂케 되도다。千百世祖靈이 吾等을 陰佑하며 全世界 氣運이 吾等을 外護하나니 着手가 곧 成功이라 다만 前頭의 光明으로 驀進할 따름인저。

公約三章

一、今日 吾人의 此擧는 正義 人道 生存 尊榮을 爲하는 民族的要求이니、오직 自由的精神을 發揮할것이요、決코 排他感情으로 逸走하지 말라。

一、最後의 一人까지 最後의 一刻까지 民族의 正當한 意思를 快히 發表하라。

一、一切의 行動은 가장 秩序를 尊重하여 吾人의 主張과 態度로 하여금 어디까지든지 光明正大하게 하라。

朝鮮建國四千二百五十二年三月一日

民族代表 三十三人

孫秉熙　崔麟　權東鎭　吳世昌　林禮煥
權秉悳　李鍾一　羅仁協　洪基兆　羅龍煥
李鍾勳　洪秉箕　朴準承　金完圭　梁漢默
李寅煥　朴熙道　崔聖模　申洪植　梁甸伯
李明龍　吉善宙　李甲成　金昌俊　李弼柱
吳華英　鄭春洙　申錫九　朴東完　金秉祚
劉如大　韓龍雲　白龍城

京都実業界の雄！
第一物産株式会社
取締役社長　尹仁述
専務取締役　姜瑨求
京都市中京区大宮通四条上ル錦大宮町一二六
電話（〇七五）八四一－一一〇二

東栄興業株式会社
社長　金栄一
千葉県柏市柏四－一〇
電話・〇四七一－六六－八一〇一

KALの新しい翼が、まもなくパリに。

期待のパリ就航！
KALは、ひとまわり大きい世界の空へ。
東京・大阪・福岡からは、ソウル・アンカレッジ経由でヨーロッパの表玄関パリへ。そしてパリを基点にロンドン、アムステルダム、フランクフルト、ハンブルグとヨーロッパの主要都市へのコネクションも便利です。
KALは、このパリ就航を足がかりに、さらにひとまわり大きい世界の空をめざします。

ソウル―パリ（ソウル発21:00 毎週火・金）

KALなら、ひとまわり大きいサービスでゆとりの旅が。
韓国々内線はいうにおよばず、週51便の日韓線。東南アジア線。太平洋線のフライトルートも、ますます充実のKAL。旅の心を知っているトラベラーがファンになられるのもサービスがよいのがその理由とか。滞空10,000時間を超えるベテラン揃いの機長をはじめ、スチュワーデスなどの全スタッフが一丸となって、ひとまわり大きいサービスを提供。あなたに快適な空の旅をお約束します。

KOREAN AIR LINES
大韓航空
東京：(03)211-3311(代)　大阪：(06)244-1111(代)
福岡：(092)411-9101(代)　このほか全国14ヵ所に営業所がネットされています。お問い合わせはお近くの航空代理店またはKAL営業所へどうぞ。

永住許可申請簡素化

出生の日から60日以内に書類提出

中央民生局 全国民団組織に通達

民団中央民生局（宋南権局長）では、日本の法務省が韓日間の法的地位協定ならびに出入国管理特別法により一九七五年一月一日から協定永住許可者の子女に対する永住許可申請手続きを簡素化したのに対し、全国組織にその趣旨、要領を滴達、ひろく一般同胞に周知させるよう要望した。日本の法務省が発表した協定永住許可申請についての骨子は次の通り。

協定永住許可 申請の要領

一、どういう人が永住許可の対象になるか。

協定永住許可を受けている者の子として、日本で出生した人が対象となります。この場合両親のいずれか一方が協定永住許可を受けていることが必要です。

二、どういう手続をとればよいか。

1、代理人（原則として父親）が、子の出生の日から六十日以内に居住地の市区町村役場に出頭して、次の書類を提出または提示することが必要です。

2、提出または提示する書類

イ・永住許可申請書　二通（提出）

ロ・市区町村長の発給する出生届受理証明書または医師もしくは助産婦の出生証明書　一通（提出）

ハ・外国人登録証明書（提示）

まだ外国人登録をしていない場合には、先にこれを済ませてください。

ニ・旅券または国籍を証する文書（大韓民国国民登録証等）（提示）、これらを提示できない場合には、大韓民国の国籍を有している旨の陳述書……一通（提出）

以上のとおりで、用紙は市区町村役場に備え付けてあります。手数料はいりません。

なお、六十日を過ぎますと、特別な理由のない限り受理されなくなりますから御注意下さい。

京都本部での会議（二十五日）

保安対策、規約改正など

民団全国監察委員長会議開く

民団全国監察委員長会議が二月二十五日午後一時半から、民団京都地方本部三階講堂で、二日目の二十六日は午前九時から、京都ミヤコ・ホテルで引続き開かれたが、当面している問題をはじめ、監察業務、規約改正などに関し真しな討議がかわされた。この会議には駐日韓国大使館の金在徳公使、李東勲総領事、朴載京領事、李洙栄警務官、李元洪公報館長、民団中央からは尹達鏞団長、金仁洙副団長、呉敬福事務総長、鄭渙鉉宣伝局長、朴鵬壽組織次長らが参加するという盛況を呈した。

国民儀礼のあと、鄭泰性中央監察委員長の開会の辞、尹達鏞中央団長、朴太煥中央議長、張聡明規約改正委員長のあいさつに応えて地元の張熙日京都本部団長が歓迎辞を述べてから、金在徳公使、鄭度淳大阪総領事、李熙健信協会長の来賓祝辞がのべられた。

なかでも金公使は、民団の五大綱領の一つ一つを取りあげて具体的な例をあげて解明、綱領の精神を貫徹するため、小異を捨て大義を生かすことを強く要望し、①経済人と組織人②本質的な共産主義者③南北会談④北傀の政略など約一時間にわたって講演を行ない、聴衆に深い感銘を与えた。

業務事項に入っては、呉敬福事務総長による民団活動状況報告と朴炳憲監察委員による中央監察委員会の活動と現況報告が行なわれた。

次いで、李元洪公報館長の"本国並びに北韓情報に関して"、朴載京領事の"対南侵透工作に関して"の特別講演が五時半で終り、会場を"京都ミヤコ・ホテル"に移し、夕食のあと九時すぎまで本国記録映画を観賞して初日を終った。

二日目の二十六日午前九時から①保安対策②規約改正、③一般監察事項などに関して、正午まで真剣な討議が重ねられたが、この会議で特に感じられたことは、創団三十年を契機に一大刷新をとげなければならないという意見が圧倒的で、そのための決断の肝要性を強く内包していることだった。

京都韓国学校問題で抗議文

なお、同会議では、京都韓国学校の移転建築が地元住民の反対で実現出来ずにいることを重視し、全国監察委員長連名の抗議文をもって、午後二時全員が京都市長を訪問したが、市議会参席のため市長代理の藤林金三郎都市計画局長と面談、民族差別を露骨に現わす住民の偏向性と、教育の機会均等を主張し早期解決するよう強く要望、藤林局長も極力尽力するという意向をのべた。

済州開発協会 定期総会開く
新会長に金祖輝氏

済州開発協会（金坪珍会長）では二月十九日午後三時から上野・宝ホテルで第十五回定期総会を開いた。

会議は七四年度事業報告を満場一致で承認、新年度事業計画案を執行部原案通り採択した。引き続き任期満了に伴う役員改選を行った。

会長　金祖輝、副会長　李昌植、金東圭、慎時範、金尚弘、玄希元、監事　鄭興守、韓漢鳳、玄権浩、顧問　玄棋洙、金坪珍、高達秀、韓文鳳、ほか理事七十三人を満場一致で選出した。

なお、各部長の選出は来る三月二日上野・万寿山において今年度の第一回理事会で決定されることになっている。

五・一六革命秘話 暁と将軍 ❶

作・崔性圭　訳・鄭鉉

憤怒は大河の如く

春きたらざる里

夜。夜。夜……

長い夜が明ければ暁、太陽は間違いなく昇る。

しかし太陽は傍観者。

重い足どりを見つめる傍観者でしかない。

明るく照らす太陽に恥じながらわれらは重い足どりでひたすら歩いてきた。

しかし、歴史は大河のように流れ去った。

高句麗。

新羅。

百済。

高麗。

李氏朝鮮。

燦然と過ぎ去った文化だけを夢見るようにかみしめながら、われらは、ただ、だらだらと生きつづけてきただけ。

解放の感激も束の間。

六・二五の同族相残の泥沼をさまよいながら—

自由党独裁の困辱を受けつつ、もみくちゃな歳月が十二年も流れ去った。

そして、いま、また何を望まんとするか?

望むことがない。

ただ、今日があるから今日に生きた。

今日はあるが、明日のない日々どれだけ長い歳月をまた不平とあきらめで生きねばならないのか?

わが祖国でありながら、わが国土でない国。

これが、わが祖国。

いくたびかわが祖国にも春がきた。

季節の巡環は狂いなく、春が訪れた。

冬去りなば、春は訪れるもの。

しかし、いつも来る祖国の春はあまりにも悲しかった。

花が咲かないからではない。

鳥がなかないからでもない。

腹が。腹がすいたからである。

山。

野原。

鳥。

いま、春うららかな丘はあっても「草つむ乙女」の詩情はもうない。

ひもじいはらわた。

くたびれた身体。

むくんだ顔。

わが、はらからは船酔いのような目まいの中で生きてきた。

一九六〇年三月初旬

その日の午後、うす暗い時刻。

釜山。

凡一洞停留所でバスを降りた韓相鳳氏は、真向いの横町に入り何回もぐるぐる回ったが、容易に目ざす義弟の家を探しあてることが出来なかった。

手紙の中の略図だけを頼りにしたのがいけなかった。

「軍隊の司令官になったのだから屋敷町にデッカイ家でも構えるべきで、未だに長屋暮しとは情ない!とかく義弟は物質に対する欲がなくて困ったものだ」

何度目かの大門をのぞいたが韓氏は横町の一番奥にある青色の大門前に立ち止まった。

大門とは名ばかりでペンキ剥りの小さな家屋である。

それでも大門わきの柱には小ざっぱりした表札が「朴正熙」と記されている。

「うまく探しあてたもんだ」

大きくタメ息をしたあと、かれは大門を強く叩いた。ちょうどそのとき門が開いて、庭で遊んでいた四才の志暁ちゃんが顔をのぞかせた。

「おじさん!」

「坊や元気だったか」

志暁ちゃんは飛びついて韓氏にぶらさがった。おつかけてお勝手で夕食の仕度をしていた当家の主婦が前かけのまま庭に飛び出た。

「アイゴーようこそ」

「ご気嫌いかがじゃったかな!」

韓氏は持参の鶏卵箱を陸英修夫人に手渡した。

「義弟はまだ戻ってないの?」

「はい、どうぞお上り下さい」

居間に入るや、隣室にいた槿恵、槿暎がわあっと歓声をあげて韓氏を取巻いた。

「義弟はいつもこんなに遅いのか?」

「近頃はいつも遅いです」

陸夫人は台所の方に洗面の用意を言いつけてから、韓氏に向い正座した。

「午後、電話がありましてね、教会に寄って帰るとか言われました」

「温泉場にでも行ったのでは?」

「ホホホ。あの方は、そのような実力はありません」

「実力とは」

「かれのようにいつも几帳面な方は、遊びにはとんと関心がないようですわ」

「それも、そうじゃなあ、ハハハ」

ふたりは顔を見合わせながら笑っていたが、外からクラクションの音が聞こえてきた。

「噂をすれば何んとかやらで帰ってきたようですね」

間もなく朴正熙将軍が姿を現わした。

「いやあ!義兄、ようこそ」

かれは、いままでの重い表情を吹きとばして韓氏の手を握った。

「世の中が煩わしいので新鮮な風にふれようと思って出かけたのじゃ」

「よくぞおいで下さいました。お元気のようで嬉しゅうございます」

金竜煥 画

今回から連載されるこの小説は一時期、本国で大へん評判になったもので、非常に興味のあることには、登場する人物がすべて実名であることです。原題は「暁と将軍と彼ら」というもので、五・一六軍事革命の動機、計画、蹶起までの詳細が主な内容ですので、如何にして革命が起ったかという裏面史を知ることができると思います。ご愛読下さい。（編集局）

中央青年会結成など

3月5日 全国青年合同会議

民団中央青年局（沈禎孝局長）では、来る三月五日（水曜日）午前十一時、同本部内の研修場で全国民団の、青年部長および青年会長の合同会議を召集し、当面の課題を討議することになった。

討議項目は①、青年会中央本部結成問題、②、セマウム青年奉仕団結成、③、中央研修会推進、④、青年会運営および活動、⑤、時局に関する見解統一、⑥、各地方本部建議案審議等の議案を用意しており関係者全員の出席を望んでいる。

茨城青年会結成

＝全国で38番目＝

初代会長に 李俊彦君

全国で三十八番目にあたる韓国青年会茨城県本部の結成大会が二月二十二日午後一時から、民団県本部三階会議室において開かれた。

同大会に、韓国大使館から鄭普永領事、民団中央から沈禎孝青年局長、栃木・茨城韓国教育文化センターの卞鎮億所長の来賓をはじめ、青年、民団員ら七十余人が参加した。

李錫祚準備委員長の大会宣言のあと、裵永相団長はあいさつで「勤勉な本国青年の数倍にまさる努力」を要望、経過報告では青年会対象者（十八〜三十歳）百三十人のうち、実際居住者数八十人であることが報告され、つづいて綱領・規約（案）の説明、選考委員による役員選出、活動方針案および予算案の承認があった。

新任の初代役員は次の通り。

会長・李俊彦、副会長・鄭明寿、張在鶴、総務・崔鐘泰、組織・裵信浩、文教・李鍾長、宣伝・朴聖二、体育・権民鎬、代表監査・鄭長奉、監査・金義夫、顧問・崔元鎬、李錫祚ほか民団県本部三機関長。

京都・南支部も結成大会

会長に 金東浩君

京都青年会南支部の結成大会が、二月二十三日午後二時から、民団南支部三階大会議室において、青年三十二人と民団役員ら計六十余人が参加して開かれた。

大会は権五得支部団長、張熙日本部団長のあいさつに続いて、金正泰青年会本部会長が「南支部を皮切りに、次々と民団各支部の協力をえて、支部青年会を結成していきたい」と挨拶した。

新任役員は次の通り。

会長・金東浩、副会長・申満雨、成和実、総務・朴奉柱、組織・千判文、宣伝・諸徳模、代表監査・林成奎。

生活協同組合設立を推進

東本、支団長・事務部長会議

民団東京本部の第六回支部団長・事務部長会議が、二月二十一日[illegible]関係者五十余人が集まる中で開かれた。

議題には、三・一節記念中央民衆大会、組織整備、セマウム・シムキ運動などがだされたが、「東京韓国人生活協同組合」設立の件が大きくクローズ・アップされた。

現在東京都内には、約八千世帯の同胞が居住しているところから東本では、さしあたり、五百万円の出資金を見込んでおり、三月初めには設立総会までこぎつけたいとしている。

事務所は、東本内に設けられることになっており、都内のいくつかの同胞密集地帯に、常設店舗を開きたいと希望している。

沖縄日韓親善協会

全国で30番目に結成

初代会長に尚詮氏が就任

かねてから準備、推進中であった沖縄県日韓親善協会創立総会が二月二十日午後五時から、那覇市のレインボー・ホテルで約二百人にのぼる両国人士参加の下に盛大に開かれ、会長に尚詮氏（沖縄食品工業社長）をはじめとする執行部を選出した。日本全国で三十番目に結成された沖縄日韓親善協会は、同県の財界、政界、言論界をはじめ各界有力人士を網羅しているだけに今後の活躍が大きく期待されている。

会場を埋めたこの日の総会では開会あいさつにつづいて両国国歌が斉唱され、設立準備委員長の尚詮氏があいさつを行ない昨年から設立準備委員会の中心メンバーとして実務を担当してきた山城重信沖青会議長が経過報告を行った。

次いで国場幸太郎商工会議所会頭、松川久仁男沖縄経済新聞社長、大田昌知自民党県連副会長、また韓国側からは趙一済駐日韓国公使、金世均民団沖縄県本部団長らが来賓祝辞をのべた。

このあと、議長団を選出、会則審議に入り「日韓両国民の友好を深め、経済文化の交流を図ることを目的」とし、そのため、①両国相互の文化の紹介及び体育交流、②日韓親善に関する講演会、懇談会の開催、③在日韓国国民との融和提携、④産業文化の交流に関すること、⑤その他本会の目的達成に必要な事業を行うなどをうたった会則を満場一致で採択した。

最後に、役員選出に入って、尚詮氏を初代会長に選んだのをはじめ、副会長三人、事務局長一人、事務局次長二人、理事四十四人（うち常任理事十六人）、監事三人（うち常任監事一人）、顧問十六人を各々満場一致で選出した。

その後、尚詮新会長から就任のあいさつがあり、沖縄日韓親善協会と両国発展を祝す万才三唱で、午後六時盛会裡に幕を閉じ、祝賀パーティーに移った。

東京婦人会がバザー

婦人会東京本部（崔金粉会長）では、来る三月・十五—十六両日間東京商銀七階大ホールで、バザーを催おす。

今回は生活日用品から宝石類まで幅を広げており、昼食の時には婦人会が用意した特別韓国料理まで出すと崔会長は語っていた。

また、今回はロッテ製菓からお菓子が寄贈されたとし、これを当日の来訪者にプレゼントするらしく同本部役員全員は意欲を出して準備に専念している。

「セ民団」運動活発

大阪、福岡地方でも推進

民団大阪府地方本部（黄七福団長）でもセ民団運動に本格的に着手することになった。

二月十八日の本部執行委員会では、セ民団実施要綱が確定され、二十日の支団長・事務部長・傘下団長会議で承認された。

これによると、示範支部は生野東と東淀川の二支部で、両支部は近く発起式を開く。

示範支部に隣接する支部は、モデル構築のため積極的に協力することになっており、黄七福本部団長が陣頭指揮に立つという。

民団一の大世帯である大阪本部が動き出したことにより、セ民団運動の全国普及化のテンポはさらに早まることになると期待されている。

また民団福岡県地方本部（権赫斗団長）のセ民団運動示範支部に設定されている同福岡市支部は二月十九日、支部三機関および傘下団体長連席会議を開いた。つづいてセ民団運動の発起式は二十六日午前十時から九州地協管内の各県本部から多数参加して盛大にスタートした。

宣伝隊を結成 青年会

一方、青年会福岡県本部（姜東俊会長）では、去る二月二十三日午前十時から婦人会館で約二百四十人が参加して、宣伝隊結成と弁論大会を開いた。宣伝隊長には白洪成君が選ばれたが宣伝カー「セマウム号」二台が民団と青年会議所からそれぞれ寄贈された。

また弁論大会では、セマウムシムキ運動などのテーマで講演、次の各君が入賞した。

最優秀賞…李貴子
優秀賞…韓竜三
〃…李昇鎬

ほかに感動賞には講演者五人がえらばれた。

大会後は記録映画「私の祖国」が上映された。

東陽、豊洲分団が発足

昨年十一月二十四日からのセ民団運動発足以後、全国にさきがけてその組織づくりに範を示した東京江東支部（金光和団長）では、去る二月二十三日正午すぎから同支部会館で東陽、豊洲両分団の合同創立総会を開き、さらに一歩大きく前進した。

これで九分団二十四班の再編成を完了したことになり、今後における活発な組織活動が期待されている。

なお東陽分団長に李昌基、豊洲分団長に金容成の両氏がそれぞれ選出された。

日本規格表示許可工場
☆従業員募集（随時面接・履歴書持参・業界最高待遇）
株式会社 大山建設
本社 滋賀県高島郡安曇川町 電話安曇川(07403)2-1221(代)
大津工場 大津市 電話大津(0775)23-1730
代表取締役社長 金点植（大山仙吉）
滋賀生コンクリート株式会社

文化産業株式会社
代表取締役社長 朴碩道
本社 秋田県大館市字大町42 TEL 01864(2)1910・0509
遊技場
本店 秋田県大館市御成町 TEL 01864(2)1266
駅前店 秋田県大館市駅前 TEL 01864(2)4734
中央店 秋田県大館市中央通 TEL 01864(2)3020
秋田店 秋田県秋田市川反5丁目 TEL 0188(62)6243
土崎店 秋田県秋田市土崎港中央通 TEL 0188(45)3307
能代店 秋田県能代市西通町 TEL 01855(2)4267
三六九建設株式会社
代表取締役社長 朴碩道
本社 秋田県大館市字東台195の2 TEL 01864(2)4745

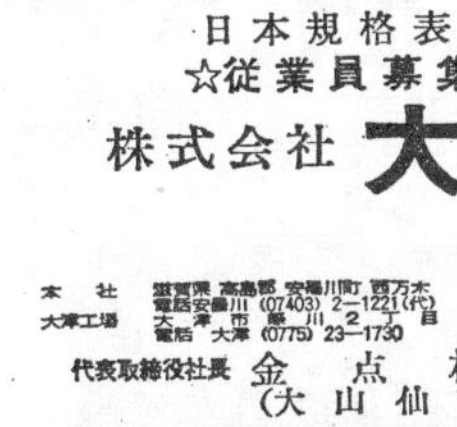

韓國新聞
縮刷版 第1集 第2集 遂に刊行!!
本紙創刊以来今日に至るまでの主要全紙を細大もらさず収録した歴史的な本縮刷版を全国団員と組織、傘下機関の書架にお届け致します。
☆第1集は1964年から1969年までの分を収録。
☆第2集は1969年から1974年までの分を収録。
☆第3集は1945年から1963年までの分を収録。（編集中）
▶限定版につき至急御注文下さい。
頒布価・第1集は(836ページ)6千円
・第2集は(1442ページ)1万5千円
・第3集は(1400ページ)1万5千円
発売元 民団中央宣伝局 電話(03)815-1451(直) 813-2261(5)(交)

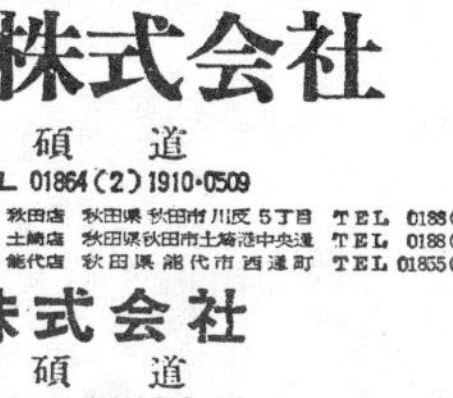

☆また附録として民団地方本部等の発行による機関紙や資料も併載しました。

この目で確かめた韓国での国民投票（中）

ボイコット運動呼びかけ各マスコミが競って報道

だが野党の意の如くならず

曺承徹記者

野党による国民投票ボイコット運動が絶頂に達したのは、二月八日、尹潽善、金泳三、金大中、三氏による「国民投票拒否行動綱領」が発表されたその時のように思われた。この行動綱領は各マスコミを通じて大々的に報道され、国民に呼びかけを行ったが、これに対する国民の反応がどうであったかは、その綱領の主な内容を語ってからにしよう。

（1）国民のみなさんは、あらゆる投票場に行かないことを決心し、十二日午前七時から午後六時まで、あらゆる集会で自律的に国民投票拒否署名をして不参有権者全員の数を確認し、署名記録を保存して、今度の国民投票の投票率が過半数に達しないのはもちろん、全面拒否流産したという正拠を確保しよう（2）二百万政党々員は、この日を「民権勝利の日」と定め、党舎に出て民権獲得の決意を固める（3）五百万カトリック教およびキリスト教人たちは、この日を「救国祈祷の日」に定め、聖堂と教会に行って、民主主義の死を天に訴える弔鐘を午前七時、一〇時、一二時、午後二時、四時、六時に鳴らす（4）あらゆる仏教人はこの日を「仏道護国の日」と定め、全国の仏堂に集まって国泰安民の説法をする（5）言論人はこの日を「破邪顕正の日」にする（6）知識人はこの日を「知性回復の日」とする（7）大学生は「救国学生の日」と定め、不正を告発し、不義と逆理を直視し、不正を正当化することに利用されることなきよう説得せよ（8）五百万勤労者はこの日を「労働三権の日」として全面休業にはいる（9）七百万農民は、「民主農民の日」と定め、投票場に行かないこと（10）二百万中小商工人たちはこの日を「撤市休業の日」として休業を断行する（11）五〇万警察と公務員はこの日を「厳正中立の日」と定め不正と不法を排除せよ（12）百万海外同胞はこの日を「民主回復の日」とし、祖国の民主回復のための闘争を支援することを訴える。

入口を入ったところで名簿を合わせる人たち（右）と、投票用紙を渡す選管委員長席

国民がどう受止めているかを知るため何人かに接して意向を聞いて見たが、その結果は非常に冷静ではっきりした判断力を持つ国民であることを認識させた。

大体の答は、「一部野党政治家の考えは判らなくなった。投票権を行使することは国民の権利であるにも拘らず、これを奪おうとする指導者にわれわれがしたがうことができるはずがない。もう、ちょっとしっかりしてくれないかなあ。賛成にせよ、反対にせよ自分で意思を示して、国政に反映させるのが国民の選ぶべき道でないだろうか、と語っていた。

野党指導者の呼びかけに対して全体の国民がどう受け止めたのかは、投票率七十九・八%の数字を見ればわかるように、国民は自分の意思を国家政策に反映させるため自分の権利を行使したのであり、これは野党の呼びかけに国民が背を向けた結果ではないだろうか。

また、何項目かの呼びかけに対して本当に受け止め守られたのは、警察と公務員が「厳正中立の日」と定めたことのみであるかのように感じられた。その理由として選挙事務員は政党や権力層から独立した立場で厳正かつ中立な選挙管理を行っているのを目で確かめたからはっきりいうことができる。

百万海外同胞に対する訴えに対して、海外同胞の半数を示す在日同胞がこの国民投票をどう受止めていたかを見れば、その答は明らかであろう。

投票率および賛成率が前回より下った。これは現政府が国民の支持を失ったことの証明である、と反論する者もいたが、世界でどの国が、どの政府が、投票を行うたびに確実に支持率が上るだろうか、そんな国があるならば一〇〇%投票一〇〇%賛成を発表している北韓のみであろう。民主主義を愛し、また、このような国家体制で生きる韓国を見る限り、北韓のような結果を望んでいる者は誰一人いないだろう。

野党のこの呼びかけがいくらかでも効果があったならば、数字を示して不正云々と騒ぐだろう。呼びかけに応じて署名した者は棄権者の何%だろうか。おそらく数%もないのではないだろうか。

ソウル選抜アイスホッケーチーム　全日本選手権戦に出場

一行25名、26日来日

全日本アイスホッケー選手権大会（日本35チーム出場）は、昨28日から品川スケート場で開幕し、明二日までの予定で熱戦が展開されているが、この選手権大会に参加する韓国選手役員一同も26日午後おそく羽田に到着し、今日の午前九時から第一試合、午後四時半から第二試合に出戦する。

今回来日したのは、日本アイスホッケー連盟（堤義明会長）の招請によるもので、十九人の全選手が学生で、ソウル選抜チームである。選手団長は朴東彦成均館大教授で総監督を兼ね、監督崔栄徳氏、コーチ李鍾哲氏、事務長金正吉氏、マネージャー林炳哲氏、渉外郷秀容氏。

27と28の両日練習を積んだチームが、今日の二つの試合とも勝てれば、明日の決勝戦または三位決定戦に出場することになるが、選手団の実力は全く未知。従がって予測は困難である。

このチームは選手権大会終了後は都内観光と練習で二日を過ごし5日には「国士計画」と「西武」の両チームと、6日には日本の「学生選抜」チームと各々親善試合を行ない、8日のKAL便で帰国する予定となっている。

大韓アイスホッケー連盟の副会長であり、在日大韓アイスホッケー後援会々長の高漢俊氏は、次のように語っていた。

「韓国でのスポーツチームは、サッカーなど強いチームもあるが、アイスホッケーチームはまだ本格的な強さを持つところまでいっていない。しかしこれから次第に強くなる、今度のオリンピックには間に合わないが、その次のオリンピックに出場することを第一目標にして努力しており、いずれは韓国のアイスホッケーチームも名が出てくると信じている」

滞日費用全額を高後援会長負担

また、この選手団の滞日中の全費用は、同後援会が全額負担しているが、費用総額約六百万円で、特に今回は全額を高漢俊会長が個人でまかなっているとのことであり、財政的に相当苦しいことを訴えていた。高会長はこの点について多くを語りたがらないが、スポーツに理解を持つ在日同胞が、一人でも多く後援会に入会して応援をしてほしいと苦衷を語っていた。なお、大韓アイスホッケー後援会は東京都台東区上野六−一六−五（上野京成百貨店東口通り）、上野サウナ温泉会館内にある。電話は八三五−三〇〇三。

在日韓国人結婚相談センター

常任顧問　金聖洙
会長　徐萬洙
所長　金鍾澤

大阪市天王寺区味原町四番地一号
味原日生ビル四〇六号室
TEL（06）七六八−二三八五番

受講生募集

神奈川韓国学園で今年度受講生募集

一切無料

神奈川韓国学園は、今年度学園受講生募集を発表した。修業年限一年、週二日定時制（午後七時～九時まで）・入学金、受講料、教材費の一切が無料。課目は韓国語と韓国史。日本人の聴講生も受付ける。

受講申込受付期間＝三月一日～四月二十五日まで。

開講＝四月一日から四月三十日まで、各分園別に開講する。

受講申込場所＝左記最寄の分園に。なお申込用紙は所定のものを各分園で無料でくれる。

横浜＝中区末吉町三−四五、電話〇四五−二五一−一八〇九。
川崎池上＝川崎区浜町四−二一−一。〇四四−三五五−八六二二。
南武＝中原区新丸子東二−九七五。〇四四−四二一−六六一一。
鶴見＝鶴見区下末吉一−一−二七。〇四五−五八一−三三七二。
藤沢＝藤沢二−六−一三。〇四六六−二二−九四七四。
横須賀＝日之出町一−七。〇四六八−二二−二八一四。
小田原＝板橋二四八−八。〇四六五−二二−三五八八。
相模原＝矢部四−一四−七。〇四二七−五四−八四四八。
大和＝中央五−二−二四。〇四六二−六一−四五五二。
金沢＝金沢区六浦町四五〇。〇四五−七〇一−九九四五。
本部＝横浜市中区蓬莱町二−三−一三（横浜商銀四階）。〇四五−二五一−一八九三。

韓国語講習　四月生募集

日韓親和会で

社団法人日韓親和会では、例年の韓国語講習会の、今年度の四月開講の講習生の募集を始めた。

募集するのは初級（新規生）四〇名、中級、上級ともに若干名。

講習会場は韓国公報館映写室（ホテル・ニュージャパン内、地下鉄「赤坂見付」下車、歩いて3分）。時間は各級とも午後6時～7時30分まで、初級は水、中級は木、上級は火の週各一日。

問合せと申込先＝東京都千代田区猿楽町2−5−5、韓国YMCA二〇五号室、日韓親和会。電話二九一−一六八八。

スポーツ短信

43カ国を招請　選手権大会開催で　世界跆拳道連盟

世界跆拳道連盟（金雲竜会長＝本部・韓国ソウル）はこのほど第二回世界選手権大会（きたる八月二十八日から同三十一日まで国技院で開催）に参加するよう招請状を米国、西独、フランスなど四十三カ国に発送した。

神話でないことの確認　文定昌「檀君史記研究」（12）

訳・註　金元奉記者

祭祀長は檀君、政治長は王倹　祭政一致の長は天王・天君

檀君に関する文献（9）

李丙燾の「原文並びに訳註三国遺事」中の古朝鮮記

一九五六年四月出版された李丙燾教授の「原文並訳註三国遺事」は、檀君朝鮮に関して次の要約と一しょに註釈し、その欄上に字句の解説を加えた。

「古記にいわく昔桓、因の庶子桓雄があり、常に天下をうかがい、人の世を統治することを欲していたが、父が息子の意中を知り、三危太伯を見おろしたところ、人間をひろく利するに足りると思った……。熊女は彼女と婚姻してくれる人がいないので、常に檀樹の下で祈り、子供を懐妊したいと願った。雄がこのとき、しばしの間変じて婚姻し、息子をもうけたので、名を檀君王倹とした。……王倹が堯の即位から五十年目に庚寅城に都を定め、これによって朝鮮と称した。また都を白岳山、阿斯達に移したが、また弓忽山または今弥達ともいわれるので、国を治めるところ千五百年であった。……」（同書一八〇～一面）

李弘稙の檀君説話

一九五九年三月、大韓民国国史編さん委員会が発刊した「国史上の諸問題」第一集で、李弘稙教授は「檀君神話と民族の理念」という題で47面にわたる長い叙述で、檀君朝鮮に関して檀君朝鮮を一つの神話だとし、次のような短評と同時に世界各国の神話の例をあげながら、理解するに難かしい論旨を披れきした。ここではとりあえず、彼が三国遺事の古朝鮮記を沢解したものを原文のまま掲載する。

「昔、桓因＝帝釈をいう＝が庶子の桓雄が、常に天下に意を置き、人の世に望みをかけているのを、父君が息子の意を解し見降ろしたところ、三危、太伯が人間世界を富まし得ると見た。これに天符印三個を与え下界に下し、人々を治めせしめた。雄が三千人を従がえて太伯山の頂上の神檀樹の下に降り、そこを神市としたので、この方が桓雄天王と呼ばれる方である。その方は風伯・雨師・雲師を従がえて、穀、命、病、刑、善、悪など、人間社会のもろもろの三百六十の事を受持ち、人の世にあらわれて治め、教えられた。

そのとき、一熊と一虎が同じ穴の中に住みながら、常に神に祈って人間になれることを願ったので、（桓雄が）神聖な「よもぎ」一たばと「ニンニク」二十個を与えながらいうに、お前たちはこれを食べ、百日間、日の光を見なければ、ただちに人間の体を得られよう、と。熊と虎はこれを受取って食べ、三・七日目に熊は女身になり、虎は耐えられずに人間になることができなかった。

熊（から化身した）女がとして婚姻してくれる者なかったので、常に檀樹の下で祈り願うに、児を妊むことであったので（桓）雄が暫時変じて（熊女と）婚姻し、児を妊ませ男子を得た。名を付けるに檀君王倹だとした。……」以下略。

震檀学会が発刊した韓国史の檀君観

一九五九年発刊された震檀学会の「韓国史」第一編は、檀君朝鮮を取扱かい「檀君神話の解釈」という題下で、檀君に関する古記を紹介しているが、魏書が紹介したのをA形と称し、金一然・李承休・権擥・世宗実録などが記録したものをB形とし、次の如く記録した。（同書六八～九面）

A形　魏書云　乃往二千載　有檀君王倹　立都阿斯達……

B形　古記云　昔有桓因……

〈以下三国遺事のものと同一だが、問題の多い「国」字を「因」字に断定して記載した・著者〉

そして韓国史は次のように紹介して解説した。

（1）世宗実録　地理志は、「是為桓雄天王　令孫女　次薬成人身　与檀樹神　婚而生男　名檀君云々」だとし、檀君は桓雄の孫女と檀樹神との結婚で生まれたものだ……とした。……これは確実に動物の熊字を避けるため熊女を孫女に改作したものがはっきりしており、原形を失くした説話というべきである。……（同書七二面）

（2）桓雄説話中に、同穴而居した一熊一虎ということも、実相は男（虎トーテム、男姓）、女（熊トーテム、女姓）を意味したものと解釈する。……（七四面）

（3）「桓雄が財穀・生命・疾病・刑罰および善悪など、人間三六〇余事を主宰するといったのは、即ち一年三六〇日に関するすべての人間行為を管掌するというものであるので、大概、神政社会の君長は……祭政一致時代の君長は、これを単に天王・天王郎・天君と尊称した。……（七五面）

（4）とにかく、桓雄天王を古代朝鮮社会の男姓始祖神であると同時に、国人の生命、身体、財産、善悪、吉凶などを主宰した守護神として、彼が降下したという太白山は……山頂の神檀樹は、天王の降下階段であり……。（七七面）

（5）祭祀団体の長は前のとおり檀君、政治団体の長は王倹……。古朝鮮にあって王倹城の名称は、これに因って生じたのではなかろうか。……（七八面）

（6）Bでは、初都の地を平壌、移都の地を白岳山阿斯達、再度の遷都の地を蔵唐京だとした。……（八一面）

日本人たちの檀君朝鮮史記に関する態度

本書は、日本人たちの檀君朝鮮観を記述するに先だって、一つのたとえ話を記そう。

一九三一年九月十八日、日本の満州強占と同時に、朝鮮総督として着任した宇垣一成は、彼の最初の施策の一つとして宣言したことは「朝鮮内の新聞などを見たところ、何か外国の新聞を見る感じである。今後『独立』の二字は絶対に使用することまかりならぬ」。宇垣一成のこの一喝により、その後朝鮮内の新聞は一切「独立」という二字を使用することができなかった。そしてその後から、日本人たちは前から使って来た「三・一独立万歳運動」を、ただ単に「万歳（騒じょう）事件」「六・一〇独立万歳運動」を、単に「六・一〇万歳」、と呼称するなど、韓半島で「独立」の二字が完全に姿を消してしまうことになったのである。

×　×

解放後の混乱期を闘かった　建青創設回想録（12）

洪万基　文
金竜煥　画

建青結成大会

この時は、既に赤坂青山の旧日帝陸大へ中総本部を移していたので、天沼は中央訓練所となり所長として崔猛虎が選任された。青山の中央本部では総務部があらたに建けられ部長に安熙祥、あとから参加した李裕天、それから保健課が設けられて、診察所を設置、所長は金仁洙など。ほかにも古い幹部として金永鶴、あとから金学鳳、林竹松であるが、どういうポストだったのか、あまり記憶がない。実はこの執行委員は次長も含まれていたが、宣伝部次長朴根世、情報部次長李允求、体育部次長洪鍾徹、建設部次長鄭一孫などであるが、あとは誰であったのか忘れてしまった。

朴烈、李康勲の顧問推戴は従前通りである。各地方、本支部の幹部は省略するが、唯兵庫県の県本部の玄孝燮は神戸で策謀にたけていたが、結局それがわざわいして殺害されてしまった。

何故、このように幹部を一挙に羅列してしまったかというと、たとえば後で一期、金斗鉄執行部が成立、徐鍾実、李禧元、副委員長、金正柱事務局長のときもあったが、一回きりで終り、大会はあっても殆どの人が留任、大ていの人が歴代を重ねて変りばえがなかったからである。

これは、言うまでもなく結局人材がいなかったことを意味する。本国も解放の夜明けで、それまでの官僚機構を占めていた日本人が引揚げてから混乱を極めた。祖国独立のあけぼので民族こぞって湧きかえり、在日同胞も先を競って帰国したことは、前に触れた通りである。建青結成大会のとき、調査部を担当していた全相浩が帰国すると、忽ち釜山警察署の署長に採用されたところからも察しがつくというものである。

日本の旧陸軍大学に建青中央本部があった頃

つけ加えていえることは、当時は民主主義の花盛りで猫も杓子も、自由だとか民主主義をお題目のように唱えて、内容は空っぽであっても喚き散らし、拳をふりあげて先頭に立つものが目立った。要するに過渡期タイプである。人を引きずりおろしても出すぎた真似をする奴がいた。無理を通そうとすれば、道理がひっこむとはこのことであろう。解放された同胞ばかりではなく、敗戦後の日本人社会もそうであった

話は異なるが、演説の名手とされた李海竜は徳川型、後々まで民団の要職を歴任した朴根世は漢文素読組のシゴウル（山村）の書堂派―。

朴根世は建青の宣伝部次長か何かの時はあまり冴えた存在ではなかった。実は当時、僕は文化部次長で「青年」という機関紙を編集していたのであるが、いが栗頭で菜っ葉服姿の朴根世がよくあらわれて、大言壮語をふっていた。ある日のこと、自分の名前で小説を載せて欲しいという。

「小説も書くのかね？」と訊きかえすと、書くことは苦手だから口述するのを筆記してくれないか、と、先生はおっしゃる。これを真にうけて「漢姫ツァウム」朴根世作・金建中画と予告までしたことがある。先生の口述を筆記するということも馬鹿くさい話であるが、まあ当時はそんな雰囲気であった。

ところがよく聞いてみると、曹操がどうの、劉備がどうしたと語りだした。つまり、韓国のサラン房などで、男どもが寄りあつまると必ず熱中する三国志の物語である。僕など少年時代、耳にたこが出来る程きかされた。

どうして、こういうことを持ちだしたかというと彼らは近代思潮には程遠い、よくいえば漢文素養型儒教的な人間であったということができる。

徐鍾実は大邱師範学校の出身で、普通学校の訓導であるというふれこみであったが、本当は准教員の試験を受けて、簡易学校の代用教員であったということであった。しかし彼は色白で、ノーブルなマスクをしており、背も高く才気走っていた。

許雲竜は憲兵のスパイ嫌疑で追放されたが、転んでもただでは起きない人間で、国際タイムスをおこした。同胞新聞は封も切らず屑篭行きの新聞が多いが、一応読める新聞を発行したのは彼ぐらいのものであると評価してよい。

金容太は宣伝部長・企画局長・副委員長などを歴任したが、容姿は端麗でなかなかドスのきいた男であった。僕の仲兄で夭折した洪舜基が「あかつき楽団」を主宰して、建青支部結成のときなど、よく連れて歩いたが、所属の歌手・暁てる子とかという女の子と浮名を流していた。彼の一族は韓国に多いらしく、僕の普通学校時代の恩師が金容表、僕の叔母の亭主が金容昇、転校してみるとまた金容武という教師が担当であったので、僕にとってはなつかしい名前である。

さて、綱領にうたわれ、運動方針にも、一、青年建設隊を編成して国家的、公共的、各種事業に動員、献身奉仕する。といった一項目があるが、早くいえば敗戦後の日本警察が無力化し、無政府状態を呈していた。朝連はいち早く挺身隊を組織し、腕章をつけて各駅の乗降口にまで進出していたのである。

（つづく）

中央会館建設하여　民団維新成就하자

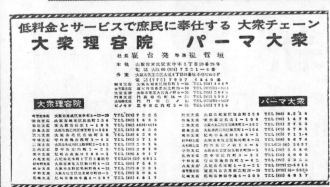

低料金とサービスで庶民に奉仕する　大衆チェーン

大衆理容院　パーマ大衆

社長　崔台発　専務　崔哲垣

本社　大阪市東成区東中本3丁目20番29号　電話　大阪06（974）7221−6番
分室　大阪市天王寺区大道4丁目61番地 小竹ビル2F　電話（772）7997　6840番

関目支店	大阪市城東区関目町1−56	TEL（931）4449
香里園支店	寝屋川市香里南之町26−10	TEL（0720）31−5924
大宮支店	大阪市旭区大宮西ノ町6−20	TEL（952）2045
門真支店	門真市元町14−23	TEL（903）5107
大和田支店	門真市宮ノ前	TEL（0720）81−5697
ピノキオ	豊中市庄内町3−35	TEL（322）7716

大衆理容院

今里総本店	大阪市東成区東中本3−20−29	TEL（974）7225
放出支店	大阪市城東区放出町2.5.4	TEL（962）1633
布施支店	東大阪市長堂1−103	TEL（781）4036・4614
姫島支店	大阪市西淀川区姫里町1−166	TEL（471）0420
天六支店	大阪市北区菅山町38	TEL（358）6286
千林支店	守口市滝井西町3−42	TEL（993）3718
淡路支店	大阪市東淀川区淡路本町2−362	TEL（322）2916
庄内支店	豊中市庄内町3−35	TEL（392）2910
塚口支店	尼崎市森南口288−1	TEL（429）4917
八尾支店	八尾市北本町1丁目2番21号	TEL0729（22）6013
針中野支店	大阪市東住吉区駒川町6−23	TEL（691）7645
桃谷支店	大阪市生野区猪飼野西4−22	TEL（717）8231
平野支店	大阪市住吉区加美朝日町29−5	TEL（792）5086
尼崎支店	尼崎市神田中通6−209	TEL（411）4917

パーマ大衆

放出支店	大阪市城東区放出町256	TEL（968）8234
布施支店	東大阪市長堂1−108	TEL（782）1478
淡路支店	大阪市東淀川区淡路本町2−362	TEL（321）2753
姫島支店	大阪市西淀川区姫里町1−166	TEL（473）6701
塚口支店	尼崎市森南口288−1	TEL（429）711.4
針中野支店	大阪市東住吉区駒川町8−23	TEL（698）8674
大和田支店	門真市宮ノ前13−6	TEL0720（81）5697
平野支店	大阪市住吉区加美朝日町29−5	TEL（792）5680
庄内支店	豊中市庄内町3−35	TEL（331）4002
千林支店	守口市滝井西町3−42	TEL（992）3350
八尾支店	八尾市北本町1−2−21	TEL（0729）22−6013
香里園支店	寝屋川市香里南之町26−10	TEL（0720）31−5923
尼崎支店	尼崎市神田中通6−209	TEL（411）4917

上野で本場の味を!!

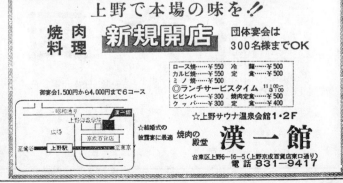

焼肉料理　新規開店　団体宴会は300名様までOK

ロース焼	¥550	冷麺	¥500
カルビ焼	¥550	定食	¥500
ミノ焼	¥500		

◎ランチサービスタイム 11:00〜3:00

ビビンバ	¥300	焼肉定食	¥500
クッパ	¥300	定食	¥400

御宴会1,500円から4,000円まで6コース

☆上野サウナ温泉会館1・2F

☆結婚式の披露宴に最適　焼肉の殿堂　漢一館

台東区上野6−16−5（上野京成百貨店東口通り）
電話 831−9417

韓國新聞
在日大韓民国居留民団
中央本部機関紙
韓國新聞社
発行人 尹達鏞
東京都文京区春日2丁目20－13
電話 直（815）1451～3
　　 交（313）2261～5
振替口座 東京 163774
本国連絡所（民団本国事務所内）
서울特別市鍾路区昌成洞
政府合同庁舎4層
電話 73－0192・0165

在日本大韓民国居留民団 綱領
一、우리는 大韓民國의 國是를 遵守한다
一、우리는 在留同胞의 權益擁護를 期한다
一、우리는 在留同胞의 民生安定을 期한다
一、우리는 在留同胞의 文化向上을 期한다
一、우리는 世界平和와 國際親善을 期한다

未曽有の難局に直面し 国民総和固く培う契機

朴正熙大統領の三・一節記念祝辞

朴正熙大統領

朴正熙大統領は一日、ソウルの国立劇場で開かれた三・一節五十六周年記念式に祝辞（金鍾泌国務総理代読）を贈ったが、この中で北傀に対して「早急に民族の良心にもどり、南北が平和的な方法で統一を模索するための対話の広場に、真剣で誠実な態度で臨んでくれることを重ねて促す」と呼びかけた。朴大統領はまた、この日の祝辞を通じ「いま、われわれは未曽有の難局に直面していながらも、国民の総意でもって国民総和を一層固く培うことのできる立派な契機をもたらした」と述べ「いま、このときこそわれわれがともに反日独立精神を実践に移し、党利党略と身分および宗派を果敢に超越して、国民総和をより強固にし、民族中興のために心を合わせて協力していかねばならないときである」と呼びかけた。さらに、朴大統領は「意義深い三・一節を迎え、南北五千万同胞はみな三・一精神に基づき、民族の大義の前に大同団結し、韓半島の平和と祖国の平和統一、そして民族中興のために献身しよう」と訴えた。なお、国立劇場での記念式には金鍾泌国務総理、丁一権国会議長、閔復基大法院長を始め政府、国会、司法府の要人とソウル在住の独立有功者および家族、海外の同胞、市民、学生ら千七百人余が参席した。

『セ民団』運動こそ至上課題

東京は5千人、大阪は3千人 56回三・一節民衆蹶起大会

第五十六回三・一節記念民衆蹶起大会が三月一日、民団主催で全国いっせいに開かれた。各地の大会では、「三・一精神うけつぎ維新課業を完遂しよう」「セマウル精神に則りセ民団運動を力強く展開しよう」「金日成の手先、朝総連を徹底的に粉砕しよう」などのスローガンの下で「われわれは、在外国民としての矜持と国際的信義にもとづき在日同胞社会の繁栄と、民団組織強化のため、対内外的に積極的に活躍する」等の決議文を採択した。

この日東京では関東地方協議会主催で国際劇場に関東一円から同胞約五千人が集まる中で式典を催した。

式典は、金致淳東京本部団長の開会辞、尹達鏞中央本部団長の記念辞のあと、金永善大使代理で参加した趙一済公使が大使記念辞、朴太煥中央議長が己未独立宣言書、康民善静岡本部団長が朴大統領におくるメッセージ、辛容祥栃木本部団長が決議文をそれぞれ朗読し、朴大統領におくるメッセージと決議文は参加者大拍手裡に採択された。

金東京本部団長は開会辞で「三・一精神を飾りものにするのでなく、われわれの周囲においても日常化される努力をしなければならない。セ民団運動こそ、われわれの当面至上課題であり、この大会を契機に、より一層の意欲をもって取り組んでいかなければならない」と強調した。

来賓として参加した在日同胞出身国会議員の権逸氏と宇都宮健韓国内外通信社長から祝辞が述べられた。

特に権逸議員は、「在日同胞もセ民団運動に取り組んでいるが、国の繁栄なくして、海外同胞の繁栄はありえない。いまは、国家建設が急がれる時であり、在日同胞の積極参与を望みたい。三・一運動も、この日本を出発点にして行われた民族独立運動である。その意味からも、この場でいま一度、決意を新たにしてほしい」とのべた。

最後は、鄭泰柱中央監察委員長の先唱による万才三唱によって式典の幕を閉じた。

このあと、韓仙舞踊団とニューホープ・シンガーズによる歌や踊りがひろうされて喝采を浴び、劇映画「新・八道江山」が上映された。このようにしてこの日の全行事は、意気盛んなうちに午後四時ごろ終った。

一方、民団大阪本部では午前十一時から、中之島中央公会堂において、約三千人の同胞が参加して開かれた。

国民儀礼につづいて、下先春議長のあいさつのあと黄七福団長は「国家の発展は、国民自身がきり開くものです。三月十五日から始まるセ民団運動には、団員一人一人が団結し三・一精神に立脚して積極的に参与し、物心両面での協力をお願いします」と力説した。

ついで、独立宣言文朗読、尹中央団長記念辞朗読（宋政権監察部長代読）、金大使記念辞朗読（鄭慶浮大阪総領事代読）があり、「三・一節の歌」を大阪韓国学校ブラス・バンドの伴奏で斉唱した。さらに、決議文朗読と、朴大統領へのメッセージ朗読ののち大阪の教育功労者と民族教育功労者への表彰式が行なわれた。

午後一時からの第二部では、民俗芸能団公演が人気をよんだ。

会場を埋めつくした3・1節記念民衆決起大会（国際劇場）

会場の国際劇場へぞくぞくつめかける団員たち

金竜煥

解説

北韓の国際交易信用の失墜

北韓は、一九七四年下半期以降、次のように国際交易における代金決済の遅延、または契約事項不履行など、国際間の交易規定を無視した行為のため、契約相手国より契約の取消し、或は船積を取消されるなど醜態を演じ、国際交易信用が極度に低下している。このような事は、国際間の交易規定を無視する北韓のあつかましい取引きに加えて、世界の不況による外貨涸渇に基づくものであるというのが国際業界及び銀行間の専らの定評である。

あくどい交易規定無視 日本、欧州など被害激増

（一）導入施設代金未払分

イ、製紙プラント代金未払

北韓は一九七二年、フインランドのメテックス社外六社と、総額一億五、〇〇〇万FDM（フインランド"マルカ"約三六〇〇万ドル相当）の製紙プラントを契約し、一九七四年、同プラントは輸入されたが、代金は支払期間まで全額の二〇%相当だけが払われ、八〇%は今なお未払になっている。

これに対し、フインランド政府では、一九七五年二月五日代表を派遣し、十一日間にわたって督促、交渉を行ったが、何等の効果も得られなかった。

のみならず北韓側は、自分たちの機械運送、技術不足により生じた約二、二〇〇万FDMの損害に対し、フインランドのメーカーに、損害賠償の訴訟を提起するほか、代金未払に関しては支払延滞金さえ払えば何等規定に違反するものではないと主張している。

これに対しフインランドでも北韓側の機械の、保管、管理に関する契約条項違反を指摘するほか、たび重なる支払延滞金だけでは、契約遵守とはいえないと強調している実情である。

ロ、年賦"アンモニア"プラント代金未払

オーストリアより年賦払条件でアンモニアのプラントを輸入したが、年賦払いが約束通り行なわれない為に、オーストリアの北韓通商代表部は数回の督促を受けている。

これらに対し、北韓は、最近

（二）対欧州借款の未決済

イ、北韓のヨーロッパ各国よりの借款は、総額三億ドルと見なされ、これに対する延滞金だけでも八、〇〇〇万ドルに達するといわれる。

この内フランス銀行の融資分だけでも一億五、〇〇〇万ドルと計上され、これまた延滞金が三五〇〇万ドルにのぼるといわれる。

③日本に対するL/C未決済は合計五〇件に及ぶなど、北韓の外貨事情は想像以上に深く、このため国際的問題を起していると語っている。これらに対し北韓は、74年末までに清算するといってはいるが、外貨支払の限界に達した北韓が、果して七四年末までに清算したかどうかは疑問とするところである。

七五年三月末では清算するといっているが、今の北韓の外貨事情では悲観的観測が強い。

ロ、最近日本のある有力な実業家の話しによれば、①フランスのソシエテイゼネラル銀行では、代表一人を北韓にさし向け借款返済の督促をした事がある。

②ベルギーのある実業家は、北韓にL/Cを支払うよう進んでユーロー$の対北韓借款を斡旋したところ、このL/Cに対する利子までも貰わなければならないといっている。

（三）各種未払金及び其の他

イ、一九七三年対フランスとのヘリコプター購入交渉（組立生産）が、不可能となるや二〇機の民間用ヘリコプター購入までも放棄した。

これはすでに悪化し始めた外貨事情を物語っているものと見られる。

ロ、スウェーデンの各商社でも、ここ二年間八億クラウンに達する対北韓輸出契約をしているが、この代金支払が遅延し、スウェーデンではこれらの解決を迫っているという。

ハ、北韓は輸送船舶不足のため、スウェーデンのシャーレン船舶会社と輸出品その他の輸送契約をしたが、これまた船舶料金未払のため、多くの論議をかもし出している。

ニ、北韓はスウェーデン、フインランド、デンマークなど、北欧の各国から輸入した機械の代金として北韓の商品と物々交換で決済することを強要しているが、北韓の商品はヨーロッパではさして価値がなく、代案の燃料及び原資材もまた貧弱が分り、複雑な問題を起こしている。

ホ、特に年賦払施設導入分の支払が悪く、一九七四年度だけでも二六件五、七七二万ドルの年賦支払が未払になっている。

（四）北韓の外貨涸渇の原因

以上のような色々な外貨未払の主な原因は、次のような事などによるものと見られる。

イ、一九七〇年～七四年まで対西欧（共産圏を除く）外債総額が、約一〇億ドル（施設材導入分）であり、この償還には年平均一億三、〇〇〇万ドル～一億六、〇〇〇万ドルを必要とする。

ロ、最近の世界的な不況による借款の不振。

ハ、オイルショックによる船舶料金の値上げ。

ニ、輸出商品の船積遅延及び商品の国際規格に合わない点等によるクレームの続出。

ホ、過重な港湾拡張及び施設への投資による負担。

ヘ、北韓の経済、特に物資、施設面の政策が非生産的な軍需優先へと傾注、投入されている事。

南北離散家族の写真交換断わる

南北赤十字実務会議開く

南北赤十字第八回実務会議が、二月二十八日、午前十時から二時間三十五分間、板門店の中立国監視員会会議室で開かれた。この会談で韓赤側の金達洙代表は①本会談のすみやかな再開②離散家族捜し運動のモデル事業として六〇才以上の老父母の住所・生死確認事業実施に北赤側が応じることを重ねて促すとともに、まず離散家族の家族写真交換だけでも実施しよう、とあらたな提議を行った。しかし、北赤側が、これを拒否したため、今回の実務会議もまた具体的進展をみることなく終わった。

北傀武装船の南侵中止せよ

南北調節委員会

南北調節委員会の張基栄韓国側委員長代理は、二月二十七日午後、北傀武装船団の西海国連軍海上作戦区域内侵入をめぐって南北軍が対峙、衝突寸前にいたった事件に対し、「今回の事件は北傀側が南北間の軍事的緊張を高めるための目的で計画的に武装船舶を韓国側作戦地域に浸透させた新しい挑発行為である」と非難し、即刻、挑発行為の中止を要求する電話通知文を金英柱北傀側調節委員長に送った。一方、韓国国防部は、同日夕、西海の南北境界線付近での緊張状態は韓国側の自制によって解決された旨の発表を行った。

姜渭鍾氏に冬栢章授賞

太平洋戦争韓国人戦没者遺骨奉還会長姜渭鍾氏（64）が遺骨奉還事業に貢献した業績が認められ、政府から国民勲章冬栢章を授与され二月十九日駐日大使館で金大使から伝達された。

人事発令

任 宣伝専門副委員長 尹吉炳

一九七五年三月八日
在日本大韓民国居留民団
中央本部団長 尹達鏞

金成坤氏永眠

大韓商工会議所会長の金成坤氏（東洋通信社会長）が二月二十五日午後八時五十分、ソウル鍾路区新門路の自宅で高血圧のため永眠した。享年六十二歳。慶尚北道出身。

韓国の明大卒 三木首相礼訪

金泰東元逓信部長官を団長に、権逸維新政会議員、金弼相麗水化学社長、林寅甲弁護士、崔相吉氏ら明治大学卒業生代表団が来日し、二月二十五日三木首相を礼訪、韓国同窓の祝意を伝え歓談した。

日本図書館協会選定
金熙明著
日本の三大朝鮮侵略史
‖倭寇・壬辰倭乱・日韓合併と総督統治‖
B6判 美装 四〇〇頁 写真挿図七〇枚 価 九八〇円・〒 一四〇円
☆日本が如何に朝鮮を侵略したか三つの歴史的事実を両国学界の研究成果をふまえて叙述した日本の「つまずき」の歴史を日本人の前につきつけたものである。
〔武蔵大学教授 渡部 学〕
※最寄りの書店に市販されております。
発行所 洋々社
東京都新宿区納戸町五
〒一六二 電話（二六八）〇七九六番
振替 東京 一三一五一五番

三・一精神되살려서 維新課業完遂하자

第2次 75年度 生徒募集

大阪韓国高等学校（普通科・男女共学）
募集人員………第一学年 若干名
出願期間及び手続
○期 間：二月二十七日～三月二十四日の午前九時から午後四時まで（但し日曜日除外）
○手 続：入学願書、個人報告書、受験料五、〇〇〇円を同時に提出すること
入試詮考日、及び試験科目
○考査日：三月二十五日（土）九時より十五時まで
○科 目：国語又は日本語の内択一と、数学、英語、面接

大阪韓国中学校（男女共学）
募集人員………第一学年 若干名
出願及び手続き
○期 間：二月二十七日～三月二十四日（但し日曜、祝祭日除外）
○手 続：入学願書、個人報告書（受験料なし）を同時に提出して下さい
入試詮考日及び試験科目
○考査日：三月二十五日（土）九時より十五時まで
○科 目：国語又は日本語の内、択一と算数、面接
※使用教科書は無償給付

金剛小学校（男女共学）
募集人員………第一学年 若干名
出願期間及び手続
○二月二十七日から三月二十五日まで
※使用教科書は無償給付

金剛幼稚園（男・女）
募集人員………四歳児 若干名、五歳児 若干名
出願期間及び手続
○二月二十七日（水）から三月二十五日まで

〒557 大阪市西成区梅南二丁目五番二〇号
学校法人 金剛学園
電話（06）（661）二八九八番（代）

維新文教、大学改革に新機軸

ソウル大、改編案が実現

15単大・3大学院で学長補新設

国務会議は25日午後、ソウル大学校設置令と国立学校設置令中改正令を議決、ソウル大学校総合化計画（アカデミ・プラン）と地方国立大学の機構改編および大学院新設などを確定、3月1日から施行された。これにともないソウル大学校は新学期から現行13個単科大学が15個単科大学に改編され、応用数学科など4個学科が廃止されるかわりに工業化学科など3個学科が新設され、文理大が領域別に分散される一方、商科大学が経営大学へ縮小改編されることになった。

韓国の子弟教育熱は古来から高く、特に全国の大学施設と教育水準は秀れている。写真はソウルの慶熙大学の美しいキャンパス。

そのほかにも、この設置令は現在の6個特殊大学院中、行政、保健、環境大学院のみを存置させ経営、教育、新聞大学院を廃止させる以外に入学後、専攻学科の確定時期を系列別に扱わせ、各単科大学に分離されていた付属機構を統・廃合、学生処には新たに相談指導官（カウンセラー）を、各単大には学長補を置くことにした。

一方、この日議決された国立学校設置令中、改正令にともない新学期から釜山大、全南大、忠南大、忠北大に教育大学院が、慶北大に新たに大学院が設置され、教務処に授業科、学生処に相談指導官、図書館に収書課、閲覧課が新設される。

この日、議決された改正令の主内容はつぎのとおり

◇ソウル大学

○機構改編

▲文理科大学および教養課程部を廃止し、所属学科を領域別に区分、人文、社会科学、自然科学大学に改編する。

▲商科大学を経営大学に改編し経済学科と貿易学科を社会科学大学に所属させる。

○学科廃合

▲工大の応用数学科、応用物理学科、応用化学科、法大の行政学科を廃止し、工大に工業化学科、社会科学大に新聞学科、自然科学大に計算統計学科を新設する。

▲文理大考古人類学科を分離、考古学科は人文大に、人類学科は社会科学大におき、天文気象学科を分離して天文学科と気象学科を自然科学大におく。

○大学院設廃

▲行政・保健・環境大学院だけを存置させ、経営・教育・新聞大学院を廃止する。

○専攻学科確定

▲人文社会系は2学年1学期末、自然系は1学年2学期末、非系列系は入学の際専攻学科を確定する。

○教育支援施設新設

▲実験動物飼育、電子計算所、教育媒体製作所を新設する。

○業務改編

▲本部事務局に調達課を、教務処に授業課を新設し、学生処に相談指導官をおく。

▲建設本部の管理局を施設管理局に改編、副総長所管に移管し、その上に管理課をおいて運営課を新設する。

▲各単大の庶務課、教務課、学生課を廃止、本部で一括取扱い学長補を新設する（但し、慶大、歯大には庶務課を存続する）

◇地方国立大

○課新設

▲教務処に授業課、学生課に相談指導官、図書館に収書課と閲覧課を新設する。

○大学院新設

▲釜山大、全南大、忠南大、忠北大に教育大学院を慶北大に一般大学院を設置する。

韓国の仁術、中東へ進出

3月中サウジへ医師・看護婦ら40名

わが国の医療陣がはじめて中東に進出する。

一日、保社部当局者は20人の医師と看護婦からなる40人の医療陣が、今月中にサウジアラビアへ出発する予定であると発表、この医療陣はサウジアラビア市およびジェッタ市の国営病院で勤務する予定であるとのべた。

わが国医療陣の中東地域初の進出は尹慶道駐サウジアラビア大使とサウジ政府間の協定によって実現したもので医療陣の俸給は医師が月千五百ドル、看護婦8百ドル、医師はサウジアラビア政府から、看護婦はわが国の政府から俸給をそれぞれ支給される。

保社部は、またサウジアラビアにそれぞれ2百50個の病床を持つ病院2個を建てることに両国政府間で合意したと明らかにし、2個所の病院で勤務する百人の医師も4百人の看護婦は全部、韓国人医療陣として、俸給はサウジアラビア政府から支給するようにする計画であるとのべた。

保健社会部は、わが国医療陣のサウジアラビア進出のため、来る4月中、サウジアラビア厚生省長官が来韓する予定であるとのべた。

製紙などで投資工場も

韓国政府は原油の長期安定供給源を確保するための経済協力方策として、サウジアラビアに製紙、ペイントなど七つの工場を合作投資で建設することを推進中である。これには韓国の人力が投入されることになっているが、韓国の人力海外進出は昨年末現在で総一万四千五百二十八名。これによる外貨獲得額は一億四千四百四十万ドルだった。

タクシー・メーター初輸出

韓国のゴールデンベル商事がサウジアラビアにタクシー・メーター（四百台、二万六千ドル相当）を初輸出した。同社はまたヨルダンとも五百台の輸出契約を締結したほか、クウェート、南米諸国とも商談を推進中。

対韓進出協議で 米経済団来韓

韓米経済協議会の斡旋によりこの五月から年末まで米国の主要都市企業人からなる四米使節団が来韓、国内大手企業側と民間ベースによる経済協力方案を、幅広く協議する予定である。同協議会によると①五月中旬に五十人からなる米国の経済使節団が訪韓が確定されており②南カロライナ州の企業人三十人が十月に③ジョージア州州商議が中心となる十五人の通商使節団が五月に④オハイオ州経済使節団十五人は年末に各々来韓する予定といわれる。

経済開発に方向転換

高度成長から福祉型社会保障へ

・韓国政府は八〇年代に社会保障中心の新たな社会経済秩序を樹立するという長期的目標で、第四次五カ年計画が始められる七七年からはこれまでの物量的高度成長政策を止揚し経済開発に福祉指向的社会開発政策を加味する新たな開発政策を採択する方針を建て、七五年と七六年をこのような開発政策転換に伴う調整期に設定した。

こうした政府の政策転換は、物量的高度成長推進で生じた産業・地域間の成長不均衡、海外依存度深化、公害、所得不均衡などの副作用が経済開発に逆機能として作用し始めたのに伴い、成長速度を遅らせても、この種の要因解消が不可避になったためと説明されている。

なお政府は第四次五カ年計画期間中の成長目標を当初の長期計画上の成長率であった一一%から大きく引き下げ、八〜九%水準にし、一方ではこれまで経済開発政策から疎外されていた雇用、賃金、保健衛生、栄養、教育、住宅、生活環境、行政制度などいわゆる社会開発分野の比重を高める方針でその作業を進行中である。

国際情勢(1)

75年のアジアと韓半島

米・中、中・ソ問題変化なし

アジア問題の権威者として知られている米ジョンズ・ホプキンス大学のナサニエル・セイアー教授は最近、韓国を訪問、アジアにおける国際政治の力学関係についてその見解を披歴、とくに韓半島をめぐる米・ソ・日・中などの四大国の角逐からくる問題を詳細に分析した。セイアー教授はさる一九七四年末にも韓国の特派員との特別会見でアジア問題を診断し「中国の毛・周体制が不安定なため、アジアにおける政治的変化を期待することはむづかしい」と展望した。さて一九七五年のアジアはどう動いて行くのか、そして韓半島の問題はどうなるのかー。中ソ対立のきびしさが、ますます激くなっているにもかかわらず、事実上、アジアの情勢はそう動かないだろう。世界的な資源問題や食糧不足、それに中東問題などには大きな動きがあるだろうが、アジア問題、とくに韓半島問題はそれほど急に変わる性質のものではないようだ。以下はセイアー教授との一問一答である。

——ビクター・ジョルジャなどはずいぶん前から中ソ和解の可能性を主張しているが、一九七五年のアジアは果たしてどのように変わるだろうか？

答＝ソ連がいまになってデタント（緊張緩和）政策を変更することはできないだろうと断定することは危険なことであるが、同様に中ソ関係がこんごも改善されることはあるまいと断定することも危険な見方である。とはいうものの、少なくとも中国の国内情勢がある程度安定しなければ、中国の対外政策変更ということはありえないことだろうと考える。中国の国内情勢は最近の批林批孔運動が示すように、まだ安定していない。それは毛の高齢、周の健康とも不可分の関係がある。

毛・周の死後、中国はどう出るか

いわゆる後継者問題だが、こんご中国がこの問題をどう解決して行くかは極めて興味深い。しかし毛、周が死亡したとしても、その後の後継者問題はすぐには解決しないだろうし、その問題が解決しない限り、中国内の不安定はかなりの期間続くものとみなければならない。万一、毛が近い将来に死んだと仮定して、その後の主導権が強硬派にうつるか、穏健派の手に渡るか——で、対外政策には相当の違いが出てこようが、いずれにせよ、中国は国内が安定しない限り対外政策でも大胆なイニシアチブを取ることはできないであろう。

七二年の対米和解という中国の大胆な外交転換はソ連からの深刻な脅威があったこともさることながら、それはやはり周恩来の老練さと毛沢東の"後光"が合致して始めて実現したものである。この毛・周の死後の中国指導者はおそらく、外交の経験も少なく地位も不安な中にあって、対ソ和解などというバクチにはそう簡単に手を出さないだろう。従って毛・周が死んだとしても現在の中ソ関係や米中関係はそう大きく変わらないだろうとみられる。

三木首相の日本とその対外政策

——三木首相の日本は対外的にどう動くだろうか。

答＝三木首相は石橋首相以後最も弱い日本首相だ。三木首相は自民党各派から強いけん制を受けようし、福田、大平の争いはずっと続くだろう。こうした状態下で日本は対外的に大胆なイニシアチブを取れるわけがない。ところが日本は工業資源確保のために、対外的に日本の収益を強力に主張しなければならぬ立場に立っている。これは三木政権の手に負えぬ難事である。日本の政界で注目すべき存在は自民党幹事長になった中曽根だ。彼はナショナリストである。日本の識者の間では機会主義者だといわれ、評判がよくないという話を聞いたが、かれは最も将来が注目される政治家の一人である。四月に予定されている地方選挙で自民党が善戦し、東京都知事選挙で勝てば党幹事長の地位はますます強いものになるだろう。

南北韓関係と"同時承認"構想

——韓半島では南北関係改善のきざしも見えず、混迷を続けているが…

答＝昨秋のウラジオストク会談では、フォード、ブレジネフ間でソ連が韓国を承認する代わりに米国が北韓を承認する問題が協議されたと聞いている。それは、初めからソ連が韓国を承認し、米国が北韓を承認するというような話ではなく、初めには、例えば西側でカナダや西欧諸国が北韓を承認すれば、共産側のキューバや東欧諸国が韓国を承認する。次いで日本、米国が北韓を承認すれば、ソ連も韓国を承認する、といった話だったようだ。こうした構想は一朝にして実現されるものではなかろうが、それにしても興味深い構想である。この構想はソ連の立場からみる場合、韓半島の現状凍結によって第二の韓国戦争を防止するほかに、北韓に対する中国の影響力を縮少しけん制するという利点がある。

——しかし、北韓と中国は果たして、そのような構想を支持するだろうか。

答＝むろん、北韓と中国は反対するだろう。それが「南北韓同時承認」構想のおもしろい点だ。南北韓の国連同時加盟は北韓、中国が反対すれば実現不可能である。しかし、同時承認はたとえ、北韓と中国が反対しても実現できるという強みがある。また、北韓にとっては、米国はともかくとして日本や西側諸国などの承認によって国際的な地位を強化することができるという魅力があるわけだ。

国際情勢(2)

外債償還できない北韓

経済ピンチで国民関心「外転」はかる

北韓はこれまでの"成張吉勢"とはウラハラに国際社会で信用問題にかかわる立場に立たされている。それは北韓の外債償還能力が疑がわれるに至ったためである。最近の客観的資料評価によると、北韓は深刻な国際収支の悪化にあえぎ、七四年七月からは共産圏の先進国を相手にした輸入取り引きにおいて、その決済のために起債していた外国借款の債務を履行しなくなったということである。対日貿易の場合をみても北韓は、元来、輸入契約を締結したときに一〇%の着手金を支払い、そして船積みするときにまた一〇%を払って残りの八〇%は向こう三年間にわたって六回に分割して償還するという約束をしていた。ところが、七四年に北韓が日本の商社と締結した六千万ドル相当の精密鋼鉄の輸入契約をみると、最初の着手金を払っただけで、あとが続かず、第一次の船積みのさいに支払う一〇%分の履行もしていない実情だという。このため、日本の七つの商社は鋼鉄および鋼鉄製品の滞貨で、発注中断事態の招来に直面させられてしまったということだ。

東京の経済消息筋によると、北韓が外債償還能力の点で難局に直面したのは①世界的な石油ショックの影響と、②北韓の六カ年計画につまずきが生じたためだと分析された。

一方、北韓側の事情をのぞくと北韓はこうした経済観をみずから暴露するようなことを、あちらこちらであらわしている。たとえば一月三十一日付けの労働新聞（労働党機関紙）は、にわかに「節電闘争」を訴えており、続いて二月四日付けの社説では、ヒステリカルな論調で『物資の内部予備を残さず動員するよう』叫んでいる。

こうした北韓の運動や呼びかけは旧態依然とした教条主義執着の体（てい）をまざまざとみせており、節電運動と内部予備動員とを両方とも「思想闘争」だと形容している。

六カ年計画のつまずきで焦燥感

いずれにせよ、北韓は七六年を目標年度にしている現行の経済六カ年計画を、「党創建三十周年」記念に繰り上げ達成するといきき、今年の十月にはこれが完成すると、ラッパを吹き続けてきた。

すなわち、そうした態度で北韓はかれらのいわゆる"闘争的課業"を呈示し続けてきただけに、こんどのような経済難がおもてに表れることは、メンツの上で困ったことのようにみてとれる。つまり、北韓が国際的"環視"のうちに焦燥感を覚え、いっそう切迫している状態に陥ったことはまぎれもない事実である。そこで北韓当局は北韓の住民に対し、にわかにスピードをあげて"経済扇動"の戦いに大わらわである。

同時に北韓はそうした経済難局を打開するのに、ソ連からの援助を得ようともくろみ、そうした打算から一月下旬には平壌で"ソ朝経済科学技術協議委員会"を開催した。また北韓は最近、ソ連にへつらい、モスクワでは卑屈なほどの"阿付"姿勢を繰り広げるのにちゅうちょしていない。

とはいうものの、さまざまな兆候から推してみてソ連の反応には大したものがないようだ。

石油輸入の支払い決済がこげつく

ところで、北韓の対外貿易の構成比をみると、ソ連貿易が三五%、中国二五%、東欧圏が一〇%、残りの三〇%は日本をはじめとする非共産圏である。

対韓が対日輸入で望んだものは機械類と各種のプラント導入だった。しかし、どんどんと貿易逆調の幅が拡大し、とうとう対外支払い能力というむつかしい壁に突き当たった格好になった。

だからといって北韓住民に対する収奪強化の手はゆるまない。住民を飢餓のどん底に落とすような低賃金でダンピング輸出をしてみたところで、それにも限界がある。

一方、中ソおよび中東からの石油輸入に伴う支払い決済がこげつき、北韓はもうその支払いを遅延させることができない状態にまで陥っている。その上、無謀な軍備増強と海外工作などに使った浪費性支出がかさみ、ついに北韓経済は、大へんな重荷にあえぐハメになってしまった。

こうした経済難局に立たされた「北」の指導者はいま、北韓住民の目を"南朝鮮革命"に注がせるよう、カネや太鼓を叩いて騒ぎ始めた。それが北韓指導者の最近の対南政策であり、野心的な外交活動である。

金日成集団は常とう手段とはいえ"注意外転"策を始めたようだ。すでにかれらは六〇年代後半期にも、当時の七カ年計画がつまずきをみせたときに、南北韓の緊張を人工的に造成、（プエブロ事件や一・二一青瓦台襲撃未遂事件、蔚珍・三陟の武装ゲリラ大挙上陸事件などを起こした）こうした事件によって自分たちの経済政策の失敗を糊塗（こと）しようとしたものだった。

「外交的補償」努力と対南冒険で……

北韓はこんど一方で「外交的補償」努力に注力するだろう。そしてソ連からの経済援助の規模いかんによっては、またもやモスクワ依存の度合いを大きくしようが、しかしその見通しはあまり明るくないようだ。また北韓の経済難をチャンスに日本が影響力を増大させることも想像できるが、これにも限界がある。

警戒すべきは北韓の指導者が「注意外転」のために南韓に対する冒険を画策することだ。内紛と外交の相互関連性による北韓の政策は経済危機にさいし、いよいよ先鋭化してきたようだが、われわれはこれに留意しなければならない。（韓国日報＝SISA）

在日韓国人結婚相談センター
常任顧問　金聖洙
会長　徐萬洙
所長　金鍾澤
大阪市天王寺区味原町四番地一号 味原日生ビル四〇六号室
TEL (06) 七六八－二三八五番

YMCA韓国語講座
4月新学期生募集
韓国YMCAでは韓国語教育の充実に長年努力してきました。韓国語の学習を通し、韓国の歴史文化の理解を深める総合的な韓国理解を目ざしています。優秀な講師陣による文法、会話の指導、又講師や専門家によるカウンセリングフォークソング、韓国民謡を歌う集い、韓国の歴史学習、シーズンスポーツ、韓国訪問等も行なっています。
・一般コース（4月7日開講）　期間　6カ月（4月〜9月）

クラス名	曜日・時間	内容	募集人員
初級	毎 水・金 午後6:30〜8:00	初めての方のクラス…基礎からの出発、文法、会話	50
中級	毎 月・水 午後6:30〜8:00	多少読み書きの出来る方のクラス…文型、韓文和訳、会話	50
上級	毎 火・木 午後6:30〜8:00	中級をマスターした方のクラス…韓国語による講義、高等会話、作文	50

費用　入会金　5,000円　受講料　24,000円
・集中コース・3カ月（一週2回　1回2時間）
5〜6人の少数で集中的に学習する。時間は相談の上決定。
費用　入会金　5,000円　受講料　40,000円
☆英会話教室　外人を囲んで生きた英会話を習う　毎火曜日午後6:30〜8:00　入会金 5,000円　受講料月 2,000円
☆韓国民謡を歌う集い　ソウル音大出の講師の指導により韓国民謡を歌う楽しい集い
毎月第1、第3月曜、火曜、午後6:10〜6:40　無料、どなたでもおいで下さい
交通・国電水道橋下車　在日本韓国YMCA　東京都千代田区猿楽町2-5-5　電話 (03) 291-1511

中央会館建設하여 民団維新成就하자

香里支店　3月24日(月)　新設開店
開店記念預金増強運動期間中のご協力と開店当日のご来店をお待ち申上げます

香里支店(開店后)　開設準備室　寝屋川市寿町50−20　☎(0720)33-3551(代表)　森小路支店 ☎(06)932-7741
大阪商銀

開店記念預金増強運動実施中
理事長　朴漢植
支店長　張潤奎

屋内配線工事の省力化と安全に貢献する！明工社の配線器具
明工社の配線器具は一般家庭、事務所、工場鉱山、農村、建設現場、船舶等…電気を使用するあらゆる所で使用されています。
屋内配線工事用の スイッチ・コンセント・コネクター・プラグ・防水コネクター・レセップ・ソケット・……多種色々あります。
伝統と多種類多用性を誇る

M.K.S.
株式会社 明工社
東京都目黒区下目黒6−8−19
電話(03)712−1106(代)

沖縄海洋博観光に5千人

十等親以内と親知を対象に

招請は民団支部でとり扱い

一月二十七日午後一時から、民団中央会議室で開かれた中央執行委員会で、沖縄海洋博覧会参観団招請事業の概要が決まった。招請人員は五千人で、民団地方本部の居住同胞数に比例して割り当てる。

沖縄海洋博は、ことし七月二十日から来年の一月十八日まで約半年間にわたり開かれ、主催者側は、一日三万人の動員を見込んでいる。民団は最初に本国家族招請人数を一万人と見こんでいたが、本国政府当局との接衝の過程で五千人になったものである。

家族招請事業の実施事業期間は三月一日から四月三十日までとなった。

招請人の資格としては、国民登録を持ち、協定もしくは一般永住権をもつ団員で、組織強化に貢献し、団費を完納している世帯主、という規則になっている。被招請人の資格は、韓国に居住する十等親以内の親族、親戚と親知で親知の範囲としては、同窓、同門、同村、セマウル姉妹結縁部落の人士、取引会社の役員といったごく身近い関係となっている。なお招請にあたっては、必らず所属民団支部を通じなければならない。

青年会中央本部結成準備

全国青年部長会長合同会議開く

미스·코리아

応募しよう！あなたも私も…

75年度ミス・コリア募集

MISS KOREA

石川青年会結成

＝全国で三十九番目＝

初代会長に 尹亨植君就任

民団高知本部が臨時大会ひらく

団長に 徐仁泰氏再選

南武支部大会 団長に黄光釋氏

黄光釋支部長

東京韓国学校高等部卒業式

東京韓国学校高等部一九七四年度卒業式が三日、同校講堂に卒業生八十人と在校生代表、教師、父兄ら七十人余が出席して行なわれた。

同校高等部の十七回目にあたるこの日の卒業式は午前十時、在校生、父兄らの拍手にむかえられて卒業生の入場から始まったが、あいさつの中で[illegible]校長は卒業生に父母をうやまい、自己の行動に[illegible]べた。

このあとの[illegible]所事長、民団中央の尹達鏞団長、[illegible]駐日大使館教育官、婦人会中央の金信三会長、[illegible]会長らがつぎつぎと祝辞を述べた。

卒業生の内訳は男子三十六人、女子四十四人で進学希望者二十四人（うち韓国留学六人）、就職二十人、家業従事その他三十六人となっている。

韓国人学生にも奨学金

日本育英会で実施

尼崎支部でセ民団発起式

日本学生が韓国修学旅行

全日本で優勝

韓国アイスホッケー

暁と将軍

五・一六革命秘話

作・崔性圭 訳・鄭鉉

金基崙 画

創団30年史発刊に際して

資料提供のお願い

編纂委員長 尹逵鏞

☆資料提供のしめきりは三月十五日まで

民団中央本部・創団三十年史編纂委員会事務局

上野で本場の味を！！

焼肉料理 新規開店

団体宴会は300名様までOK

ロース焼	¥550	冷麺	¥500
カルビ焼	¥550	定食	¥500
ミノ焼	¥500		

◎ランチサービスタイム 11:00～3:00

ビビンバ	¥300	焼肉定食	¥500
クッパ	¥300	定食	¥400

御宴会1,500円から4,000円まで6コース

昭和通り 上野駅 京成百貨店

☆結婚式の披露宴に最適

☆上野サウナ温泉会館1・2F

焼肉の殿堂 漢一館

台東区上野6－16－5（上野京成百貨店裏口通り）

電話 831－9417

659

大衆の声

この目で確かめた韓国での国民投票（下）

真の友好親善を望むなら反共国是の制約理解せよ

日本マスコミに対する国民心情

富承徹記者

新聞、テレビ、ラジオ、週刊誌等の情報提供物は、われわれの日常生活から離すことのできない重要な意味を持っていることは誰も否定しないだろう。

こんなに重要性を持つ日本の大情報伝達機関が、なにかの約束があったかのように、対韓報道に関しては恣意的ともいえるほど偏向した報道を行っていることを、韓国民は誰れ一人なく全部が知っているように思われた。

日本での報道は在京特派員や外電によって韓国内でも報道されるが、韓国民の受けとり方は、「日本人は勝手すぎる」という批判的なものであることを、もっとも強く感じた。

某大学四年生の崔君はこう語っていた。「日本のマスコミがいってることには一理はあります。でもその一理は、日本人が日本人の立場でいえる一理ではあっても、われわれの現実にはほど遠い一理です。彼らは韓国民衆のためだとか、韓国の自由化のためだといっているらしいですが、それが三十六年間わが民族を苦しめた民族がとっている姿勢だと思うと本当に腹がたちます。もし、彼らが東京から五十㌔離れた地点に分界線があって敵と対峙しているならば、いまのような自由があり得るだろうか、わが国では国土を両断した軍事境界線があり、いまだに小規模ではあるが敵との紛争が続いていることをすべての日本人が知った上で、わが国を見てほしい。今回の国民投票の目標である憲法については民青学連事件以来国民各層で論じられて来たものであります。その論議に終止符をうとうとする国家の政策に対して、野党政治家や一部の人たちの言分のみを韓国民全体の意思であるかのように思い込み、その思い込んだ立場で韓国を見て論じているのが日本マスコミの姿勢かと思うと、真の韓日親善がほど遠い気がしてたまらないです。誰れがなにをいおうと、大多数の国民は投票の結果に託がうただけでなく、一つ目的を持って安心して働ける日が来ることを待つでしょう。そのためにもなによりも先に政治の安定を望んでいると思います」

また、蔚山から釜山の某大学に通学している二十二歳の金君は、「私は今度はじめて国民としての権利を行使しました。私の学校でも現政府のやっていることに不満を持っている者が一部おります。でも、この不満が一部の反政府主義者らがいってるほどではありません。その不満の一番の理由は、政権担当者らが、学生らの声を聞くこともしないで、学生は社会に関心を持つな、学生は学生らしく勉強に専念せよ等々、半命令的に学生らの言分を押えようとするからですよ。だからこそ、若いエネルギーの発散する場所や機会を失なった者同士が集ると、いろんな根拠不明な話しが語られるんです。

今後政権担当者が本当に国民の団結を望むならば、若い者の声に耳を傾け、学生らがなにをいおうとするかを聞いてほしいです。私はわれわれの言分が、一部の過激学生たちによって野党政治家に利用されていることにもっと腹がたちます。彼らは一時的に不満を持って校内の片隅でブーブーいっているところの学生に目を付けて、これらの学生たちを代表した形で社会に向かって、現政府打倒のスローガンを立てるのみでなく、野党政治家たちと手を組んで、国論分裂の先頭に立ったかと思うと、今度は国民投票ボイコット運動にも先頭に立って野党のいいなりになっているのです。彼らは対内的に大多数の学生たちが自分らと一緒になって全国各地で声を上げているかのように宣伝していますが、あんなに見えすいた行動にはついて行くことができません。私は投票所に行って意思表示をはっきりしました」と熱を上げて語ってくれた。

日本にも何回か旅行したことのある釜山の李氏はこう語っていた。

「たしかに若い層では現実に対して、いくらかの不満があると思います。でも、それは韓国だけでなく世のどの国でもあることです。日本を例にしていうならば、日本社会では、ギャンブル、ポルノ映画、その他のレジャー遊びがたくさんあって、青年学生たちが、いくらでもエネルギーを消化することができるし、遊びによって理想と現実の差を忘れることができると思います。でも、わが国ではいまこのような遊びは法律と道徳的な場とから許されておりませんし、それを許すような豊かな国でもありません。いまのわが国の現実が理想を学ぶ学生らに満足できる社会であるならば、彼らは持っている不満を政府に向けて発散はしないでしょう。政府というものは誰れか一人のために尽くすのでなく、すべての人のために尽くされる政府であることを彼らも充分わかっておるからこそ、政府に対して不満をいってるのではないでしょうか。だから彼らすべてが現政府の政策に反対する者だと決め付けることはできないと思います」。

日本のマスコミがこの種の声になぜ耳を傾けようとしないのか、彼らがいう通りに真の韓日友好親善を望むならば、韓国も自由国家である以上、考える自由、語る自由もある国であるが、韓国の国是が反共であることからくる制約を知ってほしいものである—というのが、韓国民の偽わらざる心情であることを知った。（完）

職員募集

韓国の現代造船重工業（株）の日本研修社員たちのための食事まかない婦を募集しております。

☆五人から三十人までの食事で、勤務は向こう一年間
☆給与は八万円以上、通勤費全額支払、個室も用意
☆募集人員は女性二人（年令四十歳前後）
☆場所は神戸市の川崎重工業寮内

連絡先・民団兵庫県地方本部の安太鳳まで。
電話は（〇七八）二四一—三五九三

済州道で育った日本人戦争孤児

30年ぶりに妹をさがす

三十年間韓国人として暮してきた日本人戦争孤児がついに自分の本名と日本にいる唯一の身内である妹をさがしあてた。話題の主人公済州道北済州郡の西会家里の張宗奎氏（39）にこのほど妹の群馬県渋川市丸木村大沢英子さんから「兄さんが生きていたなんて夢のようだ。早く会いたい」という手紙が舞い込んだ。中には張氏が日本人であることを証明する日本の戸籍謄本「東京都牛込区横寺町二二、斎藤昇一」も同封されていた。

一九四五年当時九歳の張氏は米軍の空襲で家は焼かれ父の斎藤永次氏と母を失い叔母のところに引取られたがそこでも焼出され妹とも生き別れ戦争孤児として街をさまよっていたのを、北済州郡旧月面高内里出身の高文炳女史が引取り実の子のように育てた。姓も高女史の夫の張姓を名乗り「張宗奎」となった。解放の年の秋、高女史と済州道に帰ったが高女史もなくなり、十九歳の時尹貴玉女史の家族となって現在にいたっている。勤勉の上、尹女史の援助もあって今では家と畑七百坪をもらい、十年前婆順女さん（37）と結婚、四人の子供までもうけ牛も二頭あって生活に不足はない。六九年済州地法に戸籍を設け住民登録証ももらい完全に韓国人となった。

張氏が日本人であることは近所の人や家族も知らなかった。ところが昨年同部落出身の在日僑胞朴賛培氏（58・東京）が帰郷の際、むつかしい話になると日本語を使う張氏をみて張氏の身上話をききさがしあて、兄妹が国際電話で対話まで交した。張氏の日本行きをあっせんするため尹女史の長男が日本大使館等関係要路に陳情書を出すなどいそがしい。済州地法では張氏が日本国籍をとりもどすため韓国戸籍抹消申請をすれば何時でも受付けるという。しかし張氏は「日本に行っても長くはいない。私を育ててくれた韓国で一生を送り[illegible]」といっている。

松谷 安圭東個人展

赤坂の公報館画廊で

3月17日～23日まで

書道

韓国書芸の代表的元老作家である松谷・安圭東翁の書芸個人展が3月17日から23日までの7日間、駐日大韓民国公報館画廊（ホテルニュージャパン内）で開かれる。

財団法人蛍雪友の会、社団法人日韓親和会主催、駐日大使館公報館および居留団中央本部後援でもよおされる個人展では、翁独特の変幻自在の豪放かつ典雅な気風あふれる作品が披露される。

光州書芸研究院を経営している翁は、二千余名の研究生を指導しているが、書芸の字体5種類にそれぞれ独特の個性をうちこんで表現した作品は、奥深い妙がある。

翁のこのたびの来日はアジア親善書道交流のためである。

安圭東翁

読者にお願い

本紙各面に掲載されている各連載物について、読者各位からの御感想、御批評をお待ちしております。また「読者の声」の投書を歓迎します。

編集局

神話でないことの確認

文定昌『檀君史記研究』（13）

訳・駐 金元奉記者

檀君に関する文献（10）

日本人たちの檀君朝鮮の史記に関する態度（続）

紀元前二三三三年に建国 斎藤実総督史書を焚書す

国恥（合併を指す・訳者）直後からはじまった日本人たちの史記上のわい曲と、本文第六で述べる「檀君朝鮮」の削奪方針は（1）国恥後三・一運動前まで公・私立普通学校で、教科書として使用していた古代三朝鮮、すなわち檀君朝鮮、箕子朝鮮、衛満朝鮮を内容にした朝鮮史書を、斎藤実以後一切か台禁めて禁書すると同時に、そのような史書を読むことも所持することもできなくしたこと、（2）日本人たちの取扱ういわゆる朝鮮史をはじめとしたすべての新らしい史書は、最上古として漢四郡と新羅史を冒頭にし、古代朝鮮、特に「檀君」の二字は、万止むを得ない場合以外は、一切使用しないし、（3）そして、この国の上古史である檀君朝鮮を一つの神話だと強調し、またそのような神話を組立て、一つの神話だ、中国の根本史料にそうした記事がない、考証的なものでない、科学的なものでない、などの声を高めはじめた。

そして彼らは、そのいわゆる檀君神話説を強化し、またそうした説を掲げて立つことが、良識的、科学的、実証的、考証的、現代的な史学徒の取るべき態度である、として斯学の新しい方法だ、通だ、と主張し、またそれを彼らの学徒たちに最高の努力をして大きく注入しはじめた。

日本人たちの檀君朝鮮の削奪に関したこのような基本方針の下で、朝鮮総督府と日本人学者たちは、檀君朝鮮に関しては極力言及することを避けるようにした。

そして（一）総三九巻三万余ページに達するいわゆる「朝鮮史」は、第一編史料第一巻11面で、古朝鮮記だけをやむを得ず記入し、第三編第六巻で「檀君」二字だけを使用した。

（一）今西竜は、京城帝国大学で「〇君は一つの神話である。朝鮮民族の本当の始祖は朴赫居世である。」などと怪しげな説を講義したが、一切著書としてはあらわさなかった。

＜著者註＝本徳の後半で論評した今西竜の「朝鮮古史研究」は、彼が一九二一年京都帝国大学に博士学位論文として提出したが、朝鮮内ではそれを印刷刊行しなかった。そして今西の死後六年、いわゆる北支事変（中日戦争の本格的発端・訳者）がおこり、時局が完全に戦時体制になり言論弾圧が甚だしくなった一九三七年になって、はじめて弟子たちによって刊行されて日のめを見た。＞

（三）朝鮮総督府事務官であって、朝鮮史編修会委員でもあり、京城帝国大学の教授であった小田省吾は、「朝鮮史大系」上世編で、「ここでいわなければならないことは古朝鮮のことである。朝鮮人史家たちは……古朝鮮を檀君朝鮮・箕子朝鮮・衛満朝鮮の三朝に区分する。そして檀君朝鮮は前朝鮮・箕子朝鮮を後朝鮮と称し、この両朝を正統として、衛満朝鮮を僭称偽作として扱かっている。しかし檀君朝鮮が半島古代史の一時期を画したということは、正しい歴史研究方法としては認められない。また、中国の根本史料にそのようなものが全く見られない。」（同書三一面）

＜著者註＝（一）この偽議者の詭弁＝「朝鮮国に関する史料はまず朝鮮で求めるべきで…」朝鮮内史料はすべてかき集めて焚書しておいてこういうのである。「中国の史料にないので、朝鮮の上古史を削除すべきだ」という論法で行くならば、彼が記録されていない日本の古代史も、すべてを削り去らねばならないものである。

（二）小田省吾は朝鮮上世史の総序で「歴史は事実の記録であり、事実は歴史の生命である。史家は事実に立脚して中正・公平な判断を下さなければならない。……」と論じているが、こうしたことを論じる反面で前記のような詭弁を弄した。＞

＜註＞本文の著者が最近日本語で「韓国史の延長・古代日本史」（前韓国語「日本上古史」の日本語版）から、古代史の「源流考」を紹介する。紀年は西暦紀元前（B・C）である。

二三三三—北満州（中国東北地方の北部）の松花江流域において檀君朝鮮成立す。

二三一九—檀君朝鮮の高辛氏が夏を攻撃す。

二二五四—檀君朝鮮と夏との交渉継続さる。

一三四二—檀君朝鮮、国都を遼東半島に移す。

一二九三—檀君朝鮮の藍侯、遼河流域に進出して奄濆忽（後日の衛満朝鮮の王倹城）に都す。

一一九六—檀君朝鮮の藍侯と句麗侯が殷を攻撃して、岱（山東省）～淮（河南省）地方に進出し、山東省の曲阜地方には「奄国」を建設し、河南省地方には「徐国」を建設す。

一一二七—周の武王、殷を討滅して周を建立す。

一一一四—周、成王のとき、周公旦の子伯禽が「奄国」を討滅して「魯」を建設す。

一〇二六—周の穆王、河南省の「徐国」を討滅す。

七二四—春秋時代はじまる。河南、山東、河北地方における朝鮮族の勢力強化す。

五五七—斉（一一一四年周の成王が済南地方に、太公望呂尚を封じて設置した国）の相公山東地方の朝鮮族国家「遂」「根」「牟」「萊」などを討滅す。また河北地方の令支、孤竹山戎（番朝鮮）を制圧す。

二八〇—燕（一一一四年周の成王が山西地方に召公奭を封じて設置した国）易王、将軍秦開を遣って「番朝鮮」を討滅し、その地に上谷、漁陽、右北平、遼東、遼西、の五郡を設置す。

考証書＝東史綱目、後漢書東夷伝、史記夏本紀、史記殷本紀、史記周本紀、春秋、戦国策、史記匈奴伝。

解放後の混乱期を闘かった

建青創設回想録（13）

洪万基 文
金竜煥 画

建青活動初期

建青と衝突のときも、必ず[illegible]相穴の指揮する同建挺身隊が尖兵となって襲撃を撃退していた。ある意味で建青の建設隊編成は当然これに対する対抗措置であったといってもよい。

しかしながら、挺身隊・建設隊がどちらも、教養訓育のかけらすらもなく、街のチンピラとかわるところがない。殊に日本人社会のひんしゅくをかった。このように評判は大へん芳しくなかったのである。

当時、建青は記号の旧日本軍航空隊の飛行服をまとい、画家の金鍾中図案による虎のマークがシンボルであったが、どういうわけか腕章に染め抜かれたものは、ライオンが吼えているような、あまり趣味がいいとはいえないどぎつい代ものであった。

飛行服とこの腕章をひけらかし、国電でもバスでも切符をもとめず、駅員なり車掌なり[illegible]急すると、腕章を提示して睨みかえした。甚しくは、当時車輌の一、一輌は占領軍専用であったが、これを利用し、米兵が不快な顔をあらわにした。当時の建設隊長は金鎮鶴であり、次長は鄭一孫である。次長の鄭一孫はヒトラーユゲントまがいの男であった。訓練所長は崔猛虎であったが、よく隊員を整列させて、旧日本軍隊の内務班式にビンタをはって、建設隊員の反感をかっていた。

建青が手始めた事業は殉国烈士遺骨の本国奉還遂行事であった。前に記した白正基烈士のほかに、李奉昌、尹奉吉烈士のみならず、軍属徴用などであるいは病いにたおれ、または虐殺されてあえなく最期を遂げた人々の遺骨が無数に散らばっていたからである。

三人の烈士とは、上海の大韓民国臨時政府金九主席が差向けたテロリスト達のことである。李奉昌義士は一九三二年一月八日当時皇太子の身分で摂政を兼ねていた今の天皇が馬上姿で桜田門外を通りかかるところを目懸けて爆弾二個を投げ、一個は不発、二個目が馬の前脚にあたっただけで目的を果せなかったが、同年十月に死刑に処せられ、浦和刑務所の墓地に葬られてあった。

尹奉吉義士は一九三二年四月二十九日上海の新公園において、白川大将以下日本人の官憲がつどい、いわゆる天長節を祝賀している処へ、爆弾を仕掛け白川大将は即死、敗戦のとき外相としてミズリー艦上で降伏文書の署名にあたった重光葵がびっこをひいて杖にすがっていたのも、その当時爆弾にあたって負傷したことに依るものである。尹奉吉義士は同年金沢刑務所で銃殺刑に処せられた。両義士は処刑の露と消えながらも、眉一つ動かさず従容としていたので、刑吏たちが深く感動して合掌したそうである。

建青事務職員（?）の記念写真、前列左端開衿姿ですわっているのが若かりしころの筆者（時期不明）

そのほかにも幾多の非命にたおれた遺骨をさがして建青の講堂に祭壇を設けて安置、神田共立講堂において諸団体共同で追悼会を開催、桜田門までデモ行進した。この遺骨の中には僕の遠縁にあたる洪性殷のもあって驚いたことがある。

軍属、徴用でたおれた人々の病名が大抵、脚気または肺炎、脳卒中であった。ほかはともかく脚気はおかしい。脚気は精米に依るビタミンB1不足で罹る病気であり、あの食糧不足の折柄、徴用工の飯場で白米食ばかりたら腹食わせた筈がないからである。おそらく抗らうものを虐殺して勝手にくっつけた病名であろう。やがて殉国烈士遺骨奉還会が組織され、解放された祖国へ無言の凱旋をした。

このおぞましい文章を書きながら二十[illegible]意外に思うことがある。実は一昨年あたりだと思うが、亡兄の民団葬があり、そのあと建青同志会の動きがあって何でも『建青史』を編サンするとかで千駄ケ谷の某で会合をもったことがある。

僕は別に関心はなかったが、亡兄の葬式で大勢の方に大へんお世話になったことではあり、病上りでフラフラであったがお礼かたがた顔を出した。金容太、森洙仁正副座長司会のもとで会は進められ、『聖子神操』とかいう昔なつかしい建国行進曲をうたい近況の自己紹介をしたり、旧交を温めあってなかなか和気あいあいであったが、その後[illegible]衛が資料と寄付金を集めるとかで何回か訪ねて見えた。ところがどういうわけか、それっきり音沙汰がない。

僕もあまり気が進まなかったから、もうすっかり忘れてしまっていたところ、突然韓国新聞から電話があり、洪賢基の伝記を書いてくれないかという。これには驚いて即座にことわった。理由はいわずとも知れている。そもそも団史とか会誌とか、それから功成り名を遂げた人のたぐいで自慢話めいたものを書かせる人があるが、僕はこういうものが大嫌いで、従って興味もない。

いま連載している『建青創設回想録』もはじめはためらい、旧建青の古株の二、三人に電話を入れて何か資料はないだろうかと問合せたところ、そういう企画があるなら同志を集めて一夕設け、いろいろ話を書いた方がよかろう」というような返事だったので、それは韓国新聞にも伝えた。

鋼堂子はそういうことになるとまた話がこじれるから、ともかく何か回想記をまとめてくれというので、渋々引受けた。しかし連載を重ねて行く中に読者から文句があり、

神聖な建青史に対して不謹慎である！

洪賢基が放蕩したなどと書いて、弟のクセに兄の顔に泥を塗るようなものだ！

その他左翼陣営からも、見下げた奴だと色をなしてかみつくのさえいる。

（つづく）

KALの新しい翼が、まもなくパリに。

パリ　3月14日 就航　ソウル　東京　大阪　福岡

期待のパリ就航！
KALは、ひとまわり大きい世界の空へ。

東京・大阪・福岡からは、ソウル・アンカレッジ経由でヨーロッパの表玄関パリへ。そしてパリを基点にロンドン、アムステルダム、フランクフルト、ハンブルグとヨーロッパの主要都市へのコネクションも便利です。

KALは、このパリ就航を足がかりに、さらにひとまわり大きい世界の空をめざします。

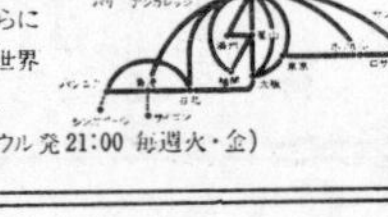

ソウル—パリ（ソウル発21:00 毎週火・金）

KALなら、ひとまわり大きいサービスでゆとりの旅が。

韓国々内線はいうにおよばず、週51便の日韓線、東南アジア線、太平洋線のフライトルートも、ますます充実のKAL。旅の心を知っているトラベラーがファンになられるのもサービスがよいのがその理由とか。滞空10,000時間を超えるベテラン揃いの機長をはじめ、スチュワーデスなどの全スタッフが一丸となって、ひとまわり大きいサービスを提供。あなたに快適な空の旅をお約束します。

KOREAN AIR LINES 大韓航空

東京：(03)211-3311(代) 大阪：(06)244-1111(代) 福岡：(092)411-9101(代) このほか全国14ヵ所に営業所がネットされています。お問い合わせはお近くの航空代理店またはKAL営業所へどうぞ。

韓國新聞
在日大韓民国居留民団
中央本部機関紙
韓国新聞社
東京都文京区春日2丁目20—13

沖縄海洋博　参観招請事業発足

先進海洋科学まなび

維新事業完遂に寄与

本紙前号既報「沖縄海洋博観光に五千人」は、実務担当の民団中央民生局（安商権局長）が、韓日政府関係当局と鋭意接しようを重ねた結果、民団側の招請事業実施における趣旨目的、具体的実施要領がまとまり、全国地方本部へ通達指示した。

趣旨

目的

中央会館工事急ピッチ

割当金完納強調月間　3月末日まで

民団中央会館建設委員会（尹達鏞委員長）では、会館建設費のうちの組織割当基金完納強調月間を三月一日から三月末日までに設け、急ピッチで工事進捗が進んでいる会館建設に対応するよう全国組織に協力を呼びかけている。中央会館は着工以来四カ月半に達しており、地下工事は完全におわり、三月十七日頃から地上鉄骨建方にとりかかったが、二十九日までには事務所側を完了、四月七日までには中央エレベーター部分、同じく十五日頃には宿舎部分が完了する予定である。

埼玉本部が全額完納

空にそびえ立つ鉄骨建方工事（3月18日）

時評

国民所得千ドルのウソ　北傀

外貨不足補う能力なし

経済的自滅が南侵招くか

兵庫で盛りあがる

差別行政撤廃運動

愛知でも撤廃求む

金正一が第二人者　北傀

金元五氏永眠

招請事業実施説明

全国事務局長民生部長会議開く

法委長に朴性鎮主幹

西山日本大使着任

金竜煥

旅券更新発給における提出書類

中央民生局

提出書類

南侵トンネル10余一次的確証つかむ

徐国防部長官が国会で答弁

第25回定期中央委員会召集

規約第十八条により第二十五回定期中央委員会を次のように召集公告します。

記

日時・一九七五年四月十一日午前十時

場所・日傷会館会議室

議題・①経過報告 ②新年度活動方針案審議 ③新年度予算案審議 ④其の他

在日本大韓民国居留民団中央本部

議長　朴太煥

招請事業成功시켜　維新韓国誇示하자

沖縄国際海洋博覧会・参観団招請実施要領

趣旨・目的

本招請事業は一九七五年七月二十日から翌七六年一月までの間に開かれる沖縄国際海洋博覧会に、本国居住の親族、親戚および親知を参観させ、国際親善交流と、在日同胞と本国々民の紐帯を強化して、北傀・朝総連の侵透を防止、一方先進海洋科学文明に学び、帰国しては維新事業遂行に寄与させることを目的としております。

募集期間

一九七五年三月二十五日～四月三十日まで（日本滞在期間は三十日間）

招請者及び被招請者資格

経費

名簿作成報告

輸送計画

民団本国事務所業務内容

（A）参観団（被招請者）旅券手続きおよび査証手続き業務、（B）参観団輸送準備業務（C）中央本部、他機関との横連絡業務（D）その他の関連業務

保安対策ほか

一九七五年三月

在日大韓民国居留民団
中央本部　民生局

首都圏拡張の一大構想なる

ソウル中央駅、永登浦へ
漢江以南に重点おき人口誘致

世界の大メガロポリス形成においてと同様首都ソウルの美しさを保存し、より快適な居住環境を達成する努力が続けられている。写真は遠く漢江を望むソウル市街の一角

温山に亜鉛製錬所建設
年産8万トン規模で77年試運転

建設業海外進出を積極的に促進
米国と工業情報および工事提携

観光ブーム高潮

テレビ 六万台出荷

解説

国際時事

外債償還不能の北韓経済

申化鳳

5年間で百30倍の外債
西欧の技術と設備導入計画は挫折か

北韓の国家別借款現況

順位	国家	件数	金額	備考
1	日本	27	41,030,686	(単位はドル)
2	フランス	1	40,000,000	施設導入用借款
3	英国	6	27,942,280	75年2月15日基準
4	フィンランド	1	3,600,000	
5	シンガポール	1	185,000	
6	カナダ	1	171,520	
7	オーストリア	1	未詳	
8	西ドイツ	1	1,550,000	
	計	39	114,479,486	

YMCA韓国語講座

4月新学期生募集

韓国YMCAでは韓国語教育の充実に長年努力してきました。韓国語の学習を通し、韓国の歴史文化の理解を深める総合的な韓国理解を目ざしています。優秀な講師陣による文法、会話の指導、文通や専門家によるカウンセリング、フォークソング、韓国民謡を歌う集い、韓国の歴史学習、シーズンスポーツ、韓国旅行等も行なっています。

・一般コース（4月7日開講）　期間　6カ月（4月～9月）

クラス名	曜日・時間	内容	募集人員
初級	毎 水・金 午後6:30～8:00	初めての方のクラス…基礎からの出発、文法、会話	50
中級	毎 月・水 午後6:30～8:00	多少読み書きの出来る方のクラス…文型、韓文和訳、会話	50
上級	毎 火・木 午後6:30～8:00	中級をマスターした方のクラス…韓国語による講義、高等会話、作文	50

費用　入会金　5,000円　受講料　24,000円

・集中コース・3カ月（一週2回　1回2時間）
5～6人の少数で集中的に学習する。時間は相談の上決定。
費用　入会金　5,000円　受講料　40,000円

☆英会話教室　外人を囲んで生きた英会話を習う　毎火曜日午後6:30～8:00　入会金 5,000円　受講料月 2,000円
☆韓国民謡を歌う集い　ソウル音大出の講師の指導により韓国民謡を歌う楽しい集い
毎月第1、第3月曜、火曜、午後6:10～6:40　無料、どなたでもおいで下さい

交通・国電水道橋下車　在日本韓国YMCA　東京都千代田区猿楽町2-5-5　電話 (03) 291-1511

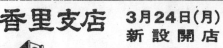

中央会館建設하여 民団維新成就하자

香里支店
3月24日(月)　新設開店

開店記念預金増強運動期間中のご協力と
開店当日のご来店をお待ち申上げます

香里支店（開店后）寝屋川市寿町50-20　☎(0720)33-3551(代表)
開設準備室　☎(06)932-7741

大阪商銀

バラの商銀

開店記念預金増強運動実施中

理事長　朴漢植
支店長　張潤奎

屋内配線工事の省力化と安全に貢献する！明工社の配線器具

明工社の配線器具は一般家庭、事務所、工場、鉱山、農村、建設現場、船舶等…電気を使用するあらゆる所で使用されています。

屋内配線工事用の スイッチ・コンセント・コネクター・プラグ・防水コネクター・レセップ・ソケット・……多種色々あります。

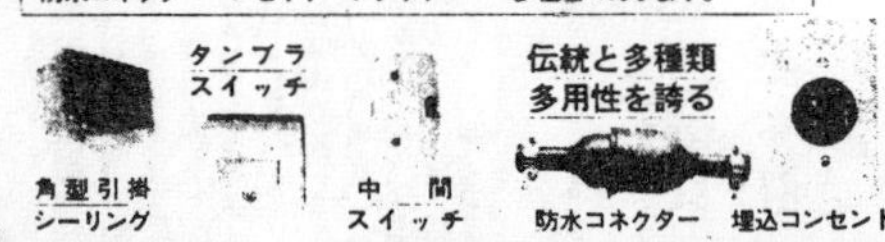

タンブラスイッチ
角型引掛シーリング
中間スイッチ
伝統と多種類 多用性を誇る
防水コネクター　埋込コンセント

埋込スイッチ　ダブルコンセント　ゴムプラグ
埋込コンセント

M.K.S.　株式会社　明工社
東京都目黒区下目黒6-8-19
電話(03)712-1106(代)

全国に「セ民団」旋風

◇……維新運動の隊列に呼応して、いま全国の民団組織の末端強化・拡大策としての、セ民団運動の一環……る。新規団員の獲得から県下の組織の班づくり、そして分団の再編成、さらに支部拡大と……で四カ月余が経過している。そして今日この時点で、実績をはじめとして神奈川、石川、宮城、兵庫……県がまきおこり、埼玉、静岡、奈良、京都、広島、福井、千葉地方で、三月下旬から四月にかけて組……と、班づくりを着々進めており、この勢でいくと、今年の前半期には全国の主な地方でのセ民団運動……展開によって、北傀・朝総連が企図している一連の対民団侵透・破壊活動は歯止めをかけられ、さらに……てその動向が内外共に注目されるゆえんである。以下、さいきん展開しつつある各地でのセ民団運動……

組織の強化・拡大図り
班づくりから発起式まで

全国二番目 川崎 のスタート

民団神奈川県本部・川崎支部のセ民団運動発起式が開かれたのは、さる十日午前十一時半から。川崎市労働会館の大ホールに雨中にもかかわらず約七百人の同胞が集まった。

同胞の密集地帯がある同支部管内には従前のと合わせてこの月末までに十二コの分団にふくれあがる。

午後二時から分団長および事務部長・傘下団体長会議を開き、示範支部として名南支部を全会一致で選び、セ民団運動展開ののろしを上げた。しかし同本部では既に十年前から班体制をしいていた実績がある。

同日は、本紙一面の名古屋市長に対する……

今月末まで 福岡市 に二十コ班

……かわったところで、さる十一日午後一時から、民団福岡県本部の権逸斗団長の自宅で、福岡市支部のセ民団運動最初の班組織・港町班がスタートした。

団員十三世帯の七十人。初代班長に……

全国一の世帯 に多くの期待 大阪

支部を選定 今月中に示範 岐阜

十年前から知 既に班組織 愛知

民団世帯少数 の場合の範例 宮城

民団愛知県本部では、さる十日……

新加入は全国的傾向
昨一年間 2万3千が民団に

朝総連を脱退し、民団へ新規加入してくる全国的な傾向は日ごとに激増の一途をたどっているが、このほど中央民生局がまとめた統計によると、昨一年間でなんと二万三千八人の新規入団者があったという。これは自滅一路を歩んでいる朝総連の「今日の実態」を明らかに示したもので、その防止策に朝総連は必死になっており、最近ひんぴんとしておこる対民団浸透、破壊工作もその悪あがきの端的な一つの現われだと多くの識者たちは解釈している。

五・一六革命秘話
暁の将軍
作・崔性圭 訳・鄭鉉

規約改正案論議
百九十回 近畿地協開く

名古屋韓国学校が
第一回卒業式 日本人も四人

社会人がほとんどの名古屋韓国学校卒業式

福岡では 24人修了

神奈川でも修了式

孤児院に扶助 島根民団と青年会

韓日少年 歌の集い

婦人会バザーで セマウル寄金

金坂京氏一家 が朝総連脱退

民団神奈川県鶴見支部では、朝総連神奈川支部神奈分会々長だった金坂京氏が家族五人と共に朝総連を脱退、大韓民国々民として忠誠をつくすとの声明書を発表、このほど民団に加入してきたと発表。

漢陽大総長 に金連俊氏

文教部は三月四日、数多くの不……事件摘発で物議をかもし、休職中の前大韓日報社長金連俊氏の漢陽大学総長就任を承認した。

綜合レジャー!!

株式会社 三徳総業

取締役社長 辛容相

〒136 東京都江東区亀戸二ノ二十七ノ十二

電話(〇三)六八四―五七五七～八

求む良縁

金文順さん

張……実さん(36)

……廷さん(37)

KALがソウル―パリ間

大韓航空(KAL)は十四日ソウル―パリ間(北極経由)に定期旅客航路を開設した。

この日、金浦空港で、金鍾泌国務総理、ピエール・ランディ駐韓フランス大使等内外の貴賓が参加するなか、KAL一番機(DC10 ……)の就航式が行なわれた。KAL一番機はこの日の夕方九時、金浦を出発、北米・アンカレッジで給油、翌十五日の午前七時(現地時間)、十七時間ぶりにパリのオルリー空港に到着した。

事務総局移転 国際勝共連合 在日韓国人会

新住所 〒107東京都港区赤坂……

尋ね人

☆鄭佳生さん(一九一一年三月三日生れ)

本籍・全北茂朱郡……18才の時、渡日し一九六〇年頃まで通信があった九州人吉辺の住職であるといわれる鄭さんを次男である鄭弘さん(大邱市南区鳳徳洞2区一〇九五番地)がさがしています。鄭さんをご存知の方は、鄭弘さん、または民団中央本部民生局まで連絡を。

☆田鳳環さん(66才)

……

☆山中松吉さんはじめ、……

創団30年史 発刊に際して

民族と国家は、その歴史を記録することによって保存されてくるものであり、またその記録を通じて過ぎし日月の事実と文化を糧として現在のあらゆる問題に対処して未来への発展を期するものであります。

一九七五年、民団は創団三十年を迎えることになりました。

回顧すれば、波乱曲折の多かった過ぎし日月が解放された喜びと、団結の反省を高くかかげ、自己民族のための多くの努力、民族愛と血で染められた反共闘争、不当な日政に対する抗争など、その複雑たる歴史の一節一節を実現、記録して民団三十年史を編さんすることは、われわれの一大事業であるといえます。

既に、写真で見る三十年史は発行されたことがありますが、このたびの三十年史編さんに当っては、写真はもちろん、事実内容の記録で一九四五年八月十五日の解放を起点とし、六・二五動乱を経て今日に至るまでの、各級組織の闘争活動を詳細に収録、刊行せんとするものであります。

この三十年史こそ、在日同胞の貴重な歴史として……されるであろうことを信じて止まない次第であります。

編纂委員長 尹達鏞

資料提供のお願い

第二十三回定期中央委員会において決議採択された「創団三十年史」発刊のための編さんにあたっては、全国に散在している民団史のための資料を広く集めておりますから、古い書類、刊行物、写真などを積極的に提供して下さるようお願い致します。

第1巻・八三六ページ(一九六四年から六九年まで)六千円
第2巻・一、四二八ページ(一九六九年から七四年まで)一万五千円
第3巻・一、四〇〇ページ(一九四五年から六三年まで)一万五千円

朝鮮新聞、民団新聞、民主新聞、韓国新聞、解放新聞……を収録。

また「韓国新聞」の縮刷版(1・2巻)を刊行しました。限定部数なので、民団備え付用として予約注文下さい。

☆資料提供のしめきりは三月二十五日まで

民団中央本部・創団三十年史 編纂委員会事務局

電話・〇三―八一三―二二六一～五(内線二六)

李賜礼著 悲しみは栄光に

――日本の韓国宗教弾圧――

韓国初代キリスト教牧師

李基豊の生涯を描く感動の記録

B6判 300円 〒120

いのちのことば社 〒160 新宿区信濃町6 振替東京79904

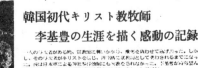

ワナを仕掛て来た朝総連

見えすいた文化攻勢

「三千里」「まだん」「朝鮮新報」

三すくみに見せかけた芝居

朝鮮総連では、北傀が実施している「七〇日戦闘速度」に合わせて、日本の中で民団に対する攻勢を強化し「10万戸訪問運動」を実施しているが、これはどうやら朝総連内部での反韓勢力の動きを、外部に目を外らすことによって収拾しようとする計略のようだ。

最近「在日本朝鮮人民主化促進連盟」の名の怪文書(?)が、総連といわず民団といわずばら撒かれており、朝総連と北傀を強く批判しているが、それと相前後して朝総連に批判的な人士といわれている総連系文化人が、季刊雑誌「三千里」を発行した。

そして総連の国語版機関紙「朝鮮新報」2月15日付四面で「お知らせ」として「最近本紙読者から日本書店などで見える日本語季刊雑誌《三千里》(創刊号)が、総連とどのような関係があるかについて知りたいという質問が来ております。これに対して本紙では多くの読者たちに……総連とはどのような関係がないだけでなく、その雑誌の発行人および編集人たちも、現在総連機関だとか傘下団体などと全く関係がないことをお知らせします。」と社告を出して、無関係であることを強調している。

さらに「三千里」が出るや、これを追っかけるように半年以上も遅れて季刊雑誌「まだん(韓国語で広場の意)」が第五号を出し、その中で「三千里」に対して論争をしかけ「事実無根の中傷や名誉毀損は許されるべきではない」と反論している。

だが、何れの雑誌の内容を見ても、実に巧妙に民団員を誘い入れようとする姿勢がありありと見える。こういっては何だが、両方の雑誌ともに、編集、発行人の中にこのような雑誌の出版費を自弁でまかなえるような"金持"はいないようだ。たとすれば、表向きは「三すくみ」に見せかけていても実際は三者とも密接な関係を保ちつつ、民団員の良心をうまくたぶらかそうとしているワナであるとしか思えない。(凡)

ふえるヒロポン密輸事件

首謀者は日本人、観光への影響が心配

密造工場は人家から離れた場所か

覚醒剤を国内で密造し日本に運ぼうとした二つの密輸組織が摘発されたが、この二つの組織の首謀者が何れも日本人である。釜山に密造工場をもっているのも共通していることが注目される。

事件の発端は去る一日午後七時金浦空港二階の出口カウンター入口で、KAL機で出国しようとする日本人四人を調べたところ腰にヒロポンをまいていたのが発見されてからである。

小針晃(31)伊藤昌克(30)本田信行(35)橋行和雄(32)の四人がヒロポン五百gずつ腰につけていたため逮捕された。警察は調査の結果、東京に本拠をおく極東組の斎藤泉(40、未逮捕)を中心とする覚醒剤密売組織をあばいたのである。斎藤は二月初め今井が運んだ小針ら四人の運搬員を二月二十五日観光客を装って入国させ二十六日、今井、小針の両人が大邱におもむき密販売あっせん人高南敬賽(44、逮捕)と接触、釜山の密造工場にいたるルートを経てヒロポン2kgを入手した。もう一つの密輸団もやはり日本人同久沢国弥(42)が主犯で、二月二十六日入国、二十八日ソウルのホテルで朴昌植(41)の連絡で金鉄主(39)を通じ五百gを入手、身体にまいて三月三日午後一時五分JIL機で出国しようとしたところ摘発されたものである。同組織の行動責任者は佐藤成年(39)である。

右両事件の覚醒剤は何れも釜山で密造されたということがわかっただけで密造工場も密造者もまだつきとめていない。密造の際のにおいがきついので決して家屋や人家から離れた場所が選ばれるという。

警察は両事件とも日本から密輸してつくったものと推定している。事件の首謀者斎藤は暴力団員、同久沢は麻薬業を経営していることから、韓国から密輸した覚醒剤は暴力団員やとばく場に流れるものとみている。

宇里山荘春季スキー教室

韓国人青少年の参加を待つ

3月26日〜29日まで

新潟県越後湯沢の城平のロッジ「宇里山荘」では、今年も恒例の「宇里山荘春季スキー教室・春季スラローム大会」を開く。

期間は3月26日から29日までで、スキーの講習、夜のミーティングのほか「みつまた」への遠足、運動会も行ない、最後には賞品・賞杯のつく成績を発表する。

出発は26日午前8時47分上野発よねやま号。集合は同7時40分、(時間厳守)に上野駅中央みどりの窓口売場前。ただし、前から宇里山荘でスキーをしていた人は現地で参加できる。

会費＝小学生七千八百円。中学生以上は九千円(旅費、宿泊費として。ただし昼食、遠足、リフト代などは含まない)。

申込先＝東京都新宿区下落合4－9－3、宇里山荘運営委員会。電話九五一－二七六五。

締切＝3月24日。

スポーツ短信

ソ連での審判委に招請

国際アマ・ボク連盟から大韓アマ・ボク連李台基氏に

大韓アマチュアー・ボクシング連盟は、このほど、同連盟の李台基副会長が、きたる4月にソ連で開かれるAIBA(国際アマチュアー・ボクシング連盟・本部イギリスのロンドン)の審判委員会に正式に招請されたことを明らかにした。

AIBA審判委員会は4月13日から5日間、ソ連のタルリン市で開かれるが、李副会長のソ連入国のためのビザについては、すでに近隣国駐在のソ連大使館で発給させるよう手続きもとられているとのことで、早い日時に参席の可否を連絡してほしいとのこと。

受講生募集

国籍年令性別を問わず　韓国語科生募集(京都)

京都信明学校(京都市右京区西院矢掛町20・春日通り四条下ル)今年度の韓国語科初、中級の生徒を募集している。

国籍・年令・性別・学歴を問わず。

期間＝前期4月〜7月、後期9月〜12月。

時間＝午後7時〜9時30分。

開講＝4月9日(水)午後7時

職員募集

韓国の現代造船重工業(株)の日本研修社員たちのための食事まかない婦を募集しております。

☆五人から三十人までの食事で、勤務は向こう一年間

☆給与は八万円以上、通勤費全額支払、個室も用意

☆募集人員は女性二人(年令四十歳前後)

☆場所は神戸市の川崎重工業寮内

連絡先・民団兵庫県地方本部の安太鳳まで。電話は(〇七八)二四一－三五九三

新刊紹介

日本の圧政に死をとして宣教活動し殉教した記録

「悲しみは栄光に」

日本の対韓国植民政策の中で最も圧政を極めたのが宗教弾圧であろう。というのも抗日運動の温床となっていたのが宗教団体であったからでもあるが、内鮮一体という欺瞞政策を徹底させるため、韓国の宗教を日本の神道一色に塗りかえる作業として、まず神社参拝を強要したのである。

この神社参拝に抵抗し、真の神の道を求めて殉教した生きた伝記「悲しみは栄光に」という冊子が「いのちのことば社」から出版された。

著者、[illegible]礼女史は伝記の主人公である朱基徹牧師の長女で、父の死を賭しての宣教活動と、日本官憲による親家の苦しみを身近に見聞し、信仰の尊さと尊さを体験した記録として、読者をして深い感銘を与えずにはおかない。

なお、この作品は、東亜日報社広募のノンフィクション当選作で韓国では初代教会の受難史の一頁を飾る格調高い伝記物として高評を博したものである。

このたび神戸の青谷ルーテル教会の労によって日本語に翻訳出版する運びになった。これは信仰面の韓日交流を推進するという深い意味をもっており、日本人は勿論多くの在日同胞が読んでくれることを望んでやまない。

発行所、いのちのことば社

東京都新宿区信濃町六

B6判、百二頁、定価九〇〇円

神話でないことの確認

文定昌「檀君史記研究」

訳・註　金元奉記者

(14)

檀君に関する文献 (11)

檀君朝鮮に関する諸文献の短評

金一然の三国遺事に掲載された古朝鮮

金一然が三国遺事に引用した「古朝鮮記」が、いつごろ記録されたのかの年条を計算すると、魏書に「乃往二千載 有檀君王倹、開国 号朝鮮 与堯同時」となっているので、西紀一九六六年は檀君四二九九年となり、この中で魏書がいうところの二千年を除くと、この魏書古記は今から二三九九年前(本書の発行時一九六六年現在の紀年、訳者)に記録されたものと推算することができる。

論者、あるいは今から二三〇〇年前の、そのはるかな昔日に、そのような史記が成立し得たであろうかというであろう。しかし、それは二千年の歴史しか持つことのできない日本人的史考と疑問から出発したものにすぎないと思う。

朝鮮民族は東洋の古族として、今を去る二三〇〇年前の、秦の始皇帝が東胡(すなわち朝鮮人)を防ぐために万里の長城を築かなければならない程に強盛な国家を形成していたことは、中国の文献などが証明するところである。

中国で(1)結縄文字が生まれたのは五千年前である。記録文字が生まれたのは四千三百年前、堯の時代だといわれている。(2)史記を記録しはじめたのは、周の召共和B・D(紀元前)八四一年、すなわち今を去ること二千八百年前である。(3)詩伝、書伝、周易などが生まれたのは、二千五百年前の孔子の年代よりはるかに以前であった。孔子は仏教、道教など一切の神秘的なものを厳格に排撃し、邪神、邪教、怪力を語らないということを(論語・述而篇、著者)儒教の至上教理としたことは今さらいうまでもないことである。

黄河文明圏内の古代朝鮮民族が、古代中国人より文字使用にあっては数千年間おくれていただろうということを、裏付けるだけの証拠はない。したがって上古朝鮮人たちが、中国人と同じ時代に同じ文字を使用し、記録することのできる能力を持っていたであろうと思われる。これが倍達民族(韓民族)自身の、祖先を無視しない穏当な態度であろう。

中国をはばかった三国史記

儒教感覚で書いた三国遺事

金一然が引用したこの古朝鮮記は、一切の邪神と怪力を排撃する儒教的な記述で、読む者は古代中国の帝王学的な特殊用語と字句を正しく理解し、正しく解説したが、「謂密釈也」の註だけを抜いてしまえば、至極現実的な記録となる。その中でも特に①雄が率徒三千だとして、相当な規模の軍事行動を記したことを明らかにしており、②風伯、雨師、雲師の三首領制と、主穀(農林)、主命(内務)、主病(保健)、主刑(法務)、主善悪(教育)など、五部制の政府組織を詳細に物語るものであり、③穀、艾、蒜などを示してその当時の部族社会の生活様相と、農業生産の発達程度を説明しており、④時有一熊一虎 同穴而居などを記録し、征服者と被征服者が同化する過程を明らかにし、⑤假乃仮化而婚之 孕生子として、異族間の通婚過程を明示したことなど、後世の人々に古代朝鮮の研究上、社会科学的な重要な史料を提供した。

・李承休の帝王韻記

この国の古史を記述した史家たちは、そのすべてが至極不幸な時代の人々であった。

一一四五年、高麗仁宗の命によって三国史記を書いた金富軾を後世の人たちは付庸的・奴隷的・事大主義思想の者だとする(李宗徽「修山集」・申采浩「朝鮮上古史」一三〜一五面参照)。

三〇年前建国した金国の太祖阿骨打が、高麗を圧迫して、十六年前に降伏を取るなどした、その金国の勢力が高麗を制圧していたその年代に、王の命令を受けて「三国史記」を編さんする金富軾が、万一そのむかし女真族など北方の民族を大いに蔑視したという古代朝鮮の歴史を書いたならば、金帝の忌憚に触れてどのような変事を招くかも判らない情勢下であった。せっかく誇く自分の国の史記に古三朝鮮を記述することができずに萎縮(いしゅく)して、頭のない三国史記だけを編さんしなければならなかった金富軾の立場は、十二分に理解することができる。

その百三十年後に三国遺事を書いた金一然もまた不遇であった。金一然が出生した一二〇六年は、蒙古の太祖「鉄木真(テムジン)」が、斡難河畔で即位して「成吉思汗(ジンギスカン)」と称した年である。一然が五三歳となった一二五九年は、江華島に籠城していた高麗の高宗が出島して蒙古に降服した。一然が三国遺事を叙述していた一二七〇年頃は、元国の世祖、忽必烈(クビライ)の威力が東洋三国を圧している時代であった。

しかし、このときはまだ忽必烈の日本経験と、南宋の忠臣・文天祥の勤王兵に急であったので、蒙古の高麗国に対する監視の網の目がそれほどちょう密ではなかった。

そうした中で金一然は、一三〇年前金富軾が編さんした三国史記が、事大主義的であり独断と遺漏が多いとして三国遺事を叙述したものであったが、このところまで或程度叙述上の自由を持っていた金一然は、彼が引用する古朝鮮記中「昔有桓国」の字を原文そのままに記載することが可能であったと推測される。

金一然より一八年後に出生した李承休の年代は甚だ悲惨であった。すなわち①彼が九歳となった一二三二年には蒙古の侵寇により高宗が江華島に遷都した。そして高麗朝は彼が三九歳となった年まで二〇余年間江都(江華島)に亀旋した。②一二五〇年頃龍津人・趙暉、定州人・卓青らの背反により、今の咸鏡南北道地方が元国の有となり、永興に総管府が設置された。また一二七〇年西北兵馬使の営吏・崔坦の反から、忽必烈の軍三〇〇〇が今の平安南道地方を占領して平壌に東寧府を設置した。

解放後の混乱期を闘かった

建青創設回想録

洪万基　文

金竜煥　画

(14)

建青活動初期

拙ない文章でも胆ノウと肺臓を手術して痛むからだに鎮痛剤を浴びる程飲んで鉛筆を走らせているのにケチをつけられると僕だって面白くない。何も好きこのんで書くわけでもないからこれっ切り中断してしまうつもりでいたが、札幌の金琮斗から手紙を頂いた。氏は建青時代財政部長であり、無邪気な子供のように天衣無縫の人であったが、いま北海道で岩倉林産興業株式会社をおこして産をなしたらしく、拙文を読んで三十年前の青春時代が追想される、援助するから単行本にしてくれという文面に接した。

そういえば、たしかにわれわれの青春時代であったといってよかろう。僕も当時は二十をすぎたばかりの若造であり、いまとなっては人生のむなしさだけがそこはかとなく去来するのであるが、懐い出したように涼風の吹きすさぶ日、建青の全盛時代であった青山の旧陸大の跡を訪ねてみた。今はあの時代とは様子もすっかり変り、あたりの焼跡も高層の団地が建ちならび、建青の中央本部であったところも中学校に変貌している。神宮外苑も舗装されているが、あの頃は自然林に近く、われわれは天沼の訓練所から信濃町で降りると好んでこの外苑をかっ歩して新緑を楽しみながら本部へ通ったものである。

建青の盟員であった人々で帰国してしまった人達も多いが、たまに日本へ来るとなつかしさが先立つものらしく真先に天沼の訓練所のあったところへ足を向けるらしい。

「訓練所が影形もないので驚きましたよ。それに荻窪駅もすっかり変ってしまいましたね……」ということ。

そこで僕がこれを書く意図もはっきりしている。お世辞をならべ功績を讃えて総花的に一席を飾れば、あるいは受けるかもわからないが、それでは何の足しにもなるまい。人生も絶えず反省が必要であるように、民族運動史も後世の批判を加えなければならないことは勿論である。

神聖な建青史に対して不謹慎であるということはよく判らないが、たしかに委員長であった洪賢基に就いても、学生時代の余計なことまで書いてしまっている。しかし、洪賢基といえども聖人君子ではあるまいし、いわんや

兄よ、あなたは若かった
かぶとをこがす炎熱を
泥水すすり　草をかみ
ようこそ戦って下さった

かつての建青盟員一同①筆者②洪賢基③金琮斗④金容太⑤李海竜の諸氏ほか(旧日本陸大の中央本部で)

このような日本の軍歌のように、誰が手前の兄だけを持上げて書く馬鹿か阿呆がいるであろうか?

話は違うが裵基兄氏が亡くなられたという。裵基兄といっても、あるいは馴染みがうすいかも知れない。終戦後大分経ってからの話であるが、いまペトコン民戦協の議長をやっている金慶植が珍しく新宿の盛り場へ誘って、あの頃は武蔵野館の地下がダンスホールであったが、この不断生きわまるところを覗いたり、またキャメルというらくだの絵のついた洋モクをくれながら「自民」という雑誌を出すので随筆のようなものを書いてくれという。後で聞いたところではその「自民」の出資者が裵基兄だという噂であった。故人は色は浅黒く馬面で村夫子のような容貌であったが珍しく魂の純粋な人であった。亡兄の葬式に来て頂き元気であったが、人間の寿命ほどわからないものはない。

人生あたかも草葉の露が如し、という言葉がわが国の諺にあるが、皆さまの身近かにもこの異国であえなく最期をとげた方が十指に余るであろうと、前にも書いたことがある。これは僕の実感であった。しかし天寿という言葉もあるが、この天寿ほど人力ではどうにもならないものはあるまい。

この連載ものにもしばしば二人の兄を登場させているが、兄弟の中では僕が一番病弱で出来損いであった。二八歳で夭折したという仲兄の洪[illegible]基は頑健そのもので喧嘩ならかなうものがいなかった。殊にパクチギは有名でよく相手のアゴをはずしてしまい警官からお前の頭は鉄でできているのではあるまいかといわれていた。京都支部結成のときも朝連に殴りこみをかけられて、いくら殴りとばされても達磨のようにぴんと立直って、身構えたそうである。

兄弟の中では一番出来損いの僕がこのように生きながらえて、病魔にさいなまれながら年甲斐もなくこのような駄文を書いている。死にたいと思ってもなかなか死ねるものでもなく、いずれ寿命がつきるであろうが、よく考えてみるとあと二、三十年もすれば当時盟員二十万といわれた建青の若武者子弟も一人残らず閻魔大王のもとへ馳せ参じなければなるまい。

閑話休題。駄法螺はこの位にして、前記の建青の結成大会で見たように、朝連からも委員長代理が祝辞を述べている。それが日ならずして攻撃を繰返し攻防戦を展開したのは、つまりアンデルセンの童話ではあるまいがアヒルの子だと思ったら白鳥に成長する恐れがあったからであろう。(つづく)

(株)三中堂 東京支社

韓国書籍販売センター

本を通じて 韓日間を結ぶ 文化の架橋

〒104 東京都中央区京橋3－6－8　☎(03)271－1981〜2　振替東京146144

営業案内

平日9：00AM〜19：00PM

◈一般教養書籍・全集類
◈専門学術書・大学教材
◈絶版本復刻版
◈各大学・学会研究誌
◈韓国関係英文本
◈年鑑・月報・各種統計資料
◈月・季刊雑誌
◈児童図書・絵本
◈韓日・日韓辞典
◈聖書・讃美歌・楽譜
◈地図・観光案内書 等

〈特設民芸品コーナー〉

陶磁器・木刻品・民俗版画・レコード カセット・記念切手・薬書 等

25坪の店内に韓国の新・旧版書籍10.000余冊の本及び民芸品等を常備、展示販売している日本国内で最大の韓国書籍専門店!

【略図】

東京初の 韓国の珍味 新規開店

初春の候益々ご健勝の事とお慶び申し上げます。私共のサパークラブ"あがし"を長い間ご愛顧頂きまして誠にありがとうございました。

さてこのたび心機一転致しまして韓国特産スープ"ヘジャンクッ"をはじめスープを主にした料理店として、日本では始めてのメニューを揃えた暖かいお店を開くことになりました。

私共で大きな自信を持てることは、他店では味わうことの出来ない特殊な料理だということです。(例・ソルロンタン、スンデ、ピョニュック、ウゴジクック…等々)御家族揃って今まで以上の御来店を心よりお待ちしております。

左玉花
羅文珠　拝

★材料は全て本場韓国から仕入れました。

국탕면대창
장렬
해설냉순곱
아가씨(あがし)

東京都港区麻布十番3－2
麻布三業会館2F
電話452－1714

★午前十一時半から翌朝六時すぎまで営業

第2次　75年度　生徒募集

大阪韓国高等学校(普通科・男女共学)

募集人員……第一学年　若干名

出願期間及び手続

○期間：二月二十七日〜三月二十四日の午前九時から午後四時まで(但し日曜日除外)

○手続：入学願書、個人報告書、受験料五、〇〇〇円を同時に提出すること

入試詮考日、及び試験科目

○考査日：三月二十五日(土)九時より十五時まで

○科目：国語又は日本語の内択一と、数学、英語、面接

大阪韓国中学校(男女共学)

募集人員……第一学年　若干名

出願及び手続き

○期間：二月二十七日〜三月二十四日(但し日曜、祝祭日除外)

○手続：入学願書、個人報告書(受験料なし)を同時に提出して下さい

入試詮考日及び試験科目

○考査日：三月二十五日(土)九時より十五時まで

○科目：国語又は日本語の内、択一と算数、面接

※使用教科書は無償給付

金剛小学校(男女共学)

募集人員……第一学年　若干名

出願期間及び手続

○二月二十七日から三月二十五日まで

※使用教科書は無償給付

金剛幼稚園(男・女)

募集人員……四歳児　若干名、五歳児　若干名

出願期間及び手続

○二月二十七日(水)から三月二十五日まで

〒557 大阪市西成区梅南二丁目五番二〇号

学校法人　金剛学園

電話(06)(661)二八九八番(代)

韓國新聞

在日大韓民国居留民団
中央本部機関紙
韓國新聞社
発行人 尹 達 鏞
東京都文京区春日
2丁目20－13
電話 (815) 1451～3
(813) 2261～5
振替口座 東京 163774
本国連絡所（民団本国事務所内）
서울特別市鍾路区昌成洞
政府合同総合4階
電話 73－0192・0165

在日本大韓民国居留民団 綱領
一、우리는 大韓民國의 國是를 遵守한다
一、우리는 在留同胞의 權益擁護를 期한다
一、우리는 在留同胞의 民生安定을 期한다
一、우리는 在留同胞의 文化向上을 期한다
一、우리는 世界平和와 國際親善을 期한다

非武装地帯に第3のトンネル

露骨化する南侵の企図

国連軍 休戦委員会で北傀に抗議

駐韓国連軍司令部スポークスマンはさる三月十九日、韓半島休戦ライン非武装地帯の南部、ソウルのほぼ真北にあたるチョルウオン（鉄原）北東約十三キロの地点で国連軍、韓国軍共同掘さくの結果、北韓側が構築したと断定される地下トンネルを発見したと発表した。

同司令部は昨年11月15日にも、韓半島西部戦線軍事分界線の南側非武装地帯にかけて北から南の方へ千百メートルにわたり構築された北韓の地下コンクリート・トンネルを発見したと公表したが、同月20日には同トンネル内部を調査中の韓米両国軍の将校が内部爆発で死傷するなど、大きな物議をかもしている。

軍事休戦委員会国連軍側首席代表モーガン少将はさる3月20日第364回休戦委員会で鉄原地区で発見された地下トンネルは明らかな休戦協定違反であると抗議し、さらに最近韓国に帰順した北韓労働党第53連絡所所長金容成の陳述内容を引用、第三の地下トンネルの構築が板門店の南西約4キロの地点で進められていると指摘し、その中止を強く要求した（関連記事と写真を2面に特集）

戦闘機30機が侵犯

国防部は二十五日、北傀空軍戦闘機三十機が、二十四日午前八時から午後一時までの間に、昨年も海上侵犯したことのある西海岸の白翎島上空を威嚇飛行したうえ、うち十六機はわが方の作戦海域に故意に侵犯したと発表した。

この事実にてらし、国防部では直ちに国連軍司令部を通じて軍事停戦委員会の開催を北傀側に求めた。

一連の非武装地帯の地下トンネル事件も相次いで起こっている折、緊張した空気がただよっている。

「国家冒涜罪」公布

朴大統領が決裁

朴正熙大統領は二十五日、さきの臨時国会で可決された刑法の一部改正について決裁を終え、同日付官報にこの旨を掲載、公布した。これは二十六日午後零時半のキリスト教放送で報じられたが、二十五日にさかのぼって発効する。この刑法の一部改正は第二章の「外患の罪」に新たに国家冒涜（ぼうとく）の罪を設け、国体や政府機関を中傷または非難するなどの反国家行為を国外で犯した時、また国内でも外国人や外国人団体を対象に同じような行為をした時にはいずれも七年以下の懲役に処されるもの。

トンネル発見のためのボーリング作業

時評

決定的時期は秋ごろか？

◇色々なデーターを総合判断するかぎり、韓国にとって決定的重大な運命をもたらす時期として、一九七五年、つまり今年の秋ごろを想定せずにはいられない。本国にいる人たちとは異なり、海外にいるわれわれの方が幾らか入手できる情報等が多いからである。例えば、朝鮮総連の内部でささやかれる話題だとか、日本のマスコミが伝える北韓の情勢（これは必ずしも一〇〇％信じられるわけではないが）、さらには海外特派記者の報告などである。◇

北傀の南侵策謀は大詰に来た 国民は為すべきことの熟慮を

日本の衆議院議員、中山正暉氏によれば、英国人ジョージ・ワット氏が、かつて中共に捕われ、スパイになることを条件に釈放されるとき、中共の幹部と目される人物から「一九七五年には韓国を攻撃し、共産党が統一を実現する」と説明されているそうである。このことは非常に重要な意味を含むものである。

昨年末頃、韓国の新民党金泳三党首が「北傀は南侵しないし、ソ連や中共も北傀を長期的に支持しない」と語っている（本紙七四年12月14日付、第一一四七号「時評」参照）。だが、このような思考方式が誤りであることを立証するのが、前記ジョージ・ワット氏のスッパ抜きである。中共の幹部がそのようなことを説明したということは、北傀の南侵計画が、北傀単独で樹立されるものでなく、中共と密接に協議しつつ計画されることを、十二分に証明しているのである。ということは、中共が北傀の南侵策謀を支持し援助している証拠である。

そしてこの「一九七五年」という年が、北傀にとっては一つの転換期でもある。北傀労働党（共産党）の三十周年記念日が十月であり、七一年から始まった六ヵ年計画も、一年以上縮めてこの十月までに完遂するのだと、北韓住民のシリをたたいている。

朝鮮総連の内部では、またぞろ「統一の日は近い」とささやかれている。そしてそのときには朝鮮総連挙げて北傀を支援するため、今から民団の切りくずし（今にはじまったことではないが）をするということで「10万戸訪問運動」なるものを展開している。これは義兵鉄徳鉄の供時期であると同時に、北傀の「南進」時に日本からも韓国を攻撃させようとする金日成の意思に対する"忠節"でもある。「統一の日は近い」という言葉は決して韓国を主体にしたことではなく、当然北傀を主体とした立場から出たものである。つまり、朝鮮総連内部特に幹部たちには、北傀が近いうちに南侵するということが伝えられていると思われるわけである。最近朝鮮総連に絶縁状をたたきつけて民団に入り、大韓民国を支持すると声明したある人は、この朝鮮総連内部でのささやきについて「傀はもうダマされない。平和統一を口にしながら、実際はもう一度戦争を仕掛けるため、色々なたくらみをしていることに、心底いやになった」と語っている。

最近あいついで発見された三八度線下の南侵用トンネルは、その完成時期が、今年の秋以前になるよう工事が進められていた。また北傀から昨年九月五日南に帰順した金富成氏（労働党連絡部第七部傘下開城地区第53連絡所所属）と、今年二月に帰順した柳大福氏（人民軍第五集団第12師団30連隊1大隊3中隊2小隊長）は、ともにこのトンネル作業のことを知っており、トンネル作業に従事する兵士は秘密に任命され、それまでの所属部隊には「休暇」などの名目が告げられるだけであり、この特殊要員は工事完了まで旅行を禁止され、除隊を許されないという。そして金氏は「党の創建三十周年（十月十日）以前までに六カ年経済計画と現在進めているトンネル工事を早急に終える」と語っている。

本紙前号の「時評」でも触れたし、本紙に数回に亘って報道されたが、北傀はこのところ外貨の欠乏から国際市場にスキャンダルをまきちらしている。金日成はじめ北傀の指導層がどのように労働を強制しても、もはや北韓の経済発展は頭打ちであり、あとは自滅への途しか残されていないようである。六カ年計画が十月までに完成するどころか、一、二年は遅れるだろうというのが、経済専門家たちの意見である。これは金日成にとっては耐えられない恥辱であろう。そのためには住民の目を外部にそらせなければならなくなる。

前記柳氏は「最近住民たちの間に、金日成の首の後にコブがあるという噂が伝わ」っていると語ったが、金正一を後継者に仕立上げることに急なことは既に周知のとおりで、金日成自ら死期が近ずいていることを感じているのかも知れない。だが、前から「統一は金日成の手で行なう」ということが住民に行き亘っており、金日成の神格にケチをつけられないためにも金日成は何かしなければならなくなる。

以上のことがらをよく吟味すると、そこには身の毛もよだつ結論が出てくるのである。

だが、そうさせてはならない。そうさせないためには何が必要かということを、国民全部が胸に手を当てて考えなければなるまい。

少数者が、自分たちの意見を強く主張し、全国民の意思であるかのように、国家の安全を脅かすようなことを平気で発言し、行動することは、決して国家にとってプラスにはならない。

なぜ刑法が改正されなければならなかったかを、それを誘引した人士たちはよく反省すべきであろう。

何が何でも「南侵」の野望を実現させてはならない。（W）

セマウム・シムキ運動

中央から230人 青年を本国派遣

民団中央の尹青年局長は、来る四月一日から八日まで、本国で行われる「六十万セマウム・シムキ運動」の全日程を発表した。

今回の参加者数は二百三十人（大阪は別途）。これら参加者は四月一日に東京、大阪、福岡の各空港を出発し、同日午後、ソウル市内の半島ユースホステルに到着し、宿泊する。

二日目はホステル大講堂で開講式を終えた後、国立墓地参拝、外務部長官礼訪、内務部長官礼訪（苗木六十万本代金伝達）、市内見学、外務部長官主催晩餐会。

三日目は祖国を理解するための講習で「朴大統領指導理念」、「セマウル運動と国民経済」、「北傀の戦争準備と経済実態」、「諸般発展と南北対話」、「韓国文化と韓国青年の国民姿勢」、「在日史」。

四日目はソウル大、梨花女子大、延世大の見学および学生たちとの交歓会、三大学キャンパス内に記念植樹。ホステル講堂において「みんなで歌う夕べ」を催おす。

五日目は京畿道内の山に苗木植え、映画鑑賞。

六日目は顕忠祠参拝、セマウル見学、映画鑑賞。

七日目 陸軍士官学校見学、前線部隊将兵慰問、修了パーティ。

八日目は解団式、各地方本部別解散。

派遣奉仕団の引率責任者には、金仁洙民団中央副団長、金致淳民団東本団長、朴成準民団神奈川団長、洪徳楽民団中央青年局長と決まった。責任者らも全日程終了まで青年たちと共に行動する。

この運動に過去二回参加した尹陸道東本青年部長は、われわれが祖国を訪問すると、祖国は「セマウル」一色になる。日本で生まれ育った私たちであるが、韓国に行く以上韓国人として、韓国の状態に合う態度をとらなければならない。それにはいろいろな抵抗があると考えられるが、私たちの行動が祖国に与える影響をまず考える必要がある。

韓国人として国内の人とはなんの違いがないという心持ちが重要で、祖国滞在期間中には本国の国民に感銘される行動を望むと述べた。

緑化青年奉仕団結団式

第三回「六十万セマウム・シムキ運動」の祖国緑化青年奉仕団関東地区結団式が、さる二十三日午前十一時から、東京商銀七階大ホールで開かれた。

結団式には関東各県からの参加青年百四十一人の内、約百人が出席して、運動の意義および参加者の心掛けなどについて説明を受けた。

「木を植えることは私たちの心を植えることである」と李鍾浩東本議長代行の開会辞に続いて、今回の引率責任者でもある金仁洙中央本部副団長は、われわれは日本のマスコミによって情報を受けてから自分の祖国を考えるより、祖国の本当の姿を自分の目で確かめることがなによりも大事であろうと強調した。

引続き、東京本部青年会から参加者を代表して、「祖国をはっきり知らないわたしたちであるが、この運動を通して祖国を学び、山には私たちの心を植えてきます」と決意をのべた。

セマウム運動青年奉仕団の関東地区結団式（円内はあいさつをのべる尹一好部長）

陳斗鉉に死刑求刑

北傀スパイ団事件の求刑公判が十八日、ソウル刑事地方法院合議六部で開かれ民団東京本部の前副団長・陳斗鉉（五二）と朴基来（四七）金始烈の三被告に死刑が求刑された。

金鉄佑には懲役十年

韓国で北傀スパイ容疑に問われていた元浦項製鉄所理事、金鉄佑被告（四〇）、元慶北大工学部助手・朴先正被告（三〇）に対する反共法、国家保安法違反事件の上告審判決公判が二十五日、韓国大法院で開かれ、両被告に対し上告棄却が言い渡された。これで金被告（懲役十年）、朴被告（同三年六カ月）の刑がそれぞれ確定した。

第25回定期中央委員会召集

規約第十八条により第二十五回定期中央委員会を次のように召集します。

記

日時・一九七五年四月十一日午前十時

場所・日傷会館会議室（東京・市ケ谷本村町四二　電話（〇三）二六九－八一五一）

議題・①経過報告 ②新年度活動方針審議 ③新年度予算審議 ④其の他

在日本大韓民国居留民団中央本部

議長 朴 太 煥

神奈川日韓親善協会準備委開く

神奈川日韓親善協会設立準備委員会が十七日からスタートした。

同日午後、民団神奈川県本部で開かれた創立準備委員会では、日韓親善協会設立趣旨説明、この間の経過報告の後、韓日双方の出席者間で創立総会の準備と運営等で協議した。

これは従来の神奈川日韓友好協会を発展的に解消し、日韓親善協会に改組するもので四月下旬創立総会を開く。同準備委の韓国側代表には民団神奈川県本部の朴成準団長、日本側代表には助野健太郎聖心女子大教授である。

漫評

金日成の平和事業

金 竜 煥

誠意示さぬ原市長 抗議する婦人たち

岸和田市

日本の各地方行政自治体に対する行政差別撤廃運動を活発に展開している民団大阪府本部（黄七福団長）は、さる二十日、岸和田市に対しても代表団を派遣、要望書を手渡した。

この日、洪正一府民生部長を始め、泉大津支団長、韓瑞洞同総務委員長ほか、泉州支部組織部長、婦人会泉大津支部関係者ら約三十人は、午前十時から原市長と会談。

要望事項を説明、原市長に回答を求めたが、岸和田市としては、早くから行政差別撤廃に努めてきたし、これからもその方向で努力すると発言しながらも、すでに伝えられてあった要望事項については、誠意ある検討をなんらしておらず、回答は後日に持ちこされることになった。

この日、婦人会会員たちが、市長の不誠意な発言に強く抗議するひと幕もあった。

市営住宅入居認め 一部市職員も採用

高槻市

大阪府下各市に対して、在日韓国人への行政差別撤廃要求運動を展開している民団大阪府本部は、民団高槻支部の金相権団長ら団員十余人と共に、高槻市の宮田輝三市長を訪れ先に提出した行政差別撤廃要望書に対する回答を求めた。

十八日午前十時から同市役所二階特別会議室で交わされた話し合いでは、宮田市長、宮路一夫市議会議長および各部署担当責任者約十五人が出席、民団大阪本部の洪正一民生部長が要望事項について説明、これに対して宮田市長は次のように回答した。

中央会館建設하여 民団維新成就하자

すでに3年目。韓国僑胞の皆様にますますご好評。
ユニークなアリコの生命保険。

ALICO

■海外でも保障する（大きな安心）
アリコは、アメリカン・インターナショナル・グループ（AIG）の一員として、世界各国に充実した保険のサービスネットを持つ会社。こうした恵まれたサービス環境と、そのユニークな経験で、外国人向け生命保険にはもっとも豊富な実績を持っています。安心に国境はない――この思想のもと、保有契約高10億ドルを越える企業に成長したアリコは、皆さまの安心と共に歩む世界の生命保険会社です。

■韓国僑胞の皆さまのために特別設計した生命保険プラン
アリコ ジャパン（アメリカン ライフ インシュアランス カンパニー）は、日本に登場した外国生命保険会社第1号として、韓国僑胞の皆さまのために、ユニークな生命保険プランを設計して3年目、ますますご好評をいただいています。

ALICO JAPAN
American Life Insurance Company
〒102 東京都千代田区紀尾井町3番14号 Telephone:(03)265-4651
日本における兄弟会社――損害保険はAIU株式会社

代理店募集
インターナショナル エージェンシーでは、韓国僑胞のみなさまへの一層のサービスを期すため、大阪、神戸を中心に全国的営業網の充実を計画中です。あなたの現在の経験がそのまま生きる代理店経営で、より豊かな収入をめざしてください。履歴書、写真を同封の上お申し込みください。
お問い合わせは
アリコ ジャパン
インターナショナル エージェンシー
☎03-374-2861
〒151 東京都渋谷区代々木1丁目58番10号

あばかれた北傀の南侵トンネル

北傀が南侵戦争用地下トンネルを休戦線全面にわたって10数個も掘さく中であることは本紙でも報道されたとおりであるが、昨年十一月十五日の高浪浦第一号トンネル（中部戦線・高浪浦北方六キロ）発見以来、韓国国防部では、韓国の理学・工学・地質学・気象学などの専門家二十余名を動員、駐韓米軍の技術陣の協力も得て、昨年十二月中旬からボーリング機械を非武装地帯内に搬入、予想されたトンネル路上部にさく井機（ドリル）をさし入れ、トンネルを確認、特殊な筒状透視カメラで内部を撮影したのは、39番目のさく井作業によってであった。地下特殊撮影機はトンネルの幅が2メートル、高さ2メートルであることを明らかにした。この科学的な証拠を国連軍司令部は去る20日板門店で暴露このトンネル掘さくを目撃した帰順勇士 北傀軍小隊長 大渕少尉（29歳）の証言を示したが、北傀側はこれを否定した。韓国軍および国連軍は3月1日から科学があかしたこのトンネルを検証するためトンネル掘さくによる遮断工事を敢行した。24日、午前7時、わが軍事科学は、いかなる緻密なる敵のたくらみも看破し、破壊できることを証明した。粘土、岩石で北側の出口は塞がれていたが、ガスと岩石のほこりの中から、北からのびて来たトンネルは、非武装地帯内南方限界線内6百メートル地点であんぐり口をあけた。規模は予想どおり上部幅2・1メートル、下部幅2・2メートル、高さ2メートルのトンネル。一時間に3万名通過可能の侵透路であることが判明したのである。

軍事科学が敵の悪辣な意図を正確にあばいたのである。このたびの成功は地下侵透路をさがしあてるということにとまらずいかなるたくらみも粉砕できるという軍事技術発達の成果である。なお非武装地帯の死線をこえ、自由大韓に帰順した帰順勇士金富成さん（35・北傀労働党連絡部7部所属戦闘員・南派スパイ補充員）と北傀軍柳大渕少尉（29・北傀軍12師団30連隊1大隊3中隊2小隊長）など2名が21日午前、陸軍会館で内外記者と会見した。金・柳両氏は「北傀軍が非武装地帯全域から軍団別に数個づつ掘っている南侵トンネルは、去る71年9月、金日成の指示によってはじまった」と暴露し、この地下トンネルは①全面戦争を敢行する際、大量兵力を投入、3日内に南韓内主要地域を占領し②南韓内で大規模武装暴動が起った際に特殊兵力（8軍団）を投入、ゲリラ戦を展開し、③対南スパイ侵透路と地下不純勢力に対する補給路として用いる目的であるとのべた。両氏はまた74年3月、人民武力部は小隊長級指揮官らの戦死にそなえ1名の候補軍官をすでに選定、戦死者があったばあい家族に通報する住所作成をおえるなど南侵準備に狂奔していると明らかにした。金富成さんがコンプレッサー操作要員として直接掘さくに従事した板門店トンネルは、板門店南西方4キロ地点の第3トンネルで、72年7月着工、現在は中央分界線をこえ約2〜3百メートル地点まで掘さくしたと見られる。

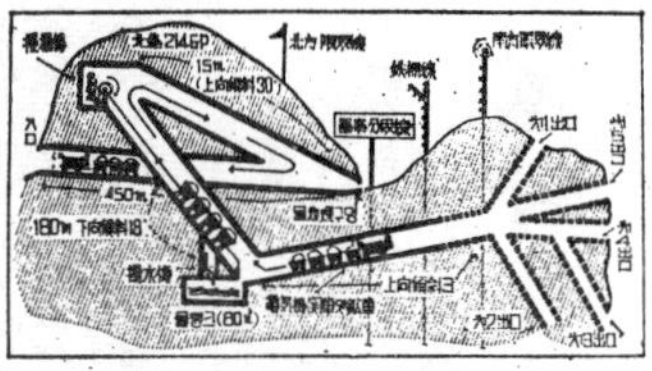

金富成さんが暴露した板門店西南方4km地点にある第3トンネル工事の概況

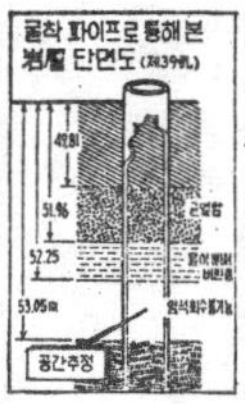

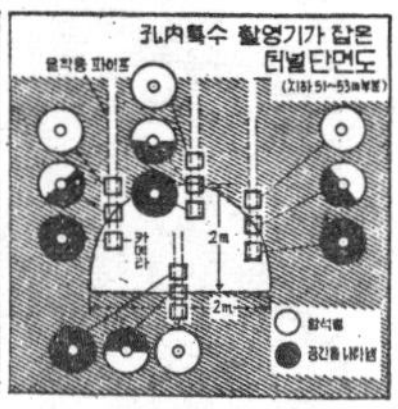

（左）掘さくパイプを通じて見た岩層断面図　（右）孔内特殊カメラがとらえたトンネル断面図

北傀の南侵企図をばくろする帰順勇士。74年5月まで板門店南方の第3地下トンネル掘さく工事でさく岩機手として作業、帰順した金富成さん（左）と発見された第2トンネルの北方部隊小隊長であった柳大渕少尉（右）

39度目の試掘で地下トンネルの存在をさぐりあてた高性能掘さく機と公報官

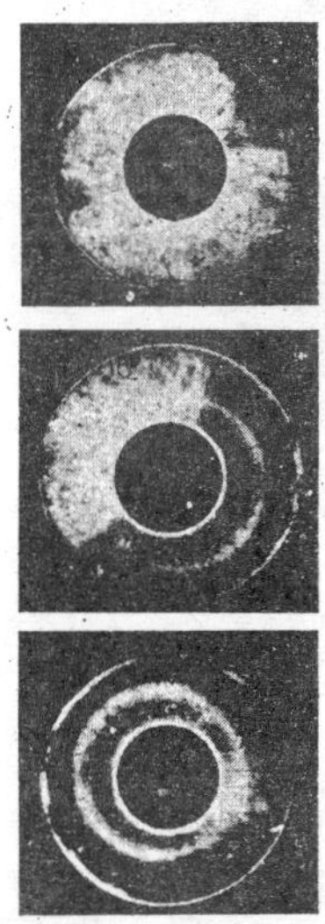
特殊撮影機がとらえたトンネル写真
孔内特殊撮影機がとらえたトンネル内部の連続写真。白色部分が岩石層であり黒色はトンネル空間を表わしている
▲写真㊤＝トンネル上の岩石層
▲写真㊥＝トンネルの傾斜部分で黒色はトンネルの空間層
▲写真㊦＝カメラが完全にトンネル空間にさしかかった場合で黒くでている

地下150 mまで掘さく可能なざく井機鋳孔に装置しトンネルをさぐりあてた高性能カメラ

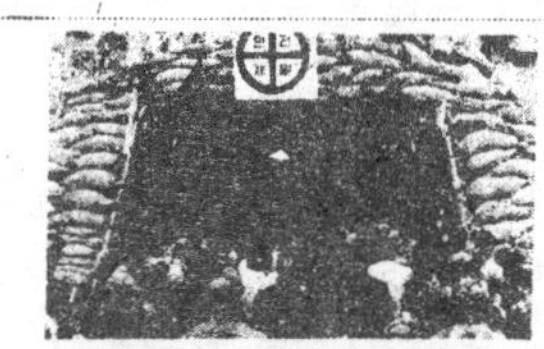
北傀の地下トンネルを遮断確認するため国防部と国連軍司令部で掘った遮断トンネルの入口。この掘さくで北傀の地下トンネル2号はその正体をさらけだした

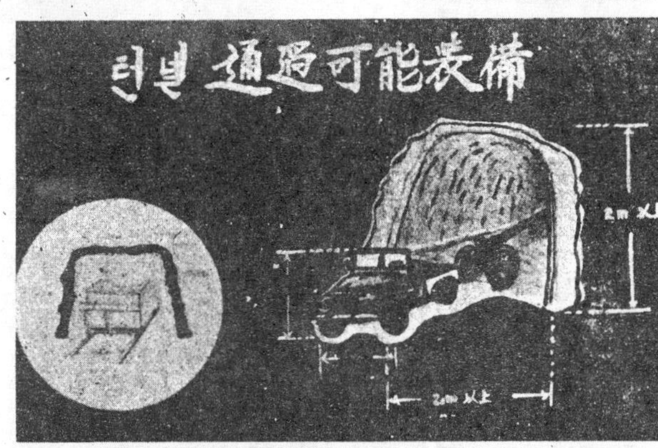

高性能掘さく装置で判明された北傀の第2号南侵トンネルの構造図。幅、高さが2mで1時間3万人の兵力が通過でき、車輛、野砲の運搬も可能と見られる。

KALの新しい翼が、パリに。

パリ　3月14日 就航　ソウル　東京　大阪　福岡

期待のパリ就航！
KALは、ひとまわり大きい世界の空へ。

東京・大阪・福岡からは、ソウル・アンカレッジ経由でヨーロッパの表玄関パリへ。そしてパリを基点にロンドン、アムステルダム、フランクフルト、ハンブルグとヨーロッパの主要都市へのコネクションも便利です。KALは、このパリ就航を足がかりに、さらにひとまわり大きい世界の空をめざします。

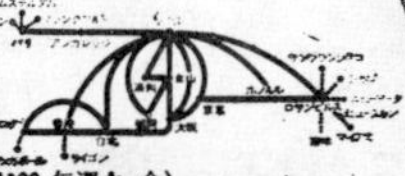

ソウル—パリ(ソウル発 21:00 毎週火・金)

KALなら、ひとまわり大きいサービスでゆとりの旅が。

韓国々内線はいうにおよばず、週51便の日韓線。東南アジア線。太平洋線のフライトルートも、ますます充実のKAL。旅の心を知っているトラベラーがファンになられるのもサービスがよいのがその理由とか。滞空10,000時間を超えるベテラン揃いの機長をはじめ、スチュワーデスなどの全スタッフが一丸となって、ひとまわり大きいサービスを提供。あなたに快適な空の旅をお約束します。

KAL
KOREAN AIR LINES
大韓航空

東京：(03)211-3311代 大阪：(06)244-1171代
福岡：(092)411-9101代 このほか全国14ヵ所に営業所がネットされています。お問い合わせはお近くの航空代理店またはKAL営業所へどうぞ

東京韓国人生活協同組合設立

地方本部単位では全国初

さる三月十九日午後一時半から東京商銀七階大ホールで東京韓国人生活協同組合設立総会が開かれ、民団の地方本部単位では、全国初の「生協」が発足した。総会には、設立賛同者百八十六人と民団東京本部、中央本部の役員多数が出席して、同胞の消費生活に密着した日用、食料品、雑貨類を安値で組合員に提供する、所轄の東京都に認可申請を行なう、生協の全国組織である「生協中央連合会」に加盟するなどこれら各項目を決定した後、午後四時半に総会を終えた。

生活必需品を安値で

開会辞に立った金致淳東京本部団長は、「本団の五大綱領の一つである民生安定事業推進の一環としての「生協」の設立が叫ばれてきた。ようやく実現されたのは、「セ民団運動」実績の背景があったからで、都内居住全団員を組合員にし、同胞の民生安定に貢献しよう」と力強く抱負をのべた。

次いで発起人を代表して浄学文氏は、「セ民団運動」の一貫として進めてきたが、二月二十一日の支団長会議以後、二十人で発起人会を組織、関係各方面と折衝してきたと経過報告をした。

臨時議長に、東本議長代行・李議浩氏を選出して議事が進行され定款承認、事業計画、収支決算、取引金融機関決定、借入金最高限度額決定、生協中央連合会加入、役員選出等の議題が討議された結果、完款案の理事は金致淳団長以下二十九人、監査は崔金新東京婦人会長以下五人を決定し、理事

示範・江東支部が完納

中央会館建設基金

「セ民団運動」の発端となった東京・江東支部が、さる二十七日、中央会館建設割当金二百十万円を完納した。

これは江東支部が新たに発足した分団役員と支部の役員が一体となって募金活動を展開したための結実で、二十七日に、東京本部の金致淳団長と共に金光和支団長ら支部役員多数が中央本部を訪れ、尹達鏞中央団長に直接手渡した。

この席で金光和支団長は、私たちの三十年来夢であった中央会館が建てられる姿を私たちは自分の目で見つめておりますと語り、これをうけて尹達鏞中央団長は、「セ民団運動」の模範支部として江東支部が持っている意義は大きなものである。中央会館工事は予定より早く、工事が進行されており、四月中旬まで鉄骨建方工事を完了する予定ですと説明した。

なお、金致淳東本団長は、当本部に与えられた割当金を四月下旬までは完納すると尹中央団長に約束した。

74年度・ミス・コリア全国決選大会（ソウル奨忠体育館で）

미스·코리아

応募しよう！ あなたも私も…

本社恒例の年中行事である「第六回・在日ミス・コリア・コンテスト」応募の締切が迫ってきた。「知と美」を競うこのコンテストには、全国民団から推せんされた同胞女性たちが参加することになるが、ここで選ばれた在日ミス・コリアたちは、来たる五月七日から十三日までソウル市で開かれる「一九七五年度ミス・コリア全国決選大会」―韓国日報主催―に参加する。一昨年度は、在日ミス・コリアである金梅子さん（当時22）が、全国決選二位の「善」に入賞、大阪での世界大会「ミス・インターナショナル」に参加した実績もあり、今年の参加もその成果が大いに期待されている。

☆応募資格

満十六歳から二十五歳までの未婚女性で韓国籍を有する者。

☆応募方法

居住している地方の民団支・本部団長、または韓国系機関長の推せん状と本人の履歴書（得意なものあれば記入）、写真（全身・上半身の二種でキャビネ各三枚づつ写真の裏に氏名、生年月日、身長体重、バスト、ウエスト、ヒップを必らず書く）を提出。

☆しめきり

四月十二日まで、本社応募係に書類到着のこと。書類は一切返還しないが、個人の秘密は守る。

☆審査

審査委員会で「知と美」の総合審査をおこなうが、日時と場所は本人に直接通知する。

☆準備衣装

水着と白ハイヒール、着物。

☆参加費用は本人が負担。

☆書類提出先

東京都文京区春日二丁目二〇 韓国新聞社・ミス・コリア応募係（直接または書留郵便で）

MISS KOREA

示範支部を 4月5日まで設定

中北地協

第四十九回中北地協が十八日午後三時半から愛知県定光寺の千歳会館で開かれた。

この日会場には、李大使館名古屋総領事、金相鉉領事の来賓と中部・北陸六県から地方本部三機関、事務局長ら三十二人が出席した。

冒頭、権会俊中北地協事務局長（愛知県本部団長）から経過報告があったあと、来賓祝辞がのべられた。

次いで討議事項に入りセ民団運動展開、規約改正案等が討議された。

金容淑民団愛知県本部事務局長から中北地協はセ民団運動で六地方本部が遅くとも四月五日まで示範支部の設定を完了、発起式を開こうと提案、満場一致でこれを確認した。

現在愛知県本部では名南支部が、石川県本部では金沢支部がそれぞれ示範支部に設定され、名南支部では四月三日に発起式を開催する予定である。

海洋博招請事業等

東本事務部長会議開く

趙六段決勝戦へ

林九段破り進出 囲碁プロ十傑戦

趙治勲六段（19）が二十四日、東京・市ケ谷の日本棋院会館で行なわれた第十二期プロ十傑戦（読売新聞主催）準決勝で林海峰名人（32）を破り、決勝に進出、石田芳夫八段（27）と王座を争うことになった。

対局は午前十時から始まり、二時間三十分の激戦の末、趙六段が二目半勝ちした。趙六段は、坂田栄男九段に挑む「第二十二期日本棋院選手権戦」につづき二度目の決勝戦進出をはたすことになった。

江東支部が九分団25班

昨年十一月二十四日に全国にさきがけてセ民団運動発起式を開いた団東京・江東支部は、このほど九分団二十五班体制を完了した。

済州道留学生会の創立総会

神奈川にも慶南道民会

静岡婦人会大会

婦人会戸畑支部が定期大会

高松韓国学園で修了式

尋ね人

求む良縁

金定順さん

張正実さん

西神戸支部被災

五・一六革命秘話 暁と将軍 ④

作・崔性圭　訳・鄭鉉

憤怒の種

金竜洙 画

日本図書館協会選定

金熙明著

日本の三大朝鮮侵略史

=倭寇・壬辰倭乱・日韓合併と総督統治=

発行所 洋々社

第二의 6·25 꾀하는 北傀와 朝總連의 策動을 粉砕하자

李賜礼著 悲しみは栄光に

——日本の韓国宗教弾圧——

韓国初代キリスト教牧師

李基豊の生涯を描く感動の記録

一人の与太者がある晩、宣教師に襲いかかり、重傷を負わせて逃げ去った。しかし、その与太者がキリストを信じ、済州島に宣教師として遣わされるまでになった。彼は日本軍による神社参拝強制にも殉教を恐れなかった。李基豊が持ち続けていたものは何か。東亜日報社公募のノンフィクション当選作。

B6判 500円 〒120

◎お近くのキリスト教書店か、直接小社にご注文ください。

いのちのことば社

海―その望ましい未来

EXPO'75

——沖縄国際海洋博・空と海の旅——

（期間・1975年7月20日〜1976年1月18日）

Aコース 船とジェットで楽しく豪華

◎東京発 4泊5日 期間中毎月3便～6便 参加費用 大人¥108,000 小人¥88,000

◎神戸発 3泊4日 期間中毎月3便～6便 参加費用 大人¥103,000 小人¥83,000

Bコース ジェットで往復デラックス、スピーディ

◎東京発 3泊4日 期間中毎月12便～30便 参加費用 大人¥129,000 小人¥106,900 幼児¥12,900

◎名古屋発 3泊4日 期間中毎月2便～5便 参加費用 大人¥123,000 小人¥103,900 児幼¥12,300

◎大阪発 3泊4日 期間中毎月3便～8便 参加費用 大人¥119,000 小人¥101,700 児幼¥11,900

◎福岡発 3泊4日 期間中毎月3便～8便 参加費用 大人¥107,850 小人¥96,450 幼児¥9,850

——海洋博を観覧して海外へ——

Cコース 海洋博と香港コース

◎東京発 参加費用 大人¥149,000 小人¥141,000

Dコース 海洋博とマニラコース（6日間）

◎東京発（5日間） 参加費用 大人¥139,000 小人¥145,000

株式会社 日韓観光開発

海洋博予約センター

667

第一回 国際親善珠算競技大会

韓国の金美子さんが個人優勝

23日東京の国立教育会館で

「そろばん」を通じて国際親善をはかるという第一回の国際親善珠算競技大会が、さる23日東京虎ノ門の国立教育会館で行なわれ、韓国の金美子(一三)さんが個人優勝した。

この大会は国際珠算連合会の日本委員会主催になるもので、次の

生) は選手4人競技の六百点満点を一位で計算、晴の優勝トロフィーを手にした。

金美子さんは五年前から珠算をはじめ、現在韓国文教部(省)認定珠算七段(日本の商工会議所珠算段数と同レベル)だが、選手団長であり、国際珠算連合会韓国委

第二回大会は来年韓国で開かれる予定である。

第一回大会には、地元日本をはじめ、韓国、自由中国、米国などの小・中学生選手34人が参加し、オブザーバーとしてブラジル、インドネシア、香港、マレーシア、ベトナム、タイの代表らも参加して競技が行なわれた。

韓国からは選手十二人、役員六人の計十八人が来日したが、小学生六人中4人、中学生6人全員が女子選手である。

団体競技ではおしくも小・中学生部とも日本に優勝をさらわれたが、中学生個人の部で金美子さん(全北全州市、全一女子中三年

員の安元淳氏によれば、金美子さんの実力は八段以上とのことだ。

安氏は、来年韓国での競技では団体も優勝したいと張切っていたが、今回振わなかった理由の一つとして、選手たちが日本食になじめないため食事がすすまず、相当精神的な苦労があったとのこと。

競技終了後、韓国大使館・黄哲秀首席奨学官は大要次のようにあいさつした。「国際親善交流の機会があまり多くない今日、このような大会が開かれたことに大きな意義があると思います。この大会を主催した日本側関係者に心から感謝します。これを機会に深い友情がつくられることを祈ります」。

民団中央本部を礼訪した金美子さんと安元淳氏、左端は尹達鏞中央団長

6000万年前の翼竜の化石

アメリカの国立公園で発見さる

羽を広げたら十五尺半はあろうという巨大な空飛ぶ怪物の化石が、アメリカはテキサス州のビック・ベント・ナショナル・パークで、ダグラス・ラウソンという一学生によって発見された。

この化石は始祖鳥といわれる一種の翼竜で、約六千万年前頃に生存していたと学者たちは推測しているが、何しろその大きさが問題とのこと、というのは、現在までに発見された始祖鳥の化石は、古生物学者が直接目で確かめたかぎりでは、羽を広げた幅が七・六尺のものが最大のものであったからで、今度の化石はその約倍の羽の幅を持っているからである。

学者の判断するところによると、この翼竜は死んだ「恐竜」(ダイノザウルス)をエサにしていたらしいということである。また鶴は今の鳥のように羽ばたくのではなく、グライダーのように滑空したと信じられており、丘や山の上に歩いてのぼり、そこから跳躍したのではないかといわれている。

細く長い首、ペリカンのようなくちばし、こうもりのような手を持っている。(TIMEより)

新刊紹介

過去・現在・未来の百科

楽しい韓国理解の手引き

「今日の韓国」75年版

日本の社会の一部でいらだたしいほど誤解され、ゆがめられているのが韓国の「本当の顔」であり「真実のこころ」である。

韓国へ行ったことのない日本の人々や一部の朝総連系同胞は、中傷と悪意に満ちたとしかいえないような一部大新聞の対韓報道態度をまにうけ、歪められた韓国像をいだきつづけるばあいも少くない。

…から発刊された一九七五「今日の韓国」は韓国を総合的に理解する最も適切な手引の一つといえる四三〇ページの大判豪華本に、一つ一つ丹念にえがかれた韓国の歴史、地理、文化、産業、政治、経済、科学のすがたは、そのまま韓国の真実と事実をありのまま伝えるなまなましいクローズ・アップの連続である。

特上のアート紙に再現される干点をこすカラー写真は、写真芸術の粋をえりすぐった格調高いパノラマでもある。

特に、韓国古来の習俗や国宝、文化財を克明に再現した色調や立体感あふれる配列、編集は心にくいまでに完璧である。特に高句麗古墳壁画、金銅仏のかずかず、新たに発掘された百済、新羅の金冠古墳などをも臨場感あふれるアングルでえがいて妙である。

特に韓国と日本の有名企業の広告が挿入されているが、広告の新しい形態を問うたといえるほどそのデザインと構図は斬新ですがすがしい。赤らんかなという広告など微じんもにおわせず、ゆっくり吟味できる広告である。

一ページ、一ページをめくるのが楽しく胸おどるというのは誇張であろうが、老若男女、韓国の人々が、眺めるだけで韓国を理解できる美しいアルバムで…

KBS国際放送日本向け組番

曜日 時間	日	月	火	水	木	金	土
10	週間ニュース	ニュース					
10		ニュース解説					
10	KBSサロン	玄海灘に立つ虹					
15	今週の論調	ソウル通信	韓国の若い世代	文化の香り	韓国さまざま	韓国への旅	放送週間誌
10	KBSゴールデンリクエスト	やさしい韓国語	韓国音楽	やさしい韓国語	韓国音楽	やさしい韓国語	韓国音楽
5		連続・朗読					

18：30～19：30　9.640mHz
21：30～22：30　970kHz　6.135mHz　9.640mHz
00：00～01：00　890kHz
05：00～06：00　970kHz　6.135mHz
10：30～11：00　9.640mHz

在日同胞社会에서 好評받는本国新聞

新亞日報

自由・中立・公益

<日刊全国総合紙>

(創刊10周年)

購読料月二千円(送料共)

支社長．金．度 燮

◆在日同胞の声を誠実に代弁する新聞。

◆本国と海外同胞との紐帯強化のため努力する新聞。

◆本国に関する其他あらゆる相談。

購読及び廣告申込みは

東京都台東区東上野1丁目21番4号 第一竹野ビル

新亜日報社日本支社

〒110 電話(03)八三二－一五六五番 振替東京一八八二三六番

※支局設置中…

神話でないことの確認

文定昌『檀君史記研究』

訳・註 金元奉記者

(15)

金一然は「桓国」、李承休は「桓因」、引用文献が別異か

檀君に関する文献 (12)

檀君朝鮮に関する諸文献の短評

李承休の帝王韻紀(続き)

③二十余年間蒙古兵の侵寇により国土は完全に荒廃化し、二十万人の男女が蒙古に連れ去られた。

④一二八一年、元・麗合作による対日遠征によって北辺を失したせまい国土に、元の茶丘軍十余万が充満し強暴した。

⑤このような状態下で、それまで使用して来た皇京・帝京などという皇の字、帝の字類を一切使用できなくなった。

⑥国王の王氏は、元室と通婚し、権門勢家たちを剃頭弁髪、蒙古服の着用、蒙古語の使用など先を争って励行させられた。

⑦そうした中で君臣が合作して、その当局が殺害だった時代の史記とあらゆる文献を、あるいは破棄し、あるいは刪削、塗改するなどのことが、時代的風潮として盛行した。

⑧そしてこうした史記改竄を公式化するため、王朝は一二八四年史官たちをして国史を監修させ、元の史記を伝え、古近録を達して修せしめるなど、高麗王国は完全に自主性を失し、元を宗主国とする事大主義一辺倒になだれを打って傾むいた。

李承休は京山府(慶州)県人で、高宗、元宗、忠烈の王代にわたり四十余年間主として史官の職に在任したりしたが、一三〇〇年、七七歳で歿した。

彼は好学の士で、政治、文化、宗教方面の識見が高く、また七百言を著述している閑、遂隠していたが、忠烈王の逆鱗に触れて六四歳で退官、頭陀山亀洞に隠居して仏書を耽読すると同時に、七言漢詩で中国と韓国の歴史を訳し「帝王韻紀」と称して後世に残した。

帝王韻紀は、上巻を中国網としたが、上古から今国までを扱い、下巻を韓国編にし、檀君朝鮮からはじめ、箕子朝鮮、衛満朝鮮、漢四郡、三韓、新羅、高句麗、百済、渤海までの史実を七言漢詩にして一四六〇言で叙し、また、高麗の君主世系を、太祖から忠烈王までを五言漢詩

で「遼東に一つの別天地があり」として、檀…千」とあるのを「桓因」につくり、李承休はその註で…と「桓因」とし、…

…

解放後の混乱期を闘かった

建青創設回想録 (15)

洪 万 基 文

…を出て、それまでは若木という日本名で千葉かどこかの小学校の訓導を永年勤めてきた男である。朝鮮語は片言もしゃべれないし、かたくなに依怙地なところがあって、みんなからぶん殴られたことがあった。頭中包帯をぐるぐる巻いて布団をすっぽりかぶっているので、

「おい、どうしたんだ……」、と訊いても返事もなかったが、あまり偏屈な奴だから殴られたとい…

建青としての活動

これがはっきりしたのは信託統治案をめぐっての両陣営の闘争がそれを物語る。一九四五年十二月二十八日モスクワ三相会議が五ケ年間信託統治案を発表したものであるが、これはわが民族に対する侮辱であり、青天の霹靂であった。解放されたから即時民族独立政府を期待していた全同胞は怒気沖天したこ…

…もした。当時の左翼の…るに足りないものであるが…いに非難された。

建青は日比谷公会堂で…催、連日のように進駐軍…信託統治反対のシュプレ…

米軍将校との園遊会(後楽園)の諸氏、杖を持つ人が朴烈、右洪賢基、その右金正柱の各氏、朴烈氏の左李康勲氏

…然のことであるが、失われた国語を取り…延禧専門出身の金海成を迎えてハン…施した。また同胞の少年をあつめてボ…を結成、集団の訓練と協調精神を育成…これが韓国学園のはじまりである。いま…頭金昌式は当時教育大学の学生であ…督劉禎根も一高の生徒であった。金海…にも造詣が深く、規律の正しい立派な…個性が強すぎたために多くの反感を買…あり、惜しい男であった。

…会の前身で共斉会というものがあった…関係はしていない。ただ李に来宇郎に招か…から厚くもてなされたようである。

…所では体育部長の蔡珠仁がなかなかユ…ンマーク体操を教えて評判もよかった…(大山倍達)の空手はやたらに訓練生の…るのでみんなから敬遠された。また各大…な教授を招聘して講座を設けたが、これ…の評論を聴くようなもので、それに水重…いたずらに時限りを誤ったたけである。

(つづく)

開店御案内

初春の候益々ご健勝の事とお慶び申し上げます。私共のサパークラブ"あがし"を長い間ご愛顧頂きまして誠にありがとうございました。

さてこのたび心機一転致しまして、純『韓定食』として、日本では始めてのメニューを揃えた暖かいお店を開くことになりました。

私共で大きな自信を持てることは他店では味わうことの出来ない風格ある料理だということです。さらに手頃な値段で奉仕できるということです。御家族揃って今まで以上の御来店を心よりお待ちしております。

左玉花 拝

★材料は全て本場韓国から仕入れました。

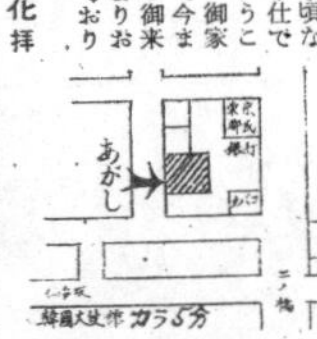

東京では始めての 純ソウル式 『韓定食』の店

아가씨 (あがし)

東京都港区麻布十番3-2 麻布三業会館2F

電話 452-1714

★午前十一時半から夜半二時すぎまで営業

(株)三中堂 東京支社

韓国書籍販売センター

本を通じて 韓日間を結ぶ 文化の架橋

〒104 東京都中央区京橋3－6－8　☎(03)271－1981～2　振替東京146144

営業案内

平日 9：00AM～19：00PM

◈一般教養書籍・全集類
◈専門学術書・大学教材
◈絶版本復刻版
◈各大学・学会研究誌
◈韓国関係英文本
◈年鑑・月報・各種統計資料
◈月・季刊雑誌
◈児童図書・絵本
◈韓日・日韓辞典
◈聖書・讃美歌・楽譜
◈地図・観光案内書 等

<特設民芸品コーナー>

陶磁器・木刻品・民俗版画・レコード・カセット・記念切手・楽書 等

25坪の店内に韓国の新・旧版書籍10.000余冊の本及び民芸品等を常備、展示販売している日本国内で最大の韓国書籍専門店!

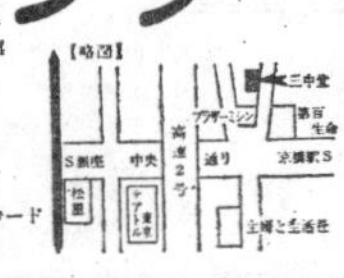

有限会社 後楽園

取締役社長 金 在 萬 (山本義男)

本 社・神奈川県平塚市代官町1－4 電話 0463－22－3500(代)
支 社・〃 平塚市紅谷町10－6 電話 0463－23－4604(代)
〃・〃 小田原市大工町通 電話 0465－23－3051(代)
〃・〃 藤沢市辻堂駅前 電話 0466－21－0724(代)
〃・山形県米沢市中央4丁目1005 電話 0238－23－4350(代)

ビッグプレイ! ビッグエンジョイ!!

レジャーパックビル

社長 柳 済 善 (成田興平)

本 店・神奈川県平塚市紅谷町4－23 電話 0463－22－1367(代)
目黒店・東京都品川区上大崎2－27－6 電話 03－492－8881(代)

(1965年7月27日第3種郵便物認可)

在日本大韓民国居留民団
綱　　領
1. 우리는 大韓民国의 国是를 遵守한다
1. 우리는 在留同胞의 権益擁護를 期한다
1. 우리는 在留同胞의 民生安定을 期한다
1. 우리는 在留同胞의 文化向上을 期한다
1. 우리는 世界平和와 国際親善을 期한다

THE PRESS MINDAN TOKYO
THE KOREAN RESIDENTS UNION. IN JAPAN, TOKYO OFFICE
「韓僑通信」改題
在日本大韓民国居留民団
東京本部発行週刊紙

民団東京
THE PRESS MINDAN TOKYO

新年特集号
1月6日
<1971>
週刊・毎水曜日発行
第2433号

発行所
民団東京新聞社
発行人 鄭 在 俊
東京都文京区本郷3丁目32番7号
電話 (811) 1535 (代表)
〒133 振替口座 東京 16631 番
(大韓民国文化公報部国内頒布許可)
(購読料 1カ月100円・特別1000円)

東海에 希望의 새해는 뜨다

朴大統領

朴大統領、海外同胞에 新年메시지

親愛하는 海外同胞 여러분!

希望의 새해를 맞이했읍니다.

나는, 故国을 떠나 멀리 海外 여러나라에서 새해를 맞는 同胞 여러분들에게 하느님의 祝福 있기를 衷心으로 祈願하는 바입니다.

自古로 発展하는 民族, 希望이 있고 将来가 있는 民族은, 海外로 많이 뻗어나가서, 祖国의 国威를 宣揚하고, 外国의 새로운 技術과 知識을 배워와서 民族의 中興에 이바지해 왔읍니다.

最近 우리 国民들이 해마다 海外 여러나라에 進出하여 많은 分野에서 눈부신 活動을 展開하여 우리 民族의 優秀性을 誇示하고 또 海外에서 多年間 많은 知識과 経験을 쌓은 科学者나 技術者 또는 事業家들이 帰国하여 国家発展에 이바지하고 있는데, 이것은 祖国의 将来를 위하여 참으로 多幸한 일이 아닐 수 없읍니다.

나는, 海外에 있는 同胞 여러분들이 어디서 무엇을 하든간에 항상 大韓民国의 国民이라는 矜持와 自負心을가지고 国威를 드높이고, , 祖国発展에 貢献하는데 加一層 힘써 줄 것을 당부하는 바입니다.

지금 故国에서는 모든 国民들이 一面国防 一面建設의 旗幟 밑에 北쪽에서 도사리고 있는 北傀의 侵略威脅에 대처하면서 다른 한편으로는 経済開発을 서두르고 있읍니다.

祖国을 하루速히 近代化하고, 分断된 国土를 平和的으로 統一해야 할 우리의 前途에는 許多한 難関과 試錬이 가로놓여 있읍니다.

하늘은 偉業을 남긴 民族에게 먼저 어려운 시련을 주었고 이러한 시련을 自己스스로의 힘으로 극복해 나갈 수 있는 民族만이 축복과 繁栄을 누릴수 있었읍니다.

우리는 어떠한 일이 있더라도 民族中興의 道程에 가로놓인 시련을 우리의 힘으로 극복해 나가야하겠읍니다.

나는, 우리国民들이 国内에서나 海外에서나 지난 8 9年 동안 開発과 建設의 과정에서 보여준 強靭한 意志와 信念으로 一致団結해서 계속 奮発해 나간다면, 어떠한 시련도 능히 극복하고 祖国近代化와 国土統一의 歴史的大業을 이룩할수 있다고 믿습니다.

海外同胞 여러분!

発展하는 祖国의 오늘과 来日에 대해 커다란 矜持와 使命感을 가지고 信義와 誠実을 바탕으로 스스로 힘을 기르는 지혜로운 생활을 営為해 나감으로써 우리 民族의 優秀性을 海外에 널리 宣揚해 줄것을 당부하는 바입니다.

아무쪼록 새해에는 여러분의 所望이 이룩되기를 祝願하면서 여러분의 家庭에 万福이 깃들기를 빌려서 祈願하는 바입니다.

동해의 일출
고요한 아침의 나라 동방에 여명이 깃든다. 민족의 구원한 소망, 통일의 거대한 염원을 안고 불덩이가 솟는다. 새날을 맞이하는 우렁찬 코오러스되어 비등하는 물결을 밀어내고 희망찬 새해가 저리도 곱다랗게 솟아오른다.

諮問機関
顧問 張仁建
〃 鄭寅錫
〃 丁賛鎮
〃 呉宇泳
〃 徐忠臣
〃 金仁洙
〃 金己哲

議決機関
議長 閔泳相
副議長 梁昌玉
〃 申奉文

監察機関
委員長 徐興錫
委員 禹英鎮
〃 金相輝

執行機関
団長 鄭在俊
副団長兼経済部長 羅鍾卿
事務局長 韓昌奎
総務部長 申秀鉉
組織部長 許南明
民生部長 李泰術
文教部長 文秀直
宣伝部長 李杞雨
次長 金博夫

民団3機関長및各界의 새해 인사

海外国民의 矜持지켜 繁栄하는同胞社会建設하자

団長 鄭在俊

多事多難하였던 一九七〇年을 보내고 이제 새로운 発展과 希望을 約束하는七〇年代第二年째의 新年을맞이함에있어 삼가 親愛하는 在日同胞 여러분에게 年頭의 인사를 드리고자 합니다.

돌이켜보건대 지난 一年 우리 居留民団東京本部는 団員여러분의 아낌없는 協助와 鞭撻로 말미암아 団本来의 業務推進은 물론이어니와 民団三大事業의 하나인 万国博覧会後援및家族招請사업이 成功裡에 終結을 보게되었고 또하나의 重大事業인 永住権取得推進運動도 기대에 어그러지지않는 成果를 보이면서 切迫한 신청期限과 目標를向하여 着着進行中에 있읍니다.

万博後援 및 초청事業의 成功은 躍進韓国의 国威를 万邦에 高揚하였다는 国家的意義와 더불어 本国同胞와 在日同胞 사이의 紐帯를 強固히하고 在日居留民団의 存在理念을 밝혔다는 点에서 団員여러분과 함께 慶賀하여 마지않는 바이니다.

지금 우리 駐日各級公館과더불어 居留民団이 全組織力量을 기울이고있는 在日韓国人의 永住権申請促進運動은 在日民族運動史上 劃期的인 意義를 가지는것이며 그 成果여하는 우리 民団組織勢力의 浮沈을 매듭짓는것이라 하여도 過言이 아님에 비추어 如何한 障害가 있더라도 所期의目的을 달성하여야 하겠읍니다.

在日韓国人의 永住権이란 여기에 새삼스럽게 말할必要도없이 在日同胞가 지금까지의 不安定한 地位를떠나서 日本에永住할수 있는 権利를 法的으로 保障받는 것이며 그것은 取得함으로써 在日韓国人의地位는 確固不動하게 되는것입니다. 뿐만아니라 法的地位가 確立됨에따라 日本内国人에比等한待遇를 받게되는것이므로 生活과直結되는 必須利権입니다.

이와같은 우리들에게 重大한 問題임에도不拘하고, 아직 永住権의真理를 理解못하거나 또는 朝総連의虚偽宣伝에빠져 그申請을 주저하고있는 同胞가 적지않음은 実로 痛嘆을 不禁하는바이며 自己네들徒党의崩壊를 두려워하는 나머지善良한 大衆을 欺瞞으로 不幸의 窮地에 이끌려고 하는 朝総連幹部에 대해서는 民族的인 憤怒를 느끼지않을수 없읍니다.

親愛하는 同胞여러분! 그리고 団員여러분! 우리는 다같은 同族愛로써 朝総連의 虚偽宣伝에 넘어가는 不幸한同胞들을 그대로 座視할수는 없읍니다. 앞으로 얼마남지 않은 申請期限까지 全心全力을 다하여 永住権未申請者의 救出에総決起하여 보람있는 成果를 거두기를 간절히 바라마지 않습니다.

永住権申請促進運動이 有終의 美를거두고 全体在日同胞의 法的地位가 確保된後의 우리組織은 応当 굳은土台위에서 새로운転換이 要求되리라 믿습니다. 永住権促進運動을 通하여 体得한 그貴重한経験을 앞으로 組織再編成및強化作業에 살린다면 우리組織의発展은 期待하여 남음이있으리라 믿습니다.

親愛하는在日同胞여러분! 祖国大韓民国은 民族中興의 聖스러운 事業이 成功裡에 進行되고 国家建設과 더불어 国威는 날로 높아가고있읍니다. 海外国民의우리들도 祖国과 歩調를맞추어 民族의 긍지를 굳게지켜 繁栄하는 同胞社会建設에邁進하기를 바라마지 않습니다.

끝으로 希望찬새해 여러분의 多福을 祈願하면서 年頭辞에 代하는 바입니다.

法的土台위에서 新出発

永住権에 알맞은 組織再編成해야

中央団長 李禧元

親愛하는在日同胞여러분! 一九七一年의새해를 맞이함에있어 祖国의 끊임없는 繁栄과 在日同胞社会에 새로운 発展을 祈願하면서삼가 祝福을 드리는 바입니다.

이제 우리들은 韓日協定에서 얻은 永住権이란 法的土台위에서 새로운 앞날을 바라보며 日本에서 居住하게 되었읍니다.

第二次大戦以後 日本에서의 不安定했던 우리들의法的地位가 永住権을 取得함으로써 安定된 生活権을確立하였고 社会的権益도 保障되었음은 全体在日同胞의 그누구도 否認할수없는 事実입니다.

그럼에도不拘하고 北傀金日成徒党의 앞재비 朝総連은 在日同胞의 絶対的権益인 永住権取得事業을 그네등의 상투적인 目的을위하여 妨害工作을 일삼고있음은 民族的正義에서 容認할수없으며 그 어느때인가그네들에게 歴史的審判이 있을것을 確信하는바입니다.

永住権은 全体在日同胞가 다같이 取得하여야할 権利이므로 아직 取得치않은同胞는 마감날인 이달一六日까지 自己와 自己의後孫을 위하여 取得할것을 다시금 強調합니다. 이미取得한 同胞는 남은十六日間을 통하여 한사람이라도 더많은同胞가 이땅에 安住할수있게끔 永住権取得事業에 積極協力해주서야 하겠읍니다.

永住権取得期限이 끝나면 日本에있어서의 우리들은새로운 段階에서 出発하여야 하겠읍니다.

二十五年間 在日同胞의権益을위하여 闘争하여온 民団은 法的地位를 確立한在日韓国人의 土台위에서 画期的인 構成体制로 組織을 再編成하는 作業에 들어가야하며 이作業은 이땅에서永住할수있는 条件이法的으로保障된以上 이에 알맞는 組織体系를 가져야한다는 것입니다. 또 우리들은 在日同胞子女들의 참다운民族教育을위하여 努力해야하겠읍니다.

永住権을 取得했다함은이 땅에서 生活한다는 뜻입니다. 生活問題는 法的으로써만이 解決되는것이 아니고 生活의 基本要素인 衣食住가 確保되어야하며 이를確保하는데는 本人의 能力과 努力이 社会的으로 評価되어야하겠읍니다.

우리들이 指向하는 民族教育은 民族의主体性과 矜持를 가지고 地域社会発展에寄与하며 適応되는 사람을 養成하는 教育을 実施하는데 있읍니다.

敵対陣営朝総連이 오늘날까지 民族教育이란 美名아래 実施해온 教育内容을보면 共産主義教育과 헛된民族間의 憎悪心만을 培養시켜온 結果

(1)二世들로하여금 人間으로서의 참다움을 잃게하였고

(2)社会的인 妥協性을 잃게 하였을뿐만 아니라

(3)質的低下로 一般社会에適応할수없는 非能力的人間을 만들고 만것입니다.

우리는 全体在日同胞가참다운民族教育을 希求하는真切한 心情을 하루빨리 達成하기위하여 本国政府에請願하는 한편 在日同胞의온갖 힘을 傾注하여 民族教育機関拡大強化에 努力해야 하겠읍니다.

親愛하는 同胞여러분! 그리고 組織에서 애써온 活動家 여러분! 法的地位闘争、永住権取得事業、万博事業 이모든民族事業에 奮闘努力해 주시데 対하여 深甚한感謝의 뜻을 表하며 여러분과 여러분의 家庭에 더많은幸運이 있기를 祈願하면서 새해人事에 대하는 바입니다.

民族教育振興이 切実

監察委員長 徐興錫

우리居留民団으로서 가장 意義깊고 보람있는 事業이 進行된 一九七〇年을 無事히 보내고 이제 보다더発展과 期待가 約束되는 새해를 맞이하여 삼가 親愛하는 団員여러분에게 年頭의人事를 올리게 된것을栄光으로 생각하는바입니다.

지나간一年은 民団의 二大事業의 하나로서 組織의 全力量을 기울여 推進한万博後援및家族招請事業이 成功裡에 完結을보았음은 오로지 団員여러분을 為始하여 組織一線에서 주야로奮闘하신 組織役職員諸位의誠意의 所産이라 굳게믿어深甚한 謝意를 表하는바입니다.

現在一月十六日의 期限을 目前에 두고 推進中에있는 在日韓国人의 永住権申請促進事業도 이미 여러분이周知하시는바와 같이 大使館当局의 強力한支援밑에 所期의成果가 期待되는바이지만 不幸히도 没理解分子即 朝総連系列의치열한 방해策動에의하여 많은隘路를 보여주고있음은 유감千万이아닐수 없읍니다. 바라건대善良한 在日同胞여러분은 永住権이란 重大한意義를 理解하시와 民族的覚醒 밑에 하루速히 한사람도 빠짐없이 申請期限까지에 完了하도록 呼訴하여 마지않습니다.

不幸하였던 韓日両国間의 過去를 깨끗이 씻은나머지 在日同胞에게 부여된 特権 永住権은 在日同胞들에게必須不可欠한 在留条件임에도 不拘、朝総連側의 虚偽宣伝에 빠져 取得의 機会를놓치거나 또는 스스로 포기한다는 行為는 民族的良心에서 黙認할수 없는것이며 在日同胞들에게 欺瞞과浪説로써 不幸의씨를뿌리게 한 朝総連의 反民族的行為는 그언젠가 秋霜같은 審判이 있어야 하겠읍니다.

親愛하는在日同胞여러분! 民団은 지나간一年의 万博및永住権申請促進의 二大事業을通하여 組織의存在意義도 認識되었을뿐만아니라 強化発展의 土台도 굳어졌읍니다. 그러나 現在 推進中에있는 在日韓国人의永住権取得運動의 成果如何는 더욱 우리組織에 미치는影響이 至大함은 再言을 要치않음에 비추어 남은申請期限까지 組織이 가지는全力量을 기울이도록 奮起하여주시기를 바라마지않습니다.

年初의 永住権促進運動이 끝나면 今年은 우리組織으로서 重要한時期를 맞이하게되겠읍니다. 永住権取得으로因한 組織基盤의 拡大와 더불어 거기에副応하는 組織의 再整備는 물론이어니와 特히 永住権促進運動의 体験으로서 在日民族教育의 振興発展이 緊要한 課題로 登場되어야 하겠읍니다. 在日民族의 将来를 생각할때 子女教育의 重要性은 누구나 否認 못할것이지만 永住権과 歩調를 맞추어 在日韓民族의盛衰를 左右하는 問題와直結된다는것에 留意하여야 할것으로 생각됩니다.

끝으로 民族中興의 巨大한事業이 날로 前進하고있는 祖国의 無窮한繁栄과在日同胞社会의 発展을 빌면서 年頭인사에 代하는 바입니다.

祖国近代化에 앞장서자

駐日大使代理 姜永奎

親愛하는在日同胞여러분! 낯설은異域에서 여러가지 逆境과苦難 가운데서 民族的自覚과矜持를 가지고 祖国의発展과繁栄을위해 꾸준히努力하시는 여러분의 労苦에대하여 衷心으로 感謝의 뜻을 表합니다.

지난 몇해동안 우리韓国은 여러分野에걸쳐 画期的인発展을 보여주었읍니다. 政府는 経済開発計画과 綜合国土開発計画을 通하여電力・精油・시멘트・肥料等主要基幹産業의 拡充과 高速道路의 建設、輸出振興의伸長、農漁村所得의増大等 自立経済의機築을 完成하고지금은 七〇年代民族課業인祖国近代化와 福祉国家의 建設을 위하여 힘차게 邁進하고있읍니다. 이러한 驚異的인 韓国의 躍進相은 中進国発展의 模範国家라는새로운認識을 주었읍니다.

이러한 祖国의発展은 朴大統領閣下의 卓越하신 領導力과 政府의 祖国近代化를 向한 信仰의 所産이며 自由友邦의 協調와 国内外에 계시는同胞 한사람 한사람의 굳은意志와 努力의 結果라고 하지않을수 없읍니다. 또한 政府는 特히日本에 살고계시는 여러분들의 地位向上을 위한 永住権事業의 推進과 経済生活向上을 위한 信用組合의育成・強化等 여러분들의 福祉를 위해 継続努力하고있읍니다.

特히 永住権取得은 여러분이 이日本 땅에서 外国人으로서 떳떳이 安定된生活을 営為할수 있는 基本権利와 特権을 찾는일입니다. 그間 日本政府의 友好的인 協調와 同胞여러분의 覚醒으로 그申請者数는 나날이 늘어가고있음은 크게 慶賀할 일입니다. 그러나아직도 北傀의 虚無맹랑한欺瞞과 虚偽宣伝에 眩惑되어 自己스스로의 基本権利를찾지 못하고 共産魔手의 桎梏 속에서 갈팡질팡하는어리석은 一部同胞가 있음을 생각할 때 정말 안타깝다하지 않을수 없읍니다. 그러나 그러한 基本権利를찾는 永住権申請의 마감은今年一月十六日로 迫頭하였읍니다. 한사람 빠짐없이 우리에게 주어진 権利를 스스로 放棄하여 後悔하는일이 없도록 합시다.

親愛하는在日同胞여러분! 韓日両国은 그어느때보다도 友好関係가 敦篤해졌읍니다. 우리는 다시 한번우리가 살고있는 곳이 外国이란 認識을 새롭게 하여 韓国人으로서 矜持를 가지고 日本사람들과 잘協調하고 融合하여 模範的인 国際人、善良한 市民으로 明朗한 同胞社会를 建設하여 祖国近代化에 앞장섭시다.

다시한번 在日同胞 여러분의 健康을 빕니다.

謹賀新年

元旦

民団東京新聞社

新年特集号12ページ

2・3面＝民団各機関長ならびに各界の新年あいさつ
4面＝朴正熙氏か金大中氏か（五月に大統領選挙）
5面＝新春随想「こわいもの知らず」チャンヒョ民
6・7・8面＝躍進韓国、四分の一世紀をかえりみて（政治・外交・国防・経済・社会・文化）
9面＝民団回顧と展望・71年の課題、38年ぶりの祖国。
10面＝韓青東本活動のあゆみ
14面＝北韓内幕・幸福と不幸との岐路。
12面＝全面年賀広告特集。

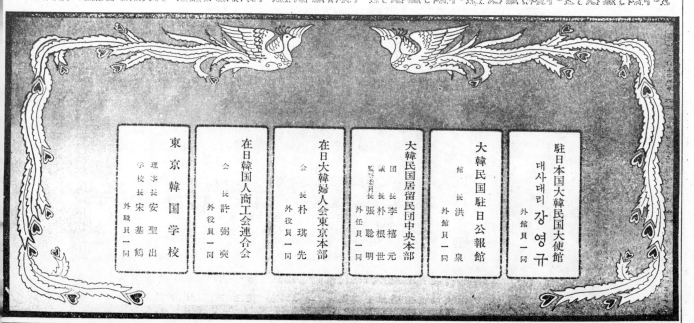

謹賀新年 밝은날 새기분 새설계로 새복을 비나이다

駐日本国大韓民国大使館 대사대리 강영규 外 館員一同

大韓民国駐日公報館 館長 洪泉 外 館員一同

大韓民国居留民団中央本部 団長 李禧元 議長 朴根世 監察委員長 張聰明 外 任員一同

在日大韓婦人会東京本部 会長 朴琪先 外 役員一同

在日韓国人商工会連合会 会長 許弼奭 外 役員一同

東京韓国学校 理事長 安聖出 学校長 宋基鶴 外 職員一同

民団発展と強化

議長 閔泳相

一九七一年を迎えるに際し、在日同胞の皆さんへ心から祝賀の挨拶を申し上げます。

昨年は民団に取りすべての面で多事多難な年であったと思います。民団の中心課題であった万博家族招請事業と永住権申請促進事業等の歴史的課題を成果的に遂行し、全体として好調な業績を成し得たと評価、記録しても良い意義ある一年でもあったと思っております。

これもすべて団員皆様の愛族愛団精神と自覚に依る自発的協力が基礎にあったからに他なりません。

団員の皆さん、今年も相変らぬ気持で倍旧の御支援と御愛護を寄せられ、民団の正常な発展と強化のために、主動的な役割を果して下されたく切望して止みません。

私共は、常に民団がどうすれば在日同胞の民族的権益と皆さんの生命財産を、真により一層効果的に擁護できて、日々の生活を不安のない楽しく幸せに暮せるようにしてあげられるかを苦心しながら研究し努力してまいりましたが、今年もこの考えと姿勢を崩さずにまい進して行く所存でございます。

団員の皆さん、どうかこの意に合わせその実現のために共に固く力を合せ力強く前進してゆこうではありませんか？

最後に同胞のみなさんへお願い申し上げますのは、永住権未申請の方がおりましたら、その締切日も（一月十六日七時日正午まで）間近に迫りわずかしか残っておりませんので、お忘れなく全員が一日も早く永住権を申請して協定永住権を取得して下さるよう努力して下さい。この永住権取得こそ立派な韓国国民であるための資格条件であり韓国に尽す忠誠心の度合を表わすはっきりした立証であると信じます。

前進する祖国の隊列に

駐日公報館長 洪　泉

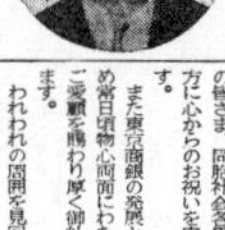

在日同胞の前途を心から祝福するしだいであります。

一九六〇年代にわが国は、朴正熙大統領の指導のもとに経済自立と近代化への道を歩みはじめました。そして、第二次経済開発五ヵ年計画は、昨年ですでに目標を上回る驚異的な成果を収めました。

この目覚ましい成果をふまえて、ことしはさらに、一九七二年度から着手する第三次経済開発五ヵ年計画に向かって躍進をつづけなければなりません。世界の注目を浴びているこのようなわが国の経済発展は、国を守り、そして建設しようという国民の強い決意と努力のたまものであります。

一九六〇年代が経済自立と祖国近代化の基礎づくりの時代ならば一九七〇年代は豊かな社会を築き上げ、繁栄と平和を謳歌する時代といえましょう。そのためには、ことしも「戦いつつ建設する」決意を新たにし、目標に向かって全国民が総力を傾けなければなりません。在日同胞の皆様も、与えられた役務を全うするのみではなく何をなすべきかを自ら問い、国家と民族のためなら何事も進んで実践する気構えを持ちましょう。国内にいようと海外にいようと、国家と民族を愛する心に変わりありません。たとえ故国を離れていても躍進をつづける故国の前途に希望を託し、韓国国民の誇りを抱いて海外で立派に生きて行くことが祖国を愛する道であると思います。

在日同胞の皆様、永住権申請の期限も迫ってまいりました。一人残らず永住権を申請して与えられた権利を放棄することのないようにいたしましょう。そうして、前進に前進をつづける祖国の隊列に遅れをとることのないように、これまで以上の熱意と誠意を以って祖国を見守りましょう。

ことしも、皆様方にとって最良の年でありますようお祈りいたします。写真は洪館長

生活の安定向上へ

東京商銀理事長 許　弼　奭

一九七一年の新春を迎え組合員の皆さま、同胞社会各界の皆さま方に心からのお祝いを申し上げます。

また東京商銀の発展と躍進のため常日頃物心両面にわたるご支援ご愛顧を賜わり厚く御礼申し上げます。

われわれの周囲を見回しますと国際情勢はもとより経済環境、社会構造すべてのものが目まぐるしく揺れ動いております。

文字通り激動の七〇年代であり今の世代はハイテンポの変動についていけるもの、順応できるものだけが生き残れる世の中であると思います。

これは個人にも会社、金融機関にもすべてに同じくあてはまることであり、一〇年ひと昔という考え方は今ではそれこそ五年ひと昔あるいは三年ひと昔といわれるスピード時代になっております。

このような時代にあたりわれわれは先ず仕事にとり組む姿勢においてえりを正して真剣になり厳密にならざるを得ません。

東京商銀は新しい年を迎え、先ず三月の期末に預金高一五〇億を突破しなければなりません。それから十月には新本店の落成移転を実現させなければいけません。これが本年の二大目標であります。

申すまでもなく東京商銀は韓国人の民族金融機関であります。韓国同胞の生活の安定と経済向上に貢献することがその本来の使命であります。

この韓国人社会のために奉仕するという基本精神を忘れることなく役職員一同打って一丸となり目標達成のため邁進したいと念じております。

日本では七〇年を内政の年といっております。われわれ韓国人は七〇年代こそ生活を安定させる年であり、生活を豊かにする年であるよう団結し協力しましよう。

組合員をはじめ同胞社会各界の皆さま方のご多幸とご繁栄をお祈り申し上げます。

幸の多い年に

婦人会東本会長 朴　琪　先

在日同胞の皆さま、新年おめでとうございます。一九七一年が、私たちすべての同胞にとって幸多い年でありますよう、心よりお祈り申し上げます。

七〇年代のへき頭に当る昨年は万博招請に永住権問題にと、まことに多忙にして重要な年でありましたが、そうした民団の重要課業に、私ども婦人会が積極的に参与できたのをはじめ、過ぐる年を大過なく充実して送ることができたのも、会員の皆さまをはじめとして周囲の御理解と協助によるものと深く感謝致す次第です。

なかでも、民団が団をあげて推進している永住権の申請はあと半月（一月十六日）で締め切られようとしていますが、外国の地で生活することが何かにつけて束縛の多いことは、家庭をあずかる私どもも婦人が痛切に感じていることであります。そこで私たち婦人会は民団との協力体制のもとで、同胞のだれ一人といえども外国であるこの日本の地で、極めて不安定な境遇に苦しむことがないよう、一人でも多くの在日同胞が永住権を取得できるように積極的に推進運動に尽力して参りました。

またわが婦人会は、つね日ごろから、何よりもまず私たち自身の民族的な自覚と認識を高めて、堅実で民族的な家庭をきずくことの重要性を感じて参りました。このような家庭環境が、二・三世子女の民族的成長に多大な影響をもつからであり、ひいては私たちが民族と祖国の発展に貢献する礎石になると確信するからです。新年を迎えるに当り、私は、家庭での民族教育の実践と民族環境づくりを皆さまにあらためて強くお願いするものです。

今年七一年は、昨年にまして重要な年でありますが、私ども婦人会も民族と同胞社会の発展に貢献できるよう、いっそうの自覚を新たにしております。同胞各位の変わらぬ御指導をお願いします。

民族教育の育成へ

東京韓国学校理事長 安　聖　出

安理事長

国内的にも国際的にも、歴史的意義をもつ一九七〇年代の第二年目を迎えるに当り、謹んで新年のお祝いを申し上げます。

多事多難でありました一九七〇年も、永住権申請の最後の力をふりしぼった追込みによって、民団組織の有利のうちに新しき年を迎えたことは喜びもひとしおであります。

さて、本校におきましても、皆様方の温かい御援助によりまして大過なく運営をすることが出来ましたことは御同慶の至りであります。ここに厚く御礼を申し上げます。

不肖私が一九六九年九月本校理事長の重責を担って以来、韓国学校は在日韓国人社会全体の所産であり、しかも民族的公共性の強い教育機関であるとの気持で、各界各層の組織、団体、有志の方々を訪ねて、御理解を仰ぎましたところ、多大の共鳴と支持を得ることが出来ました。

しかしながら、韓国学校はこれからの在日韓国人社会の後継者となるべき人材を養成する唯一の体系的教育機関であることを考えますとき、本校の現状に満足するわけにはまいりません。

本校創立当初からの懸案である校地払下げ問題の解決に、昨年一年間積極的に取り組みまして、旧歳末もさし迫った時に、最終的結論を得るまでにこぎつけました。ひとえに本国政府を始め皆様方の御支援の賜であることを痛感し、感謝に耐えません。

校地払下げの件が完全に解決された時にはゆくゆく郊外に広大な敷地を求め、幼稚園から小、中、高校は勿論のこと韓国大学まで設立し一貫教育を行なうところの完備された一大総合民族学園の殿堂を建設し、近辺にはおのずから、韓国人聚落が形成されるという将来の展望を持ち、またその方向へ進まない限り本校の現状をより高い次元に打開する道はないように思われます。在日韓国人社会、とりわけその組織体である民団の次の最重要課題は、次代を担う人材の養成即ち民族教育であることに思いを致し、この事業の失敗は在日韓国人社会、更には民団の自滅の道に通ずることを深く銘記しなければならないと思います。

新年に当りまして抱負の一端を披瀝し皆様方の御一考と御批判を仰ぎたいと存じ上げます。

新年は亥年でございます。熟慮の末、これと決まれば、猪突猛進する位の勇猛心も望まれるものであります。民族教育についてももう一度深く考え、これの育成発展の為に勇気を振う年にしていただければただに学校当事者のみの喜びに限らず、在日韓国人社会全体の喜びになるのではないでしょうか。

一九七一年を迎えて皆様方の御健康と御多幸、御発展を切にお祈り申し上げて、年頭の辞に代えさせていただきます。

平和で自由に永住を

日本国総理大臣 佐　藤　栄　作

在日大韓民国の皆様、明けましておめでとうございます。

昭和四十六年の年頭にあたり新年のご挨拶を申し上げます。

皆様ご存じのごとく、日韓両国は地理的には一衣帯水、歴史的には密接不可分な間柄でございます。

顧みまするに、日韓両国は、千古のいにしえより、あるいはいがみ合い、あるいはいつくしみ合って、その国家と民族を形成してまいりました。

そのいずれにいたしましても所詮は近隣であり善隣であらねばならない宿命的表現に他ならないものでありますが、今世紀へき頭からの日韓両国は、変転極まりない国際情勢下においてその志向するところに踏み違いがありましたことで、種々の不明朗な感情を抱くようになりましたことは誠に遺憾でございました。

第二次大戦後、ことに私が、日韓国交正常化を念願しその具現に努力を惜しまなかったのもここに因をなすものでございます。

幸にも昨今の日韓関係は、日韓閣僚会議により、相互理解と協力体制の強化がはかられるかと思えば、日韓協力委員会等によって、その沈滞に活力を与える役目が果され、更には日韓親善など、種々の民間ベースによる日韓相互扶助の形態が着々と整備される事態に立ち至ったことは、私のもっとも欣快とするところであります。

こういう現状は、在日大韓民国の皆様にも大いに歓迎され、その生活や信条に安心立命の境地が開かれるものと信じ、私といたしましては尚一層の努力を傾ける所存でございます。

殊に日韓国交正常化と共に進められてまいりました在日大韓民国皆様の永住権取得につきましては皆様の本邦における生活が自由であり、平和でありますように考慮されたものでありますれば、何卒永住権を取得されて、いくひさしく日韓両国のかけ橋の役目を果されますよう、切に念願する次第でございます。

強い友好のきずな

日本国外務大臣 愛知揆一

一九七一年の年頭にあたり、在日大韓民国の皆様に謹んで新年の御挨拶を申し上げます。

顧みますと、昨年一年間における日韓両国間の親善協力関係の発展は極めて顕著なものがありました。

七月にソウルで行なわれました第四回日韓定期閣僚会議においては、日韓関係全般にわたって両国閣僚間に忌憚のない意見の交換が行なわれ、両国の相互理解と協力関係は目覚しい発展をとげました。

また、昨年、大阪で開かれた万国博覧会には、韓国は率先して参加され、韓国館を訪れた多数の日本人は、近代韓国の力強さを象徴するパビリオンと、文化遺産の豊かさを示す輝跡と美術品の展示に感銘を受け、韓国に対する認識を新たにしました。韓国からも多数の方が来日され、今日の日本の姿を見る機会を得られましたことは、両国の理解と友好増進に画期的な意義があったものと確信しております。

皆様の母国大韓民国における最近の目覚しい経済発展は、世界各国の注目するところであります。その第二次五カ年計画はこの輝かしい成果をあげており、これを基礎として、韓国経済が引き続き高度の発展を遂げることは私共隣国、日本国民としては甚だ心強く、かつ、喜びと感ずる次第です。

わが国としましては、本年も、あらゆる機会を通じて韓国との友好協力関係を、一層強化していく所存であります。

ことに、わが国は韓国と協力してアジアの緊張緩和に努力し、両国の共通の目的であるアジアの平和と繁栄の確保のために貢献したいと念願するものであります。

在日大韓民国の皆様は、この両国友好協力関係のかなめでありますので、皆様がわが国において益々安定した地歩を築かれ日本国民との友好のきずなを一層強められることを切望する次第であります。

新春にのぞみ、皆様の御健勝なお祈り申し上げます。

民族意識の昂揚へ

韓青中央委員長 金　恩　沢

希望にあふれる新年を迎えるにあたり、在日韓国青年同盟を代表して、常にわれわれの活動にあたたかい御支援を送って下さいます諸先生、諸先輩に心から新年のあいさつを申し上げます。

一月十六日の申請期限が迫っております永住権取得運動に、昼夜努力しております組織の第一線幹部諸先生方に敬意を表する次第であります。

われわれ韓青同においても東京をはじめ神奈川、埼玉、大阪、京都、兵庫、愛知、三重、広島等主な地方本部を中心に強力な永住権取得運動を展開して来ました。韓青同では、年初から十六日までを総点検期間と設定して、各地方本部では各支部に対し家庭訪問など積極的に活動を急がせています。

しかしわれわれの運動は一月一六日で決して終るものではありません。「法的地位」に於ける処遇の問題は未解決でありますし、それよりももっと重要なことは、申請者全員許可され、ようするに、また入管特別法九条と関わる許可取消しを未然に防ぐ力強い大衆的運動がますます必要とされています。

このような意味から民団は在日韓国人社会での唯一権益擁護団体としてますます多くの活動家が必要とされています。

今年は特に改悪「入管法」の国会上程が確実視されております。かりに永住権を取得できても（法的地位協定第五条）に明記されている如く、退去強制等以外は協定永住許可者といえども入管法に抵触します。もちろん、一般永住、特在は全面的に適用を受けます。

このように改悪入管法が制定されますとわれわれ在日韓国人全体がいままで以上に厳しい状態に追いやられ生活が根底から脅かされるのであります。

われわれはこのような七一年の初頭に民族陣営の旗手であると自負する韓青同は在日同胞社会での民主民族の隊列の拡大発展を期して民主々義と民族的諸権利を護る闘いをより一層強く推し進めるために在日韓国人青年の民族意識を昂揚させ、民族主体思想で武装し改悪入管法に対しても単に法案に反対するという事だけでなく、日本政府当局の対在日韓国人"追放と同化、抑圧"政策に反対しこれを是正していかなければなりません。

この機にわれわれの韓青同活動に対してあらゆる面で御支援をして下さいました諸先生諸先輩方に感謝の言葉を申し上げますとともに倍前の御支援、御理解をお願いしてやみません。

民族教育へ関心を

東京韓国学校々長 宋　基　鶴

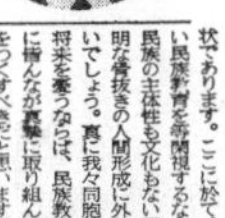

一九七一年の新年を迎えまして祖国の繁栄と我々在日同胞社会の明るい発展を切にお祈り申し上げます。ふりかえってみれば、去る七〇年は、民族の中興と祖国の近代化に拍車を加えて来ましたが一方在日同胞社会では、七〇年万博の招請事業や、永住権申請指導等、実にめまぐるしい多事多端な一年であり、激動の年でもありました。

新しい七一年は、一月十六日で永住権の申請も終り、安定の上に立って、着実に新しい里程標に向って、前進すべき年だと思います。新しい里程標を設定するに当り、何よりも、民族教育を取り上げるべきだと思います。なぜなれば、社会は絶えず、教育に依って自己改革を続けており、社会の進歩向上も、民族の運命を左右するのも教育であることは、再言を要しないからであります。

特に我々同胞社会に於ては、其の生活環境からしても、二世、三世と世代が変るに連れて、民族の主体性も民族的文化も薄れ易い現状であります。ここに於て、正しい民族教育を等閑視するならば、民族の主体性も文化もない国籍不明な骨抜きの人間形成に外ならないでしょう。真に我々同胞社会の将来を憂うならば、民族教育問題に皆んなが真摯に取り組んで全力をつくすべきだと思います。仮りに民族教育を度外視して、民族の将来の発展を望むならばこれこそ縁木求魚の愚も招くものと思います。

現に東京・大阪・京都、三個所の全日制学校は、それぞれ、創立二十余年になりましたが其の間の発展は実に微々たるものであります。その責任の幾分は直接運営の責任のある理事会、父兄、教職者本国政府にもありますが、その大部分の責任は、我々の組織全体が余りにも無関心であり放任したと言わざるを得ないのであります。此の点に於て、今後組織の指導者は過去を謙虚な気持で自省し民族教育のあり方にたいして考えなおすべきだと思います。たとえ、我々成人が苦労しても、民族の将来の為め、せめて熱心な子供には正しいより良き民族教育をしたいのが私の新年の切なる願いであります。

躍進する民族金融機関

本年もどうぞよろしく

あなたもわたしも

東京商銀信用組合

理事長 許　弼　奭

本店　東京都文京区湯島三—三八—一五　電話 [illegible]
新宿支店　電話 [illegible]
荒川支店　電話 [illegible]
五反田支店　電話 [illegible]

謹賀新年　밝은날 새기분 새설계로 새복을 비나이다

各分科委員会委員

執行委員　李永三　姜学文　李鎮浩　安聖出　高윤宗　崔学林　金坪珍　趙活俊　金尚弘　鄭昌煥　姜高元　金회淑　鄭在俊　羅鐘卿　韓昌奎　閔泳相　李鳳学　牟万尚　李瞰儀　金周奉　朴斗弼　曺圭必　金鉉成

企画分科委員　申奉文　鄭昌煥　李永三　姜高元　金坪珍　兪石준　朴道春　金漢弼

経済分科委員　崔学林　金炳栄　崔泰一　商工会　朴鐘大　李慶晩　許允道　李学伊　尹龍九

組織分科委員　姜学文　趙活俊　李用沫　婦人会　韓青　李海竜　朴点守　玄元五　金熙淑

文教分科委員　金尚弘　金教安　金戴淑　金玉男　金勲映　朴麒奉　安聖出　高寛命　蔡卜仁

民生分科委員　李鎮浩

宣伝分科委員　金鎮奎　金栄在　金周徳　朴性雲　李権弼　徐竜岩　高윤宗　黄方燁　趙弁訓

墨田支部
団長 姜学文　議長 姜調鐘　監察委員長 曺成玉　事務部長 薛鳳九
東京都墨田区大平町一—四—八　電話 (六二二) 九四四二番

荒川支部
団長 趙活俊　議長 趙文淑　監察委員長 河文相　事務部長 高祖徳
東京都荒川区荒川三—三二—九　電話 (八九一) 〇五五五—六番

文京支部
団長 金尚弘　議長 韓文鳳　監察委員長 鄭鎮鎬　事務部長 宋成復
東京都文京区小石川二—一—一七　電話 (八一一) 三五五五番

新宿支部
団長 金炳栄　議長 李慶容　監察委員長 周星会　事務部長 李昌夏
東京都新宿区三光町二五 三立ビル二〇三号室　電話 (三四一) 〇二四四番

台東支部
団長 李鎮浩　議長 趙弁訓　監察委員長 李鐘変　事務部長 李桂赫
東京都台東区東上野三—一五—八　電話 (八三三) 九九〇四番

港支部
団長 金周徳　議長 張仁建　監察委員長 李鎔吉　事務部長 康三熙
東京都港区三田四—六—一八　電話 (四五五) 一一八八番

中野支部
団長 李鳳学　議長 高潤溶　監察委員長 鄭道俊　事務部長 成致運
東京都中野区新井二—一一—七　電話 (三八六) 五五三六番

江戸川支部
団長 鄭昌煥　議長 姜富遠　監察委員長 李権弼　事務部長 金永純
東京都江戸川区興之宮二九　電話 (六五七) 七五一二番　(六五九) 五三〇三番

板橋支部
団長 崔学林　議長 石相奉　監察委員長 金鐘声　事務部長 朱光熙
東京都板橋区板橋二—二二—九 共同ビル　電話 (九六二) 六五六五番　(九六一) 九四四四番

江東支部
団長 金教安　議長 金鉉成　監察委員長 金光和　事務部長 朴戴海
東京都江東区木場六—八—一〇　電話 (六四四) 〇五一二番

足立支部
団長 金周奉　議長 金漢弼　監察委員長 鄭東淳　事務部長 権重洛
東京都足立区千住桜木町五三　電話 (八八八) 八三〇一番

豊島支部
団長 金熙淑　議長 李相戴　監察委員長 呉光烈　事務部長 金時元
東京都豊島区池袋二—一一六七　電話 (九八二) 七一六一番

葛飾支部
団長 金玉男　議長 高寛命　監察委員長 金学周　事務部長 秋元植
東京都葛飾区本田立石六—一八—一六　電話 (六九三) 一七七一番

杉並支部
団長 李瞰儀　議長 鄭熙永　監察委員長 金奎会　事務部長 朱尚根
東京都杉並区梅里二—二四—一三　電話 (三一三) 七五七五番

渋谷支部
団長 金勲映　議長 呉世経　監察委員長 崔唐渉　事務部長 尹鎔柄
東京都渋谷区宇田川町一四—一四　電話 (四六一) 五三八二番

目黒支部
団長 姜高元　議長 鄭埈汶　監察委員長 黄晩伊　事務部長 方永哲
東京都目黒区青葉台一—七〇—一〇　電話 (七一三) 四三七八番

世田谷支部
団長 金栄在　議長 朴麒奉　監察委員長 崔祥烈　事務部長 李基重
東京都世田谷区下馬町二—三七—一　電話 (四二一) 三六〇九番

品川支部
団長 崔泰一　議長 李学伊　監察委員長 孫益俊　事務部長 李一雨
東京都品川区豊町三—一一—一　電話 (七八三) 一五八九番

大田支部
団長 閔泳相　議長 尹竜九　監察委員長 石容煥　事務部長 金大栄
東京都大田区新蒲田一—六—七　電話 (七三二) 七六五一番

練馬支部
団長 李用沫　議長 金鍾吉　監察委員長 崔基炳　事務部長 諸兌雲
東京都練馬区豊玉北四—三一　電話 (九九二) 五五七七番

北支部
団長 金鎮奎　議長 李慶晩　監察委員長 崔容奎　事務部長
東京都北区稲町一—二六九　電話 (九〇一) 一二一三番

中央連合支部
団長 申奉文　議長 金容太　監察委員長 黄方燁　事務部長 金東圭
東京都中央区日本橋茅場町一—六　電話 (六六一) 五三七〇番

躍進韓国，4分の1世紀をかえりみて

晋州、大同工業 慶尚南道晋州市では農業機械工業が大いに育成され中でも大同工業の製品は定評がある。同社の製品の中で耕運機となづける機械は農地耕作、小荷物運搬、農村の交通手段等々に広く使われる（上）**釜山連合、鉄鋼** 国内産業の工業化と共に急増した鋼鉄の需要を満たさんがため製鉄工業が活発である。釜山市の連合鉄鋼は冷間圧延施設で最新式をほこる。（下）

民族中興、誠実に実現

貧困の歴史、繁栄にかえて

政　治

一九四五年八月十五日、われわれは日本の長い間の圧迫から解放され、民族の宿願だった祖国の光復を迎えた。新しい民主国家建設へのはてしない夢は国際共産主義の走狗である共産主義者のあくなき策動に依って破れ、祖国は大きな混乱の中で独立の陣痛を味わった。

国連を通じて平和的な方法で民主政府を建てようとした努力は、共産主義者のしつような妨害に依って実りを見せず、あまつさえ三十八度線が国境ならぬ国境になるや、南韓だけの総選挙に依って最初の民選に依る政府が樹立された。

しかし、民主主義と議会制度に対する経験不足に依り、政府は安定の序につかず、地下にもぐった共産主義者の陰謀を鎮圧するため非生産的な努力が強要される状態の下で、民族史上空前の悲劇だった六・二五動乱という大きな破局が人民と財産に甚大な被害を与え全国土を荒廃させてしまった。

焼け野原となった韓国に与えられた友邦からの貴重な援助資金を効果的に使用できなかった自由党政権は一人独裁と不正腐敗、不信と無能、貧困と失意の社会的風潮があらゆる分野にみなぎり、執権者と、これと慣れ合いでひともうけしようとする政商輩がひしめき不正腐敗がゆがめられた社会秩序となりきって市民生活の底の底までしみこんでいた。日一日と政府から離れる民心を弾圧と強権でしばりつけようとした独裁政権は、一九六〇年の四・一九学生革命でもろくもつい去った。

民権の勝利に幸いして政権を握った民主党は、非正常的な政権交代に依って引き起こされた数多い問題の処理と、自由党の失政から引き継がれた宿題の解決には目もくれず、勢力争いと内部分裂にうき身をやつし、弱化した指導力は解放直後の混乱を連想させるほどはなはだしい政治的、社会的混乱をもたらし、目を光らせて赤化の機会をねらっていた北韓カイライには、またとない機会を与えていた。言論、集会、出版の自由という美名の下に、ありとあらゆるインチキ団体がはんらんし、生産および流通機構はほとんどマヒ状態となり、民生は塗炭の苦しみの中であえぎ、容共勢力のばっこに依り、国家の安危が危急を告げていた。

操作的な利権争いと不正腐敗の政治風土にならされた政治人や、かれらの集合体である政党の力だけでは、国家の進路を正しくとり直すことができなくなった破局の中で、見るに見かねた軍のエリートたちは、外からねらっている敵よりもまず、中から破滅して行く国家を救出するために立ち上がった。

かれらは一九六一年五月一六日の早暁、腐敗と旧悪を一掃し、絶望と飢餓線上でさまよう国民を救出するという悲壮な覚悟でソウルを目ざして、漢江を渡ったのである。五・一六の未明の出来事が起こって以来、われわれの口では息もつかせぬような目まぐるしい大変化が起こり始めた。

町にみなぎっていた各種のインチキデモと暴力は影をひそめ、政治暴力団の検挙と処罰が行なわれるや、市民をなやませた各地の不良たちが姿をかくし、全国民は各自の生業にはげみ、国家再建の新しい意欲を燃やし始めるようになりだすとともに、明るい笑いが町に流れ始めた。旧悪に染まっていた政治人たちは応分の処罰と覚せいの中で、新しい秩序への協力に乗り出し、強力な革命政府の指導力に依り、長年の政治風土は大きく改善され、言論、出版界の浄化をはじめ、非生産的な社会風潮は一大転換期を迎えた。

長期的な総合経済開発計画が立てられるとともに、民政移管に依る第三共和国が誕生してから、全国いたるところに国土開発、基幹産業工場建設のごう音が鳴りひびき、朴正煕大統領の卓絶した指導の下にわが国は、民族中興の大業を実現すべく、その基盤を固めるようになった。貧困の歴史が繁栄の歴史に転換し始めたのである。

政局が安定し、指導体制が確立されるに従い、外国との経済協力体制も急速に強化された。韓日国交正常化をはじめ、アメリカだけに依存していた経済協力の範囲は西独をはじめ西ヨーロッパ各国に拡大され、五ヵ年計画の達成に拍車をかけ、六〇年代を名実ともに跳躍の段階にした。高い経済成長率と国民所得の増大に依り、いまや繁栄の七〇年代を迎え、中断のない、着実な前進をつづけることに依り、七六年を目標年度とする第三次五ヵ年計画を推進することになり、民族中興の大業を誠実に実現しつつある。

今日のソウル

鎖国の暗い遺産を清算

国民感情乗越えた対日修交

外　交

八・一五解放以後、五・一六軍事革命にいたるまで五〇年代の韓国の外交は、ほとんどアメリカだけに依存する消極的、受動的なワクにはまっていた。

自由党政権の行き過ぎた紺迷と独善は、もっとも多辺性が必要とされる外交活動における弱味をさらけ出し、結局韓国は変転する国際社会で外交の孤児となるに至った。

このような旧政権下での外交の非現実性を痛感した革命政府は、五・一六直後から自由世界の全地域を対象にして三個の親善使節団を構成し、各国を訪問させることに依り、韓国の国際的地位を認識させ、相互交流の可能性を打診させるなど積極外交の足場を固め始めた。

第三共和国が樹立された以後からは、朴正煕大統領の強い主体性を元にした多辺的、能動的で実質的な積極外交を進めることに依り韓国の外交は五〇年代の沈滞的、消極的な政策方向から一転する契機を迎えた。全くの未開国だった対中立国外交を切り開き、アメリカ地域への進出をはかるなど、外交網は大幅に拡張された。これに依り六一年当時二二個に過ぎなかった在外公館は九年後の今日には一一二個に飛躍的に増大した。

国家間の外交関係を結び親善をはかる究極の目的は、自国の利益の伸張と地位の向上にあるのであり、李王朝末の歴史を通じて国際交流から目をそむける鎖国政策がいかに重大な悲劇をもたらすかをよく知っていたはずだったが、その暗い遺産を清算しようとしなかった。そしてこれっきとした事実を忘れたままアジア的な停滞の殻の中にとどまっていた韓国は、朴正煕大統領の登場に依り、長い外交的な昏眠から目ざめたのである。

韓日国交の正常化はもっとも特記すべき業績の一つである。歴史的にも地政学的にも、現国際情勢の中でもっとも近い国である日本との国交再開は、積年の国民感情の障壁と李承晩政権の無能な我執に依り、一九五一年に韓日予備会談を始めてから一〇年以上を経るまで一歩の進展もないまま、第三共和国の宿題として持ち越された。この歴代政権の大きな課題をアジア・太平洋地域における国家間の協力体制からも、韓・米・日間の三角関係の形成からも、韓日国交問題を実利の面から妥結しようとした政府の決断は、国内一部からのはげしい反対を押し切って強行され、六五年一二月一八日ソウルで韓日諸協定批准書が交換されることに依り、一四年間にわたった長い交渉の幕を下した。

朴正煕大統領の首脳会談を通じた外交は、アジア・太平洋地域の新しい時代を迎えて展開される国力の伸張に主導的な役割りを果たし、韓国の国際的地位を大いに高めた。朴正煕大統領は前後四回にわたるアメリカ訪問と、五回にわたる両国の元首会談を通じて、アメリカとの伝統的な親善関係をより深め、積極的な支援を再確認するとともに西ドイツとの二回にわたる首脳会談に依り、国土が分断されている韓独両国の友好関係を増進させた。エチオピアのセラシエ皇帝の来韓を迎え、アフリカ大陸にかけるわれわれの外交のかけ橋をより強化する機会を作った。

軍装備の近化代急ぐ

強力な自主国防力の保有へ

国　防

六・二五動乱初期、われわれの備えなき国防力が、共産軍の不意の攻撃の前に無惨に敗退するのを見て、アメリカは休戦以後も莫大な軍事援助を供与し、韓国軍の戦闘力強化に積極的に貢献した。一方韓国でも、全予算の六〇％以上を国防費に投入した自由党政党の国防力拡充に依り、自由世界第四位の六〇万精兵を養成した。

しかし、これは話だけが精兵だった。政治権力を背景にする軍幹部の不正腐敗は最末端にまでも強要され、軍本然の戦闘力を弱化させ、特権にあやつられ無原則な兵務行政と人事の乱脈相は、未曽有の不正と贈収賄の悪循環を当たり前のことのように思いこませた。

特権階級の子弟や財力のある者は初めから兵役を無視し、軍に入隊しても貧困と無知の階層出身だけが前方部隊に配置され、金と要領のある者は、つねに後方部隊に配置されて軍務をすぼらかしたり、最初から非公式長期休暇をとり、帰家して家庭の中で服務年限を終えた。

五・一六革命後、軍内部にはびこっていた、このような退廃的な風潮は完全に消え去った。いくたびかの制度の修正を経て本軌道に乗った兵務行政は、例外なく軍服務を終えないと一人前の社会人になれないという国民皆兵の空気をかもし出し、それでもなお巧みに法網をくぐって兵役を忌避した非常識な者に対しては、去年の初めに行なわれた兵務事犯のいっせい取り締まりに依り、大いに反省する機会を得るようになった。名実ともに精兵を育て上げるため、有識層の有能な青年たちが、優先的に野戦軍に配置され、それまでに軍務をすぼらかしていた後方部隊の行政要員たちに対しても、野戦軍の将兵に劣らない戦闘基本訓練をほどこした。

わが国土はわれわれが守るという旗じるしの下に成し遂げられたこのような一連の措置は、現政府が自主国防体制の完備のために、軍力と情熱を傾けることに依り、軍の質的な向上と必勝の戦闘力培養に大きな成果を収めた。

一方、中立国監視下の平和統一という色よい宣伝をして来た北韓カイライは、七〇年代における武力赤化統一という、大それた目標の下に、戦争挑発のための武力拡充に狂奔している。すべての社会体制を戦時体制に変えた北韓カイライは、軍需品生産を主とする重工業および軍事施設を地下にかくし、全住民を労農赤衛隊という鎖につないで、戦争の消耗品にしている。

それだけでなく、大韓民国の飛躍的な経済発展と国力増強におそれをなし、六八年初めの一・二一事件をはじめ、天人ともに許すべからざる武装ゲリラ集団の侵入、休戦ライン上で相次ぐ挑発行為、平和的なわが漁船団に対する海賊行為、民間航空機のら致など、手段方法を選ばずに韓国内に不満と、恐怖雰囲気を造成し、経済成長を妨害しようとしている。

このような挑発行為に備え、六八年四月に創設された二五〇万郷土予備軍は、全国土の海岸線と村落および主要施設において「わが村はわれわれが守る」という自発的な意思に依り、そのいくたびの戦果を通じて、強力な戦闘能力を示した。郷土予備軍は朴正煕大統領の一面国防一面建設理念の生きた標本であり、全国いたるところで見られる迷彩色の制服は、われわれ全員が戦いながら建設するという自主国防の姿勢を確立した。

軍の質的向上と戦闘力培養にともない、軍装備の現代化と新しい戦略武器の導入も活発になされた。現代化を急いでいる政府の努力は第二次大戦当時の古い軍装備の、三軍の各分野にわたって新鋭装備と武器を拡充することに依り、強力な自主国防力を保有するに至った。

いまやわれわれの自主国防力は友好国に対する軍支援も可能だということを実証している。われわれは歴史を通じて、自発的に他国に軍隊を派遣したことも、他国を軍事的に支援したこともなかった。ベトナム派兵はこの意味においても画期的な意義をもつのである。

政府は六五年、ベトナム戦争がベトナムだけに限られる戦争でなく、東南アジア全地域を赤化しようとする国際共産主義と自由世界との戦いであるだけに、これを韓国の第二戦線として五万に達する戦闘兵力をベトナムに派遣した。ベトナムにおける韓国軍のベトナム派遣を猛烈に反対した一部政治家の予想に反する成果を収めた。強力な戦闘能力を実戦を通じて内外に誇示したベトナム駐留韓国軍は、自由の十字軍としての任務を遂行して帰り、実戦の経験に基づいて、国内の野戦軍将兵として、または郷土予備軍将兵として国土防衛の先頭に立っている。

北傀の再侵に備えて優越な軍事力を保有するため増強されたM－48新型タンク

政府の総合庁舎が完成

落成式行なわる

政府の総合庁舎が着工後三年五ヵ月ぶりに完成、二十三日朴正煕大統領参席のもと落成式が行なわれた。

二十五階建ての政府総合庁舎は延べ建坪六万九千三百平方メートル、工事費は四十三億ウオンに達している。

新庁舎には一月三日までに内務部、法務部、外務部、文教部、農林部、商工部、建設部、保健社会部、国土統一院、科学技術処など九部処と国税庁、経済科学審議会、山林庁が入居、五千人の公務員が同じ庁舎で勤務することになる。

新庁舎の特徴は、文書自動発送装置、建築材は耐火材を使用、室内温度が六五度に達したら自動的に噴水する消火装置、ゴミの自動焼却器、十九台のエレベーター等

株式会社　三　光
東京都神田淡路町平岡ビル
電話（294）5941～2番

立石娯楽センター
電話（六九一）〇七九八番
純喫茶　白　鳥
電話（六九七）〇一三一番
社長　趙　斗　淳
東京都葛飾区立石七丁目三番十七号

銅　鉄
平　本　商　店
平　本　魯　封
本店　東京都世田谷区給田町704　電話（308）3738
営業所　東京都杉並区下高井戸1－160　電話（302）1104・（303）6734

有限会社　恭　栄　産　業
朴　憲　崙
世田谷区若林5－40－5　電話（413）2130

資源回収問屋
寿　商　会
張　永　福
東京都世田谷区駒沢町485　電話（482）3304

銅鉄商
巴　山　商　店
趙　且　甲
東京都世田谷区八幡山2－11－7　電（303）8717

福　富　興　業K.K.
代表朱　一　鐸
横浜市福富町東通り3－6　電話 045（261）2336

綜合ビル経営
金井企業株式会社
代表取締役　金　熙　秀
東京都中央区銀座七丁目二－一〇
電話（五七二）二五五〇番（代）

誉交通株式会社
代表取締役　李　支　宗
東京都荒川区町屋七丁目二－一
電話（八九二）一四一一－三番

徳丸樹脂化学工業所
社長　玄　奎　元
東京都足立区梅田町一〇七
電話（八八七）三一八一番

民団練馬支部
顧問　朴　性　雲
東京都練馬区豊玉北五－二三
電話（九九三）一四四七

株式会社明工社
東京都目黒区下目黒六－八－一九
電話（七一三）一一〇六番
明工産業株式会社
神奈川県川崎市中丸子字川向一二三八
明工商事株式会社
東京都豊島区千早町二－一四
代表取締役　韓　大　乙

松本祐商事株式会社
社長　李　承　魯
東京都中央区日本橋江戸橋一－二
電話（二七一）〇〇二四

完全自立の見通しつく
祖国統一の夢実現へ

経済

躍進韓国、4分の1世紀をかえりみて

今日、わが国の経済は少なからず変りつつあり、変容する姿をはだに感じているのは事実である。

五・一六革命以後経済の自立を土台にする民族中興の旗じるしを上げ、第一次および第二次五カ年計画を実施して以来、われわれはすべての分野にわたって近代的なおもかげを備えはじめ、経済の完全な自立が近い将来に達成される見通しである。

分断国家の民族的悲願である国土の統一が達成されないまま北からの絶えざる挑発を受けながらも経済自立を成就し、祖国統一の夢を実現しようとするわれわれの執念は、朴正煕大統領の英明な指導の下に結集された国民的努力が奏功し、今日の経済的奇跡を生み自主国防の結実をもたらした。

このように今日の韓国経済は、八・一五解放当時の経済的混乱期に比べると、構造面で資本、市場技術、生産、国際貿易、就業など経済全般にわたって量的、質的に隔世の大発展を成し遂げている。

このような韓国経済の発展に対し国内では「漢江岸の奇跡」といい国外では「開発途上国の優等生」とたたえている。

たしかに韓国経済は当時に比べて大きな成長を遂げたのは事実であるが、ここでは主に韓国経済の転換点となった第一次および第二次五カ年計画の主要成果について大要を述べることにする。

自立経済の基盤を構築

第一次経済開発五ヵ年計画の成果

第一次五ヵ年計画の基本目標は積年の社会、経済的の悪循環を是正し、自立経済達成のための基盤を築くことにおいていた。

このような基本目標の下に第一次五ヵ年計画は、この計画の重点を

第一…電力、石炭などエネルギー源の確保

第二…鉄道、港湾など社会間接資本の拡充

第三…セメント、肥料、製鉄など基幹産業の建設

第四…農業生産の増大

第五…国際収支の改善

などにおき、国民経済の長期的発展のための跳躍台を作った。

一般的にわれわれが第一次五ヵ年計画を成功的に達成し得たのは第一に全国民と政府が一致団結して忍耐し努力したこと、第二に政府は民間企業が参加しにくい基幹産業その他の未開部門にだけ直接または間接的に参加し、ほとんど民間人の自由と創意を尊重する方向で支援し、第三に韓国経済の成長を阻害する弱小部門に優先的に投資して、隘路を打開することに依り、関連産業の全般的な発展を促進し、第四に農業部門で自然条件を克服して生産性を高め、第五に遊休労働力を吸収するための政府の施策が成功し、第六には五ヵ年計画の後半期に入ってから実施した現実化および開放化政策（金利現実化、貿易自由化、単一変動換算率）が成功を収めたことに、その原因を見いだすことができる。

国民総生産と成長

①国民総生産

一九六〇年度（基準年度）に二四六七億ウオンだった国民総生産額を六六年（目標年度）までに三二六九億ウオン（六〇年不変価格）に引き上げようとしたのが当初の計画目標だったが、六五年末までに年間国民生産が三、四一七億ウオンに達し、実績は目標をはるかに上回った。

②経済成長率

一九六二年の年間経済成長率三・五%が六六年には一三・四%に達し、計画期間中の平均成長率は計画目標の七・一%をはるかに上回り八・五%の実績を見せた。これは五一〜六一年間の平均成長率四・八%の二倍に近い急速な伸びを見せたのである。

一人当たり国民総生産

一人当たりの国民総生産は一九六〇年に九四㌦だったのが毎年増大し、六六年に一三一㌦を記録することに依り、東南アジアでも下位だった位置が一〇位に向上し、中進国に背伸びし得る土台が出来た。

産業別成長

このような高い成長を見せた韓国経済の産業別の実績を探ると、農林、水産部門は計画期間中に五・六%の計画を目標としたが、六二年と六五年の干害と水害に依り五・三%の成長にとどまった反面鉱、工業部門では計画目標の平均成長率一四・八%を上回る一五・〇%の高度成長を見せ、社会間接資本その他サービス部門の第三次産業部門では、電力部門の伸びが主導的に作用して計画目標四・三%の二倍に近い八・一%の平均成長率を見せた。

産業構造の高度化

産業別成長の傾向に従い、国民総生産に占める産業別の構成化も大いに変容した。六〇年度の産業別比重は農林・水産業（第一次産業）が三六・九%、鉱、工業（第二産業）が一五・七%、社会間接資本とサービス業（第三次産業）が四七・四%となっていた。ところが第一次五ヵ年計画の目標年度の六六年には鉱・工業の比重が大きくなって一九・六%を占め、農・水産業が三六・一%、第三次産業が四四・三%となった。このような産業構造に占める鉱・工業の比重が急速に大きくなったのは、韓国の工業化がしっかりと軌道に乗り始めたことを物語るものである。

＝第二次五カ年計画の目標と実績＝

産業構造の近代化と経済自立の促進

一九六七年から始まり七一年に終る第二次五カ年計画の基本目標は、第一に正常軌道に乗った経済秩序の上に産業の構造を近代化し第二に自立経済を達成するための努力を引きつづき促進して行くという二つにおいており、これを実現するため次のような対策を立てている。

第一に国民所得の画期的な増加をはかり、農・工業間の均衡ある発展を進める。

第二に自立経済体制を達成する出はじめとして、国民生活の基本要件となる食糧の自給自足を必ず達成する。

第三に工業化計画を引きつづき強力に推進することにするが、第一次五カ年計画期間中に建設した肥料、セメント、精油、電気などの工業分野の開発から一歩進めて第二次五カ年計画期間中には化学鉄鋼、機械工業などに、重点をおく。

第四に一九七一年には一〇億㌦以上の輸出目標を達成し、輸入に代り得る産業の建設を促進するため全力をつくす。

第五に雇用を増大させ人口の急増をゆるめ、人口の自然増加率を二%止まりに落とし、労働人口の中の失業率を七・四%から五%の水準までに引き下げ、とくに農村に潜在している失業者を都市の作業場で活用することに依り、国家経済発展に寄与し得るようにする。

第六に科学技術および経営技術を振興し、人力を開発し、労働力の質的な向上のため科学技術を振興させ、これを通じてすべての産業分野の生産に連関性をもたせることに依り、生産向上と経済発展に貢献するようにし、このため教育部門では実業教育に重点をおくのはもちろん、技術訓練を実施し国際間の技術協力を促進することに政策の重点をおいている。

第二次五ヵ年計画は、計画実施六年半の間に成功的に推進され、計画の主要目標がほとんど達成されることになった。しかもほとんどの部門で計画目標が三年間で超過達成される。

が二八・〇%（六〇年＝三六・九%）鉱・工業部門が二一・四%（六〇年＝一五・六%）社会間接資本およびサービス業が五〇・六%（六〇年＝四七・四%）となり六〇年代初期の後進的な産業構造が、工業化された近代的な産業構造に大きく変化し、このような変容はこれからも引きつづき見られるようになっている。

国民総生産（拡大する経済規模）

一九六七年から韓国経済は年平均七%の伸びを見せ、七一年にはその規模が六七年に比べて五〇%が拡大されるというのが、第二次五ヵ年計画の大筋の目標であった。このような計画に合わせて一九六七年には八・九%の成長を記録し、六八年には二目にわたった干害に依る農業部門での生産不振にもかかわらず、鉱・工業および社会間接資本部門の高い成長に依り、目標成長率一三・〇%を上回る一三・三%の成長ぶりを見せた。

六九年には一五・九%（韓国銀行公式集計）の経済成長率を示し世界一三〇国の中で第三位の高度成長を誇ることになり、韓国経済が成就した経済発展の成果は、六〇年代の世界経済において一つの驚異的な事実とされた。

一人当たりの国民総生産は六七年に四一、七一二ウオン（一四三㌦）六八年に五一、七一三ウオン（一六五㌦）を記録することに依り、六五年の二八、八〇〇ウオン（一一四㌦）に比べ経常価格では一億近い伸びを見せた。

商品輸出構造の改善

第二次経済開発五ヵ年計画の中で商品の輸出構造を改善し、工業生産品の輸出に占める比重を伸ばすとともに、農・水・鉱産物の比重を相当的に縮小した。一九六二年の商品種類別輸出比率が、農産物二三%、水産物二三%、鉱山物二八%、工産物二七%だったのが一九六八年には農産物四・三%、水産物一〇・二%、鉱山物八・二%、工産物七七・三%となり、商品輸出構造が根本的に改善された。

投資財源の調達配分

第二次五ヵ年計画を推進するための総投資所要額を一兆六、一〇〇億ウオンに策定し、これを財源別にして国内財源六一・八%、外国からの財源三八・二%としており、国内財源の中には政府貯蓄が二七・四%、民間資本が三四・四%に構成されているが、これを鉱・工業部門に二六・五%の四、二七〇億ウオン、農林、水産部に一七・〇%の二、七四〇億ウオン、社会間接資本およびサービス部門に五六・五%の九、一〇〇億ウオンを投資することを計画した。年度別総投資額を経常価格で表示して見ると、六七年には総投資額二七二九億ウオンの中で民間部門が七五%に当たる二、一〇〇億ウオン、政府部門が二五%に当たる六一九億ウオンを占めたが、六八年の総投資四、八四〇億ウオンの中で民間部門が七七%の二、九四〇億ウオン、政府部門が二三%の九〇〇億ウオンを占めるようになり総投資の中に占める民間部門の比重がだんだんと大きくなって行く現象を見せた。これは帯要な扶幹産業部門までも民間資本が参加する機会を最大限に保障したためである。

主要部門別計画および成果

農林・水産業

第一・食糧の自給自足を期し営農合理化を実現するため、食糧は一九六六年の七五六万八千㌧から七一年には九〇七万五千㌧の増産を目標とし、経済作物、果樹、蚕業など比較的収益性の高い業種の経営を積極的に奨励して農家の実質所得を増加させる計画の下に肥料、農薬などの適期供給と農事試験および指導事業を強化している。また農・漁民所得増大特別事業を一九六八年から、二八七億一二〇〇万ウオンを投じて推進して農・漁民の所得増大をはかっており、積極的な農業用水開発事業を推進し、恒久的な干害対策を立てた。

第二・水産部門は漁船勢力の拡張と漁業経営の近代化を通じて、漁業生産および漁民所得を高めることを計画している。その間対日請求権資金および漁業協力資金などかなりの資金が水産部門に投入され、一九六二年の漁獲量四五万八千㌧が六七年には六一万㌧、六八万八千㌧に増大し、漁獲量は引きつづき増大する傾向を見せている。

鉱業・製造業部門

鉱・工業は毎年一〇・七%成長し、国民総生産に占める比重を一九六五年の二一・七%から七一年に二六・八%に高めることが計画されたが、六七年に二一・五%六八年に二五・九%に成長し、六八年度の国民総生産に占める鉱・工業の比重は二四・八%に高まった。

第一…石炭開発を見ると、一九六二年の生産量七四四万四千㌧から七一年には一、三七六万二千㌧に増産する目標の下に、エネルギー源をぜん次石油類に転換する計画を立て、六七年に一、二四三万六千㌧、六八年に九五七万七千㌧の石炭を生産した。

第二…政府は一九六七年に石油化学工業総合開発計画を立て、これに従い同年一〇年、各系列工場の実需要会社を選定し、比較的経営能率が容易な国営企業体の忠州肥料を主体にして六八年二月にはすでに選定された実需要者を統合再調整し、ポリエチレン、V・C・M、アクロニトリル、カプロラクタムなど主要事業を重点的に推進する方針の上に、ナフサ分解工場をはじめ系列工場建設が外国との合作投資で推進されている。

第三…圧延および鋳鉄、鋳鋼の完製品生産量は毎年急速に伸び、一九六五年＝二三万九、九三〇㌧（指数一〇〇）、六七年＝四六万九、七三九㌧（二〇四）、六八年＝六五万八、三〇〇㌧（二八六）と生産の伸びを見せているが、絶対量はまだ微々たるものである。しかし計画期間中には、一部大型鋼材以外の各種鉄鋼材を国内生産品で供給するとともに、製鉄製鋼部門の不均衡を是正するため第一段階として粗鋼年産一〇三万㌧規模の総合製鉄工場を七一年までに実行させる予定である。

第四…機械工業部門は第二次五カ年計画期間中に、技術導入を促進し、大規模工場を中心とする系列化の育成により、生産品の質を高めるとともに市場を確保するための努力として、主に生産財または耐久消費財を生産する産業機械施設を拡張しており、機械工業の生産指数は、一九六五年の指数を一〇〇にすれば、六八年には二一〇・七となり、第一次経済開発計画以前の一九六〇年に比べると約五倍の成長率を見せた。

第五・肥料工業部門は一九六五年には肥料需要量の二五%程度しか生産されなかったが、六八年には需要六三万三、九一三㌧に対し四八万三、九六一㌧を生産したことに依り需要の七六%を満たし、生産能力五六万八千㌧がフルに操業されれば、需要の八九%を満たし得るのである。

第六・第一次五ヵ年計画の中でもっとも成果を収めた部門はセメント工業である。第二五ヵ年計画が始まった一九六七年以後から、多くの工場施設が拡張され、六八年末には五三〇万二千㌧を生産しすべての産業部門の中で、もっとも早く量産体制に入っているが第二次五ヵ年計画期間中には、輸出を大いに伸ばす方針である。

第七・窯業部門は計画期間中に各種タイル、高圧碍（がい）子の完全な国産化を期するとともに品質を高め、高級食器および衛生陶器を生産して輸出特化産業として育成しており、とくに外貨稼（か）得率の高い陶磁器の輸出を伸ばし民間企業の技術的指導のため、窯業センターを設立した。

第八・経済開発を先導する中小企業の育成は、資本の蓄積と生産性を高めるとともに、専門化を促進して大企業との系列化をはかって輸出可能な事業を重点的に支援しており、工業の地方分散をはかり農・漁村の潜在失業者解消に乗り出している。

・万博招請で羽田での案内

東京本部主要活動日誌

- 1. 6　民団執務開始
- 1. 10　民団東本新年会（於新宿小田急別館楽華）
- 1. 13　中央執行委員会
- 1. 21　東本顧問会議
- 1. 22　東本法的地位委員会常任委員会開催
- 1. 23　全国地方本部団長事務局長ら連席会議（於熱海ホテル・八景24日まで）
- 1. 27　第82回関東地方協議会（於塩原）
- 2. 12　北傀コレラ菌謀略糾弾大会（於大阪扇町公園）
- 2. 16　東本第163回支団長会議
- 2. 27　3・1節参観団本国へ出発（羅副団長引率）
- 3. 1　第51回3・1節中央記念式典（於日比谷公会堂）
- 3. 13　万博韓国館開館式（大阪）
- 3. 14　第16回中央委員会開催（於大阪興銀ビル15日まで）
- 3. 27　東本顧問会議（於東本）
- 3. 27　韓青東京特別本部結成
- 3. 31　東本三機関会議
- 4. 1　東本執行委員会、法的地位委員会、各分科委員会東本財政後援会理事会開催鄭団長記者会見行なう
- 4. 4　東本顧問団主催慰労会（6時於新宿）
- 4. 6　東本執行委員会、法的地位委員会、各分科委員会開催
- 4. 10　第8回東本定期地方委員会及び第31回定期大会開催（11時於三福会館）鄭鍾在俊団長、副団長羅鍾卿再、選さる。議長閔泳相、副議長申奉文梁昌玉監察委員長徐興錫、委員金昶輝、禹英鎬
- 4. 15　東本三機関連席会議
- 4. 23　東本三機関会議
- 4. 24　東本万博保安委員研修会（1時於日本信販ビル）
- 4. 28　東本支団長、事務部長合同会議（於東京韓国学校）
- 5. 7　都内事務部長研修会（一泊二日於伊豆長岡）
- 5. 8　民団世田谷支部定期大会開催
- 5. 10　民団文京支部、江戸川支部練馬支部各総会開催
- 5. 66　民団渋谷支部総会開催
- 5. 14　丁一権国務総理来日出迎
- 5. 17　民団杉並支部総会
- 5. 18　万博韓国の日、東本三機関長他参席（於大阪）
- 5. 24　民団目黒支部、葛飾支部各総会、足立支部大会開催東北、北海道地方万博参観団第1陣到着
- 5. 25　民団豊島支部総会
- 5. 31　民団墨田支部総会
- 6. 4　東北、北海道方面万博参観団第2陣到着
- 6. 7　民団足立支部大会開催
- 6. 8　第83回関東地協開催（於伊豆長岡）
- 6. 13　民団江東支部大会開催
- 6. 14　民団荒川支部総会開催
- 6. 23　民団品川支部大会開催
- 6. 24　東本定例支団長会議（於日本信販ビル）
- 6. 27　民団港支部総会
- 7. 4　万博参観団都内第1陣到着（86名、羽田）
- 7. 5　万博参観団第2・3陣到着民団足立支部大会開催
- 7. 9　第1回本国夏季学校事前教育実施
- 7. 13　第2回本国夏季学校入校生事前教育実施
- 7. 14　第3回本国夏季学校入学生事前教育実施
- 7. 20　各支部事務部長会議開催（於東本）
- 7. 24　本国夏期学校入校生結団式出発
- 7. 27　万博参観団帰国はじまる
- 8. 14　8・15本国式典参観団出発
- 8. 15　第25回8・15光復節記念式典挙行（於文京公会堂）
- 8. 23　全国三機関長連席会議（於箱根南風荘）
- 8. 31　本国夏季学校入校生帰日懇談会（於東本）
- 9. 1　関東大震災犠牲同胞追悼式
- 9. 8　関東地協団長、事務部長会議（於駐日大使官邸）
- 9. 14　東本三機関会議
- 9. 17　第167回定例支団長会議
- 9. 22　第84回関東地方協議会（於水戸大洗パークホテル）
- 9. 30　国軍の日式典参観団本国へ出発（徐興錫東本監察委員長ら引率）
- 10. 5　東本三機関長会議
- 10. 9　東本管下支部実務者慰労会
- 10. 13　永住権申請促進運動活発化都内戸別訪問開始
- 10. 18　民団中野支部総会
- 10. 22　東本三機関長会議関東地方協議会開催（於東本）
- 10. 23　第17回民団中央委員会開催（於日傷会館）
- 10. 27　韓日法務次官会議が開かる
- 11. 24　東本顧問会議
- 11. 29　永住権推進のため東本各支部日曜執務開始
- 12. 13　緊急支団長、事務部長合同会議（於東本）

鉄鋼業にもがい歌：韓国工業開発展の中核的な役割りを果たす鉄鋼業は、さる4月浦項総合製鉄工場が起工されることに依り、画期的発展の転機を迎えた。㊤（写真：三和製鉄）

肥料工場の建設：韓国にどしどし建設されている化学肥料工場は、年間200万㌧を生産している（写真：世界屈指の尿素肥料工場韓国肥料）

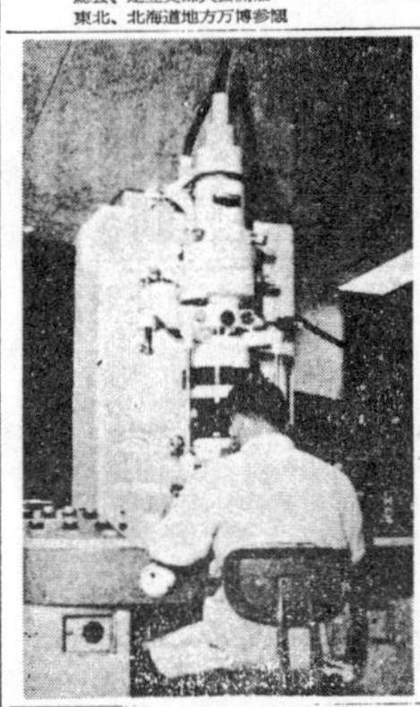

科学技術も日に日に発展

科学技術処をはじめ、各地に出来上がっている科学技術研究所では、若い科学徒たちが韓国の科学技術発展に貢献している。（写真㊨韓国科学技術研究所）

25万倍の拡大鏡

韓国科学技術研究所に備えられたH―11―C型電子顕微鏡写真㊧

謹賀新年　밝은 날 새 기분 새 설계로 새 복을 비나이다

有限会社 ミツワサッシ工業所
代表取締役　梁　福　承
東京都足立区梅田5丁目13ノ5号
電話（887）8151番

大星商事株式会社
社長　朴　鍾　大
専務　石　寿　星
東京都葛飾区亀有3丁目24番3号
電話(602)0777番・(601)8191番

竹山鋼業株式会社
代表取締役社長　朴　周　植
東京都墨田区文花2－6－2
電話（611）0106番

オリオンゴム株式会社
ホテル　八　景
代表取締役　崔　聖　根
東京都江戸川区逆井2ノ385　電話(683)6811
東京都千代田区外神田2丁目10ノ8　電話(255)8033

本　木　病　院
東京回生堂病院
院長　金　龍　河
東京都足立区関原2－26－7
電話（890）1171番

銅・真鍮・伸銅一般問屋
株式会社 中山商店
代表取締役　崔　権　林
108 東京都港区白金1丁目2番16号
電話（444）4421（代）

東洋貿易株式会社
社長　黄　　建
東京都港区赤坂溜池15
電話（583）6851～5番

躍進韓国，4分の1世紀

70年6月、ソウルでひらかれた世界作家大会

新しい規範の確立へ
古い因習と風習を一新

社会

五・一六革命以後のわが国の経済発展は、世界でその例を見られないほど急速になされた。しかし名実ともなう近代化は、工業化だけで成就されるのではなく、またわれわれが達成した経済成長を土台にして、持続的な高度成長を裏付ける精神近代化の促進なくしては不可能である。

開発途上にある国家で共通して見られる、数世紀来の古い因習と固ろうな思考方式、非合理的な生活風習を一新し、自治的・科学的な生活力量を養うことが、われわれにいま必要な精神近代化の道である。

このような旗じるしの下に、朴正熙大統領は国力培養のための経済開発を能率的に推進するとともに、新しい国民倫理と社会規範の確立および人間改造の過程を通して、物心両面で近代化を実現しようとする、いわゆる第二経済運動を展開するにいたった。

過去数多くの民族的受難に依り打ちひしがれた人心と地に落ちた国家道義、増大する社会悪からもたらされる長い間の敗北主義が、大多数国民の意識世界を根深く支配して来た。新しい人間の形成、新しい社会規範の確立、新しい生活の展開、新しい文化の土台をつくる国民各自の開拓精神は、もろもろの弊習と敗北主義を駆逐する活力素となっている。

六八年一二月五日に宣布した国民教育憲章は、民族中興と新しい歴史創造に総力を傾ける総国民の精神的な姿勢と教育理念をはっきり集約・定立し、全体国民生活の指標としてわれわれが進むべき方向を明示した。

われわれの生活の大きな部分を占めている複雑な家庭儀礼は、過大な負担を束縛を強要し、虚礼虚飾が家庭と社会に及ぼす非生産的な弊害が大きかった。娘三人を嫁入りさせると礎（いしずえ）だけが残り、父母の葬儀の費用をまかなうために田畑を売り飛ばすようなことを正しい儀礼だとみなして来た韓国民は、六八年三月に制定された国民儀礼準則に依り、このような弊害に目ざめ、その是正をし始めた。この新しい準則は婚・喪・祭礼など日常の家庭儀礼において行き過ぎた繁雑と虚礼に満ち時代感覚からかけはなれた要素を除去し、今日の思潮と生活様式にそぐうように簡素化し、第二経済運動に寄与している。

目ざましい各産業分野における発展と自主経済の成長は絶対的にさえ見えた社会不安要因素を一つ一つ除去して来た。新聞の広告欄にはんらんしていた求職広告は、求人広告に変り、年次的な行事のように新聞の社会面をにぎわせた「春窮期」だとか「麦嶺（とうげ）」という活字はいつのまに姿をかくした。

こどもたちは、失業したおとなに奪われた公園やこども遊び場を取り戻した。

近代化と国力のシンボルである高速道路の開通は千里（百里）のソウル―釜山間を一日生活圏に結び、社会、経済面に大きな波及効果をもたらした。

じん速な輸送は、工業地帯の地方分散をはじめ、酪農業発展、高等野菜耕作、水産物および農水産物処理加工業の発展だけでなく、流通経済のじん速化に依り、市場圏が拡大され、観光資源など地域資源開発を促進し、地方文化施設の活用度を高めることに依り都市人口の地方分散がなされるようになった。

工業化が大きく進展するに従い農村の離農現象が目立つようになり、人口の都市集中化が、だんだんと甚しくなるという大きな社会問題が起こっているときだけに、高速道路はこのような不健全現象を是正する役割を果たすようになった。全国が一日生活圏として結ばれ、農家所得の増大に依り農村と都市間の所得格差が縮小し大都市人口の過密化現象がおいおい緩和されることになると思われ住宅、水道、交通など都市がかかえている問題の解決に大きく寄与することになった。

このように国民経済が正常の軌道に上がるに従い、手段方法を選ばずにひとりよがりの生き方をしていた退廃的な風潮は、だんだんと合理的な精神にもとづいて、社会生活を行なうべきだとの考え方に変っており、門閥や背景に依る出世よりは、個人の創意に依る能力に従うのが、より効果的だとの認識が固まりつつある。

女性の社会的、経済的進出が、いちじるしく向上した今日において、女性は多くの分野で男性と肩を並べて競争している。

いまわれわれの社会は、過去の因襲の中で、大衆のはっきりした価値観がないまま、西欧文物を盲目的に崇拝するか、さもなければ頭から無視するといった不調和から脱し、目ざましい経済発展とともに、西欧世界の価値観がわれわれ固有の文化の基盤の上に再調整され、土着化される輝ばしい過程にあるのである。

錦山の衛星通信地球局完成：6月2日錦山の衛星通信地球局が開通され「宇宙に伸びる韓国の通信」はいっそう充実した(上)
東洋屈指のこども会館：7月25日ソウルの南山のふもとに出来上がったこども会館は，かがやかしい韓国の未来を担うこどもたちのよきいこいの場となっている

固有民族文化の開発へ
長期総合教育計画も樹立

文化

経済・社会の発展だけでなく、文化・教育面でも、五〇年代に比べて目ざましい発展を見せた。五・一六以後農漁村近代化をうたった政府の文化広報活動は、全国のラジオ普及状況を例にとっても明らかである。六一年当時百人について三台だったのが六九年には七倍二一台に飛躍的に増加した。これは農・漁村に対するラジオを送る運動など、一連の政府施策が実効を収めた一例に過ぎないが、全国民の文化生活がいかに向上したかを物語る尺度ともなるのである。

われわれ固有の民族文化開発を文化政策の基本方針とする政府は長い間野放しにされたままになっている文化財を改修・補修するとともに、全国に散在する有形・無形の文化財を新しく指定し発掘した。顕忠祠の大々的な浄化は、先祖の偉大な精神的遺産を国民教育の貴重な資料として取り上げ、われわれの主体性を確立するにおいて記念碑的な大事業であった。

一方、長期総合教育計画を樹立した政府は、国民教育憲章を制定し、明日の国民像にそぐう人間教育の指標とし、経済開発に直接寄与する科学技術教育と職業教育および産・学協同教育体制を確立し祖国近代化課業の成功的な遂行を裏付ける基礎を固めた。

こどもたちの健全な成長をいちじるしく妨げていた中学入学試験制度を果敢に廃止し、大学教育の質的向上のために大学入学予備考査を実施した反面、わが国の文化振興の大きな障害だった限地医制度を廃止し、ハングル（韓国文字）専用を断行したのは、第三共和国政府の文化面における目ざましい業績といえよう。

このような教育制度の改善とともに、教育施設の拡充をはかり、国民学校教室難の早急な解消のため第一次五カ年計画期間中に一万八千教室を新設し、第二次五カ年計画が完成される七一年までに二部制授業を完全になくすため、七〇年度に二万七千教室を新築し、四千五百余教室を改築または補修した。

六一年以後急速に拡張された文化施設の中で、もっともいちじるしいのは放送網である。六〇年代の初めに国営・民営を合せて二〇個に過ぎなかった放送局は三九個となり、二三個所の中継所が新設され、ほとんどとるに足らない程度のテレビ放送施設とわずかな受信セットしかなかった韓国家庭の屋根の上には、いつしかいろいろなテレビ、アンテナが林立するようになった。一〇個の中継所をもっているKBS―TV（国営テレビ局）は、全国ネットを完成し、去る六月錦山に衛星通信地球局の開通に依って宇宙通信時代を迎えたわれわれは、家の中のテレビを通じて全世界を見渡すことができるようになった。

政府はまた、国民の体位向上にも大いに力を注いだ。戦いながら建設するという、姿勢の下に「一面建設、一面国防」を成功的に推進するためには何よりも強健な体力の練磨が重要であると認めた政府は、政策的な配慮により、各種の国際的規模の体育大会や大小競技を誘致、開催することにした。これによって国民の体力・体位を向上させただけでなく、韓国選手の度重なる海外遠征を行ない、スポーツ外交を通して世界のすみずみに韓国のイメージを深く刻んだ。

六八年ソウルで開かれた世界大学総長会議は、各国の著名な教育および学界の元老を一堂に集めて大学教育の全世界的な命題を討議させた。朴正熙大統領が首脳間の接触を通じた外交を通じてアジア・太平洋時代をリードしたことに次いで、この会議はわれわれの民間外交が名実ともに国際舞台に大きく登場したことを誇示した。ことしの六月二九日ソウルで開かれた第三七回国際ペン大会は、アジア地域では日本に次いで二度目に開かれたもので、韓国の民族文化を広く全世界に知らせる絶好な機会となった。

われわれの文化生活にもう一つの新紀元を画した高速道路の建設は、都市と農村の格差を縮め、文化を広く早く平等に普及させるために大きな役割を果たしている。ハイウェーの発展による観光資源の大々的な開発は、日常生活の文化的な領域に及ぼす効果が絶大である。

最近行き過ぎた商業主義に便乗した大衆文化が日に日に低俗化し、われわれの固有文化の発展を妨げる要因になるということはいうまでもないが、精神的な基礎がしっかりしている東洋の文化的基盤の上に西欧の物質文化をとりいれて調和させることにより、東西文化の混乱を招かずに健全な成長と発展を期待し得るという自信をもって、これを最大限に活用して行くべきであろう。

（「躍進韓国」から）

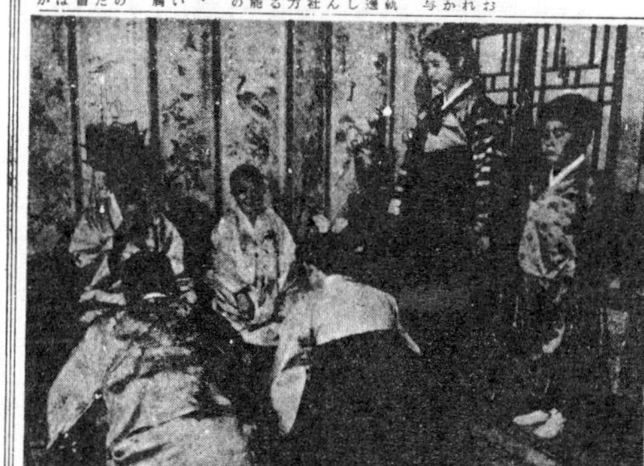

今も残るお正月の歳拝

服役中の75人にクリスマス特赦

政府は二十四日、全国で服役中の七十五人にクリスマス特赦を与えると発表した。内訳は少年および六十歳以上の初犯者、軍関係者がほとんどだが、さる六七年夏の東ベルリンを拠点とした北韓の対南スパイ団事件で、死刑、ないし無期懲役を宣告され、その後懲役十五年に減刑されていた三人の知識人も含まれている。

事件は欧州各地に留学などしていた韓国人が北韓と往来、スパイを働いたというもので、学者十二人、画家二人、作曲家、詩人など計三十四人がつかまった。韓国大法院は六九年三月、このうち鄭河竜元慶熙大助教授（三七）と鄭奎明元フランクフルト大研究員（四二）に死刑、趙栄秀元韓国外国大講師（三七）に無期懲役を言渡していた。今度釈放されるのは、この三人。

東京韓国学校
71年度学生募集要項

一、募集人員
初等部一学年　五〇名
中等部一学年　一〇〇名
高等部一学年　一〇〇名
編入　各学年　若干名（但、高三除外）

二、受験資格
初等部一学年　満六歳児童
中等部一学年　小学校卒業又は予定者
高等部一学年　中学校卒業又は予定者

三、願書接受
期間　自一月十一日～至二月十三日
時間　自午前九時～至午後五時
場所　本校教務部

四、考査料
初等部　一、〇〇〇円
中等部　一、〇〇〇円
高等部　二、〇〇〇円

五、出願手続
（イ）本校所定の入学願書
（ロ）出身学校調査書（編入者は在学ならびに成績証明書）
（ハ）国民登録済証明書
（ニ）写真四枚（四cm×五cm）
（ホ）考査料

六、考査
初等部　面接、健康診断
中等部　面接、書類審査
高等部　面接、学科考査（国・日・英・数）（但国語・日語中一科目選択）

七、考査時日
初等部　二月十三日（土）午前十時
中・高等部　二月十四日（日）午前九時

八、合格者発表
初等部／中・高等部　二月十六日（火）正午　於本校

九、入学手続
（イ）手続期間　自二月十六日至三月二十日
（ロ）提出書類　誓約書、身上調査書
（ハ）納入金　納入金一覧表（略）

一〇、入学式
初等部／中・高等部　四月八日（木）午後一時

一一、其他
（イ）提出書類は返還しない
（ロ）入学に関する問議は教務部へ

東京韓国学校
東京都新宿区若松町二一
電話〇三―三五七―二二三三～五

東京韓国学校全景

TOKYO ⇔ SEOUL ―――→ 週11便

■毎日便PM16：30
■月・水・木・日曜便AM11：00

大阪⇔ソウル線 週9便 ■ 東南アジア線 週6便

東京⇔ソウル線が11便にアップ！従来の毎日便午後4時30分発に加えて月・水・木・日曜日には午前11時発。

ビジネスに観光にますます便利になった大韓航空のサービスはきっと皆様にご満足いただけることと思います。お客様のご要求をみたした週11便。ボーイング707／720大型ジェット機が快適な空の旅をお約束いたします。

大韓航空 KOREAN AIR LINES

●東京支店：東京都千代田区丸ノ内3丁目4番　新国際ビル　TEL 216-9511～5　●大阪支店：TEL 252-4044～5　●福岡支社75-0156～7

朴正煕氏か、金大中氏か

史上最大の激戦が予想

5月に大統領選・国会議員選挙は6月に

今春の大統領選挙と国会議員選挙を控え、与野党が活発な選挙づくりの前衛戦を開始した。与党民主共和党は朴正煕大統領を三選させ、第三次五カ年計画を遂行しようと着々と布石を固めている。一方の野党新民党は、若手のホープ金大中議員を早々と同党の大統領候補に指名し、あわよくば朴大統領を破って韓国政治史上で初めての〝平和的政権交代〟を実現しようと望んでいる。在韓米軍の撤退にともない、韓半島の安保体制に一大転換機が訪れるとみられる70年代の韓国政治を左右する大統領は朴正煕氏か、金大中氏か。

朴正煕氏

金大中氏

与党には苦しい選挙 ムード作戦の新民党

与党に苦しい選挙

韓国の政界地図は民主共和党、新民党の二大政党に色分けられている。ほかに大衆党、自由党、統社党などの群小政党があるが、いずれも議席を持たず…

タフな金大中氏

野党新民党は九月末ソウル市で…

새内閣명단

職名	이름〈出身地〉	나이		経歴〈学歴〉
総理	白斗鎮〈黄海 信川〉	62	新	殖産銀行頭取、財務部장관、国務総理、5·7代議員〈東京商大〉
経企副総理	金鶴烈〈慶南 固城〉	47	留	行政高試合格、経済企画院次官、財務部장관、大統領政務秘書官〈日本中央大 美미즈리大〉
外務	崔圭夏〈江原 原州〉	51	留	駐日参事官、外務部通商局장、駐말레이지아大使〈東京高師〉
内務	朴璟遠〈全南 靈光〉	47	留	初代精兵監、合参本部長、2軍司令官、예비역中将、交通長官、逓信長官〈陸軍大〉
財務	南悳祐〈京畿 廣州〉	46	留	国民大교수、西江大교수、経済学博士〈国民大 美오클라호마大〉
法務	裵泳鎬〈慶北 大邱〉	55	新	司法高試合格、判事、法務次官、法院行政処長、国会事務総長〈京都帝大〉
国防	丁来赫〈全南 谷城〉	45	留	27師団長、2軍司令官、예비역中将、韓電社長〈光州西中 日本陸士〉
文教	洪鍾哲〈平北 鐵山〉	46	留	砲兵学校長、大統領경호실장、最高会議運営위원、文公部장관〈서울商大 陸士8期〉
農林	金甫炫〈全南 光陽〉	46	新	行政高試合格、内務部地方局장、全南知事、逓信部장관〈서울大法大〉
商工	李洛善〈慶北 安東〉	43	留	예비역大領、最高会議秘書官、国税庁장〈釜山東亜大〉
建設	李翰林〈咸南 安邊〉	49	留	陸本작전局長、陸士교장、1軍司令官、예비역中将、鎮海化学사장〈日本陸士〉
保社	金泰東〈忠北 槐山〉	52	留	行政考試合格、復興部調整局장、交通部次官、経企院次官〈日本明治大〉
交通	白善燁〈平南 江西〉	50	留	陸軍参謀総長、예비역大将、駐仏·駐카나다大使〈満洲陸士〉
逓信	申尚澈〈忠南 公州〉	46	[illegible]	憲兵司令官、空士校長、예비역空軍少将、駐越大使〈日航空士官学校〉
文公	申範植〈忠北 清原〉	47	留	成均館大교수、共和党선전부장、青瓦台대변인〈高麗大〉
総務処	徐壱教〈慶北 大邱〉	49	留	考試合格、法務次官、国会専門委員、法制処長〈京城帝大〉
科技処	金基衡〈서울〉	45	留	窯業工学博士、[illegible]、経済科学審議会委員〈서울工大 버지니아州立大〉
国土統一院	金永善〈忠南 保寧〉	52	留	行政考試合格、2·3·5代国会議員、京郷新聞논설위원、財務部장관〈京城帝大〉
無任所〈政治担当〉	吳致成〈黄海 信川〉	44	留	陸本副官監、[illegible]〈陸士8期 檀国大〉
無任所〈経済担当〉	李炳玉〈全北 扶安〉	43	留	1軍司令部참모차장、예비역准将、6代国会議員、共和党政策研究室長〈高麗大〉
法制処	劉敏相〈서울〉	49	留	서울大法大교수、国会専門委員、法制処次長〈京城帝大〉
援護処	張東雲〈黄海 甕津〉	43	新	예비역准将、[illegible]〈陸士8期 慶熙大〉

退任하는「6年7個月」

丁一権전總理「最長寿퇴역」의 辯

항상 "더낫게" 하고픈 心情으로

功過는 먼훗날에… 쉬면서「앞으로의 일」생각

在任期間 만6년7개월10일동안 最長寿国務総理—丁一権씨의「長寿」는 결코 우연한것은 아니었다. 国際관계, 国内의 権力構造에서 유리한 입장에다 그의 독유한 円満型 성격이 복합되어 오늘의 長寿를 기록하고「名警除隊」를 하게될 것이다. 숱한 큰 사건을 치러오면서 그의 말대로「성실껏」朴正煕대통령을 보좌했다는 전형적인「出将入相」격인 丁씨는「그동안 大過없이 지내는데 만족」하면서 17일 총리공관에서 退任소감을 털어놨다.

▲문=退任소감은?

▲답=그동안 朴正煕대통령을 보좌하여 약진 한국을 이룩하는데 보탬이 된것을 기쁘게 생각한다. 그러나 野에 있더라도 계속 나라를 위해 봉사하겠다.

▲문=앞으로 무엇을 할 계획인가?

▲답=좀 쉬면서 생각해보겠다. 현재로선 무어라 말할수 없다.

▲문=재직중에 있었던 사건들은—

▲답=言論파동, 国政파동, 韓日国交정상화, 아스파회의개최, 韓美行協조인, 1·21北傀 무장공비침투사건, 3選改憲, 国民投票등…

〈퇴임소감을 말하는 丁一権전국무총리. 〈三清洞 総理公館에서〉

新聞論調

改革に望むもの

—安定体制と庶政一新—

…これから行政府を率いてゆく国務総理と国務委員（閣僚）たちは現在の本当の民心所在がどのようなものであるか—を深く洞察し、たとえ六カ月ほどにしかならない〝過渡的選挙内閣〟であろうとも庶政を一新してほしいと望む。…国内体制の整備に努力してくれるよう期待してやまない。

（朝鮮日報）

日韓条約による永住を希望する在日韓国人の方へ

申請期間は昭和46年1月16日までで残り少なくなりましたので早目に申請して下さい。右期間をこえると申請は受付けられませんのでご注意下さい。

申請受付場所 居住地の市区役所または町村役場

法務省

漢方の強力体質改善療法

（通信にて治療相談受付）

漢方医学 西洋医学 総合治療センター

◎入院設備完備、大小個室五十室あり

●喘息	20帖	50,000円 / 30,000円
●糖尿病	20帖	15,000円
●夜尿・腎臓 ●胃腸・肝臓 ●皮膚病 ●婦人病・腰痛	20帖	10,[illegible]円
●水虫・痔疾 ●高血圧 ●肥満症 ●ツワリ	1剤（散薬）	6,000円

●鹿茸大補湯（特級）	20帖	50,000円
●鹿茸大補丸	2ケ月分	30,000円
●十全大補丸	2ケ月分	10,000円
●八味丸	(500g)	10,000円
●六味丸	(500g)	6,000円
●四物丸	(500g)	4,000円
●萬病水	(720cc)	30,000円
●人蔘酒	(540cc)	3,500円
●人蔘補心散	(20袋)（ポケット用）	6,000円

漢方乾材・卸・小売

人蔘・鹿茸・麝香・牛黄・辰砂・熊胆

※本国旅行者には特別価格で奉仕します。

漢方担当 張同萬 洋医担当 寺田莞爾

天心堂漢方本舗・天心堂診療所

東京都台東区東上野2-19-5 電話 (831) 5557—代表 国電・地下鉄上野下車1分 韓国食堂街わき

東京商銀職員募集

来年度新卒者を求めます。

1. 採用人員 大学卒 男女 若干名 / 高校卒 男女 若干名
2. 応募資格 韓国籍の国民登録完了者（入社までに申請手続完了者も可）
3. 待遇 大学卒男子 40,000円（基本給） 大学卒女子 38,000円（〃） 短大卒男子 35,000円（〃） 短大卒女子 33,000円（〃） 高校卒男子 30,000円（〃） 高校卒女子 28,000円（〃）
   （諸手当）家族手当、皆勤手当、住宅手当、給食手当 通勤費は全額支給、社会保険完備
   （賞与）年2回（6月・12月）
   （昇給）年1回（4月）
4. 福利厚生施設 男子独身寮完備
5. 提出書類 履歴書、写真、成績証明書、卒業見込証明書、外国人登録済証明書、国民登録完了証
6. 勤務先 本店勤務及び新宿、荒川、五反田各支店
7. 募集締切期日 昭和46年1月31日
8. 試験期日及び場所、本人宛通知

希望者は提出書類を揃えて本店総務部まで御郵送下さい。なお既卒者も随時受けつけております。

東京商銀信用組合

本店 東京都文京区湯島3—38—15 電話 (832) 5141—代表

新春随筆

こわいもの知らず

チャンヒヨ

日本では、背筋にぞっとくる寒気のするようなこわい話には、暑い夏の夜にでもするのが相場であるが、夏がくるまでのんきにかまえていられないほど、われわれにとっては切迫した問題なので、ない正月でも、こわいものの話をしようと思う。

数年前、西ドイツでの話として、ある雑誌に次のようなことが載っていたのを思い出す。あるささやかなキャバレーの舞台で、日本の漫才のようなこっけいなやりとりをして、客を笑わせる風景である。

「ところで、アメリカはたいしたものだね！」

「いや、そのアメリカだってこわいものがあるさ！」

「へええ？　何がこわいんだね？」

「アメリカはソ連がこわいんだってさ！」

「じゃ、そのソ連は何がこわいんだ？」

「ソ連は、ドイツ人がこわいんだってよ！」

「へえ？　じゃ、ドイツ人は何がこわいんだ？」

「ドイツ人はドイツ人がこわいのさ！」

客は、ワッハハと笑う。しかし笑いながらも、そこに何かひやりとしたものを感じさせられた、というのである。

じじつ、ドイツ人はドイツ人をこわがっているのかも知れない。ドイツ人のもつ科学的な基盤と頭脳、その中からかつてはナチズムが出た。いつまたおかしなものが出たら、というおそれがつきまとっているからかも知れない。そして旧ナチス時代の戦犯に対してはきびしく断罪し、いまなお追及の手をゆるめない。他の強盗殺人のような重犯罪でも時効があるのに対して、ナチスの戦争犯罪は時効をなくして、ぼくだい費用をかけて、遠い国外にまで追いつづける。そしてときには南米からシュタイングル元収容所長[?]を数年前に捕えて、世界をアッといわせたのである。

戦犯裁判の話であるが、日本ではドイツとはちがっていた。太平洋戦争中のアジア各地における日本の残虐行為に対して、戦後連合国の手によって極東軍事裁判が開かれたのであるが、日本人自らは戦争犯罪を裁くことをしなかった。むしろ極東軍事裁判を、勝者が敗者を裁くものだ、とマスコミは反抗の世論をもりあげ、同情するのにやっきであった。それははじめから悪いことをしたという意識がなかったからである。

ところで、たしかにアメリカはたいしたものである。その国力は国内だけでなく世界各地に軍事基地をもち、各国に軍事援助を行ない、ベトナム戦争をつづけながらも、その底力は人類初の月征服を敢行したのである。しかしそのアメリカだって国内に大きな弱点を内包している。いろいろな人種が入り混じっているこの社会は煮えくりかえっており、増大するブラックパワーや反抗する世代など、もはや国民をまとめる力はありえない。

ソ連だって同じである。広い国土に多くの少数民族をかかえ、経済ののびは思うようにはいかず、いつ国民の不満が爆発するかわからない。またドイツ人がこわいといってもそれは昔の話で、ドイツは東西に分断されているという決定的な痛手を負っているのである。

それらに比べると、日本ははるかに安定している。かつての植民地搾取の過程で蓄積されたテクノロジーの水準と基盤の上で、ずばぬけた教育、そして高度に均質化された一億の単一民族という巨大なエネルギー源をもつ国は、ほかにあまりないのではないか？

アメリカの未来学者ハーマン・カーン氏の見方によれば、一九五〇年代には日本は「小」から「中」へ、六〇年代には「大」へ、そして七〇年代は「巨大」な国力をもち、九〇年代にはアメリカに追いつくだろうという。そして「七〇年代のなかばには核武装をするだろうが、核武装にはだれもが賛成するだろう。したがって日本は海外に巨額の投資を行ない、アジアの非共産太平洋地域の大半を政治的にも経済的にも支配するだろう」というのである。いずれにせよ「七〇年代」ということばが騒がれてきたが、さすがにカーン氏のいうように七〇年代には日本は巨大国にのし上がり、その七〇年代の初めの年である昨年は、日本軍国主義復活ということが内外で大きな波紋を起した年でもあった。

チャンヒヨ氏

日本軍国主義復活論は、六六年ごろから北京などで主張しはじめ、ソ連もそれを指摘するいい方をしてきた。アメリカでも六八年には、ニューズウィーク誌が日本のナショナリズムの復活を指摘し、それは太平洋戦争中に日本が支配した地域で、世界の大国としての役割をもう一度果すべく運命づけられている、と思いこんでいる。と論じた。そこへ昨年の春、米下院外交委のハーク、ウルフ両議員のアジア視察の報告のなかで、日本は軍国主義に向って進んでいると指摘したが、それからは米政府筋もしばしば日本軍国主義化の問題にふれ、他のアジア各国はもちろん、ヨーロッパの各新聞までがこのことを論じ、全世界的話題となったのである。

有岡議員の見方では、日本の防衛の限度を越える巨大な軍備への動きと「すでに核開発の能力をもち、運搬手段を作る能力を備えるだろう」ことを述べ、佐藤首相の「日本国民はもはや自国の安全だけを求める消極的な平和主義にあき足らなくなっているのは明白だ」という、新しい軍国主義打診を指摘している。そして「日本は自国の安全にかかわる範囲を韓国からマラッカ海峡まで拡大して考えるようとしている。これは明らかに、日本がアジアで優位に立つことを考え、アジアでの主要軍事国になろうと計算していることを示すものだ。そのための政策には巨大な海軍力の再建が含まれ、沖縄の完全な回復、中国との関係改善、アジアでの米国の役割縮小、巨大な富の軍事的活用などと密接に結びついている」といっている。

以上のような日本軍国主義復活論に対して、中曽根防衛庁長官も、昨年四月二十四日、衆院内閣委で「北京や米国でいう日本の軍国主義は、日本への予防的警告的発言だ。大きな経済力、優秀な単一民族、一億の人口をもつ日本を外国が見ると、不安をもつだろう。その意味で軍国主義化の潜在力はある」といって否定はしていない。はたして昨年十月、総額五兆八千億円という「第四次防衛力増強計画」が発表されると、いよいよその無気味さを増したのである。

ところで、日本のアジア・太平洋地域への投資、とりわけ韓国に対する巨大な資本の進出は、それがどういう目的でなされ、どんな性格をもち、またどんな結果をもたらすものであるかを分析する能力は私にはない。しかしこういうことはどうであろうか？　朝日新聞（十二月十八日）の伝えるところによれば、昨年四月、ソウルで開かれた韓日協力委員会総会において、日本側から、韓国の東南海岸経済圏と日本の関西経済圏をひとつにする「日韓経済協力圏」構想が提案された、という。しかしかつて日本支配時代の、北の重工業が日本の重工業に、南の釜山を中心とする製糸工業が大阪の紡績工業圏に直結された、労働力を求めての搾取機構であったことを知るわれわれは、警戒の眼を向けさせるを得ない。

そこで、在日韓国人の問題である。以上でも述べたように、日本の恐るべきエネルギー源は、同じナショナルな考え方をもつ均質化された一億という大きな単一民族にあるのである。日本の核武装には、左翼は米国からの独立として、右翼は国家の権威として、ともに賛成する要因を、カーン氏は指摘しているが、ほかにも沖縄返還、米軍撤退などの問題を見ても、ニュアンスは異っても、ナショナルな面では常に一致することである。ここに日本のこわさがあるのである。このような単一民族社会の中に、異質民族である在日六十万の韓国人の存在は、その単一性に有害であると考えるのである。ここで異要素である在日韓国人に対する追放あるいは同化という基本方針が生まれ、それが日本の巨大化する七〇年代中盤へ向うにつれて、さらに徹底することは明白である。

こわい日本人をこわがらない日本人、それがなお無味である。

経済論評

韓国経済はどこへ行く

金　鉉　基

六〇年代の韓国経済成長率は高かったが、しかしその内容や質の面からみるとき、多くの問題を残した。第一に業界が"成長率"の波にふりまわされて在来式の経営から脱皮しえなかったこと、従って政府の安定化政策も救いになるどころか、これを契機に企業の弱体性をむき出しにしてしまったことなどである。政府の打出した緊縮政策はもう一年有余になるが、その過程ではっきりとあらわれたことは"不安定"そのものである。緊縮は過熱をおさえて"安定"をもたらせるための政策であったのだが、企業そのものの脆（ぜい）弱性が経済の"不安定"を呼んだのである。結局、企業自体が景気変動に対する弾力性をもつのでなければ経済の安定などありえないということだろう。

韓国の企業が弾力的な適応能力を持っていなかったということが今日の"不安定"を招来せしめたものだといえる。六〇年代の過熱経済を沈静させようとした政府の一連の緊縮政策に、企業があまりに弱体だったからである。しかし、これは悲観ではあるが、何かを生み出そうとする一つの"陣痛"だともいえる。

ここで、まず当面の課題は、経済活動と企業経営の正常化を期そうと図った経済政策の方向ならびにその秩序を再検討することである。政策の方向と企業の脆弱があまりにも密着しているということは果たして健全な経済構造であろうか。

"限界"にきた緊縮政策

現在、企業の直面している難局の要因を分析すると、まず、これまでの過剰投資から起きた過剰供給に由来すると指摘しうる。思うに経済開発計画の一環として、ずいぶん多くの大企業が建てられたが、そのうちのどれもが対外進出に自信がもてる……というものではなかった。結局、われわれの国民経済の競争力があまりにも脆（ぜい）弱だったのである。

そこで、多くの企業は必然的に狭い国内市場だけを対象として売り、買い、そしてつまるところは過当競争の激化を招いたし、またこれを緩和させようと図った政策的努力にも限界があった。

一つの例として鉱業生産指数をみると、九月中の生産指数は八月のそれより二・六％減少、十月の生産指数は九月より〇・六％下がっている。これは緊縮政策ももう"限界"にきていることを立証するものではあるまいか。

普通なら、秋夕と年末は季節的に需要のふえるときであり、これに伴い、生産活動が活発になるのが慣例となっている。にもかかわらず秋夕後の生産が夏枯れ期のこれより低いということは正常ではない。

ベトナム景気の減退

第二の要因は南ベトナムの特需景気後退と米軍削減が国内に与えた影響である。

南ベトナムからの送金は昨年の一億五千万ドルが今年は五千万ドルに減って一億ドルにとどまった。この南ベトナム送金の激減は直ちに需要の減縮となってあらわれ、国内の繊維、ゴムなどの製造工業に打撃を与えた上、他の部門にも連鎖反応的に波及した。これだけではない。米軍削減に伴って軍納の縮少が起き、また米軍関係労務者の減縮なども加わって、少なからぬ相乗作用となったのである。

第三の要因が政府の緊縮政策である。無論、不況の直接的原因はさきにも指摘したとおり、供給過剰とベトナムの景気減退に伴う需要減縮にあるが、しかし、過熱した投資に対する規制、すなわち、新規施設拡張などを抑制・削減しようとする緊縮措置が金融緊縮にまで伸びて行き、現在のような停滞をきたしたことは否めない。

昨今の企業の資金事情は多くの人びとが異口同音に指摘しているようにかなり悪化している。これは緑色申告法人四十七個の半数以上が税務行政対象として転落したということだけをみても容易にその実態が想像しうる。また情勢変化に最も敏感な私債までが求めにくい状態となっており、健全な企業家たちもこれに巻きこまれざるをえない有様である。

企業合理化を追求しようとして……

一部の識者たちは現在みられる景気後退はその間の緊縮がもたらせた副作用だとみている。従って再び景気回復が考えられないならば、この不況は季節的景気後退期である来年度の一・四分期（一月〜三月）に持越されて行き、全産業にわたる本格的不況へと広がって行く危険性が大きい、と憂慮している。

また、これが緊縮のもたらせた景気後退だというのであれば少なくとも短期的応急措置として緊縮を緩和させる以外に道はないだろう。しかし、これがもし需要動態を正しく見通すことのできなかった過剰供給の結果だとすれば、やたらに資金だけを注ぎこむことは解決策ではないのである。それは次の段階でより多い生産過剰の素地をつくることになるからである。

従ってまず企業側は正常な財政金融政策のもとにおいても耐えうるだけの企業体質をこしらえることが先決で、これこそ真の解決策だといえよう。

何といっても最近に、業界あらわれている胎動は単純な対価策によるものではなく、企業の合理化を追求しようとする"企業化"としての姿勢からくるものであり、経営層および企業の体質と深い関連がある。なぜならば韓国経済が過熱膨張して行く過程において企業は企業自身も気づかぬうちに大きな拡張をみるに至り、やがて緊縮的局面に移って行こうとするとき、企業が弾力的にこれに適切なる対応もなしえなかったために、このような"事態"を引起こしたからである。全くのところ、企業は国内外市場の確保なしに過剰施設や過当競争を繰広げたとき、当然今日の事態が起きうることを予見すべきだったのである。

六〇年代、七〇年代の根本的差異

ここで、いま国企業が心すべきは過ぎし日のような政府主導型に依存してはならぬということであり、また御支持型な保護政策の温床から一日も早く脱皮しなければならぬということだ。

そして企業はみずから国際化に適応しうる創意的確信と経営の合理化を達成する方向でまず資本の経営と技術の各部門で基礎推進力を培養・強化しなければならない。

現在の世界的趨（すう）勢をみると、それは自由化の旗幟（し）を高くかかげながらもすでに新しいブロック化および保護主義傾向が台頭しはじめており、一方、輸出競争は日が立つにつれますます、熾（し）烈になって行くもようである。

七〇年代の韓国経済は六〇年代と違って単純な輸入代替段階の国内市場の安全性、貿易外収支の特殊事情、ずっと継続された外援など有利な条件によって成されて行くものではない。従来とは根本的に違っており、新しい技術と製品の開発はいうまでもなく、新しい生産施設の導入なしではとても克服しえぬ試練期が始まっているのである。

経営の合理化と国際競争力強化で

われわれは七〇年代を指向する最も基本的な重機として企業は経営合理化の推進により、また産業は国際競争力を強化するための自体整理の追求によって行なわれるべきだと考え、とくに流通と技術の革新を達成して行くことが肝要だと信ずるものである。

（SISA）筆者の金鉉基氏は大韓商議専務理事。

経済短信

日本財界で投資視察団　新年早々業種別に

日本財界は、対韓投資を積極化するため、きたる一月末、業種別で民間視察団を韓国に送る計画である。

関係当局によると、さる十一月来韓した日本政府の投資環境調査団は韓国の投資環境を非常に有望だと判断したが、改善すべき点として①社会間接資本部門の立遅れ②運転資金の不足③設備および技術の後進性などを指摘した。

日本財界はこの報告を基礎にこんご労働力不足と公害など作業環境の制約、およびその他の日本の企業が直面している制約を打開するため、対韓直接投資の拡大を図って来年初めに民間視察団を電子工業、化学工業および繊維工業など業種別に韓国に派遣する計画だという。

新年に全面的税制改革断行

南徳祐財務部長官は、新年に現行各種税率の引下げのため、全面的な税制改革を断行する方針だと明らかにし「このために最近政府および民間租税専門家で構成された税制改革委員会が各界各層の意見を総合検討中であり、税制改革の時期は新年初めごろになるだろう」と語った。

なお、南長官は、その間論難された臨時特別関税法も廃止する方針だと明らかにした。

南長官は、このほどソウル・大然閣ホテルで夜遅くまでつづけられた大韓商議主催の通貨政策懇談会でこのように明らかにし、昨年末から実施してきた緊縮政策の効果に関し「企業の経営合理化促進、国際収支改善、過熱投資および消費需要の抑制などには顕著な効果を見せたが、物価安定には失敗した」ことを認めた。

また今回調べ物価は十一月末現在ですでに一〇・一％、ソウル消費者物価は一一・九％上昇しているが、「新年高い上昇を見せてきた年末年始の物価趨勢から見て、新年早々物価の見通しは非常に暗い」と同長官は警戒の意を表し、来年も安定政策は引続き押してゆく方向であると表明した。

なお、南長官は、業界の大きな関心を呼び起こしている金利引下げ問題にたいしては、預金が悪化しない範囲内で漸進的に引上げると語ったが、引下げの時期は物価がある程度安定した後になるだろうとつけ加えた。

中立諸国から特産物輸入を検討

政府は中立国にたいする外交強化、市場開拓にたいする市場確保のため、ビルマ、ブラジル、アラブ連合、ウガンダなどから特産物の政策的輸入を検討中である。

関係当局によると、中立国にたいする進出方案としては、人力進出を含む技術交流、各種物品および工事の入札参加、該当国の特産物の政策的輸入など多角的な見地から検討されており、このような進出は韓国商品にたいする新市場開発に大きく寄与するだろうという。

韓国は商品輸出のほかに医師や技術者の派遣を積極的に推進するとともに、各種物品の入札、各種用役および工事にたいする入札などでも活発に進出させようとしている。

全経連の韓国経済基調展望

全経連は、新年の韓国経済基調展望を行なうにさいし、まず国際景気沈滞と韓国産業保護傾向の深化を指摘、貿易外受入の減少などに加えて国内的には累積したコスト・プッシュ要因があらわれるだろうと述べ、さらに限られた資金の非効分配などによる特殊事情のため、健全成長につまずきが生じる恐れがあるとしてこれを是正するためには、安定基盤構築のためのインフレ抑制に総力を注がなければならず、企業充実化推進の成長と輸出体質の高度化を主軸とする産業充実化への対策を研究すべきであると促求した。

二十一日、全経連は理事会を開き、七一年経済施策にかんし"健全成長のための安定化方案"を作成、新年の継続的な健全成長のためには①成長の均衡と調整②工業高度化方向とその基盤造成③公共部門と民間部門の選好④企業環境の変化とこれに伴う企業体質問題⑤自律経済循環と価格機構の問題⑥輸出多辺化と競争力強化――などに留意を置いて行くべきだと強調した。

金融の制度と機関を再検討　金経企院長官語る

金鶴烈副総理兼経済企画院長官は二十三日記者会見し、現行の金融制度および金融機関について、全面的な再検討を行なう方針であり、一般銀行と外換銀行（外国為替銀行）、信託銀行などの特別銀行が業務のうえで重複する面があるため、不合理が生じていると指摘し、次のように語った。

政府は現在、財政、金融制度の再検討を行なっている。財政面では税制の改革を、金融面では一般市中銀行の民営化を考えている。このほかにも市中銀行が管理している企業を払下げるとともに、商業銀行の構造を改編し、短期資本市場の育成につとめる。

三星物産株式会社　東京支店
東京都千代田区霞ケ関三ー二ー五　霞ケ関ビル
電話（五八一）七五一一（代）

輸出入業　大阪交易株式会社　東京支店
東京都港区芝愛宕町一ー三（第九森ビル）
電話（四三四）五四四一〜五

謹賀新年　새해를 맞이하여 삼가 존당의 만복을 비나이다

日南化工株式会社
取締役社長　南　奇　煥
本社工場　東京都品川区大崎一丁目十二番五号　電話（四九三）二〇八一〜三番　（四九二）三〇七〇番
桶川工場　埼玉県北足立郡桶川町大字坂田六八八　電話（〇四八七）（七三）五二五五番

株式会社　杉原製作所
取締役社長　朴　炳　台
専務　朴　炳　憲
東京都目黒区中央二ー一九ー一四
電話（七一二）二八九一番

李　和　載
東京都豊島区南池袋三ー一六ー一五
電話（九八三）三〇六〇
クラブ桜　新宿区歌舞伎町一〇番地　電話（二〇九）二三五一（代）
多晩　新宿区新宿三丁目二四番地　電話（三五一）三七〇〇番
アロー　新宿区歌舞伎町一〇番地　電話（三五四）〇四三六ー七番
ホテル千景　新宿区西大久保二ー二一〇五　電話（二〇九）九二六五番

森本建設工業株式会社
TEL (881) 6121〜3
ミリオン興業株式会社
社長　鄭　東　淳
千住ミリオン座　TEL (881) 4493
立石ミリオン座　TEL (697) 6293
ミリオン、アミューズメントセンター
京成立石駅前 TEL (697) 6391〜4
ボーリング・コンパ
70%映画劇場・パチンコ

興野診療所
理事長　康　景　瑞
東京都足立区興野1丁目2番8号
電話（887）5671番

石原金属工業株式会社
全　大　興
東京都墨田区吾嬬町西四ノ一五ノ一〇
電話（六一一）八一一五五番

三山石綿礦業株式会社
代表者　崔　鶴　基
東京都葛飾区東立石一丁目二六番八号
電話（六九七）〇二二三四番

有限会社　柳木商会
東京石油ガス株式会社
社長　柳　泰　永
東京都足立区千住曙町三七ノ三
電話（八八八）八六一一番

相互化工株式会社
代表取締役　玄　拱　洙
東京都足立区本木町一丁目九八二
電話（八八七）三一八一〜二番

池田商事株式会社
社長　金　錘　源
東京都葛飾区立石一ノ十一ノ十三
電話（六九一）五二〇二四番

鉄構、建築、設計施工
株式会社　日高製作所
高　寛　命
東京都葛飾区堀切4丁目27番1号
電話（602）3181〜3　代表

71年民団の主要題課

東本副団長　羅　鍾　卿

一九七一年度における重要課題

一九七〇年は、民団の二大事業である永住権申請促進および万博家族招請事業に民団組織の総力を結集して努力してきたが万博家族招請事業を総括して見るとき、いくたの紆余曲折と難関をへて、一万名近くの本国家族を招請し一人の事故者もなく帰還させた。この大事業を完遂したのは大きな所果と言わざるをえない。しかしながら万博招請家族に対する保護対策その他に民団組織員が総掛りとなり万博事業に気をとられすぎて、在日同胞にとって最も貴重な権利であり我々の子孫代々の生存権が左右される永住権取得事業の促進が、疎かになったことはとりかえしのつかない大きな損失であり、万博事業の成果を手放しでよろこぶことは出来ない。それはかりでなく万博事業推進にさいして数々のスキャンダルをつくり内外に民団の威信をおとし、数多くの団員に民団に対する不信感をあたえたことは民団組織に有史以来の大きな汚点を残したものであり、当事者は徹底的な糾明を免れることは出来ない。

永住権申請促進の最終的努力と事後処理

東京本部は万博招請家族の帰還終了後の一九七〇年十月中旬より総べての体制を永住権申請促進運動に移し、関東地方協議会および管下各支部団長、事務部長合同会議、支部三機関任員合同会議等を数回にわたって開催して、永住権申請の意義や趣旨を周知させ、東京本部三機関任職員は各支部を責任分担するとともに、大使館および中央本部の永住権取得推進委員会の積極的な協力を得て、永住権申請促進にすべてを集中し一月十六日の申請期日を目前に最後の追込みに入っており、総べての組織員達の話題が永住権問題でありあたかも永住権に取りつかれた感さえ呈している。

民団組織をあげての永住権申請促進事業が民団組織の拡張ばかりの為でもなく同民族として一人でも安定した生活が出来ることを念願する民族愛の発露からである。

申請期日が終る一月十六日後における事後処理の問題もまた重要な課題であろう。

今我々は真剣にこの問題の対策を考えなければならないと思う。

情報によれば朝総連では、既に五〇〇名から七〇〇名前後の意識分子を、永住権申請に名をかりて民団組織に潜入させたと言われている。永住権申請後におきるであろう諸々の問題を責任をもって解決し、円滑に処理して、在日同胞の基本的権利を守り永住権取得の成果を土台に朝総連の策謀を粉砕し封鎖することにより、民団組織の将来の発展と繁栄があることを確信するとともに、申請期日後早急に事後処理に関する組織全体の協議と防衛措置を期待するものである。

組織の再整備

永住権申請促進運動を推進する過程において民団組織全体の種々の面が露呈されてきた。

一つは組織員の一部の意識の不足と組織人員の不足であり、各支部とも団員の実態が正確に把握されてないことである。誠に恥しいことながら民団が結成されて以来二〇数年をへた今日民団々員の実態が把握されておらず、組織の基礎的資料すら整備されてないのが実情である。永住権申請を促進するため団員の家庭をくまなく訪問することは団員の実態を正確に知り組織を再整備すべき絶好の機会といえよう。この機会をのがすことなく団員の実態を正確に把握して永住権取得の成果を土台に分団を組織整備して、民団組織の百年の礎をきずいてもらいたいものである。

経済活動の法的組織化

現在の民団組織を朝総連と比較するとき顕著な二つの劣勢を感じない訳にはいかない。

その一つは在日同胞の経済活動に関する法的組織の皆無と、これからくる経済関係の政策の貧困であり、もう一つは民族教育機関の格差であろう。

在日同胞全体の経済活動をみるとき有力な経済人は民団々員が多く、朝総連傘下に居る経済人と比較するとその数においてもまた事業内容においても団員の経済人達がはるかに優位にあるにもかかわらず、経済人の団結と組織に対する財政協力の面では朝総連傘下の経済人にくらべることが出来ない。

朝総連は解放直後に経済人の商工業全体の法的組織化を完了し、今日では日本の全国津々浦々の大都市および市町村から年間数百億円を上回る公共機関の転貸資金を借入れ、同和信用組合を通じて傘下同胞の事業育成に専念し、ひいては朝総連組織の資金源をなしている。

人間社会は常にギブ・アンド・テイクである。民団は創団以来団員経済人の一方的援助にたよって来ており団員の事業活動に直接的協力をなした例が少い。その結果が一定の組織活動の為の資金源がなく組織の弱体化をきたしており、このような状態が将来も続けば民団組織の先細りしかない。

おそまきながら今からでも経済人の法的組織即ち在日外国人として合法的に日本の法を活用して経済活動に大きな力となる唯一の法律である中小企業法に依る事業協同組合を、早急に業種別に組織して、在日同胞の零細企業の保護と育成に積極的に努力すべきである。

在日同胞の経済的繁栄こそ民生安定の基本的条件であり、ひいては民団組織の財源確保の発展に通じる道である。永住権取得事業の終了後には民団組織の基礎固めとしてこの活動に専念するかんがえである。

民族教育問題

到るところで機会あるごとに民族教育の重要性と緊要さが論じられて来たが、在日同胞の二世三世達の民族教育の現状は貧弱であり、全国に数校にすぎない民族教育機関すら、その運営が思うように行かず本国からの補助にたよっている。

このような状態は先づ我々組織に居るものが反省する必要がある。

我々は口では民族教育の重要性をとなえながら実際にはどのような組織活動をしたことがあるのだろうか。民団組織は民族教育に関しもっと真剣になるべきである。去る中央委員会で決議された韓国人教育委員会も、積極的な活動がなく在日同胞達の期待にそえないのが現状である。東京本部では、今年こそ東京韓国人教育委員会を組織して先ず東京韓国学校の育成に全力をそそいでみたいと思う。

終りに一九七一年度は永住権取得事業の事後処理を責任をもって円満に処理して永住権取得の成果を基礎に在日同胞の民生安定を期すべく事業の育成に寄与するとともに、内容ある民族教育を発展させることができるよう民団組織の根本的な転換の年にしたいものである。

民団の展望と回顧

5月の定期大会で鄭団長は再選された

韓事務局長

金委員

禹委員

申副議長

梁副議長

鄭団長は永住権申請運動の一線にたち各支部を巡回督励した

盛況だった東本新年会

38年ぶりに訪ねた祖国

元福井朝銀副理事長　千　震　昊

朝総連の虚偽と欺瞞、組織内部抗争など多くの矛盾に堪えかねて、金日成から功労勲章までうけた地方の大物朝総連幹部であった元福井朝銀副理事長は、朝総連に絶縁状をたたきつけ、もらった勲章を投げ返して、永住権を申請すると同時に民団へ転向入団、このたび38年ぶりに本国を旅行した。つぎの一文はその旅行記である。〈編集部〉

解放直後の一九四五年十一月以来二十五年間、朝総連組織の中で活動してきた私が、朝総連からの離脱を決意するに至ったのは、朝総連内部の矛盾とその独裁的な思想統制に対し、これ以上耐え得ない心境になっていたからであり、また、民族を犠牲にしてまで共産主義化の野望達成を強行しようとする彼らに対し、民族の一人として、その野欲を粉砕できなかったことを恥じた良心からである。

その私が三十八年ぶりの帰国を思いたった理由は、まだ存命中の父母と兄弟との再会も大きな理由であるが、それよりも二十五年間朝総連の宣伝を聞いて想像していた韓国と現実に見る韓国との間の差異を自分の目で確かめたかったからである。

私が帰国するとのニュースを伝え聞いた朝総連の友人たちからは私が出発する日の朝まで、実に"親切?"な電話があり少からず私を悩ましてくれた。

「帰国するとはとんでもない。韓国へ着いたが最後、お前はもう永遠に日本へは帰って来ることは出来ないであろう」

「飛行場で直ちに逮捕され、さまざまな拷問にあい、お前は殺されるか、不具者になってしまうぞ」

などの電話がひっきりなしにかかり、なかにはわざわざ来訪して私に帰国を思いとまるようにと忠告してくれる人もいた。

これらの忠告や電話を全面的に信用するわけではなかったが、二十五年間も朝総連ではたらき、民団や韓国に対し弓をひいてきた私としては多少の不安や危懼心がなくもなかった。私はそのような不安を無理にふりはらうようにして大阪の伊丹空港からソウル行きの飛行機に乗りこんだのであるが、この日が九月三十日である。

飛行機が韓国の領空にはいったとたんに、私はまづ朝総連のウソに気づくと同時に自分の不明を恥じなければならない破目となった。上空から見下ろした韓国の山々は、日本の山に比べれば多少見劣りはするけれど、それでも実に青々としており、決して朝総連が宣伝しているような禿山ばかりではなかったのである。

その日の午後六時三十分、私は金浦飛行場に到着した。空港におり立った私はそこで二、三人の情報部員から「あなたが千氏か」と名前をたずねられたあと旅券の提示を要求されたとき、私はさては出発前に私が杞憂し恐れていた事態が現実となったかと思い、観念の目を閉じたのだが、これは私のとり越し苦労で、かれらは、三十八年ぶりに帰国する"今浦島"のような私を親切に世話し案内するためにわざわざ空港まで出迎えてくれたのであった。

情報部差しまわしの自動車でホテルに落着いた私は、ソウルまで出迎えた息子とともに夕食をとりながら、日本出発から金浦到着までのあいだのわずか数時間にすぎない今日一日をもう一度ふりかえり、その短い間の感激のかずかずを静かに反芻してみた。

飛行機が故国の領空にはいり、眼下にそれを見下したときの感激私は頬に伝う涙をぬぐおうともせず息をうめて眺めつづけたものだった。

眼の下に祖国の山が見え、川が見え、家が、平野がパノラマのように展開しているが、これは実に三十八年ぶりにみる故国の風景だった。この感激は金浦空港に下り立った瞬間、大きな驚きと変った。堂々たる空港ビルの中で、威厳の中にも親切さをこめて忙しくたち働いている人たちがみな私と同じ言葉を使っている同胞たちなのである。私の三十八年前に日本に向うときの釜山港の光景を想起してみて隔世の感に打たれた。あの関釜連絡船に乗船するまでの日帝警官たちの陰険な眼と、傲慢無礼な態度を思い出し、今さらのように私の祖国は独立国大韓民国であることが実感としてしみじみと胸にこみあげるのであった。

そして自動車がソウルの市内に向って走りはじめるや、私はまたもや涙を流さねばならなかった。車窓からみえる町並や歩行している人たち、それは私が三十八年間なつかしみ、愛してきた町であり人たちなのである。そして市内の高層建物群をみた驚きは、なんとも形容し難いものであった。まるで外国に、それもどこかの先進外国に来たのではないかと思うほど市街は近代都市と化していたからである。

だがこの感激と驚きは、翌十月一日の「国軍の日」の祝典に参加してさらに倍加した。我国軍の堂々たる偉容をまのあたりにみ、この国軍を信頼し、安心して平和な生活を営為している国民たちをみて、私は独立国家と軍備と兵力というものについて深い感銘を禁ずることができなかった。

（つづく）

1970年をかえりみて

多事多端であった本年もあと六日で、栄枯盛衰、永却の歴史に点綴され暮れゆくのである。

過ぎ一年間を振り返って見れば特にわれわれ在日同胞にとっては例年になく、あわただしさを極め組織的にも未曽有の重大な意味をもつ年であった。この重大な意味をもつ諸問題は、激動する国際情勢と発展途上の本国情勢、それにわれわれが住んでいる日本の国内情勢などを背景にいずれも切り離して考えることのできない一連の事件であり課題である。

まづは、国連における韓国問題討議において、北傀のたくみな宣伝と工作を退け韓国単独招請案が可決されたものの、その前に討議され表決をみた中共の国連加入案が3分の2の支持を得られなかったため挫折されたが、表決において史上初の単純過半数の支持を獲得したことが注目されよう。このような結果が影響してか、前回に比べて支持が減っていることにわれわれの関心は大きいものがある。これは、北傀の常套的な宣伝攻勢に比べて、韓国の穏健的な対国連政策に問題があるというのが世論であることに鑑み、政府当局も対中立国、または対共産圏外交に積極性をもって取組むといわれる。そこで、これに伴うわれわれ在日韓国人の民間外交的使命の重大さを痛感するものであり、先のソウルでひらかれた第37回国際ペン大会にはユーゴスラビアなど共産圏からの参加もあって、政府の新たらしい対共産圏外交の方向が明示された。

つぎに国内においては政府の第二次経済開発五ケ年計画の順調な進展によって輝やかしい躍進ぶりを内外に誇示し、政治経済文化社会のあらゆる面において、着実な発展を期していることに伴い、GNP(国民総生産高)も史上最高に達している。しかしその前途は必ずしも楽観的なものではない。経済の高度成長による貧富の隔差、過分な外債の弁済、通貨膨張による物価の上昇、これがために必然的に招る一般庶民層の生活苦、北傀の戦争挑発による国防費の増大など枚挙にいとまがない内部問題をかかえているのも事実であろう。このような諸問題は、先進国にもあることで、成長の過程において、不可避的であると全面的に理解するには、あまりにも問題の性質が深刻すぎるのである。その主な原因は、解放以後北傀の誤算による六・二五動乱とこれ以来の絶え間ない彼等の侵略と戦争挑発行為にある。

去年の十月江陵からソウルへ飛発ったKAL機が乗客もろ共拉北された事件は、一九七〇年代を迎える本国の政治社会面において、消え去らぬ暗い一面であった。

これから一年経った今日、未だなお一〇数人の乗客が修い北韓の暗く冷い空の下で、父母兄弟や妻子が待ってる自由大韓への帰還を一刻千秋の思いで願っていることを思う時、数多くある未決事項の中でもわがことのように心残りである。

また頻発している38度線附近の挑発と武装ゲリラの南派事件は、彼らが表向きに宣伝している平和統一とはうらはらに、武力による流血戦争の野望にとりつかれていることを物語っている。

北傀の弾圧と独裁のもとで、ひたすらに階級闘争と時代錯誤的な金日成思想をそのまま吹きこんだ人間機械を相手に、念願の勝共統一を達成するためには、国内外を問わず国民各自が、精神的武装を新たにしなければならない。昔は富国強兵であれば、戦争は勝てると思っていたが、現代は、それだけでは通じない。人類の歴史上この尊い自由を勝ち取るためにどれほどの犠牲を払ったかを悟りこの自由と民主社会制度を固守するため、明確な信念に基いてまづは国民一人一人が自覚と理性をもって制度上の弱点を悪用しないことと、公務に当るすべての者が汚職をしないことである。この汚職は国内の公務員に限らず、わが組織をも含む問題であり、場合によっては取返しのつかない利敵行為に発展しかねないからである。

われわれが祖国を訪問するたびに決意を新たにすることは、われわれも努力をすれば、後進性を脱皮し先進国に肩を並べることができるという大事な教訓を得たことである。日本に優るも劣らぬ高速道路(これは国の動脈である)、ソウル市内の立派な高架道、現代感覚に溢れる高層ビル、到る処に建設されている大規模な工業団地など、6・25動乱による廃虚の地にこれほどの輝やかしい発展を成し遂げたからには、これを高く評価せざるを得ない。もちろん高速道路の建設などには、時期尚早であるとの批判の声もあったしこのような表向きのものだけで全体を評価することは、その内側にひそむ多くの肝要な問題を見落す結果になるだろうが、先進諸国にも程度の差こそあれ、同じような問題をかかえておるではないか。

つぎに宿願の南北統一問題は、羽田―板付―ソウル―平壌を結んで世を騒がせた日本の赤軍派学生の暴徒によるよど号拉北事件、北傀のコレラ菌密輸事件など、いずれも、南北分断の悲哀を痛感するものであるが、先に国土統一院が発表した統一についての世論調査結果や、金日成の内外平和統一論に対抗し8・15記念式典における朴大統領の統一方案についての論は国民の願望を反映したものであろう。

七〇年代の初年度に当る本年中に、統韓についての積極性と方法論の若干見られたことは誠に意義深いものであり、この七〇年代が、宿願の南北統一が達成される栄光の年代であるよう願うものである。また駐韓米軍の削減が発表されている折、自主国防体制の確立が当面した重要課題である以上官軍民一致した精神武装が前提要件であり、われわれ在日同胞もこれに呼応しなければならない。

つぎに日本は、政治的に安定した基調の上に、経済的にも充実な発展をしているが、戦後の急激な繁栄からとり残された部分が多くこのひずみを反映するかのように逆調的な軍国主義復活気運が醸成され、国際的に注目を浴びている。

また対共産圏政策においても、従来の政経分離という奇妙な原則を貫く方針であるようだが、アジアにおける反共保塁としての韓国情勢については、商魂が優位を占め、自由陣営としての対共連帯意識は、まるで薄く八方美人的な外交政策を固守しており、全く頼りにならない友邦である。

それが証拠に、韓国の情勢と安保は日本の安全にとって肝要であるといいながら、対中対北韓政策を事実上弛めており、特に韓日協約による在日韓国人の永住権申請においても、積極的な協力がなく一部革新地方政治による無法な国籍書換え騒ぎなどは、国内法に優先する国際協約を真向うから否定し、国際信義を裏切った行為としてその責任は、正に重大であろう。日本の対北韓政策は、6・25動乱による同族相残の悲劇を体験し、分断国家の悲哀を身にしみて感じている韓国と同じような態度はのぞまないが、この重大な時期に日赤が在日同胞の北送再開問題を提起したことなどは、韓半島における南北分断を固疾化させる間接的要因にならないだろうか?

隣家の不幸を喜ぶような悪趣味を捨てて、アジアにおける先進国として、自由友邦の立場から韓半島の統一のために協力してくれるようのぞむや切である。

つぎに、変化と飛躍、繁栄と安定を促す一九七〇代を自分自身のものとするため活動方針を決定したわが民団は、協定永住権を土台とするこの地での生活条件改善、組織活動の強化、権益の追求を主軸として運動を展開してきた。

特に大阪でひらかれた世紀の大祭典、日本万国博には、延勢一万人を越える本国家族参観団を招請して、所期の成果をおさめた。

賀　正

韓　斗　玉

東京都足立区与野２－22－５
電　話　(890)１９８８番

永住権申請の期限が目前にせまっております。

1971年1月16日(土曜日で午前中)で締切られます。

1日も早く申請して下さい。　この日をすぎると協定永住権の申請は受付けません。

永住権の申請は居住地の区役所へ

永住権申請の相談は民団へ

(無料で写真、代筆など一切の手続きをして上げます)

花郎の意気も華やかに

韓青東京特別本部, 活動の足跡

関東大震災虐殺事件追悼集会

秋季幹部講習会

8.15,25周年討論集会

永住権申請促進をかねて青年の集い

盛況を呈した青年の集い

東京特別本部結成の準備委

六九年一二月二二日の韓国中央「第一四回臨時中央大会」の決定に沿って、七〇年一月二五日（花郎台）において「東京特別本部結成準備委員会」が設立され、三月二八日の第九回結成準備委員会まで活動してきました。

本部結成の必要性と重要性は、民権擁護闘争を発展させ、民族的素養を身につけ、親睦と連帯を深め、心身を鍛練し、綱領を実践し東京という、地理的、政治的位置を考える時全国の中枢的任務の一翼として、期待が大なるものとされた。

結成大会開く

三月二十九日、在日韓国人民主民族運動のより強力な展開を約束する韓青東本結成が、豊島振興会館において、全都から本部結成の熱気にはやる五十七名の代議員によって勝ち取られた。

韓青中央をはじめ、韓青関東各地方本部、そして母体団体である民団東本、婦人会の諸先輩が多数見守る中で大会は成功裏に終わった。

日本における民族運動の真の前衛である韓青全国路線の有力な一翼をしめる韓青東本は、慎忠義委員長の下に、その活動を始めることとなった。

民団東本大会

四月十日、民団東本第三十一回定期大会が開かれ、韓青東本は正式に傘下団体として認められた。民族内部の民族的政治的対立がはっきりと反映していた民団大会に対し、韓青東本は、より民族的で、より民主的な、そして在日同胞のための民団に発展していくことを願い、注目した。民団の団長選挙に対する大使館の干渉の姿勢を直接知ることが出来た。

在日同胞の血と汗と涙の結晶である民団は、どのようなものであらねばならないのかということを結成まもない韓青東本は深く考えた。

4・19十周年記念集会

四月上旬関東地区協議会が、開かれ、韓青東本が、事務局の重責を果たすことになった。

四月十九日、神田YMCAホテルで東京をはじめ全関東から二百数十の青年が結集し、四・一九十周年記念集会を盛大に開いた。四・一九当時の詩と宣言文は、我々民族的正気をゆさぶり、不正と貧困とに対する激しい怒りと、祖国統一という全体民族の課題を自己のものとしていった。共同討論は「なぜ四・一九が起ったのか」「四・一九は何を求めて進んだのか」「なぜ四・一九は五・一六に…」四・一九以後十年の祖国と在日同胞の歴史を総括する中で、韓青の今日の運動はいかにあらねばならないのか。全体盟員が四・一九反理念（反封建、反外勢、反買弁、反独裁）を自己のものとするためにぶつかっていった。

春季幹部学習会

五月十六、十七日の両日にわたり韓青中央研修所"花郎台"に都内幹部五十余名を集め、野猿学習会を開き、現代史を中心に学習を行った。四・一九集会の成果をさらに東京において拡大させ、幹部一人一人の祖国の現代史に対する認識をさらに深め、より正しくするために行った学習会で学んだものを、各支部幹部一人一人が力強く支部にもちかえっていった。

定期学習会

六月十三日、七月四日と東本第一回、第二回定期学習会が韓青東本の理論武装の場として、そして幹部一人一人の理論闘争の育成なる場として開かれた。第一回は「韓日条約体制」と「五賊」について、第二回は「韓日条約体制」その(2)、法的地位問題」と「朝高生襲撃暴行事件」について学習し活発な討論を交わした。韓青東本の実践的理論の構築は、真摯な学習討論の場で一つ一つつみ上げられ、そして韓青全国路線の強化発展を勝ち取る中核となる。

中野支部結成

「闘いながら組織し、組織しながら闘う」という韓青運動の原則を韓青東本は忠実に守っている。

七月十五日結成された中野支部は慎東植委員長（青年新聞六十七号韓国人原爆被爆者報告者）を中心に、週二回のウリマルと学習の日常活動を一生懸命行っており今後東本を支える中核的支部となっていくであろう。

二大事業推進へ！

民団二大事業である万博招請、永住権活動を活発に始める。

万博招請事業に韓青東京地区の青年は東京地区の招請による参観団が滞日中、安全に、楽しくすごせるようにと万博案内要員、保安要員として活躍し、万博招請事業に大きな貢献をした。

一方永住権申請運動も地道に推し進められていった。一九六九年十二月二十一日の第一四回韓青中央臨時大会の《永住権申請運動を積極的に行ってゆく》という決定にもとづき具体的な活動が始められた。七月の夏期講習会においても初参加の盟員まで永住権の重要性を確認され、関東各地方本部、支部においても申請活動が始められるよう指示された。

第六回関東地区夏季講習会

七月二十五日から三日間富士五湖河口湖で行なわれた講習会に、東京を中心に全関東から二百五十余名の若人が、「韓民族の現代史に主体的参加を」「我々の手で準備しよう」との主題、副題の下に結集した。日本軍国主義の復活が云々されている、七〇年代初頭の厳しい情況下において、韓青同が果たして行かねばならない役割と課題を、参加者一人一人が、より鮮烈に民族的に自覚する中でよりはっきりと認識していった。三日間の生活が参加者全員に与えた正しい影響は、関東全体の青年運動をより前進させて行くだろう。

組織の自主性守り

綱領の実践に多彩な活動

八・一五25周年集会

見捨てられた韓国人原爆被爆者、虐殺された韓国人傷痍軍人、正当化されている三十六年間の植民地統治、外国人登録、法的地位問題日帝の敗戦後二十五年在日同胞は真に解放されているのか。祖国はどうなのか。

八月十五日、東本のとなりの日本信販ビルで、東京、神奈川、栃木、埼玉、調布の青年が約百五〇名集まり二十五周年討論集会を開いた。

機関紙『東海』創刊

九月一日東京地区の地道な運動の成果として、韓青東京本部の機関紙「東海」が創刊された。

〈この「東海」が多くの盟員に対し、民族的覚醒の重大な契機となってゆくことと、自己と在日同胞を中心とした全体民族の民族的闘いの実践的武器となってゆくことを心から願う。ともあれ「東海」は全体民族の総意が韓民族の燦然たる民族史の中に花開くその日まで、闘争宣言たることを決してやめないであろう。〉（巻頭言の一節）

関東震災事件追悼

「我々は、人間として、韓民族として、怒りをもって九・一を迎えよう」九月一日十一時五十八分を黙祷の時とし、同胞の霊に冥福をささげ黙祷しよう」という呼びかけに、関東全域の二百名の青年が文京区民センターに集まった。激しい怒りの熱気が会場にあふれ、青年達は、残虐な日本帝国主義を告発していった。「我同胞の血ぬられた歴史のくり返しを決して許してはならない」「我々は歴史の生き証人として告発し、現在同胞が抱えている入管法を始めとする諸問題の解決をはかり、大虐殺の歴史的決着をつけるのだ」という決意を持って集会は終った。その後東京、神奈川、埼玉に分散して、大虐殺を告発し、入管法反対のビラを七万枚日本人大衆に配布していった。

第12回民団中央委員会

永住権申請期限があと三ケ月と迫まり、在日同胞の運命が左右されつつある大事な時期に韓青同の全青年が注目する中、十月二三日民団中央委員会が開かれた。当日会場の市ケ谷の日傷会館には、韓青東京本部も大きな期待を持って参加した。万博招請事業に関する執行部の基本姿勢に問題が集中して金澳洙メモによって明らかにされた不正・腐敗のほんの氷山の一角に論議が集中し、執行部の基本姿勢が問い正された。青年達は、同胞の明日が話し合われるべき場において、このような事態が生じたことに非常な憂いをおぼえた。不正、腐敗は、大衆が組織への不信を生み、組織の弱体化を招くため激しい怒りを覚えた。韓青東京本部は民団社会から不正腐敗の土壌を取り去り、反民族分子を追放し明るい民主的な同胞社会を作ることを決意した。

秋季幹部講習会ひらかる

順調な発展を遂げている東京本部は十月二四・二五の両日、中央研修所花郎台において秋季幹部講習会を開いた。花郎台の収容能力をはるかにこえた八〇名の参加者は永住権に関する学習をしてゆきその重要性を再確認していった。

墨田支部結成

十月三十日、東本十二番目の支部が墨田で誕生した。歴史が古いながらも、勤労青年を数多く抱えているため、右余曲折を経てきたが、墨田の青年の努力が着々と実って韓青墨田支部が結成された。最もバイタリティにあふれる墨田において墨田支部は強力な支部に前進していくことが確認された。

『永住権』最後の追い込み

韓青東京本部では永住権申請運動をさらに強力に推進するため、十一月三日、三十日の二回にわたり、都内拡大支部長会議が開かれた。三十日の会議では再度、二日の『永住権推進四項目の事項が再確認されていった。そして本部と密接な活動体制をもって、民団各支部で永住権促進活動を展開していった。具体的に十二月からの予定を組んで、中央、東本から各支部に連日行って促進を指導して最後の追いこみを行っている。十二月一日大田支部で民団・韓青（支部、本部）がこれからの永住権促進を再度協議、二日世田谷支部、地区青年と民団と協力体制を整える。三日両日と続いて、杉並支部で民団に協力、夜中野支部において家庭訪問（総連系）五日葛飾支部において家庭訪問、七日荒川支部、総連系部落を訪問、永住権の価値を強力に説明した。等々今年もぎっしり予定を組み、一月十六日までに一人の申請もれもないように、運動していくつもりです。

永住権促進へ青年の集い

十二月十九日土曜日、午後六時より赤坂溜町会館にて、韓青東京本部主催の「永住権促進、青年の集い」が東京地区の青年を中心に三百五十名の参加をもって開かれた。当日、赤坂溜町会館に六時すぎには続々と青年が集まり、民族衣装華やかな中、七時より開会、東京本部慎忠義委員長から「東京都内韓青の皆さん今年一年ごくろうさま。70年は激動の年でありました。韓青東京本部結成以後、種々の行事を組んできました。支部や各地区の青年の協力が本部を支えてきました。来年も頑張りましょう。現在韓青は永住権促進運動を展開しています。そして来年の春予定されている新入管法に対しても注視の目をむけています」と挨拶続いて民団東京本部羅鍾卿副団長から、「都内の青年が多数こういう場に集まることは意義があり、また現在の永住権促進運動を韓青も民団と協力し団結してやっていきましょう」と挨拶した。

民族意識に自覚と誇り

祖国統一への念願こめて

韓青東本委員長　慎　忠　義

親愛なる同胞のみなさん！

私は在日韓国青年同盟東京特別本部常任委員会を代表して、心から新春のお慶びを申しあげます。

昨年春三月結成された韓青東本は、在日同胞唯一の権益擁護の自主団体である居留民団の傘下団体だという誇りと韓国人青年の指導組織であるという自覚を持ち、果敢に民族運動を展開してきました。現在、在日同胞六十数万人のうち日本で生まれ育った二世、三世は七〇％をこえています。

二世、三世青年の「日本人化」が憂えられ、「民族教育不在」が叫ばれている中にあって、韓青同は、多くの青年達にすばらしい民族的素養を身につけさせ、健全で力強い民族精神を教えてきています。

民族の味「キムチ」の味を覚え独特のリズムと哀調を帯びた「祖国の歌」を口ずさむ青年達は、決して韓国人であることを否定しないという確信をもって昨年一年間ノレ講習会、料理講習会等を開いてきました。今年も益々充実したものとなってゆくことと思います。

韓青東本の支部は現在十二を数えていますが、今年も多くの支部が結成されてゆくと思います。

各支部では、一生懸命働いている勤労青年達が、そして学校に通っている青年達が、夜、支部に集りウリマル（国語）の学習を中心にあらゆる民族的な問題について話しあい立派な韓国人として成長していきつつあります。韓青組織は「民族学校」としての役割をすべて立派に果たしています。今年七十一年は、韓青同全盟員の民族的熱気と、より力強く、より正しい民団というアボジ、オモニ達の指導と支援のもとにさらに「青年学校」を成長させて行きたいと思います。

信頼してやまない同胞のみなさん。

過去三十六年間にわたる日本帝国主義の韓国植民地統治の為に日本に渡航せざるを得なかったアボジ、オモニ達が厳しい状況の中で必死に生きてきた結果、私達が存在しています。

在日韓国人はすべて、その過去の苦しい生活の中から、そして二世・三世はその生い立ちの中から幸福な生活へのそして差別がなく平等への願望は切実です。

しかし、日本政府は六十八年、民族教育をつぶし、同化を促進する外国人学校法案を制定しようとしたし、さらに六十九年には「韓日友好」という美名のかげで、在日韓国人の生活と権利をおびやかす「出入国管理法案」を制定しようとしました。

私達青年は、在日韓国人の権利と利益を守る[illegible]に対して先頭に立って闘って来たし、今後も再上程が確実な「入管法」に対して力強く闘ってゆく決意です。

私達は自己が在日同胞社会の一員であることに強い自覚を持っています。在日同胞社会の健全な発展は、日本政府のあらゆる差別抑圧政策に反対してゆくことと共に同胞社会の民主化にあることと思います。

昨年、民団二大事業の一つである万博招請の時の、金澳洙メモを氷山の一角とする不正、腐敗に対し、このことが組織への不信、弱体化につながるが故に私達は激しい怒りを持っています。在日同胞の為の民団から、一部の許せない、そして最もみにくい不正に対して、正しい決着をつけてゆくことは韓青同と全体同胞の今年のそして来年、さ来年と続く課題だと思います。

私達は、二世三世は、祖国の美しい大地で生まれ、育つことが出来なかったが故に、祖国に対する限りない愛情と、祖国が外勢によって半世紀にわたり踏みにじられたが故に祖国の民族主体制に対する信頼心を持っています。また祖国が「入管法」等に対し、強力な自国民保護政策を取り得ないが故に、祖国に対する鋭い問題意識を持っています。さらに祖国の南北分断が二十五年間にわたり固定化されているが故に、統一への限りない願望を持っています。

昨年六月、祖国の本質的矛盾を露呈させた「五賊」事件、そして今年九月に予定されている大統領三選問題等に対して私達青年は、祖国の「自由と民主主義」を守るという観点に立ち、鋭く注視し行動します。

在日韓国人の権益擁護、同胞社会と祖国の民主化、そして祖国の統一・独立は韓青同の七十年代における中心的な課題であり、今年七十一年はそれにいくらかでも接近すべく、全体同胞と共に頑張っていきたいと思います。

一月十六日まで一人でも多く

昨年の夏以来韓青同は、最大限の全力量を投入し、永住権申請促進運動を展開して来ました。

六十五年韓日条約締結と、六十六年一月十七日の法的地位協定発効とともに、一二六号法律は日政により一方的に失効させられ協定発効満五年を目前にひかえた現在協定永住・一般永住・特別在留という法的資格の細分化が進行し、最早動かしがたいものとなって来ています。

韓青は在日同胞の権益擁護という、基本的で最も正しい観点に立ち、資格のある在日韓国人に対して一人でも多く協定永住を申請するよう運動を継続しています。

一月十六日まで一人でも多くの同胞に永住権を申請するよう全組織力量を投入します。

「出入国管理法案」反対闘争を闘い抜こう！

法的地位協定により、在日同胞の法的資格の細分化―協定永住・一般永住・特別在留―をはたした日本政府は、六十九年度に全体韓国人の反対によって葬られた「出入国管理法案」を「懲りもなし」という欺瞞的な形で再上程を着々と準備しています。

在日韓国人に対して、日帝下の憲兵や、特高の再来を約束する「遵守事項」や「事実調査権」等々を中心に、生活権の剥奪をしてあらゆる言論・集会の自由の抑圧をさらに強制退去を目論んでいます。

そして法的地位協定第五条に明記してあるとうり入管法は永住権者にも当然適用されます。

韓青同は、今年一九七一年においても全体在日同胞と共に行動をとってゆく決意です。

全在日同胞の団結した力によって明瑚で安定した同胞社会がつくられてゆくことを確信しつつ新年の挨拶にかえたいと思います。

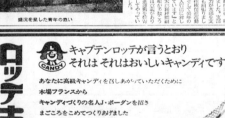

キャプテンロッテが言うとおり
それは それはおいしいキャンディです
あなたに高級キャンディを召しあがっていただくために
本場フランスから
キャンディづくりの名人J・ボーダンを招き
まごころをこめてつくりあげました
きびしく選びぬかれた原料
最新設備をそなえた工場から誕生する
高級フランス風のおいしさ
ロッテならではの
このぜいたくなおいしさを
心ゆくまでお楽しみください
ロッテキャンディは高級フランス風
チョコレート
すきとおったおいしいキャンディに
あのまろやかな
ロッテチョコレートが
甘くつつまれています
100円
ココロール
香ばしいココアの香りを生かした
スティックロール型の高級ソフトキャンディ
ついつい手が出るおいしさ 100円
高級フランス風
ロッテ
キャンディ

北韓内幕

6・25動乱は金日成の計画で始まった

＝フルシチョフ回想録から＝

○……フルシチョフ前ソ連首相の秘密回想録が米タイム・ライフ誌に公開され話題を呼んでいるが、その第四部で韓国戦争（一九五〇年～五三年）が〝北韓の南侵開始によってぼっ発した〟と述べていることは共産圏ではじめて認めた〝北韓側からの戦争開始〟である点、注目に値する。フルシチョフ回想録は韓国戦争の始まる前の金日成の計画、スターリンとの話合い、毛沢東、周恩来らとの関係を述べ、また韓国戦争が始まってからのちの状況、とくに中共の義勇軍が介入した前後秘事などを生々と書いている。一九五〇年六月二十五日北韓の大軍が三十八度線を越えて南に攻入り、三日後に韓国の首都ソウルを占領したとき、米国は国連にこの問題を持出し（ソ連代表は欠席した）北韓を侵略者としたが、以後今日に至るまで共産圏では〝北韓の南侵〟を否認し続けてきたものである。……○

一九四九年、私（フルシチョフ）がウクライナからモスクワに転任して行ったころ（フルシチョフは一九四七年にウクライナ首相となり、四九年党中央委書記兼モスクワ市・州党第一書記となった）、北韓の金日成はスターリンと協議をするためにモスクワに到着していた。

その時、金日成は韓半島の南半部に武力で侵攻することを望んでおり、それは確かに〝成功すること〟だと強調していた。金日成がスターリンに説明したところによると、北韓軍が大挙して南を攻撃すれば、間髪を入れず南には内乱が起こること間違いなし、そして南韓の人民たちは〝解放〟を叫んで蜂起し、たちまち南は共産主義の配下となるだろう……というものので、無論、スターリンはこうした意見に反対はしなかった。

スターリンは一抹の疑念抱く

金日成の強調したような考え方はスターリンの〝信念〟にも合致したもので、共産主義者のスターリンにそれはじゅうぶんに魅力にみちたものだった。従ってスターリンは、金日成に〝具体的な計画案〟を持って再び訪ねてくるようにといって、彼をいったん帰らせた。再び金日成がモスクワに現われたとき、彼は〝南侵計画〟の成功に絶対ともいうべき確信を抱いていた。そしてこれを説明する金日成の表情は自信にみちていた。だが、私はスターリンがこの計画に百％乗っていないことを見てとった。スターリンは〝金日成計画〟に、米国が介入してくることを憂慮しているのだった。私はスターリンの面持ちに一抹の疑念のあったことを覚えている。

やがて、スターリンは〝自信たっぷりの金日成計画〟について、毛沢東の意見を聞くことにした。

共産圏で初めて〝南侵〟を認む　毛沢東の〝米介入〟否認で決行

毛沢東の賛同で〝決行〟きまる

私がここではっきりさせておきたいことは韓国戦争の開戦がスターリンの構想によるものではないということである。韓国戦争を起こしたのは金日成自身だったのである。無論、スターリンが当時、金日成の計画を撤回させなかったというのも事実であるが……。しかし、真の共産主義者であれば、誰しも〝米国の反動的影響力の及んでいる南韓を解放させる〟という金日成計画に反対しはしなかっただろう。多分、私が時のスターリンの席にいたとしても、同じ結果となっただろうと考える。

とにかく、スターリンが意見を聞いた毛沢東は、金日成の南侵計画に賛同の意を表してきた。のみならず、毛沢東はその戦争に米国は介入すまいとの見解さえ表明したのだった。

こうして、金日成計画に賛同と決まると、金日成を主賓にした晩さん会がスターリンの別荘で盛大に行なわれた。それは雰囲気の高揚したふん囲気の中で非常に豪華なパーティーだったことをいまも私は記憶している。その席で金日成は大そうな熱をこめて「南韓は土壌も肥沃であるし、気候もよいので農事に適しており米などはありあまることになるだろう。また南の沿岸は各種の魚類が豊富で漁業が盛んである」などと語りながらなかなか食指の動くような調子のよい話を並べたてていた。

われわれは一様に金日成の成功を祈ってさかずきをあげ、また北韓の指導者たちのために乾杯した。

ソ連空軍が平壌防衛を担当

そのとき、われわれはすでに北韓に武器供給をしていたが、いっそう多くの武器が必要となるだろうことは明らかなことだった。それからわれわれは北韓にまた別口でタンク、大砲、小銃、機関銃、対空砲などを供与した。

そして、われわれの航空機（複数）は首都平壌の防衛を担当、このためにソ連軍は北韓の基地に駐留していた。計画で決定された時間が刻一刻と近付き、一九五〇年六月二十五日の日曜日、韓国戦争がぼっ発した。

南に攻め入った北韓の人民軍は破竹の勢いで各地を席巻し、南下して行った。ソウルは三日後に占領したし、北韓軍は大邱、釜山の一部を残してほとんど全域を占領したが、人民蜂起は決して起きなかった。金日成は北韓の党が信号を送りさえすれば南の人民は蜂起すると公言していたし、またそう信じていた。しかし、それは待っても待ってもムダなことであった。

にもかかわらず、われわれは、その戦争が人民のための〝民族解放戦争〟だという点で賛同したため、なおも人民蜂起を願いながら金日成の計画が成功するよう、またも祈るのであった。

最後の地点〝釜山〟の抵抗

南韓政権は不安定で、南韓自体を防衛する能力さえも持っていなかった。従って、南韓内部で共産反乱が起きれば問題は簡単だったはずである。だが、その共産反乱を起こしうるほどに共産党の組織・活動がじゅうぶんでなかったことが次々に明らかにされて行った。

そして、金日成の軍隊は釜山近くにまで南下していったとき、戦力は全く底をついてしまった。もう一押し、というところでその一押しが効かなくなっていた。

釜山は南韓の最南端にある港である。この釜山は韓国戦争を終結させる前に占領しなければならない計画の重要地点であった。

ところが、この最後の地点〝釜山〟に立てこもった李承晩（当時の韓国大統領）は小さな抵抗力を最大限に活用し、じっと耐えて動かなかった。そして情勢はむしろ攻め方に一つの〝脅威〟が生まれてきた。その〝脅威〟は恐くすると南韓のほとんど全域にわたって駐とんしている北韓人民軍崩壊の恐れにもつながって行った。

戦局は全く投機的でイチかバチかの危険な事態に陥った。

ここで私がふれておきたいのは、スターリンが金日成の〝南侵計画〟に賛同しながらも取ったその後の措置に関してである。その措置は私には納得のいかぬものであった。

〝証拠を残さぬ〟スターリン

これより先、スターリンは金日成の南侵準備がいよいよ進むと、北韓人民軍の師団、旅団などに派遣されていたすべてのソ連軍顧問官らを召還した。従って平壌防衛の軍以外にソ連の軍人は一人として配置されていなかったのである。私はスターリンにその措置の理由について聞いてみた。するとスターリンは「危険だからな」といっていたのちに「ソ連顧問官が捕虜にならないと言いきれるかね？　われわれはソ連が非難されるような証拠を残しておくべきではない」と答え、そしてはっきりと「戦争は金日成の仕事だ」というのだった。（スターリンはそれが明らかに侵略戦争だということを知っていた……）

私はスターリンの冷たさに驚き、また一面では金日成が可哀そうに思えて、こう提議した。「しかしスターリン同志！　金日成にもう少しいさぎよく援助してやってもいいのではありませんか？　第一金日成は軍事戦略に通達しているわけでもないのに、ムリじゃないですか。マリノフスキーに助けさせたらいかがでしょう」と。（マリノフスキーは一九四五年から五六年までソ連の極東軍司令官）しかし、スターリンは私の提案に頑強に首を左右に振って「とんでもない！」と強く反発した。

釜山が陥落しなかったばっかりに…

戦局が長引くにつれ私は、もう少しソ連軍がイニシアチブを取っていれば形がつくのだと思った。スターリンの措置は武器だけを給供し〝ソ連は関係がない〟と装おうとしていることだった。私は思った。われわれは金日成の側でないというのか？　われわれがもう少し兵力の配置状況を検討し、そして作戦を指揮することのできる資格を備えた要員を派遣して欲しいという金日成の要請を聞き入れてやっておれば、北韓人民軍は間違いなく勝利をおさめ得ただろうにと。否、あと、ほんの戦車隊の一つか二つを金日成に協助しただけでも釜山の占領は可能であったろうと――。

実際のところ、後に米国の新聞は、もし釜山が共産軍の手に落ちていたら、米地上軍は韓国戦争に介入していなかったであろうと報じている。

しかし、事実上米軍は上陸作戦を開始し、九月十五日には仁川の上陸となった。再びソウルを奪還した米軍は第二次世界大戦後に、軍事境界線として決められた三十八度線を越えて北進し始めた。

こうした悲劇的な事態が展開していたとき、周恩来がモスクワに現われた。当時、スターリンはソ連の南部地方に出張していたが、周恩来は直ちにその地に飛んだ。

スターリンがモスクワに帰ってきたとき、私は周恩来のことについて聞いた。スターリンは周恩来が北上している米軍と南韓の軍隊を阻止するために中共軍を北韓地域に移動させなければならないのではないかと聞いたのだと私に言った。しかしスターリンは周恩来に、中共軍が介入しても効果はないだろうと答えたという。

しかし、周恩来が帰国しようとするころ、この問題の結論が変わっていた。周恩来が毛沢東の指示によってそれを強く主張したのかあるいはスターリ自身が戦略を変えたのか、それともスターリンと周恩来の真な話合いで〝合意〟したのか、とにかく、スターリンと周恩来は中共軍が北韓に対し積極的な支援することで合意をみていた。

人海戦術に頼った中共軍

中共は戦宣布告をせず、ただ、いわゆる中国人民義勇軍を韓半島に派遣した。この人民義勇軍は毛沢東から最高の信任を受けている彭徳懐が総司令官となって指揮をし、その戦闘は米軍と南韓軍がさらに北進することを阻止するのに成功した。

彭徳懐はその間、幾度も毛沢東に長文の電報を打ち〝米軍は壊滅した〟とか〝戦争は終息した〟とか報告したが、その度毎に、毛沢東はその電報をスターリンに送ってきた。しかし、戦争はそう簡単には終わらなかった。そして毛沢東はその時将軍だった自分の息子を、その戦争で失った。

当時、中共軍は技術および装備の両面で大きく立遅れており、従ってその戦法は攻撃であろうと防御であろうと、ただ人海戦術に頼るというふうなものであった。

戦争援助の秘密文書さえ見ずに

韓国戦争に関して残っている私の記憶は〝悲惨〟以外の何ものでもない。そしてソ連の立場はどのようなものであったか――。私はこの戦争でソ連の軍事援助や技術援助問題が論議されたという〝記録〟を一つとしてみることができなかった。しかし、スターリンからの直接の言動によってソ連のこの戦争に対する政策を知っていた私は、意見の一つも言ってみたくその政策文書をみたいと考えていた。

スターリーは私にも韓国戦争に関する〝秘密文書〟を配布してくれるといっていたのだが、ついにそれは実現しなかった。

遊戯場　烏山センター
代表　李衡泰
東京都世田谷区南烏山五－十九－十一
電話（三〇八）五八三三番

北傀経済失敗の苦悩

ビクター・ジョージャー記

韓国と北韓との間の〝新しい戦争〟に対する危険性はうすらいだようだ。これまでずっとしかけられてきた時限爆弾の導火線が取除かれたからだ

さる十月、平壌で行なわれた北韓の労働党第五回大会で北韓の指導者は〝南朝鮮の解放〟はそう切迫した任務ではないというようなことをほのめかしたが、これはこんごの南北間の緊張がそうせまったものにはなるまい、とみられる要因となるだろう。

恐らく、北韓は南韓を〝解放〟するという冒険をこんごは実践にうつそうとしないのではないか？　すなわち、これまで固執してきた北韓による〝解放〟の意図を捨てるのではないかとみられる。しかし北韓首相の金日成はさきの党大会で南朝鮮の人びとはみずからの手で解放をかちとらなければならないだろう」とはいっている。

多分、金日成は〝ベトナムの教訓〟から感じ取ることが多かったのだろうと思われる。

〝南解放〟の語調やわらぐ

だが、金日成はいまだに北韓が南韓における革命を支援する義務があると主張している。しかし、その語調はかつての激烈な好戦的なものとは比べものにならないくらい静かなものである。北韓はこれまで非常にきつい調子の宣伝文句を流し続けてきたが、三年前に金日成が声明の中で「共和国北半部の全人民は南半部の革命を完成させる重い責任を持っている」などと主張したときは非常に好戦的な調子が強かった。これに比べると、こんどの党大会の様子は〝南北の戦争が回避された〟と見てよいと思われるほどに語調がやわらいでいたし、その上、また終わっていない北韓の主要政策の転換問題と指導権争いの残りかすを始末することなどの方が忙しいという感じをかくしおおせなかった。

金日成はこれまでも頻繁に党政治局の同僚たちを粛清することによって金日成支配体制を強化してきたし、またそうした手法によってのみ金は彼に対する挑戦に耐え得てきたといってよい。ところが金日成はいまだにその挑戦を全く排除し切っていたわけではなかったようだ。

姿を消した金光侠第一副首相

それはこんどの党大会でも全く同様の手法――粛清――が使われていることから容易にうかがい知ることができる。たとえば北韓の権力構造中、第四位の地位を占めていた金光侠（第一副首相）の姿がこんどの党大会の席にみえなかった。金光侠はさる六月、北韓の根本政策論争で、問題の検討が最終段階にはいったころから姿を消した。否、消されたのであろう。

この根本政策論争はいわば〝パンか大砲か〟の問題であり、戦争と平和に直接関連した政策であったのだ。

北韓はこの政策で一九六六年末計画実施中の七カ年計画を一時タナ上げにしてまで軍備強化を打出した。それは〝全人民武装化、全国土要塞化〟と、騒々しいかけ声で始まり、事実上、それから北韓は三カ年軍備強化計画により、総力を〝戦争準備〟に注いだ。しかし、これは少なくとも表面上は軍備強化と高度の経済発展が同時に促進されうるという建前で進められた。これは昨年、中央通信が流した「某経済学者に対する金日成首相の答弁」の中にも出ていた。

それは某経済学者が、北韓で強行していた軍備強化は当然北韓の経済にも響き、北韓は高度の経済成長を継続させることはできまいと主張したのに答えて、金日成がその可能性を説明したものであった。

経済優先主義者の政策が勝つ

こうして北韓はその両者、すなわち軍備強化と経済発展の両方の促進が可能だと〝理論的正当化作業〟に懸命であったが、この通信の中の某経済学者とは軍備強化強行は北韓の経済全般を危うくする」と主張したある政治局員を指しているようだ。その〝赤経済学者〟が「経済優先主義を先立たせる」うんぬんなどといっている点など、またその他のいくつかの暗示からもそれは確かなことだといってよい。

ところが、皮肉なことに、いまではこうした経済優先主義者たちの見解が支配的となっている。金日成はさきの党大会で先例のないことを言った。つまり「率直にいって、国防費支出はあまりにも重い負担だということが明らかになった」と金日成は認めたのである。しかし「これは続けて行かなければならないことだ」ともいっている。

もともと北韓の産業構造は虚構

党大会で以前と違った点は金日成はじめその他の高位指導者たちが、軍備を続けて行かなければならぬ、としながらも、かつての高調子での〝軍備強化一本槍〟を掲げていないことである。党大会の冒頭で「戦争準備は完了した」と誇示したのが目立ったくらいで、党大会全体としてはむしろ新しく提出された経済六カ年計画に力を入れているようである。この経済計画はこれまで軍備強化の推進がなされていた期間中、電力、原料鉱業などの基礎産業が製造産業に対して必要な原料や動力をじゅうぶんに供給しえなかったことをはっきりと認めた上で作成された。

北韓の経済的基盤は事実上揺らいでいる。それはこれまで豊富にあった天然資源が枯渇状態に陥ったためである。もともと北韓の産業構造は虚構であった。騒々しいかけ声に引きずりまわされた感が深かったが、こんどそうした実態がいよいよ明らかになったのである。

金日成の反対者たちは北韓が当初みせた高度の経済成長が実態にあった資源の〝じゅうぶんな使用〟によるものだったと主張した。しかし、これらの資源はもう底をついてしまった。

金日成の反対者たちが主張するのは、この資源枯渇状態が経済成長を鈍化したのみならず、さまざまな論議が生ずるようになったということで、それはこんごの大問題でもあるというのだ。

ところが、金日成はこうした反対者を次々に粛清して来ながら、こんどの党大会では結果的にそれら反対者の主張を認めざるをえなかった。すなわち現実に起きている原料、電力、鉱業分野の減退は金日成も認めたように、もうかくしおおすことのできないものだ。

金日成は過去十五年間、北韓の産業生産が毎年平均一九％の増加をみせてきたと主張した。しかし北韓の新六カ年経済計画は討議の末、一四％の成長率を追求するとしている。かつて一四％うんぬんと論議されたが、経済計画が発表されてみると、やはりそれは一四％線に決められていた。結局、この数字だけからみても金の反対者の〝某経済学者〟の意見が正しかったということができよう。

新春随想

幸福と不幸の岐路

韓国問題研究所長　鄭寅勲

不思議な披露宴

最近、京都で数年前故人となったある友人の長男が結婚式を挙げた。同日披露宴を催すのでぜひ出席して欲しいとのご招待を受けた。

人情としては親しい友の子息の成長ぶりをぜひ見たいが、東京から京都への日帰り往復もさることながらいろいろ生活の事情に照して大変無理なので実のところ鳩が豆鉄砲をくった形の奇妙な困乱をおぼえたのであった。

この招待は、文書と電話と来訪の三方攻めに会ったのでついに承諾をし披露宴に臨んだのである。

さて、会場の受付に名刺を通して間もなくある青年が、先生…一寸」と誘って誰もいない控室へ呼びこまれた。何んだろう？と訝げに思いながら用件を聞うと

「祝辞の際政談演説をやりますか」と言う。

「いや！結婚披露宴の祝辞は新郎新婦が幸福になれるようお祝いの言葉をのべるだけです」と答えたら、「何分よろしく」と頼んで出ていった。

約束の予定では帰京の時間の都合上、私が最初に祝辞をのべるはずであったが、司会者が北労党の第五同大会の成果とか、京都本部の成果とかの教条主義的なPR報告を長々とした後、祝辞人予定を勝手に組変えて西陣支部の先生とかいう者が一番となり、次が韓青文化学院講見理事長、最後に私が指名されたのである。祝辞人の順序など私には何んの気にもならないが、自分の店の経営の都合は合意の上で無理をして京都へ行ったのに司会者がどういう権限で予定を勝手に変更して、結婚のお祝には政見演説などは一般概念では無縁な関係であるものを、招いた者が非常識にも不礼に招かれた人にわざわざ政務中止の申入れをし帰京時間まで迷惑をかけるというが如きは、正に二律背反の狂気の沙汰というほか言いようがない。

ドグマがベッドルームを支配

祝辞も十人十色で、それはそれでもよいだろう。結局は幸福になれの一言に尽きるが、幸福の定義も千差万別で民主主義の一般論としては確定的なものはないのである。それで、私は「幸福は人が与えてくれるものではなく、夫婦が創造するものである。だから、深く愛し合いまた広く理解する努力さえすればその当人達はそれが幸福であると言えると思う。

ここで最も要心して欲しいのは、茶の間に権力を介入させたり、ベットルームをドグマで支配されないようにして欲しい」ということがお祝いの言葉であると結んで帰京したのである。

さて、ここで金日成徒党諸君に敢て忠言をしたい。諸君は十数年前から民族統一をお題目のように唱えて来ているが、諸君達が妄想している前時代的なスターリン式発想は諸君達の期待とは逆行するパラドックスなのである。若し、諸君達に民族的な良心や真の同胞愛が一片でもあるとするならば、民族の念願である南北統一を可能にする模索を本気でやることである。

狂人を偶像にデッチあげて暴力革命を根底に詐欺的演出を繰返して見ても日を追って衰勢化する現象は覆うべくもなく、先日の日本入管当局の外人動態の統計にも明示されている通りである。

だから朝総連は金日成に盲従するオールオアナッシングの妄想を遥かに止揚して、先ず対内的には反対意見者の共存を認めることであり、対外的には自主件のある諸団体に詐欺的煽動を取りのぞいて行動を以て民主化を実証することである。

百論よりも一つの実証

それでは民主化の具体案を二～三提議して見よう。今、日本で大会を秘密にしているのは朝総連一つだけである。日共ですら第十一回大会をオープンにして世上の注目を集めた。

しかるに、在外人の朝総連が人権擁護の政策論議をするという場の大会は在留国の一般大衆の支持を得ないと自覚擁護に終るのであるから卒先して公開集会が望ましいのに、何故に未だに、秘密厳守を続行しているのか。

新聞でいうところの危険視される実態がないならば、朝総連もここらで金日成の顔色に関係なしに在日同胞の利益推進のため年度方針決定の大会位は民族良心の勇気をもって敢然と公開方式に改めるべきであろう。

その二は、北鮮はエデンの園だとの宣伝で八万余名が送還された。朝総連は北労党の在日支部であると自他が認めるが、北鮮がエデンの園であり、また、建設人員が甚しく不足しているとも強調しているのであるから個別的な大衆を送還するのに力まないで率先両親の実践で幹部諸君が真先に帰るべきであろう。幹部がよいと強調しながら自らは逃避する場合は一般通念では欺瞞だという。

その三は、民族問題の最大のライフワークとして北鮮は終始一貫〝統一〟を主張してきた。韓国の分裂は確に大きな悲劇を招いたし、今なお諸々な不幸をもたらしている。

北鮮の統一主張の経緯をならべて見ると大きな変化が四つある。最初は一九五〇年の国連軍撤退を機に一気に韓国赤化を目論んだ六・二五の韓国侵略であり、それに失敗すると手の掌を返したように今度は〝平和統一論〟を唱え出し、これも効果があがらないと見るや今度は執拗にゲリラを投入して撹乱工作をして見たが、これとて失敗に終ったので第五同北労党大会で「韓国先革命論」を決定した。

かくて北傀とそのグループは羊の皮をかなぐり捨て四千万民族が危惧した通りの狼の本性を自らむき出してきたのである。

そもそも平和統一とはお互の体質を民主化することである。より具体的にはお互が過去を反省することであり、統一後の少数派を物理的に弾圧や矯正とかの方法を絶対にとらない、という民族的人道的な見地で保障を確立することである。と、言っても理論的には判りきったことであるが不信感で満されている現状打開は容易ではない。

ここで北韓の諸君に強く望むものは、日常生活の些細事であっても大衆には肌で感ずる恐怖心となるから、冠婚葬祭の集りでドグマで偶像をクローズアップさせ、高校生的な絶叫をすることは止めて欲しいものである。

むすび

一握りのスターリストを除けば諸君らも全部が自由にして豊かな暮しをしたい筈である。幸福と不幸の岐路は各人の選択の問題である。また、平和統一を真に念願するなれば民主化以外の道は絶対にあり得ないから、まず朝総連の民主化のために勇気を出して闘うべきである。

永住権を取得して安定した生活を！

永住権申請案内

今年は、永住権申請の年です。

在日同胞の皆さんが一日も早く安定した生活を営むためには、永住権を取得しなければなりません。まだ永住権を申請してない方は一日も早く申請するよう、お互いに努力し、お知りあいの方にも勧誘して下さい。

協定永住権を受けることによって、

(1)、何よりもまず、いままでの暫定的であった地位をはなれて、権利として日本に永住することが法的に保障されます。

(2)、したがって、協定永住許可者は、ほとんどすべての場合において日本から退去を強制されることがありません。

(3)、さらに、同永住許可者に対しては、海外旅行に必要な再入国許可においての制限がないばかりでなく、一家族が離散することのないよう、人道的な配慮が十分ゆきとどくようになっております。

(4)、子女の教育問題においても、日本の公立小・中学校への入学が認定され、また上級学校進学においてもその入学資格が認められております。

(5)、生活保護を受ける必要のある人には、従前どおりの保護が受けられるようになっており、とくに国民健康保険に加入することができます。

(6)、外国人財産取得に関する政令の適用を受ける一般外国人とはちがい、主務大臣の認可なしに土地・建物などの財産を取得することができます。

(7)、日本から永住帰国する場合には、自己財産の本国搬入または送金などが、協定上保障されております。

在日同胞の皆さん！

去年の八月に開催された〝韓・日法相会談〟の結果、皆さんが安心して永住権を申請できるよう措置が講じられておりますから、一日でも早く永住権を申請されるよう、かさねて要望する次第であります。

もし皆さん方の中で、同永住権申請に関連して、質問または相談なさる事項がある場合には駐日大使館（第一領事課、または永住権申請案内室）あるいは、地方に所在するわが国の各級領事館または民団へ直接来訪されるか、書信で同事由を問い合わせて下さい。必ずや皆さんのご期待にそえるよう、全力を尽してみなさんのご相談に応じます。

なお、皆さんの親戚の方々はもとより、親しい知人の皆さんにも、以上のことを広く知らせて、永住権申請該当者は一日でも早く一人残らず、この申請を完了するようご協力下さい。

駐日大韓民国大使館

謹賀新年

製鉄原料・プレス加工
本田商店
孫益俊
東京都品川区小山台一ー一三ー一
電話 目黒(七一二)〇五〇・(七一三)三二〇〇
倉庫 東京都品川区西五反田六丁目一八番七号
電話 大崎(四九一)〇四九三

日精工業株式会社
代表取締役 李幸雨
本社 東京都豊島区南池袋一ー一三ー二四
電話 (九八六)五五九一ー四番

三興商会
社長 鄭順相
東京都墨田区立花五ー四ー四
電話 (六一七)三五五五番(代)

平山金属アルミニューム
社長 申道寛
東京都葛飾区堀切一ー九ー六
電話 (六九一)一七八九番

東洋金属株式会社
取締役社長 李基寿
本社工場 東京都港区白金1丁目27—3
電話 (443) 0261番(代表)
工場 東京都太田区田園調布1丁目8—25
電話 (757) 0571番(代)

製紙原料製鉄原料
非鉄金属諸会社払下
協進産業株式会社
社長 鄭渭鎮
東京都台東区秋葉原五ノ五
電話 (二五一)八〇八三番

パチンコ・宇宙センター
キャバレーニューエンパイイア
松岡商事株式会社
代表取締役 松岡英吉
本社 東京都足立区梅島1丁目13番9号 〒120 (松岡ビル) 電話(887)0010・(840)0177番
梅田支店 東京都足立区梅田2丁目12番3号 電話 (887) 3366番
梅島支店 東京都足立区梅島1丁目13番10号 電話 (887) 2952番
梅田支店 東京都足立区梅田2丁目14番14号 電話 (886) 5584番

旅行用カバン・袋物各種・チャック卸
株式会社 大原
取締役社長 秦孔暦
東京都荒川区東日暮里町4—16—2
電話 東京 (801)3576・6545

桂田商事株式会社
東京都武蔵野市吉祥寺本町一丁目三十一番地
電話・四二(二二)八五六六番
遊技場百万弗
東京都江東区深川森下町一丁目八番地
電話 (六三一)〇八三八番
代表者 辛容相

新栄建設株式会社
東洋建設株式会社
代表取締役 姜順浩
東京都豊島区池袋三丁目一五五六
電話 (九八七)三七七一
(九八七)四六六一
(営業社員募集)

謹賀新年
玄庠涪税務会計事務所
税理士 玄庠涪
経営コンサルタント(徳原弘芳)
事務所 東京都新宿区中落合三ー二四ー一〇
電話 (三五二)四〇七〇番
(九五三)八七七〇番

荒川韓国人商工会
顧問 李順千
顧問 趙活俊
常任顧問 文裕弘
会長 金栄洪
副会長 李英南
副会長 李昌植
専務理事 鄭勝渕
財務理事 洪宗河
財務理事 文敬淑
常務理事 鄭真良
常務理事 文斗河
監事理事 金同元
監事理事 高崙宗
理事 河道珍
〃 河文相
〃 秦孔暦
〃 金烝泰
〃 李重奉
〃 張元沢
〃 金光浩
〃 高昌運
〃 呉福琛
東京都荒川区荒川三ノ三二ノ九
電話 (八〇三)〇五五五〜六

パチンコ〝憩〟
姜信淑
台東区千束四ー三六ー一〇
電話 八七二ー七二三八

抱カバン・書類入・ランドセル・製造卸
金宮鞄工
金孝変
東京都足立区梅田1丁目25番8号
電話 (840) 4191番

済州開発協会
会長 高琫準
副会長 玄栱洙
〃 秦東圭
理事長 高痒秀
副理事長 慎時範
専務理事 金栄洪
総務部長 秦孔暦
財務部長 趙漢鳳
渉外部長 李昌植
組織宣伝部長 玄奎元
企画部長 姜仁煥
調査研究部長 金子良
青年部長 鄭勝渕

済州商事株式会社
取締役社長 金坪珍
取締役副社長 趙辯訓
取締役副社長 高珂準
取締役専務 韓文鳳
取締役常務 金昶輝
取締役常務 慎時範
東京都台東区上野二ー六ー一
電話 (八三二)四四一一・五〇七七〜八

本年もよろしくお願い致します
高幸子 流行曲 新民謡 集全十二曲
好評発売中!
東京都台東区上野桜木二ー六ー九
クラブソウル
電話 (八三二)二〇〇一
一四一六

都内唯一の国際親善の殿堂
クラブアンニョン
代表者 高昌富
東京都台東区西浅草二ノ十五ノ十三
浅草国際劇場近く

クラブ〝富士〟
国電亀戸駅前
(六八二)六六五〇
八八九〇
喫茶〝慕情〟
浅草松屋横
台東区花川戸一ー七ー五
(八四三)〇八一一
代表 朱判男

木下ゴム工業株式会社
代表取締役 李昌雨
本社 東京都荒川区西日暮里六の一八の五
第1工場 電話 (八九四)五七五六〜九番
第2工場 東京都荒川区西日暮里六の宍の冨号
電話 (八九四)四七五五番

ホテル石景
石井貞子
横浜市西区楠町六〇
電話 〇四五四ー七二四ー一〇
自宅 東京都台東区清川一ノ十一ノ一〇
電話 (八七二)二一〇一
(鄭情伊)

旅館 荻窪本陣
尹正男
自宅 東京都台東区東浅草一丁目一〇番八号
電話 (八七六)一六九一(代)〜二番
荻窪本陣 東京都杉並区上荻一丁目一四番三号
電話 (三九一)一二七八番

1F 浅草の夜をリードする
キャバレーグランドコクサイ
TEL (八四三)七二三二(代)
2F 都内唯一温泉 漢方酵素風呂
大衆サウナ
入浴料¥350
3F デラックスサウナ
入浴料 ¥700
マッサージ ¥800
浅草国際劇場並び 国際サウナ

浅草 グランド日輪
(841) 3773・3883
錦糸町 グランド日輪
(631) 6090・7090
社長 小林健次
小林商事株式会社 東京都台東区浅草2—18—4(小林ビル)
(841) 3569・3574

フェザーシューズ
代表 李萬鐘
東京都台東区今戸2—17—10
八七六ー二七二一ー二

永住権申請の相談は民団へ

(無料で写真、代筆など一切の手続きをして上げます)

永住権申請の相談は民団へ

在日韓国人(朝鮮籍を含む)が、日本で安定した生活を営み且つ、自由に祖国を往来し、または家族を招請するためには、何よりも他の外国人には願っても得られない永住権を取得するのが最も良いのです。あらゆる手段によって、在日韓国人(朝鮮籍を含む)をだましている朝総連のデマ宣伝に迷わないで、あといく日も残されていない申請期限(一九七一年一月十六日)が満了する前に、一日も早く永住権を申請しましょう。

〈申請方法〉

外国人登録を第二回目から引続きしている人は次の書類を揃えて、自分の居住している市・区・町・村役場に行き、本人が提出します。但し、十四歳未満の人はその父母が代理申請します。本人が直接準備するものは、写真二枚だけで他の用紙は上記の役場に置いてあります

A、協定永住許可申請書 二通
B、旅券又は大韓民国国民登録証(このようなものが無い場合には国籍を書きいれた陳述書)
C、写真(五センチ四方で六ケ月以内に撮影したもの) 二枚
D、家族関係と居住経歴書 二通

〈参考〉

1、手数料は一切無料です。
2、外国人登録上、朝鮮籍になっている人は、大韓民国(韓国)の国籍に変更申請したらよいのです。
3、居住経歴或るいは身分上に何かの問題点があると思われる人は最寄りの民団或るいは領事館又は大使館に行けば親切に案内してくれます。

民団東京本部管内各支部の所在地 (カッコ以下は電話番号)

文京 文京区小石川二ー十一ー八 (八一一)三五五五
台東 台東区東上野三ー一五ー八 (八三三)九九〇四
中央 中央区日本橋茅場町一ー六 (六六一)五三七〇
連合
墨田 墨田区太平町一ー四ー八 (六二二)九四四二
江東 江東区木場六ー八ー十 (六四四)〇二一二
江戸川 江戸川区興之宮二九 (六五七)七五一二
北 北区稲町一ー二六九 (九〇一)二六六一
足立 足立区千住桜木町五三 (八八八)八三〇一
荒川 荒川区荒川三ー三二 (八九一)〇五五五
葛飾 葛飾区本田立石六ー一八ー一六 (六九三)一七七一
豊島 豊島区池袋二ー一一六七 (九八二)七一六一
板橋 板橋区板橋二ー二ー九 (九六一)六五六五
練馬 練馬区豊玉北四ー三一 (九九二)五五七七
新宿 新宿区三光町二五(三立ビル二〇三号室) (三四一)〇二四四
中野 中野区新井二ー一ー七 (三八六)五五三六
杉並 杉並区梅里二ー二四ー一三 (三一三)七五七五
渋谷 渋谷区宇田川一五 (四六一)五三八二
世田谷 世田谷区下馬町一ー一七 (四二一)三六〇九
目黒 目黒区青葉台一ー三〇ー一〇 (七一三)四三七八
港 港区三田四ー六ー一八 (四五五)一一八八
品川 品川区豊町三ー一ー一 (七八六)一二二四
大田 大田区新蒲田一ー六ー七 (七三二)七六五一
大韓婦人会東京本部 (八一二)二九三八

在日大韓民国居留民団東京本部
東京都文京区本郷三ー三二ー七
電話八一一ー一五三五〈代表〉

民団三多摩本部管内各支部の所在地

立川 立川市錦町一ノ三ー二十 (二三三)二六三五
調布 調布市下石原二ー三九 (八二)〇三六七
武蔵野 小金井市関野原町二ー四ー六(八一)三六二〇
八王子 八王子市高尾町一六〇九 (六一)二〇三五

在日大韓民国居留民団三多摩地方本部
東京都立川市錦町一ー三ー二〇
(〇四二五)二三ー二三八一

在日本大韓民国居留民団
綱　領
一、우리는 大韓民國의 國是를 遵守한다
一、우리는 在留同胞의 權益擁護를 期한다
一、우리는 在留同胞의 民生安定을 期한다
一、우리는 在留同胞의 文化向上을 期한다
一、우리는 世界平和와 國際親善을 期한다

THE PRESS MINDAN TOKYO
THE KOREAN RESIDENTS UNION, IN JAPAN, TOKYO OFFICE
「韓僑通信」改題
在日本大韓民国居留民団
東京本部発行日本語版週刊紙（購読料1カ月100円・特別1000円）
（1965年7月27日第3種郵便物認可）

民団東京
THE PRESS MINDAN TOKYO

3月17日
<1971>
週刊・毎水曜日発行
第2442号

発行所
民団東京新聞社
発行人　鄭　在　俊
東京都文京区本郷3丁目32番7号
電話（811）1535（代表）
〒133　振替口座 東京16631番
（大韓民国文化公報部国内頒布許可）

民主政治で民族繁栄へ

56項目の公約採択
大統領候補朴総裁を指名
共和党全党大会ひらかる

与党の民主共和党は十七日、ソウル市内の奨忠館体育館で大統領候補指名大会を開き、満場一致で朴正熙総裁（現大統領）を、同党の大統領候補に指名した。

この日の共和党全党大会は、二千人の代議員と参観者六千人、合計八千人が参席、崔熙松全党大会議長の司会で会議を進行した。この日の全党大会は、大統領候補指名の他、現在党議長代理となっている白南檍氏を、正式に党議長に任命し、党の機構を総選挙体制に切替えるために必要な党規改正案を承認した。

全党大会はさらに政治、外交、国防、経済、産業、国土開発、農漁村開発、教育、言論など、十カ部門に亘る五六個項目の選挙公約を採択した。共和党は十六日午後四時半、党中央で臨時党務会議を開き、全党大会に提出する大会宣言文、党の基本政策案（公約と同じ内容）などを承認した。

朴大統領

二大選挙の公約を発表

白南檍共和党議長代理は、大統領選と国会議員選挙に対する公約を発表「七〇年代は国民の世論を基に、発展的な民主政治を具現し幅広い与野協力で、生産的な政治倫理を確立、絶対優位の国力培養により北韓の南侵企図を未然に粉砕して緊張を緩和し、平和的な国土統一に民族的な基礎を確立する」と述べた。

共和党の公約は政治、外交、国防の三部防に対し次の十二項目である。

一、頼れる指導力と確固とした執権勢力で民族繁栄をはかる。
二、国民世論を基とする民主政治を具現する。
三、健全な国家発展を虫ばむ社会悪を果敢に追放し、清い前進を誓う正義の社会を建設する。
四、幅広い与野協力で、生産的な政治倫理を確立する。
五、民願行政の簡素化と能率化で奉仕行政体制を発展させる。
六、公務員の報酬制度を合理的に改編して生活を保障し、奉仕する心に誇りを持つようにする。
七、変動する国際情勢に対応する弾力性のある多辺外交で、統一と安保に有利な国際環境を造成する。
八、国力の培養、北韓の南侵企図を未然に粉砕し、緊張を緩和し平和的な国土統一の民族的な基盤を確立する。
九、六十万の正規軍と二百五十万の予備軍を主軸に、七〇年代前半期の民族的試練期を克服する。
十、米ベトナム化計画の進展にともない、韓国軍の段階的な撤収を実現し、平定計画を支援する。
十一、軍編成制の改編とじん速な装備近代化で戦闘力を増強し、予備軍の運営を改善する。
十二、将兵の処遇と給与を改善し明朗な兵営生活をなし、兵務行政を刷新する。

「統一の礎石となるべき」

朴正熙共和党総裁は七日午前、共和党のソウル鍾路区改編大会で吉在号事務総長が代読した祝辞を通じ「すべての共和党員は、野党のいかなる挑発にも動揺せず、法の秩序を守って、正々堂々とした対決で、首都ソウルにおける勝利[illegible]なってもらいたい」と次のように述べた。

一、目前に迫っている二つの選挙は共和党が指向する"清く明朗な選挙"にすべきで、こんどの選挙を通し新新な政治風土をつくってもらいたい。

一、共和党は統一の礎石となりうる党として実りある結実をもたらすために、執権政党としての使命を果たさなければならず、そのため、いま重要な時点におかれているが、首都ソウルの心臓部である鍾路区党は力強く立って、ソウルを勝利に導き、その原動力となってほしい。

なお、共和党鍾路区の改編大会では、委員長に韓国日報社長張基栄氏を選出したが、これによって共和党は全国百五十三地区党の改編大会を全部終えた。

駐越軍の撤収検討中と表明
朴大統領語る

朴正熙大統領は八日、トーマス[illegible]

「韓国は駐越韓国軍五万名をただちに撤収させる計画はないが、撤兵日程を検討中である」と明らかにし、つぎのように述べた。

一、韓国政府はベトナム事態を十分検討した後、適当だと決めた時期に韓国軍の削減を始めるが、必ず米・南ベトナム政府と緊密な連絡を経てからこれを行う。

一、二万名の駐韓米軍の削減に関しては韓国軍の防衛負担の増大が問題だというのではなく、韓国軍の装備近代化と防衛力増強措置が重要であることはいうまでもない。

一、韓国は七〇年代中葉までには[illegible]ようになる見通しであり、七〇年代末になると北韓のどのような侵略をも一蹴できるほどの非常に強い防衛力を持つようになろうが、しかし、万一中共やソ連が北韓と合勢するかも知れぬというむつかしい事態に備えて韓国は韓米相互防衛条約は堅持されなければならぬと主張しまた自由世界諸国間の集団安保体制が必要だとみている。

一、北韓はなお武力赤化統一を夢見ているが、いつかは北韓もこのような妄想は実現できぬものとさとるようになろう。このときになって始めて平和統一にたいする対話の道が開かれるだろう。

一、[illegible]国の外交政策[illegible]いる"日本のより大きな役[illegible]期待しがたい」という見解[illegible]し、さらにつぎのように述[illegible]

一、韓国半島地域にたいする国の戦争抑制力を確保することは韓・米相互防衛条約を[illegible]ことが緊要であり、ASP[illegible]（アジア太平洋閣僚理事会[illegible]ジアの地域的防衛機構に[illegible]ることが望ましい。

一、北韓はソ連や中共の[illegible]使嗾して戦争状態を誘発す[illegible]と能力を持っている。

一、韓国国民は米国の[illegible]が変わる可能性があること[illegible]し、たとえこれがどのよう[illegible]たるものであろうと、また[illegible]導であろうとも、やはり[illegible]ることを得ない。

一、韓国国民は朴正熙大[illegible]再び選出するだろうと[illegible]これは朴大統領の指導力、[illegible]業績および韓国国民の希[illegible]呼応したためであろうと[illegible]

与野得票工作始まる
大統領選挙運動本格化

与・野が国会議員の公認候補を決定・発表したことに伴い、全国各地域区ではすでに激烈な得票工作が展開されている。これは新民党が九日公認者を発表したのを皮切りに総選への対決様相が明らかになったためで全国の与・野公認者たちはいっせいに組織・宣伝戦を本格化している。

共和党は十七日大統領候補指名全党大会を開き十八日には婦女党員団合大会を終えて翌二十日には[illegible]

一方、新民党は昨年九月、金大中氏を大統領候補に指名した後、第一次の全国大都市遊説をすでに完了、十九日から全国市・道および地区党にたいし公認者中心の改編大会を開催、本格的な選挙運動を展開する計画である。

このような中央党の動きと並行して各地域の公認者たちは、すでに選挙上の得票運動を繰り広げている・野間ですでに対決を見せているが、特に国会議員候補者[illegible]はげしい攻防戦を開始しているところはソウル東大門甲区（共和＝閔寛植、新民＝宋元英）、東大門乙区（共和＝姜尚郁、新民＝劉沃祐）など五十余りの選挙区である。

日本の対中共姿勢に警告
白国務総理

白斗鎮国務総理は八日夕、ソウルの外信記者クラブで演説をしたが、その中で「日本の対中共姿勢[illegible]

韓国の安保外交と国土統一
崔外務・方針表明

崔圭夏外務長官は十日[illegible]し、韓国の安保外交政策[illegible]一にかんする政府の基本方[illegible]らかにし「わが国の基本[illegible]国連監視下で十指人口比[illegible]自由選挙を通じて平和的[illegible]って統一を達成すること[illegible]調、つぎのように述べた。

一、また統一が達成さ[illegible]半島に緊張状態がつづけ[illegible]るが、その根本原因は①[illegible]化統一政策と②これを全[illegible]持する中共の対韓敵視[illegible]

一、対内的にわれわれ[illegible]展を通じて国力を培養す[illegible]よりわが国の国防力を強[illegible]対外的には国際情勢を国[illegible]有利な方向に誘導するた[illegible]活動を展開する。

一、中共は日本経済界[illegible]いわゆる周四原則という[illegible]力を加えることにより、[illegible]韓国などと日本との経済[illegible]を鈍化させようと画策し[illegible]

民団組織の改革断行

金大中候補　在日同胞問題に言及

金大中候補

大統領候補金大中議員は十六日地方遊説のため済州道をおとずれ済州市の新民党道支部党舎で記者会見を行ない、副大統領制の復活、済州道開発を専担する国務委員新設、在日同胞政策を選挙公約として追加した。この日、金大中氏が明らかにした内容は次の通り。

一、副大統領制の復活問題＝大統領が身病その他の不意の事故で莫大な国政を担当できなくなったときにそなえ、また大統領の政治的後継者を育てるため、副大統領の存在は必要である。この制度を復活させるためには、憲法改正が必要だが、副大統領は大統領継承権、国務会議参席権を与え、大統領が指名、国会の承認を得ることにする。もし、朴正熙大統領が八年前から副大統領という後継者をおいたなら、三選を可能にした憲法改正の必要はなかったであろう。

一、済州道開発問題＝済州道全体の漁業開発や日韓貿易の拡大、ミカンなど特産物の生産奨励、ハンラ山の国立公園指定、観光資源の開発、海女の権益擁護など済州開発事業を綜合的かつ恒久的に推進するため、専任の国務委員をおき、現地住民、済州出身の在日同胞、政府の三者が協議、済州道万百を[illegible]ないし百五〇万人口をもつ道県にしたい。

一、在日同胞問題＝現在の在日胞政策を全面的に修正し、在日同胞の法的地位、祖国往来の自由保障、国会参席、本国大学の在日分校設置、本国投資施設の保護、民団組織の改革などを、思い切って断行する。

一方、金候補は済州市内の済州農高校庭で行われた遊説で「民主主義国家では、どんなに立派な人でも二期以上、大統領をつとめてはならないことは鉄則である。朴大統領はすでに十年以上、執権したゆえ、民主主義の原則が許容する時限を越えており、三選に出馬する資格さえない」と主張した。

四カ国戦争抑制保障案強調

金大中民党大統領候補は一日、「私が提案した四カ国（米、ソ、日、中）の戦争抑制保障にたいする要求と南北交流は、決して容共主義ではなく、韓半島で戦争が起きないように保障を受けようとするものだ」と強調したが、具体案は示さなかった。

金候補は、忠武、三千浦、馬山鎮海などで行なった遊説を通じ、「私が執権すれば福祉社会のため医療、養老、失業保険制および完全な義務教育を実施する」と語り「特権層富裕層の富裕税、悪徳高利貸し、金融業者、豪華住宅所有者高級乗用車、ゴルフなどにたいする特別税を新設する」と。

日本の指向するところ
同和通信会長　洪　鍾　仁

経済で一流、政治は三流
日中議連含め雰囲気で運ぶ

北京から帰った自民党の藤山愛一郎氏は十日、日中国交回復促進議員連盟（会長、藤山氏）と自民党の中国問題委員会（委員長、野田武夫氏）でそれぞれ初の帰国報告をした。その内容は藤山氏のかねてからの主張どおり、同復の前提として「一つの中国」の立場を強く訴えた趣旨のものだったが、これに対し日中議連が声明文まで用意して全面的な支持を与えたのにひきかえ、中国委では国府擁護派から強硬な反論が続出、政界の対中国姿勢は大きく二分された。中共は日本だけでなく、他の諸国にも「政府と国民間の遊離策」あるいは「対立策・闘争策」をこうしてきたといわれるが、日本に関するかぎり、最も強固といわれる政党自民党の「対立策」にも成功するかも知れない。〈SISA〉

日本はどこを向いて走っているのか——。

日本はわれわれ韓国に最も近い隣国である。この国が第二次世界大戦で無条件降伏をした後、悲惨な破壊の中から立上がり、特に韓国戦争中に経済復興の糸口をつかみ、急激な発展を成し遂げたこと、そしてこの日本がいまでは世界第三位の経済大国となり、西側では米国に次ぐ経済力を持つようになったことなどから見て行くとき、われわれは日本がどこに向かって動いているのかということに多大の関心を持たざるを得ないのである。

▽国際政治面では三等国のニオイ

私は先月、日本旅行をしたが、そのとき、日本は自民党領袖の藤山愛一郎元外相ら政治家グループの訪中団と岡崎嘉平太氏を団長とする日中覚書貿易交渉団が北京に向かって出発するということで大騒ぎしていた。（さる六日、二十日余りの訪中を終えて帰国したが…）私は日本の対中共姿勢とそのふん囲気を、この眼で見、耳でじかにきいたわけだが、その後の情勢を加えながら、これを論評したいと考える。

日本が世界のトップクラスに位置する経済大国になったということは間違いのない事実であるが、では政治面ではどうであろうか。最近の日本の経済界一角の動きからみて判断すると国際政治面ではまるで三等国のニオイをぷんぷんとにおわせている。従って日本国内には少なからざる混乱が呼び起こされ、また対外的にはその信義に疑惑を持たれる状態を招来せしめている。無論、これらは諸外国からも大きな注目を集めているが、こんご日本がどこに向かって暴走して行くかは想像にかたくないものの、かなり混迷したものになろうと思われる。

▽中共の一方的強要を無条件受諾

最近の日本政界、経済界の動き、それに政治とは無関係のはずの体育界が中共政権の出した条件を鵜呑みにした経緯など、またその背後にある日本新聞界をはじめとする知識層の（かなり広い分野にわたって……）動向——はこんごの日本の行くえを示唆するにじゅうぶんである。

三月一日に北京で調印されたいわゆる日中覚書貿易協定の期限延長妥結のウラには中共政権の周恩来首相の総指揮があったことはすでに周知のことであるが、このときに出された日中共同声明に対しては日本国内でも、あまりにも屈辱的だという批判が起きた。共同声明の内容は確かに日本の屈辱を示しており、日本はその中で一つも自己主張もせず主見も述べていないのである。

北京での日中会談は貿易会談とはとてもいえず、どう見ても、これは政治会談であった。しかもその会談は対等の立場に立って行なわれたものでなく、折衝も中共の一方的イニシアチブによってなされ、妥協点あるいは合意点を見出すべき問題にしても、日本代表団は中共政権に押し切られたままであった。すなわち、日本は中共の"一方的強要"を有難く、無条件に受入れたのである。

▽周恩来四原則を完全に呑む

共同声明には昨年周恩来が一方的に出した条件、いわゆる周四原則がはっきりと明記してある。すなわち ①韓国、国府と取引きをする生産業者や商社 ②韓国と国府に多額の資本提供をしている業社 ③ベトナムをはじめ、米国のインドシナ作戦に兵器や弾薬を供給している業者 ④日本にある米国との合作企業や米会社の系列にある姉妹会社——とはいっさい取引きしないという中共の原則を日本は完全に承諾したのである。これだけではない。日本代表団はみずからの手でおのが政府にナタをふるう……さまを演じた。つまり、日本で最も長い執権者として今日の日本の繁栄に大きな功労のあった佐藤現政府を敵対視する中共政権の判断をそっくりそのまま受入れて、佐藤内閣を米国のアジア侵略の手先であり、かつ日本軍国主義復活の張本人だときめつけている。日本代表団は日本の側に立つより、むしろ中共の側に立って自国の政府打倒に賛成しなければならぬ、との決意を表明、しかも共同声明ではそれが日本代表側の意思となっているのである。

また、韓国、日本、国府が合同委員会を構成して共同で海底資源の開発をしようとしているところが"中共の地であり中共の主権を侵害するもの"とうたった共同声明の個所は、日本側が中共側の主張に無条件に屈従したものである。

▽領土権に関する問題までを……

こうした領土権に関する問題や政治情勢に関する論争を、どうして貿易業者団体の一代表が、ああだ、こうだと政府代表のマネゴトを平気でなしうるのか、しかも正当と思われる主張一つすることができずに他国の意見にただ服従して引下がる……という恰好をいかにしてなしうるか——。どう考えてもうなずくことのできぬ事態である。たとえ、民間業者だとはいえ、日本の国家利益を代表しようとする貿易会議代表者がウソいつわりなく心底からそうした見解を抱いたのだろうか。と、すれば、それはまことに驚くべきことである。

こうした内容の共同声明は、日本側の中共政権に対するもう一つの無条件降伏文書だという印象を与えている。あたかも戦争裁判法廷で戦勝国が、戦争犯罪人に下す判決文そっくりである。

日本代表団は明らかに自分の国、自国の政府の顔にツバをはきかけた。そんなにしてまで商売をしたいという心思はまことに解しにくい。

もっとも、こんどの覚書貿易の日本側代表団は民間の貿易業者で組織されたものとはいえ、多分に政府の後ろだてのあったものである。日本は中共と国交関係がないため、日本政府は中共との貿易は"民間人法にまかす……"という形で、いわゆる政経分離原則なるものを打出しておこなってきた。従ってこんどの代表団も名目は民間交渉ということになっていたが、実際は政府対政府のものとほとんど変わりがないといっても差支えのないものだったのだ。日本政府自身、覚書協定の延長を望んでいたことは明らかだが、そのような屈辱を味わってまで商取引きを続けたいということに驚きを覚えない人がどのくらいいるだろうか。

日本は昨年、覚書き貿易によるものも含めて中共と約七億ドルの貿易を行なった。日本はそれを政経分離で行なったものだといっていたが、しかし、こんどは中共側から会談に先立って"政経不可分"をつきつけられ、しかも昨年四月に周恩来首相が声明した"周四原則"を共同声明に盛込むなど、それは貿易交渉ではなく、明らかに政治的原則の強要であった。そして会談の結果は日本の一方的屈服であった。

▽表面は個人資格でウラに政府

しかも、この貿易会談よりも政治会談の比重が遥かに大きかったということは、現政府与党の自民党重鎮藤山愛一郎元外相一行が貿易会談と時を同じくして北京を訪問した事実からしても明確なことである。藤山愛一郎氏の訪中を"個人の資格"うんぬんとさかんに強調はしていたものの、藤山氏が国会の与野党議員の過半数を占める多数の国会議員から成る"日中国交回復促進議員連盟"の会長だということは否めない事実であるし、また藤山氏は間接的に現政府を代表して中共との国交"回復"の可能性を打診してきたといっても間違いではあるまい。

▽"回復"のムード盛上げだけで

すなわち、日本は実質的には政治会談代表を北京に派遣したわけであるが、こうした状況のもとで日本の政界、経済界、そして新聞界をはじめいわゆる進歩的知識層の多数が"中国との接近"問題で一種の興奮状態に陥った。つまり、日本の社会は"中国接近を急ぐ課題"を少し雰囲気の上で盛上げることに余念がなく、どの新聞、どの雑誌も「中国との国交回復を急ぐ必要」あるいは「——歓迎」といった一大旋風を巻き起こしたものだった。

大阪⇔ソウル線 週9便■東南アジア線 週6便

東京⇔ソウル線が11便にアップ！従来の毎日便午後4時30分発に加えて月・水・木・日曜日には午前11時発。

ビジネスに観光にますます便利になった大韓航空のサービスはきっと皆様にご満足いただけることと思います。お客様のご要求をみたした週11便。ボーイング707／720大型ジェット機が快適な空の旅をお約束いたします。

大韓航空
KAL
KOREAN AIR LINES

●東京支店：東京都千代田区丸ノ内3丁目4番　新国際ビル　TEL 216-9511〜5　●大阪支店：TEL 252-4044〜5　●福岡支社75-0156〜7

中央団長選に臨む3候補者の所見

俞錫濬候補の記者会見
写真は右から呉宇泳（中央顧問）・俞錫濬候補・鄭在俊（東京本部団長）閔泳相（東京本部議長）の各氏〈二月二十五日国際観光ホテルで〉

崔学阜候補の記者会見
写真右から呉世経（前中央文教局長）・李寧男（軍人会）・崔候補・鄭幸基（三多摩本部団長）の各氏（三月三日新宿ウエストビルで）

李禧元候補の記者会見
写真は右から尹達鏞（中央副団長）・李禧元候補・金宰変（中央委員）の各氏〈三月十三日中央本部で〉

民団の自主性守り
内外同胞の期待に応えたい
俞候補

俞錫濬氏の所信要旨はつぎのとおり。

一、民団の自主性を守り、自立精神の原則に立って民団の自治的能力を強化し、在日同胞が自らの問題を、安心して民団に委ねられる組織に、強化、発展させる。それに逆行する民団改編には反対する。自主性とは、生物にたとえるなら、生命にひってきするものである。自主性のない団体は、かかしのように本来の力量を発揮できず、有名無実の団体となり、尊厳性すらもつことができない。民団が自主性を堅持し、堂々と前進するときのみ、同胞の権利を守ることができるし、組織も発展させせはたされた使命を遂行することができる。もし、民団が自主、自治、自立精神を確立することができなかったあかつきには、その存在性を完全に失ってしまうであろう。

二、同胞たちの権益を徹底的に守るため、日本政府の態度を常に見守り、安易な考え方をすて、永住権申請後の事後対策を完備し、日本政府の差別政策をなくすため、闘争しなければならない。また永住権を申請できなかった同胞の権益も擁護し、一人の同胞でも、より多く迎え入れ、民族的使命と民団の威信を高め、内外同胞の高い期待に応えたい。

三、民族教育を強化し、われわれの後孫が、韓国人としての衿持をもち、堂々と生き、日本社会に同和されないようあらゆる力を傾けたい。日本で永住する権利を獲得したにしても、どの民族として生きてゆくかということは、民族興亡に関連されろ根本問題であるこの問題を解決するのは、すべて教育にかかっている。われわれ民団が教育問題を等閑視したのは、否定できない事実である。それゆえ、私は一層民族教育の必要性を痛感し、これからの民団が真剣にとり組んでゆかねばならない問題であると考える。私は民族教育を発展させるため、本国の教育方針に依拠、在日韓国人の教育目標を明確に打立て、教育機関の施設拡張に注力したい。

四、民団の発展をむしばむ不正腐敗は、その大小にかかわらず一切なくさなければならない。浪費は不正でないという誤った考え方を一掃し、団員の血とあせがにじむ民団の公金は、大切にする気風を確立し、大衆の信頼を回復させる。

五、困難な仕事には先頭に立ち、よいことは団員に先きにゆずる精神をもつ、清新かつ活気的な活動家を養成し、民団の面目を一新し、民団の老朽化から、生々とした新鮮な組織に、その質を高め、民団を生きた組織にしたてたい。そして傘下団体育成に一層努力し、女性の地位を向上させるため、婦人会の活動を積極援助したい。

六、同胞の経済的地位と生活土台を固めるため、自助の協同精神をつちかい、信用組合を加一層、育成強化することに努力、税金対策を全国的事業として推進する。在外国民として、まず自己生活を堅固にすることが祖国に貢献するという経済的観念をうえつける。

七、中央会館建設は、いままでの進捗状況を綿密に検討し、その完成に全力をつくしたい。私は、民団を指導運営するに当り、民団の創団精神に立脚し、組織の諸般通則を守り、本国の政争には一切介入させないようにする。人事問題は、選挙と関係なしに門戸を開き、幅の広い人材を登用する。この信念は最後まで貫きたい。このようにすることによって、団内で、互に批判協力し、仕事をなしとげる雰囲気を造成する。われわれ民団に、主体性を確立し、清新で信頼を受ける組織にするためには、新たな覚悟と皆の力が合されたとき、前進の日がおとずれるであろう。

若い世代の指針に
集団指導体制を確立したい
崔候補

崔学阜氏の所信要旨は次の通り。

一、規約改正＝民団組織の盛衰は現行の規約内容が不十分であるからではない。問題は民団を運営する指導体制とその基本姿勢にかかっている。しかし、創団二五年という歴史と永住権申請を終えた現時点で、新たな方向を提示すべき段階に至ったものと認識する。①名称改正＝民団の名前は今までの通りでよいと思う。あえて改正の必要があるとするなら、それは民団の組織整備が一段落したときでもおそくない。②団長の任期は三年に延長することを主張する。③渉外局の新設＝民団は民族主体性を堅持しながら国際性も同時に持ち合せなければならない。そのため渉外局を新たに設け、本国、日本、共産陣営に対する資料や統計を収集し、民団の対外施策を樹立する。

二、団史編さん委員会を構成し、正しい団史を発行組織活動家や若い世代の指針とさせる。

三、事務能率審議委員会を新設する。

四、保障制度審議会を新設し、長年、民団組織に活躍した組織人の生活保護問題を解決、保障する。

五、中央組織学院を機能化させる。

六、傘下団体の強化①韓青、婦人会、韓学同、体育会、軍人会などの組織を整備強化することはもち論、とくに商工会を育成強化させる。②信用組合を育成強化し、信用組合は民団の傘下団体であることをはっきり規定する。

七、顧問会設置＝民団の顧問は権威がなければならない。そして顧問に対しては、顧問の経験と才能を民団の事業に活用し応分な待遇を与えるべきである。そのため顧問会を設置し、月一回程度の会議を開き、その決議で民団中央執行委員会に提言する道を開く。

八、各専門委員会の機能化＝とくに、組織専門委員会の強化－、全国地方本部、支部を巡回し、組織整備を行ない、永住権を申請した中立系及び朝総連系同胞十余万の受け入れ態勢を整える。

一、民団傘下機関としての事業体を推進する。本国政府の強力な支援のもと貿易、保税加工投資など各部門にわたる事業体を構成して韓日経済交流を促進する

一、財政確立に関して、民団の財政は基本的に中央本部は地方本部の、地方本部は支部の割当金をもって充当するのを原則としなければならないが、民団組織が完全に整備されてないためこの当然な組織的機構を通じた財政確立がなされてない。財政確立は団費を中心とした大衆募金が主にならねばならない。したがって財政確立の方向を提示しながら民団の経常費を本国政府に依存するという発想は除去したい。

一、中央会館建設に関して、基本的には大衆募金運動を展開しそのつぎに経済人の協調をうけたい。これも組織整備と不可分の関係にあるので大衆募金すなわち誠金をもって中央会館を建設しても遅くないとみる。過去幾人かの団長が自分が団長になればすぐ建設すると宣伝しながら実現せず一般団員を幻惑してきた。私は、現在の中央本部庁舎が狭少ではあるが団務執行においてそれほど支障がない限りまず募金に着手し本人が団長の座についた場合、任期中に必ず竣工させたい。

一、法的地位に関して、永住権を申請できなかった同胞の救済に特別措置を講究する。

一、民族教育について、中央教育委員会がその機能を独自的に発揮できるよう組織が後押し一貫性ある教育施策を立て民族教育の万全を期したい。

一、集団指導体制の確立、約五十名内外の指導幹部を中心に民主的な集団指導体制の確立を期したい。

永住権の事後処理
約束どおり完全を期したい
李候補

李禧元氏の所信要旨は次の通り。

◇永住権問題　一、私の任期中に満了した永住権申請促進運動は民族運動であり、また対共闘争で勝敗の問題であった。この運動で大多数の同胞に永住権を申請させた。活動の過程で約束した通り、申請者の許可問題など、事後処理に完全を期したい。

一、日本政府は、在日韓国人の永住権取得の該当者が約五十六万人いるにもかかわらず、たった一万二千枚しか案内状を発送していなかった。そこで案内状をもらえず、わからないで申請できなかった同胞や、窓口などでの朝総連の妨害で申請できなかった同胞のため、新たに申請期間を策定するよう働きかける方針である。

一、申請期間策定については、韓国政府が日本政府に対し両国代表による実務者会議開催を申入れた結果日本政府はこれを受諾しており、開催時期は、永住権未申請者たちの理由付けがまとめられたあとになろう。

◇民生問題　一、在日韓国人の民生安定を図るため信用組合を育成しつつ、その方向をただす。また商工会を根本的に再建し直したい。

一、生活協同組合の組織を全国的規模で確立する。

◇教育問題　韓国学校（大学を除く）が必要だと思われる地方には学校を建てる。

一、大学については、できるだけ本国の風土の中で学ぶほうがよいとの趣旨から、本国の大学への受入れを考え、そのための奨学制度を確立したい。本国での大学教育問題については政府とすでに基本的事項で協議ずみである。

◇中央会館建設問題　一、中央会館の建設計画はさきの第十七回中央委で採択された通りだが、万博事業と永住権申請事業が重なったため、会館建設に取組む時間はあまりなかった。しかし、子孫たちに残してあげるにふさわしい場所を物色、赤坂、六本木に近い敷地を決め、契約金として三千万円支払った。土地代は三億千四百万円。敷地面積は七千六百九十平方㍍で十五階建ての会館を建てるつもり。土地問題の解決には特に兆墳圭、鄭建永両氏から尽力を受けた。

一、土地購入資金に充当するため、本国政府の融資金二億円がすでに韓国外換銀行東京支店に届いている。これには李厚洛前駐日大使（現中央情報部長）と金在権公使の働きかけと努力が大きい。

一、会館建設の総予算は約十一億だが、完成後は毎月約二千万円の収入を見込んでおり、これで民団運営費を自給自足でまかなう計画。

◇組織問題　一、組織の体質改善にはまず人材の育成が必要である。中央組織学院を開設して全国の地方本部の事務局長はじめ各部長、中央幹部までを含めて教育、訓練を課する。

一、組織整備と強化について実践したいことは①実態把握作業において団員名単の確保、全団員の名単カード完備作業、区分作業細分化など。

一、戸籍整備の徹底について、戸籍事務は国家事務であるのでこれを補助しそれによる有機的な連結をもって移動と去就の動態を恒に把握したい。

◇執行部人事構成問題　挙団的な視野から誠実で有能な人物本位の人事一大刷新を断行したい。

×　×　×　×

大韓婦人会 会長選候補

婦人会独自の会館を建てる
金信三女史

金信三女史

在日大韓婦人会金信三現会長はさる六日午後一時から本部会長室で記者会見し、「過去二年間努力した組織強化の懸案実現のため次期会長に再選を期したい」と、その抱負を次のようにのべた。

二年前中央の責任者になって以来一昨年十一月から北海道－九州に至る全国四十八県を六ヵ月に亘って巡回、講演、座談会、映画上映などで婦人会の使命と同胞の団結向上を訴えた。その結果従来なかった地方協議会を、六地区にわけて結成し、中央と地区との直結地協と各支部との連結にパイプを通し、今回の永住権申請にも大きな役割りを果した。

②会歌、会旗、バッジの制定＝会員の士気を鼓舞するためにも、婦人会のシンボルとなる会旗と会歌、バッジ（一般と代議員用を区別）が必要で、いずれも来る二十五日の大会で発表する。とくに会歌は民団歌と演奏にレコードをつくった。③役員講習会＝六地区に分けて一ヵ月間幹部講習をやり、精神武装と実務向上に成果をあげた。

▽事業計画＝①中央会館建設＝会員の啓蒙、親睦、子女教育の場として是非とも婦人会独自の中央会館を建てたい。予算は約二億円だが会員一人が一年間一日十円の貯蓄をすれば一人三千六百円になり、全国十万の会員にすれば楽に費用は捻出できる。婦人の自覚と団結が必要だ。会館は会議室、事務室のほか五百人収容のホールをつくり、各種の集会、結婚式場にも使う。三階に花嫁学校を設け、未婚の子女に花嫁としての勉強をさせる。また年寄りたちの慰安の場として娯楽室を設けたい。

②民族教育＝韓国人としての国語や礼節を徹底させる意味で、大学よりも初等科の民族学園を増やし、とくに家庭教育における母親の啓蒙を促進させる。

③青年指導＝母親の立場から韓青、学同への指導援護を行い、とくに女子青年部を設けて妻、母として教養を徹底させる。

婦人会独自の会館は建てない
康清子女史

在日韓国婦人会中央本部の監事・康清子女史は八日午後七時、東京・渋谷の一竜で記者会見を行ない、きたる三月二七日に開催される婦人会定期大会の際、行われる会長選挙に立候補する意思を明らかにすると共に、立候補の動機、所信を発表した。この日記者会見には、康女史の立候補をすすめる人々を代表して婦人会東京本部の朴琪先会長、婦人会渋谷支部会長・洪貞香女史、世田谷会長の崔福心女史が同席した。立候補を決心した康女史は、現在の婦人会中央本部は何人かの役員によって私物化されており、派閥と中傷、謀略にあけくれ、良心的な婦人を遠ざけていると、婦人会中央の現状を痛烈に非難したあと、永住権申請を締切った現在、今後の婦人会のあり方を考えたすえ、全国に散在する婦人会有志のすすめもあって、会長選に立候補することにしたと立候補の動機を説明した。康女史は、会長選にのぞむ具体的公約として、次のように語った。

一、三〇万の婦人をリードするためには、民族正気と民団の政策に基づいた活動を反映する。一、婦人会の運営を正常化するため、全国婦人の与論をすいあげたい。一、民主主義の原則に立脚して、全国婦人会活動を強化するため、中央本部には常任の役員をおく。一、二世、三世の民族教育を母の立場で強化する。一、組織の後継者育成につとめる。一、中央機関紙を発刊し、婦人の啓蒙、教養を高める。一、婦人の文化センターを設けたい。一、組織再整備を推進し在日全体女性の婦人会組織に発展させる。又、永住権や居住権をもたない人々を助ける署名運動を行う。一、婦人会独自の会館はたてない。あくまで民団中央会館の建設に協力する。

康清子女史

東京商銀職員募集

本年の新卒者を求めます。

1. 採用人員　大学卒　男女／高校卒　男女　計80名
2. 応募資格　韓国籍の国民登録完了者（入社までに申請手続完了者も可）
3. 待　　遇　大学卒男子　45,000円（基本給）
　大学卒女子　43,000円（〃）
　短大卒男子　40,000円（〃）
　短大卒女子　38,000円（〃）
　高校卒男子　37,000円（〃）
　高校卒女子　35,000円（〃）
　（諸手当）家族手当、皆勤手当、住宅手当、給食手当　通勤費は全額支給、社会保険完備
　（賞　与）年2回（6月・12月）
　（昇　給）年1回（4月）
4. 福利厚生施設　男子独身寮完備
5. 提出書類　履歴書、写真、成績証明書、卒業見込証明書、外国人登録済証明書、国民登録完了証
6. 勤務先　本店勤務及び新宿、荒川、五反田各支店
7. 募集締切期日　昭和46年2月末
8. 試験期日及び場所、本人宛通知

応募希望者は提出書類を揃えて本店総務部まで御郵送下さい。
なお既卒者も随時受けつけております。

東京商銀信用組合
本店　東京都文京区湯島3－38－15
電話（832）5141－代表

漢方の強力体質改善療法
（通信にて治療相談受付）

漢方医学 西洋医学 **総合治療センター**

◉入院設備完備、大小個室五十室あり

●喘息	20帖	50,000円 30,000円
●糖尿病	20帖	15,000円
●夜尿・腎臓 ●胃腸・肝臓 ●皮膚病 ●婦人病・腰痛	20帖	10,000円
●水虫・痔疾 ●高血圧 ●肥満症 ●ワワサ	1箱（散薬）	6,000円

●鹿茸大補湯（特級）	20帖	50,000円
●鹿茸大補丸	2ケ月分	30,000円
●十全大補丸	2ケ月分	10,000円
●八味丸	(500g)	10,000円
●六味丸	(500g)	6,000円
●四物丸	(500g)	4,000円
●萬病水	(720cc)	30,000円
●人蔘酒	(540cc)	3,500円
●人蔘補心散	(20袋)（ポケット用）	6,000円

漢方乾材・卸・小売
人蔘・鹿茸・麝香・牛黄・辰砂・熊胆
※本国旅行者には特別価格で奉仕します。

漢方担当　張同萬
洋医担当　寺田莞爾

天心堂漢方本舗・天心堂診療所
東京都台東区東上野2－19－5
電話（831）5557－代表
国電・地下鉄上野下車1分　韓国食堂街わき

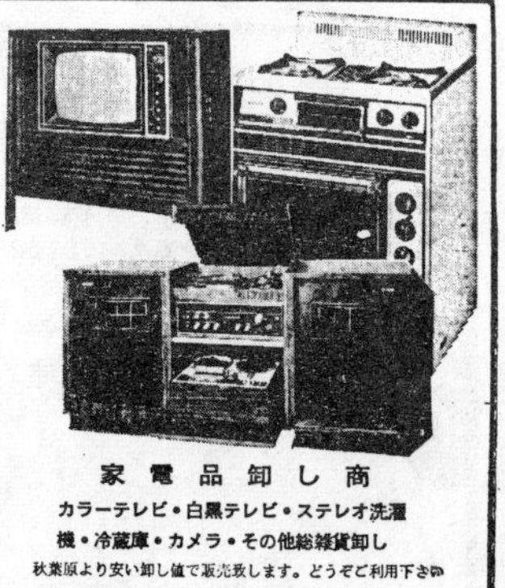

家電品卸し商
カラーテレビ・白黒テレビ・ステレオ洗濯機・冷蔵庫・カメラ・その他総雑貨卸し
秋葉原より安い卸し値で販売致します。どうぞご利用下さい

外山商店
徐万基
東京都豊島区北大塚2－10－1
電話（917）6915・5363
国電大塚駅北口

東京韓国学校高等部卒業式

民族の誇りもて前進を
激励に送られ68人が巣立つ

進入学と卒業シーズン。東京唯一の民族学校である東京韓国学校（東京都新宿区若松町、安聖出理事長、宋基鶴校長）では高等部の第十三回卒業式が五日午前十時二十分から同校で行なわれ、男子二十五人、女子四十三人が希望に胸ふくらませて巣立った。

第13回韓国学校高等部卒業式

徐興錫民団東本監察委員長が東本団長賞を金鏡子嬢に授与

卒業式は駐日韓国大使館から柳成烈首席奨学官、民団から姜仁煥中央本部文教局長、徐興錫東京本部監察委員長、のほか父兄多数出席した中でひらかれた。

冒頭、宋基鶴校長が国民教育憲章を朗読したあと、金昌式教頭が学事報告を行ない、卒業生の進路状況、過去一年間の重要行事について述べた。

次いで宋校長から卒業証書が卒業生代表の金万朝君と趙文子さんに授与されたあと、優等賞、駐日大使、理事長賞、民団東京の本部団長賞など賞状と賞品がそれぞれ受賞者に贈られ、盛大な拍手を浴びた。

宋校長は卒業生を送るに当たり「可愛い子供たちを遠い旅路に旅立たせる親の気持ち」と感懐をもらしたあと「半万年の悠久な歴史と伝統をもつ大韓民国の子女としての誇りと矜持をもって、祖国の"民族中興の課業"のため前進また前進してほしい。異国という困難な状況の中にあっても、相互に協助し団結し、勇気と忍耐をもって母校の名誉のため、祖国のため、在日六十万同胞のため、祖国のため努力してもらいたい」とあいさつすると、安聖出理事長も、地理的条件、その他困難な条件を克服して、晴れて卒業する生徒の労苦をたたえたあと「君たちに対するわれわれの期待は大きい。韓国人としての自覚と健全な精神をいっそう高めよう」と激励。

次いで来賓から「十九年前初めて訪れたときは生徒数も二十人ほどだったが、その後設備、生徒数教育内容が充実し発展したことは喜ばしい。韓国々民として自力で育ち生きる人間に、また職場、大学、家庭など各自おかれた立場で第一人者となるよう最善を尽くしてほしい」（柳首席奨学官）「民族教育の基盤をつくるうえでこれまで民団の努力は不充分だったが、批判だけに終わらず、責任感と自覚をもって同胞社会の健全な育成に寄与せよ」（姜仁煥民団中央文教局長）「母校や先生、親や祖国のため、自分が何をすべきかを考え、行動してほしい」（徐興錫民団東本監察委員長）「良識と正しい知識をもった韓国人として在日六十万同胞と祖国を背負って立つ人材となれ」（金尚弘同校父兄会長）などのお祝いのことばがあった。

引き続き、在校生を代表して丁栄哲君（二年）が卒業生に対し「先輩と喜怒哀楽をともにしたことは、いまや美しい追憶です。祖国再建という時代的使命をもって在日同胞社会に奉仕する人間になって下さい」と送辞を読みあげると、趙文子さんが「私たちの進むべき道はけわしいでしょうが、先生はじめお父さん、お母さんの教えをよく守り、力強く生きてゆきます。母校を輝やかしいものにすることが、祖国を輝やかすことと自覚し発展し続ける祖国に呼応してがんばります」と涙ながらに答えると宋校長はじめ教職員、在校生らの中からすすり泣きの声ももれた。つづいて卒業生と在校生の贈物の交換、「卒業の歌」「校歌」の合唱があって閉会した。

なお、主な受賞者は次の通り。

▽優等賞＝金万朝、朴大憲、李起男、趙文子、成淑子、金正
▽駐日大使賞＝朴大憲
▽理事長賞＝趙文子
▽民団中央団長賞＝成知子
▽東京本部団長賞＝金鏡子
▽功労賞＝金万朝、張素玲、姜春仙、金正、李貞子
▽努力賞＝金正、金鉉碩。

また、本年度の卒業生のうち、進学者は三十三人（男子十一、女子二十二）で、就職七人（男子一、女子六）、家事手伝いなど二十八人（男子十三、女子十五）。

進学内容では、本国留学七人（男子六、女子一）で慶北大学に一人（女子）の入学が決定、その他はソウル大、延世大、高麗大、梨花女子大などを志望しており、近く正式に決まる予定。

一方、日本の大学への進学は東海大、明治学院大、大妻女子大、東京音大、関東学院大学など。

宇里山荘春季スキー講習会のお知らせ

待望の春休みが近づきました。今年も宇里山荘春の講習会と運動会を開催します。お友達と誘い合って奮って御参加下さい。

記

日──時　1971年3月26日～30日（4泊5日）
集合場所　上野駅指定券売場（みどりの窓口）中央改札広場
集合時間　3月26日　8：00ＡＭ（佐渡2号9：04発）
費　用　中・高校生以上　7,000円
小学生　6,000円
（往復交通費・宿泊代）
※　遠足代、リフト、昼食代は別
プログラム　講習会、運動会（旗レース・ミカン拾い・風船割り）カップ、参加賞あり
遠　足　中里スキー場またはみつまたスキー場
引率講師　3名：（貸スキー有り）
申込連絡所　〒161 東京都新宿区下落合2－780　TEL03－951－2765

コリアスポーツタイムズ社
宇里山荘運営委員会

正当な補償要求へ
戦争不具者同志会が発足

第二次大戦のさ中に日本に徴用されたあげく、生涯の不具者にされた少なからぬ数にのぼる在日韓国人同胞たち—。戦後四半世紀を経た今日なお、当時の日本帝国主義と軍国主義の犠牲にされたこの人々は、日本政府はおろか韓国政府当局からも、いまだふり返られることもなく、異国日本の片隅で悶々とした生活を続けている。所謂「韓日両国の不幸な歴史」を清算することを謳った韓日条約も、この人たちには救いどころか、かえって当局の責任逃れや無視のための「口実」にしかなっていないようだ。

都内および近郊に住む在日韓国人の犠牲不具廃疾者有志が、このほど「自分たちの力で日本政府や韓国政府当局に働きかけて、正当な補償を勝ち取ろう」と、同志会を旗上げした。正式名称は「在日韓国人太平洋戦争不具者補償要求同志会」。さる二月十五日午後、都内葛飾区の趙鏞寿氏の家に、こうした立場を同じくする同胞達が集まり、自分たちが不当におかれている境遇や当局への不満、抗議に始まって、これからの対策について熱心に意見を交換、同志会の結成にこぎつけたもの。

集まったのは太平洋戦争当時、日本の軍属や軍需工場に徴用されて服務中に公傷を受け、不具廃疾者の身となった都内や近郊の同胞たち。かつて民団葛飾支部の事務部長を永く勤めたほか民団役職を歴任した趙鏞寿氏もそうした犠牲者の一人。趙氏は病身の身でありながらこれまでいく度となく日本厚生省や駐日大使館に足を運びこうした在日韓国人犠牲者の立場や苦境を訴え、善処方を要請した。しかし一度として理解ある回答を得ることができなかったばかりか、今もって解決の目途も示されていないという。

一九五九年（昭和三十四年）から日本人戦時負傷者に傷害年金が支給されるようになったのを知り厚生省に問合わせたところ、当時は「韓日会談が進行中だから、韓国人（旧日本人）への支給については保留している」との返事。そこで六五年に条約が締結したのを待って再び厚生省に問合わせると今度は「韓日条約第二条によって韓国人に対しての年金は支給できない」と突っぱねられた。

仕方なく今度は駐日韓国大使館を尋ねてこの件に関する証明書類十五枚を具備、提出したところ、六七年五月十五日付で本国の関係当局に受理書類を移送したとの回報（朴双竜第一領事課長署名、公文駐日領小七二五号）を得ることができ、趙氏らは「これで本国政府の適切な措置がとられるはず」と期待した。ところが、昨年本国で施行された「対日民間請求権申告に関する法律」には、旧日本統治下で生じた各種有価証券による債権関係が申告の対象とされているばかりで旧日帝統治下で兵役にかり出された上、負傷し不具になった趙氏ら在日同胞への補償については一言半句もふれられず、申告の対象から除外されていた。そこで再び駐日大使館に問い合わせると、「当時の第一領事課長は転勤、事務引き継ぎもなかったから」との事務的な理由を楯にとり合ってもらえなかったという。

このたび結成にこぎつけた同志会は、日本政府、韓国政府はもとより、ともすると同胞社会からも無視されかねない現実の中で、せめて同じ境遇の者どうしが力を合わせて、自分達の立場や境遇を訴え、正当な権利を要求しようとの決意に発したものであり、また、日帝統治下で「日本人」として無理矢理戦争にかり出されたあげく不具者にされ、そして戦争がすむと「外国人だから」との理由でほうむられた。

なお同在日韓国人太平洋戦争時公傷不具者補償要求同志会の代表委員は石成基氏、委員は趙鏞寿氏、連絡所は東京都葛飾区青戸八－二七－三趙氏宅（電話六〇三－三九三五）となっている。

支部だより

板橋 婦人会で親睦旅行

婦人会板橋支部では、会員春季親睦旅行をきたる二十二日千葉県鴨川へ二泊三日の日程で実施。約三十名の参加が予定されている。

練馬 支部三機関・商工協同組合合同会議

練馬支部では支部三機関と練馬韓国人商工協同組合の合同会議を十七日熱海の西熱海ホテルでひらいた。同会議は各機関役員の慰安旅行をかねたもので同夜は熱海で一泊十八日帰京。

中野 国語講習会ひらく

中野支部では団員のための国語講習会を毎週金曜日午後七時から同支部二階会議室でひらいている。講師は鄭東賞氏で多数の参加を希望している。

大田 池上分団で総会ひらく

大田支部の池上分団ではさる三月十四日夜七時から大田区民会館で総会をひらいた。

総会には同支部役員をはじめ多数の分団員が参加し、七〇年度の経過報告をはじめ七一年度の活動方針を審議しこれを承認した。また任期満了にともない役員選出を行ない新分団長に閔光勲氏副分団長に劉元泰、黄今錫の両氏がそれぞれ選出された。新分団長となった閔光勲氏は「団員の権益擁護のため全力投球する」と語った。

支部を訪ねて

足立支部

貧しき同胞密住の地
古びた屋舎、民団の年輪を感ず

支部屋舎の全景

汚れきった荒川をポンポン船が走る。煤煙と廃気ガスにつつまれあいもかわらずの交通ラッシュ。いかにも東京の下町といった感じのするここ足立支部を訪問した。

その荒川にかかる尾竹橋を渡りきったところに事務所をかまえている民団足立支部は一九五〇年、現団長金周奉氏が当時経営していた病院をそのまま民団に寄贈したものである。したがって建物は木造でその古さがそのまま民団の年輪を感じさせる。民団事務所の多くの建物がそうであるようにここ足立支部でも再建の動きがないでもない。

金団長は民団足立支部の創立に参画し初代団長として活躍したのを始め支部功労者の一人。現在まで数人の団長が入れ変わり去年の二転、三転、難航を重ねた総会で再び団長にかつぎ出された。大きな体に白髪の独得の風ぼう。宗教法人尾竹橋総合病院理事長に加えもう一つの産院院長、看護学院理事長、そして善隣基督教会牧師、神学博士という肩書をもち、同胞社会は勿論のこと日本人社会にも広くその名が知られている。

さて、民団は目下、十四日から規約委員会、十五、十六日は中央委員会と続き、重要会議のまっ最中。そして二十五日には注目の団長選挙が行なわれる。そこで、金周奉団長に私見、公見を聞いてみることにした。

金団長　「民団中央の団長はなんと言っても団員のために真剣に考え実行してくれる人。団員のために仕事をする人を選んでもらいたい。中央委員会も団員一人一人のためと思われることを決定してもらいたい。」

民団は団員のためにあるはずだから…。（一見不難ともとれる金団長の言葉にはいまの民団上層部への批判が含まれている。万博等にも見られたように黒い噂がここ足立にも及んでいたということでもある。

金団長

—一段落した永住権申請とその後の諸問題については、

金団長　「ここ（足立区）は恐らく同胞数が都内二十三区内で一番多いのではないか。従って課せられた任務をやりとげるのに並大抵の苦労ではできない。永住権申請期間中、申請を促すポスターを貼っても翌日起きて見るときれいに全部剥されてしまっているし、各家庭を訪問すると行く先々、朝総連が待ちかまえているといった具合で、ここは朝総連勢力が極めて強い所でもある。」

ここには下町ということから日本人たちはこの周辺を「朝鮮人部落」と呼んでいる。なるほど、この辺一帯は大きなビルもなく、二階建ての家がめずらしいくらい。商店街から外れた所には小さな家々がひしめき合い、舗装もしていない小道を行くとベニヤ、トタンでかこった塀もあり、都会の華やかさからは取り残されたような雰囲気さえかもし出している。それらの殆んどが廃品回収業で生計をたてている。またこれらの地域も含めて朝夕の登校下校時にはチマ・チョゴリを着た朝総連学生の通学する姿がここではごく当り前な街の光景になっている。隣接の荒川区には総連第一小・中学校、幼稚園をはじめ足立、江東にそれぞれ学校が一校づつある。またここ足立は一九五九年十二月十四日第一次北送船が出た時ここから多くの同胞が北韓へ帰った。それを記念して「第一次北送船で北韓へ帰国」と記されている木碑が足立支部事務所から数十米の所に立っている。

金団長　「いまわれわれが当面する課題は永住権申請とともに新たに民団へ加入した人々（加入していない人もいるが）を民団々員としていかに教育させ力を注ぐかである。これは現在わずかづつではあるが行なっている。またその後の対策等については上層部の方針決定を待つのみである。」

支部の経済状況はどうですか？

李執行委員　あまり良くない。と言うのは先述したように貧しい人が圧倒的に多いため、団費の集まりが芳しくないから。

金総務課長　ここは生活保護者が三百名を越している。そういった人達にまで月々の団費を請求するのはどうもやりにくいし、苦しいものだ。

—すると会館建設とも思われるが……。

金団長　「そのとおりだ。われわれも設備の整った会館が欲しい。しかし現状から判断する限りまだまだといったところだろう。」

—二世の民族教育については……。

金団長　「足立分校の運営は結果的にうまくいかなかったと言えるだろう。そして今、韓国学校の運営も芳ばしくないと聞いている。これはわれわれも反省すべき時が来たのを物語っているのではないだろうか。資金、内容面等のあらゆる分野について再検討すべきだ」

足立分校は一九六四年四月六日足立地区に同胞が多いので韓国学校の分校として名称を東京第二韓国学園として千住桜木町に開校した。初等部、中等部を設置し、当時学生数は五〇名を数えた。この時も金周奉氏が学園長となり在日子弟の教育に意欲を示した。一九六六年四月一日、中等部は全員新宿本校に転入学させ初等部だけを収容し、名称を東京韓国学校足立分校とし、学生は三〇名と減った。その頃から資金作りがうまくいかなくなり、その他もろもろの事情も加わり一九七〇年三月二〇日ついに廃校の憂き目をみるに至った。

—ここで話題をガラリと変えて、最近本国で再たび論議されている漢字教育の復活について……。

金団長　「漢字を伴なうという事は実に便利な事である。事実、漢字が解からない若い世代が日本へ留学に来て授業や試験で多くの苦労をしている。万一漢字を廃止してしまったら韓国はまったくの孤立した地域になってしまうだろう」。

—質問がどうも前後して恐縮ですが最後に、永住権申請時に見られた朝総連の動き、また日常生活と総連との関係等について……。

金団長　「当たり前のことだがまず断言できることは、われわれは単一民族だということである。なんでわれわれが異国に来てまでも争いをしなければいけないのだろうか。日常生活においてまでも反目しなければならないとしたら悲しむべき事と言わねばならない。困った時には互いに手を差し延べるのが本来の姿ではなかろうか。ともあれ民族は一つという事を忘れてはならないだろう。」

（朴健二記）

団務に忙がしい事務室

足立管内の団勢
1971年1月20日現在

総同胞居住数	7,349名
韓国籍	3,174名
朝鮮籍	4,175名
国民登録者	2,495名
協定永住申請者	3,505名

民団葛飾支部要員急募

一、男子事務員　若干名
一、資格・高卒以上、年齢不問
一、給与・面談の上高額支給

希望者は履歴書を左記へ持参して下さい。

大韓民国居留民団葛飾支部
東京都葛飾区本田立石6－18－16
電話　東京（六九三）一七七一

ロッテキャンディは高級フランス風

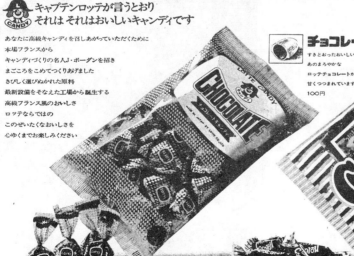

キャプテンロッテが言うとおり
それは それはおいしいキャンディです

あなたに高級キャンディを召しあがっていただくために
本場フランスから
キャンディづくりの名人J・ボーダンを招き
まごころをこめてつくりあげました
きびしく選びぬかれた原料
最新設備をそなえた工場から誕生する
高級フランス風のおいしさ
ロッテならではの
このぜいたくなおいしさを
心ゆくまでお楽しみください

チョコレート
すきとおったおいしいキャンディに
あのまろやかな
ロッテチョコレートが
甘くつつまれています
100円

ココロール
香ばしいココアの香りを生した
スティックロール型の高級ソフトキャンディ
ついつい手が出るおいしさ　100円

高級フランス風
ロッテ
キャンディ

新入管法案 国会上程へ

外国人の管理を強化 政治活動など厳しく規制

日本政府は十六日の閣議で注目の出入国管理法案を閣議決定、国会に提出した。これは、法務省がさきにまとめた同法案の要綱を九日自民党法務部会が了承、十六日に同党総務会が了承したのをうけて、閣議決定の上、国会提出に至ったものである。

この法案は、一昨年、日本政府が国会に提出しながら民団など世論の激しい反対で廃案になったものを再度練直したものであるが、政治活動の規制を明示するなど相変わらず在日外国人の管理と規制、追放を企図した色合いが濃いものとなっており、同法案は日本政府の執ような排外政策と相まって、再び民団はじめ内外の論難を巻き起すことは避けられないようだ。＝法案要綱の主内容別掲＝

活動種類と場所の制限 在日同胞の分裂を助長

日政の弾圧・追放政策 「入管法」の本質を見誤まるな

入管法案が提出されるまで

解放以前

解放以後

出入国管理令（現行法）

「入管法案」の登場

昨年月の入管法反対運動では激しいデモが行なわれた

出入国管理法案要綱

……条を内容的に細密化し、全文九五条としたが閣議決定を経て最終的には九一条となった。

3、一時的に来日する外国人の入国手続きについては治安上の観点から規制を加え、その入国後の在留管理を厳しくする。

4、在日外国人の在留活動の規制と管理を強化する。即ち、在留資格に関連して在留活動に各種の条件を付与し、その違反行為に中止命令の制度を新設して日常的な監視体制を強化する。また事実調査権制度と公私団体に報告要求権を設定する。

5、退去強制手続を簡素化し、送還の大量促進を強める。即ち在留活動に条件違反を理由に退去強制事由を拡大する。

6、行政訴訟による権利救済手続を制限する。即ち、法務大臣の異議申立裁決による退去強制令書の発行が義務化され、特別在留許可の余地を与えない建前となる。

また違反事件に対しては原則として収容処分に付す。

7、強制送還先指定の希望は、最下位に法制化され、政治亡命者を排除する。

8、その他、罰則の新設と拡大強化

これに対して民団では、同法案が在日韓国人の追放と同化、抑圧をはかる改悪だとして反対世論が沸とう、四月十八日には韓青、韓学同が共に決起したのを皮切りに反対阻止闘争が共に全国的に燃え広がり六月二十七日には決死ハンストに突入した。

この後七月十一日には日本政府は法案の五項目修正案を発表したが、遂に八月五日、入管法は審議未了・廃案と決まった。しかしそれも束の間に、日本政府当局は法務省を中心に法案の練直し作業を始め、この度の新入管法案の国会提出となったものである。

理事官級外交官の異動発令

政府は三日付で理事官級外交官異動をつぎのように発令した。

（カッコ内は前職）

▽駐シカゴ総領事　全正泰（外務部アジア局長）▽駐シンガポール通商代表部勤務総領事　咸永君（欧米局長）▽外務部　アジア局長　崔恍洙（通商局通商振興官）▽欧米局長　具忠会（領事局旅券審査官）▽邦交局長　鄭淳根（外交研究院教授部長）▽外交研究院の研究部長　金昌勲（外交研究院常任研究委員）▽外交研究院教授部長　尹燦（外交研究院常任研究委員）▽通商局通商振興官　池成九（外交研究院常任研究委員）▽領事局旅券審査官　鄭求郁（外交研究院常任研究委員）

世界最古の韓国測雨器
56年ぶりに日本から帰る

……りの一つがこんどもどってくる。

なお、この貴重な文化財が再び韓国に返還されるようになった裏には、中央観象台長場寅碩博士の根気強い努力があった。

韓国の測雨器発明はイタリアのカステリ測雨器よりも百九十八年古く、一四四一年（世宗二十三年）に韓国で独創的になされたものであるが、揚博士はきたる四月五日から三十日までジュネーブで開かれる世界気象機構（WMO）総会に出席した後、帰国の途中、日本に寄ってこの測雨器を持ち帰る予定である。

一方、政府が五月十九日を"発明の日"と制定したのは、韓国の測雨器発明史を記念するためである。

なお、日本気象学会は昨年十二月、この青銅器の返還が決定されるや、学会機関誌"天気"に返還に先立つ複製品製造広告を出し、希望があれば一般にも複製品の製造を受けつけるといい、一月末日まで申請受付けをしていた。

銅鉄商
巴山商店
趙且甲
東京都世田谷区八幡山2−11−7　電(303)8717

有限会社 恭栄産業
朴憲崙
世田谷区若林5−40−5　電話(413)2130

セントラル冷暖房システム

かつて建築物は、生活や仕事の場を収容する"容器"がその主な機能でしたが、今日では一歩進んで外界の気候条件がどのように変化しても、常に快適で能率的な生活作業環境を維持する、いいかえれば、新しい気候を作り出す場となつてきています。その新しい気候を創造するものが、セントラル冷暖房システムです。

この冷暖房システムは
◎快適な冷暖房が行なえること
◎豊富な給湯ができること
◎住宅をはじめとする建造物の寿命に匹敵する耐久性をもつていること
◎経済的な運転ができるように熱効率がすぐれていると同時に、ロスの少ないすぐれた調節・制御機能をもっていること
◎建物構造、用途、予算などに応じて幅広いシステム商品陣がそろっていることが要求されます。
当社は、これらの要求を完成した「サンヨーセントラル冷暖房システム」と提携し、建築物の機能を高めるお手伝いをいたします。

五州興業株式会社
東京都新宿区市谷八幡町1
電話（269）1817（代）
取締役社長　鄭寅勲

北洋冷凍機工業株式会社
東京都新宿区原町3丁目84番地
電話（341）0449（代表）
取締役社長　洪起華

熱海温泉
ホテル八景
熱海市咲見町6−25　電話（0557）81−2714・7467
社長　崔聖根　副社長　崔鴻振、梁奉五
ホテル八景は熱海の中心街を見下ろす、野中山の中腹に位置しており、皆様のお部屋から居ながらにして、昼間は海上はるかに初島や伊豆大島まで一望におさめることができます。
また、夜ともなれば、静かなたたずまいの中で圧巻の「百万弗の夜景」をご満喫いただけます。
ホテル八景は家庭的なサービスをモットーに、従業員一同、皆様のお越しを心よりお待ちしています。

この熱海の夜景写真は、ホテル八景の客室からうつしたものです

在日本大韓民国居留民団
綱 領
一、우리는 大韓民国의 国是를 遵守한다
一、우리는 在留同胞의 権益擁護를 期한다
一、우리는 在留同胞의 民生安定을 期한다
一、우리는 在留同胞의 文化向上을 期한다
一、우리는 世界平和와 国際親善을 期한다

THE PRESS MINDAN TOKYO
THE KOREAN RESIDENTS UNION, IN JAPAN, TOKYO OFFICE
「韓僑通信」改題
在日本大韓民国居留民団東京本部発行日本語版週刊紙（購読料1カ月100円・特別1000円）
（1965年7月27日第3種郵便物認可）

民団東京
THE PRESS MINDAN TOKYO

3月24日 〈1971〉
週刊・毎水曜日発行
第2443号

発行所
民団東京新聞社
発行人 鄭 在 俊
東京都文京区本郷3丁目32番7号
電話 (811) 1535（代表）
〒133 振替口座 東京16631番
（大韓民国文化公報部国内頒布許可）

第18回中央委員会ひらかる

第18回中央委員会のもよう

一億千六百万の予算承認
非難された会館基金の流用

第十八回民団中央委員会は、予定どおりさる十五・十六の両日東京新宿区の日傷会館でひらかれ一九七〇年度の経過報告ならびに七一年度の活動方針案などを審議可決した。

同委員会第一日は、文圭準、白丁赫両副議長の主宰で午後零時二十分開会、三機関長のあいさつにつづいて駐日大使館の金在権公使、李裕天中央顧問らが来賓祝辞をのべたあと三機関ならびに各委員会の経過報告が行なわれた。経過報告につづいて行なわれた質疑討議では、京都、三多摩、東京の中央委員から万博招請事業の不明朗な会計問題に対する質問が集中、とくに、民団中央会館の建設基金として招請者から手数料として徴収した[illegible]万円のうち、二千五百万円を民団中央が永住権促進運動費と、民団中央の経常費として流用したことを詰問する発言がつづいた。この中央会館建設基金は、李禧元中央団長がこれまでの中央委員会やそのほかの重要会議の席上、再三この基金には絶対手をつけないと公言しておきながら、二千五百余万円も勝手に消費してしまったというものである。

答弁に立った李団長は「永住権申請という民団にとって、重大な問題にとり組んでいた時期だけにやむを得なかった」と苦しい答弁に一貫した。

さらに、中央委員の質問は、昨年十月に開かれた第十七回中央委員会で論難された「金允守氏の告訴問題が持出された。李禧元中央団長は、金氏の告訴は文圭準議長（元本国出張所所長）の名で名誉棄損・公文書偽造で告訴したが、本人が行方不明状態のため、その後の進展がないと答えた。また、問題の金氏新聞社や新東亜関係者の万博招請に関する手数料徴収問題が論議されたが、朴事務総長は彼らの万博来日は、本国の商工部ケースにふくまれ、民団とは一切関係ないと答えた。

さらに、韓国新聞の運営問題にも論及され、張聡明監察委員長は「韓国新聞運営実態は全く不明だ」と韓国新聞の責任者を非難、分科委員会で、韓国新聞の運営問題を含め、経営実態を討議するよう要望した。

十六日は、午前十時から午後三時までは各分科委員会別に、今後の活動方針を審議し、午後三時二〇分から本委員会を開き、企画委員会（委員長鄭在俊・東京本部団長）組織委員会（宿永聖委員長）経済委員会（李彩雨委員長）民生委員長（張羽相委員長）宣伝委員長（鄭炯和委員長）法対委員会（朴性鎮委員長）規約改正委員会（文圭準委員長）の順で、各分科委員会で審議・決定した活動方針案を報告、中央委員会の承認を得たが、問題の宣伝委員会韓国新聞問題だけは次期執行委員会に一任することにした。各分科委員会で決定された活動方針案はほとんど、執行部で成案した原案通りの内容だが、とりわけ目立った内容は企画委員会で討議決定した国会オブザーバー制度の復活を本国国会に要請することにした点、規約改正委員会が決定した現行規約の改正案の内容①中央大会の代議員数を現在の三九〇人から四五〇人に増員②中央委員の総数を現在の百三〇人から百六〇人に増員③民団中央に副団長を三人に増やす④民団組織の選挙規定について、被選挙権、選挙権を行使できる規定を現住所に移転して三カ月を満たすことを補充した点……である。

この日中央委員会で論難された点は、民生委員会の報告のあと、北海道、兵庫、大阪の中央委員が本国入国ビザ申請の際、民団の確認を義務づけなければならないとの主張に対し、民団中央事務総長の朴太煥氏は、旅券の発給を受けた人が、自国に帰るのに現行の入国ビザさえ不自然である。その上に民団の確認まで必要とするのは団員の帰国手続に一層、面倒を加える時代逆行的な措置だと強く反対、この朴太煥氏の主張に同意する中央委員の発言がつづき、一時紛糾したが、最終的にはこの問題は民団中央が大使館と協議して、取決めることにした。

そのあと、中央委員会は経費一億一千六百三一万四千五百円の（別項）予算案（七一年三月一日〜七二年二月）を満場一致で可決した。つづいて、各地方本部の建議案を審議、神奈川では民団中央団長が提案した[illegible]大使や現在の李大使に感謝状を中央委の決議でおくること、東京本部が提出した太平洋戦争に日本軍人として参加、負傷した韓国人の補償に関する件、今後の中央委や定期大会では大会の前に報告書を代議員や中央委員に送り届け、事前に十分な検討を加えられるようにすることなどを決議した。

最後に、丁賛鎮顧問が、[illegible]氏の日本入国を本国要路にたん願することを中央委員会の決議で提出することを提案、たん願書文面作成などをふくめ、中央執行部に一任することを満場一致で承認し、二日間に亘った中央委員会を午後七時閉会した。

四月二十七日に決定
大統領選挙日公告さる

政府は二十二日、臨時国務会議をひらき第七代大統領選挙日を四月二十七日に決定、二十三日これを公告することにした。

選挙日が公告されると、公告された七日以内に各政党は中央選管委に大統領候補登録をしなければならないし候補登録が終えれば本格的な選挙運動が展開される。

これによって政府はきたる三十一日まで不在者名簿を確定し中央選管委は三十一日まで政党の印刷順位を決定、四月二十五日まで投票通知票の交付を終えて投票に入る。

公金取扱の無神経さ
監察委員会の報告で指摘さる

第十八回定期中央委員会における監察委員会（張聡明委員長）報告の要旨はつぎのとおりである。

万博家族招請事業事後処理に関して、過年度における民団二大事業の一つである万博家族招請事業は、曲折はあったにせよひとりの事故もなく終了した。しかしこの事業の総括的な事後処理において複雑であるという理由で速やかに処理しなければならないいくつかの問題が未だに放置されている事実に対しては遺憾なことで、このような民団従来の思考方式がそのまま今後とも適用されてはならないことを強固に指摘しておく。

すなわち、KTBとの決算に関してはさる第十七回中央委員会までに決算がついていなければならないものをいまだに解決をみてない点と中央任職員ならびに一部地方本部が招請費用をいまだに納付してないことは、公金取扱に対する感覚の麻痺を意味し組織の良心からして解消されなければならない。しかるに今日に至るまで一千万円に達する巨額の未収があることは組織人として憂慮すべきことである。

会館建設基金として備蓄されていなければならない金額が、ほかの事業費に流用された事実にしても中央委員会の事前決議を尊重する[illegible]があったならばもっと慎重に処理すべきであった。

永住権申請促進事業に関して、団の命運をかけたこの重大な事業も昨年九月に発足した永住権取得推進委員会が組織されるまでは大した進展もなかった。昨年八月の両国法相会議以後ようやく取得委の発足とともに全組織員の誠実な努力により三十五万の数字をあげて有終の美をおさめた。促進事業を通じて体得したことは組織の縦横的連係が不充分であったことで中央と地方との意思疎通と統率発揮が不足であった。

会計、昨年度は一般予算以外に万博事業に付随した収支さらに永住権取得特別予算を総合するとその全額は無慮数億に達するが、執行部の決算報告をみると一般事業において相当な借入金を示している。団運営が積年の前例にてらしてみたとしても過年度のように過大な金額の収入支出においては均衡のとれた予算執行をなすべきであった。団長の"行動奔走"副団長の"常時欠員"などにより無計画的に予算が執行された。

一般団務に関して、①各局執務について、二大事業のウェイトがあまりに大きかったせいか分掌規程に明示された各部署の活動が正常に実施されてない。とくに教育問題、民生問題などにおいては言及すべき材料さえなかった。

②韓国新聞に関して、機関紙発行に対する抜本策を講究することを期待する意味から全国的な再検討を提起したい。過般の中央委員会において、特に独立採算制に対する速やかな確立を強調してきたが、しかし今日における実情は、独立採算制どころか人件費、印刷費などはもちろん補助金まで団の予算から充当しなければならない状態でその反面広告料などの収入面においては全然明細すらはっきりしない遺憾な現実である。

③中央会館契約に関して、前回の中央委員会において報告した内容にこれという変動はないが、ただ売買総額において若干の差異があり、その点はつぎのとおりである。

△契約日字一九七〇年八月十二日△売主[illegible]△買主李禧元△立会人尹達鏞△台地二三四坪六合四勺△所在地港区△構造地下一階地上四階△契約金三千万円△総額三億一千四百万円。会館建立においては、契約以後に伴なう多少の雑務的事項を速やかに解決し一日も早く着工することを期待する。

1971年度 歳入歳出予算書

1971年3月1日〜1972年2月末日

歳入之部

科目	金額
前期繰越金	2,875,525
割当金	55,389,650
手数料	10,800,000
（月900,000円内外）	
補助金	15,000,000
（政府一般行事）	
賛助金	32,000,000
雑収入	249,325
合計	116,314,500

歳出之部

科目	金額
人件費	48,369,500
俸給	
団長機密費	150,000×12
副団長	120,000×2×12
総長	110,000×12
局長	100,000×6×12
次長	80,000×6×12
局員	45,000×25×12
諸手当	15,909,500
事務費	3,000,000
維持費	5,460,000
（電信電話料	3,000,000）
（通信運搬料	840,000）
（購読料	420,000）
（車輌維持費	1,200,000）
出張費	4,200,000
営繕費	360,000
慶弔費	1,200,000
会議費	3,920,000
（中央委員会	800,000）
中央執行委員会	120,000）
（諮般会議費	3,000,000）
（地方団員会議其他	1,000,000）
（強化対策会議一本部	2,000,000）
行事費	1,200,000
活動費	16,500,000
（二機関活動	1,000,000）
（財政調達 〃	500,000）
（渉外 〃	2,000,000）
（組織 〃	3,000,000）
（経済 〃	2,000,000）
（民生 〃	2,000,000）
（文教 〃	2,000,000）
（宣伝 〃	2,000,000）
（幹部訓練 〃	2,000,000）
法的地位活動	5,000,000
補助金	8,405,000
（傘下団体	5,040,000）
（韓国学園	1,500,000）
（沖縄地方本部	865,000）
（特別補助	1,000,000）
手数料	1,000,000
厚生費	1,700,000
予備費	1,000,000
借入金及日債返済	3,000,000
機関紙	12,000,000
（印刷費月4回 其他）	
合計	116,314,500

金鍾泌氏を副総裁に
共和党 第五回定期全党大会

〈既報〉共和党は十七日、ソウル・奨忠体育館で第五回定期全党大会を開き、党総裁の朴正熙大統領を満場一致で共和党公認第七代大統領候補に指名した。

この全党大会は全国代議員二千名と参観人約六千名が出席した中で開かれたが、朴総裁は指名受諾演説を通じ「偉大なる統一韓国の明日をにない、祖国近代化の壮厳な民族隊列の先鋒（ほこ）にいま一度立つ」と決意を示し「こんどの選挙はどの政党が勝つとか負けるとかいう単純な"政権"問題ではなく、こんご韓半島に自由民主主義理念を具現できるか否かという大問題のカギを握るものとなると思う。従ってそれは国運を左右する問題であり、これはまた、安定か混乱か、近代化の前進か中断かを決めることになるであろう」と述べた。

また、朴総裁は韓国民の悲願である"統一"について「わが国力が上位中進国水準を越えるようになる時期に、われわれの民族的悲願である祖国統一の前進基地が確立するだろうし、その盤石の上に立ってわれわれの願いは進められるだろう。そしてこのことは正しくわが民族の使命でもあり、また七〇年代に当面した一つの挑戦である」と強調した。

この大会ではそのあと吉在号党事務総長の党務報告があり、政治、経済、外交、国防など十部門、五十六項目の政策公約を採択、大会宣言文、青年党員決議文、婦女党員決議文なども合わせて可決された。

なお、同大会決議で、党憲の改正問題が出て、党総裁のもとに党総裁が任命する若干の副総裁を置くことになったが、朴総裁はまず金鍾泌氏（党総裁常任顧問、前党議長）だけを副総裁に任命する考えだといわれる。

解説

共和党がこんどの全党大会で電撃的に党憲改正を提議し副総裁制を新設することに決めたのは、選挙体制を完成させるための体制補完的な意味を持つものとみられ、このほかにも野党の対与攻勢の鋭鋒を鈍化させるための複合的な戦略的布石とも考えられる。

党職序列第二位の副総裁職設置に関する主張はこれまでも、共和党創党以来ずっと、党内の一角で後継者問題と関連して論議されてきたものである。そして昨年十二月の党職改編のさいには、かなり具体化した話も出たものであったが党総裁常任顧問制を新設したことによってこの問題は一時タナ上げの形となっていた。

ところが、こんどの副総裁制新設のための"党憲改正"は、十六日午後の臨時党務会議で極秘裡に採択された。そしてこの規定では副総裁の定員を"若干名"としているものの、まず当面は金鍾泌総裁常任顧問だけが副総裁に任命されることが確実視されている。そこで金鍾泌氏はこれにより、さきに政界を引退して以来、初めて実質的な党要職に復帰することになるわけだ。

金氏の副総裁任命は、こんどの選挙で金氏の遊説参加をいっそう積極的なものに変えることになろうし、また、金氏の積極的な遊説参加を望む多数の党員の意思反映にもなるものとみられる。無論、今春の選挙期間中に、朴総裁が直接出かけて行けぬところにまで金氏が出かけて行くことによって全国津々浦々まで共和党の声を伸ばし、と同時に野党が打出した"副大統領制復活"論（後継者を育成することによって一人長期執権を防ごうというもの）に立向かって野党の攻撃を鈍化させるための戦略的布石としての側面を持つことになろうと解される。

本国新聞論調

看過できぬ日本の対北措置

日本政府は、今年にはいってから日本人が北韓を旅行するさい使用する旅券に、いわゆるDPRK（朝鮮民主主義人民共和国）という呼称を記入しているが、これは韓国との間で大きな物議をかもし出している。日本は昨年から新しい旅券法を施行、未承認国にたいして、これまで行なっていたようにその首都名を使わずに、国名を記入している。すなわち日本は、新旅券法の実施とともに中共を中華人民共和国と呼び、東独をドイツ人民共和国と記入してきたものの、ただ北韓の場合だけは国名を記入せず、平壌という名を使ってきたものだったが、それはそれなりに韓日協定の基本精神に適合すまいとする一つの努力と見ることができた。しかし、日本は最近、日本人が北韓に向かって旅行するとき、その旅券にDPRK、すなわち朝鮮民主主義人民共和国という国名を記入するようになっている。

日本政府は日本からの北韓向け旅券にDPRKと記入していることを弁明する口実として、北韓地域を往来する日本国民の便宜と利益のためにはやむを得ない措置だといっており、北韓だけにたいして新旅券法以前のまま、首都名を記入するということは不合理である、などを打出している。

また、これと同時に日本は現在北韓との通商取引きを促進させようとしており、"日朝貿易会"所属の商社代表たちが大挙して北韓訪問することを許可している。

こうしたことが明らかにされたため、韓国との間でいま問題が起きているが、日本は韓日協定で韓国を韓半島における唯一の合法政府と認めた上で韓国との正式国交を結んだのである。にもかかわらず、現在、日本が北韓に対して取っている態度はなにか――。日本は自国の国家利益のためとあれば国家間の協定や国際信義も一朝一夕の間に、古靴のように捨ててしまうのか。これこそ日本の、"お得意中のお得意"である両面外交に他ならない。

日本政府が北韓の呼称法を変えたとしても、そのこと自体は大したことではない。また、日本が促進しようとしている北韓との通商取引きも現時点ではせいぜい一千三百万㌦程度であるし、こんごもそう伸びる性質のものではあるまい。こうした根拠以外にも、われわれは日本のやることを一々挙げつらねて、あれはいけない、これもいけないと非難するつもりは毛頭ない。

しかるにだ。なお、かつ、われわれは日本のやり方が将来の韓日両国間に憂慮すべきものを招来せずにはおかぬという実感にとらわれるのだ。韓日国交正常化以後、われわれは最近になってやっと両国間の紐帯が緊密化してきたと思ったものである。その矢先に、この日本の対北韓措置問題である。われわれがこれを看過しえぬ理由は北韓の指向するものが、もし韓国の安保と国防態勢がおびやかされるものであれば直ちに韓国の脅威となる性格をもつものだということであり、ひいては日本の脅威にさえなりうるということのためである。この事実を日本はどう見ているのであろうか。

（東亜日報・SISA）

韓国人男女社員募集

職種 編集（取材、校閲、写真）営業部員、和文タイピスト 女子事務員
資格 高校卒以上、年令18〜40迄
給与 優遇、賞与年2回昇給年1回 交通費支給、有休、各種社会保険完備
応募 履歴書（写真貼布、自筆）外国人登録済証明書、各1通 郵送又は来社して下さい

東洋経済日報社

朴正熙大統領の指導理念と、烈々たる愛国心！

朴正熙選集 全3巻

申 範植＝編集
全3巻セット価 ¥2,500

第1巻では大統領の指導理念と韓国の苦難の歴史を物語り第2巻では大統領の熱烈な愛国心と祖国統一に対する熱情を伝えている。第3巻では韓国の近代化と、明日に向かって前進する国民の先頭に立つ大統領の、自信と希望に満ちた演説を聴くことができる。（全3巻同時発売中！）

①韓民族の進むべき道
A5判・260頁 ¥780
Ⅰ人間改造の民族的課題
Ⅱわが民族の過去を反省する
Ⅲ韓民族の受難の歴史
Ⅳ第二共和国の「カオス」
Ⅴ後進民主々義と韓国革命の性格と課題
Ⅵ社会再建（国家）の理念と哲学

②国家・民族・私
A5判・280頁 ¥820
Ⅰ革命はなぜ必要であったか？
Ⅱ革命2年間の報告
Ⅲ革命の中間決算
Ⅳ世界史に浮き彫りされた革命の各態様
Ⅴライン河の奇蹟と不死鳥のドイツ民族
Ⅵわれわれと米・日関係
Ⅶ祖国は統一されるだろうか
Ⅷわれわれは何をいかにすべきか

③主要演説集
A5判・380頁 ¥900
Ⅰ協同の大洋に結集しよう（外交）
Ⅱ前進する歴史の潮流の中で（社会・文化）
Ⅲ炬火は燃えている（産業・復興・経済）
Ⅳ自分の国は自分の力で（反共・愛国・国防）
Ⅴ着実な前進（政治）

鹿島研究所出版会・発行
107 東京都港区赤坂6-5-13 電話582-2251

第52回三・一節記念中央民衆大会

第五十二回三・一節を迎えて一日午前十時から日比谷公会堂において盛大な記念式典を行なった。〈写真・当日の大会のもよう㊧と三・一節の意義を強調する鄭在俊東本団長

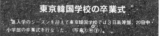

第171回支団長会議ひらかる

3月12日東京会議室でひらかれた第171回支団長会議㊦においては中央団長選に立候補した俞錫濬氏（左上）と崔学阜氏（左下）があいさつにかけつけた。

東京韓国学校の卒業式

進入学のシーズンを迎えて東京韓国学校では３日高等部、20日中・小学部の卒業式を行なった。（写真㊤㊥㊦）

民団東京グラフ

第8回関東地方協議会

3月12日東京本会議室でひらかれた

家電品卸し商
カラーテレビ・白黒テレビ・ステレオ洗濯機・冷蔵庫・カメラ・その他総雑貨卸し
秋葉原より安い卸し値で販売致します。どうぞご利用下さい

外山商店
徐万基
東京都豊島区北大塚２－10－１
電話（917）6915・5363
国電大塚駅北口

漢方の強力体質改善療法
（通信にて治療相談受付）

漢方医学 西洋医学 **総合治療センター**

●喘息	20帖	50,000円 30,000円
●糖尿病	20帖	15,000円
●夜尿・腎臓 ●胃腸・肝臓 ●皮膚病 ●婦人病・腰痛	20帖	10,000円
●水虫・痔疾 ●高血圧 ●肥満症 ●ツワリ	1箱（散薬）	6,000円

●鹿茸大補湯（特級）	20帖	50,000円
●鹿茸大補丸	２ケ月分	30,000円
●十全大補丸	２ケ月分	10,000円
●八味丸	（500ｇ）	70,000円
●六味丸	（500ｇ）	6,000円
●四物丸	（500ｇ）	4,000円
●萬病水	（720cc）	30,000円
●人蔘酒	（540cc）	3,500円
●人蔘補心散	（20袋）（ポケット用）	6,000円

◉入院設備完備、大小個室五十室あり

漢方乾材・卸・小売
人蔘・鹿茸・麝香・牛黄・辰砂・熊胆
※本国旅行者には特別価格で奉仕します。

漢方担当 張同萬
洋医担当 寺田莞爾

天心堂漢方本舗・天心堂診療所
東京都台東区東上野2-19-5
電話（831）５５５７－代表
国電・地下鉄上野下車１分
韓国食堂街わき

東京商銀職員募集
本年の新卒者を求めます。

1．採用人員　大学卒　男女／高校卒　男女　計80名
2．応募資格　韓国籍の国民登録完了者（入社までに申請手続完了者も可）
3．待遇　大学卒男子　43,000円（基本給）
大学卒女子　43,000円（〃）
短大卒男子　40,000円（〃）
短大卒女子　38,000円（〃）
高校卒男子　37,000円（〃）
高校卒女子　35,000円（〃）
（諸手当）家族手当、皆勤手当、住宅手当、給食手当
通勤費は全額支給、社会保険完備
（賞与）年２回（６月・12月）
（昇給）年１回（４月）
4．福利厚生施設　男子独身寮完備
5．提出書類　履歴書、写真、成績証明書、卒業見込証明書、外国人登録済証明書、国民登録完了証
6．勤務先　本店勤務及び新宿、荒川、五反田各支店
7．募集締切期日　昭和46年２月末
8．試験期日及び場所、本人宛通知
応募希望者は提出書類を揃えて本店総務部まで御郵送下さい。
なお既卒者も随時受けつけております。

東京商銀信用組合
本店　東京都文京区湯島３－38－15
電話（832）５１４１－代表

活気を帯び始めた 外国人投資

国内企業全般に浸透

量的拡大と質的改善を図れ

経済企画院八階のワン・ストップ・オフィスは複雑な行政手続きが外国人の投資意欲を減退させてしまうから……という理由で発足した"即席処理事務所"であるがこれほどまでに政府は外国人の投資誘致に力を尽くし、あらゆる優遇措置を図っている。単に行政手順だけではない。政府は税制面から労使問題に至るまで外国人の投資家には特別の配慮をしている。

政府がこれほどまでにして外国人投資を優待していても資本がないという韓国の根本事情に原因があるが、政府は外人投資を優待することによってまず元利金償還の負担がなく、技術ならびに経営技法も導入できるという特徴を有利に行使しようと考えているのである。また外国人投資を盛んに導入すると、その国のきずなが深まり友好関係も厚くなるという政治的有利性もある。

韓国に外国人投資が始められたのは六二年からであるが、これまでその実績は微々たるものであった。それは政府が冒険の多い投資よりも、むしろ銀行支払い保証のつく借款供与に力を注いだためであった。

従って借款導入額は七〇年末までで十九億三百万ドルにものぼったのに比し、外国人投資は総二億一千三百万ドルにすぎなかった。この投資も割合い大きなものはすべて借款に付随したものであった。つまり韓国の投資環境が外国人投資家の目には満足できるものではないとみられたこともまた事実であった。

しかし、このような不振の投資が昨年から多少、活気を帯び始めてきた。すなわち、外国人投資額が六六年の九百九十三万ドルから六七年には三千八十四万ドルへ、また六九年にはさらにふえて四千九百万ドルに、そして七〇年には八千五百九十四万ドルへと大きく伸びている。

とくに昨年から眼につくのは日本からの小額投資がふえているということである。在日僑胞を中心として十万ドル程度の小額資本がひんぱんになっているのだ。昨年の外国人投資額はその前年の約二倍近くになっているが、それは双竜セメントと東海電力に四百万ドルずつ、また石油公社に二千三百万ドルなどなど多額の投資が一度にはいってきたのでその総投資額が大きく増大したのである。七〇年末現在で外国人投資は二百六十六件で二億一千三百万ドル、このうち単独投資は四十二件で三千三百七十五万ドル、残りの二百二十四件、一億七千九百九十五万ドルは合作投資である。

このように合作投資が圧倒的に多いのは韓国政府の政策誘導のためである。政府は百パーセントの単独投資は抑制し、国内業者との合作を勧誘している。単独投資は原則的に全量輸出条件でないと許可しないが、とくに日本の単独投資に対しては行政規制を行なっている。

投資額を国別でみると、米国がトップで一億三千万ドル、次いで日本が五千五百万ドル、三位はパナマで一千三百万ドルであるが、欧州地域は微々たるもので英国が四百五十八万ドル、西独二百三十三万ドル、イタリア六万ドルなどの実績である。

米国からの投資が多いのは第三ならびに新四肥料、石油公社、京仁エネルギーなど借款のようにはいってきた投資が多いためである。日本からは六七年までには一件しかなく投資額も一千万ドル以下だったが、六九年、七〇年にはいって二千万ドルを越え、特に七〇年からは急増し八十六件に二千万ドルとなっているから一件当たり平均二十三万ドル程度である。業種別に投資をみると、電気および電子部門が四千三百万ドルで最も多く、次いで石油二千七百万ドル、肥料二千三百万ドル、石油一千九百万ドル、窯業一千三百万ドル、輸送用機械一千万ドルとなっている。このように外人投資のうち、石油と肥料が最も多いのは精油工場が全部合資会社だということ、第三、第四肥料も外国投資実体のためである。

株式大衆化に新境地ひらく

張仁建氏の太星証券

民団東京本部の顧問張仁健氏はこのほどソウルで太星証券株式会社(資本金一億円)を設立開業した。張氏は四十余年間の滞日生活から得た豊富な経験と財力をもって母国における株主大衆化への新しい境地を開拓するものとみられ韓国の業界からも同社の発足に注目している。(写真はさる二月五日の同社開業祝賀式・ソウル乙支路の同社で)

崔校長

同胞有志の支援を

東新中学園の拡充基金に

貧しい児童たちを集めて無料で学びの場を提供している東新ウエスレー中学園(ソウル永登浦区舎堂洞)の設立者であり校長である崔東在氏は、同学園をより一層充実なものにしたく在日同胞有志の支援を望んでこのほど来日した。

崔校長の語るところによると崔氏自身貧しい農村で生れ十六才になるまで学校へ行けなく、六・二五動乱の際避難してきたある牧師にひろわれはじめて学問に接し新聞売り、靴みがき、はては血まで売りながら苦学で大学を出たという。このような逆境を歩むうち崔氏は「自分よりもっと不幸な人々を救おう」とさる六八年四月現校所在地に薬剤師である夫人とともに天幕をはって三教室を造りチューインガム売り靴みがきなど不遇な青少年たちや適令期をのがした少年たちに学びの機会を与えたのであった。これが東新ウエスレー中学園のはじまりであるがいまでは七教室六学級四百名の男女が学んでおりようやく社会からも注目しはじめているという。

崔氏は、氏の恩師である金円奉氏(民団足立支部団長)を訪ねたものであるが、氏は渡日に際し朴大統領の恩師である朴寛洙氏の揮毫数点をはじめ掛軸、韓国の民芸品など多数の物品をはじめ同学園生徒たちの作品数百点を特志家への贈りものにしたいと持参、民団足立支部に展示してある。

これらの物品のなかには日本の国宝級にあたる徳川慶喜自筆の掛軸なども含まれておるといわれ在留同胞有志の厚い支援を望んでいる。

生徒の作品もまじっている展示物品

ソウル・ロイヤルホテルが開業

[illegible](会長)、[illegible](社長)ら在日中心として出資され、この程竣工したソウル・ロイヤルホテルの開館式が十二日午前十一時から明洞一ノ六の同ホテルで盛大に行われた。在日僑胞がソウルで建てたホテルでは最高層の二十一階建、設計施工は竹中組。同日の式典には朴大統領を除く各部長官、政財界の名士、大阪からは民団三機関長が出席、東京からは李禧元民団中央団長が十一日急々参席のため帰国した。今後客室三二〇室にはテレビが置かれる豪華さ、二十一階のナイトクラブはソウル随一の夜景が楽しめる。本社・ソウルTEL(八二)八一七一

【写真はロイヤルホテル全景】

4月から着工

ソウル地下鉄

【京郷】梁鐸植ソウル市長は十六日、ソウル市が進めてきた地下鉄第一号線の建設は路線と施行法、路線測量、地質調査、構造物設計などをこのほど終えて、いよいよ四月十日ごろから着工することになったと明らかにした。

この地下鉄第一号線の建設は四月からきたる十月中旬までに三十億ウオンを投入して、十二工区のうちの五工区を——すなわち南大門—大韓日報社前(第二工区)、大韓日報社前—市庁前(第三工区)、鍾路三街—四街(第七工区)、崇仁洞—東廟前(第九工区)、龍頭洞—ソウル師大前(第十一工区)だけを工事する。そして第二次として十月中旬から年末までにさらに三十億ウオンを投じて別の三工区を工事・建設する。

なお、梁鐸植ソウル市長は「十月半ばまでの五工区と年末までの三工区の工事を終えてもあと四工区残るが、この四工区の工事は来年にまわされることになる」と述べた。

支部を訪ねて

中野支部

抜群のチームワーク

課長は全員二十代の若さ

国電中野駅の雑踏はちょっとしたものだ。北口駅前のアーケード街から高級商街マンションで有名なブロードウェーを中心に、買物カゴを下げた主婦から長髪の若者、すっかり春の装いに身を包んだミニスカートの娘さんらが、軒並み続く商店街に列をなして漫歩。その繁華街にほど近い新井中野通りのバス停前に、民団中野支部がある。

「地ノリ良く、間口も堂々、何から何まで申し分ない」(李景学団長)この中野支部が創設されたのは民団がまだ建設同盟時代の昭和二十二年のこと。まさに支部の草分け。したがって民団では長老格の「先駆達」にも恵まれ、支部活動に厚みを加えている。

李団長は昨年十月に三選され今年で団長職五年目、康公職副団長はこれまた五選目で八年連続の在職。また東京本部の幹員李事務局長が副団長としてドッシリ名を連ねている上、実務のベテラン、成致渡事務部長も在職五年目というから支部チームワークの良さは推して知るべしというところ。

「わが支部に関する限り、先輩には恵まれるし、役員みな民団への認識が深く、ツブ揃い。ゴタゴタも無縁で協力体制はガッチリ——。」私ほど恵まれた団長が他にいるだろうか、といった表状で、若々しく、自信に満ちた温厚をくずす李団長。

とはいうものの、その中野支部にも頭の痛い問題がひとつあった。財政問題である。中野地区は[illegible]ン、団員約百八十名の中には[illegible]者がかなりの数を占めており、他支部に比べて経済人が少い。このことが支部の財政を苦しめてきた。商工会、納貯組合もここにはない。「民団は財政が基本」(李団長)とすれば、いかに人材豊富でチームワークのよい中野支部でもこれは頭痛のたね。しかし、これについても「ようやく目途がつき楽観している」と、李団長。基本財政の確立は李・団長の公約のひとつでもあった。

その上、「中野婦人会(高成生会長)の活躍は都内屈指と自負している」との事である。

ところで、とかく若い層から敬遠されがちなのが、いまの民団。最近でこそ組織の老朽化、二・三世子弟の養成等々といったことが論議にのぼってはいるが、声高に叫ばれる割には、民団全体としてはいまだ具体的で一貫性ある対策はないし、実効もあがっていないのが実状。むしろ無策の上に若い世代への無理解、白眼視などで、青年、学生ら若者達を民団から追い散らすに一役買っている民団幹部が少なくない有り様。「民団はオレ達だけが支配するオレ達だけのもの」といった時代錯誤の発想——。

だが、青年層の育成、幹部の若返り化といった課題でも、ここ中野支部はきわめて前向き。

昨年の七月には念願の韓青支部が結成にこぎつけ、また昨年十月の執行部改編では課長クラスにいずれも二十代の二世青年を抜擢した。組織、民生、経済、文教の各課長で、そのうち三人は韓青中野支部の幹部を兼任しているという。

韓青中野支部の活動は発足以来極めて活発、毎週水、金曜日に定期会合をもっており、そのうち一日は講師について韓国語を学習。講習会には約十名の青年が参加している。

中野支部での二十代課長の採用は、民団のあり方を先取り的に実行に移したという意味からも、注目に値いする。これまで、とかくありがちだった名目上の役員を排除して組織の若返りをはかった上青年層の意見、考え方を団活動に積極的に反映させるとともに、青年自身にも団務遂行の責任を担わせる等々で団務にも活気がでてきた。

「若い人自身が民団に専従することで、彼らも民団の実情を自分の問題として理解することができるし、その上で自分達の考え方を実践できる」(成事務部長)というわけだ。

民団が旧世代の郷愁のはけ口や独りよがりの雑論はき捨ての場だけであってよいわけがない。とかく、やれ世代の断層だ、世代交代だ、青年層への理解だ、育成だ、といった等々が、お題目に終始してきたとするなら、この「中野方式」は、論より実行を示したわけだ。

「民団を本当によくするためには時間と根気が必要」というのは韓青中野支部委員長で民団支部の組織課長を兼任する慎東植氏。ここ三年来支部の事務も手伝っており、特に在日韓国人被爆者問題にも深い関心をもつ、熱血漢でもある。

慎組織課長「現在の民団を支配している幹部の考え方や体質では民団は、もう担い切れないのではないか。今のままでは青年層を民団に吸収できないし、だいいち青年はついて行かないだろう。ここ二~三年、都内に関する限り以前にはなかった新しい民団の気風が芽ばえ希望も見えてきた感じ。しかし問題は全国を統率する立場にありながら、旧態依然として民団を私物化し、喰い物にしている一部幹部の存在。万博での黒いうわさ等も氷山の一角。当の最高指導幹部が、組織の権威を失墜させることを平然とやっているわけだ。」

これを受けて——

康副団長「先日(三月十五、十六日)の中央委員会で明らかにされた中央幹部の会館建設資金の転用・(前中央委員会で李禧元中央団長は万博家族招請者から徴収した手数料の一部を、民団会館建設に当てる旨確約。今中央委員会ではそのうち千三百万円を永住権費用に当てた、と報告された)これはヒドい。組織の最高責任者がこういう状態では、支部どころか、とてもじゃないが、団員がついていかない。」

康副団長は語気鋭く語りながら一方では、こうした「分りきった事」さえハッキリさせ得ない中央委員会そのものの府甲斐なさを嘆く。そして八年間も支部で副団長を務めながら、地方・中央委員会を問わず「一度として発言の機会を与えられていない」ことにも歯がゆさと矛盾を感じるという。とかく一部の自称実力者がわが物顔に振まい、地道に団務に情熱をそそぐ下部役員や一般団員が軽んじられがちなのも民団の旧態依然の体質。再考の余地ありというわけだ。どの社会であれ、若い声、下からの声、そして"声なき多数の声"にこそ多く理がある場合が多いというもの——。

二十五日は民団中央の団長選挙この結果いかんで内外に重要課題を抱えた民団の将来が左右されるまさに民団は一大転換期を迎えているといっても過言でなさそう。全国代表の投ずる限られた一票が民団の革新を願う"声なき大多数の団員"の意思と自主性ある民団実現のためにこそ生かされねばなるまい。「幹がしっかりしないとせっかくの若い芽や花も育たない」(康副団長)というわけだ。

李支団長㊨と康副団長

中野支部庁舎の全景

成事務部長㊧と慎組織課長

民団中野支部の団勢

1971年3月現在

在日同胞総数	1,896名
韓国籍	1,131
「朝鮮」籍	765
国民登録完了者	683
協定永住権申請者	1,043

十億ウォンの韓国奨学財団

朴大統領も基金

文教部は十五日、十億ウオン基金の韓国奨学財団を設立した。これは韓国最大の奨学財団で半官半民、名誉総裁には朴正熙大統領、各誉会長に白斗鎮国務総理、理事長に洪鍾哲文教部長官が選任された。基金としてはまず今年度に募金した二億六百万ウオンを基としてきたる二学期から大学生五百十九名に一人当たり十万ウオンずつを与えることに決めた。

今年度の基金二億六百万ウオンは、朴大統領からの金一封と政府が出した一億六百万ウオン、大韓金融団連合会の二千万ウオンなど民間篤志家が出した一億を合わせたものである。

ロッテキャンディは高級フランス風

キャプテンロッテが言うとおり
それは それはおいしいキャンディです

あなたに高級キャンディを召しあがっていただくために
本場フランスから
キャンディづくりの名人J・ボーダンを招き
まごころをこめてつくりあげました
きびしく選びぬかれた原料
最新設備をそなえた工場から誕生する
高級フランス風のおいしさ
ロッテならではの
このぜいたくなおいしさを
心ゆくまでお楽しみください

チョコレート
すきとおったおいしいキャンディに
あのまろやかな
ロッテチョコレートが
甘くつつまれています
100円

ココロール
香ばしいココアの香りを生かした
スティックロール型の高級ソフトキャンディ
ついつい手が出るおいしさ 100円

高級フランス風
ロッテ
キャンディ

70年代の東アジアと韓国

複雑に展開する国際政治のなかで

儒城でひらかれた国際学術会議の論文から

韓国国際関係研究所（理事長＝崔鍾起）は二十一日から三日間儒城で国際学術会議を開き、主題の「一九七〇年代の東部アジアと東部アジアの中の韓国」に関するさまざまの論文を研究した。出席者は米コロンビア大学のブルゼジンスキー教授（共産圏問題の世界的権威者）をはじめ四十名の内外学者たちであったが、多くの論文から〝複雑に展開している東部アジアの国際政治の中で韓国がどのように対処して行くべきであるか――〟が改めてクローズ・アップされた。

以下はこの学術会議で発表された一部論文の要旨である。

軍事・外交の方向

柳　正　烈

〝変貌しつつあるアジア〟は不安定の中にある。アジアには世界各地どの地域にもみられるような不安定造成要因のほかにも、幾つかの特殊事情が内在しており、周辺諸国間の力の不均衡、既存国際秩序に対する非妥協的あるいは挑戦的な態度、そして日本の経済大国から軍事大国化傾向といわれるようなものが潜在的〝不安定〟造成要因としてあげられる。

とくに韓国戦争に介入した経験も持つ中共は韓半島に脅威を加えうる位置にあり、日本は植民勢力で韓民族を搾取した不幸な歴史を持っている。こうしたものが不安定要因となる可能性をはらんでおり、情勢をいっそう深刻なものにしている。

▽中共のけん制、防御を目的として…

このような諸要因を勘案しながらアジアも、世界的趨勢に足並みをそろえて徐々にではあるが同盟体制から地域集団安保体制へ転換をしようと試みてきた。無論韓国の対アジア外交政策の基調もこうした方向で進まなければなるまい。いうまでもなく、こうした考え方を根本にしようとするには根拠があるのである。

まず、北韓の全面戦挑発が中共の後ろだてなしでは不可能だという前提のもとで安全に関する観測をしてみよう。これまでのアジアの同盟体制、あるいはある種の〝地域安保体制〟は主として中共に対する牽（けん）制、防御を目的として、その機能を発揮しようとするものであった。

米軍事力のアジア介入は中共と周辺諸国間の勢力均衡の役割りを果たしてきたといえるが、この結果、米国と中共は直接対決の姿勢を固めるようになり、アジア諸国の自助と自立精神をマヒさせる不幸な結果を招来せしめた。このような米国の過度の介入を合理的な方向に修正させようとの意図であらわれてきたのがグアム・ドクトリンであるが、これを生ぜしめた決定的な要因はベトナム戦争にあると見ることができる。こうした米国の政策は他律的に、そして間接的に、これまでの〝同盟〟体制から地域安保への転換を催促していると考えられよう。

▽国土分断とその緊張で微妙な立場

すぎし日、韓国の対アジア外交はあまりにも対米紐帯を基調したものでありすぎた。そして韓米両国関係も軍事的な側面に偏重してきたし、他のアジア諸国に対しては不本意なことに排他性をみせる不安定な位置を示してきた。

国土分断とこれによる緊張が韓国を政治的に微妙な立場に追いやる結果を招いたし、といって韓国は独自で強力な対アジア政策を推進して行こうとするだけの政治的経済的基盤もなかったのである。

とくに他国との交流ないし協力をして行こうとするとき常に〝優越〟あるいは〝劣等〟という思考方式から脱皮することができず、韓国は同等関係や相互補完関係において、それを追求することができなかった。しかし一九七〇年代には、このような諸要素が補完されて行くことになろうし、これに伴い、自信も生まれ、韓国は〝制限された門戸解放主義〟でアジア政策を導いて行くことになるのであろう。

七〇年代における韓国の対アジア外交政策が指向すべきアジアの未来のための〝地域安保〟は次のような可能性に根拠を置いたものになると考える。まずそれは地域的な利益と自助自立精神を養してくることのできる体制だということだ。さる二月の韓米軍事会談で合意された覚書もこの体制の妥当性を間接的に後ろだてしている。

▽こんごのアジアの地域安保機構

また、こんごのアジアでの紛争は〝内乱的紛争〟のような性格を帯びるだろうとみられるが、こうした紛争は〝同盟〟体制による、〝外部の軍事的介入〟よりも〝地域〟協力の安保体制の方がよりよくけん制してくれそうである。これまではアジアに力で介入してきた米国やソ連もアジアの未来図としては、それがどのような形のものであるにしても結局は〝地域安保〟を念頭において考えている。

また長期的な観点からみるとき、アジアはアジアの繁栄と安全を追求するためにすべてのアジア国家が参与する地域安保を求めることが必要となるだろう。それはやがては中共との利害関係も考慮されるような地域協力安保となろうし、これが、切実に要求されると考える。

現在、アジアにあるSEATO（東南アジア条約機構）やASPAC（アジア太平洋協議会）は機能の面で制限された地域機構であるから再検討強化の余地が多いと考えるが、NATO（北大西洋条約機構）のような機構をモデルにしたらと思う。

（柳正烈氏は韓国外語大教授）

中共の対外政策指針

朴　奉　植

最近中共の対外政策方向はさきの九全大会で明らかにされた林彪の政治報告からみてもわかるように、まず米ソ〝帝国主義〟に反対し、①社会体制を異にする国ぐにとの平和共存、②非圧迫民族の闘争支援、③統一戦線形成など――の三つに要約することができる。

七〇年にはいってからの中共が幾つかの主要西側国家と外交関係を樹立し、国連代表権に関心をみせている傾向をみると、中共外交の原則は社会体制を異にする国との共存関係を拡大して行く方向に動いているものとみることができる。このような原則は東南アジアにも適用されようが、しかしこの地域ではいわゆる革命闘争を支援するという原則がまず適用される国ぐにが多いため、東南アジア諸国との平和共存に立脚した関係樹立は非常に遅れるだろうとみることができる。

中共がその対外姿勢を決める上で最大の影響を受けたのはやはり中ソ対立という問題からである。ソ連との対立によって不安定になった中共の国際社会での地位を中共は何とかして安定させようとその方法の一つとして現存する世界政治秩序の中で中共が当然主張しうると考える地位の認定を受けようとしている。それは最近、中共が国連で中国代表権を主張し、さらに西側諸国と外交関係を樹立していることなどによってうかがわれる。

▽東南ア華僑問題と友好関係の樹立

こういう点から見るとき、現時点では林彪が九全大会で明らかにしたような東南アジアでの暴力革命支持は実践に移されるということが現実性のうすいものとして浮かび上がってくる。

中共の東南アジア政策が論ぜられるとき、よく華僑問題が挙げられる。一説には東南アジア地域の華僑たちは相当な経済的勢力を持っていることから、中共がこれらの人びとを通じて中共の膨張政策を容易に遂行しうるだろうともいわれたが実際はむしろ、華僑のために誤解や不信を受けることが多かったし、その他人種的対立観を呼びおこす問題が発生しやすかったために中共は華僑たちに現地国への帰化を勧告してきたものだった。すなわち、華僑たちの存在が中共の東南アジア外交をある程度規制しており、こんご中共が東南アジアに対して平和的な姿勢でのぞまざるをえないようにしているともいえる。なお、中共は現実に東南アジア諸国と国交または通商関係を促進させているため、この地域国家群との友好関係樹立を重要視せざるをえないだろう。

▽中共の東北アジア政策とその情勢

次に中共の東北アジア政策は、日本の軍国主義復活をけん制することに集中しているという印象が強い。とくに六九年十一月の日米共同声明以来、いっそうそうした色が濃厚である。これは日本の軍事力がこんご米国軍事力の延長としての役割りをするようになることを憂慮しているからで、結局、中共は米国の対中共軍事力体制を解除させることにその目標を置いているからだとみることができる。

中共はこのような目標を達成するためには第一に、日本を米国から政治的軍事的経済的に引離すことが肝要だと考えており、それは日本国内の政治の方向が変わることによって、可能だとみているようだ。従って中共は盛んに日本を糾弾しながらも周四原則という条件を口実に日本との覚書き貿易協定を延長するなど、日本との関係を持続している。

以上からみると、中共の東南アジア政策の目標である米軍事力の解除はまだ行なわれていないが、米国のアジア政策の原則ともいうべきニクソン・ドクトリンによって徐々にとはいえ、米国自身の手によってこれがなされる可能性を提示している。たとえそれが中共の積極的な外交手腕によるものであろうと、あるいはまた米国政策の変化によるものであろうと、東部アジアでも中共が共存関係を樹立することが中共自身の目標だと考え及ぶとき、東部アジアの情勢は中共に有利な方向に転換する可能性が強い。

▽窮極は米国との関係正常化

しかし、東北アジア情勢が中共が〝正当なり〟と認める状態にまで変わるためには、結局は米国との関係が正常化されなければなるまい。すると中共の対日政策も窮極のところ、米国との正常化を目指しているのだと考えることができる。

ベトナム戦争が〝平和的終結〟に導かれたとき、中共はそれを対米関係正常化の名分とすることができるに違いない。（朴奉植氏はソウル大文理大教授）SISA

将承　尼神よけに里程表ともなる

大統領三選条項廃棄を図る

新民党

新民党の改憲案発議十人対策委（委員長＝俞弘善）は八日、初会議を持ち、大統領三選条項廃棄などの改憲案発議のための五十万人署名運動をくり広げる時期や方法などを協議、まず中央党に〝三選反対改憲国民提案推進委員会〟を設けることにした。

この日の会議では、署名運動のための趣旨文を作成し、小委員会を構成することに決め、署名運動の時期および方法は、この日鄭一亨対策本部長が中央選挙管理委員会に提出した質問書にたいする回答を参照して論議することにした。鄭対策本部長は「憲法改正提案のための国民の主権行使は憲法上の権利として選挙期間中でも制限を受けないものと考えられるが、中央選挙管理委員会の見解はどうか――」という質疑を提出。

尋ね人

朴智仁氏（通名・新井）本籍・韓国慶尚道（以下不明）

朴さんは終戦前に来日、兄弟で事業をしていたらしいとの消息があった。この方を韓国在住の金春福さんが探しています。心当りの方は埼玉県越谷市袋山一、四九三〜一七松井春子（電話〇四八九―七五―〇一九三）さんまで連絡を。

随筆集

招燕曲

定価500円　送料85円

漢陽誌の創刊以来今日に至る90余号の中に掲載され好評を得た400余編の随筆のうちから選んだ珠玉の随筆集

漢陽社　東京都豊島区東池袋2―56―7　電話（983）5313番　振替　東京45168

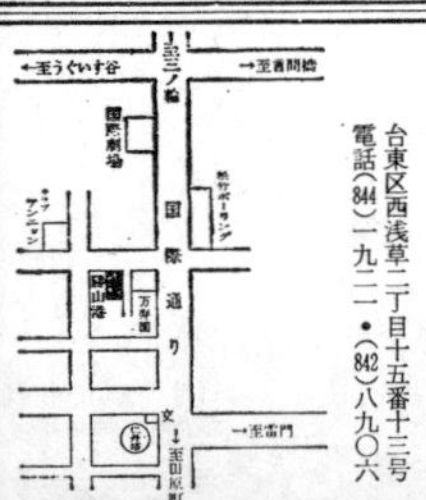

季節料理　ふぐ・活魚　**勝山港**

李斉珩（松田日出幸）

台東区西浅草二丁目十五番十三号

電話（844）一九二一・（842）八九〇六

都内唯一の国際親善の殿堂

クラブアンニョン

代表者　高昌富

東京都台東区西浅草二ノ十五ノ十三　浅草国際劇場近く

熱海温泉
ホテル八景
熱海市咲見町6―25　電話（0557）81―2714・7467
社長　崔聖根　副社長　崔鴻振、梁奉五
ホテル八景は熱海の中心街を見下ろす、野中山の中腹に位置しており、皆様のお部屋から居ながらにして、昼間は海上はるかに初島や伊豆大島まで一望におさめることができます。
また、夜ともなれば、静かなたたずまいの中で圧巻の「百万弗の夜景」をご満喫いただけます。
ホテル八景は家庭的なサービスをモットーに、従業員一同、皆様のお越しを心よりお待ちしています。
この熱海の夜景写真は、ホテル八景の客室からうつしたものです

御婚礼・御宴会

ご予約承ります

ご一名様 ¥1,500より

一卓10名様　料理10品

都内（23区内）よりご来店の車代は飲食代の多少に拘らず、宣伝費として当店でお払いいたします。

- 中国料理はご一名様1,500円〜2,000円のお料理が最もおトクです
- その他ご希望、ご予算により如何様にもご相談申し上げます
- 結婚式・披露宴・同窓会・謝恩会・カクテルパーティー・各種ご宴会に最適。
- 香港より招いた一流調理師による最高の味覚!!
- ご宴会場10名様より1,200名様　和・洋個室60室　駐車場完備
- 新宿店　駅より3分・渋谷店　駅より3分

☎局番変更、新宿店の（369）局は（202）局に変わりました。

◉渋谷中台ビル

スチームバスセンター

――ニューシブヤ――

渋谷・神宮通り（旧区役所トナリ）

TEL 461―0125〜8

本格的サウナ・スチームバスの殿堂

5・6・7階

スチームバス・キングコース ¥1,800

サービス・タイム　1時〜6時 ¥1,500

4階

サウナバス ¥500

サービス・タイム　1時〜6時 ¥400

高級中国料理

東京大飯店

新宿店　新宿三光町53（花園神社隣）☎202―0121―9

渋谷店　渋谷・神南1-12-12（旧区役所隣）☎461―0121―4

在日本大韓民国居留民団
綱　領
一、우리는 大韓民国의 国是를 遵守한다
一、우리는 在留同胞의 権益擁護를 期한다
一、우리는 在留同胞의 民生安定을 期한다
一、우리는 在留同胞의 文化向上을 期한다
一、우리는 世界平和와 国際親善을 期한다

THE PRESS MINDAN TOKYO
THE KOREAN RESIDENTS UNION. IN JAPAN, TOKYO OFFICE
「韓僑通信」改題
在日本大韓民国居留民団東京本部発行日本語版週刊紙（購読料1カ月100円・特別1000円）
（1966年7月27日第3種郵便物認可）

民団東京
THE PRESS MINDAN TOKYO

3月31日
＜1971＞
週刊・毎水曜日発行
第2444号

発行所
民団東京新聞社
発行人 鄭 在 俊
東京都文京区本郷3丁目32番7号
電話 (811) 1535（代表）
〒133 振替口座 東京16631番

出入国管理法案特集号

出入国管理法案

日本政府が国会に上程した「出入国管理法案」の全文はつぎのとおりである。

目次

第一章 総則（第一条・第二条）
第二章 入国（第三条）
第三章 上陸
第一節 上陸許可（第四条—第八条）
第二節 上陸許可の手続（第九条—第十四条）
第三節 一時上陸（第十五条—第十九条）
第四節 直行通過区域（第二十条）
第四章 在留
第一節 在留の原則（第二十一条—第二十七条）
第二節 在留資格の区分の変更等（第二十八条—第三十三条）
第五章 出国（第三十四条—第三十六条）
第六章 退去強制
第一節 退去強制の対象者（第三十七条）
第二節 違反調査（第三十八条—第四十九条）
第三節 口頭審理及び異議の申出（第五十条—第五十四条）
第四節 退去強制令書の執行（第五十五条—第五十九条）
第七章 船舶又は航空機の長及び運送業者の責任（第六十条—第六十五条）
第八章 日本人の出国及び帰国（第六十六条・第六十七条）
第九章 管理機関（第六十八条—第七十三条）
第十章 補則（第七十四条—第八十条）
第十一章 罰則（第八十一条—第八十九条）
附則

総則

第一章 総則

（目的）
第一条 この法律は、本邦に入国し、又は本邦から出国するすべての人の出入国を公正に管理することを目的とする。

（定義）
第二条 この法律において、次の各号に掲げる用語の意義は、それぞれ当該各号に定めるところによる。
一 本邦 本州、北海道、四国及び九州並びにこれらに附属する島で政令で定めるものをいう。
二 外国人 日本の国籍を有しない者をいう。
三 乗員 船舶又は航空機の乗組員をいう。
四 日本国領事館等 外国に駐在する日本国の大使、公使又は領事官をいう。
五 旅券 日本国政府、日本国政府の承認した外国政府又は権限のある国際機関の発行した旅券又はこれに代わる証明書（日本国領事官等の発行した渡航証明書を含む）をいう。
六 乗員手帳 船員手帳若しくは国際航空乗員証明書又はこれらに準ずる文書をいう。
七 出入国港 外国人が出入国すべき港又は飛行場として政令で定めるものをいう。
八 運送業者 船舶又は航空機により人又は物を運送する事業を営む者及びその者のために通常その事業に属する取引の代理をする者（法務省令で定める者を除く）をいう。
九 在留資格 外国人が本邦に在留することができる資格をいう。
十 在留期間 在留資格を有する外国人が本邦に在留することができる期間をいう。
2 在留資格は、次のように区分する。
一 日本国政府が接受する外国政府の外交使節団若しくは領事館の構成員又は条約若しくは国際慣行によりこれらの者と同様の特権及び免除を受ける者としての在留資格
二 本邦で日本国政府が承認した外国政府又は国際機関の公務に従事する者としての在留資格
三 外国の宗教団体により本邦に派遣されて布教その他の宗教上の活動に従事する者としての在留資格
四 外国の報道機関により本邦に派遣されて取材活動に従事する者としての在留資格
五 本邦の学術研究機関若しくは教育機関において研究の指導若しくは教育に従事し、又は本邦で学術上若しくは芸術上の活動に従事する者としての在留資格
六 本邦で貿易に従事し、又は企業、投資その他の営利事業の管理業務に従事する者としての在留資格
七 本邦の学術研究機関又は教育機関において研究を行ない、又は教育を受ける者としての在留資格
八 本邦の公私の機関により受け入れられて産業上の技術又は技能を習得する者としての在留資格
九 本邦で演劇、演芸、演奏、スポーツ等の興行を行ない、又はこれらの興行に出演し、若しくは出場する者としての在留資格
十 本邦で熟練労働その他特殊な技術又は技能を要する労働に従事する者としての在留資格
十一 本邦で永住する者としての在留資格
十二 日本人又は第一号から前号までに規定する者の配偶者又は二十歳に満たない子で配偶者のないものとしての在留資格
十三 観光、保養、スポーツ、親族の訪問、見学、講習若しくは会合への参加又は業務連絡の目的その他これらに類似する目的をもって、短期間本邦に滞在する者としての在留資格
十四 前各号に規定する者以外の者で、法務省令で定めるものとしての在留資格
3 在留資格（前項第一号及び第十一号の在留資格を除く）を有する者の在留期間は、三年をこえない範囲で政令で定める。

入国

第二章 入国

第三条 外国人は、有効な旅券を所持しなければ本邦に入ってはならない。ただし、有効な乗員手帳を所持する乗員については、この限りでない。
2 前項の規定の適用については、本邦において乗員となろうとする外国人その他の外国人で、法務省令で定めるものは、乗員とみなす。

上陸

第三章 上陸

第一節 上陸許可

（上陸許可）
第四条 外国人は、この法律に別段の定めがある場合を除き、この節及び次節に定めるところにより上陸許可を受けなければ本邦に上陸してはならない。

（上陸許可の要件）
第五条 次の各号の一に該当する外国人に対しては、上陸許可をすることができる。
一 第二条第二項各号（第十一号を除く。）に規定する者（次号に該当する者を除く。）で、日本国領事官等の有効な査証を受け、かつ、第八条第一項の事前認定を受けなければならない者にあっては、同項の事前認定を受けているもの。ただし、条約又は政府間の取決めにより査証を免除されている者は、査証を受けていることを要しない。
二 第三十六条第一項の許可を受けている者で、最後の出国時における在留資格の区分と同じ区分の在留資格をもって本邦に在留しようとするもの。ただし、その当時において第二十二条第二項又は第二十四条第一項に規定する指定を受けていた者にあっては、それぞれこれらの項に規定する活動をしようとする場合に限る。

第六条 次の各号の一に該当する外国人に対しては、上陸許可をすることができない。
一 伝染病予防法（明治三十年法律第三十六号）又はらい予防法（昭和二十八年法律第二百十四号）の適用を受ける患者
二 精神衛生法（昭和二十五年法律第百二十三号）に規定する精神障害者又は麻薬取締法（昭和二十八年法律第十四号）に規定する麻薬中毒者
三 貧困者、放浪者その他生活上の保護を必要とする者で、国又は地方公共団体の負担になるおそれのあるもの
四 日本国又は日本国以外の国の法令に違反して無期若しくは一年以上の有期の懲役若しくは禁錮又はこれらに相当する刑に処せられたことのある者（政治犯罪により刑に処せられたことのある者を除く。）で、当該刑の執行を終わり又は執行を受けることがなくなった後十年を経過していないもの
五 麻薬、大麻又はあへんの取締りに関する日本国又は日本国以外の国の法令に違反して刑に処せられたことのある者
六 売春又はその周旋、勧誘若しくは場所の提供その他売春に直接関係がある業務を行なったことのある者
七 他の外国人が不法に本邦に入り、又は上陸することをあおり、そそのかし、又は助けたことのある者
八 麻薬取締法に規定する麻薬、大麻取締法（昭和二十三年法律第百二十四号）に規定する大麻若しくはあへん法（昭和二十九年法律第七十一号）に規定するけし、あへん若しくはけしがら又はあへん煙を吸食する器具を不法に所持する者
九 銃砲刀剣類所持等取締法（昭和三十三年法律第六号）に規定する銃砲若しくは刀剣類又は火薬類取締法（昭和二十五年法律第百四十九号）に規定する火薬類を不法に所持する者
十 前二号の規定に該当したことにより上陸許可を受けることができず、第十四条第一項の規定により退去を命ぜられて本邦から退去した者で、当該退去の日から一年を経過していないもの
十一 第三十七条の規定により退去を強制されて本邦から退去した者で、当該退去の日から三年を経過していないもの
十二 日本国憲法又はその下に成立した政府を暴力で破壊することを企て、若しくは主張し、又はこれを企て、若しくは主張する政党その他の団体を結成し、若しくはこれに加入している者
十三 次に掲げる政党その他の団体を結成し、若しくはこれに加入し、又はこれと密接な関係を有する者
イ 公務員であるという理由により、公務員に暴行を加え、又は公務員を殺傷することを勧奨する政党その他の団体
ロ 公共の施設を不法に損傷し、又は破壊することを勧奨する政党その他の団体
ハ 工場又は事業場における安全保持の施設の正常な維持又は運行を停廃し又は妨げるような争議行為を勧奨する政党その他の団体
十四 前二号に規定する政党その他の団体の目的を達するため、文書図画を作成し、頒布し、又は展示することを企てる者
十五 前各号に掲げる者を除くほか、法務大臣において日本国の利益又は公安を害する行為を行なうおそれがあると認めるに足りる相当の理由がある者
2 前項各号に掲げる者に相当する者以外の日本人について特定の事由によりその上陸を拒否している国の国籍又は市民権を有する外国人のうち、当該事由に相当する事由で、法務大臣が定めるものに該当する者に対しては、上陸許可をすることができない。

（特別上陸許可）
第七条 法務大臣は、前二条の規定にかかわらず、その者を上陸させることが相当であると認める外国人に対し、特別に上陸許可をすることができる。

（事前認定）
第八条 第二条第二項第五号から第十二号又は第十四号の在留資格の決定を受けて本邦に在留するため上陸許可を受けようとする外国人は、あらかじめ、当該在留資格により本邦に在留することを適当であると認める旨の法務大臣の事前認定を受けなければならない。ただし、法務大臣の定める要件に該当する者については、この限りでない。
2 法務大臣は、前項に規定する外国人のうち、第二条第二項第五号から第十号までの在留資格に係る者について、前項ただし書の要件を定め、又は同項の事前認定をする場合においては、それぞれ当該各号に規定する活動に係る行政の所管大臣に協議するものとする。

第二節 上陸許可の手続

（上陸許可の申請及び審査）
第九条 上陸許可を受けようとする外国人は、その者が上陸しようとする出入国港において、入国審査官に対し上陸許可の申請をして、その審査を受けなければならない。
2 入国審査官は審査の結果、前項の申請をした者が第五条各号に掲げる者のいずれかに該当し、かつ、第六条に規定する者のいずれにも該当しないと認定したときでなければ、上陸許可をしてはならない。
3 入国審査官は、上陸許可をする場合には、当該許可に係る外国人の在留資格の区分及び在留期間を決定しなければならない。
4 前項の上陸許可は、当該許可に係る外国人の所持する旅券に在留資格の区分及び在留期間を記載し、上陸許可の証印をして行なうものとする。
5 入国審査官は、第三項の規定により第二条第二項第五号から第十号までの在留資格を決定する場合において、必要があると認めるときは、当該各号に規定する活動のうち当該外国人の行なうべき活動を指定し、又は当該各号に規定する活動（当該外国人の行なうべき活動を指定した場合にあっては、当該指定に係る活動）を行なうべき場所、機関等を指定することができる。
6 入国審査官は、第三項の規定により第二条第二項第十四号の在留資格を決定する場合において、必要があると認めるときは、当該外国人の行なうべき活動を指定し、又は当該指定に係る活動を行なうべき場所、機関等を指定することができる。
7 入国審査官は、前二項の規定による指定をしたときは当該指定の内容を記載しなければならない。
8 入国審査官は、第五条第二号に該当する者について上陸許可をする場合には、第三項の規定による在留資格の区分及び在留期間の決定並びに第四項の規定によるこれらの事項の記載をすることを要しない。この場合において、当該外国人は、当該再入国の直前の出国時における在留資格及び在留期間をもって、本邦に在留するものとし、その者がその当時第二十二条第二項又は第二十四条第一項に規定する指定を受けていたときには、当該指定は、その上陸許可の後[illegible]
9 入国審査官は、第三項の上陸許可をすることができない場合には、直ちにその旨を地方入国管理官署（入国管理事務所及び法務省令で定める入国管理事務所の出張所をいう。以下同じ。）の長に報告しなければならない。
10 入国審査官は第一項の審査をする場合において、必要があると認めるときは、何人に対しても、許可を受けないでその場所に出入することを禁止することができる。

（口頭審理）
第十条 地方入国管理官署の長は、前条第九項の規定による報告を受けたときは、当該報告に係る外国人に対し、すみやかに口頭審理を行なわなければならない。
2 地方入国管理官署の長は、口頭審理を行なった場合には、口頭審理に関する記録を作成しなければならない。
3 当該外国人又はその代理人は、口頭審理に当たって、証拠を提出し、及び証人を尋問することができる。
4 当該外国人は、地方入国管理官署の長の許可を受けて、親族又は知人の一人を口頭審理に立ち会わせることができる。
5 地方入国管理官署の長は、口頭審理に当たって、当該外国人の請求に基づき、又は職権に基づき、法務省令で定める手続により、証人の出頭を求めて、宣誓をさせ、証言を求めることができる。
6 地方入国管理官署の長は、口頭審理の結果、上陸許可をする場合には、当該外国人の在留資格の区分及び在留期間を決定しなければならない。
7 地方入国管理官署の長は、口頭審理の結果、上陸許可をすることができない場合には、当該外国人に対し、すみやかに、理由を示してその旨及び次条第一項の規定により異議を申し出ることができる旨を通知しなければならない。
8 前条第十項の規定は第一項の口頭審理について、同条第二項及び第四項から第八項までの規定は第六項の上陸許可をする場合について準用する。

（異議の申出）
第十一条 前条第七項の規定による通知を受けた外国人は、異議があるときは、その通知を受けた日から三日以内に、不服の事由を記載した書面を地方入国管理官署の長に提出して、法務大臣に対し異議を申し出ることができる。
2 地方入国管理長官署の長は、前項の規定による異議の申出があったときは、意見を付して、前条第二項の口頭審理に関する記録その他の関係書類を法務大臣に提出しなければならない。
3 法務大臣は、第一項の規定による異議の申出を受理したときは、当該異議の申出が理由があるかどうかを裁決して、その結果を地方入国管理官署の長に通知するものとする。
4 地方入国管理官署の長は、法務大臣から異議の申出が理由がないと裁決した旨の通知を受けたときはすみやかに第一項の規定による異議の申出をした外国人に対しその旨を通知し、法務大臣から異議の申出が理由があると裁決した旨の通知を受けたときは直ちに在留資格の区分及び在留期間を決定して上陸許可をしなければならない。
5 第九条第四項から第八項までの規定は、前項の上陸許可をする場合について準用する。

（特別上陸許可の手続）
第十二条 法務大臣は、第九条第一項の申請をした外国人に対し第七条の上陸許可（以下「特別上陸許可」という）をする場合には、当該外国人の在留資格及び在留期間を決定するものとする。
2 特別上陸許可は、地方入国管理官署の長に当該許可に係る外国人の所持する旅券に在留資格の区分及び在留期間を記載し、上陸許可の証印をさせて行なうものとする。
3 法務大臣は、第一項の規定により第二条第二項第五号から第十号[illegible]は、当該各号に規定する活動のうち当該外国人の行なうべき活動を指定し、又は当該各号に規定する活動（当該外国人の行なうべき活動を指定した場合にあっては、当該指定に係る活動）を行なうべき場所、機関等を指定することができる。
4 法務大臣は、第一項の規定により第二条第二項第十四号の在留資格を決定する場合において、必要があると認めるときは、当該外国人の行なうべき活動を指定し、又は当該指定に係る活動を行なうべき場所、機関等を指定することができる。
5 地方入国管理官署の長は、前二項の規定による指定がされたときは、当該指定の内容を旅券に記載しなければならない。
6 地方入国管理官署の長は、第九条第一項の申請をした外国人について法務大臣に特別上陸許可を上申することができる。
7 法務大臣は、前項の規定による上申があった場合において、特別上陸許可をしないときは、地方入国管理官署の長にその旨を通知するものとする。

（仮上陸）
第十三条 地方入国管理官署の長は、特に必要があると認める場合には、第九条第一項の申請をした外国人が上陸許可を受け、又は次条第一項の規定により退去を命ぜられるまでの間、当該外国人に対し、仮上陸を許可することができる。
2 仮上陸の許可は、当該許可に係る外国人に仮上陸許可書を交付して行なうものとする。この場合において、地方入国管理官署の長は、当該外国人の仮上陸中の住居を定めなければならない。
3 仮上陸の許可を受けた外国人は、前項の規定により定められた住居に居住し、地方入国管理官署の長から呼出しがあったときは、これに応じなければならない。
4 仮上陸の許可をする場合には、地方入国管理官署の長は、当該許可に係る外国人に対し、法務省令で定めるところにより、行動の範囲その他の事項に関して必要と認める条件を付し、又は三十万円をこえない範囲内で法務省令で定める額の保証金を本邦通貨又は外国通貨で納付させることができる。
5 前項の保証金は、次項の規定により国庫に帰属させない限り、当該外国人が上陸許可を受けたとき、又は次条第一項の規定により退去を命ぜられたときは、その者に返還しなければならない。
6 地方入国管理官署の長は、法務省令で定めるところにより、仮上陸の許可を受けた外国人が逃亡したとき、又は第三項の規定に違反して呼出しに応じないときは第四項の保証金の全部を、同項の規定により付された条件に違反したときはその一部を国庫に帰属させるものとする。
7 地方入国管理官署の長は仮上陸の許可を受けた外国人が逃亡すると疑うに足りる相当の理由があると認めるときは、収容令書を発付して必要と認める期間、入国警備官に当該外国人を収容させることができる。
8 第四十五条第三項の規定は前項の収容令書について、第四十六条及び第四十七条の規定は前項の規定による外国人の収容について準用する。この場合において、第四十五条第三項中「容疑者の氏名、居住地及び国籍、容疑事実の要旨」とあるのは「仮上陸の許可を受けた外国人の氏名及び国籍、収容すべき事由」と、第四十七条第二項中「容疑事実の要旨」とあるのは「収容すべき事由」と読み替えるものとする。

（退去命令）
第十四条 地方入国管理官署の長は、第九条第一項の申請をした外国人が次の各号の一に該当するに至った場合には、その者に対し、出国期限を定めて、本邦からの退去を命じなければならない。ただし、第十二条第六項の規定による上申をした場合において、同条第七項の規定による通知があるまでの間は、この限りでない。
一 第十条第七項の規定による通知を受けた場合において、文書に[illegible]にしたとき、又は当該通知を受けた日から三日以内に同項の規定による異議の申出をしなかったとき。
二 異議の申出が理由がないと裁決した旨の第十一条第四項の規定による地方入国管理官署の長からの通知を受けたとき。
2 前項の規定による命令は、当該外国人に退去命令書を交付して行なうものとする。
3 地方入国管理官署の長は、第一項の規定により退去を命ずる場合には、当該外国人が乗ってきた船舶若しくは航空機の長又はその船舶若しくは航空機に係る運送業者にその旨を通知しなければならない。

第三節 一時上陸

（寄港地上陸）
第十五条 入国審査官は、本邦に入国した外国人である乗員（第二条第二項に規定する者を含む。以下この条及び次条において同じ。）又は通過者（本邦外の地域から本邦を経由して他の本邦外の地域へおもむこうとする者で、乗員以外のものをいう。以下同じ。）が同一の出入国港において、その乗ってきた船舶若しくは航空機に乗って、又は、他の船舶若しくは航空機に乗り換えて出国するまでの間一時当該出入国港の周辺に上陸することを希望するときは、その者の乗っている船舶若しくは、航空機の長又はその船舶若しくは航空機に係る運送業者の申請に基づき、当該外国人に対し、政令で定める期間をこえない範囲内において寄港地上陸を許可することができる。ただし、当該外国人が第六条に規定する者のいずれかに該当する場合は、この限りでない。
2 寄港地上陸の許可は、当該許可に係る外国人の所持する旅券にその旨を記載し、又は当該外国人に寄港地上陸許可書その他の法務省令で定める当該許可があったことを示すものを交付して行なうものとする。
3 入国審査官は、寄港地上陸の許可をする場合には、当該許可に係る外国人に対し、行動の範囲その他の事項に関して必要と認める条件を付することができる。

（通過上陸）
第十六条 入国審査官は、本邦に入国した外国人である乗員又は通過者が、他の出入国港において、その乗ってきた船舶若しくは航空機に乗って、又は他の船舶若しくは航空機に乗り換えて出国するまでの間、本邦を通過するため上陸することを希望するときは、その者の乗っている船舶若しくは航空機の長又はその船舶若しくは航空機に係る運送業者の申請に基づき、当該外国人に対し、政令で定める期間をこえない範囲内において通過上陸を許可することができる。ただし、当該外国人が第六条に規定する者のいずれかに該当する場合は、この限りでない。
2 通過上陸の許可は、当該許可に係る外国人の所持する旅券にその旨を記載し、又は当該外国人に通過上陸許可書その他の法務省令で定める当該許可があったことを示すものを交付して行なうものとする。
3 入国審査官は、通過上陸の許可をする場合には、当該許可に係る外国人に対し、行動の範囲その他の事項に関して必要と認める条件を付することができる。

（緊急上陸）
第十七条 入国審査官は、船舶又は航空機に乗っている外国人が疾病その他の理由による生命又は身体の危険を避けるため緊急に上陸する必要が生じたときは、当該外国人の乗っている船舶若しくは航空機の長又はその船舶若しくは航空機に係る運送業者の申請に基づき、必要があると認めるときは厚生大臣又は法務大臣の指定する医師の診断を経て、当該外国人に対し、政令で定める期間をこえない範囲内において緊急上陸を許可することができる。
[illegible]の法務省令で定める当該許可があったことを[illegible]行なうものとする。
3 入国審査官は、緊急上陸の許可をする場合には、当該許可に係る外国人に対し、行動の範囲その他の事項に関して必要と認める条件を付することができる。
4 緊急上陸の許可があったときは、第一項の[illegible]航空機の長又は運送業者は、当該許可に[illegible]費、宿泊費その他緊急上陸中の一切の費[illegible]い。

（避難上陸）
第十八条 入国審査官は、船舶又は航空機[illegible]その船舶又は航空機に乗っていた外国人[illegible]あると認めるときは、水難救護法（明治[illegible]の規定による救護の事務を行なう市町村[illegible]救護した船舶若しくは航空機の長、その船舶若しくは航空機に係る[illegible]機の長[illegible]し、政令で定める期間をこえない範囲内[illegible]て避難上陸を許可することができる。
2 入国審査官は、[illegible]の引渡しを受けたときは、直ちに避難上[illegible]る。
3 避難上陸の許可は、当該許可に係る外[illegible]他の法務省令で定める当該許可があった[illegible]行なうものとする。
4 入国審査官は、避難上陸の許可をする[illegible]外国人に対し、行動の範囲その他の事項[illegible]を付することができる。
5 避難上陸の許可があったときは、避難[illegible]長又はその船舶若しくは航空機に係る運[illegible]外国人の生活費、治療費その他避難上陸[illegible]ければならない。

（許可の取消し）
第十九条 地方入国管理官署の長は、寄港[illegible]許可又は避難上陸の許可（以下「一時上[illegible]た外国人が第十五条第三項、第十六条第[illegible]くは前条第四項の規定により付された条[illegible]二十五条の規定に違反したときは、当[illegible]る。

第四節 直行通過区域

第二十条 航空機により本邦に入国した外[illegible]において、その航空機に乗って、若しくは[illegible]国し、若しくは他の出入国港におもむく[illegible]陸許可の手続のため、又は寄港地上陸の[illegible]可を受けるため、相当の期間、法務大臣[illegible]する出入国港内の区域（以下「直行通過区域」[illegible]ことができる。
2 地方入国管理官署の長は、前項に規定[illegible]がないのに直行通過区域にとどまってい[illegible]過した後も直行通過区域にとどまってい[illegible]定めて、本邦からの退去を命ずることが[illegible]
3 第十四条第二項及び第三項の規定は、[illegible]する場合について準用する。
4 第一項に規定する外国人で、直行通過[illegible]域以外の本邦の地域に立ち入るものに[illegible]については、直行通過区域以外の本邦の[illegible]て上陸とする。

在留

第四章 在留

第一節 在留の原則

（在留の原則）
第二十一条 外国人は、この法律に別段の定めがある場合を除き、在留資格を有しなければ本邦に在留することができない。

（在留活動者）
第二十二条 第二条第二項第二号から第十号までの在留資格を有する外国人（以下「在留活動者」という）で、次項に規定する者以外のものは、それぞれ当該各号に規定する活動（以下「在留活動」という）を行なうべき者として本邦に在留するものとする。
2 在留活動者で、第九条第五項（第十条第八項及び第十一条第五項において準用する場合を含む）又は第十二条第三項（第三十三条において準用する場合を含む）の規定による指定（第六項の規定による変更が行なわれた場合における新たな指定を含む。以下この条において「指定」という）を受けているものは、次の各号に掲げる区分に応じ、それぞれ当該各号に掲げる活動を行なうべき者として本邦に在留するものとする。
一 活動の指定のみを受けている者 当該指定に係る活動
二 場所、機関等の指定のみを受けている者 当該指定に係る場所、機関等における在留活動
三 活動の指定及び場所、機関等の指定を受けている者 当該指定に係る場所、機関等における当該指定に係る活動
3 在留活動者は、在留資格の区分を変更することなく、他の区分の在留資格に係る在留活動をし、又は在留活動以外の活動に係る職業につき、若しくは在留活動以外の報酬を受ける活動をしようとするときは、あらかじめ、法務大臣の許可を受けなければならない。
4 第二項に規定する者は、前項に規定するもののほか、当該指定の変更を受けることなく、当該指定に係る活動以外の在留活動をし、又は当該指定に係る場所、機関等以外の場所、機関等において在留活動（活動の指定を受けている者にあっては、当該指定に係る活動）をしようとするときは、あらかじめ、法務大臣の許可を受けなければならない。
5 前二項の許可は、入国審査官に当該許可に係る外国人の所持する旅券又は第三十一条第四項若しくは第三十二条第二項の在留許可書（以下第三十条までにおいて「在留許可書」という。）に当該許可の内容及び有効期間を記載させて行なうものとする。
6 第二項に規定する者が当該指定の変更を法務大臣に申請した場合には、法務大臣は、これを変更することができる。
7 前項の規定による変更は、入国審査官に当該外国人の所持する旅券又は在留許可書に新たな指定の内容を記載させて行なうものとする。

（家族及び短期滞在者）
第二十三条 第二条第二項第十二号の在留資格を有する外国人（以下「家族」という。）及び同項第十三号の在留資格を有する外国人（以下「短期滞在者」という。）は、在留資格の区分を変更することなく、在留活動をし、又は職業につき、若しくは報酬を受ける活動をしようとするときは、あらかじめ、法務大臣の許可を受けなければならない。
2 前条第五項の規定は、前項の許可について準用する。

（特定在留者）
第二十四条 第二条第二項第十四号の在留資格を有する外国人（以下「特定在留者」という。）で、第九条第六項（第十条第八項及び第十一条第五項において準用する場合を含む。）又は第十二条第四項（第三十三条において準用する場合を含む。）の規定による指定（第三項において準用する第二十二条第六項の規定による変更が行なわれた場合における新たな指定を含む。以下この条において「指定」という。）を受けているものは、次の各号に掲げる区分に応じ、それぞれ当該各号に掲げる活動を行なうべき者として本邦に在留するものとする。
一 活動の指定のみを受けている者 当該指定に係る活動
二 活動の指定及び場所、機関等の指定を受けている者 当該指定に係る場所、機関等における当該指定に係る活動
2 前項に規定する者は、在留資格の区分を変更することなく、又は当該指定の変更を受けることなく、在留活動をし、当該指定に係る活動以外の活動に係る職業につき、若しくは当該指定に係る活動以外の報酬を受ける活動をしようとするとき、又は当該指定に係る場所、機関等以外の場所、機関等において当該指定に係る活動に係る職業につき、若しくは当該指定に係る活動で報酬を受けるものをしようとするときは、あらかじめ、法務大臣の許可を受けなければならない。
3 第二十二条第五項の規定は前項の許可について、同条第六項及び第七項の規定は第一項に規定する者の指定の変更について準用する。

（一時上陸者等）
第二十五条 仮上陸の許可又は一時上陸の許可を受けて本邦に在留する外国人は、在留活動をし、又は職業につき、若しくは報酬を受ける活動をしてはならない。

（中止命令等）
第二十六条 地方入国管理官署の長は、次の各号の一に該当する外国人に対し、書面をもって、当該各号の一に該当することとなった行為を継続しないよう又は同種の行為を反復しないよう命ずることができる。
一 第二十二条第三項若しくは第四項、第二十三条第一項又は第二十四条第二項の規定に違反して、在留活動若しくは指定に係る活動をし、又は職業につき、若しくは報酬を受ける活動をした者
二 日本国の機関において決定した政策の実施に反対する公開の集会若しくは集団示威運動を主催し、若しくは指導し、又は公衆に対し、日本国の機関において決定した政策の実施に反対することをせん動する演説若しくは文書図画の頒布若しくは展示をした者（第二条第二項第十一号の在留資格を有する者（以下「永住者」という）を除く）
2 地方入国管理官署の長は、前項第二号に該当する外国人に対し、同項の規定による命令をしようとするときは、あらかじめ、法務大臣の承認を受けなければならない。
3 地方入国管理官署の長は、正当な理由がないのに、相当の期間、その行なうべき活動をしていない在留活動者又は特定在留者に対し、書面をもって、当該活動を行なうよう命ずることができる。

（旅券等の携帯及び提示）
第二十七条 本邦に在留する外国人は、常に旅券若しくは在留許可書又は第十三条第二項の仮上陸許可書若しくは第十五条第二項、第十六条第二項、第十七条第二項若しくは第十八条第三項の当該許可があったことを示すもの（以下この条において「旅券等」という）を携帯していなければならない。ただし、外国人登録法（昭和二十七年法律第百二十五号）による登録証明書を携帯する者及び十四歳に満たない者については、この限りでない。
2 前項の規定により旅券等を携帯していなければならない外国人は、入国審査官、入国警備官、警察官、海上保安官、税関職員その他法務省令で定める国又は地方公共団体の職員が、その職務の執行に当たり、旅券等の提示を求めたときは、これを提示しなければならない。
3 前項に規定する職員は、旅券等の提示を求める場合には、その身分を示す証票を携帯し、当該外国人の請求があるときは、これを提示しなければならない。

（次頁へつづく）

在留

第二節　在留資格の区分の変更等

（在留資格の区分の変更）

第二十八条　法務大臣は、在留資格を有する外国人が他の区分の在留資格（第二条第三項第十一号の在留資格を除く）への変更を希望する場合には、その者の申請に基づき、当該申請に係る区分の在留資格への変更を適当と認めるに足りる相当の理由があるときに限り、在留期間を定めてこれを許可することができる。ただし、短期滞在者の申請については、やむを得ない特別の事情に基づくものでなければ許可しないものとする。

2　法務大臣は、第二条第三項第五号から第十号までの在留資格への変更を希望する者について前項の規定による許可をする場合には、それぞれ当該各号に規定する活動に係る行政の所管大臣に協議するものとする。ただし、第八条第一項ただし書の法務大臣の定める要件に該当する者については、この限りでない。

3　第一項の規定による許可は、入国審査官に当該許可に係る外国人の所持する旅券又は在留許可書に新たな在留資格の区分及び在留期間を記載させて行なうものとする。

（永住許可）

第二十九条　法務大臣は、在留資格を有する外国人が第二条第三項第十一号の在留資格への変更を希望する場合には、その者の申請に基づき、当該外国人が次の各号に掲げる要件に該当し、かつ、その者の永住が日本国の利益に合すると認めたときに限り、これを許可することができる。

一　引き続き五年以上本邦に在留すること。

二　素行が善良であること。

三　独立の生計を営むに足りる資産又は技能を有すること。

2　前項の規定による許可は、入国審査官に、当該許可に係る外国人の所持する旅券に永住許可の証印をさせ、又は当該外国人に対し永住許可書を交付させて行なうものとする。

（在留の延長及び出国猶予期間）

第三十条　法務大臣は、本邦に在留する外国人が、在留資格の区分を変更することなく、在留の延長を希望する場合には、その者の申請に基づき、在留の延長を適当と認めるに足りる相当の理由があるときに限り、新たな在留期間を定めてこれを許可することができる。

2　前項の規定による許可は、入国審査官に当該許可に係る外国人の所持する旅券又は在留許可書に新たな在留期間を記載させて行なうものとする。

3　法務大臣は、第一項の規定による許可をしない場合でも、当該外国人の出国準備のため必要があると認めるときは、その者の在留期間の満了する日から六十日の範囲内で出国猶予期間を定め、その者の在留を許可することができる。この場合において、法務大臣は、当該許可に係る外国人に対し、活動の範囲その他の事項に関して必要と認める条件を付することができる。

4　前項の規定による許可は、入国審査官に当該許可に係る外国人の所持する旅券又は在留許可書に出国猶予期間を記載させて行なうものとする。

5　法務大臣は、第三項の規定による許可を受けた外国人が同項の規定により付された条件に違反したときは、当該許可を取り消すことができる。

（在留資格の取得等）

第三十一条　日本の国籍の喪失、出生その他の事由により第三章の規定による上陸に関する手続を経ることとなる外国人は、当該事由が生じた日から六十日を限り、引き続き在留資格を有することなく本邦に在留することができる。

2　法務大臣は、前項に規定する外国人が第二条第三項第十一号の在留資格以外の在留資格の取得を希望する場合には、その者の申請に基づき、当該申請に係る区分の在留資格の取得を適当と認めるに足りる相当の理由があるときに限り、在留期間を定めてこれを許可することができる。

3　前項の申請は、第一項に規定する事由が生じた日から三十日以内にしなければならない。

4　第二項の規定による許可は、入国審査官に、当該許可に係る外国人の所持する旅券に在留資格の区分及び在留期間を記載し、在留資格取得許可の証印をさせ、又は当該外国人に対しこれらの事項を記載した在留許可書を交付させて行なうものとする。

5　第二十八条第二項の規定は、第二項の規定による許可をする場合について準用する。

6　家族は、その有する在留資格の決定の基礎となった身分関係その他の要件がなくなったときは、その在留資格を失うものとする。

7　前項の規定により在留資格を失った外国人は、第一項から第五項までの規定の適用については、第三章の規定による上陸に関する手続を経ることなく本邦に在留することとなる外国人とみなす。この場合において、第一項中「当該事由が生じた日」とあり、第三項中「第一項に規定する事由が生じた日」とあるのは、「その有する在留資格の決定の基礎となった身分関係その他の要件がなくなった日」とする。

（特別在留許可）

第三十二条　法務大臣は、外国人が第三十七条各号の一に該当する場合でも、その者を本邦に在留させることが相当であると認めるときは、その者に対し、在留資格の区分及び在留期間を定めて特別に在留を許可することができる。

2　前項の規定による許可（以下「特別在留許可」という）は、地方入国管理官署の長に、当該許可に係る外国人の所持する旅券に在留資格の区分及び在留期間を記載し、特別在留許可の証印をさせ、又は当該外国人に対しこれらの事項を記載した特別在留許可の証印を交付させて行なうものとする。

3　特別在留許可を受けた外国人は、当該許可[illegible]ら、新たな在留資格及び在留期間をもって在留するものとする。

4　特別在留許可を受けた外国人については、当該許可をした際に明らかであった第三十七条各号に係る事実によっては、第六章に規定する手続による退去強制をすることができない。

5　地方入国管理官署の長は特別在留許可を上申することができる。

6　法務大臣は、前項の規定による上申があった場合において、特別在留許可をしないときは、地方入国管理官署の長にその旨を通知するものとする。

（準用）

第三十三条　第十二条第三項から第五項までの規定は、第二十八条第一項、第三十条第一項又は第三十一条第二項の規定による許可をする場合について準用する。この場合において、第十二条第五項中「地方入国管理官署の長」とあるのは「入国審査官」と「旅券」とあるのは「旅券又は第三十一条第四項若しくは第三十二条第二項の在留許可書」と読み替えるものとする。

2　第十二条第三項から第五項までの規定は、特別在留許可をする場合について準用する。この場合において、第十二条第五項中「旅券」とあるのは、「旅券又は第三十二条第二項の在留許可書」と読み替えるものとする。

出国

第五章　出国

（出国の手続）

第三十四条　本邦に在留する外国人（一時上陸の許可を受けて本邦に在留する外国人を除く）は、本邦外の地域におもむく意図をもって出国しようとするときは、出入国港において、法務省令で定めるところにより、入国審査官からの確認を受けなければならない。

2　前項に規定する外国人は、同項の出国の確認を受けなければ出国してはならない。

（出国確認の留保）

第三十五条　入国審査官は、本邦に在留する外国人が本邦外の地域におもむく意図をもって出国しようとする場合において、関係機関から、当該外国人が次の各号の一に該当する者である旨の通知を受けているときは、二十四時間を限り、当該外国人について前条第一項の出国の確認を留保することができる。

一　死刑若しくは無期若しくは長期三年以上の有期の懲役若しくは禁錮にあたる罪につき訴追されている者又はこれらの罪を犯した疑いにより逮捕状、勾引状、勾留状若しくは鑑定留置状が発せられている者

二　禁錮以上の刑に処せられ、その刑につき執行猶予の言渡しを受けなかった者で、刑の執行を終わるまで、又は執行を受けることがなくなるまでのもの（当該刑につき仮出獄を許されている者を除く。）

三　逃亡犯罪人引渡法（昭和二十八年法律第六十八号）の規定により仮拘禁許可状又は拘禁許可状が発せられている者

2　入国審査官は、前項の規定により出国の確認を留保したときは、直ちに同項の通知をした機関にその旨を通報しなければならない。

（再入国の許可）

第三十六条　法務大臣は、在留資格を有する外国人がその在留期間の満了の日以前に本邦に再び入国する意図をもって出国しようとするときは、その者の申請に基づき、再入国の許可をすることができる。この場合において、法務大臣は、必要があると認めるときは、当該外国人の申請に基づき、当該許可を数次再入国の許可とすることができる。

2　法務大臣は、前項の許可をする場合には、当該許可の日から起算して一年をこえない範囲内においてその有効期間を定めるものとする。

3　第一項の許可は、入国審査官に、当該許可に係る外国人の所持する旅券に当該許可の有効期間及び数次再入国の許可にあってはその旨を記載させ、又は当該外国人に対しこれらの事項を記載した再入国許可書を交付させて行なうものとする。

4　第一項の許可を受けている者のうち、日本国籍を有する船舶若しくは航空機又は法務省令で定める船舶若しくは航空機の乗員は、第三十四条第一項の出国の確認を受けることなく出国し、かつ、上陸許可を受けることなく本邦に上陸することができる。

5　法務大臣は、永住者が第一項の許可を受けて出国した場合において、当該許可の有効期間内に再入国することができない相当の理由があると認めるときは、その者の申請に基づき、一年をこえない範囲内で、当該許可の有効期間の延長を許可することができる。

6　前項の規定による許可は、再入国許可期間延長許可書を交付して行なうものとし、その事務は、日本国領事官等に委任するものとする。

7　法務大臣は、数次再入国の許可を受けている外国人で、再入国したものに対し、引き続き当該許可を与えておくことが適当でないと認める場合には、その者が本邦にある間において、当該許可を取り消すことができる。

退去強制

第六章　退去強制

第一節　退去強制の対象者

第三十七条　次の各号の一に該当する外国人については、この章に規定する手続により、本邦からの退去を強制することができる。

一　第三条第一項の規定に違反した者

二　第四条の規定に違反した者

三　仮上陸の許可を受けた者で、逃亡したもの又は第十三条第三項の規定に違反して呼出しに応じないもの

四　第十四条第一項の規定により退去を命ぜられたにもかかわらず、本邦から退去しない者

五　第二十条第二項の規定により退去を命ぜられたにもかかわらず本邦から退去しない者

六　第三十一条第一項に規定する者（同条第七項に規定する者を含む。）で、同条第二項の規定による許可を受けることなく、同条第一項に規定する期間を経過した後も本邦に残留するもの

七　在留期間（第三十条第三項の出国猶予期間を含む。）を経過した後も本邦に残留する者又は同項の規定による許可を取り消された者

八　一時上陸の許可を受けた者で、当該許可に係る上陸の期間を経過した後も本邦に残留するもの又は当該許可を取り消されたもの

九　第二十六条第一項又は第三項の規定による命令に従わない者

十　らい予防法の適用を受けているらい患者

十一　精神衛生法第二十九条の規定の適用を受け、同条に定める精神病院若しくは指定病院に収容されている精神障害者又は麻薬取締法第五十八条の八の規定の適用を受け、同条に定める麻薬中毒者医療施設に収容されている麻薬中毒者

十二　貧困者、放浪者その他生活上の保護を必要とする者で、国又は地方公共団体の負担になっているもの

十三　外国人登録に関する法令に規定する罪により禁錮以上の刑に処せられた者。ただし、執行猶予の言渡しを受けた者を除く。

十四　麻薬取締法、大麻取締法、あへん法又は刑法（明治四十年法律第四十五号）第二編第十四章に規定する罪により刑に処せられた者

十五　売春防止法（昭和三十一年法律第百十八号）に規定する罪又は性病予防法（昭和二十三年法律第百六十七号）第二十六条若しくは第二十七条第一号若しくは刑法第百八十二条の罪により刑に処せられた者

十六　少年法（昭和二十三年法律第百六十八号）に規定する少年で、無期又は三年をこえる（不定刑の場合にあっては、その長期が三年をこえる）有期の懲役又は禁錮に処せられたもの

十七　少年法に規定する少年を除くほか、無期又は一年をこえる有期の懲役又は禁錮に処せられた者。ただし、執行猶予の言渡しを受けた者を除く。

十八　他の外国人が不法に本邦に入り、又は上陸することをあおり、そそのかし、又は助けた者

十九　日本国憲法又はその下に成立した政府を暴力で破壊することを企て、若しくは主張し、又はこれを企て、若しくは主張する政党その他の団体を結成し、若しくはこれに加入している者

二十　次に掲げる政党その他の団体を結成し、若しくはこれに加入し、又はこれと密接な関係を有する者

イ　公務員であるという理由により、公務員に暴行を加え、又は公務員を殺傷することを勧奨する政党その他の団体

ロ　公共の施設を不法に損傷し、又は破壊することを勧奨する政党その他の団体

ハ　工場又は事業場における安全保持の施設の正常な維持又は運行を停廃し、又は妨げるような争議行為を勧奨する政党その他の団体

二十一　前二号に規定する政党その他の団体の目的を達するため、文書図画を作成し、頒布し、又は展示した者

二十二　前各号に掲げる者を除くほか、法務大臣において日本国の利益又は公安を害する行為を行なったと認定する者

第二節　違反調査

（違反調査）

第三十八条　入国警備官は、前条各号（第四号を除く。以下同じ。）の一に該当すると思料される外国人（以下「容疑者」という。）があるときは、調査をすることができる。ただし、強制の処分は、この節に特別の規定がある場合でなければすることができない。

（通報）

第三十九条　国又は地方公共団体の職員は、その職務を遂行するに当たって容疑者を知ったときは、所属の地方入国管理官署の長に、その旨を通報しなければならない。

2　地方入国管理官署の長は、前項の規定による通報を受理したときは、直ちに所属の入国警備官に対して前条の調査（以下「違反調査」という）をすることを命じなければならない。

（容疑者の取調べ等）

第四十条　入国警備官は、違反調査をするため必要があるときは、容疑者若しくは参考人に対して出頭を求め、これらの者を取り調べ、又はこれらの者が遺留し、若しくは提出した物件を領置することができる。

2　第九条第十項の規定は、入国警備官が容疑者又は参考人を取り調べる場合について準用する。

3　入国警備官は、違反調査について、公務所又は公私の団体に照会して必要な事項の報告を求めることができる。

（臨検、捜索又は差押え）

第四十一条　入国警備官は、違反調査をするため必要があるときは、その所属官署の所在地を管轄する地方裁判所又は簡易裁判所の裁判官の許可を受けて、臨検、捜索又は差押えをすることができる。

2　前項の場合において、急速を要するときは、入国警備官は、臨検すべき場所、捜索すべき場所、身体若しくは物件又は差し押えるべき物件の所在地を管轄する地方裁判所又は簡易裁判所の裁判官の許可を受けて、同項の処分をすることができる。

3　入国警備官は、前二項の許可を請求しようとするときは、違反調査の対象者が容疑者であることを示す資料を提出するとともに、次の各号に掲げる場合には、それぞれ当該各号に定める資料を添付しなければならない。

一　容疑者以外の者の住居その他の場所を臨検しようとする場合　その場所が違反調査の対象となっている事件（以下「違反事件」という）。に関係があると認めるに足りる状況があることを示す資料

二　容疑者以外の者の身体、物件又は住居その他の場所について捜索しようとする場合　差し押えるべき物件が存在し、かつ、その物件が違反事件に関係があると認めるに足りる状況があることを示す資料

三　容疑者以外の者の物件を差し押えようとする場合　その物件が違反事件に関係があると認めるに足りる状況があることを示す資料

4　第一項又は第二項の許可をする場合には、地方裁判所又は簡易裁判所の裁判官は、臨検すべき場所、捜索すべき場所、身体若しくは物件又は差し押えるべき物件、請求者の官職氏名、有効期間及び裁判所名を記載し、自ら記名押印した許可状を入国警備官に交付しなければならない。

5　入国警備官は、前項の許可状を他の入国警備官に交付して、臨検、捜索又は差押えをさせることができる。

第四十二条　入国警備官は、臨検、捜索又は差押えをする場合には、これらの処分を受ける者に前条第四項の許可状を指示しなければならない。

2　入国警備官は、臨検、捜索又は差押えをするについて必要があるときは、錠をはずし、封を開き、その他必要な処分をすることができる。

3　入国警備官は、住居その他の建造物内で臨検、捜索又は差押えをするときは、住居主、所有者若しくは管理者又はこれらの者に代わるべき者を立ち会わせなければならない。これらの者を立ち会わせることができないときは、隣人又は地方公共団体の職員を立ち会わせなければならない。

4　臨検、捜索又は差押えは、旅館、飲食店その他夜間でも公衆が出入することができる場所でその公開した時間内にこれらの処分をする場合を除き、前条第四項の許可状に夜間でも執行することができる旨の記載がなければ、日没から日出までの間には、してはならない。ただし、日没前に開始した臨検、捜索又は差押えについて必要があると認めるときは、日没後も継続することを妨げない。

5　入国警備官は、臨検、捜索又は差押えをする際必要があるときは、警察官又は海上保安官の援助を求めることができる。

6　第九条第十項の規定は、入国警備官が臨検、捜索又は差押えをする場合について準用する。

（調書の作成）

第四十三条　入国警備官は、容疑者又は参考人を取り調べたときは、その供述を調書に記載し、容疑者又は参考人に閲覧させ、又は読み聞かせて署名をさせ、かつ、自らこれに署名しなければならない。

2　入国警備官は、臨検、捜索又は押収をしたときは、その調書を作成し、立会人に閲覧させ、又は読み聞かせて、署名をさせ、かつ、自らこれに署名しなければならない。

3　前二項の場合において、取調べを受けた者又は立会人が署名することができないとき、又は署名を拒んだときは、その旨を調書に付記すれば足りる。

（押収目録の交付及び押収物の返還）

第四十四条　入国警備官は、押収をしたときは、その目録を作り、押収物の所有者、所持者若しくは保管者又はこれらの者に代わるべき者にこれを交付しなければならない。

2　入国警備官は、押収物について、留置の必要がないと認めたときは、すみやかにこれを還付しなければならない。

（収容）

第四十五条　入国警備官は、容疑者が第三十七条各号の一に該当すると疑うに足りる相当の理由があるときは、収容令書により、その者を収容することができる。

2　地方入国管理官署の長は、入国警備官の請求により、前項の収容令書を発付するものとする。ただし、次の各号の一に該当する容疑者については、同項の収容令書を発付しないことができる。

一　刑事訴訟に関する法令、刑の執行に関する法令又は少年院若しくは婦人補導院の在院者の処遇に関する法令の規定により身体を拘束されている者

二　老幼、疾病その他身体の状況により収容にたえることが困難であると認められる者

三　逃亡のおそれがなく、かつ、収容を猶予すべき事情があると認められる者

3　第一項の収容令書には、容疑者の氏名、居住地及び国籍、容疑事実の要旨、収容すべき場所、有効期間、発付年月日その他法務省令で定める事項を記載し、かつ、地方入国管理官署の長がこれに記名押印しなければならない。

4　入国警備官は、第一項の収容令書によって容疑者を収容したときは、当該容疑者の指紋を採取し、身長若しくは体重を測定し、又は写真を撮影することができる。

（収容の場所及び留置の嘱託）

第四十六条　前条第一項の収容令書によって容疑者を収容することができる場所は、地方入国管理官署の収容場、入国者収容所その他法務大臣又はその委任を受けた地方入国管理官署の長が指定する場所とする。

2　警察官は、地方入国管理官署の長が必要と認めて嘱託書により依頼したときは、容疑者を警察署に留置することができる。

（収容の手続）

第四十七条　入国警備官は、第四十五条第一項の収容令書により容疑者を収容するときは、当該収容令書を容疑者に示さなければならない。

2　入国警備官は、第四十五条第一項の収容令書を所持しない場合でも、急速を要するときは、容疑者に対し、容疑事実の要旨及び当該収容令書が発付されている旨を告げて、その者を収容することができる。ただし、当該収容令書は、できるだけすみやかに示さなければならない。

（要急収容）

第四十八条　入国警備官は、容疑者が第三十七条各号の一に明らかに該当すると認められる場合で、第四十五条第一項の収容令書の発付をまっていては逃亡すると疑うに足りる相当の理由があるときは、同項の収容令書の発付をまたずに、容疑事実の要旨を告げてその者を収容することができる。

2　前項の規定により容疑者を収容したときは、入国警備官は、直ちにその旨を地方入国管理官署の長に報告して、第四十五条第一項の収容令書の発付を請求しなければならない。この場合において、同項の収容令書が発付されないときは、直ちにその者の身体の拘束を解かなければならない。

（容疑者の引渡し等）

第四十九条　入国警備官は、第四十五第条一項又は前条第一項の規定により容疑者を収容したときは、容疑者の身体を拘束した時から四十八時間以内に、書類及び証拠物とともに、当該容疑者を地方入国管理官署の長に引き渡さなければならない。

2　入国警備官は、違反調査を終えたときは、前項の場合を除き、すみやかに書類及び証拠物とともに違反事件を地方入国管理官署の長に引き継がなければならない。

第三節　口頭審理及び異議の申出

（口頭審理）

第五十条　地方入国管理官署の長は前条の規定による容疑者の引渡し又は違反事件の引継ぎを受けたときは、容疑者に対し、時及び場所を通知してすみやかに口頭審理を行なわなければならない。

2　第九条第十項及び第十条第二項から第五項までの規定は、前項の口頭審理について準用する。

3　地方入国管理官署の長は、口頭審理の結果、当該容疑者が第三十七条各号の一に該当すると認定した場合には、当該容疑者に対し、すみやかに、理由を付した書面をもってその旨及び次条第一項の規定により異議を申し出ることができる旨を通知しなければならない。

（異議の申出）

第五十一条　前条第三項の規定による通知を受けた容疑者は同項の規定による認定に異議があるときは、その通知を受けた日から三日以内に不服の事由を記載した書面を地方入国管理官署の長に提出して、法務大臣に対し異議を申し出ることができる。

2　地方入国管理官署の長は、前項の規定による異議があったときは、意見を付して、口頭審理に関する記録その他の関係書類を法務大臣に提出しなければならない。

3　法務大臣は、第一項の規定による異議の申出を受理したときは、該当異議の申出が理由があるかどうかを裁決して、その結果を地方入国管理官署の長に通知するものとする。

4　地方入国管理官署の長は、前項の規定による通知を受けたときは、当該容疑者にその旨を通知しなければならない。

（収容）

第五十二条　地方入国管理官署の長は、第四十九条の規定による容疑者の引渡し又は違反事件の引継ぎを受けたときは、収容令書を発付して、入国警備官に当該引渡し又は引継ぎに係る容疑者を収容させるものとする。ただし、当該容疑者が第四十五条第二項各号の一に該当する者である場合には、収容させないことができる。

2　第四十五条第三項の規定は前項の収容令書について、同条第四項、第四十六条及び第四十七条の規定は前項の規定による容疑者の収容について準用する。

3　第一項の場合において、同項の規定による容疑者の収容が第四十五条第一項の規定による容疑者の収容に引続くものであるときは、地方入国管理官署の長は、第一項の収容令書の発付に代えて、当該容疑者に係る同条第一項の収容令書に容疑者の引渡しを受けた日時及び容疑者の収容を継続する旨を記載し、これに記名押印するものとする。

4　第一項の規定により容疑者を収容することができる期間は、同項の規定による収容を開始した日から起算して二十日以内とする。ただし、地方入国管理官署の長は、やむを得ない事由があると認めるときは、二十日を限り延長することができる。

5　第一項の収容令書（第三項に規定する場合に該当したため第一項の収容令書が発付されていないときにあっては、第四十五条第一項の収容令書。以下同じ。）は、地方入国管理官署の長が第五十条第一項の口頭審理の結果容疑者が第三十七条各号のいずれにも該当しないと認定したとき、又は前条第三項の規定による異議の申出が理由があると裁決した旨の通知を受けたときは、その効力を失う。

（収容の一時解除）

第五十三条　地方入国管理官署の長は、前条第一項の規定により収容されている者が第四十五条第二項各号の一に該当するに至ったときは、その者の収容を一時解除することができる。

2　前条第一項の規定により収容されている者又はその代理人、保佐人、配偶者、直系の親族若しくは兄弟姉妹は、地方入国管理官署の長に対し、前項の規定による収容の一時解除を請求することができる。

3　第一項の規定による収容の一時解除をする場合には、地方入国管理官署の長は、当該収容の一時解除を受ける者の住居を定め[illegible]ばならない。

4　第一項の規定による収容の一時解除を受けた者は、前項の[illegible]より定められた住居に居住し、地方入国管理官署の長から呼[illegible]あったときは、これに応じなければならない。

5　第三項の場合において、地方入国管理官署の長は、当該収[illegible]時解除を受ける者に対し、法務省令で定めるところにより、[illegible]範囲その他の事項に関して必要と認める条件を付し、又は五[illegible]をこえない範囲内で法務省令で定める額の保証金を納付させ[illegible]ができる。

6　第三項の場合において、地方入国管理官署の長は、適当と[illegible]ときは、当該収容の一時解除を受ける者以外の者の差し出[illegible]書をもって前項の保証金に代えることを許すことができる。

7　前項の保証書には、保証金額及びいつでもその保証金を納付[illegible]を記載しなければならない。

（一時解除の取消し）

第五十四条　地方入国管理官署の長は、前条第一項の規定によ[illegible]の一時解除を受けた者が逃亡し、逃亡すると疑うに足りる[illegible]理由があり、同条第四項の規定に違反して呼出しに応ぜず、[illegible]条第五項の規定により付された条件に違反したときは、当[illegible]一時解除を取り消すことができる。

2　前項の規定による収容の一時解除の取消しをしたときは、[illegible]国管理官署の長は、収容一時解除取消書を作成し、第五十二条[illegible]の収容令書とともに、入国警備官にこれを交付しなければな[illegible]

3　地方入国管理官署の長は、法務省令で定めるところにより、[illegible]したこと又は前条第四項の規定に違反して呼出しに応じない[illegible]理由として収容の一時解除の取消しをしたときは同条第五項の[illegible]金の全部を、同項の規定により付された条件に違反したことを[illegible]として収容の一時解除の取消しをしたときはその一部を国庫に[illegible]させるものとする。この場合において、同条第六項の保証書を[illegible]出した者には、国庫に帰属させる金額を納付するよう命ず[illegible]する。

4　前項後段の規定による命令は、強制執行に関しては、執[illegible]る債務名義と同一の効力を有する。

5　入国警備官は、第一項の規定により収容の一時解除を取り消[illegible]た者がある場合には、その者に第二項の収容一時解除取消書[illegible]「収容一時解除取消書」という。）及び第五十二条第一項の収[illegible]書を示して、その者を収容しなければならない。

6　入国警備官は、収容一時解除取消書及び第五十二条第一項[illegible]書を所持しない場合でも、急速を要するときは、第一項の規[illegible]り収容の一時解除を取り消された者に対し、収容の一時解[illegible]消された旨を告げて、その者を収容することができる。ただし[illegible]該収容一時解除取消書及び当該収容令書は、できるだけすみや[illegible]示さなければならない。

第四節　退去強制令書の執行

（退去強制令書）

第五十五条　外国人の退去強制は、退去強制令書によって行なう[illegible]

2　地方入国管理官署の長は、外国人が次の各号の一に該当する[illegible]った場合には、前項の退去強制令書（以下第八十三条までにお[illegible]「退去強制令書」という。）を発付しなければならない。ただ[illegible]第三十二条第五項の規定による上申をした場合において、同条[illegible]項の規定による通知があるまでの間は、この限りでない。

一　第五十条第三項の規定による通知を受けた場合において、[illegible]により第五十一条第一項の規定による異議の申出をしない旨[illegible]らかにしたとき、又は当該通知を受けた日から三日以内に同[illegible]規定による異議の申出をしなかったとき。

二　異議の申出が理由がないと裁決した旨の第五十一条第四項[illegible]定による地方入国管理官署の長からの通知を受けたとき。

三　第十四条第一項の規定により退去を命ぜられたにもかか[illegible]ず、本邦から退去しないとき。

3　退去強制令書には、退去を強制される者の氏名、年令及び国[illegible]退去強制の理由、第五十七条第六項の規定により送還する場合[illegible]還先、発付年月日その他法務省令で定める事項を記載し、かつ[illegible]方入国管理官署の長がこれに記名押印しなければならない。

（送還先）

第五十六条　次条第六項の規定により送還する場合の送還先は、[illegible]を強制される者の国籍又は市民権の属する国とする。

2　地方入国管理官署の長は、退去を強制される者を前項の国に[illegible]することができないとき、又は送還することが適当でないと[illegible]に足りる相当の事情があるときは、次に掲げる国のいずれか[illegible]先に指定することができる。

一　退去を強制される者が本邦に入国する直前に居住していた[illegible]

二　退去を強制される者が本邦に入国する前に居住していた[illegible]ある国

三　退去を強制される者が本邦に向けて船舶又は航空機に乗った[illegible]又は飛行場の属する国

四　退去を強制される者の出生地の属する国

五　退去を強制される者の出生時にその出生地の属していた国

六　前各号に掲げる国以外の国で、退去を強制される者が希望[illegible]もの

3　前項の規定により送還先を指定する場合には、できる限り退去[illegible]強制される者の希望を尊重しなければならない。

（退去強制令書の執行）

[illegible]

（次頁へつづく）

運送業者の責任

第七章 船舶又は航空機の長及び運送業者の責任

(事前通報等の義務)

第六十条 船舶（本邦の港と本邦外の港との間を運航する船舶をいう。以下同じ。）又は航空機（本邦の飛行場と本邦外の飛行場との間を運航する航空機をいう。以下同じ。）の長は、法務省令で定めるところにより、あらかじめ、入港しようとする出入国港の入国審査官に対し、入港予定日時その他の事項を通報しなければならない。ただし、法務省令で定める船舶又は航空機については、この限りでない。

2 船舶又は航空機の長は、法務省令で定めるところにより、当該船舶又は航空機が出入国港に入港したときは直ちに、出入国港から出港するときはあらかじめ、当該出入国港の入国審査官に対し、入出港届を提出しなければならない。ただし、法務省令で定める船舶又は航空機については、この限りでない。

3 前項の場合において、船舶又は航空機の長は、入国審査官の要求があったときは、乗員名簿又は乗客名簿を提出しなければならない。

(報告の義務)

第六十一条 本邦に入る船舶又は航空機の長は、有効な旅券を所持しない外国人（乗員又は第三条第二項に規定する者で、有効な乗員手帳を所持するものを除く。）が当該船舶又は航空機に乗っていることを知ったときは、直ちにその旨を出入国港の入国審査官に報告しなければならない。

2 本邦から出る船舶又は航空機の長は、第三十四条第二項又は第六十六条第二項の規定に違反して出国しようとする者が当該船舶又は航空機に乗っていることを知ったときは、直ちにその旨を出入国港の入国審査官に報告しなければならない。

(船舶又は航空機の長の行為の代行)

第六十二条 前二条の規定により船舶又は航空機の長がすべき行為は、これらの条に規定する船舶又は航空機に係る運送業者も行なうことができる。

(上陸防止の義務)

第六十三条 船舶又は航空機の長は、第六十一条第一項に規定する外国人が当該船舶又は航空機に乗っていることを知ったときは、当該外国人が本邦に上陸することを防止しなければならない。

(送還の義務)

第六十四条 次の各号の一に該当する外国人が乗ってきた船舶若しくは航空機の長又はその船舶若しくは航空機に係る運送業者は、当該外国人をその船舶若しくは航空機又は当該運送業者に係る他の船舶若しくは航空機により、その責任と費用で、すみやかに本邦外の地域に送還しなければならない。

一 第十四条第一項の規定により退去を命ぜられた者

二 第三十七条第三号から第五号まで又は第八号に該当することを理由として同条の規定により退去を強制される者

三 第三十七条第一号又は第二号に該当することを理由として入国又は上陸後三年以内に同条の規定により退去を強制される者のうち、その者が乗ってきた船舶若しくは航空機の長又はその船舶若しくは航空機に係る運送業者において、その者が第三条第一項又は第四条の規定に違反して本邦に入り、又は上陸しようとしている者であることを明らかに知っていたと認められるもの

四 第六条第一項各号に係る事実があることを理由として上陸後三年以内に第三十七条の規定により退去を強制される者のうち、その者が乗ってきた船舶若しくは航空機の長又はその船舶若しくは航空機に係る運送業者において、その者の上陸のときにその者について当該事実があることを明らかに知っていたと認められるもの

2 前項の場合において、外国人を同項に規定する船舶又は航空機により送還することができないときは、運送業者は、その責任と費用で、すみやかに他の船舶又は航空機により送還しなければならない。

(指示に従う義務)

第六十五条 船舶又は航空機の長及びその船舶又は航空機に係る運送業者は、入国審査官がこの法律に規定する審査その他の職務の執行に当たり必要な指示をした場合には、これに従わなければならない。

日本人の出国と帰国

第八章 日本人の出国及び帰国

(日本人の出国)

第六十六条 本邦外の地域におもむく意図をもって出国しようとする日本人は、有効な旅券を所持し、出入国港において、法務省令で定めるところにより、入国審査官から出国の確認を受けなければならない。ただし、日本の国籍を有する船舶若しくは航空機の乗員で、有効な旅券又は乗員手帳を所持するものについては、この限りでない。

2 前項に規定する日本人（同項ただし書に規定する者を除く。）は、同項の出国の確認を受けなければ出国してはならない。

(日本人の帰国)

第六十七条 本邦外の地域から本邦に帰国する日本人は、有効な旅券を所持し、出入国港において、法務省令で定めるところにより、入国審査官から帰国の確認を受けなければならない。前条第一項ただし書の規定は、この場合について準用する。

管理機関

第九章 管理機関

(入国審査官)

第六十八条 この法律に規定する職務に従事させるため、入国管理事務所に入国審査官を置く。入国審査官は、この法律に規定する職務を行なうため必要があるときは、船舶又は航空機に乗り込むことができる。

3 入国審査官は、必要があるときは、その所属する入国管理事務所の管轄区域外においても、職務を行なうことができる。

(入国警備官)

第六十九条 この法律に規定する職務に従事させるため、入国者収容所及び入国管理事務所に入国警備官を置く。

2 入国警備官の階級は、政令で定める。

3 入国警備官は、国家公務員法（昭和二十二年法律第百二十号）第百八条の二の規定の適用については、警察職員とみなす。

4 入国警備官は、外国人が第四条の規定に違反して本邦に上陸することを防止するため必要があるときは、船舶又は航空機に乗り込むことができる。

5 入国警備官は、第四条の規定に違反して本邦に上陸しようとしていると疑うに足りる相当の理由のある者に対し、質問し、若しくは旅券、乗員手帳その他の身分を証する文書の提示を求め、又は周囲の事情から合理的に判断して外国人が不法に本邦に上陸しようとしていることについて知っていると認められる者に対し、質問することができる。

6 入国警備官は、第四条の規定に違反する行為がまさに行なわれようとするのを認めたときは、その予防のため関係人に必要な警告を発し、又はこれを制止することができる。

7 前条第三項の規定は、入国管理事務所に置かれた入国警備官について準用する。

(小型武器の携帯及び使用)

第七十条 入国審査官及び入国警備官は、その職務を行なうに当たり、特に必要があるときは、小型武器を携帯することができる。

2 入国審査官及び入国警備官は、その職務の執行に関し、その事態に応じ、合理的に必要と判断される限度において、小型武器を使用することができる。ただし、次の各号の一に該当する場合を除いては、人に危害を与えてはならない。

一 刑法第三十六条又は第三十七条に該当する場合

二 第十三条第七項、第四十五条第一項若しくは第五十二条第一項の収容令書（第七十四条を除き、以下「収容令書」という。）若しくは退去強制令書の執行を受ける者がその者に対する入国警備官の職務の執行に対して抵抗する場合又は第三者がその者を逃がそうとして入国警備官に抵抗する場合において、これを防止するために他の手段がないと入国警備官において信ずるに足りる相当の理由があるとき。

(地方入国管理官署の長の職務の代行等)

第七十一条 地方入国管理官署の長に事故のあるとき、又は地方入国管理官署の長が欠けたときは、その官署の入国審査官が、法務大臣の定める順序により、臨時にこの法律に規定する地方入国管理官署の長の職務を行なう。

2 地方入国管理官署の長は法務大臣の指定する入国審査官に第十条第一項又は第五十条第一項の口頭審理を取り扱わせることができる。

(事実の調査)

第七十二条 法務大臣は、この法律の規定によりその権限に属する事項を処理するため必要があるときは、地方入国管理官署の長に事実の調査を命ずることができる。

2 地方入国管理官署の長は、前項の規定による命令を受けたとき、又はこの法律（これに基づく命令を含む）の規定によりその権限に属する事項を処理するため必要があるときは、所属の入国審査官又は入国警備官に事実の調査をさせることができる。

3 地方入国管理官署の長は、前項に規定する場合には、公務所又は公私の団体に照会して必要な事項の報告を求めることができる。

(制服の着用又は証票の携帯)

第七十三条 入国審査官及び入国警備官は、この法律に規定する職務を行なうときは、制服を着用し、又はその身分を示す証票を携帯しなければならない。

2 前項の場合において、当該証票は、関係人の請求があるときは、これを提示しなければならない。

3 入国審査官及び入国警備官の服制及び証票は、法務大臣が定める。

補則

第十章 補則

(刑事訴訟法の特例)

第七十四条 司法警察員は、第八十一条又は第八十四条の罪に係る被疑者を逮捕し、又は受け取った場合には、第四十五条第一項又は第五十二条第一項の収容令書が発付され、かつ、その者が他に罪を犯した嫌疑のないときに限り、刑事訴訟法（昭和二十三年法律第百三十一号）第二百三条（同法第二百十一条及び第二百十六条において準用する場合を含む。）の規定にかかわらず、書類及び証拠物とともに、当該被疑者を入国警備官に引き渡すことができる。

2 前項の場合には、被疑者が身体を拘束された時から四十八時間以内に、当該被疑者を引き渡す手続をしなければならない。

(刑事手続等との関係)

第七十五条 刑事訴訟に関する法令、刑の執行に関する法令又は少年院若しくは婦人補導院の在院者の処遇に関する法令の規定による手続が行なわれている者について退去強制令書が発付された場合には、これらの法令の規定による手続が終了した後でなければ、その執行（第五十七条第八項の規定による収容を除く。）をすることができない。ただし、刑事訴訟に関する法令の規定による手続以外の手続が行なわれている場合で、関係機関の同意があったときは、この限りでない。

2 前項に規定する場合において、第五十七条第八項の規定により収容された者に対する同条第四項、第六項及び第七項の規定の適用については、これらの項中「退去強制令書の執行が開始された日」とあるのは、同条第四項にあっては「第七十五条第一項に規定する手続が終了した日又は同項ただし書の同意があったことを知った日（以下「手続終了等の日」という。）」と、同条第六項及び第七項にあっては「手続終了等の日」とする。

(収容場の設置)

第七十六条 地方入国管理官署に、収容令書又は退去強制令書の執行を受ける者を収容する収容場を設ける。

(被収容者の処遇)

第七十七条 収容令書又は退去強制令書により第四十六条第一項（第五十二条第二項において準用する場合を含む。）又は第五十七条第八項に規定する場所（以下「収容場所」という。）に収容されている者（以下「被収容者」という。）には、収容場所の保安上支障がない範囲内においてできる限りの自由が与えられなければならない。

2 被収容者には一定の寝具を貸与し、及び一定の糧食を給与するものとする。

3 被収容者に対する給養は、適正でなければならず、収容場所の設備は、衛生的でなければならない。

4 入国者収容所長又は地方入国管理官署の長（第五十七条第二項の規定により警察官又は海上保安官が退去強制令書を執行している場合にあっては、当該警察官又は海上保安官の属する官署の長。次項及び第六項において同じ。）は、収容場所の保安上又は衛生上必要があると認めるときは、被収容者の身体、所持品若しくは衣類を検査し、又は所持品若しくは衣類を領置することができる。

5 入国者収容所長又は地方入国管理官署の長は、収容場所の保安上必要があると認めるときは、被収容者の面会を制限し、若しくは禁止し、又はその者の発受する通信を検閲し、若しくはその者の発受する通信を禁止し、若しくは制限することができる。

6 入国者収容所長又は地方入国管理官署の長は、被収容者から処遇に関して不服の申出があった場合において、当該不服に係る事項を処理したときは、その結果を当該申出人に対し告知するものとする。

7 前各項に規定するものを除くほか、被収容者の処遇に関し必要な事項は、法務省令で定める。

8 前各項の規定は、第四十六条第二項（第五十二条第二項において準用する場合を含む。）の規定により容疑者を警察署に留置する場合について準用する。この場合において、第四項中「入国者収容所長又は地方入国管理官署の長（第五十七条第二項の規定により警察官又は海上保安官が退去強制令書を執行している場合にあっては、当該警察官又は海上保安官の属する官署の長。次項及び第六項において同じ。）」とあり、第五項及び第六項中「入国者収容所長又は地方入国管理官署の長」とあるのは、「警察署長」と読み替えるものとする。

(手数料)

第七十八条 外国人は、第二十二条第三項、第二十三条第一項、第二十六条第一項、第二十九条第一項、第三十条第一項又は第三十六条第一項若しくは第五項の許可を受けようとする場合には、政令で定めるところにより、四千円をこえない範囲内において政令で定める額の手数料を納めなければならない。

(権限の委任)

第七十九条 この法律に規定する法務大臣の権限は、政令で定めるところにより、地方入国管理官署の長に委任することができる。

(省令への委任)

第八十条 この法律の実施のための手続その他その執行について必要な事項は、法務省令で定める。

罰則

第十一章 罰則

第八十一条 次の各号の一に該当する者は、三年以下の懲役若しくは禁錮又は十万円以下の罰金に処する。

一 第三条第一項の規定に違反した者

二 第四条の規定に違反した者

三 仮上陸の許可を受けた者で、逃亡したもの又は第十三条第三項の規定に違反して呼出しに応じないもの

四 第十四条第一項の規定により退去を命ぜられたにもかかわらず、本邦から退去しない者

五 第三十一条第一項に規定する者（同条第七項に規定する者を含む。）で、同条第二項の規定による許可を受けることなく、同条第一項に規定する期間を経過した後も本邦に残留する者

六 在留期間（第三十条第三項の出国猶予期間[illegible]た後も本邦に残留する者

七 一時上陸の許可を受けた者で、当該許可に係る[illegible]過した後も本邦に残留するもの

第八十二条 第三十四条第二項又は第六十六条第二項[illegible]て出国し、又は出国することを企てた者は、一年以[illegible]は禁錮又は十万円以下の罰金に処する。

第八十三条 収容令書又は退去強制令書によって身体[illegible]る者で、逃走したものは、一年以下の懲役又は三万[illegible]処する。

第八十四条 第二十六条第一項の規定による命令に[illegible]は、六月以下の懲役若しくは禁錮又は五万円以下の[illegible]

第八十五条 第八十一条から前条までの罪を犯した者[illegible]禁錮及び罰金を併科することができる。

第八十六条 第十条第五項（第五十条第二項において[illegible]含む。以下この条において同じ。）の規定による命[illegible]頭せず、又は第十条第五項の規定による宣誓若しく[illegible]若しくは虚偽の証言をした者は、三万円以下の罰金[illegible]

第八十七条 第二十七条第一項又は第二項の規定に違[illegible]万円以下の罰金に処する。

第八十八条 次の各号の一に該当する者は、二十万円[illegible]する。

一 第六十条第一項若しくは第二項の規定に違反し[illegible]三項の規定に違反して名簿を提出せず、若しくは[illegible]た名簿を提出した者

二 第六十一条の規定に違反した者

三 第六十三条の規定に違反した者

四 第六十四条の規定に違反して送還を怠った者

五 第六十五条の規定に違反した者

第八十九条 第八十一条第一号の犯罪行為の用に供し[illegible]機で、犯人の所有又は占有に係るものは、没収する[illegible]船舶又は航空機で、犯人以外の者の所有に係り、か[illegible]の各号の一に該当する場合は、この限りでない。

一 第八十一条第一号の犯罪が行なわれることをあ[illegible]いでその犯罪が行なわれた時から引き続きその船[illegible]所有していると認められるとき。

二 前号に規定する犯罪が行なわれた後、その情を[illegible]船舶又は航空機を取得したと認められるとき。

附則

附則

(施行期日)

第一条 この法律は、公布の日から起算して六月をこえない範囲内において政令で定める日から施行する。ただし、附則第九条の規定は、公布の日から施行する。

(出入国管理令の廃止)

第二条 出入国管理令（昭和二十六年政令第三百十九号）は、廃止する。

(在留資格に関する経過措置)

第三条 この条においては、次の表（表①）の上欄に掲げる在留資格（以下この条において「旧在留資格」という。）は、同表の下欄に掲げる在留資格（以下この条において「新在留資格」という。）に対応するものとする。

2 新法の施行の際現に旧令第四条第三項の証明書（以下「事前証明書」という。）の交付を受けている者は、新法の規定の適用については、当該事前証明書に係る旧在留資格に対応する新在留資格に係る新法第八条第一項の事前認定を受けている者とみなす。

3 新法の施行の際現になされている旧令第四条第三項の規定による事前証明書の交付の申請は、新法の規定の適用については、新法第八条第一項の規定による当該申請に係る旧在留資格に対応する新在留資格に係る事前認定の申請とみなす。

4 新法の施行の際現に旧在留資格を有する者は、新法の規定の適用については、当該旧在留資格に対応する新在留資格を有する者とみなす。新法の施行の日以後において次条又は附則第十条第一項の規定により旧在留資格を有することとなった者についても、同様とする。

5 前項の場合において、同項に規定する者の新法の規定による在留期間は、旧令の規定による在留期間が満了する日までの期間（旧令第四条第一項第二号に係る旧在留資格を有する者については、新法の施行の日から一年を経過する日までの期間）とする。

6 新法の施行の際現になされている旧令第二十条の規定による在留資格の変更の申請又は旧令第二十二条の二の規定による在留資格の取得の申請は、新法の規定の適用については、それぞれ新法第二十八条の規定による当該在留資格の変更の申請に係る旧在留資格に対応する新在留資格への区分の変更の申請又は新法第三十一条の規定による当該在留資格の取得の申請に係る旧在留資格に対応する新在留資格の取得の申請とみなす。

―表①―

前条の規定による廃止前の出入国管理令（以下「旧令」という。）第四条第一項第一号に該当する者としての在留資格	この法律（以上「新法」という。）第二条第二項第一号の在留資格
旧令第四条第一項第二号に該当する者としての在留資格	新法第二条第二項第二号の在留資格
旧令第四条第一項第三号又は第四号に該当する者としての在留資格	新法第二条第二項第十二号の在留資格
旧令第四条第一項第五号に該当する者としての在留資格	新法第二条第二項第八号の在留資格
旧令第四条第一項第六号に該当する者としての在留資格	新法第二条第二項第七号の在留資格
旧令第四条第一項第七号又は第八号に該当する者としての在留資格	新法第二条第二項第五号の在留資格
旧令第四条第一項第九号に該当する者としての在留資格	新法第二条第二項第九号の在留資格
旧令第四条第一項第十号に該当する者としての在留資格	新法第二条第二項第三号の在留資格
旧令第四条第一項第十一号に該当する者としての在留資格	新法第二条第二項第四号の在留資格
旧令第四条第一項第十二号に該当する者としての在留資格	新法第二条第二項第十四号の在留資格
旧令第四条第一項第十三号に該当する者としての在留資格	新法第二条第二項第十号の在留資格
旧令第四条第一項第十四号に該当する者としての在留資格	新法第二条第二項第十一号の在留資格
旧令第四条第一項第十五号に該当する者としての在留資格のうち、同項第九号から第十二号まで又は第十三号に該当する者の配偶者又は未成年の子で配偶者のないものに係る在留資格	新法第二条第二項第十三号の在留資格
旧令第四条第一項第十六号に該当する者としての在留資格のうち、同項第十二号に該当する者の配偶者又は未成年の子で配偶者のないものに係る在留資格	新法第二条第二項第十四号の在留資格
旧令第四条第一項第十六号に該当する者としての在留資格	新法第二条第二項第十四号の在留資格

(上陸の手続に関する経過措置)

第四条 新法の施行の際現に旧令第六条第二項に規定する上陸の申請をしている者に係る上陸に関する手続にすいては、なお従前の例による。ただし、旧令第十条第八項及び第十一条第五項の規定は、これを適用せず、旧令第九条第四項並びに第十条第一項、第二項及び第四項から第七項までの規定中「特別審理官」とあるのは「地方入国管理官署の長又は法務大臣の指定する入国審査官[illegible]一条第一項から第四項まで、第十三条第一項から第[illegible]五項から第七項まで並びに第十三条第七項において[illegible]条及び第四十一条の規定中「主任審査官」とあるの[illegible]理官署の長」とする。

(上陸許可の要件に関する経過措置)

第五条 旧令第五条第一項第六号又は第八号の規定に[illegible]拒否された者は、新法第六条第一項第十号の規定[illegible]は、それぞれ同項第八号又は第九号の規定に該当[illegible]陸許可を受けることができず、新法第十四条第一項[illegible]去を命ぜられて本邦から退去した者とみなす。

2 旧令第二十四条各号の一に該当して退去を強制さ[illegible]第六条第一項第十一号の規定の適用については新法[illegible]定により退去を強制されて本邦から退去した者とみなす。

(事前認定に関する経過措置)

第六条 新法第八条の規定は、新法第二条第三項第五号、第九号、第十二号又は第十四号の在留資格の[illegible]邦に在留するため上陸許可を受けようとする外国人[illegible]究機関又は教育機関において研究の指導又は教育を[illegible]者及び産業上の高度な又は特殊な技術又は技能を提[illegible]邦の公私の機関により招へいされる者を除く。）で[illegible]日から三月を経過する日までの間に新法第九条第[illegible]ものについては、適用しない。

(次頁へつづく)

朴正熙大統領の指導理念と、烈々たる愛国心！

朴正熙選集 全3巻

申 範植＝編集

全3巻セット価 ¥2,500

第1巻では大統領の指導理念と韓国の苦難の歴史を物語り 第2巻では大統領の熱烈な愛国心と祖国統一に対する熱情を伝えている。第3巻では韓国の近代化と、明日に向かって前進する国民の先頭に立つ大統領の、自信と希望に満ちた演説を聴くことができる。（全3巻同時発売中！）

①韓民族の進むべき道 A5判・260頁 ¥780

I 人間改造の民族的課題
II わが民族の過去を反省する
III 韓民族の受難の歴史
IV 第二共和国の「カオス」
V 後進民主々義と韓国革命の性格と課題
VI 社会再建（国家）の理念と哲学

②国家・民族・私 A5判・280頁 ¥820

I 革命はなぜ必要であったか？
II 革命2年間の報告
III 革命の中間決算
IV 世界史に浮き彫られた革命の各態様
V ライン河の奇蹟と不死鳥のドイツ民族
VI われわれと米・日関係
VII 祖国は統一されるだろうか
VIII われわれは何をいかにすべきか

③主要演説集 A5判・380頁 ¥900

I 協同の大洋に結実しよう（外交） 一つの奉仕者・ほか
II 前進する歴史の潮流の中で（社会・文化） 勝利は未来に生きる国民にある・ほか
III 炬火は燃えている（産業・復興・経済） 人間の近代化、生活の近代化・ほか
IV 自分の国は自分の力で（反共・愛国・国防）
V 着実な前進（政治） 新しい共和国の朝は明けた・ほか

鹿島研究所出版会・発行
107 東京都港区赤坂6-5-13 電話582-2251

==表②==

旧令第四十七条第四項、第四十八条第八項又は第四十九条第五項の退去強制令書	新法第五十五条第一項の退去強制令書
旧令第五十四条第一項の規定による仮放免の請求	新法第五十八条第二項の規定による収容の停止の請求
旧令第五十四条第一項の規定による仮放免	新法第五十八条第二項の規定による収容の停止
旧令第五十四条第二項の規定により付された住居の制限	新法第五十八条第三項の規定による住居の指定
旧令第五十四条第二項の規定により付された行動範囲の制限若しくは仮放免の条件又は同項の保証金	新法第五十八条第五項の規定により付された条件又は同項の保証金
旧令第五十四条第三項の保証書	新法第五十八条第六項の保証書
旧令第五十五条第一項の規定による仮放免の取消し	新法第五十九条第一項の規定による収容の停止の取消し
旧令第五十五条第三項の仮放免取消書	新法第五十九条第二項の退去強制令書執行停止取消書
旧令第二十四条第一号に掲げる者（旧令付則第四項の規定により旧令第二十四条第一号に該当する者とみなされた者を含む。） 旧外国人登録令第三条の規定に違反した者	新法第三十七条第一号に掲げる者
旧令第二十四条第二号又は第三号に掲げる者	新法第三十七条第二号に掲げる者
旧令第二十四条第四号のロに掲げる者	新法第三十七条第七号に掲げる者
旧令第二十四条第五号に掲げる者	新法第三十七条第三号に掲げる者
旧令第二十四条第六号に掲げる者	新法第三十七条第八号に掲げる者
旧令第二十四条第七号に掲げる者	新法第三十七条第六号に掲げる者

（送還の義務に関する経過措置）

第十一条　旧令第二十四条各号の一に該当したことを理由として、新法の規定により退去を強制される者に関する新法第六十四条の規定の適用については、同条第一項第二号中「第三十七条第三号から第五号まで又は第八号に該当することを理由として同条」とあるのは「附則第二条の規定による廃止前の出入国管理令（昭和二十六年政令第三百十九号。以下「旧令」という。）第二十四条第六号又は第六号に該当することを理由としてこの法律」と、同項第三号中「第三十七条第一号又は第二号に該当すること」とあるのは「旧令第二十四条第一号から第三号までの規定に該当すること」と、「同条第一項又は第四条の規定に違反して」とあるのは「旧令第三条若しくは第九条第五項の規定に違反して、又は旧令第三章第四節の規定による許可を受けないで」と、同項第四号中「第三十六条第一項各号」とあるのは「旧令第六条第一項各号」と、「第三十七条」とあるのは「この法律」とする。

（入国審査官及び入国警備官に関する経過措置）

第十二条　旧令の規定に基づく入国審査官及び入国警備官は、それぞれ新法の規定に基づく入国審査官及び入国警備官となるものとする。

（許可等に関する経過措置）

第十三条　次の表（表③）の上欄に掲げるものは、新法の規定の適用については、同表の下欄に掲げるものとみなす。

==表③==

旧令の規定による寄港地上陸の許可又はその許可の申請	新法の規定による寄港地上陸の許可又はその許可の申請
旧令の規定による寄港地上陸許可書	新法の規定による寄港地上陸許可書
旧令第十四条第三項の規定に基づいて定められた上陸時間	新法第十五条第一項の規定により定められた上陸期間
旧令第十四条第三項の規定により付された行動の範囲その他の制限	新法第十五条第三項の規定により付された条件
旧令の規定による観光のための通過上陸の許可若しくは転船上陸の許可又はこれらの許可の申請	新法の規定による通過上陸の許可又はその許可の申請
旧令の規定による観光のための通過上陸許可書又は転船上陸許可書	新法の規定による通過上陸許可書
旧令第十五条第三項又は第十六条第三項の規定に基づいて定められた上陸期間	新法第十六条第一項の規定により定められた上陸期間
旧令第十五条第三項又は第十六条第三項の規定により付された通過経路その他の制限	新法第十六条第三項の規定により付された条件
旧令の規定による緊急上陸の許可の申請	新法の規定による緊急上陸の許可又はその許可の申請
旧令の規定による緊急上陸許可書	新法の規定による緊急上陸許可書
旧令第十七条第一項の規定に基づいて定められた上陸期間	新法第十七条第一項の規定により定められた上陸期間
旧令の規定による水難による上陸の許可又はその許可の申請	新法の規定による遭難上陸の許可又はその許可の申請
旧令の規定による水難による上陸許可書	新法の規定による遭難上陸許可書
旧令第十八条第四項の規定に基づいて定められた上陸期間	新法第十八条第一項の規定により定められた上陸期間
旧令第十八条第四項の規定により付された行動の範囲その他の制限	新法第十八条第四項の規定により付された条件
旧令第十九条第二項の許可	新法第二十二条第二項又は第二十三条第一項の許可
旧令の規定による在留期間の更新の申請	新法の規定による在留の延長の申請
旧令第二十二条第一項の申請	新法第二十九条第一項の申請
旧令の規定による再入国の許可の申請	新法の規定による再入国の許可の申請
旧令の規定による再入国の許可	新法の規定による再入国の許可で、数次出入国の許可以外のもの
旧令の規定による再入国の許可の有効期間	新法の規定による再入国の許可の有効期間

（ポツダム宣言の受諾に伴い発する命令に関する件に基く外務省関係諸命令の措置に関する法律の一部改正）

第十四条　ポツダム宣言の受諾に伴い発する命令に関する件に基く外務省関係諸命令の措置に関する法律（昭和二十七年法律第百二十六号。以下「法律第百二十六号」という。）の一部を次のように改正する。

第二条の見出し中「経過規定」を「経過規定等」に改め、同条第六項中「は、出入国管理令第二十二条の二第一項」を「のうち、出入国管理法（昭和四十六年法律第　号）の施行の日まで引き続き本邦に在留するものは、同法第三十一条第一項」に改める。

（法律第百二十六号の適用を受ける者に対する再入国の許可等に関する経過措置）

第十五条　前条の規定による改正後の法律第百二十六号第二条第六項の規定により本邦に在留する者は、新法第三十六条（第五項及び第六項を除く。）の規定の適用については、新法の規定による在留資格を有する外国人とみなす。

2　前項に規定する者で、新法第三十六条第一項の許可を受けているものは、新法第五条の規定の適用については、同条第二号に該当する者とみなす。

3　新法第二十九条の規定は、第一項に規定する者が新法第二条第二項第十一号の在留資格の取得を希望する場合について、新法第三十一条第二項、第四項及び第五項の規定は、これらの者が同号の在留資格以外の在留資格の取得を希望する場合について準用する。

4　前項において準用する新法第三十一条第二項の規定による許可を受けた者に対するこの法律の規定の適用については、新法第二十二条第五項中「第三十一条第四項」とあるのは「第三十一条第四項（付則第十五条第三項において準用する場合を含む。）」と、新法第三十三条第一項中「第三十一条第二項」とあるのは「第三十一条第二項（付則第十五条第三項において準用する場合を含む。）」と、「第三十一条第四項」とあるのは「第三十一条第四項（付則第十五条第三項において準用する場合を含む。）」とする。

5　第一項に規定する者については、当分の間、新法第三十七条第十号から第十二号までの規定を適用しない。

6　前条の規定による改正後の法律第百二十六号第二条第六項に該当する者の子で、法律第百二十六号の施行の日以後本邦で出生したものについては、当分の間、新法第三十七条第十号から第十二号までの規定を適用しない。

7　前項に規定する者の在留の延長については、当分の間、新法第七十八条の規定を適用しない。

（日本国に居住する大韓民国国民の法的地位及び待遇に関する日本国と大韓民国との間の協定の実施に伴う出入国管理特別法の一部改正）

第十六条　日本国に居住する大韓民国国民の法的地位及び待遇に関する日本国と大韓民国との間の協定の実施に伴う出入国管理特別法（昭和四十年法律第百四十六号。以下「出入国管理特別法」という。）の一部を次のように改正する。

第一条第一項中「出入国管理令（昭和二十六年政令第三百十九号）」を「出入国管理法（昭和四十六年法律第　号）」に改める。

第六条第一項中「出入国管理令第二十四条」を「出入国管理法第三十七条」に改め、同条第三項中「出入国管理令第二十七条、第三十一条第三項、第三十九条第一項、第四十三条第一項、第四十五条第一項、第四十七条第一項及び第二項、第六十二条第一項並びに第六十三条第一項中「第二十四条各号」」を「出入国管理法第三十八条中「前条各号（第四号を除く。以下同じ。）」とあり、同法第四十五条第一項、第四十八条第一項、第五十条第三項及び第五十二条第五項中「第三十七条各号」」に改める。

第七条中「出入国管理令」を「出入国管理法」に改める。

（出入国管理特別法第一条の許可を受けている者に対する再入国の許可等に関する経過措置）

第十七条　出入国管理特別法第一条の許可を受けている者は、新法第二条第二項第十二号、第二十六条及び第三十六条の規定の適用については、永住者とみなす。

2　前項に規定する者で、新法第三十六条第一項の許可を受けているものは、新法第五条の規定の適用については、同条第二号に該当する者とみなす。

（法務省設置法の一部改正）

第十八条　法務省設置法（昭和二十二年法律第百九十三号）の一部を次のように改正する。

第十三条の十第一項中「出入国管理令（昭和二十六年政令第三百十九号）」を「出入国管理法（昭和四十六年法律第　号）」に改める。

（地方税法の一部改正）

第十九条　地方税法（昭和二十五年法律第二百二十六号）の一部を次のように改正する。

附則第三十二条の二中「出入国管理令（昭和二十六年政令第三百十九号）第四条第一項各号（十四号を除く。）に掲げる者のいずれか一に該当する者（第十六号に該当する者については、自治省令で定める者を除く。）としての在留資格を認められた者及び同令第十四条から第十六条まで」を「出入国管理法（昭和四十六年法律第　号）第二条第二項各号（第十一号を除く。）の在留資格を有する者（同項第十四号の在留資格を有する者については、自治省令で定める者を除く。）及び同法第十五条から第十八条」に改める。

（外国人登録法の一部改正）

第二十条　外国人登録法の一部を次のように改正する。

第三条第一項中「出入国管理令（昭和二十六年政令第三百十九号）」を「出入国管理法（昭和四十六年法律第　号）」に、「観光のための通過上陸の許可、転船上陸の許可」を「通過上陸の許可」に、「水難による上陸の許可」を「遭難上陸の許可」に改め、同条第三項中「出入国管理令第二条第五号」を「出入国管理法第二条第一項第五号」に改める。

第三条第一項中「出入国管理令第二十六条」を「出入国管理法第三十六条第一項」に、「六十日以内」を「九十日以内」に、「出入国管理令第三章に規定する上陸の手続」を「同法第三章の規定による上陸に関する手続」に、「三十日以内」を「六十日以内」に改める。

第四条第一項第十号中「出入国管理令」を「出入国管理法」に改め、同項第十四号及び第十五号を次のように改める。

十四　在留資格の区分（出入国管理法に定める在留資格の区分をいう。以下同じ。）

十五　在留期間（出入国管理法に定める在留期間をいう。以下同じ。）

第十二条第一項中「出入国管理令第二十六条」を「出入国管理法第三十六条第一項」に、「出入国管理令に定める」を「同法に定める」に改める。

第十二条の二第一項中「出入国管理令第二十六条」を「出入国管理法第三十六条第一項」に改める。

第十三条第三項中「出入国管理令」を「出入国管理法」に改める。

第十四条第二項中「出入国管理令」を「出入国管理法」に、「在留期間の更新又は在留資格の変更」を「在留の延長又は在留資格の区分の変更」に改め、同条第三項中「在留期間の更新又は在留資格の変更」を「在留の延長又は在留資格の区分の変更」に改める。

（外国人登録法の一部改正に伴う経過措置）

第二十一条　前条の規定による改正後の外国人登録法第三条第一項の規定は、新法の施行の日以後、本邦に入った者、本邦において外国人となった者又は出生その他の事由により新法第三章の規定による上陸に関する手続を経ることなく本邦に在留することとなった者の登録の申請について適用し、これらの者以外の者の登録の申請については、なお従前の例による。

（道路交通法の一部改正）

第二十二条　道路交通法（昭和三十五年法律第百五号）の一部を次のように改正する。

第百七条の二中「出入国管理令（昭和二十六年政令第三百十九号）第二条第一号」を「出入国管理法（昭和四十六年法律第　号）第二条第一項第一号」に改める。

（沖縄居住者等に対する失業保険に関する特別措置法の一部改正）

第二十三条　沖縄居住者等に対する失業保険に関する特別措置法（昭和四十二年法律第百三十七号）の一部を次のように改正する。

第二条第一号中「出入国管理令（昭和二十六年政令第三百十九号）第二条第一号」を「出入国管理法（昭和四十六年法律第　号）第二条第一項第一号」に改める。

（その他の経過措置の政令への委任）

第二十四条　附則第三条から附則第十三条まで、附則第十五条、附則第十七条、附則第二十一条及び次条に規定するもののほか、新法の施行に伴い必要な経過措置は、政令で定める。

（罰則に関する経過措置）

第二十五条　新法の施行前にした行為及び附則第四条、附則第十条第一項又は附則第二十一条の規定により従前の例によることとされる上陸に関する手続、退去強制の手続又は登録の申請に係る新法の施行後にした行為に対する罰則の適用については、なお従前の例による。

法案提出の理由

最近における出入国に関する状況等にかんがみ、これらの状況に即応して、出入国管理令を廃止し、新たに本邦に入国し、又は本邦から出国するすべての人の出入国を公正に管理するための法律を制定する必要がある。これが、この法律案を提出する理由である。

（おわり）

日本政府の在日韓国人差別と抑圧政策を告発し、民族の叫びを訴える！

（韓日関係資料の決定版）

在日韓国人の歴史と現実

在日韓国青年同盟中央本部・編著　A5判上製490頁¥1,200.

〝本同盟は、もとより真の韓日友好を望まぬものではないが、それは良識ある韓日両国民の相互尊重の精神に依る、深い認識の上に成立するものと考える。

〝本同盟は、日本政府の、歴史的事情を無視し、在日韓国人の基本的人権さえも剝奪しようとする〝同化と追放と抑圧〟の政策を広く告発し、それを総合的に提示するものとしての資料が必要であると感じて来た。〟

〝本資料は、このような目的の為に、〝同化と追放と抑圧〟の政策の実態とそれに対処して来た同盟の諸般の闘争の記録を、既成の資料から、或いは新しく付加する事により、集大成したものである……。

在日韓国青年同盟中央本部
委員長　金恩澤

洋々社・発行
東京都新宿区納戸町5．TEL268−0796

在日韓国青年同盟中央本部
東京都文京区春日2−20−13．TEL814−4471

ロッテキャンディは高級フランス風

キャプテンロッテが言うとおり
それはそれはおいしいキャンディです

あなたに高級キャンディを召しあがっていただくために
本場フランスから
キャンディづくりの名人J・ボーダンを招き
まごころをこめてつくりあげました
きびしく選びぬかれた原料
最新設備をそなえた工場から誕生する
高級フランス風のおいしさ
ロッテならではの
このぜいたくなおいしさを
心ゆくまでお楽しみください

チョコレート
すきとおったおいしいキャンディに
あのまろやかな
ロッテチョコレートが
甘くつつまれています
100円

ココロール
香ばしいココアの香りを生した
スティックロール型の高級ソフトキャンディ
ついつい手が出るおいしさ　100円

高級フランス風
ロッテ
キャンディ

在日本大韓民国居留民団
綱　領
一、우리는 大韓民国의 国是를 遵守한다
一、우리는 在留同胞의 権益擁護를 期한다
一、우리는 在留同胞의 民生安定을 期한다
一、우리는 在留同胞의 文化向上을 期한다
一、우리는 世界平和와 国際親善을 期한다

THE PRESS MINDAN TOKYO
THE KOREAN RESIDENTS UNION. IN JAPAN. TOKYO OFFICE
「韓僑通信」改題
在日本大韓民国居留民団東京本部発行日本語版週刊紙（購読料1カ月100円・特別1000円）
（1965年7月27日第3種郵便物認可）

民団東京
THE PRESS MINDAN TOKYO

4月7日 <1971>
週刊・毎水曜日発行
第2445号

発行所
民団東京新聞社
発行人 鄭 在 俊
東京都文京区本郷3丁目32番7号
電話 (811) 1535 (代表)
〒133 振替口座 東京 16631番

朴・金両氏の一騎打ちへ
大統領選挙戦過熱化へ

金大中候補

朴正煕候補

共和党「絶ゆみなき前進」
新民党「平和的政権交替」

大統領選挙の初盤戦が始まった中で共和、新民両党が中小都市有権者たちの支持獲得をねらう地方遊説はいま過熱化の傾向を見せ始めており、与野の相克は深刻になっている。

共和党は安定と繁栄のための"中断なき前進"をスローガンに朴正煕候補の継続執権を訴えているが、反面、新民党は"平和的政権交替"を打出してそのために金大中候補を支持してくれるよう力説している。

共和党の金鍾泌副総裁、白南億党議長、李孝祥国会議長ら重鎮遊説班は二十七日から忠州、金泉など十一の中小都市で波状的な遊説をくり広げだし、新民党の金大中候補は安東、栄州、[illegible]、[illegible]、三渉などの地域でその支持を訴えた。共和、新民両党は今週末から一斉に大都市遊説にはいるが、これまでの遊説で現われた主要争点としては、共和党が、新民党の金大中候補の公約した予備軍を全面廃止するというのに反駁（ばく）、これは危険千万なことだと指摘し、「国防を確固たるものにするためには軍を強力に統帥することのできる領導者が絶対に必要であり、現時点で軍にたいする最も強力な統帥権を行使できる人は朴大統領をおいてほかにいない」（白南億党議長）と強調しているのにたいし、新民党側は「一人の政治家がいくらよい政治をやったとしても長期執権すれば腐敗するものである」（金大中候補）と主張して平和的政権交替を力説している。

なお、共和党側は、政治的安定と経済的成長をもたらせた朴大統領の実績を高く評価しながら「安定と繁栄のための中断なき前進」を打出して朴大統領の三選支持を訴えているが、これにたいし、新民党の金大中候補は「朴大統領が経済建設のために努力したことは事実だが、その成果はごく限られた人たちのふところを肥やす結果を招来せしめているため、経済政策は失敗である」と主張している。

なお、きたる二十七日に実施される第七代大統領選挙に臨む各政党の候補登録はさる三十日午後五時に締切られたが、登録を済ませた各党候補は共和党の朴正煕総裁、新民党の金大中氏、国民党の朴己出氏、民衆党の成輔慶氏、自民党の李鍾潤氏、正義党の陳福基氏、統一社会党の金哲氏ら七名である。

さる六七年の五・三大統領選では当初七名が立候補したが、大衆党の徐珉濠候補が辞退したため六名が競合、全有効投票の九二％を共和（五一・四％）、新民（四〇・九％）両党が占めた。

野党公約は虚構　金鍾泌副総裁

金鍾泌・共和党副総裁は二十九日、午前十一時は忠清北道の沃川市場で、午後三時は永同で、それぞれ遊説「指導者は国民に、耐えねばならぬことはがまんしろ、難しいことは難しいとはっきりいうべきで、できもしないことを約束するのは国民をあざむくものである。野党候補（新民党の金大中氏を指す）が現在まで明らかにした公約を実践するためには、およそ五千億ウオンの財源を必要とする。そのため、彼の公約は実現性のない空約である」と主張した。

さらに金副総裁は「野党では郷土予備軍を廃止するといっているが、予備軍運営上の矛盾を是正するといえば知らないが、駐韓米軍の一部削減と国軍の休戦ライン防衛専担などの現時点から、無条件に予備軍を廃止するというのは、国民に対し無責任な煽動にすぎない」と述べ、新民党の金大中候補が、予備軍廃止を選挙公約としたのに、非難の矢を向け、その虚構性を国民に説明した。

情報政治の解放　金大中候補

新民党の大統領候補金大中氏は二八、二九日の両日、慶尚北道の安東、栄州、奉化、江原道寧越、三陟、堤川などの地方で遊説「私が当選したとき、もし一定の期間中に不正腐敗を一掃できなかったあかつきには、みずから大統領を退く」と約束、金候補の執権公約として「全国地方公務員が生活を維持できるように給与水準を改善し、公務員と警察官を情報機関の政治的圧力から解放し、中立的立場で、安心して仕事に専任できるよう制度的改革を断行する。そして朴正煕・大……

……くりあげたい」とかさねて強調した。

金大中・候補はまた①新民党が執権の座についたときには、農産物価格の予告制を採用し②義務教育の完全化をはかり③老・医療など各種保険制度を採用、福祉政策に全力をつくし④全国の国道を四年の間に舗装する、と公約した。さらに金候補は「共和党が安定云々をいっているが、真の安定とは、真の自由を保障し、あらゆる国民が同じ方向意識をもったとき、初めて可能なものである。今世界の人々は、今回の選挙を通じ、わが国が名実ともに民主主義の根を下すことができるか否かを注意深く見守っている。そのため国民各自が情報政治、特権経済、不平等社会を打破する作業の先頭に立たねばならない」と主張した。

民団中央 71年度活動方針
団機構の改革を断行
世代交替で若い気風振作

さる三月十五～六日の第十八回定期中央委員会で採択され同二十五日の定期大会において報告された民団中央一九七一年度活動方針の主なるものはつぎのとおりである。

運動の目標

一、機構の改革＝われわれが永住権を取得し日本で永住できる法的保障をうけたからには、それに相応する指導体制をそなえて団を運営していかねばならない。したがって運動目標の一つに「民団機構の改革」を断行する。それには組織内各級意思と在日韓国人各界各層の総意を結集して反映させる。

二、二世教育施策を確立する。

三、永住権申請者（非団員）の全員入団＝在日多くの同胞たちが永住権を申請したといえまだ朝総連の影響力が及ぶ位置にとどまっている現状にてらして民団は、情熱と誠実そして理論をもってそれらの同胞に民団を理解させひいては忠実な韓国民になれるよう全組織の力を傾注しなければならない。

四、民団強化対策会議＝拡張された団勢にしたがって組織の運営への基本姿勢とこれからの展望を正し在日同胞法的地位に関する残余問題、民族教育問題などの解決をはかるため今年も民団強化対策会議をもつ。

組織活動に関して

七十一年の組織活動は、七〇年代に対応できる基幹組織の充実化と組織活動家の再訓練に重点をおく。そのために組織の整備強化と点検を徹底に行ない新入団員に対する理論的指導力を発揮できるよう世代交替を果敢に行ない組織に若い気風を振作させる。①永住権申請を済ました非団員の入団に備え名単の整備ならびに入団手続きの促進②北送再開に関する阻止運動③札幌国際冬季オリンピックの動員ならびに対策④中央組織学院の設置運営。

経済活動について

中央会館建立に力点をおいてその基本財源の確立へ根本的な解決策を講究したい。一、信用組合の育成強化＝①現実情に合うよう育成基金の支援を政府に要請する②育成資金の利子再調整を要請する③商工会の業務代行認可を要請する④信用金庫への昇格運動を展開する。

二、商工会の再編強化

三、税金対策＝納税組合の設立と税務専門委員の配置

四、経済人の本国進出を勧奨

五、経済人の業種別実態調査

六、民族財産の管理対策

民生活動に関して

一、法的地位ならびに待遇問題に関する資料を収集して各級機関に配布する。朝総連の暴力的妨害ならびに日本政府当局の無責任な措置によって永住権を申請できなかった同胞たちを救済するため日本当局に永住権申請期限の再設定を要請する。③永住権申請者の全員が許可できるよう努力する。

二、戸籍整備、国民登録更新ならびに新規申請の促進、団員実態記録表の作成、生活協同組合の設立など。

文教活動について

活動方針に提議されている民族教育に関する基本施策の確立を推進しつつ①教育委員会の地方組織の促求とあわせ活動体制の確立を期する②自費母国留学制度に対する改善③札幌冬季オリンピック後援会の組織④その他。

宣伝活動について

一、機関紙「韓国新聞」の育成発展を期して積極支援する。①新中央執行委員会で「韓国新聞運営委員会」を構成する。②地方実情によって支局を設置する。③原則的に購読料を徴収するが地方本部の実情で解決させる。

二、「画報」を発行し視覚的教育宣伝を実施する。短波受信施設の設置、その他宣伝活動の強化。

永住権申請期限延長を協議
16・17日東京で 韓日政府実務者会議

崔圭夏外務部長官は二日中央庁で記者会見を行ない、さる一月十六日に期限切れした在日韓国人の協定永住権申請期限の延長問題などを協議するため、きたる十六、十七の両日東京で韓日両国政府の実務者会談が開かれる、と述べた。

同長官は「協定永住権有資格者五十六万人中、申請者は最終集計で三十五万人にのぼると見られる。しかし朝総連のデマ宣伝、妨害工作などで十万人が申請出来なかったと考える。今度の協議ではこうした人たちを救済する方法が重点的に話し合われるだろう」と述べた。

ここで問題にされている永住権の申請は、韓日法的地位協定に基づいて、五年間にわたって行われたものだがその間日本の革新系首長らによる韓国籍から朝鮮籍への国籍換え運動などをはじめ日本政府の非協力的態度とあいまって永住権申請促進運動が著しく妨害された。

このため、政府は期限切れ以前から申請期間延長を含む善後策を日本側に要望していた。韓国側としては、延長ができたらそれにこしたことはないとしつつ、永住権取得者の待遇向上問題、申請したが許可されなかった者の救済方法など具体的問題を個別に取上げ、今年九月に開かれる予定の日韓定期閣僚会議にのせるつもりである。

中央3機関任員きまる

民団中央本部（李禧元団長）は6日午後5時、三機関任員をつぎのとおり発表した。

議長　張聡明（大会選出）
副議長　白丁赫（大阪）
〃　李宗樹（京都）
監察委員長　李寿成（大会選出）（元京都本部団長）
同委員　尹奉啓（東京）
〃　金載淑（東京）
団長　李禧元（大会選出）（前東京本部議長）
副団長　尹達鏞（東京）
〃　文慶ソ（東京）
〃　徐永昊（大阪）（元大阪本部副団長）

事務総長　朴性鎮（前法地委副委員長）
〃次長　朴炳憲（留任）
総務局長　李聖南（留任）
組織局長　金宰淑（留任）
民生局長　李鍾舜（留任）
経済局長　未定
文教局長　未定
宣伝局長　（未定）
企画委員　尹致夏
韓国新聞社長　鄭炯和

なお、このほか韓国新聞発行人李禧元、組織専門委員長丁海龍、宣伝専門委員長ベン周浩、文教専門委員長張道源の各氏が任命された。

本国新聞論調

大統領選挙に望む
公明な雰囲気の保障を

第七代大統領選挙日時を四月二十七日と定めた政府は、この旨を公告した。どのような公職選挙でも、国家の将来に関連しない選挙はないがさらに大統領選挙に至っては向う四年間の国政をまかせる決定的な選択であるゆえ、実に国民の一票一票がわが国家の命運を左右する重大な意義をもっているのはいうまでもない。とくに、今回の大統領選挙は、一昨年改憲した後、初めての大統領選挙戦という点で、改憲当時の時間的制約と落ちつかなかった当時の状況などによって、完全燃焼しなかった国民一人一人の民の政治意識が、今、具体的人物をおいて、主権を行使することになった。これは内外の非常な関心を集めるに値する。そればかりでなく、われわれは、そのような戦挙戦の特徴として、今回の大統領選挙を重視する理由がいくつかある。

第一、民主主義制度を輸入し、この地に移植したのも、すでに四半世紀を越えた。国民の直接投票で国家首長を選んだ選挙だけでも五二年、五六年、六〇年、六三年、六七年と五回に亘り、今回は六回目の選挙である。それにもかかわらず、選挙というと、いまだ主権をもつ国民が、自ら導く自由闊達な雰囲気の中での行事にならず、強要された選択で、被動的に一票の権利だけを、やっと行使する萎縮された選挙雰囲気を脱皮できずにいるのが実情である。このようなことは勿論、わが国民の政治意識だけの問題でなく、選挙制度自体が、形式化し、十分な選択の余裕すら与えていないことに由来する。しかし、より重大な原因は「民主主義に対する国民の自信」が確保されていないことにあるのではないかと、われわれは考える。

民主主義に対する自信を

「民主主義に対する自信」とは一体、なんであるのか。いうまでもなく、自分の一票が国家運命を決する主権意識を指す。この主権意識が旺盛であれば、たとえ与野いずれの党であろうと、多少の選挙違反があり、堕落された選挙運動を行なおうと、国民は果敢に、それに反発することを知り、票を以て審判する勇気をもつものである。民主主義に対する自信を失ったとき、また自信が低調したとき、"選挙は大勢に押し流れ、"なるようになれ"という式の放棄心理が働き、主導権は主権者の国民の側にあるのでなく、候補者を出した政党の一人舞台と化するものである。民主政治四半世紀を越えるわが国選挙戦が、そして四・一九という民主革命を体験したこの社会が、丁度その反動期のような無気力な選挙風土しか期待できないなら、実にはじるべきことといわざるを得るない。

この点、あえて、現共和党政府に、その所信を問いたい。共和党はその前身である軍事革命政府から、数えると、今年で満十年の間執権してきた。執権中、もっとも知恵深いキャッチ・フレーズは「祖国近代化作業」であった。近代化とは経済的には工業化であり、社会的には市民社会の確立であると同時に、政治的には民主化を意味することが東西の定立された概念である。そうであれば高度成長を謳歌し、工業化に成功した共和党政府であるなら「政治の民主化」が、どの段階に至ったのかの尺度を、こんどの選挙を通じて国民の前に、明確に立証する用意はないだろうか。百や千におよぶ選挙公約よりも、選挙戦にあらわれる国民各自の闊達な主権意識が、束縛なく反映され、与論として形成される自由で公明な選挙雰囲気の保障こそ、共和党十年執権の、実のある治績の誇示になるものと、われわれは信じているからである。

政策対決を認識する選挙戦へ

第二、選挙は勿論、正々堂々とした政策的対決がなければならない。しかし、今までいわれてきた政策対決とは、往々執権党が我田引水式で防障にしてきたきらいがある。選挙戦でいう立候補者の「政策」とは、図にたとえたらデッサンであり、建築にたとえるなら基本設計と鳥瞰図に値するものである。執権党はぼう大な政府機構で把握している綿密な各種統計と実情を土台に、いくらでも精密な青写真を用意することができる。しかし、野党にまで、そのような青写真を要求するのは当を得たものでない。国家の将来を志向するビジョンとその政党の世界観を示す基本政策を提示すれば、それだけで立派な政策対決になろう。統計や実情を無視したとか、非現実的であるという非難は、堂々たる政策対決という点の意味を知らないということが、われわれの見解である。勿論、七〇年代、韓国をとりまくアジアの情勢が日ごとに変化しつつあるこの際、国家安保問題を中心とした山積された重要課題が、われわれの前に横たわっているゆえ、このような現実を無視した政策の基本的設計が、ありえないことをわれわれは十分承知している。しかし、このようなことにこだわりすぎた結果、大統領選挙にふさわしい基本政策の設計提示に汲々とした現実の眼目だけで、押えつけることがあってはならない。

選挙風土堕落の原因は公務員に

第三、選挙違反を取締る捜査機関の責任についてかさねて言及しておきたい。われわれは常に、選挙の都度、公明選挙の保障を、まっ先に要求してきたし、そのため、選挙管理委と司直機関の厳正中立の姿勢を強調してきた。

じっくり考えてみると、このようなことを強調すること自体不可解なことである。選挙は当然、公正に管理されなければならないし、選挙違反の取締りは、当然、与野を問わず公平に取扱うことは、民主主義の初歩である。それにもかかわらず、そのようにならないため、選挙のたび、「厳正中立」「公明選挙」を口ぐせのように叫んできた。このことをいいかえると、われわれは、民主主義の基礎となるべき選挙さえ、まともに行なうことができない後進民主国家であることを、内外に宣明しているのと同様である。

実は、われわれの選挙風土が今日のように、話にもならない程度に堕落させた原因も、選挙管理委当局の無能と取締機関の偏派性に起因したものであって、決して国民の責任に帰するものではない。すでに、中央選挙管理委の地方出張が頻繁となり、有形無形の選挙干渉が行なわれていることは否定できない現実である。このことを、執権党のプレミアムであると自讃する選挙戦であるとしたら、今回の選挙も、結果をみなくとも、過去の前轍をくりかえす可能性は大きいといえよう。公務員が、たとえ政府の隷属下にあり、その政府は執権党が牛耳っているとしても、公務員がいずれの一政党に忠誠をつくさねばならない社会であるなら、その社会を民主主義政治の社会とはいいがたいのである。われわれは、執権十年という満々たる自信をもつ共和党が、現大統領である朴正煕候補の名誉を守るためにも、きれいな選挙秩序を確立されんことを期待して止まない。同時に第一野党である新民党もまた、健全な受権態勢の自負を立証するため、秩序ある、正々堂々たる選挙戦を展開されんことを要望、国民主権の厳粛な審判期であるこの大統領選挙戦が、わが国選挙史上、画期的な発展の記録を残すことを全国有権者と共に、切に希願するものである。

（朝鮮日報）

国民党大統領候補は朴己出氏に

大統領候補指名をめぐって紛糾を続けていた国民党は二十二日夜尹潽善総裁がさきに新民党を脱党した朴己出氏を指名したことにより結着がついた。

尹総裁はこの夜、ソウル・安国洞自宅で党政務委員および候補推薦のための七人長老委員、それに七十名余りの地区党委員長らが出席した中で、朴氏を大統領候補に指名した。

これに先立ち、政務会議は「七人長老委は大統領候補指名全権を持っていない」との結論を出して党総裁の尹氏に指名を一任した。

なお、この日午後、ソウル・鍾路区にある国民党中央党舎では、朴己出氏候補支持党員と張基永氏候補推戴派との間で集団乱闘劇がくり広げられ一時騒動が起きた。

人情有感

「この度の選挙戦（民団中央団長選）の要を掘り下げれば完全に民団と総連との戦いであった」その「民団中央団長選勝利は姿なき敵朝総連の侵透戦術を振り切って」…。これは某謄写刷り通信が民団中央団長選を論評した一句節である。この論評文句を裏返せば、団長選勝利者を支持しなかった定員五割弱の民団中央大会代議員は民団の構成員ではなく朝総連のそれであったことになるしもっと簡明に言えば惜敗した候補者は姿なき敵朝総連の侵透者にほかならない。という意味である。▼もっとも公正であり中立を守るべき言論機関たるものが、自からの使命を忘れて勝利者に媚びるあまり惜敗者対し敵のぬれぎぬをきせることは恥じるべき行為である。言うまでもなく民団団長選は、民団構成員のなかから民主的に立候補した候補者と候補者の戦いであって決して民団対朝総連の戦いではない。それを民団と朝総連と戦って民団団長が勝利をしたと言うから敗者、そしてその支持者は朝総連ということになる。「勝てば官軍」式のこういう論法自体が民団――ひいては民主主義の発展を毒し、団結をはばむもっとも危険な論法である。▼同じ組織内部にあって少数意見をもつものこれすべて敵だときめつける論法こそ共産主義専制社会の特徴であってわれわれ民主民族社会では通らないものだ。したがってそういう論法を使って民団ならびに代議員そして多くの団員を冒涜し分裂を助長しながら勝利者?にこびる某通信社こそ、われわれ民主民族社会においては許せぬ存在といわざるを得ない。「弘法も筆のあやまり…」とか某通信が自から進んでなんらかの措置をしない限り同胞社会の怒りはおさまるまい。

随筆集
招燕曲
定価500円　送料85円
漢陽誌の創刊以来今日に至る90余号の中に掲載され好評を得た400余編の随筆のうちから選んだ珠玉の随筆集
漢陽社　東京都豊島区東池袋2―56―7
電話 (983) 5313番
振替 東京 45168

朴正煕大統領の指導理念と、烈々たる愛国心！
朴正煕選集 全3巻
申 範植＝編集
全3巻セット価 ¥2,500
第1巻では大統領の指導理念と韓国の苦難の歴史を物語り第2巻では大統領の熱烈な愛国心と祖国統一に対する熱情を伝えている。第3巻では韓国の近代化と、明日に向かって前進する国民の先頭に立つ大統領の、自信と希望に満ちた演説を聴くことができる。（全3巻同時発売中！）

①韓民族の進むべき道　A5判・260頁 ¥780
Ⅰ人間改造の民族的課題
Ⅱわが民族の過去を反省する
Ⅲ韓民族の受難の歴史
Ⅳ第二共和国の「カオス」
Ⅴ後進民主々義と韓国革命の性格と課題
Ⅵ社会再建（国家）の理念と哲学

②国家・民族・私　A5判・280頁 ¥820
Ⅰ革命はなぜ必要であったか？
Ⅱ革命2年間の報告
Ⅲ革命の中間決算
Ⅳ世界史に浮き彫りされた革命の各態様
Ⅴライン河の奇蹟と不死鳥のドイツ民族
Ⅵわれわれと米・日関係
Ⅶ祖国は統一されるだろうか
Ⅷわれわれは何をいかにすべきか

③主要演説集　A5判・380頁 ¥900
Ⅰ協同の大洋に結集しよう（外交）一つの亜細亜・ほか
Ⅱ前進する歴史の潮流の中で（社会・文化）勝利は未来に生きる側にある・ほか
Ⅲ炬火は燃えている（産業・復興・経済）人間の近代化、生活の近代化・ほか
Ⅳ自分の国は自分の力で（反共・愛国・国防）自主国防の源泉地・ほか
Ⅴ着実な前進（政治）新しい共和国の朝は明けた・ほか

祖国繁栄の構想にふける著者

鹿島研究所出版会・発行
107 東京都港区赤坂6－5－13 電話582－2251

第31回世界卓球選手権大会

民団東京グラフ

世界卓球選手権大会の開会式

李駐日大使歓迎会

三月二十八日午後六時名古屋市キャッスルホテルにおいて李、駐日大使の歓迎会が民団愛知県本部の主催で盛大にひらかれた。

堂々と入場する韓国選手団

世界卓球韓国選手団歓迎会

第31回世界卓球選手権大会に出場する大韓民国選手団の歓迎祝賀会が三月二十八日午後一時名古屋市内キャッスルホテルにおいて盛大にひらかれた。

二千の在日同胞たちの応援にこたえて熱戦する韓国選手（向う側）

韓国選手団歓迎祝宴において　歓談する鄭在俊東本団長（中央から左へ）と徐興錫同監察委員長・孫張翼神奈川県本部団長

ロッテキャンディは高級フランス風

キャプテンロッテが言うとおり
それは それはおいしいキャンディです

あなたに高級キャンディを召しあがっていただくために
本場フランスから
キャンディづくりの名人J・ボーダンを招き
まごころをこめてつくりあげました
きびしく選びぬかれた原料
最新設備をそなえた工場から誕生する
高級フランス風のおいしさ
ロッテならではの
このぜいたくなおいしさを
心ゆくまでお楽しみください

チョコレート
すきとおったおいしいキャンディに
あのまろやかな
ロッテチョコレートが
甘くつつまれています
100円

ココロール
香ばしいココアの香りを生した
スティックロール型の高級ソフトキャンディ
ついつい手が出るおいしさ　100円

高級フランス風
ロッテ
キャンディ

ソウルでまた学生デモ

延世大五百人 軍事教練反対を掲げて

四月十九日の四・一九記念日ならびに二十七日の大統預選挙を控えたソウルで「軍事教練」に反対する大学生のデモが起り、場合によっては選挙にからむ可能性もあるとして政府当局は心配している。

三日、私立の名門延世大で約五百人の学生が軍事教練反対集会をひらいた後「教練拒否」のプラカードを先頭にデモに出たが一同は校門前に待機していた警官隊に防止され、教授らの説得で一応解散した。同じような反対運動は昨年十二月七日大邱の国立大で翌八日ソウルの私立西江大、延世大で行われており、根はかなり深いとみられている。

政府はさきごろ全国五十八の大学に対し、外国人学生、身体障害者、医、歯学部三、四年生、女子学生らを除き週に三時間、四年間で七百十一時間の軍事教練を行うよう指示した。韓国の大学ではこれまでにも教練はあったが、今度の政府の方針では教練に合格しないと卒業できなくなった。

学生たちにとって、こうした政府の方針がいろいろな欲求不満を引出す引金の役目をする。その一つがすでにマスコミに対する反応になってあらわれている。三月二十六日には国立ソウル大の学生自治会の代表十余人がソウルのある有力紙に向って「正しい言論の姿勢にかえれ」「民衆の声を無視した罪をなんで償うつもりか」と呼びかけた。同紙の話によると、この際も学生は警官隊によって解散させられ、うち四人が連行されたという。

政府はこんどの大統領選挙が与野党勢力の対決ムードをあおり、それに学生などが巻込まれることを心配している。しかし、学生が抱く欲求不満は警察力による阻止などで解決する問題ではなく、かえって新しい欲求不満を生む結果になる。このため、なんらかのきっかけがあれば、学生たちがまとまり、それが大きなエネルギーになるかもしれぬわけである。

陸士27期卒業式行わる

朴烈氏の長男少尉に

韓軍士官学校第二十七期卒業式ならびに任官式が三十日、花郎練兵場で朴大統領夫妻を始め丁来赫国防長官、韓・米高位将星らと多数の父兄出席のもとで挙行された。

朴大統領はこの席上で祝辞を通じ「わが国土はいまわれわれ自身の力で守るという段階にはいり、確固たる自主・自立の精神と姿勢を固めながら国防の課題をみずからの力で解決する時代を迎えた」と述べた。

崔世寅陸士校長は卒業生に卒業証書と任官状を授与、朴正熙大統領夫妻は、卒業生の一人一人と握手、今年の卒業生の中には、元民団団長朴烈氏の長男朴ヨンイル君も含まれ、朴君のはれの姿をみようと横浜に居住する母の張女史と妹の慶姫さん、乳母の北村昭子さんの姿もみられた。

金玉均先生の追悼会行わる

韓日有志の発起で

金玉均先生逝去七十七周年追悼会が、さる三月二十八日午前十時東京慶応義塾大学国際センターで挙行された。

追悼会は韓国側から金熙明（作家）金正柱（韓国史料研究所長）崔書勉（東京韓国研究院院長）各氏ら日本側から鈴木一（日韓親和会会長）木内信胤（韓国研究院理事長）中保与作（日韓文化協会理事長）各氏らの発起人により行なわれたもので金熙明氏の式辞のあと黙祷を捧げて故人の冥福を祈り金正柱氏が金玉均先生の略伝を紹介、鈴木一氏ならびに李永奎駐日公使が追悼辞をのべた。引きつづいて桜井義之氏（作新大学教授）が「明治文献にみる金玉均」遠藤久三郎氏（佐野市立図書館長）が「金玉均と須永文庫」渡部学氏が「金玉均の思想」崔書勉氏が「金玉均の評価」という題目で各々談話した。

ついで追悼会に参加した一行二十余名は、故人の墓地である青山墓地と真浄寺墓地を訪ねたあと韓国研究院に陳列されている金玉均関係文献遺品を観覧した。

金玉均先生の追悼会は、故人が一八九四年三月二十八日上海の旅舎で被殺された以後、日本において初期には福沢諭吉、犬養毅、尾崎行雄らによりさらにその後期に至っては井上角五郎、鎌田栄吉、頭本元らの日本人によって東京真浄寺、増上寺、青松寺などで毎回忌が行なわれてきたが一九四五年韓国解放後は中断されていた。金玉均先生についての歴史的、学問的定説もまちまちであるが、逝去七十七周忌を迎えて韓日有志らが金玉均と福沢諭吉の由緒因縁の深い三田の慶応義塾で追悼会をもつようになったことは意義深いことでありそれによって韓日関係の反省とともに金玉均先生に対する評価も新たに探求されるものとみられる。

京都韓国人ボーイスカウトが本国へ

在日韓国人京都ボーイスカウト（第五代団長尹仁述氏）一行二十五名が本国の中央訓練所に参加、四月四日朴大統領も参加する、ソウル運動場で催される前進大会に参加するため、二十五日夜京都を出発、関釜フェリーで帰国した。

在日韓国人ボーイスカートが本国の訓練に参加するのは今回が初めてである。三月二十七日から四月三日までは中央訓練所で訓練参加四日の大会出席後、七日帰国。なお一行はボタン桜苗木五百本をソウル市長に寄贈する。

韓国の原爆被災者へ慰問金

韓国の原爆被災者への見舞金百五十万円の伝達式と韓日親善の夕が二十三日午後六時から赤坂プリンスホテルで行われた。自民党の佐藤文生議員が集めた原爆被害者への慰問金千二百万円が日本核禁会議に贈られ、そのうちの百五十万円が核禁会議小川事務局長から駐日韓国公報館長洪景泉氏に伝達された。式後日韓親善友好会主催の親善の夕が同所で行われた。

5月14日に第一船

在日同胞の北送を再開

日本赤十字社による在日韓国人の北韓への送還業務は、二月の日本、北傀両赤十字のモスクワ会議で五月中旬から三年半ぶりに再開することが決ったが、北傀の第一船は五月十二日に新潟港へ着き、同十四日北韓へ向け出港することになった。日赤はこの第一船に乗る第一次送還者三百五十人の名簿をこのほど法務省に出し、出国のための審査を要請、こんごも第二次、第三次と帰還希望者がまとまり次第、出国の手続きを急ぐが十月までの暫定期間中、実際に北韓へ帰る人は二千数百人程度だろうとみている。

五十九年から六十七年までのカルカッタ協定に準じた帰還業務はこの五月から十月まで「暫定期間」として行われるが、この期間中、帰還の対象となる在日韓国人はカルカッタ協定期間中に帰還申請をした約一万七千人。このうち二千人は裁判係争中とか、交通事故の罰金未払いなどの理由で保留扱いを受けており、日赤は、この保留分を差引いた約一万五千人（五千五百世帯）について帰還希望調査をおこなったという。その結果、約五千人（千五百世帯）が帰還を希望していることがわかった。

しかし、このなかにはあいまいな回答を寄せている人もあるので、最終的には希望者は四千人程度になろうといっている。実際に新潟港にあらわれ、帰還する人となるとさらにしぼられ、暫定期間中は八回の配船で二千四百人程度の帰還――という線で準備を進めているという。

入管法に深い関心

韓青東京定期大会ひらく

韓青東京特別本部（　委員長）の第二回地方委員会ならびに第二回定期大会が、さる二十八日午後二時都内品川区の日本女子会館でひらかれ七〇年度の活動報告ならびに七一年度の活動方針、予算案などを採択した。

大会には都内各支部から男女盟員約一〇〇余名が参加したほか近県からも韓青代表らが傍聴につめかけ盛況であった。さらに民団東京本部の　団長、　事務局長、韓青中央から金恩沢委員長に金君夫、金一明両副委員長らの来賓もあって祝辞と激励のあいさつをのべた。

大会は、まず議長団に大田支部委員長李豪宙、江戸川支部文教部長金徳栄の両君を選出、民族的闘争のなかで誕生した韓青東本は、在日韓僑全国路線の有力な一翼を担いつつ厳しくもねばり強い活動を展開してきたという経過報告がそれぞれの担当部長からなされ熱い拍手でこれを承認した。

強大な同盟建設をめざして①基礎財政の確立と財政後援会の設立②未組織地区の組織化③機関紙の発行④学習活動の展開などをもりこんだ新年度の活動方針案や総額四百三十九万円にのぼる予算案の審議もスムーズに終えたが活動方針案にも提示された出入国管理法案反対運動の問題に論議が及ぶや俄然質疑応酬の発言がまきおこった。反対運動をどう展開するのかその具体的対策を迫る発言があるかと思えば「積極的な活動があるのみではない」という熱気ある応酬、はては盛んにメモをとる美しい民族衣装姿の女子代議員など若い知性たちの会議にふさわしい大会であった。

下宿部屋で10代の脱線

5人の学生が煉炭中毒死

二八日ソウル市内の下宿部屋で、男女中高校生七人がざこね煉炭中毒で五人の学生が死亡した事故を捜査した当局は、意外な事実を発見、社会問題にまで発展するかまえである。捜査当局の調査によるとこの男女中高校生は、父兄の監視の目が届かない地方学生の下宿部屋に集り乱れた遊びにふけ、ざこね、ガス中毒にあった。

このような男女中高校生の下宿部屋遊びは最近ひんぱんに摘発されており、今回の事故もこのような脱線遊びが残したものとし、関係者をはじめ、ソウル市民に大きなショックを与えている。

文教部当局は、今回の事故自体よりも中高校生の風紀に衝撃を受け、各市道教育委員会は、学生指導方案を各市内の中高校におくり学生たちの脱線行為を予防するよう指示した。ソウル市教育委は二十九日鍾路沢奨学官を事故学校に派遣、脱線行為の背景調査を指示した。ソウル市教育委の金永鑫中高教育課長は「このようなことは家庭と学校の紐帯関係がないことから生じた」と指摘、各学校は家庭との紐帯を強化し、学生の個性及び家庭環境を把握して日常指導の強化を強調した。捜査当局の調査によると、事故を起した学生の環境はほとんど無関心に近い状態で不良学生との交際が直接の原因となっている。そして家庭の事情は、生活のため父母が家をあけ学生まかしきりの状態で子供の教育についてもほとんど無関心状態。そのような環境の中で地方から上京した下宿学生の仲間をつくり監督の目が届かない下宿部屋にあつまって乱行をかさねたという。また中には中流家庭の学生も含まれており、そのような中流家庭でも親同志がしっくりゆかず、父親の家庭への無関心が子供をそのような方向へ走らした。今回死亡者を出した現場には、低俗週刊紙とタバコのすいがらが残っていただけで学生らしい部屋ではなかったという。

持ち帰り荷物厳重に審査

日本政府筋がこのほど明らかにしたところによると、政府は五月から再開される北韓送還に当たって帰国者の持ち帰り荷物を厳重に審査する方針を固めた。

近く大蔵省関税当局でこの方針の具体化作業を行なうが、実施場面では混乱も予想されるため、警戒措置もあわせ講じたいとしている。

ケース・バイ・ケースで解決

四大核心工場の設立については大韓重機（特殊鋼）江原産業（鋳物銑）、韓国機械（重機械）、造船公社（造船所）などが実需要者となって個別的に推進しているが韓国政府としては一括して妥結するようにせず、ケース・バイ・ケースで解決して行く方針である。（SISA）

韓国の重化学工業開発

自主経済確立のために急ぐ……

第三次経済開発五ヵ年計画（七二～七六年）は韓国経済の成長と安定の調和、自立的経済構造の達成、地域開発の拡大化などを基本目標として輸出の増大、重化学工業の建設、農漁村の開発などに力が注がれるが、このうちの重化学工業建設はずっと以前から計画されてはいたものの、膨大な資金を必要とするため、一時タナ上げの形で軽工業の方に片寄って建設が実施されてきた。しかし、韓国の重工業化は〝自立経済〟確立のためには必須条件であり、重工業化のためには重化学工業化が絶対に必要なのである。なお、第三次五ヵ年計画が終了する年には韓国の国民総生産（GNP）は三兆七千三百十五億ウオン（百三十三億㌦）、一人当たりGNPは三百八十九㌦になり、重工業化率は三九・六％で、韓国は中進国の上位にはいる見通しである。

計画どおりに行けば韓国も七三年からは重化学工業段階にはいる見通しであり、遅くとも七三年七月までには百三万㌧の規模の総合製鉄一段階工程が終わり、石油化学十個系列化工場が完工、重工業化四個核心工場も順調に稼動することになる。これは第三次五ヵ年計画によるものであるが、この第三次計画最終年度の七六年には総輸出に対する工業品の比重は、総輸出の九一％にまで高められる展望である。またこの工業品のうちでも船舶、機械類などの重化学工業製品は全工業品の四三・七％を占めることになっている。

事実、第一次、第二次五ヵ年計画を通じてすでに韓国の工業化は刮目すべきほどの成長を成し遂げはしたものの、しかし、それは消費財中心の軽工業が主軸となっているため、その工業基盤は非常に脆（ぜい）弱な状態にある。

従来は消費開発的、輸入依存型

韓国では工業原料ならびに機械の大部分を海外から買って使用している。そこで工業構造自体は非常に消費開発的で輸入依存型である。そして輸出もまた同様である。保税加工式が輸出の大部分を占めているため名目的な輸出実績は急昇しているが、稼率や国民経済への波及効果はそれほど大きくはなく、ごく限られたものである。

従って工業化の基盤を固めるための重化学工業の開発は急を要する問題となっている。すなわち重化学工業の開発なしでは自律経済も望みうすい状態にあり、なお、自主国防のためにもこれは不可欠なものである。

鉄鋼、重化学工業化への試図はずっと以前からあったものであり、総合製鉄は五・一六（一九五一年五月十六日の軍事革命）直後から企図され、製鉄、機械、石油化学などの工業は第二次五ヵ年計画の三大基本工業化目標でもった。しかし、制限された市場と立遅れた技術、水準などが隘路となったし、それに資金不足のため重化学工業開発はあとにまわされ、まず、てっとり早い軽工業開発から着手されたのであった。ところが軽工業だけではこれ以上の工業化に限界を覚えるようになり、そこで政府が中心となって現在、重化学工業に開発が急がれることになったのである。

総合製鉄の十個工場の完成

重工業化計画ではまず、長い宿題であった総合製鉄の資金調達問題が解決されて昨年四月着工をみたし、石油化学コンビナートも最近になって資金確保を終えた。

総合製鉄では熱延、製鉄、焼結、コークス、鋼片、製鋼、焼鈍、中厚板、酸素、整備工場など、十個工場で構成されるが、これに必要な外資一億三千七百七十一万㌦の調達方案はほとんど確定しており、昨年すでに熱延、熱延、中厚板各工場などは着工をみた。また、残りの七工場のうち、来年三月に着工することになっている整備工場をのぞいては全部年内に順次に着工する。そしてこれら各工場の完工は七二年五月に整備工場が完成するのをはじめとして七三年七月までに次々と完工される予定である。こうした総合製鉄は七三年七月の全工場完工とともに直ちに施設拡張工事にはいるが、第二段階として二百十万㌧、第三段階として五百万㌧まで拡張される計画である。

なお、総合製鉄の第一段階では製鉄部門として一日平均出銑量二千六百㌧の高炉一基を、また製鋼部門としては一回百㌧規模の基盤性酸素転炉二基、圧延部門では半連続式熱間圧延方式で生産が行なわれることになっている。

石油化学工業とその十個工場

石油化学工業は六七年から計画が推進され蔚山に石油化学工業団地までが造成されたが、外国投資者が決まらなかったので進捗をみなかった。しかし、最近、韓国合成ゴムと日本の三井との提携を最後として資金確保を終えた。

石油化学工業では繊維、日用品洗剤、工業原料など、ほとんどすべての品目を生産するが現在推進されているのは十二個事業と十個工場である。このうち、すべての石油化学工業の原料になるエチレンを生産するナフサ分解センターは石油公社が受持って六九年五月に着工、七三年六月までに完工させる計画である。このエチレン生産量は石油化学工業の需要尺度となるものであるが、韓国は年産十万㌧からスタートする。このほかにプロマリン溶剤などをつくるメタノール工場（年産四万五千㌧）包装紙、フィルム、建築材、日用品、玩具などを作るポリエチレンおよびVCM工場（ポリエチレン五万㌧、VCM六万㌧）、ANモノマ工場二万六千四百㌧などもすでに着工している。

七一年に着工される工場はアルキルベンゼン工場（合成染剤原料一万三千㌧）とポリプロピレン工場（合成樹脂、合成繊維三万㌧）エタノール工場およびアセタルデハイド工場（PVC二万㌧、接着剤二万四千㌧）合成ゴム工場（タイヤはきもの二万五千㌧）、カプロラクタム工場（ナイロン繊維三万三千㌧）などであるが、これらの完工は七一年四月のメタノール工場をはじめとして七三年六月までに全部が終了する見通しである。

石油化学十二個工場に必要な資金は総二億三千二百五十万㌦で、うち一億七千万㌦が外貨、残りの六千二百万㌦が内貨となっている。

資金交渉の四大核心工場

四大核心工場は鋳物銑、特殊鋼、重機械、造船所などで現在日本と資金交渉段階にある。

所要資金は重機械が五千四十五万㌦で、造船所が五千八百万㌦、特殊鋼が二千八百万㌦、鋳物銑が一千七百万㌦などであるが、資金支援を行なうことになっている日本側が事業計画の再検討を要求しているため、これらの着工は当初の計画より若干おくれる見通しである。日本側は重機械工場を建設機械と工作機械にわけ、造船所も海外輸出用よりは国内用に重きを

オートバイ30台を道に寄贈

全南開発協会

全南開発協会（朴成準会長）では二十三日夜銀座・大昌園で常任執行委員会を開き、道行政に役立つようオートバイ三〇台を全羅南道当局に贈ることを決定した。車種はカワサキ90SSで同月中に発送するが、これは同会関東地区有志の寄付によるもので、大阪地区の同協会有志は別途にコロナ乗用車三〇台を同じく同月中に道当局に寄贈することになっている。

鈴木一氏の授勲祝賀会

鈴木一日韓親和会長は今年初め日韓親善に尽した功績を買われ韓国政府から二等修交章を授与されたが、この授勲祝賀会が二十三日午後霞ケ関で行われた。

11日、中野支部野遊会

中野支部（李鳳学団長）では十一日（日曜日）小河内ダム湖畔への春季野遊会を催す。当日午前八時定刻民団支部前をバスで出発。

都市家族機能

ソウルの調査

高麗大学の崔在錫教授は最近、「ソウル市の家族を中心とした韓国の都市家族の機能にたいする論文」を梨花女子大学発刊の〝アジア女性研究〟に発表した。

この研究はソウルの家族を対象として都市家族の機能がどのようになされているかを調査して論じたもので内容は性と愛情、生殖、教育の機能など八項目に分けて家族、家族機能に影響を与える要因が何であるかを分析・評価している。

調査は六百十八家族を対象として行なわれたもので、これに現われた性および愛情の機能ではその満足度がかなり高いものとなっている。総体的に夫婦生活に〝満足する〟の比率は五三％（三二八家族）で過半数を占め〝普通〟が四〇％（二四八家族）〝非常に不満〟は一・八％（一一家族）と、ごく少数である。

産児制限の経験が51%

81%の家庭が新聞を定期購読

ソウルの家庭で家族計画（産児制限）の経験を持つものは五〇％を上回り三百十七家族（五一・三％）にも達している。この数値は実際経験者と評価され、市民たちの大部分が家族計画を念頭に入れているものと考察される。

また、経済的機能調査では、日常生活の必需品調達はミソ（八七％）、つけもの（八九・六％）など食料品の主要品目が全部自給されているのに反し、韓国服は自給がわずか一七％、購入あるいは自給半分購入半分というのが七五％で、韓国服はもう家では縫わなくなるという傾向が強い。

教育面で十歳以上のソウル家族の教育程度はかなり高く女子が約九〇％、男子は九五％が学校教育を受けており、大学卒は男子が三二％、女子が一八・二％、中・高校卒は男子四〇・五％、女子四三・二％、小卒は男子二一・四％女子二六・一％となっている。

新聞購読では、八一％の家族が定期購読しており、不定期購読も一〇・二％で、九〇％以上

一方、ラジオやテレビの保有家族は、ラジオが九七・七％、テレビは四八・四％である。

宗教の分布は、キリスト教が三一・一％、仏教が二六・五％、儒教が一・八％となっており、三六・五％に当たる二百二十五家族が宗教を持っていない。なお、祖先のお祭りをする家族は六六％。

子女の出産場所は、病院が三九・八％、助産院が二五・七％、自宅二七・三％である。なお、ソウル家族のうち、うらないに頼ったり巫女に依存した生活をする家族はわずか二家族。

さらにこの調査で家族機能に影響を与える要因を考察するのにおいて、家族類型別の満足度の差異が面白く現われている。すなわち、夫婦生活満足度においてしゅうと、しゅうとめと同居している家族で〝非常に満足〟と答えた者は一九％だが、夫婦だけ（子どもは含む）の家族では二六・一％、〝不満〟または〝非常に不満〟という回答が、しゅうと、しゅうとめ同居家族の場合は九％だが、夫婦家族は四・六％で夫婦生活の満足はある程度家族構成の生活形態にも影響があることを示した。

在日僑胞社会
唯一の国文綜合雑誌
月刊 漢陽
（通巻99号）
漢陽社
東京都豊島区池袋2−56−7
TEL 東京（983）5313番
振替番号 東京45168

(株)モナミ
社長 許弼奭
東京都新宿区西大久保一−四四八
電話（二〇〇）一一一六

(株)平和タクシー
社長 董玉模
東京都渋谷区初台二−一一−九
電話（三七〇）一三六八

朝日通商株式会社
社長 鄭在俊
東京都中野区東中野四−四−五
電話（三六二）七七三一

陸王交通株式会社
社長 韓檜俊
東京都板橋区中丸町一二
電話（九五五）六一〇一

幸進商事株式会社
社長 金鶴鎮
東京都千代田区神田鍛冶町一−五
電話（二五六）三七三一

大原商事株式会社
社長 徐龍岩
東京都世田谷区玉川一−七−二
電話（七〇〇）八二二七

大星商事株式会社
社長 朴鍾大
東京都葛飾区亀有三−二四−三
電話（六〇二）〇七七五

三成貿易株式会社
社長 金容太
東京都中央区銀座五−五−九西銀座ビル
電話（五七一）一四二三

統韓問題 国際学術会議 参加記

李承憲 〈法經大副教授〉

國土分斷이라는 他律的歷史現象을 마지한 지 於焉 四半世紀。韓半島周邊의 國際情勢가 새로운 變動의 徵兆를 보이고 있는 70年代를 마지하여 韓民族은 自體의 主導的努力으로 國土統一聖業을 完遂하려고 그의 知能과 力量을 總動員하기에 拍車를 加하고 있다。이에 70年中에 韓國에서 開催되었던 統韓問題에 關한 두個의 國際學術會議 參加實況을 記錄한다。

一、韓國統一問題國際學術會議

——高大亞細亞問題研究所主催

國內外의 非常한 關心과 期待속에 70年 8月 24日부터 29日까지 一週日間 서울「워커힐」會議室에서 開催된「韓國統一問題國際學術會議」는 여러가지 面에서 큰 成功이었다。高麗大學校 亞細亞問題研究所主催로 오랜 準備끝에 열린 이會議는 美·日·佛·獨·中·越·印等 11個 外國에서「Z·K·부제진스키」教授「F·H·마이클」教授·「J·W·몰리」教授「H·히른」教授「윤겐·도메스」博士「V·P·덧트」博士「T·T·티엔」博士 衛藤瀋吉教授 武者小路公秀教授등 碩學과 美·日·佛等 外國에서 教職生活을 하고 있는 李庭植教授 趙昇淳博士 金瓊元博士 金宗漢博士등 韓國人學者 都合 44名과 金俊燁教授 成樂春教授 安秉煜教授 車基璧教授 朴東緖博士 및 本人등 國內의 韓國人學者 및 專門家 39名 總83名이 參席한 가운데 韓國統一問題라는 어렵고 錯雜한 議題를 俎上에 올려놓고 眞摯하게 縱橫으로 討議·分析한 結果 期待以上의 豊盛한 收穫을 거두었던 것이다。平和統一構想에 關한 朴大統領의 八·一五宣言이 發表된 後로 統一論議가 새로운 自由雰圍氣를 마지하게 된것도 討議의 幅을 넓히는데 크게 作用하였다。

이제 學術會議의 進行狀況을 槪觀해 본다。第一日에는 高大亞細亞問題研究所長인 金俊燁教授가「韓國統一의 意義와 諸問題」라는 基調演說에서 韓國統一의 意義를 歷史的 必要, 安保上 要請, 그리고 未來의 世界와의 關聯이라는 세가지 側面에서 理解하면서 國內的인 要素와 國外的인 要素와의 合致속에 規定하였다。그리고 韓國統一의 障碍的 要因으로서 客觀的인 狀況과 主體的인 意識을 同時에 取扱하여 北韓共産主義者들의 根本的인 態度와 行爲, 韓半島가 處해 있는 國際的 環境으로 因한 制限, 그리고 大韓民國이 取할수 있는 可能한 政策에 있어서 豫期할수 있는 利得과 代價사이의 相關關係라는 세가지를 들었다。또한 統一問題研究方法으로서

(1) 南北韓의 境遇政治的統一(political unification)에 못지않게 보다 根元的으로 經濟·社會·文化一般에 걸친 統合(integration)의 可能性과 그 具體的方法이 연구되어야 하니 北韓研究를 包含하여 統一研究를 위해서는 在來式 學問分野의 境界線을 넘어서 綜合科學的接近(Interdisciplinary Approach)을 試圖하여야 하며

(2) 傳統的外交史學의 方法論을 止揚하여 國際關係를 全體的으로 分析할수 있는 理論의 틀과 環境的要素, 國家利益과 國家能力과의 相互關係等에 關한 詳細한 調査結果에 立脚하여 國際情勢를 統一이라는 觀點에서 科學的·未來指向的 方法으로 연구하여야하며

(3) 統一問題는 本質에 있어 政治哲學의 問題와 直結되는 만큼 反共의 具體的內容을 究明하고 그 것을 뒷바침할 수 있는 積極的價値觀을 設定하여야 한다는 것등을 強調하였다。

第一議題「韓國統一의 國際的環境」에 관한 全體會議및 分科會議에서는「國際法 및 國際機構의 趨勢와 分斷國家의 問題」「分斷國家와 國際關係에 있어서의 競爭」「統一과 外勢」「韓國平和統一에 有利한 國際環境 造成을 위한 提言」이라는 諸論文을 中心으로 討議한 다음 韓國統一에 對한 美國과 蘇聯의 政策, 韓國統一에 對한 中共과 日本의 態度, 中共과 北傀의 接近이 韓國統一에 미칠 影響등을 檢討하였다。

여기에 있어서는 韓半島를 둘러싼 美—蘇—中共—日本 四個主要關係國間의 多角的·相互牽制的勢力關係가 더욱 複雜性을 띠우게 되고 大體로 緊張緩和속에 現狀維持를 指向하고 있으나 國土分斷때와 같은 他律的歷史現象이 再演되지 않도록 韓國統一課業에 있어서는 韓國人이「이니시아티브」를 取한 가운데 70年代中에 平和的으로 이를 達成하도록 主體的 努力을 傾注해 나가야 하며 周邊強大國도 이러한 韓國國民의 努力에 協調해야 한다는 點이 強調되었다。

第二日會議에서는「韓國統一의 國內的條件」이라는 議題아래 3個分科委員會別로「政治的·文化的條件」「經濟的條件」「軍事的條件」을 살핀 다음 全體會議에서「國民國家——模型인가 遺物인가」「變轉하는 世界에서의 韓國統一戰略」「韓國統一에 관한 理論的考察」「南北韓政黨比較」「北韓의 經濟動向이 統一에 주는 含蓄」및「南北韓行政比較」에 관한 諸論文을 中心으로 討論하였다。

討論過程을 通해 指摘된 要點은 다음과 같다。첫째, 韓國統一은 領土나 權力構造의 統一이라는 政治的統一뿐만 아니라 經濟·社會·文化面의 體系統合까지 必要로 하는데 政治的統一은 對決을 前提로 하는데 反하여 餘他部門의 統合은 比較的 쉬울 것이라는 點에서 順序上 이것이 政治的統一에 先行되어야 할 것이다。

둘째, 解放後 各其25年의 歷程을 밟아온만큼 南北間에는 50年의 隔差가 存在한다고 볼수 있는데 韓國統一을 위해서는 이러한 隔差나 異質性을 없애야 하나 統一完成時까지 大韓民國으로서는 相對的優位를 確保해 나갈 것이 緊要하다。또한 統一의 基本思想이 民族主義이어야 함은 勿論이다。

셋째, 北韓軍事力에 關한 正確한 評價와 南北韓經濟力에 關한 正確한 比較가 必要한데 北傀가 全面的挑發을 진경 試圖할 것인가에 관해서는 國內學者들이 大體로 그럴 것이라고 본데 反해 外國學者들은 그렇지 않다고 보았다。그밖에 外國學者들로부터는 現時點에 韓國사람들은 정말로 統一을 願하고 있는가, 統一을 目的으로 보는가 手段으로 보는가, 정말로 統一을 願하고 있다면 어떠한 代價를 支拂할 用意를 갖추고 있는가 하는 質問도 나왔고 統一의 利害得失에 관한 綿密한 計算이 必要하며 感傷的指趨主義를 警戒해야 한다는데 意見을 모았다。

第三日과 第四日의 會議에서는「韓國統一方案檢討①②」라는 議題아래 分科委員會別로「北傀統一方案」「中立化統一方案」「聯邦制統一方案」「UN을 通한 統一方案」「南北協商案」「漸進的統一方案」등 통일방안의 諸類型을 檢討함과 아울러 全體會議에서「國家統一戰略으로서의 金日成個人崇拜」「國際的中立化——라오스의 實證과 그 含蓄」「聯邦制와 韓國統一」「體制統合으로서의 韓國統一」「韓國平和統一에 관한 몇가지 問題」「유엔과 韓國統一의 디렘마」「韓國·유엔 및 國際體制」라는 諸論文을 中心으로 討論을 展開하였다。

討論過程에서는 다음 論點이 指摘되었다。

첫째 現在까지 論議된 統一方案以外에 새로운 類型이 나올수 없다。

둘째 北傀側의 統一方案에 있어 核心的 問題가 되는것은 北傀가 果然 武力統一論, 革命統一論을 放棄할것인가 하는 것이다。그리고 中共이 UN에 加入될 境遇 그것이 統韓問題에 어떠한 影響을 미칠 것인가에 관해서도 研究해 두어야 한다。

셋째 韓國問題를 유엔테두리밖에서 論議하려 할 경우는 없겠는가를 檢討하고 對備策을 講究해 두어야 할것이다。一部 外國人學者는 理論的立場에서 中立化統一案과 聯邦制統一案을 다른 分斷國家의 경우와 比較하면서 擧論한바 있었으나 韓國人學者와 그밖의 外國人學者들은 各己의 경우의 特殊性을 理由로 그 實現不可能性 또는 非妥當性을 指摘하였다。

最終日인 第五日째 會議에서는「韓國統一의 展望」이라는 議題아래 그동안의 討議內容을 總括的으로 統整하고 北傀武力戰挑發의 경우 豫想되는 統一의 展望, 平和的方法에 依한 統一의 展望, 韓國統一을 위해 期待할 수 있는 關係列強의 協調展望等을 主로 外國人學者들의 發言을 通해 살펴 보았다。

여기에 있어서는「부제진스키」教授의「四段階統一接近論」(Theory of Four-Stage Gradual Approach to Reassociation)이 特히 注目을 끌었는데 그는 첫段階가 直接對決의 段階(韓國戰爭·緊張高潮)이고 第2段階가 衝突과 競爭이 混合되어 있는 段階(韓國은 8·15宣言後 이段階에 들어섰다고 풀이하였다)이고 第3段階가 制限된 協調 또는 協商의 段階(獨逸이 이段階에 들어섰다고 풀이하였다)이고 마지막 第4段階가 統合 및 統一의 段階라고 하였다。또한 다른 外國人學者는 緊張緩和를 위해 雙方에서 措置를 取하고 南北間에 對話의 길을 열것까지 提議하였으나 이는 北傀現在의 挑發行爲에 비추어 非現實的이라는 一部 國內學者들의 反論을 받았다。

以上의 會議經過를 總括해 볼때 이번 會議에서는 從來의「타부」에서 벗어나 韓國統一 課業과 關聯해서 다루어야할 거의 모든 問題點을 包括的·多角的으로 깊히 파헤쳤다고 할수 있으며 비록 制限된 時間內에 어떤 劃一的結論에 到達하고 具體的政策建議를 導出하는데 까지는 가지 못하였다 할지라도 그러대로 會議의 全體的雰圍氣로서 어떤 意見의 一致를 보고 앞으로 韓國統一에 關한 政策科學的 研究의 基本테두리를 設定할수 있었던 것은 큰 成果였다。또한 이번 國際學術會議를 通해 東西學者가 그들의 平素의 蘊蓄을 기우려 韓國統一問題에 관한 淸新하고 多樣性있는 見解와 着想을 開陳·交換함으로써 相互肥沃의 惠澤을 나눈것도 貴重한 일이었다。그리고 이번 會議에서는 上述한 諸問題에 관하여 理論的 및 實際的立場에서 여러 假定을 세워 客觀的狀況과 主觀的意慾, 安保要請과 統一課題, 關係諸國利害와의 符合與否, 受諾可能性 또는 實現可能性與否, 短期的 展望과 長期的展望이라는 여러 相關關係속에서 討論·評價하여 어떤 最大公約數를 찾아 내수 있었다。그밖에 같은 分斷國家인 獨逸·中國·越南·라오스等의 경우도 比較類推하여 그 特殊性과 異同을 살피는 가운데 어떤 有益한 教訓이나 解決類型에의 示唆를 찾으려 努力해 본것도 統一問題研究의 次元과 質을 높혔다는 點에서 價値있는 일이었다。

이같이 統一論議의 理論的테두리와 指針이 서고 範圍와 性格이 規定되기는 하였으나 統韓을 위한 奧妙한 解決策은 今後로 繼續될 研究를 通해 結晶化되어 나갈 것으로 期待되었다。이를위해 國內外知識人들은 統韓問題研究에 더욱 精進하여 모든 研究成果를 統韓政策 또는 統一科學(Science of unification)으로 昇華시키고 一般國民은 綜合的 國力을 加一層 培養하여 平和統一에 對한 萬般態勢를 整備强化해 나갈것이 要請된다는 點이 더욱 두렷이 認識됨에 이르렀다。

二、「分斷國家의 諸問題」에 관한 國際學術 심포지움

——嶺南大統一問題研究所主催

平和統一構想에 關한 朴大統領의 8·15宣言과 高大亞研主催의「韓國統一問題國際學術會議」를 轉機로 國民間의 統一論議는 새로운 次元에서 活氣를 띠워나갔다。그러나 北傀側은 8月22日附「노동신문」社說, 北傀外務省의 UN總會에 提出한 9月16日附覺書, 11月5日에 始作된 北傀勞動黨第五次黨大會에서의 金日成報告等의 內容이 가리켜 주고 있는 바와 같이 朴大統領의 8·15宣言을 全的으로 拒否하였을 뿐만 아니라 如前히 이른바「大韓民國現政府를 顚覆하여 人民政府를 樹立」하며「南朝鮮革命」을 完遂할 것을 主張하는 强硬한 否定的反應을 보였다。그리하여 大韓民國안에서 한참 高潮된 平和統一論議는 어 嚴酷한 現實앞에 주춤해지고, ㄱ 代身 和戰兩略을 倂한 보다 彈力性있고 機動性있는 對應策을 摸索하게 되었다。

이러한 背景아래 嶺南大學校統一問題研究所는 69年11月에 가졌던「韓國統一問題에 關한 學術심포지움」에 이어 第二次로「分斷國家의 諸問題에 관한 學術심포지움」을 70年11月5日부터 7日까지 大邱壽城觀光호텔會議室에서 開催하였다。大韓民國·獨逸聯邦共和國·美合衆國 및 日本의 5個國으로 부터 23名의 學者 및 專門家들이 參集한 가운데 開催된 同「심포지움」은 韓國을 비롯하여 獨逸·中國 및 越南과 같은 分斷國家들의 共通點과 差異點을 比較研究하는데 主目的을 두고 統一의 物質的基礎인 經濟問題와 精神的基礎인 教育·文化問題에 關해 集中的으로 論議하였다。이「심포지움」에 參加한 外國人學者는 西獨의 有名한 地政學者이며 現在「뮌헨」大學校教授로 있는「구스타프·포홀러·하우케」博士, 前立教大學總長이며 現在 日本參議院議員으로 있는 松下正壽博士, 中國文化學院大學副學長인 應師教博士, 美國史學者인「해럴드·F·쿡크」博士의 4名이며 韓國人學者가운데는 金俊燁教授(高大) 愼道晟博士(嶺南大統一問題研究所長) 李元權教授(中國文化學院大學) 李昌烈教授(高大) 李箕永教授(嶺南大) 梁好民先生(朝鮮日報論說委員)등이 包含되어 있었고 우리建大에서는 文熙奭前總長과 本人이 參加하였다。

第1日 開會式에서는 愼道晟所長의 開會人事에 이어 李瑄根嶺南大總長이 그의 開會辭가운데서 이번 學術심포지움을 開催하게 된 것은「이미 分斷當한 國家로서의 苦惱과 痛症을 겪고 共産主義病菌에 대하여 免疫性을 保有한 友邦國家의 碩學들을 모아 우선 昨今의 世界에 蔓延되는 이른바 自由民主精神의 分裂症狀과 狂亂症狀을 檢討·打診해 보고 可能하면 새로운 處方箋이라도 作成해 보자는 微誠에서」임을 밝혔다。그다음으로 金永善統一院長官이 約1時間에 걸친 演說에서 現下의 國際情勢, 分斷의 背景, 北傀의 共産化統一劃策, 大韓民國의 平和的統一構想을 體系的으로 開陳한 다음 우리의 當面課業은「모든 分野에서 우리의 國力을 强化하고 韓國의 平和的·民主的統一을 위해 보다 有利한 國際環境을 造成하며 北傀로 하여금 우리의 平和統一構想을 受諾하고 善意의 競爭에 應해 오도록 誘導하는 일」이라고 强調하였다。

이어金俊燁高大亞細亞問題研究所所長이 지난 8月의「韓國統一問題國際學術會議에 관한 綜合評價」를 하였는데 이에서 金教授는 同會議에서 提起된 諸問題點과 論議內容을 要約評價하고 앞으로 統一論議의 指針이 될 理論體系를 確立하고 國論統一의 基礎가 될 統一政策을 提示하기 위하여 同學術會議의 成果를 더욱 發展시켜「統一科學」(Science of Unification)으로 昇華시켜야 한다고 强調하였다。

主題論文發表에 들어가 西獨의「하우케」博士는「現代世界의 政治的 및 知的諸問題의 變遷과 그것이 分斷國家에 미치는 影響」이라는 論文가운데서「오늘날·權力政治로 因해 世界平和機構가 제대로 機能하지 못하고 있으며 그러는 또 한편에 있어 平和共存과 緊張緩和가 共産主義者들에 依해 그들의 世界赤化政策에 利用當하고 있는 만큼 一部 自由世界에서 論議되고 있는「收斂理論」(Convergence Theory)「接近에 依한 變革」(Change by Approximation)「體制統合」(System Integration) 또는「國家聯合」(Confederation)등의 統合에 內在하는 危險性은 警戒하여야 한다」고 指摘하였다。이어 自由中國의 應博士는「分斷中國의 傳統과 近代化」라는 論文가운데서「人間性의 普遍性가운데 確立된 中國의 傳統과 總體性을 特徵으로 하는 中國文化의 眞正한 繼承者는 孫文과 그의 弟子인 蔣介石總統인 것이며 毛澤東이 내세우는 共産主義는 中國의 文化土壤에 適應되지 않는 것이니 自由中國은 그의 올바른 文化·傳統을 내세워 中國의 近代化·統一 및 亞細亞의 르네상스에 이바지해야 한다」고 主張하였다。

第2日인 六日의 會議에서 松下正壽博士는「分斷國家의 諸問題」라는 論文을 發表한 가운데서 現存하는 四個分斷國家의 特殊性을 簡潔히 比較하고 나서 韓國의 境遇 統一을 위한 最善의 手段은 政治的으로 軍事的으로 經濟的으로 大韓民國을 强化시켜 北韓으로 하여금 大韓民國을 侵略할 機會가 없음을 깨닫게 하고 北韓의 變化를 기다리는 것이라고 하였다。이어 李昌烈教授는 韓半島의 分斷과 統一……經濟發展의 座標위에서」라는 論文에서 南北韓經濟力을 比較하고 大韓民國이 經濟的으로 優越된 位置에 서서 部分的南北經濟交流를 試圖해 봄만하다고 示唆하였다。그다음으로 梁好民先生은「朝鮮勞動黨의 所謂自主的平和統一論」이라는 論文가운데서 北傀의 統一戰略의 二面性을 파헤치고 그의 僞裝된 平和統一論을 暴露하면서 和戰兩略에 適應하는 堅實한 統一態勢를 强化해 나갈 것을 力說하였다。끝으로 愼道晟博士는「中蘇論爭이 韓國統一에 미치는 影響」이라는 論文가운데서 中蘇論爭에서의 北傀의 動向을 歷史的으로 살피고 나서 北傀가 中共과 密着하여 그들의 武力共産化統一戰略을 推進하고 있는 오늘날 大韓民國으로서는 卓越한 領導力아래 政治的安定을 이룩하고 諸般國力을 強化하는가운데 民主平和統一을 達成할수 있는 萬端의 準備를 갖추어 나가야 한다고 强調하였다。

以上의 論文과 質疑應答內容을 土台로 第3日인 7日에는 韓國統一問題에 關한 自由討論을 思想的側面·經濟的側面·社會文化的側面等에 걸쳐 展開하였다。여기에 있어서는 때마침 開催中인 北傀勞動黨 第5次黨大會에 나타난 統戰路線이 論議가 指摘되어 北傀가 武力革命路線을 固守하는 限 大韓民國으로서는 平和統一이라는 長期目標를 위해 前進的姿勢를 繼續 取해나가면서도 當面한 現實問題로는 國家的 安保와 國土統一이라는 두個의 要請을 다같이 充足시키는 方向으로 國民의 精神姿勢와 思想動向을 옳게 引導하고 經濟發展과 社會的淨化 및 文化向上을 促進해 나가기에 最善을 다해야 한다는데 意見을 모았다。

古宮の春

韓日文化交流세미나参加記

金容漢 〈法經大教授〉

나의 滯日은 만 1개월에 걸친 짧은 期間에 불과하였으나 그것은 퍽 印象的이고 有益한 日程이었다。여기서는 紙面의 關係로, 나의 滯日日記중 日本法務省民事局에서의 韓·日國籍에 관한 意見交換과 大阪家庭裁判所에서의 講演內容만을 추려서 소개하기로 하고 그 밖에는 다른 機會에 미루기로 한다。

＊ ＊

法務省에서는 주로 韓國人의 日本 國籍取得 즉 歸化에 관하여 意見交換이 있었다。當局者의 말에 의하면 日本에 있어서의 外國人의 歸化는 件數로 보아 韓國人이 단연 首位이고 다음이 中國人·美國人·카나다人의 차례라 한다。그러나 韓國을 제외한 다른 國家의 경우는 順位로 보아 그렇다는 것이지, 件數로 보아서는 보잘 것 없는 것이다。韓國人의 日本歸化件數는 1965年 韓日協定이 체결된 이래 年平均 실로 3000件을 上廻하고 있는 실정이기 때문에, 日本의 國籍事務도 韓國人의 歸化問題가 壓倒的인 비중을 차지하고 있을 것은 능히 추측이 가는 바이다。이러한 國籍問題에 관해서는 우선 日本의 國籍法이 적용될 것은 당연하다。그런데 國籍이란 個人을 特定國家에 종속시키는 法律的인 紐帶인 만큼 國籍의 得失에 관한 事項은 國家的立場에서 극히 중요한 것으로 그 內容도 各國의 사정에 따라서 동일할 수도 없고 따라서 國籍得失에 관한 超國家的·普遍的인 原則이 존재할 수도 없다。그러기 때문에 경우에 따라서는 二重國籍(國籍의 積極的衝突)이라든가 無國籍(國籍의 消極的衝突) 따위와 같은 畸形狀態가 흔히 발생할 수 있는 것이다。여기서 2個國간 또는 數個國간의 條約에 의하여 國籍衝突에 대한 措置를 강구하게 되며, 1930年의「國籍法의 衝突에 관한 或種의 問題에 관한 條約」은 그 전형적인 例가 된다。韓日간에 있어서는 이러한 종류의 條約은 아직 존재하지 않는다。따라서 나의 關心은 日本側의 實務上 日本國籍法을 적용하는데 있어서 韓國國籍法을 어떻게 받아들이고 있는가에 있었다。

우리나라 國籍法 제12조는 國籍喪失原因의 하나로서 그 제4호에서「自進하여 外國의 國籍을 취득한 者」를 규정하고, 國籍法施行令 제3조에 의하면 國籍을 상실한 者는 國籍離脫申告書에 國籍喪失事由를 證明하는 書類를 첨부하여 法務部長官에게 申告하여야 하며, 同令 제5조에 의하면 法務部長官이 國籍喪失申告를 受理한 때에는 지체없이 官報에 告示하고 本人에게 國籍離脫許可通知書를 교부하여야 하는 것으로 되어 있다。그런데 國籍法 제11조 2항의 歸化에 관해서는 官報에 의한 告示로써 歸化의 效力이 발생하는 것으로 明示하고 있는데도 불구하고 國籍離脫의 效力發生에 관해서는 아무런 규정도 없다。그러나 官報告示의 意義나 法律關係의 劃一的處理를 위해서도 國籍離脫은 歸化의 경우와 같이 官報에 의한 告示로서 그 效力이 발생하는 것으로 보아야 할 것이다。또 실제로 韓國人이 外國國籍을 취득하였는가의 여부는 國際的인 行政連絡이 있거나 또는 本人이 자진하여 國籍離脫을 申告하지 않는 한에 있어서는 韓國政府로서 그것을 안다는 것은 거의 불가능한 일이다。한편 日本國籍法 제12조는 日本國籍喪失의 경우에 관해서도 歸化의 경우와 마찬가지로 그 效力發生時期를 明文으로 규정하고 있다。이상과 같은 여러가지 사정을 고려한다면 日本側의 實務取扱으로서는 당연히 韓國國籍法상의 關係規定을 조사 참작함으로써—사실은 우리나라 國籍法은 정확하게 번역 되어 있어서 누구나 잘 알 수 있게 되어 있다— 韓日兩國간의 二重國籍 또는 無國籍이 발생하지 않도록 하여야 할 것이며, 또 그렇게 하는 것은 결코 불가능한 일이 아닌 것으로 생각되었다。

그런데도 불구하고 法務省當局의 말에 의하면 日本國籍法에 의하여 日本國籍을 취득한 이상 그 節次상의 문제와는 관계없이 그것은 韓國國籍法 제12조 4호가 규정하는「自進하여 外國의 國籍을 취득한 者」로서 韓國國籍을 당연히 상실하는 것으로 취급한다는 것이다。뿐만 아니라 兩國간에 있어서 行政的事後連絡노 전혀 행해지지 않고 있다는 것이다。그렇다면 그 결과는 韓日간의 2重國籍을 초래하게 될 것이 명백하다。물론 兩國간의 國籍立法의 不調和로 말미암아 이러한 2重國籍의 현상이 節次上 一時的으로 불가피하다는 점에 관해서는 충분히 이해가 가는 바이지만, 현재의 상태로서는 本人의 韓國政府에 대한 國籍喪失申告가 없는 한, 영원히 그러한 2重國籍은 解消되지 않을 수 있다는 가능이 있게 된다。나는 이러한 점을 설명하고 韓·日兩國간에 國籍에 관한 協定이 있어야 할 것이고, 그렇지 않다면 적어도 韓國國籍法상의 關係規定을 고려한 行政處理가 필요할 것이라는 뜻을 표명한 바 있다。追記할 것은, 當局者의 말에 의하면 이러한 종류의 國際條約이 美·日간에 있어서는 이미 성립되어 있다고 하였지만, 그러나 後日 그 條約의 내용을 구체적으로 알고저 어느 著名教授에게 물어 보았더니 그는 그러한 條約은 아직 없다고 잘라 말하는 것이었다。

＊ ＊

大阪家庭裁判所에서는 우리나라 民法 특히 親族相續法의 特色을 줄거리로 하는 講演을 행하였으며, 뒤이어 判事·調停委員 기타 法院職員들로 부터 여러가지 質問을 받았다。나의 講演要旨는 대체로 다음과 같았다。

「우리 民法은 그 편찬·심의에 있어서 독일 民法·스위스 民法·同債務法·불란서 民法 등을 주된 줄거리로 하여 日本民法·中國民法·英·美慣習法을 참조한 20世紀後半期에 있어서의 時代的要求를 반영한 것이다。그리하여 그 實質內容에 있어서는 日本民法이 불란서 民法을 基調로 하여 독일民法으로써 修飾한데 비한다면 현저하게 독일 民法을 추종하고 있는 것이다。예컨대 物權變動에 관하여 불란서 民法上의 이른바 意思主義를 버리고 독일民法上의 이른바 形式主義를 채용하였다。즉 意思主義에 의하면 當事者의 意思表示가 있은 후 登記가 있을 때까지는 物權變動의 效力은 當事者 간에서만 생기기 때문에, 마치 物權이 當事者간에 있어서는 讓受人에게, 그리고 第三者와의 관계에 있어서는 讓渡人에게 있는 것과 같은 현상이 일어나고 法律專門家만이 이해할 수 있는 극히 복잡한 法律關係가 생긴다。이러한 종래의 短點을 고려하여 法律關係의 一元化와 明確化, 그리고 去來一般의 安全을 보호하기 위하여 形式主義를 채용한 것이다。뿐만 아니라 우리나라 社會에서 특유하게 발달된 제도를 立法化한 것도 있다。物權으로서의 傳貰權制度의 확립이 그 예에 속한다。이것은 종래 債權으로 취급되어 왔던 傳貰權을 物權으로 함으로써 그 效力을 強化한 것인데, 그것은 利用權의 強化라는 社會經濟的인 要請에 따른 것이다。그 밖에도 그동안의 民法學研究의 成果로서 밝혀진 舊民法의 결함을 비교적 충실하게 改正한 점이 많다。

이상은 財産法을 주로 하여 본 것이고 身分法에 옮겨간다면 여기서는 종래의 慣習法을 改革하여 개인의 尊嚴性을 확인하고 그 自由를 확립하기 위한 많은 제도가 새로이 마련 되었음을 찾아 볼 수 있을 것이다。즉 戶主權의 弱化, 任意分家·強制分家·法定分家의 인정, 入籍問題의 合理化, 養子制度의 近代化, 共同相續主義의 채택 등이 그것이다。그러나 나는 時間關係上 그것들을 일일이 설명할 여유가 없기 때문에 다음에 몇가지의 특히 주목할 만한 제도만을 紹介하기로 한다。우선 事實上 婚姻關係存否確認請求制度를 확립하였다는 점이다。이것은 1963年에 制定된 家事審判法에서 그 제2조 1항의 丙類事項 즉 調停先行事項 중의 하나로서 규정되었는데 이것은 종래 學說·判例上 事實婚을 보호하고자 한 취지를 制度化한 것으로 보아야 한다。즉 日本의 경우와 같이 婚姻成立에 있어서 申告主義를 채용하고 있는 韓國에 있어서도 事實婚關係에 있는 者에 대한 法的保護가 문제되고 있다。물론 判例理論으로서도 이러한 문제를 度外視하는 것은 아니지만 그 實效를 거두기 위해서는 制度的인 보장이 요청되지 않을 수 없다。이러한 의미에서 未申告婚姻關係에 있는 者에게 婚姻意思가 확인되고 또한 그밖에 法律이 정하는 婚姻成立을 위한 實質的要件이 구비되어 있으면 法院이 婚姻의 성립을 宣言함으로써 종래의 事實婚을 法律婚으로 끌어 올리고자 하는 취지에서 마련된 것이 곧 이 제도이다。이 제도는 현재 韓國社會에 있어서 申告婚主義의 短點을 補救하는데 적지 않은 기능을 하고 있다。다음에 協議離婚申告에 관하여 戶籍公務員에게 實質的審査權을 부여한 점이다。이것은 1963年의 戶籍法의 제2차 改正의 결과 신설 되었는데 그 제79조의 2에 의하면 戶籍公務員은 協議離婚申告를 受理할 때 그 書面의 眞正成立여부를 확인하지 않으면 안된다는 것이다。돌이켜 보면 과거에 있어서는 戶籍公務員에게 形式的審査權밖에는 인정하지 않았기 때문에 離婚申告書의 僞作成이 흔히 있었고 이로 말미암아 특히 많은 女性들에게 不意의 悲劇을 안겨 주는 事例가 많았었다。統計에 의하면 詐欺 및 强迫에 의한 離婚取消請求事件의 數가 현저하게 減少된 현상이 나타나고 있다。끝으로 同姓不婚禁止에 관하여 一言하고자 한다。韓國民法 제809는 종래의 이른바 同姓不婚의 원칙을 成文化한 것이다。그러나 현재 學界·實務界에서는 물론 一般社會에서도 이러한 규정은 科學的 根據가 없을 뿐만 아니라 오늘날 韓國社會의 觀念에 비추어 道義的 根據도 없는 것이며 오히려 婚姻의 自由를 구속하는 것에 지나지 않는 것으로 批難받고 있다。따라서 제809조에 관해서는 불원 지 않아 改正措置가 있을 것으로 기대하고 있는 바이다。」

이상과 같은 내용의 나의 講演은 時間餘에 걸쳤다。그 후 民法과 戶籍法에 관련하여 많은 質問을 받았다。그 그것들은 대체로 實務的이고도 涉外的인 것이었다。그 가운데 몇가지 중요한 것을 들면,「韓國民法施行日前에 성립된 婚姻이 重婚인 경우에는 舊法에 의하여 無效이냐 또는 現行法에 의하여 取消할 수 있는 婚姻에 지나지 않느냐。특히 韓國民法附則 제18조는 同 제2조 但書와 관련하여 어떻게 이해되어야 할 것인가。韓國國籍法 제12조 7호는 外國人으로서 韓國國籍을 취득한 者가 6個月이 경과하여도 그 外國國籍을 상실하지 않을 때에는 韓國國籍을 상실하는 것으로 규정하고 있는데, 이 경우에 親權者의 문제는 어떻게 解決되어야 하는가。日本法院에서 내려진 判決은 韓國法院에서 어떻게 다루어지는가。」등이었다。이에 대한 나의 答辯은 첫째 점에 관해서는 附則 제18조에 의하여 取消原因이 된다는 것, 둘째 점에 관해서는 國籍法上의 留保規定에 대한 民法上의 特則은 없기 때문에 6個月 동안은 韓國人으로서 民法 제909조 이하의 적용을 받게 된다는 것, 셋째 점에 관해서는 外國判決의 效力에 관해서는 民事訴訟法 제203조의 규정이 있다는 것을 중심으로 하여 설명하였다。

朴正熙大統領の指導理念と、烈々たる愛国心！

朴正熙選集 全3巻

申 範植＝編集

全3巻セット価 ¥2,500

第1巻では大統領の指導理念と韓国の苦難の歴史を物語り第2巻では大統領の熱烈な愛国心と祖国統一に対する熱情を伝えている。第3巻では韓国の近代化と、明日に向かって前進する国民の先頭に立つ大統領の、自信と希望に満ちた演説を聴くことができる。 (全3巻同時発売中！)

①韓民族の進むべき道 A5判・260頁 ¥780

Ⅰ人間改造の民族的課題
Ⅱわが民族の過去を反省する
Ⅲ韓民族の受難の歴史
Ⅳ第二共和国の「カオス」
Ⅴ後進民主々義と韓国革命の性格と課題
Ⅵ社会再建(国家)の理念と哲学

②国家・民族・私 A5判・280頁 ¥820

Ⅰ革命はなぜ必要であったか？
Ⅱ革命2年間の報告
Ⅲ革命の中間決算
Ⅳ世界史に浮き彫りされた革命の各態様
Ⅴライン河の奇蹟と不死鳥のドイツ民族
Ⅵわれわれと米・日関係
Ⅶ祖国は統一されるだろうか
Ⅷわれわれは何をいかにすべきか

③主要演説集 A5判・380頁 ¥900

Ⅰ協同の大洋に結集しよう(外交)
一つの亜細亜・ほか
Ⅱ前進する歴史の潮流の中で(社会・文化)
勝利は未来に生きる側にある・ほか
Ⅲ炬火は燃えている(産業・復興・経済)
人間の近代化、生活の近代化・ほか
Ⅳ自分の国は自分の力で(反共・愛国・国防)
自主国防の泥泉地・ほか
Ⅴ着実な前進(政治)
新しい共和国の朝は明けた・ほか

祖国繁栄の構想にふける著者

鹿島研究所出版会・発行
107 東京都港区赤坂6-5-13 電話582-2251

在日本大韓民国居留民団
綱　領
一、우리는 大韓民国의 国是를 遵守한다
一、우리는 在留同胞의 権益擁護를 期한다
一、우리는 在留同胞의 民生安定을 期한다
一、우리는 在留同胞의 文化向上을 期한다
一、우리는 世界平和와 国際親善을 期한다

THE PRESS MINDAN TOKYO
THE KOREAN RESIDENTS UNION, IN JAPAN, TOKYO OFFICE
「韓僑通信」改題
在日本大韓民国居留民団
東京本部発行日本語版週刊紙（購読料1カ月100円・特別1000円）
（1965年7月27日第3種郵便物認可）

民団東京
THE PRESS MINDAN TOKYO

4月21日
＜1971＞
週刊・毎水曜日発行
第2446号

発行所
民団東京新聞社
発行人 鄭 在 俊
東京都文京区本郷3丁目32番7号
電話（811）1535（代表）
〒133 振替口座 東京 16631番

騒然たる国情のうちに
4・27大統領選挙を迎える

金候補

朴候補

厳正な投、開票を訴う
全国民もれなく主権行使を

十九日、「四・一九学生革命」の第十一回記念日を迎えたがそれをきっかけにここ二日ほど静かだった学生デモがまた起った。

この日のデモの中心になったのはソウルの私立高麗と延世大。高麗大では約二千人が四・一九記念式で「一方的に強要される軍事教練、学園査察などに直面して、大学の自由のために戦う」と宣言、学外へデモに出た。延世大でも約二千人が記念式で「国民の先頭に立ち不義への戦いを続ける」と決議、やはりデモをした。これに反しデモ封じのため休講措置を続けている国立ソウル大では、機動隊が各学部の門を警備、記念式もできなかった。

一方動きが注目されていた言論、宗教、法曹界などの代表的知識人百余人は十九日、ソウルで「民主守護国民協議会」を結成、「言論、出版、集会、示威、結社など国民の基本的権利は憲法の条文に残っているだけで、情報政治や金力で機能は事実上停止し、われわれの民主主義は史上最悪の状態にある。今度の大統領、国会議員選挙に当って全国民がもれなく主権を行使し、投、開票が厳正に進められるよう監視し、選挙不正をそれぞれの持場で告発するよう訴える」との宣言文を発表した。

なおソウル市郊外、水踰里にある四・一九墓地では、十一年前のデモのさい殺された小学生から大学生まで百八十五人の墓に花が供えられ、遺族が故人の好物などを持って集っていた。

「制圧と抵抗」続く
学生デモ

……ばもうという野党の作戦が結びつき、投票日直前に大衆運動でも起ると、予想外の事態に発展することもありうるからだ。

たまたま数日に迫った十九日は一九六〇年に学生が李承晩政権を倒した学生革命記念日。政府側も学生側もそれを一つのメドにいま制圧と抵抗のせり合いをしている。

終盤戦で〝公約論争〟
共和「予備軍廃止は亡国論」
新民「北韓の主張とは違う」

朴大統領の車に投石
学生60人連行

各社で言論弾圧反対運動も
青年層の動き注目

本国新聞論調

恥を知れ！金日成集団
まやかしの統一会談提議

平壌放送が十二日、伝えたところによると、同日開かれた北韓の最高人民会議第四期第五回会議で許淡外相は「現在の国際情勢と祖国の自主的統一について」報告を行ない「朴正熙政府の打倒」を前提として、南北代表が板門店または第三国で統一問題の会議を開くことを提案、南北経済交流を実施し、過渡的措置としての連邦制、経済、文化、スポーツなどの交流を呼びかけた。しかし、統一方案の条件としては従来どおり〝米侵略軍の完全撤退〟や〝韓米相互防衛条約や韓日条約など南朝鮮かいらい政権が民族の利益に反して外国と締結したすべての売国的条約と協定を破棄し、無効を宣布すること〟などを条件にあげているし、内容はこれまで北韓が宣伝用にうたってきたものと変わりないので、韓国では四月二十七日の大統領選挙をめぐり、北韓が政府、与党にゆさぶりをかけたものとみている。以下は韓国日報の社説である。

北韓の〝暴力革命輸出〟試図はメキシコ事件で全世界に知れ渡るという醜態を演じたが、こんどはまた、セイロンでこれが糾弾された。

セイロン政府は十五日、コロンボ駐在の北韓大使館の閉鎖を命じたがこれは異例のこととして注目を浴びた。閉鎖の理由は、北韓大使館員がセイロンのバンダラナイケ政府転覆計画に加担していたためだと、セイロン政府は明らかにした。

なお、北韓は現在〝三段階波動〟暴力戦術で南（韓国）に軍事クーデターを起こそうと計画しているということが、このほど、自首、帰順した北韓のスパイ高栄浩の自供によって暴露された。

従来の〝宣伝〟文句どおりの要求

こうした陰謀や策動で南韓はいうまでもなく、ラテン・アメリカ地域やアジア諸国にまでキタナイ手を使っている金日成集団がさる十二日、〝南北会談〟をまたもや提議してきた。すなわち北韓の外相の許淡は平壌で開かれた最高人民会議第四期第五回会議で〝外交政策の報告〟を行なった中で高姿勢の一方的な要求（従来と変わらぬ陳腐な八項目）をならべた上、その提議を協議するための南北会談を板門店、あるいは第三国で開くことを各政党と社会団体代表たちに提案すると述べ……

六・二五南侵前夜にも〝平和統一〟案

北韓の暴力革命路線固執により

（韓国日報4月15日付）

期間延長、議題にもせず
永住権、韓日実務者会談おわる

申請者の許可促進を要望

中央3機関長初の記者会見

さる6日午後6時、中央3機関長は、大会後初の記者会見を行い、中央の人事を発表した。写真＝右から李禧成監察委員長・李禧元団長・張聡明議長（中央本部で）

28日東本地方委員会

副団長に辛容祥氏
中央人事また変る

崔外務、北韓の提議を拒否

ASPACにも言及

北韓の統一提議に表明
米国務省

公　告

本団第九回地方委員会をつぎのとおり召集する。

記

日時　一九七一年四月二十八日午前十時
場所　東京商銀信用組合荒川支店会議室

大韓民国居留民団東京本部
議長　関　泳　相

太陽商事株式会社
社長　李　鎮　浩
東京都台東区浅草三ー三七ー六
電話（八七四）二四八九・四七五九

母国の学校へオルガンを

在日同胞の皆様！　祖国の母校の為になる事をしたくありませんか。国民学校では現在オルガンが一番必要です。オルガンを母校に寄贈したい方は下記の要領で寄贈して下さい。

代金を下記送金先の会社名に銀行送金又は郵便振替口座に御送金下さい。韓国ですぐ貴下御指定先母校にお届け致します。

定価と品種
アリアオルガン　61鍵　2列簧　1台¥45,000
49鍵　2列簧　1台¥40,000
49鍵　1列簧　1台¥35,000
韓国KS指定オルガン製造工場

送金先
東洋楽器工業社
（株）伊藤真楽器工芸社

李壽億　油画　個展
会期●1971 4月21日(水)〜26日(月)
会場●駐日 大韓民國公報館
千代田区永田町2-13-8 ニュージャパンホテル

大統領選挙の争点をめぐって

与野党は、先月二十七日から現在まで、全国の各地方遊説を通じ、指導者像、軍と政治の関係、長期執権、改憲問題、経済開発、安保問題、不正腐敗、地域感情問題などをめぐり、鋭い攻防戦をくりひろげている。与党の朴正熙現大統領は四月十日から道庁所在地に限って遊説を行うが、対立候補の新民党の金大中候補は、慶北地方から江原道東海岸地方を北方、中部地方まで、一日三個所の遊説計画を旺盛に消化している。一方、与党の共和党は企画宣伝部長を中心に、白南檍議長、李孝祥国会議長が、それぞれ担当地域の遊説……らわれず、静かに見守って……批判を具体的に指摘し、花火……党の見解を当事者の"語録"……

ヅラリと並んだ大統領候補たちの顔

大統領選挙ポスターに見入る街のひとびと

指導者像

安保問題

長期執権

不正腐敗

……よい政治をしたとしても……人の人の長期間の執権を……新民党の執権を好まない……二様氏の誰でも、後継者……は、大統領官邸"青瓦台"……、そこに入った人は、長い……た。（金副総裁）……者を出せば済むといって……和党の中には大統領候補……。今、獄中の人はいる……執権したというけれど、……成段階にある。朴大統領……で候補を受諾した。（金……対し、嫌悪感をいだきな……を貫く勇気をさえずて、……力に屈服するなら、主人……道に郡人の悪名を背負わ……山新民党党首）……替えてみたくなる。しか……れたら十四年間執権して……らせてみよう（李方変共……

一億、二億ウオン相当の住宅に住み、数百億ウオンを投資、土地を買っている人を、処罰できないのはなぜだろうか。現在、この国に中断なく前進するものがあるとすれば、不正腐敗であろう（金大中候補）

△不正腐敗は一人の努力で解消できるものではない。不正腐敗をなくすことは、全国民が健全な生活態度を集大成することによって可能である（金鍾泌副総裁）

△不正腐敗を叫び、わめくのも結構だが、不正腐敗を糾弾できる資格のある人がそういうべきである。不正腐敗の中でも、自分が加ったことは目をつむり、人のやったことだけをののしり、こっそり自分の財産を海外に持出した人がいる。このような人間こそ、不正腐敗の張本人であり、厳しい処罰を受けなければならない（白共和党議長）

……て、全国民を騒ぐあし……正腐敗を犯し、ぜいたく……。五・一六革命当時、バ……をしていた人が、今日は……億も二億ウオンもする家……のような人たちの現在の……であるが、この金をくわ……たなければ一億ウオンに……現政権の下で百年も官僚……いないと思う。朴大統領……って、九か月にもみたな……り、五百ウオン程度のも……しかし十年たった現在、……

地域感情

△全羅道にきてみたら、全羅道出身候補者に投票しようという何人かに出会った。この国の運命を委ねる大統領を選出するのに、地縁や血縁で選出するというのは話にもならない（金鍾泌副総裁）

△湖南プデショプという言葉があるが、六七、六八年のひどい干ばつの際、湖南地方の人はどういう風に暮らしたか反省せよ（李炳玉共和党議員）

△大邱でも、あるタクシーの運転手が、慶尚道の人は皆、朴大統領に投票するといっていた（李万変共和党副総務）

▽他の地方の人は、慶尚道の人々はよい暮らしをしていると思っているが、慶尚道にきてみたら、ここの人の暮らしも皆同じだった。地域感情をこれ以上刺激すると、この国は亡びる。（金大中新民党大統領候補）

△国が亡びようとしているのに、慶尚道政権が……どこにあり、全羅道政権がどこにあるというのだろうか。国が亡びても、慶尚道は亡びないと思っているのか（柳珍山新民党党首）

△現政権は地域社会を分裂におとし入れ、地域発展の不均衡をもたらした（李哲承新民党指導委員）

4・27選挙戦 終盤戦入り

共和　静かなる選挙を目指す
新民　ブーム造成の極大化へ

中盤戦にはいろうとしている四・二七大統領選挙戦は、この十日に行なわれる朴正熙共和党候補の大田遊説と金大中新民党候補の釜山遊説をヤマ場として一層加熱化……遊説結果を分析・評価し、中盤以後の得票戦略を練った。

共和党は朴大統領が九日の海軍士官学校卒業式参席のため八日鎮海に赴いたのを契機に鎮海で朴大……で集中的にくり広げた遊説効果を分析"評価し、十日から始まる候補班の大都市遊説と特別班の中小都市遊説戦略を調整した。

一方、新民党は忠清南一帯での……遊説戦略を調整した。方、新民党は忠清南一帯での遊説を終えて八日夜、ソウルに……ってきた金大中候補と柳珍山……ら党首脳が会合、大都市遊説……戦略を始め中盤代後の遊説戦略……およひ資金対策などを協議した。

なお、共和党は選挙ふん囲気を抑制するため、当初十日に予定していた朴候補の釜山遊説が同日同地での新民党遊説とぶつかることを避けて大田遊説に変更、共和党としては"静かな選挙"をつらぬくためソウルと釜山の二大都市での選挙ムードを終盤まで引続き抑制する方針である。

しかし新民党は、さる三日の大田遊説をヤマ場としてブーム造成の契機ができたと見て、十日の釜山遊説、十八日のソウル遊説でブーム造成の極大化を図り、これを全国的に波及させるという戦略である。

国会議員選挙 五月末に実施

白南檍共和党議長は「国会議員選挙は五月末に実施する予定で大統領選挙が終わった後一週間くらいの間を置いて選挙日が公告されるだろう」と語り、こんどの大統領選挙の見通しについてはさる六七年選挙のさいよりもいっそう多くの票を得ることができると見て約二百万票の差で圧勝するつもりだと述べた。

白議長はまた共和党は大統領選挙が終わった後に、大統領選挙有功人士と社会各界の職能代表を国会議員全国区候補に公薦する意向を持っていると明らかにした。

総有権者数 1,593万人

中央選管委は二日第七代大統領選挙の総有権者数は国外不在者四万四千五百四十四人を含めて全部で一千五百九十三万三千四百三十人であると発表した。

補充選挙人名簿によると、総有権者は男子が八百十万四千六百八十人、女子が七百八十二万八千七百五十人の千五百九十三万三千四百三十人で、男子が女子より二十七万五千九百三十人多くなっている。

一方、国外不在者は、男子が四万三千九百七人、女子が六百三十七人の四万四千五百四十四人で、滞在国別では、南ベトナムが四万四千人余りでもっとも多く、次いで西独、日本、米国の順になっている。

非敵性共産圏と交流進める
崔外務部長官語る

崔圭夏外務部長官は二日記者会見し、非敵性共産圏との交流について次のように語った。

韓国は激動する国際情勢に対処するため、これからは非敵性共産圏ともスポーツをはじめ、文化、貿易などの交流をはかり、互恵外交を進める考えである。また、韓国は共産国と交流をはかるため必要な行政措置を取っており、行政指針を各国海外公館長に通達した。

非敵性共産国との交流は、政治的、経済的効果を念頭においたものので、政治面では、これら共産国に韓国の発展ぶりを広く知らせることによって、北韓の武力赤化統一の野望を間接的にくじくとともに北韓のアフリカと中東地域の浸透をも防ぐことになるとみている。また、経済面では、貿易を通じて経済的な実質利益をはかろうとするものである。

郷土予備軍創設三周年で記念行事

郷土予備軍創設三周年を迎え、ソウルをはじめ全国各地の都市では三日、優秀予備軍と兼官民の褒賞など大々的な記念式典と、予備軍を鼓舞する多彩な行事が行なわれた。

白斗鎮国務総理はこの記念行事祝辞を通し、次のように述べた。

一、遠く中南米まで武力暴動分……

大統領選挙戦たけなわ
国民の要望と、判断はなにか……

本国新聞論調

中盤戦にはいった大統領選挙戦は大都市での与野遊説対決を前に、漸次にいま絶頂に達しつつある。現在の選挙ふん囲気はこれまでの選挙に比べてみるとき、いつのときのそれよりも秩序を保っており大騒ぎなしで進行しているようだ。とくに与野の政党が得票作戦の主力を"自由な遊説"においている点など、陽性的な選挙運動がくりひろげられていることは民主政治の発展途上で刮目すべき里程表を樹立したものとみることができる。韓国は驚異的な経済発展を遂げたこととはウラハラに政治的成長は退歩状態にあるという内外の批判を受けたこともあったが、こんどの選挙はこのような杞（き）憂を一蹴してくれるだろうことは現時点ではじゅうぶんに期待できると考える。

韓国の第一野党新民党の大統領候補が初めて国内外にわたって選挙日が公告される以前からこれまでタブー視されてきた対共"民主政治"の形態接触を前提とする統一・安保問題を基本にする制限のない言論・集会の自由を享受しながら内外の文…る韓国の選挙で、こんな…持を訴えることの最大限のチャンスとしてこの選挙戦を活用しどの大統領選挙戦にはたことは特筆すべきことであったは過る所がこれまでと多分にあるわれる。

このような熱気の競争のための表盤はこんご幾ばくもない終盤戦に至るまでの間、与野共同の努力によって維持されて行くだろうし、またそれによって有終の美を飾ることになろうと思われる。

得票戦で"国防"を玩具にするな

何よりも与野の政党にわれわれが望むことは、選挙運動の主流をなす遊説戦で感情を抜きにした理性的な対国民説得を展開して行ってほしいということである。そして国民、すなわち有権者は決して一時的な奸計や術策に幻惑されるほど愚かではないということを深く認識すべきである。つまるところ、どの政党が執権の座に着こうと、今日われわれの持っている安定と発展の土台を瓦解させることはまかりならぬということなのだ。

各政党はただ得票だけを目指して眼前のすばしっこい戦術により国民感情をあじったり、また現実否定一辺倒の扇動や宣伝傾向で勝ちとろうとすることは絶対につつしまなければならない。とくに国基を揺さぶるような無責任な放言や国家存立を危うくするような立場で国土防衛問題をやたらに政治的争りものにしょうとする態度は最もつつしむべきことである。

北傀の"赤徒"たちはその間「全国土要塞化、全人民武装化」のスローガンのもとで百四十万のいわゆる労農赤衛隊まで武装して虎視たんたん南侵の機会をねらっている。こうした北傀の対南工作方向は精鋭ゲリラをしてわが政府の心臓部を攻撃せしめた一・二一事態（一九六八年一月二十一日、三十一人の北傀武装ゲリラがソウルに侵入、大統領官邸を襲撃しようとした未遂事件）以来、いささかも変わりがなかったということは、その後、繰返されたゲリラ浸透事件や大韓航空旅客機拉北事件などで如実に証明されている。

必要以上の過熱招来を阻止せよ

現時点で韓国が国防力と郷土防衛の力量を強化しなければならぬということは国家民族の至上課題となっている。にもかかわらず、これという代案もなしにただ国防力弱化の結果を招来……

……ような政策を乱発すると……は国家の存立自体を危……ものであり、政治家と……も債議を期さねばなら……である。"国民の義務……有権者に迎合するよう……うかがわれうる言動は……興の助けにはなるまい……それだけではなく、そ……は国民に一国の政治……

必要以上の過熱状態を招来せしめる恐れがあってよくないし、また、これは政治道義から見ても望ましいことではない。解放直後の混沌期に左右両翼の政党が同じ日に同じところで大集会を開き、ついには流血の惨劇までを引起したことの記憶がまだ去りやらぬ人びとを含む有権者たちは、各政党が最後まで……

好調な経済動向
物価安定に生産も盛ん
金副総理談

金鶴烈副総理兼経済企画院長官は……二倍の伸長率を見せ、このうちと……産活動を見せたことは例年にないよい傾向で、これは韓国経済の体質がそれだけ強化されたという証左だといえる。

鉱炉建設着工
製鉄の基幹施設

浦項総合製鉄の中核施設である銑鉄工場（鉱炉）の建設が着工された。

同工場は製鉄の基幹施設で外貨千四百八万四千㌦、内貨十三億三千四百万ウオンを投入、七三年七月に完工する予定である。これが完成してフル操業にはいれば七六年には年間鉄鉱石百五十六万㌧、コークス四十九万㌧、石灰石六万㌧をはじめ主・副原料を処理、製鉄用銑鉄九十五万㌧を生産することができる。

紅蔘輸出の販売権ロッテへ
海外宣伝の義務も

年間四百万㌦を超える紅蔘輸出の一手販売権がロッテ物産（代表=辛格浩）に指定され、近日中に閣議の議決を経て公告される運びとなった。

専売庁はその間、二十社余りの業者たちが競合をくり広げてきた紅蔘輸出の一手販売権をロッテ物産に与えたと明らかにし、同社は向こう五年間この権利を保有するが、この期間中にロッテは市場開拓のため六百万㌦の海外宣伝費を支出する義務を持つと発表した。

東京商銀職員募集

本年の新卒者を求めます。

1. 採用人員　大学卒　男女　高校卒　男女　計80名
2. 応募資格　韓国籍の国民登録完了者（入社までに申請手続完了者も可）
3. 待　遇　大学卒男子　45,000円（基本給）
大学卒女子　43,000円（〃）
短大卒男子　40,000円（〃）
短大卒女子　38,000円（〃）
高校卒男子　37,000円（〃）
高校卒女子　35,000円（〃）
（諸手当）家族手当、皆勤手当、住宅手当、給食手当　通勤費は全額支給、社会保険完備
（賞　与）年2回（6月・12月）
（昇　給）年1回（4月）
4. 福利厚生施設　男子独身寮完備
5. 提出書類　履歴書、写真、成績証明書、卒業見込証明書、外国人登録済証明書、国民登録完了証
6. 勤務先　本店勤務及び新宿、荒川、五反田各支店
7. 募集締切期日　昭和46年2月末
8. 試験期日及び場所、本人宛通知

応募希望者は提出書類を揃えて本店総務部まで御郵送下さい。なお既卒者も随時受けつけております。

東京商銀信用組合
本店　東京都文京区湯島3−38−15
電話（832）5141−代表

漢方の強力体質改善療法
通信にて治療相談受付

漢方医学 西洋医学 総合治療センター

◎入院設備完備、大小個室五十室あり

●喘　息 ―20帖 50,000円 30,000円
●糖尿病 ―20帖 55,000円
●夜尿・腎臓
●胃腸・肝臓
●皮膚病　20帖 10,000円
●婦人病・腰痛
●水虫・痔疾
●高血圧
●肥満症　1箱 6,000円
●ワキガ

●鹿茸大補湯（特級）―20帖 50,000円
●鹿茸大補丸……2ケ月分 30,000円
●十全大補丸……2ケ月分 10,000円
●八味丸……（500g）10,000円
●六味丸……（500g）6,000円
●四物丸……（500g）4,000円
●萬病水……（720cc）30,000円
●人蔘酒……（540cc）3,500円
●人蔘補心散……（20袋）6,000円（ポケット用）

漢方乾材・卸・小売
人蔘・鹿茸・麝香・牛黄・辰砂・熊胆
※本国旅行者には特別価格で奉仕します。

漢方担当 張同萬
洋医担当 寺田莞爾

天心堂漢方本舗・天心堂診療所
東京都台東区東上野2−19−5
電話（831）5557−代表

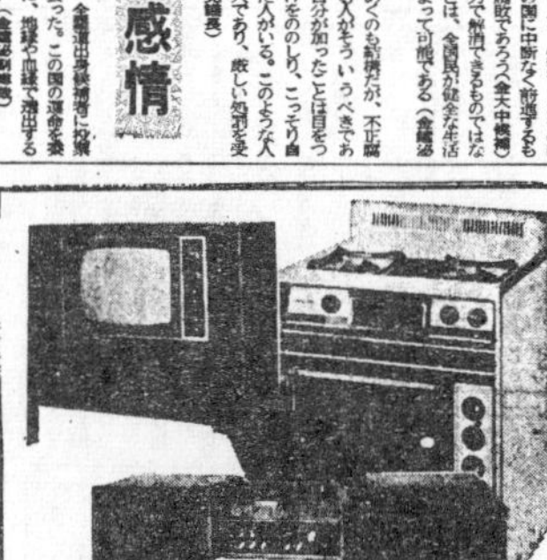

家電品卸し商
カラーテレビ・白黒テレビ・ステレオ洗濯機・冷蔵庫・カメラ・その他総雑貨卸し
秋葉原より安い卸し値で販売致します。どうぞご利用下さい

外　山　商　店
徐　万　基
東京都豊島区北大塚2−10−1
電話（917）6915・5363
国電大塚駅北口

4,19,11周年を迎えて

祖国の民主化に支援

追放政策強む入管法に反対

在日韓国青年同盟が声明発表

在日韓国青年同盟中央本部（金恩沢委員長）では四・一九革命十一周年記念日にあたるさる一九日午後六時から、池袋の西武苑に報道関係者を招いて記者会見をおこなった。同盟からは金委員長、金君夫、金一明同副委員長ら幹部が臨席、「四・一九記念日を迎えて内外の情勢はきわめてきびしい」と前おき、「本国の歴史にれい明をもたらした四・一九革命精神を主体的に継承、発展する立場に立つとき、現情勢に対してわれわれが座視することは許されない」として別項のような声明を発表、現国会に出されている入管法への反対闘争と現下本国で果敢に闘っている学生への支援を柱に運動を進めていくことを明らかにした。なお韓青同ではこれに先立ちこの日三時から法務省記者クラブで日本人記者団とも会見をおこない、同趣旨の声明を行なった。

声明

四・一九革命十一周年をむかえるにあたり、我々をとりまく厳しい諸情勢に対し、次のような見解を表明する。日本政府は、六九年度内外の激しい糾弾にあい廃案になった「出入国管理法案」を執拗にも再び今国会に上程してる。

この「入管法」は、日本政府の在日韓国人に対する《追放・同化・抑圧》政策を強化するためのものであり、日本社会にひそんでいる他民族排外主義から生まれたものである。

一九六五年韓日条約締結を契機に、"韓日友好親善"をかけ声に経済をはじめ祖国のあらゆる分野で一方的な浸透をはかっている日本政府は、これと軌を一つにして在日韓国人に対し追放・抑圧政策を強めている。今回の「入管法」制定策動も韓日関係の異常な発展の中で出てきたものと言わざるをえない。

さらに、両国間の関係が急速度に進展してゆくにつれて「矢次試案」等にあらわれたような韓国全体を日本の経済圏に組み入れようとする構想とあいまって「馬山輸出自由貿易地域」ができたり、本国の対日依存はますます進み、そして外資による「祖国近代化」の裏では、「五賊」に見られる一部特権層の不正不敗、全泰壱氏の焼身自殺を生み出す劣悪な労働条件などが今なお続いているといわれ、社会的矛盾の深化は度合をふかめ言論・集会などの最低限の基本的権利も真に国民のものとはなっていない。

このような情況は、祖国の学生達に"大衆の中へ！大衆の権益をまもれ！"と民権擁護の闘いを必然的に要求した。現在、"軍事教練強化"に対して「学園を兵営化するもの」として強い反対とその撤廃を要求する学生達は、さらに「情報政治の撤廃」「言論・出版などの自由」を叫んでその闘いを発展させている。

折しもその本国では、国民の運命を大きく左右する大統領選挙を四月二十七日にひかえ政局は激しくゆれ動いている。我々は自由と民主主義の発展を志向するがゆえに独裁的論理と強権による独裁政治を排し、真に国民の意思が反映する公正な選挙が行なわれ、朴政権十年の執政を正しく総括し、真に国民のための指導者を選んでいくことに最大の注視をはらっている。

在日同胞にあっては、一九六六年韓日条約に伴う法的地位協定の発効以後、五年間の申請期間を通じ、日本政府による在日同胞の法的細分化・分割（協定永住・一般永住・特別在留）がなされ、同胞社会は「協定永住」の不許可者等の問題をかかえその解決をせまられている。

さらに、日本政府が再三にわたる「入管法」制定策動をくりかえし在日同胞の抑圧を強化しているとき、本国政府の在日同胞に対する強力な自国民保護政策の樹立が望まれている。

われわれは、改悪「入管法」を断固粉砕するとともに、祖国において自由と民主主義の発展を求めて闘う勢力に熱烈な支援と連帯を送る。

四・一九革命は受け継がれなければならず、その理念の達成のため我々は最後まで闘うことをここに宣明する。

（一九七一年四月一九日、四・一九革命十一周年に際して在日韓国青年同盟中央本部）

街頭で入管法反対ビラを撒く韓青

神奈川本部大会のもよう

神奈川県本部定期大会おわる

孫団長が再選さる

民団神奈川地方本部の第十回地方委員会ならびに第二九回定期大会は十三日前十時から横浜市教育会館で行われ任期満了にともなう役員改選が行なわれたが、孫張翼現団長が再選された。

この日大会には、横浜領事館の金在春領事をはじめ、民団中央の李禧元団長、張聡明議長ら、東京本部から鄭在俊団長、羅鍾卿副団長らが来賓として参席し代議員一八七人が出席して盛大に開幕した。午後の定期大会では、活動方針案や新年度予算案を採択したのち役員選挙を行った。注目の団長選挙は、現職の孫張翼団長と朴成準副議長の争いとなったが、投票の結果、孫団長が過去二年間の実績と人格が買われ一〇八対六九票（五百票）という大差で再選された。つづいて議長、監察委員長の選挙が行われたが、議長には金允燮氏（新）監察委員長には吉興玉氏（再）が、それぞれ選出された。副団長二人、事務局長、副議長、監察委員の人選は三機関長に一任し、この日の定期大会の幕を下した。

静岡も趙団長が再選

民団静岡県地方本部では、さる四月一日定期大会をひらき任期満了にともなう役員改選を行なった結果現団長趙皓術氏が再選された。

なお、同大会で選出された新役員はつぎのとおりである。

団長	趙皓術
副団長	鄭錫烈
〃	李永根
議長	李春来
副議長	金淵俊
〃	朴正煥
監察委員長	金松坤
〃 委員	金商玉
〃	朴相元
事務局長	朴明煥

香川は朴竜雲氏

民団香川地方本部では、さる四月四日同本部第二十回定期大会をひらきつぎのとおり役員改選を行った。

団長	朴竜雲
副	張洪珪
〃	石相煥
事務局長	黄道和
議長	黄永学
副議長	徐敏権
〃	曹海植
監察委員長	尹奇炳
委員	朴鍾喜
同 〃	朱輝久

生活協同組合の設立について（上）

東本副団長 羅鍾卿

第十八回定期中央委員会においてその設立が義務づけられた日本国社会保障厚生法に基づく消費生活協同組合法による生活協同組合に関してその概要を説明し設立の参考に供したいと思います。

わが民団組織における民族財産特に民団の所有する土地、建物の財産管理と保護問題は機会あるごとに論ぜられてきましたが未だに適切な解決をみることなく放置されており、現在東京本部管内の支部においても立派な事務所を巨額の資金を投じて新築しておきながら、その所有権登記の名儀人を誰にするかに困惑している状況であり、民団所有財産の合法的で適切な管理保護策が緊急に要望されているおり、この生活協同組合法こそ最も適切で合法的な民族財産の管理保護に通じる方法の一つだと確信するものであります。

まずこの生活協同組合は一定の地域または職域による人と人との結合であり、組合員の生活の文化的、経済的改善向上を図ることのみを目的とするものであります。

また組合員が任意に加入しまたは脱退することができるもので民団の団員は誰でも自由に加入することができるとともに出資金の多少にかかわらず組合員の選挙権及び議決権は全く平等であるのが特徴であります。生活協同組合の設立によりどのように民団財産が保護されるかについて説明してみましょう。

先ず各支部単位に生活協同組合を設立し支部の土地建物を組合の所有土地建物として登記した場合税法上の利点は

一、財産の取得税の非課税（地方税法第七三条の四の八の定めによる）

二、毎年支払う固定資産税の非課税（地方税法第三百四十八条の十一の二の定めによる）

以上のように民団事務所の土地建物の財産の管理保護さの利益は莫大である。

その他の利点については

一、財産の保全が安全であること民団の所有土地建物等の財産が生活協同組合の使用財産として登記されると誰が団長になろうがまた組合長になろうが民団財産は永久に組合の財産としてまた組合員である団員全体の共有財産として保存出来ることであります。

二、出資金率による金融利用が出来ること。

三、生活物資を安価で購入し組合員に提供することができる。

四、協同施設を組合員に利用さること。

その他種々の組合員に対する利点があり生活協同組合は民団財産の管理保護ばかりでなく組合員即ち団員達の日常生活に利益をあたえるものである。

次は生活協同組合の設立に関する諸手続を説明致します。（つづく）

自由論壇 在日同胞の声

民団中央に望む

基本方針を堅持せよ

曹圭必

在日同胞社会に波乱を起した中央団長選挙も嵐が去ったように終ったが、新しく選出された中央機関に望みたいことは民団基本方針を堅持してもらいたいということである。

第二次世界大戦は独裁者行例の為めの戦いであったが戦後わが国土には、北部に共産独裁社会を招きそれに困って、在日同胞社会までが不幸にも左右に分断された。この現実を踏まえて全在日同胞の利益代弁機関である民団は、その使命を完遂するために如何なる外部からの組織分裂策や干渉、抑圧があってもならないし、また民団はそれに屈せず主体性を堅持して何処にも気兼ねと制約を受けることのない自主的な姿勢でその基本方針をつらぬかねばならない。即ち団員のための民団として主権在民の原則である真の自由が保証された民主的民族団体として団員の利益追求運動が実践されねばならない。

しかるに過去の民団は団員の権益は軽視し派閥を作り利己的な行動と無節操、惰性、経費濫用等が重なって団員と組織に距離を作り不信と権威失墜までを招いたのであった。

人間の自由と権益は闘うことによって得られる。それによって得たものは各自責任の下で堅く守らねばならない。戦後同胞の生活権は日本政府がただ好意的に呉れたものではない。戦後ポツダム宣言、カイロ宣言の条項を履行する責任義務において外国人財産取得令から同胞の適用を除外し、且つ外務省令（法第一二六号）が施行され、平和条約（第二十一条）の規定によってわれわれ在日国民の権利が定められた。これらの国際法に基づいて当然の権利として受けての生活をしていた既得権と、韓日条約による法的地位条約（六ヵ条）これに基づく特別入管法等の内容を国家的次元と民族正義と良心の下で正しく比較参考にすればその差異と矛盾がはっきりしてくる。これらを団員に正しく啓蒙し民族権益擁護運動を指導徹底せねばならない。

にも拘らず協定内容が不充分である永住権問題を拡大解釈をして宣伝をなし、ただ形式的に事大主義的に自から進んで暫定法律だの戦後処理だのと勝手気儘に決めつけて日本政府が如何ようにも法規を改悪し、又は廃止によって同胞の権益が抑圧され追放されてもわれわれはただ耐え続けて犠牲になることが真の韓日親善になるであろうか？そのような不見識は捨てるべきである。又日本政府代表は協定永住申請者は未申請者よりも優遇するといいながら実はその反面に未申請者に対する入管法と一二六号法等で規制して弾圧のみの措置を行って差をつける優遇措置では困るのである。同胞の権益擁護機関である民団がこれに正当かつ適切な判断を持って対処すべきである。然し永住申請締切り後も早や数ヶ月に至っているのに、その事後処理である協定永住者の処遇、入管法による一般永住者及び永住不許可者、新規入国者、日本国籍離脱による帰化家族等の無数に及ぶ権益制約又は処遇問題、入管法改悪、外国人学校法、同胞北送、税金攻勢等に関し何ら対策を講じてないようにみうけられる。

これらの一連の問題は団長選挙政策より重大な基本問題である。中央機関はこれ等の難問題にすみやかに対処し得る準備と方針を立て早急に民族運動を展開して民団の基本方針である綱領を忠実に履行することを全団員は注視し熱望してやまない。末端組織に於いては中央から適切な指示がない限りどうにもならないのであるから、民団中央はこのような純粋な団員の気持を謙虚にうけとって使命感を忘れないよう切に望むものである。

（筆者は民団葛飾支部副団長）

荒川支部で映画会

荒川支部恒例の本国映画の夕べが、来る二十四日午後五時半から荒川区公会堂で催される。映画は新着の韓国劇映画「八道江山第三部」。入場無料。近隣同胞の多数来観を歓迎。

鄭京花嬢

世界的名ヴァイオリニスト 鄭京花嬢が来日公演

韓国が生んだ不世出の名バイオリニスト鄭京和（二三）さんが、ロンドン最古の伝統を誇るロンドン交響楽団の独奏者として来日、大阪（二十七日）と東京（三十日日比谷公会堂）で演奏会をもつ。

彼女はソウルで生れ、六歳のときバイオリンのレッスンを始め各種演奏会に出演し天才少女として注目を浴びた。十二歳でアメリカに渡り現在はニューヨークに住み世界の檜舞台で活躍している新進のバイオリニスト。一九六八年、アメリカの代表的なリーベントリット・コンクールでピンチャス・ズッカーマンと第一位を分かち合い一躍脚光を浴びた。七〇年にはイギリスでアンドレ・プレビン指揮、ロンドン交響楽団との協演でロイヤルフェスティバルホールにデビューし「ジネット・ヌブー以来、これほど秀れたバイオリニストははじめて」と激賞された。このイギリス公演の成功によって彼女はロンドン交響楽団のほか、ロイヤル・フィル、イギリス室内オーケストラ、ハレ交響楽団など十一にものぼるオーケストラからソリストとして迎えられ、BBCテレビでも特別番組のため一時間もの映画を製作しているほどである。

鄭京和さんのバイオリン独奏はチャイコフスキーのバイオリン協奏曲、二長調、作品35。この協奏曲のロンドン交響楽団と協演してデビュー、同じ顔合わせによって英デッカでレコーディングしたばかり。日本でも来日記念盤としてキングレコードから発売されている。

彼女は今回の日本公演のあと、五月はじめの香港公演終了後、母国韓国を訪れ、故郷に錦を飾ることになっている。

なお、日比谷公会堂における演奏会の入場料はS席四千五百円、A席四千円、B席三千五百円、C席三千円、D席二千五百円、E席二千円。前売券は都内主要プレーガイドで発売中。

支部だより

文京〈バス二台で清水公園へ〉

文京支部では春日よりの十一日千葉県野田の清水公園で野遊会をもよおした。バス二台、団員家族ら八十四名が参加。

杉並〈来る二十九日村山貯水池へ〉民団杉並支部では来る二十九日、都下村山貯水池へ春の野遊会におもむく。当日は午前九時に国電阿佐谷駅前に集合のこと。バス二台を準備。

墨田〈春の野遊会盛況〉

春らん満のさる十一日、団員ら八〇名はバス二台を連れて千葉県野田の清水公園に花見におもむいて満開の桜を満喫、団結と仕事への鋭気をやしなった。

北〈正丸峠へ野遊会〉民団北支部の団員ら六〇名も十一日、バスで正丸峠に野遊に出かけ、だんらんのひとときを過ごした。

品川〈多摩川公園で春を満喫〉

品川支部の団員、役員も家族ともども多摩川公園に花見に出かけ春を満喫するかたわら、大いに親睦を深めあった。団員ら約百名が参加した。

〈五月末に支部定期大会を開催〉

品川支部では来る五月二十九日午後一時より支部講堂で、第二十七回定期大会を開催する。

中野〈奥多摩湖で野遊会〉

中野支部ではさる十一日、中野支部団員、役員ら八〇名がバス二台を連れて奥多摩湖におもむき、団らんの時を過ごした。

4·19記念、入管法反対討論集会

四月十八日、午後一時、葛飾区民会館に於いて、今から十一年前に起った四月革命を記念し、悪法新「入管法」を粉砕するため在日韓国青年同盟関東地方協議会の主催のもと二百名の青年が結集して四・一九革命十一周年記念新「入管法」反対関東地方討論集会が開かれた。

雨のように注ぐ弾丸の中、祖国に自由と民主々義をとりもどすため、真の栄えある国を建設するため、不正・不腐で築かれた独裁政権にたちむかった四月の気高い抗争は、我民族の不滅の抵抗史を示し祖国の国民に在日同胞に生きる希望と、輝やかしい祖国の未来を展望させた。

この四・一九精神を土台に発展して来た韓青同は、四・一九革命によってかかげられた課題を達成するため、今祖国で闘っている青年学生に熱い連帯の声をあげるとともに、在日同胞の生活と居住をおびやかす「新入管法」に対し、内外のデマゴギーを排して断固反対し、粉砕勝利するため全国で四・一九記念入管法反対討論集会が開かれているうち、特に政治の中心である東京で行なわれるという事で重要な集会であった。

一時から始まった討論集会は、東本慎忠義委員長の開会辞で幕がきられ、中央金恩沢委員長のあいさつ、来ひんと続き、四・一九革命の貴い代償である一八三名の魂に向かって黙とうし、詩のろうどくが行なわれる中、集った青年の想いは、祖国に対する深い愛情でしめられた。

基調報告は、「入管法」を品川支部康相健総務部長、「四・一九」を東本高昌峯副委員長が行なった。「入管法」では「激しく日本政府の対韓国人抑圧政策を糾弾し、入管法制定の意図を浮きぼりにする中で、我々在日同胞は人間であり動物でない、我々は全人格をかけて、新「入管法」を粉砕しなければならない」と報告され、「四・一九」では「我々は四・一九革命が起ったところの原因を科学的に分析し、立ちあがった青年学生達の精神をうけつぐとともに残された問題点をしっかりとみつめて反封建・反外勢・反買弁・反独裁の四反理念を達成するため前進しよう、そして祖国の現実を分析し、四月二十七日に迫った大統領選挙に我々は深い関心と注意を払わなくてはならない」と報告された。

次に、班別討論に移り、五班に分かれてそれぞれ基調報告をもとに討論がかわされていった。我々が入管法反対闘争に立ち上がること、四・一九革命とどのような関連があるのか？民団内部に入管法制定に対して、沈黙することによって日本政府に協力し、在日同胞をうっている勢力があることなどが、討論の中から出てきた。

総括討論は、神奈川地方本部林晴一副委員長が議長にそして副議長に東本高昌峯宣伝部長が選出されてすすめられた。

各班長からの報告がなされた後「私はどんなことをしても入管法を許すことはできない。粉砕するまで闘い行動する、また本国の学生達と強く連帯する」などの声明が続いた。中央本部金君夫副委員長から現状分析と方針が述べられて、しめくくられ、「四・一九声明」を満場の韓青盟員によって採択して終った。

そして明日（四月十九日）、全国いっせいで行なわれる日本国民に対する「入管法」反対のビラ配布活動を「四・一九精神を継承し、熱気をもって成功させよう！」というシュプレヒコールをもって午後七時、幕をとじた。

（韓青東本宣伝部）

韓学同も集会

在日韓国学生同盟（全錫什委員長）でも十八日、東京、京都を中心に全国規模で、入管法案反対本国学生支援四・一九革命記念集会をもつとともに、主要駅頭にくり出してビラを配布、入管法案断固粉砕を訴えた。

東京ではこの日、関東地区の学生一〇〇余名が文京区伝通院の富坂セミナハウスで集会をもち、入管法案と日本政府当局を糾弾する一方、軍事教練、学内兵営化、学費値上げ、言論弾圧等に反対をかかげて激しい盛り上りをみせている本国学生と連帯、共に闘かっていこう、と活発に論議した。また集会のあと散々伍々、都心駅頭を中心にビラ配布などをおこない、入管法案の阻止を訴えた。

なお同盟ではこの運動をさらに拡大、入管法粉砕まで続けるとしている。

永年勤続実務者を表彰

秋元植葛飾事務部長ら三人

東本では来る二十八日の東京本部定期地方委員会で次の三氏を永年勤続実務者として表彰しその労をたたえる。

秋元植氏（葛飾支部事務部長、勤続十年）、小山穀子氏（葛飾支部事務員、同十年）、小木幸子氏（中央連合支部、同十二年）

韓国の各種特産品も展示

東京国際見本市

第九回東京国際見本市が十六日から五月五日まで東京・晴海埠頭で開かれているが同国際見本市には韓国の特産品のほか各種産物を展示した韓国館が開館されている。開会日の十六日は正午から第六号展示館内の同韓国館で開館式とレセップションが行われた。大韓貿易振興公社東京貿易センター（河相勲館長）の主催で出品社代表のほか、李駐日大使らも出席した。展示品と主要商社名は次の通り。

△商社名＝東和通商、白羊物産、多宝編織社、池洋化学工業、韓国家具工業、三和玩具、天一貿易△展示品＝農産物および同加工品、皮革製品、合成樹脂製品、工芸品、繊維製品、電気機器および機械類、雑貨類。

新聞協会春季総会 二十三日浜名湖で

在日韓国新聞協会（会長・宋基復新世界新聞社長）では、一九七一年度春季総会をきたる二十三日午後五時、静岡県浜名湖館山寺「遠鉄ホテル」で開く。

金KAL支店長新任披露パーティ

大韓航空（KAL）では四月二十六日からソウル―東京―ロサンゼルス週三便の貨物専用機の運航を開始することになったが四月二十一日午後六時から八時まで東京プリンスホテルで金晋永東京支店長の新任披露をかねて祝賀パーティを開く。

裵東湖社長の上野苑開店

韓国通信社長、裵東湖氏が上野広小路に韓国料理店上野苑をさる十五日から開業した。（電話八三二―〇六二八）

苑壌圭社長令息 昭司君お芽出度

寿観光社長苑壌圭氏の長男昭司君と権泰岳氏二女信淑嬢との華燭の典は四月十九日正午からホテルニューオータニで呉允台牧師の主礼で挙行された。

訂正・本紙第二四四二号（三月十七日号）の本欄「支部を訪ねて」の足立支部に関する記事のうち、「民団足立支部は一九五〇年、現団長金周奉氏が当時経営していた病院をそのまま民団に寄贈したもの」とあるのは、「現団長金周奉氏が所有していた建物を、団員有志の誠金によって民団が譲り受けたもの」の誤りでしたので訂正致します。

日本政府の在日韓国人差別と抑圧政策を告発し、民族の叫びを訴える！

（韓日関係資料の決定版）

在日韓国人の歴史と現実

在日韓国青年同盟中央本部・編著 A5判上製490頁¥1,200.

"本同盟は、もとより真の韓日友好を望まぬものではないが、それは良識ある韓日両国民の相互尊重の精神に依る、深い認識の上に成立するものと考える。"

"本同盟は、日本政府の、歴史的事情を無視し、在日韓国人の基本的人権さえも剥奪しようとする"同化と追放と抑圧"の政策を広く告発し、それを総合的に提示するものとしての資料が必要であると感じて来た。"

"本資料は、このような目的の為に、"同化と追放と抑圧"の政策の実態とそれに対処して来た同盟の諸般の闘争の記録を、既成の資料から、或いは新しく付加する事により、集大成したものである……。

在日韓国青年同盟中央本部 委員長 金恩澤

洋々社・発行 東京都新宿区納戸町5. TEL268−0796

在日韓国青年同盟中央本部 東京都文京区春日2−20−13. TEL814−4471

グラフ 民団東京

東京韓国学校入学式

東京韓国学校（初・中・高等部）の入学式がさる８日午後１時、同校々庭で行なわれた。写真＝同入学式㊦と、なにを言っているのかよくわからないが、きょうからいい子になろうと、先生の訓示を神妙にきき入る初等部新入生だち㊤

世界卓球選手権韓国選手団歓送会

名古屋でひらかれた第31回世界卓球選手権大会で活躍した韓国選手団の歓送会が、さる８日午後６時、赤坂プリンスホテルでひらかれた。写真＝同歓送会において歓送の辞をのべる鄭在俊東京本部団長

中野支部からピンポン用具一式

民団中野支部からピンポン競技用具一式を民団東本ならびに韓青東本へそれぞれ一式ずつ寄贈された。写真＝東本三階ホールに設置された同寄贈競技台（韓青へ寄贈されたものは花郎台におかれた）

東京国際見本市、韓国館開館式

４月16日から東京晴見でひらかれている東京国際見本市には韓国の特産品を展示した韓国館が開設された。写真＝開館式においてテープを切る李皓駐日大使と韓国館（右）

日本政府の在日韓国人差別と抑圧政策を告発し、民族の叫びを訴える！

（韓日関係資料の決定版）

在日韓国人の歴史と現実

在日韓国青年同盟中央本部・編著　Ａ５判上製４９０頁￥1,200.

洋々社・発行
東京都新宿区納戸町５．ＴＥＬ268－0796

在日韓国青年同盟中央本部
東京都文京区春日２－20－13．ＴＥＬ814－4471

〝本同盟は、もとより真の韓日友好を望まぬものではない。が、それは良識ある韓日両国民の相互尊重の精神に依る、深い認識の上に成立するものと考える。〟

〝本同盟は、日本政府の、歴史的事情を無視し、在日韓国人の基本的人権さえも剥奪しようとする〝同化と追放と抑圧〟の政策を広く告発し、それを総合的に提示するものとしての資料が必要であると感じて来た。〟

〝本資料は、このような目的の為に、〝同化と追放と抑圧〟の政策の実態とそれに対処して来た同盟の諸般の闘争の記録を、既成の資料から、或いは新しく付加する事により、集大成したものである……。

在日韓国青年同盟中央本部
委員長　金恩澤

ロッテキャンディは高級フランス風

キャプテンロッテが言うとおり
それは それはおいしいキャンディです

あなたに高級キャンディを召しあがっていただくために
本場フランスから
キャンディづくりの名人Ｊ・ボーダンを招き
まごころをこめてつくりあげました
きびしく選びぬかれた原料
最新設備をそなえた工場から誕生する
高級フランス風のおいしさ
ロッテならではの
このぜいたくなおいしさを
心ゆくまでお楽しみください

チョコレート
すきとおったおいしいキャンディに
あのまろやかな
ロッテチョコレートが
甘くつつまれています
100円

ココロール
香ばしいココアの香りを生した
スティックロール型の高級ソフトキャンディ
ついつい手が出るおいしさ　100円

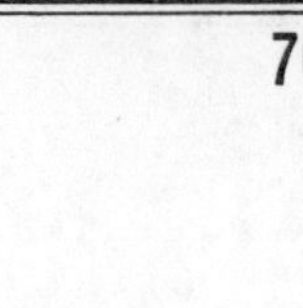

高級フランス風
ロッテ
キャンディ

軍事クーデター起せ

指令うけて日本で活躍

日本でつかまった北傀スパイ

　中央情報部が九日発表したところによると、北韓の大物スパイ高栄浩（四七）が韓国に自首、帰順した。高栄浩は韓国の予備役将校を抱込み、きたる五月から八月に至るまでの間に、韓国に軍事クーデターを起こそうと企み、北韓からの韓国政府転覆指令により暗躍していたが、その足場に使っていた日本で昨年十一月十六日出入国管理法違反で検挙された。その結果、高は懲役二年を宣告されたが続局執行猶予三年となり強制退去命令を受け、帰国した。

高栄浩が北韓のスパイになるまで

　韓国に帰順した高栄浩はさる九日情報部での記者会見で、記者たちの質問に答えて、スパイになったいきさつ、北韓の企図と指令、北韓内部の情勢などについて語ったが、その大要を紹介すると次のようなものである。

　まず、高のおいたちであるが、彼は北韓の黄海道海州出身。第二次世界大戦中は日本におり、一九四四年日本少年航空隊隊員、翌年の四五年に解放、その後韓国の陸軍に入隊。五四年七月韓国陸軍の師団航空隊長（当時大尉）のとき脱走して同年九月十七日大邱から軽飛行機L19で日本に逃亡、日本では自動車や航空機の修理でまかないを立てていたがその後六六年十月、当時の朝総連組織部長金東準（四二）の指示で、東京を舞台に対韓工作を始めた。このあと、六七年十月二十日、第百五十四回北送船で北韓に渡り、三年間、平壌国際ホテルとクワンドク（広徳）里でスパイ密封教育を受けた。それから高は七〇年十月九日に、北韓の民族保衛省からスパイとしての指令を受け、工作金百五十万ウォンをもらって日本青森県海岸から日本に潜入、再び李東準と接線した。このときの北韓からの指令は①韓国陸軍および航空予備将校らをまず抱込み、そして革命指導部を構築し、軍事クーデターを起こして現韓国政権を転覆すること②韓国の予備軍に近付き、これらの人びとで地下組織を構築すること③以上の活動の連絡拠点を日本内に組織すること④韓国政府転覆のための軍事クーデターには三段階波動の暴力戦術を画策すること――というものであった。

古き友の韓国空軍予備役ミン大佐と

　この北韓からの指令に従い、高はスパイの最も暗躍し易い東京にアジトを置き、スパイ活動にはいった。まず高は韓国政府転覆の軍事クーデターを起こすための手始めとしてその活動を韓国内で起こしてくれそうな人間の勧誘に取りかかり、日本の少年航空学校時代同期生だった韓国空軍予備役の閔泳洛大領（大佐、四七）を日本に招待、工作金のうち十万ウオンを閔に与え、閔を貿易商に仮装させてクーデター計画の参謀格とした。このほか、高は過去の時代に親しかった予備役将校たち数人を日本に招き（高はなるべく不平不満の多そうな、またそういう性格の持主たちをねらった）これらの者たちが将来の政府の幹部になるのだという前提でクーデター準備をはじめた。高は彼らに北韓の計画する"三段階波動暴力戦術"というものをよく呑みこませるよう尽力した。

北韓指令の三段階波動暴力戦術部

　その"三段階波動暴力戦術"というのは①クーデター以前のふん囲気づくりとして、その第一段階に、今年の選挙期をねらって、大衆に不安を覚えさせる流言飛語の流布、破壊、テロ活動、選挙運動の過熱から混迷など――を造成しこうした状態の中で学生と民衆を扇動して立上がらせ、四・一九（一九六〇年四月十九日の学生義挙）のような社会混乱を起こす②第二段階としては、このような混乱に乗じて北から浸透した北韓ゲリラに、韓国の警官の制服を着用させて、デモ隊に発砲させ、群衆心理をいやが上にも刺激、韓国警察と現政府に大衆が恨みをもって反抗するよう仕向ける③第三段階として、さらに北韓ゲリラをしてこんどは韓国兵の軍服で偽装させこの蓑が群衆や学生の勢力と合流して放送局を占領、放送を手中に入れてから、韓国軍（偽装の…）と韓国国民はこの混乱をおさめるために北韓の支援を要請……と、放送、同時に北韓軍が南に侵入する――というものであった。

　こうした密談と訓練で高は「こうする以外に、われわれの悲願である南北統一の達成の道はないのだ……」と力説した。ところが、この計画に夢中だったところをかれらは日本警察に摘発された。無論、日本では反共法もなければ、スパイ取締まりの法律もない。摘発の理由は高栄浩の出入国管理令違反（密入国）であった。

下の李少尉の「越北」責任のがれ…

　いま、閔予備役航空大佐は拘束中であるが、高はすでに韓国に帰順、この北韓指令による韓国政府転覆計画軍事クーデターも未遂に終わった。なお、こうした事情のほかに高は記者たちとの一問一答でさらに次のようなことを明らかにしている。

　――問……五四年九月に、飛行隊長をしていたのにどうしてまたその職を捨てて日本に逃亡したのか。

　答……それより二ヵ月前の七月に、韓国の若き空軍パイロット李東植少尉が休戦ラインを越えて「北」入りした事件があった。彼は私の部下だったのだ。その事件以来私は、どのような責任追及をされるかと、それはかり心配し、夏が終わったころの九月には相当に疲れて神経もいかれていた。つまり部下の「越北」に対する処罰こわさで日本へ逃避したといえよう。

　――問……日本での生活はどのようなものだったか。それが、また、どうして"北送"ということになったのか、その経緯を聞きたい。

　答……突然、日本へ行ったからとて、そういい生活が待っているわけはなかった。自動車や航空機の修理などを仕事にしていたが、決して恵まれてはいなかった。だから朝総連組織部長の李東準から勧誘があったとき「北」へ行けばもっと良い生活ができるかと思って、第百五十四回の北送船に乗り「北」入りをした。

　――問……「越北」後の生活はどのようなものだったか。

　答……六七年十月から七〇年十月までまる三年間、スパイ教育だけを受けた。それは密封教育で、破壊、扇動、殺人の方法や無電機操作法などを習得、体力をきたえるため二十kgの重い背のうをかついで五十kmもの距離を行軍する明け暮れだった。また工作員を勧誘するための"統一理論"なども教養講座として受けた。

苦しんでいる北送同胞

「日本に帰りたい」言うだけで刑務所行き

朝総連は完全に北傀のカイライ

理髪師から聞いた外国人の革命組織

　――問……昨年十月に北韓から指令を受けて日本青森県の沖合いから上陸したというが、どのような指令を受けたのか。

　答……「南」に"革命"を起こして南北を統一するのだ……と教え込まれてきたが、指令でも、この"革命"のために民衆蜂起、軍事クーデターを起こす方法について、遊撃戦などによる暴力手段が強調された。すなわち、われわれ工作員が韓国の陸海空軍の予備役将校や労働者、学生などを抱込んで統一戦線をつくり、春の選挙期を利用して軍事クーデターを起こせという指令であった。なお、北韓の偵察局は最近空中浸透方法をとくに練習しているため、空中ゲリラを養成しており、私のように航空隊上がりのものは重宝された。

　――問……北韓のゲリラ訓練のうちに"外国人革命組織"というのがあるというが、それはどういうものなのか。

　答……七〇年の五月ころに私は北韓労働党の部長、指導員、理髪師などからラテン・アメリカとアフリカ共産主義者たちを訓練しているという話をきいたが、その訓練組織のことをいうのだと思う。私の頭を刈ってくれる理髪師が、約二十日間、各国さまざまの人間の頭を散髪してやったといってたが、国の種類、民族の別は相当にあるようだ。北韓幹部たちが国際共産主義の戦闘的連帯性を強化し世界革命のために外国人ゲリラたちを訓練しているということは本当のようだ。

北送された在日僑胞の生活状態

　――問……北送された僑胞たちの生活状態を知りたい。

　答……北送船で清津港につくとそのときは歓迎を受ける。しかしその後、つまり"異質"な扱いを受けるし、たいていは内陸地方に配置され、僑胞同志で互いに会ったり話したりすることを禁止される。せっせと働かなければ"資本主義の悪い水を飲んだもの"の見本とされるし、再び日本に帰るなどという希望はとても入れられない（私のようにスパイになれば別であるが……）。ある日本婦人――彼女は夫と離れるのがいやで、いっしょに北送を志願してきたのだが――とうとう母国（日本）にちょっと行っただけでいいから帰ってきたいと言ったおかげで、髪を切られ刑務所に監禁される身となった。（この場合、"性分が悪い"とか何とか罪はつくられる……）

ヤクザの親分にみえた金日成

　――問…北韓の要人について興味があるのだが、誰か知らないか？

　答…三年間のスパイ教育がなにしろ、密封教育だったので、知らない。われわれの指導に当たった幹部は民間人で、労働党指導部長などの数人だけだった。あとは――日本に出発という前に、七〇年七月六日、労働党の秘書が「とくに偉大なる金日成首領が、お会いくださる」というので"拝顔の栄"を得た。金日成は非常にふとっており、顔の色は鉄色のようにみえ一部分がアバタだった。そのせいか、一見ヤクザの親分という感じを受けた。彼は服のボタンをはずしたままであったが椅子に坐るとその椅子がこわれるのではないかと思うほど勢いがよかった。もっとも、ふとっているせいかも知れない。

　――問……日本に浸透した経緯とその後の活動状況は？

　答…漁船に仮装した快速船に乗って約三十分してからゴム・ボートに乗りかえ、青森県の海岸に上陸した。その後、李東準（元朝総連組織部長）と接線し、韓国にいる予備役将校たちを抱え込むために働いた。

　――問…北韓住民たちの実態を知りたいのだが…。

　答…私が密封教育を受けたクワンドク里には百世帯くらいの住民しかいなかったが、井戸は二つしかなく共同で水くみをしていた。私の見たかぎりでは非常にみんな貧しく、よごれた着物をきていたが、着替えの服もなく、また洗濯をする石けんもないというのが実情のようだった。子どもたちは申し合わせたようにやせこけてハラだけが大きく突き出ており、明らかに栄養失調だった。

北韓では三年間も家族と引離された

　――問…朝総連の対韓工作がどのようなものかを聞きたい。

　答…北韓は日本を対韓工作の本拠地と考えており従って朝総連の組織を出先機関のように使っている。朝総連の最大の仕事はやっぱり、韓国からの密航者をみつけ、その弱味につけこんで"越北"させることだ。

　――問…どうして自首する気になったのか。

　答…北韓のいうことがウソッパチだったためだが、直接の動機はいっしょに北送されて「北」入りした妻（豊島久恵）と二男三女に北韓にいる間一度も会えなかったことにある。前にも述べたように私は三年間、スパイの密封教育だけを受けさせられ、家族に会うことは一度も許可されなかった。そして"北送"以前にさんざん言われた「北韓は地上の楽園だ」ということがウソの宣伝だったことを身にしみて覚えさせられた。私はこれまで歩んできたようなことの繰返しは"死んでもいやだ"と思っている。

　――…祖国に帰ってきて感じたことは？

　答…まず、あまりの発展に驚いている。かつて私は操縦士であったため、韓国の各地を飛行してまわり、ほとんど全国を知っていた。ところが、こんど帰国してビックリしたのはどこがどこなのかさっぱりわからぬくらいに韓国が発展してしまったということだ。（SISA）

今週の話題

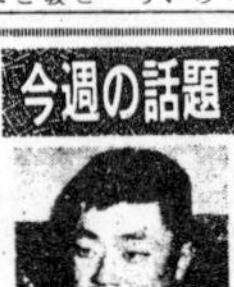

父の遺志継いで少尉に

朴烈氏の長男　栄一君

　（既報）日本裕仁天皇の暗殺主謀者として日警に逮捕されて二十二年間囚人生活を余儀なくされた朴烈氏（69）の長男朴栄一君（23）写真が先月三十日、陸士を卒業した。在日僑胞としてははじめて「花郎の後裔」になった朴君は「父の精神を引継ぎ祖国のため何らかの奉仕をしたい」と語った。朴君は六六年神奈川県原木高校を卒業し、六七年に陸士へ入校した。息子の卒業式を見に韓国を訪れた母の張義淑さん（53）と妹の慶嬉（21）、乳母の北村さんは式が終った後息子栄一君の肩章をかけてやりながら感涙にむせんだ。

　原木高校を卒業した時、担任の教師が朴君の成績が優秀なので日本一の一流大学へ進学するよう薦めたが、朴君は「父の遺志を継ぎたい」と断ったのである。朴君は卒業後直ちに渡韓し陸士に応試入学した。入学した当時は韓国語に慣れないため先輩からいろいろと叱られたが次第に朴君の立場を理解してくれたので四年間を無事に過ごし優秀な成績で卒業することが出来た。兵科は機甲だが、部隊へ配属されれば五台のタンクを指揮することになる。

　父の朴烈氏は一九〇二年慶北聞慶店村に生まれ、一九一九年渡日し、明治大学に入学した。在学中同志と共に義烈団を組織し、独立運動をはじめた。二三年九月東京で、いわゆる「大逆事件」の主謀者として逮捕されて入獄した。四五年十月、二三年間の長い囚人生活から釈放され、直ちに現民団の母体である「新朝鮮建設同盟」を組織し、初代居留民団長に就任した。

　四七年二月十五日、張義淑さんと結婚、当時張女史は東京国際新聞社に勤めていたが結婚生活三年目に夫と共に帰国した際六・二五動乱が起って不幸にも夫は北韓に拉致された。張女史は子供二人連れて日本に帰り、今日まで育てるのに余念がなかったという。

支部を訪ねて

葛飾支部

民団の現実鋭く抉る

財政難打開へ生活協同組合

執務中の金団長

　「誰にとっても身近で公平、なごやかな民団にすること、これが支部の目標であり、当面の夢――」秋元植事務部長は、葛飾支部を紹介しながら、この点にとくに力を入れた――。

・江戸川、足立に隣り合った葛飾は東京のはずれの下町地区。創団こそ昭和二十二年夏と古いが、団員世帯数三九〇は特別に多いというわけでもなく、閑静な場所にゆったり構えた韓僑会館と相まって一見、凡庸とした支部の印象さえ抱きかねない。が、中味にふれるや、淡々とした中にも骨っぽい個性あふれる手答えがはね返ってきた。

　韓僑会館は六年前、第十一代の徐辛甲団長の当時建てたもの。金玉男現団長は十一代目、机の配置から生花にいたるまで気持よくゆき届いた事務室で、秋事務部長、事務員の金君、小山さんらと執務中。秋事務部長は今年で十年勤続のベテラン、日本人の小山さんも十一年間帳簿を預って民団に献身しており支部なくてはならない存在だ。

　ところで、先月二十三日に葛飾生活協同組合（金金東組合長）が結成された。組合員の相互扶助の他に、支部財政の確立も結成の大きな目的の一つ。募金を五年間据え置いて支部財政の基礎をつくりゆくゆくは団費を一律にするための布石であるという。民団では、いわゆる"有力者"がそれに相応した団費をおさめているのが普通。これは貴重な財源になるが、反面、民団への経済的貢献度が、そのまま発言権の強弱になって表われやすい。葛飾ではこの弊端を重視、是正しようというわけだ。

　「本部、支部をとわず、自立財政の確立が重要」（秋事務部長）との認識からでもある。

　また予算が都内どの支部よりも少いのもこの支部の特徴だ。「葛飾のモットーはあくまで団員のための民団を貫くこと。民団綱領にもとずいた、実のある民生対策など真に団員の立場に立った施策がない以上、支部の力だけでは団員に還元できる明確な方針は打ち出せない。こうした条件の下で私ども支部役員が団員に奉仕する道は少しでもムダをなくして団員に負担をかけないようにすること」（曺副団長）というわけだ。

　こうした葛飾支部の「あくまで団員の立場に立って」という考え方、姿勢は、驚くべきほど、徹底して貫かれているようだ。

　永住権申請促進運動のまっ最中上部機関からわり当てられた運動援助金を、葛飾ではそっくり支部基本財政にくみ入れた。そして、運動に伴う経費は、幹部、有志らがすべて自弁でもった。しかも成績は他支部に一歩もひけをとらぬほどおさめることができた――。

　こうしたことは金団長、曺圭必、盧泳斗両副団長そして秋事務部長らにいわせれば、「きわめて当然のこと」にすぎないことになる。公金を大切に扱うといった「当り前」の姿勢を徹底していることにすぎず、また実績からくる確信に裏づけられたものである――。

　「スジをあくまで通す」、こうした葛飾支部であってみれば、民団のあり方を追及する姿勢もおのずから厳しくなる。そして上部機関への「発展のための建設的な批判や不満」の指摘にも容赦がない。「何事につけ臭い物にはフタをし、事勿れ主義が惰性化に拍車をかける」（秋事務部長）憂うべき状況が、支配的なのが今の民団だとすれば、葛飾のそうした姿勢は、愛団、愛族的積極性のあらわれということになる。

×××

　金玉男団長は、柔かい春の陽ざしのさしこむ二階講堂に、この日

曺副団長

盧副団長

　金団長「民団の基本は第一に団員の親睦、第二に民生と権益擁護、第三に（これと関連して）同胞の生活を経済的にどう助けるかだと考える。そこで現実はどうかというと（そのあり方は）親睦ひとつにしても、温泉や酒を介した親睦は、あっても、精神的なつながり、友情に欠ける。」

　むろん金団長とて、民団の年中行事として定着している春や秋の野遊会、慰安旅行が団員の欠かせぬ楽しみになっており、団員どうしの親睦、交流に意義あることを否定しない。がより深い「精神的」一絆で結ばれた人間関係こそ貴重だと説くわけだ。

　「民生事業、税務対策も民団全体としては対策がないに等しい」と金団長。むろん本部あるいは支部毎の納貯組合、商工協同組合等の活動は、実効をあげているし当の葛飾でも金団長、金金東顧問ら幹部が率先、組合活動に力を注いでいる。だが支部単位でいくら頑張っても限界がある。むしろ、下部の活動があるにもかかわらず、民団全体としての徹底的かつ一貫性ある対策が遅れている点が問題というわけだ。

権益擁護は死活問題

　金団長「永住権促進運動にしても永住権一辺倒の余り、教育問題その他民団の諸懸案がことごとく永住権にぬり込められんばかりだった。だから永住権三十五万達成が大きく評価された一方で、基本問題は相変わらず放ったらかし。第一、永住権に伴う善後策こそ優先されるべきなのに、それはほんの形程度でどうなっているかもいまだ鮮明でない。

　そして、同胞の生活安定、「日本人並み」の待遇を信じ、促進運動に走り回った多くの下部幹部、実務者でさえ、「永住権の恩恵」とやらに懸念と疑義を抱かざるを得ないという。どれだけ許可されるのか、非永住権者はどうなるのか、事故者が出たらどうするのか等々。そして協定永住権を取得した今も銀行、住宅等の処遇は韓国人であるための差別が相変わらず」と金団長。

　「私もしみじみ頭をひねっている。永住権取得で、どんな悪法でも守るよう義務づけられた上、罰金やら強制退去やらと、かえって制約ばかり多くなったのではなかろうか？」と曺副団長。

　金団長「今の国会に出ている入管法はわれわれ韓国人の差別追放をねらった、明らかな悪法。しかし、いまだにこれに対する中央本部の見解表明もなければ何もない。民団全体が居眠りしている状態だ。しかも権益問題は、誰かが責任をとってすむ問題でなく、同胞一人一人の死活がかかっている。」

　そうでなくても次から次に問題の出てくる権益問題、そこへもってきて当の民団の無為無策が、団員の不安に拍車をかけているというわけである。

　曺副団長「民団の基本的使命が綱領や宣言、規約の実践、遂行にあることはいうまでもない。所が肝甚の中央本部自ら、これらをことごとく踏みにじってきた。そんな状態だから支部では活動の目標もつかめず右往左往しているというのが実状だ」。

　金団長「民団では現在旅券事務が仕事の大半の感さえある。肝じんな綱領がどこでどう生かされているというのか。これは充分考えなければ――。」

　秋事務部長「民団中央の活動方針もたとえ内容が立派だとしても、それを担う人間がまずエリを正すことがより重要だ。単に作文に終わるようではいけない。」

葛飾韓僑会館

執務中の秋事務部長

急がれる民族教育

　金団長「民族教育は大局を見据えた対策が緊要。それにはまず現に在る施設、内容を充実させる対策に取組むべきだ。さらに先生や学校まかせ、或は不平不満で終わらせず団員一人一人が家庭での民族教育を実行すべきだ」。

　曺副団長「中央会館建設が取ざたされているが、経済的な負担に加えて、民族教育や権益、民生問題等の抜本的な問題さえ充分にできていない現状を考えると、疑問を感ずる。体裁、入れ物より、目前のさし迫った問題解決が先決のはず。そうでない限り、せっかくの会館も空中楼閣になってしまう」

　さて、春も爛熟。だが、本国では二十七日の大統領選挙を前に与野間の激しい攻防の模様が連日伝えられている。学生たちのデモも日毎激しさを加えており激動の様相――。

　そして日本でも、永住権申請後の権益問題が山積されている所へ入管法が国会にかけられている上北送問題もある。

　これらに民団中央はじめ幹部がどう対処していくのか、団員はいら立ちと不安で見守っているといえるようだ。

葛飾支部の団勢

（1071年3月31日現在）

在住同胞数	3,583名
韓国籍	1,987名
「朝鮮」籍	1,686名
国民登録完了者数	1,365名
協定永住権申請者数	1,688名

朴正熙大統領の指導理念と、烈々たる愛国心！

朴正熙選集　全3巻

申　範植＝編集

全3巻セット価 ¥2,500

第1巻では大統領の指導理念と韓国の苦難の歴史を物語り第2巻では大統領の熱烈な愛国心と祖国統一に対する熱情を伝えている。第3巻では韓国の近代化と、明日に向かって前進する国民の先頭に立つ大統領の、自信と希望に満ちた演説を聴くことができる。（全3巻同時発売中！）

①韓民族の進むべき道　A5判・260頁　¥780
Ⅰ人間改造の民族的課題
Ⅱわが民族の過去を反省する
Ⅲ韓民族の受難の歴史
Ⅳ第二共和国の「カオス」
Ⅴ後進民主々義と韓国革命の性格と課題
Ⅵ社会再建（国家）の理念と哲学

②国家・民族・私　A5判・280頁　¥820
Ⅰ革命はなぜ必要であったか？
Ⅱ革命2年間の報告
Ⅲ革命の中間決算
Ⅳ世界史に浮き彫りされた革命の各態様
Ⅴライン河の奇蹟と不死鳥のドイツ民族
Ⅵわれわれと米・日関係
Ⅶ祖国は統一されるだろうか
Ⅷわれわれは何をいかにすべきか

③主要演説集　A5判・380頁　¥900
Ⅰ協同の大洋に結集しよう（外交）　一つの亜細亜・ほか
Ⅱ前進する歴史の潮流の中で（社会・文化）　勝利は未来に生きる側にある・ほか
Ⅲ炬火は燃えている（産業・復興・経済）　人間の近代化、生活の近代化・ほか
Ⅳ自分の国は自分の力で（反共・愛国・国防）　自主国防の源泉地・ほか
Ⅴ着実な前進（政治）　新しい共和国の朝は明けた・ほか

鹿島研究所出版会・発行
107 東京都港区赤坂6-5-13 電話582-2251

祖国繁栄の構想にふける著者

社会・文化ニュース

春の遠足

"遠足の前の夜はなかなか眠れませんでした。雨でも降りはしまいかと心配になったからです。朝起きてみたら良いお天気なので嬉しくてたまりませんでした。お友だちと歌をうたったり，お菓子やおべんとうを分け合って食べたりして楽しい1日をすごしました。"

――ある学童の日記より――

봄소풍

"소풍가기 전날 밤은 잠을 못잤읍니다. 비가 올까 봐서요. 다행히 날이 아주 좋아서 너무 즐거웠읍니다. 처음 사귄 동무들과 노래도 함께 부르고 음식도 나누어 먹고 재미있게 하루를 보냈읍니다."

――어느 국민학교 학생의 일기에서――

第15回「新聞の日」記念式典
言論の自由守護を強調

第十五回「新聞の日」の記念式典が七日午前十時半、韓国新聞協会、韓国編集人協会、韓国通信協会、韓国記者協会など四個言論団体の主催で、ソウル新聞会館で行なわれた。

この日、元璟洙編集人協会会長は開会辞を通じ「われわれは現在二つの圧力に直面している。一つは多岐にわたる勢力が報道批判の自由を抑制している事実であり、もう一つは社会各層の欲求を、あまねく充足させられぬことから読者からの批判の声である。言論不実の現実を自覚、経営者、編集人記者が団結し、この二つの圧力を解決しようではないか」と強調した。

つづいて張太和新聞協会会長のあいさつと、朴大統領の祝辞（申範植文公長官代読）が寄せられた。この日の記念式典では、言論の自由に立ちふさぐるが諸圧力をはねのけることをたしかめ合う別項のような宣言文を採択した。

正しい価値観 倫理の確立を
朴大統領が祝辞

朴正熙大統領は七日、新聞会館で行われた「新聞の日」の記念式に、要旨次のような祝辞をおくった。

一、言論が社会気風を刷新、正しい価値観と倫理確立に至る多様な領域で生産的機能を発揮することを期待する。

一、目下、わが国の言論界にはたされた使命は重大である。国民の希望と勇気をもたせることに、一層の奮発が要求されている。

一、健全な与論形成の役割をにない、国家発展の一翼を担当しなければならない。言論が理性と良心に背を向け、分別のない感情のとりこになったときには、国家発展と社会正義は大きな危機におかれよう。

不当な干渉断乎粉砕 宣言全文

本日、われわれ全国の新聞人は固い団結をもって、自由言論への執拗な挑戦をはねのけるため決意を新たにする。

実に、われわれが警戒すべきことは、外から加わる不法、不当な干渉や破壊的脅威、内ではめばえつつある挫折、自潮、独善的傾向だとわれわれは規定する。われわれは言論自由の守護に透徹するほど、その倫理性と責任感に徹底しなければならないという原則を十二分、認識している。

この両大命題のため、われわれは去る数年間、言論の自由を守る果敢な闘争を展開する一方、冷徹な自我批判もつみかさねてきた。そして言論を規制しようとする諸立法の企てを打ちくだき、言論の自由をおびやかすさまざまな事件にも不屈の闘志で闘ってきたし、又われわれみずからの説に対しても自省と自責の節度を失わなかった。

われわれは丁度五年前の今日、第十回新聞の日の宣言文を通じ、韓国新聞の一大転換を意味する「体質的抵抗の姿勢と生理、そして冷笑的な習性からの脱却」を前提「建設的で指導的な努力」を新聞の第一義的使命として規定、確認した。この信念があるゆえ、われわれはさまざまな現実的逆境と製作上の難関の中でも国家社会発展を希願する一念でしのび、ただ与えられた時代的使命の完遂のため全力をつくしてきた。それにもかかわらず、われわれは自由言論の暢達を阻害する新たな形態の脅威があらわれる局面に会い、非常な決意でこれを打開してゆかねばならなかった。したがってわれわれは、特定の政治勢力、集団、階層にかかわらず、不法不当に言論に干渉しようとするいかなる試図にも断乎とした姿勢で粉砕してゆくであろう。

あわせて、より国民の与望に応え「知る権利」を充実に保障するため、肯定と否定の態度を明白にし、正々堂々と意思を表示し、自己の主張と反対である見解にも謙意をもって傾聴することを知る、新たな気風を確立、読者が共通していだく不満を解消するのに力を注ぐであろう。

われわれは、このように当面の目的達成に向って発行人、編集人記者が固く団結し、邁進することを第十五回新聞の日を迎え、天下に宣言するものである。

五百ドルへ引上げ
韓日間郵便為替送金額

逓信部は七月一日から、韓・日間の国際郵便為替送金限度額百ドルを五百ドルに引上げる一方、五月一日からは西独と、十月には米国およびカナダと郵便為替業務を開始することにした。

逓信部は昨年十月一日から韓・日間の国際郵便為替制度を実施してきたが、以来さる三月末までに三千七十三件、二十七万六千五十ドルの実績をあげた。

古美術品の競売展示会
ソウルで初めて

韓国では初めての古美術品競売がソウル・新世界百貨店で実施された。書画、陶磁器、木器など展示品の百七十点が即席で全部売却された。この競売は韓国古美術協会（会長＝金正雄）の主催によるもので、六日間の展示会を経た後、三日午後に実施された。

この競売では、珍貴な古美術品を一所に集めて一般市民に鑑賞の機会を与えるとともに交換の便宜を図る趣旨だったが、二百名余りが参加した中で、最高落札価は、〃阮堂〃金正喜（秋史）作の〃行書八曲屏一双〃の六百二十万ウォンで、競売総額は七千四百八十一万五千ウォンにのぼった。

なお、陶磁器で最高値で売られたのは、李朝白磁辰砂花紋八角壷で、これは四百八十万ウォンであった。

ソウルの映画観客 四八・六％に減る

韓国映画輸入者協会が文化公報部、国税庁、全国劇場連合会など関係機関とともにまとめた統計によると、七〇年度の全国映画観客数は、前年に比べて二・一％の人口増加にもかかわらず、九・六％減っている。これがソウルの場合はいっそうひどい減少率を示しており、六九年度に約七千七百万人だったのが、七〇年度には四千百万人に減り、七・一％の人口増加にもかかわらず四八・六％が減少している。

なお、このような映画観客減少の現象はテレビ・ブームのせいだといわれる。

長期勤続公務員に 年功加算制を実施

政府は公務員の報酬体系を全面的に改編し、四月一日から公務員報酬を一律に一五％引上げ実施したが、来年からは長期勤続公務員優待するための年功加算制を実施する。

自由大韓の声 放送プロを改編

ソウル中央放送局国際放送の「自由大韓の声」のプログラムが、四月一日から改編された。

この第二放送（海外放送）は六ヵ国語で一日十六時間四十五分にわたって放送されており、東南アジアはじめ、ヨーロッパ、アメリカなど各国へ発展する韓国の真の姿を知らせているものである。

中央放送局国際課は、海外の聴取者を約四百十八万人と推定しているが、海外聴取者からの手紙が昨年は四千百八十一通にのぼったという。

これを国別にみると、日本千八百二十一通、アメリカ千四百二十七通、スカンジナビア百九十四通、オーストラリア百五十六通、ニュージーランド百四十四通、イギリス八十六通、カナダ八十三通、中華民国五十六通、西ドイツ四十九通、南アフリカ四十三通の順で、このほかフランス、オランダ、イタリア、マラヤ、南米などからも続々と舞い込んでいる。

韓哲模国際課長によると、外国人は韓国の発展相と韓国の紹介番組に関心を示し、日本人は韓国の民謡と時事解説など、アメリカ各地では政治問題に、ヨーロッパでは韓国の固有文化により強い関心を寄せているという。

李中央団長の長男李鳳来君も活躍

KBS国際放送では、李禧元民団中央本部団長の長男李鳳来君や、ことしソウル梨花女子大生活美術科を卒業した鷹順子さん（東京都八王子本町二ノ二）もアナウンサーとして活躍している。

「言論の使命」痛感
東亜日報創刊51周年 ＜社説＞

今日、内外情勢が多難をきわめる中で本報は創刊五一周年を迎えた。意義深いこの日を迎えもう一度、われわれ言論の厳粛な使命を痛感し、本報の宿命的な存在価値を力説するものである。

本報は、自由と抵抗の産児であり、去る五一年間、自由を闘い取り、不義に抵抗するわが民族の象徴であったものと自負したい。一九二〇年四月一日、七十八人の民族主義者が本報の創刊を決定したとき、彼らは本報が「韓国民族の表現機関」であることを自認したし、民主主義文化主義を提唱した。このことは、まぎれもなく、韓国近代史上、一つの革命的出来事であったと規定できる。

すなわち、日帝の統治下で民族主義のタイマツをかかげ、民族の光復を叫んだこと、外国専制主義治下であえて民主主義を標榜し、民族の進路を提示したこと、そして最後に文化主義をかかげ、伝統社会の旧習を打破し、近代社会建設を促進する啓蒙運動の先頭に立つこと―この三つの社是の実践は、たんなる一民間新聞社の行動方針というより、わが民族が進むべき道を先導する指導理念であった。又このような本報の社是は五一年を経た今日に至っても不滅の真理だと自信をもっていうことができる。

現時点において去る五一年間本報が歩んできた試練と苦難の歴程に関し、自讃するつもりは毛頭もない。ただ、一言強調したいことがあるなら、去る五一年間、状況が異り、時代が変化したのにも拘らず、自由を叫び不義に抵抗し、民族の声を代弁し、民族の良心を明らかにすることに、本報の宿命的役割があったということである。われわれが果して、常にこのような宿命的役割を十二分、つくしたかということには、われわれとしても感ずる所がないわけではないが、この点、皆さんの善意的理解と積極的な声援をのぞんでやまない。

このことに関し、もう一言つけ加えたいことは、国民の期待が余りにも多く、また多様なものであるゆえ、そのような期待にそうよう万全を期するということも決してたやすいことではない。

今日、国民の第一次的期待は真実の報道と公正な評論にあると考える。自由で公開された西欧社会において、このようなことはこれといった制約も受けず純然たる新聞みずからの責任下で、実践することができる。しかし、開発途上国においては、すべての問題が、そうたやすく考えられないことを是認しなければならない。このような後進性は必ず、そして早急に克服されなければならないと確信、自由で責任のある言論の確立に微力ながら最善をつくそうとしている。

最後に、本報の基本姿勢を次の通り、明らかにするものである。すなわち、本報は継続、自由で民主的社会体制の具現作業の先頭に立つ。

本報はある個人や、ある集団に隷属されることなく、独立した立場で真実の報道と公正な評論を追求するであろうし、本報は国家の安全と民族の利益を積極擁護する。本報は、経済的発展と社会的改革など近代社会の建設に寄与し、本報は大衆の低劣な趣に迎合せず、健全な民族文化の発展を追求するであろう。

当面する選挙に対しても、これに、本報の基本姿勢が、そのまま適用されるであろう。すなわち独立的姿勢をとり、ある特定候補や特定政党の利害から超越し、真実の報道と公正な論評を期し、公正かつ明朗な選挙の実践を促進するであろう。

創刊五一周年を迎え、皆さんの声援をかさねて要請し、決意の一端を表示するものである。

◇

（註）東亜日報は一九二〇年四月一日に創刊号を出す。初代の社長は朴泳孝氏、発起人代表は金性洙氏、日帝の二五年間は民族の独立と自由を求め、健筆をふるい、わが民族の鏡となった。解放後、現在まで、一貫した自由民主主義の立場を貫いてきた韓国の代表的な言論機関である。現在の社長は金相万氏で全社長は十三代目の社長。発行部数は六五万部、東亜日報の他に、少年東亜十二万部、新東亜七万部、女性東亜十万部を発行、東亜放送も系列会社

奨学生募集要項

一九七一年度在日韓国人教育後援会奨学生をつぎのとおり募集する。

一、応募資格
(1) 在日韓国人として韓国高等学校またわ日本高等学校（東京、大阪、京都地区除外）ならびに大学、大学院在学生
(2) 学業成績が優秀で経済的理由で学費調達が困難な者
(3) 思想が穏健で健康な者
(4) 他の機関から奨学金を受けてない者

二、提出書類
(1) 本会所定願書（各地区韓国教育文化センター、または民団で交付）　三通
(2) 在学証明書ならびに校長または学長の推薦書　二通
(3) 成績証明書（新入生は高校成績証明書）　二通
(4) 民団の推薦書ならびに国民登録済証（永住権許可番号または申請番号を記入すること）　二通
(5) 写真（一枚は願書に添付）　二枚

三、募集人員　約一八〇名

四、応募期間　一九七一年三月二十五日～四月二十五日

五、支給額
自然科学系　月七、〇〇〇円
人文科学系　月五、〇〇〇円
高・校生　月三、〇〇〇円

六、書類提出処
東京都港区南麻布一―二―五
韓国大使館奨学官室内在日韓国人教育後援会事務局または民団中央本部文教局
（郵送の場合は封筒に「奨学生応募書在中」と朱書すること）

七、面接
書類合格者に限り面接を実施し該当者には追後通知する。

八、備考
詳細は本会事務局または民団中央本部に問合せること。

大韓民国居留民団中央本部
文教局
東京都文京区春日二丁目二十番十三号

在日韓国人教育後援会
郵便番号一〇六　東京都港区南麻布一丁目二番五号
電話四五三―九六五三・四五二―十六一一内線八一

朴正熙大統領の指導理念と、烈々たる愛国心！

朴正熙選集 全3巻

申　範植＝編集

全3巻セット価 ¥2,500

第1巻では大統領の指導理念と韓国の苦難の歴史を物語り第2巻では大統領の熱烈な愛国心と祖国統一に対する熱情を伝えている。第3巻では韓国の近代化と、明日に向かって前進する国民の先頭に立つ大統領の、自信と希望に満ちた演説を聴くことができる。　（全3巻同時発売中！）

①韓民族の進むべき道　A5判・260頁 ¥780
Ⅰ人間改造の民族的課題
Ⅱわが民族の過去を反省する
Ⅲ韓民族の受難の歴史
Ⅳ第二共和国の「カオス」
Ⅴ後進民主々義と韓国革命の性格と課題
Ⅵ社会再建(国家)の理念と哲学

②国家・民族・私　A5判・280頁 ¥820
Ⅰ革命はなぜ必要であったか？
Ⅱ革命2年間の報告
Ⅲ革命の中間決算
Ⅳ世界史に浮き彫りされた革命の各態様
Ⅴライン河の奇蹟と不死鳥のドイツ民族
Ⅵわれわれと米・日関係
Ⅶ祖国は統一されるだろうか
Ⅷわれわれは何をいかにすべきか

③主要演説集　A5判・380頁 ¥900
Ⅰ協同の大洋に結集しよう(外交)
　一つの垂細亜・ほか
Ⅱ前進する歴史の潮流の中で(社会・文化)
　勝利は未来に生きる側にある・ほか
Ⅲ炬火は燃えている(産業・復興・経済)
　人間の近代化、生活の近代化・ほか
Ⅳ自分の国は自分の力で(反共・愛国・国防)
　自主国防の源泉地・ほか
Ⅴ着実な前進(政治)
　新しい共和国の新は明けた・ほか

鹿島研究所出版会・発行
107 東京都港区赤坂6-5-13 電話582-2251

祖国繁栄の構想にふける著者

TOKYO⇔SEOUL――週11便

■毎日便PM16：30
■月・水・木・日曜便AM11：00

大阪⇔ソウル線 週9便■東南アジア線 週6便

東京⇔ソウル線が11便にアップ！従来の毎日便午後4時30分発に加えて月・水・木・日曜日には午前11時発。

ビジネスに観光にますます便利になった大韓航空のサービスはきっと皆様にご満足いただけることと思います。お客様のご要求をみたした週11便。ボーイング707／720大型ジェット機が快適な空の旅をお約束いたします。

大韓航空 KOREAN AIR LINES

●東京支店：東京都千代田区丸ノ内3丁目4番 新国際ビル TEL.216-9511～5 ●大阪支店：TEL.252-4044～5 ●福岡支社75-0156～7

在日本大韓民国居留民団
綱　領
一、우리는 大韓民国의 国是를 遵守한다
一、우리는 在留同胞의 権益擁護를 期한다
一、우리는 在留同胞의 民生安定을 期한다
一、우리는 在留同胞의 文化向上을 期한다
一、우리는 世界平和와 国際親善을 期한다

THE PRESS MINDAN TOKYO
THE KOREAN RESIDENTS UNION, IN JAPAN, TOKYO OFFICE
「韓僑通信」改題
在日本大韓民国居留民団東京本部発行日本語版週刊紙（購読料１カ月100円・特別1000円）
（1965年７月27日第３種郵便物認可）

民団東京
THE PRESS MINDAN TOKYO

５月12日 <1971>
週刊・毎水曜日発行
第２４４７号

発行所
民団東京新聞社
発行人　鄭　在　俊
東京都文京区本郷３丁目32番７号
電話（811）1535（代表）
〒133　振替口座　東京１６６３１番

東本，第９回地方委員会ひらかる

在日同胞の福祉向上へ
新年度活動方針・予算案可決

東京本部第九回定期地方委員会が四月二十八日午前十一時から東京・荒川の東京商銀荒川支店会議室で開かれた。同地方委は昨年十月開催予定のものが、永住権申請促進、万博後援および招請など重要事業の遂行に全組織を結集、動員していたため三機関連席会議、執行委などの了承のもとに延期されていたもの。会議は一九七〇年度の議決、執行、監察の三機関経過報告のあと質疑応答では熱のこもった、真剣な論議を繰り広げたすえ、これらの報告を承認、さらに七一年度活動方針および予算案を審議、万場一致で執行部原案通り可決、採択した。（3・4・5・8面に関連記事と写真）

東本、第９回定期地方委員会ひらく
（あいさつをのべる関議長）

会議は許南明組織部長の司会のもと、国民儀礼のあと文秀商文教部長の「在日韓国人教育憲章」朗読に次いで梁昌玉副議長が開会のあいさつ。さらに委員点呼のあと関泳相議長が「委員五十八人のうち三十人（開会時）の過半数以上が出席、規約第三十六条に基づき地方委員会が成立した」ことを宣言、議長あいさつにはいった。

関議長は「民団は在日同胞のための自治団体として同胞の権益擁護を目的としている。在日同胞から遊離した民団は存在価値がない」。さらに「同胞の自由と幸福人権と生活権、企業権を擁護するには、まず民団は自治権の確立、そしていかに小さな不正腐敗という事も、これを一掃するため姿勢に、団運営に対しても、いかなる外部の圧力や介入をも受け入れてはならない」と述べた。

次いで鄭在俊団長があいさつに立ち、過去二年間は創団二十五年以来、国内外とも多事多難なとした。特に民団は永住権取得推進、万博後援および招請の二大事業のため多忙をきわめ、同事業推進における三機関はじめ各支部事務部長、役職員、傘下団体役職員らの献身的な努力と労苦に謝意を表し、永住権申請事業で首都東京で申請数三万五千余人、全国で三十五万人を突破したことを評価した。また、同事業推進の功労で本国政府から国民勲章を授与されたことに触れ「私が頂くのは恥ずかしいものを頂いたに過ぎない」と述べ三機関はじめ各支部団長がともに苦労し努力したことで、皆さんの現在この問題について表彰されていない支部団長にも叙勲されるよう大使館に要請中であることを明らかにした。

さらに鄭団長は「さきの第三十四回中央委員会でも民団の基本方針が打ち出されているが、永住権申請者三十五万人突破を背景に、われわれの組織は名実ともに在日同胞を代表するもの」と強調し、「今後、申請者全員が許可されるよう関係当局に働きかけるなど事後処理の問題、国民登録の申請促進、同胞の権益擁護と民生安定のため全力を尽してほしい」と要望した。

また徐興錫監察委員長も「同胞の民生安定、人権擁護のため、われわれ自ら民間外交を積極的に押し進めるべきだ」と強調したあと「今回の叙勲について、鄭団長は固く辞退したのを懇請して思い止まらせたが、心から受賞を喜びたい」と述べ、委員一同から惜しみない拍手を受けた。

このあと金仁洙顧問が「さきの民団中央大会でも不正を不正として裁けない現状を憂慮する一人だが、東本地方委員会こそ良識と良心をもって団員の福祉向上と民団の未来のため、奮闘してほしい」と激励、また辛容祥中央本部副団長の「東京は日本の首都、東京本部の活動は全国から注目され指標となっている。この重大な使命を自覚してさん新な活動方針を打ち出してほしい」と述べ、李寿成中央監察委員長、宋基鶴東京韓国学校長の来賓あいさつが続いた。

ここで関議長が、さきの民団中央大会後、中央監察委員に選任された金載淑氏は規約三十一条に基き自動的に副議長を辞任することになったと報告、これを了承した。

このあと一九七〇年度の経過報告にはいり、議決機関から梁昌玉副議長に次いで執行部から、総括（鄭団長）組織（許南明部長）総務（申秀鉉部長）経済（羅鍾卿副団長―兼任）民生（李泰術部長）文教（文秀商部長）宣伝（李杞雨部長）の各部、監察委員から金相権監察委員の順で報告が行なわれたあと質疑応答にはいったが、質問する側と答弁する側がいずれも熱心な論議を繰り広げた。特に団員の生活権につながる事業協同組合の組織税務対策、民族財産の管理と保護永住権申請満了後の事後処理問題、入管法案に対する対備策、民族教育、機関紙などに関する問題に活発な議論が続き、結局各報告を承認した。

このあと鄭団長から第十八回中央委の決定事項についての報告がありいったん休憩。

午後二時に会議再開後、鄭団長から永住権申請促進運動に功労のあった役職員と十年勤続の実務者に対する表彰が行なわれた。

引き続き会議は一九七一年度活動方針案（第一号議案）と同予算案（第二号議案）の審議にはいり羅副団長が活動方針案を読み上げたあと、企画（李永三委員長）組織（趙活俊委員長）経済（崔学林委員長―欠席のため羅副団長代読）民生（李鍾洛委員長）宣伝（高昌宋委員長）文教（金尚弘委員長）の各分科委員会の報告を受けて、これらを審議、原案通り可決・採択した。次いで新年度予算案（総額五千百五万六千六百円）をも可決・通過させ、午後六時ごろ閉会した。

お知らせ

第九回定期地方委員会の開催ならびに四月二十九日からの連休などにより本紙四月二十八日号は休刊、本号は五月五日号を合併し八ページに増面しました。

なお、本号の主なる記事はつぎのとおりです。

２面＝４・27選挙関係記事
３・４・５・８面＝東本 第九回 定期 地方委員会関係記事ならびに写真特集
６面＝兪錫濬選挙対策本部の声明ならびに同声明に対する大使館の発表文など

民団東京新聞社

兪選対声明は〝怪文書〟
「これらの人物は粛清する」……
李中央団長が記者団に語る

記者会見する李団長

民団中央本部の李禧元団長は七日午後一時、東京・赤坂の「二龍」で記者会見し、兪錫濬選挙対策本部の声明書に関し「[illegible]名前も出ていないので、これを〝怪文書〟とみなす」と前置きして「その内容は、あまりにも不本意である」と説明した。また金公使から「反民族的行為をした」とされた裵東湖韓国通信社長の問題については「一段階、二段階と段階をふんで、そのような人物は〝粛清する〟」と発言、今後、これら問題の真偽をめぐって同胞社会に大きな波乱としこりを残すことが必至とみられる。

なお、李団長の発言要旨次のとおり。

▽兪錫チユン選挙対策本部の声明書について　一、予想しなかった文書が出回って驚いている。大会も終わったし、兪選挙対策本部もありえないし、声明書に責任者の名前もないので、これを〝怪文書〟とみなす。

一、内容はあまりにも不本意なもので、まず国家権力をかりて規約改正し、民団を中央集権的な機構に改編しようと企てたことはない。永住権申請者三十五万人突破を契機として、これに適合する規約改正を行ないたいと思っただけだ。

一、例えば①全国地方本部、支部など団長と名の付くものが多すぎる②民団の名称が長ったらしく四十万民団に〝団〟というのもおかしい③地方本部事務局長が団長が変わるごとに換えられるので任命制にしようとした――などで、規約改正はそう簡単にできるものではない。

▽裵東湖氏の問題　一、録音テープ以外にもっと重要なことがある。当事者と責任ある民団関係者を集め問題のテープを聞き、これを契機に、このような人物は一段階、二段階と段階をふんで民団から〝粛清〟するつもりだ。そのような人は民団でなく、朝総連で仕事すればよいだろう。

一、録音テープの〝公開〟は機密に属するので討論人を参加させるわけにいくまい。

▽その他の問題　一、民団のもとに団合させるため、有志懇談会、尚親会、正民会などの解散を呼びかける。

一、本国のきたる国会議員選挙で、共和党、新民党とも在日同胞を全国区候補に公薦したことは同胞を評価したものだ。

一、公薦された本人たちが在日同胞の問題を本国に訴えるのはよいが、在日同胞社会にもちこまないでほしい。民団の団結に水をさすことになるので――。また、ここで後援会のようなものをつくって活動するのは好ましくない。

25日に総選挙

政府は、国会議員選挙を五月二十五日実施と決定、これを五月三日に告示した。

国会議員は二百四議席のうち、地域代表として百五十三議員（一選挙区一人）が投票によって選ばれ、残る五十一議員は各党の得票比率で配分されることになっている。共和・新民両党はすでに百五十三選挙区の立候補者を公薦しており、各区で大統領選と同時に各自の運動を進めてきた。

なお、与党の共和党は大統領選で圧勝した余勢をかって、国会でも安定勢力の獲得を図っているが、これにたいし、新民党は三分の一議席をねらっており、こんども二大政党の激しい選挙戦が展開されることになりそうだ。

人情有感

李禧元中央団長は、このほどの記者会見において「組織を混乱さす分子は段階的に粛清する」とすこぶる穏やかならぬことを平然と言いのけた。

どのような行為が組織を混乱させることなのか？われわれ凡人はよくわからないが、それにもまして「粛清する」という言葉がとびだすに及んでは、どこかの暗黒社会でよく使われている言葉だなということが彷彿されていささか寒いものである。▼いかなる社会においても全体を害する犯則者は処罰されるが、わが民団においても組織を犯す反則者の処分については一定の手続きにしたがい制裁を加えることが規約に明示されている。李団長の言う「粛清」とは、この規約を越えるきびしいもので同胞の団結を阻む要素ともなりかねない行為でありいやしくも親睦自治団体の長の言うべき言葉ではない。▼しかも「段階的に粛清する」というからその対象は単数ではなく複数である。永住権三十五万で民団組織も巨大に強化拡張されるものと思っている矢先、こんどは粛清の嵐が吹きはじめて組織の衰微を招いては、一線組織員たちの苦労も南無阿弥陀仏である。一体、組織反則者の規制については監察機関が厳然として控えており、それに使われる適切な用語もあるのにもかかわらず、あえて「粛清」というおそれた言葉を使わねばならない理由は奈辺にあるのか？▼赤い傀儡金日成は、自分の気に入らぬ者は血の粛清を断行したといわれる。まさか李団長が金をまねたともあるまいに〝粛清〟という言葉そのものにいやアーな気がする。いくら共産主義が認められているこの日本に住んでいるとは言え、彼らが好んで行使するこの種の言葉は、われわれの社会からは、抹殺しようではありませんか？

大統領選挙後の政局展望
問題点の解決と公約の実践へ

四月二七日行われた第七代大統領選挙は、嶺南地方（慶尚南北道）を選挙地盤にした与党の民主共和党の勝利で幕を下した。大統領選挙につづいて息つく間もなく、国会議員の選挙に入る国会の新たな勢力分布も、七〇年代の初盤を方向づける重要な意義をもつが、何よりも大統領選挙戦で浮き彫りにされた問題点の解決と執権公約の実践、そして新たな政局展開に関心の焦点がしぼられている。

地域感情の解消緊急

今回の大統領選挙が残した最大の問題点は、慶尚道と全羅道の地域感情の深化現象である。そもそも、地域感情問題は今回の選挙において初めて台頭されたものではない。韓国における出身地域に基づく差別意識の根は深い。とりわけ今回の大統領選挙のように与党の大統領候補が慶尚北道出身で、野党候補が全羅道南出身であったため選挙戦において、この地域感情をいかに解消するかが大きな問題点であった。そのため、選挙期間を通じ、与野党は共に表面的には、この地域感情の解消を強く主張したが、選挙戦の終盤にさしかかっては、むしろ、この地域感情をあおったものも事実である。

重大なこのような国民意識は、選挙の結果、実に憂慮せざるを得ない事態をつくり出してしまった。地元出身の候補者を選出するという、愛郷心の発露のように考え込ませたすえ小さな国土を今度は国民意識の側面で分裂させた。国民的一体性の次元でみて、このような現象は一日も早く解消しなければならない重大問題といえる。この地域感情の解消問題は、執権三期にはいる共和党政権の最優先課題である。

朴正煕大統領の執権公約は、北傀と対決する安保と統一基盤造成、第三次五カ年計画を主軸とした経済建設、そして目下の社会問題として、新民党の金大中候補から手きびしい批判を受けた「不正腐敗」の一掃問題である。中でも朴大統領は、不正腐敗問題を、責任をもって除去すると約束した。この不正腐敗問題が、今後四年間で根絶できるか否かということには、最大な注目が注がれている。

四・二七大統領選挙の政局後の展開は一言では規定しがたい。五月二十五日に行われる国会議員選挙で議席の分布がどのような様相を示すかによって異なる。

焦点は大統領後継者

朴正煕大統領は選挙日の前日、ラジオ放送を通じ四選不出馬を宣言、今後の四年間で後継者の育成と野党の受権態勢支援に協力することを約束したが、この公約、今後どのような方向に展開されるかに国民の関心が集中している。朴大統領の後継育成問題に対する具体的構想について今の、ところ知る余地がない。しかし、一つの予想として展望しうることは、これからの執権党内部には、この朴大統領の公約を中心とした党の再編が行われるということである。目下のところ、朴大統領の後継者として候にあがっている人は、金鍾泌副総裁、丁一権前総理、白南檍議長、吉在号事務総長、金成坤財政委員長、李孝祥国会議長らである。なかでも国民的人気という面では金鍾泌氏が群をぬいているが、共和党内の反金派勢力の伸張が金氏の後継には絶対反対の立場を強めるものとみられている。

今度の選挙遊説でも金鍾泌氏は、朴大統領に代って全国をくまなく遊説、その功績は共和党内の反金勢力にとってもあなどりがたい。金氏自身、今までは何一つ党内のことについて口出していないが、総選挙後、金鍾泌氏に対する朴大統領の配慮がどのような形態であらわれるかによって、金氏の動きが決まることになろう。この金氏に対する表面的対抗馬としては丁一権氏の名があがっているが、政界筋では丁一権氏より、吉在号氏の台頭をほのめかしている。その他、朴正煕大統領の手足となって忠誠をつくしている李厚洛中央情報部長、金戦圭保安司令官の去就も注目の的である。朴大統領の後継者競争は国会議員の全国区候補公認で、その輪郭をあらわすものとみられている。

新民党は党権争いへ

政権交替を旗印に一時は、与党を窮地にまで追い込んだ第一野党新民党は、予想外の敗北で意気消沈の状態におかれている。一般的予想としては、再び党の主導権争いが表面化するものとみているが、今まで柳珍山党首の主流派に対し、反主流派の立場であった金大中氏が、大統領選挙を通じ、柳党首と密着、反主流派として党内に残っている人は、李哲承氏、鄭一亨氏らである。問題は金大中氏の去就と、今度の大統領選挙を不正選挙と断定した党の与党対策によって、その方向が左右されるものとみられている。

おそらく、金大中氏は大統領選挙の不正事実をたてに、国会議員選挙でも、与党と朴正煕大統領を徹底的に批判、対与闘争をくりひろげることになろう。

共和18番に権逸氏
新民15番金載華氏
全国区、金今石氏も公薦に

共和・新民両党はきたる二十五日実施される八代国会議員選挙の候補登録締切り日である六日、全国区候補公薦者名単を確定、中央選管委に登録した。

共和党は40名、新民党は33名の全国区候補を公薦したが、こんどの総選挙で51席の全国区議席を共和と新民が両分するものと予測しておりその場合、総得票数をもって決定される第一党は、最低26席から34席まで、第二党は最低17席から最高25席まで当選させることができる。

なお、こんどの総選挙に参加する４ケ群小政党のうち国民党は14名、大衆党は７名、民衆党は13名、統社党は14名の全国区候補名単を中央選管委に登録した。

共和・新民両党の全国区候補名単はつぎのとおりである。

＝共和党＝
①金鍾泌 ②丁一権 ③白斗鎮 ④吉在号 ⑤金烔旭 ⑥権五柄 ⑦黄鍾律 ⑧李東元 ⑨李鍾雨 ⑩劉鳳栄 ⑪洪承万 ⑫毛允淑 ⑬禹竜洙 ⑭李海浪 ⑮姜榮奎 ⑯康誠元 ⑰文昌鐸 ⑱権逸 ⑲金振斗 ⑳申光淳 ㉑朴泰元 ㉒朴澈 ㉓全廷九 ㉔張徳鎮 ㉕李道先 ㉖金賢淑 ㉗片貞姫 ㉘金玉子 ㉙魯進煥 ㉚林忍采 ㉛咸在勲 ㉜沈貞燮 ㉝李英鎬 ㉞金今石 ㉟朴完教 ㊱朴貞子 ㊲黄在洪 ㊳韓元傑 ㊴蔡映錫 ㊵鄭東星

＝新民党＝
①柳珍山 ②金大中 ③洪翼杓 ④金弘壱 ⑤金義沢 ⑥柳青 ⑦鄭憲柱 ⑧李鍾南 ⑨李世圭 ⑩片容浩 ⑪金俊燮 ⑫蔡汶植 ⑬李相祚 ⑭李道煥 ⑮金載華 ⑯金竜星 ⑰李弼善 ⑱呉世応 ⑲劉瑆範 ⑳鄭圭憲 ㉑李大雨 ㉒呉洪錫 ㉓朴鍾律 ㉔金胤徳 ㉕朴哲容 ㉖金済万 ㉗康承三 ㉘崔寅 ㉙朴竜亀 ㉚黄鎬東 ㉛崔正沢 ㉜崔相徳 ㉝安鍾鎮

本号８ページ

朴正煕大統領の指導理念と、烈々たる愛国心！

朴正煕選集 全３巻
申　範植＝編集
全３巻セット価 ¥2,500

第１巻では大統領の指導理念と韓国の苦難の歴史を物語り第２巻では大統領の熱烈な愛国心と祖国統一に対する熱情を伝えている。第３巻では韓国の近代化と、明日に向かって前進する国民の先頭に立つ大統領の、自信と希望に満ちた演説を聴くことができる。（全３巻同時発売中！）

①韓民族の進むべき道　Ａ５判・260頁 ¥780
Ⅰ人間改造の民族的課題
Ⅱわが民族の過去を反省する
Ⅲ韓民族の受難の歴史
Ⅳ第二共和国の「カオス」
Ⅴ後進民主々義と韓国革命の性格と課題
Ⅵ社会再建(国家)の理念と哲学

②国家・民族・私　Ａ５判・200頁 ¥820
Ⅰ革命はなぜ必要であったか？
Ⅱ革命２年間の報告
Ⅲ革命の中間決算
Ⅳ世界史に浮き彫りされた革命の各態様
Ⅴライン河の奇蹟と不死鳥のドイツ民族
Ⅵわれわれと米・日関係
Ⅶ祖国は統一されるだろうか
Ⅷわれわれは何をいかにすべきか

③主要演説集　Ａ５判・380頁 ¥900
Ⅰ協同の大洋に結集しよう(外交)
一つの垂棚車・ほか
Ⅱ前進する歴史の潮流の中で(社会・文化)
勝利は未来に生きる側にある・ほか
Ⅲ炬火は燃えている(産業・復興・経済)
人間の近代化、生活の近代化・ほか
Ⅳ自分の国は自分の力で(反共・愛国・国防)
自主国防の源泉地・ほか
Ⅴ着実な前進(政治)
新しい共和国の朝は明けた・ほか

祖国繁栄の構想にふける著者

鹿島研究所出版会・発行
107 東京都港区赤坂６－５－13 電話582－2251

三選された朴大統領という人物

朴正煕現大統領（民主共和党）は対抗馬の金大中候補（新民党）を百万票近く引離して三選された。朴候補の勝因は一言でいえば現職の強みであろう。つまり強力な中央集権組織のもとに、末端までの行政機構をがっちり固めて勢力を浸透させたこと、ならびに過去十年の〝実績〟がものを言ったのである。韓国経済の現状については批判もあるが、第一次、第二次の五ヵ年計画を通じて近代化の基礎を築いた点は高く評価されており、これが票に結びついたようだ。結局、選挙民は「安定と成長」を選んだというわけだ。これで朴大統領はまた向こう四年間、執政の座につくことになったが、この〝朴正煕〟とはどういう人物なのだろうか。

そろって公式会場に出席した朴大統領夫妻

第七代大統領に決定した朴正煕大統領は、六七年第六代大統領に就任したとき「私の念願はこの国から貧困を追放し、統一祖国を建設することである」と語った。この朴正煕大統領はいま、執権第三期を迎え、五・一六革命からすれば十年、民政移譲後からは八年間、この国を治めてきた。

清廉潔白な決断の人
夢は貧困追放と祖国近代化

野党はこんどの四・二七選挙戦では終始、長期執権に伴う問題点を指摘して攻勢に出ていた。こうした中で三選改憲とともに、彼がいま一度、向こう四年間の国政を担当したいと決心したのは〝祖国近代化〟というビジョンに対する彼の強い使命感と執念があったためだと側近たちは説明している。

しかし、実際のところ朴大統領がこのような決心をして出馬を決めるまでには一個の人間として人一倍の苦悩を経なければならなかったようである。

苦悩の後〝むずかしい道〟を選ぶ

一九六九年、執権層の内部一角で改憲論議が漸次に大きくなり、陽性化されて行ったとき、朴正煕大統領はこれに対する決断をせまられたが、このときの苦しみは彼の一生のうちでも最大のものだったようだ。彼は来る夜も明けた昼も幾日も寝ずに熟考を重ねた末、家族が引きとめるのをふり切って〝むずかしい道〟を選ぶことにしたのだと、そのころのことを側近たちは〝大へんな苦悩の後の決断だった〟と語っている。

朴大統領自身も当時「人ひとが何といっているかはよく知っている。私自身も私と家族の安逸だけを考えるならば何が栄誉であり、どの道が平安であるかについて知らぬわけではない。しかし、国の運命とこれに伴う責任を〝ないがしろ〟にはできぬという瞬間の上に自分が立っていることをさとった。従って〝むつかしい道〟であるということを知りながらも、いま一度いばらの道を歩むことに決めた」と、その心境を語ったものだった。

朴大統領が過去十年間にくり広げてきた経綸（りん）の大綱は一口でいうと「祖国近代化」という彼の信念の集約することができよう。彼は〝わが民族の進む道〟という著書の中で「前近代的要素、いいかえれば半封建的で半植民地的な姿勢から祖国を解放させるという近代化作業が当面の課題である」と述べ、さらに「それはほかでもない。国民を貧困から解放し自立経済と自主国防の基盤をつくって祖国統一という民族的宿願を達成することだ」と説明している。

彼はこのような課業を遂行する上において西欧の伝統的民主主義制度の盲目的な移植には反対しており、〝民族の歴史的伝統にそぐう民主主義土着化〟を目指し、同時に「政治指導者の強力なリーダーシップの確立いかんは近代課業の成敗を分かつカギである」ことを力説している。

開放体制と大量の借款

このような彼の政治哲学の基礎は民政後八年の間、彼の施政方向と政治情勢に対処するさい、一貫した論理として投影されてきたし、また、その根底をなすものとして彼は経済発展にあらゆる精力を注いできた。

とくに彼は「近代化すなわち工業化」とみて、韓日修交、ベトナム派兵などをはじめとする開放体制とともに外国借款を大量に導入し、元利金償還に伴う問題提起のなかでも年平均一〇％に及ぶ経済成長の基盤を達成してきた。こうして彼は多辺外交を通じて国際的イメージを大きく浮きぼりにしたし、一方経済外交においても多大の成果を上げたと評価されている。

彼の施政追求は精力的でかつ意欲的であるが、それはいわゆる〝確認行政〟からしてもうかがい知ることができる。彼はさる八年間、全国津々浦々までをその足で訪れ施策の状況をみずからの眼とからだで確認した。そして彼は、その途上にある人びとに激励を与え、彼は行く先々で「貧乏を退治してよりよく生きよう」と呼びかけながら、農民たちに自助の精神と創意性を鼓吹した。

強力なリーダーシップで安定基調

また朴大統領は第六代大統領に就任した直後から昨年六月までに一日平均三十件総三万六百四十五件の文書を処理し、一日平均十四名総二万二千六百四十六名の人士たちと接見した。さらに会議は一日平均一回で総六百六十五回、また出張は一日平均一回、百十五日、総五百七十回、十二万五千九百四十六キロ、そして総五万九千百三十件の書類および請願書を処理するという精力的で勤勉な大統領としての一面をみせてくれた。

一方、大統領という〝指導者像〟に対して野党の批判はいうまでもなく、与党内一部でさえも不満をもらすものがなくはなかった。また彼の課業遂行過程において試行錯誤や黒星などが全然ないわけではなかったが、その間強力なリーダーシップのもとで経済発展の成果と共に党内外の政治的安定基調を構築することに成功したという事実だけは誰も否定することのできぬことである。

彼が一貫して希求してきた〝昔からの貧困追放〟と近代化への願いは決して偶然の発想ではないようだ。彼の歩んできた道、戦ってきた経験から、それは心底からの〝必然の構想〟ともいえるものだった。

私にとって貧困は師であり恩人だ

慶尚北道の善山の亀尾で貧しい農夫の七番目の、末っ子として生まれた彼は夢多かるべき幼年時代を貧乏と戦いながら育ってきた。

彼は時おり、国民学校で昼食を欠かさなければならなかったし、また学校までの二十里（韓国里は日本里の十分の一で約二里）という距離の田舎道をハダシで歩いて往復しなければならなかった。彼が小学校卒業と同時に大邱師範学校（官費）を選んだのも学費の負担を減らすことができたためであった。

彼は権力の座についたのちにこう言っている。「貧困は私の師であると共に恩人である。私はこの師であり恩人である〝貧困〟と、そしてこれに関連した問題からは二十四時間離れることができないのだ」と。

それから彼は貧困の退治こそ恩人に報いる道であり、〝近代化建設こそ師ののたもうた未来図だと語るのだった。

彼が一日として〝貧困〟から離れることができぬ……ということばどおり、彼から事実上、貧困が去ったのちも、その生活には何の変わりもなかった。彼は大権を握ったのちも、ずっと、倹素な生活がまるで身についてでもいるかのように、質素な暮らしをし、飲む酒はといえば、昔ながらの焼酎（ちゅう）であり、ドブロクであった。そして彼の素朴さと質素さはその品性の上にもはっきりとうかがわれた。

軍部で〝不正と妥協せぬ存在〟

彼は大邱師範学校を卒業したのち、しばらく教べんを取っていたが、さらにみずから学ぶ道を選び満州軍官学校と日本陸士を経て軍人となった。それから六三年八月三十日、ジッポ里で「二度とこの国で私のような不運な軍人がでないようにしようではありませんか」といって軍人に告別するまで――このとき彼は陸軍大将であったが、民政参与のため軍服を脱ぎ去った――ずっと軍人生活を続けた。しかし軍人としての彼は、そのひいでた能力に比し、運の良い方ではなかった。というのは、当時、自由党の政権下で腐敗していた軍部で、彼が不正との妥協を知らぬユニークな存在だったからで、このような竹を割ったような朴正煕はむしろ異端視されていた。

彼は不正腐敗の自由党政権を真っこうから批判することをためらわなかった。特に釜山の軍需基地司令官当時、三・一五不正選挙（一九六〇年）に対する彼の抵抗は大胆きわまりないもので、この選挙のとき、上部からの不正選挙指示をはっきりと拒否したのは、多くの指揮官のうちで〝彼一人〟だけだった。

彼は当時の軍部内で清廉な軍人として異色の存在であった。五・一六革命（一九六一年）断行のとき、彼の家族たちは生活費にも事欠き、もし彼の同僚の助けがなければ家族たちは餓死をまぬがれえぬところであった。

こうした彼の不正に対する抵抗意識と清廉潔白性が革命同志の糾合において彼を中心人物として推戴することになったのである。そして、彼の指導力と決断性は五・一六革命を成就させるのにもじゅうぶんに発揮され、革命を起こした当日、計画推進に若干のさてつが生じて同志たちがためらいの色を見せたとき、彼は毅然とした態度で「正しいことを行なうのに、なぜ、またもとの木阿弥（もくあみ）にもどろうとするのか――」とみんなを励まし先鋒（ぽう）に立った。

朴正煕はこれまで積重ねてきた彼の執権者としての権威とはうらはらに、その人となりは素朴で庶民的だといわれる。これは彼と間近に接した人びとの一致した評判である。彼はジェスチュアと誇張を嫌う。そして非論理的なことも好まない。

素朴な路傍の草木のような紳士

彼は、私的に対するとき、権力の座にある人というより、むしろ素朴な路傍の草木のような紳士である。そうした風貌と体臭を放つ彼は家庭ではよき夫、賢明な父である。権力の座というものは〝美しい監獄だ〟と表現したものがいるが、指導者としての朴大統領にそのような孤独の中にあっても、時間をみつけると、子女たちの成長に関心を寄せ、できる限り多くの時間を家族たちと共に持とうとする慈愛の父、善なる家長でもある。

彼はむすこの志晩君にせがまれて志晩君の通学する学校の父兄会に出席して、他の父兄たちを驚かせたこともあった。彼は夫人の陸英修女史との間に志晩君、槿恵嬢、槿暎嬢の一男二女をもうけている。

なお、著書には「国家と革命と私」「わが民族の進む道」「指導者の道」「民族の底力」（大英百科辞典ブリタニカ七一年度鑑の巻頭特別寄稿文）などがある。

東亜日報記者、李振義氏記（SISA）

朴大統領の三選なる
安定と成長に不断の前進へ

二十七日行なわれた第七代大統領選挙で、朴正煕現大統領（民主共和党）は第一野党新民党の金大中候補を九十余万票引離して三選された。朴候補は二十七日夜九時開票が始まると同時に出足から金候補を圧倒、ぐんぐんと票をのばして、独走する形勢を示し、金候補の優位だった金候補出身地の全羅南・北道と首都ソウルを除いた全地域で圧勝、特に朴候補出身地の慶尚南・北道では七対三という比率で金候補を大きく引離した。

こんどの選挙では総有権者一千五百五十五万二千二百三十六名中約八〇％が投票しており、投・開票のふん囲気は一部地域で投票用紙が紛失するなどの事故があったものの、比較的平穏であった。

こんどの選挙戦では当初七人が立候補したが、三十五日間にわたる選挙運動過程で共和党の朴正煕候補と新民党の金大中候補の対決に圧縮された。金哲（統一社会党）候補と成輔慶（民衆党）候補は途中で辞退、最後まで立候補を続けて戦ったのは朴己出（国民党）、李鍾閻（自民党）、陳福基（正義党）氏らだったが、得票はほとんどといっていいほどなかった。

朴大統領にとって今回の当選は三度目であるが、第一回の六三年十月は対立候補の尹潽善元大統領に十五万票の差で辛勝、第二回の六七年五月は百十六万票差で圧勝した。こんどもほぼそれに似た圧勝となった。

これで朴大統領はまた向こう四年間、最高指導者の座につくことになったが、彼の勝因は現職の強みや与党の民主共和党のガッチリした組織力と豊富な資金にもあったとみられているが、何といっても韓国の近代化にメドをつけたいとする彼の執念と過去十年の執権実績だったという評価である。

選挙期間中に、朴大統領は主要都市で九回の遊説をしたが、その中で選挙民に約束したのは①よりよい社会づくりのための経済建設②国民の生命と財産を守るための国防、③この両者を達成するための精神改革――の三点にしぼられた。

一方、野党の金大中候補は郷土予備軍廃止、米・日・ソ・中四ヵ国による韓半島の平和保障要求を含む安保問題などで独自のスローガンを掲げたものの、基本的には長期政権に伴う不正腐敗を追及、永久政権の懸念を指摘するなど鋭い政府批判 [illegible]

不正、黙認できない
・金大中候補声明を発表

新民党の大統領候補金大中氏は二九日、金相賢秘書室長を通じ声明を発表「長期不正政権に終止符を打つため、史上、類例のない国民の熱望は、無惨にもくじかれた。今回の選挙で朴正煕候補は百万票差で勝ったと報道しているが国民誰もが認めているように共和党政権が犯した不正票が百万票にとどまるだろうか」と述べた。また金候補は「朴正煕候補の勝利は決して正当なものでない。私自身きわめて淡々とした心情であるが今度の選挙で国民が示した平和的政権交替に対する熱望が、このような不法不正でふみにじられ、今や二度と選挙による政権交替ののぞみが絶たれたこの時点で、不法不正選挙の結果を黙認することはできない」と語った。

さらに金候補は「私は今後の行動に対しては、党と協議して決定するが、一つはっきりしていることは、私の身心は、すでに祖国と国民のため、ささげたものであり最後まで私の信念と責任を全うすることである。つづけて金候補は「四・二七選挙が三・一五不正選挙を上回る不正事実のうち、次に挙げる六つの事実は論争の余地さえない」と主張、その具体的事実として①与党は法定選挙資金である九億二千万ウオンの数十倍を使って、不正選挙を行った。新民党は法定資金の半額の資金も使えなかった②官権が総動員され選挙運動にかり出された③国家予算が選挙に使用され、地方事業も得票用に悪用された④野党系の有権者を大量に選挙人名簿からはずし、親与有権者は二、三重に造作した⑤投票当日、リレー投票、代理投票、大量記入投票、アイロン投票、立会人撤去などの不正を全国的に働いた⑥開票場で、与党の圧倒的優勢を伝え有権者にあきらめろ！と脅迫した……などである。

[illegible]

60万と共に祝賀
李駐日大使が談話文

李澔駐日韓国大使は二八日午後四時、朴正煕大統領の三選決定に対し、次のような談話文を発表した。

朴正煕大統領閣下は今回、国民の圧倒的支持で三選された。朴大統領の三選は、朴大統領の卓越した領導力と高邁な人格に対する大韓民国国民の信任の表現である。私は六〇万在日同胞と共に、朴大 [illegible]

つぎの選挙には出馬しない
朴大統領が表明

[illegible]

本国新聞論調

不正の声に心は暗い
四・二七選挙をかえりみて

一部地域を除き開票がほとんど終った現在、九〇余万票をリードしている共和党の朴正煕候補の当選は確定的となった。共和党本部では、祝客と祝電があとをたたず、喜びにみなぎっている。一カ月余りの戦いの末、今日の栄光を勝ち取った共和党としては、当然の喜びであり、国民も共に、彼らの栄光に祝賀の言葉をおくるものである。しかし、この喜びが、静かなものに終らず「四・二七選挙を全面的な不正不法選挙と断定する」と宣言した新民党の抗議闘争により、選挙後の政界は、きわめて深刻な後遺症が生ずるものと思われる。後遺症のない公明選挙は、わが国民がひとときも忘れることのできない悲願である。今年に入って、まっさきに、われわれが今年を公明選挙の年にしようではないかと呼びかけたのも、今回の総選挙が公明かつ静かな中で行われることを、心から願ったからである。「不正に対するあらゆる具体的対策」がどのように決定されるかは、今のところ知る術もなく、また新民党がいう「不法不正選挙」がどんな内容のものであるのか、まだ具体的証拠が提示されてはいないが、われわれが限りなく心をいためているのは、与野を問わず、栄誉たる勝利、栄誉たる敗北に終らず「不法不正」が主張され、勝利に異議が提起され、選挙のたび、長い期間に互って後遺症が国の全体をゆさぶり、民心を動揺させ、国家的な亡身を免がれないようにしたことである。

勝者の喜びは、たとえ当事者だけのものに終らず、国家的大行事を国民と共に喜び合う慶事であるにもかかわらず、一方からは不法不正の抗議の声に、われわれの心は暗く、重みを加えるばかりである。

与野党を問わず、全国的にどの程度の「不法不正」があったのかは、ソウルに座っているわれわれとして、何ともいえない立場ではあるが、各方面から報告されているさまざまな事例は、今回の選挙で国民的反省があったしかるべき不正が犯されたという事実は、否認しがたい。伝えられる不正の事例を類型的に分けてみると、大量票を投入した事件、投票の封が切れた事件、投票用紙を紛失した事件、代理投票を行った事件、選挙管理委員長の私印を押さなかった投票用紙など、各地で摘発された。

選挙のたび、さまざまな不正が犯され、その手法も多様化しているのは、この国を除いては、世界の他の国でもみられるものであるか否かは知らない。しかし旧自由党以来、不正選挙に対し、わが国民のように根づよい闘争をしてきた国民もいないだろう。四・一九学生革命で、多くのわが若い男女学生が血を流し、命まで捧げたのも、選挙のときの不正に抗したことによるものである。しかし、このような国民の闘争が、たゆまずつづき、今日の公明選挙が国民的悲願になっているのにもかかわらず、不正選挙はなくならず、むしろ方法を変え、形態を異にして犯されているからには、われわれとしては、どうしたらよいか、泣きたいばかりの心情である。

選挙と関連した不正の中には、許してよいケースもしばしばある。いかなる選挙であろうと、選挙運動は権力をめぐる闘いであり、そこにはただ勝利と敗北があるだけで、妥協はあり得ぬゆえ、選挙戦が熾烈となり、過熱しやすいのは、好ましいものではないにしても、避け難い現象であるかも知らない。しかし、興奮もせず、過熱状態でもない中で犯された投開票の不正は、情状を酌量する余地さえないだろう。

このような不正はただ目的のためには手段方法を問わぬ民主方式に逆行する行為といわざるを得ない。扶余での大量票、尚州、迎日、西川、水原、華徳、蔚山、永登浦、襄城などの地域で共和党候補のため、また一部地区では新民党候補のため大量投票が犯されたというのは、話にもならぬ事態である。全国的にみると、勿論、部分的な不正というかも知らないが、問題は犯法行為の程より、質的に許されない犯法ということである。

笑えない実例に、蔚山では投票用紙が実際の有権者総数より数十枚不足し、開票が中断されるなどて騒動が起きると、いつの間にか、不足する一部があらわれたりしたという。厳選であるべき投票の場所が、丁度、スリ市場のような印象を与えたというからには、一体、われわれはこのような事実を、いかにみるべきであろうか。われわれは、開票が終り、当選者が確定した段階で、このような不正事実を羅列すること自体の際、きわめて遺憾といわざるを得ない。現段階は、当選をただ祝福しているときでなく、選挙のあとにもたらされる事態をいかに収拾するかということが、より緊急で重要な問題であると考える。過去の例からみて、野党の不正抗議に対し、勝者である与党は、黙殺又は回避する態度を取ったり、力と力の対決で終ったこともあった。正にこのような与野党の態度は、選挙後の闘いを一層激化させる結果をもたらした。したがって、われわれが勝者である共和党に是非のぞみたいことは、選挙のあと始末を物理的力に頼らず、不正事実に対し正面から取組んで欲しいということである。最近、非難されている不正事実の中には、単純な非難ではなく、多くの人々が認めている犯法行為が少くないということである。このような犯法行為に対しては、与野いずれにかかわりなく、法に基づいた厳重な処罰があってしかるべきだ。不正事実は、与野党にかかわりなく、今後、より多くの事件が摘発されるかも知れない。しかし与党は犯法が事実である限り、回避してはならない。勿論、闘いの当事者として野党側の主張には、誇張もあり得ると考えられるが、世間の人々の民心に顔をそむけるようなことはしてならないし、少くとも与論が納得する程度に、事態収拾に明断と誠意を示すべきである。

これから一カ月以内に国会議員選挙が行われる。前例からみて議員選挙は一層無秩序な中で行われる心配さえある。きたる国会議員選挙を少しでも静かで秩序のある中で行うためには勝者である共和党は、大統領選挙で生じたかずかずの問題収拾に最大の誠意をみせなければならない。

当選を祝賀する前に、不正選挙の事実とそれがかもし出す後遺症を、まず憂慮せざるを得ないわれわれのつらい心情を理解されんことをのぞむものである。

（東亜日報社説・4・29）

朴正煕大統領の指導理念と、烈々たる愛国心！

朴正煕選集　全3巻

申　範植＝編集

全3巻セット価 ¥2,500

第1巻では大統領の指導理念と韓国の苦難の歴史を物語り第2巻では大統領の熱烈な愛国心と祖国統一に対する熱情を伝えている。第3巻では韓国の近代化と、明日に向かって前進する国民の先頭に立つ大統領の、自信と希望に満ちた演説を聴くことができる。（全3巻同時発売中！）

①韓民族の進むべき道　A5判・260頁 ¥780

- I 人間改造の民族的課題
- II わが民族の過去を反省する
- III 韓民族の受難の歴史
- IV 第二共和国の「カオス」
- V 後進民主主義と韓国革命の性格と課題
- VI 社会再建（国家）の理念と哲学

②国家・民族・私　A5判・280頁 ¥820

- I 革命はなぜ必要であったか？
- II 革命2年間の報告
- III 革命の中間決算
- IV 世界史に浮き彫りされた革命の各態様
- V ライン河の奇蹟と不死鳥のドイツ民族
- VI われわれと米・日関係
- VII 祖国は統一されるだろうか
- VIII われわれは何をいかにすべきか

③主要演説集　A5判・380頁 ¥900

- I 協同の大洋に結集しよう（外交）　一つの幸福を・ほか
- II 前進する歴史の潮流の中で（社会・文化）　勝利は未来に生きる側にある・ほか
- III 烽火は燃えている（産業・貿易・経済）　人間の近代化、生活の近代化・ほか
- IV 自分の国は自分の力で（反共・愛国・国防）　自主国防の前進基地・ほか
- V 豊実な前進（政治）　新しい共和国の朝は明けた・ほか

祖国近代化への構想にふける著者

鹿島研究所出版会・発行
107 東京都港区赤坂 6-5-13 電話582-2251

3機関の活動経過報告

特集
第9回地方委員会

議決機関

一九七〇年四月十日に開催された東京本部第三十一回定期大会以後の議決機関の経過を次のとおり報告する。

一、第八回地方委員会および第三十一回定期大会の決定事項に関しては、五月一日付け「韓居東本議第七〇—一号公文書」で各支部および傘下団体に通知した。

二、新任三機関に一任されていた中央委員および東京本部直選委員……

万尚、曹圭必、金鉉成
▽文教＝金尚弘、金教安、金叢淑、金玉男、金勲暎、朴献奉、安理出、高寛命、蔡洙仁。
▽宣伝＝金鎮奎、金栄在、金周僖、朴性雲、李権弼、徐竜岩、高瀚宗、黄方煉、趙尹訓
▽経済＝崔学粋、金炳栄、崔泰一、商工会、朴鐘大、李庚晩、許允道、孫益俊、尹竜九。
四、第四回東京地方委員会の開……

第十八回定期中央委員会の決定事項

一、三機関報告の受理。
二、一九七一年度活動方針案の承認・採択。
三、一九七一年度予算案の審議・決定。
四、本国国会オブザーバー制を再復活させるよう、国会当局および要路に対し、第十八回中央委員会の名義で建議する。
五、従前から推進中の役員選挙規定の制定を促進させる。
六、在日本大韓民国居留民団沖縄地方本部を認准。

規約改正

……会の決議に従い配定委員会を構成これに委任する。

【第三章第一節第十一条】中央大会は、中央委員および代議員をもって構成する。中央大会の定員は三百九十名とし、代議員は中央委員会で配定した比率に従い地方本部大会および傘下団体の最高議決機関で選出する。

【同改正案文】中央大会は、中央委員および代議員をもって構成する。中央大会の定員は三百九十名とし、代議員は中央委員会で……

同次長　若千名
常任委員は、中央大会、中央委員会および中央執行委員会で発言権を有する。

【同改正条文】常任委員数は次の通りである。
団長　一名
副団長　三名（ただし、地方本部は二名）
事務総長　一名
同次長　一名
局長　各一名
同次長　若千名
常任委員は、中央大会、中央委員会および中央執行委員会で発言……

十日前に送達しなければならず、出席員をもって成立する。
②臨時総会は、前項の団員四分の一以上の要求があるとき、議長がこれを招集する。
③支部役員の選挙権および被選挙権は、その支部管内に満三ヵ月以上居住し、団費を完納した者に限る。

執行機関

総括

第九回定期委員会を迎えるに当たり、在日同胞の権益を擁護する使命をになう民団組織が、有史以来といえる二大重要事案を成功裏……

総連の妨害工作を粉砕し、招請家族の円滑な入国とその案内、事故防止などに万全の保安対策をたて無事故で同事業を遂行した。
特に万博会期中、関東、東北、北海道地方から招請した三千余人の本国家族を羽田空港で歓迎、数……

七一年度活動方針〈要旨〉

一、永住権申請者に対する事後処理の問題
永住権申請は、永住権取得事業の始まりに過ぎない。申請者全員が永住権を取得できるよう、事後処理に万全を期す。

二、永住権申請期間再策定の問題
朝総連の虚偽宣伝にだまされて申請できなかったか、または朝総連の妨害その他の事情や日本行政機関の非協力によって申請できなかった同胞を救済するため、申請期間再策定の実現に積極的に取り組む。

三、待遇問題について
永住権取得事業の最終目的である正当な待遇を得られるよう努力するも、内国民待遇の獲得を目標とする。

四、一般永住権に関して
協定永住権取得者の家族に対する特別措置ないし審査基準の緩和手続きの簡素化などの内容を該当者に周知させ、一般永住権の取得を促進させる。

五、民族教育に関して
われわれは、永住権を取得して日本で永住する子孫たちに民族意識と自負心をもたせ、民族固有の歴史と伝統を継承させる責任と義務を負っているが、まず何よりも既設の教育機関の育成に全力を注ぐ。
したがって東京韓国学校育成のため、補助金を予算に組み入れ学校運営を助けてきたが、十分とはいえないので、今後とも継続事業として各支部ごとに東京韓国人教育委員会を組織し、抜本的な支援対策を講究する。

六、傘下団体育成について
婦人会、韓青、学同など傘下団体の育成は緊要な問題である。これまでの傘下団体との協力関係は順調で、傘下団体の活動について理解と協力を惜しまなかった。韓青、学同など青年たちの自主性を尊重しながら、民団組織活動の核心となるよう適切な指導と育成に努める。

各部別の継続事業

七、継続事業の団務全般について第十八回定期中央委員会で決議された活動方針と継続事業の団務を次のとおり提示する。

1、総務活動＝①事務体系の確立と能率化②渉外活動の強化③割当て金納付制度の確立。

2、組織活動＝①永住権を申請した非団員の名簿整備と入団手続きの促進②北送再開を阻止する運動の展開③札幌冬季オリンピックへの対備と動員④分団組織の整備と強化⑤組織実務者の養成と組織幹部の研修⑥各支部団勢の把握と団員の実態調査⑦傘下団体の育成強化。

3、経済活動＝①東京商銀信用組合の育成②基本財政活動③税務対策④業種別協同組合の組織⑤民族財産の管理と保護。

4、民生活動＝①生活協同組合の組織②永住権申請の事後処理および待遇問題③国民登録の更新および戸籍整備④旅券所持および母国訪問への勧奨⑤団員実態記録の作成⑥入管法に対する慎重な対備。

5、文教活動＝①東京韓国人教育委員会の組織化②東京韓国学校に対する支援対策③東京本部夜間講習会の育成強化④一般文教事業。

6、宣伝活動＝①機関紙「民団東京新聞」の運営強化②文化宣伝・啓蒙運動の強化③対外公報活動④その他の宣伝活動。

経過報告8面に

1971年度予算案

自1971年4月1日
至1972年3月末日

収入部

科目	月額	年額
前期繰越金		1,833,800
割当金	1,435,000	17,220,000
手数料	500,000	6,000,000
広告費	500,000	6,000,000
財政後援会補助金	700,000	8,400,000
其他の補助費		2,200,000
前期未収金		5,610,000
貸付金返済		100,000
仮払金返済		1,304,235
賛助金及び其他収入		2,208,565
受取手形		180,000
合計		51,056,000

支出部

科目	月額	年額
中央割当金	350,000	4,200,000
前期中央割当金		1,050,000
人件費		14,460,000
諸手当		3,615,000
交通費	50,000	600,000
電話料金	60,000	720,000
通信費	20,000	240,000
行事費		1,500,000
会議費	40,000	480,000
事務費	30,000	360,000
出張費		500,000
接待費	35,000	420,000
自動車維持費		1,519,600
新聞図書費	12,000	144,000
光熱費	12,000	144,000
備品	15,000	180,000
営繕費	10,000	120,000
補助費	300,000	3,600,000
慶弔費	40,000	480,000
厚生費	30,000	360,000
保険	30,000	360,000
税金		84,000
宣伝活動費	30,000	360,000
新聞発刊費	500,000	6,000,000
二機関活動費	50,000	600,000
組織活動費	30,000	360,000
推薦状購入費	150,000	1,800,000
借入金返済		5,800,000
予備費		1,000,000
合計		51,056,600

歴史的背景を無視

韓青が入管法への見解

季節料理
ふぐ・活魚
勝山港
李斉珩
(松田日出幸)
台東区西浅草二丁目十五番十三号
電話(844)一九二一・(842)八九〇六

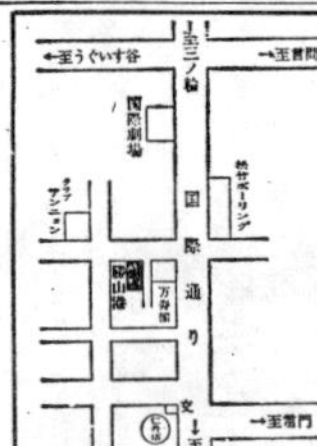

←至うぐいす谷
→至言問橋
至三ノ輪
国際劇場
国際通り
勝山港
万寿館
至田原町
→至雷門

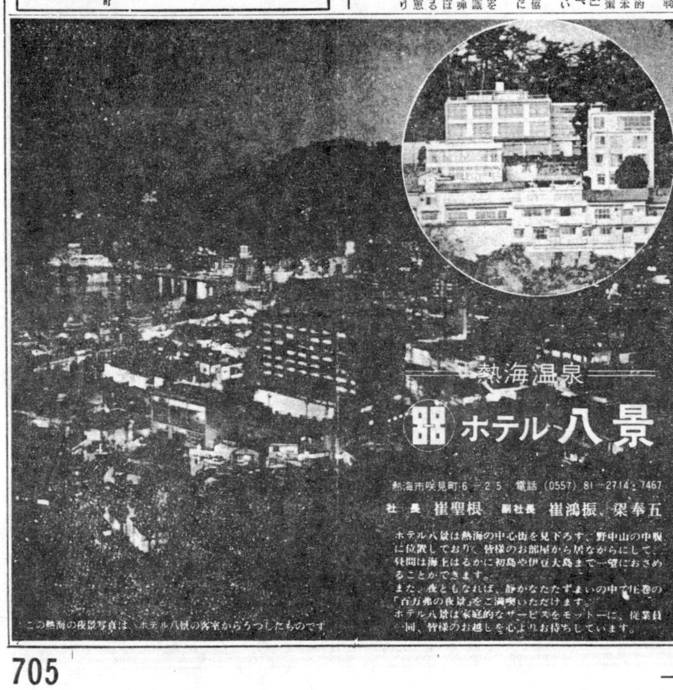

熱海温泉
ホテル八景
熱海市咲見町6—25　電話(0557)81—2714・7467
社長　崔聖根　副社長　崔鴻振、梁奉五
ホテル八景は熱海の中心街を見下ろす、野中山の中腹に位置しており、皆様のお部屋から居ながらにして、昼間は海上はるかに初島や伊豆大島まで一望におさめることができます。
また、夜ともなれば、静かなたたずまいの中で圧巻の「百万弗の夜景」をご満喫いただけます。
ホテル八景は家庭的なサービスをモットーに、従業員一同、皆様のお越しを心よりお待ちしています。
この熱海の夜景写真は、ホテル八景の客室からうつしたものです。

関舗装株式会社
社長　石相奉
東京都板橋区板橋一—五六—四
電話(九一六)一二一二

金坪珍
東京都文京区西片一—二—一六
電話(八一一)一九八六

共栄商事株式会社
社長　李馬致
東京都目黒区中根二—四—六
電話(七一八)九一六六

土浦観光株式会社
社長　安禧中
千葉県土浦市三好町三三三二
電話〇二九八(二三)〇四三五

新本製作所
社長　朴次瑛
東京都大田区東蒲田二—二六—一
電話(七三二)〇一六一

㈱三本シャーリング
社長　金賛模
東京都江戸川区松江五—一九—八
電話(六八〇)九四一六

京王交通株式会社
社長　許允道
東京都杉並区和泉四—四—一五
電話(三一二)六一一六

三友鋼業株式会社
社長　廉延燮
東京都江東区南砂町二—三五—一
電話(六四五)六一五一

705

民団東京グラフ

議決機関のあいさつを行なう団議長

あいさつをのべる鄭在俊団長

永年勤続者を表彰する鄭団長㊤と表彰をうける葛飾支部の秋氏と小山さん㊦

永住権申請功労者の表彰　全功労者を代表して全北支部団長へ鄭本部団長から表彰状が授与された

来賓祝辞をのべる李寿成中央監察委員長㊤と辛容祥中央本部副団長

ロッテキャンディは高級フランス風

キャプテンロッテが言うとおり
それは それはおいしいキャンディです

あなたに高級キャンディを召しあがっていただくために
本場フランスから
キャンディづくりの名人J・ボーダンを招き
まごころをこめてつくりあげました
きびしく選びぬかれた原料
最新設備をそなえた工場から誕生する
高級フランス風のおいしさ
ロッテならではの
このぜいたくなおいしさを
心ゆくまでお楽しみください

チョコレート
すきとおったおいしいキャンディに
あのまろやかな
ロッテチョコレートが
甘くつつまれています
100円

ココロール
香ばしいココアの香りを生した
スティックロール型の高級ソフトキャンディ
ついつい手が出るおいしさ　100円

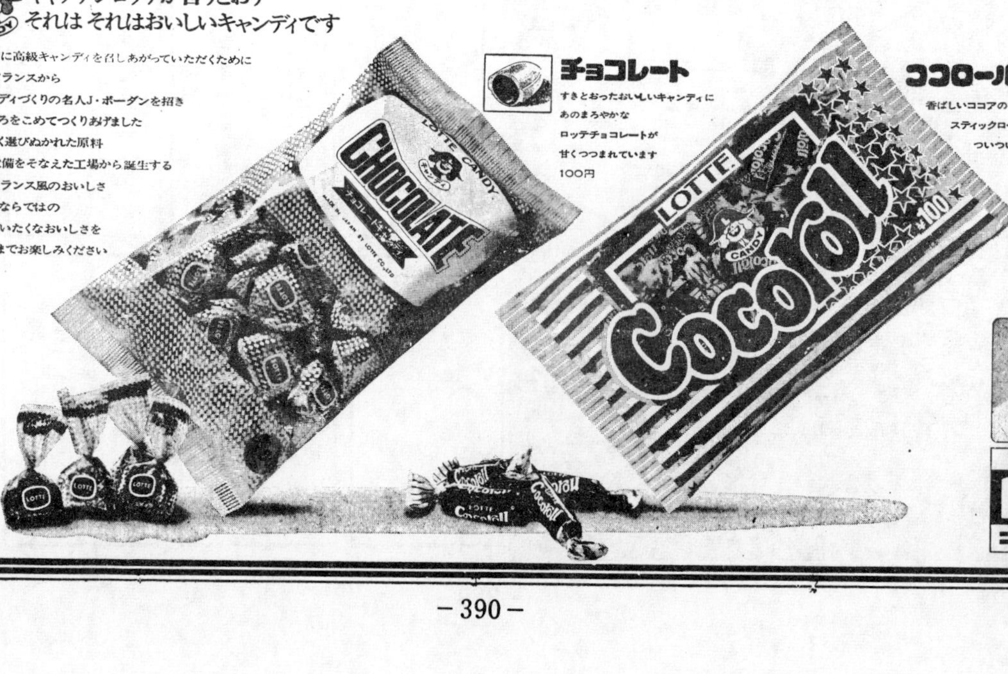

高級フランス風
ロッテ
キャンディ

グラフ

特集・東本第9回地方委員会

経過報告にききいる代議員たちの真けんな表情

監察機関のあいさつを行なう徐監察委員長

真摯な質疑応答が展開された

質疑を行なう墨田の姜委員㊤と足立の金委員㊦、左は答弁に立つ羅副団長

来賓祝辞をのべる金仁洙顧問

執行部の報告において民生部の報告を行なう李民生部長

ロッテキャンディは高級フランス風

キャプテンロッテが言うとおり
それは それはおいしいキャンディです

あなたに高級キャンディを召しあがっていただくために
本場フランスから
キャンディづくりの名人J・ボーダンを招き
まごころをこめてつくりあげました
きびしく選びぬかれた原料
最新設備をそなえた工場から誕生する
高級フランス風のおいしさ
ロッテならではの
このぜいたくなおいしさを
心ゆくまでお楽しみください

チョコレート
すきとおったおいしいキャンディに
あのまろやかな
ロッテチョコレートが
甘くつつまれています
100円

ココロール
香ばしいココアの香りを生した
スティックロール型の高級ソフトキャンディ
ついつい手が出るおいしさ　100円

高級フランス風
ロッテ
キャンディ

母国留学生のスパイ事件で

韓学同、大使館に公開質問状

在日同胞の〝寝耳に水〟

入北の経路など真相知りたい

在日韓国学生同盟中央本部の金錫存委員長ら幹部、盟員三〇余人は二十八日午後二時、東京・麻布の韓国大使館を訪れ、去る二十日韓国陸軍保安隊が北傀のスパイとして逮捕した四人の在日同胞留学生が新聞発表通り、日本で北韓に出入した北傀のスパイであったか否かをはっきりさせてほしいという要旨の公開質問状を大使館に手渡した。

この日、韓学同の代表は、李大使に同公開状を手渡すため、大使館を訪れたが、大使不在中のため金役与参事官に同質問状を手渡したが、その公開質問状の内容は次の通りである。

公開質問状

駐日大使　李皓　閣下

四月二十日付本国・日本各新聞報道で伝えられた「在日同胞留学生四名を含む五一名の北韓スパイ」事件に関し、在日韓国人は並々ならぬ関心を払い続けていると共に、この事件の真相推移に注視しています。その「主謀者」と発表されている姜将運・徐勝・徐俊植・姜錫万君ら四名の在日同胞留学生は、在日同胞社会においては善良かつ品行方正・真面目な学生として日々勉学に励み、その結果、祖国発展の情熱に駆られ、祖国に留学したのであります。その四名が「北韓スパイ」として検挙された報道に接して、四名の家族・知人・友人はいうに及ばず全在日同胞内には怒りも混じった不安と焦燥の念がまん延しています。とりわけ祖国の発展と民族の将来に礎石にならんと自負する韓国人学生に至っては、事態は深刻であります。在日同胞の権益擁護及び民族教育に全力を傾けねばならない駐日大使館は、この事態に適格な対処を払い同胞の不安と焦燥に答えねばならないし、その責任の一端を担わねばならない。祖国の発展、民族の将来、在日同胞の民権擁護に邁進する韓国学生同盟は、この事態に関連し、全在日同胞の意志を代弁して、次のような質問を提示し誠実かつ、具体的な解答を強く要求するものであります。

一、本国政府が、在日同胞民族教育の一環として、母国留学を奨励し、その前提として誠実かつ民族的素養等の公正な審査手続を踏まえ、選びぬかれた同胞学生が「スパイ事件」に首謀者として立件されたことに対して貴大使館はいかなる責任をとるのか。

一、今回の「北傀スパイ」事件において、在日同胞学生を立件した有力な理由とされている姜将運の六八年七月、七〇年七月入北、徐勝六七年八月入北、七〇年八月入北、徐俊植七〇年八月入北の事実を、当大使館は認めるのか。認めるとすれば、その日時及び経路を具体的に明らかにされたい。

一、「北傀スパイ」事件の関連者として四名以外に在日同胞留学生が含まれているのかどうか。含まれているとするならば、氏名、年令、出生地等を明らかにし、それに対し貴大使館はいかなる責任をとるのか。

一、この事件は、在日同胞社会内で猜疑の念を造成しているが、大使館当局は、それに対し、納得しうる具体的保障と政策をもって臨もうとしているかどうか。

一、民族的希求心に燃えた母国留学生の中におこっている不安にいかに答え、自由な環境下における勉学の機会を保障する策を明らかにせよ。

一、この事件を機会に、本国社会で在日同胞社会に対する疑惑の念を惹起せしめているが、在日同胞留学生の身分と権利を保障しつつ、その疑惑の払拭に対処しうる具体策を示せ。

以上の質問に誠実かつ具体的な回答を要求する。

在日同胞へのアピール

入管法反対で

在日韓国学生同盟中央本部（金錫存委員長）は、このほど日本政府が国会に提出した新入管法に対し、反対を決議、在日全同胞へのアピール文を採択した。新入管法の反対については、韓国青年同盟も表明しており、韓学同では、今後全国の各大学、韓学同組織を中心に、新入管法の反対闘争を廃案まで行っとしている。韓学同で採択した在日同胞に送るアピール文の全文は次の通り。

〝悪法「出入国管理法案」が立法化されようとしています。〟

日本政府は〝世界に類例をみない〟悪法入管法を今国会に上程し立法化しようとしています。言うまでもなく、この入管法は、日本帝国主義支配の結果として日本に居住を余儀なくされた私達在日韓国人六〇万に対する日政の同化、抑圧、追放政策の一貫として立法化されようとしているのです。日政は出入国手続の簡素化とか、不良外国人の取締りを表向きの提案理由にしていますが、その裏にある抑圧法案としての性格は、一昨年来の全民族的入管法反対闘争の中で、明らかにしてきたとおりです。しかし日政は、私達の反対運動を無視するかの如く、修正すると言いつつ改悪に改悪を重ね、巧妙な抑圧法案として完成させている入管法は永住権取得者を含む全在日同胞に適用されます。

巧妙に改悪された入管法は永住者に適用されないとか、無関係であるという事実的裏付けのない、うわさが流れる中で日政の対在日韓国人政策と入管法の意図があいまいにされていますが、今国会に上程された入管法の具体的内容をみると、入管法がどのように適用されていくかがよくわかります。

①「政治活動規制条項」を設けて私達が展開してきた一連の権益擁護運動を規制すると共に、「永住者」を適用から除外することによって、運動の隊列を乱すことを目論んでいます。

②「事実調査権」の新設によって私達の日常生活に入国警備官が入ってきます。

③退去強制手続が簡素化され、また退去強制事由が拡大強化されて強制退去者が増大していきます。

④特別在留許可を出願する制度が廃止されて、司法的救済の道がなくなります。

このような抑圧的に改悪された入管法が私達の正当な歴史的居住権を奪い民族的諸権利獲得への運動を規制する法案であることは言うまでもありません。特に注意しなくてはならない点は、たとえ永住権取得者でも「政治活動規制条項」以外の全ての抑圧条項が適用されると共に、入管法特別法の退去強制事項によって政治活動を規制され得るのです。そして、再言するまでもなく永住者以外、すなわち在留資格一二六—二—六の者、特別在留資格者は、全面的に適用されるのです。このようにみてわかるとおり、入管法は全在日韓国人に適用されると解釈すべきでしょう。〝権益擁護運動を前進させ、入管法を断固粉砕しよう！〟

現在私達在日韓国人の法的地位は、全体六〇万人の歴史性が正当であるにもかかわらず、日政によって一方的に細分化されていると言えます。そして細分化された同胞を入管法の適用によって強制退去できる者から追放し、残った者を抑圧、同化していくというのが日政の対在日韓国人政策であると言えます。私達は、協定永住権取得者、未取得者、特別在留資格者等々に細分化された同胞の権益を保障、擁護し、入管法を断固粉砕しなくてはなりません。

取調べ実況録音を公開

母国留学生スパイ事件　大使館で記者団に

さきに韓国陸軍保安司令部が発表していた在日同胞の母国留学生を含むスパイ団摘発事件について、駐日大使館の朴領事は七日午後大使館で記者団に要旨次のような内容を明らかにした。

一、今度摘発された五十一人のうち、在日同胞の母国留学生が四人、本国から日本に密航した者二人が関連していたことが関係当局の調査で明らかとなったので、検挙した。

一、その確証となる乱数表、工作用機器などを押収したほか、本人たちも自白した。スパイ団のうち、日本にいる工作指導員徐満雄（三二）＝岐阜市＝に抱き込まれその指令で昨年夏北韓に渡りスパイ教育を受け日本に戻り、その後ソウル大に留学した同氏の弟、徐俊植が取り調べを受け、その内容を調査官に話している録音テープがあるが、これは記者団に聞かせた通りだ。

一、同事件で検挙された母国留学生は徐勝（徐満雄の次弟、ソウル大大学院）徐俊植（ソウル大）姜鍾欽（高大）姜錫万（高大）で密航者は金栄燮（ソウル）丁時一（釜山）で、これら六人のうち姜錫万を除き、北韓に渡り対南工作のためのスパイ教育を受け、北韓労働党にも入党していた。

一、事件のあらましはすでに発表されたとおりで、今後の調査で全貌が一層明るみにされよう。

婦人会東本大会のもよう

会長に梁炅之女史

婦人会東本定期大会ひらかる

在日大韓婦人会東京本部では、さる二十二日午前十一時から民団東本講堂において第十二回定期大会を開催、活動経過報告、活動方針案などを活発に論議するとともに任期満了にともなって役員を改選、新会長には梁炅之女史（荒川・前東本総務部長）が選出された。

大会は金信三婦人会中本会長を議長に選んで開会、婦人会東本を代表して朴琪先東本会長があいさつ、また来賓を代表して鄭在俊民団東京本部団長と金信三婦人会中央会長がそれぞれ大会を祝福、激励した。

つづいて活動経過報告、監査報告、活動方針案、予算案を審議、満場一致でこれを承認した後、満場の慰労の拍手をうけて役員が総辞職、新役員の選出にはいった。

会長選挙では冒頭から立候補者の資格や議長の議事進行ぶり等をめぐって激しい応酬が続き紛糾したが、結局、梁炅之氏と韓貞妹氏（元東本会長）の争いとなり、梁炅之氏六八票、韓貞妹氏十三票で梁氏が圧勝新会長に選出された。午後五時閉会。

支部だより

墨田〈第18回定期総会を招集〉民団墨田支部では来る十六日午後一時から、墨田区役所向島支所三階公会堂において第十八回定期総会を開催し、今年度活動方針案、予算案などを審議する。

豊島〈5月14日に定期総会〉民団豊島支部では来る五月十四日午前十時から、豊島振興会館において定期総会を開き、活動経過報告、方針案などを審議する。

なお当日は豊島韓国人生活協同組合の設立総会をあわせて開催する。

葛飾〈納貯組合で総会、慰安旅行〉葛飾韓国人納税貯蓄組合の定期総会がさる一日、箱根・強羅の照本旅館で開かれた。総会では活動報告、今後の税務対策等を中心に審議し、この後慰安の小宴を開いた。組合員約六〇名が参加。

〈婦人会は草津へ〉婦人会葛飾支部（黄徳好会長）では、さる八日草津温泉へ一泊で慰安旅行におもむいた。

杉並〈村山貯水池で野遊会〉民団杉並支部でもさる二十九日村山貯水池へ団員の親睦、慰労のため野遊におもむいた。

品川〈総会開催のお知らせ〉民団品川支部では来る二十九日午後一時から品川文化会館において今年度総会を開く。

江東〈23日に定期総会〉民団江東支部では来る二十三日午前十時から区内城東公会堂において第十九回定期総会を開く。

練馬〈定期総会開く〉民団練馬支部ではさる九日午後五時より、静岡県熱海の富士屋ホテルにおいて、第十回定期総会を開き、活動経過報告、今年度の活動方針案、予算案などを活発に審議、通過させた。

なお総会のあとは同所で慰安、親睦の小宴をもち、翌十日は初夏の伊豆を散策、意義多い一日を過ごした。

〈婦人会主催で映画の夕べ〉婦人会練馬支部が主催する韓国映画の夕べが、来る十五日午後六時から練馬公民館で催される。本国最新ニュース、劇映画「うわさの結婚」を上映の予定。

大田〈韓青が初夏のバスハイク〉韓青大田支部の青年男女多数は初夏の陽ざしもみずみずしいさる九日、バス二台をくり出して陣馬高原、相模湖方面にバスハイクに出かけ、若いエネルギーを発散させた。同バスハイクは韓青大田支部が民団大田支部の後援をうけて毎年おこなっているものである。

生活協同組合の設立について（下）

東本副団長　羅鍾卿

生活協同組合の設立手続についてその要点を説明しますと、生活協同組合法第五四条につぎのように規定しています。

「生活協同組合を設立するにはその組合員になろうとする者二〇名以上が、発起人になり、設立趣意書、定款案、事業計画書及び発起人名簿をつくり、賛成者を募らねばならない」。

即ち発起人（二〇名以上）が発起人会を構成して、

1、設立趣意書
2、定款案
3、事業計画書
4、発起人名簿」を作成すると共に生活協同組合設立賛成者を募集することになるが、民団組織においては各支部別に生活協同組合を設立し支部管内の団員世帯を単位に組合員になります。

一、発起人

生活協同組合の発起人は、やがて開催される創立総会で理事が選任され、そして行政庁の認可を受けてから理事に事務の引継ぎをするまでの間、一切の設立の準備を行う大切な世話役であり、人数は法律上は二〇人以上で、これより多い分にはいくらでもよく、法律上の制限はないが、あまり多人数になるとかえって運営上能率が悪いので、通常二〇人から三〇人ぐらいが適当といわれています。

なお発起人名簿は発起人会結成までに必ず作成し、創立総会決議録に添付するから最少二部は作成しなければなりません。

二、設立趣意書

設立趣意書は、特別の形式はないが、これから設立する生活協同組合の基本方針をあらわすものであるから、その内容は、生活協同組合的性格など、特に民団組織との関連を考慮し、一般団員達に設立の趣旨をよく理解できるようにすべきであります。

三、定款案

定款はその生活協同組合の憲章ともいうべきものであるから、組合運営の根本原則はすべて網羅されることが必要であります。

また、定款は、生活協同組合法に抵触するようなことは記載することが、できないのは勿論であり、定款に必ず記載しなければならない必要記載事項というのは生活協同組合法第二六条に規定しているから、これはもれなく記載しなければなりません。

四、事業計画書

事業計画書作成の重要性については、生活協同組合設立の場合はもち論のこと、成立後の各事業年度においても、総会の決議事項になっていることで十分理解できるところであります。それゆえにあらゆる角度から十分に検討して、確信のもてる合理的なもの、特に我々の日常生活に欠くことのできない必須物資の取扱いなどについて、具体的に作成すべきであります。

事業計画書の様式については、特に指定されたものはないが、通常、次の事項について作成する必要があります。

1、基本計画
2、供給高（及び利用高）予算
3、予想損益計算書
4、設備計画
5、収支予算

五、設立賛成者募集

発起人は生活協同組合の設立賛成者を募らなければならないが、わが民団組織においては、各支部管内の団員を対象に設立趣旨を周知させたあと賛成してもらい設立賛成者名簿を作成すると共に、組合加入申込書（出資引受け口数を記入）をもらいます。

なお、生活協同組合法第五五条二項に「賛成者の数は、消費生活協同組合にあっては、少くとも三〇〇人を必要とする。ただし、特別の事由があるときはこの限りでない。」と法律の要求する組合員数は、このように一応最低三〇〇人であるが、しかし特別の理由があるときは、三〇〇人未満でも認可された前例が多数あります。

六、創立総会の開催

発起人は設立賛成者が予定の数（最低三〇〇人）に達したり、創立総会を招集しなければなりません。

この創立総会を招集する時は、設立賛成者に、あらかじめ、その招集通知書に「議案、招集の日時と場所」を記載して通知しなければなりません。

創立総会の議事は、組合員の資格のある人で、その会日までに発起人に対し、設立の同意を申しでたものの半数以上が出席し、その議決権の三分の二以上の多数で議決することになります。

創立総会では、次の順序で議事を進行します。

1、創立総会開催にいたるまでの経過報告（発起人から）
2、定款承認の件
3、事業計画決定の件
4、収支予算決定の件
5、取引金融機関決定の件
6、借入金最高限度額決定の件
7、役員選出の件
8、役員報酬額決定の件

設立認可の申請

創立総会が開かれ、この総会で設立趣意書、定款、事業計画書その他の必要な事項を議決し、そして理事及び監事が選出されたあと発起人は、総会が終わり次第遅滞することなく次の書類を設立認可申請書に添付して行政庁（都内各支部の場合は所管の区役所）に設立の認可を申請しなければなりません。

1、設立趣意書
2、定款
3、事業計画書
4、創立総会決議録の謄本
5、役員名簿

なお、設立認可申請書に不備な点がなく組合基準に合致した場合行政庁は、申請書を受理した日から二個月以内に発起人に対し、認可又は不認可の通知をなされなければならないことになっています。

したがって、もしその行政庁が二個月以内に、認可、不認可の通知をしなかったときは、その期間満了の日に、設立の認可があったものとみなすことになっています。このような場合には、設立登記申請の関係から発起人は、その行政庁に対して認可に関する証明書を設立登記申請時に添付の認可書謄本の代り添付することとなります。

設立登記について

発起人は、行政庁から認可の通知があったときは遅滞なくその事務を理事に引継ぎ理事は直ちに組合員に出資の払込みをさせなければなりません。

理事は出資の払込みのあった日から二週間以内に管轄登記所に設立登記申請をしなければなりません。

登記申請書には次の事項を記載しなければなりません。

1、事業、名称および地域
2、事務所
3、出資一口の金額およびその払込みの方法並びに出資の総口数および払込んだ出資総額
4、設立の時期を定めたときは、その時期
5、代表権を有する者の氏名、住所及び資格
6、公告の方法

生活協同組合は認可によって成立するのではなく、登記をすることによって最終的に成立し、はじめて生活協同組合という「法人」ができることになります。

以上民団の財産保護管理と団員の生活改善と経済的向上に最も適した生活協同組合の設立についての概要を説明して民団組織における組合設立の参考になればさいわいです。

韓中日親善文化交流の集い

6月29日九段会館で

韓国、中華民国、日本の「三国親善文化交流の集い」が来る六月二十九日午後五時から東京・千代田区の九段会館において催される。これは民団東京本部、中華民国在日東京華僑総会、財団法人亜細亜友之会が共同主催するもので開催趣旨は「歴史的にも地理的にも近い三国が益々親善を深め、アジアの開発に互いに協力、提携することは、アジアの繁栄と平和のため絶対に必要である」として、三国間のいっそうの理解と友情を深めようというもの。

当日は第一部式典、第二部文化の祭典となっており、一部で三国政府首脳に送るメッセージを採択、二部では民謡、民族古典舞踊が予定されている。なお韓中両大使館日本外務省が同集いの後援にあたる。

韓国の少年跆拳道選手来日

フジテレビに出演

韓国の八歳と九歳の跆拳道選手が来たる5月17日午後8時から始まるフジテレビの「万国ビックリ・ショー」に出演するため、4月28日羽田着KAL機便で来日した。

韓国跆拳道彰武館釜山本館館長の南日坤徳七段（40才）引率のもとに来日したこのマメ選手たちは釜山ヨンソン国民学校3年生、李漢基君（9才）と釜山蓮花国民学校2年生、金栄俊君（8才）の二人で、ともに幼年公認初段の腕前である。

一行は5月1日から3日まで関西旅行に出かけ、5月5日にフジテレビ・スタジオで録画を取った。

来日した韓国のマメ跆拳道選手と南氏

定期バスが貯水池に転落

58人が死亡　京畿道清平で

十日午前九時前ソウルの北約四十キロの地点で定期バスが貯水池に転落、これまでにわかっただけで五十八人が死亡という建国以来最大の陸上交通事故が起きた。

事故を起こしたのは同日早朝京畿道雲岳面を出発、同道清平へ向かった定期路線バスで、定員五十人のところへ乗客、乗員合わせて七十二人が乗っていた。現場は終点清平貯水池で高さ約十メートルのがけから湖水へ転落、事故原因は運転手の[illegible]不注意とみられている。

民団で広く公開せよ

特定人のみの参席承服しがたい

兪選対　録音問題で金公使に回答

問題の録音は、民団監察委員会の主管のもとに民団で、より多くの同胞の前で公開し、またその内容を十分に検討すべきである—。韓国通信社長の裵東湖氏は、十一日午後三時四十分から東京・八重洲口のホテル国際観光で在日韓国記者団と会見し、金在権駐日公使の公開書簡に対する回答を公表し、その中で新たな要求を突き付けた。

金公使は去る七日大使館での記者会見で「反国家的行為と断定できる内容の録音を、当事者のほか民団中央三機関長、鄭在俊東京本部、李相権京都本部の両団長、兪錫チュン氏の立会いのうえ十二日に大使館で公開したい」と述べ、さらに六日付け李禧元民団中央団長宛の公文を通じ、「録音その他物的証拠の準備を完了し、十二日午前十一時、大使館で公開したいので、当事者である民団員裵東湖を必ず立ち会わせてほしい」と要請、そのむね金宰淑中央組織局長から文書で裵氏に伝えられてきた。

裵氏は会見の席上で「〝録音公開に対する要請〟文書を李寿成中央監察委員長に、また〝立会い要請通知に対する回答〟を金組織局長にそれぞれ送った」と語り、その内容も明らかにした。

なお、裵氏の発言要旨次のとおり。

一、兪錫チュン選挙対策本部の声明書を、李禧元中央団長は〝怪文書〟だと言っているそうだが、選挙は終わっても録音問題などが未解決になっているのに解散するわけにはいかない。代表者は同じく鄭宇泳氏で、住所は台東区上野三—一八—一（大熊ビル四階）。

一、録音は民団監察委員会主管のもとに民団で、広く言論人なども立会いの上で公開し、どの点が〝反国家的〟内容に属するのか判断ないし論議の資料として供すべきだ。

一、したがって、金公使が「万一、裵東湖が立ち会わない場合は本人が事実を全的に認め、公館側のいかなる公開事実をも承服するものとみなす」というのは納得できない。

一、また、処断の対象になるとすれば、直ちに選挙前でも民団側に要請すべきであり、処断は民団の規約に基き、民団の自主性のもとになされるべきである。

三興商会
社長　鄭順相
東京都墨田区立花五—一四—四
電話（六一七）三五五五番（代）

TOKYO⇔SEOUL 週11便

■毎日便PM16：30
■月・水・木・日曜便AM11：00

大阪⇔ソウル線 週9便 ■ 東南アジア線 週6便

東京⇔ソウル線が11便にアップ！従来の毎日便午後4時30分発に加えて月・水・木・日曜日には午前11時発。

ビジネスに観光にますます便利になった大韓航空のサービスはきっと皆様にご満足いただけることと思います。お客様のご要求をみたした週11便。ボーイング707／720大型ジェット機が快適な空の旅をお約束いたします。

大韓航空 KOREAN AIR LINES

●東京支店：東京都千代田区丸ノ内3丁目4番　新国際ビル　TEL.216-9511〜5　●大阪支店：TEL.252-4044〜5　●福岡支社75-0156〜7

俞錫濬選挙対策本部が声明

民団選挙干渉を非難

公館側に"録音"の公開を要求

去る三月二十五日行なわれた民団中央定期大会に、俞錫チュン氏を団長候補に推薦、団長選挙にのぞんだ俞氏の選挙対策本部は、このほど中央団長選挙をめぐり、かもし出された駐日公館の不当な選挙干渉を非難する声明文を発表した。

同声明文は四月十三日付け俞錫チュン選挙対策本部の名で、在日同胞の各界に発送されたものだがその主な要旨は、つぎのとおりである。

声明書要旨

一、われわれは民団中央第三四回定期大会に際し、民団の正しい発展のため、自主性擁護を中心とした七つの政策を提示しそれを実現するため真摯な努力をつくした。われわれが提示した七つの政策は広汎な団員の支持と共感を得た。それは俞錫チュン先生に対する支持票が、かってなかった選挙妨害があったのにもかかわらず、多数の支持を受けたことから十分立証された。われわれは第三四回中央大会をかえりみながら、民団の自主性と団員の人権を著しく蹂りんし、民主主義原理の初歩さえ抹殺する危険な風潮が、日増しに深まっている事態を傍観できずここに声明を発表するものである。

一、周知の通り、民団とは日本という特殊地帯で在日同胞の民族的なあらゆる権利を守るため組織され、自主的に運営される自治団体である。民団は創団以来、千余曲折をなめてきたが長期間にわたる運動の結果、三五万人の人々が永住権を申請、この人々を土台に六〇万在日同胞の名実ともに大衆的自治団体として一大躍進を期する歴史的転換にさしかかっている。このような重大な大会を目前に、李禧元団長は民団組織の改編を強行しようとしたが、失敗した。この民団組織の改編そのものの中に、民団の自主性と民主主義原則は完全に喪失し、権力の前には民衆の意思も組織の秩序も無用之物となる危険な姿がはっきりあらわれた。この不当な「民団改編案」が否決されると、類例のない権力機関（駐日公館）の不当な民団選挙干渉が行われ、一大汚点を残した。

一、第十八回中央委員会と第三四回大会において、公館を代表した祝辞は、かってなかった脅迫的な悪口と脅迫で終始し、職位を利用して、いいたい放題の発言を行ない恐怖心をあおり選挙の自由な雰囲気をとりこわした。その限度を越えた意図と用語に対しては、すでに報道機関を通じ指摘された。公務員であれば公務員の職務があり、民団の選挙には絶対干渉してはならない。選挙干渉はただちに職務離脱であり、国内法からいえば犯法行為である。ところで当局者は何らのためらいもなく特定人を当選させるため、団長に出馬しようとしたある候補者を、無理矢理に出馬を放棄させた。彼らは代議員を呼び出し、命令に従えと圧力を加え、大会直前には代議員の交替を強要したり、代議員一人一人を監視監督まで平気で行なった。当局者の監視と脅迫は、ときと場所を問わず公開投票の場所でも持込まれ暴行事件まで犯した。このような事実は、すでに民団の問題で、民団機関と団員は完全に疎外され、民団の問題がわれわれ団員の手の届かない他のところで左右されていることを立証した。

一、権力当局者は、有志懇談会に対し、根も葉もない中傷と懐柔恐喝を加え俞候補の選挙を終始一貫妨害した。有志懇談会に対するそのような不当な行為はいわゆる「録音問題」がもっとも代表的なものである。当局は有志懇談会のあるメンバーの個人的対話内容を「秘密に録音してある」と公々然といい出した。その録音は、最初は朝総連系の人と対話したものだといったが、最近になって本国からきた留学生との対話内容だといっている。いずれにしてもその内容を発表しないため、どんなものであるか知る術さえないが、内容はさておき、権力当局が密偵的な方法で個人の交際場に録音器を装置し、盗聴、録音する行為自体、許されないものである。その上、その対話内容をふりかざして、民団大会と団長選挙に影響をおよぼす材料として利用する行為までとったことに対し、実に言語道断なことであると指摘、糾弾せざるを得ない。このようなことは人権侵害であると同時に、言論の自由を侵害するものとして、強く非難されるべき事件である。われわれは問題の録音の真否と内容の公開を要求、それを徹底的に討論し、大衆の判断を受けることをのぞんでやまない。

記者会見を行なう金公使

俞氏に事実解明の書翰

金公使録音問題で記者会見

駐日大使館の金在権公使は七日正午、東京・港区の大使館で在日韓国記者団と会見し、俞錫チュン選挙対策本部が公館、民団など関係筋に送った声明書の問題に関しあらまし次のように述べた。

一、本国から来た留学生の李某が反国家的言動をふれまわっているため、李某を査察しているうちにたまたま五巻の録音のうち、一巻に裵東湖氏と対談、反国家的な内容が録音されており、さる一月にそのテープを入手した。

一、このテープは、十二日に当事者および民団中央三機関長、鄭在俊東京本部団長、李相権京都本部団長ら立会いのうえで大使館で公開する。

一、"公開"ということばは使いたくないが記者団から「言論人を何人か立ち会わせてほしい」という要求は受け入れられない。黒白はすでについている。民団がこれを知っていかに処理すべきかそのガイダンスとして、また私の職務として公開するものだ。

一、大韓民団は反共を国是としている。大韓民国の国民はすべて反共でなければならず、この国是に反する者は、韓国民としての資格もなければ、これを自ら放棄することだ。

一、裵氏は明らかに反国家的行為をした。民団が自主的になんらかの処分をすることを望む。このような人は民団内部で混乱を巻き起こすようなことはやめて、朝総連へ行って活動すべきだろう。

一、録音テープを入手したとき胸が痛かった。ちょうど民団中央選挙もひかえており、選挙に及ぼす影響も大きいと考え、直接的に公開するのを避け、二月、故朴根世議長の告別式のとき、裵氏に近い有志に、名前をあげず、それとなく話したことがあるが、本人からはその後なんの音沙汰もなく、対話するチャンスさえも失なわれていた。

一、俞錫チュン選挙対策本部が発表した声明書は四月二十八日の韓国通信に掲載されているが、内容は幼稚で話にならない。

一、声明書が言うように公館は民団改編を企てたり、選挙に干渉や圧力を加えたり、選挙にからんで脅迫した事実は全くない。

一、李禧元氏と張聡明氏の立候補調整に介入した憶えはない。曹寧柱、金今石顧問ら何人かによって調整されたものだ。

一、同声明を出した対策本部はどこにあり、発信者はだれか。また有志懇談会全員の意思なのか不明な点が多く、俞氏に直接、同声明に対する私の解明書を送った。私の声明書は人格をかけて、どこへ出しても堂々と言える内容のものだ。

一、学同の李大使への公開質問状は用語が不純で韓青などが使っているテキストも朝総連で使うものと同じようなものだ。

一、俞氏は選挙立候補にあたり「私のまわりに反国家的行為をする人がいたら出馬を取りやめる」と確約していた。

一、三月十五日の第三十四回民団中央委で述べた祝辞の中で引用した"俗談"（ことわざ）は単なる"俗談"にすぎないもので"脅迫"ではない。

俞氏へ書翰

なお、これよりさき金公使は俞氏へつぎのような書翰を送った。

俞錫チュン先生

ご健康を祝し、七一年四月二十八日の韓国通信に掲載された記事に関していくつかの問題点を指摘したいと思います。

こういう書翰は本来なら当然に同記事が明らかにしたように、俞錫チュン選挙対策本部へ送らねばならないものだが、百方を探聞しても現在そのような選挙対策本部の所在を知る道がなく、やむを得ず俞先生に直接送る事になったことを了解していただきたい。

したがって本人の意思が声明書を発表した人たちに伝達されることを望んでやみません。

はじめにお話ししたいことは、同通信によれば（いわゆる声明書を見たことがないので）俞錫チュン選挙対策本部が当公館側に録音の公開を要求したといわれるが、当公館としてはいまなおそのような声明ないし公式的な要求を受けたことがないという事を申し上げたい。

本録音内容の公開問題は、誰の干渉がなくても、国家安全保障上同時に事後策が講究されねばならないので、当公館では民団三機関長をはじめ若干名の中央顧問、俞先生、鄭在俊、李相権諸氏が合同した席上で当該本人と問題の留学生を立会わせて公開したい計画であることをすでに民団執行機関長に通報してあります。

七一年四月十七日玉総務といっしょに俞先生が当館を訪問された時にも、本録音事件に論及した席上で、俞先生も、当然本人が現われて解明せねばならないと話されましたが、その前後今日までも本人はさておきいかなる形式の連絡さえも受けてはいません。

本録音記事において次の二つの問題はとくに理解する事ができないので、質疑しますから詳細に解明して下さるようお願い致します。

その一つは、国家機関が個人の交際場に録音装置をしたとしているが、国内から渡日した青年が思想的に不透明な言行をしているという情報があり、国家防衛目的上物的証拠が必要とされたので公館は自らの任務を遂行しているうち全く予期もできない民団幹部を歴任した現団員（録音された対象者）が現われ、対話しているのが録音され、意外にも反国家的な発言を発行していた事が明るみになったのが本録音の前後経緯である。

当記事においては、任務遂行手順が不当であり、人権侵害であると同時に言論自由の侵害であると論駁しているが民団員の資格で隠密な場所で反国家的な発言と陰謀を発行するのに対しては当不当にかかわらず一言半句も言及してないしからば反国家行為自体は許されるものかどうかお伺いしたい。

また、世界のどの国においてこのような反国家行為が正当であるとみなされているかどうか知りたい。

次に、同録音が、初めは朝総連系との対話であるといっていたが最近では本国留学生との対話であるといっているという記事であるが当公館では終始一貫事実そのまま留学生との対話内容を録音したといったのであり、その時毎に公開席上で発言したので数多い証人がいるのに朝総連系との対話云々などとんでもない新しい対話対象を造作した記事の底意を知りたい。

つぎに民団改編案が否決されるや類例のない権力機関（駐日公館）が、不当に選挙干渉をして一大汚点を残したといっているが、記事で指摘した李禧元団長の改編案が、どういうものか当公館は李団長から口頭や文書上で提示されたことがないので、見たことも聞いたこともないのに民団の改編案と当公館を結び付けようという底意がなにか全く理解することができません。

同記事で当局者はなんらの躊躇もなく特定人を当選させんが為に団長に出馬しようとした候補者を無理に無理をかさねて出馬を放棄させたというが、これは張聡明候補を指摘したようであるが、当公館では全く放棄、慫慂（しょうよう）した事実はないばかりでなく71年3月9日張・李両候補の出馬意志を確認する目的で権逸、李裕天、金今石の四顧問達が立会った席上で両候補の出馬意思を確認しかえって誰も放棄しないで堂々と戦ってくれるようにとの公館側の見解を明らかにした。この事実を前記四人の顧問がよく知っている事であり、またいつでも立証するでありましょう。

その後、同候補が対立して出馬することは名分が立たないとして立会った四人の顧問が本人達の意思で当公館と関係なく別個の場所でお互いに話し合いのうえ調整されたものと本人は知っているが、あたかも公館が強権でも発動して張候補を、拋棄させたというように眩惑させる記事の底意を知りたく思います。

また、他の候補者崔阜氏の場合も、本人に懇曲な激励の言葉を伝えたしこの点崔候補自身も立証するはずであります。

つぎは、中央大会代議員たちを監視監督したという記事であるが公館自体の会議に参加した一部公館員が、管内民団幹部が上京したという連絡を受けて宿所を訪問したことが、民団のどの選挙規定に抵触するのであり、選挙の監視、監督になるのか名分のたつ解明を聞きたいと願うものです。

また、中央委員会と中央大会に於いて前記録音内容が選挙に影響を与えたという記事であるが本大会以前即ち故朴根世議長霊前で民団幹部多数が合同したことを機会にすでに本事実を話し、良識ある人なら本人が現われることを期待したのであり、またほかの民団幹部達にもこの重大な事実を話しておいたのであるが全く現われたことがなく民団員の仮面をかぶって反国家的な言動と煽動をしている者がそのまま、民団内に隠存しているという現実であるので公館代表のあいさつの時、本人は反国家的な行為者が民団社会に許されてはならないという民団自体の規約をやむを得ず再強調したことが選挙干渉だとしているが、本記事の選挙干渉限界の設定をとってい理解ができないから、解明してほしいと思います。

同記事のいわゆる声明を引用した公館が行なったという選挙干渉云々の主骨子は大要以上のようなものであり、悪意に満ちた同記事は、遺作された選挙干渉結論で、「公務員には公務員の職務があり国内法としては犯法行為である」と規定しているが、すでに論証したように全くない事実を作って記事化したばかりでなく、自己国家の公館で民団行事を拒否、誹謗、激励することが有史どの国家とどの社会で民団の自主性の侵害と干渉だと抗拒した前例があるのかお伺いしたいと存じます。

三つ目に、同記事は第18回中央委員会と第34回中央大会において公館を代表した祝辞が露骨的な、「悪談」と脅迫をもって選挙の自由な雰囲気を破壊したというが、本人は「悪談」はさておき民団発展を祈願する立場から「あった事実をもって忠告し健全な明日の方向を勧誘したのにすぎないのに、（民団中央に保管されている録音が立証）万に一つ、本記事のように露骨的な「悪談」と脅迫をしたとするならば、その多くの中央委員の中でただ一人の反駁も反対質問もなかったし、かえって満場が拍手をもって歓迎したのに、今になって「悪談」とか脅迫とかいう記事をもって侮辱する底意を尋ねたい。

本人は、大会以前、前述した某候補を強圧的に出馬を拋棄させたという世間の浪説に対して、関係のない、公館側を木にのぼらせておいてゆさぶれば、ゆさぶる人に報復があるであろうと警告までしたのであります。

四つ目に同記事は、権力当局者は有志懇談会に対して中傷、懐柔恐喝をして俞候補の選挙を終始一貫妨害したというが、71年2月23日俞先生が出馬あいさつのため当公館を訪問された時にも、本人は正面から有志懇談会メンバーの一人に反国家的である行為者がいるから、当の反国家行為者は警戒した方が良いと忠告した。その時、俞先生自身も、即席で、出馬をやめることがあっても反国家行為者は許せないとしながら、その後なんの連絡もなく選挙が終ったこの時点で中傷、懐柔、恐喝とは、とうてい理解できないからその底意を解明してほしい。

以上のように本人はすべての事実を解明しました。したがってこれに対する回答を要求するものであります。

またこの声明が俞先生を始めとする有志懇談会全員の意思であるのかどうかも知りたいと思います。

この声明は、あたかも選挙を公館側が任意に左右できるような煽動的な印象を与えているが、俞先生も周知のように代議員たちは誠実な民団員たちの代表であります。この人たちを冒涜することはかえって民団自体を侮辱する結果になります。

平素、尊敬する俞先生は敗者の立場に立っています。そしてこのような雑多な事は俞先生の体面に少なからぬ影響を与えるという事実を本人は骨にしみてなげかわしく思います。

忍々にいくつか申し上げ多忙とは存じますが、これに対する回信を望んでやみません。

敬具

金晋根氏を会長に選出

新聞通信協会

在日韓国人新聞通信協会の定期総会はさる二十三日午後五時半から静岡県浜松市館山寺の遠鉄ホテル別館会議室で開かれた。定期総会はまず、宋基復会長（新世界新聞社社長）が、昨年一年間の同協会の歩みや、同胞報道機関に課された任務の重大さを強調するあいさつが述べられた。

続いて常任理事社の東和新聞副社長李慶守氏が一年間の経過報告と会計報告を行なった。

同総会は、今年度新役員の改選を行ない会長に金晋根氏（共同新聞社社長）を満場一致で選出、理事社および監事社を、次の通り選出した。

◇常任理事社＝東洋経済日報社
◇理事社＝新世界新聞、共同新聞、東和新聞、韓国通信
◇監事社＝濟州、KPI通信。

なお、この日の総会には、駐日公報館の洪泉館長が来賓として出席、あいさつした。

誉交通株式会社
代表取締役 李支宗
東京都荒川区町屋七丁目二一一一
電話（八九二）一四一一－三番

李相権団長が再選

京都本部 河議長・全監察も

民団京都本部はさる二十六日午後四時から同本部三階ホールで第二五回定期大会を開き、役員改選を行なったが、前団長の李相権氏、同議長の河炳旭氏、監察委員長の全成局氏が、過去二年間の実績が買われ再選された。この日の定期大会には民団中央の李禧元団長をはじめ、大使館の領事ら多数の来賓が出席した。この日午前十一時から三時までの間は、地方委員会を開き、経過報告、決算報告、新年度予算案活動方案などを討議、執行部の原案通り承認した。定期大会は午後四時開会、役員改選に入ったが団長選挙は行なわず、満場一致の推戴で李相権氏を再選、議長選は前議長の河炳旭氏と民団中央の現職副議長の李宗樹氏との争いとなったが、河氏が再選、監察委員長も全成局氏が圧倒的多数で再選された。

団長＝李相権
副団長＝韓昌祐
議長＝河炳旭
副議長＝姜成佶
副議長＝朴東鉉
監察委員長＝全成局
同委員＝厳在雨
〃＝金熇斗

栃木団長に 文東仁氏

民団栃木県地方本部は二十六日午前十一時、同本部二階で第十六回地方委員会と第三〇回定期大会を開いた。

地方委員会では過去一年間の経過報告、決算報告、新年度活動方針案、新年度予算案などが討議、承認された。午後開かれた第三〇回定期大会では、今期で任期を終了する三機関長の役員改選を行なった。

役員選出の結果は次の通り

団長＝文東仁
副団長＝李長根
議長＝陳東徹
監察委員長＝金正玉
事務局長＝宋永敬

秋田団長に 朴碩道氏

民団秋田県地方本部では二十五日午前十一時から第十一回地方委員会を兼ね第三四回定期大会を同本部会議室で開かれた。午後の定期大会では任期満了に伴う役員改選を行ない、次の通り新三機関役員を選出した。

団長＝朴碩道
副団長＝南純
同＝金晃洙
議長＝朴相鳳
副議長＝金甲斗
同＝金浩泳
監察委員長＝高鳳柱
委員＝韓珉浩
同＝権爀来

岩手 韓哲汝氏

民団岩手県地方本部ではさる四月二十七日第二十七回定期大会を開催、左記のとおり新任役員を選出した。

議長 金東洙
副議長 金採順
〃 李栄石
監察委員長 李相慶
同委員 全羽相
〃 金春鶴
団長 韓哲汝
副団長 金根実
〃 崔材善
事務局長 崔材善（兼）

三多摩団長に 梁仁鎬氏

民団東京三多摩地方本部では先月二十四日の定期地方大会で左記のとおり新任役員を選出した。

議長 朴在鳳
副議長 崔守庠
〃 李潤台
監察委員長 朴栄年
同委員 崔柄奭
〃 呉甲成
団長 梁仁鎬
副団長 鄭周植
〃 朴栄河
事務局長 申ホ

団長に張訓鐘氏

岩手盛岡支部結成

民団岩手県盛岡支部ではさる三月二十八日に結成大会を開催、次の各任員を選出した。

△議長 金学祚△副議長 辺致三△〃 崔羽成△監察委員長 林長春△同委員 朴甲在△〃 宋相贊△団長 張訓鐘△副団長 金東出△〃 余泰卿

永年勤続者を表彰

受彰の三氏喜びを語る

秋氏

小山さん

木本さん

民団支部の実務に十年余りもの間うち込んできた方々三氏が、さきの第九回東本地方委員会の席上民団東京本部から永年勤続への慰労と感謝の表彰を受けた。

この日、晴れて表彰されたのは葛飾支部の秋元植事務部長と事務員の小山説子さん、それにやはり中央連合支部で事務をとっている木本幸子さん。各支団長ら代議員の面々の拍手の中で鄭在俊東本団長から表彰状と記念品が手わたされると、ふだんは支部で地味な仕事にたずさわっているこの方々もこの日ばかりは喜びに顔をほころばせていた。

秋事務部長談 「十年にもなりますか……。十年前と較べると団員数の増大など昔日の感がありますネ。私がこうしてやってこられたのも、ひとえに団員の皆様の暖い支援と協力あってのこと…。これからもガンバリますよ」

小山さん談 「十余年をふり返るとただただ複雑な心境です。皆さんのご期待にそえたかどうか、少しはお役に立てたのだろうか等々。これを機にいっそうの努力と勉強を本分に働きたいと存じます」

みなさまのお陰で

木本さんの話 「表彰されるとは夢にも思っておりませんでした。今年で十三年目になりますが、皆様のお陰でやってこられたわけで、心から感謝致しております。身のひきしまる思いです」

団長に朴玄氏

大阪本部定期大会

民団大阪本部では九日、同本部定期大会をひらき、つぎのとおり役員改選を行なった。

団長 朴玄
議長 卞先春
監察委員長 陳琦淵

北韓が加担

セイロン政府転覆の陰謀に

カルカッタからの報道によるとセイロン政府転覆陰謀に加担したカドでセイロンから追放された北韓大使館員たちがセイロンの反政府過激派たちに資金を提供してきたという事実がこのほど明らかにされ、セイロン政府はもとより、隣国のインドにまで大きな衝撃の波紋をなげかけている。

セイロン政府は先月二十四日、最近逮捕された暴徒たちが北韓大使館員によって散布されたインド紙幣を持っていたことを明らかにし、北韓が反政府ゲリラにたいし背後操縦を行なっていたという具体的証拠の一つであると述べた。

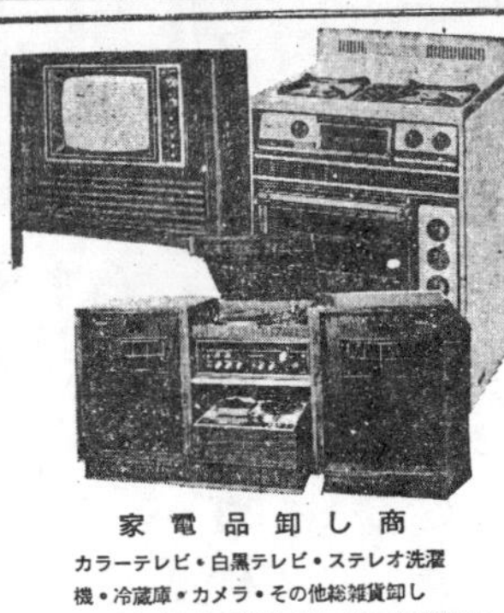

家電品卸し商

カラーテレビ・白黒テレビ・ステレオ洗濯機・冷蔵庫・カメラ・その他総雑貨卸し

秋葉原より安い卸し値で販売致します。どうぞご利用下さい

外山商店

徐万基

東京都豊島区北大塚2−10−1
電話 (917) 6915・5363
国電大塚駅北口

漢方の強力体質改善療法
（通信にて治療相談受付）

漢方医学 西洋医学 総合治療センター

◎入院設備完備、大小個室五十室あり

●喘息……20帖 50,000円 30,000円
●糖尿病……20帖 15,000円
●夜尿・腎臓 ●胃腸・肝臓 ●皮膚病 ●婦人病・腰痛 20帖 10,000円
●水虫・痔疾 ●高血圧 ●肥満症 ●ツワリ 1箱（散薬）6,000円

●鹿茸大補湯（特級）…20帖 50,000円
●鹿茸大補丸……2ケ月分 30,000円
●十全大補丸……2ケ月分 10,000円
●八味丸……(500g) 10,000円
●六味丸……(500g) 6,000円
●四物丸……(500g) 4,000円
●萬病水……(720cc) 30,000円
●人蔘酒……(540cc) 3,500円
●人蔘補心散……(20袋)(ポケット用) 6,000円

漢方乾材・卸・小売
人蔘・鹿茸・麝香・牛黄・辰砂・熊胆
※本国旅行者には特別価格で奉仕します。

漢方担当 張同萬
洋医担当 寺田莞爾

天心堂漢方本舗・天心堂診療所

東京都台東区東上野2−19−5
電話 (831) 5557−代表
国電・地下鉄上野下車1分 韓国食堂街わき

東京商銀職員募集

本年の新卒者を求めます。

1. 採用人員 大学卒 男女／高校卒 男女 計80名
2. 応募資格 韓国籍の国民登録完了者（入社までに申請手続完了者も可）
3. 待遇 大学卒男子 45,000円（基本給）
大学卒女子 43,000円（〃）
短大卒男子 40,000円（〃）
短大卒女子 38,000円（〃）
高校卒男子 37,000円（〃）
高校卒女子 35,000円（〃）
（諸手当）家族手当、皆勤手当、住宅手当、給食手当 通勤費は全額支給、社会保険完備
（賞与）年2回（6月・12月）
（昇給）年1回（4月）
4. 福利厚生施設 男子独身寮完備
5. 提出書類 履歴書、写真、成績証明書、卒業見込証明書、外国人登録済証明書、国民登録完了証
6. 勤務先 本店勤務及び新宿、荒川、五反田各支店
7. 募集締切期日 昭和46年2月末
8. 試験期日及び場所、本人宛通知

応募希望者は提出書類を揃えて本店総務部まで御郵送下さい。なお既卒者も随時受けつけております。

東京商銀信用組合

本店 東京都文京区湯島3−38−15
電話 (832) 5141−代表

永住権申請へ成果多大

事後処理対策に万全期す

執行部活動報告

総務部

一、序文（略）

1、人事＝各部とも団務遂行に専念しており、人事関係でなんら支障はない

2、渉外活動＝（略）。

3、文書活動＝事務処理のじん速と明確を図ることに重点をおいてきたことは従来通りだが、永住権の申請推進によって国民登録の更新または新規申請の数が激増、多少の事務的支障をもたらしたが大過なく各支部の要望に応えることができた。

4、割当て金納入状況＝団運営の収入財源である各支部の割当て金については、万博家族招請および永住権申請促進事業推進の関係もあって、滞納している支部が目立つ。今後、東京本部の円滑な運営を図るため、毎月末の納入に格別の協力が望まれる。

二、役員構成＝（略）

三、活動日誌＝◆70年4月2日東本常任委▽6日執行・法地委・企画・組織の各科委▽7日東本民生・文教分科委▽8日東本経済・宣伝分科委▽10日第8回定期地方委、第31回東本定期大会▽15、23日東本三機関会議▽24日万博保安要員研修会▽28日支団長・事務部長合同会議▽5月7日事務部長研修会▽8日世田谷支部総会▽10日文京、練馬支部総会▽11日渋谷支部総会▽17日杉並支部総会▽18日万博「韓国デー」に東本三機関出席▽24日目黒、足立、葛飾、豊島各支部総会▽28日東京商銀総代会▽31日墨田支部総会▽6月7日足立支部総会▽8日関東地方協議会▽13日江東、大田、中央連合各支部総会▽14日荒川支部総会▽23日品川支部総会▽24日支団長会議▽27日港支部総会▽7月4日東京万博参観団第一陣到着▽5日足立支部大会▽20日各支部事務部長会議▽24日夏季学校入校生、東京出発▽8月7日支団長会議、東本三機関長会議▽14日8・15参観団、羽田出発▽15日8・15記念式典開催（文京公会堂）▽23日全国団長・機関長連席会議に出席▽9月1日関東大震災犠牲同胞追悼式▽8日関東地協団長・事務局長会議に出席▽14日東本三機関長会議▽30日「国軍の日」参観団、東京出発▽10日9日部内実務者研修会▽23日第17回中央委に出席▽11月6日東本三機関会議、同執行委▽24日東本顧問会議▽12月2日東京商銀本店起工式に出席▽13日緊急支団長・事務部長合同会議。◆71年1月4日東本三機関長会議、同常任委▽6日東本新年会▽16日永住権申請締切り▽19日東本常任委、同三機関会議▽19日支団長会議▽25日各支部歴安旅行会▽28日団長、東南ア出発▽2月3日朴根世中央議長告別式▽6日札幌プレ五輪開会式に出席▽16日第86回関東地協▽17日東本三機関会議同執行委▽18日支団長会議▽22日中央規約委に出席▽28日3・1節参観団出発▽3月1日3・1記念式典開催（日比谷公会堂）▽12日東本三機関・執行委・支団長・関東地協▽14日中央規約委に出席▽15、16日第18回中央委に出席▽20日東京韓国学校初・中等部卒業式に出席▽25日第34回定期中央委に出席▽28日韓青東京特別本部第2回大会、世界卓球選手権大会開会式にそれぞれ出席。

四、財産目録（略）

五、文書関係（略）

六、支部別割当て金納入一覧表（略）

七、会計報告　①貸借対照表②一般会計収支明細表③万博招請経費収支一覧表④万博特別会計収支明細⑤永住権申請促進特別会計収支明細（略）

組織部

一、序文（略）

二、万博保安対策に関して　万国博への本国家族招請事業推進に伴う参観団保安対策について組織部は、中央本部の指示に従って管下各支部ごとに保安要員を選任、保安要員研修会を数回開催するとともに、各支部を巡回して招請者を対象に保安対策説明会を開くなど事故未然防止の体制を整え、東京地方はじめ北海道から静岡県に至る参観団の日本入国に際し、五月二十四日から約四か月にわたって羽田空港での送迎業務に専念した。これには各支部保安・案内要員および三機関の献身的な協調があり、その結果、参観団全員が無事に帰国することができた。

三、永住権申請促進運動　最も重要な事業であるこの運動の推進にあたっては、朝総連および日本国内の革新系のし烈な妨害工作と日本政府の消極的な姿勢などによって多くのあい路があり、さらに万博参観団の日本入国に伴う保安対策に全組織力を動員したこともあって、昨年八月末までは期待に反して申請不振の状態にあった。しかし万博終了とともに全国民団組織が団結、申請促進の態勢を固め本格的な運動を繰り広げた結果申請数三十五万人を突破させた。

東京本部は万博会期中も、団長が率先して各支部を巡回し、申請を呼びかけたほか、万博終了直後には永住権取得要宣伝カーを巡回させる一方、東本は永住権取得推進委員会を組織、各支部にも同委員会の結成と、七〇年十月から七一年一月十六日締切りまでの各支部別申請目標数の策定を指示した。その後三機関はじめ各部長が各支部に協調して戸別訪問、朝総連および中立系同胞への説得、代筆などに尽力した結果、東京地方で有資格者中の過半数の申請数（約五万八千人のうち三万五千余人―三摩を含む）をあげ、首都本部としての面目を保った。

四、行事関係（略）

五、傘下団体に関して　1、婦人会＝婦人会東京本部は、民団東京本部の活動に対し常に表裏一体となって婦人運動を進め、万博、永住権などの民団重要事業に積極的に協力してきた。

2、韓青東京特別本部＝都内の韓青組織は七〇年三月二十九日に東京特別本部として発足して一年間に中野（七〇年七月十五日）墨田（同十月三十日）江東（七一年四月二十五日）の三支部を結成して支部組織を拡大させ、また各種集会、学習会を通じて民族的意識と自覚に立脚して意欲的に活動しながら著しい成長を見せている。

最近また、日本政府が立法化を企んでいる出入国管理法案に対し警鐘を鳴らす動きを見せるなど今後の活躍が期待される。なお、結成されている韓青支部は次のとおり（結成順）。

渋谷、豊島、北、大田、品川、江戸川、港、葛飾、荒川、文京、中野、墨田、江東。

六、組織の整備と強化について（略）

七、朝総連の動向に関して（略）

民生部

一、序文（略）

二、万博家族招請事業　1、進行内容＝招請事業の推進過程でいくつかの難関があった。すなわち被招請者のうち少数の兵役忌避者を除き全員が日本に入国して万博を参観できるようにすることが東京本部の基本方針であった。したがって東本では、当初から担当者が本国に出張して関係当局と折衝を重ねた結果、身元照会および手続きなどで便宜を受け、通信連絡の不備な一部地域以外は、身元に関する作業がすみやかに完了した。

また事務的な面ではビザ手続き上の若干の不手際、申請締切り後名単記載事項の訂正が続出したほか本国での輸送計画の変更などで日本入国が遅延、事業推進上の支障が若干あったが、結果においては、なんら事故もなく成功裏に遂行された。

2、空港での活動状況＝東本の指導のもとに保安および案内要員を特別編成して空港に常時配置し東北、関東、北海道地域を含む入国者の入国手続き、税関検査、各責任部署への引継ぎに至るまで便宜を図るなど、組織の完璧性を示した。

3、実務内容＝（略）

▽万博招請事業内訳表（略）

三、永住権申請に関して　韓日協定前文に明記されているように在日同胞が日本で安定した法的地位を確保するための永住権の申請促進運動は、昨年十月から本格的に繰り広げられ、東京三機関はじめ全組織の役員が、班を編成して昼夜をいとわず戸別訪問による説得、啓蒙、代筆などを行なった結果、目標以上の成果をおさめた。今後申請者全員の許可を目ざして努力することが課題である。

▽同胞分布・永住権申請状況表（略）

四、国民登録申請について　各支部での積極的な啓蒙活動によって、国民登録の更新および新規申請が日ごとに増加している。

国民登録申請事業は、国勢把（は）握だけでなく、日本に居住するための身分保障に必要な要件となるもので、同胞の権益擁護の姿勢で今後一層、未加入者の申請を促進させなければならない。

▽各支部別国民登録現況（略）

五、母国参観団の派遣　祖国近代化のめざましい発展相を在日同胞に正しく認識させ、韓民族としてのきょう持と民族の主体性を確立させるため、昨年の「光復節」に六十人、「国軍の日」に六十人、今年の「三・一節」に七十人を母国参観団として派遣した。このうち特に三・一節参観団は協定永住権申請の締切り後に派遣されたもので朝総連系に属していた同胞で永住権申請完了者が過半数も含まれており、これら同胞たちが直接祖国の姿を見聞して認識を新たにし、朝総連の虚偽宣伝を見破ったことは大きな成果であった。

経済部

一、基本財政の確立事業（略）

二、東京商銀信用組合の育成　東京商銀は東京本部管内の唯一の民族資本による金融機関として、各支部役職員および団員たちの積極的な支援と東京商銀役職員の惜しみない努力によって飛躍的な発展を見せており、今後とも東京本部は、各支部との協助のもとに東京商銀の育成を図り力を尽して東京商銀の事業発展に寄与すべきである。

三、税務対策　在日同胞に対する日本税務当局の税金攻勢は漸次激化し、団員たちの事業経営に甚しい悪影響を及ぼしており、これに対処する適切な保護対策の講究が緊要である。

東京本部では、在日韓国人納税貯蓄組合東京連合会が中心となって各支部に設置した十九の納税貯蓄組合と協助して納税対策に取り組み、各組合員の適切な納税と事前調査、その他事故防止とその解決のため努めており、特に七〇年度の所得税申告に先立ち、申告様式の変更について周知させるため各組合で説明会を開かせるなど、申告業務に万全を期してきた。

四、中小企業の育成強化　団員の中小企業育成のため、日本中小企業等協同組合法による業種別事業協同組合の組織が継続事業として推進中にあり、日本の関係当局者たちとの合意によって、さしあたり金属関係業種と飲食業関係の事業協同組合の組織に着手、定款その他の準備が進んでおり、近く東京都の認可を得られるよう努力する。

五、民族財産の管理と保護　民族財産、すなわち各支部の民団財産の管理と保護の問題は多年間にわたる課題で、民団財産の登記で幾多の問題を引き起こしており、この根本的な解決策が望まれていた。

東京本部は、その解決への一つの方策として、日本の生活消費協同組合法による生活協同組合を組織、各地区の区役所の認可を取りつけ合法的な法人にすれば、だれが団長または組合長になろうと、民団財産は常に民団団員全体の共有財産として管理・保護される。さらに税金面でも、民団建物に対する取得税、固定資産税が免税となり、団員が納付する団費（二十二支部の合計年額は約八千万円）が生活協同組合に対する義務金と置き代えられて免税の対象となるような方向で、専門家とも数回にわたって協議済みで、定款その他の準備が整っている。

文教部

一、東京韓国学校に関して

1、序文（略）。

2、学校の現状　▽学生在籍数＝①初等部二百三十五人（男百十七、女百十八）②中等部百九十三人（男七十六、女百十七）③高等部二百二十八人（男九十六、女百三十二）――計六百五十六人。

▽教職員現況（略）

▽進路状況（略）

▽一九七一年新入生数＝①初三十九人②中六十四人③高九十二人――計百九十五人。

3、東本および各支部の韓国学校運営費の賛助状況（略）。

二、在日韓国人文化賞に関して（略）

三、一般文教事業　1、自費母国留学生＝選考の結果、東京本部管内の自費母国留学生は二十八人で、うち東京韓国学校卒業生九人、日本の高校卒業生十九人。

2、国費母国留学生＝本国政府は、在日韓国人の子弟に対する民族教育と在日韓国人社会の中堅指導者の育成のため、一九七一年度から国費による高校留学生制度を実施した。これは、合格者をソウル大学在外教育研究所で一年間の予備教育を履修させたのち、文教部指定の高等学校に入学させると同時に全員所定の寄宿舎に寄宿させ舎監を配置して特別指導を行なうもので、学資金、寄宿舎費など全額国庫で負担するという画期的なもの。今年度は日本全国から二十二人が応募、うち十人が合格したが、この中には韓国学校卒業生三人も含まれる。

3、夏季学校＝夏季学校は、在日韓国学生を対象に祖国に対する正しい認識と民族精神の涵養、愛国愛族する在外国民の育成を目的として毎年本国で開校されるもので、今年度は全国から八百三十三人が応募、うち七百二十人が選抜されて入校・修了したが、例年より若干の増員をみせた。東京地区からの入校生は六十四人で大学生二十人（男十一、女九）高校生四十四人（男二十九、女十五）。

今年は特に出発に先立ち三回程度の事前教育を行ない、韓国語と韓国歌唱を指導、またソウル、忠南、慶北、釜山など各地の国有の名勝地を巡回させながら移動教育を行なった。

四、継続事業　①東京本部国語講習会の開催（張暁講師）②音楽講習会―歌唱と楽典指導（文秀直講師）。

五、各支部別講習会の状況（略）

宣伝部

一、万博後援および招請事業　①同事業推進にあたり宣伝部は❶万国博参加の国家的意義を周知徹底させること❷招請事業に伴う保安対策への側面的支援と活動❸招請によって来日した本国同胞たちに民団の活動状況を宣伝すること――などを機関紙を通じて積極的に行なった。

二、永住権申請促進運動に関する活動　この運動ではまず、永住権の意義について広く在日同胞を啓蒙すると同時に、朝総連側の虚偽宣伝を封鎖することに主力を注いだ。したがって本国政府当局の発表事項、永住権申請促進に関する民団当局の公告など、すべてもれなく、機関紙「民団東京」に掲載、必要に応じて解説を付け加えたり朝総連の虚偽宣伝に対しては、これに反ばくする記事を随時発表してきた。

特に永住権申請促進運動が軌道にのって猛烈な勢いで展開したのと時を同じくして永住権申請案内（新聞同型四ページ）を特集、東京本部管内はもちろん、全国の組織に配布して大きな宣伝効果をもたらした。この特集は鄭在俊団長の直接監修のもとに企画・発行されたもので、中央本部に三千部、三多摩本部三千部、福岡本部一万部、広島本部一万部、大阪本部五千部、その他各地方本部および支部にそれぞれ要請に応じて増刷、提供し好評を得た。

三、機関紙「民団東京新聞」に関して　昨年四月十日の第三十一回定期大会の決議に伴い、同月二十二日（第二、四〇一号）からB3版（新聞大型版）四ページとして週刊化（毎週水曜日発行）に踏み切ると同時に題号を「民団東京」に改称、東京本部組織に似わしい機関紙として一大飛躍を成し遂げた。

一方、機関紙配送体制も従来の支部を経由する非能率的な方式を改め、昨年四月の第百六十四回支団長会議の承認を得て五月七日号から本部直送制を実施した。

また発行回数では昨年の週刊化以来一年間で四十五回（二回休刊）発行、昨年の八・一五光復節など祝日には増刷し、特に去る三月三十一日には、日本の出入国管理法案全文を特集、読者のほか韓青、学同など傘下団体の学習用にも提供した。

四、民団東京新聞の配布状況

五、「韓国新聞」について　民団中央本部機関紙「韓国新聞」は管内読者あてには東京本部が委託配布しているが発行が不定期であることと、度重なる休刊で団員から多くの誤解を受けている。今年にはいってからの「韓国新聞」発行状況は、一月に三回（新年号、十六、三十日）二月に一回（二十日）三月に一回（十三日）だけでなお三月十三日号は部数不足で一般団員には配布できなかった。

六、その他の宣伝活動（略）

永住権申請有功表彰者名単

永住権申請功労で表彰された名単はつぎのとおり

文京支部　兪石チュン、韓文鳳、高勝坤、鄭載鎬、全泰先、慎時範、宋成復、李東燮、李相台

台東支部　趙弁訓、南俊浩、李方鍾、李鍾燮、金守衡、安秉根、朴斗弼、安守相、宮嶋保子、小坂好枝、尹正男、李柱爀、金昌植、金玉金、金公俊、金秉一、林元鍾

中央連合支部　林源晋、崔仁鍋

墨田支部　鄭寅学、金竜植、姜清吉、曺成玉、林祥奎、洪象観、李京炫、金三岩、鄭順相、姜清鍾、李任債、申伯雨、朴周植、薛鳳九、金昌錫、鄭墳鉦

江東支部　金光和、朴永鋼、崔順慶、鄭泰春、尹正根、朴載海、朴南浩、李桂元、康元仲、朴成善、金石奎、金治英、金在心、鄭在点、金豊弘、姜桂栄、金鉉成、李敬熙、曺外鍾、鄭錫斗、金在洪、金寅漢、朴寅圭

江戸川支部　金永純、姜富道、李栴弼、姜東遠、金仁寛、金日煥、金両祚、梁頭福、申東秀、朴永基、高雲鎬、朴議成、鄭寅顕、朴道根、李舜夏、金敬天、殷寛植、崔金哲、崔再根

北支部　金鋼奎、李明植、尹銘福、金徳鳳、高仁寿、金介童、李大勲、盧実

足立支部　李禎雨、高守、金升鎬、李昌孝、韓斗玉、朴京植、権重浴、金潤璜、金命竜、崔順子、金両奉、金渉弼、鄭東淳、許仁沢、許義祚、文炯夏、張敏鎬、玄奎元、呉鳳洙、孫道洲、金仁永、奏竜欽、柳泰永、千甫殷

荒川支部　趙文淑、安正先、秦太平、金君玲、高昶徳、高潤玉、朴八胤、玄元五、呉烈鎮、鄭東良、金昇沢、呉昌華、文敬淑、金興五、金守進、高昌運、李石現、金守連、黄銀沢、梁準衡

葛飾支部　金玉岩、秋元植、曺手必、康泳斗、朴鶴鳳、金甲寿、徐正卓、成淇安、金学周

豊島支部　金時元、李海竜、祁一竜、徐万基、呉相彦、姜千五、劉忠吉、金洙元、梁石会

板橋支部　崔学林、朱光熙、丁仲変、申丙徹、池栄沢、金鍾声、梁鴻奎

練馬支部　朴珪秉、兪弘チュン、朴性雲、金鍾台、崔基炳、安領基、李用洙・郭東儀、金海雲、諸兌姿

新宿支部　金炳栄、李慶容、馬宇東、蔡洙仁、李昌夏

中野支部　李鳳学、康公職、成致道、高潤容、呉道俊、安得道、徐東権

杉並支部　李敏儀、金奎会、金在河、安達玄、朱尚根

渋谷支部　呉世経、李順錫、尹鎔柄、金奎泰、李栄変

世田谷支部　金栄在、陳斗鉉、朴麟奉、崔載斗、金栄洙、李甲植、李栄杰、李基燮

目黒支部　鄭坡汶、黄晩伊、朴点守、姜敏泰、方泳哲

港支部　金周億、康三熙

品川支部　崔泰一、慎達晟、李一雨、李五甲、柳徳済、李芳午、韓京洙、鄭俊吉、権寧変、金淳子、張在万、孫益俊、朴三述

大田支部　尹啓守、黄一栄、金相大、石容煥、李奉雨、田永馥、金大栄、金永洙、金鹿植、金永信、林正述、宋賢植、朴次瑛、孫甲洪、孫多翼、姜東根、鄭鍾範、金東汶、白英基

韓青大田支部　千永寿、崔基泰、韓元玉

東京商銀　許弼奭、安禧中、鳥井壽尚、李徳栄、金坪珍、崔玉模、石相華、羅大燮、李馬致、金在沢、范填圭、李順千、韓桧俊、許允道、廉廷燮、朴鍾大、李舜夏、李基寿、徐竜岩、千永命、金鶴鎮、李承魯、裵相烈、鄭乙徳、孫冉翼、金東圭、金日竜、桂華逸、金竜宅、李点変、石寿星、安学俊、張基休、河徳成、鄭京述、呉成大、辛洛浩、李彩雨、朴壽福

敬友会　丁栄玉

以上

スペシャル・レポート
世界の動き

米・日の対中共接近

ウィリアム・P・バンディ

米中関係に全般的再検討を加えていたニクソン米大統領は、十四日に対日貿易、人事交流拡大をねらった五項目の措置を発表、大陸中国からの訪米に対する査証発給促進の用意があることを明らかにするとともに、対中直接輸出の対象とし得る非戦略物資の品目リストの作成を命じた。これで米国は三月の旅行制限撤廃と合わせ、旅行・通商に関しては、過去二十年間、みずから設けてきた中国との間の厚い壁を大幅に取払い、中国の出方いかんによっては「貿易再開」を現実に望みうるまでになった。これらの措置は、対中通商関係を原則的に"ソ連並み"にまで引上げる方向を示したもので、発表のタイミングから、中国の米卓球チーム招待、記者入国許可にこたえたものとみられる。

中国がこのほど、米卓球選手団を招待したことは、米国内一般には好ましい動きとして受取られている。しかしこの"米中雪どけ"ムードが、米中両国間の大がかりな人事交流や接触、あるいは貿易緩和を招来させる意味を持つものであるかどうかはまだ予言しがたい。とはいうものの、このまぎれもない"友好的対面"が日本で催された卓球試合の場で行なわれ、それが"訪中"の芽をふくことになったということは、それ自体がじゅうぶんに一考する価値を持つものである。

六二年ごろからの日本の対中接近

私はついこの間、東京訪問を終えて帰国したばかりだが、日本で感じ取った"日中関係"の動きは新しい色合いを示しつつあるということだった。そして私はそれを非常に重要なことだと確信したものであった。

日本が西側諸国のどの国よりも中国本土と大きな接触をしているということは確かなことである。日本のこうした対中接近傾向は、ずっとさかのぼり一九六二年十一月九日、日中間で総合貿易に関する覚書きを取決めたころからである。それは日本が再び東アジアの大国として浮かび上がる以前のことであり、また世界で第三位の経済力を持つようになったころよりだいぶ前のことである。

一方、米国は、日本のこうした対中姿勢やその努力を決してさまたげようとはしなかった。否、むしろ、日本人たちがわれわれ米国人たちにそうした意味での一つの道を――いま日本人が慎重に行なっているように――はっきりと示してくれるよう、静かに望んでいたものだった。

今日の日本はまだ中国問題全般では一線を画する範囲を出ていないが、一方、中国は日本に対して非常に強硬で、ときとして日本人に相反するような感情をさえ起こさせている。

日本人の対中国のツミの意識が…

日本人自身はいま進化しつつある日本の文化が中国のそれとは全く違っていると感じてはいるのだが、歴史的な深いつながりという点で中国文化を認識している。とはいうものの中国文化が西側の文化や影響力、あるいはそこから起きる紐帯といったものからは、ほど遠いものだということも日本人たちはよく知っているのだ。

また、経済面でも、中国のそれが決して高い状態にないことを日本の一部企業家たちはじゅうぶんに認識している。しかし、日本の経済界は日本の原資材の需要がことごとく、離れた他の国ぐにによって充当されている（しかも、その大部分は先進諸国から受けている……）ということをよく知っており、こんご幾年かの後には膨大な中国との間でそれが可能かも知れぬと夢見て、対中貿易に大きな望みをかけている。

こうした中で目立つのは日本が過去に おかした罪――すなわち中国に対して行なったことへの罪の意識である。日本の対中姿勢の中にうかがわれるのはこの中国への罪の意識と、日本が軍国主義復活への道を歩みつつあるという、日本人自身の批判の声である。この後者に関しては米国の一部でも"日本の軍国主義復活という感覚"を持ちはじめているが、日本人自身の非難は米国のそれとは大きく違っている。（もっとも私が日本を訪問して見たり聞いたりした限りでは日本に軍国主義復活の兆候などないと感じたのであるが……）

しかし、日本内にこの中国への罪の意識と軍国主義非難の声があってそれらが対北京関係の早期正常化への感情を助長させるのに大きな役割りをしている。

中国との正常化図る超党派グループ

これは政治的事実であり、その促進には日本の議会で多数の"超党派グループ"によってなされている。

日本ではかなりの数にのぼる人びとが、中国は一九七一年、あるいは七二年に国連に加盟が可能であろうとみているが、彼らは一様にそのときになれば日中相互承認の動きが活発になるに違いないと言っている。

しかし、日本人たちはこの中国承認問題で、大きな障壁が存在していることを理論上からも現実面からもよく知っている。すなわち日本は国府とは非常に密接な関係にあり、日本の台湾に対する貿易は昨年までは日本の対中国本土貿易よりも遥かに上回っていた。その上、日本の台湾に対する投資は年々増大しているのだ。だが、多くの日本人はこうした"明らかな利害関係"とは別に、台湾でなしとげられた発展を尊重している。そして台湾で生活している一千四百万人の人びとが、彼ら自身はっきり拒否している毛沢東主義の支配に、イヤ応なく投げこまれるようなことは"あるべからざることだ"と信じている。

中国問題に関しては日本の世論の前衛を行くもの……とみずから任している日本の"知識人"でさえも国府との関係をホゴにすることは無責任であるだけでなく一種の越権行為だと考えている。しかし、これらの人びとは中華民国政府が国連での議席を失っても、それはやむをえないことだとみている（もっとも、日本政府はこうした見方を認めていないが……）。

強硬な北京政府の態度も障壁

中国の承認問題でもう一つ別の障害があるが、それは北京政府の指導者たちの態度そのものである。中共指導者たちはここ一、二年の間、非常に独善的であり、日本の国力がますます大きくなってくると、それを軍国主義だとして激しい憂慮の色を示している。あるいは日本の力を軍国主義だと見せかけようとしているのかも知れない。

毎年、年中行事のようになっている日中覚書貿易協定の調印は北京政府と日本の半官半民代表団との間で交渉されたのちになされるが――これは年々、徐々にふえつつある日中間貿易量のごく一部のものにすぎないが――この交渉は北京にとってその強硬な態度を示す格好の機会となっている。そして今年はとくにそれがひどかった。

日本に要求した過酷な条件

たとえば中国は、日本企業のうち台湾や韓国に投資している会社あるいは米国の企業と合弁している商社とは貿易を拒否すると明らかにしただけでなく、政治面でも北京が中国の唯一の合法政府だと認めさせ、日本が国府との間で一九五二年に締結した平和条約（講和条約）を事前に破棄するよう要求している。

こうした過酷な態度は"不吉な兆候"を思わせる諸条件を含んでいるために佐藤政府の対中姿勢を強化させている。つまり日本政府は中国問題を"急がずに"解決して行きたいという立場を取っている。

従って、いま日本では対中問題ではげしい世論のわき上がりがあるにもかかわらず、実際的には何ら意味するものを持っていないのである。このことはある思慮深い日本人も私に向かって語っていた。結局、前衛的な知識人たちが一九七五年、あるいはそのころまでに中国との関係正常化を必ず達成する――と言っているだけのことである。とはいうものの、中共接近の潮流は非常に強いものである。

東アジアにおける"平和"を考えている人びとはだれもが、この中共への潮流の激しさがますます大きくなって行くことを感ぜずにはいられないだろう。

そして結論的には、日中両国間の関係正常化は必須のものとなるに違いない。このことを日米両国政府はとてもよく知っており、米国も日本人たちが、何とか"名誉ある条件"のもとで対中国関係正常化の道を開くよう望んでいる。要するに日本が米国に先がけて、そうした対中関係の道を見出すことに反対する米国人はいないだろう。

日・米の'決定'はそれぞれの立場で

日米両国は互いに、この中国問題に関する協議では緊密な連絡を取っているが、しかし最終的決定は各自の国で独自に、それぞれの立場で行なわなければならなくなるだろう。

現実にはこの中国承認問題はそう早急には決まらないだろう。しかし、たとえその決定が長引いたとしても、この問題に対する現時点における態度というものは非常に重要である。

こうした意味で一九七一年は注目すべき年であり、また今秋の国連総会における中国問題は賢明な態度で取扱われなければならぬ必要性にせまられている。

一方、日米間でもこの七一年という年は繊維の対米自主規制問題をめぐる紛糾の、不幸な影響のために重大な年になるだろう。

さて、米国の卓球チームが北京を訪れたからいうわけではないのだが、ピンポンは日米間でするのではなく、米国も日本も中国に向けてやろうではないか？

（SISA）

筆者のウィリアム・P・バンディ氏は、米ミシガン工科大学の教授で前国務次官補（アジア・太平洋地域担当）。

セントラル冷暖房システム

かつて建築物は、生活や仕事の場を収容する"容器"がその主な機能でしたが、今日では一歩進んで外界の気候条件がどのように変化しても、常に快適で能率的な生活作業環境を維持する、いいかえれば、新しい気候を作り出す場となってきています。その新しい気候を創造するものが、セントラル冷暖房システムです。

この冷暖房システムは
◎快適な冷暖房が行なえること
◎豊富な給湯ができること
◎住宅をはじめとする建造物の寿命に匹敵する耐久性をもっていること
◎経済的な運転ができるように熱効率がすぐれていると同時に、ロスの少ないすぐれた調節・制御機能をもっていること
◎建物構造、用途、予算などに応じて幅広いシステム商品陣がそろっていることが要求されます。

当社は、これらの要求を完成した「サンヨーセントラル冷暖房システム」と提携し、建築物の機能を高めるお手伝いをいたします。

五州興業株式会社
東京都新宿区市谷八幡町1
電話（269）1817（代）
取締役社長　鄭　寅勲

北洋冷凍機工業株式会社
東京都新宿区原町3丁目84番地
電話（341）0449（代表）
取締役社長　洪　起華

母国の学校へオルガンを

在日同胞の皆様！　祖国の母校の為になる事をしたくありませんか。国民学校では現在オルガンが一番必要です。オルガンを母校に寄贈したい方は下記の要領で寄贈して下さい。

代金を下記送金先の会社名に銀行送金又は郵便振替口座に御送金下されば韓国ですぐ貴下御指定先母校にお届け致します。

定価と品種
アリアオルガン・61鍵
2列箇1台¥45,000
〃　〃　49鍵
2列箇1台¥40,000
〃　〃　49鍵
1列箇1台¥35,000

韓国KS指定オルガン製造工場
大邱市南区鳳徳洞148
TEL 0534－52－0151
6251

東洋楽器工業社
代表　河泰鳳

送金先
静岡県浜松市浅田町1080
TEL 0534-52-0151代

（株）伊藤真楽器工芸社
P.O.BOX浜松
銀行三和銀行浜松支店
郵便振替口座
東京189295

太陽商事株式会社
社長　李　鎮浩
東京都台東区浅草三－三七－六
電話（八七四）二四八九・四七五九

在日本大韓民国居留民団
綱　領
一、우리는 大韓民国의 国是를 遵守한다
一、우리는 在留同胞의 権益擁護를 期한다
一、우리는 在留同胞의 民生安定을 期한다
一、우리는 在留同胞의 文化向上을 期한다
一、우리는 世界平和와 国際親善을 期한다

THE PRESS MINDAN TOKYO
THE KOREAN RESIDENTS UNION, IN JAPAN, TOKYO OFFICE
「韓僑通信」改題
在日本大韓民国居留民団
東京本部発行日本語版週刊紙（購読料1カ月100円・特別1000円）
（1965年7月27日第3種郵便物認可）

民団東京
THE PRESS MINDAN TOKYO

5月19日 <1971>
週刊・毎水曜日発行
第2448号

発行所
民団東京新聞社
発行人 鄭 在 俊
東京都文京区本郷3丁目32番7号
電話（811）1535（代表）
〒133　振替口座 東京16631番

謎を深めて発展する録音問題

裵氏不参で公開されず
李東一なる人物から事情聴取

駐日大使館の金在権公使が、裵東湖氏のいわゆる反国家的発言の録音を公開すると指定した十二日午前十一時同録音公開に立会を求められた民団中央団長李禧元氏、同議長張聡明氏、同監査委員長李寿成氏、鄭在俊東京本部団長、徐興錫同監察委員長、李相権京都本部団長、兪錫チュン氏、曹寧柱氏ら八人は、金在権公使室に出席した。金在権公使は、裵東湖氏との対話相手である問題の留学生李東一同留学生も裵氏との会話内容を立会った八人に語った。この日金在権公使は、当の裵東湖氏が出席しなかったため、肝じんの録音は公開しなかったもようである。

本国関係機関へ移管
金公使　李中央団長へ公文

問題は反国家的の定義
裵東湖氏、記者会見で語る

公開は民団で行え
裵氏中央監察長に書翰

裵氏に出席を要請

裵氏の回答

新聞協会の立会要請を拒否

在日韓国新聞通信協会（会長金晋根共同新聞社社長）でも、いわゆる問題の録音事件を重視、在日同胞全体に及ぼす影響を考慮して同協会の代表を、録音公開の席上に立会させることを駐日大使館当局に要請したが、駐日大使館当局

綜合ビル経営
金井企業株式会社
代表取締役 金 熙 秀
東京都中央区銀座七丁目二一二〇
電話（五七二）二五五〇番（代）

選挙不干渉主張に反論
兪選対委　金公使に声明で回答

兪錫チュン選挙対策本部の参謀役をつとめた呉宇泳、梁相基の両氏が、金在権公使の公開書翰に反論する声明文を発表した。

この日両氏が発表した声明文は、去る四月十三日付で同選挙対策本部が兪錫チュン氏宛の公開書翰で「兪選挙対策本部の声明は悪意にみちた事実無根」とする同選対策本部の主張を再び闡明したものである。

金在権公使の公開書翰に対する回答

中央委員会の祝辞について

広汎な同胞の意思

安秉根氏が就任
東京本部の副団長に

地方本部の副団長は、民団規約第二十七条によって二人とされており、東京本部は過去一年間、羅鐘卿現副団長のほか一人が欠員となっていた。したがって、さる四月二十八日の第九回東京本部地方委員会でも、監察委員会から「こ

民団中央本部

民団中央本部（李禧元団長）では、次のとおり人事を発令した。

依願辞任　文教局長　姜仁煥
〃　文教局次長　金珍寧
任　文教局長　尹翰鶴
〃　宣伝局長　金　潤
（以上五月十一日付）
〃　経済局次長　鄭達鉉
（五月一日付）
〃　組織局次長　崔チュン
（五月七日付）

朴正熙大統領の指導理念と、烈々たる愛国心！

朴正熙選集 全3巻

申 範植＝編集
全3巻セット価 ¥2,500

第1巻では大統領の指導理念と韓国の苦難の歴史を物語り第2巻では大統領の熱烈な愛国心と祖国統一に対する熱情を伝えている。第3巻では韓国の近代化と、明日に向かって前進する国民の先頭に立つ大統領の、自信と希望に満ちた演説を聴くことができる。（全3巻同時発売中！）

①韓民族の進むべき道　A5判・260頁 ¥780
Ⅰ人間改造の民族的課題
Ⅱわが民族の過去を反省する
Ⅲ韓民族の受難の歴史
Ⅳ第二共和国の「カオス」
Ⅴ後進民主々義と韓国革命の性格と課題
Ⅵ社会再建（国家）の理念と哲学

②国家・民族・私　A5判・280頁 ¥820
Ⅰ革命はなぜ必要であったか？
Ⅱ革命2年間の報告
Ⅲ革命の中間決算
Ⅳ世界史に浮き彫りされた革命の各態様
Ⅴライン河の奇蹟と不死鳥のドイツ民族
Ⅵわれわれと米・日関係
Ⅶ祖国は統一されるだろうか
Ⅷわれわれは何をいかにすべきか

③主要演説集　A5判・380頁 ¥900
Ⅰ協同の大洋に結集しよう（外交）
一つの垂細亜・ほか
Ⅱ前進する歴史の潮流の中で（社会・文化）
勝利は未来に生きる側にある・ほか
Ⅲ炬火は燃えている（産業・復興・経済）
人間の近代化、生活の近代化・ほか
Ⅳ自分の国は自分の力で（反共・愛国・国防）
自主国防の源泉地・ほか
Ⅴ着実な前進（政治）
新しい共和国の朝は明けた・ほか

祖国繁栄の構想にふける著者

鹿島研究所出版会・発行
107 東京都港区赤坂6-5-13 電話582-2251

5・25総選挙、与野優劣予想

共和、優勢地区を94と踏む

新民 確実視の50余地域に集中援助

"五・二五総選"が中盤戦にはいってから百五十三の各地域区別に与・野候補たちの優劣が現われ始めたが、これに伴い、共和、新民両党は初盤戦の結果を総合分析し中間評価を下すかたわら、中盤および終盤戦略をたてた。

競争率平均3・8対1
地域区立候補576人
全国区候補は120人

中央選管委はこのほど、五・二五総選挙に出馬した地域区立候補者は五百七十六人であると発表した。これによると、競争率は平均三・八対一で、こんどの総選挙に名乗りを上げた六政党のうち、全部の地域区（百五十三）に立候補者を出した政党は共和党と新民党だけで、国民党が百二十一区、大衆党五十三、民衆党三十七、統社党六十、合計五百七十六人となった。

中央選管委の集計によれば、慶北が八十七人で一番多く、その次がソウルの八十四人で、六政党がみな候補を出している地区は東大門甲区、金浦＝江華区など八区である。また、共和党と新民党だけの対決区は、仁川甲区、木浦など十三区である。

一方、地域区候補登録と同時に締切られた全国区候補は共和四十人、新民三十三人、国民十四人、大衆七人、民衆十三人、統社十三人など合計二十人である。

総有権者数は千五百六十万

中央選管委が発表した補充選挙人名簿作成表によると、総選挙の有権者数は一千五百六十一万二千二百八十五人で、うち女性の選挙人数が七百九十一万九千五十人で、男性選挙人数七百六十九万三千二百三十五人より二十二万五千八百十五人多い。

議席総数	地域	一五三
	全国	五一
	計	二〇四
共和主張の優勢地区		九四
新民主張の優勢地区		五五
三分の一線		六九
国会召集線		五一
過半数線		一〇三
第一党全国区当選圏		二七〜三四
第二党全国区当選圏		一七〜二四

共和党は十一の中央選挙指導督察班を市・道別に送り、最終得票に総力を傾注しているが、新民党も"正事例特別調査委"を構成、各地を巡回させながら選挙督察を兼ねて議席三分の一線の確保に全力を尽くしている。初盤戦を終えた共和党は百五十三地域区のうち優勢地区を九十四と見ており、新民党は五十五と想定している。なお、勝敗を分けにくい激戦地は五十地区とみられている。

共和党はさらに優勢地区九十四のうち優勢"安定地区"を六十九、伯仲しながらもほぼ優勢の地区を二十五地区とみて、当初策定した当選目標線百二席の確保のために拍車をかけている。

なお、共和党の選挙指導督察班は、主として現役議員交替地区とみられる三十余りの野党優勢地区および熾（し）烈な競合地区の過熱相を事前に防ぎ後遺波動を阻止するのに主眼点を置いている。さらに共和党は"院内安全線確保"を目指して奮戦しながらも、「無理な勝利をして後遺症を誘発させるよりは野党が優勢な地区では野党に議席を割愛する」という"平衡の原則"を表面上打ち出している。

従って、共和党の国会議員選挙対策は伸縮性ある戦略で編まれ、野党の"珍山波動"によって招来された"有利な高地位"があるとみずから指摘、新民党をそれ以上窮地に追込まない"方針"だという。

一方、新民党では、金弘壱党首権限代行が十二日、総選対策六人小委を開き、党組織の整備、資金支援および遊説を通じた宣伝攻勢など一連の対応策を講究、まず全国百五十三地域区に五十万ウォンずつ資金を支給し「中央党の"事情"に動揺せず選挙区で総力を傾注せよ」という檄文を送った。

新民党は当初、改憲阻止線の七十議席（全国区含む）を確保するという計画をたて、当選の可能性ある五十余地域に集中的支援をする"確実性"ねらいの戦略を決めていたが、こんどの"珍山波動"で当初のマスター・プランに少なくない修正を加えざるを得なくなっている。なお、新民党は、事実上中央党の総合支援がうまく行かぬため、各派閥別で独自的な支援をするにとどまるもようである。

米国が国軍の削減を促求か

九日発売された米国の時事週刊誌ニューズウィークは、米国の高位外交官および軍事指導者たちが現在五十五万人の韓国軍規模を十万ないし二十万人減らすよう非公式会談を通じて韓国指導者たちに促求している、と報道した。韓国国防部は「削減は事実無根である」と否定しているが、米国防省スポークスマンは「韓国に圧力を加えるべきではないが、韓国軍の近代化を支援している関係から、その規模に関心を持たざるを得ない」とコメントした。

米外交政策は経済実利追求

ケネディ米特使示唆

政府筋が伝えたところによると米国はこんご経済的実利追求にいっそう力点を置いて対外政策全般を調整する方針だと韓国政府要路に示唆しているといわれる。

このような米政府の全般的な対外政策調整は、このほど極東地域を巡訪したケネディ・ニクソン米大統領特使によって友邦各国に事前打診を兼ねて伝えられたもので、ケネディ特使は七日午前、白斗鎮国務総理と歓談した中で「ニクソン大統領は長期的な視野から米国の対外政策をめぐる最大関心事を経済問題においている」と明らかにし「こんご米国政府は、従来の対外政策執行において分離して取扱われてきた傾向のある政治的、軍事的、経済的側面を統合して、総合的に調整しながら推進する方針であり、私のこんどの極東地域巡訪の目的も、このような基本的な政策転換を模索するためのものである」と説明した。

野党の"悪口"慎しんで

在日実情、国会に反映させたい

共和全国区候補 権逸氏語る

権逸氏

きたる五月二十五日に実施される韓国の第八代国会議員選挙に比例代表制の全国区候補として、元民団中央本部団長の権逸、金今石両氏が共和党から、金載華氏が新民党からそれぞれ公薦を受けているが、共和党第十八位にランクされ、当選確実といわれる権逸氏（法学博士、弁護士）が帰国前日の十三日正午、東京・新橋の「王府」で在日韓国記者団と会見し「共和党から公薦されたのは在日同胞の後援と指導のおかげである」と、政界進出への抱負を要旨次のように語った。

一、多年間、民団運動にたずさわって痛感したことは在日同胞および日本国内の事情が正確に反映されていないということだ。したがって党派を別にして在日同胞の実情を正確に本国に反映させる必要があるが、そこで私と金今石氏（第三十四位）が共和党から、金載華氏（第十五位）は新民党から信任を受けた。

一、当選した場合、第一に在日同胞の貫徹すべき正当な権利擁護のため生命をかけたい。もちろん、子弟の教育、生活安定など在日同胞が希求する問題についても最善を尽したい。

一、第二に、政治活動するに当たっては当然、党の意見や方針に従って慎重に行なう。

一、第三に、本国の政治問題を在日同胞社会に持ち込んだり在日同胞社会で政治活動するようなことはしない。また野党の悪口をここで話すようなことも慎しみたい。

一、第四に、当選圏内にある新民党の金載華氏とは民団運動でよく対立したが、個人的には二十年来の友人として親しい間柄だ。在日同胞の問題は与野を超越するものであり、金載華氏ともお互いに意見交換し、協力して在日同胞がかかえる諸問題解決のため努力したい。また与野党間の緩衝的役割りを果したい。

共和 安定勢力の確保 新民 戦争抑制の対策

金鍾泌共和党副総裁は十二日、慶尚北道地方遊説を通じ「朴正熙大統領が所信どおりに仕事ができるよう国会内の安定線を確保してほしい」と訴え、与党議員が余りに多すぎても国会運営はかえって困難を呼ぶから半数を越える議席数の確保で院内安定勢を持つようにしたい、と強調した。

一方、新民党の金大中氏はこの日、京畿地方での遊説で「最近、中共の周恩来が戦争再発の可能性の最も大きいのは韓半島だと語ったのは、わが韓国の安定にかんする重大な関心事だ」と指摘「米・日など友邦諸国とともにこれにたいする対策を協議するかたわら戦争抑制のための万全の対策を期さなければならない」と力説した。

柳氏辞任で収拾

新民党の主導権争い

二十五日の総選挙を目前に内紛を続けていた新民党は十日、柳珍山党首の辞任、金弘壱党大会議長の党首代行を決め、一応事態のドロ沼化を回避、十一日から全国遊説にはいった。主流、非主流両派の対立が深刻化していた新民党がとにかく、内紛をおさめたのは野党の目的は与党共和党をチェックすることにあると再認識したからであるが、しかし、新民党の指導権争いは総選後の党大会まで延期されただけで本当の解決をみたわけではない。従って、こんどの総選挙を、新民党の主流、非主流派が自派勢力の拡張競争の次元で進めて行くと与党につけこまれ、さきに大統領選で与党に攻撃された「野党は政権をとる体制にない」という批評を実証する格好になりかねない。

こんど、その姿をむき出しにされた新民党の全国区後遺波動の直接導火線は柳珍山党首が地域区出馬を放棄したことにからむ"疑獄"と全国候補配分における柳珍山主流系の偏重に対する非主流反発にあったといえる。しかし、こうした新民党内紛の根底には多くの遠因がひそんでいたのである。

第一に新民党は党が総力を挙げて善戦したさきの四・二七大統領選挙の結果が無惨な大敗に終わるとはげしい挫折感にさいなまれた。そして付随的に起きた敗因に対する自己批判や、また逆に責任転嫁が引起こされて紛糾のきざしとなった。さらにこれに加えて金大中大統領候補の出現は、党の主導権を握っていた柳珍山系のメンツを傷つけ、珍山体制に一つの脅威を与えることになったのである。一方、こうした珍山系の動向は、大統領選挙期間中、金大中候補をかこむ非主流派たちが珍山系主流派の協力に疑惑の念を抱くほどのものであった。

六三年にも、吉在号氏との対決回避

柳珍山党首はさきの大統領選挙戦で、これまでの野党の「強硬一辺倒の闘争を止めて、合理的な選挙戦を繰広げる」ことを言明、党内外にその対与闘争法を広げたが、これは柳党首の"野党鮮明度"いかんに関する批判とともに非主流過激派の不満を買った。そこへもってきて四・二七大統領選挙後に柳党首は総選挙での地方区出馬を放棄、候補者届出締切りの直前柳氏が比例代表制で当選確実な全国区に移った。すなわち、柳氏の地方区放棄説の流れていたところへ事実上突然に柳氏が地方区（ソウル・永登浦甲区）を放棄したことが、これらの非主流・過激派たちを大きく刺激し、彼らをして行動化させる決定的要因となったのである。

かって柳珍山氏は六三年の総選のさい、自分の地域区であった錦山での共和党の吉在号氏との対決を避けて全国区に移ったことがあった。しかし、六七年にはソウル永登浦甲区から出て当選したが、こんどはまた、共和党の張徳鎮氏との対決を回避して全国区に移るかも知れぬといううわさが以前からしきりにささやかれていた。のみならず、党内一部では柳党首が地域区から出馬するということに対し「党全体の戦略面からも党首自身が地域区管理をすることは事実上むつかしいし、党首は中央党および全国地区党を一糸不乱に指揮統率すべきであるから、全国区から出馬する方がふさわしい」などという論がしきりに広がっていた。また、事実、大統領選挙期間中に金大中候補など党の重鎮らも柳党首に全国区出馬を勧誘していた。

このような勧誘を受けるたびごとに柳党首は「野党は一席でも多くかち取らねばならぬのだから…」といいながらむつかしいソウル地方永登浦甲区は自分が出ねば……という態度を明らかにしていたものであった。

全国区の公薦候補を選定する作業がたけなわだったさる四日、ソウルのグランド・ホテルで柳党首をはじめ金大中氏、梁一東、高興門、洪翼杓副議長、鄭一亨選挙対策本部長らが同席した会議で、地区党出馬にほとんど決まっていた柳党首の全国区進出問題がことさらに取上げられた。このとき梁一東氏は「先生、戦略上からいっても全国区になさらなければなりません」と柳党首に全国区に移ることをすすめたが、しかし高興門氏は「今さら…もう遅すぎますよ。ここへきて全国区に変えたら、先生のイメージも大きく傷つけられますし、党のためにもよくありません」と制動した。ところが、同席していた金大中氏と洪翼杓、鄭一亨氏らはこのとき黙して語らなかったという。そして、それまでずっと黙っていた柳党首は決然とした面持ちで「私は永登浦から出馬します。私でなければ永登浦の強豪張（徳鎮）氏と誰が戦うというんですか。話にもならぬ当然のことですよ」と一蹴した。

柳氏の専断で党内不満ついに爆発

しかし、候補登録締切日の六日朝、柳党首の秘書申東準氏が選挙印刷物を持って上道洞の党首宅を訪ねていったときに、それが起きたのである。すなわち、その朝、柳党首の隣に坐っていた林正勲氏に柳氏はその印刷物を手渡しながら永登浦甲区からの出馬を放棄する意思をはじめて示唆した。そして、この日の午後二時、柳珍山氏は金大中氏に「私は重大な決心をした」と言いながら全国区から出馬するむねを通告したのだった。高興門氏はこのことをあとで知り直ちに柳氏を引きとめようとしたが、そのときはすでに林正勲氏が地域区のソウル永登浦甲区からの出馬に登録したあとだったため、もう、それは取戻しがきかないということであったのであきらめたという。

このような柳党首の突然の地域区出馬放棄はそれまでちまたにしきりに流れていた彼の"野党鮮明度是非"論とともに批判される対象として、第一線地区党員たちを極度に興奮させてしまった。

一方、柳氏は全国区公薦問題でも党内派閥の"案配"を考慮せずに専断し、非主流派（金大中氏らの派閥）を冷遇したということからも過激派を爆発させてしまった。

柳氏の決定は献金に重きを置きすぎたものであったのに加えて、珍山系の幹部登用が目立ち、党僚派たちを無視し、金大中、高興門、鄭一亨氏までを疎外視したことによって全国区の公薦をめぐる党内不満は極限点に達した。そして地域区公薦をめぐる鬱積された不満までが加速作用をするようになったのである。

"珍山師団"の老将も大きなキズを

柳党首は二十年野党の老将である。そしていわゆる"珍山師団"として党内要職の三分の二を占有し、絶え間ない派閥間の紛糾をある程度はおさめてきたし、また、それで新民党の指導体制を確立しようとしてきた。しかし、彼のこうした多くの功労にもかかわらず、こんどの全国区出馬後遺波動で誘発された事態は柳珍山氏自身の梁一東氏など彼の側近だけでなく、新民党の存立自体にまで深いキズを負わせてしまったのである。

総選を眼前にしながら新民党は事実上、統帥塔の機能が停止しそうな危機にかんしている。新民党の指導体系は党憲上、党首の有故時には、党首が指名する副議長、全党大会議長が代行するようになっているが、すでに党機能が選挙体制に転換されているため、金弘壱党首権限代行と運営委員会副議長団および選挙対策本部長が共同で臨時過渡体制を形成せざるをえない有様に追込まれたのである。

新民党は結局、柳珍山党首が辞任、金弘壱党大会議長が党首代行となって、一応事態を収拾、いま全国遊説にはいっているが、本当の事態解決は総選挙後の党大会にまで延期されている。

そして、新民党はこんどの総選で改憲阻止に可能な三分の一以上の議席を確保しなければならぬ、という立場で戦っているが、しかし、珍山師団の打出した"合理性ある態度"は野党としての鮮明度に欠けているという批判が強く、第二与党的性格も指摘されているため、総選結果が注目のマトとなっている。（SISA）

5月の韓国経済

選挙で物価高の恐れ

国会議員選挙の行なわれる五月は、季節的要因に加え、先月四月の大統領選挙で散布された選挙資金が購買力化され、これに便乗した物価高が顕著になる恐れがある。また、一部協定料金などの引上げや油類価格の再調整問題などもあって、物価面に少なからざる選挙"後遺症"が現われそうである。

このほかに、一般米価も上がりつつあり、麦粉、綿糸、ソーダ灰、PVC、ナイロン糸、ポリエステル糸、板ガラスなどの共販制と出庫調節で、これらの業界は価格引上げを強く推進している。さらに農繁期にはいってから生牛の需要が増加したため、牛肉価格が上がったが、これに伴ってコムタンなど一部の大衆飲食費がすでに上がっている。

油類の価格は一〇〜二〇%引上げが避けられぬもようで、この場合、鉄道、バス料金などサービス料金の高騰が予見される。

一方、企業の資金状態をみると三月末現在、九千六百三十四億ウォンにのぼっていた国内与信残高が六月末までIMF（国際通貨基金）と協定した一兆五十億ウォンの限度を守るには、毎月百四十億ウォンの範囲で押制されなければならないため、国内企業の資金難は容易に解決しないものとみられる。

二十一日から対日民間請求権の申告受付けが始まるが、これは全国の三十指定税務署と対日民間請求権管理委事務局など全国的に行なわれるもののまだ補償財源や補償比率などが確定していないためかなり難航するもようである。

五月下旬から田植えが始まり、三十一日は"勧農日"だ。今年の麦収穫量は当初、昨年の水準である二千七百万石が予想されたが、適期に雨が降ったため平年作を上回る見込みで二千万石までにのぼるだろうと、農林部当局は見ている。

五月初め、ケネディ前米財務長官が大統領特使として訪韓、繊維雑貨の対米輸出の自律的規制問題を韓国政府と協議したが、米国の保護貿易主義の台頭は韓国の対米輸出に大きな暗影をなげかけている。

本国新聞論調

不正腐敗一掃の道は何か

朴大統領の公約の実践

国民も退治作業に積極参加を

韓国の選挙で立候補者を最大に左右する問題は"不正腐敗"だといっても過言ではない。朴大統領が先月二十五日、ソウルでの遊説で大統領選挙日を目前にして"これは最後の出馬である"と表明したさい「いま一度のチャンスがもし私に与えられれば、これまで努力を続けてきた"不正腐敗の根絶"を何としてでもやりおおせるつもりである」とキッパリ言い切ったことに多くの国民は限りない拍手と信頼の情を寄せた。さらに朴大統領は語った。「この不正腐敗問題に関し野党はウソいつわりの宣伝を広め、私が数百億ウォン蓄財しているなどというデタラメを言っているが、私の財産はソウル新堂洞にある三十坪の家一軒だけである」と。

さきの四・二七大統領選挙期間終盤戦のころ、朴大統領がその公約として、彼の「最後の任期中には何としてでも不正腐敗を根絶させる覚悟である」と言明したことに多くの国民は拍手を送りながら大きな感銘を受けた。善良な国民にとっては、その不正腐敗の排除ということが何よりも望ましいことであったのだ。

また、その不正腐敗根絶の具体的方案は発表されていないが、韓国政府樹立後、ほぼ四半世紀の間に累積された宿弊を一朝一夕にして根絶するということは難題中の難題に違いない。

それに、いかなる政策であろうとも政策樹立とその執行とは別個のものであり、執行は意欲だけで決してできるものではないのだ。それには需要とその条件が同時に考慮されなければならないし、具体方案をきびしく実践する方途を持たなければならない。嘆くことや非難することは容易であり実践はかたし……だが、何といっても画期的決断に副応する各界国民の積極的参与と応分の協調が必要だということはいうまでもないことである。

「不正腐敗とは何か」をまず知れ

しかし、積極的な参与と協調をうながしたところで"挙世混濁"で名だたる人はみんな不正腐敗に何らかの形で関係しているという慨嘆の声もあるほどである。それも全く否定はできないことかも知れないが、何といっても貧しき一般国民が主体になって、やはりこれを根絶して行かなければなるまい。この場合、われわれは"不正腐敗とは何か"という概念規定を知らなければならないし、その問題に関する議論を明確に持つ必要がある。

では、腐敗とはいったい何なのか。それは①私利追求のために公の権力を乱用すること、すなわち、さまざまの"横拐"を背景として不正蓄財をなすものである ②歴史家や文明論者たちは"流水不腐"という戒めに逆行することだとみており、換言すると"停滞と退嬰（えい）的姿勢"を念頭に置いている。

だが、現実の問題として、われわれが"腐敗"として目をつけるのは前者である。ことわざに「腐敗すればマヒする」というのがあるが、このマヒに留意しなければならぬことも、いうまでもないことだ。

「上濁下不浄」―ウワサでおどるな

一方、問題意識の核心についてみるとき、これは人によって、また立場によって微妙な差異があるが、①世称"特権層"レベルの腐敗が主として挙論されるかと思うと、また他方では②一部下級公務員レベルの脱線を主として指摘する向きもある。われわれとしては上・下すべてにわたって、あらゆる腐敗現象が一掃されなければならないと信ずる。

東洋の知恵者が古来からいっているように「上濁下不浄」――いうなれば上がにごっていれば下もまた決してきれいではないのだ。従って特権階級が腐敗していれば、その下もまた調べる必要があるし、下級公務員が不正を働けば、その上もまた調査されなければならない。

かといって、証拠もない誇張や単なるウワサに左右されて、あたふたと動きまわるようなことは避けなければならない。そうしたことでノイローゼにでもなれば、わが社会には不信の風潮だけが蔓（まん）延し、何ら生産的なことにならず、また、それは根本的是正にも少しも助けにならないから、注意しなければならない。

機能マヒの招来は民生苦につながる

いずれにしろ、上であろうと下であろうと腐敗退治は推進して行かなければならない。この"持続点"として、具体的には、まず上からの①幹部人事政策更新と②消費環境の浄化、が必要である。他方、下には③生計の保障 ④教育・医療などにわたる社会福祉 ⑤対民接触分野の複雑な取締まり法規を整理 ⑥綱正・新陳代謝作業の並行実施――がなされなければならない。

このような努力がある段階に至れば、上下を問わず官民合同の生活、執務作風の一大改革につながる国民運動の展開を期待することができるだろう。

あらゆる場合にいえることだが、病弊退治のためにはあまり性急にしてはならぬということだ。事を急いで無理が生ずると意外の副作用が起こり、かなりの期間にわたって機能マヒを招来する可能性があるからで、そうなれば民生苦の過重は避けられないからである。

大きく見て、まず選挙に金を使わずにすむようにすることで、また、金は選挙にでなく民の福祉などにより多く使う政治を、模索して行かなければならない。そして政党や民間団体の指導者選出は正しく行なわなければならない。

もし、さまざまの派閥、情実、猜（さい）疑、打算などでペテン師たちや無能力者を代表格に選ぶとすれば必然の結果として早晩、選んだ者たちも大きな代価を支払わなければならなくなるのである。

努力しただけの報酬を受けうる社会に

すべての国民は自分にそぐう政治を持つとプライスが喝破したことをいま一度思い起こしてみようではないか。われわれはみんな正直に努力すれば、しただけの正当な報酬を受けることのできる民衆福祉社会を建設するために大局的に動き、かつ忍耐力のある勤勉な国民にみずからならなければならない。われわれはまず、正しい指導者選出を行ない、続いて上からの改革に歩調を合わせ、またそれを推しすすめて行かなければならないのだ。各自がこうした寄与をすることは後世のためにも重要なことだと肝に銘ずべきである。

（韓国日報＝SISA）

TOKYO⇔SEOUL――週11便
■毎日便PM16：30
■月・水・木・日曜便AM11：00
KOREAN AIRLINES
TOKYO
PUSAN
OSAKA
CHEJU
FUKUOKA
BANGKOK
TAIPEI
HONG KONG
SAIGON
大阪⇔ソウル線 週9便■東南アジア線 週6便
東京⇔ソウル線が11便にアップ！従来の毎日便午後4時30分発に加えて月・水・木・日曜日には午前11時発。
ビジネスに観光にますます便利になった大韓航空のサービスはきっと皆様にご満足いただけることと思います。お客様のご要求をみたした週11便。ボーイング707／720大型ジェット機が快適な空の旅をお約束いたします。
大韓航空
KOREAN AIR LINES
KAL
●東京支店：東京都千代田区丸ノ内3丁目4番 新国際ビル・TEL.216-9511〜5 ●大阪支店：TEL.252-4044〜5 ●福岡支社75-0156〜7

在日同胞北送糾弾大会開かる

反人道行為激しく非難

佐藤首相と日赤への抗議文採択

人道主義の美名のもと在日同胞を共産地獄におくりこむ「北送」が三年半ぶりに再開（第一船が二百二人をのせて十四日午後五時すぎ新潟港を出港した）されたが、これに反対する民団では第一船出港前日にあたる十三日午後零時三十分から新潟市公会堂（同市一番堀）において「在日同胞北送糾弾大会」をひらき「北傀と日本政府の背反行為」を激しく非難糾弾した。

同大会は民団新潟県本部（李元世団長）の主催でひらかれ約三百人の民団関係者が参加、李元世新潟本部団長、朴性鎮中央事務総長、壺井国際勝共連合新潟支部長らが演壇に立ち「日本政府の不当な反人道行為」を激しい語調で非難したあと大会決議文、佐藤首相ならびに日本赤十字社への抗議文を採択して、午後三時閉会した。

大会をおえた参加者全員は、乗用車約七十台に分乗、市内目ぬき通りを示威するとともに大会で採択した抗議文を日赤新潟支社長へ手渡した。

〈新潟本部電話〉

会館建設強力に推進

豊島支部第7回総会開かる

豊島支部（東京都豊島区池袋二ー一一、一六七、金熙淑団長）は、さる十四日午後二時から東京・池袋の豊島振興会館で、支部団員約七十人参加のもとに第七回総会を開き、七〇年度活動経過報告を承認したあと、七一年度活動方針および予算案（総額五百九十八万七千円）を審議、万場一致でこれを採択した。

会議の冒頭にあいさつに立った金熙淑同支部団長は、過去一年間永住権申請促進運動と万博招請および後援事業を成功裏に進めた支部団員の労苦をねぎらったあと、「きょう懸案の韓国人豊島生活協同組合が結成されたことを喜びたい。また継続事業である支部会館建設を強力に推進したい」と述べた。

次いで李和載議長、呉光烈監察委員長もあいさつの中で「全力を尽してわれわれの支部会館を建設し、来年の総会を新会館で迎えよう」と強調した。

引続き鄭在俊東京本部団長は、「豊島支部は都内二十二支部の中でも、諸会議での真剣な討議や日常活動など、最も模範的である」と評価したあと①昨年の万博招請事業で来日した東京本部管轄の本国同胞を朝総連の妨害から守り、無事故で帰還させることができたのは、東京各支部保安・案内要員の献身的な努力によるものだ②永住権申請促進事業案では、革新知事をいだく東京としては幾多の困難があったが、五万六千人のうち三万五千余人の申請実績をあげたことは大きな成果で感謝する。一方、支部役職員に対し苛酷なほど仕事の負担を課したことを済まなく思う——と述べた。

さらに鄭団長は今後の課題について、永住権を申請した朝総連および中立系同胞を差別なく暖かく迎え入れ、民団員、大韓民国の国民になるよう努力すべきであり、また事後処理問題に真剣に取り組み解決を図るべきである、と強調した。

次いで金載淑中央監察委員（前豊島支部団長）のあいさつのあと、七〇年度活動経過報告にはいり、議決機関（李和載議長）、呉相彦副団長による執行部の報告と続き呉光烈監察委員長が「団務および会計に関する監査の結果、指摘すべき事項はない」との報告がありこれを承認した。

七一年度活動方針および予算案の審議では、特に生活協同組合と商工協同組合の相異点、商工協の発展的解体、団長に対する手当て支給の可否などをめぐって真剣な論議が繰り広げられ、金中央監察委員、羅鍾卿東本副団長も加わって参考意見を述べるなど、活発に意見を交換したあと、これを可決・採択した。

また、議長から、崔在翼副議長、柳漢英監察委員から一身上の都合により辞表が出されており、これを受理するとの報告があり、両所属機関長ができるだけ早く欠員を補選、任命するよう促し、午後四時すぎ閉会した。

豊島支部総会のもよう

朴権熙氏の医学博士学位授与祝賀会

医学博士朴権熙氏

学位授与祝賀会開かる

ビールスの研究で東京医大から医学博士号を受けた朴権熙氏（上野医院院長）の学位授与祝賀会が、さる十二日午後六時半から東京・千代田区のパレスホテルで民団関係者や知人約百人が出席して盛大に開かれた。

朴氏は専門の医学だけでなく東京慈恵医大在学中から韓学同委員長として学生運動で活動、その後民団中央本部民生、文教局長、監察委員を歴任、本国の国会議員に当選して一時政界に進出、花々しい活躍が期待されたが、五・一六革命で政界を離れ六三年七月に東京・台東区で開業するかたわら、東京医大微生物学教室でビールスに関し研究、その成果によって今回の学位授与となったもの。

祝賀会では姜永奎駐日公使はじめ李禧元民団中央団長、辛容祥同副団長、鄭在俊東京本部団長、権逸氏、明石東京医大講師らが次々と祝辞に立ち、朴氏の医師としての信望と医学研究における功績をたたえるとともに在日韓国人として同胞社会の発展に今後一層努力してほしいと激励した。

これに対し朴氏は「過去民団社会、本国政界で未熟ながら仕事してきたが、今回の学位は、今後医者としての任務を果たすよう与えられたものと思う」・さらに「今後とも民団社会、上野の地域社会のため、社会人として、また医師として最善を尽したい」と喜びを語り、盛んな拍手を受けるなど、なごやかであった。

なお、朴氏は慶尚南道咸陽郡出身。

団長に洪象観氏を選出

墨田支部総会で三機関更迭

洪団長

朴議長

金監委長

墨田支部（東京都墨田区大平町一ー四ー八、姜学文団長）の第十八回定期総会が十六日午後一時半から墨田区役所第二向島支所の会議室で、東京本部から羅鍾卿副団長出席のもとに、支部団員約四十五人が参加して開かれ一九七一年度活動方針案と総規模六百六十万七百八十六円の新年度予算案を審議、執行部原案通り可決した。また姜学文支団長が、後進に道を譲りたいとして任期なかばで三機関総辞職を表明したため、これを受理、役員改選を行ない新団長に洪象観氏、議長に朴周植氏、監察委員長に金敬玉氏をそれぞれ選任した。

会議は国民儀礼のあと、薛鳳九事務部長が在日韓国人教育憲章を朗読、姜満吉副議長が姜満鎬議長代理で開会のあいさつ。次いで姜学文団長が「民団の最も重要な事業であった永住権申請促進運動で墨田支部は、区内約千八百人の同胞（朝総連系含む）のうち三分の二以上の申請完了を目標に積極的に活動を展開したが、朝総連の激しい妨害工作もあって、支部として体面を保てる程度の申請数に終わった」とあいさつ、さらに、「同胞千八百人全員を民団員として、また大韓民国国民として、ともに協力していけるようにすることがわれわれの使命である」と強調した。

このあと曹成玉監察委員長、顧問を代表して鄭寅学氏のあいさつに次いで羅東本副団長（鄭在俊団長代理）は「永住権申請で三十五万人を突破する成果をあげたが、これは運動の始まりにすぎない」と前置きして「今後とも在日同胞の待遇改善、つまり内国民待遇を得て安定した生活を営めるよう善後策を講じ、努力すべきだ」とあいさつした。

会議はこのあと一九七〇年活動経過報告にはいり、議決（姜満吉副議長が報告）、執行（朴周植副団長）、収支決算（薛事務部長）、監察（申柏雨監察委員）の各報告があり、若干の質疑応答のすえ、これら報告を承認した。

七一年度活動方針案の審議では特に支部ごとに教育委員会設置と生活協同組合結成の問題について議論が集中、羅東本副団長、姜学文支団長が団員の熱心な質問に対し誠意ある答弁をみせ、結局執行部の原案通り新年度活動方針を決定した。引続き新年度予算案についても原案通り総額六百六十万七百八十六円の予算を可決・採択した。

このあと、三機関総辞職に伴う役員改選を行ない、顧問陣、執行、議決、監察の新役員を選出して午後四時半ごろ閉会した。

なお、墨田区内の在日同胞実態と永住権申請状況について執行部が会議で明らかにしたところによると、区内の同胞数（朝総連系含む）は千七百九十八人で、韓国籍千八十人、朝鮮籍七百十八人。永住権申請者九百十七人で、うち団員でない者百九十二人。また永住許可者は四百二十六人となっている。

新役員構成次の通り。

▽顧問＝鄭寅学、李徳来、金竜植、鄭順相、姜学文、姜満鎬、曹成玉

▽団長＝洪象観▽副団長＝李亭炫、姜尚用。

▽議長＝朴周植▽副議長＝陳在植、鄭搜鉦。

▽監察委員長＝金敬玉▽監察委員＝金昌錫、薛鳳九。

豊島生協組合を創立

団員の経済的向上を図る

韓国人豊島生活協同組合の創立総会が十四日正午から東京・池袋の豊島振興会館で、中央本部から尹達鏞副団長、金載淑監察委員、東京本部から鄭在俊団長、羅鍾卿副団長、李泰衡民生部長のほか、豊島支部の組合員約六十人が出席して開かれた。

生協の結成と育成問題は、民団の七一年度活動方針の中の民生活動の一事業として①団員の生活改善と経済的向上を図る②団員の生活を守る自衛手段として、団員の出資による自主的な購買組織を設立して、団員の手で運営し、相互互助の運動を繰り広げる——などの目的のほか、経済活動としての「民族財産の管理と保護」のため推進されているもので、東京本部管下では足立、江東両支部ですでに生協が発足、都の正式認可を受けて活動している。

総会は李泰衡民生部長の司会のもとに進められ、金中央監察委員、東本鄭団長があいさつの中で生協結成の意義を強調、また中島芳治豊島区役所消費経済係長が「経済の高度成長とともに数々の消費経済問題も起きている。とくに物価高騰に対処して、経済防衛による生活向上を図るため生協発展に努力してほしい」と激励した。

次いで議案審議にはいり、第一号議案「経過報告」では、昨年七月三日豊島支部が「支部会館建設および生協結成に関する計画」を起案して以来、創立までの活動について報告があり、第二号議案「定款承認の件」とともに承認された。

さらに第三号議案「事業計画決定の件」第四号議案「収支予算決定の件」について尹中央副団長が説明、これを万場一致で議決した。また①第五号議案「取引き金融機関決定の件」では東京商銀信用組合を指定する②第六号議案「借入金最高限度額決定の件」では、その限度額を三千万円とする③第七号議案「連合会加入決定の件」で、連合に加入する——などをそれぞれ決議した。また第八号議案「理事、監事選出の件」で理事九人、監事三人を選出、これを承認したあと、閉会した。

なお、選任された役員次のとおり。

▽顧問＝金載淑

▽理事＝韓琮俊、李和載、李相燮、金昌植、許基鴻、牟方尚、徐万基、李炳録。李宅根。

▽監事＝金熙淑、呉光烈、呉相彦。

現役団長をしりぞけ 朴玄氏が返り咲く

大阪本部事務局長に金吉斗氏

民団大阪地方本部の定期大会は九日、同本部会館で行なわれた。

同定期大会には民団中央の三機関長をはじめ管内総領事が来賓として出席、午後行われた役員改選では、元団長の朴玄氏が、現役団長の崔鳳学氏に十一票差（朴氏一四五、崔氏一三四票）で団長に選出された。

団長選挙につづいて、議長、監察委員長の投票が行われたが、議長には、丁先春氏が再選、監察委員長には陳琦澗氏が選出された。

三機関長の選出のあと、副団長崔詰洙氏、監察委員長姜大和氏の任命を承認、残り人選は、三機関長に一任した。なお事務局長には金吉斗氏が任命された。

団長に李根氏

埼玉本部で大会

民団埼玉県地方本部はさる八日午前十一時から、埼玉商銀信用組合四階会議室で第二回地方委員会および第二十三回定期大会を開催、県本部の基本財政確立や本部会館増築案等を審議、可決するとともに、金蓮日団長の辞意表明をうけて、あらたに次のとおり新役員を選出した。

団長	李根
副団長	李在昊
〃	盧玫変
議長	崔允三
副議長	金道植
〃	崔性洛
監察委員長	馬鳳楽
事務局長	金淡照

奈良は金東俊氏

さきに第二十四回定期大会を終えた民団奈良県地方本部は、左記のとおり新任員を構成した。

（執行機関）団長＝金東俊、副団長＝李賛童・金敬実、事務局長＝未定、総務部長＝裴善鎬、文教部長＝崔相澈、組織部長＝趙鏞佑、民生部長＝金守東、宣伝部長＝黄成燾、経済部長＝李申述

（議決機関）議長＝李柱庚、副議長＝朴炳熙・呉小先

（監察機関）委員長＝崔文山猪、委員＝黄泰寿・裴相周

神奈川本部の新任員構成

事務局長に許文哲氏

さる四月十三日に第二十九回定期大会を開催、新三機関長を選出した民団神奈川県本部（孫張翼団長）では新任員、顧問を次のとおり発表した。

諮問機関＝顧問李根鶴、朴述祚、李康元、李鍾大、田炳武、金正大、洪白杓、李圭、許燦、李鍾河、任徳宰（順不同）

議決機関、議長＝金允鍾、副議長＝金甲東、金允同

監察機関＝委員長＝吉爛玉、委員＝金四根、尹原根

執行機関、団長＝孫張翼、副団長＝鄭宗浩、黄二柱、事務局長＝許文哲、総務部長＝李佑植、組織部長＝許文哲（兼）経済部長＝金鍾烈、民生部長＝李錦起、文教部長兼宣伝部長＝金桂奥、民団神奈川新聞編集長＝黄敬済

墨田支部の定期総会

支部だより

荒川 〈十九日に定期大会〉

民団荒川支部（趙文渡議長）では十九日午後一時より、荒川会館三階礼式場において、第十三回定期大会を召集、各報告の審議のほか、任期満了にともなう任員改選をおこなう。

なお今大会はさきの第十一回同支部臨時総会の決議にもとづく初の代議員制によるもので、代議員総数は一四〇名である。

文京 〈定期総会を開催〉

民団文京支部（韓文鳳議長）では十九日午後一時から同支部会議室において第二十四回定期総会を召集する。

台東 〈22日に定期総会を開催〉

民団台東支部（趙井訓議長）では来る二十二日午後一時から、同支部会議室において、第二十四回定期総会を召集する。

江戸川 〈23日に定期総会〉

江戸川支部（姜福道議長）では来る二十三日午前十一時より、支部事務所講堂において第十三回定期総会を開催する。活動経過報告、活動方針案など重要案件を審議するほか、任期満了によって三機関の改選をおこなう。

なお、民団総会の後ひきつづいて、江戸川韓国人納税貯蓄組合（姜福道組合長）の総会を開き、役員改選、報告討議をおこなう。

葛飾 〈婦人会で一泊慰安旅行〉

葛飾管内の婦人たち五十余名は、さる八・九の両日、バスハイクをかねて放津温泉のホテルサンバレー方面で一泊二日の慰安旅行を楽しんだ。

太田 〈永住権で表彰状伝達式〉

大田支部（閔泳相団長）では来る二十二日午後七時から同支部講堂において、さきに協定永住権申請促進運動での功労で東京本部から表彰を受けた団員への、表彰状伝達式をおこなう。

金新朝氏の特別講演も

勝共連 アジア勝共大会ひらく

国際勝共連合（久保木修己会長）では、共産圏に対する正しい国民世論形成の一助とするかたわら自由アジアの団結を強化する主旨のもと、きたる二十二日正午から日本都市センターホール（千代田区平河町・赤坂プリンスホテル前）において第一回アジア勝共大会を開催する。

同大会においては、朴正熙大統領からのメッセージがよせられるほか来賓として李駐日大使が参席あいさつをのべる。さらに元北韓スパイで韓国に帰順した金新朝氏が招かれ特別講演を行なう予定である。

なお、同大会は駐日大使館をはじめ駐日公報館、民団が後援。

3機関全員が留任

練馬支部で定期総会

練馬支部（東京都練馬区豊玉北四ー三一、李用洙団長）の第十回定期総会が九日、熱海の富士屋で団員約八十人が参加して開かれた。

会議では七〇年度活動経過報告を承認したほか、七一年度活動方針および予算案を可決・採択した。特に新年度活動方針には、民族教育育成と東京韓国学校、財政援助のための支部韓国人教育委員会の設置、団員の生活改善と経済的、文化的生活の向上を目的とする生活協同組合の結成など重要事業を積極的に推進することが打ち出されており、結成準備などは三機関に一任された。

なお、注目の役員改選では、三機関全員の留任が決まった。

東京商銀の通常総代会

25日プリンスホテルでひらく

東京商銀信用組合（許弼奭理事長）では来る二十五日午後一時から東京・赤坂プリンスホテル新館五階ロイヤルホールにおいて、第十七回通常総代会を開催する。

在日韓国人教育者研究大会

八月一日鬼怒川で

在日本韓国人教育者協会（宋基鶴会長）では例年どうり、今年度も第八回目の教育者研究大会を来る八月一日から四日まで栃木県の鬼怒川観光ホテルで開催することになった。

今回の大会テーマは「在日韓国人の期待される人間像の定立」。研究発表は①全体発表と②分科発表にわけて行なわれ、それぞれ学校経営の一般（発表者＝宋基鶴東京韓国学校長）、在日韓国人の教育発展のための民団文教機関の活動方針（民団中央文教局）などの発表テーマが予定されている。

婦人会東本の新役員きまる

朴前会長は顧問に

先月二十二日に第十二回定期大会を開催し、梁秀芝執行部を選出した婦人会東京本部では、専務引継ぎや各支部有志との意見交換にと執行部交代にともなう新体制づくりに余念がない。梁会長はこれまでの歴代会長に較べると、ひときわ若く、それだけに婦人会の意義ある活動と健全な組織づくりにかけるファイトも満々。

婦人会東本の新役員の顔ぶれは次のとおり。

顧問＝鄭在俊（民団東本団長）、李基順、常任顧問＝朴琪先

監査＝朴三祚（世田谷）、安君相（目黒）、会長＝梁秀芝（荒川）、副会長＝崔海心（世田谷）、韓道淑（文京）、総務部長＝河貞淑（板橋）、同次長＝金福実（中野）、財政部長＝李相達（北）、同次長＝孫斗福、組織部長＝金成子（渋谷）、同次長＝金順美（練馬）、文化部長＝林愛子（荒川）、同次長＝文英子（台東）、厚生部長＝林英恵（練馬）、同次長＝趙良心（大田）、渉外部長＝林桂仙（新宿）、同次長金銀仁（荒川）、結婚相談部長＝申順念（豊島）、同次長＝李月善（豊島）

読書新聞引用は軽率

韓青が金公使に抗議

在日韓国青年同盟中央本部（金恩沢委員長）ではさる十一日午後一時半、東京・文京区春日の同同盟事務所で記者会見を開き、さる七日の駐日大使館の記者会見席上で金在権公使が昨年九月〇日付「日本読書新聞」（一五六二号）の"韓青同インタビュー"なる記事を取り上げて問題にしたことについて、同公使の発表が「事実誤認にもとずく韓青に対する一方的なひぼう中傷」であり「韓青の権威をいちじるしくそこねるものである」として、金公使ならびに駐日大使館に厳重に抗議する旨明らかにするとともに抗議声明を発表した。

この中で同同盟は、昨年九月、所謂「日本読書新聞」に"韓青同インタビュー"なる記事が掲載されたが、韓青中央はこれが「韓青の綱領を破壊しようとする悪辣な謀略記事である」と断定、早速同年九月十四日付で、同記事が「捏造になる事実無根の虚偽記事である」と認めて韓青同に「謝罪文」を送る一方、同紙に同紙の社告掲載した事実を明らかにした。なお韓青同ではこのあと午後四時、金恩沢委員長ら中央常任ならびに愛知、広島、大阪、東京の代表ら十名が大使館に金在権公使をたずね、同記事について一時間半にわたって厳重に抗議した。

東京商銀職員募集

本年の新卒者を求めます。

1. 採用人員 大学卒 男女 / 高校卒 男女 計80名
2. 応募資格 韓国籍の国民登録完了者（入社までに申請手続完了者も可）
3. 待遇

大学卒男子	45,000円（基本給）
大学卒女子	43,000円（〃）
短大卒男子	40,000円（〃）
短大卒女子	38,000円（〃）
高校卒男子	37,000円（〃）
高校卒女子	35,000円（〃）

（諸手当）家族手当、皆勤手当、住宅手当、給食手当 通勤費は全額支給、社会保険完備
（賞与）年2回（6月・12月）
（昇給）年1回（4月）

4. 福利厚生施設 男子独身寮完備
5. 提出書類 履歴書、写真、成績証明書、卒業見込証明書、外国人登録済証明書、国民登録完了証
6. 勤務先 本店勤務及び新宿、荒川、五反田各支店
7. 応募締切 昭和46年2月末
8. 試験日及び場所、本人宛通知

応募書類は提出書類を添えて本店総務部まで郵送下さい。[illegible]

東京商銀信用組合
本店 東京都文京区湯島3−38−15
電話（832）5141−代表

漢方の強力体質改善療法
（通信にて治療相談受付）
漢方医学 西洋医学 総合治療センター

●喘息	20帖	50,000円 / 30,000円
●糖尿病	20帖	15,000円
●夜尿・腎臓 / ●胃腸・肝臓 / ●皮膚病 / ●婦人病・腰痛	20帖	10,000円
●水虫・痔疾 / ●高血圧 / ●肥満 / ●ワキガ	1箱（数量）	6,000円

●鹿茸大補湯（特級）	20帖	50,000円
●鹿茸大補丸	2ヶ月分	30,000円
●十全大補丸	2ヶ月分	10,000円
●八味丸	（500g）	10,000円
●六味丸	（500g）	6,000円
●四物丸	（500g）	4,000円
●萬病水	（720cc）	30,000円
●人参酒	（540cc）	3,500円
●人参補心散	（20袋）（ポケット用）	6,000円

◉入院設備完備、大小個室五十室あり

漢方乾材・卸・小売
人参・鹿茸・麝香・牛黄・辰砂・熊胆
※本国旅行者には特別価格で奉仕します。

漢方担当 張同萬
洋医担当 寺田莞爾

天心堂漢方本舗・天心堂診療所
東京都台東区上野2−19−5 電話（831）5557−代表

家電品卸し商
カラーテレビ・白黒テレビ・ステレオ洗濯機・冷蔵庫・カメラ・その他総合卸し
秋葉原より安い卸し値で販売致します。どうぞご利用下さい

外山商店
徐万基
東京都豊島区北大塚2−10−1
電話（917）6915・5363
国電大塚駅北口

朴大統領と経済発展

韓国貿易協会々長　李　活

資源を持たぬ貧しい韓国が繁栄する道は何か―その扉を開いたのが朴正煕大統領だった。すなわち彼は輸出振興を図ることによって経済発展の財源としたいと計画した。一文なしの韓国は勤勉な国民の"労働力"を担保に海外から金を借り（借款）、そして建設した。いま、韓国は来年から始まる第三次経済五ヵ年計画によって、一九七六年までには中進国（上位の）入りしようとしている。かつて農業国であった韓国は現在、農業部門を近代的に開発することを第一義的に進め、さらに輸出増大によるカネで重化学工業の建設を行ない、その産業構造を近代化しようと努力している。こうした意欲的精力的な希望が、三たび朴大統領を選出する結果にもなったのだろう。

70年代に上位中進国に
輸出増大と重化学工業の建設で

建国以来、幾度にもわたってわれわれは選挙をしてきたが、そのたびごとにかんばしくない選挙様相を呈し、その歴史上に汚点を残してきたものだった。しかし、こんどの四・二七大統領選挙は、韓国選挙史の上において全く類例のないほど平穏かつ公明正大に行なわれた。これはまことに喜ばしいことといわなければならない。

われわれは、第一次、二次経済開発五ヵ年計画を通じてこれまでに達成した高度成長と輸出増大を引続き推進して七〇年代には第三次五ヵ年計画の達成により、さらに大きく伸びて行こうと願っている。こうした点から、第七代大統領に朴正煕大統領が当選したことは歓迎すべきことであった。

結局のところ、朴正煕大統領がこんど圧勝したということは、国民が七〇年代には上位中進国に突入しようという念願を抱いており、そうした国民のビジョンが端的に表現されたものとみてよかろう。

第三次五カ年計画と輸出の伸長

その間、われわれは政策当局と民間業界のたゆまざる努力によって一九七〇年までに史上初めて十億ドルという輸出目標を超過達成することができたのみならず、六〇年代の後半期には毎年四〇%以上という高い輸出伸長率を記録してきたものである。こうした輸出伸長はまさしくわが国経済の高度成長を率先して行く上で主導的な役割りをしてきたものである。

来年から実施される第三次五ヵ年計画は、その主要目標を農業部門の革新的開発、輸出の画期的増大ならびに重化学工業の建設に置いている。そして輸出目標は第三次五ヵ年計画の最終年度である一九七六年には三十五億ドルとなっている。この輸出増大がわが国にとっては経済開発のため財源として大切だというだけでなく、漸増する外債の元利金償還のための財源としても大きな役割りを果たすのである。

一方、われわれの国民所得も上がって行き、一九七〇年代末には一人当たり国民所得が五百ドルを上回る。そしてこれは名実ともに自立経済を達成するための底力となるだろうことは疑うべくもないことである。

今年は国際競争力強化の年

しかし、漸次に熾（し）烈化している世界的な貿易競争について考えるとき、われわれの輸出目標達成には多くの問題点が横たわっていることをみのがすわけには行かない。従来の韓国輸出は量的目標達成に偏重したものであり、農水産物など自然資源または労働集約的な軽工業を主とした輸出にとどまったために、輸出伸長にはおのずから限界があり、その結果がもう現われ始めてきた。

そこで政府は今年の輸出目標十三億五千万ドルを達成するための対策として、一九七一年を"国際競争力強化の年"と決め、その基本戦略を打出した。それは①輸出基盤を拡充すること ②輸出商品の稼得率増大を図る ③輸出市場を広げる ④輸出支援制度を強化する ⑤輸出業体の新風運動を造成するなどである。

この輸出戦略に沿ってより具体的に輸出産業基盤を拡充するためには、内外資の積極支援による輸出支援業種を整備すると同時に、その方向を重化学工業に転換することである。そして外貨稼得率増大のためには国産資材の供給体制を確立するとともに金融および租税支援施策を補完、輸出市場を広げるためには東欧圏の非敵性国家を含む欧州市場の開拓を推進中である。長期的眼目から見るときには、何よりも輸出産業構造の改編が急がれなければならない。すなわち従来の労働集約的軽工業を主とした輸出産業をこんごは資本集約的な重化学工業を主とした輸出産業に転換させることが最も切実な問題だといえよう。そのためには輸出構造と工業構造が相互補完的な関連を結び得るような救済政策手段を用うべきである。

韓国の輸出商品構造と世界パターン

今日の世界貿易商品のパターンは、一九六八年現在の世界総輸出で二次産品の比重が六三・二%にものぼっている。従ってわが国の輸出商品構造もこれに足なみを合わせた形のものにならなければなるまい。

また経済的効果面からみるとき重化学工業の育成は、資本財導入および中間財導入を減らすことになろうし、さらに国際収支を改善するのに大きく寄与することだろう。そしてそれは、重化学工業の累積的産業連関効果からしても、第三次五カ年計画最終年度一九六七年の輸出目標三十五億ドルを達成するための唯一の近道になるはずである。

このような輸出産業構造の改編は、同時に海外市場の積極的開拓を行なわなければならぬとはいうまでもない。

三十五億ドルの輸出目標達成を望む

われわれは、第七代大統領任期中に第三次五カ年計画の主要目標が達成されるよう望み、特に三十五億ドル輸出目標の達成が完了するよう切に願っている。そうするためにはわれわれが、輸出目標達成と経済建設の中で国民総和に傾注して行かなければなるまい。

（SISA）

随筆集

招燕曲

定価500円　送料85円

漢陽誌の創刊以来今日に至る90余号の中に掲載され好評を得た400余編の随筆のうちから選んだ珠玉の随筆集

漢陽社　東京都豊島区東池袋2―56―7　電話（983）5313番　振替 東京45168

米,中接近と韓国の問題

金　楨　鍵

国連と韓国との関係は深い。その誕生から危機の救済、さらに成長への援助まで――韓国は国連とは切離せない国家だといえる。建国当時のこと、国連総会は47年11月「国連監視のもとに全コリアに総選挙を実施し統一政府を樹立する」との決議を採択、翌48年早々国連は選挙に先立ち、UNコリア委員団を韓半島に送ってきた。しかし金日成はこの委員団を38度線以北に入れず、3月には第2回党大会を開き、北韓は共産主義による人民共和国だと気勢を上げ、革命によって南をも統合するのだと主張した。このときからすでに北韓は国連を拒否する態度を取り続け、1950年韓国に侵攻して韓国戦争を起こしたときには、国連から"侵略者"と規定された。

国連関係にみる特殊要素
中共の承認と加盟の動向から

最近、米国でさかんに論議されている中国承認問題とその国連加盟問題のいかんは他の分断国に対する先例になるだろうという点から大きな注目を浴びている。とくにこの対中国問題の動きはドイツ、ベトナムだけでなく、韓国に少なからざる影響を及ぼすものと考えられる。

しかし、韓国の場合、他の分断国にはみられぬ特殊性が存在していることを見のがしてはならない。すなわち、大韓民国は国連によって、韓半島を代表する唯一の合法政府として承認を受けているのであり、また、国連自身が韓国戦争のさい、北韓の侵略行為を糾弾して実力行使に出たし、その後も韓国の政治的発展のために国連が数々の努力をしてきたということは留意されなければならぬことである。

韓国の場合が中国問題と異なる点はこのほかにも、中国問題で論議される"国家継承論"がないということだ。韓国政府の合法性はこれまでも、いささかの疑問視もされなかったし、またこれに対しては何の挑戦を受けなかったのである。

そして国連は韓国の統一方案を確実に進めてきたし、また常にその実現を宣言してきたという点で他のいかなる分断国とも異なる特殊性を韓国は持っている。

このような特殊性を考慮するとき、韓国問題は中国問題と同列には扱われえない要素を持っている。もし、分断国家として、どうしても一律に処理するというのであれば、国連はかってみずから規定し、かつ宣言したことを取消さなければならなくなるだろう。つまり、国連は韓国と関連した過去の宣言や決議を撤回ないし白紙化しない限り韓国問題を中国問題同様に新しい規準を設けて取扱うことはむつかしいだろう。

韓国問題のこうした特殊性とともにわれわれは国連と関連する国際法規上の次の事項を記憶しておく必要がある。

一、一九五一年二月一日、国連総会決議案は北韓を"侵略者"と規定しており、また、その後の行動からしても北韓は決して"平和を愛好する"とはみられない。

二、国連憲章第三十五条二項と第二条六項は「国連加盟国でない国が国際の平和および安全の維持に必要なかぎり、これらの原則に従って行動することを確保しなければならない」とし、端的にいうと法的制裁をも加えうると明示している。このため、その前提条件として国連加盟国でない国ぐにも国連のこうした権能を認定しなければならないことになるし、国連の条件や制裁も受諾しなければならないのである。こうした観点からみるとき、北韓は国連の権威を認めないだけでなく、その存在さえも無視している。

三、憲章第二条七項は「憲章のいかなる規定も本質上いずれかの国の国内管轄権内にある事項に干渉する権限を国連に与えるものでなく、またその解決付託を加盟国に要求するものでないが、ただしこの原則は第七章に基づく強制措置の適用を妨げるものでない」として、国連が"国際関心事"を討議することを規定している。ところが、北韓はずっと"韓国問題は国内法秩序の問題"だと主張し、国連が干渉すべきでないと強調してきた。この第二章七項でことわっているように第七章の「平和に対する脅威、平和の破壊および侵略行為に関する行動」で規定されているように安保理事会は国際平和と安全の維持、または回復のために勧告または第四十一、四十二条の規定しているいかなる措置を取るかを決定することができるのである。すなわち、韓国問題が、"国際関心事"であるために、国連は二十四年余り、国連規範内で取扱ってきたのである。従って北韓のいう"国内問題"うんぬんは一つの言いがかりにすぎない。

四、憲章第四条は国連加盟国の条件として「この憲章に掲げる義務を受諾し、かつこの機構によってこの義務を履行する能力および意思ありと認められるすべての平和愛好国に開放されている」と述べ、まず、その地位が"国家"でなければならぬこと"平和を愛好"しなければならぬことを明示した上"憲章の義務を受諾しなければならぬといっている。さらに憲章に規定された義務を履行する"意思"と能力を持っていなければならないのである。こうした条件を北韓はどれ一つとして備えていないのだ。

従って、こうした存在である北韓を国連で受け入れるということは国際法や国際関係秩序の基本原理を無視する結果になるのである。

国際政治の上で法と正義の"実践"のみが国家の独立と安全を保障してくれるものであれば、これほど望ましい世界はないのである。しかし、現実は必ずしもそうではないということをわれわれは肝に銘じておかなければならない。

そこで韓国はどのような状況にも対処しうる積極的な対外政策を樹立すべきであろう。

（SISA）

筆者の金楨鍵氏は政治学博士で米イースト・キャロライナ大学の政治学助教授。

注＝（韓国と国連）

北韓の大軍は一九五〇年六月二十五日、突如として三十八度線を越えて韓国に侵入、三日後に韓国の首都ソウルを占領した。このとき国連総会では北韓を"侵略者"と規定、安保理事会決議により十六ヵ国からなる国連軍を編成、韓国支援のために派遣した。

このときの国連の対韓軍事援助にかんする安保理事会決議の内容は次のようなものである。

【採択＝一九五〇年六月二十七日賛成七、反対一（ユーゴ）欠席一（ソ連）、不参二】

安全保障理事会は、北韓軍の大韓民国にたいする武力攻撃が平和の破壊を造成するものと断定し、敵対行為の即時停止を要請、また北韓当局にその兵力を即刻三十八度線に撤収させることを要請した。しかし、国連韓国委員団の報告によって北韓当局が敵対行為を停止せずにおり、またその兵力を三十八度線に撤収させなかったということにかんがみ、国際平和と安全の回復のために緊急な軍事措置が必要だということが留意された。そこで、国連は平和と安全を確保するための即刻的かつ効果的な措置を要求した大韓民国の国連にたいする訴えに注目し、国連加盟国にたいし、武力攻撃を撃退しまたこの地域の国際平和と安全を回復するため必要な援助を大韓民国に提供するよう勧告する。

北韓高速艇を撃沈

十四日午前零時二十四分、北韓の高速艇武装スパイ船（五～六十ト級）一隻が、東海の休戦線を越えて南下、韓国の東海岸に侵入してきたのを発見した韓国沿岸警備艇は約三時間交戦の末、これを撃沈した。この通報により韓国空軍までが出動して、一時は緊張のきわみを見せたが、北韓高速艇が撃沈された後、ようやく騒ぎは静まった。なお、同スパイ船の北韓乗員約十五名ないし十七名は全員死亡したものとみられる。

釈尊祭2515年　陰暦の4月8日は釈迦世尊の降誕日。372年、仏教が輸入されて以来、仏教国家としての長い伝統をもつわが国は、この日を迎え全国1,300余の寺刹では記念祭を催して釈迦世尊の降誕を祝福した。

文化・社会ニュース

農漁村の生活改善へ
青年国家開発奉仕団を創設

文教部は、地域社会の開発と農漁村住民たちの生活改善運動を効率的に推進するため、十日「青年国家開発奉仕団」を正式に創設した。

文教部と韓国青少年団体協議会（金学默会長）によれば、この「青年国家開発奉仕団」は、現在の青少年団体協議会を母体とするが、連合体形態の青協の組織を大幅に強化、社団法人として改編する一方、ソウルに中央委員会を置き、全国百七十九の郡に支部を組織、現在、文教部が推進している「全村落教育運動」と共に効果的な奉仕活動を展開する計画だという。

法人体として発足したこの奉仕団の初代理事長（任期二年）には現青少団体協議会長の金学默氏が内定、十八人の理事は、現在の青協加盟団体の代表たちが自動的に選任されるものとみられている。

なお、この奉仕団は、農漁村開発、都市開発などの事業が、慈善ないし救護形態を脱しきれなかった従来の事業形態から脱皮させて新たな次元へと発展させる目的で①指導者訓練②地域社会の要請により資料を提供③直接、奉仕隊を投入するなど、職能別に多角的な活動を展開することになっている。

オーストラリアと文化協定を締結

政府は十一日、オーストラリア政府との間で文化協定を締結した。

同協定は崔圭夏外務長官とA・H・ルムス駐韓オーストラリア大使との間で調印されたが、これは一ヵ月前に締結された"韓・豪綿羊モデル牧場設立にかんする協定"とともに両国間の友好関係をいっそう緊密な協調体制に導く契機として評価される。

韓・仏提携で初級大学設立

韓国とフランスの文化技術協定に基づき十日から二日間、外務部で第二次韓・仏混成委員会が開かれ、韓・仏技術初級大学を来年三月まで水原に設立・開校することに決め、このための協定締結に合意した。また、韓国外交訓練生三～四名を毎年フランス行政大学院に派遣するが、フランス政府がこの奨学金を支給、なお、フランス政府の一般研究奨学金による韓国研究員は現行の二十三名が三十名にふやされた。

漁労中拉北された男がスパイに

ソウル市警は七日、要人暗殺、民心撹乱、選挙妨害などの任務で南派・暗躍していた北韓武装スパイ金国煥（三六）をソウルで検挙その所持品の高性能時限爆弾やソ連製ピストルなど武器と乱数表および現金十二万八千ウオンを押収したと発表した。

この発表によると、金は慶尚南道河東の出身で、六七年六月延坪島近海で漁労中、北韓に拉致され平壌近郊でスパイ密封教育を受けたあと、さる三月十日臨津江を渡ってソウルに浸透した。

金は古物商を装いながら暗殺対象の要人の行動をさぐり、さる一日午後十一時、いよいよ行動に移すため、ソウル・桃洞にある酒屋の主人呉某氏（四〇）に一千ウオンを与えて暗殺対象要人二人の家屋構造を調べてくれるようたのんだ。しかし呉氏は彼の依頼や挙動などを怪しいと思い、警察に申告した。

日本政府の在日韓国人差別と抑圧政策を告発し、民族の叫びを訴える！

（韓日関係資料の決定版）

在日韓国人の歴史と現実

在日韓国青年同盟中央本部・編著　A5判上製490頁￥1,200.

洋々社・発行　東京都新宿区納戸町5．TEL268―0796

在日韓国青年同盟中央本部　東京都文京区春日2―20―13．TEL814―4471

"本同盟は、もとより真の韓日友好を望まぬものではないが、それは良識ある韓日両国民の相互尊重の精神に依る、深い認識の上に成立するものと考える。

"本同盟は、日本政府の、歴史的事情を無視し、在日韓国人の基本的人権さえも剥奪しようとする"同化と追放と抑圧"の政策を広く告発し、それを総合的に提示するものとしての資料が必要であると感じて来た。

"本資料は、このような目的の為に、"同化と追放と抑圧"の政策の実態とそれに対処して来た同盟の諸般の闘争の記録を、既成の資料も、或いは新しく付加するものも……集大成したものである……。

在日韓国青年同盟中央本部　委員長　金恩澤

在日同胞の戸籍整備問題に就いて

戸籍は国民の身分を公証する国家の重要な公簿でありますが、従前から日本国の市町村役所に届出る一般戸籍の届出事件は、1945年8月15日の解放と同時に、我国の戸籍とは何等関連性がないのであります。

戸籍申告は大韓民国の戸籍法に基き、居住地の在外公館（即ち大使館又は各級領事館）を経由するか、或は直接本籍地の市邑面事務所に申告することが必要で、それで始めて法的効力があり、本籍地の戸籍が整備されるのであります。

然し、多くの同胞の家庭に複雑な戸籍上の問題があることは皆様もよくご存じのことと思いますが、その原因はいまなお戸籍というものに対して理解と関心の不足によるものと思われますが、誠に遺憾に堪えません。

例えば、家族全員が何十年も戸籍を持たず就籍しようともしないもの、又は数十万名と推定する青少年2世3世の出生申告さえも出さないで平然としておるなど、その父母の考え方を全く理解することが出来ません。

出生、婚姻、死亡、相続、分家などで、国民としての身分を確立しておらず、家庭の混乱、財産上の損失、就学、海外旅行等、日常の生活面にも少なからず不便を感じておる多くの事実を目撃します。

今日の在日同胞の戸籍上の混乱状態は、第2次世界大戦の副産物で特殊な問題の一つでありますが、最近関係当局も事態を重視し何等かの対策を考慮中と聞いておるのですが、何分戸籍整備問題は膨大な事業だけに容易に手のつけ様がないように思われますが、その理由だけで何時までも放任しておく問題でないことは勿論です。

戦時中から今日に至るまで、39年近くの永い期間、多くの同胞が当然なすべき申告義務を果さなかったため、在日韓国人の戸籍未整備件数は、夥しい数字で、毎年累積する一方であります。これは実に重大な社会問題の一つであることは、疑う余地がないと思います。

◎何を整備すべきか？

1．戸籍が全然ない方（現在臨時特別法が施行中です）
2．出生、死亡、婚姻、その他の申告をしなかった方
3．本籍地に戸籍はあるが出生場所又は出生年月日が実際と相違している方
4．その他の問題に関するご相談と手続上の問題について当相談所に電話又は書面にてご連絡下さい。誠意を以って親切にご指導いたします。

駐日大韓民国大使館　在日本大韓民国居留民団　協賛

在日韓国人戸籍問題相談所

所長　俞　鎮　容

臨時東京事務所・東京都文京区小石川2丁目11―17　文京韓僑会館内　TEL（03）811―3555（〒112）

母国の学校へオルガンを

在日同胞の皆様！　祖国の母校の為になる事をしたくありませんか。国民学校では現在オルガンが一番必要です。オルガンを母校に寄贈したい方は下記の要領で寄贈して下さい。

代金を下記送金先の会社名に銀行送金又は郵便振替口座に御送金下されば韓国ですぐ貴下御指定先母校にお届け致します。

定価と品種

アリアオルガン　61鍵　2列箇1台￥45,000
〃　〃　49鍵　2列箇1台￥40,000
〃　〃　49鍵　1列箇1台￥35,000

韓国KS指定オルガン製造工場　大邱市南区鳳徳洞148　TEL0534―52―0151　6251

東洋楽器工業社　代表 河泰鳳

送金先　静岡県浜松市浅田町1080　TEL0534-52-0154代

（株）伊藤真楽器工芸社　P.O.BOX浜松　銀行三和銀行浜松支店　郵便振替口座　東京189295

セントラル冷暖房システム

かつて建築物は、生活や仕事の場を収容する"容器"がその主な機能でしたが、今日では一歩進んで外界の気候条件がどのように変化しても、常に快適で能率的な生活作業環境を維持する、いいかえれば、新しい気候を作り出す場となってきています。その新しい気候を創造するものが、セントラル冷暖房システムです。

この冷暖房システムは
◎快適な冷暖房が行なえること
◎豊富な給湯ができること
◎住宅をはじめとする建造物の寿命に匹敵する耐久性をもっていること
◎経済的な運転ができるように熱効率がすぐれていると同時に、ロスの少ないすぐれた調節・制御機能をもっていること
◎建物構造、用途、予算などに応じて幅広いシステム商品陣がそろっていることが要求されます。

当社は、これらの要求を完成した「サンヨーセントラル冷暖房システム」と提携し、建築物の機能を高めるお手伝いをいたします。

五州興業株式会社　東京都新宿区市谷八幡町1　電話（269）1817（代）　取締役社長　鄭寅勲

北洋冷凍機工業株式会社　東京都新宿区原町3丁目84番地　電話（341）0449（代表）　取締役社長　洪起華

在日本大韓民国居留民団
綱　領
一、우리는 大韓民国의 国是를 遵守한다
一、우리는 在留同胞의 権益擁護를 期한다
一、우리는 在留同胞의 民生安定을 期한다
一、우리는 在留同胞의 文化向上을 期한다
一、우리는 世界平和와 国際親善을 期한다

THE PRESS MINDAN TOKYO
THE KOREAN RESID-ENTS UNION, IN JAPAN, TOKYO OFFICE
在日本大韓民国居留民団
東京本部発行日本語版週刊紙（購読料１カ月100円・特別1000円）
（1965年７月27日第３種郵便物認可）

民団東京
THE PRESS MINDAN TOKYO

７月25日火曜日
<1972>
毎月５・15・25日発行
第2491号

発行所
民団東京新聞社
発行人　鄭　在　俊
東京都文京区本郷３丁目32番７号
電話　(811) 1535（代表）
〒133　振替口座 東京 16631番

祖国平和統一への偉大な行進始まる

在日60万が団結の烽火

民団と総連の38度線ついに破れる

東京大田地域同胞たちが共同で「南北共同声明」支持の大会

さる四日の自主的平和統一に関する南北共同声明に呼応して、在日本大韓民国居留民団東京都大田支部と在日本朝鮮人総聯合会東京都大田支部が、二十三日午後一時半から東京・大田区民会館で二千五百人の在日同胞を集めて「南北共同声明を熱烈に支持する東京都大田地域同胞たちの大会」を開いた。大会は、祖国の明明るい希望が会場いっぱいにみなぎるなかで、①南北共同声明を支持し、その実現に全力を尽くす②相互不信を取り除き、民族的団結を図る③各階層の交流と対話を広げ、文化、体育などの事業を共同で進める④在日同胞の民族権利を守るために協力する⑤これらを推進するため常設的な連絡体制を整える――など八項目からなる決議文を満場一致で採択した。このほか大会では、主催者代表の民団大田支部団長代理金大栄、朝総聯大田支部委員長趙千済両氏が仲よく「われわれは同じ民族、三八度線の厚い障壁を破り一日も早く平和統一を達成しよう」と、感激的なあいさつをし、さらに上部組織から鄭在俊民団東京本部団長、韓徳洙朝総連東京都本部委員長、日本政界から宇都宮徳馬代議士（自民）をはじめ社会、公明、民社の四党の代表らが来賓として出席、それぞれ熱意をこめて祝辞を述べるなど、和気あいあいのうちに午後四時閉会した。これまで祖国の悲劇的な分断状態を反映して、何かにつけて対立関係を続けてきた民団と朝総連が、支部段階であるとはいえ、今回のように民族共通の大目標を掲げて共同で集会を催したのは全国で初めて。しかも「思想、理念や、制度の差異を乗り越えて民族的大同団結を図る」という南北共同声明の統一への基本原則をふまえて、祖国に先がけて南北の対話と交流の道を積極的にきりひらいたことの意義は極めて大きく、今後、これが刺戟剤となって民団と朝総聯の間で融和と団結の輪が急速に広まって行くものとみられる。

（二面につづく）

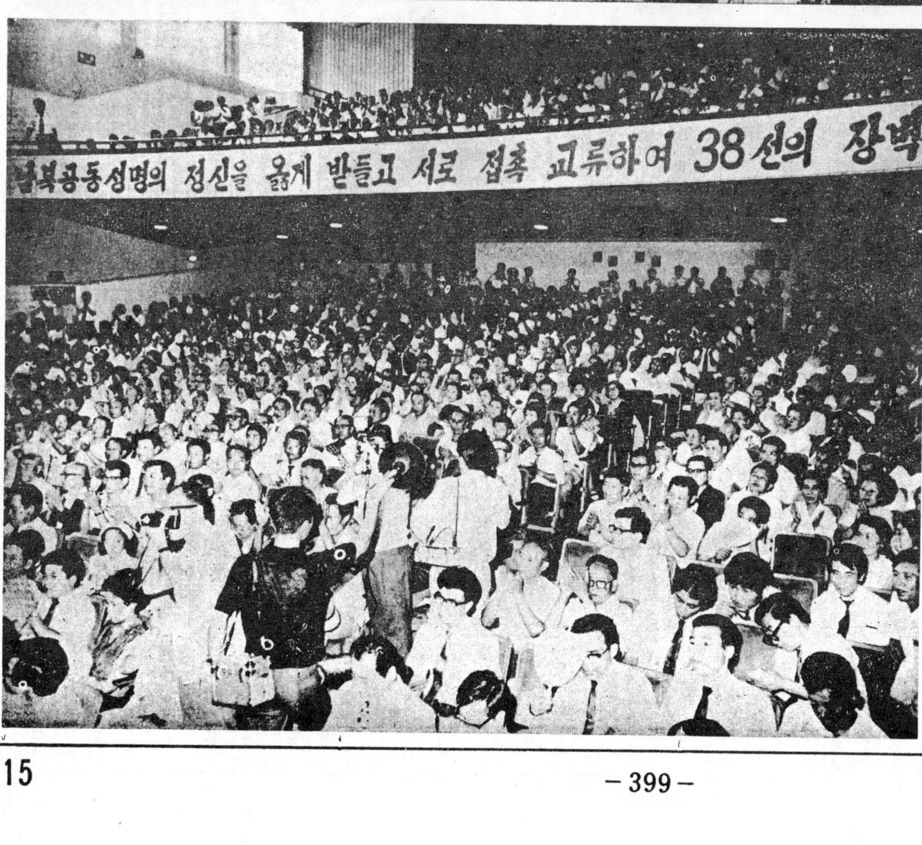

民団から朝総聯へ、朝総聯から民団へ――。熱狂的な拍手のなかで、色彩もあでやかなチマ・チョゴリの娘さんたちから花束の贈呈を受ける大会議長団（双方から三人ずつ）＝七月二十三日東京・大田区民会館で開かれた「南北共同声明を熱烈に支持する東京都大田地域同胞たちの大会」で。写真㊤

思想、理念、所属団体の差異を乗り越え、民族的大団結を図り、祖国の自主的平和統一を実現しよう。とつめかけた民団、朝総聯の同胞たち（二千五百人）。写真㊦

《南北共同声明》を熱烈に支持する東京都大田地域同胞たちの大会　決議文

《남북공동성명을 열렬히 지지하는 도꾜도 오따지역 동포들의 대회》

결 의 문

조국통일의 여명을 고하는 역사적인 남북공동성명에 접한 우리들은 커다란 감격과 흥분에 끓어넘치면서 오늘 사상과 단체소속의 차이를 초월하여 《남북공동성명을 열렬히 지지하는 도꾜도 오따지역 동포들의 대회》에 모여들었다.

외세에 의하여 남북으로 분단된 우리나라 우리 민족은 역사상 유례없는 험난한 길을 걸어왔고 온갖 시련을 겪어왔으나 마침내 조국의 자주적평화통일에로 나아가는 거룩한 행진을 시작하였다.

남북공동성명의 한조항 한조항이 민족의 양심을 가진 모든 겨레들의 가슴을 격동시키며 조국통일의 굳고굳은 신심을 심장깊이 심어주고 있다.

남북공동성명의 제1조에 밝혀진 조국통일의 원칙은 참으로 온 민족의 의사와 이익을 완전히 반영한 조국통일의 초석으로 된다.

《통일은 외세에 의존하거나 외세의 간섭을 받음이 없이 자주적으로 해결하여야 한다. 통일은 서로 상대방을 반대하는 무력행사에 의거하지 않고 평화적방법으로 실현하여야 한다. 사상과 이념 제도의 차이를 초월하여 우선 하나의 민족으로서 민족적대단결을 도모하여야 한다》는 남북공동성명은 전민족의 확고한 의사와 슬기를 온세상에 과시하고 있다.

남북공동성명이 천명한 서로 상대방을 비방중상하지 말고 군사적충돌을 막는 문제, 남북사이에 다방면적인 제반 교류를 실시하는 문제, 남북적십자회담이 성사되도록 적극 협조하는 문제, 서울과 평양사이에 상설적통신전화를 놓는 문제, 그리고 이러한 협의사항을 비롯한 제반문제를 해결하기 위하여 남북조절위원회를 구성운영하는 문제등 모든 조항들도 진실로 온 겨레의 이익을 반영하고 있다.

바로 그렇기때문에 남북공동성명은 세상에 공포된 그 순간에 우리 온 민족을 끝없는 감격과 환희의 도가니로 화하게 하였으며 전세계 인민들의 절대적인 지지를 받았다.

거치른 이국땅에서 온갖 천대와 멸시, 차별을 받아 오면서도 일일천추로 조국통일만을 고대하여 살아온 우리 재일동포들 치고 조국통일의 그날이 다가오고 있는 이 역사적순간에 누가 가슴 벅차오름을 억제할수 있겠는가!

지금 재일동포들이 일본의 방방곡곡에서 남북공동성명을 열렬히 지지하면서 조국통일을 앞당기기 위한 성스러운 위업에 떨쳐나서고 있는것은 지극히 정당한 일이다.

모든 동포들이 사상과 이념의 차이, 사회제도와 단체 소속의 차이를 초월하여 민족적으로 단결하여야 외세의 간섭을 없애고 조국의 평화적통일을 이룩할수 있다.

온 민족이 남북공동성명을 열렬히 지지하고 있으며 남북사이에 사람들이 오가고 조국통일의 대문이 열리기 시작한 이때에 과거만을 고집하여 호상접촉과 단합을 방해하는 것은 민족의 의사를 짓밟는 행위로서 철저히 지탄되어야 한다.

한 핏줄을 이어받고 생사고락을 같이해온 동족이 서로 만나 허심탄회하게 이야기를 나눈다면 호상간의 불신과 오해는 반드시 풀릴수 있으며 호상존중 신뢰하여 민족적으로 굳게 단합할수 있다.

민족단합은 오늘 그 누구도 막을수없는 민족의 요구이며 시대의 흐름이다.

본대회에 모인 우리들은 60만 재일동포들 가운데서 선참으로 민족단합의 정신과 조국통일을 위해 공동으로 노력할 기백으로 넘쳐흐르는 이 모임을 가지게 된것을 크나큰 자랑으로 한없는 기쁨으로 생각한다.

본대회는 일본 도꾜 오따지역에 살고 있는 4,600 명 전체 동포들의 이름으로 끓어번지는 애국애족의 심정을 안고 다음과 같이 결의한다.

1. 우리들은 남북공동성명을 열렬히 지지하고 그 실현을 위하여 모든 힘을 다할 것이다.
2. 우리들은 호상간에 언제나 오가면서 호상존중 신뢰하고 방조하여 오해와 불신을 풀며 민족적으로 굳게 단결하여 나갈것이다.
3. 우리들은 청년, 학생, 상공인, 부인, 어린애, 노인등 모든 계층동포들의교류와 대화를 왕성히 하며 문화, 체육등 다양한 사업을 공동으로 진행하고 민족적 연계를 더욱 굳게 할 것이다.
4. 우리들은 남북적십자회담을 성사시키기 위하여 공동으로 노력할것이다.
5. 우리들은 동포들의 민족권리를 지키기 위하여 공동으로 노력할 것이다.
6. 우리들은 관하 일본국민들이 남북공동성명을 실현하기 위한 우리들의 운동을 적극 지원해주도록 공동으로 노력할 것이다.
7. 우리들은 남북공동성명을 입으로만 지지하면서 실제에 있어서는 방해하고 민족대립과 분렬을 지속시키려는 일체의 책동을 단합된 힘으로 반대 배격한다.
8. 우리들은 이상과같은 결의사항을 원만히 추진하기 위하여 상설적인 연락체제를 갖출 것이다.

본대회는 이와같은 결의사항을 빛나게 실현시켜 나감으로써 조국통일실현에 적극 기여하여 나갈 것을 온 세상에 선포한다.

남북공동성명의 숭고한 뜻을 받들어
1972년 7월 23일
《남북공동성명을 열렬히 지지하는 도꾜도 오따지역 동포들의 대회》
재일본 대한민국 거류민단 도꾜도오따 지부
재일본 조선인 총연합회 도꾜도오따 지부

《南北共同声明》を熱烈に支持する東京都大田地域同胞達の大会

決　議　文

祖国統一の黎明を告げる歴史的な《南北共同声明》に接した私たちは、大きなよろこびにわきながら、今日ここに思想と団体、所属を超越し、《南北共同声明を熱烈に支持する東京都大田地域同胞たちの大会》に集まった。

外部勢力により、南北に分断されたわが祖国、わが民族は歴史上類例のないけわしい道を歩み、多くの試練を強いられて来たが、ここに祖国の自主的平和統一への偉大な行進を始めた。

《南北共同声明》の一項目、一項目が民族の良心をもったすべての同胞たちを激動させ、祖国統一への信念をその胸に深くうえつけている。

《南北共同声明》の第一条に示されている祖国統一の原則は、全民族の意思と利益を完全に反映した祖国統一の礎石である。

《統一は外部勢力に依存したり、外部勢力の干渉をうけることなく、自主的に解決すべきである。統一は互いに相手側を反対する武力行使によらず、平和的方法により実現すべきである。思想と理念、制度の差異を超越し、まず単一民族として民族の大団結をはかるべきである。》とうたった《南北共同声明》は全民族の確固たる意志と、聡明さを全世界に示している。

《南北共同声明》が明らかにした、互に相手側を中傷、ひぼうせず軍事的衝突を防止する問題、南北間に多方面にわたる諸交流を実施する問題、南北赤十字会談が一日も早く実を結ぶよう積極的に協力する問題、ソウルとピョンヤン間に常設直通電話を設ける問題などの合意事項、そしてこのような合意事項をはじめ諸般の問題を解決するために南北調節委員会を構成し、運営する問題等、すべての条項は全同胞の利益を如実に反映している。

それゆえに《南北共同声明》は全世界に公表されたその瞬間、わが全民族をわきあがる感激と歓喜のるつぼに化し、世全界の絶対的支持を受けている。

けわしい異国の地であらゆるさげすみと蔑視、差別をうけながらも一日千秋の思いで祖国統一を待ち望んできた在日同胞として、だれが祖国統一の日が近づいているこの歴史的瞬間に高なる胸をおさえることができたであろうか！

いま在日同胞たちが日本の津々浦々で《南北共同声明》を熱烈に支持し、祖国統一をはやめるための聖なる偉業に立ちあがっているのは至極当然である。

すべての同胞達が思想と理念の差異、社会制度と団体所属の差異をこえ、民族的に団結してこそ外部勢力の干渉を無くし、祖国の平和的統一を実現することができる。

全民族が《南北共同声明》を熱烈に支持し、南北間を同胞達が行き来し、祖国統一への大路が開かれはじめたこの時、過去だけをいたずらに固執し、相互の接触と民族団結を妨害するのは民族の意志を踏みにじる行為であり、徹底的に糾弾されるべきである。

同じ血を受けつぎ、生死苦楽をともにして来た海外同胞が互にひざをまじえ虚心たんかいに話し合うならば、相互間の不信と誤解はかならず解きほぐすことができ、相互に尊重し、信頼し、民族的に固く団結することができる。

本大会に集まった我々は、60万在日同胞達の中でまっ先に民族団結の精神と祖国統一のために共同で努力する気迫にあふれるこの集いを持ったことを大きなほこりとし、かぎりなく喜んでいる。

本大会は日本東京大田地域に住む4,600名全同胞達の名において、わきあがる愛国愛族の心情で次のように決議する。

1. 我々は《南北共同声明》を熱烈に支持その実現のために全力をつくす。
2. 我々はお互につねに行き来し、お互に尊重、信頼し、助け合うことによって誤解と不信を解き、民族的に固く団結する。
3. 我々は青年、学生、商工人、婦人、子供、老人等全ての階層の同胞間における交流と対話をさかんにし、文化、体育等多様な事業を共同で行ない民族的な連けいをより強くする。
4. 我々は南北赤十字会談を成功させるため、共同で努力する。
5. 我々は同胞達の民族権利を守るため共同で努力する。
6. 我々は居住地域の日本国民が《南北共同声明》を実現するための我々の運動を積極的に支援してくれるよう共同で努力する。
7. 我々は《南北共同声明》を口先だけで支持すると云いながら、実際にはそれを妨害し、民族対立と分裂をつづけさせようとする一切の策動を団結した力で反対排撃する。
8. 我々は以上のような決議事項を円満にすい進するため常設的な連絡体制を設ける。

本大会は以上の決議事項を輝かしく遂行することによって祖国統一実現に積極的に寄与するをことすべての人々の前に宣布する。

《南北共同声明》の崇高なる意を体して一
1972. 7. 23
《南北共同声明》を熱烈に支持する
東京都大田地域同胞の大会

南北共同声明を朗読する尹啓守民団大田支部議長

決議文を読む張準生総聯大田支部副委員長

あいさつをのべる金大栄民団大田副団長

鄭在俊民団東京本部団長

李女同分会長

民族の血は湧き立つ
統一への願いこめ八項目決議

一九四五年八月十五日の祖国独立と解放の喜びもつかの間、外勢による国土分断によって、さらに日本政府の差別と抑圧政策のもとに二重、三重の苦痛と悲哀を強いられてきた在日同胞が、思想や所属団体の違いを克服し、自主・平和統一への熱意と期待をこめて南北共同声明を支持し、その限りない感動を分かち合おうと、早くから会場の大田区民会館につめかけた。

最寄りの「池上駅」から会館に至る沿道では、民団と朝総連の青年学生が仲よく案内役をつとめ、同胞たちを会場に暖かく迎え入れた。

入口では、この日を記念する、「うちわ」と「タオル」が全参加者に贈られ、同胞たちも明るい笑顔を見せながら、あちらこちらで握手を交わすなど、なごやかな交換風景が見られた。

記念品の「うちわ」は、片面に「自主・平和統一促進」と書かれその下に二つの手が固く握手した絵が描かれ「在日本大韓民国東京都大田支部」のマーク入り。片方には「南北共同声明・支持」のハングルの下に、やはり共催者の「在日本朝鮮人総聯合会東京都大田支部」のマーク。

また「タオル」は、中央に祖国の全図、その上に大きくハングルで「自主・平和統一」の文字。左右に大会名称と主催者名がそれぞれ染められているもの。

会場内は熱っぽいふん囲気に包まれ立錐（すい）の余地もないほどギッシリ。統一への強い願いが刻まれた「うちわ」が白い波をなし揺れ動いていた。

午後一時半、朝総連大田支部、方泰錫顧問の厳粛な開会宣言で大会の幕が開かれた。

会場の壇上中央には、国旗のかわりに「統一祖国」を象徴する全面地図が金色に輝き、その上で三八度線ならぬ二つの手が固い握手で結ばれた大きな絵が掲げられ、左右に「六十万在日同胞は思想、理念、団体所属の差異を超越して民族的に固く団結しよう」「南北共同声明を実現させるため立ち上がろう」「祖国の自主的平和統一を達成しよう」「全民族的団結万歳」など四本の垂れ幕。

また議長団席には、民団大田支部の金大栄副団長、尹啓守議長、宋賢植監察委員、の三氏が正面左側、朝総連大田支部の趙千済委員長、方泰錫顧問、張準生副委員長が右側に並び、後方には双方の幹部団（各十一人）、来賓がそれぞれ着席した。

双方議長団の紹介のあと、議長団への花束贈呈があり、色彩もあでやかに着飾った娘たちが、民団から朝総連へ、朝総連から民団の議長団へと贈られるや会場から割れんばかりの拍手が巻き起こった。

次いで尹啓守氏が南北共同声明全文を朗読し終わると、全員総立ちとなり「マンセー」「マンセー（万歳）」の大歓声、そして止めどもなく拍手の嵐―。

続いて主催者の上部者組織から来賓として出席した朝総連東京都本部の韓益洙委員長と民団東京本部の鄭在俊団長があいさつを行なった。

場内は歓声と拍手の嵐

まず韓委員長は「全国に先がけ、大田区で総聯支部と民団支部役員と同胞たちが、民族の至上課業である祖国統一を一日も早く成しとげようとする一念から一堂に会し、南北共同声明を支持する大会が開催されたことは大変喜ばしい」と述べたあと、①共同声明に闡（せん）明された自主、平和統一、民族的大団結の三大原則はわが民族の要求と念願を反映したもので、統一問題解決のための根本的原則である②共同声明の発表と南北赤十字会談の急速な進展は、長い年月にわたる南北間の凍結状態を解きほぐすものだ③またこれを契機に、挙族的な平和統一を繰り広げる新らしい歴史的時期にはいった。われわれは統一のため最後まで手をたずさえて協力すべきだ―と呼びかけると一方の鄭在俊民団東京本部団長も、①祖国の自主的平和統一の達成のためには民族自決の原則を堅持すべきだ②祖国の分裂は思想、信条の差異によるものでなく外勢により強要されたもの③統一問題は外勢に依存したり外部の干渉によっては解決されない、と強調しながら「いまや統一へのとびらは大きく開かれた。切断されていた民族の血脈が再びこの場でつなぎ合わされた。この感激的な瞬間、われわれの心臓に熱い民族の血が泉のごとく沸き立っている。

在日同胞も、懐かしい故国山河でともに幸福に暮らせるその日のために、民族大団結の旗じるしを高く掲げ、祖国に統一をもたらすよう一つに結束しよう」と積極的な姿勢を示し、また参加者も惜しみない賛同の拍手を送るなど、一体感を強め、大会のふんい気を盛り上げた。

続いて主催者のあいさつでは、まず民団大田支部の金大栄氏が共同集会開催にこぎつけるまでの経過について「画期的な共同声明の基本精神を在日同胞として正しく具現するには、民団と朝総聯の間に横たわっている三八度線の壁を取り除き、あらゆる分野での接触と交流を正常化させ、相互の団結を図るべきで、これこそ愛国、愛族の唯一の道であることに完全な意見の一致を見た」と述べたあと、①在日同胞は互いに憎悪したり敵対視すべきでなく、民族の英知と良心に従い対立と分裂に終止符を打つべきだ②この大会開催に対し、一部反統一、反民族分子らの妨害があったが、このような策動は、徹底的に糾弾されねばならない③祖国の自主・平和統一ののためには、思想、理念などの違いにこだわらず、国内外のすべての同胞が挙族的に大団結を図るべきだ―と涙ながらに訴え、激しい共感を呼び起こした。

一方、朝総連大田支部の趙千済氏も、南北共同声明の発表と内容について触れ「この声明は、祖国の自主的平和統一のための歴史的な道程標となり、すべての同胞に統一への新たな希望を抱かせ、全同胞のひたすらな要求と念願を反映したもの」として高く評価するとともに、「北半部でも限りない喜びと興奮のなかで共同声明を支持する集会が、工場、大学、農場などいたるところで開かれ、統一という民族的偉業の実現に熱火のごとき決意を新たにしている」とのべた。

さらに趙氏は①日帝によって、ともに苦しみを受けたわが同胞が二十七年間も対話や接触もできず対立を強いられてきたのは外勢の分裂政策によるものである②口先だけで共同声明支持を唱えながら実際には妨害している反民族的分子がわずかながらいるが、われわれは団結してこれを指弾すべきだ③共同声明を支持し、その実現のため、民団と朝総連が民族団結の気運を造成し、ともに平和統一のため寄与しよう―などと熱意をこめて力説した。

自民宇都宮議員

社会山本議員

公明鈴切議員

民社川端議員

万才の声会場を圧す

このような主催者の誠意あふれるあいさつで、会場内は「共同声明支持、祖国統一」への期待と希望がふくらみ、最高潮のふんい気に達した。老若男女、青年学生、だれかれとなく、「民族は一つ。祖国も一つ。統一こそ民族の生きる道だ」との確信に燃え、「統一はわれわれ民族の力で！」という自信と、決意をみなぎらせていた。

大会はこのあと、金大栄氏が各地からの祝電の束から数通を選んで披露し、討論にはいった。

討論は「外勢依存は亡国の道、民族受難の道。平和統一のため、青年たちの団結を強化しつつ闘って行きたい」（在日本朝鮮青年同盟大田支部委員長・崔ヨンファン君）「民族自決権はその民族に与えられた神聖不可侵の権利。これなしに統一も民族の完全独立もあり得ない。共同声明の崇（すう）高な精神に立脚、その実現に努力する」（在日韓国青年同盟大田支部委員長・李憲哲君）「他に先がけて大田地域で、このような愛族的集会が開かれたことを誇りに思う。統一問題は同族間で、武力行使によらず平和的方法で解決されるべきで、そのため全力を尽くしたい」（在日大韓婦人会大田支部・趙良心会長）「私たちは三十六年間も外勢によって苦しみを味わった。解放後二十七年たった今日、これ以上外勢による国土両断、民族分裂をそのままにして生きることはできない。民団傘下の婦人たちとも固く手をたずさえ、統一された祖国を受け継がせたい」（在日朝鮮女性同盟大田支部山王分会・李　会長）など、いずれも感動的な内容で、統一への新たな決意が示された。

次いで、日本の政党を代表して宇都宮徳馬代議士（自民）をはじめ、山本政弘（社会）鈴切康雄（公明）川端文夫（民社）の各氏から「南北赤十字会談の進展に続き、このたびの共同声明は、南北統一の実現が大きな歩み寄りを示す画期的なもので、世界の緊張緩和と平和維持のためにも喜ばしい」「南北の自主的平和統一に支援を惜しまず、継続して日本との親善友好関係を強めてゆきたい」など、心のこもった祝辞が述べられ、喝采を受けた。

このあと、総聯大田支部の張世準氏が読みあげた決議文を満場一致で採択した。内容は①南北共同声明を支持し、その実現に全力をつくす②双方は互いに尊重し、信頼し、助け合うことによって、誤解や不信を解き、民族的に固く団結する③青年、学生、商工人、婦人など各階層の交流と対話を広げ体育、文化など多様な事業を共同で行なう④南北赤十字会談を成功させるため協力する⑤同胞の民族権利を守るため共同で努力する⑥居住地域の日本国民に「南北共同声明」実現のためわれわれの運動を支援してくれるよう働きかける⑦口先だけで共同声明支持を唱えながら実際にはこれを妨害したり民族の対立と分裂を続けさせようとする一切の策動に反対する⑧以上の決議事項を推進するために、常設的な連絡体制を設ける―など八項目の合意事項からなるもの。

最後に民団大田支部の宋賢植監察委員が閉会の辞を述べ終わると金民団大田副団長と趙総聯大田委員長、鄭民団東京本部団長と韓総聯東京都本部委員長が壇上でガッチリと握手、総聯側趙委員長、民団側尹啓守議長の音頭で「マンセー、マンセー」の歓呼の大合唱で会館を揺るがした。

第二部では、歌舞団の公演があり午後五時すぎ閉会した。

本号4ページ

感動にすすり泣く婦人も
共同大会で

ある若い婦人は、"自主・平和統一"のタオルでハチ巻きした幼い子供を見守りながら「私たちが味わった民族分裂の苦しみと悲しみを、子供たちにまで味わせたくありません。母親としての責任を果たしておきたい」と、目を輝かせていた。

また、一番乗りで会場に来たという、七十才のおじいさんは「なにがなんでも長生きし、祖国が統一されるのをこの目で見たい。それ以外なんの望みもない」と目がしらを押さえる。

一階の前列に席をとっていたオモニたちも、すすり泣いていた。「よかった。大会が成功してほんとによかった。おたがいにののしり合ったり、ケンカするのはもうたくさん。同じ民族だから仲よくしなくっちゃ――」

コチコチのタカ派で知られるある民団幹部も「やあ時代が変わった。頭を切り換えて、これから総聯も民団も中傷ひぼうや、いがみ合いはやめて力を合わせて統一のためがんばろう。きょうの感激は一生忘れない」と、頭をなでながら話す。

息子に会えるかも

一年前、帰国船で北韓に帰った息子を見送ったという民団のある団員も「皮肉な運命だった。ワシが生まれたときすでに国は日帝にふみにじられていた。解放されて喜んだと思ったら、今度は三八度線や。三十六年と二十七年、これを合わせるとワシのトシになる。これで統一の見通しもついたし、息子に会える日が楽しみだ。一時はもう締めていたんだが……」とシンミリと述懐しながらウキウキした気持ちを隠せない様子。

一方、東京・大田地域の同胞たちによる先駆的な今大会の成功を契機に今後東京都内だけでなく全国的に民団と総聯の共同集会や対話と交流の動きが活発になるものとみられる。

日本各新聞に大きく報道された大会の記事

金大栄民団大田支部副団長のあいさつ（全文）

民団側あいさつ

尊敬する総連と民団の議長団ならびに幹部団のみなさん！　来賓のみなさん！　そして親愛なる総連と民団傘下同胞のみなさん。

わたくしはまず在日大韓民国居留民団大田支部を代表して全同胞たちに同胞愛的血肉の情をもって熱烈なあいさつを送ります。

さる七月四日ソウルと平壌で祖国統一に関する南北共同声明が同時に発表されたことによって、六十万在日同胞たちは、大韓民国の国民とともに全民族がひとしく驚嘆と興奮、感激と感奮にわき立ち歓呼の旋風をまきおこしております。

《共同声明》で指摘しているとおり、分断の祖国を統一する問題について会談をもち、祖国の統一を一日も早く達成しなければならないとの念願から、お互い虚心坦懐に意見を交換し祖国の自主的平和統一を実現するための一連の問題について原則的見解に完全な一致をみたのであります。

この会談の結果、双方は、祖国の統一問題は、外勢に依存するとか外勢に干渉をうけることなく自主的にそしてお互いが相手方を反対する武力行使によらないで平和的な方法で実現し、思想と理念、制度の差異を超越してまず単一民族として民族的大団結をはかるという祖国統一大原則に完全な合意をみてそれを世界に公布しました。

また、双方は、南北間の軍事的衝突を防止し、多方面の交流を実施するほか南北赤十字会談が一日も早く成功するよう協調するなど南北間の緊張状態を緩和し信頼の雰囲気を助成して、分断されている民族的連繋を回復し、お互いの理解を増進さすための一連の実際的措置をとること、また合意事項を推進し南北間の諸般問題を改善解決して祖国統一の原則にのっとった統一の問題を解決するため南北代表たちから構成する南北調節委員会を構成、運営することについても合意し、この合意を誠実に履行することを全民族のまえに厳粛に約束することを宣言しました。

これは、祖国統一を推進するにおいて実に歓迎すべきことであり、さらに前途に明るい展望を開いてくれる事実でありましょう。

実にこの〈共同声明〉は、祖国の自主平和統一を実現するにおいて民族史上に輝やかしい金字塔を打ち立てた画期的な一大事変になるでありましょう。

民団大田支部は、これを熱烈に支持歓迎しこれからその実現のために積極的に進んでいく決意を固く固く誓うものであります。

親愛なる同胞のみなさん！

さる七月四日の〈南北共同声明〉を契機として、二十七年間も持続してきた南北の分裂と対立の凍結状態が崩れはじめた今日、われわれはまさに挙族的な平和統一運動の歴史的時期に突入しました。

したがってわれわれ全民族は新しい時期にふさわしい生き方をすべきだと思います。そのためには、在日同胞たちも新しい時期の自覚性を高めるとともに七月四日以前の古い意識状態と思考方式を全面的にそして徹底的に一大革新をおこすことが重要だと思います。

民団大田支部は、このような見地から、歴史的な〈南北共同声明〉をどのように受入れどのように実現させるべきかについて、また〈共同声明〉を支持する大会を共同で開こうという総連大田支部の提議書に対して、幹部任員会と各級任員拡大会議をひらいて情熱的に論議するとともに深く討議した結果、われわれの立場と原則を基本に、総連との間によこたわっている三八度線の障壁からうち破り双方間に存在する思想と理念、立場の差異を超越してすべての分野で接触と交流を正常的に行ない民族的団結をはかり、祖国の自主的平和統一のために共同で協力していくと規定し、これが、〈南北共同声明〉の基本精神を実践するもっとも正しい態度であり愛国、愛族の真正唯一のみちであることに完全な見解の一致をみたのであり、共同大会をひらくについて全員一致の合意をみたのであります。

そこで民団大田支部代表たちは総連大田支部代表たちと会合をもったのであり双方は、永い間たち切れていた同族的連繋を回復し温かい同胞愛的熱気にみちた雰囲気のなかで〈南北共同声明〉を支持実現する問題を虚心坦懐に意見を交換しながら協議した結果、双方は共同で大会を開催することについて基本的な合意をみて、きょうのこの大会がひらかれたのであります。

真にこの大会は、六十万在日同胞たちの祖国の自主的平和統一のための大きな突破口をひらいてくれる画期的な事変となるでありましょう。そして、二十七年間も持続してきた民団と総連との間の障壁を打ち破り大団結のみちをひらいた全同胞的念願と利益に合致する貴重な土台となるでありましょう。

親愛なる同胞のみなさん！

思想と理念と所属団体の差異をとびこえて同じ同胞が睦まじく共同集会をもったこの光景こそいかに美しく嬉ろこばしいことではありませんか。六十万在日同胞たちは、ともに一つの民族で英知に富む賢明さをもっています。何のために異国の日本に住む同胞たちにまで三八度線の障壁を作っておいてお互いが憎悪し蔑視しながら敵対しなければならないでしょうか。

われわれは、このような状態をこれ以上つづけることはできません。

この立場は、同じ同胞として民族的良心があれば、誰でも同一にもつことのできる血肉の感情であろうと思います。一日も早くそのような不自然で不幸な状態を全同胞的な力で完全になくしましょう。まさにその時期は到来しました。

親愛なる同胞のみなさん！

この大会がひらかれる過程において一部反統一、反民族的分子たちの妨害と破壊のための数々の手段と方法の策動がありました。しかし、このように多くの同胞たちが参加してこの大会を熱烈に支持しているので彼らの立場は面目がなくなってありましょう。

反統一、反民族分子たちは、このような厳然な現実をみきわめて全体民族の至上課業である祖国統一の偉業に、これ以上罪を犯すことなく民族的に反省しあらゆる妨害策動をやめるべきです。歴史的な〈南北共同声明〉の実現を妨害するあらゆる反民族的行為に対しては徹底的に糾弾しましょう。

親愛なる同胞のみなさん！

自動車事故で入院中であった民団傘下の愛国的な或る団員は「民団と総連の大田支部が、共同大会をひらくことになったから、国家と民族を愛する同胞であるならば一人も残らずこの大会に参加しましょう」と叫ぶ宣伝車の力強い訴えの声に「二十七年間の南北分断状態から解放された気分に酔い、ふくれ上る心情をおさえきれず飛出してきた」と言いながら民団の事務所を訪ねて自分の感想を感慨深く語ってくれました。

統一偉業のまえには、民族主義者も共産主義者もありません。統一ができなかったら共産主義者も民族主義者も同じく民族のまえに背負う彼らの義務が根こそぎ残されることを忘れてはならないと思います。

親愛なる同胞のみなさん！

四分の一世紀の間、持続してきた南北の分裂と対立状態に終止符をうち全民族に統一の輝やかしいレイ明を予告したこの時点において、六十万在日同胞たちは民族至上の課業である祖国統一問題をまえに、さ少な差異はもち出さないでそれを超越し、お互い共通な民族的利益を先に打ち出して民族的な団結をはかるのが切実に必要であります。

親愛なる同胞のみなさん！

すべての民族のあらゆる不幸と苦痛の禍根である祖国の分裂と対立状態をなくし祖国の自主的平和統一の実現のために、われわれ同胞は南にいようが北で従そうがまた日本で生きようがどこにいようとも全民族が挙族的に大団結し力強く前進すべきことを厳粛に訴えながら共同主催者の一方である在日本大韓民国居留民団大田支部のあいさつを終りたいと思います。

南北共同声明万才！

自主平和統一万才！

両団体代表が固い握手を交す

（鄭在俊民団東京本部団長㊧と韓益洙総連東京本部委員長㊨が拍手の嵐のなかで固い握手を交わした。）

趙千済総連大田支部委員長のあいさつ

総連側あいさつ

親愛なる同胞の皆さん。

きょう、われわれは全民族が一日千秋の思いで渇望してきた祖国統一への大きな門戸が広く開かれた環境のなかで「南北共同声明を熱烈に支持する東京都大田地域同胞たちの大会」を催すことになりました。

私は、南北共同声明を熱烈に支持し、共同でこの大会を成功させるために、あらゆる努力を傾けてきた、すべての総連と民団の役員、および参加者の皆さんに、主催者の一人として心から敬意を表する次第であります。

周知のとおり、二十七年間も国土両断と民族分裂の悲劇を味わってきたわが民族を、祖国統一への新らしい熱情で沸きたたせ、三千里にわたる国土のすみずみにまで感激と歓呼の旋風を呼び起こす歴史的な南北共同声明が、さる七月四日ピョンヤンとソウルで発表されました。

まさに南北共同声明こそは、祖国の自主的平和統一のためのわが民族の闘争のなかで、一つの歴史的な里程標となるものでわが民族に統一に対する新らしい希望を抱かせ、鼓舞する限りない力となっております。

この声明はまた、わが民族のひたすらな要求と念願を反映するものとして、全民族の熱火のごとき支持と称賛を受けているのみならず、全世界に大きな波紋を投げかけております。

今日、北半部の人民は、統一の黎（れい）明を予告する共同声明を聞くにおよんで、限りない喜びと興奮のるつぼと化し、連日のごとく、同声明を支持する集会が工場、協同農場、大学など、ありとあらゆるところで開かれ、統一の歴史的偉業を必ずや実現しようとする炎のような決意を新たにしております。

一方、南の方でも、感激と歓喜の熱風が巻き起こっております。

南北共同声明は、祖国のすべての同胞たちとともに、寝てもさめても祖国統一を渇望してきた在日同胞にも、大きな感激と興奮をもたらしました。

歴史的な七月四日、大田管内のすべての同胞は、沸きあがる感激と興奮を抑えきれずに、おたがいに抱き合い、繰り返し繰り返しうれし涙を流しました。

七十になったある同胞は「本当に一生忘れることのできない素晴らしい出来事です。生きているうちには祖国統一を見れまい、と思っていたが、こんなに早く（機会）が訪ずれるとは全く夢のようです」と語りながら感激の涙を流しておりました。

また、ある婦人は、感動の面持ちで「南北と日本に離散した私の家族が一堂に会して統一の祝杯をあげる日が近づいた」と言いながら「いまや日本における三八度線の壁はくずれ落ちた。さあ、だれもがみんな一堂に会し、祖国統一のため立ちあがろう」と力強く語っていましたが同胞たちの喜びはこれだけでしょうか。

きょう、このように同胞が南北共同声明を支持し、祖国統一の道へ先を競って奮いたっているのです。

このように祖国統一の扉（とびら）が大きく開かれ始めたこの時期に、大田区に居住する同胞たちが、祖国統一に対する確固たる信念を抱いて、思想、理念、団体所属の差異を超越してあちらこちらで対座し、胸襟（きん）をひらいて話を交わすことによって、南北共同声明の実現のための民族的団結の気運

団結への基礎築こう
実証した同胞の団結

は急速に高まりつつあります。

この重要な時期に、祖国統一の実現に対する崇（すう）高な民族的任務と同胞たちの一途（ず）な志向に報いるため、ついこの前、総連大田支部と民団大田支部は南北共同声明を熱烈に支持する大田地域同胞たちの大会を開くための会議をもちました。すなわち、双方はそれぞれ三名からなる準備委員会を構成し、さる七月十四日、二十七年ぶりに初めてひざをまじえ、南北共同声明を支持する共同大会を開催する問題について率直に意見を交換しました。

引き続き十七日の第二次準備委員会では、共同大会を開くことに完全に合意し、さらに二十日の第三次準備委員会で、愛国・愛族の誠意をつくして討議が進められた結果、諸般の準備事項について円満に合意に達しました。

親愛なる同胞の皆さん！

南北共同声明を熱烈に支持する大田地域同胞たちの大会こそは名実ともに、声明が明示した統一への輝かしい道に合致して自主、平和、民族的大団結の三大原則を支持し、祖国統一を促進する画期的なものであります。

われわれが、きょうのように愛国的誠意で沸きあがるふんい気のなかで、皆が一堂に会し、これほど仲むつまじく、しあわせの花を咲かせたことがかつてあったでしょうか。また思想、理念、団体所属を超越して崇高な祖国統一の大事業を実現するために論議したことがあったでしょうか。こんなに喜ばしく楽しいことが、ほかにあるでしょうか。きょうのこの喜びは八・一五解放後初めて味わう最も大きな喜びであります。

場内は同胞たちで人の波をなし、総聯と民団のあいだに積み上げられていた三八度線の壁が、ドカーンという大きな音とともに崩（くず）れ落ちております。

祖国統一への一本道を同胞のすべてがともに突っ走っているこの栄光ある光景――。これこそ心を打ち、感激と興奮を沸きあがらせる大会ではありませんか！　大田区に居住する同胞たちが、他の地域よりも先んじてこの大会を開いたことはなんと誇らしく意義深いことでありましょう。

ところで、われわれは、二十七年という長い年月にわたって同じ区内に住みながら、また同じ祖先の血を受け継いできた聡明な民族同士でありながら、互いに行き来するどころか、接触や対話さえなく、悲劇の涙を流してきたのです。

わが同胞たちが望みもしないこのような悲惨な現実をだれがつくり出し、一体だれが強要したのでしょうか。それはいうまでもなく外勢であります。"外来侵略者"たちがわが祖国を分裂させるようなことをし、また同じ民族が争うような戦争を起こしたり、民族分裂政策を継続して深化させるようなことをしなかったならば、なぜ聡明で知恵あるわが民族が互いに反目し、不信を抱き合う必要があったでしょうか！

日本帝国主義（の支配）によって、懐かしい故郷を追われ、数々の苦労と辛酸をなめ、八・一五祖国解放を喜び合い、生死と哀楽をともに経験してきた同胞が、なんのために互いに顔を見ることさえも嫌悪を感じ行き来もせず対立の状態を二十七年間も続けてきたのでしょうか。これは決してわが民族の責任ではなく、外来侵略者たちの分裂と対立政策によるものです。

そのことは、この大会が如実に物語っております。すなわちわれわれ同胞は、互いに会い対話すれば意思が疎通し、誤解と不信をぬぐうことができ、また外勢に反対して民族の団結を図ることができる、ということを何よりもこの大会が実証してくれました。

このようなことから、本大会は大田地域同胞たちの生活の歴史において、かつて見ることのできなかった意義深い集会であります。きょうのように、われわれ同胞が一つの心、一つの意志にまとまったことはかつてありません。

しかし、きわめて少数ながら南北共同声明を口先だけで支持するかのように見せかけ、実際は快く思わないことから反民族的行為をなんらちゅうちょなく敢えて行なおうとする動きがあることは、本当に遺憾なことであります。

同胞の皆さん！

われわれは、きょうこの日の感動と興奮を忘れずに心の奥深く刻み、民族的大同団結を成し遂げ、南北共同声明を実現して祖国統一の大事業を成就させるため、ともに力強く突き進まなければなりません。

われわれは祖国統一の三大原則と、これに基づく共同声明の精神を大田地域のすべての同胞たちに一人残らず知らせ、総聯と民団との民族団合のふん囲気を幅広く造成しましょう。

われわれの間には団合できないいかなる理由もあり得ないし、南北双方の完全な合意のもとにつくられた共同声明を支持し実現するために、協力して努力できない根拠はどこにも見当たりません。われわれは、この日を契機に今後とも互いに行き来し、過ぎ去った昔の誤った考えをきれいさっぱりと投げ捨て祖国統一の巨大な事業を成し遂げるため貢献しようではありませんか。

われわれはまた、すべての日本人に対しても、共同声明（の内容）を広く知らせ、できるだけ多くの支援と声援を受けるようにしましょう。

われわれが民族的な団結を図る限り、いかなる力といえどもわれわれの前途に立ちはだかることはできません。

わが国は、南北共同声明が指向する道を歩み、必ずや統一されるでありましょう。

私は、総聯大田支部を代表して、南北共同声明を実現し、祖国の統一を成し遂げるために、皆さんとともに全力を尽くしていくことを固く決意し、あいさつを終えます。

鄭在俊民団東京本部団長祝辞

親愛なる同胞のみなさん！

きょう、民団大田支部と総連大田支部は、管下同胞たちの熱烈な支持をうけながら全民族が一日千秋の思いで待ちこがれていた祖国統一を達成するため、全国に先がけ両団体の共同主催で南北共同声明を支持する全体同胞の大会をひらきました。

民団大田支部と総連大田支部の共同でこの大会がひらかれることによって、二十七年ぶりにどこよりも先に大衆的な規模における民族間の握手が、まさにこの席でなされたのであります。

なんとうれしいことではありませんか。たちきれていた民族の血脈が、再びつながれたこの感激的な瞬間、われわれの胸には熱い民族の血が泉の如く湧きあがるのを禁じえません。

わたくしは、民団東京本部を代表して、この大会を熱烈に支持し民団大田支部と総連大田支部両団体の活動家たちと同胞のみなさんに、衷心からお祝いの言葉をおくります。

親愛なる同胞のみなさん！

南北間で高級会談をひらいて合意をみた自主、平和、民族的大団結の祖国統一三原則を、輝やかしく具現したこの大会は、日本におけるこれからの民族的大団結をなしとげ南北共同声明を実現していくうえに画期的な契機となるでありましょう。

祖国の自主的、平和統一を達成するためには、民族自決の原則を確実に堅持していくのがなによりも重要なことであります。

国家のことであれ個人のこととを問わず、他人に依存するとか外勢の干渉をうけていては解決されないのであります。これは多くの歴史が証明してくれています。

分断の祖国を統一することはわれわれの民族の神聖な自決権に属する民族自体の問題であり誰も干渉してはいけないことであります。

統一はどこまでもわが民族の意思と利益に合致する自主的で平和的な方法で達成されなければなりません。

祖国の自主的平和統一のためにわたしたちは、まず思想、信仰、所属団体の差異を超越して民族的大団結をはかるのがもっとも重要なことであります。

元来、祖国の分裂は、思想、信仰の違いのためではなく外勢によって強要されたものであります。

わが民族は、半万年の悠久な歳月にわたり単一民族として生死苦楽をともにしながら睦まじく生きてまいりました。きょう相互間に思想、理念、制度の差異があるとはいえ民族の大事業を成就させようとするこの歴史的な時期に、どうしてそのようなことばかりを主張していられるでしょうか。

南北共同声明が明らかにしたようにお互いが理解し、尊重して民族的大同団結を必ずや実現させねばなりません。

われわれ在日同胞たちは、民族大団結の旗じるしと統一の旗じるしを高く掲げ思想、信仰、所属団体の差異を超越して固く団結し日本にある三十八度線をなくさなければなりません。

親愛なる同胞のみなさん！

外勢による祖国分裂がつづいたために在日同胞たちは、すぎ去った二十七年間の永い期間、数えきれない程の民族的悲哀と苦しみを経てきました。計りしれない辛酸のうちに在日同胞たちは、夢にも祖国統一を念願し望みつづけてきたのでありました。

いまや、祖国統一への大門は大きく開かれました。統一をはやめて懐しい故国の山河でともに幸福に活せるその日のために全体在日同胞たちは、一つに固まって力強く前進していこうではありませんか。

最後にわたくしは、きょうのこの意義深い大会が、多くの成果をえて近い将来に全民族が念願する統一が達成されんことを誓ってやまないのであります。

韓益洙総聯東京本部委員長祝辞

親愛なる同胞の皆さん！

私は、まず祖国の同胞とともに三十万在日同胞が祖国の自主的平和統一のための南北共同声明に接して祖国統一への新たな熱望で沸き上がり、その実現のために力強く立ちあがっているこの激動の時期に「南北共同声明を熱烈に支持する東京都大田地域同胞たちの大会」が開かれたことに対し心から祝賀いたします。

在日六十万同胞のなかで、先頭を切って大田区で総連支部と民団支部の役員および同胞たちが、民族の至上課業である祖国統一を一日でも早く実現しようとする一念から、完全な合意のもとに、このような盛大な大会を催したことは大変良いことであります。

この大会は名実ともに、南北共同声明が明らかにしてくれた祖国統一の輝かしい道に則り、自主、平和統一、民族的大団結の三大原則を支持し、祖国統一を促す画期的な大会となり、さらに総聯と民団間の三八度線の障壁を破り、民族的大団結を成し遂げ、祖国統一を早めるうえで重要な意義をもつものであります。

私は、総聯東京都本部管下の全同胞を代表して、本大会を熱烈に支持・歓迎し、この大会準備のため、あらゆる努力を注がれたみなさんと大田区内のすべての同胞に対し、深く敬意を表する次第です。

親愛なる同胞の皆さん！

さる七月四日、南北共同声明が発表されたことにより、四分の一世紀のあいだに積みかさねられた南北の障壁は崩（くず）れ去り、全民族がひたすらに望んできた平和統一の大きな扉（とびら）が開かれました。

ピョンヤンとソウルで進められた南北高位級会談では祖国統一の三大原則について完全な意見の一致をみました。共同声明の第一条には、祖国統一は外勢を排撃して自主的に、かつ武力行使によらず平和的方法で実現すべきで、思想、理念、制度の差異を超越して民族的大団結を図るべきことなど、統一三原則が闡明されております。この三原則は、わが民族のひたすらな要求と念願を反映した祖国統一問題解決の根本的原則、正当な指導的指針となるもので、民族大団結を鼓舞する愛国の旗じるしであり、南北すべての同胞に統一への曙光をもたらす輝かしい灯台であります。

南北共同声明が発表され、これを支持・歓迎する声が、祖国ではもちろん全世界に響きわたっているなかで、南北赤十字予備会談は成果裏に進み、きたる八月五日からピョンヤンとソウルで交互に本会談を開くことに合意しました。これによって、やがて八十四人の南北赤十字団体の代表団がピョンヤンとソウルを行き来することになり、四分の一世紀のあいだ国土の分断と民族分裂の苦痛を味わってきたわが民族にとって、まさに歴史的な事変となるもので、きわめて喜ばしいことであります。

今日、わが民族が自らの信念に基づいて、民族の内部問題を解決しようとしている以上、外部勢力が南にとどまる根拠も、わが国の内政を干渉するなんらの口実もないのであります。

すべての同胞は、自主、平和統一、民族的大団結の旗じるしのもとに、祖国統一のための全民族的闘争に最大の力をつくして協力しなければなりません。総連と民団、また総連傘下の同胞と民団傘下の同胞のあいだには団合できないいかなる理由もなければ、また南北共同声明を熱烈に支持し、その実現のために共同で努力できない根拠はなにもないのであります。

きょう、この大会でみられるように、互いに会い、虚心坦懐（たんかい）に意見を交換し、真しに努力するならば、誤解と不信をぬぐうことができ、団結することができるのです。われわれは、祖国統一のため、さらに統一後においても民族の繁栄のため、最後まで手をとり合って進むでありましょう。

私は、わが民族の意義あるこの闘いは必ず勝利するであろうし、南北同胞の団結によって自主・平和統一が完遂されることを固く確信します。

各氏の声討要約

崔朝青大田支部委員長

一、わが民族が歩んできたこれまでの半世紀は、三十六年間にわたる日帝の侵略、そして解放後の受難の歴史であった。とくに外勢による民族の分裂は、国の統一的発展を阻害しただけでなく、父母兄弟、親類を離散させたうえ、再会どころか安否さえ確かめられないという不幸をもたらし、さらにわが民族の美風良俗をふみにじり言語さえも異なくさせる悲劇を招いた。

同じ血脈を受け継ぎ、五千年の悠久の歴史を誇るわが民族が、これ以上悲劇の状態を続けるわけにいかない。

一、わが民族は古来から、外勢の侵略に対し、一致団結して闘ってきた伝統をもつ。祖国統一の実現においても、外勢に依存せず、自ら成し遂げうる能力と力をもち合わせている。外勢依存は民族受難の道である。

一、南北共同声明は、統一への明るい灯台であり、われわれの意思を最もよく反映した方途でもある。共同声明を支持するこの大会は、在日同胞六十万が一丸となって祖国統一のため大きな役割りを果たしうることを示してくれた。祖国の隆盛と発展、全民族の幸福のため、栄光ある統一を一日でも早く実現するため、青春の情熱をすべて注ぐことを誓う。

李憲哲韓青大田支部委員長

一、南北共同声明は、二十七年間持続してきた南北の分裂と対立という悲劇的状態に終止符を打ち、五千万民族に統一の黎（れい）明を予告する一つの歴史的事変であり、祖国の自主的平和統一を促進する画期的なできごとである。

一、祖国の統一問題は、いかなる外部勢力の干渉を排して、わが民族自らが解決すべきものだ。外勢に依存していては国は滅亡するであろう。わが国は李朝末期に、封建統治支配層と売国逆賊たちが外勢と結託し依存したため、外国の侵略者どもに国を奪われた、にがい経験があり、解放後も、やはり反動分子の外勢依存により国土は分断された。

一、われわれは祖国の分裂を望まない。日本に住む同胞が思想、理念、所属団体の違いを理由に、憎悪し敵対視する生活風潮をなくすべきだ。なによりも共通の民族的利益を前面に打ち出して団結しなければならない。

一、韓青大田支部は、反統一分子たちの凶悪な策動を粉砕しながら、共同声明の精神を正しく受けとめ、その実現のため闘う決意である。

趙良心大韓婦人会支部会長

一、民団と総聯の大田支部が、相互の立場や思想の違いを乗り越え、五千万民族の至上課業である祖国の自主的平和統一を実現させるために、共同声明の崇（すう）高な精神に立脚して共同で大会をひらいた意義は大きい。

一、しかも、この大会が全国の地域に先がけて行なわれることに大きな喜びを感じ、いっそう民族的衿持（きょうじ）と自負心を強めるものである。

一、祖国統一は、外部勢力の干渉なしに同胞間で自主的に、かつまた武力行使によらず平和的方法で達成されねばならない。

一、民族最大の課業である祖国統一の前には、思想や理念の差異を問題にすべきでなく、民族の大同団結を図ることが必要だ。

一、婦人会大田支部は今後ともこうした精神で共同声明の実現にあらゆる力量を注ぎたい。

李朝鮮女性同盟山王分会長

一、南北共同声明が発表されたとき、感激と興奮でうれし涙が止めどもなくあふれ、これまで学んだ文字とことばでは到底表現できない感に打たれた。これは私一人だけの心情ではあるまい。南と北、総連と民団のへだたりなく、すべての民族が「統一は遠くない」との喜びに浸った。

一、国が分断されて二十七年。私たちの父母、親せき、親友が、祖国の南と北、日本など（異国の地）に離ればなれになり、ともに喜びを分かち合うこともできず、悲しい歳月を過ごしてきた。しかも、誤解と不信で対峙（じ）する胸痛む日々を送ってきた。私たちは、もうこれ以上外勢による国土両断と民族分裂の苦痛に生きることはできない。

一、共同声明は、統一を切実に願いながらも漠然としていた私たちに、進むべき道をはっきりと示してくれた。統一を熱望してきた私たち同じ民族が、一つに結束できない理由は何一つない。すべての民族が「三千里錦繍江山」に仲むつまじく暮らせる日が訪ずれようとしている。私たちの前途に、たとえ妨害する者が現われるとしても、あらゆる障因をしりぞけ、聖なる統一事業を完遂するため力強く前進しよう。

中央が卑劣な妨害策動
大田地区の共同声明支持集会に

全在日同胞の期待と注目のなかで開かれた大田支部の朝総連同支部との共同集会に対し、民団内で非民主的な弾圧をほしいままにしている民団中央本部（尹達鏞団長代理）は、またも一方的に集会中止を公文で通達し、集会を妨害するという反民族的愚行を繰り返し、大田支部の民団団員のみならず全国の心ある同胞から激しい怒りとひんしゅくをかっている。

これにさきがけて民団中央は呉敬福組織局長名で「朝総連との共同集会は一切拒否せよ」との公文（韓居中組発第34―116号）を出しており、南北共同声明に対する中央の消極的な姿勢に全国から憤満の声がたかまっていたおりだけに、今回の大田支部集会に対する中止命令は、中央の反民族的本質をより明らかにしたといえる。

とくに今回の妨害策動は以前にもまして陰湿と悪らつをきわめており、まず呉組織局長と李成寿監察委員長の名で大田支部に対して「集会を即時中止せよ。万一、指示に順応しないときには組織的な措置をとる」との威圧的な公文を発送、同時に都内他支部の幹部や団員の家に「大田の共同集会には絶対参加するな」という脅迫電話をかけるなど悪どいもの。

そして二十三日の大田の共同集会が多くの民団団員の参加のもとに成功裏に行なわれるや、すぐさま尹達鏞団長代理の名で「（共同集会に）善良な民団員は一人も参加しなかった」との声明書を出し、それに、同意してもいない都内各支部の団長、事務部長など一部の名前を書きつらねた「糾弾文」なるものを発表するという欺瞞的方法まで念入りに用いている。

共同集会に対する中央の妨害策動をあとで知った大田支部の団員たちは異口同音に「集会は非常に感激的なものであり、約半分が民団の団員だった。本国政府が『思想の差異をのりこえて民族的大同団結をはかろう』といっているのに、民団中央はなんてことをするんだ」とカンカン。中央への激しい不信と不満をあらわにしていた。

×　×　×

韓国基督教徒も

南北共同声明を支持・歓迎する声が日増しに高まっている中で、さる二十三日午後二時半から大阪・生野の大阪基督教会館で「南北共同声明を支持する在日韓国人基督者大会」が在日大韓基督教総会主催で開かれた。

李仁荷牧師（川崎教会）の司会で讃美歌を歌ったあと金得三同総会長（京都教会牧師）が、「南北共同声明は祖国統一の基本原則である。われわれはこれを積極的に支持・歓迎する。この大会は、共同声明が忠実に守られること念願うためのものである」と開会のあいさつを述べたのに続いて、呉允台牧師（東京教会）が基調報告を行なった。

平信者を代表して裵健然、基督教青年を代表して金敬男、婦人代表金恒[illegible]、YMCA代表俞錫ジュン各氏らの決意表明があったあと、金在述氏が宣言文の草案を朗読、満場一致でこれを採択した。

またこの会を激励するために、西村関一牧師（参院・社会）、塩川正十郎代議士（衆院・自民）、ユージン・レルヒ・ドイツカトリック神父らがそれぞれ祝辞を述べ、午後六時ごろ閉会した。

大阪でも民衆大会

在日韓国青年同盟大阪本部（金治明委員長）、在日韓国学生同盟大阪本部（李基和委員長）などの共催による「南北共同声明支持大阪地区韓国人民衆大会」が、さる二十二日午後七時から大阪・天王寺の中小企業会館で開かれた。

主催した団体は高麗学士会（有志）、南北会（有志）、七・一会（有志）、大韓キリスト教会館、大韓仏教会、二・一会、黎明会、民団大阪民主化推進委員会、大阪市大同窓会、韓青大阪、韓学同大阪の十一団体で参加者は約五百人。

集会は終始熱気に満ちたふん囲気の中で進行し、基調報告に立った方鍾燮元民団大阪府本部副団長は「祖国の統一は全民族の悲願であるにもかかわらず、一部の民団幹部が今日の集会を妨害したのは民族的に許せない」と述べ、満場の拍手をあびた。

つづいて李泰実韓青副委員長が、ファッショ的弾圧が横行する現在の民団情勢を報告、民団民主化闘争への同胞の決起を強く訴えた。集会はこのあと決議文を採択して、午後九時すぎに閉会した。

本場フィンランドから輸入した最高の設備！
都内唯一の三段式円形サウナ！
超音波風呂であなたの健康を守りましょう！
新橋駅前サウナ
▶営業時間・朝7時～夜12時まで
▶入浴料・800円（サービスタイム朝7時～昼3時まで600円）
▶マッサージ料・800円
新橋駅前ビル1号館2階
TEL（573）4108（代）

神奈川の不法臨時大会を粉砕

暴力輩、韓民自青介入で乱動騒ぎ

駐横浜領事館の操縦にあやつられて民団神奈川臨時大会要求の署名運動を行なっていたいわゆる「第30回臨時大会開催準備委員会」は、七月十六日横浜商銀で同臨時大会を開催しようとしたが、民団の規約にてらし不法であるという県本部側の仮処分申請が認められ大会は不成立で粉砕された。

これより先、臨時大会要求の署名簿が「準備委」側から本部に郵送されていたが、本部で検討した結果、同署名は民団規約にてらし大会構成員の三分の一に達しなかったので有効性がないとして黙殺した。ところが準備委側では規約を無視して臨時大会の強行を画策していたため本部では前記のように横浜地方裁判所に仮処分を申請し組織の分裂を未然に防いだのであった。

この日「臨時大会」の会場に予定されていた横浜商銀の裏口通路には、前夜から市内の旅館に泊りこんでいた暴力団や韓民自青など七〜八十名がたむろしていたが、仮処分決定のはり紙には手が出せず後から押しかけてきたいわゆる「準備委」側の面々も自分たちの計略が失敗に終ったことをさとった始末。

万一不法な大会がひらかれて組織の混乱が助長されては……と憂慮した韓青、韓学同側も会場入口に集まってピケを張ったのであるが、このとき暴力団側から卑怯な挑発行為（準備委の首謀朴性準が突込めと号令し襲いかかった）があったためについに両方いり乱れての乱闘が起り韓青・韓学同側に数人の負傷者が出た。

日本警察の庇護のもと不法大会をもくろんだけれども本部側の正当な措置には、致し方なく中央の幹部連中も恥かしそうな顔色をみせながら三々五々消散した。

寿苑で不法集会

なお、自分たちの計画が水泡に帰した「準備委」側は、韓青・韓学同側に撃退されてからコソコソと「中華料理・寿苑」に集合、臨時大会ならぬ不法集会をひらき当日のうっぷんをはらすというあわれさであった。

不法集会策動で混乱

ファッショ決議認めぬ

韓青「民団中央委」糾弾の声明

在日韓国青年同盟（金恩沢中央本部委員長）は、さる八日、さきほど開催された第二十回民団中央委員会を糾弾する声明を発表、「われわれは中央委のいかなるファッショ「決議」をも認めないし「青年指導委」等の設置をはじめあらゆる分裂破壊策動を必ずや粉砕するであろう」との力強い決意を内外に示した。

なお声明書の要旨はつぎのとおり。

〈声明書〉大使館情報権力とそれに盲従する民団中央は、自らひき起した民団の分裂と混乱の責任を回避し、時代の潮流と逆行する反統一的反同胞的御用化のため民団をより破滅の道へと導くファッショ的中央委員会を強行した。

しかし、いかなる力をしても、「統一」「緊張緩和」「大同団結」へとむかう民族史の流れをくいとめることはできないし、実際この日の民団中央委会場は二千余人の同胞大衆により包囲され、良識ある中央委員からは厳しい糾弾が相次ぎ、その暴力的でファッショ的手法を駆使してさえ、何一つ満足な成果を得ることなく、権力側に大きな打撃を与えた。

六月下旬民団東本を「再直轄」にし、録音問題により不当処分された当事者たちを中央委員から一方的に排除し、かつ正しい事態収拾のための韓青「提議書」、民団東本「要請書」等をはじめわれわれの努力を一切踏みにじり、中央委員会を開催したこと、その後に起こる一切の事態の責任は中央三機関にあることは明白である。

在日同胞の明日を決定する重要な中央委において敵性団体規定を解除されていない「韓民自統」系青年四十人と全国の民団組織人と名乗る大阪の姜桂重一派の暴力徒輩に中央委会場の「防衛」と中央委員に対する威圧をまかせ、われわれの代表団を先頭に中央委公開を要求して会場近くに来た民団々員に日警機動隊を対峙(じ)させた。

それは官権側があらゆる反動勢力と外部勢力でしか維持し得なくなっていることを示していると同時に、敵性団体、暴力徒輩、日警に身をゆだねるということはまさに売族、売団行為であるとしかいいようがない。

また韓青、学同の正式な中央委員に対しても暴力徒輩らが入場を阻止しようと暴言、暴行を加えたり、さらには会場内で雑談中の金佳秀愛知韓青委員長や発言中の趙慶済学同委員長に対しても数十人の警備員らが取り囲み、バ声をあびせながらそれぞれ二十分前後にわたり暴行を加え、こづき回したことが明らかになっている。

このように中央委は終始異様な恐怖的雰囲気の中で進められ、民団中央は、民団東本をはじめ当事者を排除したばかりでなく、中央委員の発言さえも封じるため一問題一人一回という制限をし、事の真偽を明らかにされることを極度に恐れ、さらに虚偽に満ちた中央の報告に対する中央委員の質問にさえ、真面目に答えようとはしなかった。

とりわけ組織局からの報告において敵性団体引き入れに対する中執委の犯罪性と越権行為についての討議の途中、張議長は強引に報告の承認採決にもってゆき、挙手の数を教えないままウヤムヤにした全くデタラメな議事進行に終始した。

言うまでもなく韓青同、韓学同とも在日同胞社会において二十数年の歴史を有し、韓国的立場に立つ民団における唯一正当な青年学生組織である。民団団員と現幹部の圧倒的多数がこの両組織の出身者で、現在も以前にまして同胞大衆に圧倒的信頼を得ている。こともあろうに民団中央は、この中央委で韓青同、韓学同に対する傘下団体認定取消しの暴挙を試みた。

大阪の姜桂重一派の認定取消し動議の採決は多くの中央委員が証言していることく百五十人近くの出席中央委員の内挙手したのは傍聴人の挙手も含めて最大でも五十六人（最少四十人前後）でしかなかったが、またも強議長は一方的に八十二人と発表するという猿芝居を演じた。

民団中央がいかに強弁しようとも三分の二の大多数がこれに反対したことを意味する。

われわれは情報権力の最後の力を総動員したファッショ的中央委において満足に何も決議されなかったし、全く無効であることを今一度確認する。

もし「中央委決議」なるものを振り回わすものがいたとしても、それは圧倒的民団大衆と過半数以上の中央委員が認定しないし、それは情報権力とそれに追従する民団中央、ならびに姜桂重一派との野合の汚物でしかない。

民族の名にかけて闘い抜く

われわれは中央委のいかなるファッショ「決議」をも認めないし「青年指導委」等の設置をはじめあらゆる分裂破壊策動を必ずや粉砕するであろうし、同時に①七・四共同声明を熱烈に支持し全在日同胞を決起させる②日本における三八度線をなくす③〝口先だけで統一を云々し行動で阻害する反統一、反民主、反民団勢力を駆逐するために全体民族の名にかけて闘い抜くことをここに声明する。

一九七二年七月八日

在日韓国青年同盟

鄭領事が暴力

乱動現場で団員を足で蹴る

国家の恥さらし、追放せよ

この日の乱動のさなか善良な団員が、こともあろうに領事たるものから暴行をうけるという不祥事件がおきた。暴力徒輩や韓民自青らの連中にまじっていた駐横浜領事鄭楽善が、本部側の隊列にいた鶴見支部団員李逵善氏の足をいきなり蹴りとばし転倒させた。

李氏もひるまず起き上り抵抗しようとしたが周囲のひとたちに止められた。このときお互い激しいヤジがとび交わされた。

大体、外交官という名のつく者がしかも僑民を保護しなければならない立場にあるものが、なんの理由もないのに自分の感情のおもむくまま愚連隊よろしく暴力徒輩らの連中にまじって暴力をふるうということは、常識上考えられないことであり、まして白昼しかも大衆の面前で蛮勇ぶりを披露した鄭領事に対しごうごうたる非難の声があがっている。われわれ同胞だけならまだしも現場には日本の官憲や新聞記者も大勢居合せていたことであり（翌日の日本新聞に領事の暴行事件が大きく報道された）国家的な威信が大きく傷つけられたことはいなめない。

鄭領事の武勇伝が現場にひろがるや鄭領事は、領事館の使いのものを通じて李氏を別の場所によんで、「悪かった。許してくれ。告訴しないでくれ」と卑屈な態度をみせながら本性をむきだしにしたといわれ、また李氏が「なぜ民団に干渉しながら騒ぎをおこし、人まで傷つけるのか？」とキッ問すると「本国政府の指示だから仕方がない。今後は民団に干渉しないからかんべん願いたい」といっていたという。

被害者である李逵善氏は、鄭外交官のモラルの低下をなげきながらも、いまのところ告訴するかどうか決断はしてないが、こういう在留同胞を無視する本国外交官の横暴ぶりを是正するみせしめにもなんらかの方法で、鄭領事の責任はとらせたい決意をもっている。

この鄭楽善という領事は、民団神奈川本部の混乱事態に火をつけた張本人で、「民団の規約などなんの必要もない」という妄言を吐いて、われわれの自治団体を露骨に干渉し、組織の分裂を積極的に策動しているもっとも悪質下劣な男である。

こんどの不法「臨時大会」をデッチ上げたのも彼、鄭領事であるが、当日、本部側の正当ないい分が認められて「臨時大会」が開かれなくなり彼らの奸計が粉砕されたために、小人の常として理性を失ない暴行におよんだものとみられる。

なお、本部ではこの鄭領事の団員への暴行事件を重視し、近くなんらかの措置をとるよう慎重な検討をおこなっている。

茨城本部団長に 裵永桓氏

民団茨城県地方本部は去る16日、第34回定期地方大会を開き、団長に裵永桓氏を選出したほか、役員を次のように改選した。

▽諮問機関　常任顧問＝朴台守

▽議決機関　議長＝洪得龍、副議長＝安木寿・朴成戴

▽監察機関　監察委員長＝張師駿、監察委員＝崔鏞国・白泰憲

▽執行機関　団長＝裵永桓、副団長＝姜声石・李瀾基、事務部長＝李信吉。

民団〝民主〟の完全崩壊

暴力中央委の実態をあばく

東海地方の韓青・韓学同が呼訴文

在日韓国青年同盟愛知県本部（金佳秀委員長）、同三重県本部（李鳳基委員長）、同岐阜県本部（金東委員長）、在日韓国学生同盟東海本部（姜炳松委員長）は、さる十日「非民主的に強行された七月七日の中央委員会の決議は不当であり、いまこそ民団同胞は民団民主化と祖国統一のために立ち上がるべきだ」との内容からなる呼訴文を共同で発表した。

「民団の民主主義は完全に崩壊してしまった」との出だしからなるこの呼訴文は、さる七月七日の民団中央委員会で白昼堂々と行なわれた暴力事件の実態や、多くの良心的な意見を強権と威圧で完全に封殺した議事進行の非民主性を激しく糾弾し①中央委員会の決定は不当である②権力に盲従する民団中央幹部は、全員退陣せよ③大使館、領事館はこれ以上民団への介入をするな――と強く訴えている。

なお、呼訴文の要旨は、つぎのとおり。

親愛なる全国団員の皆さん！

この日、民団の民主主義は完全に崩壊してしまった。元来、民団の中央委員会は、全国から選出された中央委員が団員の総意を結集して、在日同胞の権益擁護と民生安定をはかるための重要な会議であるにもかかわらず、今般の中央委員会は暴力輩、敵性団体「韓民自青」が、会場内外を監視するという恐怖状態のもとに開催された。

例を挙げれば、①自由な傍聴が認められず、入場しようとする中央委員に対しても暴力輩からの恐迫的な威圧が加えられた②中央委員として参加していた金佳秀愛知韓青委員長に対して、暴力輩が「スパイだ」とののしりながら数々の暴力行為をふるった③韓学同中央委員の正当な発言に対し、暴力でそれを中止させた④重要な決議をする時、実際には過半数の賛成者がいないのに、議長がそれを数えもせず強引に強行採決した⑤このような恐怖的雰囲気であるために多数の退場者が続出した――などの無法地帯で十分な審議もせず、絶対にしてはならないつぎのような決議を行なった。

一、韓青、韓学同の傘下団体認定の取消し。

二、韓民自統を十分な理由もなく敵性団体の規定を解除。

三、羅鍾卿（民団東本副団長）、金恩沢（韓青中央委員長）、金君夫（同副委員長）を含む八人の停権処分。

想起してみよう 断食闘争のこと

親愛なる全国団員の皆さん！

これが民団の最高会議と言えるでしょうか？南北共同声明により南北相互が手をにぎりあおうとしている時期に、民団を一層混乱させ内部分裂を招来するようなことは断じて許すべきことでない。駐日公館の民団干渉に反対することがなぜ反民団、反国家となり、共産主義者となるのか？一体、われわれがどのような悪い事をしてきたと言うのか！

想起してみよう　過去出入国管理法案反対闘争において、在日同胞のため権益と民族の威信を守るわれわれが、若い食べ盛りの時期に断食闘争までして闘ったことを。

考えてみよう　永住権申請に、世界卓球選手権に、大運動会に、われわれは持ちうる力を全て結集して協力してきた。また日本化していく二世、三世に民族的覚醒を促すため、大文化祭を挙行したこともある。

親愛なる団員の皆さん！

このたびの中央委員会は、われわれの民団が完全に腐敗してしまったことをあらわしているといえる。しかし、民団の継承者としての自覚と使命感にもえるわれわれは、民団の民主的運営と自主性回復をなすためにつぎのとおり主張する。

われわれは主張する

一、第二十回中央委員会の決定は不当だ！

二、指導能力がなく権力に盲従する民団中央指導者は、全員やめろ！

三、民団混乱の当事者になっている大使館、館事館は、これ以上民団介入をするな！

どのような暴力も、どのような陰謀も大衆の声だけでそれを打破できるし、「沈黙は金なり」という格言も現在は通用しない。われわれは、団員のための、真正な民主主義を実践する民団をつくるため、また祖国統一運動の先頭に立ちうる民団をつくるため、努力することを約束するしだいである。

一九七二年七月十日

在日韓国青年同盟　愛知県本部

〃　三重県本部

〃　岐阜県本部

在日韓国学生同盟　東海本部

在日韓国学生運動と「韓民自青」の本質

韓学同OB　S・C生

④

三選改憲反対運動

一九六九年九月、本国では三選改憲の動きが急速化し、本国の学生達は「民主主義を破壊する三選改憲決死反対」のスローガンのもと、三選改憲反対運動を展開していた。在日同胞にあっても「自由と民主主義を守る」意味から三選改憲に反対する声が同胞大衆間にこだまし、民団大衆による「三選改憲反対集会」が挙行されるのは時間の問題であった。

ところが、突如韓民自青が「三選改憲反対集会」を開き、大使館に乱入して全員警察に逮捕されるという事件を起こした（九月十四日）。

彼らが青春の情熱故に暴走したのか、日警が彼らを不当に逮捕したのか、それとも三選改憲反対運動の大衆決起を極左冒険主義的行動をすることによって困難にさせるという政治目的の故にしたのかその主観的な断定はさし控えるとしても、大使館乱入事件の逮捕者全員が即日釈放されている事実、および七一年四月の大統領不正選挙に対し自青がなんら行動していない事実、また現在の自青と大使館情報権力との腐敗した癒(ゆ)着関係は、大使館乱入事件の本質が何であったのかを客観的に証明している。

そしてこの事件を契機に、「三選改憲反対運動をするものはアカだ」というデマゴギーが、民団内に堰（せき）を切ったように流れだし、民団大衆の決起は困難な情況に追いこまれた。

しかも自青は、「大使館乱入は本国の新聞で報道されたことにより成果だ」との支離滅裂な総括を行ない、自ら自虐的ナルチシズムの泥沼に顔を突っ込んでいった。

しかし韓学同は、このような困難な情況にもめげず、三度にわたり「三選改憲反対」「変則強行裁決無効」「不正選挙糾弾」の集会を挙行した。自青のあのような乱入事件がなかったなら、より広範な民団大衆が「自由と民主主義のため」三選改憲反対集会に結集しえたであろう。

民団民主化闘争

一九七一年三月、民団中央委員会で金在権公使は、捏造した「録音テープ」を錦の御旗のごとくふりかざし、韓青に民団に対する権力介入をおこなってきた。

しかも、民団民主派、韓青、韓学同などの、録音テープ公開要求の声に対し、情報部権力の傀儡と化した民団内反民族徒輩（民団中央）は、民団東京本部に対する直轄、民主派人士に対する除名・停権の不当な処分を断行するという暴挙にでた。これに対し、民団民主派、韓青、韓学同は民団の自主と民主主義を守るため、全国同胞からの圧倒的な支持を受けながら民団民主化闘争に立ち上がった。

以来、大阪の暴力団による民主派へのいやがらせ、八月二日の民団中央による東本庁舎不法占拠事件、韓青大阪副委員長に対する暴行事件、さらには鄭在俊東本団長自宅に投げつけられた火炎ビン事件等々、数えあげればきりがないほどの暴力と威圧を受けながらも民団民主化闘争は確実に前進し、今日に至っている。

情報部権力の民団介入は①本国内反民族徒輩の在日同胞直接弾圧②民団内民族主体力量の瓦解と分裂③民団の権益擁護機関としての機能喪失――などを図謀したもので、それは無条件的な永住権促進運動によってもたらされたともいえる。

このような、民団の基盤そのものを揺るがす重大な難局に対し、統一朝鮮新聞、韓民自統、自青は当初、「民団民主化闘争といっても結局は単なる権力闘争にすぎない」との独断的な意見を吐くのみであったが、最近においては完全に情報部権力との野合のもとに、反民族の隊列に加わり、自らが規定した〝権力闘争〟に加入している。

しかしこうした事態も、以前から十分に予測できることであった。なぜなら、統一朝鮮新聞、自統、自青のこれまでの売族的な〝功績〟は情報部権力の最大限の評価を受けていたであろうし李栄根が彼自身の不審な在留資格にかかわらず何度も本国を往来している事実はなによりも李栄根の本質を雄弁に物語っている。体質的に形而上学的アナーキストとしての素養を有する李栄根は、あらゆる既成組織を否定する反面、自己を受け入れる組織なら思想信条の如何を問わず手を結ぶ。過去総連に色眼を使ってひじ鉄を食らわされ、総連シンパナイザーとの内部分裂まで起こして（一九六七年）民団に近づこうとしたが、自青が韓学同にその正体を見抜かれて一蹴され、民主派への接近が困難とみるや、掌を返すように民団内反民族徒輩との接近をはかる李栄根に、所詮、民族的節操を求めること自体が無理なのかもしれない。

民主祖国統一会議

統一朝鮮新聞、自統、自青は、民団内反民族徒輩とのどす黒い協力関係を完璧なものに仕上げるため、故元心昌氏（韓民自統・代表委員）の屍まで利用することを決意、そしてその思惑は一定限成功した。元氏の死後、元氏の除名決議は解除され、八月二十五日の葬儀には、「泣く子もだまる」反民族徒輩と自統、自青盟員が結集し、進歩的な仮面を装いながら、真の民族統一運動を弾圧する機能としての「民主祖国統一会議」結成を謀議した。

そして同年十一月二十八日、東京で、「民族祖国統一会議結成大会」が開かれ、その集会のある準備委員は次のように述べた。「八月に挙行された『戦士元心昌先生在日韓国人社会葬』を契機に、この集会の準備と計画がなされていった」と。元氏の葬儀が不純な政治目的に利用されたことはあまりにも明らかである。

この民主祖国統一会議は、一連の統一朝鮮新聞のエセ統一論の域を一歩も出るものでなく、空想的な砂上の楼閣にすぎない。それはまさに、祖国統一の蜃気楼をつくりだし、権益擁護闘争と民団民主化闘争に対する破壊を企てる以外のなにものでもなかった。

大体、民主祖国統一会議で選出された代議員の顔ぶれを見ただけで、真に民族の統一を願う人士の集まりか否かが一目瞭然である。李栄根、金海建、李東休の自統側代表委員は言うにおよばず、曹寧柱、金正柱、尹奉啓の民団側代表委員がいかに民族的節操のない人間であるかは、広く同胞大衆の熟知しているところである。

とくに尹奉啓氏にいたっては、多くの韓学同盟員は唖然とせざるをえない。韓学同が同年五月一日に挙行した「四・二七本国不正選挙糾弾韓学同全国集会」で、尹氏はいったいどのような役割を演じたのか！異域日本の地であらゆる差別・迫害にめげず、祖国との一体性を有するがために、祖国の自由と民主主義を守るために、民族としての、青年としての真摯な情熱に支えられながら挙行した「不正選挙糾弾集会」に対し、尹奉啓氏は、滅茶苦茶な論理で強引に弾圧しようとした。「不正選挙はどこの国にもある」とか「君らは不正選挙を直接自分の眼で確かめたのか」などの支離滅裂なことを言いながら、あげくの果てには「ただちにこの集会をやめなければ関係者を処断する」とのファッショ的捨てぜりふを残していったではないか。

その尹奉啓氏が「民主祖国を統一するために……」といくら声高に叫んだところで、同胞は見向きもしないであろう。（つづく）

五日に本会議

南北赤十字

南北共同声明の発表により、急速な進展が期待されていた南北赤十字会談は、さる十九日の第二十三回予備会談で、きたる八月五日に本会議を開催することに合意、南北の実質交流に力強い第一歩を踏みだすことになった。

この日の会談は午前十一時から始まり、まず代表団の構成問題や本会議の進行手続きなどについて話合われた。その結果、代表団の構成については①本会談の代表は双方七人とする②本会談の随員は双方七十人内外とする③双方は七人以内の諮問委員を置くことができる――などで合意、合意文書を交換した。

また、進行手続きの問題に関しては、韓国側が十項目、北韓側が十七項目の提案を行なったが、実質的には①一回の会談は四日ないし一週間とする②板門店を通じてソウル―平壌間を往来する③会談場や宿泊施設などは主催者側が提供する――などの内容で意見が一致した。ただ同行記者団について、韓国側が「国内は六十人内外、外人記者は双方の推せんする記者」、北韓側が「じゅうぶんな人数とする」としており、ほかにも韓国側は「会談以外での自由な活動の保障」、北韓側が「初会談には南北の諸政党、社会団体代表を招請したい」と提案するなど、若干の食い違いを見せてはいるが、これも次期予備会談で解決されるものと見られる。

そしてこの日の最も重要な議題である本会談の日時に関しては、まず北韓赤十字の金泰煕代表が「第一回会談を八月五日午前十時から平壌で開きたい」と提案したのに対し、大韓赤十字の金鍊株代表も「本会談早期開催の進行から八月五日に開催することに賛成するが、第一回会談はソウルで行ないたい」と述べた。

いずれにせよ、本会談がソウルと平壌で交互に開かれることは確実で、昨年八月から約一年にわたって進められてきた南北赤十字予備会談は、いよいよ本会談へ大きく前進することになった。

葛飾支部の総会を無期延期

在日韓国居留民団葛飾支部（金玉男団長）では、さる二十三日第十八回定期総会を開く予定であったが、支部内外の諸情勢にかんがみ、とりあえず総会を無期延期することを、三機関の合意で二十一日正式に決定し公表した。

民団日誌（6月14日〜7月22日）

6・14 ▼日警、民団中央の依頼により公安外事二課の刑事を先頭に、民団東京本部、韓青、韓学同事務所、および鄭東本団長の自宅など十ヵ所を強制家宅捜査。新聞、書類などを持ち去り、さらに韓青中央宣伝次長の高昌峯君を不当逮捕。民団中央の日警導入により、民団混乱の収拾はますます遠のく。

▼民団東本・韓青・韓学同、日警の強制捜査と高君の不当逮捕に対し、共同記者会見。「今回の捜査・逮捕はまったく不当であり、陰に中央委員会を前にした政治的謀略である」と強調して「われわれは本国情報機関および民団中央の反民族的策動と日本官権の横暴に対して断固抗議するとともに不当逮捕された高君の即時釈放を要求する」声明を発表。

6・16 ▼民団東本・韓青・韓学同合同による第1次都内宣伝啓蒙遊説隊の総括会が東京本部二階で行なわれ、多大の成果と意義を確認。

6・17 ▼東本、都内支部3機関会議を開き、「6・14日警不当捜索・逮捕事件」について鄭団長羅副団長らが真相を報告、その中で「日本官権の介入は政治的弾圧である。これに対し東京本部は強力な弁護団を構成、不当性を糾弾していく」ことを声明。

6・19 ▼東本定例常任委。

6・22 ▼民団東本・韓青・韓学同・民団自主守護委合同会議、「6・14不当弾圧事件対策委員会」を発足させ、委員長に関泳相東本議長、副委員長に羅鍾卿同副団長、襄東湖氏を選出、法廷闘争に対処していくほか、速報を発行することを決めた。

▼「高昌峯君の勾留理由開示公判」が東京地裁で開かる。弁護側は①逃亡や証拠隠滅の恐れがないのに裁判官が検事拘留を認めたことは不当で、これには政治的背景がある。高君を釈放すべきだ②民団内部問題に日本の官憲、司法権が介入したことは遺憾である――と追及。

6・23 ▼韓学同、「南北赤十字会談と統一のゆくえ」に関する講演会を東京・早稲田YMCAで開催。講師に桜井浩、江口浩両氏を招き、祖国統一への動きのなかで在日韓国学生がいかに呼応していくべきかというテーマのもとに活発な論議を展開。

6・25 ▼高昌峯君、東京・富坂署から釈放される。直ちに東本・韓青は、東本三階会議室で歓迎会を開き、高君の拘留体験談を聞いたほか、日本官憲の不当逮捕、情報権力と民団中央の反民族的陰謀を糾弾。この会には、鄭東本団長、宮地弁護士らも出席。

7・2 ▼「青年部策動糾弾・韓青大阪防衛青年学生決起大会」が、大阪で7百人の青年学生の参加のもと開かる。民団大阪の青年部設置策動に対する糾弾の決議文などを採択。

7・3 ▼東本定例常任委。

7・4 ▼午前10時、ソウルとピョンヤンで、祖国の平和統一に関する南北共同声明が発表される

▼東本、「南北共同声明支持」の声明書を発表。「民団東京本部はこれまで一貫して、5千万民族の宿願である祖国統一問題は平和的かつ自主的に解決されるべきだ。との立場で統一運動を推進してきており、このたびの歴史的な南北共同声明に関しても、全幅的に支持・歓迎するものである。しかし民団中央がいたずらに民団の分裂と対立を深めていることは遺憾であり、すべての不当処分の撤回と民団の正常化を促求する」との内容。

7・5 ▼民団東本・韓青・韓学同・民団自主守護委の合同会議。7月7日東京・虎ノ門のニッショーホールで「南北共同声明支持・民団ファッショ化阻止全国民衆大会」を開くことに決め、準備対策について協議。

7・6 ▼韓学同、南北共同声明支持全国集会を2百人の学生の参加のもとに東京で開催。在日同胞に送るアピールなどを採択した。

7・7 ▼民団東本・韓青・韓学同・民団自主守護委が「南北共同声明支持・民団ファッショ化阻止全国民衆大会」を2千人の同胞の参加のもと、東京・虎ノ門のニッショーホールで共催。祖国統一への期待と、時代潮流に逆行する民団中央のファッショ的暴圧に対する怒りが会場にみなぎるなかで「南北共同声明を支持する決議文」、情報権力の民団御用化とファッショ化を企図しながら分裂と対立を拡大させている民団中央に対する「抗議文」などを満場一致で採択。午後2時半ごろ閉会、参加者からの「中央委員会に向けてわれわれの総意を反映させよう」との動議により、参加者全員が市ケ谷の日傷会館に向かう。

▼民団第20回中央委員会が東京・市ケ谷の日傷会館で開かる。同会館に民団中央本部は敵性団体の韓民自青をはじめ、大阪などから暴力団、組織ゴロを動員したほか、日警機動隊の出動を要請して、東本側の中央委員の入場と団員たちの傍聴を禁止するというファッショ的ふん囲気のなかで一方的に会議を強行。多くの中央委員からの良心的な意見を完全に封殺して、①韓民自統の敵性団体規定解除②韓青・韓学同の傘下団体認定取消し③羅鍾卿東本副団長ら8人の停権処分――などを過半数の賛同もないまま欺瞞的方法で決議するなど、またもや民団史に一大汚点を残した。

▼東本、韓青・韓学同・自主守護委との共催で、午後4時からニッショーホールで「民団中央本部を糾弾する民衆大会」を開き、「この大会の名で、第20回中央委員会の不当な決議はすべて無効であることを宣言する」との決議を採択。

▼東本、非民主的な方法で開催された第20回中央委員会に対し「そのいかなるファッショ的決議も無効であると宣言する」との声明を発表。

▼韓学同、第20回中央委を糾弾する声明を発表。「中央委の決定そのものが無効である」と訴えるとともに「民団の自主性、民主性を死守し、在日同胞社会の建設あるいは、祖国の平和統一に今後ともまい進する」と言明。

7・8 ▼韓青、中央委を糾弾する声明書を発表。①われわれは中央委のいかなるファッショ的決議をも認めない②7・4共同声明を熱烈に支持し、日本における38度線をなくすため闘い抜く――ことを表明。

7・10 ▼東本定例常任委、南北共同声明を支持・歓迎するための基本的かつ具体的運動方針について討議、きわめて重要な事項を決定。

7・13 ▼民団中央執行委。

7・14 ▼関東地協、1時から宝ホテルで開かる。

7・15 ▼中央本部召集の都内支団長会議開かる。

南北共同声明を熱烈に支持する在日同胞青年学生の中央大会

8月7日東京体育館

躍進하는 民族 金融機関

商銀　東京商銀信用組合

理事長　許弼奭

本店　東京都新宿区西大久保1—449　電話 208—5101㈹
上野支店　東京都文京区湯島3—38—15　電話 832—5141㈹
荒川支店　東京都荒川区東日暮里6—21—1　電話 802—5121㈹
五反田支店　東京都品川区東五反田2—19—1　電話 441—5181㈹

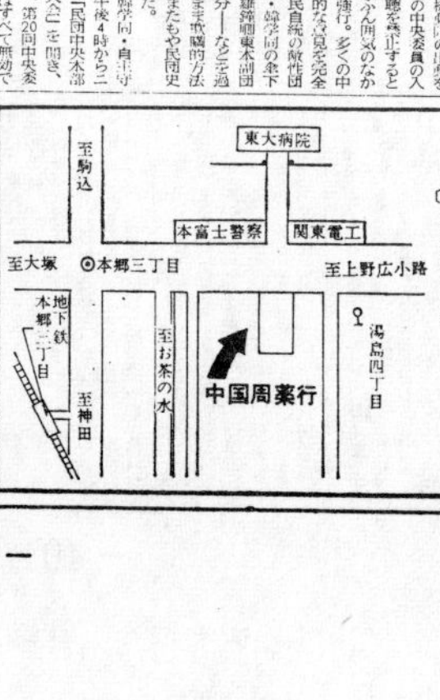

日本唯一・純中国式漢方薬局・誕生

〔特徴〕
① 原料は全て中国・香港方面より輸入した最高級品（切片状）です。
② 中国の特種高貴薬を多数取り揃えてあります。
③ 中国の古法により精製・加工してありますので薬効が充分に発揮されます。
④ 海外（台湾・香港）より漢方薬の永年の経験者が常駐し御相談をお受け致します。
⑤ 西洋薬での不治の疾病に対し特効薬がありますので御遠慮なく御相談下さい。（電話による御相談も承ります）

東京・本郷・東大病院前

中国周薬行

東京都文京区本郷3—41—5　電話（811）5382

在日本大韓民国居留民団
綱　領
一、우리는 大韓民国의 国是를 遵守한다
一、우리는 在留同胞의 権益擁護를 期한다
一、우리는 在留同胞의 民生安定을 期한다
一、우리는 在留同胞의 文化向上을 期한다
一、우리는 世界平和와 国際親善을 期한다

THE PRESS MINDAN TOKYO
THE KOREAN RESIDENTS UNION, IN JAPAN, TOKYO OFFICE
在日本大韓民国居留民団
東京本部発行日本語版週刊紙(購読料1カ月100円・特別1000円)
(1965年7月27日第3種郵便物認可)

民団東京
THE PRESS MINDAN TOKYO

8月25日 金曜日
<1972>
毎月5・15・25日発行
第2492号

発行所
民団東京新聞社
発行人 鄭在俊
東京都文京区本郷3丁目32番7号
電話 (811) 1535 (代表)
〒133 振替口座 東京16631番

8,15、27周年を記念し、南北共同声明を支持する

東京全体同胞たちの大会、盛大にひらかる

立錐の余地もない大会場

民族結束の気運造成へ

民団と総連との障壁とり除く

さる十五日、祖国解放二十七周年を迎える日、民団東京本部(鄭在俊団長)と総連東京都本部(韓益洙委員長)が共同主催する「八・一五、二十七周年を記念し、南北共同声明を支持する東京全体同胞たちの大会」が、東京千駄ケ谷の東京体育館で開かれた。「思想、理念、所属団体の差異を乗り越えて民族的大団結をはかり、祖国の自主的平和統一を一日も早く実現しよう」と、会場につめかけた同胞の数は一万三千余人、統一への切実な願いと明るい希望がみなぎっていた。大会は午前十一時半、開会宣言で幕が開かれ、呉宇泳民団東京本部顧問、金炳植総聯中央第一副議長、それに主催者を代表して鄭民団東京本部団長、韓総聯東京都本部委員長らの力強いあいさつがあり、閔永相民団東京本部議長が南北共同声明を読みあげると、これを支持歓迎する同胞たちの熱狂的な歓声が会場をゆるがした。大会はこのあと、日本の成田社会党委員長、宇都宮衆院議員(自民)ら来賓のあいさつ、在日韓国青年同盟、在日朝鮮青年同盟など傘下団体代表らの南北共同声明を支持する決意表明をうけて、①南北共同声明を支持し、祖国統一のための運動を挙族的に展開する②相互信頼のもとに大団結し、祖国の同胞たちとも連係を緊密にする③国土分断と民族分裂の状態を続けさせようとする外勢や反統一、反民族分子の策動を排撃する④大会決議事項を円満に推進するため常設的な連絡機関を設ける――など、七項目からなる決議文を満場一致で採択した。

統一運動挙族的に展開

相互信頼のもと大団結誓う

南北共同声明を支持する民団と総聯の共同集会は、さる七月二十三日の東京・大田支部を皮切りに八月三日に品川、同四日に荒川と続き、さらに七日には韓青(金恩沢委員長)と朝青(崔仁俊委員長)の共催で全国的規模で開かれたが都道府県レベルでの共同大会は今回が初めて。

舞台中央には、美しい三千里〝錦繍江山〟をあらわす祖国の全面地図のうえに、二十七年間断たれていた南北同胞が統一実現のため、固く握手を交わし、それを月桂樹で支える大きな絵が掲げられ、左右に「六十万在日同胞は、三八度線の障壁をなくすために、民族的に固く団結しよう!」「南北共同声明に背反する反民族的行為を糾弾しよう!」など四本の垂れ幕。そして中央の議長団席には双方からそれぞれ五人ずつ選ばれた議長団が左側に民団、右側総聯という具合に仲よく並んで着席。双方の紹介のあと、あざやかなチマ・チョゴリで着飾った婦青の女性盟員が、総聯、民団の議長団に花束を贈呈、惜しみない歓迎の拍手が寄せられた。

祖国統一のため、思想と理念、所属団体の差異を乗り越えて共同主催者が笑顔でガッチリと握手。左が鄭在俊氏(民団)、右韓益洙氏(総連)

李鎮活総聯東京都本部副委員長の開会辞のあと、閔民団東京本部議長が、さる七月四日ソウルとピョンヤンで同時に発表され、国内だけでなく全世界に一大旋風を巻き起こした祖国の自主的平和統一を促進するための南北共同声明を一字一句かみしめるように朗読した。

この日午前十時、むせるような暑さの中、会場はすでに数十台の団体バスなどでつめかけた老若男女、青年学生などできっしり―。民団と総聯の区別なく、同胞たちは笑顔であいさつを交わすなど、対話と交流のなごやかな光景をいたるところでかもし出し、民族団結と祖国統一の花を咲かせていた。

一方、会場前の広場では、民団と総聯合同(約百五十人)による民族固有の農楽、踊りなどがにぎやかに繰り広げられ、同胞たちを楽しませた。

大会は、呉元泳総聯東京都副委員長の開会宣言とともに、参加者全員の歓呼と拍手が嵐のように巻き起こり、五色のテープが乱舞するなかで幕が開かれた。

祖国統一は外勢の干渉なしに、武力行使によらず、民族的大団結を図り、自主的かつ平和的に実現すべきであることを内外に明確にうち出した歴史的な南北共同声明の全文が読み終わるや、参加者全員が総立ち、口々に叫ぶ「マンセー(万歳)」の歓呼の声が同胞団結の大合唱となって大きくこだました。

この感激と興奮がうずまくなかで、まず最初にあいさつに立った総聯中央の金炳植第一副議長。

「自主、平和統一、民族的大団結の三大原則に基づく歴史的な南北共同声明は、祖国の自主的平和統一の道に大きな突破口を切り開く画期的事変である」と、共同声明を高く評価したあと「わが民族内部の問題である統一問題は、外勢によらず、主人公であるわが民族の力で解決されるべきである」と強調した。

一方、呉宇泳民団東京本部顧問(民団自主守護委首席代表)も、「南北共同声明は、民族の新しい歴史と時代を創造する契機となるもので、統一のための唯一の方針である。しかし、合意事項を実践するための全民族的闘争がなければ、共同声明は死文化するであろう」と、共同声明実現のため、果敢な闘争を展開すべきである、と強く呼びかけた。

次いで主催者を代表して、民団から鄭在俊東京本部団長、総聯から韓益洙東京都本部委員長があいさつを行なった。

鄭団長は、解放後日本で初めて民団と総聯の共同集会が、八・一五解放記念日に開かれたことへの歴史的意義と使命の大きさについて強調したあと「南北共同声明は民族の運命に偉大な転換をもたらした。南北共同声明こそ、五千万民族が渇望してきた統一への念願と意思に完全に符合するのみならず、アジア、ひいては世界の平和維持にも貢献するものである。南北共同声明を支持し、誠実にその実践を図るよう全民族が団結すれば、必ずや統一は達成されよう」と述べ、万雷の拍手を受けたのに次いで、一方、韓委員長も「祖国統一の光栄あるその日のため、統一された祖国の富強と発展のため民団傘下の同胞たちとも手をたずさえて、最後まで前進することを誓う」と応じるなど、これまで双方間に横たわっていた誤解や不信感をぬぐい去ろうとする努力がありありと見られ、統一ムードを一層盛りあげた。

日本政界からも支持の祝辞

大会のふんい気が最高潮に達したところ、[illegible]民団東京本部副団長が、全国各地から寄せられた熱烈な祝電七百数十通のうち、数通を披露したのに続いて、日本各界から来賓として出席した成田知巳社会党委員長をはじめ、宇都宮徳馬(自民)、沖本泰幸(公明)、受田新吉(民社)の各代議士、島田鷲正・日朝友好促進東京都議員連盟会長、美濃部亮吉東京都知事(般橋俊通副知事代読)らが「南北共同声明は統一の黎(れい)明を告げるもの」「統一実現のための日本国民としての声援を惜しまない」など、固い連帯と友好を示す祝辞を述べ割れんばかりの拍手を受けた。

青年・婦人団体からの声討

また支持声明演説では、韓青の金徳栄君、朝青の金チャンナム君、在日大韓婦人会東京本部の朴テグム女史、在日朝鮮民主女性同盟の保ヨン愛会長らが「いまや祖国の自主的平和統一への扉(とびら)は大きく開かれた。すべての同胞が壮なる統一事業を成しとげるために力強く前進しよう」「五千万民族の宿願である祖国統一達成のため、外勢の干渉を排し、反統一、反民族分子らの妨害策動を徹底的に糾弾する」「国と民族の繁栄の道である統一を実現するため命をかけて闘う」など、正義と情熱にあふれる決意を述べ、同胞たちの共感をよび起こした。

大会はさらに「南北共同声明の崇(すう)高な精神と統一三原則に立脚して、民団と総聯はこれまでの相互不信や対立を解消して、民族の大団結を図るため、互いに理解し、交流するなど協力しよう」と参加した同胞たちの総意に基づき、呉総聯東京都本部副委員長が読みあげた決議文(草案)を満場一致で採択することで、団結された同胞たちの燃えるようなエネルギーを内外に誇示するとともに、新たな決意を確認し合った。

両団体の連帯強める決議文

決議文は、①南北共同声明を熱烈に支持し、自主、平和統一、民族大団結の旗じるしのもとに、祖国統一実現のための運動にこぞって参与しよう②日本はじめ世界各国国民との親善と連係を強め、祖国統一のためのわが民族の正義の闘いに国際的な支援を得られるよう努力しよう――など七項目の決議事項からなるもので、これらを誠実に実現することによって祖国統一に積極的に寄与することを内外に宣布したもの。

このあと、羅民団東京本部副団長から「民族史上に輝くであろうこの大会で結実した協調と融和の精神で、今後さらに対話と交流の輪を広げながら、決議事項を忠実に履行していくことを再確認する」との閉会辞。

最後に韓益洙、鄭在俊両主催者代表の音頭で「マンセー」三唱が高らかに繰り返され、張昌玉民団東京本部副議長の閉会宣言で感動的な大会の幕を閉じた。

第二部では朝鮮中央芸術団などによる民族舞踊、統一をテーマにした寸劇が披露された。

8・15,27周年を記念し、南北共同声明を支持する東京全体同胞たちの大会

閉会辞を述べる羅鍾郷民団東京本部副団長

南北共同声明を読み上げる閔泳相民団東京本部議長

決議文を朗読する呉ウォンス総聯東京都副委員長

同韓益ス総聯東京都本部委員長

主催者側からあいさつする鄭在俊民団東京本部団長

金炳植総聯中央第一副議長

呉宇泳民団東京本部顧問

開会辞を述べる総聯李チョンファル氏

鄭在俊民団団長のあいさつ

満場にお集まりの同胞の皆さん、そしてこの大会を輝かしいものにするために参席された来賓の皆さん!

私は、まず、歴史的で民族的なきょうのこの大会をもつことになった主催者の一人として、在日本大韓民国居留民団東京本部を代表して皆さんにごあいさつできることを無限の光栄と存じます。

また、解放後はじめて民団と総聯の東京本部が共同で、意義深い「八・一五、二十七周年を記念し、南北共同声明を熱烈に支持する大会」を開催するにあたり、満場にお集まりの民団と総聯の活動家および同胞の皆さんに、同胞愛をもって熱烈な感謝のことばをおくります。

そして私は、この大会の名において、祖国の自主、民族の解放のために、貴重な生命を捧げたすべての崇(すう)高な愛国先烈たちに敬意を表するものであります。

さる七月四日、ソウルとピョンヤンで同時に発表された南北共同声明は、すべての同胞の胸にこだまし、これを支持する声は日がたつにつれて国内外に高まっております。

南北共同声明は祖国統一の扉(とびら)を大きく開き、民族の運命に偉大な転換をもたらしました。

南北共同声明は、祖国統一を一日千秋の思いで渇望してきた五千万民族のひたすらな念願に完全に符合し、二十七年間も断たれてきたお互いの情を再びよみがえらせました。

南北共同声明は、また、わが民族だけでなく、平和を愛する全世界の人々の熱烈な支持と歓迎をうけており、アジアと世界平和にも大きく寄与する世界的意義をもつ事変であります。

五月二日にピョンヤンを訪問した李厚洛中央情報部長は、金英柱組織指導部長と面談し、金日成首相とも会い、また金英柱組織指導部長を代理して朴成哲第二副首相がソウルを訪問し李厚洛情報部長と意見を交換したあと、朴正熙大統領とも面接し、お互いに上部の意思を体し「祖国統一は外勢に依存したり干渉をうけることなく自主的に解決し、武力行使によらず平和的方法で実現し、思想と理念、制度の差異を超越し、まず一つの民族として民族的大団結を図る」との三大原則をすべての同胞の前に厳粛に約束しました。

これは、どんなに私たちの胸を沸きたたせ興奮させるものでありましょう。

全民族が寝てもさめても忘れることのできない祖国統一に対する唯一かつ正当な方針が、南北の高位級で完全に合意し発表されることなど、だれが夢に考えることができたでしょうか。

南北共同声明は信頼の雰(ふん)囲気を造成するために相手方を中傷誹謗(ひぼう)せず、軍事的衝突事件を防止し、相互理解を増進させ、多方面な交流を実施し、南北赤十字会談を成功させるよう積極的に協力することに合意したのです。またソウルとピョンヤン間に直通電話を架設することと南北調節委員会の構成・運営などについても合意しております。

親愛なる同胞の皆さん!

歴史的な南北共同声明は、すでに偉大な生活力を発揮しております。

さる八月五日に本会談を開催することになっていた南北赤十字会談が些(さ)細な意見の差異によって一時足踏みしております。

しかし、ソウルとピョンヤン間の直通電話の活用と調節委員会の活動により、円満な解決をみ、第一次本会談を八月三十日にピョンヤンで開き、ついで第二次本会談を九月十三日ソウルで開くことで最終的に合意しました。

このことは、まさに南北共同声明に示された、五千年の燦然たる伝統と歴史を有するわが民族の英知を全世界に誇示したものであります。

さらにこれは、わが民族同士がひざを付き合わせ胸襟をひらいて意見を交換するならば、解決できないことがないことを示すものであります。

親愛なる同胞の皆さん!

自主統一の突破口を切り開いた南北共同声明に接した在日同胞たちは、祖国の同胞たちにおとらず感激と興奮で沸きあがっています。

長い間日本帝国主義の迫害と虐待のなかで国を失い奴隷生活を強要され、その後祖国がやっと解放されたものの、外勢によって南北が分断され、依然として苦難に満ちた厳しい生活のなかで、ただ祖国の統一にのみ唯一の希望をつないできたわれわれが、どうして夢のような、うれしい消息に接して、じっとしていられるでしょうか。

在日同胞たちは沸きたつ心情を抑えることができず、一丸となって一日も早く祖国統一を達成させるために、必ずや南北共同声明を実現するとの決心を強くしたのであります。

在日同胞は特別な理由もなくただ所属団体が違うだけなのに、互いにいつまでも不信と憎悪感で反目しあう必要がどこにあるのでしょうか。

一日も早く誤解と不信を除去しわれわれの手で同胞間の〝三八度線〟を取り除き、そして一つの民族として大団結を成し遂げる時期がやってきたのです。

わが民族の基本人権を抑圧する「出入国法案」や「外国人学校法案」のようなものは、民団とか総聯にかかわりなく、わが同胞全体を抑圧する悪法であるにもかかわらず、団体を異にするとして、力を合わせて闘うことができなかったのが昨日までの実情であります。

このような不自然な状態を、いまやわれわれの手でなくすべき時がやってきました。

南北の高位級は、われわれにそのような模範を示してくれました。

七月四日南北共同声明が発表されるや、八月六日総聯東京都本部は南北共同声明を共同で歓迎する大会をもつことを、民団東京本部に提議してきました。

民団東京本部は、この提議を好意的に受け取り、真摯(し)に検討した結果、八月十五日に「八・一五解放第二十七周年を記念すると同時に、南北共同声明を熱烈に支持歓迎する同胞の大会」を開催することを総聯東京都本部に提議しました。

総聯東京都本部がわれわれの提議を熱い血肉の情で受け入れたことにより双方の代表による準備委員会が構成され、諸般の問題に対し完全な合意を見て、この大会を持つにいたりました。

親愛なる同胞の皆さん!

きょう開催されたこの大会は、まさに歴史的な大会であります。

二十七年ぶりにはじめて所属団体の差異を超越して、一万三千人の同胞が一堂に会し、思想と理念の差異を克服して祖国の自主的平和統一のために手を携えて行くことができたことは、まことに喜ばしいことであります。

きょうの大会の成果は、国内外同胞の心情を鼓舞激動させることであろうし、同胞をして南北共同声明を誠実に実現する闘いに、力強く奮い立たせることでありましょう。

在日同胞が置かれている有利な条件は、南北共同声明を実現するうえで先駆者的な役割りを果たすことを要求しています。

民団東京本部は、共同声明が出るや否や、直ちにこれを全面的に支持する声明を発表し、続いて七月七日都内はもちろん全国各地からの代表を含む二千余人の同胞を集め「南北共同声明を熱烈に支持する全国民衆大会」を開催したのであります。

そして七月二十三日には、大田地域で民団支部と総聯支部が全国に先がけて、共同で大会を開いたのをはじめ品川、葛飾地域においても盛大に共同大会が挙行されました。続いて七日には、この場所で韓青と朝青の共同主催による「南北共同声明を熱烈に支持する在日同胞青年学生たちの中央大会」が盛大に開かれ、祖国統一を成し遂げるため先頭に立って闘うとの決意がなされました。

このように、南北共同声明を支持する民団と総聯の共同大会は全国津々浦々に広がっています。

われわれの時代に、われわれの手で民族の宿願を達成させることができるということは、どんなに栄光に満ちたことでありましょう。

親愛なる同胞の皆さん!

南北共同声明は、わが民族の成員であるならば、だれもが支持しなければならない崇高かつ神聖なものであります。

ところが民族の内部において、祖国の統一を快く思わず、外勢と結託して共同声明を反対する分子がおり、また口先だけで支持するといいながら、実際においては反対する反統一勢力が動しゅんしています。

彼らは、この大会についても、同胞たちが参加しないように悪らつな妨害策動を行ってきました。

もちろんこのような勢力は、一握りにもなりませんが、このような陰謀と策動は断固粉砕、除去されねばなりません。

すでに共同声明がもたれた所では、諸般の交流を進めるための常設連絡機構が設置されています。これは南北共同声明を誠実に実現するための最も正当な措置であります。

反統一分子に大いなる打撃

またこの機構は、南北共同声明を反対妨害する分子たちにとって大いなる打撃となるものであり、民族的大団結を希求する愛国同胞の大きな勝利を意味します。

親愛なる同胞の皆さん

外勢が介入してきたため、二十七年間も国土の統一を成し遂げることができなかったわが民族は、いまや外勢の干渉をうけることなく、自主的に平和統一を達成するために思想と理念、所属団体の差異を乗り越え、すさまじい勢いで民族の大団結へ大行進を開始しました。この神聖な行進は、いかなる人といえども阻(はば)むことはできません。

前進する歴史の流れはどのような力をもってしても、逆戻りさせることはできません。

きょう、この意義深い八・一五第二十七周年を記念する日は、新しい民族の歴史を創造するもう一つの偉大な意義をもつ大会をもちました。

この栄光に満ちた時代に、祖国の自主平和統一を勝ちとり、南北共同声明を実現するために固く団結し力強く闘いましょう。

民族的大団結万歳!

祖国の自主的平和統一万歳!

来賓あいさつを述べる成田社会党委員長

宇都宮議員(自民)

沖本議員(公明)

受田議員(民社)

美濃部東京都知事祝の辞を代読する船橋副知事

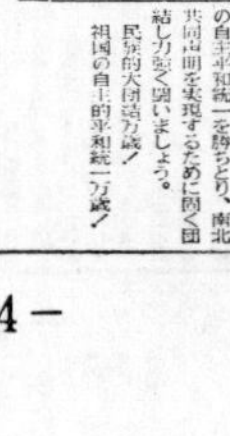
島田・日朝友好都議連会長

韓益ス総聯委員長のあいさつ

親愛なる同胞の皆さん!

きょう、われわれは、一日千秋の思いで渇望してきた祖国統一の扉が大きく開かれはじめた激動する情況のなかで、総聯東京都本部と民団東京本部の共同主催で「八・一五、二十七周念を記念し、南北共同声明を支持する東京全体同胞の大会」を開きました。

私はまず、総聯東京都本部常任委員会を代表して、祖国統一を一日も早くもたらそうとする燃える心情を抱いて、この場に集まった皆さんに、わきあがる血肉の情で熱烈なあいさつを送ります。

この大会は、ただひとつの崇(すう)高な目的、祖国統一を促進するために、ひとつの血筋をひく同胞たちが、思想と理念、団体所属を超越して一堂に会してなされた大会であり、東京都内に住む六万全体同胞たちの総意を代表する輝かしいものであります。

私はこの大会が、在日同胞たちのひたすらな意思と志向を全的に反映したものとして、祖国統一のための全民族的運動に大きく貢献する大会となることを、固く確信する次第であります。

親愛なる同胞の皆さん!

最近ピョンヤンとソウルで、南北高位級会談が進行し、その結果として共同声明が発表されました。

すでに世に広く知れわたっていることく、南北高位級会談で双方はまず、祖国統一の三大原則、すなわち外勢に依存したり外勢の干渉をうけることなく、自主的に統一問題を解決し、互いに相手方を反対する武力行使によらず、平和的方法で統一を実現し、思想と理念、制度の差異を超越し、民族的団結を図らなければならないという原則に対し、完全な意見の一致を見たのであります。

双方は、南北共同声明のなかで祖国統一の三大原則を基本条項として、統一偉業を促進するための七項目の問題などに対し意見の一致をみ、さらに合意事項を誠実履行することを全民族の前に厳粛に約束しました。

実に南北共同声明に明らかにされた祖国統一の三大原則とそれを実現するための措置について、全民族のひたすらな念願を最も正確に反映しており、祖国統一問題解決の最も正しい道を明示しています。

私は皆さんとともに、祖国統一を指折り待ち望んできたすべての民族のひたすらな念願を反映した歴史的な南北共同声明を全幅的に支持歓迎します。

南北共同声明の発表は、四分の一世紀以上に及んで国土両断と民族分裂の悲劇のなかにとざされてきたわが民族を、祖国統一の新しい熱情にわきあがらせ、三千里国土に感激と歓喜の旋風を巻き起こし、全世界に暴風のような波もんを投げかけております。

東京に居住している全体同胞たちも、祖国の同胞たちとともに、統一のれい明を告げるこの消息に接したその瞬間から、沸きあがる興奮につつまれております。

きょう、このような燃えあがる環境のなかでわれわれは、自主、平和統一、民族的大団結の旗を高く掲げ、南北共同声明を支持し実現するための挙族的な運動を発展させることに、すべての力を注いできました。

共同声明が発表されて以来、きょうまで一ヵ月余り経過したが、東京に居住している同胞たちのなかには、内外の仇(きゅう)敵が積みあげた民族分裂の障壁がくずれ去り、民族団合の気運が活火山のように噴き出しております。

さる七月二十三日、祖国解放後二十七年ぶりに初めて、総聯支部と民団支部が共同主催で「南北共同声明を熱烈に支持する東京都大田地域同胞たちの大会」を開いたのに続いて、品川地域と葛飾地域においても、共同集会が持たれ、現在各地域別、階層別の共同集会が引き続き数多く組織的に進められております。

さる七日、朝青中央と韓青中央が共同で開催した「南北共同声明を熱烈に支持する在日同胞青年学生たちの中央大会」は中央単位では初めて持たれた共同集会として南北共同声明を支持する在日同胞の運動と発展に、一つの偉大な契機となりました。

このようにわきあがる情勢のなかで総聯東京都本部は、祖国の自主的平和統一を勝ちとる崇高な民族的義務感から、民団東京本部に対し南北共同声明を支持する大会を共同で開催することを提議したが、民団東京本部は全面的に賛同してきました。

総聯東京都本部と民団東京本部双方があらゆる心血を注いで真摯(し)に努力してきた結果、双方は思想と理念、団体所属の差異はあるが、これを超越して南北共同声明を支持し実現するために、ともに団結して行くことで、完全な意見の一致を、みたのであります。

そこできょう、八・一五祖国解放二十七周年を迎える意義深い日に、解放後初めて総聯と民団東京本部共同主催で、このように盛大な南北共同声明を支持する東京全体同胞たちの大会をもつことになりました。

これはなんと誇り高く喜ばしいことでしょう。

この大会を開催するまでには、さまざまな難関と隘(あい)路が多くありました。

しかし、いかなる策動も、民族的に団結し祖国の自主的平和統一を早めるために貢献しようとするわれわれの共同の意思を阻むことは絶対にできません。全体同胞は、一部の妨害策動を断固はねのけ、この大会に参集しました。

このことはわが同胞が祖国統一と民族団結をどれほど熱望しており、また南北共同声明を支持し、その実現のために一丸となってつき進もうとする決心を、いかに強く持っているかを、はっきりみせるものであります。

このことはまた、たとえ思想と理念、団体所属の差異があろうとも、ひとつの血筋をひいているわが民族を、これ以上引き裂くことはできないし、またそのような民族分裂策動は、決して許容されないという、管下同胞の断固とした立場を内外にはっきりと誇示するものであります。

親愛なる同胞の皆さん!

南北共同声明が発表されたことにより、長いあいだ持続してきた南北間の凍結状態は解けはじめ、わが民族は挙族的な平和統一運動をくりひろげることのできる新しい歴史的時期に足を踏み入れるようになりました。

いま祖国統一の曙光が燦然と輝きだしたこの壮厳なときに、わが国の統一をこころよく思わない帝国主義者たちと、ごく一部の国内外の反動たちは、南北共同声明にあれこれと難くせをつけ、祖国統一と民族団合の道に、難関を造成しようと策動しております。

ところが、彼らがいかに狂奔しようとも、すでに活火山のように燃えはじめた全民族の統一への念願は、そのいかなる力によっても阻むことはできないであろうし、また時代と歴史の流れを逆に変えることも絶対にできません。

南北共同声明が発表され、その正当性が全世界に誇示されるなかで、南北赤十字会談が成果的に推進され、きたる八月三十日にピョンヤンで本会談が開かれることになりました。そして南北それぞれ五十余人の代表をはじめ新聞、放送記者がピョンヤンとソウルを往来することになり、南北を分け隔てている怨念の障壁は、これまで以上に早く崩れ去り、祖国統一の大門は一層広く開かれるでありましょう。

私は皆さんとともに、南北赤十字会談の開催を沸きあふれる心情で熱烈に支持歓迎します。

すべての同胞は、祖国統一の輝かしい大道に光を照らしてくれた歴史的な南北共同声明を実現し、祖国統一をわれわれの時代に、われわれの手で成し遂げるため一層力強く進まなければなりません。

そのためにわれわれは、南北共同声明の理念に従い、思想と信仰、団体所属の差異を超越して、民族的団結を図らねばなりません。

きょうのこの大会は、わが同胞たちが一堂に会してお互いに虚心坦懐に話し合えば、総聯と民団は相互に尊重し信頼し、力を合わせることができ、また民族的に団合することができるということを、はっきり示してくれました。

われわれは、きょうのこの成果を一層大きくとらえ、同胞が居住するあらゆる地域、あらゆる階層のなかに、日常的な接触交流と南北共同声明を実現するための多様な共同行動と共同集会を盛大に繰り広げ、民族的団結を徹底的に強化しなければなりません。

われわれが民族的大団結を成し遂げ、祖国の同胞たちとの連繋を一層強化し、ともに祖国統一を早めるための挙族的な闘争に参与するならば、なんと素晴らしく、やり甲斐のあることでありましょう。

またわれわれが、民族的に固く団合された力で、海外同胞が当然享有すべき、わが後世たちの民族教育の権利をはじめとする、諸般の民主主義的民族権利を固く守っていくならば、これこそ同胞と民族の利益に符合するものであります。

歴史的瞬間は刻々と迫る

民族最大の課業である祖国統一の栄光あるその日、五千万わが民族が統一の広場で感激と歓喜の万歳を呼ぶ歴史的瞬間は、時々刻々と迫ってきております。

この燃えあがる時期に、総聯東京都本部管下のすべての活動家と同胞は、一層固く団結し、祖国の同胞と同じように、今後も祖国の自主的平和統一を勝ちとり、民族団結させる事業を発展させるためにあらゆる努力を傾けるでありましょう。

私は最後に、祖国統一の栄光に満ちたその日のため、統一された祖国の富強発展のため、民団傘下同胞たちとともに最後まで手を携えて進むことを、再度固く決意しながら、あいさつに代えます。

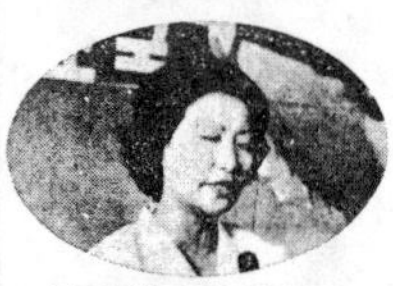
金芝ヨン大韓婦人会東京本部会長

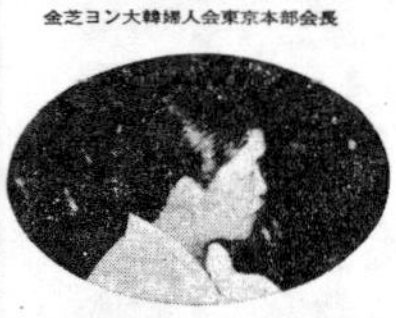
ペチゲム女史(朝鮮女盟)

金徳栄君(韓青)

支持演説する金チャンナム君(朝青)

本号は八・一五第二十七周年を記念し、南北共同声明を熱烈に支持する東京全体同胞たちの大会ならびに品川と葛飾地域同胞の共同大会に関する記事を特集しました。

8・15大会余滴

○…民団中央本部の一部幹部たちは、民団東京本部と総聯東京都本部の「八・一五、二十七周年を記念し、南北共同声明を支持する東京全体同胞たちの大会」開催に際し、民団団員の大会参加を阻止させようと、あらゆる妨害、脅迫、デマなどをおこなったことは、すでに知られていることだが、大会が成功におこなわれたあとも、ありとあらゆる中傷ひぼう、デマを流布している。

○…その一例として、民団中央の某幹部は「千駄ケ谷の東京体育館でおこなわれた民団東京本部と総聯東京都本部の共同集会では、舞台正面に金日成の肖像画をデカデカと掲げていた」と、笑止千万のデマを、さも事実であるかのように、某支部員に語った。

共同集会では、金日成首相写真どころか、両国の国旗さえも掲げられていなかったことこの大会に参加した民団系同胞四千人の目が確認している。

○…また、共同大会の当日朝、日本のNHKテレビが、民団東京本部の鄭在俊団長、羅鍾郷副団長、韓青中央の金恩沢委員長ら四人、さらに総聯の韓益洙東京都委員長ら四人を「スタジオ一〇二」の番組に登場させ南北共同声明や統一についての対談の模様を同日午前七時三十五分から放映したが、これに対しても民団中央のタカ派幹部の一人が「金日成の写真を掲げているのが映っていた」と、子供でもつかないウソをいいふらしていた。

○…一般大衆や団員は、このような民団中央幹部らの見えすいたウソにだまされたり、惑わされるほどバカではない。南北共同声明を支持し、これを実現しようとする大衆の熱望とがいかに強いものであるかということに、むしろ恐れをなした一部民団中央幹部連が、大会を妨害しようと前夜のみさかいもなく吐きだしたウソがこれで、同胞の間でも笑いのタネになっており、「一日でも早く民族的に目ざめ、祖国の自主的平和統一への隊列に加われ!」と反省を促す声が強い。

品川支部の共同大会のもよう

葛飾支部の共同大会もよう

在日同胞の大団結へ
品川の共同声明支持合同大会

南北共同声明を熱烈に支持する東京都品川地域同胞たちの大会が三日の夜、品川文化会館において盛大にひらかれた。この大会はさる七月二十三日の大田地域同胞たちの大会とおなじく民団と総連の両団体品川支部の共同主催によるもので、歴史的な共同声明を支持歓迎する区内在住同胞約八百名が参加、日本における三十八度線をなくし固く団結していこうとする在日同胞たちの決意を誓う力強い声討がおこなわれたほか、相互不信をとり除いて民族的に団結し在日同胞の権益を守るためお互い協力していくなど八項目からなる決議文を採択した。南北の団結を象徴するかのように韓半島の地図の中心に握手の絵を浮きぼりにした大きなパネルが飾られた場内正面ステージには、両団体双方の代表からなる六人の議長団が晴れやかに着席し、まず崔泰一民団品川支部団長が大会の開会を宣言したあと、「南北共同声明を支持歓迎し、その実現のため在日同胞は民族的団結をはかろう」とするこの大会は二十七年間の長い間不自然に断ち切れている在日同胞の連帯が再び結ばれようとするもので、大会の宣言と同時に場内は感動の拍手の嵐がわきおこった。

大会は、大会執行部の紹介があって両団体所属の少女たちからそれぞれ相手方の議長団に花束の贈呈があり親善と団結のムードがわき上ったなかで、南北共同声明の朗読（呉宇泳民団顧問）に引きつづいて上部機関の祝辞がなされた。

民団東京本部の鄭在俊団長は、「祖国の分裂は、わが民族の意思によるものでなく外勢によって強制されたものであった。南北分断後二十七年、ようやく自主平和統一のレイ明が輝きはじめようとしている。われわれは祖国のこの新しい歴史の夜明けに際し、胸の高なりを禁じえない。在日同胞六十万は固く団結して祖国の平和統一に寄与しようではないか」と力強い希望にみちた激励の辞をのべれば、総連東京都本部、韓益洙委員長は「苦難の異国生活において南北共同声明の発表をきいたわれわれは、激動する心情をおさえることができない。われわれは同じ血をひく民族として民団同胞と団合できない理由はなにもない。大田地域における共同大会が、これを如実に物語っている」と祝辞し大会の意義を強調した。

つづいて主催者のあいさつにうつり民団側から申鎬団長が総連側から文委員長が、それぞれ「南北共同声明の精神にのっとって祖国平和統一のため団結していこう」とのあいさつがあり青年代表として韓青の姜委員長と婦人代表として女性同盟の李宮伝部長が、南北共同声明支持の声討を行なった。

祖国の統一に貢献する在日同胞たちの団結を祝ってこの大会に来賓として参席した日本政界からの祝辞は、自民党・宇都宮徳馬代議士をはじめ社会党から大柴滋夫品川支部長、公明党の山本氏、民社党の岡本都議会議員、杉本品川区長、権正品川区議会議長らが、それぞれ「南北共同声明を心から祝い全幅的な協力を惜しまない」と激励の祝意がのべられた。

大会は、つづいて大会決議文を満場一致で採択して意義深い万才三唱をもって大会をおえた。

開会のあいさつをのべる崔民団支部団長

あいさつをのべる慎民団副団長

決議文を朗読する文総連支部委員長

声討を行なう姜韓青支部委員長

声討を行なう李女性同盟宣伝部長

八・一五大会 決議文

きょう八・一五祖国解放二十七周年を迎える意義深いこの日に、在日本大韓民国居留民団東京本部と在日本朝鮮人総聯合会東京都本部は、東京管内六万同胞の総意を結集して、南北共同声明を熱烈に支持する東京全体同胞たちの大会を催した。

最近、ソウルの李厚洛中央情報部長がピョンヤンを訪問、金英柱組織指導部長と会談しまた金英柱部長代理の朴成哲第二副首相がソウルを訪問して李厚洛部長と会談した。

この南北高位級会談で双方は、完全な意見の一致のもとに南北共同声明に調印、発表した。

これは、わが国の自主的平和統一をなすための過程で偉大な突破口を切り開いた画期的事変である。　南北共同声明の第一項で明らかにされた、外勢の干渉を排除し自主的に、そして、武力行使によらず平和的方法で国土の統一を実現し、思想と理念、制度の差異を超越して民族的大団結を図るという三原則、これは祖国の自主的平和統一を成し遂げるための唯一の礎石となるものである。

祖国統一の三大原則を基本的な内容とする南北共同声明の七ケ条こそ五千万わが民族の意思と利益を全般に反映したものであり、民族最大の宿願である祖国統一を渇望してきたすべての同胞の前途を明るく照らしてくれる灯台である。

われわれは、祖国の黎（れい）明を告げる歴史的な南北共同声明を沸きあふれる心情で熱烈に支持歓迎する。

過去、外勢によって踏みにじられ、解放後現在にいたるまでも外勢により南北に分断されているわが国、わが民族がいまや祖国の自主的平和統一への偉大な行進を始めたのに、同じ血筋を受け継いだ同胞なら、その激動した心を抑えることができるであろうか！

歴史的な南北共同声明に接して、すべての民族、三千里国土が統一の新しい熱風で沸きかえっているこのとき、南北赤十字本会談が八月三十日からピョンヤンで始まることになっており、いまや祖国統一の扉（とびら）は大きく開かれた。

祖国の自主的平和統一のための運動は、いまやだれも妨げることのできない挙族的な運動として力強く燃え広がっている。

この巨大な流れの中で開かれた本大会は、じっと坐って祖国統一を待つのでなく、民族的に固く団結して立ち上がり、祖国統一のため積極的に寄与しようとする東京の全同胞たちの強い意思を総結集した輝かしいものである。

本大会は、同じ血を受け継いで生死苦楽をともにしてきた同族が互いに会い、虚心坦懐に話し合えば、不信や誤解をぬぐうことができ、また互いに尊重し、信頼し合って民族的団結を図り、祖国統一へ力強く前進しうることを天下にはっきりと見せてくれた。

われわれは、きびしい異国生活の困難を克服しながら、寝ても覚めても祖国統一の日をひたすらに待ち望んできた、すべての在日同胞に、われわれとともに、南北共同声明を支持し、その実現のための運動に向かって、思想と理念、所属団体の差異を超越した民族的大団結の広場へ、こぞって参与することを、血肉の情をもって熱烈に訴えたい。

われわれは、すべての同胞が南北共同声明を熱狂的に支持歓迎するため立ちあがっているこの時期に、外勢をあてにし、対立と不信を造成、民族的大団結を阻もうとする反民族的分子たちの策動をきびしく糾弾する。

本大会は、祖国の自主的平和統一の栄光ある日を一日でも早めようとする同胞たちの熱火のごとき愛国・愛族の心情に基づき、次のごとく決議する。

一、われわれは南北共同声明を熱烈に支持し、自主、平和統一、民族的大団結の旗じるしのもとに、祖国統一を成し遂げるための運動を挙族的に展開する。

二、われわれは、互いに、いつでも往来し、相互に尊重し、信頼して、思想と理念、所属団体を超越して民族的に固く団結し、祖国の同胞たちとの連繋を緊密にする。

三、われわれは、南北共同声明の基本精神に反する一切の言動に反対し、国土の両断と民族の分裂を持続させようとする外勢と、ごく一部の分子による策動を徹底的に反対、排撃する。

四、われわれは、祖国南北間における多方面の諸交流の実現と南北赤十字間の会談を成功させるために、あらゆる努力を行なう。

五、われわれは、子弟に民族教育を実施し同胞の諸般の民族権利を守るために共同で努力する。

六、われわれは、日本国民をはじめとする世界の善良な国民たちとの親善と連繋を強化し、祖国の自主的平和統一のためのわが民族の正義の闘争に対する国際的支援を拡大強化するために、積極的に努力する。

七、われわれは、以上のような決議事項を円満に推進するため、双方の代表による常設的連絡機関を構成運営する。

本大会は南北共同声明の崇（すう）高な意義を受け継いで、決議事項を輝かしく実現することによって、祖国の自主的平和統一に積極的に寄与していくことを全世界に宣布する。

一九七二年八月十五日

「八・一五、二十七周年を記念し、南北共同声明を支持する東京全体同胞たちの大会」

あいさつをのべる曺民団支部団長代行

あいさつをのべる秋総聯支部委員長

声討する李大韓婦人会支部会長代理

玄韓青委員長

高朝青委員長

声討を行なう康女性同盟分会長

思想の差異のりこえて
葛飾でも民団と総連が大会

さる四日午後七時から、品川地域に続いて葛飾地域でも「南北共同声明を熱烈に支持する東京都葛飾地域同胞たちの大会」が東京・葛飾公会堂で民団葛飾支部（曺圭必団長代理）と総聯葛飾支部（秋イドン委員長）の共催で開かれ、約千三百人の区内在住同胞が参加したほか、日本人来賓として小川孝之助葛飾区長、宮沢道夫自民党都議会議員、石井ひろし社会党都議会議員、郡司三全公明党支部長が参加して祝辞を述べた。

大会はまずソン・マンギル総聯葛飾支部顧問が開会宣言を行ない続いて双方三人ずつからなる議長団を構成、民団からは曺圭必団長代理、申鳳権顧問、金昌植文教委員長、一方総聯からは秋イドン委員長、朴シスン副委員長、ソン・マンギル顧問が選出された。

議長団への花束贈呈のあと金昌植氏が南北共同声明を朗読すると、場内は割れんばかりの拍手と歓声につつまれた。

まず上部組織から韓益洙総聯東京都本部委員長が「南北共同声明は祖国の分断された現実に終止符をうつ画期的なものであり、自主平和統一の大原則を基本にしている。われわれは思想、理念、制度の差異をのりこえ、祖国統一にむかって民族的大団結をなしとげよう」と力説すると、鄭在俊民団東京本部団長も「葛飾におけるこのような集会に対し、民団東京本部を代表して熱烈に支持する」と前置きしたあと「祖国の分断は思想の差異によってではなく、外勢によってもたらされたもので、民族自決の原則こそ祖国統一を達成する道である。また民族内部の一部に未だに反統一分子が残存しており、これを徹底的に排撃しなければならない。在日同胞が美しい祖国山河でともに幸福に暮らせるその日まで、われわれは一致団結して闘おう」と呼びかけ、満場の唱さいを受けた。

続いて曺葛飾団長代理が民団側の主催者あいさつを行なった。曺団長代理はそのなかで「南北共同声明に明らかにされた三大原則こそ、二十七年にわたる祖国の分裂と対立の凍結状態を終わらせ、祖国の平和統一をなしとげるものである」とのべ、さらに「われわれは挙族的な平和統一運動の新しい時代にはいっている。この急変する内外情勢に立ち遅れることなく正しい認識と民族的主体性をもって、祖国統一運動に積極的に参与しよう」と強調、満場の拍手を受けた。

このあと秋総聯葛飾委員長から主催者あいさつ、申鳳権民団葛飾顧問から祝電紹介などがあった。

次いで支持演説では、葛飾支部の玄斗玉韓青委員長、李信伊婦人会副会長、高チャンミョン朝青代表らが演壇に立ち、「日本帝国主義からの祖国解放もつかの間、われわれの祖国は外勢によって分断させられた。しかし、いまこそわれわれ自身の手で三八度線を取り除くときだ」「これまでの苦痛に満ちた時代を二度と繰り返すべきでない」などの決意をのべた。

大会は小川孝之助区長らによる日本人からの来賓あいさつをうけたあと、ソン・マンギル氏が①南北共同声明を熱烈に支持し、その実現のため全力をつくす②同胞間の交流と対話を促進し、民族的にかたく団結する③反統一分子の策動を団結して排撃する④南北赤十字会談成功のため共同で努力する──などの内容からなる決議文を朗読、満場一致でこれを採択した。

最後に申鳳権氏が閉会の辞をのべ、曺圭必氏と秋イドン氏が交互に万歳三唱を行ない、「マンセー」の歓声が会場を揺るがすなか午後九時すぎに閉会した。

八・一五大会各氏の演説要旨

民団自主守護委 首席代表 呉宇泳

一、祖国の分断により、在日同胞にも三八度線が引かれ、これまで互いに憎悪感と反目のみを重ねてきたが、今日この大会が、過去の誤解と不信感を完全に一掃させ愛情に満ちた大団結をなしとげる契機となったことに限りない喜びと興奮をおぼえる。

一、南北共同声明の基本原則はだれも反対できない神聖かつ崇（すう）高な精神である。

一、共同声明は全同胞から熱狂的な支持と歓迎を受けさらに全世界輿論の賛同と支援を受けている。

一、自主平和統一への民族の切実な念願と要求が、南北高位級をして共同声明を出さしめたのであり、いまやわれわれは民族自決の神聖かつ厳粛な権利を行使しなければならない。

一、われわれは南北共同声明を誠実に実現するための挙族的な闘争を展開しなければならず、このような全民族的闘争がなければ、共同声明は形骸化し、死文化してしまうであろう。

一、祖国が日帝の残虐非道な植民地政策から解放された時、全民族は涙をながして喜んだが、一方では日本の敗戦を悲しむ一部反民族分子もいた。このような反民族分子たちはいまも共同声明の実現を阻害するために策動しており、愛国的、愛族的な同胞は一致団結して不純分子の陰謀と策動を粉砕しなければならない。

一、われわれは反ファッショ、民主化闘争を通じて、民族正義感による大胆かつ勇気ある行動のみがあらゆる難関を突破しうることを確信した。大衆は闘争によって鍛えられるのであり、勝利も闘争によってのみ獲得できる。

一、国内外情勢はいまや祖国の統一に有利に進んでいる。南北赤十字会談も本会談が八月三十日ピョンヤンで開かれることになり、これにより双方の代表と記者たちが三八度線を突き破り互いに往来できることになった。これが、わが民族の交流の始まりでなくてなんであろうか。

一、私はもう七十歳だが、生きている間に統一祖国を見ることはできまい、と悲観していたが、きょうこのような感激的な民族交流の光景をまのあたりに見るにつけもっと長く生きたいという欲が出てきた。

一、思想、理念、所属団体の差異を超越して祖国統一まで力強く前進しよう。

総聯中央第一副議長 金炳植

一、祖国統一のための海外同胞の運動史に燦然と輝くであろうこの大会を催した東京の全同胞に熱烈な祝賀のあいさつをおくる。

一、祖国の統一は、南北共同声明で指摘されているように、他国の力によってでなく、わが民族の自主的な力によって、また同族が互いに血を流し合うのでなく、平和的方法で、思想、理念、制度の差異にかかわりなく、何よりも民族的に団合すること以外、いかなる道もあり得ない。

一、わが民族の内部問題である統一問題は、わが国の主人であるわれわれ民族をさしおいては解決し得ない。外勢によって分裂されたわが祖国が、どうして外勢によって統一されようか。わが民族が自主的に解決すべきだ。

一、南北には思想、理念、制度の差異があるものの、必ずしもそれが、民族の団結を妨げる障害とはならない。したがって、一つの民族として大団結をはかるべきだ。

一、南北共同声明の合意にしたがって進むならば、祖国の自主的平和統一は、いっそう早まろう。

一、民族的自主意識をむしばむ事大主義を排撃しなければならず、また共同声明を白紙化しようとする、いかなる策動に対しても、愛国愛族の立場から固く団結して断固これをしりぞけ、共同声明を支持しその実現のため積極的に立ち向かわねばならない。

一、すべての在日同胞が、勝利への確信も高らかに、祖国統一の栄光あるその日を早めるために、あらゆる難関を勇敢に克服しながら、最後まで手をたずさえて力強く前進することを期待する。

朝鮮青年同盟 金チャンナム

一、わが三千里江山は、一つの地脈でつらなっており、わが民族は五千年の悠久な歴史と文化をもつ単一民族である。しかし、日帝植民地統治と外来侵略者によってわが国が分裂、われわれの父母たちにあらゆる苦痛をもたらし、また在日同胞も日本で民族的差別と抑圧の中で暮らさねばならなかった。

一、国の分断は、われわれ青年にも、はかり知れない不幸と苦痛をもたらした。その分断は外勢によるものだが、外勢依存は、亡国の道につながる。したがって、外勢を排撃し、自主、平和、民族的大団結の旗じるしのもとに、祖国統一のため、われわれ若い青年たちが団結して闘うならば、われわれの手で必ずや統一は達成される。

一、われわれ青年は、祖国の未来をになうべき国の主人公である。血沸き立つ青春の団結された力を一層強め、祖国統一の早期実現のため力強く前進することを誓う。

韓国青年同盟 金徳栄

一、二十七年前、われわれの祖国は日帝の支配から解放されたにもかかわらず、外勢によって国土を分断させられてしまった。特に在日同胞は日本政府の抑圧・追放政策と差別・偏見により二重の苦痛を受けてきている。しかしわれわれは、民族主体性をもって入管法闘争を始めとする一連の権益擁護闘争を果敢に進めてきた。

一、さらに祖国統一のために、本国学生との連帯を強めながら、民団民主化闘争を現在も展開している。

一、民族的な南北共同声明の崇（すう）高な精神に立脚して外勢の干渉を排し、祖国の自主的平和統一達成と五千万民族の幸福をかちとるため、われわれの情熱と力を祖国と民族に捧げたい。

一、われわれは、国土両断と分裂を固定化する反統一、反民族勢力を粉砕して民族的大団結をなし、あらゆる障害と難関を克服して祖国統一の大業を必ずや達成するため闘うであろう。

朝鮮民主女性同盟 裵テグム

一、私たちの民族が日本帝国主義から解放されたこの記念日に、総聯と民団が共催で祖国の自主平和統一を成し遂げるための「南北共同声明支持集会」を開いたことは、まことに意義深いものであり私たち女性も胸のたかまりを禁じえない。

一、外勢侵略者によって国土が分断された二十七年間、一つの国に共に住むはずの私たちの父母、親せき、兄弟も南と北に引き裂かれてしまい、また異国の地にあって互いに信じあいながら生きねばならない在日同胞も、誤解と不信感を抱きながらこれまでを過ごしてきた。このような不幸と苦痛は外勢侵略者によってつくられたものである。

一、私たちは、もうこれ以上、外勢による民族の分裂と国土の両断を許すべきでなく、民族的に団結された力で自主的、平和的に祖国の統一を達成するよう、がんばって行こう。

大韓婦人会本部会長 梁ヨン芝

一、さる七月四日の南北共同声明に接した時、私たち海外に住む大韓のオモニたちも感激の涙と、あふれでる歓喜の興奮をおさえることができなかった。

一、私たちの国、私たちの民族が何の罪を犯したといって国土両断と民族分裂の悲劇を味わわねばならないのか。日本帝国主義によって、美しい三千里江山が踏みにじられ、私たちの民族的諸権利が奪われるという受難から解放されたのもつかの間、外部勢力の利害関係と干渉によって人為的に国土と民族が分断され、三八度線を境に同族間の対話、接触、往来をも断絶させられてきた。これほどくやしく、悲しいことがまたとあろうか。

一、長年にわたる祖国分断は相方間に不信と誤解と敵対感を植えつけ、同族相殺の惨劇まで引き起こした。私たちは二度とこのような惨劇を繰り返してはならない。

一、同族間の悲劇を未然に防ぎ祖国に自主平和統一をもたらす南北共同声明を私たちは忠実に守り実践するよう努力したい。

お知らせ

都合により八月五日号と八月十五日号を休刊し本号を八月十五日号と二十五日号の合併号としました。

民団東京新聞社

南北共同声明支持

青年学生たちの中央大会

若き情熱を統一に捧ぐ

歴史的な集会に九千の韓青と朝青

さる七月二十三日の民団大田支部と総聯大田支部の共催による「南北共同声明を熱烈に支持する大田地域同胞の大会」以来、品川葛飾地域においても熱誠的に「南北共同声明を支持する共同大会」が開催され、「在日同胞の三八度線をなくそう」との声は急速にたかまっているが、さる八月七日には在日韓国青年同盟（金恩沢委員長）と在日本朝鮮青年同盟（黄仁俊委員長）の共催で「南北共同声明を熱烈に支持する在日同胞青年学生たちの中央大会」が東京・千駄ヶ谷の東京体育館で行なわれ、約九千人の青年学生が参加した。

大会は正午すぎ、まず金治男韓青中央副委員長の開会の辞で始まり、双方二十人ずつからなる幹部団、四人ずつの議長団を構成し、韓青側議長団には金恩沢委員長、金一明、金君夫、金治男副委員長が選出された。

双方の上部団体来賓と議長団への花束贈呈があったあと、郭秀鎬韓青広島委員長が南北共同声明を朗読、それが終わると「マンセー」の大歓声と、われるような拍手が場内を埋め、熱気はたかまる一方。

引きつづいて来賓あいさつにはいり、総聯中央の金炳植第一副議長は「南北共同声明は祖国の自主平和統一への力強い第一歩であり祖国の輝かしい統一を早めるのは在日同胞青年の歴史的宿命である」と強調、また民団側代表の呉宇泳自主守護委首席代表は「われわれは、いかなる思想の差異があろうとも、そのまえに同じ民族の一員であることを絶対忘れてはいけない。祖国統一ができなくてなんの思想があろうか、その共同声明を支持し実現をめざす者のみが愛国愛族者であり、これに反対するものはまさに反統一分子である」とのべ、満場の拍手をあびた。

このあと、韓青・朝青両委員長からのあいさつがあり、演壇に立った金韓青委員長は「この日の大会は、まさに南北共同声明の主旨に立脚し、民団と総聯のカベをなくして民族的大団結をなすための歴史的集会であると確信する」とのべ、さらに「われわれ在日同胞青年は、三・一運動における二・八独立宣言が果たしたような祖国統一運動の導火線となるべきだ」としめくくった。

南北共同声明を熱烈に支持する在日同胞青年学生たちの中央大会

祖国統一の新しい歴史を綴ろうの歌声も高らかに……

韓青金恩沢委員長㊧と朝青黄仁俊委員長は歓声にこたえ高だかと握手をふりあげた

祖国統一の新しい歴史をつづろう

また黄朝青委員長は「われわれ青年の若さと情熱を祖国の統一のためにささげることほど、有意義な、栄誉なことはない」と強く訴えた。

次いで双方からの決意表明がなされ、韓青側からは李圭変兵庫代表、鄭庚振三重代表、南世幸東京代表がそれぞれ演壇に立ち、「祖国統一のため、どこまでも闘いぬく」「一部反民族、反統一分子を徹底的に粉砕する」などの力強い意志をあきらかにした。

大会はこのあと、日本各界青年団体からの激励の祝辞を受け、黄朝青副委員長が大会宣言を朗読、万場一致でこれを採択した。

最後に、金一明韓青副委員長が閉会の辞をのべ、続いて両同盟合作による「祖国統一の新らしい歴史をつづろう」の歌を全員が大合唱しながら、午後三時半ごろ閉会した。

共同声明支持大会について

準備委員会談話

南北共同声明支持大会について

われわれ民団東京本部と総連東京都本部は来る十五日に、南北共同声明支持大会を共同で開催することに合意し、今日、ここで皆さんに発表するに至ったことを喜ぶものであります。

御承知のように去る七月四日、ソウルと平壌で同時に発表された南北共同声明は、わが祖国の統一を告げる黎明であり、歴史的一大事変であります。これは、私たち全民族が一日千秋の思いで渇望していた祖国統一への大路をきりひらいたわが民族の英知であります。

祖国の分断以来、在日同胞は民団と総連にわかれ、四半世紀にわたって対立状態をつづけてきたが、南北共同声明が発表されたその日から、われわれはこの声明の崇高な精神を具現し、祖国統一を実現するための希望に燃えています。

外勢に依って南北に分断されたわが国土と民族は、歴史上、類例のない険しい道程を歩み、無数の試練を経てきたが、〈七・四南北共同声明〉の発表によって、五千万のわが民族は、祖国の自主平和統一に向って偉大な行進をはじめたのであります。

南北共同声明は、同じ血がかよう全同胞の胸に感激と希望を与え、熱烈な支持を呼び起こしています。

長年の間、異国における不当な差別と偏見を克服してきびしい条件にも打ち勝ち、ひたすら祖国統一を念願しているわれわれ六〇万在日同胞は、祖国における同胞たちと共に、感激の涙をおさえきれず、共同声明の支持と祖国統一への行動に立ちあがりました。

南北共同声明が発表された後、東京に在住する六万全体同胞は、祖国統一の実現に確固たる信念をもって、思想と理念、所属団体の差異を超越して、いたるところで一つの民族的広場に集っています。

御承知のように、去る七月二十三日には、外勢による祖国分断以後はじめて、民団と総連の主催による、南北共同声明大会が大田地域で開かれ、二千五百人の同胞が参加しました。つづいて八月三日には品川地域で一千余人が集まり、四日には葛飾地域で一千五百人が集まって、それぞれ民団・総連両機関の共同大会が盛大に行なわれました。

また今日は（八月七日）朝鮮青年同盟と韓国青年同盟の中央本部主催による、在日同胞青年学生たちの、南北共同声明支持中央大会が開かれています。

このような時期に、民団東京本部と総連東京都本部は、南北共同声明の精神に立脚し、民族の宿願である祖国統一を渇望する同胞たちの念願に応えて、八・一五第二十七周年の記念日に、南北共同声明を支持する東京全体同胞たちの大会を開催することになりました。

民団東京本部と総連東京都本部は、この大会を行うに際して、次のような目的にも完全に合意しました。

一、在日六〇万同胞が、〈七・四南北共同声明〉の精神を正しく把握して支持、歓迎し、その実践の行動に立ちあがるようにする。

二、民団と総連との障壁をなくし、民族的団結をはかる。

三、この共同集会をもつことによって在日同胞たちのみならず国内外のすべての同胞に祖国統一と民族結束の気運を造成する。

四、われわれが居住している日本をはじめ、国際社会に世論を喚起し、共同声明を誠実に履行するための声援を訴える。

南北共同声明を支持するこの大会は、名実共に声明に基づいて祖国統一を促進する画期的な大会になるでありましょう。

この神聖な大会を妨害する一部不純分子等の策動も予期されるが、そのような行為は崇高な民族の尊厳と願望に逆らう反民族行為であり、永きにわたる民族の歴史がこれを指弾することでしょう。

われわれはこの大会が、内外の熱烈なる支持と声援を受けると信じ、必ずかがやかしい成果を得られることを確信するものであります。

われわれは、日本の言論、報道関係の皆さんをはじめ、すべての日本国民が、祖国の自主的平和統一を促進するわれわれのこの運動に対して、あたたかい支援をおくってくださることに心より感謝する次第であります。

また、この度われわれが推進している共同声明支持大会に対して、より一層のご声援がありますよう期待するものであります。

一九七二年八月七日

〈八・一五、二十七周年を記念し、南北共同声明を支持する東京全体同胞大会〉

準備委員会

民族統一協議会が発足

各界各層を網羅精力的に推進

「民族統一協議会」結成大会が在日韓国人の各界各層、各地域の代表三百名が参加して、二十日午後二時、東京・機械振興会館ホールで開かれた。

舞台の正面には、祖国の統一を象徴する韓半島地図の上に、固い握手を交す絵がかかげられ両側に一、南北共同声明を積極的に支持し、その誠実な実現を期す。一、自主的で平和的な方法で祖国統一を達成する。一、思想と理念、社会制度の差を乗り越えて、民族的大団結を図る。一、国内外全体同胞の総力を統一隊列に総結集する一、平和を愛する全世界の人々と親善の連帯を強化する。一、反統一勢力とエセ統一論者の妨害策動を粉砕排除する。一、反共法、非常大権法等を撤回させ、民主主義の基本権利を確保する。一、南北赤十字会談の成功を積極支援する一、民族統一協議会結成万才。一統一された祖国万才。のスローガンがかけられ、壇上及び会場の両側は、各界から送られた二十数個のきれいな花籠が飾られて華ばなしい雰囲気を盛りあげていた。

陳点春（山口）氏の統一協議会結成の時代的要求と民族的使命を強調する開会のあいさつがあって大会執行部を選出、臨時議長団に陳点春（山口）、梁恵承（大阪）閔泳相（東京）、金慶植（東京）各氏が着席した。

次いで金栄出氏（群馬）の経過報告があって、鄭在俊民団東京本部団長が来賓の祝辞、日本社会党公明党、民社党中央執行委員長春日一幸氏らの祝電とメッセージ、在米韓国人統一促進委員会メンバーで前駐国連大使林昌栄氏のメッセージが朗読され、全国で百七十八通の祝電があったことが披露された。

準備委員会を代表して裵東湖氏が基調報告に立ち南北共同声明が出されるに至った国内及び国際的な情勢、それを統一に有利な条件として捉らえた民族の英知を高く評価し、共同声明を誠実に実現することのみが統一を促進することであると語った。

また「祖国統一で卓上空論を闘かう時代は過ぎた、統一運動の唯一の指針は、南北共同声明を実践することである。在日同胞社会は東京都大田地域の民団・総連共同集会を契機に三十八度線は打ち破られている。このように在日同胞は統一に有利な条件に立たされていることを生かしていかねばならない」この観点からしても民族統一協議会は重大な任務を帯びて結成されるものである。「民族協」は海外の全同胞の総力を統一にむけて総結集し、また国内同胞との連帯を強めることを強調し、このために、そして統一達成の具体的な方案を見出すために南北・海外の諸政党・社会団体及び愛国人士が参加する南北協商会議を開くことも提唱している。

約一万三千字の基調報告は四十分で終った。

次いで宣言、綱領、当面活動目標の草案（別添資料）を金容元（京都）氏が朗読して満場一致で採択した。

規約審議に入り、二、三の質問がなされたが原案通り採択した。

討論に入り薛東哲（東京）方鎬煥（大阪）慎重権（青年）氏から、民統協の結成を熱烈に支持し宣言、行動綱領、基調報告等を忠実に実現させるために闘うことを誓う討論があった。

次いで朴正熙大統領（朗読金尚竜＝神奈川）金日成首相（朗読梁判山＝東京）に送る手紙、内外同胞に送る呼訴文（朗読金佑植＝大阪）を満場一致で採択した。

詮衡委員に一任した役員選出の発表と紹介があって梁恵承氏の「実に有意義な、そして歴史的な民族統一協議会結成が盛会に終ったことを感謝し、これからの活動に全力を傾注し、そして全同胞を統一にむけて総結集する精力的な運動を続けよう」と閉会の言葉を結んだ。

全員起立してスローガンを斉唱尹琪洙（青森）氏の先唱で「民族統一協議会結成、統一された祖国万々才」を三唱し、午後五時過ぎに終了した。

当日発表された役員

議長団＝裵東湖（首席）、金容元（常任）、閔泳相（常任）、金慶植（常任）、金栄出（常任）、梁恵承（大阪）、陳点春（山口）、裵東述（東京）、尹琪洙（青森）、趙鏡済（静岡）。

事務局長＝金容元（兼任）

監査委員＝薛東哲、梁判山、呉興兆

なお各界、各層人士を、幅広く網羅していくために、議長団と中央委員及び中央常任委員を補充する権限を議長団に一任した。

〈韓国通信〉

日警機動隊に守られて

民団臨時中央大会ひらかる

第三十五回民団臨時中央大会はさる八日、東京・九段会館で行なわれたが、民団正常化を願う団員の意志とは裏腹に大会はまたもや非民主的な方法で強行され、一方的に、さきのファッショ的中央委員会決議（民団東京本部・韓青・韓学同は無効声明を発表）の承認と、青年指導局の設置を決議、団長に金正柱氏を選出した。

午前十時すぎから始まった大会は、代議員点呼、大会成立宣言のあと議事討論にはいり、規約改正委員会から「新たに『青年指導局』を設置するため、規約を改正したい」との提議があり、これをめぐって激しい議論の応しゅう。「規約改正までして青年指導局を設置する必要は毛頭なし」の正論も多く聞かれたが、結局強引に可決されてしまった。

引き続いて午後一時からは、現三機関長辞職に伴う役員改選に入り金在述、金正柱、崔学阜の三氏がそれぞれ立候補、おのおの十分ずつ所信表明をした。

そのなかで金在述氏は「このたびの民団混乱の責任は民団中央と大使館情報領事にある。民団を一日も早く正常化するために、民団東京本部、民主派人士に対する不当処分の撤回、および韓青・韓学同に対する傘下団体認定取消しの撤回をしなければならないし、李栄根一派の民団分裂策動は断じて許容することができない」と力強く述べたあと「諸情勢にかんがみ崔学阜氏を推せんして私は辞退する」と投票を断わった。

続いて崔学阜氏も「韓青・韓学同を民団から除外したのはわれわれにとって大きな損害である」と述べ、満場の拍手を受けた。

一方金正柱氏は、大会前には、「これ以上処分者を出したくない」などの柔軟な姿勢を打ちだしていたが、この日はがぜん高飛車となり「総聯との共同集会に参加する者は絶対許せない」と強硬姿勢、その本性を暴露した。

金在述氏の突然の辞退により団長選挙は崔、金両氏で争われることになったが、結果は崔氏が百二十三票、金氏が二百八十六票で（無効二票）金正柱氏が新団長に決定した。

続いて議長選挙にはいり、尹致夏氏と朴太煥氏が立候補。いわゆる「団長＝金正柱、議長＝尹致夏監察委員長＝金泰変」コンビとして民団近畿地協が推す尹氏に対し「韓青・韓学同に対する処断は二重の誤ち」と正論を述べた朴氏が二百十八票を獲得、尹氏の百八十五票を上まわり新議長となった。

また監察委員長には金泰変氏が無投票で当選、午後四時すぎに閉会した。

〈解説〉

この日会場の周辺には数十人の日警機動隊・外事課刑事がたむろし、表門は大阪からの組織ゴロ、裏門は民団の敵性団体韓民自青が警備（？）するというものものしさ。おまけに傍聴券発行で傍聴者を制限するだけでは飽きたらず、正当な傍聴券を持っていても民団中央側に有利でない人間は絶対会場に入れないというていねいなもの。会場外には、会場から締めだされた一般団員が当惑した表情で立ちすくんでおり、「もう民団は私たちの団員のための民団ではなくなった」と嘆く老婦人もいた。

東京本部は①韓青・韓学同に対する傘下団体取消しの撤回②東京本部再直轄の撤回③李栄根一派の民団破壊策動糾弾④中央大会を公開せよ―などの内容からなる要請文を当日配布するとともに、朝から会場周辺で宣伝カーを配置し中央大会の民主的運営を強く訴えた。

また、韓青・韓学同も、表門入口で激しく抗議、傍聴権の正当性を強調した。

대회선언

지난 七월 四일 역사적인 남북공동성명이 발표되었다.

이것은 나라의 통일을 위한 길우에 커다란 돌파구를 열어놓은 획기적사변이다.

남북고위급회담의 실현과 공동성명의 발표는 삼천리강토를 통일의 새로운 언덕으로 끓어번지게 하고 이 시대적거사는 전세계에 인내파문을 일으키고있다.

공동성명을 한없는 감격과 흥분으로 접한 우리 남녀청년들은 지금 청춘의 모든 정열과 슬기를 민족의 대사에 아낌없이 바칠 일념으로 불타고있다.

재일한국청년동맹과 재일본조선청년동맹은 피끓는 젊은이들의 의사를 합쳐 오늘 남북공동성명을 열렬히 지지하는 재일동포청년학생들의 중앙대회를 가지었다.

외세의 간섭을 배제하고 자주적으로 그리고 무력행사에 의거함이 없이 평화적방법으로 나라의 통일을 실현하며 사상과 이념, 제도의 차이를 초월하여 민족적대단결을 도모하여야 한다는 세가지 원칙, 이것은 조국의 자주적평화통일을 이룩할수 있는 훌륭한 기초이며 전제이다.

우리들은 통일의 앞길을 등대처럼 밝혀주는 남북공동성명이 전 민족과 청년학생들의 뜨거운 염원과 지향을 가장 정확히 반영한것으로서 이를 전폭적으로 지지하며 열렬히 환영한다.

오늘 남북의 온 겨레는 공동성명이 밝혀준 휘황한 대로를 따라 민족지상의 과업인 조국통일위업을 하루빨리 성취하기 위하여 한결같이 떨쳐나서고있다.

그런데 우리 민족의 염원과는 달리 외세를 등에 업은 일부 사람들은 공동성명을 헐뜯으며 그를 백지화하려는 언행을 함부로 일삼고있다.

남북공동성명의 숭고한 이념에 배치되는 일부 사람들의 처사에 우리들은 민족적의분을 금치 못하고있다.

우리 전체 재일동포청년학생들은 그들이 남북쌍방이 합의하여 그 이행을 온 민족앞에 엄숙히 약속한 그대로 자신이 지닌 의무를 성실히 수행할것을 강력히 요구한다.

바야흐로 외세가 쌓은 남북의 장벽이 허물어지고 조국통일의 대문이 열리기 시작한 어 장엄한 역사의 시각에 우리들은 살고있다.

정의와 진리를 사랑하며 난관앞에서 굴할줄 모르는 우리 청년들이 어찌 조국통일위업에 자기의 청춘정열을 다 바치지 않을수 있겠는가!

언제나 조국과 민족의 운명을 맨 선두에서 개척하며 새 역사를 창조하온 우리 청년들의 쌍견에는 오늘 가장 영예롭고도 성스러운 과업이 지워져있다.

우리들은 조국통일을 일일천추로 갈망하는 민족의 절절한 염원을 안고 통일을 위한 투쟁을 공동으로 벌릴데 대하여 완전한 합의를 보았다.

우리들은 다음과 같이 엄숙히 선언한다.

一、우리들은 자주、평화통일、민족적대단결의 기치따라 남북의 청년학생들과 필연적연계를 긴밀공고히 하고 공동성명의 실현에로 전체 재일동포청년학생들을 적극 불러일으킨다.

二、우리들은 남북공동성명의 기본정신과 어긋나는 일체 언행을 반대하며 국토의 양단과 민족의 분열을 영구화하려는 외세와 반통일분자들의 파쇼폭압을 철저히 반대배격한다.

三、우리들은 끊어졌던 민족적연계를 회복하고 남북간의 다방면적인 계반 교류를 실현하며 남북적십자단체들간의 회담을 성공시키기 위하여 백방으로 노력한다.

四、우리들은 사상과 이념, 단체소속을 불문하고 호상 신뢰하고 존중하며 각종교류를 왕성히 벌려 재일동포청년학생들의 민족적단결을 적극 도모한다.

五、우리들은 조국의 통일과 민족의 번영을 위하여 자신을 부단히 수양단련할것이며 사대주의、민족허무주의를 철저히 배격하고 민족적자부심과 자주의식을 높이 발양해나간다.

六、우리들은 일본청년들을 비롯한 세계 선량한 청년들과의 친선적유대를 강화하며 그들이 조국의 자주적평화통일을 위한 우리 민족의 정의로운 투쟁을 적극 지지성원하도록 한다.

七、우리들은 이상과 같이 합의본 사항들을 어김없이 실행하기 위하여 쌍방의 대표들로써 상설적인 련락기관을 구성한다.

재일 전체 동포청년학생들이여!

모두다 시대의 절박한 요구에 호응하여 조국통일의 광장에로 과감히 떨쳐나서라!

一九七二년 八월 七일

남북공동성명을 열렬히 지지하는
재일동포청년학생들의 중앙대회

練馬韓国人ゴルフクラブ
会長 朴性雲
東京都練馬区豊玉北四―三一
電話（九九二）五五七七番

在日本大韓民国居留民団 綱領
一、우리는 大韓民国의 国是를 遵守한다.
一、우리는 在留同胞의 権益擁護를 期한다.
一、우리는 在留同胞의 民生安定을 期한다.
一、우리는 在留同胞의 文化向上을 期한다.
一、우리는 世界平和와 国際親善을 期한다.

9.15(日)
(1974年)
第12号

東京韓國新聞

在日本大韓民国居留民団東京本部機関紙
東京韓国新聞社
発行人 金 致 淳
〒105 東京都港区芝公園2丁目2-17
電話 (03) 437~2001-5
振替貯金口座東京 137364
(一部30円)

実務指標
一、일하는 民団
一、親切한 民団
一、規律 있는 民団

木村発言、断固許さぬ！

「北」の脅威ないとは言語道断
「朝総連擁護」が韓日協定精神か

全国民の悲しむ中で、朴大統領令夫人故陸英修女史の国民葬を終えた二日目の去る八月二十一日、韓国民の悲痛と怒りは、ついに対日声討とデモで爆発した。ソウルでは"日本国内の朝総連活動即刻中止""日本政府は八・一五そ撃事件に全責任を負い背後関係を徹底糾明せよ"との決意を以って火花の如く立ち上がっている。

この一連のデモは、木村日本外相の対韓妄言が発火点に達したもので、あまりにも衝撃的な事件を経験した韓国民が心底から湧き上がってくる痛憤の心情という共通点の思いを抱いて"自己の位置"を再確認し、国際信義を踏みつけにする日本の外交路線を正そうとする転換機に直面している。

五年近くも首相官邸にあって内閣官房長官などを経た木村日本外相が、友好親善関係にある韓国の現状の認識が狂っているとはいえ確に意図されたものの発言をしたことは、韓日両国の間に大きな不幸のタネをまいたのである。

韓国が不幸の中にあるとき、日本は何んだかの形でかかわり合うような言動を以って韓国民の感情を煽り、それがきっかけて対日正道主義を韓国が取れば、それを不満とし戦乱武力侵攻の口実にして来た韓日近代史を韓国民は忘れていないし、そのような日本の偏見を正そうとする韓国民の正義感は当然のことだといえよう。

韓国民は決して忘れない。七十八年も前のことだが、日本人はその手で王朝韓国の国母を殺害するという蛮行を犯した。にもかかわらず一言の謝罪さえもしなかった。いま、国母を死くした韓国民の眼が佞臣の垣根を乗り越えて、逆巻く怒涛のように迫撲して高まりつつある韓国国民の感情の中には、そのような歴史的事実が生きて残っているからこそ、日本を義……

……視しているのだといえる。

木村外相のいう"北の脅威が ないというのは、失言どころか、あれは暴言も甚だしい。……

木村外相の発言要旨

▽現在の状態からみて、むしろ朝鮮半島全体の平和と安定がわが国の安全にとって緊要である」と認識している。（八月十九日、参院決算……）

▽一九六九年の日米共同声明の"韓国条項"に「韓国の安全は日本にとって緊要である」とあるのは当時の日米首脳の認識だとし、……"北傀"と言いかえ、「北傀」を外交射程に位置づけており、北傀と……交を進める意向であることを示唆したものだ。

▽「政府としては客観的に、北からの軍事的脅威はないと判……月二十九日、参院外務委で）

北からの軍事的脅威がないと判断しているからこそ、日本政……

朝総連粉砕関東民衆大会
十九日 千代田清水谷公園で開く

朴大統領そ撃事件以来、韓日両国のこじれた関係が日増しに悪化されつつあるが、今度の事件に……る日本側の韓国に対する態度は……

号哭‼悲痛と祈願の渦
民団史上初の二万人大集会

故陸英修女史追悼国民大会

朴正熙大統領狙撃事件で大統領令夫人故陸英修女史が不幸にも兇弾の犠牲になり逝去なされたことは、我らにおさえることができない衝撃と憤激をまきおこした。悲憤に耐えない、在日韓国人は去る九月三日民団東京本部が主管して東京千駄ケ谷の「東京都体育館」で開かれた「朴大統領令夫人故陸英修女史追悼中央大会」に二万人の団員が参加して、故陸英修女史の悲運の逝去を哀悼し冥福を祈った。この追悼大会は、民団史上初めての大規模集会とあって関東地方の団員を中心に全国から代表が参席し故陸女史の逝去に対し悲しみと"殺人魔金日成を追従する狂信分子"のテロ行為に対し憎しみがどれほど深いものかを物語っていた。

悲しみをおさえながら太極旗を先頭に東京青山街道を行進するデモ隊

悲痛！哀切な声で追悼辞を読み上げる金永善駐日特命全権大使

史上初の二万余の団員が集まり故人の冥福を祈る追悼大会の構模

日本外務省前で木村妄言取り消せ！と波状デモをする東京団員たち

許されない妄言
東京韓国青年 婦人会が抗議

顧問 三機関 執委懇談会
10日タカラホテル

殺人集団朝総連解散せよ！
木村日本外相は妄言を取り消せ！

糾弾檄文

親愛する団員のみなさん

さる八月十五日、祖国ソウルの第二十九回光復節記念祝典において、朴正煕大統領を狙撃したことは世界をおどろかした事件で海外に住む我らにとっても大きな衝激的なことで鬱憤にこたえないことでした。不幸中多幸に朴正煕大統領閣下は無事だったんですが令夫人陸英修女史が不幸にも兇弾に逝去して、国内外と全国民がこの不意の悲劇に悲しみと痛憤に耐えない心情にいる時、日本政府の一部高位官吏と一部言論機関が妄言と妄発的偏向はいいとしても韓日友好と両国民の友誼を真向から破かいにでて韓日間の悪化助長を画策。両国の友好と両国民の友誼を阻害し難関をあおる妄動と妄発を継続していることは、自由と平和を愛する我らにとって到底に黙過できないことです。

平和を愛する同胞のみなさん

このような日本の一部反韓的政客及び言論人が、良識と信義に欠した行為は傀儡集団である金日成と、その手先の殺人集団の朝総連を側面から支援することばかりが自由と平和的方法で祖国の統一を望む我ら五千万韓国民の念願をふみにじることで、このような一連の背後目的には①民団攪乱・破壊を積極的に推進②日本での反韓世論を造成韓国の統一を妨害する③在日韓国人一部不純勢力の反政府運動を支援、韓国の政治的社会的混乱を招来しようと企画していることがあきらかであります。

祖国を愛する団員のみなさん

こんどの朴大統領狙撃事件も殺人鬼金日成一味が企んだ陰謀によるものでその手先である朝総連がしたことは、いままでの調査であきらかになっていることにも拘らず、朝総連は黒を白と言いくるめ、この事件に関与した朝総連の役員なるものとスパイ工作船である「万景峰号」での犯人との兇計も一切無関係だと言いはるのみか欺瞞的で悪質な殺人行為を公然にしている暴力行為を看破しなければなりません

親愛なる団員のみなさん

我らは過去三十年近い年月にかけて、自由と平和と祖国の繁栄のため努力して来ましたし、国際的特に韓日間の親善を綱領にしている我らにとって、最近の日本木村外務大臣の妄言と一部マスコミと反韓政客を手前に立て不幸な事態に誘導しようとする朝総連のいかなる策動はもち論、このような策謀を徹底的に排除して、いままであらゆる危機と苦難にも強靭に耐える素地と歴史的に厳しく得がたい体験を得ています我らは、在日同胞の権益を擁護する四十万の団員を持つ我らの組織の底力をこの非常時代に充分発揮し、愛国愛族の衷情を遺憾なしに発揮する時がただ今ではないでしょうか！

いま祖国では悲壮な覚悟で全国民が立ち上がって蹶起している時に我らはこれでいいでしょうか！みなさんの健闘をお祈りする次第で今度の「殺人集団朝総連粉砕」及び「木村妄言糾弾関東地区民衆大会」を開催することになったのです。

この民衆大会によって、さる九月三日「故陸英修女史追悼大会」がより高い民団運動の真髄で、民団歴史に永遠に記録されることだと確信し、全国愛国団員と共に堅く誓うものであります。

一九七四年九月十三日
在日本大韓民国居留民団関東地方協議会
事務局長
東本団長 金 致 淳

追悼行進長々五千米

北海道から沖縄までの韓国人団円

明治公園―青山街頭を縫う

一九七四年九月三日、民団創団以来、最大規模の大集会となった故陸英修女史追悼市街行進は、東京中心街に長々五千米の行列―。在日韓国人の怒濤のような民族魂の団円に昇華された。憤激と祈願の固まりて長蛇陣を敷いたデモ群衆は、この日、焼きつくような暴陽の下で、喉が渇れ果てるまで日本の背信を糾弾、全世界に韓国人の憂国哀情と主権団民の権威を大きく誇示した。デモ行進は太極旗を先頭に、故陸英修女史の幽影、そのあとに中央本部三機関長、東京本部三機関長を初めとするる会長団が、黒の吊服に"殺人集団朝総連粉砕"のプラカードを掲げ、宣伝カーのシュプレヒコールを先唱に、全デモ隊員が一斉にシュプレヒコールを上げ、その声が重く幅広く東京の空と町から町へ響き渡った。

デモ行列は、会長団に続き、東京荒川支部、足立支部が先頭を組み、関東全域を初め、北は北海道から南は沖縄までの日本全国津々浦々からつめかけた愛国同胞の数およそ二万人を越える長行列となって、史上最大の"韓国人の奔流"を日本国民に見せしめた。

デモ行列は、最後の瞬間まで秩序整然として、誰一人乱れることなく、正当な韓国人の意思を発表し、街角に並ぶ日本の国民からも吊意と共に厳粛な見守りの表情を見受けられた。デモ行進は、東京都明治公園前を午後二時半に出て四時まで、一時間半ほどで終わり、全員が一堂にもどるや、殺人傀首金日成の人形を焼き、共産暴力せん滅のうっ憤を払った。

・明治公園から青山街道を行進する在日二万同胞の粛然たるデモ行列

練馬区日韓友好協会が発足

韓日両国の友好親善と文化交流は両国民の友好による親和にあるとし去る七日午後四時半から、文京区にある「椿山荘」において韓日両側の六十余名の参席で「練馬区日韓友好協会」が発足した。

この日俞弘濬民団練馬支部の団長の開式辞から発会式が始まり、両側の祝辞(韓国側は、金致淳東本団長・日本側は中村法務大臣(代理が代読)があった後・今後友好協会の活動をするため、次のように役員を選定した。

会長、加藤宗蔵(練馬区農業組合長)

副会長＝俞弘濬(民団練馬支部団長)

監査　金鎮台(民団練馬支部

玄公伯先生逝去

各界から弔意

九・三・国民大会参席のあと

故陸英修女史追悼大会が開かれた去る九月三日、デモ行列に加わった愛国団員の一人が死亡した。

去る三日千駄谷の「東京都体育館」で行われた朴大統領令夫人故陸英修女史追悼中央大会にデモには参加しないようにとの支部役員の挽留にも拘らず、明治公園まで出掛けて葛飾支部のデモ隊が出発後若干歩きたいといい、デモ隊に従って歩行していた東京都葛飾区東堀切二―一〇―二五の玄公伯氏(六十二才)が青山通り歩道で持病の「冠状動脈硬化」で発作をおこし卒倒、表参道の青山外科病院に入院したがついに死亡し去る九月五日親族と民団の団員の見守る中で厳粛に永訣式が行われ故玄公伯先生の冥福をお祈り・午後三時半頃葬儀を終えた。

この日午後一時半から、尹致夏葬儀委員長の主導で行われたが永訣式は事情に依り参加出来ず石寿星葛飾支部議長が代行し、尹達鏞民団中央団長の献花と李竜穆駐日韓国大使館総領事と金致淳民団東京本部団長の吊辞があった。都内各支部役員が参席、故人の民族と国家を愛し一平生を生きてきた恩懐をたたえる感激的で挙団的吊意がこの永訣式に寄せられた。故人の誠実な人間性を感知させた。

〈写真＝去る九月三日逝去の故玄公伯先生〉

時言

重なり映る"歴史的日本"…

―故陸女史国民葬と反日デモに思う―

張　暁

このたびのわが国の大統領狙撃事件による令夫人故陸女史の死去に、全国民は深い悲しみに包まれ、これを突期として、反日デモが巻き起こり、はげしさを増して行く。

このような反日デモで示される対日感情はいったい何を意味し、韓日関係史の中でどのように位置づけされるものなのだろうか。

事件後、犯人が在日の元韓国系青年であったということが明らかになると、日本政府はさっそく「日本は無関係」といい、田中首相が葬礼に参列するようになると、それが日本に責任があったからのことと受けとられないようにと、「在日韓国人の犯罪であり、日本政府に法律的、道義的責任はない」(十八日、外務省)と強調した。

それではこの事件ははたして日本にどのような関係があるのだろうか。韓国内の世論をまとめると次のようになる。すなわち、日本が犯行の計画と準備の舞台になったこと、日本政府が不正旅券を発給したこと、また犯行後の日本当局のけん銃が凶器に使われたこと、日本警官の背後関係捜査の手ぬるさに合わせて、日本社会の中の韓国キメッケのムードの中で犯人の考え方や犯行の準備が後おしされたこと、そこへ韓国の立場を無視するような木村発言の連発等が今日の事態を呼び起こしている。

また、韓国政府が主張する対北問題も、「捜査の現状から見ると、日本が北朝鮮の対韓工作の中継基地に利用されているのは事実だ」という九月五日の衆院外交委での警視庁警備局半田参事官の証言のとおり、明らかなことである。

そこで、われわれとは、日本人の"自由"や"平和"などに対する主張を否定するものではない。日本国民は、過去一世紀にわたる他民族侵略とくに韓国支配の上でもたらされた富の蓄積による近代化と教育による工業化水準の高揚によって今日の経済力を築き、それにともなう自由を謳歌しているが、それらの歴史的罪悪の民族的反省のない主張は韓国民への説得力を欠く。

日本のマスコミや国民が韓国の政治を批判したり、自己の考えを主張することは自由であるが、政治そのものの批判を離れて、韓国・韓国民のすべてを否定する風潮さえないとはいえない。韓国を悪とキメツケるところには、日本民族の独善的ナショナリズム、かつての"征韓論"的な丸日本人的性格がうかがえる。ある人(日本人)が某新聞への投稿の中でこういっている。――「日本人の国民性として、存在を否定すると、そこに生活基盤をおく人間の人格すべてを否定し、かつ敵対視する習性がある。

すなわち、自衛隊を憎むあまり、自衛官の子どもまで憎み、敵対視してしまう……」と。これは今日の日本国民の対韓意識にもあてはまることではないのだろうか。

日本と国情の異なる国は、何も韓国だけではあるまい。しかし韓国にだけ特殊の意識をもつのはなぜだろうか。それはいわゆる"経済協力"からくる優越感からである。ここにむかしと変らないおごれる日本人の姿がある。

このたびの朴大統領のことばのとおり、韓日国交正常化には、日本の過去を赦した寛大さがあった。それで、三十六年間の搾取からしても、多少の経済協力は当然と考える。それも利殖のための商行為であって、なにも恩恵ではないと考える。韓国民の寛大さに比べて、大きくずれ背反する日本、それは木村外相の妄言でもうかがえる。日本の裏切りは台湾との関係においてもすでに示されている。

そこで、韓国民の眼前に現われたのは、むかしと変らない黒い日本である。そして大統領夫人という尊敬する人を失うという悲しみの中で、この事件と交錯するといくつかの歴史的事件が二重三重に重なって脳裏によみがえるのである。

第一は、一八九五年の、時の駐韓公使三浦梧楼による国王妃閔妃の殺害である。親日政府の組織に邪魔になる閔妃をなきものにしようと、三浦は手下どもを引きつれて日本刀をもって深夜宮中にしのび入り、王妃を殺害して裏庭で死体にふとんをかけ火をつけて逃げた。この事件に対して、日本は裁判権が日本にあるといって犯人を引渡さず、広島で二〇日間拘留したあと、無罪放免した。

次は、一九一九年の高宗皇帝の殺害である。かつて国運急をつげるとき、オランダ・ヘーグの万国平和会議に密使を送って訴え、日本を退けようとした高宗は、その後、日本人の手にとり囲まれていたが、日本人医師により毒殺されたと伝わると、全民族は悲しみと怒りに包まれ、その葬礼を期してあの挙族的な三・一運動は起きた。

こんども黒い魔手はともかく日本から渡ってきた。しかもおごれる日本の韓国キメッケのムードを背景として。こうしてみると、われわれはいくたびか元首級の人物を日本人および日本から渡った魔手によって奪われたことか。韓国の民族運動は、日本の侵略とその悪辣・残虐さに対抗して発生した「排日」「抗日」「反日」意識によって成長発展したといえる。韓国民のもつ反日感情は、民族運動の基本意識であったし、今日も健在である。そしてそれは一時的には影をひそめることはあっても、日本国民がおごれる対韓意識を捨てない限り、おりにふれてよみがえる永遠なものである。反日デモとそれを支持する民衆の動きがそれを示している。(筆者＝史学者)

関東大震災犠牲同胞

第五十周忌慰霊祭

関東大震災が発生して五十一年目に当る去る九月一日、旧日帝の残虐殺害に出くわされ、殉国の死を遂げた一万余人の在日韓国人英霊に追悼の意を捧げるため、"関東大震災受難殉国同胞慰霊祭"が民団東京本部の主催で東京商銀荒川支店三階会議室で都内団員有志など百余名の参席で厳粛に行われた。

この日午前十一時半から開祭された慰霊祭は金致淳東京本部団長の祭主焼香から始まり、金仁洙中央本部副団長と金致淳東本団長の追悼辞・姜暁氏の近代史に見る日本人の残虐性検討(史学者)の追悼講演後一般焼香後・高貴道荒川支部団長の閉会辞で閉祭した。

特にこの日追悼講演では、歴史的な見地から日本人の残虐性を祭壇の前にて説明し、その当時日本人の凶暴な殺人鬼的虐殺相にはあいた口がたまらないほど、人類歴史上類例のないおそろしい虐殺事件で悲惨なことであった。

日本人の直言

繰返した「逆なで」―拙劣すぎる対韓外交

――筑波大教授　村松　剛

日本の外交は、まことに不可解である。日本の政治家の外交の下手なことには、すでに定評ができかかっているようだが、このごろは見ているとますます絶望的になってくる。

最近の韓国にたいする外交当局の一連の発言は、相手を怒らせようと企んでのものとしか思えない。まずだいいちに韓国大統領夫人を在日韓国人が射殺した事件にたいして、「外務省筋」は道徳的にも何の責任もないと言明した。

これは現在の韓国の政治体制をどう評価するかということとは、いうまでもなく次元を異にした問題である。かりに日本にいる台湾系の中国人が、日本の警察から拳銃を盗み日本人のビザをもって北京に潜入し、毛沢東夫人を殺害したとしたら、日本のマスコミはどういう反応を示しただろう。北京の政治体制への好き嫌いはべつとして、日本は道義的責任を感じるべきだし、ぼくなどがそんなことをいうよりもまえに日本のマスコミは、相手が北京だったら蜂の巣を突っついたような大騒ぎを演じるにちがいない。日本政府は何をしているのかと激怒する「良心的」言論人が、ゴマンと出るのではないか。

卑俗な比喩をあえてつかわせてもらうなら、自分の家に下宿していた男が包丁を盗み出してこちらの名刺までつかい、隣家に侵入して奥さんを殺したということである。そういう事件が起こったら、法的にはともかく礼節としてお詫びをいれるのが当りまえだろう。

二年まえにイスラエルのテルアビブ空港で岡本なにがしが虐殺事件を起こしたときに、日本の政府は謝罪の使節を現地に送った。(石油がまだ「武器」につかわれていなかった時代だったから、日本がわもういういしかったわけで、いまならとうてい考えられない。)

今回は元首夫人を殺したのだから、問題の重みはずっと大きい。しかも何の道義的責任もないと、外交当局が言明したのである。なぜ韓国だとべつ扱いするのかと、相手がわが激昂するのは当然であって、差別ととられてもこれは仕方がない。

最近の日本では、韓国の朴政権の悪口をいうことが流行で、それが「インテリ」(?)のしるしのようにさえなっている。

この種の流行は日本にはむかしからあり、少しまえは、「ベトナム戦争反対」だった。反対論は人道主義をふりかざしていたはずだが、アメリカが介入をやめ、北ベトナムの十数個師団が南にいすわって武力攻撃をつづけていても、「人道主義」的インテリは、もう何もいわない。次の流行は、北京礼賛に変った。

しかし北京詣では田中金権内閣がまっさきに行なっていることだから、このごろは「インテリ」の渡符にはならなくなった気配がある。そこで次は、韓国の朴政権への非難という順序らしい。

韓国の現行憲法には、よその国のことながらぼく自身も多少の疑問は抱いている。けれど独裁体制ということをいい出せば北京や北朝鮮はどうなのかという問題が当然出てくる。北朝鮮は、金日成一家の家族支配の観さえある。

現在の世界で、議会制民主主義を曲りなりにも維持している国々は、決して多くはないのである。一部を除く西欧とアメリカ、カナダ、アジアでは日本とマレーシア……と数えてゆくと総人口は十億人ぐらいに達するだろうか。十億とすれば、世界人口の三分の一にみたない。

それぞれの国に、おのおのの歴史があり事情がある。議会制民主主義をとっていないからわるい、ときめつけるのは不遜だし、そんなことは傲慢とも思う。ところが日本では、シリアやイラクやサウジアラビアの独裁制には微笑を送っても、韓国だけはそうはゆかない。(とにかく韓国には、石油が出ないのだから。)日本人がスパイ容疑で捕えられた例は、ソ連にも北京にも数多くいるけれど、マスコミはそれには、あまり関心を示さないのである。

日本の三十六年にわたる朝鮮統治が、どれほどの怨恨を韓国人にうえつけているか、いちどでも現地に行ったことがあればたいていわかるはずである。(北朝鮮は、親日知日分子は公民権を剥奪すると、かつて憲法に明記していた。)

ことに朴大統領夫人殺害事件の八月十五日は、日本の敗戦の日であり、向こうにとっては「解放」の日である。その日に起こった事件は、明治の「閔妃暗殺」いらいの数々の歴史を人びとに想起させたと思うべきだろう。

事件の衝撃は、反朴派の人びとまでも反日反共に結束させた。そこに道義的責任云々の発言であって、これはもう拙劣とか何とかいうより、まともな神経をもった人間のことばではない。さらに北朝鮮からの脅威はなく、韓国だけが唯一合法の国家ではないという発言が、追いうちをかけた。

北からの脅威の否定は、韓国の政策を根本からくつがえすものである。見方はこの場合にもむろん、いろいろあり得る。しかし韓国政府筋によれば、げんに昨年の暮れには韓国の西がわの島(西海五島)をめぐる軍事的緊張があったのだし、北がわは三個軍団を動員し、民兵隊の一部動員と海軍の集結まで行なった伝えられる。

この事件は日本では殆ど知られていないけれど、それにつづく韓国漁船二隻と警備艇の撃沈や大韓航空機への発砲は、日本の新聞にも出た。脅威はないという断定は、当事者である国の感情を逆撫でするものであろう。

朝鮮半島の二つの国のうち、北朝鮮は日本からはとおく体制もまるでちがう。韓国は近いしソウルの市街は歩道橋から高速道路まで東京に似ている。その気安さが日本がわの言動にあらわれていることも否定できないのではないか。

よその国の法律を日本人が破って捕えられたとき、当の法律の方がわるいという書き方を新聞の多くがするというのは、韓国の場合ぐらいしか考えられない。

気安さは、相手国には侮蔑ないしは主権侵害とうけとられるのである。三十六年にわたる支配が韓国人にあたえた傷について、論じたがる人びとは少くはない。しかし政府も、それを好んで口にする一部の知識人も、事実をどれだけ認識しているのかと思う。

東京商銀信用組合
理事長　許　弼　奭
本店　東京都新宿区西大久保一―四四九　電話　二〇八―五一〇一(代)
上野支店　東京都文京区湯島三―三八―一五　電話　八三二―五一四一(代)
荒川支店　東京都荒川区東日暮里六―二二―一　電話　八〇二―五一二一(代)
五反田支店　東京都品川区東五反田二―一九―一　電話　四四一―五一八一(代)
立川支店　東京都立川市曙町一―二五―一二　電話　〇四二五―二二―五一三一

広田板金製作所
社長　黄　晩　伊
東京都目黒区中央町一―六―一四

東洋ビジネスフォーム株式会社
社長　金　文　培
東京都目黒区自由ケ丘二―七―一七

一般鋼材
安田金属(株)
社長　東郷道子
東京都墨田区緑四―六―一二
TEL 六三五―一三五〇

墨田韓国人会館完成

韓日友好、団員福祉へ画期
起工四個月で、15日「落成」なる

一階 駐車場 二～四階 事務所会議室

〝われわれの殿堂を　われわれの力量を結集して建てよう〟とのキャッチフレーズのもと、民団社会全般に亘って、会館建設の意欲が高まりつつある中で、今季一番民団墨田支部が、会館建設のトップを切って、完成実現のテープを飾った。「墨田韓国人会館」と名づけられた同会館は、長年に亘る管内団員たちの宿願であった建立への夢を実現へ導き、九月十五日落成式を以って、高らかとなびく太極旗の下に、執務開始へと飛躍の第一歩を踏み出した。

立派に完成された墨田支部会館模様

その間、民団墨田支部は、洪象観団長の推進力を求心点にして、全役員、団員が総結集、基金造成など数々の難関を経て今日の栄光に輝く「落成」の一旗を上げるようになったもの。

この墨田韓国人会館は去る五月五日、墨田区太平一ノ四ノ八において起工地鎮祭を行い、これを起点にして、急いで会館建立に取り組んで以来約四ヵ月ぶりに、四階建の立派な建物が出来上がったわけで、東京都内有数の支部建物の中でも、最も高い建物としてその偉容を誇るようになった。

この墨田韓国人会館建設は一九七三年十月、墨田支部三機関及、傘下各機関合同連席会議で「会館建設推進」を決議、不景気の最中強力な団員全員からなる協力を積み上げ一年も経たないうちに、完成したものとして、墨田支部の仕事推進に見る強力なバイタリティに感銘の声が寄せられている。しかも、墨田区内には民団団員の数も、足立、荒川などに比べて少ない人口の現状にも拘わらず、その「少ない人口」の団結力が他の追従を抑へ、韓国組織強化態勢を見せしめたという意味で高く評価されている。

会館は、一階に駐車場、二階から四階まで民団事務所、会議室、商工事務所など多目的に利用され、各種時局講演会、映写会、学習会などの場に役立つものとして都内有志、団員からも羨望の的とされている。墨田支部では、また、韓日友好親善と団員の福祉向上に連なる諸事業には会館をフリーに開放して利用されることを望んでおり、いままで狭少のため、思うままに集会などを催すことが出来ず他の場所を借りることの多かった難関が解消されたことに喜びの色を見せている。

九月十五日の落成式には、民団東京本部金致淳団長を初め、民団各界から多数の人士が参席し落成式を催し、墨田支部の前途を祝いした。金致淳東本団長は来賓祝辞を通じて洪象観墨田団長の功労を讃え〝他の支部も墨田支部にならって、会館建設と力量を尽くせば不可能なことではない〟と説いた。金団長は、この会館建設が、墨田支部の組織力の結晶であることはいうまでもなく、民団全般の組織力の象徴になるものだとし、落成の喜びを民団組織発展の一端としたいと語った。

同支部ではきたる九月二十一日四階の会議室で定期総会を開く。

1973年度東京商銀開催の敬老会模様

都内各地で――　敬老会

東京商銀信用組合（許弼奭理事長）では例年九月十五日開催している一九七四年度敬老会を民団東本と婦人会東本の後のもと今年も十五日で午前商銀本店七階ホールで、東京都内の六十五才以上の団員を一個所に集め長寿を祝うとともに今後も長生きしてくれるよう、祝賀パーティが都内各界の参席で盛大に行われた。

◎民団大田支部婦人会（金順英会長）では、きたる九月二十一日に、婦人会員三十余名参加のもと、平和島温泉にて恒例の敬老会を行う。

民団目黒支部（安高元団長）ではさる十四日午後四時から「目黒銀座会館」で昨年と同様敬老会を開き支部管内の長寿なされたおじいさんとおばあさんに敬老の意を表し、心労を慰労する盛大な敬老会を開催した。

民団中央委 十月に延期

民団中央本部朴太煥議長は第二十四回中央委員会を執行部の事情により十月に延期すると発表した。規約は、民団中央委員会は、三月と九月中に開催するよう規定した

東本執行委員決まる
顧問、直選地方委員も

民団東京本部第三十三期の金致淳執行部は、執行委員十八人の内十七人を次の通り発表した。

〈東京本部第三十三期執行委員〉
金致淳、金九尚、陳斗鉉、高昶徳、河徳成、高昌運、金載淑、玄奎元、洪象観、兪弘濟、羅大煥、姜尚元、張基洙、金栄在、河丙鉉、金秉斗（一名未定）順不同

民団東京本部、議決機関（金興鎬議長）は、東京本部第三十三回定期地方大会で委任事項である顧問及び直選地方委員の人選を次のように、八月十日の日付で諮問機関である顧問十八名と、直選地方委員二十九名を発表した。発表された名単は次の通り

〈諮問機関〉
常任顧問・鄭東淳、許弼奭
顧問
尹達鏞、金仁洙、張仁建、丁賛鎮、金己哲、鄭煥永、洪填圭、金泰変、金坪珍、朱洛鉉、鄭順相、金載淑、金尚弘、李学文、李彩雨、李棟議（順不同）以上十八名

〈直選地方委員〉
徐興錫、金光和、李鎭浩、金致淳、金九尚、陳斗鉉、高昶徳 各部長七名
朴宗均、康任変、朴珠東、崔昌林、金栄在、方永哲、河丙鉉、許南鎮、金秉浩、金秉斗、呉世鎮、金尚弼、金振守、安秉根、朱英俊
（以上二十九名）

監察運営態勢整備
支部監察機関初の合同会議

東京本部監察委員会（金栄洪委員長）では、本国における衝撃的な朴大統領狙撃事件の悲事態めやらぬさる八月三十日、都内民団各支部の監察機関役員約六十名を「駐日韓国公報館(?)」（霞が関）に集めて、午後一時から〝東京各支部監察機関役員合同会議〟を開いて監察委員会の当面する任務を討議した。

東京本部正常化後初めてもたれたこの日の会議は、国民儀礼の中で、大統領夫人故陸英修女史への追悼黙祷もあって、厳粛な雰囲気のうちに開かれ、金栄洪監察委員長の開会の辞に続いて、東京本部執行部を代表して金致淳団長、中央本部監察委員会から朴炳憲監察委員のあいさつのあと議題に入り九月三日行われた大統領夫人故陸英修女史の追悼大会への団員動員に最大限の協力を惜しまぬことを決議し、大統領狙撃事件にも削総連と共に、犯人文世光との関連を噂される。

旧韓青をはじめとする、不純分子一派の所謂〝韓国自主回復統一促進会議日本支部〟、民族統一協議会〝、〝民団自主守護委員会〟〝旧民団東京本部〟、〝旧韓学同〟などに対する〝敵性団体規定〟に関する説明があり、既に本団から懲戒処分を受けた者のほかに、反死団反国家的行為を引き続いて行っている不純分子に対しては、前非を悔いて善良なる団員たらんとの反省と確証のある者を除いては徹底的に調査して、〝民団規約〟により、処分することを指示した。

また、監察委員会の任務に関する規約第三十二条及び六十六条運用規定と監察委員会運用規定第七条第一項などの本団〝規約〟を、朴中央監察委員と東京本部の許総務部長が、それぞれ解説して、監察機関の責任と使命を再認識させ事務監査のみでなく、名実共に組織防衛のための積極的な監察活動の完遂を申し合わせた。

続いて〝組織保安強化と団内再点検〟について、大統領狙撃事件という不祥事の発生に鑑み、①旅券申請に関する身元調査②新規入団者に対する身元調査などに徹底を期すことを確認し、併せて各支部監察機関は、従来にも増して執行部の団務推進に積極的に協力するとともに、監察機関としての任務として定期的な団務監査を怠らぬようにとの指示があり、東本監察委員会から今後とも資質向上のため機会あるごとに監察機関の研修会を開きたいとの抱負が披露され、熱のこもった活発な質疑応答のあと東本第五監察委員の閉会の辞とともに同四時半終了した。

第五次姉妹結縁団構成
墨田、北、港、東本執行委員会
九月二十九日四班同時出発

「六十万のセマウムシムキ運動」の一環として昨年東京本部が積極的に推進して、全国的な「セマウル事業支援運動」に発展、大成功裡に結実をもたらしたが今回第五次「セマウル姉妹結縁団がきたる九月二十九日羽田を出発する。

今度の姉妹結縁は、四つの「セマウル部落」と結縁するが、その姉妹機関は、東京本部執行委員会を始めに、墨田支部（洪象観団長）と港支部（同徳成団長）と北支部（羅大煥団長）がそれぞれ結縁団を構成「国軍の日」に母国を訪問する参観団と一緒に出発する予定で準備にかかっているが、結縁する「セマウル」と日程は次の通り。

〈結縁部落〉
①東京本部執行委員会＝京畿道華城郡台安面陵里（陵洞）
②墨田支部＝慶尚南道居昌郡休川面金鶏里
③港支部＝慶尚南道山清郡丹城面虎里
④北支部＝全羅南道咸平郡咸平邑小等部落

解説

共犯者に日刑法適用可能

〈日本側の見解〉

日本側では、八・一五朴大統領狙撃事件が起こるや、いろいろな微妙な反応を示した。最初に木村外相は日本法律に違反しない限、処罰じないと言明し、町村国家公安委員長も同じ要旨を繰り返した。また法務行のある局長は、日本内に共犯者がいるという証拠がないと、あいまいな資料だけでは捜査権を発動しないとの冷たんな反応を現わした。また韓国においては、犯人文の陳述を日本に通報し捜査協力を要請したが、日本側では韓国内においての犯人の陳述だけでは、捜査は難しい金浩竜に対して出頭を要求出来る資料を収集していないなどを理由に、強制捜査を回避して来た。

〈日本刑法第2、3条〉

さて、日本側が表明したように犯人文とその共犯者である金浩竜などに対して日本法律で処罰することが出来ないのか、または拘束などの強制捜査に支障があるのか、これに関して日本側ではその処罰が困難であるとする理由を次の日本刑法第二条と第三条の規定を上げている。

即ち、日本刑法第二条（国外犯）では「本法は誰となく日本国外において次に記載された罪を犯した者に適用する」と規定されているが、その〝次〟に記載した罪には犯人罪が含まれていないため、犯人文の行為は日本刑法の適用を受けない。また日本刑法第三条（日本国民の国外犯）では、「本法は日本国外で、次に記載する罪を犯した日本国民に対しこれを適用する」と規定され、その〝次〟に記載した罪には殺人罪が含まれてはあるが、犯人文は外国人であるため、これに該当しない、従って日本刑法の適用を受けない。としている。このように犯人文の行為は日本刑法の適用を受けないし、殺人罪として処罰することが出来ないため、その共犯者である金浩竜などに対してもこれに従属し教唆犯または従犯共同正犯として処罰することが出来ない。日本警察と一部言論が、処罰に難点があるとしているのは正にこのような法律の見解からくるのであると思える。

〈日本刑法の適用は可能〉

しかしこのような見解は、日本刑法を適当に解釈したものにすぎる。前述したように犯人文と金浩竜は日本国内で殺人を謀議し、また文は殺人を実行したものである故、その点において、文と金を殺人罪の共謀共同正犯として処罰することが出来る（日刑法第六十条）この場合、文が殺人を実行した犯罪地が外国というところに問題が生じるが、しかし、共謀殺人における共謀は、日本国内で行われたし、犯罪結果も、実際に発生したものであるから、共犯の成立には何んの支障がないのである。

日本刑法第一条（国内犯）一項には「本法は何者にも拘わりなく日本国内において、罪を犯した者に対し、これを適用する」と規定してある。このように共犯者の金浩竜に対して日本刑法で処罰する法的根拠が明白であるからには日本捜査当局としては独自的に拘束などの強制捜査をしなければならない。また日本刑事訴訟法は外国公務員が作成した調書等の公文書に対しても証拠能力を賦与してあり（第三百二十三条）韓国政府から通告して来たその通報と調査依頼書に依り、少なくても捜査の端緒とすることが出来る。従って逃亡と証拠湮滅を防止するためにおいても、事件の重大性と両国の友好関係に鑑んでも、さらに最も事件の真相糾明のためにも、強制捜査が行わなければならない。

×　×　×

第五の「民族金融」建つ
東京商銀錦糸町支店起工

東京商銀信用組合（許弼奭理事長）では、去る九月九日午前十一時・墨田区江東橋二－十八－二に第五番目の支店になる「商銀錦糸町支店」の起工地鎮祭が、商銀関係者と東京都城東地区の民団役員約百余名の参席した中で盛大に行われた。

この日午前十一時正刻から始まった地鎮祭であいさつに立った許弼奭理事長は、ここに建られる錦糸町支店は、約二億円の予算で、三階の建物になるが地所が五十二坪だけに一階は、駐車場、二階が営業事務所になるが、今日までに錦糸町支店の起工式の地鎮祭に至るまでには、みなさんの御協力のお陰だとたたえた後、金致淳民団東京本部団長の先唱で乾杯で茶菓会で地鎮祭は終った。この錦糸町支店は、来年二月中旬頃完成し、三月初旬に開店するというが、今後の発展が期待される。

国軍の日参観団を募集

民団東京本部民生部（申秀敏部長）では、来る十月一日本国ソウルで挙行される「国軍の日」記念式典参観団国防問国を左記の実施要領で募集している。

〈募集実施要領〉
一、人員構成＝民団団員で初行者を優先的に選定する
二、旅行日程＝（二泊三日）
①九月二十九日＝羽田空港出発ソウル到着
②九月三十日（月）午前＝国軍墓地・故陸英修女史墓地参拝後、ソウル市内名所観光
③十月一日（火）＝「国軍の日」記した）
三、所要経費、七六、四〇〇円
（内訳）
①往復航空料＝五万九千四百円（九月五日から5%引上になったため従前より三千円が高くなり）
②宿食費＝一万三千円
③国内交通費＝三千円
④雑費＝千円
四、募集締切＝九月二十日限
五、提出所＝民団東京本部民生部

その他詳細なことは、民生部に問議とのこと…

〝木村妄言取り消せ〟
在京韓国人波状デモ

木村妄言取り消せ！波状デモの韓国青年たち

〝民団江東支部（金光和団長）団員五十人はきたる十七日、日本外務省の、高位官吏の褒貶不同の対韓発言に対し、在日韓青年会と在日大韓婦人会の抗議外務省前での波状的デモにつづいて強力にデモを行うという。

このようなことは、去る八月十五日起きた朴大統領狙撃事件後一部の日本政客、特に外務省の高位官吏が・故意的だといわれるほど反韓的発言をなされたことは在日韓国人の憤激を買っていることにあるとデモに出るという一人は高調な声で語っていた。このようなことは、当分間続く模様である。反韓的発言とは、大統領狙撃事件の共犯捜査の非協力ばかりがこの事件が日本で謀議・日本の旅券と日本警察官の拳銃で一国の大統領が狙撃され、令夫人が逝去した等、気ままに妄言を連発している無責任なことは、韓日両国の友好親善を破壊しているし、一九六五年十二月十八日発効した〝韓国と日本国との基本関係に関する条約〟を破棄するような重大な問題で容納することができないという観点からたとえその理由を打ちたてていた。

だが一日も早くこのような不幸な発言は謹んでもらいたいし、両国の平和と友好・両国民の友誼を傷つけることは、賢明ではない。〝日本のためにと・スパイの基地になつている現実を直視して共産主義と戦っている韓国の事情を理解してほしい〟と江東区の一韓国人は望むところだと語っていた。

支部だより

◎江東支部

民団江東支部（金光和団長）では、さる九月八日団員四十余名参加のもと「第十八回塩見分団定期総会を行った。

選挙委員会での決議が見られず参加団員の選挙によって最多数票を集めた沸栄奎前分団長がひきつづき選出された。

また九月十四・五日に団員百余名参加のもとで下田の「ホテル伊豆急」にて、秋期親善旅行を行い二日間を有意義に過した。

◎台東支部

民団台東支部（李鎮浩団長）では、きたる九月三十日、団長をはじめ七名の団員が「セマウム運動姉妹結縁」の継続支援事業として毛糸編機八台を贈呈するため本国へ出発する。

一行は十月一日の「国軍の日」の行事に参加の後帰る予定である。

◎荒川支部

民団荒川支部（高昌運団長）では、管下十分団に各々該当分団の看板を掲げ、地域組織の強化に連なる民団アピール運動に役立たせることにしている。四千余団員が密集している荒川地区において分団毎に民団の看板を掲げることに依り、朝総連を圧倒し、多くの同胞が民団に加入出来る雰囲気を造成するのにもプラスになる面が大きいと見通され、このように決定したのである。また、国民登録申請新規者と転入者は、分団役員の事前入団許可を経て支部に申し込むよう決定し、いま実施している。

特に、旅券発行においても、必ず、分団を通して支部に申請するよう、手順を決め、団員の確固たる組織への義務を果すことを促している。

野口マンション
社長 魯鍾洙
東京都墨田区墨田1－7－16
電話 611－2064

娯楽の殿堂
寺島会館
東京都墨田区東向島5－27－3
TEL 614－3914－5
立石娯楽センター
東京都葛飾区立石7－3－17
TEL 691－0797
茂原会館
千葉県茂原市千代田町1－4－2
TEL 04752－2－2973
社長 趙斗淳

食油・工業油飼料製造メーカー
太田油脂工業（有）
取締役社長 李道燮
本社 東京都墨田区八広4～9～12
TEL 611～0007

パチンコ 検見川会館
（総武線検見川駅前）
コンパ ふじ
（錦糸堀旧都電車庫裏）
社長 金敬玉
東京都墨田区両国2～16～5
TEL 631－0772

食用油・工業油飼料製造
大和松山製油株式会社
代表取締役 朱命九
東京都墨田区八広3～36～2
電話 612～5146

墨田製鋼株式会社
ナイトプラザ ナビ
代表取締役 金三岩
本社 東京都墨田区墨田3丁目10番23号
電話 614－0025（代）～30
ナビ 東京都港区赤坂2丁目13番12号
電話 582－4886－7

竹山鋼業株式会社
代表取締役 朴周植
（墨田区支部議長）
本社 東京都墨田区文花2－6－2
電話 611－0106番（代表）
工場 埼玉県川口市東本郷2600
川口新郷工業団地
電話 0482（83）6067番（代表）

東洋実業株式会社
社長 徐丙吉
（東京商銀理事）
本社 東京都墨田区立花3－26－6
電話 612－4146
工場 江戸川・千葉県八千代

これが殺人陰謀だった

真相

二、犯行の背後関係

常識的に考えても、このような大それた犯行がわずか数人の共謀だけで計画、敢行されたとは考えられない。事実そのとおりで、犯人文世光の背後には朝鮮総連の末端幹部である金浩龍だけが加わっているのではなく在日手先機関という北韓共産集団の朝鮮総連と、裏でその操縦を受けている「韓青同」「韓民統」などカイライ団体が関連しており、金日成が直接指令したという事実が、犯人文世光の自供と韓国捜査当局の捜査結果として明るみに出ている。

（一）狙撃事件を操った在日朝鮮総連の正体

（1）組織の性格

表向きは北韓共産集団のいわゆる「祖国統一民主主義戦線」に加盟した在日朝鮮人団体ということになっているが、事実は「朝鮮労働党」の日本支部であり、その役割は北韓共産集団の対日代表部的機関であるといえる。

（2）組織戦略

①日本の実定法上の合法性の絶対的堅持
②北韓共産集団の日本支部としての基盤造成
③対南赤化統一のための革命前進基地

（3）当面の課題

①民族権利擁護闘争事業（日本内の朝鮮総連系に限り）
②民族教育事業（言語、文化思想）
③祖国統一事業（赤化統一革命事業）
④日本人との親善連帯強化事業
⑤組織、財政の確立事業

（4）構成

①概要
▲朝鮮総連中央本部一（十三局一室一委員会）
▲地方協議会七（東京・中部・中国・関東・近畿・四国・九州）
◎地方本部四九
◎支部三三三
◎分会二、〇一〇
◎傘下団体一三
◎事業体一六
※朝鮮総連の基本組織は分会による細胞組織にあり、分会は人口分布、地域別、職場、学校などに組織されている。
②朝鮮総連事業機構
※統一促進委員会および統一事業部の任務
◎祖国統一という政治的大義名分のもと統一念願という民族的感情に便乗、対民団接近工作を通じて民団瓦解と赤化、全在日同胞を革命化する戦略の遂行
◎韓国における革命力量増大 対南赤化工作遂行
◎全海外同胞を糾合することにより、いわゆる「統一連合戦線」を形成し、北韓共産集団の対南赤化統一政策支援
◎「大民族会議」などの開催を通じて第三国（米国、西独など）居住同胞をして第二、第三の朝鮮総連を図る
◎日本人との連合戦線形成、韓日離間を通じて韓国の孤立化を策動

（5）対南赤化事業推進状況

①基本形態
▼合法活動
◎組織事業（革命基盤造成）
◎統一戦線事業（連合戦線形成団合事業、民団の吸収）
▼非合法活動
◎在日北韓共産集団工作員を引き継ぎ、韓国に浸透させる
◎総連組織自体による対南工作
②基本方向
▼総連の全組織活動をいわゆる「統一事業」に集中
▼総連の全組織員は「統一事業」（対南工作）に全力集中
※北韓共産集団と朝鮮総連は一九七四年を「統一実現の画期的転換の年」「在日同胞を革命化する年」に設定して、全組織、全機関、全同胞を動員、全力量を統一事業運動に傾けている。
③基本目標
▼国内浸透（核心網の扶植）
◎目標優先順位＝軍、学園、宗教界、言論界、知識人
▼国際的連帯性強化醸成
◎英国、ドイツなど第三国居住同胞を対象
※一九七四年十月、東京で総連を中心に第三国居住同胞を糾合いわゆる「大民族会議」を開催、連合戦線を形成し、北韓共産集団の統一政策支援を策動
▼在日同胞だきこみ
◎民団系同胞、留学生、研修生、各級駐在員（商社、会社）、その他長期滞留者を対象とする
▼旅行者だきこみ
◎親戚訪問を目的に訪日中の者
◎船員、通過者
▼親北韓共産集団日本人だきこみ
◎北韓共産集団に同調する日本人と帰化日本人が対象

（6）統一事業部新設

①目的
北韓共産集団の指令により朝鮮総連は一九七四年を「統一実現の画期的な転換の年」「在日同胞革命化の年」に設定、対南赤化統一のための決定的時期を造成する
②設置沿革および機構
▼一九七四年三月十日、総連中央常任委は総連組織に統一事業部を設置することを決議し、一九七四年四月一日を期して設置
◎総責任者＝鄭在弼（総連中央本部副議長）
◎総連中央本部に「在日朝鮮人統一事業促進委員会」設置
◎中央本部各局（十三局）に統一事業部新設
◎地方本部（四十九）に統一事業担当責任者を置く
◎傘下団体（十三）に政治部新設
◎事業部（十六）に政治部新設
③統一事業の四大方向
▼学習強化により自体組織団合（統一事業運動展開を通じて自体内部矛盾を克服）
▼民団員および日本人との統一戦線形成
▼革命幹部獲得、浸透強化で韓国内の革命力量増大
▼日本人との反韓連合戦線形成で韓国の孤立化画策

（7）細胞組織および活動様相

①基本組織（基本組織は最も重要な教育指導体系であり、動員通報体系でもある）分会—班—分組（五戸担当制）
▼教育指導体系＝教養、宣伝監視（移動教育班、戸別訪問、教育強要）
▼動員体系＝非常連絡網動員
▼通報体系＝非常報告網（訪日、訪韓者、民団員および日本人の動きを把握報告）
②活動様相
▼組織員学習を通じた統一革命意識鼓吹
▼各組織員周辺の了解事業と対象物色強要
※了解事業とは組織員が自分の周辺で認知される訪日、訪韓者または日本人のうち、工作員として利用可能な者を探し、だきこんで報告することをいう
③だきこみおよび利用形態
▼第一段階＝各班に扶植された「通報員」が対象者物色接触で利用性を認めれば、組織（支部）に報告
▼第二段階＝組織幹部（指導員）が接触、教養過程で活用性を認めれば、県本部に移管（県本部は中央本部へ）
▼第三段階＝中央本部組織は活用度を評価して非合線（北韓共産集団の在日スパイ工作網）に引き継ぎ、総連組織との連繋を遮断
▼第四段階＝非合線は引き継いだ対象を北韓に送り込み、招待所で教養、訓練を実施したのち再南派」

（8）最近の主要動向

①中央および地方機構の拡大
▼議長補佐官室を新設
◎機構＝一九七三年十月
◎任務＝議長補佐、職権乱用けん制
◎役員＝責任補佐官一人、補佐人員四人
▼中央局新設
◎企画局＝一九七三年新設
※北韓共産集団代表団の接待、中央各種行事の準備と執行担当
◎商業局＝一九七四年二月二十五日新設（十全大会）
※対日、対北韓貿易関係担当
◎出版報道局＝一九七四年二月二十五日新設（十全大会）
※北韓共産集団の宣伝出版、報道担当
▼中央本部各局に副局長を増員
※各局ともに二、三人ずつ増員（一九七四年五月十八日）
※各部に一〜四人の副部長を増員（一九七四年五月十八日）
②民団同胞登録事業完了
一九七四年三月十五日ごろまで分会単位で民団同胞に対する調査事業、いわゆる民団同胞登録事業を完了し、滞在者に対する了解事業を推進中
③貿易船を装った北韓共産集団の対南工作指導船「万景峰」号が日本の各港に寄港しながら非合幹部（工作指導員）たちと緊密かつひんぱくに接触しながら再教育、再指導の実施を強化
④祖国統一促進月間設定
▼中央および地方に統一促進委員会、統一事業部などを新設し、全組織、全機関を動員して統一促進運動を展開している朝鮮総連は、一九七四年六月一日から九月三十日まで（百二十日）の期間をいわゆる「祖国の自主的平和統一のための愛国運動月間」、または一名「祖国統一促進全国統一行動月間」に定め、「祖国統一宣伝隊」などを編成、全力量を統一事業運動に集中させている。

▼統一事業運動は朝鮮総連の年例行事のようになっているもので、これまでは祖国統一という名分をかりて対民団接近工作の方便として利用したに過ぎないが、一九七四からは統一事業部の新設など、全力量を統一事業運動に集中させているのである。これは北韓共産集団が朝鮮総連の統一事業運動を政治戦略的に活用するための狙いから出発しているものとして、きわめて注目される。同時に、これは「大民族会議」開催策動と密接な関係があり、最近悪化した韓日関係に便乗、南北対話において新しい方向での赤化工作を画策しているものとみられている。

▼一九七四年に入ってから、北韓共産集団の対南工作戦略の転換が行なわれたものと判断されるが、朝鮮総連は統一事業部政治部の大衆強化を通じて各種市民サークル、クラブ活動に積極的に接近し、韓国を往来する在日同胞と日本人までもだきこもうと策動している。

⑤統一促進月間の細部事業推進状況
▼第一段階（一九七四・六・一〜七・三一）
◎縁故者調査事業完了
◎通報員業務総括
▼第二段階（一九七四・八・一〜九・三〇）
◎対南宣伝物投入事業強化
◎「五人分隊体系」確立を通じて実対象者の教養事業
◎継続的全戸訪問運動展開
◎南朝鮮人民の愛国闘争のための大衆闘争展開
▼対内事業強化
※全戸訪問、「朴政権[illegible]抗議」はがき、電報、電話の
▼対外事業強化
※政党、社会団体に対する[illegible]、著名人の[illegible]発表
言論界との事業強化
⑥対南工作事業の積極遂行

朝総連ベトコンの正体
対南赤化、革命前進戦略

（二）北韓共産集団工作船「万景峰」号の正体

（1）運航目的
▼朝鮮総連の活動の指導、督励
▼在日北送同胞の輸送
▼対日貿易船としての役割
▼在日秘密活動家との対北韓秘密連絡

（2）「万景峰」号を通じた指導

①朝鮮総連に対する指導とその実例

▼北韓共産集団の貨客船「万景峰」号（三、五七三トン）は一九七一年八月十五日、北送船トボルスク（ソ連籍）について清津港を出港、新潟港への試運転を行なったのを皮切りに、これまで北送船として十三回、北送者荷物積載船として十回、貿易船として十一回、計三十四回にわたって日本に寄航、平均月一回日本を往来した計算になる。

▼同船が日本に着くたびに韓徳銖ら中央本部の幹部たちをはじめ、朝鮮総連の活動家多数が同船を訪問、船内で船員（北韓労働党の政治要員）から直接指導を受けている。その数は延べ約十三万人、朝鮮総連系の約半分にのぼっている。

▼また、同船の船長、船員らは朝鮮総連中央本部はじめ地方本部事務所と朝鮮総連系の学校を歴訪、そこでは朝鮮総連の活動を指導、督励しているがその訪問先は延べ約五十カ所をオーバーしている。

▼「万景峰」号には同型船の定員の二倍にあたる六〇〜九〇人の船員が乗船しておりそれら船員たちの停泊中の行動などからみて、朝鮮総連指導の任務をおびた北韓労働党所属のいわゆる政治指導員がかなり乗り組んでいるものとみられている。

▼例えば、一九七三年一月、第七次貿易船として日本に来たときには、乗務員のうちの三十三人（全船員の四〇パーセント）が船内でだけでなく、朝鮮総連事務所と総連系の学校まで出かけて指導を行った。

▼しかも、第七次貿易船には初めて「指導船長」という肩書きのいま一人の船長姜明水という者が乗船しており、朝鮮総連指導の主役を担当したが、これは北韓共産集団が最近「万景峰」号を通じて、朝鮮総連指導をいっそう強化している兆候として注目される。

▼「万景峰」号は北韓共産集団の対朝鮮総連指導船として朝鮮総連活動家の「民族的、革命的教養の拠点」および朝鮮総連に対する「活動指針示達の拠点」という、二つの機能を遂行している。

▼「民族的革命教養」のための一般指導は、各寄港地における歓迎、歓送集会や船内見学に大衆動員（北送船の場合は全国的規模、貿易船の場合は地域単位）された朝鮮総連活動家に対して、船長らの集会あいさつ、船内における講演や乗組員たちの座談会、昼食会あるいは「万景峰」を教材にした「祖国礼賛」、北韓共産集団の映画観覧という形で実施される。

▼活動指針示達のための指導は、朝鮮総連中央本部幹部ら特定幹部に対する船内または朝鮮総連事務所での指示、朝鮮総連中央本部に対する北韓共産集団から指導文書や録音テープの伝達という方法で、秘密のうちに行なわれている。

※このようなたぐいの指導は朝鮮総連活動の方向を決定してやるものとして注目されているが、その主な実例はつぎのとおりである。

②定特内船指導幹部に対する

▼第四次貿易船（一九七二年九月）の場合、朝鮮総連中央本部の幹部たちだけが同船を訪問、金炳植副議長に対する北韓共産集団の見解と対策について指導を受けた。

第五次貿易船（一九七二年十月）の場合、朝鮮総連県本部支部委員長に対して「韓徳銖議長唯一体制の確立」を指導した。

第七次貿易船（一九七三年一月）として名古屋港に停泊中、愛知県本部の部長クラス以上を個別的に呼び出し、金炳植事件が組織に及ぼす影響などに関する実情を聴取し、指示を与えた。

北送者荷物積載船として一九七三年四月、新潟に入港したときは、朝鮮総連全国県本部委員長、組織部長、宣伝部長会議を開き、北韓共産集団代表が朝鮮総連事業を人事問題のうえで改善、強化せよと指示した。

※このように船内で特定幹部たちを対象に指導を実施している事実は、日本に寄港するたびに韓徳銖議長や各副議長ら中央本部の幹部や、寄港地県本部幹部が団体の船客とは別途に、終日または長時間にわたって一次船するのが慣例になっている段である。

※朝鮮総連中央本部内部であげられた金炳植の罪状の一つとして、「船内指導内容を韓徳銖議長に伝えなかった」点が指摘されていることでもその内容が十分わかる。

▼特定幹部に対して朝鮮総連事務所で指導した実例をあげれば、第七次貿易船として名古屋に停泊中、韓徳銖はじめ李季白ら三人の副議長、鄭一事務局長ら九人の局長が大挙して名古屋にある愛知朝鮮中・高校に押しかけたが、同校で開かれた東海地方活動家会議「万景峰」号歓送集会には参席せず、同校で約十時間にわたって北韓共産集団指導員と密議をこらしたことがある。また、姜明水「指導船長」ら二人は朝鮮総連中央本部を訪問、十七主要地方本部委員長らに対して、北韓共産政権の内外政策と朝鮮総連活動の革新について四時間にわたって指導した。

▼第一六七次北送船（一九七三年三月）として新潟に停泊中、新潟朝鮮中・高校で全国朝鮮新報支、分局長、出版物担当者会議を開き、北韓共産集団指導員が「社会主義革命と社会主義建設について」というテーマで、宣伝活動家の役割と任務について指導した。

▼文書指導の例としては、第一六一次北送船（一九七二年十月）から北韓女性同盟第四次大会朝鮮総連代表団に対する「金日成教示」の録音テープが伝達された。

▼第五次貿易船（一九七二年十月）の船長は朝鮮総連中央本部を訪問し、「韓徳銖議長唯一体制の確立」に関する北韓労働党秘書局作成の指導文書を伝えた。また、同船が大阪に入港したときも、北韓労働党と「祖国統一民主主義戦線」指導内容を録音したテープが、同船を訪問した朝鮮総連中央本部幹部に手渡された。

（三）「韓国民主回復統一促進国民会議日本本部」（俗称ベトコン）の正体

ベトコンとは周知のとおり、ベトナムの反政府戦線のことである。ところが、在日韓国人の社会にもベトコンがある。それは、韓国籍を持ち、表向き民団員を自称しながら、その実は反民団活動を行なっている連中のことを、民団側が呼称している名称である。

（1）ベトコンの形成経緯

①北韓共産集団は赤化統一戦略の一環として在日韓国人社会の赤化も根気強く追求してきた。そのためには、反共的で大韓民国を支持する民団を破壊するのが朝鮮総連の最大の課業となっており、朝朝鮮総連はこの目的を達成するため、一九六〇年代の初めに民団内に秘密工作員を浸透させた。

②当初、裴東湖と郭東儀が中心となっていたこれら偽装「民団員」たちは、民団のヘゲモニーを握るための工作を推進した。一味は在日同胞社会の中でいわゆる革新勢力を標榜集め、本国の施策に不満を持つ者をだきこみ、在日韓国青年組織に巧妙に浸透させ、一つの勢力として民団組織内に根を下ろしはじめた。

論壇

若い青少年の欲求を充足させるプログラム確立が最重要課題

青少年の教育訓練とプログラムの運営

「プログラム」の原理

②プログラムを立てる原則

すべてのものは原則の上に立たずにしてなり得ないのである。したがって我らはどのような「プログラム」を立てる場合でも原則からはなれない健全な「プログラム」を立てなくてはならない。この原則は、プログラムの共通した性格だと解釈できよう―、したがって「プログラム」をたてる原則として、

（A）その会の目的を達成するためたてる「プログムム」にならなければならない。

いくらその「プログラム」が独立的価値があり、すばらしい人気がある「プログラム」にしても、またてもその会の目的を達成するのになんの関係がないとか、また目的達成のため有益をあたえないなら、その「プログラム」は価値がない。

そのため「プログラム」は目的達成という基本原理の上で、「プログラム」と言う家をたてるに動力しなくじゃならない。

（B）全体が参興する「プログラム」にならなければならない。

男子だけとか・特定な人だけとか大学生だけとか英語を話す人だけとかに全体がたのしく参興できないのはいけない。全ての会員は「プログラム」に参興する権利を持っている。どの一部だけ加担するという「プログラム」とは会員の権利を侵害することになる。したがって我らの「プログラム」は、全部が参興する「プログラム」で会員のもっている力量を総動員できる機会をつくってあげなくじゃならない。

（C）若い青少年の欲求を充足させる「プログラム」にならなくちゃいけない。

食べ物も口にあう合わないによってたべるのも違うように、「プログラム」が、若い青少年に歓迎を受けているが受けていないかは彼らの欲求をどのくらい充足させているかに問題だ。そのため、先に青少年は今日何を欲求しているかをわからなくてはならない。

は若者の基本的欲求を次のように列挙している。

1、神に対する信仰の欲求、2自己理解、自己発見の欲求、3、自己一生の事業に対する欲求、4、一生の伴侶者、配偶者（異性）に対する欲求、5、社会関連に対する欲求等を若者の基本欲求とした。このような欲求を我らは在日韓国人的立場で満足させることができる「プログラ」をたてるに動力しなければならない。一つのプログラムだけでこのすべてを満足させることはできなくても連続する「プログラム」が一つ一つ満足させるように考慮を図らなければならない。

（D）若者の欲求を充足させる「プログラム」でも、若者達に過重な負担にならない適当なものではなくてはならない。

時間的に精神的に負担が大いと青少年の「プログラム」にいや気になりやすい。新しい「プログラム」を持てずに手を上どてしまう場合がある。そのため「プログムム」はあきない内容で、時間、金銭、努力等を参考にしなければならない。

（E）変化がある「プログラム」をつくらなくてはいけない。

場所の変化、性格の変化、行動の変化が適当に配慮して倦怠感がないよう進行し、進行も律動的な面がなくてはならな。

（F）プログラムは、時を合わせなければならない。

第一に自然の季節であるし第二に国家的季節期及び公休日、第三に在日韓国人各団体の記念日第四に青少年の学校の時期をよく参考して「プログラム」をたてなくてはならない。以上のような季節とか行事に合わせて無理が生じないようにし、かえってその節期の教訓も「プログラム」に生かしよい効果を囲うなければならない。

（G）関心をよびおこす「プログラム」をたてなくてはならない。

関心をよびおこすことが出来ない「プログラム」は青少年達に必要がないのである。

（H）相当な宣伝価値があって人気と関心を集中したプログラムにしてもその内容が理情的で実行性がない過度なものので実現が不可能なのは考えない方がよい。

実現性ある「プログラム」を通じて理想する目的を達成し、空小切手を切る会が出来ないよう努力する。

（I）「プログラム」は具体的なものだ。

漠然であり、曖昧なもので、なんとかできそうに式な「プログラム」のように虚荒に見えるのはない。

一つのプログラムは目標を向って投げる球のようなものであるから漠然としてはならない。第一になぜやるのかーの確実な答えとなにをもってやるかの答えとどのようにすればできるという具体的なのをたださなくてはならない。そのためすべての、「プログラム」が具体的な説明と解答をあたえることができるもの」なければならないということである。最後に団関環境と合う「プログラム」になることによってもっと大きい効果を上げることができる。以上のように幾つかの「プログラム」の原則をたてて見たがこれだけでは足りない。もっと徹底した研究で祖国と在日韓国人の行くべき国際における使命を遂行しようとするところによりよい「プログラム」の構想が可能だ──プログラムははれるであろう

③「プログラム」の運営

「プログラム」がどのようなものですばらしいプログラムができあがったにしてもその運営がよくなければそのプログラムはしんじゃうのである。そのため「プログラム」の運営に細心な注意を傾けてプログラムを生かさなくてはならない。「プログラム」を運営するのにおいて必要なのはなにかてを記述したい。

1、プログラムは、民主的方法によって運営する

すべてのプログラムが円満に運営する秘訣は、平等な権利の行使と義務の履行と全員加担の民主的方式だけにある。だれかひとりの意思によって「プログラム」が運営するようになればそっと見る時早くて統一して行くように見えるが、それはかえって人の権利をふみにじるもので、そこには化膿していくということを注意しなければならない。プログラムはかならず民主々義方法に運営しなければならないのである。

2、たのしいふんいきで運営しなければならない

"笑う家に万福がある"ことでした" このように在日韓国青少年運動もたのしいふんいきで運営ができることに所期の成果をおさめることができるのである。堅くて規格的になってはおもしろくないしたがってやわらかいふんいきで笑いを失けながらたのしくやっていけば立派なことになる。"一人がいるときは読書、二人がいる時は討論、三人以上はうたという"テンマークの諺智も考えられる。ほどたのしく運営しなければならない。

3、協同精神で運営する

「プログラム」は一人の力とかなん人だけではできない。皆さんが力を合わせてしないとチームワークがよくできるかできないかに「プログラム」の運命がかかっている。各自自分の分野全体を生かすため連関性をよく理解することによってチームワークがよくなると思う

4、「プログラム」は徹底した準備と周到な計画下で運営する。

準備なく、計画性がない「プログラム」は、動くことができない。

5、終りに「プログラム」は事を成功させるという建設精神で運営するのである。

やってみないで、長い間研究して樹立した「プログラム」を批判してできない。という悲談をするのは破壊的なことである、てのことをやってできたい会のもできるよう成功させるという建設精神だけが成功的な「プログラム」の運営になるであろう。

写真は第一回青少年夏期学校

金昌錫

馬場不動産
代表 鄭埈鈺
墨田区墨田三ー十一ー三
TEL 六一二ー〇八八〇

社団法人
東京都宅地建物取引業協会会員
東京都知事免許（3）第四三六二号
二葉不動産
姜尚用
墨田区東向島五ー一三ー一二
TEL 六一一ー七〇二一

高級スリッパ専門製造
（株）河本スリッパ製作所
社長 河宗範
墨田区東向島六ー一四ー一八
TEL 六一一ー九三六七

姜田ビル（貸事務所、倉庫）
代表 姜貴男
墨田区菊川一ー一ー五
TEL 六三一ー八八一八

製鉄原料 プレス加工
丸二商店
社長 金己出
墨田区立花五ー四七ー五
TEL 六一一ー一五八六

一般鋼材
水本商店
社長 金桂洙
墨田区立花三ー三ー一二
TEL 六一七ー三五二一

若宮金属工業（株）
取締役社長 李東変
墨田区墨田二ー一二ー一四
TEL 六一一ー八六八五

木山バキューム
代表 李京炫
墨田区墨田二ー二一ー二
TEL 六一二ー六五九六

昌山ビル（貸事務所）
代表 盲成玉
墨田区江東橋一ー一〇ー一〇
TEL 六三一ー七六四七

本場焼肉の味
京城園
代表 金斗叔
墨田区江東橋二ー七ー五
TEL 六三五ー一九九三
六三三ー一三五七

東城金属メッキ工業所
代表 朴尚福
墨田区墨田二ー二ー二
TEL 六一四ー六四四二

在日本大韓民国居留民団 綱領
一、우리는 大韓民国의 国是를 遵守한다.
一、우리는 在留同胞의 権益擁護를 期한다.
一、우리는 在留同胞의 民生安定을 期한다.
一、우리는 在留同胞의 文化向上을 期한다.
一、우리는 世界平和와 国際親善을 期한다.

10.15(火)
(1974年)
第13号
(昭和49年9月26日 第三種郵便物認可) 毎月15日発行

東京韓國新聞

在日本大韓民国居留民団
東京本部機関紙
東京韓国新聞社
発行人 金致淳
〒105
東京都港区芝公園2丁目2-17
電話 (03) 437~2001-3
振替貯金口座東京 157364
(一部30円)

実務指標
一、일하는 民団
一、親切한 民団
一、規律 있는 民団

"北傀の軍事脅威 なおも存続"

米国議会、誤った一部世論に警鐘

——米下院 トムソン議員、「韓国」発言で力説

「バノン・トムソン」米国下院議員（ウイスコンシン州）は、去る十月八日、"韓国に対する北側の脅威はなおも尚存している"と明言した。「トムソン」議員はこの日、下院における韓国関係発言の席上でこのように語り、"米国人たちは現在、韓国内の状況を米国式思考から判断する傾向にあるのが実情だが、韓国は継続して北側の軍事的脅威下にあり、米国人たちのような安定した生活を営める状態の国ではない"と強調した。「トムソン」議員は、北側の韓国に対する脅威を過少評価する人々は、韓国が取った一部の法的権利制限措置について、それなりに相応しい理由がないものであるとの見解を持ちつつあるが、北傀は韓国を共産主義支配下に統一させることを企らみ、陣地強化など軍事的脅威を続けていると敷延した。

殺人集団朝総連解散を

対北傀等距離外交は日本の安全に暗影

日本自身の自由秩序確保のためにも——

在日朝鮮総連の使嗾による朴大統領そ撃事件を契機に、日本側の一連の発言をめぐって悪化されつつあった韓日関係は、外交的決着を以って正常化の維持努力へと一応事態収拾された格好になったわけだが、しかし韓国政府並びに本国国民、在日韓国人そして韓国の言論が、日本は北傀共産集団の好戦性を肝に銘ずるとともに、"北の脅威はない"との「日本的非現実的情勢観」を是正するよう促す基本には何んら変化はないものとされている。木村日本外相は今秋の国連総会においては、"韓半島問題に対し、"積極的な活動"をする予定だと公言、さらに"いくつかの状況変化"があったので韓半島の平和と安全が日本にとってきわめて緊要であると語っている。

自民党政権の対韓政策の基底となっているのは、韓半島が日本の敵対国—中・ソーの実質的な影響下に置かれるとすれば、それは日本の安全に対する重大なる脅威になるので、最少限度、日本としては韓国の共産化を阻止する前提において、北傀の手先である共産暴力殺人集団の朝鮮総連を解散せねばならないことである。

一九六九年十一月のニクソン・佐藤共同声明で、佐藤氏が、「韓国の安全は日本の安全にとって緊要である」と声明しているのもこのような論理の反映と見ることが出来る。ところが、たとえ自民党政権が韓日両国の安全を相互に連結させているとしても、有事の際自衛隊を派遣してまで韓国を支援するという決意を意味するものではない。また、もしも日本がこのようなコースを取るとすれば、国内政治の分裂とこれにともなう政治的混乱が深化するばかりでなく、中、ソの強力な反発を招くということを自民党も熟知している。

したがって自民党政権は、経済協力を通して韓国経済を安定させ得るとすれば、それがとりもなおさず、"韓国の安全に対する日本の寄与"であるという論理を堅持しているように見受けられる。これに対し、社会党をはじめとする左派勢力と主な日本言論などは、日本と北傀との「等距離外交」を実施することに依って、南北韓に力の均衡を保たせるべきだと主張している。勢力均衡に依って「静かな韓国」が維持されるとすれば、日本が韓半島に介入することによって醸される日本国内外の波動を防止できるという論理である。米・中和解以後展開された国際秩序の再編は、自民党政権をして、より積極的な姿勢を取るようにしただけでなく、韓半島の緊張緩和に、「二つの韓国」という現状を固定するよう強いることになった。一九七三年度の日本の外交青書は、「韓国との協力関係を維持しながら一同時に北傀共産集団との接触についても慎重に配慮し、漸新的に拡大していくものと思われる」と表現している。

木村外相の一連の発言は、韓半島での四大国ゲームの主導権を日本が狙っているものとも見受けられ、それに備えて日本の対北傀関係の「改善」を意識したうえでの観測気球だといえよう。

われわれは、日本が対北傀関係においてもっと慎重を期するよう促すものである。なによりも日本の現実は、日本が韓国の共産化を狙っている朝鮮総連の基地になっており、北傀朝鮮共産集団が「南朝鮮人民革命」路線及び四大軍事路線を固守している現実を直視しなければならない。また韓半島が赤化されても、日本の安全には影響がないといった安逸な考えを捨てるべきである。なお日本外務省も認めているゲリラの侵入や思想工作こそ、共産集団の常とう的戦略戦術であるということは自明なことである。南北韓問題は、もとをただせば、日帝の韓国併合にその遠因があるといえるが、日本はこの問題の解決に努めるどころか、かえって「二つの韓国」を固定しようと策動しているのは、極東の前途に暗影を投げかける不幸な現象といわざるを得ない。一方わが政府と国民一般も、これまで韓日関係を反省し確固たる姿勢を取るとともに、民族的侮べつを招くようなことがあってはならないために最後の一瞬まで、日本国内の北傀殺人暴力集団の朝鮮総連解散を日本側へ主張して行くであろう。

I・P・U代表韓国訪問

十九か国議員一一七名が

東京で開かれたIPU総会に参加した各国議員団を韓国代表団から韓国へ正式招待した結果、フランス、ブラジル、豪州など一九カ国議員一一七名がこれを受諾、このほど韓国を訪れた。

今度の訪韓は、丁一権韓国国会議長の招請で行われたものの、北傀金日成集団と対峙している緊張した韓国情勢と韓国の発展の模様を各国議員に紹介、世界に歪曲に伝われた北傀の悪宣伝に正しい韓国の模様を理解させるに百聞不如一見のことから、今後の韓国の外交上にも大きく影響をよぶであろうと、在日韓国人社会でも歓迎している。

関協で時局講演会

十一月二日東京商銀会議室で

民団関東地方協議会（金致淳事務局長）は、きたる十一月二日午前十時〜十三時・東京商銀信用組合七階会議室において「時局講演会及び映画会」を開催するという。

今度の時局講演会には、本国の著名人士を招へいし、激動する国内情勢に対する我らの姿勢を再確認する有益な集会になろうと主催の関東地協事務局は語った。

民団は祖国安保に直結

非生産的不毛の理論よりは 実践の和造りが肝要

権逸議員記者会見 共産五列索出団束を強調

在日韓国人出身の権逸国会議員（維政）は、去る十月十四日午後赤坂の駐日韓国公報館において記者会見を行い、"民団は非生産的で不毛の理論を止め、本国からも日本社会からも尊敬される体質を堅持し、当面する緊急課題を前に慎重に対処して行く態勢を整えることがなによりも肝心だ"と言明した。

元民団中央団長をも歴任し、また国際法律学の権威者として広く知られる権逸議員は、国会での活躍、本国発展に伴う政策推進の一員としてその間国政に参与している機会を通じて、本国から見た民団社会国会議員として眺めた民団に対し、"もはや民団は旧態依然である時機ではなく、新新なイメージを持つ着実な民団にその体質を変えなくてはならない転機を向えたとし、その新しい事業が現に賦課されていると語った。

権逸議員は、今日の日本は北傀と朝総連の対南赤化革命の工作基地になっているし、祖国が日帝から解放されて以来三十余年間、金日成傀儡集団は朝総連と一連の共産勢力を操縦し、大韓民国政府転覆、破壊にのみ、狂奔している。のみならず、朝総連は北傀の指示に依り、反共自由民主主義国是を守る民団社会と民団組織に対して浸透を画策、反民族的犯罪を臆面なく仕出かして、日本社会をはじめ国際社会にまで民族の恥をさらけ出す行為を犯しながらも平気なつらをしていると厳しく喝破した。権逸議員はこのように殺人的な北傀共産集団がはびこっている日本であるから、去る八・一五朴大統領そ撃事件後、韓国が日本側に対し強硬な措置を取らざるを得なかったとその間の経緯を要約して説明した。

偽装された平和統一を建前に、暴力革命統一戦線工作で一貫している北傀と朝総連の企らみや前向きで徹底的に糾明せねばならないのが民団組織事業の大前提でもあると、前置きした権逸議員は、民団は目を覚めて祖国安保に直結されている現状に鑑み、（一）我らは敵の意図するもの、敵の存在、敵の持っている全てのもの々明確に区分把握し、（二）民団は自身防衛のためにも公私を分別して、民団内部に巣食う五列を索出、監視団束を強化しなければならない（三）朝総連と北傀の策動を粉砕し、一絲安保から一絲推進の民団にならなければならないと強調した。このためには民団は大同団結で滅共に立ち向うよう呼訴した。

権逸議員はさらに、民団指導者たちは、良識に返って、民団内での非生産的な不毛の理論展開を止め実践的な事業、例えば在日同胞社会における緊急問題とされる民族学校を一つでもまともに建てる事業を積極的に推進することが大事だと説いた。権逸議員はまた、民団指導者並びに一般団員たちがややもすれば無責任な言行をする場合、それが全て共産集団の朝総連を有利にする利敵行為になり得るし、民団自体を弱化させるような結果にもなり得るからそのような無責任な言行は、名誉ある在日韓国人としては全く除去せねばならないことだということを肝に銘じて祖国発展に参与してほしいと言い記者会見を終えた。

"金日成打倒 朝総連粉砕"

清水谷公園第二波デモ終る

民団関東協議会主催の「殺人集団朝鮮総連粉砕金日成打倒関東地区民衆大会」が、関東近県同胞から四千人もの参加によって、去る九月十九日午後一時から千代田区清水谷公園において開催された。北傀金日成、朝鮮総連に対する熱ぽい憤怒が湧き出る中で大会終了後、街頭デモを展開した。

この日開始一時間前には赤坂見附近くにある清水谷公園は十一時ごろからぞくぞくと集結した関東地区同胞によってうめつくされていた。横断・プラカード・ゼッケンなどを身につけた団員たちの表情には、故陸英修大統領夫人を狙撃指令した。金日成、朝鮮総連に対する怒りがあふれていた。

金致淳東京本部団長は「殺人もいとわぬ朝鮮総連を粉砕し、赤化統一をねらう金日成集団を打倒するまでわれわれの闘いはゆるめられない。日本国民の前に韓国人の心情を毅然と訴えよう」と強く決意を表明した。

午後一時半定刻、場内で「殺人鬼金日成打倒」「殺人集団朝鮮総連粉砕」などひとしきりに気勢をあげた後、示威行進に出向いた。

デモ隊は、先導宣伝カーに続いて尹達鏞中央団長、鄭泰柱同監察委員長など中央役員と金致淳東本団長、朴成準神奈川団長ら代表団を先頭に神奈川、千葉、茨城、栃木、群馬、静岡など近県につづいて三多摩、埼玉、東京の順で行進した。

デモコースは、清水谷公園→赤坂見付→桐池→虎の門→外務省前→日航ホテル→銀座通り→東京駅国労会館前の全長約千米で東京の最も中心街を示威行進したわけである。

各隊列には宣伝車がつき、朝鮮総連の動向をよびかけながら「韓国民は死力を尽して「北」の脅威を防ぎ、自由と民主主義を守るために闘っている。この韓国を背後からおびやかす「北」に盲従する朝総連暴力分子を規制しようと日本国民に力強く訴えた。

特に外務省などの前では木村外相の一連の妄言を糾弾するため、一段と声を強め団員の力強い糾弾の声が官公庁街の空にこだまし、在日同胞のいかりの強さを、日本国民にしっかりと印象づけた。

虎の門、霞ヶ関などオフィス街ではサラリーマンなどが窓から身をのり出し、時おり手を振るなど声援してくれる場面も少なくなく銀座通りなどではデモ隊に拍手を送る光景などもみられデモ隊を勇気づけていた。

最後解散地点にくると、二時間にもおよぶ道程にもかかわらず、団員たちは自然発生的に大韓民国万才を叫び、東京八重洲駅前のビル街にとどろかせ、反響をひきおこしていた。

こうして九月三日の一大示威行進につづいて関東地協主催による民衆大会も成功裡に終え、民団の歴史に大きな一頁を刻んだのである。

主張

IPU国際会議に見る北傀の醜態

「赤化闘争」舞台を企図

北傀の代表団がIPU総会に参席したのは、今回の東京（第六十一回）総会が初めてである。「国際平和及び国際協力の推進に全面的に参加することを確保するため各国議会の議員が結合」することを目的とする親睦の場に参席している北傀の本当の目的は他にあったのは明らかだった。それは即ち彼らの「闘争」であった。彼らは親睦のために参加したのではなく「闘争」のために、「勝利」を目標に「出戦」したのである。共産北傀の彼らは、大韓民国を押え、圧倒し、屈服させようと企らんだのである。いわゆる大韓民国を押え屈服させまた撃滅をすることが、彼らのいう「統一」であり、その過程が「闘争」になるわけだ。

七・四共同声明も、彼らにとっては「金日成思想の勝利」として強弁される戦術的変化に過ぎず、赤十字会談も調節委会議も、彼らの対南赤化革命の戦略的目標を達成するための「闘争」であることは今更再説を要しない。IPU総会であろうが、国連総会であろうがあらゆる国際会議に参席すること自体が彼らにとっては「闘争」の舞台を拡大するといった重要な意味を含んでいるものと観察出来るのである。

国際会議の場で、暴説を吐いて大勢の世界の目の前で、同族同士が言い争いをして挑発し、民族のイメージを堕落させるようなことを平気でやる彼らにとっては、そのような羞恥が問題ではないのである。われわれは、そのような醜態をさらけ出す北傀の代表に対し、民族的良心が一片もないのかと問いたいのである。外国の人々の前で青筋を立てる彼らが、図々しくも如何に「自主」だの「主体」だの美麗辞句を用いることが出来るのか、理解しようとしても難しい所であるが、彼らにとってはこのようなこともまた問題にはならない。彼らにおける問題なのは「闘争」であり、その「闘争」で勝利することのみである。「偉大なソビエト万歳」または「偉大なスターリン万歳」を必要とするときにはそのように叫び、また「民族的良心」が便利な場合には、それを建前とし、また「互に相対側を中傷しない」とある共同声明が必要であればそれに署名し、その相対側を国際会議の場において中傷誹謗することが必要であれば、ところ構わず、悪口を吐き、それでいながらも「自主」だの「主体」だのと叫ぶことが便利だと思えば、ためらわずにそのように叫びやってのけるのである。しかしそのような精神分裂症的な自己矛盾を可能なものに仕立てる彼らの行動が、首尾一貫な認識に立つ人々には、実に理解出来得ないものがあるが、彼らのそのような変幻自在が実は全て一貫されている「闘争」であることは明明白白である。

祖国の将来を眺めるとき、このような彼らをしてわれわれは実に煩わしい気持さえ抱かされ得なくなさけない心境にある。というのは彼らがこうして全ての国際的な会合または行事で、事々件々羞恥感も体面も悟らず手段方法を選ばず、「闘争」を仕向いてくることと見抜くことが厳然としているからだ。さらにその「闘争」方式も、便利なように硬直したり、柔軟したり、またこれと言って見たり、あれといってみたり、千変万化で取りかかってくること見通されるのである。

われわれは、真正な意味で南北対話が進行されなければならないということを「真情」な意味で主張する。彼らにしても、いわゆる「闘争」そのものが結果的に無駄であったと悟るときまで、われわれが忍耐と説得を以って進まなければならない。

無理推し行為が、北傀社会内のことなら通じるかも知らないが、ほかのところでは通じることが出来ないことは、いずれ分るだろうし、閉鎖社会に住む彼らにも、妄想を捨て、韓半島の平和と安定に関して、じっくりと対話を交わして見ようという心がけをする日が必ず来るのだと信じて止まない。ただその日の到来が、どれほど遥かなものかに気づくときわれわれの心境は息苦しい思いになるのである。

文世光に死刑言渡

19日判決公判て

朴大統領狙撃事件の犯人文世光の判決公判が、十月十九日ソウル地裁刑事合議第八部（権宗根裁判長）で行われ、権宗根裁判長は、被告に死刑判決を言渡した。

権裁判長は、被告文は、国権を紊乱する目的で殺人、国家保安法違反・反共法違反・特殊窃盗・入国管理法及び銃砲火薬取締法違反条文を適用死刑を言渡したもの

中央婦人会 各地で時局講演

在日大韓婦人会中央本部（金信三会長）では、朝総連の所謂「百二十日運動」に対抗して「百五十日間運動」を展開し、大きな評判になっているが、その一環として、本国から著名な講師（高文昇共和党訓練院教授）を招聘して、きたる十月十九日から全国的巡回時局講演会が行われるというが、その主管部の婦人会中央の崔順徳宣伝部長は、その日程を次の如く開催するので民団地方本部の御協力を願いする次第であると呼びかけている。

各県本部での日程は次の通り

十月十九日 千葉 十一時日本国保会館
十月二十日 埼玉 十時埼玉商銀
十月二三日 静岡（十時日本婦人会館）
十月二四〜二六日 神奈川（十五時熱海八景）
十月二七日 三多摩（東京商銀立川支店）
十月三十日 山梨（未定）
十一月一日 滋賀（未定）
十一月三日 兵庫
十一月四日 岡山
十一月六日 香川・徳島

韓国人は韓国学校で民族教育を!!

七五年度学生募集要項

一、募集人員
初等部一学年……五〇名
中等部一学年……五〇名 外・編入生若干名
高等部一学年……一〇〇名 但、高三 除外

二、受験資格
初等部一学年……満六歳児童
中等部一学年……小学校卒業 又は 予定者
高等部一学年……中学校卒業 又は 予定者

三、願書接受
期間：初等部 自一九七四年十一月一日〜至十二月六日（午前九時〜午後五時）
中・高等部 自一九七五年一月八日〜至二月七日（午前九時〜午後五時）
場所……本校教務部

四、受験手続
（イ）本校所定の入学願書
（ロ）出身学校調査書（編入は在学及成績証明書）
（ハ）国民登録済証明書
（ニ）写真四枚（四㎝×五㎝）
（ホ）考査料 初 三〇〇円
中 一〇〇〇円
高 二〇〇〇円

五、考査
初等部……面接
中等部……面接、書類審査
高等部……面接、学科考査（国、英、数）
（但、日語科目で国語代行可）

六、考査日時
初等部……一九七四年十二月七日（土）午前十時
中・高等部……一九七五年二月八日（土）午前九時

七、合格者発表
初等部……一九七四年十二月九日（月）正午 玄関
中・高等部……一九七五年二月十日（月）正午 玄関

八、其他
（イ）提出書類は返還しない
（ロ）入学に関する問議は教務部へ行うこと

学校住所 東京都新宿区若松町二一
TEL（三五七）二二三三〜五

東京韓国学校

殺人魔金日成共産集団の 恐るべき陰謀・策略

これが朝総連の実態だ

一、朝総連の概況

（ア）朝総連は一九五五年五月二十五日日本共産党内の朝鮮人党員中金日成の指導を受けていた韓徳銖（現・中央委議長）一派が中心となり、日共から離脱して、「民戦」や、その前身であり、一九四九年九日八日、団体規正令に依り解散され、非公然活動中であった「在日朝鮮人連盟」（略称・朝連）組織員を基盤にして再建された在日朝鮮人組織である。「在日朝鮮人総連合会」（略称・朝総連）は、在日朝鮮人を総結集し、北韓に直結させることに依り、「朝鮮労働党」及び北韓政権の政策と方針に従い「マルクス・レーニン主義」を基本理念とする、「世界革命」を遂行し、北韓労働党の指導に基づき「南朝鮮革命」を達成するための北韓共産主義者の革命手先機関である。

（イ）朝総連は中央に十三の中央専門局を置き地方に四十九の地方本部、その下に支部、分会、班を設ける全国的組織である。又傘下には十四の傘下団体に十七の傘下事業体を組織しており、表面化した組織員だけでも約二十九万に達している。

（ウ）朝総連は組織内に党的組織である学習組（朝鮮労働党日本地区党）を組織して、朝総連組織全般の核心的骨幹として養成している。

（エ）組織幹部の思想学習と組織訓練のため中央（政治）学院、（東京）、関東地方（政治）学院（大宮）近畿地方（政治）学院（大阪）、九州地方（政治）学院（福岡）関東経済学院、（箱根）、関西経済学院、（神戸）朝鮮信用組合学院、（東京）等を設置して、又民族教育の名の下に青少年に対する共産主義思想教育と朝総連組織の後備幹部養成のため、

大学校 一、高級学校 一二、中級学校 五六、初級学校 九二、合計 一六一校を設置運営している。

（オ）反韓、反日、反米、悪宣伝と金日成讃美の対内外的宣伝工作のため朝鮮新報社、朝鮮通信社、朝鮮画報社等を設置して

朝鮮新報（韓国語 日刊 五万部）
朝鮮時報（日本語 週刊 一〇万部）
朝鮮週報（韓国語 週刊 一万二千部）
人民朝鮮（英・仏・西語 週刊 各七千部）
朝鮮画報（日本語 月刊 三万部）
朝鮮通信（日本語 日刊 七千部）
写真速報（韓・日語 月刊 五千部）

その他、各種定期宣伝刊行物等を発行している。

（カ）朝総連の予算は中央だけでも年間100億円余と言われているが、秘密主義（税金関係事情も含めて）なので実態把握は難しいが、大部分は商工人の寄付金に依存しており、一部分は組織員の会費及び北韓からの送金によっている。（この資金のうち相当部分が、対日本革新系及び対日マスコミ対策工作資金として使用されていることは公然の秘密となっている。）

（キ）朝総連の革命工作の対象は

対 日本人工作（革命の同伴者として）
対 韓国人工作（民団関係及び来日者）
対 反体制派工作（民団から離脱したグループ）
対 第三国人工作（反韓世論造成）

等に区別されており、又工作目標は

① 韓国政権の顛覆
② 韓・日離間
③ 韓国の国際的孤立化
④ 米軍の韓国からの撤退

等であり、戦略的目標は現韓国政権（朴政権）を打倒して、赤化統一を達成することである。

（ク）朝総連の上記事業を指導し監督するため、北韓は貿易船の名の下に万景峰号、革新号等工作船（名実共に動く工作基地）を日本に送り、又各種代表団、視察団、体育、芸術団等を不断に派遣して党幹部の現地指導事業を行っており、又日本要人及び朝鮮総連幹部を北鮮に招待して革命工作を展開している。

日本内「対韓基地」実情

民団内に革命フラクション植扶

韓民統系列と共同戦線

二、朝総連活動状況

（ア）朝総連の性格

在日朝鮮人総連合会、略して朝総連は表面上在日朝鮮人の任意団体であり、大衆団体とはいうものの、実際は北韓労働党の日本地区党であり、日本を敵性地区に規定して、敵区党と自称し、地下党組織活動を活発に行っている。朝総連内部にある〝学習組〟がこの敵区党にあたり、これは〝学習組員〟という名目の党員を約一万二千名かかえている。

（イ）朝総連の活動方針

朝総連は北韓労働党の日本地区党として北韓労働党の方針と指示に依り窮極的には世界革命をめざしているが、当面の活動目標は南朝鮮革命を組織し、遂行することにある。即ち、日本を所謂祖国統一（南朝鮮革命）遂行の前進基地として、革命の前衛的役割を果している。

（ウ）朝総連の活動様相

朝総連は今年の初め韓徳銖議長の新年辞と去る二月の第一〇次全体大会にて、今年を南朝鮮革命達成の年であると規定し、在日韓国人に対する工作及び日本人との工作を過去のどの時機よりも一層強化推進しなければならないと強調、合法、非合法を問わずその事業の遂行を指示している。これは何を意味するものであろうか。最近韓国で起っている種々の事件との関連性はないだろうか。これは今後糾明すべきことである。

（エ）朝総連の組織形態

朝総連は在日朝鮮人の大衆団体とはいいながらも、中央に政治局を備き、地方組織の末端まで、はたまた傘下団体にまでも政治部を設けて、革命工作を遂行するばかりか、所謂祖国統一促進委員会なる秘密組織をもって対韓国革命工作を展開しているが、この様な組織が日本国内で公然と活動する様に許されていることは、まことに奇怪なことといわねばならない。

（オ）秘密工作活動

北韓当局（労働党）は日本国内に秘密組織をもち、秘密工作員を不法にも密かに派遣して、その秘密組織を強化、日本の重要秘密の探知は勿論のこと、友好国家である韓国政府の顛覆、陰謀工作を続けているにも拘らず日本の法律上違法行為に該当しないとは信じ難い。又これは、日本の主権を侵害するものでもあるが、このような事件は戦後発覚されたものだけでも三七件に達し、昨年から今年にかけても五件に達しているが、事実上問題視されていない。

（カ）北韓の工作船舶の往来

北韓の工作船舶が裏日本海岸に侵犯したことは、これまで何度も発見されているが、特に昨年七月に山形県内海岸で発覚されたこの種の事件に対して日本政府が北韓に対する抗議又は警告を発した事実がないということは、驚くに価することである。

又、貿易船という名目で日本に寄港する万景峰号の船内には秘密学習室がもうけられており、指導船長と指導員という名前の秘密工作員等が日本国内の工作員を召集して対日工作及び対韓工作に対する革命理論の教育と指令を出しているのが実情である。

（キ）秘密工作通信

現在日本国内には北韓のスパイ通信組織が約一〇〇組余りあり、A―3（エイ スリ）通信という数字を読みあげるラジオ暗号放送が毎日毎晩行われ、日本で発信される電波も相当数に達するといわれている。

（ク）教育援助資金という名目の工作金

北韓は、年間三七億円に達する資金を教育援助費という名目で日本に送金し、対日、対韓国工作に使用しているといわれ、在日朝鮮人からは民族教育資金ということで年間約一〇〇億円を寄付金として徴収、朝総連組織は、これを思うがままに使用して、これまた対日本・対韓国赤化工作にあてている。

北傀工作金37億円（年間）

朝鮮大学など一六一校で「革命訓練」

日本当局検挙 スパイが四十余件

三、日本が北韓の基地化した実証

（ア）北韓は日本を対韓国工作の前進基地に造り上げるため、日本の政治体制を悪用して朝総連組織を革命組織化して、直接指導する一方、秘密指導幹部を派遣（密派）して非合法活動を展開させている。（金日成は訪北した朝総連幹部に対し祖国統一革命における日本地域の重要性と朝総連事業に対する期待が大きいことを特に強調している）

（イ）朝総連は対外的には在日朝鮮人の大衆団体になりすましているが、実は名実共に朝鮮労働党の日本地区党（敵区党なるため地下活動方針に従う）であり、学習組の名目の下に党員訓練を行っている。党員の資格を有する者は一九七三年末現在約一二、〇〇〇名に達している。（この人員は対日、対韓国工作の中核勢力である。）

（ウ）このメンバーは合法、非合法活動を通じて北韓の政策を実践し、また宣伝しながら秘密指令に依る個別組織をもって各分野での対日、対韓国赤化工作を推進しているのである。（日本で逮捕された北韓工作員李貞植等の証言に依り明確に立証されている。）

（エ）このような革命組織幹部を養成する専門教育機関が、日本国黙認の下に現在日本国内に七個所設置されており、一九七三年度の受講者だけでも三、九〇〇余名に達しており、民族教育の名の下に共産主義革命思想教育を実施する学校が、朝鮮大学校を始めに全国一六一個校あり、一九七四年三月の在校生が二八、五九四名にも達した。

（オ）日本国当局に依り、日本国内で検挙された北韓スパイ事件だけでも韓国動乱後約三七件にものぼり、次のスパイ事件は韓国政府の顛覆を露骨的に図策した事件として世間に広く知られている。

（1）韓春姫 鄭基海等 間諜事件（一九六八年大阪）
（2）栗南水グループ 間諜事件（一九六九年福井）
（3）高栄哲 間諜事件（一九七〇年東京）
（4）朴璟争 間諜事件（一九七一年東京）
（5）李貞植 間諜事件（一九七二年名古屋）
（6）金商鮮 間諜事件（一九七二年石川）
（7）温 海 間諜事件（一九七三年山形）
（8（金一東 間諜事件（一九七三年名古屋）
（9）李日学 間諜事件（一九七四名古屋）
（10）孔泳淳 間諜事件（一九七四東京）

（彼等は日本を工作基地として韓国に革命組織を作り、政府を顛覆しようとして監禁中日本当局に発覚、検挙されたものであり氷山の一角に過ぎない。）

（カ）日本地域で養成され、北韓に往来した後韓国に浸透して検挙されたスパイの数だけでも、毎年一〇数件にものぼり、韓国としては対日警戒を怠たることが許せない状態に置かれている。

次にかかげるスパイ事件は、そのことを具体的に裏打ちする代表的ケースである。

（一）李南照等スパイ事件（日本留学生）
（二）沢本 〃（帰化日本人）
（三）東谷 〃（ 〃 ）
（四）金宗佑兄弟 〃（在日本韓国人）
（五）民青学連事件（早川等日本人）

（キ）朝総連は一九七四年四月、内部に所謂「祖国統一促進委員会」なる秘密組織を作り、赤化統一革命のための対韓国人工作、対日本人工作を全国的規模で推進する一方、一九七四年六月一日から同年九月三〇日までの間、所謂「祖国統一促進一二〇日間愛国運動期間」を設定して、民団破壊工作及び韓国内に革命の核心分子を送り込む革命土台構築工作を展開しており、又幹部要員に対しては、革命は一晩中にも達成出来るものであり、二年も三年もかかるものではないと強調しながら、何かを暗示して来た。

（ク）朝総連は公開、非公開活動を通じて民団破壊工作、撹乱工作を展開する一方、民団内に朝総連の革命フラクションを扶植し、韓国の名の下に反韓国策動を展開させ、民団内で混乱を巻き起し民族団合の名の下に、世称ベトコンと呼ばれる韓民統、韓青、韓学同、自主民団等をして、反韓、反朴共同集会等を催す「共同戦線」策動を演じている。

（ケ）以上の如き諸工作を指導監督するために、北韓は貿易船の船長、革新号等の工作指導船を日本に派遣して、船員の身分をもった美名の下に毎月一回以上、万景峰号、労働党指導幹部が船内又は上陸して現地工作指導や点検又は指令する等活動を行う一方、各種代表団の名で党幹部を日本に派遣する等間断なき現地指導工作を展開中である。

（コ）以上の如き各活動及び工作は日本政府の黙認の下に行なわれているのが事実であることから、韓国々民の日本に対する警戒と不満は、いやが上にも高まりつつあるのである。

裵東湖 郭東儀は朝総連手先

ベトコン勢力形成

ベトコンとは周知のとおり、ベトナムの反政府戦線のことである。ところが、在日韓国人の社会にもベトコンがある。それは、韓国籍を持ち、表向き民団員を自称しながら、その実は反民団活動を行なっている連中のことを、民団側が呼称している名称である。

（1）ベトコンの形成経緯

①北韓共産集団は赤化統一戦略の一環として在日韓国人社会の赤化も根気強く追求してきた。そのためには、反共的で大韓民国を支持する民団を破壊するのが朝鮮総連の最大の課業となっており、朝総連はこの目的を達成するため、一九六〇代の初めに民団内に秘密工作員を浸透させた。

②当初、裵東湖と郭東儀が中心となっていたこれらの浸透した「民団員」たちは、民団のヘゲモニーを握るための工作を推進した。一味は在日同胞社会の中でいわゆる革新勢力を浸き集め、本国の施策に不満を持つ者をだきこみ、在日韓国青年組織に巧妙に浸透させ、一つの勢力をなして民団組織内に根を下ろしはじめた。（つづく）

話のタネ

社会党北傀訪問団

逢変劇寸幕

人民軍憲兵が宿舎荒し

〝敬愛する主席殿の写真破りすては何ぞや〟

ポラロイドのピンボケで大騒動

先般、北傀金日成訪問から帰った成田日本社会党委員長とその一行が北傀滞在中に見舞われた〝逢変劇〟がいま話題にされている。最近号の週間文春に依ると――。

北傀問題への今までの態度に自信をもったわりには、顔色がさえない様子だと成田委員長の近況を伝えている。というのも北傀での「友好の日日」があまり平隠無事ではなく、いろいろとショックを受けたらしい。まず問題を起こしたのは訪朝団に同行した記者の面々だ。ある大新聞の記者がポラロイドカメラで金日成のスナップをとろうとしたところ、ピントがうまく合わなかったのが問題の発端。数分間で写真が出来上がる仕組のポラロイがピンボケしたらしく、出来そこなった金日成の写真を、記者が破りすてたとたん、これが大騒ぎとなったわけ。上典金日成を取り巻くボディガードや通訳らがスッ飛んできて、〝わが敬愛する主席殿の顔写真を破るとはなにごとだ！〟と口々に当の記者をつるしあげたのだ。

日ごろ、自由すぎるくらい自由な取材活動に馴れきっている日本の記者達、ときならぬ閉鎖社会の〝人民裁判〟に顔色が蒼白くなったものだ。これを見ていたテレビ記者、今度は自分の自動カメラをかまえながら〝俺のカメラなら、誰が撮ったって大丈夫さ〟と軽い気持で口走った言葉が、またこの国では口にしてはならぬタブーに属する言葉であったから、もう一度大騒動。最初に騒動の種となった記者に取り囲っていた通訳が二番目のテレビ記者の方へクルリ振り向いては、気色ばんで猛烈な抗議を展開したため、折角の〝友好ムード〟もすっかりしぼんでしまったとか。

その日はそれでおさまったがつづいてまたまた〝第二幕〟の寸劇。しかも今度の主人公は成田サンである。とある日、北傀側が一行を釣りに招待した。

釣り場に着いて各々釣りザオを受けとったのだが妙なことに成田サンのサオだけ三メートル以上と、特別長い。しかもいざ釣りはじめると、どういうわけかそのサオにだけコイがかかる。不思議に思った同行記者がよくよく水面をのぞくと、なんのことはない。三メートル先の池巣に届くという仕掛。知って知らずか成田サン、御気元だったそうだが、宿舎に帰るとゆるんだ顔もこわばるような情景がそこに待っていた。

なんと、訪問団の留守部屋に人民軍憲兵たる者が入り〝家捜し〟をしていたのである。

さすがの成田委員長も聞いた口がふさがらず、カンカンになって怒った。〝同志〟のつもりでいた社会主義者の成田サン、「処女膜の不貞を目撃」したのだから無理もない。いったい何を見つけるつもりだったのか興味津々だが、現場を押えられては北傀側も打つ手がなく、平謝りに謝ったそうだ。成田サンも〝身内の過ちは己れの恥〟と思ったのか、貝のように口をとざして穏便に〝逢変〟を済ませたという。

これらのほかにも、このたびの訪問、膳に向って「梅ボシが食べたい」といえば、翌日にはすぐさま現物が食卓に出るといった〝オカルト現象〟にはことかかなかったらしい。

韓国古来の〝銀パンメンイ〟〝金パンメンイ〟のおとげばなしが今世紀にも通じるといった話題でもある。北傀がトケビと変わらぬ所以があるからだ。成田さんはじめ訪問団は、食卓に出るたべたいもの、梅ボシなどにはビックリしたろうに「社会新報」はひたすら沈黙――。

さえない表情の成田さん

殺人暴力集団 朝総連は 即時解散せよ！

国際クラブ 綸子

台東区西浅草2―15―13
TEL(843)3344

繊細な旋律！ 韓国の古典美！ その感動！ それは韓国のこころ世界のこころ。清らかな愛くるしさと、目をうばうような華麗さ!!
うるわしき美女たちが、こころをこめて貴方をお迎え致します。そして秋の夜長、東京の夜を豊かな韓国ムードで彩り、精緻な演舞となごやかな対話でつづっていきます。

ママ 李 海 玉

季節料理 勝山

荒川区荒川6―2―7
電話(895)5289

食欲の季節に相応しき、山海珍味の季節割烹料理で、味自慢の店！
各種宴会、商談、懇談会に最適！
お家族連れの楽しい一時を季節料理で満喫して下さい。

代表 李 斎 珩 （松田）

◎民族金融で躍進する…

東京商銀 信用組合

理事長 許 弼 奭

本店 東京都 新宿区 西大久保 一―四四九 電話 二〇八―五一〇一（代）
上野支店 東京都 文京区 湯島 三―三八―一五 電話 八三二―五一四一（代）
荒川支店 東京都荒川区東日暮里六―二二―一 電話 八〇二―五一二一（代）
五反田支店 東京都品川区東五反田二―一九―一 電話 四四一―五一八一（代）
立川支店 東京都 立川市曙町一―二五―一二 電話 〇四二五―二二―五一三一

祖国山河…セマウルで闘光

第五次姉妹結縁事業盛了

東本執委、墨田、港、北の四班

東本執委

民団東京本部（金致淳団長）では、第五次セマウル姉妹結縁の一貫として、東京本部執行委員会の名において京畿道華城郡台安面陵一里セマウル部落と姉妹結縁をむすんだ。

小雨ふる十月二日、前日国軍の日に参加した姉妹結縁団総勢約二十名は金致淳東本団長、金貴錫同議長金栄洪団監察委員長らをはじめとして式典にのぞんだ。当地の部落広場にて四時過ぎに開始された式典には部落民や少年らおよそ五百余名が参加し、結縁団を心から出迎えてくれた。

華城郡守は海外でご労し集めた誠金を、郷土村のために援助してくれるのは心苦しいが、かならず有意義に使ってみなさんの善意に報いたいとのあいさつがあり、金栄洪東本監察委員長から百五十万ウォンの誠金が手渡された。

記念品やペナントなどの交換のあと、村の幼児たちの歓迎舞踊があり、そのかわいらしさに結縁団はたいへん喜んだ。このあと、全員でセマウルの歌を合唱したり、農楽隊の踊りをみたり、楽しい時間[illegible]かたい握手をかわして式を成功裡に終了した。

港支部

港支部でも、十月四日慶南山清郡丹城面虎里部落と姉妹結縁を行った。この日約四〇戸あまりの部落の人々のほとんどが、参席する中で、誠金二百万円が河徳成団長からその地域の河相根セマウル指導者に手渡され、また部落の人々にボールペンや万年筆が贈られた。

この部落にはまだ電気が施設されていなかったが、部落の人々はこれで全戸に電気を施設できると大喜び。不足分はみんなで出しあい完成すると決意を新たにしていた。特に遠く異郷の地から応援してくれることに部落の人々は深く感激し、この善意にあまえることなく、自分たちの手でさらに新しい村をつくるために全力を尽くさなければならないとし、さしあたり共同水道をまず最初の事業として、部落民全員で完成することを明らかにした。そしてこのつぎ支部の人々が訪問したときには見ちがえるような村にしておくことを口々に約束していた。

このあと全員は交歓夕食会を開いて楽しいひとときを過ごした。

北支部

北支部では十月四日咸平郡咸平色小等部落と姉妹結縁式を行った。

この部落は四十五世帯約二六〇名のさほど大きくない部落であるが、セマウルづくりに意欲を燃やすこぎれいな部落である。

北支部からは鄭大鎮団長をはじめ五名が参席、北支部から支部団員の誠金三〇〇万ウオンが団長の手で現地のセマウル指導者に手渡たされた。この謝辞として部落の代表から「異国の地で苦労している同胞のみなさんにこのような好意をうけるのは逆であり、本来なら、本国にいるわれわれが在日同胞の力とならなければならないのだが、現状からして、在日同胞のみなさんの好意を無にしないためこの金を有効に使うとともに一日も早く立派な部落をつくる」との力強い挨拶をうけた。

さらに支部から部落や学校、面事務所などに、ポット、携帯マイ[illegible]部落からは、お礼として、農楽や踊りなど楽しい余興で結縁団の心をなごませてくれた。ここでも誠意のこもった手料理がなによりも結縁団に感謝の気持を少しでもくみとってもらおうとする部落の人々の心が見られたのはなによりの喜びであった。

墨田支部姉妹結縁式光景

結縁祝辞を述べる郷里代表

墨田支部

墨田支部では、十月四日三時から慶南咸陽郡休川面金盤里と姉妹結縁を結んだ。この村は戸数約一〇〇世帯およそ五〇〇人ほどの部落である。墨田支部からは洪象観団長をはじめ、朴周植議長、姜学文顧問一行七名が式典にのぞんだ。支団長から姉妹結縁の腹がけをつけた元気な牛三〇頭がつぎつぎと手渡されると総出の部落民の中から期せずして大きな拍手がわき起った。このあと感謝状や記念品などの交換があり、結縁団は、部落の人々が心をこめてつくってくれた料理に舌つづみをうち、時間を忘れて歓談した。

洪象観団長は部落の人々が、こんなにも喜んでくれるばかりか、逆に在日同胞の心を無にしないために頑張ろうと決意のほどをみせてくれたのに感激し、これなら自分たちの小さな支援がきっと大きな実りになってかえってくるに違いないとの確信をもった。

セマウル姉妹結縁万才！。

"不協和音除去、大同団結を"

金勲瑛渋谷団長、再選で呼訴

渋谷支部総会

民団渋谷支部（金勲瑛団長）では、さる九月二十六日団員六十余名参加のもと支部近くの山手教会にて午後一時より第十九回渋谷支部定期総会が行なわれた。

総会は、国民儀礼、支部三機関長挨拶、金致淳東京本部団長による来賓祝辞のあと、活動経過報告、決算報告と進行した。しかし役員改選が議題となったとき団員同志の意見が対立し激しい口論になり議事進行が全ったくできない状態になってしまった。一時間の論争の中では、「今の団長にはついてゆけない」などの暴言なども飛びだし個人感情の入り乱れた総会になってしまった。

そこで渋谷支部顧問金玉岩（現監察委員長）氏が「三機関が話し合う時間がほしい」と話し総会は一時中断した。隣室での三十分余りの会議により、渋谷支部の団長になる人物は金勲瑛氏以外にないという結論を発表した結果、引き続き金勲瑛氏が団長を務めることになった。なお議長に呉命根（前副議長）、監察委員長には金玉岩（前顧問）氏が満場一致で選出された。

再選された金勲瑛団長は「いままでの不協和音をなくすように支部団員の大同団結で渋谷支部の組織強化を図りたい」と語り総会を終えた。

"青雲の力"と"技倆の"合奏曲"

20日、東京韓国学校秋季大運動会

二世健児たち 体操舞踊も披露

民族中興の歴史的使命をおびてこの国に生まれた我が後世たちは力と技量を研磨し、国家社会のため大役を果す栄光の未来へ絶ゆまなく前進をつづけている。ここにわれらの後世たちは、唯一の東京韓国学校に集い、祖国を学び、知・徳・体・育の向上に元気高らかと、毎日を取りくんでいる。

生徒たちが「母国」を身につけ確固たる韓国人二世として成長して行く過程を、われわれは誇りに思い、既成世代を引継ぐ次世代たちを保護して行かねばならないのである。その純真な児童たちが活き心と体力の腕い合いを披露する大運動会が、まぶしくふりそそぐ秋晴れの下でいまここに繰り広がるのである。

ことしは、東京韓国学校（呉炳根校長）開校第二十周年を迎える意義をもこめて、駐日韓国大使館、民団中央、東京本部などの後援のもと、20日盛大に運動会が催される。特に今年からは民団東京本部管下各支部、婦人会、青年会なども運動会に参加し、親睦と組織強化の和にするといった韓国学校の希望もあって、東京在住の全韓国人父兄たちの多くの参加が期待されている。当日には、生徒たちの各種競技以外に、ボークダンス、跆拳道、鼓笛隊演奏、民族舞踊、農楽など多彩な演芸が披露され、一大民族の祭典に昇華される一日となる。

運動会は、民団支部対抗リレー、つな引きなどの競技を通して、民族の力量を誇示し、その意気ごみで団勢向上にもピークを成すものと、いまから興奮が湧き出ている。

学校当局は、この日を迎え、より多くの生徒たちが同校に就学し校勢拡張に、全団員が積極的に参与してくれることを望んでおり、単なる運動会ではなく、われわれの「力の頂上」を造り上げるため韓国学校を育成して行く既成世代である在日国民の強力な参与が緊急義務であることを促している。

運動会は、午前九時二〇分に華やかな入場パレードがあった後、国民儀礼、来賓祝辞の順に進行し、競技が展開され、四時三〇分に全プログラムが終了される。団員の大勢が参加することを望んでいる。

太極旗を先頭に入場する生徒達

中高生の輪踊り

東京韓国学校 PTA懇談会

新宿、板橋で開催

東京韓国学校・P・T・A（安碩基会長）では、学父兄間の有機的交流と学校の発展を側面から支援するため、東京地域にP・T・A地区委員を民団都内各支部に選任し、民族教育育成強化に大きく前進するため活発に活動をしているが、今度は、教育懇談会を地区別に開催し、民族教育に関心を集中させ、東京韓国学校の発展に実質的に努力をしている。去る九月十七日・十八日には、民団新宿支部（東京商銀で午後二時）と板橋支部で教育懇談会を開催東京韓国学校の発展と民族教育の課題に対し意見を交換した。

このような懇談会は、今後都内各支部で開催するもようで、その活動に大きく期待されている。

支部初の役員拡大研修会

11月16日 荒川、組織前衛で催す

民団東京荒川支部（高昌運団長）は、来る十一月十六日、熱海「八景園」において全役員研修会を開催する。

この研修会は、八・一五不祥事件以来、不純分子と朝総連の挑戦を打ち破る、民団の姿勢をいま一度確立し、不退転の決意を持って対処するため、民団東本管下前衛組織として取りくむ役員たちを対象にしたもの。都内民団では初の支部研修会となる荒川支部のこのような計画は、三機関全役員十分団役員婦人会、青年会、商工会などの全役員、八十余名を一堂に集め、今後をも荒波の如く押寄せてくる朝総連暴力集団の挑戦を事前に把握し、団員たちを保護するため、同支部が前向きの姿勢で取りかかったものとして評価されよう。機関紙「民団荒川新報」「荒川夏期学校」運営など、他支部の模範となって常に先端を走っている荒川支部の今度の研修会では、本国情勢説明管内団員啓蒙、反韓不純分子及び朝総連対策、事務その他広範囲にわたって討議し、強力で強固たる民団組織づくりに悩むよう計画を立案する。研修会には、権威ある講師を招へいして両日四時間にかけて講議が行われる。当日は、東京本部団長はじめ他地域からも心ある有志たちが参加してくるよう同支部で呼びかけている。

第三回[illegible]

国際勝共連合が主催

国際勝共連合在日韓人会主催、民団中央本部後援による「第三回訪米在日韓国青年指導者セミナー」が、来る十一月十五日から十二月七日まで二十三日間に亘ってニューヨークで行なわれる。

このセミナーは、去る七月と九月の二次に引続き第三次計画により、実行されるもので、国際的視野に立った在日韓国人社会の指導者を養成し、又国際親善及び文化交流の促進に寄与することを目的としている。

参加希望者の資格は、二十才から35才までの在日韓国人男性（但し、大学生は十八才以上可）となっている。

このセミナーに関する、渡航費・滞在費等は、主催者側が負担する。今回の募集人員は、二百名で十月三十一日までを締切期間としている。なお、このセミナーを通して、明日の在日同胞社会を背負う若き青年が世界的かつ、歴史的視野に立って世界文化と歴史の本質に触れて祖国と在日同胞社会の将来に責任をもち得る確信をつかむことを急務とされている現状に鑑み、その成果が大いに期待されている。

参加希望者は、義務的に選抜研修会に参加することになっているが研修場所と各地域によって次のように三個所で予備研修会を行っているので参加者は必ず参加するよう願っている。研修場所は次の通り。

〈第一回東京選抜研修会〉
十月十九～二十一日　厚木研修所

〈第二回大阪選抜研修会〉
日時　十月二六～二八日
場所　宝塚研修所（兵庫宝塚市）

〈第三回大阪選抜研修会〉（本旅券所有者のみ）
日時　十一月一～三日
場所　宝塚研修所

集合時間は、各研修日前の夜集合となっており連絡は、東京都港区赤坂三―四―一赤坂松平ビル八〇二号室　国際勝共連合在日韓国人会事務局（五八三―三四七九）となっている。

支部だより

変更手続きなど義務履行を

荒川支部が促す

民団東京荒川支部（高昌運団長）では、団員並びに団員家族が管内での居住地移転、他地域への転出の際には必ず即時、住所変更手続きをするように呼びかけている。

荒川だけではなく、一般の民団団員は、自分の居住地を変更する場合、外国人登録上の変更手続きは済ましながらも、民団国民登録上の住所変更手続きをしないまま所在を不明確にすることがあるので、このような場合、管轄団員の権益擁護その他色々な事務処理に大きな支障を来たしているため前記のように正当な変更手続きをするよう知らせている。同支部では団員たち自身が、自己の「便宜」と都合についてのみ民団に頼るような思考は根本から取り直さなくてはならないものと強調し、団員一人々々は民団を構成する国民の一員であるから、倍前の模範国民として当然の義務を果すよう促している。

時局講演会

荒川韓国人商工会主催

荒川韓国人商工会では去る九月二十八日時局講演会を催し、会員たちの生活事業に役立つ情勢説明などを行って成果を挙げた。講演会では、中西敦思（世界動態研究所長）氏から、世界及び日本の経済状況説明があった。また荒川税務署の所得第三部門総括官砂田氏と青色申告指導部上席官の伊藤氏からそれぞれ、税務分野の説明が行われた。

定例会議

東本婦人会

在日本大韓婦人会東京本部（金[illegible]粉会長）は、きたる二十五日第十回支部長会議を定例的に召集し婦人会東京本部の事業活動全般に討議を行うが、今度の会議は特に秋の風味を一層高くする料理講習会を会場である東京韓国学校家庭講宅で三時間実習するという。その時間表も、午前十一時～十二時までは料理講習、十二時～午後一時まで昼食・午後一時半～二時東京韓国学校の授業参観・午後二時～午後四時まで一支部長会議が行なって一般婦人会々員の参加も希望しているという。

◎第21回墨田支部定期総会

民団墨田支部（洪象観団長）では、さる九月二十一日先十五日新築した韓僑会館にて団員五十余名参加のもと第二十一回定期総会を行った。

最初に金致淳東本団長が祝辞を通じて洪象観墨田団長の功労を讃え、これからも民団組織発展のための推進力となってほしいと激励の辞を述べた。

本会議では、活動経過報告、決算報告、予算案、支部活動方針などの審議がありとどこおりなく総会を終えた。

特に総会では民団員二世の問題が深刻に討議された。活発な論議が行なわれ将来の民団を支える民団二世の育成に支部は、一層の努力をしてゆくことが確認された。

◎民団江東支部塩浜分団

民団江東支部塩浜分団にて東京本部組織委員長をまねき公報館の協力で、さる十月五日午後六時に映画会が催うされた。上映された映画はまず始めに「リトルエンジェルス世界公演」「ソウルからの手紙」「今日の韓国」「北傀の実態」などの実録四本立で行なわれた。観覧者は日本人、朝総連を問わず誰れでも見られるよう塩浜分団横の道路上で上映された。

リトルエンジェルス世界公演の映画では、エンジェルスが歌や踊りなど厳しい練習の中から生まれた華やかな民族芸能を世界各地で紹介するため活躍するようすが観る人の心をとらえていた。「北の実態」では、子供の時から訓練され戦いにそなえてのゲリラ活動が描かれており、観るものを重苦しい気持にしていた。これらの映画を通じて団員達は、このような催しを続けていきたいと言っていた。

「リトル・エンジェルス」日本公演

きたる二十九日から日劇で

世界的に知られる韓国の少女舞踊団ザ・リトル・エンジェルスの通算四度目の日本公演が来る二十九日から明年二月十日までの約百日間にわたり行われる。このうちの、十二月二十九日までの六十一日間が東京公演（日劇）となる。

75年度母国自費留学生募集

駐日韓国大使館で

[illegible]

慶事

前品川支部団長崔泰一氏三男達英君と品川区上大崎の南琦煥氏次女英玉嬢の結婚式が、さる十月一日正午、ホテルニューオータニ芙蓉の間で許弼奭東京商銀理事長の主礼により、駐日大使館李奎載領事、民団中央本部尹達鏞団長、同東京本部金致淳団長（代理許弼奭議長）など多くの来賓、友人などが出席して盛大に行われた。

新郎達英君は早稲田大学四年在学中の好青年、新婦英玉嬢は東京韓国学校で初・中・高十二年間の民族教育を受けた後相模女子短大を卒業した明朗な才女である。

○　○　○

尹正根（前東京民団江東支部幹部）氏次男鎮輝君と吉川孝男氏長女佳江嬢は十月十九日午前十一時三十分東京錦糸町ロッテ会館で挙式される。

◎民団台東支部青年会

民団台東支部青年会では、さる十月十三日青年会員百五〇名余参加のもと富士五湖の西湖にてハイキングを行なった。これは新しい青年を発掘しこれからの青年会を活発にさせる目的で行なわれた。

◎民団足立支部青年会

民団足立支部青年会（明圭燮会長）では十月六日より十月二十七日の三週間足立在住青年を対照にアンケート調査の家庭訪問を行なっている。アンケートの内容は、青年会、民団、意識の三つの調査と新しい青年発掘を目的として、足立青年会員によって行なわれている。

現在の在日韓国人二世がどのような、意識、考えをもっているかを知るためにも、このアンケート調査に期待するものは大きい。

[illegible]団長）では、さる十月二十・二十一日の二日間協同組合員三十余名参加のもと群馬県の伊香保温泉にて定期秋期協同組合員慰安旅行をおこないおおいに語り合い楽しく二日間を過した。

韓国語
日本語　個人指導

初・中・高
会話部

詳しい事は
下記へお電話して下さい
0424(61)0313（李）

韓日合資会社
韓国ミタチ電機
株式会社

会長　河文相
代表理事　河竜昇
（旧名　竜洛）

日本ミタチ電機株式会社

工場　ソウル特別市永登浦区九老一洞557−23
電話　62−2755・2494
営業所　釜山市東区佐川洞680
電話　4−8919

サパークラブ
ノドル園

東京都新宿区歌舞伎町3
TEL (200) 9850
代表　俞南植

◎◎◎◎
新装開店
韓国固有の風味
セム(泉)
韓定食料理の店

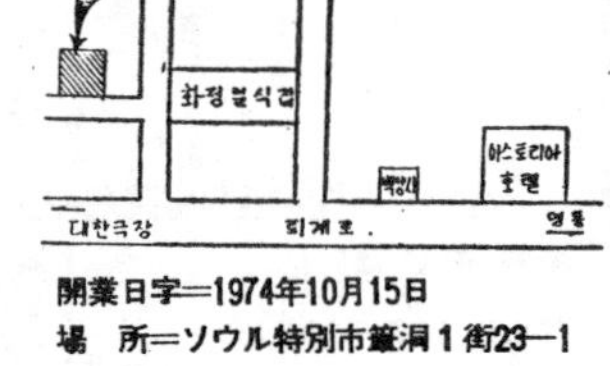

開業日字＝1974年10月15日
場所＝ソウル特別市鍾路1街23−1
電話 (25) 6878・(27) 6836

論壇

指導者は専門的な知識を堅持 課題の性格と問題の理解が先決

青少年の教育訓練と「プログラム」の指導(完)

東京本部団長 金致淳

(三)プログラムの指導

(1) 指導者

「プログラム」部面において指導者の役割は重大なものである。したがって指導者に対する重要な概念を考えて進めるのが必要だ。

①指導者の資格

指導者は、だれでもなれるものではない。また、だれだけが指導者にならなくてはいけないということもない。青少年の指導をするためには指導者の資格を持つ人物を民団組織内外を問わずさがす一方、指導者を育てるための努力がなければならないと切に思うのである。筆者は青少年の指導者になるため、指導者の資格を次のよう定めてみた。

(A) 誠実な人で社会でも高く評価している人物でなければならない
(B) 青年を理解する人
(C) 健全な精神と肉体の所有者
(D) 計劃性と事務能力がある人
(E) 決断力と統率力がある人
(F) 青年に好感があり他の指導者と協力することができる人
(G) 勉強を継続的にし、時代感覚に合う教授法を知る人
(H) いろいろな趣味を理解するし、また特技がある者(芸術がある人、文芸、音楽、美術、体育等々)
(I) 組織に充実な人で民団の発展に企与する者
(J) 青少年運動に使命感を持って精誠と全力を傾注する人

以上のように考えて見たが、上記の資格を持っている指導者は、この世にはいないと思う。したがって我らは青少年指導者になれる青年を組織が排出されるよう育てるのも忘れてはならない。

(2) 指導方法

青少年を指導し、「プログラム」を進行するには、二つの方法がある。一つは、個人指導(個人相談と特別指導方法)もう一つは、団体的指導でグループから始め全体会に至るまで相対する方法で、大衆性を持つ方法を通じ「プログラム」が成立して行くようにするが、ここで「討議」と「リクレイション」に対し、特に原理的なものにふれこの論述を終りたいと思う。

(3) 討議

民主々義は、自由と平等を根本理念とした「グループ」等の思考と討議の結論である。ニューイングランドの「タウンミーティング」(洞民会議)の伝統と思想は、今日の米国政府方式に基礎になったものだが、今後民主的に運営しなければならない民団青少年運動も、この討議を通じて好結果を生れて来ると思うのである。

①討議とは

簡明に表現すれば、意思を同じくする同志間に遠慮なしに話を分けるといえるが、その内容は、参席した人達に最とも重要で切実な当面するものでその解決するため皆が力を合わせて、考え、自由に意見を交換し検討するのである。そのため、討議は系統があって確実な目的を持っているのであると同時に討議においても結論を強要するとか念を押させずおたがいに他人の意見に啓発しそのものを通じて改善、向上し、知らない内に、新しい意見と主張と行動が生じることになる。この点で討論と討議の差異点も明らかになるのである。

②討議の種類

我らが日常行なっている討議の種類をその型態と方法を基準にいくつか区分することができる。

(A) グループ討議=五、六人のグループが討議するもので、すべての討議の基元になる
(B) シムポジウム=一つの問題を二人以上の演士達が各々異なった角度で意見を発表するよう討議するもの
(C) パーネル討議=司会を中心に演士達が会員を向って座って、司会者の引導で対話式な討議
(D) フオレーム=専門的な知識を持って自分達の意見を発表し、その後聴衆に質問させ答える討議である

③討議を成功させる法

有益な討議に成功させるには、すくなくとも次のことに留意しなければならない。

(A) 討議する問題が会員達の当面した切実な問題でなければならない
(B) 問題が明確に提示すること
(C) 討議の中心問題に集中させる
D) 各会員の発言は、簡単で要領ある発言に誘導する
(E) 各会員は他人の発言を傾聴するようにする
(F) 討議が発展し話が後退しないようにする
(G) 充分な準備と可能な限度内で資料と専門的な知識が利用できるようにする
(H) 多数の意見でも少数の意見でも全部充分に話せるようにする
(I) 推理論と一般論は可及的さける
(J) グループの雰囲気が自由で親近感があるようにする
(K) グループの雰囲気を造成するよい部屋と施設が必要だ
(L) クループ会員は十五人程度がいいが二十名を越えてはよくない
(M) 討議するには、必ず書記を置くこと
(N) 一つの問題を一時間半以上討議しないようにする

⑤指導者がすること

(A) 会員に討議に対する知識と技術を教える
(B) 問題を設定する時、関心を持って正しい方向で討議が進行するようにする
(C) 討議が進行する為、たのしくやわらかく進行するよう全体の雰囲気を造成する
(D) 全会員が発言するよう調整する
(E) ある一会員の独舞台にならないようにする
(F) 活発な討議が継続するよう活気を助成してやる
(G) 良い記録をのこし継続性ある討議を持つようにする
(I) 指導者は議題の性格と問題性を深く理解しなければならない
(J) 指導者は自分の感情から解放と豊富な人間性がなければならない
(K) 過去の経験を生かし、次の計画を新たにする
(L) 指導者は全てを客観的に見る心の構えで、会と一緒に問題を定め、問題の性格を知り、会員と一緒に問題の解決点を求め、その解決のため必要な知識と経験を有効に駆使する努力と経験を通しての知識と確信を持って難題を克服する弾力性を持たなければならない

⑤「レクリエーション」

「レクリエーション」とは、「蘇創」と言うが、これは新しく造るという意味である。今は「蘇創」というより「レクリエーション」が一般化しているので「レクリエーション」という言葉に適用するのが便利だと思う。

青少年会プログラムを指導する一つにこの「レクリエーション」の原理を採択しなければならないということは皆様が認識していることだ。

(1) 広い「レクリエーションの世界」

「レクリエーション」は、その一部分にだけ利用する技術ではなく、全ての部面に適用する原理で道具である。

われらは、個人生活にも余暇を利用し、健全な娯楽と運動を通じて、健康を向上し、休養と安息と慰安を一層高く個人生活もなお豊富に創造的に発展させることに「レクリエーション」の意義を発見するのである。

次に社会的(家庭・団体)にも人と人の友誼と親交を深くし協力する精神を養う集団生活においても、明朗な雰囲気を造成し建設的な生活の動きを持つようになるのも「レクリエーション」が意図する産物であることから、我らの生活凡域のすべてが利用できるのである。

(A) 体育を通じた「レクリエーション」
(B) 音楽を通じた「レクリエーション」
(C) 芸術分野を通じた「レクリエーション」
(D) 娯楽的なゲームを通じた「レクリエーション」
(E) 簡単な演劇(寸劇)を通じた「レクリエーション」
(F) 野外散策を通じた「レクリエーション」
(G) 趣味と愛好を中心した「レクリエーション」等すべてが「レクリエーション」の道具につながることになる。

(2) 「レクリエーション」の目的

我らは「レクリエーション」がなんの意味もない一時たと考えではならない。我らは次のように「レクリエーション」が目的とした正しい「レクリエーション」とは自然になるのを概略的に記録して見たい。

1、民主主義生活訓練においては
(A) 他人を尊敬すること
(B) 他人との協力すること
(C) よろこんで義務をはたすこと
(D) 集団生活に参加すること
(E) 一緒に達成する体験を持つこと

2、精神的な面では
(A) 感情表示 (B) 理解力を養う (C) 新しい創造のため活動の価値を理解する

3肉体面では
(A) 新しい力を持つ (B) 健康上調体を継続する力を持つ (C) たいまんをなおす (D) 緊急条件にも闘う闘志を養う

4、社交的面では
(A) 友〇を (B) 文化の向上 (C) 思想と信条を越え接触関係を持つ (D) 道徳的な向上

5、道徳的・審美的な面では
(A) 質的向上を持たす ①正々堂々な勝負②親切③謙〇な行為④尊敬⑤真実と信義 (B) 価値評価と選択 (C) 人種または地方別のない意識向上 (D) 審美的感情助長

6、人格と社会適応面
(A)自尊心 (B)社会的認定 (C)感情調節 (D)謙譲 (E) 認定 (F) 自信 (G) 所属意識 (H)新しい経験 (I)深い思索

7、余暇教育
(A) 多方面の活動に興味を持つ (B) 技能と知識向上 (C) 年令別にいろいろな経験を持つ (D) 創作経験を持つようになる

(3) 「レクリエーション」の運営と進行

「レクリエーション」は、(A) 興味ある進行 (B) 活発に進行 (C) たのしく、軽く流れるように― (D) 全体参与性をとって進行しなければならない。ここには主催する側と指導者の力が必要である。

(4) レクリエーションの指導者は遊びが勝手でよく騒す人を臨時に立てる例が多いが、これはよい方法ではない。我らは指導者選択に細心な注意をしなければならない。したがって、指導者は、

(A) 人格的にも立派で言葉と態度が他の人に好感をあたえなければならない
(B) 自己個人の人気独占するのではなく、他人を前に立たせ、皆をたのしくすることに努力する人
(C) 気分の余裕と確信を持って活発に進行することができる人
(D) 会員数と性格をよく分類する総合的分析に能力ある人
(E) その場に合う「レクリエーション」を選ぶ識見を持つ人
(F) 「レクリエーション」を研究する人じゃなければならない

〈結語〉

以上のように青少年の教育訓練に関係する「プログラム」の運営と指導に対する評価と実際面の一部分を述べたが、これだけでは不充分な内容であるが今後民団傘下の青少年教育訓練面に万の一でもと役立つことがあれば多幸だと思って論を終えるのである。

写真は東京本部第一回夏期学校開校式

韓国の平和統一政策

先建設 後統一の方向で一貫

国連監視下 南北人口比例で自由総選挙

統一独立の自由民主韓国建設

南北韓同時国連加入で

共産圏諸国に互恵門戸開

漸進的段階的現実主義堅持

韓国の統一政策に就いて、今般平和統一問題研究所において次の如く発表された。

内容は、四部門に大別されている。

①分断国家と統一問題
②韓国統一の特殊性
③韓国政府の統一政策
④南北対話と統一の見通し

第一分断国家と統一問題

今日此の地球上には、四つの分断国がありますが、此等を大別すれば、次ぎの三つの類型に、分ける事が、出来ます。

其一つは、東西ドイツや韓国の様な、「国際型」分断国で、分断がその国民の意志に依ってなされたのでなく、強大国の政策や、利害関係に依って、なされた場合、即ち、自意に依ってでなく、他意に依って、強制された場合で、あります。

次ぎは、中共と、自由中国の様な「国内型」の分断国で、その分断が、内部革命や内乱などに依って、なされた場合であり、三番目は、ベトナムの様な、「混合型」の分断国、即ち、初めは国内型であったが、後で国際的介入を招いて、なされた場合などで、あります。

さて、韓国やドイツの様な「国際型」分断の最も著しい特徴は、分断当事国の間に於ける、統一努力と、之を後押しする、夫々れの背後強大国の理解と、協力、即ち内的要素と、外的要素の調和なしては、統一問題を、解決する事が、出来ないという点にあります。

ドイツと、韓国の分断条件を比較して見ると、共通点としては、分断の時期が、共に第二次世界大戦の直後であり、自由と共産主義との対立の侭、各々が強大な軍力を、維持しているのみならず、背後の強大国と、同盟を結んでいて統一実現の時期が、共に遼遠である、という事です。

そして、相異点としては、ドイツの場合、若し、ドイツが、統一されたら、忽ち強大国になって、周辺の諸国を、脅かす危険性が、あるため、分断を永びかせようという点で、四大国の利害関係が、一致しているのに反し、韓国は、周辺のソ連や、中共、又は日本にとって、さほどの脅威でない、という点であります。

又ドイツは、西ドイツが、ヨーロッパ共同市場に、東ドイツは、コメコンに、夫々れ、それらの、地域経済協力体制に、加入していますが、韓国の場合は、其様な体制さえないばかりか、東西ドイツは、夫々れ、ナトーや、ワルシャワ条約機構の下、東西ヨーロッパの安定した、勢力均衡の、関係におかれていますが、韓国は、四大国間の、不安定な勢力関係に、挟まれているという点が、異なる処で、あります。

更に、分断当事国間の相互関係を見ても、我々は北側の、六・二五動乱の挑発によって、軍人を除く、民間人の被害だけでも、ざっと百万を超える、同族相食む武力衝突のみならず、北側に依る、直接又は間接の、大小侵略の連続に依って、双方百万の大軍が、今も尚、二十余年もの間、相対峙している、という世界史上、其類例を見る事の出来ない、異例的な、休戦状態の侭にあり乍ら、北側の戦争挑発の野慾は、今も、寸毫変らぬ、有様であります。

之とは対照的に、ドイツの場合は、お互に直接的な軍事衝突は固よりなく、「一民族二国家」の、原則に立って、基本条約を結び、相互、大使交換の正常的な、平和共存の状態にあるのは皆様ご存知の通りであります。

勿論、西ドイツの相手国である、東ドイツは戦争意志を、完全に放棄しており、此点においても、我々の場合とは、大いに異る処で、あります。

従って、韓国と、ドイツの統一問題は、根本的に、違いがあり、それ故に、又、西ドイツの統一方式が、そのまま、韓半島に、適用される事も出来ない事情で、あります。

〈第二韓国統一の特殊性〉

韓国の統一に於ける特殊性を考察してみる事にしましょう。

韓国の統一問題は、何といっても、今迄、緊密な関係を持ち続けて来ている国連との関係を抜きにしては考えられません。

第二次世界大戦が終って間もない一九四七年の第二次総会は、全韓半島に、自由総選挙を実施して、統一独立の民主政府を樹てる事を決議し、次いで翌一九四八年の第三次総会では、大韓民国を韓半島の、唯一の合法政府として承認しました。

その後、国連は、一九七〇年代初期に至る迄、毎年総会で統一原則を繰返し確認し続けて来ました。のみならず、韓国動乱の時には、国連軍を派遣するなど、緊密な関係を、持ち続けて、来たのであります。

然し乍ら、今日の国連の事情は大きく変っているのであります。第二次世界大戦の直後、五一カ国で以って出航した国連は米ソなど、強大国の影響力が、当時は絶対的でありましたが、今では一三五国もの会員国が、増える事によって、強大国の発言権も相対的に弱まり、代りにアジア、アフリカ、ラテンアメリカなど、第三勢力の影響力が、大きくなって来ているのであります。

それに加えて、国連の最も重要な目的が、世界の平和と安全を維持する政治的役割に依るものであるにも拘らず、ベトナム戦争や中東戦争などを、国連が解決し得なかったばかりでなく、ヨーロッパ安保会議や、戦略武器制限会談(SALT)も、国連を向うに廻し、当事国の間で、直接取扱うという動きが一般化されつつあるのであります。

平和維持という、国連の政治的機能は、ほとんど麻痺状態にあり唯経済及び、社会文化的分野、即ち非政治的機能に片寄っていて、設置当初の目的とは、全然異る性格へと変って来ました。国連の性格のこの様な変化にも拘らず、我々の統一問題を、何時迄も、国連に頼っていて良いのか、考えざるを得ません。

次ぎは、韓半島を続る周辺情勢の変化であります。さる一九六〇年代迄の冷戦時代にはソ連、中共、北韓の軍事同盟を主軸とする三角関係に対して、韓米相互防衛条約と米安保条約による双務関係とによる、二大陣営に、はっきり分かれて、相互敵対関係にありましたが、現在の緊張緩和時代については、陣営全体の利益よりも、自国の実利を、追求する事によって陣営の結束が弛められ、又甚だしくは製り合いの関係さえ見られる有様です。

即ち、中ソの理念紛争から始まる領土紛争や、日米間における実利本位の熾烈な経済的競争が、貿易戦争まで呼ばれている現象は陣営内部の状態であります。

又、陣営間においても、米ソの密接な接近が、両国の平和共存関係を現実化、具体化させつつあり日ソ関係も、シベリヤ開発のため一七億ドルの日本投資の相談が始まるなど、経済的協力関係へと発展している一方、日・中共間において、大使を交換する国交の正常化が、既になされているのであります。又、米中も、両国はお互に連絡事務所を設けるなど、韓半島を続る情勢も大きく変って来ました。しかし、この様な国連事情や国際情勢など、外的要件の変化にも拘らず、我等は好戦的で、画一的な、北韓の共産主義者達を相手に統一問題を取り扱わねばならぬ特殊な立場に、おかれているのであります。

北韓は、四半世紀のあいだ、数知れぬ、血の粛清を通して、金日成の独裁体制を築き、これを維持強化するために、閉族政治を強行する一方、徹底的な住民統制と、住民思想教育を通じた、金日成の偶像化を促進しているのであります。のみならず、いわゆる四大軍事路線なるものによる戦争準備を完了しておきながら、一方では、対外的に、軍縮だとか、国連軍の撤退を繰返し主張しているのであります。

北韓は、正規軍が、二八個師団に過ぎませんが、膨大な完全武装の、予備兵力を持っております。すなわち、労農赤衛隊一四二万の内四〇%に当る五七万は、高射砲 […] ならず、労農赤衛隊の残りの八五万と、赤い青年近衛隊七〇万を合わせれば、一五五万による大兵力が別に小火器で、武装されていてこれを師団に編成すれば、無慮二〇個師団になるのであります。

これに比べて、我方は、正規軍が二九個師団で、正規軍の上から見れば、寄向きは、北韓と略々同数のように、思えますが、予備兵力、すなわち、労農赤衛隊で偽装されている、北韓の実質的な軍事力が、南北韓に大きな不均衡を齎らしている実情であり、この点から推し測って北韓が、しきりに主張している正規軍のみの軍縮だとか国連軍の撤退などは、第二の韓国動乱のような、対南侵略の企み以外の何物でもない、という事は火を見るよりも、明らかな事といえましょう。

〈第三我等の統一政策〉

次ぎは、我政府の統一政策と、北韓の統一戦略を比較検討して見[…]堅持して来ました。

自由党政府は一時北進統一を主張した事がありますが、それは南北総選挙に依る統一という原則には、何等変動がなかったものであります。続く民主党政府も亦国連の決議を尊重した南北総選挙を主張したのであります。

今の共和党政府は、以上の原則即ち国連に依る民主平和統一を建前として、共産主義と対決して、自由民主主義の勝利に依る統一でありますが、そのためには何といっても、祖国の近代化と経済自立にある事を強調し「先建設後統一」の方向を選ぶ様になったのであります。

そして、民族中興と自立経済の建設に拍車をかけて来たのであります。ところが、一九七〇年代になって国際情勢が急変するや、北韓の偽装平和統一の攻勢が激しくなって来たため、我政府は統一の諸策は変った現実の中において、

本紙購読は
TEL 437—2001〜5
に申込み下さい

在日本大韓民国居留民団 綱領
一、우리는 大韓民国의 国是를 遵守한다.
一、우리는 在留同胞의 権益擁護를 期한다.
一、우리는 在留同胞의 民生安定을 期한다.
一、우리는 在留同胞의 文化向上을 期한다.
一、우리는 世界平和와 国際親善을 期한다.

12.1(日)
（1974年）
第14号
（昭和49年9月26日 第三種郵便物認可） 毎月1日発行

東京韓國新聞

在日本大韓民国居留民団 東京本部機関紙
東京韓国新聞社
発行人 金致淳
〒105 東京都港区芝公園2丁目2-17
電話（03）437-2001～5
振替貯金口座東京 137364
（一部30円）

実務指標
一、일하는 民団
一、親切한 民団
一、規律 있는 民団

組織整風〝セ民団〟運動を展開

分団・班編成を促進
東本 新活動方針を打ち出す

民団東京本部（金致淳団長）はさる十一月八日第十三回定期地方委員会を終って、一九七四年度下半期の経験と自[illegible]る為に人事異動を行なったが、十八日の第七回執行委員会では民団組織の拡大と整備を目指して今後の新しい活動方[illegible]組織を確立しようとするもので、この事業の推移は民団組織に新風を巻き起すものとして注目される。同本部の構想に依れば、都内二十二支部の中で既に分団組織がある支部を除き全支部に分団を組織しその分団のなかに五世帯から十世帯の班組織を持つようにするものである、同本部はこれを組織整風〝セ民団運動〟として段階的に拡大していく方針であると言う。（三面に関連記事）

金致淳東京本部団長

この組織整風「セ民団」運動の要は、民団が結成されてから三十年になるにも拘らず、組織的な体系に不備な点が多く、また幹部養成と訓練、事務体系の不統一など、科学的な再検討と整備を必要とする内部矛盾を抱えている。

したがって団運営全般に亘ってマンネリズムの横行をもたらし、その為に組織本来の指命である民生安定事業が遅れている。

民団組織は、何よりも在日六十万同胞の生活安定の促進を第一義的にしなければならないにも拘らず、渉外事務を取扱っている関係で、ややもすれば官僚的な傾向を持つようになって久しい。

このたび、東京本部が着手した「セ民団」運動は、このような弊害を是正し、民団組織に新風を送って、団運営をより合理的に、より機動的にしようとするものである。

つまり一支部にいくつかの分団を置き、そのなかに五世帯から十世帯の班を組織するものである。

このように、組織体系を確立すれば、民団の活動が迅速に団員に浸透するばかりでなく、団員の要望がすみやかに指導部に反映することができる。

組織は、その組織の構成員とそれを運営する指導部とのパイプ・ラインが円滑になってこそ、その組織は生きものになれる。

団員の意志が指導部に十分反映され、指導部は団員の望むところを把握して、いろいろな政策を立案し実践するところに、民団本来の姿を見ることができる。

組織整風「セ民団」運動は、このような観点からしてその成否は即民団組織強化へのみちにつながるものである。

東京本部は、今年度下半期への事業として、（1）団員基本台帳の完備、（2）事務体系の確立、（3）傘下団体の行動統一、（4）組織整風「セ民団」運動の展開－をあげているがその中で最も重要な課業として「セ民団」運動をあげている。

この「セ民団」運動の基幹となる分団、班編成が完全に実践されれば、団員に対する宣伝、啓蒙活動がより具体的に、効果的に行なわれるばかりでなく、動員・団費集金活動などにも機動性をもたせることができよう。

同本部は、十一月二十四日を期して、この「セ民団」運動の旗あげをするが、先ず同日江東支部をモデル地区として選定し、この運動の第一歩を踏み出した。

この運動について金致淳団長は談話を通して「今の民団にとって何よりも肝要なことは、組織の整備とともに体質改善である。老朽化した組織の体質を若がえらせることは、朝総連の対民団破かい工作を封鎖する最も効果的なみちである。また、「セ民団」運動の基本とも言うべき分団、班づくりは民団組織の永年の懸案であり、このような組織体の細胞活動は、民団を大衆組織として育てていく上で欠くべからざる要因でもある。民団組織をピラミットのような形に組み代えて、底辺の広いものにしたい」と語り「この運動は、新しい民団をつくるものではなく、今の民団組織をより大衆的なものに育て上げることである。即ち、団運営を合理的に、機動的にする為に体質と体系を確立しようとするものである」と強調した。

現体制維持を確認

第十三回地方委 事業経過と陳事件を報告

民団東京本部は十一月八日午前十時から東京商銀本店会議室で第十三回定期地方委員会を開催して、七四年度上半期事業経過と陳事件を報告し、それぞれ地方委員会の承認を得た。特に金致淳団長が陳事件の責任をとって辞意を表明したが、これは万場一致で退けられ、陳斗鉉に対する除名処分については、陳が副団長職にあった為、監察委員会からの処分に対する同意要求に対しては、これを承認した。従って陳斗鉉は民団規約に基づいて除名処分と同時に副団長の地位もはく奪された。

総括報告

一九七四年五月十六日、第三十三回定期大会において選任された現執行部は、五ケ月余にわたって、昨年石油波動以後上昇一路にある物価高、不景気に困る経済沈滞と、北傀金日成集団の西海と東海上の挑発および、朝総連の欺瞞策動と不純分子たちの継続的な民団混乱策動、衝撃的な、八・一五記念式場においての朴大統領狙撃事件に依る令夫人陸英修女史の逝去、民青学連事件および米国ニクソン前大統領の辞任等続発する国内外情勢の混雑な条件下においても「民団近代化」の大事業を果敢な実践力に依って東本発展の進度を、遅延させることなく、時代が要求する歴史的新潮流の合理的要請に応ずる立場を鮮明に堅持しながら民団全体の抜本的改革を推進してきた前半期事業を大過なく完遂できたことは、とりわけ傘下支部の絶対的な協力と地方委員、および団員有志みなさんの、物心両面の協助と指導のたまものであることを確信するとともに、衷心から感謝と敬意を表するものです。

一、前半期報告

第三十三回定期大会で重大な使命をになって発足した現執行部は、牛のように働き、言葉より実践によって民団組織の近代化実現を最優先の目標において、民団内部に深く残存する前近代的で非合理的な民団運営を是正して、弾力性と合理性ある果敢な東本運営を展開して組織の固狭化した弊習を一掃することに力をつくし、東京本部が模範になるという大前提で躍進の足並をそろえて、第一に秩序と規律ある民団、第二に親切で仕事をする民団、第三には対話ある民団の指標下で最善をつくしてまいりました。

一九七四年度上半期期中いくつかを要約して報告すれば、

一、都内三機関、傘下団体任員合同研修会開催
（六月七日、於熱海ニューアカオホテル、三百二十六名参席）

二、東京本部第一回青少年夏期学校開設
（七月二十九日－八月二日、於山中湖総合合宿センター、二百四十六名）

二、品川支部正常化完了
（五月二十三日 於戸越会館、八十名参席）

四、永住権取得者中、国民登録未登録者の入団推進
（四月－九月末現在、千五百名入団突破）

五、第五次セマウル姉妹結縁事業
（北・墨田・港・東本執行委員会）

六、読売新聞や日本言論の偏向報道、反韓日本政客糾弾運動を活発に展開
（四月－九月末まで連続十八回新聞社、公園等などで抗議デモ）

七、北傀蛮行糾弾東京地区民衆大会と時局講演会開催
（五月二十三日、東京商銀、七月五日、北千住ミリオン座、十一月二十四日、馬込温泉）

八、大統領令夫人故陸英修女史追悼中央大会、殺人集団朝総連糾弾デモなど
（九月三日 於東京都体育館、二万人余団員参席）

九、金日成打倒、朝総連粉砕関東地区民衆大会
（九月十九日於清水谷公園、関東各地で四千名デモ）

一〇、東京韓国新聞継続発行
（毎月十五日発行、宣伝啓蒙に効果的な役割）

十一、其他、各種行事
（三・一節 八・一五光復節）

また断続事業は支部支援等、組織の機動性を最大限に発揮して全力を傾注しながら民団発展に献身的な奉仕精神で努力しました。

三、今後民団運動の展望と課題に関する報告

民団創団三十年を目前にして組織一の分岐点に立っている一九七五年の新時代の突入を二ケ月を前にした、歴史的な第十三回地方委員会で感ずることは、創団以来の多角面での、総括的な決算も要求しているし、時急な民団の当面問題に民団が必然的に帰結の要求性にてらし合わせて、今のところ民団の位置と現状に対して民族的史観の立場から民団活動全般に対して再評価、検討が必要だと認識していた点です。今民団は三十年の壮年期に入って年輪や組織的な老化現象の新現状のような旧態依然たる点は至急に改善されなければならないと指摘されなければならない点です。

当執行部が組織近代化の旗幟をかかげ、さる四カ月余の活動を通して感ずる組織近代化の障壁になった要素がこれなのです。

（一）指導者の不透明な形態が三十年前と少しも変化の無いのが明確だった点です。ここにおいて民団指導者には時代が要求する新意識構造確立が要求されていると見て幹部候補の質的向上をたっせいするために人材確保と、青少年の育成、次世代をつなぐ人材確保が切実に要求されていると見て真正な、体質改善が我々によって実現されなければならない使命があるということを忘れてはならないでしょう。

（二）全民団組織を自主、自立の運営合理化するためには、基本的な財源確保と組織一線での活動実務者の身分保証と生活保障がなによりも優先して改善しなければなりません。

（三）本団宣言綱領の精神に返って民団運動が根本的に再検討する方向で〝総和〟を、かならず築きあげていかなくてはならない。

最後に、民族史の記録に残されなくてはならない在日同胞歴史の記録をのこす課業をおこなってはなりません。この史料を、基礎にして民団運動の将来へのビジョンを我々自身が実現させなくてはならないと、感じました。

（四）結語

以上前記一九七四年度上半期の諸情勢と活動状況を断片的側面で報告いたしましたが、詳細な報告は各部別報告を参照し、評価して下さることをお願いいたします。

（写真）第13回東京本部地方委員会（東京商銀）

故徐興錫議長東本葬で厳修

（写真）厳粛に挙行された故徐興錫議長の民団東本葬

民団東京本部の徐興錫議長は、同胞親睦グループである親友会のかねてからのプランであった千葉県鴨川への親睦旅行中、同地小田病院にて十一月十三日午前一時、急性心不全が病因で急逝した。享年六十三才。

故人はさる十一月八日開かれた民団東京本部の第十三回定期地方委員会を召集し、陳斗鉉副団長スパイ事件などで内外から注目の的となっていた同委員会を、無事終了させたことが同氏の公けの席の最後となった。故徐議長は、第三十三期東京本部定期大会での有力団長候補として出馬が予定されていたが、健康が勝れないこともあってか立候補を辞退し、同大会で議長に当選以後金致淳団長の率いる東京本部新執行部に積極的に協力して、さる十一月三日の中野支部総会をもって長期に亘った東京二十二支部の完全正常化に貢献その任務を全うしたことは、故人の日頃の円満な人格と合せて民団組織人の鑑みでもあった。

故徐興錫議長は忠清南道公州出身、協議実業学校商業科を卒業後解放前渡日して逆境の中辛苦のあと祖国解放後事業の傍ら、朝鮮総連との対共闘争に積極的に参加して民団組織運動に投身し、一九五七年四月から一九六〇年八月までと一九六七年五月から一九六九年七月までの二期にかけて東京台東支部の支団長として、各支団長ぶりを発揮して、今日の台東支部発展の基礎を築いた後、東京本部副議長、同監察委員長を各々一期経て中央監察委員をつとめたあと、東京本部監察委員長として二期に亘り、大任をよく果たしさる五月の大会で東京本部議長に被任、現職中にあった。

また、民族金融機関の育成にも尽力して東京商銀信用組合の監事として現在に至るまで五期継続して重責をつとめてきた。

故人のこのような経歴からみて今後なお一層、民団組織の発展に尽力できるものと期待されていただけに、その死去は惜しみても余りある。

故人の業績とし特筆に価いするのは、東京本部監察委員長一期を任当時葛東湖、鄭在俊一派の反民団反国家行為を糾弾して、彼らの誤った運動から決然と縁を切って東京民団の正常化に大きく貢献したことであり、故人の存在がなかったらば、今日に見るが如き民団の正常化はあり得なかったかも知れない。

民団東京本部では、故人の生前の功労に報いるため、民団東京本部葬（葬儀委員長・金致淳・同副委員長許弼奭東京商銀理事長）を十一月十日正午から、台東区西浅草の縁泉寺でとり行なわれたが、生前の故人の功績、遺徳をしのんで、駐日韓国大使館か李竜勲総領事、民団中央から尹達鏞団長以下の幹部、東京本部任職員、都内各支部支団長、在日大韓婦人会東京本部様金粉会長以下役員、東京商銀信用組合理事ら三百名が参列して厳粛な中にも大に開かれた。

読経のあと、愛国歌奏唱、故人への黙祷のあと故人の略歴を金仁洙民団中央副団長が紹介し、金致淳葬儀委員長の弔辞、地元台東支部李鎮浩団長の追悼辞のほか、李竜勲総領事、婦人会東金粉会長などの来賓弔辞に続いて、許弼奭葬儀副委員長の謝辞に続いて、献花のあと参列者一同が、続々と焼香して故人の冥福を祈った。

陳斗鉉、朴三順を除名処分

東本監察委で決定発表

民団東京本部監察委員会（金栄洙委員長）は、反国家的なスパイ行為で民団の名誉を毀損させ、民団社会は勿論、祖国に大きな衝撃をあたえ、利敵行為をした陳斗鉉とその妻朴三順に対し慎重に調査、審議の結果、民団規約第六十六条、適用規定第一条一項、二項、三項を適用、一九七四年十一月七日付で除名を決定したと発表した。

陳斗鉉は、一九六五年から、今日まで身元を偽装して民団に浸透し一九六五年には、民団中央の宣伝局長を初め、民団東京世田谷支部の副団長、今年五月には、民団東京本部の第三十三回定期大会で副団長の重要ポストにまで浸透した大物スパイである。

陳は、一九六五年二月と一九七二年十二月、二回にわたり密北し北傀から密封教育を受け、日本に帰り、本国に往来しながら、不平不満分子達を包摂、入北させ、スパイ教育を受けさせるなど、民団員では考えられないスパイ行為をしたものである。一方朴三順は徹底した金日成崇拝者で、一時、朝鮮学校の教師をつとめたことがある徹底した共産主義者で、夫のスパイ行為を背後で教唆、操従し、陳斗鉉一党の間諜行為を容易にさせた背後の人物であるとその処分事由を挙げている。

陳斗鉉と朴三順の人的事項は次の通り。

陳斗鉉＝一九二八年六月二十九日生。
本籍、京畿道仁川松峴洞一〇〇番地。
住所、東京都世田谷区奥沢四－二八－一
国民登録番号、東京一三八二八号
永住権許可番号、協定、二三五〇号

朴三順＝一九三二年九月十二日生
本籍、忠清北道永同郡梅谷面梅田里
住所、東京都世田谷区奥沢四－二八－一
国民登録番号、東京一三八二九号

規約第六十六条適用規定
第一条次の各項の過誤を犯した者は除名に処する。
1、外部と通報して国家と本団組織を破壊する目的で行動をした者
2、本団を離脱して敵対陣営に加盟した者
3、敵対陣営に付加して本団に重大な損失をあたえた者

北傀・朝総連の兇計を粉砕しよう!!

第13回東京本部地方委員会 声明書

本日、民団東京本部第十三回地方委員会は、東京都内居住の五万団員の総意を一つに結んで、過去二十九年間に亘り、民族と国家の分裂のみに狂奔し、在日同胞社会を混乱させ、あらゆる謀略と欺瞞策動をもって祖国の平和繁栄をさまたげて来た我々の宿敵金日成傀儡集団と、その手先である朝総連の継続的な策動と陰謀を強く糾弾警告するのである。

周知の通り、金日成傀儡集団とその追従者である在日朝総連韓徳銖一派を中心とする共産暴力一党は善良な同胞をだまして、三十余年間引き続き破壊工作に挑んでいる。北傀と朝総連は最近に到ってその持ち前である欺瞞性の度合いを増して、殺人集団に変貌しつつあり、自由平和を基調に繁栄一路を辿る我が祖国大韓民国を転覆する野望に満ちるあらゆる手段方法で世界的潮流に逆行する戦争挑発行為を起こしている。今年に入っては東海と西海上において海賊蛮行を仕出かし、また、八・一五光復節記念式典においては、朴大統領を狙撃し、同夫人陸英修女史を逝去させても事足りぬ陰謀の上、陳斗鉉を初めとする一連のスパイを本国に浸透、民団を利用しようと企らんだ恐るべき事実は、世に生きる人々の憤りを煽り立てる最も放置出来ない共産集団の本質を露呈したものだ。

北傀金日成集団と朝総連殺人暴力集団は、日本を対韓工作基地に利用し、北傀を地上の楽園の如く欺瞞宣伝をしながら実は無知素朴な在日十余万同胞を「地上地獄」の閉鎖社会北傀の地に送り、自由を奪り、奴隷と同様の生活を強要しているのである。北送された同胞の中には韓国人の夫を持つ日本人妻六千余名も含まれており、毎日のように苦境においやられた生活のため里帰りと、生活救護のさし手を願う悲惨な訴えが全世界に広がり始めている。にも拘わらず朝総連は非人道的な日本人妻たちの訴えを顧り見ず、弾圧流配などの厳罰で殺人的な陰ぺい策で自由世界の輿論をごまかしている。

過去、六・二五動乱に見る血痕の民族史を痛恨する我々は、今もなお侵略兇計を捨てることなく、この瞬間にも武力戦争策略に満ちた傀首金日成を崇拝する朝総連の現状を直視しながら、同一民族の名において金日成狂信者朝鮮総連に対し警告し殺人暴力行為を中止するよう促しまた、民族の前に断罪することを宣言する次第である。世界のどの国に金日成一人崇拝のような盲信思想があるのか、過去ナチスヒットラー又はファッショムッソリニーよりもまさる独裁形態で固めた上、神のように格上崇拝するそのような可憐な人間模様は、現代人の感覚から見て、狂的集団でしか見過すことが出来ないのである。

個人の意見、反論排判など民主主義の原則すら封鎖された社会の傀首にこびりついて地上楽園のように北韓を虚偽宣伝する破廉恥な行為に陥っている朝総連を我々は人間社会の自由の基調に立って同情せざるを得ない。

我々は今日、金日成傀儡集団と朝総連韓徳銖一派が一日も早く過去の過ちを猛省して、韓民族の名誉を汚辱することなく、自由民族の一員として新時代の潮流に並進して行くことを促求して止まない。

そして、祖国大韓民国の一員として民族の良識に帰り喜びも悲しみも分交ち合いながら、在日同胞社会発展に寄与することが我々の生きる道であることを宣言するのである。

一九七四年十一月八日

第十三回東京本部地方委員会

第十三回地方委 執行部各部報告書

総務部報告

当部は、組織後継者養成と円滑な活動の為に青年層を中心に常任職員を大幅増員するとともにこれからも、人材難を克服して有能な青年組織員の確保と民団組織内で仕事のできる環境造成が時急に要請されるところである。

一九七四年度上半期において、日本社会不景気の影響があったにもかかわらず、支部割当金の納付状況が良好であったことは、ひとえに管下各支部が、当本部に積極協助してくれました所産であること存じ深甚たる謝意を表します。

一方継続して上昇していく物価高騰の事情を考慮して常任職員の人件費増額が必要な段階に至って最低限度十パーセント程度の増額支給を下半期中に実施すべくことを報告しつつこれに対する地方委員各位の了解を仰ぐところです。

組織部報告

一、新しい村作りの姉妹結縁事業は今期も第五次姉妹結縁事業で成果的に推進した。今般第五次姉妹結縁支部は次の通り。

(姉機関 妹機関 結縁日時 寄与内容の順)

東本執委 京畿華城郡台安面陵一里 一〇・二 一五〇万ウォン
港支部 慶南山清郡丹城面虎里 一〇・四 二〇〇万ウォン
北支部 全南咸平郡咸平邑小等 一〇・四 三〇〇万ウォン
墨田支部 慶南咸陽郡休川面金盤里 一〇・四 三〇〇万ウォン
台東支部 全北扶安郡幸安面大草里 一〇・二 一〇〇万ウォン

台東支部は継続支援事業として遂行している。港支部では支部単位で、昨年十月行なわれたのに継続して第二次事業である。

二、北傀、朝鮮総連、不純勢力に対する闘争で、当本部は、北傀または朝総連を始めに反韓国的勢力の策動に対し組織総力をはたし闘した。経過は次の通り。

①第一次北傀蛮行糾弾東京民衆大会、七月五日、足立区千住「ミリオン座」五百余名参加
②第二次北傀蛮行糾弾東京民衆大会、七月二十四日、大田区「馬込温泉会館」千余名参加
③第一次故陸英修女史追悼(金日成打倒、朝鮮総連粉砕」示威大行進、九月三日、東京都体育館、二万余名(全国)参加、管内二万千余名参加
④「金日成打倒、朝総連粉砕」示威大行進、九月十九日、千代田区清水谷公園、外務省、銀座中心街デモ、四千余名(関東地協)管内二千余名参加

三、日本言論機関または政府公省に対する闘争、特に日本マスコミの反韓国的偏向報道および外務大臣・木村妄言に対する糾弾闘争も連続的に展開する。

①読売新聞社に対する糾弾闘争は連続八回にわたって展開した結果、読売新聞社は謝罪文を公表した。

四、組織強化または指導活動。

①品川支部正常化なる

五月二十三日品川支部熟誠的団員八十余名を中心に品川支部臨時総会が開催され、李学伊団長を始め三機関任員が選出され完全に正常化された。

<付記>

民団規約違反で除名を受けていた朴泰一氏(品川)と、尹秀守氏(大田)両氏は東京本部監察委員会審査結果、一九七四年七月一日付で除名解除された。

経済部報告

一、本団運営の基本財政確立に関して

基本財政確立に主力を傾注してきたが諸般事情によってこれまでとりたてた成果をもたらすことが出来なかったがこれから継続して確固たる基本財政確立に全力を集中する。

二、信用組合育成に関して

待望していた城東地域の「錦糸町支店」設置も去る九日に起工式を終えたことにより民団と商銀は倍旧の連帯を強化して一層の育成発展に全力を傾注している。

三、生活協同組合設立促進に関して

在日韓国人の生活安定と文化向上を期すると同時にわが民族財産を保全活用することを目的にまず生活協同組合を各支部単位で設立推進中であり現在十支部がされており十五支部は設立推進をしている所である。また東京連合体を組織するため目下推進中であります。

四、納税貯蓄組合育成に関して

納税貯蓄組合は東本管下支部中十六支部が結成され活用中であり主に商工人に対する税務知識と啓蒙指導を当部の優先事業として組織的な指導を今後も着実に行なおうと考えております。

五、中央会館建立に基づく募金支援活動

在日韓国人の「民族の殿堂」である「中央会館」建設が十月十五日に着工され一九七六年二月二十八日に完工を見ることと予定されており我々はこの会館建立に全組織力量を集中して建設資金出に力を注がなければならず管下各支部と団員有志の積極的な協助を望む次第であります。

民生部報告

我々在日同胞の民生安定問題と地位向上の為に活動してきた民生部報告(一九七四年四月一日より一九七四年九月三〇日)を次のように報告いたします。

一、戸籍整備促進運動に関して

本団の継続事業として推進してきた戸籍整理に関しては一九七三年六月二日に公布された在外国民就籍、戸籍訂正及び戸籍整理に関して「特例法」に基準して管下各団員の啓蒙に注力し継続運動を展開中であります。

二、国民登録促進及び旅券所持運動に関して

(一)非国民入団勧奨運動

永住権を取得して韓国国籍を得ていにもかかわらず国民登録申請をしていない団員が多くいるためにここに重点を置き入団勧奨運動を展開し9月末現在一五〇〇名入団したということを確認しました。

四、旅券所持運動

新入団員は世帯主を中心に全家族が旅券を所持するようにしなるべく国家三大記念行事に参観訪問するように特別な便宜をはかってまいりました。

(註)四月から九月までの新入団員が九九一名であり総団員数二九一六一名

三、母国訪問団派遣

本国の例年行事として推進してきた母国訪問団を今年も八・一五光復節・十月一日国軍の日参観団を構成派遣して母国の発展相を直接見聞きしてくるよう努め出来るだけ初行者派遣に主力をおいてきました。

(註)八・一五光復節五四名(関東、東北協)十月一日国軍の日五二名(東京地区)

四、その他救援事業

本国の維新事業に参加する運動としてセマウル運動に自発的な寄與が行なわれ当本部では京畿道華城郡台安面陵一里部落と姉妹結縁をむすび八・一五光復節記念式典において募金した防衛誠金を本国政府に伝達しました。

文教部報告

当部の一九七四年度上半期事業経過をつぎのように報告します。

一、第一回青少年夏期学校開設

実施期間 一九七四年七月二九日より八月二日(四泊五日)
実施場所 山中湖総合宿センター
参加者数 東京都内(男女二百四十六名)

二、母国夏季学校参加

例年本国文教部が実施する夏季学校へ参加者を募集して事前教育を実施した後次のように派遣し全員が無事に帰日しました。

参加者数 男女計三十七名
東京出発 一九七四年七月二十七日
実施期間 一九七四年七月二十八日より八月十七日まで

三、一九七四年度大学新入生歓迎会

日時 一九七四年七月六日
場所 東京商銀七階 会議室
参加者数 二〇〇余名(新入生数七四名)

四、韓日学生美術展示会

韓日両国学生(小学、中学、高等)間の美術作品展示会をつぎのように開催して両国美術界交流深める。

韓国側(本国・東京韓国学校)出品二百余点、日本側出品百五十余点
展示期間 一九七四年五月二日より五月七日迄

五、文教関係各種会議参加

(一)東京韓国学校PTA教育懇談会参加
日時 一九七四年六月八日
場所 仙石原商銀ロッヂ

(二)全国文教部長会議参加
日時 一九七四年七月十一日
場所 中央本部会議室
主催 中央本部文教局

(三)在日韓国人教育者研究大会参加
日時 一九七四年八月五日より八月八日
場所 伊東観香園
主催 在日韓国人教育者協会

(一)東京韓国学校開校二十周年記念行事
日時 一九七四年四月二十六日
場所 東京韓国学校々庭
主催 東京韓国学校

支援事業
学校の累積された経営難で運営費補充の為に開校二十周年記念特別募金運動を学校理事会及PTAと本部及各支部組織が合同で募金運動を実施しました。

(二)第十二回在日韓国人体育大会参加支援
日時 一九七四年七月二十二日より七月二十四日迄
場所 奈良県奈良市
主催 在日大韓体育会関西本部

支援事業
今般に開催された第十二回在日韓国人体育大会の性格とは本国での例年十月に開催される全国体育大会に参加する在日同胞代表選手団選抜を兼ねる故に当本部は世田谷、渋谷、港、新宿、杉並支部及東京韓国学校から男女選手計二百二十名を派遣した。

参考として本国で開催された第五十五回全国体育大会(十月八日より十月十三日)で在日同胞代表選手団二百一名が参加した東京地区では二一名の選手が十月五日羽田から出戦しました。

一九七四年度成績は金メダル五個銀メダル三銅メダル四で総合順位は全国十三中十一位。

宣伝部報告

当部では機関紙発行、時局講演会及幹部研修会の主管、本国施策PR及民族文化芸術の紹介、日本一部言論及び反韓政客の偏向的な報道と妄言に対して糾弾し北傀、朝鮮総連粉砕等本団事業を積極的に支援をして来たが、今後より科学的な宣伝啓蒙が要請されている。

一、一般文化広報の啓蒙宣伝活動

(一)我国固有の伝統民族文化芸術の紹介
(二)団員の権益守護と団員の地位向上に対する宣伝啓蒙
(三)本国施策PR及び各種冊字配布
(四)対朝鮮総連及び反韓人士欺瞞策粉砕
(五)各種文化活動斡旋及び宣伝

二、時局講演会及び幹部研修会開催

(一)時局講演会開催

新執行構成の ための 集会である。去る五月二十三日東京商銀七階会議室で南北調節委員会講演会を開催、七・四共同声明後北傀の欺瞞と南北調節委員会の進行状況に対する情勢を把握するようにする為の助けになるようにした。

(二)幹部研修会開催

東本三十三回定期大会で現執行部が構成した執行部重要事業の一つとして規約第五十七条にも義務規定として明記されている幹部研修会を去る六月七日熱海「ニューアカオ」ホテルで「都内三機関任員及び傘下団体任員合同研修会を開催、指導幹部三百二十余名の参加で大盛況を成しとげて組織秩序と規律を正して国内外情勢と北傀、朝鮮総連の陰謀策動と組織現況をそのまま認識させて幹部の質的向上に助ける様努めた。(講師 金永善駐日大使、朴載京領事、梁泰辰中央本部専任講師)

三、北傀・朝鮮総連蛮行糾弾民衆大会支援

(一)北傀蛮行糾弾東京民衆大会開催

金日成傀儡集団が暴力的手段で我国を転覆しようとする企図下に去る六月二十八日東海巨津海上でひきおこした侵略蛮行を糾弾する「北傀蛮行糾弾東京民衆大会を七月五日南千住ミリオン座と七月二十四日大田区馬込温泉で開催、殺人鬼金日成集団に対する糾弾と北傀の陰謀朝鮮総連の「百二十日間金日成主義キャンペーン運動」の底意を暴露して団員の反共思想鼓吹に大きな 助けと なるようにした。特に南北調節委員会の張基栄副委員長、金守漢議員、崔容碩先生を招いて特別講演をした。

(二)金日成打倒殺人集団朝鮮総連粉砕関東地区民衆大会支援

関東地協主催「金日成打倒・殺人集団朝鮮総連粉砕関東地区民衆大会を(九月十九日清水谷公園で開催)成功的な支援で朴大統領を狙撃して大統領令夫人陸英修女史を逝去させたテロ殺人集団朝鮮総連及び傀儡金日成打倒関東地区同胞の決起大会を側面で支援し大会を成功するように努めた。

四、「大統領令夫人故陸英修女史追悼中央大会」支援

共産凶弾に依り逝去なされた故陸英修女史を追慕して在日韓国人の精誠を集めて冥福を祈る「朴大統領令夫人故陸英修女史追悼中央大会」が東京都体育館で厳粛に開かれ民団史上類例のなかった二万余名の参加で在日韓国人社会の総和として大きく寄与した。

五、一部日本言論偏向報道と反韓政客妄言料弾活動に対して支援

(一)反韓一部政客の妄言料弾と関係機関に要望する一連の活動と特に一部言論機関に対して「新聞倫理綱領」を無視して報道編集姿勢に対する猛省を追及する傘下各機関の活動を機関紙等文書活動を通して支援し東本及び各機関の全体意思を代弁する活動を展開して読売新聞で報道姿勢是正を約束する覚書を受けた。

六、三十六回八・一五光復慶祝記念中央民衆大会支援

(一)今年も浅草国際劇場で盛大なる記念行事を行い特に今年は特別講演(李道先議員)と第二部で城南高等学校の楽隊と吉屋潤楽団・聖安合唱団本国民俗舞踊芸術団の出演及び映画(ニュース・記録文化映画)上映等多彩なプロで七千余の団員を慰安した。

七、「東京韓国新聞」継続発行

当部は東京韓国新聞を継続発行して朝鮮総連の悪辣な欺瞞策動と偽わりの宣伝を粉砕して民団同胞大衆を善導啓蒙組織の内的充実と時代要求に呼応して本団を代弁する機関紙での使命を着実に推進するように努力して来ました。

八、各種事業の支援

(一)東京商銀二十周年行事の宣伝支援
(二)東京韓国学校二十周年行事の支援
(三)韓日親善事業支援(韓日学生美術展韓日親善協会結成等)
(四)敬老会(一九七四年度東京商銀主催)
(五)関東大震災犠牲同胞慰霊祭
(六)第五次セマウル姉妹結縁事業支援
(七)東京韓国学校PTA活動支援
(八)東本第一回青少年夏期学校支援

青年会報告書

一、青年会組織拡大強化活動

この期間中には新規支部結成は出来なかったが今期に入って活発な青年会支部と不活性支部との落差が増大している為、全体的に見て会員は着実に拡大されている。

(二)[illegible]

青年会では[illegible]に韓国語で[illegible]ている。青年会では二世の民族意識を高める為に民族教育、教養関係への就職を[illegible]伝をしている。青年会事業で支援[illegible]に就職する青年も多くなった。現在組織幹部員として就職し、訓練を受けている[illegible]も青年会出身である。

(三)生活[illegible]

家庭内での[illegible]東京で推進されたセマウル奉仕事業の一貫として「六十万のセマウムシムギ運動」[illegible]び緑化運動は、今年は中央本部で推進され、東本では、青年会員二十一名が参加し[illegible]

四、其の他行事活動

(一)読売新聞の反韓的偏向報道に対する抗議活動支援
(二)八・一五慶祝行事の準備及び会場整備
(三)第一回青年会[illegible]研修会への参加及び[illegible]
(四)外務省、木村妄言糾弾活動
(五)九月三日、故陸英修女史追悼式大会準備及びデモ指導
(六)九月十九日、金日成打倒、朝総連粉砕デモ、準備及び指導活動

主張

13回地方委と組織整風運動

朝総連は民団を分裂させ大韓民国を破かいする為に訓練された工作員を民団内に送り込んでいるが、このような事実が明るみに出た時は、彼らはこれを民団内部に混乱を引き起すように利用している―と駐日大使館金在権公使は十一月八日の東京本部地方委員会での祝辞のなかで指摘した。

この日の第十三回東本地委は陳斗鉉事件の直後だけに一般の関心も高く、東京本部指導部の姿勢と地方委員たちの動向が注視されるなかで開かれたのである。

陳斗鉉事件は、全く不愉快な事件であるばかりでなく、朝総連の対民団破かい工作の典型的な見本を見せつけられた感じで全く腹ただしい限りである。

この事件を契機として、組織内では東京本部執行部内の不詳事件として、その対応策についてのさまざまな観測が流れていた。

しかし第十三回地委は責任をとって辞任したいとの金団長の辞意を万場一致で退け引き続き団務執行への信任を与えた。

これは正しい判断であったと評価したい。

朝総連が送り込んだスパイを団の幹部として登用した点については、その責任なしとは言えない。

しかし、このような事態が発生したからといって組織が右往左往することはそれこそ前述の金公使の警告を引用するまでもなく、朝総連の思うツボに入り込んでしまう結果を招く恐れがある。

つまり事態に対する責任のとり方にはいくつかの方法があろうが、やめてしまえばそれで責任をとった―という発想には、一見スマートな感じもするが、その反面かえって無用な混乱を招く危険をさえ含んでいる。

民団は自治組織であって官僚機構ではない。したがって民団組織内で起った問題は、あくまでも内部問題として、外部勢力(朝総連など)のつけ入るすきを与えず解決しなければならない。

まして、組織正常化の過程にある東京本部が、陳事件の為に組織活動を空転させることはできない。

第十三回地委が、このような現時点での東京本部の位置とその周辺情勢を踏まえた上で正しい判断を示したことを高く評価したい。

× × ×

第十三回地方委を終えた東京本部は、直ちに部内の人心を刷新するために、執行部大改造を断行し、民団に新風を吹き込む、組織整風「セ民団」運動を打出した。

これは陳斗鉉事件など、七四年度上半期中に得たいろいろな経験と、その反省を基礎として新しい情勢に対応するために取られた措置で、陳事件に見られる不名誉な出来ごとを、今後は実務面で活発な組織活動を通じて、団員の不安感を払拭しようとする新しい試みとして、その意欲を買いたい。

「セ民団」運動とは、新しい民団を作ることではなく、今の民団組織に新しい気風を打ち込んで、今までのマンネリ化した組織に活を入れることであろう。具体的な方法としては、各支部ごとに分団を作りその中に班を置くことで、組織の基本である細胞組織を編成することである。

このように、支部に分団・班を編成し組織体系を一元化することは、大衆に密着する底辺の広い組織体を作ることで、それによって得ることは、民団の基本的事業の一つである民生問題の推進に大きく役立つことである。

現今の民団組織の状態は、支部と団員との連携はあっても、団員相互の横の関係は無に等しい。班組織はこの意味で五世帯から十世帯規模のブロックを編成することで、団員相互の横の連携も生まれる。

今まで近所に団員が住んでいてもほとんどその存在すら知らなかった人々が、このような班組織を通じて知り合い、そこに親交が生まれるならば、団員相互の親睦と連携はより一層強まると信ずる。

東京本部が、この点に着眼して新しい試みとして「セ民団」運動を打ち出したことは、いささか遅い感じもするが、その意欲は高く評価したい。

民団組織を近代的に、そして機動性を持つようにしなければならないという考えは前々からあった。このたび、東京本部が全国の組織に先がけて、この問題に取りくみ始めたことは、今後の民団発展への布石となろう。

日本拠点スパイ団を検挙

陸軍保安司発表 主犯は東京の陳斗鉉ら一味

去る十一月五日、陸軍保安司令部は、日本を拠点にして韓国々内の政治、経済、社会、学園、軍需産業分野などに浸透を企図していた在日居留民団東京本部副団長陳斗鉉(四十八)を主犯とする大規模スパイ団を検挙し、この中で陳をはじめとする八名のスパイを国家保安法及び反共法違反嫌疑で、崔成一(四十二=不動産紹介業)を便宜提供嫌疑で、趙一禄(五十四=農業)ら三名を不告知嫌疑で、李大準(三十六=陸軍少佐)を軍機漏泄嫌疑で全員十三名を拘束したと発表した。また安竜変(五十四=全南大法政大学長)など五名も不告知嫌疑で調査中にあると発表した。

金鍾煥保安司令官は、この一連のスパイ団は、民団を利用して国内政界への進出を画策する一方学園、宗教界に民主守護同志会を組織し軍事機密を蒐集、また軍需業体内部に労組を通しての地下組織などを企図、成熟された時機には反政府勢力と連携して大衆蜂起を企らんだものであると明かした。

保安司令部によると、このスパイ団の特徴としては、①民団を拠点にして北韓を往来しながら、祖国の民主回復という名分を挙げて政界進出を企み②国内の不平不満分子らを抱きこみ、流言蜚語を流布させ、民心動揺と人民革命を誘発するよう画策し③学園、宗教界人士らを抱摂、渡日させ密封教育を実施して反政府闘争を扇動操縦した④軍部内にスパイを浸透させ軍事機密を蒐集して来た、とされる。

この中でも主犯陳斗鉉は民団東京本部事務次長職を経て、民団東京本部副団長職にあった者で六十五年二月と、七二年十一月の二回に亘って平壌に入り、北傀労働党対南事業総書李進浮から直接密封教育を受け金日成からは金の宝物のような幹部だという称号を受けた後、①民団東京本部を赤化②軍部の機密部署にスパイ扶植、③反政府勢力を結集させ統一戦線を形成するようとの特別指令を受けたとされる。陳はこの指令によって、北傀在日指導員から工作金二千万円を受けとり六九年から八回に亘って韓国を往来しながらスパイ行為をして、去る国軍の日に在日同胞訪問団の副責任者として偽装入国した際逮捕されたものである。

陳は大学同窓の朴基来(四十九)と金鍾烈(四十五)を抱摂、日本に招請したあと、日本から越北させスパイ教育を受けるようにした後、国内に浸透させた。スパイ朴基来は陸軍本部副官監学文官姜乙声、韓国機械仁川工場従業員朴錫柱などを抱摂、指令によって暗躍していた間に検挙されたわけだ。

保安司令部はこの一連のスパイ団から、無電機二台、乱数表二組、ラジオ八台、金日成選集など三十冊と工作金日貨一百万円、韓貨三百十二万ウォン、米貨七千ドルなどを証拠品として押収した。

第一回任員研修会

荒川支部主催で開催

民団荒川支部(高昌運団長)主催の「第一回任員合同研修会」が去る十六日、静岡県熱海の「ホテル八景」で開かれ、激動する内外情勢の中、時代即応の新新な民団づくりに取組む一線組織人たちの使命感を新たなものにする転機を成した。

同支部三機関と十分団はじめ婦人会青年会商工会など傘下団体を含む全任員七十余名が参加した同研修会は、東京本部管下の支部として初めてもたれたもので朴大統領そ撃事件以来の組織力結束を示すものとして関心が寄せられていた。研修会は国民儀礼の後、李昌植議長の開会辞、高昌運団長のあいさつ、文斗河監察委員長のあいさつに続き、金致淳東京本部団長から「常に組織活動の先端を行く荒川支部の自発的姿勢で行われるこの研修会は、時宜を得た極めて重要な意義を持つ行事であり、他支部組織活動家たちが学ぶべく最も高く評価されるもので、新しい民団運動の契機になるよう」との力強い激励の辞を述べた。

研修会は午後二時から七時までの約五時間にかけて、朴載京駐日韓国大使館領事と統一日報編集次長が「最近の朝総連動向」「金日成の暴力革命指令原幕」をテーマに北傀と朝総連の暴力統一路線、対韓破壊工作の実態を具体的事実を上げて説明し、対北傀、対朝総連に対する再認識と警戒心をあらためて認めさせた。朴領事と鄭次長は『朝総連は日増しに弱体化しつつあり、金日成は内部矛盾と亀裂を防ぐべく、自己防衛手段のため、今時益々過激的な行動に出る公算が強いものと見通されるから民団はこのことを念じて事前に共産暴力を打ち破る強い態勢で臨むことが肝要である』と訴え盛んな拍手を受けた。

次に、朴性鎮韓国新聞主幹が組織論、規約解説をわかりやすく話し、参加者の関心をひいた。研修会は大韓民国万歳三唱を以って祖国に忠誠を誓い、名誉ある在日韓国人としての決意を再確認し合ったあと、宴会に入った。

青年指導者 本国研修会

民団中央本部[illegible]長)に依れば「全国青年指導者本国研修会」を去る十二月一日から七日(一週間)ソウルで開催するという。

この計画は、去る八月十日から十九日までの十日間に予定していたのが、八・一五光復節の不祥事件によって無期延期されたのが青年運動の重要性から全国から六十名を派遣して実行するようになったもの。

今度参加する青年指導者の宿食費は、本国政府で負担するが旅費は個人負担(地方本部負担)になる。参加する指導者は十一月三十日午後三時まで、民団本国事務所に、到着申告を完了するようになっている。

公告

当本部は第十三回地方委員会を契機として、部内の人心を刷新し諸般の情勢に対応する為に、執行部の大改造を断行致しました。団員諸賢の御指導を賜りたく御案内申し上げます

(民団東京本部)

事務局長 金西烈　宣伝部長 金政男
総務部長 韓相龍　青年部長 尹隆道
組織部長 申秀鉉　企画室長 高昶徳
経済部長 安正燦　組織専門委員長 安正燦
民生部長 許南明
文教部長 李乙珩　宣伝専門委員長 韓喜俊

韓国人は韓国学校で民族教育を!!

七五年度学生募集要項

一、募集人員
初等部一学年……五〇名
中等部一学年……五〇名 外 編入生若干名
高等部一学年……一〇〇名 但、高三 除外

二、受験資格
初等部一学年……満六歳児童
中等部一学年……小学校卒業 又は 予定者
高等部一学年……中学校卒業 又は 予定者

三、願書接受
期間…初等部 自一九七四年十一月一日～至十二月六日(午前九時～午後五時)
中・高等部 自一九七五年一月八日～至二月七日(午前九時～午後五時)
場所……本校教務部

四、受験手続
(イ)本校所定の入学願書
(ロ)出身学校調査書(編入は在学及成績証明書)
(ハ)国民登録済証明書
(ニ)写真四枚(四cm×五cm)
(ホ)考査料 初 三〇〇円 中 一〇〇〇円 高 二〇〇〇円

五、考査
初等部……面接
中等部……面接、書類審査
高等部……面接、学科考査(国、英、数)(但、日語科目で国語代行可)

六、考査日時
初等部……一九七四年十二月七日(土)午前十時
中・高等部……一九七五年二月八日(土)午前九時

七、合格者発表
初等部……一九七四年十二月九日(月)正午
中・高等部……一九七五年二月十日(月)正午

八、其他
(イ)提出書類は返還しない
(ロ)入学に関する問議は教務部へ行うこと

学校住所 東京都新宿区若松町二一
TEL (三五七) 二三三一～五

東京韓国学校

江東で「セ民団」運動の旗あげ

三百余団員参加のもと　11月24日深川青年館で集会

来春3月完了を目標　＝班組織に着手＝

民団東京本部（金致淳団長）が新しく打ち出した活動方針である組織整風「セ民団」運動の第一声が江東支部から上った。

同本部は、江東支部をこの運動のモデル・ケースとして選定し、その指導を行なって来たが、江東支部指導者らの努力が実ってその決起集会が十一月二十四日午後一時半から深川青年館で開かれた。

民団組織に新風を送り込むこの運動への意欲に燃えた同支部団員三〇〇余名は日曜日であるにも抱らず熱心に同支部役員からの報告と事業計画に耳を傾けた。

江東支部の沿革は一九四九年十月に、今は無き金呂洛氏を中心として十余名の団員が集って韓国建設同盟（民団の前身）深川支部を結成したことに始まる。

一九五〇年は江東、墨田両区が連合し城東連合支部となったが、一九五二年六月に発生した「枝川事件」を契機として現在の江東支部となって一九七四年十一月一日現在四五八世帯、一九五〇名の団員を擁する大きな支部に成長した。今の金光和団長は第十一代目の団長である。

同支部は、管内に塩浜分団と潮見の二個分団を置き婦人会、青年会、生活協同組合、納税組合韓日親善会の五つの傘下組織を持つ大きな支部にまで発展した。

同支部管内の同胞数は三、二五〇名でそのうち韓国籍を持つ団員は二、一三〇名朝鮮籍（総連系）一一三九〇名、従って全同胞数のなかで団員の占める割合は六〇・七％で、朝総連勢力をはるかに上廻っている。

同支部は「セ民団」運動の事業として一九七五年三月末までに既存の分団以外に幾つかの分団を結成し二〇個以上の班を設置するという。

本部が購入した宣伝車に全在徳公使は「セ民団1号」と命名した。

この組織づくりが完成すれば同支部の組織体系はピラミット型となって底辺の広い団員に密着した支部運営が可能となって、その発展が大きく期待される。

この日公共に多忙を極める大使館の全在徳公使は、特にこの決起集会に参席して、金日成集団と朝総連の凶計を説いて参加者に多大な感銘を与え、中央尹団長と共に江東支部団員を激励した。

また、東本金致淳団長も「セ民団」運動の意義を声高らかに強調して、この運動に全団員が積極的に参加することを訴えた。

同支部指導者の発言の要旨は次の通り。

金光和団長＝東京本部指導のもと組織整備「セ民団」運動の旗あげの第一声を江東支部からあげることになったことは、当支部の組織力を本部が認めてくれたことだし、これは団員の皆さんと共に喜びに堪えない。同時に当支部がモデルケースとなることだから何が何でもこの事業を成功させなければならない。皆さんの積極的な参加と協力を望む。

顧問代表金寶煥氏＝「セ民団」運動は、新しい心と精神を民団組織に植えつけることである。

金庸弘塩浜分団長＝民生・文化向上など特に民族教育が不備だ。「セ民団」運動を通じてこの点を実践したい。

鄭燦奎潮見分団長＝「セ民団」運動には団員一人一人が積極的に参加しご成功するものである。

呉興洙生協組合長＝生協は今までも民団組織に貢献して来たが、今後は資金の増加、組合員の増員をはかって「セ民団」運動に協力したい。

金鉉成納税組合長＝団員の税金対策を強力に推進し、団員の利益を守ることで「セ民団」運動に協力する決意である。

鄭錫斗教育委員長＝民族教育の充実と向上をはかって二、三世の子女の教育に力を入れたい。

李永順婦人会長＝「セ民団」には婦人の立場で積極的に協力し、参加したい。民団組織のなかでの婦人の位置は大変大きな比重を占めている。

金性株青年会長＝アボジ・オモニたちは青年会の発展に力を入れて下さい。私たち青年たちは「セ民団」運動の先頭に立ちます。

なお、この集会には各支部から多くの支団長や任員たちが参観したが、高昌運荒川支部団長が代表して激励の言葉を述べた。

また、同支部が運営している韓日親善会の「会心会」の浅野会長が韓国語であいさつし、万場の拍手を浴びた。

豊島韓国人会館完成

池袋西口、地下一階地上四階

豊島支部団員の永年の夢であった「豊島韓国人会館」が完成し、十一月十五日午後一時から同会館で四〇〇名の団員が集って盛大な落成式を行なった。豊島支部（金熙淑団長）は板橋・練馬三区連合支部として組織されたが一九六四年に板橋支部と練馬支部が分離して、それぞれ独立支部を持つように団勢が拡大した東京民団組織の城北地域の名門支部である。板橋・練馬両支部は早くから会館を持ったが豊島支部だけは副都心地の池袋をひかえているだけに用地買収などで今日まで延び延びになったものである。

金熙淑団長

韓檜俊建設委員長

東京の各支部は各地区の「韓国人会館」の建設を急いでいるが、豊島会館は今年に入って墨田会館について二つ目である。国電池袋駅西口から歩いて三分の所に出来たこの会館は、豊島支部団員の憩の場としてその威容を誇るにふさわしいものである。

会館建設委員会韓檜俊委員長によれば同会館は一九七四年四月二十二日に地鎮祭を行なって工事を開始してから七カ月目の十一月十三日に完工したものである。敷地は三十坪地下一階地上四階で総建坪は一二五坪、総工費は七千三百万円でその内訳は敷地買収に二千三百万円、建築費五千万円とのことで、建設委員八名が実務を担当した。

同委員長は、落成式での報告の中で「この会館は豊島支部全団員の協力の産物であり、ここに会館を完成させ民団々員の皆さんにお渡しすることが出来たことを光栄に思います。会館建設に当って物心両面に亘って協力して下さった皆さんに心から感謝します」と述べた。

また金熙淑団長は「本日、公私多忙中にも拘わらず、豊島韓国人会館落成式に参席して下さいました、駐日大使館の李竜勲総領事に厚く感謝の意を表しますとともに東京本部金致淳団長を始め、各支部役員の皆様がこの場に御参席下さいまして、本人は豊島支部全団員とともに、歓迎する次第であります。

回顧しまするに、当豊島支部は過去にかて豊島・板橋・練馬三区連合支部の本拠地として、民団東京本部の城北地域における組織発展に大きく貢献してきました。その後、団勢の飛躍的拡大によって板橋、練馬支部が独立して現在に及んでおります。このようにして、当支部は会館の建立に着手してきましたが、副都心地であり、地価が高いという問題があって、用地買収と建築費の調達には大変な苦労がありました。この会館は豊島支部団員の共有資産として、永く保存されるでしょう」と述べ、この会館建設に当って心血を注いで下さった韓檜俊建設委員長を筆頭に委員の皆さんに心から感謝の意を表します」とつけ加えた。

“東本管下”全支部正常化さる

中野支部定期総会で三機関構成

写真は挨拶する許団長と、左は安議長

鄭在俊不純分子一派による混乱の渦中で二十七個月間に至るまで支部の正常運営ができなかった都内唯一の中野支部が去る十一月三日、須田ビル二階で、中野支部の団員七十余名参加のもとに正常化総会を開き、新任三機関役員構成、今年度活動方針案・新予算案を採択、正常化支部として第一歩を踏み出した。

中野支部は、先の民団東京本部組織混乱の影響を受け、都内二十二支部の中で最長期間・領事々務を始め団務の執行ができない状態にあったまま今日まできたが、今般中野支部団員を始め有志たちが自発的に中野支部正常化を実現する為立ち上がって、自らの民団を立派に守りぬく決意が結実したわけである。

この日、総会は、朴炳一前東本民生専門委員長の司会で開会され、国民儀礼の後、安迎出顧問、（東京韓国学校理事長）の経過報告があった。次いで、全三機関任員が辞任をした。

辞任のあいさつに立った康公敏前団長は（前団長李鳳学氏は一年前辞任した）“任期中、不純分子達の策動によって、中野支部が正常的に運営されなかったことに対し団員皆さんに迷惑と不便をあたえたことを衷心よりお詫びする次第である。今日二十七個月ぶりに正常化総会を開くことになって誠にうれしく思うのである。又私は今日、当支部が正常化され新民団の第一歩を印したことはほんとに多幸だと思う”とあいさつした。続いて、三機関役員を代表して、あいさつした。

続いて任員選出は、銓衡委員制にして、銓衡委員五名（許南富・康公敏・全周洪・崔炳鶴・金寅坪）が選出され、選出された銓衡委員によって、新任三機関長が選出。団長に許南富氏、（元団長）、議長に安迎出氏（前顧問）、監察委員長に権寧変氏（元団長）を指名、総会満場一致でこれを承認した。その他の役員は新任三機関長に一任し、後日文書で発表することにした。

続いて新任三機関長があいさつに立ち“二年余の支部混乱が今日再整備され再建の巨歩を踏みだすことは、非常にうれしいことだが今日団員皆さんが示してくれた愛団心を最後まで発揮し中野支部が都内二十二支部の中でも、最も発展されるよう望む次第だ”と強調し、支部再建と発展に協力を呼訴した。

これで、中野支部は、去年六月十日直轄総会で正常化された大田支部、去る五月二十三日臨時総会で正常化された品川支部と共に、東京都内一部不純分子達の民団混乱策動の影響を受けて分裂していた東京本部管下の全支部が正常化されたことで大田・品川支部と共もに今後の発展が期待される。

中野支部の新事務所と新役員は次の通り（中野支部会館は、一部不純分子によって不法占拠されているため暫定的に事務所を設けることにした）

▽顧問機関　李裕天、高柔鎮、安聖中

▽執行部
団長　許南富
副団長　崔炳鶴
〃　康満子
事務部長　朴炳一

▽議決機関
議長　安迎出
副議長　金西湖
〃　権泰湖

▽監察機関
監察委員長　権寧変
委員　全周洪
委員　申漢裕

▽事務所
東京都中野区弥生町五－二六－九　須田ビル2F
電話三八四－九四三一（代表）

同支部は十一月二十六日より業務を開始する

フォード大統領韓国訪問　歓迎自動車デモ

東京本部主催、153台が20キロ走る

フォード米大統領の訪韓、訪日による韓・米・日三国間の友好関係増進、連帯強化を歓迎する、民団関東地協主催の「フォード大統領歓迎自動車デモ」が二十日午後東京都内約二〇㎞のコースで行われた。

このデモには東京を中心に神奈川、埼玉、三多摩の各民団地方本部からの車、百五十三台五百余人が参加、東京韓国学校々庭に集合し集会の後、デモに移った。午後二時前からもたれた出発前の集会では、民団東京本部金致淳団長があいさつにたち「休戦線南側に『北』が掘ったトンネルが発見されるなど、『北』の武力南侵政策が以前にも増して露わになった。また、日本を基地とする『北』の対韓国破壊工作が強化されている現在、韓国の最大の友邦、米国のフォード大統領が韓国を訪問し、その現状を直接視察することは重要な意義があり、韓国国民の一人としてフォード大統領訪韓を歓迎する」と述べた。続いて民団中央尹達鏞団長、同埼玉本部李根団長がたち、それぞれ激励のあいさつを行なった。

韓国学校々庭に集結した車・車・車

「フォード大統領歓迎」の英文と日本文のタレ幕をつけた宣伝カーを先頭に、太極旗、星条旗、フォード歓迎の思いおもいのプラカードをつけた自動車は、午後二時すぎ、東京韓国学校を出発、新宿－代々木－渋谷－一の橋－新橋－数寄屋橋－東京駅の約二十㎞を行進、午後四時すぎ、常盤橋公園で解散した。

都心地を行くパレード（渋谷通り）

時局講演会盛了　十一月二日東京商銀

在日本大韓民国居留民団関東地方協議会（金致淳事務局長）主催の時局講演会が去る十一月二日新宿東京商銀本店ホールで神奈川県と静岡県本部を除く関東十県本部三機関役員と東本管内二十二支部の三機関役員二百五十余人が参席の中盛大に行われた。

この日十時十五分から本国の二ュース映画（故陸英修女史逝去と葬礼式）の後、午前十時五十分、金致淳関東地協事務局長のあいさつから始まり、最初に朴東雲（韓国日報論説委員）講師の“南北関係と統一問題”続いて金炳昌（海外弘報協会）講師の“最近の北韓情勢”韓泰然（朝鮮日報論説委員）講師の“韓半島周辺情勢と統一展望”の順に国内外情勢分析と我らの姿勢と決意を新たにする時局講演会が大成功裡に進められた。

この時局講演会を通じて民団役員の資的向上は勿論、祖国で行われている“南北対話と統一問題”北韓の戦争準備による体制と急変して行く国際情況、今後展望に対処する知識をめたえる有益な講演内容だった。

次いで北韓の実情ドキュメント映画“北韓”を上映し、午後四時半頃散会した。

入国申告は支部経由で

―十二月一日から実施

本国入国申告手続きについて従来、東京都内居住団員の一時帰国による本国入国については、本人が直接大使館に赴いて申告していたが、来る十二月一日から新たにそれぞれの管轄民団支部を経由したあと大使館に届け出るようこのほど駐日大韓民国大使館から発表があった。

この措置は永久的なものでなく不純分子の策動や、朴大統領狙撃事件、陳斗鉉スパイ事件など相つぐ不祥事件もあって団員の本国帰国状況を各支部が把握する必要性からとられた措置である。しかし大使館は諜報要員の簡素化施策の建て前からあくまでも暫定的にとられた臨時措置であるので、駐日大使館では団員に不便のないように取り計らうことを望んでいる。

団員は十二月一日から本国に入国する際は居住地区の支部に行って入国申告書を貰って記入の上、裏に「支部経由印」を押して大使館の窓口に提出する。

用紙は各支部に備えつけてあるから団員にとっては決して不便なものではない。

支部だより

◎文京支部

民団東京文京支部（韓文鳳団長）では、きたる十一月二十五日（月曜日）午後六時、上野公園入口の“中華料理ホライ閣”で、文京支部・今年の重要活動事業として設定していた“韓国人文京区消費生活協同組合・発起人総会”が開催される。

この総会は、民団東京本部経済部事業目標にも設けている“東京連合体”の構想に歩調を合わせて支部としては八番目の発起総会で民団文京支部の活発な活動のすえ発起人総会が開かれるのであるが今後総会後の活動が期待される。

◎練馬支部

民団練馬支部（金弘濬団長）では、きたる十一月十六日三機関役員・婦人会員・PTA会員約四十余名参加のもと練馬支部において支部三機関・婦人会・PTA合同会議を行う。

会議内容は、東本地方委員会報告・年末募金活動についての報告支部経過報告及び年末・年始の活動報告を行う予定である。

またPTAでは、教育に関する討議及び七五年度就学勧旗などでの討議をし、将来の韓国学園についての討議を行う予定である。

◎世田谷支部　納税組合

民団世田谷支部納税組合では、さる十一月十二・十三日の二日間金栄在組合長以下組合員四十余名参加のもと静岡県の船原ホテルにおいて研修会及び慰安旅行を行なった。

研修会は納税法改正のためのこれからの組合の運営変更について説明がなされ組合員の理解を得た。

その後金栄在組合長の組合員慰安の言葉があり楽しく二日間を有意義にすごした。

◎足立支部

民団東京足立支部（安泰五団長）では、十一月二十四日、民団役員会と区内有志一団員合同で群馬県「香保温泉」に一泊二日の予定で冬期慰安旅行をする。

足立支部は、都内でも最大数の団員を擁する支部で、活動も幅広い民団事業を進めている。去る十一月十一日には、足立支部団員の宿願である会館建立をすることにして、すでに“会館建設委員会”を設けて活動をしているなど今後支部発展の活動が期待されている。

青年会足立支部

青年会足立支部（明宰浩会長）では、きたる十一月十七日青年会員四十余名参加のもと埼玉県の森林公園にてリクリエーションを行なった。

これは先月行なったアンケート調査の成果を知るための目的がありまた十一月の総会においてより多くの青年に集まってもらうためにも行う意義が大きい。

今の青年会は執行委員だけの集まりになってしまった原因を考え又、いままで青年会に出て来なかった人達の意見を聞きこれからの青年会の方向性を考えるための意見交換の場でもある。

足立青年会では「この森林公園のハイキングにおいて新しい青年を発掘するとともに青年会を活発に運営・活動していきたい」と語っている。

◎墨田支部

民団墨田支部

民団墨田支部商工会（朴周植理事長）では、さる十一月四日商工会・団員五十余名参加のもと熱海のホテル八景にて定期第十三期商工会総会を行なった。

本会議では、来賓祝辞・活動報告・予算案・役員改選と進められた。特に役員改選の際金寿植前理事長は「私は民団基本財政確保及び福祉などに努力してきて新しい韓僑会館を設立したことで商工会での目的を達成した」と述べ勇退した。後任は今まで10年間商工会に貢献してきた朴周植氏が選考委員会で理事長に任命された。

朴周植理事長はこれからも民団福祉及び基本財政確保に努めるとの責任の決意がありとどこおりなく総会を終えた。

X・マスパーティ

婦人会東本主催、12月14日催す

在日本大韓婦人会東京本部（崔金粉会長）ではきたる十二月十四日に「クリスマス」祝賀パーティを東京商銀本店七階ホールで行なう。

この祝賀パーティは、忘年会を兼ねて、会員の親睦と団結を目的に、各支部別芸能大会を競うという多彩なプログラムをもって、午前十一時～午後四時まで、都内の各支部役員と会員が去る一九七四年の反省と、迎える一九七五年の決意を新たにする集まりにしたいと婦人会東本の役員達は熱を上げて、今年婦人会事業の一つとして推進しているので、今まで婦人会に出なかった婦人たちの参席を大いに歓迎すると呼びかけている。

東本団長談話文

組織整風「セ民団」運動について

今年五月、現執行部の構成後、緊急課題である東京本部の恒久的発展、近代化を期する前進的姿勢を堅持し、精力的活動を展開して過去民団の歴史に類例の無い新気運を醸成することが可能になりましたことは団員諸氏の絶対的な支持と物心両面に依るものとしてここに談話を通じ感謝の意を表します。

周知の通り過去六ケ月間、昨年以来の石油波動以後の国際的不況、特に物価高騰に依る日常の生活難も厳しく又国内情勢に目を転じると北傀、金日成徒党の東、西海上における善良な愛国民に対する挑戦、休戦線における挑発行為、又朝総連を前面に立てての対民団及び祖国に対する殺人暴力、特に八・一五光復節前後における本格的に露出させた大統領狙撃事件及び令夫人陸英修女史の逝去、民青学連事件、なかんづく民団を拠点化せんとした衝撃的陣斗鉉諜事件等、我々民団員に言語を絶する憤激をもたらしました。

国際的には米国フォード大統領の就任と十一月十八日の日本国訪問と訪韓等、急転変化する状況の中で、吾吾東京本部は民団近代化の目標を高く揚げ、体質改善作業等の諸活動を精力的に行なって来ましたが、内外諸般の事情により所期の期待した成果を上げることが出来ませんでした。一方退、二歩前進の組織的前進を続けて居ることは疑問の余地のないところで有ります。

然しながら、未だ価値観の多様化せる現代に適合する効率的な組織形態には若干の疑問有るを感ぜざるを得ません。

先般の第十三回東京地方委員会を契機として、吾々東本では今日要求される歴史的、合理的要請に適応して民団組織の抜本的改革、民団近代化の先頭に立つことをここに厳粛に宣明するもので有ります。

又民団の当面する組織的な面、なかでも運動方向性の中で新国家観、新民族観に立脚したセ民団運動が必然的に要求されている客観的情勢あるを指摘せざるを得ません。

ここで吾々は新時代が要求する指導者の新意識構造と質的向上への体質改善を吾々の手で必ず実行させるべく、万全の努力をするのが我々の責務で有ることを痛感し、これらが実現の為、組織の再整備、検討（分団、班組織、指導者育成、青少年指導、人材確保）と科学的な分析と研究に基づいた整風運動が、各分野において展開される風潮が醸成されるよう、愛国的な団員の献身的な指導を心から要望致します。

又創団三〇年間において、とかく、不透明な民団の指導方向を現代感覚に合わせ、合理的、科学的に運営される組織体制を完成させることによって後代への遺産に合致した強固な組織が築かれると確信致します、団員諸氏の積極的な支援を熱望するもので有ります。

最後に団員諸氏の御健勝と御家庭の御多幸を祈願致します。

在日本大韓民国居留民団
東京本部　金　致　淳

許南富氏の提言を読んで

対外宣伝の強化… 民団維新体制は緊要 敵対陣営の情報分析も

金政男

一、許氏の提言

さる十月五日付韓国新聞特別寄稿欄で許南富氏（東京本部直選委員・中野支部団長）は民団の体制を維新的に次のように改編しなくてはならぬと力説した。

即ち許氏は、激動する国際社会の中で在外民族団体として本来の機能を強化する方案の一つとして、まず民団組織の機構面と財政面を現実的次元で改善することを提議した。

三機関長（団長・議長・監察委員長）の現行任期二年制を四年制に改革することによって、計画性のある一貫した事業推進と選挙による経費、精力などの浪費を防ぎ、三機関の任期改選を迎える大会または総会のたびごとに固定化された派閥、ろう徒など、団員同士の暗闘などを解消にすることができるというのである。また、個人がその持てる能力を最大限に発揮しうる最も適した期間が四年乃至八年であるといい、先進国の政治経験から得た標準であるというのである。

社団運営の必要不可欠の原点的要素となっている財政確保問題においては、従来の枯渇的、断片的であった消極的方法を是正して、財源を基本的に確保しなくてはならないが、その方法としては、少なからぬ団員が経営する企業の製品納品の経路を単一系列化させて、納品システムを一つに企業化させる。このようにして、製品納品企業体（会社）から得られる利潤を全的に民団運営基金として活用すれば、現在のような不合理で情実的であり、消極的な弊害を防ぐことができるというのである。

そして、任職員の就任規定を改正して、敵性不純組織体から転向、帰順してくる同胞に限っては、最少限五年間にわたっての民団貢献寄与度を基礎として、民団の任職員に就任できるようにしようというのである。

このような体制改革のない限り、民団組織はその本来の使命を果たすことができないと強く主張し訴えたのに対して、筆者も全幅的に支持賛同しながら、次に述べるいくつかを追加して民団のより果敢なる改革を叫びたい。

二、機構新設及び補強

1、対朝総連全担機関の新設

民団組織は一言でいえば、朝総連との対決組織である。しかし、彼らの動静を調査し、情報を蒐集して分析することにより、朝総連に対する具体的対策を樹立して勝共の道を模索すべき機関がない。

従って、中央本部は現在の七局（総務、組織、経済、民生、文教、宣伝、青年）以外の機構である新局を新設して強力な対共活動を展開しない限り、第二の文世光、陳斗鉉のような逆賊徒輩を防ぎきれないであろう。

2、対外国関係部署（渉外局）の新設

民団は日本国内にある民族団体として、日本国の領土主権の支配から脱け出すことができない組織である。にも拘らず、日本人又は在日外国人団体との親善を側面から図謀しながら、我々同胞らの生活領域と生業を直接間接的に保護助成していく機関がない。従って今日までの民団は、その民間外交的機能を十分に果たしていない結果となっている。

三、事業局の新設

民団は非政治的団体であり、団員の民生安定と指導をなすべき使命がある。民団直営事業体の運営指導を初め、団員相互間の事業的連帯を図るのは勿論、税金の不当な負担から生活の脅威を受ける団員に対して又は、負担税額の適正線を知らぬ団員に対しては、彼らに代って税務当局と交渉折衝して、団員の税金負担を軽減させうる事業局の存在こそ当然である。

四、宣伝活動の補強

現在の宣伝局は団員に対する宣伝活動を主に行なっているが、実のところ、朝総連に対する宣伝活動がより重要であると考える。機関紙韓国新聞の対朝総連配布を初めとして朝総連系同胞の帰順を誘発させ、刺激させうる科学的で実効のある先導的な宣伝活動をすることができるよう、現在の宣伝局を大幅に強化させなくてはならない。すべからく枯息的な対内だけの宣伝活動は無価値に等しい。

五、局長・次長級実務幹部陣の補強

現行制度によれば、中央団長が改選されるたびごとに執行部改編の名の下に中央本部の局・次長クラスの幹部実務陣がほとんど例外なく交替されている。これによって民団は、一貫性ある計画的な事業を継続するのに困難な状態におかれることになる。

従って局長・次長級の実務幹部職員に限っては、団長改選に影響されることなく、長期性、職業人幹部として補職するようになる制度を整えることが緊要であると考える。

（筆者は東京本部宣伝部長）

日本人妻の里帰り運動 国際問題化

七日間断食で呼訴

日本言論の偏向姿勢非難も

去る十月二十四日から三十日にいたる一週間、日比谷公園で「北韓の日本人妻の里帰りを願う七日間完全断食国民集会」が行われた。

全国から集まった千五百名の人々は、救国連盟総裁・久保木修己氏、衆議院議員・中山正暉氏等の激励や、老母たちの涙ながらの訴えを受けた後、赤坂・清水谷公園までのデモ行進をし、その後再び日比谷公園に結集し、噴水前に座り、断食を決行した。

一九五九年、日本赤十字社と北赤十字会との間で、在日韓国人の帰還に関する協定が結ばれ、この協定にもとづき、北へ引き揚げた人々の中には、夫に同行した日本人妻が、約六千人いるとみなされている。

消息不明の日本人妻の実情を調査する安否調査団を派遣することと、日本人妻の里帰りを要望するこの集会は、今年四月一日付朝日新聞にのせられた日本人妻の里帰りを願う家族への呼びかけの広告を契機にしたもので、同じ事情の家族が集まり、「日本人妻自由往来実現運動の会」（代表・池田文子）が発起され、その後、全国的な規模で行なわれるにいたったもの。

主催者代表の救国連盟総裁久保木修己氏は、日本人妻からの便りには、衣食の欠乏、自由の束縛、強制労働等の生活苦を訴え、里帰りを希望していることを指摘、北韓を〝地上の楽園〟、〝人民の楽園〟と宣伝した朝総連や日本のマスコミを強く非難した。

さらに大阪選出の衆議院議員、中山正暉氏は、「北韓に帰りたいという人のために北韓から船が出たのなら、日本に帰りたいという人のためにも日本が船を出しておかえりなさいと迎えるのは当然のこと」と挨拶した。

ハンガーストライキに入ってからは、第六十二次北送船で北韓に渡り、その悲惨な実態をまのあたりにみて北韓から脱出した、金幸一君の母親も愛知県からかけつけ「脱出した息子と韓国で出会ったとき、最初に息子が言った言葉は〝北送船を救ってくれ〟だった。私は日本に戻れぬ息子に代って、生命かけて北送阻止を訴えるつもり」と激励。

関係者は当日、法務省、日赤、外務省など各関係機関をまわって派遣団と里帰り実現を要求する請願書を手渡した。

日本でのこの「七日間完全断食国民集会」に先がけて、アメリカでも七日間完全断食集会が十月二十一日から一週間行われた。この断食集会は「北韓日本人妻里帰りを実現する米国後援会」（ハル・ライシャワー名誉会長）によって主催されたもので、国際文化交流会（IACA）など十四の支援団体の賛同のもとで行なわれたもの。

アメリカでこのような後援会が結成され、断食集会がもたれるようになったのは、日本で里帰り運動を進めてきた池田文子さんが今年九月からニューヨーク、ワシントンなどで趣旨を訴えたのがきっかけで、ニューヨークの国連ビル前で、アメリカ市民や在留邦人およそ七百名を集めて行なわれた。

オランダ、レバノン、チリ、フィリピンなど十七ケ国駐米大使もこの集会に対して支援を表明しており、コーエン・ハーバード大学教授をはじめ二百二十名の教授が支持署名を行ない、アメリカ国内外に大きな反響を呼んでいる。

東韓余録

文書学・編集人

韓喜燮（東京本部宣伝専門委員長）

現代の世に生きる身で、日常の生活の中で「書くこと」をしない人は殆どいない。郵便局の窓口で書留郵便を出すたびに、女子職員が手早く書きとめている。

タクシーに乗ればまた、青信号を待って停車した寸時にも運転手は鉛筆をとって紙面に何やら書きつけている。

書くことを面倒がるようなことでは、世に処して行けない。ある管理職にある人が〝職場に従事することは、案文を起案したり報告をしたり記録したり、要するに勤めること即ものを書くことだ〟と言った言葉は正に名言だと思う。

ならば、この辺で書き方をしっかり再認識しなければならない。いかに機械化の一途を辿る現代とは言えども、タイピストに渡す原稿も、ポストに入れる手紙も一々文字を書くと言うことから脱出するわけにはゆかない。

筆者は編集人として多くの人々の原稿に接する毎日を送っているが、きれいな文字で書いたものに接することはまれで、これは文選工泣かせになりかねないな、と慨嘆させられることの方が多い。但し、きれいな文字というのは素質は下手でも丁寧に書かれた文字を指してのことであるから、無理解釈は要らない。

民団関係の文書、公文往来の際にもよく見かけるのだが、時に間違った文字を使ったりして己れの恥のようなものを悟らされる場合が非一非再！。正しい字体、手早い書き方の時代即応の言語表現能力を養うことは当然の結果として現代の要弊（文字を大事にしない。乱順なとは滅茶苦茶、字体字形が整っていない。用字法、句読法など勉強していない。）も徐々に是正されてゆかねばなるまい。文書の「書」は内容よりも形式の方のことである。現代は形式が軽視される風潮が主流を占めているのが事実だが、「書く」生活の中の形式面の重要性を見直すように、あらゆる方策を持ち寄り実行に移さねばならない。

次に「文書学」を真の価値づけにおいて認めることを望む筆者はこの際「編集学」とでも言えそうな、そのようなシステムの確立を提唱すべき時点に立ち到っていることを痛感するものである。即ち組織発展、福利増進の名においても、在日韓国人を善導する認識扶植の名においても「綴案」と言う事実が広い意味で今日的様相を帯びて、我々民団実務陣の上に重くのしかかってきていることと銘記せねばならないのである。朝から晩までの日常性の中で我々は絶えず、自己の判断を迫られてる。その判断いかんに依って我々の役割が、我々を信頼する一般団員たちへどう影響するかの問題に発展するのである。いわゆる知識文化領域の拡大が要求されるのがこのためであるし、個性の集合からやがて集団思考の論理を引き出すには、勿論紆余曲折があるけれども、話し手と聞き手、書き手と読み手との相互関係がつねに成り立っていて、そこに見られるところの、相対性の論理が連続しているのである。

しかも我々民団社会の中で特に、目的を持ち続け、行動を生み出してゆくその行動性こそは、世のもろもろの編集人たる人達の持ち味でなければならない。行動性と言っても、常に動き回ってばかりいるような落着きのない人間のことを言っているのではない。むしろ、じっと心を噛みしめる姿勢のままで、与えられる情報網の中で、何が本流であり、何が支流であるかを見きわめようと、心の眼を見据えていて、始動の機会を待っていることを言っているのである。これこそが正に編集人の姿であり、ものを書く民団知識文化圏を醸成する実務陣の本命である。

知られざる北送のウラ

地上の楽園と言われて

ありのままに教えてくれたら

「…また、荷物を送って下さって本当にすみません。来る時にこんな事になろうとは夢にも思っていませんでした」（昭和四十七年十二月）

「……私は今、お金が少しでも多くもらえるため、男と同じ仕事をしています。真黒になって主人と同じカンカツの仕事をしております。まだまだ書きたい事がありますが……日本ではなぜあんなに宣伝したのでしょう。ありのままを教えてくれたら、こんなに心配をかけずにすむものを今さらうらめしく思います……」（同四十一年九月）

ともに日本人妻の手紙から。みすみす自分から地獄のようなところに行こうと思う人はいないはずである。当時の在日韓国人は「苦しい生活」「日本政府の冷い政策」「民族的偏見」の中にあった。しかし、それだけで、今まで十万人に近い人々が北韓にわたったとはとうてい考えられない。北韓は、韓国動乱（一九五〇－五三年）の焦土からまだ完全に立ち直ったとは思われないし、しかも言語も、社会の制度も違う共産国なのだ。

偏向マスコミと朝鮮総連のデマ

このような在日韓国人に対し、燃えるような「帰国熱」をつくり上げたのが、北韓および「朝鮮総連」（在日朝鮮人総連合会）であり、またそれを無批判に支援したのが、日本共産党などの左翼政党およびその傘下団体や「進歩的文化人」、さらには朝、毎、読などの大手マスコミであった。

つまり「苦しい生活」「冷たい政策」「民族的偏見」下にある在日韓国人に対し「社会主義国」＝北傀をもっとも魅力的な「地上の楽園」として大宣伝したのだ。

たとえば、当時の新聞の見出しを紹介すると、次の通りである。

「帰国者を待つ母国朝鮮＝立派なアパート、二十万人の受入れ態勢＝日朝協会・田村敏男理事の話」（日本共産党機関紙「赤旗」同三十四年八月十四日付）

「ばく進する馬・北朝鮮＝特派員伝」（朝日新聞同三十四年十二月二十六日）

「〝働く力〟を組織し平壌見事な復興」（同）

「誇り高い帰還者＝希望と祖国への信頼」（同紙同月二十九日）

「夢も芽生える北朝鮮帰還」（同紙同三十五年二月一日）

このように朝日などの大手新聞は、二年前の「日中国交樹立」の時の中共礼讃記事を思い起こさせるような北傀および「帰還業務」に対する手ばなしの礼讃記事をのせたのだ。日本のマスコミは事実をよく調べもせず、共産国政府の見せるところ、また発表することだけしか報道しない。いいかえると共産国の「意見広告」をただでのせる〝愚〟を今も昔も犯し続けているといっていいようだ。

訪朝帰国談は一方的礼讃ばかり

たとえば、当時も次のような北傀サイドに立つ人の意見ばかりしかのせてなかった。

「清津港－などを中心に工場、農村、病院、住宅を視察した。北傀側の受け入れ態勢は物心両面ともかんぺきで、帰国者は希望に応じて就職し、生活は簡素だが住宅は保障され、社会保障も行き届き、なに一つの不安もない。年々向上が期待でき、きわめて満足に暮らしている……」（朝日同年四月五日付）

これは「朝鮮人帰国協力訪朝日本国民使節団」（共産党、社会党を中心にした団体）の岩木信行自民党代議士、帆足計社会党代議士の帰国談である。

記者も、政治家も、とにかく訪朝して帰国する人々のコメントは一方的礼讃ばかりだ。

中身はちがっていた！産経記者の目

本当にそうだったのか。このような無責任な礼讃記事のはんらんする中で、真相を伝える記事が一つだけ（？）あった。これは、産経新聞社会部所属の坂本郁夫記者が「赤十字新聞」（日赤発行＝同三十五年二月一日付）に掲載されたものである。「北朝鮮帰還を現地に見て」と題して次のように書かれている。

「平壌について、帰還者のだれもが驚いたのは立派な道路とアパートだった。平壌駅前には幅六十五メートルというスターリン通りが走り、その両側にはズラリと五、六階建てのアパートが並んでいる。しかし、一歩アパートの中に足を踏み入れてみると、クリーム色に塗られ、大手町ビルより長い〝大文化アパート〟よりも、日本の公団住宅よりズッとお粗末なことがわかった。壁はボコボコだしシャワーはあるが風呂はない。壁は荒れている。公団アパートを一〇〇点とすると、北傀のそれは五点にもならないくらいである。

『……われわれは、この百年の遅れを一日も早くとりもどし、先進国に追いつき、さらに追い越さねばならない。……ぜいたくは、まだ先のこと……』――ある通訳氏の話である。革袋の中身は〝外観〟とはちがっていた。……」

そのあと「建設、建設のかけ声ばかり」「お粗末な消費文化」という小見出しでつづいている。

絵にかいたモチはやはり絵だった…

当時、日赤本社社会部長であった高木武三郎氏は「帰還問題覚え書」の中で、

「（帰還協定）が結ばれるためには）北傀のいつもいうように日本国内の広範な人民の支持があったことは事実であるが、（赤十字）国際委員会の勧告、日本政府の決断、日赤の実施によって、絵にかいたモチを、食べられるモチにしたことを忘れてはならぬ…」といっている。〝空腹者〟を前にして「地上の楽園」というがいかにもうまそうなモチを、絵にかいたのは北傀および「朝鮮総連」で、さらには日本の左翼政党、団体「進歩的文化」および日本の大手マスコミであった。そして、そのモチはやはり絵にかいたウソのモチであった。いや、それどころか北朝鮮や「朝鮮総連」が「帰還者」をだますための悪意にみちた〝トリモチ〟だったのである。

75年度 母国留学生募集

12月10日まで願書締切り

駐日本大韓民国大使館教育館室では、一九七五学年度在日韓国人国費母国留学生を次の如く募集すると募集要綱を発表した。

〈募集要綱〉

一、募集対象
母国留学の熱意、態度及び精神状態が健全なる在日大韓民国国民。

二、志願資格
（1）日本外国人登録法に依る登録を済ました者。
（2）日本国内で中学校三学年に在学し、一九七五年三月卒業予定の男子。
（3）日本国永住権を取得又は申請中の者。

三、募集人員…十名

四、留学節次
（1）大使館が主管する銓衡に合格しなければならない。
（2）銓衡に選ばれた者は、ソウル大学校師範大学付属高等学校で一年間予備教育を履修した後七五年に同校一学年に入学する。

五、提出書類
（1）母国留学志願書及び家庭環境調書（所定様式）……三通
（2）小学校卒業証明書及び中学校卒業見込証明書……各三通
（3）中学校成績証明書……三通
（4）国民登録証……三通
（5）外国人登録証……三通
（6）所属民団長推薦書……三通

六、志願書交付及提出処
駐日韓国大使館教育館宅
民団中央本部文教局
民団地方本部文教部
教育文化センター

七、志願書提出期間
一九七四年十一月から十二月十日まで

八、銓衡実施
（1）日時、一九七四年十二月十五日（日曜日）午前九時
（2）場所、関東地区－東京韓国学校
（3）銓衡科目……国語、英語、数学、面接

九、其他事項
入学が許可された者に対しては諸公納金を国費とし、所定の奨学金を支給する。
その他詳細は民団地方本部文教部にお問合せ下さい。

丁賛鎮顧問夫妻回甲宴

民団創団以来、組織と共に生きてきた、民団組織の元老である丁賛鎮顧問夫妻の回甲宴が去る十一月十六日、新宿の東京商銀本店七階ホールで盛大に開かれた。

この日回甲宴には、全国民団組織の同志と家族百五十余人の参席して一生を国家と民族のため私生活を犠牲にしながら、今日まで初志一貫徹底した信念に生きてきた丁顧問に慰労と尊敬を表わす盛況であった。

丁賛鎮顧問は、現在、民団東京本部と中央本部顧問として後輩達部の諮問に応じながらも組織に対する情熱は、若い人に負けない組織のため世に生れた人と言われるくらい現在も活動を続け〝組織人間丁賛鎮〟である。願わくば末永く幸あれ……の声高く広がっていく回甲宴だった。

コリアスポーツ 十周年祝賀宴

在日韓国人社会に唯一のスポーツ誌として発刊されている「コリアスポーツ」タイムズ社（蔡洙仁社長）の第十周年記念行事が去る十一月二十二日午後五時半から、東京商銀本店七階ホールで、十周年記念展示会を兼ねて体育人関係者百余人の参席で盛大に行われた。

蔡洙仁社長は、四十年間在日韓国人の体位向上に貢献してきたがこの日は、青少年の体位増全育成のため、新潟県越後湯沢に建てた〝宇里山荘〟の八周年記念祝賀するカクテルパーティが二時間余にかけて開かれたもので「十周年記念行事実行委員会」金世基代表主管下で行われた。

◎尋ね人

★鄭在元さん（男子）
本籍・忠清北道、忠州
友人である井手憲一郎さんがさがしています。
連絡先・千葉県市川市稗谷七－二十六－十一
電話・〇四七三－七二－六八九

「セ民団」運動を通じ 組織に新風を！

職員募集

1. 募集人員……2名
2. 資　格……中卒以上、思想温健で健康な男子
3. 銓　衡……履歴書持参面接
4. 〆　切……1974年12月15日限
5. 面接場所……当事務所

在日本大韓民国
居留民団東京江東支部

東京都江東区木場6－8－14
電話 (03) 644－0512

営業品目
各種サンドイッチ
いなりずし
のり巻き
おにぎり
赤飯・和洋菓子
製造卸

株式会社 亀田食品

代表 亀田憲志（旧名 正昭）

第一工場 東京都荒川区東日暮里二－十二－三
電話（八〇一）〇六二九番
第二工場 東京都荒川区西日暮里二－三十三－十一
電話（八〇一）〇七六〇番

◎民族金融で躍進する…

東京商銀信用組合

理事長 許弼奭

本店 東京都新宿区西大久保一－四四九
電話 二〇八－五一〇一（代）
上野支店 東京都文京区湯島三－三八－一五
電話 八三二－五一四一（代）
荒川支店 東京都荒川区東日暮里六－二二－一
電話 八〇二－五一二一（代）
五反田支店 東京都品川区東五反田二－一九－一
電話 四四一－五一八一（代）
立川支店 東京都立川市曙町一－二五－一二
電話 〇四二五－二二－五一三一

在日大韓民国居留民団 綱領
一、우리는 大韓民国의 国是를 遵守한다.
一、우리는 在留同胞의 権益擁護를 期한다.
一、우리는 在留同胞의 民生安定을 期한다.
一、우리는 在留同胞의 文化向上을 期한다.
一、우리는 世界平和와 国際親善을 期한다.

1.1(水)
(1975年)
第15号
(昭和49年9月20日 第三種郵便物認可) 毎月1日発行

東京韓國新聞

在日大韓民国居留民団 東京本部機関紙
東京韓国新聞社
発行人 金致淳
〒105 東京都港区芝公園2丁目2-17
電話 (03) 437~2001-5
振替貯金口座東京 157364
(一部30円)

実務指標
一、일하는 民団
一、親切한 民団
一、規律있는 民団

謹賀新年

東本、75年度の基本目標

民生安定事業に重点
「セ民団運動」も強力推進

民団東京本部は十二月二十日第二十八回常任委員会を開き、一九七五年における基本的事業目標について検討したが、その基幹ともなるいくつかの事業の計画案を採択した。その主なものは(1)セ民団運動の効果的実践と指導(2)民生安定に関する対策(3)東京商銀の発展に対する支援(4)韓僑会館収復への対策などの四本の柱が中心になっている。特に民生安定事業に関して、消費生活協組を各支部に設置し、中小企業の保護と生活必需品の協同仕入と販売などを通じてインフレの増進にともなう状況のなかで「団員の生活を守る」為の具体的な対策に重点をおいている点が注目される。また、これにともなって東京商銀の発展が、同胞企業体に大きな影響力を持つことに留意し、唯一の民族金融機関の発展に対しては積極的に支援活動を展開するなど、団員の生活向上と保護策に意欲的な姿勢をみせている。

一、セ民団運動

一九七四年十一月から着手した「セ民団運動」は、十一月二十四日江東支部でその旗上げとも言うべき決起集会を持って以来、十二月八日には同支部三つ目の「枝川分団」が、そして十八日には四つ目の「深川分団」が組織されるなど、この運動は江東支部で急速に、かつ着実なひろがりをみせているが、これはひとり江東支部だけの独地的なものでなく、各支部にもこの「セ民団運動」の意義は漸次的に浸透しつつある。

そこで東京本部は、昨年に引続き東京都内各支部に対しこの運動を盛り上げるべく、その指導体制を固めることにした。

この「セ民団運動」の意義は、組織の底辺を広くして一般団員が、積極的に組織運動に参加できる足がかりを模索するものである。即ち支部の中に分団と班を組織して民団組織と団員とを直結することである。

現在二十二支部のなかで分団組織が確立されて、それを組織運営に大きく活用しているのは足立、荒川、江東の三支部、一応の形ばかりの分団を組織しているのが品川、世田谷の二支部、他の支部は分団も班組織もない。したがって本部は分団がある三支部に対しては分団を強化し、その中に班組織を形成することと、分団を持ちながらそれを充分に活用できない支部に対しては、それを整備強化させ、それと併行して班組織づくりを指導する。また分団も班も持たない支部に対しては、取り敢えず班組織づくりを指導し、その班を土台にして分団を形成する。

このように組織の体質を組織本来の姿にすることが、「セ民団運動」の本質である。このようにして班組織を活用することに依って、団員の生態を的確に把握し、団員相互の親交を深めることは民団組織の底辺を広くすることで、このような体制づくりは民団組織を近代化することであり、運営を効率的にすることである。

本部はこの組織整備作業を本年四月までとして積極的にこれを推進し、各支部で盛り上がりをみせている現時点をとらえて効果的な指導を行なう。

二、民生安定事業

民団本来の重要な課業である在日同胞の生活安定と生活防衛に関する諸問題は、民団組織の体質と位置によって、とかく軽んじられた傾向にあったことは否定できない。軽く扱って来たというよりも、その課業の内容があまりにも大きなために、具体的政策の立案自体が抽象的なものであったことは否定できない。在日同胞の民生安定とひと口でいっても、その中心は失業者対策、中小企業、零細同胞の保護など莫大な資金を必要とするだけに、あと回しにされて来たことが実情であった。しかしインフレが世界的な現象として悪性化しつつある現時点で、生活基盤の浅い在日同胞はその受ける影響も深い。

本部はこの点を重視し、今年度はその対策として、実施できるものから着手することにした。即ち同胞企業体に対しては同胞失業者の雇用を促進する運動が要求される。特に同胞企業主は二、三世の青年男女に対しては大きく門戸を開いて欲しいと思う。これは今後の在日同胞社会構成に大きな影響を与えるものだけに、この問題を全組織的な視点で取組みたい。

次に、生活面については、各地区に消費生活協同組合の組織づくりを指導し、中小企業者への資金の供給や、生活必需品の協同仕入れ、販売を通して、一般団員に便宜を与えるような対策を講じたい。これは既にいくつかの支部で実施してかなりの実効を挙げてはいるが、これも実情は中小企業者への資金の供給程度で、生活必需品の協同仕入れ、販売などに依って同胞に廉価な物資を提供できるほど大衆化していない。本部はこの点を考慮し生協未組織支部にはその運営面で指導を強化したい。

三、東京商銀への支援

東京商銀はわたくしたちの唯一の金融機関として同胞中小企業者が多くの恩恵を受けている。この商銀の発展如何は在日同胞社会に直接はねかえってくる。したがって、本部は各支部の生協組織の問題をからめて、商銀に対する支援活動を強化し、朝銀をしのぐ預金高と業績があがるように効果的な対策をたてる。その一つとして本部は、現在「一人一通帳」運動を継続しているが、単なる通帳所持運動だけでなく、実質的な預金、つまり定期預金の増額や新規契約、出資金の契約などを大々に勧誘する運動を展開したい。これは生協への融資問題と合まって非常に大切なことである。

四、韓僑会館収復

本郷三丁目の韓僑会館は、東京在住の全団員の共有資産として、その保存、管理は本部がやらなければならない。しかし、現在役一部が不法に占拠している現状である。この会館の収復は二十二支部からの要請もあり、全団員の声でもあるので、この問題には適切な措置を講じたい。ここ二、三年間この問題についてはとかく等閑視して来た傾向もあり、一般の世論も収復へと激しく動いているので適切な措置を講ずる決意である。

「東京ゴルフ会」発足
民団東本で会員募集中

ゴルフを通じて相互の親睦をはかり、また健康維持と体力づくりを目指して新しいゴルフ・クラブが誕生した。

このクラブは鄭東淳前東本団長の呼びかけでつくられたもので去る十二月十七日午後六時から新橋第一ホテルで発起人が会合し「東京ゴルフ会」(仮称)を正式に発足させた。

この日の発起人会では東京都内二十二支部の三機関役員を中心にゴルフ愛好者一〇〇余名の参加を目標に会員を募り、一月下旬に第一回のコンペを持つことを申し合せた。

東京には各地区にいくつかのこの種のクラブがあってゴルフ愛好者の親睦の場となっているが、そのなかで「東京商銀コンペ」はメンバーの質・量ともに充実したものでこの東京ゴルフ会が正式にスタートすればまさにこれに匹敵する大規模なものになろう。

この会の連絡事務所は民団東京本部とし同本部事務局を窓口として会員を募集することにしている。

ゴルフ愛好者は早々とお申込み下さいとは鄭東淳発起人のはなし。

なお発起人は鄭東淳、河弼成、姜高元、許弼奭、洪淳祖、李鍾範、張幸洙、李学伊、許棟鉉、羅大煥、高昌運、金致淳の諸氏である。

セマウル結縁で東本団体賞受く

十二月十八日午前一〇時から、ソウル特別市、奨忠体育館で開かれた全国セマウル指導者会議で民団東京本部(金致淳団長)がセマウル姉妹結縁事業の実績を評価されて「団体賞」が朴大統領から授与された。

効率的な民団運営と
団員への能動的活動推進

東本金致淳団長所信表明

民団東京本部金致淳団長は一九七五年の年頭にあたり次のように所信を表明し新しい年を迎えるについての決意を明らかにした。金団長は新年々頭の所信のなかで一九七四年の団務遂行に際し、各級組織の指導者と団員諸氏の協力と援助に対して深い謝意を表し新しい年は効率的な民団運営と団員に対しては能動的な活動を推進することを目標に具体的な対策をもって団員の民生安定事業に重点を置くことを強調した。ついで対朝総連に対しては過年の経験を土台にして彼らの対民団破かい活動を徹底的に封じ込める効果的な対策を樹立し組織防衛に積極的な姿勢でのぞむことを明らかにした。

一九七五年度の新年を迎えるに当り、各支部三機関任員をはじめ、在日大韓民国組織の飛躍的な発展に献身的努力と協調を惜しまぬ団員諸氏に、衷心より新年の挨拶を述べます。過ぐる一九七四年度は私達東京本部にとりましても色々と勉強させられる多難な年でありました。

昨年の五月に現在の執行部が構成されてから、私達執行部は団員諸氏の手足となり、各支部の手足となることを念頭におき精力的な活動を続けて参りましたが、必ずしも各支部の皆さんの完全に満足の出来る成果を上げることが出来なかったことは代表者として、責任を痛感致して居ります。

私達東京本部では、各支部団員の動向は勿論国内の政治情勢や経済情勢にも深い関心を抱き、祖国の経済的発展にも積極的に参加致しております。中でもセマウル運動を通じての各支部との姉妹結縁は本国でも大好評を得たことは皆さん御承知の通りでございます。

平和を希求し、豊かな国民経済生活を求める祖国の国民に対し、北傀金日成徒党の韓国に対する挑発的、侵略的態度は今以って何んら変わるところが御座居ません。在日朝鮮総連を基地とする背後よりの撹乱工作、休戦線上におけるトンネル事件等、日夜共産主義集団、金日成徒党は我が国を侵略しようとウの目タカの目で対持して居るのが実情で有ります。今迄の様に在日朝鮮総連を基地とするだけでは飽きたらず、陣斗鉉を私達本部に送り、民団東京本部を彼らの侵略虚偽宣伝の拠点化としようとしました。

私達は陣斗鉉は勿論のこと、その背後で彼をあやつり莫大な資金を与えて、スパイ行為を強制させた金日成徒党の反民族的、反平和的な醜い姿勢を民族の名において強く、糾弾するもので有ります。

又、私達民団組織に陣斗鉉の様な存在を一時的にも許したことは、組織として深刻な反省を強いられました。

民団組織は創団、三〇年の星霜を迎えんとして居ります。私達の住む日本の情勢も、急変致しました。価値感の多様化は当然として、経済情勢も急激な成長から、今はスインフレと物価高に当面する状態になって居ます。この様な中で在日居留民団組織として昨年の第十三回東京地方委員会を契機として、私達は「セ民団運動」を展開中で有ります。

今迄の民団組織に鋭い批判と科学的分析を加え、既存のあらゆる慣例、組織を再整備し、本当に団員に役立つ、効率的な組織に脱皮しようとするもので有ります。

昨年度には各支部管内を宣伝車で巡回し「セ民団運動」の意義と必要を呼訴し、民団同胞は勿論、日本の皆さんや総連に所属する同胞にも訴えました。その結果、少しづつですが各支部において成果が生まれ様として居ます。今迄の民団の様に、本部、支部の事務所は団員の来訪を座して待つのではなく、積極的に進んで団員の中に溶け込み団員の民団組織に期待するものは何か、団員の厚生、状態はどうなって居るのか、具体的に把握し、それ等を民団活動の力点にしようと考えて居ます。皆さんの倍旧の協力をお願い致します。

議長職務代行に李鎮浩氏
故徐興錫前議長の後任として

民団東京本部の議決機関は昨年十一月十三日に徐興錫議長の死亡にともなって議長の職務代行を決定する為に李鎮浩・金光和両副議長が協議を続けてきたが、執行部・監察機関とも話し合った上で議長代行に李鎮浩副議長をあてることにして、十二月十日正式に発表した。民団規約に依れば規約第一章第十条二項には議長に事故があった場合は副議長がその職務を代行するとなっている。したがって李鎮浩議長代行は引続き前議長の職務を担当することになった。

議長代行になった李鎮浩氏は「私はとても議長の器でないと辞退したが、議長不在に依る組織的変則状態を脱皮する為に受諾した。これからは故徐興錫前議長の遺志を受継いで議決機関の長として執行部・監察機関と協力しながらその職務を遂行したい」と語った。

東京本部新年会
1月10日・八芳園で

民団東京本部では一九七五年の新年会を恒例によって次のように開催します。各支部関係者はもとより一般団員のみなさんも振ってご参加下さい。

日時 一九七五年一月十日(金)正午
場所 八芳園
東京都港区白金台一ノ一ノ一
電話 四四三ー三一一一

◎交通案内
国電=目黒、五反田、品川よりタクシー
地下鉄=高輪台駅下車
バス目黒駅から永代橋行・日吉坂上(医科研前)下車

韓国人は韓国学校で民族教育を!!

七五年度学生募集要項

一、募集人員
中等部一学年……五〇名 外 編入生若干名
高等部一学年……一〇〇名 但、高三 除外

二、受験資格
中等部一学年……小学校卒業又は 予定者
高等部一学年……中学校卒業又は 予定者

三、願書接受
期間 中・高等部 自 一九七五年一月八日~ 至二月七日 (午前九時~午後五時)
場所……本校教務部

四、受験手続
(イ) 本校所定の入学願書
(ロ) 出身学校調査書(要入は在学及成績証明書)
(ハ) 国民登録済証明書
(ニ) 写真四枚(四㎝×五㎝)
(ホ) 考査料 中 一〇〇〇円 高 二〇〇〇円

五、考査
中等部……面接、書類審査
高等部……面接、学科考査(国、英、数)
(但、日語科目で国語代行可)

六、考査日時
中・高等部……一九七五年二月八日(土)午前九時

七、合格者発表
中・高等部……一九七五年二月十日(月)正午

八、其他
(イ) 提出書類は返還しない
(ロ) 入学に関する問議は教務部へ行うこと

学校住所 東京都新宿区若松町二一
TEL (三五七)二二三三~五

東京韓国学校

七五年に寄せる各界の新年辞

韓日両国関係の「新しい章」を開く年に

駐日本国大韓民国特命全権大使　金永善

金永善特命全権大使

朝総連との対決を強め「中央会館の完成へ邁進」

中央団長　尹達鏞

尹達鏞中央団長

主張

生協の組織を急げ！

組合員への奉仕で積極

東京商銀理事長　許弼奭

許弼奭理事長

近代的民団運営へ全力

東京本部議長職務代行　李鎮浩

李鎮浩議長代行

微温的監察体質を是正

東京本部監察委員長　金栄洪

金栄洪監察委員長

施設拡充に努力

東京韓国学校理事長　安聖出

安聖出理事長

毅然たる二世育成

東京韓国学校長　呉培根

呉培根校長

1975年 謹賀新年 元旦

モナミ商事株式会社
社長 許弼奭
東京都新宿区西大久保一－四四八
電話 〇三（二〇〇）一一一六

森本建設株式会社
社長 鄭東淳
東京都足立区千住仲町六〇
電話（八八二）六一一二

寿観光株式会社
社長 范塡圭
東京都世田谷区松原町四－二六－三
電話 〇三（四一七）三三二一

張仁建
東京都港区赤坂六－一〇四
電話 〇三（五八二）六〇三六

不二興業株式会社
社長 李慶晩
東京都北区赤羽二－四四－五
電話 〇三（九〇二）七五七五

三洲企業株式会社
取締役社長 李彩雨
東京都新宿区四谷二－八（藤井ビル三階）
電話（三五九）三三七九・三〇一三直通

1975年元旦 民団東京組織は完全に正常化しました

各支部 傘下団体

東京本部

常任顧問
鄭東淳　許弼奭

顧問
尹達鏞　金仁洙
張仁建　丁賛鎮
金己哲　鄭建永
范塡圭　金泰変
金坪珍　朱洛弼
鄭順相　金載淑
姜学文　金尚弘
李彩雨　李棟鎬

議決機関
議長(職務代行)　李鎮浩
副議長　金光和

監察機関
委員長　金栄洪
委員　梁奉五
〃　李石現

執行機関
団長　金致淳
副団長　金九尚
事務局長　金西湖
企画室長　高昶徳
総務部長　韓相竜
組織部長　申秀鉉
〃次長　尹大辰
経済部長　安正燦
民生部長　許南明
文教部長　李乙珩
宣伝部長　金政男
青年部長　尹隆道
組織専門委員長　安正燦
宣伝専門委員長　韓喜燮

足立支部

抱負　会館建設と[illegible]組合活動強化

団長　玄壹元　副団長　洪良植　〃　朴京植
議長　李禎雨　副議長　金福来　〃　曺相鉉
監察委員長　孫道潤　委員　孔判敦　〃　金聖三
事務部長　金潤璜
〒120 東京都足立区千住桜木二ノ二ノ四 電話(881)八三〇一ー三

荒川支部

抱負　①荒川韓国人会館の推進 ②班組織の確立

団長　高昌運　副団長　李錫鎬　〃　高淳厚
議長　李昌植　副議長　洪宗河　〃　呉嘉雄
監査委員長　文斗河　委員　白萬甲　〃　梁明元
事務部長　高潤玉
〒116 東京都荒川区荒川三ノ三ノ九 電話(891)〇五五五ー六・五五七七

板橋支部

抱負　①セ・マウル姉妹結縁事業 ②分団・班組織

団長　崔学林　副団長　韓熙相　〃　朴春根
議長　崔甲出　副議長　申丙澈　〃　許元道
監察委員長　丁仲変　委員　金炳泰　〃　趙甲仁
事務部長　朱光熙
〒173 東京都板橋区板橋二ノ二三ノ九 電話(961)六五六五・九四四四

江戸川支部

抱負　分団・班組織に着手

団長　金聖祚　副団長　梁顕福　〃　金永純
議長　鄭昌煥　副議長　朴鎬成　〃　朴永基
監察委員長　朴達権　委員　金歡天　〃　廉其鍾
事務部長　金永純
〒133 東京都江戸川区興之宮町二九 電話(657)一七五一ー二

大田支部

抱負　①納税貯蓄組合結成 ②分団・班組織

団長　張基洙　副団長　金永信　〃　李宗徽
議長　河点水　副議長　趙日成　〃　李源稷
監察委員長　千泰先　委員　張奉学　〃　黄今錫
事務部長　韓基定
〒144 東京都大田区蒲田五ー三二ー八内山ビル 電話(738)六六三一ー二

葛飾支部

抱負　セ民団運動を推進し班組織をつくる

団長　尹致夏　副団長　金金童　〃　金賛模
議長　石寿星　副議長　金永洙　〃　都相学
事務部長　秋元植
〒124 東京都葛飾区立石六ー一八ー一六 電話(693)一七七一ー二

江東支部

抱負　当江東支部は"セ民団運動"の発祥支部として面貌を一新し新年には管下十個分団と三十三班編成の完成を目標にしている

団長　金光和　副団長　李桂元　〃　朴南浩
議長　鄭奉善　副議長　黄外鍾　〃　金豊弘
監察委員長　金文旭　委員　朱仁守　〃　朴載海
事務部長　金泰俊
〒135 東京都江東区木場六ー八ー十 電話(631)〇五一二・九二七七

品川支部

抱負　納税組合活動強化と役職者の養成、支部運営財政の確保に努力する。

団長　李学伊　副団長　河鍾吉　〃　金東春
議長　許允道　副議長　朴弼鍾　〃　金華坤
監察委員長　李泰男　委員　李斗英　〃　金容善
〒142 東京都品川区大崎一ー二ー二三ー六和東ビル三F 電話(491)二五六二(491)三〇二六

渋谷支部

抱負　団員の念願であった会館新築の着工式を新年四月に行う

団長　金勲暎　副団長　尹在洙　〃　鄭芳休
議長　呉命根　副議長　段寛植　〃　李根詳
監察委員長　金玉岩　委員　金法栄
事務部長　金聖泰
〒150 東京都渋谷区宇田川町一四ノ一四 電話(461)五三八二(462)五七七八

新宿支部

抱負　[illegible]を確立する

団長　金炳栄　副団長　秦洙仁　〃　馬宇楽
議長　李慶容　副議長　金徳福　〃　安奉律
監察委員　李国良　〃　李明浩
事務部長　李昌厦
〒160 東京都新宿区三光町二五、三立ビル303号 電話(341)〇二四四・(352)四〇七〇

杉並支部

抱負　①「セ民団運動」を強力に推進 ②「婦人会・青年会運動」を強化

団長　金奎会　副団長　孔安植　〃　呉奉亀
議長　尹翰鶴　副議長　宋栄淳　〃　姜二度
監察委員長　金李植　委員　呉永先　〃　金東圭
事務部長　金正元
〒166 東京都杉並区梅里二ノ二四ノ三 電話(313)七五七五ー六

墨田支部

抱負　セ・民団運動を通じて組織強化

団長　洪象観　副団長　李京炫　〃　姜尚用
議長　朴周植　副議長　申伯雨　〃　徐丙吉
監察委員長　金敬玉　委員　薛鳳九　〃　金守業
〒130 東京都墨田区太平一ー四ー八 電話(622)九四四二(622)七九〇五

台東支部

抱負　セ民団運動展開による組織強化に尽力する

団長　李鎮浩　副団長　尹正男　〃　李柱協
議長　趙井訓　副議長　南俊浩　〃　朴恭圭
監察委員長　李鍾変　委員　金守畓　〃　金公俊
事務部長　李柱瀚
〒110 東京都台東区東上野三ー一五ー八韓国会館 電話(832)九九〇四ー五

北支部

抱負　今年は法人、商工協同組合[illegible]を期する

団長　羅大煥　副団長　尹鉉福　〃　金政男
議長　崔啓鎬　副議長　李州魯　〃　李俊根
監察委員長　金介童　委員　朴南富　〃　呉幸蔵
事務部長　鄭相熙
〒115 東京都北区赤羽南一ー二ー六 電話(901)二六六一・五六七五

世田谷支部

抱負　「セ民団組織」を通じ組織整備を強化

団長　趙福奎　副団長　金鍾浩
議長　李甲植　副団長　趙且甲　〃　金海坤
監察委員長　李外景　委員　金龍雲　〃　郭正萬
事務部長　金秉周
〒154 東京都世田谷区下馬二ー三七ー一 電話(421)三六〇九・二八五八

中央連合支部

抱負　①団員との対話運動推進 ②支部機関紙"民団だより"の発行

団長　林源吾　副団長　金熙秀　〃　朴重煥
議長　黄方烽　副議長　孫永皓　〃　全萬鉉
監察委員長　金容太　委員　金福寿　〃　金永鉄
事務部長　朴重煥
〒104 東京都中央区日本橋[illegible]町一ー一六中央民団ビル6F 電話(663)四二七三(661)五三七〇

豊島支部

抱負　[illegible]セ民団運動[illegible]を期する。

団長　金熙淑　副団長　徐萬基　〃　河内鉉
議長　呉相彦　副議長　李相奈　〃　柳漢英
監察委員長　李炯録　委員　李宅根　〃　金泮元
事務部長　金時元
〒171 東京都豊島区池袋二ー五四 豊島韓国会館 電話(982)七一六一ー三

中野支部

抱負　人和と団結で[illegible]に邁進する

団長　許南富　副団長　崔炳鶴　〃　康清子
議長　安聖出　副議長　権泰湖　〃　崔淳悦
監察委員長　権寧変　委員　全周洪　〃　申漢祐
事務部長　朴炳一
〒164 東京都中野区[illegible]町五ー二六九協同ビル2F 電話(383)九四三一

練馬支部

抱負　「セ民団運動」を強力に推進する

団長　兪弘濬　副団長　朴珍淳　〃　諸兌雲
議長　金鍾台　副議長　金仁在　〃　鄭炳俊
監察委員長　李用洙　委員　安碩基　〃　李竣吉
事務部長　諸兌雲
〒176 東京都練馬区豊玉北四ー三一 電話(992)五五七七(991)〇九八六

文京支部

抱負　民団精神を忘れず「セ民団運動」を展開

団長　韓文鳳　副団長　全泰元　〃　高琫瑋
議長　鄭鎮鎬　副議長　金東圭　〃　李相台
監察委員長　慎時範　委員　金義永　〃　李東燮
事務部長　金桂昊
〒112 東京都文京区小石川十二ー一七 電話(811)三九五五・五七〇三

港支部

抱負　[illegible]の具体的活動を目指す

団長　河徳成　副団長　金秉錫　〃　柳芳男
議長　李鍾鳴　副議長　呉成大　〃　柳沉烈
監察委員長　河聖根　委員　金精七　〃　金昌植
事務部長　金鍾大
〒106 東京都港区三田四ー六ー一八 電話(453)一八八一ー九

目黒支部

抱負　[illegible]「セ民団運動」を推進

団長　姜高元　副団長　朴点守　〃　李鍾元
議長　金孔　副議長　丹大熙　〃　姜辯大
監察委員長　黄晩伊　委員　姜敬泰　〃　朴奎陽
事務部長　方永哲
〒153 東京都目黒区目黒[illegible] 電話(712)〇七〇六・四三七八

婦人会

崔金粉会長

抱負

新年の一九七五年度を迎え[illegible]に迎え本当に[illegible]に存じます。その中で行なわれる[illegible]事業には積極的に参加し[illegible]する婦人に一歩でも[illegible]をめざし、私達も新時代に適合した婦人に脱皮しなければならないと思います。現在、各支部には婦人会組織がありますが、一部の支部のみに婦人会が組織されており[illegible]婦人会の組織を取ることを民団組織の為にも、私達婦人の地位向上にも、何一つ[illegible]するところがないと感じています。

民団組織の各種行事に参加するには、[illegible]婦人の立場から、民団組織に何を要望し、また私達婦人、一人一人が、民団に何が出来るかを考えていかなければならないと思います。これからは、各支部婦人会東京本部でも、これからは、各支部婦人会との定期的な[illegible]会合でも、良い[illegible]して、婦人会共通の問題を取り上げ議論を深めて行きたいと思います。

これからも婦人会[illegible]の[illegible]をめざし努力しますので、宜敷しくお願い致します。新年の一九七五年度が、[illegible]の年であられますよう、お祈り致します。

会長　崔金粉
副会長　河栄希
〃　金貞順
監査　李[illegible]
〃　姜順子
〒[illegible] 電話[illegible]

青年会

会長　趙鏞日
副会長　尹仁道
〃　呉昌吉
監査委員長　金昌世
〒[illegible] 電話[illegible]二〇〇二

織強化と民生安定を図りましょう!!

竹山鋼業株式会社
代表取締役 朴周植 (墨田支部議長)
本社 東京都墨田区文花[illegible] 電話(六一二)〇二六一(代表)
工場 埼玉県川口市東本郷[illegible] 川口新郷工業団地 電話〇四八二(83)六[illegible]

徳山商店
洪象観
東京都[illegible]区[illegible]四の一九の二 電話(六一八)[illegible]二四五(代表)

東洋実業株式会社
社長 徐丙吉
本社 東京都墨田区[illegible]二一六一六 電話(六一二)四一六一
工場 江戸川・千葉県八千代

仙昇堂
会長 宋錫琦
東京都文京区小石川五-三八-十 TEL(八一一)七五八五

泰文社
社長 全泰元
会社 東京都文京区白山三-二-十五 TEL(八一一)八九五二
自宅 TEL(八一一)七四六〇

三慶商事株式会社
代表取締役 李鎬相
〒113 東京都文京区本郷五-一-二 電話(八一四)一八九一番 (八一三)三七一八番
自宅 〒112 東京都文京区大塚六-十五-六 電話(九四三)〇六六五番

女子事務員二人募集 高給優遇
株式会社 湖山ステンレス
社長 湖山祥雲
東京都文京区白山三-二-五 電話(811)二〇〇六・九四〇三

株式会社 西郷会館
代表 高琫準
会社 東京都文京区千駄木一-二五-一六 TEL(八三二)七二一八
自宅 TEL(八二一)三六八二

雑貨卸商 上野センター 松屋商店
金柄沢
会社 東京都台東区上野六-四-一三 TEL(八三二)一九六一
自宅 東京都文京区千駄木五-十三-五 TEL(八二一)四一九三

朝鮮料理
陽山道
梁川守年
東京都台東区上野六-一[illegible]番[illegible]号 TEL(八三二)七三三三

クラブ都 純喫茶白十字 サウナ広小路
代表 李鍾燮
会社 東京都文京区千駄木二-二六-一 TEL(八三五)一七四五
自宅 TEL(八二二)五四四七

株式会社 金原興産
代表取締役 金東圭
会社 東京都豊島区西池袋一ノ三五-八 TEL(九八六)二七六一
自宅 東京都文京区千駄木三-三一-三 TEL(八二二)八二六七

純喫茶ボナンザ
レストラン中華料理五番
代表 李順碩
会社 東京都台東区上野四-二-八 TEL(八三二)三四七九
自宅 東京都文京区本郷四ノ三ノ二 TEL(八一一)一七八八

ロイヤル・ホテル
社長 韓庚五
会社 東京都渋谷区神南一-六-七 TEL(四六四)〇五七二
自宅 東京都文京区千駄木一-一七-七

一番街焼肉
漢陽亭
電話(八三二)〇七九八 (上野駅前)

明治産業株式会社
社長 梁奉五
東京都渋谷区渋谷三-七-三 電話〇三(四〇九)四五八九

金岡商店
金鐘徳
東京都台東区上野四-七-五

純喫茶「カンレト」
李斗石
東京都台東区東浅草二-一八-七

和風喫茶「岡城」
金洙生
東京都台東区上野六-九-一四

純喫茶「きよし」
鄭太山
東京都台東区千束四-二二-一

ことぶき「ゴルフ」
安秉根
東京都台東区上野四-一-一〇

山蘇ビル
社長 金他官
東京都台東区上野一-一五-一〇

玄春河
東京都台東区池ノ端二-一-一六

純喫茶「詩苑」
金昌伍
東京都台東区浅草二-一七-四

正興産業株式会社
安順彬
東京都台東区上野二-十二-十八 ヒロハイツ 六〇三号

日輪観光株式会社
林木祥
東京都台東区浅草二-十八-四

国際「サウナ」
金富鉉
東京都台東区西浅草三-二七-二四

三敬金属株式会社
社長 鄭日秀
東京都大田区大森南二-三三-五 電話〇三(七四一)三四一五-六

株式会社 三興商会
取締役社長 鄭順相
東京都墨田区立花五-四-四 電話 六一七-三五五五-七

李棟鎬
東京都江戸川区東小松川三-二八四-一 電話〇三(六五六)〇〇三一

進興電器株式会社
社長 千順久
東京都大田区仲馬込一-九-一三 電話(776)五三〇一番

三友会館レジャー・センター
廉廷燮
東京都江戸川区北小岩六-一-五 (京成小岩駅北口) 電話〇三(六七三)七一〇一

泰洋観光株式会社
社長 崔泰一
東京都品川区西五反田二ノ五ノ三 (サウナ「東洋」四F) 電話(四九一)一一一七

株式会社くりや
代表取締役 李鳳出
東京都台東区上野六丁目一一番一二号

金載淑
東京都豊島区西池袋五-十八-五 電話〇三(九八一)八七〇七

春日苑
焼肉、スタミナ料理
朴海龍
東京都文京区小石川一-四ノ一五 TEL(八一五)〇九四八

コロナ「ゴルフ」
輸入品ゴルフ・クラブまたは国産品を卸値で安く売り出しております
社長 金海照泰
東京都台東区上野六-四-四 TEL(八三一)〇九九五 (八三三)〇五一二

結婚式贈物、贈答品等
皮革工芸品製作 (卸売価で小売)
ロマンクラフト・
姜順禮
文京区音羽一-一六-四 電話 九四一-二九五〇

三水物産株式会社
社長 金承浩

和洋マネキン各種・テスプレイ器具・店舗設計及綜合企画施工
店内装飾
株式会社 スタイル商会
本社 東京都文京区小石川三-一-一二 TEL八一二-代三四一-五
営業所 東京・福岡・福山・盛岡・群馬・岐阜・札幌

国際航空輸送協会公認代理店 運輸大臣登録一般第一九一号
株式会社 大韓旅行社
代表取締役社長 郭鍾涼
取締役 柳漢英
〒105 東京都港区赤坂一-一-一六細川ビル 電話(五八五)〇四〇〇～四

東新ビニール工業株式会社
代表取締役 木村時男
李斗京
〒116 東京都荒川区町屋二丁目三五番九号 電話(八九二)二六一一～三番

祐一ビニール工業株式会社
代表取締役 李英南
〒116 東京都荒川区町屋二丁目三五番二六号 電話東京(八九二)三四一一番(代表)
川口工場 埼玉県川口市芝領家五丁目十二番五号 電話〇四八二(二二)三五四一

純喫茶「白菊」
康大林
東京都文京区本郷二-十七-一 TEL(八一五)一四六五

金泰燮
東京都新宿区新宿三-四一 電話(三五二)四四五二

鞄・袋物製造卸KK「大原」
社長 秦孔暦
東京都荒川区東日暮里四-十六-一二 電話(八〇六)〇〇四八

株式会社水野商事
社長 朴珪秉
東京都練馬区練馬一-十八-一 電話(九九一)三二八一

三成貿易株式会社
社長 金容太
東京都中央区銀座五-五-九 (西銀座ビル) 電話〇三(五七一)一四二三～四

外山商店
代表 徐万基
東京都豊島区北大塚二-十一-二号 電話 九一七-五三六三

株式会社 河野マンション
取締役社長 河徳成
東京都港区白金三-二三-一六 電話(四四四)一五七一-二

安本建設工事株式会社
社長 安国鎮
本社 東京都千代田区神田神保町一-一八 電話(二九四)一五四一(代表)
支社 静岡県富士市中里九九一-三 電話〇五四五-三四-一〇三

中山工業株式会社
社長 崔喆林
東京都板橋区若木一-六-二〇 電話(九三五)〇〇〇六

焼肉レストラン
昌寿
東京都港区芝大門二-一-二 (川口ビル二F・三F) (中目黒店) 電話(四三一)三八六～七番 電話(七一九)九三三六～八 (美濃ビル)

金海アルミニューム精錬所
社長 金道玉
東京都板橋区若木二-二十一 電話(九三二)三五七五

(有)ノーベル会館
社長 李学伊
東京都目黒区下目黒一-一-三 電話(四九一)五四五四

韓国産輸入清酒「新羅の花」関東総代理店
はらだ酒店
社長 原田延甫
東京都東村山市富士見町四-一六-一八 電話〇四二三(九二)三九三九番

1975年元旦　「セ民団運動」を通じ民団組

徳丸化学工業所　社長 玄奎元　東京都足立区関原一—六—二九　電話 八八七—〇七八三

大洋染革工業所　社長 金福来　東京都足立区梅田二—二三—一〇　電話 八八九—四五三四

広萬食品株式会社　社長 李基煥　足立区関原一—六—二〇　電話 八八六—二二五七

金鶏製菓株式会社　みなと食品株式会社　社長 金午南　東京都足立区島根一—一—一一　電話 八八三—三二一一・八三二—四三五〇

ダイガスト工業株式会社　藤原製作所　社長 李文昌　東京都足立区江北二—二七—一六　電話 八九〇—八七〇一

有限会社 柳木商会　東京石油瓦斯株式会社　会長 柳泰永　社長 木下忠雄　東京都足立区千住緑町三七—二三　電話 八八八—八六二一—五・八八—〇二二三

株式会社 トクエイ化学　社長 玄奎全　東京都足立区関原一—六—二八　電話 八八七—八四八四・八四〇—四二五六～八

松岡商事株式会社　社長 林政次　東京都足立区梅田二—一三—一三　電話 八八七—〇〇一〇

大洋商事株式会社　社長 朴鐘大　東京都足立区中川二—六—三　電話 六〇二—〇七七五・六〇五—一八七八

金村建設株式会社　社長 金聖三　東京都足立区関原一—七—一　電話 八四〇—三五二一

朝日工業株式会社　社長 尹秉元　東京都足立区本木東町二六　電話 八四〇—七二一一

興信建設株式会社　社長 権寧珣　東京都足立区入谷一八九五　電話 八九九—〇一六一

加富利産業(有)　社長 金漢弼　足立区西新井本町四—二五—一三　電話 八九〇—〇九五一

中島製靴　社長 曺相鉉　東京都足立区関原一—一—六　電話 八八七—八五三七

丸谷建設株式会社　社長 康晟祐　東京都足立区関原一—二—九　電話 八八七—〇七三八

金沢加工　社長 金升鎰　東京都足立区梅田四—一—一　電話 八八六—八一三〇

尾竹橋綜合病院　理事長 金周奉　東京都足立区千住桜木二—二—八　電話 八八一—九二一一

中村製鞄所　社長 朴槿信　東京都足立区本木一—三—九　電話 八八六—六九五九

丸宮産業　社長 鄭泰先　東京都足立区本木一—七—一　電話 八八七—四五六七

新栄建設工業株式会社　社長 朴泰律　東京都足立区花畑三三九九　電話 八八四—三一〇一—三

有限会社ミツワサツシ工業所　社長 梁福承　東京都足立区梅田五—一三—九　電話 八八七—八一五一

有限会社 宮田鞄製作所　社長 張敬祚　東京都足立区島根三—二三—三　電話 八八三—七二一七

関原中央病院　院長 金龍河　東京都足立区関原二—二八—二　電話 八四九—〇二六六

白川建設株式会社　社長 白順福　東京都足立区椿二—二—十一

第一産業株式会社　社長 千甫殷　東京都足立区青井一—六—二　電話 八八七—六六五一

新栄化学工業所　社長 張平順　東京都足立区興野二—二三—一七　電話 八九八—四五五六

大成苑　社長 朴京植　足立区西新井本町四—二五—十一　電話 八九〇—七一六一

ユタカ産業　社長 李高行　東京都足立区青井六—十一—十一　電話 八八九—四六四三

小原土木　社長 高炳淳　東京都足立区堀ノ内一—三—二八　電話 八九九—五九七二

相互化工株式会社　社長 玄棋洙　東京都足立区関原一—六—二三　電話 八八七—三一八一～三

暁トレード株式会社　社長 金在澤　東京都新宿区馬場下町三五　電話 二〇三—五八六二

土浦観光KK　社長 安禧中　土浦市三好町三三三　電話 〇二九八—二三—〇四三五

東洋金属株式会社　社長 李基寿　東京都港区白金一—二七—三　電話 四四一—〇六二五・四四三—〇八六七 [illegible]

陸王交通KK　社長 韓檜俊　東京都板橋区中丸町一二　電話 九五七—二一一五～六

幸進商事KK　社長 金鶴鎮　東京都千代田区神田鍛冶町一—五　電話 二五六—三七三一

松本祐商事KK　社長 李承魯　東京都中央区日本橋一—一二　電話 二七一—〇〇二四、二四五八

羅針盤商事KK　社長 羅大煥　東京都北区赤羽一—二—五　電話 九〇二—七七〇〇

暁トレード株式会社　常務 金巌　東京都新宿区馬場下町三五　電話 二〇三—五八六二

池袋交通KK　社長 金仁爽　東京都板橋区幸町四八　電話 九五五—六一一三

信和観光KK　社長 郭乙徳　東京都渋谷区千駄谷四ノ二三ノ六　電話 四〇三—八五〇八

平和タクシー株式会社　社長 董玉模　東京都渋谷区初台二ノ二ノ九　電話 三七〇—一三六八～九

京王交通KK　社長 許允道　東京都杉並区和泉四ノ四一ノ一五　電話 三二二—六一一六

大原商事KK　社長 徐龍岩　東京都世田谷区玉川一—七—一二　電話 七〇〇—八二二七

スマートボール「いこい」　社長 朴在鳳　東京都八王子市東町一三ノ一　電話 〇四二六—四二—三三七〇

寿交通株式会社　社長 千水命　東京都三鷹市野崎三二二　電話 〇四二二—三二—五一八八

三本シャーリングKK　社長 金贇模　東京都江戸川区松江五—一九—八　電話 六八〇—九四一六

大松物産KK　社長 孫再翼　東京都台東区台東四—二九—一〇　電話 八三四—〇四六一～五

ホテル「みやこ」　社長 李権弼　東京都墨田区江東橋四ノ六ノ六　電話 六三四—三七四一

大栄プラスチックKK　社長 李石現　東京都荒川区町屋一ノ三五ノ三　電話 八九二—三五二一～五

焼肉「天安館」　朱洛弼　東京都渋谷区尾広三ノ一ノ七　電話 四〇〇—五五三五

丸菱アルミ株式会社　社長 閔聖基　東京都大田区下丸子二ノ三二ノ六　電話 七五九—二二四一

株式会社牡丹ビル　社長 李振栄　東京都目黒区鷹番町一—一〇　電話 七一二—一六一一

東亜相互企業KK　専務 金世基　東京都港区六本木七ノ一五ノ三〇　電話 五七三ノ一二五一

金栄商事KK　社長 金昶輝　東京都台東区上野二ノ一三ノ九　電話 八三三—五九五六

中山商事KK　社長 崔学林　東京都豊島区東池袋一ノ三四ノ一　電話 九八六—一九一一～三

三星グラビア製版株式会社　社長 李昌植　東京都荒川区東日暮里六—五二—九　TEL (八〇二)〇〇〇二

新イソップ物語

ウサギとカメ

たじま　しげる

ある日、あるパーティでウサギが酒を飲んでいた。スタイルも身だしなみも頭の回転も悪くない。プレイボーイを絵にしたようなウサギだった。巧みな話術をしゃべり、あたりの女性たちを引きつけていた。しかしひとりの女が、いじの悪いことをいった。

「でも、あなた、駆足ではカメには勝てないんでしょ」

これがそもそもの悲劇のはじまりである。この言葉はウサギのデリケートな心をぐさりと刺した。たまたま、そばでカメが、飲んでいたのもいけなかった。カメは、面白くもおかしくもない顔と鈍重そうな手つきで酒を飲んでいた。こんなやつと比較されるだけでも不愉快なのに、劣るなどといわれてはなおさらに面白くない。ウサギはカメの前に立ち、興奮したふるえ声でいった。

「侮辱されて、だまっているわけにはいかぬ。決着をつけよう。どちらが早いか正々堂々と勝負しよう」

どことなく論理がおかしいが、気の立っている時にはよくあることだ。

「いいでしょう、では、あすにでも……」

カメはぼそぼそした口調で答えた。自信ありげな口ぶりともとれる。会話を耳にし、近くにいた動物新聞の記者はうれしそうな声をあげた。

「それはいい、画期的なできごとだ。なぜ、だれも今までこんな企画に思いつかなかったのだろう。私が立会人になるから、そのかわり、記事の独占権を下さい」

これも妙な発言だったが、周囲の歓声のなかでは、気にする者などいなかった。

さて、翌日。両者は出発点に集まった。前夜たんねんに風呂で洗いあげたため、ウサギの毛は純白に輝く。耳につけた蝶結のリボンはあざやか。からだじゅうの筋肉は鋼鉄のバネの如く、すべてがリズムにみちていた。

カメのほうは、とくに描写するほどのことはない。のそのそと動いているだけだ。やがて立会人が告げた。

「私の合図で出発する。決勝点はむこうの丘の上。そこに私の友人のカメラマンが待っていて、勝負を判定してくれる。さあ……」

スタートの号砲がひびきレースは開始された。ウサギの走り方は、まさに一級の芸術品。風を切ったように大気のなかを流れ去った。観客にみえるその動作をウサギは意識していた。その美しいスタイルとペースを乱すことなく走りつづけ、丘の上へと到達した。

得意と謙虚さのみごとに調和したゴールインの姿勢をしばらくつづけ、もう写真はとりおえたろうとあたりを見まわしたが、だれもいない。

スタイルに気をとられ、ウサギは丘をまちがえたのだ。まさか出発点の目の前にある丘とは知らず、はるかかなたまで来てしまった。

これはいかん。いったい決勝点はどこの丘なのであろうか。だが近くには聞く相手もいない。

あちらこちらの丘をかけまわり、さがしあぐねて出発点に戻り、そこであらためて確認して出なおした。しかし、いくらなんでも不安と疲労でぐったりした。丘の中腹で力つき倒れそのあいだにカメは頂上にたどりつき、ウサギはみじめな敗北を喫した。

だが、これでは気分がおさまらない。

「私のほうが早いことは、はっきりしたはずだ。こんなことで判定されては面白くない。あなただってそうだろう。もう一回やりなおそう」

「いいでしょう」

あいかわらず表情のないカメだったが、カメが承知したのでウサギは喜んだ。かんちがいさえしなければ負けるわけがない。友人たちを集めて大宴会を開いた。

「あすの競走は、ぜひ見に来てくれ。べつに応援などはしなくていい。ばかばかしくて、とても正気ではできない試合だ。きょうは大いに酔っぱらおう。みなも飲んでくれ。前祝いだ」

グラスを重ね歌をうたい、朝まで飲みつづけ、そして一睡もせぬ赤い目で出発点に立った。号砲とともにウサギは走った。本人は走っているつもりでも、前のめりになりがちの千鳥足。丘の途中でついに睡魔におそわれてひとねむり。またもカメに追い抜かれた。

「ぜひもう一度……」

「いいでしょう」

二度も失敗しウサギは慎重になった。少し日時をおき体調をととのえ遊びをやめひたすらレースにそなえた。もはや負けられぬ。勝たねばならぬ。最後に勝つ者が笑う者だ。いや逆だったかな。どっちが正しい文句だろう。前夜妙なことが気になり辞書で調べたりしているうちに緊張で頭がさえてなかなか寝つけない。眠ろうとすればするほど……

やっと眠れたのはつぎの日に出発点からかけ出し丘の中腹あたりに来た時だった。

「こんなはずはない。もう一度……」

今回の失敗にこりウサギは試合前の不眠にそなえた。すなわち、睡眠薬を買ってきて飲んだのだ。たしかに薬の作用はすばらしかった。ぐっすりと眠り目がさめてみると自分は丘の中腹にいる。友人に聞くとどうしても目をさまさないのでむりやり連れてきて出発点から押し出したのだという。しばらく夢遊病者の如く歩いたが、やがてばったり倒れてしまったのだそうだ。

「たのむあと一回だけ……」

ウサギはあわれな状態におちいった。勝って当り前負ければ恥という試合で連敗しつづけているのだ。友人たちもよそよそしくなる。友情とはもろいものだ。かげで勝手なことをひそひそささやきあう。

「あいつ少しおかしいんじゃないのか」

「気が変でないのだったらカメに買収されたにちがいない。よくあることとはいえなんと情けないやつだろう」

これらのいまわしい噂を打消す方法はただひとつ。勝利しかない。ぜがひでも丘の頂上に到達しなければならない。しかし何回挑戦しても中腹あたりに来ると眠ってしまうのだ。といってあきらめることは許されない。プライドの問題だ。古人の教えにもあったではないか。わが最大の誇りは一度も失敗しないことではなく倒れるたびに起きあがるところにある、と。

ウサギは自己の精神をきたえなおすべく読書にはげんだ。そして、コーヒーを飲んで競走にのぞんだこともあった。だがインテリになりすぎたのもよくなかった。走っている途中で、ギリシヤの哲学者の、ウサギは前にいるカメに追いつけないとの説が頭に浮んできた。カメがいた地点まで行った時には、カメはその先にいる。そこにたどりついた時にはカメはさらに先とかいう論理だ。

そういえば、その通りだ。永久に追いつけないことになる。こんなふしぎなたとえがあっていいものだろうか。ウサギは腰をおろし、説の誤りを発見しようと、ひたすら長い瞑想にふけった。そのあいだにカメに追い抜かれ、いねむりをしていたのと同じ結果になった。

ウサギは読む本を変えた。ある偉大な独裁者の書いた本を読み、試合にのぞんでは大量の強壮剤を飲んだ。元気一杯、エネルギーは体内にみちあふれ、ロケット推進の戦車の如く走りだした。だが、道ばたの岩にけつまずいたのが、いけなかった。すさましい勢いで頭が地面に激突し、そのまま気を失った。いねむりをしたのと同じことだった。

「しばらく修行に出かけてくる。帰ってきたら、あらためて競走しよう」

「いいでしょう」とカメ。

ウサギは旅に出た。ネズミやリスなどと競走して勝ち、少しずつ自信をつけていった。さらに犬やシマウマにも勝ち、ついには虎にむかってこう申し出た。

「競走をしましょう。ぼくをつかまえることができたら食べられてあげます」

まさに必死の勝負だった。べつに虎が気を抜いたわけでもないのだが、流星の如くつっ走るウサギには追いつけなかった。

旅から帰ったウサギは、カメとの競走を再開した。しかし、どうもうまくない。走りはじめたとたん虎から逃げきった時の誇らしい思い出がよみがえって放心状態におちいったり、旅の疲れが出て眠くなったりする。われにかえった時には、カメはすでにゴールに入っている。修行の成果は少しもなかった。

あきれた友人たちには見放されたが、ウサギの人気が落ちたわけではない。けっこうファンがついていた。弱者に同情する連中はカメににくにくしさを感じ、ウサギを応援した。いつの日かウサギが勝つだろう。その瞬間をこの目で見たいものだと彼らは見物に来るのだった。

だが、ウサギはますますくさった。ある時はやけをおこし、わざと負けてやってるんだという態度で競走した。丘の中腹に来た時は、進んでごろりと横になり、カメの追い抜くのにまかせたのだ。それを見てファンは怒り、心から忠告をした。

「なんです、いまのは。あんなことではいけません。あなたはきっと勝てます。私たちがついています。勝てる方法があるはずです。あくまでがんばって下さい」

ウサギは感激し、反省し心を入れかえた。まず科学的な検討にとりかかった。こう連続して負けるのは、丘の中腹になにか障害の原因となるものがあるからかも知れない。それを究明し、対策をたてればいいと考えたからだ。

ウサギは自分でも勉強し、時には専門家にたのみ、くわしく調査した。しかし、放射能もなければ、地磁気の異常もない。毒草もはえていなければ、毒虫もいない。

あるいは、肉体的なことに原因があるのかもしれぬと思い、徹底的な健康診断をした。だが、心臓も血圧も視力も正常気圧が少しぐらい変化しても影響はないはずと告げられた。こう判明して、依然として勝負は同じ。丘の中腹あたりに来ると眠くなりカメに抜かれる。

となると精神的なものかもしれない。ウサギは精神分析医を訪れた。最初の医者は、ウサギの悩みを聞いたあげくもっともらしい口調で言った。

「あなたは高所恐怖症です。そのため、丘の頂上へ行くのを無意識にさけようとしているのです」

「なるほど、すぐ指摘なさるとは、さすがに先生です。で、なにかご注意を……」

「いいですか、高い所へ行かぬようにすれば、決して症状はあらわれません。おわかりですね。では料金を……」

さっぱり要領をえない。べつな分析医を訪れてみるとこういわれた。

「あなたは、無意識のうちに悲劇の主人公になりたがっているのです。まずそんなつまらぬ考えを捨てることです」

とんでもない。悲劇の主人公になど、だれがなりたがるものか。しかも、これは喜劇ではないか。少しも事情をわかってくれない。さらに別な分析医へ行くとこうだった。

「丘というものはですね、女性の象徴です。あなたは女性に対し、なにか恐怖を抱いているのです。いるはずです。いなければならない。そうです心当りは……」

いかに押しつけられても、ウサギには何も思い当らなかった。指示に不満なので、つぎには女性の分析医を訪れた。

「丘の頂上というのは、男性の象徴ですね。あなたは父親に対して、なにか劣等感をお持ちなのですわ……」

ウサギは分析医について、不信の念を持ちはじめた。さまざまなレッテルがはられただけのことで、事態は少しも変らない。

しかし、父親という言葉から思いつき、ウサギは図書館にかよい、古い記録を調べる作業に熱中した。むかしカメに負けたウサギが、自分の先祖なのかもしれないと思ったのだ。カメには絶対に勝てない遺伝因子を持った宿命の家系ということもある。だが、いかに系図を調べてみても、そのような事実は発見できなかった。

あるいは、カメかその仲間が陰謀を計画し、走っている自分にむけて催眠術をかけているのだろうとも考えた。その防止のため、目かくしをして走ったことがあった。その時は眠くはならなかったが、木にぶつかって気絶した。

ほかに調べてみたが、人為的な妨害の証拠はなかった。こうなると、超自然的な力のためかもしれない。だれかの呪いかもしれない。ウサギはあらゆるおはらいをした。自分をきよめ、自分の家をきよめ、道をきよめ、丘をきよめた。さらに、護符、マスコット、まじないの品のたぐいを各地から取り寄せて集め、身につけた。しかし、走っているうちに途中でなくし、それを探しているうちにカメに抜かれたりするのだった。カメにはどうしても勝てない。

ついにウサギは、神に祈る心境となった。天にまします万物の神にむかって、このあわれなウサギの願いをかなえて下さるようにと祈った。

祈りが終わると、すがすがしかった。さまざまな雑念はすべて消え、からだは今までになく快調。きょうこそは必ず勝てる。勝つのはきょう以外にあり得ないとの予感がした。

スタートとともにウサギは走った。丘の中腹も過ぎた。進むのをはばむ透明な壁が消えたようだった。もはや頂上は目前。もちろんカメははるかあとだ。ゴールのテープにむかって身を躍らせる……。

見物の連中はざわめいた。

「ウサギのやつ、また丘の中腹で倒れた。しかし、こんどは様子がおかしい」

近よって調べると、心臓がとまっていた。二度と目ざめぬ眠りだった。みなは頭をたれ、話しあった。

「ついに一度もカメに勝てなかったな」

「しかし、なんという、うれしそうな死顔だろう。勝って喜んでいるようだ」

かくして、ウサギの一生は終わった。動物新聞社はウサギのために大特集号を発行した。みなは死を悲しみ、丘は《ウサギの丘》と命名され、頂上には教訓的な碑がたてられた。

だれが、このウサギを忘れることができよう。永遠にみなの心に住みつづけるのだ。これこそ人生なのだ。

だれひとり《カメの丘》にすべきだなどとはいわなかった。いったいカメが何をしたというのだ。なにひとつ面白いことをしてくれなかったではないか。物語にもお話にもならない。

そのうち死にでもすれば、紙面の片すみにのり、ああ、あの時のカメかと、読者がちょっと思い出す程度だろう。しかし、カメはなかなか死なないものなのだ。

東韓余録

多数決の原理

今日の大多数の自由主義国家においては、民主主義政治を行なって居る。その民主政治の共通した要素として①三権分立、②法治主義、③代議制度、④多数決制度が ある様に 思われる。もとより各国、国情において、その運用面に若干の差異がみられるのも、当然だと思われる。共産集団、北韓では一切の権利を金日成の下に集中させ、形式的には、各機関が存在する様にして居ますが、事実は、金日成、独裁国家であり、個人の自由意志も介在出来ない社会であることは、確かだと思われる。

自由主義社会において共通した要素の うち の多数決について、今回は考えて見たいと思う。私達の 日常的 生活の 中でも、民団組織社会の中でも、私達が、避けて通ることが出来ない大事な問題だからと思うからです。私達が、生を受けて親から学ぶのは、まず皆んなの多数の意見に従う様、躾され、学校に入学してからは、先生より物事は全て多数決によってのみ解決されると教育されて来たのは、筆者一人だけの経験ではなかろうかと信じます。一般的に多数決というのは、組織社会内部において、その各構成員の雑多な意思、即ち個別意思を、合法的な方法で、総合統一して、その組織の意思に決定する。つまり集団意思を決定するこの方決が多数決原理と呼ばれて居ると思います。

私達、民団組織の各種決定事項、定期的に開かれる人事等の選挙はまさに、多数決原理によって、解決されて居るのが、実情です。要は多数決原理に対する熟練度が、その組織社会に、大きな影響を与えることは事実で有ります。金日成独裁社会の様に、金日成一人が、全ての権利を握り、国民一人一人は、金日成独裁、一人を盛り立てる物体にしか、過ぎぬ社会では、およそ、多数決原理は、存在しないのです。たとえ存在するとしても、それは形式に過ぎず、民主政治の本質とは異質なものであることは、他言を要しないと思います。何故ならそこには、国民一人一人の個別意思というものが存在しないからで有ります。多数決原理において、私達が、度々経験するのは、具体的事例として役員の選出に当り、敗北した者が、とかく感情を残し、それの為組織運営に若干の支障を来たす時が、あるということです。多数決原理というのは、集団の意志決定であるから、敗者は、それを謙虚に受けとめ、後日を期することが、自然であろうし、民主社会だと思う。そこで大事なことは、集団意志といってもそれは、妥協的処理で有り、敗者の少数意志とは、常に逆転出来る要素が、存在すると、私は考えます。

逆転の可能性が常に残されて居る限り、民主政治の芽は枯れないと信じます。自分が、敗者となったからといって、その逆転の為、地道な努力をせず勝者に対して、中傷虚偽宣伝、策略等を、用いて攻撃することは、多数決原理の、熟練度不足と考えます。集団意志の決定方法として金日成 独裁国家 において は、満場一致をもって行って居ます。金日成以外は、一切の個別意思を持たぬ社会では、当然のことです。投票すれば、100%、会議をすれば、金日成の提案に、100%賛成し読書をすれば、金日成だけのもの、これでは、人間社会といえません。

相互に尊重しながら、少数と多数は、常に逆転されたり、逆転するスポーツ的愉快さがあるところに、私達の組織の発展があり、民主政治の良さが、あろうと信じます。多数者の意見、少数者の意見のどちらが、正当であるか、少数者の意見が、客観的に正当であるという、合理的な根拠は無い。少なくとも、中途半端な存在の人間の能力からして、その決定は、不可能と思われます。過失を犯しやすい我々の社会で、多数意見に合流し、後日を期うするのが、常道と考えます。支部大会において敗北した少数者が、その場で全く同じ名称の組織を誕生させ、多数意見に、挑戦するが如きは、無限の無政府的闘争と、無秩序の外の何物でもないと筆者は信じます。少数者は、一時的に敗北したが、将来は多くの賛成者を獲得することによって、その立場を逆転させることが出来るのを、その使命をすて相手方を一方的に攻撃、攻略することはただ混乱と中傷を継続させる「策動意見」「策動集団」にしか、なり得ないと信じます。

李乙珩（東京韓国新聞論説委員）

歳時記

正月名節

昔は、各時代を通じて、年の始めが祝日になっていて、官民ともに歓楽することにかわりはなかった。元日は一年の始めの日であって、「歳首」または、「年首」とも書くが、一般的には「ソルナル」とよんでいる。「ソル」とは漢字では、「慎日」と書き、一年のはじめの日であるから、軽卒な行ないをせず、身心を慎むという意味を含んでいる。大晦日を最後に古い年も去って、新しい一年が始まるから、最初の日である元日に心を慎み、行ないをみだりにしないで、除邪招福を願った昔の人々の心は、十分に理解できる。

韓民族は農を天下の大本としてきた。したがって、すでに新羅時代に「元日相慶是日拝日月神」といい、太陽と月の神をおがみ、一年のあいだの雨順風調を祈願するいろいろな風俗が生まれた。

元日には家族一同が早起し、歳粧（セチャン）といって、新調の新着で身を飾り親戚の長老たちに年賀まわりをする。これを俗に「歳拝」（セベ）という。このとき、子どもたちにくれる銭を「歳拝銭」（お年玉）といった。そして歳饌と歳酒をととのえ、祠堂（サダン）の前に並べて祭祀（シエサ）をおこなう。これを正朝茶礼という。

祖先の位牌はかならず長孫が安置することになっていて、支孫の家には安置しない。したがって、長孫の祠堂には四代祖（父母、祖父母、曾祖、高祖父母）の位牌を祀り、茶礼のときには順序によって祭りをおこなう。五代以上の祖先は、位牌をおのおのの墓のそばに埋めて、家には安置しない。十月の中旬頃になると、「時祭」といい、五代祖以上の祖霊を一時に祭る。

茶礼のときには遠近の子孫たちがあつまり、一家だんらんたる雰囲気のなかでおこなわれる。昔からの長い慣習によって元日と秋夕には故郷にかえり、家族とともにすごしているが、祖先の茶礼に参加するのを忘れない伝統によるものである。

昔時にあっては、正月と秋夕とは春と秋との時期的に相対応する年間の節目であって、ともに祖霊の迎祭であった。というのは、正月と秋夕との諸行事のあいだに、著しい対応一致が認められるからである。いわば、年始祭と秋夕節祀に祖霊を迎えることは、決して死者に対面するというような淋しい感じのするものではなく、大きな晴れの日の行事として取扱われたからである。昔の正月は男女ともに一ケ月をあそびすごした月で、それだけに遊戯も多様であった。それも往時にあっては「鬼神」（クイシン）とかく結びついた行事であって、一年の厄祓いをして、一年間の無病を心から祈る行事であったと思われる。

写真は昨年十一月十五日三十八度線非武装地帯で発見された北傀共産軍が掘った秘密トンネルである。このトンネルは地下四十センチのところに幅一メートル、高さ一、二メートルのコンクリート造りのもので、長さ一〇〇〇メートルに亘って非武装地帯から南へ走っている。このトンネルを発見した国連軍が捜査したところ、突然共産軍からの攻撃にあって多数の死傷者をだした。

'75年こそ朝銀を圧倒する東京商銀に育てよう！

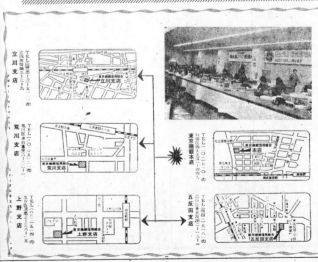

東京商銀役職員の顔ぶれ

理事長　許弼奭
副理事長　安禧中
専務理事　鳥井善尚
理事　金坪珍
〃　李基壽
〃　朴鍾大
〃　韓檜俊
〃　禹英鎮
〃　許允道
〃　朴珪秉
〃　董玉模
〃　金賛模
〃　徐龍岩
〃　千水命
〃　金鶴鎮
〃　李承魯
〃　羅大煥
〃　金巖
〃　金仁奭
〃　郭乙徳
〃　崔然睦
〃　朴在鳳
〃　徐丙吉

理事　范詔司
〃　孫再翼
〃　李権弼
〃　李石現
〃　閔聖基
〃　李振栄
監事　金世基
〃　金昶輝
顧問　崔学林
〃　范填圭
〃　金在澤
〃　安井謙
〃　三池信
〃　尹達鏞
〃　山岸文雄

総務部長　朴性守
業務部長　趙鏞植
審査部長　浜野晋
検査部長　大河原敏毅
本店長　朴建緒
上野支店長　文裕弘
荒川〃　金道仁
五反田〃　金相甲
立川〃　張銘源

立川支店
TEL（〇四二五）二三—五一二一（代）
立川市柴崎三—二—九

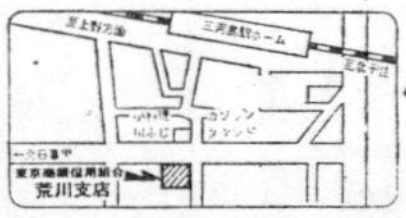

荒川支店
TEL（八〇二）五一二一（代）
荒川区東日暮里六—二二—一

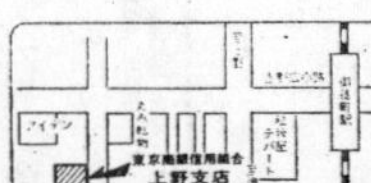

上野支店
TEL（八三二）五一四一（代）
文京区湯島三—三八—五

東京商銀本店
TEL（二〇八）五一〇一（代）
新宿区西大久保一—四四九

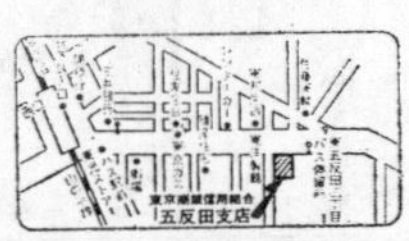

五反田支店
TEL（四四二）五一八一（代）
品川区東五反田二—一九—一

枝川・深川に分団誕生

民団東京本部（金致淳団長）が指導して、現在二十二支部で実施している「セ民団運動」の第一歩を踏み出した江東支部は、去る十一月二十四日決起集会を開いてから積極的に分団、班づくりに専念して来たが、その甲斐があって「枝川」「深川」の二つの分団を組織した。江東支部は今年三月末をメドに管内に数個分団と二十個以上の班を組織する計画をもって一大整風運動を展開している。特に枝川分団の発足は朝総連の拠点にクサビを打ち込んだ点でその組織的意義は大きい

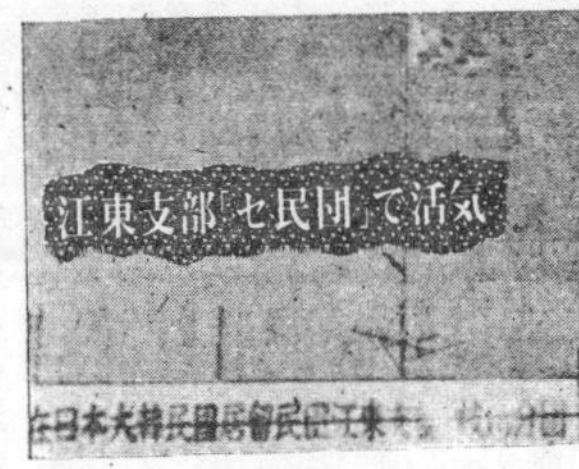

朝総連拠点に太極旗
二十四年余の風雪を経て

民団を創団して三十年を迎える七五年度の東京活動の基幹として積極的活動をしている民団東京本部が提唱した「セ民団運動」は、去る十一月二十四日、管内の江東支部の「セ民団運動」の旗あげをきっかけに都内を中心に全国的に波及しているが、去る十二月八日には江東支部枝川地域の団員の自発的意思によって枝川分団を結成するなどその熱気は想像以上に全都に広がって行く模様で組織内外の耳目を集めている。

この日江東区内枝川一丁目十一－二十二番地の現枝川分団会議室で行われた結成式には、午前九時から江東支部の役員を始め枝川地域の団員八十余名が参席し十時からの結成式では国民儀礼ののち、金光和江東支部団長のあいさつにつづいて民団東京本部金致淳団長の激励のあいさつがあった後、分団役員選出にはいって、分団長に黄外鐘（現支部副議長）を選出した。

この日、金光和江東支部団長は「セ民団運動」に対し、この運動は民団組織の近代化が時急に要求されている現状から、まず、組織機能の神経である分団と班を組織し、現代組織の機動性ある活動に目標があると語った。続いて激励のあいさつに立った金致淳東京本部団長は、民団組織は、今までのマンネリ化した旧型態の流れを変える組織教宣運動で、民団の自主性と民主性による自立、責任性を持つ自律的行動から、民団の実質的科学化を達成するのに目的があるので、この運動を成功させなければならない。またこの運動は「六十万のセマウムシムキ運動」を完結させる運動でもあって、我らは組織の内的充実と実際的に組織の問題を慎重に考え、民族史観に立脚した新しい意識と使命感をもって行動する姿勢でやらなければならないと前置きし、今日江東支部枝川分団を結成するにあたって江東支部関係者と枝川地域の団員を激励した。

同支部の「セ民団運動」は、この枝川分団の結成によって軌道に乗ったといえよう。

写真右から高五根第一班長、黄外鐘分団長、鄭燦基第二班長

（円内）は右から李敬熙分団長、金日光第一班長・金明徳第二班長

解説

江東区枝川町に民団の分団が組織され、大会議がその事務所にひるがえることは、民団史上特筆すべきことである。この枝川地域には一五〇世帯の同胞が居住し、そのうち八〇世帯が朝総連系で、民団々員は七〇世帯でどちらかと言えば朝総連の勢力の強いところ。この地域には朝総連の指導者が多く住んでいて、彼らはここを「解放区」と豪語していたところである。

一九五一年六月に発生した「枝川事件」はあまりにも有名で、この事件では多くの愛国団員が傷つけられた。この事件の発端は、民団々員二人が枝川町にポスターを貼りに行ったところ、朝総連幹部たちに殴打されたことから、朝総連系と民団々員とが衝突し、双方に多数の負傷者を出した。

この地域に民団の分団が組織され、朝総連の拠点地域にクサビを打込んだことは「セ民団運動」の成果であり、民団組織の勢力拡大に大きく貢献しよう。

深川分団結成

江東支部では十二月十八日午後六時から深川青年会館で深川分団結成会を開いて分団役員を選出し、同支部四つ目の分団として正式に発足した。

この日の結成会には深川地域の団員六十余名が参加し金光和支部団長、金致淳東本団長の激励をうけ午後の分団運営に一致団結してあたることを確認した。

分団役員は次の通り
深川分団長　李敬熙
〃第一班長　金日光
〃第二班長　金明徳

芸能競演など楽しいひと時
婦人会東京主催でXマスパーテー

去る十四日正午から、婦人会東京本部の「クリスマス祝賀会」が東京商銀七階ホールで催され、都内各支部から集った二百余人の婦人会員たちは、会員たちによる歌や踊り、即興劇に日頃の労苦を忘れ、楽しい一日を過した。

この催しは七三年十二月に現執行部が発足して以来、一部日本の言論への抗議活動、日本の外・法務省への抗議活動、朴大統領狙撃事件糾弾活動などで、青年会と足並みをそろえ、常に先頭に立って活動してきた。この催しは都内会員を慰労するため開かれたもので、「この一年間たび重なった動員と各種行事の労をねぎらう」と述べた。

一部、二部とわかれた祝賀会は、まず一部で東京韓国学校の鄭□姫教師の講演を聞いた後、二部の支部対抗芸能大会に移り、各支部毎に練習してきた歌や踊り、寸劇を披露、会場は笑いと拍手につつまれた。

この祝賀会には婦人会中央金信三会長、さる八日に選ばれたばかりの青年会東京本部趙□日会長も参加、金信三会長は「民団は今、セ民団運動を展開している。婦人会もこの運動に積極的に参与し、一致協力して在日同胞社会の刷新に立ち上がろう」、趙会長は「青年会の女子部と婦人会との活動の共通点は多い。青年育成のため、婦人会と女子部の連携を」とそれぞれ呼びかけた。

なお、各支部対抗芸能大会では江東支部が特等賞を確保し、一等は杉並、二等は練馬、三等は江戸川の支部が受賞した。

婦人会の'74年サヨナラパーティ

江戸川支部も姉妹結縁
四月に慶北豊壌面部落と

江戸川支部（金規鉉支団長）ではさる十二月七日、三機関役員会議を開いて同支部のかねてからの懸案である本国農村との"セマウル姉妹結縁事業"を、ことし四月下旬に行うことを正式に決定した。

姉妹結縁地は慶尚北道醴泉郡豊壌面内の部落に内定しているが、支部管内団員からの誠金二五〇万円を豊壌面に寄贈することになっているが、同支部では現在建設中にある豊壌面会館の四月下旬落成式に合わせて、支部代表、団員有志の祖国訪問を兼ねて姉妹結縁式を行うという。

なお、同支部ではセマウル姉妹結縁事業とは別に、昨夏台風による水害が甚だしかった全羅南道地区への、団員からの義援金伝達も合せて行うことになっている。

足立支部会館建設へ
新春一番「建設委」走る

鄭東淳建設委員長

民団足立支部（文季元団長）では数年来支部団員の宿願として来た会館建設のため活発に動き、去る十一月十一日には「足立韓国会館建設委員会」を設け、新年度から募金活動に入り、都内支部では一番大きい会館を建てる計画を推進している。

足立支部は、東京本部管内でも一番大きい支部で、団員も四千名を越える名実共に大きい世帯で、三年前、協定永住権申請の時も、全国人口比例では一番多い数の申請（三千五百二十二名申請）をした支部として有名だったが、現在も民団いくつかの県本部を除けば地方県本部よりも、組織と事業活動面においても規模が大きい充実な支部だと知られている。

特に現執行部、文季元団長が就任以来、傘下団体の婦人会、青年会の組織強化。生活協同組合と納税組合の効果的活動による団員との密着した運営によって今度の「会館建設委員会」も各機関役員の八十名に及ぶ委員会が発足したもので、近いうちに立派な足立支部会館が建られる見通し。

足立支部の現建物は二十六年前に建られたもので、敷地は百坪以上になるが、新築する会館も百坪の土地に五階くらいになるだろうと委員会は計画しているという。

具体的な計図と予算は七五年度に一億目標の募金を達成する時点で工事に着手するというが今後この会館が完工した場合、全国的屈指の会館になるのはまちがいないであろう。今後建設委員会の活動が期待される。

建設委員会の役員は次の通り。

委員長、鄭東淳
副委員長、金周奉、朴籥大、金漢錫、尹季元、権寅変、文耕洙、
常任委員長、文季元
副委員長、李禎明、孫道輔
監査、孔判敦、金聖三、
（各部長と委員は省略）

東本、ソウルで研修会
五百名規模の拡大会議も

民団東京本部は新春早々の事業として、傘下二十二支部三機関役員と、「セ民団運動」を通して選ばれた分団委員を網らして、本国での拡大研修会の計画を進めている。

これは昨年十二月四日の第五回支団長会で決定したもので、二月初旬にソウルで開催するが、この拡大研修会の持つ意義は、文世光事件、陳斗鉉事件など、一連の朝総連の対民団破かい活動に対する民団指導者の意識を高める為のもので、このような大規模な研修会は一地方本部としては、これまでにないものとして各級指導者の関心をひいている。

同本部の計画によると、この研修会は二月四日から九日までの五泊六日の日程でもたれ、三日間は学習、二日間は前線視察または産業施設の見学などにあてられるとのこと。

また、同本部は二月下旬に東京都内若しくは近郊の温泉地で一泊二日の予定で、同じく傘下二十二支部の全指導者約五百余名を集めて大々的な研修会を開くことも計画中である。

これは、同本部が進めている「セ民団運動」が計画よりも極めて早いテンポで進行し、また一般団員の関心も高いところから、この運動をより効果的に進める為に各級指導者の意識を高めることを目的とするものである。

足立支部で忘年会催す

民団足立支部（文季元団長）では、去る十二月十三日全民団役員、婦人会員、青年会員一〇〇余名参加のもと足立支部内にて忘年会を午後六時よりおこなった。

忘年会では婦人会員の手作りのキムチ、モチなどの料理が並び昨年一九七四年数多くの行事に対し団員への感謝と慰安の言葉のかわりとなった。

また団員たちも時間を忘れて話に花を咲かせ、ビールを飲み、キムチなどをつまみながらおおいに語り合い数多くの行事に対しおたがいの努力や思い出話に花を咲かせていた。

東本で毛布配る
年末助合運動

民団東京本部は、年末年始を期して、都内二十二支部内の不遇な団員三〇〇名を対象にささやかな贈りものをすることにし十二月二十日から実施した。

これは各支部が毎年行なっている相互扶助運動に呼応して本部が行なう事業で駐日大使館から一部援助を受けて毛布三〇〇枚を購入して配布した。

駐日公報館で送年パーティ

駐日韓国公報館（李元洪館長）では、十二月二十日午後六時から八時まで、駐日公報館展示室において、送年パーティを行なった。参加対象は、駐日韓国大使館、在日言論人、本国特派員、本国派遣機関と民団傘下団体の幹部らを招いて開かれた。

写真右から許弼奭氏と夫人、范塡圭夫人と令息范錫司氏（円内は范塡圭氏）

許弼奭 范塡圭 両氏へ国民勲章
民団中央・東本・商銀合同祝賀会

さる十二月十四日午後一時三十分から、東京文京区にある椿山荘において、許弼奭、范塡圭両氏の大韓民国国民勲章叙勲祝賀記念パーティが盛大に持たれた。

この日会場には、金永善駐日韓国大使、尹達鏞民団中央本部団長、金致淳東本団長ら約二百五十余名が参席して、両氏に祝辞を贈るとともに和やかに祝賀会が行われた。

許弼奭氏は、東京商銀信用組合の理事長であり、同商銀創立二十周年の式典（五月十一日）の時、無窮花勲章を授与された。

一方、范塡圭氏は寿観光の社長であり、中央会館建設推進委員会の委員長で、さる五月二十九日の民団全国団長、事務局長、傘下団体長会議の席上で、国民勲章（冬柏章）を授与されていたもの。

范塡圭氏は病気のため令息の范錫司氏が代理出席していた。

> 六日、始務式
> 七日正常執務
> 東京本部

今年も全力投球
東本副団長　金九尚

金九尚副団長

明けましておめでとうございます。昨年中はいろいろとお世話さまになりました。

顧りみまするに、昨年五月東京本部大会で、副団長という重要なポストを頂いたにも拘らず、充分にその任務を果し得ず誠に申し訳なく思って居ります。

思えば、昨年は「虎」そのもののように激しい一年でありました。激動する世界情勢と悪性インフレの渦巻くなかで、私たちは多くのことを経験しました。祖国にあっては大統領狙撃事件と陸英修女史の逝去など、また本部にあっては陳斗鉉事件などの朝総連の対民団工作、破かい全く目まぐるしい年ではありました。にも拘らず本部は金致淳団長の指導のもとすべての困難な問題を克服して来ました。

私は団長を補佐する者として、充分ではなかったにせよ、それでも精一ぱいやったつもりであります。

今年は「卯の年」。過去の失敗を良い経験として、団員の皆さんのご期待にそえるように努力したいと存じます。今年もまた本部は多くの事業計画をもって居ります。これらの諸々な計画を確実に成功させる為に、全力投球をする決意であります。何分よろしくご指導下さい。

支部だより

民団荒川支部 十一日新年会

民団荒川支部（高昌運団長）では、きたる一月十一日全役員、傘下団体団員、役員など五〇余名参加のもと荒川区内の一龍において新年会を行う予定である。

高昌運団長は「この新年会を起点としてセ民団運動に着手し、一人一人の団員の手によってもりあげていく方針である」と語っていた。

いま都内二十二支部に「セ民団運動」つまり新しい民団づくり運動が広まっているが、荒川区もまた反成十分団組織の下に「セ民団運動」を着手することは大きな支部また団員数の多い支部ということで心強いことである。

今民団では全国的に「セ民団運動」にのりだしている。その意味でも団員数の多い荒川支部に期待するものは多大なものである。

民団板橋支部 班編成を決議

民団板橋支部（石相奉団長）では、去る十二月十日に行なわれた三機関会議において、班編成上にのりだすことが決議された。班編成を行うことによって組織強化及び組織整備に一層の力を注ぐということである。

またこの会議では、セマウル運動を行なうことが決議された。

いままで板橋支部では支部の事情によりできなかったセマウル運動であったが、団員の希望により会議で朱光熙事務部長が「板橋支部でもセマウル運動を行いましょう」と団員の意見を代弁した。

この意見により目標額三〇〇万円の募金にのりだした。

民団大田支部 十五日新年会

民団大田支部（張基琇団長）では、きたる一月十五日、団員、婦人会、青年会員二〇〇余名参加のもと大田区の平和島温泉にて新年会を行う予定である。

一九七四年の数多くの行事に対しての慰労会及び一九七五度にむかって全団員の方向性をしらしめるために行うものである。

季節風

▼組織運動にとって何が一番必要かといえばそれは言うまでもなく宣伝活動であり啓蒙活動であろう。この宣伝・啓蒙は大衆に対して組織の方向性を植えつけることと、大衆の声なき声をリーダーが把握する為に必要なことである。この運動は大衆の中に入ってこそ、その目的を達成することができる。大衆から遊離しては組織の方向性を大衆に認識させることもできないし、大衆の声やその願いを肌で感じることもできない。

▼東京本部が購入した宣伝車「セ民団一号」は、いま都内をくまなく走り廻っている。朝総連系同胞に対しては民団への参加を呼びかけ、日本人に対しては韓日親善関係の強化を訴える。また団員に対しては「セ民団運動」の意義とその必要性を説く。このような活動を通じて感じることは、この宣伝車の周りに集って来る人々の反応である。なかには無表情な人もいるが、是非に対する強い感じを受けることがある。このような時にこそ大衆の中に飛び込むことの意義をより身にしみて感じる。

▼東京二十二支部のなかで、支部としての機関紙を発行しているところがある。タブロイド版あり大版ありでその数こそ少ないが、手にしてみると楽しい。それぞれの地域事情がにじみ出て面白い。このようなものが団員の手に渡ってたら、手にした人々には自分たちの地域での出来ことがよく理解できるし、たまたまその紙面に友の消息でも出ていたらなつかしさをおぼえることであろう。このような小さなモノでもそれを発行する人の努力は大いに評価しなければならない。多くの支部で多くさんのこの種の機関紙が発刊されることを望むや切。一九七五年は卯の年、ウサギのように本部の「セ民団一号車」はピョンピョンと走るだろう

賀正

創団30年，実りある1975年へ躍進

栄真産業株式会社　社長　金栄斗　東京都新宿区西久保一ノ四三九ノ二四　電話〇三（二〇九）二一〇七九

丸金ゴム糊引工業所　代表　金栄洪　東京都荒川区町屋一ノ三五ノ二四　電話〇三（八九五）七一一一三

松平産業株式会社「パチンコ・モナミ」　社長　松平重夫　本社 東京都中央区京橋三ノ十一（高橋松平ビル）電話〇三（五六一）〇九九四　立川支社 立川市柴崎町三ノ七　電話〇四二五－〇六三一－三

金子建材店　社長　金栄在　東京都世田谷区鎌田三－10－二　電話〇三（七〇〇）八〇二九

株式会社カワミ商会　社長　河丙鉦　東京都豊島区東池袋一－十三－四（坂田ビル五F）電話〇三（九八六）六一〇一

富士公易株式会社　社長　柳行一　東京都港区六本木二ノ二ノ五（新赤坂ビル五F）電話〇三（五八五）〇五六一

パゴダ物産株式会社　社長　朱英俊　東京都港区赤坂三－二－七　電話〇三（五八四）一〇〇七

東亜企業株式会社　社長　許南富　東京都中野区中野二－二十五－七　電話〇三（三八三）三九五一

青年의 힘으로「새마을·새民団運動」이룩하자

東京 韓国青年

在日韓国青年会
東京本部
会長 趙鍾日
住所 東京都港区芝公園2-2-17
電話 437-2002

一、われわれは、大韓民国の国是を遵守する
一、われわれは、在日本大韓民国居留民団の宣言…
一、われわれは、在日本韓国青年として心身を鍛…させ、祖国の平和統一課業に献身する。
一、われわれは、在日本韓国青年の衿持を堅守し、…護に先峰的役割をする。
一、われわれは、在日本韓国青年として有邦青年…正な世界平和に寄与する。

第二回大会開かる

会長に趙鍾日君を選出

去る十二月八日、在日韓国青年会東京本部第二回定期大会が東京商銀本店七階ホールでもたれ、尹隆道前執行部にかわる趙鍾日新執行部を選出するとともに、一九七五年度活動方針案および予算案を審議・採択した。

午後一時半から開かれた大会には代議員八十九名中八十名と傍聴の都内各支部会員をはじめ、民団婦人会関係者ら二百余名が集まった。

李述哲総務部長の司会で進められた大会は国民儀礼の後、尹隆道会長があいさつに立ち「七二年十一月二十二日に結成されて以来この間、組織整備事業、セマウムシムキ運動などに力を尽してきました。今後は、この二年間の活動の成果と反省の上にたって、セ民団運動など多くの課題にさらに積極的に取り組まねばなりません」と述べた。続いて来賓の金致淳民団東京本部団長が立ち「青年会員達は、祖国韓国の息子娘たちとして、勇気と誠実さとをもつ民族幹部に成長してほしい。民団組織を近代化するために、セ民団運動を展開しているが、そこには青年たちの力がどうしても必要です」と述べ、組織整備事業、セマウム、シムキ運動など、過去二年間にわたり重要な役割を果した東京青年会を高く評価し、民団組織の幹部として育ってゆく青年たちに大きな期待をもっていることを明らかにした。引続き尹達鏞民団中央団長、河栄希東京韓国学校校長、李敏一神奈川婦人会副会長、…会会長らがそれぞれ祝辞を述べた。

議長選出に入り、新宿支部の尹…君を満場一致で議長に選び、書記長に安…栄君、文和彦君、書記に李載子嬢を任命、本会議に入った。

まず、活動報告がなされ、続いて事業報告、監査報告は、二・三の質問が出ただけで満場の拍手によって確認された。七五年度活動方針案として①未組織支部拡大②各支部の会員拡大活動③支部に有給専従活動家配置④セマウム・シムキ運動の継続⑤セ民団運動への積極参与等が盛り込まれ、予算とともに満場一致で採択された。第一期任員は寛大な拍手の中で退任が行なわれた。次に新任員の選出にはいった。新任員選出では、去る十二月二日午後六時半から民団東京本部で開かれた支部代表者会議において各支部役員の推薦を受けた大田支部の趙鍾日君を会長に、荒川支部の金昌世君を監査委員長に満場一致で選出された。趙新会長は「出てこいという青年会でなく、出たいと思わしめる青年会にするために、がんばりたい」と述べ、「体内整備事業にも当面力を入れねばならないが、同胞達の要望に応え、民族青年幹部としての品正をもちうる青年会にしたい」と抱負を述べた。金新監査委員長は「新執行部に対してびしびしと注文を行なって行く」とあいさつ、李前副会長の閉会辞で「第二回大会を終へ、新たな青年運動の一大飛躍になるようにしよう」と行ない、黄前副会長の万歳三唱で第二回大会を終了した。

一九七五年度 活動方針

一、青年会組織拡大強化

○組織面
(1) 未組織支部結成促進
(2) 青年会々員拡大活動促進
(3) 文化体育同好会等サークル活動活発化
(4) 女子部活動積極促進
(5) 青年会支部専従活動育成

○宣伝面
(1) 青年会宣伝啓蒙活動強化
(2) 日本言論や国民などへの宣伝活動積極推進

○文教面
(1) 青年会幹部及び一般会員定期的学習会実施
(2) 文化祭など各種文化活動展開

二、国造りへの参与

○労働奉仕ワークキャンプ等の実施
○募金運動展開及び送金

三、新生活運動

○セ民団運動推進活動
(1) 調査実情把握活動
(2) セ民団運動班組織活動及び運営への参与

○民族主体性確立活動
(1) 本名常用化活動継続推進
(2) 母国語修得活動
(3) 国民登録旅券所得義務制

○民族同胞機関への協助協議など厚生活動展開
(1) 韓国学校支援進学勧誘
(2) 民団金融機関活用就職
(3) 民団及び関係機関等への参加就職奨励

○日常生活での礼儀性規律性励行

四、財政

○支部援助金の統一化及び青年会活動に足る財政保証
○会費制度確立及び一律化
○青年会東京本部への分担金制度確立

五、その他親睦活動の積極展開

年頭にあたって

青年の使命に雄々しく 立向い栄光の年にしよう

去る十二月八日、青年会東京本部は第二回定期大会を終えて、新執行部のもと意欲的な活動を開始した。

年頭にあたって、青年会東京本部の新しい課題を提示しなければならない。

まず、ここで、過去二年間の青年会の活動を概観してみる必要があるだろう。

はじめに、青年会発足当時の本国の状況はどんなものだっただろうか。

当時、韓国側から提唱された南北赤十字会談、その後の南北共同声明などによって、南北の統一に光明を与えたのもつかの間、北の政治的エゴイズムによって急速に南北関係は以前の冷たい関係に逆行していた。ばかりか、北韓は継続わが韓国に対する武力挑発を行なって危険度を増大させていた。

在日同胞社会においても、朝鮮総連は北韓の暴力路線に迎合して民団破壊のっとり策動に総連組織の全力をあげて策動していたのである。

熾烈きわめた組織整備活動

一九七二年の四月には、民団中央はほとんど機能を停止し、麻ひ状態にあり、朝総連は狂奔して、北に、短時日内に民団は総連の指導下に入いることを報告しているほど、わが民団は危機的状況にあったのである。

青年組織自体も、一部の総連フラクに牛耳られた韓青、韓学同は誤った北韓偏重、政治組織に精落し、組織を極度に弱体化させていた。

このような時期に発足した青年会は、おのずと三つの集中的な重大課業を任って発場したといえるであろう。

三つの課業荷担って登場

まず第一に、北の反統一的暴力路線と平和攻勢のギマン性を暴露し、放棄させること、それはとりもなおさず、本国が国力を総動員して開した国づくり=セマウル運動に積極的に参与して、北の幻想を打ち破ぶることである。第二に日本において、朝鮮連の野望から民団を守り、早急に民団の機能を回復するばかりでなく、新たに民団組織を整備強化することであった。

第三には、前述の二つのことはなによりも、青年の若い機動力によってのみ実現されるという自覚と、青年自身にとって、真に民族主体的であり自立的、建設的青年組織および運動を創造しなければならないということであった。

概括的に言って、結成間もない青年会は、この要求に良く応え、多くの成果を残したと言えるだろう。

七三年七四年にかけてこのセマウム・シムキ青年奉仕団活動は本国や在日社会に大きな感動をよびおこし、本国建設参与を全民団的に展開する先駆けとなったことは言うまでもない。

民団組織整備活動においては、文字通り、青年会は全神経と全力を傾注して、総連フラクション=不純分子と時には流血事体を引きおこすほどのし烈な闘争を展開して、見事に民団を守護し、正常化の主動力になったことは、青年世代こそが、民団存続の主体勢力であることを内外に実証したといっても過言ではない

つぎに、青年会はさきの二つの重大緊要課業の成功におごることなく、青年自らの姿勢、あり方をも改善させる活動も果敢に展開してきた。ある意味では自らの体質改善が最も困難な作業であったとも言える。国史やウリマルの習得本名の常用などは当りまえのようで時間のかかるものであることを痛感したが、われわれは支部青年会々合の定期性という最も基本的な原則の確立から克復してきたのである。

成果ふまえてさらなる発展

このように、発足以来多大の成果を残した青年会には、反省点がないわけではないが、基本的には成果面をより推進させていくうえで改善できるものであることを確認しながら、今年度の課業を提起してみたい。基本的にはこの方向性は新年度活動方針に包含されているものである。

まず、最近、おどろくべき事実として公開された、北韓からの侵攻のためのトンネル事件にもあきらかなように北の脅威は日増しに増大し、いまや極限情態にあり、すでに戦争準備を完了して第二の6・25前夜にあると伝えられている。

われわれはこの北韓の独善と反民族的策動を座視するわけにはいかない。広く国際社会に北韓の不正義と危険性を訴え、万が一にも戦争が暴発することを阻止しなければならない。この警鐘は決してミステリーでも、誇張でもないことを認識しなければならない。

このことの最も現実的な担保はわが韓国が、急速な経済発展によって、民生の安定と民意の一致をもたらし、北韓につけいるスキを与えないことであることは多言を要しない。そのため、継続セマウル運動への参与が必要であるが、昨年のような鼓舞的運動にとどまることはわれわれにゆるされていない。実質的参与つまり、わたしたち青年の力が物質と動力的に表現されるような活動が企画され実行されなければならないだろう

セ民団運動はわれらの生命戦

このような活動が全在日同胞的に行なわれるためには、先行条件として民団組織が体質改善、強化拡大されねばならないことは、最近あらゆる関係機関や言論により指摘されているとおりである。

このような観点から、昨年十一月から民団東京本部を先頭に開始されたセ民団運動は、全民団的な集中課題であること、体質改善とは世代の交代であるということに異論はないであろう。

ここで、問題になっているのはこのセ民団運動の推進力はどの階層が荷担うのかという問題であるが、その果実性、創造性、行動性において、われわれ青年会が先鋒に立たなければならないことは自明のことである

求められる青年の結束

わが青年世代が、真に民団組織の後継者として登場するためには必然的に、自らのあり方と資質が問われることはまぬがれないことだろう。世界は資源こかつの宿命を前に資源節約に全力をあげ始めた。日本の経済が一ころの好景気を回復することは考えられず万年インフレへの道程にあるという。いま以上の不況が進めば、資本的にも、法的にも不安定にあるわれわれ同胞がまず日本社会からそ外されていくことは目に見えていることである。われわれには、無関心に代表される傍観者になるわけにはいかず逃避に見られる敗北主義にひたっているわけにも行かない。われわれに予想される状況を有利にみちびくため闘争できる青年こそが主体的青年であると確信している。

親愛なる青年会々員の諸君!

在日韓国青年に与えられた使命に雄々しく立ちむかい、新しい青年の雄姿と誇りある在日韓国青年運動の伝統を継承して、民族統一と本国の建設、在日同胞民団社会の発展と自らの解放をめざしてスクラムを組もうではないか!

一九七五年に新執行部は大いなる希望と幾多の試練に向けて始動を開始する。

青年会々員諸君の御多幸と絶ゆまない奮闘を祈って年頭のあいさつといたします。

各部ごとの楽しい活動を

会長 趙鍾日

第二期会長に選ばれて今はりきっております。第一期任員諸氏、結成大会以後二年間に亘る青年会をよくぞここまでやっていただけたと感謝しております。青年会の欠陥点は、大会での総括にもありましたように組織整備による活動により会員諸君の負担が強すぎた事に起因すると思います。そこでこれからは、組織面では未結成支部の結成強化及び既結成支部の会員倍化運動推進、宣伝部では機関紙・出版物等を通して在日韓国青年に対する偏見・差別意識、日本マスコミ偏向報道に対する是正を働きかけしていきたいと思います。文教部に関しては、文学関係・在日同胞青年に関するものを絶えず資料として保管し会員のようせいに答えられるようにしたい。このように女子部・体育部なども各部ごとの活動を強化させて行きたいと思います。

青年達が何を知ろうとし、何を求めているのかを絶えず観つづけ、それに対し先駆的に活動できうる青年を育てるのが青年会だと思います。青年会に出ると楽しい為になるという青年会に皆さんといっしょに造っていきましょう。

支部運営の一律化はかりたい

監査委員長 金昌世

第二期東本青年会において監査委員長に選出された事を光栄に思うと同時に微力ではあるが一生懸命にやって行きたい。

とかく青年会の監査機関はあってないようなものになりがちであるが、私共東本監査機関ではその役を果して行く方針です。監査機関の仕事は多種多様でたいへん分かりにくいがその一番目として東京各支部運営の一律制を持ちたい。つまり各支部によって青年会の運営方法が多少違っていて、ある支部では一年を役員の任期としたり、また他の支部では二年を役員の任期としたりしている。執行部の非主要部署では部長がいなかったりする支部も見受けられる。このように現在バラバラの支部は運営方法を東本に準じさせて行くつもりですのでどうか支部会員皆さんの御協力を御願い致します。

青年諸君の自覚作りを

文教部長 金性洙

今期の青年会は、学習する青年会にしたいと思います。私達は、私達自身が韓国人であることを今忘れようとしています。それは自らを「ニヒル」にする事によって、又すべての煩わしさから逃避する事によってです。

私達は自らを問い直し、また自らに素直であらねばならないと思います。学習する事はその自らを問い直すことから始まるのです。新執行部が、学習を第一に考えているのも私達が広い視野で物を見、展望を持って話し合える、そんな在日二世青年になりたいからです。文教部では、青年問題、祖国に関係する問題、在日同胞に関する問題など多くの資料を集め、各会員の多種多用な要求に答えられるようにしていきたいと思いますので協力をお願い致します。

参加が楽しい青年会づくりを

副会長 組織部長 尹仁道

新執行部で副会長兼組織部長に任命されたことを光栄に思います。第二期青年会東京本部執行部の課題は青年会未結成地区の結成と真に民族意識を培養できるような青年会造り、そして青年会対象者である一般同胞青年の発掘作業であります。何もない所から現在の青年会まで結成そして発展、拡大のため努力をして来た前執行部、青年会活動に理解を示し、支援してくださった諸先生方に対して敬意を表すと共にその精神と行動力を今後の青年会活動に継承させていきたいと思います。又青年を受け入れる側の青年会自体をなによりも楽しいものにし民族的自負心を高揚できるような条件を整え、青年を待ち受けたいと思います。改めて、各方面諸先生方に理解と支援、同胞青年に青年会参加を求めてあいさつに代えさせていただきます。

急がれる青年幹部の成長

副会長 黄昌吉

前尹隆道執行部は行動する青年会として多くの成果を残しました。中でも一昨年のセマウル青年奉仕団の本国派遣は、在日同胞社会にセマウル運動参与の契機を与えたばかりでなく、在日韓国青年運動に新しい方向性を提示し、青年運動の歴史に新しい一ページを加えました。二つ目には、青年会活動の原型を残した点も大いに評価することができます。

しかし、青年会々員の量的拡大は旧韓青よりも圧倒的に凌駕したものの、青年幹部の育成という面では少しもの足りなかったように思われます。

今後二年間、副会長として会長を助け、前執行部の成果面はより発展的に受け継ぎ、欠陥面はなんとしても克服したいと考えています。江東支部で始まっている"セ民団運動"を全支部に広めて行く上でも青年幹部の育成は緊急を用する課題です。会員の皆さんの協力をお願いします。

青年会新聞の定期化充実化を

宣伝部長 柳時悦

宣伝部の仕事は一つには対内的な宣伝啓蒙と他の一つは対外的な示威、宣伝活動にある。発足以来現在まで青年会が行なって来た多くの役割と実績に比してこの宣伝部門の仕事は系統的な機能発揮がなされていなかった。東京韓国新聞の一ページを借りて青年会の宣伝を行なったのが唯一の目に見えた実績であったと記憶している。東京の青年会が結成されて三年目に入った現在、大袈裟でなく在日韓国人社会の将来を背負っている青年会として、今までよりも内容の充実を計ることを迫られているのに、このままでよいはずはない。このため青年会では多様な出版宣伝活動はもとより、月刊の機関紙を出すことによってこの要求の一部を満たすことにしたい。従ってこの機関紙には韓国人青年達の一人でも多くの声が載せられることになるし、一人でも多くの同胞青年、同胞の大人達、また日本人までも読んでもらうことになるだろう。最後に皆さんの協力をお願いします。

大切な時期円滑な運営を

総務部長 李和江

このたび総務部長に抜てきされ総務一般を担当する事になりました。すでに実践行に移ってきているのですが、まだまだ未熟で今の私は青年会における自分の位置を把握する事だけでも精一杯、何よりもまず私に与えられた第一の課題は、青年会がスムーズに運営される様な体制を確立・保証する事が、私がこれから総務を担っていく上での基礎になるものと思います。今の青年会は一番大切な時期だと思います。去る、十二月八日の第二回定期大会を終えた現在、過去二年間の内に築き挙げられた数々の成果、並びに諸先輩方の苦闘と努力を考えた時、それらを無にしない意味でも、又青年会をさらに発展させるのもこれからの私達にかかっている事を認識して、活発な運動を展開し、より充実した格調高い青年会に推進して行く事が当面私達にかかる最大の課題だと思います。私も青年会の一員として、積極的にこれに従事し寄与したく決意しております。

民族舞踊、料理教室もりだくさんの女子部

女子部長 金英子

此の度女子部長に任命されまして責任重大だと感じております。今迄の青年会内では、私達女子青年会員は以外と忘れられがちな存在の様でしたけれど、これからはあらゆる面で女子の活動を活発にしたいと思います。

女子部活動方針としまして、文化・芸術活動を展開して行くつもりです。芸術関係では民族のすばらしき伝統を僅かでも身につける為に、古典舞踊・伽耶琴などを基礎段階から楽しみながら習得して行くつもりです。更に、文化関係として、韓国料理・手芸講習会も計画して行く予定です。この女性サークル活動を通して韓国女性の模範として行きましょう。是非共女子会員皆さんの御支援、御指導を切望する次第です。

スポーツで親睦と団結力を!

体育部長 文和彦

この度在日韓国青年会東京本部の体育部長という重責を任う事になり大変光栄に思っています。我々同胞青年は、日頃から仕事に追い回されて、身体を動かす暇もない生活を送っている人が大半だと思います。そこで、大運動会、又各支部対抗による各競技会の開催などを進めて行きたいと思います。当面はすでに何支部か設けられている野球部の設立を推進して行きたいと思っております。勿論女子部でも、何か球技部を作りたいと思います。従来のリクレーション的な物でなく支部別対抗のリーグ戦などを行ない、いずれは本国の国体にも出場できるようになりたいと思っております。体育部の目的はスポーツを通し、心身の健康及び、鍛錬を計る一方各支部間の会員相互の親睦を深め合いながら青年の持つべき団結心を養い一丸となり今後の青年会の発展に向けて行きたいと思います。韓国青年の皆さん、どうぞふるって参加して下さる様強くお願い致します。

交歓パーティー開かる 二五〇余名参加

十二月二十二日、東京商銀本店において青年会東京本部主催の交歓会が開かれた。パーティーは、李述哲君、金英子嬢の軽妙な司会により、午後五時より始まった。

バンドは早稲田大学のニューオリオンズジャズクラブなど2バンドが一気に会場を圧倒する。ひとしきりの演奏のあと、金英子女子部長・韓国で本格的に舞踊を学んできた金貞子嬢などの韓国舞踊やカヤグム・チャング演奏があり、十五分の公演が終るや、ヤンヤの拍手がわきおこった。第2部では最初はずかしがっていた女性も雰囲気になれるにつれて踊りだし心ゆくまで年に一度のダンスパーティーを楽しんでいるようだった。悪のり気味につくられた模擬店も意外と好評で売れのこったらどうしようという新宿支部の不安をよそに、パーティーの中ごろには早々と売りきれうれしい悲鳴、会場装飾に懸命だった者は、「キレイだったね」といわれてニンマリ。踊れずやや不満顔。クロークにすわった女性は充分に…会交歓クリスマスパーティーの夜はふけて行ったのです。

たのしくすべろう

今年二月中旬頃スキー同好会主催による、恒例のスキー教室を開催します。初心者の方には先生が付き親切に指導してくれます。ウインタースポーツの王者であるスキーをぜひあなたもやってみませんか! おおぜいの参加、歓迎します!!

一、主催 在日韓国青年会東京本部 スキー同好会
担当者 金性洙 (四三七)二〇〇五
一、湯沢スキー場 二月中旬(予定)

'75-成人おめでとう!

成人式のお知らせ!

今年、晴れて「成人の日」を迎えられる韓国青年男女の皆さん、心からお喜び申し上げます。さて、在日本大韓民国居留民団東京本部・在日韓国青年会東京本部では、成人として新たにスタートされる皆さんの門出を共にお祝い致したいと思います。ささやかながら記念品も用意して成人を迎えられる皆さん多数の参席をお待ちしております。

一、日時 一九七五年一月十五日(水) 午後一時より
一、場所 東京商銀本店七階
一、主催 在日大韓民国居留民団東京本部 在日韓国青年会東京本部 (二〇八)五一〇一
一、後援 駐日大韓民国大使館・在日大韓民国居留民団中央本部・在日大韓婦人会・在日大韓体育会

在日本大韓民国居留民団 綱領
一、우리는 大韓民国의 国是를 遵守한다.
一、우리는 在留同胞의 権益擁護를 期한다.
一、우리는 在留同胞의 民生安定을 期한다.
一、우리는 在留同胞의 文化向上을 期한다.
一、우리는 世界平和와 国際親善을 期한다.

2.1(土)
(1975年)
第16号
(昭和49年9月26日 第三種郵便物認可) 毎月1日発行

東京韓國新聞

在日本大韓民国居留民団
東京本部機関紙
東京韓国新聞社
発行人 金致淳
〒105
東京都港区芝公園2丁目2-17
電話 (03) 437~2001-5
振替貯金口座東京 157364
(一部30円)

実務指標
一、일하는 民団
一、親切한 民団
一、規律 있는 民団

維新体制是非と大統領信任国民投票

現体制維持を継続推進
朴大統領言明"信任問う"

朴正熙大統領は一月二十二日、特別記者会見を行ない、現行の維持体制の是非を問うための国民投票を実施することを明らかにした。朴大統領は、今回の国民投票の目的は維持体制の正しさを再確認するところにあり、同時に大統領に対する信任投票でもあるとし、反対者が多い場合は、いさぎよく大統領職からしりぞくと言明した。この決定は青瓦台で開かれた臨時国務会議でなされたもので、大統領はこの日国民投票の実施日時については具体的な発表はしなかったが、二月中旬頃になるのではないかとみられている。なお大統領は、北韓が武力赤化統一の野望をすてない限り、現維新体制は維持することが私の信念であると去る一月十四日の年頭記者会見で明らかにした。

朴正熙大統領

親愛なる国民のみなさん、わたしはきょう主権者である国民のみなさんに、いま一度重大であり、賢明な決断をうながすものであります。

わが大韓民国の国民はすぐる一九七二年十一月二十一日実施された国民投票によって、主権者の絶対的な決意として、安全と繁栄そして祖国の平和統一を指向する民族の切実な念願がこめられた現行憲法を確定し、国政全般にわたる一大維新の改革を断行するため新しい憲政秩序をこの国に樹ち立てたのであります。

いうまでもなく憲法というのは、その存立の基礎を国民の主権の決断にもとめ、その存在価値を民族の公益にもとめる国家の基本法であり、その時代、その社会の歴史的使命と理念を指向する国民意志の表徴としての表現であります。

したがって現行憲法とこれに基づく維新体制は、変転激動する内外情勢に能動的に対処し、あらゆる浪費と非能率を抑えて国力倍養を加速化し、これを組織化しようとする国政体制であり、われわれの歴史的現実にもっとも合致する、健全な民主主義の発展を可能にする憲政秩序であり、また六・二五動乱のような北韓共産主義者たちの南侵を未然に防止し、韓半島の平和を定着させることで平和統一の基盤を構築するための民族中興の意志なのであります。

そのためわれわれはすぐる二年のあいだ、この憲法秩序を維持しつつ、国力培養に刮目すべき成果をおさめたのであります。

けれども、すでに年頭でもかさねて説明した如く、いまわれわれは昨年に劣らない重大な難局につき当っているのであります。

石油波動にはじまる世界的な経済不況は、日がすぐるにしたがって深刻化しつつあり、これに加えて資源難は、資源保有国と消費国とのあいだに新しい緊張を生み出しているのであります。一方、国際政治情勢は強大国間の和解努力にも拘らず、局地戦争の勃発可能性は かえって増大しつつ あります。このような状況の中で北韓共産主義者たちは、われわれの生存と自由を抹殺しようとして血眼になっております。彼らは五千万民族の念願ではじめられた南北の対話を一方的に中断し、七・四共同声明を踏みにじったまま、韓半島の平和政策のためにわれわれが提議した、正当であり、しかも実現可能なあらゆる現実的な方案を、常套的な手段によって誹謗拒否しつつ、韓半島の赤化統一のための機会ばかりねらっているのであります。

われわれはこのような好戦的であり、教条的な極左冒険主義者たちの絶えまない赤化脅威の中で、国民の生命と自由を守り、分断された祖国の平和統一を模索しなければならず、一方では世界的な経済不況の中でも国民生活と国民経済の発展を継続して求めねばならないという難しい現実に直面しているのであります。

このように難しい状況の中で、われわれの生存と自由、そして平和と繁栄をわれわれ自らのちからによって確保する道があるとするならば、それはわが国民一人ひとりが各自の受け持つ職分に忠実であり、汗を流して働き、また働くことによってわが民族の偉大な底ちからを開発し、これらを一つにまとめて国民の総和として昇華させることのみであります。

いま多くの国々が世界的な経済不況と資源難のため飢餓と失業事態の脅威の中に苦しんでおり、ひいては先進国さえもこの難局に耐えることができず経済的にまたは政治、社会的に大きな混乱にあっていることを思うとき、われわれがこの程度ながらも国民生活の安定基調を維持しつつ、北韓共産集団の脅威に対処していけたのは、まさしく十月維新によってなされた、秩序があり、能率的な国政体制の中で、政府と国民が一致団結、汗を流して努力して来た結果であります。

われわれは東西古今どの国の歴史からも、国民の自制と団合されない努力なしに、放縦と分裂とで国難を克服したという例を見ることはできないのであります。

今日西欧社会の良識ある人たちは、複雑な現代的な危機状況を能率的に克服するためには、西欧諸国の現政治秩序も不充分な点が一つや二つに止まらないことを認め、いわゆる"西欧民主主義の危機"説まで出ているのであります。

そしてこれを克服する道は、ただ国民の節制と団結、そして指導者の指導力にあることを強調している実情であります。この点からしてもわれわれは維新体制の歴史的な当為性と現実的な不可避性を再認識せざるを得ないのであります。

国民のみなさん。

われわれが、北韓共産集団をして赤化統一の野欲を放棄させ、民族的な良心をとりもどして南北対話に誠意をもってのぞむようにすることで、平和的な祖国統一の道を求めようとするならば、なによりもまずわれわれ自らが総和維新によって固く団結し、一寸のすきも、浪費もなく、国力を培養して彼らよりもちからの優位を確保してはじめて可能なのであります。

そして国民生活の安定と国民経済の発展、また公益と秩序を先んじ、能率と秩序を尊重して政治、経済、社会、文化などあらゆる領域で安定を堅持し、政府と国民が一致団結して国力培養を加速化してはじめて成就されるのであります。

われわれが自由と民主を口先だけで叫び、その根本となる国力培養をおろそかにし、自由でない放縦、民主でない混乱を助長するならば、北韓共産集団は、好機とばかりわれわれの分裂と混乱のすきをねらって、赤化統一のためにあらゆる策動と挑発をより激化させるでありましょう。

そして国民生活の安定基調は破壊され、健全な民主主義の発展もまた期待することができなくなるでありましょう。それ故に、現行憲法とこれを基盤とする維新体制は、国難に処するわが国と民族が生きるための唯一な道なのであります。

にも拘らずいまわが社会の一角には、維新体制と現行憲法の撤廃を煽動し、憲法秩序を無視し、憲政の機能を麻痺させようと画策する人たちがおり、彼らは八・一五の蛮行と非武装地帯内の南侵トンネルを目の前にしながらなおかつ北からの南侵脅威はないなどと、無責任な言動をもって国家の安保さえも政治道具化して国論を分裂させ、社会混乱を助長させることで国民総和を阻害しているのであります。このような言動をそのまま放置するとすれば、国民の総和団結は破壊され、国力は分散弱化され、社会秩序の紊乱によって国民生活の安定基調と経済発展は阻害されてしまうでありましょう。

そしてわれわれの内部分裂と混乱は、北韓共産主義者たちのいわゆる"人民民主主義の革命"を助ける結果を招くことになり、北韓共産集団に武力南侵の機会を与えることで、その安全、それ自体さえ危険にさらす重大な事態を引き起すことになりましょう。

国民のみなさん。

このような諸般の条件にてらし北韓共産主義者たちが韓半島を赤化統一しようとする暴力革命路線を放棄させ、北からの脅威が完全に無くなるまでは、決して現行憲法を撤廃してはならないというのが、わたしの所信であります。

わたしは、むしろこの憲法を引きつづき守護し、維新体制をより発展させていかなければならないと確信しております。これが、わたしが大統領として、国家重要政策を樹立、執行していく国政の基本なのであります。そのためわたしは憲法第四十九条の定めるところにしたがって、国務会議の議決を経て、現行憲法を引きつづき守護しなければならないという、わたしの国家重要政策に対する国民投票を実施することにより、主権者である国民みなさんに、その賛否を直接問うことにする決心をしたのであります。そのようにして国論を統一し、維新体制の歴史的な当為性と国民的な正当性を再確認することで、国家を保衛し、国利民福を増進させねばならないという大統領としての責務をより誠実に遂行する決意を新たにしたのであります。したがって主権者である国民みなさんは、われわれの安全と自由平和と繁栄のために、現行憲法を引きつづき守護し、これを基調とする維新体制をより発展させていくべきか、さもなければふたたび混乱と退廃の古い体制にもどるべきか、今度の国民投票を通して明白にしなければなりません。

十月維新は、過去、自由と民主という名の下に恣行されていた放縦と混乱、無責任と非能率を除去し、国力培養を加速化してわれわれの歴史的現実と調和をさせ得る真正な民主主義をこの国に花咲かせるすばらしい改革なのであります。

それ故にわが国民は現行憲法をわが国の基本法と定め、民主的な節次によって政府を樹立したのであり、わが国民は各自の生業に最善を尽くしつつ、応分の自由を享有しているのであります。したがって社会を混乱させてまで、回復しなければならないような自由や民主が別にあるのではないのであります。

にも拘らず、社会秩序を破壊し暴力によって国家変乱と政府転覆を企図した犯罪行為を、さも民主回復であり、自由の如くに錯覚することは決して許されるべきではないのであります。憲法を誹謗する一部の人たちは、いわく民主回復とか、自由とかいったスローガンを掲げ、憲法さえ改正すれば、自主国防、自主経済も自ら解決され、一朝にして国民のすべてが暮らしよくなる如く、民心を眩惑させ、社会を危くさせながら憲政秩序の破壊を煽動しております。

しかしそのような事態がつくり出した国力の分散と浪費、無秩序と非能率が、果してわが国と社会にどれほど大きな害を及ぼしたかは、国民のみなさんがあまりにもよく承知していることと信じます。

政府のすることに対しては、その良し悪しを問わず、まず反対のための反対のみをくりかえしてきました。

韓日国交正常化を"売国"といい、国軍の南ベトナム派兵を"若者の血を売る"とまで極言し、ついには郷土予備軍創設を"政治的利用物"と隔れたのであります。

また国会では、少数の意見が通らないとして議政壇を占拠し、暴力で議事進行を妨害をこととしたのであります。そして選挙があるたびに無秩序と無節制の政治の渦の中で、甚しい国力の浪費と混乱、そして国民道義の頽落さえ招いたのであります。

国民のみなさん。

このようなことがまさに、現行憲法を反対する人たちが回復することを願っているいわゆる"自由"であり"民主"の実態であります。

われわれは決してこれらを正しい自由、正しい民主ということはできません。それらは名ばかりの自由であり、民主であって、その実は放縦であり、混乱であり、無責任なのであります。自由と民主は、いま憲法に反対している一部の人たちだけが持っている専有物や特殊な知識人ではありません。それはわが国民の誰もがいま等しく享有しており、また継続して推し進めなければならない普遍的な行動規範なのであります。

民主主義は少数意見を尊重するが、多数の意見によって決定するものであり、法律の範囲によって国民の審判に問い、その結果にいさぎよく服するものであり、自由と権利を享有するが、他人の自由と安全、そしてより大きな全体国民の自由と国家の安全を害わない範囲内で享有されるべきものであります。そのためにいまの視点で、われわれがまたもやその放縦と混乱、無責任と非能率に逆もどりすることは、国家民族の発展をさえぎる大きな誤りであり、民族史に一大汚点を残すものであるといわざるを得ないのであります。

そしてこのような政治風土の中では、誰がこの国の国政の任に当るとしても、正しい愛国愛族の経綸を所信をもってのばしていけるのは不可能であるといえます。それ故にわたしは、わが国が当面している今日の国内外の現実にてらし、北韓共産集団の戦争挑発脅威を断固粉砕し、韓半島の平和を定着させ、国民の生命と財産、そして自由を保全し、急変する国際情勢に能動的に対処して国家利益を伸張し、世界的経済不況の中でも国力培養を継続して、国民の安定した生活を可能にし、平和的な祖国統一の基盤を着実に築いていくために、現行憲法を守護し、これを基盤とする維新体制を引きつづき発展させていく方向で、国家の諸般の重要政策を樹立、執行していかねばならないと確信するのであります。

これが大統領としての職務を誠実に遂行する道であると判断したのであります。したがって、わたしは今度の国民投票を現行憲法に対する賛否投票であるのみならず、このわたし、大統領に対する信任投票と見做すこととしております。

国民のみなさん。

わたし個人は民族中興の歴史的使命のため、すでにわたしのあらゆるものを捧げました。もしわが国民のみなさんが維新体制の歴史的当為性を認めず、現行憲法の撤廃を願うとすれば、わたしはそれを大統領に対する不信任と見做し、即刻、大統領職から退くでありましょう。

しかし国民のみなさんが、現行憲法を引きつづき守護しなければならないというわたしの国家要請に賛成するならば、わたしはみなさんが信任と支持の中で、より誠実に国家と民族のために献身することを重ねて念をおすものであります。

親愛なる国民のみなさん。

今度の国民投票実施は、わが国家の運命を左右する重大な決断であります。われわれが対処しているこの国難を直視し、真摯にして賢明な愛国的決断を下すことを念願うのであります。

有難うございます。

一九七五年一月二十二日
大統領 朴正熙

「維新体制」国民投票を支持
民団中央本部が声明

民団中央本部は去る一月二十二日、朴正熙大統領が発表した維新体制信任国民投票案に対して、これを熱烈に支持するとの次のような声明を発表した。

一九七二年十一月二十一日、韓国国民は、「維新憲法」に対し、九十一・五%の賛成投票でこれを支持しました。このことは、激変する国際情勢に対処し、民族の生存と国家繁栄のためには平和的な手段に依る祖国統一達成と韓国的民主主義の確立以外に道はないと熱望して止まない三千万国民が下した歴史的な決断であったといえるものであります。

その後二年余が経った今日、維新体制のもとで遂行しとげた成果と発展様相を省みるとき、この「維新」に対する決断がどれ程賢明でまた適切なものであったかは今更に再言を要しないのであります。

先ず第一に、朴正熙大統領閣下を基軸とする効率ある国政体制は、北傀がこれまで企図して来た全ての南侵野欲を粉砕するにこと足りませんでした。国際連合の場においては国家地位を著しく高揚し、民青学連事件をはじめとするあらゆる形態の北傀武装ゲリラの国内侵透をもこれを粉砕し、また休戦線における地下トンネル事件の摘発など悪辣極まる北傀の南侵野欲も厳固な我が反共防諜の前には余儀なく撃破されたのであります。

第二には、自主的経済基盤が構築され、飛躍的な経済発展を成し遂げることに依って世界諸国に比べ高度成長率を示すことが出来たのであります。特に世界的な石油波動の影響下にあったにも拘らず去る七四年度では四四・一%の輸出伸びを確保しました。続いて八十年度には国民所得一千ドル、輸出百億ドルを確保することを目標としておりますが、七四年では既に四十七億ドル確定、七五年には六十四億ドル実現が確実なものとなっているわけで、"漢江の奇蹟"も漸く目前に見る日を迎えるのであります。

次に、我が民族文化をはじめ教育部門の活躍が自立ち、世界舞台への進出が日々に活発化して国家機運の栄えと共に目覚ましい展開をここに見るのであります。

またわれわれの後世を担う青年たちはスポーツ競技と文化活動を通じて世界の頂上に向って走りを続けており、韓民族の優秀性がいま国際的な脚光を浴びる中、広く知らされているのであります。

このような全ての成果と発展が今日にあるのは、わが国民が選択した維新体制から生まれて来たという事実を雄弁に物語る生きた証拠でもありましょう。最近国民の一角では憲法改正を叫んでおります。この一部の人たちは誤まった政権欲と自己欲求不満に浸って民族の遠大なる将来をも銘じずそのような行為に挑んでいるかと看做せざるを得ません。

海外に住むわれわれ在日同胞の多くは、民族の隆盛と国家の安定発展のみがわれわれの権益を自ら守り、民生向上に直結されるものであるという事実を骨髄深く銘記していることでしょう。我が在日四十万民団団員は、このたび実施される本国の国民投票に際して、維新体制だけが我が民族の富強と国家発展を保障し得る民主主義体制であることを再三明らかにして、国民の絶対多数がこの維新体制を支持することに依ってなお確固たる国家発展の成就を確信して止まないものとする次第であります。

一九七五年一月二十三日
在日本大韓民国居留民団
中央本部
団長 尹達鏞

挙団的に「セ民団」実践
維新体制支持も再確認
第103回関東地方協議会で 当面課題を論議

民団関東地方協議会（金致淳事務局長）は一月二十五日午後四時から熱海温泉ホテル「八景」で第百三回協議会を開いて当面の民団事業に関して協議した。今回の関地協は今年初の会合であるので一泊旅行をかねてもたれたもので、大使館、中央本部関係者に、関地協十二地方本部代表など五十名が参加した会議は三・一節記念行事、宣伝活動、「セ民団運動」の具体策などについて協議したが、特に一月二十二日に発表された朴大統領の維新体制に関する国民投票の問題にもふれ別項のような決議文を採択した。

去る一月二十五、二十六日の両日、熱海のホテル八景で関東地方協議会が開催され、「セ民団運動」に関する件、三・一節中央民衆大会、本国国民投票実施に関する態度調整等を議題とする当面活動を討議して、各地方本部がセ民団運動に総力をあげて取り組むことを申し合わせるとともに、国民投票に関する大局的見地に立った賢慧と歓迎の意を表明した決議文（別項）を採択した。

年頭に入って久しぶりに開かれた関東協議会であって、傘下各地方本部の三機関役員をはじめ、駐日韓国大使館から趙一済公使、東京韓国学校の呉指根校長などの来賓のほか、民団中央から尹達鏞団長、金仁洙副団長、呉敬福事務総長、朴炳憲監察委員、鄭、朴、両組織局次長など約五十名が参加する盛況さの中で開かれた同会議は、金致淳事務局長（東京本部団長）のあいさつに続いて金仁洙中央副団長（尹達鏞中央団長中途出席してあいさつ）があいさつし、駐日大使館趙一済公使からの来賓あいさつに続いて金事務局長の議事進行により真摯な討論の結果、次のような協議がなされた。

①セ民団運動推進に関して

鄭鳳基中央組織次長が昨年来中央組織局からのセ民団運動展開呼びかけの公文に基づいて、本年をもって創団三十年を迎えた民団としては、これまでの惰性から脱皮して、新風をもって組織の体質改革に取り組むべきだと強調し、具体的には各地方本部が組織の実態を正確に把握することによって、民団運動の推進態勢を整え、モデルとなるべき示範支部を選定し、班・分団組織の確立を当面の重点課業と述べるとともに、東京のモデル地区として、現在セ民団運動を積極的に展開して短期間に刮目すべき成果を上げつつある江東支部の例を上げて、団員間にセ民団運動参加への気運が高まりつつあることを指摘した。

補充説明に立った呉敬福事務総長は、これまでの民団が、正しいことを指示しても、実践が伴なわず、組織がマンネリ化して惰性的な活動しかできなかったことへの反省から、創団三十年を期して組織に新風をとり入れるべきセ民団運動を挙団的に展開すべきであると述べた。

金致淳事務局長も、セ民団運動は、組織の基本となるべき班・分団づくりを全国的に推進することにより、中央―地方本部―支部―分団―班に至る指導体系を確立して組織を整備することにより、能率的な組織運営をすることができると述べ、一例をあげて、ことし中に予定されている郵便料金の値上げも、班・分団づくりが整備されると、機関紙の配布を直接任することもできるので、料金値上げの打撃も受けないで済むと指摘した。

また、セ民団運動は中央指示によると余りにも盛り沢山のように見受けられるので、短期間の重点目標を設定して、集中的に取り組むべきだ、との意見も出された。

このような討議の結果、中央指示にもとづいて、各地方本部が独自の目標を設定して積極的にセ民団運動を推進していくことを申し合わせた。

②三・一節記念中央民衆決起大会開催の件

事務局の原案通り承認されたが、ことしは昨年の光復節行事で好評であった浅草国際劇場が開催場所となっているほか、注目されるのは民団内外の情勢から団員の奮気が望まれる時だけに今回の三・一記念行事が決起大会の形式をとることになった。

③国民投票実施に関する関東地協の態度表明

呉中央事務総長の朴大統領特別談話文朗読のあと関東地協としての態度表明の必要が会議され事務局側からその原案が発議されたあと、若干の語句修正を加えて十二地方本部団長連名で声明文を発表することを満場一致で採択した。

また、「我々在日同胞は本国における選挙権を持たないものの、民団幹部は今回の国民投票と維新体制に対する賛意を表明して積極的に本国を訪問して我々の考え方を伝えるべきだ」との意見も出され、中央本部に建議進言することが確認された。

④宣伝車巡回運行の件

東京本部が昨年十二月購入した宣伝車は現在、都内各支部管内を連日巡回して宣伝活動を行なっているが、各地方本部の要請があれば、地方出張の用意があるので、積極的に活用されたいと事務局側から申し入れがあった。

⑤三・一節記念式典参観母国訪問団派遣の件

本年は事情により一般団員の派遣団募集は行わず、各県本部幹部三名だけの派遣が中央から指示されているのでこれを了承する。但し記念式典参加とは別に母国訪問団で地方本部が独自に募集することができる。二十名以上の団体編成可能な地方本部を除いては、千葉県本部が訪問団を募集中なので、希望者がいれば、これに合流させる。

⑥セマウム、シムキ本国緑地化青年派遣の件

来る四月五日の植樹の日を期して本国での研修を兼ねて同胞青年を全国的規模で派遣するので、各地方本部は積極的に青年の派遣に協力する。

⑦その他

注目された意見として「来日する本国政界人について与野党を問わず、無責任な言動をする人士に対する、民団の断乎とした態度の必要性が痛感される」また特に「本国における与野党の争いを在日同胞社会に持ち込む野党系政治人の反省を求める」などの注目すべき発言などもあって、日本マスコミ界の偏向報道を利用した李竜雲手記などに関する痛烈なる批判に続き、民団財産の保全に関して、特に反民団不純分子の不法屈会占拠に関する早期解決への訴えなど長時間に亘って真摯な討論が行われた。

二十五日は午後六時半をもって一日会議を打ち切り、二十六日続開することにして、午後七時半から宴会に入り、関東地協の新年会を兼ねた和気アイアイたる雰囲気の中で心行くまで楽しみ、翌二十六日朝食後十一時まで会議を続開した後現地で解散した。

第103回関地協（於熱海ホテル八景）

国民投票に関する 決議文

去る一月二十二日、朴正熙大統領閣下は「七二年十月二十七日に裁定された維新憲法とこれに基づく維新体制に関する信任を問う国民投票を憲法第四十九条に依り実施する」と発表した。朴大統領は国民投票案を発表する中で、「国民の意思に依って現行憲法の撤廃を願うならば、これを大統領に対する不信任と看做して即刻大統領職から辞退する」と宣言した。

このことは最近本国で論議されている安保問題に関する国論の統一と、維新体制の歴史的当為性を全国民的次元で再確認し、ひたすら国家繁栄及び国民福祉増進に専念して止まんとする大統領の責務をより一層誠実に遂行するための決意であり、私達在日本大韓民国居留民団関東地方協議会十二地方本部は、第一〇三回関東地方協議会の名においてこれを歓迎する次第であります。

今日、我が国の現行憲法は一九七二年十一月二十一日に実施された国民投票で、安全と繁栄、祖国の平和統一を指向する民族の切実な念願に依り、投票者九十一、五%の圧倒的賛成を得て確定され、今日に至るまで激動する国内外情勢に能動的に対処しつつ、北傀の南侵を未然に防ぎ、平和統一の基盤構築で祖国の平和を定着し得る大きな成果を持たらしたのであります。

一昨年前の石油波動に依り、世界的経済不況が襲いまた局地戦争の勃発可能性ある国際情勢の中でも、われわれの生存と自由、祖国の平和と繁栄を、われわれ自らの力で成し遂げようとする努力をつづけて来た国民は、十月維新が適切なものであったと悟ったのであります。この維新体制に依って数々の混乱を押切って民族の底力を総和発揮しておられる朴大統領閣下の領導下で、国力培養を加速化、今日の歴史的な現実を調和させて来たのであります。

しかし、国民の一角で現体制を阻害せんとする行為は、国家民族の発展を阻害する大きな誤ちとしか見なさざるを得ません。

ここに海外に住む在日同胞、特に東京を中心とする関東地域のわれわれは、現在我が国が当面している現実を正しく直視することに依って戦争挑発脅威を粉砕し、私たちの生命財産を保障するためには微塵もこの維新体制をゆるがすようなことがあってはならないものであると確信する次第であります。

なお、急変する国際情勢に対処して、国家利益を伸張させ世界的経済不況下にある祖国の国力培養と平和統一の基盤を着実に構築させるには、現行の維新憲法守護の上で国家の発展を進めてゆかなければならないものであると思います。このような現実に鑑み、このたび二月中に実施される予定の国民投票は我が民族の明るい未来をつくる原動であることを信じて止まないのであります。

私たち在日同胞は、民族の繁栄と国家発展のためには維新体制のみが、より大きな成果を期待し得るという確信のもとに国民の賢明なる判断と、権利行使において、祖国の未来を燦爛たる光明を来たす新約を誓めここに決議するものであります。

一九七五年一月二十五日
在日本大韓民国居留民団
関東地方協議会

事務局長（東京本部団長） 金致淳
神奈川県地方本部団長 朴成準
埼玉県地方本部団長 李根
千葉県地方本部団長 曺允具
静岡県地方本部団長 康民善
三多摩地方本部団長 鄭鳳基
茨城県地方本部団長 裵永桓
栃木県地方本部団長 辛容祥
群馬県地方本部団長 魯徳文
長野県地方本部団長 李東富
山梨県地方本部団長 鄭鎮烈
新潟県地方本部団長 李元世

職員募集要項
●今春の新卒者及び既卒者（高校、大学、大学院）
●職種 銀行事務
●勤務地 新宿、上野、荒川、五反田、立川、錦糸町支店
●応募資格 韓国籍で国民登録完了者
●応募書類 履歴書（写真添付）
学業成績証明書
卒業（見込）証明書
●応募申込 本店総務部
●給与（七四年度実績）
大卒（男）……七五、〇〇〇円
高卒（女）……六三、〇〇〇円
※即卒者は年令経験により決定
外勤手当……三五、〇〇〇円
●賞与……年二回
●昇給……年一回
通勤費全額支給、独身寮社会保険、
福祉厚生施設完備

躍進する
東京商銀信用組合
東京都新宿区西大久保一—四四九
TEL (二〇八) 五一〇一

李竜雲の反民族言動を糾弾

不正蓄財者で軍籍剥奪

北傀の脅威ないとは笑止

韓国の元海軍参謀総長を名乗る李竜雲が一月十三日議員会館で記者会見し、韓半島において"北からの脅威はない"と言を弄したことは荒唐無稽以外のなにものでもない。彼は十数年前海軍参謀総長を勤めたことはたしかであるが、一九六一年不正蓄財のかどで断罪されており、その後はベトナム、日本をいききし財をなしており元韓国海軍参謀総長の名において今日の韓国を語るにふさわしい人物ではない。

"北の脅威"はさる十二月韓半島休戦ライン非武装地帯での北韓の地下コンクリート・トンネル構築を挙げるまでもなく、最近アメリカ国防省当局も韓国特派員とのインタビューに答える中で"北の脅威"の存在を強調している。彼の言動にまどわされることのないよう重ねて要望し、かつこれを強く糾弾するものである。

李竜雲の行状

元韓国海軍参謀総長の肩書をかざして李竜雲がさる十三日東京で記者会見し"祖国の将来を憂うあまり敢然と立ち上らざるをえない"という趣旨の声明なるものを公表したことは、彼の過去の行状をつぶさに知るものにとってはまさにまゆつばものであり、嘔吐を催おさせる。彼に一抹の良心が残っておれば、彼の名において出された"声明"――それが出された経緯は同記者会見の陪席者に限らしおよそ見当がつくが――を読み返して赤面を感じることであろう。

彼は"声明"冒頭において"私は早くから将官として韓国の建国と国軍の創設に参加し、生命をかけて国土の防衛のためにつくしてきたが、現役を退いて以来、ただ現執政者たちが、民族の利益を守る正道の政治をとるよう願い今日まで隠忍自重してきた"と自己を位置づけした。

彼のこと"自画像"は、まさに笑止の至りというべきであろう。彼は肩書をふりかざしているように一九五九年二月から翌年の一九六〇年八月まで海軍参謀総長として在職したが一九六一年の五・一六軍事革命後革命裁判所特別検察部によって、不正蓄財者として検挙、収監された。一九六一年十一月二十五日、革命裁判所は、李竜雲等十七名に対する特別法違反事件の公訴事実を発表したが、彼に関連するくだりは要旨つぎの通りである。

「前海軍参謀総長李竜雲(四二)はアメリカ訪問のおり海洋技術団長から相当額のドル貨を収賄したのをはじめ、経理局長、艦艇局長から収賄し、毎月生活費として四〇万(ファン)をもらい、機密費百五〇万(ファン)のうち五〇万(ファン)を横領することによって、都合七億七千三百七十六万一千八十八(ファン)を不正蓄財した」と。

彼の"自己主張"を論議するに先立ちその主張の偽瞞性を裏づけるためにも、いますこし彼の過去の行状をふりかえってみたい。北韓共産軍の南侵で祖国が風前の灯の如き危機に直面していた韓国動乱の時、彼はPF隊長として日本を往来しながら密輸行為をほしいままにしていたことは、当時の軍関係者で知らぬ者はない。海軍士官学校長の時は名誉職付処分、艦隊司令官在職中は、油類不正処分、参謀総長在任中は、軍需品処分など"清濁"とはおよそほど遠い不正行為の記録が目白おしである。

1967年2月大会を持逃げした李竜雲を探す債権者の広告

退役してからは、ヴェトナム戦争に韓国が参戦すると、いち早くサイゴンにわたり古鉄商をはじめありとあらゆる金儲けに手をつけ、あげくの果てには強制退去処分を受けている。ヴェトナム戦争終結後も日本とアメリカをまたにかけ財産づくりに奔走していることは、韓国人の間ではあまねく知れわたっている。

その李竜雲がどういうわけでか計り知れぬが「現役を退いて以来……今日まで隠忍自重してきた」からはじまる"声明"を発表するに至ったのである。彼の退役は公文書が明らかにしている通り不正蓄財の指弾を受けての不名誉退役である。彼の言動にだれが信をつなぎ耳を傾けることができるだろうか。

彼は"韓国政治史上類のない不正腐敗、暴圧独裁の非道極まりない圧政によって国民の窮状は今やまさに絶頂に達している"と主張した。果たして彼自身がそのように信じているのだろうか。百聞一見にしかずである。今日の韓国を訪れる大方の人々は内外の厳しい情勢のもとでも国造りにいそしんでいる若々しいエネルギーの発散と、それにもとづく日進月歩の実績を自認するはずである。

彼は、いやしくも韓国軍枢要の位置を一時であるとはいえ占めておりながら「北からの脅威はない」と言い張った。これとて彼自身そう信じての発言であろうか、そうではあるまい。ある特定政治勢力にあやつられての政治的な発言と断定できよう。

彼の野望は何か

北韓が虎視眈々韓半島全体の武力統一の機会を窺ってきたこと、いまもってその野欲を放棄していないことは、それこそ彼の表現をかりれば"国際社会の常識"ではなかろうか。北韓は一九六〇年にいたるまで第五列を思うままに浸透させ、韓国社会の政治的混迷を助長し、韓国が政治的に自壊するのを期待したものの如くである。しかし一九六〇年代に入って朴正熙大統領の指導のもとに政治体制を立て直し高度経済成長を成功裡に推進させると、北韓は武装ゲリラを大量に韓国に注ぎこみ、体制撹乱を企図した。

それも思う通りにいかぬと今度は韓国がイニシアティヴを執って提唱した南北対話に応じ韓国の国論分裂を画策した。北韓が南北対話いくばくもなく理不尽ないいがかりで南北対話に実際上背を向けるようになったのは韓国の維新体制のもとで国論分裂が意のままにならぬと判断したためであろう。いまは日本を迂回して韓国に対し浸透工作を企図しているのが現状である。"北の脅威"は韓国国民全体の実感である。韓国を訪問し休戦ラインを視察する機会を得た外国人もその実感をわかち合うことができよう。

彼は記者会見で昨年十二月韓半島西海での北韓による韓国漁船撃沈ならびに拿捕事件、つづく六月東海での北韓による韓国警備艇撃沈事件はともに韓国が北韓にしむけたものであると語った。

驚くべき発言である。同胞漁夫を北韓の地の果てに拉致させ、自国警備艇をすすんで水中に沈めさせるような自国政府であると主張する彼の狂態は、政治的にあやつられているのでなければまさに精神錯乱ものであろう。

国論分裂の策謀

彼のこのたびの身の振り方は計り知ることができぬが、記者会見の席に自民党A・A研の宇都宮徳馬議員が陪席していたことはその一端を窺う上に一助になろうと思われる。同議員が在日韓国人社会の反韓国的勢力と手を握って、一貫して反韓国的運動を推し進めてきたことはあまねく知れわたっている通りである。李のこのたびの言動が悪意的な政治的意図を含んでのことであることも指摘したい。

祖国の平和的統一を志向する一九七二年七月四日の南北共同声明が韓国政府のイニシアティヴのもとに実を結んだことは史実が明らかにしている通りである。韓国政府が南北共同声明の言葉な意にそむいているとか、世界中から孤立しているとか、はたまた韓国では特権階層のみが私腹を肥しているとかいう言辞は、冷静な事実に眼をつぶってのたわごととしか規定するほかない。韓国がめざましい経済発展をとげ、開発途上国のモデルと目され、国際社会での地歩を確固に固めていきつつあるのは大方の認めるところである。

彼は大韓民国国軍将兵が"民衆の側に立ち独裁の牙城をつき破るために勇敢に立ち上るように心から訴える"とぬけぬけと促した。韓国軍将兵で彼の言に耳をかすものは一人としていないであろう。自身は海外の地で身を安全に保ち海外の特定政治勢力と結託して"挙兵"を促し"内乱"を煽動する卑劣な言動が説得力をもちうるはずがないからである。

彼は"余命をかけて闘うことを声明する"といって"声明"なるものを結んだが、日本を一つの拠点として、日本の友好国である韓国での"政府転覆"を画策する政治活動を展開しようというのであろうか。祖国を裏切ろうというのであろうか。言語道断というべきである。

「朝日ジャーナル」「週刊ポスト」に抗議

李竜雲の記事で東本が…

民団東京本部常任委員一行は一月十八日に「朝日ジャーナル社」を訪れ、同誌一月二十四日号に掲載された李竜雲の手記が、朴正熙大統領を非謗した事実無根なものであることを指摘し、強く抗議するとともにその取り消し方を要求した。

また同じく一月二十三日には「週刊ポスト社」を訪れ同誌一月三十一日号に掲載された[illegible]氏(社会党代議士)と李竜雲との対談記事も、現政権本意に韓国問題を扱い事実を歪曲し友邦国および友邦国元首の名誉を著しく傷つけたとして抗議し、このような事実無根な記事を掲載することによって、韓日両国間の友好関係を傷つけることは好ましくないと厳重に警告した。

「李龍雲氏の手記掲載に対する」釈明

本誌一月二四日号に掲載した元韓国海軍参謀総長李龍雲氏の「朴大統領を糾弾する手記」について、駐日大韓民国大使館から、このほど本社に抗議がありました。

朝日ジャーナル編集部としては、手記の筆者李龍雲氏については、同氏が一九六〇年まで海軍参謀総長という韓国軍の要職を占め、現政府当局筋にも確度の高い情報を持っていると判断しました。同氏が日本にとっても大きな関心事である南北朝鮮の緊張にふれて一月一三日の公式記者会見でその見解を述べ、これが日本の各新聞に報道されたことも、この判断の参考であると考えました。さらに李氏の手記内容については、編集部は同氏に事実についての確認を時間の許す範囲内でただした上で掲載しました。

これに対して、韓国大使館当局者は李龍雲氏は単に在職中の不正蓄財事件で一九六三年八月まで服役に処せられそのあと軍籍から除籍されたことからも明らかなように、人物の点においてはなはだ信頼性を欠いていることを指摘しました。したがってまた、手記の内容は捏造された虚偽であること、国家元首と国民を意図的に冒涜し、また軍の存在根拠を否定するものであることと同時に、現韓国政府を危うくしようとする勢力に利用され、これを掲載した編集部の方針は結果的には韓国を破壊しようとするものに加担することになるから、言論表現の自由の問題とは異質である、との批判も受けました。

編集部はもちろん、寄稿である以上、李龍雲氏の内容がいかなる面に限っても完全に事実であると、一面的に断定するものでもありません。そのような意味で韓国大使館の抗議は考慮の価値あるものと判断しました。

なお、手記の編集部注のなかに、朴正熙大統領を肩書抜きで表記した一カ所があったことにつきましては、友好国元首に対し礼を失したものであり、手記の信憑性をとくに強調した部分とともに、考慮の行き届かなかったことをお詫びします。

しかしながら、もとより本社は、韓国政府と国民を故意に誹謗する意図など毛頭なく、将来ともに言論を通じて誠実な日韓の友好増進に資することを願うものであります。

(朝日ジャーナル)から転載

不純分子に強い姿勢

高昌寿ら三十六名を規約違反で除名

民団東本監察委員会発表

民団東京本部監察委員会(金栄洪委員長)は民団組織撹乱と反民団、反国家的言動で民団組織の宣言、綱領、規約に違反した行為を行なった者に対しかねてより審査を続けて来たが、このほど次の者らに対し厳しい懲戒処分を断行した。

懲戒公告

金栄洪監察委員長

当委員会は、一九七三年十二月四日に開催された在日本大韓民国居留民団東京地方本部第三十二回臨時大会以後に於て次の者らが、反民団・反国家活動を行なった事実について審査した結果組織の権威と規律を維持する為に、民団規約の定めるところに依り、これを処分することに決定したのでここに公告する。

懲戒事由

…年十二月四日の第三十二回臨時大会に於て誕生した民団東京地方本部の民団組織内での地位を非認し、その指示に服従せず、引き続き反民団・反国家的言動を継続することに依って、民団組織内に波紋を投げ、在日同胞社会に混乱を招いた責任は重且つ大であると断定する。これらの者が犯した数々の誤ちは組織内の規律を乱しただけに止まらず、日本国内にあって韓日親善関係にも少くない悪影響をもたらし、在日韓国人の名誉と権益を著しく傷づけた。

(二)ここに公告する被処分者らは、一九七三年九月二十一日に開催された民団の第二十二回中央委員会が、審議々決した左に掲げる敵性団体集団に加盟し、またはこ… 集団の主催する集会に参加し、または善良な団員に対しこれらの団体及び集団に加盟若しくは同調し、その主催する集会に参加することを煽動した言動は、組織の構成員として、組織の規律に従わなければならない義務を逸脱したものであると断定する。

(1)民族統一協議会
(2)民団自主守護委員会
(3)韓国民主回復統一促進国民会議日本支部
(4)鄭在俊を主謀者とする「民団東京本部」及びその機関紙「民団東京」
(5)金允鍾を主謀者とする「民団神奈川本部」及びその機関紙「民団神奈川」
(6)在日韓国青年同盟及びその機関紙
(7)在日韓国学生同盟及びその機関紙…

(三)ここに公告する被処分者らは第一項及び第二項で指摘した事由のほかに、朝総連と野合しその指示を受けて共同集会を開いたり、共同街頭宣伝を行なったりして反政府行為を継続し、民団の宣言・綱領・規約を犯した。

決定

除名

適用規約

民団規約第六十六条、運用規定第一条一項並びに三項、同第二条六項

在日本大韓民国居留民団
東京地方本部監察委員会

被懲戒者

◇李丁珪 一九一八年一月六日生 東京都練馬区栄町九 国民登録東東一三三三七号

◇李泰雨 一九三九年五月二〇日生 東京都大田区仲六郷一丁目一致へ 国民登録東東一二六九九号

◇田明祚 一九一九年四月八日生 東京都杉並区大宮前一ノ一二 国民登録東東六四四八号

◇趙鶴来 一九三二年一月四日生 東京都北区王子町二ノ二六ノ二 国民登録東東二一七三七号

◇朴才洪 一九二三年五月一五日生 東京都北区神谷一ノ六ノ一九 国民登録東東六七五七号

◇李幸子 一九二五年八月二三日生 東京都北区田端町六三二 国民登録東東三三三五号

◇李相連 一九三八年三月二八日生 東京都北区志茂二ノ一 国民登録東東五五一号

◇河兆建 一九四五年八月二〇日生 東京都北区田端町六三二 国民登録東東三三三六号

◇河完植 一九四八年四月二日生 東京都北区田端町六三二 国民登録東東三三三七号

◇河勲植 一九五一年一月二九日生 東京都北区田端町六三二 国民登録東東三三三八号

◇許政斗 一九二二年三月五日生 東京都大田区羽田六ノ二五ノ七 国民登録東東一二四七九号

◇黄一栄 一九三五年六月二二日生 東京都大田区西六郷四ノ二ノ七 国民登録東東一四三六二号

◇李長馥 一九一九年五月一五日生 東京都大田区西蒲田七ノ六ノ一〇 国民登録東東一四一四〇号

◇金如玉 一九二七年九月一七日生 東京都北区滝野川七ノ九ノ一〇 国民登録東東一四六二一号

◇梁判山 一九二一年六月二日生 東京都中野区野方二ノ六四ノ二 国民登録東東三〇二三号

◇呉光烈 一九三三年一月二六日生 東京都豊島区高田一ノ二六ノ三 国民登録東東四八六〇号

◇金徹洙 一九一七年三月二一日生 東京都大田区西蒲田八ノ二〇ノ一七 国民登録東東一〇六二六号

◇高昌樹 一九四六年一二月一八日生 東京都豊島区池袋本町三ノ三四ノ一六 国民登録東東一三六八七号

◇金康寿 一九四六年五月一三日生 東京都葛飾区東四ツ木一ノ二三ノ三 国民登録東東二六五五号

◇申鳳権 一九〇七年七月六日生 東京都葛飾区東堀切三ノ三〇ノ一四 国民登録東東六一〇五号

◇申道寛 一九一三年七月一五日生 東京都葛飾区堀切一ノ九ノ六 国民登録東東一七五四号

◇梁昌玉 一九二〇年八月一八日生 東京都葛飾区東四ツ木四ノ二八ノ六 国民登録東東九六一〇号

◇林季成 一九五〇年五月一六日生 東京都豊島区上池袋四ノ二三ノ一四 国民登録東東二五〇〇一号

◇高昌寿 一九二三年七月六日生 東京都北区滝野川七ノ九ノ一〇 国民登録東東一四六二三号

◇朴春子 一九二九年九月一三日生 東京都台東区上野一ノ二ノ一七 国民登録東東一三二九九号

◇韓之沢 一九一九年五月六日生 東京都荒川区荒川一ノ七ノ一〇 国民登録東東四一五一号

◇趙守連 一九一二年八月二六日生 東京都荒川区町屋一ノ二五 国民登録東東四一九九号

◇金東仁 一九二五年一月二〇日生 東京都荒川区南千住七ノ二九ノ二 国民登録東東三二〇一号

◇元万植 一九二三年九月三日生 東京都葛飾区白鳥四ノ一六ノ一九 国民登録東東六六一八号

◇姜道協 一九一七年九月二日生 東京都葛飾区堀切一ノ三三ノ二 国民登録東東一一九三四号

◇梁炳竜 一九四七年七月三日生 東京都葛飾区青戸三ノ二五ノ八 国民登録東東一一七六七号

◇鄭同例 一九〇八年三月五日生 東京都大田区南六郷二ノ一九ノ二 国民登録東東一五五一四号

◇申正意 一九四六年四月二四日生 東京都葛飾区堀切一ノ四ノ一七 国民登録東東一七六〇号

◇李鍾服 一九二三年一月二一日生 東京都大田区池上六ノ四一ノ七 国民登録東東一〇七六一号

◇李基重 一九一九年九月一〇日生 東京都世田谷区太子堂一ノ九五ノ一五 国民登録東東一九一六七号

◇金振玉 一九二三年六月二五日生 東京都足立区梅田四ノ三三ノ三 国民登録東東[illegible]号

特殊金属の売買は，専門の当社へ
白金・金・銀・パラ・銀タン・銀ロー張メッキ・接点・全含有物全般
ニッケル・ビスマス・セレン・カドミ
タングステン・モリブデン・コバルト
ハイス・ニクロム・水銀・錫・ハンタ
メタル・ステンレス・13クローム
13クローム・18 8ステンレス端板
其の他特殊金属一般
(03)741-3415~6・7887・742-8264
三敬金属K・K
東京都大田区大森東2丁目23番5号

◇春の韓国旅行ほど楽しい旅行はない
◇当社のサービスできっとあなたは満足するでしょう
◎海外旅行のことなら当社へ!!
◎スピード時代に相応しいスピード手続で親切に奉仕!!
朝陽観光株式会社
本社 東京都目黒区大橋二ノ二一ノ十四
電話(四六六)三一四一(代)
社長 金孔
(ソウル事務所) ソウル特別市鍾路区公平洞六八 司法書士会館七階
電話(七五)四一七七(代)

韓国民謡、踊りで東京の夜を彩る 豪華ショー!
国際クラブ 綸子
東京都台東区西浅草2-15-13
TEL (843) 3344~5
四季の味覚満喫、楽しさいっぱい、大小宴会も歓迎!
季節料理 勝山
東京都台東区西浅草2-15-15
TEL (844) 0029~1921
代表 李斉珩

1975年東京本部新年会盛況

五百名参加、熱気溢れる
セマウル団体賞の伝達式も

民団東京本部恒例の一九七五年新年会は、年明けの一月十日港区「八芳園」で開催されたが、参加者五百余名という東京本部始まって以来の盛況のなかで、参加者は新年を迎えた新たな心で互いに親交を深めながら歓談のひと時を過した。今年は各支部の役員にまじって、一般団員の参加者も多く、この東京本部の新年会は年頭の顔合せ会として、三十年来の恒例のものとして定着した感じを深くした。また、今年は昨年十二月に朴大統領から授与された「セマウル姉妹結縁団体賞」の伝達式をも合せて行ない錦上に花をそえ参加者に多大な感銘を与えた。

「セ民団運動」を精力的に展開中の在日大韓民国居留民団東京本部（金致淳団長）の一九七五年度の新年会が、一月十日正午から港区白金台の八芳園にて都内各支部の三機関役員、婦人会、青年会等の傘下団体をはじめ、上部機関の中央本部団長以下各役員、大使館関係、日本の国会議員関係者、日本の友好団体代表の参加を合わせ、その参加者五百余名を数え、盛大に挙行された。国民儀礼後、金致淳東京本部団長は次のように新年の挨拶をした。「現在、在日大韓民国居留民団組織を取りまく内外の情勢、環境等は必ずしも我々に有利に展開されて居るとは云えずその前途は楽観を許せない。我々は先輩達が血と汗で築き守り続けたこの組織を継続維持させ、強力に発展させなければならない。それには我々団員が、団結し現在進行中の「セ民団運動」を強力に推進しなければならない」と強調し、続いて「我々の日常の経済活動の中で特に我々組織が重点的に推進しなければならぬもう一つの課題は消費生活協同組合の組織及びその合理的な運営である」と強調した。

熱気溢れる東本新年会々場（於八芳園）

現執行部が結成後、初の新年会で内外の現執行部に対する関心とその期待度は当日の参席者一同の会話、来賓の祝辞の中でも随所に感じられ東京本部役職員一同は、その責任と任務の重大さに緊張感も新年早々新たなものを感じた。団長挨拶後、李禧浩議長代理、金栄洪監察委員長の挨拶に続き、中央本部尹達鏞団長、尹河珽駐日韓国公使、権逸韓国国会議員、野田卯一氏、吉川久衛氏、中山正暉氏等日本国会議員、久保木勝共連合会長、朴成準神奈川県本部団長の挨拶が熱烈に続いた。中でも日本国会議員の過去の不幸な出来事に対する率直なる反省の言葉が続き、これからの韓国と日本との友好関係を過去にとらわれず、精力的に前進しなければアジアの発展と平和は望めないと強調したのが、極めて印象的だった。

次に、昨年十二月十八日ソウル奨忠体育館で開かれた全国セマウル指導者会議で、朴正熙大統領からセマウル姉妹結縁事業の実績を評価されて授与された団体賞の旗織が、趙一斉駐日公使から伝達され万雷の拍手を浴びた。

駐日大使館趙一斉公使からセマウル団体賞を受ける金致淳東本団長

支部から新年会訪問 支部へ

一九七五年を迎え、都内各支部は新年会を通じて、団員相互の親睦をはかる多彩な催しものをしたが、今年は「セ民団運動」の成果著しく、各支部とも例年にない多くの団員が集り盛況を極めた。新春を飾る各支部新年会は年初に当って多くの団員が一堂に会し、親交を深め合う光景はほほえましいものがある。

江東支部
江東支部は一月一日午前十一時から同支部で新年会を開催した。同支部は「セ民団」運動の発祥支部で参加者四〇〇名

世田谷支部
世田谷支部は一月七日正午から同区内二子玉川「富士会館」で新年会を催し団員二〇〇余名が参加した。

文京支部
文京支部は一月八日午後一時から同支部事務所で新年会を開き婦人会員たちの手作りの料理を満喫した。参加者九十名

足立支部
足立支部は一月十一日午後一時から足立区産業会館で新年会を開催したが、三〇〇余名の団員が、参集して楽しいひと時を過した。

荒川支部
荒川支部新年会は一月十一日正午から同区東日暮里にある料亭「一竜」で開き団員一五〇名が参加した。

台東支部
台東支部は一月十一日午後一時から同支部会議室で新年会を開催し二〇〇余名の団員が参加した。

港支部
港支部で一月十一日午後六時から同支部会議室で新年会を開催したが、八十名の団員が婦人会員たちの手造りの料理を楽しんだ。

葛飾支部
葛飾支部では一月十二日午後五時から葛飾公会堂で新年会を開催した。この日は、新年会と併せて成人式、敬老会をも同時開催し三〇〇余名の団員が参加し楽しいひと時を過した。特に東本金致淳団長とともに参席した駐日大使館李戴東総領事は、大使からの贈り物を年長者たちに伝えながら温い握手を交した。

目黒支部
目黒支部は一月十二日目黒会館で新年会を開き九十名の団員が参加した。

中野支部
中野支部は正常化の会後初の新年会を一月十三日同支部事務所で開催した。通知書が郵便局の手違いで遅配になったにも拘らず、一〇〇名の団員が参集し、婦人会員たちの手料理を楽しみながら、新しい年を祝い合い、中野支部再建への意欲を確認した。

練馬支部
練馬支部は一月十四日正午から同支部事務所を新年会開き六十名の団員が参加した

品川支部
品川支部では正常化以来初の新年会を一月十四日正午から大田区「平和島温泉」で開催し二五〇名の団員が参集して盛大な会合となった。集った団員たちは品川支部の再建への固い決意を持って、楽しいひと時をおくった。

大田支部
大田支部新年会は一月十五日午後三時から同区「平和島温泉」で開いたが、三〇〇名の団員が参加して盛大な集りとなった。この支部は関泳相一派の策動する地区であるだけに、集った人々は不純分子たちに激しい憤りをぶっつけながらも楽しいひと時をおくった。またこの日成人になった青年男女には温い贈り物をしてその前途を祝福した。

江戸川支部
江戸川支部は一月十五日午前十一時から同支部会議室で新年会と成人式を開催し一五〇名の団員が参加した。

北支部
北支部は一月十五日午後三時から同支部事務所で新年会を開き一五〇名の団員が参加した。

墨田支部
墨田支部は一月十五日午後四時から新築間もない同支部会議室で新年会を開催した。参加者数一六〇名。

中央連合支部
中央連合支部は一月十七日午後六時から同支部事務所で新年会を開催し五十余名の団員が参加した。

豊島支部
豊島支部は一月十八日午後一時から新築間もない同支部会館で団員二〇〇名が参加して新年会を開催した。

板橋支部
板橋支部は一月十八日正午から同支部事務所で新年会を開催したが団員九十名が参加した

杉並支部
杉並支部は一月十九日正午から阿佐谷の料亭「ウケ川」で新年会を開催したが、一五〇名の団員が参加して新しい年を祝った。

渋谷支部
渋谷支部は一月二十四日正午から渋谷区宇田川町の中華料理店「獅子林」で新年会を開催した。参加者六十名

新宿支部
新宿支部は一月二十八日正午から商銀本店会議室で新年会を開催した。参加者六十五名

北傀、韓国非難放送を突然中止

一月二十八日のソウル放送によると、二十三日、休戦ライン全域で対南非難放送を再開した北傀側は、二日後の二十五日午前零時十分からこの放送を中止した。これは南北調整委員会の李東馥ソウル側スポークスマンが明らかにしたものである。

李スポークスマンは、「彼らの動静を注視しているが、これまで非難放送が再開されていないことからみて、北側はソウル側の非難放送中止要求を受け入れたものとみている」と述べた。

毎月定例集会 生活情報交換
荒川「町屋分団」で

民団荒川支部（李奇祈団長）管内の町屋分団（高昌運団長）では去る一月十八日、同町屋地域に住む団員たちを集め、新年祝賀会を催した。尾竹橋通りにある秀水園で開かれたこの日の分団新年会には支部団長をはじめ三十余名が参席して年初の初顔合わせと共に今後の分団組織活用、親睦強化などについて話合いを行なった。李斉祈分団長の提唱に依り、毎月第一日曜日を定期集会日と決め、団員相互の生活事業相談、国内外及び民団組織に関する幅広い情報交換などを行うことで意見一致。

江東支部ではじまった「セ民団」運動が日を追って広がりを見せているおり、同町屋分団の定例集会は今後荒川支部内の班組織の母体となって「セ民団」を展開する画期的な場になるものであると期待されている。

二月二日に初の定例集会が持たれるが、これを機に班組織が予定されることは確実なわけで、荒川支部内の既成十分団の下に今後班組織を置く。第一段階での町屋分団の活動は重要な意義を持っている。

季節風

◆光陰矢の如しとはよく言ったものである。正月も早や過ぎて二月になった。正月には始めに随分たくさん年賀状をもらったが、思いがけない友人、知人からのものもあって楽しいものであった。しかし本国からの年賀状を手にしては少々考えさせられるところがあった。◆と言うのは本国からの年賀状・クリスマスカードのその豪華なこと。これが国家再建の国からのものかと目を見張るばかりのものばかり。なかには洋服のポケットにも入らない位の大型あり、原色刷りのものありその多彩なこと、ちょっと東京ではお目にかかれないものばかりである。◆別に筆者は親切心で送ってくれた人に文句を言うつもりはない。しかし、もう少し考えなければならないのではないだろうか。わが国は万事につけもの不足な国、まして紙の原料であるパルプは全需要の一〇〇%を外国からの輸入に依るものである。とすれば、このような形式的なものに、多量の紙が使われることに、なんとなく痛ましさを感ずる。◆これは年賀状やクリスマスカードに限らずいささかモノを大切にしない形式的な風潮があるような気がする。◆例えば、本国から何かの視察団が来れば、これまた華やかなペナントを置いて行く。こちらからの団体が本国へ行くとこれまた豪華な記念品やペナントを呉れる。記念だからとは言え、欠張り無駄な感じがする。記念とはこのような品物の交換ではなく、むしろ心と心の交流にあるのではなかろうか。◆虚礼廃止と言う。願わくば今年年末から来年正月にかけての年賀状やクリスマスカードは質素なものにしたい。形式的なものにとらわれず、心と心が通じ合うものもあれば、質素なものであっても、決して礼を失することはないと信ずる。東方の礼国、旧態依然たる惑習では祖国再建への道は遠い、と考えるは筆者のみかな……。

左から朴宗熙第二班長、鄭万永分団長、金鏞泰第一班長、金光和江東団長

左から呂栄吉第一班長、金在洪分団長、李周伊第二班長

左から任点淳第三班長、全八千代第二班長、李桂元分団長、張相基第一班長、金光和江東団長

「セ民団」着実な成果
江東支部 七分団14班を組織
二月中に二分団10班を予定

昨年十一月に始まった民団江東支部（金光和団長）の「セ民団」運動は、役員以下全団員の熱意ある努力が実って、一月三十一日現在七分団に十四個の班が組織された。江東支部は昨年十一月二十四日の決起集会で第一次的に枝川、深川の二個分団を編成、「セ民団」の旗上げをしたが、それ以来、二十個班組織を目標にして組織づくりに取り組んだ結果、今後に予定されている二個分団、十個班編成が順当に進めば、江東支部管下の細胞組織は九分団に二十四班を擁する強大な支部組織として拡大される模様で、都内各地域から耳目をひいている。

この「セ民団」即ち班組織事業と組織発展にたずさわる部門の研修と合わせて、分団、班の当面課題としては先ず国語講習班を設けて、本国の実情や、内外情勢研修、生活情報交換など、効率ある末端組織の活動を展開している。

江東支部の分団、班編成は三月末頃まで一応完成した上で毎日定期的に集会を持ち、教養講座など修に取り組むものと期待されている。

江東支部のセ民団現況は、次の通り。

※既存分団

①塩浜分団（百五十一世帯、六〇二名）
分団長 金 費弘
副分団長 柳 再竜
副分団長 金 智栄
班組織は二月中完成、六個班を予定。

②潮見分団（十八世帯、八十七名）
分団長 鄭 甑金
第一班長 金 徹河
第二班長 文 徹竜
第三班長 鄭 珠植

③枝川分団（六十世帯、二九七名）
分団長 黄 外鐘
第一班長 高 五根
第二班長 鄭 煥基
総務 鄭 錫斗

④深川分団（四十七世帯、一九八名）
分団長 李 致熙
第一班長 金 晩
第二班長 金 明稔

⑤大島分団（三十三世帯、一五六名）
分団長 鄭 万永
第一班長 金 鏞泰
第二班長 朴 鍾熙

⑥亀戸分団（四十九世帯、二三四名）
分団長 金 在洪
第一班長 李 周伊
第二班長 呂 栄吉

⑦砂町分団
分団長 李 桂元
第一班長 張 相基
第二班長 全 八千代
第三班長 任 点淳

※今後組織される予定の分団

⑧豊洲分団（四十九世帯、一九四名）
⑨東陽分団（二十五世帯、九十一名）

民団東本で本国研修団
一三〇名の大型、二月五日出発

民団東京本部（金致淳団長）は二月五日から九日にかけて懸案の本国研修団を派遣することになってその作業に取り組んでいるが、一行一三〇名は二月五日午後一時三〇分羽田発KAL便で本国入りすることになった。

同本部がこの研修団を派遣することに着手したのは昨年十二月四日の支団長会議で決定し、その間本国関係当局との折しょうを続けてきたが、一月十日になって成案を得たものである。

この研修会の参加者は東京本部三機関及び各支部役員でソウルの文教部行政研修院で三泊四日に亘って学習することになった。

同本部がこのような大型研修団を本国に派遣することは、民団各級指導者の質的向上と合せて相互親睦を計る為であるが、とくに宿舎として研修院を選択したのは、従来のような方式ではなく、完全合宿でミッチリ学習する為であることは言うまでもない。

現在民団東京本部は「セ民団運動」を通じて組織体制の確立と組織に新風を送り込む整風運動を強力に展開し、各地区で着実な成果を収めていることに鑑み、その指導的地位に居る各級指導者の理論の向上と本国の実情を正しく把握し大衆をリードする者としての教養を身につけさせ、完全合宿という集団生活を通して相互の連帯感を高めようとするものでその成果が大いに期待される。

発表された日程に依れば研修団一行一三〇名は五日、六日、七日の三日は研修院で学習し、八日朝早く浦項工業団地へ向けて出発するが、その途中東京本部との姉妹結縁地である忠南相場里を訪問する。そして浦項地区を視察し慶州市で一泊、九日には蔚山工業団地を廻って同日午後釜山で解散することになっている。

一行のソウルでの宿舎は次の通り。

ソウル鍾路区三清洞二六 文教部行政研修院 電話七三－五九八三

東本ゴルフ会発足
総会で会長に鄭東淳氏を選出
第一回コンペ優賞、梁奉五氏

民団東京本部内にある東本ゴルフ会は一月二十八日に茨城県「取手新日本ゴルフ場」で発会の第一回コンペを開いた。

この日参加申込者十七名全員は指定時刻午前八時は同ゴルフ場に集合し、午前八時四十八分四組に分けてインからスタートし一ラウンド半回り午後四時ゲームを終了した。

そして午後五時からクラブ・ハウスの別室で発足総会を開いて役員を選出し会則を採択して午後七時半に解散した。

なお第一回のコンペでは梁奉五氏（東本監察委員）が、イン四〇アウト四七、イン四一の安定したスコアでトータル一二八、ハンデ一十六・八で初の優賞の栄冠に輝いた。またベスト・スコア賞は梁一氏（品川）がイン四三、アウト四一、イン四一のトータル一二五で獲得した。

この総会で選出された役員は次の通り

名誉会長 金致淳（東本団長）
会長 鄭東淳（〃常任顧問）
副会長 河徳成（港団長）
〃 梁基珠（大田〃）
〃 羅大燮（北〃）
〃 李禧浩（東本議長）

第一回コンペ参加者（於取手C．C）

韓国映画がモスクワへ

このほど明らかにされた韓国の文化公報部の今年度映画事業によると、韓国は今年七月初めにモスクワで開かれる国際映画祭への国産映画の出品を推励する計画である。すでに何人かの映画製作者は七月初めに開かれる予定のモスクワ映画祭出品をめざし、製作しているという。

衆議院議員 三池 信
東京都千代田区富士見二－一四－三
衆議院会館 一号館 七三〇号
電話 二六五－〇八九一番

参議院議員 安井 謙
東京都千代田区永田町二ノ一ノ一
参議院会館 七階 七三〇号
電話 五八一－三八四一番

山岸法律事務所
山岸 文雄
東京都千代田区丸の内二ノ四ノ一
丸ビル 三五四区
電話 二一一－八四六六番

山本不動産鑑定事務所
不動産鑑定士 取引主任者 山本武夫
事務所 東京都豊島区池袋三丁目一五七一番地
TEL〇三（九八二）四七五八番

東明興業株式会社
社長 朴 魯文
東京都世田谷区砧八－七～十六
TEL 四一五－二一八一

「洋装生地」
株式会社 丸南
代表取締役 鄭 南采
渋谷駅前 (461) 一七一五

選ばれた味 選ばれたプレイ
そして選ばれた ムードいっぱいで
純喫茶「皇城」
代表者 方 利俊
「新宿ピックペック」ビル
新宿区歌舞伎町十七
TEL（二〇八）九五〇一

高見製鋼株式会社
代表取締役 高見 進
本社 東京都江東区東砂五－一三－一六
〒一三六 電話 六四六－二五八一（代表）
営業所・工場 東京都江戸川区小島町二－一七〇五
〒一三二 電話 六八〇－五一五一（代表）

新時代に正しく対応する民族の旗手たろう

青年会東本セマウム・シムキ募金活動開始！

―青年奉仕団　東京で100名　全国から300名―

東京 韓国青年

在日韓国青年会 東京本部
会長 趙鍾日
住所 東京都港区芝公園2-2-17
電話 437-2002

一、われわれは、大韓民国の国是を遵守する。
一、われわれは、在日本大韓民国居留民団の宣言と綱領を守護する。
一、われわれは、在日本韓国青年として心身を鍛錬して、教養を向上させ、祖国の平和統一課業に献身する。
一、われわれは、在日本韓国青年の矜持を堅守し、在留同胞の権益擁護に先鋒的役割をする。
一、われわれは、在日本韓国青年として有邦青年と親善をはかり、真正な世界平和に寄与する。

開発途上、試練期の本国
望まれる国難意識と国民的建設への参与

在日韓国青年会東京本部は一月二十八日午後七時から本部会議室で座談会を開き当面の諸問題について意見交換をした。

この座談会では、特に四月初めに予定されている「六十万のセマウム・シムキ運動」の一環として行なわれる青年奉仕団の派遣問題について真剣な討論が交された。

出席者
金昌世（荒川）
文和彦（荒川）
明幸浩（足立）
金性洙（江東）
李陽子（新宿）
尹仁道（東本副会長）
趙鍾日（東本会長）
司会　東京本部宣伝部

司会　新聞を見ましても石油問題に端を発した世界不況が長期間続きそうです。この不況は祖国の経済建設にとって非常な試練になると思いますが？

尹　最近の世界的不況に関しては、いろいろな事が日本の新聞などでも言われていますが、韓国にとって何よりも深刻なのは資源がないということだと思うんです。

特に先進国と開発途上国という二つのタイプで分けられていたのが、先進国の中で資源持てる国と持たざる国、途上国の中でも持てる国と持てない国という四段階があるように言われていますね。韓国は、後者の持たざる国に属してしまうわけですからね。

金性　そうですね。資源と高度な技術を持たないという事は、大変なハンデイですね。祖国で行なわれている経済建設にしても中進国に近ずきつつある状態になりつつありますが、急激な経済成長で問題点もたくさんでてきていますからね。

趙　僕は、もう一つ見逃せない事があると思うんです。よく言われることですが、休戦線を境として百万以上もの大軍が対峙している事実ですね。この軍隊で使われる費用は、国家予算の三〇パーセント以上だと言われています。

この不況下において、財政が国家建設に回されないというのはすごく痛いと思いますね。北が行なっている一連の対韓トンネル事件や金日成が農業者大会で盛んに強調した戦争準備の強化などは、韓国を国際的孤児にしようとたくらんでいるように見えますね。

金昌　私は韓国で最近民主回復国民会議という組織を作って一部の人達が憲法改正・朴大統領退陣要求をしているけれども、果たして韓国に今まで彼らがいう民主々義が存在していたかと疑問に思う。もう一つ、憲法改正を行なえば民主々義ができるというのは、欺瞞的であると思う。経済的不況・北からの脅威があるのに憲法を改正するだけで民主々義が確立するというのは、霞を食べてお腹が一杯になるということと同じ論理だ。

尹　なるほどね。祖国が国難に直面していることが良くわかりましたが、それにしては日本に居る同胞青年達は無感心過ぎますね。同胞社会もピンチに陥っているのであせりを感じますね。これからは日本経済の成長が期待できないし、逆に経済の行きづまりから同胞が最初に日本社会から疎外されていくのを気がつかないでいます。

明　一九七三年と一九七四年に民団東京本部で「六十万新しい心を植える運動」を行ないましたね。私達在日同胞が一致団結して祖国建設に参与するなりして同胞の連帯感を確認していかねばならないと思います。

趙　在日同胞が現在のような大きい苦難に直面した今一緒に民団の原点を確認して共通点を出していくならば、青年達が祖国建設事業に参与することが韓国建設全体から見て殆んど微々たるものでも青年には、非常に大きなものが残ると思いますね。その運動の一つが、苗木を持って青年達が祖国に奉仕しに行く緑化運動であると思うんです。

文　やはり国に行ったことのない青年達が苗木を祖国の山野に植える昨年までは一日しか植樹できなかった。どちらかというと、宣伝的意味が濃いと思います。でも、十年二十年後子供を祖国に連れて帰った時、「アボジが緑化運動できてこの木を植えたんだよ」とはっきり説明できるような青年達を作るべきだと思いましたね。

急がれる南北関係是正　いまこそ国論の統一

李　セマウル運動というのは、祖国の農村が自助自立精神によって近代化を推し進める運動だと聞いた事があるんですけど、緑化運動はその中での一つの運動の形だと思います。私は七三年の青年奉仕団に参加しました。でもその時の気持ちは、祖国の山野の写真を見ると非常にはげ山が多いんです。なぜはげ山が多いのかを聞いてきれいな国土の方が美しいし自慢できるということから参加しました。

尹　私は李嬢の言うことは大変重要だと思うんです。アボジによく昔の韓国の山は緑がたくさんあって鳥や鹿などの動物がたくさんいたというんです。私達にしたってはげ山よりは緑の方がどれだけいいかしれない。このように考えるのが自然であると思えんですが、どうも青年がストレートにこういうことを考えないでやたら理くつをつけたがる。私は国の山がはげているから緑を植えよう、同胞の青年も奉仕団を作って苗木を持っていこうという同胞の総意が七億ウオンというお金を集めることができたと思います。だから、過去二年間は、私達の緑化運動は宣伝・啓蒙運動だったんです。祖国に緑を植えましょう、同胞一人が一本ずつ六十万本を持って行きましょうというようにですね。でも、三年目を迎えた今年はこれではいけないという気がしますね。

金性　緑化運動奉仕団を最初に派遣した時に一日だけ木を植えるのではなく故郷の村などに入って一週間なり一ヶ月間なり共同生活をして建設に参与し又祖国を知ろうということが話されていたけれど、どうしても青年奉仕団の祖国での参与の仕方が現実には限られてしまうと思う。だから一歩進んで青年達が祖国に苗木と青年奉仕団を送る場合、祖国に一度も行ってない人を参加させるとか考えて行くべきだと思う。

明　祖国に行く前、日本においても支援を呼びかけたり宣伝して行くことによって同胞家庭に最近の本国に対する意見などいろいろの事がでてくると思う。その事も大切な気がするね。

趙　今の皆さんの意見を聞きますと緑化運動の青年奉仕団は現実にどうしても制約があるからその運動の主旨を進めるためにも日本でその準備段階として戸別訪問、募金運動・アルバイト・廃品回収等をして青年達の自主的・自主的な活動を企画の段階から一貫して行なおうということだと思います。

文　その通りです。そして、今は企画立案から財政の問題まで含めて緑化運動募金活動を二月三日に進めていったら良いと思いますね。来年はもう一歩進めて行くという風にですね。

生活観の転換を　むかし消費、いま節約

金昌　しかし、財政を集めるということは並大抵じゃできないと思いますね。しかし、この運動を推進した結果を考えるならやりがいがありますね。

明　足立支部では、八百世帯以上もの民団々員が居住しているんですが、支部でどうしたらこの運動を進められるかをすぐ支部で具体的に進めたいですね。

尹　この運動にもっと多くの青年が参加して韓国青年の自覚が生まれるなら民団の後継者問題など

力で資金を作ったらいいと思いますね。アルバイトをするとか、勤労青年は小遣いを貯めてセマウル緑化運動奉仕団募金にする方法もありますね。

金昌　でもそれは微々たるもんよね。月に二千円ずつ貯めても年に二万四千円、百名で二百四十万円にしかならない。百名もの青年が現実に毎月一生懸命貯めても二百四十万円だからね。

李　確かにその通りですが、もう一歩進めて青年達が一方ではアルバイトをしながら、もう一方では同胞の各家庭を回って主旨説明をして支援をお願いして歩く。

金性　それはいいことだ。各家庭を戸別訪問して歩けば同胞家庭の状況も調査できるし、青年との意見交換もできる。各家庭とも「六十万新しい心を植える運動」を大低知っていると思うんですけど、青年達が一軒ずつ回って募金はむずかしいことでなくなりますね。この運動には、民団々員アボジ・オモニの大きな協力がなければできないですね。民団などの関係機関もですが。

趙　その通りです。又、動く主体である青年には、奉仕青年基金として協力を要請して行くべきだと思いますまず青年から参加の呼びかけと協力をお願いすべきでしょう。又、私達青年会々員がアルバイトなどを率先して行ない同胞青年の模範とならねばならないと思います。

司会　今日はどうも有難う御座いました。

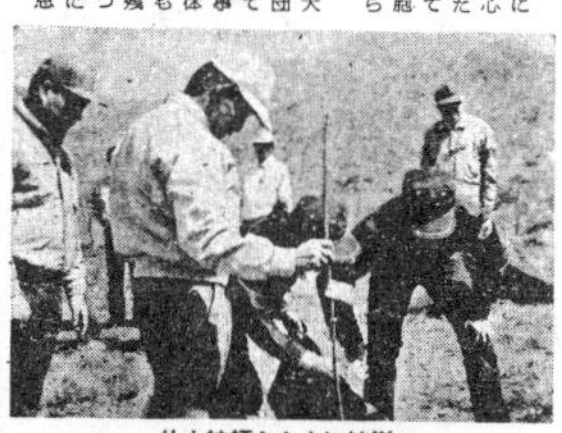
朴大統領とともに植樹

ここにもやがて緑が！

決意もあらたに成人の門出

記念品贈呈

'75成人式盛大に開かる　晴れて成人、一五一名祝福さる

さる一月十五日午後一時から、東京商銀本店大ホールにおいて新成人百五十一名と民団来賓、婦人会、青年会員約百余名参席のもと東京本部主催の成人式が盛大にとりおこなわれた。

式は一部、二部に別れ一部では国民儀礼、韓国での出来事や紹介をかねて公報館提供のフォード訪韓の模様を撮影した「血盟の友情」を上映しついで金致淳東本団長が新成人に祝辞を述べた。このあと尹達鏞中央団長、呉培根韓国学校々長の祝辞があった。そして韓日祭典の記念品授与などにつづき答辞が行なわれた。

特に式の中で金団長は「私達が築いてきた民団をより効率的にし、青年に贈るため『セ民団運動』を開始しました。青年もこの運動の隊列に積極参与して共に新しい民団を築こう」と述べた。祝辞に対し新成人代表として金栄子さん（墨田支部）が「祖国と離れていても立派な韓国人として祖国い」と民族の明日を担う決意が力の建設と、民団近代化に参与した強く述べられ関合入る同胞たちに深い感銘を与えていた。

また多くの成人は初めて体験した国民儀礼にとまどいながらも、このような式典に参席することによって自分も民族の一員であることを強く自覚していた。

二部では記念撮影の後、新成人を祝福する為婦人会によるコーラス、青年会舞踊部による民族舞踊が披露され一部、二部まで約三時間余りの成人式を盛況裡に終えた。

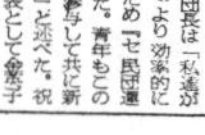

陸士の華麗なパレード

美しい山河のねがいをこめて

週刊ポストに抗議続く

一月二十日午前十一時、週刊ポスト（小学館発行）がある竹橋の広瀬ビルへ約五十名にのぼる民団役員・婦人会・青年会の人達が抗議を行いました。週刊ポストが元韓国海軍参謀総長李竜雲と社会党国会議員曽氏の対談をのせた特集記事が国家元首に対する「ひぼう、ちゅうしょう」であり、いちじるしく韓国の威信を傷つけたからであります。民団東京本部及び青年会では、李竜雲という人物に対して「朝日ジャーナル」「週刊女性」などにも見られる対韓国偏向報道があいかわらず日本マスコミの間で是正されていないからです。週刊誌三誌の場合を見ても、李竜雲という人物を見た場合、彼が一九五九年の現役当時、アメリカ援助による軍需物資の横流しを行なっていた人物であり、又、そののち韓国において軍籍を剥奪され、ベトナム・日本・米国等を渡り歩く国際サギ師となりはてた事実を調べようともしませんでした。

以上のように、週刊ポストの例などにも見られるように韓国は悪であり北は善であるという近視眼的思考は直っておりません。民団東京本部は、日本マスコミの姿勢を正す為、週刊ポストに謝罪文を要求し、これを貫徹して行く覚悟です。

祖国の山野に緑のこころを

―100名青年奉仕団募集―

米国や日本、ECなどにも大きな打撃を与えた石油危機と世界不況は、資源に乏しい日本などにくらべ技術水準も今一歩の開発途上である韓国に国難ともいうべき打撃的な影響を与えています。加えて、北からの脅威が日増しに増大しつつある現在、韓国は一層苦境に立たされているといわざるを得ません。したがって、いまこそ民族が一丸となって国際的不況を乗り切るため南北が世界の潮流に正しく対応することが必要であり、特にわが韓国は、昨年までの八・二%の経済成長を維持するためにも、国論の分裂を避け、国民のすべてが経済建設に全力を結集させねばなりません。また、在日同胞の場合を考えてみても、日本はすでに高度成長の政策を捨て、節約を呼びかけていますが、日本の経済がひと頃の好景気をとりもどすことは不可能です。日本の経済が今よりも悪化すれば、まず最初に在日同胞がその影響をうけるのは自明のことです。私たち在日同胞が外国人として、完全に保証されるためには、本国の安定と発展にあることはいうまでもなく、私たちは、祖国発展への一体的参与が、同胞社会の安定と発展に直結するものであることを強く確信しています。このような認識にもとづき、私たち青年会東京本部は、一昨年東京本部が提唱して開始された「六〇万のセマウム・シムキ（新しい心を植える）運動」を今年も展開することにいたしました。今年は特に、例年と違って青年自らが、企画から基金集金まで全面的に担当しようと"大決意"をしたこの運動を推進することになりました。廃品回収、アルバイト、募金活動、それらはまた、日本で生れ育った祖国を実感できない私たち青年が、祖国を身近に、自己のあり方を見定める運動でもあります。東京に在住する同胞青年二世のみなさん、この運動に参加して祖国の山野に木を植えようではありませんか?、祖国の現状を自分の目で確かめ、私たちの生き方をさぐり出そうではありませんか、本国の同胞の青年学生に会って、祖国や私たちの未来を語りあってみようではありませんか。

募集要項

一、期間　四月一日〜十二日（予定）
一、募集人員　百名
一、対象　十八歳〜三十歳
一、参加費　二万円（特典　参加者は旅券申請費用全額免除）
一、申込み期間　二月十日〜二月二十八日
一、申込み先　民団各支部及び青年会
一、活動内容
①植樹及び学習（三日）
②産業施設視察（一日）
③前線部隊慰問（一日）
④国立墓地参拝及び顕忠祠見学他（二日）
⑤自由時間（四日）

詳細は青年会東京本部まで
TEL（四三七）二〇〇一〜五

白い雪と楽しい仲間

青年会東京本部スキー同好会では、今年もまた、雪山が好きな者、スキーが好きな仲間、仲間たちと語り合うことの好きな青年同胞たちが集って、われわれ"仲間の宴"宇理山荘"でスキー教室を開催し開きます。スキー経験は問いません。どしどし参加して下さい。

募集要項

一期間　二月十五日〜十八日（三泊四日）（車中一泊）
二場所　宇理山荘（新潟県越後湯沢TEL〇二五七八―四―二七三〇）
三参加費　八千円（宿食代、リフト代別）
四交通　上野駅発夜行列車（詳細は追って通知）
五申し込み方法
ハガキ、又は電話にて
住所・氏名・年齢・電話番号・スキー（貸スキー、宇理山荘は一日千二百円・他は二千円）の有無を
東京都港区芝公園二―二―十七（〒一〇五）青年会東京本部スキー同好会まで（四三七―二〇〇一）

あなたも踊ってみませんか

舞踊サークル発足のお知らせ

東京本部青年会舞踊部は、まず民族芸能を習得することによって、民族意識の[illegible]本に住む私達同胞二世三世の青年は[illegible]ん。そのような意味からして、私たち[illegible]知識を広め意識を高める事が目的で[illegible]この機会に、韓国舞踊を練習しようと思います。当面、女子部サークルとして[illegible]って、基礎段階からスタートして[illegible]振り付けもし、また、創作研究など[illegible]みながら民族芸能に親しんでいき[illegible]に観賞してもらうのも大きな目標の[illegible]

募集要項

一、練習場所　東京本部[illegible]
一、日時　毎週[illegible]
一、対象者　各支部[illegible]
一、講師　[illegible]
一、申込み先　東京本部[illegible]
一、主催　東京本部[illegible]

在日本大韓民国居留民団 綱領
一、우리는 大韓民国의 国是를 遵守한다.
一、우리는 在留同胞의 権益擁護를 期한다.
一、우리는 在留同胞의 民生安定을 期한다.
一、우리는 在留同胞의 文化向上을 期한다.
一、우리는 世界平和와 国際親善을 期한다.

3.1(土)
(1975年)
第17号

東京韓國新聞

在日本大韓民国居留民団
東京本部機関紙
東京韓国新聞社
発行人 金致淳
〒105
東京都港区芝公園2丁目2-17
電話 (03) 437-2001-5
振替貯金口座東京 157364
(一部30円)

実務指標
一、일하는 民団
一、親切한 民団
一、規律 있는 民団

国民総和土台に挙国政治体制

信任投票には勝者も敗者もない

朴正熙大統領、特別談話で強調

朴正熙大統領は二月十三日、国民投票の結果について特別談話を通じ国民の信任に対し感謝すると共に、国民の意志を尊重しつつ国家安全と繁栄の為に努力することを明らかにし、またこの国民投票には勝利者も敗北者もないことを強調すると共に、国民総和を土台に挙国政治体制を堅持することを国民に訴えた。

維新体制支持へ国民の審判

朴大統領の指導で国家建設

投票する朴正熙大統領と令嬢

……することによって……に固めていくことが……契機が得られたの……後のわれわれの任……な契機を決して空……くこれを国家発展……動力として生かし……ります。

私は、このたびの……確認された国民的……て今後国民総和を……的政治体制を発展……りましょう。そし……国家の安全保障を……せ、現下の経済難……生活の安定をもた……

……のみなさん！　われわれはなによりも先……われわれは……一九七五年二月十三日

維新体制積極支持とセ民団運動強力推進

東本、国民投票結果で歓迎声明

一九七五・二・一三
在日大韓民国居留民団東京本部
団長 金致淳

3・1節記念辞

永遠の民族的脈搏

団結と独立精神は今日的当為

駐日本国大韓民国特命全権大使 金永善

金永善大使

第五十六回三・一節を迎え、親愛なる在日同胞のみなさんとともに、この意義深い民族的式典が年々歳々、新しくわれわれに語りかける"呼び掛けの意味"を汲みとり、明日への進運に資したいと思います。

いまを去る五十六年前のこの日、わが民族指導者三十三人は「独立宣言文」を通し、わがくにが"独立国"であり、わが民族が"自主民"であることを広く中外に闡明いたしました。この独立国であり自主民であらんことは、わが民族の永遠の指標であり、その意味づけは常に新しくあらねばならぬと、私は確信いたします。

真に独立国であるためには、それを裏付ける力がなければならず、真に自主民であるためには、その力を真にその力とならしめる誇り高い矜持が培われねばなりません。

われわれは、この信念のもとに不退転の決意で国造りにいそしみ、六二年から七三年の十年間、年平均九・六パーセントの高度経済成長を持続させ、祖国近代化の基盤を固めてまいりました。オイル・ショックのマイナス要因がもろに重なり合った七四年度においても、われわれは八・二パーセントの高度成長を達成しました。この実績と、これに裏付けられた自信と矜持は計り知れぬわが韓民族共同の資産であり、これは海外在住の同胞みなさんも等しくわかち合う資産であることは申すまでもありません。

親愛なる同胞のみなさん！

今日、高度成長の"神話"は、エネルギー資源の制約のため、世界的に崩れつつあるといわれております。発想の転換が緊要であるともいわれております。この年がかってなく試錬が加重されたむつかしい年であろうことは予想に難くありません。こういう状況のもとに、われわれは第五十六回目の三・一節を迎えました。

しかし、いかにわれわれを取り巻く条件がきびしいといえども、われわれは今日を乗り越え、明日の国土統一を期約するためには、われわれ自身の力を不断に拡充し、これに裏付けられた自信と自覚を高めていくほかありません。

われわれはここで三・一独立運動の今日的意義をいま一度きわめ、この難局を切り開いていく原動力を学び取ろうではありませんか。

五十六年前のこの日、わが民族がひとしく民族的次元に立ち団結……

一九七五年三月一日
駐日本国大韓民国特命全権大使 金永善

駐韓米軍の役割重大

シュレシンジャー米国防長官「北韓の侵略」抑止強調

北傀武装船を海軍が撃沈

緊急措置法違反者を釈放

金芝河、大刀川、早川氏ら出獄

朴正熙大統領は、二月十五日午前特別談話を発表し、二人の日本人を含む大統領緊急措置法違反者らのうち、人民革命党事件関係者らを除く金芝河氏らの釈放を明らかにした。

なお、金鍾泌国務総理は、この発表に先立ち、駐韓日本大使館の前田代理大使を公邸に呼び日本人被告の釈放を通告した。

この日の午後、韓国の外務部は駐韓日本大使館の照会に対する回答で、日本人二被告の釈放は、刑事訴訟法第百一条の「拘束の停止」規定（法院は相当な理由がある場合には、決定によって拘束された被告人を親族、保護団体その他適当なものに委託をあずけるか、被告人の住所を制限して拘束の執行を停止することができる）にもとづいて行われるものであることを明らかにした。

この釈放措置では民青学連関連者二百三人のうち、人民革命党事件の関連者二十一人と国家保安法および反共法違反関連者十三人それに麻薬法違反者一人の計三十五人は今回の釈放措置から除外された。

理解しない者は取締まる

朴正熙大統領は、二十一日午前、文化公報部年頭巡視の席上、……

軽挙妄動は再拘束する

黄法務長官談

政府は十八日午後、黄山徳法務長官談話を発表し、刑の執行停止、拘束の執行停止で出所した学生、知識人らに「この措置に踏み切った大統領の真意を理解せず悔い改める態度をみせないまま軽挙妄動することがあれば、再拘束するほかない」と警告した。

学生の将来考慮し釈放

金聖鎮代弁人談

二月十五日午前十時大統領特別……

早川・太刀川氏は再拘束しない

参院法務委で答弁

十八日の参院法務委員会では韓国の安養矯導所から釈放されて十七日帰国した早川嘉春、太刀川正樹両氏の法律上の身分についてただしたのに対し、安原法務省刑事局長、中江外務省アジア局次長らは「両氏が韓国側に再拘束される恐れはない」との見解を明らかにした。

韓国政府に抗議しない

宮沢外相参院で

第56回3・1節記念中央民衆決起大会

日時 一九七五年三月一日(土)午前十時
場所 国際劇場（東京浅草）
主催 在日本大韓民国居留民団関東地区協議会

大会スローガン

1、3・1精神を継承し 維新事業を完遂しよう！
2、セ・マウル精神を生かし セ民団運動を強力に展開しよう！
3、日本政府は 韓日協定の基本精神を遵守せよ！
4、われわれは 在日同胞の地位向上と 福祉事業を 積極的に推進しよう！
5、北傀は 南侵野欲をすてて 南北対話に誠意を表示せよ！
6、金日成の走狗 朝総連を徹底的に粉砕しよう！
7、大韓民国万歳！
8、在日大韓民国居留民団万歳！

三・一独立宣言文

われらはここに朝鮮が独立国であり、朝鮮民族が自主民であることを宣言する。これをもって世界万邦に告げ、人類平等の大義を明らかにし、これをもって子孫万代に告げて民族自存の正権を永有せしめる。

半万年歴史の権威にのっとりこれを宣言するものであり、二千万民衆の忠誠を合わせこれを闡明するものであり、民族の恒久如一なる自由発展のためにこれを主張するものであり、人類の良心の発露に基因する世界改造の大機運に順応並進するために提起するものである。これ天の明命であり時代の大勢であり、全人類共存同生権の正当な発動であれば、天下なにものといえどもこれを阻止抑制することはできない。

旧時代の遺物である侵略主義強権主義の犠牲によって、有史以来累千年にはじめて異民族抑制の苦痛をなめてここに十年、わが生存権の奪われしことといかばかりであり、精神上の発展のそこなわれしことといかばかりであり、民族的尊栄の毀損されしことといかばかりであり、新鋭と独創でもって世界文明の大潮流に寄与する機縁を失いしことといかばかりであったろうか？

ああ、旧来の抑ウツを宣揚し現下の苦痛を脱し、将来の脅威を除き、民族的良心と国家的廉義の圧縮銷残を興奮伸張し、各個人格の正当な発達を遂げ、可憐な子弟に苦恥的財産を遺与せず、子々孫々の永久完全な慶福を導き迎えようとするならば、最大急務は民族の独立を確実にすることである。

二千万各自が方寸の刃を懐にして、人類の通性と時代の良心が正義の軍と人道と干戈をもって援護する今日われらが進んでことにあたればいかに強いものでも挫くことができないであろうか？退いてことをなくすにいかなる志をひろげることができないであろうか？

丙子修好条規以来数々の金石の盟約をたがえたといって日本の信の無さをとがめようとするのではない。

学者は講壇で、政治家は現実において、わが祖国を植民地視し、わが文化民族を未開人の如く遇して、ただ征服者の快をむさぼるばかりで、わが久遠な社会基礎と卓越した民族心理を無視したといって日本の義のないことを責めようとするのではない。自己を励ますのに急であるわれらは、他を怨むいとまがなく、現在に備えるに急であるわれらは、昔のことをこらしめ、弁ずるいとまがない。

今日われらの所信は、唯自己の建設があるのみで決して他の破壊にあるのではない。厳粛な良心の命令で自己の新運命を開拓することであって、決して旧怨と一時的感情でもって他を嫉逐排斥することではない。旧思想・旧勢力にとらわれた日本為政家の功名的犠牲となった不自然・不合理な錯誤状態を改善匡正して自然・合理な正経大原に帰還させることである。

はじめから民族的要求より出たものではなかった両国併合の結果が、つまるところ姑息的威圧と差別的不平と統計数字上の虚飾の下で、利害の相反した両民族間に永遠に和することのできない怨みの溝を益々深めている今日までの実績を観よ。勇明果敢に旧誤を正し真の理解と同情に基づく友好的新局面を打開するのが相互間に禍を遠のけて福を招く捷径であることを明知すべきではないか。

また憤りを含み、含みをためている二千万の人民を威力でもって拘束するのは単に東洋の永久な平和を保障する所以でないばかりでなく、これよって東洋安危の主軸である四億万支那人民の日本に対する危惧と猜疑を時とともに濃厚にし、その結果として東洋全局が共倒同亡の悲運を招致することが明らかであるから、今日われらの朝鮮独立は朝鮮人民をして正当な生栄を遂げしめると同時に、日本をして邪路から出て東洋支持者としての重責を全うさせることであり、支那をして夢床にても免れない不安恐怖から脱出させることであり、また、東洋平和を重要な一環とする世界平和、人類幸福に必要な段階にすることである。これがどうして微々たる感情上の問題であろう。

ああ、新天地が眼前に展開する。威力の時代が去って道義の時代がくる。過去全世紀に練磨長養された人道精神が折から新文明の曙光を人類の歴史に投射し始めた。新春が世界に来り、万物の回蘇を催促している。凍氷寒雪に呼吸を閉ざしていたのが一時の勢であるとすれば、和風暖陽に気脈を奮いたたせるのがこの一時の勢であるから、天地の復運に際し世界の変潮に乗ったわれらは、なんのためらいもなく、なんらはばかるところもない。われらの固有な自由権を護全して生の楽を飽享するであろうし、われらの自足した独創力を発揮して春満ちた大界に民族的精華を結紐するであろう。

われらはここに奮起する。良心がわれらと同存し、真理がわれらと併進している。男女老若の別なく、陰ウツな古巣から活発に起来して、万の群衆をして欣快な復活を成就せしめる。千百の祖先の霊がわれらを陰から佑け、全世界気運がわれらを外から護っているからには着手がただちに成功である。ただ前途の光明にむけてバク進するのみである。

一九一九年三月一日

朝鮮民族代表

孫秉熙、吉善宙、李弼柱、白竜城、金完圭、金秉祚、金昌俊、権東鎮、権秉悳、羅仁協、梁旬伯、梁漢黙、劉如大、李甲成、李明竜、李昇薫、李鍾勲、李鍾一、林礼煥、朴準承、朴熙道、朴東完、申洪植、申錫九、呉世昌、呉華英、鄭春洙、崔聖模、崔麟、韓竜雲、洪秉箕、洪基兆、羅竜煥

陳斗鉉、公訴事実認む

北韓スパイ団の初公判で

「北」スパイ団事件主犯として昨年九月三十日に逮捕された陳斗鉉元民団東京本部副団長(46)ら十五名に対する初公判が二十五日、ソウル地方法院合議六部で開かれた。被告十五名（うち四名は身柄不拘束）が出廷、裁判部の人定審問と検察側の直接審問が行われた。

同事件の主犯・陳斗鉉被告は、検察側の審問に対し、在日「北」工作員に指揮されて、六五年と七二年の二回にわたって「北」に往来し、韓国に「北」の対南事業基地を構築せよとの指令を受け、スパイ活動を行ってきたと公訴事実を是認した。

また、金揆烈被告と朴基来被告は、「北」に行ってきた事実を認め、「北」の指令で軍事機密を探知して、それを「北」に報告する等のスパイ活動を行ったと陳述した。

陳を主犯とするスパイ・グループが一斉検挙されたのは、陳の直接の配下である朴基来と金揆烈が韓国でスパイ活動中逮捕され、その二人の自供によって陳の存在が浮かびあがったもので、陳は、この二人を日本に呼びよせ、「北」に送ってスパイ活動を受けさせた。

なお、韓国捜査当局は、陳斗鉉グループから、無電機二台、乱数表二組、ラジオ八台、それに多額の工作資金を証拠品として押収しており、韓国捜査当局は、スパイを逮捕するさい、犯罪を立証するにたる証拠をもっていた。

全国監察委員長会議

組織防衛期し京都で

全国監察委員長会議が、二十五、二十六日の両日にわたって、京都の都ホテルで開かれる。この種の会議が開かれるのは、近年まれなことで、討議項目としては①民団活動状況②「北」情勢分析③「北」・総連の対韓・民団工作状況とその保全対策④規約改正問題とともに、セ民団運動問題があげられることになっている。

中央監察委員会では、ことし初めから、全国監察機関も執行機関とともに、セ民団運動に積極的に取り組み、とくに組織整備と総連からの破壊防止に注力するよう訴えていた。「北傀」・総連の対韓・民団破壊攪乱工作の手がゆるめられることなく、より巧妙化していくことが明らかだといわれ、民団から総連フラクションの核が追い出されて以後、総連としては核を民団内に植えつけることにやっ気になっているおりだけに、今回の全国会議は意義があるだろう。

東韓余録

「承服」と対話

荒川支部団長　高昌運

国民はついに「選択」をした。これは厳然な事実である。勿論今度の国民投票自体を無意味なものであると規定する人たちもいるが、票の結果以外には国民の選択をより別ける方法がない以上、その選択に承服しなければならないのが民主主義の倫理ではないだろうか。この場合、真正な意味においての勝者も敗者もないのである。なぜならば、それは「国民の選択」であるから謙虚に承服する姿勢あるのみが当然である。このような原理を一応看過するとしてもわれわれが憂慮して止まないのは現実的にこの「選択」の結果を受納しない限り、混乱を収拾する端緒を掴むことが出来ないという点である。全ての主義、主張に優先して非正常的に疾走して来た国論の分裂を整理することが急務であろう。しかし、われわれが今一番望むことは、全ての「反対」路線にのみ突走る人々が、当然反対し得ることがあれば正々堂々と反対意思を表明することである。従ってそのような「反対意見」は一方的な叫び声ではなく受ける側との間に「和合」が持たれるための根本的同意を前提にした反対でなければならない。最も「反対」する人々としては国民投票結果に対する「承服」から全ての対話を新たに始めて行かなければならないことが最重要な原則であることを認識すべきだ。

いわゆる「民主回復運動」に参与している在日韓国人グループの人々も、この政局が何時までも過熱された感情対立のまま継続することを望んではいないものと信ずる。本国において見る限り、よく見れば、極限的な対立で走る与野の主張も水と火のような性格を帯びているものではないのである。むしろ、民主主義を志向する終局的な目標においては与野が同意している事実を見逃せない。共産主義を打破する目標においても同じことである。このように最後の目標と意向が同一であるという意味合いから見るとき、双方間の「対話」が充分可能であることを示しているといえよう。ただ現在は「過程」であり、この「過程」を遂行して行く方法において意見を異にしているわけだ。だから「野」としてもまずは、国民の選択を受け止め、そののちに、対話を通じての意見を国政に反映しつつ、所望の事項を一つづつ実現して行くべきである。

また、国民投票の結果は圧倒的に政府の政策を承認したわけであるが、体制の価値観を異にする国民もいるので、政府もこの少数の意見を可能な限り参酌することであろう。

朴正熙大統領閣下は、国民投票案の可決後、談話の中で「国民総和ひとしきりで挙国政治体制を発展させて行く」と言明された。

民団東京本部としても、「国民投票の成果的終結に際する声明」を発表して、本国との一体感を緊密化させ、維新体制に依る国力増強、経済発展、セマウル運動などに積極的かつ「現実的参与」をして行くことを呼びかけた。われわれは今もなお独善的エゴイズムに満ちて没知覚な混乱事態を絶えず引き起こそうとする一連の「反対」のみに狂奔している在日同胞たちが、真に恥を拭い、反省を持って、反共国是のもと、セ民団運動の輝しい隊列に一日も早く戻ってくることを切実に願うものである。

国民投票　全国市道別開票状況

서 울

개표구	유권자수	투표수	찬 성	반 대	무효표	투표율 %	찬성율 %
鍾路區	112,291	69,977	38,916	29,713	1,348	62.3	55.6
中區	68,093	45,418	28,606	16,088	724	66.7	62.9
東大門區1	219,256	135,336	78,031	55,572	1,733	61.7	57.6
東大門區2	221,464	137,510	83,928	51,578	2,004	62.0	61.0
城東區1	178,688	109,047	63,287	44,200	1,560	61.0	58.0
城東區2	218,787	127,518	72,773	52,772	1,973	58.2	57.0
城東區3	135,087	83,414	50,581	31,342	1,491	61.7	60.6
道峰區1	206,747	126,345	74,877	49,528	1,940	61.1	59.2
道峰區2	138,458	89,595	55,627	32,728	1,240	64.7	62.0
城北區	272,269	175,352	102,987	69,871	2,494	64.4	58.7
西大門區1	113,849	70,270	40,325	28,686	1,259	61.7	57.3
西大門區2	191,961	113,282	63,771	47,445	2,066	59.0	56.2
西大門區3	200,962	113,892	63,167	49,445	1,280	56.6	55.4
麻浦區	195,738	118,646	66,308	50,383	1,955	60.6	55.8
龍山區	174,050	106,277	60,492	44,065	1,720	61.0	56.9
冠岳區1	167,919	91,426	50,504	39,268	1,654	54.4	55.2
冠岳區2	200,282	112,630	61,712	49,107	1,811	56.2	54.7
永登浦區1	247,830	147,495	87,143	58,157	2,195	60.0	59.1
永登浦區2	227,863	129,421	77,522	49,696	2,203	56.8	59.9
계	3,491,541	2,102,851	1,220,557	849,644	32,650	60.23	58.04

京 畿

개표구	유권자수	투표수	찬 성	반 대	무효표	투표율 %	찬성율 %
仁川(中區)	44,819	34,570	22,949	11,019	602	77.1	66.4
仁川(東區)	88,981	71,991	50,060	21,257	674	80.9	69.5
仁川(南區)	147,521	113,721	73,276	39,421	1,024	77.1	64.4
仁川(北區)	89,520	72,783	53,467	18,170	1,146	81.3	73.5
水原市	104,907	82,571	53,652	27,241	1,679	78.7	65.0
華城郡	105,906	93,686	69,756	20,581	2,349	87.5	75.3
議政府市	47,889	40,373	28,660	10,834	879	84.4	72.6
楊州郡	131,971	121,742	93,652	26,777	1,313	92.2	77.0
坡州郡	84,191	78,223	59,885	17,540	798	92.9	76.6
城南市	101,601	76,695	49,241	25,839	1,615	75.5	64.2
驪州郡	51,815	46,210	35,260	9,903	1,047	89.2	76.3
廣州郡	44,970	38,325	26,826	10,727	745	85.2	70.0
利川郡	53,652	48,778	38,504	9,298	976	90.9	78.9
平澤郡	108,426	88,365	60,603	25,832	1,904	81.4	60.6
龍仁郡	53,426	45,192	34,108	10,422	662	84.6	75.5
安城郡	69,202	64,393	50,530	12,590	1,173	93.1	78.5
富川郡	36,882	32,421	24,766	7,151	504	87.9	76.4
安養市	58,137	44,012	29,749	13,751	552	75.7	67.6
始興郡	89,765	68,448	45,873	21,454	1,121	76.3	67.0
甕津郡	28,597	27,595	23,353	3,643	599	94.0	84.6
金浦郡	58,401	53,673	38,371	14,282	1,020	91.2	71.5
高陽郡	63,690	52,879	37,677	14,681	521	83.0	71.3
江華郡	56,562	49,864	34,865	1,471	828	88.2	69.9
抱川郡	55,648	50,923	40,665	9,267	991	91.5	79.9
漣川郡	30,897	29,174	23,697	4,961	616	94.7	80.9
加平郡	32,853	31,459	26,998	4,308	153	95.8	85.8
楊平郡	52,076	46,380	36,444	8,889	1,047	89.1	78.6
계	1,892,305	1,603,494	1,162,887	414,009	26,598	84.7	72.5

江 原

개표구	유권자수	투표수	찬 성	반 대	무효표	투표율 %	찬성율 %
春川市	65,999	56,761	39,780	15,975	1,006	87.0	71.3
春城郡	32,288	30,562	26,172	3,848	562	94.7	85.6
鐵原郡	29,985	28,029	25,522	2,370	137	93.6	91.1
華川郡	20,834	19,719	17,762	1,676	281	94.6	90.1
楊口郡	17,453	16,297	14,890	1,156	251	93.4	91.4
原州市	56,297	48,251	34,425	12,864	962	85.7	71.3
洪川郡	54,833	50,228	41,352	7,627	1,249	91.6	82.3
橫城郡	42,152	40,629	35,558	4,451	620	96.4	87.5
原城郡	35,774	34,206	27,283	6,285	638	95.6	79.5
江陵市	42,507	36,077	27,147	8,263	667	84.9	75.2
溟州郡	73,651	68,050	56,337	10,425	1,288	92.4	82.5
三陟郡	130,954	117,145	98,472	16,944	1,729	89.5	84.1
束草市	33,477	29,869	22,684	6,628	557	89.2	75.9
麟蹄郡	24,593	23,240	19,946	2,912	382	96.5	85.2
高城郡	26,794	25,228	21,255	3,478	495	94.2	84.3
襄陽郡	22,909	21,698	18,530	2,905	263	94.7	85.4
寧越郡	50,646	47,973	41,510	5,596	867	94.7	88.1
平昌郡	42,376	41,018	37,502	3,325	191	96.8	91.4
旌善郡	56,172	53,395	46,468	5,953	974	95.1	87.0
계	859,667	788,395	652,595	122,681	13,119	91.7	82.8

忠 北

개표구	유권자수	투표수	찬 성	반 대	무효표	투표율 %	찬성율 %
清州市	83,375	69,189	48,201	19,589	1,399	83.0	69.6
清原郡	101,917	90,196	69,584	19,263	1,349	88.5	77.1
忠州市	47,979	40,764	30,905	9,202	657	84.9	77.0
中原郡	61,132	56,332	45,097	10,074	1,161	92.1	80.1
堤川郡	78,246	71,037	59,771	10,024	1,242	90.8	84.1
丹陽郡	40,677	37,336	29,041	7,540	755	91.8	77.8
永同郡	53,735	50,776	40,927	8,739	1,110	94.5	80.6
報恩郡	48,819	46,124	38,385	7,134	605	94.5	83.2
沃川郡	50,602	48,530	41,957	5,536	1,037	95.9	86.5
槐山郡	69,372	64,711	53,870	9,830	1,011	93.3	83.2
鎭川郡	38,174	34,324	27,129	6,307	888	89.9	79.0
陰城郡	54,662	47,882	40,899	6,174	809	87.6	85.4
계	728,690	657,201	525,766	119,412	12,023	90.2	80.0

忠 南

개표구	유권자수	투표수	찬 성	반 대	무효표	투표율 %	찬성율 %
大田市 1	94,154	75,491	53,603	20,799	1,089	80.2	72.0
大田市 2	121,439	101,117	72,747	26,117	2,253	83.3	71.9
天安市	42,687	34,028	24,188	9,522	318	79.7	71.1
牙山郡	84,508	69,785	50,577	17,269	1,939	83.0	75.0
天原郡	61,455	55,648	41,371	13,087	1,190	90.6	76.0
大德郡	64,257	52,742	36,716	14,760	1,266	82.0	69.6
錦山郡	59,060	51,805	35,882	14,612	1,311	87.7	69.3
燕岐郡	54,335	47,692	37,794	8,984	914	87.7	79.3
論山郡	115,833	102,346	72,983	26,935	2,428	88.3	72.3
公州郡	89,647	72,671	53,426	17,645	1,600	81.1	75.2
扶餘郡	87,381	80,263	66,635	11,944	21,684	90.4	84.5
舒川郡	71,059	62,643	45,983	15,419	1,241	88.2	73.4
保寧郡	74,625	65,461	49,011	14,905	1,545	83.3	83.6
洪城郡	71,682	60,606	44,770	14,209	1,627	84.5	73.9
青陽郡	43,418	38,982	33,096	5,192	694	90.0	86.0
禮山郡	82,364	68,541	54,526	12,633	1,382	83.4	79.6
瑞山郡	127,850	106,011	78,641	24,572	2,848	83.0	76.2
唐津郡	84,089	70,597	57,942	11,590	1,065	84.0	83.3
계	1,429,743	1,216,480	909,891	280,194	26,594	85.1	76.4

濟 州

개표구	유권자수	투표수	찬 성	반 대	무효표	투표율 %	찬성율 %
濟州市	59,281	50,510	37,932	11,419	1,159	85.2	75.1
北濟州郡	60,853	58,194	52,154	4,982	1,058	95.6	89.6
南濟州郡	73,655	66,521	60,125	5,328	1,068	90.3	90.4
계	193,789	175,225	150,211	21,729	3,285	90.4	85.7

釜 山

개표구	유권자수	투표수	찬 성	반 대	무효표	투표율 %	찬성율 %
中區	59,995	38,610	22,460	15,390	760	64.4	58.2
影島區	107,674	72,220	44,336	26,337	1,537	67.1	61.4
西區	181,657	134,071	82,441	49,368	2,262	73.8	61.5
東區	126,334	89,732	54,008	33,986	1,738	71.0	60.2
釜山鎭區1	205,186	142,372	90,544	50,057	1,771	69.4	63.6
釜山鎭區2	189,228	136,204	87,428	46,621	2,155	72.0	64.2
東萊區1	153,706	104,764	64,501	38,453	1,810	68.2	61.6
東萊區2	137,238	94,327	58,944	32,603	2,780	68.7	62.5
계	1,161,018	812,290	504,662	292,815	14,813	70.0	62.1

全 北

개표구	유권자수	투표수	찬 성	반 대	무효표	투표율 %	찬성율 %
全州市	140,224	113,965	71,494	40,396	2,075	81.2	63.9
完州郡	82,498	73,668	53,682	18,375	1,611	89.3	74.5
群山市	67,574	52,392	38,030	13,798	564	77.5	72.6
裡里市	56,817	43,556	31,843	11,241	472	84.1	73.1
沃溝郡	62,680	54,652	37,109	16,857	686	87.2	67.9
益山郡	88,649	74,414	56,017	16,886	1,511	84.9	75.2
鎭安郡	44,755	41,689	34,220	6,646	823	93.1	83.7
茂朱郡	32,134	30,877	25,833	4,220	824	96.1	83.6
長水郡	34,117	30,965	23,383	7,017	565	90.8	75.5
南原郡	84,901	76,914	56,242	19,347	1,325	90.5	73.1
任實郡	51,043	47,793	34,764	12,065	964	93.6	72.2
淳昌郡	44,762	41,816	31,130	9,715	971	93.4	74.4
井邑郡	122,526	105,569	80,705	23,185	1,678	86.5	76.4
金堤郡	112,455	96,730	70,974	23,841	1,915	86.0	73.4
高敞郡	84,220	71,484	54,522	14,983	1,979	84.9	76.3
扶安郡	75,748	60,689	36,092	23,025	1,572	80.2	61.1
계	1,180,103	1,017,173	736,040	261,598	19,535	86.2	72.4

全 南

개표구	유권자수	투표수	찬 성	반 대	무효표	투표율 %	찬성율 %
光州市東區	147,724	98,308	54,482	41,898	1,928	66.6	55.4
光州市西區	109,748	80,967	48,376	30,949	1,642	73.8	59.8
木浦市	82,330	60,058	37,763	21,087	1,208	72.9	62.9
務安郡	63,983	55,038	41,597	11,924	1,517	86.0	75.6
新安郡	80,706	65,530	43,618	20,291	1,627	81.2	66.6
麗水市	61,486	51,250	39,950	10,444	856	83.4	78.0
光陽郡	45,711	40,430	29,452	10,047	931	88.4	72.8
麗川郡	76,863	68,693	54,000	11,101	1,592	89.4	78.6
順天市	44,120	38,053	28,103	9,322	628	86.2	73.9
求禮郡	34,823	32,149	27,220	4,561	368	92.3	84.7
昇州郡	70,113	61,589	46,615	13,928	1,046	87.8	75.7
羅州郡	108,863	91,732	70,057	20,426	1,249	89.7	76.4
光山郡	64,405	55,536	43,289	11,229	1,018	86.2	78.0
潭陽郡	55,984	50,679	41,851	7,817	1,011	90.5	82.5
谷城郡	46,850	43,302	37,835	5,069	398	92.4	87.4
和順郡	64,640	56,220	46,869	7,440	1,911	87.0	83.4
寶城郡	76,447	70,258	53,882	14,578	1,798	91.9	76.7
高興郡	115,714	103,718	89,215	12,454	2,049	89.6	86.0
長興郡	63,607	55,643	45,814	8,973	856	87.5	82.3
康津郡	54,158	49,971	42,518	6,259	1,194	91.3	85.0
靈岩郡	60,398	55,504	46,379	8,507	618	86.9	83.6
莞島郡	68,950	62,588	54,260	7,369	959	90.7	86.6
海南郡	96,173	86,791	62,765	21,878	2,148	90.3	72.5
珍島郡	48,483	42,306	36,498	5,047	761	87.2	85.2
靈光郡	69,999	61,821	53,708	6,955	1,158	88.3	87.0
咸平郡	59,048	52,553	40,433	11,460	660	89.1	76.9
長城郡	57,443	48,123	34,167	13,317	639	83.8	71.0
계	1,928,767	1,638,816	1,250,716	356,330	31,770	85.0	76.3

慶 北

개표구	유권자수	투표수	찬 성	반 대	무효표	투표율 %	찬성율 %
大邱(中區)	66,742	46,856	31,964	14,009	883	70.2	68.2
大邱(東區)	164,831	106,235	74,111	31,068	1,956	69.7	69.7
大邱(西區)	152,371	50,905	36,573	13,379	953	75.7	78.1
大邱(南區)	138,479	117,469	84,366	31,283	1,820	71.3	72.0
大邱(北區)	67,216	96,311	66,920	28,164	1,227	69.6	70.4
浦項市	55,844	48,420	39,294	8,659	467	86.7	81.9
迎日郡	100,384	92,624	75,151	15,519	1,954	92.3	81.1
永川郡	91,120	84,064	66,948	15,987	1,129	92.3	79.6
鬱陵郡	12,495	12,115	11,266	823	66	97.3	92.7
慶州市	50,216	46,459	36,750	9,110	599	92.5	79.1
月城郡	95,626	88,905	72,013	15,566	1,326	93.0	81.0
淸道郡	56,165	53,659	44,998	8,349	312	95.5	83.9
金泉市	32,062	29,332	23,186	5,724	422	91.5	79.0
金陵郡	67,281	63,502	53,966	8,362	1,174	94.4	85.0
尙州郡	112,911	100,032	79,501	18,007	2,524	88.6	79.5
安東市	39,73[illegible]	36,708	29,111	7,364	233	92.4	79.3
義城郡	90,568	83,376	66,228	15,680	1,468	92.1	79.4
安東郡	83,921	77,081	61,568	13,753	1,760	91.8	80.8
達城郡	69,260	63,852	49,669	13,055	1,128	92.0	78.0
慶山郡	88,664	82,258	66,289	14,962	1,007	92.8	80.6
高靈郡	33,234	31,991	30,366	1,186	439	96.2	94.9
漆谷郡	57,254	51,678	40,490	10,367	821	90.3	78.3
軍威郡	43,133	33,243	30,303	2,690	250	97.4	91.8
星州郡	51,942	48,938	39,235	8,799	904	94.2	80.2
善山郡	58,864	57,526	54,200	2,489	837	97.7	94.2
盈德郡	52,721	50,233	42,033	7,2[illegible]	910	95.3	83.7
青松郡	36,159	34,805	28,621	5,619	565	96.2	82.2
蔚珍郡	51,099	49,645	46,330	2,267	1,048	97.2	93.3
榮州郡	81,808	76,786	63,640	12,038	1,108	93.9	82.9
英陽郡	29,898	28,328	23,580	4,377	371	94.7	83.2
奉化郡	52,998	50,579	45,186	4,808	585	95.4	89.3
聞慶郡	75,062	70,080	58,633	10,606	841	93.2	83.6
醴泉郡	70,353	65,772	56,979	7,483	1,310	93.5	86.6
계	2,321,415	2,029,807	1,629,468	367,942	21,368	85.1	77.6

慶 南

개표구	유권자수	투표수	찬 성	반 대	무효표	투표율 %	찬성율 %
馬山市	148,099	106,859	68,625	36,274	1,960	72.2	64.2
鎭海市	49,681	45,059	33,111	11,619	329	90.7	73.5
昌原郡	52,797	44,677	35,290	8,980	401	84.1	79.0
晋州市	69,706	56,896	42,207	13,738	751	81.6	74.2
三千浦市	28,755	24,968	18,520	5,945	503	86.8	74.1
晋陽郡	59,153	52,644	43,041	9,035	568	89.0	81.8
泗川郡	42,527	37,401	29,733	7,373	295	87.9	79.4
忠武市	31,728	27,101	18,892	7,592	637	85.4	69.7
統營郡	37,799	34,862	29,455	5,191	216	92.2	84.5
巨濟郡	56,847	48,538	29,290	8,948	300	85.4	81.0
固城郡	58,537	49,991	41,681	8,034	276	85.4	83.4
蔚山市	110,850	83,732	59,392	223,074	1,266	75.5	70.9
蔚州郡	59,332	48,347	37,819	10,219	309	81.4	78.2
宜寧郡	42,915	40,190	34,459	4,745	986	93.7	85.7
咸安郡	53,123	46,038	35,422	9,621	995	86.7	78.6
陜川郡	78,316	71,706	58,571	11,696	1,439	90.5	81.8
密陽郡	95,591	82,471	64,995	16,070	1,406	86.3	78.8
昌寧郡	69,914	61,556	45,720	14,416	1,420	88.0	74.3
金海郡	108,486	92,167	73,819	17,284	1,064	84.9	80.1
梁山郡	66,823	56,692	43,031	12,364	997	84.8	76.4
河東郡	59,592	55,284	43,458	10,461	1,365	92.8	78.6
南海郡	61,541	54,731	48,677	5,470	584	88.9	88.9
居昌郡	59,313	52,542	39,293	11,972	1,277	88.6	74.8
山清郡	47,582	41,490	32,670	7,441	979	87.2	78.7
咸陽郡	52,878	46,571	39,942	5,790	839	88.1	85.8
계	601,801	1,362,513	1,057,413	283,732	21,368	85.1	77.6

◇春の韓国旅行ほど楽しい旅行はない
◇当社のサービスできっとあなたは満足するでしょう

◉パスポート会員募集

当社はパスポート会員を募集します。これはパスポート所持者をグループ化して旅行の特別な便宜をはかる為です。メンバーになられた方は、世界一周その他の旅行がキャンセルが出た場合、格安で参加することができます。奮って御入会下さい。詳細は当社へ……

朝陽観光株式会社

本社　東京都目黒区大橋二－二－十四
電話（四六六）三一一四一（代）

社長　金孔

熱海温泉

ホテル八景

◎民団関係者は個人・団体を問わず特にサービスさせて頂きます

社長　朴達権
副社長　梁奉五
〃　裵貞夫

静岡県熱海市咲見町六－二五
TEL（〇五五七）八一－二七一四・七四六七

百万ドルの夜景

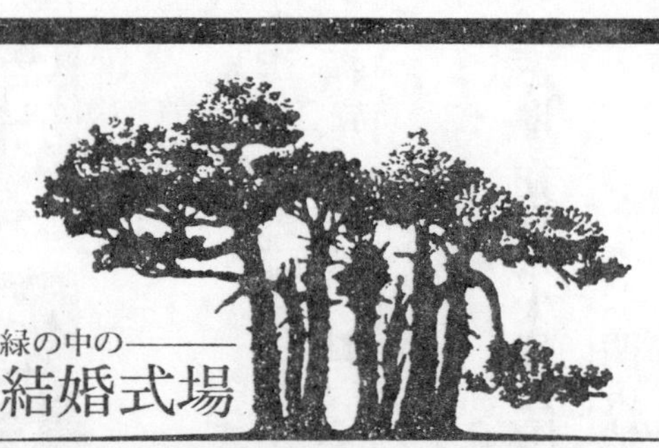

緑の中の――

結婚式場

ご婚礼・園遊会・各種パーティー・レストラン

八芳園 HAPPO EN

東京・芝白金台　TEL 443-3111

本国との一体感身にしみて…

東京本部主催 拡大研修会盛況裡終る

130名参加 「組織騎手」でセ民団に寄与

創団三十年を迎えた民団組織の近代化を目指す「組織整風」「セ民団運動」の基幹になる都内各支部三機関役員、分団、班の幹部を育成する目的で、さる二月五日から九日までの五日間ソウルにおいて「民団東京本部傘下幹部本国研修会」が都内二十二支部の中堅幹部百三十人の参加のもと盛大に行われた。

今度の研修目的は「組織時代」に相応しい現代の組織として、三十年間マンネリ化した民団の古い意識構造を換え、実質的に創団の宣言綱領の具現で組織の責任性ある指標

①実践する民団にしよう
②行動する民団にしよう
③信望される民団にしよう
④近代化された民団にしよう
⑤勝共する民団にしよう!

という基本方針に従い、金致淳東京本部団長を研修団団長とする百三十人は二月五日午後一時三十分発のKAL七〇四便に搭乗から公式日程に入り、午後三時三十分ソウル金浦空港に到着、税関の通関を経え待機していたバスに分乗し六時に研修場の"文教部中央教育研究院"(三清洞所在)に到着して部屋配定後、六時三十分から研修会場で主催側と教育研究院側から、教育内容と日程説明及び注意事項説明ののち、第一日を終えた。

二月六日午前七時国旗掲揚台前で研修団一同の"国旗に対する敬礼"から日課が始まり、午前九時三十分から開講式に続いて、十時十分から、「セマウル」指導者講演。セマウルの生々しい体験と涙ぐましい苦難の過程は海外に住む一同に大きな感動を与えた。

午後には、厳しい祖国の現実を直接見ることができ、中部最前方部隊見学では、日本にいる時、新聞で見た昨年十一月十五日の朝七時頃巡察中の国連軍が発見した北傀の地下トンネルを直接その内部と、そのトンネルの中でろ獲した北傀軍の各種道具及び装備品と、トロッコとレールを見た我らは、祖国の現実の全貌が目前に展開する様で、一生忘れることができない印象を受けた。

一同はこの休戦線の地下トンネルの模型を前に、北側に大型スピーカ二十五個の対南宣伝放送台の渓谷の森林に"動物天国"という休戦線二百五十K米の"南北境界線"を眺めながら、この祖国の悲劇のラインを誰が設定し、平和を愛する我が倍達民族に悲しい歴史をもたらしたのか?絶望する前に歴史的教訓があるとすればこれ以上の教訓があるのか!と考える時、日本の韓国侵略史の裏面が苦々しく浮かび上がるのを感じた。

元々三十八度線の由来は、第二次世界大戦後の遺産ではなく、日本の暴悪な侵略過程として、明治時代、日本軍閥の山形有朋が分割論を持ち出し、当時ソ連と韓半島交渉に当ったことは、近代日本の黒い野欲が結果的に第二次大戦後強大国によって現実的な犠牲になったものである。今日日本は大戦後もあいかわらず韓国に対する姿勢は理解できない程の、政策さが、休戦線前方部隊を訪問し、日本人の意識構造が韓国に対する島国的考えを今だにすてていない面があまりにも多いことからではなかろうか—国際社会に生きる我らの将来も祖国の現実が、なによりも安保問題と国家建設の経済的発展と、この国防問題に大きな比重が置かれたため、日本では考えられない程韓国近代化が遅れている現実を理解しようとする人々がすくない点から、今度の本国研修会は実際に意義が大きいと実感した。

また休戦線のトンネル見学によって日本は、敗戦後アメリカの国防にオンブして国家安全に専念を続き、今日のような経済大国に成長してきて安定した繁栄と平和なくらしから、他の苦しみと悲しみを考えない対岸の火災を見るような韓国観は、マスコミの社会面に常に現われていることが、本国に行ってもっと感じられた。

特に前方部隊での帰りに知ったことは、日本でマスコミがさわいだ元海軍参謀長李某氏が記者会見する同じ時刻に北傀で風船を利用し前方部隊に同じ内容のビラを散布したことがあったことだ。

これ一つを見ても、今韓国が安保に全力を傾注している時、友邦という日本の一部政治人と言論が北傀と結託し韓国の安保を阻害していることを、日本国民は正しく理解してほしい心情でむねいっぱいだった。

1975.2.9 東京本部の組織部落忠南扶城里を訪れた研修団一行

生協の設立軌道へ

第六回支団長会議

民団東京本部ではさる二月二十一日午後一時から、「セ民団運動」発祥の地である傘下江東支部にて第六回支団長・事務部長会議を開催し、三・一節記念中央民衆決起大会、東京韓国人生活協同組合設立の件、旅券更新の件、セマウム・シムキ本国緑化運動青年派遣の件などの当面問題を討議した。

①三・一節記念中央民衆決起大会＝三月一日午前十時。於浅草国際劇場。支部別団員動員及び記念行事に対する説明があり、今年は行事費用に対する支部分担金の徴収は行わない。

②東京韓国人生活協同組合設立の件＝東京本部では、支部別生協の設立と運営が事実上困難な問題を内包している実情から、東京都内全域を網羅する消費生活協同組合を設立して、我々の生活必需品を廉価で共同購入、販売することより、最近の物価高と経済的不況の圧迫から団員の生活を自主的に守るべく、東京都物価局消費生活部当局との数次に亘る折衝の結果、東京韓国人生活協同組合の設立を準備し、来る二十四日に「発起人会」を開くことになり、既に各支部を通じて生協賛同者名簿作成が殆ど終り、「定款」と「事業計画書」の草案も出来上り、とりあえず、約四五〇世帯、出資金五百万円をもって、来る三月中に創立総会を開いて、早急に生協の認可を得たいとの経過説明が経済部からなされ、金団長及び特に生協設立発起人として協力している姜学文顧問からも補充説明があって、今後生協設立に積極的に取り組むことになった。

③五年経過旅券更新の件＝このたび、本国旅行法施行令の改正(一九七五年一月一日付)により、発給以後5年を経過した旅券は本年六月三十日までに更新発給を受けることになったので、該当旅券所持団員に民団を経由して手続きを完了させるよう周知させる。更新発給手続きのあらましについて民生部から指示があったが、その細則については大使館及び中央本部から正式通知があり次第、追って通知する。

④セマウム・シムキ本国緑化運動青年派遣について＝都内から約百名を、来る四月五日の本国「植木の日」を期して派遣するが(緑化植樹行事参加・研修など七泊八日)、青年会東京本部が、自主的に廃品回収や募金を行なっているので、意義ある祖国への青年派遣に出来得る限りの援助を行う。

⑤民団文化賞及び教育有功者表彰の件＝三・一節記念式典で行う。

金熙明氏に民団文化賞

永年の文化活動を評価

金熙明氏

民団中央本部は、この程民団の文化賞受賞規定によって、一九七四年度(第三回)文化賞受賞者を決定し、三月一日、三・一節記念式典の会場で受賞することを決めた。

受賞する人は、東京の金熙明氏(学術賞)＝著述家、大阪の宋吉泰氏(教育賞)＝金剛学園教諭の二人である。

受賞者のひとり、金熙明氏は一九〇五年三月忠南論山で出生、当年七〇才で現在も元気で著述活動を続けている。

氏は終戦後、民団中央本部副団長、事務総長を三期歴任、在日韓国人ペンクラブ会長を経て現在は顧問、在日韓国人「芸論」の顧問。

主な著書に、「東京大震災と同胞」「日本の三大朝鮮侵略史」「台の下を行く」がある。

受賞の喜びを金熙明氏はこう語った。「私の永い間の拙い文化活動が評価されて、文化賞を受けることになったことは嬉しいことである。今後も老躯にむち打って在日同胞社会に貢献したい」

教育功労表彰者決まる

全国42名・東京11名

さきほどの民団中央教育委と全国文教部長会議で表彰がきめられた民族教育実施以来一九七四年度までの教育有功者四十二人が、来たる三月一日各地で開かれる第五十六回三・一節記念式場でそれぞれ表彰されることになったと—このほど中央文教局から発表された。(東京)

表彰者
金 昌式(東京韓国学校々監)
金 広昇(〃 庶務課長)
朴 信忠(〃 教務主任)
金 永奎(〃 国民教科主任)
金 東俊(東京・韓国教育文化センター所長)
小林忠義(東京韓国学校)
河合 聡(〃)
渡辺孝吉(〃)
斉藤栄一(〃)
金 永純(元首席教師)
許 南明(元教師)

東本生協設立総会

三月十九日商銀ホールで

民団東京本部が団員の民生安定に寄与する為に、かねてから推進してきた「生活協同組合」は事務的な諸般の準備が整ったので、二月二十四日午後三時から発起人会を開き設立総会を三月十九日午後一時から東京商銀本店会議室で開くことを決定した。

この生活協同組合は民団が、永い間構想を持ちながら手がけられなかった最も重要な事業で団員の生活に直接関係する問題だけに、東京本部が全国の組織に先がけて意欲的に取り組んでいることは注目すべきことである。

この生協運動は東京在住の全団員を組合員とする生協組織を構成し生活必需物資の共同仕入れと共同販売をすることである。

組合組織が完成すれば第一段階としては生活必需物資を中間マージンのないルートで仕入れて組合員である団員に安い値段で提供する。そしてこれが軌道に乗れば韓国から特産品を輸入することも第二段階的に行う。

また、次には東京に重点地域を選択して「共販所」＝スーパーマーケットを設立して団員の便宜をはかることになる。

この事業が成功すればわたし達は市価よりもうんと安い価格で生活必需品を手に入れることになるわけで、その成りゆきに一般団員は多大な関心を寄せている。

旅券は更新

最初発給日から満五年経った…

KJ旅券所持者の中でその旅券が最初発給された日付から起算して来る六月三十日まで満五年になるものは更新するようになった。

このことは駐日韓国大使館で確認されて七五年一月一日から施行されているが、例えば一九七〇年六月三十日以前に発給された旅券は今年の六月三十日で満五年になるので無条件更新手続きを取って新しいJA旅券を発給してもらわなければならない。現在二回延期に依り向う二年余間有効期間が残っているものも、満五年を過ぎているからその旅券は無効になるわけで新しい手続きによるJA旅券を取ること。手続きの詳しいことは民団各支部または東京本部へ問い合わせること。

慶事

尹隆道東本青年部長華式

東京本部尹隆道青年部長は永年の独身生活に別れを告げ、三月六日に横浜市中区山下町一九(〇四五—六五一—一五二二)結婚式場「海寧」で、かねてから婚約中である成永順嬢と挙式する。

玄永根翁

民団東京足立支部玄奎元団長の厳父玄永根翁は老患の為二月十三日に死去された。(享年八十五才)葬儀は済州道南済州郡南元面為美里で行なわれた。

季節風

◆三月に入ればまさしく春・朝晩の風はヒンヤリすれども日中の陽ざしは上衣が重く感ずる。三月は入学適令期の子女を持つ親は頭が痛くなる。今日この頃は入学資金も馬鹿にならない。まして私立の名の売れた学校ともなればひと財産フッ飛ぶともいわれる。それでも親馬鹿のせいか少しゼニのある人は一流校へ一流校へとなびく◆東京には韓国学校があるが、どうも生徒数が延びない。その原因はいろいろあろうが、民団組織幹部がその子女を日本の学校に入れることにも起因する。民団組織幹部が進んで韓国学校へその子女を進学させるなら一般団員への説得力にも真実味があって生徒数は勿論のこと教育・経営内容も著しく向上する筈だが…◆春はまた酒飲みにとってはまさしくシーズンである。花見酒はふぜいがあってよろしいが、トラになってはいけない。酒は気違い水ともいっているが、これは節度をわきまえない飲んべいに与えられる不名誉な形容詞である。トラはいけない。花ビラの舞うなかでくみかわす酒の味はまた格別とか、酒をたしなまない筆者には理解できないが、百薬の長としての酒の価値を下げないでもらいたい。◆春は秋ほどでもないが、結婚式も多い。結婚式といえばその披露宴のあり方にも考えさせられる。これも親馬鹿のなせるわざか、やたら一流ホテルでのものが目立つ。一人前一万円もするホテルの披露宴には数百人も集まる。これもなんとなく無駄な気がする。貧乏人のヒガミかも知らないが、どうも本国での「維新体制」下での冠婚葬祭の簡素化の運動が在日同胞社会には通じないのか。それとも維新体制にわざとタテつくつもりかな……

東京韓国学校で卒業式挙行

東京韓国学校では、三月三日午前十時から高等部、同二十日午前十時から初・中等部の卒業式をそれぞれ挙行する。

商銀錦糸町支店 三月中旬に開店

東京商銀では、錦糸町に支店を開設する為に昨年九月から店舗を建築中であるが三月中旬には完工し関係官庁の許可が下り次第開店する。新店舗は地上三階建、総工費約二億円。これが開店すれば東京商銀は上野、五反田、荒川、立川支店について五つ目の支店となり、錦糸町支店の開設を熱望していた墨東地区の組合員や団員に大きな利益を与えることになろう。

金正柱氏米国から帰る

金正柱氏(前中央団長)は在米韓国人の組織である「在米韓国研究会」と南カリフォルニア州立大学の招待を受けて渡米中だったが二月十日帰日した。氏はその間各地での講演会で「韓米文化の領域」「在日同胞と在米同胞の諸問題」について講演した。

東京江東支部 「セ民団運動」で連携 兵庫尼崎支部

尼崎支部から視察団

秋団長ら技川分団で感動

左から江東支部李桂元副団長、兵庫尼崎支部秋相春団長、柳万乾副団長(1975.2.13於江東支部)

東京本部の指導のもと、江東支部で発足した「セ民団運動」は確実な成果を挙げつつあり、その主目的である組織整風運動は、今や全国の各級組織に根を下し始めているなかで、来る三・一節記念式典での発会式を控えた兵庫県本部管内尼崎支部では、去る十三日午後三時半、東京本部に同支部秋相春団長・柳万乾副団長が来訪し、東京本部管内での「セ民団運動」の発祥支部である江東支部の視察を申入れたので、同本部申秀鉉組織部長が案内して江東支部を訪問し、同支部役員らと意見を交換し、実情の説明を受けたあと「セ民団運動」の一環として組織されたいくつかの分団を視察した。なかでも尼崎支部秋団長は、朝総連が解放区として豪語している枝川地区に分団が組織され太極旗が掲げられたことを見て、過ぎし日の枝川事件を想起してか、しばし感慨ぶかげな面もちだった。

秋団長らを出迎えた江東支部幹部たちは、金光和団長が東京本部の本国研修で留守だったが、鄭孝溶議長、李桂元副団長、黄外鎬、金弘啓同副議長、宋仁寿監察委員長、金在洪亀戸分団長、鄭万永大島分団長、金泰俊事務部長、それに消費生活協同組合からは呉興洙理事長らの面々。また、東京本部からは申秀鉉組織部長が同席した。

話し合いに入る前に、自己紹介があり、まずはペナント交換よろしく、尼崎支部からはカレンダーが江東支部からは、"セ民団タオル"がそれぞれに手渡された。

江東支部側からは、同支部の現況について説明があった。そこでは民団傘下同胞数は総連をはるかに上回っているが、民団には専従活動家が少なく、その点が弱だが、民団が機能的な組織になれば、その欠点を補ってあまりあるようになる。セ民団基金づくりのために第一次カンパを昨年行ったが、不景気にもかかわらず千二百万円相当が集まった。これは同支部の従来のカンパ実績からいうと約三倍にあたる。それだけセ民団運動に対する団員の期待が強く、総連が"解放地区"といっていた枝川地区に分団をつくったこともあってセ民団推進の志気は高い。今月中に九個分団、二十四班体制が整うことになっている、との点が強調された。

秋団長らは、こまめにメモをとりながら、次々に質問をくり出した。①「支部単位で、セ民団運動のための研修会をもったか。テキストは何か」②「総連の妨害にはどう対処したか」③「傘下団体の運営状況は」④「セ民団運動推進上の隘路は何か」などなど。これに対して江東支部側は、セ民団運動の実績に裏打ちされてか、よどみなく答えていた。

①については、セ民団運動発起式(昨年十一月二十四日)の前に一カ月以上にわたって、具体的な推進方法についての綿密な検討を行った。愛族・愛団心を高めるための研修は、東京本部単位で定期的に行っており、今回の本国研修にも同支部からは分団長、班長クラス十六名が参加している。分団では月例会をもっており、韓国系各機関の出版物を中心に学習も行っている。この月例会には、十数年間も民団に顔を出さなかった同胞でも、参加するようになってきている、ということであった。

②については、総連からの妨害は激しく、枝川分団長が暴行を受けたこともあった。が、われわれも妨害しないから、あなた方もするのはやめなさい」と申し入れており、いまでは目立った妨害はなくなった、ということだ。

③については、その討議に長時間を費した。江東支部には、婦人会、青年会、生協、納税貯蓄組合、財政委員会、教育委員会、それに韓日会心会など、多くの傘下団体・機関があるが、すべてが順調に活動している。とくに、三千万円の基金で設立された生協は、理事陣が自己犠牲を払いながら運営にあたっており、民団に毎月五十万円の補助金を出している。教育委は全国でも草分け的存在であり、国費の一定額を自動的に教育費にし、そこから毎月民族教育機関に三万五千円の援助をしている。納税組合も、毎年二月十七日から二十八日までに確定申告を終えるようにしており、税務当局から感謝状をもらっている。青年会については、旧韓青勢力の駆逐・解体が効を奏して、活発な活動が行われており、セマウル支援事業においても資金づくりを独自に行おうとしている、など強調された。

④については、どういう意見が出されるか注目されたが、江東支部関係者は、きっぱりこう語った。「民団のこれまでの仕事よりは、公文を出すだけで、それを履行するもしないも放置してきた。しかし、セ民団運動は、仕事を指示し、点検し、再指示するといったち密さと、団員宅を一軒一軒訪ね、討論するくらいのバイタリティーが必要だ。隘路といえば、民団組織が団員に、常に何かを与えていかねばならず、幹部自らが常に動かねばならないことだ。こういう体質が、民団にはなかったから」と。江東支部幹部は無報給で活動しているが、セ民団基金を五千万円程度つくり、その利子で活動費くらい出して行きたい、ということだ。

五時までつづいた話し合いのあと、秋団長らは塩浜分団、枝川分団をみて回った。総連系民族学校の跡に、太極旗と大きすぎるくらいの看板を掲げた枝川分団事務所として「団員としてのよほどの自覚と度胸がなければできないことだ」と感心することしきり。この場でわかれることになったが、秋団長から「尼崎にも来て下さい」との声がかかり、江東支部側からも「ぜひ、行かせてもらいます」との返事がかえってきた。

秋団長は「大変参考になった。江東は愛族・愛団精神の伝統が強いから、あそこまでできたのだと思う。生協、教育委の運営問題など、とくに教えられた。青年問題がうまく解決していることもうらやましい」と感想を述べていた。

東陽・豊洲分団発足

2月23日江東支部で

「セ民団運動」で着実な発展を見せている民団江東支部(金光和団長)では、二月二十三日(日)正午から江東支部会議室に、東陽地区・豊洲地区の団員約九十名が集会し、東陽分団・豊洲分団を発足させた。

これによって、同支部は九分団二十三班を擁する組織体として大きく団勢が拡大したことになった。

同支部は昨年十一月、「セ民団運動」を展開してから当初に目標した分団、班編成への事業計画の九〇%が完了した。新たに組織された分団の役員は次の通り。

◇東陽分団
分団長 李昌基
第一班長 (分団長兼任)
第二班長 金末子

◇豊洲分団
分団長 金容成
第一班長 (分団長兼任)
第二班長 曹基洙

団員の民生安定へ布石

東本生活協同組合設立の趣旨

最近の物価の上昇による、経済情勢は、私達の生活に大きな影響を及ぼしています。生活は漸次苦しくなり極端な場合には、月々の家計に数万円以上もの赤字が出る事もあります。交通費、光熱費、運送費等の公共料金の値上げ、人手不足による人件費、医療費、保健衛生費等の日常生活の必需品も、ジリジリとあがっており、生活必需品たる韓国食料品韓国衣料等はその特殊性上これに伴う運送費、交通費等の負担が非常に大きくて直接私達の生活への圧力となっています。

私たちの家計は、相当なる支出増となっています。経済大国に住んでおるとはいえ、収入は伸びないのに支出ばかりが増えるという事では「健康で文化的な生活」という憲法上の権利はおろか毎日の労働をささえる最低の栄養源さえ充分にとる事は出来なくなります。

こうした状態を見るときその解決策として、自分達の手による自主的購買消費組織をもち、安価に生活必需品を入手して、生活を自ら守って行く事が最も適切な方法だと考えます。その方法として消費生活協同組合を設立し、それをたくみに運営する事だと思います。

消費生活協同組合は一人一人の組合員が出す出資金を財源とし、組合員はすべて平等な発言によって運営され、株式会社のように持株数によって、発言や投票権が実質的に制限されることは全くありません。物資の販売についても全国的な生活協同組合の仕入機関があり、そこでまとめて仕入れるため、市価よりやすく供給することが可能です。

利益が出た場合には、組合員の生活協同組合利用高に応じて、その利益を割戻すという特典があります。

更に相次いで物価が高騰している現在私たちの日常生活と、切ってもきれない関係がある、生活協同組合の組合員として恒常的な連絡がとれ、結合をする場をもつということは何にもまして重要な事であります。

今後の生活確保の為め、私達はもっとお互に意見を交換し合い、一緒に行動するようにしなければならないのです。

先進的な、生活協同組合では物資の販売だけでなく、地域生活協同組合の家庭会として料理や生花や文化的な行事等を一緒になって行なっている例をみるまでもなく、生活協同組合こそ、こうした私達の願いを実現するもっともよい場であると思います。私達は多年間経済的安定と衣食住の、日常生活向上の目的を達成すべく努力して来ました。然し私達の生活に密着した、経済対策を具体的に実践した例はそう多くありません。

在日同胞の大多数が、日本に永住するようになった現在、我々の子孫の生活確保のためにも、合法的で地についた生活態度、家計対策を樹立し、それを実践するよう行動せねばなりません。

そのためには官庁の許可を受け、その事務所である私達の会館を建設し、生活協同組合法に依る組合員として生活の文化的、経済的改善向上を、図る事が私達の目的を実現出来る最良の方法だと信じます。

どうか皆さん、以上の趣旨を、充分おくみとりの上、ふるって東京韓国人生活協同組合へ、ご加入下さいますようお願い申し上げます。

一九七五年二月 日
東京韓国人生活協同組合
設立発起人一同

・金致淳、金九渙、李鍾浩、金光和、金栄洪、呉泰五、李石現、鄭東淳、姜学文、金正銖、韓相竜、高照演、洪斎植、安正燦、金致男、申秀鉉、河徳成、李桂赫、方宣雄、李憲昌(順不同)

在日本大韓民国居留民団 文京支部
文京区小石川二-一一-七 TEL(八一二)三五五五

港支部
団長 河徳成
港区三田四-六-十八 TEL(四五五)一一八八

台東支部
団長 李鎮浩
台東区東上野三-一五-八(韓国会館) TEL(八三三)九九〇四~五

墨田支部
議長 朴周植
監察委員長 金敬玉
墨田区大平一-一四-八 TEL(六二二)九四四二

職員募集
東京商銀信用組合
新宿区西大久保一-四四九 TEL(二〇八)五一〇一

(女子事務員 二名募集)
高見製鋼株式会社
代表取締役 高見進
本社 〒一三六 東京都江東区東砂五-一三-一六 電話 六四六-二五八一(代表)
営業所・工場 〒一三二 東京都江戸川区小島町二-一七〇五 電話 六八〇-五一五一(代表)

品川重機株式会社
代表取締役 韓相龍
本社 東京都品川区東大井一-四-六 TEL(471)五三二一-一二
工場 東京都大田区昭和島二-四-一

青年による東京全体を包む募金活動進める

東京 韓国青年
在日韓国青年会 東京本部
会長 趙鏞日
住所 東京都港区芝公園2-2-17
電話 437－2002

一、われわれは、大韓民国の国是を遵守する
一、われわれは、在日本大韓民国居留民団の宣言と綱領を守護する。
一、われわれは、在日本韓国青年として心身を鍛錬して、教養を向上させ、祖国の平和統一顕業に献身する。
一、われわれは、在日本韓国青年の矜持を堅守し、在留同胞の権益擁護に先峰的役割をする。
一、われわれは、在日本韓国青年として有邦青年と親善をはかり、真正な世界平和に寄与する。

青年会員決意のもと 奉仕団基金の募金活動 連日に渡って進める

在日韓国青年会東京本部は一月十六日午後七時より本部会議室で各支部会長参席のもと、四月に行なわれる「六十万セマウムシムキ（新しい心を植える）運動」青年奉仕団に関して真摯な討議を行ない、今年は企画から青年奉仕団派遣基金まで青年会が受けもって行なうことを決定した。

一月十六日行なわれた会議で青年達は四月に行なう青年奉仕団（祖国の山野に苗木を植える為の勤労奉仕団）派遣を議題に取り上げ協議を行ないました。現実に祖国での勤労奉仕が日程的にもきつく、受け入れ体制等もむずかしく、今までは何日もの勤労奉仕でなく宣伝的面に片よりがちだった点を考へ今年は青年自身が企画から青年奉仕団派遣基金までを担うという在日韓国青年運動にとっても画期的ことといえる運動を行なうと一大決意しました。すぐ青年会東京本部を先頭として運動推進の為の事前準備に取りかかり、まず初めに一月十九日日曜日午前十時から東京商銀五階会議室で各支部幹部による学習会を開き、情勢学習・今年度運動方針説明の後各支部ごとに二月から三月まで約二ケ月間に渡る青年奉仕団基金活動を具体的に検討し目標を出し合いました。

各支部幹部は会議終了後、「六十万セマウムシムキ運動」青年奉仕団主旨文・セ民団宣伝ビラ・芳名録・領収書・住所録等の準備を行ないました。一月二十六日日曜日には青年会東京本部主管で世田谷支部に宣伝車二台を先頭として会員二十五名による一大募金活動を展開し多大の成果とこれからの運動に必要な経験を得ることができました。

一月三十日には再度各支部幹部合同の会議を行ない、この運動を成功裡に修めようという決意を新たに確認し事前の準備を終へ、二月一日の運動開始をまちかまえるという段階まで進めました。この期間中でも各支部ごとに会議を持ち、この運動の意義と青年の行なうべき仕事に対して会員の決意と協力を行なうという各支部会員の団結と決意があったことはいうまでもありません。こうして、青年会々員一人一人の決意と抱負が確認されて、連日連夜に渡る活動の準備を行なうことができたのです。

二月一日土曜日よりこの運動は実際に動き始めました。足立支部・荒川支部・江東支部・墨田支部・台東支部その他青年会が結成されている支部それぞれが目標に向かって第一歩を踏み出しました。

足立支部では戸別訪問と廃品回収の二つを二大方針として打ち出して実行に移しています。廃品回収では各分団の協力を要請し、事前に分団長と面談を行ない具体的に日時を決め、仕事のてはずを整[illegible]は車と提供をしていただいた会員OB及び分団長その他団員の理解と支援があり、特に分団長は分団配下の団員家庭を「廃品回収を行なうよう」一軒一軒事前に主旨を説明して回ってくれるという強力な支援をしてくれました。又、車提供を申し出てくれた団員は「いつでも前もっていってくれれば車は備すから頑張れ。」と声援をしてくれ、廃品回収の為回った団員宅では新聞紙をきちんと束ねて結んでくれた人、この新聞紙・ダンボール等を約束なしで置っていただいた人等の協力がありました。

各支部で行なわれる 募金活動廃品回収 進む会員拡大

一方、戸別訪問活動では最初に民団の協力が得られたことは活動をやりやすくしました。又、会員の両親が青年達の運動を理解して知っている家を紹介したり自分自身がまず最初に募金をするなどしてくれたことなどもありました。ある女性会員のオモニは家に来客があれば「六十万セマウムシムキ運動」青年奉仕団の主旨を説明して募金をつのってくれたということもあります。訪問した団員家庭でも同胞家庭を紹介してくれるということが多々あり、青年と在日同胞が一致連帯してこの運動を進めています。又、青年に会った時は青年募金として千円以上の募金をお願いしています。

ある女性会員は「私は祖国に行ったことがありません。最近日本の新聞を読んでも祖国のことに関して良いことは一つも書いてありません。両親からよく聞く祖国とあまりにも違いすぎるんです。私はこの目でありのままの祖国を見たいし、より多くの苗木を祖国の山野に植えてきたい。その為には、この運動を進めて同胞の実際の姿を見るべきであるし、多くの青年が参化するべきであると思います。この運動をして同胞の暖かさ、良さを見ることができ、多くの人と連帯感をもててうれしい。」と話しています。足立支部では青年奉仕団に参加する青年は活動にも率先して参加するようにしています。

江東支部では各会員ごとに目標を定め、会員の主体条件を調整しながらこの運動を進めています。この支部はセ民団運動のモデル支部として全国的に有名ですし、青年に対する期待がもっとも大きい支部ということができます。青年会員はそれこそ連日に渡ってこの運動を推進させています。また、去年民団でセ民団基金として高額の募金を行ない、青年が団員宅に訪問しても募金をお願いしにくいという面も見逃がせませんが、青年会員はこの壁を乗り越えようと頑張っております。新分団の結成及び分団の学習会など民団の会議には青年会々員が少なくとも十名近くはたえず参加している姿を容易に見ることができます。江東支部の青年会員もまた廃品回収活動を行なっております。二月二十二日土曜日には枝川・塩浜地区を巡回し車に満載という成果を得ることができました。この運動を通して女性会員が自覚を持って活動している姿を民団団員及び婦人会のオモニ達が感じると話しており、民団・婦人会の協力によって青年会が伸びていることは江東支部では青年自身が自覚しております。

このように足立・江東支部を見ても今までの青年会では行なわれなかった青年達が企画から運営までを責任持って行なうこの運動が進められているのです。

荒川支部では青年会員によるアルバイトを計画し、これを進めております。その他新宿支部・大田支部・北支部・世田谷支部等東京本部配下の二十二支部で全都的に青年達が動いております。

廃品回収をする青年会々員

経済不況、同胞の試練期に 祖国の山野緑化 青年会一翼を担う

この運動を通して、初めて団員の家を訪問した青年も少なくありません。大田支部のある会員はこういっております。「同胞家庭を訪問したらお茶やお菓子を出してくれたのにはびっくりしてしまった。同胞家庭を訪問したら玄関をあけないで話も聞いてくれないと思った。親切に話を聞いてくれ、募金していただいて同胞宅を紹介してもらうとこちらがかえって恐縮してしまう。同胞がこんなに暖かいものだったとは今まで気がつかなかった」また、他の女性会員は、「オモニが主旨を説明したら涙を流してほめるんです。『こんな立派な青年がいるなんて』なんておっしゃって、こちらもすごく感激して泣きだしそうになって何を言ってよいかわかんなくなりました」とほおを高潮させて言っていました。

このように、まずこの運動を進める側である青年自身が韓国人としての自覚をもってきた事実があるでしょう。初めて同胞家庭を訪問して「何を話して良いのか、わからず足ががたがたふるえとまらなかった」という話を青年から良く聞きます。

青年が同胞家庭を訪問するのは勤労青年が多い為夜が圧倒的に多くなります。また、二月の夜は非常に寒くアボジ・オモニに会えない日は特につらく、決意がぐらつくものです。また、初めて訪問する同胞家庭の家人に玄関で会って声がでず足がふるえたということも多々あります。しかし、青年が昼間仕事をし、寒い夜活動することの運動は青年の意志を強固にし自己を変えて大きく大人に成長するよい契機になっていることも事実です。また、同胞が主旨に賛同し募金してくれたり、訪問家庭が暖かく迎え入れ意見交換や励ましの言葉をもらって勇気づけられることも少なくありません。多くの青年とも会うことができており、青年と祖国のこと、青年の問題を議論するすばらしさ、青年会に参加する青年の仲間が増える楽しさを活動する青年は肌で直接感じることができ、この成果が青年達を元気づけるもとになっています。

このように、青年会・婦人会と民団が三位一体となって一つの目標に向かって進むすばらしさを青年が理解し、同胞の団結こそが祖国家への参与と同胞社会の安定と発展に寄与するということを再確認しました。

しかし、デメリットがないわけではありません。民団役員のきに「訪問した所ですげなくことわられ戸をさえ開けてくれない」ということが起こっております。又、話をしても入り口で話す為、寒さが身にしみるために五分間もたつと体が寒くてふるえが止まらないということもあります。又、仕事が急がしいからこの次にしてくれとていよく断わられることもあります。ある支部では、麻雀の音と声がきこえてくるのに居留守を使われて家人にいないといわれた活動報告もあがってきています。このように一部同胞の同胞に対する無関心と青年の立場になって考えようとしない不誠実さが同胞社会に一部根深いのも事実のようです。又、青年達が祖国の問題、同胞社会、自己の将来の問題に対して無感心さをよそおい、訪問した青年と話すのもばかばかしいという青年もまた多くいるようです。

以上のように、一般大衆の無感心さと無理解、一般青年の無感心が今回同胞社会に少なからぬ比重を占めていることもわかりました。又、活動する側の青年が同胞の質問に答えられずとまどったりしていることもあります。

このように青年がただ祖国の建設に参与することだけを働きかけるのではなく、在日同胞のかかえている問題などを知らねばならないし、同胞社会には多くの問題がまたたくさん内蔵されていることがわかりました。しかし、一ケ月間の活動だけを振り返って見ても今まで青年が一軒ずつ戸別訪問をしたこともなければ、祖国の緑化に自から進んで参与しようとしたことがない為、青年がこの運動を進めるにつれ同胞大衆の意識が改革されつつあるということです。世田谷支部のある会員は、「世田谷というところは昔から団員数は意外と多いが民団がいくら声をかけても青年を育てようとしなかった所です。しかし、毎日戸別訪問をして初めてわかったことですが、同胞家庭をたずねますと二月初めと最近では話の仕方が違うんですよ。真剣に聞いてくれて質問が鋭いんです。こちらがいいかげんに答えることができないと毎日帰ってきてからあの質問はどうだったのかと一生懸命調べてみたりしています」

これを聞くとよくわかると思いますが同胞大衆の青年に対するとらえ方・見方がかわってきたのも事実のようです。東京本部にも品川支部団員のアボジから電話がありまして『青年から話を聞いて自分の娘をぜひ祖国に行かせたい』ということも、たくさん出て来ました。この運動は四月に一応終ることになっておりますが、長期的に見ても同胞大衆の意識改革は少しずつ浸透して行きつつあるのを見ることができます。又、青年達が動いているという事実が同胞社会に刺激を与え、意識改革を加速させているようです。

一方、動く側の青年達も募金活動や廃品回収を行なうだけでなく、この運動を通して同胞社会の現状を見、そして将来のあるべき同胞社会の姿を考えようという問題意識が出てきました。その為に、青年が率先して青年の連帯と青年がやらねばならないという自己改革の意識がでてきている現在、民団の次期幹部として立派に成長するでしょう。一方、民団婦人会等のアボジ・オモニも青年をこのままにしてはいけない、同胞社会を改革しなければならないという危機感が大きくなりセ民団運動を始めたことを見る時、この募金運動は必らずや成功するでしょう。

祖国の山野に 私達の手で緑を！

一九七五年青年奉仕団
募集要項

一、期間 四月一日～十二日（予定）
一、募集人員 百名
一、対象 十八歳～三十歳
一、参加費 二万円
（特典 参加者は旅券申請費用全額免除）
一、申込み期間 一月十日～三月五日
一、申込み先 民団各支部及び青年会
一、活動内容
①植樹及び学習（三日）
②産業施設視察（一日）
③前線部隊慰問（一日）
④国立墓地参拝及び顕忠祠見学他（二日）
⑤自由時間（四日）
詳細は青年会東京本部まで
TEL（四三七）二〇〇一～五

婦人会

婦人版発行について 崔金粉会長のあいさつ

親愛なる婦人会会員の皆さん！今年は、寒い日が、長く続いてますが、如何に過されてますでしょうか、悪性の風邪等に、かからないよう、充分に気を付けて、頂きたいと思います。

今月から、民団東京本部の、御厚意により、民団東京本部の機関紙である東京韓国新聞に、東京婦人会欄を、設ける事に、なりました。今迄は、毎月二五日の月例会で、各支部の消息ならびに、今後、行事予定等を、支部長会議で、話し合って参りましたが、その月例会の、内容を、此の欄を通して、御照介出来ます事を、感謝すると共に、此の欄を有意義に活用して会員の皆さんに、役だてていけば幸いと思います。

正常化されました本部も、早や一ケ年を過ぎ、やっと各支部役員さん達の顔を、憶える様になり、一ケ年の行事により、私達の親睦もより一層深まり、組織の発展の為に、全力を投入して参りました。

従来の私達は、家庭を守り、子女の教育に励む事によって、模範的な女性と、されてきましたが、そんな古い殻を打破した私達は、近代化した女性にふさわしくなるよう、家庭的にも、組織的にも、又社会的にも、色々な点で、より優れた婦人会の姿で、ありたいと思います。今年度の、年中行事の一つとして、三月十五、十六、両日に、バザーを行う事に、決りました。

すでに、昨年度の経験を持つ、本部では、今年のバザーも、色々な品物を、最高に取り揃え、安い価格で、皆さんに買って戴く様、準備に、取り掛かってます。

会員の皆さんからの、誠意ある、物品の提供を、心より期待して居ります。

海外に住む、私達は、とかく祖国を、忘れがちになりますが、大韓婦人会を通して、正しい祖国の、在り方を、見つめて、行きたいと思います。

全国に、四九県の地方本部の内に在る、日本の首都の名に恥かしく無い、内容共に、充実した、婦人会東京本部である様、役員一同、心を一つにして、組織の発展の為努力して、行きたいと思います。

最後に、会員皆さんの、御多幸を心よりお祈り申し上げます。

在日大韓婦人会 東京本部
会長 崔金粉

植樹記念日に母国訪問 婦人会東本で五十余名

婦人会東京本部では、この度び植樹祭を迎えて四月一日から四月六日まで五泊六日の予定で本国訪問を計画致しました。

この旅行計画は活発に動いている婦人会東京本部の年中行事予定の一つでもあります。

この準備にあたり、三月十五、十六日両日間バザーを行い、バザーの売り上げを持って本国の「セマウル運動」に参与するのが目的であります。ささやかなわがあさん達の協力が祖国発展の為大いに役立つことであります。

この度び本国訪問の計画はまず植樹に参加し、国軍墓地及び故陸女史の墓地を参拝する予定であります。それから板門店見学及び、戦場にて戦っている兵隊さん達を慰問することによって勇気を与えたいと思います。

それから養老院を訪問して、姉妹部落にも行って昨年私達が伝達した援助金のその後の経過活動状況を視察し、今年も私達の誠金を届けるつもりです。

私達のスケージュールが終ったあと、それぞれの郷里に帰って、しばし故郷の味にしたるでしょう。

このような多彩なる活動計画を立てた目的は婦人会会員の皆さん達の心に我が民族の心を植え付けたいのです。

会員皆様の御支援によりこの度びの本国訪問を絶大なる成果の内に納めるよう努力して下さることをお願い申し上げます。

京畿道楊州郡州内面広沙里との姉妹結縁（1974. 4. 4）

第29回植樹記念日に本国を訪問した婦人会会員

転ばぬようにそろりそろり 今年もスキー教室開かる

二月十五日恒例の東京本部スキー同好会主催による「スキー教室」が越後湯沢にある「宇理山荘」で三泊四日による日程で行なわれた。参加した同好会々員は二十余名、三人の指導員によって初級・中級に別れて雪になじむことで第一日目を終えた。二日目では、初日初めてスキーをはいて転んでばかりいた女性会員がゲレンデをおっかなびっくりしながらもすべれるようになった。特に午後は全員がリフトで頂上の方まで登り誰も転ばず無事に降りてくるという初心者の上達ぶりで、夜には宇理山荘で隠し芸大会を行ない、歌や踊り、手品など盛りだくさんの隠し芸が披露され、この夜ばかりは夜遅くまで話がつきなかった。このようにして、無事一人のけが人も出さず今年の「スキー教室」を終えることができ、来年も、今年以上楽しく上達できる「スキー教室」を行ないたいとスキー同好会では考えております。

あなたも踊ってみませんか

舞踊サークル発足のお知らせ

東京本部青年会舞踊部は、まず我国の伝統的芸術のひとつである民族舞踊や、カヤグム・チャング等を習得することによって、民族芸術や文化に対する理解を高めようとする研究サークルであります。特に日本に住む私達同胞二世三世の青年は祖国に対する意識が低く、文化などに触れる機会も充分でありません。そのような意味からして、私達ひとりひとりが韓国人として、民族の古典芸能を習得しながら文化的知識を広め意識を高める事が目的です。

この機会に、韓国舞踊を練習しその成果として、民団及び青年会の行事等で発表の場を持っていきたいと思います。女子部サークル活動として韓国舞踊独特の感覚を高め、基礎練習を原則として開き、参加者それぞれが一体となって、基礎舞踊からスタートして練習終了後には、代表的作品をとり上げて振り付けもし、また、創作研究などもしたいと考えています。練習はきちんと揃った時点で行ない、楽しみながら民族芸能に親しんでいきたいと思います。また、年に一度は定期的な発表会を開き、同胞に鑑賞してもらうのも大きな目標の一つであります。たくさんの参加をお待ちしております。

募集要項

一、練習場所 東京韓国学校舞踊室（四階）
一、日時 毎週土曜日（午後三時～約二時間）
一、対象者 各支部青年会々員
一、講師 (1)舞踊アドバイザー（カヤグム担当）趙成子 (2)舞踊指導者 金秀子、金英子 (3)チャング指導者 朱明彦
一、申込み先 東京本部青年会女子部宛 TEL 四三七―二〇〇二
一、主催 東京本部青年会女子部

ママさんコーラス団好評 一緒に歌いましょう…会員募集

会員の皆さん、お元気ですか？婦人会東京本部の文化部では、去年の六月よりコーラスの練習にはげんでおります。

韓国特有の民謡を始め、名曲並びに歌謡曲などが対象となっています。

歌に興味のある方、または歌を愛している皆さん！午後のひと時を楽しく歌いましょう。

その間、我々のコーラスは去る十二月十四日のクリスマス祝賀会の時に発表いたしましたし、今年の一月十五日成人式の日にもコーラスで祝いたしました。まだ未熟ではありますが学生の頃を思い出しすぎた青春をなつかしみながら精一杯歌いました。

今後もいろんな歌を歌い、レパートリーを広くして皆さんに喜んでいただくよう努力したいと思います。

我々のコーラスを指導して下さる方は、大阪芸大をご卒業なさったあとソウル芸大の大学院で勉強なさった康成宏先生です。

皆さん、ふるってご参加なさって下さい。お待ちしています。

場所 韓国公報館（ニュージャパン・ホテル内）地下鉄・赤坂見附下車
時間 毎週木曜日午後一時～三時三〇分まで
月謝 無料
指導 康成宏先生

恒例のバザー会 3/15～16 東京商銀で

1974年3月16、17日第一回バザー

永年家庭に大事にしまっておいて 現在は不用になったもの また どこかの片隅に ねむっている物 一つ一つが バザーには 大きな 役目を果すものであります。まして みなさまの自らの手で 取れた ボタンをつけ ほころびたものを つくろい ホコリをふいて 出して下さる品物、これらが バザーには なくてはならないものです。みなさまの その日の忙しさの中からの 真心のこもった 品物の提供をお願いします。不用になっていた 品物が 陽の目をみ ましてや それが 真心の こもった誠意にて このバザーは 大きく輝くものです。

この不用になった品物、見捨てられてあったものが 何かしの生き方をして それが私達の手をへて 母国の土に 植えられる 苗木になり 小さい村の農村貧の鍬一本に代り 身寄りのない お[illegible]の 不幸な子供達の 靴下一足と なるのです。

みなさま 面倒だと お思いにならず おうちのすみずみを お探しになって下さい。如何なる 品物なりとも 手に さわるはずです。それを全部で出して下さる それが バザーに参加し盛り上げる 喜びだと思います。「チリも積もれば山となる」この気持にて みなさまの 誠意のこもった 真心をお願いします。

みなさま 海外に居住していて その日の生活に精一杯生きている私達に 何か出来得ましょう。だけど小さい輪が 集まれば大きい輪となり それが大きい力となるのであります。

みなさま その力を おかし下さい。母国に誠を植え 愛族的精神にて 三月十五、十六両日の バザーを 成功させたいと思い ご協力をお願いし 一人一人の自覚にて成し遂げたいと思います。

婦人会 会員のみなさま これは誰が やるもので もありません。みなさま自分自身が 参加してやるのであります。参加なさる その誠意が 大事だと思います。その誠意が 祝世にあたえる大きい力となり また それが やるべき ことだと 思います。苗木一本が二本となり 一回のバザーが二回となり 数を 重ねる度毎に もう一つの 小さい村に また 灯りをともすようになることと思います。それが又 私達自身も 海外にいて心の片隅に小さな幸福と ほほえみに なるのでは ないでしょうか？

みなさま そうお思いになりませんか？ お互いに手と手を しっかり握りしめて 明日の希望と平和のために 心を一つにして 前を向いて 進もうではありませんか。

在日大韓民国居留民団
綱領
1. 우리는 大韓民国의 国是를 遵守한다.
1. 우리는 在留同胞의 権益擁護를 期한다.
1. 우리는 在留同胞의 民生安定을 期한다.
1. 우리는 在留同胞의 文化向上을 期한다.
1. 우리는 世界平和와 国際親善을 期한다.

神奈川民團新報
在日本大韓民国居留民団神奈川県地方本部機関紙

9月25日（水）
〈1974年〉
月刊（毎月25日発行）〈一部定価30円〉

発行所 神奈川民団新報社
発行人 朴成準
横浜市中区若葉町3丁目43—4
電話 045（251）6349（代）6271～2
支社 横浜・川崎・鶴見・横須賀・湘中・湘西・高座・相模原・南武各支部

朝総連解体へ全組織力を集結しよう

北傀の破壊工作陰謀を徹底粉砕

全民団員の総決起を促す

祖国・組織防衛のため立ちあがろう

朴成準団長

朴成準団長特別声明

朴成準団長は、傘下全組織指導者と同胞に対し特別声明を発表し、要旨次のような警覚心を喚び起した。「祖国の情勢が、中共を主導とする国際共産主義統一戦線の謀略機関により危機の様相を日々に増しつつあることはいうまでもない。日本はこの国際謀略機関の対韓工作基地である。国際共産主義謀略組織である朝総連の高度な陰謀と悪辣な破壊工作を徹底的に粉砕していく活動こそ祖国の危機を救う我々民団々員の使命ともいえよう。県下全同胞は海外国民としての自覚を新たにし、民団々員としての使命感に徹するよう願う」。また朴成準団長は朴大統領狙撃事件の背後である朝総連なる謀略機関の謀略計画がいかに高度な次元で行われまたいかに大きな陰謀が介在しているかを注意深く見きわめ、我々は先ず朝総連解体に向って死を決する活動を展開するよう強調した。

対韓破壊工作は

国際共産主義統一戦線で指令

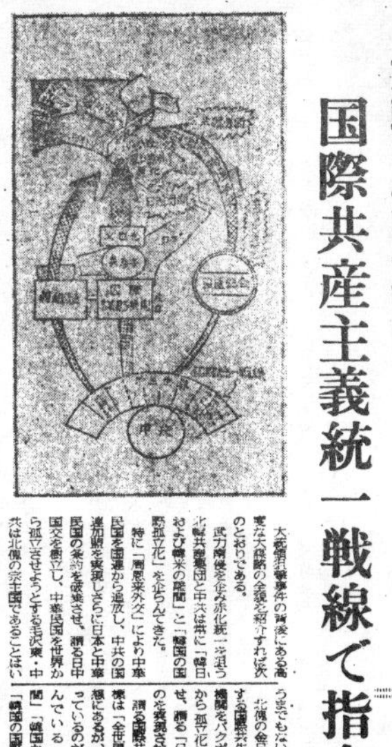

朝総連解体自動車デモ

神奈川県本部主催 韓民統など敵性団体を糾弾

北傀金日成集団が操縦

朝総連・韓民統・韓青など団体が暗躍

日本は彼らの謀略基地

凶器確保、殺人訓練も

勝共連ゼミナ

韓民統の方鎬煥氏転向

北傀の謀略機関ベトコン正体暴露に大きい意味もつ

転向声明を発表する方鎬煥氏

国軍の日参観団

神奈川県本部で総勢78名

政府、大幅内閣改造

「韓民統」からまた脱退

「中央委員」の金敏洙氏 九州

"生命の保障は？"

751

ベトコンとは何ものか

北傀の手先朝総連が操縦

金允鍾一味らの正体は　赤化統一が基本的な任務

俗称・ベトコンなるものの正体はいかなるものか。神奈川県内でも此のベトコンに賦する徒（やがら）は数人いる。その名をあげれば、先ず金尚竟を頭に、金允鍾、朴泉淳、金仁石、宋恒楨、李禹楨らである。これらの傘下にも数人の同調者がいるが、とにかくベトコン一味の正体を明らかにすることがつまり俗称・ベトコンの正体を明らかにすることである。

県下の民団々員大衆は、ベトコンの正体を明確にキャッチし、これら一味との接触に一層の気をくばることが要求される。

以下、俗称・ベトコンの正体を明らかにすると——。

朝総連が「韓国赤化革命推進のために在日朝鮮人を結集して民族統一戦線を結成して……」という一九六一年九月の北傀・労働党第四回大会の金日成ラッパをもとに日本国内における民団工作をすすめてきたことは周知の通りである。

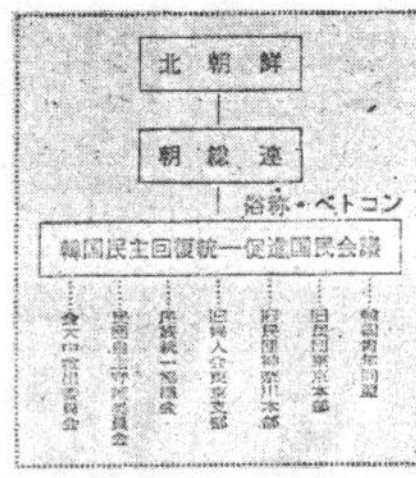

朝総連に糸をひかれる韓称・民団を名乗る二セ民団の組織図。俗称・ベトコンとよばれている

ベトコンの正体

ところが、今年三月十日、朝総連中央常任委は、組織内に統一事業部を設置することを決議した。この決議にもとずいて統一事業部は、四月一日に設置され、総責任者に鄭在俊副議長をおいた。中央本部「在日朝鮮人統一事業促進委員会」のもと、各局（十三局）に統一事業部を設置し、地方本部（四十六）に担当責任者をおき、傘下団体（十三）と事業部（十六）に政治部を新設するという大がかりなものだ。

これは、朝総連が今年を「統一実現の画期的転換の年」「在日同胞を革命化する年」として、さらに民団工作を強めることを意味している。そしてこの民団工作は、実に巧妙にすすめれている。

二つのうまい口実がある。ひとつは、統一念願という韓国民族の悲願に便乗して、「祖国統一」という政治的大義名分で、民団接近をはかり、その革命化をはかる。

もうひとつは、〃反朴運動〃ということで、共産革命運動と関係のない在日韓国人の大衆運動のような装いで、カモフラージュする。

すでに民団の中では、反主流派というポーズをとりながら、一九七〇年末ごろから、韓国政府の反共路線を支持する民団中央本部に対して、反旗をひるがえす一派が出ていた。裵東湖、郭東儀らに牛耳られていた旧民団東京本部、同神奈川本部、旧婦人会東京支部などがそれであった。

裵東湖、郭東儀の二人は「韓国の制度より北韓共産集団の社会主義制度が優れている」「階級のない自由平等社会にならなければならない」「国内の与野党はともに信用できないから、第二の4・19を引き起こさねばならない」などと煽動した事実が、民団内に伝わり、その国籍のない発言が全団員から糾弾された。

一九七二年、七・四南北共同声明が出ると、これらの一派は「祖国統一は海外民族統一から」と、「民族統一協議会」をつくり、朝総連との連携をなかば公然化させて、反民団、反朴活動を展開した。

これに七月七日、その過激な活動から民団の傘下団体取消しとなった「在日韓国青年同盟」（略称・「韓青同」）や金大中事件のあとでできた「金大中救出委員会」であった。

俗称「ベトコン」

こうしてできた七団体を傘下に「民団自主守護委員会」などが集合して出てきたのが、ニセ民団組織＝「韓国民主回復統一促進国民会議」（略称・「韓民統」）である。もっともたとえば、そ撃犯人・文世光は、「韓青同」の活動家で、「金大中救出委」大阪事務次長というように、組織的にはかなり重複している。

この「韓民統」は、俗称「ベトコン」と呼ばれている。もう誰でも知っているように、ベトコンとは、北ベトナムにあやつられたベトナムの反政府戦線（ゲリラ）のことだ。ところが、在日韓国人の社会にもベトコンがいた。それは韓国籍をもち、表向きは民団員を称しながら、裏で朝総連とつながり民団破壊活動を行うこの連中のことである。

昨年後半からベトコン派は、金大中救出に名をかりて反韓国的活動をほしいままに行い、そのスローガンも、朝総連のそれとの区別さえつかなくなった。

このベトコンのなかから今回の狙撃犯・文世光が出、その関係から民青学連事件の日本人・太刀川正樹、早川嘉春が出た。文世光について、「韓青同」は、「七二年九月に『今後一切、韓青とは関係ない』との文書を送ってきた。その後二、三回顔を出したが、七三年九月からは一切、活動に参加していない」（朝日73・8・16付）と無関係としている。

ところが、七二年九月三日に、「韓青同」と「朝青」（朝総連の青年組織）が共同主催した「7・4南北共同声明支持大阪集会」（梅田・フェスティバルホール）では、「韓青同」生野北支部を代表して演壇に立っている事実がある。さらに七三年九月二十三日大阪・馬場町の大手前市民会館での「金大中先生救出韓国人関西大会」でも演説していることが確認されている。文の後には、「韓青同」があり、「韓青同」の上にはベトコンがあり、ベトコンは朝総連が糸をひき、その後には北傀の金日成集団がある。

スパイ索出に全力を

朴内務部長官　特別指示二号発表

朴璟遠韓国内務部長官は十七日特別指示二号を発表し、スパイ索出に全力を傾けるようにと全国の警察に指示した。

朴長官は特別指示の中で「警察は国家安保体制確立の緊迫性を銘心し、安保治安の業務遂行に力を尽すとともに、特に情報外事警察官は国内に浸透して隠れているスパイを一人残らずに捕えるよう」にと指示した。

総合図書館　鳩の糞に〃フンガイ〃

本紙総合図書館の三階閲覧室とロビーにある窓の上部に鳩が巣をつくり、閲覧者に数人が被害をうけている。

この鳩は土鳩と呼ばれる種類で木の枝よりビルの屋上などに巣を作る習性がある。三四郎池を訪れる親子がえさをやったためもあり昨年から学内で異常発生していたところ、クーラーのない三階の閲覧室では学生が窓をあけるためハト君がつがいで侵入、巣をつくりたまごを生んでひなをかえしたという次第。図書館側が気がついた時は既にたまごを暖めており追い出せなかったという。ところがロビーで鳩の追撃弾をくう者が続出、最近は図書館に投書まで舞いこんだ。

図書館では、とりあえず窓に金網をかぶせて応急措置をしているが近いうちに予算処置をとって巣や糞をとり除く予定。

拙劣すぎる対韓外交

筑波大教授　村松剛

論説　繰返した「逆なで」

他国に置換え　事件の〃重み〃考えよ

日本の外交は、まことに不可解である。日本の政治家の外交の下手なことには、すでに定評ができかかっているようだが、このごろは見ていると、ますます絶望的になってくる。

最近の韓国にたいする外交当局の一連の発言は、相手を怒らせようと企んでのものとしか思えない。まずだいいちに韓国大統領夫人を在日韓国人が射殺した事件にたいして「外務省筋」は道徳的にも何の責任もないと言明した。

これは現在の韓国の政治体制をどう評価するかということとは、いうまでもなく次元を異にした問題である。かりに日本にいる台湾系の中国人が、日本の警察から拳銃を盗み日本人のビザをもって北京に潜入し、毛沢東夫人を殺害したとしたら、日本のマスコミはどういう反応を示しただろう。

北京の政治体制への好意さらいはべつとして、日本は道義的責任を感じるべきだし、ぼくなどがそんなことをいうよりもまえに日本のマスコミは、相手が北京だったら蜂の巣を突っついたような大騒ぎを演じるにちがいない。日本政府は何をしているのかと叛怒する「良心的」言論人が、ゴマンと出るのではないか。

卑俗な比較をあえてつかわせてもらうなら、自分の家に下宿していた男が包丁を盗み出して、こちらの名刺までつかい、隣家に侵入して奥さんを殺したということである。そういう事件が起こったら、法的にはともかく、礼節としてお詫びをいれるのが当りまえだろう。

二年まえにイスラエルのテルアビブ空港で岡本なにがしが虐殺事件を起こしたときに、日本の政府は謝罪の使節を現地に送った。（石油がまだ「武器」につかわれていなかった時代だったから、日本がわもういいしかったわけで、いまならとていい考えられない。（今回は元首夫人を殺したのだから、問題の重みはずっと大きい。

しかも何の道徳的責任もないと、外交当局が言明したのである。なぜ韓国だとべつ扱いするのかと、相手がわが激昂するのは当然であって、差別とうとられても仕方がない。

最近の日本では、韓国の朴政権の悪口をいうことが流行で、それが「インテリ」（?）のしるしのようにさえなっている。

この種の流行は日本にはむかしからあり、少しまえは、「ベトナム戦争反対」だった。反対論は人道主義をふりかざしていたはずだが、アメリカが介入をやめ、北ベトナムの十数個師団が南にいすわって武力攻撃をつづけていても、「人道主義」的インテリは、もう何もいわない。次の流行は、北京礼讃に変った。

しかし北京詣では田中金権内閣がまっさきに行なっていることだから、このごろは「インテリ」の護符にはならなくなった。ところが日本では、シリアやイラクやサウジアラビアの独裁制の朴政権への非難という順序らしい。

韓国の現行憲法には、よその国のことながらぼく自身も多少の疑問は抱いている。けれど独裁体制ということをいい出せば、北京や北朝鮮はどうなのかという問題が当然出てくる。北朝鮮は、金日成一家の家族支配の観さえある。

現在の世界で、議会制民主主義を曲りなりも維持している国は、決して多くはないのであって、一部を除く西欧とアメリカ、カナダ、アジアでは日本と、マレーシア……と数えてゆくと、総人口は十億人ぐらいに達するだろうか。十億とすれば、世界人口の三分の一にみたない。

それぞれの国に、おのおのの歴史があり事情がある。議会制民主主義をとっていないからわるい、ときめつけるのは下手だし、そんなことは常識と思う。

には微笑を送っても、韓国だけはそうはゆかない。（とにかく韓国には、石油が出ないのだから。）日本人がスパイ容疑で捕えられた例は、ソ連にも北京にも数多くいるけれど、マスコミはそれには、あまり関心を示さないのである。

日本の三十六年にわたる朝鮮統治が、どれほどの怨恨を韓国人にうえつけているか、いちどでも現地に行ったことがあれば、たいていわかるはずである。（北朝鮮は、親日知日分子は公民権を剥奪すると、かつて憲法に明記していた。）

ことに朴大統領夫人殺害事件の八月十五日は、日本の敗戦の日であり、向こうにとっては「解放」の日である。その日に起こった事件は、明治の「閔妃暗殺」いらいの数々の歴史を、人びとに想起させたと思うべきだろう。

事件の衝撃は、反朴派の人びとまでも反日反共に結束させた。そこに道徳的責任云々の発言であって、これはもう拙劣とか何とかいうより、まともな神経をもった人間のことばではない。さらに北朝鮮からの脅威は国家ではないという発言が、追いうちをかけた。

北からの脅威の否定は、韓国の政策を根本からくつがえすものである。見方はこの場合にもむろん、いろいろあり得る。しかし韓国政府筋によれば、げんに昨年の暮れには韓国の西がわの島（西海五島）をめぐる軍事的緊張があったのだし、北がわは三個軍団を動員し、民兵隊の一部動員と海軍の集結まで行なったと伝えられる。

この事件は日本では殆ど知られていないけれど、それにつづく韓国漁船二隻と警備艇の撃沈や大韓航空機への発砲は、日本の新聞にも出た。脅威はないという断定は、当事者である国民の感情を逆撫でするものであろう。

朝鮮半島の二つの国のうち、北朝鮮は日本からはとおく体制もまるでちがう。韓国は近いし、ソウルの市街は歩道橋から高速道路まで東京に似ている。その気安さが日本がわの言動にあらわれていることも、否定できないのではないか。

よその国の法律を日本人が破って捕えられたとき、当の法律の方がわるいという書き方を新聞の多くがするというのは、韓国の場合ぐらいしか考えられない。

気安さは、相手国には侮蔑ないしは主権侵害とうけとられるのである。三十六年にわたる支配が韓国人にあたえた傷について、論じたがる人びとは少くはない。しかし政府も、それを好んで口にする一部の知識人も、事実をどれだけ認識しているのかと思う。

金日成、暴力赤化宣言

緊迫する韓半島情勢に不純分子暗躍

金日成は北傀労働党機関紙「労働新聞」で数百万の人命を奪っても必ず武力赤化統一を成し遂げるという殺人鬼顔負けの断末魔的公言をした。実に韓半島はその情勢がにわかに緊迫をきわめつつある。一九五〇年北傀の金日成によって勃発した六・二五動乱直前にあまりにも似かよった様相だといえる。

既に金日成は休戦ライン一帯に北傀全地上軍を集中再配置し虎視眈々に南侵を企てているのである。

最近、金日成は北傀を訪問したペルー朝鮮文化友好協会事務局長が出した質問に関連し、彼は武力南侵の獣欲を公然と明らかにした。

金日成は「わが党（注＝北傀労働党）に北部の人民は、南朝鮮における武力的蜂起を積極的に支援するためいかなる手段をも駆使する」と述べ、さらに次のような発言を行った。

祖国統一事業をめざす武力闘争で、わが党と政府が一貫して堅持した方針は三つの武力革命勢力の強化である。第一に北の武力革命勢力を強化し、第二に南朝鮮の地下に潜伏している武力革命組織を支援強化し、第三に日本を中心とする国際武力革命勢力を強化し、国際革命勢力との団結強化のために闘争することである。

金日成は、このような殺人鬼的証しとして先ず北傀をスタートに日本国内に巣食っている国際共産陰謀機関を経由し、わが五千万民族の聖典・独立記念式典を血にそめたのである。

真に韓半島の情勢は金日成と国際共産陰謀機関によってにわかに緊迫を増しているにも拘らず日本の外相たるものが「北からの脅威はない」と発言するなど或は訪朝特使を派遣し一時の鎮静を計るなどというような事柄で緊迫した様相が変るというような情勢でないのである。

今、なによりも懸念されることは、今日の韓半島を取り巻く情勢が、一九五〇年六月二十五日に勃発した六・二五動乱直前にあまりにも似かよっているということだ。

その証拠として金日成が①武力赤化統一という好戦魔的基本戦略を変えておらず、②謂る「四大軍事路線」といわれる北傀軍の近代化と全軍要塞化施設の地下化、③数万回に及ぶスパイの南派と武力的挑発それから侵略行為の強化、④世界に向けての偽装平和攻勢の活動化⑤日本を中心とした対韓偏向言論の造成と特に日本の対韓偏向言論の造成と特に日本の対韓偏向言論人養成のために数億万円の投入などに表われており、さらに六・二五動乱時にはアメリカがアチソン・ラインにそって米軍を撤収させていたが、今又アメリカは駐韓米軍撤収の動きを見せている。

金日成は、その殺人鬼的、好戦魔的同族殺害のチャンスを次のような可能性にも託している。

①国連軍・米軍が撤退、軍事的バランスが崩れた場合、②韓国内に暴動が起り、駐韓米軍が内政干渉を行わない理由で介入しないことが明らかになった場合、③南ベトナムでベトコンが勝利した場合④日本に民主連合政府が樹立した場合、の四点が上げられているが、国連軍・米軍の撤収は、北傀の国連工作、対米工作が日に日に露骨に行なわれているし、韓国内の暴動には、民青学連事件をはじめ謂る金大中救出グループなる不純分子、金芝河救出グループ、自称憂国志士然とする言論人らの策動、朴大統領狙撃事件などで明らかなように在日朝鮮総連という日本国内の前衛的殺人基地を使って活発に工作されており、実に今わが祖国韓国は国家の防衛と国内同胞の生命を金日成の殺人魔手から守護するため春先の薄氷を踏む日々を送っている。

金日成が企むそのような可能性を与えている工作舞台が他ならずアメリカと日本であり、特に日本が北傀の第二軍事基地化しつつあるということは否定できない。

このような情勢を正面から助長し、金日成の意のままな代弁人的役割、すなわち金日成の使徒のような役割を担ったのが日本の自民党においては、木村という卑卒極りない外務大臣と宇都宮徳馬なる老いぼれであったのである。

韓国、戦闘機生産

米メーカーと交渉

韓国国防当局が米ロッキード・ダグラス、ノースロップ等メーカーと韓国に戦闘機製造工場が組立工場を設立することを交渉しているという。米側では精密な戦闘機製造にあたる熟練工が韓国にいるかどうかについて疑問を投げているが韓国側では自信があると答えたもようである。

対民団破壊工作者　徹底割り出し急げ

金大栄監察委員長　県下全組織に強力指示

民団神奈川県地方本部金大栄監察委員長は、県下の各級組織に対し、組織防衛と朝鮮総連の対民団破壊工作者の割り出しに徹底を期すよう強力な示達をした。

九月から十月にかけて、この作業の第一次月間とし、この月間を通じ、先ず破壊工作者の割り出しに着手するよう強調した。

同、金大栄監察委員長は、本部金有河副団長を伴い、南武支部地域を皮切りに県下九支部を巡回、その陣頭指揮にのり出している。

この月間において、第一号に除名されたものは、南武支部団員崔徳先である。

崔徳先は、四年前、朝鮮総連から偽装転向し、大韓婦人会南武支部会員におさまった。以後、婦人会の活動に参加していたが、その家族全員は、朝総連盟員にそのままおさまり、南武支部役員らの再三の全員転向勧誘を拒んできた。

この崔の夫の弟は現在、朝鮮総連南武商工会長として朝鮮総連筋金入りの活動家でもある。

故張峰華嬢に弔義金

金桂善議長長、金恒徳副団長20万円伝達

金桂善議長

金恒徳副団長

去る八月十五日「光復節・式典に在日同胞慶祝参観団代表の一員として同式典に参席した神奈川県本部金桂善議長と金恒徳副団長は、朴大統領狙撃事件のとき死亡した張峰華嬢（17歳・城東女商生）の葬式に参加したあと、弔義金二十万円を渡した。

またスパイ逮捕

[illegible]

アジア大会が横車大会になった話

[illegible]

全南に大洪水被害

被害額70億・望まれる在日同胞の支援

朴成準氏 神奈川県本部団長 50万円伝達

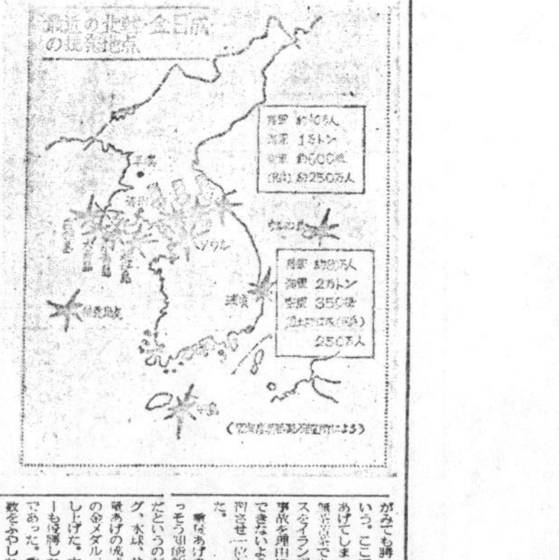

去る九月三日午前六時からわずか三日間で被害額七〇億ウオンもの被害を出した韓国西部地方の豪雨はかってないものである。

民団神奈川県本部朴成準団長は、この被害ニュースを聞き、本国出張を機に水害救済金五〇万円を関係当局を通じ対策本部に献金した。

韓国西部を襲った記録的な集中豪雨は、とくに全羅南道で大きな被害を出したが、調査・集計にともない被害額がふえている。

全羅南道水害復旧対策本部（委員長＝安田善同道副知事）によると、三日午前十時現在、同道内の水害被害は総計六十四億三千万ウオン（千六百七万五千ドル）に達した。

これには、農作物被害がくみ込まれていないため、農作物被害をふくめると、被害総額は七十億ウオン（千七百五十万ドル）を上回るものとみられる。

また、全羅北道の災害対策本部によると、二日午後七時現在、道内の洪水被害額は六千七百七十六万ウオン（約十七万ドル）にのぼった。

他方、水害罹災地に日本脳炎および腸チフス患者計五名が発生したことが二日明らかになり、災害中央対策本部は罹災地および近辺に住居する二十五万名の住民に緊急に予防接触種を行うことを決定した。

韓国政府は三日、朴大統領の指示により、罹災農家に平年なみの収入を保障する補償を行うことを決め、三日にはとりあえず、家屋 [illegible]

阪本紡績　ついに倒産

[illegible]

扶余に紅蔘工場

[illegible]

横浜商銀はわれわれの手で！　2百億預金達成は皆さんの力で！

●あなたの会計係に　当座預金
●税金のお支払と利殖に　納税準備預金
●あなたの財布がわりに　普通預金
●利息のもっともよい　定期預金
●諸種のお利払に　通知預金
●小さく積んで大きく貰つ　定期積金

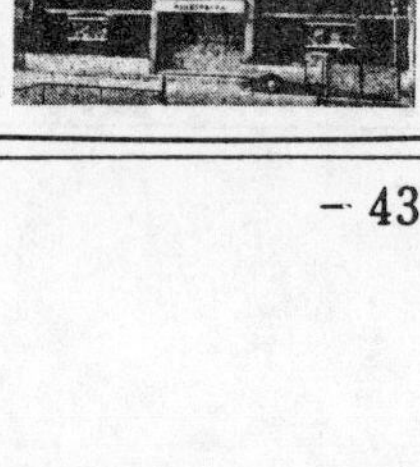

横浜商銀信用組合

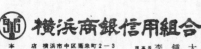

本店　横浜市中区蓬莱町2－3　電話 045（251）6921～5
川崎支店　川崎市川崎区東田町10　電話 044（24）4961～5
横須賀支店　横須賀市日の出町1－2　電話 0468（22）6935～7

理事長 李鍾大
専務理事 李根馥
常務理事 大原良雄

故陸英修女史追悼式

元凶金日成打倒を誓う

神奈川県本部主催　横浜でおごそかに

去る八月十九日、横浜総領事館庭園で民団神奈川県本部主催「朴大統領閣下令夫人故陸英修女史追悼式」（執行委員長・朴述祚本部常任顧問）がおごそかに開かれた。

この日の追悼式には、県下同胞一千二百名が参加し、遠く静岡県本部からも康民善本部団長をはじめ、同本部三機関、顧問団、朱性鶴静岡商銀理事長ならびに幹部全員、同本部傘下各級団体の役員全員も参加したのである。

全参加者は、陸女史の死に対する悲しみと金日成殺人集団による殺人行為に対する憎しみに激しくもえていた。

同追悼式は、午前十時から民団神奈川県本部・金有河副団長の司会で開式され、大韓仏教曹渓宗総務院日本地区弘法院々長、妙覚大禅師による三帰儀礼と冥福を祈る読経、金有河副団長によって陸女史の略歴紹介があり、つづいて政府公館代表と各界団体代表の追悼辞、各代表の献花、参加者全員のご焼香の順に進行された。

追悼辞をささげた各界代表は、駐横浜総領事館、李起周総領事をはじめ、民団神奈川県本部金大栄監察委員長、民団静岡県本部康民善団長、神奈川県韓国人商工会尹珠宅会長、横浜商銀李性大理事長代行、李根馥常務理事ら諸氏である。同追悼式は午前十一時半終了した。

献花を奉げる朴述祚執行委員長

故陸英修女史追悼式で涙ぐましい追悼文を読みあげる朴成準団長

北傀・朝総連糾弾デモも

3日東京で　故陸英修女史追悼式、二万余人参加

去る九月三日、東京都立体育館（千駄ケ谷駅前）で開かれた「朴大統領令夫人故陸英修女史追悼中央大会」に、神奈川県地方本部では傘下団員のうち二千三百人が参加した。この日の大会に全国各地から団員代表参加者数は約二万名を超えたのである。民団史上これほど民団々員が一堂に結集したのは初めてのことである。

同大会の主管本部は関東地区協議会事務局長本部である東京本部が務め、幹事本部は神奈川県本部が当った。

陸女史の死に対する深い悲しみと金日成の殺人行為に対する憤りと憎しみが、いかに深いものかを物語る同大会は、北傀、朝総連、韓民統、旧韓青、金大中救出委、対韓偏向言論人、日本政府の一部高官らの対韓破壊謀略に対する激しい憤りが如実に立証された。

追悼大会終了後、延々三・五キロにわたってつづいたデモ隊列は在日韓国人の祖国愛が集約され、国際共産主義の悪辣な謀略から来る数々の苦難を克服していこうとする心意気が燃え上がっていた。

この心意気は、同大会席上、民団神奈川県本部朴成準団長からの「陸女史の死に対する憤怒を対朝総連と北傀・金日成集団闘争に向け、祖国統一に貢献する」ことを誓った朴大統領閣下に送るメッセージにも脈々と表われていた。

神奈川県本部傘下　民団員代表二千余名参加

会場・東京都体育館の大アーチには、大会名称が黒々と大書されていた。午前十時に開場。神宮の森にはバスの大群がつぎつぎに吸い込まれ、バスからは団員たちがあふれでてくる。午前十時の時点で、すでに会場は満員。会場に入れない参加者たちは、場外で待機した。

会場正面上段には、大きな太極旗が掲げられ、その下に菊の花に囲まれるように故陸英修女史の特大の遺影が安置された。開会は定刻通り正午。全員が起立する壮大な光景のなかで国民儀礼がとり行われ、つづいて大会の主管本部である民団東京本部の金致淳団長から開会辞があった。金団長は遠路から忙しいなかをかけつけた参加者たちに慰労の言葉を述べるとともに、この追悼大会を契機に、実力ある民団に生まれ変わらねばならず、それが民団組織の故陸女史の犠牲に報いる道だ、と強調した。

鄭在俊中央監察委員長から故陸女史の経歴報告があった後、全員が起立、故陸女史の肉声録音を聞き、一分間の黙念を行った。つづいて東京韓国学園女子合唱団による献歌があり、「パイコゲ」「パンダル」の二曲が斉唱された。

追悼辞朗読が、尹達鏞中央団長、金永善駐日韓国大使からあった。陸女史の死を悼む言葉が、ふるえながら、場内いっぱいに響いた。参列者たちも、悲しみをあらたにさせられていた。これで追悼大会は事実上終わり、朴太煥中央議長から「民団全国代表民衆大会」の名儀による決議文が朗読された。同決議文は①文世光の背後関係を徹底糾明するよう日本政府に要請し②日本の一部言論機関の偏向報道に抗議し③旅券偽造、拳銃窃盗などの事実から、日本政府は政治的にも道義的にも責任を負うべきであるなどと主張した。

つづいて朴成準神奈川本部団長から、陸女史の死に対する憤怒を対総連・「北」闘争に向け、祖国統一に貢献することを誓う、朴大統領に送るメッセージが朗読された。また、李根境王本部団長か[illegible]

婦人会神奈川県本部主催で開かれた敬老会パーティ

敬老会ひらく

神奈川県本部主催

婦人会神奈川県本部（会長・趙[illegible]）例年の如く、今年九月十三日、民団神奈川県本部から三機関[illegible]

一九七二年婦人会神奈川県本部主催の、母国訪問の時、青瓦台礼訪の折は、会員一人一人とあつい[illegible]

最後に[illegible]団中央[illegible]から閉会辞があり、参加者たちは、直ちに[illegible]公園に、一時半から集合[illegible]

李晩和領事招き

相模原支部研修会開く

去る九月十四日、午後三時から相模原温泉マイアミ・ビーチホテルで、相模原支部（団長、李甲述）主催、同支部役員研修会が催された。

同研修会には、横浜総領事館・李晩和領事、張晟集副領事と県本部から金信根副団長、[illegible]事務局長代理が参席し、効果ある研修会になった。

主な研修内容は「李晩和領事により、「国際情勢と祖国の実情」に関する学習がおこなわれ、[illegible]事務局長代理により「組織に関する基本知識」という題で学習があったあと、翌日（十五日）研修会は無事終了した。

らは、日本政府は責任を回避し、文世光の背後関係を明らかにして厳重処断せよ、との田中首相宛の要望文の朗読があった。

この大会を準備するのに大きな役割を果たした全国各地の青年会[illegible]を代表して、朴[illegible]青年会[illegible]が[illegible]を行ない「[illegible]在日同胞社会を[illegible]にすべく、われわれ青年も精力的に取り組む」ことを力強く述べた。

3日東京・都立体育館で開かれた故陸英修女史追悼大会、このあとデモ行進をした。

デモに入った。

この日の大会は、主催者側、参加者側からも成功だったと評価されており、民団が総連の動員力をはるかに上回ることをも立証したといわれる。民団関係者がこれで大きな自信をもったことは想像されてあまりあり、同大会が実力ある新生民団への出発点になるだろう、ともみられている。

デモ行進の[illegible]公園で[illegible]からの[illegible]が行われた。[illegible]参加者たちが行進に使われた「金日成」「朝総連」の人形、「北」の[illegible]、スパイ・[illegible]「万景峰号」[illegible]の中央に[illegible]した。ほとんどの参加者は[illegible]していたため青年たちの[illegible]を知った人はほとんどいない。

青年たちは、「金日成」「朝総連」の人形、「万景峰」号に[illegible]く火を放った。宣伝カーの上でマイクを握っていた[illegible]東京本部[illegible]団長が叫んだ、「後ろで燃えている」。宣伝カーの方に向いていた参加者は一斉に振り返った。「金日成」「朝総連」、スパイ工作船「万景峰」号を包む炎は激しく燃え上っていた。参加者の間からどよめきの声があがり、激しい怒りの目が炎の中に注がれ、跡片もなく燃えつきるまで見つめていた。

[illegible]たちの[illegible]に燃えた[illegible]の行動は朴大[illegible]たちの面前を新たにし、「北」、総連に対する[illegible]の[illegible]同胞の[illegible]ようだ。

水害地区を視察

李起周総領事、救済金伝達

横浜総領事館は、去る、九月一日、関東地方を襲った豪雨による被害をうけた川崎支部戸手分団三十二世帯に水害救済金四十八万円を送った。

同日、李起周総領事は、総領事館の李晩和領事、同張晟集副領事を伴い、川崎支部朴点守団長、同李康元、朴基賢両顧問の案内で被害地域の三十二世帯をいちいち訪ね、水害による惨状をねぎらう一方、戸手分団朴要[illegible]分団長に同救済金を渡した。この救済金は、総領事館の公金から出だもので、李起周総領事の我々同胞に対する温い心づかいがうかがわれる。

李総領事は、赴任まもない期間ではあるが、同胞達の間には、慈愛深い数々の業績をたたえ、同総領事に対し、大なる期待を向けている。

救済金を伝達する李起周横浜総領事

県本部、川崎支部でも

県本部（朴成準団長）と川崎支部（朴点守団長）からも、朴要[illegible]分団長に救援物品と義捐金を送り被災世帯の救援に当った。

韓日報道関係者二百人が参席

金永善駐日韓国大使主催のこの日のレセプションには、日本の各新聞、通信、放送の編集局長、局次長、論説委員、外信、政治、社会、文化等各部長をはじめ各部記者や雑誌の編集長、駐日外国特派員、日本の著名文化人、駐日韓国特派員、在日韓国系新聞、通信編集責任者など約二百名が参席し、午後八時まで歓談にふけった。

この日、大使館側からは、金永善大使、尹河珽公使、尹泰均前大使館代弁人、李元洪新任代弁人、李[illegible]総理領事のほか主要幹部が参席した。

写真は九月十九日、東京で開かれた[illegible]北傀・朝総連の蛮行を糾弾する民団幹部ら

対韓破壊謀略規制せよ

＝朴成準団長、金日成打倒の声討＝

民団関東地協主催　東京で民団員４千人が集会

民団関東地方協議会[illegible]

[illegible]清水谷公園[illegible]デモ行進に移った。

[illegible]まず、金致淳東京本部団長が立ち「殺人を[illegible]朝総連を糾弾し、赤化[illegible]う金日成集団を打倒す[illegible]われわれの闘争の手はゆるめない。きょうは、立派な[illegible]行い、日本国民の前に[illegible]所を責務と訴えよう」[illegible]た。続いて、[illegible]川本部団長は「韓日関[illegible]事態を避けられようと[illegible]民団の日本における[illegible]動は、これからが正念[illegible]

神奈川県民団夏季学校参加者座談会

新たな祖国愛強調

横浜商銀ホールで

[illegible]

写真は朝総連解体ビラを配る金[illegible]徳副団長（左）

朝総連解体ビラ

神奈川県全域に配付

[illegible]

デモのコースは清水谷公園→赤坂見付→虎ノ門→外務省→[illegible]→土橋→有楽町→東京駅。

デモの隊列は約二[illegible]におよび、[illegible]ごとに宣伝カーがつき「[illegible]民は先頭をきって、「北」の蛮行を[illegible]

済州大学に図書寄贈

在日済州青年会母国訪問団

在日済州青年会（[illegible]会長）は九月から四日間、[illegible]会長以下十五名が母国訪問を行うが、その際[illegible]九十冊（六十万円相当）を済州大学に寄贈することを決めた。

同青年会の母国[illegible]計画の一つとして[illegible]行っているもので今年で二回目。また[illegible]

[illegible]

妖怪 金日成を斬る

金日成のドラキュラ的殺人 習性は幼ない時からのもの

かなしみむせぶ妻子！ おのをふるう狂人

金日成とは盗用名

月光を見れば人を殺したくなる殺人癖 強盗殺人癖の血を引く

凍りつく満州の広野」 金の父は妻子を捨てる

金日成父の盗癖は 独立軍資金まで盗む

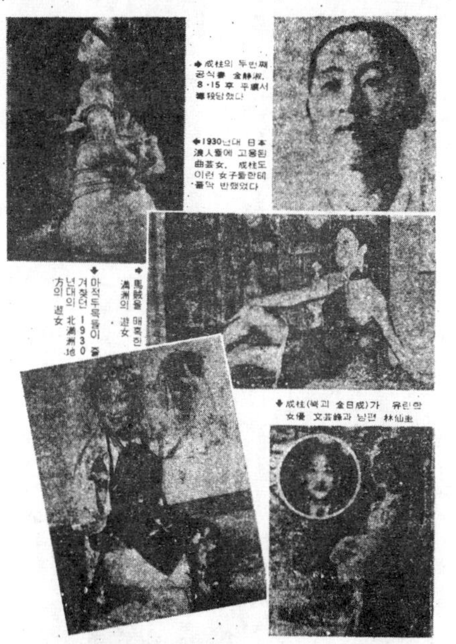

◆成柱의 두번째 공식妻 金静淑. 8·15 후 平壌서 毒殺당했다

◆1930년대 日本浪人輩에 고용된 曲芸女. 成柱도 이런 女子들한테 홀딱 반했었다

◆馬賊을 매혹한 満州의 遊女

◆마적두목들이 즐겨찾던 1930년대의 北満州地方의 遊女

◆成柱(북괴 金日成)가 유린한 女優 文芸峰과 남편 林仙圭

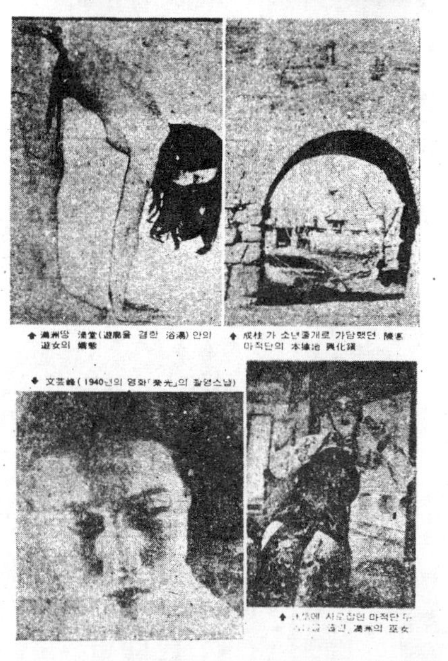

◆満州땅 澡堂(遊廓을 겸한 浴湯) 안의 遊女의 嬌態

◆成柱가 소년졸개로 가담했던 陳匪 마적단의 本據地 興化鎮

◆文芸峰(1940년의 영화「榮光」의 촬영스냅)

◆…에 사로잡힌 마적단 두…를 홀린 満州의 巫女

日本人妻を返せ 金日成よ！生地獄から

「北朝鮮にいる日本人妻を帰りさせて」—十五年前、北朝鮮に渡ったまま帰らない日本人妻の里帰りを求める家族の声が、全国的に高まっている。この七月末に結成された救国運動（久保本部長）は、この家族の悲願を達成させてあげたい—と、十四日午前十時から東京・千代田区の九段会館で…

在日大韓民国居留民団
綱　領
1. 우리는 大韓民国의 国是를 遵守한다.
1. 우리는 在留同胞의 権益擁護를 期한다.
1. 우리는 在留同胞의 民生安定을 期한다.
1. 우리는 在留同胞의 文化向上을 期한다.
1. 우리는 世界平和와 国際親善을 期한다.

神奈川民團新報

在日本大韓民国居留民団神奈川県地方本部機関紙

10月25日(金)
〈1974年〉
月刊 (毎月25日発行)(一部定価30円)

発行所 神奈川民団新報社
発行人 朴成準
横浜市中区若葉町3丁目43－4
電話 045(251)6349(代) 6271～2
支社 横浜・川崎・鶴見・横須賀・湘中・湘西・高座・相模原・南武各支部

会館建設委の活動を積極支援

換地問題に不正全くなし

一部偏向マスコミと不純分子らの悪辣な策動を徹底的に粉砕せよ

朴成準団長の動議、中央委で採択

朴成準神奈川県本部団長は、民団第二四回中央委員会で中央会館換地問題に関し「全民団々員は換地問題に対する非生産的な議論は止揚するよう望む」と述べ「日本の一部新聞報道で中央会館換地問題に対しあたかも不正が介在しているような報道があり、このような捏造された報道に便乗し、敵対不純分子らは絶好のチャンスだと対民団破壊策動に躍起になっている」と指摘、つづいて「団内外に拘らず中央会館建設に対し破壊的な策動が現われるときはこれを徹底的に割り出すとともに厳重な処断で臨むのは勿論、一方中央会館完成のための中央執行委および会館建設委の活動を積極的に支援すること」を決議するよう訴えた。

写真＝会館建設問題が重点的に論議された、第24回定期中央委員会

朴成準団長

去る十月十八日午前十時、東京市ケ谷日傷会館で開かれた第二四回中央委員会は中央会館敷地に対する換地問題が焦点として浮び上った。初めの予定地は東京都港区麻布飯倉三丁目の東京タワーに隣接する約七八〇平方米の敷地であった。その後、同敷地を港区南麻布一－一－二に所在、二橋付近にある約一二〇〇平方米の土地と換地した。

飯倉から二橋への換地が行われたあと、今年八月頃、前中央団長金正柱氏と元中央団長李禧元氏った。が、換地経過を釈明するよう「公開質問状」なるものを提出した。

両人によって各々出された「公開質問状」の主な内容は、前の予定地であった飯倉敷地が東京タワー側に売却された額が二十億円であり、これは三菱地所によって確認された。そのあと中央土地株式会社（代表＝朴道九）から購入した二橋敷地は不動産鑑定による代価は、わずか六億円程度であり、三億円が民団負金に加算されたとしても約十億円の差額が使途不明であるのでこの金額に対する釈明を望むというのがそれである。

このような内容の「公開質問状」について日本の地方紙である神奈川新聞、東京新聞、神戸新聞らは中央会館換地に伴なう重大な不正があったような報道を行ない、一方朝総連は歪曲された地方紙の報道、または作意による疑惑を一層デッチあげ対民団破壊策動に走っているといううわさが出回っている。

このような状況のもとで第二四回中央委が開かれたのであり、事実、六十万団員の求心点でもある中央会館新築をまえにし団内外に物議をかもしたということは重大な問題であり、故に当然中央委の焦点は換地問題に傾くようになったといえよう。このような状況から、この日の中央委員会は、尹達鏞中央団長（中央会館建設委員長）があいさつで「朝総連が民団破壊に必死なまき返しをはかろうとしているこの時期に一部日本地方紙に中央会館換地の換地に際して不正があったと虚偽報道されたがこれは民団内に混乱を発生させようとする底意によるものである」と強烈な口調で遺憾の意をあらわし、権逸議員（維政会出身国会議員）は来賓あいさつに立ち、「今日の中央委の最大の使命は民団の大同団結態勢を確立し、金日成と朝総連の日本を基地とした対韓破壊策動を封鎖する政治的謀策を確認することであると信じる」と強調したのである。

このような遺憾の意が表明されたあと、同中央委はこの日のピークでもある中央会館換地問題特別委員会（委員長＝朴炳憲、当県出身委員は朴成準本部顧問）の報告が行われた。

同委員会は去年第二三回中央委の決議により中央議決機関が構成の委任を受け西紀一九七四年五月十七日付で構成発足された特別委員会である。

同委員会は「中央会館建立敷地は民団々員の唯一の民族財産であり、これを積極保護する使命によるとき、換地問題ほど重大なものはないと思い、換地の正確な経緯と複雑性から来るあらゆる問題点を公正にあつかうのがすなわち団員に対する親切な奉仕活動である」との趣旨のもと構成された特別機構である。このような委員会であるから、同委員会の報告は全団員の絶大なる信頼をもっているともいえよう。

"事実無根"語るな

朝総連の対民団破壊工作を警戒

換地問題特別委は当日の中央委においてそのあいだのあらゆる疑惑を釈明するにおいて次のような「換地経緯確認に対する委員会見解」を発表した。

同見解によれば、先ず交換された土地の価値評価として評価額が八億八千六百九十五万円になっており内訳として日本不動産研究所の評価額六億五千七百万円に一般取引上の加算率を二億二千九百九十五万円が加算されたものになっている。次に日本政界人介の説に対しては、同委員会が公正な立場で確認したところによるとその根拠は真に事実無根であるとされている。すなわち、換地問題に関係した韓国側と日本人業体側による共同確認に依ると日本政界大物級実人士の介入説は事実無根であり、このような説が対外的に流れた原因は換地問題を成立させるための一種の偽装手段が歪曲されたものであるとしか見られない。

かえって今日においては善意の第三者である日本人に害をおよぼす結果をまねいたのであり、ついて日本政界の大物政治家をして民団に対する悪い印象をもつような結果をまねいたのである。

それから換地評価差額に伴う不正云説に対しては、同委員会としては全力を傾け不正を内査したところ金品不正は絶対ありえないということが同委員会の見解である。

朴成準神奈川県地方本部団長は同換地問題特別委の報告が終ったあと、冒頭のような内容のことを採決するよう中央委に要請、全中央委員の万場一致の拍手によって採択され、同日の中央委は無事終了した。

北傀情報員が帰順

孔卓虎、北の暗黒政治語る

韓国中央情報部は二十二日、金日成「北」主席直属の情報機関である「国家政治保衛部」の部員、孔卓虎氏(28)がさる六月韓国に帰順してきた事実を明らかにするとともに、孔氏の供述などにもとづいて七三年五月に新設された「北」の国家政治指導部の機構、その任務、活動実態などを明らかにした。それによると、国家政治指導部新設の重要な動機の一つは金日成「北」主席の息子である金正一「朝鮮労働党」中央秘書局長を、同主席の後継者として擁立しようとする措置に対し、「北」の一部高位層と住民たちの不満と非難を索出・抑制する必要が生じたため、となっており、金正一秘書局長擁立企図とそれをめぐる「北」内部のあつれきの存在が、「朝鮮労働党」エリート党員から明らかにされた形である。

中央情報部の発表によると、国家政治保衛部は七二年十二月の憲法改正以後、社会安全部門にあったが、七三年二月十五日で「社会安全部と政治保衛部を分離することに対する金日成指示」が出され、これにもとづいて同年五月、国家主席直属の、全国行政機関、企業所、および「人民軍」に組織網をもつ、最高かつ全国的機能をもつ情報権力機関として設置された。

「北」当局が国家政治保衛部を新設した動機の第一には、金日成主席の息子である金正一「朝鮮労働党」秘書局長を、同主席の後継者として擁立しようとする措置に対し、「北」の一部高位層および住民の間にある不満と非難を索出・抑制する必要があげられている。

二十二日ソウル市の新者会館で記者会見した孔卓虎氏はこの点について、「金日成主席の息子の金正一が後継者として浮び上っているが、継母の金聖愛（女性同盟委員長）との中が悪く、暗闘が始まっている」とのべた。また、孔氏は、反金日成体制の動きとして一九六六年に開城人民経校学生らが二回、決死隊を組織して武装ほう起を計画したことがあり、七一年八月には沙里院で青年四人が、手投げ弾で金主席の暗殺を企てたことがある――と語った。

中央情報部の発表では、国家政治保衛部設置の動機として、このほかに、社会安全部が公共治安と反間諜活動機能を統合して遂行することにより、反間諜活動が不振な状態におちいったこと、南北赤十字会談など南北の往来が実現した場合に備えて専担機構をおく必要性が生じたこと、「北」内部に潜在する反体制勢力を徹底して索出すること、の三点があげられている。同部はまた、反間諜活動のための工作員の養成および韓国への派遣（南派）なども任務としている。

同部はまた、南北対話において情報機関として重要な役割を果たしており、南北調節委員会および赤十字会談のさいの随行員の約八〇％が同部員で占められており、韓国における各種情報収集、「北」側委員の活動に対する監視、韓国側要員の宿所に対する盗聴活動などを行っている。

「北」側は南北赤十字会談の席で、韓国側代表団の中の中央情報部員の除去を要求しており、また韓国の各里洞にまで一名ずつの赤十字事業「解説員」の派遣を提案したことがあった（韓国の里洞は計約三万六千に達する）

さらに国家政治保衛部は、南北往来の拡大に備え、離脱者の事前把握および「北」内部の間諜、不純分子などの索出をも任務としているという。政治保衛部の活動の特徴としては、いままで「地主、資本家、民族反逆者」などが不純階層として工作などの対象とされていたが、南北対話と関連して任務の対象を核心党員および幹部層にまで拡大していることだという。

〈四面に関連記事〉

「余東永爆破物・襲撃事件」真相？

民団は全くかかわりない

虚偽ねつ造で党利党略は遺憾

日本社会党出身、衆議院議員安宅常彦は、衆議院法務委員会で俗称「余東永事件」をとりあげ「朴成準神奈川県地方本部団長が事件の背後関係である」と指摘し、衆議院で背後関係を徹底追求するよう要求した。これに先だち同党出身参議院議員田英夫も日本の国会記者らに朴成準団長を代表とする民団神奈川県本部があたかも事件の背後関係であるような放言をし参議院で追求すると断言した。日本国会の両院にまで物議をかもした同事件の背後関係は、はたして日本社会党が繰り返し行った放言どうりであろうか。それこそ党利党略のためには、虚偽と捏造にみちた放言でもって在日数十万韓国人の人権を平気でふみにじってしまうこれら社会党国会議員らの非人的残酷行為に対しては憤りを感じるのである。

余東永氏とは？

調べでは、余東永氏は慶南宜寧の出身で、団籍は当本部傘下川崎支部に属しているという。

同氏は一年前、朝総連の謀略部分である韓国民主回復促進統一協議会（略称＝韓民統）系の不純分子一向らによる民団川崎支部屋舎不法占拠事件が起きた時、不純分子らの活動（乱動総責＝金尚竜北工作員）を阻止しようとしたことがあり、そのとき彼らの暴行によって頭部創傷、内臓破裂、脊椎骨折という、ひんしの重傷をうけ、今日まで継続加療をうけている身であるという。

余氏は、そのあと数回にわたり加害者である不純分子らを日警に告発したが、日本共産党系弁護団によってこれら不純分子らは数日もたたないうちに釈放され、いまだに暴行事件の処理は迷宮にほうむられともいう。

このような、意外にひどい不条理のまえで、余氏の体は、ますます悪化をたどり、一方事業も倒産、六人もの家族の生活は夫人の月給（川崎製鉄組合勤務）に頼ってきたという悲惨な実情が確められた。

「余東永事件経緯」

今までの当局発表と新聞報道を綜合すると「余東永事件」が発生したのは九月二十七日午前十一時二十分頃である。

余東永氏が所持していたボストン・バックには紙筒爆弾類爆発物が十七本入っていたということだし、これら爆発物を事件後、警察当局が神奈川県平塚市の通産省東京工業試験所の空き地につるし、電流を流し爆発試験を行った結果一枚下と横に、各一枚のうすいガラス板が置かれたが一発目ではガラス板はこわれず二発目でやっとひびがはいるほどのもので、神奈川県警察本部はこの爆発物に対し「本物の爆薬が紙筒につまれてあったことは間違いないが、人を傷つけるとか殺せるほどの力はない」と公式発表した。

余氏は、このような紙筒爆発物を所持し、当日、韓民統系不純分子集合所である民団神奈川県本部旧屋舎（鶴屋町）を訪ねたが、そこには当直中の林晴一（二七才）ら不純系青年達しか居なかったので、これら青年達に対し、金日成集団による武力脅威におかれた祖国の不安な情勢を説くいっぽう、在日同胞は民団のスローガンのもと大同団結する時期にきたという内容の話をはじめたという。

このとき、余氏と林晴一ら青年の間で乱闘が起き、林晴一は一週間ほどの擦（すり）傷を負うようになり、余氏はその場所を離れたというのが事件発生の経緯となっている。

余東永氏、警視庁出頭

事件発生後、余氏は関西地方をまわったあと上京、十月十八日午後八時半頃、東京警視庁に出頭している。

出頭後、余氏は警察で、民団々員らの血がにじむような募金活動によって建った全民団々員の所有物である民団神奈川県本部会館が、朝総連の手先である数人の韓民統系不純分子らにより、不法占拠された実情を目のあたりにするとき彼らのこの乱行を黙って見ていられず又これら不純分子一味は民団分裂策動を繰り返してもいるし、これらの輩（やから）によってけがをさせられたこともあったので、このような一味に対し乱動に対する反省を促し、民団の発展にプラスになることをするというのが動機であったという意味の陳述をし、又紙筒爆発物を所持したことは、紙筒爆発物自体が少しも殺傷力を持たないものであるという事実を見てもわかるように、彼らに或る程の物理的被害を加えようという考えは当初からもっていなかったし、ただこれら一味は、お話のまえに、暴力に先走る悪漢集団であるから、過る一年前のような暴行をうける憂慮があるので、自分の護身手段として所持したのみという意味の陳述を行っている。

韓民統が「余東永事件」悪用

事件の経緯、動機、爆発物の威力らを見ても察られるように、日本の国会内部で物議をかもすような性質の事件ではないといえよう。

日本の社会党国会議員は、金日成集団の対韓破壊工作機構である韓民統不純一味による捏造と虚偽にみちたわるたくみに愚弄されたあげく「余東永事件」を日本の国会内部にまで持ち込んだのである。「余東永事件」は韓民統系不純一味が過去において善良な団員であった余東永氏を一生病人の体にしてしまったその暴行事件が誘発したものであると全民団々員は分析している。

不純分子一味は「余東永事件」が起きるや、今にもこの種の事件をまちのぞんでいたように、同事件の背後関係をデッチあげる捏造劇の演出に躍起になり、あげくのはては日本社会党国会議員にいたるまで例の虚偽放言をするように仕立た。

韓民統を指し、民団々員達は、「韓国籍をもつ民団員」というアイロニーカルな表現でよんでいる。

このような表現が出たのは、ここで韓民統の正体をあばかなくても民団々員はみな理解していることである。すなわち、金日成共産集団に依る日本の対韓工作基地が朝総連であり、「韓国籍をもつ民団員」という仮面をかぶり、朝総連の対韓および対民団破壊工作の謀略部局に化けているのが韓民統であるからである。

この韓民統系の神奈川県不純分子の数はわずか十人たらず。十人たらずの連中で、当県内に巣喰っていられる与件は、これらの背後には朝総連という組織が、あらゆる側面においてバクボーンになっており、又、朝総連から出向いた金尚竜なる北工作員が背後に君臨しているからである。

金尚竜は慶南府州郡出身で、対民団破壊工作の特訓をうけた筋金入りの工作員であるということは広く知りわたっている。

この金尚竜の気嫌がそこない、彼の額に青筋でもたつときは、神奈川県の不純分子らは身をおく場所をうしなうという。

それほど不純分子らに与える、金尚竜の威勢というものは絶大なものであり、金尚竜の話術ときたら、これもまた虚偽と捏造劇の演出には天下一品だとのうわさがある。

金尚竜は、不純分子集合所に常駐し、林晴一、宋恒植、李禹植、朴星浩、金允鎬らを手玉にし、対民団破壊策動を指令しているどいう。

今度の「余東永事件」の背後関係があたかも存在するような策動を行い、不純一味をして捏造劇を演出させたのも金尚竜であり、いわゆるこれらによって、「余東永事件」は最大に悪用された。

朴成準団長－強く警告

このような、やから（輩）の策動に対し、朴成準本部団長は、傘下各級組織指導員と全団員に「韓民統不純分子の乱動がみえるときは徹底的に粉砕し、また全団員は日本偏向言論による虚偽報道に惑されることがないよう望む」との強い警覚心を訴えた。

朝総連機関紙

「朝鮮新報」の卑劣をつく

大統領狙撃事件が「北」朝総連の直接的指示に基づくものであることが、動かしがたい事実となるにつれて朝総連は、その機関紙・「朝鮮新報」を通じて、同事件を韓国政府当局の「政治謀略」であると、連日のように荒唐無稽な宣伝を行っている。その一つに「陸英修狙撃犯はかいらい捜査官たちであった」と、報された十月二十一日付の記事がある。が、この記事も従来の例にもれず、ウソと誤謬を羅列することだけを特徴としており、「朝鮮新報」の地に堕ちた品性をいま一度内外に示すものに外ならない。

猫の目の如く変る主張

自ら文を下手人と認むもの

地に堕ちた品性　低俗極まる記事

この記事が、これまでのものと異なる唯一の特徴は、その事件当時のもようを撮った外国記者たちのフィルムを「事実証明」の根拠としていることである。

「本社（朝鮮新報）では、△その事件▽の真相を解明するところでもっとも重要な鍵となる△その事件▽現場を撮ったフィルム三種類を入手し、長時間をかけて分析した結果、陸（女史）に当った銃弾は文世光が発射した銃弾でなく、他の銃弾であることが科学的に立証され、奴たちの一大政治謀略劇の真相が天下に暴露された」

このような前おきをした後、同記事は陸大統領夫人の頭部を貫通した銃弾が文世光のものでないことを「科学的」に立証するために「文が席から起ち上った瞬間、誤発した銃声以外、それらのフィルムから映し出される次の四点を指摘する。

まず第一に、「パン！パン！パン！パン！と四発の銃声が響いた」が、そのうち三発は、文の銃口から火花が見えるから、かれのものであることが間違いない。しかし、残りの一発は銃声が「低く」文のものとは異なる。したがって文ではなく、他のものが撃ったものだ。

第二に、「文が、パン！パン！パン！と三発撃った時、陸は銃声に驚き演壇に坐っていた他のカイライたちとともに、右側に身を傾け、再び姿勢をただした。その瞬間、パン！という四番目の銃声が響いてきて陸は右側に倒れた」。だから陸夫人を撃ったのは文でない。

第三に、「三番目の銃声が鳴った瞬間、いわゆる警護員に文は抑えられたが、その時まで一陸夫人が壇上の席に坐っているのをフィルムは映しだしている。

第四に、「文が△警護員▽の奴にとり抑えられた瞬間の画面には、四名の△警護員▽の奴たちが文の横で小さな一つの拳銃を人知れず、手から手へ渡した後、いち早く演奏席に落ちている文の拳銃を他の△警護員▽の奴がひろっていく光景」がある。これは文の「発射した三発目の次に撃った拳銃と見ることができる」

第五に、「拳銃専門（だち）」によると、文の「拳銃△エス・ダブリュ▽を」陸夫人が「正面に」受ければ、その瞬間「後ろに倒れ、面相は見るかげもなくなっているはずなのに、陸英修は右側にゆっくり倒れ、面相の損失が少なかった。これは△警護員▽の奴たちが使っている二二口径の銃弾が当たった」ことを物語るものだ。

文でないとの歪曲に対して

朴大統領夫人暗殺犯人

ごまかせぬ数千の聴衆の目

第六に、「文が△公衆場▽で自分は△陸英修に向けて銃を撃っておらず、陸英修が銃に当たったのは後で知った▽と話しているのもそれを実証してくれる。」

以上が「朝鮮新報」のいう記事の要約である。この記事を一つ一つ書きうつすだけでも全く背のおれる仕事だ。途中、何度も投げだしてしまいたい衝動を抑えたのは、同記事のウソとデタラメさ加減、そして「朝鮮新報」の卑劣さを読者に知ってほしいと思ったからだ。このような「朝鮮新報」記事をして「死者に鞭打つ」行為というのであろう。大統領狙撃事件をなにがなんでも韓国政府当局の「政治謀略劇」に仕立てあげたくて、「長時間をかけて（フィルムを）分析」している。「朝鮮新報」記者のさもしく、嘆かわしい心情が目に映るようだ。

周知のように、この記事の発表される以前の「朝鮮新報」や朝総連関係者は、陸大統領夫人をそ撃した銃弾を文世光以外に求めるため、「どこから飛んできたタマ」とか、演壇の背後から撃ったものであると、述べてきた。しかし、このような拙劣なデタラメが「北」や朝総連に盲従する一部の人士以外は信ずるところとならなかったのは当然であろう。

「仮りに陰謀説を採用するとしても舞台中央のドンスから陸英修夫人をねらい撃ちしたと考えても、現場を見た限りそのようなすき間もなく、実際問題としても不可能だ。陸夫人は右こめかみ付近を正面に向かって斜め前方から撃ち抜かれており、女史がかすかに左に身を傾けた瞬間をねらわれたこと、警備陣の第一発目が録音から再現して文の第一発目から二十二秒後に発射されていること、文が突進した通路は、BブロックとCブロック間通路で、その位置は陸女史の座席から見て斜め右に当たること――などを綜合すると、背後から撃ったとする説でいい加減なデッチ上げだといえる」（「文公判」十一月号に掲載された共同通信社会部の桑本明記者の「証論を排す」という論文から）

冗長をいとわず、引用したのはほかでもない。この論文が「北」と朝総連が歪曲・宣伝する朴大統領夫人暗殺を文世光以外のなに者かによって行われたとする「政治謀略」説を完ぷなきにまで反論しているからだ。実際、この論文に限らず。誤った先入見をもたない良識のある人なら、あるいは捜査の初歩的知識すらわきまえている人なら、白昼しかも数千人の聴衆の面前で行われこの明確な犯罪を、フィルムをこねまわしたりして、クドクド述べたりはしないだろう。

百歩譲って「朝鮮新報」記者がいうように、もし文世光以外に犯人がいたとしても、そのような重大な事実を数千人の聴衆の目が逃がすことはしないからである。

まして韓国当局は状況捜査を綿密に行っている。公開裁判という手続きもふんでいる。韓国は「北」のように秘密裁判にかけられ、人知れずどこかに消えるといった閉鎖社会ではないのだ。この点をまず「朝鮮新報」記者に強調しておきたい。

作意的意図もつ者のねつ造

同じく外国人記者の撮ったフィルムを見ても、良識ある人たちとそうではなく、自分たちの都合のいい方向に、つまり「政治謀略劇」をデッチ上げようと不純な意図を持つ人の間では、こうも大きな差が出るということに今さらのごとく驚かさるをえない。

なかでも死者の画面が血に汚れているのをフィルムに発見して、それを文世光の撃ったタマではないとか、数千人の聴衆の画面で、恐らく△警護員▽のものであろう拳銃が人手に渡されるのを見て、それを「真の下手人」のものであるとか、フィルムをこねくりまわしたあげく、陸大統領夫人の位置がおかしいとか、もっともらしく述べているのであるが、このくだりにこそ、「朝鮮新報」記者のウソとデタラメさ、死者を死者とも思わぬ非人間性が示されていると断定することができよう。戦場の経験はいかぬまでも、武力的な騒動の現場を知るものならば、いや事実に少しでも謙虚であろうとするものなら

こんな[illegible]だ。

それとも「朝鮮新報」記者は、「在日」というぬるま湯にどっぷりつかり、ぬくぬくと温室に育ったもの特有の脆弱な観念的遊技を楽しんでいるのかも知れないが、ただ大統領の夫人というだけで、狂信的なテロの犠牲となった痛ましい陸英修女史の死を前にするとき、その"流段"がいかに非人間的で卑劣なものであるか、一度はあえてみるべきであろう。

実際、韓国では、大統領そ撃と同夫人暗殺事件を契機に、「北」や総連の反民族的、反統一的策略に対して、かつて見られぬ憤怒が高まっているのだ。

「朝鮮新報」記者が異常な想像力をたくましくさせて、外国人記者のフィルムをこねまわし、疑視していたとき、ソウルでは文世光の裁判が多くの傍聴人を前にして行われ、ソウル地検が述べた公訴状の銃弾についてのくだりは、次のようである。

「（第一発の誤発で）演者に向って走りながら、約二〇・九ｍの距離から演説中の朴大統領に向って第二弾を発射したが、演説台左側に当たり、第三弾は不発、第四弾は約一八・二ｍ前方壇上に坐っている大統領令夫人陸英修女史に向って発射、右側頭部に命中し、第五弾は報者が足（文の）をかけて倒れる瞬間発射され、演壇後援に掲揚されている国旗に当たった」。

まず、これを「朝鮮新報」の陸女史そ撃の下手人が"文でない"との歪曲記事と比較してみながら当時のもようを追ってみよう。「朝鮮新報」のウソがいかなるものであるか、明らかとなろう。

平然と拙劣な初歩的過ち犯す

「朝鮮新報」記事によると「文がパン！パン！パン！と三発撃った」が、「一瞬間、いわゆる警護員に文は抑えられていたが、その時まで」陸夫人は壇上にいた」というわけである。そして、これが事実であることを「科学的に立証」するために、写真まで掲げている。

しかし、ここで「朝鮮新報」記事は重大な事実をみのがしている。いや、見逃すというより作意的方向に事実を誘導しようとしているのだ。文世光を逮捕する前に大統領警備員によって何発かの銃弾が放たれていることは周知の事実。事件に巻き込まれて、ソウルの女子学生が流れ弾に当たって不慮の死をとげた事実が「朝鮮新報」の記事では全く無視、黙殺されているのだ。外国人記者の撮ったフィルムに文世光以外の他の銃声が収められていても何ら不思議ではないのである。なにが何んでも文世光以外を下手人に仕立て上げようとする不純な意図をもっているから、このような幼稚で拙劣な初歩的過ちを犯すことになるのである。

これだけではない。ここだから文が三発目を撃った時、大統領夫人はまだ席に坐っていたしなかったから、一方では文が△警護員▽にとり押えられた画面を消するようなことを平然とやってのけられるのであろう。

金日成よ！この悲惨な訴えに答えろ!!

鳥でないのが残念です！

安否調査団の派遣を要求

日本人妻このまま放置できない

10月24日 東京で日本人妻里帰り国民集会

写真＝東京・日比谷公園で開かれた日本人妻里帰りを願う国民集会

「北朝鮮の日本人妻の里帰りを願う七日間完全断食国民集会」（救国連盟主催）が、十月二十四日から東京・千代田区の日比谷公園に全国から家族ら約千五百名を集めて開かれた。この国民集会は、悲惨な生活を強いられ、この冬を無事に越せるかさえわからない北朝鮮の日本人妻をこのまま放置できないとして、断食という自らの身を犠牲にした決死的覚悟ではじめられたもので、救国連盟総裁の久保木修己氏が提唱、政府日赤に対して里帰り実現と安否調査団の派遣を要求し、さらに広く国民に日本人妻の実状を訴えている。里帰り実現を願う断食集会は、すでにアメリカ・ニューヨークの国連ビル前で家族や在米日本人ら約七百名を集めて十月二十一日から始められており、いまや国際世論として大きな高まりを見せている。

悲惨な生活、冬を無事に越せるか！ 決死の覚悟で七日間悲願の断食も

日比谷公園での断食集会に先だって二十四日午前十一時半から東京・港区の芝公園で里帰り実現を願う国民大会が、全国から集まった断食参加者約千五百名を集めて開催された。大会では救国連盟総裁の久保木修己氏、衆院議員の中山正暉氏、家族代表らがあいさつ。大会後、正午頃から芝公園―清水谷のコースで請願デモが行われ、堀栄之太郎・救国連盟理事長、阿部正寿・常任理事らを代表とする請願団が衆院外務委員長・有田善一氏、参院外務委員長・伊藤五郎氏、自民党外交調査会長・福田篤泰氏、さらに法務省、外務省、日本赤十字社を訪れ、一刻も早く里帰りできるよう要請した。

デモ行進は午後二時頃、千代田区・清水谷公園で解散。断食参加者はこの後、日比谷公園に結集し、同公園の大噴水前の広場に座わり込み、七日間の完全断食集会に突入した。

このような決死的断食集会に対して、これを支援しようとする動きは各界で大きな高まりを見せはじめている。

まず国会議員の間では、さる五月の衆院外務委員会で同問題を取り上げた衆院議員の永末英一氏が二日目の二十五日会場にかけつけ、今後も政府の責任を正すことを約束したほか、三日目には通産政務次官の森下元晴氏、衆院議員の江藤隆美氏、さらに五日目には旗野進一氏、井上吉夫氏（参）またコロンビア・トップでおなじみの下村泰氏（参）が訪れた。第六日目には中川一郎氏、玉置和郎氏（参）、らが日比谷公園で断食参加者を激励。また、玉置議員らは十一月国会でも、里帰り問題について政府を追及する意向を固めており、本格的な国会論議も予想される。

一方、学者・文化人、宗教人の間でも里帰り運動支援の動きが高まっており、さる十月二十六日に八十八名の署名を集めて「北朝鮮の日本人妻里帰り実現運動を支援する学者・文化人の会」が発足、代表委員に松下正寿氏が選ばれ、安否調査団の派遣要望などを骨子とする決議文を採択、今後、同会の賛同者を増やしていくことを決定している。

また、これに先立つ二十四日には「北鮮在住日本人妻里帰り実現運動を支援するキリスト者の会」（会長・中村信一牧師）が約四十人のキリスト者を集めて発足。さらに、自由救済宣教団の八鍬輝隆牧師が二十七日から一昼夜、会に断食の座わり込みを行い、二十八日には神山昇 牧師が激励に会場へ。また「日比谷公園へ行け」と啓示されてきたというキリスト教伝道師もかけつけてくるなど、支援の輪は広まるいっぽう。

その輪は芸能人にも及んでいる。二十七日には講談師である宝井馬琴さんが会場にかけつけ、「この運動を各地の講演で伝えたい」と激励。二十八日には、映画監督吉沢憲吾さん、作家の岩田玲文さんが激励にかけつけたのをはじめ、女優の淀かほるさんも「一日も早く日本人妻の方々の里帰りを願っております」との談話を寄せてきている。

いっぽう全国の大学も支援断食を行う学生が増えており、東大、早大、慶大、明大、中大、明学、青学などの都内七大学をはじめ全国二十一大学が二十四日から七日間断食に突入している。

このように各界各層で高まってきた里帰り実現の要請に対して、外務省、日赤、法務省はそれぞれ見解を発表しているが、いずれもこれまでの消極的姿勢のまま。解決への具体的な行動については触れずじまいという有様。

一方、マスコミ各社は会場取材には、朝日、読売、毎日、サンケイ、東京新聞、東京タイムズ、TBS、共同通信、時事通信、NET、内外タイムズ、やまと新聞をはじめ地方紙など、大手マスコミの大半が訪れたが、掲載・放映したのはわずか内外タイムズ、やまと新聞、TBSなど数社だけ。しかし、UPI通信、AP通信などの外国通信社は世界に打電している。日本ではなぜか"黙殺"された断食集会は、世界各国で報じられており、日本マスコミの体質を浮き彫りにしたようだ。

里帰り実現 断食闘争終る 在「北」日本人妻の家族など

さる二十四日から、東京・日比谷公園で行われていた「北」在住日本人妻の里帰り実現を求める、「七日間断食闘争」は三十日、七日間の日程を終えた。

二十四日、東京・芝公園で決起集会を開き、都内をデモした後、日比谷公園に集結した日本人妻の家族と支援団体の千五百人は、七日間の断食で、やつれた表情のまま、日比谷公園で最後の集会を行った。二十四日と三十日の両日、代表団数名は、外務省、法務省、日赤本社などを訪ね、在日同胞の夫とともに、「北」にわたった、約二千人（法務省調べ）の日本人妻の消息を調べる「安否調査団」を派遣するよう訴え、要望書を手渡した。

また、東京での断食闘争に先がけ、二十二日からアメリカ・ニューヨークの国連本部前で家族代表在米日本人ら七百人が七日間の断食を行った。

元兇…金日成に決議文

日本人妻里帰りを願う国民集会

「北鮮の日本人妻の人権を守る米国委員会」から次のように決議文が送られた。

朝鮮民主主義人民共和国金日成主席への決議文

我々は、一九五九年の人道主義的帰還協定の下に、朝鮮人の夫とともに北鮮へ渡った六千名以上の日本人妻にただちにその日本にいる家族と自由な連絡ができるように、また、故郷日本を自由に訪れることができるように、ここに金日成首席に対して要請することを固く決意した。

帰還協定は自主的決定という各個人の権利を尊重した人道主義的原則に基づいてなされた。この自主的決定は民主主義の基礎でもある。ところが、あなたは日本人妻に対して自由な交信と往来ができることを拒い、この崇高な原則を踏みにじったのである。あなたの政府は日本から来た人々を魅惑するために自由と安全を保障すると最大限の約束したが、何らそれらは守られていない。その代り、何千もの日本人が、極貧の状況下で実質的に北鮮で奴隷にされているのである。それ故、あなたは詐欺師といわねばなるまい。あなたの行動は「民主主義的」、「人道主義的」という言葉をあざ笑っているのである。

我々は、あなたが人間としての責任を全うし、一刻も早く日本人妻にその日本にいる家族や友人に対して手紙を書き、訪ねることができるようにすることを全能なる神に祈っている。あなたが衆目の前で「民主主義」と称するものの権利を回復し、帰還協定の偉大な人道主義的精神に関して述べたことを本当に実行されんことを望む。

あなたが自分の約束を守り、日本人妻に対して自由な往来と交信ができるようその人権を守ることに誠意を見せるまでは、我々は全世界にこの問題を知らせ、あらゆる団体、機関、政府に訴え続ける努力をするものである。

各個人の生活において固有に備わる価値に捧げて

（北鮮の日本人妻の人権を守る米国委員会）

日本政府田中首相宛の決議文

日本政府田中首相宛の決議文

田中首相閣下

私達はあなたの国で北朝鮮の日本人妻自由往来実現運動が進展していることを知りました。十五年前に北鮮へ行ったこれら日本人妻の居所は今日まで知られておらず、しかも、彼女達が出した手紙が日本まで届かず、生きているのか死んでいるのかも分らない、という事実を知りました。

また、日本人妻から寄せられたいくらかの手紙には、着るものも食べるものもない貧困さ、不自由な生活が明らかにされていることも知りました。彼女達は、「鳥であったなら、日本へ飛んで帰れるのだが…」と望郷の思いを書き記し、悲しく泣き叫んでいるのです。

そして、彼女達の家族が日本にいて、くつろいでいた日は一日もないということを聞いています。同じ人間として彼女達に同情せざるを得ません。そのうえ、北鮮への帰還事業は、人道主義の原則及び政治、イデオロギーの立場を超えた赤十字の原則に基づいて始められたとのことです。あなたの国では今日、内外のきびしい状況に直面しているとは思いますが、日本赤十字社と外務省がこの問題をないがしろにしてきたことを深く悔やむものです。どうして日本政府と日本赤十字社はこの問題に取組まないのか、疑わざるを得ません。

この問題は、個人あるいは一国民を超えたものである故、見過ごすことのできないものです。これは基本的人権にかかわるものです。

それ故、日本政府と日本赤十字社がこの問題に取組む努力をし、北鮮在住の日本人妻安否調査団を派遣するよう心から望み、日本人妻が故郷日本を訪れるようにして欲しいものです。

私達、北鮮帰還者の人権を守る米国委員会は、人道主義に基づくこの運動を全面的に支持することを表明します。

（北鮮の日本人妻の人権を守る米国委員会）

国際赤十字委員会への決議文

国際赤十字委員会エリック・マーティン会長殿

われわれアメリカ合衆国と五大国にまたがる国々を代表する憂れうる市民は六千名の朝鮮人を夫に持つ日本人妻が本国にある民族や家族そして未来をあきらめるようにするための北鮮の偽瞞的宣伝に不実にもだまされ、その結果彼らは十五年間虐待され続け、ほとんど耐えきれない悲惨な飢餓、病気、貧困、強制労働、そして思想教化という状態の中に生活し、また彼らは政府による検閲の故に自分たちの家族へ自由に手紙を書くことすら妨げられるという非人情的行為をしばしば耐え忍び、彼らをして北鮮へ帰還することを可能ならしめたのと同じ自由表現されるべき意志から生ずる日本へ帰還したいという日本人妻の切なる願いは北鮮政府により故意に無視され、踏みにじられ、日本人妻のみならずその身内にまでも大いなる悲嘆をもたらされたことを心から悲しく思い、これら苦悩と悲惨さに終止符を打ち、彼らが十五年間も会えなかった身内を訪ねるために日本に住む家族達へ自由に往来できる本来的権利を獲得することを決意するものである。

我々は赤十字社の国際委員会に対して、北鮮に調査団を派遣し、日本人妻の安否を調査し、彼らの家族を訪ねるため日本への帰還実現に責任を持つことを切に懇願する。我々は彼らの日本帰還が純粋に人道主義的原理の基本に立ち、政治的、宗教的あるいは思想的問題を超越して実現されなければならない。

（北鮮の日本人妻の人権を守る米国委員会）

国連事務総長への決議文

国連事務総長クルト・ワルトハイム氏宛の決議

朝鮮民主々義人民共和国赤十字社を通じてなされた北鮮の六千名の日本人妻の安否を問う私達の数度の要請は拒絶され、私達はいまだかって一度も回答を得ていません。その人達は自由に手紙を書くこともできずにいるので、その実情を知るすべもなかったのです。

私達は、もはやこの段階において、北鮮へ実情調査団を派遣し、日本人妻の完全なリストをつくりその実態を明らかにするよう、あなたの好意を強く要請するものです。

一九四八年十二月十日の国連総会で採択された「人権宣言」によれば、いかなる国のいかなる人民といえども基本的人権を有すると述べられています。日本人妻とその家族達は、丁度その人達が口から漏らしたように、いわゆる「牢獄なき囚人」、「生き地獄」という生活を送っているに違いありません。彼らの親戚一同は、事務総長がすみやかにこの問題に留意し、この重大な問題の解明のためにあらゆる手段を講じられることを心から願っています。

（北鮮の日本人妻の人権を守る米国委員会）

輸出実績 34億ドル

韓国の関税庁がさる二十九日集計した今年一月～九月の輸出入実績（通関ベース）によると、同期間中の輸出は三十四億三千四百三十六万七千ドル、輸入は五十億七千七百二十八万二千ドルで、十六億五千二百九十一万四千ドルの入超を記録したこれは昨年一年間の入超額（十億一千五百二十五万二千ドル）を六五％も上回るものである。

金日成よ！　日本人妻を返せと叫びながら東京市街を行進するデモ隊

国連本部前でも集会 ジュネーブの国赤本部デモも計画

ニューヨーク国連本部前で、北韓在住の日本人妻の日本への里帰りを願う、七日間完全断食国民集会は二十七日（現地時間）午前各時、七日間の断食を全員が無事に終わり、今また新たな決意に燃えてこの運動の発展のために立ち上がっている。この間、当事国日本の国連代表部の無理解と北韓当局の強迫めいた妨害にもめげず日本人妻家族の代表十人は今後スイスのジュネーブの国際赤十字本部に行くことを計画している。

十数年前、夫と共に北韓に渡った六千人日本人妻は、いまなお日本への里帰りもできず消息もほとんど知られていない。米国では、こうした北韓にいる日本人妻の日本への里帰り実現を願い十月二十一日から七日間、約七百名が完全断食をして当事者である北韓当局と国際世論に訴えたが、これは内外に大きな反響を与えた。

主催者の「北朝鮮日本人妻の里帰りを願う米国後援会」（ハル・ライシャワー名誉会長）のスポークスマンによれば、七日間の断食集会の期間に、国連にいる各国の大使は、悲惨な日本人妻の実状を知らされて驚くとともに、「なぜいままで十数年も放置されていたのか」と、かえって主催者に抗議する一幕もあった。しかし「人道上の問題として放置することはできない」と、三十ヵ国の大使は協力を約したという。

ところが、当事者である日本の金（正世）国連大使（次席大使）は七日間の断食会場には全く姿を見せず、かえって主催者側に「各国の大使から問合せがきて迷惑している。勝手な行動はしないでほしい。それにしても六千人の日本人妻がなんで北朝鮮に行くようになったのか」などと暴言を吐き、日米で二千数百名が七日間の完全断食をしながら生命がけで訴えている日本人妻問題に対して、きわめて無理解な態度を示した。

米英などの国連大使は日本の大使の決定を行って態度を決めるといっており、日本の無責任な態度は各国から非難を浴びている。

「人道主義」の裏と表

北傀・朝総連の破壊陰謀を粉砕

60日間、波状攻撃を展開

朴成準団長陣頭で 各種研修会など

▽…国際共産主義統一戦線並びに金日成共産集団に依る対韓・対民団破壊・陰謀が悪辣化しつつあ…△
▽…る昨今の情勢に対応し、これら一連の陰謀を粉砕、朝総連解体要求活動を示威行進などの手段を…△
▽…用いて六十日間波状的に展開して来たが、当神奈川県地方本部は、十月中旬からは朴成準本部団長…△
▽…の陣頭指揮のもとに各級傘下組織学習及び研修活動に力を入れ大きな効果をおさめた。各種行事は…△
▽…次の通り。

団員無念仏慰霊祭

=慰霊祭現場で第一次募金百三十万円=

23日10月 菊名の蓮勝寺で厳修

去る十月二十三日正午から、当本部が主催した無念仏秋季慰霊祭が菊名の蓮勝寺で厳修された。

朴成準本部団長をはじめ本部顧問、同副団長、各支団長、婦人会長及び各支部会長、来賓として李起周駐横浜総領事、鄭鏑邦横浜教育文化センター所長など役員約五十余名が参加したなかで厳粛に行われた。

今年の秋季祭では、高座支部の団員（無念仏）二人の納骨が奉納された。特にことして二十五周年を迎える奉納堂場所は罹顧の過多のため狭くなりにわかに改造工事をしなければならないという意見が高まり慰霊祭現場で第一次募金が行われた。

▲朴成準本部団長=五十万円
▲田炳武本部顧問=参十万円
▲楨文鎬商工会理事=二十万円
▲金甲植高座支部長=十万円
▲徐相竜商工会理事=二十万円

この日募金は百三十万円に達した。工事の予算は約五百万円を予定している。工事は来年の春季慰霊祭まで竣工無念仏をなぐさめる予定である。

菊名の蓮勝寺で厳修された無念仏秋季慰霊祭

原油輸入価引上げ

政府は原油輸入価格を従来の一バレル当たり九ドル六十三セント～九ドル八十セントから十ドル二十一セント（FO基準）に四・一%の引上げを許可、十月一日以降産油地から船積される分から遡って適用することにした。このため国内石油価の値上げは必至とみられる。

国公債九百七十億発行決まる

経済長官会議は七五年に発行す…

…国公債券発行と、これに伴う国家保証同意要請案を議決、国会に提出することにした。

防衛誠金献納者を表彰

25日10月 横浜商銀ホールで時局講演会も

十月二十五日午後二時から、横浜商銀四階のホールで防衛誠金献納者に対する感謝状伝達式が時局講演会と共に約百余名が参加し行われた。特に静岡県本部の団長を始め役員も多数参席した。まず伝達式では、本国の国防部長官の感謝状を李起周駐横浜総領事から当本部の十三名に授与された。受賞者は次の通り。

△朴成準=県本部団長
△金佳善=県本部議長
△金大栄=県本部監察委員長
△李鐘大=横浜商銀理事長
△尹珠宅=神奈川商工会々長
△全壬戌=横浜韓国学園長
△趙忠来=神奈川商工会副会長

会は合計十八億四千七百万七千ウォンに昇っておる。

引き続き時局大講演会は本国からわれ等在日同胞のためにわざわざ来日した韓国日報社の朴東雲論説委員の国際情勢と国内情勢に対する講義をスタートとして弘報協会金柄吾理事の北韓実情に対する講義が約一時間半に渡って行われた。講義のあと「北韓」実情を暴露した映画が上映されたが内容は北傀の好戦的な軍事訓練実施状況と機会さえあれば同族相残の悲劇を再演しようとする底意なる金日成の陰謀が白日天下に暴露されていたものであった。

感謝状を受け取る朴成準団長

一部日本のマスコミが 破壊集団と野合

◇…全日成共産集団による対韓破壊工作がエスカレートするに伴い、これら破壊集団と野合して…◇
◇…いる一部日本の偏向言論は、そのよごれた筆先を韓国居留民団にもかたむけ善良な在日韓国人…◇
◇…社会を分裂、破壊するため躍起になっている。その代表的なものとして、今、居留民団神奈川…◇
◇…県本部が大変な迷惑をこうむっている。即、民団神奈川県本部があたかも二つあり、「政府支…◇
◇…持派」と「反政府派」に両分され互いに血なまくさい争いを展開しているような誤解を世間一…◇
◇…般にまきじらした言論がそれである。去る九月二十六日、民団神奈川県本部（朴成準団長）は…◇
◇…このような悪辣なる偏向言論を粉砕すべく一つのコメントとして次のようにその真相を明らか…◇
◇…にした。中央政界要路ならびに神奈川県知事と各官庁、県内の県会議員各市町村会議員、裁判所、検…◇
◇…察庁その他各言論機関に送った。

分裂破壊助長するな

悪辣な偏向一部言論人に警告

◇真相

一、在日本大韓民国居留民団（以下民団と略称）という組織は、その本質上、謂る「政府支持派」或は「反政府派」に分派化するとか、内部分断が生じるとかいうことは、想像を絶する言語道断の事であります。

①民団の本質

民団という組織は、大韓民国の国是を遵守する韓国籍を所有した在日韓国人を構成員にし、構成員の権益擁護をはじめ、民生安定、文化向上を図る事によって構成員相互間の福祉と繁栄および親睦を増進するための任意団体であります。つづいて日本社会で信頼と尊敬をうけられる模範的民間団体になることを目標にし、世界平和と国際親善をも図る団体であります。

②非政治性

民団は、そのような本質上、非政治的性格を有しています。大韓民国の国是を遵守する在日韓国人の総意に依る任意団体として、団体の総意が指向するものは、終始、全構成員の各々の力量を結集し、互いの福祉と繁…

祖国情勢を討論

湯河原で神奈川青年会秋季研修会

湯河原温泉宝荘で開れた神奈川県青年会秋季研修会

去る十月二十六・二十七日の両日…

来年、観光客70万人を誘致

韓国交通部

韓国交通部ではアメリカをはじめ、ヨーロッパなど、観光市場を多辺化して来年の一年に外国人観光客七十万人を韓国に誘致する計画である。

交通部当局が三十日、伝えるところによると、まずこの計画に基いてこれらの地域に観光ブームを造成するために来年の六・二五韓国動乱二十五周年に際して、アメリカ、ニュージランド、ベルギー、イギリスなどの韓国動乱参戦国十二万人あまりを招く予定。

韓国婦人の使命強調

熱海で婦人会神奈川県本部研修会

鶴見で開かれた敬老会

「敬老の日」祝典盛況

鶴見支部で 会員百余人を招き

去る九月十五日、民団鶴見支部（団長=鄭両憲）で管内の敬老会（安成俊会長）会員を招き、敬老の日の祝典を盛大に催した。

この日の祝典には、金有河県本部団長をはじめ各界から多数のお祝いの来賓もかけつけ意義あるお祝いの挨拶を述べ敬老会員達をねぎらい式典が終ったあとは余興に入り、本国芸能人らによる古典舞踊と家もちり込んだ立派な祝典になった。

特にこの祝典においては、米寿をむかえた安成俊会長ならびに会員達に記念品贈呈と記念撮影もあり又、この日の祝典準備会として、金参拾万円を寄付した白樹善三貫商事株式会社々長に対し数多い感謝の言葉もあった。

同敬老祝典は和気あいあいのもと盛況になり無事終了した。

▲訂正=九月二十五日付第八号本欄「韓女史のトッパンは韓女史の誤りです謹しんで訂正お詫び致します。

写真は車正美君（中央）

第55回全国国体に本県で四人参加

車正美君が金メダル

=銅メダルに厳玉順嬢

去る七月、奈良市で開かれた在日大韓体育会による予選大会においてそれぞれ優位に入った選手らによって構成された。

当県本部では、ハイジャンプに日大付属高校三年在学中の車正美君（横浜支部管内）をはじめ、サッカーに李健太君（川崎支部管内）、バスケットに高峰日君（川崎支部管内）、バレー厳玉順嬢（川崎支部管内）らが参加した。

全国きっての選手達と戦う国体の各種目において、車正美君は、ハイジャンプにおいてみごとタイを記録し金メダルを獲得した。

又、厳玉順嬢はバレー部分で銅メダルを獲得した。

この両選手によって、神奈川県の健児らの名は、本国体育会に広く知りわたり、大きな歓迎を受けた。

車正美君は、日本の国内においても数回、入選し、神奈川県高校体育界では、常にハイジャンプ部分において優勝してきた有望選手である。

父子伝承…悪の血を引いた金成柱

殺人強盗を欲しいままに
同胞苦しめ、日警のスパイ活動

中国人の採伐公司からそう遠くない新義府訓練所では訓練生らの勇しい合唱の歌声が聞えてきた。その歌は以前新興武官学校の校歌であった。訓練所はその日解散する合唱の歌声が雪の降る深山の谷間を声高くこだました。

西北から鴨緑太原
南の電折の

子孫万代を育て
東海のわが子に
乳を与えてくれたのは
誰でしょう。
わが倍達の国
わが祖先である。
彼等の胸中に流れる血が
今日もわれらに受け継く。
長白山の綱のような

万忠楽園は
千万年守ってきた
わが家だ。
奴らの侵略のため
悲しみにいるのは
誰れでしょう。
わが倍達の国の
わが子孫だ
胸をたたきいざ戦わん

地獄の鉄扉を開こう。
手に刀を持ち馬を走らそう
新しい知識、高い人格精神育て
祖国の運命を救おう
建国の志
誰れでしょう。
わが倍達の国の
わが青年達だ
両手を空高くあげよ

さあ、自由の旗がなびく。

このような訓練生達の合唱の声は憤りに満ちていた。しかし三節の終りではあまりの悲しさに訓練生達は泣くばかりであった。

「ね、訓練生が泣いています」

耳を傾けていた益洙が口を開いた。

「ぜいたくな奴らさ！腹がいっぱいだからやることのないひま人さ！独立とか格好の良いことばかり言いやがって！そんなに生やさしいと思うのかよ！」

次の日の真夜中である。亨ジは渋る益洙をそそって採伐公司管理人の山室に侵入するのである。

亨ジ達は採伐場の人夫達に支払われる給金をねらって、管理室に忍み入った。

丁度その晩、管理室で一人で寝ていて不意の強盗にあった中国人の管理人は恐れもせず刃物を振り回す亨ジと益洙に飛びかかった。暫らくの間激しい格闘がくり広げられた。管理人は声を張りあげながら必死になって身を守った。

しかし近くの合宿所で寝ていた数十名の人夫達は誰れ一人この事態に気付いた者はいなかった。

管理人はとうとう亨ジのナタで頭をやられて倒れてしまった。驚いた亨ジは夢中になって管理人のポケットをあさり部屋のすみずみまで金目のものを捜した。しかし、金はわずか満州の銭で八十銭しかなかった。当時、八十銭では米一斗の値にもならない。

「チェ！こん畜生！」

亨ジは目の前が真っ暗になる程失望した。彼が予測していたのとは違い管理人は現金を持っていなかったのだ。亨ジはひともうけをして故郷に帰れる心算であったが結局意を遂せず水の泡に帰してしまった。それぱかりでなく今は人を傷つけた強盗犯として追われる身になってしまった。

急いで家に戻った亨ジは血のついた服を着替えるや康夫人と子供達を叩き起こし逃げ出す仕度をさせた。

亨ジは益洙と妻子をつれてとにかく東南方面に向って逃げ出した。酷寒の中で幾山を越えた日もさまよった。

ちょうどその頃、腸チフスにかかっていた亨ジの二男、鉄柱がこの逃亡行脚中に亡くなった。

「こいつは寿命が短かったのだ……」

亨ジは溜息をしながら死んだ子供を密林の雪の中に捨てた。

「アイゴ！可哀想な奴め！父母が悪かったばかりに…」

康夫人は涙を流した。

「こうなったらわが朝鮮に行くしかない」

亨ジは逃亡行脚の八日目に益洙と妻子をつけて白頭山の国境を越え成鏡南道甲山郡普天面保田里に着いた。

太古の密林の中を歩き、白里の道であった。その間の道行は普通凍死するか猛獣の餌食になるのがおちであった。生き伸びたのが奇跡であった。

この時、もしも十一才の成柱（北傀金日成）が死んでいたならば、わが祖国の歴史は大きく違っていたであろう。

亨ジの一行は胞胡里で一休みをした後、再び南の方に向って出発した。放蕩な亨ジだがそれでも犯した罪に対する罰は恐ろしかったのである。できるだけ満州官憲の手がとどかない遠い所に逃げようと頑張るだけだった。

とうとう亨ジ一行は甲南地を経て保田里という村に着き、村はずれの橋の下でわらむしろの仮家を作った。もの悲しい程の落ち目の安であった。

普天保の勝利は
洪範図将軍が指揮

保田里は甲山郡普天面事務所と日警駐在所と学校、金融機関の支所があり、田舎の市が盛んな賑やかな国境地帯にある要地の一つである。そしてこの地方を普天保と通称するのである。又、この地方は国境の要地なので、川を渡って間島からの独立軍が日警に対する来襲が頻繁なため日警の警備が厳しい所である。

刮目すべき独立軍の来襲は、亨ジ一行がここに着く三年前、一九一九年八月にあった。

間島吐清県鳳梧洞を根拠地に神出鬼没する洪範図将軍の数百名の独立軍が金一成将軍義兵部隊との合同作戦のため、ここ普天堡と恵山鎮一帯を襲撃し日本軍守備隊を大きく撃破する大勝利を納めた。そして十月にはここから遠くない江界と満浦鎮に進入し、数日間この一帯を占領し華坡郡では日本軍と大戦闘を広め日本軍七十余名を射殺し多くの武器・食糧を奪った。

しかしこの地方の過ぎし日の風運を浮浪者である亨ジや益洙が分かるはずがなかった。又、知る必要も彼等にはなかった。ただ彼等はいかにすれば今日の食にありつけるか、いかに延命するかに汲々としていただけである。

酷寒の中での長旅のため、康夫人と十一歳になる成柱は瀕死の境に落入った。乳のみ子の次柱も病気にかかった。身体全体が火のように熱く康夫人の胸で泣くばかりだった。

「こんな時に病気になるなんて！」亨ジは飢えを忍びながら溜息をするばかりだった。そんな亨ジの姿を見て益洙までも見かねて、

「兄貴、私はこれで失礼したいのですが」と別れ話を持ち出した。今まで亨洙と一緒にいれば、何か好運に会うこともあるだろうと思っていたが、日が過ぎるにつれてそれはまったくの幻想に過ぎないと自覚したからであった。もうこれ以上亨ジと一緒に居るとろくなことがないと思ったのである。

「なに、別れるとは何のことだ」

亨ジは随分気分を害し、益洙を恨んだ。

「故郷へ帰ります。兄貴にこれ以上迷惑を掛けることは出来ません」

益洙は大ぐく息をついた。

妖怪 金日成を斬る

◆成柱의 祖母・李宝益의 生前모습

◆成柱의 叔父・金亨禄의 生前모습

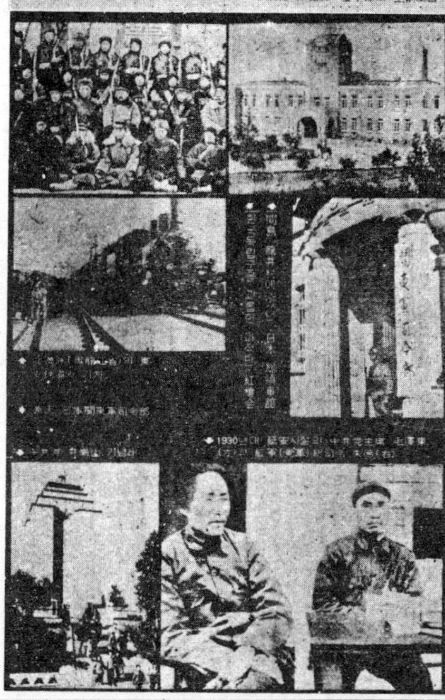

◆1930년대 延安시절의 中共党主席 毛沢東（左）과 紅軍（赤軍）総司令 朱徳（右）

真の独立闘士は金一成将軍

戦果・勝利を横取り金日成と名乗る

「今更、何を言うんだ。我々は苦楽を共にすると、義兄弟の縁を結んだばかりではないか」

亨ジは大声で怒鳴った。

「ですが、これからの見通しも立たないんじゃ」

「ふん！此奴何を言うんだ！この俺を馬鹿にするな！」

亨ジは益洙を激しい形相で睨みつけた。結局、益洙は亨ジから離れることは出来なかった。そして亨ジに連れられて保田里の町を彷徨しながら飢えを凌いた。

しかし、意外にもこの二人に救いの神が現われた。

金允徳という人物で、当時の普天堡の名士である。

金允徳は〔…〕貸し与えた。食べ物も与えた。

金允徳は決して裕福ではなかった。甲山普天面の抗日有士の一人であり、一九二〇年以後急激に拡まった社会主義思想に目覚めた田舎の知識階級であった。そのような金允徳が亨ジに善心を施すようになった動機は実に面白い。

ある日、金允徳は保田里の村はずれの居酒屋でふらふらになるほど酒に酔いて喚いている亨ジを見かけた。

「俺はこうみえても、満州無松で独立運動をしていたんだ！間島大韓国民会と義政府が何か知っているか？こう見えても俺は金一成将軍部隊・車千里大将に従っていた者だ。ところが、二人の部下の〔…〕てきたまでだ！お前ら俺を甘くみるな！」

このように図々しくも見栄を切る亨ジに大きな感銘を受けた。丁度その時、金允徳は数人の同志とその居酒屋で時間に関した雑談をしていた。

△顔は不格好だが凡人ではない▽と金允徳は感った。

金允徳は「先生、私と少しお話しましょう」

「ああそうですか、私は革命家です」

亨ジは躊躇もせず允徳の要請に応じた。勝手にのって口からでまかせに適当に答えた。

「先生！見て下さいよ、金一成将軍様はすぐ甲山にも攻めてきま〔…〕である。

そして引き続き間島大韓国民会と義政府、更に華成義塾の要人達の名前をあげながら、統義府訓練所の内幕までも喋るのであった。書堂に三年通えば風月を覚えるという諺があるようにまさに亨ジもあたかも自分が独立軍に参加したかのように振舞った。

だが金允徳にとって見ればよほど珍しいことであった。

△間違いなく独立軍要員である！▽と金允徳は感激に絶えずにいた。それで金允徳は亨ジは勿論その家族と益洙を自分の家へ招いた。従って亨ジと益洙は一辺に尊敬される愛国者に成り済ましたのである。

金允徳は更に彼の国内の同志達〔…〕ら来た金一成独立軍部隊下の抗日斗士二人が自分の家に泊っている——とうとう允徳の国内同志達は毎日のように允徳の家を訪ねるようになった。間島から来た金一成独立軍部隊要員を一目会うためであった。

甲山の村では勿論、隣の村三水、豊山そして遠い東海に面した北青、利原、端川（金一成将軍の出身地）等地からも噂を聞いて訪ねるようになった。禁止千万な話してある。

亨ジは連日のように自分をたずねる人のために大変な芝居を演じなければならなかった。それでも衣食住の問題が幾らかでも解消できたことがうれしくてたまらなか〔…〕

益洙と康夫人は当惑するばかりだった。亨ジの目つきを見ながら判断し行動した。そして成柱は突然人々から尊敬されるようになった自分の父親が不可思議でもあり頼しく見えた。そして目をさめると訪れる人々にいい聞かす父さんの金一成義将兵の話に夢中になっていた。

従って成柱は金一成将軍を神様よりももっと偉大な人物と思うようになった。当時、亨ジを訪ねる人はその殆んどが日警から要注意人物達であった。彼等はこの地方（関北・成鏡道）出身の金一成将軍をどの愛国烈よりも尊敬していた。

猿芝居の演出は
金の父と康らが共謀

た。故郷を離れて十余年、感慨深そうに故郷に手紙を出した。暫くして故郷から人が来た。

二番目の弟、亨権とその妻の叔父、康良煜（現北傀の副主席）である。

二人は驚ろくばかりだった。

△一体、これはどうなったのだろうか？▽

特に康良煜の驚きは言葉に言い現わすことのできない程であった。

以前より無頼漢であった亨ジが意外なことに抗日愛国闘士として人々から尊敬される人物に変ったではないか！

康良煜と亨権はあ然とした内に金允徳とその他の人々から丁重なあつかいを受けた。一言で言うと抗日愛国闘士の家族に対する接待であった。

亨ジは自分の周囲の者達が自分に対する態度に調子を合わせて、む自分を見下した妻の叔父、康良煜の前で一説ぶった。

兄の亨ジよりも一層無学な亨権は、一体何がなんなのか全く見当も出来ずにいた。

康良煜は奇異な現実に到底納得いかず

「君、これは一体どうしたことなのか？そのまま故郷に帰ろう。君の両親も大変心配しているし……」

康良煜は静寂な夜の床で亨稷を説得するのであった。当時康良煜は故郷で彰徳簡易普通学校の先生をしていた。

「いや、とんでもないですよ！この亨稷が出世してはならない法律でもあるというのですか！義叔父はとにかくだまって見ていて下さいよ！」亨稷は突然腹を立てた。

「いやいや、そんなこと、少し落着きなさいよ」

康良煜は情無かった。しかし亨稷の気性をよく知っているのでこれ以上何も言わず口をつぐんだ。それに彼は当時、敬虔なキリスト信者なので寝床の向きを変え△主よ！あの罪人をおゆるし下さい！▽と心の底から祈るばかりであった。

「義叔父さんにお願いがあるんですが……」

暫らくして亨稷は申し訳なさそうに口を開けた。

「お願いごと？〔…〕とは何んだ？」

康良煜はだまって聞き入る訳にはいかなかった。

「あの成柱の奴のことですが……義叔父さん済みませんが義叔父さんが引き受けて勉強を教えてもらいたいのです。学費は送りますから。」

亨稷は以前とは違い非常に深刻な様子であった。

「分った。そうしよう！」

康良煜は一言で承諾した。

次の日、康良煜と亨権は成柱をつれて故郷に向った。

「義叔父さん、成柱のことは宜しくお願いしますよ。その恩は必ず忘れませんから」

亨稷は成柱をつれて別れる康良煜に真剣になって頼んだ。

「義叔父さんの言うことをよく聞いて勉学に力を入れろ！そして将来立派な人間になるんだぞ！分ったか？」

康夫人は成柱の肩を撫でながら涙を流すのであった。

「心配いらないよ、お母さん。私一生懸命に勉強して必ず立派な人間になって見せますから。」

成柱は父親に似た達者な言葉を残して両親と別れをつげた。

それから二日後、康良煜と亨権は、成柱をつれて成柱の本家がある平安南道大同郡古平面南里に帰った。

「これはこれは成柱の奴、こんなに大きくなったのか！この可哀想な奴め、他地でどれ程苦労したのか！」

成柱は叔父、金輔鉉老人と祖母、李宝益老婆の暖かい歓迎を受けた。

成柱はすぐ母親方親戚がいる大同郡竜山面下里七谷村の彰徳普通学校三年に編入した。一九二三年の春、成柱がちょうど十二歳の時である。

しかし、昔も今も貧困は変らなかった。成柱は食欲旺盛な年頃に〔…〕

従って成柱の性格は一層ゆがめられるようになる。理由もなく裕福な家の子供を嫌い、学校でも服装の良い学生をつかまえてはケンカを売ったりした。彼のケンカ早いのは有名であった。石やガラスで相手を傷つけるは彼のケンカの常套手段であった。夏になると大同江に泳ぎに行っては自分より少し身だしなみの良い子供をいじめたりした。

当時、成柱と一番仲良しだった文東一（著者が一九五一年四月、平壌四高反動分子教化所で逢った証人）は、いつもこのような成柱の不良行為を止めようとしたが、それに従う彼ではなかった。

また、成柱は自分の叔父亨禄が世話になっている大同郡庁の尹主事宅の稲むらに火をつけて村の人々をおどかしたりもした。父親のでたらめな教育がいつの間にか成柱にも伝播していたのであった。

康良煜は成柱の現状を憂え、将来を憂いて、成柱の母親方祖父康敦煜と相談の上、成柱をキリスト教の信者である自分と一緒に住ま〔…〕

情報統治の強化如実
南北対話七カ月後に実施

【解説】孔卓虎氏の帰順により「北」の秘密情報機関、国家保衛部の存在が露わになったが、注目されるのは、七二年七月四日の南北共同声明で南北対話が本格的に滑り出してから七カ月たった、七三年二月十五日になって、体制の強化、ことに情報統治の強化がさらにいっそうすすめられたことだろう。それも、七二年十二月の憲法改正を通して体制強化を図った上で、さらにその二カ月後に主席直属の情報機関をあらたに設置する、という念の入れ方である。

「朝鮮労働党」が「金日成唯一体制」を主張し、「人民軍」の「金日成思想化」が成功裡に進められていると強調されながら、なおも措置をとる、というところに「北」の異常な緊張ぶりがうかがえる。

しかも政治保衛部の監視の対象が、従来の「地主、資本家、民族反逆者」から核心党員や幹部層にまで拡大され、同部はまた住民の思想動態把握作業まで進めてきたというから、これは南北対話の初期段階を経て、すでに「北」は対話を進展させる方針を放棄したことのあらわれと見られよう。

末端行政機関まで組織網
道・市の保衛部の機構は尨大なもの

韓国中央情報部の発表によると国家政治保衛部は四六年二月「北朝鮮臨時人民委員会」結成とともに発足した「情報工作隊」（のちに四七年二月「北朝鮮人民委員会」治安局情報処に昇格）が前身としており、七二年十二月「北一」の憲法改正にともない増編されたのち、七三年二月十五日出された「社会安全部と政治保衛局を分離することに対する金日成教示」に従い、七三年五月、それまでの社会安全部政治保衛局から国家政治の情報・査察機関として独立した。

同部は、代号名称「三二五軍部隊」とも称し、金炳夏部長のもとに事業担当副部長および業事担当副部長をおき、総合指導局、予審局、対外局（対外反探事業）など十六の局と五事務処、技術情報処（国内外、有無線の盗聴を担当）など四個処を置いている。

注目されるのは、同部が全国の組織網を持っており、文字通り全地方行政機関および軍にまでその国を掌握して国家主席にだけ責任を負う最高の情報権力であることだ。

同部は各道、市、郡の行政単位別に政治保衛部を組織しており、末端の里にも指導員一〜四名を駐在させ、その他各機関と企業所にも指導員を駐在させている。道および市の政治保衛部には警衛課、指導課、予審課、通信課など十六の課を設置、二百三十名ないし三百名の人員を配置している。部政治保衛部は責任指導員制をしいて四十名から六十名の人員を配置している。帰順してきた孔卓虎氏は開城市の政治保衛部指導員であったという。

「北」人民軍については、従来あった軍政治安全保衛局を政治保衛部に改編し、人民武力部（国防省に相当）には中将級の政治保衛局長、軍団軍には少将級、師団には大佐級、連隊には上佐級の各政治保衛部長を置き、大隊には少佐級、中隊級には大尉級のそれぞれ政治保衛指導員を配置している。

連隊級には三〜四名、大隊級には一名〜二名の指導員が配置されており、以前にはなかった中隊級にも同部指導員を置いている。また各級単位部隊の責任者も以前より一〜二階級ずつ高い上位者で補職編成されていて、たとえば集団軍政治保衛部長は従来大佐であったものを、少将を任命している。

政治保衛部の前身「北朝鮮人民委員会」治安局情報処は、四八年九月の「北一」政府」樹立後、内務省政治保衛局となったが、五〇年ぼっ発した「六・二五」動乱下の戦時体制のもとでは戦時治安業務を担当、五二年十月には内務省社会安全局に増編された。

その後六二年十月に在日同胞の「北」送還事業と関連して情報査察強化のため、内務省が社会安全省に改編され、七二年十二月の「北」憲法改正後、社会安全部と改称され、そのもとに保衛部、安全部、保安部、山林部、警衛部、後方部などが置かれた。

横浜商銀はわれわれの手で！　2百億預金達成は皆さんの力で！

●あなたの会計係に　当座預金
●税金のお支払と利殖に　納税準備預金
●あなたの財布がわりに　普通預金
●利息のもっともよい　定期預金
●短期のお利殖に　通知預金
●小さく積んで大きく育つ　定期積金

横浜商銀信用組合

本店　横浜市中区蓬莱町2－3　電話 045（251）6921～5
川崎支店　川崎市川崎区東田町10　電話 044（24）4961～5
横須賀支店　横須賀市日の出町1－2　電話 0468（22）6935～7

理事長 李鍾大
専務理事 李根馥
常務理事 大原良雄

在日大韓民国居留民団
綱　領
1. 우리는 大韓民国의 国是를 遵守한다.
1. 우리는 在留同胞의 権益擁護를 期한다.
1. 우리는 在留同胞의 民生安定을 期한다.
1. 우리는 在留同胞의 文化向上을 期한다.
1. 우리는 世界平和와 国際親善을 期한다.

神奈川民團新報

在日本大韓民国居留民団神奈川県地方本部機関紙

1月1日(水)
〈1975年〉
月刊 (新年号特集)〈一部定価30円〉

発行所
神奈川民団新報社
発行人 朴 成 準
横浜市中区若葉町3丁目43－4
電話 045(251)6349(代) 6271～2
支社 横浜・川崎・鶴見・横須賀・湘中・湘西・高座・相模原・南武各支部

乙卯新心

歷史의 新紀元을 創造하는 새해아침

一九七五年
元旦

我が祖国・我が韓半島

韓国は
アジア大陸の東北部に位置する山の多い半島国家である。
海岸には三千余の島が散在し北は中国大陸の東北部である満州の南端、シベリアの沿海州に接し、南は大韓海峡をはさんで日本と向かい合っている。韓半島の総面積はおよそ二十万平方キロ・メートルで、地形は南北に長く、東西は狭い。

韓国は今からおよそ四千三百年前建国の神であった壇君によって開かれた。
それ以来、韓民族の半万年歴史はアジア大陸の東端半島を中心として展開されたのである。

韓民族は
民族の統一と連帯意識を強めるうえで重要な要素となっている同一言語を使い昔から大陸文化を受けつぎこれを海洋国家に伝達し、反面海洋国家の文化を大陸国家に伝えるなど、橋渡的役割をはたして来た平和愛護の文化民族である。

悠久なる半万年歴史と美しく清らかな自然、それに華麗な文化を持った韓国は、遺憾なことに国土分断の運命を背負っている。だが英明なる朴正熙大統領閣下の領導のもと全国民は国の繁栄と国土の平和のための強熱な意志を抱いて力強く進んでいる。

今、新しい太陽は
我が祖国、我が韓半島の
永遠なる繁栄への夜明けを
明るく照している。（文…副団長・金有河）

謹賀新年

充実した奉仕活動展開

＝組織強化、祖国繁栄に寄与誓う＝

民団神奈川県本部団長
朴 成 準

朴成準団長

乙卯年を迎え異域で祖国の限りない繁栄並びに平和統一を念願しまた民団の健全なる発展の為、日夜努力している県下の団員みなさまと傘下各級組織の指導要員のみなさまに新年の御挨拶を申し上げます。

今年はうさぎ年であります。うさぎはもとより賢こく敏捷な動物として愛されてきたのであります。今年こそ祖国の繁栄と平和統一をはじめ民団の健全な発展と懸案課題の遂行を阻害する全ての要素を賢明または敏捷な活動で間断なく排除し、ひとえに民団の結束と発展は勿論、祖国の栄誉と繁栄の為あらゆる力量を傾注し邁進しなければならない年と存じております。

一九七四年の一年間をかえりみれば、祖国では英明なる朴大統領閣下の領導下に国民の総和による維新の一大課業が政治・経済・社会・文化の各分野を問わず、所期の成果を収めた一方、祖国の平和統一を阻害する金日成集団の悪辣で狂想的な全ての武力挑発が残らず粉砕できたのであります。また本団においても全団員の福祉向上のため本来の諸般事業と懸案の課題等が遜色なく所期の成果を収めた事と存じます。

当本部も、県下唯一の民族資本による金融機関である横浜商銀に対する韓民統系不純分子の破壊策動を徹底的に粉砕した年頭の組織活動を始め対韓対民団破壊工作であったいわゆる『百二十日間運動』という朝総連の狂気に満ちた策動に対しての封鎖活動、また八・一五解放記念日の式典場所を血に染めた「朴大統領狙撃事件」以後に展開された一連の対朝総連解体活動等数多くの活動が行なわれました。特に「大統領狙撃事件」は日本を基地とした金日成共産集団の高次元的な国際的対韓破壊陰謀と朝総連および韓民統の殺人策動によって惹起された事件である事は周知の事実でありましょう。当地方本部ではこのような破壊策動を徹底的に粉砕するため、中央または関東単位の各種示威活動に数千団員の人的動員は勿論示威活動の実効を収めるに至っても赫々な効果を上げたし、独自的には「故陸英修女史追悼式」の成功的な執行を通じ県下全団員の鉄石の如き結束を再確認したのであります。

また朝総連粉砕自動車デモ等の活動を通し朝総連の解体を要求した前例のない敵対陣営との闘争をも展開したのであります。このような全ての活動はそのつど県下全団員の愛団愛族の情熱を始め金日成共産集団粉砕への炎のような憤りがその基礎を成したと考へられます。本人は去年一年を通じ多事多難であった組織活動を総括し検討した結果、正に去年は本団の健全な発展のために多くの寄与をした年であったと思います。

去年一年間いろいろな活動を通じ身につけた豊富な経験と組織力を底力として新年においては必ず達成すべき数多くの課題を効果的に展開するよう新年の初めにおきましてみなさまと共に再確認する次第であります。

それは韓民統系の不純分子と朝総連の扇動分子等の策動が当県内では二度と発生することのないよう徹底的な闘争活動を始め、共産主義者の既得の論で殺人・強盗のような手段で三万余同胞の唯一の財産である旧本部会館を不法強占している不純分子らに正義の鉄槌をくだし、本部[illegible]を取り戻す活動こそ新年初めから展開しなければならない事業であります。それと同時に本団の挙団的な一大事業である中央会館の完成を目的とする会館建設事業において当県本部に任された諸般活動を機敏かつ効果的に完遂しなければならないと思います。このような二大活動に並行し当県全団員の権益擁護および福祉向上のため本来の奉仕活動も例年よりは充分に展開させる事を約束します。このような新年度の懸案課題は先にも指摘したように県本部の指導体制下に各級組織の力量が総集結し上下が一体化した鉄石のような結束なしには不可能であることを付け加えておきます。

県下三万余団員と各級組織指導要員のみなさま!!

みなさまと一緒に本団の健全な発展と祖国の無窮なる繁栄のため全力を尽し奉仕する事を誓い全団員のご多幸に限りなき幸運を祈りながら新年辞に代えさせていただきます。

僑民保護政策を推進

＝親切・総和・団結で祖国近代化へ＝

駐横浜大韓民国総領事
李 起 周

李起周総領事

親愛なる同胞の皆様

皆様と共に苦労をし、共にたのしんでいるうちに、また一年が過ぎ去って、新しい年を迎えるようになりました。

希望に満ちた乙卯年を迎えまして皆様方のご家庭に幸あらんことを願い、ひいては御事業の繁栄を祈ります。

同胞の皆様!

祖国は今だに両断され、北側の同胞達は、今も共産主義者らによる暴力支配のもと、うめき苦しんでいることを想い起すとき、ここでふたたび覚悟と決意を新に致す次第であります。

わが民族は、昔から優れた民族でありました。ふぐうな逆境にめげず強靭な意志でもって、強く、たくましく生きてきた在日同胞達のしっかりした姿をまえにし、深い敬意を表します。

顧みれば、異域においてのその間の歳月は、実に試練と刑(いばら)と苦難と陣痛の歴史でありました。

しかし、わが国には"苦労のあとには必ず楽がある"という諺があります。

経済建設をはじめとする数多い国家事業に力を注いできた政府はただ今僑民保護政策を力強くおしすすめています。一方、国力も日に伸張されつつあります。前の諺とうり、ただいまわれらの前には、新しい民族中興のれいめいがめば(芽)え始めました。

いかなる国の歴史を見ても、興亡盛衰はつきまとうものであり、民族中興というものが、いつ何ん時でも成し遂げられるものではありません。必ず時期というものがあります。

世界で最とも権威ある学者達による統一された分析によれば、わが国の経済成長率は前例のない程急テンポで進んでいるということです。故に近い将来、先進国の隊列に肩をならべるようになり、また民主統一もわれら自身の手で達成されるでありましょう。

わが政府は、八〇年代までに年間輸出高一〇〇億ドル台に引き揚げ、国民一人当所得を一〇〇〇ドルにするための経済繁栄が進められつつあります。

祖国の近代化のため、全国民の炎おともえる執念と限りない努力は、決して空しいものでなく必ずわれらに豊かな明日への結実を持たすのであります。

われらは、われらの手で、両断された国土を統一し、栄光にみちた祖国建設の日まで如かなる苦難をも克服し、中断のない前進を続けなければなりません。

同胞の皆様!

皆様が祖国で農村が日に日に近代化への道をたどっている様相を目のあたりに見て、また建設工場の力強い鼓動を耳にして帰りました賢明な皆様が「ソウルには戦気もない」という式の民族組織の破壊を策動する朝総連の悪質で根も葉もない謀略と宣伝に惑わされることはあり得ないと確信します

皆様が祖国へ行き直かに見聞した通り「十月維新」と「セマウル運動」は故国としては必要不可欠なことであり、必ず成し遂げられるものでありましょう。われらは昨年UN総会で大勝いたしました国際社会はわれらの立場を圧倒的に支持しています。

いかなる試練を受けまた代価を払っても不屈の意志と英知を持って萬難を克服し、繁栄に満ちた祖国建設を成し遂げなければなりません。

同胞の皆様!

親切、総和、団結を掲げた総領事館と共に民団、婦人会、青年会商工会、商銀ともども"渾然一体になり、前進する大韓民国国民としての誇りをなお一層たからかにし祖国近代化への隊列に共に参加し国威を宣揚し、必ず迎えるであろう繁栄と後世の栄光のため総和団結し一路邁進することを確約しましょう。

759

迎春、各界あいさつ

祖国に深い認識を
＝民団員としての使命感に撤せよ＝
民団神奈川県本部常任顧問　朴述祚

朴述祚常任顧問

新年を迎え、本団の健全なる発展と祖国の繁栄のため努力している県下全団員の皆様に対し新年のごあいさつを申し上げます。

去年は、当地方本部をはじめ傘下各級組織の役員並びに所属全団員達は多難多事の本団事業を遂行するにおいて実に献身的努力をなされました。私は本部諮問機関を代表し深く感謝する次第であります。

新年を迎えるにおいて、去年一年間を顧りみれば、私達、全団員の結束をはじめ、団員として負荷された使命感に対する徹底化が最っとも要請された年であります。

不純分子による「横浜商銀撹乱事件」をはじめ金日成集団による数々の対韓国、対民団破壊工作などを粉砕するにおいて、何によりも組織活動の底力となったものは、われら団員達の結束と在外国民としての使命感だったと言えます。

然し、私は去年一年間の組織活動の経験から感じ取ったことは、団員の結束と使命感の徹底化を阻害する要素がいまだに一部には残っていたと言うことです。この阻害要素なるものを幾つかあげれば反国家および反政府分子との付和雷同をはじめ子弟達の朝総連系学校への就学、朝総系金融機関との取引などを行なっている団員達がいるという事実と直系家族のうち朝総連団員がいる団員達がいるという事実などであります。

「文世光」という兇徒の輩出にしろ、朝総連および韓民統系不純分子の横行にしろ、その素地を提供するものは、前に指摘したその様な要素からだと言えましょう。

私は、長い間の専従組織人としての経験と数々の事件の背景などを土台にし申し上げますと民団の健全なる発展においての第一義的要件は、何よりも団員相互の堅い結束と本団の五大綱領・宣言を実践するにおいての使命感に撤するという点だと思います。

故に本部および傘下各組織の指導層におきましては、団員の結束と負荷された使命感の徹底化のため尚一層の活動が要請され、一方団員大衆は組織指導層と渾然一体になり、民団の発展と祖国の繁栄のための深い認識を持たなければならないと思います。

新年を迎えるにおいて、われわれは、過ぎ去った年の数々の試行錯誤を再びかみしめ、また名指導層は、前に指摘した民団発展上の阻害要素を排除するための徹底した研究と活動に対するたゆまぬ努力を注ぐ決意を新たにしなければならないと思います。

終りに、私は皆様と共に迎える新年においては、よりよい民団の発展と祖国の繁栄のため、尚一層の努力を注ぐことを期約し、一方皆様方のご家庭に限りない幸あらんことを祈り、新年のあいさつに代えます。

在外国民としての誇りを
民団30周年迎え創団理念具現しよう
民団神奈川県本部議長　金桂善

金桂善議長

乙卯年の新年を迎え、県下団員みなさんの御健勝と御家庭の繁栄を心からお祈り申し上げます。

去年の一九七四年は一年間を通じて毎日々々多事多忙を重ね多難を極めた年でした。

我等県内の民団組織内部でも一年間金允鍾徒党の民団及民族金融機関の破壊工作を主とする混乱と分裂工作があったにもかかわらずスムーズに収拾したのは団員みなさんが組織人としての良識と在外国民としての誇りをもっていつも民団に協力して下さったおかげと信じる故深く感謝を致す次第であります。

今日我等の祖国は民族の強大なる主体意識のもと民族的精神姿勢の一元化を期し、もうちょっとの苦労をがまんしながら富強なる国家を形成し一歩進んで民族中興という大なる課業を遂行させるため維新体制を真顕化し新らしい歴史の新紀元を創造する重要な時期であります。

しかし、時々一部極少数の人々に依り維新体制の反対勢力が抬頭していますが巨大なる国家目的を達成するため画期的な前進を目ざして強行する過程には一部の異議と局部的な摩擦は避けられないものでありましょう。あらゆる研磨と苦痛を経たのちに始めて国民の総和が成就されるのは当然な事と思います。

わが民団も今年で三〇年を迎えます。人間としても三〇歳になれば成人として特に壮年としてやるべき仕事に専念し又自分等が担った任務を立派に果し次期世代の後輩並びに第二世に恥ずかしくない正しい「バトン」を引き渡せなければならない責任感を持たなければならないのです。けれども県内の民団社会に組織の大義を無視し民団創団精神及び理念と民主主義の原則を知らない一部知覚に欠げた人々が不法と暴力を振舞い民団史上類例のない汚点を残した事はみなさんも御存知の筈であります。文民団組織も去る一年間に連続的に発生した外的障害を排除しなければなりません。特に北傀金日成の操従によりその手先朝鮮総連が壮騒を併め文世光という兇賊兇徒に指令した「朴大統領狙撃事件」を始め赤化武力統一を目的とする各種の挑発事件を茶飯事の如く惹起するのは勿論日本国内でも対韓・対民団破壊工作を目標とした「一二〇日間」運動は彼等の悪辣な本心の恥部をそのまま世の中にさらけだした例であります。

最後に我等在日韓国人社会でも組織人や経済人を問わず各自の人格と存在価値を充分に認識しお互いに連帯感をもち大同団結する事に依って始めて我々の共同利益は勿論国家目的に合致する行動実践が可能であり従って民団の発展が実現するのであります。団員の皆さん一九七五年今年こそ我々の力量を総集結し難局突破に必要な勇気を培養し祖国と民団の旗幟を空高く掲げましょう。

一九七五年一月一日

北傀・朝総連の兇謀粉砕
団員、役職員が一致団結して組織強化
民団神奈川県本部監察委員長　金大栄

金大栄監察委員長

一九七五年新年を迎えまして全県下の民団役職員を始め団員皆様方の幸運と事業の御発展を心から御祈り申し上げます。

かえりみますれば去年は我が祖国大韓民国におきましても又我等在日同胞社会においても本当に多難多事な年でありました。

韓日国交正常化以来我が民団は朝総連のさまざまな謀宣伝に強く勝抜いて来ましたが、日本を基地として南侵を計るさまざまな悪辣な手段が「朴大統領狙撃事件」の文世光を生み又三十八度線の現衛地帯にまで地下トンネルを三キロ以上も掘って南侵を計った、北傀達の恐ろしい極まりない凶計を見ても県下の団員皆様を始め役職員が一致団結して組織の強化を計り民団々員の量よりも資質を良くし多少にもかかわらず朝総連と気脈の通じている同胞が一人でも居りますれば個人的の情実に拘らず摘出して我が民団組織強化の為、南侵基地の第一線に立っている在留同胞の自覚と我が祖国の安全に寄与されん事を新年に当りお願いしまして私の新年の辞に代ります。

一九七五年一月元旦

一致団結で不況克服
同胞の積極的な協助で預金目標達成
横浜商銀信用組合理事長　李鍾大

李鍾大理事長

一九七五年の新春にあたり、謹しんで新年のお祝辞を申し上げます。

昨年は、石油ショックにより、国際経済の混乱が日本にも波及し国内の物価は異常な高騰を示し、不況は深刻化して倒産が増加するなど、中小企業の皆さまには非常に困難な問題が山積したまま新年を迎えることとなりました。

このため、金融機関が被むった影響も極めて大きなものがあり、一部金融機関では預金が減少した向きもありましたが、当組合は幸い目標通り、一一〇億円を達成することができました。これもひとえに皆さまの温かいお引立により、商銀をしっかりと支えていただいた賜と厚くお礼申し上げます。

本年の景気見透しについては、一部には底入れをすぎ上昇に転じつつあるとの見解もありますが、今回の不況は過去の形態とは異る面もありますので、また予断を許さぬものがございます。皆様にはなお一層慎重に対処していただきたいと存じます。

私ども商銀におきましても、経費の節減に努め、職員教育を充実して資質の向上を計り、お客様へのサービス徹底を期するなど、新時代に対応した地道な堅実経営を心掛けて行きたいと念願いたしております。

何卒皆さまの一層のご支援とご協力をお願い申上げます。最後に県下民団傘下の中小企業の皆さま並びにそこで働いていらっしゃる従業員の皆さまの、ますますのご繁栄とご健勝ご活躍を心から祈念申し上げまして、年頭のご挨拶といたします。

実務陣の強化に全力投球
同胞社会の福祉向上めざし邁進
神奈川県韓国人商工会長　尹珠宅

尹珠宅会長

新年明けましておめでとうございます。

旧年中は皆様からの格別の御愛顧を賜り神奈川県韓国人商工会を代表して厚くお礼を申上げます。

また、この紙面をかりて新年のあいさつを述べさせて頂くことを光栄に思っております。

過去十年間、当商工会はあらゆる試練と苦難を乗越え、県下商工人の経済的基盤の確立と同胞社会の福祉向上をめざして邁進してまいりました結果、一昨年は念願の商工会々館新築落成をみるに至り内外にその偉容を誇るまでになりましたことは、既に御存知のことと思います。昨年中は、特に、業務活動の充実を計る年として、税務対策・企業および法律相談を含め会員相互間の情報交換・[illegible]・商取引きの協助等に重点をおき日常業務活動をおこなってまいりましたが、皆様の満足のゆくような協力、指導までには、いま一歩というところで一九七五年を迎えることになりました。

一九七五年の経済は、強力な総需要抑制策の効果の浸透に加え、一昨年の石油危機の反動が加重されて、景気は急速に下降過程に突入しており、金融引締めの長期化に伴い、企業金融は一段とひっ迫の度を強め、一部の企業を除き、[illegible]おります。

このような厳しい経済動向の中で、創立後十一年の歴史しかもたない当商工会としましては、特に本年度は業務内容充実の一環として、"実務陣の強化"を積極的に推進する年になるよう、全力を投入し、会員皆様の利益と健全な発展に役立つ商工会づくりに邁進する所存であります。

なにとぞ皆様のいっそうのご支援をお願い申上げます。

婦人会の役割は重大
二世・三世の教育問題に取り組もう
婦人会神奈川県本部会長　趙義順

趙義順会長

明けましておめでとう、存じま[illegible]先生、団員、会員、皆様の御家庭の繁栄と御多幸をお祈り申しげます。婦人会は執行部を担当して足掛五年、大過なくつとめさせて頂いた事は一重に先輩諸氏の協力と御指導の賜と役員一同にかわり厚く厚くお礼申し上げる次第でございます。一九七四年をかえり見ますれば国内外において未曽有の多事多難な試練の年でありました。他の事はさておいて、八月十五日の光復節の出来事は青天のヘキレキ、我が祖国は単一民族、同じ言語を持ち東洋の礼儀之国として[illegible]いる国、その民族の同じ血を分けた若者が朝総連の虚偽と欺瞞な宣伝と、巧妙な誘いにかかり、主観も正しい認識もなく手先となった凶悪犯人文世光の愚さを嘆いても取りかえしのつかない事でございます。

私達婦人会にも人の子の母として大きな課題を残して行った問題であります。祖国を知らない二世三世の教育の問題こそ、母としての義務を感ずる次第でございます。

婦人会は会員の向上と親睦民団の諸先輩の先生方と歩調を合わせ邁い進して行く所存でございます。団員、会員の皆さん、今後共倍旧に増して婦人会発展のためより一層の御指導、御鞭撻の程、御願い申し上げると共に、役員一同にかわり御年始の御あいさつにかえさせて頂きます。

合同新年会

日時　1975年1月11日(土) 午前11時
場所　横浜商銀信用組合 四階ホール
主催　民団神奈川県本部・横浜商銀・商工会・婦人会

団結로써 粉砕하자 朝總連의 破壊工作

在日大韓民国居留民団 神奈川県本部

横浜市中区若葉町三―四三―四
電話〇四五―二五一―六三四九番(代)
六二七一―二番

役職	氏名
常任顧問	朴述祚
顧問	李康元
	張聰明
	李根馥
	李鍾大
	田炳武
	尹珠宅
	朴基賢
	尹翼成
	任徳宰
	金錫泰
	金竜徳
団長	朴成準
副団長	金恒徳
	金有河
議長	金桂善
副議長	黄二柱
	韓時泰
監察委員長	金大栄
監察委員	李一撰
	白甲成
事務局長	鄭辰竜

横浜支部
支団長　副団長　議長　副議長　監察委員長　監察委員　事務部長

李七斗　崔洙南　全柄道　崔竜岩　奇泰出　申鉉烈　徐泰玉　俞永根　盧慶七　盧昌毅

川崎支部
支団長　副団長　議長　副議長　監察委員長　監察委員　事務部長

朴点圭　元永辰　金舜東　裵奉朝　朴末龍　成衡重　鄭宗坤　鄭点岩　張泰華　(空席)

鶴見支部
支団長　副団長　[illegible]

鄭南徳　姜徳奉　成東作　[illegible]

副議長　監察委員長　監察委員　事務部長

崔炳達　朴尚烈　張華翼　趙在洙　李舜衡　孫永起

南武支部
支団長　副団長　議長　副議長　監察委員長　監察委員　事務部長

郭鍾河　朴正鉉　黄寧錫　金正甲　李炳吉　許文哲　金東湖　李南圭　河基元　李石堂

湘南中部支部
支団長　副団長　議長　副議長　監察委員長　監察委員　事務部長

尹錫鳳　鄭日植　尹載一　張寿錫　郭道容　崔栄浩　尹富馹　朴東秀　李長寿　尹載一

高座支部
支団長　副団長　議長　副議長　監察委員長　監察委員　事務部長

金甲植　羅元鎮　許俊　柳在完　鄭逢春　金甲祚　郭文秀　盧命世　李相喆　李相烈

横須賀支部
支団長　副団長　議長　副議長　監察委員長　監察委員　事務部長

姜基先　鄭圭煥　張豊翼　金喆洙　金容　呉錫九　李昌権　李泰老　金徳炳　張豊翼

湘南西部支部
支団長　副団長　議長　副議長　監察委員長　監察委員　事務部長

尹仲守　卞銅述　李進永　金在萬　張甲淳　趙漢模　張漢植　姜熙万　洪秀男　李鐘徳

相模原支部
支団長　副団長　議長　副議長　監察委員長　〃　監察委員　〃

李甲述　金定雄　許再煥　李廷圭　金再京　(空席)　黄斗煥　李三撰　(空席)

民団神奈川県地方本部一九七四年度活動総括

◇…一九七〇年代前半期が終る年である一九七五年を迎えるにおいて、祖国と本団が置かれてきた諸般情勢を想い起すとき、先ず一言で表現すれば、激動と変革の日々を送ったと言える。米中国交展開（一九七二）に見るように国際平和の模索及至定着化をはじめ一方においては資源ナショナリズムによる国際経済の多極化という現象は一九七四年までの動的国際情勢を代弁する第一義的な表徴とも言えよう。このような動きのなかで、祖国においては国の繁栄と平和統一のため限りない模索と作業が展開された。

それは、朴大統領閣下に依る「平和統一構想宣言」（一九七〇年）を嚆矢に「南北赤十字会談」（一九七一年）、「七・四共同宣言」（一九七二年）、「平和外交宣言」（一九七三年）、「南北不可侵協定」（一九七三年）、「平和統一三原則」（一九七四年）、らにおいて見てきたように一九七〇年から一九七四年に至るまで韓半島の平和統一のための涙ぐましい挙族的絶叫と鼓動をはじめ、重工業中心政策を核心とした高度経済成長策の実現とこれに併行し「精神啓発」「環境改善」「所得増大」を核心とした「セマウル運動」等、経済的繁栄への不断な前進が立証するのである。

祖国の繁栄と平和統一のための一九七四年度までの政治、経済的あしあと（足跡）はそのまま一九七五年度にも受継がれ目にあまる程の成果を成し遂げられることは添言する余地さえない。然し、一九七四年度一年間だけでも金日成共産集団は、内には前近代的家父制の確立に依る共産社会建設という矛盾から生れる数々の権力闘争に血走り、外には妄想的武力攻勢に依る韓半島の統一を夢みたあげく国際的孤児としてあらゆる醜態を繰り返して来たのである。このような激動の情況の下にあって民団の一地方本部である当本部は、去年一年間をひたすら民団の発展と祖国の繁栄のためたゆまぬ活動を行い、また金日成共産集団の手先である朝総連および韓民統系不純分子との闘争の中で一九七四年度を送った。去年一年間の当本部の活動を、（1）民団発展のための活動（2）祖国の繁栄のための活動（3）朝総連および韓民統系不純分子との闘争活動等大きく三つに分類し総括する。…◇

宣言綱領を徹底的に
民団の発展のための活動

本団の宣言、綱領を徹底的に具現するにおいての活動は、民団本来の活動として新たなものとは言えないが、往々にして、言葉だけに終るという気風と合せて執行、議決、監察等、機関活動においても担った任務の実践において充分その機能を発揮出来なかったという事実は否定することの出きない現実だと言える。このような現象こそ、ただちに是正すべき体質として重大な課題になっているということは言うまでもない。

当本部は本部をはじめ傘下各支部および分団にいたるまで、このような体質の改善を企ることが、すなわち民団の健全なる発展に直結する重大な課題だと判断し体質を改善し、五大綱領、宣言を実践する組織に作りあげるための活動に最っとも大きな重点をおいて来た。

言い換えれば、分団は分団らしき組織に、支部は支部らしき組織に、また本部は本部らしい組織に作り上げる事によって団員大衆の信頼をうける組織、団員大衆をひきつける組織にひきあげることが、すなわち宣言、綱領を充実に具現するにおいての最っとも重大な活動であるとのことである。

このような活動の先決問題は、なによりも本部の基礎組織の強化並び拡張にあると指摘できる。分団が言うまでもなく、本部の基礎的組織であるということは勿論、分団未備地域の分団組織を計ること並びに既存分団の機能強化に対する支部のあらゆる組織活動への支援および指導活動を行った。未備地域に対しては同地域において分団組織の必要性に対する基礎的作業として例えばあらゆる調査事業をはじめ組織要員に対する分団組織に関する研修と学習を行ったことである。

このような基礎組織の拡張および強化活動を基本にし、支部単位でもって所管団員大衆の戸別訪問乃至集会の機会を利用、団員達との対話をとおして権益問題、民生問題並びにその他[illegible]祉向上に係わる事項に対する適確な把握をはじめ、成果をあげるための必要な学習、研修または討議等々の活動が不断に行われた。

このような活動は、新年度においては、もっと具体化されるし、また旧年度の活動を通し得たあらゆる成果が新年度活動の基礎になる。

以上のような"体質の改善および宣言、綱領の充実した実践のための初歩的活動（窓口作業）に併行し、中央会館建立に関する活動が効果的に行われた。

中央会館建立は挙団的事業であり、故に個々の経済的事情に応じ団員であれば一人残らず建立基金を献金するところにこの事業の大きな意義があるのである。

募金活動を行うにおいて数々の隘路はあったが、これを乗り越え当本部は割当額は前年度後半期で既に九五%に達するという成果を上げた。

祖国繁栄のための
支援活動を積極展開

祖国の繁栄は、高度経済成長政策と豊かな農村づくりのための「セマウル事業」らによる成果が立証するように日毎に前進している。

「セマウル事業」の目標は、つまり農村の繁栄を企ることにあるが、それは「精神啓発」、「環境改善」、「所得増大」が基本になり、その成果を表した。

当地方本部が行った行動は、一九七三年度「セマウル事業」の継続事業として支部単位にその結縁（姉妹）部落への訪問、並びに経済的支援を企るよう勧奨した活動が上げられる。

この勧奨（かんしょう）活動は、精神啓発、環境改善、所得増大らに必要な研究機器をはじめ資材、支援金に対する勧奨と団員達の祖国訪問機会を利用し常に姉妹部落の訪問と部落民との交友を深め相互間の紐帯意識を強化する方向への勧奨がその内容になった。

川崎支部朴点圭団長による一行三〇余名が「国軍の日」参観直後「外錦里セマウル」を訪問し、適切な支援活動を行ったのが代表的例として指摘できる。

セマウル支援事業勧奨活動に併行し、工業団地、重工業地帯の見学と観光施設状況見学を積極的におしすすめてきた。

これは随時的な見学を通して発展相に対する認識を深め、祖国への事業進出意欲を高揚させるのが主目的であった。

祖国の重要記念行事への参観の機会が主に利用された。

本部常任顧問朴述祚氏による「雪嶽山観光施設見学団」の成果は、観光施設に対する外資誘致事業においての効果的な活動の代表的例と言える。

その他、本部朴成準団長が、率先して行った本国水害地区救援金および防衛誠金等献納活動は予想以上の成果を上げた。

朝総連および韓民統系
不純分子との闘争活動

金日成は、朝総連に対し「総連の目的は、祖国の統一のためにあるという総連事業の基本目的を再確認し、南朝鮮革命のための革命家の養成を強力に促し、在日同胞を金日成主義のもとに団結させること」と言う原則を前提に「総連の祖国統一のための事業を大衆化し、総連の全ての事業を祖国統一のための事業に転換させ、南朝鮮の民主化闘争を促進させ祖国の統一を早める」という内容を主にした所謂「四・八教示」なる指令を下し、一方彼（金日成）は「四大軍事路線」として「祖国統一と南朝鮮革命」のための「三大力量」の準備開始において「朝総連の役割」として「朝総連の具体的使命は祖国統一のための側面的役割を果すことにある」とし、「そのために何よりも先ず重要なことは朝総連が日本において合法的組織としての活動ができることが最も大事なことであり、決定的時期を迎えての日本のもつ国際的位置とその有利な条件を最大限に利用しなければならない」と指令した。このような内容を主にした指令を受けた朝総連は一九七四年度においては「総連中央本部副議長・部在籍」を「在日朝鮮人統一事業促進委員会」の総責任者に置き対韓国、対民団破壊工作を展開した。

この破壊工作の主な内容は、①「全機関的、全同胞的統一戦線事業を展開して、民団同胞に働きかけ、その分裂を助長させ、日本人士達との事業を積極的に拡大強化し、その合同による反朴政権連合戦線を形成する」②、「韓国内の軍、学園、宗教界、言論界などを対象にその働きかけを強化して、核を育成し、韓国内における拠点の確保とその拡大事業の強化のための幹部獲得事業と侵透事業を大綱に強化する」、③「米国、ドイツなどに往来できる日本人士および民団系同胞などに積極的に接触し、彼らを通じて現地にいる韓国同胞と現地住民を包摂し、国際的な反朴政権統一戦線の形成を図る」等である。

「民団同胞に働きかけ、その分裂を助長」するという策動は、「韓国籍を持つ民団員」を自称する韓民統系不純分子らが、その手足になって進められた。

これらは、「日本人士達との事業を積極的に拡大強化し、その合同による反朴政権連合戦線を形成」するという策略どおり日本国内の有数な日刊紙と左傾言論人、革新系政治人らと「合同」し、表面看板としては「金大中救出」を掲げ反韓国世論造成と民団内部の「分裂助長」に逸走した。

朝総連は、革新系日本人と韓民統系不純分子ら[illegible]し破壊活動を行う一方、独自的に謂る「百二十日間運動」なるものを開始し、①民団を破壊・攪乱し②日本においての反韓国世論を助長し③日本を基地とする韓国政府の威信を落す④日本を基地とする韓国人の反政府運動を支持、強化するによって民族分裂を徹底化させる④民青学連事件のような謂る韓国内に民族蜂起を試み韓国内の平和を乱すということを内容にし、先ず機関紙・誌等に鳴り物入りの宣伝を行う一方あらゆる宣伝術を用い決起集会を通した大々的キャンペーンを試みた。一方では全戸訪問運動を展開し、または記念日共同集会という口実で団合を呼びかけるなど醜態を展開した。

「祖国統一宣伝隊」「三人組」と宣伝隊が横行したのも、これらの策動を裏付けるものであった。

このような環境で突発的な破壊工作が展開されているさなか「大統領狙撃事件」という金日成集団による殺人蛮行が起きた。当県地方本部は、神奈川県地域内においての朝総連および韓民統系不純分子に対する一九七四年度闘争目標を策定し、闘争活動の陣頭指揮は朴成準本部団長が担当した。

闘争活動の主な骨子は①朝総連をはじめ左傾日本人および韓民統系不純分子らの合同によって形成された謂る「反朴政権および民団連合戦線」という謀略的分子の活動を徹底的に粉砕すること、②神奈川県地方本部傘下全団員の結束のための組織活動を向上強化し、また傘下各級組織指導要員に対する団結を徹底的に強化するによって朝総連の民団内侵透工作を粉砕し、そのために要する学習乃至研修活動を強化すること、③本部傘下団員達の欧米旅行（観光・商用・その他）時に際しては、所属支部実務者による保安教育を徹底化させ、朝総連の汎国際的陰謀を事前に粉砕すること、④朝総連の日本においてのあらゆる活動は非合法的手段による世界平和の破壊と韓民族の平和統一を破壊する悪辣なる策動であるということを神奈川県地域の日本人および全ての外国人に徹底的に注入させる世論造成のための宣伝活動を強化すること、⑤鶴屋町所在民団本部旧屋舎収復に係る法廷闘争を強化すること、⑥朝総連は共産暴力集団であるという存在を各界各層に向け、徹底的に認識させる活動をはじめ朝総連解体に向け全組織力量を傾けること等々であった。

このような闘争目標の下、当地方本部は一九七四年の年頭から成果ある活動を展開し、朝総連の謂る「神奈川県在日朝鮮人統一事業促進委員会」の活動を完全封鎖しまた金允鐘を頭とする神奈川韓民統系不純分子の完全掃滅において多大な効果を獲得した。

74年度重要活動日誌

◇1月◇
5日 始務式
6日 鶴見支部新年会（支部事務室）
7日 合同新年会（横浜商銀四階ホール）
10日 横須賀支部新年会（龍苑）
10日 神奈川民団新報二号紙発刊
11日 横浜支部新年会
12日 神奈川地方本部事務所移転祝賀披露会（本部会議室）
13日 高座支部新年会
15日 県下青年成人式（神奈川労働福祉センタ）五一名
16日 神奈川県韓日友好協力会新年会
20日 湘南中部支部新年会
22日 金永善新任駐日特命権大使着任（羽田空港出迎）
25日 金在権駐日公使帰国送別会参席（東京商銀）

◇2月◇
2日 関東地方協議会（熱海ニューフジヤホテル）朴団長参席
5日 支団長会議（本部会議室）
8日 支団長本国研修会参加
24日 青年政治研究所勉強会（横浜駅ビル六階）
26日 三・一節記念会参加母国訪問団出（ ）

◇3月◇
1日 第五五回三・一節記念中央民衆大会及故朴烈義士追悼式（東京日本青年会館）
4日 戸籍整理奉仕団派遣（金議長・金監察委員長・四氏）七三件処理
10日 湘南西部支部事務室増築落成祝賀宴（支部事務室）朴団長・金議長金副団長参席
13日 神奈川韓国学園講師会議 事務局長参席
16日 当地方本部三機関及支団長連席会議（本部会議室）金正柱中央団長参席
22・23日 第二三回定期中央委員会（東京日傷会館）朴団長外四名参席
24日 第三六回定期中央大会（九段会館）朴団長外一六名団長尹達鏞 議長朴太煥 監察委員長鄭泰柱各氏当選
26日 無縁仏春季法要祭（菊名蓮勝寺）
27日 大韓婦人会中央本部研修会（熱海ニューアサヒホテル）朴団長参席

◇4月◇
2日 第2回新しい村造り運動青年奉仕団出発（本国）朴団長以下5名
5日 神奈川民団新報特号発刊
8日 鶴見支部春季団員慰安会（鍋島東京園）金・黄副団長参席
9日 地方本部員各三機関事務部長連席会議（本部会議室）
10日 不純分子集合に抗議参加
11日 横須賀支部春季団員慰安旅行（伊東鈴幸ホテル）
14日 南武支部春季団員慰安会（向ケ丘遊園地）
15日 横浜支部春季団員慰安旅行（伊東鈴幸ホテル）
16日 不純分子糾弾神奈川民衆大会（神奈川会館）
19日 神奈川県韓国人商工会第10回定期総会（横浜商銀ホール）
26日 第13回定期地方委員会・第31回定期大会（横浜教育会館）
27日 相模原支部第5回定期総会（相模原市商工会館）

◇5月◇
6日 神奈川婦人会本部母国訪問団出発
9日 金永善新任大使初度巡視歓迎式及故洪勺杓氏国民勲章授与式（横浜商銀ホール）
12日 南武支部第二一回定期総会（支部事務室）一一六名
18日 鶴見支部第三八回定期総会（支部事務室）
19日 湘西支部第二一回定期総会（支部事務室）
19日 神奈川県韓国人児童写生大会（三渓園）七三名
23日 横浜商銀第一三期通常総代会（横浜商銀ホール）
26日 川崎支部第三九回定期総会（川崎市産業文化会館）
28・29日 全国地方本部団長・事務局長及傘下団体長会議（箱根南風荘）朴団長外一名参加
30日 第一回本部三機関及支団長合同会議（本部事務室）

◇6月◇
2日 横浜支部第二七回定期総会（横浜商銀ホール）
4日 不純分子説得会（川崎大沼閣）朴団長外
8日 横浜総領事館李元鎬領事歓送会（大徳寿）
9日 高座支部第三〇回定期総会（支部事務室）
9日 横須賀支部第二一回定期総会（勤労会館）
9日 湘中支部第一六回定期総会（支部事務室）
10日 第二回全国青年部長会議（熱海浜松館）金青年部長参加
15日 韓日親善協会懇談会（[illegible]山芦川）
22日 神奈川県内経済人懇談会（熱海静観荘）
25日 湘中支部国語講習会開催（支部事務室）
26日 関東地方協議会（東京大栄ホテル）朴団長参席
26日 新任横浜総領事李起周氏歓迎会（大徳寿）一〇〇名
30日 高校生（韓国文化研究会）結成大会（本部会議室）
30日 横浜支部婦人会第二二回定期総会（支部事務所）

◇7月◇
1日 青年会各支部代表者会議（本部会議室）
3日 第一回税務講習講座
9日 映画上映の夜（横浜商銀ホール）
10日 映画上映の夜（高座支部事務室）
11日 韓国国会外務委員会僑民実態調査団来訪
11日 全国文教部長会議（中央本部）鄭文教部長参席
15日 県本部三機関連席会議（本部事務室）
15日 在日青年米国セミナー出発結団式（帝国ホテル）青年二名参加
16日 第2回支団長・事務部長及傘下団体長合同会議（本部会議室）
17日 読売新聞本社抗議大会
20〜22日 青年会夏期研修会（長野県白樺湖）50名
20〜22日 本国夏期学校入校生予備教育（横浜商銀）28名
26日 本国夏期学校入校生結団式（横浜商銀ホール）
26日 本国内務部治安局外事課長李舜九警務官歓迎会（大徳寿）
27日 亜細亜人懇談会（鎌倉 飯店）
30日 李道先議員講演会（本部会議室）

◇8月◇
1〜16日 県内戸籍整備事業実施（各支部）
2日 横須賀支部団員夏期慰安会（中津渓谷）
10日 韓国系日本人学生母国訪問団出発（羽田）二名
14日 第二九回光復節記念式（福岡）団出発（羽田）一七名
15日 第二九回光復節記念式参加（東京国際劇場）
15日 本国の第二九回光復節記念式場内で朴大統領狙撃事件発生。朴大統領令夫人陸英修女史死亡。
17日 第三回支団長・事務部長及傘下団体長会議（本部会議室）
19日 故陸英修女史追悼式（横浜総領事館）
22〜24日 第一回各支部実務者研修会（湯河原宝荘）
24日 緊急関東地方協議会会議（東京大栄ホテル）
26日 故陸英修女史追悼式（大阪千里会館）朴団長参席
27日 第四回 本部三機関各支団長・事務部長及傘下団体長会議

◇9月◇
1日 関東大震災同胞慰霊祭（宝生寺）
2 現事務局長鄭辰商就任
3日 故陸英修女史追悼式及共犯者糾弾民衆大会（東京都体育館）
5〜6日 川崎市手分団水害地区慰問（多摩川）
7日 第9回本国夏期学校修了生座談会（横浜商銀ホール）
11日 中央教育会会議（中央本部）
12日 関東地区協議会々議（東京韓国公報館）金両副団長参席
13日 第五回本部三機関・支団長事務部長及び傘下団体会長会議（本部会議室）
13日 県本部敬老会（横浜商銀ホール）二〇〇名
14日 相模原支部研修会（湯河原）
15日 朝総連解体要求ビラ配布（県内各主要駅前）
15日 鶴見支部敬老会（鶴見支部）八〇名
17日 朝総連解体自動車デモ（横浜市内一円）一二〇台
19日 朝総連粉砕関東地区民衆大会参加（東京清水谷公園）
27日 余東奕事件発生（鶴屋町元県本部内）
30日 国軍の日本国参観団出発（羽田）七五名

◇10月◇
4日 民団真相報告書作成配布（県下各界人士）
18日 第二四回定期中央委員会（東京日傷会館）朴団長外四名参席
23日 無縁仏秋期法要祭（菊名蓮勝寺）四五名
24〜26日 県本部婦人会研修会（熱海八景ホテル）
25日 防衛誠金献納者感謝状伝達式（横浜商銀ホール）受賞者一三名
25日 時局講演会及映画会（横浜商銀ホール）一〇〇名
26〜27日 青年活動者研修会（湯河原宝荘）三四名
31日 田耕作（前川崎支団長）告別式参席 朴団長外幹部全員

◇11月◇
2日 第六回本部三機関支団長事務部長及傘下団体長会談（本部会議室）
2日 中央本部規約修正委員会参加（熱海）朴団長参席
11日 右同（中央本部）朴団長参席
15日 第三回在日青年米国セミナー参加者説明会（本部事務室）一一名
15日 金日生（前湘西支部監察委員長）告別式（湯河原）金副団長参席
20日 米フォート大統領訪韓歓迎自動車パレード（東京都一円）
27日 横須賀支部忘年会（横須賀竜苑）
28日 沖縄同胞戦死者慰霊塔建立推進委員会会議（東京パシフィックホテル）朴団長参席
29日 中央本部規約修正委員会議（東京大栄ホテル）朴団長参席

◇12月◇
3日 川崎支部青年会主催第一回親子対話会（川崎支部事務室）五〇名
6日 経済人税務講座（本部会議室）商工会主催
8日 金永善駐日大使来県（大徳寿）
11日 戸籍・領事業務講習会（本部会議室）
13日 川崎支部忘年会（川崎釜風呂）二〇〇名
14〜15日 第二回各支部実務者研修会（湯河原宝荘）
15日 南武支部忘年会（支部事務室）金副団長参席
20日 青年会交歓会（横浜商銀ホール）
21日 婦人会主催第一回婦人芸能大会（本部会議室）

謹賀新年

民団神奈川県地方本部 団長 / 関東開発株式会社 代表取締役社長 / 株式会社 山王ホテル 代表取締役 / 横浜商銀信用組合 顧問 / 神奈川県韓国人商工会 顧問 / 日韓友好協力会 相談役 / 全国開発協会 顧問
朴成準
横浜市中区羽衣町一ノ一 和光ビル四階 電話（251）六一九八一一番

有限会社 大栄産業 代表取締役社長 / 民団神奈川県本部 議長 / 民団川崎支部 顧問 / 神奈川県韓国人商工会 常任顧問 / 横浜商銀信用組合 理事 / 川崎防犯協力会 総代 副会長
金桂善
川崎市川崎区南町十五ノ六 電話○四四（22）三一一一番

大東興産株式会社 取締役社長 / 民団神奈川県本部 監察委員長 / 横浜商銀信用組合 理事 / 神奈川韓国人商工会 監事 / 韓国人教育センター 副会長
金大栄
茅ヶ崎市新栄町一ノ一二 電話○四六七（82）八七六一八番

株式会社 平楽会館 代表取締役 / 民団神奈川県本部 顧問 / 横浜商銀信用組合 理事長 / 神奈川県韓国人商工会 常任顧問
李鍾大
横浜市中区蓬莱町二ノ一三 電話二五一ノ六九二一番

有限会社 松島商店 代表取締役 / 民団神奈川県本部 顧問 / 民団川崎支部 顧問
李康元
川崎市川崎区浜町三ノ十五ノ八 電話三二ノ二七三四番

九武燃料株式会社 代表取締役社長 / 民団神奈川県地方本部 顧問 / 民団横浜支部 顧問 / 神奈川県韓国人商工会 常任顧問
田炳武
横浜市神奈川区立町九ノ六 電話（421）三三一五番

株式会社 東興商事 代表取締役 / 横浜商銀信用組合 理事 / 神奈川県韓国人商工会 理事
安周中
横浜市西区幸町二ノ一五 電話三一一ノ七三五五番

株式会社 王将 代表取締役 / 民団神奈川県本部 顧問 / 神奈川県韓国人商工会 理事
朴基賢
川崎市川崎区池上新町一八ノ十五 電話○四四ノ二二ノ八二二四番

株式会社 湘南シーサイド・カントリークラブ 代表取締役 / 民団神奈川県地方本部 顧問 / 民団湘南西部支部 顧問 / 神奈川県韓国人商工会 理事
尹翼成
平塚市八重崎町一六ノ一五 電話○四六三（22）三四〇番

三洋商事株式会社 代表取締役 / 神奈川県韓国人商工会 常任理事 / 横浜商銀信用組合 理事
全壬戌
横浜市磯子区久木町二四ノ三七 電話七五三ノ五三五五番

横浜起重機運輸株式会社 代表取締役 / 神奈川県韓国人商工会 理事 / 横浜商銀信用組合 理事
金龍徳
横浜市神奈川区三沢東町二ノ八 電話三二一ノ五四四三

有限会社 東映会館 代表取締役 / 横浜商銀信用組合 理事 / 神奈川県韓国人商工会 常任理事
李千寿
横浜市中区山手二〇 電話六四一ノ三五七二番

株式会社 新井ビル 代表取締役 / 株式会社 大科軍 〃 / 横浜商銀信用組合 理事
朴基潤
川崎市川崎区小川町五ノ七 電話○四四ノ二三ノ四六三番

株式会社レジャパックビル 代表取締役 / 横浜商銀信用組合 理事 / 神奈川県韓国人商工会 理事
柳済善
平塚市紅谷町四ノ三 電話○四六三（22）三六七番

日本興業株式会社 代表取締役 / 神奈川県韓国人商工会 副会長
趙忠来
横浜市中区曙町一ノ二十二 電話二六一ノ二一二二番

有限会社 ハイライト 代表取締役 / 神奈川県韓国人商工会 常任理事
盧九容
横浜市港南区上大岡町二三 電話八四二ノ〇五二〇番

豊島不動産株式会社 代表取締役 / 神奈川県韓国人商工会 顧問
任徳宰
横浜市中区山下町二五二 電話六四一ノ八六六一番

株式会社 有楽会館 代表取締役 / 民団神奈川県本部 監察委員 / 神奈川県韓国人商工会 常任理事 / 横浜商銀信用組合 理事
李一揆
相模原市相模原二ノ一ノ四 電話○四二七ノ五二ノ五〇六九番

株式会社 平塚会館 代表取締役 / 民団 湘南西部支部 議長 / 神奈川県韓国人商工会 理事
金在萬
平塚市代官町一ノ四 電話○四六三ノ二二ノ三五〇〇番

株式会社 ホームラン会館 代表取締役 / 民団 神奈川県本部 顧問 / 神奈川県韓国人商工会 会長
尹珠宅
横浜市戸塚区[illegible]町一一二五 電話八九二ノ三二六〇番

有限会社 共進商店 代表取締役 / 民団 神奈川県本部 顧問 / 神奈川県韓国人商工会 常任理事
金錫泰
川崎市川崎区[illegible]四ノ六ノ三 電話[illegible]

株式会社 ホテル 東横 代表取締役 / 民団 横浜支部 顧問 / 神奈川県韓国人商工会 理事
朴熙泰
東横線 反町駅前 電話[illegible]一五一五番

一九七五年度 青年会育成への提言

在日韓国青年会神奈川県本部

◇……祖国が日帝の植民地として36年間の鉄鎖から解放されたのもつかの間、強大国の利害関係によ……◇
◇……り分断国家としての悲哀を嫌と云う程噛み締めてきた30年。南北赤十字会談より始まった祖国平和……◇
◇……統一への南北対話が開始されてから5年目のとし―一九七五年、激動が予測され、変革が期待さ……◇
◇……れている一九七〇年代、その六年目のとしをむかえる。一九七二年二月、ニクソン米国大統領の……◇
◇……訪中にみられる国際社会の多元化から、翌七三年一・二月のベトナム・ラオス停戦により東南ア……◇
◇……ジアから戦火が消え世界の平和確保への動き、そして、石油戦略にみられるように資源ナショナ……◇
◇……リズムの抬頭による国際社会の多極化と、早いテンポで変化してきた七〇年代前半期。今後もこ……◇
◇……の潮流は続き、いま国際社会は、平和確保の定着化と、強大国と発展途上国・弱小国との対等関……◇
◇……係の維持・定着による国際社会の民主主義の定着、そして、資源ナショナリズムによる各国の国……◇
◇……益追求という方向へ世界は動いている。……◇

青年運動に積極支援を

前半期の実績のもとに 民族繁栄の道を歩もう

[illegible]

理念と目標を設定

北傀の武力挑発に対処せよ

韓国は、いろいろな国内問題を含しながらも、世界の平和確保に大きく貢献し、国際社会では、昨年の国連においてソビエト、中共の社会主義国でさえも「大韓民国」(ザーリパブリック、オブコウリャ)と正式呼称で呼ぶ程、韓国の国際的地位は向上しているのである。

[illegible]

維新以後韓国の地位向上

金日成の挑発には平和政策をもって

[illegible]

築かれた繁栄の道

統一のための正しい認識確立を

[illegible]

民族自主性を堅持

新たな青年運動の確立を

[illegible]

謹賀新年

株式会社 永楽遊技場 代表取締役
神奈川県韓国人商工会 理事
宋 珉 鍾
横浜市神奈川区大口通三五
電話 四二一―五三九四番

横浜物産株式会社
クラブ サラン
代表取締役 白 東 鉉
横浜市中区若葉町三―四三―四
電話 二三一―九〇八五番

黄金商事株式会社 代表取締役
民団 南武支部 顧問
黄 光 義
川崎市川崎区宮前町八―十三 大泰ビル五〇一号
電話 〇四四(22)六一八一―二番

韓興株式会社 代表取締役
神奈川県韓国人商工会 理事
柳 文 錫
横浜市南区別所町一六五
電話 七四一―一二一〇八番

信栄株式会社 代表取締役
神奈川県韓国人商工会 監事
崔 鶴 珠
横浜市港北区篠原町三〇〇二
電話 四三二―二二三一番

株式会社 平田興業
洛東苑 代表取締役
神奈川県韓国人商工会 監事
黄 丁 化
横浜市神奈川区三沢東町二―七
電話 三二一―九五五〇番

株式会社 河本商事 代表取締役
神奈川県韓国人商工会 常任理事
河 在 彦
横浜市中区山手町一〇九 山手ミラボルテ三〇八号
電話 六二一―八八二番

国本土木株式会社
代表取締役 李 伯 宰
横浜市南区中村町五―三一七
電話 二六一―〇三四一番

有限会社 邦栄商事 代表取締役
神奈川県韓国人商工会 常任理事
金 容 睦
横浜市中区福富町西通り三一―十三
電話 (261)三〇八六―七番

神奈川県韓国人商工会常任理事
有限会社 有萬商事 代表取締役
有限会社 国際商事 代表取締役
上武大学 理事
金 有 萬
横浜市中区福富町西通り四二
電話 (261)二六一一四番

株式会社 平和センター 代表取締役
神奈川県韓国人商工会 理事
徐 相 龍
横浜市港北区菊名町五二五
電話 四三一―八九八一番

有限会社 白川商会 代表取締役
神奈川県韓国人商工会 理事
白 鐸 善
横浜市鶴見区市場大和町七―三
電話 五〇一―六一〇二番

株式会社 平和ホール
代表取締役 李 達 善
横浜市神奈川区大口通一八
電話 四二一―四九二九番

三和モーテル株式会社 代表取締役
新星ホール 代表取締役
三ツ境平楽 代表取締役
神奈川県韓国人商工会 理事
全 太 述
大和市中央四丁目四七〇―九
電話 〇四六二(61)五八一七番

株式会社 国際遊技場 代表取締役
民団 横須賀支部 敬老会顧問
李 昌 旭
横須賀市日の出町一丁目七番地
電話 〇四六八(22)二八一四番

相模産業株式会社 代表取締役
相模車輌株式会社 代表取締役
民団 高座支部 監察委員長
神奈川県韓国人商工会 理事
郭 文 秀
座間市栗原六二三六
電話 〇四六二(51)一二三八番

有限会社 東和自動車整備
代表取締役 北 村 修 己
横浜市神奈川区台町二九
電話 (311)九七四一九二番

森山染染株式会社
代表取締役 金 光 洙
横浜市保土ヶ谷区上星川六三
電話 三七一―二三四一番

金井商事株式会社 代表取締役
神奈川県韓国人商工会 理事
金 洛 雲
横浜市港南区上大岡三三
電話 八四二―一九二番

株式会社 ムグンファ 代表取締役
神奈川県韓国人商工会 理事
朴 点 元
横浜市中区長者町八丁目一三三番地
電話 二五一―四一九一番

株式会社 金井鋼材 代表取締役
神奈川県韓国人商工会 理事
金 允 同
横須賀市公郷町一―四九
電話 〇四六八(51)二二一一番

金井商工有限会社
代表取締役 金 東 燮
座間市緑ヶ丘六〇八九―五四
電話 〇四六二(52)〇〇五〇番

横浜商銀はわれわれの手で！　2百億預金達成は皆さんの力で！

●あなたの会計係に
当座預金
●税金のお支払と利殖に
納税準備預金
●あなたの財布がわりに
普通預金
●利息のもっともよい
定期預金
●地頭のお利殖に
通知預金
●小さく積んで大きく育つ
定期積金

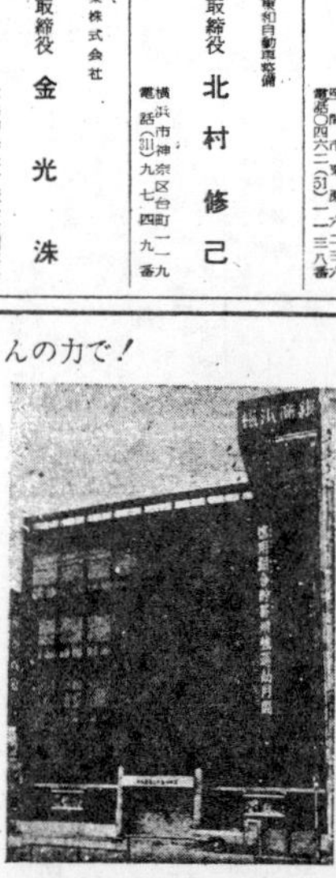

横浜商銀信用組合
本店 横浜市中区蓬莱町2－3 電話 045(251)6921～5
川崎支店 川崎市川崎区東田町10 電話 044(244)4961～5
横須賀支店 横須賀市日の出町1－2 電話 0468(22)6935～7
理事長 李 鍾 大
専務理事 李 根 馥
常務理事 大原良雄
常務理事 李 義 吉

旅のパイオニア　運輸大臣登録一般旅行業第264号

大洋観光株式会社
Taiyo Travel & Tours. Ltd.

横浜市中区吉田町10番地（斉藤ビル5F）
電話（横浜）045－261－2941番（代表）
代表取締役社長 清川博之

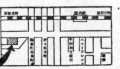

在日大韓民国居留民団
綱 領
1. 우리는 大韓民国의 国是를 遵守한다.
1. 우리는 在留同胞의 権益擁護를 期한다.
1. 우리는 在留同胞의 民生安定을 期한다.
1. 우리는 在留同胞의 文化向上을 期한다.
1. 우리는 世界平和와 国際親善을 期한다.

神奈川民團新報
在日本大韓民国居留民団神奈川県地方本部機関紙

2月25日（火）
〈1975年〉
月刊 （一部定価30円）

発行所
神奈川民団新報社
発行人 朴 成 準
横浜市中区若葉町3丁目43−4
電話 045（251）6349（代）6271〜2
支社 横浜・川崎・鶴見・横須賀・湘中・湘西・高座・相模原・南武各支部

セ民団運動を強力推進

組織事業指導方針を通達

第七回・本支部三機関合同会議終る

第7回本支部三機関合同会議

朴成準団長

神奈川県地方本部（朴成準団長）では、去る十九日午後一時から本部三階の会議室で第七回本部、支部三機関長、同役員及び傘下団体長合同会議を開き、一九七五年度組織事業に関する本部団長指導方針を確認した。

そこでは、一九七六年四月までの年度活動計画が明らかにされ、とくに①セ民団運動の強力推進②総連の対韓国、対民団破壊策動防止③維新体制諸般事業の支援が強調された。

セ民団運動については、示範支部を川崎支部（朴点圭支団長）に設定し、完成分団管下に班づくりをすすめること、各支部とも分団、班づくりを展開し、これを完備すること、三月末までに支部代議員制度を確立し、支部においての大会運営に万全を期すことで意見一致をみた。

支部代議員制度確立は、セ民団運動を効果的にすすめるための最も基本的事業とも言えるが、この制度の確立に必要な準備作業は、既に一九七四年初期（五月）から本部金桂善議長が先頭に立ち、本部朴述祚常任顧問の諮問をうけながら意欲的に進められてきた。

先ずテスト支部に選ばれたのは川崎支部で、同支部鄭準朝議長は同朴点圭支団長の支援のもと、本部議長団の意向にそって積極的な活動を展開した効が奏し、同支部では去年、支部代議員制度の確立をみた。

神奈川県地方本部では、今後、[illegible]

使命感に徹した年頭会議

朴成準本部団長の指導のもと、セ民団運動は強力にすすめられる。

合同会議は、本部、支部、傘下団体関係者全員出席のもと、鄭辰竜本部事務局長の司会により午後一時正刻開かれた。

議題にさきだち、横浜総領事館李晩和領事から金日成共産集団の前近代的家父長制による共産社会建設という矛盾に満ちた最近の北韓内部に関する真相を明らかにする講演が行われた。

李領事は、特に金日成が共産集[illegible]

1975年度 組織事業指導方針

神奈川県地方本部

一、「セ民団運動」の背景と意義

セ民団運動に対しては当神奈川地方本部が去年の下半期から運動の展開に必要ないくつかの試み（例・代議員制確立に必要な学習、分団班組織に必要とする調査事業）を行ってきたが、このような試みを通じて一線実務者には同運動の輪郭が充分に知れ渡ったものと思う。

周知のごとく「セ民団運動」は民団同胞社会の将来のための運動であり、さらに祖国の繁栄と韓半島の平和定着のための維新体制の隊列に参与しようとする運動であることは勿論である。

ここで当地方本部は、同運動の指針を示達するに先立って、先ずこの運動がどのような時代的要請によって展開されるようになったのか、即ち、「セ民団運動」の背景を明かにしたいと思う。

今年の国際経済は、過去四〇年来の世界的な規模の戦争期を除いては、初めての一大難局に出あったと世界の専門家達によって強調されている。〝インフレ〟と経済的不況の悪条件に併行して原油価格の四倍の暴騰は〝資源エネルギー〟不足に伴う総需要抑制政策の必然的現象を生み、さらに暴騰した原油価格代金決済等に見られる国際金融事情の悪化による国際収支面の悪化等にどの国においてもこの世界的な経済危機からのがれることのできない困難な問題にぶち当っている。

このように国際経済環境の最悪の状況の下で、特に資源のない開発途上国は一層の深刻な打撃をこうむっている。

さらにわが祖国大韓民国は、人口密度が稠密で原資材及び資源エネルギーのその殆んどを外部からの輸入に依存しているばかりでなく、技術水準も先進工業国に比べればまだまだ遅れているのが現状であり、一方民族資本もこの難局に充分たえられる程、蓄積がされていない。

このような悪条件の中で国際的な経済的危機をくぐり抜けるには、実に汎国民的な範囲でこの一[illegible]

北傀・朝総連の破壊陰謀を粉砕

二、「セ民団運動」の方法

[illegible]

朝総連の侵透破壊工作を徹底粉砕

[illegible]

大統領教示を銘心

[illegible]

国難克服に献身

[illegible]

北韓社会の構造と実態

今日の北韓を知るためには、大きく二つの側面から検討分析されなければならない。その一つはわが韓民族の至上課業である韓半島の平和定着のための統一政策の面からであり、それを規定しているところの金日成体制そのものについての総合的な把握と分析を行うことである。いま一つは「北韓＝金日成」という現実の公式からして金日成なる人間は一体何んなのかについて知ることである。後者つまり「人民の太陽」と自讃自称している金日成なる人間そのものの人格形成あるいはその生立ちは本紙第四面の連載物「金日成を斬る」において明らかになると思う。一方、金日成体制（北韓体制）そのものについての総合的な把握と分析に対する試図をも後者と併行して明らかにしなければならない。従ってこれから連載する「北韓暴露」は、それに応じたものである。その叙述形式は、内容の複雑性を考慮し、項目別説明の形式を取ったことを付け加えておく。

北韓政治体制の特徴 当面課業と最終目標

北韓共産集団はマルクス・レーニン主義を政治理念とし、いわゆる「直接、暴力に立脚した、如何なる法律にも拘束されない権力」（レーニン）という「プロレタリア」独裁を実施すると北韓「憲法」第十条に規定している。

したがって、法治主義に拠らず、北韓にも立法、司法、行政機関はあるが独自的活動が保障されず、ただ北韓「労働党」すなわち共産党の政策と決定及び指示を分野別に執行する機関に過ぎない。

それだからすべての権力が北韓共産党に独占されていると同時に、共産主義的政党の組織原則にしたがって下級機関は上級機関に、下級者は上級者に無条件服従する強力な中央集権制に拠っているから、共産党の一党独裁は自然最高位者である党首すなわち金日成の一人独裁が可能であるのだ。

最近、ソ連とか東ヨーロッパ共産国家では権力の一人独占を防止するため、集団的指導体制に権力構造が多少変化しているが、北韓では却って強化されている。

たとえば、一九七二年十二月に公告された北韓の新「憲法」は、政体をいわゆる「社会主義国家」に規定し（第一条）、金日成唯一体制をより強化するための条項を含めている。

のみならず金日成の一人独裁体制が、彼の代だけに止らず氏族と門閥により永久に継続されるようすべての要職を、家族と親戚たちに与え族閥政治を実施している。

したがって、北韓政治体制のもっとも特異な特徴は、家父制的君主制度を彷彿とさせるところにある。

北韓共産集団は統治方式においての他の共産社会より独特な点を有している。

それは、まず粛清が無慈悲であるのみならず継続的に反復しており、特に指導層内の絶え間ない粛清を通じ権力の座を維持しておることであり、次に、金日成偶像化を通じ似而非宗教のような力で盲従心を強要しておることである。三番目が、三重四重の綿密な監視組織と、いわゆる「政治的不信任者」に規定された無辜な人たちを選り抜き「特殊地域」内に居住地を制限することによって、不安要素の増大を防止しようとする方式を採択していることである。

したがって、どの共産社会よりも北韓は、人権が蹂躙され不安な状況下で住民生活が営まれている。

北韓共産党の規約前文には、当面目的が、北韓での「社会主義完全勝利」と南韓でのいわゆる「人民民主主義革命」遂行だと、すなわち「赤化統一」にあって最終目的が全韓半島に「共産主義を実現すること」だと公言している。

それでこそ北韓共産集団は現在、北韓の唯一体制を強化しいわゆる「社会主義建設」に拍車をかけると同時に、大韓民国を共産化させるため手段と方法の限りをつくしている。

したがって、最近、ソ連をはじめ各共産国家でも北韓の政治体制に関する批判の声が高まりつつある。

一党独裁実施の現状 労動党外政党は偽装

「朝鮮労働党」すなわち北韓共産党以外に表面上は北韓にも現在いわゆる「朝鮮民主党」と「天道教青友党」という二つの政党があるにはある。

しかしこの二つの政党は、共産党の一党独裁を隠蔽し、北韓にも政治活動の自由が保障されているように見せかけるための偽装団体に過ぎない。

それは、次の如き事実から証明される。

まず、「朝鮮民主党」と「天道教青友党」の政治綱領に「朝鮮労働党の政策を支持しその実践を積極的に助け……」と謳い、独自的政党でなく北韓共産党の傘下団体であることを自認している。

次に、これら政党は、上層部に幾人かがいるだけで上部組織も平党員もなく、したがって実質的な政治活動をしておらず、せいぜい共産党大会が共産党が組織する政治行事に「政党代表」の名で金日成称讃と祝賀演説をすることを基本任務にしておる。

三番目に、「朝鮮民主党」委員長である康良煜は金日成の母方の叔父であり、「天道教青友党」の責任者朴信徳は熱烈な共産党支持者であり、その他上層部のすべての人員は正体を隠した共産党員たちである。

一時期崔庸健（現共産党政治委員兼秘書）が「朝鮮民主党」党首であったが、一九五六年四月一朝に「労働党」副委員長に鞍替りし、彼の後を継いで康良煜が党首に就任した。

四番目、これら政党の人件費をはじめ運営費が皆共産党から支給されている。このような事実は、北韓に形式的には共産党以外に他の政党が存在する如くの装されているが、実は共産党だけしか無いということを意味しているものだ。

ソ連の場合のように共産党以外にはどの政党も許容しないことを憲法に率直に明示しているのと違い北韓共産集団が狡猾にも複数政党制を採択しているが如く仮装しているのは、世界の与論を欺き特にわが国民を騙そうとする計略に外ならない。

南北対話の過程で北韓共産集団は、南北の政党・社会団体代表たちの会議を開こうとか、いうなれば大民族会議を開催しようとか提議し北韓に如何にも政党が存在する如く標榜しながら、万一わが方でこれを受諾すれば偽の政党代表たちを参加させて発言権をより多く持とうと企図したことがあった。

なお共産党は、「朝鮮民主党」と「天道教青友党」連名でわが政党・社会団体に突拍子な提議をくり返しながら、わが国論の統一を妨害し内部撹乱を画策したことがあり現在もそうしている。

北韓では一時拉致人士たちに「民主独立党」「韓国独立党」、「僑民会」等の看板を掲げさせて、これらを対南宣伝に利用しようとしたが彼らがいうことを聞き入れなかったので看板をおろさせたことがある。

要するに北韓では、過去もそうであったが現在も共産党独裁があるのみで他の政党活動が許容されたことは無く、ただ政党の名を借りた共産党の傘下団体があっただけである。

「唯一体制」の本質は 族閥的一党独裁体制

北韓が共産党の一党独裁であり、金日成の一人独裁すなわち「唯一体制」であることは広く知られている。

しかし、その唯一体制を維持するためにはいろいろの政治機構が必要であり、それが一つの権力体系をなしている。

北韓の権力体系はその時勢により変遷をきたし今日に至っているが、その本質が共産党の一党独裁であることには何ら変りない。

一九七二年の十二月に採択された新「憲法」は、従前の権力体系を大幅に修正している。

従来の権力体系は、共産党の一党独裁を露骨に表示しており、いうなれば「民主主義」云々に関する宣伝に逆行するのみならず理論上からも非党員たちに共産党が統制力を行使しえないにも拘らずこれを制度化しておったため、矛盾であることに気がついたのである。

かくして新「憲法」では、次のような権力体系に改編し、共産党一党独裁を隠蔽しようと試図したのである。

それで、北韓の現行権力体系は、いわゆる「国家主席」という名の下に、共産党の党首としてでなく「最高人民会議」から選出された「主権代表」として独裁権力を行使している如く偽装したのだ。

それから「中央人民委員会」という特殊な行政機構の長として党員は勿論非党員までにも統制力を行使しても、体系上からも何らの矛盾を来たさないように仕組んでいる。

新しい権力体系への改編は、共産党の一党独裁を隠蔽するのみならず、実は党首の権限をより強化することになり、唯一体制をより固く固めるのにその目的があった。

唯一体制をより強化しようとするのは、金日成の権力が彼の代だけでなく彼の家族と親戚すなわち氏族と門閥によって永続されるようにするためである。

族閥政治とは、すべての権力を氏族と門閥が独占するようにするための政治形態をいい、その代表的な例を封建的君主制度からわれわれは見い出せる。

最近、北韓共産集団が、族閥政治を実施している根拠を、われわれは次のような事実から発見できる。

金日成（本名 金成柱）の実弟金英柱は、北韓共産党四次大会（一九六一・九）で始めて八五名の中央委員中四一番目に登場した。

それから九年後の一九七〇年十一月の五次党大会では公的な序列は六番目だったが、しかし、政治委員、党「組織事業」担当秘書、それに実務部署である中央党の「組織指導部長」として北韓共産党のあらゆる組織を一手に握ったのであり、最近は党職から政務院（内閣）副総理に座が変っており、金日成の実子金正一の登用によりその地位が格下げされた感がする。

法も自由も党の指示しだい 「金日成」だけが唯一絶対の基準

金日成の妻金聖愛は「女性同盟」中央委員長であり、その長男金正一（ソ連名「スラ」）は中央党の「組織指導部」の副部長である。

金日成の母方の叔父（母方の伯祖父という説もある）康良煜は、二名のいわゆる「国家副主席」中の一人である。

副総理兼外交部長である許談は金日成の従妹の夫であり、「社会安全部」の副部長は彼の従弟であり「社労青」副委員長は彼の従妹である。

この外に彼の親戚の中、馬鹿を除きすべての者が軍部、党、行政機関、社会団体等に普く配置されていて、一朝有事の秋に彼らだけでも統治できるように権力体系を編成している。したがって北韓では族閥政治が実施されているというわけである。

従前の権力体系と現今の権力体系を図表にすると下の通りである。

人民大衆に絶対君臨 主義も人権も問題外

北韓の形式上の最高権力機関は新設（一九七二・十二）された「中央人民委員会」である。しかし、共産党一党独裁が実施されている北韓ではすべての権力が共産党に独占されていることは再言を要しない。

北韓共産党の最高決定機関は党大会であり、この大会が規約上は四年毎に開催されるように規定されているがその通り守られたことはただの一度もなかったし、甚だしきに至っては四次大会（一九六一・九）と五次大会（一九七〇・十一）との間には九年間の隔たりがあった。

したがって、党大会と党大会との間における決定機関は、年二回以上開催されるよう定められている共産党中央委員会（一九七三年現在、正委員一一七名、候補委員五五名）全員会議であって、特別な場合には党大会の性格を帯びた党代表者大会（今まで二回開催されておる）がその任に当る。

全員会議と党代表者大会も数個月又は数年目に開催されるので、日常的に決定を下し政策を樹立下達し全員会議とか党大会の決定草案を作成するのは、北韓共産党中央委員会政治委員会（一九七三年現在正委員十一名、候補委員五名）である。

だから実質的な最高決定機関はこの政治委員会（ソ連では政治局という）である。したがって北韓で最も大きな権力を持っている機関は政治委員会（われわれの政党体制に比べると党務委員会に該当する）であるが、しかし北韓共産党の最高執行機関といわれている「秘書局」（ソ連では書記局といい、われわれの場合は党事務局に該当する）も大きな力を握っている。

決定機関としての政治委員会と執行機関としての秘書局（総秘書一名、秘書九名）が権力を両分しておるとも解釈されるが、北韓共産党の場合、政治委員会の成員が秘書局成員を兼ねている関係上、これらは自身で決定し執行も自身で同時に行使することになり事実上権力を独占しておるわけである。

このように北韓の最高権力機関である政治委員会と秘書局は、実務部署である中央党の各部に当該事項を伝達すればその部は道（特別市）党にそれの執行を命令し、道党では執行計画を作成して市・郡党に指示し、市・郡党は地域内各職場の党委員会に執行細則を下達して遂行させ検閲し、里党がなすべきことを直接指示して党系統を通じて遂行させるのだ。

一方、中央党の当該部は、政務院（内閣）の当該部（従来の省）に指示して行政系統を通じて執行させると同時に、社会団体に指示して側面から政治委員会の決定を執行するのを督励し監督させておる。

又、重要政策などは政治委員会で成案し、全員会議または党大会の決定に採択されれば、秘書局で執行計画を作成して「最高人民会議」に回し「法令」としての格式を具備させ、「中央人民委員会」に下達させて「政令」として傘下の各機関に伝達執行させ、各社会団体等をして所属員たちの執行を監督させる。

このように政治委員会と秘書局は、自分たちで決定し自分たちで執行対策を樹立し、これを義務的に北韓のすべての機関と住民たちに執行させることにより権力を行使し、若しこれを執行しない場合には厳罰主義で臨み、その権威を維持しておる。

三権分立制は夢物語 共産党首が絶対君主

北韓では、共産社会では何処でもそうであるように、立法、司法、行政の三権が分立されておらず法治主義に拠ってもおらない。

三権が分立され法治主義に拠するとすれば共産党の一党独裁が実施され得ず、特に一人独裁が遂行できるはずがない。特に北韓においてはすべての権力が事実上共産党首に独占されており、共産党自体が党首の私組織と同じ性格を帯びている。

ましてや共産党の決定を執行する機関に過ぎない立法、司法、行政機構に独立的な裁量権が賦与されないのはあたりまえである。

立法、司法、行政機関が共産党に徹底的に従属せざるを得ない基本的原因は、この機関の構成員は皆、形式的任免手続きはどうであろうと、実質的に共産党から派遣された党員であるためである。

党の決定はこれら機関に無条件的執行を強要することのできるのみならず、共産党はこれら機関構成員である全党員にその決定を義務的に執行するよう二重組織的に拘束するため、これら機関が独自性を発揮することができないのだ。

共産独裁は、法に拠る統治でなく直接暴力による統治であるため法治主義とは全然違う。

しかし、ソ連共産党第二〇次大会（一九五六、二）で、スターリンが裁判無しに数多くの政敵を粛清した事実が批判され、法秩序を遵守するよう強調された。

その後、ソ連は勿論東ヨーロッパの共産国家で、法に依拠した犯罪事件の処理が顕著に改善されている。

だからといってそれら共産国家が法治主義に依拠しているとは決していえない。

何故ならば、その法的自体が人間の尊厳性を保障するために制定されたのでなく、共産独裁制度を維持するために制定されたのであり、宣伝効果だけを狙う条項が数多く含まれていてその通り執行されえないためである。

尚更北韓共産集団は、「法治主義」という用語それすらもいわゆるブルジョア的表現として嫌がっておる実情である。

北韓憲法にも形式上は民主主義的権利を保障しているように規定されているのもある。

たとえば、満十七歳以上の「公民」は誰でも選挙権と被選挙権を認められているように規定（五二条）されてはいるが、単一立候補制が実施されている状況下で被選挙権が何の役に立つか画中のもちである。

したがって北韓では、「法令」そのものが共産党の政策を合理化するのみならず宣伝効果だけをねらい、実践不可能な条項がより多く含まれていてその実執行することもできないのだ。

それだから北韓同胞たちは、民主主義的権利はさておき人間としての初歩的権利（例を引くと居住地選択の自由、旅行・私生活・思索の自由）までも法に拠る保障はない。

このようにして北韓共産党は、意のままにあらゆる住民たちに独裁権力を行使しながら、赤化野欲実現へと狩り立てている。

立法機関は挙手機械 投票率賛成率とも百%

北韓にも、共産党の決定よりは統制力が弱いが法律がある以上、これを制定する立法機関があるはずである。しかし三権分立がなされておらず共産党の執行機関に過ぎないため、立法機関である「最高人民会議」の機能は制限されており、一種の挙手機の如き役をつとめる機関にすぎない。

それさえも新「憲法」では、その権限が大幅に縮少されているためより有名無実になっておる。

例をとれば、従来の合議制「国家元首」格であった「最高人民会議」常任委員会が廃止され、「最高人民会議」常設会議（議長一名、副議長二名、書記長一名、委員十六名で構成され、議長及び副議長は最高人民会議の議長及び副議長を兼任）が設置されて休会期間中の業務処理を担当しているのみである。「最高人民会議」は年二回、毎回二、三日間ずつ開催され、共産党の決定に「法令」という表示をつけることを基本任務としておる。つまり、一年に五、六日しかならない会議期間に立法活動をせねばならないので、「最高人民会議」代議員たちは「賛成」表示に「代議員証」を頭上に掲げるのが主任務になっておる。

「憲法」に規定された「最高人民会議」の権限は、①憲法及び法令の採択又は修正、②「国家主席」の選挙と主席の提議による副主席、中央人民委員会書記長及び委員、「政務院」総理、「国防委員会」副委員長などの選挙及び召喚、③中央裁判所長及び検察所長選挙及びその解任、④経済計画及び予算承認、⑤「戦争と平和に関する問題」決定等である。

四年毎「最高人民会議」代議員選挙を実施するように規定されているが、ただの一回も規定通り施行されたことはなく、一九七二年十二月に五次選挙が実施され、人口三万に一名ずつの「代議員」が選出されている。北韓共産党の政策決定と指令を法制化して執行機関である「政務院」に伝達する手続上の機関であり、実権のない飾りものにすぎない「最高人民会議」代議員選挙までも共産党員以外は当選できないように単一立候補制を引き続き実施している。

第三次選挙（一九六二年）の時から黒白函投票方式により単一函制を実施しているが、賛成は投票用紙をそのまま函に入れ、反対する場合は、×標をして投票させることによってそれだけ時間がかかることで発覚されるように仕組んでおるから、投票過程における共産党の統制は依前としている。

三次選挙以後には、百％投票率にこれまた百％の賛成率だったと発表している事実だけからみても、どれほど不正な造作選挙なのかが窺われるわけである。

一九七〇年三月十日に実施された北韓の道・市・郡「人民会議」代議員選挙のとき、江原道高城郡をはじめとするいくつかの郡では投票開始十二分間に、その他いくつかの道では四・五分間に投票を完了したと発表しておる。

これは、北韓の選挙が、如何なる形式で進行される非民主的政治ショーであるかを如実に証明してくれている実例である。

要するに北韓の選挙制度は、一つの要式行為であり、選挙という名における共産党への忠誠心を強要するための一種の遊戯にすぎない。

したがって、選挙がどれほど繰り返されても北韓同胞たちの参政権行使にはならない。

抗訴審は事実上無く 党への批判は即処断

共産社会では、いわゆる「社会主義的法秩序」云々しながら犯法行為を厳格に取締っているが、それはすなわち党の政策を法制化したのを基準にしているため党政策違反者摘出とそれの問責のためであって、公正な法による審判をするためではない。

たとえ法令として制定されているとはいえ、党の決定によってその効力を停止させることができるから事実上法官はあってもなきに等しいものである。

北韓「憲法」は最高人民会議が中央裁判所所長を選挙し解任（七六条）するように規定しており、中央裁判所の判事といわゆる「人民参審員」は「最高人民会議」常設会議で選挙され、道（特別市）及び市・郡裁判所の判事と人民参審員は該当「人民会議」で選挙され、その任期は該当「人民会議」代議員の任期と同一である。

北韓裁判制度は三審制であるが必ずしも段階的に実施するのでなく、政治・思想犯の場合、すなわち一審を省略して二審から始められ、重大な犯罪事件は中央裁判所でだけ取り扱い、抗訴審制度は事実上ない。

各級裁判所における裁判は、判事と同等な権限をもつ「人民参審員」参席裡に進行され、選挙権をもつすべての「公民」は、判事又は「人民参審員」に選出されうると規定されてはいる。しかし、北韓の各級「人民会議」代議員は皆腹心の共産党員であるため、これらが選出する判事と「人民参審員」たちも皆熱誠的な共産党員であり、したがって公正な裁判が進行できはしない。

大学法学部出身者はたいてい行政機関に配置され各級裁判所の判事は大概党員労働者の中から、共産主義思想が確固で頭脳明せきな者を選び短期間（一年内外）の養成期間を経て選挙形式を通じ任命するが、こうしてこそ共産党の政策をより徹底的に貫徹させることができるそうである。

こういう事実は、法官としての法理論の必要からでなく共産党の立場にどれほど忠実であるかによって法官になれるか否かが決定されることを意味するものである。

当該裁判所の判事は、宣告前に必ずその地域の責任者から結論を求めなければならず、判事の主要任務はその結論に符合するよう法律条文を適用するにある。

北韓にも弁護士という職業人があるが、皆共産政権から俸給を支給される官選弁護士に外ならない。

ユーゴスラビアを始め一部の東ヨーロッパ共産国家では、個人法律事務所を開設している弁護士もいるが北韓にはまだそういう職業はない。

北韓弁護士の主要職責は、刑事裁判の場合、被告の罪を弁護する人ではなく判事の宣告と検事の求刑に対する被告の不満を緩和する解説員の役を果している。

しかし、そういう裁判にしろ裁判に付されるとか投獄又は処断される場合はまだしもいい方で、北韓同胞の中多くの人々が裁判のない死に出会ったのだ。

行政機構は党の傀儡 独自の機能指示順守

北韓の新憲法によって新設された「中央人民委員会」は、「最高人民会議」の権限の一部と共産党の権限一部と、そして従来の「内閣」の権限一部とを統合して掌握するようになった機関で、立法、司法、行政の機能をみな備えた綜合的な政治機構である。

しかし、あらゆる行政的な指示がこの機関から下達されるので、行政機構の性格と機能をもっとも多く持っている。

「中央人民委員会」はいうなれば最高指導機関として二五名で構成され、「主席」一名、「副主席」二名、書記長一名、委員二一名で構成されその任期は四年である。

この機関の任務と権限は、①対内外政策の樹立、②「政務院」と地方政権機関指導、③司法・検察機関の業務指導、④国防及び「政治保衛事業指導」、⑤「憲法」、「最高人民会議」の法令、主席命令、「中央人民委員会」政令・決定、指示の執行を監督、⑥副総理以下「政務院」成員及び大使と公使、軍事首幹部の任免、⑦賞勲及び大赦、⑧戦時状態と動員令宣布等に分けられている。

この機構の構成員二五名中その過半数である一三名が共産党の政治委員及び候補委員で補われていて事実上は政治委員会の変形であり、残余の一二名は職能別専門知識を持つ者で占められている点から、専門的知識を持ち合せていない政治委員たちの独断的決定からよってくる後遺症を防止するため新設されたものと解釈される。

「政務院」は行政的執行機関で、従来の三二個「省」と六個委員会で構成されていた内閣の機構と権限を大幅に縮少し、一五個「部」と七個委員会で構成されている。

「中央人民委員会」の直接指導下におけるそれの任務と権限は、①各部を始めとする政務院直属機関と地方「行政委員会」（地方政権）の業務指導、②経済計画案作成及び実行対策樹立、③経済各部門及び科学・教育・文化・保健等業務組織と執行、④「人民武力建設」に対する事業、⑤社会秩序維持及び其他に区分される。

「政務院」の機構が簡素化されたのは、度を過ぎた細分化による「機関本位主義」を止揚し唯一的な執行のためだと説明されているが、経費の節約と行政機能の効率性と責任性を高めるためだと判断される。

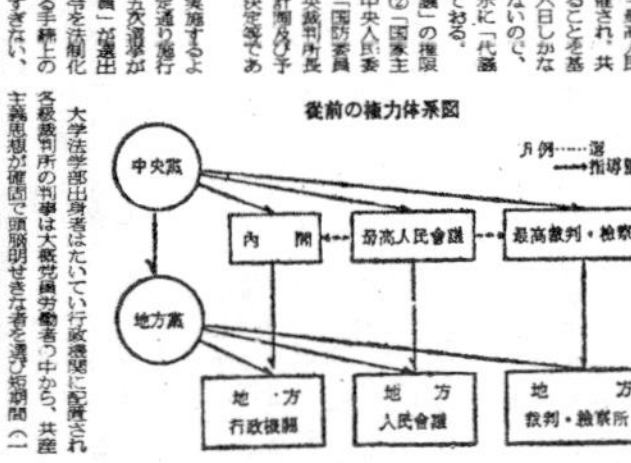

従前の権力体系図

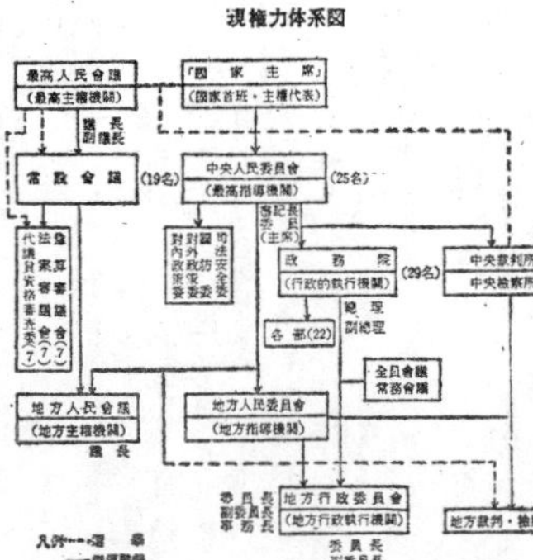

現権力体系図

地方行政機構は、道（特別市）と市・郡・里に、「人民委員会」という指導機関と「行政委員会」（従来の「人民委員会」）という執行機関が二重的従属原則のもとに業務を遂行している。

たとえば、道行政委員会教育局は、道「人民会議」決定と道人民委員会の指示を仰ぐと同時に、政務院の「教育部」の指示を受ける形式上の地方自治が実施されている如く偽装されている。

しかし、「中央人民委員会」とか「政務院」が共産党中央委員会の指示で動くように、地方行政機関は事実上地方党委員会の統制下におかれているため、地方自治は行なわれていない。

したがって北韓のすべての行政機関は、ただ共産党の指示により業務を遂行し独自的な機能は遂行し得ない。指示された内容を具体化するのに、該当党委員会の承認の下で裁量権を行使できるだけである。

昨日の同志、今日の敵 血の粛清で体制維持

一般的に、共産社会ではすべての権力を少数または党首一人に独占されるため、その権力の奪い合いが展開されるのは理の当然であり、いったん権力を握った者はそれを奪われまいと権力の座を狙っている者をあれやこれやの口実で粛清せざるを得なくなる。

共産社会で特に北韓の場合、権力闘争が熾烈で無慈悲だったばかりでなく、複雑な派閥系譜により進行されたところに特徴点が見い出される。

八・一五解放後北韓では、共産主義者たちが「親ソ派」、「延安派」、「国内派」の三大派閥に分れ実権を握るための闘争が展開されたのであった。

「親ソ派」は、ソ連の支援を得ている政治勢力として解放後ソ連占領軍の支持を得て始めから有利な地歩を固めることが出来たのであり、その内部は金日成直系派、非直系派、ソ連二世派に細分されていた。

「延安派」は解放前すでに、中共の活動根拠地であった延安で共産主義運動をしていた者たちであって、解放後ソ連の後押しを受けた親ソ勢力に押されて不利な与件下で「新民党」を組織（一九四六・一）したが、一九四六年八月に共産党と合党して、「北朝鮮労働党」に吸収されるに至りその勢力はより一層萎縮した。

「国内派」は、八・一五解放前国内で共産主義運動をした者たちであって、南側を代表する朴憲永等南労働幹部とその一派と、北側を代表する玄俊赫等の二つの派閥に区分されるが、玄が親ソ派によって暗殺（一九四五・九）されたため始めから南労働系列が主導権を握るようになった。

「親ソ派」は、いの一番、土着共産主義者たちである「国内派」を、六・二五動乱末期すなわち一九五二年十二月から一九五三年にかけて、敗戦責任を負わせ、いわゆる「米帝の雇傭スパイ」という口実のもと、南労働系列幹部たちの大多数を処断または投獄し無慈悲に除去したのだった。

「国内派」粛清に「延安派」と連携していた「親ソ派」は、再び、一九五六年八月から一九五八年初にかけて、今度は「延安派」を重工業優先政策に反対する分派活動をしたという口実をもうけて粛清したが、この時、当時中央党の思想・文化担当副委員長だった朴昌玉を含め「親ソ派」自体内の「ソ連二世派」の一部の者も合せ粛清し、「親ソ派」直系の地位をよりきよう固なものに固めたのである。

こうして一九五八年以後からは「親ソ派」の独り舞台となり、金日成一人独裁体制は名実共に確立された。

とはいうものの、一九六二年末頃から「親ソ派」内部分裂が起り始めたわけである。

それは、キューバ事件を契機に、北韓共産集団が親ソ路線から親中共路線に向きを換えるにつれて、南一（当時政治委員）を始めとしソ連二世派勢力を除去しており、一九六五年八月から再び親ソ路線へ向きを戻すにつれて、今度は親中共的色彩の濃い金昌鳳（副委員長、政治委員）を始めとする非直系派を除去することによって変節行為に対する責任を転嫁すると同時に、直系派の地盤をきよう固にする一石二鳥の効果を収めている。

しかしながら直系派の独り舞台も長続きはしなかった。

それは、一九六七年三月から、直系派内で、強硬路線と穏健路線が異見を露呈するや、政治委員であり序列四番と五番だった朴金喆と李孝淳を始めとする数多くの「党僚派」たちが改良主義方向へ独走したという名目で粛清されてからは、「軍事派」一色の直系派に単一化された。

その後、一九六九年末頃から「軍事派」内部に派閥が生れ、いわゆる「東満系」「南満系」「非満系」等解放前に共匪活動をしておった満州地域別の分派作用を起しながら権力闘争を展開しており、金昌奉（当時「民族保衛相」）を始めとする高級将星が多く粛清されたが、一九七〇年に入ってからも軍部内の粛清は継続されている。

「階級政策」おし出して 自由思想を徹底弾圧

共産主義者たちは、「階級」という言葉を、身分上の位階という意味に使用せず、どういう方法で生活を営んでいるかにしたがって労働階級、農民階級、小資産階級、資本階級に区分しており、知識人と商人はその生活方法が一定しておらないため階級でなく階層だと主張している。

北韓の場合、一九五八年末を期し、私有財産制を廃止し個人商工業を禁止しておるため、労働階級と農民階級だけがあると宣伝している。

共産主義理論によると、非共産社会には各種の階級があるが大きく分けて有産階級と無産階級があい争っているといっている。北韓がいういわゆる「階級政策」とは、すべての人々が労働階級の思想で洗脳教育されるための政策であると解釈されるが、実際は以前富裕に暮していたか自由思想を持っている人かその他「不純分子」に取り扱われるべき人たちを選り抜き、一般住民たちに影響を与えないようにするため特別に監視・抑圧し孤立させる政策を指すのだ。

北韓共産集団は、一九五八年から一九六〇年初にかけて行われたいわゆる「中央党集中指導」名目の成分調査を通じ、北韓全住民の成分を再検討調査して政治的信任度によってそれらを区分し、一九六六年四月から一九六七年末まで、いうなれば「住民登録事業」を実施し、すでに区分された内容を再度検討して全住民を「核心分子」、「動揺分子」、「敵対分子」に三大区分し、これをまたも三〇個の等級に細分している。

「核心分子」とは、いわゆる「革命経歴」があるか「革命烈士遺家族」、戦死者家族、幹部級とその家族、熱誠的な労働者・農民を始め如何なる状況下でも共産党を裏切らないと認められる者をいう。

「動揺分子」とは、一旦有事の秋は動揺することもあって充分に信ずることができないと認められる者、例えば、一般労働者と農民、下級事務員、能力不足で降等された者、北送された元「朝総連」幹部、南韓出身党員等、平常時は比較的熱誠者のようにうけられるがそれかといって党に徹底的に服従しているとは見うけられない者をいう。（以下次号）

（一面から続く）

れている朝総連系出版物は「朝鮮新報（日刊）」「朝鮮時報」＝日本語版「朝鮮画報」等、数種の紙・誌が配布されている。今年も、各種の出版物の配布が予想される。この出版物はどれを見ても金日成の戦闘的で暴力的な南侵企図を擁護し扇動するものばかりである。このような出版物が傘下団員の家庭に配布された場合は、これを開封しないでそのまま返送する運動を大々的に繰り広げるべきである。

＜7＞朝総連系学校への子女就学防止について

今年度の朝総連の「忠誠の送新運動」の中でいわゆる「朝鮮学校子女引込運動」が、大きな比重を占めている。特に朝総連は人格形成の一番重大な時期にいる幼い二・三世を朝鮮学校に就学させることによって、歪曲された人格者（共産革命の道具化）に成長させ、ゆくゆくは人間爆弾を作ろうとする殺人的野欲を画策している。このような事実の前に、「民族教育」云々の甘言利説に落ちないように全民団組織指導層はこの非人間的で殺人的な蛮行の粉砕に全力を傾けなければならない。

維新体制による諸般事業の支援対策

祖国大韓民国の現行憲法に基礎を置いた維新体制は朴正熙大統領閣下の「一・一二特別談話」に見れるごとく「変動激動する内外情勢に能動的に対処し、すべての浪費と非能率的な弊害を除去し、国力培養を加速化し、これを組織化しようとする国政体制であり、われわれの歴史的現実に一番適している健全な民主々義発展を可能にするための憲政秩序であり、北韓共産主義者達の南侵を未然に防止し、韓半島に平和を定着させることによって平和的祖国統一の基盤を構築するため民族中興の意志である」と強調した。

このように民族の中興と韓半島の平和定着を指向する国民総和による維新体制とこれに基礎をおいたすべての事業に対する支援活動はわれら在外国民としての当然、展開すべき活動であると言えよう。

〈1〉セマウル（新しい村つくり）事業支援

セマウル事業は周知のごとく農漁村の「精神開発」「環境改善」「所得増大」を通じて豊かで住み良いマウル（農漁村）を築こうとする事業である。このようなセマウル事業に対する支援事業は数え切れない程多くあるが、先ず所得増大と環境改善のためのいくつかの例をあげると、路地の改修、河川改修、簡易飲料水事業、共同洗濯場建設、マウル周辺国土改修、郷土文化財保護事業、農路改修、堤防の改良、マウル植苗、農路上の架橋架設事業、野菜砂防、漁村電化事業、簡易給水施設、セマウル造林、メタンガス施設、農家工産品開発事業等々への支援事業をあげることができる。以上、数多くのものがあることはもちろんである。

全団員は郷土のセマウル事業に対して可能な限り積極支援すべきであり、今まで行われた姉妹結縁部落にも、普段の指摘した事業等以外にも、書信のやりとり及び訪問等を通じて一層の紐帯を強化しなければならない。

〈2〉重化学工業建設事業に参与

周知のごとく一九七三年の韓国経済は「八・三特別措置」と「十月維新」に勇気づけられ企業の財務構造が画期的に改善され対外競争力が大幅に強化されたので、下半期のオイル・ショックにも拘らず、記録的な輸出伸長と実質経済成長率一六・九％という高度成長を達成したのである。更に物価は先進国よりも安定した一五・一％上昇にとどまった。

しかし「不況の中での物価高」という国際経済の動向は、一九七四年に入りながら韓国経済にも海外インフレの圧力、動力資材難と価格高、輸出条件の悪化等、数多くのネックを持たらすようになった。

これを予想した政府は一早く「大統領緊急措置第三号」を宣布し、国民経済、特に低所得層の基本生計の保障に経済施策の重点を置いた。これは勤労者全体に対する果敢な減税措置、中小企業支援、雇傭増大のための公共事業の拡大、食料品等生活必需品の価格安定措置等、「インフレ」に一番弱い給料生活者の生計安定のための手段を総動員したものであった。このような施策によって、韓国経済は例えば原油導入価格の暴騰に伴った国際収支不均衡の圧力加重にも拘らず世界的石油及び資源の危機を打開することができたのであり重化学工業建設の当初計画を修正することなく一九八〇年代前期の目標に向って前進することの出来る基盤を確固なものにすることができたのである。

一九七三年から一九八一年までの期間中、重化学工業建設に必要な資金は外資五八億ドルと内資三八億ドルの計九六億ドルが予定されているが、一方個々のプロジェクトに対する資金調達は原則的に投資の三〇％以上自己資本を確保するようにするのが政府の方針である。

鉄鋼工業は第二製鉄工場の建設を含めて一九八一年まで、生産能力を一千四百七〇万トン以上に拡張する計画である。また農村工業との非鉄金属の需要が急速な伸びに対備として、国際規模の製錬所等を特定地域に集中的に建設すると共に、特に造船工業においては年間生産能力百万トンの大規模造船所五個所をはじめ大小各種の造船所を建設し造船力を一挙に六三〇万トンに引きあげる予定である。

韓国の諸条件に照し一番有利とされている電子工業は、輸出特化産業を育成する方針であり、化学工業面では精油能力を一九八一年まで一七万五千バレルを増産し第七肥料等国際規模の肥料工場を建設するようになっている。このように「分野別建設計画」を遂行するための全国に六個の重化学工業団地を指定しすでに大半建設にとりかかっている。この基地には〝エネルギー、工業用水、輸出、通信等、基礎設備を完備することによって各団地内の各工場の生産性を高めるばかりでなく、特に非鉄金属等、公害産業の場合はその被害を最小限防ぐため規制している。

以上のように雄大な重化学工業建設の基本構想が実現される日には、韓国経済は自主的な構造へ高度に転換され一人当GNP一千ドル、輸出高百億ドル達成する中進国最上位に所するようになる。

「一〇〇民団運動」事業に対する指針の中で若干言及したごとく、祖国繁栄への雄大な計画は少しもひるむことなく力強く進行されているが、国際経済環境の悪化によって苦難を迎えているのはかくせない事実である。

以上、祖国繁栄に直結される経済政策の大綱を深く認識し各者の可能な限り積極的な支援を行なわなければならない。

上李晩和領事(左)から映写機の寄贈を受ける朴成準本部団長(右)、下李起周横浜総領事から映写機目録をうける朴点圭川崎支団長(左)

横浜総領事館

視聴覚教育機材を寄贈

本部、川崎支部へ映写機を1台づつ

横浜総領事館(館長＝李起周総領事)では、神奈川県地方本部と川崎支部に"ＥＬＭＯ一六ミリ"映写機各一台を贈った。この映写機は県下二世の視聴覚教育と民団の弘報活動に役立てるために贈られたもので県下同胞たちはたいへん喜んでいる。

李起馨領事就任

在日同胞の生活事情に精通

新任の李領事

横浜総領事館昇格にともない、館長・李起周総領事就任と共に公館幹部の人事が徐々に行われているが、このたび李起馨領事が就任した。

李起馨領事は、韓日国交樹立の何年か前に当る一九六二年、つまり大使館が代表部当時に駐日韓国代表部の僑民部領事を務め、わが在日同胞の人望を集めてきた人である。一九六四年代表部から本国の外務部にもどったあと、その人柄がかわれ大阪総領事館開設と共に再び日本に転出、大阪総領事館領事として僑民保護において数々の業績を残した。一九七一年には一時外務部にもどったが一九七三年香港総領事館領事を務めこのたび横浜総領事館領事に就任したのである。

李起馨領事の就任によって、総領事館には館長、李起周総領事をはじめ李晩和、李起馨両領事と張晟集副領事が勤務している。

第百三回関東地協で声明

国民投票契機に総和努力

第一〇三回関東地方協議会が一月二十五・二十六日の両日・熱海のホテル八景で開かれた。今年に入って初めての会議であるため親睦会的な要素を盛り込んだものだったがセ民団運動に関する件を筆頭議題に第五十六回三・一節中央民衆大会の件・国民投票実施を明らかにした朴大統領特別談話に対する態度調整など中味の濃い討議が行われた。その結果・朴大統領特別談話を歓迎し国民投票に際して国民の大局的な観点に立った賢明な判断を望む声明を採択しセ民団運動を各地方本部が総力をあげて取り組むことを確認した。

ここで当本部朴成準団長は、「在日同胞は選挙権こそないものの、民団幹部は本国に積極的に訪問し国民投票ならびに維新体制に対する在日同胞の考え方を伝えるべきではないか」との意見が出されて採択された。また金大栄監察委員長から「来日する韓国の与野政治人とも積極的に接触し在日同胞の意思が本国の政局に反映されるよう努力すべきだ」との意見も出された。今度の関東地協会議では、このほかにもセマウム・シムキ運動・青年たちの全国的規模の研修活動・民団宣伝カーの活用問題も話し合われた。

"政争の持出し"自粛を

朴成準団長本国紙で強調

最近、国内の政治要人達は国際会議のためかあるいは私用のため日本を経由または長期間に渡って滞在するのをしばしば見られる。このような政治要人の一挙手一投足に対して在日同胞達の関心は非常に高い。

国際社会の厳しいゆれ動きの中で特に海外での生存競争に余念のない在日同胞にとっては、祖国の存在の背景が唯一な求心点であり、母体と同じなので、祖国の命運を担当している政治要人達の動きに対して、敏感な関心をいだくのは当り前といえよう。

だが、近来国内の政治要人の中には海外に出て党利党略及び個人の私利私慾を国益に優先させる傾向がある。はなはだしくは国家と国民の存在までも、駐在国の個の政略的の悪辣な策略にはまって国家に害を与える蛮行を行っている。このような嘆かわしい現実に対し本県在留同胞は耐えることので

きない憤りをわき起こしている。

祖国の繁栄はすなわち在日同胞の繁栄であり威信の高揚につながるものである。祖国の利益を阻害するすべての要素は一日とも早く払拭することが同胞大衆の一日千秋の渇望でもある。

本部朴成準団長は去る十一日本国の有力な日刊紙上で「海外に出ている者は、彼等の祖国の国力が富強になり国際的地位が宣揚されるにつれて、彼等の地位も向上し良い待遇を受けているのを見る時、わが祖国の繁栄はわれわれ海外同胞たちの生存を左右するものと切に思わざるを得ない。にも拘らず、近来にきては国内で国論を分裂させ国民総和を阻害することによって、あたかも韓国の情勢が不安に陥っているかのような印象を与え、これを自分達の党略に利用しようともがいている一部政治人や人士達がいるのを見るにつけ実に嘆わしさを禁じえない。」と本部管下同胞たちの真情を訴えた。

これは言うまでもなく、本国同胞社会内に大きな反響を引き起こした。

この反響を受けた本国の中央紙である日刊朝鮮日報(二月二〇日発行)でもちょうど本国訪問中の朴成準団長に「延べ二年に亘って継続的に引き起こった韓日間の屈曲関係は在日同胞にどのような影響を与えたか」について在日六〇万同胞の声の代弁を依頼(二月二〇日付インタービュー)され、これに朴成準団長は適確に生の声を伝えた。

祖國同胞 여러분!

海外에 나가있는 僑胞들은 特히 日本에 살고있는 우리들은 祖國이 안일한 保護가 미치지못하는 國際的 與件下에서 歷史的 感情이 解消되지못하게 때야론 民族的 서글픔을 느끼면서 살아가고있읍니다

海外에 나가있는 사람들은 그들의 祖國이 發展되고 國力이 富强하고

在日韓國人 六〇萬 僑胞들은 國民各自가 오직 賢明하고 올바르게 現事態를 把握하고 判斷할것을 믿고 있읍니다. 여러분들의 繁榮과 祖國의 發展을 祈願합니다.

在日居留民團神奈川縣本部團長

朴成準

(全南長興郡冠山面出身)

〈全南日報に発表した朴成準団長の声明文〉

조선일보 西紀1975年2月20日 木曜日

미刀執權후 對韓관계 好轉

在日居留民團 가나가와縣本部 團長 朴成準씨

한해 6천여명이 日本 歸化

『國內政爭 옮겨지지 않아야』

〈朝鮮日報に紹介された朴成準団長の意見とプロフィル〉

あっぱれジュニアの民団愛

景品のバイクを支部に寄贈

李一換監察委員の次男李富康君

李富康君

同胞子弟である幼い小学生が商品購入の際、あたった景品のオートバイを、自分が用いるよりは民団の足につかってと支部へ寄贈し、民団関係者はもちろん、地域社会の"大人"たちから讃嘆のまとになっている久々の心あたたまる美談一つ。

主人公は、本団管内、民団相模原支部地域に住む相模原市立清新小学校五年の李富康君(12才・男児)で、お父さんのお使いで近所の化粧品店でポマードを買った。その時、店でもらった景品抽せん券を大事に保管していたところ、一ケ月後の抽選で景品としてオートバイ(スズキ・50cc)の金的を射とめるにいたったということである。

李富康君は、日頃、民団支部のおじさんたちが、同胞家庭に足をはこびながら熱心に同胞社会のためにつくしているのを見てより効率をあげる方法はないものかを考えていたといわれる。思いがけない大きなプレゼントに相模原支部では大喜び。これで民団事業の効率は倍増確実とはり切っている。

なお李富康君は民団神奈川県本部監察委員である李一換氏の次男であり、その父にしてその子ありという声にはお父さんもてれながら「偽ながら殊勝なもの」とにっこり。

関東地協であいさつする尹中央団長

管内の新年式

セ民団の決意も新た

一月十一日十一時横浜商銀四階のホールで民団神奈川県地方本部・婦人会・商工会・横浜商銀合同新年会が約三百余名が参加し盛大に行われた。特に県内の日本人有志も多数参加しそのムードは絶頂に達した。まず朴成準本部団長の挨拶から始まり李鍾大商銀理事長・尹珠宅商工会長・趙義順婦人会長の順に挨拶が終り、引継き来賓の祝辞としては民団中央本部の尹達鏞団長・李起周横浜総領事・権逸国会議員・日本側でも廣崎会長(川崎重工業)等の意義あるお祝いの祝辞が述べられ、立派な祝典となった。又各支部でも次の通り各々新年会が開催された。

一月十二日鶴見支部敬老会新年会

一月十五日高座支部新年会

一月十五日相模原支部新年会

一月十五日湘南西部支部新年会

一月十九日湘南中部支部新年会

一月二十一日横浜支部新年会

一月二十三日横須賀支部新年会

一九七五年度新成人に41人

一月十五日午後一時から民団県本部三階のホールで四十一名参加のもと行われた。まず朴成準本部団長の挨拶を始め来賓としては横浜総領事館の李晩和領事の祝辞が述べられた。引き続き記念撮影あと青年会主催の交歓会があったあと午後四時頃終了した。

特に県本部からは民族金融機関の育成及び認識させる一石二鳥の効果をあげるため一人当り一金一千円の普通預金通帳を全員に記念品として手渡した。

川崎支部拡大会議終る

新会館建築委構成

朴点圭支団長

民団川崎支部(朴点圭支団長)では、二月二十六日午後七時から同支部会議室で川崎韓国人会館新築に伴う同支部三機関役員、顧問有志合同会議を開催した。

川崎北の区画整理圏内に入った同支部会館は近いうちに撤去される。

これに対する撤去対策委員会の構成と活動案の討議および新会館建築委員会の構成がこの日の会議の主目的であった。

会議の重大性に鑑み、本部側から金桂善議長、金有河副団長が参席し、公館側からは横浜総領事館李晩和領事が臨席した。

朴点圭支団長の同会議開催に係る説明が行われたあと、裵奉朝同支部議長によって議題の一つ一つが討議に移され、事前に準備された諸般原案が順調に審議、採択された。

この日、選出された建築委員会と撤去対策委員会の主な役員構成は次の通りである。

「会館建築委員会」

顧問委員　李慶元、金桂善、金鍾照、李鍾河、林奉奎、兪在根、尹炳仁、朴点圭

名誉建築委員長　李起周総領事

建築委員長　金銀泰

建築副委員長　朴基賢、林春善、崔鉉亮、鄭点岩

財務委員　裵奉朝、鄭宗坤

監査　金任祚、李鐘斗

「撤去対策委員会」

委員長　朴点圭

副委員長　裵奉朝、鄭宗坤

対策委員　金鍾照、李鎮相、朴炳会、元永根、金梨東、朴末竜、成衡東、鄭点岩、張泰華。

第22回南武支部大会

支団長に黄光義氏が当選

―初めての代議員制で―

当本部管下南武支部では、去る二十三日、午後一時から国鉄南武線の小杉駅前ユニオンビル大会議室で第二十二回大会を開き新団長に黄光義(同支部顧問)氏が金東湖(同支部監察委員長)氏を差をつけ選出された。

支部代議員定数七〇名中、代議員出席者六三名と傍聴団員四〇名それに本部側から朴成準本部団長、金有河、金信根両副団長、鄭辰竜事務局長、朴述祚、田炳武両顧問と朴点圭川崎支団長、(公館側の李晩和領事等内外人士多数参席裡に許文哲同支部副議長の開会辞につづいて始まった同大会は、県本部の「セ民団」運動推進に呼応した

新役員選出に先立ち参加代議員全員は郭鋼河前団長をはじめ全旧役員の南武支部発展につくした功績を高く評価し温い拍手を送り、郭鋼河前団長は辞任表明のあと、「今大会においての三機関役員としての出馬は固辞する」と述べ「後進に団の仕事をまかせ、新任団長を積極支援する」と所信を明らかにし、万場の拍手をあびた。

このあと、三機関役員選出に入り、団長には黄光義氏と金東湖氏が、立候補し、黄光義氏の当選をみた。議長・監察委員長には、議長に朴相文(高津分団長)氏が、監察委員長に河基元(前監察委員)氏が各々無投票当選した。

同支部の活動方針は次の通り

活動方針

一、セ民団運動推進

二、維新体制支持

三、朝総連傘下同胞の説得事業への推進

新役員

団長　黄光義

副団長

議長　朴相文

〃

副議長

監察委員長　河基元

〃

委員

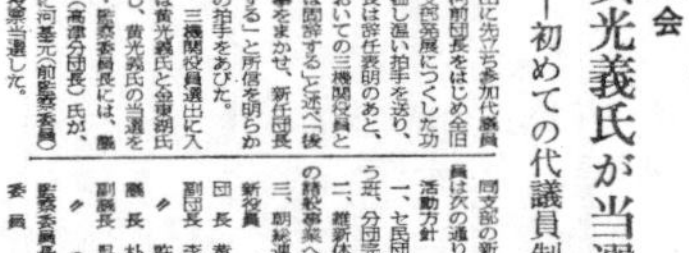

ペテン師、李竜雲の泥棒行脚

宇都宮徳馬の相棒か

―海軍将兵クラブが暴露

宇都宮徳馬なる自民党代議士と組んで政治詐欺劇を演じていた李竜雲という国際ペテン師の行状に対する内容の全貌がこのほど「警海クラブ」によって明らかにされた。「警海クラブ」とは、大韓民国海軍・海兵隊出身の予備役将兵および文官の親睦団体である。次に同クラブによって明らかにされた李竜雲の行状を紹介する。

大韓民国海軍・海兵出身予備役全将兵および文官の親睦団体である「警海クラブ」中央会議は、さる1月13日と15日両次にわたり、日本東京で内外記者40余名を呼び、韓国の国内政治、国家安保問題に関し、常識以下で無責任かつ破廉恥、荒唐無稽なる声明書を発表し記者会見、テレヴィジョンインタビュを通じ全く事実無根な妄言をほしいままにした李竜雲氏は過去自由党政権下で海軍参謀総長職を任期を全うすることができず引きさがった者であるが海軍と海兵全予備役将星および文官に代り、祖国繁栄と母国発展に対する同氏の痛烈的阻害言行に対して憤怒と憂慮を禁じることができず、本意ではないが過去の血盟の戦友である李竜雲氏に対しわれわれは彼をこらえ氏の罪状および行状を仔細に満天下に公開することによって今後善意の第三者が再び被害をこうむることがくりかえされるようなことがないようにするため、その行状をつぎのように明らかにし参考に資するものである。

李竜雲氏の人的事項

▲本籍(出生)＝平安南道平壌市仁興洞515／52▲現住所＝東京都品川区五反田五丁目22池田マンション406▲生年月日＝1914年7月14▲日本軍歴＝海軍少佐服務(終戦時)。

▲総長在任期間＝1959年2月23日～1960年9月28日(1年7ケ月)▲軍籍関係＝1961年革命軍事裁判で不正蓄財者として体刑3年を宣告され、軍籍から完全に除籍された者であり、過去の身分、階級、職名の使用は不法である(1962年5月2日付)▲国籍＝李竜雲氏は、過去日本人養子として入籍しており、日本人本妻所生三男一女と現在同居中であるという。従って韓国籍は仮本籍になっている二重国籍者である。

非違行状①1949年日本から日本人妻と二男一女を残し帰国し、自由党政権下で海軍中領(中佐)に特任され た者であり、帰国後はキム・ボンヤン女人と結婚したが その後離婚した。

②1960年4月19日学生義挙革命後不正蓄財者として糾弾され、当時張勉国務総理の秘書宋元英氏の庇護を受け延命しようとしたが時極LSで不正処分以外に25件の不正事実が明らかになり(2億2千万ファン相当)、海軍参謀職の任期を全うすることなく解職された。③1961年5月16日軍事革命後不正蓄財者として拘束され、1963年8月まで体刑 収監された。④民政移譲後ソウル南大門路に韓・越合資業体(名目上東亜海運株式会社を設立し1966年3月から1967年10月までソウル、仁川等を舞台にヴェトナム荷役給料集などの新聞広告で応募者ヨン・ブンフム外百余名から1千余万ウォンを詐取しており、また1万トン級船舶を日本から購入するという名目で日本に渡りヴェトナムに逃避、潜跡することにより巨額の手形不渡事件が発生、1967年3月1日付ソウル新聞に懸賞付で手配された事実がある。1967年3月1日付ソウル新聞紙上の尋人広告内容はつぎの通りである。(省略)⑤1967年7月ヴェトナムサイゴンに移住してからは、「チュンシンジン」という金家を経営し、1968年12月サイゴンのグェン・シ・ユ街「チュンナム・ホテル」208号に事務室を定め、在日僑胞および駐ヴェトナム部隊軍人を相手にPX物品流出およびあっせん詐欺、アメリカドル貨暗取引、海運業合資を騙って金品詐取などをほしいままにし、その被害者を避けて日本に逃避してきて、現在に至っている。

諮問委員

李慶元、金桂善、金鍾照

(予備役海兵中将)

⑥警海クラブ中央会　総裁李孟基(第6代海軍参謀総長)第一副総裁孔正植(6代海兵隊司令官)第二副総裁李眼晶(予備引三副総 裁金 淵根

旅のパイオニア　運輸大臣登録一般旅行業第264号

大洋観光株式会社

Taiyo Travel & Tours. Ltd,

横浜市中区吉田町10番地(斉藤ビル５Ｆ)

電話(横浜)045-261-2941番(代表)

代表取締役社長　清川博之

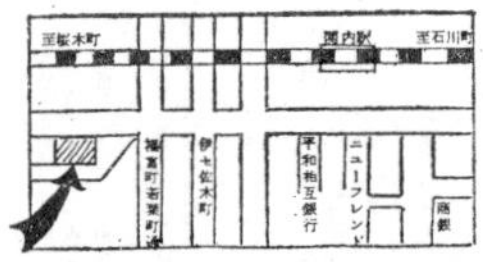

横浜商銀はわれわれの手で！　２百億預金達成は皆さんの力で！

●あなたの会計係に　当座預金

●税金のお支払と利殖に　納税準備預金

●あなたの財布がわりに　普通預金

●利息のもっともよい　定期預金

●短期のお利殖に　通知預金

●小さく積んで大きく育つ　定期積金

横浜商銀信用組合

本店　横浜市中区蓬来町2―3　電話045(251)6921～5

川崎支店　川崎市川崎区東田町10　電話044(244)4961～5

横須賀支店　横須賀市日の出町1―2　電話0468(22)6935～7

理事長 李鍾大

専務理事 李根馥

常務理事 大原良雄

常務理事 李義吉

金成柱 わが身保全のために仇討同胞を密告

妖怪 金日成を斬る

悪友からの連絡で奉天に行き 日本人悪徳商人の傭人となる

吉林を逃げ同僚悪童たちと別れた成柱は、西南方面伊通県に行きその当時の朝鮮革命軍の左翼テロ分子李鍾洛一派の翼下に入っていた。

そこで当分間成柱は李鍾洛の指示のまま動いていたが、その後間もなく彼の母康女人がいる安図県興隆村へ身をかくしていた。康女人はまた病身のままで中国人が経営する養鶏場の雑役として働いている姜蕣の世話を受けていた。当時康女人と姜蕣は事実上夫婦関係になっていた。

成柱は興隆村でなにもすることもなくぶらぶらと毎日を過ごしていた。その間姜蕣から昔の自分の父、金亨稷が世話になっていた金一成独立軍部隊の車千里隊長が撫松から濛江県杜枝洞に移動していることを聞いて車隊長を訪ねることにした。車隊長が住んでいる濛江県杜枝洞は、安図県興隆村からあまり遠くない所である。しかし成柱がせっかくあてにして訪ねた車隊長は、戦傷と老患で寝起きが不自由な状態で毎日の生計をも苦にしていた。

〈ちきしょう、無駄足を運んだのか〉と成柱は心の中で失望していた。車隊長は自分が病身であるにも拘らず暖く迎えながら若者が放浪ばかりしないで祖国光復のために闘えと説教した。成柱はこのような車隊長からの説得には耳もかさずまた再び安図県の興隆村にもどってしまった。しかし思わぬことが起こった。崔賢から一通の手紙が成柱にとどいた。金もうけの良い口があるので、すぐ奉天にくるようにとのことであった。この二人の悪童は吉林で分れながらこれから二人の内で誰れか安定すれば互いに連絡を取り合うことを前提に互いの住所を書き込んでいた。気にもしなかった意外な出来事に成柱はただうれしくてたまらなかった。成柱にとっては期待をしなかったことだけに感謝を感じていた。

成柱はいそいで奉天に向った。吉林から奉天へ逃げた崔賢は運よく菊地博という日本人が経営する大きな商会の雇い人として勤めていた。しばらくして崔賢は日本人の主人に気にいられ七～八名の中国人の監督と集金人に抜てきされた。崔賢にとっては思わぬ出世であった。菊地は崔賢の豹のような鋭い性格と彼の大いしたことのない腕力をかっていた模様である。

奉天駅に降りた成柱は菊地商会の看板を捜すため街に出た。しかし成柱は奉天駅に降りるとまず駅の立派さに気をとられた。吉林駅は故郷の平壌駅よりははるかに大きく豪華であった。奉天は瀋陽とも呼ぶがまたムクデエイと中国人は呼んでいた。奉天は元来、満の皇室の莫祥地であり満州大陸で一番大きな都市であった。

当時、満州の全地域に日本人が住んでいたように奉天にも日本人が多く住んでいた。しかし彼等よりも多い韓国人が住んでいた。だが中国人は必らずと言っていい程かたまって住んでいるが、日本人も自分達の町、つまり日本町をつくり中国人を下人として使っていた。

なのになぜか韓国人だけはばらばらに住んでいた。日本人の町にも住んでいたし、城の外にある満州人の貧民街にも住んでいた。当時（一九三二年初）奉天は、日本の軍閥が驚く程の勢力をもっていた。

しかるに奉天には日本軍のいわゆる関東軍司令部があり、彼等の憲兵、特務機関がのさばっていた。

成柱はこのような奉天の街を舎田者のように歩いていた。流人は自分の足がしびれるという癖がある。成柱は王亮（中国人）を殺害した罪があるのでいつも不安でならなかった。もしも自分の後をつけている中国の官憲にこの奉天の街で捕えられるのではないかとピクピクしながら、封筒の住所を手に菊地商会をさがし歩いた。しばらくの後に、成柱は奉天の十間房にある菊地商会を訪ね崔賢に逢った。十間房とは別名で商阜地とも呼び、中国政府から外国商人（主に日本人）達に住むように許可した地域をいう。

「いや、成柱！しばらくだ」

崔賢は成柱を抱きながら暖く迎えた。

「崔賢、本当に逢いたかったよ」

成柱も崔賢に負けないくらい感激してどうすることもできずにいた。得賢とは当時の崔賢の本名であった。成柱は崔賢の紹介で商会の主人菊地にあいさつを済まし、菊地商会の雇用人として勤めることになった。

月給は、住食をそこでして、一月に大洋銀貨一五元である。一五元だと当時のお米（白米）カマスにして半分の値段に当る。成柱は少し元気をとりもどした。崔賢が指示するまま結構一生懸命に働いた。菊池も容姿が美男で体格もがっちりした成柱を大事にしていた。

もっとも菊地の関心を引いたのは成柱の日本語の実力と算数の能力であった。崔賢よりもはるかに上手であった。成柱はそれでも暫く吉林毓文中学校に通った学歴があったためであった。なので菊地は仮りに成柱が朝鮮人とはいえ、教育さえよく仕込めば、もう一人のまたとない自身の腹心を育てられると考えるのであった。菊地博は当時の奉天では十の中に入る日本人商人の一人であった。

彼は日本軍閥の大陸侵略政策に便乗して、満州に身体一つで渡ってきた者である。だが彼はかしこくも日本軍の背景を手にだんだんと奉天商街に頭角を出すようになり、その間あらゆる不法と不正を働かし財を成していた。

日本や韓国から塩、織物（絹）石油等を持ってきては、満州の大豆、ドロモロコシ等の農産物と物物交換を行う一方、各地で起きている馬匪賊に銃器や弾薬を売って彼等から「魔薬（アヘン）」を入手し、それを中国人に売って暴利を永い間一人じめしていた。ばかりでなく、お金のもうかることであるならば、日本の浪人どもを動員して殺人請負も引き受けていた。

このような人間動物、菊地の手下に崔賢と成柱は身売りをしたのである。こんなにも成柱の性に合った就職ができたのが全く驚く他ない。

菊地の部下は毎日店で働く中国人七～八名と二人の韓国人以外にも十数人の日本人があり、その他にまた別動隊として日本人浪人と中国人暴力団の二〇数名がいた。

成柱が商会で担当した仕事は、運よく菊地の使いをすることであった。

なので他人よりも成柱は朝早く起きなければならなかった。先ず店の前の道路に水をまき、きれいに掃除をした。それから中国人の女中達が立働いている台所に行って水を汲み、薪割りを手伝ってやらなければならなかった。食事をする時は日本人のようにひざを折って食べなければならなかった。勿論、他の先輩達が皆食事をした後、後片付けをしなければならなかった。又、急な用件の時は食事中であろうが使いに走らなければならなかった。

悪友に同調悪事をおそわり 金をごまかして遊廓で豪遊

成柱のこのような生活が三ケ月過ぎた。他の先輩使用人達の殆どが自宅から通っていた。また彼等は馬夫、倉庫の守衛、貨物運送、商品買売のような仕事をした。

成柱は一言も不平を言わず、指示するまま働いた。将来に望みを持ち、お金を貯え、出世を願おうとすればこの奉天の実力者菊地の信任を得なければならないと思ったからである。

そうしたある日、崔賢が成柱にうれしい話を伝えた。

「成柱、お前明日から集金に俺と一緒に行かないか。社長が許してくれたよ」

「本当か？」

成柱には夢のような話である。崔賢と集金に一緒に行けば、楽しく過ごせるし、奉天見物も充分できる。その他にいろいろと良い事があるように思われた。

「俺が菊地社長に何度もお願いしたんだ。お前を集金係に昇進させてくれと」

崔賢はいかにも自分の功労とばかり得意になって話した。

「ありがとう、崔賢、俺、必ずこの恩返えすからよ」

成柱は再び感激した。崔賢の手をバシッと握りながら頭を下げた。

成柱は次の日から崔賢と一緒に集金に出るようになった。崔賢は債務者から集金をするのに天才的な才能をもっていた。ひとたび債務者の家に入ると金をとりたてるまでは頑としてその家を出なかった。あたかも大岩のように動き一つしなかった。債務者が中国人であろうが韓国人であろうが一向にかまわなかった。一日だけでも伸ばして欲しいと頭を土にこすりつけて哀願する債務者達を尻目に、崔賢は非情な目つきで、家具を売るか、妻を売るかどんなことをしても必らず今日中に支払うよう債務者に催促した。だが、集金に歩くということはこのような不愉快なことばかりでもなかった。菊地の債務者の中には全くその財力を推察することのできない程の大富豪もいた。

〈一体、こんな金持ちが何んで菊地から金を借りたのだろうか？〉

成柱は初めは知るすべもなかった。しかし、彼等はお金がない一般債務者ではなく、菊地の品物を委託販売しては驚くほどの利益を得ている者であることが次第に分ってきた。

ある日、成柱と崔賢はこの日も集金のため、孫治芳という中国人の家を訪ねた。大門には赤色の丹青が施してあり、そこには門番が立っていた。大門をくぐっていくと中門があった。崔賢と成柱は更に中門を二・三門通ってから主人孫治芳に案内された。崔賢は孫治芳と両手を合わせて挨拶した。成柱は事の成り行きをただじっと見るばかりであった。しばらくして女中が菓子と茶を運んできた。菓子はカボチャの種とすいか種を炒ったもののようである。再び成柱と崔賢はその家の食堂に案内された。美女図が壁の四周に飾られてある広くて豪華な部屋だ。吉林の王亮の家などは比較にならない。孫治芳は酒宴を開いた。崔賢と成柱は運ばれてくる料理があまりにも多いのに驚き、その名も知らなかった。

酒宴が終りにさしかかると、孫治芳は体を横にした。若くて美しい女性が彼の阿片に火をつけてやった。孫治芳は崔賢と成柱にも阿片を勧めた。

崔賢は少しためらったが断って酒をもっと飲みたいと言った。成柱は崔賢がやる通りにやるしかなかった。その日崔賢と成柱はその家で腹いっぱい食べ、集金をして帰った。このような集金は約十日も続く。ある日も成柱と崔賢は集金をしてもどりながら酒悶によった。

崔賢は成柱のもっていた集金台帳を見ながらその日集金した債務者の名前を見ていた。

羅栄湖、五元
会化文、一〇元
范伯維、三〇元

というように七～八名の名前とその下に集金額が書いてある。崔賢は范伯維、三〇元という欄を爪で消してしまった。そして、

「われわれが日本の奴の金を少し頂くといって何も悪いことはネエよ！」

といかにも堂々たる有り様である。

「だけど……」成柱は目を大きくして崔賢の方を眺めた。

「だけどとは何んだ？心配するな？」

「ばれたらどうするんだい？」

「何がばれると？ハハハ、心配するな。あいつはいつまでもこんなことばかりさせちゃおらん。菊地の奴、狐のようにずるい奴さ。俺らにいつまでも集金はさせないよ。すぐ他の者と交替させると思うよ。見てごらん！その日がくる前に俺らは少しの楽しみをもたないと！」

崔賢は結構大人のような振舞いをした。成柱は一言も言わず、ただじっと崔賢を見るばかりだった。

「俺達も一度女と遊んで見ようじゃないか。奉天で一番高級な遊廓に行こう。分ったか！そこの中国人の女はみんな奇れいで、良家の娘もいるんだよ！どうだ？」

崔賢は成柱の背をぽんとたたいた。成柱はうなづいた。

「菊地の奴には、范伯維が逃げたと報告しろ。仕方なく家財を売って三元だけ集金したと言えば大丈夫だ！分ったか？」

崔賢は成柱にいいながら、彼の手に筆をもたせた。成柱は軽くうなづき、筆をとって真っ黒になった集金台帳の范伯維、三〇元と書かれてあった欄の横に小さく三元と書き入れた。

しばらくしてから崔賢と成柱は奉天の中心街、四平街小東門の奥にある静かな家に入っていった。

そこは崔賢が話したように中国人遊廓としては高級な方に属していた。

いわゆる花代が一〇元もすると噂されている。しかし代金は崔賢が払ったので成柱はどのくらいかかるものかはっきり分らなかった。

成柱は部屋に案内された。暫くして入ってきた女は顔の丸い年増の女であった。

その女は身体にぴっちりした手パオと呼ぶ中国服を着ていて魅力的であった。それに足と手が身体に比べて小さく見えた。中国の女性の殆んどが幼い時から足を型にはめて大きくなるのを防ぐということを以前聞いてはいたが、この女は手までが小さく見えた。

女が近づくと成柱は全身が妙に震え出した。あたかも感電でもしたかのようだった。しかし成柱はすでに女を知っていたので、別に驚くことはなかった。甲山普天保の金允彼の娘、静淑を何度か犯したことがあったからである。

その経験が今成柱には大きな助けになっていた。女は成柱に何んの酒か知らないが、一っぱいだけ飲ました。そして、真っ裸になり成柱のところに身を寄せてきた。化粧の香りと香水の臭いが成柱の呼吸を一層激しくさせた。

成柱は、瞬間的に抑えることのできない動物的な欲情を感じた。そして女に向って一言尋ねた。

「俺と一緒に来た人はどこにいるのかね？」

「隣りの部屋ですよ」

女は快活に答えてから、馴れた手つきで成柱の肉体をなでた。

成柱はこれ以上絶えられず、女を抱いてベットの上に倒れた。どの位の時間がたったか、隣の部屋から大きな崔賢の笑い声と女の嬌声が聞こえた。

「今日どうしてきたの？」

となりの部屋の女が崔賢に聞いた。

「ウン、菊地社長を困まらせようと思って……」と崔賢は即座に答えた。

〈アハー、崔賢の奴、ここに来たのは初めてではないなあ……〉

成柱は一人でそう思った。成柱は心の中であざ笑っていた。

日本人二号韓国女を犯した悪友 捜査にかこつけて連絡し逃がす

このようなことがあった数日後のことである。菊地商会に大騒動がもち上っていた。

というのは崔賢が、菊地の二号順心という韓国女性の首を絞めて失神させた後、どこかへ逃げたからである。菊地は本妻以外にも、五人の女性と同居していた。その内の二人は芸者あがりの日本人で、残り三人は二十才前後の中国人二人と韓国女性順心であった。

それにしても崔賢は大胆不敵にも十九才になったばかりの順心に横恋慕していたが、とうとう寝室を襲ったのである。しかし、順心はそれに気づくと激しく抵抗した。崔賢は順心の首を絞め失神させてから、獣のように屍姦の蛮行をしたのである。崔賢は欲情のなすまま果したのち、勢いをかって四平街小東門にある遊廓にいったのである。

しかしすぐ崔賢の蛮行は菊地の知るところとなった。菊地は早速部下を十数名従えて崔賢の行方を捜索した。

崔賢が死んでしまったと思っていた順心は、崔賢が自分の欲情を果した後、意識を回復した。ちょうどその夜遅く順心を訪ねた菊地は事の次第を知ったのである。だが遊廓で遊び興じている肝心の崔賢は、ことがばれたとは考えてもみず、自分の犯行は完全犯行だと確信していた。その安心感から彼は遊廓の女達と遊ぶだけ遊んで早朝に菊地商会へ戻るつもりでいた。

成柱は寝入り鼻を起こされ、菊地の命令で崔賢の捜索に加わった。もし崔賢がこのまま菊地に捕まえられると大変なことが起きると一人で思った。憤怒に燃えたぎった菊地は日本刀で崔賢の身体を容赦なく切り落とすだろう。成柱は不安と心配でいっぱいであった。彼は菊地の他の部下と一緒に崔賢を捜すため、奉天の裏通りを歩いていたが、スキをみて仲間から抜け出しては四平街小東門にあるいつもの遊廓に行った。夜中に崔賢がいる所とはくだんの遊廓の他あるまいと確信していた。

それからすぐ、成柱は崔賢に会い切迫している危機を知らせた。

「ありがとうよ。本当にありが……

いいながら、成柱のポケットに大洋銀貨一〇元を入れた。大洋銀貨とは満州大陸の何種類かのお金の中では一番比重が大きい、一言にいえば満州中央銀行貨である。そのお金は崔賢が順心の部屋から盗んだものであった。

その晩崔賢は成柱と別れて奉天から姿を消した。

そして四～五日が過ぎた。崔賢を見つけ出すことができないで焦る菊地は、生き返った順心にあたり散らすばかりだった。順心に売春婦とののしり、真っ裸のまま家の外に閉め出してしまった。順心は精神に異常を起こしてしまい、泣いたり笑ったりしながら街を歩いていたが、ある日、鉄橋から身を乗り出し、暗い深い水の底に身……

密告のおかげで信用が回復 乗馬・各種銃の射撃訓練を受く

社した成柱ももう菊地の信頼を得ることは難しくなってきた。いつ追放されるか分らない立場に置かれた。成柱は毎日が不安でならなかった。そうしたある日、成柱は見知らぬ同胞青年に呼びとめられ静かな裏街の酒屋に入った。青年は自分は満州新京大学に通っている朴允鎬で、死んだ順心の実兄だと言った。また、彼は故国を離れて満州まで来た兄妹の悲しい経緯を話した。朴允鎬は満州にきて妹の犠牲によって新京大学に行かれるようになったという。

だが、菊地は残忍なやり方で妹を殺してしまった。だから朴允鎬は菊地に仇をうちたいと言った。

菊地は自分の妹の個人的な敵であると同時に、侵略者日本軍閥と……を苦しめる共同の敵であると強調した。

朴允鎬はこのような奴は当然殺さなければならないと語気強く言いながら、成柱に同じ血を分けた同胞の一人として協力を求めた。

明晩、菊地の寝床（何号と寝るのか）を教えることと、門の鍵をかけないでおくことを要求された。

成柱は同胞の立場から、そのぐらいの便宜を計るのは当然とばかり即座に承諾した。

それは成柱なりの兇計があってのことだった。

翌晩、夜もふけた午前一時頃、朴允鎬は菊地宅の中庭の大きな木の陰で結局無残にも菊地とその部……てしまった。

成柱が朴允鎬の計画を密告したためであった。

命拾いした菊地は成柱に対して再び目をかけるようになった。崔賢と同じ朝鮮人であるが、成柱はわりと忠僕の資質のある者と再考するようになった。

やがて菊地は成柱に柔道を教えるようになり、乗馬訓練や各種銃器のあつかい方や射撃術までも教えた。

菊地は成柱を自分のボディガードに使うつもりであった。

次第に菊地は成柱に、

「金君！満州は戦国時代なのだ！このような処では力のあるものだけが生き延びる！敵はいつどこから襲ってくるか分らんのだ！」

とこのようなう話をするようになった。こうした菊地の配慮のもとで、成柱の射撃術と柔道・乗馬技術は日ごとに上達した。

日本人社長の娘とほれ合った為 死地へ出張の名目で追いやらる

そうしたある日、菊地は成柱を自分の部屋に呼んだ。

「金君！君がこちらにきてからもう一年になる。その間君は一人前に何んでもやれるぐらい成長したと思っている」

菊地は自分の前でかしこまって座している成柱を眺めながら話をさらに続けた。

「それで他でもないが、今度君私の代りに地方に出張させようと思ってね。目的地は依安という所だが、どうだ、行ってきてくれるか？」

菊地は鋭い目つきで成柱の顔色を見ながら話をした。依安は黒竜江省区域の地方県城であり、奉天から東北に向って三千里（日本の三百里）にもなる遠い所である。

ただ遠いだけでない。依安に行こうとすれば、日本の支配下にある南満州鉄道、満州軍閥張学良の支配下にある四洮鉄道、洮昂鉄道を走る満州里行の気車にのって開原、遼源、洮南、鎮東、泰来等の鉄道沿線の県城を通り、チチハルで下車して、また東北に向って二百余里の無人地帯の広野を馬を使うかあるいは歩いて行かなければならない。そこには道もない広野である。そして、何よりも恐しいことには、この広野の至る所に馬賊が現われるということだ。

だが、成柱はそのような事情をよく知らなかった。仮りに知っていたにしても仕方のないことであった。

「命をかけて行ってきます。社長！」

成柱はしばらくして決然に満ちた顔つきで答えた。

菊地はなにかを考える面付になって、

「ウム。よし！行って大洋銀貨五〇元をもらってきてくれ！金はいくらもないがこれから君の人生に何かと良い経験になると思う」

と言いながら、成柱の胸を穴があく程眺めた。それから数日が過ぎ、成柱が黒竜江省の依安へ出発する日の朝、菊地は成柱に赤飯を炊いて前途の無事を祈った。菊地は直接酒を成柱につぎ、別れの言葉を二・三言いいながら、激励した。

成柱は酒を飲みながら、感激の涙を流した。菊地に対し本当に感謝していた。

だが、こうした菊地の態度は装ったものであった。

黒竜江依安とは死地を意味していた。菊地が成柱に突然出張を命じたのは成柱の将来を思っての措置ではなかった。いつの間にか成柱が菊地の娘と気ごころの通じ合う程の仲になっているのを知った菊地の対抗処置であった。菊地には文子という一七歳になる娘がいた。奉天の日本人学校に通っていた。乗馬訓練をしているうちに文子と親しくなったのである。菊地は将来文子を日本、本土の大財閥と政略結婚をさせるつもりでいた。それが意外なことにも、土の中の毛虫にもならない朝鮮人成柱が突然現われたのである。そうだからといって、菊地は噂にでもなったら困るので怒ることもできず悩みに悩んだあげく成柱を死地へ追いやることにしたのであった。

だが菊地は何を思ってか成柱を送り出す時、コルト拳銃一丁を与えた。そして次のようにいった。

「拳銃を必らずもて！そしてチチハルからはロバ一頭を買って乗ってゆけ！」

「はい、行ってまいります」

成柱は菊地に深く頭をさげ、奉天駅に向った。そこで満州里行の汽車に乗った。当時の満州大陸は官憲の影響力があるところはどうにか各鉄道沿線につながっていた。

それ以外の地域はほとんど暗黒地帯であった。

まさに腕力のある者だけが生き延びられる無法地帯であった。

成柱が奉天駅から満州里行の汽車に乗った時である。文子が苦しげにハア、ハアいいながら走り寄ってきた。

成柱の突然の旅立を知った文子は、ただ夢中で駆けつけてきたのだ。（つづく）

綱領
一、우리는 大韓民国의 国是를 遵守한다
一、우리는 在留同胞의 権益擁護를 期한다
一、우리는 在留同胞의 民生安定을 期한다
一、우리는 在留同胞의 文化向上을 期한다
一、우리는 世界平和와 国際親善을 期한다

千葉民團時報

在日本大韓民国居留民団千葉県地方本部
千葉民団時報社
千葉市新宿町2丁目9－8
電話0472(42)4621～3
発行人　曺允具
編集人　高権錫

第13回地方委に期待する
総和で新たな展望を！

去る4月30日に開かれた第12回定期地方会

このたび第二十回定期中央委員会が終ったので、当県本部の第十三回定期地方委員会は、来る十一月二二日に開催されることに決定した。

同地方委員会では、今年の四月から九月までの活動を総活報告し、第二十五回定期地方大会で決議された活動方針に従って今後の活動のあり方を打出す。

祖国内の緊張情勢とはげしく変動する国際情勢の中で、われわれ民団の進むべき方向の位置づけによる新たな活動方針と諸情勢下における全般的な対備策をうちたてることが最も重要な課題であるべき今回の地方委といえよう。

このような課題の下で開かれる今次地方委に期待することは、一層の全団員の総和と団結であり、地方委員会での決議が決議のみで終ることなく、本部はじめ、県下十一支部組織一線に立つ幹部たちは、決議を実践に移す責任をもたなければならない。

今次地方委を前に十一月九日の執行部会議では、〝八・一五事件〟により、われわれの組織にも内外に多大な影響を与え、活動が遅れているが任期期間中には必ず活動方針を全うすべきことを再確認した。

会館建設促進を確認し
第24回中央委終る

第二十四回定期中央委員会は、去る十月十八日、東京新宿の日傷会館で、中央委員百十三人が出席し、金永善駐日大使、全在徳公使権逸国会議員ら多くの来賓を迎えて開催された。

この中央委は、三機関の報告の後、注目の中央会館建設をめぐる換地問題審議に移り、中央会館特別委員会の調査報告で幾多の不正による疑惑、日本政治家介入等の事実経過を列挙して真相をただす質疑があったが、結局不正はなく、一部地方新聞に発表されたり、八人委員会の小冊子の内容も、根拠のないもので民団に対する悪印象を招来するものであると確認された。

なお、同会終盤で尹中央団長の「十月十二日から会館建設は始っている。今後とも組織の皆さんの期待に答えるよう最善をつくす。その間物議をかもされたことについては、私の力の至らざるものとして釈明する」と最終結論のあいさつをのべることによってこの問題は収拾された。

また同委員会では、第七回中央委員会で決議された組織秩序確立に関する提案が再確認された。

つづいて傘下団体運用規定に関する提案についても可決され、会議の幕を閉じた。

第13回定期地方委員会
召集公告

本団規約第四章第一節第三十六条에 依拠하여 左記와같이 第十三回定期地方委員会의 召集을 公告하오니 地方委員各位께서는 期必参席하여 주시기 바랍니다。

記

一時　日　一九七四年十一月二十二日(金)
　　　　　午前十時
一場　所　千葉県労働者福祉会館
　　　　　千葉市千葉港四－一
　　　　　電話〇四七二(41)六二一一

一九七四年十一月十四日
在日本大韓民国居留民団
千葉県地方本部
議長　金連斗

主張
中央会館の実現を望む

在日六〇万同胞の唯一の代表団体であり四〇万の団員を擁する巨大な組織民団の総本山である新しい中央会館は、その実現を望む声が叫ばれて久しく、歴代の中央団長はじめ関係者たちが念仏のごとく唱えてきたが、創団三〇年を迎える今日に至ってもわれわれはいまだにその実物の存在を誇れるようにはなっていない。

日本の首都東京に、われわれの中央会館が聳え立つことは、単に中央に関係する人や近くに住む一部団員たちだけのためのものではない。異民族の間にあって中央での面子は自分の面子であるという栄辱を共にする在日同胞として、自分の地元の地方の民団会館よりもまず立派な中央会館の実現を望む心情は、四十万団員だれとて変ることはあるまい。わが千葉県本部でも会館建設の案は、はやくから出ているが、計画を先に延ばしてまず中央会館建設に協力する方針をとったのもそのためである。

ところで、換地など紆余曲折はあったが、土地が確保され、昨年の十二月十三日には起工式まで行なわれ、組織では割当の負担金の募金を開始し、その後中央では建設青写真の詳細な発表までしているが、起工式以後約一年近くも手をつけずに放置されていたものが、この度やっと着工するようになったという。

このような経過の中で、先般日本の地方新聞の各紙に、中央会館の用地換地問題をめぐる疑惑が報道され、つづいて元団長、前団長および換地問題委員会からも疑惑を指摘する文書が一部に配布されわれわれを驚かせた。幸い、去る十月十八日の中央委員会において「不正なし」と決定したことは、会館建設問題に一応「足かせ」を解いた感があってうれしい。

それではいったい何が原因で建設が進まなかったのだろうか。中央側からは、全国組織の負担金納入が遅れたためだというかも知れない。ところが下部組織では起工式以後一年近くも着工せず、熱もさめ、負担金の納付をしぶることもあり一般団員も協力しなくなったこともある。そして年月がたつと、またさらに建設費が高くなり、はじめの予算ではできなくなる……このようにして論理はまさに、〝堂々めぐり〟になってしまう。この度の〝疑惑〟の報道や文書はさらに一つの波紋を投じた。会館の早期実現のためには、まずこのような悪循環がつづかないようにしなければならない。

それでは、このような悪循環を打破する者はだれか？それはまさに歴史的大事業の推進をまかされている中央の関係者たちにほかならない。疑惑に対しては、〝権威ある〟中央委員会で「不正なし」と決定したので、われわれはほっとしているが、民間団体である民団に、過去も将来も合わせて何らかの不正があり得る素地は、中央・地方問わずないとはいえない。過去の「東京オリンピック」や、「万博」事業においても一部の人に不正がなかったとはいえないが、中央委員会ではいつもそれを追求できないで終っている。あるいは地方代表の委員が内容をよく知らないまま決定することもあるかも知れない。

だから今後とも、中央が真に信頼され会館建設が推進されるためには、単に中央委を経たからそれでいいというのではなく、常に現状と問題点を明白に組織に報告して挙団的な協力体制を作らなければならないし、また疑惑をいだく人たちの小さな声に対しても詳細に説明して充分納得させ、かえって協力してもらえるようにする努力を惜んではならない。そうすることによって中央の信頼を高め、下部組織はいまいちど挙団的な協力ムードを盛り上げることによって、会館の早期実現を図らなければならない。この時期をむやみに費してチャンスをのがせば永久にわれらの中央会館は実現しなくなるだろうからである。

信号燈

去る8月15日の光復節記念式典で凶悪事件を起した犯人文世光は、その後の公判廷で「歴史は私を無罪」云々。無知ほどかわいそうなものなし。

文世光はじめ反国家運動をしている旧韓青・旧学同・鄭在俊一派・裵東湖、郭東儀一味の無知の集団が出現したのもじつは日本のマスコミの〝偏向教育〟が産み落した私児生か？

◇

毎日新聞の吉岡論説委員はいう―8・15事件の文世光を育てた責任は日本にある、と。甘やかした新聞自体の罪。誰がその責任をとる？

◇

こと韓国に関しては血まなこになってキメツケに狂奔する日本マスコミは、北韓や中共の中の罪悪相には〝完全黙秘権〟行使。これを指して「時事放談」で細川隆元氏はいう―「日本には言論の自由がない」と。

◇

「韓国に対する北からの脅威なし」等々の例の妄言で有名になった日本木村外相は、自分自ら進歩的と考えているらしいが、いささか認識不足ぎみ。進歩は正しい認識がもたらすもの。

みんなの手で培おう 今期目標23億達成に向けて！

●税金のお支払と利殖に
納税準備預金
●利息のもっともよい
定期預金
●小さく積んで大きく育つ
定期積金
●あなたの会計係に
当座預金
●あなたの財布がわりに
普通預金
●短期のお利殖に
通知預金

有利な預金・手軽な融資　預金は信用組合へ

千葉商銀信用組合
理事長　李萬珪
副理事長　全鳳学　宋吉萬
専務理事　和泉俊雄
船橋支店長　風間貞喜
本店　千葉市新宿2－9－8 電話0472－42－0176(代)
船橋支店　船橋市本町4－32－13 電話0474－24－4841～3

故陸女史追悼大会開かる

日帝からの民族の解放を祝う喜びの日であるはずの去る八月十五日の光復節の日に、本国において、赤い魔手にあやつられた文世光による狙撃事件が起き、大統領夫人が凶弾でたおれたというニュースは、この日を悲しみの日に一変した。以後、この事件をめぐる日本側の無誠意な態度と北傀・朝総連の殺人集団を糾弾するはげしいデモは本国でも連日的に起き、在日同胞の間でもかつてない大規模な追悼大会および抗議のデモをはじめとして、日本政府への抗議と朝総連を糾弾するデモは日本各地でつづいて起こり、朝総連の対韓破壊工作を断じて許さない固い決意が示された。

殺人集団の規制を！

2万人、日政に要求しデモ

朝総連にそそのかされた文世光の憎むべき蛮行により、大統領夫人故陸英修女史が不幸にも凶弾の犠牲となって逝去されたことは、全国民を深い悲しみに包んだが、悲憤に耐えない在日同胞たちは、去る九月三日東京千駄ヶ谷の東京体育館で開かれた「朴大統領夫人故陸英修女史追悼大会」に関東地域の団員を中心とする全国組織の代表者約二万人が参集して、故陸女史の悲運の逝去に哀悼を表わし冥福を祈った。

この大会は、全国民の敬愛する大統領夫人を失ったという悲しみと、この事件に対応する日本政府の無誠意な態度に加えて、木村日本外相の「米日共同声明(一九六九)の〃韓国条項〃の修正解釈」「北の脅威は存在しない」などの一連の妄言と北傀と朝総連に偏向する日本の一部マスコミの跳梁の中で、在日同胞たちの憤怒は天を衝くほどの状況の中で開かれた。

午前十時の開場と同時に、各地から酷暑中にもかかわらずバスを貸切ってつめかけた同胞たちは、2万余人を収容できる会場をうめつくし、一部は場外にあふれ出るほどであった。本国での狙撃事件のニュース映画のあと、追悼式が厳粛に行なわれ、式の進行の中で、故陸女史の生前の肉声が流れ、それを聴きながら冥福を祈る黙祷をささげた。

追悼式につづいて、抗議の示威行動に移り、首相官邸、外務省、法務省、警視庁および自民党本部に抗議・要請の代表団を送ったあと、参加者全員は近くの明治公園に移り、隊列を整えて抗議のデモ行進をくりひろげた。

老若男女の同胞約二万名は、手に手に〃朝総連粉砕〃〃木村妄言を取り消せ〃などのプラカードや胸にゼッケンをつけ、シュプレイコールをしながら、各県別にあとをつづけて整然としたデモ行進を開始し、青山街道から渋谷をまわって再び明治公園に戻って解散した。午後二時から同四時過ぎまでの二時間以上を、炎天下の街頭を行進する二万余人のデモの列は、えんえん五キロにも及び、民団史上最大のデモとなった。

本県からは、各支部単位で、合計六台のバスと電車で五百名の団員が参加した。

大使館にかけつけ弔問

8月19日

本国で故陸英修女史の国民葬が行なわれる八月十九日午前十一時の同時刻を期して、海外日本においても駐日公館や民団に集まり追悼の黙祷をささげることになり、関東地域各県の本団任員を中心とする団員たちは駐日大使館に赴き、弔意を表した。

当本部でも、曺允具団長をはじめとする本部三機関任員または一般団員がそれぞれ駐日大使館に赴き、故人の遺影の前に首をたれ、深い哀悼の意を表した。

総連糾弾あいつぐ

関東で4千人再びデモ

民団では、殺人鬼文世光を背後で操縦している朝総連の規制を要求して、去る九月三日の二万人に及ぶ大規模なデモを行ない、本国でも連日はげしい反日デモがつづいたが、日本側の誠意ある態度が現われないため、在日同胞の間でも日本全国各地で抗議デモがつづき、九月十九日には関東地域でも再び抗議の集会とデモを行なうようになった。

この日は、関東地協主催で、午後一時から東京・清水谷公園に約四千人の組織代表が集まり、抗議の集会を開いたあと、抗議デモをひろげた。この日のデモは充分な効果を収めるため、青壮年の精鋭を中心に動員され、清水谷公園から赤坂見附を通って虎の門の外務省や官庁街で充分な抗議と訴えをし、西新橋、有楽町東京駅までの東京の中心部を縫って整然かつ敏捷なデモをくりひろげ、〃朝総連の対韓破壊工作の規制〃を要求するシュプレイコールはビルの街にコダマした。

当県本部では、本部はじめ各支部の組織幹部を中心に約二百名が参加した。

写真は、大使館にかけつけて弔問する県本部任員㊤と9・19デモの光景㊦

第29回光復節記念大会

県下の同胞一堂に集まり

和気溢るのど自慢大会

光復節記念式典㊤とのど自慢大会㊦の光景

第29回の光復節を迎えた。一九四五年八月十五日、韓日併合以来三十六年ぶりに日本帝国主義の侵略から解放された日である。この日は日帝からの解放の喜びと感激をかえりみ、民族的反省と祖国の民族中興をめざす国家発展のため、なすべきことの決意を新たにする民族的慶祝日である。韓民族の血脈が新たに鼓動しはじめたこの日を回顧し、たとえ異国の地で迎えたとしても祖国における民族の課業を正視し、民団組織強化への源泉たるものを追求し、新しい時代の展開を誓う記念慶祝の日とすべく、民団千葉県本部では、単独地方本部民衆大会を県下十一支部から総勢千名近い参加者を集め、千葉県労働者福祉会館において盛大裡に開催した。

午前十時から開場となり第一部の祖国映画「上京列車」を鑑賞。第二部の記念式典は正午から元県本部の金泰佑青年部長司会ではじまり、会長団着席のあと国民儀礼、高権錫県本部副団長による国民教育憲章朗読。金連斗県本部議長の開会の辞とつづき、曺允具県本部団長の記念辞、中央本部団長代理に沈種孝青年局長のあいさつ、韓承五千葉韓国教育文化センター所長の祝辞があった。

つづいて大会決議文を高熙泰君津支団長、朴大統領に送るメッセージを朴道源旭支団長、田中首相に送るメッセージを蒋煥文安房支団長がそれぞれ読み上げてこれを採択した。

このあと県下の安房支部が管内の朝総連全員を民団員化した功績等により、中央本部団長の表彰状を沈青年局長より伝達された。

閉会の辞を羅正相県本部監察委員がのべ、孫晋協顧問先唱で万才三唱を行ない式典を終った。

第三部は、午後一時四十分より新しい試みとして、のど自慢大会を催し、和気あいあいな雰意気の中で、男女老少四十四名の有志が参加し、日頃ののどを競い合った。特にこの日のために婦人会千葉県本部ではコーラスを練習した全員がチマ、チョゴリ姿で熱唱し目をひいた。また、本国から当県に来て技術研修中のILO研修生たちや、安房の韓国看護研修生たちが特別出演した。

楽しさと意義ある八・一五記念日にふさわしい一日をすごし、午後五時すぎ全日程を無事終え幕を閉じた。

土木・舗装・配管一式
株式会社 川村工務所
取締役社長 川村敏夫
千葉県茂原市長尾2695
電話 04752(3)8122～3

株式会社 安田建設
代表取締役 安成鎬
千葉県茂原市千沢741
電話 047534－8116～7

北傀の罪悪相を暴露

千葉婦人啓蒙講演会開かる

婦人会県本部の 150日運動講演会のもよう

婦人会千葉県本部（金道子会長）では、婦人会全国一五〇日運動の一環として去る十月十九日午前十一時千葉市国保国年会館で、会員約二百名が参加して、映画と時局講演それに青年会と婦人会の座談会が盛大に開催された。

この運動は、朝総連の一二〇日運動、いわゆる共産赤化運動を粉砕し、彼等の甘言利説による虚偽宣伝に在日韓国人はだまされないよう啓蒙する運動である。

当日は、本国から高文昇特別講師を迎え、中央本部会長金信三女史、崔恵淑宣伝部長、尹順汝厚生次長、李粉順渉外次長が参席し、民団県本部からは高権錫副団長、沈相仁総務部長、梁大寿青年部長、来賓として千葉韓国文化センター韓承五所長が加わり、当婦人会発足以来最も盛況を極めた。これは、民団千葉県本部の今年の活動方針の一つである婦人会組織強化の表われである。

李侑珍総務部長の司会で国民儀礼のあと故陸英修女史遺影の霊前に哀悼の黙念を捧げ、中央本部金信三女史の涙にむせびながらの哀悼の辞に会場全員は、殊更に朝総連の人畜に劣る蛮行に激憤し、故陸女史に対する哀惜の嗚咽がなり渡った。

特別講師高文昇先生の力強い熱弁による講演は、金日成徒党一派朝総連一味の巧妙な手口、しかも人間性を無視した犬畜生にも及ばないやり方、その考え方等を説明した。それからわが国の経済、産業等の現況、将来およびこれに関連する国際情勢、そして在日韓国人の在り方、婦人会、青年会の進むべき方向等を講演した。

午後二時過ぎおそい昼食後映画「証言」が上映され午後六時青年会と婦人会の座談会が催された。

この座談会で特に論じられたことは、在日韓国青年たちの結婚問題、そして帰化問題等であった。この問題は現今切実なことだけに活発に意見が出て論じられたが、今後在日同胞は真剣に取りくみ、解決しなければならない重要課題であると一同は皆同じく痛感し、とくにこの問題を婦人会で積極的に行動することを約した。

前述にふれた如く、今回の催しは大成功を収め、これを契機にますます婦人会の発展が期待されよう。

県下青年陸上で優勝

国体予選同胞体育大会で

本国国体の予選を兼ねた在日韓国人総合体育大会が去る7月22日、奈良県生駒市サンヨースポーツセンターで、サッカー・野球・バレーボール・卓球・テニス・陸上競技・バスケット・弓道・踊拳道・柔道・すもうなど11種目の競技が約5千人の選手および参観人の集まっている中で盛大に行なわれた。

民団千葉県本部では、青年会のメンバーから選抜して野球と陸上競技の2種目に参加させたが、野球は大阪に惜しくも敗れ、陸上リレー部（4百米）ではみごと優勝の栄冠を勝ちとったなお参加者の氏名は次の通りである。

▲陸上競技メンバー
鄭福松、鄭吉松、朴誠泰、朴誠三

▲野球チームメンバー
朴哲雄、朴在浩、朴在烈、裵忠善、辛容辰、朴誠泰、朴誠三、金正和、鄭吉松、崔炳浩、鄭福松、朴友吉、

はりきる千葉青年会のメンバー

새마을に40万원支援

千葉支部祖国訪問団員一同

去る10月1日の「国軍の日」の行事を参観するため祖国訪問した民団千葉支部（李栽坤団長）団員一行45中の30名は、10月1日の国軍の日の行事を参観した後当県本部の姉妹部落である忠南牙山郡温陽邑法谷里を訪れ、今回の祖国訪問団員一行から集めた새마을誠金40万원を牙山郡守立会いのもとで法谷里里長に手渡した。

今回の支援は、当県本部としては第4回目に当り、金40万원の中10万원は教育育成資金に当てる。

なお一行は部落民の大歓迎を受け、同夜は温陽温泉ホテルで一泊、翌日ソウルに出て現地解散した。

国軍の威容に感激

県内の「国軍の日」参観祖国訪問団員60人

서울市内観光をする祖国訪問団員たち

当県本部では、建軍26周年の「国軍の日」を迎え、祖国の平和統一のため積極的に参与し、새마을運動にも極力協助したく、県下の団員から60名の訪問団を10月1日母国で行なわれる式典に派遣した。去る9月29日東京羽田空港よりKAL便で本国に向け出発した。

当日金浦空港に到着して手続を終え、ソウルのコリアナホテルで一夜を明かした一行は、去る8月15日、テロの凶弾に倒れた故陸英修女史の墓を訪ねてその冥福を祈り、ソウル市内の観光を終えた。

翌10月1日「国軍の日」の記念式典の参観では精鋭国軍の威容を見学、祖国の自由と平和の守護者である国軍に対する新たな認識と感激に感無量な思いを抱き、その勇姿に惜しみない拍手を送った。

40年ぶりに祖国に帰ったというある老人は、「ソウル市内の観光を通じて祖国の発展相を見て自信と勇気そして自負心に満ちた民族的喜びを感じました。異国日本での肩身のせまい生活からの解放感を思うとき、私の帰るところそして死ぬところはこの地である」としみじみと語っていた。

10月1日の午後からは本部主催の団体行動の全日程は終り、現地解散となった。

成田支部議長

金奉祚氏死去

成田支部議長金奉祚氏は成田の日赤病院に長い間入院加療中であったが、去る10月24日肝臓の病で死去した。

享年60歳。遺族は夫人と日本に7人、本国に5人の子女がある。

氏は若い時日本に来て、さまざまな苦難を乗り越えて生活の基盤を築き、民団組織に貢献し、県本部副議長・成田支部の三機関長等を歴任している。

10月28日の告別式には、県本部の団長・副団長・監察委員長・孫顧問それに各支部の三機関長等多数の組織幹部が参席して行われた。

華燭

寿

金聖基氏（船橋支部副団長）の弟春基君と李炳祚氏長女瑛恵嬢の結婚式と披露宴が、船橋韓国基督教会孟哲輝牧師の主礼の下、11月15日、東京錦糸町のロッテ会館で挙行される。

寿

趙鏞述氏（横芝支部元監察委員長）の長女路子嬢と伊藤中氏二男恭一君の結婚式と披露宴が、11月17日、横芝野栄町望洋荘で挙行される。

寿

梁喜鎮氏（船橋支部顧問）の長男忠男君と李春子氏長女孫澄子嬢の結婚式と披露宴が、11月27日、東京上野の東天紅で挙行される。

開店

祝

千葉支部総務課長鄭奇燦氏が会長で氏の実弟鄭乙燦氏が社長を勤める浪花商事株式会社が去る11月7日、木更津市内中央の目抜通りに新館「河東ビル」を新築開店した。同ビルは5階建で1階が中国料理王蘭飯店とコーヒー館カナリヤ、2・3・4階はナイトスクェヤー・ゴールデンシャトー、5階が結婚式場白鳳殿となっており、充実した設備とその瀟洒なたたずまいは千葉県下随一といわれている。

永眠

弔

市川支部団員鞠承連氏が心不全のため死去。9月12日、市川の自宅で告別式が行われた。

弔

旭支部顧問梁栄煥氏夫人は長い間東京で入院加療中死去。10月29日旭市の自宅で告別式が行われた。

有限会社東交通

取締役専務　山川東洙
（金東洙）

本社　千葉市都町258　電話0472（31）1775(代)
営業所　八千代市勝田台2−6−7　電話0474（84）4551(代)

民族意識の昂揚めざし

白樺湖で千葉青年夏期キャンプ

県下青年男女の健全な交流を図り、以って相互間の親睦と民族意識昂揚の研修を目的とした第4回千葉県青年会サマーキャンプは、去る8月1日から4日間、長野県白樺湖において、男子会員40名女子会員28名が参加して全日程を終了、大いなる成果をおさめた。

8月1日午後11時、千葉国鉄駅前大都ビル前に集合した一同は、中央本部沈種孝青年局長、千葉韓国教育文化センター韓承五所長、船橋韓国基督教会孟哲輝牧師それに県本部安秉植宣伝次長を講師として迎え、県本部団長、羅正相青年会顧問、沈総務部長らの歓送を受け2台のバスに分乗して、青年会李栄一会長の指揮の下勇躍出発した。

バスは夜通し走りつづけ翌日の昼過ぎ白樺湖に到着昼食後、夜行の疲れをものともせず、約3時間にわたる沈種孝青年局長の講義を聴講した。同局長は、わが国の歴史と日本の歴史の係りそして文化の交流についてわかりやすく解説した。これにより青年たちは現在自分自身の置かれている立場そしてこれからの方向について理解と自覚を深めた。夕食後は室内ゲームを楽しみ就寝した。

千葉青年夏季キャンプの研修光景

翌3日は、朝6時起床して朝の体操と朝食の後、孟哲輝牧師の講演で、現在のわが国の経済と産業、国民所得の上昇などを具体的に例を挙げながら説明し、これらのことをふまえてこれから青年たちの祖国に対する心構えを説いた。青年たちは発展する祖国の未来の姿に心をはずませ、自分たちの責任の重大さと未来の希望に満ち、新たな決意がうかがえた。

このあと一同はハイキングに向った。コースは一同にとっては少し無理であったが若さで一気に登り、午後は疲れの色も見せず各班対抗のソフトボール大会を和気あいあいの中に行った。

夕食後は、韓承五所長のわが国の国旗の由来と意味、愛国歌の解説、わが国の文字ハングルの起原および解説の講義があった。在日同胞青年たちは、これらの事柄についてもよく知られていないため、この講義はきわめて有意義であった。

引き続き青年男女入り乱れての歌と踊りで、日頃の若さを発散させた。

4日は、反省会をかね、全般的な討論会が活発に行われ、来年のサマーキャンプも今回におとらない盛大なものになるよう努力し、今後も青年たち相互の親睦と団結をたしかめ、在日韓国青年として立派な社会活動とともに青年会と民団の組織活動に参加することを誓い合った。

帰路は途中ブドウ狩り等を楽しみながら午後6時頃千葉駅に到着、解散した。

この種の青年活動は、もっと数多く活発に行われ、大人たちの惜しみない理解と応援を望み、育ちゆく青年の活躍に期待が寄せられている。

会員親睦のハイク

船橋青年会

船橋支部の青年会（会長朴栄泰）では、去る五月五日の〝子供の日〟の休日を利用して、会員相互間の親睦と青年会の強化を期して房総半島の養老の溪谷にハイキングを行なった。

この日15人の青年が、8時半船橋民団事務所前に集まり、マイクロバスで当初予定のマザー牧場に向って出発。途中交通渋滞のために急きょ養老溪谷に場所を変える。車中では自己紹介や歌などをうたいながら過し、12時半に目的地に到着した。

到着後は、青年会が準備した焼肉や、会員が持ってきたおにぎりなどでたのしい昼食をした。焼肉の準備中も火がつかないやら、けむいやら、肉がこげるやら大さわぎをしながら過した。昼食後は民団事務所から持っていったチャング大鼓などで踊ったり、たたいたりしてすごしていると周囲の日本人は何ごとかと驚きと好寄心の目で眺めていたのが印象に残った。

4時に現地を出発、7時に船橋に着き、食事をとって8時すぎ解散した。

青年奉仕団に参加して

李　栄　一

私は昨年八月に民団千葉県本部並びに青年会の姉妹部落結縁式に加わり、そしてまた本年四月二日青年会奉仕団に参加しました。

祖国訪問をする度ごとに一層痛感することですが、今やわが祖国では、国をあげての〝国作り〟にいそしんでいるということです。

朴大統領が賢明な政策として推し進めている民族中興事業により、祖国の近代化は着々と図り、都市から農村に至るまで国民一人一人が総力をあげ새마을運動に懸命です。

一九六二年第一次五ヶ年計画から今や第三次五ヶ年計画に入り、一九八〇年代には、国民所得一人当り千ドル、輸出額百億ドルを目標にして、今やわが国は世界的レベルに到達しようと努力し、目的達成は目前に迫っています。

祖国の向上に伴い、在日同胞も向上するのが健全であり、またあたりまえであると思います。在日同胞が今日の韓国を純粋に感知すれば団結、協力がより一層高められ大きな力となることでしょう。現在の同胞社会は、一世から二世へと移行する一番大事な時期であるといえます。この重大な事期に同胞の団結、二世の教育をもう一度尚強く再認識する必要があるのではないかと思います。そして同胞の皆さんの私生活(仕事)を大切にして、もう少しお互いの協力がなくてはならないと思います。

私たち二世に対しても民団や青年会の諸行事等がある場合は、親達が「行ってきなさい」といえば、大概の二世は参加するのではないでしょうか。

今回の青年会奉仕団に、女性が三十七名も参加されました。参加者全員が祖国に対する認識が正しいかどうかは別として、ともかく多くの二世がたびたび参加することにより民族意識は必然と芽ばえ自覚していくと思います。

そしてこの民族意識がわれわれ二世たちの将来の同胞団結の根源になるのではないでしょうか。

私は今回の奉仕団に参加してきて、やはり私自身肌で感じる何かがたくさんあり韓民族としての認識と自覚をまた新たにした。

（千葉青年会会長）

知ってますか

招請に附随する諸規定

家族は三等親まで

この欄を通して、私は「国民登録とその関連規定」「永住許可者に付随する諸規定」「旅券と付随する諸規定」等について案内または解説じみたことを書いてきたが、今回は最近非常に申請数が増加しつつある「招請」に関する案内を試みたいと思う。

まず「招請」には①家族招請、②商用招請、③留学生招請、④技術研修生招請などおおまかに4種類の招請業務に分けられる。

(1) 家族招請

在日同胞の家族招請は原則として招請者が協定永住権許可者で、被招請者との関係が三等親までとなっているが、必ずこの原則に限るものでもない。すなわち特殊事情によっては（嫁入場合等）非永住権者でも招請の資格はあり、被招請者との関係でも、親戚者であれば三等親までの規定に限らず公館の確認発給は受けられる。

妻の家族に対する招請は、妻の名で直接招請するか夫と連名で招請してもよい。

△備える書類

①招請及び財政保証書3通（公証人の認証と公館の確認を必要とする）

②外国人登録済証明書2通

③国民登録完了証明書2通

④家族関係が立証される戸籍謄本2通

△留学生及駐在員の家族招請の場合の具備書類

①招請及び財政保証書（要公証人認証と公館の確認）3通

②在学証明書又は在職証明書2通

③外国人登録済証明書2通

④戸籍謄本2通

但し留学生の場合は扶養義務がある直系の家族を意味し、出国してから6個月が過ぎるものに限る。

(2) 商用招請

招請状作成に一定の様式はないが、招請者と被招請者の氏名・職業及び住所と招請目的を明記し身元及び財政保証に関して意思表示を明確にすべきである。

△備える書類

①招請及び財政保証書3通

但し招請人が日本人以外の外国人の場合は、公証人の認証代りに同人の所属大使館領事の確認で代用される。

(3) 留学生の招請

留学生招請の場合は事前に希望校の入学許可書が絶対必要条件であり、原則として正規大学の留学を意味する。洋裁・美容・編物・デザイン・生花・音楽等の研修留学のための招請には、偽装入国を防ぐため諸追加書類を求める場合があるが、正規留学生招請においての具備書類は次の通り。

①招請及び財政保証書（要公証）3通

②入学許可書2通

③学校側の入学関係の案内書1通

④在日同胞が招請の場合は国民登録完了証明書2通

但し4年制大学正規留学の場合（文教部留学試験合格者）は学校側の案内書は不要。

(4) 技術研修生招請

技術研修生招請の場合はまず招請者が会社・組合・協会等の組職体でなければならない。したがって在日同胞の社会でも招請はできる。但し研修生派遣又は招請により、さまざまな事件発生を防止するため、招請機関と派遣機関との事前協定書を締結しなければならない。

また研修内容が純粋な技術研修か半労働半研修か、それとも純労働であるかを判断するために、備える書類の他に追加書類を提出させられる場合もある。

△備える書類

①招請及び財政保証書（要公証）3通

②陳述書（領事窓口に様式有り）4通

③招請会社（機関）の登記簿謄本1通

④招請会社（機関）の案内書（カタログ又は会社経歴書等）1通

（高権錫記）

娯楽の殿堂・パチンコ
岩根センター
代表者洪　熙　琇
千葉県木更津市岩根駅西通り

宅建千葉県知事登録(1)第3841号
三信商事株式会社
代表取締役　権　富　仁
本社　千葉県八千代市米本1448—1
電話0474(88)5579･1613
営業所　千葉県船橋市前原西1—25—18
電話0474(76)6181〜2

綱 領
一、우리는 大韓民国의 国是를 遵守한다
一、우리는 在留同胞의 権益擁護를 期한다
一、우리는 在留同胞의 民生安定을 期한다
一、우리는 在留同胞의 文化向上을 期한다
一、우리는 世界平和와 国際親善을 期한다

千葉民團時報

毎月1回 10日発行 購読料 1部50円

発行所
千葉民團時報社
千葉市新宿町2丁目9-8
電話0472(42)4621~3
発行人 曺 允 具
印刷・青丘文化社
☎0473-73-0330

조국 찬가

박 목 월

보라 한 갈래 핏줄 반만년을 이어오는
유구한 역사와 빛나는 전통
우러러 찬연한 일월성신
우리 겨레 이마위에
철철 넘쳐 흐르듯
투명한 푸른 하늘
어질고 근면하고 끈기있고 은근한 겨레가.
지리잡은 터전에 풍성한 하늘의 우로
기름진 옥토 긴 가람
빛나는 문화와 줄기찬 발전
인심은 후하고 너그럽고
훈훈한 인정은 땅에 서리고
하늘에는 서기가 뻗쳐 행복스런
아아
아름다운 조국이여
삼천만의 오붓한 보금자리
해야 해야 밝은 해야
금쟁반에 바쳐 올려
동해바다 뜨는 해야
・・・・・
밝은 자유 대한 오늘의 빛나는 광명속에서
내일의 번영을
다짐하면서 궐기한
우리 늠름한 모습 굳세인 결의와 불붙는 의욕
오늘의 빛나는 광명속에서 굳세게 뭉쳐서 일어선다
저 청산 푸른 넌출은 푸른 넌출은
얽히 설히 얽혀서 뻗네
삼천만이 한뜻이 되어
칡넝쿨 같이 뻗어가세
동트는 새벽의 어둠을 헤치고
광명한 아침이 열리는 산과 들
평화와 자유와 복리의 사회로 우리함께
이룩하리라

在日本大韓民国居留民団
千葉県地方本部

顧問 孫 晋 協
〃 金 鳳 [illegible]
〃 宋 吉 [illegible]
〃 鄭 徳 和
〃 鄭 鳳 相
団長 曺 允 具
副団長 李 萬 [illegible]
副団長兼事務局長 高 権 錫
総務部長 沈 相 [illegible]
組織部長 趙 秉 [illegible]
〃次長 丁 源 [illegible]
経済部長 李 萬 [illegible]
〃次長 洪 熙 [illegible]
民生部長 趙 永 [illegible]
文教部長 黄 勝 [illegible]
宣伝部長 厳 昌 [illegible]
〃次長 安 秉 植
青年部長 梁 大 寿
〃次長 申 [illegible] 均
議長 [illegible]
副議長 金 昌 根
〃 権 [illegible] 仁
監察委員長 金 [illegible] 成
監察委員 羅 正 相
〃 李 正 坤

在日大韓婦人会千葉県本部
会長 金 道 子

在日韓国青年会千葉県本部
会長 李 栄 一

各機関長의 年頭辞

権益擁護와 生活向上위해 総和団結하여 一路매진을

千葉県本部団長 曺　允　具

親愛하는 団員 여러분! 新年을 맞이하여 인사말씀을 올립니다。

一九七五年을 맞이하여 異域에서 祖国의 平和統一成就와 民団및 同胞社会의 発展을위하여 昼夜로 奮闘努力하고계시는 団員여러분의 家庭에 多慶多福한 해가 되기를 祈願하는바입니다。

지난 一九七四年을 回顧해볼때 政治・経済・社会 어느面으로 보나 過去에 볼수없었던 多事多難한 해였다고할수있읍니다。

石油波動以来로 経済的인沈滞속에서 不況・物価高가 계속되어 우리 同胞社会에도 物心両面으로 적지않이 打撃을 받고있다고 할수있읍니다。

特히 北傀는 南侵을위한露骨的인 武力挑戦을 日本을基地로하여 熾烈하게 展開되고 있읍니다。그証拠로 西海岸의 漁船拉致事件、東海岸의 警備艇撃沈事件、平和統一念願의窓口인 南北赤十字会談에있어서의 誹謗과 妨害등 온갖 挑発을 일삼을뿐더러 심지어는 栄厳한 光復節記念式典에서우리의 領導者인 朴大統領狙撃陰謀를 꾸며 無知蒙昧한 文世光을 殺人狂으로 만들어民族의 尊敬과 愛慕를 받으시던 大統領夫人故陸英修女史를 殺害케했던것입니다。

天人共怒할 蛮行을 犯하게한데대하여서 全民族의 슬픔과 憤怒는 全国坊々谷々까지 사무쳤으며 加一層 精神武装이 必要하다는것을 痛感했던것입니다。

우리는 이해를 두고서 民族의 団結과 総和를 외칠때는 또다시 없다고 覚悟를새로이 했읍니다。

中東戦争의 余波로 일어난 石油波動에의한 物価高、에네르기問題등의 暗影에의하여、今後의 우리들의 事業経営이나 社会生活에 적지않은 困難이 予測되는바입니다。日本의 経済는 消費経済에서 安定経済로 또는 節約経済로、그経済構造가 本質的으로 変하려하고있으며、이에따른 財政・金融政策등의 変動으로必然的으로 어려운 経済環境이 予想되는것입니다。

따라서 우리는 이와같은 経済情勢의 転換을 어떻게 받아들여 対処해 나갈것인가、진지한 研究와 対策이 必要하다고 봅니다。

이와같은 情勢에 対応하면서 우리同胞社会의 계속적인 発展을 期하기위하여는 民族的紐帯를 一層強化하여야 하겠읍니다。곧民団組織아래 굳게 団結하여 우리의 金融機関의 育成과 生活協同組合의 設立등에의한 相互扶助의 増進이 그것입니다。

險難한 時代일수록 民団의 本来의 使命인 権益擁護、民族教育、生活向上의 具現을위해 더욱 努力을 傾注해나가야하겠읍니다。

昨年은 3回에 걸친 民衆大会와 中央会館建立基金募金에 協力하여주신 団員여러분께 衷心으로 感謝함과同時에 新年度에는 더욱 많은課業이 達成되도록 一層의 結束과協力을 바라는바입니다。

県内団員 여러분! 今年에도 躍進하는 韓国의 国民이라는 栄誉를 가지고、祖国近代化에의 다같이 参列하며 또한 民団発展을위하여 総和団結하여 一路邁進할것을 다짐하는바입니다。

아무쪼록 여러분의 家庭에 무한한 幸福이 깃들기를 거듭 祈願하면서 新年의 인사에 代하는바입니다。

同胞の繁栄のため奉仕

千葉商銀理事長 李　萬　珪

民団員の皆様! 組合員の皆様! 心から旧年の御協力を感謝し、新たな年のお慶びを申し上げます。

さまざまな事情により異国で誠実に、韓国人としての誇りある生計を営んでおられる同胞の皆さんに、新年こそは、栄光ある年になるよう、皆さんと共に祈るものであります。

一九七四年を顧りみますれば文字通り多事多難な年でありました。政治的にも、経済的にも真に暗い一年で、全世界を覆ったインフレと不況は、一層の困難をもたらしました。

中小企業を営んでおられる同胞の皆様は、先行きどうなるのか、全く予想をつかめない不安な気持で新年を迎えられたことと存じます。

われわれは、かつてなかったこのような厳しい経済情勢に直面しながらも、同胞社会の経済的基盤の構築と、安定した生活権の確保に多少なりとも寄与し、信用組合設立の本旨である相互扶助の精神をもって、組合運動につとめ、些かなりとも、みなさまに貢献できたことを幸いに存ずる次第であります。

なお、昨年の五月、総代会以後この至らぬ者が重責の任を受け、その間、難なく過したことも、ひとえに皆さまのご協力、ご支援の賜物であると厚く感謝いたします。

これからも険悪な経済環境の余波は、必然的にわれわれ同胞社会に多くの困難、障害が予測されます。これに対応するためにも民団組織の強化と共に、民族金融機関である千葉商銀をもより大きく育成させねばなりません。商銀も新たなる覚悟と計画の下に、第五次総会を迎える今年の五月を前にし、一層の努力を、業務遂行と組合員の安定と繁栄に貢献する所存でありますので、皆様の積極的なご支援と理解ある協力をお願いいたします。

皆様のご家庭の幸福と事業の繁栄を心からお祈り申し上げます。

婦人の負う使命果そう

在日大韓婦人会千葉県本部
会長 金　道　子

昨年は各支部の会長をはじめ会員のみなさま方の熱烈な活動と、民団、青年会そして千葉商銀の惜しみない支援を得まして今までよりも尚一層の組織活動が出来たことは、真に喜びに耐えません。

顧えり見まするに一九七四年は、国内外の政治・経済・外交・社会等あらゆる面で激動の年でありました。

特に八・一五大統領狙撃事件は、全国民が思慕している国母陸英修女史の逝去という歴史的悲劇を、在日同胞二世の手によって惹起されたことに私たちは一大ショクを受け、今なおいたたまれない気持です。

このことは、私たちの二世三世に対する民族教育の貧困さを如実に物語るものであり、今後私たちに負荷された大きな教訓であるというには余りにも大きな事件でありました。

母国語も話せない二世三世に対して、悠久に継承している祖母の伝統と歴史を教え、民族意識昂揚に一層努力し、いまだに根強く残っている偏向と差別のこの日本の地で、如何に自覚と誇りをもった韓国人として生きて行くかを明示しなければならないと思います。

家庭の台所をあづかっている私たちで構成している婦人会は世情の移り変り、とくに経済的に直接肌で感じ、やりくりをさせられており、子女教育と一家の陰の力になっているからして同胞社会に及ぼす力は偉大なものであることを痛感しております。

新しい時代の始まりに際して私たち婦人会に負わされた幾多の課題と真剣に取り組み、民団と共に歩調を合せ、組織力向上の原動力となり、同胞社会に奉仕できるよう最善の努力を傾ける決心であります。

どうか本年も培旧のご支援をお願いし、皆さんのご家庭にとって素晴しい年でありますようお祈りして、新年のあいさつにかえさせていただきます。

青年の組織作りに全力

青年会千葉県本部
会長 李　栄　一

一九七五年の新年を迎え、各級組織の皆さんに謹んでご多幸をお祈り申し上げます。

昨年は、内外共に政治、経済、外交、社会の各面で、かつてない一大偶発的事件や変動があった中で、千葉青年会も時代の荒浪にもまれながら民団、婦人会、千葉商銀の諸先生方のご指導のもと組織活動を行ない、いろいろな催しを通じて向上できたことはまことに喜びにたえません。

わが祖国を取りもどして四半世紀に及ぶ今日、国内外の諸情勢が刻々と流動していますが、昨年八・一五大統領狙撃事件により、全国民の国母である陸英修女史の逝去は、私たち在日青年にとって余りにも哀痛すべき出来事であり、内外に大きな反響を呼びました。しかも私たちの同年代の同胞の手によって行われたのですから、この上ないショクを受けております。

われわれはこの事件を契機に、北韓と朝総連の甘言利説に懐柔されないよう注意深く組織整備をして、活発に運動しなければなりません。

幸い、千葉県青年会は、賢明な会員の皆さんの冷静な判断により、他が入りこむ余地のない組織整備がすでになされ、単一組織体であることを誇りに思っています。

もうすでに確立されたこの基盤の上に立って、私たちの恒久的な組織力向上を図り、自分自身のため、そして社会に奉仕するために、全力で斗争しなければならないと思います。

今後、時代が要求するものは物質的西洋文明と精神的東洋文明の融合が活発に行われ、若きリーダーが出現し、未来を切り開くエネルギッシュな活動であると思います。

このような時期に、私たち二世は、自分たちの置かれている境遇を充分に理解し、勉強して未来の夢を実現するよう大いなるフロンティア・スピリットを十二分に発揮し、会員の皆さまと共に組織強化に尽そうではありませんか。

希望にみちた新年を迎え、在日同胞のご家庭にあまねく幸運がもたらされることを心からお祈りいたします。

賀 새해에도 힘차게 前進합시다 正

支部	団長	議長	監察委員長
千葉支部	李栽坤	林相培	許九龍
船橋支部	李虎得	韓明成	孫炳燊
安房支部	蒋煥文	崔重洙	張性権
市川支部	李寛徹	金連斗	張暁
東葛支部	趙周七	朴景徳	洪世裕
君津支部	高熙泰	鄭東憲	金鍾錫
長議夷支部	韓撫観	千萬石	朴雲龍（〃委員 鄭鉉朝）
成田支部	姜聖元		朴魯均
旭支部	朴道源	李鶴洙	李相律
横芝支部	朴命達	金義坤	金鍾謙
佐倉支部	李錫魯	李快守	李光春

千葉韓国教育文化센터 所長 韓承五

1975年을 맞는

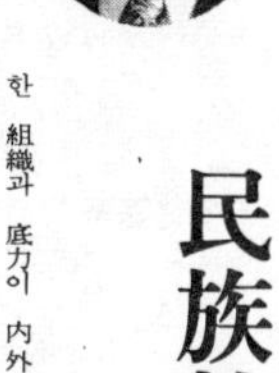

民族教育을 抜本打開

中央本部団長 尹 達 鏞

一九七五年을 맞이하여 異域에서 祖国의 平和統一成就와 民団의 発展을 위해 昼夜로 尽力하고 계시는 全国団員 여러분께 새해인사를올리는바입니다。

지난一年은 우리民族에게는 過去의 어떤 때보다도 多事多難한 한해였읍니다。

北傀는 西海에서 平和的으로 漁撈하는 우리의 漁船을 무작정 砲撃拉致했고 東海에서는 까닭도없이 警備艇을攻撃 撃沈했읍니다。平和統一을 바라는 民族의 希望의 窓口였던 南北赤十字会談에 対해서는 생떼를 쓰면서 妨害하기 시작했읍니다。

심지어 그들은 우리의 英明한 指導者 朴正熙大統領의 狙撃陰謀를 꾸며내어 無知蒙昧한 文世光을 殺人狂으로 만들었으며 民族의 尊敬과愛慕를 받으시던 大統領令夫人 陸英修女史를 殺害했던것입니다。

故陸英修女史追悼中央大会에는 二万의団員이 一堂에 모여 陸英修女史의 逝去를 哀悼했고 継続하여 日本全国坊々谷々에서 殺人鬼를 조종한 朝総連과 北傀를 糾弾하는함声은 衝天하여 民団의 巨大한 組織과 底力이 内外 誇示되었읍니다。

非武装地帯에 地下터널을파 武力侵透의 秘密通路를 뚫으려하다가 우리民政警察隊에摘発된 北傀의 悪辣한 策動은 우리의 団合과 総和앞에 여지없이 부서지고야말것이다。

지난해 우리 民団이 이룩해온 값진成果는 첫째、日本言論의 偏向報道를 철저히糾弾하여 自粛하게한 일입니다。

또한 未入団者入団運動에包含된 戸籍整理 在外国民登録申請과 旅券所持運動의 促進으로 民団의 団勢가 크게拡充된 일입니다。

또한 우리의 長時日間의念願이었던 中央会館이 着工되어 現在工事가 進行中에 있읍니다。青年会의 結成과 拡大로 우리 二、三世의 健全한 育成의 基盤이 닦여가고 있읍니다。

새해에는 우리가 이룩한지난해의 모든 成果를 발판삼아 더욱 눈부신 発展을 期해야겠읍니다。

첫째로 우리는 日本을 발판으로하여 朝総連과 北傀가 끊임없이 노리고있는 侵透破壊工作을 철저히 粉砕하기위해 精神을 武装하고 組織을 強化하는데 힘을 써야겠읍니다。

둘째로 우리의 念願이던中央会館의 完工을위해 組織의 総力을 다해야겠읍니다。

세째로 우리는 오끼나와에서 열리는 海洋博覧会를 맞아 本国家族을 초청하고安全하게 見学滞日할수있도록 最善을 다하야 겠읍니다。

네째로 二、三世의 民族教育의 抜本的인 길을 打開하여야 하는동시에 組織의 基幹要員養成에 더욱 박차를加하여야 하겠읍니다。

그리고 우리의 民団組織을 더욱 近代化하고 日本社会에서 우리의 子女와 同胞가享有해야할 経済·民生·文化·教育의 권리를 더욱 넓히고 굳히기위해 全力을 다하는前進의 해가되도록 노력합시다。

새해에 団員여러분과 여러분의 家庭에 香福있으시기를 祈願합니다。

近代化道程 줄곧걸어야

駐日特命全権大使 金 永 善

一九七五年의 새해를 맞아 親愛하는 在日同胞여러분과더불어 지난 한해를 謙虚하게 되돌이켜보고 올해는 在外国民으로서 자랑스럽게 그리고 힘차게 當為해나갈 決意를 새로이하고자 합니다。

돌이켜보면 一九七四年은참으로 曲折에찬 한해였읍니다。그러나 우리들은 이試練에넘친 한해를 挫折됨이없이 克服하고 새해를 맞이하였읍니다。나는 지난 한해의 움직임과 잇단 올해야말로 韓日両国関係史에있어 특히 記憶될時期로서 記録될것으로 確信하는바입니다。

지난해는 또한 国際経済環境이 일찌기 볼수없게 苛烈했던 한해였읍니다。우리들은 自由世界에있어 GNP第二位를 자랑하는 日本国이 「오일・쇼크」에따른 一連의 余波로 어떤事態에 빠져들었던가를 빤히 目撃할수가 있었읍니다。経済的으로는 日本보다 훨신 바탕이 弱한 우리 祖国이 克服하지않으면 아니되었던 試練이 얼마나 컸던가는 쉽사리 想像이 갈것입니다。

그러나 우리들은 이試練을 능히 克服하고 第三次五個年計劃의 第四次年度로서의 새해를 맞이하였읍니다。우리들은 年間経済成長率八%、年間総輸出量四十五億달러라는 昨年度目標를 達成시켰읍니다만 経済力의 集中的表現이라고할 이들指標의 達成은 우리들이 祖国近代化의 中間目標의 道標로서 設定해놓은 八〇年代初 一人当GNP千달러、総輸出量百億달러라는 目標実現에 대한 우리들의 自信을 한층 깊게해주었읍니다。未曾有의悪条件下에서의 年間目標達成은 無限한 可能性을 約束하는우리民族의 底力을 보여준것이라고 할수 있을 것입니다。

되돌이켜보면 지난해는 北韓의 사나운 威脅을줄곧 받아온 한해이기도 했읍니다。

年頭인一月十八日 朴正熙大統領은 南北双方은 서로 挑発하지말고 平和維持의 担保로서 南北不可侵協定을 締結하자고 提案하셨읍니다。이에 대한 北韓側의 実際의 回答은 二月十五日 韓半島西海岸 白령島부근의 公海上에서 우리漁船二隻을 攻撃하고 한隻을 沈没기키고 한隻을 北韓地域으로 拉致해간다는 蛮行이었읍니다。平和롭게 漁撈作業中에 졸지에 가장 아끼는 家族과의 生離別을 強要당한 拉北漁夫들은 北韓의 땅끝에서 어떤 心情으로 이새해를 맞이하고있을것이겠읍니까?

朴大統領은 平和指向的이요 現実的인까닭에 内外에 높은 評価를 받은 「六・二三平和外交宣言」一周年을 맞아 지난六月二十二日 談話를 통하여 北韓側에대해 武力挑発을 그만두도록 요구하고 두번다시 南北不可侵協定의 체결을 촉구했읍니다。이에대한 北韓側의対応은 어떠했읍니까。六月二十八日 北韓은 韓半島東海上에서 巡視中이던 우리警備艇을 包囲攻撃하여 沈没시키는 武力挑発을 敢行했던것입니다。지난八月十五日 光復節記念式典에서 朴大統領이狙撃당하고 令夫人陸女史가 被弾、絶命하신 政治테로事件은 지난해에 들어서면서 한층치열해진 北韓의 対南挑発行為의 하나의 帰結이라고 할수 있을것입니다。또한 지난 十一月十五日 韓半島休戦線의南側非武装地帯에서 発見된 北韓의 地下「콩크리트・터널」은 平和宣伝은 偽装에 지나지않고 北韓의 숨겨진 意図그무엇이었던가를 雄弁으로가리켜주고있읍니다。이같은 極히 対照的인 南北双方의 基本的姿勢는 国際社会에도 그대로 投影되어 지난二十九次「유엔」総会에서는 韓半島問題討議에 따른 韓国支持国의決議案이 賛成六十一、反対四十二의 圧倒的多数로 採決되었던것입니다。

親愛하는 在日同胞여러분! 内外의 諸情勢는 매우 苛烈하다 하지않을수없읍니다만 苛烈하면苛烈할수록 우리는보다더굳게 一致団結하여 北韓의 威脅을 물리치면서 우리들이 이미 策定해놓은 祖国近代化의 道程을 한걸음한걸음 着実히 걸어나가지 않으면 아니될것입니다。그것이필경은 諸外国에대한 우리들의 矜持를 높이는 길이요 祖国統一에 이어져가는 길이기도 하는것입니다。

栄光에의 脱出

千葉韓国教育文化센터
所 長 韓 承 五

온누리가 숨을 거두고 그렇게도 억세게 설치던 호랑이가 꼬리를 감춘 空間 할퀴고 찢긴 傷処들만이 大地위에 앙상한 밤에 은은히울려 퍼지는 除夜의 종소리에 아슬하게 멀어만 가던 焦点잃은 人間의 눈망울들이 초롱초롱 이슬되어 壮厳한 이아침에 光明의 새해를 맞았읍니다。

여러분과 家庭에 올해에야말로 幸運이 넘치고 万事가 뜻하시는대로 이루어지기를 두손 모아 祝願합니다。

지난 甲寅은 너무나도 역겨웠던 한해였읍니다。붉은이리떼들의 끊임없는 挑戦속에서 大統領夫人 陸女史를 잃었고 石油波動으로 말미암아 아직 나이어린 우리 経済의 打撃도 적지 않았고 一部国内外人들에 依한 社会的 騷擾도 있었읍니다。그러나 이러한 逆境속에서도 우리는政治的面에서는 自由世界一員으로서 人類平和에 이바지하는 한편 北傀의 非를 타이르면서 二十九次国連総会에서는正当한 우리 主張을 通過시켰고 経済的面에서는 八・五%의 所得増大를 争取하고 輸出面에서는 目標四五億딸러를 四七億으로 超過達成하는 놀라운 成果를 거두는 한편、이란国에서 열렸던 亜細亜競技大会에서는 各種目에서 北傀를 여지없이 눌러이긴 快挙를 보았읍니다。이것은 오로지 온 国民의 「우리도하면 된다」自由의 旗幟 아래 남보다 더잘 살아보자」는自立、自助、協同으로 얽힌 억센 끈기와 슬기로써 政府의 施策을 実践에 옮긴 우리 国民総力의 創造的 役事였읍니다。그러나 못내 가슴아픈 것은 五千万의 宿願인 国土統一은 저들의 悪辣한妨害工作으로 暗澹한 未来를안은채 또 한해를 맞았읍니다。

올해는 토끼해입니다。우리나라는 토끼形状이라고들 합니다。世上에 단하나밖에 없는 이 토끼나라에 기어이무엇인가 소담스럽고 대견한幸運과 希望이 오고야 말것입니다。우리 在日国民은 비록 水陸이 懸無한 異域万里에있어도 単一民族「배달」의 피는 저마다의 血管속에 脈々히 뛰어 흐르고 있읍니다。

国際的不況과 不安속에 우리의 生活領内도 그리 順坦하지는 못할듯합니다。그러나우리는 우리의 祖上이 그러했듯이 「不死身」입니다。저토끼의 象徴인 슬기와 飛躍을 거울삼아 모든 暗黒과 荊棘을 뛰어 넘어 光明과 栄光에로 脱出합시다。

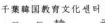

賀 새해에도 힘차게 前進합시다 正

大 原 物 産 株 式 会 社

社 長 李 柄 周

千葉県木更津市木更津2丁目1−3
電 話 04738 (23) 8451〜3

1974 年度新年会のはなやいだ光景

1月15日の新年会を兼ねた成人式には，[illegible]名の新成人が参加し，激励と祝福を受けた

見る 民団 年の記録

姉妹部落を訪問した，青年会千葉県本部の새마을奉仕団員たち

三・一節記念式参加母国訪問団員たち

青年会の組織作りのための討議を重ねる役員たち

祖国の山野に植樹をする千葉の青年たち

第12回定期地方委員会と時間切れで続会となった第25回定期大会

74年重要行事メモ

1月
15日　新年会、県下青年成人式、県内有功者表彰式
25日　金在権公使　帰国、送別会参席

2月
2日　関東地方協議会（熱海ニューフジヤホテル）参席
8日　各支団長本国研修会参加
26日　宋賛鎬公使送別会（東京商銀）参席
28日　三・一節記念式参加、母国訪問団出発

3月
1日　第55回三・一節記念中央民衆大会参加
故朴烈義士追悼式参加
22・23日　第23回中央委員会参席
24日　第36回中央大会参席
27日　婦人会中央研修会（熱海ニューアサヒホテル）

4月
2日　새마을運動青年奉仕団出発
20日　本・支部三機関長連席会議
27日　東京韓国学校20周年記念式参席
28日　旭支部定期大会
30日　第12回定期地方委員会、第25回定期大会（千葉市民会館）

5月
10日　第25回定期大会続会（千葉国鉄駅ビル）
11日　婦人会定期大会参席
19日　安房支部定期大会、千葉商銀第11回通常総会
26日　君津支部総会
28・29日　全国地方団長・事務局長会議（稲根南屋井）参席
28日　李熙籍長官来葉

6月
1日　船橋支部総会
2日　市川支部総会
10日・11日　全国青年部長会議（熱海　参席
[illegible]

11月に開かれた第13回定期地方委員会

殺人鬼文世光による凶弾にたおれた故陸女史国民葬の日に大使館に弔問する本部任員たち

のど自慢大会も行なわれた和気あいあいの光復節記念日の一日

千葉県単独で開催した第29回光復節記念式典

写真で
千葉
1974

故陸女史追悼大会には2万人の団員が集まり，組織空前の大デモをくりひろげた

つづく9月15日の朝総連糾弾関東地区デモ

読売新聞の偏向報道を本部で強く糾弾，同紙の石田記者は本部を訪れ謝罪した

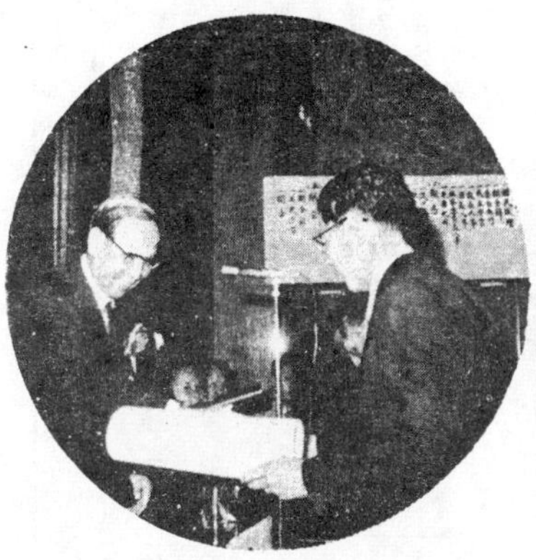

第24回定期中央委員会で県内の安房支部が模範支部として駐日大使から表彰された

婦人会県本部も活発な活動を展開，10月には時局講演会を開いた

白樺湖で開かれた青年会夏季キャンプでレクレーションに興ずる青年たち

第26回「国軍の日」参観母国訪問団員たち

体育連席会議（福祉センター）
22日　佐倉文部総会
25日　長生支部総会
26日　関東地方協議会（八栄ホテル）

7月
5日　読売新聞偏向報道抗議
11日　全国文教部長会議
14日　東葛支部総会
20日　本・支部団長및事務部長会議
22日　第12回在日韓国人体育大会参加
26日　母国夏季学校入校生出発

8月
1〜4日　青年会第4回夏季研修会（白樺湖
15日　第29回光復節記念式
17日　大韓剣道会選手団16名来葉
21日　関東地方協議会参席
27日　緊急支団長・事務部長会議

9月
3日　故陸女史追悼式（東京体育館）井記者糾弾民衆大会
12日　関東地方協議会参席
19日　朝総連糾弾関東地方民衆大会　東京清水谷公園）
29日　国軍의날記念式参観団出発

10月
18日　第24回定期中央委員会参席
19日　婦人会時局講演会
27日　成田支部議長金奉祚氏告別式

11月
2日　時局講演会
22日　第13回定期地方委員会
28日　沖縄同胞戦死者慰霊塔建立推進委員会参席

12月
10日　経営・経済・税務講習会
22日　青年会第3回망년파티

775

第13回定期地方委終る

国民登録の新措置等

議案可決し下半期へスタート

第十三回定期地方委員会は、去る十一月二十二日、千葉県労働者福祉センターにおいて開催され、総括報告をはじめ各部の活動報告を採択し、新しく決議案に提示された、①国民登録申請に関する措置、②冠婚喪祭に関する規定、③領事業務に関する措置等を決議した。

続いて、千葉支部から提案された朝銀信用組合出資金解約に関する措置を満場一致で決議し、今次地方委員会を契機に、団内の結束と組織再整備を一層高めることと、千葉民団時報の継続発行を確認し、午後四時半に閉会した。地方委員四十五名中、三十七名が参加した第十三回定期地方委員会は、午前十一時すぎに開会した

沈相仁総務部長司会で国民儀礼を行ない、金運斗議長が開会の辞を述べ、資格審査をへて地方委員会の成立が宣言された。

続いて三機関長のあいさつ、中央団長を代理して呉敬福事務総長のあいさつの後、曺允具団長の基調報告、高権錫事務局長の総括報告、各部長より活動報告、監察機関は、羅正相委員よりの報告を受け、質疑応答に入った。

活発な質疑応答のすえ各報告は無事採択し、執行部から提出された、第一号から第三号決議案まで可決した。

第一号案・国民登録申請に関する措置。

第二号案・冠婚喪祭に関する規定

第三号案・領事業務に関する措置。

つづいて千葉支部から提案された、朝銀出資金解約に関する措置を可決し、成田支部会館建設問題の意見がかわされ、千葉民時報続刊にからむ諸問題は三機関長に一任し、今後一層の組織強化に新たなスタートをすることを再確認し、午後五時近くに閉会した。

第13回定期地方委員会のもよう

700万円の募金に成功

千葉支部の垈地購入基金

われわれ在日韓国人の中心的な組織団体は民団である。今年は、わが韓国が日本より独立して以来すでに三十年目を迎えるようになる。その間、在日韓国人のわれわれは、本国の政治的、経済的発展に歩調をあわせつつ日本社会の中で、われわれの生活の場を築きあげながら、わが民団の組織強化と発展のために尽力してきた。

しかしながら、現時点に立って、はるかなる将来を展望して見た場合、長い間多くの犠牲を払いつつ築きあげてきたわれわれ在日韓国人の生活と財産を、あらゆる面において保護育成し、韓国民族の後裔としての誇りをもって日本社会の中で、日本人と対等な立場に立って生活を営むためには、当然の所与として恵まれている日本人に対して、異国民としての不利な諸般条件を克服しうる背景を未然に備えておかなければなるまい。

こうした今日の不可欠的な課題の一環として千葉支部では、昨年の五月十二日第二十八回定期総会で会館拡張のための垈地購入基金を募ることを決議し、李栽坤団長をはじめ、現任員全員の献身的な努力によって、今なお募金中であるが、昨年十二月末現在で約七百万円の募金に成功した。特に、今度の募金運動方式は、まず、現任員全員が卒先して誠金を出しあい、然る後、支部管下の経済人は勿論のこと、団員全員の家庭を個別訪問しながら、会館拡張のための賛助を訴えたのが特色であるといわれている。

ちなみに、その経過を見ると募金決議以来、十日目の五月二十一日にはすでに、従来借地権しかなかった千葉支部垈地（約十七坪）の売買契約を済まし、九月初旬には登記を完了した。

同胞企業のあり方探る

生活協組の設立機運盛上げ

経済・経営・税務の講習会開かる

旧年十二月二十日午後一時より、千葉県労働者福祉センターにて、東京在住の税理士・玄痒浩、李年子両講師を招き、県内の商工人五十余名参集のうちに経済、経営、税務講習会が開かれ、多くの成果を収めた。

講習会を前に、あいさつに立った民団千葉県本部曺允具団長は「新しい時代に対処して行くためには、納税貯蓄組合と生活協同組合の強化と設立が何よりも急務であり、われわれの多くは、零細、微細企業で、事務員を置く余裕をもたないのが現状で、共通の問題を処理するにはみんなの協力によって合理的に解決すべきである。そのためにも、一日も早く納税貯蓄組合と生活協同組合の設立が急がれている。」と力強くのべた。

当日、玄痒浩講師は、(1)在日同胞事業経営のあり方(2)事業経営の進むべき方向 (3)中小企業経営の改善の演題で、およそ二時間にわたり講習が行われ、李年子講師からは、(1)節税及び税金申告について (2)相続税について、をわかりやすく親切丁寧に実例を上げ懇切に説明され、参集した商工人達に多大なる感銘を与えた。

この日の講習会は、そもそも納税貯蓄組合の強化と、千葉県韓国人生活協同組合設立の足場にし、その機運を盛り上げるにはふさわしい講習会であった。

講演の後、質疑応答がもっぱら活発にかわされ、午後五時定刻に終えた。

経済・経営・税務講習会で受講する県内の商工人たち

千葉支部の忘年会盛大

旧臘二十二日正午より五時まで、千葉県労働者福祉センターにおいて、千葉支部（李栽坤団長）の一九七四年度忘年会が、盛大裡に開催された。

当日の忘年会は、団員たちの相互親睦と交流を一層緊密にし組織強化を図る反面、日頃のご協力に対し返礼のしるしに企画されたものである。

この日、第一部では映画会をやり、第二部に忘年会が、京成寿会館二階宴会場で催された。

家族揃ってなごやかなムードで出足よく、二百五十余名が参集し、和気あいあいの雰囲気の中で、李栽坤支団長のあいさつ曺允具本部団長音頭の祝盃で忘年会は始まった。

満載のご馳走あり、美酒あり、その上、本国からきた一流楽団と歌手。これだけそろうと、誰彼ともなく歌ったり、踊ったりして日の暮れるのも忘れ、わが子も忘れ楽しむご婦人たちを見てある人言わく「ああ！これぞ忘年会かなあ……」。と。

施設などにもち代贈る

本部の歳末活動

年の暮に毎年行われる歳末扶助運動は、今年も例年にならって各支部単位で始められた。

本部では十二月二十五日、社会福祉施設に、各一万円を送金した。特に、岡山県にある長島愛生園にて生き延びている韓国人癩病患者グループである槿友会と、神戸市で、韓国人が経営する孤児園〝愛神愛隣舎〟を初め、千葉県内の香取学園、朝日の森学園、光楽園等である。

まだ、本部直轄地域である山武郡大網地区に四名、八街地区に三名に対し、越冬資金補助金として、各五千円を高権錫事務局長と沈相仁総務部長が訪れ、それぞれ手渡した。

希望의 새해 1975年을 祝賀합니다

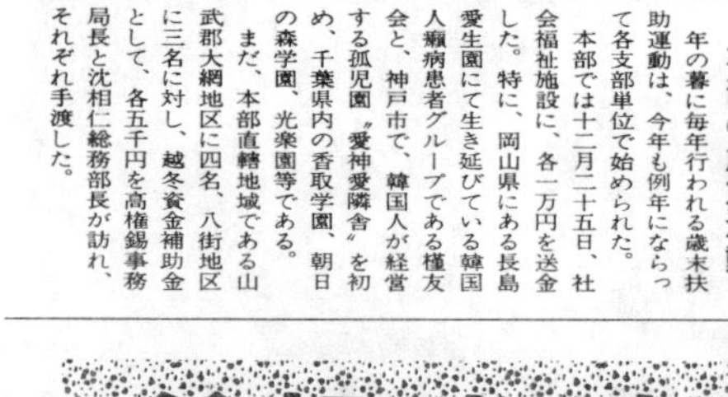

有限会社　国　際

代表取締役　宋　吉　燮

銚子市馬場町286番地
電話 0479（23）3421
本店 電話 0479（24）1762
和田町支店 電話 0479（24）1758
銚子サウナ 電話 0479（24）1892
横芝支店 電話 04798（2）2431
喫茶 電話 04798（2）2432

県内同胞青年300人集り

盛況のクリスマスダンスパーティー

恒例の青年会クリスマス・ダンスパーティは、千葉青年会組織活動のその年の最後のしめくくりとして、年中行事中最大の動員数を誇り、若さを発散させているが、これはただいたずらに踊り狂う若者たちの集いではなく、千葉青年会にとって、大いに意義のあることである。それは、県下の青年たちが、日本化する傾向にある今日の現状で各自の存在居所が分らず、又一堂に集まる機会にも恵まれずにいるが、この種のパーティーには、今どきの若者のフィリングにマッチする故かも知れないがとにかく参加者が多い。そこで青年会の活動を目のあたりに見て、大いに感激し、後日青年会の組織活動に興味をもち、参加するようになるからである。

青年会のクリスマスダンスパーティーのもよう

去る十二月二十二日午後五時から千葉駅前塚本ビル八階大ホールにて、青年会千葉県本部主催、民団、婦人会千葉県本部後援で74年クリスマスパーティを開催した。参加人数三百余名で昨年にも増して盛大を極めた。

元県本部青年部長金泰佑氏と千葉支部李春江嬢のコンビ司会で幕をあけ、青年たちらしいキビキビした態度の国民儀礼が、ダンスパーティというムードの集いの中で耳目をひいた。

会長李栄一氏の開会のあいさつのあと、千葉県本部曺允具団長は「激変する内外情勢でこのように盛大なパーティをもつ青年たちは幸せと思わなければならない。このパーティが、単なるダンスパーティーに終ることなく、この場で大いに若さを発散させ、そして明日の同胞社会に対する奉仕のため、お互いに友情、親睦を深め、ますます団結してもらいたい」とあいさつした。

つづいて第二部のダンスパーティーの幕開けは、クリスマスにふさわしいセレモニで青年会女子会員たちのローソク点火が出演バンドによる静かな音楽をバックに行われたあと、勢いよく賑やかな音楽が鳴り渡り、一変してはなやかな雰囲気が場内を圧した。

例年にくらべ、参加者たちは少しも憶することなく、それぞれのカップルを求め合い、なかには社交ダンス、あるいは今はやりのバンプ、ゴーゴー、威風堂々としている者、あるいは楚楚として隅っこで踊っている光景は、まさにパラダイスを観るようであった。

ダンスが一段落した間に青年会の各支部任員、会員の構成による合唱と、勝共連合のコーラスでやんやの喝采が湧き起り、場内のムードは一段と盛り上り、また再びダンスに踊り興じていた。最後に入場整理券番号による抽せん会が行われ、賞品が授与された。

この日の特記すべきことは、ちょうどこの日千葉支部の忘年会が、千葉市福祉センタにおいて午後五時までであり、このダンスパーティーに参加した団員が大多数加ったため、老若男女入り乱れての一大盛況であった。

この日のための誠金総額は、金二四万五千円であった。

年々増加する母国留学

県内の民族教育活動の現況

人はだれでも帰るべき故郷があるものである。

わが在外同胞の場合、一世たちは幾度も母国に帰って生まれた故郷の山河に接し、身内や竹馬の友とも相対面し、または無き祖先の霊前にひざまづくことによって、一応は故郷へのあこがれを満すものであるが、二、三世たちは目に見える故郷をもたない。そこで一点の絵画や書芸品などを眺め、いじくりながら、うすら心にえかく故郷へのあこがれをながめる以外にすべをもたない。しかし、虹のようにわが胸を彩る心の故郷をつかみきれない大方の若者たちは、二次的世界で祖国を学び、ユートピアをつきとめたい気持になるものだ。すなわち、それがたとえ一世たちによって形づけられた心の故郷とは、いささかイメージが異なるにしても、自分というものの正体をくまなく観照し、祖国の言語や文学またはそれ以外の文化的技能に関する学習あるいは活動によって、よりでかい故郷いわば「祖国」というものの姿を見出して、そこに自我がとけこもうとする熱い意地が生れるものである。

そしてこの意地は、個別的・連体的または自意的・他意的を問わず、日本的生活の裏面で絶えまなく営まれているのである。これは勿論、ある特殊人の作意的自滅行為（国籍離脱等）を除いては水より濃い血の自然的流れでもあろう。これはある民族が現に国土を持つ持たないにかかわらず異質的な空間に放り出されたマイノリティたちの共有する宿命的な立場ともいえよう。

では次に千葉県内におけるわが同胞特に青少年たちがいかに遠い祖国への道を、また遙かなる心の故郷への道を歩んでいるかを紹介して将来へのかてとしたい。

(1)韓国教育財団育成活動

一九六三年政府は、在日同胞の協力の下で「韓国教育後援会」を創設して、同胞子弟の教育の為に多大な貢献をしてきたが、一九七三年二月、日本文部省の認可を得て財団法人「韓国教育財団」を設立し、事業拡充に一層の努力を払っているが、わが千葉県下でも別記の人士方が率先巨額の喜捨をして、毎年二名程度の同胞学生たちが奨学金の恩恵を受けて勉強に励んでいる。これは、継続事業でこれから先もますます発展させなければならない課題だけに全同胞の絶大な協賛が期待される。

○教育財団加入者（無順）

張在昶、全鳳学、李萬珪、南政廣、鄭渕秀、宋吉萬、安邦俊、梁喜鎮、姜日九、

(2)国語講習所現況

学習内容は、国語、国史、地理、歌唱、其他。

(講習所)	(曜日)	(講師)
県本部	木	韓承五
千葉院内	月水	朴忠錫 李春江
千葉今井	月土	朴忠錫
東葛支部	火土	金永彬
市川支部	火	徐槿姫
船橋支部	土日	孟哲輝
君津支部	日	辛容辰 閔貞子
安房支部	土	安秉烈
長夷支部	土	李教悦

(3)母国夏季学校入校

一九六八年	十一名
一九六九年	六六名
一九七〇年	八八名
一九七一年	十三名
一九七二年	十三名
一九七三名	九名
一九七四年	十名

(4)母国留学

①自費

一九七二年まで	十五名
一九七三年	四名
一九七四年	六名
一九七五年（予定）	五名

②国費

一九七二年	一名
一九七三年	一名

これ以外にも青年会を中心にサマーキャンプ、体育大会、年末パーティ、成人式、セマウル運動等の共同的な活動または生活によって大いなる心の故郷を切に求めているのである。この宇宙に何ものが、われわれのこの夢の世界をもたらしてくれるであろうか？これは、わが政府民団、われわれ一世、二世たちが各自または共同的に継続していかなければならない信仰であり、宿命的道のりである。しかし、祖国への道は遠いようで近いもの。美しい虹は丘の彼方、高い天に浮くものではなく、まさにわが目の中にさすものではなかろうか。（千葉韓国教育文化センター所長）

恒例の新年会・成人式、15日に

県本部恒例の新年会と成人式は、今年も十五日午前十一時から、千葉市京成ホテル三階にて催される。

同日は、千葉県内の民団・傘下団体の役員は勿論、一般団員のご参席も要望し、なお、県内同胞子弟中、成人になる七十余名の若者達の前途を祝うと同時に、不況と不安に満ちた年明けを華やかに、力強くスタートしたく、本部では今年の新年会を盛大に開催の準備に臨んでいる。

三・一節母国訪問団員募集

三・一節第56周年記念母国訪問団員을 左記와같이 募集합니다。

主　管　千葉県地方本部

募集人員　約八〇名

応募対象　県下同胞　特히新入団員

施行日程　2月28日出発　3月2日現地解散

経　費　未定　追通知

応募期間　2月10日까지

申　請　各支部 或은 本部에 申請

在日本大韓民国居留民団千葉県本部

東京韓国学校生徒募集

東京韓国学校では、一九七五年度生徒募集を次のように行なっています。

千葉県内の団員も、一人でも多く子女に民族教育を受けさせるようおすすめします。

△募集人員　初等部＝五〇名　中等部＝五〇名　高等部＝一〇〇名

△願書受付　74年2月7日まで

△志願手続　同校所定の入学願書・出身校調査書・国民登録完了証・写真4枚

△考査日時　初＝74年12月7日午前10時　中高＝75年2月8日午前9時

△其　他　詳しいことは、同校あるいは所轄民団支部または千葉県本部にお問い合わせください。

東京韓国学校＝東京都新宿区若松町二一（電話〇三―三五七―二二三三～五）

希望의 새해 1975年을 祝賀합니다

国際親善クラブ

ニュー コリア

社長 金　奎　原

千葉市栄町30

電話(27)7027(24)6077

躍進の段階に入った千葉商銀

困難乗越え12年の歩み
同胞商工活動に寄与

千葉県におけるわれわれの民族金融機関である千葉商銀は、今年で創立十二周年を迎える。

一九六三年三月に純粋な民族金融機関をめざし、同胞の生活安定に寄与する目的で創立されて以来の十二年間の歩みをふりかえってみると、実に波瀾に富んだ歩みであった。それは、組織力の弱体と千葉県の同胞社会の欠点をさらけ出したものであった。そこで、また一つの干支（エト）を迎えるとその間の歩みの中から多くのことが教訓として生きている。——相互扶助の精神がどれほど貴重なものであったか、または祖国を遠く離れた異境の地での経済活動がいかに困難であるか等々である。

こうして遅々とした歩みをつづけながらも、千葉商銀は、千葉県在住の同胞商工人の活動に息吹くいくばくかの力を与え、支えとなってきた。力くだけた組合員を勇気づけ、夢を与えてきたのである。

千葉商銀のこれまでの歩みの陰には、いくたの困難や障害を克服して育成をはかった、歴代の理事長はじめ役員たちのねばり強い努力があったことも見のがせない。そして一昨年（一九七三年）七月には、船橋に支店開設、預金も二十億の声を聞く信用組合となった。

こうしていよいよ今年からは商銀は大躍進の段階に入ったのである。

千葉商銀本店(上)と船橋支店(下)

民団・商銀の発展は表裏一体の関係

民団の五大綱領の中に「われわれは在留同胞の民生安定を期する」というのがある。その目的のため、組織はこぞって信用組合の設立とその育成に努力してきた。この組織との表裏一体の関係を忘れてはならない。

したがって商銀の発展は民団組織の強化を意味し、商銀の預金高の伸び悩みは、組織の弱体化の反映でもあるといえる。この関係を、団員であると同時に組合員でもあるわれわれは知らなければならない。商銀の業体が大きく伸びれば、当然その利息は組合員に還元され、組合員が豊かになれば、組織は活発になり、民団組織の目的である、「在留同胞の民生安定を期す」ことが果されるのである。

今日のように経済状況の悪い時にこそ、在留同胞は相互信頼を深め、生活向上のために連帯を強くしなければならない。そのためにも、民団も商銀も在留同胞から信頼され、愛される組織体にならなければならない。

この不景気は、日本だけのものでなく、全世界的な経済危機とインフレは当分解消されそうもない。

在留韓国人は、とくにこの経済危機を乗り切るためには、今後の生活設計と企業経営のあり方を一層慎重にしなければならない。

消費経済から節約経済への移行は、消費生活から節約生活への移行を必然的にさせ、無駄使いをやめて貯蓄にまわす時代となった。

一人一通帳所持が歌い文句でなく、今こそ切実に必要な時である。そして同胞社会の発展向上のためにも、民族的紐帯をより一層強化し、相互扶助の精神によって、各自の経済力を培養することである。

そのためにもわれわれは、民団組織の強化と共に民族金融機関である千葉商銀をより大きく育成発展させる必要がある。

商銀は金融機関としての特殊な立場から、運営は自主的に行うことは勿論のことであるが、常に同胞社会の安定と繁栄に貢献する基本精神を忘却してはならない。それには全役職員が使命感を新たにし、組合員への奉仕精神に徹して、業務遂行に全力を傾けるべきである。

商銀の沿革と歴代の理事長

△千葉県知事認可年月日＝一九六三年二月十六日

△本店開店年月日＝一九六三年三月十九日

△船橋支店開店年月日＝一九七三年七月二日

初代理事長　鄭徳和
二代理事長　李光錫
三代理事長　安邦俊
四代理事長　宋吉萬
五代理事長　張在昶
六代理事長　李萬珪

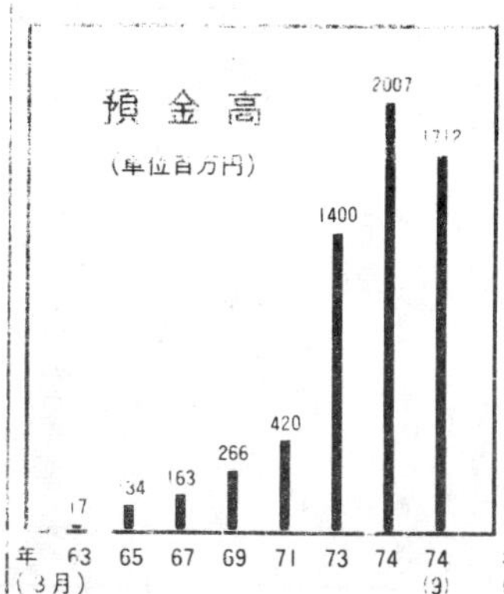

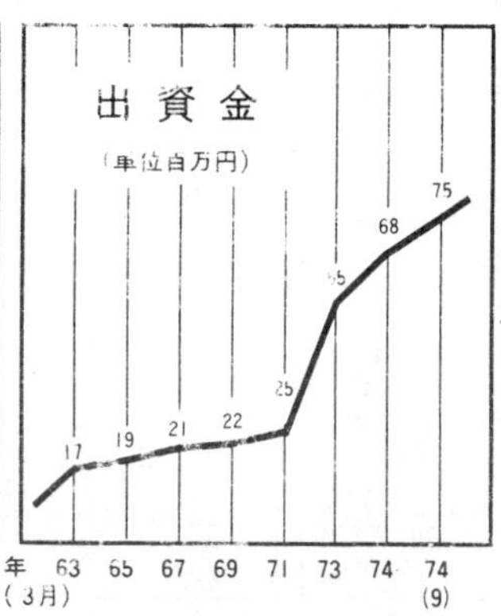

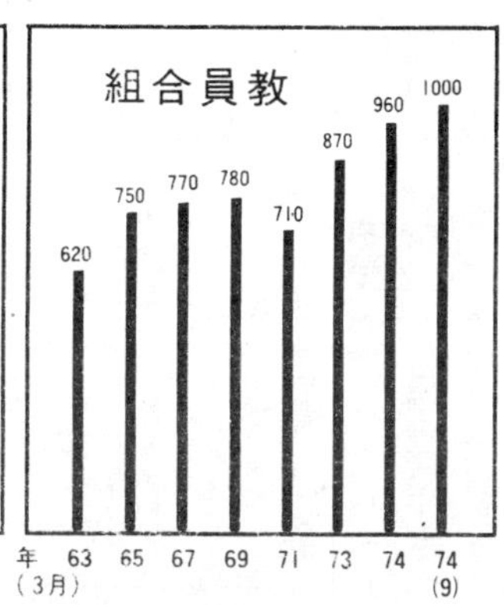

男女職員募集

千葉商銀は同胞社会の発展のため意欲ある若いフレッシュな青年を求めています。

- ●人　員　男女若干名
- ●給　与　高卒　6万円以上
  大卒　7万円以上
- ●手　当　交通費・家族手当・給食手当・皆勤手当・外勤手当
- ●職　種　銀行事務
- ●資　格　韓国籍で国民登録完了者

詳細は本店係まで

千葉商銀信用組合

本　店　千葉市新宿2―9―8
電話0472(42)0176
船橋支店　船橋市本町4―32―13
電話0474(24)4841

希望의 새해를 祝賀합니다

千葉商銀信用組合

本　店 千葉市新宿町2―9―8 電話0473(42)0176番(代)
船橋支店 船橋市本町4―32―13 電話0473(24)4841番

理事長　李萬珪
副理事長　全鳳学
〃　宋吉萬
専務理事　和泉俊雄
理事　李光錫
〃　安邦俊
〃　徐海注
〃　梁喜鎮
〃　孫永恩
〃　趙周七
〃　洪世裕
〃　朴道源
〃　蔣[illegible]文
〃　金義男
〃　羅正相
〃　李栽坤
〃　韓撫観
監事　梁澈錫
〃　黄徳龍
〃　厳昌

本店営業部長　岡田重治
〃代理　朴栄植
預金係長　梁松夫
融資係長　金容福
船橋支店長　風間貞喜
〃代理　彭千[illegible]
営業係長　権栄会

綱　　領

一、우리는 大韓民国의 国是를 遵守한다
一、우리는 在留同胞의 権益擁護를 期한다
一、우리는 在留同胞의 民生安定을 期한다
一、우리는 在留同胞의 文化向上을 期한다
一、우리는 世界平和와 国際親善을 期한다

千葉民團時報

毎月1回 10日発行　購読料 1部50円

発行所
千葉民團時報社
千葉市新宿町2丁目9－8
電話0472（42）4621～3
発行人 曺 允 具

印刷・青丘文化社
☎0473－73－0330

維新体制賛反国民投票

朴大統領、特別談話로発議

民団에서도 公式見解를表明

朴正煕大統領は、一月二十二日、維新体制存続の信任を問う国民投票に関する特別談話を発表した（**2面にその全文掲載**）。

これに対して、本団の公式見解として、一月二十三日に中央本部尹達鏞団長の声明文（**3面に掲載**）が発表されたし、一月二十五日には、第一〇三回関東地方協議会が、熱海のホテル「八景」において緊急会議を開き、決議文（**3面に掲載**）を採択した。また、県本部では、一月二十七日、本部・支部三機関長連席会議が開かれ、大統領特別談話に関するわれわれの姿勢を確認し、曺允具本部団長は別掲（**3面**）のような談話を発表した。

「새民団運動」을 展開

分団·班의 組織整備

示範支部의 成果를 본보기로

組織의 整備強化를위한 「새民団運動」이 全国의 民団에서 展開되고 있다。

이 「새民団運動」은 民団의 末葉機構인 分団↓班의 組織整備와아울러 民団의 諸般活動의 敏捷·円滑化를 実現함으로써 強力한 새로운 民団으로 発展케 하고자하는것인데、이運動은 처음으로 東京·江東支部에서 着手한것으로 이江東支部의 方法과 成果를 본보기로하여 全国의組織에 波及시키고자 中央本部組織局에서는 去年十二月二十六日付의 「民団의 整風運動—새民団運動에関한件」이란指示로서 이 「새民団運動」의 実施를 全国組織에 促求한바있다。

또한 지난 一月十八日에는 全国七地方協議会의 事務局長및 中央의 議決·監察機関代表表合同会議가召集되어 規約改定問題 아울러 새民団運動에대한 見解의 統一과 問題点에대한 論議가 있었으며 이어서 지난 二月一日에는 全国地方団長会議가 東京商銀에서 開催되어 이運動의 展開方案이 다시 論議되었다한다。

다음은 中央本部組織局에서 指示한 「새民団運動」의目標이다。

中央本部에서指示한 「새民団運動」의 目標

(1) 組織整備強化

①分団 및 班組織
5～10個世帯를 単位로 班을 編成하며 2個以上의 班으로 分団을 編成한다。

②代議員制度의 確立
分団및 班을 基準으로 代議員을 割当하므로서 大会또는 選挙의 弊端을 除去하고 組織運用의 合理化를 期한다。

③財政委員会設立運用
地域内経済人및 有志를 中心으로 財政委員会를 設立하여 民団의 基本運営費確保策을 講究한다

④常勤要員増員
組織活動、宣伝教育活動等、活動要員을 増員하여 民団과 団員과의 接触을 強化한다。

⑤対朝総連不純分子対策
総連및 不純分子의 民団組織浸透阻止를 為한 実質的인 方策을 講究하며 転向包摂活動을 積極実施한다。

⑥国民登録未畢者의 登録推進
永住権을 가지고 国民登録을 하지않은者의 国民登録을 積極推進한다。

⑦旅券所持運動
14才以上団員 1人1旅券갖기運動을 積極推進하며 母国未訪問者의 母国訪問을 勧奨한다。

⑧傘下団体活動強化
婦人会의 우리말講習会等各種講習会開催및 青年会의 各種活動을 強化하여 参与意識을 鼓吹시키며 民団組織強化에 寄与케한다。

⑨새마을運動推進
姉妹結縁을 積極推進하며、姉妹結縁部落과의 書信·相互訪問等 紐帯를 強化시킨다。

⑩団員基本台帳作成
全団員의 基本台帳을 短期間에 作成配置하며 基本台帳에 依한 各種統計를 作成하여 組織活動의 基本資料로活用케한다。

⑪戸籍整理推進
無籍者의 戸籍整理를 短期間内에 完了한다。

(2) 民生活動

①生活協同組合運営
僑胞密集地域은 生活協同組合을 設立하여 団員의 福祉事業을 推進케한다。（支部事務室一部에라도 韓国特産品코너를 設置運営하여 二重의効果를 期待할수있을것임）

②納税組合運営
納税業務를 代行하므로서団員 特히 納税業務에 無識한団員의 福祉를 期한다。

③各種親睦行事
敬老会、成人式、慶弔行事、新年会等 各種親睦行事의 奨励및 計画性있는 実施

④不遇団員救済活動
年末、年始의 膳物보내기運動展開 또는 縁故者없는団員의 結縁맺기 支援。

(3) 文化活動

①한글講習会
한글講習会는 우리말 공부라는 뜻外에 愛国·愛国心·鼓吹와参与意識 鼓吹라는面에서도 意義가 크므로 週1～2回、1～2時間式의 講習会를 数個班 [illegible]

②우리말 쓰기運動
団員들間에 人事말부터 우리말로하며 家庭에서 우리말을 쓰도록하고 本名을 쓰도록하므로서 独立国民의 自負와矜持를 갖도록하며 亦是愛団、愛国精神 培養의 뜻에서도 効果的이다。

③本名 문패 달기運動
毛筆能熟한 団員에게 依頼하여 可及的이면 団資金으로 만들어 달아 준다。

④韓国学校学生募集 支援
民団員 家庭에서는 勿論、全同胞에대해서 韓国学校에就学시키도록 勧奨할것。

⑤図書室 運営
団員、日本人및 朝総連에게 韓国을 공부할수있는 機会를 주며 図書를 本国에서 支援을 받는 方向에서 推進한다。

(4) 国際親善

①地域内有志中心으로 韓日親善団体를 만들며 이를 中心으로 親善活動実施。

②地域内 地方議会및 衆·参議院議員들과 交流拡大。

③区役所 税務所 警察署와의 紐帯強化。

1月27日の本部·支部三機関任員連席会議

千葉支部를選定

「새民団」県内示範支部로

民団組織의 整備와 躍進을 위한 「새民団運動」의 実施에있어서는 먼저 各地方本部管内에서 一個支部를 示範支部로 選定하여 発起式을 열고 새民団運動을 展開하기로 되어있는바、当県本部에서는、지난一月二十七日午後一時에本部会議室에서 本部·支部三機関任員連席会議가 召集되어、「새民団運動」의 実施에 대한 討議가 있었는데、県内의「새民団示範支部」로서는 千葉支部가 選定되었다。

한편 「示範支部」로 選定된 千葉支部에서는 同日午後七時에 緊急任員会를 열어 同支部의 示範支部로서의 選定을 承認하고 이어서 오는二月十二日에는 다시 任員会를 열어 発起式과 이에따른 準備의 具体的인 方案을 決定할것이라 한다。

市川支部団員 土地問題解決

市川支部管内国府台의 旧兵舎内에 居住하고있는 24世帯의 団員들은 16年에걸친 退去要求訴訟에대한 闘争끝에、原告（日本国家）側과의 和解가 成立되어 드디어 解決을 보게 되었다한다。

同地区의団員들은 解放後、合法的節次를 밟아 入居했으나、使用料滞納을 理由로 一方的인 退居要求訴訟이 提起되어、千葉地裁를거쳐 東京高裁에 控訴하여 闘争中이었었다。現在까지 使用中이던 約2千坪의垈地中、8百坪의垈地를 正式으로 借用하게되어 住宅을 新築하게 되었다한다。

株式會社 高麗書林
韓国図書出版·輸入販売
〒101 東京都千代田区三崎町三—三—二五
電話03（262）六八〇一·（261）六〇二三
振替 東京 四九八八三

標準 韓国語(1)(2)
監修：李崇寧（文学博士）
A5判 366頁 ¥1,600
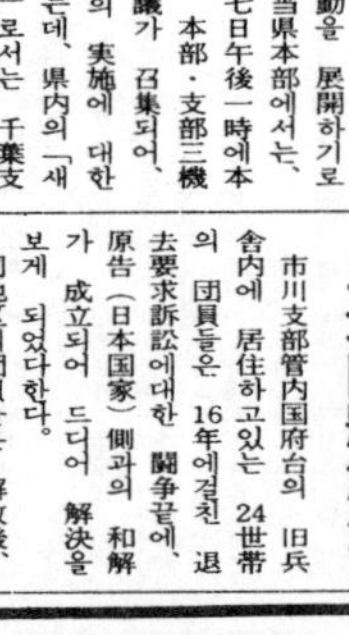

カセットテープ
C－60 3巻（3時間）¥5,400
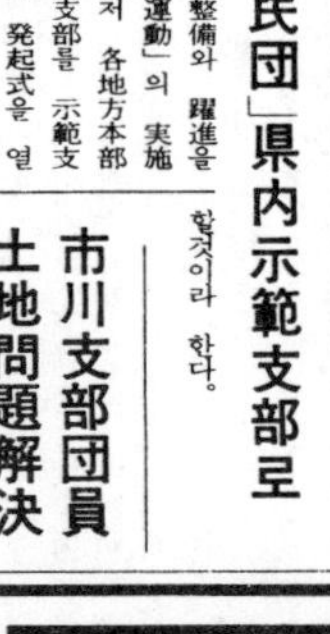

韓国語会話
監修：李崇寧　編著：金淑子
A5判 330頁 ¥1,500
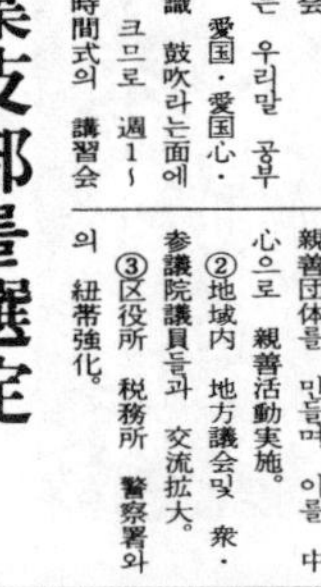

カセットテープ
C－60 3巻（3時間）¥5,700
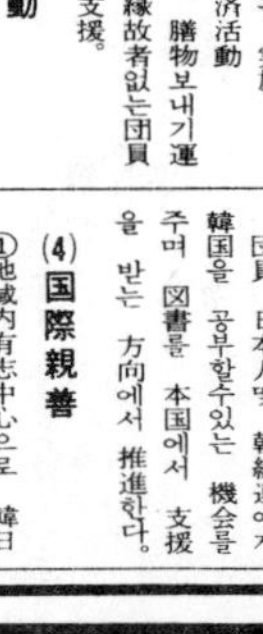

精解 韓日辞典
金素雲編36判1136頁¥2,500

詳解 日韓辞典
朴成媛編36判 918頁¥2,000
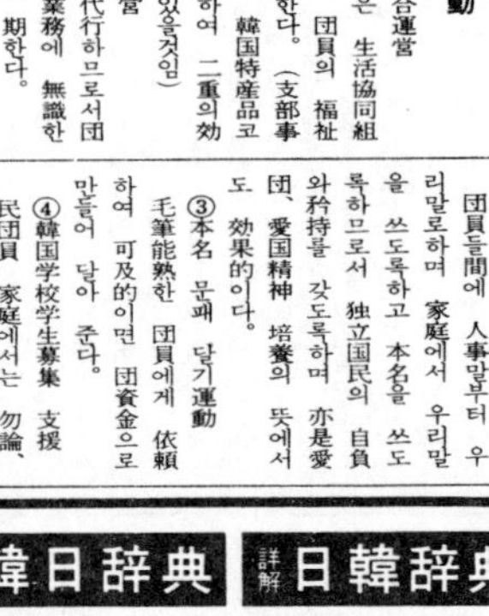

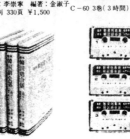

維新体制로 国力을培養
北의挑発과不況에 対処

朴大統領의国民投票発議特別談話全文

朴大統領은 国民의 信任을 묻는 国民投票를 発議하면서 大統領으로서 追求하고 있는 国家의 重要政策을 크게 세가지로 밝히고 国民의 決断을 促求한것이다。

첫째、国内外의 諸般与件에 비추어 北괴가 韓半島赤化統一의 野慾을 포기할때까지는 결코 現行憲法을 撤廢해서는 안된다는것이다。둘째、主権者인 国民은 우리의 安全과 自由、平和와 繁栄을위해、維新体制를 계속 守護할것인가、아니면 또다시 混乱과 退영의 낡은 体制로 되돌아갈것인가、의 与否를 国民投票를통하여 판가름하여야 한다는것이다。세째、過去의 소위「民主」라는 美名下에 퍼뜨려지던 放縱・混乱・無責任・非能率을 除去하고 維新体制를 原動力으로 国力을 배양하여 우리의 歴史的現実과 調和를 이룰수있는 真正한 民主主義의 基盤위에서、民族의 念願인 祖国의平和統一을 成就하자는것이다。以下는 朴大統領의 国民投票発議談話의 全文이다。

朴正熙大統領

親愛하는 国民 여러분!

나는 오늘 主権者인 国民 여러분에게 다시한번 重大하고도 賢明한 決断을 促求하고자 합니다。

우리 大韓民国国民은 지난 一九七二年十一月二十一日 実施된 国民投票에서 主権者의 絶対的総意로써 安定과 繁栄 그리고 祖国의 平和的統一을 指向하는 民族의 절실한 念願이 담긴 現行憲法을 確定하고 国政全般에걸쳐 一大維新的改革을 断行하기위한 새로운 憲政秩序를 이땅위에 出帆케 하였읍니다。

무릇 憲法이란 그存在의 基礎를 国民의 主権的決断에서 찾고 그存在価値를 民族的公益에서 求하는 国家의 基本法이며、그時代、그社会의 歴史的使命과 理念을 志向하는 国民意志의 規範的表現인것입니다。

그러므로 現行憲法과 이에 基礎를 둔 維新体制는

変転激動하는 内外情勢에 能動的으로 対処하고 모든浪費와 非能率을 除去하여 国力培養을 加速化하고 이를組織化하려는 国政体制이고 우리의 歴史的現実에 가장 알맞는 健全한 民主主義의 発展을 可能케하는憲政秩序이며

또한 六・二五動乱과같은 北韓共産主義者들의 南侵을未然에 防止하고 韓半島에 平和를 定着시킴으로써 平和的祖国統一의 基盤을 構築하기위한 民族中興의 意志인것입니다。

그렇기때문에 우리는 지난 二年동안 이憲政秩序를 維持하면서 国力培養에 괄목할만한 成果를 거두어 왔읍니다。

그러나 이미 年頭에도 여러차례 説明하였듯이 지금 우리는 昨年에 못지않는 重大한 難局에 처해 있읍니다。

油類波動에서 비롯된 世界的経済不況은 날이갈수록 深化되고있으며 이에 겹친 資源難은 資源保有国과 消費国間에 새로운 緊張을 造成하고있읍니다。

이러한 状況속에서 北韓共産主義者들은 우리의 生存과自由를 抹殺하고자 血眼이 되어있읍니다。그들은 五千万民族의 念願에서 비롯된 南北対話를 一方的으로 中断하고 七・四共同声明을 蹂躙한채 韓半島의 平和定着을위하여 우리가 提議한 正当하고도 實践可能한 모든 現実的方案을 常套的主張으로 誹謗、拒否하면서 韓半島의 赤化統一을 위한 機会만을 노리고 있읍니다。

우리는 이와같은 好戰的이며 教条的인 極左冒険主義者들의 끝없는 赤化威脅속에서 国民의 生命과 自由를 지키고 分断祖国의 平和的統一을 摸索해 나가야하는 한편 世界的経済不況속에서도 国民生活의 安定과 国民経済의 発展을 계속 追求해나가지않으면 안되는 어려운 現実에 直面하고있는것입니다。

이처럼 어려운 状況속에서 우리의 生存과 自由、그리고 平和와 繁栄을 우리 스스로의 힘으로 確保할수있는 길이 있다면 그것은 우리国民 한사람 한사람이 各自의 맡은바 職分에 充実하고 땀흘려 일하고 또일하여 우리 民族의偉大한 底力을 啓発하고 이를 하나로 뭉쳐서 国民総和로昇華시키는것 뿐입니다。

지금、여러 나라들이 世界的인 経済不況과 資源難때문에 饑餓와 失業沙汰의 威脅속에서 시달리고있으며、심지어 先進国들까지도 이難局을 제대로 이겨내지못한 나머지 経済的으로나 또는 政治、社会的으로나 크나큰 混乱을 겪고있음을 볼때 우리가 이정도나마 国民生活의 安定基調를 維持하면서 北韓共産集団의 威脅에 対処해 나올수있었던것은 오로지 十月維新으로 이룩된 秩序있고 能率的인 国政体制속에서 政府와 国民이 一致団結、땀흘려 努力해온 結果인것입니다。

우리는 東西古今 어느나라의 歴史에서도 国民의 自制와 団合된 努力없이 放縱과 分裂로 国難을 克服할수 있었다는 事例를 알지못합니다。

오늘날 西欧社会의 良識있는 사람들은 複雑한 現代的모든 危機状況을 効率的으로 克服해 나가기위해서는 西欧諸国의 現政治秩序도 未洽한점이 한둘이 아니라는것을 認識한 나머지 이른바 「西欧民主主義의 危機説」마저 擡頭되고 있읍니다。그리고 이것을 克服하는길은 오직 国民의 節制와 団結 그리고 指導者의 領導力에 있음을 張調하고있는 実情입니다。이런 점에서도 우리는 維新体制의 歴史的当為性과 現実的不可避性을 再確認하지 않을수없게되는것입니다。

国民 여러분!

우리가 北韓共産集団으로하여금 赤化統一의 野慾을 버리게하고 民族的良心을 되찾아 南北対話에 誠意있게 臨하게함으로써 平和的祖国統一의 길을 追求하려면 무엇보다 먼저 우리 스스로 総和維新으로 굳게 뭉쳐 한치의 빈틈이나 浪費도없이 国力을 培養하여 그들보다 힘의 優位를 確保해야만 비로소 可能한것입니다。

그리고 国民生活의 安定과 国民経済의 発展 또한 公益과 秩序를 앞세우고 能率과 實質을 崇尚하여 政治、経済、社会、文化등 모든 領域에서 安定을 維持하고 政府와 国民이 一致団結하여 国力培養을 加速化해 나가야만 비로소 成就될수 있는것입니다。

우리가 自由와 民主를 입으로만 외치면서 그根本이 되는 国力培養을 소홀히하고 自由아닌 放縱과 民主아닌 混乱만을 助長한다면 北韓共産集団은 対話는커녕 오히려 우리의 分裂과 混乱을 틈타 赤化統一을위한 갖가지 策動과 挑発을 더욱 激化시킬것입니다。그리고 国民生活의 安定基調는 破壞되고 健全한 民主主義의 発展 또한 期待할수없게 될것입니다。그러므로 現行憲法과 이를 바탕으로한 維新体制는 難局에처한 우리国家와 民族이 살아나가기 위한 단하나의 길인것입니다。

그럼에도 불구하고 지금 우리社会의 一角에는 維新体制와 現行憲法의 撤廢를 煽動하면서 憲法節次를 無視하고、憲政의 機能을 마비시키려 劃策하는 人士들이 있으며、이들은 심지어 「八・一五」의 蛮行과 非武装地帯内의 南侵땅굴을 눈앞에 보고도 北으로부터의 南侵威脅이 없다는등 無責任한 言動으로 国家의 安保마저 政治道具化하여 国論을 分裂시키고 社会混乱을 造成함으로써 国民総和를 阻害하고있읍니다。

이와같은 言動을 계속 放置해 둔다면 国民의 総和団結은 破壞되고 国力은 分散弱化될것이며 社会秩序의 紊乱으로 国民生活의 安定基調와 経済発展은 阻害되고 말것입니다。그리고 우리의 内部分裂과 混乱은 北韓共産主義者들의 이른바「人民民主主義革命」을 도와주는 結果를 招来케 될것이며 北韓共産集団에게 武力南侵의 機会를 줌으로써 国家의 安全 그自体마저도 危殆롭게하는 重大事態를 惹起하게 될것입니다。

国民 여러분!

이와같은 諸般与件에 비추어 北韓共産主義者들이 韓半島를 赤化統一하겠다는 暴力革命路線을 抛棄하고 北으로부터의 威脅이 完全히 없어질때까지는 결코 現行憲法을 撤廢해서는 안된다는것이 나의 所信입니다。

나는 도리어 이憲法을 계속 守護하고 維新体制를 더욱 発展시켜 나가야한다고 確信합니다。이것이 내가 大統領으로서 国家重要政策을 樹立執行해 나가는 国政의 基本인것입니다。

그러므로 나는 憲法第四九条의 定하는바에 따라 国務会議의 議決을 거쳐 現行憲法을 계속 守護해야한다는 나의 国家重要政策에대한 国民投票를 実施함으로써 主権者인 国民 여러분에게 그賛反을 直接 물어보기로 決心하였읍니다。

그리하여 国論을 統一하고 維新体制의 歴史的当為性과国民的正当性을 再確認함으로써 国家를 保衛하고 国利民福을 増進하여야할 大統領으로서의 責務를 더욱 誠実히 遂行할 決意를 새롭게 하였읍니다。

따라서 主権者인 国民여러분은 우리의 安全과 自由、平和와 繁栄을위하여 現行憲法을 계속 守護하고 이를 바탕으로하는 維新体制를 더욱 発展시켜 나갈것인가? 아니면 또다시 混乱과 退嬰의 낡은 体制로 되돌아갈것인가? 이번 国民投票를통해 판가름하여야 할것입니다。

十月維新은 過去에 自由와 民主라는 이름으로 恣行되었던 放縱과 混乱、無責任과 非能率을 除去하고 国力培養을 加速化하여 우리의 歴史的現實과 調和를 이룰수있는 真正한 民主主義를 이땅위에 꽃피우려는 보람있는 改革인것입니다。

그렇기때문에 우리国民은 現行憲法을 우리나라의 基本法으로 정하고 民主的節次로 政府를 세웠으며 우리国民은 各自의 生業에 最善을 다하면서 応分의 自由를 享有하고 있는것입니다。따라서 社会를 混乱시켜 가면서까지 回復하여야할 「自由」나 「民主」가 따로히 더있는것이 결코 아닙니다。하물며 社会秩序를 破壞하고 暴力으로 国家変乱과政府顚覆을 企図한 犯罪行為를 마치 民主回復이요 自由인양 錯覚하는일은 결코 容納될수없는것입니다。

그럼에도 불구하고 憲法을 誹謗하는 一部人士들은 言必称「民主回復」이니 「自由」니 하는 그럴듯한 口号를 내세워 憲法만 고치면 自主国防、自立経済도 저절로 解決되고 하루아침에 国民모두가 다잘살수있게 되는것처럼 民心을 眩惑시키고 社会를 어지럽히면서 憲政秩序의 破壞를煽動하고있읍니다。그러나 그와같은 作弊가 빚었던 国力의分散과 浪費、無秩序와 非能率이 果然 우리国家와 社会에얼마나 커다란 害를 끼쳤는가는 国民여러분이 너무나도 다잘알고 있을줄 믿습니다。

政府가 하는 일이면 그옳고 그름을 따지기 전에 反対를위한 反対만을 極限的으로 되풀이하였읍니다。韓・日国交正常化를 「売国」이라 하였으며 国軍의 越南派兵을 젊은이의 「피를 판다」고까지 極言하였고 심지어 郷土予備軍創設을 政治的利用物이라 謀陥하였읍니다。또한 国会에서는 少数의 意見이 貫徹되지않는다 하여 議政壇上을 占拠하고暴力으로 議事進行을 妨害하기가 일쑤였읍니다。

그리고 選挙때만 되면 無秩序와 無節制의 政治過剩속에서 極甚한 国力의 浪費와 混乱 그리고 国民道義의 堕落마저 招来하였던것입니다。

国民 여러분!

이런것들이 바로 現行憲法을 反対하는 사람들이 되돌아가기를 원하고 이른바 「自由」요 「民主」의 実態인것입니다。우리는 결코 이것을 真正한 自由、真正한 民主라 말할수없읍니다。그것은 이른바 自由요 民主이지 그実은放縱이며 混乱이요 無責任인것입니다。

自由와 民主는 지금 憲法을 反対하고있는 一部사람들만이 갖고있는 専有物이나 特権物이 아닙니다。그것은 우리国民 누구나가 지금 다같이 享有하고있으며 또 계속 가꾸어나가야할 普遍的行動規範인것입니다。

民主主義는 少数의 意見을 尊重하되 多数의 意思로 決定짓는것이며 自由와 権利를 享有하되 他人의 自由와 安全 그리고 보다더 큰全体国民의 自由와 国家의 安全을 害치지않는 範囲안에서 享有되어야만 하는것입니다。

그렇기때문에 지금 이時点에서 우리가 또다시 그放縱과 混乱、無責任과 非能率이 되돌아가는것은 国家・民族의 発展을 가로막는 커다란 過誤이며 民族史에 一大汚点을 남기는것이라 하지않을수 없읍니다。그리고 그와같은 政治風土속에서는 누가 이나라의 国政을 맡는다 하더라도 참다운 愛国愛族의 経綸을 所信있게 펴나가기는 不可能하다하지않을수 없읍니다。

그러므로 나는 우리나라가 当面하고있는 오늘날의 国内外 現實에 비추어、

①北韓共産集団의 戦争挑発威脅을 단호히 粉砕하고、②韓半島에 平和를 定着시켜 国民의 生命과 財産 그리고 自由를 保全하며、③急変하는 国際情勢에 能動的으로 対処하여 国家利益을 伸張하고、④世界的 経済不況속에서도 国力培養을 계속하여 国民의 安定된 生活을 可能케하며 ⑤平和的祖国統一의 基盤을 착실히 構築해나가기위해서는 現行憲法을 守護하고 이를 바탕으로한 維新体制를 계속発展시켜 나가는 方向에서 国家의 諸般重要政策을 樹立 執行해 나가야 한다고 確信합니다。

그리고 이것이 바로 大統領으로서의 責務를 誠実히 遂行하는 길이라 判断하였읍니다。따라서 나는 이번 国民投票를 비단 現行憲法에대한 賛反投票일뿐아니라、나、大統領에대한 信任投票로 看做하고자 합니다。

国民 여러분!

나 個人은 民族中興의 歴史的使命을위해 이미 나의 모든것을 다바쳤읍니다。

万一 우리国民여러분이 維新体制의 歴史的当為性을 認定하지않고 現行憲法의 撤廢를 원한다면 나는 그것을 大統領에대한 不信任으로 看做하고 即刻 大統領職에서 물러날것입니다。

그러나 国民여러분이 現行憲法을 계속 守護해야한다는 나의 国家重要政策에 賛成한다면 나는 여러분의 信任과支持속에서 더욱 誠実히 国家와 民族을위해 献身할것을 다짐하는바입니다。

親愛하는 国民여러분!

이번 国民投票는 実로 우리国家의 運命을 左右하는 重且大한 決断입니다。

우리가 処해있는 이難局을 直視하고 真摯하고도 賢明한 愛国的決断을 내려주시기 바랍니다。

感謝합니다。

一九七五年一月二十二日

大統領 朴 正 熙

非鉄金属・鉄鋼業

島田金属

代表 趙 秉 云

千葉市塩田町390

電話0472(61)1625

国民投票発議에대한 우리의姿勢

国民投票の意義認識を

千葉県本部団長 曺 允 具

朴大統領は、去る一月二十二日、国民に維新体制の信を問う特別談話を発表しました。

この談話は、祖国が当面する今日の国内外現実に鑑みて、北韓共産集団の戦争挑発、脅威を断乎と粉砕し、祖国に平和を定着させ、国民の生命と財産、そして自由を保全し、急変する国際情勢に能動的に対処し、国家利益を伸し、世界的経済不況にも負げず、国力培養を続け、国民の生活安定を可能にし、平和的祖国統一の基盤を着実に構築してゆくには、維新憲法を守護し、これを基いにした維新体制を継続発展させていく方向から国家の諸般重要政策を執行することを強調し、国家の運命を左右する重大なる決断を下しました。

これは、現在祖国におかれている難局を打開し、われわれの存在と自由、そして平和と繁栄を国民みずからの力で確保し、わが民族の偉大なる底力を啓発し、これを一つにかため、国民総和に昇華しようとするものであります。

しかも、この度の国民投票はただ現行維新憲法に対する賛反投票だけでなく、大統領に対する信任投票であり、万一、国民が現憲法の撤廃を願うならば、大統領に対する不信任とみなし、即刻、大統領職から退くことを宣言しました。これほどキッパリともうされたその英断に、心から敬意を表する次第であります。

一九七二年十一月二十一日維新憲法は、国民の九一・五%の支持のもとで確定され、今日まで、国際情勢に対処し、五千万民族の悲願である祖国統一を希求したあの歴史的な七・四共同声明、そしてまだ今日の経済発展様相、北韓の南進を未然に防ぎ、社会安定と平和を定着するのに多大なる成果をもたらした維新体制の歴史的な当為性を認めないことは嘘になりましょう。

海外に住むわれわれは、祖国の繁栄と安定なしには、どんなに富に恵まれようと人間としての幸福感は味わえないし、常に祖国に住む国民と直結される喜怒哀楽の生活であります。

したがって、われわれ在日同胞は、この度実施される国民投票に、至大なる関心を持つばかりでなく、今日の祖国現状においては、維新体制下のみが、祖国の発展と民族の繁栄を保障する体制であることを再確認し、国民の真摯で賢明なる決断と、一票の権利行使を願うと共に、団員の皆さんは、大統領特別談話の真意を深く認識されますよう望んでやみません。

一九七五年一月二十七日

維新体制만이 富強의길

中央本部団長 尹 達 鏞

一九七二年十一月二十一日、韓国国民은「維新憲法」을九一・五%의 賛成으로 支持했읍니다。

이것은 急変하는 国際情勢에 対処하여 民族의 生存과 繁栄을 期하고 平和的祖国統一成就및 韓国的民主主義의 確立을 熱望하는 五千万民族이 내린 歴史的인 決断이었읍니다。

二年이 지난 오늘 維新体制속에서 이루어진 成果와 発展을 보면 이決断이 얼마나 賢明하고 適切했던가를 알수있읍니다。

첫째로 朴正熙大統領閣下를 中心으로한 効率높은 国政体制는 北傀가 꾸민 侵略企図를 모조리 粉砕하였읍니다。国際連合에서의 国威宣揚과 아울러 民青学連事件을 비롯한 온갖形態의 武装게릴라侵透를 粉砕하고 休戦線地下땅굴 摘発等 悪辣한 赤侵은 堅固한 反共防壁 앞에 余地없이 撃破되었읍니다。

둘째로 自主的経済基盤이 飛躍的으로 発展되고 世界어느 나라보다도 높은 経済成長率을 나타내고 있읍니다。

世界的인 油類波動에도 不拘하고 七四年度에는 四四・一%의 輸出伸長을 이루고、八〇年度에는 国民所得千달러 輸出百億달러의 目標를 세워 七四年度에 四七億달러를 完遂했고 七五年度에는 六四億달러의 実現이 確実視되어、漢江의 寄蹟이 눈앞에 다가오고있읍니다。

세째로 우리民族의 文化、教育部門에 걸친 世界舞台進出이 国運의 隆盛과함께 눈부시게 展開되었읍니다。

우리의 젊은이들이 運動競技와 文化部面에서 世界의頂上에 올라 民族의 優秀性을 国際的으로 널리 알려졌읍니다。이모든 成果와 発展은우리国民이 選択한 維新体制로써 이루어진것임을 말해주는 산証拠인것입니다。

国民의 一部가 憲法改正을 부르짖고있으나 그들은 그릇된 政権慾과 甚한 欲求不満으로 民族의 遠大한 将来를 生覚지않는 行為라고 아니할 수없읍니다。

海外에 居住하고있는 우리在日同胞는 民族의 隆盛과 国家의 安定과 発展만이 우리의 権益과 民生向上에 直結되는것임을 뼈저리게 느끼고 있는것입니다。

우리 在日四十万民団員은、今般에 実施되는 国民投票에 즈음하여 維新体制만이 우리民族의 富強과 国家発展을 保障하는 우리의 民主主義体制임을 再三 밝히며 国民의絶対多数가 維新体制를 支持함으로써 더욱 確固한 国家発展이 이루어질것을 믿어 마지않는바입니다。

一九七五年一月二十三日

関東地方協議会開催

関東地方協議会(金致淳事務局長)では、去る一月二十五日、熱海で緊急会議を開き、朴大統領が発議した国民投票について決議文を採択した。

現体制로難局에対処를

関協緊急会議서 決議文採択

決議文

지난 一月二十二日、朴正熙大統領閣下께서는 内外記者의 会見에서 現行憲法第四十九条에 依拠、〃維新体制〃에関한 信任을 묻는 国民投票를 二月中旬頃에 実施하겠다고 発表하셨다。

이는 現今 本国에서 論難되고있는 安保問題에関한 国論統一과 維新体制의 歴史的当為性에서 国民的인 正当性을 再確認하는것으로 国家를 保衛하고 国利民福을 増進하지않으면 안될 大統領의 責務를 보다 誠実히 遂行하는 決意를 새롭게한것으로서 우리 在日本大韓民国居留民団関東地方協議会의12県本部는 第一〇三回関東地方協議会의 이름으로 이를 歓迎하는 바입니다。

오늘의 우리나라 現行憲法은 一九七二年十一月二十一日実施한 国民投票에서 安全과 繁栄、祖国의 平和統一을 指向하는 民族의 切実한 念願에 담긴 投票者九一・五%의 圧倒的賛成에서 確定되어 오늘까지 激動하는 国内外情勢에서 能動的으로 事態에 対処하며 北傀의 南侵을 未然에 防止하고 平和統一의 基盤을 構築하며 祖国의 平和를 定着시키는데 크게 成果를 가져왔던것입니다。

그러나 再昨年의 石油波動으로因한 世界的인 経済不況局地戦争의 勃発可能性이 増大하는 国際情勢속에서도 우리들의 生存과 自由、祖国의 平和와 繁栄을 우리들의 힘으로 이룩하고자 努力해온 国民은 祖国의 平和的인 南北統一의 念願속에 十月維新体制는 適切히 取해져왔으며 지난날의 放縦과 混乱에서民族의 底力을 発揮시켜온 朴大統領閣下밑에 国力培養을加速化해서 우리들의 歴史的現実을 調和시켜온것이다。

그러나 一部에서 現体制를 阻害시키는것은 国家・民族의 発展을 阻害하는 過誤로밖에 없다고 하지않을수 없읍니다。

여기에 海外에 사는 特히 東京을 中心으로 関東一帯에 사는 우리는 現在 우리나라가 当面하고있는 現実을 바로 直視함에서 北傀의 戦争挑発威脅을 粉砕하고 우리나라에 平和를 定着시키며 우리 生命財産과 自由를 保全하는데는 維新体制는 조금도 움직일수 없는것임을 確信하는것입니다。더우기 急変하는 国際情勢에 対処하며 国家利益을 伸張시키고 오늘의 世界的経済不況속에서 国力培養과 国民의 安定된 生活을누리게하며 祖国의 平和的統一의 基盤을 着実히 構築해나가려면 現行維新憲法을 守護해서 国家를 発展시켜나가지 않으면 안되겠다는것입니다。

그러므로 今般 二月에 実施되는 国民投票는 우리民族의 밝은 来日의 座標가 될것을 의심치 않는것입니다。

여기서 우리 在日同胞는民族의 繁栄과 国家発展에는維新体制에서만이 보다 커다란 成果를 期待할수있다는 確信에서 国民의 賢明한 判断과 権利行使에서 祖国의 앞날에 찬란한 光明이 있을것을 確信하와 이를 決議하는바입니다。

一九七五年一月二十五日

在日本大韓民国居留民団
関東地方協議会
事務局長(東京本部団長) 金 致 淳
神奈川県地方本部団長 朴 成 準
埼玉県地方本部団長 李 根
千葉県地方本部団長 曺 允 具
静岡県地方本部団長 康 民 善
三多摩地方本部団長 鄭 鳳 基
茨城県地方本部団長 裵 永 桓
栃木県地方本部団長 辛 容 祥
群馬県地方本部団長 魯 徳 文
長野県地方本部団長 李 東 富
山梨県地方本部団長 鄭 鎮 烈
新潟県地方本部団長 李 元 世

16号線(産業道路)のオアシス

レストラン 千 成

社 長 金 泳 春

電 話 0472(63)1509
千葉市浜野町1025—276

75年新年会・成人式開かる

団結と協調誓い合い
年頭の組織活動を飾る盛況

一九七五年度の民団千葉県本部主催の新年会は、例年の如く成人式と合同で、去る一月十五日午前十一時から千葉京成ホテル大宴会場において、曺允具県本部団長を始め三機関任員、顧問、各支部の三機関任員、婦人会・青年会役員および一般団員の二百五十余名が参加し、駐日大使館の呉王烈領事、千葉商銀李萬桂理事長、千葉韓国教育文化センター韓承五所長を来賓として迎え、成人該当者六十余名を中央に囲んで和気あいあいに、新年度の組織活動の第一歩にふさわしい盛大な行事となった。

千葉民団はここ数年来目ざましく組織活動が活発になってい て、全国的に各方面から高く評価されているが、その一つの表われとして、今年度の新年会も昨年度に比し、尚一層の盛況であった。

広い会場には、空席一つ見当らず、やはり目をひく民族衣裳のチマ・チョゴリは新春にふさわしい色彩りをそえ、異国に住むわれわれをして、わが民族ここにありの意識をいやが上にも高めさせた。

高権錫県本部副団長兼事務局長の司会で幕が開き、厳粛な国民儀礼のあと、金連斗県本部議長の開会辞があり、曺允具県本部団長が「昨年は石油波動以来の経済的沈滞の中で、政治・経済・社会・外交・あらゆる面で多事多難であった。とくに北傀の南侵攻略の意図が露骨化し、武力挑戦を、日本を基地として敢行されている。西海岸の漁船拉致事件、東海岸における警備艇撃沈事件、DMZトンネル事件、南北赤十字会談における誹謗と妨害と、あらゆる手段方法を用いたあげく遂に朴大統領狙撃陰謀を企て、大統領夫人故陸英修女史を殺害した蛮行を犯した。このような時期にわれわれは、時代の推移を直視して精神武装をますますかため、民族の団結と総和を高らかに唱え、民族の発展のため一路邁進しなくてはならない。社会生活においては、日本の経済が消費経済から安定経済又は節約経済にその経済機構が本質的に移行している現今、わが同胞社会も、これに対応して継続的発展を期する為にも、民族的紐帯を一層強化し、われわれの金融機関育成と生活協同組合の設立、活動が切実に要求されます。このような不況時代こそ民団の本来の使命である権益擁護、民生安定の力を具体的に発揮するよう努力しなくてはなりません。

今年も躍進する韓国国民であり、民団である栄誉を堅持し、祖国近代化に共に継続参列してまた民団の発展のため総和団結をかたくし、力強く進みましょう」とあいさつした。

つづいて金洙成県本部監察委員長は成人に対して「異国の地で成人を迎えるあなた方は、栄えある韓国国民として権利と義務を同時に行使できる年令に達した。晴れて大人の仲間入りをし、その双肩には重大な責任も負わされている。わが国は今、未曾有の躍進をしつづけ、重大な時期に直面している。四半世紀にわたる親父たちの労苦を心に刻み、真の祖国の姿を理解して、学業に、仕事に励まなければならない。そして在日韓国青年として、常日ごろ心身を研磨し、誇りを堅持して範を示すよう努力して欲しい」と励ましとお祝いの辞を述べた。

自覚こめ力強く宣誓
祝福受けた成人該当者69名

このあと、成人代表崔仁恵嬢（韓国看護研修生）は「これまでに育ててくれた父母の恩は忘れることなく、又在日韓国青年として恥かしくない立派な社会人として努力し、ご期待に副うことを誓約します」と答辞を読みあげた。

引き続き成人該当者の記念撮影があり、そのあと鄭徳和県本部顧問の音頭で祝杯をあげ、第一部が終った。

第二部では、余興で先づ安房韓国看護研究生の合唱で始まり青年会、婦人会の合唱がある頃は会場の雰囲気も一段と和やかで、やがてチャングが鳴り響き飛入りの団員の民謡に合わせ、会場中央では踊るカップルが次第に数を増し、新年宴会はいよいよ佳興に入った。

この日参加した安房看護研修生に対する苦労をねぎらい又、成人を祝う意味で、金十五万円のお年玉が集まり、安房支部団長蔣煥文氏に伝達された。

今年の千葉民団組織の盛り上がりと力強い活動を約束するかのような充実した意義ある新年会は、午後三時に閉会となった。

尚この日の誠金及び成人該当者名単は次の通りである。

民族服姿もあざやかに，成人式に参加した新成人たち㊤と新年会のなごやかな光景㊦

新年会賛助者芳名

金一万円　曺允具
金二万円　李栽坤
金一万円　趙周七
金一万円　姜聖元
金一万円　鄭鳳和
金一万円　金連斗
金五万円　千葉商銀
金一万円　朴命達
金一万円　魏億俊
金五千円　李鍾烈
金二万円　市川支部
金五万円　千葉支部
金一万円　張在昶
金一万円　婦人会千葉県本部
金一万円　朴用己
清酒二升　東京韓国学校
金二万円　蔣煥文
金一万円　林相培
金一万円　鄭徳和
金二万円　金景河
金一万円　佐倉支部
金二万円　船橋支部
金一万円　朴道源
金一万円　宋文玉
金一万円　長夷支部
金五千円　李点用
金三千円　李甲千
金一万円　林武男
金一万円　尹台伊
金二万円　宋吉萬
金三万円　全鳳学
金一万円　金憲栄
金一万円　君津支部
（敬称略順不同）

75年度成人該当者名単

▲千葉支部
曺明美嬢（金江美子氏次女）
文哲洙君（文相万氏三男）
李文子嬢（李甲千氏長女）
姜忠秀君（姜大錫氏長男）
洪性国君（洪禧杓氏三男）
宋圭文君（宋吉万氏次男）
林情子嬢（林相培氏次女）
安　緑嬢（安邦濬氏三女）
全美代子嬢（全炳喆氏次女）
李熙正君（李光錫氏長男）
金容三君（金洙成氏三男）
李英姫嬢（李聖根氏長女）
曺鍾治君（曺允具氏五男）

▲船橋支部
梁　澈君（梁東洙氏長男）
白寿子嬢（白鳳基氏次女）
朴涼子嬢（朴熙均氏次女）
金栄子嬢（金容林氏次女）
金君子嬢（金用卜氏三女）
呉栄子嬢（呉成権氏長女）
兪春子嬢（朴慶蘭氏次女）
金宏泰君（鄭秀香氏長男）

▲安房支部
蔣　弘君（蔣煥文氏次男）
張益煥君（張性権氏長男）
文雪子嬢（李泰行氏次女）
朴永孝君（金海娘氏五男）
高憲司君（高応植氏長男）
金梅子嬢（金寅春氏長女）
金公女嬢（金成豪氏長女）
梁栄州君（尹春玉氏次男）
金洋子嬢（金在鳳氏長女）
高　功君（高順玉氏次男）
高哲南君（洪順徳氏長男）
全玉梅嬢（全仁烈氏五女）

▲市川支部
吉田隆夫君（金相善氏長男）
朴秀美嬢（朴完燮氏長女）
崔清蘭嬢（崔天栄氏長女）
張恒星君（張　暁氏長男）
金万石君（金祥洙氏三男）
朴哲珍君（朴一来氏長男）

▲東葛支部
高文明君（高基萬氏長男）
李国男君（李明雨氏次男）
許敬喆君（徐鳳南氏三男）
趙江順嬢（金福伊氏次女）
朴海仙嬢（朴聖鎬氏次女）
文光世君（文秉楚氏長女）
李雲澤君（玄月仙氏三男）
朴明信君（朴魯勛氏長男）

▲君津支部
金明夫君（金順祚氏次男）
李美佐子嬢（李太童氏次女）
金鍾成君（金万洙氏長男）

▲長夷支部
高富鉉君（高仁煥氏長男）
蔣泰男君（金元五氏四男）

▲成田支部
朴在勝君（朴魯均氏長男）
趙承得君（姜末郎氏長男）

▲旭　支部
朴友吉君（金福順氏次男）
鄭健松君（李分竜氏四男）
崔良美嬢（崔箕杓氏四女）

▲横芝支部
李　哲君（李正坤氏長男）

▲佐倉支部
金定洪君（金顕代氏次男）
李永一君（李錫魯氏次男）

▲本部直轄
安君子嬢（曺莫乃氏三女）
趙和実嬢（趙翰錫氏次女）
崔　勉君（崔祥燮氏次男）

▲安房看護研修生
朴訣順嬢（朴　光氏長女）
金熖京嬢（金東順氏長女）
趙妙玄嬢（趙商翼氏長女）
崔仁恵嬢（崔昌洙氏長女）
延恵淑嬢（延圭衡氏長女）
羅章洙嬢（羅基翰氏長女）

計　男37名女32名、計69名

華燭

壽　河福連氏（船橋支部）の三男朴栄泰君と鄭鍾百氏の長女優美嬢の結婚式と披露宴が、県本部顧問鄭徳和氏の主礼の下、一月十四日、船橋「長太郎飯店」に於いて挙行された。

壽　朴道源氏（旭支部団長）の次女政子嬢と金鍾萬氏の実弟鍾鉄君の結婚式と披露宴が、県本部顧問鄭徳和氏の主礼の下、一月二十九日、東京錦糸町の「ロッテ会館」に於いて挙行された。

永眠

弔　安房支部の団長・議長を歴任されたことのある、金鳳吉氏が病気療養中のところ昨年十二月三十日死去、一月二十二日、館山の自宅で告別式が行われた。

＊今春卒業予定の韓国学生優遇採用
意欲ある若いフレッシュな男女若干名求む！

躍進する民族金融機関
千葉商銀信用組合

理事長　李　萬　珪　　専務理事　和　泉　俊　雄
副理事長　全　鳳　学　　営業部長　朴　栄　植
〃　宋　吉　萬　　船橋支店長　彭　千　吾

本　店　千葉市新宿2－9－8　電話0472（42）0176（代）
船橋支店　船橋市本町4－32－13　電話0474（24）4841～3

編集手帳

韓国新聞縮刷 I（1964－1969）発行日 1969.10.1
韓国新聞縮刷 II（1969－1974）発行日 1974.10.1
韓国新聞縮刷 III（1945－1963）発行日 1975. 3 .1

以上をもって民団三十年史編集基本資料を整えた心算である。

この冊子を短期間で仕上げるために、私の二度目の渡米計画が実現出来なかったのである。

この編集に協力して下れた褒光道兄と梁玉教民団専任講師、徐還淑君に「３９３９」とお礼を言いたい。勿論、資料を提供して下れた諸先輩や同志にも心から感謝してやまない。

この縮刷版1～3巻迄をまとめるに島田精版印刷(株)、千駄木印刷(株)、日本プリント工業(株)のご協力に対し、厚く御礼を申したい。

韓国新聞（1974.8.15～1975.3.1）を此冊子に納めることにした。

縮刷版の頁中には空欄が多少見える所があるが、これは切抜き后埋が出来ずカットで補っている点御寛容の程お願いする次第である。

特に国際タイムスは、解放后日刊紙として発行された2年分の資料は、大事に保存するために、後程余暇を見て韓陽と東和新聞を附けて1冊の縮刷版にまとめて置く心算である。

其の他の資料としては、「朝鮮研究」と「韓」「親和」「白葉」「外国人登録」等の月刊誌をまとめて製本して保存してあるから、何かの機会に利用したいと思う。

資料提供して下さった名単（敬称略）

李裕天（民団中央常任顧問）
鄭　哲（評論家、前中央顧問）
金在賢（広島県地方本部初代団長）
張義淑（初代中央団長朴烈夫人）
朴性鎮（韓国新聞主幹）
孫秀棋（元中央文教局長）
張道源（元韓国新聞社副社長）
韓宗碩（国際韓国留学生協会代表）
蔡洙仁（在日大韓体育会常任副会長）
許雲龍（解放後、国際タイムス社長、現朝鮮奨学会評議員）
李秀峰（東和新聞社社長）
金海成（韓国語研究院々長）
鄭奉善（中央組織局次長）
朴石憲（元韓日経済新聞社社長）
崔容碩（国際勝共連盟幹部）
金聖寿（元建青世田ヶ谷支部委員長）
洪萬基（元建青中央本部文化部次長）
李烱緑（現民団豊島支部監察委員長）
姜渭鍾（韓国人戦没者遺骨奉還会会長）
朴成準（神奈川地方本部団長）
金致淳（東京本部団長）
沈種孝（前北海道本部事務局長、現中央青年局長）
曺允具（千葉県地方本部団長）
金琮斗（建青神奈川県本部初代委員長）

編集者略歴

黄海道出身。本籍地、水原市に置く。1921年１月２日生（当年54才）。1940年渡日して東京府立園芸、明大、京大で学ぶ。解放と共に在日朝鮮学生同盟中央本部外務部長、在日朝鮮建国促進青年同盟平塚支部結成と総務部長、国際学生協議会朝鮮代表、国際学友会設立運営、岐阜県日韓親善協会(1962)、訪韓団引卆案内、日韓友愛協会(1963)、訪韓団事務局長、民団中央宣伝局長、宣伝委員長、文教局長、文教委員長、第七回・八回(1972－73)夏季学校生引卆副団長、中央会館建設委員、中央永住権促進会常任委員、東京韓国学校評議員、韓国教育財団選考委員、在日大韓体育会常任理事、東京港支部副団長、同支部商工協同組合監査、全国文教部長研修生引卆団長、海外国民母国研修団参加、韓美親善蹴球団応援団長として渡米。

経歴は興亜通商(株)常務取締役、東海実業(株)取締役会長、一心産業(株)取締役、韓国写真ニュース社長、自由生活社長、韓国新聞編集局長、現在民団三十年史編纂委員会事務局長。

出版歴は、韓国画報、観光韓国、日韓政治秘録、民団20年史、民団手帳、韓国新聞縮刷版（1945－1975）Ⅰ.Ⅱ.Ⅲ.3巻編集、民団記録映画(35mm民団20周年)制作、民団バッチ制作。

現住所：東京都港区芝５－18－１－934 芝五アパート
TEL.03－455－4158

韓国新聞縮刷版〔III〕

在日本大韓民国居留民団機関紙
1945～1963

1975年 3月 1日　第１刷発行 ￥15,000

発行所：**韓国新聞社**
東京都文京区春日２－20－13
電話（03)813－2261～5　直通815－1451～3

発行人：尹達鏞（民団中央本部団長）

編集人：金秉錫（民団30年史編纂委員会事務局長）

印刷所：**日本プリント工業株式会社**
新宿区北新宿１－１－15(メゾン新宿ビル８Ｆ)
電話（03)363－7639

発売所：**民団中央本部宣伝局**

童話(동화)

申基宣(신기선)

어린이들이 흰 종이에
우리나라 지도를 그렸읍니다.

연필로 38선을 그어 놓고
지우개로 지우고 있었읍니다.

종이 위에 그어 놓은 38선은
지우개가 가는 대로
잘도 지워지고 있었읍니다.

어린이들은 어른에게 물었읍니다.
이렇게 잘 지워지는 38선을
어른들은 왜 못 지우느냐고
열심히 캐묻고 있었읍니다.

어린이들은 38선을 또 긋고
신명나게 지우고 있었읍니다.
서로 누가 잘 지우느냐고
자랑스럽게 지우고 있었읍니다.

어른들은 어린이들 보기에
부끄러웠읍니다.
30년 동안 38선을
한 번도 지워보지 못했읍니다.
어른들에게는 지워도 살아나는
38선이 되어 있었읍니다.

어린이들은 흰 종이에
38선을 긋고 있었읍니다.

어른들이 못 지우는 38선을
몇 번이고
몇 번이고
되풀이 지우고 있었읍니다.

어른들은 할말을 잊고 있었읍니다.
어린이들이 지우고 또 그린 38선에
어른들은 눈물을 뚝뚝 흘렸읍니다.

(フォト南北社より)

南北時感

戰爭觀의 差異

南—남부여대의 피난길 연상…江南보다 江北의 땅값이 싸다。

北—공습과 폭격의 처참 연상…전국토 요새화 위한 땅굴판다。

한반도에서 오늘을 사는 우리들이 직접 경험했던 '전쟁'의 예를 들어본다고 한다면 제 2 차세계대전과 '6.25' 그리고 월남전쟁의 세가지를 손꼽아 볼 수 있다.

그런데 이 가운데서 제 2 차 세계대전, 이른바 '태평양전쟁'에서 직접 실전을 경험했던 사람들은 30년이란 긴 세월의 흐름과 더불어 그 수가 점차 줄어들고 기억조차 자꾸만 아득해지고 있다.

월남전쟁도 5만국군이 파병되어 6년 넘어 이국·땅에서의 싸움에 참가했으나 그것을 몸소 체험한 사람의 수는 3,500만 전국민중 불과 백분의 1정도 밖에 안되어 우리 국민 모두에게 뼈저린 인상을 남겨 놓고 있다고는 할 수 없다.

그러나 이에 비하면 '6.25'는 불과 3년밖에 안되는 전쟁 기간이었지만 우리 민족에게 너무나도 깊고 뼈아픈 상처와 기억들을 남겨 놓은 전쟁이었다.

전후의 냉전체체를 굳히는 사상전쟁과 국제전쟁을 겸했을 뿐 아니라 남북간의 민족적 대이동과 1천만에 이르는 이산가족까지 낳게 한 동족상잔의 처절한 민족전쟁이었다는 점에서 '6.25'는 남북을 가릴 것 없이 우리 모두에게 실로 엄청난 정신적 물질적 충격을 아울러 안겨 준 전쟁이었다.

그래서 그런지 우리는 '전쟁'하면 바로 '6.25'를 상기하게 되고 '6.25'하면 곧 남부여대의 '피난'길을 연상하게 된다.

휴전협정이 맺어진지 22년이 지난 오늘에도 한강 이북과 이남 땅값이 엄청나게 차이지고 남북간에 긴장이 조금만 고조되어도 강북지구가 민감한 하락세를 보이는 것은 곧, '피난'을 연상하는 우리 국민의 이같은 심층심리를 반영하고 있는 것이 아니고 무엇이겠는가?

그런데 한가지 재미있는 것은 이처럼 '피난심리'와 직결된 우리 국민들의 '전쟁관'과는 대조적으로 북쪽 사람들은 그들대로 '6.25' 전쟁에 대해서 다른 형태의 엄청난 공포심을 갖고 있다는 것을 발견할 수 있다는 사실이다.

남북대화(南北対話)의 과정에서 '6.25'에 대해 북쪽 사람들이 말하는 것을 집약해 보면 백이면 백이 모두 다음과 같은 내용들을 호소한다.

—'6.25'전쟁이 끝난 다음 평양에 남은 것이라고는 폭격으로 모두가 다 없어지고 화신백화점 건물 한 채만한 뼈다귀와 굴뚝 세개 뿐이었다.—

—'6.25'당시 평양에는 50만이 살고 있었는데 여기에 떨어진 폭탄의 수는 50만개가 넘으니 한사람 앞에 한개 이상의 폭탄을 맞은 셈이다——

사람은 각자 자기가 겪은 경험을 먼저 회상하고 체험으로 당한 무서움에 큰 공포심리를 갖는다.

북쪽 사람들이 한결같이 공습과 '폭격의 처참함'을 호소하는 것은 남쪽사람들이 '피난'을 연상하는 것과 같은 심리이며 그만큼 공습과 폭격, 그리고 비행기에 대한 두려움이 마음속 깊이 자리잡고 있는 것이라고 할 수 있다.

이때문에 북쪽 사람들은 '전쟁'하면 곧 하늘을 쳐다보고 몸에 나무가지를 꺾어 덮거나 방공호에 들어갈 준비부터 먼저한다.

북괴가 '비행기 사냥군조'를 전국으로 조직해서 남녀 노소 할것 없이 대공사격훈련을 시키고 있는 것이라든지, 이른바 전국토 요새화라고 해서 북한 전역에 땅굴을 파는 것은 곧 이같은 공포심리의 노출이 아니고 무엇이겠는가? '6.25'가 남겨놓은 남과 북의 경험적 차이의 한가지는 하늘과 땅 그리고 공습과 피난의 공포심리라고도 할 수 있다. 〈D. S〉

한국신문 (전8권)

재일본대한민국거류민단중앙기관지 (영인본)

지은이: 편집부
발행인: 윤영수
발행처: 한국학자료원
서울시 구로구 개봉본동 170-30
전화: 02-3159-8050 팩스: 02-3159-8051
문의: 010-4799-9729
등록번호: 제312-1999-074호
ISBN: 979-11-6887-162-5

잘못된 책은 교환해 드립니다.

정가 920,000원